WÖRTERBUCH DER DATENTECHNIK

DEUTSCH–ENGLISCH · ENGLISCH–DEUTSCH

Zweite, vollkommen überarbeitete und erheblich erweiterte Auflage

von

KARL-HEINZ BRINKMANN und RUDOLF SCHMIDT

herausgegeben von

K.-H. BRINKMANN und E. TANKE

1979

OSCAR BRANDSTETTER VERLAG KG · WIESBADEN

DATA SYSTEMS DICTIONARY

GERMAN–ENGLISH · ENGLISH–GERMAN

Second edition, completely revised and enlarged

by
KARL-HEINZ BRINKMANN and RUDOLF SCHMIDT

Editors in Chief
K.-H. BRINKMANN and E. TANKE

1979

OSCAR BRANDSTETTER VERLAG KG · WIESBADEN

CIP-Kurztitelaufnahme der Deutschen Bibliothek

Brinkmann, Karl-Heinz:

Data systems dictionary : german-engl. ; engl.-german / by Karl-Heinz Brinkmann and Rudolf Schmidt. Ed. in chief K.-H. Brinkmann and E. Tanke. – 2. ed., completely rev. and enlarged.
– Wiesbaden: Brandstetter, 1979.
Parallelt.: Wörterbuch der Datentechnik/ von Karl-Heinz Brinkmann u. Rudolf Schmidt.
ISBN 3-87097-095-2
NE: Schmidt, Rudolf:

2. Auflage 1979

OSCAR BRANDSTETTER VERLAG KG, WIESBADEN

Textverarbeitung und Lichtsatzsteuerung: Siemens Programmsystem TEAM

Satz: Digiset-Lichtsetzanlage der Satz AG, Zürich
Druck: Oscar Brandstetter Druckerei KG, Wiesbaden

ISBN 3-87097-095-2

Printed in Germany

VORWORT

Als 1974 die 1. Auflage dieses Wörterbuchs erschien, planten wir angesichts der raschen Weiterentwicklung der Datentechnik, nach etwa zwei oder drei Jahren eine überarbeitete und ergänzte 2. Auflage folgen zu lassen. Die Entwicklung verlief jedoch so atemberaubend und turbulent, insbesondere durch die von den Mikroprozessoren ausgelöste technische Revolution, deren Ende noch keineswegs abzusehen ist, daß wir wegen der parallel damit einhergehenden, ebenso stürmischen terminologischen Entwicklung glaubten, die Neuauflage immer wieder verschieben zu sollen.

Eine weitere Verschiebung meinten wir allerdings jetzt nicht mehr vertreten zu können. Die weiter unten folgenden Zahlenangaben lassen dies sicher verständlich werden. Die Fülle des von uns gesammelten Materials, dessen rationelle Handhabung uns ohne den Einsatz des Siemens-Terminologiedatenbank-Systems TEAM kaum möglich gewesen wäre, zwingt uns dazu, in einigen Punkten von der Darstellungsweise der 1. Auflage abzugehen. Dazu muß gesagt werden, daß eine systematische, abgerundete oder gar vollständige Darstellung im gegenwärtigen Zeitpunkt kaum möglich ist und von uns auch nicht angestrebt wurde. Hatten wir in der 1. Auflage wegen der größeren Benutzerfreundlichkeit Mehrwortbenennungen noch vielfach an mehreren Stellen des Alphabets aufgeführt, so haben wir diesmal – vor allem im englisch-deutschen Teil – darauf weitgehend verzichtet und solche Benennungen, nicht zuletzt auch Anregungen der Benutzer folgend, entsprechend der natürlichen Wortfolge nur an einer Stelle im Alphabet erscheinen lassen. Nur so konnten wir ein noch einigermaßen handliches Format des Wörterbuchs erreichen. Hieraus erklärt sich auch die Tatsache, daß zwar die Zahl der Stichwörter im deutsch-englischen Teil von der 1. zur 2. Auflage von 17 261 auf 28 846 und im englisch-deutschen Teil nur von 19 649 auf 24 508 gestiegen ist, im Mittel also um 46%, die ihnen zugrundeliegenden Begriffe (ohne Umkehrungen von Wortfolgen) dagegen um 89%.

Die Sachgebietsschlüssel benutzen wir in der 2. Auflage einheitlich in beiden Wörterbuchteilen. Diese Schlüssel schränken die Geltung der ihnen zugeordneten Benennungen nicht auf die durch sie bezeichneten Sachgebiete ein, sondern bedeuten lediglich, daß wir die Benennungen für diese Sachgebiete belegt gefunden haben.

Den vielen Vorschlägen, die uns dankenswerterweise von Benutzern und Rezensenten zugingen, sind wir gern so weit wie möglich gefolgt. Wir sind auch weiterhin für Hinweise und Verbesserungsvorschläge dankbar.

Wir danken allen, die uns bei der Erarbeitung dieses Wörterbuchs geholfen haben, insbesondere aber unseren Kollegen vom Sprachendienst der Siemens AG.

München, im Oktober 1979 Die Verfasser

FOREWORD

When this dictionary first appeared in 1974, it was our intention to issue a revised and expanded second edition some two or three years later in an effort to keep pace with the rapid development of data systems. However, due largely to the continuing revolution brought about by microprocessors, intervening developments have been so fast and sweeping, and the growth of terminology so vigorous, that it was repeatedly deemed advisable to postpone publication of the second edition.

We now feel that further delay would be indefensible. Our reasons for this will become clear from the figures quoted below. The sheer volume of the material collected by us was such that without the help of TEAM, the Siemens terminology data base system, it could not have been handled either efficiently or economically. Its quantity has likewise compelled us to adopt a somewhat different format from that used in the first edition. It should be added that it is impossible at this time to provide a systematic and well – rounded, much less comprehensive, presentation of data systems terminology, and no attempt has been made to do so. While in the first edition, compound expressions were frequently entered at several positions in the alphabet for the user's convenience, in the present work, particularly in the English-German section, this arrangement has been forfeited for the sake of condensation, and such expressions have generally been entered in the alphabetical listing once only, according to their natural word order. This change, although made partly in response to suggestions from users, was the only practical way of preserving the dictionary's handy size. It also explains how we were able to increase the number of basic terms (excluding conversions of word order) by 89%, while at the same time expanding the number of key words from 17,261 to 28,846 in the German-English section, and from 19,649 to 24,508 in the English-German section—a median increase of only 46%.

In this second edition, identical classification labels are used in both sections of the dictionary. These labels mean merely that documented use has been made of the term in the area indicated; they do not mean that use of the term is limited to this area.

We have complied wherever possible with the many helpful suggestions received by us from users and reviewers of the first edition. Further suggestions for improvement are always welcome.

Our thanks go out to all who have assisted us in the preparation of this dictionary, especially to our coworkers in the Language Services Department of Siemens AG.

Munich, October 1979

The authors

Liste der verwendeten Abkürzungen
Abbreviations used in this dictionary

A	österreichischer Sprachgebrauch	Austrian usage
adj	Adjektiv	Adjective
adv	Adverb	Adverb
cf.	siehe auch	Confer, see also
CH	schweizerischer Sprachgebrauch	Swiss usage
d. h.	das heißt	That is, i. e.
f	Femininum	Feminine noun
GB	britisches Englisch	British usage
i. e.	das heißt, d. h.	That is
m	Maskulinum	Masculine noun
n	(Deutsch:) Neutrum	(German:) Neuter noun
	(Englisch:) Substantiv	(English:) Noun
pl	Plural	Plural
plt	Pluraletantum	Plural noun
q. v.	siehe dort	Quod vide, which see
Rtm.	Warenzeichen	Registered trademark
s.	siehe	See
v	Verb	Verb

WÖRTERBUCH DER DATENTECHNIK

TEIL I

DEUTSCH–ENGLISCH

Sachgebietsschlüssel – Subject Field Codes

AC	Steuer- und Regeltechnik	Automatic control
ADp	Analogverarbeitung, -rechner	Analog data processing, Analog computers
ALU	Rechenwerk	Arithmetic and logic units
ASw	Anwendersoftware	Application software, User software
CAI	Rechnerunterstützter Unterricht	Computer-assisted instruction
Calc	Taschen- und Tischrechner, Elektronische Rechenmaschinen	Calculators
Cir	Schaltkreistechnik	Circuit technology
Co	Bauelemente	Components
COM	COM	Computer-output microfilm
CP	Zentralprozessoren, Zentraleinheiten	Central processors, Central processing units
Cryp	Kryptografie, Sprachverschlüsselung	Cryptography, Encryption
CSw	Kommerzielle und administrative Software	Commercial/administrative software
CTW	Bedienungsblattschreiber	Console typewriters
CU	Steuerwerk, Leitwerk	Control units
Cy	Kybernetik	Cybernetics
Dist	Absatz und Vertrieb	Distribution and marketing
DOK	Grundbegriffe der Dokumentation und Information	Basic concepts of documentation and information
Dp	Datenverarbeitung	Data processing
DpC	Organisation und Betrieb von Rechenzentren	Data processing centers (organization and operation)
DS	Datensicherung	Data security
DT	Datenendgeräte	Data terminals
ES	Nachrichtenvermittlung (Daten- und Fernschreibverkehr)	Electronic switching (data and telegraph communication)
Fax	Faksimileübertragung	Facsimile transmission
Fl	Fluidiksysteme	Fluidic systems, Fluidics
GrDp	Grafische Datenverarbeitung	Graphic data processing
Hist	Geschichte der Informationsverarbeitung	History of information processing

HSP	Drucker, Hardcopy-Geräte	Highspeed printers, Hard copy devices
Hw	Hardware, Materielle Ware	Hardware
HyC	Hybridrechner	Hybrid computers
IC	Integrierte Schaltungen	Integrated circuits
IDS	Informations- und Dokumentationssysteme	Information and documentation systems
IO	Ein-Ausgabegeräte	Input-output equipment
KtD	Magnetplatten-Beschriftungsgeräte	Key-to-disk stations, Floppy-disk systems
KtT	Magnetband-Beschriftungsgeräte	Key-to-tape stations
LCS	Groß- und Größtrechner	Large and ultralarge computer systems
M	Speichertechnik (einschl. Speicherorganisation)	Memory and storage technology
MAT	Maschinenunterstützte und automatische Sprachübersetzung, Terminologie-Datenbanken	Machine and machine-aided language translation, Terminology data base systems
MC	Magnetkartentechnik	Magnetic card equipment
MCS	Mikrocomputer, Kleinstrechner	Microcomputer systems
MD	Magnetplattentechnik	Magnetic disk equipment
MDr	Magnettrommeltechnik	Magnetic drum equipment
Meas	Meß- und Leittechnik	Measuring technology, Instrumentation and control
MICR	Magnetschriftverarbeitung	Magnetic ink character recognition
Mid	Midicomputer, Kompaktrechner	Midi computers, Compact computers
Mp	Mikroprozessoren	Microprocessors
MPr	Mikroprogrammierung	Microprogramming
MT	Magnetbandtechnik	Magnetic tape equipment
NC	Numerische Steuerung, NC-Steuerung	Numerical control
OCR	Optische Zeichenerkennung, Belegverarbeitung	Optical character recognition
Off	Büromaschinen, MDT	Office machines and equipment
Org	Organisationen und Institute der Datentechnik	Data systems organizations and institutions
OS	Betriebssysteme, Systemsoftware	Operating systems, System software
PC	Lochkartentechnik	Punched card equipment
PCC	Prozeßrechner	Process control computers

PE	Peripheriegeräte	Peripheral equipment
PL	Programmiersprachen	Programming languages
PrC	Fertigungssteuerung, Produktionssteuerung	Production control
Priv	Datenschutz	Data privacy
PT	Lochstreifentechnik	Punched tape equipment
QC	Qualitätsprüfung, Qualitätssicherung	Quality control, Quality assurance
R&D	Forschung und Entwicklung	Research and Development
RDp	Datenfernübertragung und -verarbeitung	Remote data processing, Teleprocessing
Rep	Reprografie, Mikrofilmtechnik	Reprography, Microfilming
SA	Schalt(ungs)algebra	Switching algebra
Sc	Halbleitertechnik	Semiconductor technology
Serv	DV-Wartung	Servicing and maintenance
Sw	Software, Immaterielle Ware	Software
Term	Terminologie	Terminology
TES	Automatische Textverarbeitung	Text editing and processing systems
Th	Nachrichtenverarbeitungstheorie, Mathematische Grundlagen	Data processing theory and mathematics
TP	Fernschreibtechnik	Teleprinters
Tr	Datenübertragung und -übermittlung	Data transmission, Communication
TrL	Nachrichtentechnische Leitungen	Transmission lines
Typ	Rechner- und datenbankgesteuerter Satz	Electronic photocomposition
VC	Spracherkennung und -synthese	Voice recognition and synthesizers
VDT	Datensichtgeräte, Bildsichtgeräte	Video data terminals, Display terminals
VS	Betriebssysteme für virtuelle Speicherung	Virtual storage operating systems
Vtex	Bildschirmtext- und Teletextsysteme	Videotex systems
WS	DV-Arbeitsvorbereitung	Work scheduling

A

à, kommerzielles ~ (DIN 66009, Sept. 1977) [IO, Th] / commercial at
A (s. Addieren Wort)
A-Adreßregister *n* [CU] / A-address register
AAE (s. automatische Anrufeinrichtung)
abarbeiten *v* [Dp] / service (interrupt, routine, etc.) || **einen Befehl** ~ [Sw] / to process an instruction
Abbauzeit *f* [Sc] / discharge time
Abbild *n* [GrDp] / image || ≗ **der Ätzvorlage** [Sc] / artwork pattern || ≗ **der Druckvorlage** [Sc] / pc board print layout || ≗ **der Leiterbahnen** [Cir] / printed conductor diagram
abbilden *v* [GrDp] / image
abbildendes System [Sc] / image-forming system
Abbildung *f* [GrDp] / image || [Th] / mapping || **direkte** ≗ [Sc] / direct image forming || **konforme** ≗ [Th] / conformal mapping || **teilassoziative** ≗ [Th, Sw] / set associative mapping, hybrid associative mapping
Abbildwartebereich *m* [PCC] / disk swap copy area
abbrechen *v* [Dp] / (of program) abort, to terminate abnormally || [Dp] / (initiated by operator or system) cancel, terminate (execution of program when an irrecoverable error, mistake, or malfunction occurs) || [Dp] / to terminate (program execution, etc.) abnormally, abort (program execution, etc.) || [Dp] / truncate (program, processing, etc., in accordance with some rule) || [Th, Sw] / truncate (number, etc.) (i.e., to drop final digits in a number, thus reducing precision, but not necessarily accuracy)
Abbrechfehler *m* [Th] / truncation error, error of approximation
Abbruch *m* [Dp] / abnormal termination, abortion (of program execution, etc.) || ≗ **eines Programmlaufs** [Dp] / abnormal termination of a program || ≗**fehler** [OS] / termination error || ≗**meldung** *f* [Dp] / abnormal termination message
abdecken *v* [Sc] / mask
Abdeckhaube *f* [HSP] / bonnet || ≗ (Staubschutz) [Hw] / protective cover, dust cover
Abdeck·klappe *f* [HSP] / protective cover || ≗**platte** *f* [Hw] / cover plate, protective plate
Abdeckung *f* (Abdeckmittel) [Co, Sc] / resist || ≗ (gezielte Ausblendung von Binärstellen) (s. Maskierung)
Abdeckungsverriegelung *f* [HSP] / cover interlock
Abdruck *m* (eines Zeichens usw.) [HSP] / print (of character, etc.) || **Drucker mit fliegendem** ≗ [HSP] / hit-on-the-fly printer, on-the-fly printer
abdruckbar *adj* [HSP, TP] / printable (character, etc.) || ~**es Zeichen** [IO, HSP, TP] / printable character, printer character || **nicht** ~ [HSP, TP] / nonprinting, nonprintable (character, etc.) || **nicht ~es Zeichen** [HSP, TP] / nonprinting character
Abdruck·geschwindigkeit *f* [TP] / print speed, printing speed, copy speed || ≗**stärke** *f* [TP] / print force, print intensity || ≗**stelle** *f* [TP] / printing point || ≗**stellung** *f* [TP] / printing position
ABD-Technik *f* [Sc] / alloy bulk diffusion technique || ≗**-Transistor** *m* [Sc] / alloy bulk diffused-base transistor
A-Bereich *m* [Cobol] / area A
Abfall·kanal *m* (am Fernschreiber usw.) [PT, PC] / chad chute || ≗**kasten** *m* (am Fernschreiber usw.) [PT, PC] / chadbox, chad collector
Abfallzeit *f* (Transistor) [Sc] / fall time || ≗ **eines Impulses** [Sc, Co] / pulse fall time, decay time, pulse decay time || ≗**koeffizient** *m* [Th] / fall-time coefficient, fall-time factor
Abfang-Speicherstelle *f* [M] / intercept data storage position
abfertigen *v* [OS] / dispatch (task, etc.)
Abfertigung, dynamische ≗ [OS] / dynamic dispatching || **zufallsmäßige** ≗ [ES] / random handling
Abfertigungs·anzeige *f* [Hw] / device pending indicator, device servicing indicator || ≗**priorität** *f* [OS] / dispatching priority
Abflachschaltung *f* [Cir] / smoothing circuit
Abfrage *f* (am Sichtgerät usw.) [VDT, TP] / interrogation, inquiry || ≗ (durch den Operator usw.) [CTW] / operator inquiry, keyboard inquiry || ≗ (Einzelanfrage an ein System) [DT, IO] / query || ≗ (programmgesteuerte Feststellung, ob auf einem Platz im Arbeitsspeicher eine bestimmte Information vorhanden ist) [PCC, CP] / scanning
Abfrage- und Mitlesemaschine [ES] / answering and monitoring machine

Abfrage, automatische ≗ [RDp] / autopolling || ≗**amplitude** *f* [Tr] / interrogation amplitude || ≗**befehl** *m* [OS] / sense command

abfragebereit *adj* [MAT, IDS] / (of terminal, etc) ready for inquiry, ready for interrogation, (of program, etc.) operable || **Wahlcode** ~ [ES] / selection code presented

Abfrageblattschreiber *m* [CTW, RDp] / interrogating typewriter

Abfrageeinheit *f* [DT, RDp, VDT] / inquiry unit, inquiry device, interrogator unit || [IO] / printer keyboard

Abfrageeinrichtung *f* [DT, RDp, VDT] / inquiry unit, inquiry device, interrogator unit || ≗ (in Variantenbaugruppe beim Fernschreiber usw.) [TP] / scanner

Abfrage·erregung *f* [ES] / interrogation excitation || ≗**frequenz** *f* [ES] / interrogation frequency || ≗**gerechtigkeit** *f* [RDp, Tr] / first-come, first-served principle || ≗**impuls** *m* [M] / read pulse, reading pulse || ≗**kreis** *m* [M] / readout circuit || ≗**maschine** *f* [TP] / answering printer, answering teleprinter, interrogation typewriter || ≗**modus** *m* [RDp] / inquiry mode || ≗**möglichkeit** *f* [MAT, IDS] / retrieval capability (of system, etc.)

abfragen *v* [Dp] / inquire, interrogate || [DT, IO] / query (system, etc.) || [Cir, CP] / sample (input voltage, command function, etc.), scan (data, input command, etc.) || **einen bestimmten Speicherbereich** ~ [PCC, CP] / to scan a certain storage area || **zyklisch** ~ [RDp] / poll (terminals, etc.) || ≗ **Bit (TESTB)** [Befehl, RPG] / Test bit (TESTB) || ≗ **Zonenteil (TESTZ)** [Befehl, RPG] / Test zone (TESTZ) || **zyklisches** ≗ (von Eingabestationen usw.) [RDp] / polling

Abfrageplatz *m* [DT] / inquiry station, query station

Abfrageprogramm *n* [RDp, ASw] / interrogation program, inquiry program || **das im Rechner gespeicherte** ≗ [ASw, MAT] / the resident interrogation program

Abfrage·prüfimpuls *m* [ES] / interrogation test pulse || ≗**schaltung** *f* [ES] / answering circuit || ≗**sequenz** *f* (Abruffolge von Unterprogrammen) [Sw] / calling sequence

Abfragesignal *n* [TP] / (status) inquiry signal || [CTW] / request signal

Abfrage·sprache *f* [Sw] / inquiry language, interrogation language || ≗**station** *f* [DT] / inquiry station, query station || ≗**strom** *m* [Tr] / interrogation current || ≗**system** *n* [MAT, IDS] / inquiry system, interrogation system || ≗**takt** *m* (Tastatur) [TP] / scan pulse

Abfragetaste *f* [TP, DT] / "who are you" key || ≗ (Fernüberwachung) [Tr] / interrogating key

Abfragewicklung *f* [Tr] / sense winding

Abfühl·bürste *f* [PT, PC] / reading brush, sensing brush || ≗**byte** *n* [OS] / sense byte || ≗**einrichtung** *f* (elektrisch oder magnetisch) [PT, PC] / sensing mechanism, reading mechanism

abfühlen *v* (elektrisch, magnetisch, optisch oder mechanisch) [IO] / sense, read (paper tape, card, etc.) || ≗ *n* (elektrisch, magnetisch, optisch oder mechanisch) [IO] / sensing, reading (of paper tape, card, etc.) || **dynamisches** ≗ [PC] / flight sensing || **elektrisches** ≗ [PT, PC] / brush sensing, electrical sensing, brush reading || **elektrostatisches** ≗ [PT] / electrostatic sensing || **fotoelektrisches** ≗ [PT, PC] / photoelectric sensing, photoelectric reading || **mechanisches** ≗ [PT, PC] / mechanical sensing || **optisches** ≗ [OCR] / optical scanning || **pneumatisches** ≗ [PT] / pneumatic sensing

Abfühlfehler *m* [PT, PC] / reading error, read error, read parity error

Abfühlstation *f* [PT, PC] / sensing station, reading station || ≗ (bei welcher die Abtastung mit Hilfe von Kontaktbürsten erfolgt) [PT, PC] / brush station

Abfühlstift *m* (z.B. beim Anbausender zum elektromechanischen Abtasten) [PT, TP] / pecker || ≗ (Einzelteil einer Kontaktbürste) [PT, PC] / sensing finger, sensing pin

Abfühlung bei ruhender Karte [PC] / static sensing || **elektrische** ≗ [PT, PC] / brush sensing, electrical sensing, brush reading || **elektrostatische** ≗ [PT] / electrostatic sensing || **fotoelektrische** ≗ [PT, PC] / photoelectric sensing, photoelectric reading || **mechanische** ≗ [PT, PC] / mechanical sensing || **optische** ≗ [OCR] / optical scanning || **pneumatische** ≗ [PT] / pneumatic sensing

Abfühlwiederholung *f* [PT, PC] / rereading

Abgabefläche *f* [Sc] / electron-emitting area

abgefertigt, Abschlußunterbrechung

nicht ~ [OS] / termination interrupt pending
abgehängt, logisch ~e Station [RDp] / intercepted station
abgehend·es Signal [TP] / outgoing line signal || **~er Verkehr** [ES] / outgoing traffic, outbound traffic
abgekürzte Sortiereinheit [Dp] / abbreviated item
abgelaufen·e Zeit (z.B. verwendete CPU-Zeit) [Dp] / elapsed time || **der Bytezähler ist ~** [Sw] / the byte count is exhausted
abgeleitet *adj* [PL/1] / derived
abgeschlossen·e Anweisung [PL/1] / balanced unit || **~es Unterprogramm** [Sw] / closed subroutine, linked subroutine || **~er Zweig** (DIN 44300, März 1972) [Sw] / closed branch
abgesetzt·es Endgerät [DT] / remote terminal, remote station || **~e Peripherie** [Hw, MCS] / remoted equipment, remote equipment || **~es Signal** [ES] / extended alarm || **~e Wahl** (zuerst 0 mit Wählscheibe, dann Tastaturwahl) [ES] / interrupted dialing
abgestimmt, aufeinander ~e Programme [Sw] / set of programs, line of programs
abgetastete Zellenfläche [OCR] / cell area
Abgleich *m* [ADp, NC] / compensation || **~arbeit** *f* [RDp, Tr] / balancing
abgleichen *v* [ES] / line up (repeater section, etc.)
abgleichende Rückkopplung [Dp, NC] / compensating feedback
Abgleich·kondensator *m* [Tr] / trimming capacitor, balancing capacitor || **~liste** *f* [Serv, TP] / adjustment chart || **~schaltung** *f* [ADp, NC] / compensating circuit
abgriffest *adj* [Hw] / wearproof (markings, etc.)
Abgriffunktionsgeber *m* [ADp] / tapped-potentiometer function generator
abhängig·er Betrieb [RDp] / remote mode || **~e Variable** [Th] / dependent variable || **~-von-Angabe** *f* [Cobol] / depending on option
abheben *v* (sich) / (of noise) to stand out above
Abhilfemaßnahme *f* / remedial measure
abisolieren *v* [Serv] / skin, strip (insulation, etc.)
Abisolier·werkzeug *n* [Serv] / skinning tool || **~zange** *f* [Serv] / wire stripper
abklemmen *v* [Serv] / disconnect (wire, etc.)
Abklingzeit *f* [Sc, Co] / pulse fall time, decay time, pulse decay time
Abkürzung *f* [Th] / (i) abbreviation, (ii) contraction
Ablage voll (Anzeige am Gerät) [OCR] / stacker full || **gesteuerte ~** [PC] / program-controlled card stacker, select stacker, controlled stacker || **Papierzuführung und ~** [HSP] / forms stand stacker || **versetzte ~** [PC] / offset stacker || **~befehl** *m* [Sw] / stacker select command || **~datei** *f* (Datei, deren Existenz nicht mit dem Ende jener Auftragsabwicklung enden muß, aus der heraus sie geschaffen wurde) (DIN 66200E T1, März 1974) [DpC] / permanent file
Ablagefach *n* (für Belege usw.) [OCR] / forms stacker || **~** (für Lochkarten, Druckerpapier usw.) [PC, HSP] / stacker, receiver || **in das zweite ~ aussteuern** [PC] / to route to the reject stacker || **~auswahl** *f* [OS] / stacker select || **~wechsel** *m* [PC] / overflow stacking
Ablageloch *n* [HSP] / binder hole
Ablagerung, chemische ~ [Sc] / chemical deposition
Ablage·schacht (für Lochkarten) (s. Kartenablagefach) || **~steuerung** *f* [PC] / stacker control, stacker selection || **Papierzieh- und ~vorrichtung** [HSP] / powered forms stacker
Ablauf *m* [Hw] / (hardware) operation || [Sw] / (logic) operation || [Dp] / execution (of program, etc.) || [Sw] / procedure || **~** (Funktionsablauf) [ES] / function, functional sequence || **~** (Befehlszyklus) [Dp] / instruction cycle || **~** (eines Programms) [Sw] / program run || **~** (bei einen Zählwerk usw.) [Hw] / runout || **~** (Folge von Operationen) [Dp] / sequence of operations, operational sequence || **~ des Maschinenprogramms** [Sw] / object run || **~ des Programms mit Monitor** [Sw] / program execution with monitor, program run under monitor control || **~ des Programms ohne Monitor** [Sw] / program execution without monitor, program run without monitor control || **folgegebundener ~** [Dp, Tr] / serial operation (as opposed to "parallel operation") || **Prozedur für den ~ der Datenübertragung** [Tr] / control procedure || **schritthaltender ~** [Dp] / real-time operation, real-time working
Ablaufanforderung *f* [Dp] / sequence request, routine request ||

programmierte ≗ [Dp] / programmed sequence request
Ablaufanforderungs·auswahl *f* [Dp] / sequence request selection || ≗**bit** *n* [Dp] / sequence request bit || ≗**code** *m* [Dp] / sequence request code || ≗**coderegister** *n* [Dp] / sequence request code register || ≗**hilfsregister** *n* [Dp] / sequence request auxiliary register || ≗**register** *n* [Dp] / sequence request register || ≗**steuerung** *f* [Dp] / sequence request control || ≗**wortausgabe** *f* [Dp] / sequence request word output
Ablauf·anweisung *f* (bei Closed-shop-Aufträgen usw.) [DpC] / run chart, run diagram (indicating files and data to be input and output and the various peripheral units required for a run or series of runs) || ≗**auswahl** *f* [Dp] / sequence selection
ablaufbereit *adj* [Sw] / loadable, executable || **~es Programm** [Sw] / loadable program, executable program, operable program
Ablauf·beschreibung *f* [Dp] / operational sequence description || ≗**coderegister** *n* [Dp] / sequence code register
Ablaufdiagramm *n* (Oberbegriff zu Datenflußplan, Programmablaufplan und Befehlsdiagramm) [Sw] / flowchart, flow diagram, process chart, flow-process diagram || ≗**sinnbild** *n* [Sw] / flowchart symbol, flow diagram symbol
ablaufen *v* [Dp] / (of program, etc.) execute, to be executed, run, to be run || **ohne Steuerung des Monitors** ~ [Sw] / to run without monitor control, to be executed without executive control || **unter Steuerung des Monitors** ~ [Sw] / to run under monitor control, to be executed under monitor control
ablaufendes Programm (s. aktuelles Programm)
Ablaufende *n* [OS] / termination interrupt
ablauffähig *adj* [Sw] / loadable, executable || **~er Maschinenbefehl** [Sw] / executable machine instruction || **~e Phase** [Sw] / loadable phase || **~es Programm** [Sw] / loadable program, executable program, operable program
Ablauffolge *f* [Dp] / sequence of operations || ≗**steuerungsprogramm** *n* [OS] / executive sequencer program
ablaufinvariant *adj* [Sw] / reenterable, reentrant (program, etc.) || **~es Programm** [Sw] / reenterable program, reentrant program
Ablauf·koordinierung *f* [OS] / sequence coordination || ≗**linie** *f* (zwischen den Sinnbildern eines Programmablaufplans) (DIN 66001, Sept. 1977) [Sw] / flowline || ≗**objekt** *n* [PCC] / executable object || ≗**parameter** *m* [Dp, Sw] / runtime parameter
Ablaufplan (s. Ablaufdiagramm) || ≗ (s. Programmablaufplan) || ≗**sinnbild** *n* [Sw] / flowchart symbol, flow diagram symbol
Ablauf·priorität *f* [OS] / sequence priority || ≗**protokoll** *n* (Protokoll bei Programmtests, das der Überwacher liefert) [OS] / tracer listing || ≗**richtung** *f* [Sw] / flow direction || ≗**schaubild** (s. Ablaufdiagramm) || ≗**schema** (s. Ablaufdiagramm) || ≗**sprung** *m* [Dp] / transfer of control
Ablaufsteuer·karte *f* [Sw] / job control card || ≗**rechner (ASR)** (Eisenbahn) *m* [PCC] / hump control computer
Ablaufsteuersprache *f* [OS] / executive control language (ECL) || **Makroaufruf in** ≗ [OS] / ECL macro
Ablaufsteuerung *f* [PL/1] / flow of control, control || ≗ (Prinzip) [OS] / job sequencing, executive sequencing
Ablaufsteuerungs·programm *n* [OS] / executive sequencer program || ≗**routine** *f* [OS] / task dispatcher
Ablaufsystem *n* [PCC] / execution system, run time system
Ablaufteil *m* (Teil des Organisationsprogramms) [OS] / executive, executive routine, supervisory routine, supervisor, operations supervisor || **Bedienungsaufruf an den** ≗ [OS] / executive command || **Bedienungshilfen des** ≗**s** [OS] / executive console routines || **Benutzerprogramm-**≗ *m* [Sw] / user program supervisor || **Bestandteile des** ≗**s** [OS] / executive components || **Erweiterungsprogramm des** ≗**s** [OS] / executive extension routine || **Makroaufruf an den** ≗ [OS] / executive communication macro || **Meldung des** ≗**s** [OS] / executive typeout || **Mitteilungsbereich des** ≗**s** [OS] / supervisor communication region, communication region || **Störung im** ≗ [OS] / executive breakdown || **Tabelle des** ≗**s** [CU] / executive table || ≗**-Aufruffolge** *f* [OS] / executive calling sequence || ≗**erweiterung** *f* [OS] / executive extension || ≗**makro** *m* [OS] /

executive macro || ²überlagerungsphase *f* [OS] / executive overlay phase || ²**unterprogramm** *n* [OS] / executive subroutine

Ablauf·überwacher *m* [OS] / tracer, tracing program || ²**unterbrechung** *f* (Zustand, in dem die Übermittlungsvorschrift nicht eingehalten wird) (DIN 44302, Apr. 1979) [Tr] / exception condition || ²**unterbrechung** (DIN 66019, Mai 1976) [Tr] / interrupt || ²**verfolger** *m* [OS] / tracer, tracing program || ²**verfolgung** *f* [OS] / trace || ²**verteilregister** *n* [OS] / sequence forwarding register || ²**vorbereiter** *m* [PCC] / job control program || ²**zähler** *m* [OS] / sequence counter || ²**zeit** *f* [Dp] / execution time

Ablege·anweisung *f* [PL/1] / put statement || ²**datei** *f* [PL/1] / put file || ²**folge** *f* [PL/1] / put string

ablegen *v* [DpC, Dp] / file

Ablegezeichenfolge *f* [PL/1] / put string

ableiten *v* [Serv] / bleed off (static charges, etc.)

Ableitungs·koeffizient *m* (Heißleiter) [Sc] / thermal leakage coefficient || ²**konstante** *f* (Heißleiter) [Sc] / thermal leakage constant || ²**widerstand** *m* [Sc] / leakage resistance

Ablenkeinheit *f* [HSP] / deflection unit || **akustooptische** ² [HSP] / acousto-optical deflection unit

Ablenk·elektronik *f* [VDT, HSP] / deflection electronics || ²**empfindlichkeit** *f* [VDT] / deflection sensitivity

Ablenker *m* [HSP] / deflector

Ablenkplatte *f* [VDT] / deflecting plate

Ablenksignal *n* [VDT] / input signal || **analoges Hellsteuer- und** ² [VDT] / analog brightness and deflection signal

Ablenk·spannung *f* [VDT] / deflecting voltage || ²**spule** *f* [VDT] / deflecting coil || ²**system** *n* [HSP] / deflection system, deflector || ²**thyristor** *m* (Zeilenablenkung) [Typ, Sc] / deflection thyristor || ²**verfahren** *n* [VDT] / deflection method || ²**winkel** *m* [HSP] / angle of deflection

ablesbar *adj* [Hw] / readable

ablesen *v* / read (instrument, etc.) || ~ **von** / read (off) (scale, etc.)

Ablese·stellung *f* [Hw] / read position || ²**zahl** *f* [M] / read-around number || ²**zähler** *m* [Hw] / read counter || ²**zeit** *f* [M, Co] / read cycle time || ²**zykluszeit** *f* [M, Co] / read cycle time

Ablesung, direkte ² [DT] / direct reading

Ablochbeleg *m* [PC] / punch form

ablochen *v* [PT, PC] / punch, perforate (card, tape, etc.) || *n* [PT, PC] / punching, perforating (of card, tape, etc.)

Abloch·fehler *m* [PT, PC] / punch error, punching error || ²**vordruck** *m* [PC] / punch form

ablöten *v* [Serv] / unsolder, desolder

Abluft *f* (Lüftungs-, Klimaanlage) [Hw, DpC] / exhaust air, exit air

abmanteln *v* [Serv] / to remove the sheathing from (cable, etc.)

Abmeldeanforderung *f* [VS, RDp] / logoff request

abmelden *v* [VS, RDp] / sign off, log off (in order to end a terminal session)

Abmeldung *f* [VS, RDp] / logoff

Abmessungen *f pl* [Hw] / dimensions, physical dimensions

Abmessungsdiagramm *n* [Hw, NC] / dimensional drawing

Abnahme·anweisung *f* [QC] / acceptance test procedure || ²**bedingung** *f* [QC] / acceptance specification || ²**kontrolle** *f* [MCS, QC] / acceptance test || ²**protokoll** *n* [QC] / acceptance certificate

Abnahmeprüfung *f* (durch den Kunden) [MCS, QC] / acceptance test || ² **am Einsatzort** [Hw, QC] / acceptance test on site, on-site acceptance test

Abnahmetest *m* [MCS, QC] / acceptance test

Abnehmer·adresse *f* [ES] / serving port address || ²**bündel** *n* [ES] / serving trunk group

Abnehmerleitung *f* [ES] / serving line, serving port || **teilweise gemeinsame** ² [ES] / partially common serving trunk

Abonnementvertrag *m* [Dist, Serv] / maintenance contract

Abo-Vertrag *m* [Dist, Serv] / maintenance contract

Abrechnungs·computer *m* [Dp] / accounting computer || ²**datei** *f* [OS] / job account file || ²**daten** *plt* [OS] / job account data, accounting data || ²**maschine** *f* [Hw, Off] / accounting machine || ²**protokoll** *n* [DpC] / job account log, job account report, job account listing || ²**routine** *f* [Dp] / accounting routine || ²**system** *n* [OS] / job accounting system

Abreißdiode *f* [Sc] / snapoff diode, step-recovery diode, charge-storage diode

abreißen *v* [HSP] / tear (paper to a clean edge, etc.)

Abriebfestigkeit *f* [PT, PC] / resistance to

abrasion
Abriß·kante *f* (Kurzlochkarte) [PC] / tearoff edge || **~karte** *f* [PC] / scored card, stub card || **~kartenzusatz** *m* [PC] / scored card feature || **~lochkarte** *f* [PC] / scored card, stub card || **~position** *f* (Kurzlochkarte) [PC] / tearoff position
Abrollgerät *n* (für Drähte, Leitungen usw.) [Hw, Serv] / wire dispenser
Abruf *m* [RDp] / attention || **~anforderung** *f* [VS, RDp] / solicit request
Abrufbetrieb *m* (Teilnehmerstelle) [TP, ES] / character call forward operation, character callin operation || **~** (DIN 44300, März 1972) [RDp, Tr] / polling mode || **~ mit Dauerkriterium** [TP] / character readout (mode) in response to an external continuous signal || **~ mittels Einzelimpulsen** [TP] / character readout (mode) in response to external single pulses || **automatischer ~** [RDp] / autopolling || **im ~ arbeiten** [TP, ES] / to operate under external pulse release conditions || **Lochstreifensender für ~** [TP] / automatic transmitter with controlled tape-feed mechanism
Abruf·datei *f* [Sw] / demand file || **~dauerkriterium** *n* [ES, TP] / continuous call signal
abrufen *v* (aus einem Speicher) / call in, fetch (data, characters, etc.) from a storage || **Daten ~** [Dp, Sw] / to recall data || **zyklisch ~** [RDp] / poll (terminals, etc.)
Abruf·impuls *m* [ES] / call pulse || **~operation** *f* [VS, RDp] / solicit operation || **~position** *f* [PCC] / scan position || **~schaltung** *f* [ES] / pickup circuit, readout control circuit || **~schutz** *m* [DS] / fetch protection || **~unterbrechung** *f* [RDp] / attention interrupt || **~zyklus** *m* [Mp] / fetch cycle
Abrundungsfehler *m* [Th] / roundoff error, rounding error
Absatz *m* [HSP, Typ, TES] / paragraph || **~durchschuß** *m* [Typ, TES] / interparagraph lead || **~zähler** *m* [Sw] / paragraph counter
Absaug·filter *n* [Hw] / exhauster filter, exhauster filter assembly || **~haube** *f* [Hw] / exhauster hood || **~kohlefilter** *n* [HSP] / exhauster charcoal filter (main filter) || **~vorfilter** *n* [HSP] / exhauster prefilter (filter mat) || **~vorrichtung** *f* (RZ-Belüftung) [DpC] / exhaust system
Abschaltautomatik *f* [PCC] / automatic switchoff unit
abschaltbar durch den Bediener [Hw] / (device, etc.) that can be operator-disabled, that can be rendered inoperable by the operator
Abschaltekontakt (s. Abschaltkontakt)
abschalten *v* [Sc] / cut off (transistor, etc.) || [Sc] / de-energize (circuit, etc.) || [Hw] / shut down, disconnect, disable (device, etc.) || *n* [Hw, Dp] / (system, etc.) shutdown, disconnect
Abschalteprogramm (s. Abschaltprogramm)
Abschalt·kontakt *m* [Hw] / disabling contact || **~programm** *n* [Sw] / shutdown program, disconnect program || **~thyristor** *m* [Sc] / turnoff thyristor
Abschaltung *f* [Sc] / cutoff (of transistor, etc.) || [Hw] / (system, etc.) shutdown, disconnect
Abschalt·verlust *m* [Sc] / breaking loss || **~vorgang** *m* (Strom) [DpC] / power-down cycle
Abscheidungskoeffizient *m* [Sc] / segregation coefficient
Abschirmung, HF-~ *f* [MT] / RF shielding
Abschlagrechnung, prozentuale ~ (Taste) (DIN 9757E, Okt. 1977) [Calc] / percent minus key
abschließen *v* [Dp] / terminate (computer run, etc.) || [PL/1] / close || **eine Datei ~** [OS] / to close a file
abschließend·er Speicherauszug [Dp, OS] / terminal dump || **~es Zwischenraumzeichen** [HSP, Typ] / trailing space
Abschlußanforderung *f* [Dp] / termination request
Abschlußanweisung *f* [Cobol] / close statement || [PL/1] / close statement
Abschluß·prozedur *f* [Sw] / termination procedure || **~teil** *m* [Sw] / termination segment || **~test** *m* (letzte Prüfung eines Programms) [Sw] / final program test
Abschlußunterbrechung *f* [Dp, Sw] / termination interrupt || **~ nicht abgefertigt** [OS] / termination interrupt pending
Abschlußzyklus *m* [Dp, Sw] / termination cycle
abschneiden *v* [Algol] / truncate || *n* [Cobol] / truncation || **~ der Führungslöcher** [HSP] / trimming
Abschneid-Funktion *f* [PL/1] / trunc (builtin) function
Abschnitt *m* (Abschnittsmarke) [MT] / tape mark || **~** (Programmsegment) [VS, Sw] / segment || **~** *f* (einer Druckschrift) [DOK, IDS] / paragraph

Abschnitts·etikett *n* (zur Kennzeichnung von Abschnittsmarken) [MT] / tape mark label || **²karte** *f* [PC] / scored card, stub card
Abschnittsmarke (AM) *f* [MT] / tape mark (TM), control mark || **doppelte ²** [MT] / double tape mark || **um eine ² rücksetzen** [MT] / to backspace one tape mark || **um eine ² vorsetzen** [MT] / to unwind one tape mark
Abschnittsmarken·bereich *m* [MT] / tape mark area || **²zähler** *m* [MT] / tape mark counter
Abschnitts·name *m* [Sw] / section name || **²trennung** *f* [ES] / alignment function
abschnittweise Datenverarbeitung (s. Stapelverarbeitung) || ~ **übertragen** [ES] / to transmit section by section
Abschnürspannung *f* (Verarmungs-FET, MOS-Transistor) [Sc] / pinchoff voltage
Absender·kennung *f* [ES] / originator indicator, source identifier || **²teil** *m* [ES] / origin section (of message, etc.)
Absenk- und Ausfahreinrichtung [OCR] / lowering and pull-out mechanism
Absenk·hebel *m* [HSP] / lowering lever || **²vorgang** *m* [OCR] / lowering of the stacker
absetzen *v* [Sw] / relocate (routine, etc.) || **ein Programm** ~ [Sw] / to initiate a program, to execute a program || **eine Nachricht** ~ [Sw] / to transmit a message || **einen Literalbereich** ~ [Sw] / to relocate a literal pool
AB-Signal *n* [ES] / call confirmation signal
absolut *adj* [Sw] / absolute (value, etc.) || **~e Adresse** [Sw] / absolute address, specific address, actual address || **~e Adressierung** [Sw] / absolute addressing, specific addressing || **~er Assembler** [OS] / absolute assembler || ~ **aufrunden** (maschinell runden, wobei der letzten verbleibenden Dezimalstelle eine 1 zugezählt wird, wenn die werthöchste abgestrichene Stelle einen Wert größer Null hat) (DIN 9757E, Okt. 1977) [Calc] / round up (digit, etc.) || **~er Ausdruck** [Sw] / absolute expression || **~er Code** [Sw] / absolute code || **~e Codierung** [Sw] / absolute programming || **~er Elementarausdruck** [Sw] / absolute term || **~er Fehler** [Th] / absolute error || **~e Gerätenummer** [Algol] / physical unit number || **~e Grenzdaten** [Sc] / absolute maximum ratings || **~er Grenzwert** [IC] / absolute limiting value || **~e Konvergenz** [Th] / absolute convergence || **~er Lader** [OS] / absolute loader, absolute program loader || **~er Maschinennullpunkt** (Nullage) [NC] / absolute zero || **~es Maßsystem** [Th] / absolute system || **~er Operationscode** [Sw] / absolute operation code || **~e Programmierung** (s. absolute Codierung) || **~e Remission** [OCR] / absolute reflectance || **~e Speicheradresse** [Sw] / absolute storage address || **~e Spuradresse** [Dp] / absolute track address || **~es Symbol** [PL] / absolute symbol || **~er Vektor** [COM, GrDp] / absolute vector || **~e Verschlüsselung** [Sw] / absolute programming || **~e Verzögerung** [NC] / absolute delay
Absolutbetrag *m* [Th] / absolute value || **²lader** *m* [OS] / absolute loader, absolute program loader || **²programmierung** (s. absolute Codierung) || **²schwelle** *f* [Cy] / absolute threshold, absolute limen
Absolutwert *m* [Th] / absolute value || **²darstellung** *f* [Th] / absolute value representation || **²geber** *m* [Dp, Meas] / absolute value device || **²zeichen** *n* [Th] / absolute value sign
Absolut·zeiger *m* [PL] / ..pointer || **²zeitgeber** *m* [PCC] / real-time clock
Absorption *f* [Sc] / absorption
abspeichern *v* [Dp] / store (data, etc.)
Abspeicherroutine *f* [Sw] / storing routine
abspulen *v* [PT] / unwind (tape, etc.)
Abspulrolle *f* [PT] / supply reel, takeoff reel
Abstand der Bandsprossen (DIN 44300 Bbl, Jan. 1977) [MT] / frame spacing || **² der Taktmarken** [OCR] / timing mark pitch || **² zwischen Quelle und Senke** [Sc] / source-drain spacing
Abstandsbit *n* [PCC] / spacing bit
absteigend *adj* [Cobol] / descending || **~e Priorität** [RDp, Tr] / descending order of priority || **~e Reihenfolge** [Sw] / descending order, descending sequence || **~er Sortierbegriff** (Sortierschlüssel) [Cobol] / descending key || **~er Verkehr** [ES] / descending traffic (e.g., traffic flow from switching center to concentrator)
Abstimm·karte *f* [PT, DS] / summation check card, sum check card || **²summe** *f* [DS] / check total, checksum, proof total
Abstrahieren, automatisches ² [DOK, IDS] / automatic abstracting

abstrakt·er Automat [Th] / abstract automaton || **~e Mathematik** [Th] / abstract mathematics
abstreichen *v* (Vorgang, bei dem eine bestimmte Anzahl von Stellen einer Zahl, beginnend mit der niedrigsten Stelle, wegfällt) (DIN 9757E, Okt. 1977) [Calc] / round down, truncate, cut off (digits, etc.)
Abstreichtaste *f* (DIN 9757E, Okt. 1977) [Calc] / round-down key
Abstreifer *m* (Umdruckcorotron) [HSP] / wiper
absuchen *v* [Dp] / search || **einen bestimmten Speicherbereich ~** [PCC, CP] / to scan a certain storage area || **≗ einer Datei** [Dp] / file searching || **automatisches ≗ der Modulbibliothek** [OS] / automatic module library search, autolink
Abszisse *f* [Th] / abscissa, X-coordinate
Abszissenachse *f* [Th] / abscissa axis, X-axis
Abtast·befehl *m* [OCR, TP, NC] / scan command || **≗block** *m* [HSP] / sensor block || **≗bürste** *f* [PT, PC] / reading brush, sensing brush
Abtasteinheit *f* [OCR, NC] / scanning unit || [HSP] / sensing unit
Abtasteinrichtung *f* [OCR, TP, NC] / scanning device, scanner
Abtastelement *n* (Leser) [TP] / scanning element || **≗ für die Taktabtastung** [TP] / scanning element for timing the disk scanning || **optoelektronisches ≗** [MT] / optoelectronic scanner
abtasten *v* (elektrisch, magnetisch, optisch, oder mechanisch) [IO] / sense, read (OCR characters, MICR characters, holes in punched cards or paper tape, magnetic spots on tape, drums, etc.) || ~ (= abfragen, ablesen) [ES] / read off (signal, etc.) || ~ *v* (= Zustand von physikalischen Zuständen, Bedingungen, Prozessen usw. abfragen) [PCC] / sample (signal, pulse, etc.), scan (circuit, line, etc.) || ~ *v* (Raster, Zeilen usw.) [OCR] / scan (pattern, image, etc.) || **einen bestimmten Speicherbereich ~** [PCC, CP] / to scan a certain storage area || **≗** *n* (elektrisch, magnetisch, optisch oder mechanisch) [IO] / sensing, reading (of paper tape, card, etc.) || **elektrisches ≗** [PT, PC] / brush sensing, electrical sensing, brush reading || **elektrostatisches ≗** [PT] / electrostatic sensing || **fotoelektrisches ≗** [PT, PC] / photoelectric sensing, photoelectric reading || **magnetisches ≗** [MT, MD, MC, MDr, MICR] / magnetic reading || **mechanisches ≗** [PT, PC] / mechanical sensing || **optisches ≗** [OCR] / optical scanning || **pneumatisches ≗** [PT] / pneumatic sensing
Abtaster *m* [OCR, ES] / scanner || **≗** (Typenscheibe) [TP] / photoelectric switch || **≗** (Funktionseinheit für zeitlich gerasterte Abfrage eines Eingangssignals) (DIN 66201, Aug. 1971) [PCC] / sampler, sampling controller || **Bandanfangs-Bandende-≗** *m* [KtT] / BOT/EOT scanner || **fotoelektrischer ≗** [TP] / photoelectric scanner || **optischer ≗** [PT, PC] / photoelectric reader
Abtast·fehler *m* [PT, PC] / reading error, read error, read parity error || **≗feld** *n* [OCR] / scannable field || **≗frequenz** *f* (DIN 66201, Aug. 1971) [PCC] / sampling frequency || **≗impuls** *m* [M, ES] / strobe pulse, sample pulse || **≗intervall** *n* [PCC] / sampling interval || **≗kopf** *m* [PT, PC] / sensing head || **≗kreis und Haltekreis** [PCC] / sample and hold || **≗linie** *f* [VDT] / action line || **≗matrix** *f* [OCR] / scan matrix || **≗punkt** *m* [VDT] / action spot || **≗regelung** *f* [PCC, AC, Cy] / sampled-data control || **≗schaltung** *f* [OCR] / scanner circuit || **≗scheibe** *f* [OCR] / scanning disk, scanner disk || **≗strahl** *m* [OCR] / scanner beam || **≗system** *n* [PCC] / sampling system || **≗theorem** *n* [Th] / sampling theorem
Abtastung, elektrische ≗ [PT, PC] / brush sensing, electrical sensing, brush reading || **elektrostatische ≗** [PT] / electrostatic sensing || **fotoelektrische ≗** [PT, PC] / photoelectric sensing, photoelectric reading || **kontinuierliche ≗** [PE] / continuous reading || **magnetische ≗** [MT, MD, MC, MDr, MICR] / magnetic reading || **mechanische ≗** [PT, PC] / mechanical sensing || **optische ≗** [OCR] / optical scanning || **pneumatische ≗** [PT] / pneumatic sensing
Abtast·verfahren *n* [OCR] / scanning method || **≗vorrichtung** *f* [OCR, TP, NC] / scanning device, scanner || **≗wert** *m* [TP] / scan result || **≗zeile** *f* [OCR] / scan line
Abtastzeit *f* [VDT] / action period || **≗abstand** *m* [ES] / object scanning interval || **≗punkt** *m* [Th] / sampling time, scanning time || **≗raster** *m* [ES] / sampling time-slot pattern
Abtastzone *f* [OCR] / character sensing

field, scan band
Abtastzyklus *m* [ES] / scan cycle || **≗kanal** *m* [ES] / scan cycle channel
abtrennen *v* (z.B. Systemeinheiten von Online-System) [Dp] / disconnect, split off
Abtropfschale *f* [HSP] / drip tray
abundante Zahl [Th] / redundant number
Abwärtszähler *m* [Mp] / decrementer
abwechselnde Textübertragung [RDp] / alternate text transfer
Abweichungssignal *n* [PCC, NC] / deviation signal
Abweissignal *n* [ES] / nonacceptance signal
Abwickel·einrichtung *f* [TP] / tape unwinder || **≗geschwindigkeit** *f* [PT, MT] / take-off speed || **Lochstreifen-≗kassette** *f* [PT] / tape unwinder magazine
abwickeln *v* [DpC, Dp] / handle (job, etc.) || [PT] / unwind (tape, etc.) || **Verkehr ~** [ES] / to deal with traffic, to handle traffic
Abwickel·rolle (s. Vorratsspule) || **≗spule** (s. Vorratsspule) || **≗teller** *m* [PT] / unwinding plate || **≗vorrichtung** *f* [PT] / unwinder, tape unwinder || **≗welle** *f* (Filz, Vlies) [HSP] / supply-roll spool, supply spool
Abwicklung *f* [DpC, Dp] / handling (of job, etc.), execution (of process, task, etc.) || **≗ vom Kern** [PT] / unwinding from the center || **≗ von der Peripherie** [PT] / unwinding from the periphery
Abzählkette *f* [ES] / counting chain, counting decade
Abzug *m* (Belegleser) [OCR] / document picking || **≗** (Markierungsleser) [OCR] / sheet picking || **≗** (aus einem peripheren Speicher) [PE, Sw] / storage dump || **≗** (aus dem Arbeitsspeicher) (s. Speicherabzug)
Abzugs·art *f* [OCR] / feeding mode || **≗format** *n* [M, Sw] / dump format, display format || **≗messer** *n* [OCR] / picker knife || **≗routine** *f* [Sw] / dump routine || **≗vorrichtung** *f* [OCR] / picker, separator
Abzweigstelle *f* [RDp, Tr] / branch, branch-off point
Abzweigungszeichen *n* [HSP] / junction character
Achse *f* [Th, GrDp] / axis || **X-≗** *f* [Th] / abscissa axis, X-axis || **Y-≗** *f* [Th] / ordinate axis, Y-axis
Acht-Bit-Byte *n* [Th] / 8-bit byte, octet
Achter·alphabet *n* [Th] / eight-level code || **≗gruppe** *f* (8er-Gruppe) [ES] / 8-USS group, group of 8 converter circuits, 8-word block
Acht·-Kanal-Lochstreifen *m* [PT] / eight-track punched tape, 8-track tape || **≗-Schritt-Zeichen** *n* [ES] / 8-level character, 8-bit character, 8-unit character || **≗-Spur-Lochstreifen** *m* [PT] / eight-track punched tape, 8-track tape
ACIA (E/A-Interfaceschaltung für seriell arbeitende Peripheriegeräte) [IO, PCC] / asynchronous communications interface adapter (ACIA)
ACO (Optimierregelung, die mit Hilfe eines Prozeßmodells den Fertigungsprozeß zu einem Optimierungsziel führen soll) [PCC, AC, PrC] / adaptive control optimization (ACO)
Adabas *n* (Datenbank-Managementsystem der Software AG mit Zugriff über invertierte Dateien für abfrageintensive Aufgaben) (Rtm.) [IDS] / Adabas (= adaptable data base management system)
ADAPT (Programmiersprache für numerische Steuerung) [PL] / ADAPT (Air Material Command Developed APT)
Adaptation *f* [Cy] / adaptation, adjustment
Adapter *m* [Hw] / adapter, adapter unit || **≗** (Flachbaugruppentest) [Hw, Sc] / extender board || **Anlagen-≗programm** *n* [Sw] / site adapter
adaptiv *adj* [Hw, Cy] / adaptive || **~er Laufzeitentzerrer** [Tr] / adaptive delay equalizer || **~es Prozeßmodell** (DIN 66201, Aug. 1971) [PCC] / adaptive process model || **~es Steuersystem** [NC, Cy] / adaptive control system || **~e Steuerung** [NC] / adaptive control
Addend *m* (2. Summand) [Th, ALU] / addend
Addendenregister *n* [ALU] / addend register
Addier·befehl *m* [Sw] / add instruction || **≗einrichtung** (s. Addierglied)
Addieren normalisiert erweitert (AXR) [OS, Befehl] / Add normalized extended || **≗ Wort (A)** [OS, Befehl] / Add (A)
Addierer (s. Addierglied) || **algebraischer ≗** [Cir, CP, ALU] / algebraic adder
Addierglied *n* (DIN 44300, März 1972) [ALU] / digital adder, adder || **≗ mit drei Eingängen** [ALU] / three-input adder || **≗ mit zwei Eingängen** [ALU] / two-input adder

Addier·locher *m* [PT, PC, Off] / add-punch machine || **~maschine** *f* [Off] / adding machine || **~schaltkreis** *m* [ALU] / adding circuit
Addier-Subtrahierwerk *n* [ALU] / adder-subtractor
Addierwerk *n* [ALU] / digital adder, adder || **einstelliges ~** *f* [Cir, ALU] / one-digit adder, half adder
Addierzähler *m* [ALU] / adding counter, accumulating counter
Addition *f* [Th, ALU] / addition || **echte ~** [ALU] / true add || **iterative ~** [Th] / iterative addition || **komplementäre ~** [ALU] / complement add || **logische ~** [Cir, SA] / logic addition, Boolean addition || **nichtlöschende ~** [ALU] / nondestructive addition || **übertraglose ~** [ALU] / false add
Additions·anweisung *f* [Cobol] / add statement || **~befehl** *m* [Sw] / add instruction || **~funktion** *f* [PL/1] / add (builtin) function || **~kontrollbuchse** *f* [PC] / plus hub || **~maschine** *f* [Off] / adding machine || **~rad** *n* [Off] / adding wheel || **~register** *n* [ALU] / electronic accumulating register || **~schaltung** *f* [ALU] / adding circuit || **~stanzer** *m* [PT, PC, Off] / add-punch machine || **~streifen** *m* [Hw] / addition slip, adding tape
Additions-Subtraktionszeit *f* [ALU] / add-subtract time
Additions·tabelle *f* [ALU] / addition table || **~taste** *f* [Calc] / add key || **~übertrag** *m* [ALU] / add carry || **~zähler** *m* [Cir, ALU] / accumulating counter || **~zeit** *f* [ALU] / add time
additiv·er Code [Th] / additive code || **~er Fehler** [Sw] / accumulated error || **~er Feldrechner** [ADp] / distributed array processor
adjungiert·e Matrix [Th] / adjoint matrix || **~es System** [Th] / adjoint system
Adjunktion (DIN 66000, Juni 1975) (s. ODER-Funktion)
A/D-Konverter *m* [PCC] / analog-to-digital converter (ADC), analog-digital converter, A-D converter
administrative Datenverarbeitung [CSw] / administrative data processing
Admittanz *f* [Cir] / admittance || **~matrix** *f* [Cir, Sc] / admittance matrix
Adreß·... (cf. „Adressen...") || **~absolutierung** *f* [PCC, OS] / absolute address resolution || **~addierer** *m* [ALU] / address adder || **~anhang** *m* [M] / address appendix
adreßarithmetischer Befehl [Sw] / address modification instruction
Adreß·attribut *n* [PL] / address value attribute || **~ausdruck** *m* [PCC] / address expression || **Sortieren mit ~ausgabe** [Sw] / tag sort
Adreßbefehl *m* [Sw] / address instruction || **Drei-plus-Eins-~** *m* [Sw] / three-plus-one address instruction, four-address instruction || **Eins-plus-Eins-~** *m* [Sw] / one-plus-one address instruction, one-plus-one instruction, two-address instruction
Adreß·bereich *m* [VS] / address range || **~block** *m* [Sw] / addressing module
Adreßbuch *n* (Tabelle, in der symbolische Adressen mit den zugehörigen echten Adressen aufgeführt sind) [OS] / symbolic address table, address table, table of addresses || **~verwaltung für Textdaten** [Sw] / maintenance of text data address table
Adreßbus *m* [Mp] / address bus || **auf dem ~ liegt die Adresse des Stapelzeigers** [Mp] / the address bus holds the pushdown stack address from the stack pointer
Adreßcode *m* [Sw] / address code || **~ansteuerung** *f* [ES] / address code selection || **~format** *n* [Sw] / address code format || **~multiplexverfahren** *n* [RDp] / address code multiplexing method
Adreß·datei *f* [OS] / address file || **~decodierer** *m* [CU] / address decoder || **~decodierung** *f* [CU] / address decoding || **~definition** *f* [Sw] / address definition || **~durchlauf** *m* [ES] / address transfer
Adresse *f* (DIN 44300, März 1972) [M, Sw] / address || **~** (DIN 44302, Apr. 1979) [Tr] / address || **~ der Abfühlinformation** [OS] / sense address || **~ für Fehlerausgang** [Sw] / abnormal return address || **absolute ~** [Sw] / absolute address, specific address, actual address || **alphanumerische ~** [Sw] / alphameric address, alphanumeric address || **äußere ~** [Sw] / external address || **binär codierte ~** [Sw] / binary-coded address || **direkte ~** [Sw] / direct address, one-level address || **echte ~** [Sw] / absolute address, specific address, actual address || **echte ~** [VS] / real address (contrasted with "virtual address") || **effektive ~** [Sw] / effective address || **eigenrelative ~** [Sw] / differential address || **explizite ~** [Sw] / explicit address || **externe ~** [Sw] / external address || **generierte ~** [Sw] / generated address, synthetic address || **implizite ~** [Sw] / implied address ||

indexierte ≗ [Sw] / indexed address || **indirekte** ≗ [Sw] / indirect address, second level address, multilevel address || **indizierte** ≗ [Sw] / indexed address || **logische** ≗ [Sw] / logic address, logical address || **physikalische** ≗ [Sw] / physical address || **provisorische** ≗ [Sw] / provisional address || **reale** ≗ [VS] / real address (contrasted with "virtual address") || **relative** ≗ [Sw] / relative address || **relative symbolische** ≗ [Sw] / relocatable symbol || **symbolische** ≗ [Sw] / symbolic address, floating address || **tatsächliche** ≗ [Sw] / absolute address, specific address, actual address || **umstellbare** ≗ [Sw] / relocatable address || **ungültige** ≗ [Sw] / invalid address || **ungültige virtuelle** ≗ [OS] / user existence error || **unmittelbare** ≗ [Sw] / immediate address, zero-level address || **unmodifizierte** ≗ [Sw] / presumptive address || **versetzbare** ≗ [Sw] / relocatable address || **virtuelle** ≗ [VS] / virtual address, immediate address, zero-level address || **wirkliche** ≗ [Sw] / absolute address, specific address, actual address || **wirkliche** ≗ [VS] / real address (contrasted with "virtual address") || **Zuordnung relativer** ≗**n** [PL] / displacement assignment

Adreßeingaberegister *n* [CP] / address input register

Adressen·... (cf. „Adreß...") || ≗**änderung** *f* [Sw] / address modification || ≗**anhangregister** *n* [M] / address appendix register || ≗**ansteuerung** *f* [Tr] / address selection || ≗**arithmetik** *f* [Sw] / address computation, address arithmetic, address calculation || ≗**aufruf** *m* [ES] / address call || ≗**aufteilung** *f* [ES] / routing line segregation

Adressenauswahl *f* [Tr] / address selection || ≗**einrichtung** *f* [Tr] / address selection unit || ≗**schalter** *m* [Tr] / address selection switch

Adressen·auswerter *m* [ES] / address interpreter || ≗**berechnung** *f* [Sw] / address computation, address arithmetic, address calculation

Adressenbereich *m* [Mp] / (range of) memory locations || **oberer** ≗ [Mp] / high-order memory locations || **unterer** ≗ [Mp] / low-order memory locations

Adressenbus *m* [Mp] / address bus || **16-Bit-**≗ *m* [Mp] / 16-bit address bus, 16-line address bus

Adressencode *m* [Sw] / address code || ≗**ansteuerung** *f* [ES] / address code selection || ≗**format** *n* [Sw] / address code format || ≗**multiplexverfahren** *n* [RDp] / address code multiplexing method

Adressen·datei *f* [OS] / address file || ≗**decodierer** *m* [CU] / address decoder || ≗**decodierung** *f* [CU] / address decoding || ≗**definition** *f* [Sw] / address definition || ≗**draht** *m* [M] / address wire, A-wire || ≗**durchlauf** *m* [ES] / address transfer

Adressenerhöhung *f* [Sw] / head switching || **automatische** ≗ [Sw] / automatic head switching, automatic address increment

Adressen·fehler *m* [Sw] / address error, addressing error || ≗**feld** *n* [Sw] / address field, address array

Adressenfolge *f* [CP] / address sequence || ≗**register** *n* [M] / sequence control register

Adressen·form *f* [Sw] / address pattern || ≗**format** *n* [Sw] / address format, addressing format

adressenfrei·er Befehl [Sw] / addressless instruction, zero-address instruction, no-address instruction || ~**es Programm** [Sw] / symbolic program

Adressenhalt *m* [ASw] / address halt || ≗**steuerung** *f* [ASw] / address halt control

Adressen·index *m* [M, Sw] / address index || ≗**karte** *f* [PC] / address card || ≗**konstante** *f* [PL] / address constant, expression constant || ≗**kopf** *m* [Sw] / address header || ≗**korrektur** *f* [Sw] / address adjustment || ≗**leerstelle** *f* [Sw] / address blank || ≗**leitung** *f* [ES] / address line || ≗**lesedraht** *m* [M] / address read wire, AR-wire

adressenlos·er Befehl [Sw] / addressless instruction, zero-address instruction, no-address instruction || ~**es Befehlsformat** [Sw] / addressless instruction format, zero-address instruction format

Adressenmarke *f* [PE, ES] / address marker

Adressenmodifikation *f* [Sw] / address modification || ≗ **durch Indexregister** [RDp, Tr] / address modification through index registers || **automatische** ≗ [Sw] / automatic address modification

Adressen·prüfung *f* [Sw] / address checking || ≗**puffer** *m* [Mp] / address buffer || ≗**rechnung** *f* [Sw] / address computation, address arithmetic, address calculation

Adressenregister *n* [CU] / address

register || **zählendes ~** [CU] / counting address register
Adressen·schalter *m* [PCC] / addressing switch || **~schlüssel** *m* [PE, OS] / address reference number || **~schreibdraht** *m* [M] / address write wire, AW-wire || **~-Signalspeicher** *m* [Mp] / address latch
Adressensteuerung *f* [PCC] / address control (control unit), address control feature || [Tr] / address selection
Adressenstopp *m* [Sw] / address stop || **~ nach dem Bereitstellen** [Sw] / staticizing memory address stop, staticizing breakpoint
Adressen·substitution *f* [Sw, ES] / address substitution || **~system** *n* [Sw] / address system || **~tabelle** *f* [OS] / symbolic address table, address table, table of addresses || **~teil** *m* (eines Befehlswortes) [Sw] / address part, address section, address portion, address frame || **~übersetzung** *f* [VS, Sw] / address translation || **~umrechnung** *f* [Sw] / address conversion || **~umsetzung** *f* [Sw] / address conversion || **~umsetzungsspeicher** *m* [VS] / translation look-aside buffer (TLAB) || **~umwandlung** *f* [Sw] / address conversion || **automatische ~veränderung** [Sw] / automatic address modification || **~verkettung** *f* [Sw] / address chaining || **~verweis** *m* [Mp] / pointer || **~zeichen** *n* [Tr] / address character || **~zuordnung** *f* [Sw] / address assignment || **~zuweisung** *f* [Sw] / address assignment
Adreßerhöhung *f* [Sw] / head switching
Adreßfeld *n* [Sw] / address field, address array || **~** (im Wartungsfeld) [HSP] / address panel
Adreßfolge *f* [CP] / address sequence || **zyklische ~** [OS] / wraparound || **~register** *n* [M] / sequence control register
Adreß·form *f* [Sw] / address pattern || **~format** *n* [Sw] / address format, addressing format || **~-Funktion** *f* [PL/1] / addr (builtin) function
adressierbar *adj* [PE, M] / addressable || **~er Speicher** [M] / addressable storage || **nicht ~er Hilfsspeicher** [M] / bump, bump storage || **stellenweise ~** [M] / addressable by position
Adressierbarkeit *f* [PE, M] / addressability
adressieren *v* [Sw] / address || **neu ~** [Sw] / relocate (program, etc.)
Adressier·methode *f* [Sw] / addressing || **~signal** *n* [RDp] / addressing signal || **~system** *n* [Sw] / addressing system
Adressierung *f* [Sw] / addressing || **~ für direkten Zugriff** [Sw] / random addressing, random-access addressing || **~ mit Hilfe von Folgeadressen** [M] / sequential addressing || **absolute ~** [Sw] / absolute addressing, specific addressing || **Betriebssystem für reelle ~** [OS] / real memory operating system (RMOS) || **Betriebssystem für virtuelle ~** [VS] / virtual memory operating system (VMOS) || **direkte ~** [Sw] / first-level addressing, direct addressing (i.e., the instruction supplies an exact memory address) || **dynamische ~** [Sw] / dynamic addressing || **erweiterte ~** [Sw] / additional addressing || **explizite ~** [Sw] / explicit addressing || **falsche indirekte ~** [OS] / indirect nesting error || **gekettete ~** [Sw] / chained addressing || **implizite ~** [Sw] / implied addressing, one-ahead addressing, stepped addressing || **indirekte ~** [Sw] / multilevel addressing, indirect addressing || **indizierte ~** [Mp] / indexed addressing || **relative ~** [Sw] / relative addressing || **sequentielle ~** [M] / sequential addressing || **symbolische ~** [Sw] / symbolic addressing, symbolic coding || **unmittelbare ~** [Sw] / zero-level addressing, immediate addressing (i.e., the instruction itself contains data) || **virtuelle ~** [VS, Sw] / virtual addressing
Adressierungsart *f* [RPG] / record address type || **~** (Art der Adressierung von Daten, die sich im Speicher oder in Registern befinden) [Mp] / mode of memory addressing
Adressierungsbereich *m* [Sw] / address space
Adressierungscode *m* [Sw] / address code || **~format** *n* [Sw] / address code format
Adressierungs·einheit *f* [PCC, Assembler] / addressing unit || **~fehler** *m* [Sw] / address error, addressing error || **~matrix** *f* [Sw] / addressing matrix
Adreß·index *m* [M, Sw] / address index || **~karte** *f* [PC] / address card || **~konstante** *f* [PL] / address constant, expression constant || **~konstantenliteral** *n* [PL] / address constant literal || **~kopf** *m* [Sw] / address header || **~korrektur** *f* [Sw] / address adjustment || **~länge** *f* (einer Satzadreßdatei) [RPG] / length of record address field || **~leitung** *f* [ES] / address line

Adreßliste *f* [Sw] / memory address listing || ≗ **der Ein-Ausgabewarteschlange** [OS] / input-output queue address list, I/O queue address list
Adreßlisten-Sortieren *n* [Sw] / tag sort
adreßloses Befehlsformat [Sw] / addressless instruction format, zero-address instruction format
Adreß·marke *f* [PE, ES] / address marker || ≗**modifikation** *f* [Sw] / address modification || ≗**modifizierung** *f* [Sw] / address modification
Adreßpegel *m* [PCC, Sw] / address level || ≗ (bei Assemblierung) [Sw, ES] / location counter || ≗**anweisung** *f* [PCC] / address level directive || ≗**standsangabe** *f* (bei Assemblierung) [Sw, ES] / location counter reference
Adreßprüfung *f* [Sw] / address checking
Adreßraum *m* [VS] / address space || **virtueller** ≗ [VS] / virtual address space, virtual addressing area
Adreß·rechnung *f* [Sw] / address computation, address arithmetic, address calculation || ≗**rechnungsbefehl** *m* [Sw] / address computation instruction, address compilation instruction
Adreßregister *n* [CU] / address register || **A-**≗ *n* [CU] / A-address register || **B-**≗ *n* [CU] / B-address register
Adreß-Schlüssel *m* [Cobol] / actual key || ≗**register** *n* [PL] / address key register
Adreßselektion, einleitende ≗ [Dp] / initial selection
Adreß·spur *f* [MDr] / address track || ≗**substitution** *f* [Sw, ES] / address substitution || ≗**tabelle** *f* [OS] / symbolic address table, address table, table of addresses || ≗**teil** *m* (DIN 44300, März 1972) [Sw] / address part, address section, address portion, address frame || ≗**umrechnung** (s. Adressenumwandlung) || ≗**umsetzspeicher** *m* [VS] / translation look-aside buffer (TLAB)
Adreßumsetzung (s. Adressenumwandlung) || **dynamische** ≗ **(DAU)** [Th, VS] / dynamic address translation (DAT), dynamic address conversion || **externe** ≗ [Sw] / external conversion routine
Adreßumsetzungseinrichtung, dynamische ≗ [VS] / dynamic address translation feature, DAT feature
Adreßumsetzungsfehler *m* [VS] / paging error || ≗ **des Systems** [VS] / system paging error
Adreß·umsetzungsspeicher *m* [VS] / translation look-aside buffer (TLAB) || ≗**umwandlung** (s. Adressenumwandlung) || ≗**vergleich** *m* [Sw] / data address match check || ≗**verkettung** *f* [Sw] / address chaining
Adreßverschiebung, dynamische ≗ [Th, VS] / dynamic relocation, dynamic memory relocation || **statische** ≗ [VS] / static relocation
Adreßverzeichnis *n* [OS] / symbolic address table, address table, table of addresses || ≗ **der ausgelagerten Rufblöcke** [ES] / buffered call clock availability map
Adreß·wert *m* [PL] / address value || ≗**wort** *n* [CP] / channel address word (CAW) || ≗**zeichen** *n* [Tr] / address character || ≗**zuordnung** *f* [Sw] / address assignment || ≗**zuweisung** *f* [Sw] / address assignment
A/D-Schalter *m* [Cir] / analog-digital switch, A-D switch
AD·-Technik *f* [Sc] / alloy diffusion technique || ≗**-Transistor** *m* [Sc] / alloy diffused-base transistor
ADU (s. Analog-Digital-Umsetzer)
A/D·-Umsetzer *m* [PCC] / analog-to-digital converter (ADC), analog-digital converter, A-D converter || ≗**-Umsetzung** *f* [PCC] / analog-to-digital conversion, analog-digital conversion, A-D conversion
ADV (s. automatische Datenverarbeitung)
ADVS (s. automatisches Datenverarbeitungssystem)
A/D-Wandler *m* [PCC] / analog-to-digital converter (ADC), analog-digital converter, A-D converter
Aggregat *n* [Hw] / unit || **unabhängiges** ≗ [Hw] / self-contained unit
Aiken·-Code *m* [Th, Tr] / Aiken code || ≗**-Korrektur A2** [Cir] / correcting module for 2-4-2-1 BCD code A2
AK (s. Ausgabekopplung) || ≗ (s. Auswahlkippstufe)
Akkommodation, informationelle ≗ [CAI, Cy] / probability learning
Akkumulator *m* (DIN 44300, März 1972) [ALU] / accumulator (AC), accumulator register || ≗ **mit doppelter Stellenzahl** [ALU] / double-length accumulator || **8-Bit-**≗ *m* [Mp, ALU] / 8-bit accumulator || **linker** ≗ [ALU] / left accumulator || **rechter** ≗ [ALU] / right accumulator || **Stellenverschiebung im**

~ [ALU] / accumulator shift || ~**inhalt** *m* [ALU] / accumulator contents || ~**kennzeichnung** *f* [ALU] / accumulator identification || ~**register** *n* [ALU] / accumulator (AC), accumulator register || ~**-Signalspeicher** *m* [Mp] / accumulator latch

akkumulieren *v* [ALU] / accumulate

akkumulierter Fehler [Sw] / accumulated error

Akronym *n* [Sw] / acronym

Aktions·kontrollbit *n* [Sw] / action control bit || ~**potential** *n* [Cy] / action potential

aktiv·e Aufgabe [Dp] / active task || ~**es Bauelement** [Sc] / active device || ~**e Datenstation** [RDp] / active station || ~**es Element** [Cir] / active element || ~**e Fläche** [Sc] / junction surface || ~**es Glied** [Cir] / active element || ~**e Leitung** [RDp] / active line || ~**er Pegel** (einer digitalen elektrischen Größe an einem Eingang einer Folgeschaltung) [Cir] / active level || ~**er Pegelübergang** (einer digitalen elektrischen Größe an einem Eingang einer Folgeschaltung) [Cir] / active transition || ~**e Reserve** [DS, IDS] / on-line backup || ~**e Schaltung** [Cir] / active circuit || ~**e Seite** [VS] / active page || ~**er Seitenrahmen** [VS] / active page frame || ~**er Speicher** [M] / active storage || ~**er Task** [Dp] / active task || ~**er Wandler** [PCC] / active transducer

aktivieren *v* [Dp] / activate || [Mp] / enable (interrupt system, etc.)

Aktivierung *f* [Dp] / activation

Aktivierungsenergie *f* [Sc] / activation energy

Aktivkohlefilter *n* [HSP] / activated charcoal filter

Aktiv/Reserve... [ES] / working/standby (mode, etc.), on-line/standby (mode, etc.)

Aktivspeicher *m* [M] / active storage

aktualisieren *v* [Sw, IDS] / update (file, etc.) || *n* [Sw, IDS] / updating (of file, etc.), (file, etc) update

Aktualisierungs·karte *f* [PC] / change card (i.e., a card used to update a master file) || ~**programm** *n* [Sw] / updating program

Aktualparameter *m* [Algol] / actual parameter || [Fortran] / actual argument || [PL/1] / argument || ~**liste** *f* [Algol] / actual parameter list || ~**teil** *m* [Algol] / actual parameter part

aktuell *adj* [PL/1] / current || ~**er Adreß-Schlüssel** [Cobol] / actual key || ~**es Gerät** [Hw] / actual device, physical device || ~**e Grobzeit** [ES] / current coarse time || ~**es Programm** [OS] / active program, current program || ~**e Schreibadresse** [Sw] / current write address || ~**e Uhrzeit** [Mp] / current time

akustisch·er Alarm [Hw, IO] / audible alarm || ~**e Anzeige** [Hw, IO] / audible alarm || ~**e Beantwortung** [IO, VC] / acoustic response, audio response || ~**er Koppler** (DIN 44302, Apr. 1979) [Tr] / acoustic coupler || ~**er Laufzeitspeicher** [M] / acoustic memory || ~**es Signal** [RDp, Tr] / acoustic signal, audio signal || ~**e Signaleinrichtung** [PCC] / acoustic signalizer || ~**e Verzögerung** [Cir] / acoustic delay || ~**e Verzögerungsstrecke** [Cir] / acoustic delay line, sonic delay line || ~**er Wandler** [VC] / aural transducer

akustooptisch *adj* [HSP] / acousto-optical || ~**e Ablenkeinheit** [HSP] / acousto-optical deflection unit || ~**er Wandler** [HSP] / acousto-optical converter

Akzent *m* [Typ] / accent || **fliegender** ~ [Typ] / floating accent || ~**abdruck ohne Vorschub** [HSP, Sw] / nonfeed accent print || ~**buchstabe** *m* [Typ] / accented character

akzeptables Gütemaß [QC, Sc] / acceptable quality level (AQL)

Akzeptionswert *m* [Cy] / acceptance value

Akzeptor *m* (DIN 41852, Aug. 1978) [Sc] / acceptor

Alarm, akustischer ~ [Hw, IO] / audible alarm || **allgemeiner** ~ [Hw] / general alarm || ~**anzeige** *f* [Hw] / alarm display, alarm indication || ~**baugruppe** *f* [Hw] / alarm module || ~**bearbeitungsprogramm** *n* [PCC] / interrupt processing program, alarm signal processing routine

Alarmeingabe *f* [PCC] / alarm signal input || **dynamische** ~ [PCC] / dynamic alarm signal input device || **statische** ~ [PCC] / static alarm signal input device

Alarm·einrichtungen *f pl* [Hw] / alarm equipment || ~**gruppenregister** *n* [PCC] / alarm group register || ~**klingel** *f* [Hw] / warning bell || ~**leitung** *f* [Hw] / alarm circuit || ~**signal** *n* [TP] / alert signal || ~**sperre** *f* [Hw] / alarm inhibit || ~**station** *f* [ES] / alarm station || ~**strom** *m* [Hw] / alarm current || ~**tafel** *f* [Hw] / alarm panel || ~**wort** *n* [PCC] / interrupt word ||

≗zustand *m* [Th] / alert ‖ ≗zustandsinformationen *f pl* [ES] / alarm condition information
ALCOR-Code *m* [Th] / ALCOR code (ALgol COnverteR code) ‖ **≗-Gruppe** *f* [Org] / ALCOR group (of companies and institutions)
Algebra der Logik [Th, SA] / Boolean algebra, Boolean logic ‖ **≗ der Schaltnetzwerke** [SA] / logic algebra, switching algebra, algebra of switching circuits
algebraisch *adj* [Th, Sw] / algebraic ‖ **~er Addierer** [Cir, CP, ALU] / algebraic adder ‖ **~e Funktion** [Th] / algebraic function ‖ **~e Gleichung** [Th] / algebraic equation ‖ **~e Linguistik** [Term, MAT] / algebraic linguistics
ALGOL *n* [PL] / ALGOL (ALGOrithmic Language) ‖ **≗-Programm** *n* [Sw] / ALGOL program ‖ **≗-Übersetzer** *m* [OS] / ALGOL compiler
algorithmisch *adj* [Th] / algorithmic ‖ **~e Formelsprache** [Th] / algorithmic language ‖ **~e Linguistik** [Term, MAT] / computational linguistics ‖ **~e Sprache** [Th] / algorithmic language
algorithmisieren *v* (in eine Folge gleichartiger Einzelschritte zerlegen) [Th] / algorithmize
Algorithmisierung *f* [Th] / algorithmization, algorithm development
Algorithmus *m* [Th] / algorithm (set of instructions for the solution of a specific problem) ‖ **≗ zur Aufgabenplanung** [Th, Sw] / task scheduling algorithm ‖ **≗methode** *f* [Th] / algorithmic method
Alias *m* [OS] / alias ‖ **≗name** *m* [APL] / surrogate name
allgemein·er Alarm [Hw] / general alarm ‖ **~es Anwenderprogramm** [ASw] / general user program ‖ **~e Bezugszahl** [RPG] / standard indicator ‖ **~es Maschinenprogramm** [Sw] / general machine program ‖ **~es Post-mortem-Programm** [Sw] / general postmortem program ‖ **~es Register** [M] / general register, general-purpose register ‖ **~es Schlüsselsystem** [Cryp] / general cryptosystem ‖ **~er Teil** (eines Befehls) [Sw] / general portion ‖ **~es Überwachungsprogramm** [Sw] / general monitor checking routine
Allzeilen-Folgekartenbeschriftung *f* [PC] / all-line repeat printing
Allzweckregister *n* [Mp] / general-purpose register
Alphabet *n* [Algol] / alphabet ‖ ≗ (in vereinbarter Reihenfolge geordneter, beliebiger Zeichenvorrat) (DIN 44300, März 1972) [Dp] / alphabet
alphabetisch *adj* [Cobol] / alphabetic ‖ **~er Code** [Sw] / alphabetic code ‖ **~e Codierung** [Sw] / alphabetic coding ‖ **~e Daten** [Th] / alphabetic data ‖ **~er Index** [MAT] / alphabetic index ‖ **~er Locher** [PC] / alphabetic punch ‖ **~e Reihenfolge** [Dp] / alphabetic order, alphabetic sequence ‖ **~e Schreibsteuerung** [PC] / alphabetic print control ‖ **~e Sortierung** [Dp] / alphabetic sort ‖ **~e Verschlüsselung** [Sw] / alphabetic coding ‖ **~es Wort** [Sw] / alphabetic word ‖ **~es Zeichen** [Typ] / alphabetic character, letter ‖ **Prüfung auf ~** [Cobol] / alphabetic test
Alphabet·kartenmischer *m* [PC] / alphabetic collating device, alphabetic collator ‖ **≗locher** *m* [PC] / alphabetic punch
Alphabetlochprüfer *m* [PC] / alphabetic verifier ‖ **≗ mit elektrischer Springeinrichtung** [PC] / alphabetic verifier with electrical skipping device
Alphabet·lochschriftübersetzer *m* [PC] / alphabetic interpreter ‖ **≗mischeinrichtung** *f* [PC] / alphabetic collating device, alphabetic collator ‖ **≗prüflocher** *m* [PC] / alphabetic verifier ‖ **≗schleife** *f* [TP] / alphabet strip
alphabetschreibende Tabelliermaschine [PC, Off] / alphabetic accounting machine
Alphabet·schreiblocher *m* [PC, NC] / alphabetic printing punch ‖ **≗sortierung** *f* [Dp] / alphabetic sort ‖ **≗wiederholungslocher** *m* [PC] / alphabetic duplicating punch ‖ **≗zeichen** *n* [Typ] / alphabetic character, letter
Alpha·code *m* [Sw] / alphabetic code ‖ **≗codierung** *f* [Sw] / alphabetic coding ‖ **≗eingabe** *f* [RDp] / alphabetic data input ‖ **≗lochprüfer** *m* [PC] / alphabetic verifier ‖ **≗lochschriftübersetzer** *m* [PC] / alphabetic interpreter
alphamerisch (s. alphanumerisch)
alphanumerisch *adj* [Cobol] / alphanumeric ‖ ~ (DIN 44300, März 1972) [Th] / alphameric, alphanumeric ‖ **~e Adresse** [Sw] / alphameric address, alphanumeric address ‖ **~e Anzeige** [VDT] / alphameric display, alphanumeric display ‖ **~e Anzeigeröhre** [Hw, Co] /

alphameric display tube, alphanumeric display tube || ~**er Befehl** [Sw] / alphameric instruction, alphanumeric instruction || ~**er Code** [Th] / alphameric code, alphanumeric code || ~**es Codesystem** [Sw] / alphameric coding system, alphanumeric coding system || ~**e Codierung** [Th, Sw] / alphameric coding, alphanumeric coding || ~**e Darstellung** [Sw] / alphameric representation, alphanumeric representation || ~**e Daten** [Th] / alphameric data, alphanumeric data || ~**er Datencode** [Dp] / alphameric data code, alphanumeric data code || ~**es Datenwort** [Sw] / alphameric item, alphanumeric item || ~**er Drucker** [HSP] / alphameric printer, alphanumeric printer || ~**e Hardcopy-Einheit** [IO] / dataprinter, printed copy device || ~**er Klarschriftleser** [OCR] / alphameric optical reader, alphanumeric optical reader || ~**er Leser** [OCR] / alphameric reader, alphanumeric reader || ~**es Literal** [PL] / alphameric literal, alphanumeric literal || ~**e Notation** (Notation, in der arabische Ziffern, Buchstaben des lateinischen Alphabets und Sonderzeichen zugelassen sind) [DOK] / alphameric notation, alphanumeric notation || ~**er Speicher** [PE] / alphameric storage, alphanumeric storage || ~**es Stanzen** [PC] / alphameric punching, alphanumeric punching || ~**er Stanzer** [PC] / alphameric punch, alphanumeric punch || ~**e Tastatur** [IO] / alphameric keyboard, alphanumeric keyboard || ~**e Typenstange** [HSP] / alphameric type bar, alphanumeric type bar || ~**e Umwandlung** [NC] / alphanumeric conversion, alphanumerical conversion || ~**es Wort** [Sw] / alphameric word, alphanumeric word || ~**es Zeichen** [Fortran] / alphanumeric character || ~**es Zeichen** [Th] / alphameric character, alphanumeric character || ~**er Zeichenvorrat** [HSP] / alphameric character set, alphanumeric character set

Alpha·ordnungselement *n* [IDS] / alphabetic element || **≗prüflocher** *m* [PC] / alphabetic verifier || **≗schreiblocher** *m* [PC, NC] / alphabetic printing punch || **≗sortierung** *f* [Dp] / alphabetic sort || **≗tastatur** *f* [TES] / alphabetic keypad || **≗verarbeitung** *f* [RDp, Tr] / alpha processing || **≗zeichen** *n* [Typ] / alphabetic character, letter

Altern *n* (in der Durchlaßrichtung) [Sc] / forward aging

Alternative (s. ODER-Funktion)

Alternativindex *m* [VS, RDp] / alternate index || **≗-Cluster** *m* [VS, RDp] / alternate index cluster || **≗-Datenmenge** *f* [VS, RDp] / alternate index cluster || **≗eintragung** *f* [VS, RDp] / alternate index entry

Alternativweg *m* [Tr] / alternate route (i.e., a secondary or backup communications path used if normal routing is not possible)

Alternator (s. ODER-Schaltung)

Alterung *f* [Sc, Hw] / aging

AM (s. Amplitudenmodulation) || ≗ (s. Abschnittsmarke)

Amplituden·abhängigkeit *f* [Tr] / amplitude response || **≗bezugskassette** *f* (DIN 66211 T1, Mai 1976) [MT, QC] / reference tape cassette || **≗charakteristik** *f* [Th] / amplitude frequency response || **≗filter** *m* [Tr] / amplitude filter || **≗hub** *m* [Th] / amplitude sweep, amplitude swing || **≗modulation (AM)** *f* [Tr] / amplitude modulation (AM) || ~**moduliert** *adj* [Tr] / amplitude-modulated || **≗tastung** *f* [TP] / amplitude change signaling || **≗verzerrung** *f* [Th, Tr] / amplitude distortion, attenuation distortion

Amt (s. Vermittlungsamt) || **übergeordnetes ≗** [ES] / higher-ranking exchange

Amts·verbindungsleitung *f* [TrL] / inter-exchange link || **≗zeichen** *n* [ES] / proceed-to-select signal

AMX (s. Ausgabematrix)

analog *adj* [Th, ADp] / analog || ~**e Darstellung** [ADp] / analog representation || ~**e Daten** (Daten, die durch eine stetig veränderliche physikalische Größe dauerhaft fixiert werden können und einen Sachverhalt bzw. seine Veränderung charakterisieren) (DIN 44300, März 1972) [PCC, ADp] / analog data || ~**e Größe** [ADp] / analog quantity || ~**es Hellsteuer- und Ablenksignal** [VDT] / analog brightness and deflection signal || ~**er Istwertgeber** [NC] / analog position feedback transmitter || ~**es Meßverfahren** [NC] / analog measuring system || ~**e Prozeßgröße** [PCC] / analog process quantity || ~**es Signal** (DIN 44300, März 1972) [ADp, Tr] / analog signal || ~**e Steuerung** (DIN 19237V,

Feb. 1977) [PCC] / analog control || ~**er Transistor** [Sc] / analogous transistor || ~**es Übertragungsnetz** [Tr] / analog transmission network

Analogausgabe *f* (DIN 66201 E T1, Apr. 1979) [PCC, ADp] / analog output || ≗**einheit** *f* [ADp] / analog output device || ≗**pufferregister** *n* [ADp] / analog output buffer register || ≗**steuerung** *f* [ADp] / analog output control || ≗**umsetzzeit** *f* [ADp] / analog output conversion time || ≗**verstärker** *m* [ADp] / analog driver amplifier, analog output driver amplifier || ≗**werk** *n* [ADp] / analog output unit

Analog·ausgang *m* [PCC, ADp] / analog output || ≗**darstellung** *f* [ADp] / analog representation || ≗**daten** *plt* (DIN 66201 E T1, Apr. 1979) [PCC, ADp] / analog data

analog-digital *adj* [Th, PCC] / analog-digital

Analog-Digital-... [Th, PCC] / analog-digital || ≗**-Anzeige** *f* [IO] / analog-digital display || ≗**-Konverter** *m* [PCC] / analog-to-digital converter (ADC), analog-digital converter, A-D converter || ≗**-Rechner** *m* [HyC] / hybrid computer, analog-digital computer || ≗**-Schalter** *m* (DIN 40700 T18, Okt. 1969) [Cir] / analog-digital switch, A-D switch || ≗**-Umsetzer (ADU)** (DIN 66201, Aug. 1971) [PCC] / analog-to-digital converter (ADC), analog-digital converter, A-D converter || ≗**-Umsetzung** *f* [PCC] / analog-to-digital conversion, analog-digital conversion, A-D conversion || ≗**-Wandler** *m* [PCC] / analog-to-digital converter (ADC), analog-digital converter, A-D converter

Analogeingabe *f* (DIN 66201 E T1, Apr. 1979) [PCC, ADp] / analog input || ≗ **zur integrierten Messung** [ADp] / integrating analog input device || ≗ **zur Momentanwerterfassung** [ADp] / analog input device for the acquisition of instantaneous values of variables || **Datenkanalanschluß für** ≗ [ADp] / data channel analog input adapter || **integrierende** ≗ [ADp] / integrating analog input device || ≗**einheit** *f* [ADp] / analog input device || ≗**operation** *f* [ADp] / analog input operation || ≗**werk** *n* [ADp] / analog input unit

Analog·eingang *m* [PCC, ADp] / analog input || ≗**einrichtung** *f* [ADp] / analog device || ≗**kanal** *m* [Tr] / analog channel || ≗**multiplizierer** *m* [ADp] / analog multiplier unit || ≗**netz** *n* [ADp] / analog network || ≗**plotter** *m* [GrDp] / analog plotter || ≗**rechentechnik** *f* (DIN 40700 T18, Okt. 1969) [ADp] / analog computation

Analogrechner *m* [ADp] / analog computer || **direkter** ≗ [ADp] / direct analog computer

Analog·schaltkreis *m* [Cir, ADp] / analog circuit || ≗**sichtgerät** *n* [VDT] / analog display unit || ≗**speicher** *m* [DOK, IDS, Rep] / analog storage || ≗**steuerung** *f* [Typ, Rep] / analog control unit || ≗**transistor** *m* [Sc] / analogous transistor || ≗**übertragung** *f* [Tr] / analog transmission || ≗**wertdarstellung** *f* [PCC] / representation of analog quantity

Analyse *f* [Th] / analysis || **grammatische** ≗ [MAT] / grammatical analysis || **harmonische** ≗ [Th, Cy] / frequency analysis || **numerische** ≗ [Th] / numerical analysis || **semantische** ≗ [Term, MAT] / semantic analysis || **syntaktische** ≗ [Term, MAT] / syntactic analysis || ≗**algorithmus** *m* [MAT] / parser || ≗**programm** *n* [OS] / fault isolating program

analysieren *v* [Tr] / analyze (bits, information, messages, malfunctions, etc.)

Analytiker *m* [Sw] / analyst

analytisch *adj* [Th] / analytical, analytic || ~**e Beziehung** [Th] / analytical relation, analytical relationship || ~**e Maschine** [Hist] / analytical engine || ~**e Prozeßerkennung** (DIN 66201, Aug. 1971) [PCC] / analytical process identification || ~**es Prozeßmodell** (DIN 66201, Aug. 1971) [PCC] / analytical process model || ~**e Regelvorrichtung** [PCC] / analytical control equipment || **Geber für ~e Funktionen** [ADp] / analytical function generator, natural function generator, natural-law function generator

Anbau·leser (s. Anbausender) || ≗**locher** *m* [TP, DT] / tape punch attachment, reperforator attachment, reperforating attachment || ≗**sender** *m* [TP, DT] / tape reader attachment, tape transmitter attachment

anbieten *v* [ES] / present (signal, information, etc.)

ändern *v* [Sw] / patch (i.e., to correct or change the coding at a particular location by inserting transfer instructions at that location and by adding the new instructions and the replaced instructions elsewhere) || ≗ **der Bibliotheken** [Sw] / library update || ≗ **der Geräteliste (CDL)** [OS, Aufruf] / Change device list (CDL) || ≗ **der Prioritäten (PRY)** [OS, Aufruf] / Change priority (PRY) || ≗ **des Freigabedatums (EXDATALT)** [OS, Aufruf] / Alter expiration date (EXDATALT) || ≗ **von Phasen (PATCH)** [OS, Aufruf] / Library maintenance program (PATCH)

Änderung, rückführbare ~ [QC] / restorable change || **umkehrbare ~** [QC] / reversible change

Änderungsauftrag *m* [Dp] / change order || [Serv] / field modification order

Änderungs·band *n* [MT, Dp] / change tape, transaction tape, updating tape, revision tape, modification tape, amendment tape || ≗**befehl** *m* [Sw] / alteration command || ≗**bit** *n* [Sw] / change bit || ≗**block** *m* [Sw] / modifier block || ≗**datei** *f* [Dp] / activity file, change file, transaction file

Änderungsdienst *m* [Dp, IDS] / change service, updating service, revision service, modification service || [Hw] / configuration control

Änderungskarte *f* [Sw] / patch card (i.e., a card used to add instructions to a routine to correct a mistake or to change that routine) || [PC] / change card (i.e., a card used to update a master file)

Änderungs·klasse *f* [Hw, Sw] / change class || ≗**lauf** *m* [Sw] / updating run, revision run, modification run || ≗**mitteilung** *f* [Hw] / change notice, equipment change notification, field change bulletin || ≗**modul** *n* [Sw] / extract module, change module, revision module, modification module || ≗**paket** *n* [ES] / modification package || ≗**parameter** *m* [Sw] / modification parameter || ≗**programm** *n* [Sw] / update program, revision program, modification program || ≗**protokoll** *n* [Dp] / activity log, modification log || ≗**routine** (s. Änderungsprogramm) || ≗**satz** *m* [Sw] / change record, revision record, modification record, transaction record, amendment record || ≗**stand** *m* [Dp] / change level || ≗**vorschlag** *m* [R&D] / engineering problem report || ≗**wartung** *f* [Hw, DpC] / supplementary maintenance (i.e., maintenance work which is not routine maintenance or corrective maintenance, usually undertaken to improve reliability of the equipment by minor modifications)

Andruck *m* [TES] / proof copy (i.e., trial print or typeout used for proofreading and corrections) || ≗**leiste** *f* [Hw] / spring clip, clip connector, female connector || ≗**magnet** *m* [Hw] / press-on magnet, pressure solenoid || ≗**rolle** *f* (Schreibwalze) [TP] / pin roller || ≗**walze** *f* [HSP] / pressure roller

aneinandergereiht, Meßwertangabe durch ~e Punkte [GrDp] / connected-dot sampling

Anfang *m* [PT] / front end (of tape) || [PCC] / start || **logischer** ≗ [Cobol] / logical beginning

Anfangsadresse *f* [Sw] / starting address, start address, left-hand address || ≗ **laden** [Befehl] / Load address || **Ausrichtung auf** ≗ [Sw] / boundary alignment

Anfangs·adreßregister *n* [CU] / initial address register || ≗**anweisung** *f* [Sw] / header statement

Anfangsetikett *n* [PT, MT] / header, header label || **leeres** ≗ [MT] / dummy header label

Anfangsfehler *m* [Sw, NC] / inherited error, inherent error

Anfangskennsatz *m* [Cobol] / header label || **Datei-**≗ *m* [Cobol] / beginning file label

Anfangs·ladeadresse *f* [Sw] / initial loading location, initial load address || ≗**laden von Registern** [OS] / preloading of registers || ≗**lader** *m* [OS] / initial program loader (IPL) || ≗**leerblock** *m* [Sw] / low dummy descriptor block, initial dummy block || ≗**marke** *f* (DIN 44300 Bbl, Jan. 1977) [PT] / beginning mark, beginning-of-information marker (BIM) || ≗**parameter** *m* (einer Schleife) [Fortran] / initial parameter || ≗**programmlader** *m* [OS] / initial program loader (IPL) || ≗**satz** *m* [Sw] / start record || ≗**spalte** *f* [PC, Sw] / begin column || ≗**spitzenspannung** *f* [Co, Sc] / initial peak voltage

Anfangswert *m* [Cobol] / initial value || **auf** ≗ **zurückstellen** [Hw, M] / reset || ≗**anweisung** *f* [Fortran] / data initialization statement

Anfangszeichen *n* [Sw] / initial character, starting character || ≗ **(STX-Zeichen)** [RDp] / STX character, start-of-text character

Anfangs·zeile *f* (einer Anweisung) [Fortran] / initial line || ≗**zwischenraum** *m*

(DIN 66010, Apr. 1973) [MT] / load point gap, initial gap
anfordern *v* [Dp] / call for
Anforderung *f* [OS] / request || ≗ **auf Arbeitsspeicherzugriff** [M] / memory access request || ≗ **durch Anruftaste** [CTW] / console interrupt request || ≗ **über die Konsole** [CTW] / console request || **asynchrone** ≗ [VS, RDp] / asynchronous request || **bedingte** ≗ [PCC] / conditional interrupt request || **externe** ≗ [ES] / external request || **künstliche** ≗ **(KA)** [ES] / simulated request || **manuelle** ≗ (durch den Operator) [Dp] / manual request || **natürliche** ≗ **(NA)** [ES] / genuine request || **programmgesteuerte** ≗ **(PA)** [Sw] / program-controlled interrupt request || **synchrone** ≗ [VS, RDp] / synchronous request || **unbedingte** ≗ **an die Programmsteuerung** [Sw] / unconditional program interrupt request || **unbedingte** ≗ **durch Gleichheit der Adressen** [PCC] / unconditional address equality interrupt request || **unbedingte** ≗ **durch Taste** [Sw] / unconditional pushbutton interrupt request
anforderungs·abhängiges Programm [ES] / demand-driven program (= interrupt-controlled program) || ≗**anzeiger** *m* [VS, RDp] / prompting indicator || ≗**auswahl** *f* [ES] / request select circuit, request select logic || ≗**bearbeitung** *f* [Sw] / request servicing, request handling || ≗**betrieb** *m* (DIN 44300, März 1972) [RDp, Tr] / selection mode || ≗**block** *m* [OS] / request block || ≗**ebene** *f* [Mp] / request level || ≗**kennungsregister** *n* [M, ES] / request code register || ≗**kette** *f* [ES] / request chain
Anforderungsmelde·glied *n* [ES] / request signaling element || ≗**signal** *n* [ES] / request present signal
Anforderungs·modusregister *n* [M, ES] / request mode register || ≗**prüfung** *f* [ES] / service request check || ≗**rücksetzsignal** *n* [ES] / request reset signal || ≗**-Signalspeicher** *m* [Mp] / request latch || **zentrale** ≗**sperre** [ES] / central request lockout || **künstliche** ≗**teststeuerung (KATS)** [ES] / simulated request test control || ≗**unterbrechung** *f* [VS, RDp] / attention interrupt
Anforderungsverfahren für Dialogverkehr [RDp] / inquiry/response method for interactive communication || ≗ **für Stapelfernverarbeitung** [RDp] / inquiry/response method for remote batch processing
Anforderungszeichen *n* [Mp] / prompt character, prompt
Anfrage *f* [RDp] / inquiry || **nur auf** ≗ **lieferbar** [Dist, Serv] / available on request only
Anfragenbearbeitung *f* [RDp] / inquiry processing
Anfragende *m* [RDp] / inquiring partner, subscriber
Anfragensprache *f* [IDS] / query language
Anfragetext *m* [RDp] / inquiry
Anführungszeichen *n* [Cobol] / quotation mark, quote
Angabe *f* [Cobol] / option || [PL/1] / option || **fehlende** ≗ [Sw] / omitted entry, missing entry
Angaben des Benutzers [Dp] / user specifications, user-supplied information || ≗ **zur Dateiverwaltung (FILE)** [OS, Aufruf] / File management information (FILE)
angeben *v* [Dp] / declare (parameter, etc.)
Angebot *n* [Dist] / bid
angehaltenes Programm [PCC] / suspended program
angelocht *adj* [PT, TP] / chadless (tape, etc.) (i.e., with the chads only partially removed and remaining hinged to the tape to facilitate interpretive printing) || ~**er Lochstreifen** [PT, TP] / chadless paper tape, chadless tape
angeschlossen *adj* [PF] / on-line || ~**e Aufgabe** [Dp] / attached task || ~**e Geräte** [Hw] / on-line equipment || ~ **sein an** [Dp] / interface with, interface to (peripheral device, etc.) || ~**es Unterprogramm** [Sw] / linked subroutine
angewandt·e Linguistik [Term, MAT] / applied linguistics || ~**e Mathematik** [Th] / applied mathematics
Angleichsschaltung *f* [Cir, Sc] / interfacing circuitry
anhalten *v* [Hw] / to come to rest
Anhaltepunkt *m* [Sw] / checkpoint, conditional breakpoint
Anhang *m* [DOK] / appendix
Anheizzeit *f* [VDT] / preheating time, cathode heating time
anklemmen *v* [Serv] / connect, to make the terminal connection
ankommend·es Signal [TP] / incoming line signal || ~**er Verkehr** [ES] / incoming traffic, terminating traffic, inbound

traffic
Anlage *f* [Hw] / installation, system, equipment || **˜ rücksetzen** [Befehl] / General reset
Anlagedaten *plt* (DIN 66201E T1, Apr. 1979) [PCC] / plant data
anlagenabhängig *adj* [Hw] / configuration-dependent, site-dependent, system-dependent
Anlagen·-Adapterprogramm *n* [Sw] / site adapter || **˜ausrüstung** (s. Anlagenkonfiguration) || **˜ausstattung** (s. Anlagenkonfiguration) || **˜bearbeiter** *m* [DpC] / person in charge of site planning || **˜bediener** (s. Bedienungsperson) || **˜belegungsplan** *m* [Hw] / system equipment layout plan || **˜beschaltung** *f* [Hw] / system configuration || **~bezogen** *adj* [Hw] / site-oriented || **˜fehler** *m* [Hw, OS] / system error, system fault
anlagengebundene Aufbauunterlage [Dist] / site-oriented installation document
Anlagen·konfiguration *f* [Hw] / system configuration, equipment configuration, hardware configuration, site configuration || **˜-Mindestausstattung** *f* [Hw] / minimum system configuration, minimum site configuration || **˜nummer** *f* [Hw] / system number || **˜parameter** *m* [Hw] / site parameter, system parameter, configuration parameter
Anlagenprogramm *n* [OS] / site program || **˜teil** *m* [OS] / site program component
Anlagen·-Restart *m* [OS] / reconfiguration routine || **˜schnittstelle** *f* [Hw] / system interface || **˜softwarepaket** *n* [OS] / site software package
anlagenspezifisch *adj* [Hw, Sw] / system-dependent
anlagentechnischer Restart [OS] / reconfiguration routine
Anlagen·übersicht *f* [Hw] / system equipment list || **˜vergleich** *m* [Hw, OS] / system comparison
Anlaufbedingung *f* [OS] / startup condition, initialization condition
anlaufen *v* [TP] / (of print wheel, etc.) accelerate
Anlauf·phase *f* [OS] / startup phase || **˜programm** *n* [OS] / acceleration program
Anlaufschritt *m* [Tr] / start element || **˜polarität** *f* [Tr] / start polarity, start spacing || **˜überwachung** *f* [OS, TP] / start element monitor || **˜überwachungssperre** *f* [OS, TP] / start element monitor inhibition
Anlaufzeit *f* [PCC] / response time || [MT] / start time, acceleration time
anlegen *v* [Serv] / apply (voltage, etc.)
Anlieferungs·zeit *f* (Zeitspanne zwischen dem Ende der Aufgabenstellung und dem Ende der Übertragung der vollständigen Antwort) (DIN 44300, März 1972) [RDp] / response time || **im ˜zustand** [Dist] / as supplied
anlisten *v* [HSP] / list
Anmelde·anforderung *f* [VS, RDp] / logon request || **˜modus** *m* [VS, RDp] / logon mode
anmelden *v* [Dp] / book (call, etc.) || [VS, RDp] / sign on, log on (in order to begin a terminal session) || ~ (z.B. Gerätebedarf) [Dp] / define (requirements, etc.)
Anmeldenachricht *f* [VS, RDp] / logon message
Anmeldung durch die Datenstation (Anforderung) [VS, RDp] / terminal-initiated logon || **automatische ˜** [VS, RDp] / automatic logon
annähern *v* [Th, Cy] / approximate
annähernd *adj* [Th, Cy] / approximate
Annäherung *f* [Th, Cy] / approximation
Annäherungsverfahren *n* [Th, Cy] / approximation method
Annahmeanweisung *f* [Cobol] / accept statement
annehmende Datenstation [RDp] / accepting station
Annotation *f* (möglichst kurze, redundanzfreie, deskriptive Inhaltsangabe eines Dokuments, die die Aufgabe hat, den Titel des Dokuments zu ergänzen) [DOK] / annotation
Annullieranweisung *f* [PL] / cancel statement
annullieren *v* [PE, M] / cancel, erase
Annullierungs·-DÜ-Block *m* [Tr] / cancellation data block || **˜kennziffer** *f* [RDp, Tr] / canceling code
Anode *f* / anode, plate (US)
Anodengate *n* [Sc] / anode gate || **˜strom** *m* [Sc] / anode-gate current || **˜-Zündstrom** *m* [Sc] / anode-gate trigger current
Anoden·sperrstrom bei offenem Gate [Sc] / anode cutoff current with gate not connected || **˜strom** *m* [Sc] / anode current || **˜tor** *n* [Sc] / anode gate
anonymisieren *v* [Priv, IDS] / anonymize, to render anonymous

anonymisiert, Übermittlung in ~er Form [Priv, IDS] / release of information in anonymous form
Anordnung *f* [Hw, Sc] / configuration
Anordnungs·geometrie *f* [Sc] / layout geometry || **≗prozedur** *f* [Algol] / layout procedure
anormale Anweisung [PL] / abnormal statement
Anpassung *f* [Cy] / adaptation, adjustment || [PCC] / matching || **≗** (an die kundenspezifische Situation) / customization, system integration || **≗ für Konsoldrucker** [Hw] / attachment for hard copy device || **≗ für Parallelbetrieb** [TP] / interface adapter, adapter circuit
Anpassungseinheit (APE) *f* [TP] / matching unit
anpassungsfähig *adj* [Hw, Cy] / adaptive || **~es Steuersystem** [NC, Cy] / adaptive control system
Anpassungs·gerät *n* [Hw] / adapter, adapter unit || **≗gruppe** *f* [Hw] / matching module
Anpassungsschaltung *f* [TP] / interface adapter, adapter circuit || [Hw] / matching circuit || **≗ für die Schnittstelle** [HSP] / interface logic (unit)
Anpassungs·schiene *f* [TP] / matching panel || **≗steuerglied** *n* [Sc, Co] / interface driver || **≗transformator** *m* [TP] / matching transformer
Anpassungsübertrager, empfangsseitiger ≗ [RDp] / receiver-side matching transformer || **sendeseitiger ≗** [RDp] / send-side matching transformer
Anreibe·film *m* [Hw] / dry-transfer film (e.g., Letraset) || **≗haftfolie** *f* [Hw] / dry-transfer film (e.g., Letraset)
anreichern *v* (mit Toner) [HSP] / enrich
Anreicherungs·pegel *m* [Sc] / concentration level || **≗schicht im Halbleiter** [Sc] / carrier concentration layer || **≗typ** *m* [Sc] / enhancement type
anreizen, ein Gatter ~ [Cir] / to activate a gate
Anreizspeicher *m* [ES] / initiation storage unit
Anreizung eines Gatters [Cir] / activation of a gate
Anruf *m* (Aussenden von Wählzeichen und/oder Rufzeichen mit dem Ziel, eine Datenverbindung aufzubauen) (DIN 44302, Apr. 1979) [Tr] / calling || **erfolgloser ≗** [ES] / ineffective call, unsuccessful call || **selektiver ≗** [ES] / selective call || **≗beantwortung** *f* (Beantwortung eines „Anrufs", q.v.) (DIN 44302, Apr. 1979) [Tr] / answering || **automatische ≗beantwortungseinrichtung** (AAE) [TP] / automatic answering equipment (AAE) || **≗bestätigungssignal** *n* [TP, ES] / call-confirmation signal || **≗betrieb** *m* [ES] / message call-in operation || **≗betrieb** (DIN 44302, Apr. 1979) [Tr] / polling/selecting mode || **automatische ≗einrichtung (AAE)** [ES] / automatic calling unit (ACU)
anrufen, ein Programm ~ [Sw] / to interrupt a program || **≗ eines Programms (INT)** [OS, Aufruf] / Interrupt program (INT)
Anrufer *m* [Tr] / caller, calling party
Anruftaste *f* [CTW] / console interrupt key, COIN key || [PCC] / interrupt request button, request button || **Anforderung durch ≗** [CTW] / console interrupt request
Anrufung des Bundesbeauftragten für den Datenschutz [Priv] / appeal to the Federal Data Protection Commissioner
Anrufunterbrechung *f* [CTW] / console interrupt request
Anrufverteilerkette *f* [ES] / call allotter || **zentrale ≗** [ES] / common call allotter
Anruf·wartefunktion *f* [ES] / camp-on function || **≗wiederholung** *f* [ES] / call repetition, camp-on-busy
Ansaugsystem *n* [PC] / suction system
Anschalte·einheit *f* [Tr] / mode adapter || **≗netz** *n* [Hw] / connector network
Anschalt·gerät für Standverbindungen [TP, Tr] / connecting unit for point-to-point dedicated circuits || **≗streifen** *m* [TP] / connecting strip
Anschaltung *f* [PCC] / interface connection
Anschlagblech *n* [HSP] / stop plate
anschlagen *v* [HSP] / (of character, etc.) to be struck at the right instant || [PC] / joggle (cards, documents, etc., in order to align them to help trouble-free feeding)
anschlagfrei·er Drucker (Drucker, bei dem die Druckbilder durch elektronische Techniken erzeugt werden) [HSP] / nonimpact printer || **~e Drucktechnik** [HSP] / noncontacting printing method (i.e., ink squirting, electrostatic deposition, thermal printing, etc.)
anschlagfreundlich *adj* [TES, TP] /

optimized for touch
anschlagloser Drucker (s. anschlagfreier Drucker)
Anschlagsdrucker *m* [HSP] / impact printer
Anschlagstärke *f* [OCR] / penetration || [HSP, TP] / print force || **verstellbare ≗** [HSP, TP] / adjustable penetration control (on printer, etc.) || **verstellbare ≗** (bei Eingabetastatur) [TES] / adjustable key touch
Anschlagstift *m* [HSP] / stop pin
anschließen *v* [Dp] / connect, link || [Mp] / interface (peripheral devices, etc.) || [PL] / attach (task, etc.) || **~ an** [Dp] / interface with, interface to (peripheral device, etc.)
anschließend·e Aufgabe [Dp] / attaching task || **~er Task** [Dp] / attaching task
Anschluß *m* [Sc] / contact || **≗** (Stecker) [Hw] / connector || **≗** (eines logischen Bausteins) [Mp, Sc] / pin, terminal pin || **≗** (am Kanal der GE) [Tr] / trunk, trunk interface || **äußerer ≗** [NC] / external connection || **schneller ≗** [Tr] / highspeed trunk || **starrer ≗** (eines Thyristors usw.) [Sc] / rigid terminal || **≗adresse** *f* [Sw] / chaining address || **≗adressenwähler** *m* [PCC] / terminal address selector || **≗baugruppe** *f* [Hw] / adapter board, connector module || **≗bedingungen** *plt* [Dp] / interface conditions || **≗befehlsfolge** *f* [Sw] / linking sequence || **≗belegung** *f* (der Gehäuseanschlüsse) [Mp] / pin connection, pin configuration (of microprocessor, etc.) || **≗bereich einer Vermittlungsstelle** [ES] / exchange area || **≗bezeichnung** *f* [Mp] / pin name
Anschlußeinheit (s. periphere Einheit) || **≗ für Datenübertragung** [RDp, Tr] / communication adapter unit
Anschlußelektronik *f* [Hw] / interface electronics
Anschlußgerät *n* [RDp] / data circuit terminating equipment (DCE) || [Hw] / power supply unit || **≗** (s. peripheres Gerät)
Anschluß·kasten *m* [Hw] / terminal box || **≗kennung** *f* [DT] / terminal identification code || **≗klemme** *f* [Hw] / connecting terminal, terminal, connection terminal || **≗klemmenpunkt** *m* [Hw] / terminal block pin, terminal connecting point || **≗lasche** *f* (im Gegensatz zu Draht) [Serv] / flag terminal || **≗leiste** *f* (für Kabel usw.) [Hw, Serv] / plug connector, plug connector strip, plug strip || **≗leistung** *f* [Hw] / load
Anschlußleitung *f* [ES] / central office line || **freie ≗en** [Sc] / flying leads (thin-film technology) || **Teilnehmer-≗** *f* [ES] / subscriber line
Anschluß·leitungslaufnummer *f* [Tr] / link sequence number || **≗möglichkeit** *f* [Hw] / connection option, connecting capability
Anschlußnummer *f* [TP] / termination number
Anschlußplatte *f* [Hw] / circuit assembly plate, terminal board
Anschlußprogramm zum Restart [OS] / restart interface program || **systemtechnisches ≗** [ES] / system-oriented interfacing program || **≗teil** *m* [Sw] / interfacing program section
Anschluß·prüfung *f* (bei logischen Bausteinen) [Cir, Sc] / functional pin test || **≗punkt** *m* [Hw] / terminal block pin, terminal connecting point || **≗routine** *f* [VS, OS] / exit routine
Anschlußsatz *m* [RDp, Tr] / terminating set, terminal accessory || **≗einsteller** *m* [RDp, Tr] / terminating set marker
Anschlußschaltung *f* [Tr] / line circuit, termination circuit || **konzentrierte ≗** [ES] / pooled termination
Anschluß·spannung *f* [Hw, Sc] / supply voltage || **≗sperre** *f* [ES] / interface lockout
Anschlußstelle *f* [Cir, Hw] / terminal || **≗** (programmtechnisch) [Sw] / exit, program exit || **≗** (am Rechner) [ES] / trunk
Anschluß·steuerwerk *n* [Hw, VS] / director attachment || **≗stift** *m* [Mp, Sc] / pin, terminal pin || **≗stutzen** *m* [Hw, Serv] / connecting piece || **≗system** *n* [ES] / tie-in system, line interfacing system || **Baugruppe der ≗technik** [TP] / line interfacing assembly || **≗vereinbarung** *f* [Dp] / linkage convention || **≗verteiler** *m* [Serv, TrL] / main distribution frame || **≗werte** *m pl* [Hw] / power rating || **≗zusatz** *m* [RDp] / terminal feature
Anschwenkmotor *n* [HSP] / swivel motor
ANS-COBOL (von ANSI normierte Sprachmenge aus COBOL) [PL] / ANS COBOL (as opposed to COBOL originally issued by CODASYL)
Ansicht von oben [Dist] / top view || **≗ von unten** [Dist] / bottom view || **teilweise geschnittene ≗** [Dist] / cutaway view
anspitzen *v* [Serv, TrL] / bare (cable, etc.)
Ansprech·dauer *f* [DT, M, Tr] / response duration || **≗empfindlichkeit** *f* [NC] /

responsiveness
ansprechen *v* [Hw] / (of device, etc.) respond, to function in response to
Ansprech·geschwindigkeit *f* [NC] / response rate, response || **~wert** *m* [Cir] / operating value, triggering value, response value || **~zeit eines Empfänger** [RDp] / receiver response time
anspringen, eine Routine ~ [Sw] / to activate a routine
anstehen *v* [ES] / (of service request, etc.) to wait to be served
anstehende Unterbrechung [OS] / pending interrupt
ansteuerbar *adj* [Sw] / selectable
Ansteuer·bedingungen *plt* (Kippstufe) [Cir] / drive conditions || **~leitung** *f* [TrL] / select line || **~logik** *f* [CU, TP] / control logic, controller logic
ansteuern *v* [Sw] / select (subroutine, etc.) || **ein Gatter ~** [Cir] / to activate a gate
Ansteuersystem *n* [M] / drive system
Ansteuerung eines Gatters [Cir] / activation of a gate
Ansteuerungsimpuls *m* [M] / drive pulse || **partieller ~** [M] / partial drive pulse
Ansteuerungs·kontrolle *f* [Sw] / selection check || **~leitung** *f* [M] / selection line, select line || **~prüfung** *f* [Sw] / selection check || **~strom** *m* [M] / drive current || **~verhältnis** *n* [M, NC] / selection ratio
Anstiegsflanke *f* [Th] / leading edge
Anstiegszeit *f* [Sc] / rise time || **~** (Impuls) [Th] / pulse rise time || **~koeffizient** *m* [Th] / rise-time coefficient, rise-time factor
Anstoß *m* [Dp] / initiation (of program, etc.)
anstoßen *v* [Dp] / initiate (program, etc.)
Anstoßsignal *n* [Dp] / initiation signal
„Antiope" *n* (in Frankreich entwickeltes Bildschirmtextsystem) [Vtex] / Antiope (videotex system developed in France, designed to be compatible with both broadcast and wire transmission)
Antivalenz *f* (DIN 44300, März 1972) [SA] / exclusive-OR operation, anticoincidence operation || **~glied** *n* [Cir] / exclusive-OR element, exclusive-OR circuit
antreiben, gegenläufig ~ [HSP] / to drive in counterrotation
Antrieb *m* [PE] / drive assembly, driving mechanism || **~ mit einstellbarer Geschwindigkeit** [NC] / adjustable speed drive || **direkter ~** [Hw] / direct drive
Antriebs·kette *f* [Hw] / drive chain || **~motor** *m* [Hw] / drive motor || **~ritzel** *n* (Formulartrommel) [HSP] / driving pinion || **~rolle** (s. Capstan) || **~spannung** *f* [Hw] / drive voltage || **~spindel** *f* (am Schneidetisch usw.) [Hw] / power spindle || **~steuerung** *f* [PCC, AC] / individual control
Antwort *f* [Dp] / response || [Tr] / reply, answerback || **~ des Operators** [Dp] / operator response || **~ über Blattschreiber** [CTW] / console typewriter response || **verschlüsselte ~** [RDp] / coded response message || **~eintrag** *m* [Dp] / response entry
antworten *v* [Tr] / reply, answerback || [Dp] / respond
Antwort·meldung *f* [Dp] / response message || **~signal** *n* [Tr] / acknowledgment signal || **~text** *m* [Dp] / response || **~zeit** *f* [RDp] / response time (i.e., the time between the transmit key being depressed by the terminal operator and the last character of the response being displayed on the screen or printed on the hard copy unit)
anwählen *v* [ES, DT] / dial (number, etc.)
Anweisung *f* [Algol] / statement || [Fortran] / statement || [PL/1] / statement || **~** (in der gültigen Bedienungssprache abgefaßte Vorschrift zur Geräte- bzw. Systembedienung) [Hw, DpC] / operating instruction, command || **~** (bei problemorientierten Programmiersprachen eine Arbeitsvorschrift, die in der Regel aus einer Folge von Befehlen oder Vereinbarungen besteht) [PL] / statement, source language instruction || **~** (bei maschinenorientierten Programmiersprachen eine Arbeitsvorschrift, die sich nicht in weitere Anweisungen zerlegen läßt) [PL] / instruction (specific meaning) || **~** (allgemeine Bezeichnung für in beliebiger Sprache abgefaßte Arbeitsvorschrift, die im Gegensatz zum Befehl aus weiteren Anweisungen zusammengesetzt sein kann, jedoch im gegebenen Zusammenhang wie auch im Sinne der benutzten Sprache abgeschlossen ist) (DIN 44300, März 1972) [PL] / instruction (general meaning), order || **~ für berechneten Sprung** [Fortran] / computed go to statement || **~ für gesetzten Sprung** [Fortran] / assigned go to statement || **~ in Assemblersprache** [PL] / assembly language statement || **~ in**

Primärsprache [PL] / source language statement, source statement, source program statement || **abgeschlossene** ≗ [PL/1] / balanced unit || **anormale** ≗ [PL] / abnormal statement || **arithmetische** ≗ [ALU] / arithmetic statement || **ausführbare** ≗ [Fortran] / executable statement || **funktionsdefinierende** ≗ [Fortran] / function defining statement || **generierte** ≗**en** [Sw] / generated statements || **letzte** ≗ (in einer Schleife) [Fortran] / terminal statement || **nicht markierte zusammengesetzte** ≗ [Algol] / unlabeled compound || **nichtausführbare** ≗ [Fortran] / nonexecutable statement || **unbedingte** ≗ [Algol] / unconditional statement || **unbedingte** ≗ [Cobol] / imperative statement || **zusammengesetzte** ≗ [Cobol] / compound statement

Anweisungs·feld *n* [Sw] / statements field || **generierte** ≗**folge** [Sw] / generated statements || ≗**klammer** *f* [Algol] / statement bracket || ≗**marke** *f* [Fortran] / statement label

Anweisungsname *m* [APL] / statement number || [PL/1] / statement name

Anweisungs·register *n* [CP] / statement register || ≗**verbund** *m* [PL/1] / group

Anwender *m* [Dp] / user || ≗**aufruf** *m* [Sw] / user call || ≗**befehl** *m* [Mp] / user-originated command || ≗**-Betriebskonfiguration** *f* [Mp] / user environment, user operating environment || ≗**ebene** *f* [Sw] / user level || ≗**konfiguration** *f* [Mp] / user environment, user operating environment || ≗**meldung** *f* [IO] / user console typeout

Anwenderprogramm *n* (d.h., vom Anwender bzw. für den Anwender für kundenspezifische Aufgaben geschrieben) [ASw] / application program, applications program || ≗ (d.h., vom Anwender geschrieben) [ASw] / user program (as opposed to manufacturer supplied program), user-written program || **allgemeines** ≗ [ASw] / general user program || **kundenspezifisches** ≗ [ASw] / user-specific program || ≗**band** *n* [ASw] / program load library tape || ≗**bibliothek** *f* [ASw] / program load library, user program library

Anwendersoftware *f* (vom Anlagenhersteller zur Verfügung gestelltes Programmpaket, das ganz oder teilweise häufig bei Anwendern verwendet wird) [MCS, Dp, Sw] / application software, applications software, application package || ≗ (vom Anwender geschriebene, aufgabenspezifische Programme) [ASw] / user software

anwendertechnischer Restart [ASw] / user-oriented restart

Anwenderüberlagerung *f* [Sw] / user overlay

Anwendung *f* / application || **kommerzielle** ≗**en** [Dp] / business applications, commercial applications || **Mikroprozessor für allgemeine** ≗**en** [Mp] / microprocessor for use in general-purpose (digital) computer systems || **Register für allgemeine** ≗**en** [Mp] / data register, working register

Anwendungsbereich *m* [Dp] / scope of application

anwendungsbezogen *adj* [Dp] / application-oriented, applications-oriented (question, etc.)

Anwendungsgebiet *n* [Dp] / field of application

anwendungsgerechtes Produkt [Dp] / product geared to applications

Anwendungs·ingenieur *m* [DpC] / computer applications engineer || ≗**studie** *f* [Th] / application study || ≗**variabilität** *f* (Anpassungsfähigkeit) [Dp] / customizability (of system, etc.)

Anzahl der Überlaufspuren [RPG] / number of extents, number of tracks for cylinder overflow || ≗**attribut** *n* [Sw] / number attribute

Anzeige *f* (z.B. Lampe) [Hw, CTW] / indicator (on operator's console, etc.) || ≗ (nichtschreibende, optische Darstellung von Daten) [Hw, Mp] / display || ≗ **des Betriebszustandes** [CP] / condition code indicator || ≗ **nach Befehlsausführung** [Sw, OS] / condition code || **akustische** ≗ [Hw, IO] / audible alarm || **alphanumerische** ≗ [VDT] / alphameric display, alphanumeric display || **analog-digitale** ≗ [IO] / analog-digital display || **nicht löschbare** ≗ [PE] / nondestructive readout || **optische** ≗ [Hw] / visual display, visual indicator

Anzeige-Anweisung *f* [Cobol] / display statement

Anzeigebaugruppe *f* [CP] / indicator module

Anzeigebefehl *m* [OS] / check-indicator instruction, flag instruction || [Sw] / display instruction

Anzeigebit *n* [CP] / indicator bit
Anzeigeeinheit *f* [Hw] / display unit || **digitale** ≗ [IO] / digital display unit, digital indicator unit || **optische** ≗ [Hw] / visual display device, visual display unit
Anzeige·einrichtung *f* [Hw] / display device, indicating device || ≗**element** *n* [Hw] / indicating element
Anzeigefeld *n* [VDT] / display field || [Hw] / (several lamps:) indicator panel; (one lamp:) indicator || **Bedien- und** ≗ [HSP] / control and indicator panel
Anzeige·gerät *n* [Hw] / indicating device, indicating instrument (e.g., digital readout, etc.) || ≗**instruktion** *f* [Sw] / display instruction
Anzeigelampe *f* [Hw] / indicator lamp, indicator || **Bereit-**≗ *f* [Hw] / ready light
Anzeigemodus *m* [VDT, Th] / display mode
Anzeigen·register *n* [Hw, Sw] / condition code register || ≗**wort** *n* [PCC] / indicator word || ≗**zelle** *f* [PCC] / indicator location
Anzeiger des Kellerspeicherstandes [OS] / stackpointer
Anzeigeregister *n* [Hw, Sw] / condition code register || ≗**stand** *m* [Sw, OS] / condition code
Anzeigeröhre *f* [VDT] / display tube || **alphanumerische** ≗ [Hw, Co] / alphameric display tube, alphanumeric display tube
Anzeige·stelle *f* [VDT] / display position || ≗**steuerung** *f* [Hw] / display control unit || ≗**vorrichtung** *f* [Hw] / display device, indicating device
anziehen *v* [Hw] / (of magnet, relay, etc.) pick up, pull up || [Hw] / (of magnet, etc.) attract, draw (iron, particle, etc.) || [Serv] / tighten (screw, etc.)
AP-Anweisung *f* [PCC] / address level directive
APE (s. Anpassungseinheit)
aperiodisch *adj* [Th] / aperiodic, untuned || **~e Dämpfung** [Th] / aperiodic damping, overdamping || **~er Stromkreis** [Th] / aperiodic circuit, nonresonant circuit || **~er Vorgang** [Dp] / acyclic process
Apertur, effektive ≗ [Sc] / effective aperture || ≗**unschärfe** *f* [Fax] / aperture distortion
APL (von Iverson entwickelte Programmiersprache für Dialogbetrieb, Produktionsaufgaben sowie für Ausbildungs- und Forschungszwecke) [PL] / APL (Algorithmic/Procedural Language)
Apostroph *m* [PL/1] / apostrophe, single quotation mark || **in** ≗**e einschließen** [Sw] / to delimit by apostrophes, to enclose in apostrophes
Approximation *f* [Th, Cy] / approximation || **informationelle** ≗ [Cy] / informational approximation
Approximationsfehler *m* [Th] / truncation error, error of approximation
approximativ *adj* [Th, Cy] / approximate
approximieren *v* [Th, Sw] / truncate (number, etc.) (i.e., to drop final digits in a number, thus reducing precision, but not necessarily accuracy) || [Th, Cy] / approximate
APT (Programmiersprache für numerische Steuerung) [PL] / APT (Automatically Programmed Tools)
AQ (s. Ausgabequittung)
AQL, Summen-≗ *n* [QC, Sc] / cumulative AQL (= acceptable quality level)
AQR (s. Ausgabequittungsregister)
Äquijunktion *f* [SA] / equivalence
Äquipartitionseigenschaft *f* [Th, Cy] / theorem of McMillan
äquivalent·e Ausgangskapazität [Cir] / equivalent output capacitance || **~er Ausgangswiderstand** [Cir] / equivalent output resistance || **~e Binärstellen** [Th] / equivalent binary digits || **~e Diode** [Sc] / equivalent diode || **~e Eingangsdrift** [Co] / equivalent input voltage/current drift || **~e Eingangskapazität** [Cir] / equivalent input capacitance || **~e Eingangsrauschspannung** [Co] / equivalent input noise voltage || **~er Eingangsrauschstrom** [Co] / equivalent input noise current || **~er Eingangswiderstand** [Cir] / equivalent input resistance || **~e Rauschspannung** [Sc] / equivalent noise voltage || **~er Rauschstrom** [Sc] / equivalent noise current || **~e Störspannung** [ES, Tr] / equivalent disturbing voltage || **~er zusätzlicher Rauschleitwert** [Sc] / equivalent uncorrelated noise conductance
Äquivalenz *f* (DIN 44300, März 1972) [SA] / equivalence || **dynamische** ~ (der Übersetzung) [Term, MAT] / dynamic equivalence || ≗**anweisung** *f* [Fortran] / equivalence statement || ≗**glied** *n* [Cir] / coincidence element, equivalence element, equivalent-to element || ≗**verknüpfung** *f* [SA] / equivalence operation, IF-AND-ONLY-IF operation
Äquivokation *f* (DIN 44301, Feb. 1977)

[Th, Cy] / equivocation
Arbeiten mit doppelter Wortlänge [Sw] / double-precision working, double-length working || ≗ **mit mehrfacher Wortlänge** [Sw] / multiple-precision working, multiple-length working || **synchrones** ≗ [Dp] / synchronous operation, synchronous working
arbeitende Rechenanlage [Dp] / active computer
Arbeitsablauf *m* [NC] / cycle || [Dp] / sequence of operations, operational sequence || **gesteuerter** ≗ [NC] / controlled cycle
Arbeits·adresse *f* [CP] / effective address || ≗**auftrag** *m* [Dp] / job order || ≗**auftragsnummer** *f* [OS] / job number
Arbeitsband *n* [MT] / scratch tape || ≗ (beim Magnetbandsortieren) [MT] / work tape, work file
Arbeits·bereich *m* [M] / work area || ≗**code** *m* [NC] / operation code || ≗**datei** *f* (DIN 66200E T1, März 1974) [OS] / work file || ≗**datenträger** *m* [OS] / scratch volume || ≗**folge** *f* [DpC, Dp] / work sequence, sequence of operations
Arbeitsgang *m* [NC] / operation || [PC] / pass || [Dp] / processing step || ~**abhängig** *adj* [NC] / operation-dependent || ≗**nummer** *f* [NC] / operation number
Arbeitsgeschwindigkeit *f* [Hw] / operating speed, operation speed || [Dp] / processing speed || **mittlere** ≗ [Dp] / average calculating speed
Arbeits·information *f* [NC] / functional control information || ~**intensiv** *adj* [Sw] / involving a large number of processing functions || ≗**intervall** *n* [VS] / time-slot interval || **dynamische** ≗**lastverteilung** [VS] / dynamic load balancing || ≗**modul** *n* [Fax] / index of cooperation
Arbeitsmodus *m* [ES] / operating mode || **automatischer** ≗ [ES] / automatic mode || **manueller** ≗ [ES] / manual mode
Arbeitsnachweis *m* [Dp] / performance record || **täglicher** ≗ [Dp] / daily performance record
Arbeits·planung *f* [WS] / work scheduling || ≗**platte** *f* [MD] / work disk || ≗**platz des Operators** [DpC] / operator's position || ≗**prinzip** *n* [Hw] / operating principle || ≗**programm** *n* [Sw] / object program, working program || ≗**punkt** *m* (Kennlinie) [Th] / operating point || ≗**rechner** *m* (im Gegensatz zum Bereitschaftsrechner) [PCC] / working computer
Arbeitsregister *n* [CP] / general register || ≗**paar** *n* [CP] / general register pair
Arbeitsspeicher (ASP) *m* [M, PCC] / main memory (i.e., the immediate access storage), memory || **Eingabepuffer im** ≗ [M] / memory input buffer || **oberer Bereich des** ≗**s** [M, Sw] / high end of main memory || **reservierter Bereich des** ≗**s** [PCC, Sw] / dedicated area of main memory || **Sortieren im** ≗ [Dp] / internal storage sorting || **unterer Bereich des** ≗**s** [M, Sw] / low end of main memory || **Zykluszeit des** ≗**s** [M] / memory cycle time || ≗**abzug** *m* [M] / memory dump (printout of the contents of all of main memory), main storage dump || ≗**adresse** *f* [M] / main memory address || ≗**ausdruck** *m* [M] / memory printout, main storage printout || ≗**auszug** *m* (selektiver Speicherabzug) [M] / selective dump, selective memory dump || ≗**belegung** *f* [Sw] / memory allocation, storage allocation
Arbeitsspeicherbereich *m* [M] / main memory area, memory area || **nicht adressierbarer** ≗ [M] / shaded memory, nonaddressable memory
Arbeitsspeicherblock *m* [M] / main memory block, memory block
Arbeitsspeichererweiterung *f* [MCS, CP] / main memory extension || ≗ (Hardware) [M] / add-on memory, memory extension feature
Arbeitsspeicher·größe *f* [M] / main memory size, memory size || ≗**kapazität** *f* [M] / main memory capacity, memory capacity
Arbeitsspeicherplatz *m* [M] / main memory location, memory location || ≗ (= verfügbare Arbeitsspeicherkapazität) [M] / main memory space || **symbolisch adressierter** ≗ [M] / symbolic location
Arbeitsspeicherpufferung *f* [M, Sw] / main memory buffering, memory buffering
arbeitsspeicherresident *adj* [M, OS] / memory-resident, main-memory-resident || ~ (kernspeicherresident) [M, OS] / core-resident
Arbeitsspeicher·schnittstelle *f* [M] / main memory interface, memory interface || ≗**stelle** *f* [M] / main memory position || ≗**verdrahtungsfeld** *n* [M] / memory wiring matrix || **Anforderung auf** ≗**zugriff** [M] / memory access request || ≗**zyklus** *m* [M, Sw] / main

memory cycle
Arbeits·spur *f* [MD, Sw] / work track || **≗station** *f* [Dp] / work station || **in ≗stellung bringen** [PE] / to set to operating position || **≗strombetrieb** *m* [RDp, TP, Tr] / open-circuit working, open circuit operation, open circuit current working
Arbeitsstunde *f* [Dp] / man-hour || **effektive ≗n** [DpC] / actual hours
Arbeitstabelle *f* (einer Digitalschaltung) [Cir] / function table
Arbeitstakt des Umsetzers [ES] / converter timing, converter clock rate || **zentraler ≗** [ES] / central working clock pulse
Arbeitsteil *m* (für das Seitenwechseln erforderlicher Programmteil im Realspeicher) [VS] / working set
Arbeitsvorbereiter *m* [WS] / work assembler || **≗** (für den Lichtsatz usw.) [Typ] / photocomposition editor (person)
Arbeitsvorbereitung *f* [WS] / work assembly, work scheduling, operations scheduling || **≗** (für den Lichtsatz usw.) [Typ] / photocomposition editing || **≗** (allgemein) [WS] / preparatory work
Arbeitswartebereich *m* [PCC] / disk swap work area
Arbeitsweise mit festem Takt [Dp] / fixed cycle operation, synchronous operation, synchronous working || **≗ mit variablem Takt** [Dp] / variable cycle operation, asynchronous operation, asynchronous working || **assoziative ≗** [ES] / associative mode || **grundsätzliche ≗** [Dp] / basic principles of operation || **sequentielle ≗** (bei einer Vielzahl von Operationen) [Dp] / sequential operation (performance of large scale operations one after the other in time) || **sequentielle ≗** (bei einer kleinen Anzahl von Operationen) [Dp] / serial operation (performance of small scale operations in time)
Arbeitszustand *m* [Hw] / operating state || **≗** (dynamischer Betriebszustand) [Sc] / working point
Arbeitszyklus *m* [Sc] / duty cycle (of transistor, etc.) || [CU] / operation cycle || **≗** (= Zykluszeit) [Sc] / cycle time
Arbeitszylinder *m* [MD, Sw] / work cylinder
Archiv *n* [DpC] / magnetic tape library, tape library
Archivar *m* [DpC] / magnetic tape librarian, tape librarian
archivieren *v* [DpC] / file
Archivnummer *f* [MD] / pack serial number || [MT] / tape serial number
Argument *n* [PL/1] / argument || **≗byte** *n* [Sw] / argument byte
Arithmetik *f* [Algol] / arithmetic || **≗ mit bedeutsamen Ziffern** [Th] / significant digit arithmetic || **binäre ≗** [Th] / binary arithmetic || **≗-Logik-Einheit** *f* [MCS, ALU] / arithmetic logic unit (ALU)
arithmetisch *adj* [Algol] / arithmetic || [PL/1] / arithmetic || **~e Anweisung** [ALU] / arithmetic statement || **~er Ausdruck** [Algol] / arithmetic expression || **~er Ausdruck** [Fortran] / arithmetic expression || **~er Ausdruck** [Cobol] / arithmetic expression || **~er Befehl** [Sw] / arithmetic instruction || **~e Einheit** [ALU] / arithmetic unit, arithmetic element || **~es Element** (s. Rechenwerk) || **~er Elementarausdruck** [Fortran] / arithmetic element || **~er Faktor** [Fortran] / factor || **~es Mittel** [Th] / arithmetic mean || **~e Operation** [Th] / arithmetic operation || **~er Operator** [Algol] / arithmetic operator || **~er Operator** [Fortran] / arithmetic operator || **~er Primärausdruck** [Fortran] / primary || **~e Prüfung** [Dp, Sw] / arithmetic check, mathematical check || **~es Register** [ALU] / arithmetic register || **~e Reihe** [Th] / arithmetic series, arithmetic progression || **~er Term** [Fortran] / term || **~e und logische Einheit** [MCS, ALU] / arithmetic logic unit (ALU) || **~es Unterprogramm** [Sw] / arithmetic subroutine || **~es Verschieben** [CP, Sw] / arithmetic shift || **~e Wenn-Anweisung** [Fortran] / arithmetic if statement || **~e Zuweisungsanweisung** [Fortran] / arithmetic assignment statement
Arithmometer *n* [Hist] / arithmometer
Armstrong-Schaltung *f* [Cir] / Armstrong circuit
ARQ-Verfahren *n* [DS, TP, Tr] / automatic request method, ARQ method
arretierbare Taste [VDT, TP] / staydown key
Art *f* [Algol] / kind || **≗** (des Bestimmungsblattes) [RPG] / form type || **≗ der Ein- oder Ausgabedatei** [RPG] / file type
Artikel·karte *f* [PC] / commodity card || **≗nummer** *f* [Dist] / item number
ASCII-Code *m* (amerikanischer Standardcode für Informationsaustausch) [Th] / American Standard Code for Information Interchange (ASCII) (pronounced

"Áskee")
ASD (s. Zuordnen eines Geräts)
ASP (s. Arbeitsspeicher)
Aspekt *m* [IDS] / aspect || **~code** *m* [IDS] / role indicator
ASP-Schnittstelle *f* [M] / main memory interface, memory interface
ASR (s. Ablaufsteuerrechner)
Assembler *m* [OS] / assembler, assembly program, assembly routine, assembler source program || [PL] / assembly language, assembler language || **~ in Kartenfassung** [PL] / card assembler || **erweiterter ~** [OS] / extended assembly system || **~anweisung** *f* [Sw] / assembly instruction, assembler statement, assembler source statement
Assemblerausgabe *f* [PL] / assembly program output || **~karte** *f* [Sw] / assembly output card
Assembler·befehl *m* [Sw] / assembly instruction, assembler statement, assembler source statement || **~beschreibung** *f* (Handbuch) [DpC, Sw] / assembly system reference manual || **~formular** *n* [Dp] / assembly program form || **~instruktion** *f* [Sw] / assembly instruction, assembler statement, assembler source statement || **~kartensatz** *m* [Sw] / assembly deck, assembler deck || **~lauf** *m* [Sw] / assembly run, assembler run || **~programm** *n* [OS] / assembler, assembly program, assembly routine, assembler source program || **~protokoll** *n* [Sw] / assembly program listing, assembler listing
Assemblersprache *f* [PL] / assembly language, assembler language || **Anweisung in ~** [PL] / assembly language statement || **Quasi-~** *f* [PL] / quasi assembly language, quasi assembler language
Assemblersteuerbefehl *m* [PL] / program control instruction
assemblieren *v* (DIN 44300, März 1972) [PL] / assemble
Assemblierer *m* (DIN 44300, März 1972) [OS] / assembler, assembly program, assembly routine, assembler source program || **absoluter ~** [OS] / absolute assembler || **Kreuz-~** *m* [MCS] / cross-assembler || **~sprache** *f* [PL] / assembly language, assembler language
Assemblier·programm *n* [OS] / assembler, assembly program, assembly routine, assembler source program || **~sprache** *f* [PL] / assembly language, assembler language
ASSGN (s. Zuordnen eines Geräts)
Assoziation *f* [CAI, Cy] / association
assoziativ *adj* [CAI, Cy] / associative || **~e Arbeitsweise** [ES] / associative mode || **~er Festwertspeicher** [M] / associative read-only memory (AROM) || **~er Speicher** [Mp, M] / content-addressed memory (CAM), associative memory || **~er Umsetzungsspeicher** [VS] / translation look-aside buffer (TLAB) || **~e Zentraleinheit** [CP] / associative processor
Assoziativspeicher *m* (DIN 44300, März 1972) [Mp, M] / content-addressed memory (CAM), associative memory
astabil·es Kippglied (DIN 40700 T14, Juli 1976) [Cir] / astable circuit, astable element || **~er Multivibrator** [Cir] / astable multivibrator
Asterisk *m* [Term] / asterisk
ASVOL (s. Zuordnen von Geräten nach Archivnummern)
asymmetrisch·er Fehler [Th, Tr] / unbalanced error || **~er Fehlerbereich** [DS, Th, Tr] / range of unbalanced error || **~er Vierdrahtbetrieb** [TP] / assymmetrical four-wire operation || **~-heterostatische Schaltung** [Cir] / asymmetrical heterostatic circuit
asymptotische Gleichverteilung [Th, Cy] / theorem of McMillan
asynchron·e Anforderung [VS, RDp] / asynchronous request || **~er Ausgang** [Sw] / deferred exit || **~er Eingang** [Sw] / deferred entry || **~er Hochgeschwindigkeitsbus** [ES] / asynchronous highspeed bus || **~e Nachricht** [VS, RDp] / asynchronous flow message || **~e Programmunterbrechung** [Sw] / asynchronous interrupt || **~e Steuerung** (DIN 19237V, Feb. 1977) [PCC, AC] / nonclocked control || **~e Übertragung** (DIN 44302, Apr. 1979) [Tr] / asynchronous transmission, asynchronous data transmission, start/stop transmission || **~er Zeitmultiplexor** [ES] / asynchronous time-division multiplexer || **~es Zeitmultiplexverfahren** [ES] / asynchronous time-division multiplex method || **~es Zeitvielfach** [ES] / asynchronous time-division multiplexer || **~betrieb** *m* [Dp] / variable cycle operation, asynchronous operation, asynchronous working || **~computer** *m* [Dp] / asynchronous

computer || ≗endstelle *f* [RDp] / asynchronous terminal || ≗modem *n* [ES] / asynchronous dataset || ≗puffer *m* [RDp, Tr] / asynchronous buffer || ≗rechenanlage *f* [Dp] / asynchronous computer || ≗rechner *m* [Dp] / asynchronous computer || ≗synchronumsetzer *m* [ES] / asynchronous-to-synchronous converter || ≗typ *m* [RDp, Tr] / asynchonous type || ≗übertragung *f* [Tr] / asynchronous transmission, asynchronous data transmission, start/stop transmission || ≗verfahren *n* [TP, Tr] / asynchronous method

ATLAS (testorientierte Sprache) [PCC, PL] / ATLAS (Abbreviated Test Language for Avionics Systems)

Atmosphäre, verunreinigende ≗ [DpC] / contaminating atmosphere

Attribut *n* [PL/1] / attribute || **≗prüfung** *f* [Sc] / attribute testing

Ätzen, elektrolytisches ~ [Sc] / electrolytic etching

Ätz·figur *f* [Sc] / etch pattern || **≗grube** *f* [Sc] / etch pit

Ätzvorlage *f* [Sc] / artwork || **Abbild der** ~ [Sc] / artwork pattern

Aufbau *m* [Hw] / constructional design, architecture || **logischer** ≗ [Sc] / logic pattern || **organisatorischer** ≗ [DpC] / organizational structure || **physischer** ≗ [Cobol] / physical structure

aufbauen *v* [Sw] / set up, create, establish, build up (table, section, etc.) || [ES] / set up (connection, call, etc.), establish (connection, call, etc.)

Aufbau·handbuch *n* [Serv] / installers' handbook, installers' manual || **≗leiter** *m* [DpC] / installation supervisor || **≗material** *n* [Hw] / installation material || **≗ort** *m* [Serv] / installation site || **≗planung** *f* (Dokumentation) [Dist] / installation planning specifications || **≗programm** *n* [OS] / system generation program || **≗technik** *f* [Serv] / installation engineering

Aufbauunterlage *f* [Dist] / installation document || **anlagengebundene** ≗ [Dist] / site-oriented installation document || **gerätegebundene** ≗ [Dist] / device-oriented construction document

Aufbau·werkzeug *n* [Hw] / installation tools || **≗zeit einer Verbindung** [ES] / connection setup time

aufbereiten *v* (für Ausgabe, Druck usw.) [Dp] / edit (data, etc.) || **sedezimales** ≗ [Dp] / hexadecimal editing

aufbereitetes Feld [Cobol] / edited item

Aufbereitung *f* [Cobol] / editing || **numerische** ≗ [Sw] / numeric editing || **terminologische** ≗ [WS, MAT] / terminological editing (of data, etc.)

Aufbereitungs·befehl *m* [Sw] / edit instruction || **≗code** *m* (für die Druckausgabe) [RPG] / edit code || **≗modus** *m* [RDp] / edit mode || **≗symbol** *n* [Cobol] / editing symbol

Aufbewahrungszeitraum *m* [DpC, Dp] / file retention period, file security period

aufbohren *v* (d.h., ein Hardware- bzw. Software-System für allgemeinere oder andere spezielle Aufgaben verwendbar machen) [Dp] / tune (up) (program, system, etc., in order to adjust or improve the performance)

aufbringen *v* [Sc] / apply (coating, etc.)

Aufdampfen *n* [Sc] / evaporation

Aufdampfkontaktstreifen *m* [Sc] / overlay contact stripe

Aufdampfungsmetallfolie *f* [Sc] / evaporated metal film

Aufdampfvorgang *m* [Sc] / vapor deposition process

aufeinanderfolgend *adj* (in mehreren Schüben) [Dp] / batched || ~ (unmittelbar) [Dp] / consecutive || ~ *adj* (zeitlich) [Th] / serial || ~ *adj* (logisch) [Th] / successive || **~e Gänge** [PC] / successive cycles

auffächern *v* (Lichtstrahl, Signale usw.) [Th, Tr] / fan out

Auffang·behälter *m* (Toner) [HSP] / (toner) catchbox, (toner) collection container || **≗fach** *n* [MC] / output bin, receiving bin || **≗korb** *m* [PT] / tape catch bin

auffordernde Station [RDp, Tr] / inquiring station

Aufforderung *f* [Tr] / data link establishment || ≗ (zum Aufbau einer logischen Verbindung) [VS, RDp] / logon request || ≗ **für Geräteunterbrechung** [Dp] / attention interrupt request (AIR) || **wiederholte** ≗ [RDp] / repeated inquiry

Aufforderungsphase *f* [Tr] / inquiry phase || ≗ (Sendeaufforderung) [Tr] / polling phase || ≗ (Empfangsaufforderung) [Tr] / selection phase

Aufforderungszeichen *n* [Mp] / prompt character, prompt

auffrischen *v* (d.h., den Ladungsverlust der internen Kapazitäten bei RAMs usw. ausgleichen, da deren Leckströme nicht unendlich klein sind) [Mp, M] /

refresh (dynamic RAM, etc.) || ≗ *n* (zyklischer Adressiervorgang bei dynamischen Halbleiterspeichern zum Ausgleich von Ladungsverlusten durch Leckströme) [Mp, M] / refreshing (of dynamic memory, etc.)

auffüllen *v* [Cobol] / padding || **mit Nullen** ~ [Sw] / zerofill, zeroize || **mit Zeichen** ~ [Dp] / character-fill

Auffüllzeichen *n* [Sw] / pad character (i.e., blank or nonsignificant character)

Aufgabe *f* [Sw, OS] / task || [Dp] / problem || ≗ **und Gegenstand des Datenschutzes** / purpose and subject matter of data privacy protection || **aktive** ≗ [Dp] / active task || **angeschlossene** ≗ [Dp] / attached task || **anschließende** ≗ [Dp] / attaching task || **organisatorische** ≗ [Sw] / housekeeping function || **verarbeitungsorientierte** ≗ [RDp] / processing function

Aufgaben·auswahleinrichtung *f* [OS] / task selection mechanism || ≗**beschreibung** *f* [ES] / task description

aufgabenorientiert *adj* [Sw] / problem-oriented (language, etc.) || **~e Außenstation** (Datenstation) [RDp] / job-oriented terminal || **~er Befehl** [Sw] / task-oriented instruction

Aufgabenplanung *f* [Th, Sw] / task scheduling || **Algorithmus zur** ≗ [Th, Sw] / task scheduling algorithm

Aufgaben·stellung *f* [Sw] / problem definition || ≗**steuerblock** *m* [OS] / task control block || ≗**teilung** *f* [Dp] / task sharing || ≗**überwachung** *f* [OS] / task supervision || ≗**verwaltung** *f* [OS] / task management || ≗**wechsel** *m* [OS] / task switching

aufgedampfte Mikroschaltung [Sc] / evaporated microcircuit

aufgelaufener Fehler [Sw] / accumulated error

aufgeschobene Bearbeitung [Dp] / delayed processing

Aufgliederungsliste *f* [DpC] / breakdown listing

aufheben, eine Gerätezuordnung ~ [Sw] / to abolish a device assignment || **eine Zuordnung ~ für** [Dp] / deallocate (device, etc.)

Aufheizzeit *f* [Sc] / heating-up time

Aufladestation *f* [HSP] / charge station

auflisten *v* [HSP] / list || *n* [HSP] / listing, list printing || ≗ **der freien Geräte (DUD)** [OS, Aufruf] / Display unreserved devices (DUD) || ≗ **der freien Speicherbereiche (MEM)** [OS, Aufruf] / Display free memory table (MEM) || ≗ **der geladenen Programme (MIX)** [OS, Aufruf] / Display resident programs (MIX) || ≗ **der Gerätezuordnungen (DDA)** [OS, Aufruf] / Display device assignments (DDA) || ≗ **der Großspeicher (OLC)** [OS, Aufruf] / Display on-line catalog (OLC) || ≗ **freier Spuren eines Bibliotheksbereiches (LIB)** [OS, Aufruf] / Display unassigned tracks in SYSLIB (LIB)

Auflistung nach der Umwandlung [OS] / post-assembly listing

auflösen *v* [OCR] / resolve (individual character, etc.) || **den Umlautbuchstaben in eine Kombination von Grundbuchstabe und „e"** ~ [MAT] / to resolve the umlaut vowel into a combination of vowel and 'e' || **eine Ausgabewarteschlange** ~ [Sw] / to cancel an output queue || **eine Verbindung** ~ [ES] / to clear a connection, to release a connection

Auflösung *f* [GrDp, OCR] / resolution

Auflösungs·fehler *m* [ADp] / resolution error || ≗**raumelement** *n* [OCR] / resolution cell

Auflösungsvermögen *n* (allgemein) [GrDp, OCR] / resolution || ≗ (d.h., die Fähigkeit eines Systems oder Materials, dicht beieinanderliegende Konturen scharf wiederzugeben; Maßeinheit: Rasterlinien pro Millimeter) [OCR] / resolving power

Auflösungszeit *f* [Cir] / resolution time (of digital circuit, etc.)

Aufnahme, günstige ≗ (am Markt usw.) [Dist] / acceptance || ≗**behälter** *n* [HSP] / vacuum container (in toner collection system) || ≗**fach** *n* [HSP] / mounting compartment || ≗**lupe** *f* (handgeführtes Digitalisierungsgerät für grafische Vorlagen) [GrDp] / hand-held cursor (to locate map points, etc.) || ≗**rahmen** *m* (für Baugruppe) [Hw] / board cage, card cage || ≗**rohr** *n* (für Formulartrommel) [HSP] / mounting cylinder || ≗**spule** *f* [PT, MT] / takeup reel || ≗**zapfen** *m* (Schlauch) [HSP] / retaining plug

aufnehmen *v* [PE] / (of memory, etc.) pack (information, etc.)

aufnehmende Bandspule [PT, MT] / takeup reel

Aufnehmerspindel *f* [PT, MT] / takeup spindle

aufprüfen *v* [ES] / test (outlet, for busy, etc.)

aufrastern *v* (Flächenelement) [HSP] / screen || **dunkle Flächen** ~ [COM, Typ, Rcp] / to screen black areas
Aufrasterung von Flächenelementen [HSP] / screening of solid areas
Aufrasterungsmodus *m* [Sw] / screening mode
Aufreih·klemme *f* [Hw] / lineup terminal || **≗stecker** *m* [Hw] / lineup plug
Aufruf *m* (Befehlsfolge für die Auslösung einer bestimmten Funktion) [Algol] / call || **≗ an das Organisationsprogramm** [OS] / supervisor call (SVC) || **≗ an den Ablaufteil** [OS] / executive command || **≗ einer eingebauten Funktion** [PL/1] / builtin function reference || **≗ einer Funktionsprozedur** [PL/1] / procedure function reference || **≗ eines Unterprogramms** [Sw] / call-in of a subroutine || **≗ über Blattschreiber** [CTW] / console typein, typein, operator typein, CTW call, CTW request
Aufrufadresse *f* [Sw] / call address
Aufrufanweisung *f* [Fortran] / call statement || [PL/1] / call statement
aufrufbar *adj* [PE, M] / addressable || **~er Speicherplatz** [Sw] / addressable location || **mehrfach** ~ (bei Multiprogrammverarbeitung) [Sw] / reusable (program, etc.) || **nacheinander bei mehreren Operationen** ~ (bei Multiprogrammverarbeitung) [Sw] / serially reusable (program, etc.)
Aufrufbefehl *m* (spezieller Unterprogrammsprung) [Sw] / call instruction, calling instruction
aufrufen, ein Programm ~ [Sw] / to call in a program, to call up a program || **einen Makro** ~ [Sw] / to activate a macro || **≗ direkt (CALL)** [OS, Befehl] / Call by location (CALL) || **≗ indirekt (CALN)** [OS, Befehl] / Call by number (CALN) || **≗ Monitor (MC)** [OS, Befehl] / Monitor call (MC) || **≗ Spezialfunktion (FC)** [OS, Befehl] / Function call (FC)
Aufruffolge *f* (von Unterprogrammen) [Sw] / calling order, calling sequence || **Ablaufteil-≗** *f* [OS] / executive calling sequence
Aufrufliste *f* [RDp] / polling list || **sich zyklisch wiederholende ≗** [RDp] / wraparound polling list
Aufruf·tabelle *f* [RDp] / service order table || **≗verfahren** *n* [RDp] / polling method || **≗zeit** *f* [Sw] / call time, call-in time

aufrunden *v* (maschinell runden, wobei der letzten verbleibenden Dezimalstelle eine 1 zugezählt wird, wenn die werthöchste bzw. die beiden werthöchsten abgestrichenen Stellen einen Wert gleich oder größer 1/2 haben) [Th] / half-adjust (digits, etc.) || **absolut** ~ (maschinell runden, wobei der letzten verbleibenden Dezimalstelle eine 1 zugezählt wird, wenn die werthöchste abgestrichene Stelle einen Wert größer Null hat) (DIN 9757E, Okt. 1977) [Calc] / round up (digit, etc.) || *n* [RPG] / half adjusting, rounding off
Aufrundungstaste *f* (DIN 9757E, Okt. 1977) [Calc] / round-up key
Aufschlagrechnung, prozentuale ≗ (Taste) (DIN 9757E, Okt. 1977) [Calc] / percent plus key
aufsetzen *v* [Dp] / restart, re-enter, resume (job, etc.) (following an error or machine malfunction)
Aufsetzpunkt *m* [Cobol] / re-run point || **≗** (Laserdruckerband) [HSP] / orientation point (on LP tape, for search and restart routines) || **≗klausel** *f* [Cobol] / re-run clause
Aufspaltung (Stelle im Programmablaufplan, von der aus im Programmablauf mehrere Zweige parallel verfolgt werden können) (DIN 44300, März 1972) [Sw] / switching point
Aufspritzen *n* [Sc] / metal spraying
aufstäuben *v* [Sc] / sputter (layer, etc.)
aufsteigend *adj* [Cobol] / ascending || **~e Reihenfolge** [Sw] / ascending order, ascending sequence || **~er Sortierbegriff** (Sortierschlüssel) [Cobol] / ascending key || **~e Sortierfolge** [Cobol] / ascending sequence || **~er Verkehr** [ES] / ascending traffic (e.g., traffic flow from concentrator to switching center)
Aufstellung *f* (Liste) [Sw] / tabulation
Aufstellungsort *m* [Hw, Serv] / site || **am ≗** [Hw, Serv] / in situ
Aufstellungsplan *m* [DpC] / space assignment plan
aufstoßen *v* [PC] / joggle (cards, documents, etc., in order to align them to help trouble-free feeding)
Aufsuchanweisung *f* [Cobol] / seek statement
aufsummieren *v* [Th] / sum up
auftasten *v* [M] / gate (amplifier, etc.)
Auftrag *m* [Dp] / job || **eingespulter ≗** [OS] / spooled job
auftragen *v* [Sc] / mount (IC on substrate,

etc.)
Auftraggeber *m* (DIN 66200 T1, Okt. 1978) [DpC] / user || **˜** (Signale) [Tr] / source || **˜kennzeichen** *n* (DIN 66200E T1, März 1974) [DpC] / user identification, user ID
Auftragnehmer *m* (Signale) [Tr] / sink
Auftragsabrechnung *f* [OS] / job accounting
Auftragsabrechnungs·datei *f* [OS] / job account file || **˜daten** *plt* [OS] / job account data, accounting data || **˜protokoll** *n* [DpC] / job account log, job account report, job account listing || **˜system** *n* [OS] / job accounting system
Auftragsabwicklung *f* [Dist, TES] / order processing || **˜** (DIN 66200E T1, März 1974) [DpC] / job handling
Auftrags·anweisung *f* (DIN 66200E T1, März 1974) [DpC] / job description || **˜beginn** *m* (DIN 66200E T1, März 1974) [Sw] / job start || **˜begleitdokument** *n* (DIN 66200E T1, März 1974) [DpC] / job control document
auftragsbezogen *adj* [Sw] / job-oriented
Auftrags·bibliothek *f* [OS] / job library || **˜bindung** *f* (DIN 66200E T1, März 1974) [DpC] / job commitment || **˜datei** *f* [Sw] / job file || **˜daten** *plt* [Dp] / job data || **˜durchführung** *f* (DIN 66200E T1, März 1974) [DpC] / job execution || **˜ebene** *f* [Sw] / job level
Auftragseingabe *f* [DpC] / job entry, job input || **˜band** *n* [MT, Sw] / job input tape || **˜gerät** *n* [Hw, Sw] / job input device || **˜-Subsystem** *n* [VS] / job entry subsystem (JES)
Auftrags·ende *n* (DIN 66200E T1, März 1974) [DpC, Sw] / end of job (EOJ) || **˜ergebnis** *n* (Teil des Auftragsgesamtergebnisses, der ausgegeben wird) (DIN 66200E T1, März 1974) [DpC] / job output || **˜erteilung** *f* (DIN 66200E T1, März 1974) [DpC] / job submission || **˜ferneingabe** *f* [Dp] / remote job entry (RJE) || **˜gesamtergebnis** *n* (DIN 66200E T1, März 1974) [DpC] / job result || **˜kennzeichen** *n* (DIN 66200E T1, März 1974) [DpC] / job identification || **˜leistung** *f* (DIN 66200E T1, März 1974) [DpC] / job subject || **˜liste** *f* [ES] / job list
Auftragsmakro *n* [Sw] / job macro || **˜aufruf** *m* [Sw] / job macro call || **˜bibliothek** *f* [Sw] / job macro library || **˜definition** *f* [Sw] / job macro definition || **˜karte** *f* [Sw] / job macro card || **˜kommando** *n* [Sw] / job macro command
Auftrags·naheingabe *f* [DpC] / local job entry (LJE) || **˜name** *m* [OS] / job name || **˜nummer** *f* [OS] / job number || **˜priorität** *f* [Sw] / job priority || **˜prioritätssteuergerät** *n* [Hw] / job scheduler || **˜protokollprogramm** *n* [Sw] / job reporting routine
Auftragsprozedur·aufruf *m* [Sw] / job macro call || **˜bibliothek** *f* [Sw] / job macro library
Auftragsschritt *m* [DpC] / job step, step
Auftragssprache *f* [OS] / control language, job control language (JCL), system control language, operat1ng language || **Makroaufruf der ˜** [Sw] / JCL macro
Auftragsstau·element *n* (DIN 66200E T1, März 1974) [DpC] / let-in entry || **˜raum** *m* (DIN 66200E T1, März 1974) [DpC] / let-in area
Auftragssteuer·anweisung *f* [OS] / job control statement || **˜sprache** *f* [OS] / control language, job control language (JCL), system control language, operat1ng language || **˜system** *n* [OS] / job control system (JCS)
Auftragssyntaxprüfung *f* [Sw] / job validation
Auftragsvariable *f* [Sw] / job variable || **globale ˜** [Sw] / global job variable, permanent job variable || **lokale ˜** [Sw] / local job variable, temporary job variable
Auftrags·verarbeitung *f* [DpC] / job shop system || **˜verwaltung** *f* [OS] / job management || **˜verwaltungssystem** *n* [Sw] / job management system || **˜warteschlange** *f* [OS] / job queue, job pool
Auftreten, erneutes ˜ [Dp] / recurrence (of error, etc.)
Aufwachsverfahren *n* [Sc] / epitaxial growth process, epitaxial growth technique
Aufwärts·kompatibilität *f* [MCS, Dp] / upward compatibility || **˜zähler** *m* [Mp] / incrementer
Aufwickel·geschwindigkeit *f* [PT, MT] / takeup speed || **˜hülse** *f* [HSP] / takeup spool || **˜lager** *n* [HSP] / takeup bearing
aufwickeln *v* [PT, MT] / wind up
Aufwickel·rolle *f* [PT, MT] / takeup reel || **˜spule** *f* [PT, MT] / takeup reel || **˜vorrichtung** *f* [PT] / winder, tape winder

Aufwickelwelle *f* (Fixierstation) [HSP] / takeup spool || ≗ (Filz, Vlies) [HSP] / takeup-roll spool, takeup spool

Aufwickelzusatz *m* [PT] / winder feature

aufzeichnen *v* [GrDp] / graph || [Dp] / record

Aufzeichnung *f* [Dp] / recording || ≗ **mit Gleichstromvormagnetisierung** [PE] / d.c. bias recording || ≗ **mit Rückkehr nach Null** (polarisiert) [PE] / polarized return-to-zero recording || ≗ **mit Rückkehr zum Bezugszustand** [PE] / return-to-reference recording || ≗ **ohne Rückkehr zum Bezugszustand** [PE] / non-return-to-reference recording || **magnetische** ≗ [PE] / magnetic recording || **Sieben-Spur-**≗ *f* [MCS, MT] / seven-track recording || **verschachtelte** ≗ [OS] / interlaced recording

Aufzeichnungs·abstand *m* (DIN 66214, Juli 1977) [MT] / data spacing || ≗**band** *n* [Sw] / log tape || ≗**dichte** *f* [PE] / recording density (e.g., on magnetic tape, measured in bits per inch) || ≗**einheit** *f* (einer Lichtsetzanlage) [COM, Typ] / photocomposer unit

Aufzeichnungsfehler *m* [PE] / write error, recording error || ≗ (Spur) [MD] / track flaw || **Prüfen aller Spuren auf** ≗ [MD] / track flaw checking, checking for track flaws

Aufzeichnungs·format *n* [PE] / recording format || ≗**genauigkeit** *f* [PE] / recording accuracy, accuracy of recording || **Kassetten-**≗**gerät** *n* [MCS] / cartridge recorder || ≗**lichtpunkt** *m* [COM, Typ, Rep] / luminous spot || ≗**medium** *n* [PE] / data recording medium, recording medium || ≗**methode** *f* [PE, MT] / recording mode || ≗**oberfläche** *f* [PE, MD] / recording surface, recordable surface || ≗**spur** *f* [PE] / recording track || **Elektronenstrahl-**≗**system** *n* [COM, Typ] / electron beam recording system || ≗**verfahren** *n* [PE, MT] / recording mode || ≗**verstärker** *m* [TP] / record amplifier

Auf-Zu-Regler *m* [PCC] / on-off controller, bang-bang servo

Augenblicks·frequenz *f* [Th, Tr] / instantaneous frequency || ≗**gesamtwert** *m* [Sc] / instantaneous total value

Augenblickswert *m* [Sc] / instantaneous value || ≗ **des Durchlaßstromes** (einer Diode) [Sc] / forward current || ≗ **des Wechselstroms** [Sc] / instantaneous varying component value

Augend *m* (1. Summand) [Th, ALU] / augend

Ausbau *m* [Dp] / (system) expansion, extension || **späterer** ≗ [Hw] / field expansion

ausbaubar *adj* (= modular) [Dp] / open-ended (system, etc.) || ~ (= herausnehmbar) [Hw] / removable (part, component, etc.)

ausbauen *v* [Hw] / remove, disassemble

Ausbaufähigkeit *f* (eines Systems) [Mp] / upgradability

Ausbau·grenzregister *n* [ES] / utilized capacity register || ≗**stufe** *f* [Hw, PCC] / configuration level || ≗**übersicht** *f* [DpC] / layout plan, configuration plan

Ausblend·befehl *m* [Sw] / extract instruction, mask instruction || ≗**effekt** [Sc] / blinding-out effect

ausblenden *v* [TES] / mask out

Ausblendsignal *n* [PCC] / guard signal

Ausbreitungs·verzögerung *f* [Sc] / propagation delay || ≗**widerstand** *m* [Sc] / spreading resistance

Ausbrennen eines Kristallgleichrichters [Sc] / burnout of a crystal rectifier

ausdecken, ein Negativ ~ [Typ, Rep] / to opaque a negative

Ausdehnung, räumliche ≗ **eines Datennetzes** [RDp] / distance (to be) covered by a data network, coverage of a data network

Ausdehnungs·festigkeit *f* [PT] / longitudinal strength || ≗**koeffizient** *m* [Sc] / coefficient of expansion

Ausdiffundieren *n* [Sc] / out-diffusion

Ausdruck *m* [Algol] / expression || [Fortran] / expression || [Cobol] / expression || [PL/1] / expression || ≗ (Hardcopy) [DT, TP] / hard copy printout, printout || ≗ (Speicher) [Dp] / memory dump || **absoluter** ≗ [Sw] / absolute expression || **bedingter** ≗ [Cobol] / conditional expression || **einfacher** ≗ [PL] / simple expression, primitive expression || **einfacher absoluter** ≗ [PL] / simple absolute expression || **logischer** ≗ [SA] / Boolean expression || **mathematischer** ≗ [Th] / mathematical term || **relativer** ≗ [PL] / relocatable expression || **skalarer** ≗ [Th] / scalar expression || **verschieblicher** ≗ [PL] / relocatable expression || **vordefinierter** ≗ [IDS] / predefined phrase || **zusammengesetzter** ≗ [MAT] / multiterm expression (consisting of several components all of which are words) || **zusammengesetzter** ≗ [PL] /

compound expression
ausdrucken *v* [HSP] / print out, print, list || **≗ eines Bandes (TEDIT)** [OS] / Tape edit (TEDIT) || **≗ von zwischengespeicherten Auszügen (DUMP)** [OS] / Print memory dump (DUMP) || **zeichenweises ≗** [Sw] / printing in character mode
Ausfahreinrichtung *f* (für Ablagefächer) [OCR] / pull-out mechanism || **Absenk- und ≗** [OCR] / lowering and pull-out mechanism
Ausfall *m* [Hw] / hardware failure, failure, hardware breakdown, breakdown, machine fault, fault || [OS] / system software failure, software failure, failure, software breakdown || **Erscheinungsform des ≗s** [Co, Sc] / mode of failure || **systematischer ≗** [QC] / systematic failure || **mittlerer ≗abstand** [Hw, QC] / mean time between failures (MTBF) || **≗bit** *n* [ES] / failure bit || **≗breite** *f* [Serv] / fault penetration range, effective range of failure || **≗dauer** *f* [Dp] / downtime
ausfallen *v* [Hw] / break down
Ausfallhäufigkeit *f* [QC] / failure frequency || **temporäre ≗** [QC] / temporary failure frequency
Ausfallhäufigkeits·dichte *f* [QC] / failure density || **≗verteilung** *f* [QC] / failure frequency distribution
Ausfall·kriterien *n pl* [DpC] / failure criteria || **≗meldung** *f* [Dp] / failure notice, fault notice, fault signal, fault message, error signal, error message, error notice || **≗quote** *f* [DpC] / failure quota || **≗rate** *f* [QC] / failure rate || **≗satz** *m* [DpC] / cumulative failure frequency
ausfallsicher·e Betriebsweise [ES] / failsafe mode || **nicht ~e Betriebsweise** [ES] / non-failsafe mode
Ausfallsummen·häufigkeit *f* [DpC] / cumulative failure frequency || **≗verteilung** *f* [DpC] / distribution of cumulative failure frequency
Ausfall·verteilung *f* [QC] / failure frequency distribution || **≗vorhersage** [Th] / failure prediction
Ausfallwahrscheinlichkeit *f* [DpC] / probability of failure || **bedingte ≗** [DpC] / conditional probability of failure || **inkrementale ≗** [DpC] / incremental probability of failure
Ausfallwahrscheinlichkeitsdichte *f* [DpC] / failure probability density
Ausfallzeit *f* [Dp] / downtime || **maschinenbedingte ≗** [Dp] / machine-spoilt work time || **≗punkt** *m* [DpC] / instant of failure
Ausfallzustand *m* [Dp] / failure state
ausführbar·e Anweisung [Fortran] / executable statement || **~e Einheit** [PL/1] / executable unit || **~es Programm** [Fortran] / executable program
Ausführen Kellerfunktion (EXST) [OS, Befehl] / Execute stack (EXST)
ausführendes Prüfprogramm [Sw] / executive test program, executive diagnostic program
Ausführung *f* (Modell) [Hw] / version, model || **interpretierende ≗** [Dp] / interpretive execution || **konstruktive ≗** [Hw] / mechanical design || **wortbezogene ≗ eines Befehls** [OS] / word-oriented execution of a command || **zyklische ≗ von Funktionen** [Sw] / cycle execution of functions
Ausführungs·abschnitt *m* [Sw] / parameter card sequence || **≗befehl** *f* [Sw, NC] / executive instruction || **≗phase** *f* [Dp] / execution phase, execute phase || **≗programm** *n* [ASw] / executive routine, executive program || **≗programme** *n pl* (= System- und Benutzerprogramme) [Sw] / system and user programs || **≗sprache** *f* [Sw] / effective language
Ausführungszeit *f* [Dp] / execution time (i.e., time during which an instruction is decoded and performed) || [PL] / object time
Ausführungszyklus *m* (eines Befehls usw.) [MCS] / execution cycle
Ausgabe *f* [Algol] / output || [PL/1] / output || ≗ (= Stand, Version) (s. Programmausgabe) || **≗ Arbeitsspeicherinhalt** [OS, Befehl] / Display highspeed memory || **≗ Gleitkommaregister** [OS, Befehl] / Display floating-point registers || **≗ Mehrzweckregister** [OS, Befehl] / Display general registers || **freilaufende ≗** [Tr] / unsolicited output || **taktgesteuerte ≗** [IO] / clock-actuated readout || **vor der ≗ einer Leiste** [Cobol] / before reporting || **≗adreßregister** *n* [Sw] / output address register || **≗anforderung** *f* [OS] / output request || **≗anschlußpunkt** *m* [Hw] / output terminal
Ausgabeaufbereitung *f* [IO, Dp] / editing || **Steuerzeichen für ≗** [Sw] / edit control character
Ausgabeauswahl *f* [ES] / output selection || **≗intervall** *n* [ES] / output selection

interval || ~**register** *n* [ES] / output selection register || ~**steuerung** *f* [ES] / output selection control || ~**wegeparameter** *m* [ES] / output selection path parameter
Ausgabe·baugruppe *f* (= Drucker, Locher) [TP] / output module || ~**baustein** *m* [Mp] / output port || ~**befehl** *m* [Sw] / output instruction || ~**behandlung** *f* (einer Nachricht) [ES] / output handling
Ausgabebereich *m* [Sw] / output area || **letzte Stelle im** ~ [RPG] / end position in output record
Ausgabe·beschreibung *f* [Sw] / output format specification || ~**bezugszahl** *f* [RPG] / output indicator || ~**bibliothek** *f* [Sw] / output library
Ausgabeblock *m* [Sw] / output block
Ausgabeblockierung *f* [ES] / output lockout
Ausgabeblock·länge *f* [Sw] / output block length || ~**zählung** *f* [Sw] / output block count
Ausgabecode *m* [Sw] / output code || ~**wandler** *m* [OS] / output code converter
Ausgabe·codierer *m* [OS] / output coder || ~**codierschaltung** *f* [OS] / output decoding circuit || ~**datei** *f* [Cobol] / output file || ~**daten** *plt* (DIN 66201E T1, Apr. 1979) [Dp, PCC] / output data
Ausgabedatenträger *m* [Cobol] / output medium || ~ (Magnetschichtträger) [IO] / output volume
Ausgabe·drucker *m* [TP] / output teleprinter || ~**einheit** *f* (DIN 44300, März 1972) [IO] / output unit || ~**format** *n* [Sw] / output format || ~**freigabelogik** *f* [ES] / output enable logic || ~**funktion** *f* [IO] / output function || ~**gatter** *n* [Mp] / output gate
Ausgabegerät *n* (DIN 44300, März 1972) [IO] / output device, output element, output unit || ~ **für die Protokollierung** [IO] / logging device || **grafisches** ~ (Ausgabegerät für DV-Arbeitsergebnisse in grafischer Form als Sichtgerät oder als Zeichengerät) [GrDp] / graphic display terminal, graphic terminal || **grafisches** ~ **mit Vektorgenerator** [GrDp] / vector mode display (Rtm.)
Ausgabe·geschwindigkeit *f* (DIN 66201, Aug. 1971) [PCC] / output rate || ~**glied** *n* [ES] / output element || **übersetzte** ~**information** [Sw] / translated output || ~**kanal** *m* [CP] / output channel || ~**kartensatz** *m* [PC] / output deck || ~**kennsatz** *m* [M] / output label || ~**koppler** *m* [ES] / output switching (matrix) network || ~**kopplung (AK)** *f* [ES] / output switching logic || ~**kopplungsregister** *n* [ES] / output switching register || ~**leistung** *f* [TP] / output capacity || ~**leitung** *f* [IO] / output line || ~**locher** *m* [PT, PC] / output punch || ~**magazin** *n* [PC] / output magazine
Ausgabemagnetband *n* [MT] / output tape, output reel || ~**gerät** *n* [MT] / output tape unit
Ausgabematrix (AMX) *f* [TP] / output matrix
Ausgabemeldung *f* [OS] / output notification || ~ (Signal) [ES] / output indicator, output notice
Ausgabe·modus *m* [Dp] / output mode || ~**operation** *f* [Sw] / output operation
Ausgabeparameter *m* [PL] / edit parameter || [Sw] / output parameter
Ausgabe·phase *f* [Sw] / output phase || ~**platte** *f* [MD] / output disk || ~**programm** *n* [Sw] / output program, output routine || ~**protokoll** *n* [Sw] / output listing || ~**prozedur** *f* [Algol] / output procedure
Ausgabepuffer *m* [CP] / output buffer storage, output buffer || ~**speicher** *m* [CP] / output buffer storage, output buffer
Ausgabe·quittung (AQ) *f* [ES] / output acknowledgment || ~**quittungsregister (AQR)** *n* [ES] / output acknowledgment register || ~**rate** *f* (DIN 66201E T1, Apr. 1979) [PCC] / output transfer rate
Ausgabesatz *m* [Sw] / output record || ~**länge** *f* [Sw] / output record length
Ausgabe·schablone *f* [Sw] / edit mask || ~**schreibmaschine** *f* [IO] / output typewriter || ~**speicher** *m* [RDp] / output storage || ~**sperre** *f* (Magnetband) [TP] / output lockout || ~**spule** *f* [MT] / output tape, output reel
Ausgabestau·element *n* (DIN 66200E T1, März 1974) [DpC] / let-out entry || ~**raum** *m* (DIN 66200E T1, März 1974) [DpC] / let-out area
Ausgabe·steuerkarte *f* [Sw] / output option card || ~**steuerung** *f* [RPG] / exception processing, Q-card processing || ~**tisch** *m* [HSP] / stacker platform || ~**verteiler** *m* (DIN 66201, Aug. 1971) [PCC] / output multiplexer || ~**verteilung** *f* [ES] / output distribution
Ausgabewarteschlange *f* [OS] / output queue, output work queue, output

(waiting) queue
Ausgabe·werk *n* (DIN 44300, März 1972) [CP] / output control || **²wortregister (AWR)** *n* [ES] / output word register || **²zeit** *f* (DIN 66201 E T1, Apr. 1979) [PCC] / output time
Ausgabeziel (AZI) *n* [ES] / output destination || **²register (AZR)** *n* [ES] / output destination register
Ausgang *m* [Hw] / outlet || [Cir] / output || [Algol] / exit || ² (letzter Befehl eines Programms) [Sw] / exit, program exit || **² für Promilleausgabe** [PCC] / output operating at tenths of a percent increments || **² für Prozentausgabe** [PCC] / output operating at percent increments || **² mit offenem Kollektor** [Mp] / open collector output || **geometrischer ²** [Tr] / geometric output
Ausgangs·absperrventil *n* (Abluft) [DpC] / outlet air shutoff valve || **²admittanz** *f* [Sc] / output admittance || **²anschluß** *m* [Sc] / output terminal || **statische ²belastbarkeit** (einer Digitalschaltung mit bipolaren Transistoren) [Cir] / output loading capability || **²buchse** *f* [PC] / exit hub || **²dokument** *n* [DOK] / source document || **²fächer** *m* (DTL-Inverter) [IC] / fanout || **²grenzfrequenz** *f* [Sc] / output cutoff frequency || **²größe** *f* [Th, Cy] / output quantity, output || **²impedanz** *f* [Sc] / output impedance || **²informationen** *f pl* [DOK] / output information, output || **²kanal** *m* (DIN 66200E T1, März 1974) [DpC] / output channel || **²kante** *f* (Formular) [HSP] / reference edge
Ausgangskapazität *f* [Sc] / output capacitance || **äquivalente ²** [Cir] / equivalent output capacitance
Ausgangskennlinie *f* [Sc] / output characteristic
Ausgangskonfiguration *f* (bei einer Digitalschaltung) [Cir] / output configuration, output pattern || **metastabile ²** (bei einer Folgeschaltung) [Cir] / meta-stable output configuration || **pseudostabile ²** (bei einer Folgeschaltung) [Cir] / pseudo-stable output configuration || **stabile ²** (bei einer Folgeschaltung) [Cir] / stable output configuration
Ausgangs·konnektor *m* [Hw] / exit connector || **²kreis** *m* [Sc] / output circuit || **²lastfaktor** *m* [Mp, Cir] / fanout, fanout factor || **²leistung** *f* [Sc] / output power || **²linie** *f* [HSP] / reference line || **²liste** *f* [VS, RDp] / exit list || **²listenroutine** *f* [VS, RDp] / exit list routine || **²parameter** *m* [Sw] / output parameter || **²position** *f* [MT] / initial position || **²positionierung** *f* [MT] / initial positioning || **²quittung** *f* [ES] / output acknowledgment || **²quittungsregister** *n* [ES] / output acknowledgment register
Ausgangsrausch·abstand *m* [Sc] / output noise ratio || **²leistung** *f* [Sc] / output noise power
Ausgangsregister *n* [Sw] / output register || **²trichter** *m* [OS] / output register selector
Ausgangsroutine *f* [VS, OS] / exit routine
Ausgangsschaltung *f* [Cir] / output circuit || **Schaltungsplatte mit potentialfreier ²** [Cir] / pc board with floating output
Ausgangsscheinleitwert *f* [Sc] / output admittance
Ausgangssignal *n* [CU, Tr] / output signal || [M, Cir] / zero output signal, zero output, nought output signal, nought output || **² einer gestörten Eins** [M, Cir] / disturbed-one output signal || **² einer gestörten Null** [M, Cir] / disturbed-zero output signal || **² einer teilerregten, vorher gestörten Null** [M, Cir] / partial disturbed-zero output signal || **² einer teilerregten, vorher ungestörten Eins** [M, Cir] / partial undisturbed-one output signal || **² einer teilerregten, vorher ungestörten Null** [M, Cir] / partial undisturbed-zero output signal || **² einer ungestörten Eins** [M, Cir] / undisturbed-one output signal, undisturbed voltage one || **² einer ungestörten Null** [M, Cir] / undisturbed-zero output signal, undisturbed voltage zero || **² eines gestörten Speicherelementes** [M, Cir] / disturbed response signal, disturbed response voltage || **² eines teilerregten, vorher gestörten Speicherelementes** [M, Cir] / partial disturbed response signal, partial disturbed response voltage || **² eines teilerregten, vorher ungestörten Speicherelementes** [M, Cir] / partial undisturbed response signal, partial undisturbed response voltage || **² eines ungestörten Speicherelementes** [M, Cir] / undisturbed response signal, undisturbed response voltage || **² Eins** [M, Cir] / one-output signal
Ausgangsspannung *f* [Tr, Sc] / output voltage || **² am Belastungswiderstand** [Sc] / output voltage across load resistor

Ausgangsspeicher *m* [ES] / output storage
Ausgangsspezial·priorität *f* [ES] / output special priority || **˜prioritätszustand** *m* [ES] / output special priority condition
Ausgangs·sprache *f* (= Sprache, aus der übersetzt wird) [MAT] / source language || **˜stellung** *f* [Dp, NC] / home position, starting position, original position, initial position || **˜strom** *m* [Sc] / output current || **˜verzweigung** *f* [IC] / fanout || **˜wert** *m* [Th] / initial value
Ausgangswiderstand *m* [Sc] / output resistance || **äquivalenter ˜** [Cir] / equivalent output resistance
Ausgangs·zeitkonstante *f* [Sc] / output time constant || **definierter ˜zustand** [Sw] / defined initial state
ausgebaut, voll ~ [Hw, DpC] / fully-equipped
ausgeben *v* [IO] / dump (contents of memory, etc.) || ~ (DIN 66200E T1, März 1974) [IO] / output (data, information, etc.) || ~ *v* (von einem inneren auf einen äußeren Speicher) [IO, M] / fetch out, read out (data from internal memory to external storage) || **auf Band** ~ [MT] / tape (data, etc.), to output (data, etc.) onto tape || **eine Meldung** ~ [Sw] / to issue a message || **einen Fixpunkt** ~ [Sw] / to take a checkpoint || **einen Speicherauszug** ~ [Sw] / to dump a memory area || **Meldungen an DST** ~ [Sw] / to send messages to a terminal || **˜ Datenträgerkatalog (DLV)** [OS, Aufruf] / Display volume catalog (DLV) || **˜ der Bibliotheken (SERV)** [OS, Aufruf] / Library serve (SERV) || **˜ der Bibliotheken von Band (SERVT)** [OS, Aufruf] / Tape library service (SERVT) || **˜ der Gerätefehlerstatistik (DETLST)** [OS, Aufruf] / Device error table list (DETLST) || **˜ des Speicherplatzbedarfs eines Programms (GPL)** [OS, Aufruf] / Get program length (GPL) || **˜ Satz** [OS, Befehl] / Output record
ausgelegt, für zweibahnigen Druck ~ sein [HSP] / to permit dual-web printing
ausgerichtet *adj* [PL/1] / aligned || **auf Wortgrenze** ~ [Sw] / word-aligned, located at word boundary
ausgeschaltet *adj* [Cobol] / off status
ausgesuchte Pärchen [Sc] / computer-matched pairs (of semiconductors)
ausgewuchtete Magnettrommel [MDr] / balanced magnetic drum
ausgezogene Kurve [Sc] / solid curve
ausgleichende Zeichenerkennung [OCR] / compensated character recognition
Ausgleichfehler *m* [NC] / matching error
Ausgleichsschleife *f* [MT] / tape loop
aushängen, ein Band ~ [Sw] / to dismount a tape
Aushöhlung *f* [Sc] / bucket
Auskunftsdienst *m* [IDS] / information service
Auskunftssystem *n* [IDS] / information system || **˜** (für Bestellwesen, Börse, Polizei usw.) [RDp] / remote inquiry system, inquiry system
auslagerbar *adj* [VS] / pageable
auslagern, seitenweise ~ [VS] / page out || **˜ von Daten** [Dp] / external storage of data, transfer of data to external storage
Auslagerungsbereich *m* [VS, OS] / swapping area
auslagerungsfähig *adj* [VS] / pageable
Auslands·amt *n* [ES] / international exchange || **˜fernschreibverkehr** *m* [ES] / international telex traffic, international telex communication, international telex service || **˜leitung** *f* (Übertragungsweg) [Tr] / international line || **˜telexnetz** *n* [ES] / international telex network || **˜telexverkehr** *m* [ES] / international telex traffic, international telex communication, international telex service
Auslandsverbindung *f* [ES] / international call, international connection || **˜** (Leitung) [TrL] / international circuit
Auslands·verkehr *m* [ES] / international (telex, data, etc.) traffic || **˜vermittlung** *f* (Amt) [ES] / international gateway exchange, international gateway center
Auslaßzeichen *n* [RDp, OCR] / ignore character, delete character
Auslastung, zeitabhängige ˜ [Dp] / time-dependent workload
Auslastungs·grad *m* (Verkehrswert einer Leitung) [ES] / usage factor || **˜plan für einen Rechner** [Dp] / machine loading schedule
Auslauf *m* [HSP] / paper eject (i.e., feeding blank pages)
auslaufen *v* [TP] / (of motor, etc.) slow down
Ausläufernetz *n* [Tr] / peripheral sections (of a network)
auslegen *v* [Hw] / engineer, design, lay out

Auslesekontrolle *f* [PE, Dp] / readout control
auslesen *v* [IO, M] / fetch out, read out (data from internal memory to external storage) || *≗ n* (im Gegensatz zum „Einschreiben") [Dp, M] / read-out (of information, images, etc.)
Auslistestation *f* [RDp] / printing station
auslochen *v* (mittels sog. Vollochung) [PT] / erase, delete (character, etc., usually by all-code holes superimposed upon previously punched code)
Auslöse·anforderung *f* [ES] / clear request || **≗auswertung** *f* [ES] / disconnect recognition || **≗impuls** *m* [Dp] / trigger pulse || **≗kriterium** *n* [ES] / disconnect signal
auslösen *v* [Sw] / trigger, initiate (program, etc.) || [Hw] / release (pulse, etc.), trigger (action, etc.) || ~ (Verbindung) [RDp, Tr] / clear down, release || **den Namengeber** ~ [ES] / to trip the answerback unit || **zwangsweise** ~ (Verbindung) [ES] / force-release, to release forcibly
Auslösequittungszeichen *n* [ES] / release guard signal
Auslöser *m* [Hw] / trigger
Auslöse·schalter *m* [Hw] / trigger switch || **≗schutzzeit** *f* [ES] / release guard period || **≗taste** *f* [Hw, RDp] / release key || **≗vorgang** *m* [TP] / trip delay
Auslösung *f* (Verbindung) [ES] / cleardown, clearing, release, disconnect || **zwangsweise ≗** (Verbindung) [ES] / forced release
Auslöt·spitze *f* [Hw] / unsoldering tip || **≗stift** *m* [Hw] / unsoldering pin
Ausnahmebedingung *f* [OS] / unit exception || [RDp, Tr] / exception condition
Ausnahmeliste *f* [Sw] / list of exceptions
Ausnehmung *f* [Hw] / cutout
ausnutzbar·e Druckhöhe [HSP] / usable print area (vertical) || **~er Flußhub** [Tr] / usable flux shift
ausnutzen, mehrfach ~ [Tr] / multiplex (i.e., to use a number of channels on a single circuit)
Ausnutzung, mittlere ≗ (Vermittlung) [ES] / occupancy
Ausnutzungsgrad einer Leitung [ES] / line utilization rate, line saturation rate
ausprüfen *v* [Hw, Sw] / check out, test
Ausprüfung *f* [Hw, Sw, QC] / function check, functional test
Ausprüfzeit *f* [Sw] / program development time
ausrichten *v* [PC] / joggle (cards, documents, etc., in order to align them to help trouble-free feeding) || **auf Wortgrenze** ~ [Sw] / to align on word boundary || **≗ auf Bytegrenze** [Sw] / byte boundary alignment
Ausricht·rolle *f* [PC] / alignment roller || **≗station** *f* [PC] / aligner station
Ausrichtung *f* [Cobol] / alignment || [PL/1] / alignment || **≗ auf Anfangsadresse** [Sw] / boundary alignment || **falsche ≗** [OS] / alignment error || **stellengerechte ≗** [Sw] / after-point alignment
Ausrichtungs·klausel *f* [Cobol] / synchronized clause || **≗vorgang** *m* [Sc] / alignment procedure
Ausrüstung *f* [Hw] / equipment, equipment configuration, configuration
Aussage, boolesche ≗ [SA] / Boolean expression
Aussagen·funktion *f* [SA] / propositional function || **~logisch** *adj* [SA] / Boolean || **≗variable** *f* [SA] / Boolean variable
Aussagewahrscheinlichkeit *f* [Th] / confidence coefficient
ausschalten *v* [Hw] / deactivate, power down, stop || [PL/1] / disable
Ausschaltpunkt *m* [Hw] / deactivation point, stop location
Ausschaltsteuer·spannung *f* [Sc] / gate turnoff voltage || **≗strom** *m* [Sc] / gate turnoff current
Ausschaltung, automatische ≗ [Hw, NC] / automatic cutout
Ausschaltverlustleistung *f* [Sc] / turnoff loss
Ausschaltzeit *f* [Sc] / turnoff time || **ventilgesteuerte ≗** [Sc] / gate controlled turnoff time
Ausschleusen *n* (DIN 66200 T1, Okt. 1978) [DpC] / let-out (of output data, etc.)
ausschließen *v* (Wortzwischenräume verändern, um Zeilen auf die festgelegte Breite zu bringen) [Typ] / justify || **eine Zeile** ~ [Typ] / to space out a line || **einen Text auf die gewünschte Zeilenbreite** ~ [Typ] / to justify a text stream until the type fills the measure || **sich gegenseitig** ~ [Sw] / to be mutually exclusive || **vom Übertragen** ~ [Tr] / delete
ausschließend·es ODER [SA] / exclusive-OR operation, anticoincidence operation || **~er Perforator** [Typ] / justifying perforator
Ausschließzone *f* [TES] / hot zone, justification range

Ausschluß·angaben *f pl* [Typ] / justification data || **°bereich** *m* [TES] / hot zone, justification range
Ausschnitt *m* [Hw] / cutout || **°fläche** *f* [Hw] / cutout area || **°-Plotten** *n* [GrDp] / window plotting || **°skizze** *f* [Serv] / detail drawing
Ausschwing·dauer *f* (Speicherröhre) [VDT, Sc] / decay transient || **°faktor** *m* (Speicherröhre) [VDT, Sc] / decay coefficient, decay factor || **°konstante** *f* (Speicherröhre) [VDT, Sc] / decay constant, dying-out constant || **°modul** *m* (Speicherröhre) [VDT, Sc] / modulus of decay || **°zeit** *f* (Speicherröhre) [VDT, Sc] / decay time, dying-out time
Außen·anschlußsteuerwerk *n* [VS] / outboard director || **°diensttechniker** *m* [Serv] / customer engineer, field engineer || **°maß** *n* [TrL, Sc] / overall dimension || **°speicher** (s. Speicher)
Außenstation *f* [RDp] / outstation, data station, terminal || **aufgabenorientierte °** (Datenstation) [RDp] / job-oriented terminal || **Datenübertragungssteuerung für °en (DUSTA)** [Tr] / communication controller for outstations
Außenstelle *f* [Tr] / remote terminal, remote location, remote installation
außer Betrieb [Hw] / shut down, out of service, out of commission || **~ Phase** [Th] / out of phase
äußere Adresse [Sw] / external address || **~er Anschluß** [NC] / external connection || **~e Datenverarbeitung** / external data processing || **~er Kurzschluß** [Sc] / external short-circuit || **~er Makroaufruf** [Sw] / outer macro call || **~e Makroinstruktion** [Sw] / outer macro instruction || **~e Sortierung** [Dp] / off-line sorting (i.e., sorting by means of mechanical devices known as "sorters") || **~er Speicher** [PE] / storage (as opposed to "main memory", q.v.), backing storage (term used if distinction between internal memory providing fast access time, and auxiliary storage units providing relatively larger capacity but slower access time, is required) || **~e Verzögerung** [Th] / external delay || **~er Wärmewiderstand** (Kühlkörperwärmewiderstand, gekapseltes Bauelement) [Sc] / thermal resistance case to ambient
außerbetriebliches System [RDp, Tr] / out-plant system
Außerbetriebsetzungsschalter *m* [Hw] / out-of-service key
außerplanmäßige Wartung [Hw, DpC] / unscheduled maintenance, nonscheduled maintenance
aussetzender Fehler [Dp] / intermittent fault
ausspeichern *v* [OS] / roll out (i.e., to remove a process from main memory) || [VS] / destage (i.e., to move data from a staging device to a mass storage volume)
Ausspuldatei *f* [Sw] / output spooling file, spooling file
ausspulen *v* [Sw] / spool out || **ein Programm ~** [Sw] / to spool out a routine || **eine Datei ~** [Sw] / to spool out a file || *n* [Sw] / output spooling, file spoolout || **° von Blattschreibermeldungen (JOBCONS)** [OS, Aufruf] / Console spoolout (JOBCONS) || **° von Dateien (SPOOL)** [OS, Aufruf] / Output spooling (SPOOL)
Ausspulsystem *n* [Sw] / spoolout system
ausstanzen *v* [PT, PC] / punch, perforate
aussteigen *v* [Dp] / (of program) abort, to terminate abnormally || [Dp] / (of dp system, etc.) to become inoperable
Aussteuerfach *n* [PC, OCR] / reject stacker || **°** (Sortierer) [PC] / reject pocket
aussteuern *v* [PC] / reject, select, outsort (card, etc. not read successfully) || ~ (d.h., Steuerzeichen verwenden, um Textzeichen vom Alphabetisieren usw. auszuschließen) [Typ, TES] / to exclude (data, etc.) from processing by means of functional characters, to use functional characters in order to initiate controlling operation over (data, etc.) (e.g., to eliminate Greek characters within a Latin text from sorting) || **in das zweite Ablagefach ~** [PC] / to route to the reject stacker || **Mischen mit °** [PC] / match-merge
Aussteuerung *f* [PC] / rejection, selection, outsorting (of card, etc. not read successfully)
Aussteuerungs·befehl *m* [PC, Sw] / select instruction || **°drift** *f* [Sc] / control drift
Aussteuerungsfach *n* [PC, OCR] / reject stacker || **°** (Sortierer) [PC] / reject pocket
Aussteuerungsschaltung *f* [PC] / selecting circuit, selection circuit
Ausstoß *m* [HSP] / paper eject (i.e., feeding blank pages) || [TES] / throughput

Austastbereich *m* [Tr, Co] / blanking zone
austasten *v* [COM, Typ, GrDp] / blank
Austast·impuls *m* [COM, Typ, GrDp] / blanking pulse || **≗signal** *n* [Tr, Co] / blanking signal
Austastung *f* [COM, Typ, GrDp] / blanking
Austastwert *m* [COM, Typ, GrDp] / blanking level
Austausch *m* [Sw] / substitution || **≗ von Dezimalpunkt und -komma** [Sw] / inverted print edit || **≗band** *n* (Magnetband mit terminologischen und/oder lexikografischen Daten im MATER-Austauschformat) (DIN 2341E, Mai 1977) [MT, MAT] / data interchange tape
austauschbar *adj* [Hw] / interchangeable (units, etc.) || **~e Karte mit gedruckter Schaltung** [Sc] / interchangeable pc card
Austauschbarkeit *f* [Hw] / interchangeability
Austauschdatei *f* (bestehend aus einem Mitteilungssatz und aus MATER-Austauscheinheiten) (DIN 2341E, Mai 1977) [MT, MAT] / data interchange file
austauschen *v* [Dp] / interchange (files, data, etc.) || **ein Band ~** [DpC] / to swap a tape, to change a tape
Austausch·fehler *m* [Th, Tr] / transposition error || **Magnetband-≗format für terminologische/ lexikografische Daten (MATER)** (DIN 2341E, Mai 1977) [Term, MT, MAT] / format for terminological/ lexicographical data interchange on magnetic tape (MATER) || **≗gitterstelle** *f* [Sc] / substitutional lattice site || **MATER-≗magnetband** *n* [MT, MAT] / MATER data interchange tape || **≗pufferung** *f* [OS] / exchange buffering || **≗steckkarte** *f* [Sc] / interchangeable pc card
austesten *v* [Sw] / debug (program, etc.) || **≗** *n* (eines Programms usw.) [Sw] / debugging
Austestzeit *f* [Sw] / program development time
austoßbar *adj* [Hw] / ejectable (cassette, etc.)
austragen, eine Zelle aus der Warteschlange ~ [ES] / to remove a memory cell from the queue
Austransfer *m* [PCC] / data output
Austrittsgitter *n* [HSP] / exhaust grille
Auswahl *f* [RDp] / selection || **≗ der Zustandsgruppe** [Mp] / status group select (SGS)
auswählbar *adj* [PL/1] / generic
Auswählbarkeits-Attribut *n* [PL/1] / generic attribute
Auswahl·beschreibung *f* [PL/1] / generic description || **≗byte** *n* [Tr] / option byte || **≗daten-Attribut** *n* [PL/1] / generic data attribute || **≗einheit** *f* (Kartenmischer) [PC] / selector mechanism, feed control unit || **≗element** *n* [PL/1] / generic element
auswählen *v* [Sw] / select (subroutine, etc.) || **≗ von Funktionen (OPTION)** [OS, Aufruf] / Perform optional functions (OPTION)
Auswahlfeld *n* [Sw] / select field, selected field, selection field || **≗register** *n* [Sw] / select field register
Auswahl·genauigkeit *f* [PL/1] / generic precision || **≗kippstufe (AK)** *f* [ES] / selection flip-flop || **≗kriterium** *n* [Sw] / selection criterion
Auswahllese·modus *m* [OCR] / select read status || **≗station** *f* [OCR] / select read station
Auswahllogik (AWL) *f* [ES] / selection logic || **≗anzeige** *f* [ES] / selection logic indicator
Auswahl·priorität *f* [Dp] / dispatching priority || **≗register** *n* [ES] / selection register || **≗sortieren** *n* [Sw] / extraction sorting, selection sorting || **≗stift** *m* [RDp, GrDp] / selector pen || **≗verknüpfung** *f* [ES] / selection logic || **≗zustand** *m* [Sw] / select state
auswechselbar *adj* [Hw] / interchangeable (units, etc.) || **~er Festwertspeicher** [M] / interchangeable read-only memory || **~e Kartenzuführung** [PC] / interchangeable feed || **~er Transistor** [Sc] / throwaway transistor || **~e Typenführung** [HSP] / interchangeable print train || **~er Typenstab** [HSP] / interchangeable type bar || **~e Typenstange** [HSP] / interchangeable type bar
Ausweichbündel *n* [ES, Tr] / diversionary trunk group, alternate trunk group
Ausweichgerät *n* [IO, PE] / alternate device, alternate unit (i.e., a symbolic unit as a result of programmer direction) || **≗** (Reservegerät) [Hw] / backup device
Ausweichleitweg *m* [Tr] / alternate route (i.e., a secondary or backup communications path used if normal routing is not possible)
Ausweis·abtaster *m* [IO] / badge reader ||

²leser *m* [IO] / badge reader || **²locher** *m* [IO] / badge punch || **²trichter** *m* [IO] / badge receiver throat, badge slot

Auswerte·gerät *n* [IO, GrDp] / evaluator, system evaluator || **²logik** *f* [OCR] / scoring logic

auswerten *v* [Dp] / interpret (signal, source language statement, etc.) || [Sw] / analyze (error listing, etc.) || [PL/1] / evaluate

Auswerteprogramm *n* [Sw] / interpretive program, interpreter

Auswerter *m* (Gerät) [IO, GrDp] / evaluator, system evaluator

Auswerteschaltung, Bu-Zi-² *f* [ES] / letters-figures recognizer, letters-figures recognizing circuit

Auswert·gerät *n* [IO, GrDp] / evaluator, system evaluator || **²speicher** *m* [OCR] / score storage || **²stelle** *f* [ES] / interpretation point

Auswertung *f* [Dp] / interpretation (of signal, etc.), recognition (of code, etc.) || [DpC, Dp] / evaluation (of system, etc.) || [Sw] / analysis (of error listing, etc.) || **stetige ²** [DpC, Dp] / constant evaluation || **vollständige ²** [DpC, Dp] / complete evaluation || **zeitlich begrenzte ²** [DpC, Dp] / time-limited evaluation

Auswertungs·formular *n* [OCR] / answer sheet || **²programm** *n* [Sw] / evaluation routine

Auszug *m* (Inhaltsangabe durch Aneinanderreihung von Teilen eines Dokuments, die in ihrer Gesamtheit das Dokument als Ganzes repräsentieren sollen) [DOK] / extract || **²** (aus dem Arbeitsspeicher) [M] / selective dump, selective memory dump || **²** (eines vorher bestimmten Bereiches aus einem peripheren Speicher) [PE, Sw] / selective storage dump || **²streifen** [PT] / select tape

auto·code *m* [Sw] / autocode, basic language, low level language || **²coder** *m* [NC] / autocoder || **²korrelation** *f* [Th, Cy] / autocorrelation || **²korrelationsfunktion** *f* [Th, Cy] / autocorrelation function

Automat *m* [Hw, NC] / automatic device || [Th] / automaton || **abstrakter ²** [Th] / abstract automaton || **endlicher ²** [Th] / finite automaton || **finiter ²** [Th] / finite automaton || **lernender ²** [Th, Cy] / learning machine

Automation *f* [DpC, Dp] / automation

Automationstheorie *f* [Th] / automatics

automatisch·e Abfrage [RDp] / autopolling || **~er Abrufbetrieb** [RDp] / autopolling || **~es Abstrahieren** [DOK, IDS] / automatic abstracting || **~es Absuchen der Modulbibliothek** [OS] / automatic module library search, autolink || **~e Adressenerhöhung** [Sw] / automatic head switching, automatic address increment || **~e Adressenmodifikation** [Sw] / automatic address modification || **~e Anmeldung** [VS, RDp] / automatic logon || **~e Anrufbeantwortungseinrichtung** (AAE) [TP] / automatic answering equipment (AAE) || **~e Anrufeinrichtung (AAE)** [ES] / automatic calling unit (ACU) || **~er Arbeitsmodus** [ES] / automatic mode || **~e Ausschaltung** [Hw, NC] / automatic cutout || **~e Befehlswiederholung** [OS] / automatic instruction retry || **~er Betrieb** [Dp, NC] / automatic operation || **~er Blattwechsel** [HSP] / automatic skipping, printer skipping || **~e Buchstabenumschaltung bei Empfang des Zwischenraumzeichens** [TP] / unshift-on-space || **~e Buchstaben-Ziffernumschaltung** (= Umschaltezeicheneinblendung) [TP] / automatic letters-figures shift || **~er Code** [Sw] / automatic code || **~e Codiersprache** [PL] / automatic programming language, automatic coding language || **~e Codierung** [Sw] / automatic programming, automatic coding, machine-aided programming, autoprogramming || **~e Datenträgererkennung** [Dp] / automatic volume recognition || **~e Datenverarbeitung (ADV)** [Dp] / automatic data processing (ADP) || **~es Datenverarbeitungssystem (ADVS)** [Dp] / automatic data processing system (ADPS) || **~e Deskribierung** [DOK, IDS] / automatic indexing || **~e Dezimalkommasetzung** [Sw] / automatic decimal point, automatic placement of the decimal point || **~es digitales Netz** [Tr] / automatic digital network (AUTODIN) || **~e Division** [ALU] / automatic divide || **~er dynamischer Speichertyp** [PL/1] / automatic storage || **~e Fehlerbehebung im Arbeitsspeicher** [Dp] / automatic error correction in main memory || **~e Fehlererkennung** [Tr] / automatic error detection || **~e Fehlerkorrektur** [Tr] / automatic error correction || **~e Fehlerkorrektur** (mit

Hilfe einer Wiederholungsanforderung [VDT, Tr] / automatic retransmission request (as an error-correcting capability) || **~e Frequenzregelung** [Tr] / automatic frequency control (AFC) || **~e Geräteprüfung** [Hw] / hardware check, automatic check, builtin check || **~e Helligkeitsregelung** [ADp] / automatic brightness control || **~e Indizierung** (mit Hilfe von Deskriptoren) [DOK, IDS] / automatic indexing || **~e Kartenauslösung** [PC] / stacker autofeed || **~e Kassettenladeeinrichtung** [KtT] / automatic cartridge loader || **~e Kommasetzung** [Sw] / automatic decimal point, automatic placement of the decimal point || **~e Konstruktionstechnik** [R&D] / automated design engineering (ADE) || **~er Laufnummerngeber** [TP, ES] / automatic serial number transmitter, automatic sequence numbering device || **~e Leerspaltenprüfung** [Dp] / automatic blank column verification || **~e Leertaste** [TP, CTW] / continuous spacing || **~e Lochstreifenvermittlung** [ES] / automatic reperforator switching || **~es Löschen** [Dp] / automatic autopurge || **~e Mustererkennung** [OCR] / automatic pattern recognition (incl. physical shapes or speech patterns) || **~e Nullstellung** [Hw] / automatic reset, automatic return-to-idle state || **~e Paginierung** [TES] / automatic pagination || **~er Papierstapler** [HSP] / powered forms stacker || **~e Papiervorschubeinrichtung** [HSP] / automatic paper transport || **~e Produktionssteuerung** [PrC] / automated production control || **~e Programmiersprache** [PL] / automatic programming language, automatic coding language || **~e Programmierung** [Sw] / automatic programming, automatic coding, machine-aided programming, autoprogramming || **~e Programmprüfvorrichtung** [Sw] / self-checking program feature || **~e Programmunterbrechung** [Dp, Sw] / automatic program interrupt || **~e Prüfeinrichtung** [Hw] / automatic test equipment || **~e Prüfung** [Hw] / hardware check, automatic check, builtin check || **~es Regelsystem** [PCC] / automatic monitoring system, automatic control system || **~es Regelsystem mit Rückführung** [NC] / automatic feedback control system || **~e Restartprozedur** [ES] / automatic restart procedure || **~e Rückstellung** [OS] / self-resetting, automatic resetting || **~e Rufbeantwortung** [ES] / automatic answering mode || **~es Rufverfahren** [ES] / automatic calling mode || **~e Rufwiederholung** [ES] / automatic retry || **~e Seitennumerierung** [TES] / automatic pagination || **~es Senden** [TP] / automatic transmission || **~er Sender** [TP] / automatic transmitter || **~e Silbentrennung** [MCS] / automatic hyphenation || **~e Speichervermittlung** [ES] / automatic message switching center || **~e Spracherkennung** [VC] / automatic speech pattern recognition || **~e Sprachübersetzung** (s. maschinelle Übersetzung) || **~er Stanzer** (im Gegensatz zum Handlocher) [PC] / card punch, automatic punch || **~e Stationswahl** [ES] / automatic station selection || **~es Steuergerät** [PCC] / automatic controller || **~er Stopp** (festverdrahtet) [Hw] / automatic stop || **~es Streifenlöschen** [RDp] / automatic tape delete || **~er Suchlauf** [OS] / automatic library lookup || **~e Telegrafie** [TP] / automatic telegraphy || **~er Überlauftest** [PCC] / automatic overflow test || **~e Unterbrechung** [Sw] automatic interrupt || **~e Video-Rauschbegrenzung** [Tr] / automatic video noise limiting || **~e Vorrangsteuerung** [Sw] / automatic priority control || **~er Vorschub** [DT, IO, HSP, TP] / automatic carriage || **~er Vorschub** [NC] / automatic feed || **~er Wagenrücklauf** [IO, TP] / automatic carriage return || **~e Wahl** [ES] / automatic selection || **~e Wähleinrichtung** [ES] / automatic calling equipment (ACE) || **~e Weitersendung** [Tr] / automatic retransmission || **~es Weitertelegrafieren** (mit Zwischenspeicherung) [Tr] / automatic retransmission || **~er Wiederanlauf** [Dp] / automatic restart || **~e Wiederholungsanforderung** [VDT, ES, Tr] / automatic request for repeat (ARQ) || **~es Wörterbuch** [MAT] / automatic dictionary || **~e Zeichenerkennung** [OCR, MICR] / character recognition || **~e Zeichengenerierung** [OCR] / automatic character generation || **~er Zeilenausschluß** [Typ] / automatic line justification

utomatisierung *f* [DpC, Dp] / automation
utomatisierungs·bereich *m* [PCC] / automation area || **⁓grad** *m* / degree of automation || **⁓stufe** *f* / automation stage || **⁓technik** *f* / automation systems || **⁓technologie** *f* / automation technology
utonom·e Befehlsausführung [OS] / autonomous working || **~er Ein-Ausgabeprozessor** [Dp] / autonomous input-output processor, autonomous I/O processor || **~er Simultanbetrieb** [OS] / autonomous working
utor *m* [Cobol] / author || **technischer ⁓** DOK] / technical writer
utoren·katalog *m* [DOK, IDS] / author catalog || **⁓nummer** *f* [DOK, IDS] / author number
valanche *f* [Sc] / avalanche || **⁓-Diode** *f* Sc] / avalanche diode || **⁓-Durchbruch** *m* [Sc] / avalanche breakdown (nondestructive breakdown caused by the cumulative multiplication of carriers through field-induced impact ionization) || **⁓-Effekt** *m* [Sc] / avalanche effect
WL (s. Auswahllogik)
WR (s. Ausgabewortregister)
XR (s. Addieren normalisiert erweitert)
ZI (s. Ausgabeziel)
ZR (s. Ausgabezielregister)
zyklischer Vorgang [Dp] / acyclic process

B

ACKUP (s. Sicherstellen und Rekonstruieren von Plattenspeicherinhalten)
ackward-Diode *f* [Sc] / backward diode
-Adreßregister *n* [CU] / B-address register
ahn *f* [MDr] / channel || [NC] / path || **⁓beschreibung** [NC] / path definition
ahngesteuerter Betrieb [NC] / continuous-path operation
ahn·korrektur *f* [NC] / path correction || **⁓rechner** *m* [NC] / path computer
ahnsteuerung *f* [NC] / continuous-path control, contouring control || **zweiphasige ⁓** [NC] / contouring system by velocity vector control || **⁓ssystem** *n* [NC] / continuous-path system, contouring system
Bahnwiderstand *m* [Sc] / bulk resistance
Balgenschlauch *m* [Hw] / bellows hose
Balkencode *m* [OCR] / bar code || **⁓leser** *m* [OCR] / bar-code scanner
Balkendarstellung *f* (Diagramm) [HSP] / bar chart
Ballast *m* (Menge der bei einem Suchlauf anfallenden Fehlselektionen) [DOK] / noise || **⁓quote** *f* (Zahl der nichtrelevanten nachgewiesenen Dokumentationseinheiten im Verhältnis zu allen nachgewiesenen Dokumentationseinheiten) [DOK] / noise factor (difference between the number of documents retrieved and the number of relevant documents retrieved, divided by the number of documents retrieved)
Bananenstecker *m* [Hw] / banana plug || **Buchse für ⁓** [Hw] / banana jack
Bananenstift *m* [Hw] / banana pin
Band *n* [PT, MT] / tape || [Tr] / band (i.e., range of frequencies between two defined limits) || [Cobol] / reel || ⁓ (auswechselbare Einheit des Datenträgers Magnetband) (DIN 66029V, Juni 1976) [MT] / volume || **⁓...** (cf. „Magnetband...", „Lochstreifen..." bzw. „Lochband...") || **⁓ auf Band (TPTP)** [OS] / Tape to tape (TPTP) || **⁓ auf Großspeicher (TPRA)** [OS] / Tape to random access (TPRA) || **⁓ auf Karte/Drucker (TPPR)** [OS] / Tape to card and/or printer (TPPR) || **auf ⁓ ausgeben** [MT] / tape (data, etc.), to output (data, etc.) onto tape || **erlaubtes ⁓** [Sc] / allowed band || **fabrikneues ⁓** [MT] / virgin tape (i.e., a tape on which no data is recorded and which normally requires initializing) || **freies ⁓** [OCR] / clear band (i.e., any area on a document which must be kept free of printing not related to machine reading) || **freies ⁓** [MT] / free tape (i.e., a tape which may be overwritten) || **neues ⁓** [MT] / virgin tape (i.e., a tape on which no data is recorded and which normally requires initializing) || **⁓abrieb** *m* [MT] / tape wear || **⁓abschnittsmarke** *f* [MT] / tape mark (TM), control mark || **⁓abstand** *m* (DIN 41852, Aug. 1978) [Sc] / energy gap, band gap, forbidden band of energy (between top of valence band and bottom of conduction band) || **⁓abzug** *m* [Sw] / tape edit
Bandanfang *m* [Tr] / lower cutoff point ||

[MT] / (physical) beginning of a tape || [MT] / leading end (i.e., logical beginning of a tape)

Bandanfangs·-Bandende-Abtaster *m* [KtT] / BOT/EOT scanner || **≗-Durchlichtmarke** *f* [KtT] / BOT hole || **≗-Etikett** *n* [MT] / beginning tape label, tape header label, file label, volume header label || **≗kennsatz** *m* [Cobol] / beginning reel label

Bandanfangsmarke *f* (DIN 66010, Apr. 1973) [MT] / beginning-of-tape marker (BOT), BT marker, beginning-of-information marker (BIM) || **zur ≗ rücksetzen** [MT] / to rewind to BT || **zur ≗ rückspulen** [MT] / to rewind to BT

Band·anlauf *m* [MT] / tape start || **≗antrieb** *m* [MT] / tape drive, tape transport

Bandarchiv *n* [DpC] / magnetic tape library, tape library

Bandarchivar *m* [DpC] / magnetic tape librarian, tape librarian

Bandarchiv·karte *f* [DpC] / magnetic tape library card, tape library card || **≗nummer** *f* [MT] / reel serial number

Bandaufbereitung *f* [Sw] / tape editing

Band-auf-Karten-Übertragung *f* [PT] / tape-to-card punching

Band·aufzeichnungsdichte *f* [MT] / tape density || **≗ausgabe** *f* [Sw] / magnetic tape output, tape output

Bandauszug *m* [Sw] / (selective) tape dump, (selective) tape edit || **selbstladender ≗** [OS] / self-loading tape edit (SLTE) || **von einem Band einen ≗ erstellen** [Sw] / to edit a tape

Bandauszugsfunktion *f* [Sw] / tape edit option

Band-Band-Umsetzer *m* [Dp] / tape-to-tape converter, tape-from-tape converter

Band·begrenzung *f* [Tr] / band limitation || **≗-Betriebssystem (BBS)** *n* [OS] / tape operating system (TOS)

Bandbewegung *f* [MT] / tape movement, tape feed || [PT] / tape feed, tape transport, tape drive

Band·bibliothek *f* [DpC] / magnetic tape library, tape library || **≗block** *m* (auf Magnetband gespeicherter Block, d.h., eine zusammenhängende Folge von Bandsprossen) (DIN 66010, Apr. 1973) [MT] / tape block

Bandbreite *f* (Frequenzbereich) [Tr] / bandwidth || ≗ (DIN 66011, Dez. 1977) [MT] / tape width

Band·datei *f* [Sw] / magnetic tape file, tape file || **≗datenbestand** *m* [MT] / tape file, magnetic tape file || **≗dichte** *f* (= Schreibdichte) [MT] / tape packing density, tape recording density || **≗dicke** *f* (DIN 66011, Dez. 1977) [MT] / tape thickness || **≗druckroutine** *f* [OS] / tape edit routine || **≗duplikat** *n* [MT] / tape duplicate, tape copy || **≗duplizieren (TPDUP)** [OS] / Tape duplicate (TPDUP) || **≗eilrücklauf** *m* [Dp] / fast rewind || **≗einfädeln** *n* [MT] / initial threading, tape threading || **≗einführung** (s. Bandeinfädeln)

Bandeingabe *f* [PT] / tape input, paper tape input || [MT] / magnetic tape input, tape input

Bandende *n* [MT] / trailing end (i.e., logical end of the tape) || [Tr] / upper cutoff point || [MT] / (physical) end of a tape || [Cobol] / end of reel || **≗behandlung** *f* [Sw] / end-of-tape processing || **≗block** *m* [Sw] / end-of-tape block || **≗-Durchlichtmarke** *f* [KtT] / EOT hole || **≗-Etikett** *n* [MT] / ending tape label, tape trailer label, end-of-volume label || **≗kennsatz** *m* [Cobol] / ending reel label || **≗marke** *f* (DIN 66010, Apr. 1973) [MT] / end-of-tape marker (EOT), ending tape marker, ET marker, destination warning marker || **≗markenabtaster** *m* [MT] / end-of-tape sensor || **≗vorwarnung** *f* [TP] / tape reel low warning, low-tape warning

Bandetikett *n* [MT, Sw] / tape label || **normiertes ≗** [OS] / standard tape label

Bandfehler *m* [MT] / tape error (i.e., read or write error) || [Hw, MT] / (physical) tape fault (e.g., a creased tape, a fault in manufacture, etc.)

Band·fehlstelle *f* (DIN 66010, Apr. 1973) [Hw, MT] / bad spot (i.e., faulty spot on the tape's surface) || **≗format** *n* [MT] / tape format

Bandführung *f* [MT] / tape threading path || **einseitige ≗** [MT] / single-edge guiding

Band·führungsstück *n* [MT] / leader, tape leader || **≗gerät** *n* [MT] / magnetic tape device, tape deck || **≗geschwindigkeit** (DIN 66010, Apr. 1973) [MT] / tape speed

bandgesteuert *adj* [PT, MT] / tape-operated, tape-controlled || **~er Drucker** [HSP] / tape-operated printer || **~er Vorschub** [HSP, TP] / tape-controlled carriage

Bandkabel *n* [Hw] / ribbon cable

Band-Karte-Umsetzer *m* [PT, PC] / tape-to-card converter, card-from-tape

converter
Band·kennung *f* [MT] / identification burst || ²**kern** *m* [M] / tape-wound core, tape core (i.e., magnetic core made from a coil of ferromagnetic tape) || ²**korrektur** *f* [OS] / tape loading routine || ²**lader** *m* [OS] / tape loading routine || ²**länge** *f* (DIN 66011, Dez. 1977) [MT] / tape length || ²**laufwerk** *n* [MT] / magnetic tape drive || ²**lesefehler** *m* [MT] / tape read error
Band-Lochstreifen-Umsetzer *m* [PT, MT] / tape-to-punched-tape converter
Bandmarke *f* (auf ein Magnetband aufgebrachtes Zeichen, um den Beginn und das Ende des Aufzeichnungsbereiches anzuzeigen) (DIN 66010, Apr. 1973) [MT] / tape mark (i.e., either BOT or EOT) || **reflektierende** ² [MT] / reflective spot
Band·markenerkennung *f* [Sw] / tape mark recognition || ²**menge** *f* (Bänder, auf denen die Datei[en] **einer Dateimenge aufgezeichnet sind)** (DIN 66029V, Juni 1976) [MT] / volume set || ²**nachsatz** *m* [MT] / ending tape label, tape trailer label, end-of-volume label || ²**nummer** *f* [MT] / tape number (esp. tape serial number)
bandorientiert *adj* [Sw] / tape-oriented
Bandpaß *m* [ES, Tr] / bandpass filter
Band-Platte-Betriebssystem (BPBS) *n* [Sw] / tape-disk operating system (TDOS)
Band·position *f* [MT] / tape position || ²**positionierung** *f* [MT] / tape positioning || ²**prüfung** (physikalisch) (s. Magnetbandprüfung) || ²**reflektormarke** *f* [MT] / reflective spot || ²**reiniger** *m* (Gerät) [Hw, MT] / tape cleaner || ²**rolle** *f* [MT] / reel, tape reel (i.e., a magnetic tape and the spool upon which it is mounted) || ²**rücksetzen** *n* [MT] / backspace || ²**rückspulen** *n* (DIN 66010, Feb. 1965) [MT] / rewind (to BT, etc.) || ²**satz** *m* [MT, Sw] / tape record || ²**schleife** (s. Lochband) || ²**schlupf** *m* [MT] / tape creep || ²**schreibmarke** *f* [MT] / tape mark || ²**sicherung** *f* [MT, DS] / file protection || **symmetrische** ²**sortiertechnik** [Dp] / balanced tape technique || ²**sortierverfahren** *n* [OS] / magnetic tape sorting || ²**spannung** *f* [PT] / tape tension || ²**speicher** *m* [MT] / magnetic tape storage || ²**sperre** *f* [Tr] / band elimination filter, band rejection filter
Bandsprosse *f* (Gesamtheit aller Spurelemente eines Magnetbands, die gleichzeitig beschrieben oder gelesen werden können) (DIN 66010, Feb. 1965) [MT] / frame || **Abstand der** ²**n** (DIN 44300 Bbl, Jan. 1977) [MT] / frame spacing
Band·spule *f* [MT] / reel (i.e., a flanged spool for holding a magnetic tape) || ²**spur** *f* [MT] / tape track || ²**startroutine** *f* [Sw] / tape bootstrap routine (bootstrap routine present in the first block of a program) || ²**station** (s. Magnetbandeinheit) || ²**steuereinheit** *f* [MT] / tape control unit || ²**steuerung** *f* [MT] / tape control, tape controller, magnetic tape controller || ²**tellerbefestigung** *f* [MT] / reel holddown
Bandtransport *m* [MT] / tape movement, tape feed || [PT] / tape feed, tape transport, tape drive || ² (durch Capstan und Andruckrolle) [MT, KtT] / capstan-and-pinch-roller-controlled tape transport, capstan/pinch roller system
Band·vergleich (TPCOMP) *m* [OS] / Tape compare (TPCOMP) || ²**version** *f* (eines Programms) [Sw] / tape option, tape version || ²**vorsatz** *m* [MT] / beginning tape label, tape header label, file label, volume header label
Bandvorschub *m* [MT] / tape movement, tape feed || [PT] / tape feed, tape transport, tape drive || **kontinuierlicher** ² [PT] / continuous tape feed
Band·wechsel *m* [MT] / tape swap || ²**wickel** *m* [PT, TP] / roll of tape, paper tape coil || **einfache** ²**zugriffsmethode** [MT, Sw] / basic tape access method
Bankbuchungssystem *n* [RDp] / bank accounting system
Barytpapier *n* [HSP] / baryta paper
BASIC (einfache höhere Programmiersprache für Teilnehmerrechensysteme) [PL] / BASIC (Beginners All purpose Symbolic Instruction Code)
Basis *f* [Th] / base, number base, radix || [PL/1] / radix factor, base || ² (Transistor) [Sc] / base || ² (Grundlinie) [Dp] / base line, basis || ² **2** [Th] / modulo 2 || ² **der Gleitpunktschreibweise** (DIN 44300, März 1972) [Th] / floating-point base, floating-point radix || ² **der Zahlendarstellung** (DIN 44300, März 1972) [Th] / radix of the number representation, base of the number representation || **gemischte** ² [Th] / mixed radix, mixed base ||

Zahlensystem mit gebrochener ~ [Th] / fractional number system || **~adresse** *f* [Sw] / base address || **~adressierung** *f* [Sw] / base addressing || **~adreßregister** *n* [CU] / base address register || **~anschluß** *m* [Tr, Sc] / base contact, base terminal || **~ausbreitungswiderstand** *m* [Sc] / base spreading resistance || **~bahnwiderstand** *m* [Sc] / base bulk resistance, internal base resistance

Basisband *n* [Tr] / baseband || **~frequenz** *f* [Tr] / baseband frequency || **~übertragung** *f* (d.h., in der ursprünglichen Frequenzlage, also ohne Modulation) [Tr] / baseband transmission

Basis·breite *f* [Sc] / base region thickness, base thickness || **~-Datensystem** *n* [Mid] / small computer (esp. small business computer) || **~dicke** *f* [Sc] / base region thickness, base thickness || **~dotierung** *f* [Sc] / base doping || **~elektrode** *f* [Sc] / base electrode (electrode attached to the base of a junction transistor)

Basis-Emitter-Sättigungsspannung *f* [Sc] / base-emitter saturation voltage || **~-Spannung** *f* [Sc] / base emitter voltage, common emitter voltage

Basis·gebiet *n* [Sc] / base region (i.e., the region which surrounds the base electrode) || **~informationssystem** *n* (Kleinsystem einschließlich zugehöriger Peripherie) [MCS, Mid] / small business computer (and peripherals) || **~komplement** *n* [Th] / radix complement, noughts complement, true complement || **~ladung** *f* [Sc] / base charge || **~programmunterstützung** [Dp] / basic programming support || **~raum** *m* [Sc] / base region (i.e., the region which surrounds the base electrode)

Basisregister *n* [MCS, CU] / base register, memory pointer || **~kennzeichnung** *f* [Sw] / base register designator

Basis·sättigungsstrom *m* [Sc] / base saturation current || **~schicht** *f* [Sc] / base layer || **~spannung** *f* [Sc] / base voltage || **~spannungsteiler** *m* [Sc] / base potential divider || **~speicher** *m* [OCR] / basic storage || **~spitzenstrom** *m* [Sc] / peak base current || **~steuerung** *f* [Sc] / base drive || **~streifen** *m* [Sc] / base stripe

Basisstrom *m* [Sc] / base current || **steuernder ~** [Sc] / base drive current

Basis·system *n* [Mid] / small computer (esp. small business computer) || **~teil** *m* [Sw] / basic part (of program, etc.) || **~verdrängung** *f* [Sc] / base pushout, emitter dip || **~vorspannung** *f* [Sc] / base bias voltage, base bias || **~vorsprung** (s. Basisvorspannung) || **~weite** [Sc] / base width || **~widerstand** *m* [Sc] / base resistance || **~zehn** *f* [Algol] / ten 10 || **~zone** *f* [Sc] / base region (i.e., the region which surrounds the base electrode) || **~zugriffsmethode** *f* [Sw] / basic access method || **~zwischenzone** *f* [Sc] / interbase region || **~zylinder** *m* [MD] / base cylinder

Batterie·anschlußgerät *n* [Hw] / battery power supply unit || **~leitung** *f* [Hw] / battery lead || **~verbinder** *m* [Hw] / battery connector

Bauart *f* [Hw] / type of construction, design, model

Baud (Bd) (Maßeinheit für die Schrittgeschwindigkeit) *n* [ES, Tr] / baud (bd)

Baudot-Code *m* (Fernschreibcode) [PT, TP] / Baudot code (standard five-channel code)

Baud·-Rate *f* [Mp] / baud rate || **~-Zahl** *f* [Mp] / baud rate

Baueinheit *f* [Co] / package || **~** (nach Aufbau und Zusammensetzung abgrenzbares materielles Gebilde) (DIN 44300, März 1972) [Hw, Dp] / physical unit

Bauelement *n* (diskretes, elementares Bauteil mit spezifischer elektrischer Funktion; cf. „Baustein" und „Baugruppe") [Hw, Mp, Co] / component || **diskretes ~** [Hw] / discrete component || **elektronisches ~** [Dp] / electronic component || **optoelektronisches ~** [Sc] / optoelectronic device || **Strahlung erzeugendes ~** [Sc] / radiation-generating device || **strahlungsempfindliches ~** [Sc] / radiation-sensitive device || **~dichte** *f* [Sc] / component density || **~struktur** *f* [Sc] / device pattern

Baugruppe *f* (Steckkarte) [Co] / pc card, printed circuit card || **~** (eine aus mehreren Bausteinen zusammengefaßte funktionelle Einheit, die in der Regel als gedruckte Schaltung ausgelegt ist und in der im Gegensatz zur integrierten Schaltung die einzelnen Bauelemente noch diskret vorhanden sind; cf. „Bauelement" und „Baustein") [Hw, Mp, Co] / assembly (e.g., pc board assembly) || **~ der Anschlußtechnik** [TP] / line interfacing assembly || **~ für digitale**

Technik [Hw] / digital assembly || ≗ **hoher Dichte** [IC] / high density assembly || **elektronische** ≗ [Dp] / electronic assembly
Baugruppen·adapter *m* [Hw, Sc] / extender board || ≗**prüfautomat** *m* [Co] / automatic board tester || ≗**schiene** *f* [Hw, IC] / pc card frame, module frame || ≗**system** *n* [Hw] / packaged system || ≗**träger** *m* [Hw, PCC] / subrack
Baukasten·konstruktion (s. Modularbauweise) || ≗**prinzip** (s. Modularität) || ≗**system** (s. Modularsystem)
baulich *adj* [Hw] / constructional (changes, etc.)
Baustein *m* (aus mehreren Bauelementen aufgebaute logische Verknüpfungs- und Speichereinheit, z.B. Flipflop; cf. „Bauelement" und „Baugruppe") [Hw, Mp, Co] / module, building block, device || ≗ (= Chip) [Mp, IC] / chip, circuit chip || ≗ **für Zeichen-Parallelausgabe** [PCC] / module for parallel output of characters, parallel character output module || ≗ **für Zeichen-Paralleleingabe** [PCC] / module for parallel input of characters, parallel character input module || ≗ **mit Zeitverhalten** [Th] / time module || **Ein-Ausgabe-**≗ *m* [Mp] / input-output module, I/O module || **ladungsgekoppelter** ≗ [Sc] / charge-coupled device (CCD) || **mikroelektronischer** ≗ [Co] / microelectronic element || **technischer** ≗ [Hw] / hardware module
bausteinartiger Aufbau [Hw] / unit construction design
Baustein·auswahl *f* [Mp] / chip select || ≗**bauweise** *f* [Hw] / modular design || ≗**freigabe** *f* [Mp] / chip enable || ≗**prinzip** (s. Modularität) || ≗**-Programmpaket** *n* [Sw] / modular program package || ≗**schaltung** *f* [Mp] / module circuit, chip circuit
Bausteinsystem *n* [Hw, Sw] / modular system || ≗ (Prinzip) [Hw, Sw] / modularity (i.e., a condition exhibited by a hardware or software system that permits the subsequent expansion of the system by the addition of standard modular units)
Bauteil *n* [Hw] / component part || ≗**ausfall** *m* [Hw] / component failure || ≗**seite** *f* [Hw] / components side || ≗**übersicht** *f* [Hw] / components list
Bau·trupp *m* (Außendienst) [Serv] / construction gang || ≗**vorschrift (Bv.)** *f* [Serv] / specification (spec.) || ≗**weise** *f* [Hw] / construction
B-Bereich *m* [Cobol] / area B
BBS (s. Bedienungsblattschreiber) || ≗ (s. Band-Betriebssystem)
BCD-Code *m* [Th, OCR] / binary-coded decimal code, BCD code || **erweiterter 8-Bit** ≗ [Th] / extended binary-code decimal interchange code (EBCDIC)
BCD-Darstellung *f* [Th] / binary-coded decimal representation, binary-coded decimal notation
Bd (s. Baud)
BDE (s. Betriebsdatenerfassung)
BDE-Zentrale *f* [IDS] / industrial data capture center
BDSG (s. Bundesdatenschutzgesetz)
Beantwortung, akustische ≗ [IO, VC] / acoustic response, audio response
Beantwortungszeit *f* (DIN 44300, März 1972) [RDp] / response time (i.e., the time between the transmit key being depressed by the terminal operator and the last character of the response being displayed on the screen or printed on the hard copy unit)
BEAP (s. Bedienungs-Ein-Ausgabe-Programm)
bearbeiten *v* [Dp] / process (job, etc.)
Bearbeiter *m* (einer Unterlage) [DpC] / originator
Bearbeitung *f* [Dp] / processing (of job, etc.) || **sequentielle** ≗ [Sw] / stacked job processing, sequential job scheduling
Bearbeitungs·anforderung *f* [RDp, Tr] / processing request || ≗**programm für Maschinenfehler der Zentraleinheit** [OS, ES] / trap handler || ≗**zeit** *f* (DIN 44300, März 1972) [CP] / process time || **numerisch gesteuertes** ≗**zentrum** [NC] / NC machining center
Beauftrage für den Datenschutz [Priv] / (i) (German) Federal Data Protection Commissioner, (ii) data protection officer
Becherkonstruktion *f* [Co, Sc] / canned assembly
Bedarfs·haltepunkt *m* [Sw] / checkpoint, conditional breakpoint || ≗**schaltkennzeichen** *n* [ES] / optional switching signal || ≗**wartung** *f* [Hw, DpC] / remedial maintenance (i.e., maintenance undertaken by the contractor following equipment failure and therefore performed on an unscheduled basis)
bedeutsame Ziffer [Th, Sw] / significant

digit
Bedien... (cf. „Bedienungs...")
Bedien- und Anzeigefeld [HSP] / control and indicator panel
Bedien·aufruf *m* [DpC] / service request, service call, console request, console call, operator request || **≗ausgabe** *f* [ES] / operator output || **≗bereich für Magnetplatten** [Dp] / disk pool || **≗eingabe** *f* [ES] / operator input || **≗einrichtungen** *f pl* [HSP] / operating controls, operator controls, operating facilities
Bediener (s. Bedienungsperson) || **≗antwort** *f* [DpC] / operator response || **≗anweisung** *f* [DpC] / run chart, run diagram (indicating files and data to be input and output and the various peripheral units required for a run or series of runs) || **≗eingriff** *m* [Dp] / operator intervention
Bedienerführung *f* [TES] / prompt || **Angaben zur ≗** [TES] / operator prompting instructions
Bedienerverständigung *f* [Dp] / console communication
Bedien·feld *n* (gehört zur Zentraleinheit und ermöglicht die manuelle Steuerung einer DVA) [CP] / control panel, central control panel || **≗fläche** *f* [HSP] / operating area || **≗gerät** *n* [Hw] / operator device, operating device || **≗knopf** *m* [Hw] / control knob || **≗person** (s. Bedienungsperson) || **≗platz** (s. Bedienungsplatz) || **≗pult** *n* [Hw, Dp] / control console
bedienter Betrieb [Dp, ES] / attended operation, manned operation
Bedienteil für interne Gerätefunktionen [TP] / manual controls for internal device functions || **≗ für Vermittlungsfunktionen** [TP] / manual controls for switching functions
Bedien·tisch *m* [Hw] / operator's desk, control desk || **≗tür** *f* [HSP] / service door
Bedienung *f* [Hw] / operation || **≗** (durch den Operator) [DpC] / operator control, manual operator control || **≗ bei Wiederanlauf** [OS] / restart procedure || **manuelle ≗** [Dp] / manual operation || **normale ≗** [DpC] / normal operation || **rechnertechnische ≗** [ES] / computer-oriented operation || **vermittlungstechnische ≗** [ES] / switching-oriented operator control
Bedienungs·... (cf. „Bedien...") || **≗anforderung** *f* [DpC] / service request, service call, console request, console call, operator request || **≗anforderungs-Flipflop** *n* (zur Erzeugung und Steuerung von Unterbrechungen) [Mp] / service request flip-flop || **≗anleitung** *f* (Handbuch) [DOK, DpC] / operating guide, operators' guide
Bedienungsanweisung *f* [Hw, DpC] / operating instruction, command || **≗** (Einzelanweisung) [Hw] / command, hardware command
Bedienungsaufruf *m* [DpC] / service request, service call, console request, console call, operator request || **≗ an den Ablaufteil** [OS] / executive command
Bedienungs·ausgabe *f* [ES] / operator output || **≗bereich** *m* [ES] / service area
Bedienungsblattschreiber (BBS) *m* [Dp] / console typewriter (CTW) || **vermittlungstechnischer ≗** [ES] / supervisor's teleprinter (ST) || **≗aufruf** *m* [CTW] / console typein, typein, operator typein, CTW call, CTW request || **≗meldung** *f* [CTW] / console typeout, typeout, operator typeout, CTW message, console message || **≗steuerung** *f* [CTW] / console typewriter controller, CTW controller
Bedienungs-Ein-Ausgabe *f* [ES] / operator input-output || **≗-Programm (BEAP)** *n* [ES] / operator input-output program, operator I/O program
Bedienungs·eingabe *f* [ES] / operator input || **≗einrichtungen** *f pl* [HSP] / operating controls, operator controls, operating facilities || **≗element** *n* [Dp] / control element || **≗fehler** *m* [Dp] / operator error
Bedienungsfeld *n* (DIN 44300, März 1972) [CP] / control panel, central control panel || **≗** (der Konsole) [CTW] / operator panel || **≗** (bei MES) [Mp] / front panel (of MDS) || **≗einheit** *f* [ES] / switch panel assembly
Bedienungsfläche *f* [HSP] / operating area
bedienungsfrei *adj* [Th] / unattended, unmanned || **~er Betrieb** [RDp] / unattended mode, unmanned operation
Bedienungs·gerät *n* [Hw] / operator device, operating device || **≗handbuch** *n* [DOK, DpC] / operators' manual, operators' handbook || **≗hilfen des Ablaufteils** [OS] / executive console routines || **≗knopf** *m* [Hw] / control knob || **≗komfort** *m* [DpC] / operator convenience || **≗konsole** *f* [CTW] /

console, operator's console, operator console || **≈-Lochstreifenleser** *m* [PT] / operator's paper tape reader || **≈maßnahme** *f* [DpC] / operator action, action || **≈meldung** *f* [DpC] / service message, console message || **≈organisation** *f* [OS] / executive console routines || **≈person** *f* [DpC] / operator, (esp.:) console operator

Bedienungsplatz *m* [CTW] / console, operator's console, operator console || ≈ (Amt) [ES] / operator assistance position, administrative console || **integrierter ≈** [Hw] / integrated control console || **zentraler ≈** [Hw] / control console, central control console || **zentraler ≈ mit Datensichtgerät** [Hw] / display control console, central CRT console || **≈steuerung** *f* [Sw] / console controller, console control unit

Bedienungsprogramm *n* [Sw] / operator control routine, operator routine || [ES] / switching-oriented operator control program

Bedienungsprozessor *m* [CP] / console processor

Bedienungspult *n* [Hw, Dp] / control console || **Speicherzugriff über ≈** [M] / manual memory access

Bedienungs·raum *m* [DpC] / operations room || **≈rechner** *m* [Dp] / service computer || **≈steuerung** *f* [Hw] / console controller || **≈taste** *f* [Hw] / control key || **≈teil** *m* [Sw] / console routine || **≈tisch** *m* [Hw] / operator's desk, control desk || **≈vorgang** *m* [DpC] / operator action, action || **≈-Wartungsfeld** *n* [CP] / control and maintenance panel || **≈wunsch** *m* [DpC] / operator request || **≈zone** *f* [TP] / operator control area

Bedienzone *f* [TP] / operator control area

bedingt *adj* [Algol] / conditional || **~e Anforderung** [PCC] / conditional interrupt request || **~e Anforderung an die Programmsteuerung** [Sw] / conditional program interrupt request || **~e Anweisung** [Algol] / conditional statement || **~e Anweisung** [Cobol] / conditional statement || **~er Ausdruck** [Cobol] / conditional expression || **~e Ausfallwahrscheinlichkeit** [DpC] / conditional probability of failure || **~e Entropie** (DIN 44301, Feb. 1977) [Th, Cy] / mean conditional information content, average conditional information content, conditional entropy || **~freilaufende Ausgabe** [Tr] / unsolicited computer output without priority || **~er Halt** [Sw] / checkpoint, conditional breakpoint || **~er Informationsgehalt** (DIN 44301, Feb. 1977) [Th, Cy] / conditional information content || **~e Konvergenz** [Th] / conditional convergence || **~er Programmstopp** [Sw] / checkpoint, conditional breakpoint || **~er Programmstoppbefehl** [PL] / conditional program interrupt instruction || **~e Programmunterbrechung** [Sw] / conditional program interrupt || **~er Reflex** [Cy] / conditioned reflex || **~er Sprung** [Sw] / conditional branch, conditional jump || **~er Sprungbefehl** [Sw] / conditional branch instruction, conditional jump instruction || **~er Stopp** [Sw] / checkpoint, conditional breakpoint || **~er Stoppbefehl** [PL] / conditional program interrupt instruction || **~e Umwandlung** [OS] / conditional assembly || **~e Verzweigung** [Sw] / conditional branch, conditional jump || **~er Verzweigungsbefehl** [Sw] / conditional branch instruction, conditional jump instruction || **≈e Anforderung setzen** [Befehl] / Set conditional interrupt request

Bedingung *f* [Cobol] / condition || [PL/1] / condition || **zusammengesetzte ≈** [Cobol] / compound condition

Bedingungs·-Funktion *f* [PL/1] / condition (builtin) function || **≈instruktion** *f* [PL] / conditional assembler instruction || **≈marke** *f* [Sw, OS] / condition code || **≈muster** *n* [Dp] / set of conditions

Bedingungsname *m* [Cobol] / condition name || [PL/1] / condition name || **bejahender ≈** [PL/1] / positive condition name || **verneinender ≈** [PL/1] / negative condition name

Bedingungsnamen-Bedingung *f* [Cobol] / condition-name condition

Bedingungs·schlüssel *m* [Sw, OS] / condition code || **≈variable** *f* [Cobol] / conditional variable

bedruckbar, nicht ~e Fläche [HSP] / print exclusion area

Beeinträchtigung der Privatsphäre [Priv] / invasion of privacy, intrusion into privacy, violation of privacy

beenden *v* [Dp] / terminate (computer run, etc.) || [PL/1] / terminate || **vorzeitig ~** [Dp] / to terminate (program execution, etc.) abnormally, abort (program execution, etc.) || ² **eines Monitorlaufs (MEND)** [OS, Aufruf] / Terminate monitor session (MEND) || ² **eines Monitorlaufs (KIL)** [OS, Aufruf] / Terminate successor chain (KIL) || ² **eines Monitorlaufs und Nachladen Monitor (JEND)** [OS, Aufruf] / Terminate monitor session and reload monitor (JEND) || ² **eines Programms (HLT)** [OS, Aufruf] / Terminate program (HLT) || ² **eines Programms mit Speicherauszug (DUM)** [OS, Aufruf] / Terminate program and dump (DUM)

Beendigung *f* [Sw] / termination || **fehlerbedingte** ² [Dp] / abnormal termination, abortion (of program execution, etc.) || **normale** ² [Sw] / normal termination || **vorzeitige** ² [Dp] / abnormal termination, abortion (of program execution, etc.)

Beendigungs·angabe *f* [Cobol] / until option || ²**code** *m* [Dp] / completion code || ²**kennzeichen** *n* [Sw] / terminate flag || ²**phase** *f* [Sw] / termination phase

Befehl *m* (Teil eines Befehlswortes, der die auszuführende Operation angibt) [Sw] / command || ² (Teil einer Anweisung) [PL] / entry || ² (bei maschinenorientierten Programmiersprachen eine Anweisung, die sich nicht in Teile zerlegen läßt, die selbst Anweisungen sind) (DIN 44300, März 1972) [PL] / instruction (specific meaning) || ² **in Maschinensprache** [Sw] / computer instruction, machine instruction || **adreßarithmetischer** ² [Sw] / address modification instruction || **adressenloser** ² [Sw] / addressless instruction, zero-address instruction, no-address instruction || **alphanumerischer** ² [Sw] / alphameric instruction, alphanumeric instruction || **arithmetischer** ² [Sw] / arithmetic instruction || **boolescher** ² [Sw] / logic instruction, logical instruction || **codierter** ² [Sw] / coded instruction || **effektiver** ² [Sw] / actual instruction, effective instruction || **endgültiger** ² [Sw] / actual instruction, effective instruction || **logischer** ² [Sw] / logic instruction, logical instruction || **nicht interpretierbarer** ² [Sw] / illegal instruction || **nicht privilegierter** ² [Sw] / general instruction || **numerisch verschlüsselter** ² [Sw] / numerically coded instruction || **organisatorischer** ² [Sw] / red-tape instruction || **privilegierter** ² [Sw] / privileged instruction || **typografischer** ² [Sw] / typographic instruction, typesetting instruction || **unmodifizierter** ² [Sw] / presumptive instruction || **unzulässiger** ² [Sw] / illegal instruction

Befehle für Organisation und Wartung [OS] / control system and maintenance instructions

befehlende Makroanweisung [Sw] / imperative macro instruction

Befehlsablauf *m* (= Befehlszyklus) [ES] / instruction execution cycle, instruction cycle || ²**anstoß** *m* [ES] / instruction routine start || ²**steuerung** *f* [OS] / instruction execution control

Befehlsabruf *m* [OS] / instruction fetch || ²**phase** *f* [CU] / instruction fetch phase

Befehls·abschluß *m* [Sw] / instruction termination || ²**adresse** *f* [Sw] / instruction address || ²**adreßregister** *n* [ALU] / instruction address register || ²**änderung** *f* [Sw] / instruction modification || ²**anfangszeichen** *n* [Sw] / beginning-of-instruction mark

Befehlsaufbau *m* [Sw] / instruction format || [Mp] / command syntax

Befehlsausführung *f* [Dp] / instruction execution || **autonome** ² [OS] / autonomous working || ²**szeit** *f* [CU, OS] / instruction execution time, instruction time

Befehls·bereich *m* [Sw] / instruction area || ²**bereitstellung** *f* [OS] / instruction staticizing

Befehlsblock *m* [Sw] / instruction block || ²**organisation** *f* [Sw] / instruction block organization || ²**routine** *f* [Sw] / instruction block routine || ²**stelle** *f* [Sw] / instruction block location || ²**zähler** *m* [Sw] / instruction block counter || ²**zelle** *f* [Sw] / instruction block cell

Befehlsbyte *n* [HSP] / command byte

Befehlscode *m* [Sw] / instruction code || **mnemotechnischer** ² [Sw] / mnemonic code, memory code

Befehls·decodierer *m* [Mp] / instruction decoder || ²**decodierschaltung** *f* [CU] / instruction decoder || ²**decodierung** *f* [CU] / instruction decoding || ²**diagramm** *n* [Sw] / instruction flowchart, micro flowchart, detailed flowchart || ²**einleitung** *f* [ES] / instruction initialization, instruction initiation || ²**element** *n* [Sw] / instruction element

Befehlsendezeichen *n* [Sw] / end-of-instruction mark || [Mp, TES] / command terminator

Befehlsentschlüsselung *f* [CU] / instruction decoding
Befehlsfolge *f* [Sw] / instruction sequence, sequence of instructions || [Mp] / command string || **codierte** ≗ [Sw] / coding sequence || **lineare** ≗ [Sw] / linear sequence of instructions || **wählbare** ≗ [Sw] / optional instruction sequence || ≗**register** (s. Befehlszähler) || ≗**zähler** (s. Befehlszähler)
Befehlsformat *n* [Sw] / instruction format || **adressenloses** ≗ [Sw] / addressless instruction format, zero-address instruction format
befehlsgesteuert *adj* [Mp] / command-controlled
Befehls·index *m* [Sw] / instruction index || ≗**karte** *f* [Sw] / instruction card || ≗**kette** *f* [Sw] / instruction chain
Befehlsketten·anzeige *f* [OS] / chain command flag, command chaining flag || ≗**blockverwaltung** *f* [Sw] / instruction chain maintenance || ≗**generierung** *f* [Sw] / generation of instruction chains
Befehlskettung *f* [Sw] / command chaining || **Kennzeichen für** ≗ [OS] / chain command flag, command chaining flag
Befehlslänge *f* [Sw] / instruction length || **Kennzeichen für** ≗ [Sw] / instruction length code
Befehlslängen·code *m* [Sw] / instruction length code || ≗**zähler** *m* [Sw] / instruction length counter
Befehls·leitwerk *n* [CU] / instruction control unit || ≗**liste** *f* (DIN 44300, März 1972) [Mp, Th] / instruction list, instruction set || ≗**listenname** *m* [Th] / instruction list name || ≗**maske** *f* [Sw] / file mask || ≗**maskenregister** *n* [CP] / file mask register || ≗**modus** *m* [ES] / instruction mode || ≗**normalisierung** *f* [ES] / instruction normalizing, instruction normalization || ≗**nummer** *f* [CP] / operating number || ≗**recheneinheit** *f* [Mp] / instruction computing unit
Befehlsregister *n* (in einem Leitwerk ein Speicherelement, aus dem der gerade auszuführende Befehl gewonnen wird) (DIN 44300, März 1972) [CU] / instruction register (control unit register in which the address of the current instruction is stored) || ≗**satz** *m* [CU] / instruction register set
Befehls·satz *m* (Gesamtheit der Befehle, die von einer MPU ausgeführt werden können) [Mp, Th] / instruction list, instruction set || ≗**schleife** *f* [Sw] / instruction loop || ≗**schlüssel** *m* [Sw] / instruction code || ≗**speicher** *m* [M] / control-signal storage unit || ≗**spektrum** *n* [Sw] / range of instructions
Befehlssprache *f* [CTW] / command language || **typografische** ≗ [Typ, Sw] / typographic instruction language
Befehlssteuerblock *m* [Sw, OS] / command control block (CCB)
Befehlsstruktur *f* [CTW] / command structure || ≗ (s. Befehlsaufbau) || **adressenlose** ≗ [Sw] / addressless instruction format, zero-address instruction format || **operationsteillose** ≗ [PL] / functional address instruction format
Befehlssystem *n* [Sw] / instruction system
Befehlstaste *f* [IO, RDp] / command key || ≗ **auf Null stellen** [Hw] / to reset the command key
Befehlstasten·feld *n* [RDp, Tr] / command key panel, instruction key panel || ≗**sperre** *f* [RDp, Tr] / command key lock
Befehls·teil *m* [Sw] / operation part, operator part, function part, command (of an instruction word) || ≗**typ** *m* [Sw] / instruction type || ≗**übernahme** *f* [CU] / instruction staticizing, staticizing || ≗**übersetzung** *f* [OS] / instruction translation || ≗**verschlüsselung** *f* [Sw] / instruction coding
Befehlsvorrat *m* (DIN 44300, März 1972) [Dp] / instruction set || **erweiterter** ≗ [ES] / extended instruction set || **Grundbestand des** ≗**s** [Sw] / basic instruction set
Befehlswiederholung *f* [OS] / instruction retry || **automatische** ≗ [OS] / automatic instruction retry
Befehlswort *n* (DIN 44300, März 1972) [Sw] / instruction word || ≗ (s. Kanalbefehlswort) || **satztechnisches** ≗ [Typ, ASw] / typesetting instruction word
Befehlszähler *m* (d.h., einer der verschiedenen Prozeßbereiche oder „Partitions", in die ein DV-System mit batch-orientiertem Betriebssystem beim Multiprogramming aufgeteilt werden kann) [Dp] / priority level (used to allot priorities between programs sharing the computer in priority processing) || ≗ (in einem Leitwerk ein Speicherelement, aus dem die Adresse des nächsten auszuführenden Befehls gewonnen wird) (DIN 44300, März 1972) [CU] / instruction counter (a register that indicates the location of the next instruction in a sequence of

operations), program counter (PC) || **festverdrahteter** ≗ [PCC, CP] / hardware program counter || **programmierter** ≗ [CP] / software program counter

befehlszählergesteuerter Rechner [Dp] / consecutive sequence computer

Befehlszähler·inhalt *m* [Sw] / program count, program counter contents || ≗**nummer** *f* [Sw] / program identifier code, program slot number, program slot identifier, program slot || ≗**register** (s. Befehlszähler) || ≗**stand** *m* [Sw] / program count, program counter contents

Befehls·zahllimit *n* [ES] / instruction number limit || ≗**zählregister** (s. Befehlszähler) || ≗**zeile** *f* [Sw] / coding line

Befestigungsleiste *f* (Dia) [HSP] / mounting strip

Beförderungsfehler *m* [PC] / conveying error

BEFR (s. Betriebs-/Ersatzfixierregister)

Beginn *m* [Sw] / beginning, start, left-hand end (LHE) || ≗ **eines Monitorlaufs (JOB)** [OS, Aufruf] / Start monitor session (JOB) || ≗ **eines zu speichernden Monitorlaufs (JOBCAT)** [OS] / Start cataloging monitor session (JOBCAT) || ≗**anweisung** *f* [PL/1] / begin statement || ≗**block** *m* [PL/1] / begin block

Beginnzeichen *n* [Tr] / start-of-message (SOM) || [Tr] / start-of-text character (STX character)

begrabene Schicht (MOS-Transistor) [Sc] / buried layer

begrenzen *v* [Sw] / delimit

begrenzende Wortmarke [Sw] / defining word mark

Begrenzer *m* [ADp] / limiter || [Algol] / delimiter || [PL/1] / delimiter || **harter** ≗ [ADp] / hard limiter || **weicher** ≗ [ADp] / soft limiter || ≗**schaltung** *f* [Tr] / clipping circuit, clipper, peak chopper

begrenzt *adj* [Sc] / bounded

Begrenzungs·ausdruck *m* [PL/1] / extent expression || ≗**schrägstrich** *m* [Sw] / delimiting slash || ≗**zeichen** *n* [Typ, TES] / data delimiter (i.e., a code or flag to indicate that the codes which follow are to be regarded as an instruction or argument; delimiters usually appear in pairs, with an opening delimiter at the beginning of the command string and a closing delimiter at the end of the string)

Begriff *m* (DIN 2330, März 1979) [Term] / concept || **numerischer** ≗ [IDS] / numerical element

Begriffs·inhalt *m* (DIN 2330, März 1979) [Term] / conceptual meaning || ≗ **system** *n* (Beziehungen der Begriffe untereinander und deren gegenseitige Abgrenzung) (DIN 2332, Feb. 1979) [Term] / system of concepts

behandeln, einen Fehler ~ [Sw] / to recover an error

Behandlung einer Großspeicherdatei [Sw] / random-access processing || ≗ **gleichwertiger Ausdrücke** [PL/1] / commoning of expressions || **bei sachgemäßer** ≗ [Hw] / under normal use and service

beheben, einen Fehler ~ [Sw] / to recover an error

beheizte Walze [HSP] / heated roller, hot roller

beibehalten *v* [Sw] / retain

beidseitige Datenübermittlung (DIN 44302, Apr. 1979) [Tr] / both-way communication, two-way simultaneous communication

Beikasten für Fernschreiber [ES] / teleprinter control box

Beipack *m* [Hw] / accessories kit, small items kit || ≗**unterlagen** *plt* [Dist, Dp] / documentation package

Beisatz *m* [NC] / trailer label || ≗**adresse** *f* [NC] / trailer address || ≗**blockbereich** (Platte) [NC] / trailer-file block

Beistell·schrank *m* [Hw] / auxiliary equipment cabinet || ≗**verfahren** *n* [Dist] / document supply procedure

bejahender Bedingungsname [PL/1] / positive condition name

BEK (s. Betriebs-/Ersatzkippstufe)

Belastbarkeit *f* [Dp] / load-carrying ability

Belastung *f* [Sc] / load || **induktive** ≗ [Th] / inductive load || **ohmsche** ≗ [Th] / resistive load

Belastungs·dauer *f* [Sc] / loading time || ≗**fehler** *m* [ADp] / loading error || ≗**kapazität** *f* [Co, Sc] / load capacitance || ≗**teilung** *f* [ES] / load sharing

Belastungswiderstand *m* [Sc] / load resistance || **optimaler** ≗ (eines Halleffekt-Bauelementes) [Sc] / optimum load resistance (for linearity)

Beleg *m* [MICR] / magnetic ink document || [Dist, RDp] / voucher || ≗ (Markierungsbeleg) [IO] / mark sheet, mark page || **Markierungsleser für** ≗**e (ML)** (separates Gerät zum maschinellen Lesen von Markierungsbelegen) [OCR] / mark sheet reader (MSR), mark page reader || **maschinenlesbarer ≗** [IO] / machine-readable document || **≗ablage** *f* [OCR] / document stacking || **≗abmessungen** *f pl* [OCR] / document dimensions || **≗abstand** *m* [OCR] / document spacing || **≗abstandsfehler** *m* [OCR] / document spacing error || **Fehler beim ≗abzug** [OCR] / misfeed

Beleganstoß·stange *f* [OCR] / jam sense bar || **≗warnsignal** *n* [PC, OCR] / jam anticipation signal

Belegaufbau *m* [OCR] / document format

belegbar *adj* [Sw, M] / allocatable (memory space, etc.)

Beleg·datei *f* [OCR] / document file || **≗dicke** *f* [OCR] / document thickness, thickness

Belegdurchlauf *m* [OCR] / document pass || **≗geschwindigkeit** *f* [OCR] / document speed || **≗leistung** *f* [OCR] / document reading rate, throughput

Belegeingabe *f* [OCR] / document input || **≗fach** *n* [OCR] / hopper, input hopper

belegen *v* (Speicherplatz) [Sw] / occupy, use, reserve || ~ (Gerät) [OS] / reserve, assign, allocate || ~ *v* (Teilnehmerleitung usw.) [ES] / seize || ~ *v* (Spur) [Sw] / use || **ein Gerät ~** [OS] / to reserve a device, to allocate a device || **eine Standardnahtstelle ~** [PCC] / to connect a standard interface

Belegentwurf *m* [OCR, MICR] / document design || ≗ (Markierungsleser) [IO] / mark page design, sheet design

Belegexemplar *n* [Typ] / author's copy, voucher copy

Belegfeld *n* [OCR] / document field || **≗länge** *f* [OCR] / document field length

Beleg·folgeprüfung *f* [OCR] / document position checking || **≗format** *n* [OCR] / document size, sheet size || **≗größe** *f* [OCR] / document size, sheet size || **≗höhe** *f* [OCR] / document width, sheet width || **≗knick** *m* [OCR] / document fold, sheet fold || **≗länge** *f* [OCR] / document length, sheet length || **≗längenprüfung** *f* [OCR] / document length checking || **≗lesen** *n* [OCR, MICR] / document reading

Belegleser *m* [OCR, MICR] / document reader || **Magnetschrift-≗** *m* [MICR] / magnetic ink document reader || **optischer ≗** [OCR] / videoscan document reader, optical document reader

Beleg·rückseite *f* [OCR] / reverse || **≗schacht** *m* [RDp, Tr] / voucher chute || **≗sortieren** *n* [OCR] / document sorting

Belegsortierer *m* [OCR] / document sorter || **Magnetschrift-≗** *m* [MICR] / magnetic ink document sorter-reader || **optischer ≗** [OCR] / videoscan document sorter, optical document sorter, optical reader-sorter

Beleg·sortiermaschine *f* [OCR] / document sorter || **≗spezifikationen** *f pl* [OCR] / document specifications || **Einrichtung zum ≗spreizen** [PC] / unit record card feature || **≗stapel** *m* [OCR] / stack of documents, document stack || **≗strecke** *f* [OCR] / document path

belegt *adj* [ES] / (of line, circuit, etc.) busy, seized || ~ (Gerät) [OS] / reserved, allocated, assigned || **nicht ~er Speicher** [Sw] / unused memory area || **≗zustand** *m* [ES] / busy condition, busy lockout condition, occupancy (of a circuit)

Belegung *f* (eines Wortes usw.) [ES] / contents (of word, etc.) || ≗ (Tastatur) [TES, TP] / keyboard layout || ≗ (von Leitungen usw.) [ES] / occupancy, occupancy state || ≗ (Vorgang) [ES] / seizure || ≗ (von Gestell usw.) [Hw] / space assignment || ≗ (von Klemmen) [Hw] / terminal allocation, pin assignment, terminal block wiring || **≗ des Fehlerbytes** [OS] / bit significance of the sense byte || **≗ des Schalterfeldes** [Sw] / switch settings (UPSI), bit combination || **verzögerte ≗** [ES] / delayed call || **wartende ≗** [ES] / waiting call

Belegungsdauer *f* (Vermittlungseinrichtungen) [ES] / holding time, busy time || **mittlere ≗** [ES] / mean holding time

Belegungs·dichte eines Datenbestandes [Sw] / file packing || **≗liste** *f* [Mp, Serv] / pin assignment list || **≗matrix** *f* [OS] / availability matrix

Belegungsplan *m* (Bauelemente auf Platte) [Sc] / components layout diagram || ≗ (Klemmen) [Mp, Sc] / pin assignment plan, terminal assignment plan || ≗ (Baugruppen in Gestell, Schrank) [Hw, Serv] / cabinet layout plan, rack layout plan, plug-in location plan || **≗ des Standardeinbaurahmens** [Serv] / standard mounting frame location plan || **≗ für Flachbaugruppe** [Sc] / pc board components layout

Belegungstabelle *f* [Th, Dp] / availability table || [ES] / occupancy table

Belegungszeichen *n* [Th, Dp] / availability indicator || [Tr] / seizing signal

Belegungszeit *f* (Leitung,

Einrichtungen) [ES] / holding time || **mittlere** ≗ [ES] / mean holding time
Belegungszustand *m* [ES] / occupancy, occupancy state
Beleg·unterkante *f* [OCR] / bottom edge of document || ≗**verarbeitung** *f* [OCR] / document handling || ≗**vorschub** *m* [OCR] / document feed || ≗**zähler** *m* [OCR] / document counter, sheet counter
Belegzufuhr, fortlaufende ≗ [OCR] / continuous feed || **unterbrochene** ≗ [OCR] / discontinuous feed
Belegzuführung *f* [OCR] / document feeding
Beleuchtung der Schreibstelle [TP] / print position lighting
Beleuchtungs·apertur *f* [Sc] / illumination aperture || ≗**plan** *m* [Hw] / lighting plan || ≗**stärke** *f* [Meas] / illumination || ≗**verhältnisse** *plt* [DpC] / lighting conditions
Belichtung *f* [Meas] / exposure
beliebiger Zugriff [M] / arbitrary access
Bemerkungen *f pl* (auf Steuerkarte) [Sw] / comments
Bemerkungs·anweisung *f* [Sw] / comments statement || ≗**eintrag** *m* [Sw] / comments entry || ≗**feld** *n* [Sw, ES] / comments field || ≗**karte** *f* [Sw] / comments card
bemessen *v* [Hw] / engineer, design, lay out
benachbart *adj* [Dp] / adjacent || **~er Kanal** [DT, Tr] / adjacent channel, flanking channel
benannt *adj* [PL/1] / named || **~er gemeinsamer Speicherbereich** [Fortran] / labelled common block || **~e Zahl** [Th] / concrete number
Benchmarkaufgabe *f* [Dp] / benchmark problem
Benennung *f* (DIN 2330, März 1979) [Term] / term, technical term || **die** ≗**en zu einem Fachbegriff** [Term] / the terms describing a technical concept
Benennungs·feld *n* [Sw] / nomenclature field || ≗**teil** *m* [Sw] / specification part
Benutzer *m* (DIN 66200E T1, März 1974) [Dp] / user
benutzerabhängig *adj* [RDp, Tr] / user-dependent
Benutzeradressierungsfehler *m* [Sw] / user addressing error
Benutzeranfangsetikett *n* [Sw] / user header label (UHL) || ≗**-Steuerkarte** *f* [Sw] / user header label parameter card
Benutzer·anfrage *f* (Frage, die ein Informationssuchender an eine Informations- und Dokumentationseinrichtung stellt) [DOK] / user inquiry, user query || ≗**angaben** *f pl* [Dp] / user specifications, user-supplied information || ≗**anweisung** *f* [Cobol] / use statement || ≗**anzeigebyte** *n* [Sw] / user flag byte || ≗**befehl** *m* [Sw] / user instruction || ≗**bibliothek** *f* [ASw] / user library || ≗**code** *m* [Sw] / user code || ≗**datei** *f* [Sw] / user file || ≗**daten** *plt* [Th] / user data || ≗**dokumentation** *f* [DOK, Dist] / user documentation
benutzereigen *adj* [Dp] / user-own
Benutzerendeetikett *n* [Sw] / user trailer label (UTL) || ≗**-Steuerkarte** *f* [Sw] / user trailer label parameter card
Benutzeretikett *n* [Sw, ES] / user label, programmer-prepared label || ≗**anweisung** *f* [Sw] / user label parameter || ≗**behandlung** *f* [Sw] / user label handling || ≗**spur** *f* [Sw] / user label track
Benutzerfeld *n* [Sw] / user field
benutzerfreundlich *adj* [Dist] / optimized for use, user-optimized
benutzergesteuerter Speichertyp [PL/1] / controlled storage
Benutzer·hinweise *m pl* [Dp] / user considerations, considerations for use || ≗**identifikation** *f* [Sw] / user identification, user ID || ≗**kennsatz** *m* [Cobol] / user label || ≗**kennung** *f* [Sw] / user identification, user ID || ≗**kennzeichen** *n* (DIN 66200E T1, März 1974) [Sw] / user identification, user ID || ≗**klasse** *f* [ES] / user class of service || ≗**-Manual** *n* [DpC] / reference manual, manual || ≗**markierungsbyte** *n* [Sw] / user mark byte || ≗**meldung** *f* (Meldung an Benutzer) [Sw] / user message || ≗**name** *m* [Sw] / user name
Benutzerprogramm *n* [ASw] / application program, applications program || **DU-**≗ *n* [Sw, Tr] / communication user program (CUP) || ≗**-Ablaufteil** *m* [Sw] / user program supervisor || ≗**band** *n* [ASw] / program load library tape || ≗**bibliothek** *f* [ASw] / program load library, user program library || ≗**name** *m* [Sw] / user program name || ≗**speicherbereich** *m* [Sw] / user storage area
Benutzer·prozedur *f* [Cobol] / use procedure || ≗**routine** *f* (beim Sortieren) [Sw] / user-own coding, own-code module || ≗**station** *f* (DIN 44300, März 1972) [IO, Tr] / user terminal || ≗**steuerkarte** *f* [Sw] / user control card ||

²überschriftszeile *f* [Sw] / user header line || ²vereinbarung *f* [Cobol] / use declarative || ²vorschriften *f pl* [Dp] / user specifications, user-supplied information || verfügbare ²zeit [Th, Dp] / available machine time, available time
Benutzungs·vereinbarung *f* [PL] / use declarative || ²**vorschriften** *f pl* [DpC] / directions for use
Beratungsingenieur *m* [Dist, Serv] / consulting engineer
berechenbar *adj* [Th] / computable || **vom Typ nicht ~** [PL] / non-computational type
Berechenbarkeit *f* [Th] / computability
berechnen *v* [Dp] / calculate, compute
Berechtigung *f* [ES] / connection privilege
Berechtigungskatalog *m* [Sw] / user credential file
Berechtigungsnachweis *m* [Sw] / credential || ² (Übersicht) [Priv] / authorization table
Berechtigungs·schlüssel *m* [ES] / right-of-access code || ²**signal** *n* [Hw] / authentication signal || ²**zeichen** *n* [ES] / right-of-access code
Bereich *m* [PL/1] / area || ² **des negativen Widerstandes** [Sc] / negative resistance region || **oberer ² des Arbeitsspeichers** [M, Sw] / high end of main memory || **unbenannter ²** [Fortran] / blank common || **unterer ² des Arbeitsspeichers** [M, Sw] / low end of main memory
Bereichs·adresse *f* [Sw] / area address, extent address || ²**anfang** *m* [Sw] / left-hand end of extent, beginning of extent (BOE)
Bereichsangabe *f* [Sw] / area specification, extent specification || [PL/1] / in option
Bereichs-Bedingung *f* [PL/1] / area condition || ²**bezeichnung** *f* [M, Sw] / area identification
Bereichsdaten·anweisung *f* [Fortran] / block data statement || ²**unterprogramm** *n* [Fortran] / block data subprogram
Bereichs·definition *f* [PL] / area-definition statement, area definition || ²**ende** *n* [Sw] / right-hand end of extent, end of extent (EOE) || ²**fehler** *m* [Sw] / extent error || ²**grenze** *f* [Sw] / boundary, area boundary, extent boundary, area limit, extent limit || ²**größe** *f* [CU, Sw] / area size
Bereichskennzahl *f* [ES] / area code || ²**tabelle** *f* [ES] / area code table
Bereichsmatrix *f* [Sw] / extent matrix, area matrix, matrix || ²**größe** *f* [Sw] / extent matrix size || ²**umfang** *m* [Sw] / extent matrix size
Bereichsname *m* [PL] / area name || [Fortran] / block name
Bereichsschutz *m* [M] / area protect feature, memory protect feature || ²**auswertung** *f* [ES] / memory-protect recognizer || ²**schalter** *m* [M] / area protect switch, memory protect switch || ²**schlüssel** *m* [M, Sw] / memory protect key, storage protection key
Bereichstyp *m* [Sw] / extent type
Bereichsüberschreitung *f* [M, Sw] / limit error || ² **im Arbeitsspeicher** [M, ES] / memory protect violation
Bereichs·unterschreitung *f* [ALU] / underflow || ²**variable** *f* [PL] / area variable || ²**zuweisung** *f* [Sw] / extent allocation
bereit, nicht ~ [Hw] / inoperable, not operable
Bereit-Anzeigelampe *f* [Hw] / ready light
bereitgestellte Ausgabe [VS, RDp] / scheduled output
Bereitmeldung *f* [ES] / ready flag
Bereitschaft, in ² [Hw, Dp] / standby
Bereitschafts·einheit *f* [Hw] / standby unit, alternative unit || ²**kriterium** *n* [ES] / ready criterion || ²**meldung** *f* (Monitor) [Mp] / sign-on message (monitor) || ²**rechner** *m* (im Gegensatz zum Arbeitsrechner) [PCC] / standby computer || ²**system** *n* [Hw] / standby system, fallback system
bereitstellen *v* (Zeichen) [ES] / to hold ready, to make ready for use || **eine Datei zur Verarbeitung ~** [Sw] / to activate a file || **einen Datenträger ~** [Sw] / to ready a volume
Bereitstellung *f* [PCC] / load
Bereitstellungs·adresse *f* [PCC] / load area address || ²**phase** *f* (für Befehle) [OS] / staticizing phase || ²**programm** *n* [PCC] / job control program || ²**teil** *m* [Sw] / load field
Bereitsteuerung *f* [TP] / ready control
berichtigen *v* [Th] / adjust
Berichtigungsanspruch *m* [Priv] / right to correction
beruhigen *v* (sich) [TP] / (of print wheel, etc.) settle || ² *n* (der Typenscheibe) [TP] / settling, settling delay
Beschaltungsplan *m* [Mp, Sc] / wiring plan, wiring scheme
beschichten *v* [Sc] / face
beschleunigen *v* / speed up (work, etc.),

expedite (business, etc.)
beschleunigt·e Kartenzuführung [PC] / accelerated card feed, highspeed card feed || **~er Schreibkopfrücklauf** [TES] / accelerated carriage return
Beschleunigungszeit *f* [NC] / accelerating time, runup time || [MT] / start time, acceleration time
Beschneide·kante *f* [HSP] / cut edge || **~linie** *f* [HSP] / cutting line
beschnittene Breite [HSP] / trimmed width
beschränkte Variable [Th] / bounded variable
beschreibbare Oberfläche [PE, MD] / recording surface, recordable surface
beschreiben *v* [Sw] / describe, specify
beschreibende Makroanweisung [Sw] / declarative macro instruction
Beschreiber *m* [PL/1] / descriptor
Beschreibung *f* [Cobol] / description || [PL/1] / description || ~ (Druckschrift) [DpC] / reference manual, manual || **~ indizierter Daten** [PL/1] / dimensioned data description || **~ strukturierter Daten** [PL/1] / structure data description || **kurze technische ~** [Dist] / summary technical description
Beschreibungs·funktion *f* [AC, Cy] / describing function || **~karte für Festwertspeicher** [Mp] / personality card for ROM || **~satz** *m* [Sw] / descriptor record
beschriften *v* (mit maschinenlesbaren Schriftzeichen) [Th, OCR] / inscribe
Beschriftung *f* / legend
Beschriftungs·plan *m* [Hw] / equipment marking plan || **~routine** *f* [Dp] / annotation routine || **~schild** *n* [Hw] / designation label, marking label
beseitigen, einen Fehler ~ [Dp] / to remove a fault, to eliminate a fault
besetztes Band [Sc] / filled band
Besetzungswahrscheinlichkeit *f* [Sc] / occupation probability
BESR (s. Betriebs-/Ersatz-Steuerregister)
Bestand der Datenmenge [PL/1] / dataset set
Bestands·band *n* [MT] / master tape || **~datei** *f* [Dp] / master file || **~fortschreibung** *f* [Dp] / inventory updating
Bestandsführung *f* [Dp] / inventory control || **zentrale ~** [RDp] / centralized perpetual inventory
Bestandskarte *f* [PrC, PC] / master card
Bestandteile des Ablaufteils [OS] / executive components || **~ des PBS** [OS] / DOS components || **normalisierte ~** [Hw] / standardized parts
bestätigen *v* [PCC, RDp] / acknowledge
Bestätigungs·meldung *f* [RDp] / acknowledgment, acknowledge message || **~signal** *n* [Tr] / acknowledge signal
bestellen, ein Lesepaket ~ [OCR] / to request a reading package
Bestellung eines Bundesbeauftragten für den Datenschutz [Priv] / appointment of a Federal Commissioner for Data (Privacy) Protection
Bestimmungsblatt Dateizuordnung [RPG] / file description specification form, FD form, file identification form || **~ Eingabeformate** [RPG] / input specification form || **~ Erweiterte Dateibeschreibung und Druckzeilenbestimmungen** [RPG] / extension and line counter specifications || **~ Rechenvorschriften** [RPG] / calculation specification form || **~ Vorlaufkarte** [RPG] / control card specification sheet
Bestimmungs·karte *f* [Sw] / definition card, specification card || **~kennzahl** *f* [ES] / destination code
Bestimmungsort *m* (Nachricht) [Tr] / message destination || **~kennzahl** *f* [ES] / destination code || **~tabelle** *f* [Tr] / destination table
Bestimmungsregister *n* [ALU] / destination register
Bestückungs·ausbau *m2* [Dp] / capacity utilization level || **~plan** *m* (Schrank, Gestell) [Hw] / plug-in location plan || **~seite** *f* [Hw] / components side
Bestzeit·codierung *f* [Sw] / minimum-access programming, optimum programming, optimal programming, minimum delay programming, minimum latency programming, forced coding || **~programm** *n* [Sw] / optimally coded program, optimal program || **~programmierung** *f* [Sw] / minimum-access programming, optimum programming, optimal programming, minimum delay programming, minimum latency programming, forced coding
Betrachtungsgeschwindigkeit *f* (Schneidetisch) [Rep] / scanning speed
Betragsfeld *n* [PC] / amount field
Betreuung *f* (von Geräten, Anlagen usw.) [Dist, DpC] / technical support ||

≗ (von Richtlinien) [Dist, DpC] / updating service
Betrieb *m* [Hw] / duty (of machine, apparatus, etc.) || ≗ **in beiden Richtungen** [Tr] / both-way working || ≗ **in einer Richtung** [Tr] / one-way working, unidirectional working || **abhängiger** ≗ [RDp] / remote mode || **außer** ≗ [Hw] / shut down, out of service, out of commission || **automatischer** ≗ [Dp, NC] / automatic operation || **gleichzeitiger** ≗ [Dp] / real-time use || **manueller** ≗ [Dp] / manual operation || **normaler** ≗ [Sw] / normal service || **rechnerabhängiger** ≗ [Dp] / on-line mode, on-line operation || **rechnerunabhängiger** ≗ [Dp] / off-line mode, off-line operation || **serieller** ≗ (DIN 44300, März 1972) [Dp, Tr] / serial operation (as opposed to "parallel operation") || **unabhängiger** ≗ [OS] / local mode, off-line operation || **unbedienter** ≗ [RDp] / unattended mode, unmanned operation || **zeichenweiser** ≗ [ES] / character-by-character mode
betriebliche Einrichtungen [DpC] / operational features
betrieblicher Datenschutzbeauftragte [Priv] / data protection officer
Betriebs·- und Haltanzeige [Mp] / RUN and HALT indicator || ≗**- und Wartungsvorbereitung** (Abteilung) [DpC, ES] / operation and maintenance preparation department || ≗**anlagen** *plt* [Hw, RDp] / plant || ≗**anleitung** *f* [DOK] / operating manual, operating instructions || ≗**anweisung** *f* (DIN 44300, März 1972) [OS] / job control statement
Betriebsanzeige *f* [Sw, OS] / condition code || [Hw] / operational status indicator
Betriebsart *f* [Hw] / duty (of machine, apparatus, etc.) || [OS, ES, NC] / mode of operation, operating mode, mode || ≗ **„Eingriff"** [Dp, ADp] / interrupt mode || ≗ **„Halten"** [Dp, ADp] / freeze mode, hold mode || ≗ **„Lesen"** [Mp] / read mode || ≗ **„Nullen der Rechenelemente"** [Dp, ADp] / balance check mode || ≗ **„Pause"** [Dp, ADp] / initial condition mode, reset mode || ≗ **„Rechnen"** [Dp, ADp] / compute mode, operate mode || ≗ **„Rechnerabgleich"** [Dp, ADp] / balance check mode || ≗ **„Rücksetzen"** [Dp, ADp] / initial condition mode, reset mode || ≗ **„Schreiben"** [Mp] / write mode || **Grundform der** ≗ / type of duty
Betriebsartenschalter *m* [Hw, PE] / operating mode selection switch || ≗ (unabhängiger/abhängiger Betrieb) [PE] / local/remote switch
Betriebsarten·stecker *m* [Hw] / mode-of-operation plug || ≗**wechsel** *m* [ES] / mode change
Betriebsbedingungen *plt* [DpC] / operating conditions, operating environment
Betriebsbereich *m* (eines Transistors) [Sc] / operating mode || **optimaler** ≗ [HSP] / rated range of operations
betriebsbereit *adj* [ES] / ready-to-operate, operational || **~er Ruhezustand** (auf der Leitung) [ES] / free-line condition
Betriebsbereitschaft *f* [TP, ES] / ready status || **die** ≗ **überprüfen** [Tr] / to exchange status information
Betriebs·bit *m* [ES] / operation bit || ≗**blattschreiber** *m* [ES] / supervisor's teleprinter (ST) || ≗**code** *m* [NC] / operation code || ≗**daten** *plt* (Daten zur DarstellÜng produktionsbezogener Größen) (DIN 66201E T1, Apr. 1979) [PCC] / production data || ≗**datenerfassung (BDE)** *f* [Dp] / industrial data capture || ≗**datenerfassung** (Anwendung eines Prozeßrechensystems zur Erfassung und Vorverarbeitung von produktionsbezogenen Daten) (DIN 66201E T1, Apr. 1979) [PCC] / production data acquisition || ≗**dauer** *f* (Lebensdauer) [Hw] / service life || ≗**dienst** *m* [Serv] / field engineering service || ≗**einheitenzähler** *m* [TP] / operation unit counter || ≗**einsatz** *m* [Hw, Dp] / operational use
Betriebs-/Ersatz·fehlerregister *f* [ES] / working/standby error register || ≗**fixierregister (BEFR)** *n* [ES] / working/standby locking register || ≗**kippstufe (BEK)** *f* [ES] / working/standby flip-flop || ≗**kippstufenregister** *n* [ES] / working/standby register || ≗**melderegister** *n* [ES] / working/standby signaling register || ≗**rückmeldung** *f* [ES] / working/standby return signal || ≗**schalteeinrichtungen** *f pl* [ES] / working/standby changeover facilities || ≗**sperrsignal** *n* [ES] / working/standby inhibit signal || ≗**-Steuerregister (BESR)** *n* [ES] / working/standby control register || ≗**steuerung** *f* [ES] / working/standby control || ≗**vergleich** *m* [ES] / working/standby comparison || ≗**vergleicher** *m* [ES] /

working/standby comparator
betriebsfähig *adj* [Hw, ES] / operable, operable, serviceable, in working order
betriebsfremde Programmierung [Dp] / closed shop
Betriebs·frequenz *f* [Sc] / working frequency || **²führung** *f* (DIN 66201E T1, Apr. 1979) [PCC] / production management || **²führungsrechner (BFR)** *m* [PCC] / operating computer, operation control computer
Betriebsgeschwindigkeit *f* [TP] / operating speed || **²** (eines Systems) [Sc, Co] / operating rate
Betriebs·gesellschaft *f* (z.B. Bundespost) [Tr] / communications common carrier, communications carrier, operating company (US) || **²gruppenlaufzeit** *f* [ES] / group delay, group envelope delay
betriebsintern·es Netz [RDp] / private network || **~er Verbindungsweg** [RDp] / private circuit (within a company's premises)
Betriebskapazität *f* [Sc] / service capacitance
betriebsklar *adj* [Hw] / operable || [ES] / ready || **nicht** ~ [Hw] / inoperable, not operable
Betriebsklasse (s. Teilnehmerklasse) || **durch ² kennzeichnen** [ES] / class-mark
Betriebs·konfiguration *f* [Mp] / operating environment || **²kontroll-Lampe** *f* [Hw] / operate pilot lamp || **²konzentration** *f* [RDp, Tr] / concentration of the data traffic || **²kosten** *plt* [DpC] / operational cost || **²leistung** *f* [Hw] / operating performance, operating efficiency, efficiency of system operation || **²leitung** (s. Betriebsführung) || **²meldesignal** *n* [ES] / operate confirmation signal
Betriebsmittel *plt* (DIN 66200E T1, März 1974) [Dp] / resources || **freigegebene ²** [Sw] / deallocated resources || **²bedarf** *m* [Sw] / resource requirements || **²planung** *f* [Dp, OS] / resource scheduling || **²versorgung** *f* [Dp, OS] / resource management || **²verwaltung** *f* [Dp, OS] / resource management
Betriebsmittelzuweisung *f* [Dp, OS] / resource allocation || **dynamische ²** [Dp, Sw] / dynamic resource allocation
Betriebs·programm *n* [Sw] / operating program, running program || **²protokoll** *n* [PCC] / operational printout || **²prüfung** *f* [Dp] / dynamic check, dynamic test, operating test || **²raum** *m* [ES] / operating room, rack room, operating floor || **²rechner** *m* [PCC] / plant computer || **²register** *n* [ES] / operating-status register
betriebssicher *adj* [Hw, QC] / reliable
Betriebssicherheit *f* [Hw, QC] / reliability (i.e., the performance of a particular machine measured against some predetermined standard for operating without failure)
Betriebs·spannung *f* [Hw] / operating voltage, supply voltage || **²sperrsignal** *n* [ES] / operation inhibit signal || **²sprache** *f* (DIN 44300, März 1972) [OS] / control language, job control language (JCL), system control language, operat1ng language || **²statistik** *f* [DpC] / operations statistics || **²störung** *f* [Tr] / disruption of service, dislocation of service || **²strom** *m* [Hw] / operating current || **²stundenzähler** *m* [Hw] / operating hours meter || **²stundenzähler** [HSP, TP] / power-on time meter
Betriebssystem (BS) (DIN 44300, März 1972) *n* [Sw] / operating system (OS) || **² für Datenfernübertragung** [RDp] / communications operating system, communication operating system || **² für reelle Speicher (BSR)** [OS] / real memory operating system (RMOS) || **² für virtuelle Speicher (BSV)** [VS] / virtual memory operating system (VMOS) || **Band-² (BBS)** *n* [OS] / tape operating system (TOS) || **Disketten-²** *n* [MCS] / diskette operating system (designed to reduce the time required to assemble, edit, and execute programs) || **DOS/BATCH-²** *n* [OS] / DOS/BATCH operating system || **Platte-²** *n* (PBS) [MCS] / disk operating system (DOS) || **²residenz** *f* [OS] / operating system residence || **²stammband** *n* [OS] / operating system master tape || **~unabhängig** *adj* [OS] / stand-alone || **²unterstützung** *f* [OS] / operating system support
Betriebs·temperatur *f* [Hw, DpC] / operating temperature || **²temperaturbereich** *m* [Hw] / operating temperature range || **²überwachung** *f* [ES] / performance monitoring || **²unterbrechung** *f* [RDp] / service interruption || **²unterlagen** *plt* (Protokolle, Logbuch usw.) [Dist, DpC] / site management documentation || **²verfahren** *n* [PCC] / operating method, operational method || **²verhalten** *n* [Dp]

/operating performance || **≗verhältnisse** *plt*/operating conditions, operating environment || **≗widerstand** *m* [Sc, Co] / "on" resistance || **≗wissenschaft** *f*/ management science
Betriebszeit *f* [Dp] / operating time, uptime || [HSP, TP] / power-on time || **verfügbare ≗** [Dp] / uptime, serviceable time || **≗zähler** *m* [Hw] / running-time meter, operation-time counter
Betriebs·zustand *m* [Hw] / operating condition, operating state || **≗zustandsmeldung** *f* [Hw] / operating state signal, operating state notice, operating state message || **≗zuverlässigkeit** *f* [NC] / operational reliability, reliability, dependability
Betroffene *m* (im Sinne des BDSG) [Priv] / person concerned, subject, data subject
beugungs·begrenzt *adj* [Sc] / diffraction-limited || **≗gitter** *n* [HSP] / diffraction grating || **≗grenze** *f* [Sc] / diffraction limit
Bevorrechtigung *f* [Tr] / priority status
bewegen *v* [Sw] / move || **einen Beleg ~** [OCR] / to advance a document
Beweglichkeit *f* [Sc] / carrier mobility, charge carrier mobility
Bewegtbildkommunikation *f* [Tr] / broadband dialog
Bewegungs·datei *f* [Dp] / activity file, change file, transaction file || **≗daten** *plt* [Sw] / transaction data || **≗häufigkeit** *f* [Sw, IDS] / activity ratio, activity rate, rate of activity || **≗schleife** *f* (Kabel) [Hw] / slackness loop || **≗stufe** *f* [Sw] / activity level || **≗zählung** *f* [Sw] / activity count || **dimensionsgerechte ≗zeiten** [Th] / dimensional motion time (DMT)
Beweisprogramm *n* [Sw] / theorem-proving program
bewerten *v* / evaluate (hardware, performance, etc.) || / interpret (codes, information, instructions, etc.) || [Tr] / analyze (bits, information, messages, malfunctions, etc.)
Bewertungs·aufgabe *f* [Dp] / benchmark problem || **≗programm** *n* [DpC, Dp] / benchmark program || **≗tabelle** *f* [R&D] / evaluation worksheet
Bezeichner *m* [Algol] / designator || [Cobol] / identifier || [PL/1] / identifier || **Spezifikation des ≗bereichs** [PL/1] / range specification
Beziehung, analytische ≗ [Th] / analytical relation, analytical relationship
Bezirk, symbolischer ≗ [ES] / symbolic region
Bezirks·adresse *f* [ES] / memory region address || **≗adreßregister** *n* [ES] / memory region address register || **≗angabe** *f* [ES] / memory region indication || **≗sprung** *m* [ES] / memory region branch || **≗wechsel** *m* [ES] / memory region change
Bezugnahme *f* [Fortran] / reference || [PL/1] / reference || **≗ auf externe Adresse** [Sw] / external reference || **gegenseitige ≗** [Sw] / cross-reference || **mehrdeutige ≗** [Dp] / ambiguous reference || **nichtindizierte ≗** [PL/1] / unsubscripted reference || **unmittelbare ≗** [PL/1] / basic reference
Bezugsadresse *f* [Sw] / reference address || **unbefriedigte ≗** [Sw] / unsatisfied reference address
Bezugs·angabe *f* [PL/1] / refer option || **≗band** *n* (Magnetband mit bekannten Eigenschaften, zum Vergleich verschiedener Bänder bzw. zum Einstellen von Bandgeräten verwendet) (DIN 66010, Apr. 1973) [MT, NC] / reference tape, standard tape || **≗bereich** *m* [Th] / reference range || **≗daten** *plt* [Sw] / reference record || **≗erde** *f* [Hw] / reference ground || **≗frequenz** *f* [Sc, Tr] / reference frequency || **≗größe** *f* [Th] / reference quantity, reference value
Bezugskante *f* (DIN 66218, Jan. 1976) [PT] / reference edge || **≗** (DIN 66010, Apr. 1973) [MT] / reference edge || **≗** (DIN 66223 T2, Jan. 1978) [OCR] / document reference edge
Bezugs·kassette *f* (Kassette mit einem in bestimmten Eigenschaften festgelegten Magnetband zum Vergleich verschiedener Kassetten bzw. zum Einstellen von Kassettengeräten) (DIN 66211 T2, Mai 1976) [MT, QC] / reference tape cassette || **hypothetischer ≗kreis** [PCC, Th] / hypothetical reference circuit || **≗linie für den Zeichenabstand** [M, OCR] / character spacing reference line || **≗marke** *f* [Sw] / reference mark, benchmark
Bezugsmaße *n pl* [NC] / absolute measurements
Bezugsmaß·eingabe *f* [NC] / input of absolute measurements || **≗koordinaten** *f pl* [NC] / absolute coordinates || **≗programmierung** *f* [NC] / absolute programming || **≗steuerungssystem** *n* [NC] / absolute control system
Bezugs·nummer *f* [IDS] / reference

number || ~**potential** *n* [Cir] / reference potential
Bezugspunkt *m* [Sc] / reference point || **Schreibverfahren mit Rückkehr zum ~** [PE] / return-to-reference recording || **Schreibverfahren ohne Rückkehr zum ~** [PE] / non-return-to-reference recording || ~**verschiebung** *f* [NC] / zero shift, zero offset
Bezugs·rand *m* [OCR] / document reference edge || ~**register** *n* [CP] / index register, indexing register, modifier register || ~**spannung** *f* [PCC] / reference voltage, voltage reference
Bezugsspannungsquelle *f* [Cir] / reference supply || **Präzisions-~** *f* [PCC] / precision voltage reference
Bezugs·sprache *f* [Algol] / reference language || ~**temperatur** *f* [Sc] / reference temperature
Bezugsverzerrungs·melder *m* [Tr] / start-stop distortion indicator, start-stop monitor || ~**messer** *m* [Tr] / start-stop distortion meter
Bezugszahl *f* [RPG] / indicator || **~ „erste Seite"** [RPG] / first page indicator (1P) || **~ „Formularende"** [RPG] / overflow indicator, OF indicator || **~ „gleich"** (1 = 2) [RPG] / equal indicator || **~ „Gruppenstufe null"** [RPG] / level zero indicator (L0) || **~ „höher"** (1›2) [RPG] / high indicator || **~ „letzter Satz"** [RPG] / last record indicator (LR) || **allgemeine ~** [RPG] / standard indicator || **externe ~** [RPG] / external indicator
Bezugszustand, Aufzeichnung mit Rückkehr zum ~ [PE] / return-to-reference recording || **Aufzeichnung ohne Rückkehr zum ~** [PE] / non-return-to-reference recording
BFR (s. Betriebsführungsrechner)
Bibliothek *f* [DpC] / magnetic tape library, tape library || [Cobol] / library || **~ auf Band** [Sw] / tape library || **~ ausführbarer Programme** [Sw] / core image library || **~ der Programmabschnitte** [Sw] / program section library || **~ für Lademoduln** [Sw] / core image library || **~ für Objektmoduln** [Sw] / relocatable library, relocatable module library || **~ für verschiebliche Programme** [Sw] / relocatable library, relocatable module library || **Ändern der ~en** [Sw] / library update || **eine ~ verändern** [Sw] / to update a library || **Inhaltsverzeichnis einer ~** [Sw] / library directory || **permanente ~** [Sw] / permanent library || **temporäre ~** [Sw] / temporary library
Bibliotheks·abschnitt *m* [Sw] / library section || ~**änderung** *f* [ES] / library update routine || ~**ausgabe** *f* [ES] / library service routine || ~**band** *n* [Sw] / library tape || ~**bereich** *m* [Sw] / library area
Bibliothekselement *n* [Sw] / library element || ~**gruppe** *f* [Sw] / library element group
Bibliotheks·format *n* [Sw] / library format || ~**führungsprogramm** *n* [Sw] / librarian, librarian program, library maintenance program || ~**kennzeichen** *n* [Sw] / library identifier, library identification || ~**name** *m* [Cobol] / library name || ~**platte** *f* [Sw] / library disk || ~**programm** *n* [Sw] / library program || ~**schnelldrucker** *m* [HSP] / upper/lower case printer || ~**überlauf** *m* [Sw] / library overflow || ~**übersicht** *f* [OS] / system status information || ~**unterprogramm** *n* [OS] / library subroutine || ~**verwaltung** *f* [OS] / library maintenance, library updating, program library updating || ~**verwaltungsprogramm** *n* [Sw] / librarian, librarian program, library maintenance program
bidirektionaler Zähler [Meas] / bidirectional counter, forward/backward counter
Bigramm *n* [Th] / two-digit group
Bild *n* [Typ, OCR] / image || [Th] / mapping
Bilddarstellung *f* [HSP] / graphical representation, pictorial representation
Bildelement *n* [OCR, Fax] / picture element (pel) || [HSP] / graphics element, pictorial element
Bilden einer Warteschlange [OS] / queuing
Bild·feld *n* [Sc] / image field || ~**fenstereinsatz** *m* [Hw, Rep] / film gate || ~**fernschreiber** *m* [Fax] / facsimile teletype || ~**fernübertragung** *f* [Fax] / picture transmission
Bildfläche *f* [Sc] / image area || [TP] / scanning field
Bild·generator *m* [VDT, TP] / character generator || ~**kontrast** *m* [Sc] / image contrast || ~**kristallgleichrichter** *m* [Sc] / crystal video rectifier
bildlich dargestellt [PL/1] / pictured || **~ dargestellte Zahl** [PL/1] / pictured numeric || **~ dargestellte Zeichenfolge** [PL/1] / pictured character || **~e Darstellung** [HSP] / graphical representation, pictorial representation
Bild·linie *f* [COM, Typ, Rep] / picture line ||

≗**mitte** *f* [Sc] / image center || **VLP-≗platte** *f* (optischer Speicher, der sich zum Lesen der eingeprägten Information eines Lasers bedient) [M] / video long-play disk (VLP disk) || **VLP-≗plattenspieler** *m* [M] / VLP record player || ≗**punkt** *m* [HSP] / matrix dot, image dot

Bildpunktblende *f* (eines Senders) [Fax] / transmitter aperture || ≗ (eines Empfängers) [Fax] / photoreceiver aperture

Bild·qualität *f* [HSP] / picture quality, image quality || ≗**rohr** *n* (einer Lichtsetzanlage) [Typ, Rep] / cathode-ray tube (CRT) || ≗**röhre** *f* [Th, Tr, Meas] / picture tube || ≗**röhrenspeicher** *m* [M] / flying-spot storage || ≗**schärferegler** *m* [Rep] / focusing control

Bildschirm *m* [VDT] / screen, display screen || **auf dem ≗ erscheinen** [ASw, MAT] / (von Daten usw.) to be displayed on the screen || **einen Eintrag auf den ≗ rufen** [ASw, MAT] / to have an entry displayed on the screen || **interaktiver ≗** [RDp] / interactive video terminal || ≗**arbeitsplatz** *m* [VDT, Dp] / video station, video workstation || ≗**blättern** *n* [VDT, MAT] / page turning (i.e., the process by which the pages or full screens of data, displayed on a VDU, are successively replaced) || ≗**computer** *m* [Dp] / video computer || ≗**diagonale** *f* [VDT] / screen diagonal || ≗**einheit** *f* [VDT] / CRT display unit

Bildschirmgerät *n* [VDT] / video terminal, CRT display screen, CRT screen, visual display unit (VDU) || **Zugriffsmethode für ≗e** [Dp] / graphic access method

Bildschirm·programmierung *f* (Programmierung über Bildschirmterminals) [Sw] / VDT programming || **grafisches ≗system** [GrDp] / graphic CRT display system || ≗**terminal** *n* [VDT] / CRT display terminal, VDU terminal, visual display terminal (VDT) || ≗**text** *m* (Dienstleistung der Deutschen Bundespost, durch die es in den achtziger Jahren möglich sein wird, Informationen über das öffentliche Fernsprechnetz aus einer Datenbank abzurufen und auf dem häuslichen Fernsehschirm darzustellen) [Vtex] / "Bildschirmtext" (interactive videotex)

Bildschirmtextsystem *m* (allgemeine Bezeichnung für ein System, das es erlaubt, Bild- und Textinformationen aus einer Datenbank abzurufen und auf einem Bildschirm darzustellen; umfaßt somit Systeme, die sich der „Austastlücken" des Fernsehsignals oder physikalischer Leitungen bedienen) [Vtex] / videotex system (CCITT Rec.) || **dialogfähiges ≗** (Bildschirmtextsystem, bei dem die Informationen gezielt vom Benutzer aus der Datenbank abgerufen werden können) [Vtex] / interactive videotex system (CCITT Rec.), two-way videotex system, 2-way videotex system || **nicht dialogfähiges ≗** (Bildschirmtextsystem, bei dem der Benutzer aus einer größeren Anzahl von angebotenen Informationen die für ihn relevanten Daten selbst am Bildschirm auswählen muß) [Vtex] / broadcast videotex system (CCITT Rec.), one-way videotex system, 1-way videotex system

Bildschirmzeitung *f* (Bezeichnung für nicht dialogfähiges Bildschirmtextsystem bundesdeutscher Zeitungsverleger) [Vtex] / broadcast videotex system, one-way videotex system, 1-way videotex system

Bildschreibgerät, Laser-≗ *n* [GrDp] / graphic laser terminal

Bild·schwarz *n* [Fax] / picture black (i.e., the signal level corresponding to the darkest part of the material to be transmitted) || ≗**sichtgerät** *n* [VDT] / video terminal, CRT display screen, CRT screen, visual display unit (VDU) || ≗**signal** *n* [Tr] / video signal

Bildspeicher *m* [M] / mapped memory || [HSP] / matrix memory (MXM) || ≗ (Speichermedium, auf dem bildhafte Darstellungen grafisch, fotografisch oder magnetisch aufgezeichnet sind) [DOK] / visual storage (including photographic storage, video storage media, etc.) || ≗**adresse** *f* [HSP] / matrix memory address || ≗**ausgang** *m* [HSP] / matrix memory output

Bild·telegrafie *f* [TP] / phototelegraphy || ≗**telegramm** *n* [TP] / phototelegram || ≗**trägerfrequenz** *f* [Fax] / picture tone

Bildwechselfrequenz *f* [COM, Rep] / frame frequency || [VDT] / refresh rate

Bild·weiß *n* [Fax] / picture white (i.e., the picture level corresponding to the lightest part of the material to be transmitted) || ≗**wiedergabe** *f* [HSP] / pictorial reproduction

Bildwiederhol·puffer *m* [MCS, VDT] /

refresh buffer (of CRT, etc.) || ²speicher *m* [MCS, VDT] / refresh memory, refresh storage

Bild·zeile *f* [Fax] / scanning line || **²zerleger** *m* [OCR] / image dissector

binär *adj* (DIN 44300, März 1972) [Th] / binary || **~e Anzeige** [Hw, IO] / binary display || **~e Arithmetik** [Th] / binary arithmetic || **~e arithmetische Operation** [Th, SA] / binary arithmetic operation, dyadic operation || **~e Ausgabe** [IO] / binary output || **~er Code** [Th] / binary code || **~ codiert** [Th] / binary-coded || **~ codierte Adresse** [Sw] / binary-coded address || **~ codierte Dezimaldarstellung** [Th] / binary-coded decimal representation, binary-coded decimal notation || **~ codierte Dezimalziffer** [Th] / binary-coded decimal digit, binary-coded decimal (BCD) || **~ codierter Dezimalzähler** [Cir] / binary-coded decade counter || **~ codiertes Dezimalsystem** [Th] / binary-coded decimal system || **~ codiertes Zahlensystem** [Th] / binary-coded number system || **~ codiertes Zeichen** [Th] / binary-coded character || **~er Direktwert** [PL, ES] / binary self-defining term || **~es Element** [Th, M] / binary cell || **~es Elementarglied** (elektrotechnische Realisierung einer booleschen Verknüpfung in Form einer Schaltung) [Cir] / logic element, logical element, logic component, gate (circuit designed to simulate a Boolean operation) || **~er Fehlererkennungscode** (DIN 44300, März 1972) [DS, Th] / binary error-detecting code || **~er Fehlerkorrekturcode** (DIN 44300, März 1972) [DS, Th] / binary error-correcting code || **~e Frequenzmodulation** [Tr] / binary frequency modulation || **~er Halbaddierer** [Cir, ALU] / binary half adder || **~e inkrementale Darstellung** [Th] / binary incremental representation || **~e Kette** [ALU] / binary chain || **~es Komma** [Th] / binary point || **~es Komplement** [Th, OS] / complement on two, two's complement || **~er Lesemodus** [PC] / binary read mode || **~er Logarithmus** [Th] / logarithm to the base of 2 || **~e Operation** [Th, SA] / binary arithmetic operation, dyadic operation || **~e Prüfziffer** [DS] / check bit || **~er Punkt** [Th] / binary point || **~e Schaltvariable** [Cir] / binary variable || **~es Schieberegister** [ALU] / binary shift register || **~e Schreibweise** [Th] / binary notation || **~er selbstdefinierender Wert** [PL, ES] / binary self-defining term || **~es Speicherelement** [Th, M] / binary cell || **~e Speicherzelle** [Th, M] / binary cell || **~er Stellenwert** [Th] / binary weight || **~e Stellenwerttabelle** [Th] / binary weight table || **~e Steuerung** (DIN 19237V, Feb. 1977) [PCC, AC] / binary control || **~es Suchen** (s. dichotomische Suche) || **~e Variable** [Th] / binary variable, two-valued variable || **~es Verschieben** [CP] / logic shift, logical shift || **~ verschlüsselt** [Th] / binary-coded || **~ verschlüsselte Dezimalziffer** [Th] / binary-coded decimal digit, binary-coded decimal (BCD) || **~ verschlüsseltes Dezimalsystem** [Th] / binary-coded decimal system || **~ verschlüsseltes Zeichen** [Th] / binary-coded character || **~e Verschlüsselung** [Th] / binary code || **~e Verzögerungsschaltung** [Cir] / binary delay circuit || **~e Zahl** [Th] / binary number || **~er Zahlenbereich** [Th] / binary scale, scale-of-two range || **~e Zahlendarstellung** [Th] / binary notation || **~es Zeichen** [Th] / binary character || **mit ~en Nullen auffüllen** [Sw] / to fill with binary zeros || **²addierer** *m* [ALU] / binary adder || **²anzeige** *f* [Hw, IO] / binary display

Binärausgabe *f* [IO] / binary output || **²zusatz** *m* [PC] / column-binary write feature

Binärcode *m* (DIN 44300, März 1972) [Th] / binary code || **² für Dezimalziffern** (DIN 44300, März 1972) [Th, OCR] / binary-coded decimal code, BCD code || **reflektierter ²** [Th] / reflected binary code || **reiner ²** [Th] / pure binary code || **vollständiger ²** [Th] / dense binary code

Binärdarstellung *f* [Th] / binary notation || **dezimale ²** [Th] / binary-coded decimal representation, binary-coded decimal notation || **reine ²** [Th] / pure binary notation

Binär·daten *plt* [Sw] / binary-coded data || **²-Dekoder** *m* [Mp] / binary decoder

Binär-Dekoder, 1-aus-8-² *m* [Mp] / one-out-of-eight binary decoder

binär-dezimal *adj* [Th] / binary-to-decimal

Binär-Dezimal·-Code *m* [Th, OCR] / binary-coded decimal code, BCD code || **²umsetzer** *m* [Th, Tr] / binary-to-decimal converter || **²umsetzung** *f* [Th,

Tr] / binary-to-decimal conversion || ≗umwandlung *f* [Th, Tr] / binary-to-decimal conversion || ≗wandler *m* [Th, Tr] / binary-to-decimal converter
Binärelement *n* [Th, M] / binary cell
binärgesetzte Dezimalschreibweise [Th] / binary-coded decimal representation, binary-coded decimal notation
Binärinverter *m* [Cir] / binary inverter
Binärkanal *m* (DIN 44301, Feb. 1977) [Th] / binary channel || **symmetrischer** ≗ (DIN 44301, Feb. 1977) [Th] / binary symmetric channel || **unsymmetrischer** ≗ (DIN 44301, Feb. 1977) [Th] / binary unsymmetric channel
Binär·karte *f* [PC] / binary card || ≗**komma** *n* [Th] / binary point
Binärlese·modus *m* [PC] / binary read mode || ≗**zusatz** *m* [PC] / column-binary read feature
Binär·lochkarte *f* [PC] / row-binary card || ≗**muster** *n* [Th] / bit pattern || ≗**operation** *f* [Th, SA] / binary arithmetic operation, dyadic operation || ≗**operator** *m* [Th] / binary operator || ≗**punkt** *m* [Th] / binary point || ≗**schachtelung** *f* [Th] / binary search || ≗**signal** *n* (Zweipunktsignal) (DIN 44300, März 1972) [Th] / binary signal || ≗**spalte** *f* [PC] / binary column || ≗**speicherelement** *n* [Hw] / two-state device
Binärstanzen *n* [PC] / row-binary punching || **spaltenweises** ≗ [PC] / column-binary mode
Binär·stanzzusatz *m* [PC] / column-binary punch feature || **äquivalente** ≗**stellen** [Th] / equivalent binary digits || ≗**system** *n* [Th] / binary system, binary number system, binary scale, scale-of-two binary notation || ≗**übertragung** *f* [Dp] / binary transfer || ≗**verschlüsselung** *f* [Th] / binary code || ≗**wort** *n* (DIN 44300, März 1972) [Th] / binary word || ≗**zahl** *f* [Th] / binary number || ≗**zähler** *m* [Mp] / binary counter
Binärzeichen *n* [Th] / binary character || [PL/1] / bit || ≗ (DIN 44300, März 1972) [Th] / binary element, binary digit || **äquivalente** ≗ [Th] / equivalent binary digits || ≗**-Funktion** *f* [PL/1] / bit (builtin) function
Binär·zeile *f* [PC] / binary row || ≗**zelle** *f* [Th, M] / binary cell
Binärziffer *f* [Th] / binary digit, bit || **äquivalente** ≗**n** [Th] / equivalent binary digits

Binde·glied *n* [RDp, Tr] / link || ≗**lader** *m* (Ladeprogramm zum Zusammenfügen mehrerer unabhängig voneinander erstellter Programmteile zu einem Gesamtprogramm) [Mp] / linking loader || ≗**lauf** *m* [OS] / linkage editor run, linkage run
binden *v* (übersetzte, aber noch nicht ablauffähige Programme in einem Binderlauf zu einem Lademodul verknüpfen) [Sw] / link, link-edit || **zu einer Phase** ~ [Sw] / to link to a phase
Binder *m* [OS] / linkage editor (LNKEDT) || ≗**lauf** *m* [OS] / linkage editor run, linkage run || ≗**protokoll** *n* [Sw] / linkage editor listing, linkage editor map || ≗**steuerkarte** *f* [Sw, OS] / linkage editor parameter card, linkage editor control card
Bindestrich *m* [Cobol] / hyphen
Binomialverteilung *f* [Th] / binomial distribution
binomisch *adj* [Th] / binomial || ~**er Lehrsatz** [Th] / binomial theorem
Bionik *f* [Cy] / bionics
Biophysik *f* [Cy] / biophysics
bipolar *adj* [Th, Cir] / bipolar || ~**er Feldeffekttransistor** [Sc, Co] / bipolar field-effect transistor (BIFET) || ~**e Schottky-Technologie** [Sc] / bipolar Schottky logic || ~**er Transistor** [Sc] / bipolar transistor || ~**er Transistor in Verbindung mit Schottky-Dioden** [Mp] / Schottky barrier diode clamped transistor
biquadratische Gleichung [Th] / biquadratic equation, quartic equation
biquinär *adj* [Th] / biquinary || ~ **verschlüsselte Dezimalzahl** [Th] / biquinary-coded decimal number || ~**e Zahl** [Th] / biquinary number || ≗**code** *m* [Th] / biquinary code || ≗**schreibweise** *f* [Th, Tr] / biquinary notation || ≗**system** *n* [Th] / biquinary system
bisektionelles Suchen (s. dichotomische Suche)
bistabil *adj* [Cir] / bistable || ~**es Element** [Cir] / bistable element || ~**es Kippglied** [Cir] / bistable circuit, flip-flop circuit || ~**er Magnetkern** [Cir] / bistable magnetic core || ~**er Multivibrator** [Cir] / bistable multivibrator, one-shot multivibrator, single-shot multivibrator || ~**er Speicher** [M] / bistable storage || ~**e Steuerung** [Cir] / bistable control || ~**er Verstärker** [Sc] / bistable amplifier
Bisubjunktion *f* [SA] / equivalence
Biswitch *m* [Sc] / biswitch

bit (s. Bit)
Bit (bit) (Einheit für die Anzahl der Binärentscheidungen) *n* [Th] / shannon (Sh), bit || ≗ (Kurzform für „Binärzeichen") (DIN 44300, März 1972) [M, Tr] / bit, binary digit || **höchstwertiges** ≗ [Th] / highest-order bit, most significant bit, highest-order digit || **höherwertiges** ≗ [Th] / high-order bit, high-order digit || **niederwertiges** ≗ [Th] / low-order bit, low-order digit || **niedrigstwertiges** ≗ [Th] / lowest-order bit, least significant bit, lowest-order digit || **werthöchstes** ≗ [Th] / highest-order bit, most significant bit, highest-order digit || **werthöheres** ≗ [Th] / high-order bit, high-order digit || **wertniedrigstes** ≗ [Th] / lowest-order bit, least significant bit, lowest-order digit || ≗**adresse** *f* [M, Sw] / bit location, bit position || ≗**anzeigelampe** *f* [Hw] / bit display lamp || ≗**ausblendung** *f* [ES] / bit suppression || ≗**bündelübertragung** *f* (DIN 44302, Apr. 1979) [Tr] / burst transmission || ≗**dichte** *f* (DIN 66010, Apr. 1973) [MT] / bit density || ≗**ebene** *f* [M] / digit plane (i.e., the plane in a multidimensional magnetic core array containing elements for a particular digit position) || ≗**einfügung** *f* [Tr] / bit insertion
Biternär-Code *m* [Th] / biternary code
Bitfehler *m* [Tr] / bit error || ≗**wahrscheinlichkeit** *f* [Tr] / bit error probability
Bitfluß *m* [Tr] / bit stream
Bitfolge *f* [Tr] / bit sequence, bit string || ≗**transparenz** *f* [ES] / bit sequence independence || ≗**unabhängigkeit** *f* [ES] / bit sequence independence
Bit·frequenz *f* [Tr] / bit frequency || ≗**geschwindigkeit** *f* [Tr] / bit rate || ≗**größe** *f* [Th] / bit size
Bitgruppen·format *n* [Tr] / bit group format || ≗**synchronismus** *m* [Tr] / bit group synchronism || ~**weise** *adj* [Tr] / on a bit group basis, bit group by bit group
Bit·identifizierung *f* [M] / bit identification || ≗**kette** *f* [Sw] / bit string || ≗**kettendaten** *plt* [Sw] / bit-string data || ≗**mittenabtastung** *f* [ES] / center-of-bit sampling || ≗**muster** *n* [Th] / bit pattern
bitorganisierter Speicher [M] / bit-organized memory
bitparallel *adj* [ES, Tr] / bit-parallel, parallel by bit || ~**e zeichenweise Übertragung** [Tr] / bit-parallel character-serial transmission
Bit·position *f* [M, Sw] / bit location, bit position || ≗**prüfung** *f* [DS] / bit check || ≗**puffer** *m* [Dp] / bit buffer || ≗**rate** *f* [Tr] / bit rate
Bits pro Sekunde (Bits/s) [Tr] / bits per second (bps) || ≗ **pro Zoll (Bits/Zoll)** [MT] / bits per inch (bpi)
Bitschlupf *m* [ES] / bit slip
bitseriell *adj* [Tr] / bit-serial, serial by bit || **in ~e Form bringen** [Tr] / serialize || **Schnittstelle für ~e Datenübertragung** [Tr] / serial line interface
Bits/s (s. Bits pro Sekunde)
Bitstelle *f* [M, Sw] / bit location, bit position || **höchste** ≗ [Th] / high-order bit position, most significant bit position || **niedrigste** ≗ [Th] / low-order bit position
Bit·strom *m* [Tr] / bit stream || ≗**synchronisation** *f* [Tr] / element synchronization, bit synchronization
Bits/Zoll (s. Bits pro Zoll)
Bittakt *m* [ES, Tr] / bit timing || ≗**steuerung** *f* [ES, Tr] / bit timing control
Bit·verfälschung *f* [Tr] / bit falsification || ≗**versatz** *m* (tatsächlicher bzw. scheinbarer örtlicher Abstand zweier Spurelemente einer Bandsprosse) (DIN 66010, Apr. 1973) [MT] / skew || **dynamischer** ≗**versatz** [MT] / dynamic skew
bitverschachteln *v* [Tr] / bit-interleave
bitverschachtelt *adj* [MCS, Tr] / bit-inverleaved (data, etc.) || ~**er Multiplexer** [MCS, Tr] / bit-interleaved multiplexer
bitweise *adj* [Tr] / bit-by-bit
Bitzuweisung *f* [Dp] / bit allocation
bivalent·er Kabelcode [TP] / two-condition cable code || ~**er Telegrafencode** [TP] / two-condition telegraph code
B-Komplement *n* [Th] / radix complement, noughts complement, true complement
blank *adj* [PT, PC] / blank
Blank *n* [Sw] / blank character
Blankdrahtbrücke *f* [Hw] / bare wire strap
Bläschenspeicher *m* [M] / bubble memory, magnetic bubble memory
Blase, magnetische ≗ [M, Sc] / magnetic bubble
Blasen·chip *n* [M] / bubble chip || ≗**generator** *m* [M] / bubble generator
Blasenspeicher *m* [M] / bubble memory, magnetic bubble memory || ≗**technik** *f*

[M] / bubble technology
Blatt·abmessung *f* [HSP] / sheet dimension || **≗anleger** *m* [HSP] / separator-sheet feeder || **≗beleg** *m* [OCR] / page document || **≗breite** *f* [HSP] / sheet width || **≗datei** *f* [Th] / page file || **≗druck** *m* [TP, ES] / page printing || **≗drucker** *m* [RDp, Tr] / page printer || **≗ende** *n* [HSP] / bottom edge of sheet
blättern, im Wörterbuch ~ [MAT] / to leaf through the dictionary, to page through the dictionary || **rückwärts ~** (Text auf Bildschirm) [VDT] / page down || **vorwärts ~** (Text auf Bildschirm) [VDT] / page up || *n* [VDT, MAT] / page turning (i.e., the process by which the pages or full screens of data, displayed on a VDU, are successively replaced)
Blattfalzperforation *f* [HSP] / sheet fold perforation
Blattfernschreiber *m* [TP] / page teleprinter, page printer, page copy teleprinter || [IO, CTW] / operator's console, console typewriter
Blattgröße *f* [HSP] / sheet size
Blatthöhe *f* [HSP] / sheet length || **gefaltete ≗** [HSP] / fold spacing
Blatthöhen·einstellung *f* [HSP] / sheet length adjustment || **≗marke** *f* [HSP] / sheet length pointer
Blatt·kennung *f* [IO] / sheet label || **≗kopie** *f* [TP, ES] / local copy (of message, etc.), teleprinter copy, page monitoring copy, printed page copy || **≗leser** *m* [OCR] / page reader
Blattperforation *f* [HSP] / sheet perforation || **gefaltete ≗** [HSP] / fold perforation, folding perforation || **nicht gefaltete ≗** [HSP] / nonfolding perforation
Blattschreiber *m* [TP] / page teleprinter, page printer, page copy teleprinter || [IO, CTW] / operator's console, console typewriter || **Antwort über ≗** [CTW] / console typewriter response || **rechnertechnischer ≗** [ES] / computer-oriented console typewriter || **über ≗ eingeben** [CTW] / type in, keyboard, key in || **vermittlungstechnischer ≗** [CTW] / switching-oriented console typewriter || **≗aufruf** *m* [CTW] / console typein, typein, operator typein, CTW call, CTW request || **≗aufzeichnung** *f* [CTW] / console record || **≗ausdruck** *m* [TP] / hard copy printout || **≗-Ein-Ausgabeformat** *n* [ES] / typewriter I/O format || **≗eingabe** *f* [CTW] / console input || **≗fehlerausdruck** *m* [TP] / hard copy error printout || **≗glocke** *f* [CTW] / bell || **≗meldung** *f* [CTW] / console typeout, typeout, operator typeout, CTW message, console message || **≗meldungen des Ablaufteils zwischenspeichern (CONSBUF)** [OS, Aufruf] / Console buffer (CONSBUF) || **≗papierrolle** *f* [TP] / roll of page teleprinter copy || **≗protokoll** *n* [CTW] / console listing, console typewriter listing, typewriter listing, console log || **≗puffer** *m* (Eingabe) [Sw] / console input area || **≗routine** *f* [Sw] / console routine || **≗steuerung** *f* [CTW] / console controller || **≗-Unterbrechungsroutine** *f* [Sw] / console interrupt routine
Blatt-Streifenleser *m* [IO] / document/ tape reader
Blattwechsel *m* [HSP] / printer overflow, page overflow || **automatischer ≗** [HSP] / automatic skipping, printer skipping
Blattzähler *m* [HSP] / sheet counter
bleibender Fehler [Dp, AC] / permanent fault, sustained fault
Bleisatz *m* / lead typesetting, lead composition || **≗ausgabe** *f* / lead typesetting output || **TTS-≗maschine** *f* / TTS lead-casting machine, TTS lead-typesetting machine || **≗programm** *n* [Sw] / lead composition program
Bleistiftmarkierung *f* (d.h., auf Markierungsbelegen bzw. Strichkarten mit einem Bleistift angebrachte Markierungen, in der Regel Striche, die entweder optisch oder elektrisch gelesen werden können) [IO, OCR] / pencil mark, mark
Blende *f* (Typenscheibe) [TP] / cover ring
Blendenöffnung *f* (Typenscheibe) [TP] / cover ring aperture
blendfrei *adj* [Hw] / nonglare, nonglaring, preventing reflection from room light to reach the operator's eyes || **~er Kunststoff** [Hw] / nonglare plastic
Blend·schiene *f* [ES] / guard bar || **≗schutz** *m* [Hw] / hood, (plastic, etc.) visor
Blickkontrolle (s. Sichtprüfung)
Blind-... [Sw] / dummy, quasi || **≗anweisung** *f* [Sw] / dummy statement, null statement || **≗befehl** *m* [Sw] / dummy instruction || **≗belegung** *f* [ES] / false seizure || **≗daten** *plt* [Sw] / dummy data || **≗diode** *f* [Sc, Co] / freewheeling diode || **≗einschub** *m* [Co] / dummy module || **≗farbe** *f* [OCR] / dropout color || **≗platte** *f* [Hw] / dummy plate || **≗schreibbetrieb** *m* [TP] / no-home record mode
blindsetzen *v* [Typ] / to set blank || **einen**

Text ~ [Typ] / to typeset a text in blank
Blind·sicherung *f* [Hw] / dummy fuse || **≗stecker** *m* [Hw] / dummy plug || **≗tastatur** *f* [IO, Typ] / blind keyboard (input keyboard which usually produces a paper tape, but which provides the keyboard operator with no visual character representation, such as hard copy or soft copy display) || **≗zeichen** *n* [ES] / dummy character
Blinkanzeige *f* [HSP] / flashing indicator
blinkendes Symbol (Schreibmarke) [VDT] / flashing symbol
Blinkfrequenz *f* [Tr] / flash frequency
Blinktakt *m* [ES] / flashing pulse || **≗einstellschalter** *m* [ES] / flashing rate adjustment switch
Blitz·schutzsicherung *f* [Hw] / lightning protection || **≗überspannung** *f* [DS] / lightning surge
Block *m* [Sw] / block, data block, physical record || [Algol] / block || [Cobol] / block || [PL/1] / block || **≗ im Hauptsatzbereich** [Sw] / master file block || **≗ mit Schlüsselfeld** [Sw] / keyed record || **≗ ohne Schlüsselfeld** [Sw] / nonkeyed record || **nicht markierter ≗** [Algol] / unlabeled block || **um einen ≗ rücksetzen** [MT, Sw] / to backspace one block || **um einen ≗ vorsetzen** [Sw] / to unwind one block || **verkürzter ≗** [Sw] / short block || **≗abbruch** *m* (Anweisung, einen teilweise übertragenen DÜ-Block nicht auszuwerten) (DIN 44302, Apr. 1979) [Tr] / block abort || **≗adresse** *f* [Sw] / block address || **≗anfang** *m* [Sw] / start of block (SOB)
Blockanfangs·adresse *f* [PE, OS, ES] / block start address || **≗marke** *f* [PE, ES] / address marker
Block·ansteuerung *f* [PE, OS] / block selection || **≗auswahl** *f* [PE, OS] / block selection || **≗befehl** *m* [ES] / block command || **≗beginn** *m* [Sw] / start of block (SOB) || **≗diagramm** *n* [Dp, Sw] / block diagram, block schematic diagram || **≗drucker** *m* [RDp, Tr] / block printer
blocken *v* [Sw, Tr] / block || **neu** ~ [Sw] / reblock || **Programme** ~ [Sw] / to stack programs || *n* [Sw, Tr] / blocking (of data, etc.) || **≗ von Sätzen** [Sw] / record blocking
Blockende *n* [Sw] / end of block (EOB) || **≗fehler** *m* [Tr] / end-of-block error || **≗sicherungszeichen** *n* [MCS, MD, Tr] / cyclic-redundancy-check character (CRCC), cyclical redundancy check character || **≗zeichen** *n* [Tr] / end-of-block signal
blockextern *adj* [PL/1] / external
Block·faktor *m* [Sw] / blocking factor, block factor || **≗fehlerquote** *f* [Tr] / block error rate
Blockfolge·fehler *m* [PE, OS] / block sequence error || **≗kontrolle** *f* [PE, OS] / block sequence check || **≗prüfung** *f* [PE, OS] / block sequence check
Blockformat *n* [PE, Sw, OS] / block format || **variables ≗** [Sw] / variable block format
blockieren *v* [Tr] / block (transmission line, etc.)
Blockier·impuls *m* [M] / inhibit pulse || **≗schaltung** *f* [Sc] / clamping circuit || **≗signal** *n* [PC] / inhibiting signal, disabling signal || **≗spannung** *f* [Sc] / blocking voltage
Blockierung, innere ≗ [ES] / internal blocking
Blockierungsfaktor *m* [Sw] / blocking factor, block factor
blockierungsfrei *adj* [ES] / nonblocking || **~es Koppelfeld** [ES] / nonblocking switching matrix
Blockierungssteuerung *f* [ES] / blocking control
blockintern *adj* [PL/1] / internal
Block·kopf *m* [Algol] / block head || **≗laden** *n* [OS] / block loading
Blocklänge *f* [Th, Sw] / block length, block size || **Format mit fester ≗** [Sw] / fixed block format || **variable ≗** [RDp] / variable block length
Blocklängen·feld *n* [PE, OS] / block length field || **≗klausel** *f* [Cobol] / block contains clause || **≗rest** *m* [Sw] / remaining character count
Block·leser *m* [NC] / block reader || **≗löscher** *m* [MT] / bulk erase head || **≗löschkopf** *m* [MT] / bulk erase head
Blocklücke *f* [MT] / interblock gap, block gap, gap || **verlängerte ≗** [MD, ES] / extended gap
Blocklückenzeit *f* [PE] / gap time
Block·marke *f* [PE] / block mark || **≗markierer** *m* [PE] / block marker || **≗markierspur** *f* [PE] / block marker track || **≗multiplexbetrieb** *m* [RDp, Tr] / block multiplex mode
Blockmultiplexkanal *m* [RDp, Tr] / block multiplex channel, block multiplexer channel || **≗erweiterung** *f* [RDp, Tr] / block multiplex channel extension
Block·nummer *f* [OS] / block number || **≗nummernsatz** *m* [OS] / block number record || **≗parität** *f* [DS, Tr] / longitudinal

parity, horizontal parity
Blockparitäts·fehler *m* [RDp, Tr] / horizontal parity error || **≗prüfung** (s. Blockprüfung) || **≗sicherung** *f* [RDp, Tr] / horizontal parity protection || **≗zeichen** *n* [DS, Tr] / block check character (BCC), longitudinal redundancy check character, LRC character
Blockparity·erzeugung *f* [DS] / horizontal parity generation || **≗kontrolle** (s. Blockprüfung) || **≗zähler** *m* [DS] / horizontal parity counter
Blockprüfung *f* (DIN 44302, Apr. 1979) [DS, Tr] / longitudinal redundancy check (LRC), block check || **zyklische ≗** (DIN 44302, Apr. 1979) [DS] / cyclic redundancy check (CRC)
Blockprüfzeichen *n* (DIN 44302, Apr. 1979) [DS, Tr] / block check character (BCC), longitudinal redundancy check character, LRC character || **≗folge** *f* (DIN 44302, Apr. 1979) [Tr] / block check sequence, frame check sequence
Block·register *n* [CU, ES] / block register || **≗schachtelung** *f* [Sw] / block nesting
Blockschalt·bild *n* [Dp, Sw] / block diagram, block schematic diagram || **≗plan** *m* [Dp, Sw] / block diagram, block schematic diagram
Blocksicherung, zyklische ≗ [DS] / cyclic redundancy check (CRC)
Blocksicherungs·fehler *m* [RDp, Tr] / horizontal parity error || **≗information** *f* [DS, Tr] / block protection information || **≗verfahren** *n* [DS, Tr] / block protection method || **≗zeichen** *n* [DS, Tr] / block check character (BCC), longitudinal redundancy check character, LRC character
Block·sortierung *f* [OS] / block sort || **≗sperre** *f* [Sw] / block lockout || **≗stellenfeld** *n* [PE, OS] / block length field || **≗steuerung** *f* [PCC] / block control || **≗struktur** *f* [PE, OS] / block structure || **≗synchronismus** *m* [ES] / block synchronism || **≗tiefe** *f* [Sw] / block depth || **≗transfer** *m* [M, Tr] / block transfer || **≗übertragung** *f* [M, Tr] / block transfer || **≗übertragungsendezeichen** *n* [Dp] / end-of-transmission block character (ETB character)
Blockungsfaktor *m* [Sw] / blocking factor, block factor
Block·ungültigkeitszeichen *n* [Tr] / block cancel character || **≗verkürzung** *f* [OS] / block truncation, block size reduction || **≗verlust** *m* [Tr] / block loss || **≗vorspann** *m* [Dp] / block prologue
blockweise arbeiten [Tr] / block-by-block operation || **~ Korrektur** [DS, Tr] / block correction || **~ Übertragung** [M, Tr] / block transfer || **~r Seitenwechsel** [VS] / segmental paging || **~s Sortieren** [OS] / block sort
Block·zähler *m* [Sw] / block counter || **≗zählung** *f* [Sw] / block count || **≗zwischenraum** *m* (Zwischenraum zwischen zwei Bandblöcken) (DIN 66010, Apr. 1973) [MT] / interblock gap, block gap, gap
Bloßstellung *f* (kryptografisch) [Cryp] / cryptographic compromise
B-minus-1-Komplement *n* [Th] / radix-minus-one complement
BNR-Diode *f* [Sc] / bonded negative resistance diode
Bocksprungtest *m* [Sw] / leapfrog test
Boden, doppelter ≗ [DpC] / false floor, raised floor || **≗belastung** *f* [Hw, DpC] / floor loading (imposed by equipment) || **≗blech** *n* [HSP] / bottom plate
Bodenfläche *f* [Hw] / floor space || **Tragfähigkeit der ≗** [DpC, Serv] / safe floor load
Boden·gestell *n* [Hw] / floor rack || **≗teil** *m* [Hw] / bottom plate || **≗tragfähigkeit** *f* [DpC, Serv] / safe floor load
Boltzmannsche Konstante [Sc] / Boltzmann's constant
Boole-Operator *m* [SA] / Boolean connective, logical operator, logical connective, Boolean operator
boolesch *adj* [Fortran] / logical || ~ (DIN 44300, März 1972) [SA] / Boolean || **~e Algebra** [Th, SA] / Boolean algebra, Boolean logic || **~er Ausdruck** [Algol] / Boolean expression || **~er Ausdruck** [Fortran] / logical expression || **~e Aussage** [SA] / Boolean expression || **~er Befehl** [Sw] / logic instruction, logical instruction || **~er Elementarausdruck** [Fortran] / logical element || **~er Faktor** [Algol] / Boolean factor || **~er Faktor** [Fortran] / logical factor || **~es Format** [Algol] / Boolean format || **~e Funktion** [SA] / Boolean function || **~e Funktion** [PL/1] / bool (builtin) function || **~e Komplementierung** [SA] / NOT operation, Boolean complementation || **~e Logik** [SA] / Boolean logic || **~e Multiplikation** [SA] / logic multiplication, logical multiplication || **~e Operation** [Th, SA] / Boolean operation || **~es Operationssymbol** [SA] / Boolean connective, logical operator, logical connective, Boolean operator ||

~er Operator [Algol] / logical operator, Boolean operator || **~er Operator** [Fortran] / logical operator || **~er Operator** [Cobol] / logical operator, logical connective, logical connector || **~er Primärausdruck** [Algol] / Boolean primary || **~er Primärausdruck** [Fortran] / logical primary || **~e Rechnung** [SA] / Boolean calculus (Boolean algebra modified to include the element of time) || **~er Sekundärausdruck** [Algol] / Boolean secondary || **~e Suchfrage** (Suchfrage, bei der die einzelnen Elemente durch Operatoren der booleschen Algebra verknüpft sind) [IDS] / Boolean query || **~es Symbol** [SA] / logic symbol, logical symbol || **~er Teil** [Algol] / Boolean part || **~er Term** [Algol] / Boolean term || **~er Term** [Fortran] / logical term || **~e Variable** [Algol] / Boolean variable || **~e Verknüpfung** [Th, SA] / Boolean operation || **~e Verknüpfungstafel** [SA] / Boolean operation table, truth table (showing each variable and the logical relationship between them) || **~e Wennanweisung** [Fortran] / logical IF statement || **~er Wert** [Algol] / logical value || **~er Wert** [Cobol] / logical value || **~e Zuweisungsanweisung** [Fortran] / logical assignment statement || **dyadische ~e Verknüpfung** [Th, SA] / dyadic Boolean operation, binary Boolean operation

Booster-Diode *f* [Sc] / booster diode

Bord·computer (s. Bordrechner) || **≗rechner** *m* (Rechner, der bestimmte Steuer- und Leitfunktionen an Bord eines Fahrzeugs erfüllt) [MCS, Dp, AC] / vehicle-borne computer (e.g., airborne computer, seaborne computer, satellite computer, etc.) || **~seitiger Rechner** (s. Bordrechner)

Borgen *n* (bei der Subtraktion) [ALU] / borrow

Börsensystem *n* (zur Übermittlung von Börsennachrichten) [RDp] / brokerage system

BPBS (s. Band-Platte-Betriebssystem)

Breitband *n* [PT] / wide punched tape || **≗datenübertragung** *f* [Tr] / wideband data transmission, broadband data transmission || **≗kanal** *m* [Tr] / wideband channel || **≗leitung** *f* [Tr] / wideband line || **≗übertragungsweg** *m* [Tr] / wideband transmission path, broadband transmission path

Breite, beschnittene ≗ [HSP] / trimmed width

Breit-Lochstreifen *m* [PT] / wide punched tape

Brems·bereich *m* [TP] / deceleration range || **≗kontakt** *m* [Hw] / deceleration contact || **≗programm** *n* [TP] / deceleration program

Brettschaltung *f* [Hw, Th, Cir] / breadboard circuit, breadboard

Brief, vorformulierter ≗ (im Gegensatz zum individuell formulierten Brief) [TES] / boilerplate letter || **≗datei** *f* [TES] / correspondence file

Briggsscher Logarithmus [Th] / Briggsian logarithm

Bruch *m* [Th] / fraction || **≗ der Segmentphilosophie** [Sw] / violation of segmentation philosophy || **gewöhnlicher ≗** [Th] / simple fraction || **≗exponent** *m* [Th, Sw] / fractional exponent || **≗strich** *m* [Th] / fraction bar, fraction line

Brücke *f* (Draht) [Serv] / strap, wire strap, jumper wire || **wählbar mit ≗** [Hw] / strap-selectable

Brückengleichgewicht, bei ≗ [Cir, Meas] / at balance

Brücken·gleichrichter *m* [Co] / bridge rectifier || **≗kamm** *m* [Serv] / strapping comb || **Gegenschreibsystem mit ≗schaltung** [Tr] / bridge duplex system || **≗stecker** *m* [Hw] / strapping plug || **≗verdrahtung** *f* [Serv] / strap wiring || **≗verteiler** *m* [Hw] / strapping block, strapping terminal block

Brummspannung *f* [Meas, Sc] / ripple voltage

BS (s. Betriebssystem)

BSR (s. Betriebssystem für reelle Speicher)

BSV (s. Betriebssystem für virtuelle Speicher)

Buchführung, zentrale ≗ [ES] / centralized journaling (storage area)

Buchse *f* [Hw] / (i) (Mechanik:) bushing; (ii) (Elektrik:) jack || [PC] / hub || **≗ für Bananenstecker** [Hw] / banana jack

Buchsenträger *m* [Hw] / jack connector strip

Buchstabe *m* [Typ] / alphabetic character, letter || [Algol] / letter || [Fortran] / letter || [Cobol] / letter || [PL/1] / letter || **kyrillische ≗n** [IO, Typ] / Cyrillic script

Buchstaben- und Ziffernumschaltung [TP] / letters and figures shift, case shift

Buchstabencode *m* [IDS] / letter code || [Sw] / mnemonic code, memory code

Buchstaben·drucker *m* [HSP] / character-at-a-time printer, character printer || **~feld** *n* [TP] / letters case || **~folge** *f* [Algol] / letter string || **~kette** *f* (desselben Alphabets) [Dp] / alphabetic string || **~kombination** *f* [Sw] / letter combination || **~lage** *f* [TP] / letters case || **~schrägung** *f* [Typ] / character skew || **~seite** *f* [TP] / lower case || **~telegrafie** *f* [TP] / alphabetic telegraphy
Buchstabenumschaltung *f* [TP] / letters shift, letter shift || **~** (Taste) [TP] / Ltrs key || **automatische ~ bei Empfang des Zwischenraumzeichens** [TP] / unshift-on-space
Buchstabenverschlüsselung *f* [Sw] / alphabetic coding
Buchstabenwechsel *m* [TP] / letters shift, letter shift || **~zeichen** *n* [TP] / letter-shift signal
Buchstaben-Zeichenwechsel *m* [TP] / case shift
Buchstaben-Ziffern-Speicher *m* [TP] / letter-figures shift memory
Buchstaben-Ziffernumschaltung *f* [TP] / case shift || **automatische ~** (= Umschaltezeicheneinblendung) [TP] / automatic letters-figures shift
Buchungs·antwort *f* [RDp] / machine reply || **~beleg** *m* [Dp] / journal voucher || **~karte** *f* [PC] / posting card
Buchungsmaschine *f* [Hw, DpC] / accounting machine (i.e., keyboard machine which prepares accounting records) || **elektrische ~** [Off] / electric accounting machine (EAM) || **elektronische ~** [Off] / electronic accounting machine
Buchungs·platz *m* [Dp, RDp, Tr] / booking terminal, reservation terminal, agent's set || **~register** *n* [RDp] / booking register || **~schnitt** *m* (z.B. 12.00 Uhr) [RDp] / deadline || **~simulation** *f* [RDp, Tr] / load simulation || **~speicher** *m* [RDp] / booking storage || **~station** *f* [Dp, RDp, Tr] / booking terminal, reservation terminal, agent's set
Bündel *n* [Tr] / line group, trunk group || **direktes ~** [ES] / direct trunk group || **~auswahl** *f* [ES] / trunk group selection || **~belastung** *f* [ES] / trunk group usage (rate) || **~beschreibung** *f* [ES] / trunk group description || **~betriebsart** *f* [ES] / trunk group mode || **~ereigniszähler** *m* [ES] / trunk group event counter || **~erweiterungstabelle** *f* [ES] / trunk group extension table || **~größe** *f* [ES] / trunk group size || **~leitung** *f* [ES] / trunk line || **~liste** *f* [ES] / trunk group list
bündelorientiert *adj* [ES] / trunk-group-oriented
Bündel·spaltung *f* [ES] / trunk group splitting || **~stärke** *f* [ES] / trunk group size || **~störung** *f* [ES] / noise burst || **~tabelle** *f* [ES] / trunk group table || **~trennung** *f* [ES] / trunk group splitting || **~überlauf** *m* [ES] / trunk group overflow, trunk group overspill || **~warteliste** *f* [ES] / line group waiting list || **~zustandsabfrage** *f* [ES] / trunk group status interrogation
Bundesbeauftragte, Anrufung des ~n für den Datenschutz [Priv] / appeal to the Federal Data Protection Commissioner || **Bestellung eines ~n für den Datenschutz** [Priv] / appointment of a Federal Commissioner for Data (Privacy) Protection
Bundes·datenschutzgesetz (BDSG) *n* [Priv] / (German) Federal Data Protection Act, Act on Protection against the Misuse of Personal Data in Data Processing || **~ministerium für Forschung und Technologie** [R&D] / (German) Federal Ministry for Research and Technology || **Deutsche ~post** / (German) Federal Post Office
Bündigkeitsklausel *f* [Cobol] / justified clause
Büro·computer *m* [Dp] / office computer || **~fernschreiben** *n* (über das öffentliche Fernschreib- bzw. Fernsprechnetz abgewickelte Dienste zur Übertragung von Text- bzw. Bildinformationen, wobei eine Papierkopie entsteht) [Fax] / teletex (CCITT Rec.), hard copy communication || **elektronische ~geräte** [Off] / electronic office equipment || **~maschine** *f* [Dp, Off] / business machine || **~rechenanlage** *f* (DIN 9760E T1, Juli 1973)) [Calc] / office computer || **~rechner** *m* [Dp] / office computer || **~satz** *m* [Typ, TES] / in-house setting
Bürste *f* [PC] / brush || **obere ~n** [PC] / upper brushes || **zweite ~n** [PC] / secondary read, second reading
Bürsten·abfühlstation *f* [PC] / brush station || **~abfühlung** *f* [PT, PC] / brush sensing, electrical sensing, brush reading || **~block** *m* [PC] / brush block || **~brücke** *f* [TP] / brush holder ring || **~satz** *m* [PC] / brush assembly
Bürstenvergleichs·kontrolle *f* [PC] /

brush compare check || **~prüfung** *f* [PC] / brush compare check
Bürstenzyklus *m* [PC] / brush cycle
Bus *m* [Mp, MCS] / bus || **Freigabesignal für den ~** [Mp] / bus enable (BUSEN) || **n-bit breiter ~** [Mp] / n-line bus || **~adreßregister** *n* [Mp, MCS] / bus address register || **~anforderung** *f* [Mp] / bus request (BR) || **~datenübertragungsrate** *f* [Mp] / bus data rate
busorientiert *adj* [Mp] / bus-oriented (backplane, etc.)
Busschalter, Ein-Ausgabeprogramm für programmgesteuerten ~ [Mp] / programmable switch handler || **programmgesteuerter ~** [Mp] / programmable switch (PS)
Bus·schnittstelle *f* [Mp] / bus interface || **~schnittstellenlogik** *f* [MCS] / bus interface logic || **~signal** *n* [MCS] / bus signal || **~steuerung** *f* [Mp] / bus control || **~taktsteuerung** *f* [MCS] / bus timing control || **~-Treiber** *m* [Mp] / bus driver || **~zyklus** *m* [Mp] / bus cycle
Bu-Zi-Auswerteschaltung *f* [ES] / letters-figures recognizer, letters-figures recognizing circuit
Bu-Zi-Umschaltung *f* [TP] / case shift
Bv. (s. Bauvorschrift)
Byte *n* (Gruppe bestehend aus 8 Datenbits) [Th] / 8-bit byte, octet || **~** (Gruppe bestehend aus mehreren Bits) [Th] / byte (general meaning), n-bit byte || **Acht-Bit-~** *n* [Th] / 8-bit byte, octet || **Sechs-Bit-~** *n* [Th] / sextet, 6-bit byte (US) || **~adresse** *f* [M, Sw] / byte address || **~anhangzählregister** *n* [ES] / byte annex counter register || **~anzahl** *f* [Sw] / byte count || **~ausgaberegister** *n* [Cir] / byte output register || **~code** *m* [RDp] / byte code || **~feld** *n* [Sw, ES] / byte field
Bytegrenze *f* [M, Sw] / byte boundary || **Ausrichten auf ~** [Sw] / byte boundary alignment
Bytemultiplexbetrieb *m* [Tr] / byte multiplex mode
Bytemultiplexkanal *m* [Tr] / byte multiplex channel || **~anschluß** *m* [Tr] / channel interface adapter in byte multiplex mode || **~erweiterung** *f* [Tr] / byte multiplex channel extension
Bytestruktur *f* [Tr] / byte structure
byteweise *adj* [Sw, Tr] / byte-serial || *adv* [Sw, Tr] / (computed) byte by byte, on a byte by byte basis
Bytezähler *m* [CP] / byte counter || **der ~ ist abgelaufen** [Sw] / the byte count is exhausted
Byte, 2-~-Zusatz *m* [Mp] / 2-byte feature

C

C (s. Vergleichen Wort)
Cache-Speicher *m* (Pufferspeicher zwischen Arbeitsspeicher und den restlichen Teilen der ZE zum Verkürzen der Zugriffszeiten zum Arbeitsspeicher) [PE, M] / cache memory
CAD-System, interaktives ~ [R&D] / interactive CAD system
CALL (s. Aufrufen direkt)
CALN (s. Aufrufen indirekt)
CAMAC (modular aufgebautes Peripheriesystem in der Prozeßrechnertechnik) [PCC] / computer-aided measurement and control (CAMAC)
CAN (s. Verzichten auf Speicherauszug)
Capstan *m* [MT] / capstan || **~antrieb** *m* (Magnetband) [KtT, TP] / capstan drive || **~lagerung** *f* (Magnetband) [KtT, TP] / capstan bearing || **~motor** *m* (Magnetband) [KtT, TP] / capstan motor || **~welle** *f* (Magnetband) [KtT, TP] / capstan shaft
CCITT·-Code Nr.2 [TP] / international alphabet No.2 || **gemäß ~-Empfehlungen** [R&D] / designed to CCITT standards
CCPU (s. Steuern Prozessor)
CCW-Kette *f* [ES] / channel command word sequence
CD (s. Vergleichen lang)
CDL (s. Ändern der Geräteliste)
CDRA (s. Karte auf Großspeicher)
CDS (s. Vergleichen und Austauschen Doppelwort)
CDTP (s. Karte auf Band)
CE (s. Vergleichen kurz)
Cedille *f* [Typ] / cedilla
CH (s. Vergleichen Halbwort)
Characteristik *f* [Sc] / characteristic
charakteristisch·e Gleichung (einer lichtelektrischen Röhre oder Zelle) [Co, Sc] / characteristic equation || **~e Kurve** [Rep] / characteristic curve || **~e Rechenoperation** [Dp] / representative calculating operation || **~e Rechenzeit** [Dp] / representative calculating time ||

~**e Verzerrung** [TP] / characteristic distortion || ~**er Widerstand** [Th] / characteristic impedance
Charaktron *n* [VDT] / charactron (Rtm.)
Chargenprozeß *m* [PCC] / charge process
Chassis·bausatz *m* [MCS] / chassis assembly || ≗**buchse** *f* [Hw] / chassis type receptacle
Checkliste *f* [Dp, Serv] / check list
chemisch·e Ablagerung [Sc] / chemical deposition || ~**e Ätzung** [Sc] / chemical etching || ~**e Diffusion im festen Zustand** [Sc, PrC] / solid-state diffusion
Chip *m* (Mikrobaustein der integrierten Schaltungstechnik) [Mp] / chip || **CPU-**≗ *m* [MCS] / CPU chip || **Ein-Ausgabe-**≗ *m* [MCS, IC] / input-output chip, I/O chip, I/O interface chip || **Transistor-**≗ *m* [Co, Sc] / transistor chip || ≗**-Auswahl** *f* [Mp] / chip select || **Ein-**≗**-Computer** *m* [MCS] / single-chip computer || ≗**-Freigabe** *f* [Mp] / chip enable || **1-**≗**-Mikroprozessor** *m* [Mp] / single-chip microprocessor (complete microprocessor fabricated on a single LSI chip) || ≗**-Prüfgerät** *n* [Hw, Cir] / chip tester || ≗**simulator** *m* [Mp] / chip simulator || ≗**-Verarbeitungsanlage** *f* [Cir] / slice-processing facility
Chopper *m* [Co] / chopper
Cicero *n* [Typ] / cicero (= 12 Didot points, or 4.51278 millimeters) || **Satzbreite in** ≗ [Typ] / measure in cicero
CL (s. Vergleichen logisch)
Clamping-Schaltung *f* [Sc] / clamping circuit
CLCL (s. Vergleichen logisch lang)
Clearing·haus *n* (Informations- und Dokumentationseinrichtung, die Daten und Dokumente über geplante, laufende oder abgeschlossene Forschungs- und Entwicklungsarbeiten sammelt, aufbewahrt, verfügbar macht und in Informationsdienste umsetzt) [DOK] / clearing house || ≗**stelle** *f* [DOK] / clearing house
CLM (s. Vergleichen logisch mit Maske)
Closed-loop-Betrieb *m* [PCC] / on-line closed-loop
Closed-shop-Betrieb *m* (Testbetrieb, bei dem das Rechenzentrum dem Programmierer bzw. Auftraggeber nicht zugänglich ist) [Dp] / closed-shop test system, closed shop
CMOS-Technologie *f* (mittelschnelle MOS-Technologie mit vernachlässigbarem Ruhestrom) [Sc] / complementary metal-oxide semiconductor technology, CMOS technology
COBOL *n* [PL] / COBOL (Acronym for COmmon Business Oriented Language) || **Grund-**≗ *n* [PL] / required COBOL || **Voll-**≗ [PL] / required plus elective COBOL || **Wahl-**≗ *n* [PL] / elective COBOL || ≗**-Anweisung** *f* [PL] / COBOL statement
COBOL-Bibliothek *f* [Sw] / COBOL library || **Ändern einer** ≗ [Sw] / COBOL library update
COBOL-Programm *n* [PL] / COBOL source program || ≗**-Quellprogramm** *n* [Cobol] / COBOL source program || ≗**-Quellsprache** *f* [Cobol] / COBOL source language || ≗**-Übersetzer** *m* [OS] / COBOL compiler || ≗**-Wort** *n* [Cobol] / COBOL word || ≗**-Zähler** *m* [PL] / special register, tally || ≗**-Zielprogramm** *n* [Cobol] / COBOL object program
CODASYL (Konferenz, auf der die Programmiersprache COBOL entwickelt wurde) [Org, PL] / CODASYL (Conference On DAta SYstems Languages)
Code *m* [Algol] / code || ≗ **für Dezimalziffern** [Th] / decimal code || ≗ **mit Hammingabstand Eins** [Th] / continuous progressive code, unit-distance code || ≗ **mit Mindest-Hammingabstand** [Th] / minimum distance code || **alphabetischer** ≗ [Sw] / alphabetic code || **alphanumerischer** ≗ [Th] / alphameric code, alphanumeric code || **binärer** ≗ [Th] / binary code || **einschrittiger** ≗ [Th] / continuous progressive code, unit-distance code || **7er** ≗ [Th] / seven-level code, 7-level code || **fehlererkennender** ≗ [Th, Tr] / error-detecting code, error-checking code, self-checking code || **fehlerkorrigierender** ≗ [Th, Tr] / error-correcting code, error correction code, self-correcting code || **gewichteter** ≗ [DS, Th] / weighted code || **höherwertiger** ≗ [Tr] / higher-level code || **interner** ≗ [OS] / internal code || **korrigierbarer** ≗ [Th, Tr] / error-correcting code, error correction code, self-correcting code || **M-aus-N-**≗ *m* [Th, Tr] / M-out-of-N code || **mnemonischer** ≗ [Sw] / mnemonic code, memory code || **neutraler aufbereiteter** ≗ [Sw] / neutral edited code || **nicht unterbrechbarer** ≗ [ES] / noninterruptible code || **nichtsystematischer** ≗ [Th, Tr] /

nonsystematic code || **numerischer ≈** [Th] / numeric code, numeric data code || **Olivetti-≈** *m* [DT, PT] / Olivetti code || **redundanter ≈** [DS, Th, Tr] / redundant code || **selbstkorrigierender ≈** [Th, Tr] / error-correcting code, error correction code, self-correcting code || **selbstprüfender ≈** [Th, Tr] / error-detecting code, error-checking code, self-checking code || **symbolischer ≈** [Sw] / symbolic code || **systematischer ≈** [DS, Th] / weighted code || **ungültiger ≈** [DS, Th, Tr] / invalid code || **Zwei-aus-fünf-≈** *m* [DS, Th, Tr] / two-out-of-five code || **zyklischer ≈** [DS, Th] / cyclic code

Codeaufbau *m* [ES] / code construction, code structure || **≈ausdruck** *m* [Th] / code value || **≈begriff** *m* [Th] / code value

Codec *m* [Th, Tr] / codec

Codeelement *n* [Th, TP] / code element

Codeerweiterung *f* [DT, Th] / code extension || **Steuerzeichen zur ≈** [Dp] / code extension character

Codefreiheit *f* [ES] / code independence

codegebundene Textübertragung [PCC] / standard mode transmission

Code·karte *f* [Th] / code chart || **≈klausel** *f* [Cobol] / code clause

Codekombination *f* [Th, RDp, Tr] / code combination, combination || **nicht zulässige ≈** [DS, Tr] / forbidden code combination, forbidden combination

Code·-Lexikon *n* [Th] / code dictionary || **≈liste** *f* [Cryp, Th] / code set || **≈loch** *n* [PT] / code hole || **≈lochung** *f* [PT] / code hole || **≈nummer** *f* [Th] / code number || **≈prozedurerklärung** *f* [PL] / code procedure definition || **≈prüfung** *f* [Sw] / code check || **≈prüfzeit** *f* [DS] / code checking time

Coder *m* [Sw] / encoder

Coderahmen *m* [ES] / code frame || **≈fehler** *m* [ES] / code frame error || **≈überwachung** *f* [ES] / code frame monitor

Codereihenfolge, feste ≈ [HSP] / fixed code sequence, defined code sequence

Code·scheibe *f* [HSP] / code disk || **≈schema** *n* [Th] / code chart || **≈spur** *f* [PT] / code hole track, code track, data track || **≈struktur** *f* [Th] / code structure

Codesystem *n* [Th] / code system || **alphanumerisches ≈** [Sw] / alphameric coding system, alphanumeric coding system

Code·tabelle *f* [Th, Sw, ES] / code table || **≈tabellenspeicher** *m* [HSP] / code table buffer (CTB) || **≈taste** *f* [RDp, Tr] / code key || **≈text** *m* [ES] / service code

codetransparent *adj* [RDp, ES] / code-transparent, independent of code structure || **~e Datenübermittlung** (DIN 44302, Apr. 1979) [Tr] / code-transparent data communication

Code·übersetzer *m* [Tr] / code translator || **≈übersetzung** *f* [Tr] / code translation || **≈übersicht** *f* [Th] / code chart

Codeumsetzer *m* (DIN 44300, März 1972) [Tr] / code converter || **mit eingeschaltetem ≈** [Sw] / in the translate mode

Code·umsetzung *f* [TP] / code conversion || **≈umstellung** *f* [TP, ES] / code changing || **≈umwandler** *m* [Tr] / code converter || **≈umwandlung** *f* [TP] / code conversion

codeunabhängig *adj* [RDp, ES, Tr] / code-independent, independent of code structure || **~e Datenübermittlung** (DIN 44302, Apr. 1979) [Tr] / code-independent data communication

Code·wählsystem *n* [ES] / permutation code switching system || **≈wahlzeichen** *n* [ES] / code selection signal

Codewandler *m* [Tr] / code converter || **Ein-Ausgabe-≈** *m* [ES] / input-output code converter, I/O code converter || **Eingabe-≈ (ECW)** *m* [Tr] / input code converter

Code·wort *n* [Th, Tr] / code word || **≈zähler** *m* [ES] / code counter || **≈zeichen** *n* [Th] / code character, code sign || **≈zone** *f* [Sw] / zone || **≈zuordnung** *f* [Th] / code assignment

Codierblatt *n* [Sw] / coding sheet, coding form

codieren *v* [Th, PL] / code, encode

Codierer *m* (Person) [Sw] / coder || **≈** *f* (DIN 44300, März 1972) [Tr] / encoder, coding device, coder || **Ein-Ausgabe-≈** *m* [ES] / input-output coder || **zentraler ≈** [ES] / central coder, common coder

Codier·formular *n* [Sw] / coding sheet, coding form || **≈matrix** *f* [TP] / coding matrix, code matrix || **≈schalter** *m* [HSP] / coding switch || **automatische ≈sprache** [PL] / automatic programming language, automatic coding language

codiert *adj* [Th, PL] / coded, encoded || **~er Befehl** [Sw] / coded instruction || **~e Befehlsfolge** [Sw] / coding sequence || **~ dezimal** [Th] / coded decimal || **~e Dezimalschreibweise** [Th] / coded decimal notation || **~e Dezimalziffer** [Th] / coded decimal digit || **~es Programm** [Sw] / coded program || **~es**

Signal [NC] / coded signal
Codierung *f* (DIN 44300, März 1972) [Th] / coding || **absolute** ≗ [Sw] / absolute programming || **alphabetische** ≗ [Sw] / alphabetic coding || **alphanumerische** ≗ [Th, Sw] / alphameric coding, alphanumeric coding || **automatische** ≗ [Sw] / automatic programming, automatic coding, machine-aided programming, autoprogramming || **echte** ≗ [Sw] / basic coding, absolute coding, specific coding || **lineare** ≗ [Sw] / straight-line coding, inline coding || **optimale** ≗ [Sw] / optimum coding || **relative** ≗ [Sw] / relative coding || **spezifische** ≗ [Sw] / absolute programming || **symbolische** ≗ [Sw] / symbolic addressing, symbolic coding
Codierungsformular *n* [Sw] / coding sheet, coding form
Codierzeile *f* [Sw] / coding line
COGO *n* (Programmiersprache zur Lösung analytischer Geometrieprobleme im zivilen Bereich) [PL] / COGO (COordinate GeOmetry)
Collector (s. Kollektor)
COM (Computerausgabe auf Mikrofilm) [COM] / COM (computer-output microfilm)
COM-Anlage *f* (für alphanumerische Zeichen) (DIN 19065, Jan. 1978) [COM] / COM printer || ≗ (für alphanumerische Zeichen und grafische Darstellungen) (DIN 19065, Jan. 1978) [COM] / COM printer-plotter
COM-Film *m* (DIN 19065, Jan. 1978) [COM] / computer-output microfilm, COM film
Compact-Rechner *m* [Mid] / compact computer
Compiler *m* [Sw, OS] / compiler, compiling routine, compile program || **Mikrocomputersprachen-**≗ *m* [Mp] / microcomputer-language compiler || ≗**programm** *n* [Sw, OS] / compiler, compiling routine, compile program || ≗**-Sprache** *f* (für Kompilierer geeignete höhere Programmiersprache) [PL] / compiler level language
COM-Plotter *m* (elektronisches Zeichengerät, bei dem die grafische Darstellung von einer Kathodenstrahlröhre auf Mikrofilm projiziert wird) [COM, GrDp] / COM plotter || ≗**-Printer** *m* (DIN 19065, Jan. 1978) [COM] / COM printer
Computer *m* / computer || ≗ (cf. „Rechner") || **Disketten-**≗ *m* [Dp] / floppy disk computer, diskette computer || **Ein-Chip-**≗ *m* [MCS] / single-chip computer || **Jumbo-**≗ *m* [LCS] / superlarge computer, super computer, ultralarge computer || **Midi-**≗ *m* [MCS] / midi computer, small computer, small-sized computer || **Realzeit-**≗ *m* [OS] / real-time computer || **selbstlernender** ≗ / self-learning computer (computer capable of modifying programs according to its own memory or experience, e.g., a chess-playing computer) || **sequentieller** ≗ [Dp] / sequential computer (computer in which events occur in time sequence, with little or no simultaneity or overlap of events)
computerbegrenzt *adj* [Dp] / computer-limited
Computer·entwicklung *f* [Dp] / computer development || ≗**entwicklungssystem** *n* (als Entwicklungshilfensystem aufgebauter Mikrocomputer) [Mp] / computer development system
computergesteuert *adj* [Dp] / computer-controlled, under computer control || ~**e Direktdiagnose für logische Bausteine** [Dp, Sc] / computer-driven on-line diagnostics for logic modules
Computerlauf *m* (Ausführung eines oder mehrerer, unter Monitor verbundener Programme ohne zwischenzeitlichen Eingriff des Operators) [Dp] / computer run
computerlesbar *adj* [Dp] / machine-readable (data, etc.)
Computer·linguistik *f* [Term, MAT] / computational linguistics || ≗**programm** *n* [Sw, NC] / computer program || ≗**programmierung** *f* [Sw, NC] / computer programming || ≗**steuerung** *f* [Dp] / computer control || ≗**system** *n* [Dp] / computer system
computerunterstützt·e Entwicklung [GrDp, R&D] / computer-aided design (CAD) || ~**er Unterricht** [CAI] / computer-assisted instruction (CAI)
Computerwörterbuch *n* [MAT] / electronic dictionary
COM-Recorder *m* [COM] / COM recording device || **Laser-**≗ *m* (COM-Gerät zur Aufzeichnung von Informationen mittels Laserstrahl auf metallbeschichtetem Film) [COM] / laser COM recorder, laser computer-output-microfilm recorder

COM·TRAC (s. rechnerunterstütztes zentralisiertes Verkehrssteuerungssystem) || **≗-verfilmen** *v* [COM] / to microfilm on COM equipment
CONDENS (s. Verdichten der Textteile des Bibliotheksbereichs)
CONSBUF (s. Blattschreibermeldungen des Ablaufteils zwischenspeichern)
COOP (s. Koordinieren Prozessor)
Corotron *n* [HSP] / corotron || **≗draht** *m* [HSP] / corotron wire || **≗kammer** *f* [HSP] / corotron channel || **≗strom** *m* [HSP] / corotron current
CP (s. Vergleichen dezimal)
CPT-Rücksignal *n* [ES] / CPT return signal
CPU-Chip *m* [MCS] / CPU chip
CRC-Prüfzeichen *n* (DIN 66205, Sept. 1974) [MCS, MD, Tr] / cyclic-redundancy-check character (CRCC), cyclical redundancy check character
Cross-Assembler *m* [MCS] / cross-assembler || **≗-Compilieren** *n* [MCS] / cross compilation
Cryogenik *f* (Tieftemperaturtechnik) [Sc, M] / cryogenics
cryogenischer Rechner [Dp] / cryogenic computer
Cryotron *n* [Sc, Cir] / cryotron
Cryptocenter *n* [Cryp] / cryptocenter
CS (s. Vergleichen und Austauschen Wort)
CSECT (s. Definieren Programmabschnitt)
CVB (s. Umwandeln in Binärform)
CVD (s. Umwandeln in Dezimalform)
Cycle-Stealing-Betrieb *m* [MCS, OS] / cycle-stealing mode || **≗-Verfahren** *n* [OS] / cycle stealing
Czochralski-Ziehverfahren *n* [Sc] / Czochralski crystal-pulling method

D

Dach·schräge *f* [Th, Cir] / pulse droop, pulse tilt, deviation from pulse flatness || **≗zeit** *f* [Sc] / pulse duration (pc board)
DAG (s. Datenanschlußgerät)
DAK (s. Datenausgabekanal)
D/A-Konverter *m* [Mp] / digital-to-analog converter (DAC), digital-analog converter, D-A converter
DARS (s. Dateikatalogsystem)
dämpfen *v* [Th, Tr] / attenuate (signal, etc.)
Dämpfung *f* [Th, Tr] / attenuation || [Th] / damping || **aperiodische ≗** [Th] / aperiodic damping, overdamping || **kritische ≗** [Th] / critical damping || **periodische ≗** [Th] / periodic damping, underdamping
Dämpfungs, Laufzeit-≗entzerrer *m* [Tr] / delay and attenuation equalizer || **≗glied** *n* (nicht veränderlich) [Tr] / attenuator pad, pad, fixed-value attenuator || **≗sprung** *m* [Tr] / increment of attenuation || **≗verzerrung** *f* [Th, Tr] / amplitude distortion, attenuation distortion
Dann-Einheit *f* [PL/1] / then unit
DAR (s. Datenausgaberegister)
Darkest Mark [OCR] / darkest mark feature
Darlington-Schaltung *f* [Sc] / Darlington circuit
darstellen, digital ~ [Th] / digitize, digitalize || **≗ Arbeitsspeicher** [OS, Befehl] / Display highspeed memory || **≗ Gleitkommaregister** [OS, Befehl] / Display floating-point registers || **≗ Mehrzweckregister** [OS, Befehl] / Display general registers || **≗ Programmstartadressen** [OS, Befehl] / Display program start table
Darstellung *f* [Sw] / representation || **alphanumerische ≗** [Sw] / alphameric representation, alphanumeric representation || **bildliche ≗** [HSP] / graphical representation, pictorial representation || **binäre inkrementale ≗** [Th] / binary incremental representation || **diskrete ≗** [Th] / discrete representation || **externe ≗** [Fortran] / external representation || **grafische ≗** [GrDp] / graph, graphical representation || **inkrementale ≗** [Th] / incremental representation || **invertierte ≗** (Zeichen auf Bildschirm) [VDT] / reverse video || **maschinengebundene ≗** [Algol] / hardware representation || **numerische ≗** [Th] / numeric representation || **ternäre ≗** [Th] / ternary notation || **ternäre inkrementale ≗** [Th] / ternary incremental representation || **vereinfachte ≗** [Sw] / schematic representation
Darstellungsbasis *f* [PL/1] / radix factor, base
DAS (s. Datenausgabesteuerung) || ≗ (s. Durchschalteablaufsteuerung)

D/A-Schalter *m* [Cir] / digital-analog switch, D-A switch
DAST (s. Datenaustauschsteuerung)
DATA (s. Positionieren auf eine Kartendatei)
Datapen *n* [IO] / hand-held (bar-code, etc.) reader
DA-Technik *f* [Sc] / diffused-base alloy technique
Datei *f* [Cobol] / file, data file || [PL/1] / file || ~ (im weiteren Sinne) (Menge von Dateneinheiten bzw. Datensätzen mit identischen bzw. kompatiblen Datenformaten, die innerhalb eines Speichers derart in bzw. auf Datenträgern fixiert sind, daß sie nach einem Ordnungsmerkmal geordnet sind und nach mindestens einem anderen Ordnungsmerkmal zu einer neuen Datei umgeordnet werden können) [Dp] / file || ~ (im engeren Sinne) (Datei, deren Dateneinheiten bzw. Datensätze auf einem magnetischen Speichermedium gespeichert und mit Hilfe einer elektronischen Datenverarbeitungsanlage aktualisiert, neu geordnet und/oder durchsucht werden können) [Dp] / computer file, file || ~ **auf mehreren Bändern** [Cobol] / multi-reel file || ~ **auf mehreren Einheiten** [Cobol] / multi-unit file || ~ **mit mehreren Bereichen** [Dp] / multi-extent file || ~ **ohne Etiketten** [Sw] / unlabeled file || ~ **ohne Kennsätze** [Sw] / unlabeled file || **ein Register der automatisch betriebenen ~en führen** [Priv, IDS] / to keep a register of automated data files || **eine ~ durchsuchen** [Sw] / to scan a file || **eine ~ umsetzen** [Sw] / to convert a file || **gekettete ~** [Sw] / chained file, file of chained records || **gemeinsam benutzte ~** [Sw] / shared dataset, shared file || **Glied einer ~** [Sw] / member of a file, member of a dataset || **indexsequentielle ~** [Sw] / indexed sequential file || **indizierte ~** [Sw] / indexed file || **indiziert-sequentielle ~** [Sw] / indexed sequential file || **invertierte ~** (in einem DBMS usw.) [Sw] / inverted file || **katalogisierte ~** [Sw] / cataloged dataset, cataloged file || **kombinierte ~** [RPG] / combined file || **logische ~** [Sw] / logic file, logical file || **Mischen von ~en** [Sw] / file merge || **permanente ~** [Sw] / permanent file, permanent dataset || **Positionieren einer ~** (auf einen Satz) [PL/1] / positioning a file || **private ~** [Sw] / private file || **seriell aufgebaute ~** [Sw] / sequentially organized file || **temporäre ~** (DIN 66230E, Jan. 1979) [Sw] / temporary file, temporary dataset || **ungeschützte ~** [Sw] / scratch file || **untergliederte ~** [Sw] / partitioned dataset || **verkettete ~** [Sw] / concatenated dataset || **zwischengepufferte ~** [Sw] / buffered file
Dateiabschlußanweisung *f* [Fortran] / endfile statement || [Cobol] / close statement || [PL/1] / close statement
Datei·abschnitt *m* [MT, MD] / file section || **~aktualisierung** *f* [Dp] / file updating (i.e., modifying the contents of a file in order to reflect real changes in the events recorded on the file; cf. "file maintenance") || **logischer ~anfang** [Cobol] / logical beginning || **~anfangsetikett** *n* [PE] / beginning-of-file label, file header label, header label (HDR) || **~-Anfangskennsatz** *m* [Cobol] / beginning file label || **~angabe** *f* [PL/1] / file option || **~archivnummer** *f* [Dp] / file serial number || **~art** *f* [Dp] / file type || **~aufbau** *m* [Sw] / file layout || **~aufbereiter** *m* [Sw] / file editor || **~aufbereitungsroutine** *f* [Sw] / file edit routine || **~auswahl-Klausel** *f* [Cobol] / select clause || **~-Bearbeitungstyp** *m* [PL/1] / file type || **~bereich** *m* [Sw] / file area, file extent || **~bereichsgrenze** *f* [Sw] / file boundary, file limit || **~beschreibung** *f* [Sw] / file description || **~bestimmung** *f* [Dp] / file description specification || **~bezeichnung** *f* (vom Benutzer belegte Bezeichnung für die ganze Datei) [Dp] / file name || **~definition** *f* [Sw] / file definition
Dateidefinitions·anweisung *f* [OS] / data definition statement, DD statement || **~block** *m* [Sw] / file definition block || **~makro** *m* [Sw] / file definition macro || **~name** *m* [OS] / data definition name, DD name
Datei·eigentümeridentifikation *f* [DS] / file owner identification || **~endblock** *m* [Sw] / end-of-file block, EOF block
Dateiende *n* [Cobol] / end of file (EOF) || **~block** *m* [Sw] / end-of-file block, EOF block
Datei-Endekennsatz *m* [Cobol] / end of file label, ending file label
Dateiend·etikett *n* [PE, Sw] / end-of-file label, file trailer label, trailer label, EOF label || **~karte** *f* [Dp] / end-of-file card
Dateien·verband *m* (additive

Zusammenstellung mehrerer Dateien, von denen jede für sich zu unterschiedlichen Zwecken benutzt werden kann) [Dp] / file combination || ~**verbundsystem** *n* (Verknüpfung mehrerer Dateien, von denen jede für sich zu unterschiedlichen Zwecken benutzt werden kann, bei der jedoch von einer Datei direkt oder indirekt über eine andere Datei des Verbundsystems der Zugriff zu den übrigen Dateien des Verbundsystems möglich ist) [Dp] / linked file system

Dateierklärung *f* [Sw] / file definition || [Cobol] / file description entry || ~ **(DTFDA)** [OS, Aufruf] / Define the file for direct access (DTFDA) || ~ **(DTFSR)** [OS, Aufruf] / Define the file for serial access (DTFSR)

Dateieröffnung *f* [Sw] / file opening

Dateieröffnungsanweisung *f* [Cobol] / open statement || [PL/1] / open statement

Datei·eröffnungsroutine *f* [Dp] / open routine || ~**ersteller** *m* [Sw] / file editor || ~**erstellung** *f* [OS] / file generation

Dateietikett *n* [MT, MD, MC, MDr] / file label || ~**block** *m* [Sw] / file label record || ~**karte** *f* [Dp] / file label card

Dateifamilie *f* [Dp] / file family

Dateifehler *m* [Sw] / file error || ~-**Funktion** *f* [PL/1] / onfile (builtin) function

Datei·folgenummer *f* [Dp] / file sequence number || ~**fortschreibung** *f* [Dp] / file updating (i.e., modifying the contents of a file in order to reflect real changes in the events recorded on the file; cf. "file maintenance") || ~**generation** *f* [Dp] / file generation || ~**generierung** *f* [OS] / file generation || ~**grenzadresse** *f* [Sw] / file boundary, file limit || ~**grenze** *f* [Sw] / file boundary, file limit || ~**grenzenklausel** *f* [Cobol] / file-limit clause || ~**gruppe** *f* [Sw] / file set, multiple set || ~**information** *f* [Sw] / file information || ~**karte** *f* [Sw] / file descriptor parameter card

Dateikatalog *m* [Dp, OS] / data set catalog || ~**system (DAKS)** *n* [Dp, OS] / data set catalog system (DACS)

Dateikenn·daten *plt* [Sw] / file specification || ~**größen** *f pl* [Sw] / file characteristics || ~**satz** *m* [Cobol] / file label

Datei·kopie *f* [OS] / unloaded dataset || ~**lücke** *f* [Sw] / file gap || ~**menge** *f* (ununterbrochene Menge von Dateien, die aufeinanderfolgend auf einem oder mehreren Bändern aufgezeichnet sind) (DIN 66029V, Juni 1976) [MT] / file set || ~**mischphase** *f* [Sw] / file merge phase || ~**nachsatz** *m* [PE, Sw] / end-of-file label, file trailer label, trailer label, EOF label || ~**nachtrag** *m* [OS] / resume loading

Dateiname *m* [Cobol] / file name || [PL/1] / file name

Dateinamenangabe, externe ~ [PL/1] / title option

DAT-Einrichtung *f* [VS] / dynamic address translation feature, DAT feature

Dateinummer *f* [Dp] / file number

Dateiorganisation *f* [Sw] / file organization || **serielle** ~ [Sw] / serial file organization

Dateiparameter *m* [Sw] / file parameter || ~**bereich** *m* [Sw] / file parameter area

Dateipflege *f* [Dp] / file maintenance (i.e., modifying the contents of a file in order to make sure that the file contents accurately record the required data; cf. "file updating")

Dateischutz *m* [DS] / file protection || ~ **über Kennwort** [Dp] / set security || **Kennwort-**~ *m* [DS] / password protection

dateispezifisch *adj* [Sw] / file-dependent

Dateisteuer·block *m* [Sw] / file control block (FCB), data control block (DCB) ~**karte** *f* [PC, Sw] / file parameter card

Dateisteuerung *f* [Cobol] / file-control

Datei·träger *m* [Cobol] / file medium || ~**typ** *m* [Dp] / file type || ~**überwachungssprache** *f* [Sw] / file control language || ~**umsetzprogramm** *n* [Sw] / file conversion program || ~**verarbeitung** *f* [Dp] / file processing || ~**verwaltung** *f* (= Dateiwartung und/oder Dateiaktualisierung) [Dp] / file management || ~**verzeichnis** *n* [Sw] / data file directory || ~**vorsatz** *m* [PE] / beginning-of-file label, file header label, header label (HDR) || ~**wartung** *f* [Dp] / file maintenance (i.e., modifying the contents of a file in order to make sure that the file contents accurately record the required data; cf. "file updating")

Dateiwechsel *m* [OS] / file changeover || ~**programm** *n* [OS, ES] / file changeover program

Datei·-Zugriffsart *f* [PL/1] / file access || ~**zusatzbeschreibung** *f* [Sw] / file extension specification || ~**zustandsliste** *f* [ES] / file status table || ~**zweck** *m* [PL/1] / file function

Dateldienst *m* (der Bundespost usw.)

RDp] / Datel services (i.e., post office data transmission services, consisting of a suitable line, modems where necessary, and maintenance support)
)aten *plt* [PL/1] / data || ≗ (DIN 44300, März 1972) [Th] / data (as opposed to "information") || ≗ **erfassen** [DT] / to acquire data, to gather data, to collect data || ≗ **protokollieren** [Dp] / to log data || ≗ **sicherstellen** [Sw] / to save data || ≗ **übertragen** (zwischen ZE und Peripherie) [Sw] / to transfer data || ≗ **umsetzen** [Sw] / to convert data || **alphabetische** ≗ [Th] / alphabetic data || **alphanumerische** ≗ [Th] / alphameric data, alphanumeric data || **analoge** ≗ (Daten, die durch eine stetig veränderliche physikalische Größe dauerhaft fixiert werden können und einen Sachverhalt bzw. seine Veränderung charakterisieren) (DIN 44300, März 1972) [PCC, ADp] / analog data || **digitale** ≗ (DIN 44300, März 1972) [Th] / digital data || **diskrete** ≗ (Daten, die in Form festgelegter Werte einer physikalischen Größe dauerhaft fixiert werden können und singuläre Sachverhalte charakterisieren) [DOK, Dp, ;w] / discrete data || **eigentliche** ≗ [Sw] / actual data || **eventuelle** ≗ [Th] / possible data || **freie** ≗ [Priv, IDS] / free data, unrestricted data || **kommerzielle** ≗ CSw] / business data || **Magnetband-Austauschformat für terminologische/lexikografische** ≗ **(MATER)** (DIN 2341E, Mai 1977) [Term, MT, MAT] / format for terminological/ exicographical data interchange on magnetic tape (MATER) || **numerische** ≗ [Sw] / numeric data, numerical data || **personenbezogene** ≗ [Priv] / personal data || **technische** ≗ / performance specifications, specifications || **veraltete** ≗ [Priv] / aged data, decaying data
atenabfragesystem *n* [ADp] / data sampling system, data scanning system
atenabhängiger Fehler [Sw] / pattern-sensitive fault
atenabruf·signal *n* [RDp] / polling signal ≗**technik** *f* [RDp] / polling method
atenadresse *f* [Sw] / data address || **unzulässige** ≗ [Sw] / invalid data address
aten·adressenkettung *f* [Sw] / data chaining || **indirekte** ≗**adressierung** [VS] indirect data addressing || ≗**anfangsadresse** *f* [Sw] / data address || ≗**anforderung** *f* [Sw] / data request, ervice request || ≗**annahme** *f* [Dp] / data acceptance
Datenanschluß·einheit *f* [RDp] / communication line adapter unit || ≗**gerät (DAG)** *n* [RDp] / communication adapter
Daten·anzeigeeinrichtung *f* (DIN 9757E, Okt. 1977) [Calc] / display, data display || ≗**archiv** *n* (Zusammenstellung von Daten einer Datenkategorie in einem Speicher, die nach dem Wert der konstituierenden Variablen geordnete Dateneinheiten mit einem einheitlichen Datenformat nur für die konstituierende Variable verzeichnet) [DOK, Dp] / data archives || ≗**aufbau** *m* [Dp, Sw, IDS] / data structure || ≗**aufbereitung** *f* (Vorstufe der Datenerfassung, q.v.) [IO] / data preparation (i.e., preparing data for subsequent data collection) || ≗**aufnahme** *f* [IO] / data acquisition || ≗**aufzeichnung** *f* [PE] / data recording || ≗**aufzeichnungsmedium** *n* [PE] / data recording medium, recording medium
Datenausgabe *f* [IO] / data output || ≗**kanal (DAK)** *m* [ES] / data output channel || ≗**leitung** *f* [IO] / data-out line (DOUT), data output line || ≗**register (DAR)** *n* [ES] / data output register || ≗**steuerung (DAS)** *f* [ES] / data output control
Datenaustausch *m* [MT, MAT] / data exchange, data interchange || ≗ **innerhalb des öffentlichen Bereichs** [Priv, IDS] / data communication within the public sector, data transmission within the public sector || **MATER-**≗ *m* [MT, MAT] / MATER data interchange || ≗**anlage** *f* [RDp] / data exchange system || ≗**-EAS** *n* [OS] / data exchange FCP || ≗**steuerung (DAST)** *f* [RDp] / data exchange control (DXC)
Daten·auswahlsteuerung *f* [ES] / data select control || ≗**auswertung** *f* [Dp] / data evaluation || ≗**auswertungszentrale** *f* [RDp] / data reduction center
Datenbank *f* (redundanzfreie Integration mehrerer Rechnerdateien, die es erlaubt, gespeicherte Daten zu pflegen, zu aktualisieren und im Direktzugriff wiederzugewinnen, wobei sich im Gegensatz zur Datenbasis auch Daten gewinnen lassen, die in dieser Form nicht explizit eingespeichert worden sind) [IDS] / data bank, data base || **invertierte** ≗ (Datenbanksystem, das sich des Zugriffs über invertierte Dateien

bedient) [IDS] / inverted data base system (i.e., a data base system using inverted file techniques) || **zentrale** ≗ [DOK] / data center || ≗**-Dialogsprache** *f* [IDS] / interactive data base language || ~**gesteuerter Satz** [Typ] / data-base controlled composition || ≗**-Managementsystem (DBMS)** *n* [IDS] / data base management system (DBMS) || ≗**software** *f* [IDS] / data base software, data base management software, DBMS software || ≗**system** *n* [IDS] / data base system || **portables** ≗**system** (für unterschiedliche Rechnersysteme, z.B. für Minicomputer und Prozeßrechner) [Dp] / portable data base system

Datenbankverwaltung *f* (vom Standpunkt der personellen Seite) [IDS] / data base administration || ≗ (besonders vom Standpunkt der Maschinenseite) [IDS] / data base management, data base service

Datenbasis *f* (Menge von Datenkategorien eines Systems, über die innerhalb des Systems verfügt werden kann; cf. „Datenbank") [IDS] / data base || **Mikroform-**≗ *f* [Rep] / microform data base || **Terminologie-**≗ *f* [MAT] / terminology data base

Daten·bearbeitung *f* [Dp] / data manipulation || ~**bedingter Fehler** [Sw] / pattern-sensitive fault || ≗**behandlung** *f* [Dp] / data manipulation || ≗**bereich** *m* [Cobol] / data area || ≗**bestand** *m* (Menge der gespeicherten Dateneinheiten, auf die innerhalb eines Systems zugegriffen werden kann) [IDS] / data stock, data base

Datenbestands, Online-≗**änderung** *f* [ASw] / on-line data stock updating || ≗**definition** *f* [Sw] / data set definition

Daten·bezirksadreßregister *n* [ES] / data region address register || **nicht** ~**bezogene Operation** [Sw] / nondata operation

Datenbit *n* [Th, Tr] / data bit, information bit || ≗**umsetzer** *m* [Hw] / data bit converter

Datenblatt *n* [Dist] / specification sheet, spec sheet

Datenblock *m* [Sw] / block, data block, physical record || ≗**adresse** *f* [Sw] / data block address || ≗**betrieb** *m* [Sw] / data block working, data block mode || ≗**grundadresse** *f* [Sw] / data block base address || ≗**indizierung** *f* [Sw] / data block indexing || ≗**zelle** *f* [Sw] / data block cell || ≗**zuordnung** *f* [Sw] / data block allocation, data block assignment

Daten·bogen *m* [Dist] / specification sheet, spec sheet || ≗**breite** *f* (eines Anschlusses) [DT] / data capacity

Datenbus *m* [Mp] / data bus || **8-Bit-Zweiweg-**≗ *m* [Mp] / 8-bit bidirectional data bus, 8-line bidirectional data bus || **einen Befehl auf den** ≗ **leiten** [Mp] / to gate an instruction onto the data bus || **interner** ≗ [Mp] / internal data bus || **Zweiweg-**≗ *m* [Mp] / bidirectional data bus || ≗**leitung** *f* [Mp] / data bus || ≗**schiene** *f* [Mp] / data bus || ≗**steuerung** [Mp] / data bus control

Datenbyte *n* (im Wartungsfeld) [HSP] / data byte

Datencode *m* [Dp] / data code || **alphanumerischer** ≗ [Dp] / alphameric data code, alphanumeric data code || **numerischer** ≗ (s. numerischer Code)

Datendarstellung *f* [Th] / data representation || **komprimierte** ≗ [PCC] compressed data representation || **maschinenlesbare** ≗ [DT, PE, Sw] / machine script

Daten·definition *f* [Sw] / data definition || ≗**direktübertragung** *f* [Tr] / on-line dat transmission || ≗**drucker** *m* (alphanumerischer Drucker im Gegensatz zu grafischen Hardcopy-Einheiten) [HSP] / printer || ≗**drucker mi Eingabetastatur** [DT, HSP] / keyboard printer

Datendurchsatz *m* [Dp] / data throughput || **optimaler** ≗ [Dp] / optimum throughput || ≗**rate** *f* / data throughput rate

Daten·durchschalteleistung *f* / data throughput rate || ≗**ebene** *f* [Dp] / data level, rank || ≗**eigentümer** *m* [DS] / data set owner

Dateneingabe *f* [IO] / data input || **manuelle** ≗ (DIN 9757E, Okt. 1977) [Calc] / manual data input || ≗**einheit** *f* [IC / data input station || ≗**format** *n* [Dp] / input format || ≗**geräte** *n pl* [Hw, IO] / dat entry equipment || ≗**kanal (DEK)** *m* [E / data input channel || ≗**leitung** *f* [IO] / data-in line (DIN), data input line || ≗**register (DER)** *n* [ES] / data input register || ≗**steuerung (DES)** *f* [ES] / dat input control || ≗**system** *n* [IO] / data entry system

Dateneinheit *f* (kleinste isolierbare, innerhalb eines kommunikativen Zusammenhangs für sich interpretierbare Einheit aus einer gegebenen Menge von Daten) [DOK, D

Sw] / data unit
Datenelement *n* [Cobol] / data element, elementary item || ≗ (Bestandteil einer Dateneinheit, der innerhalb dieser nicht weggelassen oder ausgetauscht werden kann, ohne die Bedeutung der Dateneinheit zu ändern) [DOK, Dp, Sw] / data item, data element
Datenempfänger *m* [IO, Tr] / data receiver
Datenendeinrichtung (DEE) (DIN 44302, Apr. 1979) *f* [Tr] / data terminal equipment (DTE) || **Synchron-≗** *f* [RDp] / synchronous data terminal equipment
Datenendekarte *f* [Sw] / end-of-data parameter card
Datenend·gerät *n* [IO] / terminal, data terminal, terminal unit || **≗platz** *m* [IO] / terminal, data terminal, terminal unit || **≗station** *f* [RDp] / communication terminal || **≗stelle** *f* [IO] / terminal, data terminal, terminal unit || **≗verarbeitung** *f* [RDp] / teleprocessing, remote data processing
Datenereigniskontrollblock *m* [Sw] / data event control block (DECB)
Datenerfassung *f* [IO] / data acquisition || ≗ (von Analogdaten am Meßgerät, ohne Bearbeitung der Daten) [ADp] / data logging, data capture || ≗ (Umsetzen von in beliebiger, aber nicht maschinenlesbarer Form vorliegenden Daten in maschinenlesbare Form) [IO] / data collection, data gathering || **≗ am Entstehungsort** [Dp] / local source recording || **dezentrale ≗** [Dp] / decentralized data acquisition || **primäre ≗** [OCR] / source data acquisition
Datenerfassungs·geräte *n pl* [Hw, IO] / data entry equipment || **≗platz** *m* [RDp] / data collection point || **≗station** *f* [RDp] / data collection station
Datenerfassungssystem *n* [Dp] / data acquisition system || ≗ (für Meßwerte) [PCC, ADp] / data logger || **optisches ≗** [MCS] / optical data entry system
Datenerfassungstastatur *f* [IO] / data entry keyboard
Daten·erklärung *f* [Cobol] / data description entry || **≗fehler** *m* [Sw] / data error
Datenfeld *n* [Cobol] / data item, item || ≗ (Abschnitt eines Satzes mit variabler Länge, der eine einzelne Kategorie des MATER-Austauschformats aufnimmt) (DIN 2341E, Mai 1977) [MT, MAT] / data field || ≗ (im Wartungsfeld) [HSP] / data field || **druckaufbereitetes ≗** [Cobol] / edited item || **dynamisches ≗** [Sw] / dynamic data field || **gemeinsames ≗** [Sw] / common field || **semidynamisches ≗** [ES] / semidynamic data field || **strukturabhängiges ≗** [Cobol] / contiguous item || **strukturunabhängiges ≗** [Cobol] / noncontiguous item || **unbenanntes ≗** [Cobol] / filler (item) || **ungeschütztes ≗** [VDT, Sw] / unprotected data field, unprotected field || **zentrales ≗** [ES] / central data field || **zweidimensionales ≗** [PL] / two-dimensional array || **≗beschreibung** *f* [Fortran] / field descriptor || **einfache ≗beschreibung** [Fortran] / basic field descriptor || **≗format** *n* [Sw] / data field format || **≗länge** *f* [Sw] / data field length || **≗länge** [Fortran] / field width || **≗name** *m* [Sw] / field name || **≗trennzeichen** *n* [Fortran] / field separator
Daten·fernausgabe *f* [RDp] / remote data output || **≗ferneingabe** *f* [RDp] / remote data input || **≗fernschaltgerät** *n* [RDp] / data circuit terminating equipment (DCE) || **≗fernsprecher** *m* [DT] / data phone
Datenfernübertragung *f* [Tr] / remote data transmission, long-distance data transmission, data communication(s) || **Betriebssystem für ≗** [RDp] / communications operating system, communication operating system || **SPOOL-Ausgabesystem für ≗** [RDp, OS] / remote spoolout system (RSPOOL) || **≗seinrichtungen** *f pl* [ES] / long-distance trunk digital data communications facilities
Datenfernübertragungssystem *n* [RDp] / remote data transmission system
Datenfernverarbeitung *f* (DIN 44302, Apr. 1979) [Tr] / remote data processing, teleprocessing (originally IBM Rtm.), remote computing || **direkte ≗** [RDp] / on-line teleprocessing || **indirekte ≗** [RDp] / off-line teleprocessing || **Netzwerkarchitektur für ≗** [RDp] / communications network architecture (CNA)
Datenfernverarbeitungs·einrichtung *f* [RDp] / teleprocessing equipment || **≗-Monitor** *m* [RDp, IDS] / teleprocessing monitor, TP monitor
Datenfluß *m* (DIN 44300, März 1972) [Sw] / data flow || **≗plan** *m* (DIN 44300, März 1972) [Sw] / flow diagram

Daten·format *n* [Sw, ES] / data format || **~funk** *m* [Tr] / radio data transmission
Datengerät *n* [Hw] / data device
datengesichert *adj* [ES] / in protected mode
datengesteuert *adj* [PL/1] / data directed
Daten·gewinnung *f* [IO] / data acquisition || **~grenze** *f* [Sw] / data boundary || **~gruppe** *f* [Cobol] / group item
Datengruppen·stufe *f* [Cobol] / group level || **~stufennummer** *f* [Sw] / group level number
Daten·hierarchie *f* [Sw] / data hierarchy || **~integrität** *f* [Priv, IDS] / data integrity, integrity
Datenkanal *m* [Tr] / data channel, information channel || ~ (s. Ein-Ausgabekanal) || **direkter ~** [Tr, NC] / direct data channel || **gemeinsamer ~** [ES] / centralized data channel
Datenkanalanschluß *m* [Tr] / data channel adapter || **~ für Analogeingabe** [ADp] / data channel analog input adapter || **~ für Digitaleingabe** [Dp] / data channel digital input adapter
Datenkanal·empfänger *m* [Tr] / data channel receiver || **~sender** *m* [Tr] / data channel sender
Daten·karte *f* [Sw] / data card || **~kasse** *f* [Hw] / point-of-sale terminal, POS terminal
Datenkeller *m* [VS] / data stack || **~adresse** *f* [VS] / data stack address (DSA) || **~obergrenzadresse** *f* [VS] / data stack upper bound address (DSUBA) || **~untergrenzadresse** *f* [VS] / data stack lower bound address (DSLBA)
Datenkette, geschlossene ~ [Tr] / burst of bytes
Datenkettenanzeige *f* [OS] / chain data flag
Datenkettung *f* [Sw] / data chaining || **Kennzeichen für ~** [OS] / chain data flag
Daten·kommunikationsrechner *m* [Dp] / communication computer || **~kompression** (s. Datenverdichtung) || **~komprimierung** *f* [Dp, Tr] / data compression, data compaction || **~konstante** *f* [Sw] / data constant, constant || **~konvertierung** *f* [Cobol] / conversion of data
Datenkonzentrator *m* [MCS, RDp] / data concentrator || [MT] / pack/unpack facility
Daten·koordinierungsrechner (DKR) *m* [CU] / data coordination computer || **~länge** *f* [Sw] / data length || **~leitsystem** *n* [CU] / data control system || **~leitung** *f* [Tr] / data line, data circuit || **~logger** *m* [PCC, ADp] / data logger || **~management** *n* [Sw] / data management || **~manipulationssprache** *f* [PL] / data manipulation language
Datenmenge *f* [PL/1] / dataset || **Bestand der ~** [PL/1] / dataset set
Daten·mißbrauch *m* (österr. DSG) [Priv] data abuse, misuse of data || **~modifikation** *f* [HSP] / data modification || **~modul** *n* [Th] / data module || **~multiplexer** *m* (DIN 44302, Apr. 1979) [Tr] / data multiplexer || **~muster für ungünstigsten Betriebsfall** [Th, Tr] / worst-case patter || **~nachricht** *f* [Tr] / data message || **~nahübertragung** *f* [Tr] / in-plant communication(s)
Datenname *m* [Fortran] / data name || [Cobol] / data name || **indizierter ~** [Cobol] / indexed data name
Datennetz *n* (DIN 44302, Apr. 1979) [Tr] data network || **digitales ~** [Tr] / digital data network || **öffentliches ~** [Tr] / public data network || **sternförmiges ~** [RDp] / star-shaped data network
Datenorganisation *f* [Sw] / data organization || ~ (= Dateiorganisation) [Sw] / file architecture
Datenpackung *f* [ES] / data compressio
Datenpaket *n* (DIN 44302, Apr. 1979) [ES] / packet || **~vermittlung** *f* (DIN 44302, Apr. 1979) [ES] / packet switchin
Daten·pfad *m* [MCS] / data bus || **~phase** [ES] / data transmission phase || **~plattenverkettung** *f* [Sw] / file disk chaining || **~prozeßsteuerung** *f* [PCC] / data processing system || **~prüfung** *f* [Sw] / data check || **~pufferung** *f* [Sw] / data buffering || **~pult** *n* [RDp, Tr] / input console || **~quelle** *f* (DIN 44302, Apr. 1979) [Tr] / data source, source || **~rate** [Tr] / throughput
Datenreduktion *f* [WS] / data reduction **Online-~** *f* [PCC, RDp] / on-line data reduction
Daten·reduktionsprogramm *n* [Sw] / data reduction program || **~redundanz** [Dp] / data redundancy || **~registrierger** *n* [IO] / data plotter || **~registrierung** *f* [PE] / data recording || **~retrieval** *n* (Form des Retrievals, bei der als Antwort auf eine Suchfrage Daten selektiert werden, die geeignet sind, d Suchfrage direkt zu beantworten) [DC DpC] / data retrieval, fact retrieval || **~sammeleinrichtung** *f* [Dp] / data collecting equipment, data pooling

equipment || ~**sammeln** *n* (ohne Bearbeiten der Werte) [PCC] / data logging || ~**sammelregister** *n* [ES] / data collecting register || ~**sammelsystem** *n* (Bankenterminalsystem usw.) [Dp] / data collection system, data gathering system, data pooling system || ~**sammler** *m* [ES] / data channeller

Datensammlung *f* [Dp] / data pooling, data marshaling, data collection || ~ (bei Meßgeräten usw.) [ADp] / data logging, data capture

Datensatz *m* [Algol] / record || [Cobol] / data record, record || [PL/1] / record || ~ (Zusammenfassung mehrerer Dateneinheiten mit einem gemeinsamen Wert der konstituierenden Variablen zu einer Einheit) [DOK, Dp] / logical record || ~**bereich** [Cobol] / record area || ~**beschreibung** *f* [Cobol] / record description || ~**erklärung** *f* [Cobol] / data record description entry, record description entry || ~**klausel** *f* [Cobol] / data record clause || ~**längenklausel** *f* [Cobol] / record contains clause || ~**name** *m* [Cobol] / data record name, record name

Datenschalter *m* [HSP] / data switch

Datenschreiber *m* (einer Datenstation) [DT] / data printer || ~ **mit Eingabetastatur** [DT, HSP] / keyboard printer

Datenschutz *m* (Schutz vor unberechtigter Benutzung von Datenbeständen, z.B. durch Kennwörter, Berechtigungsschlüssel usw.) [Priv] / data privacy, privacy, data privacy protection || **Anrufung des Bundesbeauftragten für den** ~ [Priv] / appeal to the Federal Data Protection Commissioner || **Aufgabe und Gegenstand des** ~**es** / purpose and subject matter of data privacy protection || **Beauftrage für den** ~ [Priv] / (i) (German) Federal Data Protection Commissioner, (ii) data protection officer || **Bestellung eines Bundesbeauftragten für den** ~ [Priv] / appointment of a Federal Commissioner for Data (Privacy) Protection

Datenschutzbeauftragte *m* [Priv] / (i) (German) Federal Data Protection Commissioner, (ii) data protection officer || **betrieblicher** ~ [Priv] / data protection officer

Datenschutz·berechtigte *m* [Priv] / person concerned, subject, data subject || ~**gesetz** *n* (in der Bundesrepublik Deutschland) [Priv] / (German) Federal Data Protection Act, Act on Protection against the Misuse of Personal Data in Data Processing

Daten·segment *n* [Tr] / data segment || ~**sektor** *m* [PCC] / data sector || ~**senke** *f* (DIN 44302, Apr. 1979) [Tr] / data sink, sink

Datensicherheit *f* (z.B. Funktionen zur Sicherung und Rekonstruktion von Datenbeständen) [Priv, IDS] / data integrity, integrity || **Objekt der** ~ [Priv] / security object

Datensicherung *f* [DS] / data security, data protection

Datensicherungs·automatik *f* [Tr] / automatic data protection feature || ~**system mit Rückübertragung** [DS, Tr] / information feedback system

Datensichtgerät *n* [VDT] / video terminal, CRT display screen, CRT screen, visual display unit (VDU) || **Empfangs-**~ *n* [VDT] / receive-only CRT display || **zentraler Bedienungsplatz mit** ~ [Hw] / display control console, central CRT console

Datensicht·platz (DSPL) *m* [VDT] / data display console || ~**station** *f* [VDT] / display terminal

Datensignal *n* (DIN 44302, Apr. 1979) [Tr] / data signal

Datensignalisierung *f* [ES] / data signaling, data signaling scheme

Datensignal·konzentrator *m* (DIN 44302, Apr. 1979) [Tr] / data signal concentrator || ~**quelle** *f* [Tr] / data source, source || ~**senke** *f* [Tr] / data sink, sink

Datensondernetz *n* [RDp] / special data network

Datenspeicher *m* [Mp] / data memory (usually RAM) || [M] / data storage || ~ (Großspeicher) [M] / file storage, mass storage || **Laser-**~ *m* [M] / laser storage || **optischer Diodenlaser-**~ (optischer Speicher, der sich sowohl zum Schreiben wie zum Lesen der Daten eines Diodenlasers bedient) [M] / optical diode laser storage || ~**organisation** *f* [OS] / data storage management program || ~**platz** *m* [PE] / data storage position

Daten·speicherung *f* [Sw] / data storage || ~**speicherungsregister** *n* [Dp] / data storage register || ~**spur** *f* [PT] / code hole track, code track, data track

Datenstation (DST) (DIN 44302, Apr. 1979) *f* [RDp] / terminal station, data terminal (comprising DTE and DCE) || **~ für Dialogfernverarbeitung** [RDp] / conversational terminal || **~ für Fernverarbeitung** [RDp] / communication terminal || **aktive ~** [RDp] / active station || **annehmende ~** [RDp] / accepting station || **entfernt aufgestellte ~** [DT] / remote terminal, remote station || **intelligente ~** [DT] / intelligent terminal, smart terminal, intelligent data terminal || **logische ~** [VS] / high-level terminal || **programmierbare ~** [DT] / intelligent terminal, smart terminal, intelligent data terminal

Daten·stationsdrucker *m* [HSP] / terminal printer || **~steuerung** *f* [CU] / data control

Datenstreifen *m* [MC] / band || [PT] / data tape

Daten·strom *m* [PL/1] / stream || **~struktur** *f* [Sw, ES] / data format || **~sucheinrichtung** *f* [MD, MC] / file scan equipment, file scan feature || **~synchronisiereinheit** *f* [PE] / data synchronizer

Datensystem, Basis-~ *n* [Mid] / small computer (esp. small business computer) || **dediziertes ~** [Dp] / dedicated data processing system (i.e., a system designed or specifically programmed for a single or special group of applications) || **Realzeit-~** *n* [Th] / real-time data system

Datentechnik *f* / data systems technology || **mittlere ~ (MDT)** [Dp] / office computers (as opposed to general-purpose computers)

Datenteil *m* [Cobol] / data division

Datenteilnehmer *m* [ES] / data terminal subscriber, data user || **~station** *f* [IO] / data subset

Datentelegramm *n* [RDp, Tr] / data telegram

Datenträger *m* [Cobol] / storage medium || **~** (DIN 44300, März 1972) [Dp] / data medium, medium, data carrier || **gemeinschaftlicher ~** [Sw] / public volume || **maschinenlesbarer ~** [Dp] / machine-readable medium || **privater ~** [Sw] / private volume || **Schrank für ~** [DpC] / data media storing cabinet || **unbeschrifteter ~** [PE] / blank medium, empty medium || **unvorbereiteter ~** [PE] / virgin medium || **~archivnummer** *f* [DpC] / volume serial number (VSN) || **~bezeichnung** *f* [Sw] / volume identification || **~-Eigentümeridentifikation** *f* [Sw] / volume owner identification || **~ende** *n* [Sw] / end of volume (EOV) || **automatische ~erkennung** [Dp] / automatic volume recognition || **~etikett** *n* [Sw] / volume label (VOL) || **~folgenummer** *f* [Sw] / volume sequence number || **~-Inhaltsverzeichnis** *n* [Sw] / volume table of contents (VTOC) || **~katalog** *m* [Sw] / volume catalog (VOLCAT) || **~kennsatz** *m* [Sw] / volume label (VOL) || **~liste** *f* [Sw] / volume list, volume table || **~medium** *n* [RDp] / recording medium || **~nummer** *f* [Sw] / volume sequence number || **~schutz** *m* [DS] / volume security || **~speicher** *m* [PE] / data carrier storage || **~typ** *m* [Sw] / volume type || **~wechsel** *m* [OS] / volume switch || **~zeichen** *n* [Sw] / end-of-medium character (EM character)

Datentransfer *m* [CP, Tr] / data transfer, transfer || **physikalischer ~** [RDp] / physical message transfer || **serieller ~** [CP, Tr] / serial transfer || **~befehl** *m* [CP] / data transfer instruction || **~zeit** *f* [VS] / swap time

Datenübergabesignal *n* [CP, Tr] / data transfer enabling signal, data transfer signal

Datenübermittlung *f* (DIN 44032, Apr. 1979) [Tr] / data communication(s) || **~ innerhalb des öffentlichen Bereichs** [Priv, IDS] / data communication within the public sector, data transmission within the public sector || **beidseitige ~** (DIN 44302, Apr. 1979) [Tr] / both-way communication, two-way simultaneous communication || **codetransparente ~** (DIN 44302, Apr. 1979) [Tr] / code-transparent data communication || **codeunabhängige ~** (DIN 44302, Apr. 1979) [Tr] / code-independent data communication || **einseitige ~** (DIN 44302, Apr. 1979) [Tr] / one-way communication || **wechselseitige ~** (DIN 44302, Apr. 1979) [Tr] / two-way alternate communication, either-way communication

Datenübermittlungs·abschnitt *m* [Tr] / data link, data transmission link, communication link (i.e., a number of terminal stations together with interconnecting circuits permitting data to be transmitted) || **~einheit** *f* [Tr] / data transmission equipment || **~gerät** *n*

[Tr] / data transmission equipment || ≈**system** *n* (DIN 44302, Apr. 1979) [Tr] / data communication system, data communications system

Datenübertragung *f* (zwischen Zentraleinheit und Peripherie) [CP, Tr] / data transfer, transfer || ≈ (Übertragen von Daten zwischen DEEs über Datenverbindungen, besonders im Hinblick auf die technischen Aspekte des Übertragens von Informationen in verschlüsselter Form mit Hilfe eines elektrischen Übertragungssystems) (DIN 44302, Apr. 1979) [Tr] / data transmission || ≈ (im weiteren Sinne, d.h., umfaßt über die Aspekte der Datenübertragungstechnik hinaus auch die Bereiche der Übertragungssicherheit und der Verarbeitung der Informationen in rechnergestützten Übertragungssystemen) [Tr] / data communications, data communication, communication || ≈ **von Lochkarte auf Lochkarte** [PC, RDp] / card-to-card transceiving || **Anschlußeinheit für** ≈ [RDp, Tr] / communication adapter unit || **Lochkarteneinheit für** ≈ [PC, RDp] / card transmission terminal, transceiver || **Programmsystem für** ≈ **und Netzsteuerung (PDN)** [ES] / program system for data communication and network control || **von** ≈ **auf Sprechen umschalten** [Tr] / to switch over from the communication to the voice mode || **weltweite** ≈ [Tr] / international data transmission

Datenübertragungs- und Netzsteuerprogramm (DNSP) [ES] / data communication and network supervisory program || ≈**-Benutzerprogramm** *n* [Sw, Tr] / communication user program (CUP) || ≈**bereich** *m* [Sw, OS, Tr] / communication area, communications area || ≈**code** *m* [CP, Tr] / data transfer code || ≈**-Ein-Ausgabesystem** *n* [Tr] / communications input-output control system (CIOCS)

Datenübertragungseinheit (DUET) *f* [Tr] / communication control unit (CCU) || **zentrale** ≈ [Tr] / central communications unit

Datenübertragungseinrichtung (DÜE) (DIN 44302, Apr. 1979) *f* [Tr] / data communications equipment (DCE) || ≈ (allgemein) [Tr] / data transmission facility || **Gleichstrom-**≈ **für niedrige Sendespannung (GDN)** [Tr] / (corresponds to:) baseband modulator-demodulator (BMD)

Datenübertragungs·gerät *n* [Tr] / data transmission equipment || ≈**geschwindigkeit** *f* [Tr] / transmission speed (measured e.g. in characters per second, bits per second, etc.) || ≈**hardware** *f* [Tr] / communication hardware || ≈**kanal** *m* [Tr] / data channel, information channel || ≈**leitung** *f* [TrL] / transmission line || ≈**netz** *n* [Tr] / data communication network, data communications network || ≈**phase** *f* [ES] / data transmission phase

Datenübertragungsprogramm (DP) *n* [OS, Tr] / communication control program (CCP) || **Mehrkanal-**≈ *n* [OS] / multichannel communication program (MCP) || ≈**system** *n* [Sw] / communication control system (CCS)

Datenübertragungsprozedur *f* [OS] / communication protocol || ≈ (zeitlicher Ablauf der Datenübertragung) [Tr] / communication control procedure, data communication procedure

Datenübertragungs·pufferspeicher *m* [Tr] / communication buffer || ≈**software** *f* [Dp] / communication software || ≈**steuereinheit** *f* [Tr] / multiplexer || ≈**steuerteil (DÜST)** *m* [Tr] / data communication control unit

Datenübertragungssteuerung (DUST) *f* [Sw, Tr] / communication controller (CC) || ≈ **für Außenstationen (DUSTA)** [Tr] / communication controller for outstations || **Ein-Ausgabeprogramm für** ≈ [Tr] / CC handler || **Mehrkanal-**≈ *f* [Tr] / communication controller-multichannel (CCM) || **programmierbare** ≈ [ES] / programmable communication controller

Datenübertragungs·steuerzeichen *n* [Tr] / transmission control character || ≈**strecke** *f* [RDp, Tr] / data circuit, transmission circuit

Datenübertragungssystem *n* [CP, Tr] / data transfer system || ≈ **(DUS)** [RDp, Tr] / communication system, communications system, communication-oriented system (COS) || ≈**programm** [Sw, Tr] / communication system program

Datenübertragungs·technik *f* [Tr] / data transmission || ≈**teilsystem** *n* [Tr] / communication subsystem

Datenübertragungsumschaltung *f* [Sw,

Tr] / data link escape (DLE) || **Zeichen für** ≗ [Tr] / data link escape character
Datenübertragungs·unterbrechung *f* [Tr] / communication interrupt || ≗-**Unterbrechungsanalyse** *f* [Sw, Tr] / communication interrupt analysis (CIA) || ≗**vorrechner** *m* [RDp] / communications preprocessor, front-end processor (FEP) || ≗**weg** *m* [MCS] / data bus
Datenumformer, Schreiblocher mit ≗ [PC] / interpreting card punch
Daten·umsetzer *m* [CP] / data converter || ≗**umsetzung** *f* [NC] / data conversion || ≗**umwandlung** *f* [NC] / data conversion || ≗**umwertung** *f* [NC] / data conversion || ≗**unabhängigkeit** *f* (d.h., die DB-Datenorganisation ist nicht auf ein Anwendungsgebiet zugeschnitten, sondern viele Benutzer und Programme können auf die gleichen Datenbestände zugreifen) [IDS] / data independence || ≗**unterdrückung** *f* [HSP] / data suppression || ≗**ursprung** *m* [Sw] / data origin || ≗**verarbeiter** *m* [Priv, Dp] / data processor
Datenverarbeitung (DV) *f* / data processing (dp), information processing || **abschnittweise** ≗ (s. Stapelverarbeitung) || **administrative** ≗ [CSw] / administrative data processing || **äußere** ≗ / external data processing || **automatische** ≗ **(ADV)** [Dp] / automatic data processing (ADP) || **dezentrale** ≗ [Dp] / decentralized data processing || **digitale** ≗ [Dp] / digital data processing || **elektronische** ≗ **(EDV)** / electronic data processing (EDP) || **grafische** ≗ [GrDp] / graphic data processing || **industrielle** ≗ [Dp] / industrial data processing || **integrierte** ≗ **(IDV)** [Dp] / integrated data processing (IDP) || **isolierte** ≗ [Dp] / isolated data processing || **kaufmännische** ≗ [CSw] / business data processing || **kommerzielle** ≗ [CSw] / business data processing || **linguistische** ≗ **(LDV)** [Term, MAT] / computational linguistics || **mitlaufende** ≗ [Dp] / on-line data processing || **Online-**≗ *f* [Dp] / on-line processing, on-line data processing || **schritthaltende** ≗ [Dp, Sw] / real-time processing || **sichere** ≗ [Priv] / secure computing || **spezialisierte** ≗ [Dp] / specialized automatic data processing, specialized data processing || **teilintegrierte** ≗ [Dp] / partly-integrated data processing || **verteilte** ≗ [Dp] / distributed data processing || **zentralisierte** ≗ [Dp] / centralized data processing
Datenverarbeitungsanlage (DVA) (betriebsbereite Gesamtheit der funktionell zusammengehörigen Geräte eines Datenverarbeitungssystems) (DIN 44300, März 1972) *f* [Dp] / data processing equipment, dp equipment || **digitale** ≗ (DIN 44300, März 1972) [Dp] / digital computer || **elektronische** ≗ **(EDVA)** (betriebsbereite Gesamtheit der funktionell zusammengehörigen Geräte eines elektronischen Datenverarbeitungssystems) [Dp] / electronic data processing equipment, EDP equipment || **universelle** ≗ [Dp] / universal data processing system
Datenverarbeitungsbetrieb, verteilter ≗ [Dp] / distributed systems environment (DSE)
Datenverarbeitungsorganisation, zentralisierte ≗ [Dp] / centralized data processing organization
Datenverarbeitungssystem *n* (Gesamtheit von materiellen und methodischen Hilfsmitteln, mit deren Hilfe Daten in einer systematischen Folge von Arbeitsschritten verarbeitet werden können) (DIN 44300, März 1972) [Dp] / data processing system, dp system || **automatisches** ≗ **(ADVS)** [Dp] / automatic data processing system (ADPS) || **digitales** ≗ (DIN 44300, März 1972) [Dp] / digital data processing system, digital data processor || **elektronisches** ≗ **(EDVS)** (Datenverarbeitungssystem, das sich vorwiegend elektronischer Hilfsmittel bedient und zur Ausführung einer Aufgabe nur definierte gelegentliche Eingriffe des Menschen benötigt) [Dp] / electronic data processing system (EDPS), EDP system || **grafisches** ≗ [GrDp] / graphic data processing system
Datenverarbeitungszentrale *f* [Dp] / data processing center, dp center || **elektronische** ≗ [Dp] / electronic data processing center
Datenverarbeitungszentrum *n* [Dp] / data processing center, dp center || **elektronisches** ≗ [Dp] / electronic data processing center
Datenverbindung *f* (DIN 44302, Apr. 1979) [Tr] / data circuit, data transmission circuit
Datenverbund *m* [PL/1] / aggregate ||

≗ (Datensatz, in dem zu einer determinierenden Variablen mehrere verschiedene Variablenwerte gehören) [DOK, Dp] / data combination || **gestufter** ≗ (Datensatz, in dem mehrere zusammengehörige determinierende Variablen als Gruppe mit unterschiedlichen Variablenwerten wiederholt werden) [DOK, Dp] / graduated data combination

Datenverdichtung *f* [WS] / data reduction || [Dp, Tr] / data compression, data compaction

Daten·verkehr *m* [Tr] / data traffic, data communication traffic || ≗**verlust** *m* [Dp] / overrun || ≗**vermittlung** *f* [ES] / data switching

Datenvermittlungs·durchschaltetechnik *f* [ES] / data circuit switching || ≗**einrichtungen** *f pl* [ES] / switched data communications facilities || ≗**stelle** *f* [ES] / data switching exchange (DSE), data switching center

Datenvermittlungssystem *n* [ES] / data switching system || **elektronisches** ≗ [ES] / electronic data switching system

Datenverschlüsselung, kryptografische ≗ [DS, Priv, Cryp, IDS] / privacy transformation (US), cryptographic data transformation, encryption, scrambling

Daten·verteiler (DVT) *m* [ES] / intermediate distributing frame (IDF), intermediate frame || ≗**verteilsystem** *n* [RDp, Tr] / data distribution system || ≗**verteilung** *f* [RDp, Tr] / data distribution, data dissemination || ≗**verwaltung** *f* (DIN 66200E T1, März 1974) [Sw] / data management || ≗**verwaltungssystem** *n* [Sw] / data management system (DMS) || ≗**vorbereitung** *f* [Dp] / data preparation || **dezentrale** ≗**vorverarbeitung** [Dp] / decentralized data preprocessing

Datenwähl·netz *n* [ES] / switched data network || ≗**verkehr** *m* [ES] / switched data traffic

Datenwandler *m* [CP] / data converter || [Hw] / data transducer

Datenweg *m* [CP, Tr] / data path || ≗**breite** *f* [CP] / data path width || ≗**steuerung** *f* [Tr] / data path logic

Daten·weiche *f* [ES] / data selector || ≗**wiedergewinnung** *f* [IDS] / data retrieval

Datenwort *n* [PL] / data word || **alphanumerisches** ≗ [Sw] / alphameric item, alphanumeric item || ≗**adresse** *f* [Sw, ES] / data word address

Daten·zeichen *n* [Tr] / data character || ≗**zelle** *f* [ES] / data cell || ≗**zellensperre** *f* [MC] / data cell mount interlock

Datenzentrum *n* [Dp] / data processing center, dp center || ≗ (Datenbank, die ihre Tätigkeit zentral für eine geografische, organisatorische oder politische Einheit durchführt) [DOK] / data center

Daten·zwischenspeicher *m* [PE] / data synchronizer || ≗**zyklus** *m* [Sw] / data cycle

Datex·dienst *m* [RDp, TP] / datex services || ≗**netz** *n* [RDp, TP] / datex network

Datums·byte *n* [Sw] / date byte || ≗**-Funktion** *f* [PL/1] / date (builtin) function || ≗**karte** *f* [Sw] / date card

Datum-Uhrzeit-Programm *n* [OS] / date-time program

DAU (s. dynamische Adreßumsetzung) || ≗ (s. Digital-Analog-Umsetzer)

Dauer Eins [ES] / long strings of 1s (ones) || ≗ **Null** [ES] / long strings of 0s (zeros) || ≗**abrufsignal** [ES, TP] / continuous call signal || ≗**anforderung** *f* [ES] / continuous request

Daueranforderungs·meldekippstufe *f* [ES] / continuous-request storing flipflop || ≗**meldung** *f* [ES] / continuous-request flag || ≗**überwachung** *f* [ES] / continuous-request monitor

Dauer·anschlag *m* (Tastatur) [VDT] / key repeat feature || ≗**auslösetaste** *f* [TP] / runout key, repeat key

Dauerauswahl *f* [ES] / continuous τ release || ≗**modus** *m* [ES] / continuous τ release mode

Dauerbetrieb *m* [Dp] / continuous operation, continuous service || ≗ (mit gleichbleibender Belastung) [Dp] / continuous duty || ≗ (Leser) [TP] / continuous transmission || ≗ (mit veränderlicher Belastung) [Dp] / uninterrupted duty

Dauer·empfangszustand *m* [ES] / continuous receive state || ≗**fehler** *m* [Dp, AC] / permanent fault, sustained fault || ≗**funktionstaste** *f* [TP] / runout key, repeat key || ≗**kennzeichen** *n* [ES] / continuous signal || **Sperrschichtgleichrichter mit** ≗**kontakt** [Sc] / welded-contact rectifier || ≗**kopie** *f* [Dp] / hard copy || **Abrufbetrieb mit** ≗**kriterium** [TP] / character readout (mode) in response to an external continuous signal || ≗**lage** *f* [ES] / continuous 1 or 0 || ≗**leitungsbetrieb** *m* [TP] / continuous line working || ≗lochstreifen *m* (DIN 66218, Jan. 1976) [PT] / long-life tape, high-durability tape || ≗mäander *m* [ES] / continuous 400µs timing signal || ≗notiz *f* [ES] / standing note || ≗polarität *f* [ES] / long strings of 0s or 1s || ≗speicher *m* [M] / nonerasable storage (i.e., a storage medium of which the contents cannot be erased during processing, e.g., paper tape, punched cards, photographic storage; cf. "nonvolatile storage"), nonvolatile storage, non-erasable storage

Dauerstart·generator *m* [ES] / continuous start generator || **≗polarität** *f* [TP, Tr] / continuous start polarity, steady start polarity, permanent start polarity, continuous space (signal)

Dauer·stoppolarität *f* [TP, Tr] / continuous stop polarity, steady stop polarity, permanent stop polarity, continuous mark (signal) || **≗störung** *f* [Hw] / permanent fault || **≗taktzeitfehler** *m* [ES] / continuous clock time error || **≗taste** *f* [TP] / runout key, repeat key || **≗zyklusanforderung** *f* [ES] / continuous cycle request

D/A·-Umsetzer *m* [Mp] / digital-to-analog converter (DAC), digital-analog converter, D-A converter || **≗-Umsetzung** *f* [PCC] / digital-to-analog conversion, digital-analog conversion, D-A conversion || **≗-Wandler** *m* [Mp] / digital-to-analog converter (DAC), digital-analog converter, D-A converter

db (s. Dezibel)

DBMS (s. Datenbank-Managementsystem)

DB-Technik *f* [Sc] / diffused-base technique

DDA (s. Auflisten der Gerätezuordnungen)

DD-Anweisung *f* [OS] / data definition statement, DD statement

DDC (s. direkte digitale Regelung)

DD-Name *m* [OS] / data definition name, DD name

De Morgansches Gesetz [SA] / DeMorgan's theorem, DeMorgan's law

DEA (s. Direkt-Ein-Ausgabe)

deaktivieren *v* [Mp] / disable (interrupt system, etc.)

Debetzeichen *n* [PL/1] / debit sign

Debugprogramm *n* [Mp] / debugging routine

dechiffrieren *v* [Cryp] / decipher, decode, decrypt

Deckelelektrode *f* [Sc] / counter-electrode

Decodierdiode *f* [Sc] / decoding diode

decodieren *v* [Cryp] / decode || *n* [Cryp] / decoding, decodification

Decodierer *m* (DIN 44300, März 1972) [Tr] / decoder || **passiver ≗** [Cir] / passive decoder

Decodier·matrix *f* [Cryp] / decoder matrix || **≗netzwerk** *n* [Cir] / decoder network

Decodierungs·freigabe *f* [ES] / enable decoding || **≗programm** *n* [ES] / decoding program

dediziert·es Datensystem [Dp] / dedicated data processing system (i.e., a system designed or specifically programmed for a single or special group of applications) || **~es Peripheriesystem** (z.B. Bankenterminalsystem) [Dp] / dedicated peripheral equipment system

DEE (s. Datenendeinrichtung)

DE-Einrichtung *f* [Tr] / data terminal equipment (DTE)

defekt·es Gerät [Hw, Sw] / defective device || **~e Spur** [PE] / defective track || **≗elektron** *n* [Sc] / hole, mobile hole || **≗elektronenleitung** *f* [Sc] / defect electron conduction || **≗halbleiter** *m* [Sc] / p-type semiconductor || **≗leitung** *f* [Sc] / hole conduction, p-type conduction

definieren *v* [Dp] / define || **≗ Arbeitsspeicherbereich** [Assembler, Lisp] / Define storage (DS) || **≗ Kanalbefehlswort** [Befehl] / Define channel command word || **≗ Konstante** [Lisp] / Define constant (DC) || **≗ Programmabschnitt (CSECT)** [OS, Aufruf] / Identify control section (CSECT)

definiert·er Ausgangszustand [Sw] / defined initial state || **eindeutig ~** [Th] / uniquely defined

Definition *f* [IDS] / definition

DEK (s. Dateneingabekanal)

Dekade *f* [Th] / decade

Dekaden·schalter *m* [Hw, PCC] / decade switch || **≗schaltersteuerung** *f* [Hw, PCC] / decade switch control || **≗zähler** *m* [Hw] / decade counter

dekadisch·er Logarithmus [Th] / common logarithm || **~es Sortieren** [Sw] / decadic sorting || **~es System** [Th] / decimal system

Dekoder, Binär-≗ *m* [Mp] / binary decoder

Dekrement *n* [Th] / decrement

dekrementieren *v* [Mp] / decrement

Deltafunktion *f* [Cy] / unit pulse ||

Diracsche ≗ [Th, Cy] / pulse function
)eltarauschen *n* [M] / delta noise
)emodulation *f* [Tr] / demodulation
)emodulations·einrichtung *f* (für den Empfangsbetrieb) [Tr] / demodulator || ≗**gerät** *n* [Tr] / demodulation equipment
)emodulator *m* [Tr] / demodulator || ≗**diode** *f* [Sc] / detection diode
lemodulieren *v* [Tr] / demodulate, detect
)emontagevorschrift *f* [Dist] / disassembly instructions
)emultiplexer (DMX) *m* [Tr] / demultiplexer
lemultiplexieren *v* [Tr] / demultiplex
)emultiplexierung *f* [Tr] / demultiplexing
lenär *adj* [Th] / decimal || ≗**darstellung** *f* [Th] / decimal notation
)ensitometer *n* [OCR] / densitometer
)ensitometrie *f* [OCR] / densitometry
)ER (s. Dateneingaberegister)
)ES (s. Dateneingabesteuerung)
)eskribierung, automatische ≗ [DOK, IDS] / automatic indexing
deskriptive Linguistik [Term] / descriptive linguistics
Deskriptor *m* [DOK, IDS] / descriptor || ≗**satz** *m* [Sw] / descriptor record
destruktives Lesen [M] / destructive reading, destructive readout
Detailflußdiagramm *n* [Sw] / detail flowchart
Determinante *f* [Th] / determinant
determinierende Variable (Datenelement, das nicht in Datenkategorie und konstituierender Variable enthaltene Angaben zur Repräsentation eines Sachverhalts durch die Dateneinheit darstellt) [DOK, Dp, Sw] / determinant data variable
DETLST (s. Ausgeben der Gerätefehlerstatistik)
Deutsche Bundespost / (German) Federal Post Office
DEVCHK (s. Geräte Überwachen)
dezentral·e Datenerfassung [Dp] / decentralized data acquisition || ~**e Datenverarbeitung** [Dp] / decentralized data processing || ~**er Datenverarbeitungsbetrieb** [Dp] / distributed systems environment (DSE) || ~**e Datenvorverarbeitung** [Dp] / decentralized data preprocessing || ~**e Disposition** [Dist] / decentralized scheduling || ~**er Fehler** [Dp] / peripheral fault || ~**er Prozeßrechner** [PCC] / decentralized process computer || ~**e Taktüberwachung** [ES] / noncentral clock monitoring || ~**e Untereinheit** [ES] / noncentral subunit
dezentralisierte Datenerfassung [Dp] / source collection of data
Dezibel (db) *n* [Sc] / decibel (db)
dezimal *adj* [PL/1] / decimal || ~**e Binärdarstellung** [Th] / binary-coded decimal representation, binary-coded decimal notation || ~**er Direktwert** [PL, ES] / decimal self-defining term || ~**er Lesemodus** [PC] / decimal read mode || ~**er selbstdefinierender Wert** [PL, ES] / decimal self-defining term || ~**e Zahlendarstellung** [Th] / decimal notation || ≗**-...** / decimal || ≗**anordnung** *f* [Mp] / decimal adjust || ≗**äquivalent** *n* [Th] / decimal equivalent || ≗**arithmetik** *f* [Th] / decimal arithmetic || ≗**befehl** *m* [PL] / decimal arithmetic instruction, decimal instruction || ≗**bezeichnung** *f* [Th] / decimal notation
Dezimal-Binär-Code *m* [Th, OCR] / binary-coded decimal code, BCD code || ≗**-Umsetzung** *f* [ALU] / decimal-to-binary conversion || ≗**-Umwandlung** *f* [ALU] / decimal-to-binary conversion
Dezimalbruch *m* [Algol] / decimal fraction || ≗**stelle** *f* [Th] / decimal place || ≗**teilformat** *n* [Algol] / decimal fraction format
Dezimalcode, zyklischer ≗ [DS, Th] / cyclic decimal code
Dezimaldarstellung *f* [Th] / decimal notation || **binär codierte** ≗ [Th] / binary-coded decimal representation, binary-coded decimal notation
Dezimaldatenwort, internes ≗ [OS] / internal decimal item
Dezimaldivisionsfehler *m* [ALU, Sw] / decimal divide error
Dezimalexponent D [Fortran] / double precision exponent || ≗ **E** [Fortran] / decimal exponent
Dezimal-Funktion *f* [PL/1] / decimal (builtin) function
Dezimalklassifikation (DK) *f* [IDS] / decimal classification || **universelle** ≗ **(UDK)** [IDS] / Universal Decimal Classification (UDC)
Dezimalkomma *n* [Th] / decimal point || **automatische** ≗**setzung** [Sw] / automatic decimal point, automatic placement of the decimal point
Dezimal·konstante *f* [PL] / decimal constant || ≗**korrektur** *f* [Mp] / decimal adjust || ≗**lesemodus** *m* [PC] / decimal read mode || ≗**multiplikandenfehler** *m* [ALU, Sw] / decimal multiplicand error ||

~**multiplikationsoperation** *f* [Sw] / decimal multiply operation || ~**notation** *f* (Ziffernnotation mit der Notationsbasis 10) [DOK] / decimal notation
Dezimalpunkt *m* [Algol] / decimal point || [Fortran] / decimal point || [Cobol] / decimal point, point || **Austausch von ~ und -komma** [Sw] / inverted print edit || ~**ausrichtung** *f* [Cobol] / decimal point alignment || ~**ersetzungsklausel** *f* [Cobol] / decimal-point is comma clause || ~**-Konstante** *f* [Fortran] / basic real constant || **automatische ~setzung** [Sw] / automatic decimal point, automatic placement of the decimal point || ~**stellung** *f* [OS] / point alignment
Dezimalrechnung *f* [Th] / decimal arithmetic
Dezimalschreibweise *f* [Th] / decimal notation || **codierte ~** [Th] / coded decimal notation
Dezimal·stelle *f* [Th] / decimal place || ~**stellenvorwahl** *f* (DIN 9757E, Okt. 1977) [Calc] / fixed-out decimal point capability
Dezimalsystem *n* [Th] / decimal system || **binär codiertes ~** [Th] / binary-coded decimal system
Dezimal·überlauf *m* [ALU] / decimal overflow || ~**wert** *m* [Th] / decimal value
Dezimalzahl *f* [Algol] / decimal number || **biquinär verschlüsselte ~** [Th] / biquinary-coded decimal number || **ungepackte ~en** [OS] / zoned decimal data
Dezimalzahlen·format *n* [Algol] / decimal number format || ~**system** *n* [Th] / decimal number system, decimal numbering system
Dezimalzähler, binär codierter ~ [Cir] / binary-coded decade counter
Dezimalzeichenfehler *m* [ALU, Sw] / decimal format invalid digit
Dezimalziffer *f* (DIN 44300, März 1972) [Cobol] / decimal digit || **binär codierte ~** [Th] / binary-coded decimal digit, binary-coded decimal (BCD) || **codierte ~** [Th] / coded decimal digit || **erweiterter Binärcode für ~n** [Th] / extended binary-code decimal interchange code (EBCDIC)
Dezimalziffernfehler *m* [ALU, Sw] / decimal format invalid digit
Diagnose *f* [Serv] / diagnostic analysis || ~**ablauf** *m* [OS] / diagnostic sequence || ~**anstoß** *m* [Serv] / diagnosis start, start of diagnostic routine || ~**aufruf für Rundlauf** [Serv] / diagnostic call for cyclic testing || ~**befehl** *m* [Sw] / diagnostic command || ~**bereich** *m* [Dp] diagnostic scan-out area, logout area || ~**bit** *n* [Sw] / diagnostic bit || ~**byte** *n* [HSP] / diagnostic byte, diagnostic status byte (DSB) || ~**datenmeldung** *f* [Serv] / diagnostic data indication, diagnostic data note || ~**einheit** *f* [TP] / diagnostic unit || ~**einrichtung** *f* [Serv] / diagnostic feature || ~**einrichtungen** *f pl* [Serv] / diagnostic facilities || ~**ergebnis** *n* [Serv] diagnostic result || **einprogrammierte ~funktion** [Mp] / programmed diagnostic function || **mikroprogrammierte ~hilfen** [Dp] / systematic microprogrammed diagnostics
Diagnosemeldung *f* [Serv] / diagnostic notice || ~ (Blattschreiber) [Serv] / diagnostic message printout
Diagnosemikroprogramm *n* [OS] / diagnostic microprogram
Diagnosemonitor *m* [OS, Serv] / diagnostic monitor || **gemeinsamer ~** [Serv] / common diagnostic monitor
Diagnosepfad *m* [Sw] / diagnostic path
Diagnoseprogramm *n* [Sw] / diagnostic program, diagnostic routine || ~ (speziell für Hardware-Fehler) [Sw] / malfunction routine || ~**speicher** *m* [HSP] / diagnostic program memory
Diagnoseprotokoll *n* [Serv] / diagnostic log || ~**zelle** *f* [Serv] / diagnostic log cell
Diagnose·routine *f* [Sw] / diagnostic program, diagnostic routine || ~**rundlauf** *m* [Serv] / diagnostic cycle || ~**schleife** *f* [Serv] / diagnostic loop || ~**startzelle** *f* [Sw] / diagnostic start cell || ~**stecker** *m* (Geräteelektronik) [Serv] / diagnostic connector || ~**struktur** *f* [Sw] / diagnostic structure || ~**system** *n* [Serv] / diagnostics system || ~**-Systemanschlußschaltung** *f* [Hw, Serv] / diagnostic terminator circuit || ~**teilsystem** *n* (= Prüfteilsystem) [Serv] / diagnostics system (part) || ~**testablauf (DTA)** *m* [Dp] / diagnostic test sequence || ~**testbetrieb** *m* [Serv] / diagnostic test operation || **Offline-~unterprogramm** *n* [OS] / off-line diagnostic subroutine || ~**verfahren** *n* [Serv] / diagnostic procedure || ~**zustand** *m* [Sw] / diagnostic state
Diagnostikverfahren *n* [Serv] / diagnostic procedure
diagnostisch *adj* [Sw] / diagnostic
Diagramm, logisches ~ [Th, Cir] / logic

diagram, logical diagram
iakritisches Zeichen [HSP, ASw, MAT] / diacritical mark, diacritic
)ial-Access-System *n* (Weiterentwicklung des Sprachlabors, bei der Tonbandübungsmaterial von zentralen Speichern abgerufen werden kann) [CAI] / dial-access system
)ialog *m* [RDp] / (i) conversational communication, (ii) interactive communication || ~ (allgemein) [RDp] / dialog || ~... [IDS] / conversational (i.e., relating to a questionary process consisting of a series of questions and answers; cf. "interactive") || ~... [IDS] / interactive (i.e., relating to a questionary process consisting of one question and one answer; cf. "conversational") || ~... (allgemein) [RDp] / dialog || **Mensch-Maschine-~** *m* [Th] / man-machine dialog || **Online-~** *m* [RDp] / on-line dialog
)ialogbetrieb *m* (DIN 44300, März 1972) [RDp] / conversational mode, conversational communication || **Stapelferneingabe im ~** [VS] / conversational remote job entry (CRJE)
)ialogbetriebs·... [IDS] / conversational (i.e., relating to a questionary process consisting of a series of questions and answers; cf. "interactive") || **~teilnehmer** *m* [RDp] / conversational user
)ialog·blattschreiber *m* [Dp] / dialog typewriter, conversational typewriter || **~computer** *m* [Dp] / interactive computer || **~datenverarbeitung** *f* [TES, Dp] / interactive data processing, dialog processing
lialogfähig·es Bildschirmtextsystem (Bildschirmtextsystem, bei dem die Informationen gezielt vom Benutzer aus der Datenbank abgerufen werden können) [Vtex] / interactive videotex system (CCITT Rec.), two-way videotex system, 2-way videotex system || **~e Schreibstation** [MCS] / interactive hard copy terminal || **nicht ~es Bildschirmtextsystem** (Bildschirmtextsystem, bei dem der Benutzer aus einer größeren Anzahl von angebotenen Informationen die für ihn relevanten Daten selbst am Bildschirm auswählen muß) [Vtex] / broadcast videotex system (CCITT Rec.), one-way videotex system, 1-way videotex system
Dialogfernverarbeitung *f* [RDp] / remote dialog processing || **Datenstation für ~** [RDp] / conversational terminal
Dialog·-FORTRAN *n* [PL] / interactive FORTRAN || **~gerät** *n* [MCS, VDT] / dialog terminal, interactive terminal || **~nummer** *f* [HSP] / dialog number || **~partner** *m* (= Datenstation) [RDp] / communicating station || **~programm** *n* [Sw] / dialog program || **~programmierung** *f* [VS] / conversational-mode programming || **~rechner** *m* [Dp] / interactive computer || **Datenbank-~sprache** *f* [IDS] / interactive data base language
Dialogstation *f* [RDp] / conversational terminal || [MCS] / interactive terminal, inquire-response terminal || ~ (allgemein) [RDp] / dialog station
Dialog·suche *f* (Verfahren, eine verschlüsselte Suchfrage schrittweise abzuarbeiten und zu verändern je nach den Antworten, die das Retrievalsystem auf die gestellten Teile der Suchfrage erteilt) [DOK] / interactive search || **~system** *n* [RDp, IDS] / conversational system, dialog system || **integrierte ~testhilfe** [Sw] / interactive debugging aid (IDA) || **~text** *m* [HSP] / dialog text || **~verarbeitung** *f* [Dp] / foreground processing
Dialogverkehr *m* [RDp] / interactive mode, interactive communication || **Anforderungsverfahren für ~** [RDp] / inquiry/response method for interactive communication || **Dokumentation des ~s** [Sw] / hard copy of interactive communication
Dialogverkehrs... [IDS] / interactive (i.e., relating to a questionary process consisting of one question and one answer; cf. "conversational")
Dialogvorgabe *f* [HSP] / predefined dialog || **~modul** *n* [HSP] / predefined dialog module
Dialogzeichen *n* [Sw] / dialog character
Dia·negativ *n* [HSP] / film negative, forms overlay negative || **~trommel** *f* [HSP] / forms overlay drum || **~verstellung** *f* [HSP] / overlay negative adjustment, overlay adjustment
Dibit *n* [Tr] / dibit
Dichotomie *f* [Th, Cy] / dichotomy
dichotomische Suche (bei EDV-Systemen häufig verwendetes Verfahren, die Menge der gespeicherten Dateneinheiten bei jedem Schritt des Suchlaufs in zwei

Teile zu unterteilen) [IDS] / dichotomizing search, binary search
dichte Impulsaufzeichnung [PE] / pulse packing || *f* [OCR] / density || ≗ (Netz) [Tr] / coverage
Dichtrand *m* (Tonerabscheider) [HSP] / sealing rim
Dickfilm-Technologie *f* [Sc] / thick-film technology
Dickte *f* [Typ] / width
Dickten·blockverwaltung *f* [Typ] / width maintenance || **≗datei** *f* [Typ] / width file || **≗tabelle** *f* [Typ] / width table || **≗wert** *m* [Typ] / width value
Didaktik, mechanische ≗ [CAI, Cy] / mechanical didactics
Dielektrikum *n* [Th] / dielectric
Dielektrizitätskonstante *f* [Th] / dielectric constant
Dielektron *n* [Sc] / dielectron
Dienstkanal *m* [Tr] / service channel || **≗baugruppe** *f* [Tr] / service channel module
Dienstleistungsrechenzentrum *n* [Dp] / service computing center, service center
Dienst·nachricht *f* [Tr] / service message || **≗nummer** *f* [ES] / service number || **≗platte** *f* [ES] / service disk
Dienstprogramm *n* (weitgehend allgemein verwendbares Programm innerhalb eines Betriebssystems, welches das Arbeiten mit den an die Datenverarbeitungsanlage angeschlossenen äußeren Speichern, Eingabegeräten und Ausgabegeräten unterstützt) [Sw] / utility program, service program || **Gesamtheit der ≗e** [Sw] / utility system || **≗-Änderungskarte** *f* [Sw] / utility patch card || **≗funktion** *f* [Mp] / utility function
Dienstsignal *n* [ES] / service signal, service code signal || **geschriebenes ≗** [ES] / (printed) service signal
Dienst·teilnehmer *m* [ES] / service user || **≗verkehr** *m* [ES] / service traffic || **≗zeichen** *n* [ES] / (printed) service signal
Differential *n* [Th] / differential || **semantisches ≗** [Cy] / semantic differential
Differentialanalysator *m* [ADp] / differential analyzer || **elektronischer ≗** [ADp] / electronic differential analyzer
Differential·gleichung *f* [Th] / differential equation || **≗quotient** *m* [Th, Sc] / differential quotient || **≗rechnung** *f* [Th] / differential calculus || **≗verhalten** *n* [PCC] / derivative action, rate action || **≗verstärker** *m* [PCC] / floating differential amplifier || **≗zeichen** *n* [Th] / differential sign, differentiation sign
Differentiationszeichen *n* [Th] / differential sign, differentiation sign
differentiell·er Diodenwiderstand [Sc] / diode differential resistance || **~e Kapazität** [Sc] / small-signal capacitance || **~er Widerstand** [Sc] / differential resistance, incremental resistance
Differenzen·gleichung *f* [Th] / difference equation || **≗kontrolle** *f* [Th] / difference check
differenzierendes Netzwerk [ADp] / differentiating network, differentiator
Differenzierer (s. differenzierendes Netzwerk)
Differenzier·glied (s. differenzierendes Netzwerk) || **≗schaltung** *f* [ADp] / differentiating network, differentiator
Differenzierung *f* [Th] / differentiation
Differenzierzeitkonstante *f* [Th, AC] / derivative time constant
Differenz·kontrolle *f* [Th] / difference check || **≗maschine** *f* [Hist] / difference engine || **Vier-Phasen-≗modulation** *f* [ES] / four-phase differential modulation || **≗-Puls-Code-Modulation (DPCM)** *f* [Tr] / differential pulse code modulation (DPCM) || **≗zeituhr** *f* [PCC] / differential clock, differential timer
diffundierter Übergang (DIN 41852, Aug. 1978) [Sc] / diffused junction
Diffundierung *f* [Sc] / diffusion
Diffusion *f* [Sc] / diffusion
Diffusions·dreieck *n* [Sc] / diffusion triangle || **≗geschwindigkeit** *f* [Sc, PrC] / diffusion velocity || **≗kapazität** *f* [Sc] / diffusion capacitance, hole-storage effect || **≗koeffizient** *m* [Sc] / diffusion coefficient || **≗länge** *f* (DIN 41852, Aug. 1978) [Sc] / diffusion length
diffusionslegierter Transistor [Sc] / micro-alloy diffused-base transistor
Diffusions·leitwert *m* [Sc] / diffusion conductance || **≗lichthof** *m* [Sc] / diffusion halo || **≗pumpe** *f* [Co, Fl] / diffusion pump || **≗spannung** *f* [Sc] / barrier height || **≗strom** *m* [Sc] / diffusion current || **≗technik** *f* (DIN 41852, Aug. 1978) [Sc] / diffusion technique, impurity diffusion technique || **≗transistor** *m* [Sc] / diffusion transistor || **≗verfahren** *n* [Sc] / diffusion technique, impurity diffusion technique
Digiset-Anlage *f* (Rtm.) (Lichtsetzanlage) [Typ] / Digiset system

digital *adj* [Dp] / digital || **~e Anzeige** [Hw] / digital display, digital indicator || **~e Anzeigeeinheit** [IO] / digital display unit, digital indicator unit || **~ darstellen** [Th] / digitize, digitalize || **~e Darstellung** [Th] / digital representation, digital notation || **~e Daten** (DIN 44300, März 1972) [Th] / digital data || **~es Datennetz** [Tr] / digital data network || **~e Datenverarbeitung** [Dp] / digital data processing || **~e Datenverarbeitungsanlage** (DIN 44300, März 1972) [Dp] / digital computer || **~es Datenverarbeitungssystem** (DIN 44300, März 1972) [Dp] / digital data processing system, digital data processor || **~e elektrische Größe** [Cir] / digital electrical quantity || **~er Integrator** [Dp] / incremental computer, digital differential analyzer (DDA) || **~e Integrieranlage** [Dp] / incremental computer, digital differential analyzer (DDA) || **~es Integriergerät** [Dp] / incremental computer, digital differential analyzer (DDA) || **~er Prozeßrechner** [PCC] / digital process computer || **~e Rechenanlage** (DIN 44300, März 1972) [Dp] / digital computer || **~es Rechensystem** (DIN 44300, März 1972) [Dp] / digital data processing system, digital data processor || **~es Schaltwerk** [SA] / digital circuit || **~es Signal** (DIN 44300, März 1972) [Tr] / digital signal || **~e Signalisierung** [ES] / digital signaling || **~e Steuerung** (DIN 19237V, Febr. 1977) [PCC] / digital control || **~e Steuerungslogik** [Dp] / digital control logic || **~ umgesetzte Daten** [Th] / digitalized data || **~ umsetzen** [Th] / digitize, digitalize || **~ verschlüsseln** [Th] / digitize, digitalize

Digital-Analog-Konverter *m* [Mp] / digital-to-analog converter (DAC), digital-analog converter, D-A converter || **≗-Schalter** *m* (DIN 40700, Okt. 1969) [Cir] / digital-analog switch, D-A switch || **gemischte ≗-Schaltung** [HyC] / hybrid digital analog circuit || **≗-Umsetzer (DAU)** (DIN 66201, Aug. 1971) *m* [Mp] / digital-to-analog converter (DAC), digital-analog converter, D-A converter || **≗-Umsetzung** *f* [PCC] / digital-to-analog conversion, digital-analog conversion, D-A conversion

Digital·anordnung *f* [Co, Sc] / digital array || **≗anzeige** *f* [Hw] / digital display, digital indicator

Digitalausgabe *f* (DIN 66201E T1, Apr. 1979) [Dp, PCC] / digital output || **≗werk** *n* [IO] / digital output unit

Digital·ausgang *m* [Dp, PCC] / digital output || **≗baustein** *m* [Cir] / logic unit, logical unit || **≗bildröhre** *f* [Hw, Co] / digital information display tube || **≗bildschirmdarstellung** *f* [IO] / digital information display (DID) || **≗-Computer** *m* [Dp] / digital computer || **≗daten** *plt* [Th] / digital data || **≗drucker** *m* [HSP] / digital printer

Digitaleingabe *f* (DIN 66201E T1, Apr. 1979) [Dp, PCC] / digital input || **Datenkanalanschluß für ≗** [Dp] / data channel digital input adapter || **dynamische ≗** [PCC] / dynamic digital input device || **statische ≗** [PCC] / static digital input device || **≗steuerung** *f* [PCC] / digital input controller || **≗werk** *n* [IO] / digital input unit

Digital·eingang *m* [Dp, PCC] / digital input || **≗elektronik** *f* [Th, Co] / digital electronics

digital-elektronisches Lichtsetzsystem [COM, Typ] / digital electronic photocomposing system

Digital·empfänger *m* [PCC] / digital data receiver (DDR) || **≗geber** *m* [PCC] / digital data transmitter (DDT)

digitalisieren *v* [Th] / digitize, digitalize

Digitalisiergerät *n* [Dp] / digitizer

digitalisiert·es Bild [OCR] / digital image, digitized image, digital picture function of an image || **~e Daten** [Th] / digitalized data

Digitalisierung *f* [Th, ES] / digitization, digitalization

Digital·kathodenstrahlröhre *f* [Hw, Co] / digital information display tube || **≗netz** *n* [Tr] / digital network || **≗plotter** *m* [GrDp] / graphic plotter, data plotter, plotter || **≗rechenanlage** *f* [Dp] / digital computer

Digitalrechner *m* [Dp] / digital computer || **≗ mit gespeichertem Programm** [Dp] / stored-program digital computer || **elektronischer ≗** [Dp] / electronic digital computer || **Parallel-Serien-≗** *m* [Dp] / parallel-series computer

Digital·schaltung *f* [SA] / digital circuit || **magneto-optischer ≗speicher** [M] / magneto-optical digital memory || **≗technik** *f* [Dp] / digital technology || **≗uhr** *f* [CP] / digital clock || **≗umsetzer** *m* [PCC] / digital data conversion equipment

(DDCE), digital coder || **~umsetzungsgerät** *n* [PCC] / digital data conversion equipment (DDCE), digital coder || **~wandler** *m* [PCC] / digital transducer

Diktataufnahmeautomat *m* [TES] / (automatic) dictating system

Dikussionsmanuskript *n* (DIN 2333V, Sept. 1974) [Term, MAT] / discussion manuscript (vocabulary manuscript to be distributed to a number of persons for study and comment, or for the purpose of translation into other languages)

DIL-Gehäuse *n* [Mp, Sc] / dual-in-line package (DIP) || **24-poliges ~** [Mp] / 24-pin dual-in-line package

Dimension *f* [Algol] / dimension || **Anzahl der ~en** [Fortran] / dimensionality

dimensionieren *v* [DpC, R&D] / dimension (equipment, etc.)

Dimensions·angaben *f pl* [Hw] / dimensional information || **~anhang** *m* [PL/1] / dimension suffix || **~attribut** *n* [PL/1] / dimension attribute || **~-Funktion** *f* [PL/1] / dim (builtin) function

dimensionsgerechte Bewegungszeiten [Th] / dimensional motion time (DMT)

diminierende Suche [IDS] / dichotomizing search, binary search

DIN-Leitung *f* [IO] / data-in line (DIN), data input line

Diode *f* [Sc] / diode || **~ mit kurzer Erholzeit** [Sc] / fast recovery-time diode || **~ mit stoßspannungsbegrenzender Sperrkennlinie** [Sc] / controlled-avalanche diode || **äquivalente ~** [Sc] / equivalent diode || **heiße ~** [Sc] / thermionic diode || **Vierschicht-~** *f* [Sc] / pnpn switching device

Dioden·begrenzer *m* [Sc] / diode limiter || **~belastungswiderstand** *m* [Sc] / diode load resistance || **~feld** *n* [Sc] / diode matrix || **~funktionsgeber** *m* [PCC] / diode function generator (DFG) || **~gatter** *n* [Sc] / diode gate || **~gleichung** *f* [Sc] / diode equation

Diodenkennlinie *f* [Sc] / diode characteristic || **Vorwärtsgebiet der ~** [Sc] / diode forward region

Diodenlaser, optischer ~-Datenspeicher (optischer Speicher, der sich sowohl zum Schreiben wie zum Lesen der Daten eines Diodenlasers bedient) [M] / optical diode laser storage

Diodenmatrix *f* [Sc] / diode matrix

Diodenplatte *f* [Sc] / diode matrix module, diode board || **Prüfgerät für ~n** [Hw] / diode board tester

Dioden·prüfgerät *n* [Hw, Sc] / diode tester || **~rahmen** *m* [Hw] / diode card frame || **~richtstrom** *m* [Sc] / rectified diode current || **~schaltung** *f* [Sc] / diode circuit || **~spannung** *f* [Sc] / diode voltage || **~stecker** *m* [Hw] / diode plug || **~stern** *m* [Sc] / diode gate || **gezieltes Durchbrennen von ~strecken** [Mp] / burning-out of internal diodes || **~strom** *m* [Sc] / diode current || **differentieller ~widerstand** [Sc] / diode differential resistance

DIP-Gehäuse *n* [Mp, Sc] / dual-in-line package (DIP)

Dirac-Stoß *m* [Th, Cy] / pulse function

direkt·e Abbildung [Sc] / direct image forming || **~e Ablesung** [DT] / direct reading || **~e Adresse** [Sw] / direct address, one-level address || **~ adressierbarer Speicher** [M] / direct access memory || **~e Adressierung** [Sw] / first-level addressing, direct addressing (i.e., the instruction supplies an exact memory address) || **~er Analogrechner** [ADp] / direct analog computer || **~er Antrieb** [Hw] / direct drive || **~er Betrieb** [Dp] / on-line mode, on-line operation || **~es Bündel** [ES] / direct trunk group || **~e Datenfernverarbeitung** [RDp] / on-line teleprocessing || **~er Datenkanal** [Tr, NC] / direct data channel || **~e digitale Regelung (DDC)** [PCC, AC] / direct digital control || **~ durchgeschaltete Verbindung** [ES] / direct station-to-station connection || **~e Eingabe** [IO] / direct input || **~ gesteuertes System** [ES] / direct-control system, step-by-step switching system || **~e internationale Telegrafenverbindung** [TP] / direct international telegraph connection || **~e Messung** [NC] / linear measuring, direct measuring || **~e Programmierung** [Sw] / direct programming, machine-level programming || **~ prozeßgekoppelt** (DIN 66201E T1, Apr. 1979) [PCC] / on-line || **~e Rechnersteuerung** [ADp] / direct computer control || **~ saldierender Zähler** [PC] / net balance counter || **~er Speicherzugriff** [Mp] / data break || **~er Speicherzugriff** (Ein-Ausgabekanal) [Mp] / direct memory access (DMA) || **~es Stanzen** [PC] / straight gangpunching || **~e Stapelfernverarbeitung** [RDp] / on-line remote batch processing || **~er**

Telegrafiestromkreis [TP] / direct telegraph circuit || ~e **Verarbeitung** [Dp] / on-line processing, on-line data processing || ~**er Wählverkehr zwischen Teilnehmern** [ES] / direct subscriber-to-subscriber selection || ~**er Zugriff** [PE, M] / random access (RA), direct access || ~**ablesung** *f* [DT] / direct reading || ~**adresse** *f* [Sw] / direct address, one-level address || ~**adressierung** *f* [Sw] / first-level addressing, direct addressing (i.e., the instruction supplies an exact memory address) || ~**anforderung** *f* [MCS] / nonprocessor request (NPR) || ~**anforderungsbetätigung** *f* [MCS] / nonprocessor grant (NPG) || ~**befehl** *m* [Sw] / direct instruction || ~**befehlszelle** *f* [ES] / direct instruction cell || ~**bündel** *n* [ES] / primary trunk group, direct circuit group, first-choice trunk group || ~**code** *m* [Sw] / direct code || ~**daten** *plt* [Sw] / immediate data || **computergesteuerte** ~**diagnose für logische Bausteine** [Dp, Sc] / computer-driven on-line diagnostics for logic modules || ~**-Ein-Ausgabe (DEA)** *f* [Dp] / direct input-output || ~**eingabe** *f* [IO] / direct input || ~**forderungsleitung** *f* [MCS] / nonprocessor request line, NPR line (DEC PDP-11), highest-priority interrupt line

direktgesteuertes Vermittlungssystem [ES] / direct-pulsing system, direct switching system

Direktkorrektur *f* (Direkteingabe von Software-Änderungen) [Sw] / patch || ~ **am Perforator** [TP] / direct correction while keying

Direkt·notiz *f* [Dp] / direct note, direct notepad entry || ~**operand** *m* [Sw, ES] / immediate operand || **digitale** ~**regelung** [Th] / direct digital control (DDC)

Direktruf *m* (dauernd durchgeschaltet) [ES] / hot-line service, quick-line service || **öffentliches** ~**netz** [Tr] / public leased-circuit data network

Direkt·senden *n* [Tr] / direct transmission || ~**steuerung** *f* [ES, NC] / direct control || ~**übertragung** *f* [Tr] / direct transmission

Direktverbindung *f* [Tr] / direct connection || **ständige** ~ [RDp, Tr] / permanently connected direct line between communicating stations

Direkt·verdrahtung *f* [Tr] / direct wiring || ~**verkehr** *m* [RDp, Tr] / on-line mode || ~**wahlprinzip** *n* [ES] / step-by-step selection method || ~**wahlsystem** *n* [ES] / step-by-step switching system || ~**weg** *m* [ES] / primary route, prime route

Direktwert *m* [Assembler] / self-defining term, self-defining value || ~ (bei Operanden) [ALU] / actual value || ~ (als Operand) [Sw, ES] / immediate operand || **binärer** ~ [PL, ES] / binary self-defining term || **dezimaler** ~ [PL, ES] / decimal self-defining term

Direktzugriff *m* [PE, M] / random access (RA), direct access

Direktzugriffs·datei *f* [Sw] / random-access file, RA file, direct access file || ~**datenträger** *m* [PE] / random-access volume || ~**gerät** *n* [Dp] / random-access device, direct access device

Direktzugriffsmethode *f* [PE, M] / random-access method, direct access method || **einfache** ~ [Dp] / basic direct access method

Direktzugriffs·speicher *m* [Mp] / random-access memory (RAM), random-access storage (RAS) || ~**verfahren** *n* [PE, M] / random-access method, direct access method

Disjunktion (DIN 44300, März 1972) (s. ODER-Funktion)

Disjunktions·glied (s. ODER-Schaltung) || ~**symbol** *n* [PL/1] / OR symbol

Diskette *f* [MD] / floppy disk, diskette, flexible disk, floppy cartridge disk

Disketten-Betriebssystem *n* [MCS] / diskette operating system (designed to reduce the time required to assemble, edit, and execute programs) || ~**-Computer** *m* [Dp] / floppy disk computer, diskette computer || ~**-Doppellaufwerk** *n* [MD] / twin floppy disk drive, twin diskette drive || ~**-Laufwerk** *n* [MD] / floppy disk drive, diskette drive || ~**-Rechner** *m* [Dp] / floppy disk computer, diskette computer || ~**-Speicher** *m* [MD] / floppy disk storage, diskette storage

diskret *adj* [Th] / discrete || ~**es Bauelement** [Hw] / discrete component || ~**e Darstellung** [Th] / discrete representation || ~**e Daten** (Daten, die in Form festgelegter Werte einer physikalischen Größe dauerhaft fixiert werden können und singuläre Sachverhalte charakterisieren) [DOK, Dp, Sw] / discrete data || ~**er Kanal** (DIN 44301, Feb. 1977) [Tr] / discrete channel || ~**e Nachricht** [Tr] / discrete message

Diskriminator *m* [Th, Meas] / pulse height analyzer
Dispatcher, heuristischer ~ [VS] / heuristic task dispatcher
Disposition, dezentrale ~ [Dist] / decentralized scheduling
Dispositions·abteilung *f* [WS] / scheduling department || **~einheit** *f* [WS] / production unit || **~system** *n* (für Handel, Lager, Versand usw.) [RDp] / inventory control system
Distanz *f* [Sw] / displacement || **wortweise** ~ [ES] / word-oriented displacement
Distanzadresse *f* [Assembler] / displacement, displacement address || [Sw] / symbolic address, floating address || [Mp] / bias address
divergente Reihe [OCR] / divergent series
Divergenz *f* [Th] / divergence
divergierende Reihe [OCR] / divergent series
Dividend *m* [Th] / dividend
dividieren *v* [Th] / divide || [Lisp] / Divide || ~ **dezimal** [Lisp] / Divide decimal || ~ **kurz** [Lisp] / Divide short || ~ **lang** [Lisp] / Divide long
Dividierwerk *n* [ALU] / digital divider
Division *f* [Th] / division || ~ **durch Null** [PL/1] / zerodivide || ~ **mit Bildung eines positiven Restes** [Th] / restoring division || **automatische** ~ [ALU] / automatic divide
Divisions·anweisung *f* [Cobol] / divide statement || **~einrichtung für Rechenlocher** [PC] / dividing device for calculating punch || **~fehler** *m* [Sw] / divide error || **~-Funktion** *f* [PL/1] / divide (builtin) function
Divisionsrest *m* [Cobol] / remainder || **gleitender** ~ [ALU] / floating divide remainder
Divisionsschaltung *f* [ADp] / analog divider || [ALU] / digital divider
Divisionszeichen *n* [Th] / division sign || [PL/1] / divide symbol
Divisor *m* [Th] / divisor
Divisorregister *n* [ALU] / divisor register || **Multiplikand-**~ *n* [ALU] / multiplicand register
DK (s. Dezimalklassifikation) || ~ (s. Durchschaltekanalgruppe)
DKB (s. Durchschaltekanalgruppe für Bitgruppen)
DKR (s. Datenkoordinierungsrechner)
DLV (s. Ausgeben Datenträgerkatalog)
DMA-Schnittstellensteuerung *f* (DMA = direct memory access) [ES] / DMA interface
DMX (s. Demultiplexer)
DNSP (s. Datenübertragungs- und Netzsteuerprogramm)
Dokument *n* [Dp] / document || **rechnergesteuerte Erstellung von ~en** [Typ, IDS] / computerized document preparation
Dokumentation *f* [DOK] / documentation || ~ **des Dialogverkehrs** [Sw] / hard copy of interactive communication
Dokumentationsstelle *f* (Informations- und Dokumentationseinrichtung, die Dokumente nach bestimmten Gesichtspunkten auswertet und die Auswertungsergebnisse zur Abfragebeantwortung speichert und/oder kontinuierlich publiziert) [DOK] / documentation agency || **zentrale** ~ [DOK] / documentation center
Dokumentationssystem, programmgesteuertes ~ [IDS] / computerized documentation system || **rechnergestütztes** ~ [IDS] / computerized documentation system
Dokumentationszentrum *n* (Dokumentationsstelle, die ihre Dokumentationstätigkeit nach bestimmten Gesichtspunkten zentral innerhalb einer geografischen, organisatorischen oder politischen Einheit wahrnimmt) [DOK] / documentation center
dokumentenecht *adj* (Laserdruck usw.) [HSP] / permanent
Dokumenten·film *m* [Rep] / process film || **~marke für das Wiederauffinden** [COM] / blip code || **~markierer** *m* (am Schneidetisch) [Rep] / frame marker || **~retrieval** *n* (Form des Retrievals, bei der durch den Suchvorgang Dokumente selektiert werden) [DOK] / document retrieval
Doppelabzug *m* [OCR] / double feed
Doppelanlage *f* [Hw] / dual system, dualized system, twin system || **Netzverteilung für ~n** [Hw] / power distribution feature for dual systems
Doppel·aufzeichnung *f* [MD] / dual recording, double recording || **~basisdiode** *f* [Sc] / double-base diode, unijunction transistor
Doppelbelegung *f* [ES] / double seizure || [TP] / dual assignment
Doppel·betrieb *m* (2 Geräte) [ES] / dual working || **~boden** *m* [DpC] / false floor, raised floor || **~bruch** *m* [Th] / compound fraction, complex fraction || **~bytestruktur** *f* [Th] / double-byte

structure || ≗**codierung** *f* [Sw] / double coding || ≗**diode** *f* [Sc] / twin diode, double diode, duplex diode || ≗**druckverfahren** *n* [HSP] / overprinting || ≗**fehler** *m* [Tr] / double fault

Doppelflachbaugruppe *f* (2 nebeneinander) [Co] / double board || ≗ (2 hintereinander oder 2 übereinander) [Co] / twin board

Doppelimpuls·-RZ-Aufzeichnung *f* [Th] / double-pulse RZ recording || ≗**schreibverfahren** *n* [PE] / double-pulse recording

Doppel·index *m* (zur Bezeichnung von Bauelementen) [Sc] / double subscript || **Disketten-**≗**laufwerk** *n* [MD] / twin floppy disk drive, twin diskette drive || ≗**-Leitungspuffer** *m* [Tr] / dual line buffer || ≗**lesekopf** *m* [PE] / pre-read head

Doppelloch- und Leerspaltenkontrolle [PC] / double punch and blank column detection

Doppellochkontrolle, durch ≗ **prüfen** [PC] / to verify by re-reading

Doppelloch·kontrolleinrichtung *f* [PC] / double punch detection device || ≗**sucheinrichtung** *f* [PC] / double punch detection device

Doppellochung *f* [PC] / double punching

Doppeln *n* [PC] / duplicating

doppelpolig *adj* [Th, Cir] / bipolar

Doppel·priorität *f* [Sw] / dual precedence || ≗**prüfung** *f* [PC] / duplicate operation check, duplication check, duplicating check, twin check

Doppelpunkt *m* [Algol] / colon (:) || [PL/1] / colon || ≗ (DIN 66009, Sept. 1977) [OCR] / colon

Doppel·rechnersystem *n* [PCC] / dual computer system, double computer system || ≗**schnittstelle** *f* [Dp] / dual interface || ≗**schreibzyklus** *m* [M, ES] / dual-write cycle || ≗**sternschaltung** *f* [Sc] / double-star connection

Doppelstrom *m* [Tr] / polar current || **4-Draht-**≗ *m* [Tr] / 4-wire polar current

Doppelstrombetrieb *m* [Tr] / polar current working, polar current signaling || **Zweidraht-**≗ *m* [TP] / 2-wire polar current signaling, 2-path polar current signaling

Doppelstrom·fernschreibstromversorgung *f* / polar telegraph signal source || ≗**-Gleichstromsignal** *n* [Tr] / bipolar d.c. signal

Doppelstromleitung *f* [Tr] / polar current line, polar circuit || **Vierdraht-**≗ *f* [TP] / four-wire polar current line, four-wire polar circuit

Doppelstrom·tastung *f* [Tr] / polar current signaling, polar signaling || ≗**zeichen** *n* [Tr] / polar (current) signal

Doppelsystem *n* [Hw] / dual system, dualized system, twin system || ≗**zusatz** *m* [Hw] / dual system feature

doppelt·e Abschnittsmarke [MT] / double tape mark || ~ **belegt** [TP] / dual-case (code, etc.) || ~**er Boden** [DpC] / false floor, raised floor || ~**e Genauigkeit** [Th] / double precision || ~**es Integral** [Th] / double integral || ~ **kaschierte Flachbaugruppe** [Co] / double-faced pc board || ~ **lange Zahl** [Th, Sw] / double-length number, double-precision number || ~**er Lochbandvorschub** [HSP] / dual feed, dual feed carriage || ~**e Präzision** [Th] / double precision || ~**e Pufferung** [Sw] / double buffering || ~**e Schrittdauer** [ES] / double length element, 2.0 unit element || ~**er Sperrschritt** [RDp] / double-length stop pulse, double-length stop element || ~**e Stellenzahl** [Th] / double precision || ~**e Wortlänge** [Th] / double precision || ~**er Zeilenabstand** [IO, HSP] / double space

doppeltgerichtete Leitung [Tr] / two-way line

Doppelverkehr *m* [TP] / duplex working

doppelweggleichgerichtet *adj* [ES] / full wave rectified

Doppelwendeablage *f* [PC] / card reverser, card reversing device

Doppelwort *n* [M] / double word || ≗**ausrichtung** *f* [Sw] / doubleword alignment || ≗**begrenzung** *f* [M] / doubleword boundary || ≗**grenze** *f* [M] / doubleword boundary || ≗**registerfehler** *m* [Sw] / doubleword register error

Doppel·zeichen *n* [HSP] / overprinted character, compound character || ≗**zuführung** *f* [PC] / double feed || ≗**zyklusanforderung** *f* [ES] / dual cycle request

Doppler *m* [PC] / reproducer, reproducing punch, card reproducer, duplicating card punch

DOS/BATCH-Betriebssystem *n* [OS] / DOS/BATCH operating system

Dosierpumpe *f* [HSP] / metering pump

dotiert *adj* [Sc] / doped

Dotierung *f* [Sc] / doping || **p-**≗ *f* [Sc] / p-type doping

Dotierungs·atom *n* [Co, Sc] / doping atom || ≗**ausgleich** *m* [Sc] / doping compensation || ≗**faktor** *m* [Sc] / doping factor || ~**front** *f* [Sc] / doping front || ~**gradient** *m* [Sc] / doping gradient || ~**ion** *n* [Sc, Co] / dopant || ~**profil** *n* [Sc, Co] / doping profile || ~**stoff** *m* [Sc] / dopant, doping material

DOT-Speicher *m* [M] / domain tip propagation storage device

DOUT-Leitung *f* [IO] / data-out line (DOUT), data output line

DP (s. Datenübertragungsprogramm)

DPCM (s. Differenz-Puls-Code-Modulation)

Draht *m* (nicht isolierter Leiter) [Hw] / wire

Drahtbruch·kontrollwiderstand *m* [TrL] / line continuity supervisory resistor || ~**schutzwiderstand** *m* [TrL] / line maintaining resistor

Draht·brücke *f* [Serv] / strap, wire strap, jumper wire || ~**brückenfeld** *n* [Serv] / wire strap field || ~**drehwiderstand** *m* [Co] / wirewound variable resistor || ~**drucker** *m* [HSP] / wire matrix printer, wire printer, stylus printer || ~**farben** *f pl* [Serv] / color coding of wires || ~**führungskamm** *m* [Hw] / fanning strip || ~**funk** *m* [Tr] / line broadcasting

drahtgebundene Übertragung [Tr] / line communication, wire communication

Draht·gewebebahn *f* [Hw] / strip of wire netting || ~**legeliste** *f* [Serv] / wire running list || ~**liste** *f* [Serv] / wire list || ~**speicher (DSP)** *m* [M] / plated-wire memory || ~**unterbruch** *m* [Sc] / broken lead || ~**verbindung** *f* [Co, Sc] / wire bond

Drahtwickeltechnik *f* [Serv, Co] / wirewrap method || **Federleiste für** ~ [Hw] / jack strip for wirewrap connections

Drahtwickelverbindung *f* [Co] / wirewrap connection

Draufsicht *f* [R&D] / top view

Drehknopf *m* [Hw] / rotary knob

Drehmelder *m* [NC] / synchro, synchro-generator

Drehmelder-Empfänger *m* [NC] / synchro-receiver, synchromotor

Drehmoment·begrenzer *m* [NC] / torque limiter || ~**verstärker** *m* [MT, ADp] / torque amplifier

Drehung, zusammenhängende ~ (Magnetisierungsvektor) [Th] / coherent rotation

Drehwartezeit *f* [MD] / rotational delay || **durchschnittliche** ~ [MD, MDr] / average rotational delay

Drehzahl *f* (des Plattenstapels) [MD] / disk rotational speed

Dreiadreß·befehl *m* [Sw] / three-address instruction || ~**code** *m* [Sw] / three-address code || ~**maschine** *f* [Dp] / three-address machine || ~**system** *n* [Th] / three-address system

Dreiersteuerung *f* [ES] / triple-device control

Drei-Exzeß-Code *m* [Th, Tr] / excess-three code

dreifach·e Stellenzahl [Sw] / triple precision || ~**e Wortlänge** [Sw] / triple precision

Dreiphasenstrom *m* [NC] / three-phase current, three-phase a.c.

dreiphasig *adj* [NC] / three-phase, triple-phase, polyphase

Drei-plus-Eins-Adreßbefehl *m* [Sw] / three-plus-one address instruction, four-address instruction

Dreirechnersystem *n* [PCC] / three-computer system

dreistufiges Unterprogramm [Sw] / three-level subroutine

Drei-Überschuß-Code *m* [Th, Tr] / excess-three code

Dreiwertlogik mit zwei Leitungen [Cir] / double rail logic

Drift *f* [Meas, Co] / drift || ~**ausfall** *m* [Co] / degradation failure || ~**beweglichkeit** *f* (DIN 41852, Aug. 1978) [Sc] / drift mobility || ~**fehler** *m* [ADp] / drift error || **inneres** ~**feld** [Sc] / internal drift-field || ~**geschwindigkeit** *f* [Sc] / drift velocity, velocity of domain drift || ~**korrigierter Verstärker** [ADp] / drift-corrected amplifier || ~**transistor** *m* [Sc] / drift transistor

dringend·e Nachricht [Tr] / priority message || ~**auswerter** *m* [ES] / priority alarm detector

Dringlichkeits·kennzeichen *n* [ES] / precedence signal, precedence prosign || ~**stufe** *f* [Tr] / precedence rating

dritte Umschaltung (Fs-Maschine) [TP] / third shift, three-shift facility

Druck, fliegender ~ [HSP] / hit-on-the-fly printing, on-the-fly printing || ~**abfall** *m* [Hw] / pressure drop || ~**aggregat** *n* [HSP] / printing unit

druckaufbereitetes Datenfeld [Cobol] / edited item

Druck·aufbereitung *f* [Cobol] / editing || ~**aufbereitungssymbol** *n* [Cobol] / editing symbol || ~**ausgabe** *f* [IO] / printer output, printed output, printout, printing || ~**band** *n* (Typenträger eines Banddruckers) [HSP] / printer tape

druckbares Zeichen [IO, HSP, TP] /

printable character, printer character
Druckbefehl *m* [HSP] / print command
druckbereit *adj* [HSP] / ready for printing
Druckbild *n* [HSP, TP] / print appearance || ≈ (Satzspiegel) [HSP, TP] / print format, printout format, printing format || **≈steuerung** *f* [HSP] / format control
Druckbreite *f* [HSP] / print span || ≈ (= maximale Zeilenbreite) [HSP] / usable line length, line length
Druck·datei *f* [HSP] / print file || **≈daten** *plt* [HSP] / print data, print information || **≈dezimalpunkt** *m* [Cobol] / actual decimal point
Druckebene *f* [HSP, RDp, Tr] / printing level || **Umschalten auf 3. ≈** [TP] / access to third shift
Druck·einfärbung *f* [HSP] / print contrast || **≈einheit** *f* [HSP] / printing unit || **≈einrichtung** *f* [HSP] / printing facility
druckempfindliches Papier [HSP] / pressure-sensitive paper
drucken *v* [HSP, Sw] / print || **einbahnig** ~ [HSP] / to permit single-web printing || **im Sammelgang** ~ [PC] / tab, tabulate || **neu** ~ [Dp] / reprint || **≈ des Großspeicheretikettbereichs (RAINDX)** [OS, Aufruf] / Random-access index edit (RAINDX) || **≈ in jede 2. Zeile** [HSP] / double line spacing, double-space printing || **≈ in jede 3. Zeile** [HSP] / triple line spacing || **≈ in jede Zeile** [HSP] / single-line printing, single-space printing || **≈ mit Großbuchstaben** [HSP] / upper case printing || **≈ mit Kleinbuchstaben** [HSP] / lower case printing || **einzeiliges ≈** [HSP] / single-line printing, single-space printing || **zweizeiliges ≈** [HSP] / double line spacing, double-space printing
drücken *v* (Taste) [Hw] / depress, press, actuate
druckend·er Empfangslocher [PT, TP] / typing reperforator, printing reperforator || **~er Locher** [PC] / printing punch, printing card punch
Drucker *m* (Schnelldrucker) [HSP] / printer || ≈ (als Baugruppe) [TP] / printing unit, print unit || **≈ mit Einzelformularzuführung** [HSP] / single-sheet feed printer || **≈ mit fliegendem Abdruck** [HSP] / hit-on-the-fly printer, on-the-fly printer || **alphanumerischer ≈** [HSP] / alphameric printer, alphanumeric printer || **anschlagfreier ≈** (Drucker, bei dem die Druckbilder durch elektronische Techniken erzeugt werden) [HSP] / nonimpact printer || **einbahniger ≈** [HSP] / single-carriage printer || **elektrofotografischer ≈** (z.B. Laserdrucker) [HSP] / electrophotographic printer || **elektromechanischer ≈** [HSP] / electromechanical printer || **elektronischer ≈** [HSP] / electrostatic printer || **elektrosensitiver ≈** [HSP] / electrosensitive printer || **impulsfreier ≈** [HSP] / nonimpact printer || **mechanischer ≈** [HSP] / impact printer || **nichtmechanischer ≈** [HSP] / nonimpact printer || **Steuereinheit für den ≈** [HSP] / printer control unit, print control unit || **xerografischer ≈** [HSP] / xerographic printer || **zweibahniger ≈** [HSP] / dual-carriage printer || **≈abtastung** *f* [TP] / printer scanner || **≈ausgabe** *f* [IO] / printer output, printed output, printout, printing || **≈baustein** *m* [HSP] / printer module || **≈befehl** *m* [HSP] / printer command || **≈bock** *m* [Hw, TP] / printer frame || **≈datei** *f* [Sw] / printer file || **≈elektronik** *f* [HSP, TP] / printer electronics || **≈formatsteuerung** *f* [HSP] / format control || **≈formular** *n* [HSP] / printer form || **≈funktion** *f* [HSP] / printer function || **≈gestell** *n* [TP] / printer chassis || **≈kette** *f* [HSP] / print chain, type chain || **≈kontrolle** *f* [HSP] / format control || **≈parameter** *m* [HSP] / printer parameter
Druckerregister *n* [HSP] / printer register || **≈befehl** *m* [HSP] / printer register command
Drucker·satzspeicher *m* [HSP] / printer record storage || **≈schrank** *m* [HSP] / printer cabinet || **≈speicher** *m* [TP] / printer buffer
Druckersteuer·befehl *n* [HSP] / printer control command || **≈einheit** *f* [HSP] / printer control unit, print control unit || **≈streifen** *m* [HSP] / carriage control tape
Druckersteuerung *f* (Vorgang) [HSP, TP] / printer control || ≈ (Gerät) [HSP] / printer control unit, print control unit
Drucker·streifen *m* [HSP] / format control tape, format control tape loop, printer format control tape || **≈-Terminal** *n* [RDp] / printer terminal (usually using a dot-matrix printing head)
Druckerwagen *m* [TP] / printer carriage || **≈antrieb** *m* [TP] / printer carriage drive
Druckfarbe *f* [OCR] / print color, printing color || ≈ (Flüssigkeit) [HSP] / printing

ink, print color, printing color || ≈ (Toner) [HSP] / toner color, print color, printing color
Druckfehler *m* [HSP] / print error
Druckfeld *n* [HSP] / print area, print field || **≈auflösung** *f* [HSP] / print field resolution || **≈begrenzung** *f* [HSP] / print area boundary || **≈matrix** *f* [HSP] / print field matrix, cell matrix
druckfertig *adj* [WS] / ready for press
Druck·fläche *f* [HSP] / (solid) print area || **≈format** *n* [HSP, TP] / print format, printout format, printing format || **≈formular** *n* [HSP] / printer form
druckfrei·er Bereich [HSP] / print exclusion area, nonprinting area || **~er Querstreifen** [HSP] / print exclusion area, nonprinting area (either side of fold perforation) || **~er Rand** [HSP] / print exclusion margin
Druck·gang *m* [HSP] / printing cycle || **≈geschwindigkeit** *f* (Zeilen/min) [HSP] / print rate, printing rate || **≈glasverschmelzung** *f* [Sc] / prestressed glass seal || **≈glied** *n* [HSP, TP] / print member, type carrier || **≈glieder** *n pl* (zusammenhängend) [HSP] / print train || **≈hammer** *m* [HSP, TP] / print hammer || **ausnutzbare ≈höhe** [HSP] / usable print area (vertical) || **≈information** *f* [HSP] / print information || **≈intensität** *f* [HSP] / toner density || **≈kette** *f* [HSP] / print chain, type chain || **≈kettenführung** *f* [HSP] / print-chain cartridge || **≈knopf** *m* [Hw] / pushbutton || **≈kontaktierung** *f* [Sc] / pressure-bonded encapsulation
Druckkontrast *m* [HSP] / print contrast || **≈signal** *n* [HSP] / print contrast signal (PCS) || **≈zahl** *f* [HSP] / print contrast value
Druck·kontrolle *f* [HSP] / print monitoring || **≈kopf** *m* [TP] / print head
Drucklegung *f* [Typ] / printing || **vor der ≈** [Typ] / before going to press
Druck·leiste *f* [Cobol] / print group || **≈leistung** *f* [HSP] / printing performance, print throughput, printing rate, print rate || **≈manuskript** *n* (DIN 2333V, Sept. 1974) [Term, Typ, MAT] / printer's manuscript (vocabulary, etc., manuscript serving as a working copy for the compositor) || **≈matrix** *f* [HSP] / print matrix || **≈organ** *n* [TP] / print element, printing element || **≈original** *n* [Sc] / production master || **≈pause** *f* [HSP] / break in printing, pause in printing
Druckprinzip *n* [HSP] / printing method || **elektrofotografisches ≈** [HSP] / electrophotographic printing method
Druck·programm *n* [Sw] / printer program, print program, printing program || **≈puffer** *m* [HSP] / print buffer, synchronizer printer storage
Druckpunkt *m* (beim Niederdrücken einer Taste) [TP, CTW] / action point || **Tastenkraft am ≈** [TP] / finger pressure at the action point
Druck·qualität *f* [HSP, Typ, TP] / print quality, printout clarity || **≈qualitätsspezifikationen** *f pl* [Typ, OCR] / print quality specifications || **≈rad** *n* [HSP] / printwheel, type wheel, character wheel || **≈rolle** *f* [HSP] / print roll
Druckschriften·abteilung *f* [DpC] / technical publications section || **≈lager** *n* [DpC] / technical publications store
Druck·seite *f* [HSP] / print page, page of print || **≈spalte** *f* [HSP, TP] / print column
Druckspalten·... (cf. „Spalten...") [HSP] || **≈abstand** *m* [HSP] / print column spacing, character pitch, character spacing || **≈einstellmöglichkeit** *f* [HSP] / print column adjustment facility || **≈teilung** *f* [HSP] / print column spacing, character pitch, character spacing || **≈verschiebung** *f* [HSP] / print column shift || **≈zuordnung** *f* [HSP] / print column arrangement
Druck·speicher *m* [HSP] / print storage || **≈stab** *m* [HSP] / print bar, type bar || **≈stange** *f* [HSP] / print bar, type bar || **≈stelle** *f* [HSP, TP] / print position, printing position || **≈stellenanzeiger** *m* [HSP] / print position indicator || **≈steuerung** *f* [HSP] / print control, printing control || **≈steuerzeichen** *n* [HSP] / print control character || **≈stößel** *m* [TP] / print hammer || **≈symbol** *n* (DIN 9757E, Okt. 1977) [HSP] / print symbol || **≈system** *n* [HSP] / printing system
Drucktaste *f* [Hw] / pushbutton || ≈ (eines Taschenrechners usw.) [Calc] / key || **Papierabzug-≈** *f* [HSP] / paddlewheel control pushbutton
Drucktasten·schalter *m* [Hw] / pushbutton switch || **≈steuerung** *f* [Hw] / pushbutton control
Drucktechnik, anschlagfreie ≈ [HSP] / noncontacting printing method (i.e., ink squirting, electrostatic deposition, thermal printing, etc.)
Drucktelegrafie, schreibende ≈ [TP] / mosaic telegraphy
Druck·text *m* [HSP] / print text, text to be printed || **≈trommel** *f* [HSP] / print drum, type drum || **≈type** *f* [Typ] / type, printing

type || **∼überlauf** *m* [HSP] / printer overrun || **∼unterbindung** *f* [HSP] / print suppression || **∼unterbrechung** *f* [HSP] / interruption in printing

Druckverfahren *n* [HSP, Typ, TP] / print method, printing method || **elektrofotografisches ∼** [HSP] / electrophotographic printing method || **kontaktloses ∼** [HSP] / noncontacting printing method (i.e., ink squirting, electrostatic deposition, thermal printing, etc.) || **mechanisches ∼** [MCS, HSP] / impact printing || **nichtmechanisches ∼** [HSP] / nonimpact printing

Druckvorgang *m* [HSP] / printing, printing process

Druckvorlage *f* [Sc] / board print layout, artwork || **Abbild der ∼** [Sc] / pc board print layout

Druckwalzenwelle *f* [HSP] / print shaft

Druckwerk *n* [TP] / print element, printing element || [HSP, TP] / printing mechanism, printing station

Druck·werkssteuerung *f* [TP] / print element control || **∼wiederholung** *f* [HSP] / printing operation repeated to produce multiple copies, etc.

Druckzeichen *n* [HSP] / print character, printer character || **∼code** *m* [HSP] / print character code || **∼feld** *n* [HSP] / print character field || **∼größe** *f* [HSP] / print character size || **∼vorrat** (s. Zeichenvorrat)

Druckzeile *f* [HSP] / print line

Druckzeilen·begrenzung *f* [HSP] / side margin || **∼bestimmungen** *f pl* [RPG] / line counter specifications || **∼einstellmöglichkeit** *f* [HSP] / print line adjustment facility || **∼erweiterung** *f* [HSP] / extended-font print capability || **∼höhe** *f* [HSP] / print line height || **∼länge** *f* [HSP] / print line length

Druck·zelle *f* [HSP] / print cell || **∼zellengröße** *f* [HSP] / print cell size || **∼zone** *f* [HSP] / printing area, print area || **vertikaler ∼zonenabstand** [HSP] / line separation || **∼zusatz beim Schreiblocher** [PC] / punched card interpreter, card printer

Druckzyklus *m* [HSP] / printing cycle || **∼** (Positionierung der Typenscheibe und Abdruck beim elektronischen Fernschreiber) [TP] / print cycle

DSP (s. Drahtspeicher)

DSPL (s. Datensichtplatz)

DST (s. Datenstation) || **Meldungen an ∼ ausgeben** [Sw] / to send messages to a terminal

DTA (s. Diagnosetestablauf)

DTFDA (s. Dateierklärung)

DTF-Makro *m* [Sw] / file definition macro

DTFSR (s. Dateierklärung)

DTL-Verknüpfungsglied *n* [Cir] / diode-transistor logic element

dual *adj* [Th] / dual || [PL/1] / binary || **∼ codiert** [Th] / binary-coded || **∼ codiertes Löschen** [ES] / binary-coded resetting || **∼ codiertes Setzen** [ES] / binary-coded setting || **∼es Kartenbild** [PC, M] / binary image (i.e., an exact representation in memory of each hole in a punched card, as distinct from the character representation) || **∼ verschlüsselt** [Th] / binary-coded

Dualcode *m* [Th] / binary code || **reiner ∼** [Th] / pure binary code

Dual·eingabe *f* [PC] / column-binary reading || **∼-Funktion** *f* [PL/1] / binary (builtin) function

Dual-in-line-Gehäuse *n* [Mp, Sc] / dual-in-line package (DIP)

Dualkarte *f* [PC] / binary card

Dualkarten·code *m* [PC] / column-binary code || **∼darstellung** *f* [PC] / column binary representation, Chinese-binary representation || **∼modus** *m* [Dp] / column binary mode

Dual·operation *f* [Th, SA] / binary arithmetic operation, dyadic operation || **∼system** *n* [Th] / binary system, binary number system, binary scale, scale-of-two binary notation

Dualzahl *f* [Th] / binary number || **ganze ∼** [Th] / binary integer

Dual·zähler *m* [Mp] / binary counter || **∼ziffer** *f* (DIN 44300, März 1972) [Th] / binary digit, bit

DU-Benutzerprogramm *n* [Sw, Tr] / communication user program (CUP)

DÜ-Block, Annullierungs-∼ *m* [Tr] / cancellation data block

DUD (s. Auflisten der freien Geräte)

DÜE (s. Datenübertragungseinrichtung)

DUET (s. Datenübertragungseinheit)

DUM (s. Beenden eines Programms mit Speicherauszug)

Dump *m* (cf. „Speicherabzug" bzw. „Speicherauszug") [Sw, OS] / dump

DUMP (s. Ausdrucken von zwischengespeicherten Auszügen)

Dunkelsteuerimpuls *m* [COM, Typ, GrDp] / blanking pulse

dunkelsteuern *v* [COM, Typ, GrDp] / blank

Dunkelsteuerung *f* [COM, Typ, GrDp] /

blanking
Dunkelstrom *m* [Sc] / dark current, electrode dark current
dunkeltasten *v* [COM, Typ, GrDp] / blank
Dunkeltastimpuls *m* [COM, Typ, GrDp] / blanking pulse
Dunkeltastung *f* [COM, Typ, GrDp] / blanking
Dunkelwiderstand *m* [Sc] / dark resistance
Dünndruck *m* [Typ, OCR] / lightface (i.e., a typeface having comparatively light thin lines) || **~papier** *n* [Typ] / India paper, thin printing paper
Dünnfilm *m* [Sc] / thin film || **~-Feldeffekttransistor** *m* [Sc] / insulated-gate thin-film field-effect transistor || **~-Glühlichtanzeige** *f* [Co] / thin-film incandescent display || **~-Laserschalter** *m* [Co] / thin-film laser switch || **~leiter** *m* [Sc] / thin-film conductor || **~speicher** *m* [M, Sc] / thin-film memory, magnetic film memory || **~-Technologie** *f* [Sc] / thin-film technology || **~-Transistor** *m* [Sc] / thin-film transistor (TFT) || **~-Zerstäubungseinrichtung** *f* [Sc] / thin-film sputtering system
Dünnschicht *f* [Sc] / thin film || **~-Feldeffekttransistor** *m* [Sc] / insulated-gate thin-film field-effect transistor || **~-Glühanzeige** *f* [Co] / thin-film incandescent display || **~-Laserschalter** *m* [Co] / thin-film laser switch || **~leiter** *m* [Sc] / thin-film conductor || **~speicher** *m* [M, Sc] / thin-film memory, magnetic film memory || **~-Technologie** *f* [Sc] / thin-film technology || **~-Transistor** *m* [Sc] / thin-film transistor (TFT) || **~-Triode** *f* [Sc] / thin-film transistor (TFT) || **~-Zerstäubungseinrichtung** *f* [Sc] / thin-film sputtering system
Dunstabzugshaube *f* [HSP] / exhauster hood
duodenär *adj* [Th] / duodecimal
duodezimal *adj* [Th] / duodecimal || **~er Einspaltencode** [PC] / single-column duodecimal coding, single-column pence coding || **~codeumsetzer** *m* [PC] / duodecimal conversion equipment || **~system** *n* [Th] / duodecimal number system || **~zahl** *f* [Th] / duodecimal number || **~ziffer** *f* (DIN 44300, März 1972) [Th] / duodecimal digit
Duodiode *f* [Sc] / duplex diode, duodiode, twin diode
Dup-Kontrolle *f* [OS] / twin check, duplication check
Duplex *n* [Tr] / duplex, full duplex (FDX) || **~apparat** *m* [TP] / duplex apparatus
Duplexbetrieb *m* [Tr] / duplex operation, full-duplex operation || **Vierdraht-~** *m* [Tr] / four-wire duplex operation, four-wire full-duplex operation
duplexfähiger Telegrafiekanal [Tr] / duplex telegraph circuit
Duplex·kanal *m* [Tr] / duplex channel || **~system** *n* [Tr] / duplex system || **~verbindung** *f* [Tr] / duplex circuit, duplex || **~verfahren** *n* [Tr] / duplex method
Duplikat *n* [Dp] / duplicate
Dupliziereinrichtung *f* [Dp] / duplicating device
duplizieren *v* [Dp] / duplicate (i.e., to reproduce data leaving the original data unchanged)
Duplizier·modus *m* [RDp] / duplicate mode || **~programm** *n* [Sw] / duplicating program || **~prüfung** *f* [PC] / duplicate operation check, duplication check, duplicating check, twin check
DU-Programm *n* [OS, Tr] / communication control program (CCP)
Durchbrennen, gezieltes ~ von Diodenstrecken [Mp] / burning-out of internal diodes
Durchbruch *m* (in einem in Sperrichtung betriebenen pn-Übergang) (DIN 41852, Aug. 1978) [Sc] / breakdown (of a reverse-biased pn junction) || **zweiter ~** (DIN 41852, Aug. 1978) [Sc] / second breakdown || **~bereich** *m* [Sc] / breakdown region || **~gebiet** *n* [Sc] / breakdown region || **~impedanz** *f* (bei kleiner Aussteuerung) [Sc] / small-signal breakdown impedance
Durchbruchspannung *f* (DIN 41852, Aug. 1978) [Sc] / breakdown voltage
Durchflußleistung *f* (Jobzahl pro Zeiteinheit) [Dp] / job throughput, rate of flow
Durchflutungsempfindlichkeit *f* (eines Hallmultiplikators) [Sc] / magnetomotive force sensitivity
Durchführbarkeitsstudie *f* [R&D] / feasibility study
durchführen *v* [PL/1] / perform
Durchgang mittels geschnittenem Lochstreifen [TP] / manual tape relay, torn tape relay || **auf ~ prüfen** [ES] / to test for continuity
Durchgangs·amt *n* [ES] / tandem switching center, transit switching center || **~dämpfung** *f* [Tr] / passband attenuation || **~land** *n* [TP] / transit

country || ≗prüfer *m* [ES] / continuity tester || ≗querleitungsverkehr *m* [ES] / calls routed via high-usage trunks carrying terminating traffic || ≗telegramm *n* [TP] / transit telegram || ≗verbindung *f* [ES] / transit call || ≗verkehr *m* [ES] / transit traffic, transit switching operation || ≗vermittlung *f* (Amt) [ES] / tandem switching center, transit switching center || ≗vermittlung (Vorgang) [ES] / tandem switching, transit switching || ≗zeit *f* [ES] / in-station transfer time, transit time

durchgelocht *adj* [PT] / chadded (tape, etc.) (i.e., with the chads completely removed; cf. "chadless") || ~**er Lochstreifen** [TP] / chadded paper tape, chad tape, chadded tape

durchgeschaltet, galvanisch ~ (4-Draht-Standleitung) [Tr] / d.c.-coupled

durchkontaktiert *adj* [Hw, Sc] / plated-through || ~**es Loch** [Hw] / plated-through hole

Durchlaß·bereich *m* [Sc] / conducting state region, on-state region || ≗**eigenschaften** *f pl* [Sc] / conductive properties, forward characteristics

durchlassen *v* [Cir] / gate

Durchlaßerholungszeit *f* [Sc] / forward recovery time

durchlässig *adj* (Halbleiter, Transistor) [Sc] / conducting

Durchlässigkeit *f* (Halbleiter, Transistor) [Th, Sc, TrL, Co] / conductivity

Durchlaß·kennlinie *f* [Sc] / conducting state characteristic, on-state characteristic, forward characteristic curve || ≗**leitwert** *m* [Sc] / forward conductance

Durchlaßrichtung *f* [Sc] / forward direction || **Überstrom in** ≗ [Sc] / overload forward current

Durchlaßspannung *f* [Sc] / conducting state voltage, on-state voltage || ≗ (in Schaltrichtung) [Sc] / forward voltage

Durchlaßspitzenstrom *m* [Sc] / peak forward current

Durchlaßstoßstrom *m* [Sc] / surge forward current, nonrepetitive forward current

Durchlaßstrom *m* [Sc] / conducting state current, on-state current || ≗ (in Schaltrichtung) [Sc] / forward current

Durchlauf *m* [PC] / pass || [Dp, Sw] / run || ≗ (Übersetzer) [PL] / pass || ≗**anweisung** *f* [Cobol] / perform statement

dúrchlaufen *v* [Hw] / (of machine, etc.) run open, race

durchláufen *v* [TP] / (of tape, etc.) feed (from right to left, out of the punch toward the operator, etc.) || **einen Befehl** ~ [Sw] / to execute an instruction

Durchlauf·gerät *n* [DOK, Rep] / flow camera || ≗**geschwindigkeit** *f* [PC] / conveying speed || ≗**häufigkeit** *f* [ES] / cycling frequency || ≗**kamera** *f* [DOK, Rep] / flow camera || ≗**register** *n* [ES] / test run register || ≗**speicher** *m* [ES] / transit storage || ≗**vergleich** *m* [ES] / test cycle comparison || ≗**zähler** *m* [ES] / test cycle counter

Durchlaufzeit *f* [Dp] / throughput time || [OS] / turnaround time

durchlegieren *v* (Thyristor) [Sc] / fail, break down, to become shorted

Durchlichtmarke *f* (Magnetband) [TP] / BOT/EOT hole || **Bandanfangs-**≗ *f* [KtT] / BOT hole || **Bandende-**≗ *f* [KtT] / EOT hole

Durchmusterung *f* [OS] / scanning operation

durchplattiert *adj* [Hw, Sc] / plated-through

Durchprüfung, sprungweise ≗ [Sw] / leapfrog test

Durchreichspannung *f* [Sc] / penetration voltage

Durchsatz *m* (mittlere Anzahl von Operationen, die ein Computer pro Zeiteinheit leistet) [Dp] / throughput || ≗ (maximal mögliche Transfergeschwindigkeit von Daten in den bzw. aus dem Arbeitsspeicher, ausgedrückt in Zeichen/s) [Tr] / throughput || ≗**rate** (s. Durchsatz)

Durchschalte·ablaufsteuerung (DAS) *f* [ES] / switching sequence controller || ≗**befehl** *m* [ES] / through-connect command || ≗**betrieb** *m* (bei UEAS bei Notbetrieb) [ES] / existing-call handling status || ≗**bit** *m* [ES] / through-connect bit || ≗**einheit** *f* [PCC] / connection unit

Durchschaltekanalgruppe (DK) *f* [ES] / switching channel group || ≗ **für Bitgruppen (DKB)** [ES] / switching channel group for bit groups

Durchschalte·konzentrator *m* [ES] / circuit switching concentrator || ≗**leistung** *f* (bestehende Verbindungen) [ES] / call throughput rate

durchschalten *v* [Co] / (of transistor, etc.) conduct, to become conductive, to be turned on || [ES] / switch through, connect through (call, circuit, etc.) || [Cir] / gate || ≗**etz** *n* [TP] / line switching network, circuit switching network,

through-connect network
Durchschaltetechnik *f* (Vermittlungstechnik, bei der die Endstellen über Vermittlungen ohne Zwischenschaltung von Nachrichtenspeichern miteinander verbunden sind) [ES] / line switching, circuit switching
Durchschaltevermittlung *f* (Vorgang) [ES] / line switching, circuit switching || ≗ (Amt) [ES] / line switching center, circuit switching center
Durchschaltevermittlungstechnik *f* [ES] / line switching, circuit switching
Durchschaltung, räumliche ≗ (Netze) [ES] / space-division circuit switching, space switching
Durchschlag *m* [HSP] / copy
Durchschlupf, maximaler ≗ (Fertigungskontrolle) [QC, Sc] / average outgoing quality level
durchschnittlich·e Drehwartezeit [MD, MDr] / average rotational delay || ~**e Operationszeit** [Dp] / average operation time || ~**e Rechenoperation** [Dp] / average calculating operation || ~**e Wartezeit** [MD, MDr] / average latency
Durchschreib·papier *n* [HSP] / carbonless paper, NCR paper (no carbon required), action paper || ≗**satz** *m* [HSP] / multipart form set || ≗**verfahren** *n* [HSP] / method of (impact) printing copies without use of carbon
Durchschuß *m* [Typ] / lead || **Unendlich-**≗ *m* [Typ, Sw] / infinity lead || ≗**befehl** *m* [Typ, Sw] / lead instruction
Durchstoßfestigkeit *f* [PT, PC] / resistance to perforation
Durchsuchanweisung *f* [Cobol] / search statement
durchsuchen *v* [Dp] / search || **eine Datei** ~ [Sw] / to scan a file
DUS (s. Datenübertragungssystem)
DUST (s. Datenübertragungssteuerung)
DÜST (s. Datenübertragungssteuerteil)
DUSTA (s. Datenübertragungssteuerung für Außenstationen)
DV (s. Datenverarbeitung)
DV-... (cf. „EDV-..." bzw. „ADV-...") [DpC]
DVA (s. Datenverarbeitungsanlage)
DVA-Raum *m* [DpC] / computer room, machine room (of a computer center)
DV-Modul *n* [HSP] / predefined dialog module
DVT (s. Datenverteiler)
dv-technische Spezifikation [Dist] / technical design specification

Dyadenrechnung *f* [Th] / dyatic calculus
dyadisch *adj* [Th] / binary || ~**e boolesche Verknüpfung** [Th, SA] / dyadic Boolean operation, binary Boolean operation || ~**er Logarithmus** [Th] / logarithm to the base of 2 || ~**e Operation** [Th, SA] / binary arithmetic operation, dyadic operation || ~**e Verknüpfung** [Th, SA] / binary arithmetic operation, dyadic operation
dynamisch *adj* [Dp] / adjustable || ~**e Abfertigung** [OS] / dynamic dispatching || ~**es Abfühlen** [PC] / flight sensing || ~**e Adressierung** [Sw] / dynamic addressing || ~**e Adreßumsetzung (DAU)** [Th, VS] / dynamic address translation (DAT), dynamic address conversion || ~**e Adreßumsetzungseinrichtung** [VS] / dynamic address translation feature, DAT feature || ~**e Adreßverschiebung** [Th, VS] / dynamic relocation, dynamic memory relocation || ~**e Alarmeingabe** [PCC] / dynamic alarm signal input device || ~**e Äquivalenz** (der Übersetzung) [Term, MAT] / dynamic equivalence || ~**e Arbeitslastverteilung** [VS] / dynamic load balancing || ~**e Betriebsmittelzuweisung** [Dp, Sw] / dynamic resource allocation || ~**er Bitversatz** [MT] / dynamic skew || ~**es Datenfeld** [Sw] / dynamic data field || ~**e Digitaleingabe** [PCC] / dynamic digital input device || ~**e Empfindlichkeit** [Co, Sc] / dynamic sensitivity (of a photoelectric device) || ~**e Ersatzspurzuweisung** [MD, MC, MDr] / dynamic alternative track assignment || ~**er Fehler** [Dp, QC] / dynamic error || ~**e Impedanz** [Sc] / dynamic impedance || ~**es Lesen** [PC] / flight sensing || ~**e Lichtempfindlichkeit** [Co, Sc] / dynamic luminous sensitivity (of a photoelectric device) || ~**e Nachrichtensteuerung** [Sw] / dynamic message control || ~**e Programmierung** [Sw] / dynamic programming || ~**er Prozeß** [PCC] / dynamic process || ~**es Prozeßmodell** [PCC] / dynamic process model || ~**e Prozeßoptimierung** [PCC] / dynamic process optimization || ~**e Prüfung** [Dp] / dynamic check, dynamic test, operating test || ~**es RAM** [Mp] / dynamic RAM || ~**es Register** [M, CU] / delay-line register || ~**er Schräglauf** [MT] / dynamic skew || ~**er Speicher** [MCS] / dynamic memory, dynamic storage || ~**er Speicherabzug** [Dp] / dynamic dump || ~**er Speicherauszug** [Sw] / selective dynamic dump, snapshot dump || ~**e**

Speicherzuweisung [Dp, Sw] / dynamic memory allocation, dynamic storage allocation || ~er **Stopp** [Sw] / dynamic stop || ~es **Teilprogramm** [M, Sw] / dynamic subroutine || ~es **Testhilfssystem** [VS] / dynamic support system (DSS) || ~es **Unterprogramm** [M, Sw] / dynamic subroutine || ~e **Vermittlungsleistung** [ES] / new-call rate || ~e **Verschiebung** [Th, VS] / dynamic relocation, dynamic memory relocation

Dynistor *m* (Vierschichtdiode) [Sc] / dynistor

E

E/A (s. Ein-Ausgabe)

EAGS (s. Ein-Ausgabegruppenschalter)

EAP (s. Emulatoranschlußprogramm)

EAR (s. Endadreßregister) || ≗ (s. Eingabeadreßregister)

EAS (s. Ein-Ausgabesystem) || **logische Stufe des** ≗ [OS] / logic file control processor, logic level FCP || **physikalische Stufe des** ≗ [OS] / physical file control processor, physical level FCP

EAW (s. Eingabeauswahl)

EAWKR (s. Eingabeauswahlknotenregister)

EAWR (s. Eingabeauswahlregister)

Ebene *f* [Dp, Tr, Meas] / level || ≗ **gleicher Stellen** [M] / digit plane (i.e., the plane in a multidimensional magnetic core array containing elements for a particular digit position) || **in der gleichen** ≗ [Dp] / in-plane

ebenenneutral *adj* [TP] / (character, etc.) assigned to both cases, (code, etc.) in both shifts

E-13B-Schrift *f* [MICR] / font E-13B (originally developed for the American Bankers Association)

Eccles-Jordanschaltung *f* [Cir] / eccles jordan circuit

ECDC-Transistor *m* [Sc] / electrochemical-diffused-collector transistor

Echo·kontrolle *f* [Tr] / echo checking, echo testing || ≗**prüfung** *f* [Tr] / echo checking, echo testing

echt·e Addition [ALU] / true add || ~e **Adresse** [Sw] / absolute address, specific address, actual address || ~e **Adresse** [VS] / real address (contrasted with "virtual address") || ~e **Codierung** [Sw] / basic coding, absolute coding, specific coding || ~e **Geschwindigkeit** [Dp] / effective speed

Echtzeit *f* [Dp] / real time || ≗-... [Dp] / real-time || ≗**ausgabe** *f* [Dp] / real-time output || ≗**betrieb** *m* [Dp] / real-time operation, real-time working || ≗**datenfernverarbeitung** *f* [RDp] / real-time remote data processing || ≗**eingabe** *f* [Dp] / real-time input || ≗-**Grafikdialoggerät** *n* [GrDp] / real-time interactive graphic device || ≗**simulation** *f* [Sw] / real-time simulation || ≗**simulierung** *f* [Sw] / real-time simulation || ≗**steuerung** *f* [CU] / real-time control || ≗**system** *n* [RDp] / real-time system || ≗**uhr** *f* [Mp, MCS, M] / real-time clock (RTC) || ≗**verarbeitung** *f* [Dp, Sw] / real-time processing || ≗**verhalten** *n* [RDp] / real-time behavior

Ecke *f* (Formatzeichen) [HSP] / corner

Ecken·abschnitt *m* [PC] / corner cut || ≗**abschnittserkennung** *f* (Impuls) [PC] / corner cut recognition

eckige Klammer [Cobol] / bracket

ECW (s. Eingabe-Codewandler)

ED (s. Empfangsdaten)

Editor *m* (Hilfsprogram zur Änderung, Korrektur und Ausgabe von Anwenderprogrammen) [MCS] / editor, microcomputer editor || **Text-**≗ *m* (Hilfsprogramm bei Mikrocomputer-Entwicklungssystemen) [MCS] / MDS text editor, text editor

EDV (s. elektronische Datenverarbeitung)

EDVA (s. elektronische Datenverarbeitungsanlage)

EDV-Abteilung *f* [DpC] / data processing department || **Leiter der** ≗ [DpC] / data processing manager

EDV-Anlage *f* [Dp] / electronic data processing equipment, EDP equipment

EDVS (s. elektronisches Datenverarbeitungssystem)

EF (s. Eingabefolge)

Effekt, fotoelektrischer ≗ (DIN 41852, Aug. 1978) [Th] / photoelectric effect

effektiv·e Adresse [Sw] / effective address || ~e **Apertur** [Sc] / effective aperture || ~e **Arbeitsstunden** [DpC] / actual hours || ~er **Befehl** [Sw] / actual instruction, effective instruction || ~e **Masse** [Sc] / effective mass || ~e

Speicherausnutzung [Dp] / effective utilization of storage capacity || **~e Übertragungsgeschwindigkeit** [Tr] / data transfer rate (i.e., the rate at which data actually arrives after transmission, expressed in terms of bits, characters, or blocks per second, minute, or hour)

Effektivspannung *f* [Sc] / effective voltage || **≗ an der Diode** [Sc] / r.m.s. voltage across diode

Effektivspielraum *m* [TP, Tr] / effective margin

Effektivwert *m* [Th, PCC] / r.m.s. value, root-mean-square value || **≗ des Gesamtstroms** [Sc] / r.m.s. total value (of current) || **≗ des Wechselstroms** [Sc] / r.m.s. varying component (of current)

EFR (s. Eingabefolgeregister)

eichen *v* [Hw, AC] / calibrate, gage

Eichschaltung *f* (Leiterplatte) [Sc] / pc board calibration circuit

Eichung *f* [Hw, AC] / calibration, gaging

Eigen·diagnose *f* [Sw] / self-diagnosis || **≗feld** *n* [Sc] / self field || **≗halbleiter** *m* [Sc] / intrinsic semiconductor, I-type semiconductor || **≗leitfähigkeit** *f* [Sc] / intrinsic conductivity || **≗leitung** *f* (DIN 41852, Aug. 1978) [Sc] / intrinsic conduction || **≗leitungsdichte** *f* (DIN 41852, Aug. 1978) [Sc] / intrinsic conduction density

eigenrelative Adresse [Sw] / differential address

eigenschwingungsfrei *adj* [Th] / aperiodic, untuned

Eigenspeisung *f* [DpC] / internal power supply, local power supply

Eigentest *m* (Methode) [Dp] / open-shop testing || **≗** (einzelner Test) [Dp] / open-shop test run || **≗betrieb** [Dp] / open-shop test system, open shop

eigentlich·e Daten [Sw] / actual data || **~e Zeichenfolge** [Algol] / proper string

Eigentümeridentifikation, Datenträger-≗ *f* [Sw] / volume owner identification

Eigen·tümerkennzeichnung *f* [Sw] / owner identification, owner ID || **≗verzerrung** *f* [Tr] / inherent distortion

Eignungsprüfung *f* [Dp] / aptitude test

Eilwartung *f* (bei Störungen) [Hw, DpC] / emergency maintenance, fire-brigade maintenance (i.e., a type of corrective maintenance completed on a nonscheduled basis)

Eimerkette *f* [Co] / bucket brigade (descriptive term of a method of transferring information from stage to stage in response to timing signals, e.g., in a multistage analog shift register)

Einadreß·befehl *m* [Sw] / single-address instruction, one-address instruction || **≗befehlsstruktur** *f* [Sw] / single-address instruction format || **≗code** *m* [Sw] / single-address code, one-address code || **≗computer** *m* [Dp] / single-address computer

Einadressensystem *n* [Th] / single-address system

Einadreßrechner *m* [Dp] / single-address computer

Einaufgabebetrieb *m* [OS] / single task environment

Ein-Ausgabe (E/A) *f* [PL/1] / input-output (I/O) || **gepufferte ≗** [IO] / buffered input-output

Ein-Ausgabeanforderung *f* [OS] / input-output request, I/O request || **Liste der ≗en** [OS] / input-output request list, I/O request list

Ein-Ausgabe-Angabe *f* [Cobol] / I/O option

Ein-Ausgabe-Anweisung *f* [Fortran] / input-output statement || [Cobol] / input-output statement || **ergänzende ≗** [Fortran] / auxiliary input-output statement

Ein-Ausgabe·art *f* [RPG] / file type || **≗aufruf** *m* [OS] / I/O request supervisor call || **≗-Baustein** *m* [Mp] / input-output module, I/O module || **≗-Bedingung** *f* [PL/1] / I/O condition || **≗befehl** *m* [Sw] / peripheral control instruction, input-output instruction, I/O instruction

ein-ausgabebegrenzt *adj* [Dp] / input-output limited

Ein-Ausgabebereich *m* [Sw] / input-output area, I/O area || **zusätzlicher ≗** [RPG] / additional area

ein-ausgabebetont *adj* [Cobol] / display (usage is)

Ein-Ausgabe·-Chip *m* [MCS, IC] / input-output chip, I/O chip, I/O interface chip || **≗-Codewandler** *m* [ES] / input-output code converter, I/O code converter || **≗-Codierer** *m* [ES] / input-output coder || **≗-Datei** *f* [Cobol] / I/O file || **≗daten** *plt* [Sw] / input-output data, I/O data || **≗-Definitionskarte** *f* [Sw] / input-output define card

Ein-Ausgabeeinheit *f* [RPG] / device || [Cobol] / input-output unit || **Film-≗** *f* [IO] / film recorder-scanner

Ein-Ausgabe·-Element *n* [Mp] / input-output port, I/O port || **≗fehler** *m* [Sw] / input-output error, I/O error || **≗gerät** *n*

[IO] / input-output device, I/O device || ≗-Gerätenummer *f* [Dp] / I/O device number || ≗-Gerätesteuerprogramm *n* [Mp] / I/O driver routine, device driver || ≗gruppenschalter (EAGS) *m* [ES] / input-output group switch

ein-ausgabeintensiv *adj* [Dp] / involving a large number of I/O operations

Ein-Ausgabekabelstrang *m* [Hw] / input-output cable, I/O cable

Ein-Ausgabekanal *m* [CP] / input-output channel || **gepufferter** ≗ [IO] / buffered input-output channel

Ein-Ausgabekoordinierer *m* [Dp] / input-output dispatcher

ein-ausgabelimitiert *adj* [Dp] / input-output limited

Ein-Ausgabe-Liste *f* [Fortran] / input-output list || **einfache** ≗ [Fortran] / simple list

Ein-Ausgabe·medium *n* [IO] / input-output medium, I/O medium, data carrier || ≗**operation** *f* [Dp] / input-output operation, I/O operation

Ein-Ausgabeprogramm *n* [Tr] / input-output handler, I/O handler || [Sw] / input-output program, I/O program || ≗ **für Datenübertragungssteuerung** [Tr] / CC handler || ≗ **für Konsolblattschreiber** [CTW] / console typewriter handler || ≗ **für Magnetband** [ES] / magnetic tape handler || ≗ **für programmgesteuerten Busschalter** [Mp] / programmable switch handler || ≗ **für Streifenlocher** [TP] / paper tape punch handler || ≗ **für Systemzustandsanzeigefeld** [ES] / system status panel handler || **Geräte-**≗ *n* [OS] / device handler || **Platte-**≗ *n* [OS] / disk handler

Ein-Ausgabeprozedur *f* [ES] / input-output procedure, I/O procedure

Ein-Ausgabeprozessor *m* (EA-Prozessor) (DIN 44300, März 1972) [M] / input-output processor || **autonomer** ≗ [Dp] / autonomous input-output processor, autonomous I/O processor

Ein-Ausgabepuffer *m* [CP] / input-output buffer, input-output buffer storage, I/O buffer, input-output synchronizer || ≗**speicher** *m* [CP] / input-output buffer, input-output buffer storage, I/O buffer, input-output synchronizer

Ein-Ausgabe·register *n* [CU] / input-output register (IOR) || ≗**schnittstelle** *f* (Standardschnittstelle) [RDp] / input-output interface, I/O interface || ≗-**Schnittstellenbaustein** *m* [MCS, IC] / input-output chip, I/O chip, I/O interface chip || ≗**schrank** *m* [HSP] / I/O cabinet

Ein-Ausgabesteuer·einheit *f* [CU] / input-output controller (IOC) || ≗**programm** *n* [OS] / file control processor (FCP), input-output system (IOS), I/O control system, input-output control system (IOCS), file control system

Ein-Ausgabesteuerung *f* [OS] / input-output control, I/O control || [Hw] / input-output system || [Cobol] / I/O control || **Lochstreifen-**≗ *f* [PT] / paper tape I/O controller || **Makroaufruf zur** ≗ [Sw] / input-output control macro, I/O control macro || **Speicher-**≗ **(SEAS)** *f* [ES] / memory input-output control

Ein-Ausgabesystem (EAS) *n* [OS] / file control processor (FCP), input-output system (IOS), I/O control system, input-output control system (IOCS), file control system || **Datenübertragungs-**≗ *n* [Tr] / communications input-output control system (CIOCS)

Ein-Ausgabeunterbrechung *f* [OS] / input-output interrupt

Ein-Ausgabewarteschlange *f* [OS] / input-output request queue || **Adreßliste der** ≗ [OS] / input-output queue address list, I/O queue address list

Ein-Ausgabe·werk *n* (DIN 44300, März 1972) [CP] / input-output control || ≗**zuordnung** *f* [ES] / input-output allocation

Ein-Aus-Regler *m* [PCC] / on-off controller, bang-bang servo

einbahnig drucken [HSP] / to permit single-web printing || **~er Drucker** [HSP] / single-carriage printer || **~e Papierrolle** [TP] / single-ply paper roll

Einbau·begrenzung *f* [Hw] / mounting position limit || ≗**ebene** *f* [Hw] / equipment frame || ≗**fernschaltgerät** *n* [TP] / builtin signaling unit || ≗**maß** *n* [Hw] / mounting dimensions || ≗**platz** *m* [Co] / plug-in location, mounting location, plug-in position, card slot || ≗**position** *f* [Hw] / mounting position

Einbaurahmen *m* [Hw] / cabinet frame || ≗ **für periphere Geräte** [Hw] / peripheral mounting panel

Einbau·-Rückmeldekarte *f* [Serv] / completion notice card || ≗**system** *n* [ES, Sc] / packaging system, packaging concept

einbetten *v* [Sc] / embed (impurities, etc.)
Ein-Bit-Verzögerungsglied *n* [Cir] / digit delay element
einblenden *v* [HSP] / overlay, superimpose
Einblendung *f* [HSP] / overlay, superimposition
Ein-Chip-Computer *m* [MCS] / single-chip computer
eindeutig darstellbarer Zahlenbereich [PCC] / range of unambiguous numbers || ~ **definiert** [Th] / uniquely defined || ~**er Name** [PL/1] / unique name
Eindiffusion aus der gasförmigen Phase [Sc] / vapor diffusion
eindimensional *adj* [Th] / one-dimensional || ~**er Transistor** [Sc] / unidimensional transistor, linear transistor
eindringen *v* [Sw] / penetrate
Eindringtiefe *f* [Sc] / depth of penetration
Eineindeutigkeit *f* [Th] / one-to-one correspondence
Eineranforderung *f* [ES] / units request || **≗auswahl** *f* [ES] / units selection signal || **≗komplement** *n* [Th] / ones complement, complement-on-one || **≗stelle** *f* [Th] / units position, low-order position || **≗-Suchschaltung** *f* [ES] / units finder circuit
einfach *adj* [Algol] / simple || [PL/1] / simple || ~**er absoluter Ausdruck** [PL] / simple absolute expression || ~**er arithmetischer Ausdruck** [Algol] / simple arithmetic expression || ~**er arithmetischer Ausdruck** [Fortran] / simple arithmetic expression || ~**er Ausdruck** [PL] / simple expression, primitive expression || ~**er boolescher Ausdruck** [Algol] / simple Boolean || ~**e Datenfeldbeschreibung** [Fortran] / basic field descriptor || ~**e Direktzugriffsmethode** [Dp] / basic direct access method || ~**e Ein-Ausgabe-Liste** [Fortran] / simple list || ~**er Fehler** [Th, Tr] / single error || ~**e Genauigkeit** [Th, ALU] / single precision || ~**e Gruppe** [Fortran] / basic group || ~**e indexsequentielle Zugriffsmethode** [Dp] / basic indexed sequential access method (BISAM) || ~**e Liste** [Fortran] / simple list || ~**er Name** [Sw] / simple name || ~**es Netz** [Dp] / simple network || ~ **offene Steuerung** [PCC, NC] / open-loop control system, open-loop system || ~**e Pufferung** [Sw] / single buffering || ~**e Schreibdichte** [MT] / single density || ~**e Schrittdauer** [ES] / unit length element, 1.0 unit length element || ~**e sequentielle Jobbearbeitung** [Sw] / basic stacked job processing || ~**er Sperrschritt** [RDp, Tr] / single-length stop pulse, unit length stop pulse, unit length stop element || ~**e squentielle Zugriffsmethode** [Dp] / basic sequential access method || ~**e Stellenzahl** [Th] / single mantissa || ~ **überlaufbehaftete Zahl** [PCC] / number for which only one overflow occurred, number affected by a single overflow || ~**e Variable** [Algol] / simple variable || ~**er Verbund** [PL/1] / non-iterative group || ~ **vorhanden** / nonduplicate || ~**er Zielausdruck** [Algol] / simple designational expression || ~**e Zugriffsmethode** [Sw] / elementary access method (EAM), basic access method (BAM) || ~**e Zugriffsmethode für Datenfernverarbeitung** [Dp] / basic telecommunications access method (BTAM) || ~**e Zugriffsmethode für untergliederte Dateien** [Dp] / basic partitioned access method || **≗adreßnachricht** *f* [ES] / single-address message || **≗ergebnispunkt** *m* [ES] / single-address point || **≗flachbaugruppe** *f* [Co] / standard-sized pc board || **≗indizierung** *f* [IDS] / single-level indexing || **≗jobsteuerung** *f* [OS] / single job scheduling || **≗kanal** *m* [Tr] / single channel
Einfach/Mehrfach-Zahlenauswahl *f* [OCR] / single/multiple number selection feature
Einfachstichprobenplan *m* [Sc] / single sampling plan
Einfachstrom *m* [RDp, Tr] / neutral current, single current, make-break current || **2-Draht-≗** *m* [ES] / 2-wire neutral current, 2-wire single current || **≗-Arbeitsstrombetrieb** *m* (Draht-Fernschreiben) [TP, Tr] / inverse neutral telegraph transmission || **≗betrieb** *m* [TP, Tr] / neutral current working, single-current working, single-current mode
Einfachstromleitung *f* [RDp, Tr] / neutral current line || **Zweidraht-≗** *f* [RDp, Tr] / 2-wire neutral current line, 2-wire single-current line
Einfachstrom-Logiksignal *n* [ES] / unipolar logic signal || **≗richter** *m* [Sc] / unidirectional rectifier || **≗tastung** *f* [RDp, Tr] / neutral current signaling, single-current signaling || **≗wechsel** *m* [ES] / neutral test reversal || **≗zeichen** *n* [ES] / neutral (current) signal, make-

break signal, single-current signal
Einfach·system *n* [ES] / simplex system || **~-Zahlenauswahleinrichtung** *f* [OCR] / single number selection feature
einfädeln *v* [HSP] / thread
einfärben *v* (mit Toner) [HSP] / to apply toner
Einfarbigkeit *f* (Laser) [HSP] / monochromaticity
Einfärbung *f* [HSP] / contrast level, toner density, print density
Einfrequenztonwahl *f* [Tr] / single-frequency signaling
einfügen *v* [TES] / insert || [Sw] / patch (data, instructions, etc.) || *n* [TES] / insertion
Einfügungs·byte *n* [Sw] / insert byte || **~dämpfung** *f* [ES] / insertion loss
Einfügungszeichen *n* [Cobol] / insertion character || [PL/1] / insertion character
einführen, Ersatzspuren ~ [MD] / to assign alternate tracks || **~ von Ersatzspuren (RALTAS)** [OS, Aufruf] / Random-access alternate track assignment (RALTAS)
Einfüll·schlauch *m* [HSP] / filler hose || **~stellung** *f* [HSP] / filling position
Einfunktionssystem *n* [Sw] / dedicated system
Eingabe *f* [Algol] / input || [PL/1] / input || **~ fortlaufender Werte** [NC] / sequential input || **~ leer** (Meldung) [ASw, OCR] / Hopper empty || **direkte ~** [IO] / direct input || **formatfreie ~** [Dp] / nonformatted input || **manuelle ~** [IO] / keyboard input, keyboard entry || **nichtformatierte ~** [Dp] / nonformatted input || **uncodierte ~** [RDp, Tr] / uncoded input || **zeichenweise asynchrone ~ von Daten** [RDp, Tr] / character-by-character asynchronous input of data
Eingabeadreßregister (EAR) *n* [ES] / input address register
Eingabe-Ausgabe-... (s. Ein-Ausgabe-...)
Eingabeauswahl (EAW) *f* [ES] / input selection || **~knotenregister (EAWKR)** *n* [ES] / input selection junction register || **~register (EAWR)** *n* [ES] / input selection register || **~steuerung** *f* [ES] / input selection control
Eingabe·band *n* [PT, MT] / input tape || **~baugruppe** *f* (= Tastatur, Leser, Kennungsgeber) [TP] / input module || **~baustein** *m* [Mp] / input port || **~behandlung** *f* (einer Nachricht) [ES] / input handling
Eingabebereich *m* [Sw, NC] / input area, input section || **~ für Operatorbefehle** [Sw] / executive key-in area
Eingabebestätigungssignal *n* [ES] / input acknowledgement signal
Eingabeblock *m* [Th, Sw] / input block || **~länge** *f* [Sw] / input block length || **~zählung** *f* [Sw] / input block count
Eingabe·code *m* [Th] / input code || **~-Codewandler (ECW)** *m* [Tr] / input code converter || **~datei** *f* [Cobol] / input file
Eingabedaten *plt* (DIN 66201E T1, Apr. 1979) [Dp, PCC] / input data || **Kennzeichenprüfung für ~** [RPG] / record identification test || **~block** *m* [Sw] / input data block || **~kanal** *m* [PCC] / digital input channel || **~träger** *m* [Cobol] / input medium
Eingabe·duplizierung *f* [IO] / input duplication || **~duplizierzusatz** *m* [IO] / input duplicator feature || **~einheit** *f* (DIN 44300, März 1972) [IO] / input unit || **~erwartung** *f* [Sw] / input pending
Eingabefach *n* [PC] / card hopper, card input hopper, hopper, card magazine || **~** (Papier) [HSP] / forms input station
Eingabefehler *m* [Tr] / input error
Eingabefolge (EF) *f* [ES] / input sequence || **~register (EFR)** *n* [ES] / input sequence register
Eingabeformalismus *m* [ES] / data input format
Eingabeformat *n* [Sw, ES] / input format || **~programm** *n* [ES] / input formatting program
Eingabe·freigabe *f* [ES] / enable input || **~gerät** *n* (DIN 44300, März 1972) [IO] / input device, input element, input unit || **~geschwindigkeit** *f* [IO] / input rate || **~grenze** *f* [NC] / input limits || **~größe** *f* [NC] / input variable || **~informationen** *f pl* [Sw] / input information || **~kanal** *m* [CP] / input channel || **~karte** *f* [PC, Sw] / input card || **~kettungsfeld** *n* [ES] / input link field || **~kodex** *m* [NC] / input code || **~kontrolle** *f* [DpC, Priv] / input control || **~koppler (EK)** *m* [ES] / input switching (matrix) network || **~kopplungsregister (EKR)** *n* [ES] / input switching register || **~lade** *f* [HSP] / paper input tray || **~leitungskennung** *f* [ES] / input line indicator || **~magazin** *n* [OCR] / forms hopper || **~magnetbandgerät** *n* [Sw] / input tape device, input tape unit || **~medium** *n* [IO, NC] / input medium || **~mittel** *n* [IO, NC] / input medium || **~modus** *m* [Sw] / input mode || **~operation** *f* [Sw] / input operation || **~parameter** *m* [Sw] / input parameter ||

~**phase** *f* [Sw] / input phase || ~**platte** *f* [MD] / input disk || ~**plattenspeicher** *m* [MD] / input disk storage || ~**programm** *n* [IO, Sw] / input program, readin program || ~**protokoll** *n* [ES] / input data log || ~**prozedur** *f* [Algol] / input procedure || ~**prüfliste** *f* [IDS] / input check list || ~**prüfung** *f* [PC] / input edit level

Eingabepuffer *m* [CP] / read buffer, input buffer || ~ **im Arbeitsspeicher** [M] / memory input buffer

Eingabepufferspeicher *m* [CP] / read buffer, input buffer || ~ (z.B. in der Speichervermittlung) [ES] / incoming message holding unit, input buffer storage

Eingabe·quittung *f* [ES] / input acknowledgment || ~**rate** *f* (DIN 66201E T1, Apr. 1979) [PCC] / input transfer rate || ~**register** *n* [CU] / input register || ~**routine** *f* [IO, Sw] / input program, readin program || ~**sammler** *m* (Zusammenfassung von Kanälen) [CP] / input multiplexer

Eingabesatz *m* [Sw] / input record || ~**länge** *f* [Sw] / input record length

Eingabeschlußkennung *f* [ES] / input end identifier

Eingabespeicher *m* [IO, M] / input storage || [Th, M] / input block || ~**bereich** [Sw, NC] / input area, input section

Eingabe·stammband *n* [MT] / input master tape || ~**station** *f* [RDp] / input station || ~**steuereinheit** *f* [IO] / input control unit || ~**steuerung** *f* [PCC] / input control electronics, input controller

Eingabetastatur *f* [IO] / data entry keyboard || [IO] / keyboard

Eingabe·telegramm *n* [RDp, Tr] / input message || ~**terminal** *n* [VDT] / input terminal || ~**text** *m* [HSP] / input text || ~**unterprogramm** *n* [ES] / input subroutine || ~**vorgang** *m* [IO, Sw] / input process || ~**warteschlange** *f* [IO, VS, Sw] / input queue, input work queue, input job queue || ~**werk** *n* (DIN 44300, März 1972) [CP] / input control || ~**wortregister (EWR)** *n* [ES] / input word register || ~**zeitfehler** *m* [ES] / input timing error || ~**zelle** *f* [M] / input cell

Eingabeziel *n* [PL/1] / input target || ~ **(EZI)** [ES] / input destination || ~**pufferregister (EZPR)** [ES] / input destination buffer register || ~**register (EZR)** *n* [ES] / input destination register

Eingabezustand *m* [Sw] / input state, spoolin status, readin status

Eingang *m* [Th] / input || [PL/1] / entry || ~ (Koppler) [ES] / inlet || ~ (Logik) [SA] / input variable || **geometrischer** ~ [Tr] / geometric input

Eingangs·admittanz *f* [Sc] / input admittance || ~**adresse** *f* [Mp] / entry-point address || ~**anschluß** *m* (einer Digitalschaltung, deren Eingänge einen gemeinsamen Anschluß haben) [Cir] / input terminal || ~**befehl** *m* [Sw] / entry instruction || ~**code** *m* [ES] / input code || **äquivalente** ~**drift** [Co] / equivalent input voltage/current drift || ~**eigenschaft** *f* [PL/1] / entry information || ~**fehler** *m* [Sw, NC] / inherited error, inherent error || ~**fotostrom** *m* [TP] / input photocurrent || ~**grenze** *f* [Th, AC] / input limit

Eingangsgröße *f* [Th] / input value || [Th] / input variable, input quantity

Eingangs·impedanz *f* [Sc] / input impedance || ~**impuls** *m* [Sc] / input pulse || ~**informationen** *f pl* [Th] / input || ~**kanal** *m* (einer Instanz) (DIN 66200 T1, Okt. 1978) [DpC] / input channel

Eingangskapazität *f* [Sc] / input capacitance || **äquivalente** ~ [Cir] / equivalent input capacitance

Eingangs·kennlinie *f* (eines Gatters) [Sc] / gate current/voltage characteristic || ~**konfiguration** *f* (bei einer Digitalschaltung) [Cir] / input configuration, input pattern || ~**kreis** *m* [Sc] / input circuit

Eingangslastfaktor *m* [Mp, Cir] / fan-in, fan-in factor || **statischer** ~ (einer Digitalschaltung mit bipolaren Transistoren) [Cir] / input loading factor (of a bipolar device)

Eingangs·leistung *f* [Sc] / input power || ~**leitwert** *m* [Sc] / input admittance || **Warteschlangen-**~**liste** *f* [ES] / queue entries-added list || ~**parameter** *n* [Sw] / input parameter || **äquivalente** ~**rauschspannung** [Co] / equivalent input noise voltage || **äquivalenter** ~**rauschstrom** [Co] / equivalent input noise current || ~**schaltung** *f* [Cir] / input circuit

Eingangssignal *n* (DIN 40146 T3, Okt. 1978) [Th, Cir] / input signal || ~**unterteilung** *f* [NC] / input signal subdivision

Eingangs·spannung *f* [Sc, RDp] / input voltage || **statische** ~**spannung** [Sc] / static input voltage || ~**speicher** *m* [ES] / incoming storage || ~**stelle** *f* [PE] / inconnector || ~**stufe** *f* (Leiterplatte) [S

/ input stage || **äquivalenter ²widerstand** [Cir] / equivalent input resistance || **²wort** *n* [ES] / input word || **²zeitkonstante** *f* [Sc] / input time constant

ingebaut *adj* [Hw] / builtin, integral, incorporated || **~e Abschneid-Funktion** [PL/1] / trunc (builtin) function || **~e Additionsfunktion** [PL/1] / add (builtin) function || **~e Adreß-Funktion** [PL/1] / addr (builtin) function || **~e Bedingungs-Funktion** [PL/1] / condition (builtin) function || **~e Binärzeichen-Funktion** [PL/1] / bit (builtin) function || **~e boolesche Funktion** [PL/1] / bool (builtin) function || **~e Dateifehler-Funktion** [PL/1] / onfile (builtin) function || **~e Datums-Funktion** [PL/1] / date (builtin) function || **~e Dezimal-Funktion** [PL/1] / decimal (builtin) function || **~e Dimensions-Funktion** [PL/1] / dim (builtin) function || **~e Divisions-Funktion** [PL/1] / divide (builtin) function || **~e Dual-Funktion** [PL/1] / binary (builtin) function || **~e Entier-Funktion** [PL/1] / floor (builtin) function || **~e Fehleranzahl-Funktion** [PL/1] / oncount (builtin) function || **~e Fehlercode-Funktion** [PL/1] / oncode (builtin) function || **~e Festpunkt-Funktion** [PL/1] / fixed (builtin) function || **~e Folgenanfangs-Funktion** [PL/1] / before (builtin) function || **~e Folgenende-Funktion** [PL/1] / after (builtin) function || **~e Folgen-Funktion** [PL/1] / string (builtin) function || **~e Folgenumkehr-Funktion** [PL/1] / reverse (builtin) function || **~e Funktion** [PL/1] / builtin function || **~e Genauigkeits-Funktion** [PL/1] / precision (builtin) function || **~e Gleitpunkt-Funktion** [PL/1] / float (builtin) function || **~e Gültigkeits-Funktion** [PL/1] / valid (builtin) function || **~e Höchstwert-Funktion** [PL/1] / high (builtin) function || **~e Imaginärteil-Funktion** [PL/1] / imag (builtin) function || **~e Index-Funktion** [PL/1] / index (builtin) function || **~e Interndarstellungs-Funktion** [PL/1] / unspec (builtin) function || **~e Komplexfunktion** [PL/1] / complex (builtin) function || **~e Konjugiert-komplex-Funktion** [PL/1] / conjg (builtin) function || **~e Längen-Funktion** [PL/1] / length (builtin) function || **~e Leerbereichs-Funktion** [PL/1] / empty (builtin) function || **~e Leerzeiger-Funktion** [PL/1] / null (builtin) function || **~e Logarithmus-Funktion** [PL/1] / log (builtin) function || **~e logische Produktfunktion** [PL/1] / every (builtin) function || **~e logische SummenFunktion** [PL/1] / some (builtin) function || **~e Maximum-Funktion** [PL/1] / max (builtin) function || **~e Minimum-Funktion** [PL/1] / min (builtin) function || **~e Modulo-Funktion** [PL/1] / mod (builtin) function || **~e Multiplikations-Funktion** [PL/1] / multiply (builtin) function || **~e Nächst-Obere-Ganzzahl-Funktion** [PL/1] / ceil (builtin) function || **~e Nächst-Untere-Ganzzahl-Funktion** [PL/1] / floor (builtin) function || **~e Namensfehler-Funktion** [PL/1] / onfield (builtin) function || **~e Niedrigstwert-Funktion** [PL/1] / low (builtin) function || **~e Obere-Grenze-Funktion** [PL/1] / hbound (builtin) function || **~e Produktfunktion** [PL/1] / prod (builtin) function || **~e Prüf-Funktion** [PL/1] / verify (builtin) function || **~e Quadratwurzel-Funktion** [PL/1] / sqrt (builtin) function || **~e Quellenfehler-Funktion** [PL/1] / onsource (builtin) function || **~e Realteil-Funktion** [PL/1] / real (builtin) function || **~e Relativzeiger-Funktion** [PL/1] / offset (builtin) function || **~e Rundungs-Funktion** [PL/1] / round (builtin) function || **~e Schlüsselfehler-Funktion** [PL/1] / onkey (builtin) function || **~e Seitennummer-Funktion** [PL/1] / pageno (builtin) function || **~e Signum-Funktion** [PL/1] / sign (builtin) function || **~e Skalarprodukt-Funktion** [PL/1] / dot (builtin) function || **~e Sortierfolgen-Funktion** [PL/1] / collate (builtin) function || **~e Subtraktions-Funktion** [PL/1] / subtract (builtin) function || **~e SummenFunktion** [PL/1] / sum (builtin) function || **~e Tagesdatums-Funktion** [PL/1] / date (builtin) function || **~e Tageszeit-Funktion** [PL/1] / time (builtin) function || **~e Teilfolgen-Funktion** [PL/1] / substr (builtin) function || **~e Umsetzfunktion** [PL/1] / translate (builtin) function || **~e Untere-Grenze-Funktion** [PL/1] / lbound (builtin) function || **~e Vervielfachungs-Funktion** [PL/1] / copy (builtin) function || **~e Vorgabeanweisung** [PL/1] / language default statement || **~e Zehner-Logarithmus-Funktion** [PL/1] / log10 (builtin) function || **~e Zeichenfehler-**

Funktion [PL/1] / onchar (builtin) function || ~**e Zeichenfolgen-Funktion** [PL/1] / string (builtin) function || ~**e Zeichen-Funktion** [PL/1] / character (builtin) function || ~**e Zeichenteilfolgen-Funktion** [PL/1] / substr (builtin) function || ~**e Zeichenumsetz-Funktion** [PL/1] / translate (builtin) function || ~**e Zeiger-Funktion** [PL/1] / pointer (builtin) function || ~**e Zeilennummer-Funktion** [PL/1] / lineno (builtin) function || ~**e Zerlegungs-Funktion** [PL/1] / decat (builtin) function || ~**e Zuordnungsanzahl-Funktion** [PL/1] / allocation (builtin) function || ~**e Zweier-Logarithmus-Funktion** [PL/1] / log2 (builtin) function

eingeben *v* (DIN 66200E T1, März 1974) [IO] / input (data, information, etc.) || **den Inhalt eines Registers in den Stapelspeicher** ~ [Mp] / to push the contents of a register into the stack || **über Blattschreiber** ~ [CTW] / type in, keyboard, key in

eingebettet·er Operator [PL/1] / infix operator || ~**e Schicht** [Sc] / buried layer

eingenommen, in der ~en Position bleiben [Hw] / to remain positioned

eingeprägt·e Spannung [ES] / impressed voltage || ~**er Strom** [IC] / impressed current

eingerückt *adj* [TES, Typ] / (of paragraph, etc.) indented

eingeschaltet *adj* [Cobol] / on status

eingespulter Auftrag [OS] / spooled job

Eingreifen, korrigierendes ≗ [Th] / corrective action

eingrenzen, einen Fehler ~ [Serv] / to isolate a failure, to trace down a fault

Eingriff *m* [OS] / intervention || ≗ **von seiten des Operators** [DpC, Dp] / operator intervention || **manueller** ≗ [DpC, Dp] / operator intervention

Eingriffssignal *n* [Dp] / interrupt signal

einhängen *v* [Hw, Sw] / mount (tape, disk, etc.) || **einen Datenträger in etwas** ~ [Sw] / to mount a volume on sth.

Einheit *f* [Cobol] / unit || [PL/1] / unit || **kleine periphere** ≗ [DT] / small peripheral unit (SPU) || **periphere** ≗ (DIN 44300, März 1972) [IO, PE] / peripheral unit, peripheral

Einheit-Ende *n* [Cobol] / end of unit

Einheiten·prüfung *f* [Sw] / unit check || ≗**schlüssel** *m* [Sw] / unit control word (UCW) || ≗**zuordnung** *f* [Dp, Sw, OS] / device allocation, device assignment

einheitliche Maschinensprache [Sw] / common language (i.e., the representation of data intelligible to the many units of a dp system)

Einheitsschritt, Länge des ≗**es** [TP] / unit interval, signal interval

Einheitsschrittcode *m* [TP] / equal length multi-unit code

Einkanal·betrieb *m* [CP] / single-channel mode || ≗**-Datenübertragung** *f* [Tr] / single-channel data transmission || ≗**-Datenübertragungssteuerung** *f* [Tr] / single-channel communication controller || ≗**-Magnetbandelement** *n* [MT] / single-channel magnetic tape unit || ≗**magnetbandsteuerung** *f* [MT] / single-channel tape controller || ~**-sequentiell arbeitend** [RDp, Tr] / operating on a single-channel sequential basis || ≗**steuerung** *f* [Tr] / single-channel controller || ≗**system** *n* [CP] / single-channel system

Einkartenrechner *m* [MCS] / monoboard microcomputer, monoboard, single-board microcomputer

Einkristall *m* [Sc] / single crystal, monocrystal || ≗**gleichrichterzelle** *f* [Sc] / semiconductor rectifier diode

einkristallin *adj* [Sc] / monocrystalline

Einlagenpapier *n* [HSP, TP] / single-ply paper, one-part form paper

einlagern, seitenweise ~ [VS] / page in

Einlagerungstelegrafie (ET) *f* [ES] / speech-plus-duplex telegraphy (i.e., with the voice-band being removed between 1,500 and 1,900 cycles by suitable filters)

einlagig·es Formularpapier [HSP, TP] / single-ply sprocket feed stationery || ~**es Papier** [HSP, TP] / single-ply paper, one-part form paper

Einlaß *m* [OCR] / entry gate || ≗**dose** *f* [Hw] / recessing box || **selbsttätiges** ≗**ventil** [Fl] / automatically operated inlet valve (AOIV)

Einlauf in die Formularanfangsstellung [TP] / top-of-form loading || ≗**zeit** *f* [Hw, Co, Sc] / running-in period

einlegen *v* [Sw] / mount (tape, cartridge, etc.) || [PC] / pack-feed (cards, etc.)

Einlege·stift *m* (Klebeeinrichtung) [HSP] locating pin || ≗**vorschub** *m* [TP] / tape leader feed

einleiten *v* [Sw] / initiate, initialize || **ein Programm** ~ [Sw] / to initiate a program, to execute a program || **neu** ~ [Sw] / reinitiate, reinitialize

inleitend·e Adreßselektion [Dp] / initial selection || **~es Programmladen** [Sw] / initial program loading (IPL)
Einleitungs·programm *n* [Sw] / initializer, initializer routine || **≗routine** *f* [Sw] / initializer, initializer routine || **≗steuerung** *f* [Mp] / initialization logic
einlesen *v* [IO, Sw] / read, read in, input || **ein Programm ~** [Sw] / to load a program
Einlese·programm *n* [IO, Sw] / input program, readin program || **≗routine** *f* [Sw] / read-in routine || **≗speicher** *m* [IO, M] / input storage
einmalige Gebühr [ES] / nonrecurring charge
Ein-Phasen-Strom *m* [Th] / single-phase current
einphasig *adj* [Sc, TrL] / single-phase, monophase
Einphaszeit *f* [Tr] / phasing time || [ES] / synchronization time (60–80 ms)
Einplatinen-Rechner *m* [MCS] / single-board computer
einprogrammierte Diagnosefunktion [Mp] / programmed diagnostic function
Einpunktbetrieb *m* [Sw, Tr] / burst mode
einrasten *v* [PE] / lock || ≗ *n* (z.B. einer Zyklusanforderung) [ES] / timing
einreihen *v* [Sw] / insert, include || **in eine Bibliothek ~** [Sw] / to catalog in a library
einrichten *v* [Sw] / set up, create, establish, build up (table, section, etc.) || ~ (z.B. Bibliotheksbereich) [Sw] / initialize, prepare, preformat || **einen Datenträger ~** [Sw] / to initialize a volume || **neu ~** [Sw] / reinitiate, reinitialize || ≗ *n* (= Definieren der Prüfgruppeninformation) [ES] / defining the test group information
Einrichtung für den Farbbandantrieb [TP] / ribbon advance facility || **≗ für den Papiervorschub** [TP] / paper feed facility || **≗ für Kurzkartenverarbeitung** [PC] / variable-length card feed device || **≗ zum Belegspreizen** [PC] / unit record card feature || **betriebliche ≗en** [DpC] / operational features || **technische ≗en** [Dp] / technical facilities
Einrichtungsanweisung *f* [PL/1] / locate statement
Einrichtzeit (s. Rüstzeit)
Eins, gestörte ≗ [M] / disturbed one
Einsatz·art *f* [Dp] / mode of application || **≗erprobung** *f* [QC] / field test || **≗fall** *m* / application || **≗gebiet** *n* [Dp] / field of application || **~geprüft** *adj* [Hw, Sc] / field-tested || **Abnahmeprüfung am ≗ort** [Hw, QC] / acceptance test on site, on-site acceptance test || **≗planung** *f* [DpC] / applications engineering || **≗vorbereitung** *f* [DpC] / applications engineering
Einschalt·bit *n* [Tr] / start bit || **relative ≗dauer** [Hw, DpC] / duty cycle
einschalten *v* [Dp] / activate || [Hw] / power up, turn on, switch on, cut in || [PL/1] / enable || **≗ der Anlage** [Dp] / system startup
Einschaltestrom *m* [Co, Sc] / inrush current
Einschalt·ingenieur *m* [Dist] / commissioning engineer || **≗leistung** *f* [Sc] / transient power || **≗prüfprogramm** *n* [ES] / hardware check routine || **≗punkt** *m* [Sw] / activation point, start location || **≗routine** *f* [OS] / start routine, system start routine || **≗spannung** *f* [Sc, Co] / turn-on voltage (of MOS transistor, etc.) || **≗spitze** *f* [ES] / inrush peak
Einschaltstrom·begrenzung *f* [ES] / inrush current limitation || **≗stoß** *m* [TP] / cut-in surge
Einschaltung *f* [Dp] / activation
Einschalt·verlust *m* [Sc] / turn-on loss || **≗vorgang** *m* [Sc] / turn-on process
Einschaltzeit *f* [HSP, TP] / power-on time || ≗ (Transistor) [Sc] / turn-on time
Einschiebung *f* [Algol] / insertion
Einschiebungsfolge *f* [Algol] / insertion sequence
Einschleusen *n* (DIN 66200 T1, Okt. 1978) [DpC] / let-in (of input data, etc.)
einschließen, in Apostrophe ~ [Sw] / to delimit by apostrophes, to enclose in apostrophes
einschließendes ODER (s. ODER-Funktion)
Einschließzeichen *n* [Sw] / framing element
einschmelzen *v* [HSP] / fuse
Einschreiben *n* (im Gegensatz zum „Auslesen") [Dp, M] / write-in (of information, images, etc.)
Einschriftleser *m* [OCR] / single-font reader
einschrittiger Code [Th] / continuous progressive code, unit-distance code
Einschub *m* [Hw] / slide-in module || **≗ für ausgesendete Lochstreifen** [Hw, TP] / sent tape bin || **steckbarer ≗** [Hw] / plugin module, plugin unit, pluggable unit || **≗rahmen** *m* [Hw, Sc] / module frame

Einschwing·fehler *m* [Tr] / transient response error || **²verzerrung** *f* [TP] / characteristic distortion || **²vorgang** *m* [RDp, Tr] / transient

Einseitenbandsystem *n* [Tr] / single sideband system

einseitig·e Bandführung [MT] / single-edge guiding || **~e Datenübermittlung** (DIN 44302, Apr. 1979) [Tr] / one-way communication || **~ gerichtete Verbindung** [RDp, Tr] / one-way connection || **~er Informationsfluß** [Tr] / one-way communication || **~e Lochstreifenkarte** [PT] / single-edged tape card, one-sided tape card, unilateral tape card || **~e Verzerrung** [TP] / bias distortion

Einserkomplement *n* [Th] / ones complement, complement-on-one

einsetzen *v* [Hw] / install || **ein Magazin ~** [Hw] / to load a magazine || **eine Platte ~** [MD] / to mount a disk || **² Zeichen** [Befehl, Lisp] / Insert character (IC)

Einsfrequenz *f* [Sc] / frequency of unity current transfer ratio

Einslage *f* [M] / one condition, one state

Einspaltencode *m* [PC] / single-column code || **duodezimaler ²** [PC] / single-column duodecimal coding, single-column pence coding

Einspaltenmonatsschreibung und Summenlochung [PC] / single-column month listing and summary punching

Einspannstelle *f* [Fax] / clip position, dead sector

einspeichern *v* [Dp] / store (data, etc.) || [OS] / roll in (i.e., to bring parts of a process successively into main memory) || [VS] / stage (i.e., to move data from a data cartridge to a staging device)

Einspeisedruck *m* [Fl] / initial pressure

Ein-Spezies-Maschine *f* [Off] / adding machine

Eins-plus-Eins-Adreßbefehl *m* [Sw] / one-plus-one address instruction, one-plus-one instruction, two-address instruction

einspringen *v* [Sw] / enter into

Einsprung·adresse *f* [Sw] / entry point, entrance || **²adresse** [ES] / vector address, vector || **²bedingungen** *plt* [Sw] / entry conditions

Einsprungstelle *f* [Sw] / entry point, entrance || **Mehrfachverwendung einer ²** [Sw] / multi-source entry point

einspulen, eine Datei ~ [Sw] / to spool a file || *n* [Sw] / input spooling (cf. "spooling"), spool-in

einspuriger Magnetkopf [PE] / single-track magnetic head

Einssignal am Ausgang [M, Cir] / one-output signal

Einsteck·einheit *f* [Hw] / plugin module, plugin unit, pluggable unit || **²element** *n* [Serv, Co] / plug-in || **²hörer** *m* [DT] / inset earphone || **²teil** *n* [Serv, Co] / plug-in

Einstell·ablauf *m* (Koppler) [ES] / marking sequence, connecting sequence || **²anleitung** *f* [Serv] / adjustment procedure

einstellbar *adj* [Hw] / adjustable (line spacing, etc.) || [OCR] / selectable (document field, etc.) || **~es Komma** [Sw] / adjustable point || **stufenlos ~** [Hw] / infinitely variable

einstellen *v* [Hw] / set, adjust || **² der Typenscheibe** [TES] / daisywheel positioning

Einsteller *m* [ES] / marker || **²** (Ablaufsteuerung) [ES] / sequence control marker

Einstellgenauigkeit *f* [PCC, Tr] / setting accuracy

einstelliges Addierwerk *f* [Cir, ALU] / one-digit adder, half adder

Einstell·lineal *n* [HSP] / forms scale || **zentraler ²satz** [Hw, ES] / common switching director, director || **²vorschrift** *f* [Serv] / adjustment instructions

Einstellzeit *f* [PCC] / follow-up time || **²** (s Rüstzeit)

Einstich *m* [TP] / groove

einstufig·e Gruppierung [ES] / single-stage trunking array || **~e Modulation** [Tr] / single-stage modulation || **~es Unterprogramm** [Sw] / one-level subroutine || **~e Verbindung über Konzentratoren** [RDp] / single-stage connection via concentrators

Eins-zu-Eins·-Übersetzer *m* [OS] / one-to-one translator || **²-Zuordnung** *f* [ES] / one-to-one correspondence

Eins-zu-Null-Verhältnis *n* [M] / one-to-zero ratio

Einszustand *m* [M] / one condition, one state

eintasten *v* [CTW] / type in, keyboard, key in

Eintastgeschwindigkeit *f* (Anzahl der i einer Zeiteinheit manuell eingetastete Zeichen, ausgedrückt in Zeichen/s ode Zeichen/min) [DT] / keying speed

einteilen, eine Spur ~ [MD] / to format a track

Eintrag *m* [IDS] / record || **einen ≈ auf den Bildschirm rufen** [ASw, MAT] / to have an entry displayed on the screen
Eintrags·folgenummer *f* [IDS] / entry sequence number || **≈zeiger** *m* [ES] / entry pointer
Eintragung, wahlfreie ≈ [Sw] / optional entry
eintreten lassen [PL/1] / raise
Eintrittsanweisung *f* [Cobol] / enter statement
Einweg·betrieb *m* (Simplex) [RDp, Tr] / one-way mode || **≈farbband** *n* [OCR] / one-time ribbon || **≈gleichrichter** *m* [Sc] / half-wave rectifier, one-way rectifier || **≈gleichrichtung** *f* [Sc] / half-wave rectification, one-way rectification || **≈teile** *n pl* [Hw] / disposable parts || **≈übertragung** *f* [TP, Tr] / half-duplex operation
Ein-Wort-Befehl *m* [Mp, MCS] / one-word instruction
Einwortbenennung *f* [Term] / single-word term
einzeilig·es Drucken [HSP] / single-line printing, single-space printing || **~es Lesen** [OCR] / single-line reading || **~er Rahmen** [Hw] / single-row rack || **~er Zeilenvorschub** [HSP] / single-line feed
Einzelabfrage *f* (im Gegensatz zur Stapelabfrage) [MAT] / direct interrogation (of stored terminology, etc.)
Einzelabrufbetrieb *m* [ES] / single character call forward mode || **≈** (Leser) [TP] / single character readout mode
Einzel·abtastimpuls *m* [ES] / discrete sampling pulse || **≈adressierung** *f* [Sw] / discrete addressing || **≈anlage** *f* [Th] / single system
Einzelanschluß *m* [ES] / single line || **≈leitung** *f* [ES] / single-number subscriber line
Einzel·antrieb *m* [Hw] / direct drive || **≈anweisung** *f* [PL/1] / single statement || **≈arbeitslabor** *n* [CAI] / audio-active comparative language laboratory || **≈aufzeichnung** *f* [ES] / single call record journaling || **≈ausführung** *f* [NC] / individual design || **≈austauschmethode** *f* (Flachbaugruppe) [Sc] / single-board replacement method
Einzelauswahl *f* [ES] / single τ release || **≈logik** *f* [ES] / single τ control logic || **≈modus** *m* [ES] / single τ release mode || **≈prüfung** *f* [ES] / single τ test
Einzel·befehl *m* [Sw] / single instruction || **≈befehlsstopp** *m* [ES] / single-instruction stop
Einzelbeleg *m* [OCR] / single document || **≈zuführung** *f* [HSP] / single-sheet feeding
Einzel·benutzer *m* [Sw] / individual user || **Steuerteil für ≈betrieb** [ES] / individual control
Einzelblatt·anlage *f* [HSP] / single-sheet feeding || **≈zuführung** *f* [HSP] / single-sheet feeding
Einzel·buchungsstation *f* [RDp] / single booking terminal || **≈drahtplan** *m* [Hw] / discrete wire schedule || **≈empfangszustand** *m* [ES] / single receive state
Einzelformularzuführung *f* [HSP] / single-sheet feeding || **Drucker mit ≈** [HSP] / single-sheet feed printer
Einzelgang *m* [PC] / detail printing, normal card listing || **≈ mit Verarbeitung** [PC] / single cycle process || **≈ ohne Verarbeitung** [PC] / single cycle non-process || **≈geschwindigkeit** *f* [PC] / list speed
Einzelgerätesteuerung *f* [Dp] / single-device controller
Einzelimpuls, Abrufbetrieb mittels ≈en [TP] / character readout (mode) in response to external single pulses || **≈geber** *m* [ES] / single-pulse generator
Einzelkarte *f* [PC, Sw] / detail card
Einzelkartengruppe *f* [PC] / single card group || **Summenganganunterbindung bei ≈n** [PC] / single card total elimination
Einzelkarten·lochung *f* [PC] / single item punching || **≈prüfung** *f* [PC] / single card check, single card checking, single card control || **≈verdichtung** *f* [PC] / accumulated-totals punching
Einzelleitung *f* [TrL] / discrete circuit
Einzellenpuffer *m* [ES] / one-cell buffer
Einzel·lochung *f* [PC] / single hole punching || **≈löschzeichen** *n* (d.h., auf ein zu löschendes Zeichen gedrucktes Zeichen, das die Lesemaschine veranlaßt, diese Stelle zu übergehen) (DIN 66009, Sept. 1977) [OCR] / character erase || **≈modul** *n* [Sw] / individual module || **≈nachricht** *f* [Tr] / discrete message || **≈netz** *n* [RDp] / separate network
Einzelposten·information *f* (RPG-Eingabedaten) [RPG] / detail information || **≈karte** *f* [PC, Sw] / detail card || **wahlweise ≈schreibung** [PC] / selective listing || **≈vorschub** *m* [PC] / single item

ejection
Einzel·programm *n* [Sw] / individual routine, separate routine || **~prüfprogramm** *n* [ES] / single test program || **~richtlinie** *f* [Hw] / special guideline || **~rufdatenaufzeichnung** *f* [ES] / single call record journaling
Einzelschritt·betrieb *m* [Dp] / one-shot operation, single-step operation, step-by-step operation || **~verzerrung** *f* [TP] / degree of individual distortion of a particular significant instant (of a modulation or of a restitution)
Einzel·sicherungsalarm *m* [ES] / secondary fuse alarm || **~simulatorbetrieb** *m* [ES] / single-simulator operation || **~spulendatei** *f* [MT] / single-volume file || **~steuerung** *f* (DIN 19237V, Juni 1977) [PCC, AC] / individual control
Einzeltakt *m* [ES] / single clock pulse, single timing pulse || **~steuerung** *f* [ES] / single clock pulse control
Einzel·-τ-Auswahlsteuerung *f* [ES] / single τ release control || **~-τ-Betrieb** *m* [TP] / single τ clock mode || **~teilzeichnung** *f* [R&D] / discrete-part drawing || **~-τ-Taste** *f* [TP] / single τ button
Einzelverarbeitung *f* [Sw] / single tasking || [RPG] / detail time
Einzel·verriegelung *f* (Flachbaugruppe) [Hw] / single-board locking || **~wort** *n* [ASw, MAT] / single word || **~zyklusbetrieb** *m* [ES] / single cycle mode
Einziffer·addierglied *n* [Cir, ALU] / one-digit adder, half adder || **~subtrahierglied** (s. Halbsubtrahierglied)
Einzug *m* [Typ] / indent
Einzugs·bereich *m* [Tr] / catchment area || **~wert in Punkt** [Typ] / point value of indent
Einzweckrechner *m* [Dp] / single-purpose computer
Eisenbahnnetz, kybernetisiertes ~ [PCC] / cyberneticized railways
Eisen·kügelchen *n pl* (Toner) [HSP] / iron shot || **~oxidbeschichtung** *f* [PE] / iron oxide layer
EK (s. Eingabekoppler)
EKR (s. Eingabekopplungsregister)
Elastizitätskonstante *f* [Sc, Th] / coefficient of elasticity, modulus of elasticity, elastic modulus, Young's modulus
elektrisch·es Abfühlen [PT, PC] / brush sensing, electrical sensing, brush reading || **~e Abfühlung** [PT, PC] / brush sensing, electrical sensing, brush reading || **~e Abtastung** [PT, PC] / brush sensing, electrical sensing, brush reading || **~e Buchungsmaschine** [Off] / electric accounting machine (EAM) || **~es Fotometer** [Meas, Sc] / photoelectric photometer || **~e Rechenmaschine** [Off] / electric calculating machine || **~e Registrierkasse** [Off] / electric cash register || **~e Schnittstelle** [Dp] / electrical interface || **~e Schreibmaschine** [OCR, Off] / electric typewriter || **~es Signal** [NC] / electric signal || **~e Steckvorrichtung** [Hw, Cir] / electrical connector || **~er Wert** [RDp] / electrical rating
Elektro·assistent *m* [Dp] / technical assistant (in electrical engineering) || **~beheizt** *adj* [Hw] / electrically heated
Elektrode *f* [Sc] / electrode
Elektro·diagramm *n* [NC] / electrical circuit diagram || **~fotografie** *f* [HSP] / electrophotography
elektrofotografisch·er Drucker (z.B. Laserdrucker) [HSP] / electrophotographic printer || **~es Druckprinzip** [HSP] / electrophotographic printing method || **~es Druckverfahren** [HSP] / electrophotographic printing method
Elektro·grafitstift *m* [PC, OCR] / conductive pencil, electrographic pen || **~lumineszenz** *f* [Sc] / electroluminescence
elektrolytisch·es Ätzen [Sc] / electrolytic etching || **~e Einwirkung** [Sc] / electrolytic action || **~er Speicher** [M] / electrolytic storage
Elektrolytkondensator *m* [Co] / electrolytic capacitor
elektromagnetisch·er Laufzeitspeicher [M] / electromagnetic delay-line storage || **~e Verzögerungsleitung** [Cir] / electromagnetic delay line
elektromechanisch·er Drucker [HSP] / electromechanical printer || **~er Plotter** (mit Zeichenstift arbeitender Plotter) [GrDp] / electromechanical plotter || **~er Speicher** [M] / electromechanical storage
Elektromotor *m* [Hw] / electric motor
Elektronen·beschuß *m* [Sc] / electron bombardment || **~beweglichkeit** *f* [Sc] / electron mobility || **~gehirn** *n* (abwertende Bezeichnung) / electronic brain || **~haftstelle** *f* [Sc] / trap || **~konzentration** *f* [Sc] / electron

concentration || ≗lawine *f* [Sc] / electron avalanche || ≗leitung *f* [Sc] / electron conduction, n-type conduction || ≗rechner *m* [Th] / electronic computer || ≗röhre *f* [Co, Sc] / electronic tube
Elektronenstrahl *m* [Sc, Co] / electron beam || **≗aufzeichner** *m* [COM, Typ] / electron beam recorder (EBR) || **≗aufzeichnung** *f* [COM] / electron beam recording (in micrographics) || **≗-Aufzeichnungssystem** *n* [COM, Typ] / electron beam recording system || **≗-Lithografie** *f* [Dp] / electron-beam lithography || **≗multiplizierer** *m* [ADp] / crossed-fields multiplier || **≗rohr** *n* [Typ, Rep] / cathode-ray tube (CRT) || **≗speicher** *m* [PE] / cathode-ray storage, cathode-ray tube storage, CRT storage
Elektronenstreuung *f* [Sc] / electron scattering
Elektronik *f* / electronics || **integrierte ≗** [Sc] / integrated electronics || **≗baugruppe** *f* [Co] / electronics module || **≗einheit** *f* [Co] / electronics unit || **≗-Entwicklungsingenieur** *m* / electronics development engineer || **≗flachbaugruppe** *f* [Co] / electronics board || **≗platte** *f* [Co] / electronics board || **≗teil** *m* [Hw] / control electronics section, electronics
elektronisch *adj* [Th] / electronic || **~es Bauelement** [Dp] / electronic component || **~e Baugruppe** [Dp] / electronic assembly || **~er Baustein** [Hw] / modular board || **~e Buchungsmaschine** [Off] / electronic accounting machine || **~e Bürogeräte** [Off] / electronic office equipment || **~e Datenverarbeitung (EDV)** / electronic data processing (EDP) || **~e Datenverarbeitungsanlage (EDVA)** (betriebsbereite Gesamtheit der funktionell zusammengehörigen Geräte eines elektronischen Datenverarbeitungssystems) [Dp] / electronic data processing equipment, EDP equipment || **~es Datenverarbeitungssystem (EDVS)** (Datenverarbeitungssystem, das sich vorwiegend elektronischer Hilfsmittel bedient und zur Ausführung einer Aufgabe nur definierte gelegentliche Eingriffe des Menschen benötigt) [Dp] / electronic data processing system (EDPS), EDP system || **~e Datenverarbeitungszentrale** [Dp] / electronic data processing center || **~es Datenverarbeitungszentrum** [Dp] / electronic data processing center || **~es Datenvermittlungssystem** [ES] / electronic data switching system || **~er Differentialanalysator** [ADp] / electronic differential analyzer || **~er Digitalrechner** [Dp] / electronic digital computer || **~er Drucker** [HSP] / electrostatic printer || **~er Fernschreiber** [TP] / electronic teleprinter || **~er Gleichrichter** [Sc] / electronic rectifier || **~er Kreis** [RDp, Sc] / electronic circuit || **~er Lichtsatz** [COM, Typ] / computer photocomposition, electronic photocomposition || **~er Lichtsatz** (unter Verwendung einer Kathodenstrahlröhre) [COM, Typ] / CRT photocomposition || **~e Lichtsetzanlage** [COM, Typ] / electronic photocomposing equipment || **~er Multiplikator** [Th] / electronic multiplier || **~e Musterverarbeitungsanlage** [PCC] / electronic pattern processor || **~e Post** (Sammelbezeichnung für schriftliche Nachrichtenübermittlung von Person zu Person bzw. von Büro zu Büro auf elektronischem Weg) [Vtex, Fax] / electronic mail || **~e Rechenanlage** [Th] / electronic computer || **~er Rechenlocher** [PC] / electronic calculating punch || **~e Rechenmaschine** (DIN 9757E, Okt. 1977) [Calc] / electronic calculator, electronic calculating machine || **~e Rechenmaschine für kaufmännische Anwendungen** (DIN 9757E, Okt. 1977) [Calc] / commercial electronic calculator || **~e Rechenmaschine für technisch/wissenschaftliche Anwendungen** (DIN 9757E, Okt. 1977) [Calc] / scientific electronic calculator || **~es Relais** [Co] / solid-state relay, bistable relay || **~e Satzverarbeitung** [Typ, Sw] / computer composition || **~er Schaltsignalübertrager (ESS)** [ES] / solid-state make-break relay || **~e Schaltung** [RDp, Sc] / electronic circuit || **~ schrägstellen** [Typ] / oblique (i.e., to slant characters by electronic means, as in CRT photocomposition, so that they continue to rest on the same base line but alter the vertical axis by 8 to 15%, to create a simulated italic type face) || **~er Schrägstellung** (Schriftsatz) [Typ] / obliquing, type obliquing || **~e Schreibsperre** [TP] / electronic print inhibition || **~er Sendeverteiler** [ES] / electronic send distributor || **~er**

Speicher [M] / electronic storage || **~e Tastatur** [IO] / electronic keyboard || **~er Telegrafiesignalübertrager** [ES] / solid-state polar relay || **~er Tischrechner** [Calc] / electronic desk calculator || **~e Übertragung** [Tr] / electronic transmission || **~es Wörterbuch** [MAT] / electronic dictionary || **~er Zeitgeber** [Dp] / electronic timer

Elektronisierung *f* (Schlagwort, das den gegenwärtigen Trend in der Datentechnik charakterisieren soll, in zunehmendem Maß mechanische Bausteine durch elektronische Techniken zu ersetzen) / electronization

elektrosensitiver Drucker [HSP] / electrosensitive printer

elektrostatisch·e Abfühlung [PT] / electrostatic sensing || **~e Abtastung** [PT] / electrostatic sensing || **~er Plotter** [GrDp] / electrostatic plotter || **~er Speicher** [M] / electrostatic storage, CRT storage

Element auswählen [PCC, OS, Befehl] / Select peripheral unit || **≗ prüfen** [PCC, OS, Befehl] / Test peripheral unit || **aktives ≗** [Cir] / active element || **binäres ≗** [Th, M] / binary cell || **logisches ≗** (elektrotechnische Realisierung einer booleschen Verknüpfung in Form einer Schaltung) [Cir] / logic element, logical element, logic component, gate (circuit designed to simulate a Boolean operation)

elementar·e kombinatorische Schaltung [Cir] / elementary combinatorial circuit || **~e Rechenzeit** [Dp] / basic machine cycle || **~e Stufe** [Cobol] / elementary level || **~e Verknüpfungsschaltung** (elektrotechnische Realisierung einer booleschen Verknüpfung) [Cir] / logic element, logical element, logic component, gate (circuit designed to simulate a Boolean operation)

Elementarausdruck *m* [Sw] / term, elementary expression, simple expression || **absoluter ≗** [Sw] / absolute term || **boolescher ≗** [Fortran] / logical element || **relativer ≗** [Sw] / relocatable term

Elementarglied, binäres ≗ (elektrotechnische Realisierung einer booleschen Verknüpfung in Form einer Schaltung) [Cir] / logic element, logical element, logic component, gate (circuit designed to simulate a Boolean operation) || **speicherndes binäres ≗** (z.B. Flipflop) [Cir] / storage element

Elementaroperation *f* [Sw] / elementary operation (EO)

Elementauswahl·befehl *m* [PCC] / peripheral unit selection instruction || **≗register** *n* [PCC] / peripheral unit selection register

Element·gruppe *f* [Sw] / element group || **≗nummer** *f* [Cobol] / occurence number || **≗prüfbefehl** *m* [PCC, Sw] / peripheral unit test instruction || **≗übertragung** *f* [Cobol] / elementary move

Elferlochung *f* [PC] / eleven punch, X punch

eliminieren *v* (beim Sortieren) [Sw] / delete

Emission, spektrale ≗ [Sc] / spectral emission

Emitter·anschluß *m* [Sc] / emitter contact, emitter terminal, emitter electrode || **≗bereich** *m* [Sc] / emitter region, emitter zone || **≗diode** *f* [Sc] / emitter diode || **≗elektrode** *f* [Sc] / emitter contact, emitter terminal, emitter electrode

emittergekoppelt·e Logik [Co] / emitter-coupled logic || **~er Logikbaustein** [IC] / emitter-coupled logic device

Emitter·gleichstrom *m* [Sc] / continuous emitter current || **≗linienbreite** *f* [Sc] / emitter linewidth || **≗pille** *f* [Sc] / emitter dot || **≗punkt** *m* [Sc] / emitter site || **≗schaltung** *f* [Sc] / common emitter circuit, grounded emitter circuit || **≗senkung** *f* [Co, Sc] / base pushout || **≗spannung** *f* [Sc] / emitter voltage || **≗sperrschicht** *f* [Sc] / emitter depletion layer, emitter junction, emitter barrier || **≗zone** *f* [Sc] / emitter region, emitter zone

Empfänger·baugruppe *f* [Tr] / receiver assembly || **≗baustein** *m* [Tr] / receiver module || **≗elektronik** *f* [TP] / receiver electronics || **≗kennung** *f* [ES] / destination identifier || **≗leitung** *f* [Tr] / receive line || **≗-Signalumsetzer** *m* [Tr] / demodulator

Empfangs·ablauf *m* [ES] / receive sequence || **≗ader** *f* [ES] / receive wire || **≗anschlußleitung** *f* [TrL] / receive signaling path || **≗aufforderung** *f* [Tr] / selection, selecting process || **≗aufruf** *m* (Aufruf an eine oder mehrere Datenstationen oder DEEs, Daten zu empfangen) (DIN 44302, Apr. 1979) [Tr] / selection, selecting process ||

~**auswerter** *m* [ES] / interpreter circuit || ~**bereitschaft** *f* [RDp, Tr] / ready-to-receive state || ~**bestätigung** *f* [ES] / reception confirmation, reception confirmation signal || ~**betrieb** *m* (Richtungsbetrieb, bei dem an der Schnittstelle Daten nur von der DÜE der DEE zugeführt werden) (DIN 44302, Apr. 1979) [Tr] / receive mode || ~**bittakt** *m* [ES] / received-bit timing || ~**bytetakt** *m* [ES] / received-byte timing

Empfangsdaten (ED) *plt* [Tr] / received data, data received (from dp system, etc.) || ~**auswahl** *f* [ES] / received data select circuit || ~**meldung** *f* [ES] / received data note

Empfangs-Datensichtgerät *n* [VDT] / receive-only CRT display || ~**endgerät** *n* [RDp, GrDp] / receiving terminal, receive terminal || ~**feld** *n* [Sw] / destination field || ~**filter** *n* [Tr] / receive filter || ~**flachbaugruppe** *f* [Tr] / receive board || ~**frequenz** *f* [Tr] / receive frequency || ~**informationleitung** *f* [TrL] / receive information line || ~**leitung** *f* [TrL] / receive path

Empfangslocher *m* [TP, DT] / reperforator || **druckender** ~ [PT, TP] / typing reperforator, printing reperforator || **Lochstreifensender mit** ~ [TP, Tr] / reperforator/transmitter (RT)

Empfangs·magnet *m* [Tr] / receive (electro)magnet || ~**makro** *m* [ES] / receive macro || ~**maschine** *f* [TP] / receive-only teleprinter || ~**maschinenschrank** *m* [Hw, ES] / receiving machine cabinet || ~**modus** (s. Empfangsbetrieb) || ~**pause** *f* [ES] / receive pause

Empfangspausen·meldung *f* [ES] / receive pause indication || ~**überwachung** *f* [ES] / receive pause supervision

Empfangsprogramm *n* [ES] / receive program

Empfangspuffer *m* [ES] / receive buffer || ~**register** *n* [ES] / receive buffer register

Empfangs·richtung *f* [ES] / receive direction || ~**richtungsnummer** *f* [ES] / receive route number || ~**routine** *f* [ES] / receive routine || ~**schaltung (ES)** *f* [TP] / receive circuit || ~**schiene** *f* [ES] / receive circuit panel || ~**schrittakt** *m* [RDp] / receiver signal element timing || ~**seite** *f* [RDp, Tr] / receive side

empfangsseitiger Anpassungsübertrager [RDp] / receiver-side matching transformer

Empfangsspielraum *m* [TP] / receive margin (45%)

Empfangsstation *f* (abhängige) [Tr] / slave station || ~ (DIN 44302, Apr. 1979) **f.** [Tr] / receiving station

Empfangs·stelle *f* [Tr] / receiving station || ~**takt** *m* [ES] / receiver clock || ~**teilnehmer** *m* [ES] / receiving subscriber || ~**telegrafenstelle** *f* [TP] / receiving center, receiving office || ~**terminal** *n* [RDp, GrDp] / receiving terminal, receive terminal || ~**unterprogramm** *n* [ES] / receive subroutine || ~**verstärker** *m* [Tr] / receive amplifier || ~**weckeintrag** *m* [ES] / receive-direction prompt entry || ~**wecker** *m* [ES] / receive-direction prompter || ~**zeiger** *m* [ES] / receive progress indicator

Empfindlichkeit *f* [Dp, PCC] / sensitivity || **dynamische** ~ [Co, Sc] / dynamic sensitivity (of a photoelectric device) || **magnetische** ~ [Sc] / magnetic sensitivity || **spektrale** ~ [Meas] / spectral selectivity (of a photoelectric device) || **spezifische** ~ [Sc] / specific sensitivity || **statische** ~ [Co, Sc] / static sensitivity, static energy sensitivity (of a photoelectric device)

empirisch·es Ermittlungsverfahren [Th] / trial-and-error method || ~**er Funktionsgeber** [ADp] / empiric-function generator || ~**e Prozeßerkennung** [PCC] / empirical process identification || ~**es Prozeßmodell** [PCC] / empirical process model

Emulation *f* (softwaremäßige Nachbildung eines Rechnersystems, wobei nur das äußere Verhalten des Systems nachgebildet wird) [Mp, Sw] / emulation

Emulationsprogramm *n* [Sw] / emulation program

Emulator *m* (DIN 44300, März 1972) [Mp, Sw] / emulator || ~**anschlußprogramm (EAP)** *n* [Sw] / emulator interface program (EIP) || ~**mikroprogramm** *n* [Sw] / emulator microprogram || ~**monitorsystem** *n* [Sw] / emulator monitor system (EMS) || ~-**Organisationsprogramm** *n* [Sw] / emulator control program (ECP) || ~**steuerprogramm** *n* [Sw] / emulator control program (ECP)

emulieren *v* (DIN 44300, März 1972) [Sw] / emulate

Emulsion, fotografische ~ [Sc] /

photographic emulsion
Emulsionsdicke *f* [Sc] / emulsion thickness
End·adresse *f* [Sw, ES] / end address, right-hand end address, rightmost address || **≗adresse** [M] / high address || **≗adreßregister (EAR)** *n* [ES] / end address register || **≗amt** *n* [ES] / terminal exchange, end exchange, subscriber exchange
Endanweisung *f* [Sw] / end statement || [ES] / trailer statement
End·ausbaustufe *f* [Hw] / ultimate capacity, ultimate configuration, size range || **≗benutzer** *m* [Dist] / end user
Ende der Prozedurvereinbarungen [Cobol] / end declaratives || **≗anweisung** *f* [PL/1] / end statement || **≗bedingung** *f* [Sw] / end criterion, end condition || **≗block** *m* [Tr] / end-of-transmission block (ETB) || **≗etikett** *n* [ES] / trailer label
Endeinrichtung *f* [TP] / local end (with its termination) || ≗ (Ein- und/oder Ausgabegerät am Endpunkt einer Verbindung) [RDp, DT] / terminal, terminal device, terminal equipment
Endekennsatz, Datei-≗ *m* [Cobol] / end of file label, ending file label
Ende·kennung *f* [ES] / end identifier || **≗kriterium** *f* [Sw] / end criterion, end condition || **≗marke** *f* [Dp] / end mark, end marker || **≗meldung** *f* [Sw] / end message || **≗merkmal** *n* [Dp] / end mark, end marker || **≗routine** *f* [Sw] / end routine, termination routine
Endesatz *m* [ES] / end record || ≗ **für Verbindungsende** [ES] / end record for call disconnect
Endetaste *f* [CTW] / end key || ≗ (Textende) [Tr] / EOT key, end-of-transmission key
Endeunterbrechung *f* [Dp, Sw] / termination interrupt
Endezeichen *n* [Sw] / end character, end symbol || [Dp] / end mark, end marker || ≗ (+ + +) [TP] / end identifier sequence || ≗ (EOM) [Tr] / end of message (EOM) || ≗ (s. Textendezeichen)
Endezusatz *m* [Cobol] / at end phrase
Endgerät *n* [RDp, DT] / terminal, terminal device, terminal equipment || **abgesetztes** ≗ [DT] / remote terminal, remote station
Endgeräte·auswahl *f* [RDp, Tr] / terminal equipment selection || **≗schnittstelle** *f* [RDp] / data terminal interface
endgültig·er Befehl [Sw] / actual instruction, effective instruction || **~er Maschinenbefehl** [Sw] / absolute instruction, complete instruction
Endkunde *m* (häufig im Gegensatz zu OEM-Kunde) [Dist] / end user
Endlage *f* [HSP] / stop position || ≗ **des Schreibstrahls** (einer Kathodenstrahlröhre) [COM, Typ] / stop point of the beam
Endleerblock *m* [MT, Sw] / high dummy descriptor block
endlich·er Automat [Th] / finite automaton || **~e Reihe** [Th] / finite series
Endlosdruckerpapier auf Großrolle [HSP] / large roll of continuous paper
Endlosformular *n* [IO, HSP] / continuous form, continuous stock, continuous stationery, endless form || ≗ **mit Führungslochrand** [IO, HSP] / continuous pinfeed form || **Trennen von ≗en** (in einzelne Formularblätter) [HSP] continuous form bursting || **≗ablage** *f* [IO, HSP] / continuous forms stacker || **≗führung** *f* [IO, HSP] / continuous form feed feature || **≗papier** *n* [IO, HSP] / continuous form paper
Endloslochstreifen *m* [PT] / continuous tape
Endlospapier *n* [IO, HSP] / continuous form, continuous stock, continuous stationery, endless form || ≗ **in Faltstapeln** [IO, HSP] / continuous fanfold stock || **Leporello-≗** *n* [IO, HSP] / continuous fanfold stock || **≗stapel** *m* (Ablagefach) [HSP] / continuous forms output
Endlos·rolle *f* (Papier) [HSP, TP] / continuous roll || **≗tasten** *n* [PT, Typ, TP] / continuous keying
Endlosvordruck *m* [IO, HSP] / continuous form, continuous stock, continuous stationery, endless form || ≗ **mit zwischengelegtem Kohlepapier** [HSP] / form with interleaved carbon || **zickzackgefalzter** ≗ [IO, HSP] / continuous fanfold stock
End·montage *f* [Serv] / final assembly || **≗parameter** *m* (einer Schleife) [Fortran] / terminal parameter || **≗prüfung** *f* [QC] / final inspection || **≗schalter** *m* [HSP] / limit switch, end switch || **≗sockelleiste** *f* [Hw] / end skirting board || **~sortieren** *v* [Sw] / final-sort || **≗spalte** *f* [PC, Sw] / end column
Endstelle *f* [TP] / local end (with its termination) || [RDp] / terminal, remote terminal, terminal station
End·teilamt *n* [ES] / terminal subexchange || **≗telegrafenstelle** *f* (am

Fernschreibnetz angeschlossene Fernschreibstelle) [TP] / telegraph office || ≗**übertrag** *m* [Th] / endaround carry || ≗**vermittlungsstelle** *f* [RDp, ES, Tr] / terminal exchange

Endwert *m* [Th] / accumulated value, future value || [ES] / final value || ≗**angabe** *f* [PL/1] / to option || ≗**feld** *n* [ES] / final value field || ≗**summierer** *m* [Th] / cumulative counter

Endwertzähler *m* [ES] / final value counter || ≗**block** *m* [ES] / final value counter block

End·widerstand *m* [ES] / terminal resistor || ≗**zeile** *f* [Fortran] / end line || ≗**zuführung** *f* [DT, PC] / endwise feed

energieabhängiger Speicher [PE, M] / volatile storage

Energie·band *n* [Sc] / energy band || ≗**bänderstruktur** *f* [Sc] / energy band structure || ≗**niveau** *n* [Sc] / energy level || ≗**term** *n* [Sc] / energy term

energieunabhängiger Speicher [M] / nonerasable storage (i.e., a storage medium of which the contents cannot be erased during processing, e.g., paper tape, punched cards, photographic storage; cf. "nonvolatile storage"), nonvolatile storage, non-erasable storage

Engramm *m* [Cy] / engram

entblocken *v* [Sw] / deblock, unblock

Entbündelung (Aufschlüsselung aller Einzelpreise für ein DV-System von seiten des Anbieters, d.h., der Hardware-, Software-, Beratungs- und Wartungsleistungen, damit einerseits der Kunde nur bezahlt, was er bekommt, und andererseits diese Leistungen nach Aufwand berechnet werden können) [Dist] / unbundling

entektisches Verbinden (Dickfilm) [Sc] / entectic bonding

entfallen *v* [Sw] / to be omitted, to be discarded

entferntes Endgerät [DT] / remote terminal, remote station

Entfernung, zu überbrückende ≗ [RDp, Tr] / distance to be bridged, distance to be covered

entier [Algol] / entier || ≗**-Funktion** *f* [PL/1] / floor (builtin) function

entklammern, Vereinbarungen ~ [PL/1] / to defactor declarations

entkomprimieren *v* [Sw] / decompress

entladen *v* [MT] / unload || **elektrisch** ~ [HSP] / discharge || **zum** ≗ **rückspulen** [Sw] / to rewind and unload, to rewind for unloading

Entladeverzug (s. Speicherzeit)

Entladungsstrom *m* / discharge current

Entlüftungsgitter *n* [Hw] / ventilation grille

Entmagnetisierungs·effekt *m* [Th] / demagnetizing effect || ≗**feld** *n* [Th] / demagnetizing field

entnullen *v* [Dp] / to suppress zero

Entnullung (s. Nullenunterdrückung)

entpacken *v* [Sw] / unpack || **Daten** ~ [Sw] / to unpack data

entpackt *adj* [Sw] / unpacked, zoned

entpaketieren *v* [ES] / depacketize (data, etc.)

Entropie *f* (DIN 44301, Feb. 1977) [Th, Cy] / mean information content, average information content, entropy || **bedingte** ≗ (DIN 44301, Feb. 1977) [Th, Cy] / mean conditional information content, average conditional information content, conditional entropy

Entscheidbarkeit *f* [Cy] / decidability

Entscheidung *f* [Sw] / decision || **logische** ≗ [Th, Cir] / logic decision, logical decision

Entscheidungs·befehl *m* [PL] / decision instruction, discrimination instruction || ≗**element** *n* [Th] / decision element || ≗**gehalt** *m* (DIN 44301, Feb. 1977) [Th, Cy] / decision content || ≗**integrator** *m* [ADp] / incremental integrator, saturating integrator, servo-integrator, decision integrator || ≗**schaltung** *f* [Cir] / decision circuit || ≗**speicher** *m* [PCC] / decision storage || ≗**tabelle** *f* [Th, SA] / decision table

Entschlüsseln *n* [Cryp] / decoding, decodification

Entschlüsselungsmatrix *f* [Cryp] / decoder matrix

Entschlüßler *m* [Cryp] / decoder

Entsperren *n* (einer Leitung) [ES] / unblocking

Entsperrtaste *f* [TP] / unlock key

Entsprechung *f* [PL/1] / correspondence || **formale** ≗ (der Übersetzung) [Term, MAT] / formal correspondence

Entstehungsort *m* [RDp, Tr] / point of origin (i.e., the point where the data originates), point of origination

Entstörkasten *m* [TP] / RF suppressor case

Entwickler *m* [HSP] / developer || ≗**station** *f* [HSP] / developer station

Entwicklung, computerunterstützte ≗ [GrDp, R&D] / computer-aided design

(CAD)
Entwicklungsabteilung *f* [R&D] / developmental department
Entwicklungsautomat *m* [Rep] / automatic film processor || ² (s. Mikrofilmentwicklungsautomat)
Entwicklungs·dokumentation *f* [Hw, R&D] / engineering documents || **²forschung** *f* [R&D] / development engineering || **Elektronik-²ingenieur** *m* / electronics development engineer || **²prozeßplan** *m* [R&D] / development process plan || **²stadium** *n* [R&D] / stage of development
Entwicklungssystem *n* [Mp] / development system
Entwurf *m* [R&D] / draft, design study
Entwurfs·blatt *n* [HSP] / layout sheet || **²druck** *m* [HSP] / draft printing
entzerren *v* [Tr] / equalize
entzerrende Telegrafen-Übertragungseinrichtung [TP] / telegraph regenerative repeater
Entzerrer *m* [RDp, Tr] / equalizer, equalizing network || [TP] / regenerative repeater, regenerative telegraph repeater, start-stop telegraph regenerator || **²schaltung** *f* [RDp, Tr] / equalizer, equalizing network
Entzerrung *f* [Tr] / equalization || **² von Signalen** [Tr] / signal regeneration
Entzerrungsschaltung *f* [TP] / signal-shaping network
entziffern *v* [Cryp] / decipher, decode, decrypt
EOV-Etikett *n* [MT, Sw] / end-of-volume label, EOV label
epitaxial·e Schicht [Sc] / epitaxial layer || **²-Transistor** *m* [Tr, Sc] / epitaxial transistor
Epitaxie *f* [Sc] / epitaxy
epitaxischer Transistor [Tr, Sc] / epitaxial transistor
EPROM (s. löschbares PROM)
Erde *f* / ground
erden *v* [Hw] / ground
erdfrei *adj* [Tr, Meas] / floating, not earthed || **völlig** ~ [Hw] / completely floating
Erd·ringleiter *m* [ES] / ground loop || **²rückleitung** *f* [Hw] / ground return || **²sammelschiene** *f* [ES] / ground bus bar || **²schleife** *f* [ES] / ground loop || **²strom** *m* / ground current || **²symmetrie** *f* [Tr] / balance to ground
erdsymmetrisch *adj* [Tr] / balanced to ground
Erdung *f* [ES] / grounding system
Erdungs·kabel *n* [TP] / ground lead, ground wire || **²kamm** *m* [ES] / grounding comb || **²klemme** *f* [ES] / ground terminal || **²leiter** *m* [ES] / ground terminator || **²scheibe** *f* [ES] / grounding disk || **²schraube** *f* [ES] / ground stud || **²stift** *m* [Hw] / ground connection pin
Erdverbindung *f* [TrL] / ground connection
Ereignis·algebra *f* [Th, SA] / Boolean algebra, Boolean logic || **²bit** *n* [Th] / event bit || **²code** *m* [Th] / event code || **²leitung** *f* [ES] / event line || **²register** *n* [ES] / event storing register || **²steuerblock** *m* [PL] / event control block (ECB) || **²synchronisation** *f* [Dp] / event synchronization
Erfahrungswert *m* [Th] / empirical value
erfassen *v* (= ausgelegt sein für) / accommodate || **Daten** ~ [DT] / to acquire data, to gather data, to collect data
Erfassung von Daten [IO] / data acquisition
Erfassungs·datum (s. Erstellungsdatum) || **²ort** *m* [RDp, Tr] / point of acquisition || **²programm** *n* [TES] / text entry program
Erfolg, Lernen am ² [Cy] / instrumental conditioning
erfolgloser Anruf [ES] / ineffective call, unsuccessful call
ergänzen *v* [ASw, MAT] / add (information, etc.) || **einen Parameter** ~ [Sw] / to include an operand
ergänzende Ein-Ausgabe-Anweisung [Fortran] / auxiliary input-output statement
Ergänzungs·angabe *f* [PL/1] / option || **²baustein** *m* [Hw] / supplementary module || **²bit** *n* [Sw] / complement flag bit || **²einrichtung** *f* [Hw] / supplementary equipment
Ergänzungsspeicher *m* (DIN 44300, März 1972) [M] / backing storage, auxiliary storage, secondary storage || ² (Teil des Arbeitsspeichers, dessen Speicherplätze nicht vom Programm her aufgerufen werden können) (s. nicht adressierbarer Arbeitsspeicherbereich)
Ergänzungswiderstand *m* [TrL] / line padding resistor
Ergebnis *n* [PL/1] / result || **² ungleich Null** [Sw] / non-zero result || **²anzeiger** *m* [RPG] / resulting indicator || **²-Beschreiber** *m* [PL/1] / returns descriptor || **²bezugszahl** *f* [RPG] / resulting indicator || **²daten** *plt* [Sw] /

result data || ≗vorzeichen *n* [Sw] / results sign (RS) || ≗zwischenverstärker *m* [ES] / intermediate output amplifier

Ergibt·anweisung *f* [PL] / assignment statement || ≗**symbol** *n* [Algol] / colon equal (: =) || ≗**zeichen** *n* [PL] / assignment symbol

erheben *v* [Priv, Dp] / collect (data, etc.)

Erhöhe Adresse in Zelle um Eins [PCC, Befehl] / Increment address in memory location by one || ≗ **Adresse um Eins** [PCC, Befehl] / Increment address by one

erhöhen, um 1 ~ [Sw] / to increment by one, to increase by one

Erholungszeit *f* [Sc] / recovery time

Erholzeit *f* [Sc] / recovery time

Erinnerungssignal *n* [ES] / reminder signal

erkennen *v* [Sw] / recognize, detect

Erkennung *f* [Sw, OCR] / recognition || ≗ **von Markierungen** [OCR] / mark recognition

Erkennungs·elektronik *f* [Cir, OCR] / recognition logic, recognition circuitry || ≗**logik** *f* [Cir, OCR] / recognition logic, recognition circuitry || ≗**speicher** *m* [ES] / recognition storage || ≗**teil** *m* [Cobol] / identification division || ≗**zeichen** *n* [NC] / identifying letter

erklären *v* [Sw] / define (file, etc.)

Erklärung *f* [Cobol] / description entry

erlaubtes Band [Sc] / allowed band

Erläutern eines Fehlermeldungskennzeichens (WHY) [OS, Aufruf] / Explain error message (WHY)

Ermittlungsverfahren, empirisches ≗ [Th] / trial-and-error method

ermüdungsfrei *adj* [DpC] / fatique-proof

erneut·es Auftreten [Dp] / recurrence (of error, etc.) || ~**es Senden** [Tr] / retransmission

Erniedrige Adresse in Zelle um Eins [PCC, Befehl] / Decrement address in memory location by one

erniedrigen *v* [Th] / decrement || **um 1** ~ [Sw] / to decrement by one, to decrease by one

eröffnen *v* [PL/1] / open || **eine Datei** ~ [Sw] / to open a file || **neu** ~ [Sw] / reopen

Eröffnungs·anweisung *f* [Cobol] / open statement || ≗**anweisung** [PL/1] / open statement || ≗**routine** *f* [Sw] / open routine

errechnen *v* [Sw] / compute, calculate

errechnete Adresse [Sw] / generated address, synthetic address

Ersatz·flachbaugruppe *f* [Serv, Co] / replacement pc board, spare pc board || ≗**gerät** *n* [Hw] / standby unit, alternative unit || ≗**gerätezuweisung** *f* [PCC] / alternative device allocation || ≗**kanal** *m* [ES] / standby channel, alternative channel || ≗**meldung** *f* [ES] / standby status notice || ≗**programm** *n* [Dp, Sw] / alternative program || ≗**schaltbild** *n* [Sc] / equivalent circuit

Ersatzschaltung *f* [Tr] / alternate circuit || **thermische** ≗ [Sc] / equivalent thermal network || **Transistor-**≗ *f* (DIN 41854, Apr. 1979) [Sc] / transistor equivalent circuit

Ersatzspur *f* [MD] / alternate track || [MT] / alternative track || ≗**en einführen** [MD] / to assign alternate tracks || ≗**adresse** *f* [MD, Sw] / alternate track address || ≗**bereich** *m* [MD] / alternate track area, alternate track pool

Ersatzspurenbereich *m* [MD] / alternate track area, alternate track pool

Ersatzspurzuweisung *f* [MD] / alternate track assignment || **dynamische** ≗ [MD, MC, MDr] / dynamic alternative track assignment

Ersatzteil *n* [Hw] / spare part || ≗**dienst** *m* [Dist] / spare parts service || ≗**empfehlung** *f* [Dist] / spare parts recommendation || ≗**liste** *f* [Dist] / spare parts list

Ersatz·weg *m* [Tr] / alternate route (i.e., a secondary or backup communications path used if normal routing is not possible) || ≗**zylinder** *m* [MD] / spare cylinder, alternate cylinder

erscheinen, auf dem Bildschirm ~ [ASw, MAT] / (von Daten usw.) to be displayed on the screen

Erscheinungsform des Ausfalls [Co, Sc] / mode of failure

ersetzen, A durch B ~ / to substitute B for A, to replace A with B, to replace A by B

Ersetzungs·angabe *f* [Cobol] / replacing option || ≗**zeichen** *n* [Cobol] / replacement character

Erstarrung *f* [Sc] / solidification

Erstarrungsfläche *f* [Sc] / solidifying interface

Erstausbau *m* (Amt) [ES] / initially-installed capacity, initial capacity, installed size of exchange, starting size || ≗**stufe** *f* [Dp] / initial configuration, initial capacity stage

Erst·belegung *f* [PL/1] / initialization || ≗**belegungselement** *n* [PL/1] / initial element

Erstdaten *plt* [Sw] / source data (i.e., data created by the individual, organization, or machine generating or originating the data) || **~bereich** *m* [Sw] / primary data area, primary data extent || **~block** *m* [Sw] / primary data block || **~satz** *m* [Sw] / primary data record, primary record || **~spurindex** *m* [Sw] / primary track index || **~streifen** *m* [MC] / primary band || **~zylinder** *m* [MD] / primary cylinder
erstellen, neu ~ [Sw] / regenerate (file, etc.)
erstellt, erstmalig ~ [Cobol] / initially created
Erstellungs·datum *n* [Dp] / creation date || **~nummer** *f* [Dp] / generation number, creation number
Erstellzeit *f* [Sw] / generation time
Erstkanal *m* [Tr] / primary channel
Erstkarten, paarige ~ [PC] / matching primary cards || **~auswähler** *m* [PC] / primary selector || **~bahn** *f* [PC] / primary feed || **~bürste** *f* [PC] / primary brush, primary read || **~folge** *f* [PC] / primary sequence || **~magazin** *n* [PC] / primary feed || **~wechsel** *m* [PC] / primary change
erstmalig erstellt [Cobol] / initially created
erstrecken, sich über ... ~ [Sw] / to extend over ...
Erst·spur *f* [Sw] / prime track || **~zuweisung** *f* [Sw] / initial allocation
erwarteter Zustand [PCC] / expected register
Erwartungsbereich *m* [ES] / expectancy range
erweiterbar *adj* [Dp] / open-ended (system, etc.)
erweitern *v* [Th, Sw] / expand, extend, enhance, broaden
erweitert·e Adressierung [Sw] / additional addressing || **~er Assembler** [OS] / extended assembly system || **~er Befehlsvorrat** [ES] / extended instruction set || **~er Binärcode für Dezimalziffern** [Th] / extended binary-code decimal interchange code (EBCDIC) || **~er Farbtuchantrieb** [HSP] / auxiliary ribbon feeding feature || **~e Genauigkeit** [Th] / extended precision || **~er Schleifenbereich** [Fortran] / extended range of a do statement || **~e sequentielle Jobbearbeitung** [Sw] / advanced stacked job processing || **~e Systemsteuerung** [VS] / extended control mode, EC mode || **~e Zugriffsmethode** [Sw] / queued access method
Erweiterung *f* [Dp] / (system) expansion, extension || [Hw] / expansion feature, extension feature || **~ von 120 auf 136 Schreibstellen** (Drucker) [HSP] / expansion feature (expansion from 120 to 136 print positions)
Erweiterungscode *m* [RPG] / extension code
erweiterungsfähig·er Informationsspeicher [Th, M, Dp] / expandable memory || **uneingeschränkt ~ sein** (von Mikroprozessor usw.) [Mp] / to be fully expandable
Erweiterungs·kernspeicher *m* [ES] / expander core memory || **~möglichkeit** *f* [DT, Th] / expandability
Erweiterungsprogramm *n* [Sw] / extension routine, extension program || **~ des Ablaufteils** [OS] / executive extension routine
Erweiterungs·schaltung *f* [Cir] / expander circuit || **~speicher** *m* [M] / add-on memory, memory extension feature || **~steuerung** *f* [PCC] / extension controller || **~stromversorgung** *f* [Th] / expansion power supply
erzeugen *v* [Sw] / generate
erzeugende Funktion [Th] / generating function
Erzeugnis·familie *f* [Dist] / product family || **~gebunden** *adj* [Dist] / product-oriented || **~-Kennzeichnung** *f* [Dist] / product identification || **~stand** *m* [Hw] / product revision level
erzeugt·e Anweisungsfolge [Sw] / generated statements || **~e Größe** [PL/1] / generation
Erzeugung von Ladungsträgern [Sc] / carrier generation
Erzeugungs·anweisung *f* [Cobol] / generate statement || **~datum** *n* [MT, MD, MC, MDr] / date written, date of preparation || **~parameterkarte** *f* [Sw] / generation parameter card
ES (s. Empfangsschaltung)
Esaki-Diode *f* (Tunneldiode) [Sc] / Esaki diode
ESS (s. elektronischer Schaltsignalübertrager)
E-Steuerung *f* [PCC] / extension controller
ET (s. Einlagerungstelegrafie)
Etage *f* (Schaltschrank) [Hw] / tier
Etikett *n* [Dp, Sw] / label || **Bandanfangs-~** *n* [MT] / beginning tape label, tape

header label, file label, volume header label || **Bandende-⁓** *n* [MT] / ending tape label, tape trailer label, end-of-volume label || **Datei-⁓** *n* [MT, MD, MC, MDr] / file label || **nicht normiertes ⁓** [Sw] / nonstandard label || **normiertes ⁓** [OS] / standard label || **ohne ⁓** [Sw] / unlabeled

Etikettablaufparameter *m* [Sw] / label runtime parameter || **⁓angaben** *f pl* [Sw] / label information

Etikettanweisung *f* [Sw] / label statement || **⁓ für Magnetband** [Sw] / tape label parameter

Etikett·behandlung *f* [Sw] / label processing, label handling, label treatment || **⁓bereich** *m* [MT] / label area

Etikettenspeicher *m* [Sw] / tag memory

Etikett·erzeugung *f* [Sw] / label generation || **⁓fehler** *m* [Sw] / label error || **⁓feld** *n* [Sw] / label field || **⁓folge** *f* [Sw] / label group, label sequence || **⁓format** *n* [Sw] / label format || **⁓gruppe** *f* [Sw] / label set

etikettieren *v* [Sw] / initialize (magnetic tape, etc.)

Etikettinformationen *f pl* [Sw] / label information || **⁓ für Magnetbanddateien (TPLAB)** [OS, Aufruf] / Tape label information (TPLAB)

Etikett·kennzeichen *n* [Sw] / label identifier || **⁓parameter** *m* [Sw] / label parameter || **⁓prüfprogramm** *n* [Sw] / label checking routine || **⁓prüfroutine** *f* [Sw] / label checking routine || **⁓verarbeitung** *f* [Sw] / label processing, label handling, label treatment

Et-Zeichen *n* [IO, Th] / ampersand (&)

Euronet *n* (Online-Informationsnetz mit Zugriff zu geografisch verteilten Datenbanken innerhalb der EG) [RDp, IDS] / Euronet

europäisch·es Informationsnetz [RDp, IDS] / European information network || **⁓e Version** [Dist, Hw] / European version

Europa·karte *f* (Leiterplatte in genormtem Format, ca. 10x15cm.) [Co] / European standard size pc board || **⁓platte** *f* [Co] / European standard size pc board

Eutektikum *n* [Sc] / eutectic

eventuelle Daten [Th] / possible data

EWR (s. Eingabewortregister)

Excess-3-Code (s. Stibitz-Code)

EXDATALT (s. Ändern des Freigabedatums)

EXEC (s. Laden und Starten eines Programms)

exklusiv·es ODER [SA] / exclusive-OR operation, anticoincidence operation || **⁓es Segment** [OS] / exclusive segment

Exklusives-ODER-Schaltung *f* [Cir] / exclusive-OR element, exclusive-OR circuit

explizit *adj* [Sw] / explicit || **⁓e Adresse** [Sw] / explicit address || **⁓e Adressierung** [Sw] / explicit addressing || **⁓e Funktion** [Th] / explicit function || **⁓e Länge** [Sw] / explicit length || **⁓e Vereinbarung** [PL/1] / explicit declaration

Exponent *m* (DIN 44300, März 1972) [PL/1] / exponent || **⁓ mit Vorzeichen** [Sw] / signed exponent

Exponenten·faktor *m* [Sw] / exponent modifier || **⁓format** *n* [Algol] / exponent part format || **⁓teil** *m* [Algol] / exponent part || **⁓überlauf** *m* [ALU, Sw] / exponent overflow || **⁓unterlauf** *m* [ALU, Sw] / exponent underflow

Exponential·funktion *f* [Th] / exponential function || **⁓gleichung** *f* [Th] / exponential equation

Exponentiationsoperator *m* [PL/1] / power operator

Exponentregister *n* [ALU] / exponent register

Expreßnachricht *f* [OS] / express data

EXST (s. Ausführen Kellerfunktion)

extern·e Adresse [Sw] / external address || **⁓e Adreßumsetzung** [Sw] / external conversion routine || **⁓e Anforderung** [ES] / external request || **⁓e Bezugszahl** [RPG] / external indicator || **⁓e Darstellung** [Fortran] / external representation || **⁓e Dateinamenangabe** [PL/1] / title option || **⁓es Dezimaldatenwort** [Sw] / external decimal item || **⁓e Funktion** [Fortran] / external function || **⁓es Gerät** [ES] / peripheral unit || **⁓es Gleitkommadatenwort** [Sw] / external floating-point item || **⁓er Kellerspeicher** [Mp] / external pushdown/pop-up stack, external stack || **⁓es Programm** [Th] / external program || **⁓e Prozedur** [Fortran] / external procedure || **⁓e Referenz** [Sw] / external reference || **⁓e Schreibweise** [Sw] / external notation || **⁓es Signal** [Th] / external signal || **⁓e Sortierung** [Dp] / off-line sorting (i.e., sorting by means of mechanical devices known as "sorters") || **⁓er Speicher** [PE] / storage (as opposed to "main memory", q.v.), backing storage (term used if distinction between internal memory providing fast access time, and auxiliary storage units providing relatively larger capacity but slower access time, is required) || **~es Sprungziel** [Sw] / external branch reference || **~e Standardfunktion** [Fortran] / basic external function || **~er Stapelspeicher** [Mp] / external pushdown/pop-up stack, external stack || **~e Steuerung** [CP] / external control || **~e Subroutine** [Fortran] / external subroutine || **~es Symbol** [Sw] / external symbol || **~es Symbolverzeichnis** [Sw] / external symbol dictionary (ESD) || **~e Taktversorgung** [ES] / external clock supply, external clock pulse supply || **~e Unterbrechung** [Sw, ES] / external interrupt, manual interrupt || **~e Unterbrechungsanforderung** [Sw, ES] / external interrupt, manual interrupt || **~e Verzögerung** [Th] / external delay || **≗adresse** *f* [Sw] / external address || **≗adreßtabelle** *f* [ES] / external address listing || **≗anweisung** *f* [Fortran] / external statement || **≗aufruf** *m* [PCC, Sw] / external call || **≗befehl** *m* [Sw] / external instruction

Externseiten·rahmen *m* [VS] / page slot, slot || **≗tabelle** *f* [VS] / external page table (XPT)

Extern·speicher *m* [PE] / storage (as opposed to "main memory", q.v.), backing storage (term used if distinction between internal memory providing fast access time, and auxiliary storage units providing relatively larger capacity but slower access time, is required) || **≗tabelle** *f* [Sw] / external symbol dictionary (ESD) || **≗verbindungssatz** *m* [ES] / external connector set

Externverweis *m* [Sw] / external reference || **≗liste** *f* [OS, ES] / external-reference listing

Exzeß-3-Code *m* [Th, Tr] / excess-three code

EZI (s. Eingabeziel)

EZPR (s. Eingabezielpufferregister)

EZR (s. Eingabezielregister)

F

Fabrikat *n* [Hw] / (manufactured) product

Fabrikategruppenleiter *m* [Dist] / product group manager

Fabrikateplaner *m* [R&D] / product planner

Fabrikationsanforderungen *f pl* [NC] / manufacturing requirements

fabrikneues Magnetband [MT] / virgin magnetic tape (i.e., a tape on which no data is recorded and which normally requires initializing)

Fachauswahl·prüfung *f* [PC] / sort compare test || **≗station** *f* [PC] / selector station

Fachbegriff, die Benennungen zu einem ≗ [Term] / the terms describing a technical concept

Fächerkartei-Lochstreifenkarte *f* [PT] / fanfolded tape card

Fächerschienenbauweise *f* [Hw] / hinged swingout frame design

Fachinformationssystem (FachinfoSys) (rechnergestütztes Informationssystem des Bundes-Verteidigungsministeriums, das meist die Administration unterstützen soll und im wesentlichen nur einen Aufgabenbereich, z.B. nur Materialverwaltung oder nur Personalbearbeitung, abdeckt; cf. „Führungsinformationssystem") *n* [IDS] / scientific and technical information system

FachinfoSys (s. Fachinformationssystem)

Fach·ingenieur *m* / specialist engineer || **≗personal** *n* [DpC] / skilled personnel

Fachsprache *f* [Term] / technical terminology || **≗** (im Gegensatz zur Gemeinsprache) [Term] / technical language || **die ≗n der Technik** [MAT] / the terminology of (science and) technology

Fach·stoppkontakt *m* [PC] / pocket stop contact || **≗strecke** *f* [PC] / stacker transport || **≗streckenpuffer** *m* [PC] / stacker transport buffer

Fachwähler·tastatur *f* [PC] / classification keyboard || **≗tastenfeld** *n* [PC] / classification keyboard

Fach·wort *n* [Term] / technical term (single-word or multiword) || **automatisch gesetztes ≗wörterbuch** [Typ, MAT] / automatically typeset technical dictionary

Fachwörterliste, textbezogene ≗ (Liste von Fachwörtern mit ihren zielsprachigen Äquivalenten, die sich ausschließlich auf einen zu übersetzenden Text beziehen, gewöhnlich nach der Reihenfolge ihres Auftretens im Originaltext sortiert) [MAT] / text-related technical glossary, text-based technical glossary || **textsynchrone** ≗ [MAT] / text-synchronous technical glossary

Fachzähleinrichtung *f* [PC] / card counting unit

Fadentransistor *m* [Sc] / filamentary transistor

Fahnenanschluß *m* [Sc] / beam lead (thick-film conductor)

Fahnenkorrektur·durchlauf *m* [Typ] / correction run based on galley-proof corrections || **≗programm** *n* [Typ, Sw] / galley-proof correction routine

fahrbar *adj* [Hw] / mobile || **~er Prüf- und Meßplatz** [Serv] / wheeled testing and metering position

fahren *v* [Dp] / run (program, etc.) || [Sw] / use (operating system, etc.) || **einen Probedruck** ~ [HSP] / to run a print sample

Faksimile·endstelle *f* [Fax] / facsimile terminal || **≗gerät** *n* [Fax] / facsimile unit, facsimile machine || **≗telegrafie** *f* [Fax] / facsimile telegraphy || **≗telegramm** *n* [Fax] / facsimile telegram

Faktenretrieval *n* [DOK, DpC] / data retrieval, fact retrieval

Faktor *m* [Algol] / factor || [Fortran] / factor

Faktoren·analyse *f* [Cy] / factor analysis || **≗speicher** *m* [PC] / factor storage || **≗wert** *m* [Th] / factor value

Fakturiercomputer *m* [Dp] / invoicing computer

Fakultätsschreibweise *f* [Th] / factorial notation

fallende Ordnung [Sw] / descending order, descending sequence

Fallzeit *f* [Sc] / fall time

falsch *adj* [PL/1] / false || **~e Ausrichtung** [OS] / alignment error || **~e Feldlänge** [Sw] / field length error, incorrect field length || **~e indirekte Adressierung** [OS] / indirect nesting error || **~e Kartenreihenfolge** [Sw] / card sequence error, unsequenced cards || **~e Länge** [Sw] / incorrect length || **~e Längenangabe** (Block falscher Länge) [Sw] / incorrect length || **~e Typenkennzeichnung** [Sc] / wrong type designation || **formal** ~ [Sw] / improperly formatted, invalid, errored || **formal ~e Angabe** [Sw] / invalid format entry || **formal ~e Angabe auf einer Steuerkarte** [PC, Sw] / improperly formatted control card || **≗auswertung** *f* (Signale, Befehle) [ES] / misinterpretation || **≗lochung** *f* [PC] / mispunching

Falt·... (cf. „Falz...") || **≗abstand** *m* [HSP] / fold spacing || **≗papier mit Führungslochrand** [TES, TP] / margin-perforated fanfold paper, sprocket-feed fanfold stationery || **≗stapel** *m* [PC] / fanfold deck (of cards)

Falz·abstand *m* [HSP] / fold spacing || **≗höhe** *f* [HSP] / form height || **≗kante** *f* [HSP] / fold edge || **≗perforation** *f* [HSP] / fold perforation || **≗seite** *f* [HSP] / sheet between folds || **≗stapel** *m* [HSP] / fanfold stack (of paper) || **≗stelle** *f* [HSP] / fold

Fangstelle *f* [Sc] / trap

Farbband *n* [Calc, TP] / ribbon, ink ribbon || **Einrichtung für den ≗antrieb** [TP] / ribbon advance facility || **≗antriebsseil** *n* [TP] / ribbon drive cable || **≗führungsrolle** *f* [TP] / ribbon guide roll || **≗gabel** *f* [TP] / ribbon lifter, ribbon guide || **≗spule** *f* [TP] / ribbon spool || **≗steuerung** *f* [TP] / ribbon control || **≗träger** *m* [TP] / spool carrier || **≗transport** *m* [HSP, TP] / ribbon feed || **≗umkehrung** *f* [HSP, TP] / ribbon reverse || **≗-Umschalthebel** *m* [HSP, TP] / ribbon-reversing arm, ribbon reverse lever

Farbbandumschaltung *f* [Calc, TP] / ribbon feed changeover mechanism, ribbon-reversing mechanism || ≗ (schwarz-rot usw.) [TP] / ribbon shift

Farbband·vertikalantrieb *m* [TP] / (ink)ribbon vertical shift gear || **≗wechsel** *m* [HSP, TP] / ribbon replacement

Farb·codiermarke *f* [Hw] / color code label || **≗dichte** *f* [OCR] / ink density

Farbe, nichtreflektierende ≗ [OCR] / nonreflective ink

Farbechtheit *f* [HSP] / color fastness

Farbentabelle *f* [Hw, Serv] / color code table, colour identification scheme

farbfreie Stelle (innerhalb eines Zeichens) [HSP, OCR] / void

farbiges Grafikterminal [GrDp] / color plotter

Farb·kennzeichnung *f* [Hw, Serv] / color coding (of tape, wire, etc.) || **≗partikel** *n* [HSP] / toner particle || **≗-Plotter** *m* (Plotter zur Umsetzung von Daten in farbige Grafik) [GrDp] / color plotter || **≗pulver** *n* [HSP] / toner powder, toner || **≗spritzer** *m* (außerhalb eines Zeichens) [OCR] / splatter

Farbstoff *m* (Toner) [HSP] / toner || **≗teilchen** *n* [HSP] / toner particle

Farb·strahldruckwerk *n* (DIN 9784, Okt. 1977) [HSP] / ink jet printer || **~tuch** *n* [HSP] / ink ribbon, inked ribbon
Farbtuchantrieb *m* [HSP] / ribbon feeding feature || **erweiterter ~** [HSP] / auxiliary ribbon feeding feature
Färbung *f* [OCR] / inking
Farrington 7B-Schrift *f* [Dp] / Farrington 7B font
Faseroptik *f* [TrL] / fiber optics
faseroptisches System [TrL] / fiber optics system
Faserschreiber, OCR-~ *m* [OCR] / OCR signer
Faustregel *f* / rule-of-thumb
FBE (s. Fernbetriebseinheit)
F-Blatt *n* [RPG] / file description specification form, FD form, file identification form
FC (s. Aufrufen Spezialfunktion)
FD (s. Floppy-Disk)
„Federal Communications Commission" (US-amerikanische Bundesbehörde für nachrichtentechnische Übertragung) [Org] / Federal Communications Commission (FCC)
Federleiste *f* [Hw] / spring clip, clip connector, female connector || ~ (Formulardia) [HSP] / spring-clip edge strip || **~ für Drahtwickeltechnik** [Hw] / jack strip for wirewrap connections || **~ für Lötverdrahtung** [Hw] / jack strip for solder connections
federnder Schalter [Hw] / momentary action switch, momentary switch
Federscheibe *f* [Hw] / spring washer
Fehleintastung *f* [TP, RDp] / keying error
fehlen *v* [Sw] / to be missing, to be omitted
fehlend·e Angabe [Sw] / omitted entry, missing entry || **~er Parameter** [Sw] / null parameter
Fehler *m* (fehlerhafte Ausführung) [Hw] / defect, fault || ~ (Abweichung der empfangenen Zeichen oder Zeichenfolgen von den gesendeten Zeichen oder Zeichenfolgen) (DIN 44302, Apr. 1979) [Tr] / error || **~ beim Belegabzug** [OCR] / misfeed || **~ beseitigen** (Software oder Hardware) *n* [Dp] / debug || **absoluter ~** [Th] / absolute error || **auf ~ prüfen** [DpC, AC] / to test for faults || **datenbedingter ~** [Sw] / pattern-sensitive fault || **dezentraler ~** [Dp] / peripheral fault || **einen ~ beseitigen** [Dp] / to remove a fault, to eliminate a fault || **einen ~ eingrenzen** [Serv] / to isolate a failure, to trace down a fault || **formaler ~ auf einer Steuerkarte** [PC, Sw] / improperly formatted control card || **grammatischer ~** [MAT] / grammatical error || **kontinuierlicher ~** [Sw, NC] / progressive error || **kritischer ~** [Sc] / critical defect, total defect || **mechanischer ~** [Hw] / mechanical fault || **mitgeschleppter ~** [Sw, NC] / inherited error, inherent error || **mitlaufender ~** [Th] / propagated error || **nicht behebbarer ~** [Dp] / nonrecoverable error || **permanenter ~** [Sw] / unrecoverable error, nontransient error || **programmabhängiger ~** [Dp] / program-sensitive error, program-sensitive malfunction, program-sensitive fault || **programmbedingter ~** [Dp] / program-sensitive error, program-sensitive malfunction, program-sensitive fault || **relativer ~** [Th] / relative error, accuracy || **sporadischer ~** [Dp] / sporadic fault || **ständiger ~** [OS] / persistent error || **statischer ~** [Dp, ADp] / static error || **statistischer ~** [Th, Tr] / random error || **symmetrischer ~** [Dp] / balanced error || **systemabhängiger ~** [Th] / systematic error || **systematischer ~** [Th] / systematic error || **technischer ~** [Hw] / machine error, machine malfunction, hardware fault || **unerwarteter ~** [Sw] / unexpected error, illogical error || **unsymmetrischer ~** [Th, Tr] / unbalanced error || **unübersichtlicher ~** [ES] / undefined error, nondescript error || **verbleibender ~** [Th] / residual error || **vorübergehender ~** [RDp, Sw, Tr] / transient error || **wiederholt auftretender ~** [Dp, Sw] / repetitive error || **zentraler ~** [Hw, Dp] / central fault || **~ablauf** *m* [ES] / error handling routine || **~adresse** *f* [Sw] / error location || **~analyse** *f* [OCR] / error analysis
fehleranfällig *adj* [Dp] / error-prone, fault-prone
Fehlerangabe *f* [Sw] / error information
Fehleranzahl *f* [Sw] / error count, number of errors || **~ je Band** [MT] / error count per reel || **~-Funktion** [PL/1] / oncount (builtin) function
Fehleranzeige *f* (Signal) [Sw] / error flag, flag, error display || ~ (Bit 2^2 im Standardgerätebyte) [OS] / secondary indicator || ~ (Gerät) [Hw] / fault indicator || **~einrichtung** [Hw] / check indicator || **die ~lampe löschen** [Hw] / to

reset the error indicator
Fehleranzeiger *m* [Hw] / error indicator
Fehlerart *f* [Sw] / error class, type of error || **~kennzeichen** *n* [Sw] / error code
Fehlerausdruck *m* [HSP, Dp] / error printout, fault printout || **~einrichtung** *f* [Serv] / fault recorder
Fehler·ausgabe *f* [HSP, Dp] / error typeout || **Adresse für ~ausgang** [Sw] / abnormal return address || **~auswahl** *f* [Serv] / fault selection unit, fault selection logic || **~band** *n* [MT] / error tape || **~bearbeitungsprogramm** *n* [Sw] / error handling program
fehlerbedingt *adj* [Sw] / abnormal (termination, etc.) || **~e Beendigung** [Dp] / abnormal termination, abortion (of program execution, etc.)
Fehlerbedingung *f* [Dp] / fault condition
fehlerbehaftet *adj* [Hw] / faulty, defective
Fehlerbehandlung *f* [Sw] / error recovery, error handling, error (control) processing || [OS] / system error recovery || **~ bei Großspeichern** [OS] / random-access error recovery
Fehlerbehandlungs·maßnahmen *f pl* [Sw] / error control processing || **~programm** *n* [Sw] / error recovery program || **~routine** *f* [Sw] / error recovery routine, error routine || **~tabelle** *f* [Dp] / option table
fehlerbehebende Wartung [Hw, DpC] / corrective maintenance (i.e., work required to correct a machine fault)
Fehlerbehebung, automatische ~ im Arbeitsspeicher [Dp] / automatic error correction in main memory
Fehlerbereich *m* [Th] / range of error, error range, error band || **asymmetrischer ~** [DS, Th, Tr] / range of unbalanced error || **symmetrischer ~** [DS, Th, Tr] / range of balanced error
Fehlerberichtigung *f* [Dp, Sw] / error correction
Fehlerbeseitigung *f* [Sw] / error recovery, error handling, error (control) processing || [Hw] / fault recovery, eliminating of faults || [OS] / system error recovery || **~** (Software oder Hardware) [Dp] / debugging
Fehler·bestimmung *f* [Hw, QC] / fault-finding, troubleshooting || **~bezeichnung** *f* [Sw] / error identification, error ID, program error ID, error flag || **~bündel** *n* [Tr] / error burst
Fehlerbyte *n* [Sw] / error byte || [OS] / sense byte || **~belegung** *f* [OS] / bit significance of the sense byte
Fehlercode *m* [Sw] / error code || **~-Funktion** *f* [PL/1] / oncode (builtin) function
Fehler·diagnose *f* [Sw] / error diagnosis || **~eigenerkennung** *f* [Tr] / fault detected by an internal monitoring circuit (not by the program) || **~eingrenzung** *f* [Serv] / fault isolation, troubleshooting || **~eingrenzungsprüfung** *f* [ES] / fault isolation testing
fehlererkennender Code [Th, Tr] / error-detecting code, error-checking code, self-checking code
Fehlererkennung *f* [Sw, Tr] / error detection || **automatische ~** [Tr] / automatic error detection
Fehlererkennungscode *m* (DIN 44300, März 1972) [Th, Tr] / error-detecting code, error-checking code, self-checking code || **binärer ~** (DIN 44300, März 1972) [DS, Th] / binary error-detecting code
Fehlererkennungs·routine *f* [Sw] / error-detecting routine, error detection routine || **~schaltung** *f* [ES] / fault detection circuit, fault recognition circuit
Fehlererkennungssystem *n* [DS, Th, Tr] / error-detecting system, error detection system || **~ mit Wiederholung** [DS, Tr] / error-detecting and feedback system, decision feedback system, request repeat system, ARQ system
Fehler·erscheinungsbild *n* [ES] / pattern of errors || **~fach** *n* [PC] / reject pocket || **~feststellung** *f* [Serv] / fault location || **~fortpflanzung** *f* [Dp] / error propagation
fehlerfrei *adj* [Sw] / error-free, correct || [Hw] / faultless, free from defects, healthy, sound || **~e Ziffer** [Th] / exact digit
Fehler·freiheit *f* [Th] / accuracy (i.e., nearness of a calculated result to the correct value; cf. "precision") || **~größe** *f* [Th, Meas, AC, DpC] / magnitude of error || **~gruppierung** *f* [Sc] / classification of defects
fehlerhaft *adj* [Hw] / faulty, defective || **~e Karte** [PC] / mispunched card || **~es Zeichen** [ES] / errored signal, faulty signal || **~e Zuführung** [PC] / misfeed || **als ~ kennzeichnen** [Sw] / flag
Fehlerhalt *m* [Dp] / error stop
Fehlerhäufigkeit *f* [Tr] / error rate || **~ beim Tasten** [TP] / keying error rate

Fehlerhinweis *m* [Sw] / error information || [Mp] / error prompt, error indicator || ≗ (Symbol) [Serv] / diagnostic flag
Fehlerinformation *f* [Sw] / error information || [OS] / error logout
Fehler·kennbit *n* [ES] / error indication bit || ≗**kennzeichen** *n* [Sw] / error flag, flag, error display || ≗**kennzeichnungsfeld** *n* [Sw] / error flag field || ≗**klasse** *f* [Sw] / error class, type of error || ≗**kontrolle mit Rückwärtsübertragung** [DS, Tr] / loop checking, message feedback, information feedback || ≗**kontrollzeichen** *n* [DS, Tr] / error checking character
Fehlerkorrektur *f* [Sw] / error correction || ≗ **bei Lokalverarbeitung** [RDp] / home correction || ≗ **durch Rückfrage und Wiederholung** [RDp, Tr] / error correction by repetition request || **automatische** ≗ [Tr] / automatic error correction || **automatische** ≗ (mit Hilfe einer Wiederholungsanforderung [VDT, Tr] / automatic retransmission request (as an error-correcting capability) || **manuelle** ≗ **im Lokaldatenkanal** [RDp] / home correction
Fehlerkorrekturcode *m* (DIN 44300, März 1972) [Th, Tr] / error-correcting code, error correction code, self-correcting code || **binärer** ≗ (DIN 44300, März 1972) [DS, Th] / binary error-correcting code
Fehlerkorrektur·programm *n* [Sw] / error-correcting routine, error correction routine, error-correcting program || ≗**verfahren** *n* [Tr] / automatic error correction
fehlerkorrigierender Code [Th, Tr] / error-correcting code, error correction code, self-correcting code
Fehlerlampe *f* [Hw] / error indicator
Fehlerliste *f* [Sw] / error listing, error list || [ES] / error table
Fehlerlokalisierungsprogramm *n* [Sw, Tr] / fault locating program
Fehlermelde·bereich *m* [OS] / logout area || ≗**liste** *f* [ES] / error-message table || ≗**modus** *m* / logout mode || ≗**stelle** *f* [ES] / error reporting location
Fehlermeldung *f* [ES, Tr] / error message, alarm message || ≗ (auf dem Blattschreiber) [ES] / console error typeout
Fehlermeldungskennzeichen *n* [Sw] / error message ID, error message code
Fehlermodus *m* [OS] / error control mode || ≗**register** *n* [OS] / error control register (ECOR)
Fehler·nachricht *f* [ES, Tr] / error message, alarm message || ≗**ortung** *f* [Dp] / fault location, fault locating, troubleshooting, trouble-hunting
Fehlerprotokoll *n* [Sw] / error listing, error list || [Dp] / error logging map
Fehlerprozedur *f* [RDp] / error procedure || [Cobol] / error procedure
Fehlerprüfbit *n* [ES] / error-check bit
Fehlerprüfcode *m* [Th, Tr] / error-detecting code, error-checking code, self-checking code || **systematischer** ≗ [DS, Tr] / group code (systematic error-checking code)
Fehler·prüfprogramm *n* [ES] / error-checking program || ≗**prüfung** *f* [Sw, ES] / error check, error checking || ≗**prüfzeichen** *n* [Sw] / error control character || ≗**rangiertabelle** *f* [ES] / error response table || ≗**rate** *f* [Tr] / error rate || ≗**reaktion** *f* [ES] / error response || ≗**reaktionsprogramm** *n* [ES] / error response program
Fehlerregister (FER) *n* [ES] / error register || ≗**anzeige** *f* [ES] / error register indicator || ≗**kippstufe** *f* [ES] / error register flipflop
Fehlerroutine *f* [Sw] / error recovery routine, error routine || ≗**adresse** *f* [Sw] / error routine address
Fehler·sicherung *f* [DS] / protection against errors, error protection || ≗**signal** *n* [Th, ES, NC] / error signal, fault signal || ≗**speicher** *m* [Serv] / fault storage || ≗**stammdatei** *f* [Dp] / history dataset || ≗**statistikfeld** *n* [ES] / error statistics field
Fehlerstopp *m* [Dp] / error stop || ≗ (in einer Schleife) [Sw] / dynamic stop
Fehlersuch·anleitung *f* [Sw] / error recovery instruction || ≗**diagramm** *n* [Serv] / fault tracing chart, trouble isolation chart
Fehlersuche *f* [Dp] / fault location, fault locating, troubleshooting, trouble-hunting || **manuelle** ≗ **vom Bedienungstisch** [Hw, Sw] / manual console diagnostics || **zentrale** ≗ [Serv] / centralized fault location
Fehlersuch·hilfe *f* [Dp] / debugging facility || ≗**liste** *f* [Serv] / troubleshooting chart || ≗**paket** *n* [Sw] / diagnostic package
Fehlersuchprogramm *n* [Sw] / diagnostic program, diagnostic routine || **Hardware-**≗ *n* [Sw] / malfunction

routine || **Post-mortem-**~ *n* [Sw] / postmortem program
Fehlersuch·-Prüfprogramm *n* [Sw] / diagnostic test program || ~**routine** *f* [TP, ES] / fault-finding routine || ~**tabelle** *f* [Serv] / troubleshooting table || ~**verfahren** *n* [Serv] / fault location method || ~**zeit** *f* [Serv] / fault tracing time
Fehlertelegramm *n* [RDp, Tr] / error message || ~**überwachung** *f* (DIN 44302, Apr. 1979) [Tr] / error control procedure || ~**überwachungseinheit** *f* (DIN 44302, Apr. 1979) [Tr] / error control unit || ~**unterbrechung (FU)** *f* [ES] / error interrupt || ~**unterbrechungsroutine (FUR)** *f* [ES] / error interrupt routine || ~**unterdrückungsmodus** *m* [OS] / alarm inhibit mode || ~**unterklasse** *f* [OS] / error subclass || ~**ursachenregister** *n* [OS] / error cause register (ERCR) || ~**verdächtig** *adj* [Serv] / suspected-error (unit, etc.), suspect (unit, etc.) || ~**verwaltung** *f* [OS] / recovery management || ~**wahrscheinlichkeit** *f* [Th] / error probability || ~**wichtung** *f* [OS] / severity code || **Prüfung auf** ~**wiederholung** [PC] / successive card checking || ~**wirkungsbreite** *f* [Serv] / fault penetration range, effective range of failure
Fehlerwort·fehler *m* [ES] / error word error || ~**mischung** *f* [ES] / error word ORing || ~**register (FWR)** *n* [ES] / error word register
Fehlerzähler *m* [ES] / error counter
Fehlerzeichen *n* [Sw] / error code || [Mp] / error prompt, error indicator
Fehlerzustand *m* [ES] / error condition
Fehl·messung *f* [PCC, Meas] / measuring error || ~**stelle** *f* [MT] / blemish || ~**stelle** [Sc] / vacancy || ~**stelle** [HSP, OCR] / void
FEHLT-Meldung *f* [IDS] / "no entry" message
Fehlzeichen *n* [ES] / illegal character
Fein·abgleich *m* [Tr, Meas] / fine adjustment || ~**blockierung** *f* [ES] / fine blocking || ~**daten** *plt* [Th] / fine-grain data (FGD) || ~**filter** *n* [HSP] / fine filter || ~**justierung** *f* [Hw, HSP] / vernier adjustment
Feinlinienraster *n* [HSP] / fine-line screen || ~**folie** *f* [HSP] / fine-line screen film
Fein·mechanik *f* / mechanical precision engineering || ~**recherche** *f* (Methode, einen bei einer Grobrecherche selektierten Datenbestand in einem weiteren Suchlauf auf genaue Übereinstimmung mit der Fragestellung zu überprüfen) [DOK] / searching || ~**regelbereich** *n* [HSP] / vernier adjustment range || ~**sortieren** *v* [Sw] / final-sort
Feintakt *m* [ES] / fine clock || ~**raster** *n* [ES] / fine clock frame
Fein·wecker *m* [ES] / fine-time prompter || ~**werktechnik** *f* / precision engineering
Feinzeit *f* [ES] / fine time || ~**stopp** *m* [ES] / fine-time stop || ~**takt** *m* [ES] / fine-time interval
Feld *n* [PL] / array || [Cobol] / data item, item || ~ (einer Matrix) [Th] / plane || ~ (Abschnitt eines Satzes mit variabler Länge, der eine einzelne Kategorie des MATER-Austauschformats aufnimmt) (DIN 2341E, Mai 1977) [MT, MAT] / data field || ~ (s. Lötauge) || ~ **für Problembezeichnung** [Sw] / identification field || ~ **für vorprogrammierte Texte** [Sw] / programmed message field || **aufbereitetes** ~ [Cobol] / edited item || **leitungsproportionales** ~ (Anzeigefeld, das adressiert mit der ILN abgefragt wird, ob dieser Dienst eingerichtet ist) [ES] / ILN-addressed field || **strukturabhängiges** ~ [Cobol] / contiguous item || **strukturunabhängiges** ~ [Cobol] / noncontiguous item || **unbenanntes** ~ [Cobol] / filler (item) || **variables** ~ [Sw] / variable field, variable-length field
Feldansteuerung *f* [PC] / field selection, class selection
Feldauswahl *f* [PC] / field selection, class selection || ~**-Angabe** *f* [Cobol] / corresponding option || ~**angaben** *f pl* [Sw] / field selection options, field selection entries, field-select operands, field-select information, field-select specification || ~**selektor** *m* [PC] / format selector
Feld·begrenzung *f* [Sw] / field definition, field boundary || ~**beschreibung** *f* [RPG] / field specifications, field description, data field entries || ~**bestimmung** *f* [Sw] / field definition, field boundary || ~**bezugszahl** *f* [RPG] / field indicator
Feldeffekttransistor (FET) *m* [Sc] / field-effect transistor (FET) || **bipolarer** ~ [Sc, Co] / bipolar field-effect transistor (BIFET) || **Dünnfilm-**~ *m* [Sc] / insulated-gate thin-film field-effect

transistor || **Isolierschicht-≗ (IG-FET)** *m* [Sc] / insulated-gate field-effect transistor (IGFET)
Feldelement *n* [PL] / array element || **≗nachfolgefunktion** *f* [PL] / array element successor function
Feld·erklärung *f* [PL] / array declarator || **≗formatierung** *f* (Datenformat, in dem neben der kategorialen Formatierung auch die Reihenfolge und/oder Anordnung der konstituierenden und determinierenden Variablen festgelegt sind) [DOK, Dp, Sw] / fixed field data format
Feldlänge *f* [Sw] / field length || **falsche ≗** [Sw] / field length error, incorrect field length
Feldmarke *f* [Sw] / field mark
Feldname *m* [RPG] / field name, data field name || ≗ (in der Felderklärung) [PL] / array declarator name
Feld·platte *f* [Sc] / magnetoresistive element, magneto-resistor || **≗position** *f* [RPG] / field location
Feldprüfung *f* [OCR] / field checking feature || ≗ **für Identifikationsdaten** [Sw] / ID field check
Feldrechner, additiver ≗ [ADp] / distributed array processor
Feld·schlüssel *m* [Sw] / field code || **≗spezifikation** *f* [Sw] / field specification || **≗typ** *m* [Sw] / field type || **≗vereinbarung** *f* [PL] / array declaration || **≗vergleich** *m* [Sw] / field compare
Fenster *n* [ES] / pulse strobe during a particular time interval, strobe pulse, window (pulse) || **≗lochkarte** (s. Filmlochkarte)
FER (s. Fehlerregister)
Fermi·-Funktion *f* [Sc] / Fermi function, Fermi-Dirac distribution function || **≗-Niveau** *n* [Sc] / Fermi level || **≗-Verteilung** *f* [Sc] / Fermi distribution
Fern·-... [Th] / remote ..., tele... || **≗alarmleitung** *f* [Hw] / remote alarm circuit || **≗anfrage** *f* [RDp] / remote inquiry || **≗anzeige** *f* [RDp] / remote indication || **≗bediengerät** *n* [OCR] / remote control device || **≗betriebseinheit (FBE)** (DIN 44302, Apr. 1979) *f* [Tr] / communication control unit || **≗buchung** *f* [RDp, Tr] / remote accounting
Ferndaten·kanal *m* [RDp] / line data channel || **≗konzentrator** *m* [ES] / remote data concentrator (RDC) || **≗register** *n* [RDp] / line register || **≗steuereinheit** *f* [PCC] / data adapter unit
Fern·diagnose *f* [ES] / remote diagnostics || **≗drucker** *m* [TP, RDp] / teleprinter, ticker (US)
Ferneingabe *f* [RDp] / remote input, remote entry || **≗station** *f* [IO, RDp] / remote input terminal
fern·einschalten *v* (z.B. Locher) [TP] / to switch on remotely || **grafische ≗kommunikation** [Fax] / fascimile transmission
Fernkopier·dienst *m* [Fax] / facsimile transmission services || **≗-Empfangsgerät** *n* [Fax] / facsimile receiver terminal, telecopier facsimile receiver
Fernkopieren *n* [Fax] / facsimile transmission
Fernkopierer *m* [Fax] / facsimile terminal, remote copier
Fern·kopiernetz *n* [Dp] / facsimile transmission network || **gehende ≗leitung** [ES] / outgoing trunk line
Fernmelde·behörde *f* [Tr] / (tele)communications authority || **≗betriebsgesellschaft** *f* [Tr] / communications common carrier, communications carrier, operating company (US) || **≗installateur** *m* [Dp] / communications equipment installer
Fernmeldetechnik *f* [Tr] / telecommunication engineering || **optische ≗** [Tr] / optical telecommunications
Fernmeldeunion, Internationale ≗ (mit Sitz in Genf) [Org] / International Telecommunication Union (ITU)
Fernmeldewesen *n* [Tr] / telecommunication
Fernmeß·eingang *m* [PCC] / telemetry input || **≗kanal** *m* [PCC] / telemetry channel || **≗register** *n* [PCC] / telemetry register
Fern·rechnen *n* [Tr] / remote data processing, teleprocessing (originally IBM Rtm.), remote computing || **≗satz** *m* [Typ, TES, RDp] / remote typesetting, teletypesetting
Fernschalt·einheit (FSE) *f* [TP] / signaling unit, signal unit || **≗gerät** *n* [TP] / signaling unit, signal unit
Fernschreib·... (cf. „Telegrafen..." bzw. „Telegrafie...") || **≗apparat** *m* [TP] / teleprinter, teletypewriter (US) || **rechnergesteuerter ≗betrieb** [ES] / computerized telex operation || **≗betriebsstelle** *f* [TP] / telex center
Fernschreibcode *m* [TP] / telegraph code, teletype code || **internationaler ≗**

[TP] / international telegraph alphabet, international telegraph code || **internationaler ~ Nr.2 des CCITT** (für öffentliche Fernschreibleitungen genormter Code, entspricht weitgehend dem in den USA verwendeten Baudot-Code) [TP] / international alphabet No.2

Fernschreib·element *n* [Tr] / telegraph unit || **~empfänger** *m* [TP] / receive-only teleprinter

fernschreiben *v* [TP] / teleprint, teletype || *n* [TP] / alphabetic telegraphy || [TP] / teleprinter message, telegraph message || ~ (Vorgang) [TP] / teleprinted communication, teleprinter communication || **~ in Tabellenform** [TP, Tr] / tabulated message || **~tzerrer** *m* [ES] / start-stop telegraph regenerator

Fernschreiber (Fs) *m* [TP] / teleprinter, teletypewriter, teletype, teletyper || **~ mit 5-Bit-Code** [TP] / 5-level machine || **nichtmechanischer ~** [MCS, TP] / nonimpact teleprinter || **~bedienungsperson** *f* [TP] / teleprinter operator, teletypewriter operator

Fernschreib·geräte *n pl* [TP] / teleprinter equipment, teletypewriter equipment || **~handvermittlung** *f* [ES] / manual teleprinter exchange || **~kanal** *m* [TP] / telegraph channel

Fernschreibleitung *f* [TP] / telegraph line || ~ (Telex) [ES] / telex communication circuit

Fernschreib·maschine *f* [TP] / teleprinter, teletypewriter, teletype, teletyper || **~nebenstelle** *f* [ES] / extension teleprinter, extension station

Fernschreibnetz *n* [TP] / telegraph network, teleprinter network || **öffentliches ~** [TP] / telex network || **privates ~** [Tr] / private telegraph network

Fernschreib·standverbindung *f* [ES] / telegraph leased circuit, teleprinter point-to-point circuit || **~station** *f* [ES] / teleprinter terminal, teleprinter station, subscriber station || **~stelle** *f* [ES] / teleprinter terminal, teleprinter station, subscriber station || **~technik** *f* [TP] / telegraphy || **~teilnehmerstelle** *f* [ES] / teleprinter terminal, teleprinter station, subscriber station || **~übertragung** *f* (Übertragung nach dem Telegrafieprinzip, d.h., in Form einzelner Stromimpulse, derzeit gewöhnlich mit Schrittgeschwindigkeiten von 50, 75, 100 oder 200 Baud, bei Fernschreibstandleitungen bis 4800 Baud) [Tr] / telegraph transmission

Fernschreibvermittlung *f* (Vorgang) [ES] / telegraph switching || ~ (Amt) [ES] / telex exchange, telegraph exchange

Fernschreib·-Vermittlungsschrank *m* [TP] / telegraph switchboard || **~wort** *n* [TP] / telegraph word

Fernsprechkanal *m* [Tr] / telephone channel, voice-grade channel

Fernsprechleitung *f* [Tr] / telephone circuit || **festgeschaltete ~** [Tr] / point-to-point telephone circuit

Fernsprechmietleitung *f* [Tr] / leased telephone-type circuit

Fernsprechnetz *n* [Tr] / telephone network || **öffentliches ~** [Tr] / public telephone network || **privates ~** [Tr] / private telephone network

Fernsprech·standverbindung *f* [Tr] / dedicated telephone circuit || **~wählnetz** *n* [Tr] / dial-up telephone network, switched telephone network

Fernstapelsystem *n* [Dp] / remote batch system

Ferntest *m* (Methode) [Dp] / remote testing, closed-shop testing || ~ (einzelner Test) [Dp] / closed-shop test run || **~betrieb** [Dp] / closed-shop test system, closed shop

fern·unterstützte Wartung [RDp, Serv] / remote support maintenance || **~verarbeitung** *f* [Dp] / teleprocessing || **~verarbeitungskontrollsystem** *n* [Dp] / teleprocessing monitor system || **~wartung** *f* [Serv] / remote maintenance || **~wirksystem** *n* [RDp, Tr, AC] / remote-control system || **~zugriff** *m* [RDp] / remote access

Ferritkern *m* [M] / magnetic core, ferrite core || **~speicher** *m* [M] / ferrite-core memory, ferrite-core storage

Ferritspeicher *m* [M] / ferrite memory, ferrite storage

ferromagnetischer Speicher [M] / ferromagnetic storage

fertiges Programm [Sw] / finished source-language program

Fertigung, rechnergestützte ~ [PrC] / computer-aided manufacturing (CAM)

Fertigungs·ablauf *m* [NC] / machining procedure || **~bericht** *m* [R&D] / progress report || **~steuerung** *f* [PCC, NC] / production control || **~unterlagen** *f pl* [Dist] / manufacturing documentation

fest·e Codereihenfolge [HSP] / fixed code sequence, defined code sequence ||

~ **durchgeschaltete Leitung** [Tr] / dedicated line (leased, privately owned) || **~e Einfügung** [Cobol] / fixed insertion || **~es Format** [Sw] / fixed format || **~e Informationslänge** [Sw] / fixed information length || ~ **katalogisieren** [Sw] / to catalog permanently || **~e Lösung** [Sc, Th] / solid solution || **~e monatliche Gebühr** [ES] / fixed monthly charge || **~e Satzlänge** [Sw] / fixed record length || **~e Warteschlange** [PCC] / fixed queue list || **~e Wortlänge** [Sw] / fixed word length || **~e Zeileneinstellung** [IO] / fixed line posting || **≗bildkommunikation** *f* [Fax] / still frame communication

festgelegte Zahl von ... [Sw] / standard number of ...

festgeschaltet·e Fernsprechleitung [Tr] / point-to-point telephone circuit || **~e Leitung** [Tr] / dedicated line (leased, privately owned) || **~e Telegrafieleitung** [Tr] / permanently switched telegraph line || **~er Übertragungsweg** [RDp] / permanently connected transmission path || **~e Verbindungsleitung** [Tr] / permanently connected line

Festkomma *n* (DIN 9757E, Okt. 1977) [Calc] / fixed decimal point || **≗-...** (s. Festpunkt-...)

Festkopfplattenspeicher *m* [MD] / fixed head disk (FHD) || **≗steuerung** *f* [ES] / fixed head disk controller || **≗system** *n* [MD] / fixed head magnetic disk system

Festkörper-... [Sc, Cir] / solid-state || **≗bauelement** *n* [Co, Sc] / solid-state component || **≗baustein** *m* [Sc] / solid-state module || **≗bauteil** *n* [Sc] / solid-state device || **≗diode** *f* [Sc] / solid-state diode || **≗element** *n* [Sc] / solid-state element || **≗koppler** *m* [ES] / solid-state matrix || **≗physik** *f* [Sc] / solid-state physics

Festkörperschaltkreis *m* [Cir, Sc] / solid-state circuit, monolith || **≗technik** *f* [Cir, Sc] / solid-logic technology (SLT)

Festkörperschaltung *f* [Cir, Sc] / solid-state circuit, monolith || **≗speicher** *m* [MCS] / solid-state memory

festlegen, zeitlich ~ [ES] / time (period, etc.) || **≗ von Bereichsgrenzen (XTENT)** [OS, Aufruf] / Define extent boundaries (XTENT)

Fest·plattenspeicher *m* [MD] / fixed-disk storage || **~programmierter Rechner** [Dp] / fixed program computer

Festpunkt *m* [Dp, Sw] / fixed point || **≗-...** [PL/1] / fixed-point || **≗addition** *f* [Th, ALU, Sw] / fixed-point addition || **≗arithmetik** [Th, ALU, Sw] / fixed-point arithmetic

Festpunktbefehl *m* [Sw] / fixed-point instruction || **≗ für vorzeichenbehaftete Dualzahlen** [Th, Sw] / signed binary instruction || **≗ für vorzeichenlose Dualzahlen** [Th, Sw] / unsigned binary instruction

Festpunkt·darstellung *f* [Th, ALU, Sw] / fixed-point representation || **≗division** [Th, ALU, Sw] / fixed-point division || **≗divisionfehler** *m* [Th, ALU, Sw] / fixed-point divide error || **≗-Funktion** *f* [PL/1] / fixed (builtin) function || **≗konstante** *f* [Th, ALU, Sw] / fixed-point constant || **≗operation** *f* [Th, CP, Sw] / fixed-point operation || **≗rechnung** *f* (DIN 44300, März 1972) [Th, CP, Sw] / fixed-point calculation, fixed-point computation || **≗schreibweise** *f* [Th, ALU, Sw] / fixed-point representation || **≗subtraktion** *f* [Th, ALU, Sw] / fixed-point subtraction || **≗system** *n* [Th] / fixed-point system

Festpunktüberlauf *m* [ALU, Sw] / fixed-point overflow || **≗-Bedingung** *f* [PL/1] / fixedoverflow condition

Festpunkt·variable *f* [Th, ALU, Sw] / fixed-point variable || **≗wert** *m* [Th, ALU, Sw] / fixed-point value || **≗wortlänge** *f* [Sw] / fixed-point word length || **≗zahl** *f* [Sw] / fixed-point number

Festspeicher *m* (DIN 44300, März 1972) [Mp] / read-only memory (ROM), fixed storage || **programmierbarer ≗ (PROM)** [Mp] / programmable read-only memory (PROM), programmable ROM || **≗instruktion** *f* [Sw] / read-only instruction || **≗programmierer** *m* (Gerät) [Mp] / PROM programmer || **≗programmierung** *f* [Mp] / PROM programming

feststellen *v* (sperren) [Hw] / detent || **das Bandende** ~ [Sw] / to sense EOT

Feststeller für Großbuchstaben [DT] / upper case lock

festverdrahtet *adj* [Mp, Co] / hardwired (circuit, etc.) || **~er Befehlszähler** [PCC, CP] / hardware program counter || **~er Funktionsablauf** [Hw] / hardware operation || **~e Gleitpunkteinrichtung** [ALU] / automatic floating-point feature || **~e Logik** [Mp, IC] / hardwire logic, hardwired logic || **~e Multiplikation** [ALU] / hardware multiply || **~es Programm** [Cir, Sw] / hardwired program, wired program || **~e Prüfung** [Hw] / hardware check, automatic check,

builtin check || ~e **Steuerung** [MCS, NC] / hardwired controller || ~es **Zeichen** [Sc] / prewired character
Festwertschema *n* [ES] / permanent format
Festwertspeicher *m* [Mp] / read-only memory (ROM), fixed storage || **assoziativer** ≗ [M] / associative read-only memory (AROM) || **auswechselbarer** ≗ [M] / interchangeable read-only memory || **elektrisch änderbarer** ≗ [Mp, M] / EAROM (electrically alterable ROM) || **Kondensator-**≗ *m* [M] / capacitor read-only storage || **Mikrowort-**≗ *m* [M] / microword read-only memory || ≗**programmierer** *m* [Mp] / PROM programmer || ≗**programmierung** *f* [Mp] / PROM programming
Festwort *n* [Sw] / fixed-length word || ≗**konstante** *f* [Sw] / word constant, fullword constant
FET (s. Feldeffekttransistor)
FET-Zerhacker *m* [Sc] / FET chopper
Feuchteklasse *f* [Sc] / humidity class
Feuchtigkeit, relative ≗ [DpC] / relative humidity
Fiberoptik *f* [TrL] / fiber optics
Fibonacci-Folge *f* [Th] / Fibonacci series || ≗**-Suchverfahren** *n* [Dp] / Fibonacci search || ≗**-Zahl** *f* [Sw] / Fibonacci number
Fieldistor *m* [Sc] / fieldistor
figurative Konstante [Cobol] / figurative constant
FILE (s. Angaben zur Dateiverwaltung)
Film, nicht perforierter ≗ [COM] / unsprocketed film || **perforierter** ≗ [COM] / sprocketed film || **Textausgabe auf** ≗ **oder Papier** [Typ] / text output on film or paper || ≗**ausgabeeinheit** *f* [IO] / film recorder || ≗**breite** *f* [Rep] / film width || ≗**-Ein-Ausgabeeinheit** *f* [IO] / film recorder-scanner || ≗**eingabeeinheit** *f* [IO] / film scanner || ≗**fensterlochkarte** *f* [Rep] / aperture card || ≗**gleitbahn** *f* [Hw, Typ] / film path || ≗**klebepresse** *f* [Rep] / splicer || **optische** ≗**leseeinheit** [IO] / optical film sensing device || ≗**lochkarte** *f* [Rep] / aperture card || ≗**negativ** *n* [Rep] / film negative, photographic negative || ≗**schneidegerät** *n* [Hw, Rep] / guillotine || ≗**speicher** *m* [M] / photographic storage, photo-optical memory || ≗**träger** *m* [Rep] / film base
Filter *n* [Cir] / filter || ≗**einsatz** *m* [HSP] / filter element || ≗**führungsschiene** *f* [HSP] / filter guide rail || ≗**gehäuse** *n* [HSP] / filter mounting || ≗**matte** *f* [HSP] / filter mat || ≗**schaltung** *f* [Cir] / filter circuit
Filz *m* [HSP] / felt || ≗**lauf** *m* [HSP] / felt winding direction || ≗**polster** *n* [HSP] / felt supporting assembly || ≗**rolle** *f* [HSP] / felt roll || ≗**station** *f* [HSP] / felt station || ≗**streifen** *m* [HSP] / felt strip || ≗**tuch** *n* [HSP] / felt
Fingeranschläger *m* [TP] / finger stub || ≗**lochscheibe** *f* [TP] / finger plate
finiter Automat [Th] / finite automaton
Firmenzeichen *n* [Dist] / logotype, manufacturer's emblem
Firmware *f* [Mp, Dp] / firmware
fixieren *v* [Hw] / to lock in working condition || ~ (fotografisch) [Rep] / fix (negative, photographic paper, etc.) || ~ *v* (Druckbild) [HSP] / fuse (toner into paper) || **eine Seite** ~ [VS] / to fix a page
Fixieröl *n* [HSP] / fuser oil || ≗**behälter** *m* [HSP] / fuser oil canister || ≗**dampf** *m* [HSP] / fuser oil vapor || ≗**kanister** *m* [HSP] / fuser oil canister
Fixierregister *n* [ES] / status locking register || ≗**station** *f* [HSP] / fuser station
Fixierung *f* [HSP] / fusing || **thermische** ≗ [HSP] / thermal fusing
Fixierwalze *f* [HSP] / fuser roller || ≗**walzenantrieb** *m* [HSP] / fuser roller drive || ≗**wärme** *f* [HSP] / fusing heat
Fixpunkt *m* [Sw] / checkpoint, conditional breakpoint || [Dp, Sw] / fixed point || **durch einen** ≗ **festgehaltenes Programm** [Sw] / checkpointed program || **einen** ≗ **ausgeben** [Sw] / to take a checkpoint || ≗**anfangsblock** *m* [Sw] / checkpoint header record || ≗**ausgabe** *f* [ES] / checkpoint output || ≗**bandgerät** *n* [MT, Sw] / checkpoint tape unit || ≗**bereich** *m* [ES] / ledger area || ≗**block** *m* [Sw] / checkpoint block
Fixpunktdatei *f* [Sw] / checkpoint file || ≗**name** *m* [Sw] / checkpoint file name
Fixpunktdaten *plt* [Sw] / checkpoint data || [ES] / ledger data || ≗**block** *m* [Sw] / checkpoint data record
Fixpunkteingabe *f* [Sw] / checkpoint input || ≗**endeblock** *m* [Sw] / checkpoint trailer record || ≗**erstellung** *f* [Sw] / checkpoint generation || ≗**erstellungsprogrammelement** *n* [ES] / ledgering element || ≗**etikett** *n* [Sw] / checkpoint label || ≗**fehlermeldung** *f* [Sw] / checkpoint error message || ≗**kennblock** *m* [Sw] / checkpoint descriptor record || ≗**kennzeichen** *n* [Sw] / checkpoint identifier, checkpoint

ID || ²**kennzeichnung** *f* [Sw] / checkpoint identifier, checkpoint ID || ²**kopfblock** *m* [Sw] / checkpoint header record || ²**routine** *f* [Sw, ES] / checkpoint routine || ²**satz** *m* [Sw] / checkpoint record || ²**schlußblock** *m* [Sw] / checkpoint trailer record || ²**schreiben** *n* [ES] / ledger write || ²**textblock** *m* [Sw] / checkpoint text block || ²**wiederanlauf** *m* [Dp, Sw] / checkpoint restart

Flachbaugruppe *f* [Co] / printed circuit board (pcb), pc board, printed wiring board, pw board || ² (mit Hilfe einer gedruckten Schaltung auf einer Isolierplatte zusammengefaßte integrierte Schaltkreise) [IC] / card module, logic card || ² **mit integrierten Schaltkreisen** [IC] / IC module || **doppelt kaschierte** ² [Co] / double-faced pc board || **Prüfgerät für** ²**n** [IC] / logic card tester || **steckbare** ² [Co] / plugin circuit board, plugin pc board

Flachbaugruppen-Adapter *m* [Co] / adapter for printed circuit boards, pc board adapter || ²**freigabe** *f* [ES] / circuit board enable || ²**freigabezähler** *m* [ES] / circuit board enable counter || ²**führungseinheit** *f* [Co] / card guide || ²**prüfautomat** *m* [Sc] / automatic pc board tester || ²**prüfprogramm** *n* [ES] / pc board test program, pcb test program || ²**überwachung** *f* [ES] / circuit board monitoring

Flach·baustein *m* [IC] / card module || ²**draht** *m* [TrL] / flat wire

Fläche, aktive ² [Sc] / junction surface || **freie** ² [OCR] / clear band (i.e., any area on a document which must be kept free of printing not related to machine reading) || **lichtempfindliche** ² [Sc] / photoelectric area

Flächendiode *f* [Sc] / junction diode

Flächenelement *n* (Formulardia) [COM, HSP] / solid area || **Aufrasterung von** ²**en** [HSP] / screening of solid areas

Flächen·erde *f* [Serv] / surface ground || ²**gleichrichter** *m* [Sc] / surface-contact rectifier, junction rectifier, p-n junction diode || ²**kabelrost** *m* [ES] / grid cable platform, overhead cable grid || ²**mustererkennung** *f* [OCR] / pattern recognition, pattern detection || ²**rost** *m* [ES] / grid cable platform, overhead cable grid || ²**transistor** *m* [Tr, Sc] / junction transistor || ²**widerstand** *m* [Sc, Co] / sheet resistance

Flachgehäuse *n* [Co, Sc] / flat-pack

Flachkabel *n* [TrL] / flat cable, flat flexible cable || [Hw] / flat-cable conductor

Flachleiter *m* [TrL] / flat conductor

Flackereinrichtung *f* [ES] / flashing signal unit

Flag *n* [Sw] / error flag, flag, error display

Flagge *f* [Mp] / flag

Flanken·behandlung *f* [ES] / signal edge handling || ²**behandlungsbit** *n* [ES] / signal edge handling bit || ²**empfang** *m* [ES] / signal edge reception || ²**kennbit** *n* [ES] / signal edge marker bit || ²**sendung** *f* [ES] / signal edge transmission || ²**steilheit** *f* [Th] / edge steepness, gradient of pulse transition

Flattersatz *m* [Typ] / unjustified matter

Flexibilität der Konfiguration [Dp] / configuration flexibility

flexibl·e Magnetplatte [MD] / floppy disk, diskette, flexible disk, floppy cartridge disk || ~**e Speicherfolie** [MD] / floppy disk, diskette, flexible disk, floppy cartridge disk || ~**es Systemsymbol** [Sw] / system variable symbol

Flickbereich *m* [OS] / patch area

Fliegenaugenkameratechnik *f* [Sc] / fly's eye lens technique

fliegend·er Akzent [Typ] / floating accent || ~**er Druck** [HSP] / hit-on-the-fly printing, on-the-fly printing || ~**er Magnetkopf** [MD] / flying head, floating head || **Drucker mit** ~**em Abdruck** [HSP] / hit-on-the-fly printer, on-the-fly printer

Fließ·fett *n* [Serv] / lubricant (petroleum jelly) || ²**komma** *n* (DIN 9757E, Okt. 1977) [Calc] / floating decimal point (i.e., either floating-in decimal or floating-out decimal) || ²**prozeß** *m* [PCC] / dynamic process

flimmerfrei *adj* [VDT] / nonflickering, flicker-free (presentation on the CRT, etc.)

Flip-Chip *m* (Dickfilm) [Co, Sc] / face-bonded device, flip chip

Flipflop *n* (DIN 44300, März 1972) [SA] / flip-flop || ² **mit RS-Tastung** [Cir] / RS flip-flop, set-reset flip-flop || **Bedienungsanforderungs-**² *n* (zur Erzeugung und Steuerung von Unterbrechungen) [Mp] / service request flip-flop || **Kennzeichen-**² *n* [Mp] / flag flip-flop || **komplementäres** ² [Cir] / complement flip-flop || **monostabiles** ² [Cir] / one-shot multivibrator || **Trigger-**² *m* [Cir] / bistable trigger circuit || **Vorzeichen-**² *m* [ALU] / sign control flip-flop || **Zähl-**²

n [Cir] / RST flip-flop || ≗**kette** *f* [Sc] / flip-flop chain || ≗**laufzeit** *f* [Sc] / flip-flop delay || ≗**register** *n* [CU] / flip-flop register || ≗**schaltung** *f* [Cir] / bistable circuit, flip-flop circuit || ≗**speicher** *m* [M] / flip-flop storage || ≗-**Vorbereitungszeit** *f* [Cir] / flip-flop priming time

loaten *v* [Mp] / float

Floppy-Disk (FD) *f* [MD] / floppy disk, diskette, flexible disk, floppy cartridge disk || ≗-**Laufwerk** *n* [MD] / floppy disk drive, diskette drive || ≗-**Speicher** *m* [MD, TES] / floppy disk storage || ≗-**Station** *f* [MD, TES] / floppy disk station

flüchtig *adj* (Eigenschaft eines Speicherinhalts, bei Ausfall der Versorgungsspannung verlorenzugehen) [Mp, M] / volatile (storage, etc.) || ~**er Speicher** [PE, M] / volatile storage

Flugwegrechner *m* [Dp] / flight-course computer

Fluidiksystem *n* [Fl] / fluidic system

Fluoreszenz·gedächtnis *n* [Cy] / short-term memory || ≗**schirm** *m* [DT, Co] / fluorescent screen

Fluoroskop *n* [DT, Co] / fluoroscope

Flußdiagramm (s. Ablaufdiagramm) || **logisches** ≗ [Th, Sw] / logic flowchart, logical flowchart, logic chart

Flußdichte, magnetische ≗ [Sc] / magnetic flux density

Fluß·empfindlichkeit *f* (eines Hallgenerators mit ferromagnetischer Einkapselung) [Sc] / flux sensitivity || **ausnutzbarer** ≗**hub** [Tr] / usable flux shift

Flüssigkristallanzeige *f* [Sc] / liquid-crystal display (LCD)

Fluß·leitwert *m* [Sc] / forward conductance || ≗**linie** *f* (zwischen den Sinnbildern eines Datenflußplans) (DIN 66001, Sept. 1977) [Sw] / flowline (indicating flow direction by means of an arrow to distinguish between antecedent and successor event) || ≗**plan** (s. Ablaufdiagramm)

Flußrichtung *f* [Sw] / flow direction || [Sc] / forward direction || **Spannung in** ≗ [Sc] / forward voltage

Flußspannung *f* [Sc] / forward voltage

FM (s. Frequenzmodulation)

Folge *f* [Cobol] / sequence || [PL/1] / character string, string || ≗ **der Länge Eins** [Dp] / unit string || **absteigende** ≗ [Sw] / descending order, descending sequence || **alphabetische** ≗ [Dp] / alphabetic order, alphabetic sequence || **aufsteigende** ≗ [Sw] / ascending order, ascending sequence || **Typ der** ≗ [PL/1] / string type

Folgeadresse *f* [Sw] / chaining address || [Sw] / link address || **Adressierung mit Hilfe von** ≗**n** [M] / sequential addressing

Folgeadreßfeld *n* [Sw] / sequence link field || **Mischen ohne** ≗ [OS] / stripped merge

Folgeband *n* [MT] / continuation reel, continuation tape, continuation volume

Folgebereich *m* [OS] / overflow extent, overflow area || **Satz im unabhängigen** ≗ [OS] / independent overflow record

Folge·betrieb *m* [Dp, Tr] / serial operation (as opposed to "parallel operation") || ≗**blockadresse** *f* [PE, OS] / sequence block address || ≗**fehler** *m* [Sw] / sequence error || ≗**frequenz** *f* [Tr] / repetition rate

folgegebundener Ablauf [Dp, Tr] / serial operation (as opposed to "parallel operation")

Folgekarte *f* [PC, Sw] / continuation card, trailer card

Folgekartenbeschriftung *f* [PC] / repetitive printing || **Allzeilen-**≗ *f* [PC] / all-line repeat printing

Folge·kontrolle *f* [PC, Dp, Sw] / sequence check, sequence control || ≗**kontrolleinheit** *f* [PC] / sequence unit || ≗**leistenklausel** *f* [Cobol] / next-group clause

Folgen·-... [PL/1] / string pseudo-variable || ≗**anfangs-Funktion** *f* [PL/1] / before (builtin) function || ≗**ende-Funktion** *f* [PL/1] / after (builtin) function || ≗-**Funktion** *f* [PL/1] / string (builtin) function || ≗**konstante mit Wiederholung** [PL/1] / replicated string constant || ≗**längen-Bedingung** *f* [PL/1] / stringsize condition || ≗-**oder-Masken-Symbol** *n* [PL/1] / string or picture symbol || ~**überlagernd** *adj* [PL/1] / string overlay defined || ≗**umkehr-Funktion** *f* [PL/1] / reverse (builtin) function

Folgenummer *f* [PC, Sw] / card number, sequence number, card sequence number || [Cobol] / sequence number

Folgeoperator *m* [Algol] / sequential operator

Folgeprogramm *n* [Sw, ES] / successor program || ≗**einleitung** *f* [Sw] / successor program initiation

Folge·-Programmsatz-Angabe *f* [Cobol] / next sentence option || ≗**prüfprogramm** *n* [Sw] / sequence checking program, sequence checking routine || ²prüfung *f* [PC, Dp, Sw] / sequence check, sequence control || ²regelkreis *m* [NC] / independent sequential circuit || ²relais *n* [Co] / sequential relay || ²satz *m* [Sw] / overflow record, track overflow record, non-home record || ²-Satz-Angabe *f* [Cobol] / next sentence option || ²satzsuchfeld *n* [Sw] / next record field || ²schaltung *f* [Cir, ES] / sequential circuit || ²seitenklausel *f* [Cobol] / next-page clause || ²signal *n* [ES] / successor signal || ²spalte *f* [PC] / continue column, continuation column || ²spule *f* [MT] / continuation reel, continuation tape, continuation volume

Folgestanzen *n* [PC] / gangpunching || ² **mit durchsetzten Hauptkarten** [PC] / interspersed gangpunching

Folge·stanzer *m* [PC, NC] / gang punch, automatic gang punch || ²**stapel** *m* [MD] / continuation pack, continuation volume

Folgesteuerung *f* [OS] / sequential control || ² (DIN 44302, Apr. 1979) [Tr] / secondary control

Folgesteuerungs·mechanismus *m* [AC] / servomechanism, servo || ²**motor** *m* [PCC] / servomotor || ²**system** *n* [PCC] / servosystem

Folge·symbol *n* [Sw, ES] / sequence symbol || ²**überwachung** *f* [Sw] / sequence monitor || ²**überwachungstest** *m* [Sw] / sequence monitor test || ²**verarbeitung** *f* [Sw] / sequential scheduling || ²**zeile** *f* (einer Anweisung) [Sw, PL] / continuation row, continuation line || ²**zyklus** *m* [Sw] / successor cycle

Fontnummer *f* [HSP, Typ] / font number

Förderspirale *f* [Hw] / screw conveyer

Forester-Häff-Speicher *m* [M] / Forester-Haeff storage

Form, ungepackte ² [Sw] / unpacked format, zoned format

formal·e Entsprechung (der Übersetzung) [Term, MAT] / formal correspondence || ~ **falsch** [Sw] / improperly formatted, invalid, errored || ~ **falsche Angabe** [Sw] / invalid format entry || ~ **falsche Angabe auf einer Steuerkarte** [PC, Sw] / improperly formatted control card || ~**er Fehler auf einer Steuerkarte** [PC, Sw] / improperly formatted control card || ~**e Logik** [Th, SA] / formal logic, symbolic logic || ~**e Sprache** [Term, Sw] / formalized language, formal language || ~ **überprüfen** [Sw] / format-check, to subject to a format check, to check for correct format || **auf ~e Richtigkeit überprüfen** [Sw] / format-check, to subject to a format check, to check for correct format

formalisierte Sprache [Term, Sw] / formalized language, formal language

Formalisierung einer Sprache [Term] / language formalization

Formalparameter *m* [Algol] / formal parameter || [Fortran] / dummy argument || [PL/1] / parameter || ²**liste** *f* [Algol] / formal parameter list || ²**teil** *m* [Algol] / formal parameter part

Format *n* [Algol] / format || [Cobol] / format || ² **für natürliche Zahlen** [Algol] / unsigned integer format || ² **mit fester Blocklänge** [Sw] / fixed block format || **festes** ² [Sw] / fixed format || **gepacktes** ² [Sw] / packed format || **ungepacktes** ² [Sw] / unpacked format, zoned format || **variables** ² [Sw] / variable format || **verschiebliches** ² [Sw] / relocatable format || ²**absprache** *f* [Sw] / data convention || ²**abweichung** *f* [Sw] / format deviation

Formatangabe *f* [ASw, MAT] / format specification || [Algol] / format item || [Fortran] / format specification

Format·anweisung *f* [Fortran] / format statement || ²**art** *f* [Sw] / type of format

Formatbeschreibung *f* [Sw] / picture || [Cobol] / format notation

Format·bild *n* [Sw] / picture || ²**blatt** *n* [HSP] / layout sheet || ²**breite** *f* [HSP] / form width, line width || ²**einstellfeld** *n* [HSP] / format selection panel

Formatfehler *m* [Sw] / format error || ² (s. Formfehler)

formatfrei·er Datensatz [Fortran] / unformatted record || ~**e Eingabe** [Dp] / nonformatted input || ~**e Leseanweisung** [Fortran] / unformatted read statement || ~**e Schreibanweisung** [Fortran] / unformatted write statement

formatgebunden *adj* [Sw] / formatted || ~**er Datensatz** [Fortran] / formatted record || ~**e Leseanweisung** [Fortran] / formatted read statement || ~**e Schreibanweisung** [Fortran] / formatted write statement

format·gerechter Textausdruck [TES] / formatted printout || ~**gesteuert** *adj* [PL/1] / edit directed || ²**größe** *f* [PL/1] / format item || ²**höhe** *f* [HSP] / form length

formatieren *v* [Sw] / format

formatiert *adj* [Sw] / formatted || ~**e**

Sprache [PL] / formatted language || **falsch** ~ [Sw] / improperly formatted, invalid, errored
ormatierung *f* [Sw] / formatting || **kategoriale** ≗ (Datenformat, in dem die Variablenkategorien für Dateneinheiten festgelegt werden) [Sw] / categoric data format
ormatierungsanzeige *f* [Sw] / formatting flag
ormat·kennung *f* [OS, IDS] / format identifier || ≗**kennzeichen** *n* [OS, IDS] / format identifier || ≗**kontrolle** *f* [RDp, Tr] / format check || ≗**kontrollwort** *n* [Sw] / format control word (FCW) || ≗**lochband** *n* [HSP] / format control tape, format control tape loop, printer format control tape || ≗**primärausdruck** *m* [Algol] / format primary || ≗**programm** *n* [ES] / formatting program || ≗**quittung** *f* [ES] / format acknowledgment || ≗**sekundärausdruck** *m* [Algol] / format secondary || ≗**speicher** *m* [HSP] / vertical format buffer (VFB) || ≗**spezifikation** *f* ASw, MAT] / format specification || ≗**steuerzeichen** *n* [PE, Sw] / format effector (FE), layout character || ≗**umsetzungsprogramm** *n* [Sw] / format conversion program
ormatzeichen *n* [HSP] / format character || ≗**folge** *f* [Algol] / format string || ≗**reihe** *f* [Algol] / format string || ≗**satz** *m* [HSP] / format character set
ormatzeile *f* [TES] / format line
ormcode *m* [Th] / graphic code
ormel *f* [Th] / formula || ≗**auswertung** *f* Sw] / formula evaluation || ≗**funktion** *f* Fortran] / statement function
ormelsprache *f* [Sw] / formula language | **algorithmische** ≗ [Th] / algorithmic anguage
ormfehler *m* (formaler Verstoß gegen die Regeln einer Programmiersprache) Mp, PL] / syntax error
rmschlüssig *adj* [NC] / in positive contact with, positively fixed to, making positive contact against
ormular (s. vorgedrucktes Formular) || **auf Bestellung gefertigtes** ≗ [HSP] / custom form || **programmiertes** ≗ [HSP] / programmed form || **vorgedrucktes** ≗ HSP, TP, Off] / form (i.e., a printed document with blank spaces for the nsertion of specific information) || ≗**ablagekorb** *m* [TP] / forms tray || ≗**abmessung** *f* [HSP] / form dimension || ≗**anfang** *m* [HSP] / start of forms || ≗**anfangsvorschub** *m* [TP] / top-of-form feed operation, top-of-form option (the platen increments to the first print line of the next form) || ≗**art** *f* [RPG] / form type || ≗**aufbau** *m* [HSP] / form layout || ≗**aufdruck** *m* [HSP] / form print || ≗**ausrichtung** *f* [OCR] / form alignment || ≗**bild** *n* [HSP] / form image || ≗**breite** *f* [HSP, TP] / form width
Formulardia *n* [COM, HSP] / forms overlay || ≗**einblendung** *f* [HSP] / forms overlay (facility) || ≗**muster** *n* [HSP] / specimen forms overlay || ≗**negativ** *n* [HSP] / forms overlay negative
Formulardruck *m* [OCR] / forms printing || ≗ (= Drucken mit Formulardia) [HSP] / forms overlaying || ≗**einrichtung** *f* [HSP] / forms overlay feature (or station) || ≗**station** *f* [HSP] / forms overlay station || ≗**vorlage** *f* [HSP] / form artwork (on paper or film)
Formular·einblendung *f* [HSP] / forms overlay, forms overlay printing || ≗**einstellung** *f* [HSP] / forms overlay adjustment || ≗**entwurfsblatt** *n* [HSP] / form layout sheet || ≗**erzeugung** *f* [Mp] / form generation || ≗**filmvorlage** *f* [HSP] / forms overlay master || ≗**führung** *f* [IO, HSP, OCR] / forms guide || ≗**führungseinrichtung** *f* [HSP] / form feeding device || ≗**höhe** *f* [HSP] / form height || ≗**justierung** *f* [HSP] / forms overlay adjustment || ≗**kontaktloch** *n* [TP] / position check hole || ≗**kopf** *m* [HSP] / form title field || ≗**negativ** (s. Formulardianegativ) || ≗**oberkante** *f* [HSP] / form upper edge || ≗**optik** *f* [HSP] / forms overlay optical system, forms optical system
Formularpapier *n* [HSP, TP] / sprocket feed printed stationery || **einlagiges** ≗ [HSP, TP] / single-ply sprocket feed stationery || **mehrlagiges** ≗ [HSP, TP] / multi-ply sprocket-feed stationery || ≗**stapel** *m* [HSP] / form stack
Formular·projektion *f* [HSP] / forms overlay projection || ≗**satz** *m* [HSP] / forms set, form set || ≗**schreibeinrichtung** *f* [TP] / sprocket feed form printing device || ≗**ständer** *m* [HSP] / forms stand || ≗**station** *f* [HSP] / forms overlay station || ≗**steuerungslochband** (s. Lochband) || ≗**träger** *m* [HSP] / forms carrier || ≗**traktor** *m* [TES] / paper tractor || ≗**trommel** *f* [HSP] / forms overlay drum, form drum || ≗**unterkante** *f* [HSP] / form lower edge

Formularvordruck *m* [HSP] / (blank, preprinted, etc.) form || ≗ (s. Formulardruckvorlage) || **≗einrichtung** *f* [HSP] / forms overlay feature (or station)

Formularvorschub *m* (auf die nächste Seite) [HSP] / form feed || ≗ (allgemein) (s. Papiervorschub) || **automatischer ≗** [IO, HSP] / form feed control || **≗leistung** *f* [HSP, OCR] / form feed performance, paper feed performance || **≗zeichen** *n* [HSP] / form feed character, FF character

Formularwechselanzeige *f* [HSP] / overflow control indicator || **≗zeichnung** *f* [HSP] / form artwork || **≗zuführungseinrichtung** *f* [HSP] / form feeding device || **≗zylinder** *m* [HSP] / forms overlay drum, forms drum

fortgesetzte Zeile [Cobol] / continued line

fortlaufend·e Belegzufuhr [OCR] / continuous feed || **~e Kartenzuführung** [PC] / successive card feed, successive feed || **~e Numerierung** [Sw] / serial numbering, consecutive numbering || **~e Verarbeitung** [NC] / consecutive processing || **~e Zählung** [Sw] / serial count || **logisch ~** [Dp] / sequential || **starr ~** [Dp] / serial

FORTRAN (problemorientierte Programmiersprache) [PL] / FORTRAN (Formula Translation Language) || **Dialog-≗** *n* [PL] / interactive FORTRAN || **≗-Übersetzer** *m* [Sw] / FORTRAN compiler

Fortschaltungsadressierung *f* [Sw] / implied addressing, one-ahead addressing, stepped addressing

fortschreiben *v* [Cobol] / update || *n* [Sw, IDS] / updating (of file, etc.), (file, etc) update

Fortschreibung *f* [Dp, IDS] / change service, updating service, revision service, modification service

Fortschreibungsdatei *f* [OS] / update file

Fortsetzen des Monitorlaufs (RESET) [OS, Aufruf] / Continue monitor session (RESET)

Fortsetzung, normale ≗ [PL/1] / normal sequence

Fortsetzungs·adresse *f* [Sw] / continuation address || **≗anweisung** *f* [Sw] / continuation statement || **≗bit** *n* [Sw] / continuation bit || **≗etikett** *n* [MT, Sw] / continuation label || **≗karte** *f* [PC, Sw] / continuation card, trailer card || **≗kennzeichen** *n* [Sw] / continuation symbol, continuation indicator || **≗kommando** *n* [Sw] / continuation command || **≗routine** *f* [Sw] / continuation routine || **≗spalte** *f* [PC] / continue column, continuation column || **≗spur** *f* [MD] / continuation track || **≗zeichen** *n* [Sw] / continuation character

Fortsetzungszeile *f* [Fortran] / continuation line || [Cobol] / continuation line

Foto·abdeckung *f* [Co, Sc] / photoresist || **≗abfühler** *m* [PT, PC] / photoelectric reader || **≗blau** *n* [HSP] / photo-dropout blue || **≗diode** *f* [Sc] / photodiode || **≗effekt** *m* (DIN 41852, Aug. 1978) [Th] / photoelectric effect

fotoelektrisch *adj* [Sc] / photoelectric || **~e Abfühlung** [PT, PC] / photoelectric sensing, photoelectric reading || **~er Abtaster** [TP] / photoelectric scanner || **~e Abtastung** [TP] / photoelectric scanning || **~e Abtastung** [PT, PC] / photoelectric sensing, photoelectric reading || **~er Effekt** (DIN 41852, Aug. 1978) [Th] / photoelectric effect || **~es Strichgitter** [NC] / optical grating, diffraction grating

fotoelektromotorische Kraft [Sc] / photoelectromotive force

fotoelektronisches Bauelement [Sc] / photosensitive cell

Fotoelement *n* (DIN 5032 T1, Juli 1978) [Co] / photocell, photoelectric cell

fotoempfindlich·er Lack [Sc] / photosensitive resist || **~e Verarbeitungstechnik** [Sc] / photoresist processing technique

Foto·empfindlichkeit *f* [Sc] / photo sensitivity || **≗fühlmarke** *f* [OCR] / photo sensing mark

fotografisch·e Emulsion [Sc] / photographic emulsion || **~er Speicher** [M] / photographic storage, photo-optical memory

fotokonduktive Zelle [Co] / photoconductive cell

fotolack·beschichtet *adj* [Sc] / resist-coated (wafer, etc.) || **≗schicht** *f* [Sc] / photoresist layer

Fotolawinendiode *f* [Sc] / photo-avalanche diode

Fotoleiterschicht *f* [HSP] / photoconductor layer, photoconductive coating || **≗trommel** [HSP] / photoconductor drum

Foto·leitfähigkeit *f* [Sc] / photoconductivity || **≗leitung** *f* (DIN 41852, Aug. 1978) [Sc] / photoconduction || **≗leitungszelle** *f* [C

/photoconductive cell || **Projektions-~lithografie** *f* [Sc] / projection photlithography || **Metall-auf-Glas-~maske** *f* [Sc] / metal-on-glass photomask || **~materialebene** *f* (einer Lichtsetzanlage) [COM, Typ] / image plane || **elektrisches ~meter** [Meas, Sc] / photoelectric photometer || **~satz** *m* [Typ] / phototypesetting || **~setzanlage** *f* [Typ] / photosetting equipment, phototypesetting equipment || **~spannung** *f* [Sc] / photovoltage, photoelectric voltage

Fotostrom *m* (DIN 32752E T1, Nov. 1978) [Co, Sc] / photoelectric current || **~verstärker** *m* [TP] / photocell amplifier

Foto·transistor *m* [Sc] / photoelectric transistor || **~verstärker** *m* [TP] / scanner amplifier || **~widerstand** *m* [Sc] / photoresistance || **~zelle** *f* (DIN 5032 T1, Juli 1978) [Co] / photocell, photoelectric cell

Fourier-Analyse *f* [Th, Cy] / frequency analysis || **~-Integral** *n* [Th, Cy] / Fourier integral || **~-Reihe** *f* [Th, Cy] / Fourier series

FPLA *n* (vom Anwender programmierbare logische Anordnung) [Mp] / field programmable logic array (FPLA)

Frachtbuchung *f* [RDp] / freight space reservation

Frage *f* [IDS] / query

Frage-Antwort-... [RDp] / inquiry/response ..., query/reply ... || **starres ~spiel** [RDp] / fixed inquiry/response cycle || **~-System** *n* [RDp, Tr] / inquiry/response system, dialog system, query/reply system || **~-Verkehr** *m* [RDp] / inquiry/response communication

Fragmentzeichen *n* [COM] / character fragment

FREE (s. Freigeben eines Geräts)

Free-place-Platte *f* [MD] / free place disk

frei·e Anschlußleitungen [Sc] / flying leads (thin-film technology) || **~es Band** [OCR] / clear band (i.e., any area on a document which must be kept free of printing not related to machine reading) || **~e Daten** [Priv, IDS] / free data, unrestricted data || **~e Fläche** [OCR] / clear band (i.e., any area on a document which must be kept free of printing not related to machine reading) || **~es Gerät** [Dp] / unreserved device, free device, unassigned device, available device || **~e logische Anordnung** [Sc] / uncommitted logic array (u.l.a.) || **~es Magnetband** [MT] / free magnetic tape (i.e., a tape which may be overwritten) || **~er Parameter** [PL] / arbitrary parameter || **~er Platz** (in einer Warteschlange) [Sw] / slot || **~ programmierbar** [Mp] / freely programmable, intelligent || **~ programmierbares Endgerät** [DT] / intelligent terminal, smart terminal, intelligent data terminal || **~e Programmierbarkeit** [Sw] / free programmability || **~er Speicherbereich** [MD, MDr] / unassigned extent, available extent || **~e Spur** [MD] / unassigned track, unused track, free track || **~ wählbar** [Sw] / freely selectable || **~ wählbare Verarbeitung** [Dp] / random processing

freiarbeiten *v* [Hw] / to provide (sth.) with a recess

Freigabe *f* [PL] / release || **~anweisung** *f* [PL/1] / free statement || **~aufruf** *m* [PCC, Sw] / deallocate call || **~befehl** *m* [ES] / enable command || **~datum** *n* [MT, MD, MC, MDr] / date expired, purge date, expiration date || **~-Eingang** *m* [Mp] / enable input || **~mitteilung** *f* [DOK, DpC] / release notice || **~schaltung** *f* [ES] / release circuit, signal release circuit

Freigabesignal *n* [ES] / enable signal, enabling signal, release signal || **~** (taktmäßig) [ES] / strobe signal, strobe || **~ für den Bus** [Mp] / bus enable (BUSEN)

Freigabe·taste *f* [TP] / tape release key || **~überprüfung** *f* [Sw] / expiration date check

Freigängigkeit *f* [Hw] / smoothness and freedom of operation

freigeben *v* [Dp] / enable (exit, etc.) || [Sw] / free (assignment, etc.) || [Tr] / release (data block, prompter, etc.) || [Hw] / release (device, clutch, etc.) || [ES] / unblock (line, etc.) || [DOK, DpC] / to approve (system, software, etc.) for implementation || **zum Druck ~** [TES] / to release for printout || **~ Auftragseingabegerät (LOF)** [OS, Aufruf] / Release job input device (LOF) || **~ eines Geräts (FREE)** [OS, Aufruf] / Deallocate device (FREE) || **~ und Belegen eines Geräts (REL)** [OS, Aufruf] / Release and reserve device (REL)

freigegebene Betriebsmittel [Sw] / deallocated resources

Freilaufdiode *f* [Sc, Co] / freewheeling diode

freilaufend·e Ausgabe [Tr] / unsolicited output || **~e Meldung** [Tr] / unsolicited console typeout, unsolicited console typewriter message || **~e Nachricht** [Tr] / unsolicited message || **bedingt ~e Ausgabe** [Tr] / unsolicited computer output without priority || **unbedingt ~e Ausgabe** [Tr] / unsolicited computer output with priority
freilegen *v* [Serv, TrL] / bare (cable, etc.)
Freileitung *f* [TrL] / open wire line
Freiliste *f* (für Speicherplatz) [M] / address availability table || ≗ (für Kanäle) [ES] / free-channels table
Freilistenbefehl *m* [ES] / free table command
freischwingender Multivibrator [Tr] / freerunning multivibrator
freistehender Schrank [Hw] / freestanding cabinet
Freiwerdezeit *f* (Stromrichter) [Sc] / turnoff time
Fremd·atome *n pl* [Sc] / impurities || **≗beimischung** *f* [Tr, Sc] / imperfection || **≗quelle** *f* [Co, Sc] / external supply
Fremdschicht *f* [Sc] / contamination layer, pollution layer, surface deposit || **≗prüfung** *f* [Sc, QC] / contamination layer test
Fremdspeicher *m* [M] / external memory || [M] / secondary storage
Fremdtakt *m* [ES] / external timing
Frequenz *f* [Sc, Tr] / frequency (f) || ≗ **für Einheit Stromverstärkung** [Sc] / frequency of unity current transfer ratio || ≗ **unterhalb des Hörbereichs** [Th] / sub-audio frequency || **maximale** ≗ (Schwing-Grenzfrequenz) [Sc] / maximum frequency
frequenzabhängiges Teil [Tr] / frequency dependent circuit unit
Frequenz·abtastung *f* [Tr] / frequency scanning || **≗änderung** *f* [ES] / frequency drift || **≗aufteilung** *f* [Tr] / frequency allocation scheme
Frequenzband *n* [Tr] / frequency band || **≗bedarf** *m* [Tr] / frequency band requirement
Frequenz·bereich *m* [Tr, Sc] / frequency range || **≗filter** *n* [Tr] / frequency filter || **≗gang** *m* [Tr] / frequency response, harmonic response || **≗gemisch** *n* [Tr] / composite signal || **≗generator** *m* [Hw, HSP] / frequency generator || **≗hub** *m* [Tr] / frequency swing || **~konstant** *adj* [ES] / frequency-stabilized || **≗korrektur** *f* [RDp, Tr] / frequency error correction
Frequenzmodulation (FM) *f* [Tr] / frequency modulation (FM) || **binäre** ≗ [Tr] / binary frequency modulation || **quaternäre** ≗ [Tr] / quaternary frequency modulation || **ternäre** ≗ [Tr] / ternary frequency modulation || **Zwischenträger-**≗ *f* [TP] / subcarrier frequency modulation
Frequenzmultiplex *n* [Tr] / frequency-division multiplex || **≗betrieb** *m* [ES] / frequency-division multiplex operation, frequency-division multiplex working || **≗bündelung** *f* [ES] / frequency-division multiplex grouping
Frequenzmultiplexer *m* [ES] / frequency-division multiplexer
Frequenzmultiplex·verbindung *f* [ES] / frequency-division multiplex connection || **≗verfahren** *n* [ES] / frequency division multiplexing (FDM)
Frequenz·raster *m* [Tr] / frequency allocation scheme || **automatische ≗regelung** [Tr] / automatic frequency control (AFC) || **≗relais** *n* [Co] / frequency relay || **≗stabilität** *f* [RDp, Tr] / frequency stability
Frequenzteiler *m* [RDp, Tr] / frequency divider || [Th] / frequency scaler || **≗kette** *f* [RDp, Tr] / frequency divider chain || **≗stufe** *f* [RDp, Tr] / frequency divider
Frequenz·toleranz *f* [Tr] / frequency tolerance || **≗umsetzer** *m* [Tr] / frequency converter
Frequenzumsetzung *f* [Tr] / frequency conversion || ≗ (eines Kanals oder einer Gruppe von Kanälen) [Tr] / frequency translation
Frequenzumtastung *f* [TP] / frequency change signaling || **gleitende** ≗ [TP] / frequency shift signaling, frequency shift keying (FSK) || **springende** ≗ [TP] / frequency exchange signaling
frequenzunabhängig *adj* [Th] / aperiodic, untuned || **~es Teil** [Tr] / frequency-independent circuit unit
Frequenz·verhalten *n* [Sc] / frequency performance || **≗verwerfung** *f* [ES] / frequency drift, drift || **≗vielfachverbindung** *f* [ES] / frequency-division multiplex connection || **≗weiche** *f* [ES] / frequency separating filter
Fritterwirkung *f* [ES] / coherer effect
Frittwirkung *f* [ES] / coherer effect
Frontabdeckung *f* [Hw] / front panel || **transparente** ≗ (über Tastatur usw.) [T / transparent plastic front cover
Front-End-Rechner *m* [RDp] / front-en processor (FEP)

's (s. Fernschreiber)
'SE (s. Fernschalteinheit)
'U (s. Fehlerunterbrechung)
'ühlhebel *m* (Papierüberwachung) [TP] / sensing lever
ihrend·e Null [Sw] / high-order zero, left-hand zero || **~e Null** [Cobol] / leading zero || **~e Nullen dürfen entfallen** [Sw] / leading zeros may be omitted || **~e Stromversorgung** [Hw] / master power supply
ührung der Gleichstromleitungen Serv] / routing plan for d.c. leads || **~ der Signalkabel** [Serv] / routing plan for signal cables
ührungs·abstand *m* [PT] / guide margin | **~größe** *f* [PCC] / reference input || **~informationssystem (FüInfoSys)** (rechnergestütztes Informationssystem des Bundes-Verteidigungsministeriums, das im allgemeinen mehrere Aufgabenbereiche wie Logistik, Operationsführung usw. abdeckt; cf. „Fachinformationssystem") *n* [IDS] / command and control information system
ührungskante *f* [PC] / alignment edge || MT] / guide edge
ührungskonus *m* [HSP] / guide cone
ührungsleiste mit Rastnase [Hw] / guide rail with securing lug || **~ ohne Rastnase** [Hw] / guide rail without securing lug
ührungsloch *n* [PT] / sprocket hole, feed hole || **~** (bei Endlosvordrucken) HSP] / sprocket hole
ührungslochrand *m* [HSP] / tractor margin || **Endlosformular mit ~** [IO, HSP] continuous pinfeed form || **Faltpapier mit ~** [TES, TP] / margin-perforated fanfold paper, sprocket-feed fanfold stationery
ührungslochung *f* [PT] / sprocket holes, feed holes || **~** (beidseitig am Rand von Endlosvordrucken angebrachte Lochung zur Zwangsführung des Papiers im Druckaggregat) [HSP] / sprocket holes (punched in the margins of continuous stationery)
ihrungs·rand *m* [MT] / guide edge || **~schiene** *f* [HSP] / guide rail || **~stab** *m* (Reinigungsschieber) [HSP] / slider rod || **~stange** *f* [HSP] / guide rail || **~stift** *m* (bei Einschub) [Mp] / location peg || **~stück** *n* [Th, Meas] / guide piece || **~system** *fn* (für Managementinformationen usw.) [RDp] management information system (available to top management to assist in decision making) || **~text** *m* [TES] / prompt
FüInfoSys (s. Führungsinformationssystem)
Füll·befehl *m* [Sw] / dummy instruction || **~bit** *n* [TP] / filler bit || **~buchstabe** *m* [Cryp, Sw] / dummy letter || **~feld** *n* [Cobol] / filler || **~höhenfühler** *m* (Tonervorrat) [HSP] / filling level sensor, level sensor || **~stand** *m* (Tonervorrat) [HSP] / toner supply level || **~standsfühler** *m* [HSP] / filling level sensor, level sensor || **~stellung** *f* [HSP] / filling position || **~steuerkarte** *f* [Sw] / dummy control card || **~stoff** *m* [HSP] / filler || **~zeichen** *n* (DIN 44302, Apr. 1979) [Th, Sw] / filler, fill character || **~ziffer** *f* [Sw] / gap digit
Fünf mal minus [ES] / all spacing combination, all space combination
Fünf-Bit-Parallel-Code *m* [TP] / five-bit parallel code
Fünfer·code *m* [TP] / five-level code || **~schrittgruppe** *f* [TP] / five-unit code, 5-unit code
Fünfkanalcode *m* [TP] / five-level code
Fünfkanal-Lochstreifen *m* [PT] / five-track punched tape, 5-track tape, five-level tape, 5-level tape, five-channel tape, 5-channel tape
Fünfschichtdiode *f* [Sc] / biswitch
Fünfschritt-Code *m* [TP] / five-unit code, 5-unit code
Fünf-Schritte-Zeichen *n* [TP] / 5-unit code signal, 5-unit telegraph signal
Fünfspur-Lochstreifen *m* [PT] / five-track punched tape, 5-track tape, five-level tape, 5-level tape, five-channel tape, 5-channel tape || **~-Lochstreifenkarte** *f* [PT] / five-channel tape card
Fünf-Ziffern-Multipliziereinrichtung *f* [CP] / five-digit multiplier
Funk·entstörgerät *n* [Tr] / RF suppressor || **~entstörung** *f* [Tr] / radio interference suppression, RF suppression, radio suppression
Funkfernschreib·... [TP, Tr] / radio-teletype (RATT), teleprinter-on-radio (TOR) || **~leitung** *f* [ES] / radio teleprinter circuit, radio-telegraph circuit, radio teletypewriter circuit
Funkstör·grad *m* [ES] / radio interference level || **~spannung** *f* [ES] / radio noise voltage, RF noise voltage
Funkstörung *f* [RDp, ES] / radio interference
Funktion *f* [Algol] / function designator ||

[Fortran] / function || **erzeugende ≈** [Th] / generating function || **explizite ≈** [Th] / explicit function || **Geber für empirische ≈en** [ADp] / empiric-function generator || **Geber für variable ≈en** [ADp] / variable-function generator || **logische ≈** [SA] / propositional function || **nichtdruckende ≈** [TP, ES] / nonprint function || **stetige ≈** [Th, Meas] / continuous function || **unstetige ≈** [Th, Meas] / discontinuous function || **zentrale ≈** [ES] / central function

funktionell·e Elemente [NC] / functional elements || **~er Entwurf** [Th, Cir] / logic design, logical design || **~e Gliederung** [ES] / functional organization || **~e Modularität** / functional modularity || **~e Operation** [Th, SA] / logic operation, logical operation || **~e Planung** [Dp] / functional design || **~es Relais** [NC] / function relay || **~es Symbol** [SA] / logic symbol, logical symbol

Funktionsablauf *m* [Sw] / functional sequence, sequence of functions || **festverdrahteter ≈** [Hw] / hardware operation || **interner ≈** [OS] / internal logic

Funktions·anweisung *f* [Fortran] / function statement || **≈argument** *n* [Th] / function argument || **≈aufruf** *m* [Fortran] / function reference || **≈baugruppe** *f* [Co] / functional module || **≈baustein** *m* [Hw] / functional module || **≈bauteil** *n* [Hw] / functional component || **≈beschreibung** *f* [Sw, ES] / functional description || **≈bezeichner** *m* [Algol] / function designator || **≈byte** *f* [Sw] / function byte || **≈code** *m* [PT] / functional code, function code

funktionsdefinierende Anweisung [Fortran] / function defining statement

Funktions·diagramm *n* [Sw, NC] / action chart, function chart, functional diagram || **≈dichte** *f* [Co] / functional density || **linearer ≈drehmelder** [PCC, AC] / inductive potentiometer (IPOT) || **≈einheit** *f* (DIN 44300, März 1972, DIN 66201 E T1, Apr. 1979) [Hw, PCC] / functional unit, function unit || **≈einsatz** *m* (fertig verdrahtet) [Hw, Sc] / functional subassembly

funktionsfähig *adj* [Th] / operative || **nicht ~** [Hw] / inoperative, inoperable, out of service

Funktionsfähigkeit *f* [Hw] / operability, operativeness

Funktionsgeber *m* [ADp] / function generator || [ADp] / resolver, synchro || **≈** (für beliebige Funktionen) [ADp] / arbitrary function generator, general-purpose function generator || **≈ für analytische Funktionen** [ADp] / analytical function generator, natural function generator, natural-law function generator || **≈ mit angezapftem Potentiometer** [ADp] / tapped-potentiometer function generator || **empirischer ≈** [ADp] / empiric-function generator || **Streckenzug-≈** *m* [Cir, CP] / piecewise-linear function generator || **variabler ≈** [ADp] / variable-function generator

funktions·gemäß *adj* [Sc] / functional || **≈generator** *m* [ADp] / function generator || **~gerecht** *adj* [TP] / (keys, etc.) grouped according to functions || **digitales ≈glied** [Cir] / function switch || **≈gruppe** *f* [NC] / functional group, function group || **≈indikator** *m* [IDS] / role indicator || **≈linie** *f* [NC] / action lin[e] || **≈multiplizierer** *m* [ADp] / function multiplier || **≈multipliziergerät** *n* [ADp] function multiplier || **≈muster** *n* [Dist] / evaluation model, user trial model || **≈nummer** *f* [Sw] / function code, optio[n] code, option number, option || **≈plan** *m* [Th, Cir] / logic diagram, logical diagram **≈prinzip** *n* [Dp] / method of working, functional principle, operation in principle

Funktionsprozedur *f* [Fortran] / function procedure || **Aufruf einer ≈** [PL/1] / procedure function reference

Funktions·prüfprogramm *n* [Sw] / function test program || **≈prüfung** *f* [Hw, Sw, QC] / function check, functional test **≈schaltbild** *n* [Th, Cir] / logic diagram, logical diagram || **≈schalter** *m* [NC] / function switch || **≈spektrum** *n* [HSP] / functional scope || **≈störung** *f* [Hw] / malfunction, trouble || **≈symbol** *n* [NC] / functional symbol

Funktionstabelle *f* [Th, NC] / function table || **≈** (s. Wahrheitswertetafel)

Funktions·tafel *f* [Th, NC] / function tabl[e] **≈tastatur** *f* [TES] / control keypad || **≈taste** *f* [IO] / nonprinting key, functio[n] key, functional key || **≈teilung** *f* [ES] / function sharing

Funktionstest·aufruf *m* [ES] / function test call || **≈programm** *n* [Sw] / functio[n] test program

Funktionstüchtigkeit *f* [Dp] / viability

Funktionsübersicht *f* [Sw, NC] / functio[n] diagram, function chart ||

≗ (Wartungshandbuch) [Serv] / flowchart || ≗ (für EDV-Abteilung usw.) [DpC] / organizational structure
'unktions·umschaltung *f* [ES] / functional adaption || ~**unfähig** *adj* [Hw] / inoperative, inoperable, out of service || ≗**unterprogramm** *n* [Fortran] / function subprogram || ≗**wert** *m* [NC] / functional value || ≗**zeichen** *n* [Sw, ES] / functional character || ≗**zeit** *f* [NC] / action period || ≗**zusammenhang** *m* [NC] / functional relationship
'unktionszustand *m* [Dp, ES] / function state || ≗ (eines Programms usw.) [CP, Sw] / program state || ≗ **der Zentraleinheit** [CP] / processor state
'unktionszustandsmeldung *f* [Dp, ES] / function state notice
'unktionszustandsregister *n* [Mp] / interrupt status register || [CU] / processor state register || ≗ **(FZR)** [ES] / function state register
'unktor *m* [SA] / Boolean operator, logical connective, logical connector, logical operator
'UR (s. Fehlerunterbrechungsroutine)
'ussel *m* [HSP, OCR] / lint
'WR (s. Fehlerwortregister)
'ZR (s. Funktionszustandsregister)

G

;aborsche Informationszelle [Cy] / Gabor information cell
alvanisch, mit ~er Trennung [Tr] / d.c.-decoupled || **ohne ~e Trennung** [Tr] / d.c.-coupled
;AN (s. Gleitpunktaddition normalisiert)
ang *m* [PC] / cycle
ängiges Papierformat [HSP] / common paper size
ang·verzögerung *f* [PC, NC] / cycle delay || ≗**zähler** *m* [Th, Sw] / cycle counter, cycle index counter || ≗**zählung** *f* [Sw] / cycle count || ≗**zeit** *f* [NC] / cycle time
anz·e Dualzahl [Th] / binary integer || ~**es Wort** [Sw] / full word || ~**e Zahl** [Algol] integer || ~**e Zahl** [Cobol] / integer || ~**e Zahl** [PL/1] / integer || ~**e Zahl mit Vorzeichen** [PL/1] / signed integer
anzzahl *f* [Th] / integer number, integer || ≗**attribut** *n* [Sw] / integer attribute
ganzzahlig *adj* [Fortran] / integer || [Algol] / integer || ~**e Programmierung** [ASw] / discrete programming, integer programming || ~**er Teil** [Algol] / integer part || ~**e Vielfache** [Sw] / integer multiple, integral multiple || ~**es Zollformat** [HSP] / integer inch size
Ganzzahlplanungsrechnung *f* [ASw] / discrete programming, integer programming
gasdicht *adj* [Sw] / gas-tight
Gassenbesetztzustand *m* [ES] / all-trunks-busy state, congestion
Gate, Anodensperrstrom bei offenem ≗ [Sc] / anode cutoff current with gate not connected || ≗**-Elektrode** *f* (eines Feldeffekttransistors) [Sc] / gate electrode || ≗**-Isolierschicht** *f* [Sc] / insulating layer (of an insulated-gate field-effect transistor) || ≗**-Leckstrom** *m* (eines Isolierschicht-Feldeffekttransistors) [Sc] / gate leakage current || ≗**-Reststrom** *m* (eines Sperrschicht-Feldeffekttransistors) [Sc] / gate cutoff current || ≗**-Source-Spannung** *f* [Sc] / gate-source voltage
Gate-Sperrstrom *m* [Sc] / gate cutoff current || ≗ **bei offener Anode** [Sc] / gate cutoff current, anode not connected || ≗ **bei offener Kathode** [Sc] / gate cutoff current, cathode not connected
Gate-Zone *f* (eines Feldeffekttransistors) [Sc] / gate region
Gatt-... (s. Gate-...)
Gatter *n* (DIN 44300, März 1972) [Mp, Cir, Co] / gate || **Ansteuerung eines** ≗**s** [Cir] / activation of a gate || **Open-Collector-**≗ *n* [Sc] / open-collector gate || **Tri-State-**≗ *n* [Mp] / tri-state gate || ≗**eingang** *m* [Sc] / gate input || ≗**elektrode** *f* [Sc, Co] / gate electrode || ≗**impuls** *m* [Cir] / gate pulse || ≗**schaltung** *f* [Mp, Cir, Co] / gate || ≗**steuermatrix** *f* [Cir] / gating matrix
GB (s. Gerätebyte)
GBS (s. Grundbetriebssystem)
GDN (s. Gleichstrom-Datenübertragungseinrichtung für niedrige Sendespannung)
GDN-Leitung *f* [Tr] / digital low-level d.c. line
geänderte Zeichenfolge [RPG] / alternate collating sequence
GEAS (s. Geräte-Ein-Ausgabesystem)
geätzte Schaltung [Cir] / etched circuit
geballt, zeitlich ~ auftretende Störung [Tr] / error burst
Geber *m* [NC] / generator ||

≗ (Meßwandler) [PCC, NC] / transducer, converter || ≗ **für analytische Funktionen** [ADp] / analytical function generator, natural function generator, natural-law function generator || ≗ **für empirische Funktionen** [ADp] / empiric-function generator || ≗ **für variable Funktionen** [ADp] / variable-function generator || ≗**impuls** [PC] / emitter pulse

Gebläsemotor *m* [HSP] / blower motor

geblockt *adj* [Sw, OS, Tr] / blocked

Gebühr *f* [ES] / call charge || **einmalige** ≗ [ES] / nonrecurring charge || **feste monatliche** ≗ [ES] / fixed monthly charge

Gebühren·datenerfassung (s. Rufdatenaufzeichnung) || **~frei** *adj* [ES] / nonchargeable, nonbillable || **~pflichtig** *adj* [ES] / chargeable, billable

GEDA-Block *m* [PCC] / device control block, device file block

Gedächtnis *n* [Cy] / memory || ≗ **eines Kanals** [Th, Cy] / memory of a channel || **phosphoreszierendes** ≗ [Cy] / short-term memory

gedruckt·e Platte [Co] / printed circuit board (pcb), pc board || **~e Schaltkarte** [Co] / printed wiring card, pw card, printed circuit card, pc card || **~er Schaltkreis** [Co] / printed circuit, printed wiring || **~e Schaltung** [Co] / printed circuit board (pcb), pc board, printed wiring board, pw board

gefächerter Sprung [ES] / multiaddress branching

Gefährdungsspannung *f* [DS] / dangerous voltage, danger voltage

gefaltet·e Blatthöhe [HSP] / fold spacing || **~e Blattperforation** [HSP] / fold perforation, folding perforation || **nicht** ~ [HSP] / nonfolding

gefalzte Lochstreifenkarte [PT] / folded tape card

gefedertes Gegenlager (Vliesstation) [HSP] / sprung outer bearing

geführte Stromversorgung [Hw] / slave power supply

Gegen·amt *n* [ES] / destination office, destination exchange, far-end office, far-end exchange || ≗**betrieb** *m* (DIN 44302, Apr. 1979) [Tr] / duplex transmission || ≗**dotieren** *n* [Sc] / contra doping || ≗**elektrode** *f* [Sc] / counter-electrode || ≗**kopplung** *f* [Cy] / negative feedback, degeneration, stabilized feedback, degenerative feedback || **gefedertes** ≗**lager** (Vliesstation) [HSP] / sprung outer bearing

gegenläufig antreiben [HSP] / to drive in counterrotation

Gegenmagnetisierung *f* [Sc] / reverse bias

Gegenschreib·auswertung *f* (Fernschreiber) [ES] / break-in recognition unit, break-in detector || ≗**betrieb** *m* [Tr] / duplex operation, full-duplex operation || ≗**einrichtung** *f* [Th, Tr] / breakin facility

gegenschreiben *v* [ES] / to break into a call, break in (on a transmission in progress) || *n* [ES] / break-in operation

Gegenschreibimpuls *m* [ES] / break-in pulse, interrupting signal

Gegenschreibsystem *n* [Tr] / duplex system || ≗ **mit Brückenschaltung** [Tr] / bridge duplex system

Gegenschreib·verbindung *f* [Tr] / duplex circuit, duplex || ≗**verfahren** *n* [Tr] / duplex method

gegen·seitige Bezugnahme [Sw] / cross-reference || **~seitige Blockierung** *f* [Dp] / interlock

Gegenspannungs-Sperrvermögen *n* [Co, Sc] / reverse voltage blocking capability

Gegenstand, Aufgabe und ≗ **des Datenschutzes** / purpose and subject matter of data privacy protection

gegenständliches Prozeßmodell (DIN 66201E T1, Apr. 1979) [PCC] / physical process model

Gegen·stelle *f* [RDp] / distant station, remote station, distant terminal, communicating station || ≗**stellung** *f* [RDp, Tr] / opposite direction || ≗**walze** *f* [HSP] / pressure roller

Gehäuse *n* [Hw] / (silencing, etc.) cover || [Sc] / case || ≗ (Magnetband) [TP] / housin || ≗ (für Chip usw.) [Sc] / package || **Dual-in-line-**≗ *n* [Mp, Sc] / dual-in-line package (DIP) || **keramisches** ≗ [Sc] / ceramic package || **kritischer** ≗**fehler** [Sc] / critical case defect || ≗**masse** *f* [Hw] chassis ground, frame ground || ≗**oberfläche** *f* [HSP] / device surface area || ≗**temperatur** *f* [Sc] / case temperature, stud temperature

gehende Fernleitung [ES] / outgoing trunk line

Geisterbild *n* [Fax] / multiple image, double image, ghost

gekapselt *adj* [Hw, Sc] / fully-enclosed (unit,etc.)

gekettet·e Adressierung [Sw] / chained addressing || **~e Datei** [Sw] / chained fil

file of chained records || ~e **Liste** [Sw] / chained list || ~e **Nachrichten** [Tr] / multiple messages
geklebte Schaltungsplatte [Sc] / metal-bonded pc board
gelenkig befestigt [Hw] / pivot-mounted
Geltungsbereich *m* [DOK] / scope
gemeinsam·es Datenfeld [Sw] / common field || ~**er Datenkanal** [ES] / centralized data channel || ~**er Diagnosemonitor** [Serv] / common diagnostic monitor || ~ **genutzt** [Sw] / shared || ~ **genutzte Datei** [Sw] / shared dataset, shared file || ~ **genutzter Speicher** [PE, M] / shared memory || ~ **genutztes Gerät** [Sw] / shared device || ~**es Kennsatzfeld** [Cobol] / common label item || ~**es Leitungsbündel** [RDp] / common line group || ~**e Mittellinie** (Führungslöcher) [HSP] / common centerline || ~**er Signalisierungskanal** [ES] / common signaling channel || ~**er Speicherbereich** [Fortran] / common block || ~**er Übertragungsweg** [Tr] / common transmission path
gemeinschaftlich·e Datei [Sw] / shared dataset, shared file || ~**er Datenträger** [Sw] / public volume
Gemeinschafts·anschluß *m* [Tr] / shared use of circuits || ≗**einrichtung** *f* [Tr] / shared-line equipment || ≗**leitung** *f* [Tr] / multidrop line, party line, shared service line
Gemeinschaftsrechner *m* [Dp] / multi-user computer || ≗**system** *n* [Dp] / multi-user system (esp. time-sharing system)
Gemeinsprache *f* (im Gegensatz zur Fachsprache bzw. zum Dialekt) [Term] / standard language
gemischt·e Basis [Th] / mixed radix, mixed base || ~**e Digital-Analog-Schaltung** [HyC] / hybrid digital analog circuit || ~**er Halbleiter** [Sc] / mixed semiconductor || ~**e Leitfähigkeit** [Sc] / mixed conductivity || ~**e Notation** (Notation, in der Buchstaben und Ziffern zugelassen sind) [DOK] / mixed notation || ~**er Verkehr** (aus Dialog- und Stapelverkehr) [RDp, Tr] / batch/conversational mode || ~**e Zahl** [Th] / mixed number
Gemischtbasis·-Darstellung *f* [Th] / mixed-base notation, mixed-radix notation || ≗**-Schreibweise** *f* [Th] / mixed-base notation, mixed-radix notation
Gemischteppich *m* [HSP] / film of developer mixture (comprising toner and developer)
gemittelte Rechenoperation [Dp] / average calculating operation
Genauigkeit *f* [Th] / accuracy (i.e., nearness of a calculated result to the correct value; cf. "precision") || [PL/1] / precision || ≗ (in bezug auf das Unterscheidungsvermögen einer Größe) [Th] / precision (i.e., degree of discrimination with which a quantity is stated; cf. "accuracy") || **Arbeiten mit mehrfacher** ≗ [Sw] / multiple-precision working, multiple-length working || **doppelte** ≗ [Th] / double precision || **einfache** ≗ [Th, ALU] / single precision || **erweiterte** ≗ [Th] / extended precision || **umgerechnete** ≗ [PL/1] / converted precision || **Zahl doppelter** ≗ [Th, Sw] / double-length number, double-precision number
Genauigkeits·-Funktion *f* [PL/1] / precision (builtin) function || ≗**kontrollzeichen** *n* [Dp] / accuracy control character || ≗**prüfung** *f* [Dp] / accuracy check || ≗**verlust** *m* [Th, Sw, NC] / loss of accuracy, lost significance
Generation *f* [PL/1] / generation || **Rechner der zweiten** ≗ [Dp] / second-generation computer || **Rechnerfamilie der dritten** ≗ [Sw] / third generation computer family
generative Grammatik [Term] / transformational grammar
Generator *m* (erzeugendes Programm) (DIN 44300, März 1972) [Sw] / generator, generator program || ≗**impedanz** *f* [Sc] / generator impedance || ≗**programm** *n* [Sw] / generator, generator program || ≗**sprache** *f* [OS, PL] / generator language || ≗**widerstand** *m* [Sc] / generator resistor
generieren *v* (DIN 44300, März 1972) [Sw] / generate
Generierer *m* [Sw] / generator, generator program || ≗ **für Kompilierprogramme** [OS] / compiler generator
generiert·e Adresse [Sw] / generated address, synthetic address || ~**e Anweisungsfolge** [Sw] / generated statements
Generierung *f* [Th] / generation
Generierungs·lauf *m* [Sw] / program generating run || ≗**makro** *m* [OS] / maintenance macro || ≗**steuerkarte** *f* [ES] / generation control card || ≗**zeit** *f* [Sw] / generation time
Gentex *n* (Behördenfernschreibnetz in den USA) [TP] / gentex (= general

telegraph exchange) || ≗netz *n* [TP] / gentex network || ≗teilnehmer *m* [TP] / gentex terminal, gentex station
geometrisch·e Addition [Th] / vector addition || **~er Ausgang** [Tr] / geometric output || **~e Datenverarbeitung** [NC] / geometrical data processing || **~e Definition** [NC] / geometric definition || **~er Eingang** [Tr] / geometric input || **~e Lageinformation** [NC] / geometric positioning data || **~es Mittel** [Th] / geometric mean || **~e Reihe** [Th] / geometric series, geometrical series, geometric progression, geometrical progression || **~e Summe** [Th] / vector sum
geordnet *adj* [Sw] / sequenced, sorted || **~e Datenmenge** [PL] / dataset
gepackt *adj* [Sw] / packed || **~e Daten** [Sw] / packed data || **~e Dezimalzahl** [Sw] / packed decimal || **~es Format** [Sw] / packed format
geplante Wartung [Hw, DpC] / scheduled maintenance (i.e., maintenance carried out in accordance with an established plan)
geprägt *adj* [HSP] / embossed || **~er Lochstreifen** [PT, TP] / chadless paper tape, chadless tape
gepuffert *adj* [Dp] / buffered (printer, etc.) || **~e Ein-Ausgabe** [IO] / buffered input-output || **~er Ein-Ausgabekanal** [IO] / buffered input-output channel || **~e Stromversorgung** [PCC] / buffered power supply
gerad·e Parität [DS, Th, Tr] / even parity || **~e Wechsellochung** [PC] / normal stage punching || **~e Zahl** [Th] / even number
gerade *adj* [Th] / even, even-numbered || *f* [Th, GrDp] / straight line
geradzahlig *adj* [Th] / even, even-numbered || **~e Adresse** [Sw] / even-numbered address || **~e Paritätskontrolle** [DS, Th, Tr] / even parity check
Gerät *n* [Hw] / device, unit || **≗ belegt** [Dp] / device reserved || **≗ betriebsklar** [Dp] / device ready || **≗ nicht betriebsklar** [Dp] / device inoperable || **≗ zur Rufdatenaufzeichnung** [ES] / journal device || **aktuelles ≗** [Hw] / actual device, physical device || **angeschlossene ≗e** [Hw] / on-line equipment || **das ≗ klarmachen** [Sw] / to make the device operable || **defektes ≗** [Hw, Sw] / defective device || **externes ≗** [ES] / peripheral unit || **freies ≗** [Dp] / unreserved device, free device, unassigned device, available device || **gemeinsam genutztes ≗** [Sw] / shared device || **peripheres ≗** [PE] / peripheral, peripheral device, peripheral unit || **reelles ≗** [Sw] / real device, physical device || **virtuelles ≗** [VS] / virtual device
Geräte *n pl* [Hw] / equipment, equipment configuration, configuration || **≗ Überwachen (DEVCHK)** [OS, Aufruf] / Device check (DEVCHK) || **≗adresse** *f* [Sw] / device address || **≗adressenregister** *n* [Sw] / device address register || **symbolische ≗adressierung** [Sw] / symbolic device addressing || **≗angabe** [Sw] / device specification || **≗anschaltung** *f* [PCC] / interface module
Geräteanschluß *m* [Hw, DT] / adapter, device attachment || **integrierter ≗** [Hw] / device adapter (DA) || **normierter ≗** [Hw] / device standard interface || **Rahmen für ≗** [Hw] / adapter base
Geräte·anweisung *f* [Sw] / device control statement || **≗art** *f* [Sw] / device type || **≗ausgabestand** *m* [Dist] / equipment revision level, revision level || **≗ausstattung** *f* [PCC] / device configuration || **≗austauschbarkeit** *f* [Hw] / alternate device capability || **≗baustein** *m* [Hw] / equipment module || **≗bedienteil** *m* (= Bedienteil für interne Gerätefunktionen) [TP] / manual device controls (group, block) || **≗belegung** *f* [Sw] / device reservation, device assignment || **≗beschreibung** *f* [Dist] / technical manual || **≗betriebsart** *f* [OCR] device operating mode || **≗bezeichnung** *f* [Sw] / device name, device identification, device designation || **≗byte (GB)** *n* [OS] / standard device byte (SDB) || **≗dateiblock** *m* [PCC] / device control block, device file block || **≗definition** *f* [Sw] / device definition || **≗disponent** *m* [DpC] / equipment planner || **≗doppelbelegung** *f* [Sw] / duplicate device assignment || **≗durchlauf** *m* [OCR] / device pass || **≗-Ein-Ausgabeprogramm** *n* [OS] / device handler || **≗-Ein-Ausgabesystem (GEAS)** *n* [ES] / device I/O system || **≗endeunterbrechung** *f* [ES] / device termination interrupt, device timeout routine
Gerätefehler *m* [OS] / device error || [Hw] / equipment failure, equipment malfunction || **permanenter ≗** [Sw] / unrecoverable device error, permanent device error || **≗behandlung** *f* [OS] / device error recovery

Gerätefehlerstatistik *f* [OS] / device error table || **˜datei** *f* [OS] / device error table file
Gerätefreigabe *f* [OS] / device deallocation, device release
gerätegebundene Aufbauunterlage [Dist] / device-oriented construction document
geräte·gesteuert *adj* [OCR] / device-controlled, under device control || **˜hauptprogramm** *n* [OS] / device mainpath routine || **~intern** *adj* [OCR] / local-mode, in the local mode || **˜kanalsteuerung (GKS)** *f* [ES] / device channel controller || **˜kennzeichen** *n* [OS] / device identifier, device code || **˜klasse** *f* [Hw] / device class || **˜kombination** *f* [HSP] / device combination || **˜kompatibilität** *f* [Hw] / equipment compatibility || **˜konstante** *f* [OS] / device constant || **˜kurzbezeichnung** *f* [Sw] / mnemonic device name, installation mnemonic, device mnemonic || **˜liste** *f* [OS] / device list, device table
Gerätename *m* [Sw] / device name, device identification, device designation || **mnemotechnischer ˜** [Sw] / mnemonic device name, installation mnemonic, device mnemonic || **symbolischer ˜** [Sw] / symbolic device name
Gerätenebenprogramm *n* [OS] / device sidepath routine
Gerätenummer *f* [Hw, OS] / device number || **Ein-Ausgabe-˜** *f* [Dp] / I/O device number || **symbolische ˜** [Algol] / logical unit number
Geräte-Operator *m* [DpC] / device operator || **˜programm** *n* [ES] / peripheral device program || **automatische ˜prüfung** [Hw] / hardware check, automatic check, builtin check || **˜rechner** *m* [PCC] / dedicated system || **˜schalter** *m* [Hw] / device switch || **˜schnittstelle** *f* [PCC] / device interface || **˜schnittstellenanpassung** *f* [ES] / device interface adapter || **˜selbstprüfung** *f* [Hw] / hardware check, automatic check, builtin check || **˜simulationssteuerung (GSTS)** *f* [ES] / device simulation control || **~spezifisch** *adj* [Mp] / device-specific
Gerätestand *m* [Dist] / equipment revision level, revision level || **zusammengefaßter ˜** [Dist] / overall revision level

geräte·standsbezogene Unterlagen [Dist] / documents relating to a given equipment revision level || **˜statuswechsel** *m* [ES] / device status change || **Ein-Ausgabe-˜steuerprogramm** *n* [Mp] / I/O driver routine, device driver
Gerätesteuerung *f* [Hw] / device controller, device control electronics, control electronics (CE) || **˜ (Vorgang)** [OS] / device control
Geräte·steuerzeichen *n* [Dp] / device control character || **˜tabelle** *f* [OS] / device list, device table || **˜taktprüfung** *f* [Tr] / device clock check
Gerätetyp *m* [Sw] / device type || **˜kennzeichen** *n* [Sw] / device type identifier, device type identification, device type code
Geräte·übersicht (GÜ) *f* [Hw] / equipment list || **˜übersichtsplan** *m* [Hw] / equipment layout plan, family tree || **˜unabhängigkeit** *f* [Dp] / device independence || **Aufforderung für ˜unterbrechung** [Dp] / attention interrupt request (AIR) || **˜unterbrechungsbehandlung** *f* [Sw] / device interrupt handling || **˜verdopplung** *f* [Dp] / device duplication
Geräteverwaltung *f* [OS] / device handling || [Hw, DpC] / device management
Geräteverwaltungsprogramm *n* [DpC, Sw] / device management program
Gerätezuordnung *f* [Dp, Sw, OS] / device allocation, device assignment || **logische ˜** [Sw] / logic device assignment || **physikalische ˜** [Dp] / device assignment (physical)
Geräte·zuordnungstabelle *f* [Sw] / device assignment table || **˜zustandsbyte** *n* [OS] / standard device byte (SDB) || **˜zuweisung** *f* [Dp, Sw, OS] / device allocation, device assignment || **˜zuweisung** [Cobol] / hardware assignment
Gerätezuweisungs·liste *f* [Sw] / device assignment list || **˜tabelle** *f* [Sw] / device correspondence table
Geräusch·abstand *m* (A, CH) [Tr] / signal-to-noise ratio (S/N) || **˜dämpfer** *m* [Hw] / noise absorber, noise deadener || **˜einheit** *f* [TP] / noise level unit || **˜pegel** *m* [DpC] / operating noise level, noise level || **˜spannung** *f* [Sc] / noise voltage || **˜spannungsfilter (GF)** *n* [TP] / noise voltage filter

geregelte Prozeßoptimierung [PCC] / feedback process optimization
gerichtete Unterbrechung [Mp] / vector interrupt
Germanium·diode *f* [Sc] / germanium point contact diode || **~flächengleichrichter** *m* [Sc] / germanium junction rectifier || **~gleichrichter** *m* [Sc] / germanium rectifier || **~transistor** *m* [Sc] / germanium transistor
gerufen·e Station (DIN 44302, Apr. 1979) [Tr] / called station || **~er Teilnehmer** [ES, Tr] / called subscriber, called party
Gesamt·analyse *f* [Th] / overall analysis || **~aufbau** *m* [Hw] / overall design || **~bitfluß** *m* [Tr] / total bit stream || **~durchlaufzähler** *m* [ES] / total run counter || **~inhaltsverzeichnis** *n* [Sw] / overall directory || **integriertes kybernetisches ~modell** [Cy] / integrated and complete cybernetic model || **~rauschzahl** *f* [Sc] / overall noise figure
Gesamtstrom, Effektivwert des ~s [Sc] / r.m.s. total value (of current) || **Größtwert des ~s** [Sc] / maximum total value (of current) || **Mittelwert des ~s** [Sc] / average total value (of current)
Gesamt·verlustleistung *f* [Sc] / total power dissipation, total power loss || **~wärmewiderstand** *m* [Sc] / total thermal resistance
gesättigte Erholungszeit [Sc] / saturated recovery time
geschachtelt *adj* [Cobol] / nested || **~e Schleife** [Sw] / nesting loop || **~es Unterprogramm** [Sw] / nesting subroutine
geschirmtes Kabel [TrL] / shielded cable
geschlossen·er Betrieb [Dp] / closed-shop test system, closed shop || **~e Datenkette** [Tr] / burst of bytes || **~e Prozeßkopplung** (DIN 66201E T1, Apr. 1979) [PCC] / on-line closed loop || **~er Regelkreis** [Cy] / closed loop circuit, closed loop || **~es Regelsystem** [NC, Cy] / closed loop system, feedback system || **~e Reihe** [IDS] / closed array || **~e Schleife** [Sw] / closed loop || **~es Unterprogramm** [Sw] / closed subroutine, linked subroutine
geschützt·es Datenfeld [Sw] / protected field, protected data field || **~er Speicherbereich** (DIN 44300, März 1972) [M] / protected memory area || **~er Speicherplatz** [M] / protected location, isolated location
geschweift·e Klammer [Cobol] / brace || **~e Klammer auf** (DIN 66009, Sept. 1979) [Th] / left curly bracket || **~e Klammer zu** (DIN 66009, Sept. 1977) [Th] / right curly bracket
Geschwindigkeit, echte ~ [Dp] / effective speed
Geschwindigkeits·sperre *f* [TP] / cadence speed lock || **~transparent** *adj* [ES] / transparent to speed, speed-transparent || **~umsetzer** *m* [Tr] / remote multiplexer || **~umsetzung** *f* [VC] / speed conversion, speed transformation || **~wandler** *m* [VC] / speed converter
gesicherter Synchronbetrieb [RDp, Tr] / protected synchronous mode
gespeichert *adj* [PE] / stored
gespeichertes Programm [Sw] / stored program
gesperrter Wert [Algol] / inaccessible value
Gestaltung, typografische ~ [Typ] / typographic layout
Gestaltungsbefehl *m* [Sw] / layout instruction
Gestell *n* [Hw] / cabinet rack, rack || **~aufbau** *m* [Hw] / rack structure || **~baubreite** *f* [Hw] / rack mounting width || **~belegung** *f* [Hw] / rack space assignment || **~belegungsplan** *m* [Hw] / rack layout plan, rack space assignment plan || **~beleuchtung** *f* [Hw] / rack illumination || **~erde** *f* [Hw] / rack ground || **~fuß** *m* [Hw] / rack footing || **~höhe** *f* [Hw] / rack height || **~kabelsprosse** *f* [Hw] / rack cable rung
Gestellrahmen *m* [Hw] / cabinet rack, rack || **~vielfach** *n* [Hw] / rack frame multiple
Gestell·reihe *f* [Hw] / rack row, suite of racks || **~reihenabstand** *m* [Hw] / rack line-up spacing || **~reihenmontage** *f* [Hw] / installation of rack lineup || **~schrank** *m* [Hw] / cabinet, rack || **~sicherung** *f* [Hw] / rack fuse || **~strebe** *f* [Hw] / rack crossbar, strut || **~stütze** *f* [Hw] / rack support || **~teilung** *f* [Hw] / vertical rack mounting space || **~verbindungskabel** *n* [Hw] / interrack cable || **~versteifung** *f* [Hw] / rack bracing || **~verteiler** *m* [Hw] / rack terminal block
gesteuert·e Ablage [PC] / program-controlled card stacker, select stacker, controlled stacker || **~er Arbeitsablauf** [NC] / controlled cycle || **~e Hammerauslösung** [HSP] / controlled

hammer trip feature || ~er **Listenüberlauf** [ASw] / fetch overflow || **~es Post-mortem-Programm** [Sw] / controlled postmortem routine || **~e Prozeßoptimierung** [PCC] / feed-forward process optimization || **~e Schreibstellen** [PC] / transfer print entry || **~er Siliziumgleichrichter** [Sc] / silicon-controlled rectifier (SCR) || **~er Speichertyp** [PL/1] / controlled storage || **~er Übertrag** [Sw] / separately instructed carry

gestört *adj* (Sendetext usw.) [ES] / mutilated (message, etc.), garbled (message, etc.) || **nicht ~** (Textblock) [Tr] / nonerrored, error-free || **~e Eins** [M] / disturbed one || **~e Lesespannung** [M, Cir] / disturbed response signal, disturbed response voltage || **~e Null** [M] / disturbed zero || **~e partielle Lesespannung** [M, Cir] / partial disturbed response signal, partial disturbed response voltage || **~e Sendung** [Tr] / garbled transmission || **~es Speicherelement** [M] / disturbed cell, partially switched cell || **≗zustand** *m* [ES] / out-of-order condition, out-of-order state

gestreckt programmieren [Sw] / unwind, to use the straight-line coding method || **~e Programmierung** (im Gegensatz zu „zyklische Programmierung") [Sw] / straight-line coding, inline coding || **~er Wägekodierer** [Cryp] / expanded weighting type coder || **~e Zykloide** [Th] / curtate cycloid

gestreut·es Laden [Sw] / scattered loading, scatter loading || **~es Lesen** [Sw] / scattered reading, scatter reading || **~es Schreiben** [TP, Sw] / gathered write, gather-write || **~e Speicherung** [Sw] / random organization

gestrichelte Linie [HSP, Typ] / broken line

gestuft·er Datenverbund (Datensatz, in dem mehrere zusammengehörige determinierende Variablen als Gruppe mit unterschiedlichen Variablenwerten wiederholt werden) [DOK, Dp] / graduated data combination || **~e Zunahme** (der Speicherkapazität, usw.) [M, Dp] / increment

Gesundheitsdaten *plt* [Priv, IDS] / medical data, medical information

getastet, hoher ~er Gleichstrom [RDp, Tr] / high-keyed direct current

geteilt·e Spur [OS] / shared track || **~er Zylinder** [OS] / split cylinder

getönte Fläche [HSP] / halftone area

getrennt adressierbare Sektoren [PCC] / separately addressable sectors, individually addressable sectors || **~e Matrizensätze** [Th] / separate master card decks

Getriebe *n* [Hw] / gear train || **zwei ≗stufen** (Leser) [TP] / 2-stage gear train

Geviertstärke *f* [Typ] / em-quad (i.e., a quadrat of x Didot points)

Gewebefarbbandkassette *f* [TES] / fabric ribbon cartridge

gewichtet *adj* [Th] / weighted || **~er Code** [DS, Th] / weighted code

gewöhnlicher Bruch [Th] / simple fraction

gezogener Übergang (DIN 41852, Aug. 1978) [Sc] / grown junction

GF (s. Geräuschspannungsfilter)

Giacoletto-Transistor-Ersatzschaltung *f* [Sc] / Giacoletto equivalent network

GIP-Anweisung *f* [Sw] / GIP statement (GIP = general internal process)

Gipfelpunkt *m* (einer Tunneldiodenkennlinie) [Sc] / peak point || **projizierter ≗** [Sc] / projected peak point

Gipfel·spannung *f* [Sc] / peak point voltage || **≗strom** *m* [Sc] / peak point current

Gitter *n* [Sc] / gate || **≗** (Halbleiter) [Sc] / lattice || **≗** (s. Maßstabraster) || **≗** (s. Raster) || **optisches ≗** [NC] / optical grating, diffraction grating || **≗fehler** *m* [Sc] / lattice defect || **≗fehlstelle** (s. Fehlstelle) || **≗feld** *n* (Laserdruckraster) [HSP] / grid pattern (laser print raster) || **≗freiwerdezeit** *f* [Co] / grid recovery time

gittergesteuert *adj* [Co] / grid-controlled || **~er Gleichrichter** [Co] / grid-controlled rectifier

Gitter·gleichrichter *m* [Co] / grid rectifier || **≗gleichrichtung** *f* [Co] / grid rectification || **≗impuls** *m* [Sc] / gate firing pulse || **≗konstante** *f* [Sc] / lattice constant || **≗linie** *f* (Entwurfsblatt) [HSP] / grid line || **≗lücke** *f* (DIN 41852, Aug. 1978) [Sc] / vacancy || **≗modulation** *f* [Co] / grid modulation || **≗platte** *f* [Co] / grid plate

Gitterspannung *f* [Co] / grid voltage, grid potential || **kritische ≗** [Co] / critical grid voltage

Gitter·steuerung *f* [Co] / grid control || **≗störung** *f* [Sc] / lattice imperfection || **≗widerstand** *m* [Co] / grid resistor, grid suppressor

GKS (s. Gerätekanalsteuerung)
Glas·gleichrichter *m* [Sc] / glass-bulb rectifier, glass half-cell || **²halbzelle** *f* [Sc] / glass-bulb rectifier, glass half-cell || **²trommel** *f* [HSP] / forms overlay drum, forms drum
Gleich·artigattribut *n* [PL/1] / like attribute || **~berechtigt** *adj* (Konferenzsystem) [ES] / with equality of access
Gleicher-Bereich-Klausel *f* [Cobol] / same area clause || **²-Datensatzbereich-Klausel** *f* [Cobol] / same record area clause || **²-Satzbereich-Klausel** *f* [Cobol] / same record area clause || **²-Speicherbereich-Klausel** *f* [Cobol] / same area clause
gleichgewichteter Code [Th, Tr] / fixed-count code, fixed-ratio code, constant ratio code, equal-ratio code
gleichgewichtig·er Code [Th, Tr] / fixed-count code, fixed-ratio code, constant ratio code, equal-ratio code || **~e Kombination** [Tr] / equal ratio combination
Gleichheitsglied *n* [Cir] / equality circuit, equality unit
Gleichheitszeichen *n* [Fortran] / equals (=) || [Cobol] / equal sign || [PL/1] / equal symbol
Gleichlauf *m* [TP] / synchronism || **²betrieb** *m* [NC] / synchronous operation, operation in synchronism, operation at a defined speed ratio || **²fehler** *m* [TP] / mistracking, tracking error || **²korrektur** *f* [TP] / synchronous correction || **²prüfung** *f* [TP] / synchronism check, synchronous check || **²prüfungskontrollwort** *n* [OCR] / sync check word, synchronous check word, synchronization check word || **²schwankung** *f* [MT] / flutter || **²verfahren** *n* (z.B. bei einigen Modems) [RDp, Tr] / synchronous operating mode || **²zeichen** *n* [TP] / correcting signal
gleichmäßige Konvergenz [Th] / uniform convergence
gleichnamig *adj* [PL/1] / by name
gleichordnende Indexierung (DIN 31623E T1, Nov. 1978) [DOK] / coordinate indexing
gleichrichtender Kontakt [Sc] / rectifying contact
Gleichrichter *m* [Sc] / rectifier || **elektronischer ²** [Sc] / electronic rectifier || **idealer ²** [Sc] / ideal rectifier || **Wirkungsgrad des ²s** [Sc] / efficiency of rectification || **²diode** *f* [Sc] / diode rectifier, rectifier diode || **²platte** *f* [Sc] / rectifier plate
Gleichrichtersatz *m* [Sc] / rectifier assembly || **Zweig eines ²es** [Sc] / rectifier stack arm
Gleichrichter·säule *f* [Sc] / rectifier stack || **²scheibe** *f* [Sc] / rectifying washer || **²tablette** *f* [Sc] / rectifier wafer || **²-Z-Diode** *f* [Sc] / controlled-avalanche rectifier diode || **²zelle** *f* [Sc] / rectifier cell
Gleichsperrspannung *f* [Sc] / continuous direct reverse voltage, d.c. reverse voltage
Gleichstrom *m* [Sc, Th] / direct current (d.c.) || **hoher getasteter ²** [RDp, Tr] / high-keyed direct current || **²analogrechner** *m* [ADp] / d.c. analog computer || **²-Datenübertragungseinrichtung für niedrige Sendespannung (GDN)** [Tr] / (corresponds to:) baseband modulator-demodulator (BMD) || **²durchlaßwiderstand** *m* [Sc] / d.c. forward resistance || **Führung der ²leitungen** [Serv] / routing plan for d.c. leads || **proportionalgesteuerter ²motor** [NC] / d.c. servomotor || **²parameter** *m* [Sc] / d.c. parameter || **²schnittstelle** *f* [Tr] / d.c. interface
Gleichstromsignal *n* [RDp, Tr] / d.c. data signal || **Doppelstrom-²** *n* [Tr] / bipolar d.c. signal
Gleichstrom·tastsystem *n* [RDp] / d.c. keying system || **²telegrafie** *f* [TP, Tr] / direct-current telegraphy, d.c. telegraphy || **²transformator** *m* [Sc] / d.c. transformer || **²umrichter** *m* [Hw] / d.c.-a.c. converter, inverter
Gleichstromverhältnis *n* [Sc] / static value of the forward current transfer ratio || **inhärentes ²** [Sc] / inherent large-signal forward current transfer ratio
Gleichstrom·versorgung *f* / d.c. power supply || **²verstärker** *m* [Hw] / d.c. amplifier || **²verstärkung** *f* [Sc] / d.c. current gain || **²verstärkungsfaktor** *m* [Sc] / d.c. amplification factor || **Aufzeichnung mit ²vormagnetisierung** [PE] / d.c. bias recording || **²wandler** *m* [Sc] / d.c. static converter || **²widerstand** *m* [Sc] / d.c. resistance
Gleichung *f* [Th] / equation || **² dritten Grades** [Th] / cubic equation || **² höherer Ordnung** [Th] / higher-order equation ||

≗ **vierten Grades** [Th] / biquadratic equation, quartic equation || **biquadratische** ≗ [Th] / biquadratic equation, quartic equation || **homogene** ≗ [Th] / homogeneous equation

Gleichungs·auflöser *m* [ADp] / equation solver || ≗**löser** *m* [Th] / resolver

Gleichverteilung, asymptotische ≗ [Th, Cy] / theorem of McMillan

Gleichwert *m* (Wert der Gleichspannung oder des Gleichstroms) [Sc] / continuous value, d.c. value

gleichwertig *adj* [Sw] / equivalent

gleichzeitig *adv* [Th] / concurrently, in real time || **~e Übertragung** [Tr] / simultaneous transmission

Gleichzeitigkeitssperre *f* [TP] / simultaneity key interlock

gleitend·er Divisionsrest [ALU] / floating divide remainder || **~e Einfügung** [Cobol] / floating insertion || **~e Ersetzung** [Cobol] / floating replacement || **~e Frequenzumtastung** [TP] / frequency shift signaling, frequency shift keying (FSK) || **~e Hauptspeicheradressierung** [Sw] / floating storage addressing || **~e Zeichenfolge** [Sw] / floating string

Gleitkomma *n* (DIN 9757E, Okt. 1977) [Calc] / floating decimal point (i.e., either floating-in decimal or floating-out decimal) || ≗**-...** (s. Gleitpunkt-...)

Gleitpunkt-... [PL/1] / floating-point

Gleitpunktaddition *f* [Th, ALU] / floating-point addition, floating add || ≗ **absolut** [Sw] / floating add absolute || ≗ **normalisiert (GAN)** [Lisp] / Add normalized (floating point)

Gleitpunkt·arithmetik *f* [Th, ALU] / floating-point arithmetic, floating decimal arithmetic || ≗**befehl** *m* [Sw] / floating-point instruction || ≗**charakteristik** *f* [Th, ALU] / floating-point characteristic || **internes** ≗**datenwort** [OS] / internal floating-point item || ≗**division** *f* [Th, ALU] / floating-point division, floating divide || ≗**-Divisionsfehler** *m* [Th, ALU, Sw] / floating-point divide error || **festverdrahtete** ≗**einrichtung** [ALU] / automatic floating-point feature || ≗**exponent** *m* [Sw] / characteristic || ≗**-Funktion** *f* [PL/1] / float (builtin) function || ≗**gültigkeit** *f* (Programmaske) [Sw] / signification mask

Gleitpunktkonstante *f* [Th, ALU] / floating-point constant || ≗ **doppelter Genauigkeit** [Sw] / double-precision floating-point constant || ≗ **einfacher Genauigkeit** [Sw] / single-precision floating-point constant || ≗ **mit erweiterter Mantissenlänge** [Sw] / long-precision floating-point constant || ≗ **mit kurzer Mantissenlänge** [Sw] / short-precision floating-point constant

Gleitpunkt·mantissenlänge *f* [Th, ALU] / floating-point mantissa length || ≗**multiplikation** *f* [Th, ALU] / floating-point multiplication, floating multiply || ≗**operation** *f* [Th, ALU] / floating-point operation || ≗**programm** *n* [Sw] / floating-point routine || ≗**rechnung** *f* (DIN 44300, März 1972) [Th, ALU] / floating-point calculation, floating-point computation

Gleitpunktregister *n* [ALU] / floating-point register, floating register || **ungültige** ≗**nummer** [ALU] / floating-point register error

Gleitpunktschreibweise *f* (DIN 44300, März 1972) [Th, ALU] / floating-point representation || **Basis der** ≗ (DIN 44300, März 1972) [Th] / floating-point base, floating-point radix

Gleitpunktsubtraktion *f* [Th, ALU] / floating-point subtraction, floating subtract || ≗ **normalisiert (GSN)** [Lisp] / Subtract normalized (floating point)

Gleitpunktsystem *n* [Th] / floating-point system

Gleitpunktüberlauf *m* [Th, ALU] / floating-point overflow || ≗**-Bedingung** *f* [PL/1] / overflow condition

Gleitpunkt·unterlauf *m* [Th, ALU] / floating-point underflow || ≗**unterprogramm** *n* [Sw] / floating-point subroutine || ≗**unterschreitungs-Bedingung** *f* [PL/1] / underflow condition || ≗**wort** *n* [Th, ALU] / floating-point word || ≗**zahl** *f* [Th] / floating-point number

Gleit·zeichen *n* [PL/1] / drifting character || ≗**zeiger** *m* [Hw] / sliding pointer

Glied einer Datei [Sw] / member of a file, member of a dataset || **aktives** ≗ [Cir] / active element || **konsistentes** ≗ [ADp] / consistent unit

Gliederdrucker *m* (Kettendrucker, bei dem jedes Kettenglied mehrere Drucktypen trägt) [HSP] / train printer

Gliederung, funktionelle ≗ [ES] / functional organization

Glimmlampe *f* [Meas] / glow-discharge lamp

global *adj* [Algol] / non-local || **~e**

Auftragsvariable [Sw] / global job variable, permanent job variable
Glocke *f* [CTW] / bell
Glossar *n* [Term] / glossary
Glühemission *f* [Co, Sc] / thermionic emission
Gold-Diffusionsverfahren *n* [Sc] / gold diffusion process || **≗drahtdiode** *f* [TP] / gold-bonded diode
Gotik *f* (Schriftart) [Typ] / Gothic
GPL (s. Ausgeben des Speicherplatzbedarfs eines Programms)
Gradations·kurve *f* [Rep] / characteristic curve || **teilweise ≗umkehrung** [TP] / partial tone reversal
Gradient *m* [Th] / gradient
Grafik *f* (grafische Darstellung) [Dp] / chart || **Echtzeit-≗dialoggerät** *n* [GrDp] / real-time interactive graphic device || **≗terminal** *n* [GrDp] / visual graphic display, display console plotter, CRT display for graphic applications || **farbiges ≗terminal** [GrDp] / color plotter || **≗zeichen** *n* [HSP] / format character, graphics character
grafisch·es Ausgabegerät (Ausgabegerät für DV-Arbeitsergebnisse in grafischer Form als Sichtgerät oder als Zeichengerät) [GrDp] / graphic display terminal, graphic terminal || **~es Ausgabegerät mit Vektorgenerator** [GrDp] / vector mode display (Rtm.) || **~es Bildschirmsystem** [GrDp] / graphic CRT display system || **~ darstellen** [GrDp] / chart, plot || **~e Darstellung** [GrDp] / graph, graphical representation || **~e Datenausgabe** [GrDp] / graphic data output || **~e Dateneingabe** [GrDp] / graphical data input || **~e Datenverarbeitung** [GrDp] / graphic data processing || **~es Datenverarbeitungssystem** [GrDp] / graphic data processing system || **~es Farbterminal** [GrDp] / color plotter || **~e Fernkommunikation** [Fax] / fascimile transmission || **~es Symbol** [Dp] / graphic, graphic symbol || **~es Tablett** [GrDp] / graph tablet || **~es Terminal** [GrDp] / visual graphic display, display console plotter, CRT display for graphic applications || **~e Vorlage** [GrDp] / graphic master
Grafitstift, stromleitender ≗ [PC, OCR] / conductive pencil, electrographic pen
Grammatik *f* [Term, PL] / grammar || **generative ≗** [Term] / transformational grammar
grammatisch·e Analyse [MAT] / grammatical analysis || **~er Fehler** [MAT] / grammatical error || **~e Kategorie** [MAT] / grammatical category || **~e Polysemie** [MAT] / grammatical polysemy
Graph *m* [GrDp] / graph, graphical representation
Graphem *n* [Term, MAT] / grapheme
Graphic *f* (Schriftart) [Typ] / Graphic
Grau·stufe *f* [HSP] / gray level || **≗wert** *m* [OCR] / grey shade, grey tone
Gray-Code *m* [Th] / Gray code
GRE (s. Gruppierungseinheit)
Grenz·adreßregister *n* [ES] / utilized capacity address register || **≗bedingung** *f* [Sc] / boundary condition || **≗bedingung** [Hw] / marginal condition || **≗betriebsbereich** *m* [HSP] / limit range of operation || **absolute ≗daten** [Sc] / absolute maximum ratings || **≗durchbruchspannung bei Impulsbetrieb** [Sc] / pulsed limiting breakdown voltage
Grenze *f* [Algol] / bound || **integrale ≗** [Dp] / alignment boundary
Grenz·effektivstrom *m* [Sc] / maximum r.m.s. forward current || **≗empfindlichkeit** *f* [Sc] / tangential signal sensitivity
Grenzen *f pl* [PL/1] / bound pair || **≗anpassung** *f* [PL/1] / adjust bound pairs || **≗liste** *f* [Algol] / bound pair list || **≗paar** *n* [Algol] / bound pair
Grenz·frequenz *f* [Sc] / cutoff frequency (of filter, equipment etc.) || **≗gleichstrom** *m* [Sc] / maximum continuous current, mean forward current, maximum d.c. current || **≗operator** *m* [Th] / boundary operator || **≗prüfung** *f* [Hw, PCC, Sw] / marginal check, marginal test
Grenzschicht *f* [Sc, Tr] / junction || **≗temperatur** *f* [Sc] / junction temperature
Grenz·spannung *f* [Sc] / limiting voltage || **≗stelle** *f* [Sw] / terminal (on flowchart, etc.) || **≗stromkennlinie** *f* [Sc] / limiting overload characteristic, maximum current characteristic || **≗verzerrung** *f* [Tr] / limit value of distortion || **≗wellenlänge** *f* [Sc] / threshold wavelength
Grenzwert *m* [PCC, NC] / boundary value || [Th, Sc] / limiting value, limit value || **absoluter ≗** [IC] / absolute limiting value || **oberer ≗** [PCC] / upper limit || **unterer ≗** [PCC] / lower limit ||

≗kontrolleinrichtung *f* [PCC] / limit value monitor || **≗prüfeinrichtung** *f* [ES] / marginal-check module
Grenzwertprüfung *f* [Hw, PCC, Sw] / marginal check, marginal test || **programmierte ≗** [PCC] / programmed marginal check
Grenzwert·stufe *f* [ADp] / limiter || **≗vergleicher** *m* [PCC] / limit comparator
Grieß *m* [VDT, M] / snow
Griff- und Bewegungsstudium [Cy] / micromotion study
Griffelmethode *f* [Tr] / line drawing method
Griffmulde *f* [Hw] / recessed grip
grob·er Fehler [Th, Meas, AC, DpC] / gross mistake || **~er Zeitraster** [ES] / coarse-time slot pattern || **≗diagramm** *n* [Dp, Sw] / block diagram, block schematic diagram || **≗recherche** *f* (Methode, aus Datenbeständen die Dateneinheiten zu ermitteln, die mit einer Suchfrage grob übereinstimmen) [DOK] / screen searching, area searching || **~sortieren** *v* [Sw] / presort || **≗spannungsableiter** *m* [Hw] / coarse voltage arrester, heavy-duty voltage arrester
Grobwecker *m* [ES] / coarse-time prompter || **≗programm** *n* [ES] / coarse-time prompter program || **≗zelle** *f* [ES] / coarse-time prompter cell
Grobzeit *f* [ES] / coarse time || **aktuelle ≗** [ES] / current coarse time || **≗stopp** *m* [ES] / coarse-time stop || **≗takt** *m* (5ms) [ES] / coarse-time interval, coarse-time clock pulse || **≗wechsel** *m* [ES] / coarse-time change
groß schreiben [HSP, Typ] / capitalize || **≗bereichintegration** *f* [IC] / large-scale integration (LSI)
Großbuchstabe *m* [HSP, Typ, OCR] / upper case character, upper case letter, capital letter || **Drucken mit ≗n** [HSP] / upper case printing || **Feststeller für ≗n** [DT] / upper case lock
Großcomputer *m* [Dp] / large-scale computer, large computer
Größe *f* [Algol] / quantity || [PL/1] / item || **numerische ≗** [Th] / numeric quantity, numerical quantity || **regellose ≗** [PCC] / random variable || **skalare ≗** [Th] / scalar, scalar quantity
Größen·angaben *f pl* [Hw] / dimensional information || **≗wandler** *m* [Th, NC] / quantizer
größer gleich [Sw] / greater than or equal to, greater or equal
Größerzeichen *n* [PL/1] / greater than symbol
Groß·integration *f* [IC] / large-scale integration (LSI) || **≗integrationsbaustein** *m* [Mp, IC] / LSI module
großintegrierter Schaltkreis [MCS, IC] / large-scale integrated circuit (LSI circuit)
Groß-Kleinumschaltung *f* [PT, TES] / case shift (upper case/lower case)
Großplattenspeicher *m* [MD] / disk storage || **≗** (1 Laufwerk) [MD] / direct access disk unit || **≗** (mehrere Laufwerke + Steuerung) [MD] / direct access storage system, multi-drive disk storage || **≗steuerung** *f* [MD] / disk controller || **≗system** *n* [MD] / disk storage system
Großraum·kernspeicher *m* [M] / bulk core storage || **≗speicher** *m* [M] / bulk storage
Groß·rechner *m* [Dp] / large-scale computer, large computer || **≗rolle** *f* (Papier) [HSP] / large roll || **≗schreibung** *f* [HSP, Typ] / capitalization || **≗serien-Standardbaustein** *m* [Sc] / high-volume-production standard module || **≗signal** *n* [PCC] / high-level signal
Großspeicher (GSP) *m* [PE] / mass storage, mass memory || **≗ auf Band (RATP)** [OS, Aufruf] / Random access to tape (RATP) || **≗ auf Großspeicher (RARA)** [OS, Aufruf] / Random access to random access (RARA) || **≗ auf Karte/Drucker (RAPR)** [OS, Aufruf] / Random access to card and/or printer (RAPR) || **optischer ≗** [PE] / optical mass memory
Großspeicherauszug (REDIT) *m* [OS, Aufruf] / Random-access edit (REDIT) || **einen ≗ erstellen** [Sw] / to edit a random-access volume || **selbstladender ≗** [OS] / self-loading random-access edit (SLRE)
Großspeicherbereich *m* [Sw] / random-access extent, RA extent, random-access area
Großspeicherdatei *f* [Sw] / random-access file, RA file, direct access file || **Behandlung einer ≗** [Sw] / random-access processing
Großspeicherdatenträger *m* [PE] / random-access volume
Großspeicheretikett *n* [ES] / random-access label
Großspeicheretikettbereich *m* [Sw] / volume table of contents (VTOC)
Großspeichermagazin *n* [PE] / mass storage magazine, mass storage unit

magazine
Großspeichersteuerung (GSPST) *f* [PE] / random-access controller (RAC) || **Wartungsprogramm für ~ und Plattenspeicher** [OS] / random-access controller and disk storage maintenance program
Größtcomputer *m* [Dp] / superlarge computer, ultralarge computer
Größtrechner *m* [Dp] / superlarge computer, ultralarge computer
Größtwert des Gesamtstroms [Sc] / maximum total value (of current)
Großvaterzyklus *m* [Sw] / grandfather cycle
Grubb-Parson-Filter *n* [Sc] / Grubb-Parson filter
Grundadresse *f* [Sw] / base address
Grundanweisung *f* [Algol] / basic statement || **nicht markierte ~** [Algol] / unlabeled basic statement
Grund·aufbaubefehl *m* [Sw] / basic instruction || **~ausbau** *m* [Dist, Hw] / basic configuration, basic version || **~ausführung** *f* [Dist, Hw] / basic configuration, basic version || **~ausrüstung** *f* [Hw] / basic hardware || **~baustein** *m* [Hw, Sc] / basic module || **~befehl** *m* [Sw] / basic instruction || **~begriff** *m* [Th] / basic concept || **~bestand des Befehlsvorrats** [Sw] / basic instruction set || **~betriebssystem (GBS)** *n* [OS] / basic operating system (BOS), primary operating system (POS)
Grundbuchstabe, den Umlautbuchstaben in eine Kombination von ~ und „e" auflösen [MAT] / to resolve the umlaut vowel into a combination of vowel and 'e' || **einen Umlautbuchstaben auf den ~n zurückführen** [MAT] / to reduce an umlaut vowel to the corresponding vowel without umlaut
Grund-COBOL *n* [PL] / required COBOL || **~code** *m* [Sw] / basic code || **~datei** (s. Primärdatei) || **~datenbeschreibung** *f* [PL/1] / item data description || **~form der Betriebsart** / type of duty || **~format** *n* [Sw] / basic format || **~größe** *f* [PL/1] / base item || **~kodierung** *f* [Sw] / basic coding, absolute coding, specific coding || **~lagenforschung** *f* [R&D] / basic research || **Rückkehr zur ~magnetisierung** [PE] / return to bias (RB) || **Schreibverfahren mit Rückkehr zur ~magnetisierung** [PE] / return-to-bias recording, RB recording || **~matrix** *f* [HSP] / basic matrix || **~phase** *f* [Sw] / root phase, basic phase || **~platte** *f* [Hw] / baseplate || **~plattentemperatur** *f* [Sc] / mounting base temperature || **~raster** *m* [Tr] / basic pattern || **~rechenart** *f* [Calc, Th] / basic arithmetic operation || **~rechnungsarten** *f pl* [Calc, Th] / first rules of arithmetic || **~-Satzbreite** *f* (eines Textes) [Typ] / basic measure
grundsätzliche Arbeitsweise [Dp] / basic principles of operation
Grund·schaltung *f* [Cir] / basic circuit arrangement, basic circuitry || **logische ~schaltung** (elektrotechnische Realisierung einer booleschen Verknüpfung) [Cir] / logic element, logical element, logic component, gate (circuit designed to simulate a Boolean operation) || **~schaltungsanordnung** *f* [Cir] / basic circuit configuration || **~schrank** *m* [HSP] / basic unit, basic cabinet || **~segment** *n* [Th] / root segment, root load || **~sprache** *f* [Sw] / basic language, low-level language
Grundstellung *f* [PE] / normal position || **in ~ bringen** [Hw, M] / reset
Grund·steuerung *f* (Gerät) [PCC] / basic controller || **~stromversorgung** *f* [Hw] / basic power supply || **~symbol** *n* [Algol] / basic symbol || **~system** *n* [Dp] / basic system
Grundtakt *m* [Dp] / basic machine cycle || [ES] / basic pulse rate, basic clock rate, basic timing signal
Grund·text *m* [Typ] / original text || **~zahl** [Th] / cardinal number || **~zeichen** *n* [Th] / basic symbol || **~zeilenabstand** *m* (einfacher Abstand zwischen zwei aufeinander folgenden Schriftlinien) (DIN 9757E, Okt. 1977) [Calc] / line spacing || **~zyklus** *m* [Dp] / basic machine cycle
Gruppenabschnitt *m* [Cobol] / control group
Gruppenabschnitts·stufe *f* [PC] / control group level || **~stufennummer** *f* [PC] / control group level number
Gruppenadressierung *f* [Tr] / group addressing || **Nachricht mit ~** [Tr] / group-address message
Gruppenanzeige *f* [PC] / group indication || **~gang** *m* [PC] / group indication cycle || **~klausel** *f* [Cobol] / group indicate clause || **~unterdrückung** *f* [PC] / group indication elimination
Gruppen·arbeitslabor *n* [CAI] / audio-

active language laboratory || ≗auswahlinformationen *f pl* [ES] / group select information

Gruppenbegriff *m* [Cobol] / control break item || **höchster** ≗ [Cobol] / final

Gruppenbegriffsfeld *n* [RPG] / control field

Gruppencode *m* [DS, Tr] / group code (systematic error-checking code) || ≗**länge** *f* [ES] / group code length

Gruppen·datenschutz *m* [Priv] / group data protection || ≗**entropie** *f* [Cy] / entropy of groups || ≗**faktor** *m* [Sw] / grouping factor || ≗**fuß** *m* [Cobol] / control footing report group || ≗**hierarchie** *f* [Cobol] / control hierarchy

gruppenintegrierter Schaltkreis [MCS, IC] / large-scale integrated circuit (LSI circuit)

Gruppen·kontrolle *f* [PC] / card-to-card comparing || ≗**kontrollstelle** *f* [PC] / comparing position || ≗**kopf** *m* [Cobol] / control heading report group || ≗**löschzeichen** *n* (d.h., auf eine zu löschende Zeichenfolge gedrucktes Zeichen, das die Lesemaschine veranlaßt, diese Stelle zu übergehen) (DIN 66009, Sept. 1977) [OCR] / group erase || ≗**marke** *f* [Sw] / group mark || ≗**name** *m* [Sw] / group name || ≗**nummer** *f* [Sw] / group number || ≗**rang** *m* [PC] / control level || ≗**signalrahmen** *m* [ES] / alarm signaling frame, group alarm frame || ≗**sprungtaste** *f* [RDp] / field skip pushbutton || ≗**stanzen mit durchsetzten Leitkarten** [PC] / interspersed gangpunching || ≗**steuerung** *f* [PCC] / group control || ≗**steuerungsklausel** *f* [Cobol] / control clause

Gruppenstufe *f* [RPG] / control level || [Cobol] / group level || **höchste** ≗ [RPG] / major key (as opposed to minor key) || **niedrigste** ≗ [RPG] / minor key, minor level

Gruppen·stufenbezugszahl *f* [RPG] / control level indicator, level code || ≗**theorie** *f* [Th] / group theory || ≗**trennzeichen** *n* [OCR] / group separator (GS), group separator character || ≗**verarbeitung** *f* [RPG] / total time || ≗**verfahren** *n* [Th, Cy] / group coding || ≗**vergleich** *m* [PC] / card-to-card comparing

Gruppenwechsel *m* [PC] / control change, group control change || [Cobol] / control break || **vergleichender** ≗ [PC] / comparing control change || ≗**stufe** *f* [PC] / control break level

Gruppen·wiederholzahl *f* [Fortran] / group repeat count || ≗**zähler** *m* [ES] / group counter || ≗**zeile** *f* [PC] / total line || ~**zentral** *adj* [Sc] / semi-common (modules, etc.)

Gruppierung *f* [ES] / trunking || ≗ **des Wegevielfachs** [ES] / trunking scheme || **einstufige** ≗ [ES] / single-stage trunking array

Gruppierungs·anordnung *f* [ES] / trunking array || ≗**einheit (GRE)** *f* [ES] / trunking unit || ≗**faktor** *m* [Sw] / blocking factor, block factor || ≗**schema** *n* [ES] / trunk scheme || ≗**übersicht** *f* [ES] / interconnection scheme

GSN (s. Gleitpunktsubtraktion normalisiert)

GSP (s. Großspeicher)

GSPST (s. Großspeichersteuerung)

G-Steuerung *f* [PCC] / basic controller

GSTS (s. Gerätesimulationssteuerung)

GÜ (s. Geräteübersicht)

gültig *adj* [Dp] / valid (character, etc.) || ~**e Ziffer** [Sw] / valid digit

Gültigkeits·bereich *m* [Algol] / scope || ≗**bereich** [PL/1] / scope || ≗**bit** *n* [VS] / invalid bit || ≗**fehler** *m* [Sw] / validity error || ≗**-Funktion** *f* [PL/1] / valid (builtin) function || ≗**matrix** *f* [ES] / validity matrix || ≗**prüfung** *f* [Cobol] / validity check

Gunn-Element *n* [Sc] / Gunn device (named after J.B. Gunn)

günstige Aufnahme (am Markt usw.) [Dist] / acceptance

Güte·bewertung *f* [Hw] / quality check || **akzeptables** ≗**maß** [QC, Sc] / acceptable quality level (AQL)

Gut·meldung *f* [Tr] / positive acknowledgment (ACK) || ≗**quittung** *f* [Tr] / positive acknowledgment (ACK)

H

Habitus der Kristalle [Sc] / habit of crystals

Haft·linienfilm *m* [HSP] / adhesive rule tape (for lines) || ≗**stelle** *f* [Sc] / trap

halb·er Maschinengang [PC] / half cycle || ~**er Mischgang** [PC] / half cycle

Halbaddierer *m* [Cir, ALU] / half-adder, one-digit adder, two-input adder ||

binärer ≈ [Cir, ALU] / binary half adder || **paralleler** ≈ [Cir, ALU] / parallel half adder
Halbaddierglied *n* [Cir, ALU] / half-adder, one-digit adder, two-input adder
halbautomatisch·e Lochstreifenvermittlung [TP, ES] / semi-automatic reperforator switching, pushbutton switching (i.e., tape relay center with pushbutton control) || **~e Speichervermittlung** [ES] / semi-automatic switching center, semi-automatic message switching center || **~es Vermittlungssystem** [ES] / semi-automatic switching system
Halbbyte *n* [Sw] / half-byte || **≈-Code** *m* [Tr] / half-byte code
halbduplex *adj* [Tr] / half-duplex || *n* [Tr] / half duplex (HDX) || **≈betrieb** *m* [Tr] / alternate communication, half-duplex operation || **≈kanal** *m* [Tr] / half-duplex channel || **≈übertragung** *f* [TP, Tr] / half-duplex transmission, HDX transmission || **≈verbindung** *f* [Tr] / half-duplex circuit
Halb·fabrikat *n* [Sc] / semiprocessed unit || **≈geviert** *n* [Typ] / en-quad (i.e. a space of 1/2 em-quad)
halbieren *v* [Cryp] / bisect || **≈ kurz (HER)** [OS, Lisp] / Halve short (HER) || **≈ lang (HDR)** [OS, Lisp] / Halve long (HDR)
Halbierung *f* (der 1/6-Zoll-Zeile) [HSP] / splitting
Halbierungssuchverfahren *n* [Th] / binary search
Halbimpuls *m* [M] / half-pulse
Halbleiter *m* [Sc] / semiconductor || **≈ mit Verunreinigungsniveaus** [Sc] / impurity semiconductor || **gemischter** ≈ [Sc] / mixed semiconductor || **kompensierter** ≈ [Sc] / compensated semiconductor || **n-**≈ *m* [Sc] / n-type semiconductor || **p-**≈ *m* (DIN 41852, Aug. 1978) [Sc] / p-type semiconductor || **≈arbeitsspeicher** *m* [M] / semiconductor main memory
Halbleiterbauelement *n* [Sc] / semiconductor device || **unipolares** ≈ [Sc] / unipolar semiconductor device
Halbleiter·diode *f* [Sc] / semiconductor diode || **≈element** *n* [Sc] / semiconductor device || **≈festwertspeicher** *m* [M] / semiconductor read-only memory || **≈gleichrichterdiode** *f* [Sc] / semiconductor rectifier diode || **≈gleichrichtersäule** *f* [Sc] / semiconductor rectifier stack || **Ziehen von ≈kristallen** [Sc] / crystal pulling, crystal growing || **≈laser** *m* [Sc] / semiconductor laser || **≈multiplexer** *m* [Tr] / solid-state multiplexer || **≈physik** *f* [Th] / semiconductor physics || **≈plättchen** *n* [Sc] / semiconductor wafer || **≈schalter** *m* [Sc] / semiconductor switch || **hochintegrierter ≈schaltkreis** [IC] / LSI semiconductor circuit || **≈schaltung** *f* [Dp] / semiconductor circuit || **integrierte ≈schaltung** [IC] / integrated semiconductor circuit || **≈scheibe** *f* [Sc] / semiconductor wafer || **≈schicht** *f* [HSP] / semiconductor layer (or coating)
Halbleiterspeicher *m* [Mp] / semiconductor memory, SC memory || **≈modul** *n* [M] / semiconductor memory module
Halbleiter·technologie *f* [R&D] / semiconductor technology || **≈übergang** *m* [Sc] / semiconductor junction || **≈zone** *f* [Sc] / semiconductor region, semiconductor zone
halblogarithmische Schreibweise [Th] / variable-point representation
Halb·schrank *m* [Hw] / rack || **≈schritt** *m* [PC] / half cycle || **≈seite** *f* [VS] / half-page
Halbsubtrahierer *m* [ALU] / half subtracter, one-digit subtracter, two-input subtracter || **paralleler** ≈ [Cir, ALU] / parallel half subtracter || **serieller** ≈ [ALU] / serial half subtracter
Halbsubtrahierglied *n* [ALU] / half subtracter, one-digit subtracter, two-input subtracter
Halbton *m* [Fax] / halftone || **≈bereich** *m* [HSP] / halftone area
Halbwertsbreite, spektrale ≈ [Sc] / spectral bandwidth
Halbwort *n* [Sw] / segment, halfword || **≈grenze** *f* [Sw] / halfword boundary
Halbwortkonstante *f* [Sw] / halfword constant || **positive** ≈ [Sw] / halfword positive constant
Halb·zeile *f* [HSP] / half-line || **≈zollschritt** *m* [HSP] / half-inch step || **≈zyklus** *m* [PC] / half cycle
Hall·anschluß *m* (eines Hallgenerators) [Sc] / Hall terminal || **≈beweglichkeit** *f* [Sc] / Hall mobility
Halleffekt *m* [Sc] / Hall effect || **≈-Bauelement** *n* [Sc] / Hall-effect device
Hall·generator *m* [Sc] / Hall generator, Hall probe || **≈gerät** *n* [Sc] / Hall device || **≈koeffizient** *m* [Sc] / Hall coefficient || **≈konstante** *f* [Sc] / Hall constant || **≈modulator** *m* [Sc] / Hall modulator || **≈multiplikator** *m* [Sc] / Hall multiplier || **≈plättchen** *n* [Sc] / Hall plate || **≈sonde** *f* [Sc] / Hall probe || **≈spannung** *f* (Hall-

Urspannung) [Sc] / Hall voltage
Halt, bedingter ² [Sw] / checkpoint, conditional breakpoint || **²adresse** *f* [ES] / halt address || **Betriebs- und ²anzeige** [Mp] / RUN and HALT indicator
Haltbarkeit *f* [Cy] / stability
Halt·bedingung *f* [Sw] / stop condition || **²befehl** *m* [Sw] / halt instruction
Halte·anzeiger *m* [Hw] / halt indicator || **²bügel** *m* [Hw] / retaining clamp, retaining clip || **²code** *m* [PT] / stop code || **²feder** *f* [Hw] / retaining spring || **²gitter** *n* [Hw] / retaining grille || **²glied** *n* [PCC] / hold element || **²indikator** *m* [Hw] / halt indicator || **²instruktion** *f* [Sw] / halt instruction || **Abtastkreis und ²kreis** [PCC] / sample and hold || **²leiste** *f* (Dia) [HSP] / mounting strip
Halten Gerät (HDV) [OS, Lisp] / Halt device (HDV)
Haltenase *f* [Hw] / holding lug
Haltepunkt *m* (Ablauf) [ES] / halt point || **²betrieb** *m* [ES] / halt-point working, halt-point mode
Haltepunktwecker *m* [ES] / halt-point prompter || **²liste** *f* [ES] / halt-point prompter list || **²programm** *n* [ES] / halt-point prompter program
Halte·relais *n* [NC] / holding relay || **²strom** *m* [Sc] / holding current || **²verstärker** *m* [PCC] / sample-hold amplifier || **²vorrichtung** *f* (zur Einstellung von Bauelementen während der Herstellung) [Sc] / jig
Halt·signal *n* [Mp] / hold signal || **²steuerung** *f* [Mp] / hold control
Hammerauslösung *f* [HSP] / hammer trip, hammer trip device || **gesteuerte ²** [HSP] / controlled hammer trip feature
Hammer·flugzeit *f* [TP] / hammer flight time || **²magnet** *m* [TP] / hammer magnet || **²sperre** *f* [HSP] / hammerlock || **²splithebel** *m* [HSP] / hammer split lever, hammer split || **²werk** *n* [HSP] / hammer unit
Hammingabstand *m* (DIN 44300, März 1972) [DS, Tr] / Hamming distance, signal distance || **Code mit ² Eins** [Th] / continuous progressive code, unit-distance code
Hamming·code *m* [Th, Tr] / Hamming code || **²distanz** *f* [DS, Tr] / Hamming distance, signal distance
handbedienter Zyklus [NC] / manual cycle
handbetätigtes Tastenwerk [TP] / saw-tooth keyboard
Handbetätigung (s. Handbetrieb)
Hand·betrieb *m* [NC] / hand operation, manual operation || **²buch** *n* [DpC] / reference manual, manual || **²dateneingabe** *f* [IO] / manual data input || **²diagnose** *f* [Serv] / manually started diagnosis
Handeingabe *f* [IO] / keyboard input, keyboard entry || **²einheit** *f* [IO] / manual input unit, manual entry unit
Handeingriff *m* [NC] / manual override
Handels·auskunftei *f* [Priv] / consumer reporting agency || **~üblich** *adj* [Dist] / commercially available
handgesteuertes Programm [NC] / manual program
Hand·leser *m* (Leseeinrichtung für Strichcodes und genormte Schriften, die von Hand über die zu lesenden Zeichen geführt wird) [IO] / hand-held (bar-code, etc.) reader || **²lochen** *n* [PT, PC] / keypunching, keyboard-operated punching
Handlocher *m* [PC] / keypunch, manual perforator, mechanical punch || **² mit Kontrolldruck** [PT] / printing keyboard perforator || **² mit Tastenwerk** [PT] / keyboard perforator || **mitschreibender ²** [PT] / printing keyboard perforator
Hand·lochkarte *f* (Lochkarte, die manuell unter Einsatz mechanischer Hilfsmittel gelocht und wiedergefunden werden kann) [Off] / hand-operated punched card || **mechanischer ²lochprüfer** [PC] / mechanical verifier || **²markierungen** *f pl* [Sw] / handmarked data || **²rücksteller** *m* [Hw] / manual reset || **²schlüsselvorrichtung** *f* [Cryp] / cipher device
Handschrift, numerische ² [OCR] / handwritten numerics || **²übertragungsgerät** *n* [TP] / telewriter || **²zeichen** *n* [OCR] / handwritten character
Hand·senden *n* [TP] / manual transmission || **²stecker** *m* [Hw] / cable connector, plug connector, cable terminating plug || **²steuerung** *f* [PCC] / manual control || **²übersteuerung** *f* [NC] / manual override || **~vermittelt** *adj* [Tr] / manually switched || **²vermittlung** *f* [Tr] / manual exchange
Handvermittlungs·platz *m* [Tr] / switchboard position || **²schrank** *m* [Tr] / manual switchboard || **²system** *n* [Tr] / manual switching system
Hand·wickler *m* [PT] / manual tape winder || **²zuführungslocher** *m* [PC] /

hand-feed punch, hand punch
Hantierungsvorschrift *f* [Sw] / handling specification
H-Anweisung *f* [Sw] / head statement, H-statement, H-parameter, H-card
Hardcopy *f* [DT] / hard copy || **mit dem System läßt sich keine ≗ herstellen** [IO] / the system does not produce hard copy
Hardcopy-Einheit *f* [IO] / hard copy device || **alphanumerische ≗** [IO] / dataprinter, printed copy device
Hardcopy-Gerät *n* [IO] / hard copy device
Hardware *f* (physische Ausrüstung und Bauteile, Geräteausstattung, Maschinenausrüstung) [Hw] / hardware || **durch ≗ablauf realisiert** [Hw] / hardware-implemented || **≗anschluß** *m* [Co] / hardware port, hardware termination || **≗baustein** *m* [Co] / hardware component || **Offline-≗-Diagnoseeinrichtungen** *f pl* [Serv] / off-line hardware diagnostics || **≗einheit** *f* [Co] / hardware component || **≗fehler** *m* [Hw] / machine error, machine malfunction, hardware fault || **≗-Fehlersuchprogramm** *n* [Sw] / malfunction routine || **≗kosten** *plt* [Dist, R&D] / hardware costs || **~-programmierbar** *adj* [Sw] / hardware-programmable || **~-programmiert** *adj* [Sw] / wired-program-controlled, hardware-programmed || **≗-Prüfeinrichtung** *f* [OS] / hardware checking facilities || **≗routine** *f* [Sw] / hardware-implemented routine || **≗-Stack** *n* [MCS] / hard pushdown stack, hardware stack || **≗-Störung** *f* [Hw] / breakdown, equipment failure || **≗-Überwachungsschaltung** *f* [Serv] / hardware monitoring circuit || **≗-Verträglichkeit** *f* [Hw] / equipment compatibility || **≗-Wartung** *f* (Wartung der Anlage bzw. einzelner Geräte) [Hw, DpC] / hardware maintenance || **≗-Zuverlässigkeit** *f* [Hw, QC] / hardware reliability, serviceability (i.e., the reliability of equipment based on criteria such as serviceability ratio, utilization ratio, operating ratio, etc.)
harmonische Analyse [Th, Cy] / frequency analysis
hart·er Begrenzer [ADp] / hard limiter || **~er Maschinenfehler** [Hw, OS] / hard machine check || **~er Stopp** [Hw, OS] / hard stop || **~er Wartestatus** [OS] / hard wait state || **≗kopie** *f* [DT] / hard copy || **~löten** *v* [Hw] / braze || **≗papierträger** *m* [Hw] / phenolic wafer
Haubengitter *n* [HSP] / hood grille
Haubenverschluß *m* [PE] / cover lock || [HSP] / hood catch
Häufigkeits·kurve *f* [Th] / frequency curve || **≗liste** *f* [Term, MAT] / frequency list || **≗verteilung** *f* [Th] / frequency distribution
Haupt·anlage *f* [Dp] / primary system || **≗anschluß** *m* [Sc] / main connection, main terminal || **≗anwendung** *f* / main application || **≗band** *n* [MT] / master tape || **≗bedienungsplatz** *m* [Sw] / main console, control console || **≗bereich** *m* [OS] / prime area || **≗bereichssatz** *m* [OS] / prime record || **≗bibliothek** *f* [Dp] / link library || **≗datei** *f* [Dp] / master file || **≗eingang** *m* [PL/1] / primary entry point || **≗fehler** *m* [Sc] / major defect
Hauptgruppen·begriff *m* [PC] / intermediate control number || **≗kontrolle** *f* [PC] / intermediate control || **≗kontrollfeld** *n* [PC] / intermediate control field || **≗trennung** *f* [PC] / intermediate control change, intermediate control break || **≗trennzeichen** *n* [Sw] / file separator (FS), file separator character || **≗wechsel** *m* [PC] / intermediate control change, intermediate control break
Haupt·index *m* [OS] / master index || **≗kanal** *m* (DIN 44302, Apr. 1979) [Tr] / forward channel
Hauptkarte *f* [PrC, PC] / master card || **Stanzen mit durchsetzten ≗n** [PC] / master card gangpunching
Haupt·kennlinie *f* [Sc] / principal characteristic || **≗kontrollfeld** *n* [PC] / major control field || **≗leitwerk** *n* [CU] / central control unit, main control unit || **≗phase** *f* [Sw] / root phase, basic phase
Hauptprogramm *n* [Fortran] / main program || [Dp] / background program (in background processing, with high priority processing taking precedence over foreground processing) || **Rückkehr zum ≗** [Sw] / return control transfer
Haupt·programmierblatt *n* [Dist] / master data sheet || **≗prozeß** *m* [PL/1] / major task || **≗rechner** (s. Verarbeitungsrechner)
Hauptsatz *m* [Sw] / master record || **Block im ≗bereich** [Sw] / master file block
Haupt·schalter *m* [Hw] / master switch || **≗schlußschaltung** *f* [TrL] / series connection, connection in series ||

~schutzschalter *m* [Hw] / main circuit breaker || **~sicherung** *f* [Hw] / main fuse, master fuse || **~sicherungsalarm** *m* [DpC] / master fuse alarm || **~spannung** *f* (Spannung zwischen den Hauptanschlüssen) [Sc] / principal voltage

Hauptspeicher *m* (DIN 44300, März 1972) [M] / primary storage || **gleitende ~adressierung** [Sw] / floating storage addressing || **~belegung** *f* [M] / main memory layout || **~resident** *adj* [M] / memory-resident || **~schreibsperre** *f* [M] / main memory protection || **~überwachung** *f* [Dp] / main memory supervision || **~verwaltung** *f* [Dp] / main memory management || **~zuordnung** *f* [M] / main memory allocation

Haupt·spurindex *m* [PE, Sw] / master track index || **~station** *f* [Tr] / master station

Hauptstrom *m* [Sc] / principal current || **~anschluß** *m* [Sc] / main connection, main terminal

Haupt·taktgeber *m* [ES] / master clock, master clock signal generator || **~verteiler** *m* [ES] / main distributing frame, main distribution frame || **~zyklus** *m* [Th, M, ES] / major cycle, primary cycle

Haus·adresse *f* [Sw] / home address, track address || **~satz** *m* [Sw] / home record

H-Bereich *m* [Cir] / H-range, high range (of a binary electrical quantity, of a binary signal)

H-Blatt *n* [RPG] / control card specification sheet

HDR (s. Halbieren lang)

HDV (s. Halten Gerät)

Header-Etikett *n* [PE] / beginning-of-file label, file header label, header label (HDR)

Hebdrehwähler *m* [ES] / two-motion switch, rectangular-motion switch

Hebe·bühne *f* (Tonerabscheider) [HSP] / platform || **~getriebe** *n* (für Farbbandhalterung) [TP] / ribbon lift linkage || **~klappe** *f* (auf Ausgabetisch) [HSP] / (vertically adjustable) flap

Heberschreiber *m* [TP] / siphon recorder

heften *v* [Dp] / crimp (multi-ply paper, etc.)

heiß·e Diode [Sc] / thermionic diode || **~e Kontaktstelle** [Sc] / hot junction || **~e Lötstelle** (Thermoelement) [Sc] / hot junction || **~er Punkt** [Sc] / hot spot || **~fixierung** *f* [HSP] / thermal fusing || **~leiter** *m* (Halbleiter mit negativem Temperaturbeiwert) [Co] / NTC resistor

Heiz·batterie *f* / A-battery || **~faden-Halterung** *f* [Co] / filament support post || **~stab** *m* [Hw] / heating rod, heating element || **~stromquelle** *f* [VDT] / A-power supply

Heizung *f* [HSP] / heating element

Heizwiderstand *m* [TP] / heating coil

Hell-Dunkel-Verhältnis *n* [TP] / bright/dark ratio

Helligkeit *f* [VDT, Fax] / brightness

Helligkeits·modulation *f* [OCR] / Z-axis modulation || **~regelung** *f* [Fax, Co] / brightness control || **automatische ~regelung** [ADp] / automatic brightness control

Hell·steuersignal *n* [RDp] / brightness signal || **~strom** *m* [Sc] / illumination current || **~tastung** *f* [COM, Typ] / unblanking

Hemmung *f* [Cy] / inhibition || **örtliche ~** [Cy] / lateral inhibition || **zeitliche ~** [Cy] / temporal inhibition

HER (s. Halbieren kurz)

herausziehbar *adj* [Hw] / slide-out, rollout

Herkunfsangabe *f* [PL/1] / from option

Herkunfts, Name der ~datei [RPG] / from filename || **~klausel** *f* [Cobol] / source clause

Herr der Daten [Priv] / owner of the data

Herstelldatum *n* [Hw] / date of manufacture

Hersteller *m* [Cobol] / implementor || **~wort** *n* [Cobol] / implementor-name

Herstellfirma *f* [Hw] / manufacturer

Hertz *n* [Meas] / hertz (Hz), cycles per second (cps)

Herzkurve *f* [Th] / cardioid

heteropolar·e Bindung [Sc] / heteropolar bond || **~er Kristall** [Sc] / heteropolar crystal

Heuristik *f* [Th, Cy] / heuristics

heuristisch *adj* [Th] / heuristic || **~er Dispatcher** [VS] / heuristic task dispatcher || **~e Programmierung** [Sw, Cy] / heuristic programming

hexadezimal (s. sedezimal)

HF·-Abschirmung *f* [MT] / RF shielding || **~-dicht** *adj* [Tr] / RF-radiation-proof

Hierarchie *f* [Cobol] / hierarchy

hierarchisch aufgebaut [Dp] / configured in a hierarchical form || **~es Prozeßrechensystem** (DIN 66201 E T1, Apr. 1979) [PCC] / multicomputer system || **~e Satzstruktur** [IDS] / hierarchical structure (of data, etc.)

High-Resolution-Platte *f* [Sc] / high-resolution plate

Hilfs·... [PL/1] / dummy || **˜akkumulator** *m* [ALU] / auxiliary accumulator || **˜bereich** *m* [Sw] / additional area || **˜code** *m* [Sw] / auxiliary code
Hilfsdatei *f* [Sw] / auxiliary file || [OS] / scratch file
Hilfs·funktion *f* [Hw, NC] / auxiliary function || **˜kanal** *m* (DIN 44302, Apr. 1979) [Tr] / backward channel || **˜mittel für die Projektierung** [R&D] / planning and design aid || **˜operation** *f* [Sw] / auxiliary operation, utility operation || **˜programm** *n* [Sw] / system service routine || **˜register** *n* [CU] / utility register, auxiliary register
Hilfsspeicher *m* [M] / backing storage, auxiliary storage, secondary storage || **nicht adressierbarer ˜** [M] / bump, bump storage || **schneller ˜** [M] / temporary storage
Hilfs·stecktafel *f* [PC] / program patching plug || **˜transportrolle** *f* [Hw] / auxiliary feed roll || **˜überlagerungsphase** *f* [Sw] / auxiliary overlay || **˜übertragsbit** *n* [Mp] / auxiliary carry bit || **˜zeichen** *n* [IO] / auxiliary character || **˜zugriff** *m* [Dp] / intermediate access
Hintereinanderschaltung *f* [TrL] / series connection, connection in series
Hinterflanke *f* (Impuls) [Tr] / pulse trailing edge, trailing edge
Hintergrundauftrag *m* [Dp] / background job
Hintergrundprogramm *n* [Dp] / background program (in background processing, with low priority processing taking precedence over foreground processing) || **˜bereich** *m* [Dp] / background partition
Hintergrund·rauschen *n* [VDT, M] / snow || **˜speicher** *m* [M] / backing storage, auxiliary storage, secondary storage || **˜verarbeitung** *f* [OS] / background processing, backgrounding
Hinterkante *f* [PC] / card trailing edge
Hinweisadresse *f* [Sw] / pointer
Hinweise für den Benutzer [Dp] / user considerations, considerations for use
Hinweis·marke *f* [Sw] / pointer || **˜spur** *f* [MD] / library track || **˜symbol** *n* [Sw] / sentinel, sentinel flag
h-Koeffizient *m* [Sc] / h coefficient
HLT (s. Beenden eines Programms)
hoch *adj* (in Bezug auf den binären Zustand) [M] / up
Hochfrequenz *f* [Th, Tr] / radio frequency (r.f.) || **˜generator** *m* [HSP] / high-frequency generator || **˜impedanz** *f* [Sc] / radio frequency impedance
Hochgeschwindigkeitsbus *m* [Mp] / highspeed bus || **asynchroner ˜** [ES] / asynchronous highspeed bus
hochintegriert·er Halbleiterschaltkreis [IC] / LSI semiconductor circuit || **~er Schaltkreis** (s. großintegrierter Schaltkreis) || **~e Schaltkreistechnik** [Dp] / highly integrated technology
Hoch·komma *n* (') [Sw] / inverted comma || **˜lauf** *m* [ES] / runup (all procedures required to attain initial operating state)
Hochleistungs·computer *m* [Dp] / high-performance computer || **˜kanal** *m* [PCC, Tr] / highspeed channel || **˜mehrzweckregister** *n* [CU] / highspeed general register || **˜-Multiplexunterkanal** *m* [CP] / highspeed multiplexer subchannel || **˜rechner** *m* [Dp] / high-performance computer
hochohmig *adj* [Tr] / high-impedance || **~ werden** [Tr] / to become highly resistive || **~er Widerstand** [Co] / high-value resistor
Hoch·ohmwiderstand *m* [Co] / high-value resistor || **˜paß** *m* [ES] / high-pass filter
Hochpegel·kanalschaltung *f* [ES] / high-level subscriber line circuit || **˜technik** *f* [ES] / high-level systems
Hochschmelz-Metalloxid-Halbleiter *m* [Sc] / refractory metal-oxide semiconductor (RMOS)
hochsetzen, die Schriftgrundlinie ~ [Typ] / to raise the type line
Hochspannungs·transformator *m* [Th, Meas] / high-voltage transformer || **˜versorgung** *f* [HSP] / high-voltage supply
Hochsprache *f* [Term] / standard language
höchst·e Bitstelle [Th] / high-order bit position, most significant bit position || **~er Gruppenbegriff** [Cobol] / final || **~e Priorität** [Tr] / right-of-way precedence || **~e Schwingfrequenz** *f* [Sc] / maximum frequency of oscillation
Höchstwert *m* [Cobol] / high-value || **˜-Funktion** *f* [PL/1] / high (builtin) function || **~ig** *adj* [Th] / left-most
höchstwertig·es Bit [Th] / highest-order bit, most significant bit, highest-order digit || **~e Ziffer** [Th] / highest-order bit, most significant bit, highest-order digit
Höcker-Durchlaßspannung *f* [Sc] /

isohypse voltage
Höckerpunkt (s. Gipfelpunkt) || **projizierter °~** [Sc] / projected peak point
Höcker·spannung *f* [Sc] / peak point voltage || **°~strom** *m* [Sc] / peak point current
Höcker-Tal-Stromverhältnis *n* [Sc] / drop ratio
hoh·er getasteter Gleichstrom [RDp, Tr] / high-keyed direct current || **~e Ziffernstelle** [Th] / high-order position
Höhenangabe *f* [Typ] / depth specification
höher·e Programmiersprache (d.h., jede nicht maschinenorientierte Programmiersprache, z.B. Basic, Cobol, Fortran, Algol usw.; häufig als Synonym für „problemorientierte Programmiersprache" verwendet) [Sw] / high-level language || **~e Rechnungsarten** [Th] / advanced arithmetical operations || **~e Stufe** [Sw] / higher level
höherwertig·es Bit [Th] / high-order bit, high-order digit || **~er Code** [Tr] / higher-level code || **~e Stelle** [Th] / high-order position || **~e Ziffer** [Th] / high-order bit, high-order digit
Holanweisung *f* [PL/1] / get statement
HOLD (s. Unterbrechen des Monitorlaufs)
Hol·datei *f* [PL/1] / get file || **°~folge** *f* [PL/1] / get string
Hollerith·-... [Fortran] / hollerith || **im °~code** [Hist, PC] / hollerith-coded || **°~karte** *f* [Hist] / Hollerith card (named after Herman Hollerith) || **°~maschine** *f* [Hist] / Hollerith machine (as used in the U.S. Census in 1890)
Holm *m* [Hw] / strut
Holografie *f* [M] / holography
holografisch·er Speicher [M] / holographic memory || **~es Speichermedium** (Speichermedium, auf dem Daten auf optischem Wege mittels Holografie eingebracht worden sind) [Rep] / holographic storage medium
Hologramm *n* (optischer Speicher) [M] / hologram
Hol-Zeichenfolge *f* [PL/1] / get string
Homingverfahren *n* [ES] / homing method
homogene Gleichung [Th] / homogeneous equation
Homograf *n* [Term] / homograph
Homografie *f* (gleiche Schreibung von Ausdrücken verschiedener Aussprache und/oder Bedeutung) [Term] / homography
Homonym *n* [Term] / homonym
Homonymie *f* (gleiche Aussprache und gleiche Schreibung von Ausdrücken verschiedener Herkunft und Bedeutung; cf. „Polysemie") [Term] / homonymy
Homophon *n* (DIN 2341E, Mai 1977) [Term] / homophone
Homophonie *f* (gleiche Aussprache von Ausdrücken verschiedener Schreibung und/oder Bedeutung) [Term] / homophony
hörbare Sprache [VC, Tr] / audible voice output
horizontal·er Zeichenabstand [HSP] / horizontal spacing || **~e Zuführung** [PC] / horizontal feed || **°~ablenkung** *f* [HSP] / horizontal deflection || **°~auflösung** *f* [VDT] / horizontal resolution || **°~bildlageregler** *m* [VDT] / horizontal centering control || **°~steuerung** *f* [Algol] / horizontal control || **°~tabulator** *m* [TP] / horizontal tabulation || **°~tabulatorzeichen** *n* [TES] / tab character (TABC), tabulator character || **°~zentrierregler** *m* [VDT] / horizontal centering control
Hör-Sprech·-Aufnahme-Labor *n* [CAI] / audio-active comparative language laboratory || **°~-Labor** *n* [CAI] / audio-active language laboratory
Hörton *m* [ES] / call progress tone (CPT)
Host-Rechner (s. Verarbeitungsrechner)
Hot-Line-Service *m* (direktes Durchschalten zu einer einzigen Gegenstelle ohne Wahl durch den Teilnehmer) [RDp, Tr] / hot line service
Hot-Standby·-Betriebsweise *f* [ES] / hot-standby method || **°~-Prinzip** *n* [ES] / hot-standby concept || **°~-Verfahren** *n* [ES] / hot-standby method
H-S-A-Labor *n* [CAI] / audio-active comparative language laboratory
H-S-Labor *n* [CAI] / audio-active language laboratory
Hub *m* (Taste) [TP] / operating travel, key stroke, upstroke || **°~** (Farbband) [TP] / upstroke, excursion || **°~kurbel** *f* [HSP] / crank handle
Huffman-Baum *m* [Th] / Huffman's tree
Humanübersetzung *f* [MAT] / human translation (as opposed to machine translation)
hybrid *adj* [Th] / hybrid || **~e**

Mikrostruktur [Co] / hybrid microstructure || **~es Rechnersystem** [HyC] / hybrid system || **≗eingabeanschlußblock** *m* [HyC] / hybrid input terminal || **≗rechner** *m* [HyC] / hybrid computer, analog-digital computer || **≗schaltkreis** *m* [Sc] / hybrid circuit, hybrid || **≗schaltung** *f* [Sc] / hybrid circuit, hybrid

Hydraulik *f* [Fl] / hydraulic unit

hydraulischer Stellantrieb [PCC] / hydraulic actuator

Hyperbel *f* [Th, GrDp] / hyperbola || **≗funktion** *f* [Th, GrDp] / hyperbolic function

Hypertape *n* (Rtm.) [MT] / hypertape

Hypotenuse *f* [Th, GrDp] / hypotenuse

hypothetischer Bezugskreis [PCC, Th] / hypothetical reference circuit

Hysterese-Effekt *m* [Sc] / snapback effect

Hystereseschleife *f* [M] / hysteresis loop || **rechteckige ≗** [M] / rectangular hysteresis loop

I

i, türkisches ~ (ı) [Typ] / dotless i (ı)

IC-Analyse *f* [Term, MAT] / immediate constituent analysis, constituent analysis

ideal·er Gleichrichter [Sc] / ideal rectifier || **~er Wandler** (zur Verbindung eines bestimmten Senders mit einem bestimmten Empfänger) [PCC] / ideal transducer (for connecting a specified source to a specified load) (GB)

idealisierte Diode [Cir] / idealized diode

Idealwert *m* [NC] / ideal value

Identifikations·austausch *m* [Tr] / exchange of station identifications || **≗block** *m* [Sw] / identifier record || **Feldprüfung für ≗daten** [Sw] / ID field check || **≗feld** *f* [Sw] / identification field || **≗folgefeld** *n* [Sw] / identification sequence field || **≗tabelle** *f* (für Stationen) [Tr] / station identification table

Identifizierung *f* [Sw, OCR] / recognition || **≗** (Zeichen oder Zeichenfolge, mittels derer eine DEE ihre eigene Datenstation kenntlich macht) (DIN 44302, Apr. 1979) [Tr] / identifier || **≗ der gerufenen Leitung** [ES] / called line identification || **≗ der rufenden Leitung** [ES] / calling line identification

Identifizierungskennzeichen *n* [M, Sw] / tag

identisch verkehren [ES] / to communicate in identical fashion

Identitäts·glied *n* [Cir] / identity unit, identity element || **≗schaltung** *f* [Cir] / identity unit, identity element || **≗vergleich** *m* [Th, Cir] / logic comparison, logical comparison

Ideogramm *n* [Cy] / ideogram

IDL (s. Warten)

IDV (s. integrierte Datenverarbeitung)

IG (s. Impulsgeber)

IG-FET (s. Isolierschicht-Feldeffekttransistor)

Ignorierzeichen *n* [RDp, OCR] / ignore character, delete character

Ikon *n* [Cy] / icon

ILN (s. interne Leitungsnummer)

I^2L-Technologie *f* [Mp, IC] / I^2L technology (integrated injection logic technology)

imaginär *adj* [PL/1] / imaginary || **~e Zahl** [Th] / imaginary number

Imaginärteil *m* [Th] / imaginary part || **≗-Funktion** *f* [PL/1] / imag (builtin) function || **≗-Pseudovariable** *f* [PL/1] / imag pseudo-variable

immaterielle Ware [Dp] / software

Impact-Drucker *m* [HSP] / impact printer

Impfkristall *m* [Sc] / seed crystal || **≗halter** *m* [Sc] / seed chuck, seed holder

Implantierung *f* [Sc] / implantation

Implementierung *f* [Sw] / implementation

Implikation *f* [Algol] / implication || **≗** (DIN 44300, März 1972) [SA] / conditional implication operation, IF-THEN operation

implizierte Länge [Sw] / implied length

implizit *adj* [Sw] / implicit, implied || **~e Adresse** [Sw] / implied address || **~e Adressierung** [Sw] / implied addressing, one-ahead addressing, stepped addressing || **~e Länge** [Sw] / implied length || **~e Typzuordnung** [Fortran] / implied association || **Liste mit ~er Schleife** [Fortran] / do-implied list || **Spezifikation für ~e Schleife** [Fortran] / do-implied specification

Impuls *m* [Th] / pulse || **≗abfallzeit** *f* [Sc] / pulse fall time || **≗abstand** *m* [Tr] / pulse spacing || **≗amplitude** *f* [Tr] / pulse

amplitude || **dichte ≗aufzeichnung** [PE] / pulse packing || **≗betrieb** *m* [Th] / pulse operation || **≗breitenschrift** *f* [PE] / pulse-width recording (CNRZ), two-frequency recording mode || **≗code** *m* [Tr] / pulse code, impulse code
Impulsdauer *f* [Sc] / duty cycle (of transistor, etc.) || [Tr] / pulse duration, pulse length || **mittlere ≗** [Sc] / pulse average time
Impuls·diagramm *n* [Cir] / pulse timing diagram, timing diagram || **≗drucker** *m* [HSP] / impact printer || **≗einsteuerung** *f* [PC] / selective digit emitter, digit emitter || **≗flankensteilheit** *f* [ES] / gradient of the pulse transition
Impulsfolge *f* [Tr] / pulse group, pulse train || **≗frequenz** (s. Pulsfolgefrequenz)
Impuls·form *f* [Tr] / pulse shape || **≗former** *m* [Tr] / pulse shaper, pulse shaping former, pulse shaping circuit
impulsfreier Drucker [HSP] / nonimpact printer
Impulsfrequenz (s. Pulsfolgefrequenz)
Impulsgeber *m* [PC] / selective digit emitter, digit emitter || **≗ (IG)** [ES] / electronic pulse generator
Impuls·generator *m* [ES] / electronic pulse generator || **≗güte** *f* [Tr] / pulse quality || **≗höhe** *f* [Tr] / pulse height || **≗kennzeichen** *n* [Tr] / pulse signal || **≗kette der Rückführung** [PCC] / feedback pulse train || **≗länge** *f* [Tr] / pulse duration, pulse length || **≗pause** *f* [Tr] / no-pulse period
Impuls/Pause 1:1 [ES] / 1:1 keying ratio
Impuls·periodendauer *f* [Tr] / pulse interval || **≗regelung** *f* [PCC, AC, Cy] / sampled-data control || **≗regenerationsschaltung** *f* [Tr] / pulse regenerating circuit || **≗regenerierung** *f* [Tr] / pulse regeneration || **≗reihe** *f* [Tr] / pulse group, pulse train || **≗schreiber** *m* [ES] / pulse time recorder || **≗serie** *f* [Tr] / pulse group, pulse train
Impulsspeicher *m* [PC] / cycle delay unit || **≗zeit** (s. Speicherzeit)
Impuls·störung *f* [ES] / noise interference, impulse noise || **≗stromquelle** *f* [Sc] / pulsed current generator || **≗taktgeber** *m* [ES] / metering pulse generator || **≗telegramm** *n* [Tr] / pulse message || **≗tor** *n* [Sc] / pulse gate || **≗übersicht** *f* [PC] / timing chart || **≗übertrager** *m* [Sc] / pulse transformer, pulse repeater || **≗verhältnis** *n* [Tr] / pulse ratio || **≗verlustleistung** *f* [Sc] / peak power || **≗verzögerung** *f* [PC, NC] / cycle delay || **≗verzögerungszeit** *f* [Sc] / pulse delay time || **≗wärmewiderstand** *m* [Sc] / transient thermal impedance
Impulszeit *f* [Sc] / pulse time || **≗messer** *m* [ES] / pulse time meter
Inbetriebnahme *f* [Dist] / commissioning (i.e., installation of a computer, etc., to a point where it is capable of successful operation) || [Mp] / startup procedure || **≗- und Wartungsempfehlung** [Dist, Serv] / commissioning and maintenance recommendation || **≗protokoll** *n* [Dist] / commissioning certificate (of device, machine, etc.)
Index *m* [Algol] / subscript || [PL/1] / subscript || ≗ (Teilbereich des elektronischen Wörterbuchs, in dem nur die Suchbegriffe für eine Sprache mit einer Adresse des Haupteintrags alphabetisch geordnet aufgeführt sind) [MAT] / index (pl. indices) || ≗ (zur Bezeichnung von Bauelementen) [Sc] / subscript || ≗ (s. Adressenindex) || ≗ (s. Spezialindex) || ≗ (s. Normalindex) || **alphabetischer ≗** [MAT] / alphabetic index || **≗abschnitt** *m* [MAT] / index section
Indexausdruck *m* [Algol] / subscript expression || [Fortran] / subscript expression
Index·bereich *m* [Sw] / index extent, index area || **≗block** *m* [Sw] / index block || **≗datenfeld** *n* [Cobol] / index data item || **≗eintrag** *m* [MAT] / index entry || **≗feld** *n* [Cobol] / index data item || **≗-Funktion** *f* [PL/1] / index (builtin) function
Indexgrenze *f* [Algol] / subscript bound || **veränderbare ≗** [Fortran] / adjustable dimension
Indexgrenzen *f pl* [PL/1] / bound pair || **≗angabe** *f* (in der Matrixvereinbarung) [Fortran] / array declarator subscript || **≗anpassung** *f* [PL/1] / adjust bound pairs || **≗-Bedingung** *f* [PL/1] / subscript range condition
Indexieren *n* [IDS] / indexing
indexierte Adresse [Sw] / indexed address
Indexierung, automatische ≗ [DOK, IDS] / automatic indexing || **gleichordnende ≗** (DIN 31623E T1, Nov. 1978) [DOK] / coordinate indexing
Indexklammer *f* [Algol] / subscript bracket []
Indexliste *f* [Algol] / subscript list || [Fortran] / subscript || ≗ (s. Indextabelle)
Index·listenwert *m* [Fortran] / subscript value || **verallgemeinerte ≗methode**

(**VIM**) [Sw] / generalized index method || **~name** *m* [Cobol] / index-name || **~position** *f* [Algol] / index position || **~punkt** *m* [PE, PC] / index point
Indexregister *n* (DIN 44300, März 1972) [CP] / index register, indexing register, modifier register || **~nummernregister** *n* [ES] / indexing register number register
Indexsatz *m* [Sw] / index record
indexsequentiell·e Datei [Sw] / indexed sequential file || **~e Zugriffsmethode** [VS] / indexed sequential access method (ISAM)
Index·speicher *m* [CP] / modifier storage || **~stufe** *f* [OS] / index level || **~tabelle** *f* [M] / index || **~überlagernd** *adj* [PL/1] / isub defined || **~verfahren** (s. indexsequentielle Zugriffsmethode) || **~wert** *m* [Sw] / index value || **~wort** *n* [Sw] / index word (i.e., an instruction modifier used in program modification, applied to the address part of an instruction) || **~zeile** *f* [MAT] / index line || **~zusatz** *m* [Cobol] / indexed by phrase
indirekt·e Adresse [Sw] / indirect address, second level address, multilevel address || **~e Adressierung** [Sw] / multilevel addressing, indirect addressing || **~er Betrieb** [Dp] / off-line mode, off-line operation || **~e Datenfernverarbeitung** [RDp] / off-line teleprocessing || **~ gesteuertes System** [ES] / indirect-control system, common control system || **~ prozeßgekoppelt** (DIN 66201E T1, Apr. 1979) [PCC] / off-line || **~e Registeradressierung** [Mp] / register pair addressing (i.e., the instruction specifies the register pair containing the memory address) || **~er Satz** [Sw] / no-home record || **~e Verarbeitung** [Dp] / off-line processing || **~er Zugriff** [Dp] / indirect access
indizieren *v* [Th] / index, subscript || *n* [IDS] / indexing
indiziert *adj* [Th] / indexed, subscripted || **~e Adresse** [Sw] / indexed address || **~e Adressierung** [Mp] / indexed addressing || **~e Datei** [Sw] / indexed file || **~er Datenname** [Cobol] / indexed data name || **~er Name** [Sw] / subscripted name || **~e Variable** [Algol] / subscripted variable || **~er Wert** [Sw] / subscripted value
indiziert-sequentiell·e Datei [Sw] / indexed sequential file || **~e Zugriffsmethode (ISZM)** [VS] / indexed sequential access method (ISAM) || **nicht ~** [Sw] / non-indexed-sequential
Indizierung *f* [Cobol] / indexing || [Cobol] / subscripting || **automatische ~** (mit Hilfe von Deskriptoren) [DOK, IDS] / automatic indexing
Induktion, magnetische ~ [Sc] / magnetic induction
induktions·arm *adj* [TP] / low-inductance || **~empfindlichkeit** *f* (eines Hallplättchens) [Sc] / induction sensitivity
induktive Belastung [Th] / inductive load
Induktivität *f* [Th] / inductance
Industrie-Elektronik *f* / industrial electronics
industrielle Datenverarbeitung [Dp] / industrial data processing
Industrie·standard *m* [R&D] / industrial standard || **~typ** *m* (z.B. von Transistoren) [Sc] / industrial type
INFA (s. Informationsausgabe)
INFAR (s. Informationsausgaberegister)
INFARS (s. Informationsausgaberegistertaktsperre
INFARVGL (s. Informationsausgaberegistervergleich
INFE (s. Informationseingabe)
INFER (s. Informationseingaberegister)
INFERVGL (s. Informationseingaberegistervergleiche
Infinite-Pad-Methode *f* (Verfahren zum Messen des Remissionsgrades) [OCR] / infinite pad method
Infinitesimalrechnung *f* [Th] / infinitesimal calculus, infinitesimal analysis
Infix·darstellung *f* [Th] / infix notation || **~schreibweise** *f* [Th] / infix notation
Informatik *f* [Th] / informatics
Information, allgemein zugängliche ~ [Priv, IDS] / public record information, matter of public record, item of public record || **redundante ~** [Th] / redundant information || **semantische ~** [MAT, Th, Cy / semantical information, semantic information content, semantical information content, amount of semantic information || **übertragene ~** [Th] / transinformation, average transinformation, transmitted information, mutual information
informationell·e Akkommodation [CAI, Cy] / probability learning || **~e Approximation** [Cy] / informational approximation
Informations·- und Befehlsverknüpfung (in MOS-3) [TP] / information and command ORing logic || **~abtastung** *f* [TP] / code hole scanning

|| ~**anordnung** *f* [Th] / information format || ~**ästhetik** *f* [Cy] / informational esthetics || ~**ausgabe (INFA)** *f* [Dp] / information output

Informationsausgaberegister (INFAR) *n* [Dp] / information output register || ~**taktsperre (INFARS)** *f* [Dp] / information output register clock inhibition || ~**vergleicher (INFARVGL)** *m* [Dp] / information output register comparator

Informationsausgabesignal *n* [ES] / information output signal

Informationsaustausch *m* [RDp, Tr] / information exchange || **technischer** ~ [R&D] / technical information exchange

Informations·bank *f* [IDS] / data bank || **semantischer** ~**belag** [MAT, Th, Cy] / semantical information, semantic information content, semantical information content, amount of semantic information || **mittlerer** ~**belag** (einer Nachrichtenquelle) (DIN 44301, Feb. 1977) [Th, Cy] / mean information content per character, average information content per character, mean entropy per character || ~**bereich** *m* [Sw] / descriptive region || ~**bit** *n* [Th, Tr] / data bit, information bit || ~**darstellung** *f* [Th] / data representation || ~**didaktik** *f* [CAI, Cy] / informational didactics || ~**draht** *m* [M] / digit wire || ~**durchschaltung** *f* [ES] / through-connection of information

Informationseingabe (INFE) *f* [Dp] / information input || ~**kopplung** *f* [ES] / information input switching network || ~**register (INFER)** *n* [Dp] / information input register || ~**registervergleicher (INFERVGL)** *m* [Dp] / information input register comparator || ~**signal** *n* [ES] / information input signal

Informationseinheit *f* [Th] / information unit

Informationsfluß *m* [Th] / information flow || ~ **pro Zeiteinheit** [Th] / information flow rate || **einseitiger** ~ [Tr] / one-way communication || **mittlerer** ~ (einer Nachrichtenquelle) (DIN 44301, Feb. 1977) [Th, Cy] / average information rate per time || **wechselseitiger** ~ [Tr] / two-way alternate communication, either-way communication || ~**analyse** *f* [IDS] / information flow analysis

Informationsgehalt *m* (DIN 44301, Feb. 1977) [Th, Cy] / information content || **bedingter** ~ (DIN 44301, Feb. 1977) [Th, Cy] / conditional information content || **mittlerer** ~ (DIN 44301, Feb. 1977) [Th, Cy] / mean information content, average information content, entropy || **mittlerer bedingter** ~ (DIN 44301, Feb. 1977) [Th, Cy] / mean conditional information content, average conditional information content, conditional entropy || **semantischer** ~ (s. semantische Information)

Informations·ingenieur *m* [DOK, IDS] / information officer (i.e., person responsible for the collection, searching for and dissemination of specialized information) || ~**kreis** *m* [NC] / information circuit || **feste** ~**länge** [Sw] / fixed information length || ~**leitung** *f* [ES] / information wire || ~**loch** *n* (DIN 66218, Jan. 1976) [PT] / code hole || ~**lochung** *f* (im Gegensatz zur Führungslochung) [PT] / codes holes || ~**medium** *n* [PE, Dp] / information medium || **europäisches** ~**netz** [RDp, IDS] / European information network || ~**pool** *m* [Th, IDS] / information pool || ~**psychologie** *f* [Cy] / information psychology || ~**regeneration** *f* [M] / regeneration

Informationsschritt *m* [Tr] / information element, code pulse, code element, intelligence-bearing element || **zusätzliche** ~**e** [Tr] / overhead bits

Informations·signal *n* [Tr, NC] / information signal || **erweiterungsfähiger** ~**speicher** [Th, M, Dp] / expandable memory

Informationsspur *f* [MT] / information track || ~ (DIN 66218, Jan. 1976) [PT] / code hole track, code track, data track

Informations·stelle *f* (Informations- und Dokumentationseinrichtung, die auf Anfrage oder kontinuierlich Daten an bestimmte Benutzer weiterleitet, die Daten aber überwiegend nicht selbst aufbereitet hat) [DOK] / information agency || **zentrale** ~**stelle** [DOK] / information center || ~**streifen** *m* [PT] / data tape

Informationssystem *n* [IDS] / information system || **Management-**~ **(MIS)** *n* [IDS] / management information system (MIS) || **Personal-**~ *n* [IDS] / staff information system || **rechnergestütztes** ~ [IDS] / computerized information system

Informations·technik *f* [IDS] / information technology || ~**theorie** *f* [Th] / information theory, theory of communication || ~**träger** *m* [PE] /

information carrier
Informationstrennzeichen *n* [Tr] / information separation signal, information separator signal || ≗ (s. Begrenzungszeichen)
Informations·übertragung *f* [Tr] / information transmission || ≗**umkehr** *f* [ES] / signal wraparound || ~**verarbeitende Maschine** [Dp] / information-processing machine || ≗**verarbeitung** *f* / data processing (dp), information processing
Informationsvergleicher *m* [ES] / information comparator || ≗**fehler** *m* [M] / information compare error
Informations·verstümmelung *f* [Tr] / corruption of messages, garbling of call intelligence, mutilation of signals || ≗**wiedergewinnung** *f* / information retrieval || ≗**wiedergewinnungssystem** *n* [IDS] / information retrieval system || ≗**wort** *n* [Th, NC] / information word || **Gaborsche** ≗**zelle** [Cy] / Gabor information cell || ≗**zentrum** *n* (Informationsstelle, die ihre Informationstätigkeit zentral für eine geografische, organisatorische oder politische Einheit wahrnimmt) [DOK] / information center
Ingenieur·büro *n* / engineering office || ≗**psychologie** *f* (Teilgebiet der Arbeits- und Betriebspsychologie, das sich mit der Gestaltung des Arbeitsplatzes, der Maschinen, der Arbeitseinteilung, der Arbeitszeit usw. befaßt) [DpC] / human engineering
Inhalt *m* [Sw] / contents
inhaltsadressierbarer Speicher (s. Assoziativspeicher)
inhaltsadressierter Speicher (s. Assoziativspeicher)
Inhalts·analyse *f* (Verfahren zur Analyse von Formen oder Inhalten sprachlicher, nichtsprachlicher oder symbolischer Kommunikation mit dem Ziel, anhand von objektiven Merkmalen inhaltliche Schlüsse zu ziehen) [Term, MAT] / content analysis, analysis of communication content || **Katalog von** ≗**klassen** [MT, MAT] / category set, set of categories || ≗**überwachung** *f* [Dp] / contents supervision
Inhaltsverzeichnis *n* (Tabelle der Eintragungen des MATER-Austauschformats, die zum Auffinden der Datenfelder des Satzes benötigt werden) (DIN 2341E, Mai 1977) [MT, MAT] / directory || ≗ **einer Bibliothek** [Sw] / library directory || ≗**block** *m* [Sw] / directory block, table-of-contents block || ≗**eintrag** *m* [Sw] / directory entry
Inhibitimpuls *m* [M] / inhibit pulse
Inhibition *f* (DIN 44300, März 1972) [SA] / exclusion, NOT-IF-THEN operation, AND-NOT operation || **laterale** ≗ [Cy] / lateral inhibition
Inhibitstrom *m* [M] / inhibit current
initialisieren *v* [Sw] / initialize
Initialisierung *f* [OS] / initialization (of memory) || ≗ **von Geräten** [Dp] / device setup
Initialprogrammlader *m* [OS] / initial program loader (IPL)
Initiator *m* [OS] / initiator (i.e., a specific job scheduling program which makes jobs and job steps ready to run)
initiieren *v* [ES] / initialize
Injektion (s. Ladungsträgerinjektion)
Injektions·folgespannung *f* [Sc] / post injection voltage || ≗**strom** *m* [Sc] / injection current || ≗**wirkungsgrad** *m* [Sc] / injection efficiency
Injektor *m* [Sc] / injector
injizieren *v* [Sc] / inject
inklusiv·es ODER (DIN 44300, März 1972) [SA] / inclusive-OR operation, disjunction || ~**es Segment** [OS] / inclusive segment
Inklusives-ODER·-Glied (s. ODER-Schaltung) || ≗**-Schaltung** *f* [Cir] / OR circuit, OR element, inclusive-OR circuit
Inkompatibilität *f* [Hw] / incompatibility
inkremental *adj* [NC] / incremental || ~**e Ausfallwahrscheinlichkeit** [DpC] / incremental probability of failure || ~**e Darstellung** [Th] / incremental representation || ~**er Integrierer** [ADp] / incremental integrator, saturating integrator, servo-integrator, decision integrator || ~**es System** [NC] / incremental system || ≗**bandgerät** *n* [MT] / incremental tape station || ≗**rechner** *m* [Dp] / incremental computer, digital differential analyzer (DDA)
Inkrement·angabe *f* [ES] / increment indicator || ≗**bildung** *f* [ES] / incrementing
inkrementieren *v* [Mp] / increment
Inkrementmeßverfahren *n* [NC] / incremental measuring method
Inlandsverkehr *m* [ES] / national traffic, domestic traffic
Innen·anschlußsteuerwerk *n* [VS] / inboard director || ≗**perforation** *f* [HSP] /

internal perforation
inner·e Blockierung [ES] / internal blocking || **~es Driftfeld** [Sc] / internal drift-field || **~er Kurzschluß** [Sc] / internal short-circuit || **~er lichtelektrischer Effekt** [Sc] / internal photoelectric effect, internal light-sensitive effect || **~er Makroaufruf** [ES] / inner macro call || **~e remanente Restspannung** (eines Halleffekt-Bauelementes) [Sc] / internal remanent residual voltage || **~es Spannungsverhältnis** [Sc] / intrinsic standoff ratio (unijunction transistors) || **~er Speicher** [M] / memory (as opposed to backing storage media such as magnetic tape, magnetic disk or magnetic drum storage; often also called "storage"), main memory (term used if distinction between internal memory and backing memory units, as in disk file memory systems, is required) || **~er Transistor** [Sc] / intrinsic transistor || **~er Wärmewiderstand** [Sc] / thermal resistance junction to case
innerbetriebliches System [Dp] / in-plant system, in-house system
Installation *f* [Cobol] / installation
Installationszeichnung *f* [Serv] / installation drawing
Instandhaltung (s. Wartung) || **Überwachung und ≗** [Hw, DpC] / preventive maintenance (PM) (i.e., maintenance carried out with the intention of preventing the occurrence of faults)
Instandsetzung *f* [Hw, DpC] / corrective maintenance (i.e., work required to correct a machine fault)
Instandsetzungs·verzugzeit *f* [Dp] / awaiting-repair time || **≗wartung** *f* [Hw, DpC] / corrective maintenance (i.e., work required to correct a machine fault) || **≗zeit** *f* [Hw, DpC] / repair time
Instanz, kybernetische ≗ [Cy] / level of cybernetics
Instruktion, programmierte ≗ [CAI] / programmed instruction (PI) || **symbolische ≗** [PL] / symbolic instruction
Instruktions·abruf *m* [OS] / instruction fetch || **≗adresse** *f* [Sw] / instruction address || **≗aufbau** *m* [Sw] / instruction format || **≗folge** *f* [Sw] / instruction sequence, sequence of instructions || **≗format** *n* [Sw] / instruction format || **≗karte** *f* [Sw] / instruction card || **≗länge** *f* [Sw] / instruction length
instrumentale Konditionierung [Cy] / instrumental conditioning
Instrumenten·meßbereich *m* [PCC] / instrument range || **≗tafel** *f* [Hw] / instrument panel
INT (s. Anrufen eines Programms)
integral·e Grenze [Dp] / alignment boundary || *n* [Th] / integral, integral number || **doppeltes ≗** [Th] / double integral || **≗gleichung** *f* [Th] / integral equation || **≗wert** *m* [Th] / integral value || **≗zeichen** *n* [Th] / integral sign
Integrand *m* [Th] / integrand
Integration, Trapez-≗ *f* [Th] / trapezoidal integration
Integrations·schaltung *f* [ADp] / integrator, integrating circuit, integrating network || **≗zeit** *f* [Sc] / integration time
Integrator *m* [ADp] / integrator, integrating circuit, integrating network || **digitaler ≗** [Dp] / incremental computer, digital differential analyzer (DDA) || **summierender ≗** [ADp] / summing integrator
Integrieranlage *f* [ADp] / differential analyzer || **digitale ≗** [Dp] / incremental computer, digital differential analyzer (DDA)
integrierend·e Analogeingabe [ADp] / integrating analog input device || **~er Anzeiger** [Th, Meas, AC] / integrating indicator || **~es Instrument** [Th, Meas, AC] / integrating instrument, integrating meter || **~es Meßgerät** [Th, Meas, AC] / integrating instrument, integrating meter || **~es Netzwerk** [ADp] / integrator, integrating circuit, integrating network || **~er Verstärker** [ADp] / integrating amplifier
Integrierer *m* [ADp] / integrator, integrating circuit, integrating network || **≗ mit Begrenzung** [ADp] / limited integrator || **≗ mit harter Begrenzung** [ADp] / hard limited integrator || **≗ mit weicher Begrenzung** [ADp] / soft limited integrator || **inkrementaler ≗** [ADp] / incremental integrator, saturating integrator, servo-integrator, decision integrator || **mechanischer ≗** [ADp] / integrating gear, integrating mechanism
Integriergerät, digitales ≗ [Dp] / incremental computer, digital differential analyzer (DDA)
Integrier·getriebe *n* [ADp] / integrating gear, integrating mechanism || **≗glied** *n* [ADp] / integrator, integrating circuit,

integrating network
integriert·er Bedienungsplatz [Hw] / integrated control console || **~es Datennetz** [Tr] / integrated data network || **~e Datenverarbeitung (IDV)** [Dp] / integrated data processing (IDP) || **~e Dickfilmschaltung** [Sc] / thick film integrated circuit || **~e Dünnschichtschaltung** [Sc] / thin-film integrated circuit || **~e Elektronik** [Sc] / integrated electronics || **~er Geräteanschluß** [Hw] / device adapter (DA) || **~e Halbleiterschaltung** [IC] / integrated semiconductor circuit || **~er Hybridschaltkreis** [Co] / hybrid integrated circuit || **~e Hybridschaltung** [Sc] / hybrid integrated circuit || **~es Informationssystem** [IDS] / integrated information system || **~es kybernetisches Gesamtmodell** [Cy] / integrated and complete cybernetic model || **~es Management-Informationssystem** [IDS] / integrated management information system (IMIS) || **~e Mikroschaltung** [Sc] / integrated microcircuit || **~es Netz** [ES] / integrated network || **~er Schaltkreis** [Mp, IC] / integrated circuit (IC) || **~e Schaltkreistechnik** [MCS] / integrated circuit technology || **~e Schaltung (IS)** [Mp, IC] / integrated circuit (IC) || **~er Siliziumschaltkreis** [Co] / silicon integrated circuit
intelligent·e Datenstation [DT] / intelligent terminal, smart terminal, intelligent data terminal || **~es Terminal** [DT] / intelligent terminal, smart terminal, intelligent data terminal
Intelligenz *f* [Tr, Cy] / intelligence || **künstliche ~** [Th, Cy] / artificial intelligence || **~quotient** *m* [Cy] / intelligence quotient
Intension *f* (DIN 2330, März 1979) [Term] / conceptual meaning
interaktiv·er Bildschirm [RDp] / interactive video terminal || **~es CAD-System** [R&D] / interactive CAD system
Interbasiswiderstand *m* [Sc] / interbase resistance
Interessenprofil *n* [DOK, IDS] / interest profile (of person, organization, etc.)
Interface-Baustein *m* [MCS] / interface module, interface card
Interferenz *f* (Licht) [Th] / interference || **~muster** *n* (bei Hologramm) [M] / interference pattern, optical interference pattern
intermittierender Fehler [Dp] / intermittent fault
Intermodulations·abstand *m* [Sc] / signal-to-intermodulation ratio || **~frequenz** *f* [Sc] / intermodulation frequency
intern *adj* [PL/1] / internal || **~er binärer Operationsschlüssel** [OS] / internal binary operation code || **~er Code** [OS] / internal code || **~e Darstellung** [Fortran] / internal representation || **~e Darstellung** [Cobol] / internal representation || **~er Datenbus** [Mp] / internal data bus || **~es Dezimaldatenwort** [OS] / internal decimal item || **~e Festlegung** [ES] / in-house code || **~es Format** [Cobol] / internal format || **~er Funktionsablauf** [OS] / internal logic || **~es Gleitpunktdatenwort** [OS] / internal floating-point item || **~e Kontrolle** [Th, M] / internal check || **~e Leistung** (einer Zentraleinheit) [Dp] / functional processor power || **~e Leitungsnummer (ILN)** [Tr] / internal line number (ILN) || **~e Logik** [OS] / internal logic || **~er Maschinenfehler** [Dp] / processor trap || **~er Prozeß** [Sw] / internal task, internal process || **~e Quittung (IQ)** [ES] / internal acknowledgment signal || **~e Schrankverkabelung** [TrL] / intra-cabinet cabling || **~e Sortierung** (d.h., Sortieren in der Datenverarbeitungsanlage unter Zuhilfenahme von an die Anlage angeschlossenen äußeren Speichern oder Sortieren im Arbeitsspeicher der Datenverarbeitsanlage) [Dp] / on-line sorting (including magnetic tape sorting, magnetic disk sorting, and internal storage sorting) || **~er Speicher** [M] / memory (as opposed to backing storage media such as magnetic tape, magnetic disk or magnetic drum storage; often also called "storage"), main memory (term used if distinction between internal memory and backing memory units, as in disk file memory systems, is required) || **~er Speicher** (häufig = Arbeitsspeicher) [M] / internal memory, internal storage || **~e Standardfunktion** [Fortran] / intrinsic function || **~e Steuerung** [CP] / internal control || **~e Taktbindung** [MCS, Dp] / internal timing || **~e Taktversorgung** [ES] / internal clock supply, internal clock pulse supply

nternadressenvorsatz *m* [Sw] / internal address header
nternadreß·karte *f* [OS] / internal symbol dictionary card, ISD card || **≗tabelle** *f* [OS] / internal symbol dictionary (ISD)
nternational·er Fernschreibcode [TP] / international telegraph alphabet, international telegraph code || **~er Fernschreibcode Nr.2 des CCITT** (für öffentliche Fernschreibleitungen genormter Code, entspricht weitgehend dem in den USA verwendeten Baudot-Code) [TP] / international alphabet No.2 || **~es Kopfamt** [ES] / gateway center, international gateway exchange || **~e Leitung** [Tr] / international line || **~es Telegrafenalphabet** [TP] / international telegraph alphabet, international telegraph code || **~es Telegrafenalphabet Nr.2** [TP] / international alphabet No.2
ntern·ationale Fernmeldeunion (mit Sitz in Genf) [Org] / International Telecommunication Union (ITU) || **≗code** *m* [OS] / internal code
nterndarstellungs·-Funktion *f* [PL/1] / unspec (builtin) function || **≗-Pseudovariable** *f* [PL/1] / unspec pseudo-variable
ntern·format *n* [Algol] / nonformat || **≗organisation** *f* [ES] / internal housekeeping (on a call)
nternspeicher *m* [M] / memory (as opposed to backing storage media such as magnetic tape, magnetic disk or magnetic drum storage; often also called "storage"), main memory (term used if distinction between internal memory and backing memory units, as in disk file memory systems, is required) | [Cobol] / memory || **≗größe** *f* [Cobol] / memory size
ntern·verarbeitung *f* [Th] / internal processing || **≗verbindung** *f* [ES] / local call, intra-exchange call || **≗verbindungsschaltung** *f* [ES] / local-call switching circuit
nterpolation *f* [Th] / interpolation || **lineare ≗** [Th] / straight-line interpolation, linear interpolation || **Parabel-≗** (G06) (DIN 66025, Okt. 1973) [NC] / parabolic interpolation
nterpreter *m* [Sw] / interpretive program, interpreter
nterpretiercode *m* [Sw] / interpretive code, interpreter code
nterpretieren *v* [Dp] / recognize (code, etc.) || ~ (DIN 44300, März 1972) [Dp] / interpret (signal, source language statement, etc.)
interpretierend·e Ausführung [Dp] / interpretive execution || **~es Programm** [Sw] / interpretive program, interpreter || **~es Protokollprogramm** [Sw] / interpretive trace program
Interpretierer *m* (DIN 44300, März 1972) [Sw] / interpretive program, interpreter
Interpretierprogramm *n* [Sw] / interpretive program, interpreter
Interpunktionsfehler *m* [Sw] / punctuation error
Intervall, kennzeichnendes ≗ [TP] / significant interval || **≗zeitgeber** *m* [VS, OS] / interval timer || **≗zeitregister** *n* [CU] / interval time register
Intrinsic·-Abstandsverhältnis *n* [Sc] / intrinsic standoff ratio (unijunction transistors) || **≗-Dichte** *f* [Sc] / inversion density || **≗-Leitfähigkeit** *f* [Sc] / intrinsic conductivity || **≗-Schicht** *f* [Sc] / intrinsic layer
Invarianz *f* [Th] / invariancy
invers·er Betrieb [Sc] / inverse operation, inverse action || **~e Funktion** [Th, NC] / inverse function
Inversion *f* [SA] / NOT operation, Boolean complementation || ≗ (DIN 41852 Aug. 1978) [Sc] / acceleration misalignment || ≗ (bei der Erfassung gekennzeichnete Umstellung einer Mehrwortbenennung mit dem Ziel, ein Suchwort, das nicht am Anfang dieser Benennung steht, an den Anfang zu stellen) [MAT] / inversion || **≗ von Kontaktnetzwerken** [Cir] / complementation of contact networks, inversion of contact networks
Inversionsdichte *f* [Sc] / inversion density
Inversschaltung *f* [ADp] / inverse integrator
Inverter *m* [Cir] / NOT element, NOT circuit
invertiert·e Darstellung (Zeichen auf Bildschirm) [VDT] / reverse video || **~e Datei** (in einem DBMS usw.) [Sw] / inverted file || **~e Datenbank** (Datenbanksystem, das sich des Zugriffs über invertierte Dateien bedient) [IDS] / inverted data base system (i.e., a data base system using inverted file techniques) || **~e Sprache** [Cryp] / inverted speech
Ionen·bindung *f* [Sc] / ionic bond || **≗gitter**

n [Sc] / ionic lattice || ≈**halbleiter** *m* [Sc] / ionic semiconductor || ≈**implantation** *f* [Sc] / ion implantation || ≈**kristall** *m* [Sc] / ionic crystal || ≈**lawine** *f* [Sc] / ion avalanche || ≈**leitung** *f* [Sc] / ionic conduction
IQ (s. interne Quittung)
irreversibl·er magnetischer Vorgang [M] / irreversible magnetic process || ~**e Magnetisierung** [ES] / irreversible field variation
Irrungszeichen *n* [TP] / erasure signal (i.e., a signal used for the purpose of invalidating a previous signal) || [ES, Tr] / error character (ERRC)
IS (s. integrierte Schaltung)
ISO-7-Bit-Code *m* [Tr] / ISO 7-bit data interchange code
isochrone Modulation [TP] / isochronous modulation, isochronous restitution
Isochronbetrieb *m* [ES] / isochronous working
Isolationsbemessung *f* [Sc] / insulation rating
isolierende Randzone [Sc] / sidewall isolation
Isolierkörper mit Schelle [Hw] / insulator with clip
Isolierschicht *f* [Sc] / insulating layer || ≈-**Feldeffekttransistor (IG-FET)** *m* [Sc] / insulated-gate field-effect transistor (IGFET)
Isolierschlauch *m* [Hw] / insulating tube
isolierte Datenverarbeitung [Dp] / isolated data processing
Ist-Gleich-Taste *f* (DIN 9757E, Okt. 1977) [Calc] / equals key
Istwert *m* [Sw] / actual value || **analoger** ≈**geber** [NC] / analog position feedback transmitter
Istzeit *f* [Dp] / real time
ISZM (s. indiziert-sequentielle Zugriffsmethode)
Iteration *f* [Th] / iteration
Iterations·faktor *m* [PL/1] / iteration factor || ≈**fehler** *m* [Th] / truncation error, error of approximation || ≈**index** *m* [Th] / cycle index, iteration index || ≈**schleife** *f* [Sw] / iteration loop, iterative loop
iterativ *adj* [Th] / iterative, repetitive || ~**e Addition** [Th] / iterative addition || ~**e Operation** [Th, Sw] / iterative operation, iterative process
iterieren *v* [Th] / iterate
I/V-Plotter *m* [Hw] / current-voltage plotter

J

Jacquard·karte *f* [Hist] / Jacquard card (type of punched card used in the Jacquard loom) || ≈**maschine** *f* [Hist] / Jacquard loom (named after J.M. Jacquard) || ≈**webstuhl** *m* [Hist] / Jacquard loom (named after J.M. Jacquard)
jährliche Wartung [Serv] / yearly maintenance
JEND (s. Beenden eines Monitorlaufs und Nachladen Monitor)
Jeweilsänderung *f* [Sw] / running modification
JOB (s. Beginn eines Monitorlaufs)
Job *m* [Dp] / job || ≈ **ohne Wiederanlaufmöglichkeit** [Dp] / non-setup job || ≈**ablaufanweisung** *f* (für den Operator usw.) [DpC] / run chart, ru diagram (indicating files and data to be input and output and the various peripheral units required for a run or series of runs) || ≈**abrechnung** *f* [OS] / job accounting
Jobabrechnungs·datei *f* [OS] / job account file || ≈**daten** *plt* [OS] / job account data, accounting data || ≈**protokoll** *n* [DpC] / job account log, jc account report, job account listing || ≈**system** *n* [OS] / job accounting system
Job·abwicklung *f* [DpC] / job handling || ≈**anfang** *m* [Sw] / job start || ≈**annahme** [OS] / input reader/interpreter
Jobanweisung *f* [Sw] / job statement || ≈ (Auftragsbeschreibung) [DpC] / job description
Jobbearbeitung, einfache sequentiell ≈ [Sw] / basic stacked job processing || **erweiterte sequentielle** ≈ [Sw] / advanced stacked job processing || **sequentielle** ≈ [Sw] / stacked job processing, sequential job scheduling **Vorrang-**≈ *f* [Sw] / priority job scheduling
Job·beginn *m* [Sw] / job start || ≈**begleitdokument** *n* [DpC] / job contr document
Jobbetriebs·anweisung *f* [OS] / job control statement || ≈**anweisungsschritt** *m* [DpC] / job step step || ≈**sprache** *f* [OS] / control language, job control language (JCL), system control language, operat1ng language
Jobbibliothek *f* [OS] / job library

OBCAT (s. Beginn eines zu speichernden Monitorlaufs)
OBCONS (s. Ausspulen von Blattschreibermeldungen)
obdisponent *m* [DpC, WS] / job scheduler
obeingabe *f* [DpC] / job entry, job input || **˜fluß** *m* [OS] / input job stream, job input stream || **˜-Subsystem** *n* [VS] / job entry subsystem (JES)
ob·ende *n* [DpC, Sw] / end of job (EOJ) || **˜ferneingabe** *f* [Dp] / remote job entry (RJE) || **˜folge** *f* [OS] / job stream, monitor job stream || **˜kennzeichen** *n* [DpC] / job identification || **˜kontrollanweisung** *f* [OS] / job control statement || **˜management** *n* [OS] / job management || **˜naheingabe** *f* [DpC] / local job entry (LJE) || **˜name** *m* [OS] / job name || **˜nummer** *f* [OS] / job number || **˜organisationsprogramm** *n* [OS] / job scheduler || **˜scheduler** *m* [OS] / job scheduler || **˜schritt** *m* [DpC] / job step, step || **˜-Trennblatt** *n* [HSP] / job-separator sheet || **˜variablenbezug** *m* [Sw] / job variable reference || **˜verarbeitung** *f* [DpC] / job shop system
ournaldrucker *m* [HSP] / journal printer
umbo-Computer *m* [LCS] / superlarge computer, super computer, ultralarge computer
ustage·marke *f* [HSP] / registration mark || **˜skizze** *f* [Serv] / setup diagram, setting-up diagram
ustier·arbeiten *plt* [Serv] / adjustment work || **˜schiene** *f* [PC] / aligner, aligner bar
VPOOL (s. Reservieren Pufferbereich für lokale Auftragsvariable)

K

(s. Korrektur)
(z.B. KByte, KWort usw.) [MCS, Th] / K (the symbol K means 2^{10} = 1024, the nearest binary number to 1000)
A (s. künstliche Anforderung)
abel *n* (mit einer Schutzhülle gegen mechanische bzw. chemische Einwirkungen versehene Leitung) [Hw] / cable || **NF-˜** *n* [TrL] / VF cable || **pupinisiertes ˜** [TrL] / coil-loaded cable || **vieladriges ˜** [RDp, Tr] / multicore cable || **˜ader** *f* [TrL] / cable conductor || **˜anschlußkasten** *m* [Serv, TrL] / cable junction box || **˜auswahlregister (KAR)** *n* [ES] / cable selection register || **˜baum** *m* [Hw] / cable harness || **˜belegungsplan** *m* [Serv] / pin assignment plan
Kabelcode *m* [TP, Tr] / cable code || **bivalenter ˜** [TP] / two-condition cable code || **trivalenter ˜** [TP] / three-condition cable code
Kabel·einbauplatz *m* [DpC] / cable terminating position || **˜einführung** *f* [Hw] / cable lead-in bushing, conduit entry, cable entry point
Kabelend·verschluß *m* [Hw] / cable terminal box || **˜verteiler** *m* [Hw] / cable terminal distribution box, cable pothead
Kabelführung *f* [TrL] / cable routing, routing of cables, running of cables
Kabelführungs·nummer *f* [Hw] / cable run number || **˜plan** *m* [Serv, TrL] / cable distribution sheet, cable laying plan, cabling plan || **˜weg** *m* [DpC] / cable route
Kabel·gestell *n* [Serv] / cable rack || **˜halter** *m* [Hw] / cable support || **˜halterung** *f* [Hw, Serv] / cable support bracket || **˜kanal** *m* [Tr] / cable conduit, conduit || **˜länge** *f* [Hw] / cable length || **˜laufzeit** *f* [Tr] / cable delay, cable delay time || **˜legeliste** *f* [Hw, Serv] / cable laying list || **˜liste** *f* [Hw, Serv] / cable list || **˜mantel** *m* [Hw] / cable sheath || **˜muffe** *f* [Hw] / cable gland || **˜rohr** *n* [Hw] / conduit || **˜rost** *m* [Serv] / cable rack || **˜schacht** *m* [DpC] / cable duct || **˜schuh** *m* [Hw] / cable shoe || **˜seele** *f* (DIN 57816, Feb. 1979) [Serv, TrL] / cable core || **˜sperre** *f* (Schalter) [DpC] / cable lockout switch || **˜sprosse** *f* [Hw] / cable rung || **˜stamm** *m* [Hw] / cable trunk || **˜stecker** *m* [Hw, Serv] / plug-in cable connector || **˜steckliste** *f* [Hw, Serv] / cable plugging list || **˜trasse** *f* [Hw] / cable run || **˜treiber** *m* [ES] / line driver, cable driver || **˜trichter** *m* [Hw] / cable funnel || **˜verzweigung** *f* [Hw] / cable fanout || **˜wanne** *f* [Hw] / cable trough
Kachel *f* [VS] / page
kalibrieren *v* [Hw, AC] / calibrate, gage
Kalibrierungsparameter *m* [PCC] / calibration parameter
kalt·e Lötstelle [Hw] / dry (solder) joint || **˜leiter** *m* (Halbleiter mit positivem Temperaturbeiwert) [Co] / PTC resistor || **˜satz** *m* (z.B. Lichtsatz) [Typ] / cold type || **˜start** *m* [Mp] / cold start

Kamera·objektiv *n* [Typ, Rep] / camera lens || **~steuerung** *f* (einer Lichtsetzanlage) [COM, Typ] / camera controller
KAN (s. Koppelanordnung)
Kanal *m* [PT] / channel || [TP] / level (e.g., five-level code) || ~ (bei Magnetschichtspeichern) (veraltet) [PE] / track || ~ (s. Ein-Ausgabekanal) || **benachbarter ~** [DT, Tr] / adjacent channel, flanking channel || **diskreter ~** (DIN 44301, Feb. 1977) [Tr] / discrete channel || **stationärer ~** [Th, Cy] / stationary channel || **~abstand** *m* [Tr] / channel separation, channel spacing || **~adapter** *m* [Tr] / channel adapter (permitting the connection of data channels of differing equipment) || **~adresse** *f* [Sw, ES] / channel address || **veränderliche ~adressierung** [Sw] / floating channel addressing
Kanaladreß·register *n* [CU] / channel address register (CAR) || **~wort** *n* [CP] / channel address word (CAW)
Kanalanschluß *m* [TrL] / channel trunk || ~ (s. Kanalinterface-Adapter)
Kanal·ausgangsleitung *f* (zur bzw. von der Kanalschaltung) [ES] / local output line || **~baugruppe** *f* [RDp, Tr] / channel module || **~befehl** *m* [Sw, OS] / channel command
Kanalbefehls·adresse *f* [OS] / channel command address || **~block** *m* [Sw] / channel command block (CCB) || **~fehler** *m* [OS] / channel program check || **~kette** *f* [ES] / channel command word sequence || **~register** *n* [CU] / channel command register (CCR) || **~wiederholung** *f* [OS] / command retry
Kanalbefehlswort *n* [CP] / channel command word (CCW) || **~fehler** *m* [CP, OS] / channel command word error
Kanal·belegung *f* [Dp, Tr] / channel loading || **~beschreibungscode (KBSC)** *m* [OS, Tr] / channel description code || **~bezeichnung** *f* [CP, Tr] / channel designation || **~blockregister** *n* [ES] / channel block register || **~bündel** *n* [Tr] / channel group || **~bündelungseinrichtungen** *f pl* [Tr] / multiplexing equipment || **~datenfehler** *m* (Anzeige) [OS, Tr] / channel data check || **~durchlaßbereich** *m* [Tr] / channel passband || **~eingangsleitung** *f* (zum bzw. vom Teilnehmer) [ES] / local input line
Kanalfehler *m* [Dp] / channel error || **~-Aufzeichnungsprogramm** *n* [Dp] / inboard recorder || **~routine** *f* [Dp] / channel check handler
Kanal·geschwindigkeit *f* [Th, Tr] / channel capacity || **~gruppe** *f* [Tr] / channel group || **~interface-Adapter** *m* [RDp] / channel interface adapter (CIA) || **~kapazität** *f* (eines Nachrichtenkanals) (DIN 44301, Feb. 1977) [Th, Tr] / channel capacity || **~mittenfrequenz** *f* [RDp, Tr] / channel mid-frequency || **~multiplexer** *m* [Tr] / channel multiplexer || **~nummer** *f* [ES] / channel number
Kanalprogramm *n* [Sw, OS] / channel program || **~startadresse** *f* [ES] / channel program start address || **~umsetzung** *f* [VS] / channel program translation, CCW translation
Kanalregister *n* [Tr] / channel register || **~satz** *m* (Hardware-Einrichtung) [Tr] / channel register set
Kanal·schalter *m* [HSP] / channel switch || **~schaltung** *f* [Tr] / subscriber line circuit || **~scheduler** *m* [OS] / channel scheduler || **~speicher** *m* [ES] / channel buffer || **~sperre** *f* [Sc] / channel stopper
Kanalsprung *m* [Sw, ES] / transfer in channel (TIC) || **~befehl** *m* [ES] / transfer-in-channel command
Kanal·statuswort *n* [OS] / channel status word (CSW) || **~steuereinheit** *f* [Mp, CU] / channel controller, channel control unit || **~steuerfehler** *m* [Dp] / channel control check (CCC) || **~steuerung (KST)** *f* [Mp, CU] / channel controller, channel control unit || **~steuerungsfehler** *m* (Anzeige) [Dp] / channel control check (CCC) || **~teilung** *f* [Tr] / channel subdivision || **~trennung** *f* [Tr] / channel separation, channel spacing || **~typ** *m* [Dp] / channel type || **~umschalteplatte (KUP)** *f* [Tr] / channel patching plate || **~umschalter** *m* [HSP] / channel switch || **~umschaltung** *f* [RDp, Tr] / channel changeover
Kanalumsetzer *m* [RDp, Tr] / channel converter || **~ für Sprachübertragung** [Tr] / voice channel converter
Kanal·unterbrechungszeichen *n* [ES] / channel interrupt signal || **~verteiler** *m* [TP] / distributor || **~verwaltung** *f* [OS, Tr] / channel scheduling || **~wähler** *m* [Tr] / channel selector || **~wahllogik** *f* [RDp, Tr] / channel selector logic || **Liste der ~warteschlange** [Sw] / input-output channel queue list, I/O channel queue list || **~zelle** *f* [Tr] / channel location || **~zuordnung** *f* [OS] / channel scheduling || **~zustand** *m* [IO, Dp, Tr] / channel status

Kanalzustands·bit *n* [OS, ES] / channel status bit || **~byte** *n* [OS, ES] / channel status byte (CSB) || **~register** *n* [Sw] / channel status register

Kante, hintere ~ [PC] / card trailing edge || **vordere ~** [PC] / card leading edge, leading edge

Kanten-Zuführung, 9-~ *f* [PC] / nine-edge leading

Kapazität *f* [Th] / capacitance (C) || ~ (= Fassungs-, Leistungsvermögen) [Hw, M] / capacity || **~ des Halbleiterelements am Übergang** [Co, Sc] / device junction capacitance || **~ einer Sperrschicht** [Sc] / barrier layer capacitance || **differentielle ~** [Sc] / small-signal capacitance

Kapazitäts·diode *f* [Sc] / varactor (i.e., a semiconductor device characterized by a variation of capacitance with voltage) || **~planung** *f* [Dp] / work load planning || **~satz** *m* [Dp] / capacity record || **~überschreitung** *f* (DIN 9757E, Okt. 1977) [Calc] / overflow (of calculator's computing capacity) || **~überschreitungsanzeige** *f* (DIN 9757E, Okt. 1977) [Calc] / overflow check indicator || **~überwachung** *f* (DIN 9757E, Okt. 1977) [Calc] / overflow control || **~variationsdiode** *f* [Sc] / varactor (i.e., a semiconductor device characterized by a variation of capacitance with voltage)

Kapazitiver Speicher [M] / capacitor storage

Kapitel *n* [Cobol] / section || **~ Arbeitsspeicher** [Cobol] / working-storage section || **~ Dateien** [Cobol] / file section || **~ Ein-Ausgabe** [Cobol] / input-output section || **~ Konfigurationen** [Cobol] / configuration section || **~ Listen** [Cobol] / report section

Kapitelname *m* [Cobol] / section-name || **~überschrift** *f* [Cobol] / section header

Kapstan (s. Capstan)

KAR (s. Kabelauswahlregister)

Karbon-Farbband *n* [OCR] / carbon ribbon

Kardinalzahl *f* [Th] / cardinal number

Kardioide *f* [Th] / cardioid

Karenzzeit *f* [Tr] / nonchargeable interval, waiting time

Karnaugh-Diagramm *n* [Th] / Karnaugh map

Karte *f* [MC] / magnetic card, card || [OCR] map || [PC] / punched card, punch card, card || **~ auf Band (CDTP)** [OS] / Card to tape (CDTP) || **~ auf Großspeicher (CDRA)** [OS] / Card to random access (CDRA) || **~ in gedruckter Schaltung** (s. gedruckte Schaltkarte) || **~ mit gedrucktem Schaltkreis** (s. gedruckte Schaltkarte) || **Abfühlung bei ruhender ~** [PC] / static sensing || **fehlerhafte ~** [PC] / mispunched card || **randgekerbte ~** (s. Kerblochkarte) || **RLD-~** *f* [Sw] / relocation dictionary card, RLD card || **ungelochte ~** [PC, Sw] / blank card, dummy card || **ungleiche ~n** [PC] / unequal cards || **vorgelochte ~** [PC] / prepunched card

Karte-Band-Umsetzer *m* [PE, PC, MT] / card-to-magnetic-tape converter

Kartei *f* (Datei, deren Dateneinheiten bzw. Datensätze auf Speichermedien in Form von Karteikarten gespeichert sind) [Dp] / card file, card catalog

Karteiende-Anzeige *f* [PC] / end-of-file feature

Karteikarte *f* [DOK] / index card, file card

Kartenabbild *n* [PC, M] / card image (i.e., an exact representation in memory of each character in a punched card, as distinct from the "binary image") || **~ in Primärsprache** [PL] / source image

Kartenabfühl- und -stanzeinheit [PC] / card read-punch, card punch-reader

Kartenabfühler *m* [PC] / card reader, card reader unit

Kartenabfühlung, vorzeitige ~ [PC] / early card read

Kartenablage (s. Kartenablagefach) || **~fach** *n* [PC] / card stacker, card receiver, receiving magazine, stacker chute || **~schacht** (s. Kartenablagefach)

Karten·abstreiffeder *f* [PC] / pocket deflector spring || **~abtaster** *m* [PC] / card reader, card reader unit

Kartenanschlag *m* [PC] / card aligner || **verstellbarer ~** [PC] / adjustable card aligner || **~platte** *f* [PC] / joggle plate

Kartenanstoß *m* [PC] / card jam, jam, card wreck, wreck || **~kreis** *m* [PC] / jam circuit || **~platte** *f* [PC] / joggle plate

Karten·art *f* [RPG] / form type || **~aufnehmer** *m* [PC] / card picker

Kartenausgabe *f* [PC] / card output || **~fach** (s. Kartenablagefach)

Karten·auslauf *m* [PC] / runout cycle || **automatische ~auslösung** [PC] / stacker autofeed || **~ausrichter** *m* [PC] / aligner gate || **~ausrichtfinger** *m* [PC] / aligner finger || **~ausrichtstation** *f* [PC] / card-cornering station || **~auswahlzähler** *m* [PC] / card extract counter, extract tally counter ||

˜auszugszähler *m* [PC] / card extract counter, extract tally counter || **˜bahn** *f* [PC] / card bed, card channel, card track, card path || **˜bett** *n* [PC] / card rack
Kartenbild *n* [PC, M] / card image (i.e., an exact representation in memory of each character in a punched card, as distinct from the "binary image") || **duales ˜** [PC, M] / binary image (i.e., an exact representation in memory of each hole in a punched card, as distinct from the character representation) || **˜bibliothek** *f* [Sw] / card image library
Karten·chassis *n* (für Schaltkarten usw.) [Mp, Sc] / card chassis || **˜code** *m* [PC] / card code || **˜datei** *f* [Dp] / card file, card catalog
Kartendoppler *m* [PC] / reproducer, reproducing punch, card reproducer, duplicating card punch || **˜ mit Nummerndruck** [PC] / document originating machine || **˜ mit Zeichenlochung** [IO] / mark sensing reproducer, mark sensing and punching device
Kartendurchlauf *m* [PC] / pass
Karteneingabe *f* [PC, ES] / card input || **˜bereich** *m* [Sw] / card image area || **˜fach** *n* [PC] / card hopper, card input hopper, hopper, card magazine
Karten·fassung *f* [Sw] / card version || **˜fehler** *m* [PC, OCR] / card error || **˜feld** *n* [PC] / card field
Kartenfolge *f* [PC] / card sequence || **Sortierfeld für ˜** [Sw] / intrarecord sequence field || **˜prüfung** *f* [PC, Sw] / card sequence check
Kartenformat *n* [Sw] / card format, punched card format, card image format
Kartenführung *f* [PC] / card bed, card channel, card track, card path || **˜** (für Schaltkarten usw.) [Mp, Co] / card guide
Karten·führungsblech *n* [PC] / card deflector || **˜gang** *m* [PC] / card cycle
kartengesteuert *adj* [PC] / card-controlled || **~e Rechenmaschine** [PC, Off] / card-controlled calculator || **~er Rechner** [PC, Off] / card-controlled calculator || **~es Streifenlochen** [Dp] / card-controlled tape punching || **~er Streifenlocher** [Dp] / card-controlled tape punch, card-to-tape punch, card-to-tape converter, card-to-paper-tape converter
Karten·greifer *m* [PC] / card gripper || **unterer ˜hebel** [PC] / lower card lever || **˜hinterkante** *f* [PC] / card trailing edge || **˜käfig** *m* [Mp, Co] / card cage || **˜kapazität** *f* [PC] / card capacity || **˜kasten** *m* [PC] / card rack || **˜kontakt** *m* (Anschlußstift) [Sc] / card contact || **˜kontrolle** *f* [PC, Sw] / card check || **˜lader** *m* [Sw] / card loader || **˜länge** *f* [PC] / card length || **˜lehre** *f* [PC] / card gage || **˜lesefehler** *m* [PC] / card read error
Kartenleser *m* [PC] / card reader, card reader unit || **˜programm** *n* [PC, Sw] / card reader program || **˜steuerung** *f* (Hardware) [PC] / card reader controlle[r]
Kartenlesestelle *f* [PC] / card reader, card reader unit
Kartenlochen *n* [PC] / (keyboard-operated, off-line, etc.) card punching || **lochstreifengesteuertes ˜** [PT, PC] / tape-controlled card punching, tape-to-card conversion
Kartenlocher *m* [PC] / card punch, handpunch, keyboard punch || **˜ mit automatischer Kartenzuführung** [PC] / automatic feed punch || **Schreibmaschine mit ˜** [PC] / typewriter card punch || **streifengesteuerter ˜** [PT, PC, NC] / tape-controlled card punch, tape-to-card punch
Karten·magazin *n* [PC] / card hopper, card input hopper, hopper, card magazine || **˜mehrfachdurchlauf** *m* [PC] / multicycle feeding, multicycle car[d] feeding
Kartenmischer *m* [PC] / collator, interpolator || **numerischer ˜** [PC] / numerical collator || **Zähleinrichtung am ˜** [PC] / collator counting device
Karten·modul *n* [IC] / card module, logic card || **˜name** *m* [PC] / card name || **˜neunumerierung** *f* [PC, MC] / card renumbering || **˜numerierung** *f* [PC, MC] / card numbering || **˜nummer** *f* [PC, Sw] / card number, sequence number, card sequence number || **˜programm** *n* [Sw] / card program || **~programmiert** *adj* [Th, Sw] / card-programmed || **˜prüfer** *m* [PC] / card verifier, punched card verifier || **˜prüfgerät** *n* [PC] / card verifier, punched card verifier
Kartenreihenfolge *f* [PC] / card sequenc[e] || **falsche ˜** [Sw] / card sequence error, unsequenced cards || **Prüfung der ˜** [PC, Sw] / card sequence check
Karten·relais *n* [ES] / pc board relay || **˜rückseite** *f* [PC] / card back || **˜salat** *m* [PC] / card jam, jam, card wreck, wreck || **˜selektor** *m* [PC] / punch selector ||

≗spalte *f* [PC, Th] / card column, column || ≗speicher *m* (Speicher, der zur Speicherung von Daten Karteikarten enthält, die manuell und/oder mechanisch sortiert und/oder selektiert werden können) [Off] / card storage || ≗spreizeinrichtung *f* [PC] / multiple-spread card feature || ≗stanzen *n* [PC] / (automatic, on-line, etc.) card punching || ≗stanzer *m* [PC] / card punch, automatic punch || ≗stanzpuffer *m* [PC] / card-punch buffer || ≗stapel *m* [PC] / deck of cards, card deck, pack of cards, card pack || ≗stau *m* [PC] / card jam, jam, card wreck, wreck || ≗staub *m* [PC] / lint || ≗staumeldeeinrichtung *f* [PC] / card jam detector || ≗stecker *m* [Mp, Co] / card connector

Kartentransport *m* [PC] / card feed, card transport || ≗hemmung *f* [PC] / card jam, jam, card wreck, wreck

Kartenvorder·kante *f* [PC] / card leading edge, leading edge || ≗seite *f* [PC] / card face

Karten·vorschub *m* [PC] / card feed, card transport || ≗wender *m* [PC] / card reverser, card reversing device || ≗zähler *m* [PC] / card counter || ≗zeile *f* [PC] / card row, row || **Arbeitsleistung beim ≗ziehen** (Lochkartenziehkartei) [PC] / card-pulling volume

Kartenzuführ... (s. Kartenzuführungs...)

Kartenzuführung *f* [PC] / card feed, card transport || **auswechselbare ≗** [PC] / interchangeable feed || **beschleunigte ≗** [PC] / accelerated card feed, highspeed card feed || **kontinuierliche ≗** [PC] / continuous card feed || **stetige ≗** [PC] / successive card feed, successive feed || **variable ≗** [PC] / variable length card feed || **verzögerte ≗** [PC] / delayed card feed, delayed feed

Kartenzuführungs·einrichtung *f* [PC, Th] / card feed device, card feeding device || ≗magazin *n* [PC] / card hopper, card input hopper, hopper, card magazine || ≗mechanismus *m* [PC] / card feeding mechanism || ≗messer *n* [PC, Th] / card feed knife || ≗sperre *f* [PC] / feed interlock

Kartenzyklus *m* [PC] / card cycle

kartesisch·e Koordinaten [Th] / Cartesian coordinates || **~es Produkt** [OCR] / Cartesian product

Kaskade *f* [Mp] / cascade

kaskaden·artig erweitern [Mp] / cascade (devices, etc.) || ≗schaltung *f* [Sc] / cascade connection || ≗sortieren *n* [Dp, OS] / cascade sorting || ≗übertrag *m* [Th, ALU] / cascaded carry

kaskadierbar *adj* [Mp, Co] / that can be linked in cascade connection || **~er Baustein** [Mp, Co] / chip that permits cascading of devices (normally to increase word bit size)

kaskadieren *v* [Mp, Co] / cascade together (slices, etc.)

kaskadiert *adj* [Mp, Co] / cascade-connected (components, etc.)

Kassen·streifen *m* [IO] / cash register tape || ≗terminal *n* [MCS] / point-of-sale terminal (POS terminal) || ≗terminalsystem *n* [MCS] / point-of-sale system (POS system)

Kassette *f* (DIN 66229, März 1979) [MCS] / cassette (i.e., Philips-type cassette, otherwise called "cartridge," q.v.)

Kassetten·-Aufzeichnungsgerät *n* [MCS] / cartridge recorder || **automatische ≗ladeeinrichtung** [KtT] / automatic cartridge loader || ≗tasche *f* (Magnetband) [TP] / cassette holder

Katalog *m* [Sw, IDS] / catalog (of program titles, abstracts, etc.) || **≗ der angeschlossenen Datenträger** [Sw] / on-line catalog || **≗ von Inhaltsklassen** [MT, MAT] / category set, set of categories || ≗bereich [Sw] / catalog area, catalog extent

Katalogdaten *plt* [Sw] / catalog data || ≗satz *m* [Sw] / catalog data record || ≗träger *m* [Dp] / control volume

Katalog·eintrag *m* [Sw, IDS] / catalog entry || ≗hälfte *f* [Sw, IDS] / catalog half || ≗inhalt *m* [Sw, IDS] / catalog contents

katalogisieren *v* [Sw, IDS] / catalog || **fest ~** [Sw] / to catalog permanently

katalogisiert·e Datei [Sw] / cataloged dataset, cataloged file || **~e Prozedur** [OS] / cataloged procedure

Katalog·karte *f* [IDS] / catalog card || ≗pflege *f* [Sw] / catalog service, catalog management, catalog maintenance || ≗speicher *m* [M] / catalog memory, pure associative memory || ≗system *n* [Sw, IDS] / catalog system || ≗verwaltung *f* [Sw] / catalog service, catalog management, catalog maintenance || ≗verwaltungsprogramm *n* [OS] / catalog service routine

kategoriale Formatierung (Datenformat, in dem die Variablenkategorien für Dateneinheiten festgelegt werden) [Sw] / categoric data format

Kategorie *f* (d.h., jede der inhaltlich

unterscheidbaren Eintragungen im Kategorienkatalog, die zur Untergliederung der MATER-Austauscheinheit benutzt werden können) (DIN 2341 E, Mai 1977) [MT, MAT] / category || **grammatische ~** [MAT] / grammatical category

Kategorienkatalog *m* (Menge aller möglichen Beschreibungselemente terminologischer und/oder lexikografischer Daten beim MATER-Austauschformat) (DIN 2341 E, Mai 1977) [MT, MAT] / category set, set of categories

Kathode *f* [Sc, Th] / cathode

Kathodengate *n* [Sc] / cathode gate

Kathodenstrahl·multiplizierer *m* [ADp] / crossed-fields multiplier || **~oszillograf** *m* [Sc] / cathode-ray oscilloscope (CRO) || **~röhre** *f* [Typ, Co] / cathode-ray tube (CRT) || **~röhrenfilmdrucker** *m* [Typ] / CRT film printer || **~sichtgerät** *n* [VDT] / CRT display terminal

Kathoden·tor *n* [Sc] / cathode gate || **~zerstäubung** *f* [Sc] / cathode sputtering

KATS (s. künstliche Anforderungsteststeuerung)

kaufmännisch·e Datenverarbeitung [CSw] / business data processing || **~ runden** (maschinell runden, wobei der letzten verbleibenden Dezimalstelle eine 1 zugezählt wird, wenn die werthöchste abgestrichene Stelle einen Wert gleich oder größer 5 hat) (DIN 9757 E, Okt. 1977) [Calc] / round off (digit, etc.)

KBSC (s. Kanalbeschreibungscode)

Kd (s. Kundendienst) || **~-Änderungsdienst** *m* [Serv] / field change service

Keil *m* [Typ] / spaceband

Keller *m* [MCS] / stack || **~adreßregister** *n* [OS] / stack address register (SAR) || **~automat** *m* [Term, Th] / pushdown automaton || **~befehl** *m* [OS] / stack instruction || **~etikett** *n* [OS] / stack header || **~fehler** *m* [OS] / stack error

Kellerspeicher *m* (DIN 44300, März 1972) [Mp] / pushdown stoarge || **externer ~** [Mp] / external pushdown/pop-up stack, external stack || **Anzeiger des ~standes** [OS] / stackpointer

Kennbegriff *m* (z.B. bei sequentieller Verarbeitung) [Th] / key (i.e., a digit or digits used to identify or locate a record, but not necessarily attached to the record)

Kennbegriffs·feld *n* [Sw] / key field || **~lage** *f* [Sw] / key location

Kenn·bit *n* [Sw] / flag bit, marker bit || **~block** *m* [Sw] / control block || **~buchstabe** *m* [Sc] / basic letter

Kenndaten *plt* / characteristics || **statische ~** [Sc] / d.c. characteristics

Kenn·frequenz *f* [Tr] / characteristic frequency || **~größe** *f* [Sc] / characteristi|| **~linie** *f* [Th] / characteristic curve || **~lochung** *f* [PT, PC] / identifying perforation, detection punch, identifying punching || **~nummer** *f* [Sw] / identification number

Kennsatz *m* [Cobol] / label, label record || **~behandlung** *f* [Dp] / label handling || **gemeinsames ~feld** [Cobol] / common label item || **~klausel** *f* [Cobol] / label record clause || **~name** *m* [Cobol] / label name || **~prüfung** *f* [MD] / message label check, label check || **~sektor** *m* [Sw] / label sector || **die ~verarbeitung umgehen** [Dp] / to bypass the label processing || **~wertklausel** *f* [Cobol] / value-of clause

Kennung *f* (Datenstation) [Tr] / identification character, station identification, answerback code || **~ des Rundsendedienstes** [ES] / multiaddress identifier

Kennungs·abfrage *f* [Tr] / answerback code request, station identification request || **~austausch** *m* [ES] / exchange of identification, exchange of identification codes

Kennungsfeld *n* [MD] / count field, coun || [Sw] / identification field

Kennungsgeber *m* [TP, Tr] / answerback device, answerback unit, answerback generator || **~anforderung** *f* [Tr] / answerback code request, station identification request || **~austausch** *m* [TP] / answerback exchange, exchange answerbacks || **~steuerung** *f* [TP] / answerback control || **~walze** *f* [Tr] / answerback drum

Kennungs·schlüssel *m* [IDS] / identification key || **~speicher** *m* [TP] / answerback code storage

Kennwort *n* (Datenschutzfunktion bei Datenbanken usw.) [DS] / password (i.e a group of characters which on input t a computer from a terminal give the user access to information and allow the user defined control over the information) || **~-Dateischutz** *m* [DS] / password protection

Kennwortmakro *m* [Sw] / keyword macro || **~aufruf** *m* [Sw] / keyword

macro instruction || ~**definition** *f* [Sw] / keyword macro definition
Kennwortmusteranweisung *f* [ES] / keyword prototype statement
Kennzeichen *n* [Sw, ES] / identifier (ID) || [Mp] / flag || ~ **der Eingabedaten** [RPG] / record identification codes || ~ **für Befehlskettung** [OS] / chain command flag, command chaining flag || ~ **für Datenkettung** [OS] / chain data flag || ~ **für die Steuerkennung** [Sw] / control label identifier || ~ **für Perforatorkennung** [Sw] / perforator label identifier || ~ **für Seitenketten** [OS] / page chaining flag (PCF) || ~ **für Textkennung** [Sw] / text label identifier || ~ **„Überspringen von Daten"** [OS] / skip flag || **mit dem** ~ ... / specified by ... || ~**bit** *n* [Sw] / flag bit, marker bit || ~**byte des Benutzers** [Sw] / user flag byte || ~-**Flipflop** *n* [Mp] / flag flip-flop
Kennzeichenteil *m* (Befehl) [Sw] / identifier section || ~ (Kanalbefehl) [ES] / flag portion
kennzeichnen *v* [Sw] / identify, flag, designate, mark || **als fehlerhaft** ~ [Sw] / flag || ~ **Entry-Adresse** (Befehl) [Befehl] / Identify entry point symbol (ENTRY) || ~ **Extern-Adresse** (Befehl) [Befehl] / Identify external symbol (EXTRN)
kennzeichnend·es Intervall [TP] / significant interval || ~**e Zeitpunkte** [TP] / significant instants (of a modulation or restitution)
Kennzeichner *m* [Cobol] / qualifier || ~**bindewort** *n* [Cobol] / qualifying connective
Kennzeichnung *f* [Cobol] / qualification || [PL/1] / qualifier || **zusätzliche** ~ (von Bauelementen) [Sc] / subcoding (e.g., by suffixes)
Kennzeichnungsblock *m* [Sw] / identification block
Kennziffer *f* (eines Logarithmus) [Th] / characteristic (i.e., the integral part of a logarithm; cf. "mantissa")
Kennzifferngruppe *f* [ES] / code digit group
Kennziffernverteilung, offene ~ [ES] / prefix numbering scheme || **verdeckte** ~ [ES] / linked numbering scheme, closed numbering scheme
Kenn·zustand *m* [RDp, Tr] / characteristic state || ~**zustände** *m pl* [TP] / significant conditions of a modulation
Keramikgehäuse *n* [Sc] / ceramic case
keramisch·es Gehäuse [Sc] / ceramic package || ~**er Lötstützpunkt** [Sc] / strain-relieving solder tag
Kerblochkarte *f* (Nadellochkarte, in der die suchfähigen Merkmalsangaben durch Öffnung der Löcher mittels eines Kerbgerätes dargestellt sind) [Off] / edge-notched card, margin-notched card
Kern *m* (Magnetkern) [M] / core || ~**einheit** *f* [M] / core assembly || ~**matrix** *f* [Th, M] / core array, core matrix || ~**phase** *f* [OS] / root phase
Kernspeicher (KSP) *m* [M] / core memory, magnetic core memory || **peripherer** ~ [M] / peripheral core storage || ~**abzug** *m* [M] / core memory dump, core dump || ~**adresse** *f* [M] / core memory address || ~**anruf** *m* [ES] / core memory call || ~**aufruf** *m* [ES] / core memory access || ~**auszug** *m* [M] / selective core memory dump, selective core dump || ~**belegung** *f* [OS] / assignment of core memory space || ~**bereich** *m* [M] / core memory area || ~**bezirk** *m* [M] / core memory region || ~**block** *m* [M] / core memory stack || ~**fehler** *m* [M] / core memory fault, core memory error || ~**funktionstestprogramm** *n* [OS] / core memory function test program || ~**leseverstärker** *m* [DS] / core memory read amplifier
Kernspeichermatrix *f* [Th, M] / core array, core matrix || ~**block** *m* [M] / core matrix block
Kernspeichermodul *n* [Mp, M] / core memory module || ~**platz** *m* [M, ES] / core memory space || ~**protokoll** *n* [Sw] / core memory snapshot || ~**schwellenspannung** *f* [M] / core memory threshold voltage || ~**teilauszug** *m* [Sw] / core memory snapshot || ~**wort** *n* [M] / core memory word || ~**zelle** *f* [M, ES] / core memory cell || ~**zyklus** *m* [M] / core memory cycle
Kettdatei *f* [RPG] / chaining file
Kette *f* (Befehlskette) [M, Sw] / catena, chain (i.e., a set of items organized as a chained list) || ~ (s. Druckerkette) || **binäre** ~ [ALU] / binary chain || **Markowsche** ~ [Cy] / Markov chain || **morphogrammatische** ~ [Cy] / morphogrammatic compound || **umlaufende** ~ [HSP] / continuous train
ketten *v* [Sw] / concatenate, chain (i.e., to arrange a series of items in a chained list) || *n* [RPG] / chaining operation (CHAIN) || ~**analyse** *f* (von Z.S. Harris entwickelte Form der Analyse von

Sätzen) [Term, MAT] / string analysis (SA) || ~**aufruf** *m* [Sw] / macro call || ~**befehl** *m* [Sw] / chain instruction || ~**code** *m* [Th] / chain code || ~**datei** *f* [Sw] / chained file, file of chained records || ~**drucker** *m* [HSP] / chain printer || ~**keller** *m* [OS] / extensible stack || ~**ladebefehl** *m* [Sw] / chain loading instruction || ~**linie** *f* [Th] / catenary || ~**name** *m* [Sw] / chain name || ~**nummer** *f* [Sw] / chain number || ~**oberbegriff** *m* [Sw] / primary chain identifier || ~**rad** *n* [PT] / sprocket wheel || ~**unterbegriff** *m* [Sw] / secondary chain identifier

Kettfeld *n* [RPG] / chaining field || **aufgeteiltes** ~ [RPG] / split chaining field || ~**kennung** *f* [RPG] / number of the chaining field, chaining code

Kettung *f* [Sw] / concatenation, chaining

Kettungs·adresse *f* [Sw] / link address || ~**befehl** *m* [TES] / chaining command || ~**datei** *f* [Sw] / chained file, file of chained records || ~**fehler** *m* [OS] / stack link error || ~**feld** *n* [Sw] / link field || ~**name** *m* [Sw] / link name

KF (s. Kontrollfeld)

KG (s. Koppelgruppe)

KGS (s. Kommando-Geräte-Steuerung)

Kieselgelbeutel *m* [Dist] / silicon gel bag

KIL (s. Beenden eines Monitorlaufs)

Kilobyte *n* (1000 Bytes) [Th] / kilobyte (kB)

Kilo-Mega-Bit *n* [Th] / billibit (10^9 bits)

Kippen *n* (einer Kippstufe) [Sc] / transition (from state 1 to state 0)

Kipp·fallen *n* (Prüfung) [QC] / drop test || ~**frequenz** *f* [Sc] / sweep frequency || ~**generator** *m* [Meas, Sc] / sweep generator

Kippglied *n* [Cir] / trigger circuit, trigger element || **astabiles** ~ (DIN 40700 T14, Juli 1976) [Cir] / astable circuit, astable element || **bistabiles** ~ [Cir] / bistable circuit, flip-flop circuit || **monostabiles** ~ [Cir] / one-shot multivibrator

Kippschalter *m* [Hw] / toggle switch

Kippschaltung *f* [Cir] / trigger circuit, trigger element || **astabile** ~ [Cir] / astable circuit, astable element || **bistabile** ~ [Cir] / bistable circuit, flip-flop circuit

Kipp·spannung *f* [Sc] / breakover voltage || ~**strom** *m* [Sc] / breakover current

Kippstufe *f* [Cir] / trigger circuit, trigger element || **astabile** ~ [Cir] / astable circuit, astable element || **bistabile** ~ [Cir] / bistable circuit, flip-flop circuit || **monostabile** ~ [Cir] / one-shot multivibrator || **RS-**~ *f* [Cir] / RS flip-flop, set-reset flip-flop

Kippstufen·kette *f* [Sc] / flip-flop chain || ~**laufzeit** *f* [Sc] / flip-flop delay || ~**vorbereitungszeit** *f* [Cir] / flip-flop priming time

Kipptaster *m* [Hw] / nonlocking toggle switch

Klammer *f* [Algol] / bracket || ~ **auf** [Fortran] / left parenthesis (|| ~ **auf** [PL/1] / left parenthesis || ~ **zu** [Fortran] / right parenthesis) || ~ **zu** [PL/1] / right parenthesis || **eckige** ~ [Cobol] / bracket || **geschweifte** ~ [Cobol] / brace || **geschweifte** ~ **auf** (DIN 66009, Sept. 1979) [Th] / left curly bracket || **geschweifte** ~ **zu** (DIN 66009, Sept. 1977) [Th] / right curly bracket || **runde** ~ [Algol] / parenthesis () || **runde** ~ **auf** (DIN 66009, Sept. 1977) [Fortran] / left parenthesis (|| **runde** ~ **zu** (DIN 66009, Sept. 1977) [Fortran] / right parenthesis)

„Klammeraffe" *m* (Jargonbezeichnung für „kommerzielles à") [Sw] / comercial at

Klammerausdruck *m* [PL/1] / parenthesized expression

klammerfreie Schreibweise [Th] / Polish notation, Lukasiewicz notation

klammern, Vereinbarungen ~ [PL/1] / to factor declarations

Klappanker·magnet *m* [TP] / clapper armature magnet, hinged armature magnet || ~**magnetsystem** *n* [TP] / hinged-armature magnet system

Klappe *f* (Locher) [TP] / tape gate || ~ (Leser) [TP] / tape retainer lid

klar, Gerät ~ [Dp] / device ready || **nicht** ~ [Hw] / inoperable, not operable

klarmachen *v* [Hw] / to make (tape unit, etc.) operable, ready (reader, etc.)

klarschreibender Perforator [IO, TES] / printing reperforator

Klarschrift *f* (Druckschrift oder Handschrift im Gegensatz zu Lochschrift) [Dp] / plain writing || ~**kartenleser und -stanzer** [PC, OCR] / optical reader card punch || ~**korrektur** *f* [TP] / correction of plain copy, plain-copy correction

Klarschriftlesen *n* [OCR, MICR] / character reading, character sensing, character scanning || [OCR] / optical character reading

Klarschriftleser *m* [OCR, MICR] / character reader || **alphanumerischer** ~ [OCR] / alphameric optical reader, alphanumeric optical reader

Klarschrift·protokoll *n* [TP] / plain-copy log || **~streifenleser** *m* [OCR] / OCR tape reader
Klar·sichttasche *f* (für Lochstreifen) [PT] / transparent tape pocket || **~text** *m* [Cryp, TP] / clear text, plain text
Klasse (s. Teilnehmerklasse)
Klassen·bedingung *f* [Cobol] / class condition || **~bewerter** *m* [ES] / class-of-service code interpreter, COS code interpreter || **~bewertung** *f* [ES] / class-of-service analysis, COS analysis || **~information** *f* [ES] / class-of-service information, COS information || **~kennzeichen** *n* [ES] / class-of-service code, COS code || **~selektor** *m* [PC] / class selector
Klassenvergleich *m* [ES] / class-of-service comparison, COS code comparison || **~** (Prüfung, ob Verbindung zulässig) (s. Zulässigkeitsprüfung) || **~er** [ES] / class-of-service comparator, COS code comparator
Klassifikation *f* [IDS] / classification
Klassifikationssystem *n* [IDS] / classification system
klassifizieren *v* [IDS] / classify
klassifizierter Name [Sw] / qualified name
Klassifizierung der Teilnehmer [ES] / subscriber classification
Klassifizierungs·einrichtung *f* [RDp, Tr] / classification equipment || **~kennzeichen** *n* [ES] / COS code signal || **~system** *n* (DIN 6763 T1, Juli 1972) [IDS] / classification system
klassische Konditionierung [Cy] / classical conditioning
Klausel *f* [Cobol] / clause
Klebe·band *n* [PT, HSP, MT] / splicing tape || **~einrichtung** *f* [HSP] / paper splicing station, splicing station || **Lochstreifen-~gerät** *n* [PT] / paper tape splicer, tape splicer || **~station** *f* [HSP] / paper splicing station, splicing station
Klebestelle *f* [PT, HSP, MT] / splice || **überlappende ~** [Rep] / overlap splice
klein·e periphere Einheit [DT] / small peripheral unit (SPU) || **~bereich-Integration** *f* [Sc] / medium-scale integration (MSI)
Kleinbuchstabe *m* [HSP, Typ, TP] / lower case character, lower case letter || **Drucken mit ~n** [HSP] / lower case printing
Kleincomputer *m* [MCS] / small computer
kleiner als (DIN 66009, Sept. 1977) [Sw] / less than || **~ gleich (KLG)** (DIN 19239E, Jan. 1979) [Sw] / less than or equal to, less or equal || **~zeichen** *n* [PL/1] / less than symbol
Kleingerätesteuerung *f* [AC] / minicontrol
Klein-Großumschaltung *f* [PT, TES] / case shift (upper case/lower case)
Klein·integration *f* [Sc] / small-scale integration (SSI) || **~kontakt** *m* [Sc] / microcontact || **~leistungs-Schalttransistor** *m* [Sc] / low-power switching transistor || **~lochstreifen-Kartenstapelleser** *m* [RDp] / tag reader for remote batch processing
Kleinrechner *m* [MCS] / small computer || **~ als Tischgerät** [Hw] / desktop computer || **mikrocomputergestützter ~** [MCS] / microcomputer-assisted minicomputer || **militärischer ~** [Hw] / small military computer
Kleinsignal *n* [PCC] / low-level signal || **~kapazität** *f* [Sc] / small-signal capacitance || **~parameter** *m* [Sc] / small-signal parameter || **~verstärker** *m* [PCC] / low-level amplifier || **~widerstand** *m* [Sc] / small-signal resistance
kleinst·e adressierbare Speichereinheit [M] / smallest addressable memory unit || **~er gemeinsamer Nenner** [Th] / lowest common denominator || **~baugruppe** *f* [Cir] / micromodule || **~gerätesteuerung** *f* [Dp] / microcontrol || **~rechner** *m* [MCS] / microcomputer
Klemmbügel *m* [Hw] / clamping strap
Klemme *f* [Hw] / terminal
Klemmenleiste *f* [Hw] / terminal strip
Klemm·schaltung *f* [Sc] / clamping circuit || **~verbinder** *m* [Hw] / clamping connector
KLG (s. kleiner gleich)
Klimaanlage *f* [DpC] / air conditioning equipment, air conditioner
klimatisiertes Papier [HSP] / acclimated paper
Klinken·feld *n* [Hw] / jack panel, jack field || **~steg** *m* [Hw] / jack strip || **~umschaltegestell** *n* [Hw] / jack patching rack
Klirrfaktor *m* [Th] / harmonic distortion
Klopfer *m* [TP] / sounder
KM (s. kritisches Muster)
KMS (s. Konzentrator mittelschnell)
Knickschutztülle *f* [Hw] / anti-kink sleeve
Knitterfestigkeit *f* [PT, PC] / resistance to creasing

Knopf·band *n* [TP] / button tape || **≗leiste** *f* (Formulardia) [HSP] / studded edge strip
Knoten·konfiguration *f* [RDp] / network node configuration || **≗netztakt** *m* [ES] / network node clock, network node timing
Knotenpunkt *m* [RDp] / node, nodal point, junction || **≗gleichung** *f* [SA] / nodal equation
Knotenrechner *m* [ES] / network node (switching) computer
Knotentakt *m* [ES] / node clock, node timing || **≗versorgung** *f* [ES] / node clock supply
Knotenvermittlungsstelle *f* [ES] / nodal switching center
Koaxial·kabel *n* [TrL] / coaxial cable || **≗stecker** *m* [TrL] / coaxial connector
Kode (s. Code)
kodier..., Kodier.. (s. codier..., Codier...)
Koeffizient *m* [Th] / coefficient
Koerzitivkraft *f* [Th] / coercive force || **auf die Sättigung bezogene ≗** [Th] / coercivity
kohärent *adj* [Th] / coherent
Kohärenz *f* [HSP] / coherence
Kohleband *n* [IO, OCR] / carbon ribbon || **≗führung** *f* [PC] / carbon ribbon feed device
Kohlefarbband *n* [IO, OCR] / carbon ribbon || **≗kassette** *f* [IO, OCR] / film ribbon cartridge
Kohlefilter *n* [HSP] / charcoal filter
Kohlepapier *n* [HSP] / carbon paper, (interleaved) carbon || **≗ mit Aussparungen** (zur Verhinderung unerwünschter Durchschrift an bestimmten Stellen) [HSP] / spot-carbon paper || **Endlosvordruck mit zwischengelegtem ≗** [HSP] / form with interleaved carbon
Kohleschleifring *m* [TP] / carbon slip ring
Koinzidenz *f* [Th] / coincidence || **≗ansteuerung** *f* [M] / coincident-current selection || **≗auswahl** *f* [M] / coincident-current selection || **≗fehler** *m* [ADp] / coincidence error || **≗gatter** (s. UND-Glied) || **≗prüfung** *f* [ES] / coincidence test || **≗punkt** *m* [GrDp, ES, NC] / point of intersection || **≗schaltung** (s. UND-Glied) || **≗signal** *n* [M] / coincidence signal || **≗speicher** *m* [M] / coincident-current memory
Koinzidenzstrom·prinzip *n* (zum Ansteuern einzelner Kerne beim Kernspeicher) [M] / coincident-current selection || **≗speicher** *m* [M] / coincident-current memory
Kollektor *m* (DIN 41854, Apr. 1979) [Sc] / collector || **offener ≗** [Sc] / collector not connected || **spezifischer Widerstand des ≗s** [Sc] / collector resistivity || **≗anschluß** *m* (DIN 41854, Apr. 1979) [Sc] / collector terminal || **≗bahnwiderstand** *m* (DIN 41854, Apr. 1979) [Sc] / collector series resistance
Kollektor-Basis·-Reststrom *m* (DIN 41854, Apr. 1979) [Sc] / collector-base cutoff current || **≗-Spannung** *f* (DIN 41854, Apr. 1979) [Sc] / collector-base voltage
Kollektor·bereich *m* [Sc] / collector region || **≗diode** *f* [Sc] / collector diode || **≗dunkelstrom** *m* [Sc] / collector dark current || **≗durchbruchspannung** *f* [Sc] / collector breakdown voltage || **≗elektrode** *f* (DIN 41854, Apr. 1979) [Sc] / collector electrode
Kollektor-Emitter-Reststrom *m* (DIN 41854, Apr. 1979) [Sc] / collector-emitter cutoff current || **≗-Spannung** *f* (DIN 41854, Apr. 1979) [Sc] / collector-emitter voltage
Kollektor·grenzschicht *f* [Sc] / collector junction || **≗kapazität** *f* [Sc] / collector capacitance || **≗reststrom** *m* (DIN 41854, Apr. 1979) [Sc] / collector cutoff current || **≗schaltung** *f* (DIN 41854, Apr. 1979) [Sc] / common collector circuit || **≗spannung** *f* [Sc] / collector voltage
Kollektorsperrschicht *f* (DIN 41854, Apr. 1979) [Sc] / collector barrier, collector depletion layer || **≗kapazität** *f* (DIN 41854, Apr. 1979) [Sc] / collector barrier capacitance, collector depletion layer capacitance
Kollektor·strom *m* (DIN 41854, Apr. 1979) [Sc] / collector current || **≗übergang** *m* (DIN 41854, Apr. 1979) [Sc] / collector junction || **≗zone** *f* (DIN 41854, Apr. 1979) [Sc] / collector zone
Kolonnenschalter *m* [PC] / column shift unit
Kolumnentitel, lebender ≗ [Typ] / running head || **toter ≗** (s. Kolumnenziffer)
Kolumnenziffer *f* [HSP, Typ] / page number
Kombination *f* [Th] / combination || **≗ 32** [TP] / combination no.32, all space character, all space signal || **gleichgewichtige ≗** [Tr] / equal ratio combination || **verbotene ≗** [DS, Tr] / forbidden code combination, forbidden combination

Kombinations·fehlerprüfung *f* [DS, Tr] / forbidden-combination check || **≗feldwähler** *m* [OCR] / combination field selector

Kombinatorisch·e Schaltung (s. Schaltnetz) || **elementare ~e Schaltung** [Cir] / elementary combinatorial circuit

Kombiniert·e Datei [RPG] / combined file || **~er Rücksprung** [Sw] / combined return branch || **~er Sprung** [Sw] / combined branch

Komma *n* [Algol] / comma (,) || [Fortran] / comma (,) || [Cobol] / comma || [PL/1] / comma || **binäres ≗** [Th] / binary point || **einstellbares ≗** [Sw] / adjustable point || **≗art** *f* [OS] / scale || **≗-Automatik** *f* (DIN 9757E, Okt. 1977) [Calc] / automatic decimal point capability

Kommando *n* (bei Bedienungsblattschreiber) [CTW] / command || **≗** (Bedienungsaufruf an den Ablaufteil) [VS] / executive command || **≗datei** *f* [Sw] / command file || **≗funktion** *f* [Sw] / command function || **≗-Geräte-Steuerung (KGS)** *f* [ES] / command unit device controller || **≗prozedur** *f* [Sw] / command procedure || **≗sprache** *f* [CTW] / command language || **≗steuerlogik** *f* [ES] / command unit control logic || **≗werk** *n* [MCS, CU] / control unit

Kommasetzung, automatische ≗ [Sw] / automatic decimal point, automatic placement of the decimal point

Komma·stellung *f* [Sw] / point position || **≗unterdrückung** *f* [Algol] / comma suppression

Kommaverschiebung *f* [Sw] / point shifting || **resultatabhängige ≗** (DIN 9757E, Okt. 1977) [Calc] / underflow capability

Kommentar *m* [Algol] / comment || [Cobol] / comment-entry, commentary, note sentence || [PL/1] / comment || **≗konvention** *f* [Algol] / comment convention || **≗zeile** *f* [Fortran] / comment line

kommerziell·es à (DIN 66009, Sept. 1977) [IO, Th] / commercial at || **~e Anwendungen** [Dp] / business applications, commercial applications || **~e Daten** [CSw] / business data || **~e Datenverarbeitung** [CSw] / business data processing || **~er Nachrichtensatellit** [Tr] / commercial communications satellite || **~e Rechenanlage** [Hw, Dp] / business computer || **~er Rechner** [Hw, Dp] / business computer || **~es Und** (DIN 66009, Sept. 1977) [IO, Th] / ampersand (&)

Kommunikation *f* [Th] / communication

Kommunikations·befehl *m* [Sw] / access instruction || **≗rechner** (s. Vorrechner) || **≗rechner** (s. Datenkommunikationsrechner) || **≗-Subsystem** *n* [Dp] / communication subsystem || **≗terminal** *n* [RDp] / communication terminal || **≗theorie** *f* [Th] / information theory, theory of communication || **≗zugriffsmethode** *f* [OS] / data communication access method

Kompakt·bauweise *f* [Hw] / compact structure, compact design || **≗-COBOL** *n* [PL] / compact COBOL

Kompandierung *f* [Tr] / companding

Komparator *m* [ADp, Tr] / comparator, comparator circuit || **≗schaltung** *f* [ADp, Tr] / comparator, comparator circuit

kompatibel *adj* [Dp] / compatible

Kompatibilität *f* [Dp] / compatibility

Kompatibilitäts·hilfsprogramm *n* [Sw] / compatibility support program || **≗prüfung** *f* [Dp] / compatibility verification

Kompensations·dose *f* [PCC] / compensating box || **≗halbleiter** *m* [Sc] / compensated semiconductor || **≗heißleiter** *m* [Co] / compensating NTC resistor

kompensierter Halbleiter [Sc] / compensated semiconductor

kompilieren *v* (DIN 44300, März 1972) [Sw, PL] / compile || **während des ≗s** [Cobol] / at compile time

kompilierend·es Programm [Sw, OS] / compiler, compiling routine, compile program || **~e Rechenanlage** [CP] / compiling computer

Kompilierer *m* (DIN 44300, März 1972) [Sw, OS] / compiler, compiling routine, compile program || **≗anweisung** *f* [Cobol] / compiler directing statement

Kompilier·generator *m* [OS] / compiler generator || **≗phase** *f* [PL] / compiling phase, compile phase

Kompilierprogramm *n* [Sw, OS] / compiler, compiling routine, compile program || **Generierer für ≗e** [OS] / compiler generator

Kompilierungs·-Anlage *f* [Cobol] / source computer || **≗datum** *n* [Cobol] / date-compiled || **≗-Rechenanlage** *f* [Cobol] / source computer

Kompilierzeit *f* [OS] / compile time, compiling time, compile duration,

compiling duration
Komplement *n* [Th] / complement || **B-∸** *n* [Th] / radix complement, noughts complement, true complement || **binäres ∸** [Th, OS] / complement on two, two's complement || **B-minus-1-∸** *n* [Th] / radix-minus-one complement
komplementäre Addition [ALU] / complement add || **~es Flipflop** [Cir] / complement flip-flop || **~e Operation** [Th] / complementary operation || **~er Operator** [SA] / complementary operator || **~e Verknüpfung** [Th] / complementary operation || **∸darstellung** *f* [Th] / complement representation || **∸-Metalloxid-Halbleiter** *m* [Co] / complementary metal-oxide semiconductor (CMOS)
Komplement·bildung *f* [Th] / complementation || **∸darstellung** *f* [Th] / complement representation || **∸gatter** *n* [Cir] / complement gate
Komplementiereinrichtung *f* [ALU] / complementer
Komplementierung, boolesche ∸ [SA] / NOT operation, Boolean complementation
Komplementierwerk *n* [ALU] / complementer
komplex *adj* [PL/1] / complex || **~e Größe** [Th] / complex variable || **~er Modus** [Sw] / complex mode || **~es Netz** [Dp] / complex network || **~er relativer Ausdruck** [PL] / complex relocatable expression || **~er verschieblicher Ausdruck** [PL] / complex relocatable expression || **~e Zahl** [Th] / complex number || *m* [Fortran] / complex || **∸** (von Programmen usw.) [Sw] / package || **∸funktion** *f* [PL/1] / complex (builtin) function
Komplexität *f* [Cy] / complexity
Komponente *f* [Th, QC] / component
Komponenten·analyse *f* (Zerlegung einer linguistischen Einheit in ihre Bestandteile) [Term, MAT] / componential analysis || **∸bibliothek** *f* [Dp] / component library || **∸fehler** *m* [DT, DS] / component error
komprimieren *v* [Dp] / compress
komprimierte Datendarstellung [PCC] / compressed data representation
Komprimierung *f* (für die exakte, auf den jeweiligen Sprachraum zugeschnittene Alphabetisierung von Benennungen vorgenommene Normalisierung der Zeichenfolgen) [MAT] / normalized spelling

Kompromißentzerrer *m* [Tr] / equalizer
Kondensator *m* [Co] / capacitor || **∸-Festwertspeicher** *m* [M] / capacitor read-only storage || **∸speicher** *m* [M] / capacitor storage
Konditionierung, instrumentale ∸ [Cy] / instrumental conditioning || **klassische ∸** [Cy] / classical conditioning || **operationale ∸** [Cy] / instrumental conditioning
konfektionieren *v* [Dist] / finish, finish off
Konferenz·schaltung *f* [ES] / conference circuit, conference service || **∸schreibsystem** *n* [ES] / conference system || **∸verbindung** *f* [ES] / conference call, conference connectior
Konfetti *n* [PT] / hole chads
Konfiguration *f* [Hw] / configuration || **zentrale ∸** [Dp] / central configuration package
Konfigurations·änderung *f* [Dp] / configuration change || **∸meldungsverteiler** *m* [ES] / reconfiguration message distributing routine || **∸programm** *n* [Dp] / configuration program
Konfigurator *m* [Dist, Hw] / configurator (configuration diagram)
konforme Abbildung [Th] / conformal mapping
Kongruenz *f* [Th] / congruence
konjugiert komplexe Zahl [Th] / complex conjugate number
Konjugiert-komplex-Funktion *f* [PL/1] / conjg (builtin) function
Konjunktion *f* (DIN 44300, März 1972) [SA] / AND operation, conjunction || **negierte ∸** (s. NAND-Funktion)
Konjunktions·schaltung (s. UND-Glied) || **∸symbol** *n* [PL/1] / AND symbol
Konjunktor (s. UND-Glied)
Konkordanz *f* (DIN 2333V, Sept. 1974) [MAT, IDS] / concordance
Konkurrenz·betrieb *m* (DIN 44302, Apr. 1979) [Tr] / contention mode || **∸punkt** *m* [ES] / contention point
konkurrierend *adj* [Dp, NC] / simultaneous, concurrent || **~es Update** (Problematik der gleichzeitigen Aktualisierung derselben Datei von verschiedenen Endstellen) [IDS] / concurrent update
Konnektor, variabler ∸ [Sw] / program switch, variable connector
Konnexschnittstelle *f* [ES] / intermediate interface
konsistentes Glied [ADp] / consistent uni
Konsistenz, die ∸ der Datenbestände

sicherstellen [IDS] / to ensure consistent information

onsolausgabedatei *f* [RPG] / display file

onsolblattschreiber *m* [Dp] / console typewriter (CTW) || **Ein-Ausgabeprogramm für ~** [CTW] / console typewriter handler || **~-Ein-Ausgabesteuerprogramm** *n* [OS] / CTW input-output control program

onsoldrucker *m* [IO, CTW] / console printer || **Anpassung für ~** [Hw] / attachment for hard copy device

onsole *f* [CTW] / console, operator's console, operator console || [Hw] / support, bracket || **Anforderung über die ~** [CTW] / console request || **freistehende ~** [Hw] / freestanding pedestal unit

onsol·eingabe *f* [IO] / keyboard input, keyboard entry || **~operator** (s. Bedienungsperson)

onstante Satzlänge [Sw] / fixed record length

onstante *f* [Fortran] / constant || [PL/1] / constant || **~ in Befehlsform** [Sw] / instructional constant || **figurative ~** [Cobol] / figurative constant || **reelle ~** [Sw] / real constant

onstanten·bereich *m* [Sw] / constant area || **~haltung** *f* (DIN 9757E, Okt. 1977) [Calc] / automatic constant || **~keller** *m* [OS] / universal safe area || **~speicherung** *f* (DIN 9757E, Okt. 1977) [Calc] / constant capability || **~typ** *m* [Sw] / type of constant

onstant·lauf *m* (Typenscheibe) [TP] / constant movement || **~stromquelle** *f* [Sc] / constant current generator, constant current source

onstituentenanalyse *f* [Term, MAT] / immediate constituent analysis, constituent analysis

onstituierende Variable (Datenelement, das in einem gegebenen kommunikativen Zusammenhang die Fixierung der Dateneinheiten bestimmt bzw. den Zugriff zu den Dateneinheiten ermöglicht) [DOK, Dp, Sw] / constituent data variable

onstruieren *v* [Hw] / design

onstruktion *f* (Abteilung) [R&D] / (mechanical) design department || **~ mit Computerhilfe** [Dp, ADp] / computer-aided design (CAD)

onstruktions·änderung *f* [Hw] / design modification || **~automatisierungstechnik** *f* [R&D] / automated design engineering (ADE) || **~daten** *plt* [Hw, Sc] / design data || **automatische ~technik** [R&D] / automated design engineering (ADE) || **~zeichnung** *f* [R&D] / engineering drawing, working drawing

konstruktive Ausführung [Hw] / mechanical design

Kontakt *m* [Sc] / contact || **gleichrichtender ~** [Sc] / rectifying contact || **nicht gleichrichtender ~** [Sc] / nonrectifying contact || **unter Schutzgas arbeitender ~** [TP, Tr] / dry-reed contact || **~abbrand** *n* [Hw] / contact erosion || **~abfrage** *f* [PCC] / contact sense || **~algebra** *f* [SA] / switching algebra applied to circuits involving mechanical contacts || **~anordnung** *f* [Mp] / contact configuation, contact arrangement || **~ausschnitt** *m* [Co, Sc] / contact window || **~belegungsplan** *m* [Mp] / pin assignment scheme || **~bürste** *f* [PT, PC] / reading brush, sensing brush || **~fenster** *n* [Co, Sc] / contact window || **kurzzeitiger ~gabekanal** [PCC] / momentary contact operate channel || **~gitter** *n* [Sc] / contact grid || **~gleichrichter** *m* [Co] / dry-contact rectifier || **~höcker** *m* [Sc] / pillar

kontaktiert, durch Wärmedruckverfahren ~ (Dünnfilm) [Sc] / thermocompression-bonded || **kopfüber ~es Bauelement** (Dickfilm) [Co, Sc] / face-bonded device, flip chip

Kontakt·kopierer *m* [HSP] / contact printer || **~kopierverfahren** *n* [HSP] / contact copying process || **~leiste** *f* [Hw] / contact strip

kontaktloses Druckverfahren [HSP] / noncontacting printing method (i.e., ink squirting, electrostatic deposition, thermal printing, etc.)

Kontaktnetzwerk *n* [Cir] / contact network || **Inversion von ~en** [Cir] / complementation of contact networks, inversion of contact networks

Kontaktöffnungszeit *f* [Hw] / contact break time

Kontaktpotential *n* [Sc] / contact potential || **~differenz** *f* [Sc] / contact potential difference

Kontakt·prellen *n* [Hw] / contact bouncing, contact chatter || **~spiel** *n* (Spiel eines Kontakts innerhalb seiner Halterung) [Hw, Co] / contact float || **~stelle** *f* [Sc] / junction || **~walze** *f* [PT] / contact drum || **~widerstand** *m* [Th, Tr] /

contact resistance
Kontaktzeit *f* [Hw] / contact make time || **≗grad** *m* [ES] / contact time efficiency
Kontenführung *f* [RDp] / ledger card update and maintenance
Kontext *m* (DIN 2341E, Mai 1977) [Term, MAT] / context || **~abhängige Sprache** [Term, MAT] / context-sensitive language || **~freie Sprache** [Term, MAT] / context-free language || **~sensitive Sprache** [Term, MAT] / context-sensitive language || **~unabhängige Sprache** [Term, MAT] / context-free language
kontinuierlich·e Abtastung [PE] / continuous reading || **~er Bandvorschub** [PT] / continuous tape feed || **~e Eingabe** [IO, Th] / continuous input || **~er Fehler** [Sw, NC] / progressive error || **~e Kartenzuführung** [PC] / continuous card feed
Kontrast *m* [OCR] / contrast || [Fax] / black-and-white reception || **≗...** (cf. „Schwärzungs...") || **~arm** *adj* [OCR] / low-contrast || **≗dehnung** *f* [Fax] / expansion
kontrastive Linguistik [Term] / contrastive linguistics
Kontrast·minderung *f* [HSP, OCR] / reduction in contrast || **≗pressung** *f* [Fax] / compression || **≗regulierung** *f* [HSP] / contrast control || **~reich** *adj* [OCR] / high-contrast || **≗schalter** *m* [HSP] / contrast switch || **≗signal** *n* [OCR] / print contrast signal || **≗übertragungsfunktion** *f* [Sc] / modulation transfer function || **≗umfang** *m* [OCR, Fax] / contrast range || **≗verhältnis** *n* [OCR] / print contrast ratio || **≗zahl** *f* [HSP] / contrast value
Kontravalenz *f* [SA] / exclusive-OR operation, anticoincidence operation
Kontroll·beleg *m* [OCR] / control document || **≗bit** *n* [DS] / check bit || **≗blattschreiber** *m* [IO] / monitoring printer
Kontrollbyte *n* [DS] / check byte || **zyklisches ≗** [DS] / cyclic check byte (CCB)
Kontrolldruck *m* [Priv] / printed monitor copy
Kontrolle der Kartenreihenfolge [PC, Sw] / card sequence check || **mathematische ≗** [Dp, Sw] / arithmetic check, mathematical check || **zyklische ≗** [DS] / cyclic check (CC)
Kontrolleinschub *m* [PCC] / check module
Kontrollese·fehler *m* [Sw] / read-after-write error || **≗kopf** *m* [KtT] / read-after-write head assembly
kontrollesen *v* [MT] / to perform a read-after-write check || *n* [MT] / read-after-write check, read-after-write verify, read check || [PT, PC] / postpunch read
Kontrollesestation *f* [PT, PC] / postpunch read feature, postpunch read station
Kontrollfeld *n* [PC, Sw] / control field || **≗ (KF)** [VC] / supervisory panel || **≗spalt** *f* [PC] / control column
Kontroll·fernschreiber *m* [TP] / journal teleprinter || **≗funktion** *f* [CU, Sw] / control function || **≗impuls** *m* [Tr] / check pulse || **≗informationen** *f pl* [Sw] / checking information, check information || **≗lampe** *f* [Hw, ES] / check lamp, pilot lamp, supervisory lamp || **≗maschine** *f* [ES] / monitoring printer || **≗meldung** *f* [PCC] / check message || **≗platz (KPL)** *m* [ES] / supervisor's console || **≗programm** *n* [OS] / supervisory routine, executive routine **≗rand** *m* [OCR] / card lever strip || **≗rückführung** *f* [NC] / monitoring feedback
Kontrollschaltung *f* [CP, NC] / control circuit || [Hw] / interlock circuit
Kontroll·sendungsbeikasten *m* [ES] / control box for repeat transmission || **≗spalte** *f* [PC] / control column || **≗summe** *f* [DS] / check total, checksum, proof total || **≗summenfeld** *n* [Sw] / hash total field || **≗wort** *n* [DS] / check word || **≗zeichen** *n* [DS] / check character
Kontrollziffer *f* [DS] / check digit || **≗prüfung** *f* [DS, Th] / control digit test
Kontrollzyklus *m* [PCC] / checking cycle
Konturenschärfe *f* [OCR] / acutance
konventionelle Übersetzung [MAT] / conventional translation
konvergente Reihe [Th] / convergent series
Konvergenz *f* [Th] / convergence || **absolute ≗** [Th] / absolute convergence **bedingte ≗** [Th] / conditional convergence || **gleichmäßige ≗** [Th] / uniform convergence || **≗kreis** *m* [Th] / circle of convergence
konvergierende Reihe [Th] / convergent series
Konversationsgrafik *f* [GrDp] / conversational graphics
Konverter *m* [Dp] / conversion unit, converter
Konvertierung *f* [PL/1] / conversion
Konvertierungs·code *m* [Fortran] / conversion code || **≗zeit** *f* [Th, Sw] /

conversion time
onvex *adj* [OCR] / convex
onzentrations·niveau *n* [Sc] / concentration level || **~profil** *n* [Sc] / concentration profile
onzentrator *m* [ES] / concentrator || **~ mittelschnell (KMS)** [ES] / medium-speed concentrator || **~liste** *f* [ES] / concentrator table || **~netz** *n* [RDp, ES] / concentrator network
onzentratorteilnehmer *m* [ES] / concentrator subscriber || **~liste** *f* [ES] / concentrator subscriber table
onzentrator·verbindung *f* [Tr] / concentrator circuit || **~verbindungsleitung (KVL)** *f* [ES] / concentrator trunk (line)
onzentriert·e Anschlußschaltung [ES] / pooled termination || **Schaltung mit ~en Elementen** [Sc] / lumped circuit technique
Konzepthalter *m* [Hw, TP] / copy holder
Konzeption *f* [Th] / concept || **logische ~** [Th, Cir] / logic design, logical design
Koordinate *f* [Th] / coordinate || **kartesische ~n** [Th] / Cartesian coordinates || **krummlinige ~n** [GrDp] / curvilinear coordinates
Koordinaten·feld *n* [GrDp, Tr] / coordinate field || **~netz** *n* [HSP, GrDp, OCR] / grid || **~papier** *n* [IO, GrDp] / coordinate paper || **~schreiber** *m* [GrDp] / X-Y recorder || **~speicher** *m* [M] / matrix storage, coordinate storage || **~system** *n* [Th] / coordinate system || **~transformation** *f* [NC] / transformation of coordinates
Koordinatenwandler *m* [ADp] / resolver, synchro || **Servo-~** *m* [ADp] / servo-resolver || **sphärischer ~** [ADp] / ball resolver, spherical resolver
Koordinatenwert *m* [Th] / coordinate values
Koordinator *m* [CP] / coordinator
Koordinieren Prozessor (COOP) [OS] / Coordinate CPU (COOP)
Koordinierung *f* [Sw] / coordination
Koordinierungs·abläufe *m pl* [PCC] / control operations || **~kanal** *m* [Sw] / coordination channel || **~meldung** *f* [RDp, Tr] / coordination message || **~meldungsbyte** *n* [Sw] / coordination reporting byte
Koordinierungsprogramm *n* [ES] / coordinating program || **netzorientiertes ~** [ES] / network-oriented coordination program
Koordinierungsteil (Ein-Ausgabe) (s. Kanalscheduler)
Kopf *m* [PC, Tr] / heading || **~abstand** *m* [MDr] / head-to-drum separation || **~adresse** *f* [PE, Sw] / head address || **internationales ~amt** [ES] / gateway center, international gateway exchange || **~anfangszeichen** *n* [Tr] / start-of-heading character (SOH character)
Kopfauswahl·diode *f* [PCC] / head selection diode || **~schalter** *m* [PCC] / head selection switch
Kopf·bank *f* [PCC] / head bank || **~bewertung** *f* [Tr] / header analysis program || **~bit** *n* [Tr] / header bit || **~byte** *n* [Tr] / head address byte || **~empfang** *m* [Tr] / header reception, reception of the header || **~empfindlichkeit** *f* [OCR] / head sensitivity || **~etikett** *n* [PT, MT] / header, header label || **~gruppe** *f* [PCC] / head group || **~karte** *f* [PC] / heading card, head card || **Servoinformationen zur ~positionierung** [MD] / disk seek information || **~text** *m* (eines Formulars) [HSP, Off] / title || **~träger** *m* [PE] / head positioner, head positioning comb, head carrier
kopfüber kontaktiertes Bauelement (Dickfilm) [Co, Sc] / face-bonded device, flip chip
Kopfzeile *f* [RPG] / header line, heading line, H line
Kopie *f* [Th] / copy
Kopien·druck *m* [HSP] / copy printing || **~drucker** *m* (Hardcopy-Einheit, mit der in Verbindung mit einem Bildsichtgerät der Inhalt eines Bildschirms ausgedruckt werden kann) [DT] / hard copy terminal || **~nummer** *f* [HSP] / copy number || **~zahl** *f* [HSP] / number of copies
Kopier·angabe *f* [PL/1] / copy option || **~anweisung** *f* [Cobol] / copy statement
kopieren *v* [Dp] / copy (i.e., to reproduce data from one storage device to another, or another part of the same storage, without altering the orignal data; cf. "transcribe")
Kopier·lauf *m* [Sw] / copy run, duplicating run || **~schicht** *f* (bei Durchschreibpapier) [HSP] / action coating || **~vorgang** *m* [Sw] / copy run, duplicating run || **magnetisches ~werk** [Hw] / magnetic destination storage
Koppel·abschnitt *m* [ES] / switching section || **~ader** *f* [ES] / matrix wire || **~anordnung (KAN)** *f* [ES] / switching matrix network || **~einheit** *f* [ES] / switching matrix
Koppelfeld *n* [ES] / switching matrix

network || **blockierungsfreies** ≗ [ES] / nonblocking switching matrix || ≗**einstellzeit** *f* [ES] / switching network marking time || ≗**steuerung** *f* [OS, ES] / switching network control program || ≗**weg** *m* [ES] / matrix switch path
Koppel·filter *n* [Th, Co] / coupling filter, broad-band coupling filter || ≗**gruppe (KG)** *f* [ES] / switching unit || ≗**matrix** *f* [ES] / switching matrix
koppeln *v* [Sw] / interconnect
Koppelnetzwerk *n* [ES] / switching matrix array
Koppelpunkt (KP) *m* [ES] / crosspoint || ≗**einstellung** *f* [ES] / crosspoint marking
Koppel·reihe (KR) *f* [ES] / switching row || ≗**relais** *n* [ES] / switching relay, matrix switching relay || ≗**stufe (KS)** *f* [ES] / switching matrix stage, switching stage
Koppelvielfach (KV) *n* [ES] / switching matrix || ≗**reihe** *f* [ES] / switching matrix row
Koppelweg *m* [ES] / switching path, matrix path
Koppler, akustischer ≗ (DIN 44302, Apr. 1979) [Tr] / acoustic coupler || ≗**baugruppe** *f* [ES] / matrix module
Kopplung *f* [Tr] / coupling
Kordel *f* [Hw] / diamond knurl || ≗**schraube** *f* [Hw] / milled screw, knurled screw
Korngrenze *f* [Sc] / grain boundary
Körperschlußprüfung *f* [QC] / short-circuit-to-frame test, chassis fault test
Korrektur *f* [Dp, Sw] / correction || ≗ **(K)** [PCC] / correcting value (C) || **blockweise** ≗ [DS, Tr] / block correction || **zeichenweise** ≗ [RDp, Tr] / character correction || ≗**befehl** *m* [Typ, Sw] / correcting instruction || ≗**datenkarte** *f* [Dp] / actual patch card || ≗**funktion** *f* [Sw] / correction function || ≗**gang** *m* [Sw] / correction step || ≗**karte** *f* [Sw] / patch card (i.e., a card used to add instructions to a routine to correct a mistake or to change that routine) || ≗**karte** [PC] / change card (i.e., a card used to update a master file) || ≗**kartenstapel** *m* [PC, Sw] / patch card deck || ≗**kennzeichnung** *f* [Sw] / correction mode identification || ≗**lack** *m* [TES, OCR] / correction fluid || ≗**lader** *m* [OS] / patch loader || ≗**lauf** *m* [Sw] / correction run || ≗**lochstreifen** *m* [PT] / punched correction tape || ≗**punkt** *m* [OS] / patch point || ≗**routine** *f* [Sw] / patch || ≗**stapel** *m* [PC, Sw] / patch card deck || ≗**taste** *f* [KtT] / correction button || ≗**zeichen** *n* [Sw] / correction character
Korrelations·funktion *f* [Th, ADp] / correlation function || ≗**integral** *n* [Th, ADp] / correlation integral || ≗**rechner** *m* [ADp] / correlation computer
korrigierbarer Code [Th, Tr] / error-correcting code, error correction code, self-correcting code
korrigieren *v* [Sw] / patch (i.e., to correct or change the coding at a particular location by inserting transfer instructions at that location and by adding the new instructions and the replaced instructions elsewhere) || [Dp, Sw] / correct || **Schreibfehler** ~ [IO] / to correct (spelling) mistakes
korrigierendes Eingreifen [Th] / corrective action
Kosinus *m* [Th] / cosine || ≗**funktion** *f* [Th] / cosine function || ≗**programm** *n* [Sw] / cosine program || ≗**satz** *m* [Th] / cosine law
kostensparende Texterfassung [IO, Sw] / cost-saving text input procedure
KP (s. Koppelpunkt)
KPL (s. Kontrollplatz)
KR (s. Koppelreihe)
Kraft·austausch *m* [Co, Sc] / momentum exchange || ~**schlüssig** *adj* [NC] / in nonpositive contact with, nonpositively fixed to, making nonpositive contact against
Kredit·kartenterminal *n* [MCS, DT] / credit-card terminal || ≗**zeichen** *n* [PL/1] / credit sign
Kreisverkehrbeleg *m* [OCR] / turnaround document
Kreuz *n* (Formatzeichen bei programmiertem Formular) [HSP] / intersection || ≗**-Assembler** *m* [MCS] / cross-assembler || ≗**-Assemblierer** *m* [MCS] / cross-assembler || ≗**kompilation** [MCS] / cross compilation || ≗**korrelation** *f* [Cy] / cross correlation || ≗**korrelationsfunktion** *f* [Cy] / cross correlation function || ≗**rändel** *f* [Hw] / cross knurl
Kreuzschienen·schalter *m* [ES] / crossbar switch || ≗**vermittlungssystem** *n* [ES] / crossbar switching system
Kreuzsicherung *f* [Priv, Tr] / cross-checking method
Kreuzungs·stelle (Formatzeichen bei Perforationen) [HSP] / intersection || ≗**zeichen** *n* [HSP] / intersection character
Kriech·boden *m* (doppelter Boden im Maschinenraum eines Rechenzentrums zum Verlegen von Kabeln usw., unter

dem man sich bei der Montage bewegen kann) [DpC] / raised floor || ˜strecke *f* [Sc] / leakage path

Kristall *m* [Sc] / crystal || ˜**filter** *n* [Sc] / crystal filter || ˜**gitter** *n* [Sc] / crystal lattice, lattice || ˜**grenze** *f* [Sc] / grain boundary || ˜**halter** *m* [Sc] / crystal chuck, crystal holder || ˜**keim** *m* [Sc] / seed

kristallografische Ebene [Sc] / crystallographic plane

Kristall·scheibe *f* [Sc] / crystal wafer || ˜**struktur** *f* [Sc] / crystal structure || ˜**zieheinrichtung** *f* [Sc] / crystal pulling device || ˜**ziehen** *n* [Sc] / crystal pulling, crystal growing

kritisch·e Dämpfung [Th] / critical damping || ~**er Fehler** [Sc] / critical defect, total defect || ~**er Gehäusefehler** [Sc] / critical case defect || ~**e Gitterspannung** [Co] / critical grid voltage || ~**es Muster (KM)** [QC] / critical pattern, worst-case pattern || ~**e Temperatur** [Sc] / critical temperature

krummlinige Koordinaten [GrDp] / curvilinear coordinates

Krümmung *f* [Th, GrDp] / curvature

Kryogenik *f* [Sc, M] / cryogenics

kryogenischer Speicher [M] / cryogenic storage

Kryogenspeicher *m* [M] / cryogenic storage

Kryotron *n* [Sc, Cir] / cryotron

Krypto·analyse *f* [Cryp] / cryptanalysis || ˜**analytiker** *m* [Cryp] / cryptanalyst

Kryptografie *f* [Cryp] / cryptography

Kryptologie *f* [Cryp] / cryptology

kryptologische Ausrüstung [Cryp] / cryptologic equipment

Kryptozentrum *n* [Cryp] / cryptocenter

KS (s. Koppelstufe)

KSP (s. Kernspeicher)

KST (s. Kanalsteuerung)

kubische Gleichung [Th] / cubic equation

Kugeldruckelement (s. Kugelkopf)

Kugelkoordinatenwandler *m* [ADp] / ball resolver, spherical resolver

Kugelkopf *m* [IO] / spherical printball

Kugelschreibkopf (s. Kugelkopf)

kühlen *v* [Co, Sc] / heat-sink

Kühlkörper *m* [Sc, Co] / heat sink

Kühlluft·gebläse *n* [Hw] / cooling fan || ˜**temperatur** *f* [Hw] / cooling air temperature

Kühlmitteltemperatur *f* [Hw] / cooling medium temperature

kumulativer Synchronstreifen [Sw] / cumulative byproduct tape

Kundenauftragsnummer *f* [Dist] / customer order number

Kundendienst *m* (Dienstleistung) [Serv] / after-sales service || ˜ **(Kd)** [Serv] / field service || **technischer** ˜ **(TKD)** [Serv] / field engineering service, customer field service || ˜**anruf** *m* [Serv] / field service call || ˜**ingenieur** *m* [Serv] / field service engineer || ˜**koffer** *m* [Serv] / portable service case || ˜**techniker** *m* [Serv] / field service technician

kundengebunden *adj* / customer-oriented

kundenspezifisch *adj* / customized (device, module, etc.) || ~**es Anwenderprogramm** [ASw] / user-specific program || ~**er Schaltkreis** [Co] / custom circuit

künstlich·e Anforderung (KA) [ES] / simulated request || ~**e Anforderungsteststeuerung (KATS)** [ES] / simulated request test control || ~**e Intelligenz** [Th, Cy] / artificial intelligence || ~**e Sprache** (DIN 2330, März 1979) [Th, Cy] / artificial language || ~**e Übertragungsleitung** [TrL] / artificial transmission line

Kunstschaltung *f* [Tr] / simplex-phantom circuit

kunstschaltungsfähige Leitungsgruppe [ES] / phantom group

Kunststoff·aderleitung *f* [TrL] / plastic-insulated conductor wire || ~**gekapselte Einheit** [Sc] / plastic-encapsulated unit || ˜**mantelleitung** *f* [TrL] / plastic-sheathed wire || ˜**schlauchleitung** *f* [TrL] / plastic-tubed wire || ˜**träger** *f* [MT] / plastic support || ˜**vlies** *n* [HSP] / synthetic fleece

KUP (s. Kanalumschalteplatte)

kupferkaschierte Preßstoffplatte [Hw] / copper-clad laminate

Kupferseil *n* [TrL] / stranded copper wire

Kursrechner *m* [Dp] / course-line computer

Kurve, ausgezogene ˜ [Sc] / solid curve

Kurven·-Bildschirmeinheit *f* [PCC] / curve display unit || ˜**darsteller** (s. Digitalplotter) || ˜**darstellung** *f* [GrDp] / curve tracing || ˜**generator** *m* [GrDp] / curve generator || ˜**leser** *m* (DIN 44300, März 1972) [GrDp, OCR] / curve follower || ˜**schar** *f* [Th, GrDp] / family of curves || ˜**schreiber** *m* (DIN 44300, März 1972) [GrDp] / graphic plotter, data plotter, plotter || ˜**sichtstation** [PCC] / curve display unit || ˜**taster** *m* [GrDp] / curve

tracer || ≗**verfolgungslogik** *f* [GrDp, OCR] / curve follower logic || ≗**zeichner** (s. Digitalplotter)
kurz·er Befehl [Sw] / short instruction || ~**e technische Beschreibung** [Dist] / summary technical description || ≗**adresse** *f* [ES] / abbreviated address || ≗**aufruf** *m* [Sw] / abbreviated call || ≗**beschreibung** *f* [Dist] / information manual || ≗**darstellung** *f* [DOK, IDS] / abstract || **51-Spalten-≗karte** *f* [PC] / 51-column card || **Einrichtung für ≗kartenverarbeitung** [PC] / variable-length card feed device || ≗**kartenzuführung** *f* [PC] / short card pack feed || ≗**kartenzusatz** *m* [PC] / 51-column card feature, fifty-one column feature
Kurzlochkarte *f* [PC] / scored card, stub card || ≗ **mit 51 Spalten** [PC] / 51-column card
Kurzreferat *n* [DOK, IDS] / abstract || **Zeitschrift mit ≗en** [IDS] / abstract journal
Kurzruf *m* [ES] / abbreviated dialing, abbreviated repertory code dialing || ≗**nummer** *f* [ES] / repertory code, abbreviated dial code || ≗**tabelle** *f* [ES] / abbreviated dialing table
Kurzschließer *m* [ES] / shorting link
Kurzschluß *m* [Serv] / short-circuit, short || **äußerer** ≗ [Sc] / external short-circuit || **innerer** ≗ [Sc] / internal short-circuit || ≗**bedingung** *f* [Sc] / short-circuit condition || **im ≗betrieb arbeiten** (beim Testen) [ES] / (of signals, etc.) loop back || ≗**sicherung** *f* [Hw] / short-circuit protection || ~**stabil** *adj* [Hw] / short-circuit stable || ≗**tastung** *f* [Tr] / short-circuit keying
Kurzspeicher *m* [ES] / short-time storage || ≗**ausdruck** *m* [Dp] / indicative dump
Kurz·textgeber *m* [ES] / QTA transmitter || ≗**wahl** *f* [ES] / abbreviated dialing, abbreviated repertory code dialing || ≗**wahlzeichen** *n* [ES] / abbreviated dial code
Kurzweg *m* (Netz) [ES] / primary route, prime route || ≗ (Koppler) [ES] / short-path connection, short path
Kurzwortmaschine *f* [Dp] / short word computer
Kurzzeit·archivierung *f* [ES] / short-term filing || ≗**datei** *f* [Dp] / activity file, change file, transaction file || ≗**gedächtnis** *n* [Cy] / short-term memory
kurzzeitiger Kontaktgabekanal [PCC] / momentary contact operate channel
Kurzzeitspeicher *m* [ES] / short-time storage
kuvertieren *v* [HSP] / envelope
KV (s. Koppelvielfach)
KVL (s. Konzentratorverbindungsleitung)
KWIC-Index *m* [IDS] / keyword-in-context index, KWIC index
Kybernetik *f* [Dp, Cy] / cybernetics
kybernetisch *adj* [Cy] / cybernetic || ~**e Instanz** [Cy] / level of cybernetics || ~**e Pädagogik** [CAI, Cy] / cybernetical pedagogics || ~**e Psychologie** [Cy] / information psychology || **integriertes ~es Gesamtmodell** [Cy] / integrated and complete cybernetic model
kybernetisiertes Eisenbahnnetz [PCC] / cyberneticized railways
kyrillische Buchstaben [IO, Typ] / Cyrillic script

L

LA (s. Laden Adresse)
Labormuster *n* [R&D] / developmental equipment
Lack, fotoempfindlicher ≗ [Sc] / photosensitive resist || ≗**oberfläche** *f* [Hw] / painted surface
ladbarer Mikroprogrammspeicher [Mp] / reloadable control memory
Lade·adresse *f* [Sw] / load address, load point || ≗**anweisung** *f* [Sw] / load instruction || ≗**aufruf** *m* [CTW] / load typein, load call || ≗**befehl** *m* [Sw] / load instruction || ≗**corotron** *n* [HSP] / charge corotron || ≗**daten** *plt* [HSP] / load data
ladefähig *adj* [Sw] / loadable, executable || ~**es Programm** [Sw] / loadable program, executable program, operable program || ~**er Programmteil** [Sw] / phase
Ladekarte *f* [Sw] / load card
Lademodul *n* [Sw] / load module || **Systembereich für residente ≗n** [Dp] / link pack area || ≗**bibliothek** *f* [OS] / load library
Lademodus *m* [Sw] / load mode
laden *v* [Sw] / load || **neu** ~ [Sw] / reload (routine, etc.) || *n* [Sw] / loading || ≗ **Adresse (LA)** [OS, Lisp] / Load address (LA) || ≗ **Akkumulator mit Adresse Plus (LAP)** [PCC, Befehl] / Load

accumulator with address positive (LAP) || ≗ **Bitfeld (LBF)** [OS, Befehl] / Load bit field (LBF) || ≗ **des Systems** [Sw] / system loading || ≗ **gerundet erweitert zu lang (LRDR)** [OS, Befehl] / Load rounded extended to long (LRDR) || ≗ **gerundet lang zu kurz (LRER)** [OS, Befehl] / Load rounded to short (LRER) || ≗ **Halbwort (LH)** [OS, Lisp] / Load halfword (LH) || ≗ **Komplement (LCR)** [OS, Lisp] / Load complement (LCR) || ≗ **Komplement kurz (LCER)** [OS, Lisp] / Load complement, short (LCER) || ≗ **Komplement lang (LCDR)** [OS, Lisp] / Load complement, long (LCDR) || ≗ **kurz (LE)** [OS, Lisp] / Load, short (LE) || ≗ **lang (LD)** [OS, Lisp] / Load, long (LD) || ≗ **mehrfach (LM)** [OS, Lisp] / Load multiple (LM) || ≗ **negativ (LNR)** [OS, Lisp] / Load negative (LNR) || ≗ **negativ kurz (LNER)** [OS, Lisp] / Load negative, short (LNER) || ≗ **negativ lang (LNDR)** [OS, Lisp] / Load negative, long (LNDR) || ≗ **positiv (LPR)** [OS, Lisp] / Load positive (LPR) || ≗ **positiv kurz (LPER)** [OS, Lisp] / Load positive, short (LPER) || ≗ **positiv lang (LPDR)** [OS, Lisp] / Load positive, long (LPDR) || ≗ **Programmzustand (LSP)** [OS, Befehl] / Load status of program (LSP) || ≗ **Segmenttafeladresse und -länge (LSAL)** [OS, Befehl] / Load segment table address and length (LSAL) || ≗ **Umsetzungstafeleintrag (TVA)** [OS, Befehl] / Trace virtual address (TVA) || ≗ **und Starten eines gespeicherten Monitorlaufs (RUN)** [OS, Aufruf] / Load and start catalogued monitor session (RUN) || ≗ **und Starten eines Programms (EXEC)** [OS, Aufruf] / Load and execute program (EXEC) || ≗ **und Starten eines Programms (LOD)** [OS, Aufruf] / Load and start program (LOD) || ≗ **und Testen (LTR)** [OS, Lisp] / Load and test (LTR) || ≗ **und Testen kurz (LTER)** [OS, Lisp] / Load and test, short (LTER) || ≗ **und Testen lang (LTDR)** [OS, Lisp] / Load and test, long (LTDR) || ≗ **Wort (LW)** [OS, Lisp] / Load word (LW) || ≗ **Wort indirekt (LWI)** [OS, Befehl] / Load word indirect (LWI) || ≗ **Wort real (LDWR)** [OS, Befehl] / Load word real (LDWR) || ≗ **Zwischenspeicher** [OS, Lisp] / Load scratch pad || **beim ≗ des Systems** [Sw] / at system load time, during system initiation, at system initiation time || **schnelles ≗ von Segmenten** [Sw] / rapid loading of segments (overlays)

LADEN-Taste *f* (Bedienungstisch) [Hw, CTW] / load key, console load key

Ladeparameter *m* [Sw] / load parameter, load operand

Ladeprogramm *n* [OS] / loader, program loader || ≗ **für verschiebliche Programme** [Sw] / relocatable loader, relocatable program loader || **verschiebliches ≗** [Sw] / relocating loader

Lader *m* [OS] / loader, program loader || **absoluter ≗** [OS] / absolute loader, absolute program loader

Lade·routine (s. Lader) || ≗**schalter** *m* [Hw] / load switch || ≗**station** *f* [HSP] / charge station || ≗**vorgang** *m* [Sw] / loading process || ≗**zeit** *f* [Dp] / load time

Ladungs·bild *n* [Th] / charge pattern || ≗**dreieck** *n* [Sc] / diffusion triangle

ladungsgekoppelter Baustein [Sc] / charge-coupled device (CCD)

Ladungsspeicher-Baustein *m* [Sc] / charge-coupled device (CCD)

Ladungsträger *m* (beweglicher) (DIN 41852, Aug. 1978) [Sc] / charge carrier, carrier || **Erzeugung von ≗n** [Sc] / carrier generation || ≗**beweglichkeit** *f* (DIN 41852, Aug. 1978) [Sc] / carrier mobility, charge carrier mobility || ≗**dichte** *f* [Sc] / charge carrier density || ≗**diffusion** *f* (DIN 41852, Aug. 1978) [Sc] / charge carrier diffusion, carrier diffusion || ≗**injektion** *f* (DIN 41852, Aug. 1978) [Sc] / charge carrier injection, carrier injection || ≗**konzentration** *f* [Hw, Serv] / charge carrier concentration || ≗**paar** *n* [Sc] / charge carrier pair || ≗**speicherung** *f* [Sc] / carrier storage

Ladungs·verschiebeelement (s. ladungsgekoppelter Baustein) || ≗**verteilung** *f* [Th] / charge pattern

Lager·flansch *m* [HSP] / bearing flange || ≗**haltung** *f* [Dist] / inventory control || ≗**zapfen** *m* [Hw] / pivot stud

Lagesortier·einrichtung *f* [OCR] / mark position sort feature || ≗**maschine** *f* [OCR] / layer reader-sorter

Lagespeicher *m* [M] / position storage

Lampen·- und Tastenfeld [Hw] / lamp and pushbutton panel || ≗**feld** *n* (Anzeige) [Hw] / indicator lamp || ≗**informationsbyte** *n* [Dp] / lamp information byte || ≗**kontrolle** *f* [Hw] / lamp check || ≗**registerfreigabesteuerung** *f* [ES] / lamp register release control || ≗**zieher**

m [Hw] / lamp extractor
Landes·kennzahl *f* [TP, ES] / country code || **~verkehr** *m* [ES] / national traffic, domestic traffic
Länge des Einheitsschrittes [TP] / unit interval, signal interval || **explizite ~** [Sw] / explicit length || **Satz falscher ~** [Sw] / wrong-length record || **Satz fester ~** (DIN 66239E, Mai 1979) [Sw] / fixed-length record || **Satz undefinierter ~** [Sw] / undefined-length record || **von fester ~** [PL/1] / non-varying || **Wort fester ~** [Sw] / fixed-length word || **Zahl doppelter ~** [Th, Sw] / double-length number, double-precision number
Längenangabe *f* [Sw] / length entry, length specification || **falsche ~** (Block falscher Länge) [Sw] / incorrect length
Längen·attribut *n* [Sw] / length attribute || **~-Bedingung** *f* [PL/1] / stringsize condition || **~faktor** *m* [Sw] / length modifier, length code
Längenfehler *m* [Sw] / length error || **~anzeige** *f* [Sw] / length error flag
Längen·feld *n* [Dp] / length field || **~formatierung** *f* (Datenformat, in dem neben der kategorialen Formatierung auch die Länge der einzelnen Datenelemente festgelegt wird) [DOK, Dp, Sw] / fixed length data format || **~-Funktion** *f* [PL/1] / length (builtin) function || **~merkmal** *n* [Sw] / length attribute
längenmodulierte Impulse [PCC] / PDM pulses
Längen·schiene *f* (für Kabelsprossen) [TrL] / guidance bar (for cable rungs) || **~schlüssel** *m* [Sw] / length modifier, length code
Langrufnummer *f* [ES] / unabbreviated call number
langsam·er Speicher [M] / slow-access storage, slow storage || **~e störsichere Logik (LSL)** (Rtm.) [Mp] / (approx. =) high-level logic (HLL)
Längsparität *f* [DS, Tr] / longitudinal parity, horizontal parity
Längsparitäts·kontrolle (s. Blockprüfung) || **~prüfung** (s. Blockprüfung)
Längsparity·kontrolle (s. Blockprüfung) || **~prüfung** (s. Blockprüfung)
Längsperforation *f* [HSP] / vertical perforation, longitudinal perforation
Langspielplatte, Video-~ (VLP) *f* [M] / video long-play disk (VLP disk)
Längs·prüfzeichen *n* [DS, Tr] / horizontal parity bit || **~schneiden** *n* [HSP] / (center) slitting || **~summenkontrolle** (s. Blockprüfung)
längstrennbar *adj* (Klebeband) [HSP] / perforated
Längstrennung *f* [HSP] / slitting, longitudinal cutting
Langwecker *m* [ES] / long-time prompter || **~liste** *f* [ES] / long-time prompter list || **~programm** *n* [ES] / long-time prompter program || **~verwaltung** *f* [ES] / long-time prompter management routine
Langzeit·archivierung *f* [ES] / long-term filing || **~drift** *f* [Sc] / long-time drift || **~geber** *m* [Sw] / gross timer || **~programm** *n* [ES] / long-time program || **~speicherung von Nachrichten** [RDp, Tr] / long-term storage of messages || **~stufe** *f* [Th, Meas] / long-time element || **~wecker** *m* [ES] / long-time prompter
LAP (s. Laden Akkumulator mit Adresse Plus)
Laser-Bildschreibgerät *n* [GrDp] / graphic laser terminal || **~-COM-Recorder** *m* (COM-Gerät zur Aufzeichnung von Informationen mittels Laserstrahl auf metallbeschichtetem Film) [COM] / laser COM recorder, laser computer-output-microfilm recorder || **~-Datenspeicher** *m* [M] / laser storage
Laserdruck *m* [HSP] / laser printing
Laserdrucker (LD) (elektrofotografischer Drucker) *m* [HSP] / laser printer || **~lineal** *n* [HSP] / laser printer gage || **~-Magnetband** *n* [HSP] / laser printer magnetic tape, LP tape
Laserdruck·funktion *f* [HSP] / laser print function || **~raster** *n* (Gitter) [HSP] / laser print raster
Laserdrucksystem *n* [HSP] / laser printing system || **Offline-~** *n* [HSP] / off-line laser printing system
Laserlicht *n* [HSP] / laser light || **~punkt** *m* [HSP] / laser light dot
Laser·optik *f* [HSP] / laser optics || **~platte** *f* (Diodenlaser-Festspeicher mit direktem Zugriff in Form einer Doppelscheibe mit sehr hoher Speicherdichte) [M] / laser storage disk || **~schalter** *m* [HSP] / laser switch || **~schutzbrille** *f* [HSP] / laser-protection glasses || **~sicherheit** *f* [HSP] / laser safety || **~spiegel** *m* [HSP] / laser mirror || **~strahl** *m* [HSP] / laser beam || **~strahlung** *f* [HSP] / laser radiation || **~strahl-Zeichengenerator** *m* [HSP] / laser-beam character generator ||

≈technologie *f* [HSP, Dp] / laser technology || **≈warnschild** *n* [Hw, HSP] / laser warning sign
Lastenheft *n* [R&D] / specification
Last·fehler *m* [ADp] / loading error || **≈kapazität** *f* [Co, Sc] / load capacitance || **≈strom** *m* [Co, Sc] / load current || **≈teilbaugruppe** *f* [TP] / load module || **≈trennbrücke** *f* [ES] / load break switch || **≈trenner** *m* [ES] / load break switch || **≈verteilung** *f* [ES] / load distribution, call load sharing, load sharing
LAT (s. Leitungsanpassungsteil)
latent·er Ausdruck [APL] / latent expression || **~es Schriftbild** [HSP] / latent image
lateral·e Hemmung [Cy] / lateral inhibition || **~e Inhibition** [Cy] / lateral inhibition
Lauf *m* [Dp, Sw] / run || **≈** (Typenscheibe) [TP] / printwheel rotation, movement (of the printwheel) || **≈** (Bewegung) [NC] / travel || **normaler ≈** [Dp] / standard run || **synthetischer ≈** [ES] / synthetic run || **≈anforderung** *f* (an das Organisationsprogramm) [OS] / request job || **≈anweisung** *f* [Algol] / for statement
laufend·e Nummer [Sw] / consecutive number, sequence number || **~es Programm** [OS] / active program, current program || **~ registrieren** [ES] / to keep a running total of (charge, etc.) || **~e Wartung** [Hw, DpC] / routine maintenance (i.e., maintenance work carried out according to a schedule, not necessarily at regular intervals, to prevent equipment failure)
Lauf·klausel *f* [Algol] / for clause || **≈leistung** *f* [GrDp] / plotting speed || **≈liste** *f* [Algol] / for list || **≈listenelement** *n* [Algol] / for list element || **≈nummer** *f* [PC, Sw] / card number, sequence number, card sequence number || **≈nummernanzeiger** *m* [TP, ES] / serial number indicator (SNI)
Laufnummerngeber *m* [TP, ES] / serial number transmitter, sequence numbering device || **automatischer ≈** [TP, ES] / automatic serial number transmitter, automatic sequence numbering device
Laufnummernspeicher *m* [ES] / serial number storage
Laufnummernvergleicher *m* [ES] / serial number comparator, sequence number comparator || **≈gestell** *n* [Hw] / rack for serial number comparator
Lauf·spezifikation *f* [PL/1] / do specification || **≈status** *m* [Dp] / running state
Laufvariable *f* [Algol] / controlled variable || [Fortran] / control variable
Laufverzerrung *f* [Tr] / delay distortion, delay-line distortion
Laufwerk *n* (bei Lochstreifenabtaster bzw. Lochstreifenlocher) [PT] / paper tape drive, tape feed || **≈** (Teil eines Magnetbandgerätes, der zum Bewegen und Führen des Magnetbandes dient) [MT] / magnetic tape drive || **Disketten-≈** *n* [MD] / floppy disk drive, diskette drive || **Zweikanalzusatz für ≈** [MT] / dual-channel feature for tape deck
Laufzeit *f* [Dp, Sw] / running time, run time || [TP, Sc] / transit time || **volle ≈** [M, CU] / total clock cycle || **≈-Dämpfungsentzerrer** *m* [Tr] / delay and attenuation equalizer
Laufzeitentzerrer *m* [Tr] / delay equalizer || **adaptiver ≈** [Tr] / adaptive delay equalizer
Laufzeit·entzerrglied *n* [Tr] / delay equalizer network || **≈glied** *n* [Cir, CP] / delay unit, transport delay unit || **≈register** *n* [M, CU] / delay-line register
Laufzeitspeicher *m* [M, ES] / delay-line storage || **akustischer ≈** [M] / acoustic memory || **elektromagnetischer ≈** [M] / electromagnetic delay-line storage || **Ultraschall-≈** *m* [M] / ultrasonic delay-line storage
Laufzeit·system *n* [Sw] / runtime system || **≈verzerrung** *f* [Tr] / delay distortion, delay-line distortion || **≈verzögerungsleitung** *f* [Co] / delay line
Lawine *f* [Sc] / avalanche
Lawinendiode *f* [Sc] / avalanche diode
Lawinendurchbruch *m* (DIN 41852, Aug. 1978) [Sc] / avalanche breakdown (nondestructive breakdown caused by the cumulative multiplication of carriers through field-induced impact ionization) || **≈spannung** *f* (DIN 41852, Aug. 1978) [Sc] / avalanche voltage
Lawinen·effekt *m* [Sc] / avalanche effect || **≈zelle** *f* [Sc] / controlled-avalanche element
LAZ (s. Leitungsadresse des Zubringers)
LBF (s. Laden Bitfeld)
LCDR (s. Laden Komplement lang)
LCER (s. Laden Komplement kurz)
LCR (s. Laden Komplement)
LD (s. Laden lang) || **≈** (s. Laserdrucker) || **≈-Band** *n* [HSP] / laser printer magnetic tape, LP tape
LDV (s. linguistische

Datenverarbeitung)
LDWR (s. Laden Wort real)
LE (s. Leitungsanschlußeinheit) || ≗ (s. Laden kurz)
lebender Kolumnentitel [Typ] / running head
Lebensdauer *f* [Hw] / useful life, life || **mechanische** ≗ [NC] / mechanical life || **mittlere** ≗ [Sc] / mean life || **voraussichtliche** ≗ [Sc] / life expectancy || ≗**prüfung** *f* [Sc] / life test
Leck·strom *m* [Sc] / leakage current || ≗**widerstand** *m* [Sc] / leakage resistance
leer·es Anfangsetikett [MT] / dummy header label || **~er Kartengang** [PC] / idling cycle || **~e Zeichenreihe** [Algol] / empty
Leer-·... [PL/1] / null ... || ≗... [Sw] / dummy, quasi
Leer·abschnitt *m* [Sw] / dummy section (DSECT) || ≗**adresse** *f* [Sw] / blank address
Leeranweisung *f* [Algol] / dummy statement || [Fortran] / continue statement || [Cobol] / exit statement
Leerbefehl *m* [Sw] / dummy instruction || ≗ (s. Überspringbefehl)
Leer-bei-Null-Klausel *f* [Cobol] / blank when zero clause
Leer·beleg *m* [OCR] / blank document, blank sheet || ≗**bereichs-Funktion** *f* [PL/1] / empty (builtin) function || ≗**block** *m* [Sw] / dummy block || ≗**hub** *m* [TP] / idle travel || ≗**karte** *f* [PC, Sw] / blank card, dummy card
Leerlauf *m* [Sc] / floating || ≗**gang** *m* [PC] / idling cycle || ≗**gleichspannung** *f* [Sc] / floating potential, floating voltage || ≗**kontrolle** *f* [NC] / idling control || ≗**lampe** *f* [NC] / idling light || ≗**schaltung** *f* [Cir, Sc] / open circuit (i.e., a circuit that does not provide a complete path for the flow of current) || ≗**spannung** *f* [ES, Sc] / no-load voltage || **~stabil** *adj* [Cir] / open-circuit stable || ≗**zeit** *f* [NC] / idle time
Leer·platte *f* [Hw] / blank panel || ≗**schritt** *m* [Tr] / space pulse || ≗**seite** *f* [HSP] / blank page || ≗**spalte** *f* [PC] / blank column
Leerspaltenkontrolle *f* [PC] / blank column detection || **Doppelloch- und** ≗ [PC] / double punch and blank column detection
Leerspalten·kontrolleinrichtung *f* [PC] / blank column detection device || **automatische** ≗**prüfung** [Dp] / automatic blank column verification || ≗**sucher** *m* [PC] / blank column detection device
Leerstelle *f* [Sw] / blank character || [HSP, OCR] / void
Leertaste *f* [TES, IO, TP] / space bar || **automatische** ≗ [TP, CTW] / continuous spacing
Leer·übertragung *f* [Tr] / blank transfer, blank transmisssion || ≗**übertragungsprüfung** *f* [Tr] / blank transmission test || ≗**umlauf der Maschine** [Dp] / idle machine cycle
Leervorschub·einrichtung *f* [TP] / blank tape feedout circuit || ≗**taste** *f* [TP] / blank tape feed button
Leerzeichen *n* [Tr] / idle signal, time-fill signal || [Fortran] / blank || [PL/1] / blank || [Cobol] / space || [Algol] / blank space, space || ≗**format** [PL/1] / space format
Leer·zeiger-Funktion *f* [PL/1] / null (builtin) function || ≗**zeile** *f* [HSP, Sw] / blank line
Legatoschreiben *n* [TP] / key rollover operation
Legeliste *f* [Serv] / wire running list
legiert·er Transistor [Sc] / alloyed transistor, alloy junction transistor || **~er Zonenübergang** (DIN 41852, Aug. 1978) [Sc] / alloyed junction, alloy junction
Legierungstransistor *m* [Sc] / alloyed transistor, alloy junction transistor
Lehr·baukasten *m* [Hw] / instruction kit || ≗**hilfe** *f* [CAI] / teaching aid || ≗**maschine** *f* [CAI] / teaching machine || ≗**satz** *m* [Th] / theorem || ≗**system** *n* [CAI] / teaching system
Leiste *f* [Cobol] / report group || **vor der Ausgabe einer** ≗ [Cobol] / before reporting
Leistenerklärung *f* [Cobol] / report group description entry
Leistentyp *m* [Cobol] / report group type || ≗**klausel** *f* [Cobol] / type clause
Leistung *f* [Sc] / power || ≗ (Betriebsverhalten, Leistungsfähigkeit) [Dp] / performance || ≗ (z.B. eines Bündels) [ES] / traffic handling capacity || **interne** ≗ (einer Zentraleinheit) [Dp] / functional processor power
Leistungs·abfluß *m* [Sc] / power drain || ≗**abgabe** *f* [Sc] / power drain
leistungsabhängig·er Speicher [PE, M] / volatile storage || **~e Speicherung** [M] / volatile storage
Leistungs·angaben *f pl* [Dp] / performance figures || ≗**aufnahme** *f*

(Bereitschaft, Betrieb) [Hw] / power draw (expressed in kVA) || ≗**bandbreite** *f* [Sc] / power bandwidth || ≗**bedarf** *m* [Hw] / power requirements || ≗**beschreibung** *f* (fachbezogene Spezifikation) [Dist, Sw] / functional design specification || ≗**bewertung** *f* [Hw] / performance evaluation || ≗**elektronik** *f* / power electronics

Leistungsfähiger externer Speicher [M] / high-capacity external storage

Leistungsfähigkeit *f* [ES] / call handling capacity, new-call rate

Leistungs·faktor *m* [Dp] / power factor, performance factor || ≗**hyperbel** *f* [Sc] / power dissipation curve || ≗**kontrollampe** *f* [Hw] / power pilot light || ≗**kriterium** *n* [Dp] / performance criterion

Leistungslos·er Speicher [M] / nonvolatile storage || ~**e Speicherung** [M] / nonvolatile storage

Leistungs·messer *m* [Hw] / power indicator || ≗**prüfung** *f* [Hw] / performance evaluation || ≗**transistor** *m* [Sc] / power transistor || ≗**verbrauch** *m* [Hw] / power consumption (expressed in kWh) || ≗**verhältnis** *n* [Hw] / efficiency ratio

Leit·befehl *m* [ES] / routing directive || ≗**blatt** *n* [IDS] / master data sheet || ≗**blech** *n* [Hw] / guide plate

Leiten, einen Befehl auf den Datenbus ~ [Mp] / to gate an instruction onto the data bus

Leitender Zustand [Sc] / on state

Leiter der EDV-Abteilung [DpC] / data processing manager

Leiterbahn *f* [Co, Sc] / conducting path || **Abbild der** ≗**en** [Cir] / printed conductor diagram || ≗**unterbrechung** *f* [TrL] / conductor break

Leiterpaar *n* [Tr] / wire pair

Leiterplatte *f* (DIN 40804, Aug. 1977) [Co] / printed circuit board (pcb), pc board || **doppelt kaschierte** ≗ [Co] / double-faced pc board || **Universal-**≗ *f* [Co] / universal pc board

Leitfähig·es Papier [MCS] / electrically conductive paper || ~**e Tinte** [MICR] / electrographic ink

Leitfähigkeit *f* [Th, Sc, TrL, Co] / conductivity || **richtungsabhängige** ≗ [Sc, Co] / asymmetrical conductivity

Leitfähigkeitsmodulation *f* (DIN 41852, Aug. 1978) [Sc] / conductivity modulation

Leit·größe *f* [Dp] / reference value || ≗**information** *f* [ES] / switching information, routing information || ≗**kammer** *f* [PC] / connection box || ≗**karte** *f* [PC] / header card

Leitkarten·sortiereinrichtung *f* [PC] / group sorting device || ≗**sortierung** *f* [PC] / group sorting

Leitlochungen *f pl* [PC] / control holes, function holes

Leitprogramm *n* [PL] / contents supervisor || [OS] / supervisory routine, executive routine

Leit·rechner *m* [Dp] / master computer || ≗**selektor** *m* [PC] / pilot selector || ≗**station** *f* (DIN 44302, Apr. 1979) [Tr] / control terminal, control station || ≗**stelle** *f* [Tr] / master terminal || ≗**steuerung** *f* [PCC] / coordinating control

Leitung *f* [Tr, TrL] / line || ≗ (isolierter Draht) [Hw] / insulated wire || ≗ **in Multiplexschaltung** [Tr] / multiplexed line || **aktive** ≗ [RDp] / active line || **Ausnutzungsgrad einer** ≗ [ES] / line utilization rate, line saturation rate || **festgeschaltete** ≗ [Tr] / dedicated line (leased, privately owned) || **verlustlose** ≗ [Tr] / zero-loss circuit || **zeitweise vermietete** ≗ [TP] / part-time private-wire circuit, part-time leased circuit

Leitungs·- und Übertragungskosten [Tr] / line and transmission costs || ≗**abfrage** *f* [ES] / line scanning, line scan || ≗**abgleich** *m* [RDp, Tr] / line balancing || ≗**abrufbetrieb** *m* [ES] / polled circuit operation || ≗**abschlußschaltung** *f* [ES] / terminator circuit || ≗**abschnitt** *m* [TrL] / circuit section, line section

Leitungsadresse *f* [ES] / line address || ≗ **des Zubringers (LAZ)** [ES] / line address of the offering port, offering port line address

Leitungsanpassung, synchrone ≗ [ES] / synchronous line adapter

Leitungsanpassungs·teil (LAT) *m* [Tr] / line adapter || ≗**übertrager** *m* [Tr] / line matching transformer

Leitungsanschluß *m* (allgemein) [ES, Tr] / line termination, trunk termination || ≗**einheit (LE)** *f* [ES] / line termination unit || ≗**einsatz** *m* [Tr] / line adapter frame || ≗**gruppe** *f* [ES] / line terminator group || ≗**kapazität** *f* [ES] / line termination capacity || ≗**nummer** *f* [ES] / line terminator number || ≗**schaltung** *f* [RDp, ES, Tr] / termination circuit, line termination circuit || ≗**schrank-Schnittstelle** *f* [ES] / terminator cabinet

interface
Leitungs·ausnutzung *f* [ES] / line utilization, circuit occupancy || **~ausnutzungsgrad** *m* [ES] / line utilization rate
Leitungsauswahl *f* [ES] / line selection || **~-Abtastschaltung** *f* [ES] / line selection sampling circuit
Leitungsband *n* (DIN 41852, Aug. 1978) [Sc] / conduction band
Leitungsbelegung *f* [ES] / line seizure || **Suchverfahren für ~** [ES] / line hunting method
Leitungs·belegungszeit *f* [ES] / line holding time, circuit time || **~beschreibung** *f* [Tr] / line description || **~beschreibungsgenerator** *m* [Tr] / line description generator
Leitungsbetrieb *m* [TP] / line working || [RDp] / on-line operation
Leitungsbündel *n* [ES] / trunk group, line group || **gemeinsames ~** [RDp] / common line group
Leitungs·code *m* [Tr] / line code || **~dämpfung** *f* [Tr] / line loss || **~einrichtungen** *f pl* [Tr] / line circuit facilities || **~einzelnotiz** *f* [ES] / line single note, single line notepad entry || **~elektron** *n* (DIN 41852, Aug. 1978) [Sc] / conduction electron || **~entzerrung** *f* [Tr] / line equalization || **~ergänzungswiderstand** *m* [Co] / loop padding rheostat
Leitungsfehler *m* [Tr] / line error || **permanenter ~** [Tr] / nontransient line error, permanent line error || **vorübergehender ~** [Tr] / transient line error, temporary line error
Leitungs·freigabe *f* [ES] / line enable || **~führungsliste** *f* [Sw] / wire running list || **~geräusch** *n* [Tr, TrL] / line noise, circuit noise || **~geschwindigkeit** *f* [Tr] / line speed || **~gruppe** *f* [ES] / terminator group (TG)
Leitungsgruppen·rahmen *m* [ES] / terminator group frame || **~steuerung** *f* [ES] / terminator group controller (TGC) || **~steuerungs-Schnittstelle** *f* [ES] / terminator group controller interface
leitungsindividuell *adj* [ES] / on an individual line basis
Leitungskapazität *f* (elektrische Größe) [Sc] / interconnect capacitance, line capacitance || **~** (Belastbarkeit) [RDp] / line capacity
Leitungs·kennung *f* [ES] / circuit identification || **~knoten** *m* [ES] / line concentrator || **~kontrollimpuls** *m* [ES] / line supervisory pulse, line continuity checking pulse, trunk ckecking pulse || **~konzentrator** *m* [ES] / line concentrator || **~mietdienst** *m* [RDp] / leased networks service, leased circuits service || **~multiplexer** *m* [Tr] / line multiplexer || **~multiplexsteuerung** *f* [RDp] / line multiplexer controller || **~nachbildung** *f* [RDp, Th, Tr] / balancing network, line balancing network || **~netz** *n* (DIN 44302, Apr. 1979) [Tr] / network || **~notiz** *f* [ES] / line note, line notepad entry
Leitungsnotizblock·überlauf *m* [ES] / line notepad overflow || **~zähler** *m* [ES] / line notepad counter || **~zyklus** *m* [ES] / line notepad cycle
Leitungsnotizzelle *f* [ES] / line note cell
Leitungsnummer *f* [Tr] / line number || **interne ~ (ILN)** [Tr] / internal line number (ILN)
Leitungsnummernhalt *m* [ES] / line number halt
leitungsorientiert·es Programm [ES] / line-oriented routine || **~e Tabelle** [ES] / line table || **~es Teilprogramm** [ES] / line-oriented subroutine
Leitungspaar, verdrilltes ~ [TrL] / twisted pair
Leitungs·parameter *m* [RDp, Tr] / line parameter || **~programm** *n* [OS, Tr] / line program
leitungsproportional·es Feld (Anzeigefeld, das adressiert mit der ILN abgefragt wird, ob dieser Dienst eingerichtet ist) [ES] / ILN-addressed field || **~e Information** [Tr] / information specific to the individual line || **~er Teil** [Tr] / line-proportionate section, line-specific section
Leitungs·prozedur *f* [RDp] / line procedure, transmission line procedure || **~prüfprogramm** *n* [ES] / line test program || **~prüftext** *m* [Tr] / line test code || **~prüfung** *f* [Tr] / line test
Leitungspuffer *m* [CU, Tr] / line buffer || **Doppel-~** *m* [Tr] / dual line buffer || **~anschluß** *m* [Tr] / line buffer attachment || **~steuerung** *f* [Tr] / line buffer controller
Leitungs·schalter *m* [ES] / line switch || **~schnittstellenmerkmale** *n pl* [ES] / line interface characteristics
leitungsseitige Schleife [RDp, Tr] / line-side loop
Leitungs·steuertabelle *f* [ES] / line supervisory table || **~steuerung** *f* [OS] / data link control || **~störung** *f* [Tr] / line

fault || ≗**strom** *m* [Th, Tr] / line current || ≗**stufe** *f* [Tr] / line level
Leitungssuchverfahren *n* [ES] / line hunting method || ≗ **mit fester Ausgangsstellung** (Null-Stellung) [ES] / homing method || ≗ **nach prozentualer Verkehrsaufteilung** (Quotenverfahren) [ES] / quota method || **zyklisches** ≗ (Rotary-Verfahren) [ES] / rotary, rotary hunting method
Leitungs·tabelle *f* [Tr] / line status table || ≗**typ** *m* [Sc] / conduction type || ≗**überwachung** *f* / line supervision || ≗**überwachungsrelais** *n* [Tr] / line monitoring relay || ≗**unterbrechung** *f* [Tr] / line interruption || ≗**vermittlung** *f* (DIN 44302, Apr. 1979) [ES] / circuit switching || ≗**verstärker** *m* [Tr] / line amplifier || ≗**vervielfacher** *m* [Tr] / line interface multiplier || ≗**wahlschalter** *m* [ES] / line selection switch || ≗**zelle** *f* [ES] / line cell || ≗**zug** *m* [Tr] / line section || ≗**zustand** *m* [ES] / line condition
Leitungszustands·meldung *f* [ES] / line status signal || ≗**tabelle** *f* [Tr] / line status table
Leitvermerk *m* [RDp] / routing indicator, routing character, data routing character || ≗**ankündigungszeichen** *n* [RDp] / routing prefix character || ≗**zeichen** (s. Leitvermerk)
Leitvermittlungsstelle *f* [RDp] / routing center
Leitweg *m* (DIN 44302, Apr. 1979) [RDp] / route, routing || ≗**anzeiger** (s. Leitvermerk) || ≗**bestimmung** *f* [RDp] / alternate routing || ≗**information** *f* [ES, Tr] / routing information || ≗**lenkung** *f* [RDp] / route selection || ≗**prozedur** *f* [ES] / routing procedure || ≗**steuerstelle** *f* [RDp] / routing center || ≗**tabelle** *f* [ES] / routing table || ≗**vermerk** *m* [RDp] / routing indicator, routing character, data routing character || ≗**verzeichnis** *n* [ES] / routing list
Leitwerk *n* (DIN 44300, März 1972) [MCS, CU] / control unit || **peripheres** ≗ [IO] / peripheral control unit || **Rechen- und** ≗ [CP] / arithmetic and logic unit (ALU) || **Rechen- und** ≗ [Mp, MCS] / arithmetic and logic unit (ALU) || **zentrales** ≗ (bei Mehrrechnerbetrieb) [CU] / central control unit, main control unit
Leitwert *m* [Sc] / conductance || ≗**matrix** *f* [Cir, Sc] / admittance matrix
Lemma *n* [Term] / lemma
Lemniskate *f* [Th] / lemniscate
Lenkung des Stückgutverkehrs [PCC] / routing of l.c.l. (= less than carload) shipments
Leporello·-Endlospapier *n* [IO, HSP] / continuous fanfold stock || ≗**formular** *n* [IO, HSP] / continuous fanfold stock || ≗**papier** *n* [HSP] / fanfold paper
Lernen *n* [Cy] / learning || ≗ **am Erfolg** [Cy] / instrumental conditioning || **programmiertes** ≗ [CAI] / programmed learning
lernender Automat [Th, Cy] / learning machine
lernfähig *adj* [Hw, Cy] / adaptive
Lern·matrix *f* [Cy] / learning matrix || ≗**modell** (s. Lerntheorie) || ≗**theorie** *f* [Cy] / learning theory, theory of learning
lesbar *adj* [Dp] / readable || **für den Menschen** ~ [Dp] / human-readable || **maschinell** ~ [Dp] / machine-readable, machine-recognizable || **maschinell ~er Beleg** [IO] / machine-readable document || **nicht** ~ [Sw] / nonreadable, unreadable
Lese- und Rückvergrößerungsgerät [COM] / reader-printer
Lese·adresse *f* [Sw] / read address || ≗**anfang** *m* [PE, Sw] / logical leading end
Leseanweisung *f* [Fortran] / read statement || [Cobol] / read statement || [PL/1] / read statement
Lese·aufruf *m* [Sw] / read call || ≗**bahn** *f* [PC] / card read track || ≗**befehl** *m* [PE, Sw, OCR] / read command, read instruction
Lesefehler *m* [PCC, Sw] / read parity error, read error || **permanenter** ≗ [Sw] / unrecoverable read parity error, permanent read error
Lese·feld *n* [OCR] / read field || ≗**gerät** *n* [IO] / reading device, reader || ≗**gerät** (s. Mikrofilmlesegerät) || ≗**geschwindigkeit** *f* [IO, OCR] / reading rate, read rate (i.e., the number of units of data capable of being read in a given unit of time) || ≗**halbzyklus** *m* [ES] / read half cycle
Leseimpuls *m* [M] / read pulse, reading pulse || **Teil-**≗ *m* [M] / partial read pulse || **voller** ≗ [M] / full read pulse
Lesekopf *m* (DIN 66010, Apr. 1973) [IO] / read head, reading head || ≗ (Lochstreifenleser) [TP] / tape reading head
Lese·lampe *f* [TP] / reading lamp || ≗**leistung** *f* [IO, OCR] / reading rate, read rate (i.e., the number of units of data capable of being read in a given unit of time) || ≗**leitung** *f* [M] / sense winding, read winding || ≗**marke** *f* [ES] / read

mark
Lesemodus, binärer ≗ [PC] / binary read mode || **dezimaler** ≗ [PC] / decimal read mode
Lesemöglichkeit *f* [OCR] / read capability
lesen *v* [PE, OCR] / read || ≗ **Dateikatalog (RFC)** [OS, Befehl] / Read file catalog (RFC) || ≗ **direkt** [OS, Lisp] / Read direct || ≗ **rückwärts** [OS, Lisp] / Read backward || ≗ **simultan** [OS, Befehl] / Read auxiliary || ≗ **vorwärts** [OS, Lisp] / Read forward || **dynamisches** ≗ [PC] / flight sensing || **einzeiliges** ≗ [OCR] / single-line reading || **löschendes** ≗ [M] / destructive reading, destructive readout || **nichtlöschendes** ≗ [PE, M] / nondestructive reading, nondestructive readout || **sedezimales** ≗ **auf dem Arbeitsspeicher** [OS] / read memory hexadecimal (RDM) || **selbstsuchendes** ≗ [PE] / automatic scanning || **spaltenbinäres** ≗ [PC] / column-binary reading || **vorgezogenes** ≗ [PE] / advanced read || **wiederholtes** ≗ [Sw] / repetitive reading || **zerstörungsfreies** ≗ [PE, M] / nondestructive reading, nondestructive readout
Leseoperation *f* [IO] / read operation, reading
Lesepaket *n* [OCR] / reading package || **ein** ≗ **bestellen** [OCR] / to request a reading package
Lese·pistole *f* [IO] / hand-held (bar-code, etc.) reader || ≗**programm** *n* [IO, Sw] / input program, readin program || ≗**pufferspeicher** *m* [CP] / read buffer, input buffer
Leser *m* [IO] / reading device, reader || ≗ **für Magnettintenzeichen** (s. Magnetschriftleser) || **alphanumerischer** ≗ [OCR] / alphameric reader, alphanumeric reader || **optischer** ≗ [OCR] / optical reader
Leserichtung *f* [Sw] / read mode
Leserstartsequenz *f* [TP] / reader start character sequence
Lese-Schreib·geschwindigkeit *f* [MCS, MT] / read-write speed, writing-reading speed || ≗**kopf** *m* [MT] / combined read-write head, read-write head || ≗**schaltung** *f* [PE, M] / read-write circuit || ≗**verstärker** *m* [PE, M] / read-write amplifier
Lesesicherheit *f* [OCR] / reading reliability
Lesesignal *n* [M] / sense signal, read output signal || ≗**auswertezeit** *f* [M] / read staticizing time
Lesespannung *f* [M] / reading voltage || ≗ **bei gespeicherter binärer Eins** [M, Cir] / one-output signal || ≗ **der ungestörten Eins** [M] / undisturbed one || ≗ **der ungestörten Null** [M] / undisturbed zero || **gestörte** ≗ [M, Cir] / disturbed response signal, disturbed response voltage || **gestörte partielle** ≗ [M, Cir] / partial disturbed response signal, partial disturbed response voltage || **partielle** ≗ [M] / partial output signal || **ungestörte volle** ≗ [M, Cir] / undisturbed response signal, undisturbed response voltage
Lesesperre *f* [MT, CP] / read lockout
Lese-Stanz·betrieb *m* [PC] / read-punch mode || ≗**einheit** *f* [PC] / card read-punch, card punch-reader
Lesestanzer *m* [PC] / card read-punch, card punch-reader
Lese-Stanzfehler *m* [PC] / punch-read error
Lesestation *f* (bei welcher die Abtastung mit Hilfe von Kontaktbürsten oder fotoelektrisch erfolgt) [PT, PC] / reading station, sensing station || **zusätzliche** ≗ [PC] / additional read station
Lese·stelle *f* (Leser) [TP] / reading point || ≗**stift** *m* [IO] / hand-held (bar-code, etc.) reader || ≗**strom** *m* [M] / read current || ≗**taste** *f* (Magnetband) [TP] / read button || ≗**verstärker** *m* (Magnetband) [TP] / read amplifier || ≗**vorgang** *m* [IO] / read operation, reading || ≗**vorimpuls** *m* [PE] / pre-read disturb pulse || ≗**wicklung** *f* [M] / sense winding, read winding || ≗**zone** *f* [OCR] / character sensing field, scan band
Lesezugriff *m* [OS] / read access || ≗ **zu Daten** [OS] / read access to data
Lesezwangs·signal *n* [ES] / forced-read signal, forced-read cycle signal || ≗**zyklus (LZZ)** *m* [ES] / forced-read cycle
Lesezyklus *m* [M, ES] / read cycle || ≗**zeit** *f* [CP] / read cycle time
Letter (s. Drucktype)
letzte Anweisung (in einer Schleife) [Fortran] / terminal statement
Leucht·anzeige *f* [Hw] / electroluminescent display, illuminated display, lighted display || ≗**diode** *f* [Co, Sc] / light-emitting diode (LED) || ≗**diodenanzeige** *f* [IO, Co] / LED display || ≗**feld** *n* [HSP] / indicator field, indicator || ≗**fleck** *m* [VDT] / luminous spot || ≗**schaltbild** *n* [Cir] / illuminated circuit diagram, luminous mimic diagram || ≗**tablo** *n* [Hw] / lighted panel || ≗**taste** *f* [Hw] / lighted pushbutton

Lexem *n* [Term] / lexeme
lexikalisch *adj* [Term] / lexical
Lexikograf *m* [Term] / lexicographer
lexikografische Verarbeitungsroutine des Systems [ASw, MAT] / lexicographical processing routine of the system
LH (s. Laden Halbwort)
LIB (s. Auflisten freier Spuren eines Bibliotheksbereiches)
licht·e Schrift [HSP] / outline lettering || **≗ausbeute** *f* [Typ, Rep] / luminous efficacy || **≗beständigkeit** *f* [OCR] / light stability || **≗bogen** *m* (bei Glühlampensteuerungen) [Co] / flashover effect
lichtelektrisch·er Effekt (DIN 41852, Aug. 1978) [Th] / photoelectric effect || **~er Strom** [Co, Sc] / photoelectric current || **~es Widerstandsmaterial** [Co, Sc] / photoresist || **~e Zelle** [Co] / photocell, photoelectric cell || **innerer ~er Effekt** [Sc] / internal photoelectric effect, internal light-sensitive effect
Lichtempfänger *m* [Co] / photoreceiver
lichtempfindlich *adj* [Sc] / photosensitive, light-sensitive || **~e Fläche** [Sc] / photoelectric area
Lichtempfindlichkeit *f* [Sc] / photoelectric sensitivity || **dynamische ≗** [Co, Sc] / dynamic luminous sensitivity (of a photoelectric device) || **statische ≗** [Co, Sc] / static luminous sensitivity (of a photoelectric device)
Lichtgriffel *m* [VDT, GrDp] / light pen
lichtleitende Zelle [Co] / photoconductive cell
Lichtpunkt *m* [HSP] / light dot || [OCR] / flying spot || **≗abtaster** [OCR] / flying-spot scanner || **≗abtastung** *f* [OCR] / flying-spot scan
Licht·quelle *f* [Hw] / light source || **≗quellenabstand** *m* [Sc] / light source distance
Lichtsatz *m* [COM, Typ] / photocomposition || **elektronischer ≗** [COM, Typ] / computer photocomposition, electronic photocomposition || **elektronischer ≗** (unter Verwendung einer Kathodenstrahlröhre) [COM, Typ] / CRT photocomposition || **≗gerät** *n* [COM, Typ] / photocomposition equipment || **≗programm** *n* [Typ, Sw] / photocomposition program
Licht·schacht *m* [TP] / light channel || **≗schranke** *f* [HSP] / photosensor assembly || **≗schrankenprüfgerät** *n* [OCR] / light barrier testing device || **≗schwelle** *f* [OCR] / light threshold || **≗sender** *m* [HSP] / phototransmitter
Lichtsetzanlage *f* [COM, Typ] / photocomposition equipment || **elektronische ≗** [COM, Typ] / electronic photocomposing equipment
Lichtsetzsystem *n* [COM, Typ] / electronic photocomposing system || **digital-elektronisches ≗** [COM, Typ] / digital electronic photocomposing system
Licht·stift *m* [VDT, GrDp] / light pen || **≗strahl** *m* [Dp] / light beam || **≗wellenleiter** *m* [Dp] / optical waveguide || **≗zeicheneinrichtung** *f* [Hw] / visual indicator panel
lieferbar, nur auf Anfrage ~ [Dist, Serv] / available on request only
Lieferbedingung, technische ≗en [Dist] / terms and conditions on purchases
Liefer·los *n* [Dist] / shipment lot || **≗plan** *m* [Dist] / delivery schedule
Lieferverpflichtung, technische ≗ [Dist] / terms and conditions on sales
liegende Zuführung [PC] / horizontal feed
Ligatur *f* [Typ] / ligature
linear *adj* / linear (programming, distortion, etc.) || **~e Befehlsfolge** [Sw] / linear sequence of instructions || **~e Codierung** [Sw] / straight-line coding, inline coding || **~e Diode** [Sc] / linear diode || **~e Einheit** [Cir] / linear unit || **~es Glied** [ADp] / linear element || **~e Interpolation** [Th] / straight-line interpolation, linear interpolation || **~e Messung** [NC] / linear measuring, direct measuring || **~e Optimierung** [Th, Sw] / linear programming, linear optimization || **~e Programmierung** [Th, Sw] / linear programming, linear optimization || **~e Programmplanung** (s. lineare Programmierung) || **~e Schaltung** [Cir] / linear circuit network || **~er Transistor** [Sc] / unidimensional transistor, linear transistor || **~er Wandler** [PCC] / linear transducer || **≗gleichungslöser** *m* [ADp] / equation solver || **≗interpolation** *f* [Th] / straight-line interpolation, linear interpolation || **≗planung** (s. lineare Programmierung)
Linguistik *f* [Term] / linguistics || **algebraische ≗** [Term, MAT] / algebraic linguistics || **algorithmische ≗** [Term, MAT] / computational linguistics || **angewandte ≗** [Term, MAT] / applied linguistics || **deskriptive ≗** [Term] / descriptive linguistics || **kontrastive ≗** [Term] / contrastive linguistics || **mathematische ≗** [Term, MAT] /

mathematical linguistics || **quantitative** ≗ (Lehre der sprachlichen Wahrscheinlichkeitsstruktur) [Term] / quantitative linguistics
linguistische Datenverarbeitung (LDV) [Term, MAT] / computational linguistics
Linie von 1p-Stärke [Typ] / 1-point face rule || **gestrichelte** ≗ [HSP, Typ] / broken line || **punktierte** ≗ [HSP, Typ] / dotted line
Linien·element *n* (Formatzeichen) [HSP] / line element || ≗**frequenz** *f* [Sc] / line frequency || ≗**halten** *n* [Typ] / base alignment || ≗**integral** *n* [Th] / line integral || ≗**raster** *n* [HSP] / line screen || ≗**schreiber** *m* [GrDp] / continuous-line recorder || ≗**stärke** *f* [Typ] / rule width || ≗**stärke** [HSP] / line thickness || ≗**struktur** *f* [Sc] / line structure || ≗**verzweiger** *m* [Tr] / distribution cabinet
link·er Akkumulator [ALU] / left accumulator || **~er Rand** [Sw] / left margin || **~e Seite** [Algol] / left part || **~er Überlauf** [PCC] / left overflow
linksbündig *adj* [Fortran] / left justified || **~ machen** (d.h., für den Druck aufbereiten bzw. setzen) [HSP, Typ] / left-justify
linksläufige Schrift [TP] / font involving a right to left typebasket traverse action (required for some non-Roman alphabets)
Linksverschiebung *f* [Sw] / left shift
Linsenfehler *m* [Sc] / lens aberration
Linvill-Ersatzschaltungen *f pl* [Sc] / Linvill models
Lissajous-Figur *f* [Th, Meas] / Lissajous pattern
Liste *f* [Algol] / list || [Fortran] / list || [Cobol] / report || ≗ **der Ein-Ausgabeanforderungen** [OS] / input-output request list, I/O request list || ≗ **der Kanalwarteschlange** [Sw] / input-output channel queue list, I/O channel queue list || ≗ **der linken Seite** [Algol] / left part list || ≗ **mit impliziter Schleife** [Fortran] / do-implied list || **einfache** ≗ [Fortran] / simple list || **gekettete** ≗ [Sw] / chained list || **technische** ≗ (Software) [Dist] / product list || **verknüpfte** ≗ [Sw] / chained list
listen *v* [HSP] / list
Listenabschlußanweisung *f* [Cobol] / terminate statement
Listenanfangs·anweisung *f* [Cobol] / initiate statement || ≗**befehl** *m* [Sw] / input statement
Listenanzeige *f* [ES] / list indicator
Listenbild *n* [HSP, Sw] / printer layout || ≗**formular** *n* [HSP, RPG] / printer spacing chart
Listendatei *f* [Cobol] / report list || [Mp] / list file
Listen·eintrag *m* [PC] / list entry || ≗**element** *n* [Cobol] / report group elementary item || ≗**feldeintrag** *m* [ES] / list field entry
Listenformat *n* [Mp] / list format || [Cobol] report format
Listen·fuß *m* [Cobol] / report footing report group || **~gesteuert** *adj* [PL/1] / list directed || ≗**grundadresse** *f* [ES] / list base address || ≗**gruppe** *f* [Cobol] / report group group item || ≗**kopf** *m* [Cobol] / report heading report group || ≗**name** *n* [Cobol] / report-name
Listennamen·erklärung *f* [Cobol] / report-name description entry || ≗**klausel** *f* [Cobol] / report clause
Listen·platz *m* [ES] / list position || ≗**programm** *n* [Sw] / report program
Listenprogrammgenerator (LPG) *m* [OS] / report program generator (RPG) || ≗**lauf** *m* [OS] / report program generator run, RPG run || ≗**sprache** *f* [PL] / report program generator language, RPG language
Listen·prozedur *f* [Algol] / list procedure || ≗**schreibung** *f* [HSP] / listing, list printing
Listenüberlauf *m* [Sw] / report overflow **gesteuerter** ≗ [ASw] / fetch overflow
Listenverarbeitung *f* [Dp] / list processing
Listgang *m* [PC] / list cycle
Listprogramm *n* [Cobol] / report writer || ≗**generator** (s. Listenprogrammgenerator)
Literal *n* [PL/1] / literal || [Cobol] / literal || **alphanumerisches** ≗ [PL] / alphameric literal, alphanumeric literal || **nichtnumerisches** ≗ [Cobol] / nonnumeric literal || **numerisches** ≗ [Cobol] / numeric literal
Literalbereich *m* [Sw] / literal pool || **einen** ≗ **absetzen** [Sw] / to relocate a literal pool
Literatur·bericht *m* (DIN 1426, Nov. 1973) [R&D] / state-of-the-art report || ≗**verzeichnis** *n* [IDS] / bibliography
Litze *f* [TrL] / stranded wire
Litzenkabel *n* [TrL] / cord
LK (s. Lochkarte)
LK-Code *m* [PC] / card code
LM (s. Laden mehrfach)
LNDR (s. Laden negativ lang)
LNER (s. Laden negativ kurz)

LNR (s. Laden negativ)
Loch *n* [PT, PC] / hole, perforation || **≈abstand** *m* [HSP] / hole spacing
Lochband *n* [HSP] / printer carriage tape, carriage tape || ≈ (z.B. zur Steuerung von automatischen Schreibmaschinen, Schreibautomaten usw.) [TES] / plastic tape (used to control automatic typewriters, etc.)
lochbandgesteuerte Vorschubeinrichtung [HSP, TP] / tape-controlled carriage
Lochband·locher *m* [HSP] / carriage tape punch || **≈schleife** *f* [HSP] / printer carriage tape, carriage tape || **≈schreibmaschine** *f* [IO] / punched tape typewriter
Lochbandvorschub *m* [HSP, TP] / tape-controlled carriage || **doppelter** ≈ [HSP] / dual feed, dual feed carriage || **Steuerung für doppelten** ≈ [HSP] / dual feed carriage control || **≈vorrichtung** *f* [HSP] / bill feed device
Lochbereich *m* [PC] / punch area
lochen *v* [PT, PC] / punch, perforate || [TP] / to punch code holes in (tape, etc.) || **manuelles** ≈ [PT, PC] / keypunching, keyboard-operated punching || **schreibwerkgesteuertes** ≈ [PT] / print punching || **synchrones** ≈ [PT] / synchronous punching || **tastaturgesteuertes** ≈ [PT, PC] / keypunching, keyboard-operated punching
Locher *m* (mit handbedienter Tastatur) [PC] / card punch, handpunch, keyboard punch || ≈ (Gerät) [PT, PC] / punch, perforator || ≈ **mit automatischer Zuführung** [PC] / motor drive punch, automatic feed punch || **alphabetischer** ≈ [PC] / alphabetic punch || **druckender** ≈ [PC] / printing punch, printing card punch || **manueller** ≈ [PC] / keypunch, manual perforator, mechanical punch || **≈abschaltmagnet** *m* [TP] / tape punch disconnect magnet, reperforator disconnect magnet || **≈baugruppe** *f* [TP] / punch assembly || **≈baustein** *m* [TP] / punch module
Löcherbeweglichkeit *f* [Sc] / hole mobility
Locherelektronik *f* [TP] / punch electronics
Locherin *f* (Person) [PT, PC] / punch operator
Locherklappenschalter *m* [TP] / tape gate switch
Löcherkonzentration *f* [Sc] / hole concentration
Locherkupplung *f* [PC] / punch clutch
Löcherleitung *f* (DIN 41852, Aug. 1978) [Sc] / hole conduction, p-type conduction
Locher·mechanik *f* [PT, PC, TP] / punch mechanism || **≈schalter** *m* [PT] / punch switch || **≈steuerung** *f* [TP] / punch control
Löcherstrom *m* [Sc] / hole current
Locherumschalteinheit *f* [PT] / punch switch
Lochfehler *m* [PT, PC] / punch error, punching error
Lochfeld·auswahl *f* [PC] / field selection, class selection || **≈steuerung** *f* [PC] / field selection, class selection
Lochgeschwindigkeit *f* [PT] / tape punching rate, punching rate
Lochkarte (LK) (DIN 66001, Sept. 1977) *f* [PC] / punched card, punch card, card || ≈ (= 1 Satz) [PC] / unit record || **neunzigspaltige** ≈ [PC] / ninety-column card || **perforierte** ≈ [PC] / scored card, stub card
Lochkarten·abfall *m* (Stanzabfall) [PC] / card chad || **≈ablage** (s. Kartenablagefach) || **≈abtaster** *m* [PC] / card reader, card reader unit || **≈auswahlzähler** *m* [PC] / card extract counter, extract tally counter || **≈beschrifter** *m* [PC] / printing punch, printing card punch || **≈code** *m* [PC] / card code || **≈datei** *f* [PC] / card file, punched card file
Lochkartendoppler *m* [PC] / reproducer, reproducing punch, card reproducer, duplicating card punch || ≈ **mit Zeichenlochung** [IO] / mark sensing reproducer, mark sensing and punching device
Lochkarten·-Drucker-Umsetzer *m* [PC, HSP] / card-to-printer converter || **≈eingabe** *f* [PC, ES] / card input || **≈einheit für Datenübertragung** [PC, RDp] / card transmission terminal, transceiver || **≈fehler** *m* [PC, OCR] / card error || **≈feld** *n* [PC] / card field || **≈fernübertragung** *f* [PC, RDp] / card-to-card transceiving || **≈folge** *f* [PC] / card sequence || **≈format** *n* [Sw] / card format, punched card format, card image format || **≈führungsblech** *n* [PC] / card deflector || **≈geräte** *n pl* [PC] / punched card equipment, card equipment
lochkartengesteuert *adj* [PC] / card-controlled || **~e Rechenmaschine** [PC, Off] / card-controlled calculator || **~er**

Rechner [PC, Off] / card-controlled calculator || **~es Streifenlochen** [Dp] / card-controlled tape punching || **~er Streifenlocher** [Dp] / card-controlled tape punch, card-to-tape punch, card-to-tape converter, card-to-paper-tape converter

Lochkarten·karton *m* [PC] / card stock || **≗länge** *f* [PC] / card length || **≗leser** *m* [PC] / card reader, card reader unit || **≗lochen** *n* [PC] / (keyboard-operated, off-line, etc.) card punching || **≗locher** *m* [PC] / card punch, handpunch, keyboard punch

Lochkarten-Lochstreifen-Umsetzer *m* [Dp] / card-controlled tape punch, card-to-tape punch, card-to-tape converter, card-to-paper-tape converter

Lochkartenmagazin *n* [PC] / card hopper, card input hopper, hopper, card magazine

Lochkarten-Magnetband-Umsetzer *m* [PE, PC, MT] / card-to-magnetic-tape converter

Lochkarten·maschine *f* (Oberbegriff für Geräte der Lochkartentechnik und EDV, wie über Tastatur bediente Kartenlocher, Lochkartenstanzer, Lochkartendoppler, Lochkartenmischer, Sortiermaschinen, Tabelliermaschinen, Rechenstanzer und Lochkartenleser) [IO, PC] / punched card machine (PCM), unit-record machine || **≗mischer** *m* [PC] / collator, interpolator || **≗papier** *n* [PC] / card stock || **~programmiert** *adj* [Th, Sw] / card-programmed || **≗programmierung** *f* [PC, Sw] / punched card programming || **≗prüfer** *m* [PC] / card verifier, punched card verifier || **symbolisch codierter ≗satz** [PC] / symbolic deck || **≗schlüssel** *m* [PC] / card code || **≗spalte** *f* [PC, Th] / card column, column || **≗stanzen** *n* [PC] / (automatic, on-line, etc.) card punching || **≗stanzer** *m* [PC] / card punch, automatic punch || **≗stapel** *m* [PC] / deck of cards, card deck, pack of cards, card pack || **≗stau** *m* [PC] / card jam, jam, card wreck, wreck || **≗stelle** *f* [PC] / code position || **≗steuerung** *f* [PC] / punched card control || **≗transport** *m* [PC] / card feed, card transport || **≗vorderseite** *f* [PC] / card face || **≗vorschub** *m* [PC] / card feed, card transport

Lochkartenzeile *f* [PC] / card row, row || **Stanzen zwischen ≗n** [PC] / interstage punching

Lochkartenzuführung *f* [PC] / card feed, card transport

Loch·kombination *f* [PT, PC] / punch combination, code hole combination, hole combination || **≗leiste** *f* [Hw] / perforated guiding plate || **≗matrize** *f* [PC] / punch die || **≗mittenabstand** *m* [HSP] / center-of-hole spacing || **≗platte** *f* [M] / aperture plate (i.e., a small part of a piece of ferromagnetic material constituting a magnetic cell) || **≗programm** *n* [Sw] / punching program || **≗prüfer** *m* [PT, PC] / verifier, verifying unit || **≗prüfung** *f* [PT, PC] / punch verifying

Lochreihe *f* (in Streifenrichtung) [PT] / channel || **≗** (quer zur Streifenrichtung) [PT] / row, frame

Loch·scheibe *f* (A, CH) [Fax] / chopper disk || **≗schreiben** *n* [PT] / write and punch || **≗schrift** *f* (im Gegensatz zur Druckschrift oder Handschrift) [Dp] / punch code || **≗schriftenstempler** *m* [PE] / end printing machine

Lochschriftübersetzer *m* [PC] / card interpreter || **Alphabet≗** *m* [PC] / alphabet interpreter, alphabetical interpreter

Lochschriftübersetzung, Schreiblocher mit ≗ [PC] / interpreting card punch

Loch·spalte *f* [PC, Th] / card column, column || **≗spaltenreihe** *f* [PC] / tier || **magnetische ≗speicherplatte** [M] / aperture plate (i.e., a small part of a piece of ferromagnetic material constituting a magnetic cell) || **≗spur** *f* [PT] / channel || **≗station** *f* [PC] / punching station (i.e., position within a card punch at which a punched card is punched) || **≗stelle** *f* [PT, PC] / hole site || **≗stempelantrieb** *m* [PC] / punch drive

Lochstreifen *m* (ungestanzt) [PT] / (virgin) paper tape || **≗ (LS)** (DIN 66001, Sept. 1977) [PT] / punched tape, punched paper tape || **≗ mit vorgezogenen Transportlochungen** [PT] / advance feed tape || **≗ mit zentrierten Transportlochungen** [PT] / center feed tape || **Acht-Spur-≗** *m* [PT] / eight-track punched tape, 8-track tape || **angelochter ≗** [PT, TP] / chadless paper tape, chadless tape || **Breit-≗** *m* [PT] / wide punched tape || **durchgelochter ≗** [TP] / chadded paper tape, chad tape, chadded tape || **Fünfkanal-≗** *m* [PT] / five-track punched tape, 5-track tape, five-level tape, 5-level tape, five-channel tape, 5-channel tape || **Fünfspur-**≗ *m* [PT] / five-track punched tape, 5-track tape, five-level tape, 5-level tape, five-channel tape, 5-channel tape || **-spuriger** ≗ [PT] / -track tape, -channel tape, -level tape || **zusammengelegter** ≗ [PT] / fanfolded tape || **zusammengesetzter** ≗ [PT] / composite tape

Lochstreifenabfall *m* (Stanzabfall) [PT] / chad waste, chad, cuttings || ≗**behälter** *m* [Hw, PT] / chad waste box, chad bin, cuttings box

Lochstreifen·abfühler *m* [PT] / paper tape reader (PTR), punched tape reader || ≗**abtaster** *m* [PT] / paper tape reader (PTR), punched tape reader || ≗**-Abwickelkassette** *f* [PT] / tape unwinder magazine || ≗**anfang** *m* [PT] / leading end, leader || ≗**-Aufwickelvorrichtung** *f* [PT] / tape winder

Lochstreifenausgabe (LSA) *f* [PT] / paper tape output, (automatic) tape punch, (automatic) paper tape punch || ≗**steuerung** *f* [PT] / paper tape output controller

Lochstreifen·ausgang *m* [TP] / tape exit point || ≗**beschriften** *n* [PT] / tape print || ≗**bewegung** *f* [PT] / tape movement || ≗**breite** *f* [PT] / tape width || ≗**code** *m* [PT] / punched tape code, paper tape code || ≗**datei** *f* [PT] / paper tape file || ≗**dicke** *f* [PT] / tape thickness || ≗**doppler** *m* [PT] / paper tape reproducer, tape reproducer, peperforator || ≗**dopplung** *f* [PT] / tape duplication || ≗**-Ein-Ausgabesteuerung** *f* [PT] / paper tape I/O controller

Lochstreifeneingabe (LSE) *f* [PT] / paper tape input, paper tape reader, tape reader || ≗**steuerung** *f* [PT] / paper tape input controller

Lochstreifen·einheit *f* [PT] / paper tape unit, paper tape device || ≗**empfänger** *m* [TP, DT] / reperforator

Lochstreifenende *n* [TP] / tape-out || **bevorstehendes** ≗ [TP] / "tape reel low" condition || ≗**kontakt** *m* [TP] / tape-out sensing contact

Lochstreifen·erstellung *f* [PT] / tape preparation || ≗**führung** *f* [PT] / tape guide || ≗**führungsloch** *n* [PT] / tape feed hole || ≗**gerät** *n* [PT] / paper tape unit, paper tape device

lochstreifengesteuert·es Kartenlochen [PT, PC] / tape-controlled card punching, tape-to-card conversion || **~es Magnetbandbeschriften** [PT, MT] / punched-tape-to-magnetic-tape conversion || **~es Rechnen** [PT, PCC] / tape-controlled calculating, tape-controlled computation || **~es Setzen** [PT, Typ] / tape-controlled composition

Lochstreifengewinnung, synchrone ≗ [PT] / synchronous punching

Lochstreifen-in-Lochkarte-Umsetzer *m* [PT, PC] / tape-to-card converter, card-from-tape converter

Lochstreifenkarte (LSK) (DIN 31631E T2, März 1979) *f* [PE] / edge-punched card, tape card || **einseitige** ≗ [PT] / single-edged tape card, one-sided tape card, unilateral tape card || **Fächerkartei-**≗ *f* [PT] / fanfolded tape card || **Fünfspur-**≗ *f* [PT] / five-channel tape card || **gefalzte** ≗ [PT] / folded tape card || **Schnellsicht-**≗ *f* [PT] / horizontal visible filing tape card || **zweiseitige** ≗ [PT] / double-edged tape card, bilateral tape card, two-sided tape card

Lochstreifen·kartenleser *m* [PC] / tape card reader || ≗**kern** *m* (Wickelkörper ohne seitliche Begrenzungsflächen) [PT] / (plastic, cardboard, etc.) former, mounting (for roll of paper tape) || ≗**klappe** *f* [TP] / gate, tape gate, tape retainer lid || ≗**-Klebegerät** *n* [PT] / paper tape splicer, tape splicer || ≗**laufrichtung** *f* [PT] / direction of tape feeding

Lochstreifenleser *m* [PT] / paper tape reader (PTR), punched tape reader || **Bedienungs-**≗ *m* [PT] / operator's paper tape reader

Lochstreifen·lesestanzer *m* [PT] / paper tape reader-punch (PTRP) || **prozeßgesteuertes** ≗**lochen** [PT, PCC] / process-controlled tape punching

Lochstreifenlocher *m* (tastaturgesteuert) [PT] / paper tape punch (PTP), tape punch, keyboard perforator || ≗ (Datenausgabegerät, das die Impulse für die zu lochenden Daten aus einer Datenverarbeitungsanlage empfängt) [PT] / automatic tape punch, automatic paper tape punch

Lochstreifen-Lochkarten-Umsetzer *m* [PT, PC] / paper-tape-to-card converter

lochstreifenlose numerische Steuerung [NC] / tapeless numerical control

Lochstreifen·-Magnetband-Umsetzer *m* [PT, MT] / paper-tape-to-magnetic-tape converter || ≗**mappe** *f* [PT] / tape case || ≗**nachricht** *f* [ES] / punched tape message || ~**programmierung** *f* [PT, Sw] / punched tape programming || ~**prüfer** *m* [PT] / tape verifier || ~**rolle** *f* (auf einen Kern aufgespulter Lochstreifen) [PT] / roll (of paper tape) || ~**satz** *m* [PT] / paper tape record || ~**schlüssel** *m* [PT] / punched tape code, paper tape code || ~**schnellstanzer** *m* [PT] / highspeed tape punch || ~**schreibmaschine** *f* [IO, PT] / tape typewriter

Lochstreifensender *m* [PT] / tape transmitter || ~ **für Abrufbetrieb** [TP] / automatic transmitter with controlled tape-feed mechanism || ~ **mit Empfangslocher** [TP, Tr] / reperforator/transmitter (RT) || ~ **mit Kulissenführung** [PT] / loop-gate transmitter || **selbständiger** ~ [TP] / autotransmitter

Lochstreifen·spanner *m* [PT] / tape tension arm || ~**spannkontakt** *m* [TP] / taut tape contact || ~**spannschalter** *m* [TP] / taut tape switch || ~**spannung** *f* [PT] / tape tension || ~**speicherung** *f* [ES] / paper tape storage || ~-**Speichervermittlung** *f* [ES] / reperforator switching || ~**spezifikation** *f* [Dist, PT] / paper tape specification || ~**spule** *f* [PT] / spool (i.e., the flanged mounting for a roll of paper tape) || ~**stanzer** (s. Lochstreifenlocher) || ~**steuerung** *f* [PT] / paper tape control, paper tape controller || ~**tasche** *f* [PT] / tape pocket || ~**transport** *m* [PT] / tape feed, tape transport, tape drive

Lochstreifenübertrager *m* [TP, ES] / perforated-tape retransmitter, reperforator/transmitter || ~ **mit schwenkbarem Abfühlkopf** [TP] / coupled reperforator and tape reader, fully automatic reperforator transmitter distributor (FRXD)

Lochstreifenverarbeitung *f* [PT] / paper tape processing

Lochstreifenvermittlung mit geschnittenen Streifen (Amt) [ES] / torn-tape relay center || **automatische** ~ [ES] / automatic reperforator switching || **halbautomatische** ~ [TP, ES] / semi-automatic reperforator switching, pushbutton switching (i.e., tape relay center with pushbutton control) || **vollautomatische** ~ (Amt) [ES] / fully automatic tape relay center

Lochstreifen·vorrat *m* [PT] / tape supply || ~**vorratsschlaufe** *f* [PT] / tape supply loop

Lochstreifenvorschub *m* [PT] / tape movement || ~**einrichtung** *f* [PT] / paper tape drive, tape feed

Lochstreifenvorspann *m* [PT] / leading end, leader

Lochstreifenwickel *m* [PT, TP] / roll of tape, paper tape coil || ~**einrichtung** *f* [PT] / spooler

Lochung *f* [PT, PC] / perforation, code perforation || ~ (Stanzung) [PT, PC] / punching || **falsche** ~ [PC] / mispunching || **numerische** ~ [PC] / numeric punching || **Sterling-**~ *f* [PC] / single-column duodecimal coding, single-column pence coding || **5xPlus-**~ *f* [TP] / 5-holes all-marking combination (punching all-holes over incorrect character, etc.)

Lochungszone *f* [PC] / curtate || **obere** ~ [PC] / upper curtate || **untere** ~ [PC] / lower curtate

Loch·versatz *m* (DIN 66218, Jan. 1976) [PT] / code hole misalignment || ~**zahlprüfung** *f* [PC, NC] / hole count check || ~**zange** *f* [PT, PC] / spot punch

Lochzeile *f* [PC] / card row, row || [PT] / channel

Lock-out-Schaltung *f* [Hw] / lockout circuit, inhibit circuit, blocking circuit

LOD (s. Laden und Starten eines Programms)

LOF (s. Freigeben Auftragseingabegerät)

Logarithmierteil *m* (Leiterplatte) [Sc] / logarithmation section

logarithmisch *adj* [Th] / logarithmic

Logarithmus *m* [Th] / logarithm || ~ **dualis** [Th] / logarithm to the base of 2 || ~ **zur Basis 10** [Th] / common logarithm || ~ **zur Basis 2** [Th] / logarithm to the base of 2 || **natürlicher** ~ [Th] / hyperbolic logarithm, natural logarithm || ~-**Funktion** *f* [PL/1] / log (builtin) function

Logatonliste *f* [Th, Tr] / phonetically balanced word list

Logbuch *n* (der Anlage) [DpC] / site log

Logik *f* [Th] / logic, logics || ~ (Kurzbezeichnung für „logische", d.h. digitale Schaltung) [Mp, Th, Sc] / logic || **Algebra der** ~ [Th, SA] / Boolean algebra, Boolean logic || **emittergekoppelte** ~ [Co] / emitter-coupled logic || **festverdrahtete** ~ [Mp, IC] / hardwire logic, hardwired logic || **formale** ~ [Th, SA] / formal logic, symbolic logic || **interne** ~ [OS] / internal logic || **langsame störsichere** ~ **(LSL)** (Rtm.) [Mp] / (approx. =) high-level logic (HLL) || **mathematische** ~ [Th] /

mathematical logic, symbolic logic || **mehrwertige ≗** [Cir] / multi-valued logic || **sequentielle ≗** [Cir] / sequential logic || **störbeeinflussungssichere ≗** [Cir] / high noise immunity logic (HNIL) || **stromliefernde ≗** [Cir] / current sourcing logic (CSL) || **symbolische ≗** [Th] / mathematical logic, symbolic logic || **verdrahtete ≗** [Mp, IC] / wired logic || **zentrale ≗** [Th] / common logic || **zweiwertige ≗** [Cir] / two-valued logic || **≗analysator** *m* (Testgerät zum Feststellen und Anzeigen von logischen Zuständen in komplexen Digitalschaltungen) [Mp, Sc] / logic analyzer || **≗aufbau** *m* [Sc] / logic pattern

Logikbaustein *m* [Cir] / logic unit, logical unit || **emittergekoppelter ≗** [IC] / emitter-coupled logic device

Logik·befehl *m* [Sw] / logic instruction, logical instruction || **≗erde** *f* [ES] / logic ground || **≗gesamtdarstellung** *f* [ES] / overall logic diagram || **≗karte** *f* [Co] / logic card || **≗plan** *m* [Dp] / logic diagram || **≗raster** *m* [Mp] / logic grid || **≗schaltbild** *n* [Th, Cir] / logic diagram, logical diagram || **≗schaltkreis** (s. logisches Element)

Logikschaltung *f* (elektrotechnische Realisierung einer booleschen Verknüpfung) [Cir] / logic element, logical element, logic component, gate (circuit designed to simulate a Boolean operation) || **volltransistorisierte ≗** [Cir] / solid-state logic circuit

Logiksystem, statisches ≗ [Sc, Co] / static logic system

Logik·teil *m* [Cir] / logic || **≗variable** *f* [Cir] / logic variable, logical variable

logisch abgehängte Station [RDp] / intercepted station || **~e Addition** [Cir, SA] / logic addition, Boolean addition || **~e Adresse** [Sw] / logic address, logical address || **~er Anfang** [Cobol] / logical beginning || **~er Aufbau** [Sc] / logic pattern || **~er Ausdruck** [SA] / Boolean expression || **~e Aussage** [Cir] / logic proposition || **~er Befehl** [Sw] / logic instruction, logical instruction || **~e Datei** [Sw] / logic file, logical file || **~er Dateianfang** [Cobol] / logical beginning || **~e Datenstation** [VS] / high-level terminal || **~es Diagramm** [Th, Cir] / logic diagram, logical diagram || **~e Ebene** [OS] / logic level, logical level || **~es Element** (elektrotechnische Realisierung einer booleschen Verknüpfung in Form einer Schaltung) [Cir] / logic element, logical element, logic component, gate (circuit designed to simulate a Boolean operation) || **~e Entscheidung** [Th, Cir] / logic decision, logical decision || **~es Flußdiagramm** [Th, Sw] / logic flowchart, logical flowchart, logic chart || **~ fortlaufende Speicherungsform** (Index-System) [PE] / index sequential file management system (ISFMS) || **~ fortlaufende Verarbeitung** [Dp, RDp] / sequential processing || **~ fortlaufender Aufbau** [Dp] / sequential organization || **~e Funktion** [SA] / propositional function || **~es Gerät** [Mp] / logical device || **~e Gerätezuordnung** [Sw] / logic device assignment || **~e Grundschaltung** (elektrotechnische Realisierung einer booleschen Verknüpfung) [Cir] / logic element, logical element, logic component, gate (circuit designed to simulate a Boolean operation) || **~e Instruktion** [Sw] / logic instruction, logical instruction || **~e Konzeption** [Th, Cir] / logic design, logical design || **~es Markierungsbyte** [Sw] / logic flag byte || **~es Modul** [OS] / logic module (logical IOCS routine providing an interface between a processing program and physical IOCS) || **~e Multiplikation** [SA] / logic multiplication, logical multiplication || **~es NOR-Gatter** [Cir] / logic NOR gate || **~e Null** [Sc] / logic zero || **~e Operation** [Th, SA] / logic operation, logical operation || **~e Ordnung** [OS] / logical sequence || **~e Organisation** [Th] / logic organization || **~er Plan** [Th, Cir] / logic diagram, logical diagram || **~e Planung** [Th] / logic design || **~e Produktfunktion** [PL/1] / every (builtin) function || **~e Prüfung** [Th, NC] / logic test, logical test || **~er Satz** [Cobol] / logical record || **~es Schaltelement** [Cir] / logic element, gate (circuit designed to simulate a Boolean operation) || **~er Schaltkreis** (s. logisches Element) || **~e Schaltung** (s. logisches Element) || **~er Schaltungsaufbau** [Cir] / logic circuitry || **~er Stellenwert** [Cy] / logic value of occupancy || **~e Steuerung** (eines Mikroprozessors usw.) [Mp] / control || **~e Struktur** [Th, Cir] / logic design, logical design || **~e Stufe** [OS] / logic level, logical level || **~e Stufe des EAS** [OS] / logic file control processor, logic level FCP || **~e Summenfunktion** [PL/1] / some (builtin) function || **~es Symbol** [SA] / logic symbol, logical symbol || **~er**

Term [SA] / Boolean term, logical term || **~e Verarbeitungsstufe** [OS] / logic level, logical level || **~er Vergleich** [Th, Cir] / logic comparison, logical comparison || **~e Verknüpfung** [Th, SA] / logic operation, logical operation || **~e Verknüpfung von zwei Zustandsvariablen** [SA] / dyadic Boolean operation || **~es Verschieben** [CP] / logic shift, logical shift || **arithmetische und ~e Einheit** [MCS, ALU] / arithmetic logic unit (ALU) || **freie ~e Anordnung** [Sc] / uncommitted logic array (u.l.a.) || **~-duale Operation** [Th] / dual operation

Logistik *f* [Th] / mathematical logic, symbolic logic

Logon *n* [Th] / logon

Lohnarbeits·betrieb *m* [DpC] / job shop system || **≗rechenzentrum** *n* [Dp] / job shop computer center (usu. operating as a batch-processing system)

lokal *adj* [Algol] / local || **~e Auftragsvariable** [Sw] / local job variable, temporary job variable || **~er Parameter** [M, Sw] / local parameter, local symbol || **~er Taktgeber** [RDp] / slave clock || **~er Tastaturbetrieb** [TP] / local keyboard operation

Lokalbetrieb *m* [OS] / local mode, off-line operation || **≗ mit zwangsweiser Abschaltung** [ES] / local working with forced termination || **≗ ohne zwangsweise Abschaltung** [ES] / local working without forced termination || **im ≗ arbeiten** [TP] / to operate in local, to run in local, to work in local, to type a local copy || **ungestörter ≗** [TP] / local mode with restricted preemption

Lokaldatenkanal *m* [RDp] / home data channel || **manuelle Fehlerkorrektur im ≗** [RDp] / home correction

Lokaldatenregister *n* [RDp] / home register

lokalisieren *v* / locate, localize

Lokalisierer *m* [PL/1] / locator

Lokalisierungs·ablauf *m* [ES] / execution of the fault locating program || **≗ergebnis** *n* [Serv] / fault location result || **≗programm** *n* [Sw, Tr] / fault locating program

Lokaltaste *f* [TP] / local button, off-line button

Lokalverarbeitung *f* [RDp] / home-loop operation || **Fehlerkorrektur bei ≗** [RDp] / home correction

Longitudinalprüfung *f* [DS, Tr] / longitudinal redundancy check (LRC), block check

Löschanweisung *f* [PL/1] / delete statement

löschbar·es PROM (EPROM) [Mp] / erasable PROM (EPROM), electrically alterable ROM (EAROM) || **~er Speicher** [M] / erasable storage || **nicht ~e Anzeige** [PE] / nondestructive readout

Lösch·bereich *m* [M] / purge area || **≗datum** *n* [MT, MD, MC, MDr] / date expired, purge date, expiration date

löschen *v* [MAT] / cancel (information, etc.) || [DS, Tr] / destroy (data, message, etc.) || [Mp] / erase (data, etc.) || ~ (DIN 9757E, Okt. 1977) [Calc] / clear (entry from calculator, etc.) || **eine Markierung** ~ [MT] / unmark || **≗ Bezugszahl (SETOF)** [Befehl, RPG] / Set indicator off (SETOF) || **≗ Bit** [Befehl, RPG] / Set a bit "off" (BITOF) || **≗ Eingabe** (DIN 9757E, Okt. 1977) [Calc, Befehl] / Clear entry || **≗ ohne Speicher** (DIN 9757E, Okt. 1977) [Calc, Befehl] / Clear without memory || **≗ Speicher** (DIN 9757E, Okt. 1977) [Calc, Befehl] / Clear memory || **≗ und Addieren** [OS, Lisp] / Zero and add (ZAP) || **≗ und Addieren (Z-ADD)** [Befehl, RPG] / Zero and add (Z-ADD) || **≗ und Subtrahtieren (Z-SUB)** [Befehl, RPG] / Zero and subtract (Z-SUB) **automatisches ≗** [Dp] / automatic autopurge || **dual verschlüsseltes ≗** [ES] / binary-coded resetting

löschend·es Lesen [M] / destructive reading, destructive readout || **~es Positionsanzeigesymbol** [VDT] / destructive cursor

Lösch·impuls *m* [PE, M, NC] / erase signal || **≗kopf** *m* (DIN 66010, Apr. 1973) [PE] / erase head, erasing head || **≗signal** *n* [PE, M, NC] / erase signal || **≗spannung** *f* (am Steueranschluß) [Sc] / gate turnoff voltage || **≗strom** *m* (über den Steueranschluß) [Sc] / gate turnoff current || **≗taste** *f* [Hw, CTW] / cancel key, manual override key

Löschungsanspruch *m* [Priv] / right to erasure

Löschzeichen *n* [PT, PC, TP] / delete character (DEL), rub-out character || ≗ (festvereinbartes Zeichen, durch das auf maschinenlesbaren Datenträgern geschriebene Zeichen bzw. Zeichenfolgen nachträglich gelöscht werden können) [RDp, OCR] / ignore character, ignore, cancel character (CAN)

Löschzeit *f* (bei Löschung über den Steueranschluß) [Sc] / gate controlled turnoff time
Losgröße *f* [Sc] / lot size
Lösung *f* [Sc] / solution
Lösungs·mittel *n* [Sc] / solvent || **≈taste** *f* [Hw] / release key
Löt·anschluß des Bauelements [Hw] / component lead || **≈auge** *n* (auf gedruckten Schaltungen) [Co] / land || **≈augenmuster** *n* (auf gedruckten Schaltungen) [Serv] / land pattern
Lötbarkeit *f* [Serv] / solderability
Löt·brücke *f* [Serv] / solder strap || **≈brückenverteiler** *m* [Serv] / solder terminal block || **≈dauer** *f* [Serv] / soldering time
Löten, durch ≈ umschaltbar [Sc] / solder-strappable
Löt·fahne *f* [Serv] / soldering lug, soldering tag || **≈kolben** *m* (Spitze) [Serv] / soldering iron || **≈leiste** *f* [Serv] / tag block || **≈öse** *f* [Serv] / soldering lug, soldering tag
Lötösen·leiste *f* [Serv] / soldering lug strip, soldering tag strip || **≈streifen** *m* [Serv] / soldering lug strip, soldering tag strip || **≈verteiler** *m* [Serv] / solder terminal block
Lötplatte für Bauelemente [Sc] / tag block for circuit elements || **≈ für Blöcke** [Sc] / tag block for potted modules || **≈ für einzelne Bauelemente** [Sc] / tag block for circuit components
Löt·punkt *m* [Serv] / terminal || **≈seite** *f* (DIN40804, Aug. 1977) [Co] / wiring side, solder side
Lötstelle *f* [Serv] / soldered connection || **≈** (Thermoelement) [Sc] / junction
Lötstellenfreies Vielfach [ES] / solderless multiple
Lötstift *m* [Serv] / solder pin
Lötstützpunkt *m* [Serv] / turret tag || **keramischer ≈** [Sc] / strain-relieving solder tag
Löt·temperatur *f* [Serv] / soldering temperature || **≈tuch** *n* [Serv] / protective asbestos cloth || **≈verbindung** *f* [Serv] / soldered joint || **Federleiste für ≈verdrahtung** [Hw] / jack strip for solder connections || **≈verteiler** *m* [PCC] / soldering tag distributor
LPDR (s. Laden positiv lang)
LPER (s. Laden positiv kurz)
LPG (s. Listenprogrammgenerator)
LPG-Vorlaufkarte *f* [Sw] / RPG control card
LPR (s. Laden positiv)
LRDR (s. Laden gerundet erweitert zu lang)
LRER (s. Laden gerundet lang zu kurz)
LS (s. Lochstreifen)
LSA (s. Lochstreifenausgabe)
LSAL (s. Laden Segmenttafeladresse und -länge)
LSE (s. Lochstreifeneingabe)
LSI-Baustein *m* [Mp] / LSI chip || **≈-Schaltkreis** *m* [MCS, IC] / large-scale integrated circuit (LSI circuit) || **≈-Speicherbauelement** *n* [Mp] / LSI memory || **≈-Technologie** *f* [IC] / LSI technology (large scale integration technology)
LSK (s. Lochstreifenkarte)
LSL (s. langsame störsichere Logik)
LSP (s. Laden Programmzustand)
LTDR (s. Laden und Testen lang)
LTER (s. Laden und Testen kurz)
LTR (s. Laden und Testen)
Lücke (s. Fehlstelle)
lücken·loser Programmzyklus [Dp] / continuous sequence of program cycles || **≈zeichen** *n* [Sw] / gap digit || **≈zeit** *f* [MT] / blackout time
Luft *n* (Spiel) [Hw, NC] / play, clearance, backlash, slackness || **≈auslaßtaste** *f* [OCR] / active platform exhaust key || **≈druckschalter** *m* [HSP] / air pressure switch
Lüfter·baugruppe *f* [Hw] / blower assembly || **≈motor** *m* [Hw] / fan motor
Luftfeuchtigkeit, relative ≈ [DpC] / relative humidity || **≈sschwankung** *f* [DpC] / humidity variation
Luft·führung *f* [Hw] / airflow || **≈kanal** *m* [Hw] / air duct || **≈kasten** *m* [MT] / ventilation unit || **≈lager** *n* [MD] / air bearing, air cushion || **≈polster** *n* [MD] / air bearing, air cushion || **≈stromgeschwindigkeit** *f* [Hw] / airflow rate
Lüftungskanal *m* [Hw] / air duct
Lumineszenzdiode *f* [Sc] / luminescence diode
LW (s. Laden Wort)
LWI (s. Laden Wort indirekt)
LZZ (s. Lesezwangszyklus)

M

Mäander, zentraler ≗ (400 µs) [ES] / 400 µs timing signal || ≗**folge** *f* [ES] / timing pulse train || ~**förmiger Widerstandsstreifen** [Sc] / resistor meander stripe
Madistor *m* [Sc] / madistor
MADT-Transistor (Mikro-Alloy-Diffusions-Transistor) [Sc] / micro-alloy diffusion technique transistor
Magazin·anruf *m* [MC] / magazine call || ≗**definition** *f* [MC] / magazine definition || ≗**kartenhebel** *m* [PC] / hopper card lever || ≗**kontakt** *m* [PC] / hopper contact || ≗**nummer** *f* [MC] / magazine number || ≗**stopp** *m* [PC] / hopper stop || ≗**zustandsanalyse** *f* [MC] / magazine status analysis, magazine usage analysis
Magnetband *n* [MT] / magnetic tape || **freies** ≗ [MT] / free magnetic tape (i.e., a tape which may be overwritten) || **neues** ≗ [MT] / virgin magnetic tape (i.e., a tape on which no data is recorded and which normally requires initializing) || ≗**abrieb** *m* [MT] / tape wear || ≗**abzug** *m* [Sw] / tape edit || ≗**anfang** *m* [MT] / (physical) beginning of a tape || ≗**archiv** *n* [DpC] / magnetic tape library, tape library || ≗**archivar** *m* [DpC] / magnetic tape librarian, tape librarian || ≗**archivkarte** *f* [DpC] / magnetic tape library card, tape library card || ≗**archivnummer** *f* [MT] / tape serial number || ≗**ausgabe** *f* [Sw] / magnetic tape output, tape output || ≗-**Austauschformat für terminologische/lexikografische Daten (MATER)** (DIN 2341E, Mai 1977) [Term, MT, MAT] / format for terminological/lexicographical data interchange on magnetic tape (MATER) || ≗**auszug** *m* [Sw] / (selective) tape dump, (selective) tape edit || **lochstreifengesteuertes** ≗**beschriften** [PT, MT] / punched-tape-to-magnetic-tape conversion || ≗-**Beschriftungsgerät** *n* [DpC, MT] / key-to-tape unit || ≗**bibliothek** *f* [DpC] / magnetic tape library, tape library || ≗**block** *m* [HSP] / magnetic tape block, tape block || ≗**datei** *f* [Sw] / magnetic tape file, tape file
Magnetband-Drucker-Umsetzer *m* [HSP, MT] / magnetic-tape-to-printer converter
Magnetbandeingabe *f* [MT] / magnetic tape input, tape input
Magnetbandeinheit *f* [MT] / magnetic tape unit, tape unit, tape station || ≗ **für Datenfernverarbeitung** [RDp] / magnetic tape transmission terminal
Magnetband·elektronik *f* [TP] / magnetic tape electronics || ≗**element** *n* [MT] / magnetic tape unit || ≗-**Erfassungsgerät** *n* [DpC, MT] / key-to-tape unit || ≗**etikett** *n* [MT, Sw] / tape label
Magnetbandfehler *m* [MT] / tape error (i.e., read or write error) || [Hw, MT] / (physical) tape fault (e.g., a creased tape, a fault in manufacture, etc.)
Magnetbandgerät (MG) (DIN 66010, Feb. 1965) *n* [MT] / magnetic tape device, tape deck || ≗ (Laufwerk) [MT] / magnetic tape handler || ≗ **mit zwei Rollen** [MT] / reel-to-reel tape station || **7-Spur-**≗ *n* [MT] / 7-track magnetic tape device
magnetbandgesteuert·es Stanzen von Lochkarten [PC] / magnetic-tape-fed card punching || ~**es Streifenlochen** [PT] / magnetic-tape-controlled tape punching
Magnetband·kassette *f* [MCS, MT] / tape cassette || ≗**kennsatz** (s. Magnetbandetikett) || ≗**laufwerk** *n* (DIN 66010, Feb. 1966) [MT] / magnetic tape drive || ≗**lesefehler** *m* [MT] / tape read error || ≗**lesegerät** *n* [MT] / magnetic tape reader || ≗**leser** *m* [MT] / magnetic tape reader || ≗**lesesteuerung** *f* [KtT] / magnetic tape read control
Magnetband-Lochkarten-Umsetzer *m* [Hw] / magnetic-tape-to-punched-card converter
Magnetbandnummer *f* [MT] / tape number (esp. tape serial number)
Magnetbandprüfung *f* [MT] / magnetic tape check || ≗ (physikalisch) [MT, QC] / tape test
Magnetband·rolle *f* (DIN 66029, Mai 1979) [MT] / reel, tape reel (i.e., a magnetic tape and the spool upon which it is mounted) || ≗**schleife** *f* [IO] / tape loop || ≗**schlupf** *m* [MT] / tape creep || ≗**schreibsteuerung** *f* [KtT] / magnetic tape record control || ≗**sicherung** *f* [MT, DS] / file protection || ≗**sortieren** *n* [Dp] / magnetic tape sorting || ≗-**Sortierprogramm** *n* [Sw] / tape sort program, tape sort || ≗**speicher** *m* [MT] / magnetic tape storage || ≗**sprosse** *f* [MT] / frame || ≗**spule** *f* [MT] / reel (i.e., a flanged spool for holding a magnetic tape) || ≗**spur** *f* [MT] / tape track || ≗-

Startroutine *f* [Sw] / tape bootstrap routine (bootstrap routine present in the first block of a program) || **∻station** (s. Magnetbandeinheit) || **∻steuereinheit** *f* [MT] / tape control unit || **∻steuerung (MBST)** *f* [MT] / tape control, tape controller, magnetic tape controller || **∻subsystem** *n* [MT] / magnetic tape subsystem || **∻transfer** *n* [Tr] / magnetic tape data transfer || **∻transport** *m* [MT] / tape movement, tape feed || **∻vorschub** *m* [MT] / tape movement, tape feed || **∻wechsel** *m* [MT] / tape swap || **∻wechseleinheit** *f* [MT] / alternate tape unit, alternate tape drive

Magnet·blasenspeicher *m* [M] / bubble memory, magnetic bubble memory || **∻block** *m* [Co] / magnet assembly || **∻bürstenmotor** *m* [HSP] / magnetic brush motor || **∻diode** *f* [Sc] / madistor || **∻drahtspeicher** *m* [M] / plated-wire memory || **∻feld** *n* [Th] / magnetic field || **∻filmspeicher** *m* [M, Sc] / thin-film memory, magnetic film memory || **∻fleck** *m* [MT, MD, MC, MDr] / magnetic spot

magnetisch·e Abtastung [MT, MD, MC, MDr, MICR] / magnetic reading || **~e Aufzeichnung** [PE] / magnetic recording || **~e Blase** [M, Sc] / magnetic bubble || **~er Blasenspeicher** [M] / bubble memory, magnetic bubble memory || **~e Empfindlichkeit** [Sc] / magnetic sensitivity || **~e Flußdichte** [Sc] / magnetic flux density || **~e Induktion** [Sc] / magnetic induction || **~es Kopierwerk** [Hw] / magnetic destination storage || **~e Lochspeicherplatte** [M] / aperture plate (i.e., a small part of a piece of ferromagnetic material constituting a magnetic cell) || **~er Speicher** (im Gegensatz zu „Mikroformspeicher", „Lochstreifenspeicher" bzw. „Kartenspeicher") [M] / magnetic storage || **~es Speicherelement** [M] / magnetic cell (i.e., a storage cell in which the two possible values of one binary digit are represented by different magnetic flux patterns) || **~e Speicherung** [M] / magnetic recording || **~e Speicherzelle** [M] / magnetic cell (i.e., a storage cell in which the two possible values of one binary digit are represented by different magnetic flux patterns) || **~e Zeichenerkennung** (DIN 66226E, Aug. 1977) / magnetic ink character recognition (MICR)

magnetisierbare Tinte [MICR] / magnetic ink, magnetized ink

Magnetisierung, irreversible ∻ [ES] / irreversible field variation || **zyklische ∻** [M] / cyclically magnetized condition

Magnetisierungs·wechsel *m* [M] / reversal of magnetization || **∻zustand** *m* [M] / magnetic state

Magnetkarte *f* (DIN 31631 E T2, März 1979) [MC] / magnetic card, card || **nichtziehbare ∻** [MC] / nonextractable card, nonselectable card

Magnetkarten·magazin *n* [MC] / magnetic card magazine || **∻nummer** *f* [MC] / magnetic card number, card number

Magnetkartenspeicher *m* [MC] / magnetic card storage || **∻datei** *f* [MC] / magnetic card file || **∻magazin** *n* [MC] / magnetic card magazine, card magazine

Magnetkern *m* [M] / magnetic core, ferrite core || **∻fädelspeicher** *m* [M] / wired core memory || **∻speicher** *m* [M] / core memory, magnetic core memory

Magnetkonten·automat *m* [Hw] / magnetic ledger-card computer, magnetic-stripe account card computer || **∻computer** (s. Magnetkontenautomat) || **∻einheit** *f* [Hw] / magnetic-striped ledger unit, magnetic-stripe ledger unit || **∻-Zuführgerät** *n* [MC] / magnet ledger card feeder

Magnetkopf *m* (DIN 66214, Juli 1977) [PE] / magnetic head, read-write head || **einspuriger ∻** [PE] / single-track magnetic head || **fliegender ∻** [MD] / flying head, floating head || **nicht verstellbarer ∻** [PE] / fixed magnetic head || **schwimmender ∻** [MD] / flying head, floating head || **∻aufnahmeeinrichtung** *f* [Hw, PE] / magnetic head mount || **∻grundplatte** *f* [MT] / magnetic head plate

Magnet·lesekopf *m* [PE] / magnetic reading head || **∻locher** *m* [PC] / electric punch

magneto-optischer Digitalspeicher [M] / magneto-optical digital memory

magnetostriktiv·er Speicher [RDp] / magnetostrictive delay-line storage || **~e Verzögerungsstrecke** [Th] / magnetostrictive delay line

Magnetplatte *f* (DIN 31631 E T2, März 1979) [MD] / magnetic disk || **flexible ∻** [MD] / floppy disk, diskette, flexible disk, floppy cartridge disk

Magnetplatten-Beschriftungsgerät *n* [DpC, MD] / key-to-disk unit || **~einheit** *f* [MD] / disk unit, disk storage unit || **~-Erfassungsgerät** *n* [DpC, MD] / key-to-disk unit || **~gerät** *n* [MD] / disk storage unit, magnetic disk storage unit || **~kassette** *f* [MD] / cartridge disk, magnetic disk cartridge, disk cartridge || **~laufwerk** *n* (DIN ISO 5653E, Okt. 1978) [MCS, MD] / disk drive || **~sortieren** *n* [Dp] / magnetic disk sorting || **~speicher** *m* [MD] / disk storage, magnetic disk storage || **~stapel** *m* (DIN ISO 5653E, Okt. 1978) [MCS, MD] / disk pack

Magnet·schalter *m* [Hw] / solenoid-operated switch || **~scheibe** *f* [TES] / magnetic disk

Magnetschicht·datenträger *m* [PE] / volume, data volume || **~speicher** *m* (Magnetspeicher, der zur Speicherung von Daten die magnetischen Eigenschaften einer Magnetschicht benutzt) [PE] / magnetic layer storage

Magnetschreiblocher *m* [PC] / electric printing punch, electric numeric printing punch

Magnetschrift *f* [MICR] / magnetic ink font || **~beleg** *m* [MICR] / magnetic ink document || **~-Belegleser** *m* [MICR] / magnetic ink document reader || **~-Belegsortierer** *m* [MICR] / magnetic ink document sorter-reader || **~drucker** *m* [MICR] / magnetic character printer || **~leser** *m* [MICR] / magnetic ink character reader, magnetic character reader, magnetic ink scanner || **~sortierer** *m* [MICR] / magnetic ink reader-sorter || **~zeichen** *n* [MICR] / magnetized ink character, magnetic ink character || **~-Zeichenerkennung** *f* / magnetic ink character recognition (MICR)

Magnet·speicher *m* (Speicher, der zur Speicherung von Daten die magnetischen Eigenschaften des Speichermediums benutzt) [M] / magnetic storage || **~spur** *f* [PE] / magnetic track

Magnetstreifen *m* [PE] / data cell || **~** (magnetisierbarer Streifen) [PE] / magnetic stripe

Magnetstreifenspeicher *m* [PE] / data cell storage || **~** (auf Trägermaterial aufbringbarer magnetisierbarer Streifen) [PE] / magnetic stripe storage

Magnettintenzeichen, Leser für ~ (s. Magnetschriftleser)

Magnettrommel *f* [MDr] / magnetic drum || **~speicher** *m* [MCS, MDr] / magnetic drum storage, drum storage, drum-type memory

Magnetventil *n* [Hw] / solenoid valve

Majoritäts·glied *n* [Cir] / majority element || **~ladungsträger** *m* [Sc] / majority carrier || **~träger** *m* (in einer Halbleiterzone) (DIN 41852, Aug. 1978) [Sc] / majority carrier

Makro *m* [Sw] / macro || **~anfangsanweisung** *f* [Sw] / macro header statement, macro definition header

Makroanweisung *f* [Sw] / macro statement || **befehlende ~** [Sw] / imperative macro instruction || **beschreibende ~** [Sw] / declarative macro instruction

Makro-Assembler *m* [Mp] / macro assembler

Makroaufruf *m* [Sw] / macro, macro call || **~ an den Ablaufteil** [OS] / executive communication macro || **~ der Auftragssprache** [Sw] / JCL macro || **~ in Ablaufsteuersprache** [OS] / ECL macro || **~ zur Ein-Ausgabesteuerung** [Sw] / input-output control macro, I/O control macro || **äußerer ~** [Sw] / outer macro call || **innerer ~** [ES] / inner macro call || **~karte** *f* [Sw] / macro call card

Makro·befehl *m* [MCS] / macro instruction || **~bibliothek** *f* [Sw] / macro library || **~code** *m* [Sw] / macro code || **~definition** *f* [Sw] / macro definition || **~endanweisung** *f* [Sw] / macro trailer statement, macro definition trailer || **~erklärung** *f* [Sw] / macro definition || **~feld** *n* [Sw] / macro field || **~führungsprogramm** *n* [Sw] / macro maintenance program || **~generierer** *m* [Sw] / macro generator, macro generating program

Makroinstruktion *f* [MCS] / macro instruction || **äußere ~** [Sw] / outer macro instruction || **System-~** *f* [Sw] / system macro instruction

Makro·karte *f* [Sw] / macro card || **~kennzeichnung** *f* [OS] / macro identifier || **~name** *m* [Sw] / macro name || **~operand** *m* [Sw] / macro operand || **~operandentabelle** *f* [Sw] / macro operand table || **~phase** *f* [Sw] / macro phase || **~programmierung** *f* [Sw] / macroprogramming || **~prototypanweisung** *f* [Sw] / macro prototype statement

Makrosprache *f* [Sw] / macro language

'ermittlungstechnische °~ [ES] / witching-oriented macro language **Iakro·teil** *m* [Sw] / macro section || **°~übersetzer** *m* [OS] / macro processor || **°~umwandler** *m* [Sw] / macro generator, nacro generating program || **°~umwandlung** *f* [Sw] / macro expansion, nacro generation **iakroverzeichnis** *n* [Sw] / macro lirectory || **°~block** *m* [Sw] / macro lictionary block
anagement-Informationssystem MIS) *n* [IDS] / management nformation system (MIS)
angel·halbleiter *m* [Sc] / p-type emiconductor || **°~leitung** *f* [Sc] / hole onduction, p-type conduction
antel·kontinuität *f* [Hw] / sheath ontinuity || **°~undichtigkeit** *f* [Hw] / heath leak
antisse *f* (DIN 44300, März 1972) [ALU] fixed-point part (i.e., in floating point epresentation, that one of the two lements of a number which is not the xponent or power of the base) || ~ (eines Logarithmus) [Th] / mantissa i.e., the fractional part of a logarithm; f. "characteristic") || **°~ mit Vorzeichen** h] / signed mantissa || **°~ variabler Länge** [Th, Sw] / variable-length nantissa
antissenlänge, Gleitpunktkonstante nit kurzer °~ [Sw] / short-precision loating-point constant
anuell *adj* / manual || **~e Anforderung** durch den Operator) [Dp] / manual equest || **~er Arbeitsmodus** [ES] / nanual mode || **~e Bedienung** [Dp] / nanual operation || **~er Betrieb** [Dp] / nanual operation || **~e Dateneingabe** DIN 9757E, Okt. 1977) [Calc] / manual ata input || **~e Eingabe** [IO] / keyboard nput, keyboard entry || **~er Eingriff**)pC, Dp] / operator intervention || **~e Fehlerkorrektur im Lokaldatenkanal** Dp] / home correction || **~e Fehlersuche vom Bedienungstisch** w, Sw] / manual console diagnostics || **es Lochen** [PT, PC] / keypunching, eyboard-operated punching || **~er Locher** [PC] / keypunch, manual erforator, mechanical punch || **~e Markierung** [OCR] / handwritten mark || **programmierbare elektronische Rechenmaschine** (DIN 9757E, Okt. 977) [Calc] / calculator with keyboard rogram input || **~e Restartprozedur**)p] / manual restart procedure || **~es Rücksetzen** [OS] / manual resetting (RSM) || **~es Teilstreckensystem** [ES] / torn tape relay (i.e., a procedure where operators tear off incoming printed and punched paper tape and transfer it manually to the proper outgoing circuit) || **~e Telegrafie** [TP] / manual telegraphy || **~ und maschinell programmierbare elektronische Rechenmaschine** (DIN 9757E, Okt. 1977) [Calc] / calculator with keyboard and external program input || **~e Wahl** [ES] / manual selection
Manuskript *n* [Typ, TES] / manuscript || **Perforator-°~** *n* [TP] / perforator manuscript
Marginal-Check *m* [Th] / marginal check (MC) || **°~-Prüfeinrichtung** *f* [Hw] / marginal-check module
Marke *f* [Algol] / label || [PL/1] / label
Markiercodezeichen *n* [ES] / marking code
markieren *v* [Sw] / mark, flag
markiert·er Satz [Sw] / flagged record || **nicht ~** [Algol] / unlabeled
Markiertoleranz *f* [OCR] / marking tolerance, print misalignment
Markierung *f* [Sw] / sentinel, sentinel flag || °~ (d.h., auf Markierungsbelegen bzw. Strichkarten angebrachte Zeichen, in der Regel Striche, zur Darstellung von Informationen) [Dp] / mark || **eine °~ löschen** [MT] / unmark || **Erkennung von °~en** [OCR] / mark recognition || **manuelle °~** [OCR] / handwritten mark || **optisch lesbare °~** [OCR] / photo-sensing mark || **schräge °~** [OCR] / slanted mark || **vorgedruckte °~** [OCR] / preprinted mark, premark || **zulässige °~** [OCR] / admissible mark
Markierungs·abfühlung *f* [Dp] / mark detection || **°~abtasten** *n* [OCR] / mark sensing, mark reading, mark scanning || **optischer °~abtaster** [HSP] / optical mark sensor
Markierungsbeleg *m* (optische Abtastung) [OCR] / mark scanning document || °~ (mit Strichmarkierungen versehener Beleg, z.B. TÜV-Prüfbogen) [IO] / mark sheet, mark page || **°~leser** [OCR] / mark sheet reader (MSR), mark page reader
Markierungs·bit *n* [Sw] / flag bit, marker bit || **°~block** *m* (Band) [HSP] / marking block
Markierungsbyte *n* [Sw] / flag byte || **logisches °~** [Sw] / logic flag byte
Markierungs·eingabesystem *n* [OCR] /

mark input system || ~~eintrag~~ *m* [OCR] / mark entry || **≗erkennung** *f* [OCR] / mark recognition || **≗fehlerrate** *f* [OCR] / marking error rate

Markierungslese·einrichtung *f* [IO] / mark read feature || **≗feld** *n* [OCR] / mark read field, mark sense field || **≗geschwindigkeit** *f* [OCR] / mark reading rate

Markierungslesen *n* [OCR] / mark sensing, mark reading, mark scanning || **optisches ≗** [OCR] / optical mark reading

Markierungsleser *m* (elektrische Abtastung) [Dp] / mark sensing device || **≗** (Dateneingabegerät zum maschinellen Lesen von Markierungsbelegen oder Strichkarten) [IO] / mark reader, mark detection device, mark reading device || **≗** (optische Abtastung) [IO] / optical mark reader, mark scanning device || **≗ für Belege (ML)** (separates Gerät zum maschinellen Lesen von Markierungsbelegen) [OCR] / mark sheet reader (MSR), mark page reader || **≗ für Strichkarten** (in der EDV verwendetes Gerät, meist als Markierungslesezusatz zu Lochkartenlesern ausgelegt, zum Abtasten von Strichkarten; cf. „Zeichenleser") [IO] / mark sense card reading device || **≗papier** *n* [OCR] / mark sheet reader paper

Markierungslesestation *f* [IO] / mark reading station || **≗ für schräge Markierungen** [OCR] / slanted-mark reading station

Markierungslesezusatz *m* (zum Abtasten von Zeichenlochkarten an Lochkartenlesern) [IO] / mark sense feature

Markierungs·lochkarte *f* [IO, PC] / mark sense card (carrying marks made with some conductive material to be sensed electrically) || **≗mittellinie** *f* (Formulardia) [HSP] / registration mark centerline || **≗nummer** *f* (Band) [HSP] / marking number || **≗position** *f* [OCR] / response position, mark position || **≗satz** *m* (Band) [HSP] / marking record || **≗spalte** *f* [OCR] / mark column || **≗spaltenabstand** *m* [OCR] / mark column pitch || **≗stelle** *f* [OCR] / response position, mark position || **≗streifen** *m* (Filz) [HSP] / marker strip

Markowsch·e Kette [Cy] / Markov chain || **≗e Quelle** [Th, Cy] / Markov source

Maschennetz (s. vermaschtes Netz)

Maschine, virtuelle ≗ [VS] / virtual machine

maschinell·e Lehrhilfe [CAI] / teaching machine || **~ lesbar** [Dp] / machine-readable, machine-recognizable || **~ lesbarer Beleg** [IO] / machine-readable document || **~ programmierbare elektronische Rechenmaschine** (DIN 9757E, Okt. 1977) [Calc] / calculator with external program input || **~es Programmieren** [NC] / automatic programming || **~es Schriftlesen** [HSP] / machine reading | **~e Sprachübersetzung** (s. maschinell Übersetzung) || **~e Übersetzung (MÜ** (automatische Übersetzung natürlichsprachlicher Texte) [MAT] / machine translation (MT), automatic language translation, automatic language processing || **~es Wörterbuc** [MAT] / computerized dictionary

maschinenabhängig *adj* [Dp] / computer-dependent, machine-dependent

Maschinenadresse *f* [Sw] / absolute address, specific address, actual addre || **≗** (DIN 44300, März 1972) [Sw] / machine address

Maschinenausfall *m* [Hw] / machine failure || **≗zeit** *f* [Hw] / machine downtime

Maschinen·auslastung *f* [NC] / machin utilization || **≗ausrüstung** *f* [Hw] / hardware

maschinenbedingte Ausfallzeit [Dp] / machine-spoilt work time

Maschinenbefehl *m* [Sw] / computer instruction, machine instruction || **≗ in Assemblersprache** [ES] / mnemonic machine instruction || **ablauffähiger ≗** [Sw] / executable machine instruction || **endgültiger ≗** [Sw] / absolute instruction, complete instruction || **Unterbefehl zum ≗** [Sw, ES] / extended mnemonic instruction code || **vollständiger ≗** [Sw] / absolute instruction, complete instruction

Maschinenbefehls·code *m* [Sw] / computer instruction code, machine instruction code || **≗vorrat** *m* [Sw] / computer instruction set

Maschinen·belastung *f* [Dp] / machine load || **≗bestandteile eines Systems** (mechanisch, elektrisch und elektronisch) [Hw] / hardware

Maschinenbetriebsart *f* [PCC] / computer control mode || [OS, ES, NC] / mode of operation, operating mode, mode

[M]aschinenbuchhaltung *f* [Th, Off] / [m]achine accounting
[M]aschinencode *m* [Sw, VC] / absolute [c]ode, specific code || **Programmieren [i]m ~** [Sw] / absolute programming
[M]aschinen·daten *plt* [NC] / machine [s]pecifications || **~durchlauf** *m* [Hw, Dp] / [m]achine run || **~einheit** *f* [ADp] / machine [u]nit || **~element** *n* [NC] / machine [e]lement
[M]aschinenfehler *m* [Hw] / machine [e]rror, machine malfunction, hardware [f]ault || **~ der Zentraleinheit** [Dp] / [p]rocessor trap || **[B]earbeitungsprogramm für ~ der [Z]entraleinheit** [OS, ES] / trap handler || **[h]arter ~** [Hw, OS] / hard machine check || **[i]nterner ~** [Dp] / processor trap || **[w]eicher ~** [Hw, OS] / soft machine check || **~statistik** *f* [Sw] / machine error list, [h]ardware error list || **~stoppmodus** *m* [O]S] / machine error stop mode
[M]aschinenfunktion *f* (DIN 9757E, Okt. [1]977) [Calc] / machine function
[M]aschinengang *m* [CP, NC] / machine [c]ycle || **halber ~** [PC] / half cycle
[m]aschinengebundene Darstellung [A]lgol] / hardware representation
[m]aschinengestützte Übersetzung (s. [m]aschinenunterstützte Übersetzung)
[m]aschinenglattes Papier [HSP] / mill-[f]inished paper, machine-finished paper
[M]aschinen·instruktion *f* [Sw] / computer [i]nstruction, machine instruction || **~lauf** *m* [Hw, Dp] / machine run
[m]aschinenlesbar *adj* [Dp] / machine-[r]eadable, machine-recognizable || **~er [B]eleg** [IO] / machine-readable [d]ocument || **~e Datendarstellung** [DT, [E], Sw] / machine script || **~er [D]atenträger** [Dp] / machine-readable [m]edium || **~e Form** [Sw] / machine-[r]eadable form
[M]aschinenlochkarte *f* (Lochkarte, auf [d]ie Daten maschinell geschrieben sind [u]nd die aufgrund ihrer Lochung mit [M]aschinen seriell verarbeitet werden [k]ann) [PC] / machine-operated punched [c]ard
[m]aschinennahe Programmiersprache [P]L] / machine-oriented language ([M]OL), computer-oriented language, [l]ow-level language
[M]aschinenoperation *f* [Dp] / computer [o]peration, machine operation
[m]aschinenorientiert *adj* [Hw, Sw] / [c]omputer-oriented, machine-oriented || **~e Programmiersprache** (DIN 44300, März 1972) [PL] / machine-oriented language (MOL), computer-oriented language, low-level language || **~es Programmierverfahren** [PL] / machine-oriented programming system
Maschinenprogramm *n* (DIN 44300, März 1972) [Sw] / machine program, object language program || **Ablauf des ~s** [Sw] / object run || **allgemeines ~** [Sw] / general machine program || **~bibliothek** *f* [Sw] / object library || **~code** *m* [Mp] / object code
Maschinen·programmierung *f* [Sw, ES] / object programming || **~programmkarte** *f* [Sw] / text card || **~prüftext** *m* [ES] / teleprinter test code, machine test code
Maschinenraum *m* (eines Rechenzentrums) [DpC] / computer room, machine room (of a computer center) || **Bedienpersonal im ~** [DpC] / computer operations staff
Maschinenschalter *m* [Cobol] / hardware switch
Maschinensprache *f* (DIN 44300, März 1972) [Th] / machine language, object language, computer language || **Ausgabeformat in ~** [Mp] / object code output format || **Befehl in ~** [Sw] / computer instruction, machine instruction || **einheitliche ~** [Sw] / common language (i.e., the representation of data intelligible to the many units of a dp system) || **~datei** *f* [Mp] / object code file
Maschinen·stillstandzeit *f* [Dp] / machine downtime || **~störung** *f* [Hw] / fault, machine fault
Maschinenteil *m* [Cobol] / environment division || **~eintragung** *f* [PL] / environment division clause
Maschinentoleranz *f* [Hw] / machine tolerance
maschinenunabhängig *adj* [Dp] / computer-independent, machine-independent || **~e Programmiersprache** [PL] / computer-independent language
maschinenunterstützt·e Konstruktion (s. rechnerunterstützte Konstruktion) || **~e Programmierung** [Sw] / automatic programming, automatic coding, machine-aided programming, autoprogramming || **~e Übersetzung** (Verfahren, Datenverarbeitungsanlagen bei der Humanübersetzung einzusetzen) [MAT] / machine-aided translation (MAT), computer-assisted translation (CAT)

Maschinenwort *n* (DIN 44300, März 1972) [Sw, NC] / machine word, computer word
Maschinenzeit *f* [Dp] / computer time, machine time, computing time || **nutzbare** ≗ [Th, Dp] / available machine time, available time
Maschinenzyklus *m* [CP, NC] / machine cycle
Maske *f* [Sw] / mask || [Cobol] / picture || [PL/1] / picture
Masken·ausrichtung *f* (bei IC-Produktion) [Sc] / mask alignment || ≗**bit** *n* [Sw] / mask bit || ≗**bus** *m* [Mp] / bipolar mask bus || ≗**exponent** *m* [PL/1] / pic exponent || ≗**größe** *f* [Sc] / mask size || ≗**justierung** *f* [Sc] / mask alignment || ≗**klausel** *f* [Cobol] / picture clause || ≗**mantisse** *f* [PL/1] / pic mantissa || ≗**öffnung** *f* [Sw] / aperture || ~**programmiert** *adj* [Mp] / mask-programmed || ≗**programmierung** *f* [Mp] / mask programming || ≗**register** *n* [CP, ES] / mask register || ≗**-ROM** *n* [Mp] / mask-programmed ROM || ≗**skalierfaktor** *m* [PL/1] / picture scalefactor || **Folgen-oder-**≗**-Symbol** *n* [PL/1] / string or picture symbol
Maskenzeichen *n* [Cobol] / picture character || ≗**kette** *f* [Cobol] / picture string
maskieren *v* [Sc] / mask
Maskierung *f* (DIN 41852, Aug. 1978) [Mp, Sc] / masking
Maß·ablesung *f* [NC] / reading || ≗**bild** *n* [Hw, NC] / dimensional drawing || ≗**blatt** *n* [Hw, NC] / dimensional drawing
Masse *f* [Hw] / chassis ground, frame ground || ≗**anschlußdraht** *m* [Hw] / ground wire
Massebandkabel *n* [Hw, TP] / grounding strip || ≗**schuh** *m* [Hw, TP] / grounding strip terminal
Massebuchse *f* [Hw] / ground jack
Maß·einheitenschlüssel *m* [Th] / dimensional unit key || **Papier mit** ≗**einteilung** [GrDp] / scaled paper
Masse·kabel *n* [Hw] / ground cable || ≗**kern** *m* [M] / dust core || ≗**klemme** *f* [Hw] / chassis terminal || ≗**leitung** *f* [Hw] / ground wire || ≗**lötöse** *f* [Hw] / chassis terminal tag
Massenspeicher *m* [Cobol] / mass storage || ≗**anschluß** *m* [Hw] / attachment for mass storage unit
Massenverarbeitung *f* [Sw] / sequential scheduling
Masse·punkt *m* [ES] / ground pin || ≗**schluß** *m* [Hw] / chassis ground, frame ground || ≗**verbindung** *f* [Hw] / frame-ground connector
maß·gerecht *adj* [Hw, NC] / dimensionally correct || ~**getreu** *adj* [HSP] / full-scale, full-size || ~**haltig** *adj* [Hw, NC] / dimensionally correct || ≗**prüfung** *f* [QC] / dimensional check, dimensional control
Maßstab·genauigkeit *f* (Raster, Lineal oder Gitter) [NC] / accuracy || ~**getreu** *adj* [HSP] / full-scale, full-size
maßstäblich *adj* [HSP] / full-scale, full-size
Maßstab·raster *m* [NC] / grating || ≗**teilung** *f* [NC] / grating pitch, line structure of grating
Maßsystem, absolutes ≗ [Th] / absolute system
Maßzeichnung *f* [Hw, NC] / dimensional drawing
Master-Netzknoten *m* [ES] / master network node || ≗**-Scheduler** *m* [OS] / master scheduler || ≗**stapel** *m* [PCC] / master batch, master deck
MATER (s. Magnetband-Austauschformat für terminologische lexikografische Daten) || ≗**-Austauschmagnetband** *n* [MT, MAT] / MATER data interchange tape || ≗**-Datenaustausch** *m* [MT, MAT] / MATER data interchange
Material, polykristallines ≗ [Sc] / compound material
materielle Ware [Hw] / hardware
Mathematik, abstrakte ≗ [Th] / abstract mathematics || **angewandte** ≗ [Th] / applied mathematics
mathematisch·e Abhandlung [Th] / mathematical treatise || ~**er Ausdruck** [Th] / mathematical term || ~**e Kontrolle** [Dp, Sw] / arithmetic check, mathematical check || ~**e Linguistik** [Term, MAT] / mathematical linguistics || ~**e Logik** [Th] / mathematical logic, symbolic logic || ~**es Modell** [Th] / mathematical model || ~**e Programmierung** [Th, Sw] / mathematical programming || ~**es Prozeßmodell** (DIN 66201E T1, Apr. 1979) [PCC, Sw] / mathematical process model || ~**e Sprachanalyse** [MAT] / mathematical analysis of language
Matrix *f* [HSP, Th, M] / matrix || [Algol] / array || [Fortran] / array || [PL/1] / array || ≗ **mit Umkehrgruppierung** [ES] / reversed matrix || **adjungierte** ≗ [Th] / adjoint matrix || ≗**adresse** *f* [HSP] / matrix address || ≗**algebra** *f* [Th] / matr

algebra || ~angabe *f* [Sw] / matrix size specification || **umgeklappte ~anordnung** [ES] / reversed switching matrix || **~anweisung** *f* [Fortran] / dimension statement || **~baugruppe** *f* [Sc] / matrix module || **~bereich** *m* [Sw] / matrix area || **~block** *m* [M] / memory stack, storage stack || **~darstellung** *f* [HSP] / matrix representation
Matrixdrucker *m* [HSP, DT] / matrix printer, dot-matrix printer || **mechanischer ~** [HSP, DT] / matrix impact printer || **~-Schriftzeichen** *n* [HSP, DT] / dot-matrix character
Matrixdruckverfahren *n* [HSP, DT] / dot-matrix technique
Matrixelement *n* [Fortran] / array element || **~-Nachfolgerfunktion** *f* [Fortran] / array element successor function
Matrix·erweiterung *f* [OCR] / matrix expansion feature || **~karte** (s. Bestandskarte) || **~kernspeicher** *m* [M] / matrix core memory || **~liste** *f* [Algol] / array list || **~-Nadeldrucker** *m* [HSP] / dot-matrix wire printer
Matrixname *m* [Algol] / array identifier || **~** (in der Matrixvereinbarung) [Fortran] / array declarator name
Matrix·raster *m* [HSP, DT] / dot matrix || **~segment** *n* [Algol] / array segment
Matrixspeicher *m* [HSP] / matrix memory (MXM) || **~** (DIN 66001, Sept. 1977) [M] / matrix storage, coordinate storage
Matrixstreifen *m* [PT] / composite tape
Matrixvereinbarung *f* [Algol] / array declaration || [Fortran] / array declarator
Matrizen·darstellung *f* [Th] / matrix notation || **~rechnung** *f* [Th] / matrix calculus || **~schreibweise** *f* [Th] / matrix notation || **~speicher** (s. Matrixspeicher)
Mattenverdrahtung *f* [Serv] / mattress wiring
mattsatiniertes Papier [HSP] / calendered paper
M-aus-N-Code *m* [Th, Tr] / M-out-of-N code
maximal·er Durchschlupf (Fertigungskontrolle) [QC, Sc] / average outgoing quality level || **~e Frequenz** (Schwing-Grenzfrequenz) [Sc] / maximum frequency || **~e Schwingfrequenz** [Sc] / maximum frequency of oscillation || **~e Sperrspannung** [Sc] / maximum reverse voltage || **~ausbau** *m* [Hw] / maximum configuration || **~länge** *f* [PL/1] / maximum length || **~wert der Amplitude** [RDp] / maximum amplitude
Maximum·effekt *m* [Cy] / maximum effect || **~-Funktion** *f* [PL/1] / max (builtin) function
MBST (s. Magnetbandsteuerung)
μC (s. Mikrocomputer)
MC (s. Aufrufen Monitor)
McMillanscher Satz [Th, Cy] / theorem of McMillan
MD (s. Multiplizieren lang)
MDT (s. mittlere Datentechnik)
ME (s. Multiplizieren kurz zu lang)
mechanisch·e Abfühlung [PT, PC] / mechanical sensing || **~e Abtastung** [PT, PC] / mechanical sensing || **~e Didaktik** [CAI, Cy] / mechanical didactics || **~er Drucker** [HSP] / impact printer || **~es Druckverfahren** [MCS, HSP] / impact printing || **~er Fehler** [Hw] / mechanical fault || **~er Handlochprüfer** [PC] / mechanical verifier || **~er Integrierer** [ADp] / integrating gear, integrating mechanism || **~e Lebensdauer** [NC] / mechanical life || **~er Matrixdrucker** [HSP, DT] / matrix impact printer || **~e Speicherung** [CAI, Cy] / mechanical memory || **~es Zählwerk** [Hw] / mechanical counter
Mechanisierung *f* / mechanization
Mehradreß·-... [Sw] / multiaddress, multiple-address || **~befehl** *m* [Mp] / multiaddress instruction, multiple-address instruction || **~code** *m* [Sw] / multiple-address code || **~maschine** *f* [Dp] / multiple-address machine, multiple-address computer
mehr·adrig *adj* (DIN 57272E, Dez. 1977) [TrL] / multiwire (cable, etc.) || **~ankerrelais** *n* [Co] / multi-armature relay || **~bandangabe** *f* [Cobol] / multiple-reel option || **~benutzbarkeit** *f* [Sw] / sharability, shareability || **~benutzersystem** *n* [Dp] / multi-user system (esp. time-sharing system) || **~bytebefehl** *m* (aus mehreren Worten bestehender Befehl) [Mp] / variable-length instruction || **~dateiangabe** *f* [Cobol] / multiple-file option
Mehrdateien·band *n* [MT] / multi-file reel, multi-file volume || **~spule** *f* [MT] / multi-file reel, multi-file volume
Mehrdateiverarbeitung *f* [Sw] / multi-file processing
mehrdeutige Bezugnahme [Dp] / ambiguous reference
Mehrdeutigkeit *f* [Th] / ambiguity
Mehreinheitenangabe *f* [Cobol] /

multiple-unit option

mehrfach·er Abschluß [PL/1] / multiple closure ‖ **~e Aufforderung** [RDp] / repeated inquiry ‖ **~ aufrufbar** (bei Multiprogrammverarbeitung) [Sw] / reusable (program, etc.) ‖ **~ ausgenutzt** [Sw] / shared ‖ **~ ausnutzen** [Tr] / multiplex (i.e., to use a number of channels on a single circuit) ‖ **~e Wortlänge** (Genauigkeit) [Sw, OS] / multiple precision ‖ **≗abtastung** *f* [ES] / multiple sampling ‖ **≗adressierung** *f* [Tr] / multiaddressing ‖ **≗adreßnachricht** *f* [Tr] / multiaddress message, multiple address message ‖ **≗anschlag** *m* [NC] / multi-position stop ‖ **≗anschluß** *m* [ES] / multi-party line ‖ **≗antwort** *f* (bei Befragung einer Datenbank) [IDS] / multiple answer ‖ **≗aufforderung** *f* [RDp] / repeated inquiry ‖ **≗austauschmethode** *f* [Hw] / multiple board replacement (method) ‖ **≗bandschreiber** *m* [PE] / multiple tape lister

Mehrfachbetrieb *m* [Dp] / multi-job operation ‖ [Tr] / multiplexing

Mehrfach·decodierer *m* [Hw] / multiple decoder ‖ **≗eingabeauswahllogik** *f* [ES] / multiple input selection logic ‖ **≗fehler** *m* [Tr] / multiple fault ‖ **≗koordinatenschreiber** *m* [GrDp] / multiple X-Y recorder ‖ **≗leseeinrichtung** *f* [PC] / multi-reading feature ‖ **≗lochung** *f* [PC] / multiple punching ‖ **≗-Prozeßrechensystem** *n* (DIN 66201 E T1, Apr. 1979) [PCC] / multiple computing system, multiple computer system ‖ **≗spuroperation** *f* [MD] / multiple track operation ‖ **≗stanzer** *m* [PC, NC] / gang punch, automatic gang punch ‖ **≗steckanschluß** *m* [Serv] / multiple plug connector ‖ **≗überlaufblock** *m* [Sw] / multiple overflow block, multiple overflow record ‖ **≗übertragung** *f* [RDp] / multipath transmission ‖ **≗verarbeitung** *f* [Dp] / multiprocessing ‖ **≗verwendung einer Einsprungstelle** [Sw] / multi-source entry point ‖ **≗zahlen-Auswahleinrichtung** *f* [OCR] / multiple number selection feature ‖ **≗zugriff** *m* [Dp] / multiple access

Mehrfarbendruck *m* [HSP] / multicolored printing

Mehrfunktions·karteneinheit *f* [PC] / multifunction card machine ‖ **≗system** *n* [Dp] / nondedicated system

Mehr·gangkartenzuführung *f* [PC] / multicycle feeding, multicycle card feeding ‖ **≗gerätesteuerung** *f* [Hw] / multi-device controller

Mehrheits·entscheidungslogik *f* [Cir] / majority-voting logic circuit ‖ **≗glied** *n* [Cir] / majority element

Mehrkanal-Datenübertragungsprogramm *n* [OS] / multichannel communication program (MCP) ‖ **≗-Datenübertragungssteuerung** *f* [Tr] / communication controller-multichannel (CCM) ‖ **≗-Datenübertragungssystem** *n* [Tr] / multichannel communications system (MCS) ‖ **≗decodierer** *m* [Tr] / all-channel decoder ‖ **≗-Modem** *m* (Modem, der Leitungsbündelung für Remote-Schaltungen, Netzwerksteuerungen usw. erlaubt) [RDp] / multichannel modem ‖ **≗register** *n* [Mp] / multiport register

Mehrkanalschalter *m* [PE] / multichannel switch ‖ **Schrank für ≗** [Hw] / multichannel switch cabinet

Mehrkanal·system *n* [Tr] / multichannel communications system (MCS) ‖ **≗übertragungssteuerung** *f* [Tr] / communication controller-multichannel (CCM)

Mehrkontaktstecker *m* [Hw] / multi-pole connector

Mehrlagen-Verdrahtungsplatte *f* [Hw] / platter, motherboard, multilayer circuit board

mehrlagig·es Formularpapier [HSP, TP] / multi-ply sprocket-feed stationery ‖ **~es Papier** [HSP, TP] / multipart paper ‖ **~es Verdrahtungsfeld** [Hw] / platter, motherboard, multilayer circuit board

Mehr·lochkern *m* [Hw] / multi-aperture core, multiple aperture core ‖ **≗pegelunterbrechung** *f* [Mp] / multilevel priority interrupt, multilevel program interrupt ‖ **≗phasenstrom** *m* [Serv] / polyphase current, multi-phase current ‖ **~phasig** *adj* / polyphase, multi-phase ‖ **≗plattendatei** *f* [MD] / multi-disk file, multi-volume file ‖ **≗programmbetrieb** *m* (DIN 44300, März 1972) [Dp] / multiprogramming, multiprogramming operation, simultaneous operation

Mehrprozessor·betrieb *m* [Dp, RDp] / multiprocessing ‖ **≗-Datenübertragungszusatz** *m* [MCS] / multiprocessor communications adapter (MCA) ‖ **≗system** *n* (DIN

44300, März 1972) [MCS, Dp] / multiprocessor, multiprocessor system, multiprocessing system
Mehrpunkt·schaltung *f* [Tr] / multipoint circuit || **≗verbindung** *f* (DIN 44302, Apr. 1979) [Tr] / multipoint connection
Mehr·rechnersystem *n* (DIN 44300, März 1972) [MCS, Dp] / multiprocessor, multiprocessor system, multiprocessing system || **≗schichtverfahren** *n* [Co, Sc] / multilayer technique || **≗schriftenleser** *m* [OCR] / multifont reader
Mehrsequenz·rechner *m* [Dp, CP] / multi-sequential system || **≗system** *n* [Dp, CP] / multi-sequential system
Mehrspaltensucher *m* [PC] / multiple column control feature, multiple column selector
mehrsprachige Terminologiedatenbank [MAT] / multilingual terminology data bank
Mehrspulen·datei *f* [MT] / multi-reel file, multi-volume file || **≗verarbeitung** *f* [MT] / tape processing
mehrspulig *adj* [MT] / multi-reel
Mehrspur·kopf *m* [MT] / head stack || **≗operation** *f* [MD] / multiple track operation
mehrstufig·e Modulation [Tr] / multilevel modulation || **~es Modulationsverfahren** [Tr] / multilevel modulation method || **~e Programmunterbrechung** [Mp] / multilevel priority interrupt, multilevel program interrupt || **~e Verbindung über Konzentratoren** [RDp] / multi-stage connection via concentrators
Mehrsystembetrieb *m* [VS] / multiple virtual machine support
Mehrwegübertragung *f* [RDp] / multipath transmission || **Verzerrung durch ≗** [RDp] / multipath distortion
mehrwertige Logik [Cir] / multi-valued logic
Mehrwertigkeit *f* [Th, Cy] / polyvalence
Mehrwortausdruck *m* [MAT] / multiword term, compound term
Mehrwortbefehl *m* [Mp, MCS, Sw] / multiword instruction || [Mp] / multibyte instruction
Mehrwortbenennung *f* [MAT] / multiword term, compound term
Mehrzeilen·abfühlung *f* [PC] / multiple line reading || **≗abfühlungssteuerung** *f* [PC] / multiple line read selection || **≗format** *n* [PC] / multiple line format || **≗karte** *f* [PC] / multiple line card || **≗schreibung** *f* [PC] / multiple line printing
Mehrzweck·funktionsgeber *m* [ADp] / arbitrary function generator, general-purpose function generator || **≗rechner** *m* / multipurpose computer
Mehrzweckregister *n* [M] / general register, general-purpose register || **≗satz** *m* [M] / general-purpose register set
Melde·druckeranlage *f* [PCC] / alarm signal recorder || **≗kontakt** *m* [Hw] / indicator contact
melden, über Blattschreiber ~ [Sw] / type out, log
Melde·routine *f* [OS] / post routine || **≗speicher** *m* [PCC] / signaling storage || **≗telegramm** *n* (Fernüberwachung) [TP] / indicating telegram
Meldetext *m* [ES] / station code || **≗geber (MTG)** *m* [ES] / station code generator
Meldung *f* [ES] / status signal, status message || **≗ des Ablaufteils** [OS] / executive typeout || **≗ in Priorität** [Tr] / priority message || **≗ über Blattschreiber** [CTW] / console typeout, typeout, operator typeout, CTW message, console message || **freilaufende ≗** [Tr] / unsolicited console typeout, unsolicited console typewriter message
Meldungs·beginnzeichen *n* [Tr] / start-of-message signal || **≗block** *m* [ES] / status block || **≗gruppe** *f* [Sw] / message group || **≗kopf** *m* [ES] / message heading || **≗untergruppe** *f* [Sw] / message subgroup
Meltback·-Transistor *m* [Sc] / meltback transistor || **≗-Verfahren** *n* [Sc] / meltback technique
MEM (s. Auflisten der freien Speicherbereiche)
MEND (s. Beenden eines Monitorlaufs)
Mengen·einheit *f* [Dp] / quantity unit || **≗faktor** *m* [Dp] / quantity factor || **≗lehre** *f* [Th] / set theory
Mensch-Maschine·-Dialog *m* [Th] / man-machine dialog || **≗-Verkehr** *m* [Sw] / man-machine communication
Mensch-Technik-Verbund-System (MTV-System) / joint man-machine system (JMM-system)
mergen *v* [Dp, OS] / merge (i.e., to create a single ordered file from two or more ordered sets of records, where the original sets must first be arranged in the same sequence by sorting)
Merk·bit *n* [ES] / note bit, noting bit || **≗kippstufe** *f* [Co] / storage flip-flop

Merkmal *n* [Sw] / sentinel, sentinel flag || [Priv] / characteristic || **persönliches ≗** [Priv] / personal identifier, identifying information || **undefiniertes ≗** [Sw] / undefined symbol

Merk·name *m* [Cobol] / mnemonic-name || **≗registerkippstufe** *f* [Co] / noting register flip-flop

MES (s. Mikrocomputer-Entwicklungssystem)

Mesa·technik *f* (DIN 41852, Aug. 1978) [Sc] / mesa technique || **≗-Transistor** *m* [Tr, Sc] / mesa transistor

Meß·anordnung *f* [Cir] / measurement setup || **≗bereich** *m* (Leiterplatte) [Meas] / measuring range || **≗ergebnis** *n* [PCC] / measured variables

Messerkontakt *m* [Hw] / blade contact, blade connector terminal || **≗stecker** (s. Messerstecker)

Messer·leiste (s. Messerstecker) || **≗stecker** *m* [Hw] / blade connector || **≗stift** *m* [Hw] / connector blade || **≗zeiger** *m* [PCC] / knife-edge pointer

Meß·fühler *m* [PCC] / sensor || **≗gerät** *n* [Fl] / measuring instrument || **≗größe** *f* [PCC] / analog process quantity || **≗koffer** *m* [Serv] / portable measuring set || **≗kreis** *m* [NC] / measuring circuit || **≗motor** *m* [PCC] / integrating motor, messmotor

Meßplatz *m* [Serv, R&D] / test position || **fahrbarer Prüf- und ≗** [Serv] / wheeled testing and metering position

Meßpunkt *m* [PCC, Meas] / measuring point, monitoring point || [RDp, Tr] / metering point

Meß·relais *n* [NC] / measuring relay || **≗schreiber** *m* [PCC, Meas] / measurement logger || **≗spannungspunkt** *m* [Serv] / voltage test point

Meßstelle *f* [PCC, Meas] / measuring point, monitoring point || [RDp, Tr] / metering point

Meßstellenwähler *m* [PCC] / measuring point selector, measuring point scanner

Meßverfahren, analoges ≗ [NC] / analog measuring system

Meß·verzerrer *m* [Tr] / signal distorter || **≗verzerrung** *f* [Tr] / signal distortion || **≗wandler** *m* [PCC, Meas] / transducer

Meßwert *m* [Dp] / measured value || **≗angabe durch aneinandergereihte Punkte** [GrDp] / connected-dot sampling || **≗anzeiger** *m* (DIN 40100 T7, Aug. 1978) [Meas, Co] / measurement indicator || **≗erfassung** *f* [PCC] / measured data acquisition, absolute measuring method || **≗erfassungsgerät** *n* [PCC, Meas] / measurement logger || **≗fehler** *m* [PCC, Meas] / measuring error

Meßwertgeber *m* [PCC] / measured variables transmitter || [RDp, Tr] / metered variable transmitter || [PCC] / sensor

Meßwert·prüfung *f* [PCC] / measurement check || **≗umformer mit digitalem Ausgang** [PCC] / digital transducer || **≗verarbeitungsanlage** *f* [ADp] / data processor || **≗verstärker** *m* [PCC] / measured variables amplifier

Meßzeichensendung *f* [Tr] / transmission of test characters

Metaanweisung *f* [Sw] / meta statement

Metall-auf-Glas-Fotomaske *f* [Sc] / metal-on-glass photomask || **≗-Struktur** *f* [Sc] / metal-on-glass pattern

Metall·belag *m* (Kondensator) [Sc] / metal layer || **≗beschichtungstechnik** *f* / clad-metal technology || **≗einschluß** *m* (im Papier) [HSP] / metal inlay || **≗gatter** *n* [Sc, Co] / metal gate

Metall-Halbleiter-Kontakt *m* [Sc] / metal-to-semiconductor contact

metallische Bindung [Sc] / metallic bond

Metallisierungs·fehler *m* [Sc] / metallization fault || **≗maske** *f* [Mp] / mask || **≗schicht** *f* [Sc] / metallization layer

Metall-Keramik-Technik, in ≗ [Co] / cermet

Metall·kristall *m* [Sc] / metallic crystal || **≗-Nitrid-Oxid-Halbleiter** *m* [Sc, Co] / metal-nitride-oxide semiconductor (MNOS) || **≗oxid-Feldeffekttransistor (MOS-FET)** *m* [Sc] / metal-oxide semiconductor field-effect transistor (MOS FET)

Metalloxid-Halbleiter (MOS) *m* [Sc] / metal oxide semiconductor (MOS) || **Hochschmelz-≗** *m* [Sc] / refractory metal-oxide semiconductor (RMOS) || **n-Kanal-≗** *m* [Sc, Co] / n-channel metal-oxide semiconductor (NMOS), n-channel MOS || **p-Kanal-≗** *m* [Sc, Co] / p-channel metal-oxide semiconductor (PMOS), p-channel MOS

Metall·oxid-Varistor *m* [Co, Sc] / metal oxide varistor (MOV) || **≗schichtwiderstand** *m* [Co] / metallic film resistor || **≗-Zwischenschichttransistor** *m* [Sc] / metal interface transistor

Metasprache *f* [Sw, MAT] / meta language

metastabile Ausgangskonfiguration (bei einer Folgeschaltung) [Cir] / metastable output configuration

metrische Kalibrierung [Meas] / metric calibration
MEXIT (s. Verarbeiten Makrodefinition Ende)·
MG (s. Magnetbandgerät)
MH (s. Multiplizieren Halbwort)
MIC (s. Mikrocomputer)
MICR (DIN 66226E, Aug. 1977) (s. Magnetschrift-Zeichenerkennung)
Middleware (Hardware- bzw. Software-Hilfsmittel, die es erlauben, ein Programm auf einem nicht kompatiblen Anlagenmodell ablaufen zu lassen, z.B. Emulator, Konvertierungsprogramm usw.) [Dp] / middleware
Midi·-Computer *m* [MCS] / midi computer, small computer, small-sized computer || **˜rechner** *m* [MCS] / midi computer, small computer, small-sized computer
Miet·gebühr *f* (Telex) [ES] / rental || **˜leitung** *f* [Tr] / leased line, leased wire circuit, leased circuit || **˜leitungsnetz** *n* [Tr] / leased line network
Mikro-Alloy·-Diffusions-Transistor *m* [Sc] / micro-alloy diffused transistor (MADT) || **˜-Transistor** *m* [Sc] / micro-alloy transistor
Mikro·baueinheit *f* [Sc] / micro-assembly || **˜baustein** *m* [Sc] / micro-assembly || **˜befehl** *m* [Mp] / microinstruction || **˜befehlscode** *m* [Sw] / micro code || **˜bild** *n* (optische Verkleinerung von Originalen, die mit dem menschlichen Auge nur durch Vergrößerungsgeräte gelesen werden kann) [COM, Rep] / micro-image || **˜code** *m* [Sw] / micro code
Mikrocomputer (MIC) *m* [MCS] / microcomputer, micro || **Datenstation zur ˜-Entwicklung** [MCS] / development station || **˜-Entwicklungssystem (MES)** *m* [Mp] / microcomputer development system (MDS) || **~gestützter Kleinrechner** [MCS] / microcomputer-assisted minicomputer || **˜programm** *n* [Mp] / microcomputer program || **˜-Rückwandplatine** *f* [Hw, MCS] / microcomputer backplane || **˜satz** *m* [Mp] / microcomputer kit || **˜schule** *f* [Mp] / microcomputer training center || **˜sprachen-Compiler** *m* [Mp] / microcomputer-language compiler
Mikro·datentechnik *f* (Mikrofilmtechnik als Teilgebiet der angewandten Informatik) [Rep] / microfilm (data) systems || **˜elektronik** *f* [Dp] / microeletronics || **~elektronischer Baustein** [Co] / microelectronic element
Mikrofiche *n* (Mikroform in Form einer Planfilmkarte, auf der streifen- oder kolonnenförmig Folgen von Mikrobildern aufgetragen sind) (DIN 31631E T2, März 1979) [COM, Rep] / microfiche || **˜speicher** *m* (Speicher, der zur Speicherung von Daten Mikrofiches benutzt) [DOK, Rep] / microfiche storage
Mikrofilm *m* (Speichermedium in Form eines zusammenhängenden Rollfilms, der eine Folge von Mikrobildern enthält) [COM, Rep] / microfilm || **˜aufzeichnung** *f* [COM, Rep] / recording on microfilm || **˜durchlaufkamera** *f* [DOK, Rep] / flow camera || **˜entwickler** *m* [Rep] / microfilm developer || **˜entwicklungsautomat** *m* [Rep] / microfilm processor || **˜geräte** *n pl* [Rep] / microfilm equipment || **˜kamera** *f* [Rep] / microfilm camera || **˜lesegerät** *n* [Rep] / microfilm reader || **˜lochkarte** *f* (DIN 31631E T2, März 1979) [Rep] / aperture card || **˜prüfgerät** *n* [Rep] / microfilm testing device || **˜schneidetisch** *m* [Rep] / micro-editor || **˜schrittkamera** *f* [Rep] / planetary camera || **˜speicher** *m* (Speicher, der zur Speicherung von Daten Mikrofilmrollen benutzt) [DOK, Rep] / microfilm storage || **˜stelle** *f* [DOK] / microfilm department || **˜verarbeitung** *f* [Rep] / microfilm processing
Mikrofonlautsprecher *m* (DIN 41050, Apr. 1978) [Hw, Co] / talk-back loudspeaker
Mikroform *f* (Speichermedium, auf dem Daten in Form von Mikrobildern gespeichert sind) [DOK, Rep] / microform || **˜-Datenbasis** *f* [Rep] / microform data base || **˜speicher** *m* (Speicher, der zur Speicherung von Daten Mikroformen benutzt) [DOK, Rep] / microform storage
Mikrominiatur·-Baugruppe *f* [Sc] / microcircuit || **˜elektronik** *f* [Dp] / microeletronics
Mikro·miniaturisierung *f* [Sc] / micro-miniaturization || **˜modul** *n* [Cir] / micromodule
Mikronstruktur *f* [Sc] / micron pattern
Mikro·operation *f* [ES] / micro-operation || **˜plättchen** *n* [Sc] / silicon wafer, wafer
Mikroprogramm *n* [Dp, Sw] / microprogram || **˜ablauf** *m* [Mp] / microprogram execution

Mikroprogrammierbarkeit *f* [Mp] / microprogrammability
mikroprogrammiert·e Diagnosehilfen [Dp] / systematic microprogrammed diagnostics || **~er Prozessor** [Dp] / microprogrammed processor
Mikroprogrammierung *f* [Sw] / microprogramming
Mikroprogramm·ladeeinrichtung *f* [M] / control memory loading device || **≗-ROM** *n* [Mp] / microprogram ROM || **Wiederholung von ≗schritten** [OS] / micro-instruction retry
Mikroprogrammspeicher *m* [M] / control memory, read-only control memory || **ladbarer ≗** [Mp] / reloadable control memory || **≗erweiterung** *f* [M] / control memory extension
Mikroprozessor (MIP) *m* [Mp] / microprocessor, microprocessor unit (MPU) || **≗ für allgemeine Anwendungen** [Mp] / microprocessor for use in general-purpose (digital) computer systems || **8-Bit-paralleler ≗** (Prozessor eines Mikrocomputers, dessen Register und Busse 8 Informationsbits speichern und parallel übertragen können) [Mp] / 8-bit parallel microprocessor, 8-bit parallel MPU || **1-Chip-≗** *m* [Mp] / single-chip microprocessor (complete microprocessor fabricated on a single LSI chip) || **~gesteuert** *adj* [Mp] / microprocessor-controlled (plotter, etc.)
Mikroschalter *m* [Hw] / microswitch
Mikroschaltung *f* [Sc, Co] / microcircuit || **aufgedampfte ≗** [Sc] / evaporated microcircuit || **integrierte ≗** [Sc] / integrated microcircuit || **optoelektronische ≗** [Co] / optoelectronics microcircuit
Mikroschweißung *f* [Sc] / miniature brazing
Mikroskopobjektiv *n* [Sc] / microscope objective
Mikrospalte *f* [HSP] / microcolumn
Mikrospalten·register *n* [HSP] / microcolumn register || **≗takt** *m* [HSP] / microcolumn clock
Mikrostreifen *m* [IC] / microstrip
Mikrostruktur *f* [Sc] / micropattern || [Co] / microstructure
mikrosynchron arbeiten [ES] / to operate in microsynchronism
Mikrosynchronisation *f* [ES] / microsynchronization
Mikrotelegramm *n* [ES] / micro-telegram || **≗anschluß** *m* [ES] / micro-telegram termination
Mikroverfilmung *f* [Rep] / microfilming
Mikrowellen·resonator *m* [Sc] / microwave oscillator || **≗teilstrecke** *f* [Tr] / microwave radio hop || **≗transistor** *m* [Sc] / microwave transistor
Mikro·wort-Festwertspeicher *m* [M] / microword read-only memory || **≗zeile** *f* [HSP] / microline
militärischer Kleinrechner [Hw] / small military computer
Minderdruckbereich *m* [Fl] / minimum pressure range
Mindestabschalt·spannung *f* [Sc] / gate turnoff voltage || **≗strom** *m* [Sc] / gate turnoff current
Mindestabstand *m* (zw. Markierungsspalten) [OCR] / minimum pitch
Mindestausstattung *f* [Hw] / minimum configuration || **Anlagen-≗** *f* [Hw] / minimum system configuration, minimum site configuration
Mindest·betriebsdruck *m* [Fl] / minimum operating pressure || **≗druck** *m* [Fl] / minimum pressure || **≗schaltdruck** *m* [Fl] / minimum switching pressure || **≗schutzzeit** *f* [Sw] / minimum protect time
Mindeststeuer·spannung *f* [Sc] / minimum gate trigger voltage || **≗strom** *m* [Sc] / minimum gate trigger current
Miniaturisierung *f* [NC] / miniaturisation
Miniatur·kern *m* [M] / miniature core || **≗schaltung** *f* [NC] / miniaturized circuit
Mini·cassette *f* (für Diktataufnahmeautomat usw.) [TES] / mini-cassette || **≗computer** *m* [MCS] / minicomputer, mini || **≗disk** *f* [MD] / floppy disk, diskette, flexible disk, floppy cartridge disk
Minimal·ausrüstung *f* [Hw] / minimum configuration || **≗konfiguration** *f* [Hw] / minimum configuration
Minimierung *f* (Prüfung eines digitalen Systems auf minimale Zahl von Grundschaltungen) [SA] / minimization
Minimierungsprogramm *n* [SA] / minimization program
Minimum-Funktion *f* [PL/1] / min (builtin) function
Minirechner *m* [MCS] / minicomputer, mini
Minoritäts·ladungsträger *m* [Sc] / minority carrier || **≗träger** *m* (in einer Halbleiterzone) (DIN 41852, Aug. 1978) [Sc] / minority carrier

Minuend *m* [Th] / minuend
minus *adv* [Fortran] / minus (-) || ≗**potential** *n* [RDp, Tr] / negative potential || ≗**zeichen** *n* [Th] / minus sign || ≗**zonung** *f* [Sw] / minus zoning
MIP (s. Mikroprozessor)
MIS (s. Management-Informationssystem)
Misch·bauart *f* [Co] / hybrid design || ≗**code** *m* [ES] / mixed code || ≗**durchlauf** *m* [Dp, Sw] / merge run
mischen *v* (DIN 66001, Sept. 1977) [Dp, OS] / merge (i.e., to create a single ordered file from two or more ordered sets of records, where the original sets must first be arranged in the same sequence by sorting) || ~ (mit gleichzeitigem Trennen) (DIN 66001, Sept. 1977) [PC] / collate (i.e., to produce a single ordered file from two or more files which are in the same ordered sequence; cf. "merge") || *n* [PC, Dp, Sw] / merge, merging || [SA] / ORing || ≗ **in zwei Durchläufen** [Sw] / two-pass merge || ≗ **mit Aussteuern** [PC] / match-merge || ≗ **ohne Folgeadreßfeld** [OS] / stripped merge || ≗ **von Dateien** [Sw] / file merge || ≗ **von Daten** [Sw] / merging of data || **Sortieren und** ≗ [Sw] / merge sorting
Mischer *m* [PC] / collator, interpolator
Misch·folge *f* [PC] / collating sequence || ≗**form** *f* (von Datensondernetzen und öffentlichen Netzen) [RDp, Tr] / hybrid-type network || **halber** ≗**gang** [PC] / half cycle || ≗**gatter** (s. ODER-Schaltung) || ≗**kristall** *m* [Sc] / mixed crystal
Mischprogramm, Sortier-≗ *n* [Sw, OS] / sort-merge program || ≗**generator** *m* [Sw] / merge generator
Misch·schaltung *f* [Cir] / ORing circuit || ≗**sortieren** *n* [Dp, OS] / merge sorting, classical sorting
Mischungsplan *m* [ES] / interconnection scheme
Misch·walze *f* [HSP] / mixer shaft || ≗**walzenstellung** *f* [HSP] / mixer shaft position
mitbenutzbar *adj* [Sw] / sharable, shareable
mitgeschleppter Fehler [Sw, NC] / inherited error, inherent error
Mitkopplung *f* [Cy] / positive feedback, regeneration
mitlaufend·e Datenverarbeitung [Dp] / on-line data processing || ~**er Fehler** [Th] / propagated error || ~**e Verarbeitung** [Dp] / demand processing, immediate processing
Mitlese·betrieb *m* [ES] / local record working, local record mode || ≗**druck** *m* [TP] / local record || ≗**einrichtung** *f* [TP] / local record facility || ≗**kopie** *f* [TP] / local record
Mitlesemaschine *f* [TP] / monitor teleprinter || **Abfrage- und** ≗ [ES] / answering and monitoring machine
Mitlesen *n* [ES] / monitoring (of calls)
Mitlese·schaltung *f* [TP, ES] / local record connection || ≗**text** *m* [TP] / local record
Mitnehmer·schlitz *m* [HSP] / driving slot, drive slot || ≗**stift** *m* [Hw] / drive pin
MI-Transistor [Sc] / metal interface transistor
Mitreißen *n* (Taste) [TP] / unintentional actuation of a neighboring key
Mitschreiben *n* [ES] / monitoring (of calls)
mitschreibend·er Empfangslocher [PT, TP] / typing reperforator, printing reperforator || ~**er Handlocher** [PT] / printing keyboard perforator
mitteilen *v* [Priv] / divulge (information, etc.), disclose (information, etc.)
Mitteilungs·bereich des Ablaufteils [OS] / supervisor communication region, communication region || ≗**feld** *n* [OS] / supervisor communication region, communication region || ≗**satz** *m* (erster Satz eines MATER-Austauschbandes, der eine Reihe von Angaben enthält, die für die Verarbeitung des Austauschbandes benötigt werden) (DIN 2341E, Mai 1977) [MT, MAT] / information record
Mittel, geometrisches ≗ [Th] / geometric mean
Mittellinie *f* [HSP] / centerline || ≗ **der Taktmarken** [OCR] / centerline of timing marks || **gemeinsame** ≗ (Führungslöcher) [HSP] / common centerline
Mittelpunkt·abweichung *f* (bei Führungslöchern) [HSP] / center-of-hole deviation || ≗**spannung** *f* [Sc] / medium point voltage (magnetic diodes)
Mittelwert *m* [Sc] / average value || [Th] / mean value || ≗ **der Sperrspannung** [Sc] / mean reverse voltage || ≗ **des Durchlaßstromes** [Sc] / mean forward current || ≗ **des Gesamtstroms** [Sc] / average total value (of current)
Mitten·frequenz *f* [RDp, Tr] / mid-frequency || ≗**telegrafie** *f* [ES] / mid-band telegraph transmission

mittler·e Arbeitsgeschwindigkeit [Dp] / average calculating speed || **~er Ausfallabstand** [Hw, QC] / mean time between failures (MTBF) || **~er bedingter Informationsgehalt** (DIN 44301, Feb. 1977) [Th, Cy] / mean conditional information content, average conditional information content, conditional entropy || **~e Belegungsdauer** [ES] / mean holding time || **~e Datentechnik (MDT)** [Dp] / office computers (as opposed to general-purpose computers) || **~e Drehwartezeit** [MD, MDr] / average rotational delay || **~er Durchlaßstrom** [Sc] / mean on-state current || **~e freie Weglänge** [Sc] / mean free path || **~e Impulsdauer** [Sc] / pulse average time || **~er Informationsbelag** (einer Nachrichtenquelle) (DIN 44301, Feb. 1977) [Th, Cy] / mean information content per character, average information content per character, mean entropy per character || **~er Informationsfluß** (einer Nachrichtenquelle) (DIN 44301, Feb. 1977) [Th, Cy] / average information rate per time || **~er Informationsgehalt** (DIN 44301, Feb. 1977) [Th, Cy] / mean information content, average information content, entropy || **~e Lebensdauer** [Sc] / mean life || **~e Leistung** [Sc] / mean power || **~e Operationsgeschwindigkeit** [Dp] / average calculating speed || **~e Rechengeschwindigkeit** [Dp] / average calculating speed || **~e Rechenoperation** [Dp] / average calculating operation || **~e Reparaturzeit** [Hw, Serv] / mean time to repair (MTTR), mean repair time (i.e., in a given time period, the ratio of time spent in corrective maintenance of a unit to the number of unit failures) || **~e störungsfreie Zeit** [Hw, QC] / mean time between failures (MTBF) || **~er Transinformationsbelag** (einer Nachrichtenverbindung) (DIN 44301, Feb. 1977) [PE, Th] / mean transinformation content per character || **~er Transinformationsfluß** (einer Nachrichtenverbindung) (DIN 44301, Feb. 1977) [PE, Th] / average transinformation rate || **~er Transinformationsgehalt** (DIN 44301, Feb. 1977) [PE, Th] / mean transinformation content, average transinformation content || **~e Wartedauer** [ES] / mean delay || **~e Zugriffszeit** [PE, MD] / mean access time, average access time

MIX (s. Auflisten der geladenen Programme)

ML (s. Markierungsleser für Belege)

ML-Papier *n* [OCR] / mark sheet reader paper

M-Modul *n* [HSP] / modification module, M module

mnemonisch·er Code [Sw] / mnemonic code, memory code || **~es Symbol** [Sw] / mnemonic symbol

Mnemotechnik *f* [Th] / mnemonics

mnemotechnisch *adj* [Sw] / mnemonic || **~er Befehlscode** [Sw] / mnemonic code, memory code || **~er Gerätename** [Sw] / mnemonic device name, installation mnemonic, device mnemonic || **~e Notation** (Notation, die zur besseren Merkbarkeit mnemotechnische Elemente verwendet) [DOK] / mnemonic notation || **~er Operationscode** [Sw] / mnemonic operation code || **~es Trennwort** [Sw] / mnemonic separator || **erweiterter ~er Operationscode** [Sw] / extended mnemonic operation code

MNOS-Technologie *f* [Mp] / MNOS technology (metal-nitride-oxide semiconductor technology)

MNS-FET (s. MNS-Transistor)

MNS-Transistor (MNS-FET) *m* [Sc] / metal-nitride semiconductor field-effect transistor (MNS FET)

Mobilitätsmotor *m* [PCC] / motivator

Modell *n* [Th, Cy] / model || **mathematisches ≗** [Th] / mathematical model || **≗anweisung** *f* [Sw, ES] / model statement || **≗nummer** *f* [Hw] / model number

Modem *m* (= MOdulator + DEModulator) (DIN 44302, Apr. 1979) [Mp, Tr] / modem || **Mehrkanal-≗** *m* (Modem, der Leitungsbündelung für Remote-Schaltungen, Netzwerksteuerungen usw. erlaubt) [RDp] / multichannel modem || **~interne teilnehmerseitige Schleife** [RDp] / internal station-side loop || **≗schrank** *m* [RDp] / modem cabinet

Modifikation *f* [Sw] / modification (of addresses, etc.)

Modifikations·anweisung *f* [Sw] / modification statement || **≗bit** *n* [ES] / modifier bit || **≗block** *m* [Sw] / modifier block || **≗eintrag** *m* [Sw] / modification entry || **≗modul** *n* [HSP] / modification module, M module || **≗satz** *m* [Sw] / modification set || **≗teil** *m* [ES] /

modification field || ≗text *m* [HSP] / modification text
Modifikator (s. Indexwort) || ≗ (s. Modifizierfaktor)
Modifizierfaktor *m* [ES] / modifier
Modul *n/m* (pl. Moduln oder Module) [Cobol] / module || ≗ *n* (Bestandteil eines modularen Hardware- oder Softwaresystems) / module || ≗ (vollständiges Schaltwerk bzw. gedruckte Schaltung auf keramischer Trägerplatte) [Co] / module || ≗ (s. Programmodul) || **logisches** ≗ [OS] / logic module (logical IOCS routine providing an interface between a processing program and physical IOCS) || **übergeordnetes** ≗ [OS] / superset module || **untergeordnetes** ≗ [OS] / subset module
modular *adj* / modular, unitized || **~es Programmieren** [Sw] / modular programming (i.e., a programming technique in which each program is divided at the planning stage into a number of logical parts or modules) || **~es System** [Hw, Sw] / modular system || **≗bauweise** *f* [Hw] / modular design
Modularität *f* [Hw, Sw] / modularity (i.e., a condition exhibited by a hardware or software system that permits the subsequent expansion of the system by the addition of standard modular units) || **funktionelle** ≗ / functional modularity || **Redundanz durch** ≗ [Dp] / redundancy by modular working, redundancy through modular working
Modularitätsredundanz *f* [Dp] / redundancy by modular working, redundancy through modular working
Modularsystem *n* [Hw, Sw] / modular system
Modulation *f* [Tr] / modulation || **einstufige** ≗ [Tr] / single-stage modulation || **isochrone** ≗ [TP] / isochronous modulation, isochronous restitution || **mehrstufige** ≗ [Tr] / multilevel modulation
Modulations·element *n* [TP] / modulation element, restitution element || **≗gerät** *n* [RDp, Tr] / modulation equipment || **≗geschwindigkeit** (s. Schrittgeschwindigkeit) || **≗grad** *m* [Sc] / degree of modulation || **≗index** *m* [Tr] / modulation index || **≗multiplizierer** *m* [ADp] / mark-space multiplier unit, time-division multiplier unit || **≗register** *n* [HSP] / modulation register || **≗überwachungs-Einschub** *m* [Co] / modulation supervision slide-in chassis || **mehrstufiges ≗verfahren** [Tr] / multilevel modulation method || **≗verstärkung** *f* [OCR] / modulation transfer function
Modulbauweise (s. Modularbauweise)
Modulbibliothek *f* [OS] / module library, relocatable library || **Ändern einer** ≗ [OS] / module library update || **automatisches Absuchen der** ≗ [OS] / automatic module library search, autolink
Modul·binder *m* [OS] / linkage editor (LNKEDT) || **≗datei** (s. Objektmoduldatei)
modulieren *v* [Tr] / modulate
Modul·karte *f* [Sw] / module card || **≗kartenstapel** *m* [Sw] / module card deck || **≗name** *m* [Sw] / module name
Modulo *m* [Th] / modulo || **≗ 2** [Th] / modulo 2 || **≗-Funktion** *f* [PL/1] / mod (builtin) function
Modulo-N·-Kontrolle *f* [Th] / modulo-n check, residue check || **≗-Prüfung** *f* [Th] / modulo-n check, residue check || **≗-Zählen** *n* [CU] / modulo-n count || **≗-Zähler** *m* (DIN 44300, März 1972) [M] / modulo-n counter
Modul-Steckbaugruppe *f* [Hw] / plugin module, plugin unit, pluggable unit
Modulsteuerung *f* [Sw] / module control || **Befehl zur** ≗ [HSP] / module control command
Modus *m* [PL/1] / mode || **komplexer** ≗ [Sw] / complex mode || **normierter** ≗ [Tr] / standard mode, standardized mode || **reeller** ≗ [Sw] / real mode || **transparenter** ≗ [Tr] / transparent mode || **≗kennzeichnung** *f* [ES] / mode identifier
Molekular·elektronik *f* [Co] / molecular electronics || **≗kristall** *m* [Sc] / molecular crystal || **≗sieb** *n* [Sw] / molecular sieve
Momentanfrequenz *f* [Tr] / instantaneous frequency
Momentanweisung *f* [ES] / unbroken-sequence statement
Momentanwerterfassung, Analogeingabe zur ≗ [ADp] / analog input device for the acquisition of instantaneous values of variables
Momentanwertkompandierung *f* [Tr] / companding
Momentaufnahme *f* [Sw] / snapshot dump
monadisch·e Operation [Th] / monadic operation || **~e Verknüpfung** [Th] / monadic operation

monatliche Wartung [Hw, DpC] / monthly maintenance
Monitor *m* [OS] / monitor program, monitor || **ohne Steuerung des ~s ablaufen** [Sw] / to run without monitor control, to be executed without executive control || **unter Steuerung des ~s ablaufen** [Sw] / to run under monitor control, to be executed under monitor control || **~ablauffolge** *f* [OS] / monitor job stream, monitor job sequence || **~anweisung** *f* [OS] / monitor statement || **~bereich** *m* [OS] / monitor area || **~betrieb** *m* (Auftragsverarbeitung, bei der Eingangsdaten verschiedene Programme unter Monitorsteuerung in einem einzigen Rechnerlauf durchlaufen) [Dp] / batch processing || **~datei** *f* [OS] / monitor file || **~information** *f* [OS] / monitor information || **~kartenstapel** *m* [OS] / monitor card deck || **~lauf** *m* [OS] / monitor session, monitor run || **~phase** *f* [OS] / monitor phase || **~programm** *n* [OS] / monitor program, monitor || **~schritt** *m* [OS] / monitor step
Monitorsteuer·anweisung *f* [OS] / monitor control statement || **~karte** *f* [OS] / monitor control card, monitor parameter card, monitor card || **~kartensatz** *m* [Sw] / monitor control card set
Monitorsteuerung *f* [OS] / monitor control
Monochromasie *f* [HSP] / monochromaticity
monochromatisch *adj* [Sc] / monochromatic
Monokristall *m* [Sc] / monocrystal
Monolith *m* [Cir, Sc] / solid-state circuit, monolith
monolithische integrierte Schaltung [Sc] / monolithic integrated circuit
Monolithspeichertechnik *f* [M] / monolithic storage technique
Monospeichereinheit *f* [M] / single-memory unit
monostabil·es Kippglied [Cir] / one-shot multivibrator || **~er Schalter** [NC] / impulse trigger || **~e Schaltung** [Cir] / monostable circuit
Montage *f* [Hw] / assembly || **~boden** *m* (im Maschinenraum eines Rechenzentrums) [DpC] / false floor, raised floor || **~einheit** *f* [Hw] / assembly package || **~hinweis** *m* [ES] / installation information || **~rahmen** *m* [Th] / mounting frame || **~schaltbild** *n* [Serv] / wiring diagram || **~schaltplan** (s. Montageschaltbild) || **~schema** (s. Montageschaltbild) || **~stromlaufplan** *m* [Serv] / wiring diagram || **~techniker** *m* [ES] / installation engineer
Montagevorrichtung *f* [Hw] / assembling fixture || **~** (Kabel an Kontakt) [DpC] / cable fanning device
Montage·vorschrift *f* [ES] / installation instructions || **~winkel** *m* [Th] / mounting brackets || **~zeichnung** *f* [Hw, R&D] / assembly drawing || **~zeit** *f* [Hw] / installation time
Monte-Carlo-Methode *f* [Sw] / Monte-Carlo method
montieren *v* [Serv] / assemble (device, installation, etc.) || [Sc] / mount (IC on substrate, etc.)
Morphem *n* (DIN 2330, März 1979) [Term] / morpheme
Morphogramm *n* [Cy] / morphogram
morphogrammatische Kette [Cy] / morphogrammatic compound
Morphologie *f* [MAT] / morphology
morphologisch *adj* [MAT] / morphological
Morse·code *m* [ES, TP] / morse code || **~punkt** *m* [TP] / morse dot || **~-Schnelltelegraf** *m* [TP] / Wheatstone automatic system || **~-Schnelltelegrafie** *f* [TP] / Wheatstone automatic telegraphy || **~strich** *m* [TP] / morse dash || **~taste** *f* [TP] / morse key || **~telegrafie** *f* [TP] / morse telegraphy || **~übersetzer** *m* (zur Übersetzung von Morsezeichen in Typenschrift) [TP] / morse printer || **~zwischenraum** *m* [TP] / morse space
MOS (s. Metalloxid-Halbleiter) || **n-Kanal-~** *m* [Sc, Co] / n-channel metal-oxide semiconductor (NMOS), n-channel MOS || **p-Kanal-~** *m* [Sc, Co] / p-channel metal-oxide semiconductor (PMOS), p-channel MOS
Mosaikdrucker *m* [HSP, DT] / matrix printer, dot-matrix printer || **mechanischer ~** [HSP, DT] / matrix impact printer
Mosaik·druckverfahren *n* [HSP, DT] / dot-matrix technique || **~rasterdrucker** *m* [HSP, DT] / matrix printer, dot-matrix printer || **~system** *n* [TP] / mosaic telegraphy
MOS·-Baustein *m* [Sc] / MOS component || **~-Feldeffekttransistor** (s. Metalloxid-Feldeffekttransistor)
MOS-FET (s. Metalloxid-

Feldeffekttransistor) || ≗-**Technologie** *f* [Dp] / MOS FET technology
MOS-Kompatibilität *f* [Sc] / MOS compatibility || ≗-**Technologie** *f* [Sc] / MOS technology || ≗-**Transistor** *m* [Sc] / MOS transistor || **n-Kanal-Silizium-Gate-≗-Verfahren** *n* [Mp] / MOS n-channel silicon gate technology
Motor·ansteuerimpuls *m* [TP] / motor drive pulse || ~**betätigtes Tastenwerk** [TP] / motorized keyboard || ≗**drehwähler** *m* [ES] / motor uniselector
motorischer Sollwertsteller [PCC] / motor-driven set point adjuster
Motor·kohlenhalter *m* [TP] / motor carbon brush holder || ≗**kondensator** *m* [Th, Meas] / motor capacitor || ≗**locher** *m* [PC] / motor drive punch, automatic feed punch || ≗**lochprüfer** *m* [PC] / motor-driven verifier, motor drive verifier || ≗**magnetlocher** *m* [PC] / motor drive punch, automatic feed punch || ≗**schutzschalter** *m* [Hw] / protective motor switch || ≗**überwachungskontakt** *m* [TP] / motor supervisory (on-speed) contact || ≗**wähler** *m* [ES] / motorswitch || ≗**wiederholungslocher** *m* [PC] / motor-driven duplicating punch, automatic reproducing punch
µP (s. Mikroprozessor)
MP (s. Multiplizieren dezimal)
MSAR (s. Verschieben Datenkelleradresse)
MSI-Technologie *f* [IC] / MSI technology (medium scale integration technology)
MTC (s. Steuern Magnetband)
MTG (s. Meldetextgeber)
MTR-Baustein *m* [Tr] / MTR module (magnetic core transistor-relay module)
MTV-System (s. Mensch-Technik-Verbund-System)
MÜ (s. maschinelle Übersetzung)
Multi·emulator *m* [OS] / multi-emulator || ≗**fontleser** *m* [OCR] / multifont reader || ≗**meter** *n* [ES] / multimeter
Multiplex *n* [ES] / multiplex, multichannel
Multiplexbetrieb *m* (DIN 44300, März 1972) [Tr] / multiplex operation || **im ≗ arbeiten** [ES] / to perform a multiplexing function
Multiplexeinrichtungen *f pl* [Tr] / multiplexing equipment
Multiplexer *m* (DIN 44300, März 1972) [Tr] / multiplexer || **vorgezogener ≗** [ES] / front-end multiplexer || ≗**kanal** *m* [Tr] / multiplex channel, multiplexer channel
Multiplexfernschreib·... [TP, Tr] / teleprinter-on-multiplex (TOM) || ≗**verfahren** *n* [TP] / multiplex printing telegraphy
multiplexierende Steuerung [Th] / multiplexing controller
Multiplexkanal *m* [Tr] / multiplex channel, multiplexer channel || ≗**erweiterung** *f* [CP] / multiplexer channel extension
Multiplex·leitung *f* [Tr] / multiplex line || **Leitung in ≗schaltung** [Tr] / multiplexed line || ≗**schiene** *f* [ES] / multiplex highway || ≗**übertragung** *f* [Tr] / multiplex transmission || ≗**unterkanal** *m* [Tr] / multiplexer subchannel
Multiplikand *m* [Th] / multiplicand || ≗-**Divisorregister** *n* [ALU] / multiplicand register
Multiplikation *f* [Th] / multiplication, multiply || ≗ **mit beliebiger Stellenzahl** [Th] / arbitrary-precision multiplication || **boolesche ≗** [SA] / logic multiplication, logical multiplication || **festverdrahtete ≗** [ALU] / hardware multiply
Multiplikations·anweisung *f* [Cobol] / multiply statement || ≗**befehl** *m* [Sw] / multiply instruction || ≗-**Funktion** *f* [PL/1] / multiply (builtin) function || ≗**operator** *m* [Algol] / multiplying operator || ≗**schaltung** *f* [ALU] / multiplication circuit || ≗**zeichen** *n* [PL/1] / multiply symbol || ≗**zeit** *f* [CP] / multiplication time
Multiplikator *m* [ALU] / multiplier || ≗-**und Quotientenregister** [ALU] / multiplier quotient register || ≗-**Divisor-Längenfehler** *m* [ALU] / multiplier/divisor size error || ≗**register** *n* [ALU] / multiplier register
Multipliziereinrichtung *f* [ALU] / multiplier || **Fünf-Ziffern-≗** *f* [CP] / five-digit multiplier
Multiplizieren dezimal (MP) [OS, Lisp] / Multiply decimal (MP) || ≗ **erweitert (MXR)** [OS, Befehl] / Multiply extended (MXR) || ≗ **Halbwort (MH)** [OS, Lisp] / Multiply halfword (MH) || ≗ **kurz** [OS, Lisp] / Multiply, short || ≗ **kurz zu lang (ME)** [OS, Befehl] / Multiply short to long (ME) || ≗ **lang (MD)** [OS, Lisp] / Multiply long (MD) || ≗ **lang zu erweitert (MXD)** [OS, Befehl] / Multiply long to extended (MXD) || ≗ **Wort** [OS, Lisp] / Multiply word
Multiplizierer, Nullpunktfehler eines

~s [ALU] / multiplier zero error
Multiplizierglied *n* [ALU] / digital multiplier unit || **~locher** *m* [PC] / automatic multiplying punch, multiplying punch || **einfache ~maschine** [Hist] / arithmometer || **~werk** *n* [ALU] / digital multiplier unit
Multiprocessing-System *n* [MCS, Dp] / multiprocessor, multiprocessor system, multiprocessing system
Multiprogrammbetrieb (s. Mehrprogrammbetrieb) || **~ mit festen Programmbereichen** [Dp] / fixed partition multiprogramming
Multiprogrammierung mit einer festen Anzahl von Aufgaben [Dp] / multiprogramming with a fixed number of tasks || **~ mit einer variablen Anzahl von Aufgaben** [Dp] / multiprogramming with a variable number of tasks
Multiprogramming-Betrieb (s. Mehrprogrammbetrieb)
Multiprogrammverarbeitung *f* [Dp] / multiprogramming, multiprogramming operation, simultaneous operation
Multispeichereinheit *f* [ES] / multi-memory unit || **~system** *n* [ES] / multi-memory system
multistabiler Speicher [M] / multistable storage
Multisystembetrieb *m* [Dp] / multisystem mode
Multitasking *n* (gleichzeitiges Abarbeiten mehrerer Tasks in einer DVA) [Dp] / multitask operation, multitasking
Multivibrator *m* [NC] / multivibrator || **bistabiler ~** [Cir] / bistable multivibrator, one-shot multivibrator, single-shot multivibrator || **freischwingender ~** [Tr] / freerunning multivibrator || **monostabiler ~** [Cir] / one-shot multivibrator || **bistabile ~schaltung** [Cir] / bistable multivibrator, one-shot multivibrator, single-shot multivibrator
Muskelkraftbetätigung *f* [Fl] / manual control
Muß-Anweisung *f* [Sw] / mandatory instruction
Muster, kritisches ~ (KM) [QC] / critical pattern, worst-case pattern || **~anweisung** *f* (Makro) [Sw] / prototype statement || **automatische ~erkennung** [OCR] / automatic pattern recognition (incl. physical shapes or speech patterns) || **~-Formulardia** *n* [HSP] / specimen forms overlay || **elektronische ~verarbeitungsanlage** [PCC] / electronic pattern processor
Mutterschablone aus Polyesterfilm [HSP] / polyester master film (for producing overlay master positive)
Mux-Leitung *f* [Tr] / ARQ circuit
MVC (s. Übertragen Zeichenfolge)
MVCL (s. Übertragen lang)
MVI (s. Übertragen Zeichen)
MVO (s. Übertragen mit Versetzen)
MVZ (s. Übertragen Zonen)
MXD (s. Multiplizieren lang zu erweitert)
MXR (s. Multiplizieren erweitert)

N

NA (s. natürliche Anforderung)
NAC (s. Neutral-Aufbereitungs-Code)
Nachabbild *n* [Sw] / after-image, after-image log || **~block** *m* [Sw] / after-image block
Nachbarkanal *m* [DT, Tr] / adjacent channel, flanking channel || **Störung durch den ~** [Tr] / adjacent-channel interference || **Trennschärfe gegen den ~** [Tr] / adjacent-channel selectivity
Nachbarwort *n* [ES] / neighboring word
Nachbearbeitung, redaktionelle ~ [MAT] / postediting
Nachbereiter *m* [OS] / terminator (i.e., a specific job scheduling program which, after completion of a job, performs regular housekeeping tasks)
Nachbildwiderstand *m* [Co] / balancing resistor
Nachfolgeprogramm, Verknüpfung von ~en [Sw] / successor program chaining
Nachfolger *m* [Algol] / successor
Nachfolgeverantwortung *f* [Dist] / after-sales commitment
Nachführkippstufe *f* [ES] / polarity retention flip-flop
nachfüllen *v* [Serv] / to replenish the supply of (oil, etc.) || *v* [OCR] / reload, refill
nachladen *v* [Sw] / reload (routine, etc.)
Nachladephase *f* [Sw] / reload phase
Nachlauf *m* [PCC] / hunting (i.e., an unstable condition resulting from a continuous attempt by an automatically controlled closed loop to find a state of equilibrium)

Nachläufer *m* [OCR] / trailer document
Nachlaufgerät *n* [NC] / automatic curve follower, photoelectric line tracer
nachlegen *v* (z.B. Papier) [HSP] / to replenish the supply
Nachpendeln *n* [PCC] / hunting (i.e., an unstable condition resulting from a continuous attempt by an automatically controlled closed loop to find a state of equilibrium)
nachrangige Verarbeitung [OS] / background processing, backgrounding
Nachricht *f* (DIN 44300, März 1972) [Dp] / message || **≈ mit Gruppenadressierung** [Tr] / group-address message || **asynchrone ≈** [VS, RDp] / asynchronous flow message || **dringende ≈** [Tr] / priority message || **freilaufende ≈** [Tr] / unsolicited message || **gekettete ≈en** [Tr] / multiple messages || **plattengepufferte ≈** [OS] / disk-buffered message || **verschlüsselte ≈** [ES] / enciphered message, cryptogram, encrypted message || **vorformatierte ≈** [ES] / preformatted message
Nachrichten·anfangszeichen *n* [Tr] / start-of-message signal || **≈art** *f* [ES] / type of message
Nachrichtenaustausch *m* [RDp, Tr] / message exchange || **≈ mit Verzögerungen zwischen Sender und Empfänger** [TP] / delayed conversation || **schriftlicher ≈** [RDp, Tr] / record communication, communication of recorded messages
Nachrichtenbeginn *m* [Tr] / start of message (SOM) || **≈kriterium** *n* [Tr] / start-of-message signal
Nachrichten·behandlung *f* [ES] / message handling || **≈behandlungsbaustein** *m* [ES] / message handler module || **≈blocklänge** *f* [ES] / message block length || **≈byte** *n* [RDp, Tr] / message byte || **≈dauer** *f* [ES] / message duration || **≈durchsatz** *m* [RDp, Tr] / message throughput || **≈empfänger** *m* [RDp, Tr] / message recipient
Nachrichtenende *n* [Tr] / end of message (EOM) || **≈kriterium** *n* [Tr] / end-of-message signal || **≈zeichen** *n* [Tr] / end-of-text character (ETX character)
Nachrichten·fluß *m* [RDp, Tr] / message flow || **≈format** *n* [ES] / message format || **≈formatierung** *f* [ES] / message formatting || **≈gerätemechaniker** *m* [Dp] / communications equipment technician
Nachrichteninhalt *m* [Cy] / meaning || **≈** (Nutzsignal) [Tr] / message information
Nachrichtenkanal *m* (DIN 44301, Feb. 1977) [Th, Cy] / channel || **nachwirkungsfreier ≈** (DIN 44301, Feb. 1977) [Th, Cy] / memory-less channel
Nachrichten·kennung *f* [Sw] / message identifier || **≈kopf** *m* [Tr] / message header, header (i.e. the first characters of a message which contain the necessary information for routing and identification of the message) || **≈lücke** *f* (Magnetband) [TP] / message interval || **≈menge** *f* [Cy] / message space, sample space || **≈netz** *n* [RDp] / communication network, communications network || **≈priorität** *f* [RDp, Tr] / message priority || **≈protokoll** *n* [RDp, Tr] / message log
Nachrichtenquelle *f* (DIN 44301, Feb. 1977) [Th, Cy] / message source, information source || **≈** (abgehende Nachrichten) [CP] / information transmitter
Nachrichten·raum *m* [Cy] / message space, sample space || **≈rückstand durch verzögerte Weitergabe** [ES] / message blocking
Nachrichtensatellit *m* [Tr] / communications satellite || **kommerzieller ≈** [Tr] / commercial communications satellite
Nachrichten·schlußzeichen *n* [Tr] / end-of-message signal || **≈sendestromkreis** *m* [ES] / message transmitting circuit || **≈senke** *f* (DIN 44301, Feb. 1977) [Th, Cy] / message sink || **≈signal** *n* [Tr] / communication signal || **≈sinke** (DIN 44301, Feb. 1977) (s. Nachrichtensenke) || **≈speichervermittlungsstelle** *f* [ES] / message switching center, store-and-forward type center || **dynamische ≈steuerung** [Sw] / dynamic message control || **≈struktursymbol** *n* [RDp, Tr] / message organization symbol || **≈system** *n* (DIN 44301, Feb. 1977) [Th, Cy] / message system
nachrichtentechnische Einrichtungen [Dp] / (tele)communications equipment
nachrichtentragender Schritt [ES] / information element, intelligence code element, intelligence signal pulse
Nachrichten·transponder *m* [Tr] / communication transponder || **≈verarbeitung** *f* [RDp, Tr] / message processing || **≈verbindung** *f* [Tr] / transmission link || **≈verkehr** *m* [ES] /

message traffic || ²**verlust auf der Leitung** [RDp, TP] / loss of message en route || ²**vermittlungssystem** *n* [RDp, TP] / message switching system || ²**verteilung** *f* [RDp, TP] / message distribution, message dissemination || ²**vorsatz** *m* [Tr] / message header, header (i.e. the first characters of a message which contain the necessary information for routing and identification of the message) || ²**wartezeitanzeiger** *m* [Tr] / message-waiting indicator || ²**wegelenkung** *f* [ES] / change of message path || ~**weise** *adj* [ES] / on a message-by-message basis || ²**zwischenraum** *m* [TP] / message interval

Nachrufzeichen *n* [ES] / reringing signal

nachrüstbar, nur im Werk ~ [Hw] / retrofitting at plant only

Nachrüstungswartung *f* [Hw, DpC] / deferred maintenance (i.e., maintenance which is designed to correct an existing fault, which does not necessarily prevent continued operation of the system)

Nachsatz *m* [PE, Sw] / end-of-file label, file trailer label, trailer label, EOF label || [Sw] / trailer record

Nachschlagetabelle *f* [Dp] / lookup table

Nachschmelzverfahren *n* [Sc] / meltback technique

Nachspann *m* (DIN 66223 T3, Jan. 1978) [MT] / trailer

nachstanzen *v* [PC] / repunch

Nächst-Obere-Ganzzahl-Funktion *f* [PL/1] / ceil (builtin) function

Nächst-Untere-Ganzzahl-Funktion *f* [PL/1] / floor (builtin) function

Nachttarif *m* [ES] / nighttime rate, overnight rate

Nachverarbeitung *f* [ES] / journal postprocessing, call data postprocessing

Nach-Vorschub-Angabe *f* [Cobol] / after advancing option

Nachwahl *f* [ES] / suffix dialing || ~**berechtigt sein** [ES] / to have suffix dialing privilege

Nachweisretrieval *n* (Form des Retrievals, bei der durch den Suchvorgang Dokumentbeschreibungen selektiert werden) [DOK] / reference retrieval

nachwirkungs·freier Nachrichtenkanal (DIN 44301, Feb. 1977) [Th, Cy] / memory-less channel || ²**strom** *m* [Co, Sc] / transient-decay current (of a photoelectric device)

Nachziehen *n* [TP] / tailing

Nadeldrucker *m* [HSP] / wire matrix printer, wire printer, stylus printer || **Matrix-**² *m* [HSP] / dot-matrix wire printer

Nadel·druckwerk *n* [HSP, DT] / wire matrix printing mechanism || ²**lochkarte** *f* (Handlochkarte, die mit Hilfe einer Sortiernadel wiedergefunden werden kann) [Off] / needle-operated punched card

n-Adreß-Befehl *m* [Sw] / n-address instruction

Nah-... [ES] / local ... || ²**bereichzone** *f* [ES] / local fee zone || ²**eingabe** *f* [IO] / local input

nähern *v* [Th, Cy] / approximate

Näherung *f* [Th, Cy] / approximation

Näherungs·fehler [Th] / error of approximation || ²**rechnung** *f* [Th] / approximate computation, approximation computation || ~**weise** *adj* [Th, Cy] / approximate

Nah·nebensprechdämpfung *f* [ES] / near-end crosstalk attenuation || ²**selektion** *f* [Tr] / adjacent-channel selectivity

Nahtstelle *f* [Th, ES] / interface

Nahverkehr *m* [ES] / short-haul traffic

Name *m* [Algol] / identifier || [Fortran] / name, symbolic name || [Cobol] / name || ² **der Herkunftsdatei** [RPG] / from filename || ² **der Steueranweisung** [Sw] / control statement name || ² **der Steuerkarte** [Sw] / control card name || **indizierter** ² [Sw] / subscripted name || **klassifizierter** ² [Sw] / qualified name || **qualifizierter** ² [Sw] / qualified name

Namenangabe, externe ² [PL/1] / title option

Namendefinitions·eintrag *m* [Sw] / name definition entry || ²**feld** *n* [Sw] / name definition field

Namen·eintrag *m* [Sw] / name entry || ²**feld** *n* [Sw] / name field

Namengeber *m* [TP, Tr] / answerback device, answerback unit, answerback generator || ²**anforderung** *f* [Tr] / answerback code request, station identification request || ²**auslösung** *f* [ES] / answerback triggering, initiating an exchange of answerback codes or sequences || ²**austausch** *m* [TP] / answerback exchange, exchange of answerbacks || ²**steuerung** *f* [TP] / answerback control || ²**text** *m* („Wer da?") [TP] / "who are you" signal ||

~zeichen *n* (= Antwort auf den Namengebertext „Wer da?") [TP] / answerback code, station identification code
Namenliste *f* [Algol] / identifier list
Namens·aufruf *m* [Algol] / call by name || **~fehler-Funktion** *f* [PL/1] / onfield (builtin) function
NAND-–Funktion *f* [SA] / NAND operation, nonconjunction || **~-Glied** *n* (DIN 44300, März 1972) [Cir] / NAND circuit, NAND element, NOT-AND element || **~-Schaltung** *f* [Cir] / NAND circuit, NAND element, NOT-AND element || **~-Verknüpfung** *f* (DIN 44300, März 1972) [SA] / NAND operation, nonconjunction
Nanosekunde (ns) *f* / nanosecond (ns)
NAR (s. Normanschlußregister)
Nase *f* [TP] / tab
nationales Sonderzeichen [ES] / national symbol, national option
natürlich·e Anforderung (NA) [ES] / genuine request || **~er Logarithmus** [Th] / hyperbolic logarithm, natural logarithm || **~e Sprache** (DIN 2330, März 1979) [Sw, IDS] / natural language
Navigationsrechengerät *n* [Dp] / navigation computer
Neben·bedienungsplatz *m* [CTW] / subconsole || **~fehler** *m* [Sc] / minor defect || **~programm** *n* [Sw] / side program, subordinate program, secondary program || **~prozeß** *m* [Sw] / subtask || **~schlußprüfeinrichtung** *f* [Serv] / shunt fault tester || **~sortierbegriff** *m* [Sw] / minor sort key || **~sprechdämpfung** *f* [Tr] / crosstalk attenuation || **~sprechen** *n* [Tr] / crosstalk, side-to-side crosstalk || **~sprechpegel** *m* [Tr] / crosstalk volume, crosstalk level
Nebenstellen·anlage *f* [ES] / private branch exchange (PBX) || **~zentrale** *f* [ES] / private branch exchange (PBX)
Neben·winkel *m* [Th] / adjacent angle || **~wirkung** *f* [Algol] / side effect
Nebenzyklus *m* [ES] / secondary cycle || **~puffer** *m* [ES] / secondary cycle buffer || **~zähler** *m* [ES] / secondary cycle counter
Negation *f* [RPG] / NOT entry, negative test || **~** (DIN 44300, März 1972) [SA] / NOT operation, Boolean complementation
Negations·glied *n* [Cir] / NOT element, NOT circuit || **~schaltung** *f* [Cir] / NOT element, NOT circuit || **~verknüpfung** *f* [SA] / NOT operation, Boolean complementation || **~zeichen** *n* [PL/1] / NOT symbol
negativ·e Quittung [Tr] / negative acknowledgment (NAK) || **~e Rückmeldung** [Tr] / negative acknowledgment (NAK) || **~e Sperrspannung** [Sc] / reverse voltage || **~e Sperrspannung** (bei Zweirichtungs-Thyristoren) [Sc] / negative off-state voltage || **~er Sperrstrom** [Sc] / reverse current || **~er Sperrstrom** (bei Zweirichtungs-Thyristoren) [Sc] / negative off-state current || **~es Vorzeichen** [Th] / negative sign || **~formulardia** *n* [HSP] / forms overlay negative || **~schrift** *f* [HSP] / reversed-out printing (e.g., white on black)
Negator *m* [Cir] / NOT element, NOT circuit
Negentropie *f* [Th, Cy] / negative entropy
negieren *v* [Th] / negate
negierte Konjunktion (s. NAND-Funktion)
Nenn·-... / rated (speed, pressure, etc.), nominal (voltage, value, etc.) || **~betrieb** *m* [Hw] / rating
Nennbetriebs·art *f* [Hw] / rated duty || **~dauer** *f* [Hw] / rated service time
Nenneingangsspannung *f* [Serv] / rated input voltage
Nenner, kleinster gemeinsamer ~ [Th] / lowest common denominator
Nenngleich·spannung *f* [Sc] / nominal d.c. voltage || **~sperrspannung** *f* (einer Gleichrichterplatte) [Sc] / nominal d.c. reverse voltage || **~strom** *m* [Sc] / nominal direct current
Nenn·sperrspannung *f* (einer Gleichrichterplatte) [Sc] / nominal reverse voltage || **~strom** *m* [Hw] / rated current || **~wert** *m* [HSP] / nominal value
Nettodurchsatz *m* [MCS] / net data throughput (i.e., the useful number of bits transmitted per second) || **~** (in Prozent) (= Anzahl der pro Sekunde übertragenen Informationsbits, ausgedrückt in Prozent der insgesamt übertragenen Bits) [MCS] / data efficiency (i.e., the net data throughput expressed in percent)
Netz *n* (Wechselstrom) [DpC] / a.c. mains || **~ mit offener Numerierung** [ES] / network using the prefix numbering scheme || **~ mit verdeckter Numerierung** [ES] / network using the linked number scheme || **integriertes ~** [ES] / integrated network || **vermaschtes**

≗ [RDp] / meshed network, intermeshed network || ≗**analysator** *m* [ADp] / network analyzer, network calculator

Netzanschluß *m* [Hw] / mains connection, power connection || ≗**gerät** *n* [Hw] / power supply unit, power pack

Netzausfall *m* [Hw, DpC] / mains failure, power failure || ≗**schutz** *m* [Hw, MCS] / power failure protection, power fail safe

Netzberechnung, Rechner für ≗en [ADp] / network analyzer, network calculator

netz·bezogen *adj* [ES] / network-related || ≗**diagnose** *f* [ES] / network diagnosis || ≗**dose** *f* [Hw] / mains socket, power socket || ≗**ebene** *f* [ES] / network level || ≗**entstörung** *f* [DpC, RDp] / power line interference suppression

Netzersatz·anlage *f* [Hw] / emergency power supply system, standby power supply system || ≗**umformer** *m* / standby converter, standby emergency converter (d.c.–a.c.)

Netz·erweiterung *f* [ES] / network extension || ≗**fehlermeldung** *f* [ES] / network fault report || ≗**form** (s. Netzkonfiguration) || ≗**frequenz** *f* [ES] / supply frequency, commercial frequency, mains frequency || ≗**führung** *f* [ES] / network management || ≗**gerät** *n* [Hw] / power supply unit, power pack || ≗**gestaltung** *f* [Tr] / network design

netzinterner Takt [ES] / internal network timing, internal network clock

Netzkabel *n* [Hw, TrL] / mains cable, power cable || ≗**anschluß** *m* [Hw] / mains cable connection, power cable connection

Netzkennzahl *f* [ES] / network code number

Netzklassen·vergleich *m* [ES] / network class comparison || ≗**zeichen** *n* [ES] / network class identifier

Netzknoten *m* (Amt) [ES] / key switching center, nodal switching center || ≗ (Punkt) [ES, Tr] / network node, network junction || **Master-≗** *m* [ES] / master network node || **programmierter ≗** [ES] / remote communication controller || **Rahmentakt des ≗s** [ES] / network node frame clock || **Slave-≗** *m* [ES] / slave network node || **Taktversorgung der ≗** [RDp] / network node clock supply || ≗**rechner** *m* [ES] / network node (switching) computer

Netz·konfiguration *f* [Tr] / network configuration || ≗**konfigurationsmeldungsverteiler** *m* [ES] / network configuration signal distributor || ≗**leitung** *f* [Hw] / power line, mains power line || ≗**modell** *n* [ADp] / model network, network analog || ≗**nachbildung** *f* [ES] / power line balancing network

netzorientiert·es Koordinierungsprogramm [ES] / network-oriented coordination program || **~es Programm** [ES] / network-oriented routine || **~es Teilprogramm** [ES] / network-oriented subroutine

Netzperipherie *f* [ES] / on-the-fringe area (of a network)

Netzplan *m* [DpC] / network plan || **≗ für Arbeitsabläufe** [DpC] / project control plan || **≗ für Leitungsnetze** [ES] / network plan for networks || ≗**technik (NPT)** *f* [DpC] / network planning technique (e.g., PERT, CPM, MPM, etc.)

Netz·planung *f* [DpC] / network planning || ≗**schalter** *m* [Hw] / power switch || ≗**sicherung** *f* [HSP] / power circuit breaker || ≗**spannung** *f* [HSP] / line voltage, supply voltage

Netzspannungs·schwankung *f* [Hw, DpC] / line voltage fluctuation || ≗**überwachung** *f* (Schaltung) [Hw] / power monitor circuit

Netz·steckdose *f* (an einem Gerät) [Hw] / convenience outlet || ≗**stecker** *m* [Hw] / power plug, mains plug || **Programmsystem für Datenübertragung und ≗steuerung (PDN)** [ES] / program system for data communication and network control || ≗**stromversorgung** *f* [Hw] / commercial power supply || ≗**struktur** *f* [ES] / network structure

Netztakt (NT) *m* [ES] / network clock pulse, network timing pulse || **zentraler ≗** [ES] / centralized timing, master clock || ≗**einheit (NTE)** *f* [ES] / network clock || **zentrale ≗einrichtung** [ES] / central clock, central clock pulse generator || ≗**erzeugung** *f* [ES] / network clock pulse generation || **~gesteuert** *adj* [ES] / clocked to the network, network-clocked || ≗**stabilität** *f* [CP, Tr] / clock stability || ≗**versorgung** *f* [ES] / centralized clock supply

Netzteil *n* [Hw] / power supply unit, power pack || ≗**-Gleichrichter** *m* [Hw] / power pack rectifier

Netz·transformator *m* [Hw, NC] / power

transformer || ²übersichtsplan *m* [ES] / network layout plan || ~**unabhängige Schnittstelle** [ES] / network-independent interface || ²**verbraucher** *m* [Hw] / load || ²**verkehrssteuerung** *f* [ES] / network traffic control

Netzverteiler *m* [Hw] / power distributor || ²**schrank** *m* [Hw] / power distributor rack || ²**zusatz** *m* [Hw] / power distributor attachment

Netzverteilung *f* [Hw] / power distribution || ² **für Doppelanlagen** [Hw] / power distribution feature for dual systems

Netzwerk·analysator *m* [ADp] / network analyzer, network calculator || ²**analyse** (s. Netzplantechnik)

Netzwerkarchitektur *f* [RDp] / network architecture || ² **für Datenfernverarbeitung** [RDp] / communications network architecture (CNA)

Netzwerk·nachbildung *f* [ADp] / model network, network analog || ²**technik** (s. Netzplantechnik)

neu adressieren [Sw] / relocate (program, etc.) || ~ **blocken** [Sw] / reblock || ~ **drucken** [Dp] / reprint || ~ **einleiten** [Sw] / reinitiate, reinitialize || ~ **einrichten** [Sw] / reinitiate, reinitialize || ~ **eröffnen** [Sw] / reopen || ~ **erstellen** [Sw] / regenerate (file, etc.) || ~ **laden** [Sw] / reload (routine, etc.) || ~**es Magnetband** [MT] / virgin magnetic tape (i.e., a tape on which no data is recorded and which normally requires initializing) || ~ **numerieren** [Sw] / renumber || ~ **schreiben** [Sw] / rewrite (program, etc.) || ~ **vorbereiten** [Sw] / reinitiate, reinitialize || ~ **zuordnen** [Sw] / reassign, reallocate || ~ **zuweisen** [Sw] / reassign, reallocate || ²**benennungsklausel** *f* [Cobol] / renames clause || ²**blocken** *n* [Sw] / reblocking

Neuner·komplement *n* [Th] / nine's complement, complement on nine || ²**sprung** *m* [ALU] / standing-on-nines carry

Neunumerierung *f* [Sw] / renumbering

neunzigspaltige Lochkarte [PC] / ninety-column card

neuordnen *v* (sich) [Sc] / (of silicon lattice, etc.) reorder

Neuristor *m* [Cy] / neuristor

Neustartmeldung *f* [ES] / new-start message

neutral·er aufbereiteter Code [Sw] / neutral edited code || ²-**Aufbereitungs-Code (NAC)** *m* [Sw] / neutral edited code

Neutralisations·kapazität *f* [Sc] / neutralizing capacitance || ²**widerstand** *m* [Sc] / neutralizing resistance

Neu·zuordnung *f* [Sw] / reallocation, reassignment, new assignment || ²**zuweisung** *f* [Sw] / reallocation, reassignment, new assignment

NF (cf. „Niederfrequenz") || ²-**Band** *n* [Tr] / voice-frequency band, VF band || ²-**Begrenzer** *m* [Tr] / audio frequency peak limiter || ²-**Bereich** *m* [Tr] / audio range || ²-**Kabel** *n* [TrL] / VF cable || ²-**Transistor** [Sc] / audio frequency transistor

n-Halbleiter *m* [Sc] / n-type semiconductor

nicht abdruckbar [HSP, TP] / nonprinting, nonprintable (character, etc.) || ~ **abdruckbares Zeichen** [HSP, TP] / nonprinting character || ~ **adressierbarer Arbeitsspeicherbereich** [M] / shaded memory, nonaddressable memory || ~ **adressierbarer Hilfsspeicher** [M] / bump, bump storage || ~ **angetrieben** *adj* [HSP] / nondriven || ~ **bedruckbare Fläche** [HSP] / print exclusion area || ~ **behebbarer Fehler** [Dp] / nonrecoverable error || ~ **belegter Speicher** [Sw] / unused memory area || ~ **betriebsklar** [Hw] / inoperable, not operable || ~ **datenbezogene Operation** [Sw] / nondata operation || ~ **dialogfähiges Bildschirmtextsystem** (Bildschirmtextsystem, bei dem der Benutzer aus einer größeren Anzahl von angebotenen Informationen die für ihn relevanten Daten selbst am Bildschirm auswählen muß) [Vtex] / broadcast videotex system (CCITT Rec.), one-way videotex system, 1-way videotex system || ~ **funktionsfähig** [Hw] / inoperative, inoperable, out of service || ~ **gefaltet** [HSP] / nonfolding || ~ **gefaltete Blattperforation** [HSP] / nonfolding perforation || ~ **gestört** (Textblock) [Tr] / nonerrored, error-free || ~ **interpretierbarer Befehl** [Sw] / illegal instruction || ~ **klar** [Hw] / inoperable, not operable || ~ **lesbar** [Sw] / nonreadable, unreadable || ~ **markiert** [Algol] / unlabeled || ~ **markierte Grundanweisung** [Algol] / unlabeled basic statement || ~ **markierte zusammengesetzte Anweisung** [Algol] / unlabeled compound || ~ **markierter**

Block [Algol] / unlabeled block || ~ **normalisiert** [Th, Sw] / unnormalized || ~ **normgerecht** / nonstandard || ~ **normiert** / nonstandard || ~ **normiertes Etikett** [Sw] / nonstandard label || ~ **ordnungsgemäß** [Sw] / improper, incorrect, invalid || ~ **perforierter Film** [COM] / unsprocketed film || ~ **permanenter Speicher** [PE, M] / volatile storage || ~ **privilegierter Befehl** [Sw] / general instruction || ~ **programmierbar** [Sw] / nonprogrammable, nonintelligent || ~ **standardisiert** [Cobol] / nonstandard || ~ **taktgebunden** [ES] / clock-independent || ~ **taktgesteuert** [ES] / nonclocked || ~ **unterbrechbarer Code** [ES] / noninterruptible code || ~ **unterbrechbarer Wartezustand** [OS] / uninterruptable wait state || ~ **verstellbarer Magnetkopf** [PE] / fixed magnetic head || ~ **zugelassen** [Sw] / invalid, illegal || ~ **zulässig** [Sw] / invalid, illegal || ~ **zulässige Codekombination** [DS, Tr] / forbidden code combination, forbidden combination || ~ **zusammenhängend** [Sw] / noncontiguous || ~ **zusammenhängende Speicherbereiche** [Sw] / noncontiguous memory areas

nichtadditive Multiplikation [SA] / logic multiplication, logical multiplication

nichtausführbare Anweisung [Fortran] / nonexecutable statement

nichtausgerichtet *adj* [PL/1] / unaligned

Nicht-Bedingung *f* [Cobol] / NOT condition || **≗-Begrenzer** *m* [PL/1] / non-delimiter || **≗dialogbetrieb** *m* [OS] / noninteractive mode, nonconversational mode

nichtdruckende Funktion [TP, ES] / nonprint function

nichtflüchtig *adj* (d.h., die Information bleibt auch bei Ausfall der Spannungsversorgung erhalten) [Mp] / nonvolatile (memory, etc.) || **~er Speicher** [Mp] / nonvolatile storage (i.e., a storage medium in which the contents are not mutilated when the power is switched off and are available when power is restored)

nichtformatiert·e Eingabe [Dp] / nonformatted input || **~e Sprache** / free format language

NICHT-Funktion *f* [SA] / NOT operation, Boolean complementation || **≗-Glied** *n* (DIN 44300, März 1972) [Cir] / NOT element, NOT circuit

nichtidentisch verkehren [ES] / to communicate in nonidentical fashion

nichtindizierte Bezugnahme [PL/1] / unsubscripted reference

nichtinterpolierende Steuerung [NC] / non-interpolation control system

nichtleitender Zustand (s. Sperrzustand)

nichtlinear *adj* [Th] / nonlinear || **~es Glied** [Cir] / nonlinear element || **~e Optimierung** [Th, Sw] / nonlinear programming, nonlinear optimization || **~e Programmierung** [Th, Sw] / nonlinear programming, nonlinear optimization || **~e Verzerrung** [Tr] / harmonic distortion

Nichtlinearität *f* [Th] / nonlinearity

nichtlöschend·e Addition [ALU] / nondestructive addition || **~es Lesen** [PE, M] / nondestructive reading, nondestructive readout || **~es Positionsanzeigesymbol** [VDT] / nondestructive cursor

nichtmechanisch·er Drucker [HSP] / nonimpact printer || **~es Druckverfahren** [HSP] / nonimpact printing || **~er Fernschreiber** [MCS, TP] / nonimpact teleprinter || **~er optischer Speicher** [M] / static optical memory

nichtnumerisch *adj* [Cobol] / nonnumeric || **~es Literal** [Cobol] / nonnumeric literal || **~es Zeichen** [Sw] / nonnumeric character

NICHT-ODER-Glied *n* [Cir] / NOR circuit, NOR element

nichtpolarisiert·es RZ-Schreibverfahren [PE] / nonpolarized return-to-zero, dipole modulation || **~es Schreibverfahren mit Rückkehr nach Null** [PE] / nonpolarized return-to-zero, dipole modulation

nichtprogrammierter Sprung [Sw] / trap

nichtreflektierende Farbe [OCR] / nonreflective ink

nichtresident *adj* [Sw] / nonresident

nichtreziprok *adj* [Th, Cir] / nonreciprocal

NICHT-Schaltung *f* [Cir] / NOT element, NOT circuit

nichtschreibende Taste [IO] / nonprinting key, function key, functional key

nichtsegmentierter Satz (Satz einer Datei, in der jeder Satz in dem Block enden muß, in dem er beginnt) (DIN 66239E, Mai 1979) [Sw] / unspanned record

Nichtstandard·etikett *n* [Sw] /

nonstandard label || ²kennsatz *m* [Sw] / nonstandard label
ichtsystematischer Code [Th, Tr] / nonsystematic code
IICHT-UND-Glied *n* [Cir] / NAND circuit, NAND element, NOT-AND element || ²**-Verknüpfung** *f* [SA] / NAND operation, nonconjunction
IICHT-Verknüpfung *f* [SA] / NOT operation, Boolean complementation
ichtzerstörend·e Addition [ALU] / nondestructive addition || ~**es Lesen** [PE, M] / nondestructive reading, nondestructive readout
ichtziehbare Magnetkarte [MC] / nonextractable card, nonselectable card
ichtzündend, höchste ~e Steuerspannung [Sc] / gate nontrigger voltage || **höchster ~er Steuerstrom** [Sc] / gate nontrigger current
iederfrequent *adj* [Tr] / audio
Niederfrequenz *f* (NF) [Tr] / audio frequency, voice frequency (VF) || ²**bereich** *m* [Tr] / audio range || ²**übertragung** *f* [ES] / VF communication
Niederpegel·kanalschaltung *f* [ES] / low-level subscriber line circuit || ²**signalisierung** *f* [TP] / low level signaling || ²**technik** *f* [ES] / low-level system
Niederspannungsversorgung *f* [DpC] / low-voltage supply
iederwertig *adj* [Sw] / low-order || ~**es Bit** [Th] / low-order bit, low-order digit
iedrige Stufe [Sw] / low level
iedrigst·e Bitstelle [Th] / low-order bit position || ~**er Ordnungsbegriff** [Dp] / minor control field
Niedrigstwert *m* [Cobol] / low-value || ²**-Funktion** *f* [PL/1] / low (builtin) function
iedrigstwertig·es Bit [Th] / lowest-order bit, least significant bit, lowest-order digit || ~**e Stelle** [Th] / least significant digit, rightmost position || ~**es Zeichen** [Th] / least significant character
n-Kanal-Metalloxid-Halbleiter *m* [Sc, Co] / n-channel metal-oxide semiconductor (NMOS), n-channel MOS || ~**-MOS** *m* [Sc, Co] / n-channel metal-oxide semiconductor (NMOS), n-channel MOS || ~**-Silizium-Gate-MOS-Verfahren** *n* [Mp] / MOS n-channel silicon gate technology
n-leitend *adj* [Sc] / n-type (material, etc.)
n-Leitung *f* (DIN 41852, Aug. 1978) [Sc] / electron conduction, n-type conduction
Non-Karbon-Papier *n* [HSP] / noncarbon paper (NCP)
Non-return-to-zero-Schrift (s. Wechselschrift)
NOP (s. Nulloperation) || ²**-Befehl** *m* [Sw, NC] / blank instruction, skip instruction
NOR-Funktion *f* [SA] / NOR operation, nondisjunction, Peirce function || **logisches** ²**-Gatter** [Cir] / logic NOR gate || ²**-Glied** *n* (DIN 44300, März 1972) [Cir] / NOR circuit, NOR element
Norm *f* (im Sinne des Normungswesens) / standard
normal *adj* / normal, standard || ~**e Bedienung** [DpC] / normal operation || ~**e Beendigung** [Sw] / normal termination || ~**er Betrieb** [Sw] / normal service || ~**e Fortsetzung** [PL/1] / normal sequence || ~**er Lauf** [Dp] / standard run || ~**e Priorität** [Sw] / normal priority || ~**e Rechtschreibung** [ASw, MAT] / normal orthography || ~**e Sofortbefehlskarte** [Sw] / standard execute card || ~**er Weg** [ES] / first-choice route
Normalablage *f* [PC, OCR] / accept stacker, normal stacker || ²**fach** *n* [PC, OCR] / accept stacker, normal stacker
Normal·ablesung *f* [NC] / normal reading || ²**ausführung** *f* [Dist, Hw] / standard design || ²**fach** *n* [PC, OCR] / accept stacker, normal stacker || ²**index** *m* [Cobol] / subscript || ²**indizierung** *f* [Cobol] / subscripting
normalisieren *v* [Th] / normalize, standardize
normalisiert *adj* [Th, Sw] / normalized || ~**e Bestandteile** [Hw] / standardized parts || **nicht** ~ [Th, Sw] / unnormalized
Normalisierung *f* [Term, Th, Sw] / normalization || ² (s. Normierung)
Normalisierungsfaktor *m* [Th] / scale factor, scaling factor
Normal·lochzone *f* [PC] / sector area || ²**schriftlinie** *f* [Typ] / base line (used to achieve base alignment, etc.) || ²**schwarzsignal** *n* [TP] / artificial black signal, nominal black signal || ²**stellung** *f* [Hw] / normal position || ²**teilnehmer** *m* [ES] / single-number subscriber || ²**weißsignal** *n* [TP] / artificial white signal, nominal white signal
Normanschluß·nummer *f* [Tr] / standard interface number || ²**register (NAR)** *n* [Tr] / standard interface register || ²**sperre** *f* [Tr] / standard interface lockout || ²**steuerung** *f* [Tr] / standard interface control

Norm·band *n* [MT] / master tape || **˜empfehlung** *f* / recommendation
normgerecht *adj* / standard || **nicht ~** / nonstandard
normieren *v* [COM, Th] / scale
normiert *adj* / standard, standardized || **~es Bandetikett** [OS] / standard tape label || **~es Etikett** [OS] / standard label || **~er Geräteanschluß** [Hw] / device standard interface || **~er Modus** [Tr] / standard mode, standardized mode || **~er Text** [Sw] / standard text, standardized text || **nicht ~** / nonstandard || **nicht ~es Etikett** [Sw] / nonstandard label
Normierung *f* [Th] / scaling (i.e., the process of altering a set of quantities by a fixed quantity so as to bring the values within limits capable of being handled by the equipment or programs being used)
Normierungs·faktor *m* [Th] / scale factor, scaling factor || **˜kette** *f* [Sw] / standardizing chain
Norm·klima *n* [DpC] / standard operating environment || **˜licht** *n* [Sc] / standard light, standard illuminant
Normschnitt·kabel *n* [Tr] / standard interface cable || **zweifache ˜stelle** [ES] / dual standard interface
Normung *f* / standardization
NOR·-Schaltung *f* [Cir] / NOR circuit, NOR element || **˜-Verknüpfung** *f* (DIN 44300, März 1972) [SA] / NOR operation, nondisjunction, Peirce function
Notabschaltung *f* [Hw, DpC] / emergency cutout
Notation *f* (ein nach den Regeln eines spezifischen Notationssystems gebildeter Ausdruck zur verkürzten Darstellung einer Klasse und/oder von Relationen zwischen Klassen) (DIN 2331V, Feb. 1976) [DOK] / notation || **alphanumerische ˜** (Notation, in der arabische Ziffern, Buchstaben des lateinischen Alphabets und Sonderzeichen zugelassen sind) [DOK] / alphameric notation, alphanumeric notation || **gemischte ˜** (Notation, in der Buchstaben und Ziffern zugelassen sind) [DOK] / mixed notation || **mnemotechnische ˜** (Notation, die zur besseren Merkbarkeit mnemotechnische Elemente verwendet) [DOK] / mnemonic notation || **reine ˜** (Notation, in der nur Buchstaben oder nur Ziffern zugelassen sind) [DOK] / pure notation
Notations·format *n* (Konvention, die die Reihenfolge von Bestandteilen innerhalb von Notationen festlegt) [DOK] / notational format || **˜system** *n* (Menge von Regeln zur verkürzten Darstellung der Klassen und Relationen zwischen den Klassen eines Klassifikationssystems) (DIN 2331V, Feb. 1976) [DOK] / notational system
NOT·-Funktion *f* [SA] / NOT operation, Boolean complementation || **˜-Glied** *n* [Cir] / NOT element, NOT circuit
Notiz *f* (im Zwischenspeicher) [M] / scratchpad entry
Notizblock *m* [M] / scratchpad || **˜** (s. Notizblockspeicher) || **˜speicher** (besonders schneller zusätzlicher Kern- oder Halbleiterspeicher einer DVA, der speziell zur Aufnahme von Registerinhalten dient und damit die Zugriffszeiten verkürzt) [M] / scratchpad, scratchpad memory
NOT-Schaltung *f* [Cir] / NOT element, NOT circuit
Notstromversorgung *f* [DpC] / emergency power supply
NOT-Verknüpfung *f* [SA] / NOT operation, Boolean complementation
npn·-Leistungstransistor *m* [Sc] / npn power transistor || **~-Transistor** *m* [Sc] / npn-type transistor
NPT (s. Netzplantechnik)
NRZ-Schreibverfahren *n* [PE] / non-return-to-zero recording (NRZ recording)
NRZ/C-Schreibverfahren *n* [PE] / non-return-to-zero change recording (NRZ/C)
NRZ/M-Schreibverfahren *n* [PE] / non-return-to-zero mark recording (NRZ/M)
NRZ-Schrift *f* [PE] / non return to zero (NRZ)
ns (s. Nanosekunde)
NS (cf. „Nummernschalter") || **˜-Impuls** *m* [ES] / dial pulse || **˜-Senden** *n* [ES] / transmission of dialplate selection pulses
n-stufig *adj* [Th] / n-ary (digit, etc.)
NS-Wahl *f* [ES] / dialplate selection, number plate dialing
NT (s. Netztakt)
NTE (s. Netztakteinheit)
Null *f* [Cobol] / zero || **Ausgangssignal einer ungestörten ˜** [M, Cir] / undisturbed-zero output signal, undisturbed voltage zero || **Befehlstast**

auf ~ stellen [Hw] / to reset the command key || **führende ~** [Sw] / high-order zero, left-hand zero || **führende ~** Cobol] / leading zero || **führende ~en dürfen entfallen** [Sw] / leading zeros may be omitted || **gestörte ~** [M] / disturbed zero || **mit ~en auffüllen** [Sw] / zerofill, zeroize || **Spitzenspannung einer schreibgestörten ~** [M] / write-disturbed voltage zero || **Ziffernanzeige auf ~ stellen** [Hw] / to reset the digital display || **~anschluß** *m* ES] / neutral connection, neutral lead || **~bezugszeitfehler** *m* [ALU] / zero error || **~bit** *n* [Mp] / zero bit || **~-Detektor** *m* [Sc] null detector || **Zünden bei ~durchgang der Spannung** [Co, Sc] / zero voltage firing || **~elimination** (s. Nullenunterdrückung)

ullen *v* [Serv] / to connect to neutral

ullen·druck vor Zahlen (DIN 9757E, Okt. 1977) [Calc] / high-order zero printing || **~prüfung** *f* [OCR] / zero check

ullenunterdrückung *f* [Algol] / zero suppression || [Cobol] / zero suppression || PL/1] / zero suppression || **~** (DIN 9757E, Okt. 1977) [Calc] / zero suppression

ull·kapazität *f* [Sc] / zero capacitance || **~kippspannung** *f* [Sc] / break-over voltage, gate open || **~kontrolle durch Querrechnen** [Th] / crossfooting balance check || **~kriterium** *n* [M] / zero criterion || **~lage** *f* [M] / zero condition, zero state, nought state || **~operation** NOP) (DIN 19239E, Jan. 1979) *f* [Sw] / no-operation || **~operationsbefehl** *m* Sw, NC] / blank instruction, skip instruction

ullpunktabweichung *f* [PCC] / null drift

ullpunktfehler *m* [Hw, ADp] / balance error || [PCC] / null drift || [ALU] / zero error || **~ eines Multiplizierers** [ALU] / multiplier zero error

ullpunkt·methode *f* [Sw] / zero-point method || **~verschiebung** *f* [PCC] / null drift

ullschreibung, Startzeichen für ~ [Sw] significance-start character

ull·spannungsschaltung *f* [Sc] / zero voltage switching || **~stellen** *v* [Hw, M] / reset

ullstellung *f* [ES] / homing position || C] / zero position || **automatische ~** w] / automatic reset, automatic return-to-idle state || **Suchverfahren mit ~** Sammelanschluß) [ES] / search with homing

ullstellungs·abtaster *m* [TP] / zero position scanner || **~zustand** *m* [Hw] / reset condition

Nulltaster *m* [ES] / logic zero button generator

Nulltest *m* [ES] / nil test || **~fehler** *m* [ES] / nil test error

Null·unterdrückung (s. Nullenunterdrückung) || **~verschiebung** *f* [NC] / zero shift, zero offset || **~zeichen** *n* [Dp] / null character (NUL) || **~zustand** *m* [M] / zero condition, zero state, nought state

numerieren *v* [Th] / number || **neu ~** [Sw] / renumber

Numerierung, fortlaufende ~ [Sw] / serial numbering, consecutive numbering || **Netz mit offener ~** [ES] / network using the prefix numbering scheme || **Netz mit verdeckter ~** [ES] / network using the linked number scheme || **variable ~** [ES] / variable numbering || **verdeckte ~** [ES] / linked numbering scheme, closed numbering scheme

Numerierungs·bereich *m* [ES] / numbering area || **~plan** *m* [ES] / numbering plan

numerisch *adj* [Th, NC] / numeric, numerical || [Cobol] / numeric || **~e Analyse** [Th] / numerical analysis || **~e Anzeige** [Hw] / digital display, digital indicator || **~e Anzeigeeinheit** [IO] / digital display unit, digital indicator unit || **~e Aufbereitung** [Sw] / numeric editing || **~er Begriff** [IDS] / numerical element || **~er Code** [Th] / numeric code, numeric data code || **~e Codierung** [Th] / numeric coding || **~e Darstellung** [Th] / numeric representation || **~e Daten** [Sw] / numeric data, numerical data || **~er Datencode** (s. numerischer Code) || **~ gesteuerte Prüfung** [NC] / numerically controlled inspection || **~ gesteuertes Bearbeitungszentrum** [NC] / NC machining center || **~e Größe** [Th] / numeric quantity, numerical quantity || **~e Handschrift** [OCR] / handwritten numerics || **~e Information** [NC] / numeric information, digital information || **~e Leuchtanzeige** [Co] / numerical display || **~es Literal** [Cobol] / numeric literal || **~e Lochung** [PC] / numeric punching || **~es Meßverfahren** [NC] / numerical measuring || **~ programmierte Werkzeugmaschine** [NC] / digitally programmed machine tool || **~er Rechner** [Dp] / numerical computer || **~er Schalter** [NC] / numeric switch || **~es Signal** [Tr] / digital signal || **~es Sortieren** [Sw] / numerical sorting || **~e Steuerung** / numeric control (NC) || **~er Steuerungsschaltkreis** [NC] / numerical control circuit || **~es Steuerungssystem** [NC] / numerical control system || **~e Tastatur** (DIN 9757E, Okt. 1977) [Calc] / numeric keyboard || **~ verschlüsselter Befehl** [Sw] / numerically coded instruction || **~es Wort** [Sw] / numeric word, numerical word || **~es Zeichen** [Th, HSP, Sw] / numeral, numeric character (i.e., in decimal notation one of the characters 0 to 9) || **~e Zeichnung** [NC] / numerical drawing || **Prüfung auf ~** [Cobol] / numeric test

Nummernfeld *f* (Karte) [Sw] / sequence field

Nummernschalter *m* (am Bedienungstisch) [Hw] / console load unit switch || **≈** (NS) [ES] / dialswitch || **≈arbeitskontakt** [Hw] / dialswitch make contact

Nummernschalterimpuls *m* [ES] / dial pulse || **Wahl mit ≈** [ES] / dialplate selection, number plate dialing || **≈kontakt** *m* [Hw] / dialswitch pulsing contact

Nummernschaltersperrmagnet *m* [Hw] / dialswitch locking magnet

Nummernschalterwahl *f* [ES] / dialplate selection, number plate dialing || **Teilnehmer mit ≈** [ES] / dialplate subscriber || **≈impuls** *m* [ES] / dialswitch selection pulse

Nummernschalterwählzeichen *n* [ES] / dialplate selection signal

Nummern·scheibe *f* [Hw, ES] / dialplate, number plate || **≈scheibenimpuls** *m* [ES] / dial pulse || **≈schlüssel** *m* [Sw] / numeric code, numerical code || **≈sucheinrichtung** *f* [PC] / number detector, number detection device || **≈sucher** *m* [PC] / number detector, number detection device || **≈verteiler** *m* [ES] / number distributor

Nurempfänger *m* [Hw, TP] / receive-only unit

Nur-Empfangsendgerät *n* [MCS] / RO terminal (i.e., receive-only teleprinter, etc.)

Nur-Lese-Speicher *m* [Mp] / read-only memory (ROM), fixed storage

nutzbar·e Maschinenzeit [Th, Dp] / available machine time, available time || **~e Zeilenlänge** [HSP] / usable line length

Nutzbarkeit *f* [Hw] / serviceability

Nutzbarkeitsgrad *m* [Hw] / serviceability ratio

Nutzdauer *f* [Hw] / service life

Nutzen, Zahl der ≈ [Typ, Rep] / copy capability

Nutz·frequenz *f* [Tr] / information-bearing frequency || **≈information** *f* [RDp, Tr] / useful information || **≈signal** *n* [Tr] / useful signal

Nutzungs·dauer *f* [Hw] / service life || **≈faktor** *m* [Hw] / pulse duty factor (i.e., the ratio of the average pulse duration to the average pulse spacing) || **≈grad** *m* [Dp] / utilization ratio

Nutzzeit, sonstige ≈ [Dp] / incidentals time

n-Verunreinigung *f* [Sc] / n-type impurity

O

obere Grenze [Algol] / upper bound || **~e Grenze** [PL/1] / upper bound || **~er Grenzwert** [PCC] / upper limit || **~e Lochungszone** [PC] / upper curtate || **~ Speicherbereichsangabe** [Sw] / high memory load indicator || **~er Wertebereich** (einer binären elektrischen Größe) [Cir] / H-range, high range (of a binary electrical quantity, of a binary signal) || **~e Zone** [PC] / upper curtate || **~e Zündspannung** [Sc] / minimum gate trigger voltage || **~er Zündstrom** [Sc] / gate trigger current, minimum gate trigger current

Obere-Grenze-Funktion *f* [PL/1] / hbound (builtin) function

Oberfläche, beschreibbare ≈ [PE, MD] / recording surface, recordable surface

Oberflächen·ätzung *f* [Sc] / surface etching || **≈behandlung** *f* [Sc] / surface treatment || **≈beschaffenheit** *f* (Papier) [HSP] / surface quality || **≈leitung** *f* [Sc] / surface conduction || **≈schicht** *f* [Sc] / surface layer || **≈spannung** *f* [Sc] / surface tension

Oberflächensperrschicht *f* [Sc] / surface barrier || **≈transistor** *m* [Sc] / surface barrier transistor (SBT)

Oberflächen·stabilisierung *f* [Sc] / surface passivation || **≈temperatur** *f* [Sc] / surface temperature || **≈zustand** *m* [Sc]

/ surface state
Oberlänge *f*(Schrift) [Typ] / ascender || **≗walzenführung** *f* [IO, Th] / above platen device
Oberwellen·gehalt *m* [Tr] / ripple content || **≗spektrum** *n* [ES] / harmonic series
Objekt *n* [PCC] / object || **≗ der Datensicherheit** [Priv] / security object || **≗besprechung** *f* [Dist] / commodity-definition meeting || **~bezogene Unterlagen** [Dist] / object-related documentation || **≗bibliothek** *f* [Sw] / object library || **≗bildung** *f* [Dist] / commodity definition || **≗gruppe** *f* [ES] / object group
Objektiv *n* [HSP, Rep] / lens, lens system || **≗apertur** *f* [Sc] / lens aperture || **≗auflösung** *f* [Sc] / lens resolution || **≗baugruppe** *f* [HSP] / lens assembly
Objektlauf *m* [Sw] / object run
Objektmodul *n* [Sw] / object module || **≗bibliothek** *f* [Sw] / object module library || **≗datei** *f* [Sw] / object module file (OMF)
Objektprogramm *n* [Sw] / object program, object language program || **≗kartensatz** *m* [Sw] / object deck, object program deck
Objekt·sammelkarte *f* [Dist] / commodity list of materials || **≗schild** *n* [Dist] / commodity revision level label, object revision level label || **≗sprache** *f* [OS] / target language || **≗stand** *m* [Dist] / commodity revision level, object revision level
Objektstands·bildung *f* [Dist] / commodity revision level definition || **≗zahl** *f* [Dist] / commodity revision level number
Objekt·variante *f* [Dist] / commodity variant || **≗verfolgung** *f* [PCC] / object tracking, target tracking
obligatorisch *adj* [Sw] / mandatory
OCR (s. optische Zeichenerkennung)
OCR-A·-Schrift *f* [OCR] / OCR-A font || **≗-Sonderbelegung** *f* [HSP] / OCR-A type assignment || **≗-Standard** *m* [OCR] / OCR-A standard
OCR-B-Schrift *f* [OCR] / OCR-B-font
OCR·-Einmal-Farbband *n* [OCR] / OCR one-time ribbon || **≗-Faserschreiber** *m* [OCR] / OCR signer || **≗-Karbon-Farbband** *n* [OCR] / OCR carbon ribbon || **≗-Leser** *m* [OCR] / OCR font reader || **≗-Papier** *n* [OCR] / OCR paper stock || **≗-Seidenfarbband** *n* [OCR] / OCR silk ribbon
ODER, ausschließendes ≗ [SA] / exclusive-OR operation, anticoincidence operation || **durch logisches ≗ verbinden** [SA] / OR || **einschließendes ≗** (s. ODER-Funktion) || **exklusives ≗** [SA] / exclusive-OR operation, anticoincidence operation || **inklusives ≗** (DIN 44300, März 1972) [SA] / inclusive-OR operation, disjunction || **≗-Funktion** *f* [SA] / inclusive-OR operation, disjunction || **≗-Gatter** (Verknüpfung von Schaltvariablen gemäß der inklusiven ODER-Funktion) (s. ODER-Schaltung)
ODER-Glied *n* (Verknüpfung von Schaltvariablen gemäß der exklusiven ODER-Funktion) [Cir] / exclusive-OR element, exclusive-OR circuit || **≗** (Verknüpfung von Schaltvariablen gemäß der inklusiven ODER-Funktion) (s. ODER-Schaltung)
ODERn *v* [SA] / OR
ODER-Schaltung *f* [Cir] / OR circuit, OR element, inclusive-OR circuit || **Exklusives-≗** *f* [Cir] / exclusive-OR element, exclusive-OR circuit
ODER·-Symbol *n* [PL/1] / OR symbol || **≗-Verknüpfung** *f*(DIN 44300, März 1972) [SA] / inclusive-OR operation, disjunction || **≗-Zeichen** *n* [SA] / OR operator
OEM·-Hersteller *m* (Hersteller von Geräten, die in andere Systeme eingebaut werden) [Dp] / original equipment manufacturer (OEM) || **≗-Kunde** *m* (häufig im Gegensatz zu Endbenutzer) [Dist] / OEM customer || **≗-Vertrag** *m* [Dp] / OEM agreement
offen *adj* [Sw] / open, pending || [Dp] / open-ended (system, etc.) || **~er Befehl** [Mp] / open-ended command || **~e Kennzahl** [ES] / open-numbering code || **~e Kennziffernverteilung** [ES] / prefix numbering scheme || **~er Kollektor** [Sc] / collector not connected || **~e Numerierung** [ES] / prefix numbering scheme || **~e Nummer** (Lochstreifenverfahren) [TP] / open number || **~ prozeßgekoppeltes System** [PCC] / open-loop system || **~e Prozeßkopplung** (DIN 66201 E T1, Apr. 1979) [PCC] / on-line open loop || **~er Rechenverstärker** [ADp] / directly coupled amplifier, high-gain amplifier || **~es System** [PCC] / open-loop system || **~es System** (ausbaufähiges System) [Dp] / open-ended system || **~es**

Unterprogramm [Sw] / open subroutine, direct insert subroutine, in-line program || ~**e Zeichenfolge** [Algol] / open string

öffentlich·es Datennetz [Tr] / public data network || ~**es Direktrufnetz** [Tr] / public leased-circuit data network || ~**es Fernschreibnetz** [TP] / telex network || ~**es Fernsprechnetz** [Tr] / public telephone network || ~**es Vermittlungsnetz** [ES] / public switched network || ~**es Wählnetz** [Tr] / public switched network

offline *adj* [ES] / off-line || ~ **ablaufendes Programm** [ES] / off-line program || ≗**-...** [Hw] / off-line || ≗**-Betrieb** *m* [Dp] / off-line mode, off-line operation || ≗**-Datenverarbeitung** *f* [Dp] / off-line processing || ≗**-Diagnoseunterprogramm** *n* [OS] / off-line diagnostic subroutine || ≗**-Hardware-Diagnoseeinrichtungen** *f pl* [Serv] / off-line hardware diagnostics || ≗**-Laserdrucksystem** *n* [HSP] / off-line laser printing system || ≗**-Monitor** *m* [ES] / off-line monitor || ≗**-Plotter** *m* [GrDp] / off-line plotter || ≗**-Verarbeitung** *f* [Dp] / off-line processing || ≗**-Verschlüsselung** *f* [Cryp] / off-line cipher || ≗**-Wartung** *f* (Wartung, bei der die Anlage bzw. das Gerät abgeschaltet oder aus dem produktiven Betrieb genommen werden muß) [Hw, DpC] / off-line maintenance || ≗**-Wartungsprogramm** *n* [Serv] / off-line maintenance program

Öffnungs·druck *m* [Fl] / opening pressure || ≗**winkel** *m* [Sc] / angle of opening

Ohm *n* [Sc] / Ohm (Ω)

ohmsch·e Belastung [Th] / resistive load || ~**er Kontakt** (DIN 41852, Aug. 1978) [Sc] / ohmic contact || ~**er Widerstandswert** [Tr] / ohmic resistance

Ohne-Rückspulen-Angabe *f* [Cobol] / no rewind option

oktal *adj* [Th] / octal || ≗**fassung** *f* [ES] / octal socket || ≗**schreibweise** *f* [Th] / octal notation || ≗**system** *n* [Th] / octal number system || ≗**zahl** *f* [Th] / octal number || ≗**ziffer** *f* (DIN 44300, März 1972) [Fortran] / octal digit

OLC (s. Auflisten der Großspeicher)

Öler *m* [Fl] / lubricator

Olivetti·-Code *m* [DT, PT] / Olivetti code || **6-Spur-Rechteck-**≗**-Streifen** *m* [PT] / 6-channel Olivetti tape

Öl·leitung *f* [HSP] / oil line || ≗**pumpenmotor** *m* [HSP] / oil pump motor || ≗**rückleitung** *f* [HSP] / oil return line || ≗**schlauch** *m* [HSP] / oil line || ≗**standsanzeige** *f* [HSP] / oil level indicator, oil sensor

online *adj* [PE] / on-line || ≗**-...** [Hw] / on-line || ≗**-Betrieb** *m* [Dp] / on-line mode, on-line operation || ≗**-Datenbestandsänderung** *f* [ASw] / on-line data stock updating || ≗**-Datenreduktion** *f* [PCC, RDp] / on-line data reduction || ≗**-Datenverarbeitung** *f* [Dp] / on-line processing, on-line data processing || ≗**-Dialog** *m* [RDp] / on-line dialog || ≗**-Geräteprüfungen** *f pl* [Dp] / on-line peripheral testing || ≗**-Plotter** *m* [GrDp] / on-line plotter || ≗**-Reserve** *f* [ES] / on-line backup || ≗**-Software** *f* [ES] / on-line software || ≗**-System** *n* [Dp] / on-line system || ≗**-Verarbeitung** *f* [Dp] / on-line processing, on-line data processing

Online-Verschlüsselung *f* [Cryp] / on-line cipher || ≗ (für Richtverbindung) [Cryp] / link encryption

Online·-Wartung *f* (Wartung ohne Betriebsunterbrechung) [Hw, DpC] / on-line maintenance (i.e., maintenance allowing continued operation of the system) || ≗**-Wartungsprogramm** *n* [ES] / on-line maintenance program

Open-Collector-Gatter *n* [Sc] / open-collector gate

Open-Routine *f* [Sw] / open routine

Operand *m* [Cobol] / operand || ≗ **fester Länge** [Sw] / fixed-length operand || ≗ **variabler Länge** [Sw] / variable-length operand || **unterteilter** ≗ [Sw] / operand sublist

Operanden·adresse *f* [Sw] / operand address || ≗**eintrag** *m* [Sw] / operand entry || ≗**feld** *n* [Sw] / operand field

Operandenregister *n* [ALU] / arithmetic register || [Dp] / operand register

Operanden·teil *m* (DIN 44300, März 1972) [Sw, ES] / operand part, operand section || ≗**trennungszeichen** *n* [Sw] / operand separator

Operateur *m* [DpC] / operator, (esp.:) console operator || ≗**meldung** *f* (Meldung an den Operateur) [Sw] / operator message

Operation *f* [Th] / operation || ≗ **mit festem Zyklus** [Dp] / fixed cycle operation, synchronous operation, synchronous working || **boolesche** ≗ [T SA] / Boolean operation || **logisch-dual**

≗ [Th] / dual operation || **organisatorische** ≗ (Operation, die den Ablauf eines Programms erleichtert, ohne direkt beteiligt zu sein) [Dp] / housekeeping operation, overhead operation, red-tape operation || **privilegierte** ≗ [OS] / privileged operation || **repetierende** ≗ [Dp] / repetitive operation || **symbolische** ≗ [Sw] / symbolic operation || **unzulässige** ≗ [Th, Sw] / illegal operation || **vollständige** ≗ [Sw] / complete operation

operationale Konditionierung [Cy] / instrumental conditioning

Operations Research *n* [Dp] / operations research (OR), operations analysis

Operations·ablauf *m* [Dp, NC] / operation cycle || ≗**abschlußsignal** *n* [ES] / operation limiter

Operationscode *m* (DIN 44300, März 1972) [Sw] / operation code, OP code || **absoluter** ≗ [Sw] / absolute operation code || **erweiterter mnemotechnischer** ≗ [Sw] / extended mnemonic operation code || **mnemotechnischer** ≗ [Sw] / mnemonic operation code || **nicht decodierbarer** ≗ [ES] / illegal operation code

Operations·codierregister *n* [ES] / operation code register || ≗**einleitungsroutine** *f* [ES] / operation initiation routine || ≗**eintrag** *m* [Sw] / operation entry || ≗**ergänzung** *f* [PL] / digit modifier, D modifier || ≗**feld** *n* [Sw] / operation field || ≗**folge** *f* [Sw] / operational sequence, sequence of operations

Operationsgeschwindigkeit *f* [Th, ALU] / calculating speed, computing speed || **mittlere** ≗ [Dp] / average calculating speed

Operations·modusregister *n* [ES] / operation mode register || ≗**register** *n* [CU, ES] / operation register

Operationsschlüssel *m* [Sw] / operation code, OP code || **interner binärer** ≗ [OS] / internal binary operation code

Operations·schritt *m* (kleinste Einheit eines Ablaufs der Arbeitszyklen eines Mikroprozessors, d.h., das Zeitintervall zwischen zwei aufeinanderfolgenden, in positiver Richtung verlaufenden Übergängen des Taktimpulses) [Mp] / state || ≗**steuerung** *f* [CU] / operation control

Operationssymbol *n* [Sw] / operator || **boolesches** ≗ [SA] / Boolean connective, logical operator, logical connective, Boolean operator

Operationsteil *m* (DIN 44300, März 1972) [Sw] / operation part, operator part, function part, command (of an instruction word) || **nicht decodierbarer** ≗ [Sw] / operation code trap || **unzulässiger** ≗ [Th] / illegal operation code || ≗**erweiterung** *f* [ES] / extended operation code || ~**lose Befehlsstruktur** [PL] / functional address instruction format

Operations·umwandler *m* [CU] / operation decoder || ≗**verknüpfung** *f* [ES] / operation logic || ≗**zahl** *f* [NC] / operation number || ≗**zeichen** *n* [Sw] / operator

Operationszeit *f* [NC] / action period || [CU] / operation time, operating time || ≗ (eines Befehls) [Dp] / execution time || **durchschnittliche** ≗ [Dp] / average operation time

Operationszyklus *m* [Mp] / machine cycle, memory cycle || ≗**codierung** *f* [Mp] / machine cycle encoding

Operator *m* [Algol] / operator || [Fortran] / operator || [Cobol] / operator || [PL/1] / infix operator || ≗ (Anlagenbediener) [DpC] / operator, (esp.:) console operator || **Arbeitsplatz des** ≗**s** [DpC] / operator's position || **Boole-**≗ *m* [SA] / Boolean connective, logical operator, logical connective, Boolean operator || **Geräte-**≗ *m* [DpC] / device operator || **unärer** ≗ [Cobol] / unary operator || ≗**antwort** *f* [Dp] / operator response || ≗**aufruf** *m* [ES] / operator callin || ≗**-Ausbildung** *f* [DpC] / operator training || ≗**befehl** *m* [Sw] / operator command || ≗**meldung** *f* [Sw] / operator message

Optik *f* [HSP] / optics, optical system || ≗**baugruppe** *f* [HSP] / optics module

optimal·er Belastungswiderstand (eines Halleffekt-Bauelementes) [Sc] / optimum load resistance (for linearity) || ~**er Betriebsbereich** [HSP] / rated range of operations || ~**e Codierung** [Sw] / optimum coding || ~**er Datendurchsatz** [Dp] / optimum throughput || ~**es Programm** [Sw] / optimally coded program, optimal program || ~**es Programmieren** [NC] / optimum programming || ~**e Programmierung** [Sw] / minimum-access programming, optimum programming, optimal programming, minimum delay programming, minimum latency programming, forced coding || ~**e Verschlüsselung** [Sw] / optimum coding

optimalisieren *v* [Cy] / optimize
Optimal·programm *n* [Sw] / optimally coded program, optimal program || **~wertkreis** *m* [Cy] / optimalizer
optimieren *v* [DpC] / optimize
Optimierung *f* [NC] / optimation, optimization || **lineare ~** [Th, Sw] / linear programming, linear optimization || **nichtlineare ~** [Th, Sw] / nonlinear programming, nonlinear optimization
OPTION (s. Auswählen von Funktionen)
optisch·e Abfühlung [OCR] / optical scanning || **~er Abtaster** [PT, PC] / photoelectric reader || **~e Abtastung** [OCR] / optical scanning || **~e Anzeige** [Hw] / visual display, visual indicator || **~e Anzeigeeinheit** [Hw] / visual display device, visual display unit || **~er Belegleser** [OCR] / videoscan document reader, optical document reader || **~er Belegsortierer** [OCR] / videoscan document sorter, optical document sorter, optical reader-sorter || **~es Datenerfassungssystem** [MCS] / optical data entry system || **~er Diodenlaser-Datenspeicher** (optischer Speicher, der sich sowohl zum Schreiben wie zum Lesen der Daten eines Diodenlasers bedient) [M] / optical diode laser storage || **~e Fernmeldetechnik** [Tr] / optical telecommunications || **~e Filmleseeinheit** [IO] / optical film sensing device || **~ gekoppelter Verstärker** [Co] / optically coupled amplifier || **~ gekoppeltes Trennglied** [Sc] / optically coupled isolator || **~es Gitter** [NC] / optical grating, diffraction grating || **~er Großspeicher** [PE] / optical mass memory || **~es Klarschriftlesen** [OCR] / optical character reading || **~er Klarschriftleser** [OCR] / optical character reader || **~ lesbare Markierung** [OCR] / photo-sensing mark || **~er Leser** [OCR] / optical reader || **~er Markierungsabtaster** [HSP] / optical mark sensor || **~es Markierungslesen** [OCR] / optical mark reading || **~er Markierungsleser** [IO] / optical mark reader, mark scanning device || **~e Meßeinrichtung** [NC] / optical measuring equipment || **~er Raster** [NC] / optical grating, diffraction grating || **~es Signal** [RDp, Tr] / optical signal, visible signal, visual signal || **~er Speicher** [M] / optical memory || **~er Umsetzer** [Th] / optical converter || **~e Zeichenerkennung (OCR)** (DIN 66226E, Aug. 1977) / optical character recognition (OCR) || **nichtmechanischer ~er Speicher** [M] / static optical memory
optoelektronisch·es Abtastelement [MT] / optoelectronic scanner || **~es Bauelement** [Sc] / optoelectronic device || **~e Mikroschaltung** [Co] / optoelectronics microcircuit
Optokoppler *m* [Mp, Sc] / optical coupler
Ordinate *f* [Th] / ordinate, Y-coordinate
Ordinatenachse *f* [Th] / ordinate axis, Y-axis
ordnen, sequentiell ~ [Th] / sequence
Ordnung, absteigende ~ [Sw] / descending order, descending sequence || **aufsteigende ~** [Sw] / ascending order, ascending sequence || **zeilenweise ~** [OS] / row-major order
Ordnungsbegriff *m* [Sw] / defining argument || **niedrigster ~** [Dp] / minor control field
Ordnungs·element *n* [IDS] / defining element || **nicht ~gemäß** [Sw] / improper, incorrect, invalid || **~gütemaß** *n* [Dp] / ordering bias || **~zahl** *f* [Th] / ordinal number
ORG (s. Organisationsprogramm)
Organisation, Befehle für ~ und Wartung [OS] / control system and maintenance instructions || **logische ~** [Th] / logic organization || **serielle ~** [M] / consecutive organization, sequential organization
Organisations·- und Automatisierungsprozeßplan [ES] / organization and automation plan || **~- und Wartungsbefehle** [OS] / control system and maintenance instructions
Organisationsablauf *m* [OS] / control system operation || [ES] / housekeeping sequence
Organisations·aufgabe *f* [Dp] / scheduler task || **~aufruf** *m* [OS] / control system call
Organisationsbefehl *m* [OS] / executive instruction || [OS] / housekeeping instruction, organizational instruction
organisations·fähig *adj* [Hw, Cy] / adaptive || **~makro** *m* [ES] / housekeeping macro || **~notiz** *f* [ES] / housekeeping note
Organisationsprogramm (ORG) *n* [OS] / executive control system, executive program || **Aufruf an das ~** [OS] / supervisor call (SVC) || **Emulator-~** *n* [Sw] / emulator control program (ECP) ||

≗**aufruf** *m* [OS] / supervisor call (SVC) || ≗**baustein** *m* [OS] / control system module || ≗**bibliothek** *f* [OS] / system executive library, executive library

Organisations·register *n* [CU, ES] / executive register, housekeeping register || ≗**routine** (s. Verwaltungsroutine)

organisatorisch·er Aufbau [DpC] / organizational structure || ~**e Aufgabe** [Sw] / housekeeping function || ~**er Befehl** [Sw] / red-tape instruction || ~**e Operation** (Operation, die den Ablauf eines Programms erleichtert, ohne direkt beteiligt zu sein) [Dp] / housekeeping operation, overhead operation, red-tape operation

organischer Halbleiter [Sc] / organic semiconductor

ORG-Anstoß *m* [PCC] / call primary status || ≗**-Aufruf** *m* [PCC] / ORG call, supervisor call

Orgware *f* (EDV-Einsatztechnik) [Dp] / organization and methods (O and M)

Orientierung *f* [TP] / orientation

Original·beleg *m* [IO, OCR] / source document, original document || ≗**daten** *plt* [Dp] / raw data (i.e., data which has neither been subject to data reduction nor processed) || ≗**dokument** *n* [IO, OCR] / source document, original document || ≗**eintrag** *m* [IDS] / basic record || ≗**gerätehersteller** *m* [Dp] / original equipment manufacturer (OEM)

Originalität *f* (informative Neuheit) [Th, Cy] / originality

Original-Mutterschablone aus Polyester [HSP] / polyester master film, overlay master positive || ≗**phase** *f* [Sw] / original phase || ≗**programm** *n* [Sw] / source program || ≗**seite** *f* [HSP] / original page || ≗**sprache** *f* [Sw] / source language || ≗**spur** *f* [Sw] / primary track, prime track, original track || ≗**steuerkarte** *f* [Sw] / original control card || ≗**text** *m* [HSP] / original text || ≗**vorlage** *f* (für die fotografische Verkleinerung von Schaltungen) [IC] / original artwork, master artwork

örtliche Hemmung [Cy] / lateral inhibition

Orts-... [ES] / local ... || ≗**batterie** *f* [ES] / local battery || ≗**bereich** *m* [RDp, ES, Tr] / local area, local range || ≗**gebühr** *f* [ES] / local rate, local call fee || ≗**kreisüberwachung** *f* [RDp, Tr] / local circuit supervision || ≗**kurve** *f* [Th] / locus || ≗**leitung** *f* [Tr] / local line (as opposed to in-plant line) || ≗**stapelverarbeitung** *f* [Sw] / local batch processing || ≗**teilnehmer** *m* [ES] / local subscriber || ≗**verbindung** *f* [ES] / local call || ≗**verbindungsleitung** *f* [ES] / local trunk || ≗**vermittlung** *f* [ES] / local switching center, local exchange

Ortszeit·fehlerregister *m* [ES] / local time error register || ≗**uhr** *f* [ES] / local time clock

Ortszone *f* [ES] / local zone

Oszillator *m* [Sc, Tr] / oscillator

oszillierendes Sortieren [Dp, OS] / oscillating sorting

Output Writer *m* [OS] / output writer

Overlay·bereich *m* [Sw] / overlay area || ≗**datei** *f* [Sw] / overlay file || ≗**system** *n* [ES] / overlay technique

P

PA (s. programmgesteuerte Anforderung)

Paarbildung *f* (DIN 41852, Aug. 1978) [Sc] / pair generation, pair production

paarig·e Erstkarten [PC] / matching primary cards || ~**e Karten** [PC] / matching cards

Paarigkeits·bezugszahl *f* [RPG] / matching record indicator, MR indicator, matching record code || ≗**feld** *n* [RPG] / matching field, matching record field

Paarvertauschung *f* [RDp] / pair transposition (e.g., 23 into 32)

packen *v* [M, Sw] / pack || [OS, Lisp] / Pack

Packungsdichte *f* [Hw] / component density, packing density

Pädagogik, kybernetische ≗ [CAI, Cy] / cybernetical pedagogics

Paddelwelle *f* [HSP] / paddlewheel, exit roller

PAD-Transistor *m* [Sc] / post-alloy-diffused transistor

Paginierung, automatische ≗ [TES] / automatic pagination

Paket *n* [ES] / packet || ≗ (von Programmen usw.) [Sw] / package || ≗**endstelle** *f* [ES] / packet terminal || ≗**format** *n* [ES] / packet format || ≗**teilnehmer** *m* [ES] / packet-terminal customer || ≗**vermittlung** *f* [ES] / packet switched service

Paketvermittlungs·amt *n* [ES] / packet switching exchange (PSE) || **~netz** *n* [ES] / packet switching network || **~prozedur** *f* [ES] / packet switching procedure || **~stelle** *f* [ES] / packet switching center || **~system** *n* [ES] / packet switching system || **~technik** *f* [ES] / packet switching technology
PAM (s. Prioritätsausgabemeldung)
PAMR (s. Prioritätsausgabemeldungsregister)
PAM-Seite *f* [VS, OS] / paging area memory space, PAM space (i.e., the paging area memory utilized, 1 PAM = 2,048 bytes)
Papier mit Maßeinteilung [GrDp] / scaled paper || **druckempfindliches ~** [HSP] / pressure-sensitive paper || **einlagiges ~** [HSP, TP] / single-ply paper, one-part form paper || **klimatisiertes ~** [HSP] / acclimated paper || **leitfähiges ~** [MCS] / electrically conductive paper || **maschinenglattes ~** [HSP] / mill-finished paper, machine-finished paper || **mattsatiniertes ~** [HSP] / calendered paper || **mehrlagiges ~** [HSP, TP] / multipart paper || **Non-Karbon-~** *n* [HSP] / noncarbon paper (NCP) || **randgelochtes ~** [TP] / marginally-punched stationery || **selbstdurchschreibendes ~** [HSP] / noncarbon paper (NCP) || **unvorbereitetes ~** [PE] / virgin paper || **vierlagiges ~** [HSP] / four-part form paper, four-part form || **zweilagiges ~** [HSP] / two-part form paper, two-part form || **~abgleitbügel** *m* [TP] / paper deflecting frame
Papierablage *f* [OCR] / forms stacker || **~fach** *n* [HSP] / stacker platform
Papier·ableitblech *n* [TP] / paper deflecting plate || **~abmessungen** *plt* [HSP] / paper dimensions || **~abzug-Drucktaste** *f* [HSP] / paddlewheel control pushbutton
Papierandruck·bügel *m* [TP] / paper pressure rod || **~rolle** *f* [IO, TP] / paper roll, pressure roll
Papier·art *f* [HSP] / paper type || **~auffang** *m* [IO, HSP] / delivery board || **~auflage** *f* [HSP] / paper support plate
Papierausgabe *f* [HSP] / forms output || **~stapel** *m* [HSP] / paper output stack
Papier·auslauf *m* [HSP] / paper eject, paper ejection (i.e., feeding blank pages) || **~auslöser** *m* [IO, TP] / paper release || **~außenkante** *f* [HSP] / paper edge || **~ausstoß** *m* [HSP] / paper eject, paper ejection (i.e., feeding blank pages)
Papierbahn *f* [HSP] / paper web, paper path || **~** (Leser) [PT] / tape channel || **~breite** [HSP] / web width
Papier·bandbeschrifter *m* [PT] / selective tape listing feature || **~bewegung** *f* [TP] / paper handling action
Papierbreiten·änderung *f* [HSP] / paper width variation || **~einstellung** *f* [HSP] / paper width adjustment || **~marke** *f* [HSP] / paper width pointer || **~schalter** *m* [HSP] / paper width switch || **~unabhängig** *adj* [HSP] / (printing speed, etc.) independent of paper width
Papier·bremse *f* [HSP] / paper brake || **~bremsenschalter** *m* [HSP] / paper brake switch
Papiereingabe *f* [HSP] / paper input || **~lade** *f* [HSP] / paper input tray || **~station** *f* [HSP] / paper input station
Papiereinlauf *m* [HSP] / paper feed, run-in (e.g., to fuser station)
Papierende *n* [TP] / end of paper || **~alarm** *m* [TP] / end-of-paper warning || **~auswertung** *f* [TP] / tape-out detector
Papier·entwurfsblatt *n* [HSP] / paper layout sheet || **~falte** *f* [HSP] / fold || **~farbe** *f* [HSP] / paper color || **~filter** *n* [HSP] / paper filter || **~flitter** *m pl* [HSP] / paper fragments
Papierformat *n* [HSP] / paper size, form size || **gängiges ~** [HSP] / common paper size
Papier·führung *f* [IO, HSP] / paper guide || **~fusseln** *f pl* [HSP] / lint || **~geschwindigkeit** *f* [HSP] / paper speed || **~gewicht** *n* [OCR] / paper weight || **~halter** *m* [IO, TP] / paper bail || **~kante** *f* [HSP] / paper edge || **~klebeeinrichtung** *f* [HSP] / paper splicing station, splicer
Papierlauf *m* [HSP] / paper transportation, paper path, paper motion || **~kontrolle** *f* [HSP] / paper transport supervision || **~richtung** *f* [HSP] / direction of paper motion
Papier·leitblech *n* [HSP] / paper deflector || **~lochung** *f* [HSP] / feed holes (in paper) || **~nachbearbeitung** *f* [HSP] / post-print forms handling, forms handling || **~nachbearbeitungsmaschine** *f* [HSP] / forms handling equipment || **~qualität** *f* [HSP] / paper quality || **~rand** *m* [HSP] / margin || **~randführung** *f* [IO, HSP] / paper guide || **einbahnige ~rolle** [TP] / single-ply paper roll || **~rücklauf** *m* [HSP] / paper return || **~schnellvorschub** *m* [HSP] / fast feed, highspeed paper feed

|| ≈schnitzel *m* [HSP] / paper chip || ≈sorte *f* [HSP] / paper type || ≈spannung *f* [HSP] / paper tension || ≈stanzabfälle *plt* [HSP] / (feed hole) chips

Papierstapel·aufbau *m* [HSP] / stack formation || ≈**einrichtung** *f* [HSP] / forms stacker || ≈**höhe** *f* [HSP] / paper stack height, stack height

Papierstapler *m* [HSP] / forms stacker, stacker, output station || **automatischer** ≈ [HSP] / powered forms stacker

Papier·stau *m* (DIN 32742E T4, Juni 1978) [HSP, TP] / jamming (of printer paper, etc.) || ≈**staub** *m* [HSP] / paper dust || ≈**störung** *f* [HSP] / paper fault, paper jam || ≈**straffer** *m* [HSP] / paper tensioner || ≈**toleranz** *f* [HSP] / paper tolerance

Papiertransport *m* [HSP] / paper transport, paper drive || **schneller** ≈ [HSP] / paper throw, paper slew (US)

Papiertransporteinrichtung *f* [TP] / paper transport mechanism || [HSP] / paper transport system (tractors)

Papier·transportfehler *m* [HSP, IDS] / paper jam || ≈**übergabe** *f* [HSP] / paper transport || ≈**überwachung** *f* [TP] / paper monitoring || ≈**vorarlarm** *m* [TP] / low-paper warning

Papiervorrat *m* [IO, HSP] / paper supply || ≈ **ist erschöpft** [TP] / paper roll is low

Papier·vorratsende *n* [HSP] / low paper condition || ≈**vorschrift** *f* [HSP] / paper specification

Papiervorschub *m* (DIN 32742E T4, Juni 1978) [HSP, TP] / paper feed, paper advance || ≈ (auf die nächste Seite) [HSP] / form feed || ≈ **nach dem Druck** [OS] / skip after || ≈ **vor dem Druck** [OS] / skip before || **Einrichtung für den** ≈ [TP] / paper feed facility || **schneller** ≈ [HSP] / paper throw, paper slew (US)

Papiervorschubeinrichtung *f* [TP] / paper advance mechanism || **automatische** ≈ [HSP] / automatic paper transport

Papiervorschub·geschwindigkeit *f* [TP] / paper feed speed || ≈**leistung** *f* [HSP, OCR] / form feed performance, paper feed performance || ≈**lochband** (s. Lochband) || ≈**logik** *f* [TP] / paper feed logic || ≈**steuerung** *f* [HSP] / carriage control, printer carriage control || ≈**störung** *f* [TP] / faulty paper feed || ≈**teilung** *f* [TP] / paper feed spacing || ≈**zeit** *f* [HSP] / paper feed time

Papier·wanne *f* [TP] / paper guide pan || ≈**weg** *m* [HSP] / paper path || ≈**weiterverarbeitung** *f* [HSP] / post-print forms handling, forms handling || ≈**wolkenschalter** *m* [HSP] / paper cloud switch

Papierzieh- und Ablagevorrichtung [HSP] / powered forms stacker

Papierzuführung (s. Papiervorschub) || ≈ **und Ablage** [HSP] / forms stand stacker

Parabel *f* [Th] / parabola || ≈ **dritten Grades** [Th] / cubic parabola || ≈**bogen** *m* [Th] / parabolic arc || ≈**-Interpolation** (G06) (DIN 66025, Okt. 1973) [NC] / parabolic interpolation || ≈**multiplizierer** *m* [ADp] / quarter-squares multiplier

Parachor *m* (Performanzgrenzwert) [VS] / parachor

Paragraph *m* [Cobol] / paragraph

Paragraphen·name *m* [Cobol] / paragraph-name || ≈**überschrift** *f* [Cobol] / paragraph header

PARAK (s. Parallelausgabekopplung)

parallel·er Halbaddierer [Cir, ALU] / parallel half adder || ~**er Halbsubtrahierer** [Cir, ALU] / parallel half subtracter || ~**e Rufdatenaufzeichnung** [ES] / parallel call record journaling || ~**e Speicherung** [Sw] / parallel storage || ~ **verwendbares Programm** [OS] / reenterable program || ~**er Volladdierer** [Cir, ALU] / parallel full adder || ≈**abfragespeicher** *m* [PE, M] / parallel search memory || ≈**abtastung** *f* [NC] / parallel scanning || ≈**addierer** *m* [Cir, ALU] / parallel adder || ≈**addierwerk** *n* [Cir, ALU] / parallel adder || ≈**anschluß** *m* [ES] / parallel interface trunk || ≈**anzeige** *f* / parallel display, slave monitor

Parallelarbeit *f* [Dp] / parallel operation

Parallelarbeitsredundanz *f* [Th] / redundancy by parallel working, redundancy through parallel working

Parallelausgabe *f* [Dp] / parallel output || ≈**kopplung (PARAK)** *f* [ES] / parallel output switching

Parallelbetrieb *m* (DIN 44300, März 1972) [Dp] / parallel operation || **Steuerteil für** ≈ [ES] / common chopper driver

Parallel·bezeichnung *f* [OS] / alias || ≈**darstellung** *f* (Zeichen) [ES] / parallel representation, parallel configuration || ≈**digitalrechner** *m* [Dp] / parallel digital computer || ≈**drucker** *m* [HSP] / line printer, line-at-a-time printer || ≈**druckwerk** *n* (DIN 9757E, Okt. 1977) [Off] / parallel printer || ≈**eingabe** *f* [Dp] /

parallel input, parallel entry || **~eingangsmaschine** *f* [TP] / parallel input machine || **~gleichrichter** *m* [Co] / shunt-connected rectifier

Parallelitätsfehler *m* [HSP] / error in parallelism

Parallelkapazität *f* [Th] / parallel capacitance

Parallellauf·auswahl *f* [ES] / parallel operation recognition || **~auswerter** *m* [ES] / parallel-operation decoder || **~bit** *n* [ES] / parallel-operation bit || **~hilfsparameter** *m* [ES] / parallel-operation auxiliary parameter

parallel·liegend zu [ES] / connected in shunt with || **~locher** *m* [RDp, Tr] / parallel punch || **~modem** *m* [RDp] / parallel modem || **~programmierung** *f* [Sw] / parallel programming || **~regelung** *f* [PCC, AC] / feed-forward control || **~resonanzfrequenz** *f* [Cir] / antiresonant frequency || **~ruf** *m* [ES] / parallel ringing || **~schaltanlage** *f* [ES] / parallel-connected system || **~schaltung** *f* [Hw, Dp, NC] / parallel connection || **~schwingkreis** *m* [ES] / parallel resonant circuit

Parallel-Serien·-Digitalrechner *m* [Dp] / parallel-series computer || **~-Übertragung** *f* [RDp] / parallel-serial transmission || **~-Umsetzer (PSU)** (DIN 44300, März 1972) *m* [Dp] / dynamicizer, parallel-serial converter, parallel-series converter || **~-Umsetzung** *f* [Dp] / parallel-serial conversion, parallel-series conversion

Parallel·speicher *m* [M] / parallel memory, parallel storage, parallel store || **~speicherung** *f* [Sw] / parallel storage || **~station** *f* [ES] / parallel-connected station || **~system** *n* [Dp] / parallel system || **~transduktor** *m* [NC] / parallel transductor || **~übergabe** *f* (DIN 44302, Apr. 1979) [Tr] / parallel transmission || **~übertrag** *m* [Mp] / carry lookahead || **~übertragung** *f* [Tr] / parallel transfer, parallel transmission || **~verarbeitung** *f* [Dp] / parallel processing, multiprocessing

Parallelwiderstand *m* [Co] / shunt resistor || **~** (elektrische Größe) [Th] / parallel resistance

Parallelzugriff *m* [PE] / simultaneous access (i.e., placing data into storage, or retrieving data from storage, by means of parallel transfer of all elements of the unit of data)

Parameter *m* [Algol] / parameter || [Fortran] / argument || [PL/1] / parameter || **fehlender ~** [Sw] / null parameter || **freier ~** [PL] / arbitrary parameter || **lokaler ~** [M, Sw] / local parameter, local symbol || **symbolischer ~** [Sw] / symbolic parameter || **übergeordneter ~** [Sw] / higher-order parameter || **vorgegebener ~** [Sw] / preset parameter || **wahlweiser ~** [Sw] / optional parameter, optional operand || **~begrenzer** *m* [Algol] / parameter delimiter || **~bereich** *m* [Sw] / parameter area || **~-Beschreiber** *m* [PL/1] / parameter descriptor || **~block (PB)** [PCC] / parameter block || **~definitionsmodul** *n* [ES] / parameter definition module || **~eingabegerät** *n* [Sw] / parameter input device || **~fehler** *m* [Sw] / parameter error || **~feld** *n* [Sw] / operand field || **~gruppe** *f* [Sw] / parameter set || **~karte** *f* [PC, Sw] / control card, parameter card || **~protokollierung** *f* [Sw] / parameter listing, parameter logging || **~steuerkarte** *f* [PC, Sw] / control card, parameter card || **~substitutionsbefehl** *m* [Sw] / parameter setting instruction || **Rechenoperation mit automatischer ~variation** [Dp] / automatic sequential operation || **~verknüpfungen** *f pl* [ES] / parameter linkage || **~wort** *n* [Sw] / parameter word || **~zuordnung** *f* [Fortran] / argument association

parametrieren *v* [Dp, Sw] / parameterize (job, etc.)

parametrisches Programmieren [Sw] / parametric programming

Pärchen, ausgesuchte ~ [Sc] / computer-matched pairs (of semiconductors)

Parität *f* [DS, Th, Tr] / parity || **gerade ~** [DS, Th, Tr] / even parity || **ungerade ~** [DS, Th] / odd parity

Paritäts·bit *n* (DIN 44302, Apr. 1979) [DS, Th, Tr] / parity bit || **~einsteuerung** *f* [Sw] / parity insert

Paritätsfehler *m* [DS] / parity error, bad parity || **~ im Pufferspeicher** (Stanzer) [Sw] / punch memory parity error (PMPE) || **~-Signallampe** *f* [Hw] / parity light

Paritätskontrolle *f* [DS] / odd-even check, parity check || **geradzahlige ~** [DS, Th, Tr] / even parity check || **ungeradzahlige ~** [DS] / odd parity check

Paritätsprüfung *f* (DIN 44302, Apr. 1979) [DS] / odd-even check, parity

check || **umfangreiche ≗en** [Dp] / extensive parity checking
Paritätsschritt *m* [ES] / parity element, parity bit
Paritätssicherung *f* [RDp, Tr] / parity check protection || **Speicher mit ≗** [ES] / parity memory || **Speicher mit/ohne ≗** [ES] / memory with/without parity control || **Speicher ohne ≗** [ES] / nonparity memory
Paritäts·überwachung *f* [DS] / parity control || **≗ziffer** *f* [NC] / parity digit
Parity *n* [DS, Th, Tr] / parity || **≗bit** *n* [DS, Th, Tr] / parity bit || **≗erzeugung** *f* [ES] / parity bit generation
Parityfehler *m* [DS] / parity error, bad parity || **≗ im Speicher** [DS, OS] / memory parity error
Parity·generator *m* [ES] / parity bit generator || **≗kontrolle** (s. Paritätsprüfung) || **≗prüfer** *m* [ES] / parity checker || **vertikale ≗prüfung** (s. Querparitätsprüfung) || **≗prüfung** (s. Paritätsprüfung) || **≗vergleicher** *m* [ES] / parity bit comparator
Parser *m* (Algorithmus zur automatischen Syntaxanalyse) [MAT] / parser
Parsing *n* (automatische Syntaxanalyse) [MAT] / parsing
partiell·e Lesespannung [M] / partial output signal || **~er Steuerimpuls** [M] / partial drive pulse || **~e Ummagnetisierung** [M] / partial flux reversal || **~es Vakuum** [Fl] / partial vacuum
Partition *f* [Dp] / priority level (used to allot priorities between programs sharing the computer in priority processing)
Partnerleitung *f* [ES] / serving line, serving port
paßfähig *adj* [Rep] / (of film material, etc.) stable-base
passiv·es Bauelement [Co] / passive device, passive || **~er Decodierer** [Cir] / passive decoder || **~er Pfeifpunkt** [Tr] / passive singing point || **~er Wandler** [PCC] / passive transducer
Paßlinie *f* (auf Formulardia) [COM, Typ, IDS, Rep] / registration line
Paßloch *n* [COM, Typ, IDS, Rep] / registration hole || **≗stanzer** *m* (für Formulardia) [COM, Typ, IDS, Rep] / registration hole punch
Paßlochung *f* (auf Formulardia) [COM, Typ, IDS, Rep] / registration hole
PATCH (s. Ändern von Phasen)
Patch-Karte *f* [Sw] / patch card (i.e., a card used to add instructions to a routine to correct a mistake or to change that routine)
Patienten-Überwachungsgerät *n* (DIN 41050E, Apr. 1978) [IO] / patient monitor
Patronensicherung *f* [Hw] / cartridge fuse
Pauseanweisung *f* [Fortran] / pause statement
Pausen *n* [NC] / tracing
Pausen·ausgang *m* [ES] / pause exit || **≗auswertung** *f* [ES] / "no-current" detection device || **≗meldung** *f* [ES] / pause indication || **≗schritt** *m* [ES] / no-current period || **≗überwachung** *f* [ES] / pause supervision
Pausenzeichen *n* [ES] / pause signal, interval signal || **≗-Register** *n* [ES] / pause signal register || **≗-Steuerung** *f* [ES] / pause signal control
Pausenzeit zwischen zwei Buchungen [ASw] / interval between two booking operations
PB (s. Parameterblock)
PBS (cf. „Platte-Betriebssystem") || **Bestandteile des ≗** [OS] / DOS components || **Systemprogramm des ≗** [OS] / DOS routine
PCM (DIN 66224, Okt. 1978) (cf. „Puls-Code-Modulation")
PCM-Primärsystem *n* [ES] / PCM first level system
PDN (s. Programmsystem für Datenübertragung und Netzsteuerung)
p-dotiert *adj* [Sc] / p-type
p-Dotierung *f* [Sc] / p-type doping
PE (s. Prozeßeinheit)
Pegel, aktiver ≗ (einer digitalen elektrischen Größe an einem Eingang einer Folgeschaltung) [Cir] / active level || **≗plan** *m* [ES] / measurement plan || **≗raster** *m* (Pegelbildgerät) / level pattern generator, electronic level pattern generator || **≗regelbereich** *m* [AC] / AGC range || **aktiver ≗übergang** (einer digitalen elektrischen Größe an einem Eingang einer Folgeschaltung) [Cir] / active transition || **≗überwachung** *f* [Tr] / level monitoring || **≗umsetzung** *f* [PCC] / level conversion
Peirce-Funktion *f* (DIN 44300, März 1972) [SA] / NOR operation, nondisjunction, Peirce function
Peltier-Effekt *m* [Sc] / Peltier's effect
Pentade *f* [Th] / pentade
PEP-Technik *f* [Sc] / planar epitaxial technique, PEP technique

PER (s. Prioritätseingangsregister)
Perforations·art *f* [HSP] / perforation type || **~folge** *f* [HSP] / perforation type || **~linie** *f* [HSP] / perforation line || **~prüfung** *f* [HSP] / perforation testing
Perforator *m* [PT] / paper tape punch (PTP), tape punch, keyboard perforator || **ausschließender ~** [Typ] / justifying perforator || **klarschreibender ~** [IO, TES] / printing reperforator || **mit beliebiger Tastaturbelegung am ~** [TP] / with optional keyboard layout on the perforator || **~bediener** *m* [TP] / perforator operator || **~gerät** *n* [TP] / perforator device
Perforatorkennung *f* [Sw] / perforator label || **Kennzeichen für ~** [Sw] / perforator label identifier
Perforator-Manuskript *n* [TP] / perforator manuscript || **~schreibkraft** *f* [TP] / perforator typist
perforierter Film [COM] / sprocketed film
Periodendauer *f* (1/f) [Th] / period length
Periodenverteilung, Zeitvielfachkanal mit ~ nach einfachen Teilverhältnissen [Tr] / simple ratio channel || **Zeitvielfachkanal mit gleichmäßiger ~** [Tr] / equal ratio channel
periodisch *adj* [Th] / cyclic || ~ (regelmäßig wiederkehrend) [Sc] / repetitive || **~e Dämpfung** [Th] / periodic damping, underdamping || **~e Schwankung** [NC] / periodic variation || **~er Spitzenstrom** [Sc] / peak repetitive on-state current || **~e Wartungsarbeiten** [Hw, Serv] / periodic maintenance tasks
periphere Einheit (DIN 44300, März 1972) [IO, PE] / peripheral unit, peripheral || **~es Gerät** [PE] / peripheral, peripheral device, peripheral unit || **~er Kernspeicher** [M] / peripheral core storage || **~es Leitwerk** [IO] / peripheral control unit || **~er Schnittstellenadapter** [Mp] / peripheral interface adapter (PIA) || **~er Speicher** (DIN 44300, März 1972) [PE] / peripheral storage || **~e Steuerung** [Sw] / peripheral controller || **~es Steuerwerk** [IO] / peripheral control unit || **~e Übertragung** [IO, PE] / peripheral transfer || **~er Verkehr** [PE] / data flow between computer and peripheral units
Peripherie, abgesetzte ~ [Hw, MCS] / remoted equipment, remote equipment || **vermittlungstechnische ~** [PE] / switching-oriented periphery || **~anschluß** *m* [Mp] / peripheral adapter || **~gerät** *n* [PE] / peripheral, peripheral device, peripheral unit || **~geräte-Ein-Ausgabesystem** *n* [OS] / peripheral I/O control system || **~schnittstelle** *f* [PE] / device interface || **~-Schnittstellenschaltung** *f* [Mp] / peripheral interface hardware || **~simulator** *m* [ES] / periphery simulator peripheral simulator || **dediziertes ~system** (z.B. Bankenterminalsystem) [Dp] / dedicated peripheral equipment system
permanent·e Bibliothek [Sw] / permanent library || **~e Datei** [Sw] / permanent file, permanent dataset || **~er Fehler** [Sw] / unrecoverable error, nontransient error || **~er Gerätefehler** [Sw] / unrecoverable device error, permanent device error || **~er Leitungsfehler** [Tr] / nontransient line error, permanent line error || **~er Lesefehler** [Sw] / unrecoverable read parity error, permanent read error || **~es Segment** [Cobol] / permanent segment || **~e Störung** [Hw] / permanent fault || **nicht ~er Speicher** [PE, M] / volatile storage
Permanentmagnet *m* [HSP] / permanent magnet
Permanentspeicher (s. Dauerspeicher) || **~** (s. Festspeicher)
Permutation, zyklische ~ [Th, DS] / cyclic permutation
Personal-Informationssystem *n* [IDS] / staff information system
personenbezogen·e Daten [Priv] / personal data || **~e Informationen** [Priv] / personal data
Personendaten *plt* [Priv] / personal data
PE-Schreibweise (s. Richtungstaktschrift)
PE-Schrift *f* [MT] / phase encoding (PE)
Pesenrad *n* [Hw, TP] / spring belt pulley
Pfad *m* [Mp, MCS] / bus
Pfeil *m* [Sc, Fl] / arrow || **schräger ~** [Fl] / sloping arrow
Pflichteintrag *m* [Sw] / mandatory entry
Pflichtenheft *n* [R&D] / product requirement specifications || **~** (in bezug auf ein Programmiervorhaben) [Sw] / program specification
p-Halbleiter *m* (DIN 41852, Aug. 1978) [Sc] / p-type semiconductor
Phase *f* (ablauffähiges Programm) [Sw] / phase || **~** (beim Sortieren) [Sw] / phase || **ablauffähige ~** [Sw] / loadable phase || **außer ~** [Th] / out of phase

Phase-encoding-Schrift (s. Richtungstaktschrift)
Phasen·adresse *f* [Sw] / phase address || **≈änderung** *f* [Tr] / phase shift || **≈anfangsadresse** *f* [Sw] / phase start address, phase load address || **≈bibliothek** *f* [Sw, ES] / phase library || **≈codierung** *f* [MCS, Sw] / phase encoding || **≈differenz** *f* [Sc, NC] / phase difference
Phasendifferenzmodulation *f* [RDp, Tr] / differential phase modulation || **vierstufige ≈** [ES] / four-phase differential modulation
phasen·empfindlich *adj* [Cir] / phase-sensitive || **≈endadresse** *f* [Sw] / phase end address || **≈hub** *m* [Tr] / phase shift || **≈kennblock** *m* [Sw] / phase description block || **≈lader** *m* [Sw] / phase loader || **≈mittlung** *f* [ES] / phase averaging || **≈modulation** *f* [Tr] / phase modulation || **≈modulationsaufzeichnung** *f* [PE] / phase modulation recording || **~moduliert** *adj* [Tr] / phase-modulated || **≈name** *m* [Sw] / load name || **≈sprung** *m* [Tr] / phase shift || **~synchronisierte Regelschleife** [AC, Co] / phase-locked control loop (PLCL) || **≈testblock** *m* [Sw] / phase test block || **≈übersicht** *f* [Dp] / map of main memory || **≈vergleichsverfahren** *n* [ES] / multipotential comparison || **≈vorlauf** *m* [Sc, Th] / phase advance
Phasenzeichen *n* [TP] / phasing signal || **≈ beginnend mit Schwarzwert** [TP] / phase-black || **≈ beginnend mit Weißwert** [TP] / phase-white
Phonem *n* [Term, VC] / phoneme
phosphoreszierendes Gedächtnis [Cy] / short-term memory
Photo... (s. Foto...)
Photoistor *m* [Sc] / photoelectric transistor
Photon *n* [Sc] / photon
Photorepeater mit mechanischer Führung [Sc] / photo repeater with mechanical guidance
Phrasenstrukturgrammatik *f* (Sammelbezeichnung für vortransformationelle Grammatiktypen) [Term] / phrase-structure grammar (PSG)
Phraseologie *f* (häufig im Gegensatz zu Terminologie, d.h. der Gesamtheit einzelner Fachbenennungen, als die Gesamtheit von in einen Kontext gekleideten Fachbenennungen verstanden) [MAT] / phraseology || **≈eintrag** *m* [MAT] / phraseological technical entry
physikalisch *adj* [Sw] / physical || **~e Adresse** [Sw] / physical address || **~er Datentransfer** [RDp] / physical message transfer || **~es Gerät** [Mp] / physical device || **~e Geräteliste** [OS] / physical device list || **~e Gerätezuordnung** [Dp] / device assignment (physical) || **~e Stufe** / physical level || **~e Stufe des EAS** [OS] / physical file control processor, physical level FCP
physisch·er Aufbau [Cobol] / physical structure || **~er Satz** [Cobol] / physical record
Piktogramm *n* [HSP] / pictograph
pinkompatibel *adj* [Hw, Mp] / pin-compatible (module, etc.)
p-Kanal·-Feldeffekttransistor *m* [Sc] / p-channel field-effect transistor, p-channel FET || **~-FET** *m* [Sc] / p-channel field-effect transistor, p-channel FET || **~-Metalloxid-Halbleiter** *m* [Sc, Co] / p-channel metal-oxide semiconductor (PMOS), p-channel MOS || **~-MOS** *m* [Sc, Co] / p-channel metal-oxide semiconductor (PMOS), p-channel MOS
PL/1 [PL] / PL/1 || **≈-Übersetzer** *m* [OS] / PL/1 compiler
Plan, logischer ≈ [Th, Cir] / logic diagram, logical diagram
Planar-Epitaxial-Technik *f* [Sc] / planar epitaxial technique, PEP technique
Planartransistor *m* [Sc] / planar transistor || **Silizium-≈** *m* [Sc] / silicon planar transistor
planmäßig *adj* / scheduled || **~e Wartung** [Hw, DpC] / scheduled maintenance (i.e., maintenance carried out in accordance with an established plan)
Planung, funktionelle ≈ [Dp] / functional design
Planungsrechnung, lineare ≈ [Th, Sw] / linear programming, linear optimization
Plasmabildschirm *m* [VDT] / plasma display
Platine *f* [Sc] / printed circuit motherboard
Plättchen *n* [Sc] / silicon wafer, wafer || **Transistor-≈** *n* [Co, Sc] / transistor chip
Platte *f* [MD] / disk || **eine ≈ einsetzen** [MD] / to mount a disk || **Free-place-≈** *f* [MD] / free place disk || **gedruckte ≈** [Co] / printed circuit board (pcb), pc board
Platte-Band-Umsetzprogramm *n* [Sw] / disk-to-tape conversion program
Platte-Betriebssystem *n* (PBS) [MCS] /

disk operating system (DOS)
Platte-Ein-Ausgabeprogramm *n* [OS] / disk handler
Platten·adresse *f* [MD, Sw] / disk address || **≗adreßwort** *n* [MD, Sw] / disk control field (DCF) || **≗arbeitsbereich** *m* [Sw] / disk work area || **≗arbeitsdatei** *f* [Sw] / disk work file || **steckbare ≗baugruppe** [Co] / plugin pc module
Plattendatei *f* [MD, Sw, ES] / disk file || **≗entwurfsblatt** *n* [Sw] / disk file layout chart
Platten·drehzahl *f* [MD] / disk speed || **≗duplizieren (RADUP)** *n* [OS, Aufruf] / Random-access duplicate (RADUP)
Plattenfehler *m* [MD, Sw] / disk error || **≗liste** *f* [ES] / disk error table
platten·gepufferte Nachricht [OS] / disk-buffered message || **≗kante** *f* [MD] / disk edge || **≗kapazität** *f* [MCS] / disk capacity || **≗kassette** *f* [MD] / cartridge disk, magnetic disk cartridge, disk cartridge || **≗kassettenlaufwerk** *n* [MD] / disk cartridge drive || **≗laufwerk** *n* (DIN ISO 5653E, Okt. 1978) [MCS, MD] / disk drive || **≗oberfläche** *f* [MD] / disk surface || **≗organisation** *f* [Sw] / disk file organization || **≗organisationsprogramm** *f* [Sw] / disk file organization routine || **≗protokoll** *n* [MD, Sw] / disk trace
Plattenprüf·gerät *n* [Sc] / pc board tester || **≗programm** *n* [MD, DS] / disk check program
Platten·pufferung *f* [OS] / disk buffering || **≗satzübersichtsblatt** *n* [Sw] / disk layout form || **≗schlüssel** *m* [MD, Sw] / disk address || **≗schutzzeit** *f* [Sw] / disk protect time || **≗sektor** *m* [MD, Sw] / sector (subdivision of a disk track)
Plattenspeicher *m* (DIN 66001, Sept. 1977) [MD] / disk storage, magnetic disk storage || **≗ mit einheitsgerechten Adressen** [MD, Sw] / natural pack || **200-Megabyte-≗** *m* [Dp] / 200 megabyte disk storage || **Wartungsprogramm für Großspeichersteuerung und ≗** [OS] / random-access controller and disk storage maintenance program || **≗abzug** *m* [Sw] / disk dump || **≗anschluß** *m* [MD] / disk I/O attachment || **≗arbeitsbereich** *m* [Sw] / disk work area || **≗bereich** *m* [Sw] / disc extent, disk area || **≗datei** *f* [Sw] / disk storage file || **≗einheit** *f* [MD] / disk unit, disk storage unit || **≗etikett** *n* [Sw] / disk label || **≗indexdatei** *f* [Sw] / disk index file || **≗organisation** *f* [Sw] / disk file organization || **≗raum** *m* [DpC] / disk storage room || **~resident** *adj* [Dp] / disk-resident || **≗sortierprogramm** *n* [Sw] / disk sort program || **≗steuereinheit** *f* [MD] / disk control unit || **≗steuerung** *f* [MCS, MD] / disk controller
Plattenspur *f* [MD] / disk track
Plattenstapel *m* (DIN ISO 5653E, Okt. 1978) [MCS, MD] / disk pack || **≗archivnummer** *f* [MD] / pack serial number
Platten·temperatur *f* [Sc] / plate temperature || **≗umdrehungszahl** *f* [MD] / disk speed || **≗vorbereitungsprogramm** *n* [OS] / disk initializer
Plattenzugriffs·arm *m* [MD] / disk access arm || **≗mechanismus** *m* [MD] / disk access mechanism
Platz, freier ≗ (in einer Warteschlange) [Sw] / slot
Platzbedarf (Speicher) (s. Speicherbedarf) || **zusätzlicher ≗** [Sw] / overhead
Platz·nummer *f* [OS] / location number (LOC) || **≗reservierung** *f* [RDp] / seat reservation (e.g., airline seat reservation) || **≗reservierungssystem** *n* (für Verkehrsmittel usw.) [RDp] / (airline, etc.) reservation system || **~sparende Textspeicherung** [IDS] / space-saving text storage || **≗steuerung** *f* [RDp, Tr] / terminal device control || **~vermittelte Verbindung** [ES] / operator-assisted call
Plausibilitätskontrolle *f* [RDp, Tr] / plausibility check
p-Leitung *f* (DIN 41852, Aug. 1978) [Sc] / hole conduction, p-type conduction
PLL-Schaltung *f* [AC, Co] / phase-locked control loop (PLCL)
PL/M (höhere Programmiersprache für Mikrocomputer, basierend auf PL/1) [MCS] / PL/M (Programming Language for Microcomputers)
Plotten, Ausschnitt-≗ *n* [GrDp] / window plotting
Plotter *m* [GrDp] / graphic plotter, data plotter, plotter || **COM-≗** *m* (elektronisches Zeichengerät, bei dem die grafische Darstellung von einer Kathodenstrahlröhre auf Mikrofilm projiziert wird) [COM, GrDp] / COM plotter || **elektromechanischer ≗** (mit Zeichenstift arbeitender Plotter) [GrDp] / electromechanical plotter || **elektrostatischer ≗** [GrDp] / electrostatic plotter || **Farb-≗** *m*

(Plotter zur Umsetzung von Daten in farbige Grafik) [GrDp] / color plotter || **I/V-≗** *m* [Hw] / current-voltage plotter || **Offline-≗** *m* [GrDp] / off-line plotter || **Online-≗** *m* [GrDp] / on-line plotter || **Steuereinheit für ≗** [GrDp] / graphic control unit || **Stufenform-≗** *m* [GrDp] / incremental plotter (as opposed to "vector generator system") || **Vektorgenerator-≗** *m* [GrDp] / vector generator system (as opposed to "incremental plotter") || **Zeichenstift-≗** *m* [GrDp] / pen plotter || **≗system** *n* [GrDp] / plotting system, graphic system || **≗-Terminal** *n* [GrDp] / peripheral plotter
plus *adv* [Fortran] / plus (+)
Plus-Minus-Anzeige *f* [NC] / bidirectional readout || **≗-Zähler** *m* [PC] / direct subtract counter
Plus-und-Minus-Programmierung *f* [NC] / plus-and-minus programming, four-quadrant programming
Pluszeichen *n* [Th] / plus sign
pneumatische Abfühlung [PT] / pneumatic sensing || **~e Abtastung** [PT] / pneumatic sensing
pnpn-Transistor *m* [Sc] / pnpn-type transistor
pn-Schichtkristall *m* [Sc] / p-n junction crystal
pn-Übergang *m* (DIN 41852, Aug. 1978) [Co, Sc] / p-n junction
POB-Technik *f* [Sc] / pushout-base technique
polarisiertes Schreibverfahren [PE] / polarized return-to-zero recording
Polarität *f* [Th] / polarity
Polaritätsbit *n* [ES] / polarity bit || **≗profil** *n* [Cy] / semantic differential
Polaritätsspeicher *m* [M, ES] / polarity storage || **zentraler ≗** [ES] / common polarity storage
Polaritätsumkehr *f* [ES] / inversion to ... polarity
Polaritätswechsel *m* [RDp, Tr] / change in polarity, polarity reversal || **≗anschluß** *m* [ES] / polarity reversal termination || **~weise** *adj* [ES] / on a polarity reversal basis, polarity reversal by polarity reversal
Polarkoordinaten *f pl* [Th] / polar coordinates
Polierleinen *n* [Serv] / polishing cloth
polig, 24-~es DIL-Gehäuse [Mp] / 24-pin dual-in-line package
Polling *n* [RDp] / polling
polnische Schreibweise [Th] / Polish notation, Lukasiewicz notation
Polplatte *f* [Hw] / pole plate || **≗schuh** *m* [Hw] / pole shoe
Polyesterfilm *m* [HSP] / polyester film
Polygonspiegel *m* [HSP] / polygon mirror
polykristallines Material [Sc] / compound material
polymorphes System [Th] / polymorphic system
Polyphasensortieren *n* [Dp, OS] / polyphase sorting, phase sorting
Polysem *n* (DIN 2336E, Mai 1977) [Term] / polysem
Polysemie *f* (gleiche Aussprache und gleiche Schreibung bei bedeutungsgeschichtlicher Divergenz eines etymologisch einzigen Wortes; cf. „Homonymie") (DIN 2330, März 1979) [Term] / polysemy || **grammatische ≗** [MAT] / grammatical polysemy
Polystyrol-Schaumstoff *m* [Hw] / polystyrene foam
Pool *m* [IDS] / pool, data pool || ≗ (Speicherbereich) [OS] / pool || **≗anfangsadresse** *f* [ES] / pool start address || **≗belegung** *f* [ES] / pool capacity, pool capacity utilized || **≗bereich** *m* [Sw] / pool area
Pooling *n* [Mp] / pooling
Poolorganisation *f* [Dp] / pool structure || **≗überlauf** *m* [ES] / pool overflow || **≗verwaltung** *f* [Dp] / pool management || **≗zelle** *f* [ES] / core buffer || **≗zellenkette** *f* [ES] / pool cell chain
Portabilität *f* (Übertragbarkeit eines Programms von einer Umgebung in eine andere) [Sw] / portability
portables Datenbanksystem (für unterschiedliche Rechnersysteme, z.B. für Minicomputer und Prozeßrechner) [Dp] / portable data base system
positionieren *v* [PE] / position || **einen Datenträger ~** [Sw] / to position a volume || **≗ auf eine Kartendatei (DATA)** [OS] / Position card file (DATA) || **≗ einer Datei** (auf einen Satz) [PL/1] / positioning a file
Positioniergatter *n* [TP] / positioning gate || **≗messung** *f* [NC] / position measurement || **≗routine** *f* [Sw] / positioning routine || **≗sicherheit** *f* [HSP] / positioning reliability
Positionierung *f* [TP] / (print head, etc.) positioning || **≗ aus einer Richtung** [NC] / unidirectional positioning
Positionierungsfehler *m* [PE] / positioning error || **≗zeit** *f* [MT] / seek time
Positioniervorgang *m* [PE] / positioning

function || **~zeit** *f* [MD] / positioning time || **~zeit** [MT] / seek time
Positionsanzeiger (s. Schreibmarke)
Positionsanzeigesymbol *n* [MCS, VDT] / cursor || **löschendes ~** [VDT] / destructive cursor || **nichtlöschendes ~** [VDT] / nondestructive cursor
Positions·darstellung *f* [Th] / radix notation, radix representation, base notation || **~parameter** *m* (für Modifikationstext) [Sw] / location parameter || **~schlüssel** *m* [ES] / positional key || **~speicher** *m* [M] / position storage || **~wahlschalter** *m* [NC] / position selector switch
positiv·e ganze Zahl [Th] / positive integer || **~e Halbwortkonstante** [Sw] / halfword positive constant || **~e Quittung** [Tr] / positive acknowledgment (ACK) || **~e Rückmeldung** [Tr] / positive acknowledgment (ACK) || **~es Sättigungsgebiet** [Sc] / positive saturation region || **~er Sättigungsknick** [Sc] / positive saturation bend (of a hysteresis loop) || **~e Spannung** [Sc] / forward voltage || **~e Sperrspannung** [Sc] / positive off-state voltage (of bidirectional thyristors) || **~e Sperrspannung** [Sc] / off-state forward voltage (of single-directional thyristors) || **~er Sperrstrom** [Sc] / off-state forward current (of single-directional thyristors) || **~er Sperrstrom** [Sc] / positive off-state current (of bidirectional thyristors) || **~er Strom** [Sc] / forward current || **~e Taktflanke** [TP] / positive-going pulse || **~er Taktwechsel** [TP] / positive-going pulse || **~es Vorzeichen** [Th] / positive sign
Positiv-Original *n* [HSP] / positive overlay master
POS-Kasse *f* [Hw] / point-of-sale terminal, POS terminal
Post, elektronische ~ (Sammelbezeichnung für schriftliche Nachrichtenübermittlung von Person zu Person bzw. von Büro zu Büro auf elektronischem Weg) [Vtex, Fax] / electronic mail
Post-alloy-Diffusionstechnik *f* [Sc] / post-alloy-diffusion technique
Postambel *f* (DIN 66010, Apr. 1973) [MT, MD] / postamble
Posten *m* (zur Verarbeitung eingegebene Zahl) (DIN 9757E, Okt. 1977) [Calc] / item || **~eintrag** *m* [PC] / list entry || **~karte** *f* [PC, Sw] / detail card || **~leiste** *f* [Cobol] / detail report group || **~schreibung** *f* [PC] / detail printing, normal card listing || **~umdrucker** *m* [Fax] / facsimile posting machine || **~zähler** *m* (DIN 9757E, Okt. 1977) [Calc] / item counter
POS-Terminal *n* [Hw] / point-of-sale terminal, POS terminal
Post-injektion-Spannung *f* [Sc] / post injection voltage
Post-mortem-Fehlersuchprogramm *n* [Sw] / postmortem program
Post-mortem-Programm *n* [Sw] / postmortem program || **allgemeines ~** [Sw] / general postmortem program || **gesteuertes ~** [Sw] / controlled postmortem routine
Postprozessor *m* (Programm) [Sw] / postprocessor
Postverwaltung *f* [Org] / postal administration
Potential *n* [Sc, Th] / potential || **~abfall** *m* [Sc, Th] / potential drop || **~ausgleichsleitung** *f* [TrL] / potential equalization line
potentialfrei *adj* [Sc, Th] / at zero potential, not carrying potential, floating || **~ eingeben** [PCC] / to put in on a floating basis
Potential·schwelle *f* [Sc, Th] / potential barrier, threshold voltage || **~topf** *m* [Sc] / potential well || **~verteilung** *f* [Sc, Th] / potential distribution
Potentiometer *n* [ES, AC] / potentiometer || **Funktionsgeber mit angezapftem ~** [ADp] / tapped-potentiometer function generator || **Sinus/Cosinus-~** *n* [ADp] / resolving potentiometer, sine/cosine potentiometer || **~lastfehler** *m* [ADp] / potentiometer loading error
Potenz *f* (einer Zahl) [Th] / power
potenzieren *v* [Th] / exponentiate
Potenzierung *f* [Th] / exponentiation
Potenzschreibweise *f* [Th] / power mode
Präambel *f* (DIN 66010, Apr. 1973) [MT, MD, Tr] / preamble
Präfix *n* [Th] / prefix code || **~schreibweise** *f* [Th] / Polish notation, Lukasiewicz notation
prägen *v* [HSP] / emboss
Präzision *f* [Th] / precision (i.e., degree of discrimination with which a quantity is stated; cf. "accuracy")
Präzisions·attribut *n* [Sw] / scaling attribute || **~-Bezugsspannungsquelle** *f* [PCC] / precision voltage reference || **~faktor** *m* [Assembler] / scale modifier || **~gefertigte Teile** [Hw] / high-precision

parts || ≗**kamera** *f* [COM, HSP, Typ] / precision camera
Preis/Leistungsverhältnis, wettbewerbsfähiges ≗ [Dist] / competitive price/performance ratio
Preller *m* [Tr] / bouncing pulse, bounce pulse
Prellprüfung *f* [Hw, R&D] / bounce test
Preßsitz *m* [Hw] / force fit
primär·e Datenerfassung [OCR] / source data acquisition || **~er Supervisor** [OS] / primary supervisor || **~es Zustandsbyte** [Sw] / primary status byte (PSB) || ≗**anweisung** *f* [PL] / source language statement, source statement, source program statement
Primärausdruck *m* [Algol] / primary || [Fortran] / primary
Primär·bibliothek *f* [PL] / source library, source program library || ≗**datei** *f* [RPG] / primary file || ≗**druck** *m* [Fl] / primary pressure, inlet pressure || ≗**eingabe** *f* [Sw] / primary data set || ≗**fehler** *m* [ES] / primary fault
Primärprogramm *n* [Sw] / source program || ≗**ausgabe** *f* [PL] / source output || ≗**band** *n* [PL] / source tape, source program tape || ≗**bibliothek** *f* [PL] / source library, source program library || ≗**bibliotheksband** *n* [PL] / source library tape, source language library tape || ≗**eingabe** *f* [PL] / source input || ≗**formular** *n* [PL, ES] / source program form || ≗**karte** *f* [Sw] / source card, source program card || ≗**kartenstapel** *m* [PL] / source deck, source program card deck || ≗**name** *m* [PL] / source program name || ≗**protokoll** *n* [PL] / source listing, source program listing || ≗**stapel** *m* [PL] / source deck, source program card deck
Primär·prozeß *m* [Sw] / primary task || **~seitige Abfrage** [ES] / primary interrogation || ≗**speicher** *m* [M] / primary storage
Primärsprache *f* [Sw] / source language || **Anweisung in** ≗ [PL] / source language statement, source statement, source program statement || **Kartenabbild in** ≗ [PL] / source image
Primär·task *f* [OS] / primary task || ≗**zugriffsmethode** *f* [Sw] / primary access method (PAM) || ≗**zustand** *m* (Prioritätszustand, in dem z.B. Systemprogramme ablauffähig sind; cf. „Sekundärzustand") [CP] / primary status || ≗**zuweisung** *f* [Sw] / primary allocation
Primitiv-Ausdruck *m* [PL/1] / primitive expression
Primzahl *f* [Th] / prime number
Printplatte (gedruckte Schaltung) (s. Flachbaugruppe)
Prinzipschaltbild *n* [Dist] / schematic circuit diagram, circuit schematic
Priorität *f* [Cobol] / priority || ≗ (feste Zuordnung in der Hardware-Struktur einer ZE) [CP] / priority || ≗ (Zuordnung der zeitlichen Rangfolge) [Tr] / precedence, priority (and precedence) || ≗ (s. Programmpriorität) || ≗ **zurücknehmen** [Dp] / to cancel priority || **absteigende** ≗ [RDp, Tr] / descending order of priority || **höchste** ≗ [Tr] / right-of-way precedence || **höchste** ≗ [Sw] / top priority || **normale** ≗ [Sw] / normal priority || **Unterbrechung durch höhere** ≗ [OS] / priority interrupt || **Verarbeitung nach** ≗**en** [Sw, NC] / priority processing, priority scheduling
Prioritäten·austausch *m* [ES] / priority exchange || ≗**codierer** *m* [Mp] / priority encoder || ≗**wechsel** *m* [ES] / priority change
Prioritätsanzeiger *m* [Tr] / priority indicator
Prioritätsausgabe·meldung (PAM) *f* [ES] / priority output notice || ≗**meldungsregister (PAMR)** *n* [ES] / priority output notice register
Prioritätsaustausch *m* [ES] / priority exchange || ≗**register** *m* [ES] / priority exchange register
Prioritäts·auswahlschaltung *f* [ES] / priority selection circuit || ≗**bewerter** *m* [ES] / priority select decoder || ≗**codierer** *m* [Mp] / priority encoder || ≗**ebene** *f* [CP] / priority level || ≗**eingangsregister (PER)** *n* [ES] / priority input register || ≗**fehler** *m* [PCC] / priority error || ≗**gruppe** *f* [Sw] / priority group || ≗**jobdisponent** *m* [OS] / priority scheduler || ≗**logik** *f* [OS] / priority logic || ≗**nummer** *f* [Cobol] / priority number
Prioritätsprogramm *n* [Sw] / foreground program || [Dp] / priority routine
Prioritäts·reihe *f* [RDp, Tr] / priority list || ≗**reihenfolge** *f* [Sw] / priority sequence
Prioritätsstatus *m* [Tr] / priority status || ≗**register (PSR)** *n* [ES] / priority status register
Prioritäts-Steuereinheit für Unterbrechungen (PSU) (zur Vereinfachung von unterbrechungsgesteuerten Mikrocomputersystemen) [Mp] / priority interrupt control unit (PICU)

Prioritätssteuerung (Vorgang) [DT, Tr] / priority control, precedence control || ≗ (Teil des Steuerwerks) (s. Vorrangsteuerung)
Prioritätsstruktur *f* (Hardware-Struktur der ZE) [CP] / priority structure
Prioritätsstufe *f* [Tr] / precedence rating || ≗ (s. Prioritätsebene)
Prioritätstausch *m* [ES] / priority exchange || **≗register (PTR)** *n* [ES] / priority exchange register
Prioritätsübernahme *f* [ES] / priority acceptance, priority transfer || **≗register** *n* [ES] / priority acceptance register
Prioritäts·verarbeitung *f* [Sw, NC] / priority processing, priority scheduling || **≗vergleicher** *m* [Mp] / priority comparator || **≗wechsel** *m* [OS] / priority change || **≗zustand** *m* (Unterteilung einer Prioritätsebene) [CP] / priority status
private·e Datei [Sw] / private file || **~er Datenträger** [Sw] / private volume || **≗bibliothek** *f* [OS] / private library || **≗datei** *f* [Sw] / private file || **≗-Fernschreibnetz** *n* [Tr] / private telegraph network || **≗-Fernsprechnetz** *n* [Tr] / private telephone network || **≗leitung** *f* [Tr] / private line || **≗netz** *n* [RDp] / private network || **Beeinträchtigung der ≗sphäre** [Priv] / invasion of privacy, intrusion into privacy, violation of privacy
privilegiert·er Befehl [Sw] / privileged instruction || **~e Instruktion** [Sw] / privileged instruction || **~er Modus** [OS] / privileged mode || **~e Operation** [OS] / privileged operation
Probedruck *m* [HSP] / test print || **einen ≗ fahren** [HSP] / to run a print sample
Probe·durchlauf *m* [Dp] / test run, trial run || **≗lauf** *m* [Dp] / test run, trial run
Problem·beschreibung *f* [Dp] / problem description || **Feld für ≗bezeichnung** [Sw] / identification field || **≗darstellung** *f* (logisches Ablaufdiagramm) [Sw] / problem definition
problemnah *adj* [Sw] / problem-oriented (language, etc.) || **~e Programmiersprache** [PL] / problem-oriented language
problemorientiert *adj* (DIN 44300, März 1972) [Sw] / problem-oriented (language, etc.) || **~e Programmiersprache** (DIN 44300, März 1972) [PL] / problem-oriented language
Problem·programm *n* [Sw] / problem program || **≗stellung** *f* [Sw] / problem definition || **≗teil** *m* [PCC] / problem division || **≗zeit** *f* [Dp, ADp] / problem time
Produkt·angebot *n* [Dist] / product line (of company) || **≗entwicklung** *f* / product design
Produktfunktion *f* [PL/1] / prod (builtin) function || **eingebaute logische ≗** [PL/1] / every (builtin) function
Produktionssteuerung *f* [PCC, NC] / production control || **automatische ≗** [PrC] / automated production control
Produktionstechnik *f* [NC] / production engineering
Produktivlauf *m* (eines Programms) [Dp] / productive run
Produkt·liste *f* [Dist] / product list || **≗sammelkarte** *f* [Dist] / product list of material || **≗variante** *f* [Dist] / product variant
Profil·methode *f* [Cy] / semantic differential || **≗schiene** *f* [Hw] / section bar
Programm *n* [Algol] / program || [PL/1] / program || ≗ (DIN 44300, März 1972) [Sw] / program || **≗ für Listenaufgaben** [Sw] / report program || **≗ in Symbolsprache** (s. symbolisches Programm) || **adressenfreies ≗** [Sw] / symbolic program || **aktuelles ≗** [OS] / active program, current program || **angehaltenes ≗** [PCC] / suspended program || **fertiges ≗** [Sw] / finished source-language program || **festverdrahtetes ≗** [Cir, Sw] / hardwired program, wired program || **laufendes ≗** [OS] / active program, current program || **optimales ≗** [Sw] / optimally coded program, optimal program || **rechnergestütztes ≗** [NC] / computer-assisted program || **relativierbares ≗** [Sw] / relocatable program || **selbständiges ≗** [Sw] / independent program, independent routine || **selbstanpassendes ≗** [Dp] / self-adapting program || **selbstladendes ≗** [Sw] / self-loading program || **selbstorganisierendes ≗** [Dp] / self-organizing program || **selbststartendes ≗** [Sw] / self-triggering program || **statisches ≗** [Sw] / static program || **symbolisches ≗** [Sw] / symbolic program || **übersetztes ≗** [Sw] / object program, object language program || **unabhängiges ≗** [Sw] / independent program, independent routine || **unverschiebliches ≗** [Sw] / nonrelocatable program || **verdrahtetes**

≗ [Cir, Sw] / hardwired program, wired program || **vermittlungstechnisches ≗** [ES] / switching-oriented program || **verschiebbares ≗** [Sw] / relocatable program || **verschiebliches ≗** [Sw] / relocatable program || **vorbereitendes ≗** [Sw] / preparatory program || **vorläufiges ≗** [Sw] / preliminary program

programmabhängig *adj* [Sw] / program-dependent || **~er Fehler** [Dp] / program-sensitive error, program-sensitive malfunction, program-sensitive fault

Programmablauf *m* [Dp, PCC, Sw] / program execution, program run || ≗ (DIN 44300, März 1972) [Sw] / program run

Programmablaufanlage *f* [Sw] / object computer, object machine

Programmablaufdatenzyklus *m* [Sw] / program execution data cycle

Programmablauffolge *f* [OS] / job stream, monitor job stream

Programmablaufplan *m* (DIN 44300, März 1972) [Sw] / program flowchart

Programmablaufrechner *m* [Sw] / object computer, object machine

Programmablaufüberwachung *f* [OS] / program timing supervisor

Programmabrechnung *f* [OS] / accounting function (maintaining an accurate and equitable record of machine-time usage)

Programmabruf *m* [Sw] / program fetch

Programmabschnitt *m* [Sw] / program section, control section || **gemeinsamer ≗** [Sw] / common control section

Programmabschnittsband, Ändern eines ≗es [Sw] / program section library maintenance, program section library updating

Programmabzug *m* [Sw] / program dump

Programmänderung *f* [Sw] / program alteration, program modification

Programmanfang *m* (Start) [Sw] / program start

Programmanfangsadresse *f* [Sw] / program start address

Programmanfangskennblock *m* [Sw] / program header block, program descriptor block

Programmanforderung *f* [ES] / program request

Programmanforderungsbit *n* [ES] / program request bit

Programmanforderungspuffer *m* [ES] / program request buffer

Programmanforderungsregister *n* [ES] / program request register

Programmanforderungssystem *n* [ES] / program request system

Programmanschluß *m* [Sw] / program interface, software interface

Programmanstoß *m* [Dp] / program activation

Programmanuskript *n* [Sw] / program manuscript, program list

Programmanweisung *f* [Sw, ES] / program statement

Programmanzeige *f* [OCR] / program flag

Programmaufbau *m* [Sw] / program structure, program setup

Programmaufstellung *f* [Sw] / program preparation

Programmausführung *f* [OS] / program execution || **während der ≗** [Cobol] / at object time

Programmausführungs·anlage *f* [Cobol] / object computer || **≗rechenanlage** *f* [Cobol] / object computer || **≗zeit** *f* [PL] / object time

Programmausgabe *f* (Version) [Sw] / program version, version

Programmausgang *m* [Sw] / program exit

Programmausnahme *f* [OS] / program check || **≗unterbrechung** *f* [OS] / program interruption

Programmausrüstung *f* [Dp] / software

Programmausstattung *f* [Dp] / software

Programmaustausch *m* [OS] / swapping

Programmauswahl *f* [Dp] / program selection

Programmband *n* [PT, MT, Sw] / program tape (i.e., a magnetic or paper tape on which one or more programs, usually in object program format, are stored) || **≗erzeuger** *m* [Sw] / loadable tape builder

Programmbank *f* [Sw] / program bank

Programmbaustein *m* (DIN 44300, März 1972) [Sw] / program module, programming module, module (self-contained subset of a program)

programmbedingt·er Fehler [Dp] / program-sensitive error, program-sensitive malfunction, program-sensitive fault || **~e Unterbrechung** [Sw] / program-controlled interrupt (PCI)

Programmbeendigung *f* [Sw] / program termination

Programmbefehl *m* [Sw] / program instruction

Programmbeispiel *n* [Sw] / sample program

Programmbereich *m* [Sw, ES] / program area || [OS] / partition

Programmbeschreibung *f* [Sw] / program description
Programmbezeichnung *f* [Cobol] / program identification
Programmbezirks·adresse *f* [ES] / program region address || **≗register** *n* [ES] / program region register
Programmbibliothek *f* [Sw] / program library || **eine ≗ einrichten** [ES] / to initialize a program library || **Wartungsprogramm der ≗** [OS] / library maintenance routine
Programmbibliotheks·band *n* [Sw] / program library tape (PLT) (i.e., a program library maintained on magnetic or, sometimes, paper tape) || **≗tabelle** *f* [Sw] / load library table
Programmbildformat *n* [Cobol] / reference format
Programmblatt (s. Codierblatt)
Programmdatei *f* [PT, MT, Sw] / program tape (i.e., a magnetic or paper tape on which one or more programs, usually in object program format, are stored)
Programmdokumentation *f* (DIN 66230E, Jan. 1979) [Sw] / program documentation
Programmdurchlauf *m* [Sw] / program run
Programmebene *f* [Sw] / program level
Programmeinheit *f* [Fortran] / program unit
Programmelement *n* [Sw] / program element
Programmende *n* [ES] / end of program, program end || **≗bezugszahl** *f* [RPG] / last record indicator (LR)
Programmendroutine *f* [Sw] / end-of-program routine
Programmentwicklungssoftware *f* [MCS] / program development software, development software (for minicomputer, etc.)
Programmereignisregistrierung *f* [VS] / program event recording (PER)
Programmerstellung *f* [Sw] / program preparation
Programmfassung *f* [Sw] / program version, version
Programmfehler *m* [Sw] / program error || **≗behandlung** *f* [Sw] / program error recovery || **≗beseitigung** *f* [Sw] / program debugging
Programmfolge *f* [Sw, NC] / program sequence
Programmform *f* [Sw] / program format, format
Programmformular (s. Codierblatt)
Programmfortsetzungsadresse *f* [Sw] / program continuation address
Programmgang *m* [Sw, NC] / program cycle
Programmgenerator *m* [Sw, ES] / program generator
Programmgenerierung *f* [Sw] / program generation
Programmgenerierungslauf *m* [Sw] / program generating run
programmgesteuert *adj* [Sw] / program-controlled, sequence-controlled, under program control || **~e Anforderung (PA)** [Sw] / program-controlled interrupt request || **~er Busschalter** [Mp] / programmable switch (PS) || **~es Dokumentationssystem** [IDS] / computerized documentation system || **~e Rechenanlage** [Dp] / program-controlled computer || **~er Rechner** [Dp] / program-controlled computer || **~er Schalter** [Sw] / program-sensible switch || **~e Silbentrennung** [Typ] / program-controlled hyphenation || **~e Werkzeugmaschine** [NC] / automatically programmed machine tool || **~er Zeittaktgeber** [MCS] / programmable clock
Programmidentifikation *f* [Sw] / program identification, program ID
Programmier·anweisung *f* [Sw] / programming instruction || **≗aufwand** *m* [Sw] / programming effort
programmierbar *adj* [Sw] / programmable || ~ (Zeilentransport, Papiervorschub) [HSP] / program-controlled || **~e Datenstation** [DT] / intelligent terminal, smart terminal, intelligent data terminal || **~e Datenübertragungssteuerung** [ES] / programmable communication controller || **~e elektronische Rechenmaschine** (DIN 9757E, Okt. 1977) [Calc] / programmable electronic calculator || **~er Festspeicher (PROM)** [Mp] / programmable read-only memory (PROM), programmable ROM || **~e logische Anordnung** [Mp] / programmable logic array (PLA) || **~es logisches Feld** [Mp] / programmable logic array (PLA) || **~er Rechner** [Calc] / programmable calculator || **~es ROM** [Mp] / programmable read-only memory (PROM), programmable ROM || **~es Schaltwerk (PSW)** (im Steuerteil) [TP] / programmable sequential switching circuit || **~er Unijunction-Transistor** [Sc] / programmable unijunction

transistor || **~er Urladefestspeicher** [Mp] / bootstrap PROM || **frei ~** [Mp] / freely programmable, intelligent || **nicht ~** [Sw] / nonprogrammable, nonintelligent

Programmierbarkeit *f* [Sw] / programmability || **freie ≗** [Sw] / free programmability

programmieren *v* [Sw] / program || **gestreckt ~** [Sw] / unwind, to use the straight-line coding method || **≗ im Maschinencode** [Sw] / absolute programming || **≗ mit absoluten Adressen** [Sw] / absolute programming || **≗ mit relativen Adressen** [Sw] / relative programming || **modulares ≗** [Sw] / modular programming (i.e., a programming technique in which each program is divided at the planning stage into a number of logical parts or modules) || **parametrisches ≗** [Sw] / parametric programming || **relatives ≗** [Sw] / relative programming || **symbolisches ≗** [Sw] / symbolic programming || **zeitoptimales ≗** [Dp] / minimum-access coding

Programmierer *m* [Sw] / programmer || **≗-Bedingung** *f* [PL/1] / programmer named condition || **≗wort** *n* [Cobol] / user-defined word

Programmier·fehler *m* [Sw] / bug, programming error || **≗gerät** *n* (zur Programmierung von PROMs usw.) [Mp] / programming device || **≗handbuch** *n* [Sw] / programmers' manual || **≗kapazität** *f* [Dp] / programming capacity || **≗komfort** *m* [Sw] / programming convenience || **≗kosten** *plt* [Dp] / programming costs || **≗methode** *f* [Sw] / programming method

Programmiersprache *f* (DIN 44300, März 1972) [PL] / programming language, program language || **automatische ≗** [PL] / automatic programming language, automatic coding language || **höhere ≗** (d.h., jede nicht maschinenorientierte Programmiersprache, z.B. Basic, Cobol, Fortran, Algol usw.; häufig als Synonym für „problemorientierte Programmiersprache" verwendet) [Sw] / high-level language || **maschinennahe ≗** [PL] / machine-oriented language (MOL), computer-oriented language, low-level language || **maschinenorientierte ≗** (DIN 44300, März 1972) [PL] / machine-oriented language (MOL), computer-oriented language, low-level language || **maschinenunabhängige ≗** [PL] / computer-independent language || **problemnahe ≗** [PL] / problem-oriented language || **problemorientierte ≗** (DIN 44300, März 1972) [PL] / problem-oriented language || **symbolische ≗** [Sw, NC] / symbolic language, symbolic programming language || **verfahrensorientierte ≗** [PL] / procedure-oriented language, procedural language || **vermittlungstechnisch orientierte ≗** [ES] / switching-oriented programming language

Programmier·sprachenname *m* [Cobol] / language name || **≗stecker** *m* [Mp] / programmable plug

Programmiersystem *n* (DIN 44300, März 1972) [Sw] / programming system || **symbolisches ≗** [Sw] / symbolic programming system

programmiert·e Ablaufanforderung [Dp] / programmed sequence request || **~er Befehlszähler** [CP] / software program counter || **~es Formular** [HSP] / programmed form || **~e Instruktion** [CAI] / programmed instruction (PI) || **~es Lernen** [CAI] / programmed learning || **~er Netzknoten** [ES] / remote communication controller || **~er Stopp** [Sw] / programmed stop || **~e Toleranzprüfung** [PCC] / programmed marginal check || **~er Unterricht** [CAI] / programmed instruction (PI) || **~e Unterweisung (PU)** [CAI] / programmed instruction (PI)

Programmiertechnik *f* [Sw] / programming technique

Programmierung *f* [Sw] / programming || **≗ mit quadratischen Funktionen** [Sw] / quadratic programming || **absolute ≗** (s. absolute Codierung) || **automatische ≗** [Sw] / automatic programming, automatic coding, machine-aided programming, autoprogramming || **direkte ≗** [Sw] / direct programming, machine-level programming || **dynamische ≗** [Sw] / dynamic programming || **ganzzahlige ≗** [ASw] / discrete programming, integer programming || **gestreckte ≗** (im Gegensatz zu „zyklische Programmierung") [Sw] / straight-line coding, inline coding || **heuristische ≗** [Sw, Cy] / heuristic programming || **maschinenunterstützte ≗** [Sw] / automatic programming, automatic

coding, machine-aided programming, autoprogramming || **mathematische** ≗ [Th, Sw] / mathematical programming || **Random-access-**≗ *f* [Sw] / random-access programming || **strukturierte** ≗ [Sw] / structured programming || **symbolische** ≗ [Sw] / symbolic programming || **zyklische** ≗ (im Gegensatz zu „gestreckte Programmierung") [Sw] / loop coding
Programmierungs·hilfe *f* [Sw] / programming aid || ≗**kosten** *plt* [Dp] / programming costs
Programmier·unterstützung *f* [Sw] / programming support || ≗**vereinbarung** *f* [Dp] / code convention || **maschinenorientiertes** ≗**verfahren** [PL] / machine-oriented programming system || ≗**vordruck** (s. Codierblatt) || ≗**zeit** *f* [Sw] / programming time
Programminstruktion *f* [Sw] / program instruction
Programmkanal *m* [PCC] / program channel
Programmkarte *f* [PC, Sw] / program card, source program card
Programmkartenstapel *m* [Sw] / program card deck
Programmkatalog *m* [DpC] / program catalog
Programmkennzeichnung *f* [Sw] / program identification, program ID || [OS] / program identifier
Programmkettung *f* [Sw] / program chaining
Programmklasse *f* [DpC, Sw] / program class
Programmkompatibilität *f* [OS] / program compatibility
Programmkomplex *m* [ASw] / program package
Programmkoordinierungsbereich *m* [Sw] / executive storage area (ESA)
Programmkopf *m* [Sw] / program descriptor || ≗**block** *m* [Sw] / program header block, program descriptor block
Programmladen *n* [Mp] / program loading || **einleitendes** ≗ [Sw] / initial program loading (IPL)
Programmlader *m* [OS] / loader, program loader
Programmlauf *m* [Dp, PCC, Sw] / program execution, program run || [Sw] / program run || **Abbruch eines** ≗**s** [Dp] / abnormal termination of a program || ≗**organisator** *m* [Dp] / initiator/terminator
Programmlaufzeit *f* [Sw] / program execution time, program run time || ≗**zähler** *m* [CP] / program tunmrun time counter
Programmliste (s. Programmanuskript)
Programmlochkarte *f* [PC, Sw] / program card, source program card
Programmlochstreifen (s. Programmstreifen)
Programm·maske *f* [Sw] / program mask || ≗**modul** *n* [Sw] / program module, programming module, module (self-contained subset of a program) || ≗**modus** *m* [Sw] / program mode
Programmname *m* [Cobol] / program-name || ≗ (DIN 44300, März 1972) [Sw] / program name
programmorientierte Routine [OS] / program-oriented routine
Programmpaket *n* [ASw] / program package || **Baustein-**≗ *n* [Sw] / modular program package
Programmparameter *m* [Sw] / program parameter
Programmphase *f* [Sw] / phase
Programmplanung *f* [Sw] / program planning
Programmportabilität *f* [Sw] / portability
Programmpriorität *f* (beim Laden bzw. durch ORG-Aufruf festgelegte Priorität eines Programms für die Bearbeitung in der ZE) [OS] / program priority
Programmprotokoll *n* [OS, ES] / program listing, program record
Programmprüfung *f* [Sw] / program test
Programmprüfvorrichtung, automatische ≗ [Sw] / self-checking program feature
Programmprüfzeit *f* [Sw] / program development time
Programmpuffer *m* [Sw] / program buffer
Programmregister *n* [PCC] / program register
Programmresidenz *f* [Sw] / program residence
Programmroutine *f* [Sw] / program routine || **zyklische** ≗ [OS] / cyclical program activate routine
Programmrumpf *m* [Fortran] / program body
Programmsatz *m* [Cobol] / sentence || [PL/1] / sentence || **unbedingter** ≗ [Cobol] / imperative sentence
Programmschalter *m* [Sw] / program switch, variable connector
Programmscheibe *f* [TES] / program disk

Programmschiene *f* [Sw] / program bus
Programmschleife *f* [Sw] / program loop
Programmschloß *n* [RDp] / program lock
Programmschnittstelle *f* [Sw] / program interface, software interface
Programmschritt *m* [Sw] / program step || **≗zähler** *m* [M] / sequence control register
Programmsegment *n* [VS, Sw] / program segment, segment
Programmselektor *m* [PC] / calculate selector, calculation selector || **≗teilung** *f* [PC] / calculation selector split
Programmspeicher *m* [PE, M] / program storage || *n* [Mp] / program memory (usually ROM)
programmspezifisch *adj* [Sw] / program-dependent
Programmspiegelung *f* [NC] / mirror image reproducibility
Programmsprache *f* [PL] / programming language, program language
Programmsprung *m* [Sw] / program branch || [CU] / transfer of control
Programmstapel *m* [Sw] / program card deck
Programmstatus *m* [Sw] / program status || **≗wort** *n* [Sw] / program status word
Programmstecker *m* [PC, Sw, NC] / program plug || **≗steuerung** *f* [NC] / plugboard control
Programmsteuerkarte *f* [Sw] / program control card, program parameter card
Programmsteuerung *f* [OS] / program control || ≗ (Teil der ZE) [CP] / program controller, program control unit || **unbedingte Anforderung an die ≗** [Sw] / unconditional program interrupt request
Programmsteuerungs·prüfroutine *f* [ES] / program control test routine || **≗schleife** *f* [OS] / program control loop
Programmstopp *m* [Sw] / programmed stop || **bedingter ≗** [Sw] / checkpoint, conditional breakpoint
Programmstoppbefehl *m* [Sw, ES] / breakpoint instruction || **bedingter ≗** [PL] / conditional program interrupt instruction
Programmstreifen *m* (Lochstreifen als Datenträger für Programme einer DVA bzw. numerisch gesteuerter Maschinen) [PT, Sw, NC] / program tape
Programmstruktur *f* [Sw] / program structure, program setup
Programmstück *n* [Fortran] / basic block
Programmstufe *f* [Sw] / program level
Programmsystem *n* [Sw] / program system || **≗ für Datenübertragung und Netzsteuerung (PDN)** [ES] / program system for data communication and network control || **≗ TEAM** (Terminologie-Datenbanksystem) [ASw, MAT] / TEAM program system
Programmtabelle *f* [Sw] / program table || ≗ (s. Programmanuskript)
Programmteil *m* [Fortran] / program part || **ladefähiger ≗** [Sw] / phase
Programmtest *m* [Sw] / program test || **≗bit** *n* [Sw] / program test bit
Programmtesten *n* [Mp] / program checkout
Programmtextverweis *m* [PL/1] / text pointer
Programmtrommel *f* [PC] / program drum
Programmüberlappung *f* [Sw] / processing overlap
Programmübersetzung *f* [Sw, ES] / program translation
Programmüberwachungsfunktion, allgemeine ≗ [VS] / general trace facility (GTF)
Programmumadressierung *f* [Sw] / program relocation
Programmumstufung *f* [DpC] / reclassification (from one class of programs to another)
Programmumwandlung *f* [Sw] / program conversion
Programmunterbrechung *f* [PCC] / process interrupt || ≗ (momentan in Arbeit befindliches Programm wird unterbrochen und eine Interrupt-Service-Routine bearbeitet; danach wird das unterbrochene Programm weiterverarbeitet) [MCS, Dp] / interrupt, program interrupt || **≗ durch Markierungssprung** [PCC] / flag switch interrupt || **≗ durch Überwachermarkierung** [PCC] / flag interrupt || **≗ wegen eines Maschinenfehlers** [Dp, OS] / machine check interrupt || **asynchrone ≗** [Sw] / asynchronous interrupt || **automatische ≗** [Dp, Sw] / automatic program interrupt || **bedingte ≗** [Sw] / conditional program interrupt || **mehrstufige ≗** [Mp] / multilevel priority interrupt, multilevel program interrupt || **Steuerung der ≗** [PCC] / program interrupt control || **synchrone ≗** [Sw] / synchronous interrupt || **unbedingte ≗** [Sw] / unconditional program interrupt
Programmunterbrechungs·ebene *f* [Sw] / interrupt level || **≗register** *n* [OS] /

program interrupt flag register (PIFR) || **~system** *n* [Sw] / program interrupt system
Programmunterteilung *f* [Sw] / program segmenting
Programmverbinder *m* [Sw] / linkage editor
Programmverbindung *f* [Sw] / linkage || **Richtlinien der ~** [Sw] / linkage conventions
Programmverbindungssymbol *n* [Sw] / linkage symbol
Programmverknüpfung *f* [Sw] / program linkage, program linking
Programmverknüpfungsanweisung *f* [Sw] / program linking code
Programmverschiebung *f* [Sw] / program relocation
Programmverschiebungsbyte *n* [Sw] / program relocation byte
Programmversion *f* [Sw] / program version, version
Programmverteilungssystem *n* [ES] / program distribution system
Programmverwaltung *f* [Sw] / program management
Programmverweilzeit *f* [Sw] / program residence time
Programmverzeichnis *n* [Sw] / program directory
Programmvorbereiter *m* [Sw] / initializer, initializer routine
Programmvordruck (s. Codierblatt)
Programmvorrat *m* [OS] / contents directory
Programmwahl *f* (DIN 9757E, Okt. 1977) [Calc] / program selection
Programmwähler *m* [Hw] / program selector
Programmwahltaste *f* (DIN 9757E, Okt. 1977) [Calc] / program selection key
Programmwarteschlange *f* [OS] / program waiting sequence, program queue
Programmwartung *f* [Sw] / program maintenance (i.e., work required to make programs more efficient and otherwise amend them in accordance with changing circumstances affecting the user)
Programmwechsel *m* [PCC, Sw] / program change, program alternation
Programmwecker *m* [OS] / elapsed time clock
Programmweiche *f* [Sw] / program switch, variable connector
Programmwiederaufnahme *f* [OS] / program reactivation, program resumption, program restart
Programmwiederholung *f* [Sw] / program retry
Programmzeitregister *n* [CU] / program time register
Programmzustand *m* [Sw] / program status
Programmzweig *m* [Sw] / program branch
Programmzyklus *m* [Sw, NC] / program cycle || **lückenloser ~** [Dp] / continuous sequence of program cycles
Projektdienst *m* [R&D] / project management service
Projektierung, Hilfsmittel für die ~ [R&D] / planning and design aid
Projektions-Fotolithografie *f* [Sc] / projection photlithography || **~schlitz** *m* [HSP] / projection slit || **~toleranz** *f* [HSP] / projection tolerance
Projektorlampe *f* [Rep] / projector lamp
projiziert·er Gipfelpunkt [Sc] / projected peak point || **~er Höckerpunkt** [Sc] / projected peak point
PROM (s. programmierbarer Festspeicher) || **löschbares ~ (EPROM)** [Mp] / erasable PROM (EPROM), electrically alterable ROM (EAROM) || **wiederprogrammierbares ~** [Mp] / REPROM (REprogrammable PROM), reprogrammable ROM (RPROM)
Promilleausgabe, Ausgang für ~ [PCC] / output operating at tenths of a percent increments
PROM-Programmiergerät *n* [Mp] / PROM programmer
Proportional·bereich *m* [PCC] / proportional band || **~gesteuerter Gleichstrommotor** [NC] / d.c. servomotor || **~schrift** *f* [TES] / proportional character spacing
Protokoll *n* [QC] / certificate || ~ [Tr] / protocol (set of conventions between communicating processes on the format and content of messages to be exchanged) || [Sw] / log, listing || **~** (Sitzungsprotokoll) [Sw] / minutes || **~ des übersetzten Programms** [Sw] / object listing, object program listing || **gedrucktes ~** [DT, TP] / hard copy printout, printout || **~band** *n* [Sw] / log tape || **~blattschreiber** *m* [ES] / logging typewriter
protokollieren *v* [Sw, ES] / log, print out || **Daten ~** [Dp] / to log data || **Einträge auf einem Fernschreiber ~ lassen** [IO] / to have entries printed out on a teleprinter || **~** *n* (beim Testen) [Sw] /

tracing
Protokollierung *f* [Sw, ES] / logging
Protokollmodus *m* [ES] / logging mode, log mode
Protokollprogramm *n* [Sw] / trace program, tracing routine, trace routine || **interpretierendes** ≗ [Sw] / interpretive trace program || **selektives** ≗ [Sw] / snapshot program, snapshot trace program
Protokollzyklus *m* [ES] / logging cycle || ≗**zelle** *f* [ES] / logging cycle cell
provisorische Adresse [Sw] / provisional address
Prozedur *f* [Algol] / procedure || [Fortran] / procedure || [Cobol] / procedure || [PL/1] / procedure || ≗ (Programmbaustein, der aus einer zur Lösung einer Aufgabe vollständigen Anweisung besteht, aber nicht notwendig alle Vereinbarungen über Namen für Argumente und Ergebnisse enthält) (DIN 44300, März 1972) [Sw] / procedure || ≗ **für den Ablauf der Datenübertragung** [Tr] / control procedure
Prozedurablauf *m* [PL] / procedure execution
Prozeduranweisung *f* [Algol] / procedure statement || [PL/1] / procedure statement || ≗ (DIN 44300, März 1972) [Sw] / procedure statement
Prozedur·bezeichnung *f* [PL] / procedure identifier || ≗**datei** *f* [PL] / procedure file || ≗**hauptteil** *m* [PL] / procedure body || ≗**kopf** *m* [Algol] / procedure heading
Prozedurname *m* [Algol] / procedure identifier || [Fortran] / procedure name || [Cobol] / procedure-name
Prozedurphase *f* [Tr] / procedural phase, procedure phase
Prozedurrumpf *m* [Algol] / procedure body || [PL/1] / procedure body
Prozedur·teil *m* [Cobol] / procedure division || ≗**tiefe** *f* [Sw] / depth of procedure || ≗**typ** *m* [RDp, Tr] / procedure type || ≗**unterprogramm** *n* [Fortran] / procedure subprogram || ≗**vereinbarung** *f* [Algol] / procedure declaration
Prozedurvereinbarungen *f pl* [Cobol] / declaratives || **Ende der** ≗ [Cobol] / end declaratives
Prozentausgabe, Ausgang für ≗ [PCC] / output operating at percent increments
Prozenttaste *f* (DIN 9757E, Okt. 1977) [Calc] / percent key
prozentual·e Abschlagrechnung (Taste) (DIN 9757E, Okt. 1977) [Calc] / percent minus key || ~**e Aufschlagrechnung** (Taste) (DIN 9757E, Okt. 1977) [Calc] / percent plus key
Prozentzeichen *n* [Sw] / percent sign
Prozeß *m* (DIN 66201E T1, Apr. 1979) [PCC, OS] / process || **interner** ≗ [Sw] / internal task, internal process || **rekursiver** ≗ [Th] / recursive process || **stationärer stochastischer** ≗ [Cy] / stationary stochastic process || ≗**automation** *f* [Dp, PCC] / process automation || ≗**automatisierung** *f* [Dp, PCC] / process automation
Prozeßdaten *pl t* (DIN 66201E T1, Apr. 1979) [PCC] / process data || ≗**anschlußeinheit** *f* [PCC] / data adapter unit || ≗**quelle** *f* [PCC] / process data source || ≗**-Übertragungssystem** *n* [PCC] / process communication system || ≗**-Verarbeitungssystem** *n* [PCC] / process control system
Prozeßeinheit (PE) *f* [PCC] / process I/O unit
Prozeßelement *n* [PCC] / process signal I/O unit || ≗**steuerung** *f* [PCC] / control electronics of the process signal I/O unit
Prozeßerkennung *f* [PCC] / process identification || **analytische** ≗ (DIN 66201, Aug. 1971) [PCC] / analytical process identification || **empirische** ≗ [PCC] / empirical process identification
Prozeß·folgenummer *f* [OS] / task sequence number (TSN) || ≗**führung** *f* (DIN 66201E T1, Apr. 1979) [PCC] / process control
prozeßgekoppelt, direkt ~ (DIN 66201E T1, Apr. 1979) [PCC] / on-line || **indirekt** ~ (DIN 66201E T1, Apr. 1979) [PCC] / off-line || ~**-offenes System** [PCC] / open-loop system
prozeßgesteuertes Lochstreifenlochen [PT, PCC] / process-controlled tape punching
Prozeß, analoge ≗**größe** [PCC] / analog process quantity || ≗**größe** *f* [PCC] / process variable || ≗**kontrollsystem** *n* [PCC] / process control system
Prozeßkopplung *f* (DIN 66201E T1, Apr. 1979) [PCC] / process interfacing || **geschlossene** ≗ (DIN 66201E T1, Apr. 1979) [PCC] / on-line closed loop || **offene** ≗ (DIN 66201E T1, Apr. 1979) [PCC] / on-line open loop
Prozeß·leitsystem *n* [PCC] / process control system || ≗**leitung** *f* (DIN 66201E T1, Apr. 1979) [PCC] / process

control || **≗liste** *f* [OS] / task list || **≗listeneintrag** *m* [OS] / task list entry || **≗meldesignal** *n* [PCC] / process alert signal || **≗meßtechnik** *m* [PCC] / process instrumentation

Prozeßmodell *n* (DIN 66201E T1, Apr. 1979) [Sw, Cy] / process model || **adaptives** ≗ (DIN 66201, Aug. 1971) [PCC] / adaptive process model || **analytisches** ≗ (DIN 66201, Aug. 1971) [PCC] / analytical process model || **dynamisches** ≗ [PCC] / dynamic process model || **empirisches** ≗ [PCC] / empirical process model || **gegenständliches** ≗ (DIN 66201E T1, Apr. 1979) [PCC] / physical process model || **mathematisches** ≗ (DIN 66201E T1, Apr. 1979) [PCC, Sw] / mathematical process model || **quasistationäres** ≗ [Sw] / steady-state process model || **stationäres** ≗ [Sw] / steady-state process model

Prozeßnummer *f* [OS] / task sequence number (TSN)

Prozeßoptimierung *f* [PCC] / process optimization || ≗ **des Beharrungszustandes** [Sw] / steady-state process optimization || **dynamische** ≗ [PCC] / dynamic process optimization || **geregelte** ≗ [PCC] / feedback process optimization || **gesteuerte** ≗ [PCC] / feed-forward process optimization

Prozessor *m* (Rechen- und Steuerwerk umfassende Funktionseinheit) (DIN 44300, März 1972) [CP] / processor || ≗ (der PL/1-Maschine) [PL/1] / processor || **mikroprogrammierter** ≗ [Dp] / microprogrammed processor || **≗-Statuswort** *n* [ES] / processor status word

Prozeß·peripherie *f* (DIN 66201E T1, Apr. 1979) [PCC] / process computer peripherals, process interface system || **≗prioritätssteuerung** *f* [OS] / task scheduler

Prozeßrechensystem *n* (DIN 66201E T1, Apr. 1979) [PCC] / process computing system, process computer system || **hierarchisches** ≗ (DIN 66201E T1, Apr. 1979) [PCC] / multicomputer system || **Mehrfach-**≗ *n* (DIN 66201E T1, Apr. 1979) [PCC] / multiple computing system, multiple computer system

Prozeßrechner *m* [PCC, Sw] / process control computer, process computer || **dezentraler** ≗ [PCC] / decentralized process computer || **digitaler** ≗ [PCC] / digital process computer

Prozeß·register *n* [ES] / processing register || **≗schalter** *m* [OS] / task switch || **≗signal** *n* [PCC] / process signal

Prozeßsignalformer (PSF) *m* [PCC] / process signal I/O device || **≗steuerung** *f* [PCC] / process signal I/O device controller

Prozeßsteuer·block *m* [OS] / task control block (TCB) || **≗system** *n* [PCC] / process control system

Prozeß·studie *f* [PCC] / process study || **≗überwachung** *f* [PCC] / process monitoring || **≗verwaltung** *f* [OS] / task management

Prüf·adapter *m* (Schaltungsplatte) [Co] / adapter for printed circuit boards, pc board adapter || **≗ader** *f* [ES] / test conductor || **≗anschluß** *m* [Serv] / test termination, test terminal || **≗anweisung** *f* [Cobol] / examine statement || **≗anzeigeeinrichtung** *f* [Hw] / check indicator || **≗anzeiger** *m* [Hw] / check indicator || **≗aufgabe** *f* [Hw, Sw] / check problem || **≗auftrag** *m* [ES] / test job, test request || **≗automat** *m* [ES, QC] / routiner || **≗bedingung** *f* [Sw] / sense condition || **≗befehl** *m* [Sw, ES] / test instruction || **≗beleg** *m* [OCR] / test document, test sheet || **≗bereich** *m* [ES, QC] / routining scope

Prüfbit *n* [DS] / check bit || **≗fehler** *m* [Dp] / bus-out check || **≗kontrolle** *f* [OS] / parity check

Prüfbündel *n* [ES] / test line group

Prüfbyte *n* [OS] / sense byte || [DS] / check byte || **zyklisches** ≗ [DS] / cyclic check byte (CCB)

Prüfdienst *m* [ES, QC] / routining

Prüfdruck *m* [HSP] / test printing || **≗funktion** *f* [HSP] / test print function || **im ≗verfahren** [HSP] / in test print mode || **≗zustand** *m* [HSP] / test print state

Prüfeinbauplatz *m* [ES] / test plugin position

Prüfeinrichtung *f* [RDp, Tr] / test facility, testing facility || **automatische** ≗ [Hw] / automatic test equipment

Prüfempfänger, zentraler ≗ [ES] / central test receiver

prüfen, auf Fehler ~ [DpC, AC] / to test for faults || **auf Schreibfehler** ~ [WS] / to check on the spelling || *n* [ES] / testing || ≗ **aller Spuren auf Aufzeichnungsfehler** [MD] / track flaw checking, checking for track flaws || ≗ **auf „gleich"** (1 = 2) [RPG] / equal compare || ≗ **auf „größer"** (1>2) [RPG] /

high compare || ~ **auf „kleiner"** (1‹2) [RPG] / low compare || ~ **auf vorhandene Etikette** [ES] / label presence check || ~ **Gerät (TDV)** [OS, Lisp] / Test device (TDV) || ~ **Kanal** [Lisp] / Check channel || **tastaturgesteuertes** ~ [PT, PC] / keyboard-controlled vertification

Prüffeld *n* [QC] / test department

Prüffeldabnahme *f* [QC] / final inspection || [Hw, Sw, QC] / function check, functional test

Prüffunktion *f* [PL/1] / verify (builtin) function

Prüfgerät *n* [Hw] / testing equipment, tester || ~ **für Diodenplatten** [Hw] / diode board tester || ~ **für Flachbaugruppen** [IC] / logic card tester

Prüfhilfseinrichtung, umfassende ~ [Dp, Sw] / test aids package

Prüf·hinweis *m* [Serv] / diagnostic flag || ~**impuls** *m* [Tr] / check pulse || ~**kanal** *m* [ES] / test channel || ~**karte** *f* [PC] / test card || ~**kartensatz** *m* [PC] / test deck || ~**klinke** *f* [Serv] / test jack, monitor jack || ~**klinkenfeld** *n* [Serv] / monitor jack panel || ~**kopie** *f* (der Systemsoftware usw.) [DS] / audit copy || ~**länge** *f* [OCR] / check length || ~**leiste** *f* [ES] / test terminal block || ~**leitungsanschluß** *m* [ES] / test terminator (TT)

Prüfling *m* (DIN 57877E T3, Apr. 1978) [Dp] / unit under test (UUT)

Prüfliste *f* [Dp, Serv] / check list

Prüflocher *m* [PT, PC] / verifier, verifying unit || ~**-Bedienperson** *f* [DpC] / verifier operator

Prüf·lochstreifen *m* [Serv] / diagnostic test tape, test paper tape || ~**lochung** *f* [PC] / test hole || **Zusatz für** ~**lochunterdrückung** [PC] / column-81 inhibit feature || ~**markierungscode** *m* [OCR] / checking mark code || ~**mikroprogramm** *n* [Dp] / test microprogram

Prüfmittel *n pl* [Serv] / testing aids || ~**programm** *n* [ES] / test means program

Prüf·musterprogramm *n* [ES] / test pattern program || ~**nachricht** *f* [Tr] / test message || ~**position** *f* [ES] / test step

Prüfprogramm *n* [Sw] / test program, check program || **Fehlersuch-**~ *n* [Sw] / diagnostic test program

Prüf·protokoll *n* [ES] / test log, test report || ~**punkt** *m* [Hw, ES] / test point, test access point || ~**raum** *m* [Serv] / test room || ~**register** *n* [CU] / check register || ~**relais** *n* [Co] / test relay || ~**routine** *f* [Sw] / test program, check program || ~**schaltung** *f* [Serv] / test circuit, verify circuit || ~**schleife** *f* [TP] / alphabet strip || ~**schrank** *m* [Serv] / test console || ~**seite** *f* [HSP] / test page || **zentraler** ~**sender** [ES] / central test transmitter

Prüfsignal *n* [RDp, Tr] / test signal || ~ (schwarz) [TP] / artificial black signal, nominal black signal || ~ (weiß) [TP] / artificial white signal, nominal white signal

Prüf·spalte *f* [PT] / check row || ~**spannung** *f* [Sc] / test voltage || ~**spitze** *f* [Serv] / logic probe, test probe || ~**spur** *f* [PE] / parity test track || ~**stecker** *m* [Th, Meas] / test plug || ~**steuerung** *f* [ES] / test control || ~**stift** *m* [Serv] / test prod || ~**stromquelle** *f* [Serv] / test current source || ~**stufe** *f* [Sc] / inspection level || ~**summe** *f* [DS] / check total, checksum, proof total || ~**summenüberwachung** *f* [ES] / checksum monitoring || ~**text** *m* (Fernschreiber) [TP, QC] / test code || ~**tisch** *m* [Serv] / test desk

Prüfung *f* [PL/1] / test || ~ **auf alphabetisch** [Cobol] / alphabetic test || ~ **auf Fehlerwiederholung** [PC] / successive card checking || ~ **auf numerisch** [Cobol] / numeric test || ~ **auf ungerade Parität** [DS] / odd parity check || ~ **der Kartenreihenfolge** [PC, Sw] / card sequence check || ~ **durch doppelte Kontrolle** [DS] / copy check || ~ **durch Rückübertragung** [Tr] / echo checking, echo testing || ~ **durch Summierung** [PC, Sw] / summation check, sum check || **arithmetische** ~ [Dp, Sw] / arithmetic check, mathematical check || **automatische** ~ [Hw] / hardware check, automatic check, builtin check || **dynamische** ~ [Dp] / dynamic check, dynamic test, operating test || **festverdrahtete** ~ [Hw] / hardware check, automatic check, builtin check || **logische** ~ [Th, NC] / logic test, logical test || **statische** ~ [Dp, Sw, ADp] / static check, static test || **zyklische** ~ [DS] / cyclic check (CC)

Prüf·verbindung *f* [ES] / test connection || ~**vielfach** *n* [ES] / test multiple || ~**vorgang** *m* [ES] / test procedure || ~**vorschrift** *f* [ES] / test specification || ~**wechsel** *m* [ES] / test reversal

Prüfzeichen *n* (DIN 66238V, Jan. 1979) [DS] / check character || **zyklisches** ~ (zur Fehlererkennung) [MCS, MD, Tr] / cyclic-redundancy-check character (CRCC), cyclical redundancy check character

Prüfzeit (s. Programmprüfzeit)

Prüfziffer *f* [DS] / check digit || **binäre** ≗ [DS] / check bit

Prüf·ziffernrechnung *f* [RDp, Tr] / check digit calculation || ≗**zone** *f* [Sw] / check field || ≗**zustand** *m* [ES] / testing state, test state

Prüfzustands·auswertung *f* [ES] / test-state decoder || ≗**bit** *n* (P-bit) [ES] / test-state bit || ≗**meldung** *f* [ES] / test-state confirmation signal || ≗**simulation** *f* [ES] / test-state simulation || ≗**simulationsregister** *n* [ES] / test-state simulation register

Prüfzweck *m* [Serv] / testing purpose

PRY (s. Ändern der Prioritäten)

Pseudo·-... [Sw] / pseudo || ≗**abschnitt** *m* [Sw] / dummy section (DSECT) || ≗**adresse** *f* [Sw] / pseudo address || ≗**anweisung** *f* [Sw] / pseudo statement || ≗**befehl** *m* [Mp] / pseudo instruction, quasi instruction || ≗**code** *m* [Cy] / pseudocode || ≗**datei** *f* [Sw] / dummy data set || ≗**dezimale** *f* (DIN 44300, März 1972) [Th] / pseudo-decimal digit || ≗**durchschaltung** *f* [ES] / pseudo through-connection || ≗**job** *m* [Sw] / pseudo job || ≗**kennung** *f* [Sw] / pseudo label || ≗**makroinstruktion** *f* [Sw] / pseudo-macro

Pseudonym *n* [Dp] / alias

Pseudo·satz *m* [Sw] / dummy record || ≗**seite** *f* [HSP] / dummy page

Pseudospur·adresse *f* [Sw] / dummy home address || ≗**kennblock** *m* [Sw] / dummy track descriptor record

pseudostabile Ausgangskonfiguration (bei einer Folgeschaltung) [Cir] / pseudo-stable output configuration

Pseudosuchen *n* [Sw] / dummy seek

pseudo-ternäres Übertragungsverfahren [Tr] / pseudo-ternary transmission method

Pseudovariable *f* [PL/1] / pseudo-variable || **Realteil-**≗ *f* [PL/1] / real pseudo-variable || **Zeichenteilfolgen-**≗ *f* [PL/1] / substr pseudo-variable

Pseudo·variablen-Bezugnahme *f* [PL/1] / pseudo-variable reference || ~**zufällig** *adj* [Th] / pseudo-random || ≗**zufallsfolge** *f* [Th] / pseudo-random number sequence, pseudo-random sequence

PSF (s. Prozeßsignalformer)

PSR (s. Prioritätsstatusregister)

PSU (s. Parallel-Serien-Umsetzer) || ≗ (s. Prioritäts-Steuereinheit für Unterbrechungen)

PSW (s. programmierbares Schaltwerk)

Psychologie, kybernetische ≗ [Cy] / information psychology

PTR (s. Prioritätstauschregister)

PTS (s. Puffertaktsteuerung)

PTSP (s. Puffertaktsperrsignal)

PU (s. programmierte Unterweisung)

Publikumsverkehr *m* (z.B. in Banken) [RDp] / counter service

Puffer *m* (DIN 44300, März 1972) [M] / buffer memory, buffer || ≗ **mit drei Ausgangszuständen** (Ausgabepuffer, der drei Zustände annehmen kann) [MCS] / tristate output buffer, three-state output buffer || ≗**adreßregister** *n* [Dp] / buffer address register || ≗**anfang** *m* [Mp] / start of buffer || ≗**anfangsadresse** *f* [M] / buffer start address || ≗**ausgabeadresse** *f* [ES] / buffer output address || ≗**befehl** *m* [OS] / buffer command || ≗**bereich** *m* [Sw] / buffer area || ≗**eintrag** *m* [ES] / buffer entry || ≗**element** *n* [ES] / buffer element || ≗**ende** *n* [Mp] / buffer end, end of buffer || ≗**freigabe** *f* [ES] / buffer enable || ≗**funktion** *f* [Tr] / buffer function || ≗**gruppe** *f* [Th] / set of buffers || ≗**komplex** *m* [Dp] / buffer pool || ≗**leermeldung** *f* [ES] / buffer empty note || ≗**meldung** *f* [ES] / buffer status signal

puffern *v* [Dp] / buffer

Puffernotiz *f* [ES] / buffer note

Puffernummerregister *n* [ES] / buffer number register

pufferproportionaler Speicherbereich [RDp, Tr] / storage area associated with the buffer

Pufferregister *n* [Dp] / buffer register || ≗**block** *m* [Sw] / buffer register block

Puffer·schaltung *f* [Th] / buffer, buffer circuit || ≗**scheibe** *f* [Hw] / bumper || ≗**schiebetakt** *m* [ES] / buffer shift pulse || ≗**schrank für Doppelanlagen** [Hw, ES] / buffer cabinet for dual systems || ≗**segment** *n* [Sw] / buffer segment

Pufferspeicher *m* [M] / buffer memory, buffer || ≗ (Tastatur) [TP] / keyboard buffer || ≗**platz** [M] / buffer space

Puffertakt *m* [ES] / buffer clock pulse, buffer timing pulse, buffer clock signal || ≗**signal** *n* [ES] / buffer clock pulse, buffer timing pulse, buffer clock signal || ≗**sperre** *f* [ES] / buffer clock inhibition, buffer timing inhibition || ≗**sperrsignal (PTSP)** *n* [ES] / buffer clock inhibit signal, buffer timing pulse inhibit signal || ≗**steuerung (PTS)** *f* [ES] / buffer timing control

Pufferüberlauf *m* [Sw] / buffer overflow

Pufferung *f* [Th, Sw, OCR] / buffering || ~ **der Daten** [Sw] / data buffering || **einfache** ~ [Sw] / single buffering
Pufferungsart *f* [Sw] / type of buffering
Pufferungtechnik *f* [Dp] / buffering technique
Puffer·verwaltung *f* [Dp] / buffer management || ~**wert** *m* [ES] / buffer value || ~**zeiger** *m* [Mp] / buffer pointer || ~**zeit** *f* [ES] / time allowance || ~**zelle** *f* [M] / buffer cell
Puls *m* (DIN 40146 T3, Okt. 1978) [Th] / pulse
Puls-Code-Modulation *f* (PCM) (DIN 66224, Okt. 1978) [RDp] / pulse code modulation (PCM)
Pulsfolge pro Zeiteinheit [Tr] / pulse repitition rate (PRR) || ~**frequenz** *f* [Tr] / pulse repetition frequency (PRF)
Puls·frequenz *f* (DIN IEC 235 T1, Sept. 1978) [Tr] / pulse repetition frequency (PRF) || ~**geber** *m* [NC] / pulse transmitter
Puls-Pausen-Verhältnis *n* [Tr] / pulse/no-pulse ratio
Pulswärmewiderstand *m* [Sc] / thermal impedance under pulse conditions
Punkt *m* [Cobol] / period || [PL/1] / period || ~ (DIN 66009, Sept. 1977) [Sw] / full stop || ~ (allgemein) / dot || **Einzugswert in** ~ [Typ] / point value of indent || **Meßwertangabe durch aneinandergereihte** ~**e** [GrDp] / connected-dot sampling || **Schriftgröße in** ~**en** [Typ] / type size in points || **typografischer** ~ [Typ] / Didot point (equal to 0.376065mm) || ~**format** *n* [TP] / dot format, array of (7x5, etc.) dots || ~**förmiges Zeichnen** [GrDp] / point plotting
Punktfrequenz *f* [Fax] / dot frequency || [PCC] / sampling frequency
Punktgleichrichter *m* [Sc] / point-contact rectifier
punktierte Linie [HSP, Typ] / dotted line
Punktkontakt *m* [Sc] / point contact
Punktraster *m* [COM, HSP] / dot matrix || ~**folie** *f* [HSP] / dot screen film
Punktverbindung *f* [ES] / point-to-point circuit, (point-to-point) dedicated circuit
Punkt-zu-Punkt-Verbindung *f* (DIN 44302, Apr. 1979) [ES] / point-to-point circuit, (point-to-point) dedicated circuit
pupinisiert *adj* (Kabel) [TrL] / loaded || ~**es Kabel** [TrL] / coil-loaded cable
Pupinkabel *n* [TrL] / loaded cable
p-Verunreinigung *f* [Sc] / p-type impurity
Pyroelektrizität *f* [Sc] / pyroelectricity

Q

Quadratwurzel *f* [Th] / square root || ~**-Funktion** *f* [PL/1] / sqrt (builtin) function
Qualifikationsbegriff *m* [Sw] / qualifier
qualifizierter Name [Sw] / qualified name
Qualitäts·kontrolle *f* [QC] / quality control || ~**papier** *n* [HSP] / high-quality paper
Quant *n* [Cy] / quantum
Quantelung *f* [Th] / quantization
quantisieren *v* [Th] / quantize
Quantisierung *f* [Th] / quantization
quantitative Linguistik (Lehre der sprachlichen Wahrscheinlichkeitsstruktur) [Term] / quantitative linguistics
Quarzoszillator *m* [Sc] / crystal-controlled oscillator
Quasi-Assemblersprache *f* [PL] / quasi assembly language, quasi assembler language
quasikomplementäre Schaltung [Sc] / quasi complementary network
quasirechnerabhängig *adj* [Hw] / quasi on-line
quasistationäres Prozeßmodell [Sw] / steady-state process model
quaternäre Frequenzmodulation [Tr] / quaternary frequency modulation
Quecksilberspeicher *m* [M] / mercury storage, mercury memory
Quellcode *m* [PL] / source coding
Quelle, Abstand zwischen ~ **und Senke** [Sc] / source-drain spacing || **Markowsche** ~ [Th, Cy] / Markov source || **stationäre** ~ [Th, Cy] / stationary source
Quellenfehler-Funktion *f* [PL/1] / onsource (builtin) function || ~**-Pseudovariable** *f* [PL/1] / onsource pseudo-variable
Quellen·modul *n* [OS] / source module || ~**programm** *n* [Sw] / source program || ~**sprache** *f* [Sw] / source language
Quellmodul *n* [OS] / source module
Quellprogramm *n* [Cobol] / source program || ~ (DIN 44300, März 1972) [Sw] / source program || ~**kartensatz** *m* [PL] / source deck, source program card

deck
Quell·sprache *n* (DIN 44300, März 1972) [Sw] / source language || **~textbibliothek** *f* [OS] / source statement library
Quer·bewegung *f* [NC] / transverse motion || **~bündel** *n* [ES] / high-usage trunk group || **~dämpfung** *f* [Tr] / transhybrid loss || **~leitungsverkehr** *m* [ES] / calls routed via high-usage trunks carrying terminating traffic || **~parität** *f* [Tr] / vertical parity
Querparitäts·erzeugung *f* [DS] / vertical parity generation || **~fehler** *m* [Tr] / vertical parity error || **~prüfung** *f* [DS, Tr] / vertical redundancy check (VRC) || **~sicherung** *f* [Tr] / vertical parity protection
Quer·paritykontrolle (s. Querparitätsprüfung) || **~perforation** *f* [HSP] / cross perforation, horizontal perforation, transverse perforation || **~prüfung** *f* (DIN 66010, Apr. 1973) [DS, Tr] / vertical redundancy check (VRC)
Querrechnen *n* [Th] / crossfooting || **Nullkontrolle durch ~** [Th] / crossfooting balance check
Querstreifen, druckfreier ~ [HSP] / print exclusion area, nonprinting area (either side of fold perforation)
Quersumme *f* [DS, Th, Tr] / (horizontal) checksum
Querverbindung *f* [Co, Sc] / interconnection || **~** (bei Verbindung von Nebenstellenanlagen) [Tr] / tie trunk
Querverweis *m* [Sw] / cross-reference || **~liste** *f* [Sw] / cross-reference list
Querweg *m* [ES] / high-usage trunk, high-usage route || **~behandlung** *f* [ES] / high-usage trunk handling procedure
Quetsch·anschluß *m* [Serv] / wire-crimp connection || **~klammer** *f* [Hw] / alligator clip
Quibinärcode *m* [Th] / quibinary code
quittieren *v* [PCC, RDp] / acknowledge
Quittierungskennzeichen *n* [ES] / acknowledgment identifier
Quittung *f* [RDp] / acknowledgment, acknowledge message || **interne ~ (IQ)** [ES] / internal acknowledgment signal || **negative ~** [Tr] / negative acknowledgment (NAK) || **positive ~** [Tr] / positive acknowledgment (ACK)
Quittungs·anforderung *f* [RDp] / acknowledgment request || **~aufforderung** *f* [RDp] / acknowledgment request || **~aufruf** *m* [PCC] / acknowledgment call || **~austausch** *m* [Tr] / handshaking || **~bit** *n* [Tr] / acknowledgment bit || **~freigabe** *f* [Tr] / acknowledgment enable signal || **~geber** *m* [RDp] / acknowledge character generator || **~kanal** *m* [Tr] / verification channel || **~signal** *n* [Mp] / acknowledge signal (for interrupt request, etc.) || **~zeichen** *n* [RDp] / acknowledge character
Quotient *m* [Th] / quotient
Quotientenregister *n* [M, CP, ALU] / Q-register, quotient register
Quotieren *n* (Verkehr) [ES] / quota-based allocation of traffic, quota-based distribution of traffic
Quotierungstabelle *f* [ES] / call quota allocation table

R

RADAR (s. Sichern und Wiederherstellen von Großspeicherinhalten)
radial·er Transfer [Dp] / radial transfer, input-output process || **~gleitlager** *n* [Hw] / sleeve bearing
radier·fest *adj* [HSP] / permanent || **~taste** *f* [TP] / erase key
Radintegrator *m* [ADp] / potter's wheel integrator
Radixpunkt *m* (DIN 44300, März 1972) [Th] / radix point
Radixschreibweise *f* (DIN 44300, März 1972) [Th] / radix notation, radix representation, base notation || **~ mit fester Basis** [Th] / fixed-radix notation, fixed-radix representation || **~ mit gemischter Basis** [Th] / mixed-base notation, mixed-radix notation
Radizieren *n* (DIN 9757E, Okt. 1977) [T / evolution
RADUP (s. Plattenduplizieren)
Rahmen *m* [VS] / page || **~ für Geräteanschluß** [Hw] / adapter base || **einzeiliger ~** [Hw] / single-row rack || **realer ~** [VS] / page frame || **~adresse** *f* [VS] / frame address || **~belegungsplan** [Hw] / frame layout plan || **~folgenumm** *f* [VS] / frame number || **~nummer** *f* [VS] frame number || **~programm** *n* [ES] / framing program || **~register** *n* [CU] / covering register || **~richtlinien** *f pl* [E / general guidelines || **~speicher** *m* [ES]

pulse frame storage, frame storage || ~synchronisation *f* [ES] / frame synchronization, envelope alignment, frame alignment || ~synchronisiereinrichtung (RSE) *f* [ES] / frame synchronizer
ahmentakt *m* [ES] / frame clock, frame timing || ~ **des Netzknotens** [ES] / network node frame clock
ahmenweise *adv* [Tr] / (transmission, etc.) by frames, frame by frame
ahmung *f* [Mp] / framing
AINDX (s. Drucken des Großspeicheretikettbereichs)
AINIT (s. Vorbereiten eines Großspeichers)
ALLOC (s. Zuweisen von Großspeichern)
ALTAS (s. Einführen von Ersatzspuren)
ALU *n* [Mp] / register arithmetic logic unit (RALU)
AM (Schreib-Lese-Speicher mit wahlfreiem Zugriff, statisch oder dynamisch) (s. Speicher mit wahlfreiem Zugriff) || **dynamisches** ~ [Mp] / dynamic RAM || **statisches** ~ [Mp] / static RAM
ampenvorschub *m* [TP] / tractor feed paper drive
AM-Schnittstelle *f* [Mp] / random-access memory bus interface, RAM bus interface
and *m* [Algol] / margin || [Cobol] / margin || ~**ausgleich vornehmen** [PC] / justify || ~**auslöser** *m* [TP] / margin release || ~**bedingung** *f* [Hw] / marginal condition || ~**bedingungen** *plt* [Sw] / options || ~**beschriftung** *f* [PC] / end printing
ändel *f* [Hw] / straight knurl || ~**schraube** *f* [Hw] / knurled screw
andgekerbte Karte (s. Kerblochkarte)
andgelocht·e Karte (s. Kerblochkarte) || ~**es Papier** [TP] / marginally-punched stationery
and·lochkarte (s. Kerblochkarte) || ~**lochung** *f* [PC, IDS] / marginal punching, marginal perforation, margin perforation || ~**löser** *m* [TP] / margin release
andom-access·-Programmierung *f* [Sw] / random-access programming || ~-**Speicher** *m* [Mp] / random-access memory (RAM), random-access storage (RAS)
andomspeicher *m* [Mp] / random-access memory (RAM), random-access storage (RAS)
andperforation *f* [HSP] / margin perforation
Randschicht *f* (DIN 41852, Aug. 1978) [Sc] / depletion layer, depletion region || ~ (s. Oberflächensperrschicht) || ~**transistor** (s. Oberflächensperrschichttransistor)
Rand·steller *m* [IO] / margin stop || ~**stiftleiste** *f* [Sc] / edge connector
Randwert *m* [PCC, NC] / boundary value || ~**kontrolle** *f* [Hw, PCC, Sw] / marginal check, marginal test || ~**prüfung** *f* [Hw, PCC, Sw] / marginal check, marginal test
Randzone *f* (für Zeilenende/Silbentrennung) [TES] / hot zone || **isolierende** ~ [Sc] / sidewall isolation
Rang *m* [ES] / rank
Rangfolge *f* [Algol] / rule of precedence
rangierbar *adj* (mit Drahtbrücken) [Serv] / strappable
Rangier·baugruppe *f* [Co] / jumper module, jumpering module || ~**draht** *m* [Serv] / patching wire, jumper wire
rangieren *v* [Serv] / strap, to rearrange wires, to change strappings, jumper
Rangier·feld *n* (Klinken) [Serv] / patching jack field || ~**leiste** *f* [Hw] / strapping connector || ~**liste** *f* [ES] / jumpering list || ~**platte** *f* [Co] / jumper module, jumpering module || ~**punkt** *m* [Serv] / patching wire terminal || ~**seite** *f* [Serv] / jumpering side || ~**steckverbinder** *m* [Serv] / jumpering plug
rangiert im Werk [Co] / strapping made in the factory || **nachträglich** ~ [Co] / strapping made in the field
Rangierung *f* [Serv] / strap connection, rerunning of jumpers
Rangierverbindung *f* [Serv] / strap connection, strapping
Rangschema *n* [Sw] / priority scheme
RAPR (s. Großspeicher auf Karte/Drucker)
RARA (s. Großspeicher auf Großspeicher)
Raster *m* (Signal) [ES] / signaling pattern || *n* [HSP, GrDp, OCR] / grid || ~ **von Punkten** [COM, HSP] / dot matrix || **optischer** ~ [NC] / optical grating, diffraction grating || ~**bild** *n* [HSP] / matrix image || ~**druck** *m* [HSP] / screening (of solid areas, etc.)
Rasterdrucker *m* [HSP, DT] / matrix printer, dot-matrix printer || **mechanischer** ~ [HSP, DT] / matrix impact printer
Raster·druckverfahren *n* [HSP, DT] / dot-matrix technique || ~**element** *n* (bei digitaler Speicherung von

Schriftzeichen) [COM, Typ] / raster element || **~fehler** *m* [ES] / timing error || **~feld** *n* [HSP, GrDp, OCR] / grid || **~fläche** *f* (Dia) [HSP] / screened area || **~haftlinienfilm** *m* [HSP] / adhesive rule tape for screening || **~modus** *m* [Sw] / screening mode || **~stempel** *m* [OCR] / stamp

Rasterung *f* [HSP] / screening, screen pattern

Rasterverzerrung *f* [ES] / timing error

Rast·nut *f* [TP] / groove || **~rolle** *f* (Filzstation) [HSP] / stop roller

rationale Zahl [Th] / rational number

RATP (s. Großspeicher auf Band)

Raum, ungenutzter ~ [DpC] / dead space || **~geräusch** *n* [DpC] / room noise || **~gitter** *n* [Sc] / space lattice || **~ladung** *f* [Sc] / space charge

raumladungs·begrenzt *adj* [Sc] / space-charge limited || **~gebiet** *n* [Sc] / space charge region || **~schicht** *f* [Sc] / space charge layer

räumlich·e Ausdehnung eines Datennetzes [RDp] / distance (to be) covered by a data network, coverage of a data network || **~e Durchschaltung** (Netze) [ES] / space-division circuit switching, space switching

Raummultiplex *m* [ES] / space-division multiplex || **~betrieb** *m* [ES] / space-division multiplex operation, space-division multiplex working || **~betriebsweise** *f* [ES] / space-division multiplex mode || **~durchschaltung** *f* [ES] / space-division circuit switching, space switching || **~koppelfeld** *n* [ES] / space-division multiplex switching network || **~netzwerk** *n* [ES] / space-division multiplex network || **~steuerung** *f* [ES] / space-division multiplex controller || **~verfahren** *n* [ES] / space-division multiplex method

Raumplan *m* [DpC] / floor plan

Raumvielfach *n* [ES] / space-division multiplex || **~system** *n* [ES] / space-division multiplex system || **~verbindung** *f* [ES] / space-division multiplex connection

Raupendeckel *m* [Hw, HSP] / tractor cover

Rauschen *n* [Tr, Sc] / noise || **impulsartiges ~** [Tr] / burst || **unbewertetes ~** [Tr] / unweighted noise

Rauschfaktor *m* [Tr] / noise factor || [Sc] / (transistor, etc.) noise figure

Rausch·generator *m* [Th, Cir] / noise generator || **~grenze** *f* [ES] / noise threshold || **~leistung** *f* [Sc] / noise powe[r] || **äquivalenter zusätzlicher ~leitwert** [Sc] / equivalent uncorrelated noise conductance || **~maß** *n* [Tr] / noise facto[r]

Rauschspannung *f* (DIN 44049 T1, Nov 1977) [Sc] / noise voltage || **äquivalente ~** [Sc] / equivalent noise voltage

Rauschstrom, äquivalenter ~ [Sc] / equivalent noise current

Rauschtemperatur *f* (DIN 44475E, Apr 1979) [Sc] / noise temperature || **~verhältnis** *n* (DIN IEC 235 T1, Sept. 1978) [Sc] / output noise ratio, noise-temperature ratio

Rauschunempfindlichkeit *f* [Sc] / noise immunity (of semiconductor, etc.)

Rauschzahl *f* [Sc] / (transistor, etc.) noise figure || **~** (Leistungsverhältnis) [Sc] / overall noise figure

Raute *f* [IO, Th] / lozenge

RDA (s. Rufdatenaufzeichnung) || **~-Bedienung** *f* [ES] / CRJ operating || **~-Platte** *f* [ES] / call record journal disk, CRJ disk

RDR (s. Rufdatenrechner)

Read-only-Speicher (s. Festspeicher)

real·e Adresse [VS] / real address (contrasted with "virtual address") || **~e Gerät** [Sw] / real device, physical devic[e] || **~er Rahmen** [VS] / page frame || **~e Seitennummer** [VS] / real page numbe[r] (PPAG)

realisieren, ein Speichersystem in MOSFET-Technologie ~ [Dp] / to design a main memory system using MOS FET technology

Realisierung *f* [Sw] / implementation

Real·rahmen *m* [VS] / page frame || **~seitenrahmen** *m* [VS] / page frame

Realspeicher *m* [VS] / real memory, real storage || **~verwaltung** *f* [VS] / real memory management

Realteil·-Funktion *f* [PL/1] / real (builtin) function || **~-Pseudovariable** *f* [PL/1] / real pseudo-variable

Realzeit·-... [Dp] / real-time || **~ausgabe** [Dp] / real-time output || **~betrieb** *m* (DIN 44300, März 1972) [Dp] / real-tim[e] operation, real-time working || **~-Computer** *m* [OS] / real-time compute[r] || **~datenfernverarbeitung** *f* [RDp] / real-time remote data processing || **~-Datensystem** *n* [Th] / real-time data system || **~eingabe** *f* [Dp] / real-time input || **~simulation** *f* [Sw] / real-time simulation || **~steuerung** *f* [CU] / real-time control

Realzeitsystem *n* [RDp] / real-time

system || **Steuerprogramm für ~e** [OS] / real-time control program (e.g., ASMUS)
ealzeit·uhr *f* [Mp, MCS, M] / real-time clock (RTC) || **~verarbeitung** *f* [Dp, Sw] / real-time processing || **~verhalten** *n* RDp] / real-time behavior || **~zähler** *m* ES] / real-time working counter (RWC)
echen·- und Leitwerk [CP] / arithmetic and logic unit (ALU) || **~- und Leitwerk** Mp, MCS] / arithmetic and logic unit ALU) || **~- und Steuerwerk** [Mp, MCS] / arithmetic and logic unit (ALU)
echenanlage (DIN 44300, März 1972) s. Datenverarbeitungsanlage) || **arbeitende ~** [Dp] / active computer || **digitale ~** (DIN 44300, März 1972) [Dp] / digital computer || **kommerzielle ~** [Hw, p] / business computer || **programmgesteuerte ~** [Dp] / program-controlled computer
echen·anlagenbezeichnung *f* [Cobol] / computer name || **~anweisung** *f* [Cobol] / compute statement || **~automat** (s. Rechner) || **~befehl** *m* [ALU] / arithmetic statement || **~betont** *adj* [Cobol] / computational || **~dezimalpunkt** *m* obol] / assumed decimal point
echeneinheit (s. Rechenwerk) || **entrale ~** [CP] / central data processor
echen·element (s. Rechenwerk) || **~feld** [Cobol] / computational item || **~gang** *m* C] / calculating operation
echengeschwindigkeit *f* (DIN 9757E, Okt. 1977) [Th, ALU] / calculating speed, computing speed || **mittlere ~** [Dp] / average calculating speed
chenintensiv *adj* [Sw] / computer-bound
echenlocher *m* [DT, PC] / calculating punch || **Divisionseinrichtung für ~** [PC] dividing device for calculating punch
echenmaschine, elektrische ~ [Off] / electric calculating machine || **elektronische ~** (DIN 9757E, Okt. 1977) [Calc] / electronic calculator, electronic calculating machine || **elektronische ~ für kaufmännische Anwendungen** (DIN 9757E, Okt. 1977) alc] / commercial electronic calculator **elektronische ~ für technisch/wissenschaftliche Anwendungen** (DIN 9757E, Okt. 1977) [Calc] / scientific electronic calculator || **lochkartengesteuerte ~** [PC, Off] / card-controlled calculator || **manuell programmierbare elektronische ~** (DIN 9757E, Okt. 1977) [Calc] / calculator with keyboard program input || **maschinell programmierbare elektronische ~** (DIN 9757E, Okt. 1977) [Calc] / calculator with external program input || **programmierbare elektronische ~** (DIN 9757E, Okt. 1977) [Calc] / programmable electronic calculator
Rechenoperation *f* [Th] / arithmetic operation || [Dp] / computer operation, machine operation || **~ mit automatischer Parametervariation** [Dp] / automatic sequential operation || **charakteristische ~** [Dp] / representative calculating operation || **durchschnittliche ~** [Dp] / average calculating operation
Rechen·probe *f* [Dp, Sw] / arithmetic check, mathematical check || **~prozeß** *m* [PCC] / task || **~prüfung** *f* [Dp, Sw] / arithmetic check, mathematical check || **~register** *n* [ALU] / arithmetic register || **~schaltplan** *m* [Dp] / setup diagram || **~stanzer** *m* [DT, PC] / calculating punch || **~system** (DIN 44300, März 1972) (s. Datenverarbeitungssystem) || **~teil** (s. Rechenwerk)
Rechenverstärker *m* [ADp] / computing amplifier || **offener ~** [ADp] / directly coupled amplifier, high-gain amplifier
Rechen·vorschrift *f* [Algol] / rule for computing a numerical value || **~vorzeichen** *n* [Cobol] / operational sign
Rechenwerk *n* (DIN 44300, März 1972) [ALU] / arithmetic unit, arithmetic element || **~befehl** *m* [ALU] / arithmetic statement || **~register** *n* [ALU] / arithmetic unit register
Rechenzeit *f* [Dp] / computer time, machine time, computing time || **charakteristische ~** [Dp] / representative calculating time || **elementare ~** [Dp] / basic machine cycle || **repräsentative ~** [Dp] / representative calculating time || **~abhängig** *adj* [Dp] / compute-limited
Rechenzentrum (RZ) *n* [DpC, Dp] / computing center, computer center || **Service-~** *n* [DpC] / computer service center
Recherche *f* (Methode, aus verschiedenen Datenbeständen diejenigen Dateneinheiten herauszusuchen, die mit einem gesuchten Sachverhalt und/oder gesuchten Eigenschaften übereinstimmen) [DOK] / recherche || **~auftrag** *m* [IDS] / query

rechnen *v* (DIN 9757E, Okt. 1977) [Dp] / calculate, compute || ~ **mit doppelter Stellenzahl** [Th] / double-length arithmetic, double-precision arithmetic || ~ **mit mehrfacher Wortlänge** [Th] / multiple-length arithmetic || **lochstreifengesteuertes** ~ [PT, PCC] / tape-controlled calculating, tape-controlled computation || **repetierendes** ~ [Dp] / repetitive operation

Rechner *m* (DIN 44300, März 1972) / computer || ~ (cf. „Computer") || ~ **der dritten Generation** [Dp] / third-generation computer || ~ **der zweiten Generation** [Dp] / second-generation computer || ~ **für Netzberechnungen** [ADp] / network analyzer, network calculator || ~ **für technisch-wissenschaftliche Aufgaben** [Dp] / scientific computer || ~ **mit fester Wortlänge** [RDp] / fixed word-length computer, fixed-length computer || ~ **mit festverdrahtetem Programm** / wired-program computer || ~ **mit variabler Wortlänge** [Dp] / variable-length computer, variable word-length computer || **Analog-Digital-**~ *m* [HyC] / hybrid computer, analog-digital computer || **cryogenischer** ~ [Dp] / cryogenic computer || **festprogrammierter** ~ [Dp] / fixed program computer || **kommerzieller** ~ [Hw, Dp] / business computer || **lochkartengesteuerter** ~ [PC, Off] / card-controlled calculator || **numerischer** ~ [Dp] / numerical computer || **programmgesteuerter** ~ [Dp] / program-controlled computer || **programmierbarer** ~ [Calc] / programmable calculator || **selbstanpassender** ~ [Dp] / self-adapting computer || **selbstlernender** ~ / self-learning computer (computer capable of modifying programs according to its own memory or experience, e.g., a chess-playing computer) || **selbstorganisierender** ~ [Dp] / self-organizing computer || **sequentieller** ~ [Dp] / sequential computer (computer in which events occur in time sequence, with little or no simultaneity or overlap of events) || **serieller** ~ (Computer, in dem die einzelnen Bits einer Dateneinheit der Reihenfolge nach rechnerintern transportiert werden) [Dp] / serial computer || **speicherprogrammierter** ~ [Dp, Sw] / stored-program computer

rechnerabhängig *adj* [PE] / on-line || ~**e Betrieb** [Dp] / on-line mode, on-line operation || ~**er Speicher** [PE] / on-line storage || ~**e Verarbeitung** [Dp] / on-lin processing, on-line data processing

rechner·begrenzt *adj* [Dp] / computer-limited || ~**code** *m* [Sw, VC] / absolute code, specific code || ~**datei** *f* [Dp] / computer file, file

Rechnerfamilie *f* [Dp] / computer famil || ~ **der dritten Generation** [Sw] / third generation computer family

rechnerfern *adj* [PCC, RDp] / remote, removed

rechnergesteuert *adj* [Dp] / computer-controlled, under computer control || ~ **Erstellung von Dokumenten** [Typ, IDS] computerized document preparation ~**er Fernschreibbetrieb** [ES] / computerized telex operation

rechnergestützt·es Dokumentationssystem [IDS] / computerized documentation system ~**e Fertigung** [PrC] / computer-aided manufacturing (CAM) || ~**es Informationssystem** [IDS] / computerized information system || ~ **Programm** [NC] / computer-assisted program || ~**e Übersetzung** (s. maschinenunterstützte Übersetzung)

Rechner·kennwort *n* [Sw] / computer password, machine password || **Standby-**~**koordinierung** *f* [ES] / standby system updating || ~**koordinierungsroutine** *f* [Sw] / standby updating routine || ~**lauf** *m* [D / computer run || ~**netz** *n* [Tr] / compute network || ~**operation** *f* [Dp] / compute operation, machine operation

rechnerorientiert·e Funktionen [ES] / computer-oriented operations || ~**e Operationen** [ES] / computer-oriente operations || ~**e Programmiersprach** [PL] / machine-oriented language (MOL), computer-oriented language low-level language

Rechner·programm *n* [Sw, NC] / compu program || ~**programmierung** *f* [Sw, N computer programming || ~**protokoll** [Dp] / computer printout || ~**raum** (s. Maschinenraum)

Rechner-Rechner-Übertragung *f* [Tr computer-computer transfer

Rechner·schaltplan *m* [Dp] / setup diagram || ~**schaltung** *f* (vorwiegend Analogrechnern) [Dp] / setup, compu setup || ~**sprache** *f* [Th] / machine

anguage, object language, computer anguage
echnersteuerung *f* [Dp] / computer control || [NC] / computer numerical control (CNC)
echnersteuerungssystem *n* [NC] / computer numerical control system CNC system)
echnersystem *n* [Sw] / computer system
hybrides ≗ [HyC] / hybrid system ||
ınabhängiges ≗ [Mp] / standalone computer system
chnertechnisch *adj* [Hw, Sw] / computer-oriented, machine-oriented
~e Bedienung [ES] / computer-oriented operation || **~er Blattschreiber** ES] / computer-oriented console ypewriter
chnerunabhängig *adj* [Hw, Dp] / off-ine || **~er Betrieb** [Dp] / off-line mode, off-line operation || **~er Speicher** [PE] / off-line storage || **~e Verarbeitung** [Dp] / off-line processing
chnerunterstützt·e Konstruktion [Dp, Dp] / computer-aided design (CAD) ||
-er Unterricht [CAI] / computer-assisted instruction (CAI) || **~es entralisiertes Verkehrssteuerungssystem COMTRAC)** (Eisenbahn) [PCC] / omputer-aided centralized traffic ontrol system (COMTRAC)
echnerverbund *m* [RDp] / computer etwork || **≗betrieb** *m* [Dp, RDp] / nultiprocessing
echnerzeit *f* [Dp] / computer time, nachine time, computing time
echnungsarten, höhere ≗ [Th] / dvanced arithmetical operations
chter Akkumulator [ALU] / right ccumulator
chteck *n* [HSP] / rectangle ||
generator *m* [Th] / square-wave signal enerator
chteckige Hystereseschleife [M] / ectangular hysteresis loop
chteckigkeitsverhältnis *n* [M] / quareness ratio
chteck·impuls *m* (DIN 40146 T3, Okt. 978) [ES] / rectangular pulse ||
integration *f* [Th] / rectangular ıtegration || **≗zeichen** *n* [Tr] / square-vave signal
chtmäßigkeit *f* (der Datenverarbeitung) [Priv] / legitimacy of data processing)
chtsbündig *adj* [Fortran] / right justified
~ machen (d.h., für den Druck aufbereiten bzw. setzen) [HSP, Typ] / right-justify
Rechtschreibung, normale ≗ [ASw, MAT] / normal orthography
rechtwinklig·e kartesische Koordinaten [Th] / rectangular Cartesian coordinates || **~e Koordinaten** [Th] / rectangular coordinates
Recordertelegrafie *f* [TP] / signal recording telegraphy
redaktionell·e Nachbearbeitung [MAT] / postediting || **~e Vorbearbeitung** [MAT] / pre-editing
Redaktions·manuskript *n* (DIN 2333V, Sept. 1974) [Term, MAT] / working manuscript (vocabulary, etc., draft manuscript usually drawn up in one language) || **≗terminal** *n* [Typ, TES] / editing terminal
Redefinierungsklausel *f* [Cobol] / redefines clause
REDIT (s. Großspeicherauszug)
redundant *adj* [Th] / redundant || **~er Code** [DS, Th, Tr] / redundant code || **~e Information** [Th] / redundant information || **~es Zeichen** [DS, Th, Tr] / redundant character
Redundanz *f* (DIN 44301, Feb. 1977) [Th, Tr] / redundancy || **≗ durch Modularität** [Dp] / redundancy by modular working, redundancy through modular working || **≗ durch Parallelarbeit** [Th] / redundancy by parallel working, redundancy through parallel working || **relative** ≗ (DIN 44301, Feb. 1977) [Th] / relative redundancy || **≗kontrolle** *f* [DS, Th, Tr] / redundancy check, redundant check || **≗prüfung** *f* [DS, Th, Tr] / redundancy check, redundant check || **≗prüfzeichen** *n* [Sw] / redundancy check character
Reduzierkoeffizient, thermischer ≗ (für die Verlustleistung) [Sc] / thermal derating factor
reell *adj* [Algol] / real || [PL/1] / real ||
~ einfach genau [Fortran] / real ||
~ erhöht genau [Fortran] / double precision || **~es Gerät** [Sw] / real device, physical device || **~e Konstante** [Sw] / real constant || **~er Modus** [Sw] / real mode || **~er Speicher** [VS] / real memory || **~e Zahl** [Th] / real number
Reentrant-Steuerung *f* [Sw] / reentrant control
Referat *n* [DOK, IDS] / abstract || **ein ≗ anfertigen** [IDS] / abstract
Referatezeitschrift *f* [IDS] / abstract

journal
Referatretrieval *n* (Methode, eine Suchfrage mit den Kurzreferaten von Dokumenten zu vergleichen und bei Übereinstimmung die zugehörige Dokumentationseinheit als Treffereinheit zu selektieren) [DOK] / abstracts retrieval
Referenz, externe ≈ [Sw] / external reference || ≈**bit** *n* [VS] / reference bit || ≈**feldbezugskassette** *f* (DIN 66211 T1, Mai 1976) [MT, QC] / reference tape cassette || ≈**punktverschiebung** *f* [NC] / zero shift, zero offset || ≈**retrieval** *n* [DOK] / reference retrieval
reflektierend·e Bandmarke [MT] / reflective spot || ~**e Tinte** [OCR] / reflective ink
reflektiert binär [DS, Th, Tr] / reflected binary || ~**er Binärcode** [Th] / reflected binary code || ~**e binäre Verschlüsselung** [Th] / reflected binary code
Reflektormarke *f* (DIN 66011 Bl.3, Apr. 1974) [MT] / reflective spot
Reflex, bedingter ≈ [Cy] / conditioned reflex
Reflexions·grad *m* (DIN 66233E, Apr. 1977) [OCR] / reflectance, reflectance coefficient || ≈**muster** *n* [Cy] / pattern of reflection || ≈**vermögen** *n* (des Papiers usw.) [OCR] / background reflectance
Refraktärzeit *f* [Cy] / refractory period
Regelalgorithmus *m* [PCC] / control algorithm
regelbar·er Transistor [Sc] / controllable transistor || ~**er Widerstand** [Co] / rheostat
Regel·bereich *m* [NC] / control range || ≈**dauer** *f* [PCC] / recovery time, correction time || ≈**glied** *n* [PCC, AC] / final control element || ≈**größe** *f* [PCC, AC, Cy] / controlled condition, controlled variable
Regelkreis *m* [NC] / control loop, feedback loop || **geschlossener** ≈ [Cy] / closed loop circuit, closed loop
regellose Größe [PCC] / random variable
regelmäßige Wartung [Hw, DpC] / regular maintenance (as opposed to emergency maintenance)
regeln *v* [PCC, NC] / control
Regelschleife, phasensynchronisierte ≈ [AC, Co] / phase-locked control loop (PLCL)
Regelschwingungen *f pl* [PCC] / hunting (i.e., an unstable condition resulting from a continuous attempt by an automatically controlled closed loop to find a state of equilibrium)
Regelsystem mit geschlossenem Kreis [NC, Cy] / closed loop system, feedback system || ≈ **mit Rückmeldung** [NC, Cy] / closed loop system, feedback system || **automatisches** ≈ [PCC] / automatic monitoring system, automatic control system || **automatisches** ≈ **mit Rückführung** [NC] / automatic feedback control system
Regelumsetzer (RU) *m* [ES] / parallel control
Regelung *f* / control || **selbsttätige** ≈ [PCC] / automatic control
Regelungs·genauigkeit *f* [NC] / control precision || **rückgekoppeltes** ≈**system** [PCC, AC] / feedback control system || ≈**technik** *f* [PCC] / automatic control engineering, control engineering
Regel·verkehr *m* [ES] / regular routing || ≈**verstärker** *m* [AC] / AGC amplifier || **analytische** ≈**vorrichtung** [PCC] / analytical control equipment || ≈**widerstand** *m* [Co] / variable resistor
Regenerations·einrichtung *f* [Th] / recycling device || ≈**intervall** *n* [M, Co] / regeneration period, scan period || ≈**lampe** *f* [HSP] / regeneration lamp || ≈**speicher** *m* [M] / regenerative storage || ≈**spur** *f* [MDr] / regenerative track, revolver track || ≈**zyklus** *m* [M] / regeneration cycle
regenerativer Speicher [M] / regenerative storage
Regenerator *m* [TP] / regenerative repeater, regenerative telegraph repeater, start-stop telegraph regenerator
regenerieren *v* [Sw] / reactivate, regenerate, recover
regenerierendes Übertragungsprinzip [Tr] / regenerative transmission principle
Region *f* [Sw] / region || ≈ (s. Partition)
regionales Nachrichtensatellitensystem [Tr] / regional communications satellite system
Register *n* [Th, Sw] / register || ≈ **doppelter Wortlänge** [M] / double-length register, double register || ≈ **dreifacher Wortlänge** [CU] / triple-length register, triple register || ≈ **für allgemeine Anwendungen** [Mp] / data register, working register || ≈ **für den jeweils gültigen Zustand** [Mp] / current status register || ≈ **n-facher Wortlänge** [CU] / n-tuple-length register, n-tuple

register || ~ **vierfacher Wortlänge** [ALU] / quadruple-length register, quadruple register || **allgemeines** ~ [M] / general register, general-purpose register || **8-Bit-**~ *n* [Mp] / 8-bit register || **Datenbank-**~ *n* (in Großbritannien) [Priv] / Register of Data Banks (in the U.K.) || **dynamisches** ~ [M, CU] / delay-line register || **ein** ~ **der automatisch betriebenen Dateien führen** [Priv, IDS] / to keep a register of automated data files || **selbstdekrementierendes** ~ [Dp] / autodecrement register

Registeradressierung *f* [Sw] / register addressing || **indirekte** ~ [Mp] / register pair addressing (i.e., the instruction specifies the register pair containing the memory address)

Register·auswahl *f* [Mp] / register select || ~**befehl** *m* [Mp] / register instruction || ~**bezeichnung** *f* [Mp] / register name || ~**blatt für Verdrahtungsunterlagen** [Dist] / list of wiring documentation || ~**feld** *n* [ES] / register field || ~**freigabe** *f* [ES] / register release || ~**haushalt** *m* [ES] / register housekeeping || ~**inhalt** *m* [CU, Sw] / register contents

Registerkennung *f* [ES] / register code signal || [Mp] / register identifier

Registerkennzeichnung, falsche ~ [Sw] / register specification error

Register·länge *f* [CU] / register length, register capacity || ~**logik** *f* [Mp] / register logic || ~**matrix** *f* [Mp] / register map || ~**nummer** *f* [Sw] / register number || ~**nummerregister** *n* [ES] / register number register || ~**operand** *m* [OS] / register operand || ~**paar** *n* [Mp, ES] / register pair || ~**plan** *m* [ES] / register plan || ~**spur** *f* [MDr] / recirculating track, recirculating loop || ~**stand** *m* [CU, Sw] / register contents || ~**system** *n* [ES] / register-type switching system || ~**taste** *f* [TP] / organ-type key, piano-type key, organ-type function control key || ~**typ** *m* [HSP] / register type

Registratur *f* [IDS] / record office || **technische** ~ **(TR)** [IDS] / technical documentation filing office

Registriereinrichtung *f* [IO] / logger (i.e., a device that records events over a period of time)

registrieren *v* [NC] / record || **laufend** ~ [ES] / to keep a running total of (charge, etc.)

Registriergerät *n* [NC] / logger || ~ (Kurvenzeichner) [GrDp] / curve plotter

Registrierkasse *f* [Dp] / cash register || **elektrische** ~ [Off] / electric cash register

Registrier·papier *n* [GrDp] / scaled paper || ~**system** *n* [ES] / register-type switching system

Regler *m* [PCC] / automatic controller || [AC, Cy] / regulator || ~**kohle** *f* [TP] / governor carbon brush

regulierbar, stufenlos ~ [Hw] / infinitely variable

Reibungsverhältnis *n* [OCR] / frictional ratio

Reihe *f* [Hw] / row (of cabinets, etc.) || **geometrische** ~ [Th] / geometric series, geometrical series, geometric progression, geometrical progression || **geschlossene** ~ [IDS] / closed array || **konvergierende** ~ [Th] / convergent series || **unendliche** ~ [Th] / infinite series

Reihenanlage *f* [ES] / series-connected system

Reihenfolge, absteigende ~ [Sw] / descending order, descending sequence || **alphabetische** ~ [Dp] / alphabetic order, alphabetic sequence || **aufsteigende** ~ [Sw] / ascending order, ascending sequence || **in falscher** ~ [PC] / out of sequence

Reihen·resonanz *f* [Cir] / series resonance || ~**schaltung** *f* [TrL] / series connection, connection in series || ~**schwingkreis** *m* [Cir] / series-resonant circuit || ~**verfahren** *n* [Th] / sequential coding

rein·er Binärcode [Th] / pure binary code || ~**e Binärdarstellung** [Th] / pure binary notation || ~**er Dualcode** [Th] / pure binary code || ~**e Mathematik** [Th] / abstract mathematics || ~**e Notation** (Notation, in der nur Buchstaben oder nur Ziffern zugelassen sind) [DOK] / pure notation || ~**es Symbol** [Sw] / abstract symbol || ~**e Zahl** [Th] / abstract number

Reinigungs·bürste *f* [HSP] / cleaning brush, brush cleaning station || ~**filz** *m* [HSP] / cleaning felt, felt cleaning station || ~**schieber** *m* [HSP] / cleaning slider, wiper || ~**station** *f* [HSP] / cleaning station || ~**vlies** *n* [HSP] / cleaning fleece, fleece cleaning station

reißen *v* [HSP] / burst (continuous-form paper along cross perforation)

Reißer *m* [HSP] / burster

Reißfestigkeit *f* [PT, PC] / resistance to tearing

Reiter *m* (Papierführung) [TP] / lateral

plastic guide
Rekombination *f* (DIN 41852, Aug. 1978) [Sc] / recombination
Rekombinations·geschwindigkeit *f* [Sc] / recombination velocity || **~koeffizient** *m* [Sc] / recombination rate || **~zentrum** *n* [Sc] / recombination center
Rekomplementierung *f* [CP] / recomplementing
Rekonfiguration *f* [Dp] / reconfiguration
rekonfigurierbar *adj* [Dp] / reconfigurable
rekonfigurieren *v* [Dp] / reconfigure
rekonstruieren *v* [Sw] / reconstruct
Rekonstruktion *f* [Sw] / reconstruction
Rekristallisation *f* [Sc] / recrystallization
Rekristallisations-pn-Übergang *m* [Sc] / fused junction
Rekursion *f* [Th] / recursion
Rekursionsformel *f* [Th] / recurrence formula
rekursiv *adj* [PL/1] / recursive || **~e Prozedur** [Algol] / recursive procedure || **~er Prozeß** [Th] / recursive process
REL (s. Freigeben und Belegen eines Geräts)
Relais *n* (DIN 40100 T7, Aug. 1978) [Co] / relay || **elektronisches ~** [Co] / solid-state relay, bistable relay || **~abschaltspannungen** *f pl* [ES] / relay trip transients || **~arbeitszeit** *f* [ES] / relay operate time || **~fassung** *f* [Hw] / relay socket || **~koppelfeld** *n* [Tr] / relay matrix || **~rechenmaschine** *f* [Hist] / relay calculator || **~rechner** *m* [Hist] / relay calculator || **~schaltung** *f* [Tr] / relay circuit || **~speicher** *n* [Hist, M] / relay storage || **~teil** *n* [TP] / relay module || **~übersicht** *f* [Serv] / relay list
relativ *adj* [Sw] / relative, relocatable || **~e Adresse** [Sw] / relative address || **~e Adressierung** [Sw] / relative addressing || **~e Angaben** [Sw] / relative information || **~er Ausdruck** [PL] / relocatable expression || **~e Codierung** [Sw] / relative coding || **~e Einschaltdauer** [Hw, DpC] / duty cycle || **~er Elementarausdruck** [Sw] / relocatable term || **~er Fehler** [Th] / relative error, accuracy || **~e Luftfeuchtigkeit** [DpC] / relative humidity || **~es Programmieren** [Sw] / relative programming || **~e Redundanz** (DIN 44301, Feb. 1977) [Th] / relative redundancy || **~e symbolische Adresse** [Sw] / relocatable symbol || **~er Wert** [Sw] / relocatable value
relativierbar *adj* [Sw] / relocatable || **~es Programm** [Sw] / relocatable program
Relativierbarkeit *f* [Sw] / relocatability
Relativierung *f* [Sw] / relativization
Relativierungs·karte *f* [Sw] / relocation dictionary card, RLD card || **~tabelle** *f* [Sw] / relocation dictionary (RLD)
Relativ·lader *m* [Sw] / relocatable loader, relocatable program loader || **~meßverfahren** *n* [NC] / incremental measuring method || **~programm** *n* [Sw] / relocatable program
Relativzeiger *m* [PL/1] / offset || **~-Funktion** *f* [PL/1] / offset (builtin) function
Relativzeitgeber *m* [Dp] / relative time clock
Remission, absolute ~ [OCR] / absolute reflectance
Remissionskoeffizient *m* [OCR] / coefficient of reflectance
Remittanz *f* [Sc] / remittance
reorganisieren *v* [Sw] / reorganize, rearrange
Reparatur·erwartungszeit *f* [Dp] / awaiting-repair time || **der Bildschirm ist wartungs- und ~freundlich** [Serv] / the display is easy to troubleshoot || **~verzögerungszeit** *f* [Serv] / repair delay time || **mittlere ~zeit** [Hw, Serv] / mean time to repair (MTTR), mean repair time (i.e., in a given time period, the ratio of time spent in corrective maintenance of a unit to the number of unit failures)
Repetierbarkeit *f* [NC] / repeatability
repetierend·e Operation [Dp] / repetitive operation || **~es Rechnen** [Dp] / repetitive operation || **~es Rechnen mit automatischer Parametervariation** [Dp] / automatic sequential operation
Repetiergenauigkeit *f* [NC] / repeat accuracy
Replacement-Selection-Verfahren *n* [Sw] / replacement/selection technique, replacement/selection method
Reportgenerator *m* (z.B. zum Durcharbeiten eines DB-Bestandes, um Sätze zu finden, die mehreren Kriterien genügen) [IDS] / report generator, report writer
Repositionierroutine *f* [HSP] / repositioning routine
repräsentative Rechenzeit [Dp] / representative calculating time
Reproduzierbarkeit *f* [NC] / reproducibility
reprofähig *adj* [Rep] / reproducible || **~e Vorlage** [Rep] / camera-ready artwork
Reprokamera *f* [Rep] / process camera

Reserve·... [Hw] / backup, standby || **aktive ≗** [DS, IDS] / on-line backup || **≗aggregat** *n* [ES, QC] / standby assembly || **≗betrieb** *m* [Dp] / backup operation, standby mode || **≗kanal** *m* [Tr] / spare channel || **≗laufwerk** *n* [MD] / spare disk drive, spare drive || **≗plattenspeicher** *m* [MD] / backup disk, spare disk storage unit || **≗rechenanlage** *f* [Dp] / backup computer, standby computer || **≗rechner** *m* [Dp] / backup computer, standby computer || **interner ≗speicher** [M] / internal auxiliary storage || **≗system** *n* [Hw] / standby system, fallback system || **≗zylinder** *m* [MD] / spare cylinder, alternate cylinder

reservieren *v* [Sw] / reserve || **≗ Pufferbereich für lokale Auftragsvariable (JVPOOL)** [OS] / Reserve job variable pool (JVPOOL)

reserviert·er Bereich des Arbeitsspeichers [PCC, Sw] / dedicated area of main memory || **~er Name** [Algol] / reserved identifier || **~es Wort** [Cobol] / reserved word

RESET (s. Fortsetzen des Monitorlaufs)

resident *adj* [Sw] / resident || **eine Seite ~ machen** [VS] / to fix a page

Residue-Phänomen *n* [Cy] / residue phenomenon

Resolver *m* [ADp] / resolver, synchro

Ressortnummer *f* [Sw] / activity number

Rest *m* [Cobol] / remainder

Restart *m* [Mp, Sw] / restart, program restart || **anlagentechnischer ≗** [OS] / reconfiguration routine || **Anschlußprogramm zum ≗** [OS] / restart interface program || **anwendertechnischer ≗** [ASw] / user-oriented restart || **Standby-≗** *m* [TP] / standby restart || **vermittlungstechnischer ≗** [ES] / switching-oriented restart || **≗-Ablauf** *m* [OS] / restart procedure || **≗-Anforderung** *f* [ES] / restart request || **≗priorität** *f* [ES] / restart priority || **≗-Programm** *n* [Sw, ES] / restart program || **automatische ≗prozedur** [ES] / automatic restart procedure || **manuelle ≗prozedur** [Dp] / manual restart procedure || **≗punkt** *m* [Sw] / restart point || **≗-Rahmenprogramm** *n* [ES] / restart master program || **≗-Routine** *f* [Sw, ES] / restart routine || **~sicher** *adj* [ES] / restart-protected, restart-proof

Rest·dämpfung *f* [ES, Tr] / net loss || **≗fach** *n* [PC] / reject pocket

Restfehler *m* [Th] / residual error || **≗häufigkeit** *f* [Tr] / residual error rate, undetected error || **≗quote** *f* [Tr] / residual error rate, undetected error

Rest·feld *n* (beim Sortieren) [Sw] / remainder field || **induktive ≗fläche des Steuerstromkreises** (bei einem Halleffekt-Bauelement) [Sc] / effective induction area of the control current loop || **≗ladung** *f* [HSP] / residual charge || **≗prüfung** *f* [Th] / modulo-n check, residue check || **≗seitenband-Übertragung** *f* [Tr] / residual sideband transmission

Restspannung *f* (DIN 41854, Apr. 1979) [Sc] / residual voltage || **äußere remanente ≗** (eines Halleffekt-Bauelementes) [Sc] / external remanent residual voltage || **induzierte ≗** (eines Halleffekt-Bauelementes) [Sc] / inductive residual voltage || **innere remanente ≗** (eines Halleffekt-Bauelementes) [Sc] / internal remanent residual voltage || **thermische ≗** (eines Halleffekt-Bauelementes) [Sc] / zero-field thermal residual voltage

Rest·strom *m* [Sc] / cutoff current, reverse current || **≗toner** *m* [HSP] / residual toner || **≗verzerrung** *f* [Tr] / residual distortion || **≗widerstand** *m* (DIN 41854, Apr. 1979) [Sc] / saturation resistance

resultat·abhängige Kommaverschiebung (DIN 9757E, Okt. 1977) [Calc] / underflow capability || **≗addition** *f* (selbsttätig saldierende Speicherung der einzelnen angegebenen Resultate einer Serie von Rechnungen) (DIN 9757E, Okt. 1977) [Calc] / sigma accumulate capability || **≗starttaste** *f* (DIN 9757E, Okt. 1977) [Calc] / equals key

Retrieval *n* (Methode, in einem bestimmten Datenbestand Suchvorgänge durchzuführen) [DOK] / retrieval, information retrieval || **≗markierung** *f* [COM] / blip code || **≗system** *n* (Grundlagen, Verfahren und Einrichtungen, die das Retrieval ermöglichen) [DOK] / retrieval system

Return-to-zero (RZ) *n* [PE] / return to zero (RZ)

reversibel *adj* [Th] / reversible || **reversibler magnetischer Vorgang** [M] / reversible magnetic process

Revolveranschlag *m* [NC] / multi-position stop

RFC (s. Lesen Dateikatalog)

Rhombuszeichen [IO, Th] / lozenge
Richtantenne *f* [Tr] / directional antenna
Richtfunk·station *f* [Tr] / radio relay station || **∻strecke** *f* [Tr] / radio link || **∻teilstrecke** *f* [Tr] / microwave radio hop
Richtigkeit *f* (von Daten usw.) [Priv] / accuracy (of data, etc.) || **Überprüfen auf syntaktische ∻** [PL] / syntax checking
Richtleiter *m* [Sc] / rectifier element
Richtlinien der Programmverbindung [Sw] / linkage conventions
Richtstrom *m* [Sc] / rectified current
Richtung *f* [ES] / route destination
richtungs·abhängige Leitfähigkeit [Sc, Co] / asymmetrical conductivity || **∻ausscheidungsziffer** *f* [ES] / route discriminating digit || **∻betrieb** *m* (DIN 44302, Apr. 1979) [Tr] / simplex transmission || **∻kriterium** *n* [ES] / routing criterion || **∻schnellwechsel** *m* [Sw] / highspeed route reversal, fast turnaround || **∻schrift** *f* (DIN 66010, Apr. 1973) [MT] / phase encoding (PE) || **∻speicher** *m* [ES] / route memory || **∻tabelle** *f* [ES] / destination routing table || **∻taktschrift** *f* (DIN 66010, Apr. 1973) [MT] / phase encoding (PE) || **∻umkehr** *f* [ES] / route reversal
Richtungswahl·baum *m* [ES] / route selection tree, routing tree || **∻einstieg** *m* [ES] / route selection entry || **∻generator** *m* [ES] / route selection generator || **∻liste** *f* [ES] / route selection list || **∻programm** *n* [ES] / route selection program || **∻stufe** *f* [ES] / route selection stage
Richtungszeichen *n* [ES] / route signal
Richt·verhältnis *n* [Sc] / rectification efficiency || **∻wirkungsgrad** *m* [Sc] / rectification efficiency
Ring·bandkern *m* [M] / tape-wound core, tape core (i.e., magnetic core made from a coil of ferromagnetic tape) || **∻kabel** *n* [TrL] / loop cable || **∻kern** *m* [M] / toroidal core
Ringnummer für Lesezugriffe [OS] / ring number for read access (RNR) || **∻ für Schreibzugriffe** [OS] / ring number for write access (RNW)
Ring·schieben *n* [Th] / logical shift, logic shift || **∻schieberegister** *n* [CU] / circulating register, cyclic shift register, end-around shift register || **∻schiften** *n* [Th] / logical shift, logic shift || **∻schutz** *m* [M] / ring protection || **∻stufe** *f* [Priv, M] / level of protection || **∻übertrag** *m* [Th] / endaround carry || **∻zähler** *m* [Hw, PCC, ES] / ring counter || **∻zustandsanzeige** *f* [OS] / ring state indicator (RSI)
RLD-Karte *f* [Sw] / relocation dictionary card, RLD card
Rohrdraht *m* [Hw] / conduit wire, metal-sheated wire
Röhrenspeicher, Williams-∻ *m* [M] / Williams tube storage, Williams tube
Rolle *f* (DIN 66016, Juni 1966) [PT] / roll (of paper tape) || ∻ (s. Magnetbandrolle)
Rollen·ablaufvorrichtung *f* [HSP] / roll-feed facility || **∻aufnahme** *f* [HSP] / roll mounting || **∻heizung** *f* [HSP] / roller heating
Rollenkern *m* [PT, MT] / core || ∻ (Wickelkörper ohne seitliche Begrenzungsflächen) (DIN 66016, Juni 1966) [PT] / (plastic, cardboard, etc.) former, mounting (for roll of paper tape)
Rollenpapier *n* [TP] / continuous rollpaper
Rollschubführung *f* [Th, Meas] / guide piece
ROM *n* (Read Only Memory) (frei adressierbarer Festspeicher, dessen Information dem Baustein vom Hersteller eingegeben wird) [Mp] / random-access ROM, read-only RAM, read-only memory (ROM) || **Mikroprogramm-∻** *n* [Mp] / microprogram ROM || **programmierbares ∻** [Mp] / programmable read-only memory (PROM), programmable ROM || **∻-Schnittstelle** *f* [Mp] / read-only memory bus interface, ROM bus interface || **∻-Test** *m* [Mp] / ROM test
Rotschreibung *f* [TP] / ribbon shift red
Routine *f* [Sw] / routine || **programmorientierte ∻** [OS] / program-oriented routine || **zentrale ∻n** [OS] / common routines || **zeitaufwendige ∻arbeiten** / time-consuming routine work || **∻durchlaufzähler** *m* [Serv] / routine test run counter || **∻einleitung** *f* [ES] / routine initialization || **∻hardwareprüfung** *f* [Serv] / routine hardware check
routinemäßig *adj* / routine
Routinename *m* [Cobol] / routine-name
Routinenverzeichnis *n* [Dp] / map
Routine·prüfprogramm *n* [Serv] / routine test program || **∻prüfung** *f* [Serv] / routine testing
Routinetest·ablauf *m* [Serv] / routine test run || **∻betrieb** *m* [Serv] / routine test

operation || ²durchlauf *m* [Serv] / routine test run || ²fehler *m* [Serv] / routine test error
Routine·zähler *m* [ES] / routine counter || **²zustand** *m* [Serv] / routine test status
RPG-Bestimmungsblatt *n* [RPG] / RPG specification sheet, RPG coding form || **²-Formblatt** *n* [RPG] / RPG specification sheet, RPG coding form || **²-Verarbeitungszyklus** *m* [RPG] / RPG cycle || **²-Zyklus** *m* [RPG] / RPG cycle
RSE (s. Rahmensynchronisiereinrichtung)
RS-Kippstufe *f* [Cir] / RS flip-flop, set-reset flip-flop
RS-Tastung, Flipflop mit ² [Cir] / RS flip-flop, set-reset flip-flop
RU (s. Regelumsetzer)
Rubrik *f* [Typ] / page heading, heading
Rück·buchung *f* [RDp] / negative booking operation || **²erholzeit** *f* [Sc] / reverse recovery time || **²flanke** *f* [ES, Tr] / trailing edge || **²frage** *f* [Tr] / repetition request
rückführbare Änderung [QC] / restorable change
Rückführung (s. Rückkopplung)
rückführungs·lose Verstärkung [PCC, NC] / open-loop control system, open-loop system || **²schleife** (s. Rückkopplungsschleife) || **²signal** *n* [PCC] / feedback signal
Rückgabe·anweisung *f* [Cobol] / return statement || **²eintragung** *f* [PL] / return clause || **²prozedur** *f* [Cobol] / output procedure
rückgekoppelt·es Regelungssystem [PCC, AC] / feedback control system || **~es Schieberegister** [Tr] / feedback shift register || **~es Servosystem** [AC, Sc] / feedback servomechanism
Rück·gewinnung *f* (z.B. Toner) [HSP] / recovery || **²hördämpfung** *f* [ES] / sidetone suppression
Rückimpuls *m* [ES] / return pulse, revertive pulse || **²bewertung** *f* [ES] / call confirmation recognition
Rückkanal *m* [Tr] / backward channel
Rückkehr nach Null [PE] / return to zero (RZ) || **² zum Hauptprogramm** [Sw] / return control transfer || **² zur Grundmagnetisierung** [PE] / return to bias (RB) || **Aufzeichnung mit ² nach Null** (polarisiert) [PE] / polarized return-to-zero recording || **Aufzeichnung mit ² zum Bezugszustand** [PE] / return-to-reference recording || **Aufzeichnung ohne ² zum Bezugszustand** [PE] / non-return-to-reference recording || **Schreibverfahren mit ² zur Grundmagnetisierung** [PE] / return-to-bias recording, RB recording || **²adresse** *f* [Sw, ES] / return address || **²anweisung** *f* [PL/1] / return statement || **²befehl** *m* [PL] / return instruction, return statement || **²code** *m* [Sw] / return code
Rückkehr-nach-Null-Verfahren *n* [MT, Sw] / return-to-zero recording
Rückkopplung *f* [Cy] / feedback || **abgleichende ²** [Dp, NC] / compensating feedback
Rückkopplungs·schleife *f* [NC] / control loop, feedback loop || **geschlossenes ²system** [NC, Cy] / closed loop system, feedback system || **²wandler** *m* [NC] / feedback transducer || **²wicklung** *f* [PCC] / feedback winding
Rücklauf *m* (Magnetband) [TP] / unwinding || **stoßfreier ²** [TP] / return without impact || **²spule** *f* [MT] / rewind spool || **²taste** *f* [KtT] / rewind button
Rück·leitung *f* [TrL] / return circuit || **²lötsicherung** *f* [Hw] / resoldering fuse || **~magnetisieren** *v* [Sc, Th] / reset (magnetic core, etc.) || **²magnetisierung** *f* [Sc, Th] / resetting (of magnetic core, etc.)
Rückmelde·bit *n* [Tr] / acknowledgment bit || **²priorität** *f* [ES] / acknowledgment priority
Rückmeldung *f* (Nachricht) [RDp] / acknowledgment, acknowledge message || **²** (Fehlerkorrektur) [DS, Tr] / decision feedback || **negative ²** [Tr] / negative acknowledgment (NAK) || **positive ²** [Tr] / positive acknowledgment (ACK) || **Zeichen für positive ²** [RDp] / acknowledge character
Rück·nahmeanweisung *f* [PL/1] / revert statement || **~polen** *v* [ES] / to restore polarity
Rückruf im Besetztfall [ES] / callback on busy || **²verbindung** *f* [ES] / callback connection, ringback connection || **²verfahren** *n* [ES] / callback method, callback procedure || **²weg** *m* [ES] / callback path
Rück·schaltungszeichen *n* [TP, Th] / shift-in character (SI) || **²schlußentropie** *f* (DIN 44301, Feb. 1977) [Th, Cy] / equivocation
Rückschmelz·-Abschreck-Transistor *m* (Transistor mit durch

Zurückschmelzen und Abschrecken gewonnenen Übergangszonen) [Sc] / melt-quench transistor || **≈-Diffusionstransistor** *m* [Sc] / melt-back diffused transistor

Rückschmelzen *n* [Sc] / melt-back

Rückschmelzverfahren *n* [Sc] / meltback technique

Rück·schnappeffekt *m* [Sc] / snapback effect || **≈schreibanweisung** *f* [PL/1] / rewrite statement || **≈schreibung der Information** [M] / regeneration || **≈sendeverfahren** *n* (Telegr.) [TP] / information feedback method || **≈setzanweisung** *f* [Fortran] / backspace statement

rücksetzen *v* [Hw, M] / reset || [HSP] / cancel (indicator, etc.) || [Dp] / backspace || ~ (Band, Lochstreifen usw.) [IO, PT, MT, TP] / backspace || **um eine Abschnittsmarke** ~ [MT] / to backspace one tape mark || **um einen Block** ~ [MT, Sw] / to backspace one block || ≈ *n* (DIN 66010, Apr. 1973) [MT] / backspace || **≈ des Systems** [OS] / system reset || **≈ generell** [Dp] / general reset || **≈ ISIM** [Befehl] / Reset ISIM, Reset inhibit simultaneity || **manuelles ≈** [OS] / manual resetting (RSM)

Rücksetz·impuls *m* [Hw] / reset pulse || **≈klausel** *f* [Cobol] / reset clause || **≈schalter** *m* [Mp] / reset switch

Rück·signal *n* [TP] / revertive control signal || **≈speicherung** *f* [M] / regeneration

Rücksprung *m* (Unterprogramm) [Sw] / return || **kombinierter ≈** [Sw] / combined return branch || **≈adresse** *f* [Sw, ES] / return address || **≈anweisung** *f* [Fortran] / return statement || **Unterprogrammverschachtelung mit ≈notierung** [RDp, Tr] / subroutine nesting with return to exit point || **≈puffer** *m* [ES] / return buffer || **≈stelle** *f* [Sw] / reentry point

Rückspul·anweisung *f* [Fortran] / rewind statement || **≈befehl** *m* [Sw] / rewind instruction

rückspulen *v* [MT, Sw] / rewind || **zum Entladen** ~ [Sw] / to rewind and unload, to rewind for unloading || **zur Bandanfangsmarke** ~ [MT] / to rewind to BT || **≈ zur Anfangsmarke** [MT, Sw] / rewind to BT marker

Rückspul·geschwindigkeit *f* [MT] / rewind speed, tape rewind speed || **≈instruktion** *f* [Sw] / rewind instruction || **≈modus** *m* [RPG] / tape rewind || **≈zeit** *f* [MT] / rewind time

Rück·stände *m pl* (Toner) [HSP] / residue || **≈stau** *m* [TP] / tape back-ups, tape accumulation

Rückstell·eingang *m* [OS] / reset input || **≈prozedur** *f* [RDp, Tr] / recovery procedure

Rückstellung, automatische ≈ [OS] / self-resetting, automatic resetting

Rück·strom *m* [Sc] / reverse current || **≈taste** *f* [IO, PT] / backspace key || **~übersetzen** *v* [ES] / to translate back (into)

Rückübertragung, Datensicherungssystem mit ≈ [DS, Tr] / information feedback system || **Prüfung durch ≈** [Tr] / echo checking, echo testing

rückvergrößern *v* [Sc] / remagnify

Rückvergrößerungsgerät *n* [Rep] / microfilm printer || **Lese- und ≈** [COM] / reader-printer

Rückwandplatine *f* [Hw, MCS] / backplane || **Mikrocomputer-≈** *f* [Hw, MCS] / microcomputer backplane

Rückwandverdrahtungsplatte *f* [Sc] / wiring backplane, backplane

rückwärts *adv* [MT, Sw] / reverse, backward || [Cobol] / reversed || **~ blättern** (Text auf Bildschirm) [VDT] / page down || **~ durchlassende Thyristordiode** [Sc] / inverse conducting diode thyristor || **~ leitender Thyristor** [Sc] / reverse conducting thyristor || **~ sperrende Thyristordiode** [Sc] / inverse blocking diode thyristor || **~ sperrender Thyristor** [Sc] / reverse blocking thyristor || **≈diode** *f* [Sc] / backward diode || **≈erholungszeit** *f* [Sc] / reverse recovery time || **≈kennlinie** *f* [Sc] / reverse voltage-current characteristic || **≈lesen** *n* [MT, Sw] / reverse reading, backward reading, reverse processing

Rückwärtsrichtung *f* (DIN 41852, Aug. 1978) [Sc] / reverse direction (of pn junction, tunnel diode, etc.) || **Sperrstrom in ≈** (bei einem rückwärts sperrenden Thyristor) [Sc] / reverse blocking current

Rückwärtsschritt *m* [IO, VDT, PT, TP] / backspace (BS) || **≈zeichen** *n* [IO, VDT, PT, TP] / backspace character, BS character

Rückwärts·spannung *f* [Sc] / reverse voltage || **≈steuerspannung** *f* [Sc] / reverse gate voltage || **≈strom** *m* [Sc] / reverse current || **≈übertrag** *m* [Th] / endaround carry || **Fehlerkontrolle mit**

≗übertragung [DS, Tr] / loop checking, message feedback, information feedback || ≗zähler *m* [HSP] / down counter || ≗zeichen *n* [ES] / backward signal
ückweisen *v* [PC] / reject, select, outsort (card, etc. not read successfully)
Rückweisung *f* [HSP] / rejection
Rückweisungs·fach *n* [PC, OCR] / reject stacker || ≗**zeichen** *n* [Sw] / reject character
Rückwirkungs·freiheit *f* [Th, AC, Cy] / absence of feedback, absence of interaction || ≗**kapazität** *f* [Sc] / feedback capacitance
Ruf *m* [Tr] / call || ≗ **ohne Wahl** [RDp, Tr] / nondialed call (e.g., by depressing a button on the terminal console)
Ruf- und Wählzeichen [ES] / signaling
Ruf·abschaltung *f* [ES] / ring trip || ≗**anforderung** *f* [ES] / call request || ≗**anzahlüberschreitung** *f* [ES] / call rate overflow || ≗**aufzeichnungsdatei** *f* [ES] / journal file || **automatische** ≗**beantwortung** [ES] / automatic answering mode || ≗**befehl** *m* [Sw] / call instruction, calling instruction || ≗**begrenzungszähler** *m* [ES] / call limiting counter || ≗**block** *m* [ES] / call block
Rufdaten *plt* [ES] / call data
Rufdatenaufzeichnung (RDA) *f* [ES] / call record journaling (CRJ) || **parallele** ≗ [ES] / parallel call record journaling
Rufdatenaufzeichnungs·datei *f* [ES] / journal file || ≗**gerät** *n* [ES] / journal device || ≗**-Geräteroutine** *f* [ES] / journal device handler || ≗**platte** *f* [ES] / call record journal disk, CRJ disk || ≗**programm** *n* [ES] / call record journaling program, CRJ program || ≗**restart** *m* [ES] / journal recovery
Rufdaten·band *n* [ES] / call record tape, journal tape || ≗**block** *m* [ES] / call data block, journal block || ≗**eintrag** *m* [ES] / call record entry || ≗**erfassung** *f* [ES] / call record journaling (CRJ) || ≗**nachverarbeitung** *f* [ES] / call record postprocessing || ≗**rechner (RDR)** *m* [ES] / call data computer || ≗**satz** *m* [ES] / call data record, call record
rufen, einen Eintrag auf den Bildschirm ~ [ASw, MAT] / to have an entry displayed on the screen || *n* [ES] / ringing || ≗ **Primärzustand** [PCC] / call primary status
rufend·e Station (DIN 44302, Apr. 1979) [ES, Tr] / calling station || ~**er Teilnehmer** [Tr] / caller, calling party
Ruf·erkennung *f* [ES] / call detection, call identification || ≗**erkennungszeit** *f* [ES] / call recognition time || ≗**leistung** *f* [ES] / new call rate || ≗**nummer** *f* [ES] / call number, calling number
Rufnummern·feld *n* [ES] / call number field || ≗**indexfeld** *n* [ES] / call number index field
Ruf·schalter *m* [ES] / ringing key || ≗**signal** *n* [ES] / ringing signal || **automatisches** ≗**verfahren** [ES] / automatic calling mode || **automatische** ≗**wiederholung** [ES] / automatic retry || ≗**zustand** *m* [ES] / ringing state
Ruhelage *f* [TP] / idle state || **schreibbereite** ≗ (Leitung) [TP] / idle-circuit condition
Ruhe·modus *m* [OS] / quiet mode || ≗**punkt** *m* (statischer Betriebszustand) [Sc] / quiescent point
Ruhestellung *f* [TP] / resting state || ≗ (Typenscheibe) [TP] / home position || **in** ≗ **sein** [TP] / to be at rest
Ruhestrom *m* [Co, Sc] / quiescent current || ≗**betrieb** *m* [TP] / closed-circuit working, closed-circuit operation || ≗**überwachung** *f* [ES] / quiescent current supervision
Ruhezeit *f* [ES] / unattended time || [Dp] / unused time
Ruhezustand *m* [RDp, Tr] / idle condition, idle state || ≗ (statischer Betriebszustand) [Sc] / quiescent state || **betriebsbereiter** ≗ (auf der Leitung) [ES] / free-line condition
Ruhezustands·bit *n* [ES] / quiescent-state bit || ≗**verlustleistung** *f* [Co] / standby power dissipation
RUN (s. Laden und Starten eines gespeicherten Monitorlaufs)
rund·e Klammer [Algol] / parenthesis () || ~**e Klammer auf** [PL/1] / left parenthesis || ~**e Klammer auf** (DIN 66009, Sept. 1977) [Fortran] / left parenthesis (|| ~**e Klammer zu** [PL/1] / right parenthesis || ~**e Klammer zu** (DIN 66009, Sept. 1977) [Fortran] / right parenthesis)
runden *v* (allgemein) [Th] / round || **kaufmännisch** ~ (maschinell runden, wobei der letzten verbleibenden Dezimalstelle eine 1 zugezählt wird, wenn die werthöchste abgestrichene Stelle einen Wert gleich oder größer 5 hat) (DIN 9757E, Okt. 1977) [Calc] / round off (digit, etc.)
Rundlauf *m* [ES] / cyclic running (of program) || [Serv] / diagnostic cycle ||

Diagnoseaufruf für ~ [Serv] / diagnostic call for cyclic testing
Rundschieben (Register) (s. Ringschieben)
Rundschreib·betrieb *m* [RDp] / multiaddress operation, multiaddress message transmission || **~einrichtungen** *f pl* [RDp] / multiaddress facilities, broadcast facilities
Rundschreiben (Nachricht) (s. Rundschreibnachricht) || ~ (Vorgang) (s. Rundschreibbetrieb)
Rundschreib·kreis *m* [ES] / multiaddress circuit || **~nachricht** *f* [RDp] / multiaddress message, multiple address message || **~system** *n* [ES] / broadcast system || **~verbindung** *f* [RDp] / multiaddress connection || **~verteilernetz** *n* [RDp] / multiaddress distribution network
Rundsendedienst *m* [ES] / multiaddress service || **Kennung des ~es** [ES] / multiaddress identifier
Rundungs·angabe *f* [Cobol] / rounded option || **~fehler** *m* [Th] / rounding error || **~-Funktion** *f* [PL/1] / round (builtin) function || **~kette** *f* [ALU] / rounding circuit || **~taste** *f* (DIN 9757E, Okt. 1977) [Calc] / roundoff key
Rüstzeit *f* [Dp] / machine setup time, setup time
Rüttelfestigkeit *f* [Sc] / vibration strength
RWO-Zähler *m* [OCR] / right-wrong-omits counter
RZ (s. Rechenzentrum) || ~ (s. Return-to-zero) || **~-Kunde** [DpC] / computing center customer || **~-Leiter** *m* [DpC] / (computing center) operations manager
RZ-Schreibweise *f* [MT, Sw] / return-to-zero recording
RZ-Verfahren *n* [MT, Sw] / return-to-zero recording

S

S (s. Subtrahieren Wort)
sachbezogenen Information [Priv] / nonpersonal data, nonsensitive information
Sachdaten *plt* [Priv] / nonpersonal data, nonsensitive information
Sachgebietsangabe *f* [ASw, MAT] / subjec field code
sachgemäß, bei ~er Behandlung [Hw] / under normal use and service
Sach·information *f* [Priv] / nonpersonal data, nonsensitive information || **~nummer** *f* [ES] / item code number
Sachnummern·feld *n* [ES] / item code number field || **~schema** *n* [ES] / item code number scheme || **~schlüssel** *m* [ES] / item code number key
SAE (s. Signalabfrageeinrichtung)
SAF (s. Speicherausgabeanforderung)
SAFR (s. Speicherausgabeanforderungsregister)
Sägezahnspannung *f* [Th] / ramp voltage
SAL (s. Speicherausgabeanforderungslogik)
Salden·auswahl *f* [CSw] / balance selection || **~karte** *f* [CSw] / balance card **~steuerung** *f* [PC] / counter balance control || **~vortrag** *m* [CSw] / balance forward
Saldierdoppler *m* [PC] / accumulating reproducer
saldierend·er Zähler [PC, Off] / balance counter || **direkt ~er Zähler** [PC] / net balance counter
Saldier·maschine *f* [Th, Off] / calculating machine || **~schreiblocher** *m* [PC] / printing card proof punch || **~werk** *n* [PC, Off] / balance counter || **~zähler** *m* [Cir, ALU] / accumulating counter
Saldo *m* [CSw] / balance
SAM (s. Speicherausgabemeldung)
Sammel·adresse *f* [ES] / list address || **~anschluß** *m* [ES] / PBX line group || **~anschriftnachricht** *f* [ES] / book message, list message, group call message || **~erdschiene** *f* [ES] / grounding busbar
Sammelgang *m* [PC] / nonlist cycle, group printing || **im ~ drucken** [PC] / tab tabulate || **~geschwindigkeit** *f* [PC, Off] / tab speed, accumulating speed
Sammel·karte *f* [Dist] / list of materials, general parts list || **~linse** *f* [Rep] / convex lens
sammelndes Schreiben [TP, Sw] / gathered write, gather-write
Sammel·schaltung *f* [Sw] / omnibus circuit || **~schiene** *f* [Mp, MCS] / bus || **~station** *f* [RDp, Tr] / pooling station || **~system** *n* [ES] / conference system || **~übersetzung** *f* [Dp] / batched compilation || **~weg** *m* [Mp, MCS] / bus
Sammler-Verteiler *m* [CU] / input-output multiplexer, I/O multiplexer

Sample-Impuls *m* [M, ES] / strobe pulse, sample pulse

SAR (s. Speicherauswahlregister)

SAS (s. Speicher- und Anforderungssteuerung)

Satelliten·amt *n* [ES] / satellite exchange || **~nachrichtenübertragung** *f* [Tr] / satellite communications || **~rechner** *m* [MCS, Dp] / satellite computer, satellite processor

Satinierfalte *f* [HSP] / calender cut

Sattelheizung *f* [HSP] / platen heating

Sättigungs·ast *m* [ES] / saturation branch || **~bereich** *m* (Transistor) [Sc] / transistor saturation region || **positives ~gebiet** [Sc] / positive saturation region || **~grenze** *f* [Sw] / saturation limit || **positiver ~knick** [Sc] / positive saturation bend (of a hysteresis loop) || **~spannung** *f* (DIN 41854, Apr. 1979) [Sc] / saturation voltage || **~speicherzeit** *f* [Sc] / saturation storage time || **~strom** *m* [Sc] / saturation current || **~widerstand** *m* (DIN 41854, Apr. 1979) [Sc] / saturation resistance || **~zeitkonstante** *f* [Sc] / saturation time constant

Satz *m* [Cobol] / sentence || [PL/1] / record || [PL/1] / sentence || **~** (Zusammenfassung digitaler Daten, die als sachliche Einheit behandelt werden) (DIN 66239E, Mai 1979) [Th, Sw] / record (logical record) || **~** (s. Schriftsatz) || **~ falscher Länge** [Sw] / wrong-length record || **~ fester Länge** (DIN 66239E, Mai 1979) [Sw] / fixed-length record || **~ im unabhängigen Folgebereich** [OS] / independent overflow record || **~ undefinierter Länge** [Sw] / undefined-length record || **~ variabler Länge** (DIN 66239E, Mai 1979) [Sw] / variable-length record || **datenbankgesteuerter ~** [Typ] / data-base controlled composition || **indirekter ~** [Sw] / no-home record || **lochstreifengesteuerter ~** [PT, Typ] / tape-controlled composition || **logischer ~** [Cobol] / logical record || **markierter ~** [Sw] / flagged record || **nichtsegmentierter ~** (Satz einer Datei, in der jeder Satz in dem Block enden muß, in dem er beginnt) (DIN 66239E, Mai 1979) [Sw] / unspanned record || **physischer ~** [Cobol] / physical record || **segmentierter ~** (Satz einer Datei, in der jeder Satz auf mehrere, unmittelbar aufeinanderfolgende Blöcke aufgeteilt sein kann) (DIN 66239E, Mai 1979) [OS] / spanned record || **unbedingter ~** [Cobol] / imperative sentence || **vollautomatischer ~** [Typ] / fully automatic typesetting || **~adresse** *f* [Sw] / record address || **~adressendatei** *f* [Sw] / record address file || **~anfang** *m* [Sw] / record start, left-hand record end || **~anweisung** *f* [Sw] / segment statement || **~anzeige** *f* [NC, PrC] / sequence number display || **~art** *f* [Sw] / record type || **~aufbau** *m* [Th] / record layout || **~aufbereitung** *f* [Typ] / composition editing || **~ausgabe** *f* [Typ] / text output || **~befehl** *m* [Sw] / typographic instruction, typesetting instruction || **~befehlübersicht** *f* [Typ, Sw] / typesetting instruction summary || **~bereich** *m* [Cobol] / record area

Satzbeschreibung *f* [RPG] / record identification, record identification portion || [Cobol] / record description

Satzbestimmung *f* [RPG] / record identification, record identification portion

Satzbezugszahl *f* [RPG] / record identifying indicator || **~ bei ODER-Beziehung** [RPG] / field-record relation

Satz·block *m* [Sw] / record block || **~breite in Cicero** [Typ] / measure in cicero || **~breitenbefehl** *m* [Sw] / measure instruction || **~code** *m* [HSP] / record code (RC)

Sätze mit veränderlicher Länge [NC] / variable length blocks || **~ variabler Länge, geblockt** [Sw] / variable-length records, blocked || **~ variabler Länge, ungeblockt** [Sw] / variable-length records, unblocked

Satzende *n* [Sw] / end of record || **~wort** *n* [Sw] / end-of-record word

Satzerklärung *f* [Cobol] / data record description entry, record description entry

Satzfolge *f* [RPG] / record sequence (of chaining file, etc.) || **Sortierfeld für ~** [Sw] / interrecord sequence field || **~fehler** *m* [Sw] / record sequence error || **~nummer** *f* [IDS] / record sequence number

Satz·format *n* (DIN 66029, Mai 1979) [Sw] / record format || **~formatierung** *f* [Typ, Sw] / composition formatting (i.e., the insertion into a text stream, or the concatenation with a text stream, of command codes or symbols that will cause the text to be arranged in lines, blocks, or pages in a prescribed set of type faces, to a given measure) || **~gruppe** *f* [Sw] / record group, record set || **~höhe** *f* [Typ] / page depth, depth of page || ~**höhenbefehl** *m* [Typ] / page depth instruction || ~**identifikation** *f* [IDS] / record identifier || ~**kennung** *f* [IDS] / record identifier || ~**kennzeichen** *n* [Sw] / record identification code || ~**kettungsbefehl** *m* [Sw] / record chaining command || ~**kopf** *m* [Sw] / record header

Satzlänge *f* [Th] / record length, logical record length, record size || **feste** ~ [Sw] / fixed record length || **variable** ~ [Sw] / variable record length

Satzlängen·feld *n* [Sw] / record length field || ~**klausel** *f* [Cobol] / record contains clause

Satz·marke *f* [Sw] / record mark, record marker || ~**name** *m* [Cobol] / data record name, record name || ~**nummer** *f* [Sw] / record number || ~**parameter** *m* [Sw] / record parameter

Satzprogramm *n* [Typ, Sw] / computer composition program (i.e., a program designed for the purpose of formatting text into justified lines and producing output to drive a photocomposition machine or a typesetting device) || ~**system** *n* [Typ, Sw] / composition software system

Satz·rechner *m* [Typ, Rep] / composition computer || ~**schutzfunktion** *f* [Sw] / record protect function, record protect feature || ~**segment** *n* (DIN 66239E, Mai 1979) [Sw] / record segment || ~**segmentierung** *f* [Sw] / record spanning || ~**speichermarke** *f* [Sw] / record storage mark || ~**spiegelmesser** *m* [OCR] / document gage

Satzsprache *f* [Typ, ASw] / composition formatting language || **tastfreundliche** ~ [Typ, Sw] / composition formatting language requiring a minimum of keyboard effort

Satzstruktur *f* [Th] / record layout || [Sw] / record structure, record layout || **hierarchische** ~ [IDS] / hierarchical structure (of data, etc.)

satztechnisch·er Befehl [Sw] / typographic instruction, typesetting instruction || ~**es Befehlswort** [Typ, ASw] / typesetting instruction word

Satzüberlauf *m* [MD, Sw] / record overflow

Satzverarbeitung *f* [Typ] / composition processing || ~ **mit Fortschreiben** [OS] / record retrieval and update || **elektronische** ~ [Typ, Sw] / computer composition

satzweise *adj* [Sw] / record by record, record-serial

Satz·zähler *m* [Sw] / record counter || ~**zählung** *f* [Sw] / record count

Satzzeichen *n* [Sw] / punctuation mark || [Cobol] / punctuation character

Satzzwischenraum *m* [MCS, MT, TP] / interrecord gap

SB (s. Speicherbank) || ~ (s. Schalterbaugruppe)

SBAD (s. Speicherbankadresse)

SBADR (s. Speicherbankadreßregister)

SBAF (s. Speicherbankausgabefolge)

SBFER (s. Speicherbankfehlerregister)

SBFR (s. Speicherbankfreiregister)

SBNK (s. Speicherbanknormanschlußkennung)

SBS-Bit (s. Speicherbereichsschutzfehlerbit)

SBSG (s. Speicherbereichsschutz gültig)

SBSU (s. Speicherbereichsschutz ungültig)

SBSZ (s. Speicherbankschrittzähler)

SBZAD (s. Speicherbankzyklusadresse)

schachteln (verschiedene Vorgänge zeitlich ineinanderschachteln) (s. verzahnen) || ~ (s. verschachteln)

Schachtelung (s. Verzahnung) || ~ (s. Verschachtelung) || **vollständige** ~ (von Schleifen) [Fortran] / completely nested nest

Schachtelungsniveau *n* [Sw] / nesting level

schadhafte Spur [MD] / flawed track

Schalen·kernspule *f* [Hw, TP] / pot-core coil || ~**rand** *n* (Trommel) [HSP] / shell flange

schalldämmend *adj* [Hw] / quietized || ~**er Schrank** [Hw] / quietized cabinet

Schallschluckauskleidung *f* [Hw, DpC] / sound-absorbing lining, sound-absorbent lining

Schalt·algebra *f* [SA] / logic algebra, switching algebra, algebra of switching circuits || ~**anweisung** *f* [Cobol] / alter statement || ~**belegungstabelle** (s. Wahrheitswertetafel) || ~**bild** *n* [Dist] / schematic circuit diagram, circuit schematic

Schaltbrett *n* [Hw, NC] / plugboard, patch board || ~**steuerung** *f* [NC] / plugboard control, patch-board control

Schalt·diagramm *n* [Hw, NC] / plugging chart (i.e., a printed chart representing the sockets on a plugboard) || ~**diode** *f* [ES, Tr, Sc] / switching diode

Schaltelement *n* (elektrotechnische Realisierung einer booleschen Verknüpfung) [Cir] / logic element, gate

(circuit designed to simulate a Boolean operation) || ~ (s. Flachbaugruppe)
schalten, in Wartestellung ~ [ES] / to camp a call onto a trunk
Schalter *m* [Cobol] / hardware switch || ~ (zur Bedienung) [Hw] / switch || ~ (bei logischen Verknüpfungen) [Sw] / switch || ~ **für Standardanschlüsse** [Tr] / standard interface switch || **einen ~ setzen** [Sw] / to set a switch || **federnder ~** [Hw] / momentary action switch, momentary switch || **programmgesteuerter ~** [Sw] / program-sensible switch || ~**baugruppe (SB)** *f* [TP] / switch module || ~**gruppe** *f* [Hw] / switch unit || ~**station** *f* (z.B. in Banken) [RDp] / counter terminal, teller counter terminal || ~**stellung** *f* [Hw] / switch position || ~**steuerung** *f* (Gerät) [Hw] / switch controller || ~**terminal** *n* [RDp] / counter terminal, teller counter terminal || ~**zustandbedingung** *f* [Cobol] / switch-status condition
Schalt·fehler *m* (beim Löten der Schaltung usw.) [Cir] / hookup error || ~**feld** *n* [PC] / control panel, patch panel || ~**funktion** *f* (DIN 44300, März 1972) [Cir] / logic function, switch function, switching function || ~**geschwindigkeit** *f* [Mp, Co] / switching speed
Schaltglied *n* [Cir] / logic element, gate (circuit designed to simulate a Boolean operation) || **speicherndes ~** [Cir] / storage element || **verknüpfendes ~** (elektrotechnische Realisierung einer booleschen Verknüpfung in Form einer Schaltung) [Cir] / logic element, logical element, logic component, gate (circuit designed to simulate a Boolean operation) || ~**symbol** *n* [SA] / standard symbol (for a logical circuit)
Schalthysterese *f* (Leser) [TP] / switching hysteresis
Schaltkarte (s. gedruckte Schaltkarte) || **gedruckte ~** [Co] / printed wiring card, pw card, printed circuit card, pc card
Schaltkartenmodul *n* [IC] / card module, logic card
Schaltkreis (DIN 44300, März 1972) (s. Schaltnetz) || ~ **in Halbleiterbauweise** [Co] / transistorized circuit || **gedruckter ~** [Co] / printed circuit, printed wiring || **großintegrierter ~** [MCS, IC] / large-scale integrated circuit (LSI circuit) || **integrierter ~** [Mp, IC] / integrated circuit (IC) || **kundenspezifischer ~** [Co] / custom circuit || ~**funktion** *f* [Sc] / circuit function || ~**logik** *f* [SA] / circuit logic || ~**modul** *n* [Cir, Sc] / circuit module
Schaltkreistechnik *f* [Cir] / circuit technology || **hochintegrierte ~** [Dp] / highly integrated technology || **integrierte ~** [MCS] / integrated circuit technology
Schalt·leiste *f* [Co] / patching field || ~**leistung** *f* (Relais) [Co] / power rating, switching power || ~**netz** *n* (aus Schaltelementen bestehende Schaltung, in der die Ausgangssignale nur von den momentanen Eingangssignalen abhängen; cf. „Schaltwerk") (DIN 44300, März 1972) [Cir] / combinational logic system
Schaltnetzwerk *n* (miteinander verknüpfte Schaltnetze und Schaltwerke) [Cir] / switching network || **Algebra der ~e** [SA] / logic algebra, switching algebra, algebra of switching circuits
Schalt·platte *f* [Hw, NC] / plugboard, patch board || ~**richtung** *f* [Sc] / forward direction
Schaltschema *n* [Dist] / schematic circuit diagram, circuit schematic || ~ (s. Schaltdiagramm)
Schalt·schütz *n* [Hw] / contactor || **elektronischer ~signalübertrager (ESS)** [ES] / solid-state make-break relay || ~**skizze** *f* [Dist] / schematic circuit diagram, circuit schematic || ~**stern** *m* [TP] / star wheel || ~**steuerung** *f* [Hw] / switch controller
Schaltstreifen *m* [Hw] / splitting strip || ~ (Filz) [HSP] / switching strip
Schaltsymbol *n* [Th] / circuit symbol || ~ **im Blockschaltbild** [SA] / logic symbol, logical symbol
Schalttabelle (s. Schaltdiagramm)
Schalttafel *f* [PC] / control panel, patch panel || ~**verdrahtung** *f* [PC] / control panel wiring
Schalttransistor *m* [Sc] / switching transistor || **Kleinleistungs-~** *m* [Sc] / low-power switching transistor
Schaltung *f* [Cir] / circuit || ~ **mit konzentrierten Elementen** [Sc] / lumped circuit technique || **aktive ~** [Cir] / active circuit || **asymmetrisch-heterostatische ~** [Cir] / asymmetrical heterostatic circuit || **bistabile ~** [Cir] / bistable circuit, flip-flop circuit || **differenzierende ~** [ADp] / differentiating network, differentiator || **elektronische ~** [RDp, Sc] / electronic circuit || **gedruckte ~** [Co] / printed circuit board (pcb), pc board, printed

wiring board, pw board || **integrierende** ≗ [ADp] / integrator, integrating circuit, integrating network || **integrierte** ≗ **(IS)** [Mp, IC] / integrated circuit (IC) || **lineare** ≗ [Cir] / linear circuit network || **logische** ≗ (s. logisches Element) || **monostabile** ≗ [Cir] / one-shot multivibrator || **NICHT-**≗ *f* [Cir] / NOT element, NOT circuit || **symmetrische** ≗ [Tr] / balanced circuit || **WEDER-NOCH-**≗ *f* [Cir] / NOR circuit, NOR element

Schaltungs·algebra *f* [SA] / logic algebra, switching algebra, algebra of switching circuits || ≗**anordnung** *f* [Hw, Cir] / circuit arrangement, circuitry

Schaltungsaufbau *m* [Cir] / circuit configuration || **logischer** ≗ [Cir] / logic circuitry

Schaltungs·familie *f* [Meas, Co, Sc] / circuit family || ≗**funktion** *f* [Sc] / circuit function

Schaltungskarte *f* [IC] / card module, logic card || **steckbare** ≗ [Co] / plugin card, plugin circuit card

Schaltungsplatte *f* [Co] / printed circuit board (pcb), pc board || [Co] / printed circuit board (pcb), pc board, printed wiring board, pw board || ≗ **mit potentialfreier Ausgangsschaltung** [Cir] / pc board with floating output || **geklebte** ≗ [Sc] / metal-bonded pc board || **steckbare** ≗ [RDp, Tr] / plugin type circuit board

Schaltungs·programmierer *m* [Mp] / circuit programmer || ≗**störung** *f* [ES] / circuit malfunction || **übergeordnetes** ≗**symbol** [Cir] / consolidated circuit symbol || ≗**technik** *f* [Cir] / circuit technology

Schaltvariable *f* (DIN 44300, März 1972) [Cir] / logic variable, logical variable || **binäre** ≗ [Cir] / binary variable

Schaltvorlage *f* [PC] / control panel hub chart

Schaltwerk *n* (Schaltung, die Verzögerungsglieder enthält und in der infolgedessen die Ausgangssignale von den momentanen und den früheren Eingangssignalen abhängen; cf. „Schaltnetz") (DIN 44300, März 1972) [Cir] / sequential logic system || **digitales** ≗ [SA] / digital circuit || **programmierbares** ≗ **(PSW)** (im Steuerteil) [TP] / programmable sequential switching circuit

Schaltzeit *f* (eines Transistors) [Sc] / switching time

Schärfe *f* [TP] / clarity and definition of characters printed

Schärfentiefe *f* [Rep] / depth of field

Schattenfläche *f* [HSP] / shaded area

Schattenspeicher *m* (Teil des Arbeitsspeichers, dessen Speicherplätze nicht vom Programm her aufgerufen werden können) [M] / shaded memory, nonaddressable memory || ≗ (programmierbarer Urladefestspeicher) [Mp] / shadow

Schaubild für Funktionsablauf [NC] / operational chart

Schauglas *n* [Hw] / sight glass

Schaumstoff, Polystyrol-≗ *m* [Hw] / polystyrene foam || ≗**tuch** *n* [HSP] / sponge cloth

Schecksicherung *f* [Cobol] / check protect

Scheduler *m* (Steuerprogramm) [OS] / scheduler, scheduler program

Scheibe *f* (Prozessorelement für 2 oder 4 Bits) [Mp] / slice

Scheiben·integrierer *m* [ADp] / wheel and disk integrator || ≗**speicher** *m* [MD] / disk storage, magnetic disk storage

Schein·-... [Sw] / dummy, quasi || ≗**anweisung** *f* [Sw] / dummy statement, null statement || ≗**befehl** *m* [Sw] / dummy instruction || ≗**dämpfung** *f* [Th] / apparent attenuation || ≗**frequenz** *f* [Th] / apparent frequency || ≗**leistung** *f* [Cir] / apparent power || ≗**leitwert** *m* [Cir] / admittance || ≗**variable** *f* [Sw] / dummy variable || ≗**widerstand** *m* (DIN 57565 T2, Sept. 1978) [Sc, TrL] / impedance

Scheitel *m* [GrDp, AC] / apex || ≗**faktor** *m* [Cir] / crest factor || ≗**punkt** *m* [GrDp, AC] / apex || ≗**sperrarbeitsspannung** *f* [Sc] / working peak reverse voltage

Scheitelsperrspannung *f* [Sc] / crest working reverse voltage, peak working reverse voltage || ≗ (in Schaltrichtung) [Sc] / crest working off-state voltage, peak working off-state voltage

Scheitelwert *m* [Cir] / crest value || [Sc] / peak value || ≗ **der Amplitude** [RDp, Tr] / peak amplitude || ≗ **der Spannung in Rückwärtsrichtung** [Sc] / crest working reverse voltage, peak working reverse voltage

Schicht *f* [Hw] / deposit, coating || [Sc] / layer || ≗**band** *n* [MT] / ferrous coated tape || ≗**drehwiderstand** *m* (DIN 41450, Feb. 1977) [Sc] / variable film resistor || **pn-**≗**kristall** *m* [Sc] / p-n junction crystal || ≗**leiter** *m* (in einem Rechenzentrum usw.) [DpC] / operations supervisor (in computer room, etc.) ||

-schaltung *f* [TP] / film circuitry
Schichtseite *f* (Film) [HSP] / emulsion side || **~** (DIN 66010, Apr. 1973) [MT] / oxide side
Schichtungsfehler *m* [Sc] / stacking fault
Schicht, spezifischer ~widerstand (Dickfilm) [Sc] / sheet resistivity
Schiebebefehl *m* [Sw, ES] / shift instruction, shifting instruction
schieben *v* [Hw] / pass (ring over thread, etc.) || **arithmetisches ~** [CP, Sw] / arithmetic shift || **binäres ~** [CP] / logic shift, logical shift
Schieber *m* [TP] / feed rack carrier
Schieberegister *n* [Mp, VDT] / shift register (of alphanumeric display, ect.) || **binäres ~** [ALU] / binary shift register || **rückgekoppeltes ~** [Tr] / feedback shift register || **~takt** *m* [ALU] / shift register clock pulse, shift register timing
Schieber·schalter *m* [HSP] / wiper switch || **~ventil** *n* [Fl] / gate valve
Schiebetaktsteuerung *f* [ES] / shift clock timing control
Schiene für Verständigungsverkehr [ES] / connecting panel for service calls || **~ mit Schwenkteil** [Hw] / panel with swingout frame
Schild, selbstklebendes ~ [Hw] / self-adhesive label
Schirm *m* [VDT] / screen, display screen || **~erde** *f* [ES] / shield ground || **~raster** *m* [VDT] / screen pattern
Schlag haben [TP] / to run excessively out of round
Schläger *m* (Stapler) [HSP] / vibrator
Schlagschere *f* (zum Durchtrennen der Perforation bei Leporellopapier) [Hw, HSP] / burster
Schlagwort *n* [VC] / keyword || **~** (DIN 1426, Nov. 1973) [IDS] / catchword
Schlaufenziehersteuerung *f* [HSP] / paper tension control
Schlecht·ausgang *m* [ES] / fault exit, error exit || **~quittung** *f* [Tr] / negative acknowledgment (NAK) || **~resultat** *n* [ES] / "nonacceptable" result
Schleife *f* (DIN 44300, März 1972) [Sw, Sc] / loop || **geschachtelte ~** [Sw] / nesting loop || **geschlossene ~** [Sw] / closed loop || **in einer ~ laufen** [Sw] / (of program) loop || **leitungsseitige ~** [RDp, Tr] / line-side loop || **Liste mit impliziter ~** [Fortran] / do-implied list || **modeminterne teilnehmerseitige ~** [RDp] / internal station-side loop || **selbstrücksetzende ~** [Sw] / self-resetting loop
Schleifen·anweisung *f* [Fortran] / do statement || **~bereich** *m* [Fortran] / range of a do statement || **~index** *m* [Th] / cycle index, iteration index
Schleifenverbund *m* [PL/1] / iterative group || **~ mit Laufvariable** [PL/1] / controlled group
Schleifen·widerstand *m* [ES] / loop resistance || **~zähler** *m* [Th, Sw] / cycle counter, cycle index counter
Schleusenspannung *f* [Sc] / threshold voltage
schließen, eine Datei ~ [OS] / to close a file
Schließzeit *f* (Kontakt) [Co] / make time
Schlitten *m* [TES, TP, CTW, Off] / carriage
Schlitz *m* (Perforation) [HSP] / cut || **~länge** *f* (Perforation) [HSP] / cut length || **~lochkarte** *f* (Nadellochkarte, in der die suchfähigen Merkmalsangaben durch Ausstanzen der Stege zwischen den vorgelochten Stellen zu Schlitzen dargestellt sind) [Off] / slotted card
Schloß-Schaltelement *n* [Th, Meas] / lock switch
Schlußbestätigungssignal *n* [ES] / clear confirmation signal
Schlüssel *m* [Cryp] / cipher || [Th] / code
Schlüssel-... [Cryp] / crypto...
Schlüssel, spezifischer ~ [Cryp] / specific key || **~ablageangabe** *f* [PL/1] / keyto option || **~adresse** *f* [NC] / key address || **~angabe** *f* [PL/1] / key option || **~befehl** *m* [Sw] / key instruction || **~betriebsanweisung** *f* [Cryp] / crypto-operating instructions || **~datum** *n* [Cryp] / cryptodate (i.e., the date which indicates the key employed)
Schlüsselfehler·bedingung *f* [Cobol] / invalid key condition || **~-Funktion** *f* [PL/1] / onkey (builtin) function
Schlüsselfeld *n* [Sw] / key field || **Block mit ~** [Sw] / keyed record || **Block ohne ~** [Sw] / nonkeyed record || **~anfang** *m* [RPG] / key field starting location || **~eintrag** *m* [Sw] / key field entry || **~länge** *f* [Sw] / key length
schlüsselfertig *adj* [Dist] / turnkey (i.e., installed under the supplier's full responsibility to the point of readiness for operation) || **~es System** [Dist] / turnkey system
Schlüssel·gerät *n* [Cryp] / crypto equipment, cryptographic equipment || **~geräte** *n pl* [Cryp] / ciphering equipment, cipher equipment || **~kanal** *m* [Cryp] / cryptochannel (i.e., a complete system of cryptocommunication between two or more holders) ||

~kennzeichnung *f* [OS] / key identification || **~länge** *f* [RPG] / length of key field || **~maschine** *f* [Cryp] / cipher machine
schlüsseln *v* [Cryp] / cipher, encrypt, encipher
Schlüssel·netz *n* [Cryp] / cryptonet (i.e., a crypto-communication network) || **~schalter** *m* (DIN 41050E, Apr. 1978) [Hw] / keyswitch, keylock switch || **~sicherheit** *f* [Cryp] / cryptosecurity
Schlüsselsystem *n* [Cryp] / cryptosystem, cryptographic system || **~ geringer Festigkeit** [Cryp] / low-grade cryptographic system || **~ hoher Festigkeit** [Cryp] / high-grade cryptographic system || **allgemeines ~** [Cryp] / general cryptosystem || **spezifisches ~** [Cryp] / specific cryptosystem
Schlüsseltechnologie *f* (Technologie, deren Produkte technologische Schrittmacher für die Industrie sind) [Dp] / key technology
Schlüsseltext *m* [Tr] / code text || [Cryp] / cryptotext || **~abschnitt** [Cryp] / cryptopart
Schlüsselwort *n* [IDS] / keyword (i.e., the significant word in a phrase, e.g., the significant word in a title which describes a document) || [Cobol] / keyword || [PL/1] / keyword || **~** (s. Kennwort)
Schlüsselwortmakro *m* [Sw] / keyword macro || **~definition** *f* [Sw] / keyword macro definition || **~instruktion** *f* [Sw] / keyword macro instruction
Schlüssel·zeichen *n* [ES] / pilot signal || **~zentrale** *f* (militärisch) [Cryp] / cryptocenter
Schluß·etikett *n* [Sw] / trailer label || **~kreuz** *n* [ES] / end-of-selection "+", combination 26 (plus sign)
Schlüßler *m* [Cryp] / cryptographer
Schluß·signal *n* [ES] / clearing signal, disconnect signal || **~taste** *f* [TP, ES] / clearing button, disconnect button
Schlußzeichen *n* [TP] / back-to-normal signal, clearing signal || **~** (DIN 66203, Dez. 1975) [Sw] / final character || **~auswerter** *m* [ES] / end-of-message signal interpreter || **~bestätigung** *f* [ES] / clear confirmation signal || **~bewertung** *f* [ES] / recognition of end-of-transmission sequence
Schmaltastatur, vierreihige ~ [TP] / condensed 4-row keyboard, condensed 4-row layout
Schmelzperlen-Transistor *m* [Sc] / meltback transistor
Schmelzpunkt *m* [Sc] / melting point
Schmier·platte *f* [MD] / scratch disk || **~stelle** *f* [Serv] / lubrication point || **~zelle** *f* [M] / scratchpad cell
Schnabelzange *f* [Serv] / long-nose pliers
Schneidautomat *m* [HSP] / automatic trimmer
Schneide·befehl *m* [Typ] / cut instruction || **~tisch** (s. Mikrofilmschneidetisch)
schnell·er Anschluß [Tr] / highspeed trunk || **~ ansprechendes Relais** [Co] / highspeed relay || **~er Hilfsspeicher** [M] / temporary storage || **~es Laden von Segmenten** [Sw] / rapid loading of segments (overlays) || **~er Sprung** [HSP] / highspeed skip || **~er Zeichendrucker** [HSP] / serial printer || **~er Zugriff** [PE, M, Sw] / immediate access, fast access || **~division** *f* [ALU] / highspeed division
Schnelldrucker (SD) *m* [HSP] / highspeed printer (HSP) || **~ mit Groß- und Kleinschreibung** [HSP] / upper/lower case printer || **~ mit großem Zeichenvorrat** [HSP] / upper/lower case printer || **~papier** *n* [HSP] / paper stock (for use in highspeed printers) || **~protokoll** *n* [Sw] / printer listing || **~steuerung** *f* [HSP] / highspeed printer control || **~steuerung** [HSP] / line printer controller
schnelleintasten *v* [TP] / (of typist) to do bursts of rapid keying
Schnellkanal *m* [PCC, Tr] / highspeed channel || **~nahtstelle** *f* [PCC] / highspeed channel interface
Schnell·leser *m* [PT, PC] / highspeed reader || **~locher** *m* [PC] / highspeed punch || **~multiplikation** *f* [ALU] / highspeed multiplication || **~programmierung** *f* [NC] / optimum programming || **~recheneinheit** *f* [CP] / highspeed processor || **~relais** *n* [Co] / highspeed relay || **~rücklauf** *m* [MT] / highspeed rewind || **~schreibtastatur** *f* [RDp, Tr] / highspeed keyboard || **~sicht-Lochstreifenkarte** *f* [PT] / horizontal visible filing tape card
Schnellspeicher *m* (allgemein) [M] / highspeed memory (HSM), immediate-access storage || **~** (s. Notizblockspeicher) || **~adressierungstest** [Sw] / HSM addressing test || **~block** *m* [M] / highspeed memory block || **~störungstest** *m* [M] / HSM noise test
Schnell·stanzen *n* [PC] / gangpunching ||

≗stanzer *m* [PC, NC] / gang punch, automatic gang punch || ≗stoppbremse *f* [Hw] / instant-acting brake || ≗telegrafie *f* [TP] / highspeed telegraph transmission || ≗übertrag *m* [ALU] / highspeed carry, standing-on-nines carry, ripple-through carry || ≗vorschub *m* [HSP] / fast feed, highspeed paper feed

Schnellzugriffs·speicher (s. Schnellspeicher) || **≗spur** *f* [MD, MDr] / rapid access loop

Schnipselkasten *m* [PT, PC] / chadbox, chad collector

Schnitt·abfälle *m pl* [HSP] / paper chips || **≗bandkern** *m* [M] / tape-wound core, tape core (i.e., magnetic core made from a coil of ferromagnetic tape) || **≗bearbeitung** *f* (von Mikrofilmen) [Rep] / splicing || **≗diagramm** *n* [Th] / cutaway diagram || **≗kante** *f* (Papier) [HSP] / leading edge || **≗platte** *f* [PC] / punch die || **≗punkt** *m* [GrDp, ES, NC] / point of intersection

Schnittstelle *f* (DIN 44302, Apr. 1979) [Th, ES] / interface || **≗ für bitserielle Datenübertragung** [Tr] / serial line interface || **≗ V.24** [RDp] / V.24 interface (interface conditions specified in CCITT Recommendation V.24, which are likely to be involved in any configuration of data terminal equipment and modems) || **elektrische ≗** [Dp] / electrical interface || **netzunabhängige ≗** [ES] / network-independent interface || **RAM-≗** *f* [Mp] / random-access memory bus interface, RAM bus interface || **ROM-≗** *f* [Mp] / read-only memory bus interface, ROM bus interface || **V-24-≗** *f* [RDp] / V.24 interface (interface conditions specified in CCITT Recommendation V.24, which are likely to be involved in any configuration of data terminal equipment and modems)

Schnittstellen·ablaufplan *m* [ES] / interface signaling plan || **peripherer ≗adapter** [Mp] / peripheral interface adapter (PIA) || **≗anpassung** *f* [TP] / interface adapter, adapter circuit || **≗anpassungsbaugruppe** *f* [TP] / interface adapter module || **≗baustein** *m* [MCS] / interface module, interface card || **≗bedingungen** *plt* [Sw, Tr] / interface specifications, interface requirements || **≗einheit** *f* [ES] / interface unit || **≗fehler (SF)** *m* [ES] / interface error || **≗kabel** *n* [Tr, TrL] / interface cable, interface trunk || **≗leitung** *f* (DIN 44302, Apr. 1979) [Tr] / interface circuit, interchange circuit || **≗modul** *n* [Mp] / interface module || **≗norm** *f* [ES] / interface standard || **≗plan** *m* [RDp] / interface plan || **≗register** *n* [ES] / interface register || **Peripherie-≗schaltung** *f* [Mp] / peripheral interface hardware || **≗steuerung** *f* [Tr] / interface control || **≗umsetzer** *m* [Tr] / interface converter || **≗vergleicher** *m* [Tr] / interface comparator || **≗vervielfacher** *m* [Tr] / interface expander, interface multiplier

Schnitzelkasten *m* [PT, PC] / chadbox, chad collector

Schottky-Diode, bipolarer Transistor in Verbindung mit ≗n [Mp] / Schottky barrier diode clamped transistor

Schottky-Effekt *m* [Co] / Schottky effect

Schottky-Technologie, bipolare ≗ [Sc] / bipolar Schottky logic

schraffierter Bereich [HSP] / shaded area

Schraffur *f* [HSP] / hatching, shading

schräg·e Markierung [OCR] / slanted mark || **~er Pfeil** [Fl] / sloping arrow || **≗ansicht** *f* [GrDp] / diagonal view || **≗indizierung** *f* [ES] / shift indexing

Schräglauf *m* (des Bandes) [MT] / tape skew || **dynamischer ≗** [MT] / dynamic skew || **statischer ≗** [MT] / static skew

schrägstellen, eine Schrift ~ [Typ] / to make a typeface slant to the right, to set a typeface in italics || **elektronisch ~** [Typ] / oblique (i.e., to slant characters by electronic means, as in CRT photocomposition, so that they continue to rest on the same base line but alter the vertical axis by 8 to 15%, to create a simulated italic type face)

Schrägstellung *f* (Schriftzeichen) [IO, OCR] / character skew || **elektronischer ≗** (Schriftsatz) [Typ] / obliquing, type obliquing

Schrägstrich *m* [Fortran] / slash (/) || [PL/1] / slash || **≗** (/) (DIN 66009, Sept. 1977) [Sw] / solidus || **≗markierung** *f* [OCR] / slanted mark

Schrank *m* [Hw] / cabinet, rack || **≗ für Datenträger** [DpC] / data media storing cabinet || **≗ für Mehrkanalschalter** [Hw] / multichannel switch cabinet || **freistehender ≗** [Hw] / freestanding cabinet || **schalldämmender ≗** [Hw] / quietized cabinet || **≗abdeckung** *f* [Hw] / cover panel || **≗belegung** *f* [Hw, Serv] / cabinet space assignment || **≗belegungsplan** *m* [Hw, Serv] / cabinet layout plan, cabinet space assignment plan || ⸛**ebene** *f* [Hw] / cabinet frame || ⸛**oberteil** *n* [Hw] / cabinet top section || ⸛**reihe** *f* [Hw] / cabinet row

Schrankreihen·belegung *f* (Plan) [Hw, Serv] / cabinet row layout plan || ⸛**belegungsplan** *m* [Hw, Serv] / cabinet row layout plan

Schrank·tür *f* [Hw] / cabinet door || ⸛**unterteil** *n* [Hw] / cabinet bottom section || ⸛**verbinder** *m* [Hw] / cabinet connector || **interne** ⸛**verkabelung** [TrL] / intra-cabinet cabling || ⸛**versorgungsleitung** *f* [Hw] / cabinet supply lead

Schraubanschluß *m* [Sc] / screw terminal

Schreibader *f* [ES] / signaling wire

Schreibadresse *f* [M, Sw] / write address || **aktuelle** ⸛ [Sw] / current write address

Schreibanfang *m* [TP] / left-hand margin (from paper edge to center line of first character)

Schreibanweisung *f* [Fortran] / write statement || [Cobol] / write statement || [PL/1] / write statement || **formatfreie** ⸛ [Fortran] / unformatted write statement || **formatgebundene** ⸛ [Fortran] / formatted write statement

Schreibbefehl *m* [Sw] / write instruction

schreibbereite Ruhelage (Leitung) [TP] / idle-circuit condition

Schreibbereit-Lampe *f* [TP] / ready-to-print lamp

Schreibbetrieb *m* [TP] / printing condition, operating condition

Schreibbreite *f* [TP] / typing width || [HSP] / print width, line length

Schreibdatum *n* [MT, MD, MC, MDr] / date written, date of preparation || [Cobol] / date-written

Schreibdichte *f* (DIN ISO 5652E, Jan. 1978) [PE] / recording density (e.g., on magnetic tape, measured in bits per inch) || ⸛ (in Zeichen/Zoll) [HSP, TP] / print density || **einfache** ⸛ [MT] / single density

schreiben *v* [Dp] / write || **auf Band** ~ [Sw] / to write to tape, to copy to tape || **auf Platte** ~ [Sw] / to write to disc, to copy to disc || **groß** ~ [HSP, Typ] / capitalize || **in den Arbeitsspeicher** ~ [Sw] / to write into main memory, to enter into main memory || **neu** ~ [Sw] / rewrite (program, etc.) || ⸛ **direkt** [OS, Lisp] / Write direct || ⸛ **von Bandanfangsetiketten (TPINIT)** [OS, Aufruf] / Tape Volume Initializer (TPINIT) || **sammelndes** ⸛ [TP, Sw] / gathered write, gather-write

schreibend·e Drucktelegrafie [TP] / mosaic telegraphy || **~e Taste** [IO, PT, TP] / printing key || **~e Taste mit Vorschub** [IO, PT, TP] / escaping key, advancing key || **~e Taste ohne Vorschub** [IO, PT, TP] / nonescaping key, nonadvancing key

Schreibfehler *m* [PE] / write error, recording error || ⸛ **korrigieren** [IO] / to correct (spelling) mistakes || **auf** ⸛ **prüfen** [WS] / to check on the spelling

Schreibgerät *n* [IO] / logger (i.e., a device that records events over a period of time)

Schreibgeschwindigkeit *f* [TP] / print speed, printing speed, copy speed || [VDT, Fax] / writing speed

Schreibhalbzyklus *m* [M] / write half cycle

Schreibhammer *m* [HSP, TP] / print hammer

Schreibimpuls *m* [PE, M] / write pulse, writing pulse || **Teil-**⸛ *m* [M] / partial write pulse || **voller** ⸛ [M] / full write pulse

Schreibkopf *m* (DIN 66214, Juli 1977) [PE] / write head, writing head, record head, recording head

Schreibkopfrücklauf, beschleunigter ⸛ [TES] / accelerated carriage return

Schreibkreis *m* [ES] / signaling circuit

Schreiblampe *f* [TP] / write lamp

Schreibleistung *f* [HSP] / printing rate (of printer, etc.)

Schreib-Lese-Elektronik *f* [PCC] / read-write electronics

Schreib-Lesekopf *m* [MT] / combined read-write head, read-write head

Schreib-Lesekopf-Abdeckplatte *f* [OCR] / head platform

Schreib-Lese-Logik *f* [TP] / read-write logic

Schreib-Lese-Speicher *m* [Mp] / read-write memory (esp. read-write RAM)

Schreib-Lesesteuerung *f* [TP] / write-read control

Schreiblineal *n* [TP] / writing bar

Schreiblochen *n* [PT] / print punching

Schreiblocher *m* [PC] / printing punch, printing card punch || ⸛ **mit Datenumformer** [PC] / interpreting card punch || ⸛ **mit Lochschriftübersetzung** [PC] / interpreting card punch || **Druckzusatz beim** ⸛ [PC] / punched card interpreter, card printer || **streifengesteuerter** ⸛ [PT, PC] / tape-to-card printing punch

Schreibmarke *f* [MCS, VDT] / cursor || **Normalstellung der** ⸛ [VDT] / cursor

home position
Schreibmarkensteuerung *f* [VDT] / cursor control
Schreibmaschine *f* [IO] / typewriter || **≗ mit Kartenlocher** [PC] / typewriter card punch || **≗ mit Streifenlocher** [PT] / typewriter tape punch || **elektrische ≗** [OCR, Off] / electric typewriter
Schreibmaschinentastatur *f* [MCS] / typewriter keyboard
Schreibnachimpuls *m* [PE] / post-write disturb pulse
Schreiboperation *f* [Sw] / write operation
Schreibpause *f* [Tr] / communication break
Schreibpausenüberwachung *f* [ES] / idle interval monitor
Schreibposition *f* [TES] / write position
Schreibprüfungsbefehl *m* [Sw] / verify command
Schreibrad *n* [HSP] / printwheel, type wheel, character wheel
Schreibrandauslöser *m* [TP] / margin release
Schreibrandsetzer *m* [TP] / margin adjustment
Schreibrichtung *f* (Bewegung des Strahlenbündels) [HSP] / horizontal direction
Schreibring *m* (DIN 66010, Apr. 1973) [MT] / file protection ring, (depending on system:) (i) write enable ring, write permit ring, write ring, (ii) write inhibit ring
Schreibringschalter *m* [Hw, MT] / protect switch
Schreibruhe *f* [TP] / idle condition, idle state
Schreibruhezustand *m* [ES] / idle circuit condition
Schreibschneide *f* [TP] / writing bar
Schreibschritt *m* [TP] / character spacing
Schreibschritteilung *f* (10 bzw. 12 Zeichen/Zoll) [TES] / print density
Schreibsicherungsring *m* [MT] / file protection ring, (depending on system:) (i) write enable ring, write permit ring, write ring, (ii) write inhibit ring
Schreibsperre *f* [TP] / print inhibition || [OS] / write lockout (i.e., a lockout preventing all programs from writing to any particular position of a storage, but allowing unimpeded reading of that part of storage by all concurrent programs) || [MT, MD] / write protection || **elektronische ≗** [TP] / electronic print inhibition
Schreibspirale *f* (eines Empfängers) [Fax] / helix
Schreibstation *f* [DT] / printer terminal || **dialogfähige ≗** [MCS] / interactive hard copy terminal
Schreibstecker *m* [KtT] / record enable plug
Schreibstelle *f* [VDT] / character position || [HSP, TP] / print position, printing position || [PC] / card column || **Beleuchtung der ≗** [TP] / print position lighting || **gesteuerte ≗n** [PC] / transfer print entry
Schreibstellenabstand *m* [HSP] / column spacing
Schreibsteuerung, alphabetische ≗ [PC] / alphabetic print control
Schreibsteuerungs·ausgang *m* [PC] / print selection common exit || **≗daten** *plt* [ES] / write control data || **≗eingangsbuchse** *f* [PC] / print selection entry hub
Schreibstrahl *m* [COM, Typ] / recording beam || **Endlage des ≗s** (einer Kathodenstrahlröhre) [COM, Typ] / stop point of the beam || **Startpunkt des ≗s** (einer Kathodenstrahlröhre) [COM, Typ] / start point of the beam
Schreibstrom *m* [M] / write current || **Teil-≗** *m* [M] / partial write current
Schreibsummenlocher *m* [PC] / printing summary punch
Schreibtaste *f* [TP] / data key || ≗ (Magnetband) [TP] / record button
Schreibtelegrafie *f* [TP] / signal recording telegraphy
Schreibtischtest *m* (für ein Programm) [DpC, Sw] / dry running, desk checking
Schreibtrommel *f* [HSP] / photoconductor drum
Schreibunterdrückung *f* [HSP] / print suppress
Schreibverfahren *n* (DIN 66010, Apr. 1973) [PE, MT] / recording mode || **≗ mit Rückkehr zum Bezugspunkt** [PE] / return-to-reference recording || **≗ mit Rückkehr zur Grundmagnetisierung** [PE] / return-to-bias recording, RB recording || **≗ ohne Rückkehr zum Bezugspunkt** [PE] / non-return-to-reference recording || **nichtpolarisiertes ≗ mit Rückkehr nach Null** [PE] / nonpolarized return-to-zero, dipole modulation || **NRZ-≗** *n* [PE] / non-return-to-zero recording (NRZ recording) || **NRZ/C-≗** *n* [PE] / non-return-to-zero change recording

(NRZ/C) || **NRZ/M-~** *n* [PE] / non-return-to-zero mark recording (NRZ/M) || **polarisiertes ~** [PE] / polarized return-to-zero recording
Schreibwagen *m* [TES, TP, CTW, Off] / carriage || **~-Laufschiene** *f* [TP, CTW] / carriage rail || **~motor** *m* [TP, CTW, Off] / carriage motor || **~steuerung** *f* [TP, CTW] / carriage control
Schreibwalze *f* (DIN 9757E, Okt. 1977) [IO, PT, TP, Off] / platen
Schreibwalzen·führungsplatte *f* [PE, PT, TP, Off] / platen guide plate || **~knopf** *m* [TP] / (external manual) platen knob || **~schwenkmagnet** *m* [TP] / platen moving magnet, plating pivoting magnet || **~steuerung** *f* [IO, PT, TP, Off] / platen control
Schreibweise *f* [Sw] / notation || **binäre ~** [Th] / binary notation || **externe ~** [Sw] / external notation || **klammerfreie ~** [Th] / Polish notation, Lukasiewicz notation || **polnische ~** [Th] / Polish notation, Lukasiewicz notation || **ternäre ~** [Th] / ternary notation
Schreibwerk *n* [HSP, TP] / printing mechanism, printing station || [TES] / printer (of text system) || **~gesteuertes Lochen** [PT] / print punching
Schreibwicklung *f* [M] / write winding
Schreibzeile *f* [VDT] / current line
Schreibzeilenlänge *f* [HSP] / print line length
Schreibzugriff *m* [PE] / write access
Schreibzustand *m* [TP] / printing condition, operating condition
Schreibzyklus *m* [M, ES] / write cycle || **~zeit** *f* [M] / write cycle time
Schrift *f* [HSP, Typ, OCR, TP] / character font, font, type font || **~** (s. Aufzeichnungsverfahren) || **E-13B-~** *f* [MICR] / font E-13B (originally developed for the American Bankers Association) || **eine ~ schrägstellen** [Typ] / to make a typeface slant to the right, to set a typeface in italics || **Farrington 7B-~** *f* [Dp] / Farrington 7B font || **lichte ~** [HSP] / outline lettering || **linksläufige ~** [TP] / font involving a right to left typebasket traverse action (required for some non-Roman alphabets) || **OCR-A-~** *f* [OCR] / OCR-A font || **OCR-B-~** *f* [OCR] / OCR-B-font || **serifenlose ~** [Typ] / sans-serif type || **~änderungszeichen** *n* [Typ] / font change character, face change character
Schriftart *f* (DIN 9757E, Okt. 1977) [HSP, Typ, OCR, TP] / character font, font, type font || **~befehl** *m* [Typ] / font instruction || **~wechsel** *m* [Typ] / font change, change in the font
Schriftbild *n* [DT, Typ] / type face || [HSP] / print image || **latentes ~** [HSP] / latent image
Schrift·datei *m* (für elektronischen Lichtsatz) [COM, Typ] / font file || **~datenverwaltung** *f* [Typ] / font maintenance || **~dickte** *f* [Typ] / width
Schriftenverwaltung *f* [Typ] / font maintenance
Schriftfeld *n* [TP] / title field || **~** (Taste) [IO] / key legend || **~eintrag** *m* [TP] / title field entry
Schriftgrad *m* [VDT, HSP, Typ] / type size
Schriftgröße *f* (DIN 66233E, Apr. 1977) [VDT, HSP, Typ] / type size || **~ in Punkten** [Typ] / type size in points
Schrift·größenbefehl *m* [Sw] / type size instruction || **~grundkarte** *f* [Typ] / character master (master image which is used to create the typeset product, stored as photographic or digitized master)
Schriftgrundlinie (s. Schriftlinie) || **die ~ hochsetzen** [Typ] / to raise the type line
Schrift·güte *f* [TP] / print quality || **~kennung** *f* [MT] / packing density code || **~kennzeichen** *n* [Typ] / type identifier || **~leseanwendungen** *f pl* [OCR] / OCR applications
Schriftlesen *n* [OCR, MICR] / character reading, character sensing, character scanning || **maschinelles ~** [HSP] / machine reading
schriftlicher Nachrichtenaustausch [RDp, Tr] / record communication; communication of recorded messages
Schrift·linie *f* (durch die untere Grenze der Mittellänge der Druckschriften gebildete imaginäre Linie) [Typ] / base line (used to achieve base alignment, etc.) || **~satz** *m* [Typ] / composition || **großes ~schnittangebot** [Typ] / large selection of font schemes || **~sonderzeichen** *n* [Typ] / pi character (i.e., a nonstandard character not generally contained in a font of type but necessary for setting of a particular job) || **~speicher** *m* [COM, Typ] / font storage
Schriftstand·einstellung *f* [TP] / type alignment || **~fehler** *m* [TP] / type alignment error
Schriftstück, Übertragung von ~en [Fax] / paper communication
Schrift·verzeichnis *n* [Typ, Sw] / font index

|| ²wechsel *m* [Typ] / font change, change in the font || **gleichbleibend gute ²wiedergabe** [Typ] / constant and uniform print quality
Schriftzeichen *n* [PL/1] / character || ² (DIN 66203, Dez. 1975) [Typ] / graphic (character) || **²ablenkspulen** *f pl* [Typ] / character yoke || **²erkennung** *f* [OCR, MICR] / character recognition || **²folge** *f* [Cobol] / character-string || **²generator** *m* [VDT, TP] / character generator || **²generierung** *f* [VDT] / character generation
Schriftzeile *f* [HSP] / line of print
Schritt *m* (Wagen) [TP] / increment of movement || ² (DIN 44302, Apr. 1979) [Tr] / signal element, unit signal element || **nachrichtentragender ²** [ES] / information element, intelligence code element, intelligence signal pulse || **startpolarer ²** [Tr] / start-polarity element, spacing element || **stoppolarer ²** [ES] / stop-polarity element, stop-polarity pulse || **²betrieb** *m* [Dp] / one-shot operation, single-step operation, step-by-step operation
Schrittdauer *f* [Tr] / signal element length, pulse width (PW) || **1,5fache ²** [ES] / 1.5 unit length element || **doppelte ²** [ES] / double length element, 2.0 unit element || **einfache ²** [ES] / unit length element, 1.0 unit length element
Schritt·einsätze *m pl* [TP] / significant instants (of a modulation or restitution) || **²element** *n* [Tr] / signal element, unit signal element
Schrittfehler·häufigkeit *f* [Tr] / bit error rate || **²quote** *f* [Tr] / bit error rate
Schrittgeschwindigkeit *f* (DIN 44302, Apr. 1979) [Tr] / modulation rate (i.e., the reciprocal of the duration of the unit signal element, expressed in "baud"; cf. "data signaling rate")
schritthaltend·er Ablauf [Dp] / real-time operation, real-time working || **~e Datenverarbeitung** [Dp, Sw] / real-time processing || **~er Verbindungsaufbau** [ES] / step-by-step connection setup || **~es Vermittlungssystem** [ES] / step-by-step switching system
Schrittkamera *f* [Rep] / planetary camera
Schrittlänge *f* [Tr] / signal element length, pulse width (PW) || [TP] / significant interval
Schritt·magnetbandgerät *n* [MT] / incremental tape station || **²mittenabtastung** *f* [Th, ES] / center-of-pulse sampling
Schrittmotor *m* [Hw, TP] / stepping motor, stepper motor || **²antrieb** *m* [TP] / stepping motor drive || **²impuls** *m* [TP] / stepping motor pulse
Schritt·puls *m* (DIN 44302, Apr. 1979) [Tr] / clock pulse || **²regelung** *f* [PCC, AC, Cy] / sampled-data control || **~seriell** *adj* [Tr] / bit-serial, serial by bit || **²synchronisation** *f* [Tr] / element synchronization, bit synchronization || **²synchronismus** *m* [Tr] / bit synchronism || **²takt** *m* (DIN 44302, Apr. 1979) [Tr] / signal element timing || **²teilung** *f* (Schreibwerk) [IO, PT] / character spacing || **²umschlag** *m* [ES] / signal transition, polarity reversal || **²umschläge der Dateninformation** [RDp] / information pulse transitions || **²verhältnis** *n* [Tr] / pulse ratio
Schrittweiten·angabe *f* [PL/1] / by option || **²parameter** *m* (einer Schleife) [Fortran] / incrementation parameter
Schrittzähler *m* [ES] / incremental counter, τ-counter || [CP] / step counter || ² (Register) [ES] / shift counter
Schrumpf·schlauch *m* [Hw, Fl] / shrink sleeve || **²sitz** *m* [Hw, Serv] / shrink fit
Schub·haube *f* [HSP] / sliding hood || **²nummer** *f* [Sw] / batch number || **²stange** *f* (Reinigungsschieber) [HSP] / push rod || **²verarbeitung** *f* [Dp] / batch processing, batch-bulk processing
schubweise verarbeiten [Sw] / batch
Schuppe *f* [PT, PC] / chad
schuppen·förmiges Ablegen [COM, Off] / offset stacking (of microfiches, etc.) || **²lochstreifen** *m* [PT, TP] / chadless paper tape, chadless tape || **²lochung** *f* [PT, TP] / chadless perforation
Schüttelfestigkeit *f* [Sc] / vibration strength
Schutz·abdeckung *f* [HSP] / protective cover || **²beschaltung** *f* [Sc] / protective circuit
schützen *v* [Tr] / secure (volume, disk, etc.)
Schutzerde *f* [Hw] / protective ground
Schutzgas *n* [Sc] / protective gas || **²kontakt** *m* [TP, Tr] / dry-reed contact
Schutz·gitter *n* [Hw] / protective wire grid || **²handschuhe** *m pl* [HSP] / protective gloves
Schutzleiter *m* [Hw] / grounding wire, protective ground wire || **²anschluß** *m* [Hw] / protective ground terminal
Schutz·leitung *f* [Hw] / grounding wire, protective ground wire || **²platte** *f* [Hw] / protective plate || **²schale** *f* (Trommel)

[HSP] / protective shell (half-shell) || **~schalter** *m* [Hw, Co] / circuit breaker || **~schicht** *f* [Sc] / protective film, protective layer || **~sternschreibung** *f* [PL] / asterisk protection || **~widerstand** *m* [Sc] / protective resistor || **~ziffer** *f* [DS] / guard digit
Schwallen *n* [Hw] / flow soldering
Schwallöten *n* [Hw] / flow soldering
Schwallseite *f* [Co] / wiring side, solder side
schwankungsfrei·er Spannungstransformator [Co] / constant voltage transformer || **~er Strom** [Hw] / precision current
Schwarz, Störpegel im ~ [TP] / noisy blacks || **verrauschtes ~** [TP] / noisy blacks
Schwarzschreibung *f* [TP] / ribbon shift black
Schwärzungs·abfall *m* [HSP] / reduction in contrast || **~dichte** *f* [OCR] / density || **~einstellung** *f* [HSP] / print contrast adjustment, contrast setting || **~feld** *n* (eines Mikrofilmbildes) [COM, Typ, Rep] / image area || **~grad** *m* [HSP] / density, contrast || **~kurve** *f* [Rep] / characteristic curve || **~messer** *m* [OCR] / densitometer || **~prüfung** *f* [HSP] / contrast check || **~regulierung** *f* [HSP] / contrast control || **~skala** *f* [Rep] / density scale
Schwarz-Weiß-Wiedergabe *f* [Fax] / black-and-white reception
Schwarzwert, Phasenzeichen beginnend mit ~ [TP] / phase-black
schwebende Unterbrechung [OS] / pending interrupt
Schwebespannung *f* (DIN 41854, Apr. 1979) [Sc] / floating potential, floating voltage
Schwebungs·frequenz *f* [Tr] / beat frequency || **~oszillator** *m* [Tr] / beat frequency oscillator || **~ton** *m* [Tr] / beat note
Schweißstelle *f* [Hw] / welded joint
Schwelle *f* [Cy] / threshold
Schwellen·glied *n* [Cir] / threshold element || **~spannung** *f* [Sc] / threshold voltage || **~verhältnis** *n* [Sc] / voltage standing-wave ratio (V.S.W.R.)
Schwellenwert *m* [PCC] / threshold value || **~glied** *n* [Cir] / threshold element || **~schaltelement** *n* [Cir] / threshold element
Schwellwert *m* [PCC] / threshold value
Schwenkbereich *m* [TP] / pivoting range
Schwenkmotor *m* [Fl] / oscillating motor || [HSP] / swiveling motor
Schwenk·schiene *f* [TP] / hinged panel || **~sperre** *f* (Tonerabscheider) [HSP] / stop plate || **~taste** *f* [Hw] / non-latching button || **Schiene mit ~teil** [Hw] / panel with swingout frame
schwerpupinisiertes Kabel [TrL] / heavily loaded cable
schwerwiegend *adj* [Sw] / unrecoverable, irrevocable, fatal || **~er Fehler** [Sw] / unrecoverable error, nontransient error
Schwierigkeitsgrad *m* (Fehler) [Sw] / severity
schwimmender Magnetkopf [MD] / flying head, floating head
schwindungsarm *adj* / low-shrinkage
Schwingfrequenz *f* [Sc] / frequency of oscillation || **maximale ~** [Sc] / maximum frequency of oscillation
Schwinggrenze *f* [Sc] / maximum frequency of oscillation
Schwing-Grenzfrequenz [Sc] / maximum frequency of oscillation
Schwingkreis *m* [Tr] / resonant circuit, oscillating circuit || **~spannung** *f* [Tr] / resonant circuit voltage || **~teilspannung** *f* [Tr] / partial resonant circuit voltage
Schwingmetall *n* [Hw] / rubber-bonded metal
Schwingquarz *m* [Sc] / piezoelectric crystal
schwingungsfrei gelagert [Hw] / vibration-isolated
Schwingungskreis *m* [Tr] / resonant circuit, oscillating circuit
SCK (s. Setzen Tagesuhr)
SD (s. Schnelldrucker) || **~** (s. Subtrahieren normalisiert lang)
SDV (s. Starten Gerät)
SE (s. Subtrahieren normalisiert kurz)
SEAS (s. Speicher-Ein-Ausgabesteuerung)
Sechs-Bit-Byte *n* [Th] / sextet, 6-bit byte (US)
sedezimal *adj* [Th] / hexidecimal || **~es Aufbereiten** [Dp] / hexadecimal editing || **~e Darstellung** [Sw] / hexadecimal notation || **~es Lesen auf dem Arbeitsspeicher** [OS] / read memory hexadecimal (RDM) || **~er selbstdefinierender Wert** [PL] / hexadecimal self-defining term || **~es Umformen** [Sw] / hexadecimal conversion, conversion to hexadecimal || **~e Verschlüsselung** [Sw] / hexadecimal code || **~system** *n* [Th] / hexadecimal number system || **~zahl** *f*

[Th] / hexadecimal number || **~ziffer** *f* (DIN 44300, März 1972) [Th] / hexadecimal digit || **~ziffernpaar** *n* [Sw] / hexadecimal digit pair

Segment *n* [VS, Sw] / program segment, segment || [Cobol] / segment || **exklusives ~** [OS] / exclusive segment || **inklusives ~** [OS] / inclusive segment || **schnelles Laden von ~en** [Sw] / rapid loading of segments (overlays) || **~abgrenzungsklausel** *f* [Cobol] / segment-limit clause || **~aufruf** *m* [Sw] / overlay request

segmentieren *v* [Sw] / segment (program, etc.)

segmentierter Satz (Satz einer Datei, in der jeder Satz auf mehrere, unmittelbar aufeinanderfolgende Blöcke aufgeteilt sein kann) (DIN 66239E, Mai 1979) [OS] / spanned record

Segmentierung *f* [Sw] / program segmenting || [Cobol] / segmentation

Segment·kopf *m* [Sw] / load descriptor, load descriptor block || **~marke** *f* [Sw] / segment mark || **~name** *m* [Sw] / load name || **~nummer** *f* [VS] / segment number

Segmentphilosophie *f* [Sw] / segmentation philosophy || **Bruch der ~** [Sw] / violation of segmentation philosophy

Segment·steuerung *f* [Sw] / segment control || **~tabelle** *f* (IBM) [VS] / segment table (SGT)

Segmenttafel *f* [OS] / segment table (ST) || **~adresse** *f* [OS] / segment table address (STA) || **~adressenfehler** *m* [OS] / segment table address register error || **~adreßregister** *n* [OS] / segment table address register (STAR) || **~basis** *f* [OS] / segment table base (STB) || **~eintrag** *m* [OS] / segment table entry (STE) || **~längenregister** *n* [OS] / segment table length register (STLR)

Segregationskoeffizient *m* [Sc] / segregation coefficient

Seidenfarbband, OCR-~ *n* [OCR] / OCR silk ribbon

Seite *f* [VS] / page || [Cobol] / page || **~** (DIN 44300, März 1972) [PL/1] / position || **aktive ~** [VS] / active page || **eine ~ fixieren** [VS] / to fix a page || **eine ~ resident machen** [VS] / to fix a page || **linke ~** [Algol] / left part || **speicherresidente ~** [VS] / fixed page

Seiten·abdeckung *f* [Hw] / side cover || **~abruf** *m* [VS] / demand paging || **~adressierung** *f* [Mp] / paged addressing || **~anforderungsfehler** *m* [VS] / paging queue error || **~begrenzung** *f* [Cobol] / page limit || **~begrenzungsklausel** *f* [Cobol] / page-limit clause || **~drucker** *m* (Drucker, der im Gegensatz zu Zeilen- und Zeichendrucker eine ganze Seite „auf einmal" druckt) [HSP] / page printer (using xerographic or laser printing techniques, or the result of electron beam recording) || **~ersetzung** *f* [VS] / page replacement || **~fixieren** *n* [VS] / page-fixing

Seitenformat *n* [HSP] / vertical format, page layout || [Algol] / page format

Seiten·fuß *m* [Cobol] / page footing report group || **Kennzeichen für ~ketten** [OS] / page chaining flag (PCF) || **~kettung** *f* [OS] / page chaining

Seitenkopf *m* [Algol] / page heading || [Cobol] / page heading report group

Seiten·längenangabe *f* [PL/1] / pagesize option || **~leser** *m* (DIN 66223 T4, Jan. 1978) [OCR] / page reader || **~modifikation** *f* [HSP] / page modification

Seitennumerierung *f* [Sw] / page numbering || **automatische ~** [TES] / automatic pagination

Seitennummer *f* [Cobol] / page number || **~** (s. Kolumnenziffer) || **reale ~** [VS] / real page number (PPAG) || **~-Funktion** *f* [PL/1] / pageno (builtin) function || **~-Pseudovariable** *f* [PL/1] / pageno pseudo-variable

Seitenperforation *f* [HSP] / sheet fold perforation

Seitenrahmen *m* (Schrank) [HSP] / side frame || **aktiver ~** [VS] / active page frame

Seitenschläger *m* [HSP] / joggling plate

Seitenspeicher *m* [VS] / paging device || [HSP, M] / page buffer (PB) || **~erweiterung** *f* [HSP, M] / page buffer expansion feature || **~kapazität** *f* [HSP, M] / page buffer capacity || **~verwaltung** *f* [VS] / external page storage management || **~zusatz** *m* [HSP, M] / page buffer expansion feature

Seitenstreifen *m* [HSP] / margin strip || **~perforation** *f* [HSP] / margin strip perforation

Seiten·supervisor *m* [VS] / paging supervisor || **~tabelle** *f* (IBM) [VS] / page table (PGT)

Seitentafel *f* [OS] / page table (PT) || **~adresse** *f* [OS] / page table address (PTA) || **~basis** *f* [OS] / page table base (PTB) || **~eintrag** *m* [OS] / page table

entry (PTE)
Seiten·textspeicher *m* [HSP, M] / page buffer (PB) || **~tür** *f* [HSP] / side door || **~überlauf** *m* [Cobol] / page overflow || **~überschriftparameter** *m* [PL] / page heading parameter || **~umbruch** *m* [Typ] / makeup, page makeup || **~verhältnis** *n* [Fax] / aspect ratio || **~versteifung** *f* [Hw] / lateral reinforcing structure || **~vorschubangabe** *f* [PL/1] / page option || **~wanderung** *f* [VS] / page migration || **~wange** *f* (Schrank) [HSP] / side panel
Seitenwechsel *m* [VS] / paging || **blockweiser ~** [VS] / segmental paging || **~anforderung** *f* [VS] / missing page interruption, page fault, page translation exception
seitenwechselbar *adj* [VS] / pageable
seitenwechseln *v* [VS] / page
Seitenwechsel·rate *f* [VS] / paging rate || **~speicher** *m* [VS] / paging device || **~trommel** *f* [VS] / paging drum || **~verfahren** *n* [VS] / paging
seitenweise auslagern [VS] / page out || **~ einlagern** [VS] / page in || **~ umlagern** [VS] / page
Seitenzahl *f* [HSP, Typ] / page number
Seitenzähler *m* [HSP] / sheet counter, page counter || [Cobol] / page-counter
Seitenzuführung *f* [PC] / sideways feed
Sektor *m* [MD, Sw] / sector (subdivision of a disk track) || **getrennt adressierbare ~en** [PCC] / separately addressable sectors, individually addressable sectors || **~adresse** *f* [PCC, Sw] / sector address || **~adressenbereich** *m* [Sw] / sector addressing range
Sektoranzahl *f* [Sw] / sector count || **~-Überlagerung** *f* [Sw] / sector count overlay
Sektorzählung *f* [Sw] / sector count
sekundär·er Task [OS] / subtask || **~datei** *f* [Sw] / secondary file || **~datenstation** *f* [RDp] / auxiliary station || **~gruppe** *f* [Tr] / supergroup || **~gruppenkanal** *m* [Tr] / supergroup-band channel (i.e., very fast channel operating at transmission rates of up to 230,000 bps) || **~programm** *n* [Sw] / object program, object language program || **~speicher** *m* [M] / secondary storage || **~task** *m* [OS] / secondary task || **~zustand** *m* (Prioritätszustand, in dem z.B. Anwenderprogramme ablauffähig sind; cf. „Primärzustand") [CP] / secondary status || **~zuweisung** *f* [Sw] / secondary allocation
Sekundenzählerfreigabe *f* [ES] / seconds counter enable
selbst·abtastend *adj* [Co] / self-scanning || **~abtrennungsverfahren** *n* [Sc] / self-isolation scheme
selbständig *adj* [Dp] / standalone (device, etc.) || **~er Lochstreifensender** [TP] / autotransmitter || **~es Programm** [Sw] / independent program, independent routine
selbstanpassend·es Programm [Dp] / self-adapting program || **~er Rechner** [Dp] / self-adapting computer
Selbstanpaß·programm *m* [Dp] / self-adapting program || **~rechner** *m* [Dp] / self-adapting computer
Selbst·ausrichtung *f* [Co, Sc] / automatic registration, autoregistration || **~definierender Wert** [Assembler] / self-defining term, self-defining value || **~dekrementierendes Register** [Dp] / autodecrement register || **~diffusion** *f* [Sc] / self-diffusion || **~dokumentierend** *adj* [Sw] / self-explanatory || **~durchschreibendes Papier** [HSP] / noncarbon paper (NCP) || **~haltestromkreis** *m* [Tr] / self-holding circuit || **~inkrementierendes Register** [Dp] / autoincrement register || **~isolationsverfahren** *n* [Sc] / self-isolation scheme || **~klebefilm** *m* (Band) [HSP] / adhesive splicing tape || **~klebendes Schild** [Hw] / self-adhesive label || **~korrigierender Code** [Th, Tr] / error-correcting code, error correction code, self-correcting code
selbstladend *adj* [Sw] / self-loading || **~er Bandauszug** [OS] / self-loading tape edit (SLTE) || **~er Großspeicherauszug** [OS] / self-loading random-access edit (SLRE) || **~es Programm** [Sw] / self-loading program || **~er Speicherauszug** [Sw, OS] / self-loading memory print (SLMP)
selbst·leitend *adj* (Transistor) [Sc] / normally on || **~lernender Rechner** / self-learning computer (computer capable of modifying programs according to its own memory or experience, e.g., a chess-playing computer) || **~löschender Fehler** [Th, Meas, AC, DpC] / transient fault || **~organisation** *f* [Cy] / self-organization
selbstorganisierend·es Programm [Dp] / self-organizing program || **~er Rechner** [Dp] / self-organizing computer
Selbstorganisier·programm *n* [Dp] / self-organizing program || **~rechner** *m* [Dp] / self-organizing computer
Selbstprogrammierung *f* [NC] /

automatic programming
selbstprüfend *adj* [DS, Th, Tr, NC] / self-checking || **~er Code** [Th, Tr] / error-detecting code, error-checking code, self-checking code || **~e Nummernanzeige** [NC] / self-checking number feature || **~e Zahl** [DS] / self-checking number || **~es Zeichen** [DS, Th, Tr] / redundant character
Selbst·prüfungsfeld *n* [OCR] / check field || **²regelung** *f* [PCC] / automatic control || **²registrierung** *f* [Co, Sc] / automatic registration, autoregistration || **~rücksetzende Schleife** [Sw] / self-resetting loop || **~sperrend** *adj* (Transistor) [Sc] / normally off || **~startendes Programm** [Sw] / self-triggering program || **~suchendes Lesen** [PE] / automatic scanning
selbsttätig·es Einlaßventil [Fl] / automatically operated inlet valve (AOIV) || **~e Prüfroutine** [NC] / self-checking routine || **~e Regelung** [PCC] / automatic control
Selbstwähl·dienst *m* [ES] / subscriber trunk dialing (STD), direct distance dialing (DDD) || **²vermittlung** *f* [ES, Tr] / automatic dial exchange || **²vermittlungsstelle** *f* [ES] / automatic exchange
Selektierlesen *n* [PT] / selective reading || **²leser** *m* [PT] / selective reader
Selektion *f* [PC] / rejection, selection, outsorting (of card, etc. not read successfully)
Selektions·bedingung *f* [Sw] / selection requirement || **²begriff** *m* [TES] / selection criterion || **²datei** *f* [TES] / selection file || **²matrix** *f* [ES] / selection matrix || **²programm** *n* [OS] / library selection program
selektiv·er Anruf [ES] / selective call || **~es Protokollprogramm** [Sw] / snapshot program, snapshot trace program || **~er Synchronstreifen** [PT] / select tape
Selektor *m* [PC] / selector
Selektorenkarte *f* [PC] / selector card
Selektorerregung [PC] / X pickup
Selektorkanal *m* [CP] / selector channel || **²anschluß** *m* [RDp, Tr] / channel interface adapter in selector mode || **²ausbau** *m* [CP] / selector channel extension feature || **²erweiterung** *f* [CP] / selector channel extension feature
Selektorunterkanal *m* [CP] / selector subchannel
Selen·fotoelement *n* [Sc] / selenium cell || **²gleichrichter** *m* [Sc] / selenium rectifier || **²zelle** *f* [Sc] / selenium cell
SEM (s. Speichereingabemeldung)
Semantik *f* (Wissenschaft von der Bedeutung der Wörter, Satzteile oder Sätze) [Term] / semantics
semantisch·e Analyse [Term, MAT] / semantic analysis || **~es Differential** [Cy] / semantic differential || **~e Information** [MAT, Th, Cy] / semantical information, semantic information content, semantical information content, amount of semantic information || **~er Informationsbetrag** (s. semantische Information) || **~er Informationsgehalt** (s. semantische Information)
Semaphor-Variable *f* [PCC] / semaphor-variable
semidynamisches Datenfeld [ES] / semidynamic data field
Semikolon *n* [Algol] / semicolon (;) || [Cobol] / semicolon || [PL/1] / semicolon
Semiotik *f* [MAT, Cy] / semiotics
Semipermanentspeicher *m* [M] / semipermanent storage
Sendeablauf *m* [Tr] / sending sequence
Sendeabruf *m* [Tr] / polling || **²zeichen** *n* [RDp] / polling character
Sende·ader *f* [TrL] / send wire || **²adresse** *f* [Tr] / identifier || **²ankündigungskennung** *f* [RDp, Tr] / transmission announcement || **²anschlußleitung** *f* [TP] / send signaling path || **²aufforderung** *f* [Tr] / polling || **²aufruf** *m* (DIN 44302, Apr. 1979) [Tr] / polling || **²bereitschaft** *f* [RDp, Tr] / ready-to-transmit state || **²bestätigung** *f* [ES] / transmission confirmation, transmission confirmation signal || **²betrieb** *m* (DIN 44302, Apr. 1979) [Tr] / send mode, transmit mode, transmittal mode || **²bezugsverzerrung** *f* [ES] / outgoing start-stop distortion || **²bittakt** *m* [ES] / transmit bit timing || **²buchse** *f* [PC] / output hub || **²bytetakt** *m* [ES] / transmitted byte timing || **²codetabelle** *f* [ES] / send code table
Sendedaten *plt* [RDp] / transmittal data, data to be transmitted || [ES] / transmitted data || **²befehl** *m* [ES] / send instruction || **²leitung** *f* [TrL] / send information line || **²leitung** [ES] / transmitted-data line
Sendeeinheit *f* [ES] / send unit
Sende-Empfangs·einrichtung *f* [Tr] / transmitter-receiver pair || **²schalter** *m* [TP] / send-receive switch || **²umsetzer** *m* [ES] / line adapter set, line adapter module

Sende·filter *n* [Tr] / send filter || **≗flachbaugruppe** *f* [Co] / send board
Sendeleitung *f* [ES] / outgoing line || [Tr] / send line, transmission line
Sendemodus *m* [Tr] / send mode, transmit mode, transmittal mode
senden *v* [Tr] / transmit || **automatisches ≗** [TP] / automatic transmission || **erneutes ≗** [Tr] / retransmission
Sende·pause *f* [ES, Tr] / send pause, sending pause, transmission break || **≗plan** *m* [RDp, Tr] / transmittal plan || **≗programm** *n* [Sw, Tr] / send program
Sendepuffer *m* [ES] / send buffer || **≗register** *n* [ES] / send buffer register
Sender *m* [TP] / transmitter || **≗ für automatische Telegrammnumerierung** [TP] / automatic numbering transmitter || **≗baugruppe** *f* [RDp, Tr] / transmitter module
Sende·richtung *f* [ES, Tr] / send direction, send path || **≗routine** *f* [Sw, Tr] / send routine
Sender-Signalumsetzer *m* [Tr] / modulator
Sende·sammelschiene *f* [ES] / transmission busbar || **≗schaltung (SS)** [TP] / send circuit || **≗schieberegister** *n* [ES] / send shift register
Sendeschrittakt *m* [ES] / transmitter bit timing || **≗ von der DÜ-Einrichtung** [RDp] / transmitter signal element timing from data communications equipment || **≗ zur DÜ-Einrichtung** [RDp] / transmitter signal element timing to data communications equipment
sendeseitiger Anpassungsübertrager [RDp] / send-side matching transformer
Sende·station *f* (DIN 44302, Apr. 1979) [Tr] / master station || **≗steuerung** *f* [TP] / send control
Sendetakt (ST) *m* [ES] / transmitter bit timing || **≗verteiler** *m* [Tr] / clock rate divider
Sende·teilnehmer *m* [ES] / sending subscriber, sending party || **≗telegramm** *n* [RDp, Tr] / input message || **≗terminal** *n* [RDp, Tr] / transmitting terminal, sending terminal, send terminal
Sendeverstärker *m* [ES] / driver || [Tr] / send amplifier
Sendeverteiler *m* [ES] / send distributor || **elektronischer ≗** [ES] / electronic send distributor
Sende·verzerrung *f* [ES] / transmitter distortion, transmit distortion || **≗wecker** *m* [ES, Tr] / send direction prompter || **≗zeiger** *m* [ES] / send progress indicator || **≗zustand** *m* [Tr] / send mode, transmit mode, transmittal mode
Sendung, gestörte ≗ [Tr] / garbled transmission
Sendungskennung *f* [ES] / transmission identification
Senke *f* [Sc] / well || **≗** (Nachrichtensenke) [RDp] / drain, information sink || **Abstand zwischen Quelle und ≗** [Sc] / source-drain spacing
Sensistor *m* (Heißleiter) [Sc] / sensistor
sensitive Daten [Priv] / sensitive information
sensitometrische Kurve [Rep] / characteristic curve
Separationsbit *n* (Magnetband) [TP] / separation bit
sequentiell *adj* [Dp] / sequential || **~e Adressierung** [M] / sequential addressing || **~e Arbeitsweise** (bei einer Vielzahl von Operationen) [Dp] / sequential operation (performance of large scale operations one after the other in time) || **~e Arbeitsweise** (bei einer kleinen Anzahl von Operationen) [Dp] / serial operation (performance of small scale operations in time) || **~e Bearbeitung** [Sw] / stacked job processing, sequential job scheduling || **~er Computer** [Dp] / sequential computer (computer in which events occur in time sequence, with little or no simultaneity or overlap of events) || **~e Jobbearbeitung** [Sw] / stacked job processing, sequential job scheduling || **~e Logik** [Cir] / sequential logic || **~ ordnen** [Th] / sequence || **~er Rechner** [Dp] / sequential computer (computer in which events occur in time sequence, with little or no simultaneity or overlap of events) || **~er Speicher** [M] / sequential access storage || **~e Steuerung** [OS] / sequential control || **~er Struktur** [Dp] / sequential organization || **~e Verarbeitung** [Dp, RDp] / sequential processing || **~er Zugriff** [Cobol] / sequential access || **~e Zugriffsmethode** [Sw] / sequential access method (SAM)
Sequentiellrechner *m* [Dp] / sequential computer (computer in which events occur in time sequence, with little or no simultaneity or overlap of events) || **≗ mit Sprungablauf** [Dp] / arbitrary sequence computer
Sequenz *f* (geordnete

zusammenhängende Folge von Sätzen oder Zeichen) [Sw] / string || **≗auswerter** *m* (in Variantenbaugruppe) [TP] / code sequence recognition circuit || **≗speicher** *m* [M] / sequential access storage

Serial·drucker *m* [HSP] / serial printer || **≗druckwerk** *n* (DIN 9784, Okt. 1977) [HSP] / serial printer

seriell *adj* [Th] / serial || **~ aufgebaut** [Sw] / sequentially organized, sequentially constructed || **~ aufgebaute Datei** [Sw] / sequentially organized file || **~er Betrieb** (DIN 44300, März 1972) [Dp, Tr] / serial operation (as opposed to "parallel operation") || **~e Dateiorganisation** [Sw] / serial file organization || **~er Datentransfer** [CP, Tr] / serial transfer || **~er Halbsubtrahierer** [ALU] / serial half subtracter || **~e Organisation** [M] / consecutive organization, sequential organization || **~ organisiert** [Sw] / sequentially organized, sequentially constructed || **~er Rechner** (Computer, in dem die einzelnen Bits einer Dateneinheit der Reihenfolge nach rechnerintern transportiert werden) [Dp] / serial computer || **~es Subtrahierwerk** [ALU] / serial full subtracter || **~e Übertragung** [ES, Tr] / serial transmission || **~e Verarbeitung** [Dp, RDp] / serial processing || **~er Vollsubtrahierer** [ALU] / serial full subtracter || **~ wiederverwendbar** [Sw] / serially reusable (program, etc.) || **~er Zugriff** [Dp] / serial access

Serien·abtastung *f* [NC] / serial scanning, serial reading || **≗addierer** *m* [Cir, ALU] / serial adder || **≗addierwerk** *n* [Cir, ALU] / serial adder || **≗aufzeichnung** *f* [PE] / serial recording || **≗betrieb** *m* [Dp, Tr] / serial operation (as opposed to "parallel operation") || **≗bindesymbol** *n* [Cobol] / series connective || **≗code** *m* [ES] / series code || **≗darstellung** *f* (Zeichen) [ES] / serial representation, serial configuration || **≗digitalrechner** *m* [Dp] / serial digital computer || **≗drucker** *m* [HSP] / serial printer || **≗fertigung** *f* [PrC] / series production, quantity production || **≗größe** *f* [NC] / lot size, batch size

serienmäßig gefertigt [Sc] / off-the-shelf

Serien·modem *m* [RDp, Tr] / series modem || **≗nummer** *f* [Th] / serial number || **≗nummerndruck** *m* [PC] / serial number printing

Serien-Parallel·anordnung *f* [ES] / series-shunt arrangement || **≗betrieb** *m* [Th, Tr] / series parallel operation || **≗-Digitalrechner** *m* [Dp] / parallel-series computer || **≗maschine** *f* [Dp] / serial-parallel machine || **≗rechner** *m* [Dp] / serial-parallel computer || **≗schaltung** *f* [Hw] / series parallel circuit || **≗system** *n* [Th, Tr] / series parallel system || **≗-Umsetzer** *m* (DIN 44300, März 1972) [Dp, Tr] / serial-parallel converter, staticizer || **≗-Umsetzung** *f* [Th, Tr] / serial-to-parallel conversion, series-parallel conversion

Serien·programmierung *f* [Sw, NC] / serial programming || **≗schalter** *m* [ES] / multi-circuit switch || **≗schnittstelle** *f* [TP, ES] / serial interface || **≗speicher** *m* [M] / serial storage || **≗speicherung** *f* [M, NC] / serial storage || **≗system** *n* [Th, Tr] / serial operation || **≗transfer** *m* [CP, Tr] / serial transfer || **≗übergabe** *f* (DIN 44302, Apr. 1979) [Tr] / serial transmission (at the interface) || **≗übertragung** *f* [ES, Tr] / serial transmission

serifenlose Schrift [Typ] / sans-serif type

SERV (s. Ausgeben der Bibliotheken)

Service·-Konzeption *f* [Serv] / servicing concept || **≗-Rechenzentrum** *n* [DpC] / computer service center || **≗-Techniker** *m* [Serv] / service technician, serviceman

Servo·informationen zur Kopfpositionierung [MD] / disk seek information || **≗integrierer** *m* [ADp] / incremental integrator, saturating integrator, servo-integrator, decision integrator || **≗-Koordinatenwandler** *m* [ADp] / servo-resolver || **≗mechanismus** *m* [AC] / servomechanism, servo || **≗motor** *m* [PCC] / servomotor || **≗multiplizierer** *m* [ADp] / servo-multiplier, potentiometer multiplier

Servosystem *n* [PCC] / servosystem || **rückgekoppeltes ≗** [AC, Sc] / feedback servomechanism

SERVT (s. Ausgeben der Bibliotheken von Band)

Set *n* [Typ] / set

SET (s. Uhrzeit und Datum Setzen)

SETJV (s. Setzen Auftragsvariable)

SETOF (s. Löschen Bezugszahl)

Setsymbol *n* [Sw] / set symbol

Setzanweisung *f* [Cobol] / set statement

Setzen *n* [Typ] / typesetting || **≗ Adreßpegel** [OS, Befehl] / Set location counter || **≗ arithmetisch** [Befehl] / Set arithmetic || **≗ Auftragsvariable (SETJV)** [OS, Befehl] / Set job variable (SETJV) || **≗ binär** [Befehl] / Set binary || **≗ Bit** [Befehl, RPG] / Set a bit "on" (BITON)

|| ≈ **ISIM** [OS, Befehl] / Set ISIM (= inhibit simultaneity) || ≈ **Programmaske** [Lisp] / Set program mask (SPM) || ≈ **Schalter** [Befehl] / Set switch || ≈ **Speicherschlüssel** [Lisp] / Set storage key (SSK) || ≈ **Tagesuhr (SCK)** [Befehl] / Set clock (SCK) || ≈ **Zeichen** [Befehl] / Set character || **dual verschlüsseltes** ≈ [ES] / binary-coded setting || **lochstreifengesteuertes** ≈ [PT, Typ] / tape-controlled composition

Setzimpuls *m* [M] / set pulse

Setzmaschine *f* [Typ, IDS] / typesetting machine || **TTS-**≈ *f* / TTS lead-casting machine, TTS lead-typesetting machine

Setz·schwelle *f* [M] / setting threshold || ≈**zeit** *f* [M] / setting time || ≈**zustand** *m* [M] / set status

sexadezimaler Direktwert [Th] / hexadecimal self-defining term

SF (s. Schnittstellenfehler)

SFH (s. Speicherfehlerhalt)

SF-Modul *n* [HSP] / substitution field module, SF module

Sh (s. Shannon)

SH (s. Subtrahieren Halbwort)

Shannon (Sh) *n* [Th] / shannon (Sh), bit

Sheffer-Funktion *f* (DIN 44300, März 1972) [SA] / NAND operation, nonconjunction

Shefferscher Strich (s. NAND-Funktion)

shiften *v* [ALU] / shift

Shiftung *f* [ALU] / shift

Shockley-Diode *f* (Vierschicht-Diode) [Sc] / Shockley diode

SIAG (s. Signalausgabe)

Sicherheit *f* (Reziprokwert der Zeichenfehlerhäufigkeit) [Th] / accuracy (i.e., nearness of a calculated result to the correct value; cf. "precision") || **statistische** ≈ [Th] / confidence level

Sicherheits·code *m* [DS, Th, Tr] / redundant code || ≈**feld** *n* (für Tonermarke) [HSP] / print exclusion area || ≈**system** *n* [Sw] / security system || ≈**vorschriften** *f pl* [HSP] / safety instructions

sichern *v* [Sw] / protect, safeguard (intermediate result, etc.) || [Tr] / secure (volume, disk, etc.) || **eine Datei** ~ [Sw] / to protect a file || ≈ **und Wiederherstellen von Großspeicherinhalten (RADAR)** [OS, Aufruf] / Random-access dump and reload (RADAR)

sicherstellen *v* [Sw] / back up || **auf Band** ~ [Sw] / to log to tape, to dump to tape, tape || **auf Platte** ~ [Sw] / to dump to disk || **Daten** ~ [Sw] / to save data || **eine Datei** ~ [Sw] / to dump a file on a tape || **einen Datenträger** ~ [Sw] / to secure a volume to store a volume || ≈ **und Rekonstruieren von Plattenspeicherinhalten (BACKUP)** [OS, Aufruf] / Disk backup (BACKUP)

Sicherstellung *f* [Sw] / backup, saving

Sicherstellungs·band *n* [Sw] / log tape || ≈**bereich** *m* [Sw] / save area || ≈**block** *m* [PE, Sw] / backup block || ≈**datum** *n* [Sw] / backup date || ≈**zeit** *f* [Sw] / backup time || ≈**zeitraum** *m* [DpC, Dp] / file retention period, file security period

Sicherung *f* [Hw] / fuse, fuse link || ≈ **durch zyklischen Code** [DS] / cyclic code protection, protection by cyclic code || **träge** ≈ [Hw] / slow-blowing fuse (S.B. fuse)

Sicherungs·abgreifer *m* [ES] / fuse connector || ≈**aufbau** *m* [Hw] / fuse assembly || ≈**datei** *f* [DS] / backup file || ≈**duplikat** *n* [DS] / backup copy || ≈**einrichtung** *f* [Tr] / error control device || ≈**element** *n* [Hw] / fuse element || ≈**feder** *f* [Hw] / fuse contact spring || ≈**federbügel** *m* [Hw] / fuse retainer || ≈**fehler** *m* [Sw] / parity error || ≈**feld** *n* (des Spulenetiketts) [Sw] / security field || ≈**funktion** *f* [Sw] / security function || ≈**halter** *m* [Hw] / fuse holder || ≈**hebel** *m* (Umdruckstation) [HSP] / safety lever || ≈**kasten** *m* [Hw] / fuse box || ≈**lasttrenner** *m* [Hw] / emergency switch || ≈**programm** *n* [Sw] / safeguarding program || ≈**ring** *m* [Hw] / retaining ring, snap ring, circlip || ≈**schalter** *m* [HSP] / circuit breaker || ≈**scheibe** *f* [Hw] / circlip, retaining ring || ≈**software** *f* [OS] / safeguarding software

Sicherungssystem *n* [Hw] / standby system, fallback system || ≈ (zur Sicherung der Verfügbarkeit) [ES] / safeguarding system

Sicherungs·trenner *m* [Hw] / emergency switch || ≈**überwachung** *f* [Hw] / fuse monitoring || ≈**überwachungsrelais** *n* [Co] / fuse monitoring relay || ≈**verfahren** *n* [Sw, Tr] / protection method || ≈**wort** *n* [DS] / check word

Sichtanzeige *f* [Hw] / visual display, visual indicator

sichtbar·er Strahl [OCR] / unblanked beam || ~**er Vektor** [OCR] / unblanked vector

Sichtbarkeitsstellung *f* [TP] / visibility position, print visibility position

Sicht·feld *n* [Hw] / see-through vision panel || **~fenster** *n* [Hw] / see-through vision panel || **~gerät** (DIN 44300, März 1972) (s. Bildschirmgerät)
Sichtkartei *f* [IDS] / visual file, visible file || **~system** *n* [IDS] / cordonnier system
Sichtkontrolle *f* (visuelle Kontrolle eingegebener oder ausgegebener Daten und der Einstellung von Bedienteilen sowie des Zustandes von Einrichtungen) (DIN 9757E, Okt. 1977) [Calc] / visual display
Sichtprüfung *f* [Hw] / visual inspection || **~** (bei Lochkarten) [PC] / sight check (i.e., a method of checking for presence or absence of punched holes in identical locations on cards by placing one card on top of another and looking through the pattern of holes)
Sichtspeicherröhre *f* [M, Co] / storage tube
Siebdruck *m* (DIN 40804, Aug. 1977) [Co, Sc] / silk-screen printing
Siebener-Code *m* [Th] / seven-level code, 7-level code
Sieben-Spur-Aufzeichnung *f* [MCS, MT] / seven-track recording
Sieb·faktor *m* [PCC] / filter factor || **~schaltung** *f* [Cir] / filter circuit
SIEG (s. Signaleingabe)
Signal *n* (DIN 44300, März 1972) [Dp, Th] / signal || **AB-~** *n* [ES] / call confirmation signal || **abgehendes ~** [TP] / outgoing line signal || **abgesetztes ~** [ES] / extended alarm || **analoges ~** (DIN 44300, März 1972) [ADp, Tr] / analog signal || **ankommendes ~** [TP] / incoming line signal || **externes ~** [Th] / external signal || **optisches ~** [RDp, Tr] / optical signal, visible signal, visual signal
Signalabfrage *f* [ES] / signal scanner || **~einrichtung (SAE)** *f* [ES] / signal interrogator
Signal·amplitude *n* [Sc] / signal amplitude || **~ausfall** *m* (DIN 66010, Apr. 1973) [MT] / drop-out || **~ausgabe (SIAG)** *f* [PCC] / signal output device || **~ausgangsspannung** *f* [RDp, Tr] / signal output voltage || **~auswerter** *m* [TP] / code recognition unit || **~bezeichnung** *f* [ES] / signal designation || **~bildung** *f* [VS] / signal formation || **~bündel** *n* [Tr] / burst || **~diode kleiner Leistung** [Sc] / low-power signal diode || **~eingabe (SIEG)** *f* [PCC] / signal input device || **akustische ~einrichtung** [PCC] / acoustic signalizer || **~entzerrung** *f* [Tr] / signal regeneration || **~erde** *f* [ES] / signal ground || **~erregung** *f* [ES] / signal excitation
Signalfolge *f* [RDp, Tr] / signal sequence || **~erkennung** *f* [Tr] / signal sequence recognizer
signal·formendes Gerät [GrDp, Meas] / signal-conditioning unit || **~former** *m* [PCC] / process signal I/O device || **~formung** *f* [PCC] / signal conditioning || **~frequenz** *f* [ES] / signal frequency || **~geber** *m* [Tr] / signal generator
Signalgenerator *m* [Tr] / signal generator || **~-Effektivspannung** *f* [Tr] / signal generator voltage
Signalgleichrichter *m* [Tr] / demodulator
Signalisierinformation *f* [ES] / supervisory signaling information
Signalisierung *f* [ES] / signaling || **~ zwischen Ämtern** [ES] / inter-exchange signaling || **digitale ~** [ES] / digital signaling
Signalisierungs·art *f* [ES] / mode of signaling || **~element** *n* [ES] / signaling element || **~envelope** *f* [ES] / signaling envelope
Signalisierungskanal *m* [ES] / signaling channel || **gemeinsamer ~** [ES] / common signaling channel
Signalisierungs·kriterien *n pl* [Tr] / signaling criteria || **~leitung** *f* [ES] / signaling line, signal line || **~phase** *f* [ES] / signaling phase || **~tabelle** *f* [ES] / signaling table || **~vereinbarungen** *f pl* [ES] / signaling conventions || **~verfahren** *n* [ES] / signaling system
Signalisierungszeichen *n* [ES] / signaling character || **~umsetzung** *f* [ES] / signaling conversion equipment
Signalisierungszustand *m* [ES] / signaling condition
Signalkabel, Führung der ~ [Serv] / routing plan for signal cables
Signal·kontaktgeber *m* [Hw] / signal contactor || **~kriterien** *n pl* [Tr] / signaling criteria
Signalkriterienplan *m* [ES] / signaling timing chart || **~ B** (CCITT) [Th] / type B signaling system
Signal·lampe *f* [Hw, NC] / indicator lamp || **~lampenfassung** *f* [Hw] / pilot lamp socket || **~leitung** *f* [ES] / signaling line, signal line || **~parameter** *m* (DIN 44300, März 1972) [Cir] / signal parameter
Signalpegel *m* [Tr] / signal level || **~prüfung** *f* [Tr] / signal level check || **~umsetzung** *f* [ES] / signal level conversion

Signal·rahmen *m* [ES] / alarm signaling frame, group alarm frame || **˜schema** *n* [ES] / signaling scheme || **˜schiene** *f* [ES] / signaling panel
Signalspeicher *m* [Mp] / latch || **Adressen-˜** *m* [Mp] / address latch || **Akkumulator-˜** *m* [Mp] / accumulator latch || **Anforderungs-˜** *m* [Mp] / request latch || **8-Bit-˜** *m* [MCS] / 8-bit latch
Signal·steuerrelais *n* [NC] / signal control relay || **˜transformation** *f* [Tr] / signal transformation, signal normalization, signal standardization || **˜umkehr** *f* [ES] / signal wraparound
Signalumsetzer *m* (DIN 44302, Apr. 1979) [Tr] / signal converter || **Empfänger-˜** *m* [Tr] / demodulator || **˜anschluß** *m* [IO, Tr] / dataset adapter (i.e., a device which connects a data processing machine to a telephone or telegraph communication line)
Signal·umsetzung *f* [Tr] / signal conversion || **˜umwandler** (s. Signalumsetzer) || **˜umwandlung** (s. Signalumsetzung) || **˜verbindungsliste** *f* [ES] / signal wiring list || **˜verteilung** *f* [ES] / signal distribution || **˜verzerrer** *m* [Tr] / signal distorter || **˜verzerrung** *f* [Tr] / signal distortion || **˜wähler** *m* [NC] / signal selector || **˜wandler** (s. Signalumsetzer) || **˜wandlung** (s. Signalumsetzung) || **˜weg** *m* [ES] / signal path || **˜wiederholung** *f* [ES] / alarm repetition
signifikante Ziffer [Th, Sw] / significant digit
Signifikanzfehler *m* [Sw] / significance error
Signum-Funktion *f* [PL/1] / sign (builtin) function
Silbentrennung *f* [Typ] / hyphenation || **automatische ˜** [MCS] / automatic hyphenation || **programmgesteuerte ˜** [Typ] / program-controlled hyphenation
Silbentrennungs·algorithmus *m* [Typ, TES, Sw] / hyphenation algorithm || **˜programm** *n* [Typ] / hyphenation routine || **˜regeln** *f pl* [Typ] / hyphenation rules
Silikonöl *n* [HSP] / silicon oil
Silistor *m* (Kaltleiter auf Siliziumbasis) [Sc] / silistor
Silizium·-Chip *m* [Co, Sc] / silicon chip || **˜gattertechnik** *f* [Cir, Co, Sc] / silicon gate technique
Siliziumgleichrichter *m* [Co] / silicon rectifier || **gesteuerter ˜** [Co] / silicon controlled rectifier (SCR)
Silizium·-Nitridschicht *f* [Sc] / silicon-nitride layer || **˜-Planartransistor** *m* [Sc] / silicon planar transistor || **˜plättchen** *n* [Co, Sc] / silicon chip || **˜-Saphir-Technik** *f* [Sc, Co] / silicon-on-sapphire technology (SOS technology) || **integrierter ˜schaltkreis** [Co] / silicon integrated circuit || **˜scheibe** *f* [Co, Sc] / silicon wafer, silicon slice
Simplex·betrieb *m* (DIN IEC 489E T1, Apr. 1979) [ES] / simplex operation, simplex working || **˜kanal** *m* [Tr] / simplex channel || **˜methode** *f* [Tr] / simplex method || **˜übertragung** *f* [ES, Tr] / simplex transmission || **˜verbindung** *f* [Tr] / simplex circuit, simplexed circuit || **˜verfahren** *n* [ES] / simplex mode
Simulation *f* [Dp] / simulation || **˜ strategischer Spiele** [Cy] / simulation of strategic games
Simulations·lauf *m* [Dp] / simulation run || **˜programm** (s. Simulierer) || **˜protokoll** *n* [ES] / simulation log
Simulator *m* (DIN 44300, März 1972) [Mp, Dp] / simulator (i.e., a system, either hardware or software, designed to perform the simulation of some real process) || **˜programm** (s. Simulierer)
simulieren *v* [Dp] / simulate
Simulierer *n* (Programm, mit dessen Hilfe man auf einer DVA die in der Maschinensprache einer anderen DVA vorliegenden Programme ablaufen lassen kann) (DIN 44300, März 1972) [Mp, Dp] / simulation program, simulator program
simultan *adj* [Dp, NC] / simultaneous, concurrent || **~e lineare Gleichungen** [Th] / simultaneous linear equations || **~e Übertragung** [Tr] / simultaneous transmission || **˜arbeit** *f* [Dp] / simultaneous operation
Simultanbetrieb *m* [Dp] / simultaneous working, simultaneous mode || **autonomer ˜** [OS] / autonomous working
Simultaneität *f* [OS] / simultaneity
Simultan·fahrweise (s. Simultansteuerung) || **˜programm** *n* [RDp, Tr] / simultaneous program || **˜rechenanlage** *f* [Dp] / simultaneous computer (i.e., a computer which contains a unit giving it simultaneity of operation) || **˜rechner** *m* [Dp] / simultaneous computer (i.e., a computer which contains a unit giving it simultaneity of operation) || **˜schalter**

m [Hw] / simultaneity switch || ~**steuerung** *f* [NC] / simultaneous control || ~**übertragung** *f* [Tr] / simultaneous transmission || ~**verarbeitung** *f* [Dp] / simultaneous operation || ~**zugriff** *m* [PE] / simultaneous access (i.e., placing data into storage, or retrieving data from storage, by means of parallel transfer of all elements of the unit of data)

Sinnbild für Datenfluß- bzw. Programmablaufpläne [Sw] / flowchart symbol, flow diagram symbol

Sinus/Cosinus-Potentiometer *n* [ADp] / resolving potentiometer, sine/cosine potentiometer

Sinusspannung *f* [Sc] / sinusoidal voltage

Sitzung *f* [OS] / session

Sivarep-Streifen *m* (Rtm.) [Hw] / Sivarep frame row

Skala *f* [Hw] / graduated scale || [Hw] / scale line

Skalarer Ausdruck [Th] / scalar expression || ~**e Größe** [Th] / scalar, scalar quantity || *adj* [PL/1] / scalar

Skalarprodukt-Funktion *f* [PL/1] / dot (builtin) function

Skalen·bereich *m* [PCC, NC] / scale range, scale span || ~**exponent** (s. Normierungsfaktor) || ~**faktor** (s. Normierungsfaktor) || ~**meßbereich** *m* [PCC, NC] / scale range, scale span || ~**stelle** *f* [Cobol] / scaling position || ~**zeiger** *m* [HSP] / scale pointer

Skalieren *v* [COM, Th] / scale

Skalierfaktor *m* [Fortran] / scale factor || [PL/1] / scale factor || ~**angabe** *f* [Fortran] / scale factor designator

Skaliertyp *m* [PL/1] / scale type

Skalierung *f* [Th] / scaling (i.e., the process of altering a set of quantities by a fixed quantity so as to bring the values within limits capable of being handled by the equipment or programs being used) || [PL/1] / scale

SL (s. Subtrahieren ohne Vorzeichen)

Slave-Netzknoten *m* [ES] / slave network node

SLDA (s. Verschieben links doppelt)

Slice *n* [Mp] / slice || ~**-Baustein** *m* [Mp] / slice

SLL (s. Verschieben links logisch)

SN (s. Systemnormanschluß)

SNAP (s. Speicherauszug)

Sobaldangabe *f* [Cobol] / when option

Sockel (Schrank) (s. Sockelleiste) || ~**leiste** *f* (Schrank) [Hw] / skirting board (protection against impact or scrapes), bumper strip || ~**temperatur** *f* [Sc] / mounting base temperature

Sofort·antwort *f* [RDp, Tr] / immediate answer || **normale** ~**befehlskarte** [Sw] / standard execute card || ~**überwachungseinrichtungen** *f pl* [ES, QC] / instantaneous supervisory devices || ~**verarbeitung** *f* [Dp, Sw] / real-time processing || ~**verarbeitungssystem** *n* [Sw] / real-time system || ~**vorschub** *m* [HSP] / immediate skip || ~**wartung** *f* [Hw, DpC] / emergency maintenance, fire-brigade maintenance (i.e., a type of corrective maintenance completed on a nonscheduled basis) || ~**zugriff** *m* [PE, M, Sw] / immediate access, fast access

Software *f* [Dp] / software || **Online-**~ *f* [ES] / on-line software || **übertragbare** ~ (relativ systemunabhängige Software, die einen raschen Übergang von einem Rechnersystem auf ein anderes ermöglicht) [Sw] / portable software || ~**anschluß** *m* [Sw] / software port || ~**baustein** *m* [Sw] / software component || ~**fehler** *m* [Dp] / software error || ~**-gesteuert** *adj* [Mp] / software-controlled (register, etc.) || ~**-kompatibel** *adj* [Mp] / software compatible || ~**komponente** *f* [Sw] / software component || ~**-Mietkosten** *plt* [Dist, MCS] / software lease costs || ~**-Modularität** *f* [Sw] / software modularity || ~**-Paket** *n* [Sw] / software package || ~**-Priorität** *f* [OS] / program priority || ~**programmieraufwand** *m* [Sw] / software programming effort || ~**-Redundanz** *f* [Sw] / software redundancy || ~**sperre** *f* [Sw] / software interlock || ~**-Treiber** *m* [MCS] / software driver || ~**verkopplung** *f* [Sw] / software interlinking || ~**-Wartung** *f* [Sw] / software maintenance (i.e., work required to keep programs up to date) || ~**zusatz** *m* [Sw] / software option

Solange-Angabe *f* [PL/1] / while option

solenoidbetätigt *adj* [Hw] / solenoid-operated, solenoid-activated

Soll·adresse *f* [Sw] / reference address || ~**daten** *plt* [Dp] / should-be data || ~**informationsregister** *n* [ES] / should-be information register || ~**kapazität** *f* [ES] / nominal capacity || ~**schrittlänge** *f* [Tr] / nominal pulse length

Sollwert *m* [Dp] / should-be value || [AC] / set point || ~**steller** [PCC] / set point station, set point adjuster

Sonder·ausführung *f* [Hw] / special model || ~**ausgang** *m* (Programm) [Sw] /

special exit || ≗bauart *f* [Hw] / special construction || ≗befehl *m* [Sw] / special instruction
Sonderbelegung *f* [HSP] / special type assignment || **OCR-A-≗** *f* [HSP] / OCR-A type assignment
Sonder·breite *f* [HSP] / customized (form) width || ≗**buchstabe** *m* [Typ, Sw] / special letter || ≗**funktion** *f* [OS] / special function || ≗**funktionstaste** *f* [ES] / functional signal key || ≗**meldung** *f* [Sw] / special message, special notice, special report || ≗**namen** *m pl* [Cobol] / special-names || ≗**netz** *n* [Tr] / special network, private-line network || ≗**notiz** *f* [ES] / special note || ≗**priorität (SP)** *f* [Dp] / special priority
Sonderprioritäts·fehler *m* [ES] / special-priority error || ≗**logik (SPL)** *f* [ES] / special-priority logic || ≗**register (SPR)** *n* [ES] / special-priority register
Sonder·register *n* [Cobol] / special register || ≗**schrift** *f* [TES] / special font
Sonderzeichen *n* [Typ] / pi character (i.e., a nonstandard character not generally contained in a font of type but necessary for setting of a particular job) || [PC, HSP, TP] / special character (i.e., a character in a character set which is neither a letter nor a numeral, e.g. &, /, ", etc.) || [Fortran] / special character || [Cobol] / special character || [PL/1] / special character || **nationales** ≗ [ES] / national symbol, national option || ≗**auswertung** *f* [ES] / special character sequence decoder || ≗**folge** *f* [ES] / special character sequence || ≗**folgeerkennung** *f* [ES] / special character sequence detection || ≗**kombination** *f* [HSP, OCR] / special character combination
Sonnen·batterie *f* [Hw, Co] / solar battery || ≗**zelle** *f* [Co] / solar cell
sonst *adv* [Cobol] / else
Sonst-Einheit *f* [PL/1] / else unit
sonstige Nutzzeit [Dp] / incidentals time
Sonst-Teil *m* [PL/1] / else part
SOPC (s. Speicheroperationscode)
SOPM (s. Speicheroperationsmodus)
SOPS (s. Speicheroperationssteuerung)
Sortier·ablagefach *n* [PC] / sorter pocket, drop pocket || ≗**anweisung** *f* [Cobol] / sort statement || ≗**argument** *n* [Sw] / sort criterion, sort key || ≗**art** *f* [Sw] / sorting method, type of sorting
Sortierbegriff *m* [Sw] / sort criterion, sort key || **absteigender** ≗ (Sortierschlüssel) [Cobol] / descending key || **aufsteigender** ≗ (Sortierschlüssel) [Cobol] / ascending key
Sortier·bereich *m* [OS] / record storage area || ≗**blockfaktor** *m* [Sw] / sort blocking factor
Sortierdatei *f* [Cobol] / sort file || ≗**erklärung** *f* [Cobol] / sort file description entry
Sortier·durchlauf *m* [Sw] / sort run || ≗**einrichtung** *f* [OCR] / sort facility
sortieren *v* (DIN 66001, Sept. 1977) [Dp] / sort || ≗ **im Arbeitsspeicher** [Dp] / internal storage sorting || ≗ **in mehreren Zyklen** [Sw] / multicycle sort || ≗ **mit Adreßausgabe** [Sw] / tag sort || ≗ **und Mischen** [Sw] / merge sorting || **Adreßlisten-**≗ *n* [Sw] / tag sort || **blockweises** ≗ [OS] / block sort || **numerisches** ≗ [Sw] / numerical sorting || **oszillierendes** ≗ [Dp, OS] / oscillating sorting
Sortierer *m* [PC] / sorter, sorting machine, card sorter
Sortierfach *n* [PC] / sorter pocket, drop pocket
Sortierfeld *n* [Sw] / sort field || ≗ **für Kartenfolge** [Sw] / intrarecord sequence field || ≗ **für Satzfolge** [Sw] / interrecord sequence field
Sortierfolge *f* [Cobol] / collating sequence || **aufsteigende** ≗ [Cobol] / ascending sequence || **wechselnde** ≗ [Dp] / alternative collating sequence
Sortierfolgen-Funktion *f* [PL/1] / collate (builtin) function
Sortier·folgeprüfung *f* [OS] / sort sequence check, sequence check || ≗**funktion** *f* [Sw] / sort function || ≗**gerä**[t] *n* [PC] / sorter, sorting machine, card sorter || ≗**geschwindigkeit** *f* [Sw] / sorting speed || ≗**kammer** *f* [PC] / connection box || ≗**kriterium** *n* [Sw] / sort criterion, sort key || ≗**lauf** *m* [Sw] / sort run
Sortierleser *m* [Dp] / reader sorter || [MICR] / magnetic ink reader-sorter
Sortiermaschine *f* [PC] / sorter, sorting machine, card sorter || ≗ **mit Fachzählung** [PC] / card-counting sorter, counting sorter
Sortier·merkmal *n* [Sw] / sort criterion, sort key || ≗**-Mischprogramm** *n* [Sw, OS] / sort-merge program || ≗**-Mischprogrammgenerator** *m* [OS] / sort/merge generator || ≗**möglichkeit** [Sw] / sorting capability, sort option || ≗**nadel** *f* [PC] / sorting needle, sort rod || ≗**phase** *f* [Sw] / sort phase
Sortierprogramm *n* [Sw] / sorting program, sort program || **Magnetban**[d]

~ *n* [Sw] / tape sort program, tape sort
Sortierregal *n* [PC] / card rack ||
~**reihenfolge** *f* [Sw] / sorting sequence ||
~**schiene** *f* [PC] / chute blade ||
~**schlüssel** *m* [Sw] / sort criterion, sort key
Sortierung *f* [Sw] / sorting || [Cobol] / sort || **alphabetische** ~ [Dp] / alphabetic sort || **externe** ~ [Dp] / off-line sorting (i.e., sorting by means of mechanical devices known as "sorters") || **interne** ~ (d.h., Sortieren in der Datenverarbeitungsanlage unter Zuhilfenahme von an die Anlage angeschlossenen äußeren Speichern oder Sortieren im Arbeitsspeicher der Datenverarbeitsanlage) [Dp] / on-line sorting (including magnetic tape sorting, magnetic disk sorting, and internal storage sorting)
Sortier·verfahren *n* [Sw] / sorting method, type of sorting || ~**vorgang** *m* [Sw] / sorting operation, sorting procedure
SOS-Technik (s. Silizium-Saphir-Technik)
SP (s. Sonderpriorität) || ~ (s. Subtrahieren dezimal)
Spalt zwischen Maske und Halbleiterscheibe *m* [Sc] / gap between mask and wafer
Spaltbreite *f* (DIN ISO 5653E, Okt. 1978) [MT, MD, MC, MDr] / gap width
Spalte *f* [PC, Th] / card column, column || [Fortran] / column || [PL/1] / column || ~ (s. Schreibstelle) || **Kurzlochkarte mit 51** ~**n** [PC] / 51-column card
Spalten·... (s.a. Druckspalten...) [HSP] ||
~**abstand** *m* [PC, HSP, OCR] / column spacing, character pitch ||
~**ansteuerung** *f* (Decoder) [TP] / column sampling || ~**anzeigeeinrichtung** *f* [PC] / column indicating device, column indicator || ~**anzeiger** *m* [PC] / column indicating device, column indicator ||
~**aufteilung** *f* [PC] / column splitting ||
~**auslastung** *f* [HSP] / column usage ||
~**ausschaltekontakt** *m* [PC] / column cutout contact || ~**bild** *n* [OS] / column image
Spaltenbinär *adj* [PC] / column binary, Chinese-binary || ~**es Lesen** [PC] / column-binary reading || ~**es Stanzen** [PC] / column-binary punching ||
~**kartendarstellung** *f* [PC] / column binary representation, Chinese-binary representation
Spalten·bitkarte *f* [PC] / column-binary card || ~**breite** *f* [HSP] / column width ||
~**dichte** *f* [PC] / column density ||
~**dualkartendarstellung** *f* [PC] / column binary representation, Chinese-binary representation || ~**feinverschiebung** *f* [HSP] / microcolumn shift || ~**gerecht drucken** [TP] / to position the print accurately to fit into preprinted forms
Spaltenhöhe *f* [Typ] / depth of column || **Unterbrechung der** ~ [Typ] / interruption of column depth
Spalten·klausel *f* [Cobol] / column clause ||
~**lage** *f* [HSP] / column position ||
~**position** *f* [HSP] / column position ||
~**raster** *m* [TP] / column pattern ||
~**steuerung** *f* [PC] / column control ||
~**teilung** *f* [PC, HSP, OCR] / column spacing, character pitch ||
~**verschiebung** *f* [HSP] / column shift ||
~**vorschub** *m* [TP] / column spacing
spaltenweises Binärstanzen [PC] / column-binary mode
spalten·weise *adj* [PCC] / column-serial ||
~**zahl** *f* [HSP] / number of columns
spaltig, 80-~ *adj* [PC] / 80-column
Spaltlagenstreuung *f* [MT] / gap scatter
Spannschalter *m* [TP] / taut tape switch
Spannung *f* (Symbol: U) [Sc, Th] / voltage (symbol: V) || ~ **in Flußrichtung** [Sc] / forward voltage || **eingeprägte** ~ [ES] / impressed voltage
Spannungsabfall *m* [Th] / voltage drop, potential drop, fall of potential ||
~**geschwindigkeit** *f* [Sc, Co] / rate of voltage fall
Spannungs·abfrage *f* [PCC] / level sense ||
~**abhängig** *adj* [ES] / voltage-dependent || ~**ableiter** *m* [Hw] / voltage arrester ||
~**änderung** *f* [Hw] / voltage change, voltage variation || ~**begrenzungshebel** *m* [PT] / tape tension arm ||
~**bezugsdiode** *f* [Sc] / voltage reference diode || ~**empfindliche Indikationsstelle** [ES] / voltage-sensitive indicator || ~**fehlermeldung** *f* [Hw] / voltage fault notice || ~**festigkeit** *f* [Sc] / dielectric strength
Spannungs-Frequenz-Umformer *m* [PCC] / voltage-to-frequency converter
Spannungs·konstanthalter *m* [Hw] / voltage stabilizer, voltage regulator ||
~**meßbuchse** *f* [Serv] / voltage metering jack || ~**messer** *m* [Sc] / voltmeter ||
~**minimalautomat** *m* [ES] / minimum voltage cutout || ~**profil** *n* [Sc] / potential profile || ~**quelle** *f* [Sc] / voltage source ||
~**referenzdiode** *f* [Sc] / voltage reference diode || ~**regler** *m* [Hw] /

voltage stabilizer, voltage regulator || ≗**richtverhältnis** *n* [Sc] / detector voltage efficiency || ≗**rückwirkung** *f* [Sc] / reverse voltage transfer ratio || ≗**schwankungen** *f pl* [ES] / voltage fluctuations || ≗**stabilisatordiode** *f* [Sc] / voltage regulator diode || ≗**steuerung** *f* [Sc] / voltage source driving || ≗**stoß** *m* [Sc] / voltage surge

Spannungs-Strom-Kennlinie *f* [Sc] / voltage-current characteristic

Spannungs·teiler *m* [ES] / voltage divider, potential divider || ≗-**Temperaturkoeffizient** *m* [Sc] / voltage-temperature coefficient || ≗**testregister (STR)** *n* [Serv, ES] / voltage test register || ≗**überwachung** *f* [ES] / output voltage monitor || ≗**überwachungsrelais** *n* [Co] / voltage monitoring relay || ≗**verdoppler** *m* [Hw] / voltage doubler circuit

Spannungsverhältnis, inneres ≗ [Sc] / intrinsic standoff ratio (unijunction transistors)

Spannungs·verlust *m* [Th] / power loss || ≗**versorgungsschiene** *f* [Hw, DpC] / power supply panel || ≗**verstärker** *m* [Hw] / voltage amplifier || ≗**verstärkungsfaktor** *m* [Sc] / voltage amplification ratio || ≗**wächter** *m* [Hw] / voltage monitor || ≗**wähler** *m* [Hw] / voltage adapter switch, voltage selector || ≗**wandler** *m* (Durchflußwandler) [TP] / forward converter || ≗**wert** *m* [Sc, Th] / potential || ≗**wert** [Sc] / voltage rating

Spannungszähl·pfeil *m* [Sc] / voltage arrow || ≗**richtung** *f* [Sc] / voltage direction

Spartransformator *m* [Tr] / autotransformer || ≗**prinzip** *n* [Tr] / autotransformer principle

später·er Ausbau [Hw] / field expansion || ~**es Weitersenden** [ES] / delayed delivery

Spationierbefehl *m* [Typ, Sw] / letterspacing instruction

spationieren *v* [Typ] / letterspace

Speicher *m* [Cobol] / memory || [Cobol] / storage || [PL/1] / storage || ≗ (d.h., interner Speicher eines Systems, zu dem die Programmsteuerung unmittelbaren Zugriff hat) [M] / memory (as opposed to backing storage media such as magnetic tape, magnetic disk or magnetic drum storage; often also called "storage"), main memory (term used if distinction between internal memory and backing memory units, as in disk file memory systems, is required || ≗ (d.h., äußerer Speicher, der nicht unmittelbar zur Zentraleinheit eines Systems gehört, dieser jedoch angeschlossen werden kann) [PE] / storage (as opposed to "main memory" q.v.), backing storage (term used if distinction between internal memory providing fast access time, and auxiliar storage units providing relatively large capacity but slower access time, is required) || ≗ **mit direktem Zugriff** [Mp / random-access memory (RAM), random-access storage (RAS) || ≗ **mit geringer Zugriffszeit** [M] / low access storage || ≗ **mit kurzer Zugriffszeit** [M] highspeed memory (HSM), immediate access storage || ≗ **mit langer Zugriffszeit** [M] / slow-access storage, slow storage || ≗ **mit mittlerer Zugriffszeit** [M] / medium access storage || ≗ **mit n Kernen pro Bit** [M] / n-core-per-bit storage || ≗ **mit Paritätssicherung** [ES] / parity memor || ≗ **mit schnellem Zugriff** [M] / highspeed memory (HSM), immediate access storage || ≗ **mit sequentiellem Zugriff** [M] / sequential access storage ≗ **mit wahlfreiem Zugriff** [Mp] / random-access memory (RAM), random-access storage (RAS) || ≗ **mit wahlfreiem Zugriff für Dateien und Programme** [RDp] / storage providing random access to files and programs || ≗ **mit Wortstruktur** [M] / word-organized storage, word-structured storage || ≗ **mit/ohne Paritätssicheru** [ES] / memory with/without parity control || ≗ **ohne Paritätssicherung** [E / nonparity memory || ≗**- und Anforderungssteuerung (SAS)** *f* [ES] / memory and sequence request contro **adressierbarer** ≗ [M] / addressable storage || **aktiver** ≗ [M] / active storag **akustischer** ≗ [M] / acoustic memory | **alphanumerischer** ≗ [PE] / alphameri storage, alphanumeric storage || **assoziativer** ≗ [Mp, M] / content-addressed memory (CAM), associati memory || **äußerer** ≗ [PE] / storage (as opposed to "main memory", q.v.), backing storage (term used if distinction between internal memory providing fast access time, and auxili storage units providing relatively lar capacity but slower access time, is required) || **automatischer**

dynamischer ≗ [PL/1] / automatic storage || **benutzergesteuerter** ≗ [PL/1] / controlled storage || **bistabiler** ≗ [M] / bistable storage || **bitorganisierter** ≗ [M] / bit-organized memory || **Cache-**≗ *m* (Pufferspeicher zwischen Arbeitsspeicher und den restlichen Teilen der ZE zum Verkürzen der Zugriffszeiten zum Arbeitsspeicher) [PE, M] / cache memory || **direkt adressierbarer** ≗ [M] / direct access memory || **Disketten-**≗ *m* [MD] / floppy disk storage, diskette storage || **DOT-**≗ *m* [M] / domain tip propagation storage device || **dynamischer** ≗ [MCS] / dynamic memory, dynamic storage || **elektronischer** ≗ [M] / electronic storage || **elektrostatischer** ≗ [M] / electrostatic storage, CRT storage || **energieabhängiger** ≗ [PE, M] / volatile storage || **energieunabhängiger** ≗ [M] / nonerasable storage (i.e., a storage medium of which the contents cannot be erased during processing, e.g., paper tape, punched cards, photographic storage; cf. "nonvolatile storage"), nonvolatile storage, non-erasable storage || **externer** ≗ [PE] / storage (as opposed to "main memory", q.v.), backing storage (term used if distinction between internal memory providing fast access time, and auxiliary storage units providing relatively larger capacity but slower access time, is required) || **ferromagnetischer** ≗ [M] / ferromagnetic storage || **flüchtiger** ≗ [PE, M] / volatile storage || **fotografischer** ≗ [M] / photographic storage, photo-optical memory || **gemeinsam genutzter** ≗ [PE, M] / shared memory || **holografischer** ≗ [M] / holographic memory || **innerer** ≗ [M] / memory (as opposed to backing storage media such as magnetic tape, magnetic disk or magnetic drum storage; often also called "storage"), main memory (term used if distinction between internal memory and backing memory units, as in disk file memory systems, is required) || **interner** ≗ (häufig = Arbeitsspeicher) [M] / internal memory, internal storage || **kapazitiver** ≗ [M] / capacitor storage || **kryogenischer** ≗ [M] / cryogenic storage || **langsamer** ≗ [M] / slow-access storage, slow storage || **leistungsabhängiger** ≗ [PE, M] / volatile storage || **leistungsfähiger externer** ≗ [M] / high-capacity external storage || **leistungsloser** ≗ [M] / nonvolatile storage || **löschbarer** ≗ [M] / erasable storage || **magnetischer** ≗ (im Gegensatz zu „Mikroformspeicher", „Lochstreifenspeicher" bzw. „Kartenspeicher") [M] / magnetic storage || **magnetostriktiver** ≗ [RDp] / magnetostrictive delay-line storage || **multistabiler** ≗ [M] / multistable storage || **nicht belegter** ≗ [Sw] / unused memory area || **nicht permanenter** ≗ [PE, M] / volatile storage || **nichtflüchtiger** ≗ [Mp] / nonvolatile storage (i.e., a storage medium in which the contents are not mutilated when the power is switched off and are available when power is restored) || **nichtmechanischer optischer** ≗ [M] / static optical memory || **optischer** ≗ [M] / optical memory || **peripherer** ≗ (DIN 44300, März 1972) [PE] / peripheral storage || **Random-access-**≗ *m* [Mp] / random-access memory (RAM), random-access storage (RAS) || **rechnerabhängiger** ≗ [PE] / on-line storage || **rechnerunabhängiger** ≗ [PE] / off-line storage || **reeller** ≗ [VS] / real memory || **regenerativer** ≗ [M] / regenerative storage || **Schreib-Lese-**≗ *m* [Mp] / read-write memory (esp. read-write RAM) || **selbständig arbeitender** ≗ [M] / autonomous storage || **sequentieller** ≗ [M] / sequential access storage || **statischer** ≗ [MCS] / static memory, add-on memory || **virtueller** ≗ [VS, OS] / virtual memory (VM), virtual storage (VS) || **volladressierter** ≗ [M, Dp] / addressed memory, addressed storage || **wortorganisierter** ≗ (DIN 44300, März 1972) [M] / word-organized storage, word-structured storage || **12-Zeichen-**≗ *m* (Tastatur) [TP] / 12-character buffer || **5-Zeichen-**≗ (Druckspeicher) [TP] / 5-character buffer || **zeigerbezogener** ≗ [PL/1] / based storage

Speicherabbild *n* [OS] / core image

Speicherabzug *m* (Abzug aus dem Arbeitsspeicher) [M, Sw] / dump, memory dump || ≗ (Abzug aus einem peripheren Speicher) [PE, Sw] / storage dump || ≗ (s. Kernspeicherabzug) || **dynamischer** ≗ [Dp] / dynamic dump || ≗**programm** *n* [Sw] / memory print program || ≗**routine** *f* [Sw] / dump routine

Speicheradresse *f* [Mp, Sw] / memory address, storage address || **absolute** ≗ [Sw] / absolute storage address

Speicheradressenfreigabe *f* [ES] / memory address enable
Speicheradreß·mischung *f* [ES] / memory address ORing || **~register** *n* [CU] / memory address register
Speicher·änderung *f* [Mp] / memory modification || **~aufwand** *m* [RDp] / storage requirements || **große Anzahl an ~ausbaustufen** [Dp] / wide range of memory sizes
Speicherausdruck *m* [Sw, OS] / dump || [M] / memory print (i.e., the output of memory locations to a printer) || **~ bei Systemfehlern** [OS] / storage image dump || **~programm** *n* [Sw] / memory print program
Speicherausgabe *f* [Mp] / memory display || **~anforderung (SAF)** *f* [ES] / memory output request
Speicherausgabeanforderungs·logik (SAL) *f* [ES] / memory output request logic || **~register (SAFR)** *n* [ES] / memory output request register
Speicherausgabemeldung (SAM) *f* [ES] / memory output notice
Speicherausnutzung *f* [M, Sw] / storage efficiency, storage utilization || **effektive ~** [Dp] / effective utilization of storage capacity
Speicherauswahl *f* [ES] / memory selection || **~befehl** *m* [ES] / memory selection command || **~register (SAR)** *n* [ES] / memory selection register
Speicherauszug *m* (Auszug eines vorher bestimmten Bereiches aus dem Arbeitsspeicher) [M] / selective dump, selective memory dump || **~** (Auszug eines vorher bestimmten Bereiches aus einem peripheren Speicher) [PE, Sw] / selective storage dump || **~ (SNAP)** [OS] / Snapshot memory print (SNAP) || **~** (s. Kernspeicherauszug) || **~ der Änderungen** [OS] / change dump || **~ nach Ablauf des Programmlaufs** [Sw] / postmortem dump, postmortem memory print || **abschließender ~** [Dp, OS] / terminal dump || **dynamischer ~** [Sw] / selective dynamic dump, snapshot dump || **einen ~ ausgeben** [Sw] / to dump a memory area || **selbstladender ~** [Sw, OS] / self-loading memory print (SLMP) || **~nummer** *f* [Sw] / memory dump number || **~routine** *f* [Sw] / memory dump routine
Speicherbank (SB) *f* [ES] / memory bank || **~adresse (SBAD)** *f* [ES] / memory bank address || **~adreßregister (SBADR)** *n* [ES] / memory bank address register || **~ausgabefolge (SBAF)** *f* [ES] / memory bank output sequence || **~belegung** *f* [ES] / memory bank occupancy || **~fehlerhalt** *m* [ES] / memory bank error stop || **~fehlerregister (SBFER)** *n* [ES] / memory bank error register || **~freiregister (SBFR)** *n* [ES] / memory bank free register || **~knoten** *m* [ES] / memory bank junction || **~normanschlußkennung (SBNK)** *f* [ES] / memory bank standard interface trunk code || **~prüfzustandsbit** *n* [ES] / memory bank testing status bit || **~schrittzähler (SBSZ)** *m* [ES] / memory bank bit counter || **~zyklusadresse (SBZAD)** *f* [ES] / memory bank cycle address
Speicher·baustein *m* [Co] / storage module || **~bedarf** *m* [Sw] / main memory requirements, memory requirements (MR)
Speicherbelegungs·liste *f* [Sw] / free memory table, memory occupancy table || **~tabelle** *f* [Sw] / free memory table, memory occupancy table
Speicherbereich *m* [M] / memory area || [Fortran] / common block || [PL/1] / area || **benannter gemeinsamer ~** [Fortran] / labelled common block || **freier ~** [MD, MDr] / unassigned extent, available extent || **gemeinsamer ~** [Fortran] / common block || **geschützter ~** (DIN 44300, März 1972) [M] / protected memory area || **letzte Bytes eines ~s** [Mp] / locations at the top of a block of memory || **nicht zusammenhängende ~e** [Sw] / noncontiguous memory areas || **pufferproportionaler ~** [RDp, Tr] / storage area associated with the buffer || **unbenannter gemeinsamer ~** [Fortran] / blank common || **zusammenhängende ~e** [Sw] / contiguous memory areas
Speicherbereichsangabe, obere ~ [Sw] / high memory load indicator
Speicherbereichs·anweisung *f* [Fortran] / common statement || **~datenanweisung** *f* [Fortran] / block data statement || **~datenunterprogramm** *n* [Fortran] / block data subprogram || **~name** *m* [Fortran] / block name
Speicherbereichsschutz *m* [M] / area protect feature, memory protect feature || **~ gültig (SBSG)** [ES] / Memory protect feature activated || **~ ungültig (SBSU)** [ES] / Memory Protect Feature Deactivated
Speicherbereichsschutzfehler *m* [M, ES] / memory protect violation || **~bit (SBS-**

Bit) *n* [ES] / memory protect violation bit

Speicherbereichsschutz·logik *f* [M] / memory protection logic, memory protect logic || **~steuerung** *f* [ES] / memory protection control

Speicherbezirk *m* [ES] / memory region || **~befehl** *m* [ES] / memory region command

Speicher·bildbibliothek *f* [Sw] / core image library || **~block** *m* [M] / main memory block, memory block || **~buchhaltung** *f* [ES] / memory occupancy table maintenance || **~datenfreigabe** *f* [ES] / memory data enable || **~dichte** *f* [PE] / packing density || **~dienst** *m* [ES] / store-and-foreward service || **~druckanlagen** *f pl* [Fl] / receiver type compressed-air systems || **~druckroutine** (s. Speicherabzugprogramm) || **~ebene** *f* [M] / digit plane (i.e., the plane in a multidimensional magnetic core array containing elements for a particular digit position) || **~-Ein-Ausgabesteuerung (SEAS)** *f* [ES] / memory input-output control || **~eingabemeldung (SEM)** *f* [ES] / memory input indicator, memory input notice

Speichereinheit *m* (Speicher, der als äußerer Speicher an die DVA angeschlossen werden kann) [PE] / storage unit || **~** *f* (Speicher, der als Arbeitsspeicher zur ZE gehört) [M] / memory unit || **kleinste adressierbare ~** [M] / smallest addressable memory unit || **zusammenhängende ~en** [Cobol] / contiguous units of memory

Speichereinteilung *f* [ES] / memory structure

Speicherelement *f* (in einem gegebenen Zusammenhang nicht weiter zerlegbarer Teil eines Speichers) (DIN 44300, März 1972) [M] / storage cell || *n* [M] / storage cell || **ausgewähltes ~** [M] / selected cell || **binäres ~** [Th, M] / binary cell || **gestörtes ~** [M] / disturbed cell, partially switched cell || **magnetisches ~** [M] / magnetic cell (i.e., a storage cell in which the two possible values of one binary digit are represented by different magnetic flux patterns) || **teilausgewähltes ~** [M] / partially selected cell

Speicher·erweiterung *f* [ES] / memory expansion || **~fehlerhalt (SFH)** *m* [ES] / memory fault stop (signal)

Speicherfeld *n* [M] / memory area || **~ mit Vorzeichen** [Sw] / signed field || **~prüfgerät** [Cir] / memory array tester

Speicherfolie, flexible ~ [MD] / floppy disk, diskette, flexible disk, floppy cartridge disk

Speicher·format *n* [OS] / core image format || **~freigabeanweisung** *f* [PL/1] / free statement || **~freiliste** *f* [Sw] / free memory table, memory occupancy table || **~füllungszähler** *m* [ES] / storage load counter || **~gerät** *n* (funktionelle Einheit als Teil einer Datenverarbeitungsanlage, mit der Daten auf ein zugehöriges Speichermedium geschrieben, von diesem gelesen und/oder auf diesem gelöscht werden können) [Dp] / storage device || **~glied** *n* (DIN 44300, März 1972) [Cir] / storage element || **~größe** *f* [Cobol] / memory size || **~hierarchie** *f* [M] / storage hierarchy

Speicherinhalt *m* [Sw] / memory contents || **einen ~ wiederherstellen** [Sw] / to reload a memory area

Speicherkapazität *f* (Arbeitsspeicher) [M] / memory capacity || **~** (peripherer Speicher) [PE] / storage capacity

Speicher·karte *f* [Mp, Co] / memory card || **~kassette** *f* [ES] / tape magazine || **~kern** *m* [M] / storage core, core || **~klasse** *f* [PL/1] / storage class || **~kosten** *plt* / storage cost || **~liste** *f* [ES] / memory table || **~marke** *f* [PE, M] / storage mark || **~matrix** *f* [M] / storage matrix

Speichermedium *n* [Dp] / storage medium, recording medium || **holografisches ~** (Speichermedium, auf dem Daten auf optischem Wege mittels Holografie eingebracht worden sind) [Rep] / holographic storage medium

Speichermodul *n* [M] / storage module

speichern *v* [Dp] / store (data, etc.) || *n* [Dp] / storing || **~ aus Zwischenspeicher** [OS, Lisp] / Store scratch pad || **~ Bitfeld (STBF)** [OS, Befehl] / Store bit field (STBF) || **~ Ein-Ausgabezustand (STIO)** [OS, Befehl] / Store I/O status (STIO) || **~ Halbwort (STH)** [OS, Lisp] / Store halfword (STH) || **~ Halbwort Real (STHR)** [OS, Befehl] / Store halfword real (STHR) || **~ kurz (STE)** [OS, Lisp] / Store short (STE) || **~ lang (STD)** [OS, Lisp] / Store long (STD) || **~ mehrfach (STM)** [OS, Lisp] / Store multiple (STM) || **~ mehrfach in Datenkeller (STMS)** [OS, Befehl] / Store multiple in stack

(STMS) || ≗ **Programmzustand (SSP)** [OS, Befehl] / Store status of program (SSP) || ≗ **Prozessorkennung (STID)** [OS, Befehl] / Store CPU identification (STID) || ≗ **Prozessornummer (STNU)** [OS, Befehl] / Store CPU number (STNU) || ≗ **Segmenttafeladresse und -länge (SSAL)** [OS, Befehl] / Store segment table address and length (SSAL) || ≗ **Tagesuhr (STCK)** [OS, Befehl] / Store clock (STCK) || ≗ **Unterbrechungsregister (STIF)** [OS, Befehl] / Store interrupt flag register (STIF) || ≗ **Wort (STW)** [OS, Lisp] / Store word (STW) || ≗ **Wort indirekt (STWI)** [OS, Befehl] / Store word indirect (STWI) || ≗ **Wort real (STWR)** [OS, Befehl] / Store word real (STWR) || ≗ **Zeichen (STC)** [OS, Lisp] / Store character (STC)

speichernd·es binäres Elementarglied (z.B. Flipflop) [Cir] / storage element || **~es Schaltglied** [Cir] / storage element || **~e Stelle** [Priv, IDS] / storage unit

Speicher·normschnittstelle *f* [ES] / memory standard interface || ≗**operation** *f* [M, ES] / memory operation, storage operation

Speicheroperations·code (SOPC) *m* [ES] / memory operation code || ≗**coderegister** *n* [ES] / memory operation code register || ≗**modus (SOPM)** *m* [ES] / memory operation mode || ≗**steuerung (SOPS)** *f* [CP] / memory operation control

Speicherorganisation, starr fortlaufende ≗ [M] / consecutive organization, sequential organization

Speicher·oszillograf *m* [Co] / persistence storage scope || ≗**plan** *m* [OS] / storage map || ≗**platte** *f* [Hw, M] / storage plate, ferrite plate

Speicherplatz *m* [M] / main memory location, memory location || ≗ (= Speicherkapazität) [Dp] / storage space || **aufrufbarer** ≗ [Sw] / addressable location || **geschützter** ≗ [M] / protected location, isolated location

Speicherplatzangabe *f* [Sw] / memory load indicator || **obere** ≗ [Sw] / high memory load indicator

Speicherplatzausnutzung, effektive ≗ [Dp] / effective utilization of storage capacity

Speicherplatz·bedarf *m* [Sw] / main memory requirements, memory requirements (MR) || ≗**freigabe** *f* [Sw] / memory deallocation || ≗**verteilungsübersicht** *f* [OS] / storage map || ≗**verwaltung** *f* [OS] / storage management || **dynamische** ≗**zuordnung** (s. dynamische Speicherzuweisung) || ≗**zuteilung** *f* [M] / memory allocation, storage allocation || ≗**zuweisung** *f* [M] / memory allocation, storage allocation

speicherprogrammiert *adj* [Sw] / stored-program (control, etc.) || **~er Rechner** [Dp, Sw] / stored-program computer || **~e Steuerung** [RDp] / stored-program control || **~e Wählvermittlung** [ES] / automatic stored-program switching center

Speicher·protokoll *n* [Sw] / core memory snapshot || ≗**prüfroutine (SPR)** *f* [ES] / memory test routine || ≗**pufferregister** *n* [CP] / memory buffer register || ≗**register** *n* [CU] / storage register, memory register (MR) || ≗**relais** *n* [Co] / memory relay

speicherresident *adj* [M] / memory-resident || [VS] / fixed || [Mp] / resident (as opposed to "loadable") || **~e Seite** [VS] / fixed page

Speicherröhre *f* [M, Co] / storage tube || **Williams-**≗ *f* [M] / Williams tube storage, Williams tube

Speicher-Schaltdiode *f* [Sc] / snapoff diode, step-recovery diode, charge-storage diode

Speicherschloß *n* [Priv, M] / storage key || **durch Zuordnen eines 5-Bit-Speicherschlosses zu jedem Block** [Priv, M] / by associating a five-bit storage key with each memory block

Speicher·schlüssel *m* [M, Sw] / memory protect key, storage protection key || ≗**schreibsperre** *f* [M] / area protect feature, memory protect feature

Speicherschutz *m* [DS, M] / memory protection, storage protection || ≗**einrichtung** *f* [M] / memory protect feature || ≗**erweiterung** *f* [M] / memory protect extension feature

Speicherschutzfehler *m* [M] / memory protect error || [ES] / memory protect violation, violation of write protection ≗**bit** *n* (SSF) [ES] / memory protect violation bit

Speicherschutz·ring *m* [PE] / ring mechanism || ≗**schlüssel** *m* [M, Sw] / memory protect key, storage protection key

Speicherschutzungültigkeits·priorität [ES] / memory protect deactivation priority || ≗**register** *n* [ES] / memory protect deactivation register

Speicher·seite *f* [PE, MD] / recording surface, recordable surface || **~sender** *m* [TP] / character buffer || **~sonderpriorität (SSP)** *f* [ES] / memory special priority (signal)

Speichersonderprioritäts·auswahl *f* [ES] / memory special priority selector || **~auswahllogik** *f* [ES] / memory special priority selection logic || **~zustand (SSPZ)** *m* [ES] / memory special priority condition

Speicherspur *f* [MD, MC, MDr] / channel, track

Speicherstelle *f* (Teil eines Speichers zur Aufnahme eines Zeichens) (DIN 44300, März 1972) [M] / storage position || **Abfang-~** *f* [M] / intercept data storage position || **erste ~n** [Mp] / lower memory locations || **letzte ~n** [Mp] / upper memory locations

Speicher·steuerung *f* [CP] / memory control || **~steuerungsanweisung** *f* [PL/1] / storage control statement

Speichersystem *n* [Dp] / main memory system || **zweistufiges ~** [M] / two-stage storage system

Speichertechnik *f* (bes. Arbeitsspeicher usw.) [M] / memory technology || **~** (dynamische und statische Speicher) [M] / storage technology || **virtuelle ~** [M, VS] / virtual memory techniques || **~vermittlung** (s. Speichervermittlung)

Speichertest·programm *n* [ES] / memory test routine || **~steuerung** *f* (STS) [ES] / memory test control

Speichertrommel *f* [MDr] / storage drum

Speichertyp *m* [PL/1] / storage type || **automatischer dynamischer ~** [PL/1] / automatic storage || **benutzergesteuerter ~** [PL/1] / controlled storage || **statischer ~** [PL/1] / static storage || **zeigerbezogener ~** [PL/1] / based storage

Speicherumschalteroutine *f* [ES] / memory change-over routine

Speicherung *f* [TP] / recording || **gestreute ~** [Sw] / random organization || **magnetische ~** [M] / magnetic recording || **mechanische ~** [CAI, Cy] / mechanical memory || **parallele ~** [Sw] / parallel storage || **Tastenwerk mit ~** [TP] / storage keyboard || **zugriffszeitfreie ~** [Th, M] / zero-access storage

Speicherungs·kosten *m* / storage cost || **~zeitraum** *m* [Sw] / storage period

Speichervermittlung *f* [OS] / storage management || **~** (Vorgang) [ES] / message switching, store and forward switching || **~** (Amt) [ES] / message switching center, store-and-forward switching center || **~ mit geschnittenen Lochstreifen** [ES] / torn tape switching center || **automatische ~** [ES] / automatic message switching center || **halbautomatische ~** [ES] / semi-automatic switching center, semi-automatic message switching center

Speichervermittlungs·knoten *m* [ES] / store-and-forward node || **~netz** *n* [RDp, Tr] / message switching network, store-and-forward switching network || **~stelle** *f* [ES] / message switching center, store-and-forward switching center || **~system** *n* [ES] / message switching system, store-and-forward switching system

Speicherverteilung *f* [M] / memory allocation, storage allocation || **dynamische ~** (s. dynamische Speicherzuweisung)

Speicher·vorrichtung *f* [PE, M] / storage device || **~werk** (s. Speichersystem)

Speicherwort *n* [M] / memory word || **~adresse (SWAD)** *f* [ES] / memory word address || **~adressenregister** *n* [ES] / memory word address register

Speicherwortadreß·leitung *f* [ES] / memory word address line || **~mischung** *f* [ES] / memory address ORing

Speicherwort·ausgabe (SWA) *f* [ES] / memory word output || **~eingabe (SWE)** *f* [ES] / memory word input || **~mischung** *f* [ES] / memory word ORing

Speicherzeit *f* (bei einem Schalttransistor) [Sc] / carrier storage time, pulse storage time || **~** (bei einem wortorganisierten Speicher eine Gruppe von Speicherelementen, die ein Maschinenwort aufnimmt) (DIN 44300, März 1972) [M] / storage location || **~koeffizient** *m* [Sc] / carrier storage time coefficient

Speicherzelle *f* [M] / storage cell || **binäre ~** [Th, M] / binary cell || **geschützte ~** [M] / protected location, isolated location || **magnetische ~** [M] / magnetic cell (i.e., a storage cell in which the two possible values of one binary digit are represented by different magnetic flux patterns)

Speicherzone *f* [M] / storage zone

Speicherzugriff *m* [M] / memory access || **~ über Bedienungspult** [M] / manual memory access

Speicherzuordnung *f* [M] / memory

allocation, storage allocation || [PL/1] / allocation || **dynamische** ≗ (s. dynamische Speicherzuweisung)
Speicherzuordnungs·anweisung *f* [PL/1] / allocate statement || ≗**zähler** *m* [M] / storage assignment counter
Speicherzuteilung, dynamische ≗ (s. dynamische Speicherzuweisung)
Speicherzuweisung, dynamische ≗ [Dp, Sw] / dynamic memory allocation, dynamic storage allocation
Speicherzyklus *m* [M] / memory cycle (i.e., the complete sequence of operations required to insert or extract a unit of data from memory) || ≗**anforderung (SZA)** *f* [ES] / memory cycle request (signal) || ≗**anforderungsregister (SZAR)** *n* [ES] / memory cycle request register || ≗**quittung** *f* [ES] / memory cycle acknowledgment signal, memory cycle acknowledgment || ≗**zeit** *f* [M] / memory cycle time
Speise·brückenschaltung *f* [ES] / feed circuit || ≗**strom** *m* [Tr] / feed current
spektral·e Emission [Sc] / spectral emission || ~**e Empfindlichkeit** [Meas] / spectral selectivity (of a photoelectric device) || ~**e Halbwertsbreite** [Sc] / spectral bandwidth || ~**e Verteilungscharakteristik** [Co, Sc] / spectral-response characteristic
Sperr·alarmanzeige *f* [ES] / lockout alarm indicator || ≗**angabe** *f* [Cobol] / lock option || ≗**anzeige** *f* [ES] / lockout alarm indication || ≗**befehl** *m* [Sw] / inhibit instruction
Sperrbereich *m* [Sc] / blocking state region || ≗ **der Diode** [Sc] / diode cutoff region || ≗ **des Transistors** [Sc] / transistor cutoff region
Sperrbit *n* [ES] / inhibit bit || ≗**speicher** *m* [ES] / inhibit-bit memory
Sperre *f* [Fl] / locking device || [Dp, CP] / lockout
Sperr·eingang *m* [Cir] / inhibiting input || ≗**einrichtung** *f* [Dp, CP] / lockout feature
sperren *v* [Tr] / block (transmission line, etc.) || [Cir] / disable, close (gate, etc.) || [Dp, CP] / lock out, inhibit || **eine Datei** ~ [Sw] / to lock a file, to deactivate a file || *n* [Tr] / blocking (of transmission line, etc.) || ≗ **Basisregister** [Assembler, Lisp] / Drop base register (DROP)
sperrender Zustand [Sc] / off-state, blocking state
sperrfreier Kontakt (DIN 41852, Aug. 1978) [Sc] / nonrectifying contact

Sperr·frist *f* [MT] / retention period || ≗**funktion** *f* [ES] / blocking function, inhibit function
Sperrimpuls *m* [Hw] / disable pulse || [Tr] / inhibit pulse
Sperrkennlinie *f* [Sc] / reverse characteristic, off-state characteristic || **zusammengebrochene** ≗ [Sc] / defect in the reverse characteristic
Sperr·kippstufe *f* [Co] / inhibit flipflop || ≗**klinkenrelais** *n* [NC] / lock relay || ≗**leitwert** *m* [Sc] / back conductance || ≗**periode** *f* [DpC, Dp] / file retention period, file security period || ≗**potential** *n* [Tr, Co] / blocking potential || ≗**richtung** *f* [Sc, Tr] / reverse direction, inverse direction || **in** ≗**richtung betrieben** [Sc] / reverse biased || ≗**sättigungsstrom** *m* [Sc] / inverse saturation current || ≗**schalter** *m* [Dp] / lockout switch, inhibit switch || ≗**schaltung** *f* [Hw] / lockout circuit, inhibit circuit, blocking circuit
Sperrschicht *f* [Sc] / barrier layer || [Sc] / junction, barrier || ≗ (Raumladungszone) (s. Verarmungsrandschicht) || **Betriebstemperatur der** ≗ [Sc] / junction operating temperature || ≗**breite** *f* [Sc] / junction width || ≗**dicke** *f* [Sc] / junction width || ≗**fläche** *f* [Sc] / junction area
Sperrschichtfoto·effekt *m* (DIN 41852, Aug. 1978) [Sc] / photovoltaic effect || ≗**zelle** *f* [Sc] / photovoltaic cell
Sperrschichtgleichrichter *m* [Sc] / barrier-layer rectifier || ≗ **mit Dauerkontakt** [Sc] / welded-contact rectifier
Sperrschichtkapazität *f* (DIN 41852, Aug. 1978) [Sc] / depletion layer capacitance
Sperrschritt *m* [TP] / stop signal (in a start-stop system) || **1,5-facher** ≗ [TP] / 50%-prolonged stop pulse || **doppelter** ≗ [RDp] / double-length stop pulse, double-length stop element || **einfacher** ≗ [RDp, Tr] / single-length stop pulse, unit length stop pulse, unit length stop element
Sperrschwinger *m* [Th, ES] / blocking oscillator
Sperrsignal *n* [ES] / blocking signal, inhibit signal || [PC] / inhibiting signal, disabling signal
Sperrspannung *f* [Co] / blocking bias, reverse voltage || **maximale** ≗ [Sc] / maximum reverse voltage

Sperrsteuerung *f* [ES] / lockout control
Sperrstrom *m* [Sc] / cutoff current, reverse current || **≈ am Übergang** [Co, Sc] / reverse junction current || **≈ in Rückwärtsrichtung** (bei einem rückwärts sperrenden Thyristor) [Sc] / reverse blocking current || **≈verstärker** [Cir] / inhibit driver
Sperr·tabelle *f* (Klassenvergleich) [ES] / barring table || **≈trägheit** *f* [Sc] / recovery effect || **≈umrichter** *m* [Sc] / blocking chopper (converter supplying current during the blocking phase of a transistor)
Sperrung *f* [Cir] / inhibition || [ES] / lockout action || **≈** (einer Leitung) [ES] / lockout state (of line) || **≈ im Umkehrgang** [Sw] / conversion cycle interlock
Sperrverlust *m* [Sc] / reverse power loss || **≈leistung** *f* [Sc] / reverse power loss
Sperrverzögerung *f* (eines Zeichenempfängers) [ES, Tr] / splitting time (GB)
Sperrverzögerungs·ladung *f* [Sc] / recovered charge || **≈strom** *m* [Sc] / reverse recovery current || **≈zeit** *f* [Sc] / reverse recovery time
Sperr·verzugsladung *f* [Sc] / recovered charge || **≈wandler** *m* [TP] / flyback converter
Sperrwiderstand *m* [Sc, Tr] / back resistance, inverse resistance || [Sc] / off-state resistance, forward or reverse blocking resistance, blocking resistance
Sperrzeichen *n* (in Rückwärtsrichtung) [ES] / blocking signal, inhibit signal || **≈prozedur** *f* [ES] / retest
Sperr·zeit *f* (Transistor) [Sc] / off-time || **≈zustand** *m* [Sc] / off-state, blocking state
Spezialcode, Telegrafiedrucker für ≈s [TP] / direct printer
Spezial·computer *m* [Dp] / special-purpose computer || **≈fehlerinformation** *f* [OS] / detailed error information || **≈funktion** *f* [OS] / special function
Spezialindex *m* [Cobol] / index || **≈-Datenfeld** *n* [Cobol] / index data item || **≈feld** *n* [Cobol] / index data item || **≈name** *m* [Cobol] / index-name || **≈zusatz** *m* [Cobol] / indexed by phrase
spezial·indizierter Datenname [Cobol] / indexed data name || **≈indizierung** *f* [Cobol] / indexing
spezialisierte Datenverarbeitung [Dp] / specialized automatic data processing, specialized data processing
Spezial·konstruktion *f* [Hw] / special construction || **≈liste** *f* (frühere Bezeichnung für: Programmkatalog) [DpC] / program catalog || **≈papier** *n* [HSP] / special paper || **≈rechner** *m* [Dp] / special-purpose computer
Spezifikation *f* [Algol] / specification || [PL/1] / specification || **≈ des Bezeichnerbereichs** [PL/1] / range specification || **≈ für implizite Schleife** [Fortran] / do-implied specification || **≈ für Schnelldruckerpapier** [Dp] / specification for highspeed printer paper || **dv-technische ≈** [Dist] / technical design specification
Spezifikations·anweisung *f* [Fortran] / specification statement || **≈element** *n* [PL/1] / specifier || **≈prozedur** *f* [Algol] / descriptive procedure || **≈teil** *m* [Algol] / specification part || **≈unterprogramm** *n* [Fortran] / specification subprogram
Spezifikator *m* [Algol] / specificator
spezifisch *adj* [Sw] / specific || **~e Codierung** [Sw] / absolute programming || **~e Empfindlichkeit** [Sc] / specific sensitivity || **~er Schichtwiderstand** (Dickfilm) [Sc] / sheet resistivity || **~er Schlüssel** [Cryp] / specific key || **~es Schlüsselsystem** [Cryp] / specific cryptosystem || **~er Widerstand** [Th, Sc] / resistivity || **~er Widerstand des Kollektors** [Sc] / collector resistivity
Spezifizierer *m* [Algol] / specifier
sphärischer Koordinatenwandler [ADp] / ball resolver, spherical resolver
Spickmittel *n* [Serv] / lubricant
Spiegel *m* [HSP] / mirror || **≈antrieb** *m* [HSP] / mirror drive || **≈bildschaltung** *f* [NC] / symmetrical switching || **≈fläche** *f* [HSP] / mirror face || **≈takt** *m* [HSP] / mirror clock
Spielausgleich *m* [NC] / unidirectional positioning
Spielraum *m* [TP, Tr] / margin || **≈ eines Start-Stopp-Apparates** [TP] / margin of start-stop apparatus (or of the local end with its termination)
Spieltheorie *f* [Th, Cy] / game theory
Spike *n* [Cy] / action potential
spitzer Winkel [Th, GrDp] / acute angle
Spitze *f* (Kurve) [GrDp] / cusp
Spitzen·amplitude *f* [RDp, Tr] / peak amplitude || **≈belastung** *f* [Dp, Sw] / peak load || **≈diode** *f* [Sc] / point-contact diode || **≈durchlaßstrom** *m* [Sc] / peak forward current || **≈gleichrichter** *m* [Sc] / point-contact rectifier ||

~gleichspannung *f* [Sc] / continuous peak voltage || ~gleichstrom in Durchlaßrichtung [Sc] / continuous forward current || ~-Kollektorstrom *m* [Sc] / peak collector current || ~kontakt *m* [Sc] / point contact || **mit ~lagerung** [Hw] / jewelled

Spitzenspannung einer schreibgestörten Null [M] / write-disturbed voltage zero || ~ **einer ungestörten Eins** [M, Cir] / undisturbed-one output signal, undisturbed voltage one || ~ **einer ungestörten Null** [M, Cir] / undisturbed-zero output signal, undisturbed voltage zero

Spitzen·sperrspannung *f* [Sc] / crest reverse voltage || ~**strom** *m* [Sc] / crest current || ~**transistor** *m* [Sc] / point-contact transistor

SPL (s. Sonderprioritätslogik)

Split·aufruf *m* [TP] / split call, split callin || ~**betrieb** *m* [ES] / split mode, split mode working

Splitten *n* [ES] / split mode, split-mode working || **taktmäßiges** ~ [ES] / splitting of clock supply

SP-Modul *n* [Sw] / standard procedure module, SP module

SPOOL (s. Ausspulen von Dateien) || ~-**Ausgabesystem** *n* [Sw] / spoolout system || ~-**Ausgabesystem für Datenfernübertragung** [RDp, OS] / remote spoolout system (RSPOOL) || ~-**Ausgabe-System für direkte Datenübertragung** [OS] / local spoolout system (LSPOOL) || ~-**Betrieb** *m* [OS] / spooling || ~-**Datei** *f* [Sw] / SPOOL file || ~-**Prozeß** *m* [Sw] / spooling task

sporadischer Fehler [Dp] / sporadic fault

SPR (s. Springe) || ~ (s. Speicherprüfroutine) || ~ (s. Sonderprioritätsregister)

Sprachanalyse *f* [VC, MAT] / language analysis || **mathematische** ~ [MAT] / mathematical analysis of language

Sprachanweisung *f* [Sw] / language statement

Sprachausgabe *f* [VC] / voice output, audio response, voice response || ~ (Gerät) (s. Sprachausgabeeinheit) || ~**einheit** [VC] / voice output unit, audio-response unit (ARU) || ~**puffer** *m* [VC] / voice output buffer || ~**pufferrahmen** *m* [VC] / voice output buffer frame

Sprache *f* [Sw, MAT] / language || **algorithmische** ~ [Th] / algorithmic language || **formalisierte** ~ [Term, Sw] / formalized language, formal language || **formatierte** ~ [PL] / formatted language || **hörbare** ~ [VC, Tr] / audible voice output || **invertierte** ~ [Cryp] / inverted speech || **kontextabhängige** ~ [Term, MAT] / context-sensitive language || **kontextunabhängige** ~ [Term, MAT] / context-free language || **künstliche** ~ (DIN 2330, März 1979) [Th, Cy] / artificial language || **natürliche** ~ (DIN 2330, März 1979) [Sw, IDS] / natural language || **nichtformatierte** ~ / free format language || **problemorientierte** ~ [PL] / problem-oriented language || **synthetische** ~ [VC] / synthesized voice || **verwürfelte** ~ [Cryp] / scrambled speech, inverted speech

Sprachelement *n* [Sw] / language element

Sprachenname *m* [Cobol] / language name

Spracherkennung *f* [VC] / speech recognition || **automatische** ~ [VC] / automatic speech pattern recognition

Sprach·erweiterung *f* [PL] / extended language || ~**formalisierung** *f* [Term] / language formalization

Sprachfrequenz *f* [Tr] / voice frequency || ~**ausgabe** *f* [Tr] / voice frequency output

Sprach·inverter *m* [Cryp] / speech inverter || ~**kanal** *m* [Tr] / voice channel || ~**kennzahl** *f* [ES] / language code number || ~**labor** *n* [CAI] / language laboratory || ~**neutral** *adj* [ES] / language-independent || ~**schutzfaktor** *m* [ES] / guard circuit coefficient || ~**statistik** *f* [Term] / quantitative linguistics || ~**synthese** *f* [VC] / speech synthesis

Sprachteil, die interessierenden ~e des Wörterbucheintrags [MAT] / the language-specific elements of the dictionary entry || **einen ~ unterdrücken** [MAT] / to suppress a language section

Sprachübermittlung, Zeitmultiplexsystem für ~ [ES] / time-division multiplex system for speech transmission (PCM)

Sprachübersetzung, automatische ~ (s. maschinelle Übersetzung)

Sprachübertragung *f* [Tr] / voice communication || **Kanalumsetzer für ~** [Tr] / voice channel converter

Sprach·unterricht *m* [CAI] / language teaching || ~**verschlüsselung** *f* [Cryp] / ciphony || ~**verwürfler** *m* [Cryp] / speech scrambler

Sprechadern *f pl* [ES] / message pair

Sprechaufforderung *f* [Sw] / transmission request || **~ an den Operator** [DpC, Dp] / operator response request
Sprech·betrieb *m* [Tr] / voice communication || **~möglichkeit** *f* [Tr] / voice communication capability
Spreizbandkupplung *f* [TP] / expanding spring clutch
Springe (SPR) [Befehl] / Branch || **~ falls Akkumulator Minus** [Befehl] / Branch on accumulator negative || **~ falls Akkumulator Plus** [Befehl] / Branch on accumulator positive || **~ falls Akkumulator ungleich Null** [Befehl] / Branch on accumulator unequal zero || **~ falls kein Überlauf** [OS, Befehl] / Branch on no overflow || **~ falls Überlauf** [OS, Befehl] / Branch on overflow
Springeinrichtung *f* [PC] / punch column skip || **Steuerung für die ~** [PC] / punch column skip control
springen *v* [Sw] / branch, jump || **auf ... ~** [Sw] / to branch to ..., to make a branch to ..., to transfer control to ... || **~ bedingt** [OS, Lisp] / Branch on condition (BC) || **~ nach Zählen** [OS, Lisp] / Branch on count (BCT) || **~ und Speichern Rücksprungadresse** [OS, Lisp] / Branch and link (BAL) || **~ wenn Index größer** [OS, Lisp] / Branch on index high (BXH) || **~ wenn Index kleiner oder gleich** [OS, Lisp] / Branch in index low or equal (BXLE)
springende Frequenzumtastung [TP] / frequency exchange signaling
Springmagnet *m* [PC] / skip magnet
Spritz·blech *n* [Hw] / splash guard || **~flasche** *f* [Serv] / oil squirter || **~wasserdicht** *adj* / splashwater-proof
Sprosse *f* [PT, MT] / row
Sprossenteilung *f* [PT, MT] / row pitch
Spruchkopf (s. Nachrichtenvorsatz)
Sprühentladung *f* [HSP] / corona discharge
Sprung *m* [Sw] / branch, jump || **~ im Kanalprogramm** [OS, Befehl] / Transfer in channel (TIC) || **bedingter ~** [Sw] / conditional branch, conditional jump || **gefächerter ~** [ES] / multiaddress branching || **kombinierter ~** [Sw] / combined branch || **nichtprogrammierter ~** [Sw] / trap || **schneller ~** [HSP] / highspeed skip || **unbedingter ~** [Sw] / unconditional jump || **~adresse** *f* [Sw] / branch address, transfer address || **~antwort** *f* [AC, Cy] / step response
Sprunganweisung *f* [Algol] / go to statement || [Fortran] / go to statement || [Cobol] / go to statement || [PL/1] / go to statement
Sprungausfall *m* (Bauteil) [Hw, DpC] / sudden failure
Sprungbedingung *f* [Sw] / branch condition || **~ erfüllt** [Sw] / branch condition satisfied
Sprungbefehl *m* [Sw] / branch instruction, jump instruction || **bedingter ~** [Sw] / conditional branch instruction, conditional jump instruction || **unbedingter ~** [Sw] / unconditional branch instruction, unconditional jump instruction
Sprung·bit *n* [Sw, ES] / branch bit || **~distanz** *f* [Sw] / branch distance
Sprungfolge·modus *m* [OS] / audit mode || **~überlauf** *m* [OS] / audit wrap
Sprung·leiste *f* [ES] / branch bit pattern || **~liste** *f* [Sw] / branch address table || **~marke** *f* [ES] / branch mark || **~operation** *f* [Dp, Sw] / transfer operation || **~setzanweisung** *f* [Fortran] / go to assignment statement || **~tabelle** *f* [Sw] / branch table || **~verfolgungsmodus** *m* [OS] / audit mode || **~vorschub** *m* [NC] / intermittent feed
sprungweise Durchprüfung [Sw] / leapfrog test
Sprungwerk *n* [Fl] / over-center device
Sprungziel *n* [Sw] / branch destination, branching location || **externes ~** [Sw] / external branch reference
Sprungzustellung *f* [NC] / intermittent feed
Spulbetrieb *m* [OS] / spooling
Spule *f* (Wickelkörper mit seitlichen Begrenzungsflächen) (DIN 66010, Apr. 1973) [MT] / reel (i.e., a flanged spool for holding a magnetic tape) || **~** (Wickelkörper mit seitlichen Begrenzungsflächen) [PT] / spool (i.e., the flanged mounting for a roll of paper tape)
spulen *v* [VS, OS] / spool
Spulen·ablage *f* [MT] / reel storage bin || **~anfangsetikett** *n* [MT, Sw] / beginning reel label, beginning-of-tape label
Spulenende, das ~ vorverlegen [Sw] / to force a reel swap, to force end-of-volume, to force EOV || **~etikett** *n* [MT, Sw] / end-of-tape label, ending tape label, ending reel label
Spulenetikett *n* [MT, Sw] / tape volume label, tape label || **~nummer** *f* [MT, Sw] / tape volume label number

Spulen·kern *m* (Wickelkörper ohne seitliche Begrenzungsflächen) [PT] / (plastic, cardboard, etc.) former, mounting (for roll of paper tape) || **≈nachsatz** *m* [MT, Sw] / end-of-tape label, ending tape label, ending reel label || **≈nummer** *f* [MT] / reel number, reel sequence number || **≈sicherungskennzeichnung** *f* [MT, Sw] / volume security identifier || **≈vorsatz** *m* [MT, Sw] / beginning reel label, beginning-of-tape label

Spulenwechsel *m* [MT] / reel swapping, volume swapping || **einen vorzeitigen ≈ durchführen** [Sw] / to force a reel swap, to force end-of-volume, to force EOV || **vorverlegter ≈** [Sw] / forced reel swap, forced tape swap

Spulprozeß *m* [Sw] / spooling task

Spur *f* (DIN 66016, Juni 1966) [PT] / channel || ≈ (DIN ISO 5653E, Okt. 1978) [MD, MC, MDr] / channel, track || ≈ (bei Magnetschichtspeichern der von einem Polschuh des Magnetkopfes überstrichene Bereich der Schicht) (DIN 66010, Apr. 1973) [PE] / track || ≈... [TP] / level (e.g., five-level code) || **defekte ≈** [PE] / defective track || **freie ≈** [MD] / unassigned track, unused track, free track || **schadhafte ≈** [MD] / flawed track || **unbrauchbare ≈** [PE] / defective track || **≈abstand** *m* [MT] / track pitch || **≈adreßblock** *m* [PE, Sw] / home address record

Spuradresse *f* [Sw] / home address, track address || **absolute ≈** [Dp] / absolute track address

Spuradressierung, relative ≈ [Sw] / relative track addressing

Spur·anfangsmarke *f* [PE] / index marker, beginning-of-track mark || **≈anordnung** *f* [PE] / track arrangement

Spurauswahl *f* [OS] / track selection || **≈einrichtung** *f* [PE] / track selector

Spur·beschreibungssatz *m* [Sw] / track description record, track descriptor record || **9-≈-Betrieb** *m* [MT] / 9-track operation || **≈breite** *f* (DIN 66010, Apr. 1973) [MT] / track width || **≈einteilung** *f* [PE, Sw] / track format || **≈einteilungsbefehl** *m* [Sw] / track format write instruction || **≈element** *n* [PE] / track element, spot || **≈ende** *n* [PE, Sw] / end of track (EOT)

Spurengruppe *f* [MD, MDr] / band

Spur·eröffnung *f* [OS] / track initialization || **≈gruppe** *f* [MD, MDr] / band || **≈kapazität** *f* [PE] / track capacity || **≈kapazitätssatz** *m* [MD] / capacity record || **≈kennblock** *m* [Sw] / track description record, track descriptor record || **≈kennungszustandsbyte** *n* [Sw] / flag byte || **≈kontrollinformationsbereich** *m* [PE] / descriptive region || **≈länge** *f* [PE] / track length || **7-≈-Magnetbandgerät** *n* [MT] / 7-track magnetic tape device || **≈nummer** *f* [PE, OS] / track number, head number || **≈teilung** *f* (DIN 66010, Apr. 1973) [MT] / track pitch || **≈überlauf** *m* [OS] / track overflow || **≈überschreitung** [OS] / track overrun || **≈umschaltespeicher** *m* [MD] / continuation storage || **≈verbindungssatz** *m* [Sw] / overflow record || **≈wählschalter** *m* [MDr] / track select switch

Spurwechsel·block *m* [Sw] / overflow record, track overflow record, non-home record || **≈einrichtung** *f* [PE, MD, OS] / record overflow feature, track overflow feature || **≈speicher** *m* [MD] / continuation storage

Spurzustands·byte *n* [Sw] / flag byte || **≈kontrolle** *f* [PE] / track check

SRA (s. Verschieben rechts)

SRD (s. Verschieben und Runden dezimal)

SRDA (s. Verschieben rechts doppelt)

SRDL (s. Verschieben rechts doppelt logisch)

SRL (s. Verschieben rechts logisch)

SS (s. Sendeschaltung)

SSAL (s. Speichern Segmenttafeladresse und -länge)

SSA-Modul (s. Substitutionssteueranweisungsmodul)

SSP (s. Speichersonderpriorität) || ≈ (s. Speichern Programmzustand)

SSPZ (s. Speichersonderprioritätszustand)

ST (s. Sendetakt)

Staats·gespräch *n* / government telephone call || **≈telegramm** *n* [TP] / government telegram

Stäbchenspeicher *m* [M] / rod memory

Stabdrucker *m* [Hist, HSP] / bar printer (using several side-by-side type bars which are first aligned to print one line of characters simultaneously)

stabile Ausgangskonfiguration (bei einer Folgeschaltung) [Cir] / stable output configuration

Stabilisationspapier *n* [Typ] / stabilization paper (used in CRT photocomposition, etc.)

stabilisierende Rückführung [NC] / monitoring feedback
Stabilisierung *f* [Rep] / stabilization
Stabilität *f* [Cy] / stability
Stachelbandführung *f* [RDp, Tr] / sprocket feed, pin feed
Stachelrad·aufsatz *m* [IO, Th] / above platen device || **˜führung** *f* [PE, PT, TP, Off] / pin feed platen device || **˜vorschub** *m* [HSP, TP] / pin feed (of printer paper)
Stachelwalze *f* [HSP, TP] / pin feed drum, pin feed platen
Stachelwalzen·führung *f* [PE, PT, TP, Off] / pin feed platen device || **˜vorschub** *m* [HSP, TP] / pin feed (of printer paper)
Stack *n* (Pufferbereich für DMA-Transfers) [ES] / stack || ˜ (s. Hardware-Stack) || **˜grenzregister** [ES] / stack limit register
Staffel·betrieb *m* [TP, Tr] / waystation operation || **˜station** *f* [TP] / waystation || **˜summen** *f pl* [PC] / progressive totals
Staffettenwahlprinzip *n* [ES] / store-and-forward principle
Stahl·koppler *m* [Co] / metal-enclosed dry-reed relay || **˜relais** *n* [Co] / metal-enclosed dry-reed relay
Stamm·aufzeichnung *f* [Sw] / master record || **˜band** *n* [MT] / master tape || **˜bereich** *m* (im Gegensatz zu „Arbeitsbereich") [M] / storage area || **˜datei** *f* [Dp] / master file || **˜eintrag** *m* [Sw] / master record || **˜nummer** *f* [ES] / master code number
Stand der Technik [R&D] / state of the art || **auf den neuesten ˜ bringen** [Sw, IDS] / update (file, etc.)
Standard·... / standard, standardized || **˜abweichung** *f* [Th] / standard deviation, variance || **˜adressenvorsatz** *m* [Sw] / standard prefix || **˜anfangsetikett** *n* [OS] / standard header label
Standardanschluß *m* [Sw] / standard interface || **˜schalter** *m* [Tr] / standard interface switch
Standard·ausführung *f* [Dist, Hw] / standard design || **˜ausgabegerät** *n* [Cobol] / standard display device || **˜ausrüstung** *f* [Hw] / standard configuration || **˜baustein** *m* [Mp, Co] / general-purpose module, standard module || **˜befehl** *m* [Sw, ES] / standard instruction || **˜belegung** *f* [HSP] / standard type assignment
Standarddatei·anfangsetikett *n* [OS] / standard file header label || **˜endeetikett** *n* [OS] / standard file trailer label, standard EOF label || **˜etikett** *n* [OS] / standard file label
Standarddaten·format *n* [Cobol] / standard data format || **˜trägeretikett** *n* [OS] / standard volume label
Standard·-Ein-Ausgabeschnittstelle *f* [OS] / standard I/O interface || **˜endeetikett** *n* [OS] / standard trailer label || **˜etikett** *n* [OS] / standard label
Standardfehler·behandlung *f* [OS] / standard fault recovery routine || **˜information** *f* [OS] / standard error information
Standardfehlerprozedur *f* [OS] / standard error procedure || **˜-Angabe** *f* [Cobol] / standard error procedure option
Standardformat *n* [Algol] / standard format
Standardfunktion *f* [Algol] / standard function || [Dp] / builtin function
Standardgeräte·byte *n* [OS] / standard device byte (SDB) || **˜zuordnung** *f* [Sw] / standard device assignment, original device assignment
Standard·großspeicheretikett *n* [OS] / standard random access volume label || **˜interface** *n* [Sw] / standard interface
standardisiert, nicht ~ [Cobol] / nonstandard
Standardkennsatz *m* [OS] / standard label || **˜-Anweisung** *f* [Cobol] / standard label statement
Standard·-Ladeprogrammbibliothek *f* [Sw] / standard load library || **˜modus** *m* [Tr] / standard mode, standardized mode || **˜nahtstelle** *f* [Sw] / standard interface || **˜parameter** *m* [OS] / standard operand, preset operand || **˜programm** *n* [Sw] / standard program || **˜prozedurmodul** *n* [Sw] / standard procedure module, SP module || **˜-Rauschfaktor** *m* [Sc] / standard noise figure || **˜-Rauschzahl** *f* [Sc] / standard noise figure || **˜register** *n* [CU] / standard register || **˜schnittstelle** *f* [Sw] / standard interface || **˜schriftzeichen** *n* [Typ] / standard font character
Standardsprache *f* [Sw] / common language (i.e., the representation of data intelligible to the many units of a dp system) || ˜ (im Gegensatz zur Fachsprache bzw. zum Dialekt) [Term] / standard language
Standard·spulenetikett *n* [MT] / standard volume label || **˜tabelle** *f* [OS] / standard table
Standardtyp *m* (z.B. von Transistoren) [Sc] / consumer type || **˜vereinbarung** *f*

[OS] / predefined specification
Standard·überschriftszeile *f* [Sw] / standard header line || **~unterprogramm** *n* [Sw] / standard subroutine || **~vokabular** *n* [PL] / standard vocabulary || **~wert** *m* [Sw] / standard value, preset value
Standardzeichen *n* [HSP] / standard character || **~satz** *m* [HSP] / standard character set
Standby, auf ~ umschalten [ES] / to command switchover to standby || **~-Rechnerkoordinierung** *f* [ES] / standby system updating || **~-Restart** *m* [TP] / standby restart
ständig·e Direktverbindung [RDp, Tr] / permanently connected direct line between communicating stations || **~er Fehler** [OS] / persistent error
Standleitung *f* (DIN 44302, Apr. 1979) [Tr] / dedicated line (leased, privately owned) || **~ für ein einstufiges Konzentratornetz zwischen Zweigstelle und Verwaltung** [RDp, Tr] / point-to-point circuit for a single-stage concentrator network between regional office and head office
Standleitungs·übertragung *f* [Tr] / point-to-point transmission || **~verkehr** *m* [Tr] / point-to-point traffic
Standverbindung *f* [ES] / point-to-point circuit, (point-to-point) dedicated circuit || **Anschaltgerät für ~en** [TP, Tr] / connecting unit for point-to-point dedicated circuits || **Vierdraht-~** *f* [RDp, Tr] / four-wire point-to-point connection, four-wire point-to-point circuit || **Zweidraht-~** *f* [RDp, Tr] / two-wire point-to-point connection, two-wire point-to-point private circuit
Standverbindungsnetz *n* [RDp] / dedicated network
Standzeit *f* (Nutzzeit) [Hw] / useful life, life
Stanz·abfälle *m pl* [HSP] / hole chads || **~ausgabe** *f* [PT, PC] / punch output || **~bahn** *f* [PC] / punching track || **~betrieb** *m* [Sw] / punch mode || **~bürste** *f* [PC] / punch brush || **~code** *m* [Dp] / punch code
Stanze *f* [PT, PC, TP] / punch mechanism
Stanzeinheit *f* [PT, PC, TP] / punch unit, punch block
stanzen *v* [PT, PC] / punch, perforate || **~ in die gleiche Karte** [PC] / punch-feed read || **~ mit durchsetzten Hauptkarten** [PC] / master card gangpunching || **~ zwischen Lochkartenzeilen** [PC] / interstage punching || **alphanumerisches ~** [PC] / alphameric punching, alphanumeric punching || **direktes ~** [PC] / straight gangpunching || **magnetbandgesteuertes ~ von Lochkarten** [PC] / magnetic-tape-fed card punching || **spaltenbinäres ~** [PC] / column-binary punching || **versetztes ~** [PC] / offset gangpunching || **zählabhängiges ~** [PC] / count-controlled punching
Stanzer *m* [PT, PC] / punch, perforator || **~** (s. Lochkartenstanzer) || **alphanumerischer ~** [PC] / alphameric punch, alphanumeric punch || **automatischer ~** (im Gegensatz zum Handlocher) [PC] / card punch, automatic punch || **~ausgabe** *f* [PT, PC] / punch output || **~klappe** *f* [PT] / tape retainer lid || **~kupplung** *f* [PC] / punch clutch
Stanz·fehler *m* [PT, PC] / punch error, punching error || **~geschwindigkeit** *f* [PC] / card punching rate, punching rate || **~kontrolle** *f* [PC] / punch check || **~magnet** *m* [PC] / punching magnet || **~matrize** *f* [PC] / punch die || **~messer** *n* [PC] / punch knife || **~nadel** *f* [TP] / punch pin || **~speicherparityfehler** *m* [Sw] / punch memory parity error (PMPE) || **~station** *f* [PC] / punching station (i.e., position within a card punch at which a punched card is punched) || **~stelle** *f* [TP] / punching point || **~stempel** *m* [TP] / punch pin
Stapel *m* [Dp] / batch || [MD] / pack, disk pack || **~** (Belege) [OCR] / stack of documents, document stack || **~ablage** *f* [HSP] / vertical stacking, normal vertical stacking || **~antriebsspindel** *f* [MD] / disk pack drive spindle || **~arbeit** (s. Stapelverarbeitung) || **~aufbau** *m* [HSP] / stack formation, stack structure || **~ausgabe** *f* [Dp] / batch output || **~backe** *f* [PC] / delivery jaw || **~betrieb** *m* (DIN 44300, März 1972) [Dp] / batch processing, batch-bulk processing || **~eingabe** *f* [Dp] / batch input || **~ferneingabe im Dialogbetrieb** [VS] / conversational remote job entry (CRJE)
Stapelfernverarbeitung *f* [RDp] / remote batch processing, remote batch computing || **Anforderungsverfahren für ~** [RDp] / inquiry/response method for remote batch processing || **direkte ~** [RDp] / on-line remote batch processing

Stapel·form *f* [HSP] / stack shape || **²gleichförmigkeit** *f* [HSP] / stack uniformity || **²höhe** *f* [HSP] / stack height || **²kante** *f* [HSP] / stack edge
stapeln *v* [Sw] / batch
Stapel·neigung *f* [HSP] / stack lean || **²nummer** *f* [Sw] / batch number
Stapelspeicher *m* [Mp] / pushdown stoarge || ² (vom Programmierer definierter Speicherbereich außerhalb des Steuerwerks, der mit Spezialbefehlen anzusprechen ist) [Mp] / stack || **den Inhalt eines Registers aus dem ² herausholen** [Mp] / to pop the contents of a register from the stack || **den Inhalt eines Registers in den ² eingeben** [Mp] / to push the contents of a register into the stack || **externer ²** [Mp] / external pushdown/pop-up stack, external stack
Stapel·spindel *f* [MD] / disk pack drive spindle || **²station** *f* [RDp] / batch terminal (remote batch terminal) || **²system** *n* [Dp] / batch system || **²übertragung** *f* [RDp, Tr] / batch transmission
Stapelverarbeitung *f* [Dp] / batch processing, batch-bulk processing || **Vordergrund-²** *f* [Dp] / batch job foregrounding
Stapelverarbeitungs·auftrag *m* [Sw] / batch processing job, batch job || **²rechner** *m* [Dp] / batch-processing computer system
Stapelverkehr *m* [RDp] / batch traffic
stapelweise verarbeiten [Sw] / batch || **~ Verarbeitung** (s. Stapelverarbeitung)
Stapelzeiger *m* (enthält die Adresse der nächsten verfügbaren Stapelstelle im Speicher) [Mp] / stack pointer (special accessible register specifying which addresses the stack operations will operate) || **auf dem Adreßbus liegt die Adresse des ²s** [Mp] / the address bus holds the pushdown stack address from the stack pointer || **²register** *n* [Mp] / stack pointer
Stapler *m* [HSP] / stacker
Starkstrom·beeinflussung *f* [TP, ES] / exposure to power lines || **²gerät** *n* [Hw] / power device || **²leitung** *f* [DpC] / power line
starr·er Anschluß (eines Thyristors usw.) [Sc] / rigid terminal || **~ fortlaufende Speicherorganisation** [M] / consecutive organization, sequential organization || **~ fortlaufende Verarbeitung** [Dp, RDp] / serial processing
Start *m* [PCC] / start || [OS] / startup
Start- und Stoppschritt [RDp] / start and stop pulse
Start·adresse *f* [Sw] / start address || **²adreßregister (STR)** *n* [CU] / start address register || **²aufruf** *m* [PCC] / start call || **²befehl** *m* [Sw] / initial instruction || **²bit** *n* (DIN 44302, Apr. 1979) [Tr] / start bit
starten *v* [Sw] / start, initiate, activate || **² Gerät (SDV)** [OS, Lisp] / Start device (SDV) || **² Unterprogramm** [Befehl, RPG] / Begin subroutine (BEGSR)
Startersystem *n* [OS] / starter operating system
Start·flanke *f* [ES] / start edge || **²karte** *f* (Lochkarte, die dem Übersetzungsprogramm den Beginn des symbolischen Programms mitteilt) [Sw] / transfer card || **²knopf** *m* [Hw] / activate button || **²organisation** *f* [ES] / start organization, start routines
startpolar·er Schritt [Tr] / start-polarity element, spacing element || **²ität** *f* [Tr] / start polarity, start spacing
Startpolaritätsimpuls *m* [Tr] / start-polarity pulse, spacing pulse, space
Start·programmelement *n* [OS] / startup element || **²prozedur** *f* [OS] / startup || **²punkt des Schreibstrahls** (einer Kathodenstrahlröhre) [COM, Typ] / start point of the beam
Startroutine *f* [OS] / start routine, system start routine || **² ins Ladeprogramm** [Dp] / bootstrap routine || **Magnetband-²** *f* [Sw] / tape bootstrap routine (bootstrap routine present in the first block of a program) || **²speicher** *m* [OS] / bootstrap memory
Startschritt *m* [Tr] / start element
Start-Stopp·-Apparat *m* [TP] / start-stop apparatus || **²-Betrieb** *m* [TP] / start-stop working, start-stop operation || **²-Endstelle** *f* [ES] / start-stop terminal || **²-Lücke** *f* [MCS, MT, TP] / interrecord gap || **²-System** *n* [TP] / start-stop system || **²-Übertragung** *f* (DIN 44302, Apr. 1979) [Tr] / start-stop transmission || **²-Verfahren** *n* [TP] / start-stop system || **²-Zwischenraum** *m* [MCS, MT, TP] / interrecord gap
Startzeichen *n* [ES] / start signal || **² für Nullschreibung** [Sw] / significance-start character
Start·zeit *f* (DIN 66010, Apr. 1973) [MT] / start time, acceleration time || **²zykluszelle** *f* [ES] / start cycle location
Station *f* [OS] / partner || **auffordernde ²**

[RDp, Tr] / inquiring station || **gerufene ~** (DIN 44302, Apr. 1979) [Tr] / called station || **logisch abgehängte ~** [RDp] / intercepted station || **rufende ~** (DIN 44302, Apr. 1979) [ES, Tr] / calling station

stationär·er Kanal [Th, Cy] / stationary channel || **~es Prozeßmodell** [Sw] / steady-state process model || **~e Quelle** [Th, Cy] / stationary source || **~er stochastischer Prozeß** [Cy] / stationary stochastic process || **~prozeßoptimierung** *f* [Sw] / steady-state process optimization

Stations·abruf *m* [RDp] / station cycle polling feature || **~adresse** *f* [RDp] / station address || **~adressierung** *f* [Tr] / terminal addressing || **~aufforderung** *f* (DIN 44302, Apr. 1979) [Tr] / interrogation || **~auswahl** *f* [RDp, Tr] / station selection || **~kennung** *f* [Tr] / station identification || **automatische ~wahl** [ES] / automatic station selection

statisch·e Adreßverschiebung [VS] / static relocation || **~e Alarmeingabe** [PCC] / static alarm signal input device || **~e Ausgangsbelastbarkeit** (einer Digitalschaltung mit bipolaren Transistoren) [Cir] / output loading capability || **~er Bitversatz** [MT] / static skew || **~e Digitaleingabe** [PCC] / static digital input device || **~e Eingangsspannung** [Sc] / static input voltage || **~e Empfindlichkeit** [Co, Sc] / static sensitivity, static energy sensitivity (of a photoelectric device) || **~er Fehler** [Dp, ADp] / static error || **~e Kenndaten** [Sc] / d.c. characteristics || **~e Lichtempfindlichkeit** [Co, Sc] / static luminous sensitivity (of a photoelectric device) || **~es Logiksystem** [Sc, Co] / static logic system || **~es Programm** [Sw] / static program || **~e Prüfung** [Dp, Sw, ADp] / static check, static test || **~es RAM** [Mp] / static RAM || **~er Schräglauf** [MT] / static skew || **~er Speicher** [MCS] / static memory, add-on memory || **~er Speicher** [PL/1] / static storage || **~er Speichertyp** [PL/1] / static storage || **~es Unterprogramm** [Sw] / static subroutine || **~es Verhalten** [NC] / static behavior || **~er Wert** [Sc] / static value

Statistikprogramm *n* [Sw] / statistics program

statistisch·er Fehler [Th, Tr] / random error || **~e Sicherheit** [Th] / confidence level

Statistor *m* [Sc] / statistor

Status·abfrage *f* [ES] / status request || **~bit** *n* [ES] / status bit (envelope) || **~kennzeichen** *n* [Sw] / status identifier || **~register (STR)** *n* [CP] / status register || **~veränderungsbit** *n* [Sw] / status modifier bit

Statuswort *n* [RDp] / status word || **Prozessor-~** *n* [ES] / processor status word

Stau *m* [HSP] / jam

Staubpinsel *m* [HSP] / dusting brush

Staubsauger·anschluß *m* [HSP] / vacuum cleaner connection || **~filter** *n* [HSP] / vacuum cleaner filter || **~gehäuse** *n* [HSP] / vacuum cleaner housing || **~schlauch** *m* [HSP] / vacuum cleaner hose

Staubschleuse *f* [Hw] / dust exclusion air lock

Stauschalter *m* [HSP] / jam switch

STBF (s. Speichern Bitfeld)

STC (s. Speichern Zeichen)

STCK (s. Speichern Tagesuhr)

STD (s. Speichern lang)

STE (s. Speichern kurz)

steckbar *adj* [Hw, Serv] / pluggable, pushin (plastic peg, etc.) || **~er Einschub** [Hw] / plugin module, plugin unit, pluggable unit || **~e Flachbaugruppe** [Co] / plugin circuit board, plugin pc board || **~e Plattenbaugruppe** [Co] / plugin pc module || **~e Schaltungskarte** [Co] / plugin card, plugin circuit card || **~e Schaltungsplatte** [RDp, Tr] / plugin type circuit board

Steck·baugruppe *f* [Hw] / plugin module, plugin unit, pluggable unit || **~baustein** *m* [Hw] / modular component || **~bauweise** *f* [Sc] / plugin design, plugin arrangement || **~brett** *n* [Hw, NC] / plugboard, patch board || **~dose** *f* (im Gerät) [Hw] / receptacle socket || **~einheit** *f* [Hw] / plugin module, plugin unit, pluggable unit

Stecker·belegung *f* [Mp] / connector pin assignment, pin assignment || **~buchse** *f* [Hw] / jack || **~einbauplatz** *m* [Serv] / connector mounting location

Steckerfeld *n* [Hw] / plug connector panel || **~steuerung** *f* [NC] / plugboard control, patch-board control

stecker·kompatibel *adj* [Hw, Cir] / plug-compatible (module, etc.) || **~kompatibler Baustein** [Hw, Cir] / plug-compatible module (PCM) || **~kontakt** *m* [ES] / terminal || **~leiste** *f* [Hw, Serv] / plug connector, plug connector strip, plug strip || **~leiste** (für gedruckte Schaltungen) [Sc] / edgeboard

connector || ≗**programmierer** *m* [R&D] / plugin programmer || ≗**verbindung** *f* [Hw, Serv] / plug connection
Steck·feldsteuerung *f* [NC] / plugboard control, patch-board control || ≗**karte** *f* [Co] / plugin card, plugin circuit card || ≗**leiste** *f* [Mp] / cable connector || ≗**plan** (s. Schaltdiagramm) || ≗**prüfplatte** *f* [Hw] / plugin condition indicator circuit board || ≗**rahmen** *m* [NC] / modular frame || ≗**reihenklemme** *f* [Hw] / lineup plugin terminal || ≗**schaltbrett** *n* [Hw] / jack panel, jack field || ≗**schnur** *f* [PC] / patchcord || ≗**stellenauswahl** *f* [Mp] / socket option || ≗**tafel** *f* [PC] / control panel, patch panel
Steckverbindung *f* [Hw, Serv] / plug connection || **koaxiale** ≗ [TrL] / coaxial connector
Steckvorrichtung, elektrische ≗ [Hw, Cir] / electrical connector
Steg *m* [Co] / land || ≗ (Perforation) [HSP] / tie || ≗**länge** *f*(Perforation) [HSP] / tie length || ≗**leitung** *f* [TrL] / ribbon cable
Steg-Schlitzverhältnis *n* (Perforation) [HSP] / tie/cut ratio
stehen *v* [Serv] / (of dp system, etc.) to be inoperable || ~ (= gespeichert sein) [Sw] / reside
stehende Zuführung [PC] / vertical feed
Stehwellenverhältnis *n* [Hw] / standing wave ratio
steigende Ordnung [Sw] / ascending order, ascending sequence
Steigerungstyp *m* [Sc] / enhancement type
Steigung einer Kurve [Th, GrDp] / slope of a curve
steil *adj* (Impuls) [Th, Tr] / fast-rise || ~ (Signal) [ES] / steep-sloped
Stellantrieb *m* [PCC] / actuator || **hydraulischer** ≗ [PCC] / hydraulic actuator
Stellbereich *m* (Bereich, innerhalb dessen die Stellgröße einstellbar ist) [PCC] / total range of manipulated variable
Stelle *f* (im Befehlswort) [Sw] / column, place || ≗ (einer Zahl) [Th] / digit position || ≗ **der Lochkarte** (= Lochkartenspalte) [PC] / code position || **höherwertige** ≗ [Th] / high-order position || **niedrigstwertige** ≗ [Th] / least significant digit, rightmost position || **speichernde** ≗ [Priv, IDS] / storage unit || **übermittelnde** ≗ [Priv] / transmitting office
Stellelement für rechnernahen Einsatz [PCC] / local actuator control unit
Stellen·auswahl *f* [OCR] / question length || ≗**darstellung** *f* [Th] / positional notation, positional representation || ~**gerechte Ausrichtung** [Sw] / after-point alignment || ≗**impuls** *m* [CP] / commutator pulse, P pulse, position pulse, digit pulse || ≗**maschine** *f* [Dp] / character-oriented computer, character-oriented machine
Stellenschreib·impuls *m* [M] / enable pulse || ≗**weise** *f* (DIN 44300, März 1972) [Th] / positional notation, positional representation
Stellen·sperrimpuls *m* [M] / inhibit pulse || ≗**taktzeit** *f* [CU] / digit period, digit time || ≗**überschreitungs-Bedingung** *f* [PL/1] / size condition
Stellenverschiebung *f* [CP, Sw] / arithmetic shift || ≗ **im Akkumulator** [ALU] / accumulator shift || ≗ **nach links** [Sw] / left shift
stellenversetzen *v* [ALU] / shift || *n* [ALU] / shift
Stellen·versetzung *f* [PC] / column shifting || ≗**versetzungseinheit** *f* [ALU] / shift unit
stellenweise verstärkt (Papier) [HSP] / selectively thickened
Stellenwert *m* [Th] / place value || [Sw] / significance (of bit position) || **binärer** ≗ [Th] / binary weight || **logischer** ≗ [Cy] / logic value of occupancy || ≗**ebene** *f* [M] / digit plane (i.e., the plane in a multidimensional magnetic core array containing elements for a particular digit position) || ≗**schreibung** *f* [Th] / radix notation, radix representation, base notation || **binäre** ≗**tabelle** [Th] / binary weight table
Stellenwertverschiebung *f* [CP, Sw] / arithmetic shift || **zyklische** ≗ [Th] / cyclic shift, cycle shift
Stellenzahl *f* (bei Gleitpunktdarstellung) [Sw] / mantissa || **Akkumulator mit doppelter** ≗ [ALU] / double-length accumulator || **einfache** ≗ [Th] / single mantissa || **Multiplikation mit beliebiger** ≗ [Th] / arbitrary-precision multiplication || **Rechnen mit doppelter** ≗ [Th] / double-length arithmetic, double-precision arithmetic
Stellenzeit *f* [CU] / digit period, digit time
Stellglied *n* [PCC, AC] / final control element
Stellgröße *f* [AC] / actuating variable (of automatic control system) || [NC] / correcting value, correcting variable ||

[PCC] / manipulated variable
Stellimpuls *m* [PCC] / corrective action pulse, control pulse || **~ausgabe** *f* [PCC] / control pulse output || **~frequenz** *f* [PCC] / control pulse frequency
Stellknopf *m* [HSP] / adjusting knob
Stellsignal *n* [PCC] / corrective signal || **~geber** *m* [PCC] / control signal output
Stelltransformator *m* [PCC, AC] / inductive potentiometer (IPOT)
Stellungsmakro *m* [Sw] / positional macro || **~aufruf** *m* [Sw] / positional macro call || **~definition** *f* [Sw] / positional macro definition
Stellzeit *f* [PCC] / response time
Stempel *m* (manuelles Gerät zum Anbringen von Strichmarkierungen in Markierungsbelegen) [IO] / stamp || **~einrichtung** *f* [IO] / stamp feature || **~erkennungseinrichtung** *f* [IO] / stamp recognition feature
Sterling-Lochung *f* [PC] / single-column duodecimal coding, single-column pence coding
Stern *m* [Fortran] / asterisk () || [Cobol] / asterisk || [PL/1] / asterisk || **~adresse** *f* [Sw, ES] / asterisk address, location counter reference
sternförmig·es Datennetz [RDp] / star-shaped data network || **~ verbunden** (bei Datensondernetzen) [RDp] / arranged in radial configuration
Stern·netz *n* [RDp] / star communication system, star network || **~schalter** *m* (vereinigt mehrere Teilnehmerleitungen zu einer gemeinsamen Leitung) [ES] / remote line concentrator || **~schaltung** *f* [Hw] / star connection || **~spannung** *f* [Hw] / phase-to-neutral voltage
stetig·e Auswertung [DpC, Dp] / constant evaluation || **~e Funktion** [Th, Meas] / continuous function || **~e Kartenzuführung** [PC] / successive card feed, successive feed
Stetigbahnsteuerung *f* [NC] / continuous-path control, contouring control
Steuer-·... / control ... || **~ und Regelungstechnik** [PCC] / control engineering
Steuer·ader *f* [Hw] / control wire || **~anschluß** *m* [Sc] / gate terminal
Steueranweisung *f* [Fortran] / control statement || **Name der ~** [Sw] / control statement name || **~en für den Übersetzer** [Sw] / processor control statements
Steuerbefehl *m* [Sw] / control instruction || [HSP] / control command
Steuerbereichs·puffer *m* [ES] / control area buffer || **~zelle** *f* [ES] / control area cell
Steuerblock *m* [Sw] / control block
Steuerbürste *f* [PC] / control brush || **X-~** *f* [PC] / X-control brush
Steuerbürsten·kontrolle *f* [PC] / control brush interlock || **~verriegelung** *f* [PC] / control brush interlock
Steuer·bus *m* [Mp] / control bus || **~byte** *n* [Sw] / control byte, write control byte || **~code** *m* [Sw] / control code || **~daten** *pl* / control data
Steuereinheit *f* [HSP] / control unit || **~ für den Drucker** [HSP] / printer control unit, print control unit || **~ für Kernspeicher** [CU] / core memory control || **~ für Lochstreifeneingabe** [PT] / paper tape reader control || **~ für Plotter** [GrDp] / graphic control unit || **Prioritäts-~ für Unterbrechungen (PSU)** (zur Vereinfachung von unterbrechungsgesteuerten Mikrocomputersystemen) [Mp] / priority interrupt control unit (PICU) || **zentrale ~** [TES] / central control unit
Steuer·einrichtung *f* [Hw, NC] / controller || **~elektrode** *f* [Sc, ES] / control electrode || **~elektronik** *f* [Hw, PCC, Tr] / control electronics, device electronics
Steuerfeld *n* [PC, Sw] / control field || [ES] / panel control field
Steuerfunktion *f* [CU, Sw] / control function
Steuergerät *n* [Hw, NC] / controller || **automatisches ~** [PCC] / automatic controller
Steuerglied *n* [Sc] / driver
Steuergröße *f* [AC] / actuating variable (of automatic control system) || [PCC] / control quantity
Steuerimpuls *m* [Sc] / control pulse, gate pulse, gate control pulse || [Sc] / gate control pulse || **partieller ~** [M] / partial drive pulse || **voller ~** [M] / full drive pulse
Steuer·information für Programme [Sw] / user control statements || **~informationen** *f pl* [Sw] / control information
Steuerkarte *f* [PC, Sw] / control card, parameter card || [Algol] / control card || **~** (Schaltkartenmodul) [Mp, Co] / control card || **formaler Fehler auf einer ~** [PC, Sw] / improperly formatted control card
Steuerkarten·folge *f* [Sw] / control card

sequence || ≗format *n* [Sw] / control card format || ≗name *m* [Sw] / control card name || ≗protokoll *n* [Sw] / control card listing || ≗satz *m* [Sw] / control card set, parameter card set || ≗stapel *m* [Sw] / control card deck, parameter card deck

Steuerkeller *m* [OS] / control stack

Steuerkennung *f* [Sw] / control label || **Kennzeichen für die ≗** [Sw] / control label identifier

Steuerkette *f* [PCC, NC] / open-loop control system, open-loop system || **≗kreis** *m* [CP, NC] / control circuit || **≗leitung** *f* [Sc] / pilot wire || **≗leitungsprogramm** *n* [ES] / control line program || **≗lochband** (s. Lochband) || **≗lochkarte** *f* [PC, Sw] / control card, parameter card

Steuerlochstreifen *m* [PT, NC] / control paper tape, control tape || ≗ (s. Lochband)

Steuerlochungen *f pl* [PC] / control holes, function holes || **≗logik** *f* [CU, TP] / control logic, controller logic || **≗marke** *f* [HSP, OCR, NC] / timing mark || **≗markenfotozelle** *f* [OCR] / timing mark sensing cell || **≗modul** *n* [Hw] / control module || **≗modus** *m* [Tr] / control mode

steuern *v* [PCC, NC] / control || [Dp] / gate (machine operations with clock pulses, etc.) || **≗ Magnetband (MTC)** [OS, Aufruf] / Magnetic tape control (MTC) || **≗ Prozessor (CCPU)** [OS, Befehl] / Control central processing unit (CCPU)

Steuerprogramm *n* [Sw] / control program || **≗ für eine Aufgabe** [OS] / primary control program || **≗ für Realzeitsysteme** [OS] / real-time control program (e.g., ASMUS) || **≗kern** *m* [Dp] / control program nucleus

Steuerprozedur *f* [Algol] / control procedure

Steuerpult *n* [Hw, Dp] / control console || **≗abfrageeinheit** *f* [Hw] / console inquiry station

Steuerregister *n* [OS] / control register || **≗satz** *m* [Sc] / gate control set, gate control unit || **≗schaltung** *f* [CP, NC] / control circuit || **≗schlüssel** *m* [Sw] / control code

Steuersignal *n* [Mp, PCC] / control signal || **≗geber** *m* [ES] / control signal transmitter

Steuersignalisierung *f* [ES] / control signaling

Steuerspannung *f* [NC] / control voltage || [Sc] / gate voltage || ≗ (bei einem Thyristor) [Sc] / gate voltage (of a thyristor) || **höchste nichtzündende ≗** [Sc] / gate nontrigger voltage || **induzierte ≗** (eines Halleffekt-Bauelementes) [Sc] / induced control voltage

Steuerspeicher *m* [MCS] / control storage || **≗spur für die Taktgabe** [CP] / clock marker track, clock track

Steuerstrom *m* [NC] / control current || [M] / drive current || [Sc] / gate current || **höchster nichtzündender ≗** [Sc] / gate nontrigger current || **induktive Restfläche des ≗kreises** (bei einem Halleffekt-Bauelement) [Sc] / effective induction area of the control current loop

Steuersystem für periphere Geräte [IO] / peripheral control unit || **anpassungsfähiges ≗** [NC, Cy] / adaptive control system

Steuertabelle *f* [Sw] / external symbol dictionary (ESD)

Steuerteil *m* [PE, Tr] / controller || **≗ für Einzelbetrieb** [ES] / individual control || **≗ für Parallelbetrieb** [ES] / common chopper driver

Steuerung *f* / control || [PL/1] / flow of control, control || ≗ (Gerät) [PE, Tr] / controller || **≗ der Programmunterbrechung** [PCC] / program interrupt control || **≗ des Programmablaufs** [OS] / program control || **≗ des Übertragungsmodus** [Tr] / communication mode control || **≗ für die Springeinrichtung** [PC] / punch column skip control || **≗ für doppelten Lochbandvorschub** [HSP] / dual feed carriage control || **≗ für Stanzen in die gleiche Karte** [PC] / punch-feed read control || **≗ mit vollem Vorrang** [Dp] / advanced priority scheduling || **≗ von grafischen Geräten** [Dp] / graphic control || **analoge ≗** (DIN 19237V, Feb. 1977) [PCC] / analog control || **die ≗ übergeben an ...** [Sw] / to transfer control to ..., to pass control to ... || **die ≗ zurückgeben an ...** [Sw] / to return control to ... || **logische ≗** (eines Mikroprozessors usw.) [Mp] / control || **multiplexierende ≗** [Th] / multiplexing controller || **nichtinterpolierende ≗** [NC] / non-interpolation control system || **numerische ≗** / numeric control (NC) || **ohne ≗ des Monitors ablaufen** [Sw] / to run without monitor control, to be executed without executive control || **periphere ≗** [Sw] / peripheral controller || **sequentielle ≗** [OS] / sequential control

|| **speicherprogrammierte ~** [RDp] / stored-program control || **unter ~ des Monitors ablaufen** [Sw] / to run under monitor control, to be executed under monitor control || **zeitliche ~** (eines Mikroprozessors usw.) [Mp] / timing
Steuerungs·ablauf *m* [CP, Sw, NC] / control sequence, control instruction sequence || **~einrichtung** *f* [ES] / control feature || **~elektronik** *f* [Hw, PCC, Tr] / control electronics, device electronics || **~format** *n* [PL/1] / control format || **~kontrollspeicher** *m* [NC] / function control storage || **digitale ~logik** [Dp] / digital control logic || **~präzision** *f* [NC] / control precision || **~programm** *n* [Sw] / control program || **~rückgabe** *f* [OS] / return of control || **~technik** *f* [PCC] / automatic control engineering, control engineering || **~übergabe** *f* [OS] / control transfer || **~umfang** *m* [NC] / numerical control range || **~verstärker** *m* [NC] / control amplifier || **~zyklus** *m* [NC] / contouring cycle
Steuer·ventil *n* [Hw, Fl] / control valve || **~verhältnis** *n* [PCC, AC] / control ratio || **~verlustleistung** *f* [Sc] / gate power loss
Steuerwerk *n* [MCS, CU] / control unit || [Dp] / control unit, control section || **~ freigeben** [OS, Befehl] / Release control unit || **peripheres ~** [IO] / peripheral control unit || **Rechen- und ~** [CP] / arithmetic and logic unit (ALU)
Steuer·werksbefehl *m* [CU] / control instruction || **~wicklung** *f* [M] / drive winding || **~wort** *n* [Sw] / control word
Steuerzeichen *n* [TP] / control combination || **~** (DIN 66233E, Apr. 1977) [Sw] / control character || **~ für Ausgabeaufbereitung** [Sw] / edit control character || **~ zur Codeerweiterung** [Dp] / code extension character || **~ zur Codeerweiterung** [RDp, Tr] / control signals for code extensions || **vereinbartes ~** [RDp, Tr] / specified control character || **~behandlung** *f* [Sw] / control character processing, control character handling || **~bildung** *f* [Sw] / control character generation || **~erkennung** *f* [Sw] / control character recognition || **~klasse** *f* [Sw] / control character class
STH (s. Speichern Halbwort)
STHR (s. Speichern Halbwort Real)
Stibitz-Code *m* [Th, Tr] / excess-three code
Stichleitung *f* [TrL] / spur line
Stichprobe *f* [QC] / sample
Stichproben·ergebnis *n* [QC] / sampling test result || **~plan** *m* [QC] / sampling plan || **~prüfung** *f* (DIN 57565 T2, Sept. 1978) [QC] / sampling test || **~umfang** *m* [QC] / sample size || **~verfahren** *n* [QC] / random sampling
Stichverbindungsprogramm *n* [ES] / service connection program
Stichwort *n* [VC] / keyword || **~frage** *f* [MAT, IDS] / keyword query
STID (s. Speichern Prozessorkennung)
STIF (s. Speichern Unterbrechungsregister)
Stift *m* [Mp, Sc] / pin, terminal pin || **~liste** *f* [Mp, Sc] / wiring pin list || **~nummer** *f* [Co, Sc] / pin number || **~raupe** *f* [HSP] / pinfeed tractor, tractor || **~raupenkette** *f* [HSP] / pinfeed tractor belt, tractor belt || **~riemenpaar** *n* [HSP] / pair of tractor belts || **~sockel** *m* [Sc] / edge connector || **~walze** *f* [HSP, TP] / pin feed drum, pin feed platen || **~walzenvorschub** *m* [HSP, TP] / pin feed (of printer paper)
STIO (s. Speichern Ein-Ausgabezustand)
STM (s. Speichern mehrfach)
STMS (s. Speichern mehrfach in Datenkeller)
STNU (s. Speichern Prozessornummer)
stochastisch *adj* [Th] / stochastic, random || **~e Variable** [Th] / stochastic variable, random variable || **stationärer ~er Prozeß** [Cy] / stationary stochastic process
STOPBW (s. Stoppolaritätsbewertung)
stopfen *v* (Zeichen) [ES] / pad, stuff
Stopp, automatischer ~ (festverdrahtet) [Hw] / automatic stop || **bedingter ~** [Sw] / checkpoint, conditional breakpoint || **dynamischer ~** [Sw] / dynamic stop || **weicher ~** [Hw, OS] / soft stop
Stoppanweisung *f* [Sw, ES] / breakpoint instruction || [Fortran] / stop statement || [Cobol] / stop statement || [PL/1] / stop statement
Stoppanzeige *f* [Sw] / no-go flag
Stoppbefehl *m* [Sw, ES] / breakpoint instruction || **bedingter ~** [PL] / conditional program interrupt instruction
Stopp·bit *n* (DIN 44302, Apr. 1979) [Tr] / stop bit || **~code** *m* [PT] / stop code || **~flanke** *f* [Tr] / stop edge, stop transition
stoppolarer Schritt [ES] / stop-polarity element, stop-polarity pulse
Stoppolarität *f* [TP] / stop signal (in a start-stop system)
Stoppolaritäts·bewertung (STOPBW) *f*

[ES] / stop polarity decoder || ²impuls *m* [ES] / stop-polarity element, stop-polarity pulse

Stoppschritt *m* [TP] / stop signal (in a start-stop system) || **²fehler** *m* [Tr] / stop element error || **²prüfung** *f* [ES] / stop-bit check, stop-element check || **²überwachung** *f* [Tr] / stop element monitoring

Stopp·signal *n* [Mp] / halt signal || **²taste** *f* [PE] / stop button, hold button || **²weg** *m* [MT] / stop distance || **²zeit** *f* (DIN 66010, Apr. 1973) [MT] / stop time, deceleration time

Stöpselfeld *n* [Hw] / patching jackfield

Stör·abstand *m* [Tr] / signal-to-noise ratio (S/N) || **²atom** *n* [Sc] / foreign atom || **²ausblendung** *f* [ES] / noise suppression || **~beeinflussungssichere Logik** [Cir] / high noise immunity logic (HNIL) || **²block** *m* [MT, Tr] / noise block || **totaler ²einbruch** [Tr] / clustered errors

störende Wirkung [Sc] / nuisance effect

Störfeld *n* [TP] / noise field || **²stärke** *f* [TP] / noise field intensity, noise field strength

Stör·geräusch *n* [Tr] / background noise || **²größe** *f* [PCC] / disturbance variable || **²impuls** *m* [M] / disturbing pulse || **²impuls** [Tr] / noise pulse || **²impuls** [MT] / noise spike || **²meldung** *f* [Dp] / fault message, fault notice || **²meßgerät** *n* [Hw, Serv] / interference measuring set || **²muster** *n* [TP] / interference pattern

Störpegel *m* [Tr] / noise level || **² im Schwarz** [TP] / noisy blacks

Stör·quelle *f* [ES] / interference source || **²routine** *f* [Serv] / fault handling routine

Störschutz·filter *n* [NC] / interference suppressor filter || **²teil** *m* (Steuerteil) [TP] / protector

Störsender *m* [ES] / noise pulse generator

Störsignal *n* [M] / disturb signal || **²** (DIN 66010, Apr. 1973) [MT] / dropin

Störspannung *f* [Tr] / disturbing voltage, noise voltage || **äquivalente ²** [ES, Tr] / equivalent disturbing voltage || **symmetrische ²** [PCC] / normal mode noise voltage

Störspannungsdämpfung, symmetrische ² [PCC] / normal mode noise voltage rejection

Störspannungsunterdrückung, symmetrische ² [PCC] / normal mode noise voltage rejection

Stör·spannungsverhalten *n* [Tr] / signal-to-noise characteristic || **²stelle** *f* (DIN 41852, Aug. 1978) [Tr, Sc] / imperfection

Störstellen·gehalt *m* [Sc] / impurity content || **²halbleiter** *m* (DIN 41852, Aug. 1978) [Sc] / extrinsic semiconductor || **²kompensation** *f* (DIN 41852, Aug. 1978) [Sc] / doping compensation || **²konzentration** *f* [Sc] / impurity concentration || **²leitung** *f* (DIN 41852, Aug. 1978) [Sc] / extrinsic conduction || **²niveau** *n* [Sc] / impurity level || **²substanz** *f* [Sc] / dopant, doping material || **²übergang** *m* (DIN 41852, Aug. 1978) [Sc] / junction (i.e., a transition region between layers of semiconductors with different electrical characteristics) || **²verteilung** *f* [Sc] / distribution of impurities

Stör·strahlungsschutz *m* [ES] / noise suppression || **²unanfälligkeit** *f* (des Verarbeitungsvorgangs) [Dp] / computational stability

Störung *f* [Hw] / malfunction, trouble || **² durch den Nachbarkanal** [Tr] / adjacent-channel interference || **² im Ablaufteil** [OS] / executive breakdown || **permanente ²** [Hw] / permanent fault || **zeitlich geballt auftretende ²** [Tr] / error burst

Störungs·anfälligkeit *f* [Dp] / fault liability, error liability || **²anzeige** *f* [Dp] / fault indicator, trouble indicator || **²anzeiger** *m* [Hw] / malfunction indicator || **²anzeigetablo** *n* [Dp] / trouble indicator panel || **~arm** *adj* (elektrisch) [ES] / low-noise || **²aufzeichnung** *f* [Sw] / failure logging || **²beseitigung** *f* [Hw, Serv] / fault recovery || **²bild** *n* [Serv] / fault pattern || **²buch** *n* [Serv] / fault log || **²dienst** *m* [ES] / fault complaint service || **²einkreisung** *f* [Serv] / fault tracking-down procedure, fault isolation

störungsfrei *adj* (elektrisch) [ES] / noisefree || **mittlere ~e Zeit** [Hw, QC] / mean time between failures (MTBF)

Störungs·lokalisierung *f* [Serv] / fault isolation, troubleshooting || **²meldung** *f* [ES] / trouble report, trouble record, trouble alert report || **²protokoll** *n* [ES] / fault records || **²routine** *f* [Sw, Serv] / fault routine || **²signal** *n* [ES] / trouble signal, fault signal || **²unempfindlichkeit** *f* [Sc] / noise immunity (of semiconductor, etc.) || **²zähler** *m* [ES] / noise pulse counter || **²zeit** *f* [Dp] / downtime || **²zettel** *m* [Serv] / fault slip

Stör·verhältnis *n* [M] / disturb ratio || **²wertprotokoll** *n* [PCC] / off-normal

printout || ²zeichenstrom *m* [TP] / extra || ²zustand *m* [ES] / out-of-order condition, out-of-order state
Stoßbetrieb *m* [Sw, Tr] / burst mode || [RDp, ES] / peak traffic period, peak load period || **Gerät mit** ² [Tr] / burst device
Stoßfolge *f* [HSP] / shock sequence, shock frequency
stoßfrei *adj* [ES, Tr] / hitless (switching, etc.) || **~er Rücklauf** [TP] / return without impact
Stoßfunktion *f* [Th, Cy] / pulse function
Stoßkraftaustausch *m* [Co, Sc] / momentum exchange
Stoßspannung *f* [Sc] / surge voltage
Stoßsperrverlust *m* [Sc] / nonrepetitive reverse power, surge reverse power
Stoßspitzendurchlaßstrom *m* [Sc] / forward surge current
Stoßstrom *m* [Sc] / surge current
Stoßzeit *f* [RDp, ES] / peak traffic period, peak load period
STR (s. Startadreßregister) || ² (s. Statusregister) || ² (s. Spannungstestregister)
Strahl *m* [Typ] / beam || **sichtbarer** ² [OCR] / unblanked beam || ²**ablenker** *m* [HSP] / beam deflector
Strahlablenk·geschwindigkeit *f* [RDp] / beam deflection speed || ²**system** *n* [Typ] / beam positioning system || ²**verstärker** *m* [VDT] / deflection amplifier
Strahlaustastung *f* [OCR] / beam unblanking
Strahlen·fenster *n* [HSP] / beam window || ²**gang** *m* [HSP] / beam path
Strahlrücklauf *m* (Elektronenstrahlrohr) [COM, Typ, Rep] / beam flyback
Strahlspeicher *m* (Speicheranordnung mit Strahlabtastung) [M] / beam storage
Strahlung erzeugendes Bauelement [Sc] / radiation-generating device
strahlungs·emittierend *adj* [ES] / radiation-emitting || **~empfindliches Bauelement** [Sc] / radiation-sensitive device || ²**intensität** *f* [OCR] / radiant intensity || ²**leitung** *f* [Sc] / radiation power || ²**stärke** *f* [OCR] / radiant intensity
Strang·sicherung *f* [Hw] / string fuse || ²**spannung** *f* [Th] / line-to-neutral voltage
strecken *v* [Sw] / unwind, to use the straight-line coding method || ²**datei** *f* [Sw] / linked file || ²**satz** *m* [Tr] / link record || ²**steuerung** *f* [NC] / linear path system, straight-line control || ²**zug-Funktionsgeber** *m* [Cir, CP] / piecewise-linear function generator
streichen *v* [MAT] / cancel (information, etc.)
Streifen *m* [MC] / band || [Sc] / stripe || **angelochter** ² [PT, TP] / chadless paper tape, chadless tape || **durchgelochter** ² [TP] / chadded paper tape, chad tape, chadded tape || **6-Spur-Rechteck-Olivetti-**² *m* [PT] / 6-channel Olivetti tape || **vorgelochter** ² [PT] / prepunched tape || ²**abfühler** *m* [PT] / paper tape reader (PTR), punched tape reader || ²**abtaster** *m* [PT] / paper tape reader (PTR), punched tape reader || ²**abwickelvorrichtung** *f* [PT] / tape-unwinding device, tape-unreeling device || ²**anfang** (s. Lochstreifenvorspann) || ²**anschluß** *m* [Sc] / beam lead (thick-film conductor) || ²**aufwickelvorrichtung** *f* [PT] / tape reeling device || ²**behälter** *m* [Hw, TP] / sent tape bin
Streifenbreite *f* [MC] / bandwidth, band size || ² (einer Struktur) [Sc] / line width || ² (DIN 66016, Juni 1966) [PT] / tape width
Streifen·dicke *f* (DIN 66016, Juni 1966) [PT] / tape thickness || ²**doppler** *m* [PT] / reperforator, tape reproducer, paper tape reproducer || ²**eingabe** *f* [PT] / tape input, paper tape input || ²**ende** *n* [PT] / trailing end || ²**format** *n* [PT] / tape format || ²**führungskanal** *m* [TP] / tape guide
streifengesteuert *adj* [PT, MT] / tape-operated, tape-controlled || **~er Kartenlocher** [PT, PC, NC] / tape-controlled card punch, tape-to-card punch || **~e Kartenlochung** [PT] / tape-to-card punching || **~er Schreiblocher** [PT, PC] / tape-to-card printing punch
Streifenkern *m* (Wickelkörper ohne seitliche Begrenzungsflächen) [PT] / (plastic, cardboard, etc.) former, mounting (for roll of paper tape)
streifenkontaktieren *v* [Sc] / beam onto || ² *n* (Auftragen von Streifenanschlüssen bei Dickfilm) [Sc] / deposition of beams
Streifenleiter *m* [TrL] / strip line
Streifenleser *m* [PT] / paper tape reader (PTR), punched tape reader || ² (zum optischen Lesen fortlaufender Streifen, z.B. Additionsstreifen, im Gegensatz zu Einzelblattbeleglesern) [IO, PT] / optical journal reader, strip reader
Streifenlochen, lochkartengesteuertes ² [Dp] / card-controlled tape punching ||

magnetbandgesteuertes ≈ [PT] / magnetic-tape-controlled tape punching
Streifenlocher *m* [PT] / paper tape punch (PTP), tape punch, keyboard perforator || **Ein-Ausgabeprogramm für** ≈ [TP] / paper tape punch handler || **lochkartengesteuerter** ≈ [Dp] / card-controlled tape punch, card-to-tape punch, card-to-tape converter, card-to-paper-tape converter || **Schreibmaschine mit** ≈ [PT] / typewriter tape punch
Streifenlöschen, automatisches ≈ [RDp] / automatic tape delete
Streifen·rolle *f* [TP, Th, Off] / journal roll || ≈**rücksetztaste** *f* [TP] / tape backspacing button || ≈**schreiber** *m* [TP] / tape printer || ≈**spannschalter** *m* [TP] / taut tape switch || ≈**spannung** *f* [PT] / tape tension || ≈**stanzer** (s. Lochstreifenlocher) || ≈**umlenkung** *f* [PT] / deflector || ≈**vorspann** (s. Lochstreifenvorspann) || ≈**wickel** *m* [PT, TP] / roll of tape, paper tape coil
Streugrenze *f* [Sc] / scattering limit
Streuungsstrom *m* [Sc] / leakage current
Streuwert *m* [Tr] / variance coefficient || ≈**verfahren** *n* [ES] / traffic variance method
Streuwirkungen *f pl* [M, Sc] / parasitic effects
Strich *m* [HSP] / line, line segment || ≈ (d.h., auf Markierungsbelegen bzw. Strichkarten angebrachte Kennzeichnung zur Darstellung von Informationen) [Dp] / mark || **vergrößerter** ≈ [OCR] / enlarged dash || ≈**breite** *f* [HSP] / line thickness
Strichcode *m* [OCR] / bar code || ≈**leser** *m* [OCR] / bar-code scanner
Strich·element *n* [HSP] / line element || **fotoelektrisches** ≈**gitter** [NC] / optical grating, diffraction grating || ≈**kante** *f* [OCR] / stroke edge
Strichkarte *f* (Lochkarte mit besonderen, zum Anbringen Von Strichmarkierungen geeigneten Feldern) [IO, PC] / mark sense card (carrying marks made with some conductive material to be sensed electrically) || **Markierungsleser für** ≈**n** (in der EDV verwendetes Gerät, meist als Markierungslesezusatz zu Lochkartenlesern ausgelegt, zum Abtasten von Strichkarten; cf. „Zeichenleser") [IO] / mark sense card reading device
Strich·länge *f* [OCR] / mark length || ≈**lochkarte** *f* [IO, PC] / mark sense card (carrying marks made with some conductive material to be sensed electrically) || ≈**markierung** *f* (d.h., auf Markierungsbelegen bzw. Strichkarten angebrachte Zeichen, in der Regel Striche, zur Darstellung von Informationen) [Dp] / mark
Strichmarkierungs·feld *n* [IO, OCR] / mark field || ≈**leser** *m* [IO] / mark reader, mark detection device, mark reading device
Strich·neigung *f* [IO, OCR] / mark inclination || ≈**raster** *m* [GrDp] / graduated grating
Strichstärke *f* [GrDp, OCR] / line width || [HSP] / line thickness || ≈ (einer Strichmarkierung) [IO, OCR] / mark thickness || ≈ (eines Schriftzeichens) [Typ] / stroke width
Strichzeichnung *f* [Rep] / line drawing
strittige Verlustzeit [Dp] / debatable time
Strom *m* [PL/1] / stream || ≈ **in Sperrichtung am Übergang** [Co, Sc] / reverse junction current || **eingeprägter** ≈ [IC] / impressed current || **schwankungsfreier** ≈ [Hw] / precision current || ≈**abgabe** *f* [Co] / current output || ≈**absenkung** *f* [ES] / current decrement || ≈**anschluß** *m* [Sc] / power connection || ≈**ausfall** *m* [Hw, DpC] / mains failure, power failure || ≈**begrenzer** *m* [ES] / current limiting device || ≈**belastbarkeit** *f* [Sc] / current carrying capability, current carrying capacity, current handling ability || ≈**bereich** *m* [ES] / current region || ≈**dichte** *f* [Sc, Th] / current density (current per unit area of electrode cross section)
stromempfindliche Indikationsstelle [ES] / current-sensitive indicator
Strom·impuls *m* [Tr] / current pulse || ≈**indikation** *f* [ES] / current indication || ≈**konstanter** *m* [Hw] / current stabilizer || ≈**kreis** *m* [Hw, Serv] / electric circuit || ≈**laufplan** *m* [Th] / circuit diagram, diagram, wiring diagram || ≈**leckpfad** *m* [Sc] / current leakage path
stromleitender Grafitstift [PC, OCR] / conductive pencil, electrographic pen
strom·liefernde Logik [Cir] / current sourcing logic (CSL) || ≈**regler** *m* (= Schaltregler) [Hw] / current regulator
Stromrichter *m* [Co] / converter || ≈**transformator** *m* [Co] / converter transformer, rectifier transformer
Stromrichtung *f* [Th] / current direction
Stromschritt *m* [Tr] / current pulse ||

≗ (Einfachstrom) [TP] / marking signal, mark || ≗-**Pausenschritt-Verhältnis** *n* [Tr] / current-pulse to no-current-period ratio

Strom·spannung *f* [Sc, Th] / voltage (symbol: V) || ≗-**Spannungscharakteristik** *f* [Sc, Co] / current-voltage characteristic || ≗**steuerung** *f* [Sc] / current source driving

Stromstoß *m* [Sc] / current surge || ≗ **in Durchlaßrichtung** [Sc] / transient peak forward current

Strom·teilerventil *n* [Fl] / flow divider || ≗**übersetzungsverhältnis** *n* [Sc] / current transformation ratio || ≗**unterbrechung** *f* [DpC] / power failure || ≗**verbrauch** *m* [Hw] / power consumption (expressed in kWh) || ≗**verhältnis** *n* [Sc] / current amplification factor, current transfer factor, current transfer ratio, current gain factor

Stromversorgung *f* [Hw] / power supply || **führende** ≗ [Hw] / master power supply || **geführte** ≗ [Hw] / slave power supply || **gepufferte** ≗ [PCC] / buffered power supply || **unterbrechungsfreie** ≗ [Hw] / no-break power supply

Stromversorgungs·einheit *f* [Hw] / power supply unit || ≗**einsatz** *m* [Hw] / power supply frame || ≗**gerät (SVG)** *n* [Hw] / power supply unit || ≗**gestell** *n* [Hw] / power distribution rack || ≗**rahmen** *m* [Hw] / power supply frame || ≗**schalter** *m* [HSP] / power-supply circuit breaker || ≗**signalcodierer** *m* [ES] / power supply signal coder

Strom·verstärker *m* [Sc] / current amplifier || ≗**verstärkung** *f* [Sc] / current amplification, current gain || ≗**verstärkungsfaktor** *m* [Sc] / current amplification factor, current transfer factor, current transfer ratio, current gain factor

Stromverteiler *m* [Hw] / power distributor || ≗**baugruppe** *f* [Hw] / power control assembly

Strom·vervielfachung *f* [Sc] / current multiplication || ≗**wert** *m* [Th] / power value || ≗**zählpfeil** *m* [Sc] / current arrow

Struktur *f* [Hw, Sc] / configuration || [PL/1] / structure || **8-Bit-**≗ [Mp] / 8-bit format || **hierarchische** ≗ [IDS] / hierarchical structure (of data, etc.) || **periodische** ≗ [Sc] / periodic pattern || **submodulare** ≗ [Sc] / submodular structure || **technische** ≗ [Dp] / system hardware

strukturabhängig·es Datenfeld [Cobol] / contiguous item || ~**es Feld** [Cobol] / contiguous item

Strukturenerzeugung *f* [Sc] / pattern generation

Struktur·erkennung *f* [OCR] / pattern recognition, pattern detection || ≗**glied** *n* [PL/1] / member || ≗**größe** *f* [Sc] / pattern size

strukturierte Programmierung [Sw] / structured programming

Strukturspeicher *m* [M] / nonerasable storage (i.e., a storage medium of which the contents cannot be erased during processing, e.g., paper tape, punched cards, photographic storage; cf. "nonvolatile storage"), nonvolatile storage, non-erasable storage

strukturunabhängig·es Datenfeld [Cobol] / noncontiguous item || ~**es Feld** [Cobol] / noncontiguous item

Stückgut·prozeß *m* [PCC] / discrete process, piece process || **Lenkung des** ≗**verkehrs** [PCC] / routing of l.c.l. (= less than carload) shipments

Stück·karte *f* [PC] / individual job card || ≗**liste** *f* [ES] / parts list || ≗**prozeß** *m* [PCC] / discrete process, piece process

Stufe *f* [Cobol] / level || [PL/1] / level || **elementare** ≗ [Cobol] / elementary level || **logische** ≗ [OS] / logic level, logical level || **niedrige** ≗ [Sw] / low level || **physikalische** ≗ / physical level

Stufen·aufbau *m* [Cobol] / level structure || ≗**bezeichnung** *f* [Cobol] / level indicator || ≗**form-Plotter** *m* [GrDp] / incremental plotter (as opposed to "vector generator system") || ≗**konzept** *n* [Cobol] / concept of levels

stufenlos einstellbar [Hw] / infinitely variable

Stufen·nummer *f* [Cobol] / level number || ≗**redundanz** *f* [Th, Cy] / redundancy by steps || ≗**relais** *n* [Co] / two-step relay || ≗**versetzung** *f* [Sc] / edge dislocation || ≗**ziehen** *n* [Sc] / rate growth || ≗**ziehverfahren** *n* [Sc] / rate-growth process

stumpfer Winkel [Th] / obtuse angle

Stundenkorrekturimpuls *m* [ES] / hours correction pulse

Stundenzähler *m* [HSP] / power-on time meter || ≗**freigabe** *f* [ES] / hours counter enable

Stützpunkt *m* [Sw] / restart point

STW (s. Speichern Wort)

STWI (s. Speichern Wort indirekt)

STWR (s. Speichern Wort real)

STX-Zeichen (s. Anfangszeichen)
SU (s. Subtrahieren nicht normalisiert kurz)
Submatrix *f* [Th] / submatrix
Submikron·bereich *m* [Sc] / submicron range || **≗struktur** *f* [Sc] / submicron pattern
submodulare Struktur [Sc] / submodular structure
Subroutine *f* [Fortran] / subroutine
Subroutinen·anweisung *f* [Fortran] / subroutine statement || **≗prozedur** *f* [Fortran] / subroutine procedure || **≗unterprogramm** *n* [Fortran] / subroutine subprogram
Substitution *f* [Sw] / substitution || [OCR] / transposition (of characters) || ≗ (substituiertes Zeichen) [Tr] / substitute character (SUB)
Substitutions·bit *n* [ES] / address substitution bit || **≗feld** *n* [HSP] / substitution field || **≗feldmodul** *n* [HSP] / substitution field module, SF module || **≗liste** *f* [ES] / substitution list || **≗listenadresse** *f* [ES] / substitution list address || **≗modus** *m* [OS] / substitute mode || **≗stelle** *f* [PCC] / substitution bit || **≗steueranweisungsmodul** *n* [HSP] / substitution control statement module || **≗zelle** *f* [ES] / address substitution cell
Substrat *n* [Sc] / substrate || **≗fläche** *f* [Sc] / substrate area || **≗strom** *m* (eines Isolierschicht-Feldeffekttransistors) [Sc] / substrate current
Subsystem *n* (funktionelle Einheit bestehend aus mehreren Bauelementen, Bausteinen bzw. Baugruppen) [Dp] / subsystem || **Verarbeitungs-≗** *n* [Dp] / processing subsystem (as used in distributed data processing)
Subtrahend *m* [Th] / subtrahend
Subtrahiereinrichtung (s. Subtrahierglied)
Subtrahieren binär [OS, Lisp] / Subtract binary || **≗ dezimal (SP)** [OS, Lisp] / Subtract decimal (SP) || **≗ Halbwort (SH)** [OS, Lisp] / Subtract halfword (SH) || **≗ nicht normalisiert kurz (SU)** [OS, Lisp] / Subtract unnormalized short (SU) || **≗ nicht normalisiert lang (SW)** [OS, Lisp] / Subtract unnormalized long (SW) || **≗ normalisiert erweitert (SXR)** [OS, Befehl] / Subtract normalized extended (SXR) || **≗ normalisiert kurz (SE)** [OS, Lisp] / Subtract normalized short (SE) || **≗ normalisiert lang (SD)** [OS, Lisp] / Subtract normalized long (SD) || **≗ ohne Vorzeichen (SL)** [OS, Lisp] / Subtract logical (SL) || **≗ Wort (S)** [OS, Lisp] / Subtract word (S)
Subtrahierer (s. Subtrahierglied)
Subtrahierglied *n* [ALU] / subtracter || **≗ mit drei Eingängen** [ALU] / three-input subtracter || **≗ mit zwei Eingängen** [ALU] / two-input subtracter
Subtrahierwerk *n* [ALU] / subtracter || **serielles ≗** [ALU] / serial full subtracter
Subtraktion *f* [Th] / subtraction
Subtraktions·anweisung *f* [Cobol] / subtract statement || **≗-Funktion** *f* [PL/1] / subtract (builtin) function || **≗zähler** *m* [PC, Off] / balance counter
Subzeile *f* (= 6 Mikrozeilen) [HSP] / subline (= 6 microlines)
Subzeilenverfahren *n* [HSP] / subline method
Suchanweisung (s. Durchsuchanweisung) || ≗ (s. Aufsuchanweisung)
Suchargument *n* [Sw] / search argument
Suchbefehl *m* [Sw] / search instruction || **unbefriedigter ≗** [PE] / nonsatisfied search command
Suchbegriff *m* (eines Index usw.) [MAT, IDS] / search word
Suchcodierer·arbeitssignal *n* [ES] / finder coder activate signal || **≗nullmeldung** *f* [ES] / finder coder nil signal
Suche, dichotomische ≗ (bei EDV-Systemen häufig verwendetes Verfahren, die Menge der gespeicherten Dateneinheiten bei jedem Schritt des Suchlaufs in zwei Teile zu unterteilen) [IDS] / dichotomizing search, binary search
Suchen in geketteter Liste [Sw] / chaining search || **≗ in verknüpfter Liste** [Sw] / chaining search || **≗ Maschinenfehler** [OS, Lisp] / Diagnose || **binäres ≗** (s. dichotomische Suche) || **bisektionelles ≗** (s. dichotomische Suche)
Suchfrage *f* (Fragestellung, die ein Anwender eines Retrievalsystem zugrundelegt) [IDS] / search query || **boolesche ≗** (Suchfrage, bei der die einzelnen Elemente durch Operatoren der booleschen Algebra verknüpft sind) [IDS] / Boolean query || **verschlüsselte ≗** (in die Sprache des Dokumentationssystems übersetzte Suchfrage) [DOK] / retrieval query
Suchkarte *f* [Sw] / search card
Suchkette *f* [ES] / finder chain || **schnelle**

≈ [ES] / highspeed finder chain
Suchkriterium *n* [Sw] / search argument
Suchlauf *m* (Vergleich einer verschlüsselten Suchfrage mit den Dateneinheiten eines Datenbestandes) [IDS] / search run || **automatischer** ≈ [OS] / automatic library lookup
Such·maske *f* [TES] / search mask || **vorwärtsgerichtete** ≈**methode** [ES] / forward recovery procedure || ≈**operation** *f* [Sw] / search operation || ≈**routine** *f* [HSP] / search routine
Suchschaltung *f* [ES] / finder circuit || **Einer-**≈ *f* [ES] / units finder circuit
Such·schleife *f* [Dp] / search cycle || ≈**schlüssel** *m* [Dp] / search key || ≈**sprache** *f* (= Ausgangssprache, in der die Frage gestellt wird) [MAT, IDS] / search language || ≈**steuerwort** *n* [Sw] / search control word || ≈**strategie** *f* (Analyse und Festlegung des Ablaufs von Suchvorgängen für gleichartige Suchfragen in einem bestimmten Retrievalsystem) [IDS] / retrieval strategy, search strategy || ≈**system** *n* [IDS] / retrieval system
Suchverfahren *n* (aus der Suchstrategie abgeleiteter Ablauf eines Suchvorgangs für bestimmte Suchfragen) [IDS] / search method || ≈ (s. Zugriffsverfahren) || ≈ **für Leitungsbelegung** [ES] / line hunting method || ≈ **mit Nullstellung** (Sammelanschluß) [ES] / search with homing || **zyklisches** ≈ (Sammelanschluß) [ES] / rotary searching
Such·vorgang *m* (Überprüfung von Dateneinheiten eines Datenbestandes auf Übereinstimmung mit einem gesuchten Sachverhalt und/oder gesuchten Eigenschaften) [IDS] / search, search process || ≈**wort** *n* (Zeichenfolge, nach der in einem Text gesucht wird) [TES] / text string (to be searched for in a text)
Suchzeit *f* (Zeit, die zur Durchführung eines Suchlaufs benötigt wird) [DOK] / search time || ≈ (s. Zugriffszeit)
Suchzyklus *m* [Dp] / search cycle
Summand, erster ≈ [Th, ALU] / augend || **zweiter** ≈ [Th, ALU] / addend
Summandenregister *n* [ALU] / addend register
Summation *f* [Cy] / summation
Summationsoperator *m* [Algol] / adding operator
Summator *m* [ADp] / analog adder (i.e., a device which provides one output variable which is a weighted sum of two input variables)
Summen·-AQL *n* [QC, Sc] / cumulative AQL (= acceptable quality level) || ≈**druck** *m* [PC] / total printing
Summenfunktion *f* [PL/1] / sum (builtin) function
Summen, eingebaute logische ≈**Funktion** [PL/1] / some (builtin) function || ≈**gangunterbindung bei Einzelkartengruppen** [PC] / single card total elimination || ≈**gemisch** *n* [Tr] / aggregate signal || ≈**karte** *f* [PC] / summary card (i.e., a punched card containing totals and descriptive data resulting from an associated group of detail cards) || ≈**klausel** *f* [Cobol] / sum clause || ≈**kontrolle** *f* [PC, Sw] / summation check, sum check || ≈**lochen** *n* [PC] / summary punching (i.e., punching summary information from a report prepared by a tabulator or other machine onto punched cards, which then can be processed at a later time) || ≈**locher** *m* [PC] / summary punch (i.e., a card punch, directly under control of a tabulator, used for punching summary cards from data processed by the tabulator), gang summary punch || **Einspaltenmonatsschreibung und** ≈**lochung** [PC] / single-column month listing and summary punching || ≈**pegel** *m* [Tr] / aggregate level || ≈**probe** *f* [PC, Sw] / summation check, sum check || ≈**schreibung** *f* [PC] / total printing
Summenstanzen *f* [PC] / summary punching (i.e., punching summary information from a report prepared by a tabulator or other machine onto punched cards, which then can be processed at a later time)
Summen·stanzer *m* [PC] / summary punch (i.e., a card punch, directly under control of a tabulator, used for punching summary cards from data processed by the tabulator), gang summary punch || ≈**-Toleranzfehler** *m* [NC] / tolerance buildup
Summenübertragung *f* [PC] / total transfer (i.e., a method for accumulating minor, intermediate, and major control totals when preparing printed results on a punch card tabulator) || ≈ **im Kartengang** [PC] / card cycle total transfer
Summen·werkausgang *m* [PC] / counter totals exit || ≈**zeichen** *n* [PC, Off] /

summation sign || ≈**zeile** *f* [PC] / total line
Summer *m* [Hw] / buzzer
summierend·er Integrator [ADp] / summing integrator || ~**er Integrierverstärker** [ADp] / summing integrator
Summierer *m* [ADp] / analog adder (i.e., a device which provides one output variable which is a weighted sum of two input variables)
Summierverstärker *m* [ADp] / analog adder (i.e., a device which provides one output variable which is a weighted sum of two input variables)
Superprogramm *n* [OS] / supervisory routine, executive routine
Supervisor, primärer ≈ [OS] / primary supervisor
Superzeichen *n* [Cy] / supersign || ≈**redundanz** *f* [Cy] / redundancy at the supersign level
Supraleitungsspeicher *m* [M] / cryogenic storage
SVC-Aufruf *m* [Sw] / supervisor call, SVC call
SVC-Tabelle *f* [Sw] / SVC address table (SVCT)
SVG (s. Stromversorgungsgerät)
SW (s. Subtrahieren nicht normalisiert lang)
SWA (s. Speicherwortausgabe)
SWAD (s. Speicherwortadresse)
SWE (s. Speicherworteingabe)
SXR (s. Subtrahieren normalisiert erweitert)
Symbol *n* (DIN 44300, März 1972) [Th, Dp] / symbol || ≈ **eines Schaltglieds** [SA] / standard symbol (for a logical circuit) || **absolutes** ≈ [PL] / absolute symbol || **boolesches** ≈ [SA] / logic symbol, logical symbol || **externes** ≈ [Sw] / external symbol || **funktionelles** ≈ [SA] / logic symbol, logical symbol || **grafisches** ≈ [Dp] / graphic, graphic symbol || **logisches** ≈ [SA] / logic symbol, logical symbol || **reines** ≈ [Sw] / abstract symbol || **unbenanntes** ≈ [Sw] / abstract symbol || **verschiebliches** ≈ [Sw] / relocatable symbol
Symbolentabelle (s. Zuordnungstabelle)
symbolisch·e Adresse [Sw] / symbolic address, floating address || ~ **adressierter Arbeitsspeicherplatz** [M] / symbolic location || ~**e Adressierung** [Sw] / symbolic addressing, symbolic coding || ~**e Algebra** [Th, SA] / Boolean algebra, Boolean logic || ~**e Anweisung** [PL] / symbolic instruction || ~**er Bezirk** [ES] / symbolic region || ~**er Code** [Sw] / symbolic code || ~ **codierter Lochkartensatz** [PC] / symbolic deck || ~**e Codierung** [Sw] / symbolic addressing, symbolic coding || ~**e Geräteadressierung** [Sw] / symbolic device addressing || ~**e Geräteliste** [OS] / symbolic device list || ~**er Gerätename** [Sw] / symbolic device name || ~**e Gerätenummer** [Algol] / logical unit number || ~**e Instruktion** [PL] / symbolic instruction || ~**e Logik** [Th] / mathematical logic, symbolic logic || ~**er Name** [Sw] / symbolic device name || ~**e Operation** [Sw] / symbolic operation || ~**er Parameter** [Sw] / symbolic parameter || ~**es Programm** [Sw] / symbolic program || ~**es Programmieren** [Sw] / symbolic programming || ~**e Programmiersprache** [Sw, NC] / symbolic language, symbolic programming language || ~**es Programmiersystem** [Sw] / symbolic programming system || ~**e Programmierung** [Sw] / symbolic programming || ~**e Sprache** [Sw, NC] / symbolic language, symbolic programming language || ~**e Zahl** [Sw] / symbolic number
Symbol·nachweis *m* [Dp] / cross reference || ≈**programmsystem** *n* [Sw] / symbolic programming system || ≈**schreibung** *f* [Sw] / symbolic printing
Symbolsprache *f* [Sw, NC] / symbolic language, symbolic programming language || **Programm in** ≈ (s. symbolisches Programm)
Symbol·tabelle *f* [Sw] / symbol table (i.e., a table of labels and their corresponding numeric values) || **externes** ≈**verzeichnis** [Sw] / external symbol dictionary (ESD)
Symmetrie *f* [Tr] / balance || ≈**abweichung** *f* [Tr] / unbalance
symmetrisch *adj* [Tr] / balanced || ~**e Bandsortiertechnik** [Dp] / balanced tape technique || ~**er Binärkanal** (DIN 44301, Feb. 1977) [Th] / binary symmetric channel || ~**er Fehler** [Dp] / balanced error || ~**er Fehlerbereich** [DS, Th, Tr] / range of balanced error || ~**er pn-Übergang** [Sc] / symmetrical junction || ~**e Schaltung** [Tr] / balanced circuit || ~**er Verstärker** [Th] / balanced amplifier || ~**-zyklisch magnetisierter Zustand** [M] / symmetrical cyclically magnetized

condition
Synchro-Geber *m* [NC] / synchro-transmitter
synchron *adj* [Th] / synchronous || ~**e Anforderung** [VS, RDp] / synchronous request || ~**es Arbeiten** [Dp] / synchronous operation, synchronous working || ~ **arbeiten** [ES] / to work in synchronism || ~**e Leitungsanpassung** [ES] / synchronous line adapter || ~**e Lochstreifengewinnung** [PT] / synchronous punching || ~**e Programmunterbrechung** [Sw] / synchronous interrupt || ~**e Übertragung** (DIN 44302, Apr. 1979) [Tr] / synchronous transmission
Synchronbetrieb *m* [Dp] / synchronous operation, synchronous working || **gesicherter** ≗ [RDp, Tr] / protected synchronous mode
Synchron·-Datenendeinrichtung *f* [RDp] / synchronous data terminal equipment || ≗**datennetz** *n* [ES] / synchronous data network || ≗**ierungsausfallerkennungszeit** *f* [ES] / loss-of-sync detection time
Synchronisation *f* [Tr] / synchronization
Synchronisationsimpuls, Austausch von ≗**en** [Tr] / handshaking
Synchronisationszeichen *n* [Tr] / synchronizing signal, sync signal
Synchronisierader *f* [Tr] / synchronizing wire || ≗**bit** *n* (Envelope) [ES] / alignment bit || ≗**byte** *n* [ES] / synchronizing byte || ≗**einheit** *f* (DIN 44302, Apr. 1979) [Tr] / timing generator
Synchronisiereinrichtung *f* [RDp, Tr] / synchronizing unit || ≗ (Geräteelektronik) [TP] / synchronizer
Synchronisieren *n* [Fax] / synchronizing
Synchronisiermeldung *f* [ES] / synchronization signal || ≗**schnittstelle** *f* [ES] / synchronizing interface || ≗**signal** *n* [Tr] / synchronizing signal, sync signal
synchronisiert *adj* [NC] / synchromesh, in step
Synchronisierung *f* [Fax] / synchronizing || [Tr] / synchronization
Synchronisierungsmarke *f* [HSP] / sync mark
Synchronisierwort *n* [ES] / synchronizing word || ≗**zeichen** *n* [Tr] / synchronous idle character (SYN), idle character
Synchron·lochen *n* [PT] / synchronous punching || ≗**modem** *m* [ES] / synchronous data set || ≗**motor** *m* [HSP] / synchronous motor || ≗**prüfautomat** *m* [Sc] / automatic pc board tester || ≗**puffer** *m* [Tr] / synchronous buffer || ≗**rechner** *m* [Dp] / synchronous computer (i.e., a computer in which the timing of all operations is controlled by equally spaced signals from a clock) || ≗**spielraum eines Start-Stopp-Apparates** [TP] / synchronous margin
Synchronstreifen *m* [PT] / byproduct tape || **kumulativer** ≗ [Sw] / cumulative byproduct tape || **selektiver** ≗ [PT] / select tape
Synchrontakt *m* [Dp] / synchronous clock pulse || ≗**geber** *m* [Tr] / synchronous clock pulse generator || ≗**zusatz** *m* [Th] / synchronous clock pulse feature
Synchron·übertragung *f* [Tr] / synchronous transmission || ≗**verfahren** *n* [TP] / synchronous mode || ≗**zuordner** *m* [ES] / speed buffer
Sync-Zeichen (s. Synchronisiersignal)
Synistor *m* [Sc] / synistor
Synonym *n* (DIN 2333V, Sept. 1974) [MAT] / synonym
syntaktisch *adj* [PL, MAT] / syntactic || ~**e Analyse** [Term, MAT] / syntactic analysis || ~**er Fehler** [Sw] / syntax error, syntactical error
Syntax *f* [Term, PL] / syntax || ≗**fehler** *m* [Sw] / syntax error, syntactical error || ≗**prüfung** *f* [PL, NC] / syntax check || ≗**verstoß** *m* [Sw] / syntax error, syntactical error
Synthesator, Vocoder-≗ *m* [VC] / vocoder synthesizer
synthetisch·e Adresse [Sw] / generated address, synthetic address || ~**er Lauf** [ES] / synthetic run || ~**e Sprache** [VC] / synthesized voice || ~**e Stimme** [VC] / synthesized voice
SYN-Zeichen *n* [Tr] / synchronous idle character (SYN), idle character
SYSCOPY (s. Übertragen der Bibliotheken)
System *n* (strukturiertes Gebilde, das Eingangsinformationen aufnimmt und darauf bestimmte Reaktionen zeigt) / system || ≗ **mit offenem Wirkungsweg** (s. offenes System) || **beim Laden des** ≗**s** [Sw] / at system load time, during system initiation, at system initiation time || **direkt gesteuertes** ≗ [ES] / direct-control system, step-by-step switching system || **indirekt gesteuertes** ≗ [ES] / indirect-control system, common control system || **innerbetriebliches** ≗ [Dp] / in-plant system, in-house system ||

transparentes ≗ [ES] / transparent system || **Überlagerungsphase des** ≗**s** [Sw] / system overlay || **verdoppeltes** ≗ [ES] / duplicated system

systemabhängig *adj* [Hw, Sw] / system-dependent || **~er Fehler** [Th] / systematic error

System·analyse *f* [DpC] / system analysis, systems analysis || ≗**analytiker** *m* [DpC] / systems analyst, analyst, systems engineer || ≗**änderung** *f* [ES] / system modifications || ≗**anschaltung** *f* [ES, QC] / system access

Systemanschluß·baugruppe *f* [ES] / terminator board || ≗**nummer** *f* [TP] / termination number

System·ansprache *f* [Sw] / system communication || ≗**anzeige** *f* [ES] / hardware indicator || ≗**architektur** *f* [Dp] / system architecture (i.e., the design of a computer and the way in which hardware and software interact)

systematisch·er Ausfall [QC] / systematic failure || **~er Code** [DS, Th] / weighted code || **~er Fehler** [Th] / systematic error || **~er Fehlerprüfcode** [DS, Tr] / group code (systematic error-checking code)

System·aufbau *m* [ES] / system design, system layout, system structure || ≗**auflösung** *f* [Sc] / system resolution || ≗**aufruf** *m* [Sw] / system call || ≗**ausbau** *m* [Mp] / system upgrade || ≗**ausfall** *m* [ES] / system failure, system breakdown

Systemausgabe *f* [Sw] / system output || ≗**datei** *f* [Sw] / system output file || ≗**einheit** *f* [IO] / system output unit || ≗**programm** *n* [OS] / system output writer, output writer

Systemband *n* [OS] / system tape || ≗**ablaufteil** *m* [OS] / system tape supervisor || ≗**änderung** *f* [OS] / system tape update || ≗**erzeuger** *m* [OS] / system tape builder, system tape generator

Systembedienung *f* (Programm) [OS] / executive console routines

Systembedienungs·befehle *m pl* [ES] / system command repertoire || ≗**programm** *n* [ES] / system command repertoire routine

System·beratertelegramm *n* [ES] / system software change notice || ≗**bereich für residente Lademoduln** [Dp] / link pack area || ≗**beschreibung** *f* [OS] / system description || ≗**bezeichnungsschild** *n* [Hw] / logo field || ≗**bibliothek** *f* [Sw, ES] / system library, system load library || ≗**blockade** *f* [Sw] / system deadlock, deadly embrace || ≗**datei** *f* [Sw] / system file || ≗**dateienbelegungstabelle** *f* [Sw] / disk file protection table (DFPT)

Systemdaten *plt* [Th] / system data || ≗**sicherungsroutine** *f* [ES] / system data safeguarding routine

Systemdurchsatz, erhöhter ≗ **durch wirtschaftliche Speicherverwaltung** [M] / improved throughput through efficient memory management

Systemeingabe·datei *f* [Sw] / system input file || ≗**einheit** *f* [IO] / system input unit || ≗**fluß** *m* [Sw] / system input stream || ≗**programm** *n* [OS] / reader-interpreter

Systemeingriff, ohne wesentliche ≗**e** [Dp] / without appreciable modification of the system

System·einheit *f* [Dp] / system unit || ≗**einleitung** *f* [OS, ES] / system initialization, system initiation

Systemeinrichtungen *f pl* [Sw] / facilities || **gemeinsam benutzte** ≗ [Sw] / shared facilities

System·element *n* [OS] / resource || ≗**entwickler** *m* / systems designer, system designer || ≗**entwicklung** *f* / systems design, system design || ≗**eröffnungsprogramm** (s. Urlader) || ≗**erweiterung** *f* [Mp] / system expansion || ≗**familie** *f* [Dp] / family of systems, system family || ≗**fehler** *m* [Hw, OS] / system error, system fault || ≗**generator** *m* [OS] / system generator (SYSGEN) || ≗**generierung** *f* [OS] / system generation

systemintern *adj* [Tr] / intrasystem (transmission, etc.), (transmission, etc.) internal to the system

System·katalog *m* [Sw] / systems catalog || ≗**klassifizierung** *f* [RDp, Tr] / system classification || ≗**konfiguration** *f* [Hw] / system configuration, equipment configuration, hardware configuration, site configuration || ≗**konstante** *f* [Sw] / system constant

Systemkonventionen *f pl* [Th, Sw] / system conventions, system standards || ≗ **für Großspeicher** [PE] / random-access conventions

System·lauf *m* [Sw] / system run || ≗**makro** *m* [Sw] / system macro || ≗-**Makroinstruktion** *f* [Sw] / system macro instruction || ≗**maßnahme** *f* [OS] / system action

Systemmeldung *f* [Tr] / system notice || ≗ (Blattschreiber) [ES] / system console typeout

Systemnachweis *m* [OS] / system log

Systemnorm·anschluß (SN) *m* [ES] / system standard interface trunk || **≈schnittstelle** *f* [ES] / system standard interface

System·parameter *m* [Hw] / site parameter, system parameter, configuration parameter || **≈peripherie** *f* [Hw] / system peripherals || **≈plan** *m* [Th] / system organisation || **≈planer** *m* / systems designer || **≈planung** *f* / system engineering || **≈platte** *f* [OS] / system residence disk, system disk

Systemplatten·generator *m* [OS] / system disk generator || **≈stapel** *m* [MD] / operational pack

Systemprogramm *n* [RDp, Sw, Tr] / system program, system routine, systems program, operating system routine, programming system component || **≈ des PBS** [OS] / DOS routine || **≈band** [Sw] / system load library tape || **≈baustein** *m* [Sw] / system program module || **≈bereich** *m* [OS] / system program area || **≈bibliothek** *f* [Sw, ES] / system library, system load library

System·protokollaufgabe *f* [Dp] / log task || **≈prüfprogramm** *n* [Sw] / system checkout routine, system debugging aid routine

Systemprüfung *f* [Hw, Sw] / system check (i.e., a check on the overall performance of a system, usually not made by builtin computer check circuits)

system·resident *adj* [Sw] / system-resident || **≈residenz** *f* [OS] / system residence

Systems-Engineering (Projektplanung anhand eines Phasenplans, bei der eine Phase nur nach einer vorhergehenden Entscheidung gestartet werden darf) [R&D] / systems engineering, system engineering

System·stammband *n* [Sw] / master system tape (MASTAP) || **≈stapel** *m* [Sw] / system pack

Systemsteuer·daten *plt* [OS] / system control data || **≈karte** *f* [Sw] / system control card

Systemsteuerung *f* [Sw] / system control || **erweiterte ≈** [VS] / extended control mode, EC mode

System·steuerungsbefehl *m* [OS] / system control command || **flexibles ≈symbol** [Sw] / system variable symbol

Systemtakt *m* [ES] / system clock, internal clock, local clock || [ES] / system clock pulse, system timing || **zentraler ≈** [ES] / central system clock pulse, centralized master clock, central system timing || **≈intervall** *n* [ES] / system clock period

Systemtechnik (s. Systems-Engineering)

systemtechnisch *adj* [ES] / system-oriented || **~es Anschlußprogramm** [ES] / system-oriented interfacing program

System·test *m* [Hw, Sw] / system check (i.e., a check on the overall performance of a system, usually not made by builtin computer check circuits) || **≈theorie** *f* [Th, Cy] / system theory || **≈übersicht** *f* [Th] / general information || **≈überwachung** *f* [ES] / system monitoring || **~unabhängig** *adj* [Th] / not affiliated with a specific system, not specific to a particular system || **≈untereinheit** *f* [ES] / system subunit || **≈verklemmung** *f* [Sw] / system deadlock, deadly embrace || **≈verwalter** *m* [Sw] / system administrator || **≈verwaltung** *f* [Th] / system management || **≈verwaltungsprogramm** *n* [Sw] / system service routine || **≈verzögerung** *f* [ES] / system delay || **≈-Vorsorgeanweisung** *f* [PL/1] / on system statement || **≈wartung** *f* [MCS] / system maintenance

Systemzeit *f* [Dp] / physical system time, system time || **≈block** *m* [ES] / system time block || **≈register** *n* [ES] / system time register

System·zugehörigkeit *f* [ES] / system affiliation || **≈zusammenbruch** *m* [ES] / system breakdown || **≈zustand** *m* [Sw] / system status, system state || **≈zustandabspeicherung** *f* [ES] / system recovery

Systemzustands·anzeigefeld *n* [ES] / system status panel (SSP) || **≈anzeigeprogramm** *n* [ES] / system status panel program || **≈bild** *n* [Sw] / system status dump || **≈steuerung** *f* [ES] / system status control

Systemzuverlässigkeit *f* [Dp] / system reliability, system reliability (i.e., the reliability of a system based on some objective criterion)

SZA (s. Speicherzyklusanforderung)

SZAR (s. Speicherzyklusanforderungsregister)

T

tabellarisch *adj* [Dp] / tabular
Tabelle *f* [Sw] / table || ≗ (s. Nachschlagetabelle) || ≗ **des Ablaufteils** [CU] / executive table
Tabellen·aktualisierungsbefehl *m* [Sw] / table update command || ≗**änderungsbefehl** *m* [Sw] / table update command || ≗**argument** *n* [Sw] / table argument || ≗**ausdruck** *m* [ES] / tabular printout || ≗**bearbeitung** *f* [Cobol] / table handling
Tabellenelement *n* [Cobol] / table element || ≗**nummer** *f* [Cobol] / occurence number
Tabellen·generator *m* [ES] / table generator || ~**gesteuert** *adj* [Sw] / table-driven || ≗**kennzeichen** *n* [Sw] / table identifier || ≗**lesen** *n* [Sw] / table lookup (TLU) || ≗**linie** *f* [HSP, Typ] / form line || ≗**satz per Programm** [HSP] / programmed construction of tables || ≗**suchbefehl** *m* [Sw] / table lookup instruction || ≗**suchen** *n* [Sw] / table lookup (TLU)
Tabelliereinrichtung *f* [TP] / tabulator, tabulation facility
tabellieren *v* [PC] / tab, tabulate
Tabellierer (s. Tabelliermaschine)
Tabelliermaschine *f* [Hw, Hist, Off] / punched card tabulator, tabulating machine || **alphabetschreibende** ≗ [PC, Off] / alphabetic accounting machine
Tablett, grafisches ≗ [GrDp] / graph tablet
TAB-Programmiermethode *f* [NC] / TAB sequential programming method
Tabulator... [PL/1] / tab... || **den** ≗ **löschen** [TP] / to clear the tab stops || **den** ≗ **setzen** [TP] / to set the tab stops || ≗**löschen** *n* [VDT] / tab erasing || ≗**setzen** *n* [VDT] / tab setting
Tabulator-Setz-Löscheinrichtung *f* [TP] / automatic tab set/tab clear
Tabulator·speicher *m* [TES] / tab memory || ≗**stelle** *f* [TES] / tab position, tabulator position || ≗**steuerung** *f* [TP] / horizontal tab set control high-speed tabbing in either direction || ≗**zeichen** *n* [TES] / tab character (TABC), tabulator character
TAG (s. Telexteilnehmer-Anschaltgerät)
Tagesdatendatei *f* [TES] / working file
Tagesdatums-Funktion *f* [PL/1] / date (builtin) function
Tages·schlüssel *m* [Cryp] / daily keying element || ≗**uhr** (s. Uhrzeitgeber)
Tageszeit-Funktion *f* [PL/1] / time (builtin) function
täglicher Arbeitsnachweis [Dp] / daily performance record
Takt *m* [MCS, Dp, Tr] / clock pulse, signal pulse || **Arbeitsweise mit festem** ≗ [Dp] / fixed cycle operation, synchronous operation, synchronous working || **Arbeitsweise mit variablem** ≗ [Dp] / variable cycle operation, asynchronous operation, asynchronous working || **außer** ≗ [Hw, NC] / out of step, out of time || **mit** ≗ **versorgen** [ES] / to provide timing for, to supply with clock pulses, clock || **netzinterner** ≗ [ES] / internal network timing, internal network clock || **zentraler** ≗ [TP] / central timing, central timing pulse || **zentrales Überwachen des** ≗**es** [ES] / centralized clock monitoring || ≗**abgleich** *m* [ES] / clock pulse alignment || **Abtastelement für die** ≗**abtastung** [TP] / scanning element for timing the disk scanning || ≗**ausgang** *m* [Mp, ES] / clock output || ≗**betriebsart** *f* [Mp, ES] / clock mode || ≗**beziehung** *f* [ES] / timing relationship || **interne** ≗**bindung** [MCS, Dp] / internal timing || ≗**eingang** *m* [Mp, ES] / clock input || ≗**eingangsschaltung** *f* [Mp] / clock input circuit
takten *v* [Mp] / clock (input, etc.)
Takterzeugung *f* [Mp] / clock generation
Taktfehler *m* [CP, Tr] / clock error, clock pulse error || ≗**anzeige** *f* [Tr] / clock error indicator || ≗**meldung** *f* [Tr] / clock error signal
Taktflachbaugruppe *f* [Mp] / clock board
Taktflanke *f* [Tr] / clock pulse edge, timing pulse edge || **positive** ≗ [TP] / positive-going pulse
Takt·folge *f* [Tr] / clock pulse rate, clock rate || ≗**frequenz** *f* [CP, Tr] / clock frequency, clock pulse frequency
Taktgeber *m* (DIN 44300, März 1972) [Mp, CP] / clock, clock generator || ≗ **und Treiber** (1-Chip-Baustein mit Oszillator, Zählerteiler, Treibern und logischen Hilfsfunktionen) [Mp] / clock generator and driver || **lokaler** ≗ [RDp] / slave clock
taktgebunden *adj* [ES] / clock-pulse-controlled, under clock control || **nicht** ~ [ES] / clock-independent
Taktgenerator *m* [Mp, CP] / clock, clock generator
taktgesteuert·e Ausgabe [IO] / clock-

actuated readout || **nicht** ~ [ES] / nonclocked

Taktimpuls *m* [MCS, Dp, Tr] / clock pulse, signal pulse || **~bewerter** *m* [PCC] / clock pulse evaluator || **~serie** *f* [Tr] / clock pulse train || **~serienprüfung** *f* [Tr] / clock pulse train test

Taktinsel *f* [ES] / independent clock

Taktkabel *n* [Tr] / clock cable || **~einbauplatz** *m* [Tr] / clock cable plug-in location || **~verstärker** *m* [Tr] / clock cable amplifier

Takt·laufzeitnormal *n* [ES] / clock delay standard || **~leitung** *f* [ES] / timing line

Taktloch *n* (DIN 66016, Juni 1966) [PT] / sprocket hole, feed hole || **~abtastung** *f* [TP] / feed hole scanning || **~auswertung** *f* [TP] / feed hole detector

Taktmarke *f* [HSP, OCR, NC] / timing mark || **Abstand der ~n** [OCR] / timing mark pitch || **Mittellinie der ~n** [OCR] / centerline of timing marks

Taktmarkenzone *f* [OCR] / timing mark field

taktmäßiges Splitten [ES] / splitting of clock supply

Takt·periode *f* [CP, Tr] / clock pulse period || **~phase** *f* [CP, Tr] / clock pulse phase, clock phase || **~phasenerzeugung** *f* [CP, Tr] / clock phase generation || **~puls** *m* [CP, Tr] / clocked pulse || **~quelle** *f* [Mp, CP] / source of clocking || **~raster** *n* [ES] / timing pattern || **~scheibe** *f* (Magnetband) [TP] / timing disk || **~schnittstelle** *f* [Tr] / clock pulse interface, clock interface || **~signal** *n* [MCS, Dp, Tr] / clock pulse, signal pulse || **~sperre** *f* [Tr] / clock inhibition

Taktspur *f* [CP] / clock marker track, clock track || **~** (regelmäßige Lochung, die dem gleichmäßigen Weitertransport beim Lochstreifen während des Lochens oder Abtastens dient) [PT] / sprocket holes, feed holes

Takt·stabilität *f* [CP, Tr] / clock stability || **~steuerung** *f* [CP, Tr] / clock control || **~stopp** *m* [Tr] / clock stop || **~störung** *f* [Tr] / timing pulse failure, clock failure || **~synchron** *adj* [Tr] / in clock-controlled synchronism || **~synchronisierung** *f* [Tr] / clock synchronization || **~system** *n* [Tr] / clock pulse system || **~teiler** *m* [Tr] / clock rate divider || **~totalfehler** *m* [Tr] / clock total failure, clock total error

Taktüberwachung *f* [CP, Tr] / clock pulse supervision || **dezentrale ~** [ES] / noncentral clock monitoring || **zentrale ~** [CP, Tr] / central clock monitor

Takt·überwachungsbaugruppe *f* [ES] / clock monitoring board || **~umschaltekriterium** *n* [Tr] / clock changeover signal || **~umschaltung** *f* [Tr] / clock changeover, clock switchover || **~umsetzer** *m* [Tr] / clock rate converter || **~versatz** *m* [Tr] / clock pulse offset || **~versorgt** *adj* [Tr] / clock-supplied

Taktversorgung *f* [CP, Tr] / clock pulse supply, clock supply || **~ der Netzknoten** [RDp] / network node clock supply || **externe ~** [ES] / external clock supply, external clock pulse supply || **interne ~** [ES] / internal clock supply, internal clock pulse supply

Takt·verstärker (TV) *m* [Tr] / clock pulse amplifier || **~verteiler** *m* [Tr] / clock pulse distributor || **~verteilung** *f* [Tr] / clock distribution || **~wahl** *f* [ES] / clock pulse selection || **~wahlschalter** *m* [ES] / clock selection switch || **positiver ~wechsel** [TP] / positive-going pulse || **~zähler** *m* [MCS] / clock counter || **~zahnrad** *n* [PT] / sprocket wheel || **~zeitfehler** *m* [Tr] / clock timing error || **~zentrale (TZ)** *f* [ES] / central clock, central clock pulse generator || **~zuordnung** *f* [Tr] / timer allocation

Tal·punkt *m* [Sc] / valley point (on a tunnel diode characteristic) || **~spannung** *f* [Sc] / valley point voltage || **~strom** *m* [Sc] / valley point current

TANAS (s. Testanforderungsabzweigsteuerung)

Tandembetrieb *m* [Dp] / flip-flop operation (i.e., operation in which a suitable device causes automatic alternation between two possible circuit paths) || [RDp] / tandem operation (i.e., operation in which the data proceeds from a central processor into another processor, e.g., in a master-slave arrangement)

Tandem·speicher *m* [ES] / tandem storage || **~transistor** *m* [Sc] / tandem transistor (i.e., two transistors in one package and internally connected together)

Tangiersignalempfindlichkeit *f* [Sc] / tangential signal sensitivity

Tannenbaumverzweigung *f* (Schaltung) [ES] / transfer tree

Tarif·gerät *n* [ES] / tariff zoner, rate meter || **~stufe** *f* [ES] / tariff stage || **~uhr** [ES] / tariff changeover time switch

Taschenrechner *m* (DIN 9757E, Okt. 1977) [Calc] / pocket calculator

Task *m* [Sw, OS] / task || **aktiver** ≗ [Dp] / active task || **anschließender** ≗ [Dp] / attaching task || **sekundärer** ≗ [OS] / subtask || ≗**steuerblock** *m* [OS] / task control block (TCB) || ≗**zuteiler** *m* [OS] / task dispatcher

Tastanschlag *m* [TES, TP] / key depression, keyboard stroke, keystroke

Tastatur *f* (DIN 40100 T16, Aug. 1978) [IO] / keyboard || ≗ **mit Buchstaben/ Ziffernsperre** [TP] / shift-lock keyboard || ≗ **mit motorangetriebenen Wählschienen** [TP] / motorized keyboard || ≗ **mit Sägezahnwählscheiben** [TP] / saw-tooth keyboard || ≗ **mit Zwischenspeicher** [TP] / storage keyboard || **elektronische** ≗ [IO] / electronic keyboard || **numerische** ≗ (DIN 9757E, Okt. 1977) [Calc] / numeric keyboard || **über** ≗ **eingeben** [TES] / keyboard || ≗**abdeckblech** *n* [TP] / keyboard sealing plate || ≗**abdeckung** *f* [TP] / keyboard mask || ≗**abfrage** *f* [IO] / keyboard inquiry || ≗**baustein** *m* [TES, TP] / keyboard module, keyboard component

Tastaturbelegung *f* [TES, TP] / keyboard layout || **mit beliebiger** ≗ **am Perforator** [TP] / with optional keyboard layout on the perforator

Tastatur·betrieb *m* [TP] / keyboard operation || **lokaler** ≗**betrieb** [TP] / local keyboard operation || ≗**-Dateneingabesystem** *n* [MCS] / keyboard data entry system

Tastatureingabe *f* [IO] / keyboard input, keyboard entry || ≗**station** *f* [RDp] / keyboard entry station

tastaturgesteuert *adj* [Th] / keyboard-controlled, key-controlled, key-driven || **~es Lochen** [PT, PC] / keypunching, keyboard-operated punching || **~es Prüfen** [PT, PC] / keyboard-controlled vertification

Tastatur·locher *m* [PC] / keypunch, manual perforator, mechanical punch || ≗**sender** *m* [TP] / keyboard transmitter || ≗**speicher** *m* [TP] / keyboard buffer || ≗**sperre** *f* [TP, ES] / keyboard lockout, keyboard lock device || ≗**steuerung** *f* [TP] / keyboard control || ≗**variante** *f* [TP] / keyboard variant

Tastaturwahl *f* [ES] / keyboard selection, keyboard signaling || ≗ (in der Telegrafie) [TP] / teleprinter keyboard selection || **Teilnehmer mit** ≗ [ES] / keyboard subscriber || ≗**system** *n* [ES] / keyboard selection system

Tastaufwand, den ≗ **reduzieren** [TP] / to reduce the keying work

Taste *f* (Schreibtaste) [Hw] / key || ≗ (s. Drucktaste) || **arretierbare** ≗ [VDT, TP] / staydown key || **nichtschreibende** ≗ [IO] / nonprinting key, function key, functional key || **schreibende** ≗ [IO, PT, TP] / printing key || **schreibende** ≗ **mit Vorschub** [IO, PT, TP] / escaping key, advancing key || **schreibende** ≗ **ohne Vorschub** [IO, PT, TP] / nonescaping key, nonadvancing key

tasten *v* [TP] / key || ~ (bei Clamp-Schaltung) [ES, Tr] / synchronize || ≗**anschlag** *m* [TES, TP] / key depression, keyboard stroke, keystroke || ≗**beschriftung** *f* [TES, TP] / molded-in key lettering

Tastendruck *m* [TES, TP] / key depression, keyboard stroke, keystroke || ≗**bewerter** *m* [TP] / key actuation recognizer

Tastenfeld *n* [TP] / key field || ≗ (DIN 40100 T16, Aug. 1978) [IO] / keyboard || **Lampen- und** ≗ [Hw] / lamp and pushbutton panel || ≗**belegung** *f* [RDp, Tr] / key panel assignment || ≗**neigung** *f* [TP] / key field inclination || ≗**sender** *m* [TP] / keyboard transmitter || **Tastenwerk mit** ≗**sperre** [TP] / shift-lock keyboard

Tasten·fernsprecher *m* (für Tonwahl) [IO, ES] / touch-tone telephone || ≗**freigabe** *f* [TP] / button release || **~gesteuert** *adj* [Th] / keyboard-controlled, key-controlled, key-driven || ≗**gruppe** *f* (Magnetband) [TP] / button block || ≗**hub** *m* [TES, TP] / key drop, stroke || ≗**knopf** *m* [Hw, TP] / key button, keytop || ≗**kraft am Druckpunkt** [TP] / finger pressure at the action point || ≗**platz** *m* [TP] / key position || ≗**rechner** *m* [Calc] / keyboard calculator || ≗**signal** *n* [TP] / key signal || ≗**sperre** *f* [TP] / key lock

Tastensteuerung *f* [TP] / button control || [NC] / tracer control

Tastenwahlfernsprecher *m* [ES] / pushbutton telephone

Tastenwerk *n* [IO] / keyboard || ≗ **mit Speicherung** [TP] / storage keyboard || ≗ **mit Tastenfeldsperre** [TP] / shift-lock keyboard || **handbetätigtes** ≗ [TP] / saw-tooth keyboard || **motorbetätigtes** ≗ [TP] / motorized keyboard

Tast·fehler *m* [TP, RDp] / keying error || **~freundliche Satzsprache** [Typ, Sw] / composition formatting language requiring a minimum of keyboard effort

|| ²platz *m* [TP] / key position || ²stift *m* [Hw] / unwired pin

Tastung, überlappende ² [TP] / overlapping operation of keys, key rollover

Tast·verhältnis *n* (DIN IEC 235 T1, Sept. 1978) [Hw] / pulse duty factor (i.e., the ratio of the average pulse duration to the average pulse spacing) || **²wahltelefon** *n* [ES] / pushbutton telephone || **²zustand** *m* [ES] / keying state

Tätigkeitenablaufplan *m* [ES] / activity schedule

Tätigkeits·anzeige *f* [ES] / activity indicator || **²bit** *n* [ES] / activity bit || **²register (TR)** *n* [ES] / activity register

tatsächliche Adresse [Sw] / absolute address, specific address, actual address

Tauch·ankermagnet *m* [TP] / plunger-type armature magnet || **²löten** *n* (DIN 41850E T5, Jan. 1978) [Hw] / dip-soldering

taxonomische Grammatik (s. Phrasenstrukturgrammatik)

TBG (s. Testbaugruppe)

TBS (s. Teilnehmerbetriebssystem)

TDV (s. Prüfen Gerät)

TEAM, Programmsystem ² (Terminologie-Datenbanksystem) [ASw, MAT] / TEAM program system

Technik *f* / (i) (applied science:) technology; (ii) (application of science and mathematics in the design and construction of machines, products, processes, structures, and systems, usually relating to one subject field:) engineering; (iii) (body of technical methods treated as an entity:) technique; (iv) (collective concept describing a group of devices or artificial objects plus the related procedures, serving a common purpose:) systems (e.g., data systems) || **die Fachsprachen der** ² [MAT] / the terminology of (science and) technology || **Stand der** ² [R&D] / state of the art

technisch·er Autor [DOK] / technical writer || **~er Baustein** [Hw] / hardware module || **~e Daten** / performance specifications, specifications || **~e Einrichtungen** [Dp] / technical facilities || **~e Entwicklung** [NC] / technical development || **~er Fehler** [Hw] / machine error, machine malfunction, hardware fault || **~er Informationsaustausch** [R&D] / technical information exchange || **~er Kundendienst (TKD)** [Serv] / field engineering service, customer field service || **~e Lieferbedingungen** [Dist] / terms and conditions on purchases || **~e Lieferverpflichtung** [Dist] / terms and conditions on sales || **~e Liste** (Software) [Dist] / product list || **~er Prozeß** (DIN 66201E T1, Apr. 1979) [PCC] / technical process || **~e Registratur (TR)** [IDS] / technical documentation filing office || **~e Struktur** [Dp] / system hardware || **~e Unterlagen** [Dist] / technical documentation || **~e Weiterentwicklung** [R&D] / technical evolution

technisch-wissenschaftlich·e Anwendungen [Dp] / scientific applications || **Rechner für ~e Aufgaben** [Dp] / scientific computer

Technologie *f* / technology || **² der Werkzeugmaschinen** [NC] / machine tool technology

technologisch·e Angaben [NC] / technological data, process information || **~e Bearbeitungswerte** [NC] / technological data, process information || **~e Werte** [NC] / technological values

Tecnetron *n* [Sc] / tecnetron

TEDIT (s. Ausdrucken eines Bandes)

teflon·beschichtet *adj* [Hw] / teflon-coated || **²material** *n* [Hw] / teflon || **²walze** *f* (Fixierstation) [HSP] / teflon roller

Teil·abdeckung *f* (Entwicklerstation) [HSP] / developer station end cover || **²anlage** *f* [Hw] / subsystem || **~assoziative Abbildung** [Th, Sw] / set associative mapping, hybrid associative mapping || **²ausdruck** *m* (Makrosprache) [Sw] / substring notation || **~ausgebaut** *adj* [Hw] / partially-equipped, partially-filled || **~ausgewähltes Speicherelement** [M] / partially selected cell || **²auslösung** *f* [ES] / partial cleardown, partial release of connection || **²bahn** *f* [HSP] / part web || **²bereich** *m* [Sw] / subarea

Teileliste *f* [Serv] / parts list

teilen *v* [Th] / divide

Teileprogrammierer *m* [NC] / parts programmer

Teiler *m* [Th] / divisor || **²takt** *m* [Tr] / clock pulse rate, clock rate || **²verhältnis** *n* [Th] / division ratio

Teilfeld *n* [Sw] / subfield

Teilfolgen·-Bedingung *f* [PL/1] /

stringrange condition || ≗-**Funktion** *f* [PL/1] / substr (builtin) function || ≗-**Pseudovariable** *f* [PL/1] / substr pseudo-variable
Teilgruppentrennzeichen *n* [Sw] / unit separator character
Teilhaber *m* (Benutzer eines Teilhabersystems, der im Gegensatz zum „Teilnehmer" ein gemeinsames Programmsystem und gemeinsame Dateien nutzt) [RDp] / on-line (system) user || ≗**betrieb** *m* (Betriebsweise in der Datenfernverarbeitung, bei der alle Terminals einem TP-Monitor zugeordnet sind und die Verarbeitung der Daten konkurrierend mit gleichen, dynamisch zugeteilten Betriebsmitteln erfolgt) [RDp] / (multitasking, etc.) on-line system
teil·integrierte Datenverarbeitung [Dp] / partly-integrated data processing || ≗**katalog** *m* [Sw] / subcatalog || ≗**kette** *f* [Sw] / substring || ≗-**Leseimpuls** *m* [M] / partial read pulse || ≗-**Lesestrom** *m* [M] / partial read current || ≗**menge** *f* [Th] / subset || ≗**nachricht** *f* [Sw] / message segment
Teilnehmer *m* [ES] / subscriber || ≗ (Benutzer eines Teilnehmersystems, der im Gegensatz zum „Teilhaber" seine eigenen Programme und Dateien nutzt) [RDp] / (i) timesharing (system) user, (ii) remote batch (system) user || ≗ **mit hoher Geschwindigkeit** [ES] / highspeed subscriber, highspeed user || ≗ **mit Nummernschalterwahl** [ES] / dialplate subscriber || ≗ **mit Tastaturwahl** [ES] / keyboard subscriber || **gerufener** ≗ [ES, Tr] / called subscriber, called party || **Klassifizierung der** ≗ [ES] / subscriber classification || **rufender** ≗ [Tr] / caller, calling party || ≗**amt** *n* [ES] / subscriber exchange || ≗**anschluß** *m* [ES] / subscriber termination, subscriber termination port || ≗-**Anschlußleitung** *f* [ES] / subscriber line || ≗**anschlußschaltung** *f* [Tr] / subscriber line circuit || ≗**besetztzustand** *m* [ES] / subscriber-busy condition || ≗**betrieb** *m* [Dp] / time-sharing environment, time-slicing environment
Teilnehmerbetriebs·klasse *f* [ES] / class of service (COS), user class of service || ≗**system (TBS)** *n* [OS] / time-sharing operating system (TSOS)
Teilnehmerdienst *m* [ES] / (optional) network convenience, customer service || ≗**routine** *f* [ES] / subscriber service routine
Teilnehmer·einrichtungsschaltung (TES) *f* [ES] / line terminator circuit || ≗**gruppe** *f* [ES] / subscriber group || ≗**identifizierung** *f* [ES] / subscriber identification
Teilnehmerklasse *f* [ES] / class of service (COS), user class of service || **durch** ≗ **kennzeichnen** [ES] / class-mark
Teilnehmer·klassenkennung *f* [ES] / class-of-service code, COS code || ≗**klassifizierung** *f* [ES] / subscriber classification || ≗**leitung** *f* (Teil einer Teilnehmerschleife) [ES] / subscriber line || ≗**nummer** *f* [ES] / subscriber's number, directory number, subscriber directory number || ≗**rechensystem** *n* (DIN 44300, März 1972) [OS] / time-sharing system || ≗**schaltung** *f* (Konzentrator) [ES] / subscriber termination set || ≗**schleife** *f* [ES] / subscriber loop || ≗**schrank** *m* [Hw, ES] / line termination cabinet, subscriber line termination cabinet || ≗**signalisierung** *f* [ES] / subscriber signaling || ≗**sperre** *f* [ES] / subscriber lockout || ≗**station** *f* [ES] / subscriber station, subsriber's station || ≗**stelle** (s. Teilnehmerstation) || ≗**system** *n* [OS] / time-sharing system || ≗**ursprungsverkehr** *m* [ES] / subscriber-originated traffic || ≗**vermittlungsstelle** *f* [ES] / subscriber-terminating exchange, subsriber exchange || ≗**verzeichnis** *n* (Telex) [TP] / subscriber telex directory, telex directory || ≗**wahl** *f* [ES] / subscriber dialing || ≗**wählnetz** *n* [ES] / automatic subscriber network || ≗-**Wählsystem** *n* [ES] / automatic switching system || ≗**wählverkehr** *m* [ES] / subscriber-dialed traffic
Teil·programm *n* [Sw] / partial program, part program || ≗**programmierer** *m* [NC] / parts programmer || ≗-**Schreibimpuls** *m* [M] / partial write pulse || ≗-**Schreibstrom** *m* [M] / partial write current || ≗**speicherung** *f* [ES] / partial storage || ≗**strecke** *f* [Tr] / line section
Teilstreckensystem *n* [ES] / tape relay (i.e., a method used for relaying messages between the transmitting and receiving stations, using perforated tape as the intermediate storage) || **manuelles** ≗ [ES] / torn tape relay (i.e., a procedure where operators tear off incoming printed and punched paper tape and transfer it manually to the proper outgoing circuit)

Teilstrecken·verfahren *n* [ES] / store-and-forward principle || **≗vermittlung** (s. Speichervermittlung)
Teilstrich *m* (Skala) [Hw] / graduation line, index graduation
Teilsystem *n* [ES] / splitoff system part (i.e. part that is split off from the system) || **≗simulator** *m* [Mp] / partial system simulator
Teil-Treiberimpuls *m* [M] / partial drive pulse || **≗übertrag** *m* [ALU] / partial carry
Teilung *f* [PT] / pitch, feed hole pitch, hole spacing
Teilungsgenauigkeit *f* [TP] / feed hole pitch accuracy, accuracy of hole spacing
Teil·verbindung *f* [ES] / partial connection || **≗verhältnis** *n* [Th] / division ratio || **≗vorrichtung** *f* [NC] / indexing fixture
teilweise besetztes Energieband [Sc] / partially occupied band || **~ gemeinsame Abnehmerleitung** [ES] / partially common serving trunk || **~ geschnittene Ansicht** [Dist] / cutaway view || **~ Gradationsumkehrung** [TP] / partial tone reversal
Teilwort *n* [PCC, Sw] / part word || **≗adressierung** *f* [RDp, Tr] / part word addressing || **≗nummer** *f* [PCC] / part word number || **~weise** *adj* [Th] / partword-serial
Teilzeichnerin *f* [R&D] / draftswoman
TEL (s. Transfer Ein und Lösche)
Telebildübertragung *f* (für Fotos) [TP] / phototelegraphy
Telefax *n* (von der Deutschen Bundespost angebotener Fernkopierdienst über das öffentliche Fernsprechnetz) [Fax] / "Telefax" (fascimile transmission services)
Telefonie *f* [Tr] / telephony || **≗puffer** *m* [Tr] / telephone buffer
telefonischer Telegrammdurchsagedienst [TP] / phonogram service
Telefon·kanal *m* [Tr] / telephone channel || **≗kopierer** *m* [Fax] / facsimile terminal, remote copier (using the public telephone network as a means of transmission) || **≗leitung** *f* [Tr] / telephone circuit
Telegrafen-... (cf. „Fernschreib-..." bzw. „Telegrafie-...")
Telegrafenalphabet *n* [TP] / telegraph alphabet || **internationales ≗** [TP] / international telegraph alphabet, international telegraph code || **internationales ≗ Nr.2** [TP] / international alphabet No.2
Telegrafenbetriebssaal *m* [TP] / telegraph instrument room
Telegrafencode *m* [TP] / telegraph code || **bivalenter ≗** [TP] / two-condition telegraph code || **trivalenter ≗** [TP] / three-condition telegraph code
Telegrafen·dienst *m* [RDp] / telegraph service || **≗leitung** (s. Fernschreibleitung) || **≗netz** *n* [TP] / telegraph network, teleprinter network
Telegrafenrelais *n* [TP] / telegraph relay || **≗ mit Zusatzwechselerregung** [TP, Co] / vibrating relay
Telegrafensender *m* [TP] / telegraph transmitter
Telegrafenstelle *f* [TP] / public telegraph office || **≗** (mit besonderen Aufgaben) [TP] / telegraph center
Telegrafenstromkreis (s. Telegrafieverbindung)
Telegrafen-Übertragungseinrichtung [TP] / telegraph repeater
Telegrafen-Übertragungseinrichtung, entzerrende ≗ [TP] / telegraph regenerative repeater
Telegrafenverbindung *f* [TP] / telegraph connection || **direkte internationale ≗** [TP] / direct international telegraph connection
Telegrafen·verkehrsbeziehung *f* [TP] / telegraph relation || **≗-Vermittlungsschrank** *m* [TP] / telegraph switchboard
Telegrafenwiederholer *m* [TP] / telegraph repeater || **entzerrender ≗** [TP] / telegraph regenerative repeater
Telegrafie *f* [TP] / telegraphy || **≗-...** (cf. „Fernschreib-..." bzw. „Telegrafen-...") || **automatische ≗** [TP] / automatic telegraphy || **manuelle ≗** [TP] / manual telegraphy || **Typendruck-≗** *f* [TP] / printing telegraphy || **≗anschlußsatz** *m* [Tr] / telegraph line adapter set || **≗drucker für Spezialcodes** [TP] / direc printer || **≗-Empfangsfunktion** *f* [TP] / telegraph arrival curve || **≗geräusch** *n* [TP] / telegraph noise, thump
Telegrafiekanal *m* [TP] / telegraph channel || **duplexfähiger ≗** [Tr] / duplex telegraph circuit
Telegrafieleitung *f* [TP] / telegraph line **festgeschaltete ≗** [Tr] / permanently switched telegraph line
Telegrafie·netz (s. Fernschreibnetz) || **≗prinzip** *n* [Tr] / telegraph principle || **≗puffer** *m* [TP] / telegraph buffer

Telegrafier·geräusch *n* [TP] / telegraph noise, thump || **≗geschwindigkeit** *f* [TP] / modulation rate || **≗leitung** (s. Fernschreibleitung) || **≗modulation** *f* [TP] / modulation, modulation keying

Telegrafie·schritt *m* [TP] / telegraph signal element || **≗sender** *m* [TP] / telegraph transmitter || **elektronischer ≗signalübertrager** [ES] / solid-state polar relay || **≗standleitung** *f* [RDp] / point-to-point telegraph circuit

Telegrafiestromkreis *m* (CH) [TP] / telegraph circuit || **direkter ≗** [TP] / direct telegraph circuit

Telegrafie·verbindung *f* (A, D) [TP] / telegraph circuit || **≗zeichen** *n* [TP] / telegraph signal || **≗-Zeichenschritte** *m pl* [TP] / telegraph signal elements (in alphabetic system)

Telegramm *n* [TP] / telegram || **≗** (abgeschlossene verarbeitbare Datenmenge) [RDp] / message || **≗bit** [ES] / microtelegram bit || **≗dienst** *m* [TP] / general telegraph service || **telefonischer ≗durchsagedienst** [TP] / phonogram service || **≗eingabe** *f* [ES] / telegram input program || **Sender für automatische ≗numerierung** [TP] / automatic numbering transmitter

Telegraph... (s. Telegraf...)

Telephon... (s. Telefon...)

Teleskop·schiene *f* [Th, Meas] / telescope rail || **≗zylinder** *m* [Fl] / telescope cylinder

Teletextsystem *n* (nicht einheitlich verwendeter Oberbegriff für Bildschirmtextsysteme und Bürofernschreiben) [Vtex] / teletext (generic term for both videodata and teletext services)

Telex·dienst *m* [TP] / telex service || **≗fernschaltgerät** *n* [TP] / telex signaling unit || **≗netz** *n* [TP] / telex network || **≗-Tarifgestaltung** *f* [ES] / telex rate structure

Telexteilnehmer *m* [ES] / telex subscriber, telex terminal || **≗-Anschaltgerät (TAG)** *n* [TP] / telex terminal repeater

Temperatur *f* [PCC, Sc] / temperature || **≗ des Übergangs** [Sc] / junction temperature || **≗ des Wärmeträgers** [Sc] / temperature of the heat carrier || **≗ im Thyristor** [Sc] / thyristor temperature || **mittlere ≗ des Hallplättchens** [Sc] / mean Hall plate temperature || **~abhängig** *adj* [Sc] / temperature-sensitive || **≗abhängigkeit** *f* [ES] / temperature dependence || **≗beanspruchung** *f* [Hw] / thermal stress || **≗begrenzer** *m* [Fl] / temperature controller || **~begrenzt** *adj* [Co, Sc] / temperature-limited (diode, etc.) || **≗bereich** *m* [DpC] / range of temperature, temperature range || **≗drift** *f* [Sc] / temperature drift || **≗empfindlichkeit** *f* [Dp] / temperature sensitivity, sensitivity to temperature || **≗gang** *m* [PCC] / temperature sensitivity, sensitivity to temperature

Temperaturkoeffizient der Ausgangsspannung [Sc] / temperature coefficient of output voltage || **mittlerer ≗ der Ausgangsspannung** [Sc] / mean temperature coefficient of output voltage

Temperatur·regelung *f* [HSP] / temperature control || **≗schwankung** *f* [HSP] / temperature variation, temperature fluctuation || **≗spannung** *f* [Sc] / voltage equivalent of thermal energy || **≗stabilisierung** *f* [Sc] / temperature stabilization

Tempern *n* [Sc] / heat treatment

temporär·e Ausfallhäufigkeit [QC] / temporary failure frequency || **~e Ausfallwahrscheinlichkeit** [DpC] / conditional probability of failure || **~e Bibliothek** [Sw] / temporary library || **~e Datei** (DIN 66230E, Jan. 1979) [Sw] / temporary file, temporary dataset

TEP/TEM (s. Transfer Ein Plus/Minus)

Term *m* [Algol] / term || [Fortran] / term || **≗** (DIN 41852, Aug. 1978) [Sc] / term || **arithmetischer ≗** [Fortran] / term

Terminal *n* [IO] / terminal, data terminal, terminal unit || **≗** (CH) [TP] / local end (with its termination) || **≗ mit einfachem Zeichenvorrat** [VDT] / video display unit with a limited character set (upper case letters only) || **≗ mit großem Zeichenvorrat** [VDT] / video display unit with upper and lower case letters and diacritics || **Drucker-≗** *n* [RDp] / printer terminal (usually using a dot-matrix printing head) || **grafisches ≗** [GrDp] / visual graphic display, display console plotter, CRT display for graphic applications || **intelligentes ≗** [DT] / intelligent terminal, smart terminal, intelligent data terminal || **Plotter-≗** *n* [GrDp] / peripheral plotter || **POS-≗** *n* [Hw] / point-of-sale terminal, POS terminal

Terminaldrucker *m* [RDp] / printer terminal (usually using a dot-matrix

printing head) || ² (Hardcopy-Einheit mit Tastatur) [IO, HSP] / keyboard printer
Terminalsystem *n* [IO] / terminal system
Terminator *m* [OS] / terminator (i.e., a specific job scheduling program which, after completion of a job, performs regular housekeeping tasks)
terminbestimmende Unterlage [Dist] / deadline document
Terminologe *m* [MAT] / terminologist
Terminologie *f* [MAT] / terminology || **²aufbereitung** *f* (DIN 2339E, Feb. 1978) [WS, MAT] / terminological editing (of data, etc.) || **²büro der Kommission der EG** [MAT] / Terminology Office of the Translation Division of the Commission of the European Communities (in Brussels) || **²daten** *plt* [Term] / terminological data
Terminologiedatenbank *f* [MAT] / terminology data bank || **mehrsprachige ²** [MAT] / multilingual terminology data bank
Terminologie-Datenbasis *f* [MAT] / terminology data base || **²eintrag** *m* [MAT] / terminological entry
terminologische Aufbereitung [WS, MAT] / terminological editing (of data, etc.)
Terminus *m* [MAT] / term
ternär *adj* [Th] / ternary || **~e Darstellung** [Th] / ternary notation || **~e Frequenzmodulation** [Tr] / ternary frequency modulation || **~e inkrementale Darstellung** [Th] / ternary incremental representation || **~e Schreibweise** [Th] / ternary notation
Ternärcode *m* [Th, Tr] / ternary code
TES (s. Teilnehmereinrichtungsschaltung) || ² (s. Testendesteuerung)
Test *m* [Th, Sw] / test || **²- und Anzeigefelder** [ES] / test and indicator panels || **²adresse** *f* [ES] / test address || **²anforderung** *f* [ES] / test request signal || **²anforderungsabzweigsteuerung (TANAS)** *f* [ES] / test request branch control || **²anweisung** *f* [Sw] / test statement, test parameter
TESTB (s. Abfragen Bit)
Test·baugruppe (TBG) *f* [ES] / test module, test board || **²bereich** *m* [ES, Tr] / test area || **²betrieb** *m* [Dp] / test mode
Testdaten *plt* [Sw] / test data || **²block** *m* [Sw] / test data block || **²datei** *f* [Sw] / test data file || **²generator** *m* [Sw] / test data generator || **²träger** *m* [OS] / test volume
Testdurchlauf *m* [Dp] / test run, trial run || **²zähler** *m* [ES] / test run counter
testen *v* [Hw, Sw] / check out, test || *n* [Sw] / testing || **² mit Maske (TM)** [OS, Lisp] / Test under mask (TM) || **² und Setzen (TS)** [OS, Befehl] / Test and set (TS) || **² und Setzen real (TSR)** [OS, Befehl] / Test and set real (TSR) || **²desteuerung (TES)** *f* [ES] / test end control
Testfeld (TF) *n* [ES] / test panel || ² (Tonermarke) [HSP] / test field || **²steuerung** *f* [ES] / test panel control
Test·hilfe *f* (Hardware) [Dp] / debugging aid || **dynamisches ²hilfssystem** [VS] / dynamic support system (DSS)
Testlauf *m* [Dp, Serv] / debugging run || [Dp] / test run, trial run
Test·markierungssignal *n* [ES] / test marking signal || **²material** *n* [Sw] / test material || **²meldung** *f* [ES] / test console typeout, test printout, test console message || **²modus** *m* [Dp] / test mode || **²muster** *n* [ES] / test pattern || **²operation** *f* [ES] / test operation
Testprogramm *n* [Sw] / test program, check program || ² (für Software) [Sw] / program test routine
Testprotokoll *n* [ES] / test log || **²zelle** *f* [ES] / test log cell
Test·punkt *m* [Hw, ES] / test point, test access point || **²registerinhalt** *m* [ES] / test register contents || **²routine** *f* [ES] / test routine || **²speicher** *m* [ES] / test code storage || **²sperre (TSP)** *f* [ES] / test inhibit signal
Testsperr·fehler *m* [ES] / test inhibit error || **²quittung (TSPQ)** *f* [ES] / test inhibit acknowledgment, test inhibit confirmation signal || **²signal** *n* [ES] / test inhibit signal || **²vergleich** *m* [ES] / test inhibit signal comparison || **²vergleichsfehler** *m* [ES] / test inhibit signal compare error || **²verstärker** *m* [ES] / test inhibit amplifier
Teststart·steuerung (TSS) *f* [ES] / test start control || **²zelle** *f* [ES] / test start cell
Test·struktur *f* [Sc] / test pattern || **²system** *n* [Dp, Serv] / debugging system **²überwachungsanweisung** *f* [Sw] / trace statement || **²vorbereitungssteuerung** *f* [ES] / test preparation control sequence || **²wertgeber** *m* [Th] / test signal generator
TESTZ (s. Abfragen Zonenteil)
Testzustand *m* [Dp] / test mode
Tetradencode *m* [Th] / four-line binary code
Text, einen ² blindsetzen [Typ] / to

typeset a text in blank || **normierter ~** [Sw] / standard text, standardized text || **transparenter ~** [Sw] / transparent text || **zusätzlicher ~** [Sw] / additional text, explanatory text || **~anfang** *m* [Tr] / start of text (STX) || **~anfangszeichen** *n* [Tr] / start-of-text character (STX character) || **~-Aufbereiter** (Programm) (s. Text-Editor) || **~aufbereitungssystem** *n* [TES] / text-editing system || **formatgerechter ~ausdruck** [TES] / formatted printout

Textausgabe auf Film oder Papier [Typ] / text output on film or paper || **~gerät** *n* [Typ] / text output device

Text·automat *m* [TES] / automatic text processing machine || **~automatensystem** *n* [TES] / text handling and processing system, word processing system || **~baustein** *m* [TES] / text segment || **~bearbeitung** *f* [Typ, TES] / text editing || **~beginnzeichen** *n* [Tr] / start-of-text character (STX character) || **~bereich** *m* [Sw] / text area, TXT area

textbezogene Fachwörterliste (Liste von Fachwörtern mit ihren zielsprachigen Äquivalenten, die sich ausschließlich auf einen zu übersetzenden Text beziehen, gewöhnlich nach der Reihenfolge ihres Auftretens im Originaltext sortiert) [MAT] / text-related technical glossary, text-based technical glossary

Text·block *m* [ES, Tr] / text, text block, data block || **~datei** *f* [TES] / text file

Textdaten *plt* [Sw] / text data, text matter || **Adreßbuchverwaltung für ~** [Sw] / maintenance of text data address table || **~block** *m* [Sw] / text data block

Text·dichte *f* [HSP] / text density || **~-Editor** *m* (Hilfsprogramm bei Mikrocomputer-Entwicklungssystemen) [MCS] / MDS text editor, text editor || **~einheit** *f* [Sw] / text unit || **~ende** *n* [Tr] / end of text (ETX)

Textendezeichen *n* [Tr] / end-of-text character (ETX character) || [TES] / text terminator

Texterfassung, kostensparende ~ [IO, Sw] / cost-saving text input procedure

Text·erstellung *f* [TP, ES] / text production || **~feld** *n* [HSP] / text field || **~folge** *f* [TES] / text string || **~format** *n* [Algol] / title format || **~geber** *m* [RDp, Tr] / code generator || **~handbuch** *n* [TES] / text manual || **~information** *f* [Sw] / text information, textual information || **~karte** *f* [Sw] / text card

Textkennung *f* [Sw] / text label || **Kennzeichen für ~** [Sw] / text label identifier

Text·kennungszeichen *n* [Sw] / text identifier || **~kettengenerierung** *f* [Sw] / generation of text chains || **~kopf** *m* [Sw] / text header || **~linguistik** *f* [Term, MAT] / textual linguistics || **~modifikation** *f* [HSP] / text modification || **~modus** *m* / text mode

Textologie *f* [Term, MAT] / textual linguistics

Text·phase *f* [Tr] / text transfer phase || **~puffer** *m* [TES] / text buffer || **~retrieval** *n* (Methode, eine Suchfrage mit dem gespeicherten Text eines Dokuments bzw. einer Dokumentationseinheit zu vergleichen und bei Übereinstimmung zu selektieren) [DOK] / text retrieval || **~sendestation** *f* [Tr] / text transmitting terminal, text sending terminal || **~speicher** *m* [PE] / alphameric storage, alphanumeric storage || **platzsparende ~speicherung** [IDS] / space-saving text storage

textsynchrone Fachwörterliste [MAT] / text-synchronous technical glossary

Text·übermittlung *f* [RDp, Tr] / text transfer, text transmission || **~übermittlungsphase** *f* [RDp, Tr] / text transfer phase

Textübertragung *f* [RDp, Tr] / text transfer, text transmission || **abwechselnde ~** [RDp] / alternate text transfer || **codegebundene ~** [PCC] / standard mode transmission

textunabhängig *adj* [HSP] / (printing speed, etc.) independent of the text

Textverarbeitung *f* (mit Hilfe von Schreibautomaten usw.) [TES] / word processing (i.e., the use of automated typewriters or similar devices for initial input, for subsequent revision, and for final output; "word processing," as opposed to "text processing," would usually occur in an office rather than in an editorial environment) || **~** (unter Einsatz eines Textverarbeitungssystems) [TES] / text processing

Textverarbeitungs·anlage *f* [TES] / text processing system || **~system** *n* [TES] / text processing system

Text·verkehr *m* [ES] / written communication, written record communication, text communication ||

²verweis *m* [PL/1] / text pointer || ²vorspann *m* [Tr] / header || ²zeichen *n* [Sw, OCR, Tr] / text character || ²zustand *m* [Sw] / text condition

TF (s. Trägerfrequenz) || ² (s. Testfeld)

TF-System *n* [RDp, Tr] / carrier frequency system, carrier system

TF-Übertragungsband *n* [ES] / multichannel carrier telephony band

theoretischer Spielraum [TP, Tr] / theoretical margin

Thermaldrucker *m* [HSP] / thermal printer

thermisch *adj* [Sc] / thermal || **~e Ausdehnung** [Sc] / thermal expansion || **~e Beanspruchung** [Hw] / thermal stress || **~e Belastbarkeit** [Sc] / thermal rating || **~e Ersatzschaltung** [Sc] / equivalent thermal network || **~e Fixierung** [HSP] / thermal fusing || **~es Gleichgewicht** [Sc] / thermal equilibrium || **~er Gleichgewichtszustand** [Sc] / thermal equilibrium state || **~e Instabilität** [Sc] / thermal instability || **~e Leitfähigkeit** [Sc] / thermal conductivity || **~er Reduzierkoeffizient** (für die Verlustleistung) [Sc] / thermal derating factor || **~e Restspannung** (eines Halleffekt-Bauelementes) [Sc] / zero-field thermal residual voltage || **~e Stabilität** [Sc] / thermal stability || **~e Übergangsimpedanz** [Sc] / transient thermal impedance || **~e Überlastung** [Hw] / thermal overload || **~er Widerstand** [Sc] / thermal resistance

Thermo·batterie *f* [Hw] / thermal battery (i.e., a voltage source consisting of a number of bimetal junctions connected so as to produce a voltage when heat is applied) || **²diffusion** *f* [Co, Sc] / thermal diffusion || **²drucker** *m* [HSP] / thermal printer || **~elektromotorische Kraft** [Sc] / thermo-electromotive force || **²element** *n* [Sc, PCC, Meas, AC] / thermocouple || **²-EMK** *f* [Sc] / thermo-electromotive force || **²fixierung** *f* [HSP] / thermal fusing || **²kompression** *f* [Sc] / thermo-compression bonding || **²kraft** *f* [Sc] / thermoelectric power

thermoplastisch·es Farbpulver (Toner) [HSP] / thermoplastic material impregnated with lampblack || **~es Kunststoffmaterial** [HSP] / plastics material with thermoplastic properties || **~es Partikel** [HSP] / thermoplastic particle

Thermo·schalter *m* [HSP] / thermoswitch || **²spannung** *f* [Sc] / thermoelectric power

Thermostat für hohe Temperaturen [Sw] / high-temperature thermostat

Thermo·transmitter *m* [PCC] / thermocouple temperature transmitter || **²umformer** *m* [PCC, Meas] / thermal converter

Thesaurus *m* (DIN 1463, März 1976) [IDS] / thesaurus

Thyratron *n* [ES] / thyratron || **²steuerung** *f* [NC] / thyratron drive || **²transistor** *m* [Sc] / thyratron transistor

Thyristor *m* [Co] / thyristor (i.e., a transistor having a thyratron-like characteristic) || **rückwärts leitender ²** [Sc] / reverse conducting thyristor || **rückwärts sperrender ²** [Sc] / reverse blocking thyristor || **²anlage** *f* [Sc] / thyristor plant

Thyristordiode *f* [Sc] / diode thyristor || **rückwärts durchlassende ²** [Sc] / inverse conducting diode thyristor || **rückwärts sperrende ²** [Sc] / inverse blocking diode thyristor

Thyristor·satz *m* [Sc] / thyristor set || **²steuerung** *f* [Sc] / thyristor-controlled circuit || **²triode** *f* [Sc] / triode thyristor

tief *adj* (in Bezug auf den binären Zustand) [M] / down

Tiefenerde *f* [ES] / ground rod

Tiefpaß *m* (DIN 40100 T17, Aug. 1978) [Tr] / lowpass filter

Tilde *f* (DIN 66009, Sept. 1977) [Term, IO] / tilde

Time-sharing-Betrieb *m* [Mp] / time-sharing environment

Tinte, leitfähige ² [MICR] / electrographic ink || **magnetisierbare ²** [MICR] / magnetic ink, magnetized ink || **reflektierende ²** [OCR] / reflective ink

Tinten·spritzer (s. Tintenstrahldrucker) || **²strahldrucker** *m* [HSP] / ink jet printer || **²strahlschreiber** *m* [HSP] / ink jet printer

Tippstreifen *m* [IO] / cash register tape

Tisch *m* [Hw] / desk || **²absenkung** *f* [HSP] / stacker platform lowering || **²computer** *m* [Hw] / desktop computer || **²gerät** *n* [Hw] / desktop model, desk model || **²modell** *n* [Hw] / desktop model, desk model || **²plotter** *m* [GrDp] / desktop plotter || **²rechenmaschine** *f* [Calc] / desktop calculator, desk calculator

Tischrechner *m* (DIN 9757E, Okt. 1977) [Calc] / desktop calculator, desk calculator || **elektronischer ²** [Calc] / electronic desk calculator

Titel·retrieval *n* (Methode, eine Suchfrage mit dem Titel von Dokumenten zu vergleichen und bei Übereinstimmung die zugehörige Dokumentationseinheit als Treffereinheit zu selektieren) [DOK] / title retrieval || **~zeile** *f* [Sw] / header line

TKD (s. technischer Kundendienst)

TM (s. Testen mit Maske)

Toleranz·bereich *m* [NC] / range of tolerances || **~feld** *n* [NC] / range of tolerances

Toleranzprüfung *f* [Hw, QC] / limit testing || **programmierte ~** [PCC] / programmed marginal check

Toleranz·schema *n* [ES] / tolerance scheme || **~schwankung** *f* [NC] / tolerance variation || **~zahl** *f* [Sw] / tolerance

Toner *m* [HSP] / toner || **~abscheider** *m* [HSP] / toner collection unit || **~bad** *n* [HSP] / toner bath || **~flasche** *f* [HSP] / toner bottle || **~gemischteppich** *m* [HSP] / film of developer mixture || **~konzentration** *f* [HSP] / toner concentration, toner density || **~kreislauf** *m* [HSP] / toner circulation || **~marke** *f* [HSP] / toner mark || **~markenabtaster** *m* [HSP] / toner mark sensor || **~pulver** *n* [HSP] / toner powder, toner || **~rohr** *n* [HSP] / toner delivery tube || **~rückführung** *f* [HSP] / toner return, toner feedback || **~rückgewinnung** *f* [HSP] / toner feedback || **~sammelbehälter** *m* [HSP] / toner catchbox, toner collection container || **~schicht** *f* [HSP] / toner layer || **~station** *f* [HSP] / toner station || **~staubmelder** *m* [HSP] / toner dust alarm sensor || **~staubmeldung** *f* [HSP] / toner dust alarm || **~teilchen** *n* [HSP] / toner particle || **~übertragung** *f* [HSP] / toner transfer || **~verbrauch** *m* [HSP] / toner consumption || **~vorratsbehälter** *m* [HSP] / toner supply bin || **~zufuhr** *f* [HSP] / toner feed, toner supply || **~zuführung** *f* [HSP] / toner feed, toner supply

tonfrequentes Ziffernsignal [ES] / VF digit signal

Tonfrequenz *f* (Frequenz im Hörbereich) [Tr] / audio frequency, voice frequency (VF) || **~ausgabe** *f* [Tr] / audio frequency output || **~bereich** *m* [Tr] / audio range || **~motor** *m* [TP] / phonic motor || **~signal** *n* [Tr] / voice frequency signal, VF signal || **~spannung** *f* [ES] / VF signal voltage

Ton·generator *m* [ES] / tone generator || **~ruf** *m* [Tr] / VF ringing || **~tastung** *f* [ES] / transmission by tone-on or tone-off || **~zeichen** *n* (Akzent über oder unter einem Buchstaben zur Kennzeichnung der betonten Silbe) [Typ] / stress mark

Tor (s. Gatter) || **Zündstrom am ~** [Sc] / firing gate current

Torschaltung (s. Gatter)

Torsionsimpuls *m* [RDp, Tr] / torsion pulse

total·er Störeinbruch [Tr] / clustered errors || **~ausfall** *m* [DpC] / total failure || **~fehler** *m* [Sc] / total defect

toter Kolumnentitel [HSP, Typ] / page number || **~ Kolumnentitel** (s. Kolumnenziffer) || **~ Winkel** [Fax] / clip position, dead sector

Totgangfunktionsgeber *m* [PCC] / dead zone unit

Totspeicher *m* [Mp] / read-only memory (ROM), fixed storage

Totzeit *f* [Dp] / downtime || **~** (s. Leerlaufzeit) || **~glied** *n* [Cir, CP] / delay unit, transport delay unit

TPCOMP (s. Bandvergleich)

TPDUP (s. Bandduplizieren)

TPINIT (s. Schreiben von Bandanfangsetiketten)

TPLAB (s. Etikettinformationen für Magnetbanddateien)

TP-Monitor *m* (Monitor zur Verwaltung und dynamischen Zuteilung der Betriebsmittel, um den Anforderungen von Online-Systemen unter batch orientierten Betriebssystemen im sog. Teilhaberbetrieb zu genügen) [RDp, IDS] / teleprocessing monitor, TP monitor

TPPR (s. Band auf Karte/Drucker)

TPRA (s. Band auf Großspeicher)

TPTP (s. Band auf Band)

TR (s. Tätigkeitsregister) || **~** (s. technische Registratur) || **~** (s. Umsetzen Code)

Trabantenstation *f* (DIN 44302, Apr. 1979) [Tr] / tributary station

Traceprogramm *n* [Sw] / selective trace

traditionelle Übersetzung [MAT] / conventional translation

träge Sicherung [Hw] / slow-blowing fuse (S.B. fuse)

Träger *m* [Sc, Th] / carrier || **~** (Toner) [HSP] / carrier || **~beweglichkeit** *f* [Sc] / carrier mobility, charge carrier mobility || **~dichte** *f* [Sc] / carrier density || **~diffusion** *f* (DIN 41852, Aug. 1978) [Sc] / charge carrier diffusion, carrier diffusion || **~elektrode** *f* [Sc] / baseplate electrode || ²endstelle *f* [ES] / multiplex terminal

trägerfrequente Übertragung [Tr] / carrier transmission

Trägerfrequenz (TF) *f* [Tr] / carrier frequency || **²system** *n* [RDp, Tr] / carrier frequency system, carrier system || **²telegrafie** *f* [TP] / carrier telegraphy

Trägerinjektion *f* (DIN 41852, Aug. 1978) [Sc] / charge carrier injection, carrier injection || **²konzentration** *f* [Sc] / carrier concentration

Trägermaterial *n* [Sc] / substrate || **n-²** *n* [Sc] / n-type base material

Trägerplatte *f* [Hw, TP] / carrier plate || **²** (Tastatur) [TP] / mounting board

Trägerschicht *f* [Sc] / substrate || **²schwingung** *f* (DIN 40100 T17, Aug. 1978) [Tr] / carrier wave || **²speichereffekt** *m* [Sc] / hole-storage effect || **²teilchen** *n* (Toner) [HSP] / carrier particle

Tragfähigkeit der Bodenfläche [DpC, Serv] / safe floor load

Trailer-Etikett *n* [PE, Sw] / end-of-file label, file trailer label, trailer label, EOF label

Transfer *m* [CP, Tr] / data transfer, transfer || **² Ein Plus/Minus (TEP/TEM)** [PCC] / Transfer to accumulator Positive/Negative || **² Ein und Lösche (TEL)** [PCC] / Transfer to accumulator and delete || **radialer ²** [Dp] / radial transfer, input-output process || **²befehl** *m* [ES] / transfer instruction

Transfergeschwindigkeit *f* (zwischen Zentraleinheit und Peripherie) [Tr] / transfer rate || **²** (DIN 44302, Apr. 1979) [Tr] / data transfer rate (i.e., the rate at which data actually arrives after transmission, expressed in terms of bits, characters, or blocks per second, minute, or hour)

Transfluxor *m* [M] / transfluxor

Transformationsgrammatik *f* [Term] / transformational grammar

Transformator *m* [Co] / transformer

transient *adj* [Sc] / transient

Transinformation *f* [Th] / transinformation, average transinformation, transmitted information, mutual information

Transinformationsbelag, mittlerer ² (einer Nachrichtenverbindung) (DIN 44301, Feb. 1977) [PE, Th] / mean transinformation content per character

Transinformationsfluß, mittlerer ² (einer Nachrichtenverbindung) (DIN 44301, Feb. 1977) [PE, Th] / average transinformation rate

Transinformationsgehalt *m* (DIN 44301, Feb. 1977) [PE, Th] / transinformation content || **mittlerer ²** (DIN 44301, Feb. 1977) [PE, Th] / mean transinformation content, average transinformation content

Transistor *m* [PCC, ES, Tr, Sc] / transistor || **² mit veränderlicher Leitfähigkeit** [Sc] / conductivity modulation transistor || **analoger ²** [Sc] / analogous transistor || **ECDC-²** *m* [Sc] / electrochemical-diffused-collector transistor || **innerer ²** [Sc] / intrinsic transistor || **legierter ²** [Sc] / alloyed transistor, alloy junction transistor || **MNS-² (MNS-FET)** *m* [Sc] / metal-nitride semiconductor field-effect transistor (MNS FET) || **NF-²** [Sc] / audio frequency transistor || **npn-²** *m* [Sc] / npn-type transistor || **PAD-²** *m* [Sc] / post-alloy-diffused transistor || **pnpn-²** *m* [Sc] / pnpn-type transistor || **regelbarer ²** [Sc] / controllable transistor || **Rückschmelz-Abschreck-²** *m* (Transistor mit durch Zurückschmelzen und Abschrecken gewonnenen Übergangszonen) [Sc] / melt-quench transistor || **Schmelzperlen-²** *m* [Sc] / meltback transistor || **Vorstufen-²** *m* [Sc] / small-signal transistor || **²-Chip** *m* [Co, Sc] / transistor chip

transistorenbestückt·e Karte [Sc] / transistor circuit card || **~e Platte** [Sc] / transistor circuit board || **~er Schaltkreis** [Co] / transistorized circuit

Transistor-Ersatzschaltung *f* (DIN 41854, Apr. 1979) [Sc] / transistor equivalent circuit

transistorisiert *adj* [NC] / transistorized || **~e Steuerung** [NC] / transistorized control

Transistor-Plättchen *n* [Co, Sc] / transistor chip || **²rauschen** *n* [Sc] / transistor noise || **²relais** *n* [NC, Sc] / transistor relay || **²schaltgerät** *n* [Sc] / transistor switching device || **²schaltung** *f* [Sc] / transistor circuit || **²struktur** *f* [Sc] / transistor pattern || **²tetrode** *f* [Sc] / tetrode transistor

Transistor-Transistor-Logik (TTL) *f* [Mp, Cir, IC] / transistor-transistor logic (TTL)

Transistorzählwerk *n* [NC] / transistorized counter || **²zeitkonstante** *f* [Sc] / transistor time constant || **²zeitrelais** *n* [NC] / transistor time lag

relay || ~**zuleitung** *f* [Sc] / transistor lead
Transit·frequenz *f* (DIN 41854, Apr. 1979) [Sc] / transition frequency, gain bandwidth product || ~**verbindung** *f* [ES] / transit call || ~**vermittlung** *f* (Amt) [ES] / tandem exchange, transit exchange
Transjunktion *f* [Cy] / transjunction
Transkription *f* (nicht zeichengetreue Umsetzung einer Schrift in eine andere) (DIN 1460, Okt. 1962) [Term, MAT] / transcription
Translation *f* (von der Leipziger Schule eingeführter Oberbegriff für Übersetzen und Dolmetschen) [Term] / translation and interpreting
translatorische Bewegung [NC] / translatory movement
Transliteration *f* (zeichengetreue Umsetzung einer Schrift in eine andere) (DIN 1460, Okt. 1962) [Term, MAT] / transliteration
transliterieren *v* [Sw] / transliterate
Transmissions·grad *m* [OCR] / transmittance, transmittance coefficient || ~**meterwert** *m* [TP] / light transmittance
Transmittanz *f* [Sc] / transmittance
transparent *adj* [ES] / transparent (to speed, code, signaling, etc.) || ~**e Frontabdeckung** (über Tastatur usw.) [TP] / transparent plastic front cover || ~**er Modus** [Tr] / transparent mode || ~**es System** [ES] / transparent system || ~**er Text** [Sw] / transparent text || ~**er Vorspann** [Ktl] / transparent leader
Transparenz *f* [ES] / transparency, bit sequence independence
Transportfehler *m* [PC] / misfeed || [HSP] / paper transport fault, transport fault
Transportloch *n* [PT] / sprocket hole, feed hole || ~**nachweis** *m* [PT] / feed hole check
Transportlochung *f* [PT] / sprocket holes, feed holes || **Lochstreifen mit vorgezogenen** ~**en** [PT] / advance feed tape || **Lochstreifen mit zentrierten** ~**en** [PT] / center feed tape || **vorgezogene** ~ [PT] / advance feed holes, advanced feed holes
Transport·prüfung *f* [PT] / feed hole check || ~**rad** *n* [PT] / speed sprocket || ~**raupe** *f* [HSP] / paper tractor, tractor || ~**rolle** *f* (am Schneidetisch) [Hw, Rep] / film roller || ~**route** *f* [ES] / transport route || ~**sicherung** *f* [TP] / transport safety catch, transport latch
Transportspur (s. Führungslochung) || ~**teilung** *f* [PT] / sprocket hole pitch, feed hole pitch
Transport·steuersystem *n* [Sw] / transport control system || ~**wagen** *m* (für Magnetbänder) [DpC, MT] / tape trolley
Trap *f* (DIN 41852, Aug. 1978) [Sc] / trap
Trapez-Integration *f* [Th] / trapezoidal integration
Trapzentrum *n* [Sc] / trapping center
Treffer *m* (als relevant beurteilte Dateneinheit, die bei einem Suchlauf selektiert worden ist) [DOK] / hit (i.e., a relevant document retrieved) || ~**einheit** *f* [DOK] / hit (i.e., a relevant document retrieved) || ~**quote** *f* (Zahl der nachgewiesenen relevanten Dokumentationseinheiten im Verhältnis zu den insgesamt im System vorhandenen relevanten Dokumentationseinheiten) [DOK] / recall ratio (ratio of the number of pertinent documents retrieved by a single query to the total number of pertinent documents in the total collection)
Treiber *m* (Schaltung zur Erzeugung der für das Ansteuern entsprechender Bausteine erforderlichen Leistung) [Mp] / driver || **Bus-**~ *m* [Mp] / bus driver || **Software-**~ *m* [MCS] / software driver || **Taktgeber und** ~ (1-Chip-Baustein mit Oszillator, Zählerteiler, Treibern und logischen Hilfsfunktionen) [Mp] / clock generator and driver || ~**eigenschaften** *f pl* [Co] / drive capability || ~**feld** *n* [PE, Co, Sc] / drive field
Treiberimpuls *m* [M] / drive pulse || **Teil-**~ *m* [M] / partial drive pulse || **voller** ~ [M] / full drive pulse
Treiber·leitung *f* [M] / drive winding || ~**stufe** *f* [M, ES, Tr, Sc] / driver stage || ~**transistor** *m* [Sc, Co] / driver transistor
Treibrolle (s. Capstan)
Trema *n* (DIN 66009, Sept. 1977) [Term, IO] / diaeresis (i.e., a diacritic mark placed over one of two adjacent vowels to indicate that it does not form a diphthong with the preceding or following vowel, e.g., Spanish "averigüe")
Trenn·anforderung *f* [ES] / disconnect request || ~**befehl** *m* [ES] / disconnect command || ~**bit** *n* [Tr] / framing bit || **Job-**~**blatt** *n* [HSP] / job-separator sheet
trennen *v* [Typ, TES] / break (word with hyphen, etc.) || [HSP] / decollate (i.e., to separate multipart sets of continuous stationery) || [ES] / disconnect (call, ect.)

|| ~ (Endlosformulare in einzelne Formularblätter) [HSP] / burst (i.e., to separate individual forms in a set of continuous stationery) || ≗ **von Endlosformularen** (in einzelne Formularblätter) [HSP] / continuous form bursting

Trenner (s. Trennmaschine)

Trennglied, optisch gekoppeltes ≗ [Sc] / optically coupled isolator

Trenn·leiste *f* [Hw] / splitting strip || ≗**maschine** *f* (für Mehrfach-Schnelldruckerpapier) [Hw, HSP] / decollator (used to separate multipart sets of continuous stationery) || ≗**messer** *n* [HSP] / cutting knife || ≗**mittel** *n* (Silikonöl) [HSP] / cleaning compound || ≗**programm** *n* [ES] / disconnect program, connection release program || ≗**relais** *n* [ES] / disconnect relay || ≗**schalter** *m* (DIN 57866, Dez. 1978) [Hw, Co] / circuit breaker

Trennschärfe *f* [Tr] / selectivity || ≗ **gegen den Nachbarkanal** [Tr] / adjacent-channel selectivity

Trenn·schritt *m* (Doppelstrom) [TP] / marking signal, mark || ≗**station** *f* [OCR] / separator station || ≗**stationsschleuse** *f* [OCR] / separator throat || ≗**steckerklinke** *f* [Hw] / break jack || ≗**steckverteiler** *m* [Hw] / break-jack block || ≗**stelle** *f* [Typ] / point of division || ≗**streifen** *m* [Hw] / break-jack strip, splitting strip || ≗**strom** *m* [ES] / marking current

Trennsymbol *n* [Algol] / separator || [Cobol] / separator

Trenn·taste *f* [TP, ES] / clearing button, disconnect button || ≗**übertrager** *m* [Co] / isolating transformer

Trennung, mit galvanischer ≗ [Tr] / d.c.-decoupled || **ohne galvanische** ≗ [Tr] / d.c.-coupled

Trennungs·weiche *f* [ES] / separating filter, high-pass/low-pass filter || ≗**zeichen** *n* [ES] / separation signal

Trenn·verstärker *m* [Th, Meas] / multi-coupler || ≗**verteilerstreifen** *m* [ES] / terminal disconnect strip || **mnemotechnisches** ≗**wort** [Sw] / mnemonic separator

Trennzeichen *n* [ES] / disconnect signal || [Fortran] / field separator || [Typ, TES] / data delimiter (i.e., a code or flag to indicate that the codes which follow are to be regarded as an instruction or argument; delimiters usually appear in pairs, with an opening delimiter at the beginning of the command string and a closing delimiter at the end of the string)

Triadenmarkierung *f* (Hervorheben von Dreiergruppen in vielstelligen Zahlen durch Lücken oder Markierungen bei der Datenausgabe) (DIN 9757E, Okt. 1977) [Calc] / punctuation (e.g., by triple spacing, comma indicator, etc.)

Trigger *m* [Cir] / trigger || ≗**-Flipflop** *m* [Cir] / bistable trigger circuit || ≗**schaltung** *f* [SA] / trigger pair

Trigistor *m* [Sc] / trigistor

Trimmer *m* [Tr] / trimming capacitor, balancing capacitor || ≗**kondensator** *m* [Tr] / trimming capacitor, balancing capacitor

Trinistor *m* [Sc] / trinistor

Triode *f* [ES] / triode

Trisistor *m* [Sc] / trisistor

Tri-State-Gatter *n* [Mp] / tri-state gate

trivalent·er Kabelcode [TP] / three-condition cable code || **~er Telegrafencode** [TP] / three-condition telegraph code

Trocken·ausführung *f* [Sc] / dry-type construction || ≗**gleichrichter** *m* [Sc] / metal rectifier, metallic rectifier || ≗**type** *f* [Sc] / dry-type construction

Trommel *f* [MDr] / drum || ≗**abdeckung** *f* [HSP] / drum cover || ≗**adresse** *f* [MDr, Sw] / drum address || ≗**antrieb** *m* [MDr] / drum drive || ≗**belegungsplan** *m* [MDr, Sw] / drum layout chart || ≗**drehzahl** *f* [GrDp, Fax] / drum speed || ≗**drucker** *m* [HSP] / barrel printer, drum printer || ≗**gehäuse** *n* [MDr] / drum housing || ≗**geschwindigkeit** *f* [GrDp, Fax] / drum speed || ≗**körper** *m* [MDr] / drum body || ≗**lager** *n* [HSP] / drum bearing || ≗**marke** *f* [MDr] / drum mark || ≗**oberfläche** *f* [HSP] / drum surface || ≗**plotter** *m* [GrDp] / drum plotter || ≗**schrank** *m* [MDr] / drum storage cabinet

Trommelspeicher *m* (DIN 66001, Sept. 1977) [MCS, MDr] / magnetic drum storage, drum storage, drum-type memory || ≗**anschluß** *m* [MDr] / drum I/O unit || ≗**element** *n* [MDr] / drum storage unit || ≗**laufwerk** *n* [MDr] / drum drive

Trommelverkleidung *f* [HSP] / drum shield plate

tropentauglich *adj* [Hw] / fully tropicalized (version, etc.)

TRT (s. Umsetzen und Testen)

TRY (s. Wiederholen einer fehlerhaften Ein-Ausgabeoperation)

TS (s. Testen und Setzen)

TSE-Effekt *m* [Sc] / hole-storage effect
TSP (s. Testsperre)
TSPQ (s. Testsperrquittung)
TSR (s. Testen und Setzen real)
TSS (s. Teststartsteuerung)
TTL (s. Transistor-Transistor-Logik)
TTL-kompatibel *adj* [Mp] / compatible with TTL, TTL-compatible (output signal, etc.)
TT-Logik *f* [Mp, Cir, IC] / transistor-transistor logic (TTL)
TTL-Verknüpfungsglied *n* [Cir] / transistor-transistor logic element, TTL element
TTS-Bleisatzmaschine *f* / TTS lead-casting machine, TTS lead-typesetting machine || **≗-Code** *m* [Th] / TTS code (TTS = teletypesetting) || **≗-Setzmaschine** *f* / TTS lead-casting machine, TTS lead-typesetting machine
Tunnel·diode *m* (DIN 41852, Aug. 1978) [Sc] / tunnel effect || **≗diode** *f* [Sc] / tunnel diode
Turingmaschine *f* [Th] / Turing machine || **universelle ≗** [Th] / universal Turing machine
türkisches i (ı) [Typ] / dotless i (ı)
Tusche *f* [HSP] / drawing ink
TV (s. Taktverstärker)
TVA (s. Laden Umsetzungstafeleintrag)
Twistor *m* [M] / twistor (i.e., an experimental memory device based on the Wiedemann effect)
Typ *m* [Algol] / type || [PL/1] / type || **≗ der Folge** [PL/1] / string type || **≗ der Zeichenfolge** [PL/1] / string type || **vom ≗ lokal oder eigen** [Algol] / local or own type || **≗anweisung** *f* [Fortran] / type statement
Type *f* [TES, IO, TP, CTW] / character type, slug || **≗** (s. Drucktype) || **Verlaufen von ≗n** [Typ, OCR] / fill-in of letters, bleeding
Typen·abstand *m* [HSP, TES, OCR] / character spacing || **≗attribut** *n* (Makrosprache) [Sw] / type attribute || **≗band** *n* [HSP] / printer tape || **≗belegung** *f* [DT] / type assignment || **≗druck-Telegrafie** *f* [TP] / printing telegraphy || **auswechselbare ≗führung** [HSP] / interchangeable print train || **≗hammer** *m* [HSP, TP] / print hammer
Typenhebel *m* [MCS] / typebar || **≗korb** *m* [TP] / typebar basket, type basket carriage
Typen·kamm *m* [HSP] / type comb, comb || **≗kassette** *f* [HSP] / train cartridge || **falsche ≗kennzeichnung** [Sc] / wrong type designation || **≗kette** *f* [HSP] / print chain, type chain || **≗kopf** *m* [IO] / type pallet || **≗liste** *f* [Algol] / type list || **≗lötvorrichtung** *f* [Hw, TP] / type soldering feature
Typenrad *n* [HSP] / printwheel, type wheel, character wheel || **≗drucker** *m* (Paralleldrucker, bei dem sich die Typen am äußeren Umfang eines oder mehrerer Typenräder befinden) [Hist, HSP] / wheel printer, type-wheel printer || **≗schreibstelle** *f* [TES, HSP, TP] / type-wheel printing position
Typenscheibe *f* [TP] / daisywheel, plastic daisy printwheel || **Einstellen der ≗** [TES] / daisywheel positioning
Typenscheiben·drucker *m* (Seriendrucker, bei dem sich die Typen an speichenähnlichen flexiblen Enden einer Kunststoffscheibe befinden) [HSP, TP] / daisywheel printer || **≗einstellmotor** *m* [TP] / daisywheel positioning motor
Typenschild *n* [TP] / nameplate || [Hw] / type label
Typenstab *m* [HSP] / type bar || **auswechselbarer ≗** [HSP] / interchangeable type bar || **≗drucker** *m* [Hist, HSP] / bar printer (using several side-by-side type bars which are first aligned to print one line of characters simultaneously)
Typenstange *f* [HSP] / type bar || **alphanumerische ≗** [HSP] / alphameric type bar, alphanumeric type bar || **auswechselbare ≗** [HSP] / interchangeable type bar
Typen·stangendrucker *m* [Hist, HSP] / bar printer (using several side-by-side type bars which are first aligned to print one line of characters simultaneously) || **≗stein** *m* [HSP] / type slug, slug || **≗träger** *m* [HSP, TP] / print member, type carrier || **≗trommel** *f* [HSP] / type drum || **≗vereinbarung** *f* [Dp] / declarator || **≗walze** *f* [HSP] / print drum, type drum || **≗walzendrucker** *m* [HSP] / barrel printer, drum printer || **≗welle** (s. Drucktrommel)
Typenzylinder (s. Drucktrommel) || **≗drucker** (s. Typenwalzendrucker)
typografisch·er Befehl [Sw] / typographic instruction, typesetting instruction || **~e Befehlssprache** [Typ, Sw] / typographic instruction language || **~e Gestaltung** [Typ] / typographic layout || **~er Punkt** [Typ] / Didot point (equal to 0.376065mm)
Typ·vereinbarung *f* [Algol] / type

declaration || ²zuordnung *f* [Fortran] / type association
TZ (s. Taktzentrale)
T-Zeichenfolge *f* [Sw] / telegraph signal sequence

U

U-Anweisung *f* [Sw] / utility modifier statement, utility modifier parameter, U parameter
UB (s. Umschaltbaugruppe)
überbeanspruchen *v* [Hw] / overload
Überbeanspruchung *f* [Hw] / overload
überbelasten *v* [Hw] / overload
Überbelastung *f* [Hw] / overload
Überblick *m* [Dist] / overview, survey, summary
überbrücken *v* [Hw, Th] / bypass
Überbrückung *f* [Co, Sc] / bridging
Überdimensionierung *f* [ES] / overdimensioning
übereinstimmen *v* [PL/1] / match
Übereinstimmungskontrolle *f* [Sw] / consistency check
überführbar *adj* [PL/1] / promotable
Übergabe·anweisung *f* [Cobol] / release statement || **²feld** *n* [ES] / transfer field || **²protokoll** *n* [Dist] / completion certificate || **²prozedur** *f* [Cobol] / input procedure || **²zeichen** *n* [ES] / transfer code
Übergang *m* [Sw] / transition || ² (DIN 41852, Aug. 1978) (s. Störstellenübergang) || **diffundierter ~** (DIN 41852, Aug. 1978) [Sc] / diffused junction || **gezogener ~** (DIN 41852, Aug. 1978) [Sc] / grown junction || **legierter ~** (DIN 41852, Aug. 1978) [Sc] / alloyed junction, alloy junction || **pn-~** *m* (DIN 41852, Aug. 1978) [Co, Sc] / p-n junction || **Temperatur des ~s** [Sc] / junction temperature
Übergangs·bedingung *f* [ES] / transition condition || **²fehler** *m* [Th] / ambiguity error || **²funktion** *f* [PCC, AC] / transient response || **thermische ~impedanz** [Sc] / transient thermal impedance || **²stelle** *f* (Ablaufplan) (DIN 66001, Sept. 1977) [Sw] / connector || **²zeit** *f* [Sc] / transition time || **²zustand** *m* [NC] / transient condition
übergeben, die Steuerung ~ an ... [Sw] / to transfer control to ..., to pass control to ...
Übergeh-Angabe *f* [PL/1] / ignore option
übergehen *v* [Hw, Th] / bypass || **einen Fehler ~** [Sw] / to ignore an error || *n* [Algol] / skip || **² von Sätzen** [OS] / record skipping
übergeordnet·es Amt [ES] / higher-ranking exchange || **~es Modul** [OS] / superset module || **~er Parameter** [Sw] / higher-order parameter || **~es Schaltungssymbol** [Cir] / consolidated circuit symbol
Übergeschwindigkeit *f* [NC] / overspeed
Übergeschwindigkeitsbegrenzer *m* [NC] / overspeed limiter
Übergruppe *f* [Tr] / supergroup
Übergruppen·kanal *m* [Tr] / supergroup-band channel (i.e., very fast channel operating at transmission rates of up to 230,000 bps) || **²kontrolle** *f* [PC] / major control || **²kontrollfeld** *n* [PC] / major control field || **²trennung** *f* [PC] / major control break, major control change || **²wechsel** *m* [PC] / major control break, major control change
Überhitzung *f* [Hw] / overheating
überlagerbares Segment [Cobol] / overlayable segment
überlagern *v* [Sw] / overlay
überlagernd *adj* [PL/1] / defined
Überlagerung *f* [Sw] / overlay
Überlagerungs·baum *m* [Sw] / overlay tree || **²bereich** *m* [Sw] / overlay area || **²datei** *f* [Sw] / overlay file || **²oszillator** *m* [Sc] / heterodyne oscillator
Überlagerungsphase *f* [Sw] / overlay phase || **² des Systems** [Sw] / system overlay
Überlagerungs·routine *f* [Sw] / overlay routine || **²struktur** *f* [Sw] / overlay structure || **²system** *n* [ES] / overlay technique || **²telegrafie** *f* [TP] / superaudio telegraphy || **²verfahren** *n* [ES] / overlay technique
überlappend·e Klebestelle [Rep] / overlap splice || **~e Tastung** [TP] / overlapping operation of keys, key rollover || **~e Verarbeitung** [Dp] / overlapping
überlappte Verarbeitung [Dp] / overlapped processing
Überlappung *f* [Fax] / lap-phasing || [Cobol] / overlap
Überlappungssegment *n* [Sw] / overlay segment
Überlastbarkeit *f* [AC, Fl] / overload capacity

überlasten *v* [Hw] / overload
Überlastfaktor *m* (DIN IEC 50V T902, Sept. 1978) [Sc] / overload factor || **≗-Kennlinie** *f* [Sc] / overload-factor characteristic
Überlastlicht *n* [NC] / overload light
Überlastung *f* [Hw] / overload || [ES] / route congestion, congestion || **thermische ~** [Hw] / thermal overload
Überlauf *m* [Algol] / overflow || [Cobol] / overflow || **linker ~** [PCC] / left overflow || **≗angabe** *f* [Cobol] / size error option || **≗angebot** *n* [ES] / overflow load offered || **≗anzeige** *f* [PCC, CU] / overflow indicator || **≗-Bedingung** *f* [PL/1] / overflow condition || **einfach ~behaftete Zahl** [PCC] / number for which only one overflow occurred, number affected by a single overflow || **≗bereich** *m* [OS] / overflow extent, overflow area || **≗bit** *n* [CU] / overflow bit, carry bit || **≗block** *m* [Sw] / overflow block || **≗daten** *plt* [Sw] / overflow data || **≗fuß** *m* [Cobol] / overflow footing report group || **≗indikator** *m* [PCC, CU] / overflow indicator || **≗kopf** *m* [Cobol] / overflow heading report group || **≗marke** *f* [Sw] / overflow index || **≗möglichkeit** *f* [CU] / overflow capability || **≗platz** *m* [ES] / overflow position, spillover position, intercept position || **≗register** *n* [PCC, CU] / overflow register || **≗satz** *m* [Sw] / overflow record, track overflow record, non-home record
Überlaufspur *f* [OS] / overflow track || **Anzahl der ~en** [RPG] / number of extents, number of tracks for cylinder overflow
Überlauf·stelle *f* [ALU] / overflow position || **automatischer ~test** [PCC] / automatic overflow test || **≗verkehr** *m* [ES] / overflow traffic || **≗ziffer** *f* [Dp, Sw] / overflow digit
überlesen *v* [Sw] / ignore, skip || **einen Datensatz ~** [Sw] / to skip a data record
Überlochen *n* [PT, PC] / overpunching
Überlochung *f* [PT, PC] / overpunch
Überlochzeichen *n* [PL/1] / overpunched character
übermitteln *v* [Tr] / transmit || *n* [Tr] / transmission
übermittelnde Stelle [Priv] / transmitting office
Übermittlung *f* [Tr] / transmission || **≗ eines Telegramms** [TP] / transmission of a telegram || **≗ in anonymisierter Form** [Priv, IDS] / release of information in anonymous form || **Verarbeitung personenbezogener Daten zum Zwecke der ~ in anonymisierter Form** [Priv] / processing of personal data for purposes of communication in anonymous form
Übermittlungs·abschnitt *m* (DIN 44302, Apr. 1979) [Tr] / data link, data transmission link, communication link (i.e., a number of terminal stations together with interconnecting circuits permitting data to be transmitted) || **≗einheit** *f* [MCS] / dataset, modem || **≗element** *n* [MCS] / dataset, modem || **≗kontrolle** *f* [Priv] / communication control || **≗vorschrift** *f* (DIN 44302, Apr. 1979) [Tr] / link protocol || **≗zeit** *f* [RDp] / message transfer time (i.e., waiting time plus actual transmission time)
Übernahme·bedingung *f* [QC] / acceptance condition || **≗register** *n* [ES] / transfer register || **≗signal** *n* [ES] / strobe signal, strobe || **≗symbol** *n* [ES] / transfer symbol || **≗takt** *m* [ES] / transfer clock pulse, transfer timing pulse
übernehmen, Daten von OCR-Belegen auf Magnetband ~ [Dp] / to read data from OCR sheets and transcribe it to magnetic tape || **≗ Fehlerbyte** [OS, Lisp] / I/O sense || **≗ Gerätebyte** [OS, Lisp] / Post status (PS)
überprüfen, auf formale Richtigkeit ~ [Sw] / format-check, to subject to a format check, to check for correct format || **auf Übereinstimmung ~** [Sw] / cross-check || **die Betriebsbereitschaft ~** [Tr] / to exchange status information || **formal ~** [Sw] / format-check, to subject to a format check, to check for correct format || **≗ auf syntaktische Richtigkeit** [PL] / syntax checking
Überraschungswert *m* [Cy] / surprisal value
Überschlagsrechnung *f* [Th] / approximate computation, approximation computation
überschneiden *v* (sich) [Sw] / overlap
überschreiben *v* [PE, M] / overwrite || [TP] / to print (characters, etc.) on top of one another (strike-overs) || *n* [PE, M] / overwriting
Überschreibsperre *f* [TP] / overprint lock
Überschreitungswahrscheinlichkeit *f* [ES] / delay-exceeding probability
Überschrift·parameter *m* [PL] / page heading parameter || **≗zeile** *f* [Sw] / header line
Überschuß·-3-Code *m* [Th, Tr] / excess-

three code || ≗**elektronenleitung** *f* [Sc] / electron conduction, n-type conduction || ≗**leiter** *m* [Sc] / n-type semiconductor || ≗**leitung** (DIN 41852, Aug. 1978) (s. Elektronenleitung) || ≗**strom** *m* [Sc] / excess current
übersetzen *v* [Sw] / translate, (i) assemble, (ii) compile || **Assemblersprache** ~ [PL] / assemble || *n* [Sw, MAT] / translation, language translation
Übersetzer *m* (DIN 44300, März 1972) [OS] / translating program (i.e., a program which converts statements written in one programming language to the format of another programming language, e.g., from a source language to machine code) || **Eins-zu-Eins-~** *m* [OS] / one-to-one translator || **PL/1-~** *m* [OS] / PL/1 compiler || **Steueranweisungen für den** ~ [Sw] / processor control statements || ≗**hilfsanweisung** *f* [PL] / symbolic instruction || ≗**programm** *n* [OS] / translating program (i.e., a program which converts statements written in one programming language to the format of another programming language, e.g., from a source language to machine code)
übersetzt·e Ausgabeinformation [Sw] / translated output || **~e maschinenfertige Sprache** [Th] / machine language, object language, computer language || **~es Programm** [Sw] / object program, object language program
Übersetzung *f* [Sw, MAT] / translation, language translation || **direkt aufeinanderfolgende ~en** [Sw] / batched assemblies || **konventionelle ~** [MAT] / conventional translation || **maschinelle ~ (MÜ)** (automatische Übersetzung natürlichsprachlicher Texte) [MAT] / machine translation (MT), automatic language translation, automatic language processing || **maschinenunterstützte** ~ (Verfahren, Datenverarbeitungsanlagen bei der Humanübersetzung einzusetzen) [MAT] / machine-aided translation (MAT), computer-assisted translation (CAT) || **traditionelle** ~ [MAT] / conventional translation
Übersetzungs·anlage *f* [PL] / source computer, source machine || ≗**anweisung** *f* (DIN 44300, März 1972) [Sw] / directive
Übersetzungslauf *m* [Sw] / language processor run, translator run || ≗ (bei problemorientierten Sprachen) [OS] / compiler run, compilation run || ≗ (LPG) [Sw] / RPG run || ≗ (für Assembler) [Sw] / assembly run, assembler run
Übersetzungsprogramm *n* [OS] / translating program (i.e., a program which converts statements written in one programming language to the format of another programming language, e.g., from a source language to machine code)
Übersetzungsprotokoll *n* [Sw] / language processor listing, translator listing || ≗ (für Assembler) [Sw] / assembly program listing, assembler listing
Übersetzungs·rechner *m* [PL] / source computer, source machine || ≗**tabelle** *f* [Sw, ES] / translation table || ≗**vorgang** *m* [Sw] / translation process
Übersichts·blatt *n* [Dist] / list of products || ≗**flußdiagramm** *n* [TP] / general flowchart || ≗**plan** *m* [ES] / overall functional diagram, overall layout plan, exchange layout || ≗**stromlauf** *m* [ES] / overall circuit diagram, schematic circuit diagram
Überspannung *f* [DpC] / surge voltage, overvoltage || **kurzzeitige** ~ [TP] / transient overvoltage
Überspannungs·ableiter *m* [Hw] / surge protector, surge arrester || ≗**feinschutz** *m* [Hw, TP] / fine protection against surge voltages
Überspeicherung *f* [NC] / overstoring
Übersprechen *n* [Tr] / crosstalk, side-to-side crosstalk
Überspringbefehl *m* [Sw, NC] / blank instruction, skip instruction
überspringende Vertauschung [Th] / inversion error (e.g., 137 into 731)
Übersprungbefehl *m* [Sw, NC] / blank instruction, skip instruction
Überstanzen *n* [PT, PC] / overpunching
Übersteuerung *f* [Sc] / overdriving
Übersteuerungsfaktor *m* [Sc] / overdriving factor
Überstrom *m* [Sc] / overload current || ≗ **in Durchlaßrichtung** [Sc] / overload forward current || ≗ **in Vorwärtsrichtung** [Sc] / overload forward current || ≗**auslöser** [ES] / overload circuit breaker
Überstromfaktor *m* [Sc] / overload factor || ≗**-Kennlinie** *f* [Sc] / overload-factor characteristic
Überstrom·-Grenzkennlinie *f* [Sc] / maximum overload characteristic ||

≗**kennlinie** *f* [Sc] / overload characteristic || ≗**verhalten** *n* [Sc] / overload capability || ≗**versicherung** *f* [ES] / over-current protection

Übersynchronisation *f* / over-synchronisation

Übertrag *m* [Th] / carry || ≗ **auf die letzte Stelle** [Th] / endaround carry || ≗ **für die nächsthöhere Stelle** (Halbaddierer) [SA] / carry-out || ≗ **von einer vorhergehenden Stelle** (Volladdierer) [SA] / carry-in || **gesteuerter** ~ [Sw] / separately instructed carry || **nicht-automatischer** ~ [Sw] / separately instructed carry || **vollständiger** ~ [ALU] / complete carry

übertragbare Software (relativ systemunabhängige Software, die einen raschen Übergang von einem Rechnersystem auf ein anderes ermöglicht) [Sw] / portable software

übertragen *v* [Th] / carry (i.e., to transfer a carry digit) || [Dp] / copy (i.e., to reproduce data from one storage device to another, or another part of the same storage, without altering the orignal data; cf. "transcribe") || [Tr] / transmit || **abschnittweise** ~ [ES] / to transmit section by section || **Daten** ~ (zwischen ZE und Peripherie) [Sw] / to transfer data || [OS, Lisp] / Move || ≗ **der Bibliotheken (SYSCOPY)** [OS, Aufruf] / Library copy (SYSCOPY) || ≗ **lang (MVCL)** [OS, Befehl] / Move long (MVCL) || ≗ **mit Versetzen (MVO)** [OS, Lisp] / Move with offset (MVO) || ≗ **numerisch** [OS, Lisp] / Move numerics || ≗ **Rest** [OS, Befehl] / Move remainder || ≗ **Zeichen (MVI)** [OS, Lisp] / Move immediate (MVI) || ≗ **Zeichenfolge (MVC)** [OS, Lisp] / Move characters (MVC) || ≗ **Zonen (MVZ)** [OS, Lisp] / Move zones (MVZ) || **nochmaliges** ~ [Tr] / retransmission

übertragene Information [Th] / transinformation, average transinformation, transmitted information, mutual information

übertraglose Addition [ALU] / false add

Übertrags·bit *n* [Mp] / carry bit || ≗**impuls** *m* [CP] / carry pulse || ≗**kette** *f* [ALU] / carry circuit

Übertragung *f* [PL/1] / transmission || ≗ (Schaltung) [ES] / trunk repeater || ≗ (zwischen Zentraleinheit und Peripherie) (s. Datentransfer) || ≗ **von Schriftstücken** [Fax] / paper communication || **asynchrone** ~ (DIN 44302, Apr. 1979) [Tr] / asynchronous transmission, asynchronous data transmission, start/stop transmission || **bitparallele zeichenweise** ~ [Tr] / bit-parallel character-serial transmission || **blockweise** ~ [M, Tr] / block transfer || **drahtgebundene** ~ [Tr] / line communication, wire communication || **elektronische** ~ [Tr] / electronic transmission || **gleichzeitige** ~ [Tr] / simultaneous transmission || **periphere** ~ [IO, PE] / peripheral transfer || **serielle** ~ [ES, Tr] / serial transmission || **simultane** ~ [Tr] / simultaneous transmission || **synchrone** ~ (DIN 44302, Apr. 1979) [Tr] / synchronous transmission || **trägerfrequente** ~ [Tr] / carrier transmission || **versuchte** ~ [RDp, Tr] / attempted transmission || **zeitlich verschachtelte** ~ [Tr] / transmission (of blocks of data) in a time-interleaved arrangement

Übertragungs·ablaufsteuerung (UEAS) *f* [RDp] / communication sequence control || ≗**anweisung** *f* [Cobol] / move statement || ≗**art** *f* [DT, Tr] / mode of transmission || ≗**band** *n* [Tr] / transmission band || ≗**charakteristik** *f* [Sc] / transfer characteristic || ≗**code** *f* [Tr] / communication code, transmission code || ≗**ebene** *f* (Konzentrator) [ES] / switching unit array || ≗**einheit** *f* [ES] / transmission unit || ≗**element** *n* [NC] / transfer unit

Übertragungsende *n* [Tr] / end of transmission (EOT) || ≗**block** *m* [Tr] / end-of-transmission block (ETB) || ≗**zeichen** *n* [Tr] / end of transmission character (EOT character)

Übertragungs·fehler *m* / transmission error || ≗**funktion** *f* [PCC] / transfer function || ≗**gerät** *n* [RDp, Tr] / transmission equipment

Übertragungsgeschwindigkeit *f* (allgemein) [Tr] / transmission speed (measured e.g. in characters per second, bits per second, etc.) || ≗ (Produkt aus Schrittgeschwindigkeit und der Anzahl der Binärzeichen, die je Schritt übertragen werden, angegeben in Bit pro Sekunde) (DIN 44302, Apr. 1979) [Tr] / data signaling rate (i.e., the rate at which information can be transmitted) || **effektive** ~ [Tr] / data transfer rate (i.e., the rate at which data actually arrives after transmission, expressed in terms of bits, characters, or blocks per second, minute, or hour)

Übertragungsgeschwindigkeitszusatz

m [Hw] / transmission speed feature
Übertragungsgüte *f* [ES] / transmission quality || **˜wert** *m* [ES, Tr] / transmission performance rating || **˜ziffer** *f* [ES, Tr] / transmission performance rating
Übertragungs·instruktion *f* [NC] / transfer instruction || **˜kanal** *m* (DIN 44302, Apr. 1979) [Tr] / communication channel, communications channel || **˜kennlinie** *f* (einer Digitalschaltung) [Cir] / transfer characteristic (of a digital circuit) || **˜kontrolle** *f* [Sw] / transfer check || **˜koppelnetzwerk** *n* [ES] / link switching network || **Leitungs- und ~kosten** [Tr] / line and transmission costs
Übertragungsleitung *f* (DIN 44302, Apr. 1979) [TrL] / transmission line || **˜ für hohe Geschwindigkeiten** [RDp, Tr] / highspeed transmission line || **˜ mit mehreren Stationen** [RDp, Tr] / multidrop circuit || **künstliche ~** [TrL] / artificial transmission line
Übertragungs·leitzeichen (s. Datenübertragungssteuerzeichen) || **˜medium** *n* [Tr] / transmission medium, communication medium
Übertragungsmodus *m* [OS] / move mode || **Steuerung des ~** [Tr] / communication mode control
Übertragungsnetz *n* [Tr] / transmission network || **analoges ~** [Tr] / analog transmission network
Übertragungs·operation *f* [Dp, Sw] / transfer operation || **˜parityfehler** *m* [Sw] / transmission parity error (TPE) || **˜pause** *f* [ES] / communication pause || **˜pegel** *m* [Tr] / transmission level || **regenerierendes ~prinzip** [Tr] / regenerative transmission principle || **˜prozedur** *f* [RDp] / line procedure, transmission line procedure || **˜prüfung** *f* [DS] / copy check || **˜rate** *f* [CP] / data transfer rate || **˜register** *n* [ALU] / carry register || **˜richtung** *f* [Tr] / transmission direction, direction of transmission, transmission route || **˜satz** *m* [RDp] / transmittal record || **˜scheinleitwert** *m* [Sc] / transfer admittance || **˜schnittstelle** *f* [ES] / transmission system interface || **˜sicherheit** *f* [TP, ES, Tr] / transmission reliability || **˜stelle** *f* [RDp, Tr] / transmission station
Übertragungssteuerzeichen *n* [Tr] / transmission control character || **˜folge** *f* (DIN 44302, Apr. 1979) [Tr] / supervisory sequence
Übertragungsstrecke *f* [RDp, Tr] / data circuit, transmission circuit
Übertragungssystem *n* [Tr] / transmission system || **Prozeßdaten-~** *n* [PCC] / process communication system
Übertragungs·takt *m* [ES] / transmission timing || **˜technik** *f* [Tr] / communication engineering
Übertragungsverfahren *n* [ES, Tr] / communication method, transmission method || **pseudo-ternäres ~** [Tr] / pseudo-ternary transmission method
Übertragungsverzug *m* [ES] / transmission delay
Übertragungsweg *m* [Tr] / communication link, communication path, transmission link, transmission path || **festgeschalteter ~** [RDp] / permanently connected transmission path || **gemeinsamer ~** [Tr] / common transmission path
Übertragungs·zeichenfolge *f* (DIN 44302, Apr. 1979) [Tr] / information message || **˜zeit** *f* [Tr] / transmission time
überwachen *v* [Dp] / monitor, supervise || [Dp] / to maintain a continuous check on || **zentrales ~ des Taktes** [ES] / centralized clock monitoring
Überwacher *m* [OS] / tracer, tracing program || **˜** (Programm zur Prüfung neu eingelesener Programme) [PCC, Sw] / checking program
überwachtes Regelsystem [NC] / monitored control system
Überwachung *f* [Th] / supervision, monitoring || **˜ und Instandhaltung** [Hw, DpC] / preventive maintenance (PM) (i.e., maintenance carried out with the intention of preventing the occurrence of faults)
Überwachungs·anzeige *f* [Hw, NC] / check indicator || **˜baugruppe** *f* [Th] / monitoring module || **˜beamte** *m* [ES] / system supervisor || **˜blattschreiber** *m* [ES] / supervisor's teleprinter || **˜einrichtung** *f* [Hw] / supervisory device, supervising equipment || **˜element** *n* [NC] / monitoring element || **˜folge** *f* [Tr] / control character sequence, character parity check || **˜funktion** *f* [ES] / monitoring function || **˜kanal** *m* (für Störungsrückmeldung) [ES] / monitoring channel, supervisory channel || **˜lampe** *f* [Hw] / supervisory lamp || **˜platz** *m* [ES] / supervisor's console
Überwachungsprogramm *n* [OS] / monitor program, monitor || **˜** (s. Ablaufüberwacher) || **allgemeines ~**

[Sw] / general monitor checking routine
Überwachungs·protokoll *n* [OS] / tracer listing || **˜puffer** *m* [Th] / supervisor buffer || **˜routine** *f* [Sw] / supervisor routine, monitoring routine || **˜schaltung** *f* [ES] / monitoring circuit || **˜schleife** *f* [ES] / monitoring loop || **˜signal** *n* [ES] / supervisory signal || **˜system** *n* [Sw] / monitoring system || **˜tisch** *m* [ES] / supervisor's desk || **˜zähler** *m* [ES] / monitoring counter || **˜zählregister (UZR)** *n* [ES] / monitoring count register || **˜zeichen** *n* [ES] / supervisory signal || **˜zeit** *f* [Sw, ES] / supervision time, monitoring period
Überzug *m* [Co, Sc] / coating
UBR (s. Unterbrechbarkeitsregister)
UDK (s. universelle Dezimalklassifikation)
UEAS (s. Übertragungsablaufsteuerung)
UGL (s. Ungleich)
Uhren·kennzeichenfreigabe *f* [ES] / time indentifier enable signal || **˜start** *m* (UEAS) [ES] / timer start || **˜stopp** *m* (UEAS) [ES] / timer stop || **˜takt** *m* (UEAS) [ES] / timer increment rate || **˜taktgenerator** *m* (UEAS) [ES] / timer clock generator
Uhrspur *f* [CP] / clock marker track, clock track
Uhrzeigersinn, im ˜ / clockwise
Uhrzeit und Datum Setzen (SET) [OS, Aufruf] / Set time and date (SET) || **aktuelle ˜** [Mp] / current time || **˜eingabefreigabe** *f* [ES] / time input enable signal || **˜eintrag** *m* [ES] / time entry
Uhrzeitgeber *m* [CP] / time-of-day clock, TOD clock || **˜** (s. Realzeituhr)
UJT (s. Unijunction-Transistor)
Ultraschall·frequenz *f* [Th, Tr] / superaudio frequency (i.e., frequency above approx. 20,000 cycles) || **˜-Laufzeitspeicher** *m* [M] / ultrasonic delay-line storage || **˜technik** *f* / ultrasonics
umbenennen *v* [Sw] / rename
umblocken *v* [Sw] / reblock || *n* [Sw] / reblocking
Umbruch *m* [Typ] / makeup, page makeup
Umdrehungsgeschwindigkeit *f* [MD, MDr] / rotational speed
Umdruck·corotron *n* [HSP] / transfer corotron || **˜station** *f* [HSP] / transfer station
Umfang der Meldung (Nachrichtenlänge) [RDp, Tr] / message length (i.e., the number of bits or characters per message)
umfangreiche Paritätsprüfungen [Dp] / extensive parity checking
Umfangsgeschwindigkeit *f* [Th] / circumferential speed
Umfeldaufgabe *f* [Mp] / support application
umformatieren *v* [Sw] / reformat
Umformen *n* [ES] / transforming || **sedezimales ˜** [Sw] / hexadecimal conversion, conversion to hexadecimal
Umformer *m* [Co] / transformer
Umgebung *f* [PL/1] / environment
Umgebungs·bedingungen *plt* [DpC] / environmental conditions || **˜fehler** *m* [OS] / environmental error || **˜remission** *f* (Remissionsgrad in unmittelbarer Nähe eines Zeichens) [OCR] / background reflectance || **˜temperatur** *f* (DIN 44110 T1, Sept. 1978) [DpC] / ambient temperature
umgehen *v* [Hw, Th] / bypass || **die Kennsatzverarbeitung ~** [Dp] / to bypass the label processing
Umgehungsweiche *f* [ES] / bypass filter
umgeklappte Matrixanordnung [ES] / reversed switching matrix
umgerechnete Genauigkeit [PL/1] / converted precision
umgestalten *v* [Sw] / reorganize, rearrange
umgesteuerter Verkehr [ES] / alternate-routed traffic
Umkehr *f* [NC] / movement reversal || **˜auslöser** *m* [Hw] / reversal tripping fuse
umkehrbar *adj* [Th] / reversible || **~e Änderung** [QC] / reversible change || **~er Zähler** [Hw] / reversible counter
Umkehr·funktion *f* [Th, NC] / inverse function || **Sperrung im ˜gang** [Sw] / conversion cycle interlock || **˜information** *f* [ES] / signal wraparound information || **˜integrator** *m* [ADp] / inverse integrator || **˜relais** *n* [Co] / inversion relay || **˜spannung** *f* [Sc] / turnover voltage || **˜stromrichter** *m* [Sc] / reversing rectifier
umklemmen *v* [Tr] / to change connections, reconnect
umkoppeln *v* [Tr] / to change connections, reconnect
umladen *v* [Dp] / reload (register, etc.)
umlagern, seitenweise ~ [VS] / page
umlaufende Kette [HSP] / continuous train
Umlaufspeicher *m* [M, Dp] / circulating

storage || ≗ (Tastatur) [TP] / circulating shift register
Umlaufzeit *f* [NC] / rotation time
Umlaut *m* (diakritisches Zeichen) [Term, IO] / umlaut (cf. "diaeresis")
Umlautbuchstabe *m* [Term, IO] / umlaut vowel || **den ≗n in eine Kombination von Grundbuchstabe und „e" auflösen** [MAT] / to resolve the umlaut vowel into a combination of vowel and 'e' || **einen ≗n auf den Grundbuchstaben zurückführen** [MAT] / to reduce an umlaut vowel to the corresponding vowel without umlaut
Umlegezeichenauswertung *f* [ES] / transfer signal evaluation
Umleiten von Nachrichten [ES] / rerouting of messages, message diversion
Umleitungskennung *f* [ES] / diversion indicator
Umlenkeinrichtung *f* [HSP] / sheet guide, paper guide
umlenken *v* [TP] / to guide (tape, etc.) away (from keyboard, etc.)
Umlenk·rolle *f* [HSP] / guide roller || **≗spiegel** *m* [HSP] / deflection mirror || **≗station** *f* [PT] / deflector station
Umlenkung *f* [ES] / route diversion
Umluft *f* [DpC] / air circulation
ummagnetisieren *v* [Sc, Th] / reset (magnetic core, etc.)
Ummagnetisierung *f* [Sc, Th] / resetting (of magnetic core, etc.) || **partielle ≗** [M] / partial flux reversal
Umordnung *f* [PL/1] / reordering
umpolen *v* [ES] / to reverse polarity
umprogrammieren *v* [Sw] / reprogram
Umprogrammierung *f* [MCS, Sw] / reprogramming
umrangieren *v* [ES] / to transpose pin assignments, reconnect, to change connections
Umrollspindel *f* (am Schneidetisch usw.) [Hw, Rep] / winding spindle
Umrüst·satz *m* [Hw, MT] / conversion kit || **≗teile** *m pl* [Hw, MT] / conversion kit
Umrüstung *f* [Hw] / conversion
Umsättigung, zyklische ≗ [ES] / cyclical reversal of saturation
Umsatzkarte *f* [PC] / accounting detail card
umschaltbar, durch Löten ~ [Sc] / solder-strappable
Umschalt·baugruppe (UB) *f* [ES] / emergency switching module || **mit n ≗ebenen** [TES, IO, TP] / (of typewriter, etc.) n-shift (device, etc.)
Umschalte·code *m* [ES] / shift code, shift signal || **≗kontakt** *m* (Farbband) [TP] / ribbon reversal contact || **≗möglichkeit** *f* [Cir] / throwover option
umschalten, auf Standby ~ [ES] / to command switchover to standby || **≗ auf 3. Druckebene** [TP] / access to third shift
Umschalteplatte *f* [Serv] / strapping plate
Umschalter *m* (Unterdruck) [HSP] / changeover switch
Umschalte·rahmen für Richtungsabhängigkeit [ES] / changeover frame for routing responsibility || **≗signal** *n* [ES] / shift code, shift signal || **≗stelle** *f* [ES] / transfer facility || **≗taste** *f* [TP] / case shift key
Umschaltezeichen·einblendung *f* [TP] / case shift inserter || **≗steuerung** *f* [TP] / case shift signal control
Umschalthebel, Farbband-≗ *m* [HSP, TP] / ribbon-reversing arm, ribbon reverse lever
Umschalt·kontakt *m* [NC] / two-way contact || **≗mechanismus** *m* [DT] / shift mechanism || **≗netzwerk** *n* [Tr] / switching circuit || **≗schrank für Doppelanlagen** [DS] / switchover cabinet for dual systems || **≗taste** *f* [TP, RDp, Tr] / shift key
Umschaltung *f* (von Groß- auf Kleinbuchstaben) [PT, TES] / case shift (upper case/lower case) || **dritte ≗** (Fs-Maschine) [TP] / third shift, three-shift facility
Umschaltungszeichen *n* [TP, Dp] / shiftout character (SO)
Umschaltzeichen *n* [Dp] / escape character (ESC)
Umschichten der Daten [RDp, Tr] / transcription of data
Umschlagzeit *f* [TP, Sc] / transit time
umschlossen *adj* [Sc] / bounded
Umschlüsselung *f* [TP] / code conversion || **≗ in Maschinensprache** [NC] / machine language coding
umschreiben *v* [Dp] / transcribe (i.e., to copy from one medium to another, e.g., from punched cards to paper tape, or from paper tape to magnetic tape; cf. "copy")
Umschreiber *m* [Dp] / transcriber (i.e., a device used to transfer information from one medium to another, e.g., from paper tape to punched cards)
umsetzen *v* [Dp] / convert || [Dp] / transcribe (i.e., to copy from one

medium to another, e.g., from punched cards to paper tape, or from paper tape to magnetic tape; cf. "copy") || **Daten** ~ [Sw] / to convert data || **eine Datei** ~ [Sw] / to convert a file || ≗ **Code (TR)** [OS, Lisp] / Translate (TR) || ≗ **und Testen (TRT)** [OS, Lisp] / Translate and test (TRT)

Umsetzer *m* (DIN 44300, März 1972) [Dp] / conversion unit, converter || ≗ (s. Übersetzer) || ≗ (s. Umsetzprogramm) || ≗ (s. Umschreiber) || ≗ **von Zeichen in Druck** [TP] / Morse or five-unit printer || **Arbeitstakt des** ≗**s** [ES] / converter timing, converter clock rate || **optischer** ≗ [Th] / optical converter || ≗**programm** (s. Umsetzprogramm) || ≗**schaltung** *f* (Fernschreiber) [TP] / telegraph terminal repeater

Umsetz-Funktion *f* [PL/1] / translate (builtin) function

Umsetzprogramm *n* (Programm zum Übertragen der Daten eines Datenträgers auf einen anderen Datenträger ohne wesentliche Verarbeitung der Daten) [Sw] / peripheral conversion program, conversion program || ≗ (s. Übersetzer)

Umsetzung *f* [Dp] / conversion

Umsetzungs·modus *m* [OS] / translate mode (T-bit) || **assoziativer** ≗**speicher** [VS] / translation look-aside buffer (TLAB) || ≗**tafel** *f* [OS] / translation table

Umsetzvorgang *m* [Sw] / conversion process

Umspannung *f* [Th] / transformation

umspeichern *v* [Sw] / re-store || *n* [Sw] / re-storing

Umspeicherprogramm *n* [Sw, ES] / re-storing routine

umstellbare Adresse [Sw] / relocatable address

Umstellungszeit *f* [ES] / period of changeover

Umsteuereinrichtung *f* [ES] / rerouting facilities, alternate routing facilities

umsteuern *v* [Tr] / alternate-route (traffic, call, etc.), reroute (traffic, calls, etc.)

Umsteuerung *f* [NC] / movement reversal || ≗ **von Nachrichten** [ES] / rerouting of messages, message diversion

Umsteuer·verkehr *m* [ES] / automatic alternate routing, automatic divert || ≗**weg** *m* [Tr] / alternate route (i.e., a secondary or backup communications path used if normal routing is not possible) || ≗**zusatz** *m* [ES] / routing device || ≗**zyklus** *m* [PC] / intercycle, control cycle

umstülpen, einen Wörterbucheintrag ~ [MAT] / to turn dictionary equivalents around (i.e., to interchange source language and target language)

Umstülpung *f* [MAT] / inversion

umwandeln *v* [Dp] / convert || ≗ **in Binärform (CVB)** [OS, Lisp] / Convert to binary (CVB) || ≗ **in Dezimalform (CVD)** [OS, Lisp] / Convert to decimal (CVD)

Umwandler *m* [Dp] / conversion unit, converter || [PCC, NC] / transducer, converter

Umwandlung *f* [Dp] / conversion || **alphanumerische** ≗ [NC] / alphanumeric conversion, alphanumerical conversion

Umwandlungs·ergebnis *n* [ES] / generation result || ≗**funktion** *f* [Algol] / transfer function || ≗**programm** *n* (Symbole in Maschinensprache) [NC] / autocoder || ≗**zeit** *f* [Th, Sw] / conversion time

Umweg *m* [Tr] / alternate route (i.e., a secondary or backup communications path used if normal routing is not possible) || ≗**bündel** *n* [Tr] / alternate route trunk group || ≗**lenkung** *f* [ES] / alternate routing || ≗**verkehr** *m* [RDp, Tr] / rerouting traffic

Umwelt *f* [DpC] / environment || ≗**bedingungen** *plt* [DpC] / environmental conditions || ≗**prüfgerät** *n* [Sc] / environmental test equipment

Umwerter *m* [ES] / route interpreter

unabhängig *adj* [PCC] / off-line || ~ (z.B. Taste) [Hw] / local || ~**es Aggregat** [Hw] / self-contained unit || ~**er Betrieb** [OS] / local mode, off-line operation || ~**es Programm** [Sw] / independent program, independent routine || ~**es Rechnersystem** [Mp] / standalone computer system || ~**es Segment** [Cobol] / independent segment || ~**er Umkehrschalter** [NC] / independent reversing switch || ~**e Variable** [Th] / independent variable

unärer Operator [Cobol] / unary operator

unbeabsichtigte Weitergabe (von Daten usw.) [Priv] / accidental disclosure (of data, etc.)

Unbedenklichkeitsgrenze *f* [ES] / reliable-operation threshold

unbedient *adj* [Th] / unattended, unmanned || ~**er Betrieb** [RDp] / unattended mode, unmanned operation

unbedingt *adj* [Algol] / unconditional ||

[PL/1] / unconditional || **~e Anforderung an die Programmsteuerung** [Sw] / unconditional program interrupt request || **~e Anforderung durch Gleichheit der Adressen** [PCC] / unconditional address equality interrupt request || **~e Anforderung durch Taste** [Sw] / unconditional pushbutton interrupt request || **~e Anweisung** [Algol] / unconditional statement || **~e Anweisung** [Cobol] / imperative statement || **~ freilaufende Ausgabe** [Tr] / unsolicited computer output with priority || **~er Programmsatz** [Cobol] / imperative sentence || **~e Programmunterbrechung** [Sw] / unconditional program interrupt || **~er Satz** [Cobol] / imperative sentence || **~er Sprung** [Sw] / unconditional jump || **~e Sprunganweisung** [Fortran] / unconditional go to statement || **~er Sprungbefehl** [Sw] / unconditional branch instruction, unconditional jump instruction

unbedruckt *adj* [HSP] / blank

unbefriedigt·e Bezugsadresse [Sw] / unsatisfied reference address || **~er Suchbefehl** [PE] / nonsatisfied search command

unbefugte Verschaffung von Daten (österreichisches DSG) [Priv] / unauthorized access to data

unbegrenzte Verschachtelungstiefe von Unterprogrammen [Mp] / unlimited subroutine nesting

unbelasteter Übergang [Sc] / open junction

unbenannt·es Datenfeld [Cobol] / filler (item) || **~es Feld** [Cobol] / filler (item) || **~er gemeinsamer Speicherbereich** [Fortran] / blank common || **~es Symbol** [Sw] / abstract symbol || **~e Zahl** [Th] / abstract number

unbeschrifteter Datenträger [PE] / blank medium, empty medium

unbespult *adj* [ES] / nonloaded (cable, etc.)

unbestimmt *adj* [PL/1] / undefined

unbewertetes Rauschen [Tr] / unweighted noise

unbrauchbare Spur [PE] / defective track

Unbundling *n* [Dist] / unbundling

uncodierte Eingabe [RDp, Tr] / uncoded input

UNCOL (allgemein verbindliche maschinenabhängige Sprache) [PL] / UNCOL

UND, durch logisches ≗ verbinden [SA] / AND, AND together

Und, kommerzielles ≗ (DIN 66009, Sept. 1977) [IO, Th] / ampersand (&)

undefiniertes Merkmal [Sw] / undefined symbol

UNDen *v* [SA] / AND, AND together

UND-Funktion *f* [SA] / AND operation, conjunction || **≗-Gatter** *n* [Cir] / AND circuit, AND element, logical AND circuit || **≗-Glied** *n* (DIN 44300, März 1972) [Cir] / AND circuit, AND element, logical AND circuit || **≗-Schaltung** *f* [Cir] / AND circuit, AND element, logical AND circuit || **≗-Symbol** *n* [PL/1] / AND symbol

Undulator *m* [TP] / undulator

UND-Verknüpfung *f* (DIN 44300, März 1972) [SA] / AND operation, conjunction || **≗-Zeichen** *n* [SA] / AND operator

Und-Zeichen *n* [IO, Th] / ampersand (&)

unendlich·e Reihe [Th] / infinite series || **≗-Durchschuß** *m* [Typ, Sw] / infinity lead

Unendlichkeit *f* [Th] / infinity

unerwarteter Fehler [Sw] / unexpected error, illogical error

ungeblockt *adj* [Sw] / unblocked

ungefaltet *adj* [HSP] / nonfolded

ungelocht *adj* [PT, PC] / blank || **~e Karte** [PC, Sw] / blank card, dummy card

ungenau *adj* [NC] / inaccurate

ungenutzter Raum [DpC] / dead space

ungeordnet *adj* [Sw] / unsorted

ungepackt·e Dezimalzahlen [OS] / zoned decimal data || **~e Form** [Sw] / unpacked format, zoned format || **~es Format** [Sw] / unpacked format, zoned format

ungepuffert *adj* [MCS] / unbuffered (character printer, etc.)

ungerad·e Parität [DS, Th] / odd parity || **~e Wechsellochung** [PC] / interstage punching || **~e Zahl** [Th] / odd number

ungerade *adj* [Th, Sw] / odd

ungeradzahlig *adj* [Th, Sw] / odd || **~e Paritätskontrolle** [DS] / odd parity check

ungeschütztes Datenfeld [VDT, Sw] / unprotected data field, unprotected field

ungestört·er Lokalbetrieb [TP] / local mode with restricted preemption || **~e volle Lesespannung** [M, Cir] / undisturbed response signal, undisturbed response voltage

Ungleich (UGL) [PCC, Befehl] / Test for unequality (exlusive-OR)

ungleiche Karten [PC] / unequal cards
Ungleichung *f* [Th] / inequality
ungültig *adj* [Sw] / invalid, illegal || **~e Adresse** [Sw] / invalid address || **~er Code** [DS, Th, Tr] / invalid code || **~er 12-Code** [OS] / invalid 12 code || **~er Empfang** (DIN 44302, Apr. 1979) [Tr] / invalid reception || **~e Gleitpunktregisternummer** [ALU] / floating-point register error || **~e virtuelle Adresse** [OS] / user existence error
Ungültigkeits·befehl *m* [Sw] / ignore instruction || **≈zeichen** *n* [RDp, OCR] / ignore character, delete character
Unijunction-Transistor (UJT) *m* [Sc] / unijunction transistor (UJT), filamentary transistor || **programmierbarer ≈** [Sc] / programmable unijunction transistor
unipolar·es Halbleiterbauelement [Sc] / unipolar semiconductor device || **≈transistor** *m* [Sc] / unipolar transistor
Unitunneldiode *f* [Sc] / unitunnel diode
Universal·diode *f* [Sc] / universal diode || **≈-Leiterplatte** *f* [Co] / universal pc board || **≈rechenanlage** *f* [Dp] / general-purpose computer, all-purpose computer || **≈rechner** *m* [Dp] / general-purpose computer, all-purpose computer || **≈steuerung** *f* [PCC] / universal control electronics
universell·e Datenverarbeitungsanlage [Dp] / universal data processing system || **~e Dezimalklassifikation (UDK)** [IDS] / Universal Decimal Classification (UDC) || **~e Turingmaschine** [Th] / universal Turing machine
unklar *adj* [Hw] / inoperable, not operable || **~ werden** [Sw] / to go inoperable, to become inoperable || **Gerät ~** [Dp] / device inoperable
unmittelbar·e Adresse [Sw] / immediate address, zero-level address || **~e Adressierung** [Sw] / zero-level addressing, immediate addressing (i.e., the instruction itself contains data) || **~e Bezugnahme** [PL/1] / basic reference || **~e Verarbeitung** [Dp] / demand processing, immediate processing || **~er Zugriff** [PE, M, Sw] / immediate access, fast access
unmodifiziert·e Adresse [Sw] / presumptive address || **~er Befehl** [Sw] / presumptive instruction
unnumeriert *adj* [Sw] / unnumbered
unpaarig *adj* [Sw] / unmatched || **~e Karten** [PC] / unequal cards || **~e Sätze** [Sw] / unmatched records
Unpaarigkeit *f* [DS, Th] / odd parity
unperforiert *adj* [HSP] / unperforated
unpupinisiertes Kabel [TrL] / nonloaded cable
unregelmäßige Verzerrung [TP, ES] / fortuitous distortion, irregular distortion
Unrichtigkeit *f* [Priv] / inaccuracy (of data, etc.)
unrund *adj* [NC] / out of true, out of round, eccentric
Unsicherheit *f* [Th, Cy] / negative entropy
unsortiert *adj* [Sw] / unsorted
unstetige Funktion [Th, Meas] / discontinuous function
Unsymmetrie *f* [Tr] / unbalance (of operating voltage, etc.) || **≈dämpfung** *f* [Tr] / balance-to-unbalance ratio
unsymmetrisch *adj* [ES, TrL] / unbalanced || **~er Binärkanal** (DIN 44301, Feb. 1977) [Th] / binary unsymmetric channel || **~er Fehler** [Th, Tr] / unbalanced error
unter·es Alphabet [TP] / lower case || **~e Bürsten** [PC] / lower brushes || **~e Grenze** [Algol] / lower bound || **~e Grenze** [PL/1] / lower bound || **~er Grenzwert** [PCC] / lower limit || **~er Kartenhebel** [PC] / lower card lever || **~e Lochungszone** [PC] / lower curtate || **~e Zone** [PC] / lower curtate || **~e Zündspannung** [Sc] / maximum gate nontrigger voltage || **~er Zündstrom** [Sc] / maximum gate non-trigger current
Unterätzung *f* [Sc] / undermining
Unteraufgabenbildung *f* [OS] / subtasking
Unterauftrag *m* [Sw] / subjob
Unterbefehl zum Maschinenbefehl [Sw, ES] / extended mnemonic instruction code
unterbrechbar *adj* [Dp] / interruptible
Unterbrechbarkeit *f* [PCC] / interruptibility
Unterbrechbarkeits·register (UBR) *n* [ES] / interruptibility register || **≈routine** *f* [ES] / interruptibility routine || **≈schranke** *f* [ES] / interruptibility threshold || **≈stelle** *f* [PCC] / interrupt bit
unterbrechen *v* [Dp, Sw] / interrupt || **das System ~** [Mp] / to issue an interrupt to the system || **≈ des Monitorlaufs (HOLD)** [OS, Aufruf] / Interrupt monitor session (HOLD)
Unterbrecheranweisung *f* [PL/1] / signal statement
Unterbrechung *f* [PL/1] / interrupt || **≈ der Spaltenhöhe** [Typ] / interruption of

column depth || ≈ **durch Aufruf des Organisationsprogramms** [OS] / supervisor call interrupt || ≈ **durch höhere Priorität** [OS] / priority interrupt || ≈ **nicht abgefertigt** [OS] / interrupt pending || ≈ **wegen Geräteanforderung** [Dp] / device request interrupt || ≈ **wegen Netzausfall** [Dp] / power failure interrupt || **anstehende** ≈ [OS] / pending interrupt || **durch Druckknopf programmierte** ≈ [NC] / optional stop || **externe** ≈ [Sw, ES] / external interrupt, manual interrupt || **gerichtete** ≈ [Mp] / vector interrupt || **Prioritäts-Steuereinheit für ≈en (PSU)** (zur Vereinfachung von unterbrechungsgesteuerten Mikrocomputersystemen) [Mp] / priority interrupt control unit (PICU) || **programmbedingte** ≈ [Sw] / program-controlled interrupt (PCI) || **schwebende** ≈ [OS] / pending interrupt || **wartende** ≈ [OS] / pending interrupt

Unterbrechungsanalyse *f* [OS] / interrupt analysis || ≈ **bei der Datenübertragung** [Sw, Tr] / communication interrupt analysis (CIA) || ≈**routine** [Sw] / interrupt decoder

Unterbrechungsanforderung *f* [MCS, Dp] / interrupt request || **externe** ≈ [Sw, ES] / external interrupt, manual interrupt

Unterbrechungs·anzeige *f* [ES] / interrupt indication || ≈**bedingung** *f* [Sw] / interrupt condition || ≈**behandlung** *f* [OS] / interrupt servicing, interrupt handling || ≈**decodierer** *m* [Sw] / interrupt decoder || ≈**ebene** *f* [Sw] / interrupt level || ≈**einrichtung** *f* [Th, Tr] / breakin facility

unterbrechungsfrei *adj* [Tr] / interruption-free, no-break (transmission, etc.) || [Hw] / uninterruptible, no-break (power supply, etc.) || ~**e Stromversorgung** [Hw] / no-break power supply

unterbrechungs·gesteuert *adj* [Mp] / interrupt-driven (microcomputer system, etc.) || ≈**gewicht** *n* [Sw] / interrupt weight || ≈**marke** *f* [OS] / interrupt flag || ≈**maske** *f* [Sw] / interrupt mask (i.e., a method of ignoring an interrupt when it occurs and postponing action required until some later point in time) || ≈**maskenregister** *n* [Sw] / interrupt mask register (IMR) || ≈**phase** *f* [Sw] / interrupt phase || ≈**programm** *n* [Sw] / interrupt routine || **externer** ≈**punkt** [Sw] / external interrupt point

Unterbrechungsregister *n* [Mp, OS] / interrupt register || [OS] / interrupt flag register (IFR)

Unterbrechungs·routine *n* [Sw] / interrupt routine || ≈**schalter** *m* [Mp] / interrupt initiation switch || ≈**schlüsselregister** *n* [CP] / interrupt code register || ≈**-Serviceprogramm** *n* [Mp] / interrupt service routine || ≈**signal** *n* [Dp] / interrupt signal || ≈**stelle** *f* [PCC] / interrupt bit || ≈**steuerblock** *m* [Sw] / interrupt control block (ICB)

Unterbrechungssteuerung *f* [Mp] / interrupt control, hold control || [Hw, Mp] / interrupt controller

Unterbrechungs·steuerungsprogramm *n* [ES] / interrupt handler, interrupt control routine || ≈**system** *n* [RDp, ES, Tr] / interrupt handling system, interrupt system || ≈**tabelle** *f* [Sw] / interrupt address table || ≈**tastung** *f* [ES] / on/off keying || ≈**technik** *f* [Sw] / interrupt technique || ≈**ursache** *f* [Sw] / interrupt cause || ≈**vektoradresse** *f* [ES] / interrupt vector address || ≈**verteiler** *m* [Sw] / interrupt distributor || ≈**zeitgeber** *m* [OS] / elapsed time clock || ≈**zustand** *m* [Sw] / interrupt state || ≈**zustandsregister** *n* [Mp] / interrupt status register

unterbrochen·er Arbeitslauf [NC] / intermittent cycle || ~**e Belegzufuhr** [OCR] / discontinuous feed

Unterdruckbehälter *m* (Toner) [HSP] / vacuum container

unterdrücken *v* [Dp] / suppress (punching codes, etc.) || **einen Sprachteil** ~ [MAT] / to suppress a language section || ≈ **Anzeige falsche Länge** [OS, Befehl] / Suppress length indicator

Unterdruckgebläse *n* [HSP] / vacuum blower

Unterdrückung *f* [Cobol] / suppression || ≈ **der Impulsspeicherung** [PC] / cycle delay dropout

Untere-Grenze-Funktion *f* [PL/1] / lbound (builtin) function

Untereinheit, zentrale ≈ [ES] / central subunit

Unterfeld *n* [Sw] / subfield

untergeordnet·e Einheit [Dp] / subordinate unit || ~**es Modul** [OS] / subset module

untergliederte Datei [Sw] / partitioned dataset

Untergruppen·kontrolle *f* [PC] / minor

control || ≗**kontrollfeld** *n* [PC] / minor control field || ≗**trenner** *m* [Sw] / record separator (RS) || ≗**trennung** *f* [PC] / minor control break, minor control change || ≗**wechsel** *m* [PC] / minor control break, minor control change
Unterhaltung (s. Wartung)
Unterkanal *m* [CP, IO] / subchannel || ≗**register** *n* [CU, ES] / subchannel register
Unterlage, gerätestandsbezogene ≗n [Dist] / documents relating to a given equipment revision level || **objektbezogene ≗n** [Dist] / object-related documentation || **terminbestimmende ≗** [Dist] / deadline document || **zeitbestimmende ≗** [ES] / time-schedule document
Unterlagenart *f* [Dist] / document type || **≗-Kennzahl** *f* [Dist] / document type code number
Unterlagenausgabestand *m* [ES] / document revision level
Unterlagenbeipack *m* [Dist, Dp] / documentation package || **≗-Liste** *f* [Dist, Dp] / documentation package list, list of accompanying documents
Unterlagen·sachnummer *f* [Dist] / document item code number || **≗-Service** *m* [Dist] / documentation service || **≗-Standsammlung** *f* [Dist, Dp] / documentation reference file || ≗**struktur** *f* [Dist] / documentation structure
Unterlagerungstelegrafie *f* [TP] / subaudio telegraphy
Unterlänge *f* (Schrift) [Typ] / descender
Unterlauf *m* [ALU] / underflow
Unterlochung *f* [PC] / underpunch
Untermakro *m* [Sw] / submacro
Untermenge *f* [Th] / subset
Unternehmens·forschung *f* [Dp] / operations research (OR), operations analysis || ≗**spiel** *n* [ASw] / management game
Unterprogramm *n* [Fortran] / subprogram || **≗ ausführen** [Befehl, RPG] / Execute subroutine (EXSR) || **≗ erster Stufe** [Sw] / first-order subroutine, first-remove subroutine || **≗ mit einer Ebene** [Sw] / one-level subroutine || **≗ zweiter Stufe** [Sw] / second-remove subroutine, second-order subroutine || **abgeschlossenes ≗** [Sw] / closed subroutine, linked subroutine || **angeschlossenes ≗** [Sw] / linked subroutine || **dreistufiges ≗** [Sw] / three-level subroutine || **offenes ≗** [Sw] / open subroutine, direct insert subroutine, in-line program || **statisches ≗** [Sw] / static subroutine || **verbundenes ≗** [Sw] / closed subroutine, linked subroutine || **verschiebliches ≗** [Sw] / relocatable subroutine || **zweistufiges ≗** [Sw] / two-level subroutine
Unterprogrammanweisung *f* [Fortran] / subprogram statement
Unterprogrammaufruf *m* [Sw] / subroutine call || [PL/1] / subroutine reference || ≗**adresse** *f* [ES] / subroutine call address
Unterprogramm·bibliothek *f* [Sw] / subroutine library || ≗**einsprung** *m* [ES] / subroutine entry || ≗**prozedur** *f* [Sw] / subroutine procedure || ≗**sprung** *m* [Sw] / branch to a subroutine
Unterprogrammverschachtelung *f* [Mp] / subroutine nesting || **≗ mit Rücksprungnotierung** [RDp, Tr] / subroutine nesting with return to exit point
Unterprogrammverwaltung *f* [Mp] / subroutine management
Unterrahmentakt *m* [ES] / subframe clock pulse
Unterricht, computerunterstützter ≗ [CAI] / computer-assisted instruction (CAI) || **programmierter ≗** [CAI] / programmed instruction (PI)
Unterrichtsmaschine *f* [CAI] / teaching machine
Untersammelkarte *f* [Dist] / sublist of materials
Unterscheidungs·matrix *f* [DS, Th] / difference matrix || ≗**schwelle** *f* [Cy] / difference threshold (DT), difference limen (DL), just noticeable difference (JND) || ≗**test** *m* [Th] / differentiation test
Unterschiedsschwelle *f* [Cy] / difference threshold (DT), difference limen (DL), just noticeable difference (JND)
Unterschreitungs-Bedingung *f* [PL/1] / underflow condition
Unterschwingen auf der Rückflanke [M] / undershoot
Unterstation *f* [RDp] / tributary station, secondary station
Unterstreichung *f* [PL/1] / break character
Unterstreichungszeichen *n* [DT, HSP] / underscore character
Untersuchungsfunktion *f* [Sc] / detection function
unterteilter Operand [Sw] / operand sublist
Unterweisung, programmierte ≗ (PU) [CAI] / programmed instruction (PI)

Unterzelle *f* [M] / subcell
unübersichtlicher Fehler [ES] / undefined error, nondescript error
unverriegelbar *adj* [Hw] / nonlocking
unverschiebliches Programm [Sw] / nonrelocatable program
Unverträglichkeit *f* [Hw] / incompatibility
unvollständig *adj* [Sw] / incomplete
unvorbereitet·er Datenträger [PE] / virgin medium || **~es Magnetband** (s. neues Magnetband) || **~es Papier** [PE] / virgin paper
unwirksam machen [Dp] / to render (operation, etc.) ineffective
Unwucht *f* [Hw] / out-of-balance condition
unzulässig *adj* [ES] / illegal (operation code, etc.), invalid (character, etc.) || [PL/1] / fail || **~er Befehl** [Sw] / illegal instruction || **~e Datenadresse** [Sw] / invalid data address || **~e Operation** [Th, Sw] / illegal operation || **~er Operationsteil** [Th] / illegal operation code || **~es Zeichen** [DS, OCR, Th, Tr] / illegal character, invalid character
Update, konkurrierendes ≗ (Problematik der gleichzeitigen Aktualisierung derselben Datei von verschiedenen Endstellen) [IDS] / concurrent update
Urbeleg *m* [IO, OCR] / source document, original document
Ureingabe *f* [OS] / bootstrap (i.e., the technique of loading a program into main memory by means of certain preliminary instructions which in turn are sufficient to bring the rest of the program into the computer) || ≗ (Vorgang) [PCC, OS] / bootstrapping || **durch ≗ laden** [OS] / bootstrap || **≗block** *m* [Sw, ES] / initial program loader block, IPL block || **≗programm** *n* (aus wenigen Befehlen bestehende Datenmenge, die vor dem Starten der Anlage und vor dem Einlesen des „Urladers" an den Beginn des Arbeitsspeichers gebracht werden muß) [Mp] / bootstrap loader (i.e., a subroutine which is usually automatic and built into the hardware of the computer)
Urladefestspeicher, programmierbarer ≗ [Mp] / bootstrap PROM
Urladeformat *n* [PCC] / initial program loader format
urladen *v* [OS] / to load the IPL || *n* [OS] / initial program loading
Urladeprogramm (s. Urlader)
Urlader *m* (kurzes Vorbereitungsprogramm zum Laden des Programmladers oder eines Organisationsprogramms; cf. „Ureingabeprogramm") [Mp] / initial program loader (IPL) || ≗ (nur über das Wartungsfeld aktivierbares, gewöhnlich im Festwertspeicher stehendes Programm, das ausschließlich Urladeformat lesen kann) [PCC] / initial program loader (IPL)
Urladeschalter *m* (Schalter, mit dem die Ureingabe eingeleitet werden kann) [Mp, OS] / bootstrap initialization switch (i.e., special console switch which calls the bootstrap loader into action)
Urlesen *n* [PCC] / bootstrap reading
Urleseprogramm *n* (Programm im Urladeformat, das durch Ureingabe mit Hilfe des Urladers in den Zentralspeicher einer ZE geladen wird) [PCC] / bootstrap loader
Urrücksetzen *n* (totales Rücksetzen der PE) [ES] / initial reset
ursprünglicher Wert [Th] / initial value
Ursprungs·adresse *f* [Mp] / source address || **≗beleg** *m* [IO, OCR] / source document, original document
Ursprungsdaten *plt* (Daten, die auf einem Originalbeleg enthalten sind) [Sw] / source data (i.e., data created by the individual, organization, or machine generating or originating the data) || ≗ (unverarbeitete Daten) [Dp] / raw data (i.e., data which has neither been subject to data reduction nor processed)
Ursprungs·dokument *n* [IO, OCR] / source document, original document || **≗fehlerhäufigkeit** *f* (Fehlerhäufigkeit der Daten vor der Übertragung) [RDp] / intrinsic error rate || **≗feld** *n* [Sw] / source field || **≗karte** *f* [Sw] / source card, source program card || **≗kartensatz** *m* [PL] / source deck, source program card deck || **≗programm** *n* [Sw] / source program || **≗sprache** *f* [Sw] / source language || **≗verkehr** *m* [ES] / originating traffic, originated traffic || **≗vermittlungsstelle** *f* [ES] / originating switching center, originating exchange || **≗zeichen** *n* [ES] / original signal
Urstart *m* [ES] / initial start || **≗ablauf** *m* [ES] / initial start run
USART *n* (Ein-Ausgabe-Baustein oder Gerät zur seriellen Datenübertragung) [Mp, Tr] / universal synchronous/

asynchronous receiver/transmitter (USART)
ÜSt-Zeichenfolge (DIN 44302, Apr. 1979) (s. Übertragungssteuerzeichenfolge)
UZR (s. Überwachungszählregister)

V

VA (s. Vorsatzadresse) || ² (s. Variantenbaugruppe)
vakuum·dicht *adj* [Co] / vacuum-tight || **²pumpe** *f* [Fl] / vacuum pump
VAL (s. Verschieben arithmetisch links)
Valenz·band *n* (DIN 41852, Aug. 1978) [Sc] / valence band || **²bindung** *f* [Sc] / covalent bond || **²elektron** *n* (DIN 41852, Aug. 1978) [Sc] / valence electron || **²kristall** *m* [Sc] / valence crystal
VAL/VAR (s. Verschieben logisch links/rechts)
Van-de-Graaf-Generator *m* [Sc] / Van-de-Graaf generator
VAR (s. Verschieben arithmetisch rechts)
Varactor *m* [Sc] / varactor (i.e., a semiconductor device characterized by a variation of capacitance with voltage)
variabel *adj* [Th] / variable || **variable Adresse** [RDp] / variable address || **variabler 16-Bit-Zeitgeber** [Th] / variable 16-bit timer || **variables Blockformat** [PC] / variable block format || **variable Blocklänge** [RDp] / variable block length || **variables Feld** [Sw] / variable field, variable-length field || **variables Format** [Sw] / variable format || **variabler Funktionsgeber** [Cir] / variable function generator || **variable Kartenzuführung** [PC] / variable length card feeding || **variabler Konnektor** [Sw] / variable connector || **variable Mantissenlänge** [Th, Sw] / variable length mantissa || **variable Numerierung** [ES] / variable numbering || **variable Satzlänge** [Sw] / variable record length || **variable Warteschlange** [PCC] / variable queue list || **variable Wortlänge** [Sw] / variable word length || **variable Zeilenbegrenzung** [PC] / variable-length overflow || **variabler Zeitmaßstab** [Cir] / variable time scale
Variable *f* [Algol] / variable || [Fortran] / variable || [PL/1] / variable || **abhängige ²** [Th] / dependent variable || **determinierende ²** (Datenelement, das nicht in Datenkategorie und konstituierender Variable enthaltene Angaben zur Repräsentation eines Sachverhalts durch die Dateneinheit darstellt) [DOK, Dp, Sw] / determinant data variable || **indizierte ²** [Algol] / subscripted variable || **konstituierende ²** (Datenelement, das in einem gegebenen kommunikativen Zusammenhang die Fixierung der Dateneinheiten bestimmt bzw. den Zugriff zu den Dateneinheiten ermöglicht) [DOK, Dp, Sw] / constituent data variable || **stochastische ²** [Th] / stochastic variable, random variable || **unabhängige ²** [Th] / independent variable
Variablen·dimension *f* (Teil einer konstituierenden bzw. determinierenden Variablen, der es gestattet, verschiedene Variablenwerte miteinander zu vergleichen) [DOK, Dp, Sw] / dimension of the data variables || **²kategorie** *f* (Teil einer konstituierenden bzw. determinierenden Variablen, der den durch den Variablenwert dargestellten Aspekt des Sachverhalts charakterisiert) [DOK, Dp, Sw] / category of the data variables || **²name** *m* [Algol] / variable identifier || **²wert** *m* (Teil einer konstituierenden bzw. determinierenden Variablen, der zu ihrer Einordnung oder sonstigen Bearbeitung dienen kann) [DOK, Dp, Sw] / value of the data variables
Variante *f* [HSP] / version
Varianten·baugruppe (VA) *f* [TP] / special-function module || **²katalog** *m* [ES] / variants catalog || **²speicher** *m* [M] / special-function memory
Variationsrechnung *f* [Th] / calculus of variations
Varioplex-System *n* [Tr] / varioplex system (i.e., a method used in TDM, which enables the multiplexed channels to be distributed among users according to the number of users)
Varistor, Metalloxid-² *m* [Co, Sc] / metal oxide varistor (MOV)
VDC-Karte *f* (Großspeicher) [OS] / volume description card, VDC card
VDL/VDR (s. Verschieben links/rechts doppelt)

VE (s. Verarbeitungseinheit)
Vektor *m* [Th] / vector || **absoluter** ≗ [COM, GrDp] / absolute vector || **sichtbarer** ≗ [OCR] / unblanked vector || ≗**addition** *f* [Th] / vector addition || ≗**analyse** *f* [Th] / vector analysis || ≗**bahnsteuerung** *f* [NC] / contouring system by velocity vector control || ≗**diagramm** *n* [Th, GrDp] / vector diagram
Vektorgenerator *m* (zur Vereinfachung der Dateneingabe bei grafischen Ausgabegeräten) [GrDp] / vector generator || **grafisches Ausgabegerät mit** ≗ [GrDp] / vector mode display (Rtm.) || ≗**-Plotter** *m* [GrDp] / vector generator system (as opposed to "incremental plotter")
Vektor·prozessor *m* [MCS] / pipeline processor, vector processor || ≗**summe** *f* [Th] / vector sum || ≗**unterbrechung** *f* [Mp] / vector interrupt
Venn-Diagramm *n* [Th] / Venn diagram (i.e., a diagram in which sets are represented by closed regions; named after John Venn)
Ventil ohne festgelegte Schaltstellung [Fl] / valve without fixed position
ventilgesteuerte Ausschaltzeit [Sc] / gate controlled turnoff time
verallgemeinerte Indexmethode (VIM) [Sw] / generalized index method
veraltet·e Daten [Priv] / aged data, decaying data || **~e Information** [Priv] / obsolete information
veränderbar·e Indexgrenze [Fortran] / adjustable dimension || **von ~er Länge** [PL/1] / varying
veränderliche Kanaladressierung [Sw] / floating channel addressing
verändern, eine Bibliothek ~ [Sw] / to update a library
Veränderungsangabe *f* [Cobol] / varying option || **weitere** ≗ [Cobol] / after option
Veranlassungsanzeiger *m* [VS, RDp] / prompting indicator
verarbeiten *v* [Dp] / process (job, etc.) || ≗ **Makrodefinition Ende (MEXIT)** *n* [OS, Befehl] / Macro definition exit (MEXIT)
Verarbeitung *f* [Dp] / processing (of job, etc.) || ≗ **in Vorwärtsrichtung** [Sw] / forward processing || ≗ **nach Prioritäten** [Sw, NC] / priority processing, priority scheduling || ≗ **personenbezogener Daten zum Zwecke der Übermittlung in anonymisierter Form** [Priv] / processing of personal data for purposes of communication in anonymous form || ≗ **von Dateien** [Dp] / file processing || **direkte** ≗ [Dp] / on-line processing, on-line data processing || **frei wählbare** ≗ [Dp] / random processing || **logisch fortlaufende** ≗ [Dp, RDp] / sequential processing || **mitlaufende** ≗ [Dp] / demand processing, immediate processing || **nachrangige** ≗ [OS] / background processing, backgrounding || **Offline-**≗ *f* [Dp] / off-line processing || **Online-**≗ *f* [Dp] / on-line processing, on-line data processing || **rechnerabhängige** ≗ [Dp] / on-line processing, on-line data processing || **rechnerunabhängige** ≗ [Dp] / off-line processing || **sequentielle** ≗ [Dp, RDp] / sequential processing || **serielle** ≗ [Dp, RDp] / serial processing || **stapelweise** ≗ (s. Stapelverarbeitung) || **starr fortlaufende** ≗ [Dp, RDp] / serial processing || **überlappende** ≗ [Dp] / overlapping || **überlappte** ≗ [Dp] / overlapped processing || **unmittelbare** ≗ [Dp] / demand processing, immediate processing || **verzahnt ablaufende** ≗ [Dp] / concurrent processing || **wahlfreie** ≗ [Dp] / random processing || **zeitlich verzahnte** ≗ [OS] / time-shared processing, time-sharing
Verarbeitungs·art *f* [Cobol] / processing mode || ≗**block** *m* [Dp, Sw] / processing block || ≗**einheit (VE)** *f* [ES] / processing unit || ≗**folge** *f* [Dp] / processing sequence || ≗**funktion** *f* [Sw] / processing function || ≗**gang** *m* [Dp] / processing step || ≗**geschwindigkeit** *f* [Dp] / processing speed || ≗**kontrolle** *f* [Co] / process check || ≗**modul** *n* [OS] / running module || ≗**modus** *m* [Dp] / processing mode || **~orientierte Aufgabe** [RDp] / processing function || ≗**pause** *f* [Dp] / hesitation (i.e., a short automatic suspension of a main program in order to perform all or part of the operations of another sequence) || ≗**programm** *n* [Sw, NC] / processing program || ≗**rechner** *m* (zentrale Datenverarbeitungsanlage in einem Datenfernverarbeitungssystem, die im Gegensatz zum „Vorrechner" die verarbeitungsorientierten Aufgaben durchführt) [RDp] / host computer, central computer || ≗**routine** *f* [Sw, NC] / processing program || **logische** ≗**stufe** [OS] / logic level, logical level || ≗**-Subsystem** *n* [Dp] / processing subsystem (as used in distributed data

processing) || **fotoempfindliche ≗technik** [Sc] / photoresist processing technique || **≗überlappung** *f* [Sw] / processing overlap || **≗zeit** *f* [Cobol] / processing time || **≗zustand** *m* [Sw] / processing state, P1 state

Verarmungs·betrieb *m* [Sc] / depletion mode operation || **≗-IG-FET** *m* [Sc] / depletion type field-effect transistor || **≗-Isolierschicht-Feldeffekttransistor** *m* [Sc] / depletion type field-effect transistor || **≗randschicht** *f* [Sc] / depletion layer, depletion region || **≗typ** *m* (Transistor) [Sc] / depletion type

verbessern *v* (= berichtigen) [Dp, Sw] / correct

Verbesserung *f* (= Berichtigung) [Dp, Sw] / correction

Verbesserungsverfahren *n* [PL] / corrective procedure

verbiegen *v* [Hw] / bend

verbinden *v* [Dp] / connect, link || **durch logisches ODER ~** [SA] / OR || **durch logisches UND ~** [SA] / AND, AND together

Verbindung *f* [ES, Fl] / connection || ≗ (Formatzeichen) [HSP] / junction || ≗ (s. Programmverbindung) || **Aufbauzeit einer ≗** [ES] / connection setup time || **direkt durchgeschaltete ≗** [ES] / direct station-to-station connection || **eine ≗ auflösen** [ES] / to clear a connection, to release a connection || **nicht zugelassene ≗** [ES] / inadmissible call || **platzvermittelte ≗** [ES] / operator-assisted call || **virtuelle ≗** (Paketvermittlungsverbindung gemäß CCITT-Empfehlung X.25, d.h., zwischen zwei Teilnehmern besteht während der gesamten Dauer des „Gesprächs" zwar eine logische Verbindung, aber keine Leitungsdurchschaltung wie bei einem Leitungsvermittlungsnetz) [RDp, ES] / virtual circuit (VC)

Verbindungsabbau *m* [Tr] / connection cleardown, connection release || **≗prozedur** *f* [Tr] / connection cleardown procedure, connection release procedure, call cleardown procedure

Verbindungs·anforderung *f* [ES] / call request || **≗archiv** *n* [ES] / calls file

Verbindungsaufbau *m* [Tr] / connection setup, connection buildup || **schritthaltender ≗** [ES] / step-by-step connection setup || **≗prozedur** *f* [ES] / connection setup procedure || **≗steuerung** *f* [ES] / connection setup control || **≗zeit** *f* [ES] / connection setup time

Verbindungsauslösung *f* [Tr] / connection cleardown, connection release || **vorzeitige ≗** [ES] / premature connection cleardown, premature connection release

Verbindungs·baum *m* [ES] / tree listing || **≗bereich** *m* [Sw] / save area

Verbindungsdaten *plt* [ES] / call data || **≗aufzeichnung** (s. Rufdatenaufzeichnung)

Verbindungs·dauer *f* [Tr] / duration of a call, call time, line holding time || **≗durchschalter** *m* [RDp, Tr] / through-connection module || **≗endezeichenfolge** *f* [ES] / disconnect character sequence || **≗häufigkeit** *f* [ES] / calling rate || **≗kabel** *n* [Hw] / connecting cable, interconnecting cable || **≗kippstufenregister** *n* [ES] / connection register || **≗klemme** *f* [Hw] / connecting clamp, through-joint || **≗klinke** *f* [ES] / patching jack || **≗leiter** *m* (Schaltdraht) [Co] / jumper

Verbindungsleitung *f* (zwischen Wahlstufen) [ES] / trunk || ≗ (zwischen Vermittlungsstellen) [RDp, Tr] / trunk line, trunk circuit || **festgeschaltete ≗** [Tr] / permanently connected line

Verbindungs·logik *f* [ES] / interconnecting logic || **≗platz** *m* [ES] / through-connecting console || **≗programm** *n* [ES] / subscriber connection program || **≗prüfliste** *f* [ES] / connection check list || **≗satz** *m* [ES] / connector set

Verbindungsspeicher *m* [ES] / connection memory || **≗adresse** *f* [ES] / connection memory address || **≗wort** *n* [ES] / connection memory word

Verbindungs·stecker *m* [Hw] / connector, connecting plug || **≗steuerfeld** *n* [ES] / connection control group || **≗steuerung** *f* [ES] / connection control || **≗stück** *n* [Hw, Serv] / connecting piece || **≗test** *m* [ES] / connection test || **≗überwachung** *f* [Sw, ES] / connection monitor || **≗überwachungsbit** *n* [ES] / connection monitoring bit || **≗unterbrechung** *f* [Tr] / line interruption || **≗verarbeitungsregister** *n* [ES] / call processing register || **≗verfolgung** *f* [ES, QC] / call tracing || **≗versuch** *m* [ES] / attempted call, call attempt

Verbindungsweg *m* [Tr] / connecting path, connecting circuit ||

betriebsinterner ≗ [RDp] / private circuit (within a company's premises)
Verbindungs·zähler *m* [ES] / connection charge counter, call charge counter || ≗**zug** *m* [RDp, Tr] / communication circuit, communications circuit
verbleibender Fehler [Th] / residual error
verborgene Variable [Algol] / hidden variable
verboten·e Kombination [DS, Tr] / forbidden code combination, forbidden combination || **~es Zeichen** [DS, OCR, Th, Tr] / illegal character, invalid character
Verbraucher *m* [Hw] / load
Verbund *m* [PL/1] / group
Verbundanweisung *f* [Sw] / compound statement || [PL/1] / do statement
verbundenes Unterprogramm [Sw] / closed subroutine, linked subroutine
Verbund·formular *n* [Dist, HSP] / composite form || ≗**karte** (s. Verbundlochkarte) || ≗**lauf** *m* (Programme) [ES] / linked program run || ≗**lochkarte** *f* (Lochkarte, auf der zusätzlich Daten in Klarschrift angegeben sind) [PC] / dual-purpose card, dual card || ≗**netz** *n* [ES] / mixed network || ≗**schluß** *m* [Algol] / compound tail || ≗**system** (s. Dateienverbundsystem)
Verdampfungsepitaxie-Fabrikationsverfahren *n* [Sc] / vapor epitaxy fabrication technique
Verdan-System *n* [ES] / automatic repetition Verdan system
verdeckt·e Kennziffernverteilung [ES] / linked numbering scheme, closed numbering scheme || **~e Numerierung** [ES] / linked numbering scheme, closed numbering scheme
verdichten *v* [Sw] / condense || [M, Sw] / pack || **eine Datei ~** [Sw] / to condense a file, to compress a file || ≗ **der Textteile des Bibliotheksbereichs (CONDENS)** [OS, Aufruf] / Condense the libraries (CONDENS)
verdichtetes Band [MT] / compressed tape
Verdichtungs·faktor *m* [PE] / packing factor || ≗**programm** *n* [Sw] / condensing routine (i.e., a routine for transferring an object program from memory or a storage device onto punched cards in such a way that the maximum number of instructions possible is contained on each card)
verdoppeltes System [ES] / duplicated system
verdrahten *v* [Hw] / wire
verdrahtet·e Logik [Mp, IC] / wired logic || **~es Programm** [Cir, Sw] / hardwired program, wired program
Verdrahtung *f* [Hw] / wiring
Verdrahtungs·einheit *f* [Serv] / wiring unit || ≗**fehler** *m* [Cir] / wiring error
Verdrahtungsfeld *n* [M] / wiring matrix || **mehrlagiges** ≗ [Hw] / platter, motherboard, multilayer circuit board
Verdrahtungs·kamm *m* [Hw] / fanning strip || ≗**lochstreifen** *m* [Hw] / wiring control paper tape || ≗**plan** (s. Montageschaltbild) || **Mehrlagen-**≗**platte** *f* [Hw] / platter, motherboard, multilayer circuit board || ≗**seite** *f* [Co] / non-component side (of pc board) || ≗**statistik** *f* [Mp, Sc] / wiring statistics || **Registerblatt für** ≗**unterlagen** [Dist] / list of wiring documentation || ≗**werkzeug** *n* [Serv] / wiring tool
verdrilltes Leitungspaar [TrL] / twisted pair
vereinbartes Steuerzeichen [RDp, Tr] / specified control character
Vereinbarung *f* [Algol] / declaration || [PL/1] / declaration || ≗ **durch Gebrauch** [PL/1] / contextual declaration
Vereinbarungen *f pl* [Cobol] / declaratives || ≗ **entklammern** [PL/1] / to defactor declarations || ≗ **klammern** [PL/1] / to factor declarations || **Ende der** ≗ [Cobol] / end declaratives
Vereinbarungs·anweisung *f* [PL/1] / declare statement || ≗**befehl** *m* [PL] / compiler declarative statement || ≗**symbol** *n* [Algol] / declarator
vereinfachte Darstellung [Sw] / schematic representation
Vereinzelung *f* [PC] / single feed
Verfahren in Schrittmaßen [NC] / incremental feed
verfahrens·orientierte Programmiersprache [PL] / procedure-oriented language, procedural language || ≗**spezifikation** *f* [Dist] / process specification || ≗**technik** *f* [PCC] / process engineering
Verfahrgeschwindigkeit *f* [NC] / path feed rate, traversing rate
Verfalldatum *n* [MT, MD, MC, MDr] / date expired, purge date, expiration date
verfilmen, COM-~ *v* [COM] / to microfilm on COM equipment
Verflechtung *f* [ES] / interlacing (of networks)
verfolgen *v* [Sw] / trace

Verfolgungsmodus *m* [OS] / trace mode
verfügbar *adj* [Dp] / available || **~e Benutzerzeit** [Th, Dp] / available machine time, available time || **~e Betriebszeit** [Dp] / uptime, serviceable time
Verfügbarkeit *f* [Dp] / availability || **≗ des Systems** [Dp] / system availability
Verfügbarkeits·anzeiger *m* [Th, Dp] / availability indicator || **≗grad** *m* [Dp] / availability ratio || **≗kontrolle** *f* [Th] / availability check || **≗speicher** *m* [PE] / availability storage || **≗tabelle** *f* [Th, Dp] / availability table
Vergleich *m* [Algol] / relation || [PL/1] / comparison
vergleichen *v* [Th] / compare || **≗ dezimal (CP)** [OS, Befehl] / Compare decimal (CP) || **≗ Halbwort (CH)** [OS, Befehl] / Compare halfword (CH) || **≗ kurz (CE)** [OS, Befehl] / Compare short (CE) || **≗ lang (CD)** [OS, Befehl] / Compare long (CD) || **≗ logisch (CL)** [OS, Befehl] / Compare logical (CL) || **≗ logisch lang (CLCL)** [OS, Befehl] / Compare logical characters long (CLCL) || **≗ logisch mit Maske (CLM)** [OS, Befehl] / Compare logical characters under mask (CLM) || **≗ und Austauschen Doppelwort (CDS)** [OS, Befehl] / Compare double and swap (CDS) || **≗ und Austauschen Wort (CS)** [OS, Befehl] / Compare and swap (CS) || **≗ Wort (C)** [OS, Befehl] / Compare (C)
vergleichender Gruppenwechsel [PC] / comparing control change
Vergleicher *m* [ADp, Tr] / comparator, comparator circuit || **≗auswertung** *f* [ES] / comparator output decoder || **≗bürste** *f* [PC, NC] / comparing brush
Vergleicherfehler *m* [Tr] / compare error || **≗bit** *n* [ES] / noncompare bit || **≗meldung** *f* [ES] / noncompare signal, compare error signal || **≗reaktion** *f* [ES] / noncompare response
Vergleichermeldung *f* [ES] / comparator signal
Vergleichs·ausdruck *m* [Fortran] / relational expression || **≗bedingung** *f* [Cobol] / relation condition || **≗befehl** *m* [RPG] / compare verb || **≗densitometer** *n* [Rep] / density comparator || **≗dump** *m* [Sw] / comparison dump || **≗einrichtung** *f* [ADp, Tr] / comparator, comparator circuit || **≗ergebnisbezugszahl** *f* [RPG] / compare indicator || **≗frequenz** *f* [Tr] / compare frequency || **≗gruppenwechsel** *m* [PC] / comparing control change || **≗informationsfehler (VIF)** *m* [Tr] / compare information error || **≗kriterium** *n* [Sw, ES] / comparison criterion || **≗lauf** *m* [Dp] / benchmark run
Vergleichsoperator *m* [Algol] / relational operator || [Fortran] / relational operator || [Cobol] / relation operator
Vergleichsorgan *n* [Hw] / comparing unit
Vergleichsparameter *n* [Sw] / comparison parameter || **≗satz** *m* [Sw] / comparison parameter set
Vergleichs·punkt *m* [Sw] / benchmark, reference point || **≗schaltung** *f* [ADp, Tr] / comparator, comparator circuit || **≗stellentemperatur** *f* [PCC] / reference junction temperature || **≗symbol** *n* [Sw] / relational operator || **≗wert** *m* [Sw] / comparative value, reference value || **≗zahl** *f* [Sw] / comparative figure || **≗zeichen** *n* [Sw] / relational operator
vergrößerter Strich [OCR] / enlarged dash
Verhalten, statisches ≗ [NC] / static behavior
Verhältnis *n* [Th, Sc] / ratio || **≗operator** (s. Vergleichssymbol) || **≗regelung** *f* [PCC] / ratio control || **≗regler** *m* [NC] / ratio controller || **≗steuerung** *f* [PCC] / ratio control || **≗zahl** *f* [Th, Sc] / ratio
Verkabelung *f* [ES] / cabling
Verkaufs- und Kassenterminal [MCS] / point-of-sale terminal (POS terminal)
Verkaufseinheit *f* [Dist] / sales unit
Verkehr Mensch-Maschine [Sw] / man-machine communication || **abgehender ≗** [ES] / outgoing traffic, outbound traffic || **absteigender ≗** [ES] / descending traffic (e.g., traffic flow from switching center to concentrator) || **ankommender ≗** [ES] / incoming traffic, terminating traffic, inbound traffic || **aufsteigender ≗** [ES] / ascending traffic (e.g., traffic flow from concentrator to switching center) || **gemischter ≗** (aus Dialog- und Stapelverkehr) [RDp, Tr] / batch/conversational mode || **peripherer ≗** [PE] / data flow between computer and peripheral units
verkehren, identisch ~ [ES] / to communicate in identical fashion || **nichtidentisch ~** [ES] / to communicate in nonidentical fashion
Verkehrs·abwicklung *f* [RDp] / traffic handling || **≗anfall** *m* [Tr] / traffic load || **≗anteil** *m* [ES] / traffic component || **≗aufkommen** *n* [ES] / traffic volume || **≗ausscheidungskennziffer** *f* [ES] / traffic discrimination digit ||

≗auswertung *f* [ES] / traffic analysis || ≗befehl *m* [ES] / traffic command || ≗belastung *f* [ES] / traffic loading, traffic load carried || ≗belegung *f* [ES] / traffic occupancy || ≗beschränkung *f* [ES] / restriction against connections || ≗beziehung *f* [ES] / traffic relations || ≗computer *m* [PCC] / traffic control computer || ≗dichte *f* [ES] / traffic density || ≗güte *f* [ES] / grade of service || ≗klasse *f* [ES] / class of traffic || ≗klassensignal *n* [ES] / class of traffic signal (telex, gentex, etc.) || ≗leistung *f* [ES] / traffic capability, traffic handling capability || ≗menge *f* [ES] / traffic volume

Verkehrsmeß·einrichtung *f* [ES] / traffic recorder || ≗gerät *n* [ES] / traffic meter

Verkehrs·messung *f* [ES] / traffic measurement, traffic analysis || ≗rechner *m* [PCC] / traffic control computer || ≗richtung *f* [ES] / traffic route || ≗schreiber *m* [ES] / traffic recorder || ≗simulation *f* [ES] / traffic simulation procedure || ≗simulator *m* [ES] / traffic simulator || ≗spitze *f* [ES] / traffic peak || ≗steuerung *f* [ES] / traffic control || **rechnerunterstütztes zentralisiertes ≗steuerungssystem (COMTRAC)** (Eisenbahn) [PCC] / computer-aided centralized traffic control system (COMTRAC) || ≗störung *f* [ES] / interruption of traffic flow || ≗test unter echten Arbeitsbedingungen [ES] / life traffic test || ≗theorie *f* [ES] / traffic theory || ≗übersicht *f* [ES] / traffic summary || ≗verlauf *m* [ES] / traffic pattern || ≗verlust *m* [ES] / lost call rate || ≗verteilung *f* [ES] / traffic distribution

Verkehrswert *m* [Tr] / traffic intensity || ≗einheit *f* [Tr] / traffic intensity unit || ≗messer *m* [ES] / traffic meter

Verkehrs·zählung *f* [ES] / traffic count || ≗ziel *n* [ES] / traffic destination || ≗zunahme *f* [ES] / traffic growth

verkettete Datei [Sw] / concatenated dataset

Verkettung *f* [Sw] / concatenation, chaining || [PL/1] / concatenation

Verkleinerungsfaktor *m* [Rep] / reduction

Verklinkrelais *n* [Co] / latching relay

verknüpfen *v* [Tr] / combine (A and B into signal C, etc.) || [Sw] / link

verknüpfendes Schaltglied (elektrotechnische Realisierung einer booleschen Verknüpfung in Form einer Schaltung) [Cir] / logic element, logical element, logic component, gate (circuit designed to simulate a Boolean operation)

verknüpfte Liste [Sw] / chained list

Verknüpfung (DIN 44300, März 1972) (s. logische Verknüpfung) || ≗ **von Nachfolgeprogrammen** [Sw] / successor program chaining || **boolesche** ≗ [Th, SA] / Boolean operatio || **dyadische** ≗ [Th, SA] / binary arithmetic operation, dyadic operation || **dyadische boolesche** ≗ [Th, SA] / dyadic Boolean operation, binary Boolean operation || **logische** ≗ [Th, SA] / logic operation, logical operation || **logische** ≗ **von zwei Zustandsvariablen** [SA] / dyadic Boolean operation || **monadische** ≗ [Th] / monadic operatio || **NAND-**≗ *f* (DIN 44300, März 1972) [SA] / NAND operation, nonconjunctio || **NICHT-**≗ *f* [SA] / NOT operation, Boolean complementation || **NICHT-UND-**≗ *f* [SA] / NAND operation, nonconjunction || **NOR-**≗ *f* (DIN 4430 März 1972) [SA] / NOR operation, nondisjunction, Peirce function || **NOT** ≗ *f* [SA] / NOT operation, Boolean complementation || **ODER-**≗ *f* (DIN 44300, März 1972) [SA] / inclusive-OR operation, disjunction || **UND-**≗ *f* (DIN 44300, März 1972) [SA] / AND operation, conjunction || **WEDER-NOCH-**≗ (s. NOR-Funktion)

Verknüpfungs·adresse *f* [Sw] / linkage address, link address || ≗baustein *m* [OS / logic module (logical IOCS routine providing an interface between a processing program and physical IOCS) || ≗dichte *f* [ES] / interconnecting density

Verknüpfungsglied *n* (elektrotechnische Realisierung einer booleschen Verknüpfung in Form eine Schaltung) (DIN 44300, März 1972) [Ci / logic element, logical element, logic component, gate (circuit designed to simulate a Boolean operation) || **DTL-**≗ *n* [Cir] / diode-transistor logic element **TTL-**≗ *n* [Cir] / transistor-transistor logic element, TTL element

Verknüpfungsschaltung (s. Schaltnetz || **elementare** ≗ (elektrotechnische Realisierung einer booleschen Verknüpfung) [Cir] / logic element, logical element, logic component, gat (circuit designed to simulate a Boolea operation)

Verknüpfungstafel, boolesche ≗ [SA] / Boolean operation table, truth table (showing each variable and the logical relationship between them)
Verkopplungsvermerk *m* [ES] / interlink note
verkürzt·er Block [Sw] / short block || **~e Zykloide** [Th] / curtate cycloid
Verkürzungsfaktor *m* [Th, R&D] / reduction factor
verlagern *v* [Sw] / relocate (program, etc.)
verlängern *v* [Sw] / extend || **das Ablaufdatum** ~ [Sw] / to increase the expiration date
verlängert·e Blocklücke [MD, ES] / extended gap || **~e Zykloide** [Th] / prolate cycloid
verlaufen *v* (Schriftzeichen) [OCR] / bleed (i.e., to flow beyond the specified limits of the printed character) || ≗ **von Typen** [Typ, OCR] / fill-in of letters, bleeding
verlöschen *v* (Anzeigelampe) [Hw] / go out, to go dark, extinguish
Verlust·belegung *f* [ES] / lost call || ≗**faktor** *m* [ES] / loss factor || ≗**leistung** *f* [Sc] / dissipated power || ≗**leistungsdichte** *f* [Sc] / power dissipation density
verlustlose Leitung [Tr] / zero-loss circuit
Verlust·prinzip *n* [ES] / loss principle || ≗**system** *n* [ES] / loss system || ≗**verkehr** *m* [ES] / lost traffic || ≗**wahrscheinlichkeit** *f* [ES] / loss probability, lost call probability
Verlustzeit durch Fehlbedienung [Dp] / operating delay, operative delay || **strittige** ≗ [Dp] / debatable time
vermaschtes Netz [RDp] / meshed network, intermeshed network
Vermehrt-um-Angabe *f* [Cobol] / up by option
Vermietungsgeschäft *n* [Dist] / rental business, rentals
Vermindert-um-Angabe *f* [Cobol] / down by option
Vermittlung (Amt) (s. Vermittlungsamt) || ≗ **mit endlosem Streifen** [Th] / continuous-loop recording
Vermittlungs·amt *n* [ES] / switching center, exchange, central office || ≗**betrieb** *m* [ES] / switching service, communication service || ≗**einrichtungen** *f pl* [ES] / exchange equipment, switching equipment || ≗**knoten** *m* [ES] / switching node
Vermittlungsleistung *f* [ES] / call processing rate || **dynamische** ≗ [ES] / new-call rate
Vermittlungsnetz *n* [ES] / switching network || **öffentliches** ≗ [ES] / public switched network
Vermittlungsplatz *m* [ES] / manual switching position (MSP) || ≗**programm** *n* [ES] / manual switching position program
Vermittlungs·programm *n* [ES] / switching program || ≗**prozedur** *f* [ES] / switching procedure || ≗**prozessor** *m* [RDp] / switching processor || ≗**rechner** *m* [RDp] / switching computer || ≗**routine** *f* [ES] / switching routine || **Fernschreib-**≗**schrank** *m* [TP] / telegraph switchboard || ≗**speicher** *m* [ES] / switching storage || ≗**station** *f* [RDp] / switching station || ≗**stelle** (s. Vermittlungsamt)
Vermittlungssystem, direktgesteuertes ≗ [ES] / direct-pulsing system, direct switching system || **halbautomatisches** ≗ [ES] / semi-automatic switching system || **schritthaltendes** ≗ [ES] / step-by-step switching system
Vermittlungstechnik *f* [ES] / communications switching, switching || / switching technology
vermittlungstechnisch·er Ablauf [ES] / switching-oriented operation || **~e Bedienung** [ES] / switching-oriented operator control || **~er Bedienungsblattschreiber** [ES] / supervisor's teleprinter (ST) || **~er Befehl** [ES] / supervisory command || **~er Blattschreiber** [CTW] / switching-oriented console typewriter || **~e Funktion** [ES] / switching-oriented operation || **~e Makrosprache** [ES] / switching-oriented macro language || **~ orientierte Programmiersprache** [ES] / switching-oriented programming language || **~e Peripherie** [PE] / switching-oriented periphery || **~es Programm** [ES] / switching-oriented program || **~er Restart** [ES] / switching-oriented restart
verneinender Bedingungsname [PL/1] / negative condition name
Veröffentlichungssprache *f* [Algol] / publication language
verrauschtes Schwarz [TP] / noisy blacks
Verrechnungskontonummer *f* [Sw] / job account number
Verriegelung *f* (mechanisch) [Hw] / locking mechanism || ≗ (elektrisch) /

interlock
Verriegelungs·schaltung *f* [Hw] / clamping circuit, interlocking circuit || **≗selektor** *m* [PC] / latch-type selector
verschachteln *v* [Mp] / nest (subroutine, etc.) (i.e., to embed a subroutine or block of data into a larger routine or block of data) || [MDr] / interlace (storage locations, etc.) (i.e., to assign successive addresses to physically separated storage locations so that they can be accessed with reduced average access time) || ~ (verschiedene Vorgänge zeitlich ineinanderschachteln) (s. verzahnen) || **≗ von Interrupts** [Mp] / nesting of interrupts
verschachtelt *adj* [MDr] / interlaced (storage locations, etc.) || [Mp] / nested || ~ (s. verzahnt) || **~e Aufzeichnung** [OS] / interlaced recording || **zeitlich ~e Übertragung** [Tr] / transmission (of blocks of data) in a time-interleaved arrangement
Verschachtelung *f* [Mp] / nesting (of subroutines, etc.) || ≗ (s. Verzahnung)
Verschachtelungstiefe, unbegrenzte ≗ von Unterprogrammen [Mp] / unlimited subroutine nesting
Verschachtelungszuordnung *f* [MDr] / interlaced storage assignment
verschiebbar *adj* [Sw] / relocatable || **~es Programm** [Sw] / relocatable program
Verschiebbarkeit *f* [Sw] / relocatability
Verschiebe·adresse *f* [Sw] / relocation address || **≗befehl** *m* [Sw, ES] / shift instruction, shifting instruction || **≗differenz** *f* [Sw] / relocation factor || **≗einrichtung** *f* [ALU] / shift unit || **≗karte** *f* [Sw] / volume displacement card
verschieben *v* [ALU] / shift || **den Bildschirminhalt ~** [ES] / to scroll upwards or downwards || *n* [ALU] / shift || **≗ arithmetisch links (VAL)** [OS, Befehl] / Shift left arithmetic (VAL) || **≗ arithmetisch rechts (VAR)** [OS, Befehl] / Shift right arithmetic (VAR) || **≗ Datenkelleradresse (MSAR)** [OS, Befehl] / Move stack Address (MSAR) || **≗ links** [OS, Lisp] / Shift left single (SLA) || **≗ links doppelt (SLDA)** [OS, Befehl] / Shift left double (SLDA) || **≗ links doppelt logisch** [OS, Lisp] / Shift left double logical (SLDL) || **≗ links logisch (SLL)** [OS, Lisp] / Shift left single logical (SLL) || **≗ links/rechts doppelt (VDL/VDR)** [OS, Befehl] / Shift left/right double (VDL/VDR) || **≗ logisch links/rechts (VAL/VAR)** [OS, Befehl] / Shift left/right logical (VAL/VAR) || **≗ rechts (SRA)** [OS, Lisp] / Shift right single (SRA) || **≗ rechts doppelt (SRDA)** [OS, Lisp] / Shift right double (SRDA) || **≗ rechts doppelt logisch (SRDL)** [OS, Lisp] / Shift right double logical (SRDL) || **≗ rechts logisch (SRL)** [OS, Lisp] / Shift right single logical (SRL) || **≗ und Runden dezimal (SRD)** [OS, Befehl] / Shift and round decimal (SRD) || **≗ und Suchen erste Eins** [OS, Befehl] / Shift and test for most significant one || **arithmetisches ≗** [CP, Sw] / arithmetic shift || **binäres ≗** [CP] / logic shift, logical shift || **logisches ≗** [CP] / logic shift, logical shift
Verschiebezahl *m* [PCC] / shift number
verschieblich·er Ausdruck [PL] / relocatable expression || **~es Format** [Sw] / relocatable format || **~es Ladeprogramm** [Sw] / relocating loader || **~es Programm** [Sw] / relocatable program || **~es Symbol** [Sw] / relocatable symbol || **~es Unterprogramm** [Sw] / relocatable subroutine
Verschieblichkeit *f* [Sw] / relocatability
Verschiebung *f* [Sw] / relocation, shift || **dynamische ≗** [Th, VS] / dynamic relocation, dynamic memory relocation || **zeitliche ≗** [Th] / time displacement || **zyklische ≗** [Th] / cyclic shift, cycle shift
Verschiebungs·adresse *f* [Sw] / relocation address || **≗wert** *m* [Sw] / relocation factor
verschiedene Zeichen [Fl] / miscellaneous symbols
Verschleierungscode *m* [Cryp] / privacy code
Verschleißteile *n pl* [Hw] / expendable parts (i.e., parts subject to wear through use)
verschlossen *adj* [Sc] / packaged
Verschlußdeckel *m* [HSP] / cap, end cap
verschlüsseln *v* [Cryp] / cipher, encrypt, encipher || [Th, PL] / code, encode
verschlüsselt *adj* [Th, PL] / coded, encoded || **~e Antwort** [RDp] / coded response message || **~e Dezimalziffer** [Th] / coded decimal digit || **~e Nachricht** [ES] / enciphered message, cryptogram, encrypted message || **~er Sprechverkehr** [Cryp] / ciphony || **~er Spruch** [Cryp] / cryptogram (i.e., an encrypted communication in visible writing) || **~e Suchfrage** (in die Sprache des Dokumentationssystems übersetzte Suchfrage) [DOK] / retrieval query || **~er Teil eines Spruches** [Cryp] / encrypted

message part
Verschlüsselung *f* [Th] / code || **binäre** ∼ [Th] / binary code || **durch** ∼ **gesichert** [Cryp] / cryptographically secured || **optimale** ∼ [Sw] / optimum coding || **reflektierte binäre** ∼ [Th] / reflected binary code || **sedezimale** ∼ [Sw] / hexadecimal code
Verschlüsselungs·gerät *n* [Cryp] / crypto equipment, cryptographic equipment || ∼**kontrolle** *f* [Cryp] / cryptographic check
Verschlußklemme *f* [Hw] / locking clip
verschmiert *adj* (Zeichen) [OCR] / smudged
Verschwindtür *f* [Hw] / rollaway door
versetzbare Adresse [Sw] / relocatable address
versetzt·e Ablage [PC] / offset stacker || ~**e Programmausführung** [Sw] / program relocation || ~**es Stanzen** [PC] / offset gangpunching
Versetzung *f* [Sc] / dislocation
Versetzungs·dichte *f* [Sc] / dislocation density || ~**frei** *adj* (Kristall) [Sc] / dislocation-free || ∼**linie** *f* [Sc] / dislocation line || ∼**ring** *m* [Sc] / dislocation ring
Versicherungsstatistik *f* [ASw] / actuarial statistics
Version, europäische ∼ [Dist, Hw] / European version || **voreingestellte** ∼ (Wahlbyte) [Sw] / preset option
Versionsnummer *f* (DIN 66029, Mai 1979) [Sw] / version number
versorgen, mit Takt ~ [ES] / to provide timing for, to supply with clock pulses, clock
Versorgung *f* (eines Programms) [Sw] / input (to a routine), parameter input
Versorgungs·bereich *m* (GEAS) [ES] / input area || ∼**makro** *m* [ES] / input macro || ∼**strom** *m* [Sc] / supply current
Verständigungsanzeige *f* [Sw] / communication flag
Verständigungsbereich *m* [Sw, OS, Tr] / communication area, communications area || ∼ **des Ablaufteils** [OS] / executive communication area, executive communications area
Verständigungstabelle *f* [DT, Tr] / communication table
Verständigungsverkehr *m* [ES] / voice coordination traffic || ∼ (Synchronisation) [TP] / handshaking
Verstärker *m* [Tr, Co] / amplifier || **bistabiler** ∼ [Sc] / bistable amplifier || **driftkorrigierter** ∼ [ADp] / drift-corrected amplifier || **optisch gekoppelter** ∼ [Co] / optically coupled amplifier || **symmetrischer** ∼ [Th] / balanced amplifier || ∼**amt** *n* [RDp] / repeater station || ∼**baugruppe** *f* [Tr] / amplifier module || ∼**einheit** *f* [Tr] / amplifying equipment
Verstärkung *f* [Sc] / gain
Verstärkungs·faktor *m* [Tr] / amplification factor, gain constant || ∼**regelung** *f* [ES] / gain control
verstellbar *adj* [Hw] / adjustable (line spacing, etc.) || ~**e Anschlagstärke** [HSP, TP] / adjustable penetration control (on printer, etc.) || ~**e Anschlagstärke** (bei Eingabetastatur) [TES] / adjustable key touch || ~**er Kartenanschlag** [PC] / adjustable card aligner
Verstell·bereich *m* [HSP] / adjustment range, displacement range || ∼**information** *f* [PCC] / corrective information || ∼**richtung** *f* [PCC] / operational direction
verstümmelt *adj* [ES] / mutilated (message, etc.), garbled (message, etc.) || ~**es Zeichen** [Th, Tr] / mutilated character
Verstümmelung von Informationen [Tr] / corruption of messages, garbling of call intelligence, mutilation of signals
Versuchsaufbau *m* [Hw, Cir] / breadboard
versuchte Übertragung [RDp, Tr] / attempted transmission
Vertauschung, überspringende ∼ [Th] / inversion error (e.g., 137 into 731) || **zyklische** ∼ [Th, DS] / cyclic permutation
Verteiler *m* [M] / dispatcher || [ES] / distribution list || [PC] / distributor || [Algol] / switch || ∼ (für Gestellreiheneinbau) [Hw] / distributing frame (for rack rows) || ∼ (Löt-, Tannenbaum) [ES] / terminal block, terminal strip || ∼**anschlußcode** [ES] / distributor termination code || ∼**belegungsplan** *m* [ES] / terminal allocation scheme || ∼**bezeichner** *m* [Algol] / switch designator || ∼**brücke** *f* [ES] / distributor strap || ∼**code** *m* [Th] / distribution code || ∼**dose** *f* [Hw] / distributor box || ∼**flachbaugruppe** *f* [TP] / distribution board || ∼**liste** *f* [Algol] / switch list || ∼**name** *m* [Algol] / switch identifier || ∼**rangierung** *f* [Serv] / strapping arrangement || ∼**raum** *m* [ES] / distributor room || ∼**schieber** *m* (Tonervorrat) [HSP] / slider mechanism, slider
Verteilertafel *f* [ES] / distribution panel ||

≗ (Stromversorgung) [Hw] / power distributing panel
Verteilervereinbarung *f* [Algol] / switch declaration
Verteilplatz, Vorprüf- und ≗ [ES] / position for prechecking and distributing fault messages
Verteilregister *n* [ES] / distribution register
verteilt·e Datenverarbeitung [Dp] / distributed data processing || **~er Datenverarbeitungsbetrieb** [Dp] / distributed systems environment (DSE)
Verteilung *f* [Th] / distribution
Verteilungs, spektrale ≗charakteristik [Co, Sc] / spectral-response characteristic || **≗durchlauf** *m* [Sw] / distribution pass, distribution run || **≗koeffizient** *m* [Sc] / distribution coefficient || **≗verzögerung** *f* [Sc] / propagation delay
vertikal·e Parityprüfung (s. Querparitätsprüfung) || **~e Zeichenachse** [OCR] / character centerline || **~e Zuführung** [PC] / vertical feed || **≗prüfung** (s. Querparitätsprüfung) || **≗steuerung** *f* [Algol] / vertical control
Vertikaltabulator *m* [TP, Dp] / vertical tabulation character (VT character) || **≗zeichen** *n* [HSP, TP] / paper throw character
verträglich *adj* [PL/1] / compatible
Vertriebs·abruf *m* [Dist] / sales department stock order || **≗auftrag** *m* [Dist] / sales department manufacturing order || **≗unterlage** *f* [Dist] / document for scheduling purposes
verunreinigende Atmosphäre [DpC] / contaminating atmosphere
Vervielfacher-Diode *f* [Sc] / multiplier diode
Vervielfachungs-Funktion *f* [PL/1] / copy (builtin) function
vervielfältigen *v* [TP] / reproduce (tape, etc.)
verwalten *v* [Sw] / manage, maintain, service, control || **≗ einer Banddatei** [Sw] / tape file maintenance
Verwaltungsroutine *f* [ES] / housekeeping routine
Verweilzeit *f* [NC] / dwell time || ≗ (von Daten im Speicher) [RDp] / residence time
Verweilzyklus *m* [NC] / dwell cycle
Verweisadresse *f* [Sw] / chaining address || **Adressierung mit Hilfe von ≗n** [M] / sequential addressing
Verweis·format *n* [PL/1] / remote format || **≗tabelle** *f* [Dp] / lookup table
Verwendungs·klausel *f* [Cobol] / usage clause || **≗zähler** *m* [OS] / responsibility counter
Verwindung *f* (eines Gestells) [Hw] / twisting
verwürfeln *v* [Cryp] / scramble
verwürfelte Sprache [Cryp] / scrambled speech, inverted speech
Verwürfler *m* [Cryp] / scrambler circuit, scrambler
Verwürflung *f* [Cryp] / scrambling
verzahnen *v* [Sw] / interleave (i.e., to insert segments of one program into another program so that the two programs can be executed simultaneously)
verzahnt *adj* [Sw] / interleaved || **~ ablaufende Verarbeitung** [Dp] / concurrent processing || **zeitlich ~e Übertragung** [Tr] / transmission (of blocks of data) in a time-interleaved arrangement
Verzahnung *f* [Sw] / interleaving (i.e., a technique in which segments of one program are inserted in another program to allow the effective execution of both programs simultaneously)
Verzeichnis *n* [PL/1] / directory || **≗-Eintragung** *f* [PL/1] / directory entry || **≗satz** *m* [Sw] / index record
verzerren, elektronisch ~ [Typ] / oblique (i.e., to slant characters by electronic means, as in CRT photocomposition, so that they continue to rest on the same base line but alter the vertical axis by 8 to 15%, to create a simulated italic type face)
Verzerrung *f* [Tr] / distortion || **≗ durch Mehrwegübertragung** [RDp] / multipath distortion || **charakteristische ≗** [TP] / characteristic distortion || **einseitige ≗** [TP] / bias distortion || **nichtlineare ≗** [Tr] / harmonic distortion || **unregelmäßige ≗** [TP, ES] / fortuitous distortion, irregular distortion || **zugelassene ≗** [Tr] / distortion tolerance
Verzerrungsempfänger, zentraler ≗ [ES] / central distortion receiver
Verzerrungs·grenzwert *m* [ES] / marginal distortion value || **≗melder** *m* [ES] / transmit distortion tester || **≗meßprogramm** *n* [ES] / distortion measuring program || **zentraler ≗sender** [ES] / central distortion transmitter || **≗stufe** *f* [ES] / distortion degree, distortion step

Verzichten auf Speicherauszug (CAN) [OS, Aufruf] / Cancel memory dump (CAN)

verzögert·e Belegung [ES] / delayed call || **~e Kartenzuführung** [PC] / delayed card feed, delayed feed || **~e Wartung** [Hw, DpC] / deferred maintenance (i.e., maintenance which is designed to correct an existing fault, which does not necessarily prevent continued operation of the system) || **~er Wiederanlauf** [Dp] / deferred restart || **~es Zuschreiben** [ES] / delayed delivery

Verzögerung *f* [PCC] / deceleration || **akustische ≈** [Cir] / acoustic delay || **äußere ≈** [Th] / external delay || **externe ≈** [Th] / external delay

Verzögerungsglied für eine Zeichendauer [Cir] / digit delay element || **Ein-Bit-≈** *n* [Cir] / digit delay element

Verzögerungs·intervall *n* [HyC] / delay time interval || **≈kreis** *m* [Cir, Tr, NC] / delay circuit

Verzögerungsleitung *f* [Co] / delay line || **akustische ≈** [Cir] / acoustic delay line, sonic delay line || **elektromagnetische ≈** [Cir] / electromagnetic delay line || **magnetische ≈** [Cir] / magnetic delay line

Verzögerungs·register *n* [M, CU] / delay-line register || **≈relais** *n* [NC] / dwell timer, time delay relay

Verzögerungsschaltung *f* [Cir, Tr, NC] / delay circuit || **binäre ≈** [Cir] / binary delay circuit

Verzögerungsspeicher *m* [M, ES] / delay-line storage

Verzögerungsstrecke *f* [Co] / delay line || **akustische ≈** [Cir] / acoustic delay line, sonic delay line || **magnetostriktive ≈** [Th] / magnetostrictive delay line

Verzögerungszeit *f* (bei einem Schalttransistor) [Sc] / delay time || **externe ≈** [Th] / external delay

Verzoner *m* [ES] / zoner

Verzonung *f* [ES] / zoning

Verzonungs·baum *m* [ES] / zoning tree || **≈empfangsrichtungsnummer** *f* [ES] / zoning receive direction number || **≈generator** *m* [ES] / zoning generator

verzweigen *v* [Sw] / branch, jump || **~ nach** [Sw] / branch to, go to, to transfer control to

Verzweigung, bedingte ≈ [Sw] / conditional branch, conditional jump

Verzweigungsadresse *f* [Sw] / branch address, transfer address

Verzweigungsbefehl (s. Sprungbefehl) || **bedingter ≈** [Sw] / conditional branch instruction, conditional jump instruction

Verzweigungs·parameter *m* [Sw] / branch parameter || **≈programm** *n* [Sw] / branch program || **≈punkt** *m* [Sw] / branchpoint, branching point || **≈symbol** *n* [Sw] / decision symbol

vibrations·frei *adj* [Hw] / vibration-free || **≈relais** *n* [TP, Co] / vibrating relay

Video·daten *plt* [Typ, Rep] / video data || **≈impedanz** *f* [Sc] / video impedance || **≈-Langspielplatte (VLP)** *f* [M] / video long-play disk (VLP disk) || **automatische ≈-Rauschbegrenzung** [Tr] / automatic video noise limiting

Videotext *m* (nicht dialogfähiges, in der Bundesrepublik Deutschland entwickeltes Bildschirmtextsystem der ARD, das sich der „Austastlücken" des Fernsehsignals bedient) [Vtex] / "Videotext" (broadcast videotex)

Vidikon *n* [OCR] / vidicon

vieladriges Kabel [RDp, Tr] / multicore cable

vieldeutige Zahl [Th] / polyvalent number

Vieldeutigkeit *f* [Th] / ambiguity

Vielfach *n* [ES, Tr] / multiple || **lötstellenfreies ≈** [ES] / solderless multiple || **≈buchse** *f* [ES] / multiple jack

Vielfache *n* [Sw] / multiple || **ganzzahlige ≈** [Sw] / integer multiple, integral multiple

Vielfach·-Jobsteuerung *f* [OS] / multi-job scheduling || **≈klinke** *f* [Hw] / multiple jack || **≈kontrolle** *f* [NC] / multicontrol || **≈leitung** *f* [Tr] / highway, trunk, bus || **≈meßinstrument** *n* [Meas] / multimeter || **~schalten** *v* [ES, Tr] / multiple || **≈schaltung** *f* [ES, Tr] / multiple || **≈stecker** *m* [ES] / multi-way plug || **≈streifen** *m* [ES] / multiple strip || **≈zugriffsystem** *n* [Dp] / multi-user system (esp. time-sharing system)

Vielschichtmetallisierung *f* [Co, Sc] / multilayer metallisation

Vielschreiber *m* [TP] / high-calling-rate subscriber, high volume user

vielseitige Verwendungsmöglichkeit [NC] / operating flexibility

Vieradreß·befehl *m* [Sw] / three-plus-one address instruction, four-address instruction || **≈code** *m* [Sw] / four-address code

Vierdrahtbetrieb, asymmetrischer ≈ [TP] / assymmetrical four-wire operation

Vierdraht·-Doppelstromleitung *f* [TP] / four-wire polar current line, four-wire polar circuit || ≗-**Duplexbetrieb** *m* [Tr] / four-wire duplex operation, four-wire full-duplex operation || ≗-**Fernsprechleitung** *f* [Tr] / four-wire telephone circuit || ≗**kanal** *m* [Tr] / four-wire channel || ≗**leitung** *f* [RDp] / four-wire circuit || ≗-**Standverbindung** *f* [RDp, Tr] / four-wire point-to-point connection, four-wire point-to-point circuit || ≗**verbindung** *f* [RDp] / four-wire circuit

Vierdraht-Zweidraht-Umsetzer *m* [RDp] / four-wire/two-wire converter

Vierer (s. Vierschaltungseinheit)

Vierfachausgabe·auswahl *f* [ES] / four-request output selection || ≗**auswahllogik** *f* [ES] / four-request output selection logic

Vierfach·eingabeauswahl *f* [ES] / four-request input selection || ≗**transistor** *m* [Co] / quad transistor

vierlagiges Papier [HSP] / four-part form paper, four-part form

Vier-Phasen-Differenzmodulation *f* [ES] / four-phase differential modulation

Vierpol *m* [Cir] / two-port network, four-terminal network || ≗-**Ersatzschaltbild** *n* [Cir] / fourpole equivalent circuit || ≗-**Hybrid-Ersatzschaltung** [Cir] / hybrid equivalent fourpole network, h-parameter equivalent network || ≗**kenngröße** *f* [Cir] / two-port charactistic || ≗**koeffizient** *m* [Cir] / fourpole coefficient || ≗-**Parallel-Ersatzschaltung** *f* [Cir] / parallel equivalent fourpole network

Vierpol-Reihen·-Ersatzschaltung [Cir] / series equivalent fourpole network || ≗-**Parallel-Ersatzschaltung** [Cir] / hybrid equivalent fourpole network

vierreihige Schmaltastatur [TP] / condensed 4-row keyboard, condensed 4-row layout

Vierschaltungseinheit *f* [IC] / quad

Vierschicht·-Bauelement *n* [Sc] / four-layer device || ≗-**Diode** *f* [Sc] / pnpn switching device || ≗-**Schaltdiode** *f* [Sc] / silicon-controlled rectifier (SCR) || ≗**transistor** *m* [Sc] / hook transistor || ≗**zelle** *f* [Sc] / pnpn switching device

Vierspurlochstreifen *m* [PT] / four-channel tape

vierstufige Phasendifferenzmodulation [ES] / four-phase differential modulation

Viertelgeviert *n* [Typ] / middle space (i.e., a space of 1/4 em-quad)

vierteljährliche Wartung [Serv] / quarterly maintenance

Viertelstunden·block *m* [ES] / quarter-hour block || ≗**routine** *f* [ES] / quarter-hour routine || ≗**zeiger** *m* [ES] / quarter-hour pointer

VIF (s. Vergleichsinformationsfehler)

VIM (s. verallgemeinerte Indexmethode)

virtuell *adj* [VS] / virtual || ~**e Adresse** [VS] / virtual address, immediate address, zero-level address || ~**e Adressierung** [VS, Sw] / virtual addressing || ~**er Adreßraum** [VS] / virtual address space, virtual addressing area || ~**e Empfangsleitungsnummer** [ES] / virtual receiving-line number || ~**es Gerät** [VS] / virtual device || ~**e Maschine** [VS] / virtual machine || ~**er Speicher** [VS, OS] / virtual memory (VM), virtual storage (VS) || ~**e Speichertechnik** [M, VS] / virtual memory techniques || ~**e Verbindung** (Paketvermittlungsverbindung gemäß CCITT-Empfehlung X.25, d.h., zwischen zwei Teilnehmern besteht während der gesamten Dauer des „Gesprächs" zwar eine logische Verbindung, aber keine Leitungsdurchschaltung wie bei einem Leitungsvermittlungsnetz) [RDp, ES] / virtual circuit (VC)

Vlies *n* [HSP] / fleece || ≗**hülse** *f* [HSP] / fleece spool || ≗**oberfläche** *f* [HSP] / fleece surface || ≗**reinigung** *f* [HSP] / fleece cleaning station || ≗**reinigungsmotor** *m* [HSP] / fleece cleaning motor || ≗**rolle** *f* [HSP] / roll of fleece, fleece spool || ≗**station** *f* [HSP] / fleece cleaning station, fleece station

VLP (s. Video-Langspielplatte) || ≗-**Bildplatte** *f* (optischer Speicher, der sich zum Lesen der eingeprägten Information eines Lasers bedient) [M] / video long-play disk (VLP disk) || ≗-**Bildplattenspieler** *m* [M] / VLP record player

VLSI-Technologie *f* [IC] / VLSI technology (VLSI = very large scale integration)

Vocoder *m* [VC] / vocoder || ≗-**Synthesator** *m* [VC] / vocoder synthesizer

Vokabular *n* [Sw, MAT] / vocabulary

VOL-Karte *f* [OS] / VOL card

voll ausgebaut [Hw, DpC] / fully-equipped || ~ **besetzt** (Bereich) [Sw] / exhausted, full, filled to capacity || ~**e Laufzeit** [M, CU] / total clock cycle || ~**er Leseimpuls** [M] / full read pulse || ~**e Lesespannung**

[M, Cir] / undisturbed response signal, undisturbed response voltage || ~**er Schreibimpuls** [M] / full write pulse || ~**er Steuerimpuls** [M] / full drive pulse || ~**er Treiberimpuls** [M] / full drive pulse
Volladdierer (s. Addierglied) || **paralleler** ≗ [Cir, ALU] / parallel full adder
Volladdierglied *n* [ALU] / digital adder, adder
volladressierter Speicher [M, Dp] / addressed memory, addressed storage
Vollausbau *m* [Hw] / maximum configuration
vollautomatisch *adj* [NC] / fully automatic || ~**er Betrieb** [NC] / fully automatic operation || ~**e Lochstreifenvermittlung** (Amt) [ES] / fully automatic tape relay center || ~**er Satz** [Typ] / fully automatic typesetting
Voll·belegungsverlust *m* [ES] / full-occupancy loss || ≗**-COBOL** [PL] / required plus elective COBOL || ≗**duplex** *n* [Tr] / duplex, full duplex (FDX) || ~**geschrieben** *adj* [Sw] / exhausted, full || ≗**kurzschluß** *m* [DS] / dead short || ≗**laststrom** *m* [Co, Sc] / full load current || ≗**lochung** *f* (Lochung über alle Spuren eines Lochstreifens, z.B. als Lösch- bzw. Irrungszeichen) [PT] / all-codes holes (as used in deleted representation) || ≗**modifikation** *f* [ES] / full modification || ≗**operation** *f* [Sw] / complete operation || ≗**service** *m* [Dp] / closed shop || ≗**sortieren** *n* [Sw] / full sort || ≗**speicherung** *f* [ES] / full storage
vollständig·e Auswertung [DpC, Dp] / complete evaluation || ~**er Binärcode** [Th] / dense binary code || ~**er Maschinenbefehl** [Sw] / absolute instruction, complete instruction || ~**e Operation** [Sw] / complete operation || ~**e Schachtelung** (von Schleifen) [Fortran] / completely nested nest || ~**er Übertrag** [ALU] / complete carry
Vollständigkeitsfehler *m* [Sw] / parity error, completeness error
Vollsubtrahierer (s. Subtrahierglied) || **serieller** ≗ [ALU] / serial full subtracter
Voll·subtrahierglied *n* [ALU] / subtracter || ≗**system** *n* [ES] / fully-redundant system
volltransistorisiert *adj* [Cir] / all-transistor || ~**e Logikschaltung** [Cir] / solid-state logic circuit
Voll·transparenz *f* [RDp, Tr] / full transparency (i.e., a data communication mode which enables the equipment to send and receive bit patterns of any form, without restrictions on code and speed, up to the rated maximum) || ≗**übertrag** *m* [ALU] / complete carry || ≗**verstärker** *m* [ES] / full-range amplifier || ≗**wahl** *f* [ES] / full-address selection
Vollzugsmeldung *f* (Änderungsauftrag) [Dp, Serv] / completion notice, "action taken" notice
Volumenmesser *m* [Fl] / integrated flow meter
Vorabbild *n* [Sw] / before-image || ≗**block** *m* [Sw] / before-image block
Vorabfühlung *f* [PE, NC] / pre-sensing
Voramt *n* [ES] / master station
voranstellen *v* [Sw] / prefix
vorausbestimmter Wert [Sw] / predetermined value
Vorauslesen *n* [PE] / advanced read
Voraussetzung *f* [PL/1] / predicate expression
voraussichtliche Lebensdauer [Sc] / life expectancy
Vorauswahl *f* [Sw] / preselection
Vorbearbeitung, redaktionelle ≗ [MAT] / pre-editing
vorbelegen *v* (Speicherplatz) [Dp] / preallocate
vorbereiten *v* [MD, Sw] / initialize, prepare, condition || [TP] / prepunch (paper tape, etc.) || **einen Datenträger** ~ [Sw] / to initialize a volume || **neu** ~ [Sw] / reinitiate, reinitialize || *n* [TP] / advance preparation (of paper tape, etc.) || [MT] / initialization (of magnetic tape, etc.) || ≗ **eines Großspeichers (RAINIT)** [OS, Aufruf] / Random-access initializer (RAINIT)
vorbereitendes Programm [Sw] / preparatory program
Vorbereiter *m* [OS] / initiator (i.e., a specific job scheduling program which makes jobs and job steps ready to run)
Vorbereitung *f* [Sw] / initialization, preparation
Vorbereitungs·logik *f* [TP] / initialization logic || ≗**signal** *n* [ES] / priming signal || ≗**zeichen** *n* [ES] / preparatory signal || ≗**zeit** *f* [Dp] / load time
vorbeugende Wartung [Hw, DpC] / preventive maintenance (PM) (i.e., maintenance carried out with the intention of preventing the occurrence of faults)
Vorblock *m* [ES] / advance block
Vorbreite *f* (eines Schriftzeichens beim Lichtsatz) [COM, Typ] / front porch width
Vorbuchstabe *m* [TP] / prefix letter

Vorcode *m* [Sw] / pilot code
vordecodieren *v* [PCC] / pre-decode
vordefinierter Ausdruck [IDS] / predefined phrase
Vorderflanke *f* (Impuls) [Tr] / pulse leading edge, leading edge
Vordergrund·programm *n* [Sw] / foreground program || **≗-Stapelverarbeitung** *f* [Dp] / batch job foregrounding
Vorderkante *f* [PC] / card leading edge, leading edge
Vordruck *m* [HSP, TP, Off] / form (i.e., a printed document with blank spaces for the insertion of specific information) || [Fl] / input pressure || **≗art** *f* [HSP] / type of preprinting, form type, form layout || **≗breite** *f* [HSP] / form width || **≗gestaltung** *f* [HSP] / forms overlay design, forms design || **≗negativ** *n* [HSP] / forms overlay negative || **≗station** *f* [HSP] / forms overlay station
voreingestellte Version (Wahlbyte) [Sw] / preset option
voreinstellbar·es Werkzeug [NC] / preset tool || **~er Zähler** [Hw, NC] / preset counter
voreinstellen *v* [NC] / preset
Voreinstellung *f* [NC] / presetting
Vorfeld·aufgabe *f* [Mp] / front-end application || **≗einrichtungen** *f pl* [ES] / front-end equipment || **≗vermittlungsstelle** *f* [ES] / out-of-area switching center
vorformatieren *v* [Sw] / preformat || *n* [Sw, ES] / preformatting
vorformatierte Nachricht [ES] / preformatted message
vorformuliert·er Brief (im Gegensatz zum individuell formulierten Brief) [TES] / boilerplate letter || **~er Satz** [TES] / boilerplate (i.e., a set of repetitive blocks of copy that may be picked up and included routinely without the need to recreate them, as the "fine print" in an insurance policy)
Vorgabe·-... [PL/1] / default || **eingebaute ≗anweisung** [PL/1] / language default statement
Vorgang, zyklischer ≗ [Th] / cyclic process
Vorgangs·datei *f* [Dp] / activity file, change file, transaction file || **≗nummer** *f* [Th] / transaction number
vorgedruckt·es Formular [HSP, TP, Off] / form (i.e., a printed document with blank spaces for the insertion of specific information) || **~e Markierung** [OCR] / preprinted mark, premark
vorgegeben *adj* [PL/1] / default || **~er Parameter** [Sw] / preset parameter || **~er Wert** [NC] / preset value
vorgelocht·e Karte [PC] / prepunched card || **~er Streifen** [PT] / prepunched tape
vorgespannt in Vorwärtsrichtung [Sc] / forward-biased
vorgetränkt *adj* [HSP] / preimpregnated
vorgezogen·es Lesen [PE] / advanced read || **~er Multiplexer** [ES] / front-end multiplexer || **~e Transportlochung** [PT] / advance feed holes, advanced feed holes
Vorgriff *m* (in den Lesebereich) [OCR] / lookahead
Vorgriffsfeld *n* [OCR] / lookahead field
Vorheiz·sattel *m* [HSP] / preheat platen || **≗stab** *m* [HSP] / preheat rod, preheating element
Vorkonzentration *f* [ES] / pre-concentration
Vorlage *f* (für die Mikroverfilmung) [Rep] / artwork, original || **grafische ≗** [GrDp] / graphic master || **reprofähige ≗** [Rep] / camera-ready artwork || **≗streifen** *m* [PT] / composite tape
Vorlauf *m* [Sw] / leader routine, leader || **≗beleg** *m* [OCR] / leader document, leader sheet
Vorläufer *m* [OCR] / leader document, leader sheet
vorläufiges Programm [Sw] / preliminary program
Vorlauf·karte *f* [PC] / header card || **≗programm** *n* [Sw] / preparatory program || **≗routine** *f* [Sw] / leader routine, leader || **≗satz** *m* [Tr] / message header, header (i.e. the first characters of a message which contain the necessary information for routing and identification of the message) || **≗taste** *f* [KtT] / wind button
Vormagnetisierung *f* [Th] / magnetic bias
Vormagnetisierungsfeld *n* [PE, Sc] / magnetic bias field
Vormeldesystem *n* [PCC] / data announcing system
Vormischung *f* [SA] / pre-ORing circuitry
Vorprogramm *n* [Sw] / interlude (i.e., a routine designed to perform minor preliminary operations usually of a housekeeping type, before the main routine is entered)
vorprogrammiert, Feld für ~e Texte [Sw] / programmed message field

Vorprüf- und Verteilplatz [ES] / position for prechecking and distributing fault messages
Vorpufferung *f* [Dp] / anticipator buffering
Vorrang·anzeiger *m* [Tr] / priority indicator ‖ **≗-Jobbearbeitung** *f* [Sw] / priority job scheduling ‖ **≗kennung** *f* [ES] / priority indicator, precedence prosign ‖ **≗programm** *n* [Dp] / priority routine
Vorrangsteuerung *f* [DT, Tr] / priority control, precedence control ‖ ≗ (Teil des Steuerwerks) [CP] / priority controller ‖ **automatische** ≗ [Sw] / automatic priority control
Vorrang·verarbeitung *f* [Sw, NC] / priority processing, priority scheduling ‖ **≗verbindung** *f* [ES] / priority call, priority connection
Vorrats·behälter *m* (Toner) [HSP] / toner supply bin ‖ **≗rolle** *f* [HSP] / supply roll ‖ **≗spule** *f* [PT] / supply reel, takeoff reel
Vorrechner *m* [MCS, Dp] / satellite computer, satellite processor ‖ ≗ (in einem Datenfernverarbeitungssystem eine speziell strukturierte Hardware zur Durchführung der übertragungsorientierten Aufgaben mit dem Ziel, den „Verarbeitungsrechner" zu entlasten) [RDp] / front-end processor (FEP), (esp.:) active front-end processor ‖ ≗ (Entlastungsrechner) [Dp] / relief computer, backup computer
vorrollen *v* (Text auf Bildschirm) [VDT] / scroll up
Vorsatz *m* [PE] / beginning-of-file label, file header label, header label (HDR) ‖ [Tr] / message header, header (i.e. the first characters of a message which contain the necessary information for routing and identification of the message) ‖ [Sw] / header record ‖ **≗adresse (VA)** *f* [ES] / prefix address ‖ **≗code** *m* [Th] / prefix code ‖ **≗name** *m* (Phase) [ES] / prefix name ‖ **≗prüfung** *f* [MT] / header label check ‖ **≗transformator** *m* [ES] / input transformer
Vorschaltstation *f* [ES] / input station
Vorschub *m* [TP] / column feed, column spacing ‖ [NC] / feed ‖ [Fax] / scanning pitch ‖ ≗ (s. Wagenvorschub) ‖ ≗ (s. Zeilenvorschub) ‖ **automatischer** ≗ [DT, IO, HSP, TP] / automatic carriage ‖ **doppelter** ≗ [HSP] / dual feed, dual feed carriage ‖ **Zeichen mit** ≗ [TP, ES] / character with feed action ‖ **Zeichen ohne** ≗ [TP] / nonfeeding character
Vorschubband (s. Lochband) ‖ **≗locher** *m* [HSP] / carriage tape punch
Vorschub·befehl *m* [Sw] / feed instruction ‖ **≗einheit** *f* (Locher) [TP] / tape feed unit
Vorschubeinrichtung *f* (Locher) [TP] / tape feed mechanism ‖ ≗ (bei Lochstreifengeräten) [PT] / paper tape drive, tape feed ‖ **lochbandgesteuerte** ≗ [HSP, TP] / tape-controlled carriage
Vorschub·getriebe *n* [PT, CTW] / carriage feed mechanism ‖ **≗informationsspeicher** *m* [HSP] / vertical format buffer (VFB)
Vorschubloch *n* [HSP] / feed hole ‖ ≗ (DIN 66016, Juni 1966) [PT] / sprocket hole, feed hole ‖ **mit versetztem** ≗ [PT] / with offset feed hole ‖ **≗band** (s. Lochband) ‖ **≗mitte** *f* [HSP] / feed hole center ‖ **≗rand** *m* [HSP] / tractor margin ‖ **≗reihe** *f* [HSP] / feed holes ‖ **≗reihenmittellinie** *f* [HSP] / feed hole centerline
Vorschub·lochung *f* [PT] / sprocket holes, feed holes ‖ **≗rad** *n* (Locher) [TP] / sprocket wheel, feed sprocket wheel ‖ **≗raupe** *f* [HSP] / paper tractor ‖ **≗schritt** *m* (Farbband) [TP] / advance increment ‖ **≗sperre** *f* [HSP] / carriage interlock
Vorschubsteuerung *f* [HSP] / carriage control, printer carriage control ‖ [PT] / feed rate control
Vorschub·streifen (s. Lochband) ‖ **≗taste** *f* [TP] / tape feed button ‖ **≗zeichen** *n* [Algol] / alignment mark
vorsetzen, ein Band ~ [MT] / to unwind a tape ‖ **um eine Abschnittsmarke** ~ [MT] / to unwind one tape mark ‖ **um einen Block** ~ [Sw] / to unwind one block ‖ **um n Blöcke** ~ [MCS, MT] / to forward-space n blocks
Vorsorgeanweisung *f* [PL/1] / on statement ‖ **System-**≗ *f* [PL/1] / on system statement
Vorsorge·einheit *f* [PL/1] / on unit ‖ **≗klausel** *f* [PL/1] / on clause
vorsortieren *v* [Sw] / presort
vorsortiert *adj* [Sw] / presequenced
Vorspann *m* [PL/1] / prefix ‖ ≗ (z.B. bei Blattschreibereingabe) [ES] / preceding information ‖ ≗ (s. Bandführungsstück) ‖ ≗ (s. Lochstreifenvorspann) ‖ **transparenter** ≗ [KtT] / transparent leader ‖ **≗anschluß** *m* [Sc] / biasing connection ‖ **≗band** *n* [MT] / leader, tape leader
Vorspannung *f* [Sc, Th, Tr] / bias, bias

voltage
Vorspannungswiderstand *m* [Co] / bias resistor
vorspulen, ein Band ~ [MT] / to unwind a tape
Vorsteckwiderstand *m* [Co] / dropping resistor (i.e., a resistor whose function in the circuit is to reduce a given voltage by a voltage drop along the resistor)
Vorstufen-Transistor *m* [Sc] / small-signal transistor
vorübergehend *adj* [Sw] / transient, nonpermanent, temporary || **~er Fehler** [RDp, Sw, Tr] / transient error || **~er Leitungsfehler** [Tr] / transient line error, temporary line error
Vorvakuumbehälter *m* [Fl] / interstage reservoir
Vorverarbeitungs·rechner *m* [MCS] / preprocessing computer || **²system** *n* [Dp] / preprocessing system
vorverdrahtet *adj* [Co] / prewired (module, etc.)
vorverlegen, das Spulenende ~ [Sw] / to force a reel swap, to force end-of-volume, to force EOV
vorverlegt·es Datenträgerende [Sw] / forced end of volume (FEOV) || **~er Spulenwechsel** [Sw] / forced reel swap, forced tape swap
Vorverstärker *m* [PCC, Co] / preamplifier
vorverzerren *v* [ES] / predistort
Vor-Vorschub-Angabe *f* [Cobol] / before advancing option
Vorwahl·kennziffer *f* [ES] / prefix number || **²steuerung** *f* [PCC] / preselection control || **²zähler** *m* [Hw, NC] / preset counter
Vorwärmer *m* [Fl] / heater
vorwärts blättern (Text auf Bildschirm) [VDT] / page up || **²durchlaßstrom** *m* (bei Thyristoren) [Sc] / forward onstate current || **²erholzeit** *f* [Sc] / forward recovery time || **²ersatzwiderstand** *m* [Sc] / forward slope resistance || **²gebiet der Diodenkennlinie** [Sc] / diode forward region || **~gerichtete Suchmethode** [ES] / forward recovery procedure || **²gleichstrom** *m* [Sc] / continuous forward current || **²kanal** *m* [Tr] / forward channel || **²kennlinie** *f* [Sc] / forward voltage-current characteristic || **²lesen** *n* [Sw] / forward reading || **²regelung** *f* [PCC, AC] / feed-forward control
Vorwärtsrichtung *f* (DIN 41852, Aug. 1978) [Sc] / forward direction || **in ²** betrieben [Sc] / forward-biased || **Überstrom in ²** [Sc] / overload forward current || **Verarbeitung in ²** [Sw] / forward processing
Vorwärts-Rückwärtszähler *m* [Meas] / bidirectional counter, forward/backward counter
Vorwärts·spannung *f* [Sc] / forward voltage || **²steuerspannung** *f* [Sc] / forward gate voltage || **²steuerstrom** *m* [Sc] / forward gate current || **²steuerung** *f* (DIN 44302, Apr. 1979) [Tr] / forward supervision || **²stoßstrom** *m* [Sc] / surge forward current, nonrepetitive forward current || **²strom** *m* [Sc] / forward current || **²widerstand der Diode** [Sc] / diode forward resistance
Vorwegparameter *m* [Sw] / preset parameter
Vorzeichen *n* [Algol] / sign || [Cobol] / operational sign || [PL/1] / prefix operator || **Mantisse mit ²** [Th] / signed mantissa || **mit ²** [Fortran] / signed || **mit oder ohne ²** [Fortran] / optionally signed || **negatives ²** [Th] / negative sign || **positives ²** [Th] / positive sign || **Speicherfeld mit ²** [Sw] / signed field || **²bedingung** *f* [Cobol] / sign condition
vorzeichenbehaftet *adj* [Sw] / signed || **Festpunktbefehl für ~e Dualzahlen** [Th, Sw] / signed binary instruction
Vorzeichen·behandlung *f* [Sw] / sign processing || **²bit** *n* [Mp, Th, OS] / sign bit || **²-Flipflop** *m* [ALU] / sign control flip-flop || **²kennzeichnung** *f* [PC] / sign indication || **²lochung** *f* [PC] / sign indication
vorzeichenlos *adj* [Th, Sw] / unsigned || **~e ganze Zahl** [Algol] / unsigned integer || **~e Zahl** [Algol] / unsigned number || **Festpunktbefehl für ~e Dualzahlen** [Th, Sw] / unsigned binary instruction
Vorzeichen·operator *m* [PL/1] / prefix operator || **²prüfanzeiger** *m* [ALU] / sign check indicator || **²regel** *f* [Th] / rule of signs || **²register** *n* [ALU] / sign register || **²stelle** *f* [Th, Sw] / sign position, sign location || **²steuerung** *f* [ALU] / sign control || **²teil** *m* [Algol] / sign part || **²umkehrer** *m* [ADp] / sign changer, sign reverser || **²unterdrückung** *f* [Algol] / sign suppression || **²wechsel** *f* (Taste) (DIN 9757E, Okt. 1977) [Calc] / change sign key || **²ziffer** *f* [NC] / sign digit
vorzeitig beenden [Dp] / to terminate (program execution, etc.) abnormally, abort (program execution, etc.) || **~e Beendigung** [Dp] / abnormal

termination, abortion (of program execution, etc.) || ~**er Spulenwechsel** [Sw] / forced reel swap, forced tape swap || ~**e Verbindungsauslösung** [ES] / premature connection cleardown, premature connection release

V-24-Schnittstelle *f* [RDp] / V.24 interface (interface conditions specified in CCITT Recommendation V.24, which are likely to be involved in any configuration of data terminal equipment and modems)

VTOC-Bereich *m* (VTOC = volume table of contents) [Sw] / VTOC extent, VTOC area

W

W (s. Watt)

Wachstumsgeschwindigkeit *f* [Sc] / growth rate

Wagen *m* [TES, TP, CTW, Off] / carriage || ≗**auslöser** *m* [TES, TP, Off] / carriage release || ≗**auslösung** *f* [TES, TP, Off] / carriage release || ≗**breite** *f* [TES, TP, Off] / carriage width || ≗**datenspeicher** *m* (Eisenbahn-Rangiertechnik) [PCC] / wagon data storage unit || ≗**laufschiene** *f* [TP, CTW] / carriage rail || ≗**motor** *m* [TP, CTW, Off] / carriage motor

Wagenrücklauf (WR) *m* [TES, TP, CTW, Off] / carriage return (CR) || ≗**zeichen** *n* [TP] / carriage return character (CRC) || ≗/ **Zeilenvorschub (WR/ZL)** [Sw] / carriage return/line feed (CR/LF) || ≗**zeit** *f* [TP, CTW] / carriage return time

Wagen·stellungregister *n* [TP] / carriage position register || ≗**steuerung** *f* [TP, CTW] / carriage control

Wagenvorschub *m* [TES, TP, CTW, Off] / character feed, letter feed || ≗**steuerung** *f* [TES, TP, CTW] / carriage feed control

Wagen-Zeilensteuerung *f* [TP] / carriage travel/line feed control

Wahl (mit Tastatur) (s. Wählen) || ≗ (mit Wählscheibe) (s. Wählen) || ≗ **im 2-aus-5-Code** [ES] / 2-out-of-5-code selection || ≗ **mit Nummernschalterimpuls** [ES] / dialplate selection, number plate dialing || **abgesetzte** ≗ (zuerst 0 mit Wählscheibe, dann Tastaturwahl) [ES] / interrupted dialing || **automatische** ≗ [ES] / automatic selection || **manuelle** ≗ [ES] / manual selection || ≗**abrufzeichen** *n* [ES] / proceed-to-select signal

Wählanschluß *m* [ES] / dialup port

Wahlaufforderungszeichen (WAZ) *n* [ES] / proceed-to-select signal

Wahlaufnahme *f* [ES] / selection code acceptance || ≗**programm** *n* [ES] / selection code acceptance program

Wahlauswerter *m* [ES] / selection code interpreter, selection code analyzer

wählbar *adj* [Sw] / selectable || ~**e Befehlsfolge** [Sw] / optional instruction sequence || ~ **mit Brücke** [Hw] / strap-selectable || **frei** ~ [Sw] / freely selectable || **vom Benutzer** ~ [Sw] / user-specific, user-defined

Wahlbefehl *m* [Sw] / selection instruction

Wähl·begleitzeichen *n* [ES] / dial convoy signal || ≗**bereitschaft** *f* [ES] / proceed-to-select condition || ≗**bereitschaftszeichen** (s. Amtszeichen) || ≗**betrieb** *m* [ES] / dial operation

Wahl·bewerter *m* [ES] / selection code interpreter, selection code analyzer || ≗**bewertung** *f* [ES] / selection code interpretation, selection code analysis || ≗**bewertungsprogramm** *n* [ES] / selection code interpreting program || ≗**block** *m* [ES] / data block || ≗**byte** *n* [Tr] / option byte || ≗**-COBOL** *n* [PL] / elective COBOL

Wahlcode *m* [ES] / selection code || ≗ **abfragebereit** [ES] / selection code presented

Wahldatei *f* [Cobol] / optional file

Wähldekade *f* [ES] / switching decade

Wahleinleitungszeichen *n* (Gebührenzuschreiben) [ES] / selection prefix signal

Wähl·einleitungszeichen *n* [ES] / start-of-selection signal || **automatische** ≗**einrichtung** [ES] / automatic calling equipment (ACE)

wählen *v* (mit Tastatur) [ES] / select || ~ (mit Wählscheibe) [ES] / dial || **willkürlich** ~ [Sw] / to select at random || ≗ *n* (mit Tastatur) [ES] / selection, pushdown dialing || ≗ (mit Wählscheibe) [ES] / dialing

Wahlende *n* [ES] / end of selection || ≗**zeichen (WEZ)** *n* [ES] / end-of-selection signal

Wähler *m* [Tr] / selector, selector switch || ≗**einstellzeichen** *n* [ES] / selector setting signal

wahlfrei *adj* [Sw] / optional || ~**e Angabe**

[Sw] / option || ~**e Eintragung** [Sw] / optional entry || ~**e Verarbeitung** [Dp] / random processing || ~**er Zugriff** [Cobol] / random access
Wählimpuls *m* [ES] / dial pulse || ≗**erzeugung** *f* [ES] / dial pulse generator || ≗**steuerung** *f* [ES] / dial pulse control || ≗**zeitmesser** *m* [ES] / dial pulse meter
Wahl·information *f* [ES] / selection information || ≗**informationsgabe** *f* [ES] / selection information transmission
Wähl·leitung *f* (DIN 44302, Apr. 1979) [ES] / switched line, dialup line, dial line || ≗**nebenstellenanlage** *f* [ES] / private automatic branch exchange (PABX)
Wählnetz *n* [RDp, ES, Tr] / switched network, dial network || **öffentliches** ≗ [Tr] / public switched network
Wählnummer *f* [Sw] / selection number || ≗**-Endezeichen** *n* [ES] / selection number end signal
Wähl·pause zwischen zwei Ziffern [ES] / interdigital interval, interdigital pause || ≗**pausenüberwachung** *f* [ES] / interdigit pause monitor
Wahlsatz *m* [ES] / signaling set
Wählscheibe *f* [TP, ES] / dial
Wahl·sendung *f* [ES] / selection information transmission || ~**stabil** *adj* [ES] / unaffected by dialing
Wählstandverbindung *f* [RDp] / dial and point-to-point circuit
Wahl·stufe *f* [ES] / selection stage || ≗**stufenliste** *f* [ES] / selection stage table
Wählsystem *n* [ES] / switched system, dial system || **Teilnehmer-**≗ *n* [ES] / automatic switching system
Wähl·verbindung *f* [Tr] / switched connection, dial connection || ≗**verbindungsphase** *f* [Tr] / selection connection phase || ≗**verfahren** *n* [ES] / selection procedure
Wählverkehr *m* [ES] / dialed traffic || **direkter** ≗ **zwischen Teilnehmern** [ES] / direct subscriber-to-subscriber selection
Wählvermittlung, speicherprogrammierte ≗ [ES] / automatic stored-program switching center
Wählvermittlungs·dienst *m* [ES] / switched service || ≗**netz** *n* [ES] / switched network, fully automatic network, dialed (telephone, teleprinter, etc.) network || ≗**stelle** *f* [ES] / automatic exchange
Wählvorbereitungszeichen *n* [ES] / dial preperation signal
wahlweis·e *adj* [Sw] / optional || ~**e Einzelpostenschreibung** [PC] / selective listing || ~**er Parameter** [Sw] / optional parameter, optional operand
Wahl·wort *n* [Cobol] / optional word || ≗**zeichen** (s. Wählzeichen)
Wählzeichen *n* [ES] / selection signal || ≗**baum** *m* [ES] / selection signal tree || ≗**bewerter** *m* [ES] / route interpreter || ≗**puffer** *m* [ES] / selection signal buffer
Wählzeichenspeicher *m* [ES] / selection signal storage || **zentraler** ≗ [ES] / common multiaddress memory
Wählzeichen·tabelle *f* [ES] / selection code table || ≗**übertragung** *f* [ES] / selection signaling || ≗**umsetzer** *m* [ES] / selection pulse converter || ≗**umwerter** *m* [ES] / selection signal translator || ≗**verarbeitung** *f* [ES] / selection signal processing
Wahlziffer (s. Wählziffer)
Wählziffer *f* [ES] / selection digit
Wählziffern·bewertung *f* [ES] / selection digit analysis || ≗**folge** *f* [Sw] / selection digit sequence || ≗**tabelle** *f* [ES] / selection code table
Wählzusatz *m* [ES] / selection feature
Wahlzustand *m* [ES] / selection state
wahr *adj* [PL/1] / true
Wahrheitstabelle *f* [SA] / Boolean operation table, truth table (showing each variable and the logical relationship between them)
Wahrheitswert *m* [SA] / truth value || [Algol] / logical value
Wahrheitswertetafel *f* [SA] / Boolean operation table, truth table (showing each variable and the logical relationship between them)
Wahrnehmung *f* [Cy] / perception
Wahrscheinlichkeit *f* [Th] / probability, probability factor
Wahrscheinlichkeits·dichte *f* [Th] / probability density || ≗**kurve** *f* [Th] / probability curve || ≗**lernen** *n* [CAI, Cy] / probability learning || ≗**maß** *n* [Th] / probability, probability factor || ≗**theorie** *f* [Th] / probability theory || ≗**verfahren** *n* [Cy] / probabilistic approach || ≗**verteilung** *f* [Th] / probability distribution
Währungszeichen *n* [Fortran] / currency symbol || [Cobol] / currency sign || [PL/1] / dollar sign || ≗**klausel** *f* [Cobol] / currency sign clause
Walze, beheizte ≗ [HSP] / heated roller, hot roller
Walzen·drehknopf *m* [TES, TP, Off] / platen

knob || ≗drucker (s. Typenwalzendrucker) || ≗führungswelle *f* [TES, TP, Off] / platen guide shaft || ≗stechknopf *m* [TES, Off] / platen variable knob, platen release knob || ≗verriegelung *f* [TES, Off] / platen latch || ≗verstellknopf *m* [TES, TP, Off] / platen positioning control

wandern *v* (Elektron) [Sc] / migrate

Wandler *m* [PCC, NC] / transducer, converter || **aktiver** ≗ [PCC] / active transducer || **akustischer** ≗ [VC] / aural transducer || **akustooptischer** ≗ [HSP] / acousto-optical converter || **idealer** ≗ (zur Verbindung eines bestimmten Senders mit einem bestimmten Empfänger) [PCC] / ideal transducer (for connecting a specified source to a specified load) (GB) || **linearer** ≗ [PCC] / linear transducer || **passiver** ≗ [PCC] / passive transducer

Wandsteckdose *f* [Hw] / wall outlet

WAPS (s. Wortausgabepuffersteuerung)

WAR (s. Wortausgaberegister)

Wärme·ableitung *f* [Sc, Tr] / heat sink, heat-dissipation connector || ≗**ausstrahlung** *f* [DT] / heat dissipation || ≗**behandlung** *f* [Sc] / heat treatment

Wärmedruckverfahren *n* [Sc] / thermocompression bonding || **durch** ≗ **kontaktiert** (Dünnfilm) [Sc] / thermocompression-bonded

Wärme·leitung *f* [Sc] / heat conduction || ≗**sattelabdeckung** *f* [HSP] / preheat platen cover || ≗**schutzschalter** *m* [Hw] / safety thermal switch || ≗**senke** *f* [Sc, Tr] / heat sink, heat-dissipation connector || ≗**tauscher** *m* [NC] / heat exchanger || ≗**übertragung** *f* [HSP] / heat transfer

Wärmewiderstand *m* [Sc] / thermal resistance || **äußerer** ≗ (Kühlkörperwärmewiderstand, gekapseltes Bauelement) [Sc] / thermal resistance case to ambient || **innerer** ≗ [Sc] / thermal resistance junction to case

Warmstart *m* [Sw] / warm start

Warn·lampe *f* [HSP] / warning lamp || ≗**marke** *f* [ES] / warning flag, warning mark || ≗**signal** *n* [Th] / alert

Wartbarkeit (s. Wartungsfreundlichkeit)

Warteaufruf *m* [PCC] / wait call

Wartebereich *m* [ES] / queuing field, waiting queue field || [PCC, OS] / swapping area

Warte·bit *n* [Sw] / wait indicator || **mittlere** ≗**dauer** [ES] / mean delay || ≗**feld** *n* [ES] / queuing field, waiting queue field || ≗**liste** *f* [CP, OS] / queuing list, waiting list

Warten (IDL) [OS, Lisp] / Idle (IDL)

wartend·e Belegung [ES] / waiting call || ~**e Unterbrechung** [OS] / pending interrupt

Warteschaltung *f* [ES] / camp-on-busy circuit, holding circuit, queuing circuit

Warteschlange *f* [CP, OS] / queue, waiting queue || **aus einer** ≗ **entfernen** [Dp] / dequeue || **feste** ≗ [PCC] / fixed queue list || **in eine** ≗ **einreihen** [Dp] / enqueue || **variable** ≗ [PCC] / variable queue list

Warteschlangen·-Eingangsliste *f* [ES] / queue entries-added list || ≗**element** *n* [ES] / waiting queue element || ≗**längeanzeige** *f* [ES] / queue length indicator

Warteschlangenorganisation *f* [OS, ES] / queue organization || ≗ **für Datenblöcke** [ES] / queue management for data blocks

Warteschlangen·schnittstelle *f* [RDp, Tr] / queue interface || ≗**verwaltung** *f* [Sw] / queue management, waiting queue maintenance

Warte·schleife *f* [OS] / wait loop || ≗**station** *f* (DIN 44302, Apr. 1979) [Tr] / passive station

Wartestatus *m* [M] / waiting state, wait state, wait condition || **harter** ≗ [OS] / hard wait state

Wartestellung *f* [ES] / queuing condition || ≗ (s. Wartezustand) || **in** ≗ **befindliche Datenstationen** [RDp] / data terminals waiting in the queue for service || **in** ≗ **schalten** [ES] / to camp a call onto a trunk

Warte·steuerung *f* [Mp] / wait control || ≗**text** *m* [ES] / queuing code || ≗**verkehr** *m* [ES] / call holding operation, queuing operation || ≗**vermittlung** *f* [ES] / camp-on switching || ≗**wahrscheinlichkeit** *f* [ES] / probability of delay, queuing probability

Wartezeit *f* [PE, RDp, ES, Tr, NC] / waiting time, latency || **durchschnittliche** ≗ [MD, MDr] / average latency || ≗**prinzip** *n* [ES] / queuing principle, delay principle || ≗**verteilung** *f* [ES] / waiting time distribution

Wartezustand *m* [Hw] / standby condition || **nicht unterbrechbarer** ≗ [OS] / uninterruptable wait state

Wartezyklus *m* [Sw] / wait cycle

Wartung *f* (Gesamtheit der Maßnahmen zur Erhaltung der Betriebsbereitschaft bzw. der Instandsetzung nach Störungen von

Datenverarbeitungssystemen einschließlich der zugehörigen Software) [Dp] / maintenance || ≗ **von Programmen** [Sw] / program maintenance (i.e., work required to make programs more efficient and otherwise amend them in accordance with changing circumstances affecting the user) || **außerplanmäßige** ≗ [Hw, DpC] / unscheduled maintenance, nonscheduled maintenance || **Befehle für Organisation und** ≗ [OS] / control system and maintenance instructions || **fehlerbehebende** ≗ [Hw, DpC] / corrective maintenance (i.e., work required to correct a machine fault) || **fernunterstützte** ≗ [RDp, Serv] / remote support maintenance || **geplante** ≗ [Hw, DpC] / scheduled maintenance (i.e., maintenance carried out in accordance with an established plan) || **Hardware-**≗ *f* (Wartung der Anlage bzw. einzelner Geräte) [Hw, DpC] / hardware maintenance || **jährliche** ≗ [Serv] / yearly maintenance || **laufende** ≗ [Hw, DpC] / routine maintenance (i.e., maintenance work carried out according to a schedule, not necessarily at regular intervals, to prevent equipment failure) || **Offline-**≗ *f* (Wartung, bei der die Anlage bzw. das Gerät abgeschaltet oder aus dem produktiven Betrieb genommen werden muß) [Hw, DpC] / off-line maintenance || **Online-**≗ *f* (Wartung ohne Betriebsunterbrechung) [Hw, DpC] / on-line maintenance (i.e., maintenance allowing continued operation of the system) || **planmäßige** ≗ [Hw, DpC] / scheduled maintenance (i.e., maintenance carried out in accordance with an established plan) || **regelmäßige** ≗ [Hw, DpC] / regular maintenance (as opposed to emergency maintenance) || **Software-**≗ *f* [Sw] / software maintenance (i.e., work required to keep programs up to date) || **verzögerte** ≗ [Hw, DpC] / deferred maintenance (i.e., maintenance which is designed to correct an existing fault, which does not necessarily prevent continued operation of the system) || **vierteljährliche** ≗ [Serv] / quarterly maintenance || **vorbeugende** ≗ [Hw, DpC] / preventive maintenance (PM) (i.e., maintenance carried out with the intention of preventing the occurrence of faults)

Wartungs·abstand *m* [Serv] / maintenance interval || ≗**anleitung** *f* [Serv] / maintenance manual

Wartungsarbeiten *plt* [Serv] / maintenance work || **periodische** ≗ [Hw, Serv] / periodic maintenance tasks

Wartungs·aufwand *m* [Serv] / maintenance requirements || ≗**bereitschaftszeit** *f* [Serv] / maintenance standby time || ≗**blattschreiber** *m* (BSW) [ES] / maintenance typewriter || ≗**datenträger** *m* [Serv] / CE volume || ≗**dienst** *m* [Serv] / maintenance service || ≗**dienst** (technischer Außendienst beim Kunden) [Serv] / customer engineering (CE) || ≗**einheit** *f* [Fl] / conditioning unit || **Inbetriebnahme- und** ≗**empfehlung** [Dist, Serv] / commissioning and maintenance recommendation

Wartungsfeld *n* [Hw, CP] / maintenance control panel || **Bedienungs-**≗ *n* [CP] / control and maintenance panel

Wartungs·fläche *f* [Serv] / maintenance area || ≗**freundlichkeit** *f* [Serv] / maintainability (i.e., the ease and effectiveness with which a system can be kept in good operating condition) || ≗**handbuch** *n* [Serv] / maintenance manual || ≗**hilfsmittel** *n pl* [Serv] / maintenance aids || ≗**hilfsprogramm** *n* [Sw, Serv] / maintenance aid program || ≗**personal** *n* [Serv] / maintenance personnel, maintenance staff || ≗**plan** *m* [Serv] / maintenance schedule || ≗**planung** *f* [Serv] / maintenance planning

Wartungsprogramm *n* [OS, Serv] / maintenance program || ≗ **der Programmbibliothek** [OS] / library maintenance routine || ≗ **für Großspeichersteuerung und Plattenspeicher** [OS] / random-access controller and disk storage maintenance program || **zentrales** ≗ [Serv] / common maintenance program

Wartungs·prozessor *m* [OS] / maintenance processor || ≗**schema** *n* [Serv] / maintenance schedule || ≗**steckdose** *f* [Hw] / convenience outlet || ≗**stellung** *f* (Schalter) [Serv] / maintenance position || ≗**stützpunkt** *m* [Serv] / maintenance center || ≗**system** *n* [Serv] / maintenance system || ≗**taschenbuch** *n* [Serv] / maintenance pocket manual

Wartungstechniker (s. Außendiensttechniker)

Wartungs·unterlagen *plt* [Serv] /

maintenance documentation || ≗**vertrag** *m* [Dist, Serv] / maintenance contract || **Betriebs- und ≗vorbereitung** (Abteilung) [DpC, ES] / operation and maintenance preparation department || ≗**werkzeug** *n* [Serv] / maintenance tool kit || ≗**zeit** *f* [Serv] / maintenance time || ≗**zustand** *m* [HSP] / maintenance mode

Watt (W) *n* [Sc] / watt (W)

WAZ (s. Wahlaufforderungszeichen)

Wechsel 1:1 [ES] / unit ratio test reversals, 1:1 test reversal

Wechselband *n* [MT] / alternate tape || ≗**einheit** *f* [MT] / alternate tape unit, alternate tape drive || ≗**schaltung** *f* [Dp] / alternative switching

Wechsel·bereich *m* [Cobol] / alternate area || ≗**betrieb** *m* [Tr] / alternate communication, half-duplex operation || ≗**einheit** *f* [IO, PE] / alternate device, alternate unit (i.e., a symbolic unit as a result of programmer direction) || ≗**fachausrüstung** *f* [PC] / interchangeable pockets || ≗**geber** (Telegrafie) (s. Wechselsender) || ≗**gerät** *n* [IO, PE] / alternate device, alternate unit (i.e., a symbolic unit as a result of programmer direction) || ≗**gerätebetrieb** *m* [IO, PE] / alternation (i.e., technique using two or more I/O units in an attempt to speed up I/O operations) || ≗**größe** *f* [Sc] / value which changes with time || ≗**kontakt** *m* [Hw] / double-throw contact || ≗**lichtempfindlichkeit** *f* [Co, Sc] / dynamic luminous sensitivity (of a photoelectric device) || **ungerade ≗lochung** [PC] / interstage punching || **gerade ≗lochung** [PC] / normal stage punching

Wechselmagnet·bandgerät *n* [MT] / alternate tape unit, alternate tape drive || ≗**plattenspeicher** (s. Wechselplattenspeicher)

wechselnde Sortierfolge [Dp] / alternative collating sequence

Wechsel·plattenspeicher *m* [MT] / moving arm disk, moving head disk (MHD) || ≗**richter** *m* [Hw] / d.c.-a.c. converter, inverter

Wechselschreib·betrieb *m* [ES] / simplex operation, simplex working || ≗**verfahren** *n* [ES] / simplex mode

Wechselschrift *f* [PE] / non return to zero (NRZ) || ≗**verfahren** *n* [PE] / non-return-to-zero recording (NRZ recording)

wechselseitig·e Datenübermittlung (DIN 44302, Apr. 1979) [Tr] / two-way alternate communication, either-way communication || **~e Handlung** [Cy] / reciprocal action, interaction || **~er Informationsfluß** [Tr] / two-way alternate communication, either-way communication

Wechselsender *m* [Tr] / signal generator || ≗ (Telegrafie) [TP] / telegraph test generator

Wechsel·spannung *f* [Th] / a.c. voltage || ≗**spannungssignal** *n* [Tr] / a.c. signal || ≗**sprechvermittlungsanlage** *f* [ES] / intercom switching center with simplex transmission

Wechselstrom *m* [Sc, Th] / alternating current (a.c.) || **Effektivwert des ≗s** [Sc] / r.m.s. varying component (of current) || ≗**netz** *n* [DpC] / a.c. network, a.c. power network || ≗**steller** *m* [Sc] / a.c. controller

Wechselstromtelegrafie (WT) *f* [Tr] / voice-frequency telegraphy (VFT) || ≗**system** *n* [RDp, Tr] / VF telegraph transmission system

Wechseltakt·schreibverfahren ohne Rückkehr nach Null [PE] / pulse-width recording (CNRZ), two-frequency recording mode || ≗**schrift** *f* [PE] / pulse-width recording (CNRZ), two-frequency recording mode

Wechsel·ventil *n* [Fl] / shuttle valve || ≗**verkehrsverbindung** *f* [Tr] / half-duplex circuit || ≗**warteschlange** *f* [PCC] / change queue list || ≗**wert** *m* [Sc] / varying value, varying component (of a mathematical expression) || ≗**wirkung** *f* [Cy] / reciprocal action, interaction || ≗**zeichen** *n pl* [TP] / reversals

Weck·aufruf *m* [OS, ES] / program alert || ≗**ausgang** *m* [OS, ES] / prompting exit || ≗**befehl** *m* [OS, ES] / prompting instruction || ≗**einrichtung** *f* [OS, ES] / prompting software

wecken *v* [OS, ES] / prompt

Wecker *m* [OS, ES] / prompter || ≗**liste** *f* [OS, ES] / prompter list || ≗**programm** *n* [OS, ES] / prompter program || ≗**takt** *m* [OS, ES] / prompter timing, prompter period || ≗**verwaltung** *f* [OS, ES] / prompter management routine || ≗**zelle** *f* [OS, ES] / prompter cell, prompting cell

Weck·notiz *f* [OS, ES] / prompting note || ≗**zeitpunkt** *m* [OS, ES] / prompt time, prompt instant

WEDER-NOCH-Schaltung *f* [Cir] / NOR circuit, NOR element || ≗**-Verknüpfung** (s. NOR-Funktion)

Weg, normaler ≗ [ES] / first-choice route

Wege·auswahl *f* [ES] / path selection || **≗hilfsparameter** *m* [ES] / auxiliary path parameter || **≗netzwerk** *n* [ES] / switching matrix array
Wegesuche *f* [ES] / path finding || ≗ (Koppler) [ES] / link finding
Wegesuch·netz *n* [ES] / path finding network || **≗verfahren** *n* [ES] / routing method || **≗zeichen** *n* [ES] / path finding marker
Wegeventil *n* [Fl] / directional control valve
Weglänge *f* [ES] / path length || **mittlere freie** ≗ [Sc] / mean free path
weich·er Begrenzer [ADp] / soft limiter || **~er Maschinenfehler** [Hw, OS] / soft machine check || **~er Stopp** [Hw, OS] / soft stop
Weiche *f* [ES] / separating filter, high-pass/low-pass filter || ≗ (s. Programmweiche)
„Weich-Spuren" *f pl* [ES] / new calls locked out
Weißwert, Phasenzeichen beginnend mit ≗ [TP] / phase-white
weitere Veränderungsangabe [Cobol] / after option
weiterblättern, im Wörterbuch ~ [MAT] / to leaf through the dictionary, to page through the dictionary
Weitergabe, unbeabsichtigte ≗ (von Daten usw.) [Priv] / accidental disclosure (of data, etc.)
weitergeben *v* [Priv] / divulge (information, etc.), disclose (information, etc.) || ~ (= verbreiten) [Th] / disseminate (information, etc.)
weitergebende Stelle [Priv] / transmitting office
weiter·leiten *v* [ES] / to route (call, etc.) onward, extend (call, etc.) || **≗leitung** *f* [Sw] / passing-on, retransmission || **≗leitungsverantwortlichkeit** *f* [ES] / onward routing responsibility || **~melden** *v* [Sw] / pass on, relay, retransmit || **≗ruf** *m* [ES, QC] / machine ringing || **späteres ≗senden** [ES] / delayed delivery || **automatische ≗sendung** [Tr] / automatic retransmission || **automatisches ≗telegrafieren** (mit Zwischenspeicherung) [Tr] / automatic retransmission || **≗verbindungsmöglichkeit** *f* [ES] / onward routing of call
Weitverkehrs·bereich *m* [RDp] / trunk area || **≗bündel** *n* [RDp] / long-range trunk group || **≗einrichtung** *f* [RDp] / long-range communication equipment || **≗system** *n* [RDp] / long-range communications system || **≗technik** *f* [RDp] / long-range communications technology
Weitzone *f* [RDp] / long-distance zone
Wellen·länge *f* [Th] / wavelength || **≗längenbereich** *m* [Th, Tr] / band (i.e., a range of frequencies within two prescribed limits) || **≗widerstand der Anschlußleitung** [Tr] / characteristic impedance of the line
Welligkeit *f* [Tr] / ripple content
Welligkeitsfaktor *m* [Tr] / ripple factor
Welt·datenwählnetz *n* [ES] / worldwide switched data network || **≗telexnetz** *n* [TP] / worldwide telex network
weltweite Datenübertragung [Tr] / international data transmission
Wenn-Anweisung *f* [Algol] / if statement || [Cobol] / if statement || [PL/1] / if statement || **arithmetische** ≗ [Fortran] / arithmetic if statement
Wenn-Klausel *f* [Algol] / if clause || [PL/1] / if clause
„Wer da"-Zeichen *n* [TP] / "who are you?"
Werk, rangiert im ≗ [Co] / strapping made in the factory
Werkscomputer *m* [NC] / inhouse computer
werkstatt·verdrahtet *adj* [Cir] / shopwired || **≗zeichnung** *f* [Hw, NC] / dimensional drawing || **≗-Zeichnungsverwaltung (WZV)** *f* [Org] / workshop drawing administration office
Werkstück·geometrie *f* [NC] / part geometry || **≗meßsteuerung** *f* [NC] / in-process measurement
Werkzeug, voreinstellbares ≗ [NC] / preset tool
Werkzeugmaschine *f* [NC] / machine tool || **numerisch programmierte** ≗ [NC] / digitally programmed machine tool || **programmgesteuerte** ≗ [NC] / automatically programmed machine tool
Werkzeugmaschinen·konstruktion *f* [NC] / machine tool design || **≗wesen** *n* [NC] / machine tool engineering
Wert *m* [Algol] / value || [PL/1] / value || **indizierter** ≗ [Sw] / subscripted value || **relativer** ≗ [Sw] / relocatable value || **sedezimaler selbstdefinierender** ≗ [PL] / hexadecimal self-defining term || **selbstdefinierender** ≗ [Assembler] / self-defining term, self-defining value ||

ursprünglicher ≗ [Th] / initial value || **vorgegebener** ≗ [NC] / preset value || ≗**attribut** *n* [Assembler] / value attribute || ≗**aufruf** *m* [Algol] / call by value
Wertebereich *m* [Cobol] / range of values || **oberer** ≗ (einer binären elektrischen Größe) [Cir] / high range (of a binary electrical quantity, of a binary signal) || **unterer** ≗ (einer binären elektrischen Größe) [Cir] / low range (of a binary electrical quantity, of a binary signal)
Werte·tabelle (s. Wahrheitswertetafel) || ≗**tafel** (s. Wahrheitswertetafel)
werthöchstes Bit [Th] / highest-order bit, most significant bit, highest-order digit
werthöheres Bit [Th] / high-order bit, high-order digit
Wertigkeit *f* [Sw] / significance (of bit position) || ≗ (beim Sortieren) [Sw] / priority, weight
Wert·klausel *f* [Cobol] / value clause || ≗**liste** *f* [Algol] / value part
wertniedrigstes Bit [Th] / lowest-order bit, least significant bit, lowest-order digit
Wert·reihe *f* [NC] / range of values || ≗**ziffer** *f* (gültige Ziffer mit Ausnahme einer führenden Null) [Th, Sw] / significant digit || ≗**zuweisung** *f* [Algol] / value assignment
wesentlich·e Ziffer [Algol] / significant figure || **~e Ziffer** [Cobol] / significant digit
wettbewerbsfähiges Preis/ Leistungsverhältnis [Dist] / competitive price/performance ratio
WEZ (s. Wahlendezeichen)
WHY (s. Erläutern eines Fehlermeldungskennzeichens)
Wickel *m* [PT, TP] / roll of tape, paper tape coil || ≗**einrichtung** *f* [PT] / spooler
Wickelmotor *m* [PT] / rewind motor || ≗ (Magnetband) [TP] / reel motor
Wickel·richtung *f* [Hw, TP] / winding direction || ≗**teller** *m* (am Schneidetisch usw.) [IO, Rep] / flange
Wickelverbindung *f* [Co] / wirewrap connection || [M] / wrapped joint
Wickelzuschlag *m* [Serv, Sc] / wrap allowance
Wicklung *f* [M] / winding
Wicklungsschaltung *f* [ES] / winding circuit
Widerstand *m* (Eigenschaft) [Th] / resistance || ≗ (Bauelement) [Co] / resistor || **Bereich des negativen** ≗**es** [Sc] / negative resistance region || **differentieller** ≗ [Sc] / differential resistance, incremental resistance || **hochohmiger** ≗ [Co] / high-value resistor || **regelbarer** ≗ [Co] / rheostat || **spezifischer** ≗ [Th, Sc] / resistivity || **spezifischer** ≗ **des Kollektors** [Sc] / collector resistivity
Widerstands·bahnbreite *f* [Co, Sc] / resistive line width || ≗**belastung** *f* [Th] / resistive load || ≗**fernsender** *m* [PCC] / resistance transmitter || ≗**heizung** *f* (Dünnfilm) [Sc] / resistance heater || ≗**restspannung** *f* [Sc] / zero-field resistive residual voltage || **mäanderförmiger** ≗**streifen** [Sc] / resistor meander stripe || ≗**thermometer** *m* [PCC] / resistance thermometer || **ohmscher** ≗**wert** [Tr] / ohmic resistance
Wiederanlauf *m* [Mp, Sw] / restart, program restart || **Bedienung bei** ≗ [OS] / restart procedure || **verzögerter** ≗ [Dp] / deferred restart || ≗**einrichtung** *f* [Sw] / restart facility
wiederanlaufen lassen [Dp, Sw] / restart
Wiederanlauf·fähigkeit *f* [Sw] / restart capability || ≗**kennzeichen** *n* [Sw] / restart criterion, checkpoint ID || ≗**parameter** *m* [Sw] / restart parameter || ≗**programm** *n* [Sw, ES] / restart program || ≗**punkt** *m* [Sw] / restart point || ≗**routine** *f* [Sw, ES] / restart routine || ≗**verfahren** *n* [OS] / restart procedure
wiederauffinden *v* [IDS] / retrieve || *n* [IDS] / retrieval
Wiederaufnahmepunkt *m* [Sw] / restart point
Wiederbereitschaftszeit *f* [Sc] / recovery time
wiedereinhängen *v* [Sw] / remount (magnetic tape, etc.)
Wiedergabe *f* [TP] / restitution || ≗**maßstab** *m* [Fax] / reproduction ratio || ≗**verzögerung** *f* [TP] / restitution delay || ≗**vorgang** *m* [TP] / restitution
wiedergewinnen *v* [IDS] / retrieve
Wiedergewinnung *f* [IDS] / retrieval
Wiedergewinnungsadresse *f* [IDS] / retrieval address
wiederherstellen, einen Speicherinhalt ~ [Sw] / to reload a memory area
Wiederherstellung *f* (DIN 44302, Apr. 1979) [Tr] / recovery procedure
Wiederholangabe *f* [Algol] / replicator || [Fortran] / repeat specification || [Cobol] / times option || [PL/1] / repeat option
Wiederholbarkeit (s. Repetierbarkeit) || ≗ (s. Reproduzierbarkeit)
Wiederholbefehl *m* [Sw] / repetition

instruction
wiederholen *v* [Dp] / rerun || [Sw] / retry, repeat || ≗ **einer fehlerhaften Ein-Ausgabeoperation (TRY)** [OS, Aufruf] / Retry I/O operation (TRY)
Wiederhol·faktor *m* [PL/1] / repetition factor || ≗**folge** *f* [Tr] / repetition rate || ≗**genauigkeit** *f* [NC] / repeat accuracy || ≗**häufigkeit** *f* [NC] / repetitiveness || ≗**programm** *n* [Sw] / rerun routine, rollback routine || ≗**puffer** *m* [MCS, VDT] / refresh buffer (of CRT, etc.) || ≗**speicher** *m* [MCS, VDT] / refresh memory, refresh storage
wiederholt·e Aufforderung [RDp] / repeated inquiry || **~es Lesen** [Sw] / repetitive reading
Wiederholung *f* [Dp] / rerun || [Sw] / retry, repetition || **Fehlererkennungssystem mit** ≗ [DS, Tr] / error-detecting and feedback system, decision feedback system, request repeat system, ARQ system
Wiederholungs·adressierung *f* [Sw] / repetitive addressing || **automatische** ≗**anforderung** [VDT, ES, Tr] / automatic request for repeat (ARQ) || ≗**befehl** *m* [Sw] / repetition instruction || ≗**faktor** *m* [Sw] / iteration factor, repetition factor, duplication factor || ≗**fehler** *m* [Dp, Sw] / repetitive error || ≗**frequenz** *f* [Tr] / repetition rate || ≗**klausel** *f* [Cobol] / occurs clause || ≗**lauf** *m* [Dp] / rerun || ≗**locher** *m* [PC, NC] / duplicating punch, duplicating card punch, automatic reproducing punch || ≗**programm** *n* [Sw] / rerun routine, rollback routine || ≗**routine** (s. Wiederholungsprogramm) || ≗**versuch** *m* [Sw] / rollback attempt || ≗**zähler** *m* [Hw, Sw] / rollback counter, repetition counter
Wiederhol·verstärker *m* [PE] / refresh amplifier || ≗**zahl** *f* [Fortran] / repeat count || ≗**zeitzähler** *m* [ES] / repeat time counter
wiederprogrammierbares PROM [Mp] / REPROM (REprogrammable PROM), reprogrammable ROM (RPROM)
Wiederstartbaugruppe *f* [Hw] / restart module
Williams·-Röhrenspeicher *m* [M] / Williams tube storage, Williams tube || ≗**-Speicherröhre** *f* [M] / Williams tube storage, Williams tube
willkürlich wählen [Sw] / to select at random
Winkel, spitzer ≗ [Th, GrDp] / acute angle || **stumpfer** ≗ [Th] / obtuse angle || **toter** ≗ [Fax] / clip position, dead sector || ≗**beschleunigung** *f* [Th, PCC] / angular acceleration || ≗**bewegung** *f* [Th] / angular motion || ≗**element** *n* (Formatzeichen) [HSP] / corner element || ≗**frequenz** *f* [Th] / angular frequency || ≗**funktion** *f* [Th] / angular function, trigonometric function || ≗**geschwindigkeit** *f* [Th, PCC] / angular velocity || ≗**modulation** *f* [Th, Tr] / angle modulation || ≗**schraubenzieher** *m* [Serv] / angular offset screwdriver
Wippenschalter *m* [Hw] / rocker switch
Wire-wrap·-Technik *f* [Serv, Co] / wirewrap method || ≗**-Verbindung** *f* [Co] / wirewrap connection
wirklich·e Adresse [Sw] / absolute address, specific address, actual address || **~e Adresse** [VS] / real address (contrasted with "virtual address")
Wirkungsgrad des Gleichrichters [Sc] / efficiency of rectification || ≗**messer** *m* [ES] / efficiency meter
wischfest *adj* [Hw] / smudgeproof, nonsmudge
Wort *n* [PL/1] / word || ≗ **fester Länge** [Sw] / fixed-length word || ≗**e pro Minute** [TP] / words per minute || **alphabetisches** ≗ [Sw] / alphabetic word || **alphanumerisches** ≗ [Sw] / alphameric word, alphanumeric word || **numerisches** ≗ [Sw] / numeric word, numerical word || **reserviertes** ≗ [Cobol] / reserved word || ≗**adresse** *f* [Th] / word address || ≗**artangabe** *f* [MAT] / part-of-speech label
Wortausgabe·puffersteuerung (WAPS) *f* [ES] / word output buffer control || ≗**register (WAR)** *n* [ES] / word output register
Wort·ausrichtung *f* [Sw] / word alignment || ≗**auswahlregister** *n* [CU] / word-select register || ≗**bearbeitungszeit** (s. Wortzeit) || ≗**begrenzungszeichen** *n* [Sw] / word separator character
wortbezogene Ausführung eines Befehls [OS] / word-oriented execution of a command
Wort·bit *n* [ES] / word bit || ≗**dauer** (s. Wortzeit) || ≗**ebene** *f* [M] / word plane
Worteingabe·bewerter *m* [ES] / word input decoder || ≗**register** *n* [ES] / word input register
Wortendezeichen *n* [Sw] / end-of-word mark
Wörterbuch *n* [MAT] / dictionary || **automatisches** ≗ [MAT] / automatic

dictionary || **elektronisches ⁓** [MAT] / electronic dictionary || **im ⁓ blättern** [MAT] / to leaf through the dictionary, to page through the dictionary || **maschinelles ⁓** [MAT] / computerized dictionary
Wörterbucheintrag *m* [MAT] / dictionary entry || **einen ⁓ umstülpen** [MAT] / to turn dictionary equivalents around (i.e., to interchange source language and target language)
Wortgrenze *f* [Sw] / word boundary || **auf ⁓ ausgerichtet** [Sw] / word-aligned, located at word boundary
Wortkonstante *f* [Sw] / word constant, fullword constant || **positive ⁓** [Sw] / fullword positive constant
Wortlänge *f* [Mp, Sw] / word length, machine word length, word size || **Arbeiten mit doppelter ⁓** [Sw] / double-precision working, double-length working || **Arbeiten mit mehrfacher ⁓** [Sw] / multiple-precision working, multiple-length working || **feste ⁓** [Sw] / fixed word length || **mehrfache ⁓** (Genauigkeit) [Sw, OS] / multiple precision || **Rechnen mit mehrfacher ⁓** [Th] / multiple-length arithmetic || **Rechner mit fester ⁓** [RDp] / fixed word-length computer, fixed-length computer || **Rechner mit variabler ⁓** [Dp] / variable-length computer, variable word-length computer || **Register doppelter ⁓** [M] / double-length register, double register || **Register dreifacher ⁓** [CU] / triple-length register, triple register || **Register vierfacher ⁓** [ALU] / quadruple-length register, quadruple register || **variable ⁓** [Sw] / variable word length || **Zahl doppelter ⁓** [Th, Sw] / double-length number, double-precision number
Wort·leitung *f* [ES] / word line || **⁓leitungstest** *m* [ES] / word line test
Wortmarke *f* [CP, Sw] / word mark, word marker || **begrenzende ⁓** [Sw] / defining word mark
Wort·maschine *f* [Hw] / word-oriented computer, word-oriented machine || **⁓multiplexbetrieb** *m* [ES] / word multiplexing (= catchup operation) || **⁓nummer** *f* [Sw] / word number
wortorganisiert *adj* [PCC] / word-organized || **~er Speicher** (DIN 44300, März 1972) [M] / word-organized storage, word-structured storage
wortorientiert *adj* [Sw] / word-oriented
Wortstruktur *f* [Sw] / word structure || **Speicher mit ⁓** [M] / word-organized storage, word-structured storage
Wort·symbol *n* [Algol] / word delimiter || **⁓taktzeit** *f* [Dp] / word time, word period || **⁓teil** *m* [ES] / word section || **⁓teilungsalgorithmus** *m* [Typ, TES, Sw] / hyphenation algorithm
Worttrenner *m* [Sw] / space between words || **der Befehl ist ein ⁓** [Sw] / the instruction serves as normal spacing between words
Worttrennzeichen *n* [Sw] / word separator character
wortweis·e Distanz [ES] / word-oriented displacement || **~e parallelarbeitend** [PCC] / word-organized
Wort·zählung *f* [Sw] / word count || **⁓zeit** *f* [Dp] / word time, word period || **⁓zwischenraum** *m* [Sw] / space between words
WR (s. Wagenrücklauf)
Wrap·stift *m* [Serv, Sc] / wrap pin || **⁓-Verdrahtung** *f* [Co] / wirewrap connection
WR/ZL (s. Wagenrücklauf/Zeilenvorschub)
WT (s. Wechselstromtelegrafie) || **⁓-Gestell** *n* [RDp, Tr] / VFT cabinet || **⁓-Kanal** *m* [RDp, Tr] / VFT channel || **⁓-Sender** *m* [RDp, Tr] / VFT transmitter || **⁓-Übertragung** *f* [RDp, Tr] / VFT transmission circuit
Wurzel·rechnung *f* [Th] / evolution || **⁓segment** *n* [Th] / root segment, root load || **⁓zeichen** *n* [Th] / radical sign || **⁓ziehen** *n* [Th] / evolution
WZV (s. Werkstatt-Zeichnungsverwaltung)

X

X-Achse *f* [Th] / abscissa axis, X-axis
xerografischer Drucker [HSP] / xerographic printer
X-Erregung *f* [PC] / X pickup
X-Koordinate *f* [Th] / abscissa, X-coordinate
X-Lochung *f* (11er-Lochung) [PC] / eleven punch, X punch
X-Sprung *m* [PC] / X skip
X-Steuerbürste *f* [PC] / X-control brush
XTENT (s. Festlegen von Bereichsgrenzen)

Y

Y-Achse *f* [Th] / ordinate axis, Y-axis
Y-Kanten-Zuführung *f* [PC] / Y-edge leading
Y-Koordinate *f* [Th] / ordinate, Y-coordinate
Y-Lochung *f* (12er-Lochung) [PC] / twelve punch, Y punch
Y-Parameter *m* (bezogener Leitwert) [Sc] / admittance coefficient

Z

Z-ADD (s. Löschen und Addieren)
Zahl *f* [Algol] / number ‖ [PL/1] / number ‖ **≗ doppelter Genauigkeit** [Th, Sw] / double-length number, double-precision number ‖ **≗ doppelter Länge** [Th, Sw] / double-length number, double-precision number ‖ **≗ doppelter Wortlänge** [Th, Sw] / double-length number, double-precision number ‖ **doppelt lange ≗** [Th, Sw] / double-length number, double-precision number ‖ **Format für natürliche ≗en** [Algol] / unsigned integer format ‖ **positive ganze ≗** [Th] / positive integer ‖ **rationale ≗** [Th] / rational number ‖ **reelle ≗** [Th] / real number ‖ **reine ≗** [Th] / abstract number ‖ **unbenannte ≗** [Th] / abstract number ‖ **ungerade ≗** [Th] / odd number ‖ **vieldeutige ≗** [Th] / polyvalent number ‖ **vorzeichenlose ≗** [Algol] / unsigned number ‖ **vorzeichenlose ganze ≗** [Algol] / unsigned integer ‖ **zusammengesetzte ≗** [Th] / composite number
zählabhängiges Stanzen [PC] / count-controlled punching
Zähl·angabe *f* [Cobol] / tallying option ‖ **≗baustein** *m* [PCC] / counter module ‖ **≗bereich** *m* [HSP] / counting area ‖ **≗bit** *n* [Th] / counter bit ‖ **≗byte** *n* [Sw] / count byte ‖ **≗eingabe** *f* [PCC] / counter input ‖ **≗einheit** *m* (Wecker) [ES] / timing interval ‖ **≗einrichtung am Kartenmischer** [PC] / collator counting device
Zahlen-... [PL/1] / numeric...
Zahlenauswahl *f* [OCR] / number selection ‖ **Einfach/Mehrfach-≗** *f* [OCR] / single/multiple number selection feature ‖ **Einfach-≗einrichtung** *f* [OCR] / single number selection feature
Zahlenbereich, binärer ≗ [Th] / binary scale, scale-of-two range ‖ **eindeutig darstellbarer ≗** [PCC] / range of unambiguous numbers ‖ **zugelassener ≗** [PCC] / allowed number range
Zahlen·bereichsänderung (s. Normierung) ‖ **≗code** *m* [Th] / numeric code, numeric data code
zählendes Adressenregister [CU] / counting address register
Zahlendarstellung *f* [Th] / number notation, number representation ‖ **≗ mit fester Basis** [Th] / fixed-base notation, fixed-base representation ‖ **≗ mit gemischter Basis** [Th] / mixed-base notation, mixed-radix notation ‖ **≗ mit wechselnder Basis** [Th] / mixed-base notation, mixed-radix notation ‖ **Basis der ≗** (DIN 44300, März 1972) [Th] / radix of the number representation, base of the number representation ‖ **binäre ≗** [Th] / binary notation ‖ **dezimale ≗** [Th] / decimal notation
Zahlen·darstellungsbasis *f* [PL/1] / radix factor, base ‖ **≗drucker** *m* [HSP] / digital printer ‖ **≗einsteuerung** *f* [PC] / digit insert ‖ **≗filter** *m* [PC] / digit filter (i.e., a device used on punched card equipment to detect the presence of a particular designation punch in a specified card column) ‖ **≗format** *n* [Algol] / number format ‖ **≗komplement** *n* [Th] / complement ‖ **≗lochung** *f* [PC] / numeric punching ‖ **≗modus** *m* [PL/1] / mode ‖ **≗ring** *m* (zur anschaulichen Darstellung der Komplementbildung von Festpunktzahlen im Dualsystem). [Th] / number ring ‖ **≗selektor** (s. Zahlenverteiler)
Zahlensteller *m* [PCC] / figure adjuster ‖ **≗gruppe** *f* [Th, Meas] / thumbwheel group
Zahlen·strahl *m* (zur anschaulichen Darstellung der Komplementbildung von Festpunktzahlen im Dualsystem) [Th] / number scale ‖ **≗symbol** (s. numerisches Zeichen)
Zahlensystem *n* [Th, NC] / number system ‖ **≗ mit gebrochener Basis** [Th] / fractional number system ‖ **binär codiertes ≗** [Th] / binary-coded number system
Zahlen·verteiler *m* [PC] / digit selector (i.e., a device which separates a card column into individual pulses

corresponding to punched row positions) || ~**wähler** (s. Zahlenverteiler)
Zähler *m* [Cobol] / counter || [Cobol] / tally || ~ (eines Bruches) [Th] / numerator || ~ (s. Zählwerk) || **bidirektionaler** ~ [Meas] / bidirectional counter, forward/ backward counter || **direkt saldierender** ~ [PC] / net balance counter || **RWO-**~ *m* [OCR] / right-wrong-omits counter || **saldierender** ~ [PC, Off] / balance counter || **umkehrbarer** ~ [Hw] / reversible counter || **voreinstellbarer** ~ [Hw, NC] / preset counter || ~**ablochung** *f* [PC] / counter punch exit || ~**antrieb** *m* [Hw] / counter drive
Zählerausgang *m* [Hw] / counter exit || ~ **für Postenschreibung** [PC] / counter list exit
Zähler·bewegungstabelle *f* [Th, Sw] / counter chart || ~**bit** *n* [Th] / counter bit
Zählereingang *m* [Hw] / counter entry || ~ **für Postenschreibung** [PC] / counter list entry
Zähler·fortschaltung *f* [Hw] / counter advance || ~**freigabe** *f* [OS] / counter enable
Zählergruppe-Selektor-Ausgang *m* [PC] / counter group selector exit || ~**-Eingang** *m* [PC] / counter group selector entry
Zähler·kapazität *f* [Hw] / counter capacity || ~**löschung** *f* [Hw, Sw, NC] / counter reset || ~**rad** *n* [Hw] / counter wheel || ~**rückstellung** *f* [Hw, Sw, NC] / counter reset || ~**saldo** *m* [Hw, PC] / counter balance || ~**schaltuhr** *f* [NC] / time switch || ~**stand** *m* [Hw, Sw, ES] / counter reading || ~**stelle** *f* [Hw, NC] / counter position || ~**steuerung** *f* [Hw] / counter control || ~**summenausgang** *m* [PC] / counter totals exit || ~**tabelle** *f* [Th, Sw] / counter chart || ~**voreinstellung** *f* [Hw, Sw] / counter preset || ~**welle** *f* [Hw] / counter shaft
Zähl·feld *n* [NC] / counter field || ~**-Flipflop** *n* [Cir] / RST flip-flop || ~**funktion** *f* [HSP] / counting function || ~**geschwindigkeit** *f* [ES] / counting rate
Zählimpuls *m* [ES] / meter pulse, metering pulse || ~**geber (ZIG)** *m* [ES] / metering pulse selector || ~**übermittlung** *f* [ES] / meter pulse transmission
Zähl·kette *f* [ES] / counting chain, counting decade || ~**operation** *f* [Sw, ES] / counting operation
Zählpfeil *m* [Sc, Fl] / arrow || ~**schaft** *m* [Sc] / arrow tail || ~**spitze** *f* [Sc] / arrow head
Zähl·rate *f* [ES] / counting rate || ~**register** *n* [ALU, ES] / counter register
Zählrichtung von Spannungen [Sc] / voltage direction || ~ **von Strömen** [Sc] / current direction
Zähl·schaltung *f* [Cir, Meas] / counting circuit || ~**takt** *m* [ES] / counting pulse, counter pulse || ~**taktgeber** *m* [ES] / metering pulse generator || ~**teil** *m* (Kanalbefehl) [ES] / byte count portion
Zählung *f* [Sw, NC] / count || ~ **der Schleifendurchläufe** [Sw] / cycle count || **fortlaufende** ~ [Sw] / serial count
Zählvorgang *m* [Sw, ES] / counting operation
Zählwerk *n* [Hw, Sw] / counter || **mechanisches** ~ [Hw] / mechanical counter
Zähl·wert *m* [HSP] / count value || ~**zeichen** *n* [ES] / meter signal
Zahn·flachriemengetriebe *n* [TP] / toothed belt drive || ~**kranz** *m* (Formulartrommel) [HSP] / rim gear || ~**riemen** *m* [TP] / toothed belt
ZAL (s. Zyklusanforderungsauswahllogik)
ZAS (s. Zyklusauswahlsteuerung)
ZE (s. Zentraleinheit)
ZEDAGEB (s. Zeit-Datum-Geber mit Auftragsliste)
Zehner·anforderung *f* [ES] / tens request || ~**block** *m* [Tr] / integrated numeric key block, numeric key block || ~**gruppe** *f* [Th] / decade || ~**komplement** *n* [Th] / complement on ten, ten's complement
Zehner-Logarithmus-Funktion *f* [PL/1] / log10 (builtin) function
Zehner·potenzschreibweise *f* [OS] / decimal power mode || ~**tastatur** *f* [ES] / numeric key pad, numeric keyboard (e.g., MF key pad according to international standard CCITT Q23) || ~**tastenfeld** *n* [ES] / 10-key numeric cluster || ~**übertrag** *m* [Th] / decimal carry
Zehnfinger-Maschinenschreibkraft *f* [TES] / touch typist
Zeichen *n* [Algol] / character || [Fortran] / character || [Cobol] / character || [PL/1] / character || [HSP, Th, OCR] / character (i.e., a letter of the alphabet, or a figure, or a punctuation symbol) || [Dp, OCR] / sign (i.e., an alphanumeric character, regardless of its size or graphic characteristics, as opposed to "graphic") || ~ (unter Berücksichtigung

des grafischen Bildes) [Typ, TES] / graphic (e.g., an eight-point Times Roman lower-case letter) || ≗ (d.h., auf Markierungsbelegen bzw. Strichkarten angebrachte Markierungen, in der Regel Striche, zur Darstellung von Informationen) [Dp] / mark || ≗ **für Datenübertragungsumschaltung** [Tr] / data link escape character || ≗ **für Klingelzeichen** [Dp] / bell character (BEL) || ≗ **für positive Rückmeldung** [RDp] / acknowledge character || ≗ **mit Vorschub** [TP, ES] / character with feed action || ≗ **ohne Vorschub** [TP] / nonfeeding character || ≗ **pro Sekunde** [PT] / characters/sec (cps) || **abdruckbares** ≗ [IO, HSP, TP] / printable character, printer character || **alphabetisches** ≗ [Typ] / alphabetic character, letter || **alphanumerisches** ≗ [Th] / alphameric character, alphanumeric character || **binär codiertes** ≗ [Th] / binary-coded character || **druckbares** ≗ [IO, HSP, TP] / printable character, printer character || **fehlerhaftes** ≗ [ES] / errored signal, faulty signal || **mit** ≗ **auffüllen** [Dp] / character-fill || **nicht abdruckbares** ≗ [HSP, TP] / nonprinting character || **nicht zur Sprache gehörendes** ≗ [PL/1] / extralingual character || **nichtnumerisches** ≗ [Sw] / nonnumeric character || **niedrigstwertiges** ≗ [Th] / least significant character || **numerisches** ≗ [Th, HSP, Sw] / numeral, numeric character (i.e., in decimal notation one of the characters 0 to 9) || **redundantes** ≗ [DS, Th, Tr] / redundant character || **selbstprüfendes** ≗ [DS, Th, Tr] / redundant character || **unzulässiges** ≗ [DS, OCR, Th, Tr] / illegal character, invalid character || **verbotenes** ≗ [DS, OCR, Th, Tr] / illegal character, invalid character || **verstümmeltes** ≗ [Th, Tr] / mutilated character || **zulässiges** ≗ [OCR, Tr] / admissible character || **zwischengespeichertes** ≗ [RDp, Tr] / buffered character

Zeichenabfühlung *f* [Dp] / mark sensing (i.e., for marks made with an electrographic pencil containing conductive ink) || ≗ (allgemein) [Dp] / mark detection || **durch** ≗ **lesen** [Dp] / mark-sense

Zeichenabrufbetrieb *m* [TP, ES] / character call forward operation, character callin operation

Zeichenabstand *m* [HSP, TES, OCR] / character spacing || ≗ (s. Zeichenmittenabstand) || ≗ (s. Schritteilung) || **Bezugslinie für den** ≗ [M, OCR] / character spacing reference line || **horizontaler** ≗ [HSP] / horizontal spacing || **zeitlicher** ≗ [ES] / character interval timing

Zeichenabtast·feld *n* [OCR] / character sensing field || ≗**streifen** *m* [OCR] / character sensing strip

Zeichenabtastung *f* [OCR, MICR] / character reading, character sensing, character scanning || **elektronische** ≗ [OCR] / electronic character sensing

Zeichenachse, vertikale ≗ [OCR] / character centerline

Zeichen·anforderung *f* [ES] / character request || ≗**anforderungszustand** *m* [ES] / character request status || ≗**anordnung** *f* [HSP, OCR] / character arrangement || ≗**aufbereitungssteuerung** *f* [HSP] / character edit control || ≗**ausgang** *m* [ES] / character exit || ≗**ausrichtung** *f* [HSP, OCR] / character alignment || ≗**auswahl** *f* [Tr] / selection || ≗**auswertung** *f* [ES] / signal evaluation || ≗**begrenzung** *f* [M, OCR] / character boundary || ≗**behandlungseinheit** *f* [ES] / character handling unit || ≗**bild** *n* [IO] / character image (i.e., the representation of a character created by a typewriter, computer printer, or typesetter of an alphanumeric symbol) || ≗**-Bildschirmeinheit** *f* [PCC] / character display unit, alphanumeric display unit || ≗**bildspeicher** *m* (Matrixspeicher) [HSP] / matrix memory (MXM) || ≗**breite** *f* [HSP] / character width || ≗**code** *m* [Th] / character code || ~**codiert** *adj* [Th, PCC, Tr] / character-coded || ≗**codierung** *f* [Th, PCC, Tr] / character coding || ≗**darstellung** *f* [Cobol] / character representation

Zeichendauer *f* [CU] / digit period, digit time || **Verzögerungsglied für eine** ≗ [Cir] / digit delay element

Zeichendichte *f* [PE] / character density (i.e., the number of characters that can be stored per unit of length) || [HSP, TP] / print density

Zeichendirektwert *m* [ES] / character self-defining term

Zeichendrucker *m* [HSP] / character-at-a-time printer, character printer || **schneller** ≗ [HSP] / serial printer

Zeichen·durchgriff *m* [ES] / preponderance of one signal in case of coincidence of signals || ≗**durchsatz** *m*

[Tr] / character throughput || **≗durchschaltung** *f* [ES] / character coupling || **≗element** *n* (Formatzeichen) [HSP] / format character || **≗empfang** *m* [ES] / character reception || **≗entzerrung** *f* [ES] / signal equalizing

Zeichenerkennung *f* [OCR, MICR] / character recognition || **ausgleichende ≗** [OCR] / compensated character recognition || **Magnetschrift-≗** *f* / magnetic ink character recognition (MICR) || **optische ≗ (OCR)** (DIN 66226E, Aug. 1977) / optical character recognition (OCR)

Zeichenerkennungslogik *f* [OCR, MICR] / character recognition logic

Zeichenfehler-Funktion *f* [PL/1] / onchar (builtin) function || **≗häufigkeit** *f* [RDp, Tr] / character error rate || **≗-Pseudovariable** *f* [PL/1] / onchar pseudo-variable || **≗rate** *f* [RDp, Tr] / character error rate

Zeichenflexibilität *f* [HSP] / character flexibility

Zeichenfolge *f* [Algol] / string || [Cobol] / string || [PL/1] / character string, string || **eigentliche ≗** [Algol] / proper string || **geänderte ≗** [RPG] / alternate collating sequence || **gleitende ≗** [Sw] / floating string || **Typ der ≗** [PL/1] / string type || **≗-Klammern** *f pl* [Algol] / string quotes (")

Zeichenfolgen-... [PL/1] / string pseudo-variable || **≗-Funktion** *f* [PL/1] / string (builtin) function || **~überlagernd** *adj* [PL/1] / string overlay defined

Zeichenfolgeverarbeitung *f* [ES] / character string processing

Zeichenform *f* [HSP, TP, OCR] / character shape || **≗format** *n* [Algol] / alpha format || **≗formspeicher** *m* [HSP] / matrix memory (MXM) || **≗freigabe** *f* [ES] / character release || **≗-Funktion** *f* [PL/1] / character (builtin) function || **~gebunden** *adj* [Tr] / character-oriented (transmission, etc.) || **≗genauigkeit** *f* [HSP] / character accuracy

Zeichengenerator *m* [GrDp] / pattern generator || [Mp, VDT] / character generator || **Laserstrahl-≗** *m* [HSP] / laser-beam character generator

Zeichengenerierung *f* [HSP] / character generation || **automatische ≗** [OCR] / automatic character generation

Zeichengerät (s. Digitalplotter) || **≗geschwindigkeit** *f* (in mm/s, cm/s oder m/s) [GrDp] / plotting speed || **≗grenze** *f* [M, OCR] / character boundary || **≗größe** *f* [HSP] / character size || **≗grundlinie** *f* [HSP] / character base line (CBL) || **≗höhe** *f* [HSP] / character height || **≗kombination** *f* [Th, NC] / signal combination || **≗konstante** *f* [Sw] / character constant || **≗kontur** *f* [Th, OCR] / character outline

Zeichenkonzentrator *m* [MT] / pack/unpack facility || **mit ≗** [Sw] / in the pack/unpack mode

Zeichenlage *f* [ES] / signal position || [HSP] / character position

Zeichenlänge *f* [RDp, Tr] / character length || **≗lesefeld** *n* [OCR] / character sensing field

Zeichenleser *m* [OCR, MICR] / character reader || **≗** (Gerät zum Umwandeln von in Strichkarten angebrachten Markierungen in Signale zum Lochen in derselben Karte; cf. „Markierungsleser für Strichkarten") [IO] / mark sensing (and punching) device

Zeichenlesestreifen *m* [OCR] / character sensing strip || **≗locher** *m* (speziell für das Abtasten und Lochen von Strichkarten eingerichteter Lochkartendoppler) [IO] / mark sensing reproducer, mark sensing and punching device || **≗lochkarte** *f* [IO, PC] / mark sense card (carrying marks made with some conductive material to be sensed electrically)

Zeichenlochung *f* (Übertragen der eingestrichenen Markierungen in Lochungen) [IO, PC] / mark-sense punching || **Lochkartendoppler mit ≗** [IO] / mark sensing reproducer, mark sensing and punching device

Zeichenlücke (Magnetband) (s. Zeichenzwischenraum) || **≗maschine** *f* [Dp] / character-oriented computer, character-oriented machine || **≗matrix** *f* [HSP] / character matrix || **≗menge** *f* [HSP, Typ] / character set (collection of characters available in an array for a given font or type style at a given time) || **≗mittellinie** *f* [HSP] / character reference line (CRL) || **≗mittenabstand** *m* [HSP, TES, OCR] / character pitch || **≗neigung** *f* [IO, OCR] / character skew || **≗normierung** *f* [HSP, Typ] / font standardization || **≗nummer** *f* [HSP] / character number || **≗paarung** *f* [RDp, Tr] / pairing of (two) characters || **≗papier mit Maßeinteilung** [GrDp] / graph paper || **Baustein für ≗-Parallelausgabe** [PCC] / module for parallel output of characters, parallel character output module || **Baustein für ∸-Paralleleingabe** [PCC] / module for parallel input of characters, parallel character input module || **∸parität** *f* [Tr] / vertical parity

Zeichenparitäts·erzeugung *f* [DS] / vertical parity generation || **∸fehler** *m* [Tr] / vertical parity error || **∸prüfung** (s. Querparitätsprüfung) || **∸sicherung** *f* [Tr] / vertical parity protection

Zeichen·paritykontrolle (s. Querparitätsprüfung) || **∸puffer** *m* [OCR] / character buffer || **∸puffersteuerung** *f* [ES] / character buffer control

Zeichenrahmen *m* [Tr] / character frame || ∸ (innerhalb einer Zelle) [HSP] / character box, character frame || **~gebunden** *adj* [ES] / envelope-structured

Zeichen·register *n* [Th] / character register || **∸reihenformat** *n* [Algol] / string format || **∸satz** (s. Zeichenvorrat) || **∸schablone** *f* [Sw] / flowcharting template || **∸schräglauf** *m* [IO, OCR] / character skew

Zeichenschritt *m* [Th, TP] / code element || [Tr] / signal element, unit signal element

zeichen·seriell *adj* [RDp, ES, Tr] / character-serial, serial by character || **Baustein für ∸-Serienausgabe** [PCC] / character-serial output module || **Baustein für ∸-Serieneingabe** [PCC] / character-serial input module || **∸sicherung** *f* [ES] / error control

Zeichenspeicher *m* [RDp] / keyboard buffer || [HSP] / matrix memory (MXM) || **∸erweiterung** *f* [HSP] / matrix memory expansion feature || **∸zusatz** *m* [HSP] / matrix memory expansion feature

Zeichen·stift-Plotter *m* [GrDp] / pen plotter || **∸strich** *m* [OCR] / character stroke || **∸stromausfall** *m* [TP] / fade || **∸synchronisierung** *f* [Tr] / character synchronization || **∸synchronismus** *m* [Tr] / character synchronism || **∸system** *n* [GrDp] / plotting system, graphic system

Zeichentakt *m* [ES] / character timing || **∸empfang (ZTE)** *m* [ES] / "character timing for reception" signal || **∸scheibe** *f* [HSP] / character strobe disk || **∸steuerung (ZTSTE)** *f* [ES] / character timing control

Zeichenteilfolgen·-Funktion *f* [PL/1] / substr (builtin) function || **∸-Pseudovariable** *f* [PL/1] / substr pseudo-variable

Zeichen·teilmenge *f* [VDT, HSP, Typ] / character subset || **∸teilung** (s. Schritteilung) || **∸teilvorrat** *m* [VDT, HSP, Typ] / character subset || **∸tisch** *m* (flacharbeitendes Zeichengerät) [GrDp] / plotting board, plotting table || **∸träger** *m* [Dp, Th] / signal

Zeichentransfer *m* [ES] / character transfer || **∸befehl** *m* [ES] / character transfer instruction

Zeichen·übertragungsbaustein *m* [PCC] / character transmission device || **∸umcodierung** *f* [Th, Tr] / character code translation || **∸umsetzer** *m* [MT] / character translator, character translate feature

Zeichenumsetzfunktion *f* [RDp, Tr] / character conversion task || [PL/1] / translate (builtin) function

Zeichen·umsetzung *f* [RDp, Tr] / character conversion || **∸unterbrechung** *f* [TP] / split || **∸unterdrückung** *f* [ES] / signal suppression || **∸verdichtung** *f* [Sw] / digit compression || **∸versatz** *m* [HSP, OCR] / character alignment || **∸verschiebung** *f* [HSP] / character adjustment, character shift || **~verschlüsselt** *adj* [Th, PCC, Tr] / character-coded || **∸verschlüsselung** *f* [Th, PCC, Tr] / character coding || **∸verzerrung** *f* [TP] / telegraph distortion

Zeichenvorrat *m* [Fortran] / character set || [Cobol] / character set || [PL/1] / character set || ∸ (DIN 44300, März 1972) [HSP, Typ] / character set (collection of characters available in an array for a given font or type style at a given time) || **∸ der Sprache** [PL/1] / language character set || **alphanumerischer ∸** [HSP] / alphameric character set, alphanumeric character set || **Schnelldrucker mit großem ∸** [HSP] / upper/lower case printer || **Terminal mit einfachem ∸** [VDT] / video display unit with a limited character set (upper case letters only) || **Terminal mit großem ∸** [VDT] / video display unit with upper and lower case letters and diacritics

Zeichenvorratsspeicher *m* [HSP] / matrix memory (MXM) || **∸-Erweiterung** *f* [HSP] / matrix memory expansion feature

Zeichenvorratsuntermenge *f* [VDT, HSP, Typ] / character subset

Zeichenwechsel *m* [PT, TES] / case shift (upper case/lower case)

zeichenweis·e *adj* [Th] / character by character, one character at a time || **~e arbeitend** [Mp] / character-oriented ||

~e asynchrone Eingabe von Daten [RDp, Tr] / character-by-character asynchronous input of data || ~es Ausdrucken [Sw] / printing in character mode || ~er Betrieb [ES] / character-by-character mode || ~e bitparallele Übertragung [Tr] / bit-parallel character-serial transmission || ~e Korrektur [RDp, Tr] / character correction

Zeichen·zahl *f* [HSP] / number of characters || ≗zählung *f* [Sw] / character count || ≗zeit *f* [GrDp] / plotting time || ≗zentrierung *f* [OCR] / centering of characters, character centering, image centering || ≗zuordnungstabelle *f* [Sw] / character assignment table || ≗zwischenraum *m* (Magnetband) [TP] / character gap

Zeichnen, punktförmiges ≗ [GrDp] / point plotting

Zeichnungsverwaltung, Werkstatt-≗ (WZV) *f* [Org] / workshop drawing administration office

Zeiger *m* [PL/1] / pointer || [Mp] / pointer

zeigerbezogen *adj* [PL/1] / based || ~er Speichertyp [PL/1] / based storage

Zeiger-Funktion *f* [PL/1] / pointer (builtin) function || ~gesteuert *adj* [Mp] / vectored (interrupt structure, etc.) || ≗information *f* (einer PSU usw.) [Mp] / vector information || ≗instrument *n* [Meas] / hand-indicator instrument || ≗setzangabe *f* [PL/1] / pointer set option

Zeile *f* [PC] / card row, row || [Algol] / line || [Fortran] / line || [Cobol] / line || [PL/1] / line || fortgesetzte ≗ [Cobol] / continued line

Zeilen/min [HSP] / lines per minute (lpm)

Zeilenabstand *m* (DIN 66233E, Apr. 1977) [VDT, HSP, Typ] / line spacing || ≗ (Abstand zwischen zwei aufeinander folgenden Schriftlinien, der ein ganzes oder gebrochenes Vielfaches eines Grundzeilenabstandes beträgt) (DIN 9757E, Okt. 1977) [Calc] / line distance || doppelter ≗ [IO, HSP] / double space

Zeilen·adressierung *f* [Sw] / line addressing || ≗anfanggeber *m* [TP] / start-of-line microswitch

Zeilenanfangs·kontakt *m* [TP] / beginning-of-line contact || ≗stellung *f* [TP] / start-of-line position, left-hand margin stop

Zeilenanordnung längs (Formulardia) [COM, Typ] / comic mode || ≗ quer (Formulardia) [COM, Typ] / cine mode

Zeilen·ausdruck *m* [PE] / line printout || ≗auslastung *f* [HSP] / line usage || ≗ausschließprogramm *n* [Typ] / justification program, horizontal justification program

Zeilenausschluß *m* [Typ] / line justification || ≗ ohne Silbentrennung [Typ] / hyphenless justification || ≗angaben *f pl* [Typ] / justification data || ≗programm *n* [Typ] / justification program, horizontal justification program

Zeilenbegrenzung, variable ≗ [PC] / variable-length overflow

Zeilenbinärkartendarstellung *f* [PC] / row-binary representation

Zeilenbreite *f* [HSP] / line length || einen Text auf die gewünschte ≗ ausschließen [Typ] / to justify a text stream until the type fills the measure

Zeilen·dichte *f* [HSP] / vertical line spacing, line spacing || ≗druck *m* [HSP] / line-at-a-time printing, line printing

Zeilendrucker *m* [HSP] / line printer, line-at-a-time printer || ≗markierungsbeleg *m* [OCR] / line printer mark sheet

Zeilen·dualkartendarstellung *f* [PC] / row-binary representation || ≗durchschuß *m* [Typ] / interline lead || feste ≗einstellung [IO] / fixed line posting

Zeilenende *n* [Typ, Sw] / end of line || ≗anzeige *f* [TP] / end-of-line indicator || ≗befehl *m* [Typ] / end-of-line instruction || ≗kontakt *m* [TP] / end-of-line contact || ≗lampe *f* [TP] / end-of-line warning lamp || ≗vorwarnung *f* [TP] / end-of-line warning || ≗warnung *f* [TP] / end-of-line warning || ≗zeichen *n* [Typ] / end-of-line character

Zeilen·erzeugung *f* [HSP] / line generation || ≗getriebe *n* [Hw, TP] / line feed mechanism || ≗höhe *f* [HSP] / line height

Zeilenlänge *f* [HSP] / line length || nutzbare ≗ [HSP] / usable line length

Zeilen·längenangabe *f* [PL/1] / linesize option || ≗lineal *n* [HSP] / forms layout gage

Zeilennummer *f* [HSP] / line number || ≗-Funktion *f* [PL/1] / lineno (builtin) function || ≗klausel *f* [Cobol] / line number clause

Zeilen·position *f* [HSP] / line position || ≗raste *f* [IO, TP, Off] / platen detent || ≗register *n* [HSP] / line register || ≗schräglauf *m* [HSP, Typ] / line skew || ≗schritt *m* (Bewegung des Papiers senkrecht zur Schreibzeile um einen vorher eingestellten Zeilenabstand) (DIN 9757E, Okt. 1977) [Calc] / line feed || **~sollmaß** *n* [Typ] / full measure || **~speicher** *m* [HSP] / vertical format buffer (VFB) || **~sprung** *m* [HSP] / line skip || **~standanzeige** *f* [OCR] / line count || **~standsfehler** *m* [TP] / line alignment error || **~steuerung** *f* [TP] / line feed control || **~teilung** (s. Zeilenabstand) || **~text** *m* [HSP] / text for one line

Zeilentransport *m* [Cobol] / line spacing || ~ (s. Zeilenvorschub) || **~magnet** [Th, TP, Off] / platen feed magnet || **~unterdrückung** *f* [HSP] / space suppression

Zeilen·trennung *f* [HSP] / line separation || **~verschiebung** *f* [HSP] / line adjustment, line shift

Zeilenvorschub *m* [HSP] / line feed || [Fortran] / vertical spacing || [Cobol] / line skipping || ~ (vorwärts/rückwärts) [TES] / indexing (forward/reverse) || ~ **nach dem Druck** [OS] / space after || ~ **vor dem Druck** [OS] / space before || **einzeiliger** ~ [HSP] / single-line feed || **~angabe** *f* [PL/1] / skip option || **~code** *m* [HSP] / line feed code || **~format** *n* [PL/1] / skip format || **~motor** *m* [TP] / line feed motor || **~parameter** *m* [Sw] / spacing parameter || **~zeichen** *n* [HSP, TP] / new-line character (NL character), line feed character

Zeilen·vorspann *m* [TES] / line leader || **automatische ~wahl** [HSP] / selective line printing || **~wechsel** *f* [Typ] / line change

zeilenweise Ordnung [OS] / row-major order

Zeilen·zahl *f* [HSP] / number of lines || **~zähler** *m* [Cobol] / line-counter

Zeit, abgelaufene ~ (z.B. verwendete CPU-Zeit) [Dp] / elapsed time

zeitabhängig *adj* [Tr] / time-dependent || **~e Auslastung** [Dp] / time-dependent workload

Zeitablauf *m* [Sw] / timing

Zeitablaufprüfung *f* [ES] / timeout test || ~ **bei peripheren Geräten** [ES] / peripheral device timeout test

Zeit·abrechnungsdaten *plt* [Sw] / time account data || **~abschaltung** *f* [ES] / timeout || **~abstand** *m* [NC] / time interval || **~anteil** *m* [ES] / time factor || **~aufwendige Routinearbeiten** / time-consuming routine work || **bestimmte ~augenblicke** (im Programm) [Sw] / particular time slots || **~ausgabesperre** *f* [ES] / time output inhibition || **~basis** *f* [ES] / time base || **~bedarf** *m* [RDp] / time requirements || **~bemessung** *f* [ES] / time selection || **~bestimmende Unterlage** [ES] / time-schedule document || **~blende** *f* [RDp, Tr] / time slot switch

Zeit-Datum·-Geber mit Auftragsliste (ZEDAGEB) [ES] / time-date generator with job list || **~-Geberprogramm** *n* [ES] / time-date generator program || **~-Generierung** *f* [OS, ES] / time-and-date generation

Zeit·dehnung *f* [Dp, ADp] / extended time scale, slow-time scale || **~einheit** *f* [Cobol] / clock unit || **~eintragung** *f* [ES] / time entry

Zeitgeber *m* [VS] / CPU timer || [OS] / elapsed time clock || [Cobol] / internal clock || ~ (DIN 44300, März 1972) [Mp, CP] / timer, timing signal generator || **elektronischer** ~ [Dp] / electronic timer || **~bearbeitung** *f* [Sw] / elapsed time clock processing || **~fehler** *m* [CP] / timing signal error || **~register** *n* [CU] / timer register, time register || **~schaltung** *f* [NC] / timing circuit || **~unterbrechung** *f* [OS] / timer interrupt

zeit·gespreizt *adj* [Tr] / expanded-time-scale || **~gewinn** *m* [Sw] / time saving || **~glieder** *n pl* [ES, QC] / timing elements || **~haftstelle** *f* (DIN 41852, Aug. 1978) [Sc] / trap

Zeitimpuls·eingabe *f* [PCC] / timing pulse input device || **~verteiler** *m* [Th] / time-pulse distributor

Zeitintervall *n* [Sc] / time interval || **im gleichen** ~ [Dp, Sw] / concurrent

Zeit·kanal *m* [ES] / time slot || **~kennzeichenfreigabe** *f* [ES] / time identifier release || **~konstante** *f* (Leiterplatte) [Th, Meas] / time constant || **~kreis** *m* [ES] / timing circuit || **~kriterien** *n pl* [OCR] / time criteria || **~kritisch** *adj* [ES] / time-critical || **~lagenwechsel** *m* [ES] / time slot interchange

zeitlich begrenzte Auswertung [DpC, Dp] / time-limited evaluation || **~ festlegen** [ES] / time (period, etc.) || **~ geballt auftretende Störung** [Tr] / error burst || **~e Hemmung** [Cy] / temporal inhibition || **~e Steuerung** (eines Mikroprozessors usw.) [Mp] / timing || **~ verschachtelte Übertragung** [Tr] / transmission (of blocks of data) in a time-interleaved arrangement || **~e Verschiebung** [Th] / time displacement || **~ verzahnte Verarbeitung** [OS] / time-shared processing, time-sharing || **~ verzögert**

[NC] / time-delayed, delayed || ~e **Verzögerung** [Th] / time lag || ~er **Zeichenabstand** [ES] / character interval timing || ~e **Zuordnung** (DE-Datenkanäle) [ES] / time slot assignment
Zeit·marke *f* [HSP, OCR, NC] / timing mark || **~maßstab** *m* [Th] / time scale || **~messung** *f* [RDp, Tr] / timing
Zeitmultiplex *n* [ES, Tr] / time-division multiplex (TDM) || **~anschluß** *m* [ES] / time-division multiplex terminal || **~-Asynchron** *n* [ES] / asynchronous time-division multiplexer
Zeitmultiplexbetrieb *m* [ES] / time-division multiplex operation, time-division multiplexing || **im ~ arbeiten** [ES] / to operate in a time-division mode
Zeitmultiplex·betriebsweise *f* [ES] / time-division mode || **~-Durchschaltenetz** *n* [ES] / time-division multiplex network || **~-Durchschalteverfahren** *n* [ES] / time-division switching technique || **~durchschaltung** *f* [ES] / time-division switching || **~geräte** *n pl* [ES] / time-division multiplexing equipment || **~kanal** *m* [ES] / time-division multiplex channel, TDM channel || **~koppelfeld** *n* [ES] / time-division multiplex switching array, TDM switching array
Zeitmultiplexor, asynchroner ~ [ES] / asynchronous time-division multiplexer
Zeitmultiplexrahmen *m* [ES] / time-division multiplex frame
Zeitmultiplexsystem *n* [ES] / time-division multiplex system || **~ für Sprachübermittlung** [ES] / time-division multiplex system for speech transmission (PCM)
Zeitmultiplex·-Telexvermittlung *f* [ES] / time-division telex exchange || **~verbindung** *f* [ES] / time-division multiplex connection
Zeitmultiplexverfahren *n* [ES] / time-division multiplex method || **asynchrones ~** [ES] / asynchronous time-division multiplex method
zeitoptimales Programmieren [Dp] / minimum-access coding
Zeitraster *m* [ES] / time slot pattern || **grober ~** [ES] / coarse-time slot pattern
Zeit·relais *n* [NC] / time relay || **~schalter** *m* [Hw] / time-limit switch, time-switch || **~scheibe** *f* [OS] / time slice
Zeitscheiben·betrieb *m* [Dp] / time-sharing environment, time-slicing environment || **~technik** *f* [OS] / time slicing || **~verfahren** *n* [VS] / time-sharing option (TSO)
Zeitschrift mit Kurzreferaten [IDS] / abstract journal
Zeitsignal des Vorbereitungsmäanders [ES] / priming signal || **~mäander** *m* [ES] / timing pulse train
Zeit·skala *f* [NC] / time scale || **~spanne** *f* [Meas, DpC] / time slot || **~speicher** *m* [PCC] / timing pulse storage || **~sperre** *f* [ES] / timeout || **~strecke** *f* [ES] / time path || **~studie** *f* [NC] / time study || **programmgesteuerter ~taktgeber** [MCS] / programmable clock || **~taktsteuerung** *f* [ES] / timer (in interface) || **~takttabelle** *f* [ES] / software clock table || **~tarif** *m* [ES] / time tariff || **~überwacher** *m* [Mp, Tr] / timeout feature, timeout facility || **~überwachung** *f* [OS] / time supervision, time control || **~überwachungsroutine** *f* [ES] / timeout routine || **~verhalten** *n* [Sw] / time behavior || **~verschiebung der Lesesignale** [MT] / intertrack time displacement
Zeitvielfach, asynchrones ~ [ES] / asynchronous time-division multiplexer
Zeitvielfachkanal mit gleichmäßiger Periodenverteilung [Tr] / equal ratio channel || **~ mit Periodenverteilung nach einfachen Teilverhältnissen** [Tr] / simple ratio channel
Zeitvielfach·system *n* [ES] / time-division multiplex system || **~verbindung** *f* [ES] / time-division multiplex connection
Zeitvorwahlschalter *m* [Th, Meas] / thumbwheel group for time presetting
zeitweise vermietete Leitung [TP] / part-time private-wire circuit, part-time leased circuit
Zeitwort *n* [Sw] / control word
Zeit·zähler *m* [ES] / time counter || **~zonenzähler** *m* [ES] / time zone meter || **~zyklus** *m* [Dp] / time cycle
Zelle *f* [M] / (memory) cell || [HSP] / print cell, cell
Zellen·breite *f* [HSP] / cell width || **abgetastete ~fläche** [OCR] / cell area || **~größe** *f* [HSP] / cell size || **~matrix** *f* [HSP] / cell matrix || **~plan** *m* [M] / allocation plan || **~rand** *m* [HSP] / cell boundary
Zellenträger *m* [MC] / data cell array, cell array || **~antrieb** *m* [MC] / data cell drive, cell drive
Zener-Diode *f* [Sc] / Zener diode || **~-Durchbruch** *m* (DIN 41852, Aug. 1978)

[Sc] / Zener breakdown || ≗-**Durchschlag** *m* [Sc] / Zener breakdown || ≗-**Effekt** *m* [Sc] / Zener effect || ≗-**Knick** *m* [Sc] / Zener slope, Zener knee || ≗-**Kniespannung** *f* [Sc] / Zener knee voltage || ≗-**Rauschen** *n* [Sc] / Zener noise || ≗-**Spannung** *f* (DIN 41852, Aug. 1978) [Sc] / Zener voltage || ≗-**Strom** *m* [Sc] / Zener current || ≗-**Widerstand** *m* [Sc] / Zener resistance

zentral·e Anforderungssperre [ES] / central request lockout || ~**e Anrufverteilerkette** [ES] / common call allotter || ~**er Arbeitstakt** [ES] / central working clock pulse || ~**er Bedienungsplatz** [Hw] / control console, central control console || ~**er Bedienungsplatz mit Datensichtgerät** [Hw] / display control console, central CRT console || ~**e Bestandsführung** [RDp] / centralized perpetual inventory || ~**e Buchführung** [ES] / centralized journaling (storage area) || ~**er Codierer** [ES] / central coder, common coder || ~**e Datenbank** [DOK] / data center || ~**es Datenfeld** [ES] / central data field || ~**e Datenübertragungseinheit** [Tr] / central communications unit || ~**e Dokumentationsstelle** [DOK] / documentation center || ~**e Einrichtungen** [Dp] / common facilities || ~**er Einstellsatz** [Hw, ES] / common switching director, director || ~**er Fehler** [Hw, Dp] / central fault || ~**e Fehlersuche** [Serv] / centralized fault location || ~**e Funktion** [ES] / central function || ~**e Informationsstelle** [DOK] / information center || ~**e Konfiguration** [Dp] / central configuration package || ~**es Leitwerk** (bei Mehrrechnerbetrieb) [CU] / central control unit, main control unit || ~**e Logik** [Th] / common logic || ~**er Mäander** (400 µs) [ES] / 400 µs timing signal || ~**er Netztakt** [ES] / centralized timing, master clock || ~**e Netztakteinrichtung** [ES] / central clock, central clock pulse generator || ~**er Polaritätsspeicher** [ES] / common polarity storage || ~**er Prüfempfänger** [ES] / central test receiver || ~**er Prüfsender** [ES] / central test transmitter || ~**e Recheneinheit** [CP] / central data processor || ~**e Routinen** [OS] / common routines || ~**er Signalisierungskanal** [ES] / common signaling channel || ~**e Steuereinheit** [TES] / central control unit || ~**er Systemtakt** [ES] / central system clock pulse, centralized master clock, central system timing || ~**er Takt** [TP] / central timing, central timing pulse || ~**e Taktüberwachung** [CP, Tr] / central clock monitor || ~**es Überwachen des Taktes** [ES] / centralized clock monitoring || ~**e Untereinheit** [ES] / central subunit || ~**er Verzerrungsempfänger** [ES] / central distortion receiver || ~**er Verzerrungssender** [ES] / central distortion transmitter || ~**er Wählzeichenspeicher** [ES] / common multiaddress memory || ~**es Wartungsprogramm** [Serv] / common maintenance program

Zentraleinheit *f* (ohne Arbeitsspeicher) [CP] / basic processing unit (BPU) || ≗ **(ZE)** (DIN 44300, März 1972) [CP] / central unit, central processing unit (CPU) || **assoziative** ≗ [CP] / associative processor

Zentral·einheitszeit *f* [CU] / processor time, CPU time || ≗**element** *n* [Mp] / central processing element (CPE)

zentralgesteuertes System [Dp] / common control system

zentralisiert·e Datenverarbeitung [Dp] / centralized data processing || ~**e Datenverarbeitungsorganisation** [Dp] / centralized data processing organization

Zentralprozessor *f* (Teil der Zentraleinheit) [CP] / central processor (CP) || ≗ (s. Zentraleinheit)

Zentral·rechner (s. Verarbeitungsrechner) || ≗**speicher** *m* (DIN 44300, März 1972) [M, PCC] / main memory (i.e., the immediate access storage), memory || ≗**station** *f* [Th] / central station || ≗**steuerung** *f* (DIN 44302, Apr. 1979) [Tr] / centralized control || ≗**vermittlungsstelle** *f* [ES] / central exchange

Zentrier·ansatz *m* (Typenscheibe) [TP] / centering wedge || ≗**anschlag** *m* (Tonerabscheider) [HSP] / centering guide || ≗**befehl** *m* [Typ] / centering instruction

zentrieren *v* [Typ, Sw] / center

Zentrier·mode *m* [Sw] / centering mode || ≗**stift** *m* [Hw] / centering pin

Zerhacker *m* [Co] / chopper || **FET-**≗ *m* [Sc] / FET chopper || ≗**scheibe** *f* (D) [Fax] / chopper disk || ≗**verstärker** *m* [Co] / chopper amplifier

Zerlegungs-Funktion *f* [PL/1] / decat

(builtin) function
zerstören *v* [DS, Tr] / destroy (data, message, etc.)
zerstörendes Lesen [M] / destructive reading, destructive readout
zerstörungsfrei *adj* [Sc] / nondestructive || **~es Lesen** [PE, M] / nondestructive reading, nondestructive readout
ZF (s. Zwischenfrequenz) || **≗-Impedanz** *f* [Sc] / intermediate frequency impedance || **≗-Rauschzahl** *f* (Leistungsverhältnis) [Sc] / intermediate frequency noise figure
zickzack·gefaltet *adj* [HSP] / fanfold, fanfolded || **~gefalzter Endlosvordruck** [IO, HSP] / continuous fanfold stock || **≗papier** *n* [TP] / fanfold stationery
Ziehen von Halbleiterkristallen [Sc] / crystal pulling, crystal growing
Zieh·geschwindigkeit *f* [Sc] / pulling rate || **≗kartei** *f* [IDS] / tub file || **≗verfahren** *n* [Sc] / growth technique || **≗vorrichtung** *f* [Sc] / pulling apparatus
Ziel *n* [PL/1] / target
Zieladresse *f* [Mp] / destination address
Ziel·angabe *f* [PL/1] / into option || **≗auflösung** *f* [OCR] / target discrimination
Zielausdruck *m* [Algol] / designational expression || **einfacher ≗** [Algol] / simple designational expression
Ziel·bezugnahme *f* [PL/1] / target reference || **≗-Endamt** *n* [ES] / destination terminal exchange || **≗funktion** *f* [Th] / objective function, performance function || **≗gerät** *n* [Sw] / target device || **≗gerätegruppe** *f* [Sw] / target device group || **≗information** *f* [IDS] / target information || **≗kennzeichen** *n* [ES] / destination signal || **≗position** *f* [NC] / target position, end position || **≗programm** *n* [Cobol] / object program
Zielsprache *f* (DIN 44300, März 1972) [Sw] / object language || **≗** (= Sprache, in die übersetzt wird) [MAT] / target language
Zielvermittlungsstelle *f* [ES] / destination switching center
Ziffer *f* [Algol] / digit || [Fortran] / digit || [Cobol] / digit || [PL/1] / digit || **fehlerfreie ≗** [Th] / exact digit || **gültige ≗** [Sw] / valid digit
Ziffern- und Zeichenfeld (Code-Gruppierung) [TP] / figures case
Ziffernanzahl *f* [PL/1] / number of digits
Ziffernanzeige *f* [Hw] / digital display, digital indicator || **≗ auf Null stellen** [Hw] / to reset the digital display
Ziffern·auswahl *f* [PC] / digit selection || **≗code** (s. numerischer Code) || **≗darstellung** *f* [Th] / digital representation, digital notation || **≗einsteuerung** *f* [PC] / digit insert || **≗endzeichen** *n* [ES] / end-of-digit signal
Ziffernfeld *n* [ES] / digit field || [ES] / 10-key numeric cluster
Ziffern·filter *m* [PC] / digit filter (i.e., a device used on punched card equipment to detect the presence of a particular designation punch in a specified card column) || **≗folgefrequenz** *f* [Th] / digit repetition rate || **≗impulsgeber** *m* [PC] / selective digit emitter, digit emitter || **≗lochung** *f* [PC] / numerical punching || **≗lochzone** *f* [PC] / sector area
ziffernmäßig·e Darstellung [Th, NC] / counter readout || **~er Wert der Mantisse** [Th] / magnitude of the mantissa
Ziffern·modus *m* [ES] / numeric mode || **≗selektor** (s. Zahlenverteiler) || **≗sicherungscode** *m* [RDp, Tr] / number protection code || **≗spur** *f* [Th] / digit track
Ziffernstelle *f* [Th] / digit position || **hohe ≗** [Th] / high-order position
Ziffern·stellenüberschreitungs-Bedingung *f* [PL/1] / size condition || **≗symbol** (s. numerisches Zeichen) || **≗taste** *f* [IO] / figures key || **≗teil** *m* [Sw] / numeric portion || **≗umschaltezeichen** *n* [TP] / figures shift signal
Ziffernumschaltung *f* [TP] / figures shift || **Buchstaben- und ≗** [TP] / letters and figures shift, case shift
Ziffern·verteiler *m* [PC] / digit selector (i.e., a device which separates a card column into individual pulses corresponding to punched row positions) || **≗vorbereitungszeichen** *n* [ES] / digit preperation signal || **≗wähler** (s. Zahlenverteiler) || **≗wertung** *f* [NC] / numerical analysis
ZIG (s. Zählimpulsgeber)
Zoll *m* [Sc] / inch (in) || **ganzzahliges ≗format** [HSP] / integer inch size
Zone *f* [PC] / curtate || **druckfreie ≗** [HSP] / print exclusion area, nonprinting area || **obere ≗** [PC] / upper curtate
Zonen·bit *n* [Sw] / zone bit || **≗folge** *f* [Sc] / sequence of regions, sequence of layers || **≗homogenisierung** *f* [Sc] / zone leveling || **≗kennzahl** *f* [ES] / zone code number || **≗lochung** *f* [PC, TP] / zone

punching || **²nivellierung** *f* [Sc] / zone leveling || **²reinigung** *f* [Sc] / zone purification, zone refining || **²reinigungsverfahren** *n* [Sc] / zone cleaning method, zone refining method || **²schmelzen** *n* [Sc] / zone melting || **²schmelzverfahren** *n* [Sc] / zone melting technique || **²teil** *m* [PC] / zone portion

Zonenübergang *m* (DIN 41852, Aug. 1978) [Sc] / junction (i.e., a transition region between layers of semiconductors with different electrical characteristics) || **diffundierter ²** [Sc] / diffused junction || **gezogener ²** (DIN 41852, Aug. 1978) [Sc] / grown junction || **legierter ²** (DIN 41852, Aug. 1978) [Sc] / alloyed junction, alloy junction

Zonenzeichen *n* [ES] / zone signal

ZP (s. Zykluspuffer)

Z-SUB (s. Löschen und Subtrahtieren)

ZTE (s. Zeichentaktempfang)

ZTSTE (s. Zeichentaktsteuerung)

Zubehör *n* [Hw] / accessories || **²liste** *f* [Th] / accessories list || **²teil** *n* [Hw] / accessory

Zubringer *m* [ES] / offering port, feeder port || **Leitungsadresse des ²s (LAZ)** [ES] / line address of the offering port, offering port line address || **²adresse** (s. Leitungsadresse des Zubringers) || **²bündel** *n* [ES] / offering trunk group || **²dienst** *m* [ES] / supply service || **²leitung** *f* [ES] / offering trunk, feeder line || **²leitungsadresse** *f* [ES] / line address of the offering port, offering port line address || **²notiz** *f* [ES] / offering note, feeder note || **²speicher** *m* [M] / backing storage, auxiliary storage, secondary storage || **²teilgruppe** *f* [ES] / offering subgroup || **²zelle** *f* [ES] / offering cell, feeder cell

Zubringerzellen·block *m* [ES] / offering cell block, feeder cell block || **²zyklus** *m* [ES] / offering cell cycle, feeder cell cycle

zufällig *adj* [Th] / stochastic, random

Zufalls·daten *plt* [Sw] / random data || **²fehler** *m* [Th, Tr] / random error || **²generator** *m* [Dp, Sw] / random number generator || **²größe** *f* [Th] / stochastic variable, random variable || **²listeneintrag** *m* [Sw] / random list entry

zufallsmäßige Abfertigung [ES] / random handling

Zufalls·nummer *f* [Th] / random number || **²variable** *f* [Th] / stochastic variable, random variable || **²wert** *m* [Th] / random value || **²zahl** *f* [Th] / random number || **²zahlengenerator** *m* [Dp, Sw] / random number generator || **umrechnen auf ²zeichen** [Th] / randomize

Zuführung *f* [NC] / feed || **² in Längsrichtung** [DT, PC] / endwise feed || **² in Querrichtung** [PC] / sideways feed || **fehlerhafte ²** [PC] / misfeed || **horizontale ²** [PC] / horizontal feed || **liegende ²** [PC] / horizontal feed || **Locher mit automatischer ²** [PC] / motor drive punch, automatic feed punch || **stehende ²** [PC] / vertical feed || **vertikale ²** [PC] / vertical feed

Zuführungs·fehler *m* [PC] / misfeed || **²gang** *m* [PC] / feed cycle || **²riemen** *m* [PC] / hopper picker belt

Zugangskontrolle *f* [DpC, Priv] / physical access control

zugelassen·e Verzerrung [Tr] / distortion tolerance || **~er Zahlenbereich** [PCC] / allowed number range || **nicht ~** [Sw] / invalid, illegal

Zugentlastungsschelle *f* [Hw] / strain relief clamp, stress resisting clamp

zugeordneter Speicher [PL/1] / allocated storage

Zugfahrtrechner *m* [PCC] / train performance calculator

Zugfestigkeit *f* [PT] / longitudinal strength

zugreifen auf [M, Th] / access (file, data, etc.)

Zugriff *m* [Mp, Dp] / access || **² in der Reihenfolge der Speicherung** [M] / sequence access || **Adressierung für direkten ²** [Sw] / random addressing, random-access addressing || **beliebiger ²** [M] / arbitrary access || **direkter ²** [PE, M] / random access (RA), direct access || **indirekter ²** [Dp] / indirect access || **schneller ²** [PE, M, Sw] / immediate access, fast access || **sequentieller ²** [Cobol] / sequential access || **serieller ²** [Dp] / serial access || **Speicher mit sequentiellem ²** [M] / sequential access storage || **Speicher mit wahlfreiem ² für Dateien und Programme** [RDp] / storage providing random access to files and programs || **unmittelbarer ²** [PE, M, Sw] / immediate access, fast access

Zugriffs·arm *m* [PE] / access arm || **²art** *f* [Cobol] / access mode || **²breite** *f* [Sw] / width of access || **²geschwindigkeit** *f* [PE, M] / access speed || **²kontrolle** *f* [Priv, IDS] / user access control, access contro

Zugriffskontroll·register *n* [CU] / access control register || **≗wort** *n* [CU] / access control word
Zugriffs·makro *m* [PL] / access macro || **≗mechanik** *f* [PE] / access mechanism || **≗mechanismus** *m* [PE] / access mechanism
Zugriffsmethode *f* [Cobol] / access method || **≗ für Bildschirmgeräte** [Dp] / graphic access method || **einfache ≗** [Sw] / elementary access method (EAM), basic access method (BAM) || **einfache ≗ für Datenfernverarbeitung** [Dp] / basic telecommunications access method (BTAM) || **einfache ≗ für untergliederte Dateien** [Dp] / basic partitioned access method || **einfache indexsequentielle ≗** [Dp] / basic indexed sequential access method (BISAM) || **erweiterte ≗** [Sw] / queued access method || **indexsequentielle ≗** [VS] / indexed sequential access method (ISAM) || **indiziert-sequentielle ≗ (ISZM)** [VS] / indexed sequential access method (ISAM) || **sequentielle ≗** [Sw] / sequential access method (SAM)
Zugriffs·speichersteuereinheit *f* [PE] / random-access controller || **≗station** *f* [M, OS] / access station || **≗stufe** *f* [PE, M] / access level || **≗system** *n* [ES] / access method || **≗technik** *f* [Dp] / access technique || **≗verfahren** *n* [PE, Sw] / access method
Zugriffszeit *f* [Cobol] / access time || **≗ (allgemein)** [M] / search time (i.e., the average time required to identify an item of data satisfying a specified condition; cf. "access time") || **≗ (DIN 44300, März 1972)** [PE, M] / access time (i.e., the time interval between the instant at which information is called for from storage, or ready for storage, and the instant at which delivery, or storage, is completed; cf. "search time") || **mittlere ≗** [PE, MD] / mean access time, average access time || **Speicher mit geringer ≗** [M] / low access storage || **Speicher mit kurzer ≗** [M] / highspeed memory (HSM), immediate-access storage || **Speicher mit langer ≗** [M] / slow-access storage, slow storage || **Speicher mit mittlerer ≗** [M] / medium access storage
Zugriffszeitfreie Speicherung [Th, M] / zero-access storage
Zugriffszyklus *m* [PE, M] / access cycle
Zug·rolle *f* (Stapler) [HSP] / exit roller || **≗walze** *f* [HSP] / friction drive roller
zukunftsweisend *adj* [Hw] / trend-setting
zulässig *adj* [Th] / acceptable || [Dp] / valid (character, etc.) || **~e Abweichung** [NC] / permissible deviation || **~er Arbeitsbereich** [Sc] / safe operating area (SOA) || **~er Fehler** [Th, Meas, AC, NC, DpC] / permissible error || **~er Fehlstromwert** [ES] / inoperative-current value || **~e Markierung** [OCR] / admissible mark || **~es Zeichen** [OCR, Tr] / admissible character || **nicht ~** [Sw] / invalid, illegal
Zulässigkeit *f* (der Datenverarbeitung) [Priv] / legitimacy (of data processing)
Zulässigkeitsprüfung *f* (Prüfung, ob Verbindung zulässig) [ES] / barring check
Zuleitungskapazität *f* [Sc] / external capacitance
Zunahme, gestufte ≗ (der Speicherkapazität, usw.) [M, Dp] / increment
Zünd·beleuchtungsstärke *f* [Sc] / trigger illumination || **≗bereich** *m* [Sc] / gate trigger range
Zünden bei Nulldurchgang der Spannung [Co, Sc] / zero voltage firing
Zündspannung *f* [Sc] / firing voltage
Zündstrom *m* [Sc] / firing current || **≗ am Tor** [Sc] / firing gate current
Zungenvibrationsbauart *f* [Hw] / vibrating reed design
zuordnen, neu ~ [Sw] / reassign, reallocate || **≗ eines Geräts (ASSGN)** [OS, Aufruf] / Assign device (ASSGN) || **≗ eines Geräts (ASD)** [OS] / Assign symbolic device (ASD) || **≗ von Geräten nach Archivnummern (ASVOL)** [OS, Aufruf] / Assign volume (ASVOL), Assign Volume Routine
Zuordner *m* [Sw] / allocator
Zuordnung *f* [PL/1] / allocation || **≗ relativer Adressen** [PL] / displacement assignment || **eine ≗ aufheben für** [Dp] / deallocate (device, etc.) || **zeitliche ≗** (DE-Datenkanäle) [ES] / time slot assignment
Zuordnungs·anweisung *f* [PL/1] / allocate statement || **≗anzahl-Funktion** *f* [PL/1] / allocation (builtin) function || **≗liste** *f* [ES] / allocation table || **≗parameter** *m* [ES] / allocation parameter || **≗prinzip** *n* [TP] / code assignment concept || **≗register** *n* [ES] / allocation register || **≗routine** *f* [Sw] / allocator routine || **≗speicher zur Umsetzung** [VS] / virtual/real address translation memory || **≗stand** *m* (periphere Geräte) [Mp] / assignment

status
Zuordnungstabelle *f* (bei Programmübersetzung) [Sw] / symbol table (i.e., a table of labels and their corresponding numeric values) || ≗ (s. Wahrheitswertetafel)
Zuordnungs·übersicht *f* [ES] / allocation table || ≗**zähler** *m* [Hw] / allocation counter
zurückführen, einen Umlautbuchstaben auf den Grundbuchstaben ~ [MAT] / to reduce an umlaut vowel to the corresponding vowel without umlaut
zurückgeben, die Steuerung ~ an ... [Sw] / to return control to ...
zurückkopieren *v* [Sw] / retransfer, reload
Zurückladefunktion *f* [Sw] / reload function
zurückladen *v* [Sw] / reconstruct, reload, regenerate
zurücknehmen, Priorität ~ [Dp] / to cancel priority
zurückrollen *v* (Text auf Bildschirm) [VDT] / scroll down
zurückrufen, Daten auf den Bildschirm ~ [VDT] / to recall data to the screen
zurückschalten *v* [PT] / backspace
zurücksetzen *v* [Hw, M] / reset || **ein Band** ~ [MT, Sw] / to backspace a tape || **ein Register** ~ [Sw] / to reset a register || **um eine Abschnittsmarke** ~ [MT] / to backspace one tape mark || **um einen Block** ~ [MT, Sw] / to backspace one block
zurückspringen *v* [Sw] / return
zurückspulen *v* [MT, Sw] / rewind || **ein Band** ~ [Sw] / to rewind a tape || **zum Entladen** ~ [Sw] / to rewind and unload, to rewind for unloading
zurückstellen, auf Anfangswert ~ [Hw, M] / reset
zurückweisen *v* [PC] / reject, select, outsort (card, etc. not read successfully)
Zusammenbau *m* [Hw] / assembly
Zusammenfall, gesteuerter ≗ (Dickfilm) [Sc] / controlled collapse
zusammenfassen zu ... [Sw] / to combine into ..., to combine to form ...
Zusammenfassung *f* (Inhaltsangabe eines Dokuments durch Darstellung der wesentlichen Gedankengänge und Schlußfolgerungen, die unabhängig vom Dokument nicht voll verständlich sein muß) [DOK] / summary
Zusammenführung *f* (Programmablaufplan) (DIN 44300, März 1972) [Sw] / junction
zusammengebrochene Sperrkennlinie [Sc] / defect in the reverse characteristic
zusammengefaßt·e Datei [Sw] / concatenated dataset || **~er Gerätestand** [Dist] / overall revision level
zusammengelegter Lochstreifen [PT] / fanfolded tape
zusammengesetzt *adj* [Sw] / compound || **~e Anweisung** [Algol] / compound statement || **~e Anweisung** [Cobol] / compound statement || **~er Ausdruck** [MAT] / multiterm expression (consisting of several components all of which are words) || **~er Ausdruck** [PL] / compound expression || **~e Ausdrücke** [Dp] / arithmetic combination of terms || **~e Bedingung** [Cobol] / compound condition || **~er Lochstreifen** [PT] / composite tape || **~er verschieblicher Ausdruck** [PL] / complex relocatable expression || **~e Zahl** [Th] / composite number
zusammenhängend *adj* [Sw] / contiguous || [PL/1] / connected || **~e Drehung** (Magnetisierungsvektor) [Th] / coherent rotation || **~es Laden** [Dp] / block loading || **~e Speicherbereiche** [Sw] / contiguous memory areas || **~e Speichereinheiten** [Cobol] / contiguous units of memory || **nicht** ~ [Sw] / noncontiguous || **nicht ~e Speicherbereiche** [Sw] / noncontiguous memory areas
zusammensetzen *v* (von Zeichen) [ES] / to assemble characters into packets
Zusammenstoß *m* [ES] / contention
Zusatz *m* [Dp, Sw] / addition record || [Hw] feature || [Cobol] / phrase || ≗ **für Prüflochunterdrückung** [PC] / column 81 inhibit feature || **2-Byte-**≗ *m* [RDp, Tr] / two-byte feature || **51-Spalten-**≗ *m* [PC] / 51-column card feature, fifty-one column feature || **90-Spalten-**≗ *m* [PC] 90-column card feature, ninety-column feature || **stehen als** ≗ **für den Einbau zur Verfügung** [Dp] / may be optionally installed || ≗**baugruppe** *f* [Hw] / auxiliary building block || ≗**befehl** *m* [Sw] / additional instruction || ≗**bit** *n* [Tr] / additional bit, extra bit || ≗**datensatz** *m* [Dp, Sw] / addition record || ≗**eingang** *m* [PL/1] / secondary entry point || ≗**einrichtung** *f* [Hw] / option, optional feature, optional facility || ≗**entzerrer** *m* [Tr] / accessory equalizer || ≗**funktion** *f*

[Hw, NC] / auxiliary function || ≗geräte *n pl* (d.h., in der Regel periphere Geräte eines Rechnersystems) [Hw] / auxiliary equipment, ancillary equipment || ≗indizierung *f* [ES] / additional indexing || ≗informationen *f pl* / additional information || **optische ≗leseeinrichtung** [OCR] / videoscan read feature

zusätzlich·e Angaben / additional information || **~er Ein-Ausgabebereich** [RPG] / additional area || **~e Informationsschritte** [Tr] / overhead bits || **~e Kennzeichnung** (von Bauelementen) [Sc] / subcoding (e.g., by suffixes) || **~e Lesestation** [PC] / additional read station || **~er Platzbedarf** [Sw] / overhead || **~er Text** [Sw] / additional text, explanatory text

Zusatz·logik *f* [Mp] / additional logic || **≗prozedurvereinbarung** *f* [PL] / use declarative || **≗schrank** *m* [Hw] / expansion cabinet || **≗seitenspeicher** *m* [HSP] / page buffer expansion feature || **≗speicher** *m* [M] / supplementary storage || **≗wählzeichenspeicher** *m* [ES] / supplementary address memory || **Telegrafenrelais mit ≗wechselerregung** [TP, Co] / vibrating relay

Zusatzzeichen *n* [HSP] / special character || **≗speicher** *m* [HSP] / matrix memory expansion feature

Zuschneideliste *f* [ES] / table of cable lengths

zuschneiden, etwas auf ... ~ / to tailor sth. to ...

Zuschreiben der gebührenpflichtigen Verbindungsdauer [ES] / notification of chargeable time || **verzögertes ≗** [ES] / delayed delivery

Zustand *m* [Cobol] / status || [PL/1] / state || **≗ der Stromabsenkung** [ES] / current stepdown state

Zustandsabfrage *f* [Tr] / status interrogation, status inquiry || **≗signal** *n* [ES] / status inquiry signal

Zustandsanzeige *f* [Mp, Dp] / status information || [HSP] / status indicator || **≗lampe** [Hw, Tr] / status lamp

Zustands·aufzeichnung *f* [Dp] / environment recording || **≗bit** *n* [Mp, Th] / status bit, condition bit || **≗block** [ES] / status block

Zustandsbyte *n* [Sw] / status byte || **primäres ≗** [Sw] / primary status byte (PSB)

Zustandsdaten *plt* [Sw] / status data

Zustandsdiagramm *n* [Sc] / phase diagram || [ES] / state diagram

Zustands·dichte *f* [Sc] / state density || **≗ermittlung** *f* [Sw] / status snapping || **≗feld** *n* [ES] / status field || **≗funktion** *f* [SA] / Boolean expression || **≗größe** *f* [PCC] / output variable || **Auswahl der ≗gruppe** [Mp] / status group select (SGS) || **≗information** *f* [Mp, Dp] / status information || **≗meldung** *f* [ES] / status signal, status message || **≗prüfung** *f* [Dp, Sw, ADp] / static check, static test || **≗register** *n* [CP] / status register || **≗spalte** *f* [ES] / revision column || **≗symbol** *n* [Mp] / status information symbol || **≗tabelle** *f* [ES] / status table || **≗taste** *f* [CP] / status key, processor state key

Zustandsvariable *f* [SA] / operand (of Boolean operation) || **logische Verknüpfung von zwei ≗n** [SA] / dyadic Boolean operation

Zustands·wert *m* [SA] / truth value (of logical statement, etc.) || **≗wort** *n* [Mp] / status word || **≗zeichen** *n* [ES] / status character

Zustellmechanik *f* (Magnetband) [TP] / positioning mechanism

Zuteilung von Speicherzyklen [PCC] / allocation of memory cycles

Zuteilungs·telegramm *n* [TP] / return message || **≗vorrang** *m* [Sw] / dispatching priority

zuverlässig *adj* [Hw, QC] / reliable

Zuverlässigkeit *f* [Hw, QC] / reliability (i.e., the performance of a particular machine measured against some predetermined standard for operating without failure) || **≗ des Systems** [Dp] / system reliability, system reliability (i.e., the reliability of a system based on some objective criterion) || **Hardware-≗** *f* [Hw, QC] / hardware reliability, serviceability (i.e., the reliability of equipment based on criteria such as serviceability ratio, utilization ratio, operating ratio, etc.)

zuweisen *v* [Sw, M] / assign (device, etc.), allocate (memory space, etc.) || **neu ~** [Sw] / reassign, reallocate || **≗ von Großspeichern (RALLOC)** [OS, Aufruf] / Random-access allocation (RALLOC)

Zuweisung *f* [Sw, M] / assignment (of device, etc.), allocation (of memory space, etc.) || [PL/1] / assignment

Zuweisungsanweisung *f* [Algol] / assignment statement || [Fortran] / assignment statement || **arithmetische**

~ [Fortran] / arithmetic assignment statement || **boolesche** ~ [Fortran] / logical assignment statement
Zuweisungs·datum *n* [Sw] / allocation date || ~**klausel** *f* [Cobol] / assign clause || ~**liste** *f* [ES] / allocation table || ~**phase** *f* (beim Sortieren) [Sw] / assignment phase || ~**zielbezugnahme** *f* [PL/1] / target reference
Zwangs·auslösung *f* (Verbindung) [ES] / forced disconnect || ~**ausschließen** *n* [Typ] / forced justification || ~**belüftet** *adj* [Hw, DpC] / force-ventilated || ~**freischaltung** *f* [ES] / forced release || ~**schneiden** *n* [Typ] / forced cut
zwangsweis·e auslösen (Verbindung) [ES] / force-release, to release forcibly || ~**e Auslösung** (Verbindung) [ES] / forced release
Zweiadreß·-... [Sw] / two-address, double-address || ~**befehl** *m* [Sw] / one-plus-one address instruction, one-plus-one instruction, two-address instruction || ~**code** *m* [Sw] / two-address code || ~**maschine** *f* [Dp] / two-address machine
Zwei-aus-fünf-Code *m* [DS, Th, Tr] / two-out-of-five code
Zwei-Bahn-Betrieb *m* [HSP] / two-path operation
zweibahnig·er Drucker [HSP] / dual-carriage printer || **für ~en Druck ausgelegt sein** [HSP] / to permit dual-web printing
Zweibasisdiode *f* [Sc] / double-base diode, unijunction transistor
Zwei-Byte-Zusatz *m* [RDp, Tr] / two-byte feature
zweidimensionales Datenfeld [PL] / two-dimensional array
Zweidraht·-Doppelstrombetrieb *m* [TP] / 2-wire polar current signaling, 2-path polar current signaling || ~**-Duplexbetrieb** *m* [RDp, Tr] / two-wire duplex operation, two-wire full-duplex working, two-wire full-duplex mode || ~**-Einfachstromleitung** *f* [RDp, Tr] / 2-wire neutral current line, 2-wire single-current line || ~**leitung** *f* [TrL] / two-wire line, 2-wire physical line || ~**-Standverbindung** *f* [RDp, Tr] / two-wire point-to-point connection, two-wire point-to-point private circuit || ~**verbindung** *f* [Tr] / two-wire circuit
Zweieranschluß *m* [ES, QC] / two party line || ~**übertragung** *f* [ES] / two-part-line repeater
Zweierkomplement *n* [Th, OS] / complement on two, two's complement
Zweier-Logarithmus-Funktion *f* [PL/1] log2 (builtin) function
Zweier·potenz *f* [Th] / power of two || ~**system** *n* [Th] / binary system, binary number system, binary scale, scale-of-two binary notation || ~**-Zählteiler** *m* [Cir] / scale-of-two circuit, scaling couple
zweifache Normschnittstelle [ES] / dual standard interface
Zweifarbeneinrichtung *f* [TES, TP] / two-color printing facility, two-color ribbon feature
Zwei-Frequenz-Schrift (s. Wechseltaktschrift)
Zweig eines Gleichrichtersatzes [Sc] / rectifier stack arm || **abgeschlossener** ~ (DIN 44300, März 1972) [Sw] / closed branch
Zweigstelle *f* [RDp] / regional office || ~ **mit Konzentrator** [RDp] / regional office with concentrator
Zweikanal·bandstation *f* [MT] / dual-channel tape station || ~**erweiterung** *f* [MT] / dual-channel expansion feature || ~**gerät** *n* [MT] / dual-channel device
Zweikanalmagnetband·element *n* [MT] / dual-channel magnetic tape unit || ~**steuerung** *f* [MT] / dual-channel tape controller
Zweikanal·schalter *m* [PE] / dual-channel switch || ~**steuerung** *f* [MT] / dual-channel controller || ~**zusatz für Laufwerk** [MT] / dual-channel feature for tape deck
zweilagiges Papier [HSP] / two-part form paper, two-part form
Zweiphasen·schrift (s. Richtungstaktschrift) || ~**speicherauszug** *m* [Sw] / memory dump and print
zweiphasige Bahnsteuerung [NC] / contouring system by velocity vector control
Zweipol *m* [Cir] / two-terminal network
zweipolig *adj* [Th, Cir] / bipolar
Zweipunkt·regelung *f* [NC] / two-position action || ~**regler** *m* [PCC] / on-off controller, bang-bang servo || ~**verhalten** *n* [NC] / two-step control, on-off action
Zweirechnersystem *n* (Master-slave-System) [PCC] / dual computer system, double computer system
Zweirichtungs·anzeige *f* [NC] / bidirectional readout || ~**thyristor** *m* [Sc] / bidirectional thyristor || ~**zähler** *m*

(DIN 44300, März 1972) [Hw] / reversible counter
Zweiseitenbandsystem *n* [RDp] / double-sideband system
zweiseitige Lochstreifenkarte [PT] / double-edged tape card, bilateral tape card, two-sided tape card
Zweispindelanordnung *f* [NC] / twin-spindle arrangement
Zweistufenrelais *n* [NC] / two-step relay
zweistufig·es Speichersystem [M] / two-stage storage system || **~es Unterprogramm** [Sw] / two-level subroutine
zweit·er Durchbruch (DIN 41852, Aug. 1978) [Sc] / second breakdown || **~bibliothek** *f* [Sw] / alternate library || **~exemplar** *n* [Dp] / duplicate
Zweitkanal *m* [Tr] / co-channel, alternate channel || **~nummer** *f* [Tr] / co-channel number, alternate channel number
Zweitkarte *f* [PC] / secondary card, secondary
Zweitkarten·bürsten *f pl* [PC] / secondary read, second reading || **~folge** *f* [PC] / secondary sequence || **~magazin** *n* [PC] / secondary feed || **~zuführung** *f* [PC] / secondary feed
Zweitlieferant *m* (Hersteller, der ein pinkompatibles Bauelement aus unabhängiger Fertigung liefert) [Mp, Sc] / second source || **von ~en hergestellt** [Mp, Sc] / second-source, second-sourced (components, products, etc.)
Zweit·phase *f* [Sw] / copy phase || **~speicher** *m* [M] / secondary storage || **~steuerkarte** *f* [Sw] / copy control card
Zweiweg·betrieb *m* (Vollduplex) [RDp, Tr] / two-way mode, both-way mode, either-way mode || **~-Bus** *m* [Mp] / bidirectional bus
Zweiweg-Datenbus *m* [Mp] / bidirectional data bus || **8-Bit-~** *m* [Mp] / 8-bit bidirectional data bus, 8-line bidirectional data bus
Zweiweg-Richtungsschreibverfahren *n* [ES] / two-way simplex system
zweiwertig *adj* [Th] / bivalent || **~e Logik** [Cir] / two-valued logic
zweizeiliges Drucken [HSP] / double line spacing, double-space printing
Zweizellenpuffer *m* [ES] / two-cell buffer
Zwergbandkern *m* [MT] / miniature tape core
Zwillings·bildung *f* [Sc] / twinning || **~kontakt** *m* [NC] / twin contact || **~kontrolle** *f* [PC] / duplicate operation check, duplication check, duplicating check, twin check || **~magnetbandgerät** *n* [MT] / dual magnetic tape unit || **~prüfung** *f* [PC] / duplicate operation check, duplication check, duplicating check, twin check
Zwischen·amt *n* [ES] / tandem exchange, transit exchange || **~amtssignalisierung** *f* [ES] / inter-exchange signaling || **~angleichung** *f* [Sc] / interstage matching || **~bereich** *m* [Dp] / holding area || **~code** *m* [ES] / intermediate code || **~entwurf** *m* [HSP] / intermediate layout || **~ergebnis** *n* [Cobol] / intermediate result || **~ergebnisse** *n pl* [Algol] / intermediate data || **~frequenz (ZF)** *f* [Sc] / intermediate frequency (IF) || **~gang** *m* [PC] / intercycle, control cycle || **~gepufferte Datei** [Sw] / buffered file || **~geschwindigkeit** *f* [TP, ES] / intermediate speed || **~gespeichertes Zeichen** [RDp, Tr] / buffered character || **~gitterplatz** *m* [Sc] / interstitial site || **~glied** *n* [NC] / link || **~impulsgeber** *m* [PC] / half-time emitter || **~information** *f* [Sw] / intermediate information || **~knotenleitung** *f* [ES] / inter-nodal line || **~leitung** *f* [ES] / link || **~lochung** *f* [PC] / interstage punching || **~nummer** *f* [Sw] / intermediate number || **~programm** *n* [Sw] / interlude (i.e., a routine designed to perform minor preliminary operations usually of a housekeeping type, before the main routine is entered) || **~protokoll** *n* [Sw] / intermediate listing
Zwischenraum *m* [PC] / blank column || **~** (DIN 66009, Sept. 1977) [OCR] / space character, space || **~ zwischen den Linien** [Fax] / underlap || **falscher ~** [TP] / split || **ohne ~ gesetzt** [Typ] / set solid || **~frequenz** *f* [TP] / off-frequency || **~taste** *f* [TES, IO, TP] / space bar
Zwischenraumzeichen *n* [TP] / character space signal || **~ (ZWR)** [OCR] / space character, space || **abschließendes ~** [HSP, Typ] / trailing space
Zwischen·register (ZWR) *n* [Mp] / temporary register, intermediate register (IR) || **~schaltbar** *adj* [Sw] / interposable || **~schaltung** *f* [Cir, Sc] / interfacing circuitry
Zwischenschicht *f* [Sc] / intermediate layer || **~element** *n* [Sc] / two-layer device
Zwischen·schlag *m* (bei mehrspaltigem Satz) [Typ] / gutter space || **~sektor** *m*

[PCC] / intermediate sector
Zwischenspeicher *m* [M] / temporary storage || [Algol] / intermediate data storage || ≗ (Teil des Arbeitsspeichers) [M] / intermediate memory || ≗ (s. Notizblockspeicher) || **≗ausgabesteuerung** *f* [ES] / buffer output control || **≗bereich** *m* [Sw] / save area
zwischenspeichern *v* [Dp] / buffer || [Dp, Sw] / to store temporarily || **auf Band ~** [Sw] / to dump on tape || **auf Platte ~** [Sw] / to dump on disk
Zwischenspeicher·parityfehler *m* [Sw] / fast memory parity error (FMPE) || **≗register** *n* [Dp] / buffer register || **≗steuerregister** *n* [CU] / scratchpad control register (SPCRS)
Zwischenspeicherung *f* [Sw] / temporary storage
Zwischen·stecker *m* [Hw, ES] / adapter plug || **≗stoppbefehl** *m* [Sw, ES] / breakpoint instruction || **≗string** *m* [Sw] / intermediate string
Zwischensumme *f* [PC] / batch total, subtotal || [Th] / intermediate total
Zwischenträger-Frequenzmodulation *f* [TP] / subcarrier frequency modulation
Zwischen·überschrift *f* [HSP] / subheading || **≗verteiler** *m* [ES] / intermediate distributing frame (IDF), intermediate frame || **≗wahlzeichen** *n* [ES] / interdigital interval, interdigital pause || **≗weg** *m* (Koppler) [ES] / link || **≗wort** *n* [PCC] / intermediate word || **≗zyklus** *m* [PC] / intercycle, control cycle
Zwölferlochung *f* [PC] / twelve punch, Y punch
ZWR (s. Zwischenraumzeichen) || ≗ (s. Zwischenregister)
ZYF (s. Zyklusfehler)
Zyklen·abwicklung *f* [ES] / cycle processing || **≗index** *m* [Th] / cycle index, iteration index || **≗schachtelung** *f* [OS] / cycle interleaving || **≗zahl** *f* [Th] / cycle index, iteration index || **≗zähler** *m* [Th, Sw] / cycle counter, cycle index counter || **≗zählung** *f* [Sw] / cycle count || **≗zuteilung** *f* [ES] / cycle allocation
zyklisch *adj* [Th] / cyclic || **~ abfragen** [RDp] / poll (terminals, etc.) || **~es Abfragen** (von Eingabestationen usw.) [RDp] / polling || **~ abrufen** [RDp] / poll (terminals, etc.) || **~e Adreßfolge** [OS] / wraparound || **~e Ausführung von Funktionen** [Sw] / cycle execution of functions || **~e Blockprüfung** (DIN 44302, Apr. 1979) [DS] / cyclic redundancy check (CRC) || **~e Blocksicherung** [DS] / cyclic redundancy check (CRC) || **~er Code** [DS, Th] / cyclic code || **~er Dezimalcode** [DS, Th] / cyclic decimal code || **~es Kontrollbyte** [DS] / cyclic check byte (CCB) || **~e Kontrolle** [DS] / cyclic check (CC) || **~es Leitungssuchverfahren** (Rotary-Verfahren) [ES] / rotary, rotary hunting method || **~ magnetisierter Zustand** [M] / cyclically magnetized condition || **~e Magnetisierung** [M] / cyclically magnetized condition || **~e Permutation** [Th, DS] / cyclic permutation || **~e Programmierung** (im Gegensatz zu „gestreckte Programmierung") [Sw] / loop coding || **~e Programmroutine** [OS] / cyclical program activate routine || **~es Prüfbyte** [DS] / cyclic check byte (CCB) || **~e Prüfung** [DS] / cyclic check (CC) || **~es Prüfzeichen** (zur Fehlererkennung) [MCS, MD, Tr] / cyclic-redundancy-check character (CRCC), cyclical redundancy check character || **~e Stellenverschiebung** [Th] / cyclic shift, cycle shift || **~e Stellenwertverschiebung** [Th] / cyclic shift, cycle shift || **~es Suchverfahren** (Sammelanschluß) [ES] / rotary searching || **~e Umsättigung** [ES] / cyclical reversal of saturation || **~e Verschiebung** [Th] / cyclic shift, cycle shift || **~ vertauschter binärer Code** [Th] / reflected binary code || **~e Vertauschung** [Th, DS] / cyclic permutation || **~er Vorgang** [Th] / cyclic process
Zykloide *f* [Th] / cycloid || **gestreckte ≗** [Th] / curtate cycloid || **verkürzte ≗** [Th] / curtate cycloid
Zyklonfilter *n* [HSP] / cyclone filter
Zyklus *m* (beim Sortieren usw.) [Dp] / cycle || **Arbeitsweise mit festem ≗** [Dp] / fixed cycle operation, synchronous operation, synchronous working || **≗anforderung** *f* [ES] / cycle request
Zyklusanforderungs·auswahllogik (ZAL) *f* [ES] / cycle request selection logic || **≗-Normschnittstellenschaltung** *f* [ES] / cycle request standard interface circuit || **≗sperrlogik** *f* [ES] / cycle request inhibit logic
Zyklus·ausgabeband *n* [MT] / cycle output volume || **≗auswahlsteuerung (ZAS)** *f* [ES] / cycle selection control ||

~**band** *n* (beim Sortieren) [MT, Sw] / cycle volume || ~**einleitung** *f* [Sw] / cycle initialization routine

Zykluseinleitungs·einheit *f* [Sw] / cycle initialization unit || ~**routine** *f* [Sw] / cycle initialization routine

Zykluserlaubnis *f* [ES] / cycle permission logic

Zyklusfehler (ZYF) *m* [Sw] / cycle error || ~**meldung** *f* [Sw] / cycle error signal

Zyklusfolge *f* [Sw] / cycle sequence || ~**betrieb** *m* [ES] / sequential cycling

Zyklus·impuls *m* [CP] / commutator pulse, P pulse, position pulse, digit pulse || ~**index** *m* [Th] / cycle index, iteration index || ~**kriterium** *n* [Th] / cycle criterion || ~**paket** *n* [ES] / test cycle package || ~**puffer (ZP)** *m* [ES] / cycle buffer || ~**quittung** *f* [ES] / cycle acknowledgment || ~**spule** *f* [MT, Sw] / cycle volume || ~**start** *m* [Dp, NC] / cycle start || ~**steuerung** *f* [ES] / cycle control || ~**steuerungsprüfung** *f* [ES] / cycle control test || ~**voranmeldung** *f* [ES] / cycle preemption || ~**wunsch** *m* [ES] / cycle request || ~**zähler** *m* [Th, Sw] / cycle counter, cycle index counter || ~**zählregister (ZZR)** *n* [Dp] / cycle count register || ~**zählung** *f* [Sw] / cycle count

Zykluszeit *f* (DIN 44300, März 1972) [M] / cycle time || ~ **des Arbeitsspeichers** [M] / memory cycle time || ~**vergleicher (ZYZVGL)** *m* [ES] / cycle time comparator

Zylinder *m* [MCS] / cylinder || ~ **mit Stetigantrieb** [Fl] / cylinder with steady impulse || **geteilter** ~ [OS] / split cylinder || ~**adresse** *f* [PE] / cylinder address || ~**ende** *n* [PE, Sw] / end of cylinder || ~**funktion** *f* [Th] / cylindrical function, cylindrical harmonics || ~**grenze** *f* [PE] / cylinder boundary || ~**index** *m* [PE] / cylinder index || ~**koordinaten** *f pl* [Th] / cylindrical coordinates || ~**nummer** *f* [PE] / cylinder number || ~**spurindex** *m* [PE] / cylinder track index || ~**überlauf** *m* [PE] / cylinder overflow || ~**wechsel** *m* [MD] / cylinder changeover

ZYZVGL (s. Zykluszeitvergleicher)

ZZR (s. Zykluszählregister)

DATA SYSTEMS DICTIONARY

PART II

ENGLISH–GERMAN

Subject Field Codes – Sachgebietsschlüssel

AC	Automatic control	Steuer- und Regeltechnik
ADp	Analog data processing, Analog computers	Analogverarbeitung, -rechner
ALU	Arithmetic and logic units	Rechenwerk
ASw	Application software, User software	Anwendersoftware
CAI	Computer-assisted instruction	Rechnerunterstützter Unterricht
Calc	Calculators	Taschen- und Tischrechner, Elektronische Rechenmaschinen
Cir	Circuit technology	Schaltkreistechnik
Co	Components	Bauelemente
COM	Computer-output microfilm	COM
CP	Central processors, Central processing units	Zentralprozessoren, Zentraleinheiten
Cryp	Cryptography, Encryption	Kryptografie, Sprachverschlüsselung
CSw	Commercial/administrative software	Kommerzielle und administrative Software
CTW	Console typewriters	Bedienungsblattschreiber
CU	Control units	Steuerwerk, Leitwerk
Cy	Cybernetics	Kybernetik
Dist	Distribution and marketing	Absatz und Vertrieb
DOK	Basic concepts of documentation and information	Grundbegriffe der Dokumentation und Information
Dp	Data processing	Datenverarbeitung
DpC	Data processing centers (organization and operation)	Organisation und Betrieb von Rechenzentren
DS	Data security	Datensicherung
DT	Data terminals	Datenendgeräte
ES	Electronic switching (data and telegraph communication)	Nachrichtenvermittlung (Daten- und Fernschreibverkehr)
Fax	Facsimile transmission	Faksimileübertragung
Fl	Fluidic systems, Fluidics	Fluidiksysteme
GrDp	Graphic data processing	Grafische Datenverarbeitung
Hist	History of information processing	Geschichte der Informationsverarbeitung

HSP	Highspeed printers, Hard copy devices	Drucker, Hardcopy-Geräte
Hw	Hardware	Hardware, Materielle Ware
HyC	Hybrid computers	Hybridrechner
IC	Integrated circuits	Integrierte Schaltungen
IDS	Information and documentation systems	Informations- und Dokumentationssysteme
IO	Input-output equipment	Ein-Ausgabegeräte
KtD	Key-to-disk stations, Floppy-disk systems	Magnetplatten-Beschriftungsgeräte
KtT	Key-to-tape stations	Magnetband-Beschriftungsgeräte
LCS	Large and ultralarge computer systems	Groß- und Größtrechner
M	Memory and storage technology	Speichertechnik (einschl. Speicherorganisation)
MAT	Machine and machine-aided language translation, Terminology data base systems	Maschinenunterstützte und automatische Sprachübersetzung, Terminologie-Datenbanken
MC	Magnetic card equipment	Magnetkartentechnik
MCS	Microcomputer systems	Mikrocomputer, Kleinstrechner
MD	Magnetic disk equipment	Magnetplattentechnik
MDr	Magnetic drum equipment	Magnettrommeltechnik
Meas	Measuring technology, Instrumentation and control	Meß- und Leittechnik
MICR	Magnetic ink character recognition	Magnetschriftverarbeitung
Mid	Midi computers, Compact computers	Midicomputer, Kompaktrechner
Mp	Microprocessors	Mikroprozessoren
MPr	Microprogramming	Mikroprogrammierung
MT	Magnetic tape equipment	Magnetbandtechnik
NC	Numerical control	Numerische Steuerung, NC-Steuerung
OCR	Optical character recognition	Optische Zeichenerkennung, Belegverarbeitung
Off	Office machines and equipment	Büromaschinen, MDT
Org	Data systems organizations and institutions	Organisationen und Institute der Datentechnik
OS	Operating systems, System software	Betriebssysteme, Systemsoftware
PC	Punched card equipment	Lochkartentechnik
PCC	Process control computers	Prozeßrechner

PE	Peripheral equipment	Peripheriegeräte
PL	Programming languages	Programmiersprachen
PrC	Production control	Fertigungssteuerung, Produktionssteuerung
Priv	Data privacy	Datenschutz
PT	Punched tape equipment	Lochstreifentechnik
QC	Quality control, Quality assurance	Qualitätsprüfung, Qualitätssicherung
R&D	Research and Development	Forschung und Entwicklung
RDp	Remote data processing, Teleprocessing	Datenfernübertragung und -verarbeitung
Rep	Reprography, Microfilming	Reprografie, Mikrofilmtechnik
SA	Switching algebra	Schalt(ungs)algebra
Sc	Semiconductor technology	Halbleitertechnik
Serv	Servicing and maintenance	DV-Wartung
Sw	Software	Software, Immaterielle Ware
Term	Terminology	Terminologie
TES	Text editing and processing systems	Automatische Textverarbeitung
Th	Data processing theory and mathematics	Nachrichtenverarbeitungstheorie, Mathematische Grundlagen
TP	Teleprinters	Fernschreibtechnik
Tr	Data transmission, Communication	Datenübertragung und -übermittlung
TrL	Transmission lines	Nachrichtentechnische Leitungen
Typ	Electronic photocomposition	Rechner- und datenbankgesteuerter Satz
VC	Voice recognition and synthesizers	Spracherkennung und -synthese
VDT	Video data terminals, Display terminals	Datensichtgeräte, Bildsichtgeräte
VS	Virtual storage operating systems	Betriebssysteme für virtuelle Speicherung
Vtex	Videotex systems	Bildschirmtext- und Teletextsysteme
WS	Work scheduling	DV-Arbeitsvorbereitung

A

A-address register [CU] / A-Adreßregister
AAE (s. automatic answering equipment)
A-battery *n* / Heizbatterie
abbreviated address [ES] / Kurzadresse || ~ call [Sw] / Kurzaufruf || ~ dial code [ES] / Kurzrufnummer, Kurzwahlzeichen || ~ dialing [ES] / Kurzruf, Kurzwahl || ~ dialing table [ES] / Kurzruftabelle || ~ item [Dp] / abgekürzte Sortiereinheit || ~ repertory code dialing [ES] / Kurzruf, Kurzwahl
abnormal *adj* (termination, etc.) [Sw] / fehlerbedingt || ~ return address [Sw] / Adresse für Fehlerausgang || ~ statement [PL] / anormale Anweisung || ~ termination [Dp] / Abbruch, fehlerbedingte Beendigung, vorzeitige Beendigung || ~ termination message [Dp] / Abbruchmeldung || ~ termination of a program [Dp] / Abbruch eines Programmlaufs
abolish, to ~ a device assignment [Sw] / eine Gerätezuordnung aufheben
abort *v* [Dp] / (von laufendem Programm) (wegen Programmfehler oder Fehler in der Datenverarbeitungsanlage) abbrechen, aussteigen
abortion *n* (of program execution, etc.) [Dp] / Abbruch, fehlerbedingte Beendigung, vorzeitige Beendigung
above platen device [IO, Th] / Oberwalzenführung, Stachelradaufsatz
abscissa *n* [Th] / Abszisse, X-Koordinate || ~ axis [Th] / Abszissenachse, X-Achse
absence of feedback [Th, AC, Cy] / Rückwirkungsfreiheit || ~ of interaction [Th, AC, Cy] / Rückwirkungsfreiheit
absolute *adj* (value, etc.) [Sw] / absolut || ~ address [Sw] / absolute Adresse, Maschinenadresse, echte Adresse, tatsächliche Adresse, wirkliche Adresse || ~ addressing [Sw] / absolute Adressierung || ~ address resolution [PCC, OS] / Adreßabsolutierung || ~ assembler [OS] / absoluter Assembler, absoluter Assemblierer || ~ code [Sw, VC] / Maschinencode, Rechnercode || ~ coding [Sw] / Grundkodierung, echte Codierung || ~ coding (s. absolute programming) || ~ control system [NC] / Bezugsmaßsteuerungssystem || ~ convergence [Th] / absolute Konvergenz || ~ coordinates [NC] / Bezugsmaßkoordinaten || ~ delay [NC] / absolute Verzögerung || ~ error [Th] / absoluter Fehler || ~ expression [Sw] / absoluter Ausdruck || ~ instruction [Sw] / endgültiger Maschinenbefehl, vollständiger Maschinenbefehl || ~ limen [Cy] / Absolutschwelle || ~ limiting value [IC] / absoluter Grenzwert || ~ loader [OS] / Absolutlader, absoluter Lader || ~ maximum ratings [Sc] / absolute Grenzdaten || ~ measurements [NC] / Bezugsmaße || ~ measuring method [PCC] / Meßwerterfassung || ~ operation code [Sw] / absoluter Operationscode || ~ program loader [OS] / Absolutlader, absoluter Lader || ~ programming [Sw] / absolute Codierung, absolute Verschlüsselung, spezifische Codierung, Programmieren mit absoluten Adressen, Programmieren im Maschinencode || ~ programming [NC] / Bezugsmaßprogrammierung || ~ reflectance [OCR] / absolute Remission || ~ storage address [Sw] / absolute Speicheradresse || ~ symbol [PL] / absolutes Symbol || ~ system [Th] / absolutes Maßsystem || ~ term [Sw] / absoluter Elementarausdruck || ~ threshold [Cy] / Absolutschwelle || ~ track address [Dp] / absolute Spuradresse || ~ value [Th] / Absolutwert, Absolutbetrag || ~ value device [Dp, Meas] / Absolutwertgeber || ~ value representation [Th] / Absolutwertdarstellung || ~ value sign [Th] / Absolutwertzeichen || ~ vector [COM, GrDp] / absoluter Vektor || ~ vectors [GrDp] / Verbindung zweier Rasterpunkte || ~ zero [NC] / absoluter Maschinennullpunkt (Nullage)
absorption *n* [Sc] / Absorption
abstract *v* [IDS] / ein Referat anfertigen || *n* [DOK, IDS] / Kurzreferat, Referat, Kurzdarstellung || ~ automaton [Th] / abstrakter Automat || ~ journal [IDS] / Zeitschrift mit Kurzreferaten, Referatezeitschrift || ~ mathematics [Th] / reine Mathematik, abstrakte Mathematik || ~ number [Th] / reine Zahl, unbenannte Zahl
abstracts retrieval [DOK] / Referatretrieval (Methode, eine Suchfrage mit den Kurzreferaten von Dokumenten zu vergleichen und bei Übereinstimmung die zugehörige Dokumentationseinheit als

Treffereinheit zu selektieren)
abstract symbol [Sw] / reines Symbol, unbenanntes Symbol
a.c. (s. alternating current)
AG (s. accumulator)
accelerate *v* [TP] / (von Typenscheibe usw.) anlaufen
accelerated card feed [PC] / beschleunigte Kartenzuführung
acceleration program [OS] / Anlaufprogramm || ~ **time** [MT] / Startzeit (DIN 66010, Apr. 1973), Anlaufzeit, Beschleunigungszeit
accent *n* [Typ] / Akzent
accented character [Typ] / Akzentbuchstabe
acceptable *adj* [Th] / zulässig || ~ **quality level (AQL)** [QC, Sc] / akzeptables Gütemaß
acceptance *n* [Dist] / günstige Aufnahme (am Markt usw.) || ~ **certificate** [QC] / Abnahmeprotokoll || ~ **condition** [QC] / Übernahmebedingung || ~ **specification** [QC] / Abnahmebedingung || ~ **test** [MCS, QC] / Abnahmeprüfung (durch den Kunden) || ~ **test on site** [Hw, QC] / Abnahmeprüfung am Einsatzort || ~ **test procedure** [QC] / Abnahmeanweisung || ~ **value** [Cy] / Akzeptionswert
accepting station [RDp] / annehmende Datenstation
acceptor *n* [Sc] / Akzeptor (DIN 41852, Aug. 1978)
accept stacker [PC, OCR] / Normalablage, Normalfach, Normalablagefach || ~ **statement** [Cobol] / Annahmeanweisung
access *v* (file, data, etc.) [M, Th] / zugreifen auf || *n* [Mp, Dp] / Zugriff || **width of** ~ [Sw] / Zugriffsbreite || ~ **arm** [PE] / Zugriffsarm || ~ **control** [Priv, IDS] / Zugriffskontrolle || ~ **control register** [CU] / Zugriffskontrollregister || ~ **control word** [CU] / Zugriffskontrollwort || ~ **cycle** [PE, M] / Zugriffszyklus || ~ **instruction** [Sw] / Kommunikationsbefehl || ~ **level** [PE, M] / Zugriffsstufe || ~ **macro** [PL] / Zugriffsmakro || ~ **mechanism** [PE] / Zugriffsmechanik, Zugriffsmechanismus || ~ **method** [Cobol] / Zugriffsmethode || ~ **mode** [Cobol] / Zugriffsart
accessories *pl* [Hw] / Zubehör, Zubehörteile || ~ **kit** [Hw] / Beipack || ~ **list** [Th] / Zubehörliste
accessory *n* [Hw] / Zubehörteil || ~ **equalizer** [Tr] / Zusatzentzerrer || ~ **feature** [Hw, ES] / Zusatzeinrichtung
access speed [PE, M] / Zugriffsgeschwindigkeit || ~ **station** [M, OS] / Zugriffsstation || ~ **technique** [Dp] / Zugriffstechnik || ~ **time** [Cobol] / Zugriffszeit || ~ **time** (i.e., the time interval between the instant at which information is called for from storage, or ready for storage, and the instant at which delivery, or storage, is completed; cf. "search time") [PE, M] / Zugriffszeit (DIN 44300, März 1972)
accidental disclosure (of data, etc.) [Priv] / unbeabsichtigte Weitergabe (von Daten usw.)
acclimated paper [HSP] / klimatisiertes Papier
accommodate *v* / erfassen (= ausgelegt sein für)
a.c. controller [Sc] / Wechselstromstelle
accounting computer [Dp] / Abrechnungscomputer || ~ **detail card** [PC] / Umsatzkarte || ~ **machine** (i.e., keyboard machine which prepares accounting records) [Hw, DpC] / Buchungsmaschine || ~ **machine** (i.e., punched card tabulator capable of reading cards and producing lists and totals) [Hw, Hist, PC] / Tabelliermaschine || ~ **routine** [Dp] / Abrechnungsroutine
Accrued Military Pay System (AMPS) [ASw] / Abrechnungssystem für die Besoldung der US-Streitkräfte
accumulate *v* [ALU] / akkumulieren
accumulated error [Sw] / akkumulierter Fehler, aufgelaufener Fehler, additiver Fehler
accumulated-totals punching [PC] / Einzelkartenverdichtung, Komprimieren von Daten auf Lochkarten
accumulated value [Th] / Endwert
accumulating counter [ALU] / Addierzähler, Saldierzähler || ~ **reproducer** [PC] / Saldierdoppler || ~ **speed** [PC, Off] / Sammelganggeschwindigkeit
accumulator (AC) *n* [ALU] / Akkumulator (DIN 44300, März 1972), Akkumulatorregister || ~ **contents** [ALU] / Akkumulatorinhalt || ~ **identification** [ALU] / Akkumulatorkennzeichnung || ~ **latch** [Mp] / Akkumulator-Signalspeicher || ~ **register** [ALU] / Akkumulator (DIN 44300, März 1972), Akkumulatorregister || ~ **shift** [ALU] / Stellenverschiebung im Akkumulator

accuracy *n* [NC] / Maßstabgenauigkeit (Raster, Lineal oder Gitter) || ~ (i.e., nearness of a calculated result to the correct value; cf. "precision") [Th] / Genauigkeit, Fehlerfreiheit, Sicherheit (Reziprokwert der Zeichenfehlerhäufigkeit) || ~ (of data, etc.) [Priv] / Richtigkeit (von Daten usw.) || ~ **check** [Dp] / Genauigkeitsprüfung || ~ **control character** [Dp] / Genauigkeitskontrollzeichen || ~ **control system** [Tr] / Fehleranzeige- und -korrektursystem || ~ **of hole spacing** [TP] / Teilungsgenauigkeit || ~ **of recording** [PE] / Aufzeichnungsgenauigkeit

ACE (s. automatic calling equipment)

ACIA (s. asynchronous communications interface adapter)

ACK (s. positive acknowledgment)

acknowledge *v* [PCC, RDp] / quittieren, bestätigen || ~ **character** [RDp] / Quittungszeichen, Zeichen für positive Rückmeldung || ~ **character generator** [RDp] / Quittungsgeber || ~ **message** [RDp] / Quittung, Bestätigungsmeldung, Rückmeldung (Nachricht) || ~ **signal** (for interrupt request, etc.) [Mp] / Quittungssignal

acknowledgment *n* [RDp] / Quittung, Bestätigungsmeldung, Rückmeldung (Nachricht) || ~ **bit** [Tr] / Quittungsbit, Rückmeldebit || ~ **call** [PCC] / Quittungsaufruf || ~ **enable signal** [Tr] / Quittungsfreigabe || ~ **identifier** [ES] / Quittierungskennzeichen || ~ **priority** [ES] / Rückmeldepriorität || ~ **request** [RDp] / Quittungsanforderung, Quittungsaufforderung

ACM (s. Association for Computer Machinery)

a.c. mains [DpC] / Netz (Wechselstrom) || ~ **network** [DpC] / Wechselstromnetz

ACO (s. adaptive control optimization)

acoustic coupler [Tr] / akustischer Koppler (DIN 44302, Apr. 1979) || ~ **delay** [Cir] / akustische Verzögerung || ~ **delay line** [Cir] / akustische Verzögerungsstrecke, akustische Verzögerungsleitung || ~ **memory** [M] / akustischer Laufzeitspeicher, akustischer Speicher || ~ **response** [IO, VC] / akustische Beantwortung || ~ **signal** [RDp, Tr] / akustisches Signal || ~ **signalizer** [PCC] / akustische Signaleinrichtung

acousto-optical *adj* [HSP] / akustooptisch || ~ **converter** [HSP] / akustooptischer Wandler || ~ **deflection unit** [HSP] / akustooptische Ablenkeinheit

a.c. power network [DpC] / Wechselstromnetz

acquire, to ~ data [DT] / Daten erfassen

acronym *n* [Sw] / Akronym

a.c. signal [Tr] / Wechselspannungssignal

action *n* [DpC] / Bedienungsmaßnahme, Maßnahme des Operateurs, Bedienungsvorgang || ~ **chart** [Sw, NC] / Funktionsdiagramm || ~ **coating** [HSP] / Kopierschicht (bei Durchschreibpapier) || ~ **control bit** [Sw] / Aktionskontrollbit || ~ **line** [VDT] / Abtastlinie || ~ **line** [NC] / Funktionslinie || ~ **paper** (s. noncarbon paper) || ~ **period** [VDT] / Abtastzeit || ~ **period** [NC] / Funktionszeit, Operationszeit || ~ **point** [TP, CTW] / Druckpunkt (beim Niederdrücken einer Taste) || ~ **potential** [Cy] / Aktionspotential, Spike || ~ **spot** [VDT] / Abtastpunkt

activate *v* [Dp] / einschalten, aktivieren || **to ~ a file** [Sw] / eine Datei zur Verarbeitung bereitstellen || **to ~ a gate** [Cir] / ein Gatter ansteuern, ein Gatter anreizen || **to ~ a macro** [Sw] / einen Makro aufrufen || **to ~ a routine** [Sw] / eine Routine anspringen || ~ **button** [Hw] / Startknopf

activated charcoal filter [HSP] / Aktivkohlefilter

activation *n* [Dp] / Einschaltung, Aktivierung || ~ **energy** [Sc] / Aktivierungsenergie || ~ **of a gate** [Cir] / Ansteuerung eines Gatters, Anreizung eines Gatters || ~ **point** [Sw] / Einschaltpunkt

active circuit [Cir] / aktive Schaltung || ~ **computer** [Dp] / arbeitende Rechenanlage || ~ **device** [Sc] / aktives Bauelement || ~ **element** [Cir] / aktives Glied, aktives Element || ~ **level** [Cir] / aktiver Pegel (einer digitalen elektrischen Größe an einem Eingang einer Folgeschaltung) || ~ **line** [RDp] / aktive Leitung || ~ **page** [VS] / aktive Seite || ~ **page frame** [VS] / aktiver Seitenrahmen || ~ **platform exhaust key** [OCR] / Luftauslaßtaste || ~ **program** [OS] / aktuelles Programm, laufendes Programm || ~ **station** [RDp] / aktive Datenstation || ~ **storage** [M] / Aktivspeicher, aktiver Speicher || ~ **task** [Dp] / aktive Aufgabe, aktiver Task || ~ **task** (s. active program) || ~ **transducer** [PCC] / aktiver Wandler || ~ **transition** [Cir] / aktiver

Pegelübergang (einer digitalen elektrischen Größe an einem Eingang einer Folgeschaltung)
activity bit [ES] / Tätigkeitsbit || ~ **count** [Sw] / Bewegungszählung || ~ **file** [Dp] / Änderungsdatei, Fortschreibungsdatei, Bewegungsdatei || ~ **indicator** [ES] / Tätigkeitsanzeige || ~ **level** [Sw] / Bewegungsstufe || ~ **log** [Dp] / Änderungsprotokoll || ~ **number** [Sw] / Ressortnummer || ~ **rate** [Sw, IDS] / Bewegungshäufigkeit || ~ **ratio** [Sw, IDS] / Bewegungshäufigkeit || ~ **register** [ES] / Tätigkeitsregister (TR) || ~ **schedule** [ES] / Tätigkeitenablaufplan
actual address [Sw] / absolute Adresse, Maschinenadresse, echte Adresse, tatsächliche Adresse, wirkliche Adresse || ~ **argument** [Fortran] / Aktualparameter || ~ **data** [Sw] / eigentliche Daten || ~ **decimal point** [Cobol] / Druckdezimalpunkt || ~ **device** [Hw] / aktuelles Gerät || ~ **hours** [DpC] / effektive Arbeitsstunden || ~ **instruction** [Sw] / effektiver Befehl, endgültiger Befehl || ~ **key** [Cobol] / (aktueller) Adreß-Schlüssel || ~ **parameter** [Algol] / Aktualparameter || ~ **parameter list** [Algol] / Aktualparameterliste || ~ **parameter part** [Algol] / Aktualparameterteil || ~ **patch card** [Dp] / Korrekturdatenkarte || ~ **value** [ALU] / Direktwert (bei Operanden) || ~ **value** [Sw] / Istwert
actuarial statistics [ASw] / Versicherungsstatistik
actuate *v* [Hw] / drücken (Taste)
actuating variable (of automatic control system) [AC] / Steuergröße, Stellgröße
actuator *n* [PCC] / Stellantrieb
ACU (s. automatic calling unit)
acutance *n* [OCR] / Konturenschärfe
acute angle [Th, GrDp] / spitzer Winkel
a.c. voltage [Th] / Wechselspannung
acyclic process [Dp] / azyklischer Vorgang, aperiodischer Vorgang
Adabas *n* (= adaptable data base management system) [IDS] / Adabas (Datenbank-Managementsystem der Software AG mit Zugriff über invertierte Dateien für abfrageintensive Aufgaben) (Rtm.)
ADAPSO (s. Association of Data Processing Service Organizations)
ADAPT (Air Material Command Developed APT) [PL] / ADAPT (Programmiersprache für numerische Steuerung)
adaptation *n* [Cy] / Adaptation, Anpassung
adapter *n* [Hw] / Adapter, Anpassungsgerät || [Hw, DT] / Geräteanschluß || ~ **base** [Hw] / Rahmen für Geräteanschluß || ~ **board** [Hw] / Anschlußbaugruppe || ~ **circuit** [TP] / Anpassungsschaltung, Schnittstellenanpassung || ~ **for printed circuit boards** [Co] / Flachbaugruppen-Adapter, Prüfadapter (Schaltungsplatte) || ~ **plug** [Hw, ES] / Zwischenstecker || ~ **unit** [Hw] / Adapter, Anpassungsgerät
adaptive *adj* [Hw, Cy] / adaptiv, anpassungsfähig, organisationsfähig, lernfähig || ~ **control** [NC] / adaptive Steuerung || ~ **control optimization (ACO)** [PCC, AC, PrC] / ACO (Optimierregelung, die mit Hilfe eines Prozeßmodells den Fertigungsprozeß zu einem Optimierungsziel führen soll) || ~ **control system** [NC, Cy] / adaptives Steuersystem, anpassungsfähiges Steuersystem || ~ **delay equalizer** [Tr] / adaptiver Laufzeitentzerrer || ~ **process model** [PCC] / adaptives Prozeßmodell (DIN 66201, Aug. 1971)
ADC (s. analog-to-digital converter)
A-D conversion [PCC] / Analog-Digital-Umsetzung, A/D-Umsetzung || ≗ **converter** [PCC] / Analog-Digital-Umsetzer (ADU) (DIN 66201, Aug. 1971), A/D-Umsetzer, Analog-Digital-Wandler, A/D-Wandler
add *v* (information, etc.) [ASw, MAT] / ergänzen || ~ **builtin function** [PL/1] / (eingebaute) Additionsfunktion || ~ **carry** [ALU] / Additionsübertrag, Übertrag
addend *n* [Th, ALU] / Addend (2. Summand) || ~ **register** [ALU] / Addendenregister, Summandenregister
adder [ALU] / Addierglied (DIN 44300, März 1972), Volladdierglied, Addierwerk
adder-subtracter *n* [ALU] / Addier-Subtrahierwerk, Addier-Subtrahiereinrichtung
add function [PL/1] / (eingebaute) Additionsfunktion
adding circuit [ALU] / Addierschaltkreis, Additionsschaltung || ~ **counter** [ALU] / Addierzähler, Saldierzähler || ~ **machine** [Off] / Addiermaschine, Additionsmaschine, Ein-Spezies-

Maschine || ~ **operator** [Algol] / Summationsoperator || ~ **tape** [Hw] / Additionsstreifen || ~ **wheel** [Off] / Additionsrad
add instruction [Sw] / Addierbefehl, Additionsbefehl
addition *n* [Th, ALU] / Addition
additional addressing [Sw] / erweiterte Adressierung || ~ **area** [Sw] / Hilfsbereich || ~ **area** [RPG] / zusätzlicher Ein-Ausgabebereich || ~ **bit** [Tr] / Zusatzbit || ~ **character** (s. special character) || ~ **indexing** [ES] / Zusatzindizierung || ~ **information** / Zusatzinformationen, zusätzliche Angaben || ~ **instruction** [Sw] / Zusatzbefehl || ~ **logic** [Mp] / Zusatzlogik || ~ **read station** [PC] / zusätzliche Lesestation || ~ **text** [Sw] / zusätzlicher Text
addition record [Dp, Sw] / Zusatz, Zusatzdatensatz || ~ **slip** [Hw] / Additionsstreifen || ~ **table** [ALU] / Additionstabelle
additive code [Th] / additiver Code
add key [Calc] / Additionstaste || ≗ **normalized** (floating point) [OS, Lisp] / Gleitpunktaddition normalisiert (GAN)
add-on memory [M] / Arbeitsspeichererweiterung (Hardware), Erweiterungsspeicher || ~ **memory** [MCS] / statischer Speicher
add-punch machine [PT, PC, Off] / Addierlocher, Additionsstanzer
addr builtin function [PL/1] / (eingebaute) Adreßfunktion
address *v* [Sw] / adressieren || *n* [M, Sw] / Adresse (DIN 44300, März 1972) || **n-plus-one** ~ **instruction** [Sw] / (n + 1)-Adreßbefehl || **rightmost** ~ [Sw, ES] / Endadresse
addressability *n* [PE, M] / Adressierbarkeit
addressable *adj* [PE, M] / adressierbar, aufrufbar || ~ **by position** [M] / stellenweise adressierbar || ~ **location** [Sw] / aufrufbarer Speicherplatz || ~ **storage** [M] / adressierbarer Speicher
address adder [ALU] / Adreßaddierer || ~ **adjustment** [Sw] / Adressenkorrektur, Adreßkorrektur || ~ **appendix** [M] / Adressenanhang, Adreßanhang || ~ **appendix register** [M] / Adressenanhangregister || ~ **arithmetic** [Sw] / Adressenberechnung, Adressenrechnung, Adressenarithmetik, Adreßrechnung || ~ **array** [Sw] / Adressenfeld, Adreßfeld || ~ **assignment** [Sw] / Adressenzuweisung, Adreßzuordnung, Adreßzuweisung, Adressenzuordnung || ~ **availability table** [M] / Freiliste (für Speicherplatz) || ~ **blank** [Sw] / Adressenleerstelle || ~ **buffer** [Mp] / Adressenpuffer || ~ **bus** [Mp] / Adreßbus, Adressenbus || ~ **calculation** [Sw] / Adressenberechnung, Adressenrechnung, Adressenarithmetik, Adreßrechnung || ~ **call** [ES] / Adressenaufruf || ~ **card** [PC] / Adressenkarte, Adreßkarte || ~ **chaining** [Sw] / Adressenverkettung, Adreßverkettung || ~ **character** [Tr] / Adressenzeichen, Adreßzeichen || ~ **checking** [Sw] / Adressenprüfung, Adreßprüfung || ~ **code** [Sw] / Adreßcode, Adressencode, Adressierungscode || ~ **code format** [Sw] / Adreßcodeformat, Adressencodeformat, Adressierungscodeformat || ~ **code multiplexing method** [RDp] / Adreßcodemultiplexverfahren, Adressencodemultiplexverfahren || ~ **code selection** [ES] / Adreßcodeansteuerung, Adressencodeansteuerung || ~ **compilation instruction** [Sw] / Adreßrechnungsbefehl || ~ **computation** [Sw] / Adressenberechnung, Adressenrechnung, Adressenarithmetik, Adreßrechnung || ~ **computation instruction** [Sw] / Adreßrechnungsbefehl || ~ **constant** [PL] / Adreßkonstante, Adressenkonstante || ~ **constant literal** [PL] / Adreßkonstantenliteral || ~ **control** (control unit) [PCC] / Adressensteuerung || ~ **control feature** [PCC] / Adressensteuerung || ~ **conversion** [Sw] / Adressenumwandlung, Adressenumsetzung, Adressenumrechnung || ~ **decoder** [CU] / Adreßdecodierer, Adressendecodierer || ~ **decoding** [CU] / Adreßdecodierung, Adressendecodierung || ~ **definition** [Sw] / Adressendefinition, Adreßdefinition
addressed memory [M, Dp] / volladressierter Speicher || ~ **storage** [M, Dp] / volladressierter Speicher
address error [Sw] / Adressierungsfehler, Adressenfehler || ~ **expression** [PCC] / Adreßausdruck || ~ **field** [Sw] / Adressenfeld, Adreßfeld || ~ **file** [OS] / Adressendatei, Adreßdatei || ~ **format** [Sw] / Adressenformat, Adreßformat ||

~ **frame** [Sw] / Adreßteil (DIN 44300, März 1972), Adressenteil (eines Befehlswortes) || ~ **halt** [ASw] / Adressenhalt || ~ **halt control** [ASw] / Adressenhaltsteuerung || ~ **header** [Sw] / Adressenkopf, Adreßkopf || ~ **index** [M, Sw] / Adressenindex, Adreßindex

addressing *n* [Sw] / Adressiermethode, Adressierung || ~ **error** [Sw] / Adressierungsfehler, Adressenfehler || ~ **format** [Sw] / Adressenformat, Adreßformat || ~ **matrix** [Sw] / Adressierungsmatrix || ~ **module** [Sw] / Adreßblock || ~ **signal** [RDp] / Adressiersignal || ~ **switch** [PCC] / Adressenschalter || ~ **system** [Sw] / Adressiersystem || ~ **unit** [PCC, Assembler] / Adressierungseinheit

address input register [CP] / Adreßeingaberegister || ~ **instruction** [Sw] / Adreßbefehl || ~ **interpreter** [ES] / Adressenauswerter || ~ **key register** [PL] / Adreß-Schlüsselregister || ~ **latch** [Mp] / Adressen-Signalspeicher

addressless instruction [Sw] / adressenloser Befehl, adressenfreier Befehl || ~ **instruction format** [Sw] / adressenloses Befehlsformat, adressenlose Befehlsstruktur, adreßloses Befehlsformat

address level [PCC, Sw] / Adreßpegel || ~ **level directive** [PCC] / Adreßpegelanweisung, AP-Anweisung || ~ **line** [ES] / Adressenleitung, Adreßleitung || ~ **marker** [PE, ES] / Adressenmarke, Adreßmarke, Blockanfangsmarke || ~ **modification** [Sw] / Adressenänderung, Adressenmodifikation, Adreßmodifikation || ~ **modification through index registers** [RDp, Tr] / Adressenmodifikation durch Indexregister || ~ **panel** [HSP] / Adreßfeld (im Wartungsfeld) || ~ **part** [Sw] / Adreßteil (DIN 44300, März 1972), Adressenteil (eines Befehlswortes) || ~ **pattern** [Sw] / Adressenform, Adreßform || ~ **portion** [Sw] / Adreßteil (DIN 44300, März 1972), Adressenteil (eines Befehlswortes) || ~ **range** [VS] / Adreßbereich || ~ **read wire** [M] / Adressenlesedraht || ~ **reference number** [PE, OS] / Adressenschlüssel || ~ **register** [CU] / Adressenregister, Adreßregister || ~ **section** [Sw] / Adreßteil (DIN 44300, März 1972), Adressenteil (eines Befehlswortes) || ~ **selection** [Tr] / Adressenauswahl, Adressensteuerung, Adressenansteuerung || ~ **selection switch** [Tr] / Adressenauswahlschalter || ~ **selection unit** [Tr] / Adressenauswahleinrichtung || ~ **sequence** [CP] / Adressenfolge, Adreßfolge || ~ **space** [Sw] / Adressierungsbereich || ~ **space** [VS] / Adreßraum || ~ **stop** [Sw] / Adressenstopp || ~ **substitution** [Sw, ES] / Adressensubstitution, Adreßsubstitution || ~ **substitution bit** [ES] / Substitutionsbit || ~ **substitution cell** [ES] / Substitutionszelle || ~ **system** [Sw] / Adressensystem || ~ **table** [OS] / Adreßbuch (Tabelle, in der symbolische Adressen mit den zugehörigen echten Adressen aufgeführt sind) || ~ **track** [MDr] / Adreßspur || ~ **transfer** [ES] / Adressendurchlauf, Adreßdurchlauf || ~ **translation** [VS, Sw] / Adreßumsetzung, Adreßumrechnung, Adressenübersetzung || ~ **value** [PL] / Adreßwert || ~ **value attribute** [PL] / Adreßattribut || ~ **wire** [M] / Adressendraht || ~ **write wire** [M] / Adressenschreibdraht

addr function [PL/1] / (eingebaute) Adreßfunktion

add statement [Cobol] / Additionsanweisung

add-subtract time [ALU] / Additions-Subtraktionszeit

add time [ALU] / Additionszeit

ADE (s. automated design engineering)

adhesive rule tape (for lines) [HSP] / Haftlinienfilm || ~ **rule tape for screening** [HSP] / Rasterhaftlinienfilm || ~ **splicing tape** [HSP] / Selbstklebefilm (Band)

adjacent *adj* [Dp] / benachbart || ~ **angle** [Th] / Nebenwinkel || ~ **channel** [DT, Tr] / Nachbarkanal, benachbarter Kanal

adjacent-channel interference [Tr] / Störung durch den Nachbarkanal || ~ **selectivity** [Tr] / Trennschärfe gegen den Nachbarkanal, Nahselektion

adjoint matrix [Th] / adjungierte Matrix || ~ **system** [Th] / adjungiertes System

adjust *v* [Th] / berichtigen || [Hw] / einstellen

adjustable *adj* [Dp] / dynamisch || ~ (line spacing, etc.) [Hw] / einstellbar, verstellbar || ~ **card aligner** [PC] / verstellbarer Kartenanschlag || ~ **dimension** [Fortran] / veränderbare Indexgrenze || ~ **key touch** [TES] / verstellbare Anschlagstärke (bei

Eingabetastatur) || ~ **penetration control** (on printer, etc.) [HSP, TP] / verstellbare Anschlagstärke || ~ **point** [Sw] / einstellbares Komma || ~ **speed drive** [NC] / Antrieb mit einstellbarer Geschwindigkeit
adjust bound pairs [PL/1] / (Index)grenzenanpassung
adjusting knob [HSP] / Stellknopf
adjustment chart [Serv, TP] / Abgleichliste || ~ **instructions** [Serv] / Einstellvorschrift || ~ **procedure** [Serv] / Einstellanleitung || ~ **range** [HSP] / Verstellbereich || ~ **work** [Serv] / Justierarbeiten
administrative data processing [CSw] / administrative Datenverarbeitung
admissibility (s. legitimacy)
admissible character [OCR, Tr] / zulässiges Zeichen || ~ **mark** [OCR] / zulässige Markierung
admittance*n* [Cir] / Admittanz, Scheinleitwert || ~ **coefficient** [Sc] / Y-Parameter (bezogener Leitwert) || ~ **matrix** [Cir, Sc] / Admittanzmatrix, Leitwertmatrix
ADP (s. automatic data processing)
ADPS (s. automatic data processing system)
A-D switch [Cir] / Analog-Digital-Schalter (DIN 40700 T18, Okt. 1969), A/D-Schalter
advance block [ES] / Vorblock
advanced arithmetical operations [Th] / höhere Rechnungsarten || ~ **feed holes** [PT] / vorgezogene Transportlochung || ~ **priority scheduling** [Dp] / Steuerung mit vollem Vorrang || ~ **read** [PE] / vorgezogenes Lesen, Vorauslesen || ~ **stacked job processing** [Sw] / erweiterte sequentielle Jobbearbeitung
advance feed holes [PT] / vorgezogene Transportlochung || ~ **feed tape** [PT] / Lochstreifen mit vorgezogenen Transportlochungen || ~ **increment** [TP] / Vorschubschritt (Farbband)
advancing key [IO, PT, TP] / schreibende Taste mit Vorschub
AFC (s. automatic frequency control)
after advancing option [Cobol] / Nach-Vorschub-Angabe || ~ **builtin function** [PL/1] / (eingebaute) Folgenende-Funktion || ~ **function** [PL/1] / (eingebaute) Folgenende-Funktion
after-image*n* [Sw] / Nachabbild, Nachbild || ~ **block** [Sw] / Nachabbildblock || ~ **log** [Sw] / Nachabbild, Nachbild
after option [Cobol] / (weitere) Veränderungsangabe
after-point alignment [Sw] / stellengerechte Ausrichtung
after-sales commitment [Dist] / Nachfolgeverantwortung || ~ **service** [Serv] / Kundendienst (Dienstleistung)
AGC amplifier [AC] / Regelverstärker || ~ **range** [AC] / Pegelregelbereich
aged data [Priv] / veraltete Daten
ageing (s. aging)
agent's set [Dp, RDp, Tr] / Buchungsplatz, Buchungsstation
aggregate*n* [PL/1] / Datenverbund || ~ **level** [Tr] / Summenpegel || ~ **signal** [Tr] / Summengemisch
aging*n* [Sc, Hw] / Alterung
Aiken code [Th, Tr] / Aiken-Code
AIR (s. attention interrupt request)
air bearing [MD] / Luftlager, Luftpolster
airborne computer [MCS, Dp, AC] / Bordcomputer (in einem Flugkörper oder Luftfahrzeug)
air circulation [DpC] / Umluft || ~ **conditioner** [DpC] / Klimaanlage || ~ **conditioning equipment** [DpC] / Klimaanlage || ~ **cushion** [MD] / Luftlager, Luftpolster || ~ **duct** [Hw] / Luftkanal, Lüftungskanal
airflow*n* [Hw] / Luftführung || ~ **rate** [Hw] / Luftstromgeschwindigkeit
air pressure switch [HSP] / Luftdruckschalter
alarm circuit [Hw] / Alarmleitung || ~ **condition information** [ES] / Alarmzustandsinformationen || ~ **current** [Hw] / Alarmstrom || ~ **display** [Hw] / Alarmanzeige || ~ **equipment** [Hw] / Alarmeinrichtungen || ~ **group register** [PCC] / Alarmgruppenregister || ~ **indication** [Hw] / Alarmanzeige || ~ **inhibit** [Hw] / Alarmsperre || ~ **inhibit mode** [OS] / Fehlerunterdrückungsmodus || ~ **message** [ES, Tr] / Fehlermeldung, Fehlernachricht || ~ **module** [Hw] / Alarmbaugruppe || ~ **panel** [Hw] / Alarmtafel || ~ **repetition** [ES] / Signalwiederholung || ~ **signaling frame** [ES] / Gruppensignalrahmen, Signalrahmen || ~ **signal input** [PCC] / Alarmeingabe || ~ **signal processing routine** [PCC] / Alarmbearbeitungsprogramm || ~ **signal recorder** [PCC] / Meldedruckeranlage || ~ **station** [ES] / Alarmstation
ALCOR code (ALgol COnverteR code)

[Th] / ALCOR-Code || ≗ **group** (of companies and institutions) [Org] / ALCOR-Gruppe
ALD (s. automated logic diagram)
alert *n* [Th] / Warnsignal || ~ **signal** [TP] / Alarmsignal
algebra, Boolean ~ [Th, SA] / boolesche Algebra, Algebra der Logik, symbolische Algebra, Ereignisalgebra || **logic** ~ [SA] / Schaltalgebra, Schaltungsalgebra, Algebra der Schaltnetzwerke
algebraic *adj* [Th, Sw] / algebraisch || ~ **adder** [Cir, CP, ALU] / algebraischer Addierer || ~ **equation** [Th] / algebraische Gleichung || ~ **function** [Th] / algebraische Funktion || ~ **linguistics** [Term, MAT] / algebraische Linguistik
ALGOL (ALGOrithmic Language) [PL] / ALGOL || ≗ **compiler** [OS] / ALGOL-Übersetzer || ≗ **program** [Sw] / ALGOL-Programm
algorithm *n* (i.e., a set of instructions for the solution of a specific problem) [Th] / Algorithmus || ~ **development** [Th] / Algorithmisierung
algorithmic *adj* [Th] / algorithmisch || ~ **language** [Th] / algorithmische Formelsprache, algorithmische Sprache || ~ **method** [Th] / Algorithmusmethode
algorithmization *n* [Th] / Algorithmisierung
algorithmize *v* [Th] / algorithmisieren (in eine Folge gleichartiger Einzelschritte zerlegen)
alias *n* [Dp] / Pseudonym || [OS] / Alias, Parallelbezeichnung
align, to ~ on word boundary [Sw] / auf Wortgrenze ausrichten
aligned *adj* [PL/1] / ausgerichtet
aligner *n* [PC] / Justierschiene || ~ **bar** [PC] / Justierschiene || ~ **finger** [PC] / Kartenausrichtfinger || ~ **gate** [PC] / Kartenausrichter || ~ **station** [PC] / Ausrichtstation
alignment *n* [Cobol] / Ausrichtung || [PL/1] / Ausrichtung || ~ **bit** [ES] / Synchronisierbit (Envelope) || ~ **boundary** [Dp] / integrale Grenze || ~ **edge** [PC] / Führungskante || ~ **error** [OS] / falsche Ausrichtung || ~ **function** [ES] / Abschnittstrennung || ~ **mark** [Algol] / Vorschubzeichen || ~ **procedure** [Sc] / Ausrichtungsvorgang || ~ **roller** [PC] / Ausrichtrolle
all-channel decoder [Tr] / Mehrkanaldecodierer
all-codes holes (as used in deleted representation) [PT] / Vollochung (Lochung über alle Spuren eines Lochstreifens, z.B. als Lösch- bzw. Irrungszeichen)
alligator clip [Hw] / Quetschklammer
all-line repeat printing [PC] / Allzeilen-Folgekartenbeschriftung
allocatable *adj* (memory space, etc.) [Sw, M] / belegbar
allocate *v* (memory space, etc.) [Sw, M] / zuweisen, zuordnen || ~ (device, etc.) [OS] / belegen, reservieren || **to ~ a device** [OS] / ein Gerät belegen
allocated *adj* [OS] / belegt (Gerät) || ~ **storage** [PL/1] / zugeordneter Speicher
allocate statement [PL/1] / (Speicher)zuordnungsanweisung
allocation *n* [PL/1] / (Speicher)zuordnung || ~ (of memory space, etc.) [Sw, M] / Zuweisung, Zuordnung || ~ **and loading program** [Sw] / Zuordnungs- und Ladeprogramm || ~ **builtin function** [PL/1] / (eingebaute) Zuordnungsanzahl-Funktion || ~ **counter** [Hw] / Zuordnungszähler || ~ **date** [Sw] / Zuweisungsdatum || ~ **function** [PL/1] / (eingebaute) Zuordnungsanzahl-Funktion || ~ **of memory cycles** [PCC] / Zuteilung von Speicherzyklen || ~ **parameter** [ES] / Zuordnungsparameter || ~ **plan** [M] / Zellenplan || ~ **register** [ES] / Zuordnungsregister || ~ **table** [ES] / Zuordnungsliste, Zuordnungsübersicht, Zuweisungsliste
allocator *n* [Sw] / Zuordner || ~ **routine** [Sw] / Zuordnungsroutine
allowed band [Sc] / erlaubtes Band || ~ **number range** [PCC] / zugelassener Zahlenbereich
alloy bulk diffused-base transistor [Sc] / ABD-Transistor || ~ **bulk diffusion technique** [Sc] / ABD-Technik || ~ **diffused-base transistor** [Sc] / AD-Transistor || ~ **diffusion technique** [Sc] / AD-Technik
alloyed junction [Sc] / legierter Zonenübergang (DIN 41852, Aug. 1978), legierter Übergang (DIN 41852, Aug. 1978) || ~ **transistor** [Sc] / legierter Transistor, Legierungstransistor
alloy junction [Sc] / legierter Zonenübergang (DIN 41852, Aug. 1978), legierter Übergang (DIN 41852, Aug. 1978) || ~ **junction transistor** [Sc] / legierter Transistor,

Legierungstransistor || ~ **transistor** (s. alloyed transistor)
all-purpose computer [Dp] / Universalrechenanlage, Universalrechner
all space combination [ES] / Fünf mal minus || ~ **spacing combination** [ES] / Fünf mal minus
all-transistor *adj* [Cir] / volltransistorisiert
all-trunks-busy state [ES] / Gassenbesetztzustand, Überlastung
alphabet *n* [Algol] / Alphabet
alphabetic *adj* [Cobol] / alphabetisch || ~ **accounting machine** [PC, Off] / alphabetschreibende Tabelliermaschine
alphabetical (s. alphabetic)
alphabetic character [Typ] / alphabetisches Zeichen, Alphabetzeichen, Alphazeichen, Buchstabe || ~ **code** [Sw] / alphabetischer Code, Alphacode || ~ **coding** [Sw] / alphabetische Codierung, alphabetische Verschlüsselung, Alphacodierung, Buchstabenverschlüsselung || ~ **collating device** [PC] / Alphabetmischeinrichtung, Alphabetkartenmischer || ~ **collator** [PC] / Alphabetmischeinrichtung, Alphabetkartenmischer || ~ **data** [Th] / alphabetische Daten || ~ **data input** [RDp] / Alphaeingabe || ~ **duplicating punch** [PC] / Alphabetwiederholungslocher || ~ **element** [IDS] / Alphaordnungselement || ~ **index** bb [MAT] / alphabetischer Index || ~ **interpreter** [PC] / Alphabetlochschriftübersetzer, Alphalochschriftübersetzer || ~ **keypad** [TES] / Alphatastatur || ~ **order** [Dp] / alphabetische Reihenfolge, alphabetische Folge || ~ **print control** [PC] / alphabetische Schreibsteuerung || ~ **printing punch** [PC, NC] / Alphabetschreiblocher, Alphaschreiblocher || ~ **punch** [PC] / Alphabetlocher, alphabetischer Locher, alphanumerischer Locher || ~ **sequence** [Dp] / alphabetische Reihenfolge, alphabetische Folge || ~ **sort** [Dp] / Alphabetsortierung, Alphasortierung, alphabetische Sortierung || ~ **string** [Dp] / Buchstabenkette (desselben Alphabets) || ~ **telegraphy** [TP] / Fernschreiben, Buchstabentelegrafie || ~ **test** [Cobol] / Prüfung auf alphabetisch || ~ **verifier** [PC] / Alphabetlochprüfer, Alphaprüflocher, Alphabetprüflocher, Alphalochprüfer || ~ **verifier with electrical skipping device** [PC] / Alphabetlochprüfer mit elektrischer Springeinrichtung || ~ **word** [Sw] / alphabetisches Wort
alphabet strip [TP] / Alphabetschleife, Prüfschleife
alpha format [Algol] / Zeichenformat
alphameric *adj* [Th] / alphanumerisch (DIN 44300, März 1972) || ~ (cf. "alphanumeric") || ~ **address** [Sw] / alphanumerische Adresse
alphamerical (s. alphameric)
alphameric character [Th] / alphanumerisches Zeichen || ~ **character set** [HSP] / alphanumerischer Zeichenvorrat || ~ **code** [Th] / alphanumerischer Code || ~ **coding** [Th, Sw] / alphanumerische Codierung || ~ **coding system** [Sw] / alphanumerisches Codesystem || ~ **collator** (s. alphabetic collating device) || ~ **data** [Th] / alphanumerische Daten || ~ **data code** [Dp] / alphanumerischer Datencode || ~ **display** [VDT] / alphanumerische Anzeige || ~ **display tube** [Hw, Co] / alphanumerische Anzeigeröhre || ~ **instruction** [Sw] / alphanumerischer Befehl || ~ **item** [Sw] / alphanumerisches Datenwort || ~ **keyboard** [IO] / alphanumerische Tastatur || ~ **literal** [PL] / alphanumerisches Literal || ~ **notation** [DOK] / alphanumerische Notation (Notation, in der arabische Ziffern, Buchstaben des lateinischen Alphabets und Sonderzeichen zugelassen sind) || ~ **optical reader** [OCR] / alphanumerischer Klarschriftleser || ~ **printer** [HSP] / alphanumerischer Drucker || ~ **punch** [PC] / alphanumerischer Stanzer || ~ **punching** [PC] / alphanumerisches Stanzen || ~ **reader** [OCR] / alphanumerischer Leser || ~ **representation** [Sw] / alphanumerische Darstellung || ~ **storage** [PE] / Textspeicher, alphanumerischer Speicher || ~ **type bar** [HSP] / alphanumerische Typenstange || ~ **word** [Sw] / alphanumerisches Wort
alphanumeric *adj* [Cobol] / alphanumerisch || ~ (cf. "alphameric")
alphanumerical (s. alphameric)
alphanumeric character [Fortran] /

alphanumerisches Zeichen || ~ **collator** (s. alphabetic collating device) || ~ **conversion** [NC] / alphanumerische Umwandlung || ~ **display unit** [PCC] / Zeichen-Bildschirmeinheit
alpha processing [RDp, Tr] / Alphaverarbeitung
alteration (s. inclusive-OR operation) || ~ **command** [Sw] / Änderungsbefehl
alternate area [Cobol] / Wechselbereich || ~ **channel** [Tr] / Zweitkanal || ~ **channel number** [Tr] / Zweitkanalnummer || ~ **circuit** [Tr] / Ersatzschaltung || ~ **collating sequence** [RPG] / geänderte Zeichenfolge || ~ **communication** [Tr] / Wechselbetrieb, Halbduplexbetrieb || ~ **cylinder** [MD] / Ersatzzylinder, Reservezylinder || ~ **device** [IO, PE] / Wechselgerät, Wechseleinheit, Ausweichgerät || ~ **index** [VS, RDp] / Alternativindex || ~ **index cluster** [VS, RDp] / Alternativindex-Datenmenge, Alternativindex-Cluster || ~ **index entry** [VS, RDp] / Alternativindexeintragung || ~ **library** [Sw] / Zweitbibliothek
alternate-route *v* (traffic, call, etc.) [Tr] / umsteuern
alternate route (i.e., a secondary or backup communications path used if normal routing is not possible) [Tr] / Alternativweg, Ersatzweg, Umweg, Umsteuerweg, Ausweichleitweg
alternate-routed traffic [ES] / umgesteuerter Verkehr
alternate route trunk group [Tr] / Umwegbündel || ~ **routing** [ES] / Umweglenkung, Leitwegbestimmung || ~ **routing facilities** [ES] / Umsteuereinrichtung || ~ **sourcing** (of each other's products) / wechselseitiges Auftreten als Zweitlieferanten || ~ **tape** [MT] / Wechselband || ~ **tape drive** [MT] / Magnetbandwechseleinheit, Wechselbandeinheit, Wechselmagnetbandgerät || ~ **tape unit** [MT] / Magnetbandwechseleinheit, Wechselbandeinheit, Wechselmagnetbandgerät || ~ **text transfer** [RDp] / abwechselnde Textübertragung || ~ **track** [MD] / Ersatzspur || ~ **track address** [MD, Sw] / Ersatzspuradresse || ~ **track area** [MD] / Ersatzspurbereich, Ersatzspurenbereich || ~ **track assignment** [MD] / Ersatzspurzuweisung || ~ **track pool** [MD] / Ersatzspurbereich, Ersatzspurenbereich || ~ **trunk group** [ES, Tr] / Ausweichbündel || ~ **trunk routing** (s. automatic alternate routing) || ~ **unit** (i.e., a symbolic unit as a result of programmer direction) [IO, PE] / Wechselgerät, Wechseleinheit, Ausweichgerät
alternating current (a.c.) [Sc, Th] / Wechselstrom
alternation *n* (i.e., technique using two or more I/O units in an attempt to speed up I/O operations) [IO, PE] / Wechselgerätebetrieb
alternative channel [ES] / Ersatzkanal || ~ **collating sequence** [Dp] / wechselnde Sortierfolge || ~ **denial** (s. NAND operation) || ~ **instruction** [Dp] / Verzweigungsbefehl, Sprungbefehl || ~ **program** [Dp, Sw] / Ersatzprogramm || ~ **switching** [Dp] / Wechselbandschaltung || ~ **track** [MT] / Ersatzspur || ~ **unit** [Hw] / Ersatzgerät, Bereitschaftseinheit
alter statement [Cobol] / Schaltanweisung
ALU (s. arithmetic and logic unit)
AM (s. amplitude modulation)
ambient noise level [DpC] / Raumgeräusch, (mittlerer) Schallpegel (im DVA-Raum usw.) || ~ **temperature** [DpC] / Umgebungstemperatur (DIN 44110 T1, Sept. 1978)
ambiguity *n* [Th] / Mehrdeutigkeit, Vieldeutigkeit || ~ **error** [Th] / Übergangsfehler
ambiguous reference [Dp] / mehrdeutige Bezugnahme
amendment file (s. activity file) || ~ **record** [Sw] / Änderungssatz || ~ **tape** [MT, Dp] / Änderungsband
American National Standards Institute, Inc. (ANSI) [Org] / „American National Standards Institute, Inc." (US-amerikanische Organisation für die Entwicklung und Veröffentlichung von Industrienormen) || ≗ **Standard Code for Information Interchange (ASCII)** (pronounced "Áskee") [Th] / ASCII-Code (amerikanischer Standardcode für Informationsaustausch) || ≗ **Standards Association (ASA)** [Org] / „American Standards Association" (US-amerikanisches Institut für Normung, Vorläufer des „American National Standards Institute")
amount field [PC] / Betragsfeld || ~ **of shift** [ALU] / Anzahl der verschobenen Stellen
ampersand *n* (&) [IO, Th] / Und-Zeichen, kommerzielles Und (DIN 66009, Sept.

1977), Et-Zeichen
amplification factor [Tr] / Verstärkungsfaktor
amplifier *n* [Tr, Co] / Verstärker || ~ **module** [Tr] / Verstärkerbaugruppe
amplifying equipment [Tr] / Verstärkereinheit
amplitude change signaling [TP] / Amplitudentastung || ~ **distortion** [Th, Tr] / Dämpfungsverzerrung, Amplitudenverzerrung || ~ **filter** [Tr] / Amplitudenfilter || ~ **frequency response** [Th] / Amplitudencharakteristik
amplitude-modulated *adj* [Tr] / amplitudenmoduliert
amplitude modulation (AM) [Tr] / Amplitudenmodulation (AM) || ~ **response** [Tr] / Amplitudenabhängigkeit || ~ **sweep** [Th] / Amplitudenhub || ~ **swing** [Th] / Amplitudenhub
AMPS (s. Accrued Military Pay System)
analog *adj* [Th, ADp] / analog || ~ **adder** (i.e., a device which provides one output variable which is a weighted sum of two input variables) [ADp] / Summator, Summierer, Summierverstärker || ~ **brightness and deflection signal** [VDT] / analoges Hellsteuer- und Ablenksignal || ~ **channel** [Tr] / Analogkanal || ~ **circuit** [Cir, ADp] / Analogschaltkreis || ~ **computation** [ADp] / Analogrechentechnik (DIN 40700 T18, Okt. 1969) || ~ **computer** [ADp] / Analogrechner || ~ **control** [PCC] / analoge Steuerung (DIN 19237V, Feb. 1977) || ~ **control unit** [Typ, Rep] / Analogsteuerung || ~ **data** [PCC, ADp] / Analogdaten (DIN 66201E T1, Apr. 1979), analoge Daten (Daten, die durch eine stetig veränderliche physikalische Größe dauerhaft fixiert werden können und einen Sachverhalt bzw. seine Veränderung charakterisieren) (DIN 44300, März 1972) || ~ **device** [ADp] / Analogeinrichtung
analog-digital *adj* [Th, PCC] / analog-digital, Analog-Digital-... || ~ **computer** [HyC] / Hybridrechner, Analog-Digital-Rechner || ~ **display** [IO] / Analog-Digital-Anzeige, analog-digitale Anzeige || ~ **switch** [Cir] / Analog-Digital-Schalter (DIN 40700 T18, Okt. 1969), A/D-Schalter
analog display unit [VDT] / Analogsichtgerät || ~ **divider** [ADp] / Divisionsschaltung || ~ **driver amplifier** [ADp] / Analogausgabeverstärker || ~ **input** [PCC, ADp] / Analogeingabe (DIN 66201E T1, Apr. 1979), Analogeingang || ~ **input device** [ADp] / Analogeingabeeinheit || ~ **input operation** [ADp] / Analogeingabeoperation || ~ **input unit** [ADp] / Analogeingabewerk || ~ **measuring system** [NC] / analoges Meßverfahren || ~ **multiplier unit** [ADp] / Analogmultiplizierer || ~ **network** [ADp] / Analognetz
analogous transistor [Sc] / analoger Transistor, Analogtransistor
analog output [PCC, ADp] / Analogausgabe (DIN 66201E T1, Apr. 1979), Analogausgang || ~ **output buffer register** [ADp] / Analogausgabepufferregister || ~ **output control** [ADp] / Analogausgabesteuerung || ~ **output conversion time** [ADp] / Analogausgabeumsetzzeit || ~ **output device** [ADp] / Analogausgabeeinheit || ~ **output driver amplifier** [ADp] / Analogausgabeverstärker || ~ **output unit** [ADp] / Analogausgabewerk || ~ **plotter** [GrDp] / Analogplotter || ~ **position feedback transmitter** [NC] / analoger Istwertgeber || ~ **process quantity** [PCC] / analoge Prozeßgröße, Meßgröße || ~ **quantity** [ADp] / analoge Größe || ~ **representation** [ADp] / analoge Darstellung, Analogdarstellung || ~ **signal** [ADp, Tr] / analoges Signal (DIN 44300, März 1972) || ~ **storage** [DOK, IDS, Rep] / Analogspeicher
analog-to-digital conversion [PCC] / Analog-Digital-Umsetzung, A/D-Umsetzung || ~ **converter (ADC)** [PCC] / Analog-Digital-Umsetzer (ADU) (DIN 66201, Aug. 1971), A/D-Umsetzer, Analog-Digital-Wandler, A/D-Wandler
analog transmission [Tr] / Analogübertragung || ~ **transmission network** [Tr] / analoges Übertragungsnetz
analogue (GB) (s. analog)
analyser (s. analyzer)
analysis *n* [Th] / Analyse || ~ (of error listing, etc.) [Sw] / Auswertung || ~ **of communication content** [Term, MAT] / Inhaltsanalyse (Verfahren zur Analyse von Formen oder Inhalten sprachlicher, nichtsprachlicher oder symbolischer Kommunikation mit dem

Ziel, anhand von objektiven Merkmalen inhaltliche Schlüsse zu ziehen)
analyst *n* [Sw] / Analytiker
analytic *adj* [Th] / analytisch
analytical *adj* [Th] / analytisch || ~ **control equipment** [PCC] / analytische Regelvorrichtung || ~ **engine** [Hist] / analytische Maschine || ~ **function generator** [ADp] / Geber für analytische Funktionen, Funktionsgeber für analytische Funktionen || ~ **process identification** [PCC] / analytische Prozeßerkennung (DIN 66201, Aug. 1971) || ~ **process model** [PCC] / analytisches Prozeßmodell (DIN 66201, Aug. 1971) || ~ **relation** [Th] / analytische Beziehung || ~ **relationship** [Th] / analytische Beziehung
analyze *v* (bits, information, messages, malfunctions, etc.) [Tr] / bewerten, analysieren, auswerten || ~ (error listing, etc.) [Sw] / auswerten
analyzer *n* [Sw] / Programm zur Untersuchung anderer Programme
ancillary equipment [Hw] / Zusatzgeräte (d.h., in der Regel periphere Geräte eines Rechnersystems)
AND *v* [SA] / durch logisches UND verbinden, UNDen || ≗ **circuit** [Cir] / UND-Glied (DIN 44300, März 1972), UND-Schaltung, UND-Gatter || ≗ **element** [Cir] / UND-Glied (DIN 44300, März 1972), UND-Schaltung, UND-Gatter || ≗ **gate** (s. AND circuit)
AND-NOT operation [SA] / Inhibition (DIN 44300, März 1972)
AND operation [SA] / UND-Funktion, UND-Verknüpfung (DIN 44300, März 1972), Konjunktion (DIN 44300, März 1972) || ≗ **operator** [SA] / UND-Zeichen || ≗ **symbol** [PL/1] / Konjunktionssymbol, UND-Symbol || ≗ **together** [SA] / durch logisches UND verbinden, UNDen
angle modulation [Th, Tr] / Winkelmodulation || ~ **of deflection** [HSP] / Ablenkwinkel || ~ **of opening** [Sc] / Öffnungswinkel
angular acceleration [Th, PCC] / Winkelbeschleunigung || ~ **frequency** [Th] / Winkelfrequenz || ~ **function** [Th] / Winkelfunktion || ~ **motion** [Th] / Winkelbewegung || ~ **offset screwdriver** [Serv] / Winkelschraubenzieher || ~ **velocity** [Th, PCC] / Winkelgeschwindigkeit
annotation *n* [DOK] / Annotation (möglichst kurze, redundanzfreie, deskriptive Inhaltsangabe eines Dokuments, die die Aufgabe hat, den Titel des Dokuments zu ergänzen) || ~ **routine** [Dp] / Beschriftungsroutine
annunciator *n* [Hw, Serv] / (optischer) Signalgeber
anode *n* / Anode || ~ **current** [Sc] / Anodenstrom || ~ **cutoff current with gate not connected** [Sc] / Anodensperrstrom bei offenem Gate || ~ **gate** [Sc] / Anodengate, Anodentor
anode-gate current [Sc] / Anodengatestrom || ~ **trigger current** [Sc] / Anodengate-Zündstrom
ANS COBOL (as opposed to COBOL originally issued by CODASYL) [PL] / ANS-COBOL (von ANSI normierte Sprachmenge aus COBOL)
ANSI (s. American National Standards Institute, Inc.)
answerback code [TP] / Namengeberzeichen (= Antwort auf den Namengebertext „Wer da?") || ~ **code** [Tr] / Kennung (Datenstation), Stationskennung || ~ **code request** [Tr] / Kennungsabfrage, Namengeberanforderung, Kennungsgeberanforderung || ~ **code storage** [TP] / Kennungsspeicher || ~ **control** [TP] / Kennungsgebersteuerung, Namengebersteuerung || ~ **device** [TP, Tr] / Kennungsgeber, Namengeber || ~ **drum** [Tr] / Kennungsgeberwalze || ~ **exchange** [TP] / Kennungsgeberaustausch, Namengeberaustausch || ~ **generator** [TP, Tr] / Kennungsgeber, Namengeber || ~ **triggering** [ES] / Namengeberauslösung || ~ **unit** [TP, Tr] / Kennungsgeber, Namengeber
answering *n* [Tr] / Anrufbeantwortung (Beantwortung eines „Anrufs", q.v.) (DIN 44302, Apr. 1979) || ~ **and monitoring machine** [ES] / Abfrage- und Mitlesemaschine || ~ **circuit** [ES] / Abfrageschaltung || ~ **printer** [TP] / Abfragemaschine || ~ **teleprinter** [TP] / Abfragemaschine
answer sheet [OCR] / Auswertungsformular
anticipator buffering [Dp] / Vorpufferung
anticoincidence operation [SA] / Antivalenz (DIN 44300, März 1972), exklusives ODER, ausschließendes ODER, Kontravalenz
antidribble device [Fl] / Vorrichtung zur

Verhütung des Leckens
anti-kink sleeve [Hw] / Knickschutztülle
Antiope *n* (videotex system developed in France, designed to be compatible with both broadcast and wire transmission) [Vtex] / „Antiope" (in Frankreich entwickeltes Bildschirmtextsystem)
antiresonant frequency [Cir] / Parallelresonanzfrequenz
AOIV (s. automatically operated inlet valve)
aperiodic *adj* [Th] / aperiodisch, frequenzunabhängig, eigenschwingungsfrei || ~ **circuit** [Th] / aperiodischer Stromkreis || ~ **damping** [Th] / aperiodische Dämpfung
aperture *n* [Sw] / Maskenöffnung || ~ **card** [Rep] / Filmlochkarte, Filmfensterlochkarte, Mikrofilmlochkarte (DIN 31631 E T2, März 1979) || ~ **distortion** [Fax] / Aperturunschärfe || ~ **plate** (i.e., a small part of a piece of ferromagnetic material constituting a magnetic cell) [M] / magnetische Lochspeicherplatte, Lochplatte
apex *n* [GrDp, AC] / Scheitel, Scheitelpunkt
APL (Algorithmic/Procedural Language) [PL] / APL (von Iverson entwickelte Programmiersprache für Dialogbetrieb, Produktionsaufgaben sowie für Ausbildungs- und Forschungszwecke)
apostrophe *n* [PL/1] / Apostroph || **to enclose in ~s** [Sw] / in Apostrophe einschließen
A-power supply [VDT] / Heizstromquelle
apparent attenuation [Th] / Scheindämpfung || ~ **frequency** [Th] / Scheinfrequenz || ~ **power** [Cir] / Scheinleistung
appendix *n* [DOK] / Anhang
application *n* / Anwendung
application-oriented *adj* [Dp] / anwendungsbezogen
application package [MCS, Dp, Sw] / Anwendersoftware (vom Anlagenhersteller zur Verfügung gestelltes Programmpaket, das ganz oder teilweise häufig bei Anwendern verwendet wird) || ~ **program** [ASw] / Anwenderprogramm (d.h., vom Anwender bzw. für den Anwender für kundenspezifische Aufgaben geschrieben), Benutzerprogramm
applications engineering [DpC] / Einsatzvorbereitung, Einsatzplanung
application software [MCS, Dp, Sw] / Anwendersoftware (vom Anlagenhersteller zur Verfügung gestelltes Programmpaket, das ganz oder teilweise häufig bei Anwendern verwendet wird)
applications-oriented *adj* (question, etc.) [Dp] / anwendungsbezogen
applications program [ASw] / Anwenderprogramm (d.h., vom Anwender bzw. für den Anwender für kundenspezifische Aufgaben geschrieben), Benutzerprogramm || ~ **software** [MCS, Dp, Sw] / Anwendersoftware (vom Anlagenhersteller zur Verfügung gestelltes Programmpaket, das ganz oder teilweise häufig bei Anwendern verwendet wird)
application study [Th] / Anwendungsstudie
applied linguistics [Term, MAT] / angewandte Linguistik || ~ **mathematics** [Th] / angewandte Mathematik
apply *v* (coating, etc.) [Sc] / aufbringen || ~ (voltage, etc.) [Serv] / anlegen
approximate *v* [Th, Cy] / annähern, nähern, approximieren || *adj* [Th, Cy] / annähernd, näherungsweise, approximativ || ~ **computation** [Th] / Näherungsrechnung, Überschlagsrechnung
approximation *n* [Th, Cy] / Annäherung, Näherung, Approximation || **error of ~** [Th] / Abbrechfehler, Approximationsfehler, Iterationsfehler || ~ **computation** [Th] / Näherungsrechnung, Überschlagsrechnung || ~ **method** [Th, Cy] / Annäherungsverfahren
APT (Automatically Programmed Tools) [PL] / APT (Programmiersprache für numerische Steuerung)
aptitude test [Dp] / Eignungsprüfung
AQL (s. acceptable quality level)
arbitrary access [M] / beliebiger Zugriff || ~ **function generator** [ADp] / Mehrzweckfunktionsgeber, Funktionsgeber (für beliebige Funktionen) || ~ **parameter** [PL] / freier Parameter
arbitrary-precision multiplication [Th] / Multiplikation mit beliebiger Stellenzahl
arbitrary sequence computer [Dp] / Sequentiellrechner mit Sprungablauf
area *n* [PL/1] / (Speicher)bereich || ~ **A**

[Cobol] / A-Bereich || ~ **address** [Sw] / Bereichsadresse || ~ **B** [Cobol] / B-Bereich || ~ **boundary** [Sw] / Bereichsgrenze || ~ **code** [ES] / Bereichskennzahl || ~ **code** [ES] / Ortskennziffer (in den USA) || ~ **code table** [ES] / Bereichskennzahltabelle || ~ **condition** [PL/1] / Bereichs-Bedingung

area-definition statement [PL] / Bereichsdefinition

area identification [M, Sw] / Bereichsbezeichnung || ~ **limit** [Sw] / Bereichsgrenze || ~ **matrix** [Sw] / Bereichsmatrix || ~ **name** [PL] / Bereichsname || ~ **protect feature** [M] / Bereichsschutz, Speicherschreibsperre, Speicherbereichsschutz || ~ **protect switch** [M] / Bereichsschutzschalter || ~ **searching** [DOK] / Grobrecherche (Methode, aus Datenbeständen die Dateneinheiten zu ermitteln, die mit einer Suchfrage grob übereinstimmen) || ~ **size** [CU, Sw] / Bereichsgröße || ~ **specification** [Sw] / Bereichsangabe || ~ **variable** [PL] / Bereichsvariable

argument*n* [Fortran] / Parameter || [PL/1] / Argument, Aktualparameter || ~ **association** [Fortran] / Parameterzuordnung || ~ **byte** [Sw] / Argumentbyte

arithmetic*n* [Algol] / Arithmetik || *adj* [Algol] / arithmetisch || [PL/1] / arithmetisch || **first rules of** ~ [Calc, Th] / Grundrechnungsarten, Grundrechenarten

arithmetical (s. arithmetic)

arithmetic and logic unit (ALU) [Mp, MCS, ALU] / Rechen- und Steuerwerk, Rechen- und Leitwerk, Arithmetik-Logik-Einheit || ~ **assignment statement** [Fortran] / arithmetische Zuweisungsanweisung || ~ **check** [Dp, Sw] / arithmetische Prüfung, Rechenprüfung || ~ **combination of terms** [Dp] / zusammengesetzte Ausdrücke || ~ **element** [ALU] / Rechenwerk (DIN 44300, März 1972), arithmetische Einheit || ~ **element** [Fortran] / arithmetischer Elementarausdruck || ~ **expression** [Algol] / arithmetischer Ausdruck || ~ **expression** [Fortran] / arithmetischer Ausdruck || ~ **expression** [Cobol] / arithmetischer Ausdruck || ~ **if statement** [Fortran] / arithmetische Wenn-Anweisung || ~ **instruction** [Sw] / arithmetischer Befehl || ~ **mean** [Th] / arithmetisches Mittel || ~ **operation** [Th] / arithmetische Operation, Rechenoperation || ~ **operator** [Algol] / arithmetischer Operator || ~ **operator** [Fortran] / arithmetischer Operator || ~ **organ** (s. arithmetic unit) || ~ **progression** [Th] / arithmetische Reihe || ~ **register** [ALU] / Rechenregister, Operandenregister, arithmetisches Register || ~ **series** [Th] / arithmetische Reihe || ~ **shift** [CP, Sw] / arithmetisches Verschieben, arithmetisches Schieben, Stellenwertverschiebung, Stellenverschiebung || ~ **statement** [ALU] / arithmetische Anweisung, Rechenbefehl, Rechenwerkbefehl || ~ **subroutine** [Sw] / arithmetisches Unterprogramm || ~ **unit** [ALU] / Rechenwerk (DIN 44300, März 1972), arithmetische Einheit || ~ **unit register** [ALU] / Rechenwerkregister

arithmometer*n* [Hist] / Arithmometer, einfache Multipliziermaschine

Armstrong circuit [Cir] / Armstrong-Schaltung

AROM (s. associative read-only memory)

ARQ (s. automatic request for repeat) || ≗ **circuit** [Tr] / Mux-Leitung, ARQ-Leitung || ≗ **method** [DS, TP, Tr] / ARQ-Verfahren || ≗ **system** [DS, Tr] / Fehlererkennungssystem mit Wiederholung

array*n* [Algol] / Matrix || [Fortran] / Matrix || [PL/1] / Matrix || ~ **declaration** [Algol] / Matrixvereinbarung || ~ **declarator** [Fortran] / Matrixvereinbarung || ~ **declarator name** [Fortran] / Matrixname (in der Matrixvereinbarung) || ~ **declarator subscript** [Fortran] / Indexgrenzenangabe (in der Matrixvereinbarung) || ~ **element** [Fortran] / Matrixelement || ~ **element successor function** [Fortran] / Matrixelement-Nachfolgerfunktion || ~ **identifier** [Algol] / Matrixname || ~ **list** [Algol] / Matrixliste || ~ **segment** [Algol] / Matrixsegment

arrow*n* [Sc, Fl] / Zählpfeil, Pfeil || ~ **head** [Sc] / Zählpfeilspitze || ~ **tail** [Sc] / Zählpfeilschaft

art, state of the ~ [R&D] / Stand der Technik

artificial black signal [TP] / Normalschwarzsignal, Prüfsignal (schwarz) || ~ **intelligence** [Th, Cy] / künstliche Intelligenz || ~ **language** [Th,

Cy] / künstliche Sprache (DIN 2330, März 1979) || ~ **transmission line** [TrL] / künstliche Übertragungsleitung || ~ **white signal** [TP] / Normalweißsignal, Prüfsignal (weiß)

artwork *n* [Sc] / Ätzvorlage || [Rep] / Druckvorlage || **camera-ready** ~ [Rep] / reprofähige Vorlage || **form** ~ (on paper or film) [HSP] / Formulardruckvorlage, Formularzeichnung || **original** ~ [IC] / Originalvorlage (für die fotografische Verkleinerung von Schaltungen) || ~ **pattern** [Sc] / Abbild der Ätzvorlage

ARU (s. audio-response unit)

AR-wire *n* [M] / Adressenlesedraht

ASA (s. American Standards Association)

ascender *n* [Typ] / Oberlänge (Schrift)

ascending *adj* [Cobol] / aufsteigend || ~ **key** [Cobol] / aufsteigender Sortierbegriff (Sortierschlüssel) || ~ **order** [Sw] / aufsteigende Reihenfolge, aufsteigende Folge, aufsteigende Ordnung || ~ **sequence** [Cobol] / aufsteigende Sortierfolge || ~ **traffic** (e.g., traffic flow from concentrator to switching center) [ES] / aufsteigender Verkehr

ASCII (s. American Standard Code for Information Interchange)

ASD (s. Assign symbolic device)

aspect *n* [IDS] / Aspekt || ~ **ratio** [Fax] / Seitenverhältnis

assemble *v* [PL] / assemblieren (DIN 44300, März 1972), Assemblersprache übersetzen || ~ (device, installation, etc.) [Serv] / montieren

assembler *n* [OS] / Assembler, Assemblierprogramm, Assemblerprogramm, Assemblierer (DIN 44300, März 1972) || ~ **deck** [Sw] / Assemblerkartensatz || ~ **language** [PL] / Assemblersprache, Assembler, Assembliersprache, Assembliersprache || ~ **listing** [Sw] / Assemblerprotokoll, Übersetzungsprotokoll (für Assembler) || ~ **run** [Sw] / Assemblerlauf, Übersetzungslauf (für Assembler) || ~ **source program** [OS] / Assembler, Assemblierprogramm, Assemblerprogramm, Assemblierer (DIN 44300, März 1972) || ~ **source statement** [Sw] / Assembleranweisung, Assemblerinstruktion, Assemblerbefehl || ~ **statement** [Sw] / Assembleranweisung, Assemblerinstruktion, Assemblerbefehl

assembling fixture [Hw] / Montagevorrichtung

assembly *n* [Hw] / Montage, Zusammenbau || ~ (e.g., pc board assembly) [Hw, Mp, Co] / Baugruppe (eine aus mehreren Bausteinen zusammengefaßte funktionelle Einheit, die in der Regel als gedruckte Schaltung ausgelegt ist und in der im Gegensatz zur integrierten Schaltung die einzelnen Bauelemente noch diskret vorhanden sind; cf. „Bauelement" und „Baustein") || ~ **deck** [Sw] / Assemblerkartensatz || ~ **drawing** [Hw, R&D] / Montagezeichnung || ~ **instruction** [Sw] / Assembleranweisung, Assemblerinstruktion, Assemblerbefehl || ~ **language** [PL] / Assemblersprache, Assembler, Assembliersprache, Assembliersprache || ~ **language statement** [PL] / Anweisung in Assemblersprache || ~ **listing** (s. assembly program listing) || ~ **macro library** [OS] / Makrobibliothek || ~ **output card** [Sw] / Assemblerausgabekarte || ~ **package** [Hw] / Montageeinheit || ~ **program** [OS] / Assembler, Assemblierprogramm, Assemblerprogramm, Assemblierer (DIN 44300, März 1972) || ~ **program form** [Dp] / Assemblerformular || ~ **program listing** [Sw] / Assemblerprotokoll, Übersetzungsprotokoll (für Assembler) || ~ **program output** [PL] / Assemblerausgabe || ~ **routine** [OS] / Assembler, Assemblierprogramm, Assemblerprogramm, Assemblierer (DIN 44300, März 1972) || ~ **run** [Sw] / Assemblerlauf, Übersetzungslauf (für Assembler) || ~ **system reference manual** [DpC, Sw] / Assemblerbeschreibung (Handbuch)

ASSGN (s. Assign device)

assign *v* [MT] / (Ersatzspuren usw.) einführen || ~ (device, etc.) [Sw, M] / zuweisen, zuordnen || **to ~ alternate tracks** [MD] / Ersatzspuren einführen || ~ **clause** [Cobol] / Zuweisungsklausel || ≗ **device (ASSGN)** [OS, Command] / Zuordnen eines Geräts (ASSGN)

assigned go to statement [Fortran] / Anweisung für gesetzten Sprung

assignment *n* [PL/1] / Zuweisung || ~ **of core memory space** [OS] / Kernspeicherbelegung || ~ **phase** [Sw] / Zuweisungsphase (beim Sortieren) || ~ **statement** [Algol] /

Zuweisungsanweisung || ~ **statement** [Fortran] / Zuweisungsanweisung || ~ **status** [Mp] / Zuordnungsstand (periphere Geräte)

Assign symbolic device (ASD) [OS, Command] / Zuordnen eines Geräts (ASD) || ≗ **volume (ASVOL)** [OS, Command] / Zuordnen von Geräten nach Archivnummern (ASVOL) || ≗ **Volume Routine** [OS, Command] / Zuordnen von Geräten nach Archivnummern (ASVOL)

association *n* [CAI, Cy] / Assoziation || ≗ **for Computer Machinery (ACM)** [Org] / „Association for Computer Machinery" (US-amerikanische Gesellschaft zur Förderung und Verbesserung von Geräten und Systemplanung, Programmiersprachen und Programmentwicklung sowie damit verwandter Aktivitäten) || ≗ **of Data Processing Service Organizations (ADAPSO)** [Org] / „Association of Data Processing Service Organizations" (Vereinigung US-amerikanischer und kanadischer Datentechnik-Serviceorganisationen)

associative *adj* [CAI, Cy] / assoziativ || **pure ~ memory** [M] / Katalogspeicher || ~ **memory** [Mp, M] / Assoziativspeicher (DIN 44300, März 1972), assoziativer Speicher || ~ **mode** [ES] / assoziative Arbeitsweise || ~ **processor** [CP] / assoziative Zentraleinheit || ~ **read-only memory (AROM)** [M] / assoziativer Festwertspeicher || ~ **storage** (s. content-addressed memory)

assumed decimal point [Cobol] / Rechendezimalpunkt

astable circuit [Cir] / astabiles Kippglied (DIN 40700 T14, Juli 1976), astabile Kippstufe, astabile Kippschaltung || ~ **element** [Cir] / astabiles Kippglied (DIN 40700 T14, Juli 1976), astabile Kippstufe, astabile Kippschaltung || ~ **multivibrator** [Cir] / astabiler Multivibrator

asterisk *n* [Term] / Asterisk || ~ **(*)** [Cobol, PL/1, Fortran] / Stern || ~ **address** [Sw, ES] / Sternadresse

ASVOL (s. Assign volume)

asymmetrical conductivity [Sc, Co] / richtungsabhängige Leitfähigkeit || ~ **four-wire operation** [TP] / asymmetrischer Vierdrahtbetrieb || ~ **heterostatic circuit** [Cir] / asymmetrisch-heterostatische Schaltung

asynchonous type [RDp, Tr] / Asynchrontyp

asynchronous buffer [RDp, Tr] / Asynchronpuffer || ~ **communications interface adapter (ACIA)** [IO, PCC] / ACIA (E/A-Interfaceschaltung für seriell arbeitende Peripheriegeräte) || ~ **computer** [Dp] / Asynchronrechner, Asynchroncomputer, Asynchronrechenanlage || ~ **dataset** [ES] / Asynchronmodem || ~ **data transmission** [Tr] / asynchrone Übertragung (DIN 44302, Apr. 1979), Asynchronübertragung || ~ **flow message** [VS, RDp] / asynchrone Nachricht || ~ **highspeed bus** [ES] / asynchroner Hochgeschwindigkeitsbus || ~ **interrupt** [Sw] / asynchrone Programmunterbrechung || ~ **method** [TP, Tr] / Asynchronverfahren || ~ **request** [VS, RDp] / asynchrone Anforderung || ~ **terminal** [RDp] / Asynchronendstelle || ~ **time-division multiplexer** [ES] / asynchroner Zeitmultiplexer, asynchrones Zeitvielfach, Zeitmultiplex-Asynchron || ~ **time-division multiplex method** [ES] / asynchrones Zeitmultiplexverfahren

asynchronous-to-synchronous converter [ES] / Asynchronsynchronumsetzer

asynchronous transmission [Tr] / asynchrone Übertragung (DIN 44302, Apr. 1979), Asynchronübertragung || ~ **working** [Dp] / Arbeitsweise mit variablem Takt, Asynchronbetrieb

at compile time [Cobol] / während des Kompilierens || ~ **end phrase** [Cobol] / Endezusatz

ATLAS (Abbreviated Test Language for Avionics Systems) [PCC, PL] / ATLAS (testorientierte Sprache)

at object time [Cobol] / während der Programmausführung

attach *v* (task, etc.) [PL] / anschließen

attached task [Dp] / angeschlossene Aufgabe

attaching task [Dp] / anschließende Aufgabe, anschließender Task

attachment for hard copy device [Hw] / Anpassung für Konsoldrucker || ~ **for mass storage unit** [Hw] / Massenspeicheranschluß

attempted call [ES] / Verbindungsversuch || ~ **transmission** [RDp, Tr] / versuchte Übertragung

attended operation [Dp, ES] / bedienter

Betrieb
attention *n* [RDp] / Abruf || ~ **interrupt** [RDp] / Abrufunterbrechung, Anforderungsunterbrechung || ~ **interrupt request (AIR)** [Dp] / Aufforderung für Geräteunterbrechung
attenuate *v* (signal, etc.) [Th, Tr] / dämpfen
attenuation *n* [Th, Tr] / Dämpfung || ~ **distortion** [Th, Tr] / Dämpfungsverzerrung, Amplitudenverzerrung
attenuator pad [Tr] / Dämpfungsglied (nicht veränderlich)
attribute *n* [PL/1] / Attribut || ~ **testing** [Sc] / Attributprüfung
audible alarm [Hw, IO] / akustische Anzeige, akustischer Alarm
audio *adj* [Tr] / niederfrequent
audio-active comparative language laboratory [CAI] / Hör-Sprech-Aufnahme-Labor, H-S-A-Labor, Einzelarbeitslabor || ~ **language laboratory** [CAI] / Hör-Sprech-Labor, H-S-Labor, Gruppenarbeitslabor, elektronisches Klassenzimmer
audio frequency [Tr] / Tonfrequenz (Frequenz im Hörbereich), Niederfrequenz (NF) || ~ **frequency output** [Tr] / Tonfrequenzausgabe || ~ **frequency peak limiter** [Tr] / NF-Begrenzer || ~ **frequency transistor** [Sc] / NF-Transistor || ~ **range** [Tr] / Tonfrequenzbereich, Niederfrequenzbereich, NF-Bereich || ~ **response** [VC] / Sprachausgabe
audio-response unit (ARU) [VC] / Sprachausgabeeinheit
audio signal [RDp, Tr] / akustisches Signal
audit copy [DS] / Prüfkopie (der Systemsoftware usw.) || ~ **mode** [OS] / Sprungfolgemodus, Sprungverfolgungsmodus || ~ **wrap** [OS] / Sprungfolgeüberlauf
augend *n* [Th, ALU] / Augend (1. Summand)
aural transducer [VC] / akustischer Wandler
authentication signal [Hw] / Berechtigungssignal
author *n* [Cobol] / Autor || ~ **catalog** [DOK, IDS] / Autorenkatalog
authorization table [Priv] / Berechtigungsnachweis (Übersicht)
author number [DOK, IDS] / Autorennummer
author's copy [Typ] / Belegexemplar
autocode *n* [Sw] / Autocode
autocoder *n* [NC] / Umwandlungsprogramm (Symbole in Maschinensprache), Autocoder
autocorrelation *n* [Th, Cy] / Autokorrelation || ~ **function** [Th, Cy] / Autokorrelationsfunktion
autodecrement register [Dp] / selbstdekrementierendes Register
AUTODIN (s. automatic digital network)
autoincrement register [Dp] / selbstinkrementierendes Register
automated design engineering (ADE) [R&D] / automatische Konstruktionstechnik, Konstruktions-Automatisierungstechnik || ~ **logic diagram (ALD)** [NC] / vom Rechner erstelltes Blockschaltbild || ~ **production control** [PrC] / automatische Produktionssteuerung
automatic abstracting [DOK, IDS] / automatisches Abstrahieren || ~ **address increment** [Sw] / automatische Adressenerhöhung || ~ **address modification** [Sw] / automatische Adressenmodifikation, automatische Adressenveränderung
automatically operated inlet valve (AOIV) [Fl] / selbsttätiges Einlaßventil
automatic alternate routing [ES] / Umsteuerverkehr || ~ **answering equipment (AAE)** [TP] / automatische Anrufbeantwortungseinrichtung (AAE) || ~ **answering mode** [ES] / automatische Rufbeantwortung || ~ **autopurge** [Dp] / automatisches Löschen || ~ **blank column verification** [Dp] / automatische Leerspaltenprüfung || ~ **board tester** [Co] / Baugruppenprüfautomat || ~ **brightness control** [ADp] / automatische Helligkeitsregelung || ~ **calling equipment (ACE)** [ES] / automatische Wähleinrichtung || ~ **calling mode** [ES] / automatisches Rufverfahren || ~ **calling unit (ACU)** [ES] / automatische Anrufeinrichtung (AAE) || ~ **carriage** [DT, IO, HSP, TP] / automatischer Vorschub || ~ **carriage return** [IO, TP] / automatischer Wagenrücklauf || ~ **cartridge loader** [KtT] / automatische Kassettenladeeinrichtung || ~ **character generation** [OCR] / automatische Zeichengenerierung || ~ **check** [Hw] / automatische Geräteprüfung, automatische Prüfung, festverdrahtete Prüfung, Geräteselbstprüfung || ~ **code** [Sw] / automatischer Code || ~ **coding** [Sw] /

automatische Codierung, automatische Programmierung, maschinenunterstützte Programmierung || ~ **coding language** [PL] / automatische Programmiersprache, automatische Codiersprache || ~ **condense limits** [Dp] / Grenzen für automatisches Verdichten || ~ **constant** [Calc] / Konstantenhaltung (DIN 9757E, Okt. 1977) || ~ **control** [PCC] / selbsttätige Regelung, Selbstregelung || ~ **control engineering** [PCC] / Steuer- und Regelungstechnik || ~ **controller** [PCC] / Regler, automatisches Steuergerät || ~ **control system** [PCC] / automatisches Regelsystem || ~ **curve follower** [NC] / Nachlaufgerät || ~ **cutout** [Hw, NC] / automatische Ausschaltung || ~ **data processing (ADP)** [Dp] / automatische Datenverarbeitung (ADV) || ~ **data processing system (ADPS)** [Dp] / automatisches Datenverarbeitungssystem (ADVS) || ~ **data protection feature** [Tr] / Datensicherungsautomatik || ~ **decimal alignment** [RPG] / automatisches Ausrichten auf den Dezimalpunkt || ~ **decimal point** [Sw] / automatische Kommasetzung, automatische Dezimalkommasetzung, automatische Dezimalpunktsetzung || ~ **decimal point capability** [Calc] / Komma-Automatik (DIN 9757E, Okt. 1977) || ~ **device** [Hw, NC] / Automat || ~ **dial exchange** [ES, Tr] / Selbstwählvermittlung || ~ **dialing** (s. automatic selection) || ~ **dictionary** [MAT] / automatisches Wörterbuch || ~ **digital network (AUTODIN)** [Tr] / automatisches digitales Netz || ~ **divert** [ES] / Umsteuerverkehr || ~ **divide** [ALU] / automatische Division || ~ **error correction** [Tr] / automatische Fehlerkorrektur || ~ **error detection** [Tr] / automatische Fehlererkennung || ~ **exchange** [ES] / Wählvermittlungsstelle, Selbstwählvermittlungsstelle || ~ **feed** [NC] / automatischer Vorschub || ~ **feedback control system** [NC] / automatisches Regelsystem mit Rückführung || ~ **feed punch** [PC] / Lochkartenstanzer, Kartenstanzer, automatischer Stanzer (im Gegensatz zum Handlocher) || ~ **film processor** [Rep] / Entwicklungsautomat || ~ **floating-point feature** [ALU] / festverdrahtete Gleitpunkteinrichtung || ~ **frequency control (AFC)** [Tr] / automatische Frequenzregelung || ~ **gang punch** [PC, NC] / Folgestanzer, Schnellstanzer || ~ **head switching** [Sw] / automatische Adressenerhöhung || ~ **hyphenation** [MCS] / automatische Silbentrennung || ~ **indexing** [DOK, IDS] / automatische Indizierung (mit Hilfe von Deskriptoren), automatische Deskribierung, automatische Indexierung || ~ **instruction retry** [OS] / automatische Befehlswiederholung || ~ **interrupt** [Sw] / automatische Unterbrechung || ~ **language processing** [MAT] / maschinelle Übersetzung (MÜ) (automatische Übersetzung natürlichsprachlicher Texte) || ~ **language translation** [MAT] / maschinelle Übersetzung (MÜ) (automatische Übersetzung natürlichsprachlicher Texte) || ~ **letters-figures shift** [TP] / automatische Buchstaben-Ziffernumschaltung (= Umschaltezeicheneinblendung) || ~ **library lookup** [OS] / automatischer Suchlauf || ~ **line justification** [Typ] / automatischer Zeilenausschluß || ~ **logon** [VS, RDp] / automatische Anmeldung || ~ **message switching center** [ES] / automatische Speichervermittlung || ~ **mode** [ES] / automatischer Arbeitsmodus || ~ **module library search** [OS] / automatisches Absuchen der Modulbibliothek || ~ **monitoring system** [PCC] / automatisches Regelsystem || ~ **multiplying punch** [PC] / Multiplizierlocher || ~ **numbering transmitter** [TP] / Sender für automatische Telegrammnumerierung || ~ **operation** [Dp, NC] / automatischer Betrieb || ~ **overflow test** [PCC] / automatischer Überlauftest || ~ **pagination** [TES] / automatische Seitennumerierung, automatische Paginierung || ~ **paper tape punch** [PT] / Lochstreifenlocher (Datenausgabegerät, das die Impulse für die zu lochenden Daten aus einer Datenverarbeitungsanlage empfängt) || ~ **paper transport** [HSP] / automatische Papiervorschubeinrichtung || ~ **pattern recognition** (incl. physical shapes or speech patterns) [OCR] / automatische Mustererkennung || ~ **pc board tester** [Sc] / Synchronprüfautomat,

Flachbaugruppenprüfautomat || ~ **priority control** [Sw] / automatische Vorrangsteuerung || ~ **program interrupt** [Dp, Sw] / automatische Programmunterbrechung || ~ **programming** [Sw] / automatische Codierung, automatische Programmierung, maschinenunterstützte Programmierung || ~ **programming language** [PL] / automatische Programmiersprache, automatische Codiersprache || ~ **punch** [PC] / Lochkartenstanzer, Kartenstanzer, automatischer Stanzer (im Gegensatz zum Handlocher) || ~ **registration** [Co, Sc] / Selbstregistrierung, Selbstausrichtung || ~ **reperforator switching** [ES] / automatische Lochstreifenvermittlung || ~ **reproducing punch** [PC] / Doppler, Kartendoppler, Lochkartendoppler || ~ **request for repeat (ARQ)** [VDT, ES, Tr] / automatische Wiederholungsanforderung || ~ **request method** [DS, TP, Tr] / ARQ-Verfahren || ~ **reset** [Hw] / automatische Nullstellung || ~ **resetting** [OS] / automatische Rückstellung || ~ **restart** [Dp] / automatischer Wiederanlauf || ~ **restart procedure** [ES] / automatische Restartprozedur || ~ **retransmission** [Tr] / automatisches Weitertelegrafieren (mit Zwischenspeicherung), automatische Weitersendung || ~ **retransmission request** (as an error-correcting capability) [VDT, Tr] / automatische Fehlerkorrektur (mit Hilfe einer Wiederholungsanforderung) || ~ **retry** [ES] / automatische Rufwiederholung

automatics *n* [Th] / Automationstheorie

automatic scanning [PE] / selbstsuchendes Lesen || ~ **selection** [ES] / automatische Wahl || ~ **sequence numbering device** [TP, ES] / automatischer Laufnummerngeber || ~ **sequential operation** [Dp] / Rechenoperation mit automatischer Parametervariation, repetierendes Rechnen mit automatischer Parametervariation || ~ **serial number transmitter** [TP, ES] / automatischer Laufnummerngeber || ~ **skipping** [HSP] / automatischer Blattwechsel || ~ **speech pattern recognition** [VC] / automatische Spracherkennung || ~ **station selection** [ES] / automatische Stationswahl || ~ **stop** [Hw] / automatischer Stopp (festverdrahtet) || ~ **storage** [PL/1] / automatischer (dynamischer) Speicher(typ) || ~ **stored-program switching center** [ES] / speicherprogrammierte Wählvermittlung || ~ **subscriber network** [ES] / Teilnehmerwählnetz || ~ **switching system** [ES] / Teilnehmer-Wählsystem || ~ **switchoff unit** [PCC] / Abschaltautomatik || ~ **tab set/tab clear** [TP] / Tabulator-Setz-Löscheinrichtung || ~ **tape delete** [RDp] / automatisches Streifenlöschen || ~ **tape punch** [PT] / Lochstreifenlocher (Datenausgabegerät, das die Impulse für die zu lochenden Daten aus einer Datenverarbeitungsanlage empfängt) || ~ **telegraphy** [TP] / automatische Telegrafie || ~ **test equipment** [Hw] / automatische Prüfeinrichtung || ~ **text processing machine** [TES] / Textautomat || ~ **transmission** [TP] / automatisches Senden || ~ **transmitter** [TP] / automatischer Sender || ~ **transmitter with controlled tape-feed mechanism** [TP] / Lochstreifensender für Abrufbetrieb || ~ **trimmer** [HSP] / Schneidautomat || ~ **video noise limiting** [Tr] / automatische Video-Rauschbegrenzung || ~ **volume recognition** [Dp] / automatische Datenträgererkennung

automation *n* [DpC, Dp] / Automation, Automatisierung || **degree of** ~ / Automatisierungsgrad || ~ **area** [PCC] / Automatisierungsbereich || ~ **stage** / Automatisierungsstufe || ~ **systems** / Automatisierungstechnik || ~ **technology** / Automatisierungstechnologie

automaton *n* [Th] / Automat

autonomous input-output processor [Dp] / autonomer Ein-Ausgabeprozessor || ~ **storage** [M] / selbständig arbeitender Speicher || ~ **working** [OS] / autonome Befehlsausführung, autonomer Simultanbetrieb

autopolling *n* [RDp] / automatischer Abrufbetrieb

autoprogramming (s. automatic programming)

autoregistration *n* [Co, Sc] / Selbstregistrierung, Selbstausrichtung

autotransformer *n* [Tr] / Spartransformator || ~ **principle** [Tr] / Spartransformatorprinzip

autotransmitter *n* [TP] / selbständiger

Lochstreifensender
auxiliary accumulator [ALU] / Hilfsakkumulator || ~ **building block** [Hw] / Zusatzbaugruppe || ~ **carry bit** [Mp] / Hilfsübertragsbit || ~ **character** [IO] / Hilfszeichen || ~ **code** [Sw] / Hilfscode || ~ **equipment** [Hw] / Zusatzgeräte (d.h., in der Regel periphere Geräte eines Rechnersystems) || ~ **facility** [Hw, ES] / Zusatzeinrichtung || ~ **feed roll** [Hw] / Hilfstransportrolle || ~ **file** [Sw] / Hilfsdatei || ~ **function** [Hw, NC] / Hilfsfunktion, Zusatzfunktion || ~ **input-output statement** [Fortran] / ergänzende Ein-Ausgabe-Anweisung || ~ **operation** [Sw] / Hilfsoperation || ~ **overlay** [Sw] / Hilfsüberlagerungsphase || ~ **path parameter** [ES] / Wegehilfsparameter || ~ **ribbon feeding feature** [HSP] / erweiterter Farbtuchantrieb || ~ **station** [RDp] / Sekundärdatenstation || ~ **storage** [M] / Ergänzungsspeicher (DIN 44300, März 1972), Hilfsspeicher, Hintergrundspeicher, Zubringerspeicher
availability *n* [Dp] / Verfügbarkeit || ~ **check** [Th] / Verfügbarkeitskontrolle || ~ **indicator** [Th, Dp] / Belegungszeichen, Verfügbarkeitsanzeiger || ~ **matrix** [OS] / Belegungsmatrix || ~ **ratio** [Dp] / Verfügbarkeitsgrad || ~ **table** [Th, Dp] / Belegungstabelle, Verfügbarkeitstabelle
available *adj* [Dp] / verfügbar || ~ **device** [Dp] / freies Gerät || ~ **extent** [MD, MDr] / freier Speicherbereich || ~ **machine time** [Th, Dp] / nutzbare Maschinenzeit, verfügbare Benutzerzeit || ~ **time** [Th, Dp] / nutzbare Maschinenzeit, verfügbare Benutzerzeit
avalanche *n* [Sc] / Lawine, Avalanche || ~ **breakdown** (nondestructive breakdown caused by the cumulative multiplication of carriers through field-induced impact ionization) [Sc] / Avalanche-Durchbruch, Lawinendurchbruch (DIN 41852, Aug. 1978) || ~ **diode** [Sc] / Avalanche-Diode, Lawinendiode || ~ **effect** [Sc] / Avalanche-Effekt, Lawineneffekt || ~ **voltage** [Sc] / Lawinendurchbruchspannung (DIN 41852, Aug. 1978)
average access time [PE, MD] / mittlere Zugriffszeit || ~ **calculating operation** [Dp] / durchschnittliche Rechenoperation, mittlere Rechenoperation, gemittelte Rechenoperation || ~ **calculating speed** [Dp] / mittlere Arbeitsgeschwindigkeit, mittlere Rechengeschwindigkeit, mittlere Operationsgeschwindigkeit || ~ **conditional information content** [Th, Cy] / mittlerer bedingter Informationsgehalt (DIN 44301, Feb. 1977), bedingte Entropie (DIN 44301, Feb. 1977) || ~ **information content** [Th, Cy] / mittlerer Informationsgehalt (DIN 44301, Feb. 1977), Entropie (DIN 44301, Feb. 1977) || ~ **information content per character** [Th, Cy] / mittlerer Informationsbelag (einer Nachrichtenquelle) (DIN 44301, Feb. 1977) || ~ **information rate per time** [Th, Cy] / mittlerer Informationsfluß (einer Nachrichtenquelle) (DIN 44301, Feb. 1977) || ~ **latency** [MD, MDr] / durchschnittliche Wartezeit || ~ **operation time** [Dp] / durchschnittliche Operationszeit || ~ **outgoing quality level** [QC, Sc] / maximaler Durchschlupf (Fertigungskontrolle) || ~ **rotational delay** [MD, MDr] / durchschnittliche Drehwartezeit, mittlere Drehwartezeit || ~ **total value** (of current) [Sc] / Mittelwert des Gesamtstroms || ~ **transinformation** [Th] / Transinformation, übertragene Information || ~ **transinformation content** [PE, Th] / mittlerer Transinformationsgehalt (DIN 44301, Feb. 1977) || ~ **transinformation rate** [PE, Th] / mittlerer Transinformationsfluß (einer Nachrichtenverbindung) (DIN 44301, Feb. 1977) || ~ **value** [Sc] / Mittelwert
awaiting-repair time [Dp] / Reparaturerwartungszeit, Instandsetzungsverzugzeit
A-wire *n* [M] / Adressendraht
AW-wire *n* [M] / Adressenschreibdraht
axis *n* [Th, GrDp] / Achse

B

back conductance [Sc] / Sperrleitwert
backgrounding *n* [OS] / nachrangige Verarbeitung, Hintergrundverarbeitung
background job [Dp] /

Hintergrundauftrag || ~ **noise** [Tr] / Störgeräusch || ~ **partition** [Dp] / Hintergrundprogrammbereich || ~ **processing** [OS] / nachrangige Verarbeitung, Hintergrundverarbeitung || ~ **program** (in background processing, with low priority processing taking precedence over foreground processing) [Dp] / Hintergrundprogramm || ~ **program** (in background processing, with high priority processing taking precedence over foreground processing) [Dp] / Hauptprogramm || ~ **reflectance** [OCR] / Umgebungsremission (Remissionsgrad in unmittelbarer Nähe eines Zeichens), Reflexionsvermögen (des Papiers usw.)

backing storage [M] / Ergänzungsspeicher (DIN 44300, März 1972), Hilfsspeicher, Hintergrundspeicher, Zubringerspeicher || ~ **storage** (term used if distinction between internal memory providing fast access time, and auxiliary storage units providing relatively larger capacity but slower access time, is required) [PE] / Speicher (d.h., äußerer Speicher, der nicht unmittelbar zur Zentraleinheit eines Systems gehört, dieser jedoch angeschlossen werden kann), äußerer Speicher, externer Speicher, Externspeicher

backlog (s. tape back-ups)

backplane *n* [Hw, MCS] / Rückwandplatine || **wiring** ~ [Sc] / Rückwandverdrahtungsplatte

back resistance [Sc, Tr] / Sperrwiderstand

backspace *v* [IO, PT, MT, TP] / rücksetzen (Band, Lochstreifen usw.) || ~ **(BS)** *n* [IO, VDT, PT, TP] / Rückwärtsschritt || **to ~ a tape** [MT, Sw] / ein Band zurücksetzen || **to ~ one block** [MT, Sw] / um einen Block rücksetzen, um einen Block zurücksetzen || **to ~ one tape mark** [MT] / um eine Abschnittsmarke rücksetzen, um eine Abschnittsmarke zurücksetzen, um einen Abschnitt rücksetzen || ~ **character** [IO, VDT, PT, TP] / Rückwärtsschrittzeichen || ~ **key** [IO, PT] / Rücktaste || ~ **statement** [Fortran] / Rücksetzanweisung

back-to-normal signal [TP] / Schlußzeichen

back up *v* [Sw] / sicherstellen

backup *n* [Sw] / Sicherstellung || *adj* [Hw] / Reserve... || ~ **block** [PE, Sw] / Sicherstellungsblock || ~ **computer** [Dp] / Vorrechner (Entlastungsrechner) || ~ **computer** [Dp] / Reserverechner, Reserverechenanlage || ~ **copy** [DS] / Sicherungsduplikat || ~ **date** [Sw] / Sicherstellungsdatum || ~ **device** [Hw] / Ausweichgerät (Reservegerät) || ~ **disk** [MD] / Reserveplattenspeicher || ~ **file** [DS] / Sicherungsdatei || ~ **operation** [Dp] / Reservebetrieb || ~ **time** [Sw] / Sicherstellungszeit

backward *adv* [MT, Sw] / rückwärts || ~ **channel** [Tr] / Rückkanal, Hilfskanal (DIN 44302, Apr. 1979) || ~ **diode** [Sc] / Backward-Diode, Rückwärtsdiode || ~ **reading** [MT, Sw] / Rückwärtslesen || ~ **signal** [ES] / Rückwärtszeichen

B-address register [CU] / B-Adreßregister

badge punch [IO] / Ausweislocher || ~ **reader** [IO] / Ausweisleser, Ausweisabtaster || ~ **receiver throat** [IO] / Ausweistrichter || ~ **slot** [IO] / Ausweistrichter

bad parity [DS] / Paritätsfehler, Parityfehler || ~ **spot** (i.e., faulty spot on the tape's surface) [Hw, MT] / Bandfehlstelle (DIN 66010, Apr. 1973)

BAL (s. Branch and link)

balance *n* [Tr] / Symmetrie || [CSw] / Saldo || ~ **card** [CSw] / Saldenkarte || ~ **check mode** [Dp, ADp] / Betriebsart „Rechnerabgleich", Betriebsart „Nullen der Rechenelemente" || ~ **counter** [PC, Off] / Subtraktionszähler, saldierender Zähler, Saldierwerk

balanced *adj* [Tr] / symmetrisch || ~ **amplifier** [Th] / symmetrischer Verstärker || ~ **circuit** [Tr] / symmetrische Schaltung || ~ **error** [Dp] / symmetrischer Fehler || ~ **magnetic drum** [MDr] / ausgewuchtete Magnettrommel || ~ **tape technique** [Dp] / symmetrische Bandsortiertechnik || ~ **to ground** [Tr] / erdsymmetrisch || ~ **unit** [PL/1] / abgeschlossene Anweisung

balance error [Hw, ADp] / Nullpunktfehler || ~ **forward** [CSw] / Saldenvortrag || ~ **selection** [CSw] / Saldenauswahl || ~ **to ground** [Tr] / Erdsymmetrie

balance-to-unbalance ratio [Tr] / Unsymmetriedämpfung

balancing *n* [RDp, Tr] / Abgleicharbeit || ~ **capacitor** [Tr] / Abgleichkondensator, Trimmer, Trimmerkondensator || ~ **network** [RDp, Th, Tr] / Leitungsnachbildung || ~ **resistor** [Co] /

Nachbildwiderstand
ball resolver [ADp] / sphärischer Koordinatenwandler, Kugelkoordinatenwandler
BAM (s. basic access method)
banana jack [Hw] / Buchse für Bananenstecker || ~ **pin** [Hw] / Bananenstift || ~ **plug** [Hw] / Bananenstecker
band *n* [MD, MDr] / Spurgruppe, Spurengruppe || [MC] / Streifen, Datenstreifen || ~ (i.e., a range of frequencies within two prescribed limits) [Th, Tr] / Wellenlängenbereich, Band || ~ **elimination filter** [Tr] / Bandsperre || ~ **gap** [Sc] / Bandabstand (DIN 41852, Aug. 1978) || ~ **limitation** [Tr] / Bandbegrenzung
bandpass filter [ES, Tr] / Bandpaß
band rejection filter [Tr] / Bandsperre || ~ **size** [MC] / Streifenbreite
bandwidth *n* [Tr] / Bandbreite (Frequenzbereich) || [MC] / Streifenbreite
bang-bang servo [PCC] / Zweipunktregler, Ein-Aus-Regler, Auf-Zu-Regler
bank accounting system [RDp] / Bankbuchungssystem
bar chart [HSP] / Balkendarstellung (Diagramm) || ~ **code** [OCR] / Balkencode, Strichcode
bar-code scanner [OCR] / Balkencodeleser, Strichcodeleser
bare *v* (cable, etc.) [Serv, TrL] / anspitzen, freilegen || ~ **wire strap** [Hw] / Blankdrahtbrücke
bar line printer (s. bar printer) || ~ **printer** (using several side-by-side type bars which are first aligned to print one line of characters simultaneously) [Hist, HSP] / Typenstangendrucker, Typenstabdrucker, Stabdrucker
barrel printer [HSP] / Typenwalzendrucker, Trommeldrucker
barrier (s. junction) || ~ **height** [Sc] / Diffusionsspannung || ~ **layer** [Sc] / Sperrschicht
barrier-layer capacitance [Sc] / Kapazität einer Sperrschicht || ~ **rectifier** [Sc] / Sperrschichtgleichrichter
barring check [ES] / Zulässigkeitsprüfung (Prüfung, ob Verbindung zulässig) || ~ **table** [ES] / Sperrtabelle (Klassenvergleich)
baryta paper [HSP] / Barytpapier
base *n* [Th] / Basis || [Sc] / Basis (Transistor) || [PL/1] / (Darstellungs)basis || ~ **address** [Sw] / Basisadresse, Grundadresse, Bezugsadresse || ~ **addressing** [Sw] / Basisadressierung || ~ **address register** [CU] / Basisadreßregister || ~ **alignment** [Typ] / Linienhalten
baseband *n* [Tr] / Basisband || ~ **frequency** [Tr] / Basisbandfrequenz || ~ **modulator-demodulator (BMD)** [RDp, Tr] / (entspricht:) Gleichstrom-Datenübertragungseinrichtung für niedrige Sendespannung (GDN) || ~ **transmission** [Tr] / Basisbandübertragung (d.h., in der ursprünglichen Frequenzlage, also ohne Modulation)
base bias [Sc] / Basisvorspannung || ~ **bias voltage** [Sc] / Basisvorspannung || ~ **bulk resistance** [Sc] / Basisbahnwiderstand || ~ **charge** [Sc] / Basisladung || ~ **contact** [Tr, Sc] / Basisanschluß || ~ **current** [Sc] / Basisstrom || ~ **cylinder** [MD] / Basiszylinder
based *adj* [PL/1] / zeigerbezogen
base doping [Sc] / Basisdotierung || ~ **drive** [Sc] / Basissteuerung || ~ **drive current** [Sc] / steuernder Basisstrom
based storage [PL/1] / zeigerbezogener Speicher(typ)
base electrode (electrode attached to the base of a junction transistor) [Sc] / Basiselektrode
base-emitter saturation voltage [Sc] / Basis-Emitter-Sättigungsspannung || ~ **voltage** [Sc] / Basis-Emitter-Spannung
base item [PL/1] / Grundgröße || ~ **layer** [Sc] / Basisschicht || ~ **level program** [ES] / Hintergrundprogramm || ~ **line** [Dp] / Basis (Grundlinie) || ~ **line** (used to achieve base alignment, etc.) [Typ] / Schriftlinie (durch die untere Grenze der Mittellänge der Druckschriften gebildete imaginäre Linie), Normalschriftlinie || ~ **notation** [Th] / Radixschreibweise (DIN 44300, März 1972), Positionsdarstellung, Stellenwertschreibung || ~ **of the number representation** [Th] / Basis der Zahlendarstellung (DIN 44300, März 1972)
baseplate *n* [Hw] / Grundplatte || ~ **electrode** [Sc] / Trägerelektrode
base potential divider [Sc] / Basisspannungsteiler || ~ **pushout** [Sc] / Basisverdrängung, Emittersenkung ||

~ **region** (i.e., the region which surrounds the base electrode) [Sc] / Basisgebiet, Basiszone, Basisraum || ~ **region thickness** [Sc] / Basisbreite, Basisdicke || ~ **register** [MCS, CU] / Basisregister || ~ **register** (IBM) [CP] / Bezugsregister || ~ **register designator** [Sw] / Basisregisterkennzeichnung || ~ **resistance** [Sc] / Basiswiderstand || ~ **saturation current** [Sc] / Basissättigungsstrom || ~ **spreading resistance** [Sc] / Basisausbreitungswiderstand || ~ **stripe** [Sc] / Basisstreifen || ~ **terminal** [Tr, Sc] / Basisanschluß || ~ **thickness** [Sc] / Basisbreite, Basisdicke || ~ **voltage** [Sc] / Basisspannung || ~ **width** [Sc] / Basisweite

BASIC (Beginners All purpose Symbolic Instruction Code) [PL] / BASIC (einfache höhere Programmiersprache für Teilnehmerrechensysteme)

basic access method (BAM) [Sw] / einfache Zugriffsmethode, Basiszugriffsmethode || ~ **arithmetic operation** [Calc, Th] / Grundrechenart || ~ **block** [Fortran] / Programmstück || ~ **cabinet** [HSP] / Grundschrank || ~ **circuit arrangement** [Cir] / Grundschaltung || ~ **circuit configuration** [Cir] / Grundschaltungsanordnung || ~ **clock rate** [ES] / Grundtakt || ~ **code** [Sw] / Grundcode || ~ **coding** [Sw] / Grundkodierung, echte Codierung || ~ **concept** [Th] / Grundbegriff || ~ **configuration** [Dist, Hw] / Grundausbau, Grundausführung || ~ **controller** [PCC] / Grundsteuerung (Gerät), G-Steuerung || ~ **direct access method** [Dp] / einfache Direktzugriffsmethode || ~ **external function** [Fortran] / externe Standardfunktion || ~ **field descriptor** [Fortran] / einfache Datenfeldbeschreibung || ~ **format** [Sw] / Grundformat || ~ **group** [Fortran] / einfache Gruppe || ~ **hardware** [Hw] / Grundausrüstung || ~ **indexed sequential access method (BISAM)** [Dp] / einfache indexsequentielle Zugriffsmethode || ~ **instruction** [Sw] / Grundaufbaubefehl, Grundbefehl || ~ **instruction set** [Sw] / Grundbestand des Befehlsvorrats || ~ **language** [Sw] / Grundsprache || ~ **letter** [Sc] / Kennbuchstabe || ~ **load** (s. root phase) || ~ **machine cycle** [Dp] / Grundzyklus, Grundtakt, elementare Rechenzeit || ~ **matrix** [HSP] / Grundmatrix || ~ **measure** [Typ] / Grund-Satzbreite (eines Textes) || ~ **module** [Hw, Sc] / Grundbaustein || ~ **operating system (BOS)** [OS] / Grundbetriebssystem (GBS) || ~ **partitioned access method** [Dp] / einfache Zugriffsmethode für untergliederte Dateien || ~ **pattern** [Tr] / Grundraster || ~ **phase** [Sw] / Grundphase, Hauptphase || ~ **power supply** [Hw] / Grundstromversorgung || ~ **processing unit (BPU)** [CP] / Zentraleinheit (ohne Arbeitsspeicher) || ~ **programming support** [Dp] / Basisprogrammunterstützung || ~ **pulse rate** [ES] / Grundtakt || ~ **real constant** [Fortran] / Dezimalpunkt-Konstante || ~ **record** [IDS] / Originaleintrag || ~ **reference** [PL/1] / unmittelbare Bezugnahme || ~ **research** [R&D] / Grundlagenforschung || ~ **sequential access method** [Dp] / einfache squentielle Zugriffsmethode || ~ **stacked job processing** [Sw] / einfache sequentielle Jobbearbeitung || ~ **statement** [Algol] / Grundanweisung || ~ **storage** [OCR] / Basisspeicher || ~ **symbol** [Algol] / Grundsymbol || ~ **system** [Dp] / Grundsystem || ~ **tape access method** [MT, Sw] / einfache Bandzugriffsmethode || ~ **telecommunications access method (BTAM)** [Dp] / einfache Zugriffsmethode für Datenfernverarbeitung, Datenverkehr-Zugriffsmethode || ~ **timing signal** [ES] / Grundtakt || ~ **unit** [HSP] / Grundschrank || ~ **version** [Dist, Hw] / Grundausbau, Grundausführung

basis *n* [Dp] / Basis (Grundlinie)

batch *v* [Sw] / stapelweise verarbeiten, schubweise verarbeiten, stapeln || *n* [Dp] / Stapel || ~ **assembly** [Sw] / Sammelumwandlung mehrerer Programme

batch-bulk processing [Dp] / Stapelverarbeitung, Stapelbetrieb (DIN 44300, März 1972), Schubverarbeitung

batch/conversational mode [RDp, Tr] / gemischter Verkehr (aus Dialog- und Stapelverkehr)

batched *adj* [Dp] / aufeinanderfolgend (in mehreren Schüben) || ~ **assemblies** [Sw] / direkt aufeinanderfolgende Übersetzungen || ~ **compilation** [Dp] / Sammelübersetzung

batch input [Dp] / Stapeleingabe || ~ **job** [Sw] / Stapelverarbeitungsauftrag || ~ **job foregrounding** [Dp] / Vordergrund-Stapelverarbeitung || ~ **number** [Sw] / Stapelnummer, Schubnummer || ~ **output** [Dp] / Stapelausgabe || ~ **processing** [Dp] / Stapelverarbeitung, Stapelbetrieb (DIN 44300, März 1972), Schubverarbeitung || ~ **processing** [Dp] / Monitorbetrieb (Auftragsverarbeitung, bei der Eingangsdaten verschiedene Programme unter Monitorsteuerung in einem einzigen Rechnerlauf durchlaufen)
batch-processing computer system [Dp] / Stapelverarbeitungsrechner || ~ **job** [Sw] / Stapelverarbeitungsauftrag
batch size [Dist, Sc] / Losgröße, Seriengröße || ~ **system** [Dp] / Stapelsystem || ~ **terminal** (remote batch terminal) [RDp] / Stapelstation || ~ **total** [PC] / Zwischensumme || ~ **traffic** [RDp] / Stapelverkehr || ~ **transmission** [RDp, Tr] / Stapelübertragung
battery connector [Hw] / Batterieverbinder || ~ **lead** [Hw] / Batterieleitung || ~ **power supply unit** [Hw] / Batterieanschlußgerät
baud (bd) *n* [ES, Tr] / Baud (Bd) (Maßeinheit für die Schrittgeschwindigkeit)
Baudot code (standard five-channel code) [PT, TP] / Baudot-Code (Fernschreibcode)
baud rate [Mp] / Baud-Rate, Baud-Zahl
BC (s. Branch on condition)
BCC (s. block check character)
BCD (s. binary-coded decimal) || ≗ **code** [Th, OCR] / Binärcode für Dezimalziffern (DIN 44300, März 1972), Binär-Dezimal-Code, Dezimal-Binär-Code, BCD-Code
BCT (s. Branch on count)
bd (s. baud)
beam *n* [Typ] / Strahl || ~ **deflection speed** [RDp] / Strahlablenkgeschwindigkeit || ~ **deflector** [HSP] / Strahlablenker || ~ **flyback** [COM, Typ, Rep] / Strahlrücklauf (Elektronenstrahlrohr) || ~ **lead** (thick-film conductor) [Sc] / Fahnenanschluß, Streifenanschluß || ~ **onto** *v* [Sc] / streifenkontaktieren, Streifenanschlüsse auftragen (Dickfilm) || ~ **path** [HSP] / Strahlengang || ~ **positioning system** [Typ] / Strahlablenksystem || ~ **storage** [M] / Strahlspeicher (Speicheranordnung mit Strahlabtastung) || ~ **unblanking** [OCR] / Strahlaustastung || ~ **window** [HSP] / Strahlenfenster
bearing flange [HSP] / Lagerflansch
beat frequency [Tr] / Schwebungsfrequenz || ~ **frequency oscillator** [Tr] / Schwebungsoszillator || ~ **note** [Tr] / Schwebungston
before advancing option [Cobol] / Vor-Vorschub-Angabe || ~ **builtin function** [PL/1] / (eingebaute) Folgenanfangs-Funktion || ~ **function** [PL/1] / (eingebaute) Folgenanfangs-Funktion
before-image *n* [Sw] / Vorabbild || ~ **block** [Sw] / Vorabbildblock
before reporting [Cobol] / vor der Ausgabe einer Leiste
begin block [PL/1] / (Beginn)block || ~ **column** [PC, Sw] / Anfangsspalte
beginning *n* [Sw] / Beginn, Start, Anfang || ~ **file label** [Cobol] / Datei-Anfangskennsatz || ~ **mark** [PT] / Anfangsmarke (DIN 44300 Bbl, Jan. 1977) || ~ **of extent (BOE)** [Sw] / Bereichsanfang
beginning-of-file label [PE] / Dateianfangsetikett, Header-Etikett, Dateivorsatz
beginning-of-information marker (BIM) [PT] / Anfangsmarke (DIN 44300 Bbl, Jan. 1977) || ~ **marker (BIM)** [MT] / Bandanfangsmarke (DIN 66010, Apr. 1973)
beginning-of-instruction mark [Sw] / Befehlsanfangszeichen
beginning-of-line contact [TP] / Zeilenanfangskontakt
beginning-of-tape label [MT, Sw] / Spulenanfangsetikett, Spulenvorsatz || ~ **marker (BOT)** [MT] / Bandanfangsmarke (DIN 66010, Apr. 1973)
beginning-of-track mark [PE] / Spuranfangsmarke
beginning reel label [MT, Sw] / Spulenanfangsetikett, Spulenvorsatz || ~ **tape label** [MT] / Bandanfangs-Etikett, Bandvorsatz, Header-Etikett
begin statement [PL/1] / Beginnanweisung || ≗ **subroutine (BEGSR)** [Instruction, RPG] / Starten Unterprogramm
BEGSR (s. Begin subroutine)
BEL (s. bell character)
bell *n* [CTW] / Blattschreiberglocke, Glocke || ~ **character (BEL)** [Dp] / Zeichen für Klingelzeichen
bellows hose [Hw] / Balgenschlauch
benchmark *n* [Sw] / Vergleichspunkt,

Bezugspunkt || ~ **problem** [Dp] / Bewertungsaufgabe, Benchmarkaufgabe || ~ **program** [DpC, Dp] / Bewertungsprogramm || ~ **run** [Dp] / Vergleichslauf
bend *v* [Hw] / verbiegen
bias *n* [Sc, Th, Tr] / Vorspannung || ~ **address** [Mp] / Distanzadresse || ~ **distortion** [TP] / einseitige Verzerrung
biasing connection [Sc] / Vorspannanschluß
bias resistor [Co] / Vorspannungswiderstand || ~ **voltage** [Sc, Th, Tr] / Vorspannung
bibliography *n* [IDS] / Literaturverzeichnis
biconditional (s. equivalence operation)
bid *n* [Dist] / Angebot
bidirectional (printing, etc.) [TES] / in beiden Richtungen || ~ **bus** [Mp] / Zweiweg-Bus || ~ **counter** [Meas] / bidirektionaler Zähler, Vorwärts-Rückwärtszähler || ~ **data bus** [Mp] / Zweiweg-Datenbus || ~ **readout** [NC] / Zweirichtungsanzeige, Plus-Minus-Anzeige || ~ **thyristor** [Sc] / Zweirichtungsthyristor
BIFET (s. bipolar field-effect transistor)
bilateral tape card [PT] / zweiseitige Lochstreifenkarte
billable *adj* [ES] / gebührenpflichtig
bill feed device [HSP] / Lochbandvorschubvorrichtung
billibit *n* (10^9 bits) [Th] / Kilo-Mega-Bit
BIM (s. beginning-of-information marker)
bimodal tape station [MT] / Magnetbandgerät mit zwei Verfahren
binary *adj* [Th] / binär (DIN 44300, März 1972), dyadisch || [PL/1] / dual || ~ **adder** [ALU] / Binäraddierer || ~ **arithmetic** [Th] / binäre Arithmetik || ~ **arithmetic operation** [Th, SA] / dyadische Verknüpfung, Binäroperation, binäre Operation || ~ **Boolean operation** [Th, SA] / dyadische boolesche Verknüpfung, dyadische boolesche Operation, logische Verknüpfung von zwei Zustandsvariablen || ~ **builtin function** [PL/1] / (eingebaute) Dual-Funktion || ~ **card** [PC] / Binärkarte, Dualkarte || ~ **cell** [Th, M] / binäre Speicherzelle, Binärzelle, Binärelement || ~ **chain** [ALU] / binäre Kette || ~ **channel** [Th] / Binärkanal (DIN 44301, Feb. 1977) || ~ **character** [Th] / Binärzeichen, binäres Zeichen || ~ **code** [Th] / Binärcode (DIN 44300, März 1972), binärer Code
binary-coded *adj* [Th] / binär codiert, binär verschlüsselt || ~ **address** [Sw] / binär codierte Adresse || ~ **character** [Th] / binär codiertes Zeichen, binär verschlüsseltes Zeichen || ~ **data** [Sw] / Binärdaten || ~ **decade counter** [Cir] / binär codierter Dezimalzähler || ~ **decimal (BCD)** [Th] / binär codierte Dezimalziffer, binär verschlüsselte Dezimalziffer || ~ **decimal code** [Th, OCR] / Binärcode für Dezimalziffern (DIN 44300, März 1972), Binär-Dezimal-Code, Dezimal-Binär-Code, BCD-Code || ~ **decimal digit** [Th] / binär codierte Dezimalziffer, binär verschlüsselte Dezimalziffer || ~ **decimal notation** [Th] / binär codierte Dezimaldarstellung, BCD-Darstellung || ~ **decimal representation** [Th] / binär codierte Dezimaldarstellung, BCD-Darstellung || ~ **decimal system** [Th] / binär codiertes Dezimalsystem, binär verschlüsseltes Dezimalsystem || ~ **number system** [Th] / binär codiertes Zahlensystem || ~ **resetting** [ES] / dual codiertes Löschen, dual verschlüsseltes Löschen || ~ **setting** [ES] / dual codiertes Setzen, dual verschlüsseltes Setzen
binary column [PC] / Binärspalte || ~ **counter** [Mp] / Binärzähler, Dualzähler || ~ **decoder** [Mp] / Binär-Dekoder || ~ **delay circuit** [Cir] / binäre Verzögerungsschaltung || ~ **digit** [Th] / Binärziffer, Dualziffer (DIN 44300, März 1972), Bit || ~ **display** [Hw, IO] / Binäranzeige, binäre Anzeige || ~ **encoding** [Th] / binäre Verschlüsselung || ~ **error-correcting code** [DS, Th] / binärer Fehlerkorrekturcode (DIN 44300, März 1972) || ~ **error-detecting code** [DS, Th] / binärer Fehlererkennungscode (DIN 44300, März 1972) || ~ **field operation** [RPG] / Bitoperation || ~ **frequency modulation** [Tr] / binäre Frequenzmodulation || ~ **function** [PL/1] / (eingebaute) Dual-Funktion || ~ **half adder** [Cir, ALU] / binärer Halbaddierer || ~ **image** (i.e., an exact representation in memory of each hole in a punched card, as distinct from the character representation) [PC, M] / duales Kartenbild || ~ **incremental representation** [Th] / binäre inkrementale Darstellung || ~ **integer** [Th] / ganze Dualzahl || ~ **inverter** [Cir] / Binärinverter || ~ **notation** [Th] / Binärdarstellung, binäre

Zahlendarstellung, binäre Schreibweise || ~ **number** [Th] / binäre Zahl, Binärzahl, Dualzahl || ~ **number system** [Th] / Binärsystem, Dualsystem, Zweiersystem || ~ **operation** (s. binary arithmetic operation) || ~ **operation** (s. Boolean operation) || ~ **operator** [Th] / Binäroperator || ~ **output** [IO] / Binärausgabe, binäre Ausgabe || ~ **pair** [Cir] / Trigger-Flipflop, bistabile Kippstufe || ~ **point** [Th] / binäres Komma, Binärkomma || ~ **read mode** [PC] / binärer Lesemodus, Binärlesemodus || ~ **row** [PC] / Binärzeile || ~ **scale** [Th] / Binärsystem, Dualsystem, Zweiersystem || ~ **search** [IDS] / dichotomische Suche (bei EDV-Systemen häufig verwendetes Verfahren, die Menge der gespeicherten Dateneinheiten bei jedem Schritt des Suchlaufs in zwei Teile zu unterteilen), diminierende Suche || ~ **self-defining term** [PL, ES] / binärer Direktwert, binärer selbstdefinierender Wert || ~ **shift register** [ALU] / binäres Schieberegister || ~ **signal** [Th] / Binärsignal (Zweipunktsignal) (DIN 44300, März 1972) || ~ **symmetric channel** [Th] / symmetrischer Binärkanal (DIN 44301, Feb. 1977) || ~ **system** [Th] / Binärsystem, Dualsystem, Zweiersystem

binary-to-decimal *adj* [Th] / binär-dezimal || ~ **conversion** [Th, Tr] / Binär-Dezimalumwandlung, Binär-Dezimalumsetzung || ~ **converter** [Th, Tr] / Binär-Dezimalwandler, Binär-Dezimalumsetzer

binary transfer [Dp] / Binärübertragung || ~ **unsymmetric channel** [Th] / unsymmetrischer Binärkanal (DIN 44301, Feb. 1977) || ~ **variable** [Cir] / binäre Schaltvariable, binäre Variable || ~ **weight** [Th] / binärer Stellenwert || ~ **weight table** [Th] / binäre Stellenwerttabelle

binder hole [HSP] / Ablageloch

binomial *adj* [Th] / binomisch || ~ **distribution** [Th] / Binomialverteilung || ~ **theorem** [Th] / binomischer Lehrsatz

bionics *n* [Cy] / Bionik

biophysics *n* [Cy] / Biophysik

bipolar *adj* [Th, Cir] / bipolar, zweipolig, doppelpolig || ~ **d.c. signal** [Tr] / Doppelstrom-Gleichstromsignal || ~ **field-effect transistor (BIFET)** [Sc, Co] / bipolarer Feldeffekttransistor || ~ **mask bus** [Mp] / Maskenbus || ~ **Schottky logic** [Sc] / bipolare Schottky-Technologie || ~ **transistor** [Sc] / bipolarer Transistor

biquadratic equation [Th] / biquadratische Gleichung, Gleichung vierten Grades

biquinary *adj* [Th] / biquinär || ~ **code** [Th] / Biquinärcode, biquinärer Code, biquinäre Verschlüsselung

biquinary-coded decimal number [Th] / biquinär verschlüsselte Dezimalzahl

biquinary notation [Th, Tr] / Biquinärschreibweise || ~ **number** [Th] / biquinäre Zahl || ~ **system** [Th] / Biquinärsystem

BISAM (s. basic indexed sequential access method)

bisect *v* [Cryp] / halbieren

bistable *adj* [Cir] / bistabil || ~ (s. bistable trigger circuit) || ~ **amplifier** [Sc] / bistabiler Verstärker || ~ **circuit** [Cir] / bistabiles Kippglied, bistabile Kippstufe, bistabile Kippschaltung || ~ **control** [Cir] / bistabile Steuerung || ~ **element** [Cir] / bistabiles Element || ~ **magnetic core** [Cir] / bistabiler Magnetkern || ~ **multivibrator** [Cir] / bistabiler Multivibrator || ~ **relay** [Co] / elektronisches Relais || ~ **storage** [M] / bistabiler Speicher || ~ **trigger circuit** [Cir] / Trigger-Flipflop, bistabile Kippstufe

biswitch *n* [Sc] / Biswitch, Fünfschichtdiode

bit *n* [M, Tr] / Bit (Kurzform für „Binärzeichen") (DIN 44300, März 1972) || [PL/1] / Binärzeichen || ~ **allocation** [Dp] / Bitzuweisung || ~ **buffer** [Dp] / Bitpuffer || ~ **builtin function** [PL/1] / (eingebaute) Binärzeichen-Funktion

bit-by-bit *adj* [Tr] / bitweise

bit check [DS] / Bitprüfung || ~ **density** [MT] / Bitdichte (DIN 66010, Apr. 1973) || ~ **display lamp** [Hw] / Bitanzeigelampe

biternary code [Th] / Biternär-Code

bit error [Tr] / Bitfehler || ~ **error probability** [Tr] / Bitfehlerwahrscheinlichkeit || ~ **error rate** [Tr] / Schrittfehlerquote, Schrittfehlerhäufigkeit || ~ **falsification** [Tr] / Bitverfälschung || ~ **frequency** [Tr] / Bitfrequenz || ~ **function** [PL/1] / (eingebaute) Binärzeichen-Funktion || ~ **group format** [Tr] / Bitgruppenformat || ~ **group synchronism** [Tr] / Bitgruppensynchronismus || ~ **identification** [M] / Bitidentifizierung

|| ~ **insertion** [Tr] / Biteinfügung
bit-interleave *v* [Tr] / bitverschachteln
bit-interleaved multiplexer [MCS, Tr] / bitverschachtelter Multiplexer
bit-inverleaved *adj* (data, etc.) [MCS, Tr] / bitverschachtelt
bit location [M, Sw] / Bitposition, Bitadresse, Bitstelle
BITOF (s. Set a bit "off")
BITON (s. Set a bit "on")
bit-organized memory [M] / bitorganisierter Speicher
bit-parallel *adj* [ES, Tr] / bitparallel || ~ **character-serial transmission** [Tr] / bitparallele zeichenweise Übertragung, zeichenweise bitparallele Übertragung
bit pattern [Th] / Binärmuster, Bitmuster || ~ **position** [M, Sw] / Bitposition, Bitadresse, Bitstelle || ~ **rate** [Tr] / Bitgeschwindigkeit, Bitrate, Übertragungsgeschwindigkeit (in Bit/s) || ~ **sequence** [Tr] / Bitfolge || ~ **sequence independence** [ES] / Bitfolgetransparenz, Bitfolgeunabhängigkeit
bit-serial *adj* [Tr] / bitseriell, schrittseriell
bit significance of the sense byte [OS] / Belegung des Fehlerbytes, Fehlerbytebelegung || ~ **size** [Th] / Bitgröße || ~ **slice** [Mp] / Scheibe (Prozessorelement für 2 oder 4 Bits, das mit anderen zum Aufbau eines Mikroprozessors beliebiger Wortlänge zusammengeschaltet werden kann) || ~ **slip** [ES] / Bitschlupf
bits per inch (bpi) [MT] / Bits pro Zoll (Bits/Zoll) || ~ **per second (bps)** [Tr] / Bits pro Sekunde (Bits/s)
bit stream [Tr] / Bitfluß, Bitstrom || ~ **string** [Sw] / Bitkette
bit-string data [Sw] / Bitkettendaten
bit suppression [ES] / Bitausblendung || ~ **synchronism** [Tr] / Schrittsynchronismus || ~ **synchronization** [Tr] / Bitsynchronisation, Schrittsynchronisation || ~ **timing** [ES, Tr] / Bittakt || ~ **timing control** [ES, Tr] / Bittaktsteuerung
bivalent *adj* [Th] / zweiwertig
BL (s. bus link)
black-and-white reception [Fax] / Schwarz-Weiß-Wiedergabe, Kontrast
blackout time [MT] / Lückenzeit
blade connector [Hw] / Messerstecker || ~ **connector terminal** [Hw] / Messerkontakt || ~ **contact** [Hw] / Messerkontakt
blank *v* [COM, Typ, GrDp] / austasten, dunkelsteuern, dunkeltasten || *n* [Fortran] / Leerzeichen || [PL/1] / Leerzeichen || *adj* [PT, PC] / ungelocht, blank || [HSP] / unbedruckt || ~ **address** [Sw] / Leeradresse || ~ **card** [PC, Sw] / Leerkarte, ungelochte Karte || ~ **character** [Sw] / Leerstelle, Blank || ~ **column** [PC] / Leerspalte, Zwischenraum || ~ **column detection** [PC] / Leerspaltenkontrolle || ~ **column detection device** [PC] / Leerspaltensucher, Leerspaltenkontrolleinrichtung || ~ **common** [Fortran] / unbenannter (gemeinsamer) (Speicher-)Bereich || ~ **document** [OCR] / Leerbeleg
blanking *n* [COM, Typ, GrDp] / Austastung, Dunkelsteuerung, Dunkeltastung || ~ **level** [COM, Typ, GrDp] / Austastwert || ~ **pulse** [COM, Typ, GrDp] / Austastimpuls, Dunkelsteuerimpuls, Dunkeltastimpuls || ~ **signal** [Tr, Co] / Austastsignal || ~ **zone** [Tr, Co] / Austastbereich
blank instruction [Sw, NC] / Überspringbefehl, Übersprungbefehl, NOP-Befehl, Nulloperationsbefehl || ~ **line** [HSP, Sw] / Leerzeile || ~ **medium** [PE] / unbeschrifteter Datenträger || ~ **page** [HSP] / Leerseite || ~ **panel** [Hw] / Leerplatte, Blindplatte || ~ **sheet** [OCR] / Leerbeleg || ~ **space** [Algol] / Leerzeichen || ~ **tape feed button** [TP] / Leervorschubtaste || ~ **tape feedout circuit** [TP] / Leervorschubeinrichtung || ~ **transfer** [Tr] / Leerübertragung || ~ **transmission** [Tr] / Leerübertragung || ~ **transmission test** [Tr] / Leerübertragungsprüfung || ~ **when zero clause** [Cobol] / Leer-bei-Null-Klausel
bleed *v* (i.e., to flow beyond the specified limits of the printed character) [OCR] / verlaufen (Schriftzeichen)
bleeding *n* [Typ, OCR] / Verlaufen von Typen
bleed off (static charges, etc.) *v* [Serv] / ableiten
blemish *n* [MT] / Fehlstelle
blinding-out effect [Sc] / Ausblendeffekt
blind keyboard (input keyboard which usually produces a paper tape, but which provides the keyboard operator with no visual character representation, such as hard copy or soft copy display) [IO, Typ] / Blindtastatur
blip *n* [COM] / Dokumentenmarke || ~ **code** [COM] / Retrievalmarkierung, Dokumentenmarke für das

Wiederauffinden
block *v* [Dp, Sw] / blocken || ~ (transmission line, etc.) [Tr] / blockieren, sperren || *n* [Algol] / Block || [Cobol] / Block || [PL/1] / Block || ~ **address** [Sw] / Blockadresse
block-by-block operation [Tr] / blockweise arbeiten
block cancel character [Tr] / Blockungültigkeitszeichen || ~ **check** [DS, Tr] / Blockprüfung (DIN 44302, Apr. 1979), Longitudinalprüfung || ~ **check character (BCC)** [DS, Tr] / Blockprüfzeichen (DIN 44302, Apr. 1979), Blocksicherungszeichen, Blockparitätszeichen || ~ **check sequence** [Tr] / Blockprüfzeichenfolge (DIN 44302, Apr. 1979) || ~ **command** [ES] / Blockbefehl || ~ **contains clause** [Cobol] / Blocklängenklausel || ~ **correction** [DS, Tr] / blockweise Korrektur || ~ **count** [Sw] / Blockzählung || ~ **counter** [Sw] / Blockzähler || ~ **data statement** [Fortran] / (Speicher-)Bereichsdatenanweisung || ~ **data subprogram** [Fortran] / (Speicher-)Bereichsdatenunterprogramm || ~ **depth** [Sw] / Blocktiefe || ~ **diagram** [Dp, Sw] / Blockdiagramm, Blockschaltbild, Blockschaltplan, Grobdiagramm, Übersichtsplan
blocked *adj* [Dp, Sw] / geblockt
block error rate [Tr] / Blockfehlerquote || ~ **factor** [Sw] / Blockfaktor, Blockungsfaktor, Blockierungsfaktor, Gruppierungsfaktor || ~ **format** [PE, Sw, OS] / Blockformat || ~ **gap** [MT] / Blockzwischenraum (Zwischenraum zwischen zwei Bandblöcken) (DIN 66010, Apr. 1973), Blocklücke || ~ **head** [Algol] / Blockkopf
blocking *n* (of data, etc.) [Dp, Sw] / Blocken || ~ (of transmission line, etc.) [Tr] / Blockieren, Sperren || ~ **bias** [Co] / Sperrspannung || ~ **chopper** (converter supplying current during the blocking phase of a transistor) [Sc] / Sperrumrichter, zusammenhängendes Laden || ~ **circuit** [Hw] / Lock-out-Schaltung, Sperrschaltung || ~ **control** [ES] / Blockierungssteuerung || ~ **factor** [Sw] / Blockfaktor, Blockungsfaktor, Blockierungsfaktor, Gruppierungsfaktor || ~ **function** [ES] / Sperrfunktion || ~ **oscillator** [Th, ES] / Sperrschwinger || ~ **potential** [Tr, Co] / Sperrpotential || ~ **resistance** [Sc] / Sperrwiderstand || ~ **signal** [ES] / Sperrsignal, Sperrzeichen (in Rückwärtsrichtung) || ~ **state** [Sc] / Sperrzustand, sperrender Zustand || ~ **state region** [Sc] / Sperrbereich || ~ **voltage** [Sc] / Blockierspannung
block length [Th, Sw] / Blocklänge || ~ **length field** [PE, OS] / Blocklängenfeld, Blockstellenfeld || ~ **loading** [OS] / Blockladen || ~ **lockout** [Sw] / Blocksperre || ~ **loss** [Tr] / Blockverlust || ~ **mark** [PE] / Blockmarke || ~ **marker** [PE] / Blockmarkierer || ~ **marker track** [PE] / Blockmarkierspur, Blockmarkierungsspur || ~ **multiplex channel** [RDp, Tr] / Blockmultiplexkanal || ~ **multiplex channel extension** [RDp, Tr] / Blockmultiplexkanalerweiterung || ~ **multiplex mode** [RDp, Tr] / Blockmultiplexbetrieb || ~ **name** [Fortran] / (Speicher-)Bereichsname || ~ **nesting** [Sw] / Blockschachtelung || ~ **number** [OS] / Blocknummer || ~ **number record** [OS] / Blocknummernsatz || ~ **printer** [RDp, Tr] / Blockdrucker || ~ **prologue** [Dp] / Blockvorspann || ~ **protection information** [DS, Tr] / Blocksicherungsinformation || ~ **protection method** [DS, Tr] / Blocksicherungsverfahren || ~ **reader** [NC] / Blockleser || ~ **register** [CU, ES] / Blockregister || ~ **schematic diagram** [Dp, Sw] / Blockdiagramm, Blockschaltbild, Blockschaltplan, Grobdiagramm, Übersichtsplan || ~ **selection** [PE, OS] / Blockauswahl, Blockansteuerung || ~ **sequence check** [PE, OS] / Blockfolgekontrolle, Blockfolgeprüfung || ~ **sequence error** [PE, OS] / Blockfolgefehler || ~ **size** [Th, Sw] / Blocklänge || ~ **size reduction** [OS] / Blockverkürzung || ~ **sort** [OS] / blockweises Sortieren, Sortieren in Blöcken, Blocksortierung || ~ **start address** [PE, OS, ES] / Blockanfangsadresse || ~ **structure** [PE, OS] / Blockstruktur || ~ **synchronism** [ES] / Blocksynchronismus || ~ **transfer** [M, Tr] / Blockübertragung, blockweise Übertragung, Blocktransfer || ~ **truncation** [OS] / Blockverkürzung
blower assembly [Hw] / Lüfterbaugruppe || ~ **motor** [HSP] / Gebläsemotor
blue-ribbon program [Sw] / frei entwickeltes, handgeschriebenes Programm, das keine Fehler mehr enthält und im ersten Durchlauf korrekt arbeitet)
BMD (s. baseband modulator-demodulator)

board cage [Hw] / Aufnahmerahmen (für Baugruppe) || ~ **print layout** [Sc] / Ätzvorlage

body line (s. base line)

BOE (s. beginning of extent)

boilerplate *n* (i.e., a set of repetitive blocks of copy that may be picked up and included routinely without the need to recreate them, as the "fine print" in an insurance policy) [TES] / vorformulierter Satz || ~ **letter** [TES] / vorformulierter Brief (im Gegensatz zum individuell formulierten Brief)

Boltzmann's constant [Sc] / Boltzmannsche Konstante

bonded negative resistance diode [Sc] / BNR-Diode

bonnet *n* [HSP] / Abdeckhaube

book *v* (call, etc.) [Dp] / anmelden

booking, single ~ terminal [RDp] / Einzelbuchungsstation || ~ **register** [RDp] / Buchungsregister || ~ **storage** [RDp] / Buchungsspeicher || ~ **terminal** [Dp, RDp, Tr] / Buchungsplatz, Buchungsstation

book message [ES] / Sammelanschriftnachricht

bool builtin function [PL/1] / (eingebaute) boolesche Funktion

Boolean *adj* [SA] / boolesch (DIN 44300, März 1972), aussagenlogisch || ~ **addition** [Cir, SA] / logische Addition || ~ **algebra** [Th, SA] / boolesche Algebra, Algebra der Logik, symbolische Algebra, Ereignisalgebra || ~ **calculus** (Boolean algebra modified to include the element of time) [SA] / boolesche Rechnung || ~ **complementation** [SA] / boolesche Komplementierung, NICHT-Funktion, NICHT-Verknüpfung, Negation (DIN 44300, März 1972), Negationsverknüpfung || ~ **connective** [SA] / Boole-Operator, boolesches Operationssymbol, boolescher Operator || ~ **expression** [SA] / boolesche Aussage, logischer Ausdruck, Zustandsfunktion || ~ **expression** [Algol] / boolescher Ausdruck || ~ **factor** [Algol] / boolescher Faktor || ~ **format** [Algol] / boolesches Format || ~ **function** [SA] / boolesche Funktion || ~ **logic** [SA] / boolesche Logik || ~ **operation** [Th, SA] / boolesche Operation, boolesche Verknüpfung || ~ **operation table** [SA] / Wahrheitswertetafel, Wahrheitstabelle, boolesche Verknüpfungstafel || ~ **operator** [Algol] / boolescher Operator || ~ **part** [Algol] / boolescher Teil || ~ **primary** [Algol] / boolescher Primärausdruck || ~ **query** [IDS] / boolesche Suchfrage (Suchfrage, bei der die einzelnen Elemente durch Operatoren der booleschen Algebra verknüpft sind) || ~ **secondary** [Algol] / boolescher Sekundärausdruck || ~ **term** [SA] / logischer Term || ~ **term** [Algol] / boolescher Term || ~ **variable** [SA] / Aussagenvariable || ~ **variable** [Algol] / boolesche Variable

bool function [PL/1] / (eingebaute) boolesche Funktion

booster diode [Sc] / Booster-Diode

bootstrap *v* [OS] / durch Ureingabe laden || ~ *n* (i.e., the technique of loading a program into main memory by means of certain preliminary instructions which in turn are sufficient to bring the rest of the program into the computer) [OS] / Ureingabe || ~ **initialization switch** (i.e., special console switch which calls the bootstrap loader into action) [Mp, OS] / Urladeschalter (Schalter, mit dem die Ureingabe eingeleitet werden kann) || ~ **input program** (s. bootstrap loader) || ~ **loader** [PCC] / Urleseprogramm (Programm im Urladeformat, das durch Ureingabe mit Hilfe des Urladers in den Zentralspeicher einer ZE geladen wird) || ~ **loader** (i.e., a subroutine which is usually automatic and built into the hardware of the computer) [Mp, OS] / Ureingabeprogramm (aus wenigen Befehlen bestehende Datenmenge, die vor dem Starten der Anlage und vor dem Einlesen des „Urladers" an den Beginn des Arbeitsspeichers gebracht werden muß) || ~ **memory** [OS] / Startroutinespeicher

bootstrapping *n* [PCC, OS] / Ureingabe (Vorgang)

bootstrap PROM [Mp] / programmierbarer Urladefestspeicher || ~ **reading** [PCC] / Urlesen || ~ **routine** [Dp] / Startroutine ins Ladeprogramm

border-punched card (s. edge-punched card)

borrow *n* [ALU] / Borgen (bei der Subtraktion)

BOS (s. basic operating system)

BOT (s. beginning-of-tape marker)

BOT/EOT hole [KtT] / Durchlichtmarke (Magnetband) || ~ **scanner** [KtT] / Bandanfangs-Bandende-Abtaster

BOT hole [KtT] / Bandanfangs-Durchlichtmarke

both-way communication [Tr] /

beidseitige Datenübermittlung (DIN 44302, Apr. 1979) || ~ **mode** [RDp, Tr] / Zweiwegbetrieb (Vollduplex) || ~ **working** [Tr] / Betrieb in beiden Richtungen
bottom edge of document [OCR] / Belegunterkante || ~ **edge of sheet** [HSP] / Blattende || ~ **plate** [Hw] / Bodenblech, Bodenteil || ~ **view** [Dist] / Ansicht von unten
bounce pulse [Tr] / Preller || ~ **test** [Hw, R&D] / Prellprüfung
bouncing pulse [Tr] / Preller
bound *n* [Algol] / Grenze
boundary *n* [Sw] / Bereichsgrenze || ~ **alignment** [Sw] / Ausrichtung auf Anfangsadresse || ~ **condition** [Sc] / Grenzbedingung || ~ **operator** [Th] / Grenzoperator || ~ **value** [PCC, NC] / Grenzwert, Randwert
bounded *adj* [Sc] / umschlossen, begrenzt || ~ **variable** [Th] / beschränkte Variable
bound pair [Algol] / Grenzenpaar || ~ **pair** [PL/1] / (Index)grenzen || ~ **pair list** [Algol] / Grenzenliste
bpi (s. bits per inch)
bps (s. bits per second)
BPU (s. basic processing unit)
BR (s. bus request)
brace *n* [Cobol] / geschweifte Klammer
bracket *n* [Hw] / Konsole (zur Auflagerung von Konstruktionen usw.) || [Algol] / Klammer || [Cobol] / eckige Klammer
branch *v* [Sw] / verzweigen, springen || *n* [RDp, Tr] / Abzweigstelle || [Sw] / Sprung, Verzweigung, Programmverzweigung || [Instruction] / Springe (SPR) || **to ~ to ...** [Sw] / auf ... springen || ~ **address** [Sw] / Sprungadresse, Verzweigungsadresse || ~ **address table** [Sw] / Sprungliste || **≗ and link (BAL)** [OS, Lisp] / Springen und Speichern Rücksprungadresse || ~ **bit** [Sw, ES] / Sprungbit || ~ **bit pattern** [ES] / Sprungleiste || ~ **condition** [Sw] / Sprungbedingung || ~ **destination** [Sw] / Sprungziel || ~ **distance** [Sw] / Sprungdistanz
branching instruction (s. branch instruction) || ~ **location** [Sw] / Sprungziel || ~ **point** [Sw] / Verzweigungspunkt
Branch in index low or equal (BXLE) [OS, Lisp] / Springen wenn Index kleiner oder gleich || ~ **instruction** [Sw] / Sprungbefehl || ~ **mark** [ES] / Sprungmarke
branch-off point [RDp, Tr] / Abzweigstelle
Branch on accumulator negative [Instruction] / Springe falls Akkumulator Minus || **≗ on accumulator positive** [Instruction] / Springe falls Akkumulator Plus || **≗ on accumulator unequal zero** [Instruction] / Springe falls Akkumulator ungleich Null || **≗ on condition (BC)** [OS, Lisp] / Springen bedingt
branch-on-condition instruction (s. conditional branch instruction)
Branch on count (BCT) [OS, Lisp] / Springen nach Zählen || **≗ on index high (BXH)** [OS, Lisp] / Springen wenn Index größer || **≗ on no overflow** [OS, Instruction] / Springe falls kein Überlauf || **≗ on overflow** [OS, Instruction] / Springe falls Überlauf || ~ **parameter** [Sw] / Verzweigungsparameter
branchpoint *n* [Sw] / Verzweigungspunkt
branch program [Sw] / Verzweigungsprogramm || ~ **table** [Sw] / Sprungtabelle || ~ **to** *v* [Sw] / verzweigen nach || ~ **to a subroutine** [Sw] / Unterprogrammsprung
braze *v* [Hw] / hartlöten
breadboard *n* [Hw, Cir] / Versuchsaufbau || ~ **circuit** [Hw, Th, Cir] / Brettschaltung
break *v* (word, etc.) [MCS, Typ, TES] / (Wort am Ende einer Druckzeile usw.) trennen || ~ **character** [PL/1] / Unterstreichung || ~ **down** [Hw] / ausfallen
breakdown *n* (of a reverse-biased p-n junction) [Sc] / Durchbruch (in einem in Sperrichtung betriebenen pn-Übergang) (DIN 41852, Aug. 1978) || ~ (s. hardware failure) || ~ (s. software error) || ~ **listing** [DpC] / Aufgliederungsliste || ~ **region** [Sc] / Durchbruchgebiet, Durchbruchbereich || ~ **voltage** [Sc] / Durchbruchspannung (DIN 41852, Aug. 1978)
breakin detector [ES] / Gegenschreibauswertung (Fernschreiber) || ~ **facility** [Th, Tr] / Unterbrechungseinrichtung, Gegenschreibeinrichtung
breaking loss [Sc] / Abschaltverlust
breakin operation [ES] / Gegenschreiben || ~ **pulse** [ES] / Gegenschreibimpuls || ~ **recognition unit** [ES] / Gegenschreibauswertung (Fernschreiber)
break jack [Hw] / Trennsteckerklinke
break-jack block [Hw] / Trennsteckverteiler || ~ **strip** [Hw] / Trennstreifen, Schaltstreifen

breakover current [Sc] / Kippstrom || ~ **voltage** [Sc] / Kippspannung || ~ **voltage, gate open** [Sc] / Nullkippspannung
breakpoint (s. checkpoint)
bridge duplex system [Tr] / Gegenschreibsystem mit Brückenschaltung || ~ **rectifier** [Co] / Brückengleichrichter
bridging *n* [Co, Sc] / Überbrückung
Briggsian logarithm [Th] / Briggsscher Logarithmus
bright/dark ratio [TP] / Hell-Dunkel-Verhältnis
brightness *n* [VDT, Fax] / Helligkeit || ~ **control** [Fax, Co] / Helligkeitsregelung || ~ **signal** [RDp] / Hellsteuersignal
broadband coupling filter [Th, Co] / Koppelfilter || ~ **data transmission** [Tr] / Breitbanddatenübertragung || ~ **transmission path** [Tr] / Breitbandübertragungsweg
broadcast facilities [RDp] / Rundschreibeinrichtungen || ~ **system** [ES] / Rundschreibsystem || ~ **videotex system** (CCITT Rec.) [Vtex] / nicht dialogfähiges Bildschirmtextsystem (Bildschirmtextsystem, bei dem der Benutzer aus einer größeren Anzahl von angebotenen Informationen die für ihn relevanten Daten selbst am Bildschirm auswählen muß)
broaden *v* [Th, Sw] / erweitern
broken lead [Sc] / Drahtunterbruch || ~ **line** [HSP, Typ] / gestrichelte Linie
brokerage system [RDp] / Börsensystem (zur Übermittlung von Börsennachrichten)
brush *n* [PC] / Bürste || ~ **assembly** [PC] / Bürstensatz || ~ **block** [PC] / Bürstenblock || ~ **cleaning station** [HSP] / Reinigungsbürste || ~ **compare check** [PC] / Bürstenvergleichsprüfung, Bürstenvergleichskontrolle || ~ **cycle** [PC] / Bürstenzyklus || ~ **holder ring** [TP] / Bürstenbrücke || ~ **reading** [PT, PC] / elektrische Abtastung, elektrisches Abtasten, elektrische Abfühlung, elektrisches Abfühlen, Bürstenabfühlung || ~ **sensing** [PT, PC] / elektrische Abtastung, elektrisches Abtasten, elektrische Abfühlung, elektrisches Abfühlen, Bürstenabfühlung || ~ **station** [PT, PC] / Bürstenabfühlstation
BS (s. backspace) || ≗ **character** [IO, VDT, PT, TP] / Rückwärtsschrittzeichen
BTAM (s. basic telecommunications access method)
BT marker [MT] / Bandanfangsmarke (DIN 66010, Apr. 1973)
bubble chip [M] / Blasenchip || ~ **generator** [M] / Blasengenerator || ~ **memory** [M] / Blasenspeicher, Magnetblasenspeicher || ~ **technology** [M] / Blasenspeichertechnik
bucket *n* [Sc] / Aushöhlung || ~ **brigade** (descriptive term of a method of transferring information from stage to stage in response to timing signals, e.g., in a multistage analog shift register) [Co] / Eimerkette
buckle feed [PC] / Zuführung mit Kartenwölbung
buffer *v* [Dp] / puffern, zwischenspeichern || *n* [Th] / Pufferschaltung || [M] / Puffer (DIN 44300, März 1972), Pufferspeicher || ~ **address register** [Dp] / Pufferadreßregister || ~ **area** [Sw] / Pufferbereich || ~ **cabinet for dual systems** [Hw, ES] / Pufferschrank für Doppelanlagen || ~ **cell** [M] / Pufferzelle || ~ **circuit** [Th] / Pufferschaltung || ~ **clock inhibition** [ES] / Puffertaktsperre || ~ **clock inhibit signal** [ES] / Puffertaktsperrsignal (PTSP) || ~ **clock pulse** [ES] / Puffertakt, Puffertaktsignal || ~ **clock signal** [ES] / Puffertakt, Puffertaktsignal || ~ **command** [OS] / Pufferbefehl
buffered *adj* (printer, etc.) [Dp] / gepuffert || ~ **call clock availability map** [ES] / Adreßverzeichnis der ausgelagerten Rufblöcke || ~ **character** [RDp, Tr] / zwischengespeichertes Zeichen || ~ **file** [Sw] / zwischengepufferte Datei || ~ **input-output** [IO] / gepufferte Ein-Ausgabe || ~ **input-output channel** [IO] / gepufferter Ein-Ausgabekanal || ~ **power supply** [PCC] / gepufferte Stromversorgung
buffer element [ES] / Pufferelement || ~ **empty note** [ES] / Pufferleermeldung || ~ **enable** [ES] / Pufferfreigabe || ~ **end** [Mp] / Pufferende || ~ **entry** [ES] / Puffereintrag || ~ **function** [Tr] / Pufferfunktion
buffering *n* [Th, Sw, OCR] / Pufferung || ~ **technique** [Dp] / Pufferungstechnik
buffer management [Dp] / Pufferverwaltung || ~ **memory** [M] / Puffer (DIN 44300, März 1972), Pufferspeicher || ~ **note** [ES] / Puffernotiz || ~ **number register** [ES] / Puffernummerregister || ~ **output**

address [ES] / Pufferausgabeadresse || ~ **output control** [ES] / Zwischenspeicher-Ausgabesteuerung || ~ **overflow** [Sw] / Pufferüberlauf || ~ **pointer** [Mp] / Pufferzeiger || ~ **pool** [Dp] / Pufferkomplex || ~ **register** [Dp] / Pufferregister, Zwischenspeicherregister || ~ **register block** [Sw] / Pufferregisterblock || ~ **segment** [Sw] / Puffersegment || ~ **shift pulse** [ES] / Pufferschiebetakt || ~ **space** [M] / Pufferspeicherplatz || ~ **start address** [M] / Pufferanfangsadresse || ~ **status signal** [ES] / Puffermeldung || ~ **storage** (s. buffer memory) || ~ **timing control** [ES] / Puffertaktsteuerung (PTS) || ~ **timing inhibition** [ES] / Puffertaktsperre || ~ **timing pulse** [ES] / Puffertakt, Puffertaktsignal || ~ **timing pulse inhibit signal** [ES] / Puffertaktsperrsignal (PTSP) || ~ **value** [ES] / Pufferwert

bug *n* [Sw] / Programmierfehler || [IC] / integrierte Schaltung

building block [Hw, Mp, Co] / Baustein (aus mehreren Bauelementen aufgebaute logische Verknüpfungs- und Speichereinheit, z.B. Flipflop; cf. „Bauelement" und „Baugruppe")

build up *v* [ES] / (Verbindung usw.) aufbauen

builtin check [Hw] / automatische Geräteprüfung, automatische Prüfung, festverdrahtete Prüfung, Geräteselbstprüfung || ~ **function** [PL/1] / eingebaute Funktion || ~ **function** [Dp] / Standardfunktion || ~ **function reference** [PL/1] / Aufruf einer eingebauten Funktion || ~ **signaling unit** [TP] / Einbaufernschaltgerät

bulk core storage [M] / Großraumkernspeicher || ~ **erase head** [MT] / Blocklöscher, Blocklöschkopf || ~ **information** [Dp] / große Nachrichtenmengen, große Datenmengen || ~ **information processing** [Dp] / Verarbeitung großer Datenmengen || ~ **resistance** [Sc] / Bahnwiderstand || ~ **storage** [M] / Großraumspeicher

bump *n* [M] / nicht adressierbarer Hilfsspeicher

bumper *n* [Hw] / Pufferscheibe || ~ **strip** [Hw] / Sockelleiste (Schrank)

buried layer [Sc] / eingebettete Schicht, begrabene Schicht (MOS-Transistor)

burnout of a crystal rectifier [Sc] / Ausbrennen eines Kristallgleichrichters

burst *v* (i.e., to separate individual forms in a set of continuous stationery) [HSP] / trennen (Endlosformulare in einzelne Formularblätter) || *n* [Tr] / impulsartiges Rauschen || [Tr] / Signalbündel || ~ **device** [Tr] / Gerät mit Stoßbetrieb

burster *n* [Hw, HSP] / Schlagschere (zum Durchtrennen der Perforation bei Leporellopapier), Reißer

burst mode [Sw, Tr] / Einpunktbetrieb, Stoßbetrieb || ~ **transmission** [Tr] / Bitbündelübertragung (DIN 44302, Apr. 1979)

bus *n* [Mp, MCS] / Bus, Sammelweg, Pfad, Sammelschiene || **address** ~ [Mp] / Adreßbus, Adressenbus || **n-line** ~ [Mp] / n-bit breiter Bus || ~ **address register** [Mp, MCS] / Busadreßregister || ~ **control** [Mp] / Bussteuerung || ~ **cycle** [Mp] / Buszyklus || ~ **data rate** [Mp] / Busdatenübertragungsrate || ~ **driver** [Mp] / Bus-Treiber

BUSEN (s. bus enable)

bus enable (BUSEN) [Mp] / Freigabesignal für den Bus

business applications [Dp] / kommerzielle Anwendungen || ~ **computer** [Hw, Dp] / kommerzieller Rechner, kommerzielle Rechenanlage || ~ **data** [CSw] / kommerzielle Daten || ~ **data processing** [CSw] / kommerzielle Datenverarbeitung, kaufmännische Datenverarbeitung || ~ **machine** [Dp, Off] / Büromaschine

bus interface [Mp] / Busschnittstelle || ~ **interface logic** [MCS] / Busschnittstellenlogik || ~ **link (BL)** [Mp] / Datenaustauschsteuerung || ~ **link handler** [Mp] / Datenaustausch-Steuerungsprogramm

bus-oriented *adj* (backplane, etc.) [Mp] / busorientiert

bus-out check [Dp] / Prüfbitfehler

bus request (BR) [Mp] / Busanforderung || ~ **signal** [MCS] / Bussignal

bust *n* [Sw] / (i) Operatorfehler, (ii) Programmiererfehler

bus timing control [MCS] / Bustaktsteuerung

busy *adj* [ES] / (von Leitung, Teilnehmer, usw.) belegt || ~ **condition** [ES] / Belegtzustand || ~ **lockout condition** [ES] / Belegtzustand || ~ **time** [ES] / Belegungsdauer (Vermittlungseinrichtungen)

button block [TP] / Tastengruppe (Magnetband) || ~ **control** [TP] /

Tastensteuerung || ~ **release** [TP] / Tastenfreigabe || ~ **tape** [TP] / Knopfband

buzzer *n* [Hw] / Summer

BXH (s. Branch on index high)

BXLE (s. Branch in index low or equal)

by name [PL/1] / gleichnamig || ~ **option** [PL/1] / Schrittweitenangabe

bypass *v* [Hw, Th] / umgehen, übergehen, überbrücken || ~ **filter** [ES] / Umgehungsweiche

byproduct tape [PT] / Synchronstreifen

byte *n* (general meaning) [Th] / Byte (Gruppe bestehend aus mehreren Bits) || **8-bit** ~ [Th] / Acht-Bit-Byte, 8-Bit-Byte, Byte (Gruppe bestehend aus 8 Datenbits) || ~ **address** [M, Sw] / Byteadresse || ~ **annex counter register** [ES] / Byteanhangzählregister || ~ **boundary** [M, Sw] / Bytegrenze || ~ **boundary alignment** [Sw] / Ausrichten auf Bytegrenze || ~ **code** [RDp] / Bytecode || ~ **count** [Sw] / Byteanzahl || ~ **counter** [CP] / Bytezähler || ~ **count portion** [ES] / Zählteil (Kanalbefehl) || ~ **field** [Sw, ES] / Bytefeld || ~ **multiplex channel** [Tr] / Bytemultiplexkanal || ~ **multiplex channel extension** [Tr] / Bytemultiplexkanalerweiterung || ~ **multiplex mode** [Tr] / Bytemultiplexbetrieb || ~ **output register** [Cir] / Byteausgaberegister

byte-serial *adj* [Sw, Tr] / byteweise

byte structure [Tr] / Bytestruktur

C

C (s. correcting value)

cabinet *n* [Hw] / Schrank, Gestellschrank || ~ **bottom section** [Hw] / Schrankunterteil || ~ **connector** [Hw] / Schrankverbinder || ~ **door** [Hw] / Schranktür || ~ **frame** [Hw] / Einbaurahmen || ~ **layout plan** [Hw, Serv] / Belegungsplan (Baugruppen in Gestell, Schrank) || ~ **rack** [Hw] / Gestell, Gestellrahmen || ~ **row** [Hw] / Schrankreihe || ~ **space assignment** [Hw, Serv] / Schrankbelegung || ~ **supply lead** [Hw] / Schrankversorgungsleitung || ~ **top section** [Hw] / Schrankoberteil

cable *n* [Hw] / Kabel (mit einer Schutzhülle gegen mechanische bzw. chemische Einwirkungen versehene Leitung) || **heavily loaded** ~ [TrL] / schwerpupinisiertes Kabel || ~ **code** [TP, Tr] / Kabelcode || ~ **conductor** [TrL] / Kabelader || ~ **conduit** [Hw] / Kabelrohr, Kabelkanal || ~ **connector** [Hw] / Handstecker || ~ **connector** [Mp] / Steckleiste || ~ **core** [Serv, TrL] / Kabelseele (DIN 57816, Feb. 1979) || ~ **delay** [Tr] / Kabellaufzeit || ~ **delay time** [Tr] / Kabellaufzeit || ~ **distribution sheet** [Serv, TrL] / Kabelführungsplan || ~ **driver** [ES] / Kabeltreiber || ~ **duct** [DpC] / Kabelschacht || ~ **entry point** [Hw] / Kabeleinführung || ~ **fanning device** [DpC] / Montagevorrichtung (Kabel an Kontakt) || ~ **fanout** [Hw] / Kabelverzweigung || ~ **funnel** [Hw] / Kabeltrichter || ~ **gland** [Hw] / Kabelmuffe || ~ **harness** [Hw] / Kabelbaum || ~ **junction box** [Serv, TrL] / Kabelanschlußkasten || ~ **laying list** [Hw, Serv] / Kabellegeliste || ~ **laying plan** [Serv, TrL] / Kabelführungsplan || ~ **lead-in bushing** [Hw] / Kabeleinführung || ~ **length** [Hw] / Kabellänge || ~ **list** [Hw, Serv] / Kabelliste || ~ **lockout switch** [DpC] / Kabelsperre (Schalter) || ~ **plugging list** [Hw, Serv] / Kabelsteckliste || ~ **pothead** [Hw] / Kabelendverteiler || ~ **rack** [Serv] / Kabelgestell, Kabelrost || ~ **route** [DpC] / Kabelführungsweg || ~ **routing** [TrL] / Kabelführung || ~ **run** [Hw] / Kabeltrasse || ~ **rung** [Hw] / Kabelsprosse || ~ **run number** [Hw] / Kabelführungsnummer || ~ **selection register** [ES] / Kabelauswahlregister (KAR) || ~ **sheath** [Hw] / Kabelmantel || ~ **shoe** [Hw] / Kabelschuh || ~ **support** [Hw] / Kabelhalter || ~ **support bracket** [Hw, Serv] / Kabelhalterung || ~ **terminal box** [Hw] / Kabelendverschluß || ~ **terminal distribution box** [Hw] / Kabelendverteiler || ~ **terminating plug** [Hw] / Handstecker || ~ **terminating position** [DpC] / Kabeleinbauplatz || ~ **trough** [Hw] / Kabelwanne || ~ **trunk** [Hw] / Kabelstamm

cabling *n* [ES] / Verkabelung || ~ **plan** [Serv, TrL] / Kabelführungsplan

cache memory [PE, M] / Cache-Speicher (Pufferspeicher zwischen Arbeitsspeicher und den restlichen Teilen der ZE zum Verkürzen der Zugriffszeiten zum Arbeitsspeicher)

CAD (s. computer-aided design)

cadence speed lock [TP] /

Geschwindigkeitssperre
CAI (s. computer-assisted instruction)
calculate *v* [Dp] / berechnen, rechnen (DIN 9757E, Okt. 1977) || [Sw] / errechnen || ~ **selector** [PC] / Programmselektor
calculating machine [Th, Off] / Saldiermaschine || ~ **operation** [PC] / Rechengang || ~ **punch** [DT, PC] / Rechenlocher, Rechenstanzer || ~ **speed** [Th, ALU] / Rechengeschwindigkeit (DIN 9757E, Okt. 1977), Operationsgeschwindigkeit
calculation selector [PC] / Programmselektor || ~ **selector split** [PC] / Programmselektorteilung || ~ **specification form** [RPG] / Bestimmungsblatt Rechenvorschriften
calculator with external program input [Calc] / maschinell programmierbare elektronische Rechenmaschine (DIN 9757E, Okt. 1977) || ~ **with keyboard program input** [Calc] / manuell programmierbare elektronische Rechenmaschine (DIN 9757E, Okt. 1977)
calculus of variations [Th] / Variationsrechnung
calender cut [HSP] / Satinierfalte
calendered paper [HSP] / mattsatiniertes Papier
calibrate *v* [Hw, AC] / eichen, kalibrieren
calibration *n* [Hw, AC] / Eichung || ~ **parameter** [PCC] / Kalibrierungsparameter
call *v* [Sw] / (Programm usw.) aufrufen || *n* [Algol] / Aufruf (Befehlsfolge für die Auslösung einer bestimmten Funktion) || [Tr] / Ruf || ~ **address** [Sw] / Aufrufadresse || ~ **allotter** [ES] / Anrufverteilerkette || ~ **attempt** [ES] / Verbindungsversuch
callback connection [ES] / Rückrufverbindung || ~ **method** [ES] / Rückrufverfahren || ~ **on busy** [ES] / Rückruf im Besetztfall || ~ **path** [ES] / Rückrufweg || ~ **procedure** [ES] / Rückrufverfahren
call block [ES] / Rufblock || ~ **by name** [Algol] / Namensaufruf || ~ **by value** [Algol] / Wertaufruf || ~ **charge** [ES] / Gebühr || ~ **charge counter** [ES] / Verbindungszähler || ~ **cleardown procedure** [Tr] / Verbindungsabbauprozedur || ~ **confirmation recognition** [ES] / Rückimpulsbewertung || ~ **confirmation signal** [ES] / Anrufbestätigungssignal || ~ **data** [ES] / Verbindungsdaten, Rufdaten || ~ **data block** [ES] / Rufdatenblock || ~ **data computer** [ES] / Rufdatenrechner (RDR) || ~ **data postprocessing** [ES] / Rufdatennachverarbeitung || ~ **data record** [ES] / Rufdatensatz || ~ **data recording** (s. call record journaling) || ~ **detection** [ES] / Ruferkennung || ~ **disconnect** (s. connection cleardown)
called line identification [ES] / Identifizierung der gerufenen Leitung || ~ **party** [ES, Tr] / gerufener Teilnehmer || ~ **station** [Tr] / gerufene Station (DIN 44302, Apr. 1979) || ~ **subscriber** [ES, Tr] / gerufener Teilnehmer
caller *n* [Tr] / Anrufer, rufender Teilnehmer
call establishment time (s. connection setup time) || ~ **for** *v* [Dp] / anfordern || ~ **handling capacity** [ES] / Leistungsfähigkeit || ~ **holding operation** [ES] / Warteverkehr || ~ **identification** [ES] / Ruferkennung || ~ **in** / (Daten, Zeichen usw.) abrufen || ~ **in** [Sw] / (Programm usw.) aufrufen
calling *n* [Tr] / Anruf (Aussenden von Wählzeichen und/oder Rufzeichen mit dem Ziel, eine Datenverbindung aufzubauen) (DIN 44302, Apr. 1979) || ~ **instruction** [Sw] / Aufrufbefehl (spezieller Unterprogrammsprung), Rufbefehl || ~ **line identification** [ES] / Identifizierung der rufenden Leitung || ~ **number** [ES] / Rufnummer || ~ **order** [Sw] / Abfragesequenz (Abruffolge von Unterprogrammen) || ~ **party** [Tr] / Anrufer, rufender Teilnehmer || ~ **rate** [ES] / Verbindungshäufigkeit || ~ **sequence** [Sw] / Abfragesequenz (Abruffolge von Unterprogrammen) || ~ **station** [ES, Tr] / rufende Station (DIN 44302, Apr. 1979) || ~ **subscriber** (s. caller)
callin of a subroutine [Sw] / Aufruf eines Unterprogramms
call instruction [Sw] / Aufrufbefehl (spezieller Unterprogrammsprung), Rufbefehl
callin time [Sw] / Aufrufzeit
call limiting counter [ES] / Rufbegrenzungszähler || ~ **load sharing** [ES] / Lastverteilung, Belastungsteilung || ~ **number** [ES] / Rufnummer || ~ **number field** [ES] / Rufnummernfeld || ~ **number index field** [ES] / Rufnummernindexfeld || ~ **processing rate** [ES] / Vermittlungsleistung || ~ **processing**

register [ES] / Verbindungs-Verarbeitungsregister || ~ **progress tone (CPT)** [ES] / Hörton || ~ **pulse** [ES] / Abrufimpuls || ~ **quota allocation table** [ES] / Quotierungstabelle || ~ **rate overflow** [ES] / Rufanzahlüberschreitung || ~ **recognition time** [ES] / Ruferkennungszeit || ~ **record** [ES] / Rufdatensatz || ~ **record entry** [ES] / Rufdateneintrag || ~ **record journal disk** [ES] / Rufdatenaufzeichnungsplatte, RDA-Platte || ~ **record journaling (CRJ)** [ES] / Rufdatenaufzeichnung (RDA), Rufdatenerfassung || ~ **record journaling program** [ES] / Rufdatenaufzeichnungsprogramm || ~ **record postprocessing** [ES] / Rufdatennachverarbeitung || ~ **record tape** [ES] / Rufdatenband || ~ **repetition** [ES] / Anrufwiederholung || ~ **request** [ES] / Rufanforderung, Verbindungsanforderung || ~ **setup** (s. connection setup) || ~ **setup time** (s. connection setup time)

calls file [ES] / Verbindungsarchiv

call statement [Fortran] / Aufrufanweisung || ~ **statement** [PL/1] / Aufrufanweisung || ~ **throughput rate** [ES] / Durchschalteleistung (bestehende Verbindungen) || ~ **time** [Sw] / Aufrufzeit || ~ **time** [Tr] / Verbindungsdauer, Leitungsbelegungszeit || ~ **tracing** [ES, QC] / Verbindungsverfolgung || ~ **up** *v* [Typ] / (Schriftzeichen usw.) abrufen

CAM (s. computer-aided manufacturing) || ≗ (s. content-addressed memory)

CAMAC (s. computer-aided measurement and control)

camera controller [COM, Typ] / Kamerasteuerung (einer Lichtsetzanlage) || ~ **lens** [Typ, Rep] / Kameraobjektiv

camera-ready artwork [Rep] / reprofähige Vorlage

camp, to ~ a call onto a trunk [ES] / in Wartestellung schalten

camp-on-busy *n* [ES] / Anrufwiederholung || ~ **circuit** [ES] / Warteschaltung

camp-on function [ES] / Anrufwartefunktion || ~ **switching** [ES] / Wartevermittlung

CAN (s. cancel character)

cancel *v* [PE, M] / annullieren || [Dp] / (Programmlauf usw. bei Programmfehler oder Fehler in der DVA durch den Bediener oder durch das Programm selbst) abbrechen, beenden || [HSP] / (Anzeige usw.) rücksetzen || ~ (information, etc.) [MAT] / löschen, streichen || **to ~ priority** [Dp] / Priorität zurücknehmen || ~ **character (CAN)** [RDp, OCR] / Löschzeichen (festvereinbartes Zeichen, durch das auf maschinenlesbaren Datenträgern geschriebene Zeichen bzw. Zeichenfolgen nachträglich gelöscht werden können)

canceling code [RDp, Tr] / Annullierungskennziffer

cancel key [Hw, CTW] / Löschtaste

cancellation data block [Tr] / Annullierungs-DÜ-Block

cancel statement [PL] / Annullieranweisung

canned assembly [Co, Sc] / Becherkonstruktion

cap *n* [HSP] / Verschlußdeckel

capacitance *n* (C) [Th] / Kapazität

capacitor *n* [Co] / Kondensator || ~ **read-only storage** [M] / Kondensator-Festwertspeicher || ~ **storage** [M] / kapazitiver Speicher, Kondensatorspeicher

capacity *n* [Hw, M] / Kapazität (= Fassungs-, Leistungsvermögen) || ~ **record** [MD] / Spurkapazitätssatz, Kapazitätssatz || ~ **utilization level** [Dp] / Bestückungsausbau

capitalization *n* [HSP, Typ] / Großschreibung

capitalize *v* [HSP, Typ] / groß schreiben

capital letter [HSP, Typ, OCR] / Großbuchstabe

capstan *n* [MT] / Capstan

capstan-and-pinch-roller-controlled tape transport [MT, KtT] / Bandtransport (durch Capstan und Andruckrolle)

capstan bearing [KtT, TP] / Capstanlagerung (Magnetband) || ~ **drive** [KtT, TP] / Capstanantrieb (Magnetband) || ~ **motor** [KtT, TP] / Capstanmotor (Magnetband)

capstan/pinch roller system [MT, KtT] / Bandtransport (durch Capstan und Andruckrolle)

capstan shaft [KtT, TP] / Capstanwelle (Magnetband)

CAR (s. channel address register)

carbonless paper [HSP] / selbstdurchschreibendes Papier, Non-Karbon-Papier, Durchschreibpapier

carbon paper [HSP] / Kohlepapier ||

~ **ribbon** [IO, OCR] / Kohlefarbband, Karbon-Farbband || ~ **ribbon feed device** [PC] / Kohlebandführung || ~ **slip ring** [TP] / Kohleschleifring

card (s. magnetic card) || ~ (s. punched card) || **51-column** ~ [PC] / Kurzlochkarte mit 51 Spalten, 51-Spalten-Kurzkarte || **51-column ~ feature** [PC] / Kurzkartenzusatz, 51-Spalten-Zusatz || **ninety-column** ~ [PC] / neunzigspaltige Lochkarte || ~ **aligner** [PC] / Kartenanschlag || ~ **assembler** [PL] / Assembler in Kartenfassung || ~ **back** [PC] / Kartenrückseite || ~ **bed** [PC] / Kartenführung, Kartenbahn || ~ **cage** [Mp, Co] / Kartenkäfig (für Schaltkarten usw.) || ~ **capacity** [PC] / Kartenkapazität || ~ **catalog** [Dp] / Kartei (Datei, deren Dateneinheiten bzw. Datensätze auf Speichermedien in Form von Karteikarten gespeichert sind), Kartendatei || ~ **chad** [PC] / Lochkartenabfall (Stanzabfall) || ~ **channel** [PC] / Kartenführung, Kartenbahn || ~ **chassis** [Mp, Sc] / Kartenchassis (für Schaltkarten usw.) || ~ **check** [PC, Sw] / Kartenkontrolle || ~ **check** [MC] / Prüfen eines Magnetkartenspeichers || ~ **code** [PC] / Kartencode, Lochkartenschlüssel, Lochkartencode, LK-Code || ~ **column** [PC, Th] / Kartenspalte, Lochkartenspalte, Spalte, Lochspalte || ~ **connector** [Mp, Co] / Kartenstecker || ~ **contact** [Sc] / Kartenkontakt (Anschlußstift)

card-controlled *adj* [PC] / kartengesteuert, lochkartengesteuert || ~ **calculator** [PC, Off] / lochkartengesteuerte Rechenmaschine, kartengesteuerte Rechenmaschine || ~ **tape punch** [Dp] / kartengesteuerter Streifenlocher, lochkartengesteuerter Streifenlocher, Lochkarten-Lochstreifen-Umsetzer || ~ **tape punching** [Dp] / lochkartengesteuertes Streifenlochen, kartengesteuertes Streifenlochen

card-cornering station [PC] / Kartenausrichtstation

card counter [PC] / Kartenzähler

card-counting sorter [PC] / Sortiermaschine mit Fachzählung || ~ **unit** [PC] / Fachzähleinrichtung

card cycle [PC] / Kartengang, Kartenzyklus || ~ **cycle total transfer** [PC] / Summenübertragung im Kartengang || ~ **deck** [PC] / Lochkartenstapel, Kartenstapel || ~ **deflector** [PC] / Kartenführungsblech, Lochkartenführungsblech || ~ **equipment** [PC] / Lochkartengeräte || ~ **error** [PC, OCR] / Lochkartenfehler, Kartenfehler || ~ **extract counter** [PC] / Kartenauswahlzähler, Lochkartenauswahlzähler, Kartenauszugszähler || ~ **face** [PC] / Kartenvorderseite, Lochkartenvorderseite || ~ **feed** [PC] / Kartenvorschub, Lochkartenvorschub, Kartenzuführung || ~ **feed device** [PC, Th] / Kartenzuführungseinrichtung || ~ **feeding device** [PC, Th] / Kartenzuführungseinrichtung || ~ **feeding mechanism** [PC] / Kartenzuführungsmechanismus || ~ **feed knife** [PC, Th] / Kartenzuführungsmesser || ~ **field** [PC] / Kartenfeld, Lochkartenfeld || ~ **file** [Dp] / Kartei (Datei, deren Dateneinheiten bzw. Datensätze auf Speichermedien in Form von Karteikarten gespeichert sind), Kartendatei || ~ **format** [Sw] / Kartenformat, Lochkartenformat

card-from-tape converter [PT, PC] / Lochstreifen-in-Lochkarte-Umsetzer, Band-Karte-Umsetzer

card gage [PC] / Kartenlehre || ~ **gripper** [PC] / Kartengreifer || ~ **guide** [Mp, Co] / Flachbaugruppenführungseinheit, Kartenführung (für Schaltkarten usw.) || ~ **hopper** [PC] / Karteneingabefach, Kartenmagazin, Lochkartenmagazin || ~ **image** (i.e., an exact representation in memory of each character in a punched card, as distinct from the "binary image") [PC, M] / Kartenabbild, Kartenbild || ~ **image area** [Sw] / Karteneingabebereich || ~ **image format** [Sw] / Kartenformat, Lochkartenformat || ~ **image library** [Sw] / Kartenbildbibliothek

cardinal number [Th] / Grundzahl, Kardinalzahl

carding *n* [Typ] / geringfügiges Vergrößern des Zeilenabstandes beim Umbruch, um den Satzspiegel zu füllen und auf diese Weise unschöne Umbruchstellen zu vermeiden

card input [PC, ES] / Lochkarteneingabe, Karteneingabe || ~ **input hopper** [PC] / Karteneingabefach, Kartenmagazin, Lochkartenmagazin || ~ **interpreter** [PC] / Lochschriftübersetzer

cardioid *n* [Th] / Herzkurve, Kardioide

card jam [PC] / Lochkartenstau, Kartenstau, Kartenanstoß || ~ **jam**

detector [PC] / Kartenstaumeldeeinrichtung || ~ **leading edge** [PC] / Kartenvorderkante, Vorderkante, vordere Kante || ~ **length** [PC] / Kartenlänge, Lochkartenlänge || ~ **lever strip** [OCR] / Kontrollrand || ~ **loader** [Sw] / Kartenlader || ~ **magazine** [PC] / Karteneingabefach, Kartenmagazin, Lochkartenmagazin || ~ **magazine** [MC] / Magnetkartenspeichermagazin, Magnetkartenmagazin || ~ **module** [IC] / Flachbaugruppe (mit Hilfe einer gedruckten Schaltung auf einer Isolierplatte zusammengefaßte integrierte Schaltkreise), Kartenmodul, Schaltkartenmodul, Schaltkarte || ~ **name** [PC] / Kartenname || ~ **number** [PC, Sw] / Kartennummer, Laufnummer, Folgenummer || ~ **number** [MC] / Magnetkartennummer || ~ **numbering** [PC, MC] / Kartennumerierung || ~ **output** [PC] / Kartenausgabe || ~ **pack** [PC] / Lochkartenstapel, Kartenstapel || ~ **path** [PC] / Kartenführung, Kartenbahn || ~ **picker** [PC] / Kartenaufnehmer || ~ **printer** [PC] / Druckzusatz beim Schreiblocher || ~ **program** [Sw] / Kartenprogramm

card-programmed *adj* [Th, Sw] / kartenprogrammiert, lochkartenprogrammiert

card-pulling volume [PC] / Arbeitsleistung beim Kartenziehen (Lochkartenziehkartei)

card punch (s. on-line card punch) || ~ **punch** (s. off-line card punch)

card-punch buffer [PC] / Kartenstanzpuffer

card punching [PC] / (i) (manuelles) Kartenlochen, Lochkartenlochen; (ii) (automatisches, programmgesteuertes) Kartenstanzen, Lochkartenstanzen || ~ **punching rate** [PC] / Stanzgeschwindigkeit || ~ **punch-reader** [PC] / Kartenabfühl- und -stanzeinheit, Lesestanzer, Lese-Stanzeinheit || ~ **rack** [PC] / Kartenbett, Kartenkasten, Sortierregal || ~ **random access memory (CRAM)** [MC] / Magnetkartenspeicher der NCR (National Cash Register Company) || ~ **reader** [PC] / Lochkartenleser, Kartenleser, Lochkartenabtaster, Kartenabtaster || ~ **reader controller** [PC] / Kartenlesersteuerung (Hardware) || ~ **reader program** [PC, Sw] / Kartenleserprogramm || ~ **reader-punch** (s. card read-punch) || ~ **read error** [PC] / Kartenlesefehler || ~ **reader unit** [PC] / Lochkartenleser, Kartenleser, Lochkartenabtaster, Kartenabtaster || ~ **read-punch** [PC] / Kartenabfühl- und -stanzeinheit, Lesestanzer, Lese-Stanzeinheit || ~ **read track** [PC] / Lesebahn || ~ **receiver** [PC] / Kartenablagefach || ~ **renumbering** [PC, MC] / Kartenneunumerierung || ~ **reproducer** [PC] / Doppler, Kartendoppler, Lochkartendoppler || ~ **reverser** [PC] / Kartenwender, Doppelwendeablage || ~ **reversing device** [PC] / Kartenwender, Doppelwendeablage || ~ **row** [PC] / Kartenzeile, Lochkartenzeile || ~ **sensing-punching unit** (s. card read-punch) || ~ **sequence** [PC] / Kartenfolge, Lochkartenfolge, Kartenreihenfolge || ~ **sequence check** [PC, Sw] / Kartenfolgeprüfung, Prüfung der Kartenreihenfolge, Kontrolle der Kartenreihenfolge || ~ **sequence error** [Sw] / falsche Kartenreihenfolge || ~ **sequence number** [PC, Sw] / Kartennummer, Laufnummer, Folgenummer || ~ **slot** [Co] / Einbauplatz || ~ **sorter** [PC] / Sortiermaschine, Sortierer, Sortiergerät || ~ **stacker** [PC] / Kartenablagefach || ~ **stock** [PC] / Lochkartenpapier, Lochkartenkarton || ~ **storage** [Off] / Kartenspeicher (Speicher, der zur Speicherung von Daten Karteikarten enthält, die manuell und/oder mechanisch sortiert und/oder selektiert werden können)

card-to-card comparing [PC] / Gruppenkontrolle, Gruppenvergleich || ~ **transceiving** [PC, RDp] / Lochkartenfernübertragung, Datenübertragung von Lochkarte auf Lochkarte

card-to-magnetic-tape converter [PE, PC, MT] / Karte-Band-Umsetzer, Lochkarten-Magnetband-Umsetzer

card-to-paper-tape converter [Dp] / kartengesteuerter Streifenlocher, lochkartengesteuerter Streifenlocher, Lochkarten-Lochstreifen-Umsetzer

card-to-printer converter [PC, HSP] / Lochkarten-Drucker-Umsetzer

card-to-tape converter [Dp] / kartengesteuerter Streifenlocher, lochkartengesteuerter Streifenlocher, Lochkarten-Lochstreifen-Umsetzer || ~ **punch** [Dp] / kartengesteuerter Streifenlocher, lochkartengesteuerter

Streifenlocher, Lochkarten-Lochstreifen-Umsetzer
card track [PC] / Kartenführung, Kartenbahn || ~ **trailing edge** [PC] / Kartenhinterkante, Hinterkante, hintere Kante || ~ **transmission terminal** [PC, RDp] / Lochkarteneinheit für Datenübertragung || ~ **transport** [PC] / Kartenvorschub, Lochkartenvorschub, Kartenzuführung || ~ **verifier** [PC] / Kartenprüfer, Lochkartenprüfer, Kartenprüfgerät || ~ **version** [Sw] / Kartenfassung || ~ **wreck** [PC] / Lochkartenstau, Kartenstau, Kartenanstoß
carriage *n* [TES, TP, CTW, Off] / Schreibwagen, Wagen, Schlitten || ~ **control** [TP, CTW] / Schreibwagensteuerung, Wagensteuerung || ~ **control** [HSP] / Vorschubsteuerung, Papiervorschubsteuerung || ~ **control tape** (s. printer carriage tape) || ~ **feed control** [TES, TP, CTW] / Wagenvorschubsteuerung || ~ **feed mechanism** [PT, CTW] / Vorschubgetriebe || ~ **interlock** [HSP] / Vorschubsperre || ~ **motor** [TP, CTW, Off] / Wagenmotor, Schreibwagenmotor || ~ **position register** [TP] / Wagenstellungregister || ~ **rail** [TP, CTW] / Wagenlaufschiene, Schreibwagen-Laufschiene || ~ **release** [TES, TP, Off] / Wagenauslöser, Wagenauslösung || ~ **return (CR)** [TES, TP, CTW, Off] / Wagenrücklauf (WR) || ~ **return character (CRC)** [TP] / Wagenrücklaufzeichen || ~ **return/line feed (CR/LF)** [Sw] / Wagenrücklauf/Zeilenvorschub (WR/ZL) || ~ **return time** [TP, CTW] / Wagenrücklaufzeit || ~ **tape** [HSP] / Lochband, Lochbandschleife || ~ **tape punch** [HSP] / Vorschubbandlocher, Lochbandlocher || ~ **travel/line feed control** [TP] / Wagen-Zeilensteuerung || ~ **width** [TES, TP, Off] / Wagenbreite
carrier *n* [Sc] / Ladungsträger (beweglicher) (DIN 41852, Aug. 1978) || [HSP] / Träger (Toner) || ~ **concentration** [Sc] / Trägerkonzentration || ~ **concentration layer** [Sc] / Anreicherungsschicht im Halbleiter || ~ **density** [Sc] / Trägerdichte || ~ **diffusion** [Sc] / Ladungsträgerdiffusion (DIN 41852, Aug. 1978), Trägerdiffusion (DIN 41852, Aug. 1978) || ~ **frequency** [Tr] / Trägerfrequenz (TF) || ~ **frequency system** [RDp, Tr] / Trägerfrequenzsystem, TF-System || ~ **generation** [Sc] / Erzeugung von Ladungsträgern || ~ **injection** [Sc] / Ladungsträgerinjektion (DIN 41852, Aug. 1978), Trägerinjektion (DIN 41852, Aug. 1978) || ~ **mobility** [Sc] / Ladungsträgerbeweglichkeit (DIN 41852, Aug. 1978), Trägerbeweglichkeit || ~ **particle** [HSP] / Trägerteilchen (Toner) || ~ **plate** [Hw, TP] / Trägerplatte || ~ **storage** [Sc] / Ladungsträgerspeicherung || ~ **storage time** [Sc] / Speicherzeit (bei einem Schalttransistor) || ~ **storage time coefficient** [Sc] / Speicherzeitkoeffizient || ~ **system** [RDp, Tr] / Trägerfrequenzsystem, TF-System || ~ **telegraphy** [TP] / Trägerfrequenztelegrafie || ~ **transmission** [Tr] / trägerfrequente Übertragung || ~ **wave** [Tr] / Trägerschwingung (DIN 40100 T17, Aug. 1978)
carry *v* (i.e., to transfer a carry digit) [Th] / übertragen || *n* [Th] / Übertrag || **separately instructed** ~ [Sw] / nichtautomatischer Übertrag, gesteuerter Übertrag || ~ **bit** [Mp] / Übertragsbit || ~ **circuit** [ALU] / Übertragskette
carry-in *n* [SA] / Übertrag von einer vorhergehenden Stelle (Volladdierer)
carry lookahead [Mp] / Parallelübertrag
carry-out *n* [SA] / Übertrag für die nächsthöhere Stelle (Halbaddierer)
carry pulse [CP] / Übertragsimpuls || ~ **register** [ALU] / Übertragungsregister
Cartesian coordinates [Th] / kartesische Koordinaten || ≗ **product** [OCR] / kartesisches Produkt
cartridge disk [MD] / Plattenkassette, Magnetplattenkassette || ~ **fuse** [Hw] / Patronensicherung || ~ **recorder** [MCS] / Kassetten-Aufzeichnungsgerät
cascade *v* (devices, etc.) [Mp] / kaskadenartig erweitern || *n* [Mp] / Kaskade
cascade-connected *adj* (components, etc.) [Mp, Co] / kaskadiert
cascade connection [Sc] / Kaskadenschaltung
cascaded carry [Th, ALU] / Kaskadenübertrag
cascade sorting [Dp, OS] / Kaskadensortieren || ~ **together** (slices, etc.) *v* [Mp, Co] / kaskadieren
case *n* [Sc] / Gehäuse || ~ **shift** [TP] /

Buchstaben-Zeichenwechsel, Buchstaben-Ziffernumschaltung, Bu-Zi-Umschaltung || ~ **shift** (upper case/ lower case) [PT, TES] / Groß-Kleinumschaltung, Klein-Großumschaltung, Zeichenwechsel, Umschaltung (von Groß- auf Kleinbuchstaben) || ~ **shift inserter** [TP] / Umschaltezeicheneinblendung || ~ **shift key** [TP] / Umschaltetaste || ~ **shift signal control** [TP] / Umschaltezeichensteuerung || ~ **temperature** [Sc] / Gehäusetemperatur

cash dispenser [Priv, IDS] / Bargeld-Terminal

cash-dispensing machine [Priv, IDS] / Bargeld-Terminal || ~ **terminal** [Priv, IDS] / Bargeld-Terminal

cash register [Dp] / Registrierkasse || ~ **register tape** [IO] / Kassenstreifen, Tippstreifen

cassette *n* (i.e., Philips-type cassette, otherwise called "cartridge," q.v.) [MCS] / Kassette (DIN 66229, März 1979) || ~ **holder** [TP] / Kassettentasche (Magnetband)

CAT (s. computer-assisted translation)

catalog *v* [Sw, IDS] / katalogisieren || ~ *n* (of program titles, abstracts, etc.) [Sw, IDS] / Katalog || **to ~ in a library** [Sw] / in eine Bibliothek einreihen || **to ~ permanently** [Sw] / fest katalogisieren || ~ **area** [Sw] / Katalogbereich || ~ **card** [IDS] / Katalogkarte || ~ **contents** [Sw, IDS] / Kataloginhalt || ~ **data** [Sw] / Katalogdaten || ~ **data record** [Sw] / Katalogdatensatz

cataloged dataset [Sw] / katalogisierte Datei || ~ **file** [Sw] / katalogisierte Datei || ~ **procedure** [OS] / katalogisierte Prozedur

catalog entry [Sw, IDS] / Katalogeintrag || ~ **half** [Sw, IDS] / Kataloghälfte || ~ **maintenance** [Sw] / Katalogverwaltung, Katalogpflege || ~ **management** [Sw] / Katalogverwaltung, Katalogpflege || ~ **memory** [M] / Katalogspeicher || ~ **service** [Sw] / Katalogverwaltung, Katalogpflege || ~ **service routine** [OS] / Katalogverwaltungsprogramm || ~ **system** [Sw, IDS] / Katalogsystem

catchment area [Tr] / Einzugsbereich

catchword *n* [IDS] / Schlagwort (DIN 1426, Nov. 1973)

category *n* [MT, MAT] / Kategorie (d.h., jede der inhaltlich unterscheidbaren Eintragungen im Kategorienkatalog, die zur Untergliederung der MATER-Austauscheinheit benutzt werden können) (DIN 2341E, Mai 1977) || ~ **set** [MT, MAT] / Kategorienkatalog (Menge aller möglichen Beschreibungselemente terminologischer und/oder lexikografischer Daten beim MATER-Austauschformat) (DIN 2341E, Mai 1977), Katalog von Inhaltsklassen

catena *n* [M, Sw] / Kette (Befehlskette)

catenary *n* [Th] / Kettenlinie

catenate (GB) (s. concatenate)

catenation (GB) (s. concatenation)

cathode *n* [Sc, Th] / Kathode || ~ **gate** [Sc] / Kathodentor, Kathodengate || ~ **heating time** [VDT] / Anheizzeit

cathode-ray oscilloscope (CRO) [Sc] / Kathodenstrahloszillograf || ~ **storage** [PE, M] / Elektronenstrahlspeicher || ~ **tube (CRT)** [Typ, Co] / Kathodenstrahlröhre || ~ **tube storage** [PE, M] / Elektronenstrahlspeicher

cathode sputtering [Sc] / Kathodenzerstäubung

CAW (s. channel address word)

CBL (s. character base line)

CC (s. communication controller) || ≗ (s. cyclic check)

CCB (s. channel command block) || ≗ (s. command control block) || ≗ (s. cyclic check byte)

CCC (s. channel control check)

CCD (s. charge-coupled device)

CC handler [Tr] / Ein-Ausgabeprogramm für Datenübertragungssteuerung

CCM (s. communication controller-multichannel)

CCP (s. communication control program)

CCR (s. channel command register)

CCS (s. communication control system)

CCU (s. communication control unit)

CCW (s. channel command word) || ≗ **translation** [VS] / Kanalprogrammumsetzung

CE (s. control electronics) || ≗ (s. customer engineering)

cedilla *n* [Typ] / Cedille

Ceefax *n* (1-way videotex system developed in Britain) [Vtex] / „Ceefax" (in Großbritannien entwickeltes nicht dialogfähiges Bildschirmtextsystem)

ceil builtin function [PL/1] / (eingebaute) Nächst-Obere-Ganzzahl-Funktion || ~ **function** [PL/1] / (eingebaute) Nächst-

Obere-Ganzzahl-Funktion
cell *n* [HSP] / Druckzelle, Zelle
cellar (s. pushdown storage)
cell area [OCR] / abgetastete Zellenfläche || ~ **array** [MC] / Zellenträger || ~ **boundary** [HSP] / Zellenrand || ~ **drive** [MC] / Zellenträgerantrieb || ~ **matrix** [HSP] / Druckfeldmatrix, Zellenmatrix || ~ **size** [HSP] / Zellengröße || ~ **width** [HSP] / Zellenbreite
center *v* [Typ, Sw] / zentrieren || ~ **feed tape** [PT] / Lochstreifen mit zentrierten Transportlochungen || ~ **hole** [TP] / Vorschubloch
centering guide [HSP] / Zentrieranschlag (Tonerabscheider) || ~ **instruction** [Typ] / Zentrierbefehl || ~ **mode** [Sw] / Zentriermode || ~ **of characters** [OCR] / Zeichenzentrierung || ~ **pin** [Hw] / Zentrierstift || ~ **wedge** [TP] / Zentrieransatz (Typenscheibe)
centerline *n* [HSP] / Mittellinie || ~ **of timing marks** [OCR] / Mittellinie der Taktmarken
center-of-bit sampling [ES] / Bitmittenabtastung
center-of-hole deviation [HSP] / Mittelpunktabweichung (bei Führungslöchern) || ~ **spacing** [HSP] / Lochmittenabstand
center-of-pulse sampling [Th, ES] / Schrittmittenabtastung
central clock [ES] / Taktzentrale (TZ), zentrale Netztakteinrichtung || ~ **clock monitor** [CP, Tr] / zentrale Taktüberwachung || ~ **clock pulse generator** [ES] / Taktzentrale (TZ), zentrale Netztakteinrichtung || ~ **coder** [ES] / zentraler Codierer || ~ **communications unit** [Tr] / zentrale Datenübertragungseinheit || ~ **computer** [RDp] / Verarbeitungsrechner (zentrale Datenverarbeitungsanlage in einem Datenfernverarbeitungssystem, die im Gegensatz zum „Vorrechner" die verarbeitungsorientierten Aufgaben durchführt) || ~ **configuration package** [Dp] / zentrale Konfiguration || ~ **control console** [Hw] / zentraler Bedienungsplatz, Hauptbedienungsplatz || ~ **control panel** [CP] / Bedienungsfeld (DIN 44300, März 1972), Bedienfeld (gehört zur Zentraleinheit und ermöglicht die manuelle Steuerung einer DVA) || ~ **control unit** [CU] / Hauptleitwerk, zentrales Leitwerk (bei Mehrrechnerbetrieb) || ~ **control unit** [TES] / zentrale Steuereinheit || ~ **CRT console** [Hw] / zentraler Bedienungsplatz mit Datensichtgerät || ~ **data field** [ES] / zentrales Datenfeld || ~ **data processor** [CP] / zentrale Recheneinheit || ~ **distortion receiver** [ES] / zentraler Verzerrungsempfänger || ~ **distortion transmitter** [ES] / zentraler Verzerrungssender || ~ **exchange** [ES] / Zentralvermittlungsstelle || ~ **fault** [Hw, Dp] / zentraler Fehler || ~ **function** [ES] / zentrale Funktion
centralized clock monitoring [ES] / zentrales Überwachen des Taktes || ~ **clock supply** [ES] / Netztaktversorgung || ~ **data channel** [ES] / gemeinsamer Datenkanal || ~ **data processing** [Dp] / zentralisierte Datenverarbeitung || ~ **data processing organization** [Dp] / zentralisierte Datenverarbeitungsorganisation || ~ **fault location** [Serv] / zentrale Fehlersuche || ~ **master clock** [ES] / zentraler Systemtakt || ~ **perpetual inventory** [RDp] / zentrale Bestandsführung || ~ **timing** [ES] / zentraler Netztakt, Haupttakt
central office [ES] / Vermittlungsamt || ~ **office line** [ES] / Anschlußleitung || ~ **processing element (CPE)** [Mp] / Zentralelement || ~ **processing unit (CPU)** [CP] / Zentraleinheit (ZE) (DIN 44300, März 1972) || ~ **processor (CP)** [CP] / Zentralprozessor (Teil der Zentraleinheit) || ~ **request lockout** [ES] / zentrale Anforderungssperre || ~ **station** [Th] / Zentralstation || ~ **subunit** [ES] / zentrale Untereinheit || ~ **system clock pulse** [ES] / zentraler Systemtakt || ~ **system timing** [ES] / zentraler Systemtakt || ~ **test receiver** [ES] / zentraler Prüfempfänger || ~ **test transmitter** [ES] / zentraler Prüfsender || ~ **timing** [TP] / zentraler Takt || ~ **timing pulse** [TP] / zentraler Takt || ~ **unit** [CP] / Zentraleinheit (ZE) (DIN 44300, März 1972) || ~ **working clock pulse** [ES] / zentraler Arbeitstakt
ceramic case [Sc] / Keramikgehäuse || ~ **package** [Sc] / keramisches Gehäuse
cermet *adj* [Co] / in Metall-Keramik-Technik
certificate *n* [QC] / Protokoll
CE volume [Serv] / Wartungsdatenträger
chad *n* [PT, PC] / Schuppe || ~ **bin** [Hw, PT] / Lochstreifenabfallbehälter
chadbox *n* [PT, PC] / Schnitzelkasten,

Schnipselkasten, Abfallkasten (am Fernschreiber usw.)
had chute [PT, PC] / Abfallkanal (am Fernschreiber usw.) || ~ **collector** [PT, PC] / Schnitzelkasten, Schnipselkasten, Abfallkasten (am Fernschreiber usw.) || ~ **container** (s. chadbox)
hadded *adj* (tape, etc.) (i.e., with the chads completely removed; cf. "chadless") [PT] / durchgelocht || ~ **paper tape** [TP] / durchgelochter Lochstreifen, durchgelochter Streifen || ~ **tape** [TP] / durchgelochter Lochstreifen, durchgelochter Streifen
hadless *adj* (tape, etc.) (i.e., with the chads only partially removed and remaining hinged to the tape to facilitate interpretive printing) [PT, TP] / angelocht || ~ **paper tape** [PT, TP] / Schuppenlochstreifen, angelochter Lochstreifen, angelochter Streifen, geprägter Lochstreifen || ~ **perforation** [PT, TP] / Schuppenlochung || ~ **tape** [PT, TP] / Schuppenlochstreifen, angelochter Lochstreifen, angelochter Streifen, geprägter Lochstreifen
had tape [TP] / durchgelochter Lochstreifen, durchgelochter Streifen || ~ **waste** [PT] / Lochstreifenabfall (Stanzabfall) || ~ **waste box** [Hw, PT] / Lochstreifenabfallbehälter
hain *v* (i.e., to arrange a series of items in a chained list) [Sw] / ketten, verketten || ~ *n* (i.e., a set of items organized as a chained list) [M, Sw] / Kette (Befehlskette) || ~ (s. print chain)
:HAIN (s. chaining operation)
hain code [Th] / Kettencode || ~ **command flag** [OS] / Kennzeichen für Befehlskettung, Befehlskettenanzeige || ~ **data flag** [OS] / Kennzeichen für Datenkettung, Datenkettenanzeige
hained addressing [Sw] / gekettete Adressierung || ~ **file** [Sw] / gekettete Datei, Kettungsdatei, Kettendatei || ~ **list** [Sw] / gekettete Liste, verknüpfte Liste || ~ **sequential addressing** [Sw] / Adressierung mit aufeinanderfolgenden aufsteigenden Adressen und Tabellenkettung
haining *n* [Sw] / Kettung, Verkettung || ~ **address** [Sw] / Folgeadresse, Verweisadresse, Anschlußadresse || ~ **code** [RPG] / Kettfeldkennung || ~ **command** [TES] / Kettungsbefehl || ~ **field** [RPG] / Kettfeld || ~ **file** [RPG] / Kettdatei || ~ **operation (CHAIN)** [RPG] / Ketten || ~ **search** [Sw] / Suchen in gekettteter Liste, Suchen in verknüpfter Liste
chain instruction [Sw] / Kettenbefehl || ~ **loading instruction** [Sw] / Kettenladebefehl || ~ **name** [Sw] / Kettenname || ~ **number** [Sw] / Kettennummer || ~ **printer** [HSP] / Kettendrucker
change bit [Sw] / Änderungsbit || ~ **card** (i.e., a card used to update a master file) [PC] / Änderungskarte, Korrekturkarte, Aktualisierungskarte || ~ **class** [Hw, Sw] / Änderungsklasse || ~ **dump** [OS] / Speicherauszug der Änderungen || ~ **file** [Dp] / Änderungsdatei, Fortschreibungsdatei, Bewegungsdatei || ~ **in polarity** [RDp, Tr] / Polaritätswechsel || ~ **in the font** [Typ] / Schriftartwechsel, Schriftwechsel || ~ **level** [Dp] / Änderungsstand || ~ **module** [Sw] / Änderungsmodul || ~ **notice** [Hw] / Änderungsmitteilung || ~ **order** [Dp] / Änderungsauftrag
changeover frame for routing responsibility [ES] / Umschalterahmen für Richtungsabhängigkeit || ~ **switch** [HSP] / Umschalter (Unterdruck)
change queue list [PCC] / Wechselwarteschlange || ~ **record** [Sw] / Änderungssatz || ~ **service** [Dp, IDS] / Änderungsdienst, Fortschreibung || ~ **sign key** [Calc] / Vorzeichenwechsel (Taste) (DIN 9757E, Okt. 1977) || ~ **tape** [MT, Dp] / Änderungsband
channel *n* [PT] / Spur (DIN 66016, Juni 1966), Kanal || [MD, MC, MDr] / Speicherspur, Spur (DIN ISO 5653E, Okt. 1978) || ~ (s. communication channel) || ~ (s. input-output channel) || ~ **adapter** (permitting the connection of data channels of differing equipment) [Tr] / Kanaladapter || ~ **address** [Sw, ES] / Kanaladresse || ~ **address register (CAR)** [CU] / Kanaladreßregister || ~ **address word (CAW)** [CP] / Kanaladreßwort, Adreßwort || ~ **block register** [ES] / Kanalblockregister || ~ **buffer** [ES] / Kanalspeicher || ~ **capacity** [Th, Tr] / Kanalkapazität (eines Nachrichtenkanals) (DIN 44301, Feb. 1977), Kanalgeschwindigkeit || ~ **changeover** [RDp, Tr] / Kanalumschaltung || ~ **check handler** [Dp] / Kanalfehlerroutine || ~ **command** [Sw, OS] / Kanalbefehl || ~ **command address** [OS] / Kanalbefehlsadresse || ~ **command block (CCB)** [Sw] /

Kanalbefehlsblock || ~ **command register (CCR)** [CU] / Kanalbefehlsregister || ~ **command word (CCW)** [CP] / Kanalbefehlswort || ~ **command word error** [CP, OS] / Kanalbefehlswortfehler || ~ **command word sequence** [ES] / Kanalbefehlskette, CCW-Kette || ~ **control check (CCC)** [Dp] / Kanalsteuerfehler, Kanalsteuerungsfehler (Anzeige) || ~ **controller** [Mp, CU] / Kanalsteuerung (KST), Kanalsteuereinheit || ~ **control unit** [Mp, CU] / Kanalsteuerung (KST), Kanalsteuereinheit || ~ **converter** [RDp, Tr] / Kanalumsetzer || ~ **data check** [OS, Tr] / Kanaldatenfehler (Anzeige) || ~ **description code** [OS, Tr] / Kanalbeschreibungscode (KBSC) || ~ **designation** [CP, Tr] / Kanalbezeichnung || ~ **error** [Dp] / Kanalfehler || ~ **group** [Tr] / Kanalbündel, Kanalgruppe || ~ **interface adapter (CIA)** [RDp] / Kanalinterface-Adapter || ~ **interface adapter in byte multiplex mode** [Tr] / Bytemultiplexkanalanschluß || ~ **interface adapter in selector mode** [RDp, Tr] / Selektorkanalanschluß || ~ **interrupt signal** [ES] / Kanalunterbrechungszeichen || ~ **loading** [Dp, Tr] / Kanalbelegung || ~ **location** [Tr] / Kanalzelle || ~ **mid-frequency** [RDp, Tr] / Kanalmittenfrequenz || ~ **module** [RDp, Tr] / Kanalbaugruppe || ~ **multiplexer** [Tr] / Kanalmultiplexer || ~ **number** [ES] / Kanalnummer || ~ **passband** [Tr] / Kanaldurchlaßbereich || ~ **patching plate** [Tr] / Kanalumschalteplatte (KUP) || ~ **program** [Sw, OS] / Kanalprogramm || ~ **program check** [OS] / Kanalbefehlsfehler || ~ **program start address** [ES] / Kanalprogrammstartadresse || ~ **program translation** [VS] / Kanalprogrammumsetzung || ~ **register** [Tr] / Kanalregister || ~ **register set** [Tr] / Kanalregistersatz (Hardware-Einrichtung) || ~ **scheduler** [OS] / Kanalscheduler || ~ **scheduling** [OS, Tr] / Kanalverwaltung || ~ **selector** [Tr] / Kanalwähler || ~ **selector logic** [RDp, Tr] / Kanalwahllogik || ~ **separation** [Tr] / Kanalabstand, Kanaltrennung || ~ **spacing** [Tr] / Kanalabstand, Kanaltrennung || ~ **status** [IO, Dp, Tr] / Kanalzustand || ~ **status bit** [OS, ES] / Kanalzustandsbit || ~ **status byte (CSB)** [OS, ES] / Kanalzustandsbyte || ~ **status register** [Sw] / Kanalzustandsregister || ~ **status word (CSW)** [OS] / Kanalstatuswort || ~ **stopper** [Sc] / Kanalsperre || ~ **subdivision** [Tr] / Kanalteilung || ~ **switch** [HSP] / Kanalschalter, Kanalumschalter || ~ **trunk** [TrL] / Kanalanschluß || ~ **type** [Dp] / Kanaltyp

chapter (s. program segment)

character *n* [Algol] / Zeichen || [Fortran] / Zeichen || [Cobol] / Zeichen || [PL/1] / (Schrift)zeichen || ~ (i.e., a letter of the alphabet, or a figure, or a punctuation symbol; cf. "graphic" and "sign") [HSP, Th, OCR] / Zeichen || **electronic ~ sensing** [OCR] / elektronische Zeichenabtastung || **handwritten ~** [OCR] / Handschriftzeichen || ~ **accuracy** [HSP] / Zeichengenauigkeit || ~ **adjustment** [HSP] / Zeichenverschiebung || ~ **alignment** [HSP, OCR] / Zeichenausrichtung, Zeichenversatz || ~ **arrangement** [HSP, OCR] / Zeichenanordnung || ~ **assignment table** [Sw] / Zeichenzuordnungstabelle

character-at-a-time printer [HSP] / Zeichendrucker, Buchstabendrucker

character base line (CBL) [HSP] / Zeichengrundlinie || ~ **boundary** [M, OCR] / Zeichenbegrenzung, Zeichengrenze || ~ **box** [HSP] / Zeichenrahmen (innerhalb einer Zelle) || ~ **buffer** [TP] / Speichersender || ~ **buffer** [OCR] / Zeichenpuffer || ~ **buffer control** [ES] / Zeichenpuffersteuerung || ~ **builtin function** [PL/1] / (eingebaute) Zeichen-Funktion || ~ **by character** [Th] / zeichenweise

character-by-character asynchronous input of data [RDp, Tr] / zeichenweise asynchrone Eingabe von Daten || ~ **mode** [ES] / zeichenweiser Betrieb

character call forward operation [TP, ES] / Zeichenabrufbetrieb, Abrufbetrieb (Teilnehmerstelle) || ~ **callin operation** [TP, ES] / Zeichenabrufbetrieb, Abrufbetrieb (Teilnehmerstelle) || ~ **centering** [OCR] / Zeichenzentrierung || ~ **centerline** [OCR] / vertikale Zeichenachse || ~ **code** [Th] / Zeichencode

character-coded *adj* [Th, PCC, Tr] / zeichenverschlüsselt, zeichencodiert

character code translation [Th, Tr] / Zeichenumcodierung || ~ **coding** [Th, PCC, Tr] / Zeichencodierung,

Zeichenverschlüsselung || ~ **constant** [Sw] / Zeichenkonstante || ~ **conversion** [RDp, Tr] / Zeichenumsetzung || ~ **conversion task** [RDp, Tr] / Zeichenumsetzfunktion || ~ **correction** [RDp, Tr] / zeichenweise Korrektur || ~ **count** [Sw] / Zeichenzählung || ~ **coupling** [ES] / Zeichendurchschaltung || ~ **density** (i.e., the number of characters that can be stored per unit of length) [PE] / Zeichendichte || ~ **display unit** [PCC] / Zeichen-Bildschirmeinheit || ~ **edit control** [HSP] / Zeichenaufbereitungssteuerung || ~ **erase** [OCR] / Einzellöschzeichen (d.h., auf ein zu löschendes Zeichen gedrucktes Zeichen, das die Lesemaschine veranlaßt, diese Stelle zu übergehen) (DIN 66009, Sept. 1977) || ~ **error rate** [RDp, Tr] / Zeichenfehlerhäufigkeit, Zeichenfehlerrate || ~ **exit** [ES] / Zeichenausgang || ~ **feed** [TES, TP, CTW, Off] / Wagenvorschub

character-fill *v* [Dp] / mit Zeichen auffüllen

character flexibility [HSP] / Zeichenflexibilität || ~ **font** [HSP, Typ, OCR, TP] / Schriftart (DIN 9757E, Okt. 1977), Schrift || ~ **fragment** [COM] / Fragmentzeichen || ~ **frame** [Tr] / Zeichenrahmen || ~ **frame** [HSP] / Zeichenrahmen (innerhalb einer Zelle) || ~ **function** [PL/1] / (eingebaute) Zeichen-Funktion || ~ **gap** [TP] / Zeichenzwischenraum (Magnetband) || ~ **generation** [VDT, HSP] / Zeichengenerierung, Schriftzeichengenerierung || ~ **generator** [VDT, Fax] / Bildgenerator || ~ **generator** [Mp, VDT] / Zeichengenerator, Schriftzeichengenerator || ~ **handling unit** [ES] / Zeichenbehandlungseinheit || ~ **height** [HSP] / Zeichenhöhe || ~ **image** (i.e., the representation of a character created by a typewriter, computer printer, or typesetter of an alphanumeric symbol) [IO] / Zeichenbild || ~ **interval timing** [ES] / zeitlicher Zeichenabstand

characteristic *n* [Sw] / Gleitpunktexponent || [Sc] / Kenngröße, Characteristik || ~ (i.e., the integral part of a logarithm; cf. "mantissa") [Th] / Kennziffer (eines Logarithmus) || ~ **curve** [Rep] / charakteristische Kurve, Schwärzungskurve, Gradationskurve, sensitometrische Kurve || ~ **distortion** [TP] / charakteristische Verzerrung, Einschwingverzerrung || ~ **equation** [Co, Sc] / charakteristische Gleichung (einer lichtelektrischen Röhre oder Zelle) || ~ **frequency** [Tr] / Kennfrequenz || ~ **impedance** [Th] / charakteristischer Widerstand || ~ **impedance of the line** [Tr] / Wellenwiderstand der Anschlußleitung

characteristics *pl* / Kenndaten, Kenngrößen

characteristic state [RDp, Tr] / Kennzustand

character length [RDp, Tr] / Zeichenlänge || ~ **master** (master image which is used to create the typeset product, stored as photographic or digitized master) [Typ] / Schriftgrundkarte || ~ **matrix** [HSP] / Zeichenmatrix || ~ **number** [HSP] / Zeichennummer

character-oriented *adj* [Mp] / zeichenweise arbeitend || ~ (transmission, etc.) [Tr] / zeichengebunden || ~ **computer** [Dp] / Stellenmaschine, Zeichenmaschine

character outline [Th, OCR] / Zeichenkontur || ~ **parity check** [Tr] / Überwachungsfolge || ~ **pitch** [HSP, TES, OCR] / Zeichenmittenabstand || ~ **pitch** (s. print column spacing) || ~ **position** [VDT] / Schreibstelle || ~ **position** [HSP] / Zeichenlage || ~ **printer** [HSP] / Zeichendrucker, Buchstabendrucker || ~ **reader** [OCR, MICR] / Klarschriftleser, Zeichenleser || ~ **reading** [OCR, MICR] / Klarschriftlesen, Schriftlesen, Zeichenabtastung || ~ **reception** [ES] / Zeichenempfang || ~ **recognition** [OCR, MICR] / automatische Zeichenerkennung, Schriftzeichenerkennung, Zeichenerkennung || ~ **recognition logic** [OCR, MICR] / Zeichenerkennungslogik || ~ **reference line (CRL)** [HSP] / Zeichenmittellinie || ~ **register** [Th] / Zeichenregister || ~ **release** [ES] / Zeichenfreigabe || ~ **repertoire** (s. character set) || ~ **representation** [Cobol] / Zeichendarstellung || ~ **request** [ES] / Zeichenanforderung || ~ **request status** [ES] / Zeichenanforderungszustand || ~ **scanning** [OCR, MICR] / Klarschriftlesen, Schriftlesen, Zeichenabtastung || ~ **self-defining term** [ES] / Zeichendirektwert ||

~ **sensing** [OCR, MICR] / Klarschriftlesen, Schriftlesen, Zeichenabtastung || ~ **sensing field** [OCR] / Zeichenabtastfeld, Zeichenlesefeld || ~ **sensing strip** [OCR] / Zeichenabtaststreifen, Zeichenlesestreifen

character-serial *adj* [RDp, ES, Tr] / zeichenseriell || ~ **input module** [PCC] / Baustein für Zeichen-Serieneingabe || ~ **output module** [PCC] / Baustein für Zeichen-Serienausgabe

character set [Fortran] / Zeichenvorrat || ~ **set** [Cobol] / Zeichenvorrat || ~ **set** [PL/1] / Zeichenvorrat || ~ **set** (collection of characters available in an array for a given font or type style at a given time) [HSP, Typ] / Zeichenvorrat (DIN 44300, März 1972), Zeichenmenge || ~ **shape** [HSP, TP, OCR] / Zeichenform || ~ **shift** [HSP] / Zeichenverschiebung || ~ **size** [HSP] / Zeichengröße || ~ **skew** [IO, OCR] / Zeichenschräglauf, Zeichenneigung, Schrägstellung (Schriftzeichen) || ~ **space signal** [TP] / Zwischenraumzeichen || ~ **spacing** [TP] / Schreibschritt || ~ **spacing** [HSP] / Druckspaltenteilung, Druckspaltenabstand, Zeichen(mitten)abstand || ~ **spacing** [IO, PT] / Schritteilung (Schreibwerk) || ~ **spacing** [HSP, TES, OCR] / Zeichenabstand, Typenabstand || ~ **spacing reference line** [M, OCR] / Bezugslinie für den Zeichenabstand

characters/sec (cps) [PT] / Zeichen pro Sekunde

character-string *n* [Cobol] / Schriftzeichenfolge

character string [PL/1] / Zeichenfolge, Folge || ~ **string processing** [ES] / Zeichenfolgeverarbeitung || ~ **strobe disk** [HSP] / Zeichentaktscheibe || ~ **stroke** [OCR] / Zeichenstrich || ~ **subset** [VDT, HSP, Typ] / Zeichenvorratsuntermenge, Zeichenteilmenge, Zeichenteilvorrat || ~ **synchronism** [Tr] / Zeichensynchronismus || ~ **synchronization** [Tr] / Zeichensynchronisierung || ~ **throughput** [Tr] / Zeichendurchsatz || ~ **timing** [ES] / Zeichentakt || ~ **timing control** [ES] / Zeichentaktsteuerung (ZTSTE) || ~ **transfer** [ES] / Zeichentransfer || ~ **transfer instruction** [ES] / Zeichentransferbefehl || ~ **translate feature** [MT] / Zeichenumsetzer || ~ **translator** [MT] / Zeichenumsetzer || ~ **transmission device** [PCC] / Zeichenübertragungsbaustein || ~ **type** [TES, IO, TP, CTW] / Type || ~ **wheel** [HSP] / Schreibrad, Typenrad, Druckrad || ~ **width** [HSP] / Zeichenbreite || ~ **with feed action** [TP, ES] / Zeichen mit Vorschub || ~ **yoke** [Typ] / Schriftzeichenablenkspulen

charactron *n* (Rtm.) [VDT] / Charaktron

charcoal filter [HSP] / Kohlefilter

chargeable *adj* [ES] / gebührenpflichtig

charge carrier [Sc] / Ladungsträger (beweglicher) (DIN 41852, Aug. 1978) || ~ **carrier concentration** [Hw, Serv] / Ladungsträgerkonzentration || ~ **carrier density** [Sc] / Ladungsträgerdichte || ~ **carrier diffusion** [Sc] / Ladungsträgerdiffusion (DIN 41852, Aug. 1978), Trägerdiffusion (DIN 41852, Aug. 1978) || ~ **carrier injection** [Sc] / Ladungsträgerinjektion (DIN 41852, Aug. 1978), Trägerinjektion (DIN 41852, Aug. 1978) || ~ **carrier mobility** [Sc] / Ladungsträgerbeweglichkeit (DIN 41852, Aug. 1978), Trägerbeweglichkeit || ~ **carrier pair** [Sc] / Ladungsträgerpaar || ~ **corotron** [HSP] / Ladecorotron

charge-coupled device (CCD) [Sc] / ladungsgekoppelter Baustein, Ladungsspeicher-Baustein

charge pattern [Th] / Ladungsbild, Ladungsverteilung || ~ **process** [PCC] / Chargenprozeß || ~ **station** [HSP] / Ladestation, Aufladestation

charge-storage diode [Sc] / Abreißdiode, Speicher-Schaltdiode

chart *v* [GrDp] / grafisch darstellen || *n* [Dp] / Grafik (grafische Darstellung)

chassis assembly [MCS] / Chassisbausatz || ~ **fault test** [QC] / Körperschlußprüfung || ~ **ground** [Hw] / Masseschluß, Masse, Gehäusemasse || ~ **terminal** [Hw] / Masseklemme || ~ **terminal tag** [Hw] / Masselötöse || ~ **type receptacle** [Hw] / Chassisbuchse

check, to ~ on the spelling [WS] / auf Schreibfehler prüfen || ~ **bit** [DS] / Prüfbit, Kontrollbit, binäre Prüfziffer || ~ **byte** [DS] / Prüfbyte, Kontrollbyte || ≗ **channel** [OS, Lisp] / Prüfen Kanal || ~ **character** [DS] / Prüfzeichen (DIN 66238V, Jan. 1979), Kontrollzeichen || ~ **digit** [DS] / Prüfziffer, Kontrollziffer || ~ **digit calculation** [RDp, Tr] / Prüfziffernrechnung || ~ **field** [Sw] /

Prüfzone || ~ **field** [OCR] / Selbstprüfungsfeld || ~ **indicator** [Hw] / Prüfanzeigeeinrichtung, Fehleranzeigeeinrichtung, Prüfanzeiger

check-indicator instruction [OS] / Anzeigebefehl

check information [Sw] / Kontrollinformationen

checking cycle [PCC] / Kontrollzyklus || ~ **information** [Sw] / Kontrollinformationen || ~ **mark code** [OCR] / Prüfmarkierungscode || ~ **program** [PCC, Sw] / Überwacher (Programm zur Prüfung neu eingelesener Programme)

check lamp [Hw, ES] / Kontrollampe || ~ **length** [OCR] / Prüflänge || ~ **list** [Dp, Serv] / Checkliste, Prüfliste || ~ **message** [PCC] / Kontrollmeldung || ~ **module** [PCC] / Kontrolleinschub || ~ **out** *v* [Hw, Sw] / testen, ausprüfen

checkpoint *n* [Sw] / Fixpunkt, Anhaltepunkt, bedingter Programmstopp, bedingter Stopp || ~ **block** [Sw] / Fixpunktblock || ~ **data** [Sw] / Fixpunktdaten || ~ **data record** [Sw] / Fixpunktdatenblock || ~ **descriptor record** [Sw] / Fixpunktkennblock

checkpointed program [Sw] / durch einen Fixpunkt festgehaltenes Programm

checkpoint error message [Sw] / Fixpunktfehlermeldung || ~ **file** [Sw] / Fixpunktdatei || ~ **file name** [Sw] / Fixpunktdateiname || ~ **generation** [Sw] / Fixpunkterstellung || ~ **header record** [Sw] / Fixpunktkopfblock, Fixpunktanfangsblock || ~ **ID** [Sw] / Fixpunktkennzeichnung, Fixpunktkennzeichen, Wiederanlaufkennzeichen || ~ **identifier** [Sw] / Fixpunktkennzeichnung, Fixpunktkennzeichen, Wiederanlaufkennzeichen || ~ **input** [Sw] / Fixpunkteingabe || ~ **instruction** [Sw, ES] / Stoppbefehl, Programmstoppbefehl, Haltbefehl || ~ **label** [Sw] / Fixpunktetikett || ~ **output** [ES] / Fixpunktausgabe || ~ **record** [Sw] / Fixpunktsatz || ~ **restart** [Dp, Sw] / Fixpunktwiederanlauf || ~ **routine** [Sw, ES] / Fixpunktroutine || ~ **tape unit** [MT, Sw] / Fixpunktbandgerät || ~ **text block** [Sw] / Fixpunkttextblock || ~ **trailer record** [Sw] / Fixpunktendeblock, Fixpunktschlußblock

check problem [Hw, Sw] / Prüfaufgabe || ~ **program** [Sw] / Prüfprogramm, Testprogramm, Prüfroutine || ~ **protect** [Cobol] / Schecksicherung || ~ **pulse** [Tr] / Prüfimpuls, Kontrollimpuls || ~ **register** [CU] / Prüfregister || ~ **row** [PT] / Prüfspalte

checksum *n* [DS] / Kontrollsumme || ~ **monitoring** [ES] / Prüfsummenüberwachung

check total [DS] / Kontrollsumme || ~ **word** [DS] / Kontrollwort, Sicherungswort

chemical deposition [Sc] / chemische Ablagerung || ~ **etching** [Sc] / chemische Ätzung

Chinese-binary *adj* [PC] / spaltenbinär || ~̊ **representation** [PC] / Spaltenbinärkartendarstellung, Spaltendualkartendarstellung, Dualkartendarstellung

chip *n* [Mp] / Chip (Mikrobaustein der integrierten Schaltungstechnik) || [PT, PC] / Schuppe (Lochungsabfall) || **input-output** ~ [MCS, IC] / Ein-Ausgabe-Chip, Ein-Ausgabe-Baustein, Ein-Ausgabe-Schnittstellenbaustein || ~ **circuit** [Mp] / Bausteinschaltung || ~ **enable** [Mp] / Bausteinfreigabe, Chip-Freigabe || ~ **select** [Mp] / Bausteinauswahl, Chip-Auswahl || ~ **simulator** [Mp] / Chipsimulator || ~ **slice** [Mp] / Chip-Scheibe || ~ **tester** [Hw, Cir] / Chip-Prüfgerät || ~ **tray** (s. chadbox)

chopper *n* [Co] / Chopper, Zerhacker || ~ **amplifier** [Co] / Zerhackerverstärker || ~ **disk** [Fax] / Zerhackerscheibe, Lochscheibe (A, CH)

chute blade [PC] / Sortierschiene

CIA (s. communication interrupt analysis) || ~̊ (s. channel interface adapter)

cine mode [COM, Typ] / Zeilenanordnung quer (Formulardia)

CIOCS (s. communications input-output control system)

cipher *v* [Cryp] / verschlüsseln, schlüsseln || *n* [Cryp] / Schlüssel || ~ **device** [Cryp] / Handschlüsselvorrichtung || ~ **equipment** [Cryp] / Schlüsselgeräte

ciphering equipment [Cryp] / Schlüsselgeräte

cipher machine [Cryp] / Schlüsselmaschine

ciphony *n* [Cryp] / Sprachverschlüsselung, verschlüsselter Sprechverkehr

circle of convergence [Th] / Konvergenzkreis

circlip *n* [Hw] / Sicherungsscheibe
circuit *n* [Cir] / Schaltung || ~ **arrangement** [Hw, Cir] / Schaltungsanordnung || ~ **assembly plate** [Hw] / Anschlußplatte || ~ **board** (s. printed circuit board) || ~ **board enable** [ES] / Flachbaugruppenfreigabe || ~ **board enable counter** [ES] / Flachbaugruppenfreigabezähler || ~ **board monitoring** [ES] / Flachbaugruppenüberwachung || ~ **breaker** [Hw, Co] / Schutzschalter, Trennschalter (DIN 57866, Dez. 1978) || ~ **chip** [Mp] / Chip (Mikrobaustein der integrierten Schaltungstechnik) || ~ **configuration** [Cir] / Schaltungsaufbau || ~ **diagram** [Serv] / Montageschaltbild, Montagestromlaufplan, Stromlaufplan || ~ **family** [Meas, Co, Sc] / Schaltungsfamilie || ~ **function** [Sc] / Schaltungsfunktion, Schaltkreisfunktion || ~ **identification** [ES] / Leitungskennung || ~ **logic** [SA] / Schaltkreislogik || ~ **malfunction** [ES] / Schaltungsstörung || ~ **module** [Cir, Sc] / Schaltkreismodul || ~ **noise** [Tr, TrL] / Leitungsgeräusch || ~ **occupancy** [ES] / Leitungsausnutzung || ~ **programmer** [Mp] / Schaltungsprogrammierer
circuitry *n* [Hw, Cir] / Schaltungsanordnung
circuit schematic [Dist] / Prinzipschaltbild, Schaltbild, Schaltschema, Schaltskizze || ~ **section** [TrL] / Leitungsabschnitt, Leitungszug || ~ **switching** [ES] / Durchschalte-Vermittlungstechnik, Durchschaltetechnik (Vermittlungstechnik, bei der die Endstellen über Vermittlungen ohne Zwischenschaltung von Nachrichtenspeichern miteinander verbunden sind) || ~ **switching center** [ES] / Durchschaltevermittlung (Amt) || ~ **switching concentrator** [ES] / Durchschaltekonzentrator || ~ **switching network** [TP] / Durchschaltenetz || ~ **symbol** [Th] / Schaltsymbol || ~ **technology** [Cir] / Schaltkreistechnik, Schaltungstechnik || ~ **time** [Tr] / Verbindungsdauer, Leitungsbelegungszeit
circular shift (s. logical shift)
circulating register [CU] / Ringschieberegister || ~ **shift register** [TP] / Umlaufspeicher (Tastatur) || ~ **storage** [M, Dp] / Umlaufspeicher
circumferential speed [Th] / Umfangsgeschwindigkeit
clad-metal technology / Metallbeschichtungstechnik
clamping circuit [Sc] / Blockierschaltung, Klemmschaltung, Clamping-Schaltung || ~ **circuit** [Hw] / Verriegelungsschaltung || ~ **connector** [Hw] / Klemmverbinder || ~ **strap** [Hw] / Klemmbügel
clapper armature magnet [TP] / Klappankermagnet
class *n* [Cobol] / Klasse || ~ **condition** [Cobol] / Klassenbedingung
classical conditioning [Cy] / klassische Konditionierung || ~ **sorting** [Dp, OS] / Mischsortieren, Sortieren und Mischen
classification *n* [IDS] / Klassifikation || ~ **equipment** [RDp, Tr] / Klassifizierungseinrichtung || ~ **keyboard** [PC] / Fachwählertastenfeld, Fachwählertastatur || ~ **of defects** [Sc] / Fehlergruppierung || ~ **system** [IDS] / Klassifikationssystem, Klassifizierungssystem (DIN 6763 T1, Juli 1972)
classify *v* [IDS] / klassifizieren
class-mark *v* [ES] / durch Betriebsklasse kennzeichnen, durch Teilnehmerklasse kennzeichnen
class of service (COS) [ES] / Teilnehmerklasse, Teilnehmerbetriebsklasse, Benutzerklasse
class-of-service analysis [ES] / Klassenbewertung || ~ **code** [ES] / Klassenkennzeichen, Teilnehmerklassenkennung || ~ **code interpreter** [ES] / Klassenbewerter || ~ **comparator** [ES] / Klassenvergleicher || ~ **comparison** [ES] / Klassenvergleich || ~ **information** [ES] / Klasseninformation
class of traffic [ES] / Verkehrsklasse
class-of-traffic signal (telex, gentex, etc.) [ES] / Verkehrsklassensignal
class selection [PC] / Feldauswahl, Feldansteuerung, Lochfeldsteuerung, Lochfeldauswahl || ~ **selector** [PC] / Klassenselektor
clause *n* [Cobol] / Klausel
cleaning brush [HSP] / Reinigungsbürste || ~ **compound** [HSP] / Trennmittel (Silikonöl) || ~ **felt** [HSP] / Reinigungsfilz || ~ **fleece** [HSP] / Reinigungsvlies || ~ **slider** [HSP] / Reinigungsschieber, Abstreifer (Umdruckcorotron) || ~ **station** [HSP] / Reinigungsstation

clear *v* (entry from calculator, etc.) [Calc] / löschen (DIN 9757E, Okt. 1977) || **to ~ a connection** [ES] / eine Verbindung auflösen || **to ~ the tab stops** [TP] / den Tabulator löschen || **~ band** (i.e., any area on a document which must be kept free of printing not related to machine reading) [OCR] / freies Band, freie Fläche || **~ confirmation signal** [ES] / Schlußzeichenbestätigung, Schlußbestätigungssignal || **~ down** [RDp, Tr] / auslösen (Verbindung)
cleardown *n* [ES] / Auslösung (Verbindung)
Clear entry [Calc, Instruction] / Löschen Eingabe (DIN 9757E, Okt. 1977)
clearing *n* [ES] / Auslösung (Verbindung) || **~ button** [TP, ES] / Schlußtaste, Trenntaste || **~ house** [DOK] / Clearinghaus (Informations- und Dokumentationseinrichtung, die Daten und Dokumente über geplante, laufende oder abgeschlossene Forschungs- und Entwicklungsarbeiten sammelt, aufbewahrt, verfügbar macht und in Informationsdienste umsetzt), Clearingstelle || **~ signal** [ES] / Schlußsignal, Trennzeichen
Clear memory [Calc, Instruction] / Löschen Speicher (DIN 9757E, Okt. 1977) || **~ request** [ES] / Auslöseanforderung || **~ text** [Cryp, TP] / Klartext || **≗ without memory** [Calc, Instruction] / Löschen ohne Speicher (DIN 9757E, Okt. 1977)
clip connector [Hw] / Andruckleiste, Federleiste
clipper *n* [Tr] / Begrenzerschaltung
clipping circuit [Tr] / Begrenzerschaltung
clip position [Fax] / Einspannstelle, toter Winkel
clock *v* (input, etc.) [Mp] / takten, mit Takt versorgen || *n* [Mp, CP] / Taktgeber (DIN 44300, März 1972), Taktgenerator || **software ~ table** [ES] / Zeittakttabelle
clock-actuated readout [IO] / taktgesteuerte Ausgabe
clock board [Mp] / Taktflachbaugruppe || **~ cable** [Tr] / Taktkabel || **~ cable amplifier** [Tr] / Taktkabelverstärker || **~ cable plug-in location** [Tr] / Taktkabeleinbauplatz || **~ changeover** [Tr] / Taktumschaltung || **~ changeover signal** [Tr] / Taktumschaltekriterium || **~ control** [CP, Tr] / Taktsteuerung
clock-controlled (s. clock-pulse-controlled)
clock counter [MCS] / Taktzähler || **~ delay standard** [ES] / Taktlaufzeitnormal || **~ distribution** [Tr] / Taktverteilung
clocked pulse [CP, Tr] / Taktpuls || **~ to the network** [ES] / netztaktgesteuert
clock error [CP, Tr] / Taktfehler || **~ error indicator** [Tr] / Taktfehleranzeige || **~ error signal** [Tr] / Taktfehlermeldung || **~ failure** [Tr] / Taktstörung || **~ frequency** [CP, Tr] / Taktfrequenz || **~ generation** [Mp] / Takterzeugung || **~ generator** [Mp, CP] / Taktgeber (DIN 44300, März 1972), Taktgenerator || **~ generator and driver** [Mp] / Taktgeber und Treiber (1-Chip-Baustein mit Oszillator, Zählerteiler, Treibern und logischen Hilfsfunktionen)
clock-independent *adj* [ES] / nicht taktgebunden
clock inhibition [Tr] / Taktsperre || **~ input** [Mp, ES] / Takteingang || **~ input circuit** [Mp] / Takteingangsschaltung || **~ interface** [Tr] / Taktschnittstelle || **~ marker track** [CP] / Steuerspur für die Taktgabe, Taktspur, Uhrspur || **~ mode** [Mp, ES] / Taktbetriebsart || **~ monitoring board** [ES] / Taktüberwachungsbaugruppe || **~ output** [Mp, ES] / Taktausgang || **~ phase** [CP, Tr] / Taktphase || **~ phase generation** [CP, Tr] / Taktphasenerzeugung || **~ pulse** [MCS, Dp, Tr] / Schrittpuls (DIN 44302, Apr. 1979), Takt || **~ pulse alignment** [ES] / Taktabgleich || **~ pulse amplifier** [Tr] / Taktverstärker (TV)
clock-pulse-controlled *adj* [ES] / taktgebunden
clock pulse distributor [Tr] / Taktverteiler || **~ pulse edge** [Tr] / Taktflanke || **~ pulse error** [CP, Tr] / Taktfehler || **~ pulse evaluator** [PCC] / Taktimpulsbewerter || **~ pulse failure** (s. clock error) || **~ pulse frequency** [CP, Tr] / Taktfrequenz || **~ pulse generator** (s. clock) || **~ pulse interface** [Tr] / Taktschnittstelle || **~ pulse offset** [Tr] / Taktversatz || **~ pulse period** [CP, Tr] / Taktperiode || **~ pulse phase** [CP, Tr] / Taktphase || **~ pulse rate** [Tr] / Taktfolge, Teilertakt || **~ pulse selection** [ES] / Taktwahl || **~ pulse supervision** [CP, Tr] / Taktüberwachung || **~ pulse supply** [CP, Tr] / Taktversorgung || **~ pulse system** [Tr] / Taktsystem || **~ pulse train** [Tr] / Taktimpulsserie || **~ pulse train test** [Tr] / Taktimpulsserienprüfung || **~ rate** [Tr] /

Taktfolge, Teilertakt || ~ **rate converter** [Tr] / Taktumsetzer || ~ **rate divider** [Tr] / Sendetaktverteiler, Taktteiler || ~ **selection switch** [ES] / Taktwahlschalter || ~ **signal generator** (s. clock) || ~ **stability** [CP, Tr] / Netztaktstabilität, Taktstabilität || ~ **stop** [Tr] / Taktstopp
clock-supplied *adj* [Tr] / taktversorgt
clock supply [CP, Tr] / Taktversorgung || ~ **switchover** [Tr] / Taktumschaltung || ~ **synchronization** [Tr] / Taktsynchronisierung || ~ **timing error** [Tr] / Taktzeitfehler || ~ **total error** [Tr] / Takttotalfehler || ~ **total failure** [Tr] / Takttotalfehler || ~ **track** [CP] / Steuerspur für die Taktgabe, Taktspur, Uhrspur || ~ **unit** [Cobol] / Zeiteinheit
clockwise *adj* / im Uhrzeigersinn
close *v* [Cir] / (Gatter usw.) sperren || [PL/1] / abschließen
closed array [IDS] / geschlossene Reihe
closed-circuit operation [TP] / Ruhestrombetrieb || ~ **working** [TP] / Ruhestrombetrieb
closed loop [Sw] / geschlossene Schleife || ~ **loop circuit** [Cy] / geschlossener Regelkreis || ~ **loop system** [NC, Cy] / geschlossenes Regelsystem, Regelsystem mit geschlossenem Kreis, geschlossenes Rückkopplungssystem || ~ **numbering scheme** [ES] / verdeckte Numerierung, verdeckte Kennziffernverteilung
closed-shop testing [Dp] / Ferntest (Methode) || ~ **test run** [Dp] / Ferntest (einzelner Test) || ~ **test system** [Dp] / Ferntestbetrieb, geschlossener Betrieb, Closed-shop-Betrieb (Testbetrieb, bei dem das Rechenzentrum dem Programmierer bzw. Auftraggeber nicht zugänglich ist)
closed subroutine [Sw] / geschlossenes Unterprogramm, verbundenes Unterprogramm, abgeschlossenes Unterprogramm
close statement [Cobol] / (Datei)abschlußanweisung || ~ **statement** [PL/1] / (Datei)abschlußanweisung
clustered errors [Tr] / totaler Störeinbruch
CMOS (s. complementary metal-oxide semiconductor) || ≗ **technology** [Sc] / CMOS-Technologie (mittelschnelle MOS-Technologie mit vernachlässigbarem Ruhestrom)
CNA (s. communications network architecture)
CNC (s. computer numerical control) || ≗ **system** (s. computer numerical control system)
CNRZ (s. pulse-width recording)
coalesce *v* [Sw] / (verschiedene Dateien) zusammenfügen, vereinigen
coarse time [ES] / Grobzeit
coarse-time change [ES] / Grobzeitwechsel || ~ **clock pulse** [ES] / Grobzeittakt (5ms) || ~ **interval** [ES] / Grobzeittakt (5ms) || ~ **prompter** [ES] / Grobwecker || ~ **prompter cell** [ES] / Grobweckerzelle || ~ **prompter program** [ES] / Grobweckerprogramm || ~ **slot pattern** [ES] / grober Zeitraster || ~ **stop** [ES] / Grobzeitstopp
coarse voltage arrester [Hw] / Grobspannungsableiter
coating *n* [Co, Sc] / Überzug || [Hw] / Schicht
coaxial cable [TrL] / Koaxialkabel || ~ **connector** [TrL] / Koaxialstecker, koaxiale Steckverbindung
COBOL *n* (Acronym for COmmon Business Oriented Language) [PL] / COBOL || **compact** ≗ [PL] / Kompakt-COBOL || **elective** ≗ [PL] / Wahl-COBOL || **required** ≗ [PL] / Grund-COBOL || **required plus elective** ≗ [PL] / Voll-COBOL || ≗ **compiler** [OS] / COBOL-Übersetzer || ≗ **library** [Sw] / COBOL-Bibliothek || ≗ **library update** [Sw] / Ändern einer COBOL-Bibliothek || ≗ **object program** [Cobol] / COBOL-Zielprogramm || ≗ **source language** [Cobol] / COBOL-Quellsprache || ≗ **source program** [Cobol] / COBOL-Quellprogramm || ≗ **statement** [PL] / COBOL-Anweisung || ≗ **word** [Cobol] / COBOL-Wort
co-channel *n* [Tr] / Zweitkanal || ~ **number** [Tr] / Zweitkanalnummer
CODASYL (Conference On DAta SYstems Languages) [Org, PL] / CODASYL (Konferenz, auf der die Programmiersprache COBOL entwickelt wurde)
code *v* [Th, PL] / codieren, verschlüsseln || *n* [Th] / Code, Schlüssel, Verschlüsselung || [Algol] / Code || ~ (s. code set) || ~ (s. program) || ~ **assignment** [Th] / Codezuordnung || ~ **assignment concept** [TP] / Zuordnungsprinzip
codec *n* [Th, Tr] / Codec
code changing [TP, ES] / Codeumstellung || ~ **character** [Th] / Codezeichen || ~ **chart** [Th] / Codeschema,

Codeübersicht, Codekarte || ~ **check** [Sw] / Codeprüfung || ~ **checking time** [DS] / Codeprüfzeit || ~ **clause** [Cobol] / Codeklausel || ~ **combination** [Th, RDp, Tr] / Codekombination || ~ **construction** [ES] / Codeaufbau || ~ **convention** [Dp] / Programmiervereinbarung || ~ **conversion** [TP] / Codeumsetzung, Codeumwandlung, Umschlüsselung || ~ **converter** [Tr] / Codeumsetzer (DIN 44300, März 1972), Codeumwandler, Codewandler || ~ **counter** [ES] / Codezähler

coded *adj* [Th, PL] / codiert, verschlüsselt, in codierter Form || ~ **decimal** [Th] / codiert dezimal || ~ **decimal digit** [Th] / verschlüsselte Dezimalziffer, codierte Dezimalziffer || ~ **decimal notation** [Th] / codierte Dezimalschreibweise

code dictionary [Th] / Code-Lexikon || ~ **digit group** [ES] / Kennziffferngruppe

coded instruction [Sw] / codierter Befehl

code disk [HSP] / Codescheibe

coded program [Sw] / codiertes Programm || ~ **response message** [RDp] / verschlüsselte Antwort || ~ **signal** [NC] / codiertes Signal

code element [Th, TP] / Codeelement, Zeichenschritt || ~ **extension** [DT, Th] / Codeerweiterung || ~ **extension character** [Dp] / Steuerzeichen zur Codeerweiterung || ~ **frame** [ES] / Coderahmen || ~ **frame error** [ES] / Coderahmenfehler || ~ **frame monitor** [ES] / Coderahmenüberwachung || ~ **generator** [RDp, Tr] / Textgeber || ~ **hole** [PT] / Informationsloch (DIN 66218, Jan. 1976), Codeloch, Codelochung || ~ **hole combination** [PT, PC] / Lochkombination || ~ **hole misalignment** [PT] / Lochversatz (DIN 66218, Jan. 1976) || ~ **hole scanning** [TP] / Informationsabtastung || ~ **hole track** [PT] / Informationsspur (DIN 66218, Jan. 1976), Datenspur, Codespur || ~ **independence** [ES] / Codefreiheit

code-independent *adj* [RDp, ES, Tr] / codeunabhängig || ~ **data communication** [Tr] / codeunabhängige Datenübermittlung (DIN 44302, Apr. 1979)

code key [RDp, Tr] / Codetaste || ~ **matrix** [TP] / Codiermatrix || ~ **perforation** [PT, PC] / Lochung || ~ **position** [PC] / Lochkartenstelle, Stelle der Lochkarte (= Lochkartenspalte) || ~ **procedure definition** [PL] / Codeprozedurerklärung || ~ **pulse** [Th, TP] / Codeelement, Zeichenschritt

coder *n* [Tr] / Codierer (DIN 44300, März 1972) || [DpC, Sw] / Codierer (Person)

code recognition unit [TP] / Signalauswerter || ~ **selection signal** [ES] / Codewahlzeichen || ~ **sequence recognition circuit** [TP] / Sequenzauswerter (in Variantenbaugruppe) || ~ **set** [Cryp, Th] / Codeliste

codes holes [PT] / Informationslochung (im Gegensatz zur Führungslochung)

code sign [Th] / Codezeichen || ~ **structure** [Th] / Codestruktur || ~ **system** [Th] / Codesystem || ~ **table** [Th, Sw, ES] / Codetabelle || ~ **table buffer (CTB)** [HSP] / Codetabellenspeicher || ~ **text** [Tr] / Schlüsseltext || ~ **track** [PT] / Informationsspur (DIN 66218, Jan. 1976), Datenspur, Codespur || ~ **translation** [Tr] / Codeübersetzung || ~ **translator** [Tr] / Codeübersetzer

code-transparent *adj* [RDp, ES] / codetransparent || ~ **data communication** [Tr] / codetransparente Datenübermittlung (DIN 44302, Apr. 1979)

code value [Th] / Codeausdruck, Codebegriff || ~ **word** [Th, Tr] / Codewort

coding *n* [Th] / Codierung (DIN 44300, März 1972) || ~ **device** [Tr] / Codierer (DIN 44300, März 1972) || ~ **form** [Sw] / Codierblatt, Codierformular, Codierungsformular || ~ **line** [Sw] / Codierzeile, Befehlszeile || ~ **matrix** [TP] / Codiermatrix || ~ **sequence** [Sw] / codierte Befehlsfolge || ~ **sheet** [Sw] / Codierblatt, Codierformular, Codierungsformular || ~ **switch** [HSP] / Codierschalter

coefficient *n* [Th] / Koeffizient || ~ (s. fixed-point part) || ~ **of elasticity** [Sc, Th] / Elastizitätskonstante || ~ **of expansion** [Sc] / Ausdehnungskoeffizient || ~ **of reflectance** (s. reflectance)

coercive force [Th] / Koerzitivkraft

coercivity *n* [Th] / auf die Sättigung bezogene Koerzitivkraft

COGO *n* (COordinate GeOmetry) [PL] / COGO (Programmiersprache zur Lösung analytischer Geometrieprobleme im zivilen Bereich)

coherence *n* [Th] / Kohärenz

coherent *adj* [Th] / kohärent || ~ **rotation** [Th] / zusammenhängende Drehung (Magnetisierungsvektor)

coherer effect [ES] / Fritterwirkung,

Frittwirkung
coil-loaded cable [TrL] / pupinisiertes Kabel
coincidence *n* [Th] / Koinzidenz || ~ **circuit** (s. AND circuit) || ~ **element** [Cir] / Äquivalenzglied || ~ **error** [ADp] / Koinzidenzfehler || ~ **gate** (s. AND circuit) || ~ **signal** [M] / Koinzidenzsignal || ~ **test** [ES] / Koinzidenzprüfung
coincident-current memory [M] / Koinzidenzstromspeicher, Koinzidenzspeicher || ~ **selection** [M] / Koinzidenzstromprinzip (zum Ansteuern einzelner Kerne beim Kernspeicher)
COIN key [CTW] / Anruftaste
cold restart [Dp] / Wiederanlauf eines Programms, bei dem man nach Anlagenausfall mindestens bis zum letzten Fixpunkt zurückgehen muß || ~ **start** [Mp] / Kaltstart || ~ **type** [Typ] / Kaltsatz (z.B. Lichtsatz)
collate *v* (i.e., to produce a single ordered file from two or more files which are in the same ordered sequence; cf. "merge") [PC] / mischen (mit gleichzeitigem Trennen) (DIN 66001, Sept. 1977) || ~ **builtin function** [PL/1] / (eingebaute) Sortierfolgen-Funktion || ~ **function** [PL/1] / (eingebaute) Sortierfolgen-Funktion
collating sequence [PC] / Mischfolge || ~ **sequence** [Cobol] / Sortierfolge
collator *n* [PC] / Kartenmischer, Lochkartenmischer, Mischer || ~ **counting device** [PC] / Zähleinrichtung am Kartenmischer
collector *n* [Sc] / Kollektor (DIN 41854, Apr. 1979) || ~ **barrier** [Sc] / Kollektorsperrschicht (DIN 41854, Apr. 1979) || ~ **barrier capacitance** [Sc] / Kollektorsperrschichtkapazität (DIN 41854, Apr. 1979)
collector-base cutoff current [Sc] / Kollektor-Basis-Reststrom (DIN 41854, Apr. 1979) || ~ **voltage** [Sc] / Kollektor-Basis-Spannung (DIN 41854, Apr. 1979)
collector breakdown voltage [Sc] / Kollektordurchbruchspannung || ~ **capacitance** [Sc] / Kollektorkapazität || ~ **current** [Sc] / Kollektorstrom (DIN 41854, Apr. 1979) || ~ **cutoff current** [Sc] / Kollektorreststrom (DIN 41854, Apr. 1979) || ~ **dark current** [Sc] / Kollektordunkelstrom || ~ **depletion layer** [Sc] / Kollektorsperrschicht (DIN 41854, Apr. 1979) || ~ **depletion layer capacitance** [Sc] / Kollektorsperrschichtkapazität (DIN 41854, Apr. 1979) || ~ **diode** [Sc] / Kollektordiode || ~ **electrode** [Sc] / Kollektorelektrode (DIN 41854, Apr. 1979)
collector-emitter cutoff current [Sc] / Kollektor-Emitter-Reststrom (DIN 41854, Apr. 1979) || ~ **voltage** [Sc] / Kollektor-Emitter-Spannung (DIN 41854, Apr. 1979)
collector junction [Sc] / Kollektorübergang (DIN 41854, Apr. 1979), Kollektorgrenzschicht || ~ **region** [Sc] / Kollektorbereich || ~ **resistivity** [Sc] / spezifischer Widerstand des Kollektors || ~ **series resistance** [Sc] / Kollektorbahnwiderstand (DIN 41854, Apr. 1979) || ~ **terminal** [Sc] / Kollektoranschluß (DIN 41854, Apr. 1979) || ~ **voltage** [Sc] / Kollektorspannung || ~ **zone** [Sc] / Kollektorzone (DIN 41854, Apr. 1979)
colon *n* [OCR] / Doppelpunkt (DIN 66009, Sept. 1977) || [PL/1] / Doppelpunkt || ~ (:) [Algol] / Doppelpunkt || ~ **equal** (: =) [Algol] / Ergibtsymbol
color code label [Hw] / Farbcodiermarke || ~ **code table** [Hw, Serv] / Farbentabelle || ~ **coding** (of tape, wire, etc.) [Hw, Serv] / Farbkennzeichnung || ~ **fastness** [HSP] / Farbechtheit || ~ **plotter** [GrDp] / Farb-Plotter (Plotter zur Umsetzung von Daten in farbige Grafik), farbiges Grafikterminal, grafisches Farbterminal
colour identification scheme [Hw, Serv] / Farbentabelle
column *n* [PC, Th] / Kartenspalte, Lochkartenspalte, Spalte, Lochspalte || [Sw] / Stelle (im Befehlswort) || [Fortran] / Spalte || [PL/1] / Spalte || ~ **binary** [PC] / spaltenbinär
column-binary card [PC] / Spaltenbitkarte, Dualkarte || ~ **code** [PC] / Dualkartencode
column binary mode [Dp] / Dualkartenmodus
column-binary punch feature [PC] / Binärstanzzusatz || ~ **punching** [PC] / spaltenbinäres Stanzen, spaltenweises Binärstanzen || ~ **read feature** [PC] / Binärlesezusatz || ~ **reading** [PC] / spaltenbinäres Lesen, Dualeingabe || ~ **representation** [PC] / Spaltenbinärkartendarstellung, Spaltendualkartendarstellung, Dualkartendarstellung || ~ **write feature**

[PC] / Binärausgabezusatz
column clause [Cobol] / Spaltenklausel || ~ **control** [PC] / Spaltensteuerung || ~ **cutout contact** [PC] / Spaltenausschaltekontakt || ~ **density** [PC] / Spaltendichte || ~ **feed** [TP] / Vorschub || ~ **image** [OS] / Spaltenbild || ~ **indicating device** [PC] / Spaltenanzeiger, Spaltenanzeigeeinrichtung || ~ **indicator** [PC] / Spaltenanzeiger, Spaltenanzeigeeinrichtung || ~ **pattern** [TP] / Spaltenraster || ~ **position** [HSP] / Spaltenlage, Spaltenposition || ~ **sampling** [TP] / Spaltenansteuerung (Decoder)
column-serial *adj* [PCC] / spaltenweise
column shift [HSP] / Spaltenverschiebung || ~ **shifting** [PC] / Stellenversetzung || ~ **shift unit** [PC] / Kolonnenschalter || ~ **spacing** [HSP] / Schreibstellenabstand || ~ **spacing** [TP] / Spaltenvorschub || ~ **spacing** [HSP] / Druckspaltenteilung, Druckspaltenabstand, Zeichen(mitten)abstand || ~ **split** (i.e., the facility on a punched card machine for reading two parts of a column as two separate codes) [PC] / Spaltenaufteiler || ~ **splitting** [PC] / Spaltenaufteilung || ~ **usage** [HSP] / Spaltenauslastung || ~ **width** [HSP] / Spaltenbreite
COM, to microfilm on ~ equipment [COM] / COM-verfilmen
comb *n* [HSP] / Typenkamm
combination *n* [Th] / Kombination || ~ **26** (plus sign) [ES] / Schlußkreuz
combinational circuit (s. combinational logic system) || ~ **logic system** [Cir] / Schaltnetz (aus Schaltelementen bestehende Schaltung, in der die Ausgangssignale nur von den momentanen Eingangssignalen abhängen; cf. „Schaltwerk") (DIN 44300, März 1972)
combination field selector [OCR] / Kombinationsfeldwähler
combinatorial circuit (s. combinational logic system)
combine *v* (A and B into signal C, etc.) [Tr] / verknüpfen
combined branch [Sw] / kombinierter Sprung || ~ **file** [RPG] / kombinierte Datei || ~ **head** (s. combined read-write head) || ~ **read-write head** [MT] / Lese-Schreibkopf, Schreib-Lesekopf || ~ **return branch** [Sw] / kombinierter Rücksprung
COM film [COM] / COM-Film (DIN 19065, Jan. 1978)
comic mode [COM, Typ] / Zeilenanordnung längs (Formulardia)
comma *n* [Cobol] / Komma || [PL/1] / Komma || ~ (,) [Algol] / Komma || ~ (,) [Fortran] / Komma
command *n* [Sw] / Befehl (Teil eines Befehlswortes, der die auszuführende Operation angibt) || [Hw, DpC] / Anweisung (in der gültigen Bedienungssprache abgefaßte Vorschrift zur Geräte- bzw. Systembedienung), Bedienungsanweisung || ~ **byte** [HSP] / Befehlsbyte || ~ **chaining** [Sw] / Befehlskettung || ~ **chaining flag** [OS] / Kennzeichen für Befehlskettung, Befehlskettenanzeige || ~ **control block (CCB)** [Sw, OS] / Befehlssteuerblock
command-controlled *adj* [Mp] / befehlsgesteuert
command file [Sw] / Kommandodatei || ~ **function** [Sw] / Kommandofunktion || ~ **key** [IO, RDp] / Befehlstaste || ~ **key lock** [RDp, Tr] / Befehlstastensperre || ~ **key panel** [RDp, Tr] / Befehlstastenfeld || ~ **language** [CTW] / Kommandosprache, Befehlssprache || ~ **procedure** [Sw] / Kommandoprozedur || ~ **retry** [OS] / Kanalbefehlswiederholung || ~ **string** [Mp] / Befehlsfolge || ~ **structure** [CTW] / Befehlsstruktur || ~ **syntax** [Mp] / Befehlsaufbau || ~ **terminator** [Mp, TFS] / Befehlsendezeichen || ~ **unit control logic** [ES] / Kommandosteuerlogik || ~ **unit device controller** [ES] / Kommando-Geräte-Steuerung (KGS)
comma suppression [Algol] / Kommaunterdrückung
commencement location address (s. starting address)
comment *n* [Algol] / Kommentar || [PL/1] / Kommentar
commentary *n* [Cobol] / Kommentar
comment convention [Algol] / Kommentarkonvention
comment-entry *n* [Cobol] / Kommentar
comment line [Fortran] / Kommentarzeile
comments *pl* [Sw] / Bemerkungen (auf Steuerkarte) || ~ **card** [Sw] / Bemerkungskarte || ~ **entry** [Sw] / Bemerkungseintrag || ~ **field** [Sw, ES] / Bemerkungsfeld || ~ **statement** [Sw] / Bemerkungsanweisung
commercial applications [Dp] / kommerzielle Anwendungen || ~ **at** [IO,

Th] / kommerzielles à (DIN 66009, Sept. 1977) || ~ **communications satellite** [Tr] / kommerzieller Nachrichtensatellit || ~ **electronic calculator** [Calc] / elektronische Rechenmaschine für kaufmännische Anwendungen (DIN 9757E, Okt. 1977) || ~ **frequency** [ES] / Netzfrequenz

commercially available [Dist] / handelsüblich

commercial power supply [Hw] / Netzstromversorgung

commissioning *n* (i.e., installation of a computer, etc., to a point where it is capable of successful operation) [Dist] / Inbetriebnahme || ~ **and maintenance recommendation** [Dist, Serv] / Inbetriebnahme- und Wartungsempfehlung || ~ **certificate** (of device, machine, etc.) [Dist] / Inbetriebnahmeprotokoll || ~ **engineer** [Dist] / Einschaltingenieur

commodity card [PC] / Artikelkarte || ~ **definition** [Dist] / Objektbildung

commodity-definition meeting [Dist] / Objektbesprechung

commodity list of materials [Dist] / Objektsammelkarte || ~ **revision level** [Dist] / Objektstand || ~ **revision level definition** [Dist] / Objektstandsbildung || ~ **revision level label** [Dist] / Objektschild || ~ **revision level number** [Dist] / Objektstandszahl || ~ **variant** [Dist] / Objektvariante

common block [Fortran] / (gemeinsamer) Speicherbereich || ~ **call allotter** [ES] / zentrale Anrufverteilerkette || ~ **centerline** [HSP] / gemeinsame Mittellinie (Führungslöcher) || ~ **chopper driver** [ES] / Steuerteil für Parallelbetrieb || ~ **coder** [ES] / zentraler Codierer || ~ **collector circuit** [Sc] / Kollektorschaltung (DIN 41854, Apr. 1979) || ~ **control system** [ES] / indirekt gesteuertes System || ~ **diagnostic monitor** [Serv] / gemeinsamer Diagnosemonitor || ~ **emitter circuit** [Sc] / Emitterschaltung || ~ **emitter voltage** [Sc] / Basis-Emitter-Spannung || ~ **facilities** [Dp] / zentrale Einrichtungen || ~ **field** [Sw] / gemeinsames Datenfeld

commoning of expressions [PL/1] / Behandlung gleichwertiger Ausdrücke

common label item [Cobol] / gemeinsames Kennsatzfeld || ~ **language** (i.e., the representation of data intelligible to the many units of a dp system) [Sw] / einheitliche Maschinensprache, Standardsprache || ~ **line** (s. party line) || ~ **line group** [RDp] / gemeinsames Leitungsbündel || ~ **logarithm** [Th] / dekadischer Logarithmus, Logarithmus zur Basis 10 || ~ **logic** [Th] / zentrale Logik || ~ **machine language** (s. common language) || ~ **maintenance program** [Serv] / zentrales Wartungsprogramm || ~ **multiaddress memory** [ES] / zentraler Wählzeichenspeicher || ~ **paper size** [HSP] / gängiges Papierformat || ~ **polarity storage** [ES] / zentraler Polaritätsspeicher || ~ **signaling channel** [ES] / gemeinsamer Signalisierungskanal, zentraler Signalisierungskanal || ~ **statement** [Fortran] / Speicherbereichsanweisung || ~ **switching director** [Hw, ES] / zentraler Einstellsatz || ~ **transmission path** [Tr] / gemeinsamer Übertragungsweg

communicating station (s. distant station)

communication *n* [Th] / Kommunikation || [Tr] / Datenübertragung (im weiteren Sinne, d.h., umfaßt über die Aspekte der Datenübertragungstechnik hinaus auch die Bereiche der Übertragungssicherheit und der Verarbeitung der Informationen in rechnergestützten Übertragungssystemen) || ~ (cf. "communications") || ~ **adapter** [RDp] / Datenanschlußgerät (DAG) || ~ **adapter unit** [RDp, Tr] / Anschlußeinheit für Datenübertragung || ~ **area** [Sw, OS, Tr] / Verständigungsbereich, Datenübertragungsbereich || ~ **break** [Tr] / Schreibpause || ~ **buffer** [Tr] / Datenübertragungs-Pufferspeicher || ~ **channel** [Tr] / Übertragungskanal (DIN 44302, Apr. 1979) || ~ **circuit** [RDp, Tr] / Verbindungszug || ~ **code** [Tr] / Übertragungscode || ~ **computer** [Dp] / Datenkommunikationsrechner || ~ **controller (CC)** [Sw, Tr] / Datenübertragungssteuerung (DUST) || ~ **controller for outstations** [Tr] / Datenübertragungssteuerung für Außenstationen (DUSTA) || ~ **controller-multichannel (CCM)** [Tr] / Mehrkanal-Datenübertragungssteuerung, Mehrkanalübertragungssteuerung || ~ **control procedure** [Tr] / Datenübertragungsprozedur zeitlicher Ablauf der Datenübertragung) || ~ **control program (CCP)** [OS, Tr] / Datenübertragungsprogramm (DP), DU-Programm || ~ **control system (CCS)** [Sw] / Datenübertragungs-Programmsystem || ~ **control unit (CCU)** [Tr] / Datenübertragungseinheit (DUET), Fernbetriebseinheit (FBE) (DIN 44302, Apr. 1979) || ~ **engineering** [Tr] / Übertragungstechnik || ~ **flag** [Sw] / Verständigungsanzeige || ~ **hardware** [Tr] / Datenübertragungshardware, Datenübertragungseinrichtungen || ~ **interrupt** [Tr] / Datenübertragungsunterbrechung || ~ **interrupt analysis (CIA)** [Sw, Tr] / Unterbrechungsanalyse bei der Datenübertragung, Datenübertragungs-Unterbrechungsanalyse || ~ **line adapter unit** [RDp] / Datenanschlußeinheit || ~ **link** (i.e., a number of terminal stations together with interconnecting circuits permitting data to be transmitted) [Tr] / Datenübermittlungsabschnitt, Übermittlungsabschnitt (DIN 44302, Apr. 1979) || ~ **medium** [Tr] / Übertragungsmedium || ~ **method** [ES, Tr] / Übertragungsverfahren || ~ **mode control** [Tr] / Steuerung des Übertragungsmodus || ~ **network** [RDp] / Nachrichtennetz || ~ **of recorded messages** [RDp, Tr] / schriftlicher Nachrichtenaustausch || ~ **operating system** [RDp] / Betriebssystem für Datenfernübertragung

communication-oriented system (COS) [RDp, Tr] / Datenübertragungssystem (DUS)

communication path [Tr] / Übertragungsweg || ~ **pause** [ES] / Übertragungspause || ~ **program** (s. communication control program) || ~ **protocol** [OS] / Datenübertragungsprozedur || ~ **region** [OS] / Mitteilungsbereich des Ablaufteils, Mitteilungsfeld

communications (cf. "communication") || ~ **area** [Sw, OS, Tr] / Verständigungsbereich, Datenübertragungsbereich || ~ **carrier** [Tr] / Fernmeldebetriebsgesellschaft, Betriebsgesellschaft (z.B. Bundespost) || ~ **channel** [Tr] / Übertragungskanal (DIN 44302, Apr. 1979) || ~ **circuit** [RDp, Tr] / Verbindungszug || ~ **common carrier** [Tr] / Fernmeldebetriebsgesellschaft, Betriebsgesellschaft (z.B. Bundespost) || ~ **control system** (CCS) [Sw] / Datenübertragungs-Programmsystem

communication sequence control [RDp] / Übertragungsablaufsteuerung (UEAS)

communications equipment installer [Serv] / Fernmeldeinstallateur || ~ **equipment technician** [Serv] / Nachrichtengerätemechaniker

communication service [ES] / Vermittlungsbetrieb || ~ **signal** [Tr] / Nachrichtensignal

communications input-output control system (CIOCS) [Tr] / Datenübertragungs-Ein-Ausgabesystem || ~ **network** [RDp] / Nachrichtennetz || ~ **network architecture (CNA)** [RDp] / Netzwerkarchitektur für Datenfernverarbeitung

communication software [Dp] / Datenübertragungssoftware

communications operating system [RDp] / Betriebssystem für Datenfernübertragung

communications-oriented system (COS) (s. communication system)

communications preprocessor [RDp] / Datenübertragungsvorrechner || ~ **satellite** [Tr] / Nachrichtensatellit || ~ **switching** [ES] / Vermittlungstechnik || ~ **system** (s. communication system)

communication subsystem [Tr] / Datenübertragungsteilsystem, Kommunikations-Subsystem || ~ **system** [RDp, Tr] / Datenübertragungssystem (DUS) || ~ **system program** [Sw, Tr] / Datenübertragungs-Systemprogramm || ~ **table** [DT, Tr] / Verständigungstabelle || ~ **terminal** [RDp] / Datenstation für Fernverarbeitung, Datenendstation, Kommunikationsterminal || ~ **transponder** [Tr] / Nachrichtentransponder || ~ **user program (CUP)** [Sw, Tr] / Datenübertragungs-Benutzerprogramm, DU-Benutzerprogramm

commutator pulse [CP] / Stellenimpuls, Zyklusimpuls

compact, to ~ a text [TES] / einen Text (zur Füllung einer Lücke) nach vorn verschieben || ~ **COBOL** [PL] / Kompakt-COBOL || ~ **computer** [Mid] /

Compact-Rechner, Compact-Computer || ~ **design** [Hw] / Kompaktbauweise || ~ **structure** [Hw] / Kompaktbauweise
companding *n* [Tr] / Kompandierung, Momentanwertkompandierung
companion keyboard [IO] / Nebenkonsole
comparative figure [Sw] / Vergleichszahl || ~ **value** [Sw] / Vergleichswert, Bezugswert
comparator *n* [ADp, Tr] / Komparator, Vergleicher, Komparatorschaltung || ~ **circuit** [ADp, Tr] / Komparator, Vergleicher, Komparatorschaltung || ~ **output decoder** [ES] / Vergleicherauswertung || ~ **signal** [ES] / Vergleichermeldung
compare *v* [Th] / vergleichen || ~ **error** [Tr] / Vergleicherfehler || ~ **error signal** [ES] / Vergleicherfehlermeldung || ~ **frequency** [Tr] / Vergleichsfrequenz || ~ **indicator** [RPG] / Vergleichsergebnisbezugszahl || ~ **information error** [Tr] / Vergleichsinformationsfehler (VIF) || ~ **verb** [RPG] / Vergleichsbefehl
comparing brush [PC, NC] / Vergleicherbürste || ~ **control change** [PC] / Vergleichsgruppenwechsel, vergleichender Gruppenwechsel || ~ **position** [PC] / Gruppenkontrollstelle || ~ **unit** [Hw] / Vergleichsorgan
comparison *n* [PL/1] / Vergleich || ~ **criterion** [Sw, ES] / Vergleichskriterium || ~ **dump** [Sw] / Vergleichsdump || ~ **parameter** [Sw] / Vergleichsparameter || ~ **parameter set** [Sw] / Vergleichsparametersatz
compatibility *n* [Dp] / Kompatibilität || **equipment** ~ [Hw] / Gerätekompatibilität, Hardware-Verträglichkeit || ~ **support program** [Sw] / Kompatibilitätshilfsprogramm || ~ **verification** [Dp] / Kompatibilitätsprüfung
compatible *adj* [Dp] / kompatibel || [PL/1] / verträglich || ~ **with TTL** [Mp] / TTL-kompatibel
compensated character recognition [OCR] / ausgleichende Zeichenerkennung || ~ **semiconductor** [Sc] / Kompensationshalbleiter, kompensierter Halbleiter
compensating box [PCC] / Kompensationsdose || ~ **circuit** [ADp, NC] / Abgleichschaltung || ~ **feedback** [Dp, NC] / abgleichende Rückkopplung || ~ **NTC resistor** [Co] / Kompensationsheißleiter
compensation *n* [ADp, NC] / Abgleich
competitive price/performance ratio [Dist] / wettbewerbsfähiges Preis/Leistungsverhältnis
compilation run [OS] / Übersetzungslau (bei problemorientierten Sprachen) || ~ **time message** [RPG] / Kompilierermeldung
compile *v* [Sw, PL] / kompilieren (DIN 44300, März 1972), übersetzen || **at** ~ **time** [Cobol] / während des Kompilierer || ~ **duration** [OS] / Kompilierzeit, Übersetzungszeit || ~ **phase** [PL] / Kompilierphase, Übersetzerphase || ~ **program** [Sw, OS] / Kompilierer (DIN 44300, März 1972), Compiler, Compilerprogramm
compiler *n* [Sw, OS] / Kompilierer (DIN 44300, März 1972), Compiler, Compilerprogramm || **PL/1** ~ [OS] / PL/1-Übersetzer || ~ **declarative statement** [PL] / Vereinbarungsbefehl || ~ **directing statement** [Cobol] / Kompiliereranweisung || ~ **generator** [OS] / Generierer für Kompilierprogramme, Kompiliergenerator || ~ **level languag** [PL] / Compiler-Sprache (für Kompilierer geeignete höhere Programmiersprache) || ~ **run** [OS] / Übersetzungslauf (bei problemorientierten Sprachen)
compile time [OS] / Kompilierzeit, Übersetzungszeit
compiling computer [CP] / kompilierende Rechenanlage || ~ **duration** [OS] / Kompilierzeit, Übersetzungszeit || ~ **phase** [PL] / Kompilierphase, Übersetzerphase || ~ **routine** [Sw, OS] / Kompilierer (DIN 44300, März 1972), Compiler, Compilerprogramm || ~ **time** [OS] / Kompilierzeit, Übersetzungszeit
complement *n* [Th] / Komplement, Zahlenkomplement || ~ **add** [ALU] / komplementäre Addition
complementary metal-oxide semiconductor (CMOS) [Co] / Komplementär-Metalloxid-Halbleiter || ~ **metal-oxide semiconductor technology** [Sc] / CMOS-Technologie (mittelschnelle MOS-Technologie mit vernachlässigbarem Ruhestrom) || ~ **operation** [Th] / komplementäre Operation, komplementäre Verknüpfung || ~ **operator** [SA] /

komplementärer Operator || ~ **symmetry MOS (COS/MOS)** (RCA Rtm.) [Co] / Komplementär-Metalloxid-Halbleiter
omplementation *n* [Th] / Komplementbildung || ~ **of contact networks** [Cir] / Inversion von Kontaktnetzwerken
omplementer *n* [ALU] / Komplementierwerk, Komplementiereinrichtung
omplement flag bit [Sw] / Ergänzungsbit || ~ **flip-flop** [Cir] / komplementäres Flipflop || ~ **gate** [Cir] / Komplementgatter || ~ **on nine** [Th] / Neunerkomplement || ~ **on one** [Th] / Einerkomplement, Einserkomplement || ~ **on ten** [Th] / Zehnerkomplement || ~ **on two** [Th, OS] / Zweierkomplement, binäres Komplement || ~ **representation** [Th] / Komplementdarstellung, Komplementärdarstellung
complete carry [ALU] / vollständiger Übertrag, Vollübertrag || ~ **evaluation** [DpC, Dp] / vollständige Auswertung || ~ **instruction** [Sw] / endgültiger Maschinenbefehl, vollständiger Maschinenbefehl
completely floating [Hw] / völlig erdfrei || ~ **nested nest** [Fortran] / vollständige Schachtelung (von Schleifen)
completeness error [Sw] / Vollständigkeitsfehler
complete operation [Sw] / Volloperation, vollständige Operation
completion certificate [Dist] / Übergabeprotokoll || ~ **code** [Dp] / Beendigungscode || ~ **notice** [Dp, Serv] / Vollzugsmeldung (Änderungsauftrag) || ~ **notice card** [Serv] / Einbau-Rückmeldekarte
complex *n* [Fortran] / Komplex || *adj* [PL/1] / komplex || ~ **builtin function** [PL/1] / (eingebaute) Komplexfunktion || ~ **conjugate number** [Th] / konjugiert komplexe Zahl || ~ **fraction** [Th] / Doppelbruch || ~ **function** [PL/1] / (eingebaute) Komplexfunktion
complexity *n* [Cy] / Komplexität
complex mode [Sw] / komplexer Modus || ~ **network** [Dp] / komplexes Netz || ~ **number** [Th] / komplexe Zahl || ~ **relocatable expression** [PL] / komplexer relativer Ausdruck, komplexer verschieblicher Ausdruck, zusammengesetzter verschieblicher Ausdruck || ~ **variable** [Th] / komplexe Größe
COM plotter [COM, GrDp] / COM-Plotter (elektronisches Zeichengerät, bei dem die grafische Darstellung von einer Kathodenstrahlröhre auf Mikrofilm projiziert wird)
component *n* [Th, QC] / Komponente || [Hw, Mp, Co] / Bauelement (diskretes, elementares Bauteil mit spezifischer elektrischer Funktion; cf. „Baustein" und „Baugruppe") || ~ **density** / Packungsdichte, Bauelementdichte || ~ **error** [DT, DS] / Komponentenfehler || ~ **failure** [Hw] / Bauteilausfall
componential analysis [Term, MAT] / Komponentenanalyse (Zerlegung einer linguistischen Einheit in ihre Bestandteile)
component lead [Hw] / Lötanschluß des Bauelements || ~ **library** [Dp] / Komponentenbibliothek || ~ **part** [Hw] / Bauteil
components layout diagram [Sc] / Belegungsplan (Bauelemente auf Platte) || ~ **list** [Hw] / Bauteilübersicht || ~ **side** [Hw] / Bestückungsseite, Bauteilseite
composite form [Dist, HSP] / Verbundformular || ~ **number** [Th] / zusammengesetzte Zahl || ~ **signal** [Tr] / Frequenzgemisch || ~ **tape** [PT] / Matrixstreifen, zusammengesetzter Lochstreifen, Vorlagestreifen
composition *n* [Typ] / Schriftsatz || ~ **computer** [Typ, Rep] / Satzrechner || ~ **editing** [Typ] / Satzaufbereitung || ~ **formatting** (i.e., the insertion into a text stream, or the concatenation with a text stream, of command codes or symbols that will cause the text to be arranged in lines, blocks, or pages in a prescribed set of type faces, to a given measure) [Typ, Sw] / Satzformatierung || ~ **formatting language** [Typ, ASw] / Satzsprache || ~ **processing** [Typ] / Satzverarbeitung || ~ **program** (s. computer composition program) || ~ **software** (s. computer composition program) || ~ **software system** [Typ, Sw] / Satzprogrammsystem
compound *adj* [Sw] / zusammengesetzt || ~ **character** [HSP] / Doppelzeichen || ~ **condition** [Cobol] / zusammengesetzte Bedingung || ~ **expression** [PL] / zusammengesetzter Ausdruck || ~ **expression** (s. multiterm expression) || ~ **fraction** [Th] / Doppelbruch || ~ **material** [Sc] / polykristallines

Material || ~ **statement** [Sw] / Verbundanweisung || ~ **statement** [Algol] / zusammengesetzte Anweisung || ~ **statement** [Cobol] / zusammengesetzte Anweisung || ~ **tail** [Algol] / Verbundschluß

compress *v* [Dp] / komprimieren || **to ~ a file** [Sw] / eine Datei verdichten

compressed tape [MT] / verdichtetes Band

compression *n* [Fax] / Kontrastpressung

COM printer [COM] / COM-Anlage (für alphanumerische Zeichen) (DIN 19065, Jan. 1978) || ~ **printer-plotter** [COM] / COM-Anlage (für alphanumerische Zeichen und grafische Darstellungen) (DIN 19065, Jan. 1978)

computability *n* [Th] / Berechenbarkeit

computable *adj* [Th] / berechenbar

computational *adj* [Cobol] / rechenbetont || ~ **item** [Cobol] / Rechenfeld || ~ **linguistics** [Term, MAT] / linguistische Datenverarbeitung (LDV), Computerlinguistik, algorithmische Linguistik || ~ **stability** [Dp] / Störunanfälligkeit (des Verarbeitungsvorgangs) || ~ **type** [PL/1] / (vom Typ) berechenbar

compute *v* [Dp] / berechnen, rechnen (DIN 9757E, Okt. 1977) || [Sw] / errechnen

computed go to statement [Fortran] / Anweisung für berechneten Sprung

compute-limited *adj* [Dp] / rechenzeitabhängig

compute mode [Dp, ADp] / Betriebsart „Rechnen"

computer *n* / Rechner (DIN 44300, März 1972), Computer || **high-performance ~** [Dp] / Hochleistungsrechner, Hochleistungscomputer

computer-aided centralized traffic control system (COMTRAC) [PCC] / rechnerunterstütztes zentralisiertes Verkehrssteuerungssystem (COMTRAC) (Eisenbahn) || ~ **design (CAD)** [GrDp, R&D] / computerunterstützte Entwicklung, rechnerunterstützte Konstruktion, computerunterstütztes Entwerfen und Konstruieren || ~ **manufacturing (CAM)** [PrC] / rechnergestützte Fertigung || ~ **measurement and control (CAMAC)** [PCC] / CAMAC (modular aufgebautes Peripheriesystem in der Prozeßrechnertechnik)

computer applications engineer [DpC] / Anwendungsingenieur

computer-assisted instruction (CAI) [CAI] / computerunterstützter Unterricht, rechnerunterstützter Unterricht || ~ **program** [NC] / rechnergestütztes Programm || ~ **translation (CAT)** [MAT] / maschinenunterstützte Übersetzung (Verfahren, Datenverarbeitungsanlagen bei der Humanübersetzung einzusetzen)

computer-bound *adj* [Sw] / rechenintensiv

computer center [DpC, Dp] / Rechenzentrum (RZ) || ~ **composition** [Typ, Sw] / elektronische Satzverarbeitung || ~ **composition program** (i.e., a program designed for the purpose of formatting text into justified lines and producing output to drive a photocomposition machine or a typesetting device) [Typ, Sw] / Satzprogramm

computer-computer transfer [Tr] / Rechner-Rechner-Übertragung

computer control [Dp] / Rechnersteuerung, Computersteuerung

computer-controlled *adj* [Dp] / rechnergesteuert, computergesteuert

computer control mode [PCC] / Maschinenbetriebsart

computer-dependent *adj* [Dp] / maschinenabhängig || ~ **language** (s. machine-oriented language)

computer development [MCS] / Computerentwicklung || ~ **development system** [MCS] / Computerentwicklungssystem (als Entwicklungshilfensystem aufgebauter Mikrocomputer)

computer-driven on-line diagnostics for logic modules [Dp, Sc] / computergesteuerte Direktdiagnose für logische Bausteine

computer family [Dp] / Rechnerfamilie || ~ **file** [Dp] / Datei (im engeren Sinne) (Datei, deren Dateneinheiten bzw. Datensätze auf einem magnetischen Speichermedium gespeichert und mit Hilfe einer elektronischen Datenverarbeitungsanlage aktualisiert, neu geordnet und/oder durchsucht werden können), Rechnerdatei || ~ **film** [COM, Typ] / Computerfilm (für Elektronenstrahlaufzeichner) || ~ **graphics terminal** (s. graphic plotter)

computer-independent *adj* [Dp] /

maschinenunabhängig || ~ **language** [PL] / maschinenunabhängige Programmiersprache
omputer instruction [Sw] / Maschinenbefehl, Befehl in Maschinensprache, Maschineninstruktion || ~ **instruction code** [Sw] / Maschinenbefehlscode || ~ **instruction set** [Sw] / Maschinenbefehlsvorrat
omputerized dictionary [MAT] / maschinelles Wörterbuch || ~ **documentation system** [IDS] / rechnergestütztes Dokumentationssystem, programmgesteuertes Dokumentationssystem || ~ **document preparation** [Typ, IDS] / rechnergesteuerte Erstellung von Dokumenten || ~ **information system** [IDS] / rechnergestütztes Informationssystem || ~ **telex operation** [ES] / rechnergesteuerter Fernschreibbetrieb
omputer language [Th] / Maschinensprache (DIN 44300, März 1972)
omputer-limited *adj* [Dp] / rechnerbegrenzt, computerbegrenzt
omputer-matched pairs (of semiconductors) [Sc] / ausgesuchte Pärchen
omputer name [Cobol] / Rechenanlagenbezeichnung || ~ **network** [Tr] / Rechnernetz || ~ **numerical control (CNC)** [NC] / Rechnersteuerung || ~ **numerical control system (CNC system)** [NC] / Rechnersteuerungssystem || ~ **operation** [Dp] / Maschinenoperation, Rechneroperation, Rechenoperation || ~ **operations staff** [DpC] / Bedienpersonal im Maschinenraum || ~ **operator** (s. operator)
omputer-oriented *adj* [Hw, Sw] / rechnertechnisch, maschinenorientiert || ~ **console typewriter** [ES] / rechnertechnischer Blattschreiber || ~ **language** [PL] / maschinennahe Programmiersprache, maschinenorientierte Programmiersprache (DIN 44300, März 1972) || ~ **operation** [ES] / rechnertechnische Bedienung || ~ **operations** [ES] / rechnerorientierte Operationen, rechnerorientierte Funktionen
computer-output microfilm [COM] / COM-Film (DIN 19065, Jan. 1978)
computer password [Sw] / Rechnerkennwort || ~ **people** [DpC] / EDV-Personal (z.B. Operator, Programmierer, Systemanalytiker usw.) || ~ **personnel** [DpC] / Mitarbeiter der EDV-Abteilung || ~ **photocomposition** [COM, Typ] / elektronischer Lichtsatz || ~ **printout** [Dp] / Rechnerprotokoll || ~ **program** [Sw, NC] / Rechnerprogramm, Computerprogramm || ~ **programming** [Sw, NC] / Rechnerprogrammierung, Computerprogrammierung || ~ **room** [DpC] / Maschinenraum (eines Rechenzentrums), DVA-Raum || ~ **run** [Dp] / Rechnerlauf, Computerlauf (Ausführung eines oder mehrerer, unter Monitor verbundener Programme ohne zwischenzeitlichen Eingriff des Operators) || ~ **service center** [DpC] / Service-Rechenzentrum || ~ **setup** [Dp] / Rechnerschaltung (vorwiegend bei Analogrechnern) || ~ **system** [Dp] / Rechnersystem, Computersystem || ~ **time** [Dp] / Maschinenzeit, Rechnerzeit, Rechenzeit || ~ **word** [Sw, NC] / Maschinenwort (DIN 44300, März 1972)
compute statement [Cobol] / Rechenanweisung
computing amplifier [ADp] / Rechenverstärker || ~ **center** [DpC, Dp] / Rechenzentrum (RZ) || ~ **center customer** [DpC] / RZ-Kunde || ~ **speed** [Th, ALU] / Rechengeschwindigkeit (DIN 9757E, Okt. 1977), Operationsgeschwindigkeit || ~ **time** [Dp] / Maschinenzeit, Rechnerzeit, Rechenzeit
COM recording device [COM] / COM-Recorder
COMTRAC (s. computer-aided centralized traffic control system)
concatenate *v* [Sw] / ketten, verketten
concatenated dataset [Sw] / zusammengefaßte Datei, verkettete Datei, gekettete Datei
concatenation *n* [Sw] / Kettung, Verkettung || [PL/1] / Verkettung
concentration level [Sc] / Anreicherungspegel, Konzentrationsniveau || ~ **profile** [Sc] / Konzentrationsprofil
concentrator *n* [ES] / Konzentrator || ~ **circuit** [Tr] / Konzentratorverbindung || ~ **network** [RDp, ES] / Konzentratornetz || ~ **subscriber** [ES] / Konzentratorteilnehmer || ~ **subscriber**

table [ES] / Konzentratorteilnehmerliste || ~ **table** [ES] / Konzentratorliste
concept *n* [Th] / Konzeption || [Term] / Begriff (DIN 2330, März 1979) || **system of ~s** [Term] / Begriffssystem (Beziehungen der Begriffe untereinander und deren gegenseitige Abgrenzung) (DIN 2332, Feb. 1979) || ~ **of levels** [Cobol] / Stufenkonzept
conceptual meaning [Term] / Begriffsinhalt (DIN 2330, März 1979), Intension (DIN 2330, März 1979)
concordance *n* [MAT, IDS] / Konkordanz (DIN 2333V, Sept. 1974)
concrete number [Th] / benannte Zahl
concurrent *adj* [Dp, Sw] / im gleichen Zeitintervall, im gleichen Zeitintervall ablaufend || [Dp, NC] / simultan, konkurrierend
concurrently *adv* [Th] / gleichzeitig
concurrent processing [Dp] / verzahnt ablaufende Verarbeitung || ~ **update** [IDS] / konkurrierendes Update (Problematik der gleichzeitigen Aktualisierung derselben Datei von verschiedenen Endstellen)
condense *v* [Sw] / verdichten || **to ~ a file** [Sw] / eine Datei verdichten
condensed instruction deck [Sw] / Kartenausgabe von einem Assembler-Programm (wobei alle Befehle, in Maschinensprache codiert, gestanzt werden) || ~ **4-row keyboard** [TP] / vierreihige Schmaltastatur || ~ **4-row layout** [TP] / vierreihige Schmaltastatur
condensing routine (i.e., a routine for transferring an object program from memory or a storage device onto punched cards in such a way that the maximum number of instructions possible is contained on each card) [Sw] / Verdichtungsprogramm
condition *n* [Cobol] / Bedingung || [PL/1] / Bedingung
conditional *adj* [Algol] / bedingt || ~ **assembler instruction** [Assembler] / Bedingungsinstruktion || ~ **assembly** [Assembler] / bedingte Umwandlung || ~ **branch** [Sw] / bedingter Sprung, bedingte Verzweigung || ~ **branch instruction** [Sw] / bedingter Sprungbefehl, bedingter Verzweigungsbefehl || ~ **breakpoint** [Sw] / Fixpunkt, Anhaltepunkt, bedingter Programmstopp, bedingter Stopp || ~ **control transfer instruction** (s. conditional branch instruction) || ~ **convergence** [Th] / bedingte Konvergenz || ~ **entropy** [Th, Cy] / mittlerer bedingter Informationsgehalt (DIN 44301, Feb. 1977), bedingte Entropie (DIN 44301, Feb. 1977) || ~ **expression** [Cobol] / bedingter Ausdruck || ~ **implication operation** [SA] / Implikation (DIN 44300, März 1972) || ~ **interrupt request** [PCC] / bedingte Anforderung || ~ **jump** [Sw] / bedingter Sprung, bedingte Verzweigung || ~ **jump instruction** [Sw] bedingter Sprungbefehl, bedingter Verzweigungsbefehl || ~ **probability of failure** [DpC] / bedingte Ausfallwahrscheinlichkeit, temporäre Ausfallwahrscheinlichkeit || ~ **program interrupt** [Sw] / bedingte Programmunterbrechung || ~ **program interrupt instruction** [PL] / bedingter Programmstoppbefehl, bedingter Stoppbefehl || ~ **program interrupt request** [Sw] / bedingte Anforderung an die Programmsteuerung || ~ **statement** [Algol] / bedingte Anweisung || ~ **statement** [Cobol] / bedingte Anweisung || ~ **transfer instruction** (s. conditional branch instruction) || ~ **variable** [Cobol] / Bedingungsvariable
condition bit [Mp, Th] / Zustandsbit, Statusbit || ~ **builtin function** [PL/1] / (eingebaute) Bedingungs-Funktion || ~ **code** [Sw, OS] / Anzeigeregisterstand, Bedingungsschlüssel || ~ **code indicator** [CP] / Anzeige des Betriebszustandes || ~ **code register** [Hw, Sw] / Anzeigeregister, Anzeigenregister
conditioned reflex [Cy] / bedingter Reflex
condition function [PL/1] / (eingebaute) Bedingungs-Funktion
conditioning indicator [RPG] / Bedingungsbezugszahl, Bedingungsanzeiger || ~ **unit** [Fl] / Wartungseinheit
condition name [Cobol] / Bedingungsname || ~ **name** [PL/1] / Bedingungsname
condition-name condition [Cobol] / Bedingungsnamen-Bedingung
conductance *n* [Sc] / Leitwert
conducting *adj* [Th, Sc] / leitfähig, durchlässig (Halbleiter, Transistor) || ~ **path** [Co, Sc] / Leiterbahn || ~ **state characteristic** [Sc] / Durchlaßkennlinie || ~ **state current** [Sc] / Durchlaßstrom || ~ **state region** [Sc] / Durchlaßbereich || ~ **state voltage** [Sc] / Durchlaßspannung

onduction band [Sc] / Leitungsband (DIN 41852, Aug. 1978) || ~ **electron** [Sc] / Leitungselektron (DIN 41852, Aug. 1978) || ~ **type** [Sc] / Leitungstyp
onductive, electrically ~ paper [MCS] / leitfähiges Papier || ~ **pencil** [PC, OCR] / stromleitender Grafitstift, Elektrografitstift || ~ **properties** [Sc] / Durchlaßeigenschaften
onductivity *n* [Th, Sc] / Leitfähigkeit, Durchlässigkeit (Halbleiter, Transistor) || ~ **modulation** [Sc] / Leitfähigkeitsmodulation (DIN 41852, Aug. 1978) || ~ **modulation transistor** [Sc] / Transistor mit veränderlicher Leitfähigkeit
conductor break [TrL] / Leiterbahnunterbrechung
conduit *n* [Hw] / Kabelrohr, Kabelkanal || ~ **entry** [Hw] / Kabeleinführung || ~ **wire** [Hw] / Rohrdraht
conference call [ES] / Konferenzverbindung || ~ **circuit** [ES] / Konferenzschaltung || ~ **connection** [ES] / Konferenzverbindung || ~ **service** [Tr] / Konferenzschaltung (Dienstleistung) || ~ **system** [ES] / Konferenzschreibsystem, Sammelsystem
confidence coefficient [Th] / Aussagewahrscheinlichkeit || ~ **level** [Th] / statistische Sicherheit
configuration *n* [Hw] / Konfiguration || ~ **change** [Dp] / Konfigurationsänderung
configuration-dependent *adj* [Hw] / anlagenabhängig
configuration flexibility [Dp] / Flexibilität der Konfiguration || ~ **level** [Hw, PCC] / Ausbaustufe || ~ **parameter** [Hw] / Anlagenparameter, Systemparameter || ~ **plan** [DpC] / Ausbauübersicht || ~ **program** [Dp] / Konfigurationsprogramm || ~ **section** [Cobol] / Kapitel Konfigurationen
configurator *n* (configuration diagram) [Dist, Hw] / Konfigurator
conformal mapping [Th] / konforme Abbildung
congestion *n* [ES] / Gassenbesetztzustand, Überlastung
congruence *n* [Th] / Kongruenz
conjg builtin function [PL/1] / (eingebaute) Konjugiert-komplex-Funktion || ~ **function** [PL/1] / (eingebaute) Konjugiert-komplex-Funktion
conjunction *n* [SA] / UND-Funktion, UND-Verknüpfung (DIN 44300, März 1972), Konjunktion (DIN 44300, März 1972)
connect *v* [Serv] / anklemmen || [Dp] / anschließen, verbinden || **to ~ a standard interface** [PCC] / eine Standardnahtstelle belegen || **to ~ to neutral** [Serv] / nullen
connected *adj* [PL/1] / zusammenhängend
connected-dot sampling [GrDp] / Meßwertangabe durch aneinandergereihte Punkte
connected in shunt with [ES] / parallelliegend zu
connecting cable [Hw] / Verbindungskabel || ~ **capability** [Hw] / Anschlußmöglichkeit || ~ **circuit** [Tr] / Verbindungsweg || ~ **clamp** [Hw] / Verbindungsklemme || ~ **panel for service calls** [ES] / Schiene für Verständigungsverkehr || ~ **path** [Tr] / Verbindungsweg || ~ **piece** [Hw, Serv] / Anschlußstutzen, Verbindungsstück || ~ **plug** [Hw] / Verbindungsstecker || ~ **sequence** [ES] / Einstellablauf (Koppler) || ~ **strip** [TP] / Anschaltstreifen || ~ **terminal** [Hw] / Anschlußklemme
connection *n* [ES, FI] / Verbindung || **to change ~s** [Tr] / umklemmen, umkoppeln || ~ **box** [PC] / Leitkammer, Sortierkammer || ~ **buildup** [Tr] / Verbindungsaufbau || ~ **charge counter** [ES] / Verbindungszähler || ~ **check list** [ES] / Verbindungsprüfliste || ~ **cleardown** [Tr] / Verbindungsabbau, Verbindungsauslösung || ~ **cleardown procedure** [Tr] / Verbindungsabbauprozedur || ~ **control** [ES] / Verbindungssteuerung || ~ **control group** [ES] / Verbindungssteuerfeld || ~ **in series** [TrL] / Reihenschaltung, Hintereinanderschaltung, Hauptschlußschaltung || ~ **memory** [ES] / Verbindungsspeicher || ~ **memory address** [ES] / Verbindungsspeicheradresse || ~ **memory word** [ES] / Verbindungsspeicherwort || ~ **monitor** [Sw, ES] / Verbindungsüberwachung || ~ **monitoring bit** [ES] / Verbindungsüberwachungsbit || ~ **option** [Hw] / Anschlußmöglichkeit || ~ **privilege** [ES] / Berechtigung || ~ **register** [ES] / Verbindungskippstufenregister || ~ **release** [Tr] / Verbindungsabbau, Verbindungsauslösung || ~ **release**

procedure [Tr] / Verbindungsabbauprozedur || ~ **release program** [ES] / Trennprogramm || ~ **setup** [Tr] / Verbindungsaufbau || ~ **setup control** [ES] / Verbindungsaufbausteuerung || ~ **setup procedure** [ES] / Verbindungsaufbauprozedur || ~ **setup time** [ES] / Aufbauzeit einer Verbindung, Verbindungsaufbauzeit || ~ **terminal** [Hw] / Anschlußklemme || ~ **test** [ES] / Verbindungstest || ~ **unit** [PCC] / Durchschalteeinheit

connector *n* [Sw] / Übergangsstelle (Ablaufplan) (DIN 66001, Sept. 1977) || [Hw] / Verbindungsstecker || ~ **blade** [Hw] / Messerstift || ~ **module** [Hw] / Anschlußbaugruppe || ~ **mounting location** [Serv] / Steckereinbauplatz || ~ **network** [Hw] / Anschaltenetz || ~ **pin assignment** [Hw] / Steckerbelegung || ~ **set** [ES] / Verbindungssatz

consecutive *adj* [Dp] / aufeinanderfolgend (unmittelbar) || ~ **number** [Sw] / laufende Nummer || ~ **numbering** [Sw] / fortlaufende Numerierung || ~ **organization** [M] / starr fortlaufende Speicherorganisation, serielle Organisation || ~ **processing** [NC] / fortlaufende Verarbeitung || ~ **sequence computer** [Dp] / befehlszählergesteuerter Rechner

considerations for use [Dp] / Benutzerhinweise, Hinweise für den Benutzer

consistency check [Sw] / Übereinstimmungskontrolle

consistent, to ensure ~ information [IDS] / die Konsistenz der Datenbestände sicherstellen || ~ **unit** [ADp] / konsistentes Glied

console *n* [CTW] / Bedienungsplatz, Konsole, Bedienungskonsole || ~ **call** (s. service request) || ~ **communication** [Dp] / Bedienerverständigung || ~ **controller** [Hw, CTW] / Bedienungsplatzsteuerung || ~ **control unit** [Hw, CTW] / Bedienungsplatzsteuerung || ~ **error typeout** [ES] / Fehlermeldung (auf dem Blattschreiber) || ~ **input** [CTW] / Blattschreibereingabe || ~ **input area** [Sw] / Blattschreiberpuffer (Eingabe) || ~ **inquiry station** [Hw] / Steuerpultabfrageeinheit || ~ **interrupt key** [CTW] / Anruftaste || ~ **interrupt request** [CTW] / Anforderung durch Anruftaste, Anrufunterbrechung || ~ **interrupt routine** [Sw] / Blattschreiber-Unterbrechungsroutin || ~ **listing** [CTW] / Blattschreiberprotokoll || ~ **load key** [Hw, CTW] / LADEN-Taste (Bedienungstisch) || ~ **load unit switch** [Hw] / Nummernschalter (am Bedienungstisch) || ~ **log** [CTW] / Blattschreiberprotokoll || ~ **message** (s. console typeout) || ~ **operator** (s. operator) || ~ **printer** [IO, CTW] / Konsoldrucker || ~ **processor** [CP] / Bedienungsprozessor || ~ **record** [CTW] / Blattschreiberaufzeichnung || ~ **request** [CTW] / Bedienungsaufruf, Bedienaufruf || ~ **routine** [Sw] / Blattschreiberroutine, Bedienungsteil || ~ **typein** [CTW] / Bedienungsblattschreiberaufruf, Blattschreiberaufruf, Aufruf über Blattschreiber || ~ **typeout** [CTW] / Bedienungsblattschreiber-Meldung, Blattschreibermeldung, Meldung über Blattschreiber || ~ **typewriter (CTW)** [Dp] / Bedienungsblattschreiber (BBS), Konsolblattschreiber || ~ **typewriter controller** [CTW] / Bedienungsblattschreiber-Steuerung || ~ **typewriter handler** [CTW] / Ein-Ausgabeprogramm für Konsolblattschreiber || ~ **typewriter listing** [CTW] / Blattschreiberprotokoll || ~ **typewriter response** [CTW] / Antwort über Blattschreiber

consolidated circuit symbol [Cir] / übergeordnetes Schaltungssymbol

constant *n* [Fortran] / Konstante || [PL/1] / Konstante || ~ **and uniform print quality** [Typ] / gleichbleibend gute Schriftwiedergabe || ~ **area** [Sw] / Konstantenbereich || ~ **capability** [Calc] / Konstantenspeicherung (DIN 9757E, Okt. 1977) || ~ **current generator** [Sc] / Konstantstromquelle || ~ **current source** [Sc] / Konstantstromquelle || ~ **evaluation** [DpC, Dp] / stetige Auswertung || ~ **movement** [TP] / Konstantlauf (Typenscheibe) || ~ **ratio code** [Th, Tr] / gleichgewichtiger Code, gleichgewichteter Code || ~ **voltage transformer** [Co] / schwankungsfreier Spannungstransformator

constituent analysis [Term, MAT] / Konstituentenanalyse, IC-Analyse

construction *n* [Hw] / Bauweise

constructional *adj* (changes, etc.) [Hw] / baulich || ~ **design** [Hw] / Aufbau

construction gang [Serv] / Bautrupp

(Außendienst)
consulting engineer [Dist, Serv] / Beratungsingenieur
consumer calculator [Hw, Off] / elektronischer Tisch- bzw. Taschenrechner || ~ **reporting agency** [Priv] / Handelsauskunftei || ~ **type** [Sc] / Standardtyp (z.B. von Transistoren)
contact*n* [Sc] / Kontakt, Anschluß || ~ **arrangement** [Mp] / Kontaktanordnung || ~ **bouncing** [Hw] / Kontaktprellen || ~ **break time** [Hw] / Kontaktöffnungszeit || ~ **chatter** [Hw] / Kontaktprellen || ~ **configuation** [Mp] / Kontaktanordnung || ~ **copying process** [HSP] / Kontaktkopierverfahren || ~ **drum** [PT] / Kontaktwalze || ~ **erosion** [Hw] / Kontaktabbrand || ~ **float** [Hw, Co] / Kontaktspiel (Spiel eines Kontakts innerhalb seiner Halterung) || ~ **grid** [Sc] / Kontaktgitter || ~ **make time** [Hw] / Kontaktzeit || ~ **network** [Cir] / Kontaktnetzwerk
contactor*n* [Hw] / Schaltschütz
contact potential [Sc] / Kontaktpotential || ~ **potential difference** [Sc] / Kontaktpotentialdifferenz || ~ **printer** [HSP] / Kontaktkopierer || ~ **resistance** [Th, Tr] / Kontaktwiderstand || ~ **sense** [PCC] / Kontaktabfrage || ~ **strip** [Hw] / Kontaktleiste || ~ **time efficiency** [ES] / Kontaktzeitgrad || ~ **window** [Co, Sc] / Kontaktausschnitt, Kontaktfenster
contaminating atmosphere [DpC] / verunreinigende Atmosphäre
contamination layer [Sc] / Fremdschicht || ~ **layer test** [Sc, QC] / Fremdschichtprüfung
content-addressable memory (s. content-addressed memory)
content-addressed memory (CAM) [Mp, M] / Assoziativspeicher (DIN 44300, März 1972), assoziativer Speicher || ~ **storage** (s. content-addressed memory)
content analysis [Term, MAT] / Inhaltsanalyse (Verfahren zur Analyse von Formen oder Inhalten sprachlicher, nichtsprachlicher oder symbolischer Kommunikation mit dem Ziel, anhand von objektiven Merkmalen inhaltliche Schlüsse zu ziehen)
contention*n* [ES] / Zusammenstoß || ~ **mode** [Tr] / Konkurrenzbetrieb (DIN 44302, Apr. 1979) || ~ **point** [ES] / Konkurrenzpunkt
contents*pl* [Sw] / Inhalt || ~ **directory** [OS] / Programmvorrat || ~ **supervision** [Dp] / Inhaltsüberwachung || ~ **supervisor** [PL] / Leitprogramm
context*n* [Term, MAT] / Kontext (DIN 2341E, Mai 1977)
context-free language [Term, MAT] / kontextfreie Sprache, kontextunabhängige Sprache
context-sensitive language [Term, MAT] / kontextabhängige Sprache, kontextsensitive Sprache
contextual declaration [PL/1] / Vereinbarung durch Gebrauch
contiguous*adj* [Sw] / zusammenhängend || ~ **item** [Cobol] / strukturabhängiges (Daten)feld || ~ **memory areas** [Sw] / zusammenhängende Speicherbereiche || ~ **units of memory** [Cobol] / zusammenhängende Speichereinheiten
continuation address [Sw] / Fortsetzungsadresse || ~ **bit** [Sw] / Fortsetzungsbit || ~ **card** [PC, Sw] / Folgekarte, Fortsetzungskarte || ~ **character** [Sw] / Fortsetzungszeichen || ~ **column** [PC] / Folgespalte, Fortsetzungsspalte || ~ **command** [Sw] / Fortsetzungskommando || ~ **indicator** [Sw] / Fortsetzungskennzeichen || ~ **label** [MT, Sw] / Fortsetzungsetikett || ~ **line** [Fortran] / Fortsetzungszeile || ~ **line** [Cobol] / Fortsetzungszeile || ~ **pack** [MD] / Folgestapel || ~ **reel** [MT] / Folgespule, Folgeband || ~ **routine** [Sw] / Fortsetzungsroutine || ~ **row** [Sw, PL] / Folgezeile (einer Anweisung) || ~ **statement** [Sw] / Fortsetzungsanweisung || ~ **storage** [MD] / Spurwechselspeicher, Spurumschaltespeicher || ~ **symbol** [Sw] / Fortsetzungskennzeichen || ~ **tape** [MT] / Folgespule, Folgeband || ~ **track** [MD] / Fortsetzungsspur
continue column [PC] / Folgespalte, Fortsetzungsspalte
continued line [Cobol] / fortgesetzte Zeile
continue statement [Fortran] / Leeranweisung
continuity tester [ES] / Durchgangsprüfer
continuous call signal [ES, TP] / Abrufdauerkriterium, Dauerabrufsignal || ~ **card feed** [PC] / kontinuierliche Kartenzuführung || ~ **clock time error** [ES] / Dauertaktzeitfehler || ~ **cycle request** [ES] / Dauerzyklusanforderung || ~ **direct reverse voltage** [Sc] / Gleichsperrspannung || ~ **duty** [Dp] / Dauerbetrieb (mit gleichbleibender

Belastung) || ~ **emitter current** [Sc] / Emittergleichstrom || ~ **fanfold stock** [IO, HSP] / Endlospapier in Faltstapeln, zickzackgefalzter Endlosvordruck, Leporelloformular, Leporello-Endlospapier || ~ **feed** [OCR] / fortlaufende Belegzufuhr || ~ **form** [IO, HSP] / Endlosformular, Endlosvordruck, Endlospapier || ~ **form bursting** [HSP] / Trennen von Endlosformularen (in einzelne Formularblätter) || ~ **form feed feature** [IO, HSP] / Endlosformularführung || ~ **form paper** [IO, HSP] / Endlosformularpapier || ~ **forms output** [HSP] / Endlospapierstapel (Ablagefach) || ~ **forms stacker** [IO, HSP] / Endlosformularablage || ~ **forward current** [Sc] / Spitzengleichstrom in Durchlaßrichtung, Vorwärtsgleichstrom || ~ **function** [Th, Meas] / stetige Funktion || ~ **input** [IO, Th] / kontinuierliche Eingabe || ~ **keying** [PT, Typ, TP] / Endlostasten

continuous-line recorder [GrDp] / Linienschreiber

continuous line working [TP] / Dauerleitungsbetrieb

continuous-loop recording [Th] / Vermittlung mit endlosem Streifen

continuous operation [Dp] / Dauerbetrieb

continuous-path control [NC] / Bahnsteuerung, Stetigbahnsteuerung || ~ **operation** [NC] / bahngesteuerter Betrieb || ~ **system** [NC] / Bahnsteuerungssystem

continuous peak voltage [Sc] / Spitzengleichspannung || ~ **pinfeed form** [IO, HSP] / Endlosformular mit Führungslochrand || ~ **progressive code** [Th] / Code mit Hammingabstand Eins, einschrittiger Code || ~ **reading** [PE] / kontinuierliche Abtastung || ~ **receive state** [ES] / Dauerempfangszustand || ~ **request** [ES] / Daueranforderung

continuous-request flag [ES] / Daueranforderungsmeldung || ~ **monitor** [ES] / Daueranforderungsüberwachung || ~ **storing flipflop** [ES] / Daueranforderungs-Meldekippstufe

continuous roll [HSP, TP] / Endlosrolle (Papier) || ~ **rollpaper** [TP] / Rollenpapier || ~ **service** [Dp] / Dauerbetrieb || ~ **signal** [ES] / Dauerkennzeichen || ~ **spacing** [TP, CTW] / automatische Leertaste || ~ **start generator** [ES] / Dauerstartgenerator || ~ **start polarity** [TP, Tr] / Dauerstartpolarität || ~ **stationery** [IO, HSP] / Endlosformular, Endlosvordruck, Endlospapier || ~ **stock** [IO, HSP] / Endlosformular, Endlosvordruck, Endlospapier || ~ **stop polarity** [TP, Tr] / Dauerstoppolarität || ~ **tape** [PT] / Endloslochstreifen || ~ **tape feed** [PT] / kontinuierlicher Bandvorschub || ~ **transmission** [TP] / Dauerbetrieb (Leser) || ~ τ **release** [ES] / Dauerauswahl || ~ τ **release mode** [ES] / Dauerauswahlmodus || ~ **value** [Sc] / Gleichwert (Wert der Gleichspannung oder des Gleichstroms)

contouring control [NC] / Bahnsteuerung, Stetigbahnsteuerung || ~ **cycle** [NC] / Steuerungszyklus || ~ **system** [NC] / Bahnsteuerungssystem

contra doping [Sc] / Gegendotieren

contrast *n* [OCR] / Kontrast || **reduction in** ~ [HSP, OCR] / Kontrastminderung, Schwärzungsabfall || ~ **check** [HSP] / Schwärzungsprüfung || ~ **control** [HSP] / Kontrastregulierung, Schwärzungsregulierung

contrastive linguistics [Term] / kontrastive Linguistik

contrast level [HSP] / Einfärbung || ~ **range** [OCR, Fax] / Kontrastumfang || ~ **setting** [HSP] / Schwärzungseinstellung || ~ **switch** [HSP] / Kontrastschalter || ~ **value** [HSP] / Kontrastzahl

control *v* [PCC, NC] / regeln, steuern || [Sw] / verwalten || *n* / Regelung, Steuerung || [Mp] / logische Steuerung (eines Mikroprozessors usw.) || [PL/1] / (Ablauf)steuerung || ~ ... / Steuer-... || **directional ~ valve** [Fl] / Wegeventil || **maintenance ~ panel** [Hw, CP] / Wartungsfeld || ~ **algorithm** [PCC] / Regelalgorithmus || ~ **amplifier** [NC] / Steuerungsverstärker || ~ **and indicator panel** [HSP] / Bedien- und Anzeigefeld || ~ **and maintenance panel** [CP] / Bedienungs-Wartungsfeld || ~ **area buffer** [ES] / Steuerbereichspuffer || ~ **area cell** [ES] / Steuerbereichszelle || ~ **block** [Sw] / Steuerblock, Kennblock || ~ **box for repeat transmission** [ES] / Kontrollsendungsbeikasten || ~ **break** [Cobol] / Gruppenwechsel || ~ **break item** [Cobol] / Gruppenbegriff || ~ **break level** [PC] / Gruppenwechselstufe || ~ **brush** [PC] / Steuerbürste || ~ **brush interlock**

[PC] / Steuerbürstenkontrolle, Steuerbürstenverriegelung || ~ **bus** [Mp] / Steuerbus || ~ **byte** [Sw] / Steuerbyte || ~ **card** [Algol] / Steuerkarte || ~ **card** [PC, Sw] / Steuerkarte, Steuerlochkarte, Parametersteuerkarte || ~ **card** [Mp, Co] / Steuerkarte (Schaltkartenmodul) || ~ **card deck** [Sw] / Steuerkartenstapel || ~ **card format** [Sw] / Steuerkartenformat || ~ **card listing** [Sw] / Steuerkartenprotokoll || ~ **card name** [Sw] / Steuerkartenname, Name der Steuerkarte || ~ **card sequence** [Sw] / Steuerkartenfolge || ~ **card set** [Sw] / Steuerkartensatz || ~ **card specification sheet** [RPG] / Bestimmungsblatt Vorlaufkarte, H-Blatt || ~ **change** [PC] / Gruppenwechsel || ~ **character** [Sw] / Steuerzeichen (DIN 66233E, Apr. 1977) || ~ **character class** [Sw] / Steuerzeichenklasse || ~ **character generation** [Sw] / Steuerzeichenbildung || ~ **character handling** [Sw] / Steuerzeichenbehandlung || ~ **character processing** [Sw] / Steuerzeichenbehandlung || ~ **character recognition** [Sw] / Steuerzeichenerkennung || ~ **character sequence** [Tr] / Überwachungsfolge || ~ **circuit** [CP, NC] / Steuerkreis, Steuerschaltung, Kontrollschaltung || ~ **clause** [Cobol] / Gruppensteuerungsklausel || ~ **code** [Sw] / Steuercode, Steuerschlüssel || ~ **column** [PC] / Kontrollfeldspalte, Kontrollspalte || ~ **combination** [TP] / Steuerzeichen || ~ **command** [HSP] / Steuerbefehl || ~ **console** [Hw, Dp] / Steuerpult, Bedienungspult, Bedienpult || ~ **counter** (s. instruction counter) || ~ **current** [NC] / Steuerstrom || ~ **cycle** [PC] / Zwischenzyklus, Umsteuerzyklus, Zwischengang || ~ **data** / Steuerdaten || ~ **dictionary** (s. external symbol dictionary) || ~ **digit test** [DS, Th] / Kontrollzifferprüfung || ~ **document** [OCR] / Kontrollbeleg || ~ **drift** [Sc] / Aussteuerungsdrift || ~ **electrode** [Sc, ES] / Steuerelektrode || ~ **electronics (CE)** [Hw, PCC, Tr] / Steuerelektronik, Steuerungselektronik || ~ **electronics of the process signal I/O unit** [PCC] / Prozeßelementsteuerung || ~ **electronics section** [Hw] / Elektronikteil || ~ **element** [Dp] / Bedienungselement || ~ **engineering** [PCC] / Steuer- und Regelungstechnik || ~ **feature** [ES] / Steuerungseinrichtung || ~ **field** [PC, Sw] / Kontrollfeld, Steuerfeld || ~ **field** [RPG] / Gruppenbegriffsfeld || ~ **footing report group** [Cobol] / Gruppenfuß || ~ **format** [PL/1] / Steuerungsformat || ~ **function** [CU, Sw] / Steuerfunktion, Kontrollfunktion || ~ **group** [Cobol] / Gruppenabschnitt || ~ **group level** [PC] / Gruppenabschnittsstufe || ~ **group level number** [PC] / Gruppenabschnittsstufennummer || ~ **heading report group** [Cobol] / Gruppenkopf || ~ **hierarchy** [Cobol] / Gruppenhierarchie || ~ **holes** [PC] / Steuerlochungen, Leitlochungen || ~ **information** [Sw] / Steuerinformationen || ~ **instruction** [Sw] / Steuerbefehl || ~ **instruction register** (s. instruction counter) || ~ **instruction sequence** [CP, Sw, NC] / Steuerungsablauf || ~ **key** [Hw] / Bedienungstaste, Funktionstaste || ~ **keypad** [TES] / Funktionstastatur || ~ **knob** [Hw] / Bedienknopf, Bedienungsknopf || ~ **label** [Sw] / Steuerkennung || ~ **label identifier** [Sw] / Kennzeichen für die Steuerkennung

controllable transistor [Sc] / regelbarer Transistor

control language [OS] / Betriebssprache (DIN 44300, März 1972), Jobbetriebssprache, Auftragssprache, Auftragssteuersprache

controlled-avalanche diode [Sc] / Diode mit stoßspannungsbegrenzender Sperrkennlinie || ~ **element** [Sc] / Lawinenzelle || ~ **rectifier diode** [Sc] / Gleichrichter-Z-Diode

controlled condition [PCC, AC, Cy] / Regelgröße || ~ **cycle** [NC] / gesteuerter Arbeitsablauf || ~ **group** [PL/1] / Schleifenverbund mit Laufvariable || ~ **hammer trip feature** [HSP] / gesteuerte Hammerauslösung || ~ **postmortem routine** [Sw] / gesteuertes Post-mortem-Programm || ~ **stacker** [PC] / gesteuerte Ablage || ~ **storage** [PL/1] / (benutzer)gesteuerter Speicher(typ) || ~ **variable** [PCC, AC, Cy] / Regelgröße || ~ **variable** [Algol] / Laufvariable

controller *n* [PE, Tr] / Steuergerät, Steuerteil || ~ **logic** [CU, TP] / Steuerlogik, Ansteuerlogik

control level [PC] / Gruppenrang || ~ **level** [RPG] / Gruppenstufe || ~ **level indicator** [RPG] / Gruppenstufenbezugszahl || ~ **line**

program [ES] / Steuerleitungsprogramm || ~ **logic** [CU, TP] / Steuerlogik, Ansteuerlogik || ~ **loop** [NC] / Rückkopplungsschleife, Regelkreis || ~ **loop** (s. printer carriage tape) || ~ **mark** [MT] / Abschnittsmarke (AM), Bandabschnittsmarke, Bandmarke || ~ **memory** [M] / Mikroprogrammspeicher || ~ **memory extension** [M] / Mikroprogramm-Speichererweiterung || ~ **memory loading device** [M] / Mikroprogrammladeeinrichtung || ~ **mode** [Tr] / Steuermodus || ~ **module** [Hw] / Steuermodul || ~ **panel** [CP] / Bedienungsfeld (DIN 44300, März 1972), Bedienfeld (gehört zur Zentraleinheit und ermöglicht die manuelle Steuerung einer DVA) || ~ **panel** [PC] / Schalttafel, Schaltfeld, Stecktafel || ~ **panel hub chart** [PC] / Schaltvorlage || ~ **panel wiring** [PC] / Schalttafelverdrahtung || ~ **paper tape** [PT, NC] / Steuerlochstreifen || ~ **precision** [NC] / Regelungsgenauigkeit, Steuerungspräzision || ~ **procedure** [Tr] / Prozedur für den Ablauf der Datenübertragung || ~ **procedure** [Algol] / Steuerprozedur || ~ **program** [Sw] / Steuerprogramm, Steuerungsprogramm || ~ **program nucleus** [Dp] / Steuerprogrammkern || ~ **pulse** [Cir] / Steuerimpuls, Gatterimpuls || ~ **pulse** [PCC] / Stellimpuls || ~ **pulse frequency** [PCC] / Stellimpulsfrequenz || ~ **pulse output** [PCC] / Stellimpulsausgabe || ~ **punchings** (s. control holes) || ~ **quantity** [PCC] / Steuergröße || ~ **range** [NC] / Regelbereich || ~ **ratio** [PCC, AC] / Steuerverhältnis || ~ **register** [OS] / Steuerregister || ~ **register** (s. instruction register) || ~ **register** (s. instruction counter) || ~ **section** [Sw] / Programmabschnitt || ~ **section** (s. control unit) || ~ **sequence** [CP, Sw, NC] / Steuerungsablauf || ~ **signal** [Mp, PCC] / Steuersignal || ~ **signaling** [ES] / Steuersignalisierung

control-signal output [PCC] / Stellsignalgeber || ~ **storage unit** [M] / Befehlsspeicher || ~ **transmitter** [ES] / Steuersignalgeber

control stack [OS] / Steuerkeller || ~ **statement** [Fortran] / Steueranweisung || ~ **statement card** [Sw] / Steuerkarte || ~ **statement name** [Sw] / Name der Steueranweisung || ~ **station** [Tr] / Leitstation (DIN 44302, Apr. 1979) || ~ **storage** [MCS] / Steuerspeicher || ~ **system and maintenance instructions** [OS] / Befehle für Organisation und Wartung, Organisations- und Wartungsbefehle || ~ **system call** [OS] / Organisationsaufruf || ~ **system module** [OS] / Organisationsprogrammbaustein || ~ **system operation** [OS] / Organisationsablauf || ~ **system program** (s. executive control system) || ~ **tape** [PT, NC] / Steuerlochstreifen || ~ **tape** (s. printer carriage tape) || ~ **terminal** [Tr] / Leitstation (DIN 44302, Apr. 1979) || ~ **transfer** [OS] / Steuerungsübergabe || ~ **transfer instruction** (s. branch instruction) || ~ **unit** [MCS, CU] / Steuerwerk, Leitwerk (DIN 44300, März 1972) || ~ **unit** (s. controller) || ~ **valve** [Hw, Fl] / Steuerventil || ~ **variable** [Fortran] / Laufvariable || ~ **voltage** [NC] / Steuerspannung || ~ **volume** [Dp] / Katalogdatenträger || ~ **wire** [Hw] / Steuerader || ~ **word** [Sw] / Steuerwort, Zeitwort

convenience outlet [Hw] / Netzsteckdose (an einem Gerät) || ~ **outlet** [Serv] / Wartungssteckdose

conventional translation [MAT] / traditionelle Übersetzung, konventionelle Übersetzung

convergence *n* [Th] / Konvergenz

convergent series [Th] / konvergente Reihe, konvergierende Reihe

conversational *adj* (i.e., relating to a questionary process consisting of a series of questions and answers; cf. "interactive") [IDS] / Dialogbetriebs..., Dialog... || ~ **communication** [RDp] / Dialogbetrieb (DIN 44300, März 1972) || ~ **graphics** [GrDp] / Konversationsgrafik || ~ **mode** [RDp] / Dialogbetrieb (DIN 44300, März 1972)

conversational-mode programming [VS] / Dialogprogrammierung

conversational remote job entry (CRJE) [VS] / Stapelferneingabe im Dialogbetrieb || ~ **system** [RDp, IDS] / Dialogsystem || ~ **terminal** [RDp] / Datenstation für Dialogfernverarbeitung, Dialogstation || ~ **typewriter** [Dp] / Dialogblattschreiber

conversion *n* [Dp] / Umsetzung, Umwandlung || [Hw] / Umrüstung || [PL/1] / Konvertierung || ~ **code** [Fortran] /

Konvertierungscode || ~ **cycle interlock** [Sw] / Sperrung im Umkehrgang || ~ **kit** [Hw, MT] / Umrüstsatz, Umrüstteile || ~ **of data** [Cobol] / Datenkonvertierung || ~ **process** [Sw] / Umsetzvorgang || ~ **program** [Sw] / Umsetzprogramm (Programm zum Übertragen der Daten eines Datenträgers auf einen anderen Datenträger ohne wesentliche Verarbeitung der Daten) || ~ **time** [Th, Sw] / Konvertierungszeit, Umwandlungszeit || ~ **to hexadecimal** [Sw] / sedezimales Umformen || ~ **unit** [Dp] / Umsetzer (DIN 44300, März 1972), Umwandler, Konverter

convert *v* [Dp] / umsetzen, umwandeln || **to ~ a file** [Sw] / eine Datei umsetzen

converted precision [PL/1] / umgerechnete Genauigkeit

converter *n* [Dp] / Umsetzer (DIN 44300, März 1972), Umwandler, Konverter || [Co] / Stromrichter || ~ (s. transducer) || ~ **clock rate** [ES] / Arbeitstakt des Umsetzers || ~ **timing** [ES] / Arbeitstakt des Umsetzers || ~ **transformer** [Co] / Stromrichtertransformator

Convert to binary (CVB) [OS, Lisp] / Umwandeln in Binärform (CVB) || ≗ **to decimal (CVD)** [OS, Lisp] / Umwandeln in Dezimalform (CVD)

convex *adj* [OCR] / konvex || ~ **lens** [Rep] / Sammellinse

conveying error [PC] / Beförderungsfehler || ~ **speed** [PC] / Durchlaufgeschwindigkeit

cooling air temperature [Hw] / Kühllufttemperatur || ~ **fan** [Hw] / Kühlluftgebläse || ~ **medium temperature** [Hw] / Kühlmitteltemperatur

coordinate *n* [Th] / Koordinate || ~ **field** [GrDp, Tr] / Koordinatenfeld || ~ **paper** [IO, GrDp] / Koordinatenpapier || ~ **storage** [M] / Matrixspeicher (DIN 66001, Sept. 1977), Koordinatenspeicher || ~ **system** [Th] / Koordinatensystem || ~ **values** [Th] / Koordinatenwert

coordinating control [PCC] / Leitsteuerung || ~ **program** [ES] / Koordinierungsprogramm

coordination *n* [Sw] / Koordinierung || ~ **channel** [Sw] / Koordinierungskanal || ~ **message** [RDp, Tr] / Koordinierungsmeldung || ~ **reporting byte** [Sw] / Koordinierungsmeldungsbyte

coordinator *n* [CP] / Koordinator

copper-clad laminate [Hw] / kupferkaschierte Preßstoffplatte

copy *v* (i.e., to reproduce data from one storage device to another, or another part of the same storage, without altering the orignal data; cf. "transcribe") [Dp] / kopieren, übertragen || *n* [Th] / Kopie || [HSP] / Durchschlag || ~ **builtin function** [PL/1] / (eingebaute) Vervielfachungs-Funktion || ~ **capability** [Typ, Rep] / Zahl der Nutzen || ~ **check** [DS] / Prüfung durch doppelte Kontrolle, Übertragungsprüfung || ~ **control card** [Sw] / Zweitsteuerkarte || ~ **function** [PL/1] / (eingebaute) Vervielfachungs-Funktion || ~ **holder** [Hw, TP] / Konzepthalter || ~ **number** [HSP] / Kopiennummer || ~ **option** [PL/1] / Kopierangabe || ~ **phase** [Sw] / Zweitphase || ~ **printing** [HSP] / Kopiendruck || ~ **run** [Sw] / Kopierlauf, Kopiervorgang || ~ **speed** [TP] / Schreibgeschwindigkeit, Abdruckgeschwindigkeit || ~ **statement** [Cobol] / Kopieranweisung

cord *n* [TrL] / Litzenkabel

cordonnier system [IDS] / Sichtkarteisystem

core *n* [PT, MT] / Rollenkern || [M] / Speicherkern, Kern (Magnetkern) || ~ **array** [Th, M] / Kernmatrix, Kernspeichermatrix || ~ **assembly** [M] / Kerneinheit || ~ **buffer** [ES] / Poolzelle || ~ **dump** [M] / Kernspeicherabzug || ~ **image** [OS] / Speicherabbild || ~ **image format** [OS] / Speicherformat || ~ **image library** [Sw] / Bibliothek der ladbaren Programme, Bibliothek für Lademoduln, Phasenbibliothek, Bibliothek ausführbarer Programme || ~ **image storage** [PCC] / Abbildspeicher || ~ **matrix** [Th, M] / Kernmatrix, Kernspeichermatrix || ~ **matrix block** [M] / Kernspeichermatrixblock || ~ **memory** [M] / Kernspeicher (KSP), Magnetkernspeicher || ~ **memory access** [ES] / Kernspeicheraufruf || ~ **memory address** [M] / Kernspeicheradresse || ~ **memory area** [M] / Kernspeicherbereich || ~ **memory call** [ES] / Kernspeicheranruf || ~ **memory cell** [M, ES] / Kernspeicherzelle || ~ **memory control** [CU] / Steuereinheit für Kernspeicher || ~ **memory cycle** [M] / Kernspeicherzyklus || ~ **memory dump** [M] / Kernspeicherabzug || ~ **memory error** [M] / Kernspeicherfehler ||

~ **memory fault** [M] / Kernspeicherfehler || ~ **memory function test program** [OS] / Kernspeicher-Funktionstestprogramm || ~ **memory module** [Mp, M] / Kernspeichermodul || ~ **memory read amplifier** [DS] / Kernspeicherleseverstärker || ~ **memory region** [M] / Kernspeicherbezirk || ~ **memory snapshot** [Sw] / Kernspeicherprotokoll, Kernspeicherteilauszug, Speicherprotokoll || ~ **memory space** [M, ES] / Kernspeicherplatz || ~ **memory stack** [M] / Kernspeicherblock || ~ **memory threshold voltage** [M] / Kernspeicherschwellenspannung || ~ **memory word** [M] / Kernspeicherwort

core-resident *adj* [M, OS] / arbeitsspeicherresident (kernspeicherresident)

core storage matrix [Th, M] / Kernmatrix, Kernspeichermatrix

corner *n* [HSP] / Ecke (Formatzeichen) || ~ **cut** [PC] / Eckenabschnitt || ~ **cut recognition** [PC] / Eckenabschnittserkennung (Impuls) || ~ **element** [HSP] / Winkelelement (Formatzeichen)

corona discharge [HSP] / Sprühentladung

corotron *n* [HSP] / Corotron || ~ **channel** [HSP] / Corotronkammer || ~ **current** [HSP] / Corotronstrom || ~ **wire** [HSP] / Corotrondraht

correct *v* [Dp, Sw] / korrigieren, verbessern (= berichtigen) || *adj* [Sw] / fehlerfrei

correcting instruction [Typ, Sw] / Korrekturbefehl || ~ **module for 2-4-2-1 BCD code A2** [Cir] / Aiken-Korrektur A2 || ~ **signal** [TP] / Gleichlaufzeichen || ~ **value** [NC] / Stellgröße || ~ **value (C)** [PCC] / Korrektur (K) || ~ **variable** [NC] / Stellgröße

correction *n* [Dp, Sw] / Korrektur, Verbesserung (= Berichtigung) || ~ **button** [KtT] / Korrekturtaste || ~ **card** (s. change card) || ~ **character** [Sw] / Korrekturzeichen || ~ **fluid** [TES, OCR] / Korrekturlack || ~ **function** [Sw] / Korrekturfunktion || ~ **mode identification** [Sw] / Korrekturkennzeichnung || ~ **of plain copy** [TP] / Klarschriftkorrektur || ~ **run** [Sw] / Korrekturlauf || ~ **step** [Sw] / Korrekturgang || ~ **time** [PCC] / Regeldauer

corrective action [Th] / korrigierendes Eingreifen || ~ **action pulse** [PCC] / Stellimpuls || ~ **information** [PCC] / Verstellinformation || ~ **maintenance** (i.e., work required to correct a machine fault) [Hw, DpC] / fehlerbehebende Wartung, Instandsetzungswartung, Instandsetzung || ~ **procedure** [PL] / Verbesserungsverfahren || ~ **signal** [PCC] / Stellsignal

correlation computer [ADp] / Korrelationsrechner || ~ **function** [Th, ADp] / Korrelationsfunktion || ~ **integral** [Th, ADp] / Korrelationsintegral

correspondence *n* [PL/1] / Entsprechung || ~ **file** [TES] / Briefdatei

corresponding option [Cobol] / Feldauswahl-Angabe

corruption of messages [Tr] / Verstümmelung von Informationen, Informationsverstümmelung

COS (s. communication-oriented system)

COS (s. class of service) || ≗ **analysis** [ES] / Klassenbewertung || ≗ **code** [ES] / Klassenkennzeichen, Teilnehmerklassenkennung || ≗ **code comparator** [ES] / Klassenvergleicher || ≗ **code comparison** [ES] / Klassenvergleich || ≗ **code interpreter** [ES] / Klassenbewerter || ≗ **code signal** [ES] / Klassifizierungskennzeichen

cosine *n* [Th] / Kosinus || ~ **function** [Th] / Kosinusfunktion || ~ **law** [Th] / Kosinussatz || ~ **program** [Sw] / Kosinusprogramm

COS information [ES] / Klasseninformation

COS/MOS (s. complementary symmetry MOS)

cost-saving text input procedure [IO, Sw] / kostensparende Texterfassung

count *n* [Sw, NC] / Zählung || ~ **byte** [Sw] / Zählbyte

count-controlled punching [PC] / zählabhängiges Stanzen

counter *n* [Hw, Sw] / Zählwerk || [Cobol] / Zähler || ~ **advance** [Hw] / Zählerfortschaltung || ~ **balance** [Hw, PC] / Zählersaldo || ~ **balance control** [PC] / Saldensteuerung || ~ **bit** [Th] / Zählbit, Zählerbit || ~ **capacity** [Hw] / Zählerkapazität || ~ **chart** [Th, Sw] / Zählerbewegungstabelle, Zählertabelle || ~ **control** [Hw] / Zählersteuerung || ~ **drive** [Hw] / Zählerantrieb

counter-electrode *n* [Sc] /

Gegenelektrode, Deckelelektrode
counter enable [OS] / Zählerfreigabe || ~ **entry** [Hw] / Zählereingang || ~ **exit** [Hw] / Zählerausgang || ~ **field** [NC] / Zählfeld || ~ **group selector entry** [PC] / Zählergruppe-Selektor-Eingang || ~ **group selector exit** [PC] / Zählergruppe-Selektor-Ausgang || ~ **input** [PCC] / Zähleingabe || ~ **list entry** [PC] / Zählereingang für Postenschreibung || ~ **list exit** [PC] / Zählerausgang für Postenschreibung || ~ **module** [PCC] / Zählbaustein || ~ **position** [Hw, NC] / Zählerstelle || ~ **preset** [Hw, Sw] / Zählervoreinstellung || ~ **pulse** [ES] / Zähltakt || ~ **punch exit** [PC] / Zählerablochung || ~ **reading** [Hw, Sw, ES] / Zählerstand || ~ **readout** [Th, NC] / ziffernmäßige Darstellung || ~ **register** [ALU, ES] / Zählregister || ~ **reset** [Hw, Sw, NC] / Zählerlöschung, Zählerrückstellung || ~ **service** [RDp] / Publikumsverkehr (z.B. in Banken) || ~ **shaft** [Hw] / Zählerwelle || ~ **terminal** [RDp] / Schalterterminal, Schalterstation (z.B. in Banken) || ~ **totals exit** [PC] / Summenwerkausgang, Zählersummenausgang || ~ **wheel** [Hw] / Zählerrad
count field [MD] / Kennungsfeld
counting address register [CU] / zählendes Adressenregister || ~ **area** [HSP] / Zählbereich || ~ **chain** [ES] / Zählkette, Abzählkette || ~ **circuit** [Cir, Meas] / Zählschaltung || ~ **decade** [ES] / Zählkette, Abzählkette || ~ **function** [HSP] / Zählfunktion || ~ **operation** [Sw, ES] / Zähloperation, Zählvorgang || ~ **pulse** [ES] / Zähltakt || ~ **rate** [ES] / Zählgeschwindigkeit, Zählrate || ~ **sorter** [PC] / Sortiermaschine mit Fachzählung
country code [TP, ES] / Landeskennzahl
count value [HSP] / Zählwert
coupled reperforator and tape reader [TP] / Lochstreifenübertrager mit schwenkbarem Abfühlkopf
coupling *n* [Tr] / Kopplung || ~ **filter** [Th, Co] / Koppelfilter
course-line computer [Dp] / Kursrechner
covalent bond [Sc] / Valenzbindung
coverage *n* [Tr] / Dichte (Netz)
covering register [CU] / Rahmenregister
cover interlock [HSP] / Abdeckungsverriegelung || ~ **lock** [PE] / Haubenverschluß || ~ **panel** [Hw] / Schrankabdeckung || ~ **plate** [Hw] / Abdeckplatte, Schutzplatte || ~ **ring** [TP] / Blende (Typenscheibe) || ~ **ring aperture** [TP] / Blendenöffnung (Typenscheibe)
CP (s. central processor)
CPE (s. central processing element)
CPM (s. Critical Path Method)
cps (s. characters/sec) || ~ (s. cycles per second)
CPT (s. call progress tone)
CPU (s. central processing unit) || ≗ **chip** [MCS] / CPU-Chip || ≗ **time** [CU] / Zentraleinheitszeit || ≗ **timer** [VS] / Zeitgeber
CR (s. carriage return)
CRAM (s. card random access memory)
crank handle [HSP] / Hubkurbel
CRC (s. carriage return character) || ≗ (s. cyclic redundancy check)
CRCC (s. cyclic-redundancy-check character)
creation date [Dp] / Erstellungsdatum || ~ **number** [MT] / Erstellungsnummer
credential *n* [Sw] / Berechtigungsnachweis
credit-card terminal [MCS, DT] / Kreditkartenterminal
credit sign [PL/1] / Kreditzeichen
crest current [Sc] / Spitzenstrom || ~ **factor** [Cir] / Scheitelfaktor || ~ **reverse voltage** [Sc] / Spitzensperrspannung || ~ **value** [Cir] / Scheitelwert || ~ **working off-state voltage** [Sc] / Scheitelsperrspannung (in Schaltrichtung) || ~ **working reverse voltage** [Sc] / Scheitelsperrspannung, Scheitelwert der Spannung in Rückwärtsrichtung
crimp *v* (multi-ply paper, etc.) [Dp] / heften
critical case defect [Sc] / kritischer Gehäusefehler || ~ **damping** [Th] / kritische Dämpfung || ~ **defect** [Sc] / kritischer Fehler, Totalfehler || ~ **grid voltage** [Co] / kritische Gitterspannung || ≗ **Path Method (CPM)** [Th] / Methode der Netzplantechnik || ~ **pattern** [QC] / kritisches Muster (KM), Datenmuster für den ungünstigsten Betriebsfall || ~ **temperature** [Sc] / kritische Temperatur
CRJ (s. call record journaling) || ≗ **disk** [ES] / Rufdatenaufzeichnungsplatte, RDA-Platte
CRJE (s. conversational remote job entry)
CRJ operating [ES] / RDA-Bedienung || ≗ **program** [ES] /

Rufdatenaufzeichnungsprogramm
CRL (s. character reference line)
CR/LF (s. carriage return/line feed)
CRO (s. cathode-ray oscilloscope)
cross *adj* (as opposed to "resident") [Mp] / systemfremd
cross-assembler *n* [MCS] / Kreuz-Assembler, Kreuz-Assemblierer, Cross-Assembler
crossbar switch [ES] / Kreuzschienenschalter || ~ **switching system** [ES] / Kreuzschienen-Vermittlungssystem
cross-channel switching [OS] / Datenzugriff über zwei Ein-Ausgabe-Kanäle
cross-check *v* [Sw] / auf Übereinstimmung überprüfen
cross-checking method [Priv, Tr] / Kreuzsicherung
cross compilation [MCS] / Kreuzkompilation, Cross-Compilieren || ~ **correlation** [Cy] / Kreuzkorrelation || ~ **correlation function** [Cy] / Kreuzkorrelationsfunktion
crossed-fields multiplier [ADp] / Elektronenstrahlmultiplizierer, Kathodenstrahlmultiplizierer
crossfooting *n* [Th] / Querrechnen || ~ **balance check** [Th] / Nullkontrolle durch Querrechnen
cross knurl [Hw] / Kreuzrändel || ~ **perforation** [HSP] / Querperforation
crosspoint *n* [ES] / Koppelpunkt (KP) || ~ **marking** [ES] / Koppelpunkteinstellung
cross-reference *n* [Sw] / Querverweis, gegenseitige Bezugnahme || ~ **list** [Sw] / Querverweisliste
crosstalk *n* [Tr] / Nebensprechen, Übersprechen || ~ **attenuation** [Tr] / Nebensprechdämpfung || ~ **level** [Tr] / Nebensprechpegel || ~ **volume** [Tr] / Nebensprechpegel
CRT (s. cathode-ray tube) || ≗ **display screen** [VDT] / Bildschirmgerät, Bildsichtgerät, Datensichtgerät || ≗ **display terminal** [VDT] / Bildschirmterminal, Kathodenstrahlsichtgerät || ≗ **film printer** [Typ] / Kathodenstrahlröhren-Filmdrucker || ≗ **photocomposition** [COM, Typ] / elektronischer Lichtsatz (unter Verwendung einer Kathodenstrahlröhre) || ≗ **screen** [VDT] / Bildschirmgerät, Bildsichtgerät, Datensichtgerät || ≗ **storage** [PE, M] / Elektronenstrahlspeicher || ≗ **terminal** [VDT] / Datensichtstation
cryogenic computer [Dp] / cryogenischer Rechner
cryogenics *n* [Sc, M] / Kryogenik, Cryogenik (Tieftemperaturtechnik)
cryogenic storage [M] / Supraleitungsspeicher, Kryogenspeicher, kryogenischer Speicher
cryotron *n* [Sc, Cir] / Kryotron, Cryotron
cryptanalysis *n* [Cryp] / Kryptoanalyse
cryptanalyst *n* [Cryp] / Kryptoanalytiker
crypto... [Cryp] / Schlüssel-...
cryptocenter *n* [Cryp] / Schlüsselzentrale (militärisch), Kryptozentrum, Cryptocenter
cryptochannel *n* (i.e., a complete system of cryptocommunication between two or more holders) [Cryp] / Schlüsselkanal
cryptodate *n* (i.e., the date which indicates the key employed) [Cryp] / Schlüsseldatum
crypto equipment [Cryp] / Schlüsselgerät, Verschlüsselungsgerät
cryptogram *n* (i.e., an encrypted communication in visible writing) [Cryp] / verschlüsselter Spruch
cryptographer *n* [Cryp] / Schlüßler
cryptographically secured [Cryp] / durch Verschlüsselung gesichert
cryptographic check [Cryp] / Verschlüsselungskontrolle || ~ **compromise** [Cryp] / Bloßstellung (kryptografisch) || ~ **data transformation** [DS, Priv, Cryp, IDS] / kryptografische Datenverschlüsselung || ~ **equipment** [Cryp] / Schlüsselgerät, Verschlüsselungsgerät || ~ **system** [Cryp] / Schlüsselsystem
cryptography *n* [Cryp] / Kryptografie
cryptologic equipment [Cryp] / kryptologische Ausrüstung
cryptology *n* [Cryp] / Kryptologie
cryptonet *n* (i.e., a crypto-communication network) [Cryp] / Schlüsselnetz
crypto-operating instructions [Cryp] / Schlüsselbetriebsanweisung
cryptopart *n* [Cryp] / Schlüsseltextabschnitt
cryptosecurity *n* [Cryp] / Schlüsselsicherheit
cryptosystem *n* [Cryp] / Schlüsselsystem
cryptotext *n* [Cryp] / Schlüsseltext
crystal *n* [Sc] / Kristall || ~ **chuck** [Sc] / Kristallhalter
crystal-controlled oscillator [Sc] / Quarzoszillator

crystal filter [Sc] / Kristallfilter || ~ **growing** [Sc] / Ziehen von Halbleiterkristallen, Kristallziehen || ~ **holder** [Sc] / Kristallhalter || ~ **lattice** [Sc] / Kristallgitter, Gitter (Halbleiter)
crystallographic plane [Sc] / kristallografische Ebene
crystal pulling [Sc] / Ziehen von Halbleiterkristallen, Kristallziehen || ~ **pulling device** [Sc] / Kristallzieheinrichtung || ~ **structure** [Sc] / Kristallstruktur || ~ **video rectifier** [Sc] / Bildkristallgleichrichter || ~ **wafer** [Sc] / Kristallscheibe
CSB (s. channel status byte)
CSL (s. current sourcing logic)
CSW (s. channel status word)
CTB (s. code table buffer)
CTW (s. console typewriter) || ≗ **call** (s. console typein) || ≗ **controller** [CTW] / Bedienungsblattschreiber-Steuerung || ≗ **input-output control program** [OS] / Konsolblattschreiber-Ein-Ausgabesteuerprogramm || ≗ **message** (s. console typeout) || ≗ **request** (s. console typein)
cubic equation [Th] / kubische Gleichung, Gleichung dritten Grades || ~ **parabola** [Th] / Parabel dritten Grades
cue *n* [Sw] / Unterprogrammaufruf, Unterprogrammsprungbefehl
cumulative AQL (= acceptable quality level) [QC, Sc] / Summen-AQL || ~ **byproduct tape** [Sw] / kumulativer Synchronstreifen || ~ **counter** [Th] / Endwertsummierer || ~ **failure frequency** [DpC] / Ausfallsummenhäufigkeit, Ausfallsatz
CUP (s. communication user program)
currency sign [Cobol] / Währungszeichen || ~ **sign clause** [Cobol] / Währungszeichenklausel || ~ **symbol** [Fortran] / Währungszeichen
current *adj* [PL/1] / aktuell || ~ **amplification** [Sc] / Stromverstärkung || ~ **amplification factor** [Sc] / Stromverhältnis, Stromverstärkungsfaktor || ~ **amplifier** [Sc] / Stromverstärker || ~ **arrow** [Sc] / Stromzählpfeil || ~ **carrying capability** [Sc] / Strombelastbarkeit || ~ **carrying capacity** [Sc] / Strombelastbarkeit || ~ **coarse time** [ES] / aktuelle Grobzeit || ~ **decrement** [ES] / Stromabsenkung || ~ **density** (current per unit area of electrode cross section) [Sc, Th] / Stromdichte || ~ **direction** [Sc] / Zählrichtung von Strömen, Stromrichtung || ~ **gain** [Sc] / Stromverstärkung || ~ **gain factor** [Sc] / Stromverhältnis, Stromverstärkungsfaktor || ~ **handling ability** [Sc] / Strombelastbarkeit || ~ **indication** [ES] / Stromindikation || ~ **leakage path** [Sc] / Stromleckpfad || ~ **limiting device** [ES] / Strombegrenzer || ~ **line** [VDT] / Schreibzeile || ~ **multiplication** [Sc] / Stromvervielfachung || ~ **output** [Co] / Stromabgabe || ~ **program** [OS] / aktuelles Programm, laufendes Programm || ~ **pulse** [Tr] / Stromschritt, Stromimpuls
current-pulse to no-current-period ratio [Tr] / Stromschritt-Pausenschritt-Verhältnis
current region [ES] / Strombereich || ~ **regulator** [Hw] / Stromregler (= Schaltregler)
current-sensitive indicator [ES] / stromempfindliche Indikationsstelle
current source driving [Sc] / Stromsteuerung || ~ **sourcing logic (CSL)** [Cir] / stromliefernde Logik || ~ **stabilizer** [Hw] / Stromkonstanter || ~ **status register** [Mp] / Register für den jeweils gültigen Zustand || ~ **stepdown state** [ES] / Zustand der Stromabsenkung || ~ **surge** [Sc] / Stromstoß || ~ **time** [Mp] / aktuelle Uhrzeit || ~ **transfer factor** [Sc] / Stromverhältnis, Stromverstärkungsfaktor || ~ **transfer ratio** [Sc] / Stromverhältnis, Stromverstärkungsfaktor || ~ **transformation ratio** [Sc] / Stromübersetzungsverhältnis
current-voltage characteristic [Sc, Co] / Strom-Spannungscharakteristik || ~ **plotter** [Hw] / I/V-Plotter
current write address [Sw] / aktuelle Schreibadresse
cursor *n* [MCS, VDT] / Schreibmarke, Positionsanzeigesymbol || **destructive** ~ [VDT] / löschendes Positionsanzeigesymbol || **nondestructive** ~ [VDT] / nichtlöschendes Positionsanzeigesymbol || ~ **control** [VDT] / Schreibmarkensteuerung || ~ **home position** [VDT] / Normalstellung der Schreibmarke
curtate *n* [PC] / Lochungszone, Zone || ~ **cycloid** [Th] / gestreckte Zykloide, verkürzte Zykloide
curvature *n* [Th, GrDp] / Krümmung

curve follower [GrDp, OCR] / Kurvenleser (DIN 44300, März 1972) || ~ **follower logic** [GrDp, OCR] / Kurvenverfolgungslogik || ~ **generator** [GrDp] / Kurvengenerator || ~ **plotter** [GrDp] / Registriergerät (Kurvenzeichner) || ~ **tracer** [GrDp] / Kurventaster || ~ **tracing** [GrDp] / Kurvendarstellung
curvilinear coordinates [GrDp] / krummlinige Koordinaten
cusp *n* [GrDp] / Spitze (Kurve)
custom circuit [Co] / kundenspezifischer Schaltkreis
customer engineer [Serv] / Außendiensttechniker || ~ **engineering (CE)** [Serv] / Wartungsdienst (technischer Außendienst beim Kunden) || ~ **field service** [Serv] / technischer Kundendienst (TKD) || ~ **order number** [Dist] / Kundenauftragsnummer
customer-oriented *adj* / kundengebunden
customer service [ES] / Teilnehmerdienst
custom form [HSP] / auf Bestellung gefertigtes Formular
customizability *n* (of system, etc.) [Dp] / Anwendungsvariabilität (Anpassungsfähigkeit)
customization *n* / Anpassung (an die kundenspezifische Situation)
customized *adj* (device, module, etc.) / kundenspezifisch || ~ **(form) width** [HSP] / Sonderbreite
cut *n* [HSP] / Schlitz (Perforation)
cutaway diagram [Th] / Schnittdiagramm || ~ **view** [Dist] / teilweise geschnittene Ansicht
cut edge [HSP] / Beschneidekante || ~ **in** *v* [Hw] / einschalten || ~ **instruction** [Typ] / Schneidebefehl
cutin surge [TP] / Einschaltstromstoß
cut length [HSP] / Schlitzlänge (Perforation) || ~ **off** (transistor, etc.) [Sc] / abschalten || ~ **off** (digits, etc.) [Calc] / abstreichen (Vorgang, bei dem eine bestimmte Anzahl von Stellen einer Zahl, beginnend mit der niedrigsten Stelle, wegfällt) (DIN 9757E, Okt. 1977)
cutoff *n* (of transistor, etc.) [Sc] / Abschaltung || ~ **current** [Sc] / Reststrom, Sperrstrom || ~ **frequency** (of filter, equipment etc.) [Sc] / Grenzfrequenz
cutout *n* [Hw] / Ausnehmung, Ausschnitt || ~ **area** [Hw] / Ausschnittfläche
cutting knife [HSP] / Trennmesser || ~ **line** [HSP] / Beschneidelinie
CVB (s. Convert to binary)
CVD (s. Convert to decimal)
cybernetic *adj* [Cy] / kybernetisch
cybernetical pedagogics [CAI, Cy] / kybernetische Pädagogik
cyberneticized railways [PCC] / kybernetisiertes Eisenbahnnetz
cybernetics *n* [Dp, Cy] / Kybernetik || **level of** ~ [Cy] / kybernetische Instanz
cycle *n* [PC] / Gang || [NC] / Arbeitsablauf || [Dp] / Zyklus (beim Sortieren usw.) || ~ **acknowledgment** [ES] / Zyklusquittung || ~ **allocation** [ES] / Zyklenzuteilung || ~ **and access time count** [ES] / Zyklus- und Zugriffszeitzählung || ~ **buffer** [ES] / Zykluspuffer (ZP) || ~ **control** [ES] / Zyklussteuerung || ~ **control test** [ES] / Zyklussteuerungsprüfung || ~ **count** [Sw] / Zählung der Schleifendurchläufe, Zykluszählung, Zyklenzählung, Gangzählung || ~ **counter** [Th, Sw] / Schleifenzähler, Zykluszähler, Zyklenzähler || ~ **count register** [Dp] / Zykluszählregister (ZZR) || ~ **criterion** [Th] / Zykluskriterium || ~ **delay** [PC, NC] / Gangverzögerung, Impulsverzögerung || ~ **delay dropout** [PC] / Unterdrückung der Impulsspeicherung || ~ **delay unit** [PC] / Impulsspeicher || ~ **error** [Sw] / Zyklusfehler (ZYF) || ~ **error signal** [Sw] / Zyklusfehlermeldung || ~ **execution of functions** [Sw] / zyklische Ausführung von Funktionen || ~ **index** [Th] / Schleifenindex, Iterationsindex, Zyklenindex || ~ **index counter** [Th, Sw] / Schleifenzähler, Zykluszähler, Zyklenzähler || ~ **initialization routine** [Sw] / Zykluseinleitung, Zykluseinleitungsroutine || ~ **initialization unit** [Sw] / Zykluseinleitungseinheit || ~ **interleaving** [OS] / Zyklenschachtelung || ~ **output volume** [MT] / Zyklusausgabeband || ~ **permission logic** [ES] / Zykluserlaubnis || ~ **preemption** [ES] / Zyklusvoranmeldung || ~ **processing** [ES] / Zyklenabwicklung || ~ **request** [ES] / Zyklusanforderung, Zykluswunsch || ~ **request inhibit logic** [ES] / Zyklusanforderungssperrlogik || ~ **request selection logic** [ES] / Zyklusanforderungsauswahllogik (ZAL) || ~ **request standard interface circuit** [ES] / Zyklusanforderungs-

Normschnittstellenschaltung || ~ **selection control** [ES] / Zyklusauswahlsteuerung (ZAS) || ~ **sequence** [Sw] / Zyklusfolge || ~ **shift** [Th] / zyklische Stellenwertverschiebung, zyklische Stellenverschiebung, zyklische Verschiebung
cycles per second (cps) [Meas] / Hertz
cycle start [Dp, NC] / Zyklusstart || ~ **stealing** [OS] / Cycle-Stealing-Verfahren
cycle-stealing mode [MCS, OS] / Cycle-Stealing-Betrieb
cycle time [M] / Zykluszeit (DIN 44300, März 1972) || ~ **time** [NC] / Gangzeit, Zykluszeit || ~ **time comparator** [ES] / Zykluszeitvergleicher (ZYZVGL)
cyclic *adj* [Th] / zyklisch, periodisch
cyclical (s. cyclic)
cyclically magnetized condition [M] / zyklische Magnetisierung, zyklisch magnetisierter Zustand
cyclic binary code (s. reflected binary code) || ~ **check (CC)** [DS] / zyklische Prüfung, zyklische Kontrolle || ~ **check byte (CCB)** [DS] / zyklisches Prüfbyte, zyklisches Kontrollbyte || ~ **code** [DS, Th] / zyklischer Code || ~ **code protection** [DS] / Sicherung durch zyklischen Code || ~ **decimal code** [DS, Th] / zyklischer Dezimalcode || ~ **permutation** [Th, DS] / zyklische Permutation, zyklische Vertauschung || ~ **permuted code** (s. reflected binary code) || ~ **process** [Th] / zyklischer Vorgang || ~ **program activate routine** [OS] / zyklische Programmroutine || ~ **redundancy check (CRC)** [DS] / zyklische Blockprüfung (DIN 44302, Apr. 1979), zyklische Blocksicherung
cyclic-redundancy-check character (CRCC) [MCS, MD, Tr] / CRC-Prüfzeichen (DIN 66205, Sept. 1974), zyklisches Prüfzeichen (zur Fehlererkennung), Blockendesicherungszeichen
cyclic reversal of saturation [ES] / zyklische Umsättigung || ~ **running** (of program) [ES] / Rundlauf || ~ **shift** [Th] / zyklische Stellenwertverschiebung, zyklische Stellenverschiebung, zyklische Verschiebung || ~ **shift register** [CU] / Ringschieberegister
cycling *n* [Th] / Durchlaufen von periodischen Arbeitsgängen || ~ **frequency** [ES] / Durchlaufhäufigkeit
cycloid *n* [Th] / Zykloide
cyclone filter [HSP] / Zyklonfilter
cylinder *n* [MCS] / Zylinder || **end of** ~ [PE, Sw] / Zylinderende || ~ **address** [PE] / Zylinderadresse || ~ **boundary** [PE] / Zylindergrenze || ~ **changeover** [MD] / Zylinderwechsel || ~ **index** [PE] / Zylinderindex || ~ **number** [PE] / Zylindernummer || ~ **overflow** [PE] / Zylinderüberlauf || ~ **track index** [PE] / Zylinderspurindex || ~ **with steady impulse** [Fl] / Zylinder mit Stetigantrieb
cylindrical coordinates [Th] / Zylinderkoordinaten || ~ **function** [Th] / Zylinderfunktion || ~ **harmonics** [Th] / Zylinderfunktion
Cyrillic script [IO, Typ] / kyrillische Buchstaben
Czochralski crystal-pulling method [Sc] / Czochralski-Ziehverfahren

D

DA (s. device adapter)
DAC (s. digital-to-analog converter)
D-A conversion [PCC] / Digital-Analog-Umsetzung, D/A-Umsetzung || ~ **converter** [Mp] / Digital-Analog-Umsetzer (DAU) (DIN 66201, Aug. 1971), D/A-Umsetzer, Digital-Analog-Wandler, D/A-Wandler
DACS (s. dataset catalog system)
daily keying element [Cryp] / Tagesschlüssel || ~ **performance record** [Dp] / täglicher Arbeitsnachweis
daisywheel *n* [TP] / Typenscheibe || ~ **positioning** [TES] / Einstellen der Typenscheibe || ~ **positioning motor** [TP] / Typenscheibeneinstellmotor || ~ **printer** [HSP, TP] / Typenscheibendrucker (Seriendrucker, bei dem sich die Typen an speichenähnlichen flexiblen Enden einer Kunststoffscheibe befinden)
damping *n* [Th] / Dämpfung
dangerous voltage [DS] / Gefährdungsspannung
danger voltage [DS] / Gefährdungsspannung
dark current [Sc] / Dunkelstrom
darkest mark feature [OCR] / Darkest Mark
dark resistance [Sc] / Dunkelwiderstand
Darlington circuit [Sc] / Darlington-Schaltung
D-A switch [Cir] / Digital-Analog-

Schalter (DIN 40700, Okt. 1969), D/A-Schalter
DAT (s. dynamic address translation)
data *n* [PL/1] / Daten || ~ (as opposed to "information") [Th] / Daten (DIN 44300, März 1972) || ~ **acceptance** [Dp] / Datenannahme || ~ **acquisition** [IO] / Datenerfassung, Erfassung von Daten || ~ **acquisition system** [Dp] / Datenerfassungssystem || ~ **adapter unit** [PCC] / Prozeßdatenanschlußeinheit, Ferndatensteuereinheit || ~ **address** [Sw] / Datenadresse, Datenanfangsadresse
data-addressed memory (s. content-addressed memory)
data address match check [Sw] / Adreßvergleich || ~ **announcing system** [PCC] / Vormeldesystem || ~ **archives** [DOK, Dp] / Datenarchiv (Zusammenstellung von Daten einer Datenkategorie in einem Speicher, die nach dem Wert der konstituierenden Variablen geordnete Dateneinheiten mit einem einheitlichen Datenformat nur für die konstituierende Variable verzeichnet) || ~ **area** [Cobol] / Datenbereich || ~ **bank** [IDS] / Datenbank (redundanzfreie Integration mehrerer Rechnerdateien, die es erlaubt, gespeicherte Daten zu pflegen, zu aktualisieren und im Direktzugriff wiederzugewinnen, wobei sich im Gegensatz zur Datenbasis auch Daten gewinnen lassen, die in dieser Form nicht explizit eingespeichert worden sind) || ~ **base** [IDS] / Datenbasis (Menge von Datenkategorien eines Systems, über die innerhalb des Systems verfügt werden kann; cf. „Datenbank") || ~ **base administration** [IDS] / Datenbankverwaltung (vom Standpunkt der personellen Seite)
data-base controlled composition [Typ] / datenbankgesteuerter Satz
data base management [IDS] / Datenbankverwaltung (besonders vom Standpunkt der Maschinenseite) || ~ **base management software** [IDS] / Datenbanksoftware || ~ **base management system (DBMS)** [IDS] / Datenbank-Managementsystem (DBMS) || ~ **base service** [IDS] / Datenbankverwaltung (besonders vom Standpunkt der Maschinenseite) || ~ **base software** [IDS] / Datenbanksoftware || ~ **base system** [IDS] / Datenbanksystem || ~ **bit** [Th, Tr] / Informationsbit, Datenbit || ~ **bit converter** [Hw] / Datenbitumsetzer || ~ **block** [Sw] / Block, Datenblock || ~ **block** [ES] / Wahlblock || ~ **block address** [Sw] / Datenblockadresse || ~ **block allocation** [Sw] / Datenblockzuordnung || ~ **block assignment** [Sw] / Datenblockzuordnung || ~ **block base address** [Sw] / Datenblockgrundadresse || ~ **block cell** [Sw] / Datenblockzelle || ~ **block indexing** [Sw] / Datenblockindizierung || ~ **block mode** [Sw] / Datenblockbetrieb || ~ **block working** [Sw] / Datenblockbetrieb || ~ **boundary** [Sw] / Datengrenze || ~ **break** [Mp] / direkter Speicherzugriff || ~ **buffering** [Sw] / Pufferung der Daten, Datenpufferung || ~ **bus** [Mp] / Datenbus, Datenbusleitung, Datenbusschiene || ~ **bus control** [Mp] / Datenbussteuerung || ~ **capacity** [DT] / Datenbreite (eines Anschlusses) || ~ **capture** [ADp] / Datenerfassung (von Meßwerten, ohne Bearbeitung der Daten) || ~ **capture station** [RDp, Tr] / Datenerfassungsstation || ~ **capture terminal** [RDp, Tr] / Datenerfassungsstation || ~ **card** [Sw] / Datenkarte || ~ **carrier** [Dp] / Datenträger (DIN 44300, März 1972) || ~ **carrier storage** [PE] / Datenträgerspeicher || ~ **cell** [ES] / Datenzelle || ~ **cell** [PE] / Magnetstreifen || ~ **cell array** [MC] / Zellenträger || ~ **cell drive** [MC] / Zellenträgerantrieb || ~ **cell mount interlock** [MC] / Datenzellensperre || ~ **cell storage** [PE] / Magnetstreifenspeicher || ~ **center** [DOK] / Datenzentrum (Datenbank, die ihre Tätigkeit zentral für eine geografische, organisatorische oder politische Einheit durchführt), zentrale Datenbank || ~ **chaining** [Sw] / Datenkettung, Datenadressenkettung || ~ **channel** [Tr] / Datenkanal, Datenübertragungskanal || ~ **channel adapter** [Tr] / Datenkanalanschluß || ~ **channel analog input adapter** [ADp] / Datenkanalanschluß für Analogeingabe || ~ **channel digital input adapter** [Dp] / Datenkanalanschluß für Digitaleingabe || ~ **channeller** [ES] / Datensammler || ~ **channel receiver** [Tr] / Datenkanalempfänger || ~ **channel sender** [Tr] / Datenkanalsender || ~ **character** [Tr] / Datenzeichen ||

~ **check** [Sw] / Datenprüfung || ~ **circuit** [Tr] / Datenleitung || ~ **circuit** [Tr] / Datenverbindung (DIN 44302, Apr. 1979) || ~ **circuit switching** [ES] / Datenvermittlungs-Durchschaltetechnik || ~ **circuit terminating equipment (DCE)** [RDp] / Datenfernschaltgerät, Anschlußgerät || ~ **code** [Dp] / Datencode || ~ **code** (s. code set) || ~ **collecting equipment** [Dp] / Datensammeleinrichtung || ~ **collecting register** [ES] / Datensammelregister || ~ **collection** [IO] / Datenerfassung (Umsetzen von in beliebiger, aber nicht maschinenlesbarer Form vorliegenden Daten in maschinenlesbare Form) || ~ **collection point** [RDp] / Datenerfassungsplatz || ~ **collection station** [RDp] / Datenerfassungsstation || ~ **collection system** [Dp] / Datensammelsystem (Bankenterminalsystem usw.) || ~ **communication** [Tr] / Datenübertragung (im weiteren Sinne, d.h., umfaßt über die Aspekte der Datenübertragungstechnik hinaus auch die Bereiche der Übertragungssicherheit und der Verarbeitung der Informationen in rechnergestützten Übertragungssystemen) || ~ **communication** (cf. "data communications") || ~ **communication access method** [OS] / Kommunikationszugriffsmethode || ~ **communication control unit** [Tr] / Datenübertragungssteuerteil (DÜST) || ~ **communication network** [Tr] / Datenübertragungsnetz || ~ **communication procedure** [Tr] / Datenübertragungsprozedur (zeitlicher Ablauf der Datenübertragung) || ~ **communications** [Tr] / Datenübertragung (im weiteren Sinne, d.h., umfaßt über die Aspekte der Datenübertragungstechnik hinaus auch die Bereiche der Übertragungssicherheit und der Verarbeitung der Informationen in rechnergestützten Übertragungssystemen) || ~ **communications** (cf. "data communication") || ~ **communications equipment (DCE)** [Tr] / Datenübertragungseinrichtung (DÜE) (DIN 44302, Apr. 1979) || ~ **communications network** [Tr] / Datenübertragungsnetz || ~ **communication system** [Tr] / Datenübermittlungssystem (DIN 44302, Apr. 1979) || ~ **communication traffic** [Tr] / Datenverkehr || ~ **compaction** [Dp, Tr] / Datenverdichtung, Datenkomprimierung || ~ **compression** [Dp, Tr] / Datenverdichtung, Datenkomprimierung || ~ **concentrator** [MCS, RDp] / Datenkonzentrator || ~ **constant** [Sw] / Datenkonstante || ~ **control** [CU] / Datensteuerung || ~ **control block (DCB)** [Sw] / Dateisteuerblock || ~ **control system** [CU] / Datenleitsystem || ~ **convention** [Sw] / Formatabsprache || ~ **conversion** [NC] / Datenumwandlung, Datenumsetzung || ~ **converter** [CP] / Datenwandler, Datenumsetzer || ~ **coordination computer** [CU] / Datenkoordinierungsrechner (DKR) || ~ **cycle** [Sw] / Datenzyklus || ~ **definition** [Sw] / Datendefinition || ~ **definition name** [OS] / Dateidefinitionsname, DD-Name || ~ **definition statement** [OS] / Dateidefinitionsanweisung, DD-Anweisung || ~ **delimiter** (i.e., a code or flag to indicate that the codes which follow are to be regarded as an instruction or argument; delimiters usually appear in pairs, with an opening delimiter at the beginning of the command string and a closing delimiter at the end of the string) [Typ, TES] / Begrenzungszeichen, Trennzeichen || ~ **description entry** [Cobol] / Datenerklärung || ~ **device** [Hw] / Datengerät || ~ **directed** [PL/1] / datengesteuert || ~ **display** [Calc] / Datenanzeigeeinrichtung (DIN 9757E, Okt. 1977) || ~ **display console** [VDT] / Datensichtplatz (DSPL) || ~ **display unit** (s. video terminal) || ~ **dissemination** [RDp, Tr] / Datenverteilung || ~ **distribution** [RDp, Tr] / Datenverteilung || ~ **distribution system** [RDp, Tr] / Datenverteilsystem || ~ **division** [Cobol] / Datenteil || ~ **efficiency** (i.e., the net data throughput expressed in percent) [MCS] / Nettodurchsatz (in Prozent) (= Anzahl der pro Sekunde übertragenen Informationsbits, ausgedrückt in Prozent der insgesamt übertragenen Bits) || ~ **element** [Cobol] / Datenelement || ~ **entry equipment** [Hw, IO] /

Dateneingabegeräte, Datenerfassungsgeräte || ~ **entry keyboard** [IO] / Eingabetastatur, Datenerfassungstastatur || ~ **entry system** [IO] / Dateneingabesystem || ~ **error** [Sw] / Datenfehler || ~ **evaluation** [Dp] / Datenauswertung || ~ **event control block (DECB)** [Sw] / Datenereigniskontrollblock || ~ **exchange** [MT, MAT] / Datenaustausch || ~ **exchange control (DXC)** [RDp] / Datenaustauschsteuerung (DAST) || ~ **exchange FCP** [OS] / Datenaustausch-EAS || ~ **exchange system** [RDp] / Datenaustauschanlage || ~ **extent** [Sw] / Datenbereich || ~ **field** [MT, MAT] / Datenfeld (Abschnitt eines Satzes mit variabler Länge, der eine einzelne Kategorie des MATER-Austauschformats aufnimmt) (DIN 2341E, Mai 1977) || ~ **field entries** [RPG] / Feldbeschreibung || ~ **field format** [Sw] / Datenfeldformat || ~ **field length** [Sw] / Datenfeldlänge || ~ **field name** [RPG] / Feldname || ~ **file** [Cobol] / Datei || ~ **file directory** [Sw] / Dateiverzeichnis || ~ **flow** [Sw] / Datenfluß (DIN 44300, März 1972) || ~ **format** [Sw, ES] / Datenformat, Datenstruktur || ~ **gathering** [IO] / Datenerfassung (Umsetzen von in beliebiger, aber nicht maschinenlesbarer Form vorliegenden Daten in maschinenlesbare Form) || ~ **gathering system** [Dp] / Datensammelsystem (Bankenterminalsystem usw.) || ~ **hierarchy** [Sw] / Datenhierarchie || ~ **independence** [IDS] / Datenunabhängigkeit (d.h., die DB-Datenorganisation ist nicht auf ein Anwendungsgebiet zugeschnitten, sondern viele Benutzer und Programme können auf die gleichen Datenbestände zugreifen) || ~ **initialization statement** [Fortran] / Anfangswertanweisung

data-in line (DIN) [IO] / Dateneingabeleitung, DIN-Leitung

data input [IO] / Dateneingabe || ~ **input channel** [ES] / Dateneingabekanal (DEK) || ~ **input control** [ES] / Dateneingabesteuerung (DES) || ~ **input format** [ES] / Eingabeformalismus || ~ **input line** [IO] / Dateneingabeleitung, DIN-Leitung || ~ **input register** [ES] / Dateneingaberegister (DER) || ~ **input station** [IO] / Dateneingabeeinheit || ~ **integrity** [Priv, IDS] / Datensicherheit (z.B. Funktionen zur Sicherung und Rekonstruktion von Datenbeständen), Datenintegrität || ~ **interchange** [MT, MAT] / Datenaustausch || ~ **interchange file** [MT, MAT] / Austauschdatei (bestehend aus einem Mitteilungssatz und aus MATER-Austauscheinheiten) (DIN 2341E, Mai 1977) || ~ **interchange tape** [MT, MAT] / Austauschband (Magnetband mit terminologischen und/oder lexikografischen Daten im MATER-Austauschformat) (DIN 2341E, Mai 1977) || ~ **item** [Cobol] / Datenfeld, Feld || ~ **item** [DOK, Dp, Sw] / Datenelement (Bestandteil einer Dateneinheit, der innerhalb dieser nicht weggelassen oder ausgetauscht werden kann, ohne die Bedeutung der Dateneinheit zu ändern) || ~ **key** [TP] / Schreibtaste || ~ **length** [Sw] / Datenlänge || ~ **level** [Dp] / Datenebene || ~ **line** [Tr] / Datenleitung || ~ **link** [Tr] / Datenübermittlungsabschnitt, Übermittlungsabschnitt (DIN 44302, Apr. 1979) || ~ **link control** [OS] / Leitungssteuerung || ~ **link escape (DLE)** [Sw, Tr] / Datenübertragungsumschaltung || ~ **link escape character** [Tr] / Zeichen für Datenübertragungsumschaltung || ~ **link establishment** [Tr] / Aufforderung || ~ **logger** [PCC, ADp] / Datenlogger || ~ **logging** [ADp] / Datenerfassung (von Meßwerten, ohne Bearbeitung der Daten) || ~ **management** [Sw] / Datenmanagement, Datenverwaltung (DIN 66200E T1, März 1974) || ~ **management system (DMS)** [Sw] / Datenverwaltungssystem || ~ **manipulation** [Dp] / Datenbearbeitung, Datenbehandlung || ~ **manipulation language** [PL] / Datenmanipulationssprache || ~ **marshaling** [Dp] / Datensammlung || ~ **media storing cabinet** [DpC] / Schrank für Datenträger || ~ **medium** [Dp] / Datenträger (DIN 44300, März 1972) || ~ **memory** (usually RAM) [Mp] / Datenspeicher || ~ **message** [Tr] / Datennachricht || ~ **modification** [HSP] / Datenmodifikation || ~ **module** [Th] / Datenmodul || ~ **multiplexer** [Tr] / Datenmultiplexer (DIN 44302, Apr. 1979) || ~ **name** [Fortran] / Datenname || ~ **name** [Cobol] / Datenname || ~ **network** [Tr] / Datennetz (DIN 44302, Apr. 1979) ||

~ **organization** [Sw] / Datenorganisation || ~ **origin** [Sw] / Datenursprung

data-out line (DOUT) [IO] / Datenausgabeleitung, DOUT-Leitung

data output [IO] / Datenausgabe || ~ **output** [PCC] / Austransfer || ~ **output channel** [ES] / Datenausgabekanal (DAK) || ~ **output control** [ES] / Datenausgabesteuerung (DAS) || ~ **output line** [IO] / Datenausgabeleitung, DOUT-Leitung || ~ **output register** [ES] / Datenausgaberegister (DAR) || ~ **path** [CP, Tr] / Datenweg || ~ **path logic** [Tr] / Datenwegsteuerung || ~ **path width** [CP] / Datenwegbreite || ~ **phone** [DT] / Datenfernsprecher || ~ **plotter** [GrDp] / Digitalplotter, Kurvenschreiber (DIN 44300, März 1972), Plotter || ~ **pool** [IDS] / Pool || ~ **pooling** [Dp] / Datensammlung || ~ **pooling equipment** [Dp] / Datensammeleinrichtung || ~ **pooling system** [Dp] / Datensammelsystem (Bankenterminalsystem usw.) || ~ **preparation** (i.e., preparing data for subsequent data collection) [IO] / Datenaufbereitung (Vorstufe der Datenerfassung, q.v.)

dataprinter *n* [IO] / Datendrucker (alphanumerischer Drucker im Gegensatz zu grafischen Hardcopy-Einheiten), alphanumerische Hardcopy-Einheit

data privacy [Priv] / Datenschutz (Schutz vor unberechtigter Benutzung von Datenbeständen, z.B. durch Kennwörter, Berechtigungsschlüssel usw.) || ~ **processing (dp)** / Datenverarbeitung (DV), Informationsverarbeitung || ~ **processing center** [Dp] / Datenverarbeitungszentrale, Datenverarbeitungszentrum, Datenzentrum || ~ **processing center** (s. computing center) || ~ **processing department** [DpC] / EDV-Abteilung || ~ **processing department personnel** [DpC] / Mitarbeiter der EDV-Abteilung || ~ **processing equipment** [Dp] / Datenverarbeitungsanlage (DVA) (betriebsbereite Gesamtheit der funktionell zusammengehörigen Geräte eines Datenverarbeitungssystems) (DIN 44300, März 1972) || ~ **processing manager** [DpC] / Leiter der EDV-Abteilung || ~ **processing system** [Dp] / Datenverarbeitungssystem (Gesamtheit von materiellen und methodischen Hilfsmitteln, mit deren Hilfe Daten in einer systematischen Folge von Arbeitsschritten verarbeitet werden können) (DIN 44300, März 1972) || ~ **processor** [Priv, Dp] / Datenverarbeiter || ~ **protection** [DS] / Datensicherung || ~ **receiver** [IO, Tr] / Datenempfänger || ~ **record** [Cobol] / Datensatz || ~ **record clause** [Cobol] / Datensatzklausel || ~ **record description entry** [Cobol] / Datensatzerklärung, Satzerklärung || ~ **recording** [PE] / Datenaufzeichnung, Datenregistrierung || ~ **recording medium** [PE] / Datenaufzeichnungsmedium, Aufzeichnungsmedium || ~ **record name** [Cobol] / Datensatzname, Satzname || ~ **reduction** [WS] / Datenverdichtung, Datenreduktion || ~ **reduction center** [RDp] / Datenauswertungszentrale || ~ **reduction program** [Sw] / Datenreduktionsprogramm || ~ **redundancy** [Dp] / Datenredundanz || ~ **region address register** [ES] / Datenbezirksadreßregister || ~ **register** [Mp] / Register für allgemeine Anwendungen || ~ **representation** [Th] / Datendarstellung, Informationsdarstellung || ~ **request** [Sw] / Datenanforderung || ~ **retrieval** [DOK, DpC] / Datenretrieval (Form des Retrievals, bei der als Antwort auf eine Suchfrage Daten selektiert werden, die geeignet sind, die Suchfrage direkt zu beantworten), Faktenretrieval || ~ **routing character** [RDp] / Leitvermerk, Leitwegvermerk || ~ **sampling system** [ADp] / Datenabfragesystem || ~ **scanning system** [ADp] / Datenabfragesystem || ~ **sector** [PCC] / Datensektor || ~ **security** [DS] / Datensicherung || ~ **segment** [Tr] / Datensegment || ~ **select control** [ES] / Datenauswahlsteuerung || ~ **selector** [ES] / Datenweiche

dataset *n* [MCS] / Übermittlungseinheit, Übermittlungselement || [PL/1] / Datenmenge || ~ (s. modem) || **member of a** ~ [Sw] / Glied einer Datei || ~ **adapter** (i.e., a device which connects a data processing machine to a telephone or telegraph communication line) [IO, Tr] / Signalumsetzeranschluß || ~ **catalog** [Dp, OS] / Dateikatalog ||

~ **catalog system (DACS)** [Dp, OS] / Dateikatalogsystem (DAKS) || ~ **definition** [Sw] / Datenbestandsdefinition || ~ **label (DSL)** [Sw] / Dateikennsatz || ~ **owner** [DS] / Dateneigentümer || ~ **set** [PL/1] / Bestand der Datenmenge

data sheet [Dist] / Datenblatt || ~ **signal** [Tr] / Datensignal (DIN 44302, Apr. 1979) || ~ **signaling rate** (i.e., the rate at which information can be transmitted) [Tr] / Übertragungsgeschwindigkeit (Produkt aus Schrittgeschwindigkeit und der Anzahl der Binärzeichen, die je Schritt übertragen werden, angegeben in Bit pro Sekunde) (DIN 44302, Apr. 1979) || ~ **sink** [Tr] / Datensenke (DIN 44302, Apr. 1979), Datensignalsenke || ~ **source** [Tr] / Datenquelle (DIN 44302, Apr. 1979), Datensignalquelle || ~ **spacing** [MT] / Aufzeichnungsabstand (DIN 66214, Juli 1977) || ~ **stack** [VS] / Datenkeller || ~ **stack address (DSA)** [VS] / Datenkelleradresse || ~ **stack lower bound address (DSLBA)** [VS] / Datenkelleruntergrenzadresse || ~ **stack upper bound address (DSUBA)** [VS] / Datenkellerobergrenzadresse || ~ **station** [RDp] / Außenstation || ~ **stock** [IDS] / Datenbestand (Menge der gespeicherten Dateneinheiten, auf die innerhalb eines Systems zugegriffen werden kann) || ~ **storage** [M] / Datenspeicher || ~ **storage management program** [OS] / Datenspeicherorganisation || ~ **storage position** [PE] / Datenspeicherplatz || ~ **storage register** [Dp] / Datenspeicherungsregister || ~ **stream** [Dp] / Datenfluß, Datenstrom || ~ **structure** [Dp, Sw, IDS] / Datenaufbau || ~ **subset** [IO] / Datenteilnehmerstation || ~ **suppression** [HSP] / Datenunterdrückung || ≗ **Surveillance Act** [Priv] / Datenschutzgesetz (in Großbritannien) || ~ **switch** [HSP] / Datenschalter || ~ **switching** [ES] / Datenvermittlung || ~ **switching center** [ES] / Datenvermittlungsstelle || ~ **switching exchange (DSE)** [ES] / Datenvermittlungsstelle || ~ **switching system** [ES] / Datenvermittlungssystem || ~ **synchronizer** [PE] / Datensynchronisiereinheit, Datenzwischenspeicher || ~ **systems technology** / Datentechnik || ~ **tape** [PT] / Datenstreifen, Informationsstreifen || ~ **telegram** [RDp, Tr] / Datentelegramm || ~ **terminal** [IO] / Datenendgerät, Terminal, Datenendplatz, Datenendstelle || ~ **terminal** (comprising DTE and DCE) [RDp] / Datenstation (DST) (DIN 44302, Apr. 1979) || ~ **terminal equipment (DTE)** [Tr] / Datenendeinrichtung (DEE) (DIN 44302, Apr. 1979), DE-Einrichtung || ~ **terminal interface** [RDp] / Endgeräteschnittstelle || ~ **terminal subscriber** [ES] / Datenteilnehmer || ~ **throughput** [Dp] / Datendurchsatz || ~ **throughput rate** / Datendurchsatzrate, Datendurchschalteleistung || ~ **track** [PT] / Informationsspur (DIN 66218, Jan. 1976), Datenspur, Codespur || ~ **traffic** [Tr] / Datenverkehr || ~ **transducer** [Hw] / Datenwandler || ~ **transfer** [CP, Tr] / Datentransfer, Transfer, Datenübertragung (zwischen Zentraleinheit und Peripherie) || ~ **transfer code** [CP, Tr] / Datenübertragungscode || ~ **transfer enabling signal** [CP, Tr] / Datenübergabesignal || ~ **transfer instruction** [CP] / Datentransferbefehl || ~ **transfer rate** (i.e., the rate at which data actually arrives after transmission, expressed in terms of bits, characters, or blocks per second, minute, or hour) [Tr] / Transfergeschwindigkeit (DIN 44302, Apr. 1979), effektive Übertragungsgeschwindigkeit || ~ **transfer signal** [CP, Tr] / Datenübergabesignal || ~ **transfer system** [CP, Tr] / Datenübertragungssystem || ~ **transmission** [Tr] / Datenübertragung (Übertragen von Daten zwischen DEEs über Datenverbindungen, besonders im Hinblick auf die technischen Aspekte des Übertragens von Informationen in verschlüsselter Form mit Hilfe eines elektrischen Übertragungssystems) (DIN 44302, Apr. 1979), Datenübertragungstechnik || ~ **transmission block** [Tr] / Datenübertragungsblock (DÜ-Block) (DIN 44302, Apr. 1979) || ~ **transmission circuit** [Tr] / Datenverbindung (DIN 44302, Apr. 1979) || ~ **transmission control unit** [Tr] / Datenübertragungssteuerung || ~ **transmission equipment** [Tr] / Datenübermittlungseinheit, Datenübermittlungsgerät,

Datenübertragungsgerät || ~ **transmission facility** [Tr] / Datenübertragungseinrichtung (allgemein) || ~ **transmission link** [Tr] / Datenübermittlungsabschnitt, Übermittlungsabschnitt (DIN 44302, Apr. 1979) || ~ **transmission phase** [ES] / Datenübertragungsphase, Datenphase || ~ **transmission program** [Tr] / Datenübertragungsprogramm || ~ **transmission system** [Tr] / Datenübertragungssystem (DUS) || ~ **unit** [DOK, Dp, Sw] / Dateneinheit (kleinste isolierbare, innerhalb eines kommunikativen Zusammenhangs für sich interpretierbare Einheit aus einer gegebenen Menge von Daten) || ~ **volume** [PE] / Magnetschichtdatenträger || ~ **word** [PL] / Datenwort || ~ **word address** [Sw, ES] / Datenwortadresse

date builtin function [PL/1] / (eingebaute) (Tages)datums-Funktion || ~ **byte** [Sw] / Datumsbyte || ~ **card** [Sw] / Datumskarte

date-compiled *n* [Cobol] / Kompilierungsdatum (Absatz des Erkennungsteils bei einem COBOL-Programm)

date expired [MT, MD, MC, MDr] / Freigabedatum, Löschdatum, Verfalldatum || ~ **function** [PL/1] / (eingebaute) (Tages)datums-Funktion

Datel services (UK Post Office data transmission services, consisting of a suitable line, a modem where necessary, and maintenance support) [Tr] / Dateldienst (Datenübertragungsdienst der britischen Post)

date of manufacture [Hw] / Herstelldatum || ~ **of preparation** [MT, MD, MC, MDr] / Schreibdatum, Erzeugungsdatum

date-time program [OS] / Datum-Uhrzeit-Programm

date-written *n* [Cobol] / Schreibdatum (Absatz des Erkennungsteils bei einem COBOL-Programm)

date written [MT, MD, MC, MDr] / Schreibdatum, Erzeugungsdatum

datex network [RDp, TP] / Datexnetz || ~ **services** [RDp, TP] / Datexdienst

DAT feature [VS] / dynamische Adreßumsetzungseinrichtung, DAT-Einrichtung

db (s. decibel)

DBMS (s. data base management system) || ≗ **software** [IDS] / Datenbanksoftware

DC (s. Define constant)

d.c. (s. direct current)

d.c.-a.c. converter [Hw] / Wechselrichter, Gleichstromumrichter

d.c. amplification factor [Sc] / Gleichstromverstärkungsfaktor || ~ **amplifier** [Hw] / Gleichstromverstärker || ~ **analog computer** [ADp] / Gleichstromanalogrechner

DCB (s. data control block)

d.c. bias recording [PE] / Aufzeichnung mit Gleichstromvormagnetisierung || ~ **characteristics** [Sc] / statische Kenndaten

d.c.-coupled *adj* [Tr] / ohne galvanische Trennung, galvanisch durchgeschaltet (4-Draht-Standleitung)

d.c. current gain [Sc] / Gleichstromverstärkung || ~ **data signal** [RDp, Tr] / Gleichstromsignal

d.c.-decoupled *adj* [Tr] / mit galvanischer Trennung

DCE (s. data communications equipment) || ≗ (s. data circuit terminating equipment)

DCF (s. disk control field)

d.c. forward resistance [Sc] / Gleichstromdurchlaßwiderstand || ~ **interface** [Tr] / Gleichstromschnittstelle || ~ **keying system** [RDp] / Gleichstromtastsystem || ~ **parameter** [Sc] / Gleichstromparameter || ~ **power supply** / Gleichstromversorgung || ~ **resistance** [Sc] / Gleichstromwiderstand || ~ **reverse voltage** [Sc] / Gleichsperrspannung || ~ **static converter** [Sc] / Gleichstromwandler || ~ **telegraphy** [TP, Tr] / Gleichstromtelegrafie || ~ **transformer** [Sc] / Gleichstromtransformator || ~ **value** [Sc] / Gleichwert (Wert der Gleichspannung oder des Gleichstroms)

DDA (s. digital differential analyzer)

DDC (s. direct digital control)

DDCE (s. digital data conversion equipment)

DDD (s. direct distance dialing)

DD name [OS] / Dateidefinitionsname, DD-Name

DDR (s. digital data receiver)

DD statement [OS] / Dateidefinitionsanweisung, DD-Anweisung

DDT (s. digital data transmitter)

deactivate *v* [Hw] / ausschalten || **to ~ a file** [Sw] / eine Datei sperren
deactivation point [Hw] / Ausschaltpunkt
deadline document [Dist] / terminbestimmende Unterlage
deadly embrace [Sw] / Systemblockade, Systemverklemmung
dead sector [Fax] / Einspannstelle, toter Winkel || **~ short** [DS] / Vollkurzschluß || **~ space** [DpC] / ungenutzter Raum || **~ zone unit** [PCC] / Totgangfunktionsgeber
deallocate *v* (device, etc.) [Dp] / eine Zuordnung aufheben für || **~ call** [PCC, Sw] / Freigabeaufruf
deallocated resources [Sw] / freigegebene Betriebsmittel
debatable time [Dp] / strittige Verlustzeit
debit sign [PL/1] / Debetzeichen
deblock *v* [Sw] / entblocken
debug *v* [Sw] / (Programm usw.) austesten, von Fehlern bereinigen || [Hw] / Fehler (an Gerät usw.) beheben
debugging *n* [Sw] / Austesten (eines Programms usw.) || **program ~** [Sw] / Programmfehlerbeseitigung || **~ aid** [Dp] / Testhilfe (Hardware) || **~ facility** [Dp] / Fehlersuchhilfe || **~ routine** [Mp] / Debugprogramm || **~ run** [Dp, Serv] / Testlauf || **~ system** [Dp, Serv] / Testsystem
decade *n* [Th] / Dekade, Zehnergruppe || **~ counter** [Hw] / Dekadenzähler || **~ switch** [Hw, PCC] / Dekadenschalter || **~ switch control** [Hw, PCC] / Dekadenschaltersteuerung
decadic sorting [Sw] / dekadisches Sortieren
decat builtin function [PL/1] / (eingebaute) Zerlegungs-Funktion || **~ function** [PL/1] / (eingebaute) Zerlegungs-Funktion
decay coefficient [VDT, Sc] / Ausschwingfaktor (Speicherröhre) || **~ constant** [VDT, Sc] / Ausschwingkonstante (Speicherröhre) || **~ factor** [VDT, Sc] / Ausschwingfaktor (Speicherröhre)
decaying data [Priv] / veraltete Daten
decay time [Sc, Co] / Abfallzeit eines Impulses, Impulsabfallzeit || **~ time** [VDT, Sc] / Ausschwingzeit (Speicherröhre) || **~ transient** [VDT, Sc] / Ausschwingdauer (Speicherröhre)
DECB (s. data event control block)
deceleration *n* [PCC] / Verzögerung || **~ contact** [Hw] / Bremskontakt || **~ program** [TP] / Bremsprogramm || **~ range** [TP] / Bremsbereich || **~ time** [MT] / Stoppzeit (DIN 66010, Apr. 1973)
decentralized data acquisition [Dp] / dezentrale Datenerfassung || **~ data preprocessing** [Dp] / dezentrale Datenvorverarbeitung || **~ data processing** [Dp] / dezentrale Datenverarbeitung || **~ scheduling** [Dist] / dezentrale Disposition
decibel (db) *n* [Sc] / Dezibel (db)
decidability *n* [Cy] / Entscheidbarkeit
decimal *adj* / Dezimal-... || [PL/1] / dezimal || **~ adjust** [Mp] / Dezimalkorrektur, Dezimalanordnung || **~ arithmetic** [Th] / Dezimalarithmetik, Dezimalrechnung || **~ arithmetic instruction** [PL] / Dezimalbefehl || **~ builtin function** [PL/1] / (eingebaute) Dezimal-Funktion || **~ carry** [Th] / Zehnerübertrag || **~ code** [Th] / Code für Dezimalziffern || **~ constant** [PL] / Dezimalkonstante || **~ digit** [Cobol] / Dezimalziffer (DIN 44300, März 1972) || **~ divide error** [ALU, Sw] / Dezimaldivisionsfehler || **~ equivalent** [Th] / Dezimaläquivalent || **~ exponent** [Fortran] / Dezimalexponent E || **~ format invalid digit** [ALU, Sw] / Dezimalziffernfehler, Dezimalzeichenfehler || **~ fraction** [Algol] / Dezimalbruch || **~ fraction format** [Algol] / Dezimalbruchteilformat || **~ function** [PL/1] / (eingebaute) Dezimal-Funktion || **~ instruction** [PL] / Dezimalbefehl || **~ multiplicand error** [ALU, Sw] / Dezimalmultiplikandenfehler || **~ multiply operation** [Sw] / Dezimalmultiplikations-Operation || **~ notation** [Th] / Dezimaldarstellung, dezimale Zahlendarstellung, Dezimalschreibweise, Denärdarstellung || **~ notation** [DOK] / Dezimalnotation (Ziffernnotation mit der Notationsbasis 10) || **~ number** [Algol] / Dezimalzahl || **~ number format** [Algol] / Dezimalzahlenformat || **~ numbering system** [Th] / Dezimalzahlensystem || **~ number system** [Th] / Dezimalzahlensystem || **~ overflow** [ALU] / Dezimalüberlauf || **~ place** [Th] / Dezimalstelle, Dezimalbruchstelle || **~ point** [Algol] / Dezimalpunkt || **~ point** [Fortran] / Dezimalpunkt || **~ point** [Cobol] / Dezimalpunkt || **~ point alignment** [Cobol] / Dezimalpunktausrichtung || **~ point/comma conversion feature** [Hw] / Austausch von Dezimalpunkt und

-Komma (Zusatzeinrichtung)
decimal-point is comma clause [Cobol] / Dezimalpunktersetzungsklausel
decimal power mode [OS] / Zehnerpotenzschreibweise || ~ **read mode** [PC] / dezimaler Lesemodus, Dezimallesemodus || ~ **self-defining term** [PL, ES] / dezimaler Direktwert, dezimaler selbstdefinierender Wert || ~ **system** [Th] / Dezimalsystem, dekadisches System
decimal-to-binary conversion [ALU] / Dezimal-Binär-Umwandlung, Dezimal-Binär-Umsetzung
decimal value [Th] / Dezimalwert
decipher *v* [Cryp] / entziffern, dechiffrieren, entschlüsseln, decodieren
decision *n* [Sw] / Entscheidung || ~ **box** [Sw] / Blockdiagrammsymbol „Entscheidung" || ~ **circuit** [Cir] / Entscheidungsschaltung || ~ **content** [Th, Cy] / Entscheidungsgehalt (DIN 44301, Feb. 1977) || ~ **element** [Th] / Entscheidungselement, logisches Element || ~ **feedback** [DS, Tr] / Rückmeldung (Fehlerkorrektur) || ~ **feedback system** [DS, Tr] / Fehlererkennungssystem mit Wiederholung || ~ **instruction** [PL] / Entscheidungsbefehl || ~ **integrator** [ADp] / inkrementaler Integrierer, Servointegrierer, Entscheidungsintegrator || ~ **storage** [PCC] / Entscheidungsspeicher || ~ **symbol** [Sw] / Verzweigungssymbol || ~ **table** [Th, SA] / Entscheidungstabelle
deck of cards [PC] / Lochkartenstapel, Kartenstapel
declaration *n* [Algol] / Vereinbarung || [PL/1] / Vereinbarung
declarative macro instruction [Sw] / beschreibende Makroanweisung
declaratives *pl* [Cobol] / (Prozedur)vereinbarungen
declarator *n* [Algol] / Vereinbarungssymbol || [Dp] / Typenvereinbarung
declare *v* [Dp] / (Parameter usw.) angeben || ~ **statement** [PL/1] / Vereinbarungsanweisung
decode *v* [Cryp] / decodieren
decoder *n* [Tr] / Decodierer (DIN 44300, März 1972) || ~ **matrix** [Cryp] / Decodiermatrix, Entschlüsselungsmatrix || ~ **network** [Cir] / Decodiernetzwerk
decodification *n* [Cryp] / Decodieren, Entschlüsseln
decoding *n* [Cryp] / Decodieren, Entschlüsseln || ~ **diode** [Sc] / Decodierdiode || ~ **program** [ES] / Decodierungsprogramm
decollate *v* (i.e., to separate multipart sets of continuous stationery) [HSP] / trennen
decollator *n* (used to separate multipart sets of continuous stationery) [Hw, HSP] / Trennmaschine (für Mehrfach-Schnelldruckerpapier)
decompress *v* [Sw] / entkomprimieren
decrement *v* [Th] / dekrementieren, erniedrigen, vermindern || *n* [Th] / Dekrement, Verminderung || **to ~ by one** [Sw] / um 1 erniedrigen || **≗ address in memory location by one** [PCC, Instruction] / Erniedrige Adresse in Zelle um Eins
decrementer *n* [Mp] / Abwärtszähler
decrypt *v* [Cryp] / entziffern, dechiffrieren, entschlüsseln, decodieren
dedicated area of main memory [PCC, Sw] / reservierter Bereich des Arbeitsspeichers || ~ **circuit** [Tr] / Schaltung, die auf ein bestimmtes Problem zugeschnitten ist || ~ **data processing system** (i.e., a system designed or specifically programmed for a single or special group of applications) [Dp] / dediziertes Datensystem || ~ **line** (leased, privately owned) [Tr] / Standleitung (DIN 44302, Apr. 1979), festgeschaltete Leitung, fest durchgeschaltete Leitung || ~ **network** [RDp] / Standverbindungsnetz || ~ **peripheral equipment system** [Dp] / dediziertes Peripheriesystem (z.B. Bankenterminalsystem) || ~ **system** [Sw] / Einfunktionssystem || ~ **telephone circuit** [Tr] / Fernsprechstandverbindung
de-energize *v* [Sc] / (Relais usw.) abschalten
defactor, to ~ declarations [PL/1] / Vereinbarungen entklammern
default *adj* [PL/1] / vorgegeben, Vorgabe-...
defect *n* [Hw] / Fehler (fehlerhafte Ausführung) || ~ **electron conduction** [Sc] / Defektelektronenleitung
defective device [Hw, Sw] / defektes Gerät || ~ **track** [PE] / defekte Spur, unbrauchbare Spur
deferred entry [Sw] / asynchroner Eingang || ~ **exit** [Sw] / asynchroner Ausgang || ~ **maintenance** (i.e., maintenance which is designed to

correct an existing fault, which does not necessarily prevent continued operation of the system) [Hw, DpC] / Nachrüstungswartung, verzögerte Wartung || ~ **restart** [Dp] / verzögerter Wiederanlauf

define *v* [Dp] / definieren || ~ (file, etc.) [Sw] / erklären || ≗ **channel command word** [Instruction] / Definieren Kanalbefehlswort || ≗ **constant (DC)** [OS, Lisp] / Definieren Konstante

defined *adj* [PL/1] / überlagernd || ~ **code sequence** [HSP] / feste Codereihenfolge || ~ **initial state** [Sw] / definierter Ausgangszustand

Define storage (DS) [Assembler, Lisp] / Definieren Arbeitsspeicherbereich || ≗ **the file for direct access (DTFDA)** [OS, Command] / Dateierklärung (DTFDA) || ≗ **the file for serial access (DTFSR)** [OS, Command] / Dateierklärung (DTFSR)

defining argument [Sw] / Ordnungsbegriff || ~ **element** [IDS] / Ordnungselement || ~ **word mark** [Sw] / begrenzende Wortmarke

definition *n* [IDS] / Definition || ~ **card** [Sw] / Bestimmungskarte

deflecting coil [VDT] / Ablenkspule || ~ **plate** [VDT] / Ablenkplatte || ~ **voltage** [VDT] / Ablenkspannung

deflection amplifier [VDT] / Strahlablenkverstärker || ~ **electronics** [VDT, HSP] / Ablenkelektronik || ~ **method** [VDT] / Ablenkverfahren || ~ **mirror** [HSP] / Umlenkspiegel || ~ **sensitivity** [VDT] / Ablenkempfindlichkeit || ~ **system** [HSP] / Ablenksystem || ~ **thyristor** [Typ, Sc] / Ablenkthyristor (Zeilenablenkung) || ~ **unit** [HSP] / Ablenkeinheit

deflector *n* [HSP] / Ablenker || ~ **station** [PT] / Umlenkstation

defluxing *n* [Co, Sc] / Entfernung von Lötmittelrückständen

degeneration *n* [Cy] / Gegenkopplung

degenerative feedback [Cy] / Gegenkopplung

degradation failure [Co] / Driftausfall

degree of modulation [Sc] / Modulationsgrad

DEL (s. delete character)

delay and attenuation equalizer [Tr] / Laufzeit-Dämpfungsentzerrer || ~ **circuit** [Cir, Tr, NC] / Verzögerungskreis, Verzögerungsschaltung || ~ **distortion** [Tr] / Laufzeitverzerrung, Laufverzerrung

delayed call [ES] / verzögerte Belegung || ~ **card feed** [PC] / verzögerte Kartenzuführung || ~ **conversation** [TP] / Nachrichtenaustausch mit Verzögerungen zwischen Sender und Empfänger || ~ **delivery** [ES] / späteres Weitersenden, verzögertes Zuschreiben || ~ **feed** [PC] / verzögerte Kartenzuführung || ~ **processing** [Dp] / aufgeschobene Bearbeitung

delay equalizer [Tr] / Laufzeitentzerrer || ~ **equalizer network** [Tr] / Laufzeitentzerrglied

delay-exceeding probability [ES] / Überschreitungswahrscheinlichkeit

delay line [Co] / Laufzeitverzögerungsleitung, Verzögerungsleitung, Verzögerungsstrecke

delay-line, electromagnetic ~ storage [M] / elektromagnetischer Laufzeitspeicher || **ultrasonic ~ storage** [M] / Ultraschall-Laufzeitspeicher || ~ **distortion** [Tr] / Laufzeitverzerrung, Laufverzerrung || ~ **register** [M, CU] / dynamisches Register, Verzögerungsregister, Laufzeitregister || ~ **storage** [M, ES] / Laufzeitspeicher, Verzögerungsspeicher

delay principle [ES] / Wartezeitprinzip || ~ **time** [Sc] / Verzögerungszeit (bei einem Schalttransistor) || ~ **time interval** [HyC] / Verzögerungsintervall || ~ **unit** [Cir, CP] / Laufzeitglied, Totzeitglied

delete *v* [Sw] / eliminieren (beim Sortieren), löschen || [Tr] / vom Übertragen ausschließen || ~ (character, etc., usually by all-code holes superimposed upon previously punched code) [PT] / auslochen (mittels sog. Vollochung) || ~ **character (DEL)** [PT, PC, TP] / Löschzeichen || ~ **statement** [PL/1] / Löschanweisung

delimit *v* [Sw] / begrenzen || **to ~ by apostrophes** [Sw] / in Apostrophe einschließen

delimiter *n* [Algol] / Begrenzer || [PL/1] / Begrenzer || ~ (s. data delimiter)

delimiting slash [Sw] / Begrenzungsschrägstrich

delivery board [IO, HSP] / Papierauffang || ~ **jaw** [PC] / Stapelbacke || ~ **schedule** [Dist] / Lieferplan

delta noise [M] / Deltarauschen

demagnetizing effect [Th] / Entmagnetisierungseffekt || ~ **field** [Th] / Entmagnetisierungsfeld

demand-driven program (= interrupt-controlled program) [ES] /

anforderungsabhängiges Programm
demand execution of functions [ES] / auf Anforderung veranlaßte Ausführung von Funktionen || ~ **file** [Sw] / Abrufdatei || ~ **paging** [VS] / Seitenabruf || ~ **processing** [Dp] / mitlaufende Verarbeitung, unmittelbare Verarbeitung || ~ **routine** [ES] / auf Anforderung angestoßene Routine
demodulate *v* [Tr] / demodulieren
demodulation *n* [Tr] / Demodulation || ~ **equipment** [Tr] / Demodulationsgerät
demodulator *n* [Tr] / Demodulator, Demodulationseinrichtung (für den Empfangsbetrieb), Signalgleichrichter, Empfänger-Signalumsetzer
DeMorgan's law [SA] / De Morgansches Gesetz || **~ theorem** [SA] / De Morgansches Gesetz
demultiplex *v* [Tr] / demultiplexieren, entschachteln
demultiplexer *n* [Tr] / Demultiplexer (DMX)
demultiplexing *n* [Tr] / Demultiplexierung, Entschachtelung
dense binary code [Th] / vollständiger Binärcode
densitometer *n* [OCR] / Densitometer, Schwärzungsmesser
densitometry *n* [OCR] / Densitometrie
density *n* [OCR] / Schwärzungsdichte, Dichte || [HSP] / Schwärzungsgrad || ~ **comparator** [Rep] / Vergleichsdensitometer || ~ **scale** [Rep] / Schwärzungsskala
depacketize *v* (data, etc.) [ES] / entpaketieren
dependent variable [Th] / abhängige Variable
depending on option [Cobol] / Abhängig-von-Angabe
depletion layer [Sc] / Verarmungsrandschicht, Randschicht (DIN 41852, Aug. 1978) || ~ **layer capacitance** [Sc] / Sperrschichtkapazität (DIN 41852, Aug. 1978) || ~ **mode operation** [Sc] / Verarmungsbetrieb || ~ **region** [Sc] / Verarmungsrandschicht, Randschicht (DIN 41852, Aug. 1978) || ~ **type** [Sc] / Verarmungstyp (Transistor) || ~ **type field-effect transistor** [Sc] / Verarmungs-Isolierschicht-Feldeffekttransistor, Verarmungs-IG-FET
deposit *v* [ES] / (Daten im Speicher usw.) hinterlegen || *n* [Hw] / Schicht
deposition of beams [Sc] / Streifenkontaktieren (Auftragen von Streifenanschlüssen bei Dickfilm)
depress *v* [Hw] / drücken (Taste)
depth of column [Typ] / Spaltenhöhe || ~ **of field** [Rep] / Schärfentiefe || ~ **of page** [Typ] / Satzhöhe || ~ **of penetration** [Sc] / Eindringtiefe || ~ **of procedure** [Sw] / Prozedurtiefe || ~ **specification** [Typ] / Höhenangabe
dequeue *v* [Dp] / aus einer Warteschlange entfernen
derivative action [PCC] / Differentialverhalten || ~ **time constant** [Th, AC] / Differenzierzeitkonstante
derived *adj* [PL/1] / abgeleitet
descender *n* [Typ] / Unterlänge (Schrift)
descending *adj* [Cobol] / absteigend || ~ **key** [Cobol] / absteigender Sortierbegriff (Sortierschlüssel) || ~ **order** [Sw] / absteigende Reihenfolge, absteigende Folge, absteigende Ordnung || ~ **order of priority** [RDp, Tr] / absteigende Priorität || ~ **traffic** (e.g., traffic flow from switching center to concentrator) [ES] / absteigender Verkehr
describe *v* [Sw] / beschreiben
describing function [AC, Cy] / Beschreibungsfunktion
description *n* [Cobol] / Beschreibung || [PL/1] / Beschreibung || ~ **entry** [Cobol] / Erklärung
descriptive linguistics [Term] / deskriptive Linguistik || ~ **procedure** [Algol] / Spezifikationsprozedur || ~ **region** [Sw] / Informationsbereich || ~ **region** [PE] / Spurkontroll-Informationsbereich
descriptor *n* [DOK, IDS] / Deskriptor || [PL/1] / Beschreiber || ~ **record** [Sw] / Beschreibungssatz, Deskriptorsatz
design *v* [Hw] / konstruieren || **mechanical ~** [Hw] / konstruktive Ausführung || **to ~ a main memory system using MOS FET technology** [Dp] / ein Speichersystem in MOSFET-Technologie realisieren
designational expression [Algol] / Zielausdruck
designation holes (s. control holes) || ~ **label** [Hw] / Beschriftungsschild
designator *n* [Algol] / Bezeichner
design data [Hw, Sc] / Konstruktionsdaten || ~ **modification** [Hw] / Konstruktionsänderung || ~ **study** [R&D] / Entwurf
desk *n* [Hw] / Tisch || ~ **calculator** [Calc] /

Tischrechner (DIN 9757E, Okt. 1977), Tischrechenmaschine
desk-check *v* (program, etc.) [DpC, Sw] / (Programm usw.) einem Schreibtischtest unterwerfen
desk checking [DpC, Sw] / Schreibtischtest (für ein Programm) || ~ **model** [Hw] / Tischmodell, Tischgerät
desktop calculator [Calc] / Tischrechner (DIN 9757E, Okt. 1977), Tischrechenmaschine || ~ **computer** [Hw] / Kleinrechner als Tischgerät, Tischcomputer || ~ **model** [Hw] / Tischmodell, Tischgerät || ~ **plotter** [GrDp] / Tischplotter
desolder *v* [Serv] / ablöten
destage *v* (i.e., to move data from a staging device to a mass storage volume) [VS] / ausspeichern
destination address [Mp] / Zieladresse || ~ **code** [ES] / Bestimmungsortkennzahl, Bestimmungskennzahl || ~ **exchange** [ES] / Gegenamt || ~ **field** [Sw] / Empfangsfeld || ~ **identifier** [ES] / Empfängerkennung || ~ **office** [ES] / Gegenamt || ~ **register** [ALU] / Bestimmungsregister || ~ **routing table** [ES] / Richtungstabelle || ~ **signal** [ES] / Zielkennzeichen || ~ **switching center** [ES] / Zielvermittlungsstelle || ~ **table** [Tr] / Bestimmungsorttabelle || ~ **terminal exchange** [ES] / Ziel-Endamt || ~ **warning marker** [MT] / Bandendemarke (DIN 66010, Apr. 1973)
destroy *v* (data, message, etc.) [DS, Tr] / zerstören, löschen
destructive cursor [VDT] / löschendes Positionsanzeigesymbol || ~ **reading** [M] / löschendes Lesen, zerstörendes Lesen, destruktives Lesen || ~ **readout** [M] / löschendes Lesen, zerstörendes Lesen, destruktives Lesen
detail card [PC, Sw] / Einzelkarte, Einzelpostenkarte, Postenkarte || ~ **drawing** [Serv] / Ausschnittskizze
detailed error information [OS] / Spezialfehlerinformation || ~ **flowchart** [Sw] / Detailflußdiagramm
detail file (s. activity file) || ~ **flowchart** [Sw] / Detailflußdiagramm || ~ **information** [RPG] / Einzelposteninformation (RPG-Eingabedaten) || ~ **printing** [PC] / Einzelgang, Postenschreibung || ~ **report group** [Cobol] / Postenleiste || ~ **time** [RPG] / Einzelverarbeitung
detect *v* [Tr] / demodulieren || [Sw] / erkennen
detection diode [Sc] / Demodulatordiode || ~ **function** [Sc] / Untersuchungsfunktion || ~ **punch** [PT, PC] / Kennlochung
detector voltage efficiency [Sc] / Spannungsrichtverhältnis
detent *v* [Hw] / feststellen (sperren), arretieren
determinant *n* [Th] / Determinante
DEVCHK (s. Device check)
developer *n* [HSP] / Entwickler || ~ **station** [HSP] / Entwicklerstation || ~ **station end cover** [HSP] / Teilabdeckung (Entwicklerstation)
developmental department [R&D] / Entwicklungsabteilung
development engineering [R&D] / Entwicklungsforschung || ~ **process plan** [R&D] / Entwicklungsprozeßplan || ~ **software** (for minicomputer, etc.) [MCS] / Programmentwicklungssoftware || ~ **system** [Mp] / Entwicklungssystem || ~ **time** (s. program development time)
deviation signal [PCC, NC] / Abweichungssignal
device *n* [Hw] / Gerät, Aggregat || [RPG] / Ein-Ausgabeeinheit || ~ **adapter (DA)** [Hw] / integrierter Geräteanschluß || ~ **address** [Sw] / Geräteadresse || ~ **address register** [Sw] / Geräteadressenregister || ~ **allocation** [Dp, Sw, OS] / Einheitenzuordnung, Gerätezuordnung, Gerätezuweisung || ~ **assignment** [Sw] / Gerätebelegung || ~ **assignment** (physical) [Dp] / physikalische Gerätezuordnung || ~ **assignment list** [Sw] / Gerätezuordnungsliste || ~ **assignment table** [Sw] / Gerätezuordnungstabelle || ~ **attachment** [Hw, DT] / Geräteanschluß || ~ **channel controller** [ES] / Gerätekanalsteuerung (GKS) || ~ **check (DEVCHK)** [OS, Command] / Geräte überwachen (DEVCHK) || ~ **class** [Hw] / Geräteklasse || ~ **clock check** [Tr] / Gerätetaktprüfung || ~ **code** [OS] / Gerätekennzeichen || ~ **combination** [HSP] / Gerätekombination || ~ **constant** [OS] / Gerätekonstante || ~ **control** [OS] / Gerätesteuerung (Vorgang) || ~ **control character** [Dp] / Gerätesteuerzeichen || ~ **control electronics** [Hw] / Gerätesteuerung
device-controlled *adj* [OCR] / gerätegesteuert
device controller [Hw] /

Gerätesteuerung || ~ **control statement** [Sw] / Geräteanweisung || ~ **correspondence table** [Sw] / Gerätezuweisungstabelle || ~ **deallocation** [OS] / Gerätefreigabe || ~ **definition** [Sw] / Gerätedefinition || ~ **designation** [Sw] / Gerätebezeichnung, Gerätename || ~ **down** *v* [Dp] / ein Gerät logisch abtrennen || ~ **driver** [Mp] / Ein-Ausgabe-Gerätesteuerprogramm || ~ **duplication** [Dp] / Geräteverdopplung || ~ **electronics** [Hw, PCC, Tr] / Steuerelektronik, Steuerungselektronik || ~ **error** [OS] / Gerätefehler || ~ **error recovery** [OS] / Gerätefehlerbehandlung || ~ **error table** [OS] / Gerätefehlerstatistik || ~ **error table file** [OS] / Gerätefehlerstatistikdatei || ~ **handler** [OS] / Geräte-Ein-Ausgabeprogramm || ~ **handling** [OS] / Geräteverwaltung || ~ **identification** [Sw] / Gerätebezeichnung, Gerätename || ~ **identifier** [OS] / Gerätekennzeichen || ~ **independence** [Dp] / Geräteunabhängigkeit || ~ **inoperable** [Dp] / Gerät nicht betriebsklar, Gerät unklar, Gerät nicht bereit || ~ **interface** [PE] / Peripherieschnittstelle || ~ **interface adapter** [ES] / Geräteschnittstellenanpassung || ~ **interrupt handling** [Sw] / Geräteunterbrechungsbehandlung || ~ **I/O system** [ES] / Geräte-Ein-Ausgabesystem (GEAS) || ~ **junction capacitance** [Co, Sc] / Kapazität des Halbleiterelements am Übergang || ~ **list** [OS] / Geräteliste, Gerätetabelle || ~ **mainpath routine** [OS] / Gerätehauptprogramm || ~ **management** [Hw, DpC] / Geräteverwaltung || ~ **management program** [DpC, Sw] / Geräteverwaltungsprogramm || ~ **mnemonic** [Sw] / mnemotechnischer Gerätename, Gerätekurzbezeichnung || ~ **name** [Sw] / Gerätebezeichnung, Gerätename || ~ **number** [Hw, OS] / Gerätenummer || ~ **operating mode** [OCR] / Gerätebetriebsart || ~ **operator** [DpC] / Geräte-Operator

device-oriented construction document [Dist] / gerätegebundene Aufbauunterlage

device pass [OCR] / Gerätedurchlauf || ~ **pattern** [Sc] / Bauelementstruktur || ~ **pending indicator** [Hw] / Abfertigungsanzeige || ~ **ready** [Dp] / Gerät betriebsklar, Gerät klar, Gerät bereit || ~ **release** [OS] / Gerätefreigabe || ~ **request interrupt** [Dp] / Unterbrechung wegen Geräteanforderung || ~ **reservation** [Sw] / Gerätebelegung || ~ **reserved** [Dp] / Gerät belegt || ~ **servicing indicator** [Hw] / Abfertigungsanzeige || ~ **setup** [Dp] / Initialisierung von Geräten, Vorbereitung von Geräten || ~ **sidepath routine** [OS] / Gerätenebenprogramm || ~ **simulation control** [ES] / Gerätesimulationssteuerung (GSTS)

device-specific *adj* [Mp] / gerätespezifisch

device specification [Sw] / Geräteangabe || ~ **standard interface** [Hw] / normierter Geräteanschluß || ~ **status change** [ES] / Gerätestatuswechsel || ~ **surface area** [HSP] / Gehäuseoberfläche || ~ **switch** [Hw] / Geräteschalter || ~ **table** [OS] / Geräteliste, Gerätetabelle || ~ **termination interrupt** [ES] / Geräteendeunterbrechung || ~ **timeout routine** [ES] / Geräteendeunterbrechung || ~ **type** [Sw] / Gerätetyp, Geräteart || ~ **type code** [Sw] / Gerätetypkennzeichen || ~ **type identification** [Sw] / Gerätetypkennzeichen || ~ **type identifier** [Sw] / Gerätetypkennzeichen || ~ **up** *v* [Dp] / ein Gerät logisch wieder anschließen

DFG (s. diode function generator)

DFPT (s. disk file protection table)

diacritic *n* [HSP, MAT] / diakritisches Zeichen || ~ **mark** [HSP, MAT] / diakritisches Zeichen

diaeresis *n* (i.e., a diacritic mark placed over one of two adjacent vowels to indicate that it does not form a diphthong with the preceding or following vowel, e.g., Spanish "averigüe") [Term, IO] / Trema (DIN 66009, Sept. 1977)

Diagnose [OS, Lisp] / Suchen Maschinenfehler

diagnosis start [Serv] / Diagnoseanstoß

diagnostic *adj* [Sw] / diagnostisch || ~ **analysis** [Serv] / Diagnose || ~ **bit** [Sw] / Diagnosebit || ~ **byte** [HSP] / Diagnosebyte || ~ **call for cyclic testing** [Serv] / Diagnoseaufruf für Rundlauf || ~ **command** [Sw] / Diagnosebefehl || ~ **connector** [Serv] / Diagnosestecker (Geräteelektronik) || ~ **cycle** [Serv] /

Diagnoserundlauf, Rundlauf || ~ **data indication** [Serv] / Diagnosedatenmeldung || ~ **data note** [Serv] / Diagnosedatenmeldung || ~ **facilities** [Serv] / Diagnoseeinrichtungen || ~ **feature** [Serv] / Diagnoseeinrichtung || ~ **flag** [Serv] / Fehlerhinweis (Symbol), Prüfhinweis || ~ **log** [Serv] / Diagnoseprotokoll || ~ **log cell** [Serv] / Diagnoseprotokollzelle || ~ **loop** [Serv] / Diagnoseschleife || ~ **message printout** [Serv] / Diagnosemeldung (Blattschreiber) || ~ **microprogram** [OS] / Diagnosemikroprogramm || ~ **monitor** [OS, Serv] / Diagnosemonitor || ~ **notice** [Serv] / Diagnosemeldung || ~ **package** [Sw] / Fehlersuchpaket || ~ **path** [Sw] / Diagnosepfad || ~ **procedure** [Serv] / Diagnoseverfahren, Diagnostikverfahren || ~ **program** [Sw] / Diagnoseprogramm, Fehlersuchprogramm, Diagnoseroutine || ~ **program memory** [HSP] / Diagnoseprogrammspeicher || ~ **result** [Serv] / Diagnoseergebnis || ~ **routine** [Sw] / Diagnoseprogramm, Fehlersuchprogramm, Diagnoseroutine || ~ **scan-out area** [OS] / Diagnosebereich, Fehlermeldebereich || ~ **sequence** [OS] / Diagnoseablauf

diagnostics system [Serv] / Diagnosesystem

diagnostic start cell [Sw] / Diagnosestartzelle || ~ **state** [Sw] / Diagnosezustand || ~ **status byte (DSB)** [HSP] / Diagnosebyte || ~ **structure** [Sw] / Diagnosestruktur || ~ **terminator circuit** [Hw, Serv] / Diagnose-Systemanschlußschaltung || ~ **test operation** [Serv] / Diagnosetestbetrieb || ~ **test program** [Sw] / Fehlersuch-Prüfprogramm || ~ **test sequence** [Dp] / Diagnosetestablauf (DTA) || ~ **test tape** [Serv] / Prüflochstreifen || ~ **unit** [TP] / Diagnoseeinheit

diagonal (s. solidus) || ~ **view** [GrDp] / Schrägansicht

diagram (s. wiring diagram)

dial *v* (number, etc.) [ES] / wählen (mit Wählscheibe) || *n* [TP, ES] / Wählscheibe

dial-access system [CAI] / Dial-Access-System (Weiterentwicklung des Sprachlabors, bei der Tonbandübungsmaterial von zentralen Speichern abgerufen werden kann)

dial and point-to-point circuit [RDp] / Wählstandverbindung || ~ **code analyzer** (s. selection code interpreter) || ~ **code interpretation** (s. selection code interpretation) || ~ **code interpreting program** (s. selection code interpreting program) || ~ **code table** (s. selection code table) || ~ **connection** [Tr] / Wählverbindung || ~ **convoy signal** [ES] / Wählbegleitzeichen || ~ **digit** (s. selection digit) || ~ **digit sequence** (s. selection digit sequence)

dialed traffic [ES] / Wählverkehr

dial evaluator (s. selection code interpreter) || ~ **information** (s. selection information)

dialing *n* [ES] / Wählen (mit Wählscheibe) || **pushdown** ~ [ES] / Wählen (mit Tastatur) || ~ **procedure** (s. selection procedure)

dial line [ES] / Wählleitung (DIN 44302, Apr. 1979) || ~ **network** [RDp, ES, Tr] / Wählnetz || ~ **number** (s. selection number)

dialog *n* [RDp] / Dialog (allgemein) || *adj* [RDp] / Dialog... (allgemein) || ~ **character** [Sw] / Dialogzeichen || ~ **number** [HSP] / Dialognummer || ~ **processing** [TES, Dp] / Dialogdatenverarbeitung || ~ **program** [Sw] / Dialogprogramm || ~ **station** [RDp] / Dialogstation (allgemein) || ~ **system** [RDp, IDS] / Dialogsystem || ~ **terminal** [MCS, VDT] / Dialoggerät || ~ **text** [HSP] / Dialogtext || ~ **typewriter** [Dp] / Dialogblattschreiber

dial operation [ES] / Wählbetrieb

dialplate *n* [Hw, ES] / Nummernscheibe || ~ **selection** [ES] / Nummernschalterwahl, NS-Wahl, Wahl mit Nummernschalterimpuls || ~ **selection signal** [ES] / Nummernschalterwählzeichen || ~ **subscriber** [ES] / Teilnehmer mit Nummernschalterwahl

dial preparation signal [ES] / Wählvorbereitungszeichen || ~ **pulse** [ES] / Wählimpuls, Nummernschalterimpuls, NS-Impuls, Nummernscheibenimpuls || ~ **pulse control** [ES] / Wählimpulssteuerung || ~ **pulse converter** (s. selection pulse converter) || ~ **pulse generator** [ES] / Wählimpulserzeugung || ~ **pulse meter** [ES] / Wählimpulszeitmesser || ~ **pulsing** (s. dialplate selection) || ~ **signal** (s. selection signal) || ~ **signal processing** (s. selection signal processing) || ~ **signal translator** (s. selection signal translator)

dialswitch *n* [ES] / Nummernschalter

(NS) || ~ **locking magnet** [Hw] / Nummernschaltersperrmagnet || ~ **make contact** [Hw] / Nummernschalterarbeitskontakt || ~ **pulsing contact** [Hw] / Nummernschalterimpulskontakt || ~ **selection pulse** [ES] / Nummernschalterwahlimpuls
dial system [ES] / Wählsystem
dialup line [ES] / Wählleitung (DIN 44302, Apr. 1979) || ~ **network** (s. switched network) || ~ **port** [ES] / Wählanschluß || ~ **telephone network** [Tr] / Fernsprechwählnetz
diamond knurl [Hw] / Kordel
dibit *n* [Tr] / Dibit
dichotomizing search [IDS] / dichotomische Suche (bei EDV-Systemen häufig verwendetes Verfahren, die Menge der gespeicherten Dateneinheiten bei jedem Schritt des Suchlaufs in zwei Teile zu unterteilen), diminierende Suche
dichotomy *n* [Th, Cy] / Dichotomie
dictionary *n* [MAT] / Wörterbuch || ~ **entry** [MAT] / Wörterbucheintrag
DID (s. digital information display)
Didot point (equal to 0.376065mm) [Typ] / typografischer Punkt
dielectric *n* [Th] / Dielektrikum || ~ **constant** [Th] / Dielektrizitätskonstante || ~ **strength** [Sc] / Spannungsfestigkeit
dielectron *n* [Sc] / Dielektron
difference check [Th] / Differenzenkontrolle, Differenzkontrolle || ~ **engine** [Hist] / Differenzmaschine || ~ **equation** [Th] / Differenzengleichung || ~ **limen (DL)** [Cy] / Unterschiedsschwelle, Unterscheidungsschwelle || ~ **matrix** [DS, Th] / Unterscheidungsmatrix || ~ **threshold (DT)** [Cy] / Unterschiedsschwelle, Unterscheidungsschwelle
differential *n* [Th] / Differential || ~ **address** [Sw] / eigenrelative Adresse || ~ **analyzer** [ADp] / Differentialanalysator, Integrieranlage || ~ **calculus** [Th] / Differentialrechnung || ~ **clock** [PCC] / Differenzzeituhr || ~ **equation** [Th] / Differentialgleichung || ~ **phase modulation** [RDp, Tr] / Phasendifferenzmodulation || ~ **pulse code modulation (DPCM)** [Tr] / Differenz-Puls-Code-Modulation (DPCM) || ~ **quotient** [Th, Sc] / Differentialquotient || ~ **resistance** [Sc] / differentieller Widerstand || ~ **sign** [Th] / Differentialzeichen, Differentiationszeichen || ~ **timer** [PCC] / Differenzzeituhr
differentiating circuit (s. differentiating network) || ~ **network** [ADp] / differenzierendes Netzwerk, Differenzierschaltung, differenzierende Schaltung
differentiation *n* [Th] / Differenzierung || ~ **sign** [Th] / Differentialzeichen, Differentiationszeichen || ~ **test** [Th] / Unterscheidungstest
differentiator *n* [ADp] / differenzierendes Netzwerk, Differenzierschaltung, differenzierende Schaltung
diffraction grating [NC] / optischer Raster, optisches Gitter, fotoelektrisches Strichgitter || ~ **grating** [HSP] / Beugungsgitter || ~ **limit** [Sc] / Beugungsgrenze
diffraction-limited *adj* [Sc] / beugungsbegrenzt
diffused-base alloy technique [Sc] / DA-Technik || ~ **technique** [Sc] / DB-Technik
diffused junction [Sc] / diffundierter Übergang (DIN 41852, Aug. 1978), diffundierter Zonenübergang
diffusion *n* [Sc] / Diffusion, Diffundierung || ~ **capacitance** [Sc] / Diffusionskapazität || ~ **coefficient** [Sc] / Diffusionskoeffizient || ~ **conductance** [Sc] / Diffusionsleitwert || ~ **current** [Sc] / Diffusionsstrom || ~ **halo** [Sc] / Diffusionslichthof || ~ **length** [Sc] / Diffusionslänge (DIN 41852, Aug. 1978) || ~ **pump** [Co, Fl] / Diffusionspumpe || ~ **technique** [Sc] / Diffusionstechnik (DIN 41852, Aug. 1978), Diffusionsverfahren || ~ **transistor** [Sc] / Diffusionstransistor || ~ **triangle** [Sc] / Diffusionsdreieck, Ladungsdreieck || ~ **velocity** [Sc, PrC] / Diffusionsgeschwindigkeit
digit *n* [Algol] / Ziffer || [Fortran] / Ziffer || [Cobol] / Ziffer || [PL/1] / Ziffer
digital *adj* [Dp] / digital || ~ **adder** [ALU] / Addierglied (DIN 44300, März 1972), Volladdierglied, Addierwerk
digital-analog conversion [PCC] / Digital-Analog-Umsetzung, D/A-Umsetzung || ~ **converter** [Mp] / Digital-Analog-Umsetzer (DAU) (DIN 66201, Aug. 1971), D/A-Umsetzer, Digital-Analog-Wandler, D/A-Wandler || ~ **switch** [Cir] / Digital-Analog-Schalter

(DIN 40700, Okt. 1969), D/A-Schalter
digital array [Co, Sc] / Digitalanordnung || **~ assembly** [Hw] / Baugruppe für digitale Technik || **~ circuit** [SA] / digitales Schaltwerk, Digitalschaltung || **~ clock** [CP] / Digitaluhr || **~ coder** [PCC] / Digitalumsetzungsgerät, Digitalumsetzer || **~ computer** [Dp] / digitale Rechenanlage (DIN 44300, März 1972), digitale Datenverarbeitungsanlage (DIN 44300, März 1972), Digitalrechner || **~ control** [PCC] / digitale Steuerung (DIN 19237V, Febr. 1977) || **~ control logic** [Dp] / digitale Steuerungslogik || **~ data** [Th] / Digitaldaten, digitale Daten (DIN 44300, März 1972) || **~ data conversion equipment (DDCE)** [PCC] / Digitalumsetzungsgerät, Digitalumsetzer || **~ data network** [Tr] / digitales Datennetz || **~ data processing** [Dp] / digitale Datenverarbeitung || **~ data processing system** [Dp] / digitales Rechensystem (DIN 44300, März 1972), digitales Datenverarbeitungssystem (DIN 44300, März 1972) || **~ data processor** [Dp] / digitales Rechensystem (DIN 44300, März 1972), digitales Datenverarbeitungssystem (DIN 44300, März 1972) || **~ data receiver (DDR)** [PCC] / Digitalempfänger || **~ data transmitter (DDT)** [PCC] / Digitalgeber, Digitalsender || **~ differential analyzer (DDA)** [Dp] / digitale Integrieranlage, digitaler Integrator, digitales Integriergerät, Inkrementalrechner || **~ display** [Hw] / digitale Anzeige, Digitalanzeige, Ziffernanzeige, numerische Anzeige || **~ display unit** [IO] / digitale Anzeigeeinheit, numerische Anzeigeeinheit || **~ divider** [ALU] / Dividierwerk, Divisionsschaltung || **~ electrical quantity** [Cir] / digitale elektrische Größe || **~ electronic photocomposing system** [COM, Typ] / digital-elektronisches Lichtsetzsystem || **~ electronics** [Th, Co] / Digitalelektronik || **~ image** [OCR] / digitalisiertes Bild || **~ incremental plotter** [GrDp] / Digitalplotter mit der Technik, Schrittfolgen in Stufenform zu erzeugen || **~ indicator** [Hw] / digitale Anzeige, Digitalanzeige, Ziffernanzeige, numerische Anzeige || **~ indicator unit** [IO] / digitale Anzeigeeinheit, numerische Anzeigeeinheit || **~ information** [NC] / numerische Information || **~ information display (DID)** [IO] / Digitalbildschirmdarstellung || **~ information display tube** [Hw, Co] / Digitalkathodenstrahlröhre, Digitalbildröhre || **~ input** [Dp, PCC] / Digitaleingabe (DIN 66201E T1, Apr. 1979), Digitaleingang || **~ input channel** [PCC] / Eingabedatenkanal || **~ input controller** [PCC] / Digitaleingabesteuerung || **~ input unit** [IO] / Digitaleingabewerk || **~ integrator** [ADp] / Integrierglied, Integrierwerk
digitalization *n* [Th, ES] / Digitalisierung
digitalize *v* [Th] / digital darstellen, digitalisieren, digital umsetzen, digital verschlüsseln
digitalized data [Th] / digitalisierte Daten, digital umgesetzte Daten
digital low-level d.c. line [Tr] / GDN-Leitung
digitally programmed machine tool [NC] / numerisch programmierte Werkzeugmaschine
digital multiplier unit [ALU] / Multiplizierwerk, Multiplizierglied || **~ network** [Tr] / Digitalnetz || **~ notation** [Th] / digitale Darstellung, Zifferndarstellung || **~ output** [Dp, PCC] / Digitalausgabe (DIN 66201E T1, Apr. 1979), Digitalausgang || **~ output unit** [IO] / Digitalausgabewerk || **~ printer** [HSP] / Digitaldrucker, Zahlendrucker || **~ process computer** [PCC] / digitaler Prozeßrechner || **~ representation** [Th] / digitale Darstellung, Zifferndarstellung || **~ signal** [Tr] / digitales Signal (DIN 44300, März 1972), numerisches Signal || **~ signaling** [ES] / digitale Signalisierung || **~ technology** [Dp] / Digitaltechnik
digital-to-analog conversion [PCC] / Digital-Analog-Umsetzung, D/A-Umsetzung || **~ converter (DAC)** [Mp] / Digital-Analog-Umsetzer (DAU) (DIN 66201, Aug. 1971), D/A-Umsetzer, Digital-Analog-Wandler, D/A-Wandler
digital transducer [PCC] / Digitalwandler, Meßwertumformer mit digitalem Ausgang
digit compression [Sw] / Zeichenverdichtung || **~ delay element** [Cir] / Ein-Bit-Verzögerungsglied, Verzögerungsglied für eine Zeichendauer || **~ emitter** [PC] / Ziffernimpulsgeber, Impulsgeber, Impulseinsteuerung || **~ field** [ES] / Ziffernfeld || **~ filter** (i.e., a device used

on punched card equipment to detect the presence of a particular designation punch in a specified card column) [PC] / Zahlenfilter, Ziffernfilter || ~ **insert** [PC] / Zifferneinsteuerung, Zahleneinsteuerung

digitization *n* [Th, ES] / Digitalisierung

digitize *v* [Th] / digital darstellen, digitalisieren, digital umsetzen, digital verschlüsseln

digitized image [OCR] / digitalisiertes Bild

digitizer *n* [Dp] / Digitalisiergerät

digit modifier [PL] / Operationsergänzung || ~ **period** [CU] / Stellentaktzeit, Stellenzeit, Zeichendauer || ~ **plane** (i.e., the plane in a multidimensional magnetic core array containing elements for a particular digit position) [M] / Ebene gleicher Stellen, Bitebene, Speicherebene, Stellenwertebene || ~ **position** [Th] / Stelle (einer Zahl), Ziffernstelle || ~ **preparation signal** [ES] / Ziffernvorbereitungszeichen || ~ **pulse** [CP] / Stellenimpuls, Zyklusimpuls || ~ **repetition rate** [Th] / Ziffernfolgefrequenz || ~ **selection** [PC] / Ziffernauswahl || ~ **selector** (i.e., a device which separates a card column into individual pulses corresponding to punched row positions) [PC] / Zahlenverteiler, Ziffernverteiler || ~ **time** [CU] / Stellentaktzeit, Stellenzeit, Zeichendauer || ~ **track** [Th] / Ziffernspur || ~ **wire** [M] / Informationsdraht

dim builtin function [PL/1] / (eingebaute) Dimensions-Funktion

dimension *v* (equipment, etc.) [DpC, R&D] / dimensionieren || *n* [Algol] / Dimension

dimensional check [QC] / Maßprüfung || ~ **control** [QC] / Maßprüfung || ~ **drawing** [Hw, NC] / Maßzeichnung, Maßbild || ~ **information** [Hw] / Dimensionsangaben, Größenangaben

dimensionality *n* [Fortran] / Anzahl der Dimensionen

dimensionally correct [Hw, NC] / maßgerecht, maßhaltig

dimensional motion time (DMT) [Th] / dimensionsgerechte Bewegungszeiten || ~ **unit key** [Th] / Maßeinheitenschlüssel

dimension attribute [PL/1] / Dimensionsattribut

dimensioned data description [PL/1] / Beschreibung indizierter Daten

dimensions *pl* [Hw] / Abmessungen

dimension statement [Fortran] / Matrixanweisung || ~ **suffix** [PL/1] / Dimensionsanhang

dim function [PL/1] / (eingebaute) Dimensions-Funktion

DIN (s. data-in line)

diode *n* [Sc] / Diode || ~ **board** [Sc] / Diodenplatte || ~ **board tester** [Hw] / Prüfgerät für Diodenplatten || ~ **card frame** [Hw] / Diodenrahmen || ~ **characteristic** [Sc] / Diodenkennlinie || ~ **circuit** [Sc] / Diodenschaltung || ~ **current** [Sc] / Diodenstrom || ~ **cutoff region** [Sc] / Sperrbereich der Diode || ~ **differential resistance** [Sc] / differentieller Diodenwiderstand || ~ **equation** [Sc] / Diodengleichung || ~ **forward region** [Sc] / Vorwärtsgebiet der Diodenkennlinie || ~ **forward resistance** [Sc] / Vorwärtswiderstand der Diode || ~ **function generator (DFG)** [PCC] / Diodenfunktionsgeber || ~ **gate** [Sc] / Diodengatter || ~ **limiter** [Sc] / Diodenbegrenzer || ~ **load resistance** [Sc] / Diodenbelastungswiderstand || ~ **matrix** [Sc] / Diodenfeld, Diodenmatrix || ~ **matrix module** [Sc] / Diodenplatte || ~ **plug** [Hw] / Diodenstecker || ~ **rectifier** [Sc] / Gleichrichterdiode || ~ **tester** [Hw, Sc] / Diodenprüfgerät || ~ **thyristor** [Sc] / Thyristordiode

diode-transistor logic element [Cir] / DTL-Verknüpfungsglied

diode voltage [Sc] / Diodenspannung

DIP (s. dual-in-line package)

dipole modulation [PE] / nichtpolarisiertes RZ-Schreibverfahren, nichtpolarisiertes Schreibverfahren mit Rückkehr nach Null

dip-soldering *n* [Hw] / Tauchlöten (DIN 41850E T5, Jan. 1978)

direct access [PE, M] / Direktzugriff, direkter Zugriff || ~ **access controller** [PE] / Großspeichersteuerung || ~ **access device** [Dp] / Direktzugriffsgerät || ~ **access disk unit** [MD] / Großplattenspeicher (1 Laufwerk) || ~ **access file** [Sw] / Direktzugriffsdatei, Großspeicherdatei || ~ **access memory** [M] / direkt adressierbarer Speicher || ~ **access method** [PE, M] / Direktzugriffsmethode, Direktzugriffsverfahren || ~ **access storage controller** [PE] / Großspeichersteuerung || ~ **access storage system** [MD] /

Großplattenspeicher (mehrere Laufwerke + Steuerung) || ~ **address** [Sw] / direkte Adresse, Direktadresse || ~ **addressing** (i.e., the instruction supplies an exact memory address) [Sw] / direkte Adressierung, Direktadressierung || ~ **analog computer** [ADp] / direkter Analogrechner || ~ **circuit group** [ES] / Direktbündel || ~ **code** [Sw] / Direktcode || ~ **computer control** [ADp] / direkte Rechnersteuerung || ~ **connection** [Tr] / Direktverbindung || ~ **control** [ES, NC] / Direktsteuerung

direct-control switching system (s. step-by-step switching system) || ~ **system** [ES] / direkt gesteuertes System

direct correction while keying [TP] / Direktkorrektur am Perforator || ~ **current (d.c.)** [Sc, Th] / Gleichstrom

direct-current telegraphy [TP, Tr] / Gleichstromtelegrafie

direct data channel [Tr, NC] / direkter Datenkanal

direct-dial switching system (s. step-by-step switching system)

direct digital control (DDC) [PCC, AC] / direkte digitale Regelung (DDC), digitale Direktregelung || ~ **distance dialing (DDD)** [ES] / Selbstwähldienst || ~ **drive** [Hw] / direkter Antrieb, Einzelantrieb || ~ **image forming** [Sc] / direkte Abbildung || ~ **input** [IO] / direkte Eingabe, Direkteingabe || ~ **input-output** [Dp] / Direkt-Ein-Ausgabe (DEA) || ~ **insert subroutine** [Sw] / offenes Unterprogramm || ~ **instruction** [Sw] / Direktbefehl || ~ **instruction cell** [ES] / Direktbefehlszelle || ~ **international telegraph connection** [TP] / direkte internationale Telegrafenverbindung || ~ **interrogation** (of stored terminology, etc.) [MAT] / Einzelabfrage (im Gegensatz zur Stapelabfrage)

directional antenna [Tr] / Richtantenne || ~ **control valve** [Fl] / Wegeventil

direction of tape feeding [PT] / Lochstreifenlaufrichtung || ~ **of transmission** [Tr] / Übertragungsrichtung

directive *n* [Sw] / Übersetzungsanweisung (DIN 44300, März 1972)

directly coupled amplifier [ADp] / offener Rechenverstärker

direct measuring [NC] / lineare Messung, direkte Messung || ~ **memory access (DMA)** [Mp] / direkter Speicherzugriff (Ein-Ausgabekanal) || ~ **note** [Dp] / Direktnotiz || ~ **notepad entry** [Dp] / Direktnotiz

director *n* [Hw, ES] / zentraler Einstellsatz || ~ **attachment** [Hw, VS] / Anschlußsteuerwerk

directory *n* [MT, MAT] / Inhaltsverzeichnis (Tabelle der Eintragungen des MATER-Austauschformats, die zum Auffinden der Datenfelder des Satzes benötigt werden) (DIN 2341E, Mai 1977) || [PL/1] / Verzeichnis || ~ **block** [Sw] / Inhaltsverzeichnisblock || ~ **entry** [PL/1] / Verzeichnis-Eintragung || ~ **number** [ES] / Teilnehmernummer

direct printer [TP] / Telegrafiedrucker für Spezialcodes || ~ **programming** [Sw] / direkte Programmierung

direct-pulsing system [ES] / direktgesteuertes Vermittlungssystem

direct reading [DT] / direkte Ablesung, Direktablesung || ~ **route** (s. primary route) || ~ **station-to-station connection** [ES] / direkt durchgeschaltete Verbindung || ~ **subscriber-to-subscriber selection** [ES] / direkter Wählverkehr zwischen Teilnehmern || ~ **subtract counter** [PC] / Plus-Minus-Zähler || ~ **switching system** [ES] / direktgesteuertes Vermittlungssystem || ~ **telegraph circuit** [TP] / direkter Telegrafiestromkreis || ~ **transmission** [Tr] / Direktsenden, Direktübertragung || ~ **trunk group** [ES] / direktes Bündel || ~ **wiring** [Tr] / Direktverdrahtung

disable *v* [Cir] / (Gatter usw.) sperren || [PL/1] / ausschalten || ~ (device, etc.) [Hw] / (Gerät usw.) abschalten, außer Betrieb setzen || ~ (interrupt system, etc.) [Mp] / deaktivieren || ~ **pulse** [Hw] / Sperrimpuls

disabling contact [Hw] / Abschaltkontakt || ~ **signal** [PC] / Blockiersignal, Sperrsignal

disassemble *v* [Hw] / ausbauen

disassembly instructions [Dist] / Demontagevorschrift

discharge *v* [HSP] / elektrisch entladen || ~ **current** / Entladungsstrom || ~ **time** [Sc] / Abbauzeit

disclose *v* (information, etc.) [Priv] / weitergeben, mitteilen

disconnect *v* [Hw] / (Gerät usw.) abschalten, außer Betrieb setzen || [Dp] / abtrennen (z.B. Systemeinheiten von

Online-System) || [ES] / (Anruf usw.) trennen || ~ (wire, etc.) [Serv] / abklemmen || *n* [ES] / Auslösung (Verbindung) || ~ **button** [TP, ES] / Schlußtaste, Trenntaste || ~ **character sequence** [ES] / Verbindungsendezeichenfolge || ~ **command** [ES] / Trennbefehl || ~ **program** [ES] / Trennprogramm || ~ **program** [Sw] / Abschaltprogramm || ~ **recognition** [ES] / Auslöseauswertung || ~ **relay** [ES] / Trennrelais || ~ **request** [ES] / Trennanforderung || ~ **signal** [ES] / Schlußsignal, Trennzeichen

discontinuous feed [OCR] / unterbrochene Belegzufuhr || ~ **function** [Th, Meas] / unstetige Funktion

discrete *adj* [Th] / diskret || ~ **addressing** [Sw] / Einzeladressierung || ~ **channel** [Tr] / diskreter Kanal (DIN 44301, Feb. 1977) || ~ **circuit** [TrL] / Einzelleitung || ~ **component** [Hw] / diskretes Bauelement || ~ **data** [DOK, Dp, Sw] / diskrete Daten (Daten, die in Form festgelegter Werte einer physikalischen Größe dauerhaft fixiert werden können und singuläre Sachverhalte charakterisieren) || ~ **message** [Tr] / diskrete Nachricht, Einzelnachricht

discrete-part drawing [R&D] / Einzelteilzeichnung

discrete process [PCC] / Stückgutprozeß, Stückprozeß || ~ **programming** [ASw] / Ganzzahlplanungsrechnung, ganzzahlige Programmierung || ~ **representation** [Th] / diskrete Darstellung || ~ **sampling pulse** [ES] / Einzelabtastimpuls || ~ **wire schedule** [Hw] / Einzeldrahtplan

discrimination instruction (s. branch instruction)

discussion manuscript (vocabulary manuscript to be distributed to a number of persons for study and comment, or for the purpose of translation into other languages) [Term, MAT] / Diskussionsmanuskript (DIN 2333V, Sept. 1974)

disjunction *n* [SA] / ODER-Funktion, ODER-Verknüpfung (DIN 44300, März 1972), inklusives ODER (DIN 44300, März 1972)

disk *n* [MD] / Platte || **200 megabyte ~ storage** [Dp] / 200-Megabyte-Plattenspeicher || ~ **access arm** [MD] / Plattenzugriffsarm || ~ **access mechanism** [MD] / Plattenzugriffsmechanismus || ~ **address** [MD, Sw] / Plattenadresse, Plattenschlüssel || ~ **area** [Sw] / Plattenspeicherbereich

disk-buffered message [OS] / plattengepufferte Nachricht

disk buffering [OS] / Plattenpufferung || ~ **capacity** [MCS] / Plattenkapazität || ~ **cartridge** [MD] / Plattenkassette, Magnetplattenkassette || ~ **cartridge drive** [MD] / Plattenkassettenlaufwerk || ~ **check program** [MD, DS] / Plattenprüfprogramm || ~ **control field (DCF)** [MD, Sw] / Plattenadreßwort || ~ **controller** [MCS, MD] / Plattenspeichersteuerung || ~ **control unit** [MD] / Plattenspeichersteuereinheit || ~ **drive** [MCS, MD] / Plattenlaufwerk (DIN ISO 5653E, Okt. 1978), Magnetplattenlaufwerk (DIN ISO 5653E, Okt. 1978) || ~ **dump** [Sw] / Plattenspeicherabzug || ~ **edge** [MD] / Plattenkante || ~ **error** [MD, Sw] / Plattenfehler || ~ **error table** [ES] / Plattenfehlerliste

diskette *n* [MD] / flexible Magnetplatte, Floppy-disk (FD), Diskette, Minidisk, flexible Speicherfolie || ~ **computer** [Dp] / Disketten-Computer, Disketten-Rechner || ~ **drive** [MD] / Disketten-Laufwerk, Floppy-disk-Laufwerk || ~ **operating system** (designed to reduce the time required to assemble, edit, and execute programs) [MCS] / Disketten-Betriebssystem || ~ **storage** [MD, TES] / Floppy-disk-Speicher, Disketten-Speicher

disk extent [Sw] / Plattenspeicherbereich || ~ **file** [MD, Sw, ES] / Plattendatei || ~ **file layout chart** [Sw] / Plattendateientwurfsblatt || ~ **file organization** [Sw] / Plattenspeicherorganisation, Plattenorganisation || ~ **file organization routine** [Sw] / Plattenorganisationsprogramm || ~ **file protection table (DFPT)** [Sw] / Systemdateienbelegungstabelle || ~ **handler** [OS] / Platte-Ein-Ausgabeprogramm || ~ **index file** [Sw] / Plattenspeicherindexdatei || ~ **initializer** [OS] / Plattenvorbereitungsprogramm || ~ **I/O attachment** [MD] / Plattenspeicheranschluß || ~ **label** [Sw] / Plattenspeicheretikett || ~ **layout form** [Sw] / Plattensatzübersichtsblatt || ~ **operating system (DOS)** [MCS] /

Platte-Betriebssystem (PBS) || ~ **pack** [MCS, MD] / Plattenstapel (DIN ISO 5653E, Okt. 1978), Magnetplattenstapel (DIN ISO 5653E, Okt. 1978) || ~ **pack drive spindle** [MD] / Stapelspindel, Stapelantriebsspindel || ~ **pool** [Dp] / Bedienbereich für Magnetplatten || ~ **protect time** [Sw] / Plattenschutzzeit

disk-resident *adj* [Dp] / plattenspeicherresident

disk rotational speed [MD] / Drehzahl (des Plattenstapels) || ~ **seek information** [MD] / Servoinformationen zur Kopfpositionierung || ~ **sort program** [Sw] / Plattenspeichersortierprogramm || ~ **speed** [MD] / Plattenumdrehungszahl, Plattendrehzahl || ~ **storage** [MD] / Plattenspeicher (DIN 66001, Sept. 1977), Magnetplattenspeicher || ~ **storage file** [Sw] / Plattenspeicherdatei || ~ **storage room** [DpC] / Plattenspeicherraum || ~ **storage unit** [MD] / Plattenspeichereinheit, Magnetplatteneinheit || ~ **storage unit** [MD] / Magnetplattengerät || ~ **surface** [MD] / Plattenoberfläche || ~ **swap copy area** [PCC] / Abbildwartebereich || ~ **swap work area** [PCC] / Arbeitswartebereich

disk-to-tape conversion program [Sw] / Platte-Band-Umsetzprogramm

disk trace [MD, Sw] / Plattenprotokoll || ~ **track** [MD] / Plattenspur || ~ **unit** [MD] / Plattenspeichereinheit, Magnetplatteneinheit || ~ **work area** [Sw] / Plattenspeicherarbeitsbereich, Plattenarbeitsbereich || ~ **work file** [Sw] / Plattenarbeitsdatei

dislocation *n* [Sc] / Versetzung || ~ **density** [Sc] / Versetzungsdichte

dislocation-free *adj* [Sc] / versetzungsfrei (Kristall)

dislocation line [Sc] / Versetzungslinie || ~ **of service** [Tr] / Betriebsstörung || ~ **ring** [Sc] / Versetzungsring

dismount, to ~ a tape [Sw] / ein Band aushängen

dispatch *v* (task, etc.) [OS] / abfertigen, auswählen

dispatcher *n* [M] / Verteiler

dispatching priority [OS] / Abfertigungspriorität, Auswahlpriorität

dispersion (s. NAND operation) || ~ (s. standard deviation)

displacement *n* [Sw] / Distanz || [Assembler] / Distanzadresse || ~ **address** [Assembler] / Distanzadresse || ~ **assignment** [PL] / Zuordnung relativer Adressen || ~ **range** [HSP] / Verstellbereich

display *n* [Calc] / Datenanzeigeeinrichtung (DIN 9757E, Okt. 1977) || [Hw, Mp] / Anzeige (nichtschreibende, optische Darstellung von Daten) || ~ (usage is) [Cobol] / ein-ausgabebetont || **graphic CRT ~ system** [GrDp] / grafisches Bildschirmsystem || ~ **console plotter** [GrDp] / grafisches Terminal, Grafikterminal || ~ **control console** [Hw] / zentraler Bedienungsplatz mit Datensichtgerät || ~ **control unit** [Hw] / Anzeigesteuerung || ~ **field** [VDT] / Anzeigefeld || ~ **file** [RPG] / Konsolausgabedatei || ~ **format** [M, Sw] / Abzugsformat || ~ **instruction** [Sw] / Anzeigebefehl, Anzeigeinstruktion || ~ **mode** [VDT, Th] / Anzeigemodus || ~ **position** [VDT] / Anzeigestelle || ~ **screen** [VDT] / Bildschirm, Schirm || ~ **statement** [Cobol] / Anzeige-Anweisung || ~ **terminal** [VDT] / Datensichtstation || ~ **tube** [VDT] / Anzeigeröhre

disposable parts [Hw] / Einwegteile

disruption of service [Tr] / Betriebsstörung

disseminate *v* (information, etc.) [Th] / weitergeben (= verbreiten)

dissipated power [Sc] / Verlustleistung

distance (s. exclusive-OR operation) || ~ **to be bridged** [RDp, Tr] / zu überbrückende Entfernung || ~ **to be covered** [RDp, Tr] / zu überbrückende Entfernung

distant station [RDp] / Gegenstelle || ~ **terminal** (s. distant station)

distortion *n* [Tr] / Verzerrung || ~ **degree** [ES] / Verzerrungsstufe || ~ **factor** [Th] / Klirrfaktor || ~ **measuring program** [ES] / Verzerrungsmeßprogramm || ~ **step** [ES] / Verzerrungsstufe || ~ **tolerance** [Tr] / zugelassene Verzerrung

distributed array processor [ADp] / additiver Feldrechner || ~ **data processing** [Dp] / verteilte Datenverarbeitung || ~ **systems environment (DSE)** [Dp] / verteilter Datenverarbeitungsbetrieb, dezentraler Datenverarbeitungsbetrieb

distributing frame (for rack rows) [Hw] / Verteiler (für Gestellreiheneinbau)

distribution *n* [Th] / Verteilung || ~ **board** [TP] / Verteilerflachbaugruppe || ~ **cabinet** [Tr] / Linienverzweiger ||

~ **code** [Th] / Verteilercode || ~ **coefficient** [Sc] / Verteilungskoeffizient || ~ **list** [ES] / Verteiler || ~ **of cumulative failure frequency** [DpC] / Ausfallsummenverteilung || ~ **of impurities** [Sc] / Störstellenverteilung || ~ **panel** [ES] / Verteilertafel || ~ **pass** [Sw] / Verteilungsdurchlauf || ~ **register** [ES] / Verteilregister || ~ **run** [Sw] / Verteilungsdurchlauf
distributor *n* [TP] / Kanalverteiler || [PC] / Verteiler || ~ **box** [Hw] / Verteilerdose || ~ **room** [ES] / Verteilerraum || ~ **strap** [ES] / Verteilerbrücke || ~ **termination code** [ES] / Verteileranschlußcode
disturbance variable [PCC] / Störgröße
disturbed cell [M] / gestörtes Speicherelement || ~ **one** [M] / gestörte Eins
disturbed-one output signal [M, Cir] / Ausgangssignal einer gestörten Eins
disturbed response signal [M, Cir] / gestörte Lesespannung, Ausgangssignal eines gestörten Speicherelementes || ~ **response voltage** [M, Cir] / gestörte Lesespannung, Ausgangssignal eines gestörten Speicherelementes || ~ **zero** [M] / gestörte Null
disturbed-zero output signal [M, Cir] / Ausgangssignal einer gestörten Null
disturbing pulse [M] / Störimpuls
disturb ratio [M] / Störverhältnis || ~ **signal** [M] / Störsignal
divergence *n* [Th] / Divergenz
divergent series [OCR] / divergente Reihe, divergierende Reihe
diversionary trunk group [ES, Tr] / Ausweichbündel
diversion indicator [ES] / Umleitungskennung
diversity (s. exclusive-OR operation)
divide *v* [Th] / dividieren, teilen || [Lisp] / Dividieren || ~ **builtin function** [PL/1] / (eingebaute) Divisions-Funktion || ≗ **decimal** [Lisp] / Dividieren dezimal || ~ **error** [Sw] / Divisionsfehler || ~ **function** [PL/1] / (eingebaute) Divisions-Funktion || ≗ **long** [Lisp] / Dividieren lang
dividend *n* [Th] / Dividend
Divide short [Lisp] / Dividieren kurz || ~ **statement** [Cobol] / Divisionsanweisung || ~ **symbol** [PL/1] / Divisionszeichen
dividing device for calculating punch [PC] / Divisionseinrichtung für Rechenlocher
division *n* [Th] / Division || **point of** ~ [Typ] / Trennstelle || ~ **ratio** [Th] / Teilerverhältnis, Teilverhältnis || ~ **sign** [Th] / Divisionszeichen
divisor *n* [Th] / Divisor, Teiler || ~ **register** [ALU] / Divisorregister
divulge *v* (information, etc.) [Priv] / weitergeben, mitteilen
DL (s. difference limen)
DLE (s. data link escape)
DMA (s. direct memory access) || ≗ **interface** [ES] / DMA-Schnittstellensteuerung (DMA = direct memory access)
D modifier [PL] / Operationsergänzung
DMS (s. data management system)
DMT (s. dimensional motion time)
document *n* [Dp] / Dokument || **videoscan** ~ **sorter** [OCR] / optischer Belegsortierer
documentation *n* [DOK] / Dokumentation || ~ **agency** [DOK] / Dokumentationsstelle (Informations- und Dokumentationseinrichtung, die Dokumente nach bestimmten Gesichtspunkten auswertet und die Auswertungsergebnisse zur Abfragebeantwortung speichert und/ oder kontinuierlich publiziert) || ~ **center** [DOK] / Dokumentationszentrum (Dokumentationsstelle, die ihre Dokumentationstätigkeit nach bestimmten Gesichtspunkten zentral innerhalb einer geografischen, organisatorischen oder politischen Einheit wahrnimmt), zentrale Dokumentationsstelle || ~ **package** [Dist, Dp] / Beipackunterlagen, Unterlagenbeipack || ~ **package list** [Dist, Dp] / Unterlagenbeipack-Liste || ~ **reference file** [Dist, Dp] / Unterlagen-Standsammlung || ~ **service** [Dist] / Unterlagen-Service || ~ **structure** [Dist] / Unterlagenstruktur
document counter [OCR] / Belegzähler || ~ **depth** [OCR] / Beleghöhe || ~ **design** [OCR, MICR] / Belegentwurf || ~ **dimensions** [OCR] / Belegabmessungen || ~ **feed** [OCR] / Belegvorschub || ~ **feeding** [OCR] / Belegzuführung || ~ **field** [OCR] / Belegfeld || ~ **field length** [OCR] / Belegfeldlänge || ~ **file** [OCR] / Belegdatei || ~ **fold** [OCR] / Belegknick || ~ **format** [OCR] / Belegaufbau || ~ **for scheduling purposes** [Dist] / Vertriebsunterlage || ~ **gage** [OCR] /

Satzspiegelmesser || ~ **handling** [OCR] / Belegverarbeitung || ~ **input** [OCR] / Belegeingabe || ~ **item code number** [Dist] / Unterlagensachnummer || ~ **length** [OCR] / Beleglänge || ~ **length checking** [OCR] / Beleglängenprüfung || ~ **mark** (in micrographics) [COM] / Dokumentenmarke || ~ **originating machine** [PC] / Kartendoppler mit Nummerndruck || ~ **pass** [OCR] / Belegdurchlauf || ~ **path** [OCR] / Belegstrecke || ~ **picking** [OCR] / Abzug (Belegleser) || ~ **position checking** [OCR] / Belegfolgeprüfung || ~ **reader** [OCR, MICR] / Belegleser || ~ **reader** (s. videoscan document reader) || ~ **reading** [OCR, MICR] / Beleglesen || ~ **reading rate** [OCR] / Belegdurchlaufleistung || ~ **reference edge** [OCR] / Bezugskante (DIN 66223 T2, Jan. 1978), Bezugsrand || ~ **retrieval** [DOK] / Dokumentenretrieval (Form des Retrievals, bei der durch den Suchvorgang Dokumente selektiert werden) || ~ **revision level** [ES] / Unterlagenausgabestand || ~ **size** [OCR] / Belegformat, Beleggröße || ~ **sorter** [OCR] / Belegsortiermaschine, Belegsortierer || ~ **sorting** [OCR] / Belegsortieren || ~ **spacing** [OCR] / Belegabstand || ~ **spacing error** [OCR] / Belegabstandsfehler || ~ **specifications** [OCR] / Belegspezifikationen || ~ **speed** [OCR] / Belegdurchlaufgeschwindigkeit || ~ **stack** [OCR] / Stapel (Belege), Belegstapel || ~ **stacking** [OCR] / Belegablage || ~ **supply procedure** [Dist] / Beistellverfahren

document/tape reader [IO] / Blatt-Streifenleser

document thickness [OCR] / Belegdicke || ~ **type** [Dist] / Unterlagenart || ~ **type code number** [Dist] / Unterlagenart-Kennzahl || ~ **width** [OCR] / Belegbreite

do-implied list [Fortran] / Liste mit impliziter Schleife || ~ **specification** [Fortran] / Spezifikation für implizite Schleife

dollar sign [PL/1] / Währungszeichen

domain tip propagation storage device [M] / DOT-Speicher

domestic traffic [ES] / Inlandsverkehr, Landesverkehr

do-nothing instruction (s. blank instruction)

dopant *n* [Sc] / Dotierungsstoff, Störstellensubstanz

doped *adj* [Sc] / dotiert

doping *n* [Sc] / Dotierung || ~ **atom** [Co, Sc] / Dotierungsatom || ~ **compensation** [Sc] / Störstellenkompensation (DIN 41852, Aug. 1978), Dotierungsausgleich || ~ **factor** [Sc] / Dotierungsfaktor || ~ **front** [Sc] / Dotierungsfront || ~ **gradient** [Sc] / Dotierungsgradient || ~ **material** [Sc] / Dotierungsstoff, Störstellensubstanz || ~ **profile** [Sc, Co] / Dotierungsprofil

DOS (s. disk operating system)

DOS/BATCH operating system [OS] / DOS/BATCH-Betriebssystem

DOS components [OS] / Bestandteile des PBS

do specification [PL/1] / Laufspezifikation

DOS routine [OS] / Systemprogramm des PBS

do statement [Fortran] / Schleifenanweisung || ~ **statement** [PL/1] / Verbundanweisung

dot builtin function [PL/1] / (eingebaute) Skalarprodukt-Funktion || ~ **format** [TP] / Punktformat || ~ **frequency** [Fax] / Punktfrequenz || ~ **function** [PL/1] / (eingebaute) Skalarprodukt-Funktion

dotless i (ı) [Typ] / türkisches i (ı), i ohne Punkt

dot matrix [COM, HSP] / Punktraster, Raster von Punkten, Matrixraster

dot-matrix character [HSP, DT] / Matrixdrucker-Schriftzeichen || ~ **printer** [HSP, DT] / Matrixdrucker, Mosaikdrucker, Rasterdrucker, Mosaikrasterdrucker || ~ **technique** [HSP, DT] / Mosaikdruckverfahren, Matrixdruckverfahren, Rasterdruckverfahren || ~ **wire printer** [HSP] / Matrix-Nadeldrucker

dot printer (s. matrix printer) || ~ **screen** (for solid areas of overlay) [HSP] / Punktraster || ~ **screen film** [HSP] / Punktrasterfolie

dotted line [HSP, Typ] / punktierte Linie

double-address *adj* [Sw] / Zweiadreß-...

double-base diode [Sc] / Doppelbasisdiode, Zweibasisdiode

double board [Co] / Doppelflachbaugruppe (2 nebeneinander) || ~ **buffering** [Sw] / doppelte Pufferung

double-byte structure [Th] / Doppelbytestruktur

double coding [Sw] / Doppelcodierung || ~ **computer system** [PCC] / Doppelrechnersystem, Zweirechnersystem (Master-slave-

System) || ~ **current** (GB) (s. polar current)
double-current cable code (s. two-condition cable code)
double diode [Sc] / Doppeldiode, Duodiode
double-edged tape card [PT] / zweiseitige Lochstreifenkarte
double-faced pc board [Co] / doppelt kaschierte Flachbaugruppe
double fault [Tr] / Doppelfehler || ~ **feed** [OCR] / Doppelabzug || ~ **feed** [PC] / Doppelzuführung || ~ **image** [Fax] / Geisterbild || ~ **integral** [Th] / doppeltes Integral
double-length accumulator [ALU] / Akkumulator mit doppelter Stellenzahl || ~ **arithmetic** [Th] / Rechnen mit doppelter Stellenzahl
double length element [ES] / doppelte Schrittdauer
double-length number [Th, Sw] / doppelt lange Zahl, Zahl doppelter Länge, Zahl doppelter Wortlänge, Zahl doppelter Genauigkeit || ~ **register** [M] / Register doppelter Wortlänge || ~ **stop element** [RDp] / doppelter Sperrschritt || ~ **stop pulse** [RDp] / doppelter Sperrschritt || ~ **working** [Sw] / Arbeiten mit doppelter Wortlänge
double line spacing [HSP] / Drucken in jede 2. Zeile, zweizeiliges Drucken
double-precision*adj* [Fortran] / reell erhöht genau
double precision [Th] / doppelte Genauigkeit, doppelte Präzision, doppelte Stellenzahl, doppelte Wortlänge
double-precision arithmetic [Th] / Rechnen mit doppelter Stellenzahl || ~ **exponent** [Fortran] / Dezimalexponent D || ~ **floating-point constant** [Sw] / Gleitpunktkonstante doppelter Genauigkeit || ~ **number** [Th, Sw] / doppelt lange Zahl, Zahl doppelter Länge, Zahl doppelter Wortlänge, Zahl doppelter Genauigkeit || ~ **working** [Sw] / Arbeiten mit doppelter Wortlänge
double-pulse recording [PE] / Doppelimpulsschreibverfahren, Doppelimpulsschrift || ~ **RZ recording** [Th] / Doppelimpuls-RZ-Aufzeichnung
double punch and blank column detection [PC] / Doppelloch- und Leerspaltenkontrolle || ~ **punch detection device** [PC] / Doppellochsucheinrichtung, Doppellochkontrolleinrichtung || ~ **punching** [PC] / Doppellochung || ~ **rail logic** [Cir] / Dreiwertlogik mit zwei Leitungen || ~ **recording** [MD] / Doppelaufzeichnung || ~ **register** [M] / Register doppelter Wortlänge || ~ **seizure** [ES] / Doppelbelegung
double-sideband system [RDp] / Zweiseitenbandsystem
double-sized pc board [Co] / Doppelflachbaugruppe
double space [IO, HSP] / doppelter Zeilenabstand
double-space printing [HSP] / Drucken in jede 2. Zeile, zweizeiliges Drucken
double-star connection [Sc] / Doppelsternschaltung
double subscript [Sc] / Doppelindex (zur Bezeichnung von Bauelementen) || ~ **tape mark** [MT] / doppelte Abschnittsmarke
double-throw contact [Hw] / Wechselkontakt
double-way connection [Sc] / Brückenschaltung
doubleword*n* [M] / Doppelwort || ~ **alignment** [Sw] / Doppelwortausrichtung || ~ **boundary** [M] / Doppelwortgrenze, Doppelwortbegrenzung || ~ **register error** [Sw] / Doppelwortregisterfehler
DOUT (s. data-out line)
down*adj* [M] / tief (in Bezug auf den binären Zustand) || ~ **by option** [Cobol] / Vermindert-um-Angabe || ~ **counter** [HSP] / Rückwärtszähler
downtime*n* [Dp] / Störungszeit, Ausfalldauer, Ausfallzeit, Totzeit
dp (s. data processing) || ~ **...** (cf. "EDP ..." and "ADP ...") || ~ **center** [Dp] / Datenverarbeitungszentrale, Datenverarbeitungszentrum, Datenzentrum || ~ **center** (s. computing center)
DPCM (s. differential pulse code modulation)
dp equipment [Dp] / Datenverarbeitungsanlage (DVA) (betriebsbereite Gesamtheit der funktionell zusammengehörigen Geräte eines Datenverarbeitungssystems) (DIN 44300, März 1972) || ~ **system** [Dp] / Datenverarbeitungssystem (Gesamtheit von materiellen und methodischen Hilfsmitteln, mit deren Hilfe Daten in einer systematischen Folge von Arbeitsschritten verarbeitet werden können) (DIN 44300, März

1972)
draft *n* [R&D] / Entwurf || ~ **printing** [HSP] / Entwurfsdruck
drain *n* [RDp] / Senke (Nachrichtensenke)
drawing ink [HSP] / Tusche
drift *n* [Meas, Co] / Drift || [ES] / Frequenzverwerfung, Frequenzänderung
drift-corrected amplifier [ADp] / driftkorrigierter Verstärker
drift error [ADp] / Driftfehler
drifting character [PL/1] / Gleitzeichen
drift mobility [Sc] / Driftbeweglichkeit (DIN 41852, Aug. 1978) || ~ **transistor** [Sc] / Drifttransistor || ~ **velocity** [Sc] / Driftgeschwindigkeit
drip tray [HSP] / Abtropfschale
drive, partial ~ pulse [M] / partieller Ansteuerungsimpuls, partieller Steuerimpuls, Teil-Treiberimpuls || ~ **assembly** [PE] / Antrieb || ~ **capability** [Co] / Treibereigenschaften || ~ **chain** [Hw] / Antriebskette || ~ **conditions** [Cir] / Ansteuerbedingungen (Kippstufe) || ~ **current** [M] / Ansteuerungsstrom, Steuerstrom || ~ **field** [PE, Co, Sc] / Treiberfeld || ~ **motor** [Hw] / Antriebsmotor || ~ **pin** [Hw] / Mitnehmerstift || ~ **pulse** [M] / Ansteuerungsimpuls, Treiberimpuls
driver *n* [Sc] / Steuerglied || [Mp] / Treiber (Schaltung zur Erzeugung der für das Ansteuern entsprechender Bausteine erforderlichen Leistung) || **clock generator and ~** [Mp] / Taktgeber und Treiber (1-Chip-Baustein mit Oszillator, Zählerteiler, Treibern und logischen Hilfsfunktionen) || **I/O ~ routine** [Mp] / Ein-Ausgabe-Gerätesteuerprogramm || ~ **stage** [M, ES, Tr, Sc] / Treiberstufe || ~ **transistor** [Sc, Co] / Treibertransistor
drive slot [HSP] / Mitnehmerschlitz || ~ **system** [M] / Ansteuersystem || ~ **voltage** [Hw] / Antriebsspannung || ~ **winding** [M] / Steuerwicklung, Treiberleitung
driving pinion [HSP] / Antriebsritzel (Formulartrommel) || ~ **slot** [HSP] / Mitnehmerschlitz
DROP (s. Drop base register)
Drop base register (DROP) [Assembler, Lisp] / Sperren Basisregister
dropin *n* [MT] / Störsignal (DIN 66010, Apr. 1973)
dropout *n* [MT] / Signalausfall (DIN 66010, Apr. 1973) || ~ **color** [OCR] / Blindfarbe
dropper (s. dropping resistor)
dropping resistor (i.e., a resistor whose function in the circuit is to reduce a given voltage by a voltage drop along the resistor) [Co] / Vorsteckwiderstand
drop pocket [PC] / Sortierfach, Sortierablagefach || ~ **ratio** [Sc] / Höcker-Tal-Stromverhältnis || ~ **test** [QC] / Kippfallen (Prüfung)
drum *n* [MDr] / Trommel || ~ **address** [MDr, Sw] / Trommeladresse || ~ **bearing** [HSP] / Trommellager || ~ **body** [MDr] / Trommelkörper || ~ **cover** [HSP] / Trommelabdeckung || ~ **drive** [MDr] / Trommelantrieb, Trommelspeicherlaufwerk || ~ **housing** [MDr] / Trommelgehäuse || ~ **I/O unit** [MDr] / Trommelspeicheranschluß || ~ **layout chart** [MDr, Sw] / Trommelbelegungsplan || ~ **mark** [MDr] / Trommelmarke || ~ **plotter** [GrDp] / Trommelplotter || ~ **printer** [HSP] / Typenwalzendrucker, Trommeldrucker || ~ **shield plate** [HSP] / Trommelverkleidung || ~ **speed** [GrDp, Fax] / Trommelgeschwindigkeit, Trommeldrehzahl || ~ **storage** [MCS, MDr] / Magnettrommelspeicher, Trommelspeicher (DIN 66001, Sept. 1977) || ~ **storage cabinet** [MDr] / Trommelschrank || ~ **storage unit** [MDr] / Trommelspeicherelement || ~ **surface** [HSP] / Trommeloberfläche
drum-type memory [MCS, MDr] / Magnettrommelspeicher, Trommelspeicher (DIN 66001, Sept. 1977)
dry-contact rectifier (s. metal rectifier)
dry-disk rectifier (s. metal rectifier)
dry-plate rectifier (s. metal rectifier)
dry-reed contact [TP, Tr] / Schutzgaskontakt, unter Schutzgas arbeitender Kontakt
dry running [DpC, Sw] / Schreibtischtest (für ein Programm)
dry-transfer film (e.g., Letraset) [Hw] / Anreibehaftfolie, Anreibefilm
dry-type construction [Sc] / Trockenausführung, Trockentype
DS (s. Define storage)
DSA (s. data stack address)
DSB (s. diagnostic status byte)
DSE (s. data switching exchange) || ≗ (s. distributed systems environment)
DSECT (s. dummy section)
DSL (s. dataset label)
DSLBA (s. data stack lower bound address)

DSS (s. dynamic support system)
DSUBA (s. data stack upper bound address)
DT (s. difference threshold)
DTE (s. data terminal equipment)
DTFDA (s. Define the file for direct access)
DTFSR (s. Define the file for serial access)
dual *adj* [Th] / dual || ~ **assignment** [TP] / Doppelbelegung || ~ **card** [PC] / Verbundlochkarte (Lochkarte, auf der zusätzlich Daten in Klarschrift angegeben sind)
dual-carriage printer [HSP] / zweibahniger Drucker
dual-case *adj* (code, etc.) [TP] / doppelt belegt
dual-channel controller [MT] / Zweikanalsteuerung || ~ **device** [MT] / Zweikanalgerät || ~ **expansion feature** [MT] / Zweikanalerweiterung || ~ **feature for tape deck** [MT] / Zweikanalzusatz für Laufwerk || ~ **magnetic tape unit** [MT] / Zweikanalmagnetbandelement || ~ **switch** [PE] / Zweikanalschalter || ~ **tape controller** [MT] / Zweikanalmagnetbandsteuerung || ~ **tape station** [MT] / Zweikanalbandstation
dual computer system [PCC] / Doppelrechnersystem, Zweirechnersystem (Master-slave-System) || ~ **cycle request** [ES] / Doppelzyklusanforderung || ~ **feed** [HSP] / doppelter Lochbandvorschub, doppelter Vorschub || ~ **feed carriage** [HSP] / doppelter Lochbandvorschub, doppelter Vorschub || ~ **feed carriage control** [HSP] / Steuerung für doppelten Lochbandvorschub
dual-in-line package (DIP) [Mp, Sc] / Dual-in-line-Gehäuse, DIL-Gehäuse, DIP-Gehäuse
dual interface [Dp] / Doppelschnittstelle
dualized system [Hw] / Doppelanlage, Doppelsystem
dual line buffer [Tr] / Doppel-Leitungspuffer || ~ **magnetic tape unit** [MT] / Zwillingsmagnetbandgerät || ~ **operation** [Th] / logisch-duale Operation || ~ **precedence** [Sw] / Doppelpriorität
dual-purpose card [PC] / Verbundlochkarte (Lochkarte, auf der zusätzlich Daten in Klarschrift angegeben sind)
dual recording [MD] / Doppelaufzeichnung || ~ **standard interface** [ES] / zweifache Normschnittstelle || ~ **system** [Hw] / Doppelanlage, Doppelsystem || ~ **system feature** [Hw] / Doppelsystemzusatz || ~ **working** [ES] / Doppelbetrieb (2 Geräte)
dual-write cycle [M, ES] / Doppelschreibzyklus
dummy *n* [PL/1] / Hilfs... || *adj* [Sw] / Leer-..., Blind-..., Schein-... || ~ **argument** [Fortran] / Formalparameter || ~ **block** [Sw] / Leerblock || ~ **card** [PC, Sw] / Leerkarte, ungelochte Karte || ~ **character** [ES] / Blindzeichen || ~ **control card** [Sw] / Füllsteuerkarte || ~ **data** [Sw] / Blinddaten || ~ **dataset** [Sw] / Pseudodatei || ~ **fuse** [Hw] / Blindsicherung || ~ **header label** [MT] / leeres Anfangsetikett || ~ **home address** [Sw] / Pseudospuradresse || ~ **instruction** [Sw] / Blindbefehl, Füllbefehl, Scheinbefehl, Leerbefehl || ~ **letter** [Cryp, Sw] / Füllbuchstabe || ~ **module** [Co] / Blindeinschub || ~ **page** [HSP] / Pseudoseite || ~ **plate** [Hw] / Blindplatte || ~ **plug** [Hw] / Blindstecker || ~ **record** [Sw] / Pseudosatz || ~ **section (DSECT)** [Sw] / Pseudoabschnitt, Leerabschnitt || ~ **seek** [Sw] / Pseudosuchen || ~ **statement** [Algol] / Leeranweisung || ~ **statement** [Sw] / Blindanweisung, Scheinanweisung || ~ **track descriptor record** [Sw] / Pseudospurkennblock || ~ **variable** [Sw] / Scheinvariable
dump *v* (contents of memory, etc.) [IO] / ausgeben || *n* [Sw, OS] / Dump (cf. „Speicherabzug" bzw. „Speicherauszug"), Speicherausdruck || ~ (i.e., a printout of the contents of all of main memory) [M, Sw] / Speicherabzug (Abzug aus dem Arbeitsspeicher), Arbeitsspeicherabzug || **to ~ a memory area** [Sw] / einen Speicherauszug ausgeben || **to ~ on disk** [Sw] / auf Platte zwischenspeichern || **to ~ on tape** [Sw] / auf Band zwischenspeichern || ~ **format** [M, Sw] / Abzugsformat || ~ **routine** [Sw] / Speicherabzugroutine, Abzugsroutine
duodecimal *adj* [Th] / duodezimal, duodenär || ~ **conversion equipment** [PC] / Duodezimalcodeumsetzer || ~ **digit** [Th] / Duodezimalziffer (DIN 44300, März 1972) || ~ **number** [Th] / Duodezimalzahl || ~ **number system** [Th] / Duodezimalsystem
duodiode (s. duplex diode)
duplex *n* [Tr] / Duplex, Vollduplex || **four-**

wire ~ operation [Tr] / Vierdraht-Duplexbetrieb || ~ **apparatus** [TP] / Duplexapparat || ~ **channel** [Tr] / Duplexkanal || ~ **circuit** [Tr] / Gegenschreibverbindung, Duplexverbindung || ~ **diode** [Sc] / Doppeldiode, Duodiode || ~ **method** [Tr] / Gegenschreibverfahren, Duplexverfahren || ~ **operation** [Tr] / Gegenschreibbetrieb, Duplexbetrieb || ~ **system** [Tr] / Gegenschreibsystem, Duplexsystem || ~ **telegraph circuit** [Tr] / duplexfähiger Telegrafiekanal || ~ **working** [TP] / Doppelverkehr

duplicate *v* (i.e., to reproduce data leaving the original data unchanged) [Dp] / duplizieren || *n* [Dp] / Duplikat, Zweitexemplar || ~ **device assignment** [Sw] / Gerätedoppelbelegung

duplicated system [ES] / verdoppeltes System

duplicate mode [RDp] / Dupliziermodus || ~ **operation check** [PC] / Doppelprüfung, Zwillingsprüfung

duplicating *n* [PC] / Doppeln || ~ **card punch** [PC] / Wiederholungslocher || ~ **check** [PC] / Doppelprüfung, Zwillingsprüfung || ~ **device** [Dp] / Duplizierеinrichtung || ~ **program** [Sw] / Duplizierprogramm || ~ **punch** [PC] / Wiederholungslocher || ~ **run** [Sw] / Kopierlauf, Kopiervorgang

duplication check [PC] / Doppelprüfung, Zwillingsprüfung || ~ **factor** [Sw] / Wiederholungsfaktor

duration of a call (s. circuit time)

dust core [M] / Massekern || ~ **cover** [Hw] / Abdeckhaube (Staubschutz) || ~ **exclusion air lock** [Hw] / Staubschleuse

dusting brush [HSP] / Staubpinsel

duty *n* (of machine, apparatus, etc.) [Hw] / Betriebsart, Betrieb || ~ **cycle** [Hw, DpC] / relative Einschaltdauer || ~ **cycle** (of transistor, etc.) [Sc] / Impulsdauer, Arbeitszyklus || ~ **factor** (s. pulse duty factor)

dwell cycle [NC] / Verweilzyklus || ~ **time** [NC] / Verweilzeit || ~ **timer** [NC] / Verzögerungsrelais

DXC (s. data exchange control)

dyadic Boolean operation [Th, SA] / dyadische boolesche Verknüpfung, dyadische boolesche Operation, logische Verknüpfung von zwei Zustandsvariablen || ~ **calculus** [Th] / Dyadenrechnung || ~ **operation** [Th, SA] / dyadische Verknüpfung, Binäroperation, binäre Operation

dying-out constant [VDT, Sc] / Ausschwingkonstante (Speicherröhre) || ~ **time** [VDT, Sc] / Ausschwingzeit (Speicherröhre)

dynamic address conversion [Th, VS] / dynamische Adreßumsetzung (DAU) || ~ **addressing** [Sw] / dynamische Adressierung || ~ **address translation (DAT)** [Th, VS] / dynamische Adreßumsetzung (DAU) || ~ **address translation feature** [VS] / dynamische Adreßumsetzungseinrichtung, DAT-Einrichtung || ~ **alarm signal input device** [PCC] / dynamische Alarmeingabe || ~ **alternative track assignment** [MD, MC, MDr] / dynamische Ersatzspurzuweisung || ~ **check** [Dp] / Betriebsprüfung, dynamische Prüfung || ~ **data field** [Sw] / dynamisches Datenfeld || ~ **digital input device** [PCC] / dynamische Digitaleingabe || ~ **dispatching** [OS] / dynamische Abfertigung, dynamische Auswahl || ~ **dump** [Dp] / dynamischer Speicherabzug || ~ **equivalence** [Term, MAT] / dynamische Äquivalenz (der Übersetzung) || ~ **error** [Dp, QC] / dynamischer Fehler || ~ **impedance** [Sc] / dynamische Impedanz

dynamicizer *n* [Dp] / Parallel-Serien-Umsetzer (PSU) (DIN 44300, März 1972)

dynamic load balancing [VS] / dynamische Arbeitslastverteilung || ~ **luminous sensitivity** (of a photoelectric device) [Co, Sc] / dynamische Lichtempfindlichkeit, Wechsellichtempfindlichkeit || ~ **memory** [MCS] / dynamischer Speicher || ~ **memory allocation** [Dp, Sw] / dynamische Speicherzuweisung || ~ **memory relocation** [Th, VS] / dynamische Adreßverschiebung, dynamische Verschiebung || ~ **message control** [Sw] / dynamische Nachrichtensteuerung || ~ **process** [PCC] / Fließprozeß, dynamischer Prozeß || ~ **process model** [PCC] / dynamisches Prozeßmodell || ~ **process optimization** [PCC] / dynamische Prozeßoptimierung || ~ **programming** [Sw] / dynamische Programmierung || ~ **RAM** [Mp] / dynamisches RAM || ~ **relocation** [Th, VS] / dynamische Adreßverschiebung, dynamische Verschiebung || ~ **resource allocation** [Dp, Sw] / dynamische Betriebsmittelzuweisung || ~ **sensitivity**

(of a photoelectric device) [Co, Sc] / dynamische Empfindlichkeit || ~ **skew** [MT] / dynamischer Schräglauf, dynamischer Bitversatz || ~ **stop** [Sw] / dynamischer Stopp, Fehlerstopp (in einer Schleife) || ~ **storage** [MCS] / dynamischer Speicher || ~ **storage allocation** [Dp, Sw] / dynamische Speicherzuweisung || ~ **subroutine** [M, Sw] / dynamisches Teilprogramm, dynamisches Unterprogramm || ~ **support system (DSS)** [VS] / dynamisches Testhilfssystem || ~ **test** [Dp] / Betriebsprüfung, dynamische Prüfung

dynistor *n* [Sc] / Dynistor (Vierschichtdiode)

E

EAM (s. electric accounting machine) || ≗ (s. elementary access method)

early card read [PC] / vorzeitige Kartenabfühlung

EAROM (s. electrically alterable ROM)

earth (GB) (s. ground)

EBCDIC (s. extended binary-code decimal interchange code)

EBR (s. electron beam recorder)

ECB (s. event control block)

eccles jordan circuit [Cir] / Eccles-Jordanschaltung

echo checking [Tr] / Prüfung durch Rückübertragung, Echokontrolle, Echoprüfung || ~ **testing** [Tr] / Prüfung durch Rückübertragung, Echokontrolle, Echoprüfung

ECL (s. executive control language) || ≗ **macro** [OS] / Makroaufruf in Ablaufsteuersprache

ECOR (s. error control register)

ECP (s. emulator control program)

edgeboard connector [Sc] / Steckerleiste (für gedruckte Schaltungen)

edge connector [Sc] / Randstiftleiste, Stiftsockel || ~ **dislocation** [Sc] / Stufenversetzung

edge-notched card [Off] / Kerblochkarte (Nadellochkarte, in der die suchfähigen Merkmalsangaben durch Öffnung der Löcher mittels eines Kerbgerätes dargestellt sind)

edge-punched card [PE] / Lochstreifenkarte (LSK) (DIN 31631E T2, März 1979)

edge steepness [Tr] / Flankensteilheit, Impulsflankensteilheit

edit *v* (data, etc.) [Dp] / aufbereiten (für Ausgabe, Druck usw.) || **to ~ a tape** [Sw] / von einem Band einen Bandauszug erstellen || ~ **code** [RPG] / Aufbereitungscode (für die Druckausgabe) || ~ **control character** [Sw] / Steuerzeichen für Ausgabeaufbereitung || ~ **directed** [PL/1] / formatgesteuert

edited item [Cobol] / (druck)aufbereitetes (Daten)feld

editing *n* [IO, Dp] / Ausgabeaufbereitung, Aufbereitung (für Ausgabe, Druck usw.) || [Cobol] / (Druck)aufbereitung || ~ **symbol** [Cobol] / (Druck)aufbereitungssymbol || ~ **terminal** [Typ, TES] / Redaktionsterminal

edit instruction [Sw] / Aufbereitungsbefehl || ~ **mask** [Sw] / Ausgabeschablone || ~ **mode** [RDp] / Aufbereitungsmodus

editor *n* [MCS] / Editor (Hilfsprogram zur Änderung, Korrektur und Ausgabe von Anwenderprogrammen)

edit parameter [PL] / Ausgabeparameter

EDP (s. electronic data processing) || ≗ **center** (s. computing center) || ≗ **equipment** [Dp] / elektronische Datenverarbeitungsanlage (EDVA) (betriebsbereite Gesamtheit der funktionell zusammengehörigen Geräte eines elektronischen Datenverarbeitungssystems), EDV-Anlage

EDPS (s. electronic data processing system)

EDP system [Dp] / elektronisches Datenverarbeitungssystem (EDVS) (Datenverarbeitungssystem, das sich vorwiegend elektronischer Hilfsmittel bedient und zur Ausführung einer Aufgabe nur definierte gelegentliche Eingriffe des Menschen benötigt)

effective address [Sw] / effektive Adresse || ~ **aperture** [Sc] / effektive Apertur || ~ **induction area of the control current loop** [Sc] / induktive Restfläche des Steuerstromkreises (bei einem Halleffekt-Bauelement) || ~ **instruction** [Sw] / effektiver Befehl, endgültiger Befehl || ~ **language** [Sw] / Ausführungssprache || ~ **margin** [TP, Tr] / Effektivspielraum || ~ **mass** [Sc] /

effektive Masse || ~ **speed** [Dp] / echte Geschwindigkeit || ~ **utilization of storage capacity** [Dp] / effektive Speicherausnutzung, effektive Speicherplatzausnutzung || ~ **voltage** [Sc] / Effektivspannung

efficiency meter [ES] / Wirkungsgradmesser || ~ **of rectification** [Sc] / Wirkungsgrad des Gleichrichters || ~ **ratio** [Hw] / Leistungsverhältnis

eight-level code [Th] / Achteralphabet

eight-track punched tape [PT] / Acht-Spur-Lochstreifen, Acht-Kanal-Lochstreifen

EIM (s. end-of-information marker)

EIP (s. emulator interface program)

either-way communication [Tr] / wechselseitige Datenübermittlung (DIN 44302, Apr. 1979), wechselseitiger Informationsfluß || ~ **mode** [RDp, Tr] / Zweiwegbetrieb (Vollduplex)

ejectable *adj* (cassette, etc.) [Hw] / austoßbar

elapsed time [Dp] / abgelaufene Zeit (z.B. verwendete CPU-Zeit) || ~ **time clock** [OS] / Unterbrechungszeitgeber, Zeitgeber, Programmwecker || ~ **time clock processing** [Sw] / Zeitgeberbearbeitung

elastic modulus [Sc, Th] / Elastizitätskonstante

elective COBOL [PL] / Wahl-COBOL

electric accounting machine (EAM) [Off] / elektrische Buchungsmaschine

electrical circuit diagram [NC] / Elektrodiagramm || ~ **connector** [Hw, Cir] / elektrische Steckvorrichtung || ~ **interface** [Dp] / elektrische Schnittstelle

electrically alterable ROM (EAROM) [Mp] / löschbares PROM (EPROM), elektrisch änderbarer Festwertspeicher || ~ **conductive paper** [MCS] / leitfähiges Papier

electrical rating [RDp] / elektrischer Wert || ~ **sensing** [PT, PC] / elektrische Abtastung, elektrisches Abtasten, elektrische Abfühlung, elektrisches Abfühlen, Bürstenabfühlung

electric calculating machine [Off] / elektrische Rechenmaschine || ~ **cash register** [Off] / elektrische Registrierkasse || ~ **circuit** [Hw, Serv] / Stromkreis || ~ **motor** [Hw] / Elektromotor || ~ **numeric printing punch** [PC] / Magnetschreiblocher || ~ **printing punch** [PC] / Magnetschreiblocher || ~ **punch** [PC] / Magnetlocher || ~ **signal** [NC] / elektrisches Signal || ~ **typewriter** [OCR, Off] / elektrische Schreibmaschine

electrochemical-diffused-collector transistor [Sc] / ECDC-Transistor

electrode *n* [Sc] / Elektrode || ~ **dark current** [Sc] / Dunkelstrom

electrographic ink [MICR] / leitfähige Tinte || ~ **pen** [PC, OCR] / stromleitender Grafitstift, Elektrografitstift

electroluminescence *n* [Sc] / Elektrolumineszenz

electroluminescent display [Hw] / Leuchtanzeige

electrolytic action [Sc] / elektrolytische Einwirkung || ~ **capacitor** [Co] / Elektrolytkondensator || ~ **etching** [Sc] / elektrolytisches Ätzen || ~ **storage** [M] / elektrolytischer Speicher

electromagnetic delay line [Cir] / elektromagnetische Verzögerungsleitung || ~ **delay-line storage** [M] / elektromagnetischer Laufzeitspeicher

electromechanical plotter [GrDp] / elektromechanischer Plotter (mit Zeichenstift arbeitender Plotter) || ~ **printer** [HSP] / elektromechanischer Drucker || ~ **storage** [M] / elektromechanischer Speicher

electron avalanche [Sc] / Elektronenlawine || ~ **beam** [Sc, Co] / Elektronenstrahl || ~ **beam lithography** [Dp] / Elektronenstrahl-Lithografie || ~ **beam recorder (EBR)** [COM, Typ] / Elektronenstrahlaufzeichner || ~ **beam recording** (in micrographics) [COM] / Elektronenstrahlaufzeichnung || ~ **beam recording system** [COM, Typ] / Elektronenstrahl-Aufzeichnungssystem || ~ **bombardment** [Sc] / Elektronenbeschuß || ~ **concentration** [Sc] / Elektronenkonzentration || ~ **conduction** [Sc] / Elektronenleitung, Überschußelektronenleitung, n-Leitung (DIN 41852, Aug. 1978)

electron-emitting area [Sc] / Abgabefläche

electronic *adj* [Th] / elektronisch || ~ **accounting machine** [Off] / elektronische Buchungsmaschine || ~ **accumulating register** [ALU] / Additionsregister || ~ **assembly** [Dp] / elektronische Baugruppe || ~ **brain** / Elektronengehirn (abwertende Bezeichnung) || ~ **calculating machine**

[Calc] / elektronische Rechenmaschine (DIN 9757E, Okt. 1977) || ~ **calculating punch** [PC] / elektronischer Rechenlocher || ~ **calculator** [Calc] / elektronische Rechenmaschine (DIN 9757E, Okt. 1977) || ~ **character sensing** [OCR] / elektronische Zeichenabtastung || ~ **circuit** [RDp, Sc] / elektronische Schaltung, elektronischer Kreis || ~ **component** [Dp] / elektronisches Bauelement || ~ **computer** [Th] / Elektronenrechner, elektronische Rechenanlage || ~ **data processing (EDP)** / elektronische Datenverarbeitung (EDV) || ~ **data processing center** [Dp] / elektronische Datenverarbeitungszentrale, elektronisches Datenverarbeitungszentrum || ~ **data processing equipment** [Dp] / elektronische Datenverarbeitungsanlage (EDVA) (betriebsbereite Gesamtheit der funktionell zusammengehörigen Geräte eines elektronischen Datenverarbeitungssystems), EDV-Anlage || ~ **data processing system (EDPS)** [Dp] / elektronisches Datenverarbeitungssystem (EDVS) (Datenverarbeitungssystem, das sich vorwiegend elektronischer Hilfsmittel bedient und zur Ausführung einer Aufgabe nur definierte gelegentliche Eingriffe des Menschen benötigt) || ~ **data switching system** [ES] / elektronisches Datenvermittlungssystem || ~ **desk calculator** [Calc] / elektronischer Tischrechner || ~ **dictionary** [MAT] / elektronisches Wörterbuch, Computerwörterbuch || ~ **differential analyzer** [ADp] / elektronischer Differentialanalysator || ~ **digital computer** [Dp] / elektronischer Digitalrechner || ~ **emitter** [PC] / Impulseinsteuerung || ~ **keyboard** [IO] / elektronische Tastatur || ~ **level pattern generator** / Pegelraster (Pegelbildgerät) || ~ **mail** [Vtex, Fax] / elektronische Post (Sammelbezeichnung für schriftliche Nachrichtenübermittlung von Person zu Person bzw. von Büro zu Büro auf elektronischem Weg) || ~ **multiplier** [Th] / elektronischer Multiplikator || ~ **office equipment** [Off] / elektronische Bürogeräte || ~ **pattern processor** [PCC] / elektronische Musterverarbeitungsanlage || ~ **photocomposing equipment** [COM, Typ] / elektronische Lichtsetzanlage || ~ **photocomposing system** [COM, Typ] / Lichtsetzsystem || ~ **photocomposition** [COM, Typ] / elektronischer Lichtsatz || ~ **print inhibition** [TP] / elektronische Schreibsperre || ~ **pulse generator** [ES] / Impulsgeber (IG), Impulsgenerator || ~ **rectifier** [Sc] / elektronischer Gleichrichter

electronics *n* / Elektronik || ~ **board** [Co] / Elektronikflachbaugruppe, Elektronikplatte || ~ **development engineer** / Elektronik-Entwicklungsingenieur

electronic send distributor [ES] / elektronischer Sendeverteiler

electronics module [Co] / Elektronikbaugruppe

electronic storage [M] / elektronischer Speicher

electronics unit [Co] / Elektronikeinheit

electronic teleprinter [TP] / elektronischer Fernschreiber || ~ **timer** [Dp] / elektronischer Zeitgeber || ~ **transmission** [Tr] / elektronische Übertragung || ~ **tube** [Co, Sc] / Elektronenröhre || ~ **valve** (GB) (s. electronic tube)

electronization *n* / Elektronisierung (Schlagwort, das den gegenwärtigen Trend in der Datentechnik charakterisieren soll, in zunehmendem Maß mechanische Bausteine durch elektronische Techniken zu ersetzen)

electron mobility [Sc] / Elektronenbeweglichkeit || ~ **scattering** [Sc] / Elektronenstreuung

electrophotographic printer [HSP] / elektrofotografischer Drucker (z.B. Laserdrucker) || ~ **printing method** [HSP] / elektrofotografisches Druckprinzip

electrophotography *n* [HSP] / Elektrofotografie

electrosensitive printer [HSP] / elektrosensitiver Drucker

electrostatic plotter [GrDp] / elektrostatischer Plotter || ~ **printer** [HSP] / elektronischer Drucker || ~ **sensing** [PT] / elektrostatische Abtastung, elektrostatisches Abtasten, elektrostatische Abfühlung, elektrostatisches Abfühlen || ~ **storage** [M] / elektrostatischer Speicher

elementary access method (EAM) [Sw] / einfache Zugriffsmethode,

Basiszugriffsmethode || ~ **combinatorial circuit** [Cir] / elementare kombinatorische Schaltung, elementare Verknüpfungsschaltung || ~ **expression** [Sw] / Elementarausdruck || ~ **item** [Cobol] / Datenelement || ~ **level** [Cobol] / elementare Stufe || ~ **move** [Cobol] / Elementübertragung || ~ **operation (EO)** [Sw] / Elementaroperation
element group [Sw] / Elementgruppe || ~ **synchronization** [Tr] / Bitsynchronisation, Schrittsynchronisation
eleven punch [PC] / X-Lochung (11er-Lochung), Elferlochung
else *adv* [Cobol] / sonst || ~ **part** [PL/1] / Sonst-Teil || ~ **unit** [PL/1] / Sonst-Einheit
embed *v* (impurities, etc.) [Sc] / einbetten
embedded blank [Sw] / Leerzeichen innerhalb eines Feldes
emboss *v* [HSP] / prägen
embossed *adj* [HSP] / geprägt
EM character (s. end-of-medium character)
emergency cutout [Hw, DpC] / Notabschaltung || ~ **maintenance** [Hw, DpC] / Sofortwartung, Eilwartung (bei Störungen) || ~ **power supply** [DpC] / Notstromversorgung || ~ **power supply system** [Hw] / Netzersatzanlage || ~ **switch** [Hw] / Sicherungslasttrenner, Sicherungstrenner || ~ **switching module** [ES] / Umschaltbaugruppe (UB)
emitter contact [Sc] / Emitteranschluß, Emitterelektrode
emitter-coupled logic [Co] / emittergekoppelte Logik || ~ **logic device** [IC] / emittergekoppelter Logikbaustein
emitter depletion layer [Sc] / Emittersperrschicht || ~ **diode** [Sc] / Emitterdiode || ~ **dip** [Sc] / Basisverdrängung, Emittersenkung || ~ **dot** [Sc] / Emitterpille, Emitterpunkt || ~ **electrode** [Sc] / Emitteranschluß, Emitterelektrode || ~ **junction** [Sc] / Emittersperrschicht || ~ **linewidth** [Sc] / Emitterlinienbreite || ~ **pulse** [PC] / Geberimpuls || ~ **region** [Sc] / Emitterbereich, Emitterzone || ~ **site** [Sc] / Emitterpunkt || ~ **terminal** [Sc] / Emitteranschluß, Emitterelektrode || ~ **voltage** [Sc] / Emitterspannung || ~ **zone** [Sc] / Emitterbereich, Emitterzone
empirical process identification [PCC] / empirische Prozeßerkennung || ~ **process model** [PCC] / empirisches Prozeßmodell || ~ **value** [Th] / Erfahrungswert
empiric-function generator [ADp] / empirischer Funktionsgeber, Geber für empirische Funktionen
empty *n* [Algol] / leere Zeichenreihe || ~ **builtin function** [PL/1] / (eingebaute) Leerbereichs-Funktion || ~ **function** [PL/1] / (eingebaute) Leerbereichs-Funktion || ~ **medium** [PE] / unbeschrifteter Datenträger
em-quad *n* (i.e., a quadrat of x Didot points) [Typ] / Geviertstärke
EMS (s. emulator monitor system)
emulate *v* [Sw] / emulieren (DIN 44300, März 1972)
emulation *n* [Mp, Sw] / Emulation (softwaremäßige Nachbildung eines Rechnersystems, wobei nur das äußere Verhalten des Systems nachgebildet wird) || ~ **program** [Sw] / Emulationsprogramm
emulator *n* [Mp, Sw] / Emulator (DIN 44300, März 1972) || ~ **control program (ECP)** [Sw] / Emulator-Organisationsprogramm, Emulatorsteuerprogramm || ~ **interface program (EIP)** [Sw] / Emulatoranschlußprogramm (EAP) || ~ **microprogram** [Sw] / Emulatormikroprogramm || ~ **monitor system (EMS)** [Sw] / Emulatormonitorsystem
emulsion side [HSP] / Schichtseite (Film) || ~ **thickness** [Sc] / Emulsionsdicke
enable *v* [PL/1] / einschalten || ~ (interrupt system, etc.) [Mp] / aktivieren || ~ (exit, etc.) [Dp] / freigeben || ~ **command** [ES] / Freigabebefehl || ~ **decoding** [ES] / Decodierungsfreigabe || ~ **input** [Mp] / Freigabe-Eingang || ~ **pulse** [M] / Stellenschreibimpuls || ~ **signal** [ES] / Freigabesignal
enabling signal [ES] / Freigabesignal
encipher *v* [Cryp] / verschlüsseln, schlüsseln
enciphered message [ES] / verschlüsselte Nachricht
encode *v* [Th, PL] / codieren, verschlüsseln
encoded *adj* [Th, PL] / codiert, verschlüsselt, in codierter Form
encoder *n* [Tr] / Codierer (DIN 44300, März 1972) || [Sw] / Coder
encountered, to be ~ [Sw] / (von Fehlern usw.) auftreten
encrypt *v* [Cryp] / verschlüsseln, schlüsseln
encrypted message [ES] / verschlüsselte

Nachricht || ~ **message part** [Cryp] / verschlüsselter Teil eines Spruches
end address [Sw, ES] / Endadresse || ~ **address register** [ES] / Endadreßregister (EAR)
endaround carry [Th] / Endübertrag, Rückwärtsübertrag, Ringübertrag, Übertrag auf die letzte Stelle, Übertrag des Überlaufs in die niederste Stelle || ~ **shift** (s. logical shift) || ~ **shift register** [CU] / Ringschieberegister
end cap [HSP] / Verschlußdeckel || ~ **character** [Sw] / Endezeichen || ~ **column** [PC, Sw] / Endspalte || ~ **condition** [Sw] / Endekriterium, Endebedingung || ~ **criterion** [Sw] / Endekriterium, Endebedingung || ~ **declaratives** [Cobol] / Ende der (Prozedur)vereinbarungen
endfile statement [Fortran] / Dateiabschlußanweisung
end identifier [ES] / Endekennung || ~ **identifier sequence** [TP] / Endezeichen (+ + +)
ending *n* [PL/1] / (...)ende || ~ **file label** [Cobol] / Datei-Endekennsatz || ~ **reel label** (s. end-of-tape label) || ~ **tape label** [MT, Sw] / Spulenendeetikett, Spulennachsatz, Bandende-Etikett, Trailer-Etikett || ~ **tape mark** [PT] / Endmarke (DIN 66016 T1, Aug. 1974) || ~ **tape marker** [MT] / Bandendemarke (DIN 66010, Apr. 1973)
end key [CTW] / Endetaste
endless form [IO, HSP] / Endlosformular, Endlosvordruck, Endlospapier
end line [Fortran] / Endzeile || ~ **mark** [Dp] / Endemerkmal, Endezeichen, Endemarke || ~ **marker** [Dp] / Endemerkmal, Endezeichen, Endemarke || ~ **message** [Sw] / Endemeldung || ~ **of block (EOB)** [Sw] / Blockende
end-of-block error [Tr] / Blockendefehler || ~ **signal** [Tr] / Blockendezeichen
end of cylinder [PE, Sw] / Zylinderende
end-of-data parameter card [Sw] / Datenendekarte
end of dialing (s. end of selection)
end-of-dialing signal (s. end-of-selection signal)
end-of-digit signal [ES] / Ziffernendzeichen
end of extent (EOE) [Sw] / Bereichsende || ~ **of file (EOF)** [Cobol] / Dateiende
end-of-file block [Sw] / Dateiendeblock, Dateiendblock || ~ **card** [Dp] / Dateiendkarte || ~ **feature** [PC] / Karteiende-Anzeige || ~ **label** [PE, Sw] / Dateiendetikett, Trailer-Etikett, Nachsatz, Dateinachsatz
end of file label [Cobol] / Datei-Endekennsatz
end-of-information marker (EIM) [PT] / Endmarke (DIN 66016 T1, Aug. 1974)
end-of-instruction mark [Sw] / Befehlsendezeichen
end of job (EOJ) [DpC, Sw] / Auftragsende (DIN 66200E T1, März 1974), Jobende || ~ **of line** [Typ, Sw] / Zeilenende
end-of-line character [Typ] / Zeilenendezeichen || ~ **contact** [TP] / Zeilenendekontakt || ~ **indicator** [TP] / Zeilenendeanzeige || ~ **instruction** [Typ] / Zeilenendebefehl || ~ **warning** [TP] / Zeilenendewarnung, Zeilenendevorwarnung || ~ **warning lamp** [TP] / Zeilenendelampe
end-of-medium character (EM character) [Sw] / Datenträgerzeichen
end of message (EOM) *n* [Tr] / Nachrichtenende, Endezeichen (EOM)
end-of-message signal [Tr] / Nachrichtenendekriterium, Nachrichtenschlußzeichen || ~ **signal interpreter** [ES] / Schlußzeichenauswerter
end of paper [TP] / Papierende
end-of-paper warning [TP] / Papierendealarm
end of program [ES] / Programmende
end-of-program routine [Sw] / Programmendroutine
end of record [Sw] / Satzende
end-of-record word [Sw] / letztes Wort eines Streifen- oder Bandsatzes, Satzendewort
end of reel [Cobol] / Bandende || ~ **of selection** [ES] / Wahlende
end-of-selection (+) [ES] / Schlußkreuz || ~ **signal** [ES] / Wahlendezeichen (WEZ)
end-of-tape block [Sw] / Bandendeblock || ~ **label** [MT, Sw] / Spulenendeetikett, Spulennachsatz, Bandende-Etikett, Trailer-Etikett || ~ **marker (EOT)** [MT] / Bandendemarke (DIN 66010, Apr. 1973) || ~ **processing** [Sw] / Bandendebehandlung || ~ **sensor** [MT] / Bandendemarkenabtaster
end of text (ETX) [Tr] / Textende
end-of-text character (ETX character) [Tr] / Textendezeichen, Nachrichtenendezeichen
end of track (EOT) [PE, Sw] / Spurende ||

~ **of transmission (EOT)** [Tr] / Übertragungsende
end-of-transmission block (ETB) [Tr] / Endeblock, Übertragungsendeblock || ~ **block character (ETB character)** [Dp] / Blockübertragungsendezeichen
end of transmission character (EOT character) [Tr] / Übertragungsendezeichen
end-of-transmission key [Tr] / Endetaste (Textende)
end of unit [Cobol] / Einheit-Ende || ~ **of volume (EOV)** [Sw] / Datenträgerende
end-of-word mark [Sw] / Wortendezeichen
end position [NC] / Zielposition || ~ **position in output record** [RPG] / letzte Stelle im Ausgabebereich || ~ **printing** [PC] / Randbeschriftung || ~ **printing machine** [PC] / Lochschriftenstempler || ~ **record** [ES] / Endesatz || ~ **record for call disconnect** [ES] / Endesatz für Verbindungsende || ~ **routine** [Sw] / Enderoutine || ~ **skirting board** [Hw] / Endsockelleiste || ~ **statement** [PL/1] / Endeanweisung || ~ **switch** [HSP] / Endschalter || ~ **symbol** [Sw] / Endezeichen || ~ **user** [Dist] / Endkunde (häufig im Gegensatz zu OEM-Kunde), Endbenutzer || ~ **user query language** [IDS] / Datenbank-Dialogsprache
endwise feed [DT, PC] / Zuführung in Längsrichtung, Endzuführung
energy band [Sc] / Energieband || ~ **band structure** [Sc] / Energiebänderstruktur || ~ **gap** [Sc] / Bandabstand (DIN 41852, Aug. 1978) || ~ **level** [Sc] / Energieniveau || ~ **term** [Sc] / Energieterm
engineer *v* [Hw] / auslegen, bemessen
engineering documents [Hw, R&D] / Entwicklungsdokumentation || ~ **drawing** [R&D] / Konstruktionszeichnung || ~ **office** / Ingenieurbüro || ~ **problem report** [R&D] / Änderungsvorschlag
engram *n* [Cy] / Engramm
enhance *v* [Th, Sw] / erweitern
enhancement type [Sc] / Anreicherungstyp, Steigerungstyp
enlarged dash [OCR] / vergrößerter Strich
en-quad *n* (i.e., a space of 1/2 em-quad) [Typ] / Halbgeviert
enqueue *v* [Dp] / in eine Warteschlange einreihen
enquiry (s. inquiry)
enrich *v* [HSP] / anreichern (mit Toner)
entectic bonding [Sc] / entektisches Verbinden (Dickfilm)
enter into *v* [Sw] / einspringen || ~ **statement** [Cobol] / Eintrittsanweisung
entier [Algol] / entier
entrance *n* [Sw] / Einsprungadresse, Einsprungstelle
entropy *n* [Th, Cy] / mittlerer Informationsgehalt (DIN 44301, Feb. 1977), Entropie (DIN 44301, Feb. 1977) || **conditional** ~ [Th, Cy] / mittlerer bedingter Informationsgehalt (DIN 44301, Feb. 1977), bedingte Entropie (DIN 44301, Feb. 1977) || **mean ~ per character** [Th, Cy] / mittlerer Informationsbelag (einer Nachrichtenquelle) (DIN 44301, Feb. 1977) || ~ **of groups** [Cy] / Gruppenentropie
entry *n* [PL] / Befehl (Teil einer Anweisung) || [PL/1] / Eingang || ~ (GB) (s. entry point)
ENTRY (s. Identify entry point symbol)
entry conditions [Sw] / Einsprungbedingungen || ~ **gate** [OCR] / Einlaß || ~ **information** [PL/1] / Eingangseigenschaft || ~ **instruction** [Sw] / Eingangsbefehl || ~ **point** [Sw] / Einsprungadresse, Einsprungstelle
entry-point address [Mp] / Eingangsadresse
entry pointer [ES] / Eintragszeiger || ~ **sequence number** [IDS] / Eintragsfolgenummer
envelope *v* [HSP] / kuvertieren || *n* [Tr] / Bitgruppe (Synchronübertragung) || ~ **alignment** [ES] / Rahmensynchronisation
envelope-structured *adj* [ES] / zeichenrahmengebunden
environment *n* [PL/1] / Umgebung
environmental conditions [DpC] / Umweltbedingungen, Umgebungsbedingungen || ~ **error** [OS] / Umgebungsfehler || ~ **test equipment** [Sc] / Umweltprüfgerät
environment division [Cobol] / Maschinenteil || ~ **division clause** [PL] / Maschinenteileintragung || ~ **recording** [Dp] / Zustandsaufzeichnung
EO (s. elementary operation)
EOB (s. end of block)
EOE (s. end of extent)
EOF (s. end of file) || ≗ **block** [Sw] / Dateiendeblock, Dateiendblock || ≗ **label** [PE, Sw] / Dateiendetikett, Trailer-Etikett, Nachsatz, Dateinachsatz

EOJ (s. end of job)
EOM (s. end of message)
EOR circuit (s. exclusive-OR element)
EOT (s. end of track) || ≗ (s. end of transmission) || ≗ (s. end-of-tape marker) || ≗ **character** (s. end of transmission character) || ≗ **hole** [KtT] / Bandende-Durchlichtmarke || ≗ **key** [Tr] / Endetaste (Textende)
EOV (s. end of volume)
epitaxial growth process [Sc] / Aufwachsverfahren || ~ **layer** [Sc] / epitaxiale Schicht || ~ **transistor** [Tr, Sc] / Epitaxial-Transistor, epitaxischer Transistor
epitaxy *n* [Sc] / Epitaxie
EPROM (s. erasable PROM)
equal compare [RPG] / Prüfen auf „gleich" (1 = 2) || ~ **indicator** [RPG] / Bezugszahl „gleich" (1 = 2)
equality circuit [Cir] / Gleichheitsglied || ~ **unit** [Cir] / Gleichheitsglied
equalization *n* [Tr] / Entzerrung
equalize *v* [Tr] / entzerren
equalizer *n* [RDp, Tr] / Entzerrer, Entzerrerschaltung
equalizing network [RDp, Tr] / Entzerrer, Entzerrerschaltung
equal length multi-unit code [TP] / Einheitsschrittcode
equal-ratio channel [Tr] / Zeitvielfachkanal mit gleichmäßiger Periodenverteilung || ~ **code** [Th, Tr] / gleichgewichtiger Code, gleichgewichteter Code || ~ **combination** [Tr] / gleichgewichtige Kombination
equals (=) [Fortran] / Gleichheitszeichen
equal sign [Cobol] / Gleichheitszeichen
equals key [Calc] / Resultatstarttaste (DIN 9757E, Okt. 1977), Ist-Gleich-Taste (DIN 9757E, Okt. 1977)
equal symbol [PL/1] / Gleichheitszeichen
equation *n* [Th] / Gleichung || ~ **solver** [ADp] / Gleichungsauflöser, Lineargleichungslöser
equipment *n* [Hw] / Ausrüstung, Geräte || ~ **change notification** [Hw] / Änderungsmitteilung || ~ **compatibility** [Hw] / Gerätekompatibilität, Hardware-Verträglichkeit || ~ **configuration** [Hw] / Anlagenkonfiguration, Systemkonfiguration || ~ **failure** [Hw] / Gerätefehler, Maschinenfehler, Maschinenstörung || ~ **frame** [Hw] / Einbauebene || ~ **layout plan** [Hw] / Geräteübersichtsplan || ~ **list** [Hw] / Geräteübersicht (GÜ) || ~ **malfunction** [Hw] / Gerätefehler, Maschinenfehler, Maschinenstörung || ~ **marking plan** [Hw] / Beschriftungsplan || ~ **module** [Hw] / Gerätebaustein || ~ **planner** [DpC] / Gerätedisponent || ~ **reliability** [Hw] / Betriebssicherheit || ~ **revision level** [Dist] / Geräteausgabestand, Gerätestand
equivalence *n* [SA] / Äquivalenz (DIN 44300, März 1972), Äquijunktion, Bisubjunktion || ~ **element** [Cir] / Äquivalenzglied || ~ **operation** [SA] / Äquivalenzverknüpfung || ~ **statement** [Fortran] / Äquivalenzanweisung
equivalent *adj* [Sw] / gleichwertig || ~ **binary digits** [Th] / äquivalente Binärstellen, äquivalente Binärziffern, äquivalente Binärzeichen || ~ **circuit** [Sc] / Ersatzschaltbild || ~ **diode** [Sc] / äquivalente Diode || ~ **disturbing voltage** [ES, Tr] / äquivalente Störspannung || ~ **input capacitance** [Cir] / äquivalente Eingangskapazität || ~ **input noise current** [Co] / äquivalenter Eingangsrauschstrom || ~ **input noise voltage** [Co] / äquivalente Eingangsrauschspannung || ~ **input resistance** [Cir] / äquivalenter Eingangswiderstand || ~ **input voltage/current drift** [Co] / äquivalente Eingangsdrift || ~ **noise current** [Sc] / äquivalenter Rauschstrom || ~ **noise voltage** [Sc] / äquivalente Rauschspannung || ~ **output capacitance** [Cir] / äquivalente Ausgangskapazität || ~ **output resistance** [Cir] / äquivalenter Ausgangswiderstand || ~ **thermal network** [Sc] / thermische Ersatzschaltung
equivalent-to element [Cir] / Äquivalenzglied
equivalent uncorrelated noise conductance [Sc] / äquivalenter zusätzlicher Rauschleitwert
equivocation *n* [Th, Cy] / Äquivokation (DIN 44301, Feb. 1977), Rückschlußentropie (DIN 44301, Feb. 1977)
erasable PROM (EPROM) [Mp] / löschbares PROM (EPROM), elektrisch änderbarer Festwertspeicher || ~ **storage** [M] / löschbarer Speicher
erase *v* [PT] / auslochen (mittels sog. Vollochung) || ~ (data, etc.) [Mp] / löschen || ~ **character** (s. delete character) || ~ **head** [PE] / Löschkopf (DIN 66010, Apr. 1973) || ~ **key** [TP] /

Radiertaste || ~ **signal** [PE, M, NC] / Löschsignal, Löschimpuls
erasing head [PE] / Löschkopf (DIN 66010, Apr. 1973)
erasure signal (i.e., a signal used for the purpose of invalidating a previous signal) [TP] / Irrungszeichen
ERCR (s. error cause register)
ERRC (s. error character)
error *n* [Tr] / Fehler (Abweichung der empfangenen Zeichen oder Zeichenfolgen von den gesendeten Zeichen oder Zeichenfolgen) (DIN 44302, Apr. 1979) || ~ **analysis** [OCR] / Fehleranalyse || ~ **band** [Th] / Fehlerbereich || ~ **burst** [Tr] / Fehlerbündel, zeitlich geballt auftretende Störung || ~ **byte** [Sw] / Fehlerbyte || ~ **cause register (ERCR)** [OS] / Fehlerursachenregister || ~ **character (ERRC)** [ES, Tr] / Irrungszeichen || ~ **check** [Sw, ES] / Fehlerprüfung
error-check bit [ES] / Fehlerprüfbit
error checking [Sw, ES] / Fehlerprüfung || ~ **checking character** [DS, Tr] / Fehlerkontrollzeichen
error-checking code [Th, Tr] / Fehlererkennungscode (DIN 44300, März 1972), Fehlerprüfcode, selbstprüfender Code, fehlererkennender Code || ~ **program** [ES] / Fehlerprüfprogramm
error class [Sw] / Fehlerklasse, Fehlerart || ~ **code** [Sw] / Fehlercode, Fehlerzeichen, Fehlerartkennzeichen || ~ **condition** [ES] / Fehlerzustand || ~ **control** [ES] / Zeichensicherung || ~ **control character** [Sw] / Fehlerprüfzeichen || ~ **control device** [Tr] / Sicherungseinrichtung || ~ **control mode** [OS] / Fehlermodus || ~ **control procedure** [Tr] / Fehlerüberwachung (DIN 44302, Apr. 1979) || ~ **control processing** [Sw] / Fehlerbehandlungsmaßnahmen || ~ **control register (ECOR)** [OS] / Fehlermodusregister || ~ **control unit** [Tr] / Fehlerüberwachungseinheit (DIN 44302, Apr. 1979)
error-correcting code [Th, Tr] / Fehlerkorrekturcode (DIN 44300, März 1972), selbstkorrigierender Code, korrigierbarer Code, fehlerkorrigierender Code || ~ **program** [Sw] / Fehlerkorrekturprogramm || ~ **routine** [Sw] / Fehlerkorrekturprogramm
error correction [Sw] / Fehlerkorrektur, Fehlerberichtigung || ~ **correction by repetition request** [RDp, Tr] / Fehlerkorrektur durch Rückfrage und Wiederholung || ~ **correction code** [Th, Tr] / Fehlerkorrekturcode (DIN 44300, März 1972), selbstkorrigierender Code, korrigierbarer Code, fehlerkorrigierender Code || ~ **correction routine** [Sw] / Fehlerkorrekturprogramm || ~ **count** [Sw] / Fehleranzahl || ~ **counter** [ES] / Fehlerzähler || ~ **count per reel** [MT] / Fehleranzahl je Band
error-detecting and feedback system [DS, Tr] / Fehlererkennungssystem mit Wiederholung || ~ **code** [Th, Tr] / Fehlererkennungscode (DIN 44300, März 1972), Fehlerprüfcode, selbstprüfender Code, fehlererkennender Code || ~ **routine** [Sw] / Fehlererkennungsroutine || ~ **system** [DS, Th, Tr] / Fehlererkennungssystem
error detection [Sw, Tr] / Fehlererkennung || ~ **detection routine** [Sw] / Fehlererkennungsroutine || ~ **detection system** [DS, Th, Tr] / Fehlererkennungssystem || ~ **diagnosis** [Sw] / Fehlerdiagnose || ~ **display** [Sw] / Fehleranzeige (Signal), Fehlerkennzeichen, Flag
errored *adj* [Sw] / formal falsch, falsch formatiert || ~ **signal** [ES] / fehlerhaftes Zeichen
error exit [ES] / Schlechtausgang || ~ **flag** [Sw] / Fehleranzeige (Signal), Fehlerkennzeichen, Flag || ~ **flag field** [Sw] / Fehlerkennzeichnungsfeld
error-free *adj* [Sw] / fehlerfrei || [Tr] / nicht gestört (Textblock)
error handling [Sw] / Fehlerbehandlung, Fehlerbeseitigung || ~ **handling program** [Sw] / Fehlerbearbeitungsprogramm || ~ **ID** [Sw] / Fehlerbezeichnung || ~ **identification** [Sw] / Fehlerbezeichnung || ~ **indication bit** [ES] / Fehlerkennbit || ~ **indicator** [Mp] / Fehlerhinweis, Fehlerzeichen || ~ **information** [Sw] / Fehlerinformation, Fehlerangabe, Fehlerhinweis || ~ **in parallelism** [HSP] / Parallelitätsfehler || ~ **interrupt** [ES] / Fehlerunterbrechung (FU) || ~ **interrupt routine** [ES] / Fehlerunterbrechungsroutine (FUR) || ~ **liability** [Dp] / Störungsanfälligkeit || ~ **list** (i.e., a list produced by a compiler

indicating incorrect or invalid instructions in a source program) [Sw] / Fehlerliste, Fehlerprotokoll || ~ **listing** (s. error list) || ~ **location** [Sw] / Fehleradresse || ~ **logout** [OS] / Fehlerinformation || ~ **message** [ES, Tr] / Fehlermeldung, Fehlernachricht || ~ **message code** [Sw] / Fehlermeldungskennzeichen || ~ **message ID** [Sw] / Fehlermeldungskennzeichen || ~ **message table** [ES] / Fehlermeldeliste || ~ **of approximation** [Th] / Abbrechfehler, Approximationsfehler, Iterationsfehler || ~ **printout** [HSP, Dp] / Fehlerausdruck || ~ **probability** [Th] / Fehlerwahrscheinlichkeit || ~ **procedure** [Cobol] / Fehlerprozedur || ~ **prompt** [Mp] / Fehlerhinweis, Fehlerzeichen

error-prone *adj* [Dp] / fehleranfällig

error propagation [Dp] / Fehlerfortpflanzung || ~ **protection** [DS] / Fehlersicherung || ~ **range** [Th] / Fehlerbereich || ~ **rate** [Tr] / Fehlerhäufigkeit, Fehlerrate || ~ **recovery** [Sw] / Fehlerbehandlung, Fehlerbeseitigung || ~ **recovery instruction** [Sw] / Fehlersuchanleitung || ~ **recovery program** [Sw] / Fehlerbehandlungsprogramm || ~ **recovery routine** [Sw] / Fehlerbehandlungsroutine, Fehlerroutine || ~ **register** [ES] / Fehlerregister (FER) || ~ **register flip-flop** [ES] / Fehlerregisterkippstufe || ~ **register indicator** [ES] / Fehlerregisteranzeige || ~ **reporting location** [ES] / Fehlermeldestelle || ~ **response** [ES] / Fehlerreaktion || ~ **response program** [ES] / Fehlerreaktionsprogramm || ~ **response table** [ES] / Fehlerrangiertabelle || ~ **routine** [Sw] / Fehlerbehandlungsroutine, Fehlerroutine || ~ **routine address** [Sw] / Fehlerroutineadresse || ~ **signal** [Th, ES, NC] / Fehlersignal || ~ **statistics field** [ES] / Fehlerstatistikfeld || ~ **stop** [Dp] / Fehlerhalt, Fehlerstopp || ~ **subclass** [OS] / Fehlerunterklasse || ~ **table** [ES] / Fehlerliste || ~ **tape** [MT] / Fehlerband || ~ **typeout** [HSP, Dp] / Fehlerausgabe || ~ **word error** [ES] / Fehlerwortfehler || ~ **word ORing** [ES] / Fehlerwortmischung || ~ **word register** [ES] / Fehlerwortregister (FWR)

ESA (s. executive storage area)

Esaki diode [Sc] / Esaki-Diode (Tunneldiode)

ESC (s. escape character)

escape character (ESC) [Dp] / Umschaltzeichen

escaping key [IO, PT, TP] / schreibende Taste mit Vorschub

ESD (s. external symbol dictionary)

establish *v* [ES] / (Verbindung usw.) aufbauen || **to ~ a connection** [Sw] / eine Verbindung aufbauen

ETB (s. end-of-transmission block) || ~ **character** (s. end-of-transmission block character)

etched circuit [Cir] / geätzte Schaltung

etch pattern [Sc] / Ätzfigur || ~ **pit** [Sc] / Ätzgrube

ET marker [MT] / Bandendemarke (DIN 66010, Apr. 1973)

ETX (s. end of text) || ~ **character** (s. end-of-text character)

Euronet *n* [RDp, IDS] / Euronet (Online-Informationsnetz mit Zugriff zu geografisch verteilten Datenbanken innerhalb der EG)

European standard size pc board [Co] / Europaplatte, Europakarte (Leiterplatte in genormtem Format, ca. 10x15cm.) || ~ **version** [Dist, Hw] / europäische Version

eutectic *n* [Sc] / Eutektikum

evaluate *v* [PL/1] / auswerten || ~ (hardware, performance, etc.) / bewerten

evaluation *n* (of system, etc.) [DpC, Dp] / Auswertung || ~ **model** [Dist] / Funktionsmuster || ~ **routine** [Sw] / Auswertungsprogramm || ~ **worksheet** [R&D] / Bewertungstabelle

evaluator *n* [IO, GrDp] / Auswertegerät, Auswertgerät, Auswerter (Gerät)

evaporated metal film [Sc] / Aufdampfungsmetallfolie || ~ **microcircuit** [Sc] / aufgedampfte Mikroschaltung

evaporation *n* [Sc] / Aufdampfen

even *adj* [Th] / gerade, geradzahlig || ~ **number** [Th] / gerade Zahl

even-numbered *adj* [Th] / gerade, geradzahlig || ~ **address** [Sw] / geradzahlige Adresse

even parity [DS, Th, Tr] / gerade Parität || ~ **parity check** [DS, Th, Tr] / geradzahlige Paritätskontrolle || ~ **parity tape** [MT] / Band mit Zeichen gerader Bitparität

event bit [Th] / Ereignisbit || ~ **code** [Th] / Ereigniscode || ~ **control block (ECB)** [PL] / Ereignissteuerblock || ~ **line** [ES] /

Ereignisleitung || ~ **storing register** [ES] / Ereignisregister || ~ **synchronization** [Dp] / Ereignissynchronisation
every builtin function [PL/1] / (eingebaute) logische Produktfunktion || ~ **function** [PL/1] / (eingebaute) logische Produktfunktion
evolution *n* [Th] / Radizieren (DIN 9757E, Okt. 1977), Wurzelrechnung, Wurzelziehen
exact digit [Th] / fehlerfreie Ziffer
examine statement [Cobol] / Prüfanweisung
except gate (s. exclusive-OR element)
exception condition [Tr] / Ablaufunterbrechung (Zustand, in dem die Übermittlungsvorschrift nicht eingehalten wird) (DIN 44302, Apr. 1979) || ~ **processing** [RPG] / Ausgabesteuerung
EXCEPT operation (s. exclusion)
excess current [Sc] / Überschußstrom
excess-three code [Th, Tr] / Stibitz-Code, Drei-Überschuß-Code, Drei-Exzeß-Code
exchange *n* [ES] / Vermittlungsamt || **higher-ranking** ~ [ES] / übergeordnetes Amt || ~ **area** [ES] / Anschlußbereich einer Vermittlungsstelle || ~ **buffering** [OS] / Austauschpufferung || ~ **equipment** [ES] / Vermittlungseinrichtungen || ~ **of answerbacks** [TP] / Kennungsgeberaustausch, Namengeberaustausch || ~ **of identification** [ES] / Kennungsaustausch || ~ **of identification codes** [ES] / Kennungsaustausch || ~ **of station identifications** [Tr] / Identifikationsaustausch
exchange-oriented program [ES] / vermittlungstechnisches Programm || ~ **programming language** [ES] / vermittlungstechnisch orientierte Programmiersprache || ~ **restart** [ES] / vermittlungstechnischer Restart
exclusion *n* [SA] / Inhibition (DIN 44300, März 1972)
exclusive, to be mutually ~ [Sw] / sich gegenseitig ausschließen
exclusive-OR circuit [Cir] / ODER-Glied (Verknüpfung von Schaltvariablen gemäß der exklusiven ODER-Funktion), Exklusives-ODER-Schaltung, Antivalenzglied || ~ **element** [Cir] / ODER-Glied (Verknüpfung von Schaltvariablen gemäß der exklusiven ODER-Funktion), Exklusives-ODER-Schaltung, Antivalenzglied || ~ **operation** [SA] / Antivalenz (DIN 44300, März 1972), exklusives ODER, ausschließendes ODER, Kontravalenz
exclusive segment [OS] / exklusives Segment
excursion *n* [TP] / Hub (Farbband)
executable *adj* [Sw] / ladefähig, ablauffähig, ablaufbereit || ~ **machine instruction** [Sw] / ablauffähiger Maschinenbefehl || ~ **object** [PCC] / Ablaufobjekt || ~ **program** [Sw] / ladefähiges Programm, ablauffähiges Programm, ablaufbereites Programm || ~ **program** [Fortran] / ausführbares Programm || ~ **statement** [Fortran] / ausführbare Anweisung || ~ **unit** [PL/1] / ausführbare Einheit
execute *v* [Dp] / (von Programm usw.) ablaufen || ~ **phase** [Dp] / Ausführungsphase || ~̊ **subroutine (EXSR)** [Instruction, RPG] / Unterprogramm ausführen
execution *n* (of program, etc.) [Dp] / Ablauf || ~ (of process, task, etc.) [DpC, Dp] / Abwicklung || ~ **cycle** [MCS] / Ausführungszyklus (eines Befehls usw.) || ~ **of the fault locating program** [ES] / Lokalisierungsablauf || ~ **phase** [Dp] / Ausführungsphase || ~ **system** [PCC] / Ablaufsystem || ~ **time** (i.e., time during which an instruction is decoded and performed) [Dp] / Ausführungszeit, Operationszeit (eines Befehls)
executive *n* [OS] / Ablaufteil (Teil des Organisationsprogramms), Leitprogramm, Superprogramm || ~ **breakdown** [OS] / Störung im Ablaufteil || ~ **calling sequence** [OS] / Ablaufteil-Aufruffolge || ~ **command** [OS] / Bedienungsaufruf an den Ablaufteil, Aufruf an den Ablaufteil || ~ **communication area** [OS] / Verständigungsbereich des Ablaufteils || ~ **communication macro** [OS] / Makroaufruf an den Ablaufteil || ~ **communications area** [OS] / Verständigungsbereich des Ablaufteils || ~ **components** [OS] / Bestandteile des Ablaufteils || ~ **console routines** [OS] / Bedienungsorganisation, Bedienungshilfen des Ablaufteils || ~ **control language (ECL)** [OS] / Ablaufsteuersprache || ~ **control system** [OS] / Organisationsprogramm (ORG) || ~ **diagnostic program** [Sw] / ausführendes Prüfprogramm || ~ **extension** [OS] /

Ablaufteilerweiterung || ~ **extension routine** [OS] / Erweiterungsprogramm des Ablaufteils || ~ **instruction** [Sw, NC] / Ausführungsbefehl || ~ **key-in area** [Sw] / Eingabebereich für Operatorbefehle || ~ **library** [OS] / Organisationsprogramm-Bibliothek || ~ **macro** [OS] / Ablaufteilmakro || ~ **overlay phase** [OS] / Ablaufteilüberlagerungsphase || ~ **program** [OS] / Organisationsprogramm (ORG) || ~ **register** [CU, ES] / Organisationsregister || ~ **routine** [OS] / Ablaufteil (Teil des Organisationsprogramms), Leitprogramm, Superprogramm || ~ **sequencer program** [OS] / Ablaufsteuerungsprogramm, Ablauffolgesteuerungsprogramm || ~ **sequencing** [OS] / Ablaufsteuerung (Prinzip) || ~ **storage area (ESA)** [Sw] / Programmkoordinierungsbereich || ~ **subroutine** [OS] / Ablaufteilunterprogramm || ~ **table** [CU] / Tabelle des Ablaufteils || ~ **test program** [Sw] / ausführendes Prüfprogramm || ~ **typeout** [OS] / Meldung des Ablaufteils

exhaust air [Hw, DpC] / Abluft (Lüftungs-, Klimaanlage)

exhausted *adj* [Sw] / voll besetzt (Bereich), vollgeschrieben

exhauster charcoal filter (main filter) [HSP] / Absaugkohlefilter || ~ **filter** [Hw] / Absaugfilter || ~ **filter assembly** [Hw] / Absaugfilter || ~ **hood** [HSP] / Dunstabzugshaube, Absaughaube || ~ **prefilter** (filter mat) [HSP] / Absaugvorfilter

exhaust grille [HSP] / Austrittsgitter || ~ **system** [DpC] / Absaugvorrichtung (RZ-Belüftung)

existing-call handling status [ES] / Durchschaltebetrieb (bei UEAS bei Notbetrieb)

exit *n* [Sw] / Ausgang (letzter Befehl eines Programms), Anschlußstelle (programmtechnisch) || [Algol] / Ausgang || ~ **air** [Hw, DpC] / Abluft (Lüftungs-, Klimaanlage) || ~ **connector** [Hw] / Ausgangskonnektor || ~ **hub** [PC] / Ausgangsbuchse || ~ **list** [VS, RDp] / Ausgangsliste || ~ **list routine** [VS, RDp] / Ausgangslistenroutine || ~ **roller** [HSP] / Zugrolle (Stapler) || ~ **routine** [VS, OS] / Ausgangsroutine, Anschlußroutine || ~ **statement** [Cobol] / Leeranweisung

exjunction (s. exclusive-OR operation)

EXORciser *n* (Rtm.) [Mp, Sc] / Hilfsgerät für die Entwicklung und zum Austesten von Mikrocomputer-Systembausteinen

expand *v* [Th, Sw] / erweitern

expandability *n* [DT, Th] / Erweiterungsmöglichkeit

expandable, to be fully ~ [Mp] / uneingeschränkt erweiterungsfähig sein (von Mikroprozessor usw.) || ~ **memory** [Th, M, Dp] / erweiterungsfähiger Informationsspeicher

expanded spacing [COM, Typ, Rep] / erweiterte Buchstabenvor- und -nachbreite

expanded-time-scale *adj* [Tr] / zeitgespreizt

expanded weighting type coder [Cryp] / gestreckter Wägekodierer

expander circuit [Cir] / Erweiterungsschaltung || ~ **core memory** [ES] / Erweiterungskernspeicher

expanding spring clutch [TP] / Spreizbandkupplung

expansion *n* [Fax] / Kontrastdehnung || ~ **feature** [Hw] / Erweiterung || ~ **feature** (expansion from 120 to 136 print positions) [HSP] / Erweiterung von 120 auf 136 Schreibstellen (Drucker) || ~ **power supply** [Th] / Erweiterungsstromversorgung

expectancy range [ES] / Erwartungsbereich

expected register [PCC] / erwarteter Zustand

expendable parts (i.e., parts subject to wear through use) [Hw] / Verschleißteile

expiration, to increase the ~ **date** [Sw] / das Ablaufdatum verlängern || ~ **date** [MT, MD, MC, MDr] / Freigabedatum, Löschdatum, Verfalldatum || ~ **date check** [Sw] / Freigabeüberprüfung

explanatory text [Sw] / zusätzlicher Text

explicit *adj* [Sw] / explizit || ~ **address** [Sw] / explizite Adresse || ~ **addressing** [Sw] / explizite Adressierung || ~ **declaration** [PL/1] / explizite Vereinbarung || ~ **function** [Th] / explizite Funktion || ~ **length** [Sw] / explizite Länge

exponent *n* [PL/1] / Exponent (DIN 44300, März 1972)

exponential equation [Th] / Exponentialgleichung || ~ **function** [Th] / Exponentialfunktion

exponentiate *v* [Th] / potenzieren

exponentiation *n* [Th] / Potenzierung
exponent modifier [Sw] / Exponentenfaktor || ~ **overflow** [ALU, Sw] / Exponentenüberlauf || ~ **part** [Algol] / Exponententeil || ~ **part format** [Algol] / Exponentenformat || ~ **register** [ALU] / Exponentregister || ~ **underflow** [ALU, Sw] / Exponentenunterlauf
exposure *n* [Meas] / Belichtung || ~ **to power lines** [TP, ES] / Starkstrombeeinflussung
express data [OS] / Expreßnachricht
expression *n* [Algol] / Ausdruck || [Fortran] / Ausdruck || [Cobol] / Ausdruck || [PL/1] / Ausdruck || ~ **constant** [PL] / Adreßkonstante, Adressenkonstante
EXSR (s. Execute subroutine)
extend *v* [Th, Sw] / erweitern || [Sw] / verlängern
extended alarm [ES] / abgesetztes Signal || ~ **assembly system** [OS] / erweiterter Assembler || ~ **binary-code decimal interchange code (EBCDIC)** [Th] / erweiterter Binärcode für Dezimalziffern, erweiterter 8-Bit BCD-Code || ~ **control mode** [VS] / erweiterte Systemsteuerung || ~ **gap** [MD, ES] / verlängerte Blocklücke || ~ **instruction set** [ES] / erweiterter Befehlsvorrat || ~ **language** [PL] / Spracherweiterung || ~ **mnemonic instruction code** [Sw, ES] / Unterbefehl zum Maschinenbefehl || ~ **mnemonic operation code** [Sw] / erweiterter mnemotechnischer Operationscode || ~ **operation code** [ES] / Operationsteilerweiterung || ~ **precision** [Th] / erweiterte Genauigkeit || ~ **range of a do statement** [Fortran] / erweiterter Schleifenbereich || ~ **time scale** [Dp, ADp] / Zeitdehnung
extender board [Hw, Sc] / Baugruppenadapter, Adapter (Flachbaugruppentest)
extensible stack [OS] / Kettenkeller
extension and line counter specifications [RPG] / Bestimmungsblatt Erweiterte Dateibeschreibung und Druckzeilenbestimmungen || ~ **code** [RPG] / Erweiterungscode || ~ **feature** [Hw] / Erweiterung || ~ **program** [Sw] / Erweiterungsprogramm || ~ **routine** [Sw] / Erweiterungsprogramm || ~ **teleprinter** [ES] / Fernschreibnebenstelle
extent (s. disk extent) || ~ **address** [Sw] / Bereichsadresse || ~ **allocation** [Sw] / Bereichszuweisung || ~ **boundary** [Sw] / Bereichsgrenze || ~ **error** [Sw] / Bereichsfehler || ~ **expression** [PL/1] / Begrenzungsausdruck || ~ **limit** [Sw] / Bereichsgrenze || ~ **matrix** [Sw] / Bereichsmatrix || ~ **matrix size** [Sw] / Bereichsmatrixgröße, Bereichsmatrixumfang || ~ **specification** [Sw] / Bereichsangabe || ~ **type** [Sw] / Bereichstyp
external *adj* [PL/1] / (block)extern || ~ **address** [Sw] / Externadresse, externe Adresse, äußere Adresse || ~ **address listing** [ES] / Externadreßtabelle || ~ **branch reference** [Sw] / externes Sprungziel || ~ **call** [PCC, Sw] / Externaufruf || ~ **capacitance** [Sc] / Zuleitungskapazität || ~ **clock pulse supply** [ES] / externe Taktversorgung || ~ **clock supply** [ES] / externe Taktversorgung || ~ **connection** [NC] / äußerer Anschluß || ~ **connector set** [ES] / Externverbindungssatz || ~ **control** [CP] / externe Steuerung || ~ **conversion routine** [Sw] / externe Adreßumsetzung || ~ **data processing** / äußere Datenverarbeitung || ~ **decimal item** [Sw] / externes Dezimaldatenwort || ~ **delay** [Th] / externe Verzögerung, äußere Verzögerung, externe Verzögerungszeit || ~ **floating-point item** [Sw] / externes Gleitkommadatenwort || ~ **function** [Fortran] / externe Funktion || ~ **indicator** [RPG] / externe Bezugszahl || ~ **instruction** [Sw] / Externbefehl || ~ **interrupt** [Sw, ES] / externe Unterbrechung, externe Unterbrechungsanforderung || ~ **interrupt point** [Sw] / externer Unterbrechungspunkt || ~ **memory** [M] / Fremdspeicher || ~ **notation** [Sw] / externe Schreibweise || ~ **page storage management** [VS] / Seitenspeicherverwaltung || ~ **page table (XPT)** [VS] / Externseitentabelle || ~ **procedure** [Fortran] / externe Prozedur || ~ **program** [Th] / externes Programm || ~ **pushdown/pop-up stack** [Mp] / externer Stapelspeicher, externer Kellerspeicher || ~ **reference** [Sw] / Externverweis, externe Referenz, Bezugnahme auf externe Adresse
external-reference listing [OS, ES] / Externverweisliste
external remanent residual voltage [Sc] / äußere remanente Restspannung

(eines Halleffekt-Bauelementes) || ~ **representation** [Fortran] / externe Darstellung || ~ **request** [ES] / externe Anforderung || ~ **short-circuit** [Sc] / äußerer Kurzschluß || ~ **signal** [Th] / externes Signal || ~ **statement** [Fortran] / Externanweisung || ~ **subroutine** [Fortran] / externe Subroutine || ~ **supply** [Co, Sc] / Fremdquelle || ~ **symbol** [Sw] / externes Symbol, externe Adresse || ~ **symbol dictionary (ESD)** [Sw] / externes Symbolverzeichnis, Externtabelle, Steuertabelle || ~ **symbol directory** (s. external symbol dictionary) || ~ **timing** [ES] / Fremdtakt || ~ **timing** (s. external clock supply)

extra *n* [TP] / Störzeichenstrom || ~ **bit** [Tr] / Zusatzbit

extract *n* [DOK] / Auszug (Inhaltsangabe durch Aneinanderreihung von Teilen eines Dokuments, die in ihrer Gesamtheit das Dokument als Ganzes repräsentieren sollen) || ~ **instruction** [Sw] / Ausblendbefehl

extraction sorting [Sw] / Auswahlsortieren

extract module [Sw] / Änderungsmodul || ~ **tally counter** [PC] / Kartenauswahlzähler, Lochkartenauswahlzähler, Kartenauszugszähler

extralingual character [PL/1] / nicht zur Sprache gehörendes Zeichen

extrinsic conduction [Sc] / Störstellenleitung (DIN 41852, Aug. 1978) || ~ **semiconductor** [Sc] / Störstellenhalbleiter (DIN 41852, Aug. 1978)

EXTRN (s. Identify external symbol)

F

f (s. frequency)

fabric ribbon cartridge [TES] / Gewebefarbbandkassette

face *v* [Sc] / beschichten

face-bonded device [Co, Sc] / kopfüber kontaktiertes Bauelement (Dickfilm), Flip-Chip (Dickfilm)

face change character [Typ] / Schriftänderungszeichen

face-down feed [PC] / Zuführung mit Vorderseite unten

face-up feed [PC] / Zuführung mit Vorderseite oben

facilities *pl* [Sw] / Systemeinrichtungen

facsimile machine [Fax] / Faksimilegerät || ~ **posting machine** [Fax] / Postenumdrucker || ~ **receiver terminal** [Fax] / Fernkopier-Empfangsgerät || ~ **telegram** [Fax] / Faksimiletelegramm || ~ **telegraphy** [Fax] / Faksimiletelegrafie || ~ **terminal** [Fax] / Fernkopierer, Telekopierer || ~ **transmission** [Fax] / Fernkopieren || ~ **transmission network** [Dp] / Fernkopiernetz || ~ **transmission services** [Fax] / Fernkopierdienst || ~ **unit** [Fax] / Faksimilegerät

factor *n* [Algol] / Faktor || [Fortran] / (arithmetischer) Faktor || **to ~ declarations** [PL/1] / Vereinbarungen klammern || ~ **analysis** [Cy] / Faktorenanalyse

factorial notation [Th] / Fakultätsschreibweise

factor storage [PC] / Faktorenspeicher || ~ **value** [Th] / Faktorenwert

fact retrieval [DOK, DpC] / Datenretrieval (Form des Retrievals, bei der als Antwort auf eine Suchfrage Daten selektiert werden, die geeignet sind, die Suchfrage direkt zu beantworten), Faktenretrieval

fade *n* [TP] / Zeichenstromausfall

fail *adj* [PL/1] / unzulässig

failsafe mode [ES] / ausfallsichere Betriebsweise

failure *n* [OS] / Ausfall || ~ (s. hardware failure) || **conditional probability of ~** [DpC] / bedingte Ausfallwahrscheinlichkeit, temporäre Ausfallwahrscheinlichkeit || **instant of ~** [DpC] / Ausfallzeitpunkt || **probability of ~** [DpC] / Ausfallwahrscheinlichkeit || ~ **bit** [ES] / Ausfallbit || ~ **criteria** [DpC] / Ausfallkriterien || ~ **density** [QC] / Ausfallhäufigkeitsdichte || ~ **frequency** [QC] / Ausfallhäufigkeit || ~ **frequency distribution** [QC] / Ausfallhäufigkeitsverteilung, Ausfallverteilung || ~ **log** (i.e., an automatic record of those machine faults which can be detected by program, often giving rise to corrective procedures) [Serv] / Fehlerprotokoll, Störungsprotokoll || ~ **logging** [Sw] / Störungsaufzeichnung || ~ **notice** [Dp] / Ausfallmeldung || ~ **prediction** [Th] / Ausfallvorhersage || ~ **probability density** [DpC] /

Ausfallwahrscheinlichkeits-Dichte || ~ **quota** [DpC] / Ausfallquote || ~ **rate** [QC] / Ausfallrate || ~ **state** [Dp] / Ausfallzustand
fallback system [Hw] / Bereitschaftssystem, Sicherungssystem, Reservesystem
fall of potential [Th] / Potentialabfall, Spannungsabfall || ~ **time** [Sc] / Abfallzeit (Transistor)
fall-time coefficient [Th] / Abfallzeitkoeffizient || ~ **factor** [Th] / Abfallzeitkoeffizient
false *adj* [PL/1] / falsch || ~ **add** [ALU] / übertraglose Addition || ~ **floor** [DpC] / Montageboden (im Maschinenraum eines Rechenzentrums), doppelter Boden, Doppelboden || ~ **seizure** [ES] / Blindbelegung
family of systems [Dp] / Systemfamilie || ~ **tree** [Hw] / Geräteübersichtsplan
fanfold *adj* [HSP] / zickzackgefaltet || ~ **deck** (of cards) [PC] / Faltstapel
fanfolded *adj* [HSP] / zickzackgefaltet || ~ **tape** [PT] / zusammengelegter Lochstreifen || ~ **tape card** [PT] / Fächerkartei-Lochstreifenkarte
fanfold paper [HSP] / Leporellopapier || ~ **stack** (of paper) [HSP] / Falzstapel || ~ **stationery** [TP] / Zickzackpapier
fan-in *n* [Mp, Cir] / Eingangslastfaktor || ~ **factor** [Mp, Cir] / Eingangslastfaktor
fan motor [Hw] / Lüftermotor
fanning strip [Hw] / Verdrahtungskamm, Drahtführungskamm
fan out *v* [Th, Tr] / auffächern (Lichtstrahl, Signale usw.)
fanout *n* [Mp, Cir] / Ausgangslastfaktor || ~ **factor** [Mp, Cir] / Ausgangslastfaktor
far-end exchange [ES] / Gegenamt || ~ **office** [ES] / Gegenamt
Farrington 7B font [Dp] / Farrington 7B-Schrift
fast access [PE, M, Sw] / schneller Zugriff, Sofortzugriff, unmittelbarer Zugriff
fast-access storage (s. highspeed memory)
fast feed [HSP] / Papierschnellvorschub, Schnellvorschub || ~ **memory parity error (FMPE)** [Sw] / Zwischenspeicherparityfehler || ~ **read-slow write memory** (s. erasable PROM) || ~ **recovery-time diode** [Sc] / Diode mit kurzer Erholzeit
fast-rise *adj* [Th, Tr] / steil (Impuls)
fast storage (s. highspeed memory) || ~ **turnaround** [Sw] / Richtungsschnellwechsel
fatal *adj* [Sw] / schwerwiegend
fatigue-proof *adj* [DpC] / ermüdungsfrei
fault (s. hardware failure) || ~ **complaint service** [ES] / Störungsdienst || ~ **condition** [Dp] / Fehlerbedingung || ~ **condition** (s. out-of-order condition) || ~ **detection circuit** [ES] / Fehlererkennungsschaltung || ~ **exit** [ES] / Schlechtausgang
fault-finding *n* [Hw, QC] / Fehlerbestimmung, Fehlersuche || ~ **routine** [TP, ES] / Fehlersuchroutine
fault handling routine [Serv] / Störroutine || ~ **indicator** [Hw] / Fehleranzeige (Gerät), Störungsanzeige || ~ **in nonduplicate unit** [ES] / dezentraler Fehler || ~ **isolating program** [OS] / Analyseprogramm || ~ **isolation** [Serv] / Fehlereingrenzung, Störungslokalisierung || ~ **isolation** [Serv] / Störungseinkreisung || ~ **isolation testing** [ES] / Fehlereingrenzungsprüfung
faultless *adj* [Th, Meas, AC, DpC] / fehlerfrei
fault liability [Dp] / Störungsanfälligkeit || ~ **locating** [Dp] / Fehlerortung, Fehlersuche || ~ **locating program** [Sw, Tr] / Fehlerlokalisierungsprogramm, Lokalisierungsprogramm || ~ **location** [Dp] / Fehlerortung, Fehlersuche || ~ **location method** [Serv] / Fehlersuchverfahren || ~ **location result** [Serv] / Lokalisierungsergebnis || ~ **log** [Serv] / Störungsbuch || ~ **message** [Dp] / Störmeldung || ~ **notice** [Dp] / Störmeldung || ~ **pattern** [Serv] / Störungsbild || ~ **penetration range** [Serv] / Ausfallbreite, Fehlerwirkungsbreite || ~ **printout** [HSP, Dp] / Fehlerausdruck
fault-prone *adj* [Dp] / fehleranfällig
fault recognition circuit [ES] / Fehlererkennungsschaltung || ~ **recorder** [Serv] / Fehlerausdruckeinrichtung || ~ **recovery** [Hw, Serv] / Fehlerbeseitigung, Störungsbeseitigung || ~ **routine** [Sw, Serv] / Störungsroutine || ~ **selection logic** [Serv] / Fehlerauswahl || ~ **selection unit** [Serv] / Fehlerauswahl || ~ **signal** [Serv, ES] / Fehlersignal, Störungssignal || ~ **slip** [Serv] / Störungszettel || ~ **storage** [Serv] / Fehlerspeicher || ~ **tracing chart** [Serv] / Fehlersuchdiagramm || ~ **tracing time** [Serv] / Fehlersuchzeit || ~ **tracking-**

down procedure [Serv] / Störungseinkreisung
faulty paper feed [TP] / Papiervorschubstörung || ~ **signal** [ES] / fehlerhaftes Zeichen
FCB (s. file control block)
FCC (s. Federal Communications Commission)
FCP (s. file control processor)
FCW (s. format control word)
FD form [RPG] / Bestimmungsblatt Dateizuordnung, F-Blatt
FDM (s. frequency-division multiplexing)
FDX (s. full duplex)
FE (s. format effector)
feasibility study [R&D] / Durchführbarkeitsstudie
feature*n* [Hw] / Zusatz || ~ **coding** (29-, 39-) [PC] / Doppellochung zur Darstellung der Zahlen 0-29 bzw. 1-39
Federal Communications Commission (FCC) [Org] / „Federal Communications Commission" (US-amerikanische Bundesbehörde für nachrichtentechnische Übertragung)
feed*n* [NC] / Vorschub, Zuführung
feedback*n* [Cy] / Rückkopplung || **absence of** ~ [Th, AC, Cy] / Rückwirkungsfreiheit || ~ **capacitance** [Sc] / Rückwirkungskapazität || ~ **control system** [PCC, AC] / rückgekoppeltes Regelungssystem || ~ **loop** [NC] / Rückkopplungsschleife, Regelkreis || ~ **process optimization** [PCC] / geregelte Prozeßoptimierung || ~ **pulse train** [PCC] / Impulskette der Rückführung || ~ **servomechanism** [AC, Sc] / rückgekoppeltes Servosystem || ~ **shift register** [Tr] / rückgekoppeltes Schieberegister || ~ **signal** [PCC] / Rückführungssignal || ~ **system** [NC, Cy] / geschlossenes Regelsystem, Regelsystem mit geschlossenem Kreis, geschlossenes Rückkopplungssystem || ~ **transducer** [NC] / Rückkopplungswandler || ~ **winding** [PCC] / Rückkopplungswicklung
feed circuit [ES] / Speisebrückenschaltung || ~ **control unit** [PC] / Auswahleinheit (Kartenmischer) || ~ **current** [Tr] / Speisestrom || ~ **cycle** [PC] / Zuführungsgang
feeder cell [ES] / Zubringerzelle || ~ **cell block** [ES] / Zubringerzellenblock || ~ **cell cycle** [ES] / Zubringerzellenzyklus || ~ **line** [ES] / Zubringerleitung || ~ **note** [ES] / Zubringernotiz || ~ **port** [ES] / Zubringer
feed-forward control [PCC, AC] / Vorwärtsregelung, Parallelregelung || ~ **process optimization** [PCC] / gesteuerte Prozeßoptimierung
feed hole [PT] / Führungsloch, Transportloch, Taktloch (DIN 66016, Juni 1966), Vorschubloch (DIN 66016, Juni 1966) || ~ **hole** [HSP] / Vorschubloch || ~ **hole center** [HSP] / Vorschublochmitte || ~ **hole centerline** [HSP] / Vorschublochreihenmittellinie || ~ **hole check** [PT] / Transportprüfung, Transportlochnachweis || ~ **hole detector** [TP] / Taktlochauswertung || ~ **hole pitch** [PT] / Transportspurteilung || ~ **hole pitch accuracy** [TP] / Teilungsgenauigkeit || ~ **holes** [HSP] / Vorschublochreihe || ~ **hole scanning** [TP] / Taktlochabtastung || ~ **hopper** (s. card hopper)
feeding, single-sheet ~ [HSP] / Einzelbelegzuführung, Einzelblattzuführung, Einzelformularzuführung || ~ **mode** [OCR] / Abzugsart
feed instruction [Sw] / Vorschubbefehl || ~ **interlock** [PC] / Kartenzuführungssperre || ~ **pitch** (s. sprocket hole pitch) || ~ **rack carrier** [TP] / Schieber || ~ **rate control** [PT] / Vorschubsteuerung
feed-sprocket wheel [PT] / Kettenrad, Taktzahnrad, Vorschubrad (Locher)
felt*n* [HSP] / Filz || ~ **cloth** [HSP] / Filztuch || ~ **roll** [HSP] / Filzrolle || ~ **station** [HSP] / Filzstation || ~ **strip** [HSP] / Filzstreifen || ~ **supporting assembly** [HSP] / Filzpolster || ~ **winding direction** [HSP] / Filzlauf
female connector [Hw] / Andruckleiste, Federleiste
FEOV (s. forced end of volume)
FEP (s. front-end processor)
Fermi-Dirac distribution function [Sc] / Fermi-Funktion
Fermi distribution [Sc] / Fermi-Verteilung || ≗ **function** [Sc] / Fermi-Funktion || ≗ **level** [Sc] / Fermi-Niveau
ferrite core [M] / Ferritkern, Magnetkern
ferrite-core memory [M] / Ferritkernspeicher || ~ **storage** [M] / Ferritkernspeicher
ferrite memory [M] / Ferritspeicher || ~ **plate** [Hw, M] / Speicherplatte || ~ **storage** [M] / Ferritspeicher
ferromagnetic storage [M] /

ferromagnetischer Speicher
ferrous coated tape [MT] / Schichtband
FET (s. field-effect transistor)
fetch, to ~ from a storage / (Daten, Zeichen usw.) abrufen || **~ cycle** [Mp] / Abrufzyklus
FET chopper [Sc] / FET-Zerhacker
fetch out *v* [IO, M] / auslesen, ausgeben (von einem inneren auf einen äußeren Speicher) || **~ overflow** [ASw] / gesteuerter Listenüberlauf || **~ protection** [DS] / Abrufschutz
FF character [HSP] / Formularvorschubzeichen
FGD (s. fine-grain data)
FHD (s. fixed head disk)
fiber optics [TrL] / Faseroptik, Fiberoptik || **~ optics system** [TrL] / faseroptisches System
Fibonacci number [Sw] / Fibonacci-Zahl || **≗ search** [Dp] / Fibonacci-Suchverfahren || **≗ series** [Th] / Fibonacci-Folge
field boundary [Sw] / Feldbegrenzung, Feldbestimmung || **~ change bulletin** [Hw] / Änderungsmitteilung || **~ checking feature** [OCR] / Feldprüfung || **~ code** [Sw] / Feldschlüssel || **~ compare** [Sw] / Feldvergleich || **~ definition** [Sw] / Feldbegrenzung, Feldbestimmung || **~ description** [RPG] / Feldbeschreibung || **~ descriptor** [Fortran] / Datenfeldbeschreibung
field-effect transistor (FET) [Sc] / Feldeffekttransistor (FET)
field engineer [Serv] / Außendiensttechniker || **~ engineering service** [Serv] / technischer Kundendienst (TKD) || **~ expansion** [Hw] / späterer Ausbau || **~ indicator** [RPG] / Feldbezugszahl
fieldistor *n* [Sc] / Fieldistor
field length [Sw] / Feldlänge || **~ length error** [Sw] / falsche Feldlänge || **~ location** [RPG] / Feldposition || **~ mark** [Sw] / Feldmarke || **~ modification order** [Serv] / Änderungsauftrag || **~ name** [Sw] / Datenfeldname || **~ name** [RPG] / Feldname || **~ of application** [Dp] / Anwendungsgebiet, Einsatzgebiet || **~ programmable logic array (FPLA)** [Mp] / FPLA (vom Anwender programmierbare logische Anordnung)
field-record relation [RPG] / Satzbezugszahl bei ODER-Beziehung
field-select information [Sw] / Feldauswahlangaben
field selection [PC] / Feldauswahl, Feldansteuerung, Lochfeldsteuerung, Lochfeldauswahl || **~ selection entries** [Sw] / Feldauswahlangaben || **~ selection options** [Sw] / Feldauswahlangaben
field-select operands [Sw] / Feldauswahlangaben || **~ specification** [Sw] / Feldauswahlangaben
field separator [Fortran] / (Datenfeld-)Trennzeichen || **~ service** [Serv] / Kundendienst (Kd) || **~ service call** [Serv] / Kundendienstanruf || **~ service engineer** [Serv] / Kundendienstingenieur || **~ service technician** [Serv] / Kundendiensttechniker || **~ signing** [Sw] / Markierung der Felder mit Vorzeichen || **~ skip pushbutton** [RDp] / Gruppensprungtaste || **~ specification** [Sw] / Feldspezifikation || **~ specifications** [RPG] / Feldbeschreibung || **~ test** [QC] / Einsatzerprobung, Prüfung im praktischen Betrieb
field-tested *adj* [Hw, Sc] / einsatzgeprüft, bewährt
field type [Sw] / Feldtyp || **~ width** [Fortran] / Datenfeldlänge
fifty-one column feature [PC] / Kurzkartenzusatz, 51-Spalten-Zusatz
figurative constant [Cobol] / figurative Konstante
figure adjuster [PCC] / Zahlensteller
figures case [TP] / Ziffern- und Zeichenfeld (Code-Gruppierung) || **~ key** [IO] / Zifferntaste || **~ shift** [TP] / Ziffernumschaltung || **~ shift signal** [TP] / Ziffernumschaltezeichen
filamentary transistor [Sc] / Unijunction-Transistor (UJT)
filament support post [Co] / Heizfaden-Halterung
file *v* [DpC, Dp] / ablegen, archivieren || *n* [Cobol] / Datei || [PL/1] / Datei || [Dp] / Datei (im weiteren Sinne) (Menge von Dateneinheiten bzw. Datensätzen mit identischen bzw. kompatiblen Datenformaten, die innerhalb eines Speichers derart in bzw. auf Datenträgern fixiert sind, daß sie nach einem Ordnungsmerkmal geordnet sind und nach mindestens einem anderen Ordnungsmerkmal zu einer neuen Datei umgeordnet werden können) || **~ access** [PL/1] / Datei-Zugriffsart || **~ addition** [RPG] / Hinzufügen neuer Sätze (Dateizuordnung) || **~ architecture** [Sw] / Datenorganisation (=

Dateiorganisation) || ~ **area** [Sw] / Dateibereich || ~ **boundary** [Sw] / Dateigrenze, Dateibereichsgrenze, Dateigrenzadresse || ~ **card** [DOK] / Karteikarte || ~ **changeover** [OS] / Dateiwechsel || ~ **changeover program** [OS, ES] / Dateiwechselprogramm || ~ **characteristics** [Sw] / Dateikenngrößen

file-control *n* [Cobol] / Dateisteuerung

file control block (FCB) [Sw] / Dateisteuerblock || ~ **control language** [Sw] / Dateiüberwachungssprache || ~ **control processor (FCP)** [OS] / Ein-Ausgabesystem (EAS), Ein-Ausgabesteuerprogramm || ~ **control system** [OS] / Ein-Ausgabesystem (EAS), Ein-Ausgabesteuerprogramm || ~ **conversion program** [Sw] / Dateiumsetzprogramm || ~ **definition** [Sw] / Dateidefinition, Dateierklärung || ~ **definition block** [Sw] / Dateidefinitionsblock || ~ **definition macro** [Sw] / Dateidefinitionsmakro, DTF-Makro

file-dependent *adj* [Sw] / dateispezifisch

file description [Sw] / Dateibeschreibung || ~ **description entry** [Cobol] / Dateierklärung || ~ **description specification** [Dp] / Dateibestimmung || ~ **description specification form** [RPG] / Bestimmungsblatt Dateizuordnung, F-Blatt || ~ **descriptor parameter card** [Sw] / Dateikarte || ~ **disk chaining** [Sw] / Datenplattenverkettung || ~ **editor** [Sw] / Dateiaufbereiter, Dateiersteller || ~ **edit routine** [Sw] / Dateiaufbereitungsroutine || ~ **error** [Sw] / Dateifehler || ~ **extension specification** [Sw] / Dateizusatzbeschreibung || ~ **extent** [Sw] / Dateibereich || ~ **family** [Dp] / Dateifamilie || ~ **function** [PL/1] / Dateizweck || ~ **gap** [Sw] / Dateilücke || ~ **generation** [OS] / Dateierstellung, Dateigenerierung || ~ **generation** [Dp] / Dateigeneration || ~ **header label** [PE] / Dateianfangsetikett, Header-Etikett, Dateivorsatz || ~ **identification form** [RPG] / Bestimmungsblatt Dateizuordnung, F-Blatt || ~ **information** [Sw] / Dateiinformation || ~ **label** [Cobol] / Dateikennsatz || ~ **label card** [Dp] / Dateietikettkarte || ~ **label record** [Sw] / Dateietikettblock || ~ **layout** [Sw] / Dateiaufbau || ~ **limit** [Sw] / Dateigrenze, Dateibereichsgrenze, Dateigrenzadresse

file-limit clause [Cobol] / Dateigrenzenklausel

file maintenance (i.e., modifying the contents of a file in order to make sure that the file contents accurately record the required data; cf. "file updating") [Dp] / Dateiwartung, Dateipflege || ~ **management** [Dp] / Dateiverwaltung (= Dateiwartung und/oder Dateiaktualisierung) || ~ **mask** [Sw] / Befehlsmaske || ~ **mask register** [CP] / Befehlsmaskenregister || ~ **medium** [Cobol] / Dateiträger || ~ **merge** [Sw] / Mischen von Dateien || ~ **merge phase** [Sw] / Dateimischphase || ~ **name** [Dp] / Dateibezeichnung (vom Benutzer belegte Bezeichnung für die ganze Datei) || ~ **name** [Cobol] / Dateiname || ~ **name** [PL/1] / Dateiname || ~ **number** [Dp] / Dateinummer || ~ **opening** [Sw] / Dateieröffnung || ~ **option** [PL/1] / Dateiangabe || ~ **organization** [Sw] / Dateiorganisation || ~ **owner identification** [DS] / Dateieigentümeridentifikation || ~ **packing** [Sw] / Belegungsdichte eines Datenbestandes || ~ **parameter** [Sw] / Dateiparameter || ~ **parameter area** [Sw] / Dateiparameterbereich || ~ **parameter card** [PC, Sw] / Dateisteuerkarte || ~ **processing** [Dp] / Verarbeitung von Dateien, Dateiverarbeitung || ~ **protection** [DS] / Dateischutz || ~ **protection** (cf. "data security" and "data integrity") || ~ **protection ring** [MT] / Schreibring (DIN 66010, Apr. 1973), Schreibsicherungsring || ~ **retention period** [DpC, Dp] / Aufbewahrungszeitraum, Sperrperiode, Sicherstellungszeitraum || ~ **scan equipment** [MD, MC] / Datensucheinrichtung || ~ **scan feature** [MD, MC] / Datensucheinrichtung || ~ **searching** [Dp] / Absuchen einer Datei || ~ **section** [MT, MD] / Dateiabschnitt || ~ **section** [Cobol] / Kapitel Dateien || ~ **security period** [DpC, Dp] / Aufbewahrungszeitraum, Sperrperiode, Sicherstellungszeitraum || ~ **separator (FS)** [Sw] / Hauptgruppentrennzeichen || ~ **separator character** [Sw] / Hauptgruppentrennzeichen || ~ **sequence number** [Dp] / Dateifolgenummer || ~ **serial number** [Dp] / Dateiarchivnummer || ~ **set** [Sw] / Dateigruppe || ~ **specification** [Sw] /

Dateikenndaten || ~ **spoolout** [Sw] / Ausspulen || ~ **status table** [ES] / Dateizustandsliste || ~ **storage** [M] / Datenspeicher (Großspeicher), Massenspeicher || ~ **trailer label** [PE, Sw] / Dateiendetikett, Trailer-Etikett, Nachsatz, Dateinachsatz || ~ **type** [Dp] / Dateiart, Dateityp || ~ **type** [RPG] / Art der Ein- oder Ausgabedatei, Ein-Ausgabeart || ~ **type** [PL/1] / Datei-Bearbeitungstyp || ~ **updating** (i.e., modifying the contents of a file in order to reflect real changes in the events recorded on the file; cf. "file maintenance") [Dp] / Dateiaktualisierung, Dateifortschreibung

fill character [Th, Sw] / Füllzeichen (DIN 44302, Apr. 1979)

filled band [Sc] / besetztes Band || ~ **to capacity** [Sw] / voll besetzt (Bereich), vollgeschrieben

filler *n* [Th, Sw] / Füllzeichen (DIN 44302, Apr. 1979) || [Cobol] / Füllfeld, unbenanntes (Daten)feld || [HSP] / Füllstoff || ~ **bit** [TP] / Füllbit || ~ **hose** [HSP] / Einfüllschlauch || ~ **item** [Cobol] / Füllfeld, unbenanntes (Daten)feld

filling level sensor [HSP] / Füllstandsfühler, Füllhöhenfühler (Tonervorrat) || ~ **position** [HSP] / Einfüllstellung, Füllstellung

fill-in of letters [Typ, OCR] / Verlaufen von Typen

film base [Rep] / Filmträger || ~ **circuitry** [TP] / Schichtschaltung || ~ **gate** [Hw, Rep] / Bildfenstereinsatz || ~ **negative** [Rep] / Filmnegativ || ~ **of developer mixture** (comprising toner and developer) [HSP] / Gemischteppich || ~ **path** [Hw, Typ] / Filmgleitbahn || ~ **recorder** [IO] / Filmausgabeeinheit || ~ **recorder-scanner** [IO] / Film-Ein-Ausgabeeinheit || ~ **ribbon cartridge** [IO, OCR] / Kohlefarbbandkassette || ~ **roller** [Hw, Rep] / Transportrolle (am Schneidetisch) || ~ **scanner** [IO] / Filmeingabeeinheit || ~ **width** [Rep] / Filmbreite

filter *n* [Cir] / Filter || ~ **circuit** [Cir] / Filterschaltung, Siebschaltung || ~ **element** [HSP] / Filtereinsatz || ~ **factor** [PCC] / Siebfaktor || ~ **guide rail** [HSP] / Filterführungsschiene || ~ **mat** [HSP] / Filtermatte || ~ **mounting** [HSP] / Filtergehäuse

final *n* [Cobol] / höchster Gruppenbegriff || ~ **assembly** [Serv] / Endmontage || ~ **character** [Sw] / Schlußzeichen (DIN 66203, Dez. 1975) || ~ **control element** [PCC, AC] / Regelglied, Stellglied || ~ **inspection** [QC] / Endprüfung, Prüffeldabnahme || ~ **program test** [Sw] / Abschlußtest (letzte Prüfung eines Programms)

final-sort *v* [Sw] / endsortieren, feinsortieren

final value [ES] / Endwert || ~ **value counter** [ES] / Endwertzähler || ~ **value counter block** [ES] / Endwertzählerblock || ~ **value field** [ES] / Endwertfeld

finder chain [ES] / Suchkette || ~ **circuit** [ES] / Suchschaltung

fine adjustment [Tr, Meas] / Feinabgleich || ~ **blocking** [ES] / Feinblockierung || ~ **clock** [ES] / Feintakt || ~ **clock frame** [ES] / Feintaktraster || ~ **filter** [HSP] / Feinfilter

fine-grain data (FGD) [Th] / Feindaten

fine-line screen [HSP] / Feinlinienraster || ~ **screen film** [HSP] / Feinlinienrasterfolie

fine time [ES] / Feinzeit

fine-time interval [ES] / Feinzeittakt || ~ **prompter** [ES] / Feinwecker || ~ **stop** [ES] / Feinzeitstopp

finger plate [TP] / Fingerlochscheibe || ~ **stub** [TP] / Fingeranschläger

finish *v* [Dist] / konfektionieren

finished source-language program [Sw] / fertiges Programm

finish off *v* [Dist] / konfektionieren

finite automaton [Th] / endlicher Automat, finiter Automat || ~ **series** [Th] / endliche Reihe

fire-brigade maintenance (i.e., a type of corrective maintenance completed on a nonscheduled basis) [Hw, DpC] / Sofortwartung, Eilwartung (bei Störungen)

firing current [Sc] / Zündstrom || ~ **gate current** [Sc] / Zündstrom am Tor || ~ **voltage** [Sc] / Zündspannung

firmware *n* [Mp, Dp] / Firmware

first-choice route (s. primary route) || ~ **trunk group** [ES] / Direktbündel

first-level addressing [Sw] / direkte Adressierung, Direktadressierung

first-order subroutine [Sw] / Unterprogramm erster Stufe

first page indicator (1P) [RPG] / Bezugszahl „erste Seite"

first-remove subroutine [Sw] / Unterprogramm erster Stufe

first rules of arithmetic [Calc, Th] / Grundrechnungsarten,

Grundrechenarten
five-bit parallel code [TP] / Fünf-Bit-Parallel-Code
five-channel tape [PT] / Fünfkanal-Lochstreifen, Fünfspur-Lochstreifen || ~ **tape card** [PT] / Fünfspur-Lochstreifenkarte
five-digit multiplier [CP] / Fünf-Ziffern-Multipliziereinrichtung
five-level code [TP] / Fünfkanalcode, Fünfercode || ~ **tape** [PT] / Fünfkanal-Lochstreifen, Fünfspur-Lochstreifen
five-track punched tape [PT] / Fünfkanal-Lochstreifen, Fünfspur-Lochstreifen
five-unit code [TP] / Fünfschritt-Code, Fünferschrittgruppe || ~ **printer** (s. morse printer)
fix *v* (negative, photographic paper, etc.) [Rep] / fixieren (fotografisch) || **to ~ a page** [VS] / eine Seite fixieren, eine Seite resident machen
fixed *adj* [VS] / speicherresident
fixed-base notation [Th] / Zahlendarstellung mit fester Basis || ~ **representation** [Th] / Zahlendarstellung mit fester Basis
fixed block format [Sw] / Format mit fester Blocklänge || ~ **builtin function** [PL/1] / (eingebaute) Festpunkt-Funktion || ~ **code sequence** [HSP] / feste Codereihenfolge
fixed-count code [Th, Tr] / gleichgewichtiger Code, gleichgewichteter Code
fixed cycle operation [Dp] / Arbeitsweise mit festem Takt, Arbeitsweise mit festem Zyklus, Operation mit festem Zyklus || ~ **decimal point** [Calc] / Festkomma (DIN 9757E, Okt. 1977)
fixed-disk storage [MD] / Festplattenspeicher
fixed format [Sw] / festes Format || ~ **function** [PL/1] / (eingebaute) Festpunkt-Funktion || ~ **head disk (FHD)** [MD] / Festkopfplattenspeicher || ~ **head disk controller** [ES] / Festkopf-Plattenspeichersteuerung || ~ **head magnetic disk system** [MD] / Festkopfplattenspeichersystem || ~ **information length** [Sw] / feste Informationslänge || ~ **inquiry/response cycle** [RDp] / starres Frage-Antwortspiel || ~ **insertion** [Cobol] / feste Einfügung
fixed-length computer [RDp] / Rechner mit fester Wortlänge || ~ **operand** [Sw] / Operand fester Länge || ~ **record** [Sw] / Satz fester Länge (DIN 66239E, Mai 1979) || ~ **word** [Sw] / Wort fester Länge, Festwort
fixed line posting [IO] / feste Zeileneinstellung || ~ **magnetic head** [PE] / nicht verstellbarer Magnetkopf
fixed-out decimal point capability [Calc] / Dezimalstellenvorwahl (DIN 9757E, Okt. 1977)
fixed overflow condition [PL/1] / Festpunktüberlauf-Bedingung || ~ **page** [VS] / speicherresidente Seite || ~ **partition multiprogramming** [Dp] / Multiprogrammbetrieb mit festen Programmbereichen
fixed-point *adj* [PL/1] / Festpunkt-...
fixed point [Dp, Sw] / Festpunkt, Fixpunkt
fixed-point addition [Th, ALU, Sw] / Festpunktaddition || ~ **arithmetic** [Th, ALU, Sw] / Festpunktarithmetik || ~ **calculation** [Th, CP, Sw] / Festpunktrechnung (DIN 44300, März 1972) || ~ **computation** [Th, CP, Sw] / Festpunktrechnung (DIN 44300, März 1972) || ~ **constant** [Th, ALU, Sw] / Festpunktkonstante || ~ **divide error** [Th, ALU, Sw] / Festpunktdivisionfehler || ~ **division** [Th, ALU, Sw] / Festpunktdivision || ~ **instruction** [Sw] / Festpunktbefehl || ~ **number** [Sw] / Festpunktzahl || ~ **operation** [Th, CP, Sw] / Festpunktoperation || ~ **overflow** [ALU, Sw] / Festpunktüberlauf || ~ **part** (i.e., in floating point representation, that one of the two elements of a number which is not the exponent or power of the base) [ALU] / Mantisse (DIN 44300, März 1972) || ~ **representation** [Th, ALU, Sw] / Festpunktdarstellung, Festpunktschreibweise || ~ **subtraction** [Th, ALU, Sw] / Festpunktsubtraktion || ~ **system** [Th] / Festpunktsystem || ~ **value** [Th, ALU, Sw] / Festpunktwert || ~ **variable** [Th, ALU, Sw] / Festpunktvariable || ~ **word length** [Sw] / Festpunktwortlänge
fixed program computer [Dp] / festprogrammierter Rechner || ~ **queue list** [PCC] / feste Warteschlange
fixed-radix notation [Th] / Radixschreibweise mit fester Basis || ~ **representation** [Th] / Radixschreibweise mit fester Basis
fixed-ratio code [Th, Tr] / gleichgewichtiger Code, gleichgewichteter Code
fixed record length [Sw] / feste

Satzlänge, konstante Satzlänge || ~ **storage** [Mp] / Festspeicher (DIN 44300, März 1972), Festwertspeicher, Nur-Lese-Speicher, Totspeicher || ~ **volume** [Dp] / nicht austauschbarer Datenträger || ~ **word length** [Sw] / feste Wortlänge || ~ **word-length computer** [RDp] / Rechner mit fester Wortlänge

flag *v* [Sw] / als fehlerhaft kennzeichnen || *n* [Mp] / Flagge, Kennzeichen || ~ **bit** [Sw] / Kennbit, Kennzeichenbit, Markierungsbit || ~ **byte** [Sw] / Spurkennungszustandsbyte, Spurzustandsbyte, Markierungsbyte || ~ **flip-flop** [Mp] / Kennzeichen-Flipflop

flagged record [Sw] / markierter Satz

flag instruction [OS] / Anzeigebefehl || ~ **interrupt** [PCC] / Programmunterbrechung durch Überwachermarkierung || ~ **portion** [ES] / Kennzeichenteil (Kanalbefehl) || ~ **switch interrupt** [PCC] / Programmunterbrechung durch Markierungssprung || ~ **terminal** [Serv] / Anschlußlasche (im Gegensatz zu Draht)

flange *n* [IO, Rep] / Wickelteller (am Schneidetisch usw.)

flanking channel [DT, Tr] / Nachbarkanal, benachbarter Kanal

flash frequency [Tr] / Blinkfrequenz

flashing indicator [HSP] / Blinkanzeige || ~ **pulse** [ES] / Blinktakt || ~ **rate adjustment switch** [ES] / Blinktakteinstellschalter || ~ **signal unit** [ES] / Flackereinrichtung || ~ **symbol** [VDT] / blinkendes Symbol (Schreibmarke)

flashover effect [Co] / Lichtbogen (bei Glühlampensteuerungen)

flat cable [TrL] / Flachkabel

flat-cable conductor [Hw] / Flachkabel

flat conductor [TrL] / Flachleiter || ~ **flexible cable** [TrL] / Flachkabel

flat-pack *n* [Co, Sc] / Flachgehäuse

flat wire [TrL] / Flachdraht

flawed track [MD] / schadhafte Spur

fleece *n* [HSP] / Vlies || ~ **cleaning motor** [HSP] / Vliesreinigungsmotor || ~ **cleaning station** [HSP] / Vliesstation || ~ **spool** [HSP] / Vliesrolle, Vlieshülse || ~ **station** [HSP] / Vliesstation || ~ **surface** [HSP] / Vliesoberfläche

flexible disk [MD] / flexible Magnetplatte, Floppy-disk (FD), Diskette, Minidisk, flexible Speicherfolie

flicker-free *adj* (presentation on the CRT, etc.) [VDT] / flimmerfrei

flight-course computer [Dp] / Flugwegrechner

flight sensing [PC] / dynamisches Abfühlen, dynamisches Lesen

flip chip [Co, Sc] / kopfüber kontaktiertes Bauelement (Dickfilm), Flip-Chip (Dickfilm)

flip-flop *n* [SA] / Flipflop (DIN 44300, März 1972) || ~ **chain** [Sc] / Kippstufenkette, Flipflopkette || ~ **circuit** [Cir] / bistabiles Kippglied, bistabile Kippstufe, bistabile Kippschaltung || ~ **delay** [Sc] / Kippstufenlaufzeit, Flipfloplaufzeit || ~ **operation** (i.e., operation in which a suitable device causes automatic alternation between two possible circuit paths) [Dp] / Tandembetrieb || ~ **priming time** [Cir] / Kippstufenvorbereitungszeit, Flipflop-Vorbereitungszeit || ~ **register** [CU] / Flipflopregister || ~ **storage** [M] / Flipflopspeicher

float *v* [Mp] / floaten || ~ **builtin function** [PL/1] / (eingebaute) Gleitpunkt-Funktion || ~ **function** [PL/1] / (eingebaute) Gleitpunkt-Funktion

floating *n* [Sc] / Leerlauf || *adj* [Sc, Th] / potentialfrei, erdfrei || ~ **accent** [Typ] / fliegender Akzent || ~ **add** [Th, ALU] / Gleitpunktaddition || ~ **add absolute** [Sw] / Gleitpunktaddition absolut || ~ **address** [Sw] / symbolische Adresse, Distanzadresse || ~ **channel addressing** [Sw] / veränderliche Kanaladressierung || ~ **decimal arithmetic** [Th, ALU] / Gleitpunktarithmetik || ~ **decimal point** (i.e., either floating-in decimal or floating-out decimal) [Calc] / Gleitkomma (DIN 9757E, Okt. 1977) || ~ **differential amplifier** [PCC] / Differentialverstärker || ~ **divide** [Th, ALU] / Gleitpunktdivision || ~ **divide remainder** [ALU] / gleitender Divisionsrest || ~ **head** [MD] / fliegender Magnetkopf, schwimmender Magnetkopf || ~ **insertion** [Cobol] / gleitende Einfügung || ~ **multiply** [Th, ALU] / Gleitpunktmultiplikation

floating-point *adj* [PL/1] / Gleitpunkt-... || **automatic ~ feature** [ALU] / festverdrahtete Gleitpunkteinrichtung || ~ **addition** [Th, ALU] / Gleitpunktaddition || ~ **arithmetic** [Th, ALU] / Gleitpunktarithmetik || ~ **base** [Th] / Basis der Gleitpunktschreibweise (DIN 44300, März 1972) || ~ **calculation**

[Th, ALU] / Gleitpunktrechnung (DIN 44300, März 1972) || ~ **characteristic** [Th, ALU] / Gleitpunktcharakteristik || ~ **computation** [Th, ALU] / Gleitpunktrechnung (DIN 44300, März 1972) || ~ **constant** [Th, ALU] / Gleitpunktkonstante || ~ **divide error** [Th, ALU, Sw] / Gleitpunkt-Divisionsfehler || ~ **division** [Th, ALU] / Gleitpunktdivision || ~ **instruction** [Sw] / Gleitpunktbefehl || ~ **mantissa length** [Th, ALU] / Gleitpunktmantissenlänge || ~ **multiplication** [Th, ALU] / Gleitpunktmultiplikation || ~ **number** [Th] / Gleitpunktzahl || ~ **operation** [Th, ALU] / Gleitpunktoperation || ~ **overflow** [Th, ALU] / Gleitpunktüberlauf || ~ **radix** [Th] / Basis der Gleitpunktschreibweise (DIN 44300, März 1972) || ~ **register** [ALU] / Gleitpunktregister || ~ **register error** [ALU] / ungültige Gleitpunktregisternummer || ~ **representation** [Th, ALU] / Gleitpunktschreibweise (DIN 44300, März 1972) || ~ **routine** [Sw] / Gleitpunktprogramm || ~ **subroutine** [Sw] / Gleitpunktunterprogramm || ~ **subtraction** [Th, ALU] / Gleitpunktsubtraktion || ~ **system** [Th] / Gleitpunktsystem || ~ **underflow** [Th, ALU] / Gleitpunktunterlauf || ~ **word** [Th, ALU] / Gleitpunktwort

floating potential [Sc] / Schwebespannung (DIN 41854, Apr. 1979), Leerlaufgleichspannung || ~ **register** [ALU] / Gleitpunktregister || ~ **replacement** [Cobol] / gleitende Ersetzung || ~ **storage addressing** [Sw] / gleitende Hauptspeicheradressierung || ~ **string** [Sw] / gleitende Zeichenfolge || ~ **subtract** [Th, ALU] / Gleitpunktsubtraktion || ~ **voltage** [Sc] / Schwebespannung (DIN 41854, Apr. 1979), Leerlaufgleichspannung

floor builtin function [PL/1] / (eingebaute) Nächst-Untere-Ganzzahl-Funktion, (eingebaute) Entier-Funktion || ~ **function** [PL/1] / (eingebaute) Nächst-Untere-Ganzzahl-Funktion, (eingebaute) Entier-Funktion || ~ **loading** (imposed by equipment) [Hw, DpC] / Bodenbelastung || ~ **plan** [DpC] / Raumplan || ~ **rack** [Hw] / Bodengestell || ~ **space** [Hw] / Bodenfläche

floppy cartridge disk [MD] / flexible Magnetplatte, Floppy-disk (FD), Diskette, Minidisk, flexible Speicherfolie || ~ **disk** [MD] / flexible Magnetplatte, Floppy-disk (FD), Diskette, Minidisk, flexible Speicherfolie || ~ **disk computer** [Dp] / Disketten-Computer, Disketten-Rechner || ~ **disk drive** [MD] / Disketten-Laufwerk, Floppy-disk-Laufwerk || ~ **disk station** [MD, TES] / Floppy-disk-Station || ~ **disk storage** [MD, TES] / Floppy-disk-Speicher, Disketten-Speicher

flow camera [DOK, Rep] / Durchlaufkamera, Durchlaufgerät, Mikrofilmdurchlaufkamera

flowchart *n* [Sw] / Ablaufdiagramm (Oberbegriff zu Datenflußplan, Programmablaufplan und Befehlsdiagramm)

flowcharting symbol (s. flowchart symbol) || ~ **template** [Sw] / Zeichenschablone

flowchart symbol [Sw] / Ablaufdiagrammsinnbild, Ablaufplansinnbild, Sinnbild für Datenfluß- bzw. Programmablaufpläne

flow control valves, series [Fl] / in Serie geschaltetes Stromregelventil || ~ **diagram** [Sw] / Ablaufdiagramm (Oberbegriff zu Datenflußplan, Programmablaufplan und Befehlsdiagramm) || ~ **diagram** [Sw] / Datenflußplan (DIN 44300, März 1972) || ~ **diagram symbol** [Sw] / Ablaufdiagrammsinnbild, Ablaufplansinnbild, Sinnbild für Datenfluß- bzw. Programmablaufpläne || ~ **direction** [Sw] / Flußrichtung, Ablaufrichtung || ~ **divider** [Fl] / Stromteilerventil

flowline *n* [Sw] / Ablauflinie (zwischen den Sinnbildern eines Programmablaufplans) (DIN 66001, Sept. 1977) || ~ (indicating flow direction by means of an arrow to distinguish between antecedent and successor event) [Sw] / Flußlinie (zwischen den Sinnbildern eines Datenflußplans) (DIN 66001, Sept. 1977)

flow of control [PL/1] / Ablaufsteuerung, Steuerung

flow-process diagram [Sw] / Ablaufdiagramm (Oberbegriff zu Datenflußplan, Programmablaufplan und Befehlsdiagramm)

flow symbol (s. flowchart symbol)

fluidic system [Fl] / Fluidiksystem

fluorescent screen [DT, Co] /

Fluoreszenzschirm
fluoroscope *n* [DT, Co] / Fluoroskop
flutter *n* [MT] / Gleichlaufschwankung
flux sensitivity [Sc] / Flußempfindlichkeit (eines Hallgenerators mit ferromagnetischer Einkapselung)
flyback converter [TP] / Sperrwandler
flying head [MD] / fliegender Magnetkopf, schwimmender Magnetkopf || ~ **leads** (thin-film technology) [Sc] / freie Anschlußleitungen, freie Anschlüsse || ~ **spot** [OCR] / Lichtpunkt
flying-spot scan [OCR] / Lichtpunktabtastung || ~ **scanner** [OCR] / Lichtpunktabtaster || ~ **storage** [M] / Bildröhrenspeicher
fly's eye lens technique [Sc] / Fliegenaugenkameratechnik
FM (s. frequency modulation)
FMPE (s. fast memory parity error)
focusing control [Rep] / Bildschärferegler
fold *n* [HSP] / Falzstelle, Papierfalte || ~ **edge** [HSP] / Falzkante
folded tape card [PT] / gefalzte Lochstreifenkarte
folding perforation [HSP] / gefaltete Blattperforation, Falzperforation
fold perforation [HSP] / gefaltete Blattperforation, Falzperforation || ~ **spacing** [HSP] / Falzabstand, Faltabstand || ~ **spacing** [HSP] / gefaltete Blatthöhe
follow-up time [PCC] / Einstellzeit
font *n* [HSP, Typ, OCR, TP] / Schriftart (DIN 9757E, Okt. 1977), Schrift || **OCR-A** ~ [OCR] / OCR-A-Schrift || **OCR-B**-~ [OCR] / OCR-B-Schrift || ~ **change** [Typ] / Schriftartwechsel, Schriftwechsel || ~ **change character** [Typ] / Schriftänderungszeichen || ~ **E-13B** (originally developed for the American Bankers Association) [MICR] / E-13B-Schrift || ~ **file** [COM, Typ] / Schriftdatei (für elektronischen Lichtsatz) || ~ **index** [Typ, Sw] / Schriftverzeichnis || ~ **instruction** [Typ] / Schriftartbefehl || ~ **maintenance** [Typ] / Schriftdatenverwaltung, Schriftenverwaltung || ~ **number** [HSP, Typ] / Fontnummer || ~ **size** [Typ] / Schriftgröße || ~ **standardization** [HSP, Typ] / Zeichennormierung || ~ **storage** [COM, Typ] / Schriftspeicher
forbidden band of energy (between top of valence band and bottom of conduction band) [Sc] / Bandabstand (DIN 41852, Aug. 1978) || ~ **code combination** [DS, Tr] / nicht zulässige Codekombination, verbotene Kombination || ~ **combination** [DS, Tr] / nicht zulässige Codekombination, verbotene Kombination
forbidden-combination check [DS, Tr] / Kombinationsfehlerprüfung, Prüfung auf unzulässige Code-Kombinationen
forced cut [Typ] / Zwangsschneiden || ~ **disconnect** [ES] / Zwangsauslösung (Verbindung) || ~ **end of volume (FEOV)** [Sw] / vorverlegtes Datenträgerende || ~ **justification** [Typ] / Zwangsausschließen
forced-read cycle [ES] / Lesezwangszyklus (LZZ) || ~ **cycle signal** [ES] / Lesezwangssignal || ~ **signal** [ES] / Lesezwangssignal
forced reel swap [Sw] / vorverlegter Spulenwechsel, vorzeitiger Spulenwechsel || ~ **release** [ES] / zwangsweise Auslösung (Verbindung), Zwangsfreischaltung || ~ **tape swap** [Sw] / vorverlegter Spulenwechsel, vorzeitiger Spulenwechsel
force fit [Hw] / Preßsitz
force-release *v* [ES] / zwangsweise auslösen (Verbindung)
force-ventilated *adj* [Hw, DpC] / zwangsbelüftet
for clause [Algol] / Laufklausel
foregrounding, batch job ~ [Dp] / Vordergrund-Stapelverarbeitung
foreground program [Sw] / Vordergrundprogramm, Prioritätsprogramm
foreign atom [Sc] / Störatom
Forester-Haeff storage [M] / Forester-Häff-Speicher
for list [Algol] / Laufliste || ~ **list element** [Algol] / Lauflistenelement
form *n* (i.e., a printed document with blank spaces for the insertion of specific information) [HSP, TP, Off] / vorgedrucktes Formular, Vordruck
formal correspondence [Term, MAT] / formale Entsprechung (der Übersetzung)
form alignment [OCR] / Formularausrichtung
formalized language [Term, Sw] / formalisierte Sprache, formale Sprache
formal language [Term, Sw] / formalisierte Sprache, formale Sprache || ~ **logic** [Th] / mathematische Logik, symbolische Logik, formale Logik || ~ **parameter** [Algol] / Formalparameter || ~ **parameter**

list [Algol] / Formalparameterliste || ~ **parameter part** [Algol] / Formalparameterteil
form artwork (on paper or film) [HSP] / Formulardruckvorlage, Formularzeichnung
format *v* [Sw] / formatieren || *n* [Algol] / Format || [Cobol] / Format || **to ~ a track** [MD] / eine Spur einteilen || ~ **acknowledgment** [ES] / Formatquittung || ~ **character** [HSP] / Formatzeichen || ~ **character set** [HSP] / Formatzeichensatz
format-check *v* [Sw] / formal überprüfen, auf formale Richtigkeit überprüfen
format check [RDp, Tr] / Formatkontrolle || ~ **control** [HSP] / Druckbildsteuerung, Druckerformatsteuerung, Formatkontrolle, Druckerkontrolle || ~ **control tape** [HSP] / Druckerstreifen, Formatlochband || ~ **control tape loop** [HSP] / Druckerstreifen, Formatlochband || ~ **control word (FCW)** [Sw] / Formatkontrollwort || ~ **conversion program** [Sw] / Formatumsetzungsprogramm || ~ **deviation** [Sw] / Formatabweichung || ~ **effector (FE)** [PE, Sw] / Formatsteuerzeichen || ~ **error** [Sw] / Formatfehler || ~ **identifier** [OS, IDS] / Formatkennzeichen, Formatkennung || ~ **item** [Algol] / Formatangabe || ~ **item** [PL/1] / Formatgröße || ~ **line** [TES] / Formatzeile || ~ **notation** [Cobol] / Formatbeschreibung || ~ **primary** [Algol] / Formatprimärausdruck || ~ **secondary** [Algol] / Formatsekundärausdruck || ~ **selection panel** [HSP] / Formateinstellfeld || ~ **selector** [PC] / Feldauswahlselektor || ~ **specification** [Fortran] / Formatangabe || ~ **statement** [Fortran] / Formatanweisung || ~ **string** [Algol] / Formatzeichenfolge, Formatzeichenreihe || ~ **tape sensor** [HSP] / Lochstreifenabtaster
formatted *adj* [Sw] / formatgebunden, formatiert || ~ **language** [PL] / formatierte Sprache || ~ **printout** [TES] / formatgerechter Textausdruck || ~ **read statement** [Fortran] / formatgebundene Leseanweisung || ~ **record** [Fortran] / formatgebundener Datensatz || ~ **write statement** [Fortran] / formatgebundene Schreibanweisung
formatting *n* [Sw] / Formatierung || ~ **flag** [Sw] / Formatierungsanzeige || ~ **program** [ES] / Formatprogramm
form depth [HSP] / Formularhöhe || ~ **dimension** [HSP] / Formularabmessung || ~ **drum** [HSP] / Formulartrommel, Formularzylinder
former *n* [PT] / Lochstreifenkern, Spulenkern, Streifenkern, Rollenkern (Wickelkörper ohne seitliche Begrenzungsflächen) (DIN 66016, Juni 1966)
form feed [HSP] / Papiervorschub, Formularvorschub (auf die nächste Seite) || ~ **feed character** [HSP] / Formularvorschubzeichen || ~ **feed control** [IO, HSP] / automatischer Formularvorschub || ~ **feeding device** [HSP] / Formularzuführungseinrichtung, Formularführungseinrichtung || ~ **feed performance** [HSP, OCR] / Papiervorschubleistung, Formularvorschubleistung || ~ **generation** [Mp] / Formularerzeugung || ~ **height** [HSP] / Falzhöhe || ~ **image** [HSP] / Formularbild || ~ **layout** [HSP] / Formularaufbau || ~ **layout sheet** [HSP] / Formularentwurfsblatt || ~ **length** [HSP] / Formathöhe || ~ **line** [HSP, Typ] / Tabellenlinie || ~ **lower edge** [HSP] / Formularunterkante || ~ **print** [HSP] / Formularaufdruck
forms carrier [HSP] / Formularträger || ~ **design** [HSP] / Vordruckgestaltung
form set [HSP] / Formularsatz
forms guide [IO, HSP, OCR] / Formularführung || ~ **handling equipment** [HSP] / Papiernachbearbeitungsmaschine || ~ **hopper** [OCR] / Eingabemagazin || ~ **input station** [HSP] / Eingabefach (Papier)
form size [HSP] / Papierformat
forms layout gage [HSP] / Zeilenlineal || ~ **optical system** [HSP] / Formularoptik || ~ **output** [HSP] / Papierausgabe || ~ **overlay** [COM, HSP] / Formulardia || ~ **overlay adjustment** [HSP] / Formulareinstellung, Formularjustierung || ~ **overlay design** [HSP] / Vordruckgestaltung || ~ **overlay drum** [HSP] / Formulartrommel, Formularzylinder || ~ **overlaying** [HSP] / Formulardruck (= Drucken mit Formulardia) || ~ **overlay master** [HSP] / Formularfilmvorlage || ~ **overlay negative** [HSP] / Formulardianegativ, Negativformulardia, Vordrucknegativ || ~ **overlay optical system** [HSP] / Formularoptik || ~ **overlay printing** [HSP] / Formulareinblendung || ~ **overlay projection** [HSP] / Formularprojektion ||

~ **overlay station** [HSP] / Formulardruckstation, Vordruckstation, Formularstation || ~ **printing** [OCR] / Formulardruck || ~ **scale** [HSP] / Einstellineal || ~ **set** [HSP] / Formularsatz || ~ **stacker** [OCR] / Papierablage, Ablagefach (für Belege usw.) || ~ **stacker** [HSP] / Papierstapler, Stapler || ~ **stand** [HSP] / Formularständer || ~ **stand stacker** [HSP] / Papierzuführung und Ablage

form stack [HSP] / Formularpapierstapel

forms tray [TP] / Formularablagekorb

form title field [HSP] / Formularkopf || ~ **type** [RPG] / Formularart, Kartenart

formula *n* [Th] / Formel || ~ **evaluation** [Sw] / Formelauswertung || ~ **language** [Sw] / Formelsprache

form upper edge [HSP] / Formularoberkante || ~ **width** [HSP, TP] / Formularbreite, Vordruckbreite || ~ **with interleaved carbon** [HSP] / Endlosvordruck mit zwischengelegtem Kohlepapier

for statement [Algol] / Laufanweisung

FORTRAN (Formula Translation Language) [PL] / FORTRAN (problemorientierte Programmiersprache) || **interactive** ≗ [PL] / Dialog-FORTRAN || ≗ **compiler** [Sw] / FORTRAN-Übersetzer

fortuitous distortion [TP, ES] / unregelmäßige Verzerrung

forward aging [Sc] / Altern (in der Durchlaßrichtung)

forward/backward counter [Meas] / bidirektionaler Zähler, Vorwärts-Rückwärtszähler

forward-biased *adj* [Sc] / in Vorwärtsrichtung betrieben, vorgespannt in Vorwärtsrichtung

forward channel [Tr] / Vorwärtskanal, Hauptkanal (DIN 44302, Apr. 1979) || ~ **characteristic curve** [Sc] / Durchlaßkennlinie || ~ **characteristics** [Sc] / Durchlaßeigenschaften || ~ **conductance** [Sc] / Durchlaßleitwert, Flußleitwert || ~ **converter** [TP] / Spannungswandler (Durchflußwandler) || ~ **current** [Sc] / Vorwärtsstrom, positiver Strom, Durchlaßstrom (in Schaltrichtung) || ~ **direction** [Sc] / Durchlaßrichtung, Schaltrichtung, Vorwärtsrichtung (DIN 41852, Aug. 1978), Flußrichtung || ~ **gate current** [Sc] / Vorwärtssteuerstrom || ~ **gate voltage** [Sc] / Vorwärtssteuerspannung || ~ **onstate current** [Sc] / Vorwärtsdurchlaßstrom (bei Thyristoren) || ~ **processing** [Sw] / Verarbeitung in Vorwärtsrichtung || ~ **reading** [Sw] / Vorwärtslesen || ~ **recovery procedure** [ES] / vorwärtsgerichtete Suchmethode || ~ **recovery time** [Sc] / Durchlaßerholungszeit, Vorwärtserholzeit || ~ **slope resistance** [Sc] / Vorwärtsersatzwiderstand

forward-space, to ~ n blocks [MCS, MT] / um n Blöcke vorsetzen

forward surge current [Sc] / Stoßspitzendurchlaßstrom || ~ **voltage** [Sc] / Vorwärtsspannung, positive Spannung, Durchlaßspannung (in Schaltrichtung) || ~ **voltage-current characteristic** [Sc] / Vorwärtskennlinie

fount (GB) (s. character font)

four-address code [Sw] / Vieradreßcode || ~ **instruction** [Sw] / Vieradreßbefehl, Drei-plus-Eins-Adreßbefehl

four-channel tape [PT] / Vierspurlochstreifen

Fourier integral [Th, Cy] / Fourier-Integral || ≗ **series** [Th, Cy] / Fourier-Reihe

four-layer device [Sc] / Vierschicht-Bauelement

four-line binary code [Th] / Tetradencode

four-part form [HSP] / vierlagiges Papier || ~ **form paper** [HSP] / vierlagiges Papier

four-phase differential modulation [ES] / vierstufige Phasendifferenzmodulation, Vier-Phasen-Differenzmodulation

fourpole coefficient [Cir] / Vierpolkoeffizient || ~ **equivalent circuit** [Cir] / Vierpol-Ersatzschaltbild

four-quadrant programming [NC] / Plus-und-Minus-Programmierung

four-request input selection [ES] / Vierfacheingabeauswahl || ~ **output selection** [ES] / Vierfachausgabeauswahl || ~ **output selection logic** [ES] / Vierfachausgabeauswahllogik

four-terminal network [Cir] / Vierpol

four-wire channel [Tr] / Vierdrahtkanal || ~ **circuit** [RDp] / Vierdrahtleitung, Vierdrahtverbindung || ~ **duplex operation** [Tr] / Vierdraht-Duplexbetrieb || ~ **full-duplex operation** [Tr] / Vierdraht-Duplexbetrieb || ~ **point-to-point circuit** [RDp, Tr] / Vierdraht-

Standverbindung || ~ **point-to-point connection** [RDp, Tr] / Vierdraht-Standverbindung || ~ **polar circuit** [TP] / Vierdraht-Doppelstromleitung || ~ **polar current line** [TP] / Vierdraht-Doppelstromleitung || ~ **telephone circuit** [Tr] / Vierdraht-Fernsprechleitung

four-wire/two-wire converter [RDp] / Vierdraht-Zweidraht-Umsetzer

FPLA (s. field programmable logic array)

fraction *n* [Th] / Bruch

fractional exponent [Th, Sw] / Bruchexponent || ~ **number system** [Th] / Zahlensystem mit gebrochener Basis || ~ **part** (s. fixed-point part)

fraction bar [Th] / Bruchstrich || ~ **line** [Th] / Bruchstrich

frame *n* [Tr] / Datenübertragungsblock (DÜ-Block) (DIN 44302, Apr. 1979) || [MT] / Bandsprosse (Gesamtheit aller Spurelemente eines Magnetbands, die gleichzeitig beschrieben oder gelesen werden können) (DIN 66010, Feb. 1965), Magnetbandsprosse || [PT] / Sprosse, Lochreihe (quer zur Streifenrichtung) || ~ **address** [VS] / Rahmenadresse || ~ **alignment** [ES] / Rahmensynchronisation || ~ **check sequence** [Tr] / Blockprüfzeichenfolge (DIN 44302, Apr. 1979) || ~ **clock** [ES] / Rahmentakt || ~ **frequency** [COM, Rep] / Bildwechselfrequenz || ~ **ground** [Hw] / Masseschluß, Masse, Gehäusemasse

frame-ground connector [Hw] / Masseverbindung

frame layout plan [Hw] / Rahmenbelegungsplan || ~ **marker** [Rep] / Dokumentenmarkierer (am Schneidetisch) || ~ **number** [VS] / Rahmennummer, Rahmenfolgenummer || ~ **spacing** [MT] / Abstand der Bandsprossen (DIN 44300 Bbl, Jan. 1977) || ~ **storage** [ES] / Rahmenspeicher || ~ **synchronization** [ES] / Rahmensynchronisation || ~ **synchronizer** [ES] / Rahmensynchronisiereinrichtung (RSE) || ~ **timing** [ES] / Rahmentakt

framing *n* [Mp] / Rahmung || ~ **bit** [Tr] / Trennbit || ~ **element** [Sw] / Einschließzeichen || ~ **program** [ES] / Rahmenprogramm

free *v* (assignment, etc.) [Sw] / freigeben

free-channels table [ES] / Freiliste (für Kanäle)

free data [Priv, IDS] / freie Daten || ~ **device** [Dp] / freies Gerät || ~ **format language** / nichtformatierte Sprache

free-line condition [ES] / betriebsbereiter Ruhezustand (auf der Leitung)

freely programmable [Mp] / frei programmierbar || ~ **selectable** [Sw] / frei wählbar

free magnetic tape (i.e., a tape which may be overwritten) [MT] / freies Magnetband || ~ **memory table** [Sw] / Speicherbelegungstabelle, Speicherbelegungsliste, Speicherfreiliste || ~ **place disk** [MD] / Free-place-Platte || ~ **programmability** [Sw] / freie Programmierbarkeit

freerunning multivibrator [Tr] / freischwingender Multivibrator

freestanding cabinet [Hw] / freistehender Schrank || ~ **pedestal unit** [Hw] / freistehende Konsole

free statement [PL/1] / (Speicher)freigabeanweisung || ~ **table command** [ES] / Freilistenbefehl || ~ **track** [MD] / freie Spur

freewheeling diode [Sc, Co] / Freilaufdiode, Blinddiode

freeze mode [Dp, ADp] / Betriebsart „Halten"

freight space reservation [RDp] / Frachtbuchung

frequency (f) *n* [Sc, Tr] / Frequenz || ~ **allocation scheme** [Tr] / Frequenzraster, Frequenzaufteilung || ~ **analysis** [Th, Cy] / harmonische Analyse, Fourier-Analyse || ~ **band** [Tr] / Frequenzband || ~ **band requirement** [Tr] / Frequenzbandbedarf || ~ **change signaling** [TP] / Frequenzumtastung || ~ **conversion** [Tr] / Frequenzumsetzung || ~ **converter** [Tr] / Frequenzumsetzer || ~ **curve** [Th] / Häufigkeitskurve || ~ **dependent circuit unit** [Tr] / frequenzabhängiges Teil || ~ **distribution** [Th] / Häufigkeitsverteilung || ~ **divider** [RDp, Tr] / Frequenzteilerstufe, Frequenzteiler || ~ **divider chain** [RDp, Tr] / Frequenzteilerkette

frequency-division multiplex [Tr] / Frequenzmultiplex || ~ **multiplex connection** [ES] / Frequenzmultiplexverbindung, Frequenzvielfachverbindung || ~ **multiplexer** [ES] / Frequenzmultiplexer || ~ **multiplex grouping** [ES] /

Frequenzmultiplexbündelung || ~ **multiplexing (FDM)** [ES] / Frequenzmultiplexverfahren || ~ **multiplex operation** [ES] / Frequenzmultiplexbetrieb

frequency drift [ES] / Frequenzverwerfung, Frequenzänderung || ~ **error correction** [RDp, Tr] / Frequenzkorrektur || ~ **exchange signaling** [TP] / springende Frequenzumtastung || ~ **filter** [Tr] / Frequenzfilter || ~ **generator** [Hw, HSP] / Frequenzgenerator

frequency-independent circuit unit [Tr] / frequenzunabhängiges Teil

frequency list [Term, MAT] / Häufigkeitsliste || ~ **modulation (FM)** [Tr] / Frequenzmodulation (FM) || ~ **of oscillation** [Sc] / Schwingfrequenz || ~ **of unity current transfer ratio** [Sc] / Einsfrequenz, Frequenz bei Stromverstärkung 1, Frequenz für Einheit Stromverstärkung || ~ **performance** [Sc] / Frequenzverhalten || ~ **range** [Tr, Sc] / Frequenzbereich || ~ **relay** [Co] / Frequenzrelais || ~ **response** [Tr] / Frequenzgang || ~ **scaler** [Th] / Frequenzteiler || ~ **scanning** [Tr] / Frequenzabtastung || ~ **separating filter** [ES] / Frequenzweiche || ~ **shift keying (FSK)** [TP] / gleitende Frequenzumtastung || ~ **shift signaling** [TP] / gleitende Frequenzumtastung || ~ **stability** [RDp, Tr] / Frequenzstabilität

frequency-stabilized *adj* [ES] / frequenzkonstant

frequency swing [Tr] / Frequenzhub || ~ **tolerance** [Tr] / Frequenztoleranz || ~ **translation** [Tr] / Frequenzumsetzung (eines Kanals oder einer Gruppe von Kanälen)

frictional ratio [OCR] / Reibungsverhältnis

friction drive roller [HSP] / Zugwalze

from filename [RPG] / Name der Herkunftsdatei || ~ **option** [PL/1] / Herkunfsangabe

front-end *v* (central computer, etc.) [RDp] / (Host-Rechner usw.) durch einen Vorrechner entlasten

front end (of tape) [PT] / Anfang

front-end application [Mp] / Vorfeldaufgabe || ~ **equipment** [ES] / Vorfeldeinrichtungen || ~ **multiplexer** [ES] / vorgezogener Multiplexer || ~ **processor (FEP)** [RDp] / Vorrechner (in einem Datenfernverarbeitungssystem eine speziell strukturierte Hardware zur Durchführung der übertragungsorientierten Aufgaben mit dem Ziel, den „Verarbeitungsrechner" zu entlasten)

front panel [Hw] / Frontabdeckung || ~ **panel** (of MDS) [Mp] / Bedienungsfeld (bei MES) || ~ **porch width** [COM, Typ] / Vorbreite (eines Schriftzeichens beim Lichtsatz)

FRXD (s. fully automatic reperforator transmitter distributor)

FS (s. file separator)

FSK (s. frequency shift keying)

full *adj* [Sw] / voll besetzt (Bereich), vollgeschrieben || ~ **adder** (s. digital adder)

full-address selection [ES] / Vollwahl

full drive pulse [M] / voller Steuerimpuls, voller Treiberimpuls || ~ **duplex (FDX)** [Tr] / Duplex, Vollduplex

full-duplex, four-wire ~ operation [Tr] / Vierdraht-Duplexbetrieb || ~ **operation** [Tr] / Gegenschreibbetrieb, Duplexbetrieb

full load current [Co, Sc] / Vollaststrom || ~ **measure** [Typ] / Zeilensollmaß, (vorgegebene) Satzbreite || ~ **modification** [ES] / Vollmodifikation

full-occupancy loss [ES] / Vollbelegungsverlust

full-range amplifier [ES] / Vollverstärker

full read pulse [M] / voller Leseimpuls

full-scale *adj* [HSP] / maßstabgetreu, maßgetreu, maßstäblich

full sort [Sw] / Vollsortieren || ~ **stop** [Sw] / Punkt (DIN 66009, Sept. 1977) || ~ **storage** [ES] / Vollspeicherung || ~ **transparency** (i.e., a data communication mode which enables the equipment to send and receive bit patterns of any form, without restrictions on code and speed, up to the rated maximum) [RDp, Tr] / Volltransparenz || ~ **word** [Sw] / ganzes Wort

fullword constant [Sw] / Wortkonstante, Festwortkonstante || ~ **positive constant** [Sw] / positive Wortkonstante

full write pulse [M] / voller Schreibimpuls

fully automatic [NC] / vollautomatisch || ~ **automatic operation** [NC] / vollautomatischer Betrieb || ~ **automatic reperforator transmitter distributor (FRXD)** [TP] /

Lochstreifenübertrager mit schwenkbarem Abfühlkopf || ~ **automatic tape relay center** [ES] / vollautomatische Lochstreifenvermittlung (Amt)
fully-enclosed *adj* (unit, etc.) [Hw, Sc] / gekapselt
fully-equipped *adj* [Hw, DpC] / voll ausgebaut
fully-redundant system [ES] / Vollsystem
fully tropicalized (version, etc.) [Hw] / tropentauglich
function *n* [Fortran] / Funktion
functional *adj* [Sc] / funktionsgemäß || ~ **adaption** [ES] / Funktionsumschaltung || ~ **address instruction format** [PL] / operationsteillose Befehlsstruktur || ~ **assembly** [Co] / Funktionsbaugruppe || ~ **block diagram** [Mp] / Blockschaltbild || ~ **character** [Sw, ES] / Funktionszeichen || ~ **code** [PT] / Funktionscode, Programmcode || ~ **component** [Hw] / Funktionsbauteil || ~ **control information** [NC] / Arbeitsinformation || ~ **density** [Co] / Funktionsdichte || ~ **description** [Sw, ES] / Funktionsbeschreibung || ~ **design** [Dp] / funktionelle Planung || ~ **design specification** [Dist, Sw] / Leistungsbeschreibung (fachbezogene Spezifikation) || ~ **diagram** [Sw, NC] / Funktionsübersicht || ~ **elements** [NC] / funktionelle Elemente || ~ **group** [NC] / Funktionsgruppe || ~ **key** [IO] / nichtschreibende Taste, Funktionstaste || ~ **modularity** / funktionelle Modularität || ~ **module** [Hw] / Funktionsbaustein || ~ **organization** [ES] / funktionelle Gliederung || ~ **pin test** [Cir, Sc] / Anschlußprüfung (bei logischen Bausteinen) || ~ **processor power** [Dp] / interne Leistung (einer Zentraleinheit) || ~ **relationship** [NC] / Funktionszusammenhang || ~ **scope** [HSP] / Funktionsspektrum || ~ **sequence** [Sw] / Funktionsablauf || ~ **signal key** [ES] / Sonderfunktionstaste || ~ **subassembly** [Hw, Sc] / Funktionseinsatz (fertig verdrahtet) || ~ **symbol** [NC] / Funktionssymbol || ~ **test** [Hw, Sw, QC] / Funktionsprüfung, Prüffeldabnahme, Ausprüfung || ~ **unit** [Hw, PCC] / Funktionseinheit (DIN 44300, März 1972) || ~ **value** [NC] / Funktionswert
function argument [Th] / Funktionsargument || ~ **byte** [Sw] / Funktionsbyte || ~ **chart** [Sw, NC] / Funktionsdiagramm || ~ **check** [Hw, Sw, QC] / Funktionsprüfung, Prüffeldabnahme, Ausprüfung || ~ **code** [PT] / Funktionscode, Programmcode || ~ **control storage** [NC] / Steuerungskontrollspeicher || ~ **defining statement** [Fortran] / funktionsdefinierende Anweisung || ~ **designator** [Algol] / Funktionsbezeichner, Funktion || ~ **generator** [ADp] / Funktionsgeber, Funktionsgenerator || ~ **group** [NC] / Funktionsgruppe || ~ **holes** [PC] / Steuerlochungen, Leitlochungen || ~ **key** [IO] / nichtschreibende Taste, Funktionstaste || ~ **multiplier** [ADp] / Funktionsmultiplizierer, Funktionsmultipliziergerät || ~ **part** [Sw] / Operationsteil (DIN 44300, März 1972), Befehlsteil || ~ **procedure** [Fortran] / Funktionsprozedur || ~ **reference** [Fortran] / Funktionsaufruf || ~ **relay** [NC] / funktionelles Relais || ~ **sharing** [ES] / Funktionsteilung || ~ **state** [Dp, ES] / Funktionszustand || ~ **statement** [Fortran] / Funktionsanweisung || ~ **state notice** [Dp, ES] / Funktionszustandsmeldung || ~ **state register** [ES] / Funktionszustandsregister (FZR) || ~ **subprogram** [Fortran] / Funktionsunterprogramm || ~ **switch** [Cir] / digitales Funktionsglied || ~ **switch** [Hw] / Funktionsschalter || ~ **table** [Cir] / Arbeitstabelle (einer Digitalschaltung) || ~ **table** [Th, NC] / Funktionstabelle, Funktionstafel || ~ **test call** [ES] / Funktionstestaufruf || ~ **test program** [Sw] / Funktionsprüfprogramm, Funktionstestprogramm || ~ **unit** [Hw, PCC] / Funktionseinheit (DIN 44300, März 1972)
fuse *v* [Hw] / einschmelzen || ~ (toner into paper) [HSP] / fixieren (Druckbild) || *n* [Hw] / Sicherung || ~ **assembly** [Hw] / Sicherungsaufbau || ~ **box** [Hw] / Sicherungskasten || ~ **connector** [Hw] / Sicherungsabgreifer || ~ **contact spring** [Hw] / Sicherungsfeder
fused junction [Sc] / Rekristallisations-pn-Übergang
fuse element [Hw] / Sicherungselement || ~ **holder** [Hw] / Sicherungshalter || ~ **link** [Hw] / Sicherung || ~ **monitoring** [Hw] / Sicherungsüberwachung || ~ **monitoring relay** [Co] / Sicherungsüberwachungsrelais || ~ **retainer** [Hw] / Sicherungsfederbügel
fuser oil [HSP] / Fixieröl || ~ **oil canister**

[HSP] / Fixierölkanister, Fixierölbehälter || ~ **oil vapor** [HSP] / Fixieröldampf || ~ **roller** [HSP] / Fixierwalze || ~ **roller drive** [HSP] / Fixierwalzenantrieb || ~ **station** [HSP] / Fixierstation

fusing *n* [HSP] / Fixierung (des Druckbildes usw.) || ~ **heat** [HSP] / Fixierwärme

future value [Th] / Endwert

G

Gabor information cell [Cy] / Gaborsche Informationszelle

gage *v* [Hw, AC] / eichen, kalibrieren

gaging *n* [Hw, AC] / Eichung

gain *n* [Sc] / Verstärkung || ~ **bandwidth product** [Sc] / Transitfrequenz (DIN 41854, Apr. 1979) || ~ **constant** [Tr] / Verstärkungsfaktor || ~ **control** [ES] / Verstärkungsregelung

galley-proof correction routine [Typ, Sw] / Fahnenkorrekturprogramm

game theory [Th, Cy] / Spieltheorie

gang punch [PC, NC] / Folgestanzer, Schnellstanzer

gangpunching *n* [PC] / Folgestanzen, Schnellstanzen || **interspersed** ~ [PC] / Folgestanzen mit durchsetzten Hauptkarten, Gruppenstanzen mit durchsetzten Leitkarten

gang summary punch [PC] / Summenlocher, Summenstanzer

gap between mask and wafer [Sc] / Spalt zwischen Maske und Halbleiterscheibe || ~ **digit** [Sw] / Füllziffer, Lückenzeichen || ~ **scatter** [MT] / Spaltlagenstreuung || ~ **time** [PE] / Blocklückenzeit || ~ **width** [MT, MD, MC, MDr] / Spaltbreite (DIN ISO 5653E, Okt. 1978)

garbled *adj* (message, etc.) [ES] / verstümmelt, gestört (Sendetext usw.) || ~ **transmission** [Tr] / gestörte Sendung

garbling of call intelligence [Tr] / Verstümmelung von Informationen, Informationsverstümmelung

gas-tight *adj* [Sw] / gasdicht

gate *v* [M] / (Verstärker usw.) auftasten || [Cir] / durchlassen, durchschalten || *n* [Sc] / Gitter || ~ (circuit designed to simulate a Boolean operation) [Cir] / Schaltglied, Gatter (DIN 44300, März 1972), logisches Schaltelement, logisches Element, Schaltelement (elektrotechnische Realisierung einer booleschen Verknüpfung) || ~ (s. tape gate) || **to ~ an instruction onto the data bus** [Mp] / einen Befehl auf den Datenbus leiten

gate-controlled turnoff time [Sc] / Löschzeit (bei Löschung über den Steueranschluß)

gate control pulse [Cir] / Steuerimpuls, Gatterimpuls || ~ **control set** [Sc] / Steuersatz || ~ **control unit** [Sc] / Steuersatz || ~ **current** [Sc] / Steuerstrom || ~ **current/voltage characteristic** [Sc] / Eingangskennlinie (eines Gatters) || ~ **cutoff current** [Sc] / Gate-Sperrstrom || ~ **cutoff current, anode not connected** [Sc] / Gate-Sperrstrom bei offener Anode || ~ **cutoff current, cathode not connected** [Sc] / Gate-Sperrstrom bei offener Kathode || ~ **electrode** [Sc, Co] / Gatterelektrode || ~ **firing pulse** [Sc] / Gitterimpuls || ~ **input** [Sc] / Gattereingang || ~ **nontrigger current** [Sc] / höchster nichtzündender Steuerstrom || ~ **nontrigger voltage** [Sc] / höchste nichtzündende Steuerspannung || ~ **power loss** [Sc] / Steuerverlustleistung || ~ **pulse** [Cir] / Steuerimpuls, Gatterimpuls || ~ **region** [Sc] / Gate-Zone (eines Feldeffekttransistors)

gate-source voltage [Sc] / Gate-Source-Spannung

gate terminal [Sc] / Steueranschluß || ~ **trigger current** [Sc] / oberer Zündstrom, Mindeststeuerstrom || ~ **trigger range** [Sc] / Zündbereich || ~ **turnoff current** [Sc] / Ausschaltsteuerstrom, Löschstrom (über den Steueranschluß), Mindestabschaltstrom || ~ **turnoff voltage** [Sc] / Ausschaltsteuerspannung, Löschspannung (am Steueranschluß), Mindestabschaltspannung || ~ **valve** [Fl] / Schieberventil || ~ **voltage** [Sc] / Steuerspannung

gateway center (s. international gateway exchange) || ~ **exchange** (s. international gateway exchange)

gather, to ~ data [DT] / Daten erfassen

gathered write [TP, Sw] / gestreutes Schreiben, sammelndes Schreiben

gather-write *n* [TP, Sw] / gestreutes Schreiben, sammelndes Schreiben

gating matrix [Cir] / Gattersteuermatrix

gear train [Hw] / Getriebe

general alarm [Hw] / allgemeiner Alarm || ~ **cryptosystem** [Cryp] / allgemeines Schlüsselsystem || ~ **device interface** [ES] / Mehrzweckschnittstelle || ~ **flowchart** [TP] / Übersichtsflußdiagramm || ~ **information** [Th] / Systemübersicht || ~ **instruction** [Sw] / nicht privilegierter Befehl || ~ **interface** [ES] / Mehrzweckschnittstelle

generalized index method [Sw] / verallgemeinerte Indexmethode (VIM)

general parts list [Dist] / Sammelkarte || ~ **portion** [Sw] / allgemeiner Teil (eines Befehls)

general-purpose computer [Dp] / Universalrechenanlage, Universalrechner || ~ **function generator** [ADp] / Mehrzweckfunktionsgeber, Funktionsgeber (für beliebige Funktionen) || ~ **module** [Mp, Co] / Standardbaustein || ~ **register** [M] / Mehrzweckregister, allgemeines Register || ~ **register set** [M] / Mehrzweckregistersatz

general register [M] / Mehrzweckregister, allgemeines Register || ~ **register** [CP] / Arbeitsregister || ~ **register pair** [CP] / Arbeitsregisterpaar || ~ **reset** [Dp] / Rücksetzen generell || ~ **telegraph service** [TP] / Telegrammdienst || ~ **trace facility (GTF)** [VS] / allgemeine Programmüberwachungsfunktion

generate *v* [Sw] / erzeugen, generieren (DIN 44300, März 1972)

generated address [Sw] / errechnete Adresse, synthetische Adresse, generierte Adresse || ~ **statements** [Sw] / generierte Anweisungsfolge, erzeugte Anweisungsfolge, erzeugte Anweisungen

generate statement [Cobol] / Erzeugungsanweisung

generating function [Th] / erzeugende Funktion || ~ **program** (s. generator)

generation *n* [Th] / Generierung || [PL/1] / erzeugte Größe, Generation || ~ **control card** [ES] / Generierungssteuerkarte || ~ **number** [MT] / Erstellungs- und Versionsnummer (d.h., die Erstellungsnummer ist eine Zahl von 0001-9999, die die einzelnen Ausgaben einer Datei eindeutig kennzeichnet; die Versionsnummer ergänzt die Erstellungsnummer, indem sie die Version einer Erstellung der Datei durch die Ziffern 01-99 kennzeichnet) || ~ **parameter card** [Sw] / Erzeugungsparameterkarte || ~ **result** [ES] / Umwandlungsergebnis || ~ **time** [Sw] / Erstellzeit, Generierungszeit

generator *n* [NC] / Geber || [Sw] / Generator (erzeugendes Programm) (DIN 44300, März 1972), Generatorprogramm, Generierer || ~ **impedance** [Sc] / Generatorimpedanz || ~ **language** [OS, PL] / Generatorsprache || ~ **program** [Sw] / Generator (erzeugendes Programm) (DIN 44300, März 1972), Generatorprogramm, Generierer || ~ **resistor** [Sc] / Generatorwiderstand

generic *adj* [PL/1] / auswählbar || ~ **attribute** [PL/1] / Auswählbarkeits-Attribut || ~ **data attribute** [PL/1] / Auswahldaten-Attribut || ~ **description** [PL/1] / Auswahlbeschreibung || ~ **element** [PL/1] / Auswahlelement || ~ **precision** [PL/1] / Auswahlgenauigkeit

gentex *n* (= general telegraph exchange) [TP] / Gentex (Behördenfernschreibnetz in den USA) || ~ **network** [TP] / Gentexnetz || ~ **station** [TP] / Gentexteilnehmer || ~ **terminal** [TP] / Gentexteilnehmer

genuine request [ES] / natürliche Anforderung (NA)

geometric (cf. "geometrical")

geometrical (cf. "geometric") || ~ **data processing** [NC] / geometrische Datenverarbeitung || ~ **progression** [Th] / geometrische Reihe || ~ **series** [Th] / geometrische Reihe

geometric definition [NC] / geometrische Definition || ~ **input** [Tr] / geometrischer Eingang || ~ **mean** [Th] / geometrisches Mittel || ~ **output** [Tr] / geometrischer Ausgang || ~ **positioning data** [NC] / geometrische Lageinformation || ~ **progression** [Th] / geometrische Reihe || ~ **series** [Th] / geometrische Reihe

germanium junction rectifier [Sc] / Germaniumflächengleichrichter || ~ **point contact diode** [Sc] / Germaniumdiode || ~ **rectifier** [Sc] / Germaniumgleichrichter || ~ **transistor** [Sc] / Germaniumtransistor

get file [PL/1] / Holdatei || ~ **statement** [PL/1] / Holanweisung || ~ **string** [PL/1] / Hol(-Zeichen)folge

ghost *n* [Fax] / Geisterbild

Giacoletto equivalent network [Sc] / Giacoletto-Transistor-

Ersatzschaltung
GIP statement (GIP = general internal process) [Sw] / GIP-Anweisung
glass-bulb rectifier [Sc] / Glasgleichrichter, Glashalbzelle
glass half-cell [Sc] / Glasgleichrichter, Glashalbzelle
global job variable [Sw] / globale Auftragsvariable
glossary *n* [Term] / Glossar
glow-discharge lamp [Meas] / Glimmlampe
gold-bonded diode [TP] / Golddrahtdiode
gold diffusion process [Sc] / Gold-Diffusionsverfahren
Gothic *n* [Typ] / Gotik (Schriftart)
go to *v* [Sw] / verzweigen nach
go to assignment statement [Fortran] / Sprungsetzanweisung
go to statement [Cobol, Algol, PL/1, Fortran] / Sprunganweisung
government telegram [TP] / Staatstelegramm || ~ **telephone call** / Staatsgespräch
governor carbon brush [TP] / Reglerkohle
grade of service [ES] / Verkehrsgüte
gradient *n* [Th] / Gradient || ~ **of pulse transition** [Tr] / Flankensteilheit, Impulsflankensteilheit
graduated grating [GrDp] / Strichraster || ~ **scale** [Hw] / Skala
graduation line [Hw] / Teilstrich (Skala)
grain boundary [Sc] / Korngrenze, Kristallgrenze
grammar *n* [Term, PL] / Grammatik
grammatical analysis [MAT] / grammatische Analyse || ~ **category** [MAT] / grammatische Kategorie || ~ **error** [MAT] / grammatischer Fehler || ~ **polysemy** [MAT] / grammatische Polysemie
grandfather cycle [Sw] / Großvaterzyklus
graph *v* [GrDp] / aufzeichnen || *n* [GrDp] / grafische Darstellung, Graph
grapheme *n* [Term, MAT] / Graphem
Graphic *n* [Typ] / Graphic (Schriftart) || ~ (e.g., an eight-point Times Roman lower-case letter) [Typ, TES] / Zeichen (unter Berücksichtigung des grafischen Bildes) || ~ **access method** [Dp] / Zugriffsmethode für Bildschirmgeräte
graphical data input [GrDp] / grafische Dateneingabe || ~ **representation** [GrDp] / grafische Darstellung, Graph
graphic character (s. printable character) || ~ **code** [Th] / Formcode || ~ **control** [GrDp] / Steuerung von grafischen Geräten || ~ **control unit** [GrDp] / Steuereinheit für Plotter || ~ **CRT display system** [GrDp] / grafisches Bildschirmsystem || ~ **data output** [GrDp] / grafische Datenausgabe || ~ **data processing** [GrDp] / grafische Datenverarbeitung || ~ **data processing system** [GrDp] / grafisches Datenverarbeitungssystem || ~ **display terminal** [GrDp] / grafisches Ausgabegerät (Ausgabegerät für DV-Arbeitsergebnisse in grafischer Form als Sichtgerät oder als Zeichengerät) || ~ **master** [GrDp] / grafische Vorlage || ~ **plotter** [GrDp] / Digitalplotter, Kurvenschreiber (DIN 44300, März 1972), Plotter
graphics character [HSP] / Grafikzeichen || ~ **element** [HSP] / Bildelement
graphic symbol [Dp] / grafisches Symbol || ~ **system** [GrDp] / Plottersystem, Zeichensystem || ~ **terminal** [GrDp] / grafisches Ausgabegerät (Ausgabegerät für DV-Arbeitsergebnisse in grafischer Form als Sichtgerät oder als Zeichengerät)
graph paper [GrDp] / Zeichenpapier mit Maßeinteilung || ~ **plotter** (s. graphic plotter) || ~ **tablet** [GrDp] / grafisches Tablett
grating *n* [NC] / Maßstabraster || ~ **pitch** [NC] / Maßstabteilung
Gray code [Th] / Gray-Code || ~ **level** [HSP] / Graustufe || ~ **value** [HSP] / Grauwert
greater or equal [Sw] / größer gleich || ~ **than or equal to** [Sw] / größer gleich || ~ **than symbol** [PL/1] / Größerzeichen
grey shade [OCR] / Grauwert || ~ **tone** [OCR] / Grauwert
grid *n* [HSP, GrDp, OCR] / Raster, Koordinatennetz, Rasterfeld || ~ **cable platform** [ES] / Flächenkabelrost, Flächenrost || ~ **control** [Co] / Gittersteuerung
grid-controlled *adj* [Co] / gittergesteuert || ~ **rectifier** [Co] / gittergesteuerter Gleichrichter
grid line [HSP] / Gitterlinie (Entwurfsblatt) || ~ **modulation** [Co] / Gittermodulation || ~ **pattern** (laser print raster) [HSP] / Gitterfeld (Laserdruckraster) || ~ **plate** [Co] / Gitterplatte || ~ **potential** [Co] / Gitterspannung || ~ **recovery time** [Co] /

Gitterfreiwerdezeit || ~ **rectification** [Co] / Gittergleichrichtung || ~ **rectifier** [Co] / Gittergleichrichter || ~ **resistor** [Co] / Gitterwiderstand || ~ **suppressor** [Co] / Gitterwiderstand || ~ **voltage** [Co] / Gitterspannung

groove *n* [TP] / Rastnut, Einstich

gross mistake [Th, Meas, AC, DpC] / grober Fehler || ~ **timer** [Sw] / Langzeitgeber

ground *v* / erden || *n* / Erde || ~ **busbar** [ES] / Erdsammelschiene, Sammelerdschiene || ~ **cable** [Hw] / Massekabel, Erdungskabel || ~ **connection** [TrL] / Erdverbindung || ~ **connection pin** [Hw] / Erdungsstift || ~ **current** / Erdstrom

grounded emitter circuit [Sc] / Emitterschaltung

grounding busbar [ES] / Erdsammelschiene, Sammelerdschiene || ~ **comb** [ES] / Erdungskamm || ~ **disk** [ES] / Erdungsscheibe || ~ **strip** [Hw, TP] / Massebandkabel || ~ **strip terminal** [Hw, TP] / Massebandkabelschuh || ~ **system** [ES] / Erdung || ~ **wire** [Hw] / Schutzleitung, Schutzleiter

ground jack [Hw] / Massebuchse || ~ **lead** [Hw] / Massekabel, Erdungskabel || ~ **loop** [ES] / Erdringleiter, Erdschleife || ~ **pin** [ES] / Massepunkt || ~ **return** [Hw] / Erdrückleitung || ~ **rod** [ES] / Tiefenerde || ~ **stud** [ES] / Erdungsschraube || ~ **terminal** [ES] / Erdungsklemme || ~ **terminator** [ES] / Erdungsleiter || ~ **wire** [Hw] / Masseleitung, Masseanschlußdraht

group *n* [PL/1] / (Anweisungs)verbund || ~ **addressing** [Tr] / Gruppenadressierung

group-address message [Tr] / Nachricht mit Gruppenadressierung

group alarm frame [ES] / Gruppensignalrahmen, Signalrahmen || ~ **call message** [ES] / Sammelanschriftnachricht || ~ **code** (systematic error-checking code) [DS, Tr] / Gruppencode, systematischer Fehlerprüfcode || ~ **code length** [ES] / Gruppencodelänge || ~ **coding** [Th, Cy] / Gruppenverfahren || ~ **control** [PCC] / Gruppensteuerung || ~ **control change** [PC] / Gruppenwechsel || ~ **counter** [ES] / Gruppenzähler || ~ **delay** [ES] / Betriebsgruppenlaufzeit

grouped records [Sw] / Satzgruppe

group envelope delay [ES] / Betriebsgruppenlaufzeit || ~ **erase** [OCR] / Gruppenlöschzeichen (d.h., auf eine zu löschende Zeichenfolge gedrucktes Zeichen, das die Lesemaschine veranlaßt, diese Stelle zu übergehen) (DIN 66009, Sept. 1977) || ~ **indicate clause** [Cobol] / Gruppenanzeigeklausel || ~ **indication** [PC] / Gruppenanzeige || ~ **indication cycle** [PC] / Gruppenanzeigegang || ~ **indication elimination** [PC] / Gruppenanzeigeunterdrückung

grouping factor [Sw] / Gruppenfaktor

group item [Cobol] / Datengruppe || ~ **level** [Cobol] / (Daten)gruppenstufe || ~ **level number** [Sw] / Datengruppenstufennummer || ~ **mark** [Sw] / Gruppenmarke || ~ **name** [Sw] / Gruppenname || ~ **number** [Sw] / Gruppennummer || ~ **printing** [PC] / Sammelgang || ~ **repeat count** [Fortran] / Gruppenwiederholzahl || ~ **select information** [ES] / Gruppenauswahlinformationen || ~ **separator (GS)** [OCR] / Gruppentrennzeichen || ~ **separator character** [OCR] / Gruppentrennzeichen || ~ **sorting** [PC] / Leitkartensortierung || ~ **sorting device** [PC] / Leitkartensortiereinrichtung || ~ **theory** [Th] / Gruppentheorie

grown junction [Sc] / gezogener Übergang (DIN 41852, Aug. 1978), gezogener Zonenübergang (DIN 41852, Aug. 1978)

growth rate [Sc] / Wachstumsgeschwindigkeit || ~ **technique** [Sc] / Ziehverfahren

Grubb-Parson filter [Sc] / Grubb-Parson-Filter

GS (s. group separator)

GTF (s. general trace facility)

guard bar [ES] / Blendschiene || ~ **circuit coefficient** [ES] / Sprachschutzfaktor || ~ **digit** [DS] / Schutzziffer || ~ **signal** [PCC] / Ausblendsignal

guidance bar (for cable ,ngs) [TrL] / Längenschiene (für Kabe.sprossen)

guide cone [HSP] / Führungskonus || ~ **edge** [MT] / Führungskante, Führungsrand || ~ **margin** [PT] / Führungsabstand || ~ **piece** [Hw] / Führungsstück || ~ **plate** [Hw] / Leitblech || ~ **rail** [HSP] / Führungsleiste, Führungsstange, Führungsschiene || ~ **rail without securing lug** [Hw] / Führungsleiste ohne Rastnase || ~ **rail with securing lug** [Hw] / Führungsleiste mit Rastnase || ~ **roller** [HSP] / Umlenkrolle

guillotine *n* [Hw, Rep] / Filmschneidegerät
Gunn device (named after J.B. Gunn) [Sc] / Gunn-Element
gutter space [Typ] / Zwischenschlag (bei mehrspaltigem Satz)

H

habit of crystals [Sc] / Habitus der Kristalle
half-adder *n* [Cir, ALU] / Halbaddierer, Halbaddierglied
half-adjust *v* (digits, etc.) [Th] / aufrunden (maschinell runden, wobei der letzten verbleibenden Dezimalstelle eine 1 zugezählt wird, wenn die werthöchste bzw. die beiden werthöchsten abgestrichenen Stellen einen Wert gleich oder größer 1/2 haben), kaufmännisch runden
half adjusting [RPG] / Aufrunden
half-byte *n* [Sw] / Halbbyte || ~ **code** [Tr] / Halbbyte-Code
half cycle [PC] / halber Mischgang, halber Maschinengang, Halbschritt, Halbzyklus
half-duplex *adj* [Tr] / halbduplex
half duplex (HDX) [Tr] / Halbduplex
half-duplex channel [Tr] / Halbduplexkanal || ~ **circuit** [Tr] / Halbduplexverbindung, Wechselverkehrsverbindung || ~ **operation** [Tr] / Wechselbetrieb, Halbduplexbetrieb || ~ **transmission** [TP, Tr] / Halbduplexübertragung
half-inch step [HSP] / Halbzollschritt
half-line *n* [HSP] / Halbzeile
half-page *n* [VS] / Halbseite
half-pulse *n* [M] / Halbimpuls
half subtracter [ALU] / Halbsubtrahierglied, Halbsubtrahierer
half-time emitter [PC] / Zwischenimpulsgeber
halftone *n* [Fax] / Halbton || ~ **area** [HSP] / Halbtonbereich, getönte Fläche
half-wave rectification [Sc] / Einweggleichrichtung || ~ **rectifier** [Sc] / Einweggleichrichter
halfword *n* [Sw] / Halbwort || ~ **boundary** [Sw] / Halbwortgrenze || ~ **constant** [Sw] / Halbwortkonstante || ~ **positive constant** [Sw] / positive Halbwortkonstante
Hall coefficient [Sc] / Hallkoeffizient || ≗ **constant** [Sc] / Hallkonstante || ≗ **device** [Sc] / Hallgerät || ≗ **effect** [Sc] / Halleffekt
Hall-effect device [Sc] / Halleffekt-Bauelement
Hall generator [Sc] / Hallgenerator, Hallsonde || ≗ **mobility** [Sc] / Hallbeweglichkeit || ≗ **modulator** [Sc] / Hallmodulator || ≗ **multiplier** [Sc] / Hallmultiplikator || ≗ **plate** [Sc] / Hallplättchen || ≗ **probe** [Sc] / Hallgenerator, Hallsonde || ≗ **terminal** [Sc] / Hallanschluß (eines Hallgenerators) || ≗ **voltage** [Sc] / Hallspannung (Hall-Urspannung)
halt, unexpected ~ [Sw] / nichtprogrammierter Stopp in einer Schleife || ~ **address** [ES] / Haltadresse || ≗ **device (HDV)** [OS, Lisp] / Halten Gerät (HDV) || ~ **indicator** [Hw] / Halteindikator, Halteanzeiger || ~ **instruction** (s. checkpoint instruction) || ~ **point** [ES] / Haltepunkt (Ablauf)
halt-point mode [ES] / Haltepunktbetrieb || ~ **prompter** [ES] / Haltepunktwecker || ~ **prompter list** [ES] / Haltepunktweckerliste || ~ **prompter program** [ES] / Haltepunktweckerprogramm || ~ **working** [ES] / Haltepunktbetrieb
halt signal [Mp] / Stoppsignal
Halve long (HDR) [OS, Lisp] / Halbieren lang (HDR) || ≗ **short (HER)** [OS, Lisp] / Halbieren kurz (HER)
hammer flight time [TP] / Hammerflugzeit
hammerlock *n* [HSP] / Hammersperre
hammer magnet [TP] / Hammermagnet || ~ **split** [HSP] / Hammersplithebel || ~ **split lever** [HSP] / Hammersplithebel || ~ **trip** [HSP] / Hammerauslösung || ~ **trip device** [HSP] / Hammerauslösung || ~ **unit** [HSP] / Hammerwerk
Hamming code [Th, Tr] / Hammingcode || ≗ **distance** [DS, Tr] / Hammingdistanz, Hammingabstand (DIN 44300, März 1972)
hand-feed punch [PC] / Handzuführungslocher
hand-held cursor (to locate map points, etc.) [GrDp] / Aufnahmelupe (handgeführtes Digitalisierungsgerät für grafische Vorlagen)
hand-indicator instrument [Meas] / Zeigerinstrument
handle *v* (job, etc.) [DpC, Dp] / abwickeln

handler *n* [Sw] / „Hantierer" (Routine zur Kontrolle eines peripheren Gerätes)
handling *n* (of job, etc.) [DpC, Dp] / Abwicklung || ~ **specification** [Sw] / Hantierungsvorschrift
handmarked data [Sw] / Handmarkierungen
hand operation [NC] / Handbetrieb
handpunch (s. hand-feed punch) || ~ (s. keypunch)
handshaking *n* [TP] / Quittungsaustausch, Verständigungsverkehr (Synchronisation)
handwritten character [OCR] / Handschriftzeichen || ~ **mark** [OCR] / manuelle Markierung || ~ **numerics** [OCR] / numerische Handschrift
hangup *n* [Sw] / nichtprogrammierter Stopp in einer Schleife
hard copy [DT] / Hardcopy, Hartkopie || ~ **copy communication** [Fax] / Bürofernschreiben (über das öffentliche Fernschreib- bzw. Fernsprechnetz abgewickelte Dienste zur Übertragung von Text- bzw. Bildinformationen, wobei eine Papierkopie entsteht) || ~ **copy device** [IO] / Hardcopy-Gerät || ~ **copy error printout** [TP] / Blattschreiberfehlerausdruck || ~ **copy plotting board** [GrDp] / grafisches Tablett || ~ **copy printout** [DT, TP] / Ausdruck (Hardcopy), gedrucktes Protokoll, Blattschreiberausdruck || ~ **limited integrator** [ADp] / Integrierer mit harter Begrenzung || ~ **limiter** [ADp] / harter Begrenzer || ~ **machine check** [Hw, OS] / harter Maschinenfehler || ~ **pushdown stack** [MCS] / Hardware-Stack || ~ **stop** [Hw, OS] / harter Stopp || ~ **wait state** [OS] / harter Wartestatus
hardware *n* [Hw] / Hardware (physische Ausrüstung und Bauteile, Geräteausstattung, Maschinenausrüstung) || ~ **assignment** [Cobol] / Gerätezuweisung || ~ **breakdown** [Hw] / Maschinenstörung, Hardware-Störung, Ausfall || ~ **check** [Hw] / automatische Geräteprüfung, automatische Prüfung, festverdrahtete Prüfung, Geräteselbstprüfung || ~ **checking facilities** [OS] / Hardware-Prüfeinrichtung || ~ **check routine** [ES] / Einschaltprüfprogramm || ~ **command** (s. operating instruction) || ~ **component** [Co] / Hardwarebauelement, Hardwareeinheit || ~ **configuration** [Hw] / Anlagenkonfiguration, Systemkonfiguration || ~ **costs** [Dist, R&D] / Hardwarekosten || ~ **error list** [Sw] / Maschinenfehlerstatistik || ~ **failure** [Hw] / Maschinenstörung, Hardware-Störung, Ausfall
hardware-implemented *adj* [Hw] / durch Hardwareablauf realisiert, festverdrahtet || ~ **routine** [Sw] / Hardwareroutine
hardware indicator [ES] / Systemanzeige || ~ **maintenance** [Hw, DpC] / Hardware-Wartung (Wartung der Anlage bzw. einzelner Geräte) || ~ **module** [Hw] / technischer Baustein || ~ **monitoring circuit** [Serv] / Hardware-Überwachungsschaltung || ~ **multiply** [ALU] / festverdrahtete Multiplikation || ~ **operation** [Hw] / festverdrahteter Funktionsablauf || ~ **port** [Co] / Hardwareanschluß || ~ **program counter** [PCC, CP] / festverdrahteter Befehlszähler
hardware-programmable *adj* [Sw] / hardware-programmierbar
hardware-programmed *adj* [Sw] / hardware-programmiert
hardware reliability [Hw, QC] / Hardware-Zuverlässigkeit || ~ **representation** [Algol] / maschinengebundene Darstellung || ~ **stack** [MCS] / Hardware-Stack || ~ **switch** [Cobol] / (Maschinen)schalter || ~ **termination** [Co] / Hardwareanschluß
hardwired *adj* (circuit, etc.) [Mp, Co] / festverdrahtet || ~ **controller** [MCS, NC] / festverdrahtete Steuerung || ~ **logic** [Mp, IC] / festverdrahtete Logik || ~ **program** [Cir, Sw] / festverdrahtetes Programm, verdrahtetes Programm
hardwire logic [Mp, IC] / festverdrahtete Logik
harmonic distortion [Tr] / harmonische Verzerrung || ~ **response** [Tr] / Frequenzgang || ~ **series** (i.e., an acoustic series in which each basic frequency is an integral multiple of a fundamental frequency) [Tr] / Oberwellenspektrum
hash total field [Sw] / Kontrollsummenfeld
hatching *n* [HSP] / Schraffur
hbound builtin function [PL/1] / (eingebaute) Obere-Grenze-Funktion || ~ **function** [PL/1] / (eingebaute) Obere-Grenze-Funktion
H-card (s. head statement)
h coefficient [Sc] / h-Koeffizient

HDR (s. header label) || ² (s. Halve long)
HDV (s. Halt device)
HDX (s. half duplex) || ² **transmission** [TP, Tr] / Halbduplexübertragung
head address [PE, Sw] / Kopfadresse || ~ **address byte** [Tr] / Kopfbyte || ~ **bank** [PCC] / Kopfbank || ~ **card** [PC] / Kopfkarte || ~ **carrier** [PE] / Kopfträger
header *n* [PT, MT] / Anfangsetikett, Kopfetikett || ~ (i.e., the first characters of a message which contain the necessary information for routing and identification of the message) [Tr] / Nachrichtenvorsatz, Nachrichtenkopf || ~ **analysis program** [Tr] / Kopfbewertung || ~ **bit** [Tr] / Kopfbit || ~ **card** [PC] / Vorlaufkarte, Leitkarte || ~ **label** [Cobol] / Anfangskennsatz || ~ **label (HDR)** [PE] / Dateianfangsetikett, Header-Etikett, Dateivorsatz || ~ **label check** [MT] / Vorsatzprüfung || ~ **line** [Sw] / Titelzeile, Überschriftzeile || ~ **line** [RPG] / Kopfzeile || ~ **reception** [Tr] / Kopfempfang || ~ **record** [Sw] / Vorsatz || ~ **statement** [Sw] / Anfangsanweisung
head group [PCC] / Kopfgruppe
heading *n* [Typ] / Rubrik || ~ (s. message header) || ~ **card** [PC] / Kopfkarte || ~ **line** [RPG] / Kopfzeile
head number [PE, OS] / Spurnummer || ~ **platform** [OCR] / Schreib-Lesekopf-Abdeckplatte || ~ **positioner** [PE] / Kopfträger || ~ **positioning comb** [PE] / Kopfträger || ~ **selection diode** [PCC] / Kopfauswahldiode || ~ **selection switch** [PCC] / Kopfauswahlschalter || ~ **sensitivity** [OCR] / Kopfempfindlichkeit || ~ **stack** [MT] / Mehrspurkopf || ~ **statement** [Sw] / H-Anweisung || ~ **switching** [Sw] / Adressenerhöhung, Adreßerhöhung
head-to-drum separation [MDr] / Kopfabstand
heat conduction [Sc] / Wärmeleitung || ~ **dissipation** [DT] / Wärmeausstrahlung, Wärmeableitung
heated roller [HSP] / beheizte Walze
heater *n* [Fl] / Vorwärmer
heat exchanger [NC] / Wärmetauscher
heating coil [TP] / Heizwiderstand || ~ **element** [Hw] / Heizstab || ~ **rod** [Hw] / Heizstab
heating-up time [Sc] / Aufheizzeit
heat-sink *v* / kühlen
heat sink / Kühlkörper || ~ **transfer** [HSP] / Wärmeübertragung || ~ **treatment** [Sc] / Tempern, Wärmebehandlung
heavily loaded cable [TrL] / schwerpupinisiertes Kabel
heavy-duty voltage arrester [Hw] / Grobspannungsableiter
helix *n* [Fax] / Schreibspirale (eines Empfängers)
HER (s. Halve short)
hertz (Hz) *n* [Meas] / Hertz
hesitation *n* (i.e., a short automatic suspension of a main program in order to perform all or part of the operations of another sequence) [Dp] / Verarbeitungspause
heterodyne oscillator [Sc] / Überlagerungsoszillator
heteropolar bond [Sc] / heteropolare Bindung || ~ **crystal** [Sc] / heteropolarer Kristall
heuristic *adj* [Th] / heuristisch || ~ **programming** [Sw, Cy] / heuristische Programmierung
heuristics *n* [Th, Cy] / Heuristik
heuristic task dispatcher [VS] / heuristischer Dispatcher
hexadecimal *adj* [Th] / sedezimal || ~ **code** [Sw] / sedezimale Verschlüsselung || ~ **conversion** [Sw] / sedezimales Umformen || ~ **digit** [Th] / Sedezimalziffer (DIN 44300, März 1972) || ~ **digit pair** [Sw] / Sedezimalziffernpaar || ~ **editing** [Dp] / sedezimales Aufbereiten || ~ **notation** [Sw] / sedezimale Darstellung || ~ **number** [Th] / Sedezimalzahl || ~ **number system** [Th] / Sedezimalsystem || ~ **self-defining term** [PL] / sedezimaler selbstdefinierender Wert, sedezimaler Direktwert
hidden variable [Algol] / verborgene Variable
hierarchical structure (of data, etc.) [IDS] / hierarchische Satzstruktur, hierarchische Struktur
hierarchy *n* [Cobol] / Hierarchie
high address [M] / Endadresse || ~ **builtin function** [PL/1] / (eingebaute) Höchstwert-Funktion
high-calling-rate subscriber [TP] / Vielschreiber
high-capacity external storage [M] / leistungsfähiger externer Speicher || ~ **storage device** [M] / Massenspeicher
high compare [RPG] / Prüfen auf „größer" (1›2)
high-contrast *adj* [OCR] / kontrastreich
high dummy descriptor block [MT, Sw] / Endleerblock || ~ **end of main memory** [M, Sw] / oberer Bereich des

Arbeitsspeichers
higher level [Sw] / höhere Stufe
higher-level code [Tr] / höherwertiger Code
higher-order equation [Th] / Gleichung höherer Ordnung
highest-order bit [Th] / höchstwertiges Bit, werthöchstes Bit, Bit mit dem höchsten Stellenwert || ~ **digit** [Th] / höchstwertige Stelle, höchstwertige Ziffer
highest-priority interrupt line [MCS] / Direktforderungsleitung
high-frequency generator [HSP] / Hochfrequenzgenerator
high function [PL/1] / (eingebaute) Höchstwert-Funktion
high-grade cryptographic system [Cryp] / Schlüsselsystem hoher Festigkeit
high-impedance *adj* [Tr] / hochohmig
high indicator [RPG] / Bezugszahl „höher" (1>2)
high-keyed direct current [RDp, Tr] / hoher getasteter Gleichstrom
high-level language [Sw] / höhere Programmiersprache (d.h., jede nicht maschinenorientierte Programmiersprache, z.B. Basic, Cobol, Fortran, Algol usw.; häufig als Synonym für „problemorientierte Programmiersprache" verwendet) || ~ **logic (HLL)** [Mp] / (etwa =) langsame störsichere Logik (LSL) (Rtm.) || ~ **signal** [PCC] / Großsignal || ~ **subscriber line circuit** [ES] / Hochpegelkanalschaltung || ~ **systems** [ES] / Hochpegeltechnik || ~ **terminal** [VS] / logische Datenstation
high memory load indicator [Sw] / obere Speicherbereichsangabe, obere Speicherplatzangabe || ~ **noise immunity logic (HNIL)** [Cir] / störbeeinflussungssichere Logik
high-order bit [Th] / höherwertiges Bit, werthöheres Bit, höherwertige Ziffer || ~ **bit position** [Th] / höchste Bitstelle || ~ **digit** [Th] / höherwertiges Bit, werthöheres Bit, höherwertige Ziffer || ~ **memory locations** [Mp] / oberer Adressenbereich || ~ **position** [Th] / höherwertige Stelle, hohe Ziffernstelle || ~ **zero** [Sw] / führende Null || ~ **zero printing** [Calc] / Nullendruck vor Zahlen (DIN 9757E, Okt. 1977)
high-pass filter [ES] / Hochpaß
high-pass/low-pass filter [ES] / Trennungsweiche, Weiche
high-performance computer [Dp] / Hochleistungsrechner, Hochleistungscomputer
high-precision parts [Hw] / präzisionsgefertigte Teile
high-quality paper [HSP] / Qualitätspapier
high range [Cir] / oberer Wertebereich (einer binären elektrischen Größe), H-Bereich
high-resolution plate [Sc] / High-Resolution-Platte
highspeed bus [Mp] / Hochgeschwindigkeitsbus || ~ **card feed** [PC] / beschleunigte Kartenzuführung || ~ **carry** [ALU] / Schnellübertrag || ~ **channel** [PCC, Tr] / Hochleistungskanal, Schnellkanal || ~ **channel interface** [PCC] / Schnellkanalnahtstelle || ~ **customer** (s. highspeed subscriber) || ~ **division** [ALU] / Schnelldivision || ~ **finder chain** [ES] / schnelle Suchkette || ~ **general register** [CU] / Hochleistungsmehrzweckregister || ~ **keyboard** [RDp, Tr] / Schnellschreibtastatur || ~ **memory (HSM)** [M] / Schnellspeicher (allgemein), Speicher mit schnellem Zugriff, Speicher mit kurzer Zugriffszeit || ~ **memory block** [M] / Schnellspeicherblock || ~ **multiplexer subchannel** [CP] / Hochleistungs-Multiplexunterkanal || ~ **multiplication** [ALU] / Schnellmultiplikation || ~ **paper feed** [HSP] / Papierschnellvorschub, Schnellvorschub || ~ **printer (HSP)** [HSP] / Schnelldrucker (SD) || ~ **printer control** [HSP] / Schnelldruckersteuerung || ~ **processor** [CP] / Schnellrecheneinheit || ~ **punch** [PC] / Schnellocher || ~ **reader** [PT, PC] / Schnelleser || ~ **relay** [Co] / schnell ansprechendes Relais, Schnellrelais || ~ **rewind** [MT] / Schnellrücklauf || ~ **route reversal** [Sw] / Richtungsschnellwechsel || ~ **skip** [HSP] / schneller Sprung || ~ **storage** (s. highspeed memory) || ~ **subscriber** [ES] / Teilnehmer mit hoher Geschwindigkeit || ~ **tape punch** [PT] / Lochstreifenschnellstanzer || ~ **telegraph transmission** [TP] / Schnelltelegrafie || ~ **transmission line** [RDp, Tr] / Übertragungsleitung für hohe Geschwindigkeiten || ~ **trunk** [Tr] / schneller Anschluß || ~ **user** [ES] / Teilnehmer mit hoher Geschwindigkeit
high-temperature thermostat [Sw] / Thermostat für hohe Temperaturen

high-usage route [ES] / Querweg || ~ **trunk** [ES] / Querweg || ~ **trunk group** [ES] / Querbündel || ~ **trunk handling procedure** [ES] / Querwegbehandlung
high-value *n* [Cobol] / Höchstwert || ~ **resistor** [Co] / hochohmiger Widerstand, Hochohmwiderstand
high-voltage supply [HSP] / Hochspannungsversorgung || ~ **transformer** [Th, Meas] / Hochspannungstransformator
high-volume-production standard module [Sc] / Großserien-Standardbaustein
high-volume user [TP] / Vielschreiber
highway *n* [Tr] / Vielfachleitung
hinged-armature magnet [TP] / Klappankermagnet || ~ **magnet system** [TP] / Klappankermagnetsystem
hinged panel [TP] / Schwenkschiene
history dataset [Dp] / Fehlerstammdatei
hit *n* (i.e., a relevant document retrieved) [DOK] / Treffer (als relevant beurteilte Dateneinheit, die bei einem Suchlauf selektiert worden ist)
hitless *adj* (switching, etc.) [ES, Tr] / stoßfrei
hit-on-the-fly printer [HSP] / Drucker mit fliegendem Abdruck || ~ **printing** [HSP] / fliegender Druck
H line [RPG] / Kopfzeile
HLL (s. high-level logic)
HNIL (s. high noise immunity logic)
hold button [PE] / Stopptaste || ~ **control** [Mp] / Haltsteuerung
holding area [Dp] / Zwischenbereich || ~ **circuit** [ES] / Warteschaltung || ~ **current** [Sc] / Haltestrom || ~ **lug** [Hw] / Haltenase || ~ **relay** [NC] / Halterelais || ~ **time** [ES] / Belegungsdauer (Vermittlungseinrichtungen)
hold mode [Dp, ADp] / Betriebsart „Halten" || ~ **signal** [Mp] / Haltsignal
hole *n* [Sc] / Defektelektron || [PT, PC] / Loch || ~ **chads** [PT, PC] / Stanzabfälle || ~ **combination** [PT, PC] / Lochkombination || ~ **concentration** [Sc] / Löcherkonzentration || ~ **conduction** [Sc] / Defektleitung, Löcherleitung (DIN 41852, Aug. 1978), p-Leitung (DIN 41852, Aug. 1978) || ~ **count check** [PC, NC] / Lochzahlprüfung || ~ **current** [Sc] / Löcherstrom || ~ **mobility** [Sc] / Löcherbeweglichkeit || ~ **site** [PT, PC] / Lochstelle || ~ **spacing** [HSP] / Lochabstand || ~ **spacing** (s. sprocket hole pitch)
hole-storage effect [Sc] / Trägerspeichereffekt, TSE-Effekt
hollerith *adj* [Fortran] / Hollerith-... || ≗ **card** (named after Herman Hollerith) [Hist] / Hollerithkarte
hollerith-coded *adj* [Hist, PC] / im Hollerithcode
Hollerith machine (as used originally in the U.S. Census in 1890) [Hist] / Hollerithmaschine
hologram *n* [M] / Hologramm (optischer Speicher)
holographic memory [M] / holografischer Speicher || ~ **storage medium** [Rep] / holografisches Speichermedium (Speichermedium, auf dem Daten auf optischem Wege mittels Holografie eingebracht worden sind)
holography *n* [M] / Holografie
home address [Sw] / Spuradresse, Hausadresse || ~ **address record** [PE, Sw] / Spuradreßblock || ~ **correction** [RDp] / manuelle Fehlerkorrektur im Lokaldatenkanal, Fehlerkorrektur bei Lokalverarbeitung || ~ **data channel** [RDp] / Lokaldatenkanal
home-loop operation [RDp] / Lokalverarbeitung
home position [Dp] / Ausgangsstellung, Ruhestellung, Ausgangsposition || ~ **record** [Sw] / Haussatz || ~ **record** (s. local record) || ~ **register** [RDp] / Lokaldatenregister
homing method [ES] / Leitungssuchverfahren mit fester Ausgangsstellung (Null-Stellung), Homingverfahren || ~ **position** [ES] / Nullstellung
homogeneous equation [Th] / homogene Gleichung
homograph *n* [Term] / Homograf
homography *n* [Term] / Homografie (gleiche Schreibung von Ausdrücken verschiedener Aussprache und/oder Bedeutung)
homonym *n* [Term] / Homonym
homonymy *n* [Term] / Homonymie (gleiche Aussprache und gleiche Schreibung von Ausdrücken verschiedener Herkunft und Bedeutung; cf. „Polysemie")
homophone *n* [Term] / Homophon (DIN 2341E, Mai 1977)
homophony *n* [Term] / Homophonie (gleiche Aussprache von Ausdrücken verschiedener Schreibung und/oder Bedeutung)
hood *n* [Hw] / Blendschutz || ~ **catch** [HSP] /

Haubenverschluß || ~ **grille** [HSP] / Haubengitter
hook transistor [Sc] / Vierschichttransistor
hookup error [Cir] / Schaltfehler (beim Löten der Schaltung usw.)
hopper*n* [PC] / Karteneingabefach, Kartenmagazin, Lochkartenmagazin || [OCR] / Belegeingabefach || ~ **card lever** [PC] / Magazinkartenhebel || ~ **contact** [PC] / Magazinkontakt || ~ **picker belt** [PC] / Zuführungsriemen || ~ **stop** [PC] / Magazinstopp
horizontal centering control [VDT] / Horizontalbildlageregler, Horizontalzentrierregler || ~ **control** [Algol] / Horizontalsteuerung || ~ **deflection** [HSP] / Horizontalablenkung || ~ **direction** [HSP] / Schreibrichtung (Bewegung des Strahlenbündels) || ~ **feed** [PC] / liegende Zuführung, horizontale Zuführung || ~ **justification program** [Typ] / Zeilenausschlußprogramm, Zeilenausschließprogramm || ~ **parity** [DS, Tr] / Blockparität, Längsparität || ~ **parity bit** [DS, Tr] / Längsprüfzeichen || ~ **parity check** (s. longitudinal redundancy check) || ~ **parity counter** [DS] / Blockparityzähler || ~ **parity error** [RDp, Tr] / Blockparitätsfehler, Blocksicherungsfehler || ~ **parity generation** [DS] / Blockparityerzeugung || ~ **parity protection** [RDp, Tr] / Blockparitätssicherung || ~ **perforation** [HSP] / Querperforation || ~ **resolution** [VDT] / Horizontalauflösung || ~ **spacing** [HSP] / horizontaler Zeichenabstand || ~ **spacing** (s. character feed) || ~ **tab set control highspeed tabbing in either direction** [TP] / Tabulatorsteuerung || ~ **tabulation** [TP] / Horizontaltabulator || ~ **visible filing tape card** [PT] / Schnellsicht-Lochstreifenkarte
host (s. host computer) || ~ **computer** [RDp] / Verarbeitungsrechner (zentrale Datenverarbeitungsanlage in einem Datenfernverarbeitungssystem, die im Gegensatz zum „Vorrechner" die verarbeitungsorientierten Aufgaben durchführt) || ~ **processor** (s. host computer)
hot junction [Sc] / heiße Lötstelle (Thermoelement), heiße Kontaktstelle
hot-line service [RDp, Tr] / Hot-line-Service (direktes Durchschalten zu einer einzigen Gegenstelle ohne Wahl durch den Teilnehmer)
hot roller [HSP] / beheizte Walze || ~ **spot** [Sc] / heißer Punkt
hot-standby concept [ES] / Hot-Standby-Prinzip || ~ **method** [ES] / Hot-Standby-Verfahren, Hot-Standby-Betriebsweise
hot type [Typ, Rep] / Bleisatz || ~ **zone** [TES] / Ausschließzone, Ausschlußbereich
hours correction pulse [ES] / Stundenkorrekturimpuls
housekeeping function [Sw] / organisatorische Aufgabe || ~ **instruction** [OS] / Organisationsbefehl, organisatorischer Befehl || ~ **macro** [ES] / Organisationsmakro || ~ **note** [ES] / Organisationsnotiz || ~ **operation** [Dp] / organisatorische Operation (Operation, die den Ablauf eines Programms erleichtert, ohne direkt beteiligt zu sein) || ~ **register** [CU, ES] / Organisationsregister || ~ **routine** [ES] / Verwaltungsroutine || ~ **sequence** [ES] / Organisationsablauf
housing*n* [TP] / Gehäuse (Magnetband)
H-parameter (s. head statement) || ~ **equivalent network** [Cir] / Vierpol-Hybrid-Ersatzschaltung, Vierpol-Reihen-Parallel-Ersatzschaltung
H-range (s. high range)
HSM (s. highspeed memory) || ≗ **addressing test** [Sw] / Schnellspeicher-Adressierungstest || ≗ **noise test** [M] / Schnellspeicherstörungstest
HSP (s. highspeed printer)
H-statement (s. head statement)
hub*n* [PC] / Buchse
Huffman's tree [Th] / Huffman-Baum
human engineering [DpC] / Ingenieurpsychologie (Teilgebiet der Arbeits- und Betriebspsychologie, das sich mit der Gestaltung des Arbeitsplatzes, der Maschinen, der Arbeitseinteilung, der Arbeitszeit usw. befaßt)
human-readable*adj* [Dp] / für den Menschen lesbar
human translation (as opposed to machine translation) [MAT] / Humanübersetzung
humidity class [Sc] / Feuchteklasse || ~ **variation** [DpC] / Luftfeuchtigkeitsschwankung
hump control computer [PCC] / Ablaufsteuerrechner (ASR) (Eisenbahn)
hunting *n* (i.e., an unstable condition

resulting from a continuous attempt by an automatically controlled closed loop to find a state of equilibrium) [PCC] / Nachpendeln, Nachlauf, Regelschwingungen
hybrid *n* [Sc] / Hybridschaltung, Hybridschaltkreis || *adj* [Th] / hybrid || ~ **associative mapping** [Th, Sw] / teilassoziative Abbildung || ~ **circuit** [Sc] / Hybridschaltung, Hybridschaltkreis || ~ **computer** [HyC] / Hybridrechner, Analog-Digital-Rechner || ~ **design** [Co] / Mischbauart || ~ **digital analog circuit** [HyC] / gemischte Digital-Analog-Schaltung || ~ **equivalent fourpole network** [Cir] / Vierpol-Hybrid-Ersatzschaltung, Vierpol-Reihen-Parallel-Ersatzschaltung || ~ **input terminal** [HyC] / Hybrideingabeanschlußblock || ~ **integrated circuit** [Co] / integrierter Hybridschaltkreis, integrierte Hybridschaltung || ~ **microstructure** [Co] / hybride Mikrostruktur || ~ **system** [HyC] / hybrides Rechnersystem
hybrid-type network [RDp, Tr] / Mischform (von Datensondernetzen und öffentlichen Netzen)
hydraulic actuator [PCC] / hydraulischer Stellantrieb || ~ **unit** [Fl] / Hydraulik
hyperbola *n* [Th, GrDp] / Hyperbel
hyperbolic function [Th, GrDp] / Hyperbelfunktion || ~ **logarithm** [Th] / natürlicher Logarithmus
hypertape *n* [MT] / Hypertape (Rtm.)
hyphen *n* [Cobol] / Bindestrich
hyphenation *n* [Typ] / Silbentrennung || ~ **algorithm** [Typ, TES, Sw] / Silbentrennungsalgorithmus, Wortteilungsalgorithmus || ~ **routine** [Typ] / Silbentrennungsprogramm || ~ **rules** [Typ] / Silbentrennungsregeln
hyphenless justification [Typ] / Zeilenausschluß ohne Silbentrennung
hypotenuse *n* [Th, GrDp] / Hypotenuse
hypothetical reference circuit [PCC, Th] / hypothetischer Bezugskreis
hysteresis loop [M] / Hystereseschleife
Hz (s. hertz)

I

IC (s. Insert character) || $\hat{\sim}$ (s. integrated circuit)
ICB (s. interrupt control block)
ICE (s. in-circuit emulator)
IC module [IC] / Flachbaugruppe mit integrierten Schaltkreisen
icon *n* [Cy] / Ikon
ID (s. identifier)
IDA (s. interactive debugging aid)
idealized diode [Cir] / idealisierte Diode
ideal rectifier [Sc] / idealer Gleichrichter || ~ **transducer** (for connecting a specified source to a specified load) (GB) [PCC] / idealer Wandler (zur Verbindung eines bestimmten Senders mit einem bestimmten Empfänger) || ~ **value** [NC] / Idealwert
identification block [Sw] / Kennzeichnungsblock || ~ **character** [Tr] / Kennung (Datenstation), Stationskennung || ~ **division** [Cobol] / Erkennungsteil || ~ **field** [Sw] / Identifikationsfeld, Kennungsfeld, Feld für Problembezeichnung || ~ **key** [IDS] / Kennungsschlüssel || ~ **number** [Sw] / Kennummer || ~ **sequence field** [Sw] / Identifikationsfolgefeld
identifier *n* [Tr] / Identifizierung (Zeichen oder Zeichenfolge, mittels derer eine DEE ihre eigene Datenstation kenntlich macht) (DIN 44302, Apr. 1979) || [Algol] / Name || [Cobol] / Bezeichner || [PL/1] / Bezeichner || ~ **(ID)** [Sw] / Kennzeichen || ~ **list** [Algol] / Namenliste || ~ **record** [Sw] / Identifikationsblock || ~ **section** [Sw] / Kennzeichenteil (eines Befehls)
Identify entry point symbol (ENTRY) [Instruction] / Kennzeichnen Entry-Adresse || $\hat{\sim}$ **external symbol (EXTRN)** [Instruction] / Kennzeichnen Extern-Adresse
identifying information [Priv] / persönliches Merkmal || ~ **letter** [NC] / Erkennungszeichen || ~ **perforation** [PT, PC] / Kennlochung || ~ **punching** [PT, PC] / Kennlochung
identity element [Cir] / Identitätsglied, Identitätsschaltung || ~ **unit** [Cir] / Identitätsglied, Identitätsschaltung
ideogram *n* [Cy] / Ideogramm
IDF (s. intermediate distributing frame)
ID field check [Sw] / Feldprüfung für Identifikationsdaten

IDL (s. Idle)
Idle (IDL) [OS, Lisp] / Warten (IDL) || ~ **character** [Tr] / SYN-Zeichen, Synchronisierzeichen
idle-circuit condition [TP] / schreibbereite Ruhelage (Leitung), Schreibruhezustand
idle condition [TP] / Ruhelage, Ruhezustand || ~ **interval monitor** [ES] / Schreibpausenüberwachung || ~ **machine cycle** [Dp] / Leerumlauf der Maschine || ~ **signal** [Tr] / Leerzeichen || ~ **state** [TP] / Ruhelage, Ruhezustand || ~ **travel** [TP] / Leerhub
idling control [NC] / Leerlaufkontrolle || ~ **cycle** [PC] / Leerlaufgang, leerer Kartengang || ~ **light** [NC] / Leerlauflampe
IDP (s. integrated data processing)
IF (s. intermediate frequency)
IF-AND-ONLY-IF operation [SA] / Äquivalenzverknüpfung
if clause [Algol, PL/1] / Wenn-Klausel
IFR (s. interrupt flag register)
if statement [Cobol, Algol, PL/1] / Wenn-Anweisung
IF-THEN operation [SA] / Implikation (DIN 44300, März 1972)
IGFET (s. insulated-gate field-effect transistor)
ignore *v* [Sw] / überlesen, übergehen || *n* [RDp, OCR] / Löschzeichen (festvereinbartes Zeichen, durch das auf maschinenlesbaren Datenträgern geschriebene Zeichen bzw. Zeichenfolgen nachträglich gelöscht werden können) || ~ (s. ignore character) || **to ~ an error** [Sw] / einen Fehler übergehen || ~ **character** [RDp, OCR] / Löschzeichen (festvereinbartes Zeichen, durch das auf maschinenlesbaren Datenträgern geschriebene Zeichen bzw. Zeichenfolgen nachträglich gelöscht werden können) || ~ **character** [RDp, OCR] / Auslaßzeichen, Ungültigkeitszeichen, Ignorierzeichen || ~ **instruction** [Sw] / Ungültigkeitsbefehl || ~ **option** [PL/1] / Übergeh-Angabe
illegal *adj* (operation code, etc.) [ES] / unzulässig, nicht zulässig, ungültig, nicht zugelassen || ~ **character** [ES] / Fehlzeichen || ~ **character** [DS, OCR, Th, Tr] / unzulässiges Zeichen, verbotenes Zeichen || ~ **instruction** [Sw] / nicht interpretierbarer Befehl, unzulässiger Befehl || ~ **operation** [Th, Sw] / unzulässige Operation || ~ **operation code** [ES] / unzulässiger Operationscode, nicht decodierbarer Operationscode
illogical error [Sw] / unerwarteter Fehler
illuminated circuit diagram [Cir] / Leuchtschaltbild || ~ **display** [Hw] / Leuchtanzeige
illumination *n* [Meas] / Beleuchtungsstärke || ~ **aperture** [Sc] / Beleuchtungsapertur || ~ **current** [Sc] / Hellstrom
ILN (s. internal line number)
I²L technology (integrated injection logic technology) [Mp, IC] / I²L-Technologie
imag builtin function [PL/1] / (eingebaute) Imaginärteil-Funktion
image *v* [GrDp] / abbilden || *n* [GrDp] / Abbildung, Abbild || [Typ, OCR] / Bild || ~ **area** [Sc] / Bildfläche || ~ **area** [Rep] / Schwärzungsfeld (eines Mikrofilmbildes usw.) || ~ **center** [Sc] / Bildmitte || ~ **centering** [OCR] / Zeichenzentrierung || ~ **contrast** [Sc] / Bildkontrast || ~ **dissector** [OCR] / Bildzerleger || ~ **dot** [HSP] / Bildpunkt || ~ **field** [Sc] / Bildfeld
image-forming system [Sc] / abbildendes System
image plane [COM, Typ] / Fotomaterialebene (einer Lichtsetzanlage) || ~ **quality** [HSP] / Bildqualität
imag function [PL/1] / (eingebaute) Imaginärteil-Funktion
imaginary *adj* [PL/1] / imaginär || ~ **number** [Th] / imaginäre Zahl || ~ **part** [Th] / Imaginärteil
imag pseudo-variable [PL/1] / Imaginärteil-Pseudovariable
IMIS (s. integrated management information system)
immediate access [PE, M, Sw] / schneller Zugriff, Sofortzugriff, unmittelbarer Zugriff
immediate-access storage [M] / Schnellspeicher (allgemein), Speicher mit schnellem Zugriff, Speicher mit kurzer Zugriffszeit || ~ **storage** (s. main memory)
immediate address [Sw] / unmittelbare Adresse || ~ **address** [VS] / virtuelle Adresse || ~ **addressing** (i.e., the instruction itself contains data) [Sw] / unmittelbare Adressierung || ~ **answer** [RDp, Tr] / Sofortantwort || ~ **constituent analysis** [Term, MAT] / Konstituentenanalyse, IC-Analyse ||

~ **data** [Sw] / Direktdaten || ~ **operand** [Sw, ES] / Direktoperand, Direktwert (als Operand), Direktwert (als Operand) || ~ **processing** [Dp] / mitlaufende Verarbeitung, unmittelbare Verarbeitung || ~ **skip** [HSP] / Sofortvorschub
impact printer [HSP] / mechanischer Drucker, Anschlagsdrucker, Impact-Drucker || ~ **printing** [MCS, HSP] / mechanisches Druckverfahren
impedance *n* [Sc, TrL] / Scheinwiderstand (DIN 57565 T2, Sept. 1978)
imperative macro instruction [Sw] / befehlende Makroanweisung || ~ **sentence** [Cobol] / unbedingter (Programm)satz || ~ **statement** [Cobol] / unbedingte Anweisung
imperfection *n* [Tr, Sc] / Störstelle (DIN 41852, Aug. 1978), Fremdbeimischung
implantation *n* [Sc] / Implantierung
implementation *n* [Sw] / Realisierung, Implementierung
implementor *n* [Cobol] / Hersteller
implementor-name *n* [Cobol] / Herstellerwort
implication *n* [Algol] / Implikation
implicit *adj* [Sw] / implizit
implied *adj* [Sw] / implizit || ~ **address** [Sw] / implizite Adresse || ~ **addressing** [Sw] / implizite Adressierung, Fortschaltungsadressierung || ~ **association** [Fortran] / implizite Typzuordnung || ~ **length** [Sw] / implizierte Länge, implizite Länge
impressed current [IC] / eingeprägter Strom || ~ **voltage** [ES] / eingeprägte Spannung
improper *adj* [Sw] / nicht ordnungsgemäß
improperly formatted [Sw] / formal falsch, falsch formatiert || ~ **formatted control card** [PC, Sw] / formaler Fehler auf einer Steuerkarte, formal falsche Angabe auf einer Steuerkarte
impulse code [Tr] / Impulscode || ~ **noise** [ES] / Impulsstörung || ~ **trigger** [NC] / monostabiler Schalter
impurity concentration [Sc] / Störstellenkonzentration || ~ **content** [Sc] / Störstellengehalt || ~ **diffusion technique** [Sc] / Diffusionstechnik (DIN 41852, Aug. 1978), Diffusionsverfahren || ~ **level** [Sc] / Störstellenniveau || ~ **semiconductor** [Sc] / Halbleiter mit Verunreinigungsniveaus
IMR (s. interrupt mask register)
in (s. inch)
inaccessible value [Algol] / gesperrter Wert
inaccuracy (of data, etc.) [Priv] / Unrichtigkeit
inaccurate *adj* [NC] / ungenau
inadmissible call [ES] / nicht zugelassene Verbindung
inboard director [VS] / Innenanschlußsteuerwerk || ~ **recorder** [Dp] / Kanalfehler-Aufzeichnungsprogramm
inbound traffic [ES] / ankommender Verkehr
inch (in) *n* [Sc] / Zoll
incidentals time [Dp] / sonstige Nutzzeit
in-circuit emulator (ICE) [Mp] / Emulations- und Testadapter
include *v* [Sw] / einreihen
inclusion (s. conditional implication operation)
inclusive-OR circuit [Cir] / ODER-Schaltung, Inklusives-ODER-Schaltung || ~ **operation** [SA] / ODER-Funktion, ODER-Verknüpfung (DIN 44300, März 1972), inklusives ODER (DIN 44300, März 1972)
inclusive segment [OS] / inklusives Segment
incoming line signal [TP] / ankommendes Signal || ~ **message holding unit** [ES] / Eingabepufferspeicher (z.B. in der Speichervermittlung) || ~ **storage** [ES] / Eingangsspeicher || ~ **traffic** [ES] / ankommender Verkehr
incompatibility *n* [Hw] / Unverträglichkeit, Inkompatibilität
incomplete *adj* [Sw] / unvollständig
inconnector *n* [PE] / Eingangsstelle
incorrect *adj* [Sw] / nicht ordnungsgemäß || ~ **field length** [Sw] / falsche Feldlänge || ~ **length** [Sw] / falsche Länge
increase, to ~ the expiration date [Sw] / das Ablaufdatum verlängern
increment *v* [Mp] / inkrementieren || **to ~ by one** [Sw] / um 1 erhöhen || **≗ address by one** [PCC, Instruction] / Erhöhe Adresse um Eins || **≗ address in memory location by one** [PCC, Instruction] / Erhöhe Adresse in Zelle um Eins
incremental *adj* [NC] / inkremental || ~ **computer** [Dp] / digitale Integrieranlage, digitaler Integrator, digitales Integriergerät, Inkrementalrechner || ~ **counter** [ES] / Schrittzähler || ~ **feed** [NC] / Verfahren in Schrittmaßen || ~ **integrator** [ADp] / inkrementaler Integrierer, Servointegrierer,

Entscheidungsintegrator || ~ **measuring method** [NC] / Inkrementmeßverfahren, Relativmeßverfahren || ~ **plotter** (as opposed to "vector generator system") [GrDp] / Stufenform-Plotter || ~ **probability of failure** [DpC] / inkrementale Ausfallwahrscheinlichkeit || ~ **representation** [Th] / inkrementale Darstellung || ~ **resistance** [Sc] / differentieller Widerstand || ~ **system** [NC] / inkrementales System || ~ **tape station** [MT] / Schrittmagnetbandgerät, Inkrementalbandgerät

incrementation parameter [Fortran] / Schrittweitenparameter (einer Schleife)

incrementer*n* [Mp] / Aufwärtszähler

increment indicator [ES] / Inkrementangabe

incrementing*n* [ES] / Inkrementbildung

increment of attenuation [Tr] / Dämpfungssprung || ~ **of movement** [TP] / Schritt (Wagen)

indent*n* [Typ] / Einzug

indented*adj* [TES, Typ] / (von Textabsatz usw.) eingerückt

independent clock [ES] / Taktinsel || ~ **overflow record** [OS] / Satz im unabhängigen Folgebereich || ~ **program** [Sw] / unabhängiges Programm, selbständiges Programm || ~ **reversing switch** [NC] / unabhängiger Umkehrschalter || ~ **routine** [Sw] / unabhängiges Programm, selbständiges Programm || ~ **segment** [Cobol] / unabhängiges Segment || ~ **sequential circuit** [NC] / Folgeregelkreis || ~ **variable** [Th] / unabhängige Variable

index*v* [Th] / indizieren || *n* [M] / Indextabelle || [Cobol] / (Spezial)index || ~ **area** [Sw] / Indexbereich || ~ **block** [Sw] / Indexblock || ~ **builtin function** [PL/1] / (eingebaute) Index-Funktion || ~ **card** [DOK] / Karteikarte || ~ **data item** [Cobol] / (Spezial)index-(Daten)feld

indexed*adj* [Th] / indiziert || ~ **address** [Sw] / indexierte Adresse, indizierte Adresse || ~ **addressing** [Mp] / indizierte Adressierung || ~ **by phrase** [Cobol] / (Spezial)indexzusatz || ~ **data name** [Cobol] / (spezial)indizierter Datenname || ~ **file** [Sw] / indizierte Datei || ~ **sequential access method (ISAM)** [VS] / indexsequentielle Zugriffsmethode, indiziert-sequentielle Zugriffsmethode (ISZM) || ~ **sequential file** [Sw] / indexsequentielle Datei, indiziert-sequentielle Datei

index extent [Sw] / Indexbereich || ~ **function** [PL/1] / (eingebaute) Index-Funktion || ~ **graduation** [Hw] / Teilstrich (Skala)

indexing*n* [IDS] / Indizieren || [Cobol] / (Spezial)indizierung || ~ (forward/reverse) [TES] / Zeilenvorschub (vorwärts/rückwärts) || ~ **fixture** [NC] / Teilvorrichtung || ~ **register** [CP] / Indexregister (DIN 44300, März 1972), Bezugsregister || ~ **register number register** [ES] / Indexregisternummernregister

index level [OS] / Indexstufe || ~ **marker** [PE] / Spuranfangsmarke

index-name*n* [Cobol] / (Spezial)indexname

index of cooperation [Fax] / Arbeitsmodul || ~ **point** [PE, PC] / Indexpunkt || ~ **position** [Algol] / Indexposition || ~ **record** [Sw] / Verzeichnissatz, Indexsatz || ~ **register** [CP] / Indexregister (DIN 44300, März 1972), Bezugsregister || ~ **sequential access method** (s. indexed sequential access method) || ~ **sequential dataset** (s. indexed sequential file) || ~ **sequential file** (s. indexed sequential file) || ~ **sequential file management system** (ISFMS) [PE] / logisch fortlaufende Speicherungsform (Index-System) || ~ **value** [Sw] / Indexwert || ~ **word** (i.e., an instruction modifier used in program modification, applied to the address part of an instruction) [Sw] / Indexwort

India paper [Typ] / Dünndruckpapier

indicating device [Hw] / Anzeigegerät || ~ **element** [Hw] / Anzeigeelement || ~ **telegram** [TP] / Meldetelegramm (Fernüberwachung)

indicative dump [Dp] / Kurzspeicherausdruck

indicator*n* [RPG] / Bezugszahl || ~ (on operator's console, etc.) [Hw, CTW] / Anzeige (z.B. Lampe) || ~ **bit** [CP] / Anzeigebit || ~ **contact** [Hw] / Meldekontakt || ~ **field** [HSP] / Leuchtfeld || ~ **lamp** [Hw] / Anzeigelampe, Signallampe || ~ **location** [PCC] / Anzeigenzelle || ~ **module** [CP] / Anzeigebaustein || ~ **panel** [HSP] / Anzeigefeld (bestehend aus mehreren Lampen) || ~ **word** [PCC] / Anzeigenwort

indirect access [Dp] / indirekter Zugriff || ~ **address** [Sw] / indirekte Adresse ||

~ **addressing** [Sw] / indirekte Adressierung
indirect-control system [ES] / indirekt gesteuertes System
indirect data addressing [VS] / indirekte Datenadressierung || ~ **nesting error** [OS] / falsche indirekte Adressierung
individual control [ES] / Steuerteil für Einzelbetrieb || ~ **design** [NC] / Einzelausführung || ~ **job card** [PC] / Stückkarte || ~ **module** [Sw] / Einzelmodul || ~ **routine** [Sw] / Einzelprogramm || ~ **user** [Sw] / Einzelbenutzer
induced control voltage [Sc] / induzierte Steuerspannung (eines Halleffekt-Bauelementes)
inductance *n* [Th] / Induktivität
induction sensitivity [Sc] / Induktionsempfindlichkeit (eines Hallplättchens)
inductive load [Th] / induktive Belastung || ~ **potentiometer (IPOT)** [PCC, AC] / Stelltransformator, linearer Funktionsdrehmelder || ~ **residual voltage** [Sc] / induzierte Restspannung (eines Halleffekt-Bauelementes)
industrial data capture [Dp] / Betriebsdatenerfassung (BDE) || ~ **data processing** [Dp] / industrielle Datenverarbeitung || ~ **electronics** / Industrie-Elektronik || ~ **standard** [R&D] / Industriestandard || ~ **type** [Sc] / Industrietyp (z.B. von Transistoren)
ineffective call [ES] / erfolgloser Anruf
inequality *n* [Th] / Ungleichung
infinitely variable [Hw] / stufenlos einstellbar, stufenlos regulierbar
infinite pad method [OCR] / Infinite-pad-Methode (Verfahren zum Messen des Remissionsgrades) || ~ **series** [Th] / unendliche Reihe
infinitesimal analysis [Th] / Infinitesimalrechnung || ~ **calculus** [Th] / Infinitesimalrechnung
infinity *n* [Th] / Unendlichkeit || ~ **lead** [Typ, Sw] / Unendlich-Durchschuß
infix notation [Th] / Infixschreibweise, Infixdarstellung || ~ **operator** [PL/1] / (eingebetteter) Operator
informatics *n* [Th] / Informatik
information agency [DOK] / Informationsstelle (Informations- und Dokumentationseinrichtung, die auf Anfrage oder kontinuierlich Daten an bestimmte Benutzer weiterleitet, die Daten aber überwiegend nicht selbst aufbereitet hat)
informational approximation [Cy] / informationelle Approximation || ~ **didactics** [CAI, Cy] / Informationsdidaktik || ~ **esthetics** [Cy] / Informationsästhetik
information and command ORing logic [TP] / Informations- und Befehlsverknüpfung (in MOS-3)
information-bearing frequency [Tr] / Nutzfrequenz
information bit [Th, Tr] / Informationsbit, Datenbit || ~ **carrier** [PE] / Informationsträger || ~ **center** [DOK] / Informationszentrum (Informationsstelle, die ihre Informationstätigkeit zentral für eine geografische, organisatorische oder politische Einheit wahrnimmt), zentrale Informationsstelle || ~ **channel** [Tr] / Datenkanal, Datenübertragungskanal || ~ **circuit** [NC] / Informationskreis || ~ **comparator** [ES] / Informationsvergleicher || ~ **compare error** [M] / Informationsvergleicherfehler || ~ **content** [Th, Cy] / Informationsgehalt (DIN 44301, Feb. 1977) || ~ **element** [Tr] / Informationsschritt, nachrichtentragender Schritt || ~ **exchange** [RDp, Tr] / Informationsaustausch || ~ **feedback** [DS, Tr] / Fehlerkontrolle mit Rückwärtsübertragung || ~ **feedback method** [TP] / Rücksendeverfahren || ~ **feedback system** [DS, Tr] / Datensicherungssystem mit Rückübertragung || ~ **flow** [Th] / Informationsfluß || ~ **flow analysis** [IDS] / Informationsflußanalyse || ~ **flow rate** [Th] / Informationsfluß pro Zeiteinheit || ~ **format** [Th] / Informationsanordnung || ~ **input** [Dp] / Informationseingabe (INFE) || ~ **input register** [Dp] / Informationseingaberegister (INFER) || ~ **input register comparator** [Dp] / Informationseingaberegister-Vergleicher (INFERVGL) || ~ **input signal** [ES] / Informationseingabesignal || ~ **input switching network** [ES] / Informationseingabekopplung || ~ **manual** [Dist] / Kurzbeschreibung || ~ **medium** [PE, Dp] / Informationsmedium || ~ **officer** (i.e., person responsible for the collection, searching for and dissemination of specialized information) [DOK, IDS] / Informationsingenieur || ~ **output** [Dp] / Informationsausgabe (INFA) || ~ **output**

register [Dp] / Informationsausgaberegister (INFAR) || ~ **output register clock inhibition** [Dp] / Informationsausgaberegister-Taktsperre (INFARS) || ~ **output register comparator** [Dp] / Informationsausgaberegister-Vergleicher (INFARVGL) || ~ **output signal** [ES] / Informationsausgabesignal || ~ **pool** [Th, IDS] / Informationspool || ~ **processing** / Datenverarbeitung (DV), Informationsverarbeitung
information-processing machine [Dp] / informationsverarbeitende Maschine
information psychology [Cy] / Informationspsychologie, kybernetische Psychologie || ~ **pulse transitions** [RDp] / Schrittumschläge der Dateninformation || ~ **rate per character** (s. mean information content per character) || ~ **record** [MT, MAT] / Mitteilungssatz (erster Satz eines MATER-Austauschbandes, der eine Reihe von Angaben enthält, die für die Verarbeitung des Austauschbandes benötigt werden) (DIN 2341E, Mai 1977) || ~ **request** [RDp] / Anfrage (an ein System usw.) || ~ **retrieval** [DOK] / Retrieval (Methode, in einem bestimmten Datenbestand Suchvorgänge durchzuführen) || ~ **retrieval system** [DOK] / Retrievalsystem (Grundlagen, Verfahren und Einrichtungen, die das Retrieval ermöglichen) || ~ **separation signal** [Tr] / Informationstrennzeichen || ~ **separator signal** [Tr] / Informationstrennzeichen || ~ **service** [IDS] / Auskunftsdienst || ~ **signal** [Tr, NC] / Informationssignal || ~ **source** [Th, Cy] / Nachrichtenquelle (DIN 44301, Feb. 1977) || ~ **system** [IDS] / Informationssystem, Auskunftssystem || ~ **technology** [IDS] / Informationstechnik || ~ **theory** [Th] / Informationstheorie, Kommunikationstheorie || ~ **track** [MT] / Informationsspur || ~ **transfer rate** (s. data transfer rate) || ~ **transmission** [Tr] / Informationsübertragung || ~ **transmitter** [CP] / Nachrichtenquelle (abgehende Nachrichten) || ~ **unit** [Th] / Informationseinheit || ~ **wire** [ES] / Informationsleitung || ~ **word** [Th, NC] / Informationswort
inherent distortion [Tr] / Eigenverzerrung || ~ **error** [Sw, NC] / Anfangsfehler, Eingangsfehler, mitgeschleppter Fehler || ~ **large-signal forward current transfer ratio** [Sc] / inhärentes Gleichstromverhältnis
inherited error [Sw, NC] / Anfangsfehler, Eingangsfehler, mitgeschleppter Fehler
inhibit *v* [Dp, CP] / sperren || ~ **bit** [ES] / Sperrbit
inhibit-bit memory [ES] / Sperrbitspeicher
inhibit circuit [Hw] / Lock-out-Schaltung, Sperrschaltung || ~ **current** [M] / Inhibitstrom || ~ **driver** [Cir] / Sperrstromverstärker || ~ **flip-flop** [Co] / Sperrkippstufe || ~ **function** [ES] / Sperrfunktion
inhibiting input [Cir] / Sperreingang || ~ **signal** [PC] / Blockiersignal, Sperrsignal
inhibit instruction [Sw] / Sperrbefehl
inhibition *n* [Cir] / Sperrung || [Cy] / Hemmung
inhibit pulse [M] / Inhibitimpuls, Blockierimpuls, Stellensperrimpuls || ~ **pulse** [Tr] / Sperrimpuls || ~ **signal** [ES] / Sperrsignal, Sperrzeichen (in Rückwärtsrichtung) || ~ **switch** [Dp] / Sperrschalter
in-house code [ES] / interne Festlegung || ~ **computer** [NC] / Werkscomputer || ~ **setting** [Typ, TES] / Bürosatz || ~ **system** [Dp] / innerbetriebliches System
initial address (s. starting address) || ~ **address register** [CU] / Anfangsadreßregister || ~ **allocation** [Sw] / Erstzuweisung || ~ **capacity** [ES] / Erstausbau (Amt) || ~ **capacity stage** [Dp] / Erstausbaustufe || ~ **character** [Sw] / Anfangszeichen || ~ **condition mode** [Dp, ADp] / Betriebsart „Rücksetzen", Betriebsart „Pause" || ~ **configuration** [Dp] / Erstausbaustufe || ~ **dummy block** [Sw] / Anfangsleerblock || ~ **element** [PL/1] / Erstbelegungselement || ~ **gap** [MT] / Anfangszwischenraum (DIN 66010, Apr. 1973) || ~ **instruction** [Sw] / Startbefehl
initialization *n* [PL/1] / Erstbelegung || ~ (of memory) [OS] / Initialisierung || ~ (of magnetic tape, etc.) [MT, Sw] / Vorbereiten, Etikettieren || ~ **condition** [OS] / Anlaufbedingung || ~ **logic** [Mp] / Einleitungssteuerung
initialize *v* [OS] / initialisieren || ~ (magnetic tape, etc.) [MT, Sw] / vorbereiten, etikettieren || **to ~ a program library** [ES] / eine Programmbibliothek einrichten || **to ~ a volume** [Sw] / einen Datenträger

einrichten, einen Datenträger vorbereiten
initializer *n* [Sw] / Programmvorbereiter, Einleitungsprogramm, Einleitungsroutine || ~ **routine** [Sw] / Programmvorbereiter, Einleitungsprogramm, Einleitungsroutine
initial line [Fortran] / Anfangszeile (einer Anweisung) || ~ **load address** [Sw] / Anfangsladeadresse || ~ **loading location** [Sw] / Anfangsladeadresse
initially created [Cobol] / erstmalig erstellt
initially-installed capacity [ES] / Erstausbau (Amt)
initial parameter [Fortran] / Anfangsparameter (einer Schleife) || ~ **peak voltage** [Co, Sc] / Anfangsspitzenspannung || ~ **position** [Dp] / Ausgangsstellung, Ruhestellung, Ausgangsposition || ~ **positioning** [MT] / Ausgangspositionierung || ~ **pressure** [Fl] / Einspeisedruck || ~ **program loader (IPL)** [Mp] / Urlader (kurzes Vorbereitungsprogramm zum Laden des Programmladers oder eines Organisationsprogramms; cf. „Ureingabeprogramm") || ~ **program loader** (IPL) [PCC] / Urlader (nur über das Wartungsfeld aktivierbares, gewöhnlich im Festwertspeicher stehendes Programm, das ausschließlich Urladeformat lesen kann) || ~ **program loader block** [OS] / Ureingabeblock || ~ **program loader format** [PCC] / Urladeformat || ~ **program loading** [OS] / Urladen, einleitendes Programmladen || ~ **reset** [ES] / Urrücksetzen (totales Rücksetzen der PE) || ~ **selection** [Dp] / einleitende Adreßselektion || ~ **start** [ES] / Urstart || ~ **start run** [ES] / Urstartablauf || ~ **threading** [MT] / Bandeinfädeln || ~ **value** [Th] / Ausgangswert, ursprünglicher Wert || ~ **value** [Cobol] / Anfangswert
initiate *v* (program, etc.) [Dp] / anstoßen || ~ (program, etc.) [Sw] / auslösen, anstoßen, starten, einleiten || ~ **statement** [Cobol] / Listenanfangsanweisung
initiation *n* (of program, etc.) [Dp] / Anstoß || ~ **signal** [Dp] / Anstoßsignal || ~ **storage unit** [ES] / Anreizspeicher
initiator *n* (i.e., a specific job scheduling program which makes jobs and job steps ready to run) [OS] / Initiator, Vorbereiter
initiator/terminator *n* [Dp] / Programmlauforganisator
inject *v* [Sc] / injizieren
injection (s. charge carrier injection) || ~ **current** [Sc] / Injektionsstrom || ~ **efficiency** [Sc] / Injektionswirkungsgrad
injector *n* [Sc] / Injektor
ink, electrographic ~ [MICR] / leitfähige Tinte || ~ **bleed** (s. fill-in of letters) || ~ **cloth** [HSP] / Farbtuch || ~ **density** [OCR] / Farbdichte
inked ribbon [HSP] / Farbtuch
inking *n* [OCR] / Färbung
ink jet printer [HSP] / Tintenstrahldrucker, Tintenstrahlschreiber || ~ **ribbon** [HSP] / Farbtuch || ~ **ribbon** [Calc, TP] / Farbband || ~ **squirter** (s. ink jet printer)
inlet *n* [ES] / Eingang (Koppler) || ~ **pressure** [Fl] / Primärdruck
in-line coding [Sw] / gestreckte Programmierung (im Gegensatz zu „zyklische Programmierung"), lineare Codierung || ~ **processing** (s. demand processing) || ~ **program** [Sw] / offenes Unterprogramm
inner macro call [ES] / innerer Makroaufruf
inoperable *adj* [Hw] / nicht betriebsklar, nicht bereit, unklar, nicht klar || **to be** ~ [Serv] / (von Anlage usw.) stehen || **to become** ~ [Dp] / (von Anlage usw.) aussteigen
inoperative *adj* [Hw] / nicht funktionsfähig, funktionsunfähig
inoperative-current value [ES] / zulässiger Fehlstromwert
in option [PL/1] / Bereichsangabe
in-plane *adj* [Dp] / in der gleichen Ebene
in-plant system [Dp] / innerbetriebliches System
in-process measurement [NC] / Werkstückmeßsteuerung, Messung während der Bearbeitung
input *v* (data, information, etc.) [IO] / eingeben (DIN 66200E T1, März 1974) || *n* [Algol, PL/1] / Eingabe || ~ (to a routine) [Sw] / Versorgung (eines Programms) || ~ **acknowledgment** [ES] / Eingabequittung || ~ **acknowledgment signal** [ES] / Eingabebestätigungssignal || ~ **address register** [ES] / Eingabeadreßregister (EAR) || ~ **admittance** [Sc] / Eingangsadmittanz, Eingangsleitwert || ~ **area** [Sw, NC] / Eingabebereich,

Eingabespeicherbereich || ~ **area** [ES] / Versorgungsbereich (GEAS) || ~ **block** [Th, Sw] / Eingabeblock || ~ **block count** [Sw] / Eingabeblockzählung || ~ **block length** [Sw] / Eingabeblocklänge || ~ **buffer** [CP] / Eingabepuffer, Eingabepufferspeicher, Lesepufferspeicher || ~ **buffer storage** (s. read buffer) || ~ **capacitance** [Sc] / Eingangskapazität || ~ **card** [PC, Sw] / Eingabekarte || ~ **cell** [M] / Eingabezelle || ~ **channel** [CP] / Eingabekanal || ~ **channel** [DpC] / Eingangskanal (einer Instanz) (DIN 66200 T1, Okt. 1978) || ~ **check list** [IDS] / Eingabeprüfliste || ~ **circuit** [Cir] / Eingangsschaltung, Eingangskreis || ~ **code** [Th] / Eingabecode, Eingangscode || ~ **code converter** [Tr] / Eingabe-Codewandler (ECW) || ~ **configuration** [Cir] / Eingangskonfiguration (bei einer Digitalschaltung) || ~ **console** [RDp, Tr] / Datenpult || ~ **control** [DpC, Priv] / Eingabekontrolle || ~ **control electronics** [PCC] / Eingabesteuerung || ~ **controller** [PCC] / Eingabesteuerung || ~ **control unit** [IO] / Eingabesteuereinheit || ~ **data** [Dp, PCC] / Eingabedaten (DIN 66201 E T1, Apr. 1979) || ~ **data block** [Sw] / Eingabedatenblock || ~ **data log** [ES] / Eingabeprotokoll || ~ **destination** [ES] / Eingabeziel (EZI) || ~ **destination buffer register** [ES] / Eingabezielpufferregister (EZPR) || ~ **destination register** [ES] / Eingabezielregister (EZR) || ~ **device** [IO] / Eingabegerät (DIN 44300, März 1972) || ~ **disk** [MD] / Eingabeplatte || ~ **disk storage** [MD] / Eingabeplattenspeicher || ~ **duplication** [IO] / Eingabeduplizierung || ~ **duplicator feature** [IO] / Eingabeduplizierzusatz || ~ **edit level** [PC] / Eingabeprüfung || ~ **end identifier** [ES] / Eingabeschlußkennung || ~ **error** [Tr] / Eingabefehler || ~ **file** [Cobol] / Eingabedatei || ~ **format** [Dp] / Dateneingabeformat, Eingabeformat || ~ **formatting program** [ES] / Eingabeformatprogramm || ~ **handling** [ES] / Eingabebehandlung (einer Nachricht) || ~ **hopper** [OCR] / Belegeingabefach || ~ **impedance** [Sc] / Eingangsimpedanz || ~ **information** [Sw] / Eingabeinformationen || ~ **job queue** [IO, VS, Sw] / Eingabewarteschlange || ~ **job stream** [OS] / Jobeingabefluß || ~ **limit** [Th, AC] / Eingabegrenze, Eingangsgrenze || ~ **line indicator** [ES] / Eingabeleitungskennung || ~ **link field** [ES] / Eingabekettungsfeld || ~ **loading factor** (of a bipolar device) [Cir] / statischer Eingangslastfaktor (einer Digitalschaltung mit bipolaren Transistoren) || ~ **macro** [ES] / Versorgungsmakro || ~ **magazine** (s. card hopper) || ~ **master tape** [MT] / Eingabestammband || ~ **medium** [IO, NC] / Eingabemedium, Eingabemittel || ~ **medium** [Cobol] / Eingabedatenträger || ~ **message** [RDp, Tr] / Eingabetelegramm, Sendetelegramm || ~ **mode** [Sw] / Eingabemodus || ~ **module** [TP] / Eingabebaugruppe (= Tastatur, Leser, Kennungsgeber) || ~ **multiplexer** [CP] / Eingabesammler (Zusammenfassung von Kanälen) || ~ **of absolute measurements** [NC] / Bezugsmaßeingabe || ~ **operation** [Sw] / Eingabeoperation

input-output *n* (I/O) [PL/1] / Ein-Ausgabe (E/A) || ~ (cf. "I/O") || ~ **allocation** [ES] / Ein-Ausgabezuordnung || ~ **area** [Sw] / Ein-Ausgabebereich || ~ **buffer** [CP] / Ein-Ausgabepuffer, Ein-Ausgabepufferspeicher || ~ **buffer storage** [CP] / Ein-Ausgabepuffer, Ein-Ausgabepufferspeicher || ~ **cable** [Hw] / Ein-Ausgabekabelstrang || ~ **channel** [CP] / Ein-Ausgabekanal || ~ **channel queue list** [Sw] / Liste der Kanalwarteschlange || ~ **chip** [MCS, IC] / Ein-Ausgabe-Chip, Ein-Ausgabe-Baustein, Ein-Ausgabe-Schnittstellenbaustein || ~ **code converter** [ES] / Ein-Ausgabe-Codewandler || ~ **coder** [ES] / Ein-Ausgabe-Codierer || ~ **control** [OS] / Ein-Ausgabesteuerung || ~ **controller (IOC)** [CU] / Ein-Ausgabesteuereinheit || ~ **control macro** [Sw] / Makroaufruf zur Ein-Ausgabesteuerung || ~ **control system (IOCS)** [OS] / Ein-Ausgabesystem (EAS), Ein-Ausgabesteuerprogramm || ~ **data** [Sw] / Ein-Ausgabedaten || ~ **define card** [Sw] / Ein-Ausgabe-Definitionskarte || ~ **device** [IO] / Ein-Ausgabegerät || ~ **dispatcher** [Dp] / Ein-Ausgabekoordinierer || ~ **error** [Sw] / Ein-Ausgabefehler || ~ **group switch** [ES] / Ein-Ausgabegruppenschalter (EAGS) || ~ **handler** [Tr] / Ein-Ausgabeprogramm || ~ **instruction** [Sw] / Ein-Ausgabebefehl || ~ **interface** [RDp]

/ Ein-Ausgabeschnittstelle (Standardschnittstelle) || ~ **interrupt** [OS] / Ein-Ausgabeunterbrechung || ~ **limited** [Dp] / ein-ausgabelimitiert, ein-ausgabebegrenzt || ~ **list** [Fortran] / Ein-Ausgabe-Liste || ~ **medium** [IO] / Ein-Ausgabemedium || ~ **module** [Mp] / Ein-Ausgabe-Baustein || ~ **multiplexer** [CU] / Sammler-Verteiler || ~ **operation** [Dp] / Ein-Ausgabeoperation || ~ **port** [Mp] / Ein-Ausgabe-Element, Ein-Ausgabe-Baustein || ~ **procedure** [ES] / Ein-Ausgabeprozedur || ~ **process** [Dp] / radialer Transfer || ~ **processor** [M] / Ein-Ausgabeprozessor (EA-Prozessor) (DIN 44300, März 1972) || ~ **program** [Sw] / Ein-Ausgabeprogramm || ~ **queue address list** [OS] / Adreßliste der Ein-Ausgabewarteschlange || ~ **register (IOR)** [CU] / Ein-Ausgaberegister || ~ **request** [OS] / Ein-Ausgabeanforderung || ~ **request list** [OS] / Liste der Ein-Ausgabeanforderungen || ~ **request queue** [OS] / Ein-Ausgabewarteschlange || ~ **section** [Cobol] / Kapitel Ein-Ausgabe || ~ **software routine** [MCS, OS] / Ein-Ausgabeprogramm, E/A-Programm || ~ **statement** [Cobol, Fortran] / Ein-Ausgabe-Anweisung || ~ **synchronizer** [CP] / Ein-Ausgabepuffer, Ein-Ausgabepufferspeicher || ~ **system** [Hw] / Ein-Ausgabesteuerung || ~ **system (IOS)** [OS] / Ein-Ausgabesystem (EAS), Ein-Ausgabesteuerprogramm || ~ **unit** [Cobol] / Ein-Ausgabeeinheit

input parameter [Sw] / Eingabeparameter, Eingangsparameter || ~ **pattern** [Cir] / Eingangskonfiguration (bei einer Digitalschaltung) || ~ **pending** [Sw] / Eingabeerwartung || ~ **phase** [Sw] / Eingabephase || ~ **photocurrent** [TP] / Eingangsfotostrom || ~ **port** [Mp] / Eingabebaustein || ~ **power** [Sc] / Eingangsleistung || ~ **pressure** [Fl] / Vordruck || ~ **procedure** [Algol] / Eingabeprozedur || ~ **procedure** [Cobol] / Übergabeprozedur || ~ **process** [IO, Sw] / Eingabevorgang || ~ **program** [IO, Sw] / Eingabeprogramm, Leseprogramm, Einleseprogramm || ~ **pulse** [Sc] / Eingangsimpuls || ~ **queue** [IO, VS, Sw] / Eingabewarteschlange || ~ **rate** [IO] / Eingabegeschwindigkeit || ~ **reader/interpreter** [OS] / Jobannahme || ~ **record** [Sw] / Eingabesatz || ~ **record length** [Sw] / Eingabesatzlänge || ~ **register** [CU] / Eingaberegister || ~ **section** [Sw, NC] / Eingabebereich, Eingabespeicherbereich || ~ **selection** [ES] / Eingabeauswahl (EAW) || ~ **selection control** [ES] / Eingabeauswahlsteuerung || ~ **selection junction register** [ES] / Eingabeauswahlknotenregister (EAWKR) || ~ **selection register** [ES] / Eingabeauswahlregister (EAWR) || ~ **sequence** [ES] / Eingabefolge (EF) || ~ **sequence register** [ES] / Eingabefolgeregister (EFR) || ~ **sheet** [OCR] / Eingabebeleg || ~ **signal** [VDT] / Ablenksignal || ~ **signal** [Th, Cir] / Eingangssignal (DIN 40146 T3, Okt. 1978) || ~ **signal subdivision** [NC] / Eingangssignalunterteilung || ~ **specification form** [RPG] / Bestimmungsblatt Eingabeformate || ~ **spooling** (cf. "spooling") [Sw] / Einspulen || ~ **stage** [Sc] / Eingangsstufe (Leiterplatte) || ~ **state** [Sw] / Eingabezustand || ~ **statement** [Sw] / Listenanfangsbefehl || ~ **station** [RDp] / Eingabestation || ~ **storage** [IO, M] / Eingabespeicher, Einlesespeicher || ~ **subroutine** [ES] / Eingabeunterprogramm || ~ **switching register** [ES] / Eingabekopplungsregister (EKR) || ~ **tape** [PT, MT] / Eingabeband || ~ **tape device** [Sw] / Eingabemagnetbandgerät || ~ **tape unit** [Sw] / Eingabemagnetbandgerät || ~ **target** [PL/1] / Eingabeziel || ~ **terminal** [VDT] / Eingabeterminal || ~ **terminal** [Cir] / Eingangsanschluß (einer Digitalschaltung, deren Eingänge einen gemeinsamen Anschluß haben) || ~ **text** [HSP] / Eingabetext || ~ **time constant** [Sc] / Eingangszeitkonstante || ~ **timing error** [ES] / Eingabezeitfehler || ~ **transfer rate** [PCC] / Eingaberate (DIN 66201E T1, Apr. 1979) || ~ **transformer** [ES] / Vorsatztransformator || ~ **unit** [IO] / Eingabeeinheit (DIN 44300, März 1972) || ~ **value** [Th] / Eingangsgröße || ~ **variable** [SA] / Eingang (Logik), Eingangsvariable || ~ **voltage** [Sc, RDp] / Eingangsspannung || ~ **word** [ES] / Eingangswort || ~ **word register** [ES] / Eingabewortregister (EWR) || ~ **work queue** [IO, VS, Sw] / Eingabewarteschlange

inquire *v* [Dp] / abfragen

inquiring partner [RDp] / Anfragende || ~ **station** [RDp, Tr] / auffordernde Station
inquiry *n* [RDp] / Anfrage (an ein System usw.) || [VDT, RDp] / Abfrage (am Sichtgerät usw.) || ~ **device** [DT, RDp, VDT] / Abfrageeinheit, Abfrageeinrichtung || ~ **language** [Sw] / Abfragesprache || ~ **mode** [RDp] / Abfragemodus || ~ **phase** [Tr] / Aufforderungsphase || ~ **processing** [RDp] / Anfragenbearbeitung || ~ **program** [RDp, ASw] / Abfrageprogramm
inquiry/response ... [RDp] / Frage-Antwort-... || ~ **communication** [RDp] / Frage-Antwort-Verkehr || ~ **system** [RDp, Tr] / Frage-Antwort-System
inquiry station [DT] / Abfrageplatz, Abfragestation || ~ **system** [MAT, IDS] / Abfragesystem || ~ **system** [RDp] / Auskunftssystem (für Bestellwesen, Börse, Polizei usw.) || ~ **terminal** [DT, IO] / Abfrageterminal || ~ **unit** [DT, RDp, VDT] / Abfrageeinheit, Abfrageeinrichtung
inrush current [Co, Sc] / Einschaltestrom || ~ **current limitation** [ES] / Einschaltstrombegrenzung || ~ **peak** [ES] / Einschaltspitze
inscribe *v* [Th, OCR] / beschriften (mit maschinenlesbaren Schriftzeichen)
insert *v* [TES] / einfügen || ~ **byte** [Sw] / Einfügungsbyte || ~̊ **character (IC)** [Instruction, Lisp] / Einsetzen Zeichen
insertion *n* [TES] / Einfügen || [Algol] / Einschiebung || ~ **character** [Cobol, PL/1] / Einfügungszeichen || ~ **loss** [ES] / Einfügungsdämpfung || ~ **sequence** [Algol] / Einschiebungsfolge
inset earphone [DT] / Einsteckhörer
inspection level [Sc] / Prüfstufe
installation *n* [Hw] / Anlage || [Cobol] / Installation || ~ **document** [Dist] / Aufbauunterlage || ~ **documentation** [Dist] / Aufbauunterlagen || ~ **drawing** [Serv] / Installationszeichnung || ~ **engineer** [Serv] / Montagetechniker || ~ **engineering** [Serv] / Aufbautechnik, Montagetechnik || ~ **information** [ES] / Montagehinweis || ~ **instructions** [ES] / Montagevorschriften || ~ **material** [Hw] / Aufbaumaterial || ~ **mnemonic** [Sw] / mnemotechnischer Gerätename, Gerätekurzbezeichnung || ~ **planning specifications** [Dist] / Aufbauplanung (Dokumentation) || ~ **site** [Serv] / Aufbauort || ~ **supervisor** [DpC] / Aufbauleiter || ~ **time** [Hw] / Montagezeit || ~ **tools** [Hw] / Aufbauwerkzeug
installers' handbook [Serv] / Aufbauhandbuch || ~ **manual** [Serv] / Aufbauhandbuch
instant-acting brake [Hw] / Schnellstoppbremse
instantaneous frequency [Tr] / Momentanfrequenz, Augenblicksfrequenz || ~ **supervisory devices** [ES, QC] / Sofortüberwachungs-Einrichtungen || ~ **total value** [Sc] / Augenblicksgesamtwert || ~ **value** [Sc] / Augenblickswert
instant of failure [DpC] / Ausfallzeitpunkt
in-station transfer time [ES] / Durchgangszeit, Laufzeit
instruction *n* (specific meaning) [PL] / Anweisung, Befehl (bei maschinenorientierten Programmiersprachen eine Arbeitsvorschrift, die sich nicht in weitere Anweisungen zerlegen läßt) || ~ (general meaning) [PL] / Anweisung (allgemeine Bezeichnung für in beliebiger Sprache abgefaßte Arbeitsvorschrift, die im Gegensatz zum Befehl aus weiteren Anweisungen zusammengesetzt sein kann, jedoch im gegebenen Zusammenhang wie auch im Sinne der benutzten Sprache abgeschlossen ist) (DIN 44300, März 1972) || ~ **address** [Sw] / Befehlsadresse || ~ **address register** [ALU] / Befehlsadreßregister
instructional constant [Sw] / Konstante in Befehlsform
instruction area [Sw] / Befehlsbereich || ~ **block** [Sw] / Befehlsblock || ~ **block cell** [Sw] / Befehlsblockzelle || ~ **block counter** [Sw] / Befehlsblockzähler || ~ **block location** [Sw] / Befehlsblockstelle || ~ **block organization** [Sw] / Befehlsblockorganisation || ~ **block routine** [Sw] / Befehlsblockroutine || ~ **card** [Sw] / Befehlskarte || ~ **chain** [Sw] / Befehlskette || ~ **chain maintenance** [Sw] / Befehlskettenblockverwaltung || ~ **code** [Sw] / Befehlscode, Befehlsschlüssel || ~ **coding** [Sw] / Befehlsverschlüsselung || ~ **computing unit** [Mp] / Befehlsrecheneinheit || ~ **control unit** [CU] / Befehlsleitwerk || ~ **counter** (a register that indicates the location of the next instruction in a sequence of operations) [CU] / Befehlszähler (in einem Leitwerk ein Speicherelement, aus dem die Adresse des nächsten auszuführenden Befehls

gewonnen wird) (DIN 44300, März 1972) || ~ **cycle** [ES] / Befehlsablauf (= Befehlszyklus) || ~ **decoder** [Mp] / Befehlsdecodierer || ~ **decoding** [CU] / Befehlsentschlüsselung, Befehlsdecodierung || ~ **element** [Sw] / Befehlselement || ~ **execution** [Dp] / Befehlsausführung || ~ **execution control** [OS] / Befehlsablaufsteuerung || ~ **execution cycle** [ES] / Befehlsablauf (= Befehlszyklus) || ~ **execution time** [CU, OS] / Befehlsausführungszeit || ~ **fetch** [OS] / Befehlsabruf || ~ **fetch phase** [CU] / Befehlsabrufphase || ~ **flowchart** [Sw] / Befehlsdiagramm || ~ **format** [Sw] / Befehlsaufbau, Befehlsformat, Befehlsstruktur || ~ **index** [Sw] / Befehlsindex || ~ **initialization** [ES] / Befehlseinleitung || ~ **key panel** [RDp, Tr] / Befehlstastenfeld || ~ **kit** [Hw] / Lehrbaukasten || ~ **length** [Sw] / Befehlslänge || ~ **length code** [Sw] / Befehlslängencode, Kennzeichen für Befehlslänge || ~ **length counter** [Sw] / Befehlslängenzähler || ~ **list** [Mp, Th] / Befehlsliste (DIN 44300, März 1972), Befehlssatz (Gesamtheit der Befehle, die von einer MPU ausgeführt werden können) || ~ **list name** [Sw] / Befehlslistenname || ~ **loop** [Sw] / Befehlsschleife || ~ **mode** [ES] / Befehlsmodus || ~ **modification** [Sw] / Befehlsänderung || ~ **normalization** [ES] / Befehlsnormalisierung || ~ **normalizing** [ES] / Befehlsnormalisierung || ~ **number limit** [ES] / Befehlszahllimit || ~ **register** (i.e., a control unit register in which the address of the current instruction is stored) [CU] / Befehlsregister (in einem Leitwerk ein Speicherelement, aus dem der gerade auszuführende Befehl gewonnen wird) (DIN 44300, März 1972) || ~ **register set** [CU] / Befehlsregistersatz || ~ **repertoire** [Dp] / Befehlsvorrat (Gesamtheit der in der Befehlsliste eines bestimmten DVA-Modells enthaltenen Befehle oder die Menge der zulässigen Befehle einer bestimmten maschinenorientierten Programmiersprache) (DIN 44300, März 1972) || ~ **retry** [OS] / Befehlswiederholung || ~ **routine start** [ES] / Befehlsablaufanstoß || ~ **sequence** [Sw] / Befehlsfolge || ~ **set** [Dp] / Befehlsvorrat (Gesamtheit der in der Befehlsliste eines bestimmten DVA-Modells enthaltenen Befehle oder die Menge der zulässigen Befehle einer bestimmten maschinenorientierten Programmiersprache) (DIN 44300, März 1972) || ~ **set** [Mp, Th] / Befehlsliste (DIN 44300, März 1972), Befehlssatz (Gesamtheit der Befehle, die von einer MPU ausgeführt werden können) || ~ **staticizing** [CU] / Befehlsübernahme || ~ **system** [Sw] / Befehlssystem || ~ **termination** [Sw] / Befehlsabschluß || ~ **time** [CU, OS] / Befehlsausführungszeit || ~ **translation** [OS] / Befehlsübersetzung || ~ **type** [Sw] / Befehlstyp || ~ **word** [Sw] / Befehlswort (DIN 44300, März 1972)

instrumental conditioning [Cy] / instrumentale Konditionierung, operationale Konditionierung, Lernen am Erfolg

instrument panel [Hw] / Instrumententafel || ~ **range** [PCC] / Instrumentenmeßbereich

insulated-gate field-effect transistor (IGFET) [Sc] / Isolierschicht-Feldeffekttransistor (IG-FET)

insulated wire [Hw] / Leitung (isolierter Draht)

insulating layer [Sc] / Isolierschicht || ~ **layer** (of an insulated-gate field-effect transistor) [Sc] / Gate-Isolierschicht || ~ **tube** [Hw] / Isolierschlauch

insulation rating [Sc] / Isolationsbemessung

insulator with clip [Hw] / Isolierkörper mit Schelle

integer *n* [Cobol, Algol, PL/1] / ganze Zahl || *adj* [Algol, Fortran] / ganzzahlig || ~ **attribute** [Sw] / Ganzzahlattribut || ~ **inch size** [HSP] / ganzzahliges Zollformat || ~ **multiple** [Sw] / ganzzahlige Vielfache || ~ **number** [Th] / Ganzzahl || ~ **part** [Algol] / ganzzahliger Teil || ~ **programming** [ASw] / Ganzzahlplanungsrechnung, ganzzahlige Programmierung

integral *n* [Th] / Integral || ~ **equation** [Th] / Integralgleichung || ~ **multiple** [Sw] / ganzzahlige Vielfache || ~ **number** [Th] / Integral || ~ **sign** [Th] / Integralzeichen || ~ **value** [Th] / Integralwert

integrand *n* [Th] / Integrand

integrated and complete cybernetic model [Cy] / integriertes kybernetisches Gesamtmodell || ~ **circuit (IC)** [Mp] / integrierte Schaltung (IS), integrierter Schaltkreis || ~ **circuit technology** [MCS] / integrierte Schaltkreistechnik ||

~ **control console** [Hw] / integrierter Bedienungsplatz || ~ **data network** [Tr] / integriertes Datennetz || ~ **data processing (IDP)** [Dp] / integrierte Datenverarbeitung (IDV) || ~ **electronics** [Sc] / integrierte Elektronik || ~ **flow meter** [Fl] / Volumenmesser || ~ **information system** [IDS] / integriertes Informationssystem || ~ **management information system (IMIS)** [IDS] / integriertes Management-Informationssystem || ~ **microcircuit** [Sc] / integrierte Mikroschaltung || ~ **network** [ES] / integriertes Netz || ~ **numeric key block** [Tr] / Zehnerblock || ~ **semiconductor circuit** [IC] / integrierte Halbleiterschaltung

integrating amplifier [ADp] / integrierender Verstärker || ~ **analog input device** [ADp] / integrierende Analogeingabe, Analogeingabe zur integrierten Messung || ~ **circuit** [ADp] / Integrator, Integrierer, integrierende Schaltung, Integrationsschaltung || ~ **gear** [ADp] / mechanischer Integrierer, Integriergetriebe || ~ **indicator** [Th, Meas, AC] / integrierender Anzeiger || ~ **instrument** [Th, Meas, AC] / integrierendes Meßgerät, integrierendes Instrument || ~ **mechanism** [ADp] / mechanischer Integrierer, Integriergetriebe || ~ **meter** [Th, Meas, AC] / integrierendes Meßgerät, integrierendes Instrument || ~ **motor** [PCC] / Meßmotor || ~ **network** (s. integrator)

integration time [Sc] / Integrationszeit

integrator *n* [ADp] / Integrator, Integrierer, integrierende Schaltung, Integrationsschaltung

intelligence *n* [Tr, Cy] / Intelligenz || ~ **code element** (s. information element) || ~ **quotient** [Cy] / Intelligenzquotient || ~ **signal pulse** (s. information element)

intelligent *adj* [Mp] / frei programmierbar || ~ **data terminal** [DT] / intelligentes Terminal, programmierbare Datenstation, intelligente Datenstation, frei programmierbares Endgerät || ~ **terminal** [DT] / intelligentes Terminal, programmierbare Datenstation, intelligente Datenstation, frei programmierbares Endgerät

interaction *n* [Cy] / Wechselwirkung, wechselseitige Handlung

interactive *adj* (i.e., relating to a questionary process consisting of one question and one answer; cf. "conversational") [IDS] / Dialogverkehrs..., Dialog... || ~ **CAD system** [R&D] / interaktives CAD-System || ~ **communication** [RDp] / Dialogverkehr || ~ **computer** [Dp] / Dialogrechner, Dialogcomputer || ~ **data processing** [TES, Dp] / Dialogdatenverarbeitung || ~ **debugging aid (IDA)** [Sw] / integrierte Dialogtesthilfe || ~ **FORTRAN** [PL] / Dialog-FORTRAN || ~ **hard copy terminal** [MCS] / dialogfähige Schreibstation || ~ **mode** [RDp] / Dialogverkehr || ~ **search** [DOK] / Dialogsuche (Verfahren, eine verschlüsselte Suchfrage schrittweise abzuarbeiten und zu verändern je nach den Antworten, die das Retrievalsystem auf die gestellten Teile der Suchfrage erteilt) || ~ **terminal** [MCS] / Dialogstation || ~ **video terminal** [RDp] / interaktiver Bildschirm || ~ **videotex system** (CCITT Rec.) [Vtex] / dialogfähiges Bildschirmtextsystem (Bildschirmtextsystem, bei dem die Informationen gezielt vom Benutzer aus der Datenbank abgerufen werden können)

interbase region [Sc] / Basiszwischenzone || ~ **resistance** [Sc] / Interbasiswiderstand

interblock gap [MT] / Blockzwischenraum (Zwischenraum zwischen zwei Bandblöcken) (DIN 66010, Apr. 1973), Blocklücke

intercept data storage position [M] / Abfang-Speicherstelle

intercepted station [RDp] / logisch abgehängte Station

intercept position (s. overflow position)

interchange *v* (files, data, etc.) [Dp] / austauschen

interchangeability *n* [Hw] / Austauschbarkeit

interchangeable *adj* (units, etc.) [Hw] / austauschbar, auswechselbar || ~ **feed** [PC] / auswechselbare Kartenzuführung || ~ **pc card** [Sc] / austauschbare Karte mit gedruckter Schaltung, Austauschsteckkarte || ~ **pockets** [PC] / Wechselfachausrüstung || ~ **print train** [HSP] / auswechselbare Typenführung || ~ **read-only memory** [M] / auswechselbarer Festwertspeicher || ~ **type bar** [HSP] / auswechselbarer Typenstab, auswechselbare Typenstange

interchange circuit [Tr] / Schnittstellenleitung (DIN 44302, Apr. 1979)
intercom switching center with simplex transmission [ES] / Wechselsprech-Vermittlungsanlage
interconnect *v* [Sw] / koppeln || ~ **capacitance** [Sc] / Leitungskapazität (elektrische Größe)
interconnecting cable [Hw] / Verbindungskabel || ~ **density** [ES] / Verknüpfungsdichte || ~ **logic** [ES] / Verbindungslogik
interconnection *n* [Co, Sc] / Querverbindung || ~ **scheme** [ES] / Gruppierungsübersicht, Mischungsplan
intercycle *n* [PC] / Zwischenzyklus, Umsteuerzyklus, Zwischengang
interdigital interval [ES] / Wählpause zwischen zwei Ziffern, Zwischenwahlzeichen || ~ **pause** [ES] / Wählpause zwischen zwei Ziffern, Zwischenwahlzeichen
interdigit interval (s. interdigital interval) || ~ **pause monitor** [ES] / Wählpausenüberwachung
interest profile (of person, organization, etc.) [DOK, IDS] / Interessenprofil
inter-exchange link [TrL] / Amtsverbindungsleitung || ~ **signaling** [ES] / Signalisierung zwischen Ämtern, Zwischenamtssignalisierung
interface *v* (peripheral devices, etc.) [Mp] / anschließen || *n* [Th, ES] / Schnittstelle (DIN 44302, Apr. 1979), Nahtstelle || **dual standard ~** [ES] / zweifache Normschnittstelle || ~ **adapter** [TP] / Anpassungsschaltung, Schnittstellenanpassung || ~ **adapter module** [TP] / Schnittstellen-Anpassungsbaustein || ~ **cable** [Tr, TrL] / Schnittstellenkabel || ~ **card** [MCS] / Interface-Baustein, Schnittstellenbaustein, Schnittstellenmodul || ~ **circuit** [Tr] / Schnittstellenleitung (DIN 44302, Apr. 1979) || ~ **comparator** [Tr] / Schnittstellenvergleicher || ~ **connection** [PCC] / Anschaltung || ~ **control** [Tr] / Schnittstellensteuerung || ~ **converter** [Tr] / Schnittstellenumsetzer || ~ **driver** [Sc, Co] / Anpassungssteuerglied || ~ **electronics** [Hw] / Anschlußelektronik || ~ **error** [ES] / Schnittstellenfehler (SF) || ~ **expander** [Tr] / Schnittstellenvervielfacher || ~ **lockout** [ES] / Anschlußsperre || ~ **module** [MCS] / Interface-Baustein, Schnittstellenbaustein, Schnittstellenmodul || ~ **multiplier** [Tr] / Schnittstellenvervielfacher || ~ **plan** [RDp] / Schnittstellenplan || ~ **register** [ES] / Schnittstellenregister || ~ **requirements** [Sw, Tr] / Schnittstellenbedingungen || ~ **signaling plan** [ES] / Schnittstellenablaufplan || ~ **specifications** [Sw, Tr] / Schnittstellenbedingungen || ~ **standard** [ES] / Schnittstellennorm || ~ **to** (peripheral device, etc.) *v* [Dp] / anschließen an, angeschlossen sein an || ~ **trunk** [Tr, TrL] / Schnittstellenkabel || ~ **unit** [ES] / Schnittstelleneinheit || ~ **with** [Dp] / anschließen an, angeschlossen sein an
interfacing circuitry [Cir, Sc] / Angleichsschaltung, Zwischenschaltung || ~ **program section** [Sw] / Anschlußprogrammteil
interference *n* [Th] / Interferenz (Licht) || ~ **measuring set** [Hw, Serv] / Störmeßgerät || ~ **pattern** [TP] / Störmuster || ~ **pattern** [M] / Interferenzmuster (bei Hologramm) || ~ **source** [ES] / Störquelle || ~ **suppressor filter** [NC] / Störschutzfilter
interlace *v* (storage locations, etc.) (i.e., to assign successive addresses to physically separated storage locations so that they can be accessed with reduced average access time) [MDr] / verschachteln
interlaced *adj* (storage locations, etc.) [MDr] / verschachtelt || ~ **recording** [OS] / verschachtelte Aufzeichnung || ~ **storage assignment** [MDr] / Verschachtelungszuordnung
interlacing *n* (of networks) [ES] / Verflechtung
interleave *v* (i.e., to insert segments of one program into another program so that the two programs can be executed simultaneously) [Sw] / verzahnen
interleaved *adj* [Sw] / verzahnt
interleaving *n* (i.e., a technique in which segments of one program are inserted in another program to allow the effective execution of both programs simultaneously) [Sw] / Verzahnung || **cycle ~** [OS] / Zyklenschachtelung
interline lead [Typ] / Zeilendurchschuß, Durchschuß
interlink note [ES] / Verkopplungsvermerk
interlock *n* / Verriegelung (elektrisch)

interlocking *n* [NC] / Verriegelung || ~ **circuit** [Hw] / Verriegelungsschaltung
interlude *n* (i.e., a routine designed to perform minor preliminary operations usually of a housekeeping type, before the main routine is entered) [Sw] / Vorprogramm, Zwischenprogramm
intermediate access [Dp] / Hilfszugriff || ~ **code** [ES] / Zwischencode || ~ **control** [PC] / Hauptgruppenkontrolle || ~ **control break** [PC] / Hauptgruppentrennung, Hauptgruppenwechsel || ~ **control change** [PC] / Hauptgruppentrennung, Hauptgruppenwechsel || ~ **control field** [PC] / Hauptgruppenkontrollfeld || ~ **control number** [PC] / Hauptgruppenbegriff || ~ **data** [Algol] / Zwischenergebnisse || ~ **data storage** [Algol] / Zwischenspeicher || ~ **distributing frame (IDF)** [ES] / Zwischenverteiler, Datenverteiler (DVT) || ~ **frame** [ES] / Zwischenverteiler, Datenverteiler (DVT) || ~ **frequency (IF)** [Sc] / Zwischenfrequenz (ZF) || ~ **frequency impedance** [Sc] / ZF-Impedanz || ~ **frequency noise figure** [Sc] / ZF-Rauschzahl (Leistungsverhältnis) || ~ **information** [Sw] / Zwischeninformation || ~ **interface** [ES] / Konnexschnittstelle || ~ **layer** [Sc] / Zwischenschicht || ~ **layout** [HSP] / Zwischenentwurf || ~ **listing** [Sw] / Zwischenprotokoll || ~ **memory** [M] / Zwischenspeicher (Teil des Arbeitsspeichers) || ~ **number** [Sw] / Zwischennummer || ~ **output amplifier** [ES] / Ergebniszwischenverstärker || ~ **register (IR)** [Mp] / Zwischenregister (ZWR) || ~ **result** [Cobol] / Zwischenergebnis || ~ **sector** [PCC] / Zwischensektor || ~ **speed** [TP, ES] / Zwischengeschwindigkeit || ~ **string** [Sw] / Zwischenstring || ~ **total** [Th] / Zwischensumme || ~ **word** [PCC] / Zwischenwort
intermeshed network [RDp] / vermaschtes Netz
intermittent cycle [NC] / unterbrochener Arbeitslauf || ~ **fault** [Dp] / aussetzender Fehler, intermittierender Fehler || ~ **feed** [NC] / Sprungvorschub, Sprungzustellung
intermodulation frequency [Sc] / Intermodulationsfrequenz
internal *adj* [PL/1] / (block)intern || ~ **address header** [Sw] / Internadressenvorsatz || ~ **auxiliary storage** [M] / interner Reservespeicher || ~ **base resistance** [Sc] / Basisbahnwiderstand || ~ **binary operation code** [OS] / interner binärer Operationsschlüssel || ~ **blocking** [ES] / innere Blockierung || ~ **check** [Th, M] / interne Kontrolle || ~ **clock** [ES] / Systemtakt || ~ **clock** [Cobol] / Zeitgeber || ~ **clock pulse supply** [ES] / interne Taktversorgung || ~ **clock supply** [ES] / interne Taktversorgung || ~ **code** [OS] / interner Code, Interncode || ~ **control** [CP] / interne Steuerung || ~ **data bus** [Mp] / interner Datenbus || ~ **decimal item** [OS] / internes Dezimaldatenwort || ~ **drift-field** [Sc] / inneres Driftfeld || ~ **floating-point item** [OS] / internes Gleitpunktdatenwort || ~ **format** [Cobol] / internes Format || ~ **housekeeping** (on a call) [ES] / Internorganisation || ~ **light-sensitive effect** [Sc] / innerer lichtelektrischer Effekt || ~ **line number (ILN)** [Tr] / interne Leitungsnummer (ILN) || ~ **logic** [OS] / interne Logik, interner Funktionsablauf || ~ **memory** [M] / interner Speicher (häufig = Arbeitsspeicher) || ~ **network clock** [ES] / netzinterner Takt || ~ **network timing** [ES] / netzinterner Takt || ~ **operation code trap** [Sw] / Programmunterbrechung durch nicht decodierbaren Operationsteil || ~ **perforation** [HSP] / Innenperforation || ~ **photoelectric effect** [Sc] / innerer lichtelektrischer Effekt || ~ **power supply** [DpC] / Eigenspeisung || ~ **process** [Sw] / interner Prozeß || ~ **processing** [Th] / Internverarbeitung || ~ **remanent residual voltage** [Sc] / innere remanente Restspannung (eines Halleffekt-Bauelementes) || ~ **representation** [Cobol, Fortran] / interne Darstellung || ~ **short-circuit** [Sc] / innerer Kurzschluß || ~ **station-side loop** [RDp] / modeminterne teilnehmerseitige Schleife || ~ **storage** [M] / interner Speicher (häufig = Arbeitsspeicher) || ~ **storage sorting** [Dp] / Sortieren im Arbeitsspeicher || ~ **symbol dictionary (ISD)** [OS] / Internadreßtabelle || ~ **symbol dictionary card** [OS] / Internadreßkarte || ~ **task** [Sw] / interner Prozeß || ~ **thermal resistance** (s. thermal resistance junction to case) || ~ **timing** [MCS, Dp] / interne Taktbindung
international alphabet No.2 [TP] / internationales Telegrafenalphabet

Nr.2, CCITT-Code Nr.2, internationaler Fernschreibcode Nr.2 des CCITT (für öffentliche Fernschreibleitungen genormter Code, entspricht weitgehend dem in den USA verwendeten Baudot-Code) || ~ **call** [ES] / Auslandsverbindung || ~ **circuit** [TrL] / Auslandsverbindung (Leitung) || ~ **connection** [ES] / Auslandsverbindung || ~ **data transmission** [Tr] / weltweite Datenübertragung || ~ **exchange** [ES] / Auslandsamt || ~ **gateway center** [ES] / internationales Kopfamt, Auslandsvermittlung (Amt) || ~ **gateway exchange** [ES] / internationales Kopfamt, Auslandsvermittlung (Amt) || ~ **line** [Tr] / Auslandsleitung (Übertragungsweg), internationale Leitung || ≗ **Telecommunication Union (ITU)** [Org] / Internationale Fernmeldeunion (mit Sitz in Genf) || ~ **telegraph alphabet** [TP] / internationaler Fernschreibcode, internationales Telegrafenalphabet || ~ **telegraph code** [TP] / internationaler Fernschreibcode, internationales Telegrafenalphabet || ~ **teletype code** (s. international telegraph alphabet) || ~ **telex network** [ES] / Auslandstelexnetz || ~ **telex traffic** [ES] / Auslandstelexverkehr, Auslandsfernschreibverkehr

inter-nodal line [ES] / Zwischenknotenleitung

interparagraph lead [Typ, TES] / Absatzdurchschuß

interpolation *n* [Th] / Interpolation

interpolator *n* [PC] / Kartenmischer, Lochkartenmischer, Mischer

interposable *adj* [Sw] / zwischenschaltbar

interpret *v* (signal, source language statement, etc.) [Dp] / auswerten, interpretieren (DIN 44300, März 1972)

interpretation *n* (of signal, etc.) [Dp] / Auswertung || ~ **point** [ES] / Auswertstelle

interpreter *n* [Sw] / Interpretierer (DIN 44300, März 1972), Interpretierprogramm, interpretierendes Programm || ~ **circuit** [ES] / Empfangsauswerter || ~ **code** [Sw] / Interpretiercode

interpreting card punch [PC] / Schreiblocher mit Datenumformer, Schreiblocher mit Lochschriftübersetzung

interpretive code [Sw] / Interpretiercode || ~ **execution** [Dp] / interpretierende Ausführung || ~ **program** [Sw] / Interpretierer (DIN 44300, März 1972), Interpretierprogramm, interpretierendes Programm || ~ **trace program** [Sw] / interpretierendes Protokollprogramm

interrack cable [Hw] / Gestellverbindungskabel

interrecord gap [MCS, MT, TP] / Satzzwischenraum, Start-Stopp-Zwischenraum, Start-Stopp-Lücke || ~ **sequence field** [Sw] / Sortierfeld für Satzfolge

interrogate *v* [Dp] / abfragen

interrogating key [Tr] / Abfragetaste (Fernüberwachung) || ~ **typewriter** [CTW, RDp] / Abfrageblattschreiber

interrogation *n* [VDT, RDp] / Abfrage (am Sichtgerät usw.) || ~ **amplitude** [Tr] / Abfrageamplitude || ~ **current** [Tr] / Abfragestrom || ~ **excitation** [ES] / Abfrageerregung || ~ **frequency** [ES] / Abfragefrequenz || ~ **language** [Sw] / Abfragesprache || ~ **program** [RDp, ASw] / Abfrageprogramm || ~ **system** [MAT, IDS] / Abfragesystem || ~ **terminal** [DT, IO] / Abfrageterminal || ~ **test pulse** [ES] / Abfrageprüfimpuls || ~ **typewriter** [TP] / Abfragemaschine

interrogator unit [DT, RDp, VDT] / Abfrageeinheit, Abfrageeinrichtung

interrupt *v* [Dp, Sw] / unterbrechen || *n* [PL/1] / Unterbrechung || [MCS, Dp] / Programmunterbrechung (momentan in Arbeit befindliches Programm wird unterbrochen und eine Interrupt-Service-Routine bearbeitet; danach wird das unterbrochene Programm weiterverarbeitet) || **highest-priority ~ line** [MCS] / Direktforderungsleitung || **to ~ a program** [Sw] / ein Programm anrufen || **to issue an ~ to the system** [Mp] / das System unterbrechen || ~ **address table** [Sw] / Unterbrechungstabelle || ~ **analysis** [OS] / Unterbrechungsanalyse || ~ **bit** [PCC] / Unterbrechungsstelle, Unterbrechbarkeitsstelle || ~ **cause** [Sw] / Unterbrechungsursache || ~ **code register** [CP] / Unterbrechungs-Schlüsselregister || ~ **condition** [Sw] / Unterbrechungsbedingung || ~ **control** [Mp] / Unterbrechungssteuerung || ~ **control block (ICB)** [Sw] / Unterbrechungssteuerblock || ~ **controller** [Hw, Mp] / Unterbrechungssteuerung || ~ **control**

routine [ES] / Unterbrechungs-Steuerungsprogramm || ~ **decoder** [Sw] / Unterbrechungsanalyseroutine, Unterbrechungsdecodierer || ~ **distributor** [Sw] / Unterbrechungsverteiler
interrupt-driven *adj* (microcomputer system, etc.) [Mp] / unterbrechungsgesteuert
interrupted dialing [ES] / abgesetzte Wahl (zuerst 0 mit Wählscheibe, dann Tastaturwahl)
interrupt flag [OS] / Unterbrechungsmarke || ~ **flag register (IFR)** [OS] / Unterbrechungsregister || ~ **handler** [ES] / Unterbrechungs-Steuerungsprogramm || ~ **handling** [OS] / Unterbrechungsbehandlung || ~ **handling system** [RDp, ES, Tr] / Unterbrechungssystem
interruptibility *n* [PCC] / Unterbrechbarkeit || ~ **register** [ES] / Unterbrechbarkeitsregister (UBR) || ~ **routine** [ES] / Unterbrechbarkeitsroutine || ~ **threshold** [ES] / Unterbrechbarkeitsschranke
interruptible *adj* [Dp] / unterbrechbar
interrupt indication [ES] / Unterbrechungsanzeige
interrupting signal [ES] / Gegenschreibimpuls
interrupt initiation switch [Mp] / Unterbrechungsschalter
interruption-free *adj* [Tr] / unterbrechungsfrei
interruption in printing [HSP] / Druckunterbrechung || ~ **of column depth** [Typ] / Unterbrechung der Spaltenhöhe
interrupt level [Sw] / Programmunterbrechungsebene, Unterbrechungsebene || ~ **mask** (i.e., a method of ignoring an interrupt when it occurs and postponing action required until some later point in time) [Sw] / Unterbrechungsmaske || ~ **mask register (IMR)** [Sw] / Unterbrechungsmaskenregister || ~ **mode** [Dp, ADp] / Betriebsart „Eingriff" || ~ **pending** [OS] / Unterbrechung nicht abgefertigt || ~ **phase** [Sw] / Unterbrechungsphase || ~ **processing program** [PCC] / Alarmbearbeitungsprogramm || ~ **register** [Mp, OS] / Unterbrechungsregister || ~ **request** [MCS, Dp] / Unterbrechungsanforderung || ~ **request button** [PCC] / Anruftaste || ~ **routine** [Sw] / Unterbrechungsroutine, Unterbrechungsprogramm || ~ **service routine** [Mp] / Unterbrechungs-Serviceprogramm || ~ **servicing** [OS] / Unterbrechungsbehandlung || ~ **signal** [Dp] / Eingriffssignal, Unterbrechungssignal || ~ **state** [Sw] / Unterbrechungszustand || ~ **status register** [Mp] / Unterbrechungszustandsregister, Funktionszustandsregister || ~ **system** [RDp, ES, Tr] / Unterbrechungssystem || ~ **technique** [Sw] / Unterbrechungstechnik || ~ **vector address** [ES] / Unterbrechungsvektoradresse || ~ **weight** [Sw] / Unterbrechungsgewicht || ~ **word** [PCC] / Alarmwort
intersection *n* [HSP] / Kreuzungsstelle (Formatzeichen bei Perforationen) || ~ (s. AND operation) || ~ **character** [HSP] / Kreuzungszeichen
interspersed gangpunching [PC] / Folgestanzen mit durchsetzten Hauptkarten, Gruppenstanzen mit durchsetzten Leitkarten
interstage matching [Sc] / Zwischenangleichung || ~ **punching** [PC] / Stanzen zwischen Lochkartenzeilen, Zwischenlochung, ungerade Wechsellochung || ~ **reservoir** [Fl] / Vorvakuumbehälter
interstitial site [Sc] / Zwischengitterplatz
intertrack time displacement [MT] / Zeitverschiebung der Lesesignale
interval signal [ES] / Pausenzeichen || ~ **timer** [VS, OS] / Intervallzeitgeber || ~ **time register** [CU] / Intervallzeitregister
intervention *n* [OS] / Eingriff
into option [PL/1] / Zielangabe
intracabinet cabling [TrL] / interne Schrankverkabelung
intra-exchange call [ES] / Internverbindung
intrarecord sequence field [Sw] / Sortierfeld für Kartenfolge
intrasystem *adj* (transmission, etc.) [Tr] / systemintern
intrinsic conduction [Sc] / Eigenleitung (DIN 41852, Aug. 1978) || ~ **conduction density** [Sc] / Eigenleitungsdichte (DIN 41852, Aug. 1978), Intrinsic-Dichte || ~ **conductivity** [Sc] / Eigenleitfähigkeit, Intrinsic-Leitfähigkeit || ~ **error rate** [RDp] / Ursprungsfehlerhäufigkeit (Fehlerhäufigkeit der Daten vor der

Übertragung) || ~ **function** [Fortran] / interne Standardfunktion || ~ **layer** [Sc] / Intrinsic-Schicht || ~ **semiconductor** [Sc] / Eigenhalbleiter || ~ **standoff ratio** (unijunction transistor) [Sc] / inneres Spannungsverhältnis, Intrinsic-Abstandsverhältnis || ~ **transistor** [Sc] / innerer Transistor

intrusion into privacy [Priv] / Beeinträchtigung der Privatsphäre

invalid *adj* [Sw] / nicht ordnungsgemäß || [Sw] / formal falsch, falsch formatiert || ~ (character, etc.) [ES] / unzulässig, nicht zulässig, ungültig, nicht zugelassen || ~ **address** [Sw] / ungültige Adresse || ~ **bit** [VS] / Gültigkeitsbit || ~ **character** [DS, OCR, Th, Tr] / unzulässiges Zeichen, verbotenes Zeichen || ~ **code** [DS, Th, Tr] / ungültiger Code || ~ **1_2 code** [OS] / ungültiger 1_2-Code || ~ **data address** [Sw] / unzulässige Datenadresse || ~ **format entry** [Sw] / formal falsche Angabe || ~ **key condition** [Cobol] / Schlüsselfehlerbedingung

invariancy *n* [Th] / Invarianz

invasion of privacy [Priv] / Beeinträchtigung der Privatsphäre

inventory, centralized perpetual ~ [RDp] / zentrale Bestandsführung || ~ **control** [Dist] / Lagerhaltung, Bestandsführung || ~ **control system** [RDp] / Dispositionssystem (für Handel, Lager, Versand usw.) || ~ **updating** [Dp] / Bestandsfortschreibung

inverse action [Sc] / inverser Betrieb || ~ **blocking diode thyristor** [Sc] / rückwärts sperrende Thyristordiode || ~ **conducting diode thyristor** [Sc] / rückwärts durchlassende Thyristordiode || ~ **direction** [Sc, Tr] / Sperrichtung || ~ **function** [Th, NC] / inverse Funktion, Umkehrfunktion || ~ **gate** (s. NOT element) || ~ **integrator** [ADp] / Umkehrintegrator, Inversschaltung || ~ **neutral telegraph transmission** [TP, Tr] / Einfachstrom-Arbeitsstrombetrieb (Draht-Fernschreiben) || ~ **operation** [Sc] / inverser Betrieb || ~ **resistance** [Sc, Tr] / Sperrwiderstand || ~ **saturation current** [Sc] / Sperrsättigungsstrom

inversion *n* [Sc] / Inversion (DIN 41852 Aug. 1978) || ~ (s. NOT operation) || ~ **density** [Sc] / Intrinsic-Dichte, Inversionsdichte || ~ **error** (e.g., 137 into 731) [Th] / überspringende Vertauschung || ~ **of contact networks** [Cir] / Inversion von Kontaktnetzwerken

|| ~ **relay** [Co] / Umkehrrelais

inverted comma [Sw] / Hochkomma (') || ~ **data base system** (i.e., a data base system using inverted file techniques) [IDS] / invertierte Datenbank (Datenbanksystem, das sich des Zugriffs über invertierte Dateien bedient) || ~ **file** [Sw] / invertierte Datei (in einem DBMS usw.) || ~ **print edit** [Sw] / Austausch von Dezimalpunkt und -komma || ~ **speech** [Cryp] / verwürfelte Sprache, invertierte Sprache

inverter *n* [Hw] / Wechselrichter, Gleichstromumrichter || ~ (s. NOT element)

invertor (s. NOT element)

invoicing computer [Dp] / Fakturiercomputer

I/O (cf. "input-output") || ≗ **area** [Sw] / Ein-Ausgabebereich || ≗ **buffer** [CP] / Ein-Ausgabepuffer, Ein-Ausgabepufferspeicher

IOC (s. input-output controller)

I/O cabinet [HSP] / Ein-Ausgabeschrank || ≗ **cable** [Hw] / Ein-Ausgabekabelstrang || ≗ **channel queue list** [Sw] / Liste der Kanalwarteschlange || ≗ **chip** [MCS, IC] / Ein-Ausgabe-Chip, Ein-Ausgabe-Baustein, Ein-Ausgabe-Schnittstellenbaustein || ≗ **code converter** [ES] / Ein-Ausgabe-Codewandler || ≗ **condition** [PL/1] / Ein-Ausgabe-Bedingung || ≗ **control** [Cobol] / Ein-Ausgabesteuerung || ≗ **control macro** [Sw] / Makroaufruf zur Ein-Ausgabesteuerung || ≗ **control system** [OS] / Ein-Ausgabesystem (EAS), Ein-Ausgabesteuerprogramm

IOCS (s. input-output control system)

I/O data [Sw] / Ein-Ausgabedaten || ≗ **device** [IO] / Ein-Ausgabegerät || ≗ **device number** [Dp] / Ein-Ausgabe-Gerätenummer || ≗ **driver routine** [Mp] / Ein-Ausgabe-Gerätesteuerprogramm || ≗ **error** [Sw] / Ein-Ausgabefehler || ≗ **file** [Cobol] / Ein-Ausgabe-Datei || ≗ **handler** [Tr] / Ein-Ausgabeprogramm || ≗ **instruction** [Sw] / Ein-Ausgabebefehl || ≗ **interface** [RDp] / Ein-Ausgabeschnittstelle (Standardschnittstelle) || ≗ **interface chip** [MCS, IC] / Ein-Ausgabe-Chip, Ein-Ausgabe-Baustein, Ein-Ausgabe-Schnittstellenbaustein || ≗ **medium** [IO] / Ein-Ausgabemedium || ≗ **module** [Mp] / Ein-Ausgabe-Baustein || ≗ **multiplexer** [CU] / Sammler-Verteiler

ion avalanche [Sc] / Ionenlawine

ionic bond [Sc] / Ionenbindung || **~ conduction** [Sc] / Ionenleitung || **~ crystal** [Sc] / Ionenkristall || **~ lattice** [Sc] / Ionengitter || **~ semiconductor** [Sc] / Ionenhalbleiter
ion implantation [Sc] / Ionenimplantation
I/O operation [Dp] / Ein-Ausgabeoperation || **≗ option** [Cobol] / Ein-Ausgabe-Angabe || **≗ port** [Mp] / Ein-Ausgabe-Element, Ein-Ausgabe-Baustein || **≗ procedure** [ES] / Ein-Ausgabeprozedur || **≗ program** [Sw] / Ein-Ausgabeprogramm || **≗ queue address list** [OS] / Adreßliste der Ein-Ausgabewarteschlange
IOR (s. input-output register)
I/O request [OS] / Ein-Ausgabeanforderung || **≗ request list** [OS] / Liste der Ein-Ausgabeanforderungen || **≗ request supervisor call** [OS] / Ein-Ausgabeaufruf
IOS (s. input-output system)
I/O sense [OS, Lisp] / Übernehmen Fehlerbyte
IPL (s. initial program loader) || **to load the ≗** [OS] / urladen || **≗ block** [OS] / Ureingabeblock
IPOT (s. inductive potentiometer)
IR (s. intermediate register)
iron oxide layer [PE] / Eisenoxidbeschichtung || **~ shot** [HSP] / Eisenkügelchen (Toner)
irregular distortion [TP, ES] / unregelmäßige Verzerrung
irreversible field variation [ES] / irreversible Magnetisierung || **~ magnetic process** [M] / irreversibler magnetischer Vorgang
irrevocable *adj* [Sw] / schwerwiegend
ISAM (s. indexed sequential access method)
ISD (s. internal symbol dictionary) || **≗ card** [OS] / Internadreßkarte
ISO 7-bit data interchange code [Tr] / ISO-7-Bit-Code
isochronous modulation [TP] / isochrone Modulation || **~ restitution** [TP] / isochrone Modulation || **~ working** [ES] / Isochronbetrieb
isohypse voltage [Sc] / Höcker-Durchlaßspannung
isolate, to ~ a failure [Serv] / einen Fehler eingrenzen
isolated data processing [Dp] / isolierte Datenverarbeitung || **~ location** [M] / geschützter Speicherplatz, geschützte Speicherzelle
isolating transformer [Co] / Trennübertrager
isub defined [PL/1] / indexüberlagernd
item *n* [Calc] / Posten (zur Verarbeitung eingegebene Zahl) (DIN 9757E, Okt. 1977) || [Cobol] / (Daten)feld || [PL/1] / Größe || **~ code number** [ES] / Sachnummer || **~ code number field** [ES] / Sachnummernfeld || **~ code number key** [ES] / Sachnummernschlüssel || **~ code number scheme** [ES] / Sachnummernschema || **~ counter** [Calc] / Postenzähler (DIN 9757E, Okt. 1977) || **~ data description** [PL/1] / Grunddatenbeschreibung || **~ number** [Dist] / Artikelnummer || **~ of public record** [Priv, IDS] / allgemein zugängliche Information
iterate *v* [Th] / iterieren
iteration *n* [Th] / Iteration || **~ factor** [Sw] / Wiederholungsfaktor || **~ factor** [PL/1] / Iterationsfaktor || **~ index** [Th] / Schleifenindex, Iterationsindex, Zyklenindex || **~ loop** [Sw] / Iterationsschleife
iterative *adj* [Th] / iterativ || **~ addition** [Th] / iterative Addition || **~ group** [PL/1] / Schleifenverbund || **~ loop** [Sw] / Iterationsschleife || **~ operation** [Th, Sw] / iterative Operation || **~ process** [Th, Sw] / iterative Operation
ITU (s. International Telecommunication Union)

J

jack *n* [Hw] / Steckerbuchse || **~ connector strip** [Hw] / Buchsenträger || **~ field** [Hw] / Klinkenfeld, Steckschaltbrett || **~ panel** [Hw] / Klinkenfeld, Steckschaltbrett || **~ panel** (s. control panel) || **~ patching rack** [Hw] / Klinkenumschaltegestell || **~ strip** [Hw] / Klinkensteg || **~ strip for solder connections** [Hw] / Federleiste für Lötverdrahtung || **~ strip for wirewrap connections** [Hw] / Federleiste für Drahtwickeltechnik
Jacquard card (type of punched card used in the Jacquard loom) [Hist] / Jacquardkarte || **≗ loom** (named after

J.M. Jacquard) [Hist] / Jacquardmaschine, Jacquardwebstuhl
jam *n* [PC] / Lochkartenstau, Kartenstau, Kartenanstoß || ~ (s. jamming) || **~ anticipation signal** [PC, OCR] / Beleganstoßwarnsignal || **~ circuit** [PC] / Kartenanstoßkreis
jamming *n* (of printer paper, etc.) [HSP, TP] / Papierstau (DIN 32742E T4, Juni 1978)
jam sense bar [OCR] / Beleganstoßstange || **~ switch** [HSP] / Stauschalter
JCL (s. job control language) || **≗ macro** [Sw] / Makroaufruf der Auftragssprache
JCS (s. job control system)
JES (s. job entry subsystem)
jewelled *adj* [Hw] / mit Spitzenlagerung
jig *n* [Sc] / Haltevorrichtung (zur Einstellung von Bauelementen während der Herstellung)
JMM-system (s. joint man-machine system)
JND (s. just noticeable difference)
job *n* [Dp] / Auftrag, Job || **local ~ variable** [Sw] / lokale Auftragsvariable || **~ account data** [OS] / Auftragsabrechnungsdaten, Abrechnungsdaten, Jobabrechnungsdaten || **~ account file** [OS] / Auftragsabrechnungsdatei, Abrechnungsdatei, Jobabrechnungsdatei || **~ accounting** [OS] / Auftragsabrechnung, Jobabrechnung || **~ accounting system** [OS] / Auftragsabrechnungssystem, Abrechnungssystem, Jobabrechnungssystem || **~ account listing** [DpC] / Jobabrechnungsprotokoll, Auftragsabrechnungsprotokoll, Abrechnungsprotokoll || **~ account log** [DpC] / Jobabrechnungsprotokoll, Auftragsabrechnungsprotokoll, Abrechnungsprotokoll || **~ account number** [Sw] / Verrechnungskontonummer || **~ account report** [DpC] / Jobabrechnungsprotokoll, Auftragsabrechnungsprotokoll, Abrechnungsprotokoll || **~ commitment** [DpC] / Auftragsbindung (DIN 66200E T1, März 1974) || **~ control card** [Sw] / Ablaufsteuerkarte || **~ control document** [DpC] / Auftragsbegleitdokument (DIN 66200E T1, März 1974), Jobbegleitdokument || **~ control language (JCL)** [OS] / Betriebssprache (DIN 44300, März 1972), Jobbetriebssprache, Auftragssprache, Auftragssteuersprache || **~ control program** [PCC] / Ablaufvorbereiter, Bereitstellungsprogramm || **~ control statement** [OS] / Betriebsanweisung (DIN 44300, März 1972), Jobbetriebsanweisung, Jobkontrollanweisung, Auftragssteueranweisung || **~ control system (JCS)** [OS] / Auftragssteuersystem || **~ data** [Dp] / Auftragsdaten || **~ description** [DpC] / Auftragsanweisung (DIN 66200E T1, März 1974), Jobanweisung (Auftragsbeschreibung) || **~ entry** [DpC] / Auftragseingabe, Jobeingabe || **~ entry subsystem (JES)** [VS] / Auftragseingabe-Subsystem, Jobeingabe-Subsystem || **~ execution** [DpC] / Auftragsdurchführung (DIN 66200E T1, März 1974) || **~ file** [Sw] / Auftragsdatei || **~ handling** [DpC] / Auftragsabwicklung (DIN 66200E T1, März 1974), Jobabwicklung || **~ identification** [DpC] / Auftragskennzeichen (DIN 66200E T1, März 1974), Jobkennzeichen || **~ input** [DpC] / Auftragseingabe, Jobeingabe || **~ input device** [Hw, Sw] / Auftragseingabegerät || **~ input stream** [OS] / Jobeingabefluß || **~ input tape** [MT, Sw] / Auftragseingabeband || **~ level** [Sw] / Auftragsebene || **~ library** [OS] / Jobbibliothek, Auftragsbibliothek || **~ list** [ES] / Auftragsliste || **~ macro** [Sw] / Auftragsmakro || **~ macro call** [Sw] / Auftragsprozeduraufruf, Auftragsmakroaufruf || **~ macro card** [Sw] / Auftragsmakrokarte || **~ macro command** [Sw] / Auftragsmakrokommando || **~ macro definition** [Sw] / Auftragsmakrodefinition || **~ macro library** [Sw] / Auftragsprozedurbibliothek, Auftragsmakrobibliothek || **~ management** [OS] / Jobmanagement, Auftragsverwaltung || **~ management system** [Sw] / Auftragsverwaltungssystem || **~ name** [OS] / Auftragsname, Jobname || **~ number** [OS] / Arbeitsauftragsnummer, Auftragsnummer, Jobnummer || **~ order** [Dp] / Arbeitsauftrag
job-oriented *adj* [Sw] / auftragsbezogen || **~ terminal** [RDp] / aufgabenorientierte Außenstation (Datenstation)

job output [DpC] / Auftragsergebnis (Teil des Auftragsgesamtergebnisses, der ausgegeben wird) (DIN 66200E T1, März 1974) || ~ **pool** [OS] / Auftragswarteschlange || ~ **priority** [Sw] / Auftragspriorität || ~ **queue** [OS] / Auftragswarteschlange || ~ **reporting routine** [Sw] / Auftragsprotokollprogramm || ~ **result** [DpC] / Auftragsgesamtergebnis (DIN 66200E T1, März 1974) || ~ **run** [DpC] / Auftragsabwicklung || ~ **scheduler***(person)* [DpC, WS] / Jobdisponent || ~ **scheduler** [Hw] / Auftragsprioritätssteuergerät || ~ **scheduler** [OS] / Joborganisationsprogramm, Jobscheduler

job-separator sheet [HSP] / Job-Trennblatt

job sequencing [OS] / Ablaufsteuerung (Prinzip) || ~ **shop computer center** (usu. operating as a batch-processing system) [Dp] / Lohnarbeitsrechenzentrum || ~ **shop system** [DpC] / Auftragsverarbeitung, Jobverarbeitung, Lohnarbeitsbetrieb || ~ **start** [Sw] / Auftragsbeginn (DIN 66200E T1, März 1974), Jobbeginn, Jobanfang || ~ **statement** [Sw] / Jobanweisung || ~ **step** [DpC] / Auftragsschritt, Jobbetriebsanweisungsschritt, Jobschritt, Monitorschritt || ~ **stream** [OS] / Programmablauffolge, Jobfolge, Monitorlauf, Auftragsanweisungsfolge || ~ **subject** [DpC] / Auftragsleistung (DIN 66200E T1, März 1974) || ~ **submission** [DpC] / Auftragserteilung (DIN 66200E T1, März 1974) || ~ **throughput** [Dp] / Durchflußleistung (Jobzahl pro Zeiteinheit) || ~ **validation** [Sw] / Auftragssyntaxprüfung || ~ **variable** [Sw] / Auftragsvariable || ~ **variable reference** [Sw] / Jobvariablenbezug

joggle *v* (cards, documents, etc., in order to align them to help trouble-free feeding) [PC] / aufstoßen, anschlagen, ausrichten || ~ **plate** [PC] / Kartenanstoßplatte, Kartenanschlagplatte

joggling plate [HSP] / Seitenschläger

joint man-machine system (JMM-system) / Mensch-Technik-Verbund-System (MTV-System)

journal block [ES] / Rufdatenblock || ~ **device** [ES] / Rufdatenaufzeichnungsgerät, Gerät zur Rufdatenaufzeichnung || ~ **device handler** [ES] / Rufdatenaufzeichnungs-Geräteroutine || ~ **file** [ES] / Rufdatenaufzeichnungsdatei, Rufaufzeichnungsdatei || ~ **postprocessing** [ES] / Rufdatennachverarbeitung || ~ **printer** [HSP] / Journaldrucker || ~ **recovery** [ES] / Rufdatenaufzeichnungsrestart || ~ **roll** [TP, Th, Off] / Streifenrolle || ~ **tape** [ES] / Rufdatenband || ~ **teleprinter** [TP] / Kontrollfernschreiber || ~ **voucher** [Dp] / Buchungsbeleg || ~ **writer** (s. call record journaling program)

judder *n* [TP] / unregelmäßige Abtastgeschwindigkeit

jump *v* [Sw] / verzweigen, springen || [Sw] / Sprung, Verzweigung, Programmverzweigung

jumper *v* [Serv] / rangieren || *n* [Co] / Verbindungsleiter (Schaltdraht) || ~ (s. patching wire) || ~ **connector** (s. jumper module)

jumpering list [ES] / Rangierliste || ~ **module** [Co] / Rangierplatte, Rangierbaugruppe || ~ **plug** [Serv] / Rangiersteckverbinder || ~ **side** [Serv] / Rangierseite

jumper module [Co] / Rangierplatte, Rangierbaugruppe || ~ **wire** [Serv] / Drahtbrücke, Brücke (Draht) || ~ **wire** (s. patching wire)

jump instruction [Sw] / Sprungbefehl

junction *n* [Sc] / Lötstelle (Thermoelement), Kontaktstelle || [RDp] / Knotenpunkt || [HSP] / Verbindung (Formatzeichen) || ~ (i.e., a transition region between layers of semiconductors with different electrical characteristics) [Sc] / Störstellenübergang (DIN 41852, Aug. 1978), Zonenübergang (DIN 41852, Aug. 1978) || ~ **area** [Sc] / Sperrschichtfläche || ~ **character** [HSP] / Abzweigungszeichen || ~ **diode** [Sc] / Flächendiode || ~ **line** (GB) (s. trunk line) || ~ **operating temperature** [Sc] / Betriebstemperatur der Sperrschicht || ~ **rectifier** [Sc] / Flächengleichrichter || ~ **surface** [Sc] / aktive Fläche || ~ **temperature** [Sc] / Grenzschichttemperatur, Temperatur des Übergangs || ~ **transistor** [Tr, Sc] / Flächentransistor || ~ **width** [Sc] / Sperrschichtbreite, Sperrschichtdicke

justification, forced ~ [Typ] / Zwangsausschließen || **hyphenless** ~

[Typ] / Zeilenausschluß ohne Silbentrennung || ~ **data** [Typ] / Zeilenausschlußangaben, Ausschlußangaben || ~ **program** [Typ] / Zeilenausschlußprogramm, Zeilenausschließprogramm || ~ **range** [TES] / Ausschließzone, Ausschlußbereich

justified *adj* [Sw] / links- bzw. rechtsbündig ausgerichtet || ~ **clause** [Cobol] / Bündigkeitsklausel

justify *v* [Typ] / ausschließen (Wortzwischenräume verändern, um Zeilen auf die festgelegte Breite zu bringen) || [TES] / Randausgleich vornehmen || **to ~ a text stream until the type fills the measure** [Typ] / einen Text auf die gewünschte Zeilenbreite ausschließen

justifying perforator [Typ] / ausschließender Perforator

just noticeable difference (JND) [Cy] / Unterschiedsschwelle, Unterscheidungsschwelle

K

K (the symbol K means $2^{10} = 1024$, the nearest binary number to 1000) [MCS, Th] / K (z.B. KByte, K Wort usw.)

Karnaugh map [Th] / Karnaugh-Diagramm

kB (s. kilobyte)

key *v* [TP] / tasten || *n* [Cryp] / Code, Schlüssel || [Calc] / Drucktaste (eines Taschenrechners usw.) || [Hw] / Taste (Schreibtaste) || [Cir] / Schalter (Taste) || ~ (i.e., a digit or digits used to identify or locate a record, but not necessarily attached to the record) [Th] / Kennbegriff (z.B. bei sequentieller Verarbeitung) || ~ **actuation recognizer** [TP] / Tastendruckbewerter || ~ **address** [NC] / Schlüsseladresse

keyboard *v* [CTW] / eintasten, über Blattschreiber eingeben || [TES] / über Tastatur eingeben || *n* [IO] / Eingabetastatur, Tastatur (DIN 40100 T16, Aug. 1978), Tastenfeld (DIN 40100 T16, Aug. 1978) || **condensed 4-row ~** [TP] / vierreihige Schmaltastatur || ~ **buffer** [RDp] / Zeichenspeicher || ~ **buffer** [TP] / Tastaturspeicher, Pufferspeicher (Tastatur) || ~ **calculator** [Calc] / Tastenrechner || ~ **component** [TES, TP] / Tastaturbaustein || ~ **control** [TP] / Tastatursteuerung

keyboard-controlled *adj* [Th] / tastaturgesteuert, tastengesteuert || ~ **verification** [PT, PC] / tastaturgesteuertes Prüfen

keyboard data entry system [MCS] / Tastatur-Dateneingabesystem || ~ **entry** [IO] / manuelle Eingabe, Konsoleingabe, Tastatureingabe, Handeingabe || ~ **entry station** [RDp] / Tastatureingabestation || ~ **input** [IO] / manuelle Eingabe, Konsoleingabe, Tastatureingabe, Handeingabe || ~ **inquiry** [CTW] / Abfrage (durch den Operator usw.), Tastaturabfrage || ~ **layout** [TES, TP] / Tastaturbelegung, Belegung (Tastatur) || ~ **lock device** [TP, ES] / Tastatursperre || ~ **lockout** [TP, ES] / Tastatursperre || ~ **mask** [TP] / Tastaturabdeckung || ~ **module** [TES, TP] / Tastaturbaustein

keyboard-operated punching [PT, PC] / manuelles Lochen, tastaturgesteuertes Lochen, Handlochen

keyboard operation [TP] / Tastaturbetrieb || ~ **operator** [IDS] / Schreibkraft || ~ **perforator** [PT] / Lochstreifenlocher (tastaturgesteuert), Perforator || ~ **printer** [DT, HSP] / Datenschreiber mit Eingabetastatur, Datendrucker mit Eingabetastatur, Terminaldrucker (Hardcopy-Einheit mit Tastatur) || ~ **punch** [PC] / Lochkartenlocher, Kartenlocher, Locher (mit handbedienter Tastatur) || ~ **sealing plate** [TP] / Tastaturabdeckblech || ~ **selection** [ES] / Tastaturwahl || ~ **selection system** [ES] / Tastaturwahlsystem || ~ **signaling** [ES] / Tastaturwahl || ~ **stroke** [TES, TP] / Tastanschlag, Tastenanschlag, Tastendruck || ~ **subscriber** [ES] / Teilnehmer mit Tastaturwahl || ~ **transmitter** [TP] / Tastenfeldsender, Tastatursender || ~ **variant** [TP] / Tastaturvariante

key button [Hw, TP] / Tastenknopf

key-controlled *adj* [Th] / tastaturgesteuert, tastengesteuert

key depression [TES, TP] / Tastanschlag, Tastenanschlag, Tastendruck

key-driven *adj* [Th] / tastaturgesteuert, tastengesteuert

key drop [TES, TP] / Tastenhub || ~ **drop** [TP] / Hub (Taste), Tastenhub

keyed record [Sw] / Block mit Schlüsselfeld
key field [Sw] / Schlüsselfeld, Kennbegriffsfeld || ~ **field** [TP] / Tastenfeld || ~ **field entry** [Sw] / Schlüsselfeldeintrag || ~ **field inclination** [TP] / Tastenfeldneigung || ~ **field starting location** [RPG] / Schlüsselfeldanfang || ~ **identification** [OS] / Schlüsselkennzeichnung || ~ **in** *v* [CTW] / eintasten, über Blattschreiber eingeben
keying error [TP, RDp] / Fehleintastung, Tastfehler || ~ **error rate** [TP] / Fehlerhäufigkeit beim Tasten || ~ **state** [ES] / Tastzustand
key instruction [Sw] / Schlüsselbefehl || ~ **legend** [IO] / Schriftfeld (Taste) || ~ **length** [Sw] / Schlüsselfeldlänge || ~ **location** [Sw] / Kennbegriffslage
keylock *n* [TP] / Tastensperre || ~ **switch** [Hw] / Schlüsselschalter (DIN 41050E, Apr. 1978)
key option [PL/1] / Schlüsselangabe || ~ **panel assignment** [RDp, Tr] / Tastenfeldbelegung || ~ **position** [TP] / Tastenplatz, Tastplatz
keypunch *n* [PC] / Handlocher, Tastaturlocher, manueller Locher || ~ (s. off-line card punch) || ~ **coding sheet** (s. coding sheet)
keypunching *n* [PT, PC] / manuelles Lochen, tastaturgesteuertes Lochen, Handlochen
key repeat feature [VDT] / Daueranschlag (Tastatur) || ~ **rollover** [TP] / überlappende Tastung || ~ **rollover operation** [TP] / Legatoschreiben
keyset (s. keyboard)
key signal [TP] / Tastensignal
keystroke *n* [TES, TP] / Tastanschlag, Tastenanschlag, Tastendruck || ~ (s. key drop)
keyswitch *n* [Hw] / Schlüsselschalter (DIN 41050E, Apr. 1978)
key switching center [ES] / Netzknoten (Amt), Knotenvermittlungsstelle || ~ **technology** [Dp] / Schlüsseltechnologie (Technologie, deren Produkte technologische Schrittmacher sind)
key-to-disk unit [DpC, MD] / Magnetplatten-Erfassungsgerät, Magnetplatten-Beschriftungsgerät
keyto option [PL/1] / Schlüsselablageangabe
keytop *n* [Hw, TP] / Tastenknopf
key-to-tape unit [DpC, MT] / Magnetband-Erfassungsgerät, Magnetband-Beschriftungsgerät
keyword *n* [VC] / Schlagwort, Stichwort || [Cobol, PL/1] / Schlüsselwort || ~ (i.e., the significant word in a phrase, e.g., the significant word in a title which describes a document) [IDS] / Schlüsselwort
keyword-in-context index [IDS] / KWIC-Index
keyword macro [Sw] / Kennwortmakro, Schlüsselwortmakro || ~ **macro definition** [Sw] / Kennwortmakrodefinition, Schlüsselwortmakrodefinition || ~ **macro instruction** [Sw] / Kennwortmakroaufruf, Schlüsselwortmakroinstruktion || ~ **prototype statement** [ES] / Kennwortmusteranweisung
kilobyte (kB) *n* [Th] / Kilobyte (1000 Bytes)
kind *n* [Algol] / Art
knife-edge pointer [PCC] / Messerzeiger
knurled screw [Hw] / Rändelschraube
KWIC index [IDS] / KWIC-Index

L

L0 (s. level zero indicator)
LA (s. Load address)
label *n* [Algol, PL/1] / Marke || [Cobol] / Kennsatz || ~ **area** [MT] / Etikettbereich || ~ **check** [MD] / Kennsatzprüfung || ~ **checking routine** [Sw] / Etikettprüfroutine, Etikettprüfprogramm || ~ **error** [Sw] / Etikettfehler || ~ **field** [Sw] / Etikettfeld || ~ **format** [Sw] / Etikettformat || ~ **generation** [Sw] / Etiketterzeugung || ~ **group** [Sw] / Etikettfolge || ~ **handling** [Sw] / Etikettbehandlung, Etikettverarbeitung || ~ **identifier** [Sw] / Etikettkennzeichen || ~ **information** [Sw] / Etikettinformationen, Etikettangaben
labelled common block [Fortran] / benannter (gemeinsamer) Speicherbereich
label name [Cobol] / Kennsatzname || ~ **parameter** [Sw] / Etikettparameter || ~ **presence check** [ES] / Prüfen auf vorhandene Etikette || ~ **processing** [Sw]

/ Etikettbehandlung, Etikettverarbeitung || ~ **record** [Cobol] / Kennsatz || ~ **record clause** [Cobol] / Kennsatzklausel || ~ **runtime parameter** [Sw] / Etikettablaufparameter || ~ **sector** [Sw] / Kennsatzsektor || ~ **sequence** [Sw] / Etikettfolge || ~ **set** [Sw] / Etikettgruppe || ~ **statement** [Sw] / Etikettanweisung || ~ **treatment** [Sw] / Etikettbehandlung, Etikettverarbeitung

lace punching [PC] / Lochen einer Kartenspalte auf sämtlichen Lochpositionen

lacing*n* [PC] / Lochen einer Kartenspalte auf sämtlichen Lochpositionen

lamp and pushbutton panel [Hw] / Lampen- und Tastenfeld || ~ **check** [Hw] / Lampenkontrolle || ~ **extractor** [Hw] / Lampenzieher || ~ **information byte** [Dp] / Lampeninformationsbyte || ~ **register release control** [ES] / Lampenregister-Freigabesteuerung

land*n* [Co] / Lötauge (auf gedruckten Schaltungen) || ~ **pattern** [Serv] / Lötaugenmuster (auf gedruckten Schaltungen)

language*n* [Sw, MAT] / Sprache || **audio-active ~ laboratory** [CAI] / Hör-Sprech-Labor, H-S-Labor, Gruppenarbeitslabor, elektronisches Klassenzimmer || **audio-active comparative ~ laboratory** [CAI] / Hör-Sprech-Aufnahme-Labor, H-S-A-Labor, Einzelarbeitslabor || **high-level** ~ [Sw] / höhere Programmiersprache (d.h., jede nicht maschinenorientierte Programmiersprache, z.B. Basic, Cobol, Fortran, Algol usw.; häufig als Synonym für „problemorientierte Programmiersprache" verwendet) || **technical** ~ [Term] / Fachsprache (im Gegensatz zur Gemeinsprache) || ~ **analysis** [VC, MAT] / Sprachanalyse || ~ **character set** [PL/1] / Zeichenvorrat der Sprache || ~ **code number** [ES] / Sprachkennzahl || ~ **default statement** [PL/1] / eingebaute Vorgabeanweisung || ~ **element** [Sw] / Sprachelement || ~ **formalization** [Term] / Sprachformalisierung, Formalisierung einer Sprache

language-independent*adj* [ES] / sprachneutral

language laboratory [CAI] / Sprachlabor || ~ **name** [Cobol] / (Programmier)sprachenname || ~ **processor** (s. translating program) || ~ **processor listing** [Sw] / Übersetzungsprotokoll || ~ **processor run** [Sw] / Übersetzungslauf || ~ **statement** [Sw] / Sprachanweisung || ~ **teaching** [CAI] / Sprachunterricht || ~ **translation** [Sw, MAT] / Übersetzung, Übersetzen || ~ **translator** (s. translating program)

lap-phasing*n* [Fax] / Überlappung

large computer [Dp] / Großrechner, Großcomputer

large-scale computer [Dp] / Großrechner, Großcomputer || ~ **integrated circuit (LSI circuit)** [MCS, IC] / großintegrierter Schaltkreis, LSI-Schaltkreis, gruppenintegrierter Schaltkreis || ~ **integration (LSI)** [IC] / Großintegration, Großbereichintegration

laser beam [HSP] / Laserstrahl

laser-beam character generator [HSP] / Laserstrahl-Zeichengenerator

laser computer-output-microfilm recorder [COM] / Laser-COM-Recorder (COM-Gerät zur Aufzeichnung von Informationen mittels Laserstrahl auf metallbeschichtetem Film) || ~ **COM recorder** [COM] / Laser-COM-Recorder (COM-Gerät zur Aufzeichnung von Informationen mittels Laserstrahl auf metallbeschichtetem Film) || ~ **light** [HSP] / Laserlicht || ~ **light dot** [HSP] / Laserlichtpunkt || ~ **mirror** [HSP] / Laserspiegel || ~ **optics** [HSP] / Laseroptik || ~ **printer** [HSP] / Laserdrucker (LD) (elektrofotografischer Drucker) || ~ **printer gage** [HSP] / Laserdruckerlineal || ~ **printer magnetic tape** [HSP] / Laserdrucker-Magnetband, LD-Band || ~ **print function** [HSP] / Laserdruckfunktion || ~ **printing** [HSP] / Laserdruck || ~ **printing system** [HSP] / Laserdrucksystem || ~ **print raster** [HSP] / Laserdruckraster (Gitter) || ~ **protection glasses** [HSP] / Laserschutzbrille || ~ **radiation** [HSP] / Laserstrahlung || ~ **safety** [HSP] / Lasersicherheit || ~ **storage** [M] / Laser-Datenspeicher || ~ **storage disk** [M] / Laserplatte (Diodenlaser-Festspeicher mit direktem Zugriff in Form einer Doppelscheibe mit sehr hoher Speicherdichte) || ~ **switch** [HSP] / Laserschalter || ~ **technology** [HSP, Dp] /

Lasertechnologie || ~ **warning sign** [Hw, HSP] / Laserwarnschild
last record indicator (LR) [RPG] / Programmendebezugszahl, Bezugszahl „letzter Satz"
latch *n* [Mp] / Signalspeicher || ~ (s. bistable trigger circuit) || **8-bit** ~ [MCS] / 8-Bit-Signalspeicher
latching relay [Co] / Verklinkrelais
latch-type selector [PC] / Verriegelungsselektor
latency *n* [PE, RDp, ES, Tr, NC] / Wartezeit
latent expression [APL] / latenter Ausdruck || ~ **image** [HSP] / latentes Schriftbild
lateral inhibition [Cy] / laterale Hemmung, örtliche Hemmung, laterale Inhibition || ~ **plastic guide** [TP] / Reiter (Papierführung) || ~ **reinforcing structure** [Hw] / Seitenversteifung
lattice *n* [Sc] / Kristallgitter, Gitter (Halbleiter) || ~ **constant** [Sc] / Gitterkonstante || ~ **defect** [Sc] / Gitterfehler || ~ **imperfection** [Sc] / Gitterstörung
layer *n* [Sc] / Schicht || ~ **reader-sorter** [OCR] / Lagesortiermaschine
layout character [PE, Sw] / Formatsteuerzeichen || ~ **geometry** [Sc] / Anordnungsgeometrie || ~ **instruction** [Sw] / Gestaltungsbefehl || ~ **plan** [DpC] / Ausbauübersicht || ~ **procedure** [Algol] / Anordnungsprozedur || ~ **sheet** [HSP] / Entwurfsblatt, Formatblatt
LBF (s. Load bit field)
lbound builtin function [PL/1] / (eingebaute) Untere-Grenze-Funktion || ~ **function** [PL/1] / (eingebaute) Untere-Grenze-Funktion
LCD (s. liquid-crystal display)
LCDR (s. Load complement, long)
LCER (s. Load complement, short)
LCR (s. Load complement)
LD (s. Load, long)
LE (s. Load, short)
lead *n* [Typ] / Durchschuß || ~ **composition** / Bleisatz || ~ **composition program** [Sw] / Bleisatzprogramm
leader *n* [MT] / Bandführungsstück, Vorspannband || [PT] / Lochstreifenvorspann, Lochstreifenanfang || [Sw] / Vorlaufroutine, Vorlauf || ~ **document** [OCR] / Vorlaufbeleg, Vorläufer || ~ **routine** [Sw] / Vorlaufroutine, Vorlauf || ~ **sheet** [OCR] / Vorlaufbeleg, Vorläufer
leading edge [PC] / Kartenvorderkante, Vorderkante, vordere Kante || ~ **edge** [Th] / Anstiegsflanke || ~ **edge** [HSP] / Schnittkante (Papier) || ~ **end** [PT] / Lochstreifenvorspann, Lochstreifenanfang || ~ **end** (i.e., logical beginning of a tape) [MT] / Bandanfang || ~ **zero** [Cobol] / führende Null || ~ **zeros may be omitted** [Sw] / führende Nullen dürfen entfallen
lead instruction [Typ, Sw] / Durchschußbefehl || ~ **typesetting** / Bleisatz || ~ **typesetting output** / Bleisatzausgabe
leakage current [Sc] / Leckstrom, Streuungsstrom || ~ **path** [Sc] / Kriechstrecke || ~ **resistance** [Sc] / Leckwiderstand, Ableitungswiderstand
leapfrog test [Sw] / Bocksprungtest, sprungweise Durchprüfung
learning *n* [Cy] / Lernen || ~ **machine** [Th, Cy] / lernender Automat || ~ **matrix** [Cy] / Lernmatrix || ~ **model** (s. learning theory) || ~ **theory** [Cy] / Lerntheorie
leased circuit [Tr] / Mietleitung || ~ **circuits service** [RDp] / Leitungsmietdienst || ~ **line** [Tr] / Mietleitung || ~ **line network** [Tr] / Mietleitungsnetz || ~ **networks service** [RDp] / Leitungsmietdienst || ~ **telephone-type circuit** [Tr] / Fernsprechmietleitung || ~ **wire circuit** [Tr] / Mietleitung
least significal bit (LSB) [Th] / niedrigstwertiges Bit, wertniedrigstes Bit || ~ **significant bit position** [Th] / niedrigste Bitstelle || ~ **significant character** [Th] / niedrigstwertiges Zeichen || ~ **significant digit** [Th] / niedrigstwertige Stelle, niedrigstwertige Ziffer
LED (s. light-emitting diode) || **≗ display** [IO, Co] / Leuchtdiodenanzeige
ledger area [ES] / Fixpunktbereich || ~ **card update and maintenance** [RDp] / Kontenführung || ~ **data** [ES] / Fixpunktdaten
ledgering *n* (= checkpoint generation) [ES] / Fixpunkterstellung || ~ **element** [ES] / Fixpunkterstellungs-Programmelement
ledger write [ES] / Fixpunktschreiben
left accumulator [ALU] / linker Akkumulator
left-hand address [Sw] / Anfangsadresse, Startadresse || ~ **end (LHE)** [Sw] / Beginn, Start, Anfang || ~ **end of extent** [Sw] / Bereichsanfang || ~ **margin** (from paper edge to center line of first

character) [TP] / Schreibanfang || ~ **margin stop** [TP] / Zeilenanfangsstellung || ~ **record end** [Sw] / Satzanfang || ~ **zero** [Sw] / führende Null

left justified [Fortran] / linksbündig

left-justify *v* [HSP, Typ] / linksbündig machen (d.h., für den Druck aufbereiten bzw. setzen)

left margin [Sw] / linker Rand

left-most *adj* [Th] / höchstwertig

leftmost position [Th] / höchstwertige Stelle, höchstwertige Ziffer

left overflow [PCC] / linker Überlauf || ~ **parenthesis** [PL/1, Fortran] / (runde) Klammer auf || ~ **part** [Algol] / linke Seite || ~ **part list** [Algol] / Liste der linken Seite || ~ **shift** [Sw] / Linksverschiebung, Stellenverschiebung nach links

legality (s. legitimacy)

legend *n* / Beschriftung

legitimacy *n* (of data processing) [Priv] / Zulässigkeit (der Datenverarbeitung), Rechtmäßigkeit (der Datenverarbeitung)

lemma *n* [Term] / Lemma

lemniscate *n* [Th] / Lemniskate

length attribute [Sw] / Längenattribut, Längenmerkmal || ~ **builtin function** [PL/1] / (eingebaute) Längen-Funktion || ~ **code** [Sw] / Längenschlüssel, Längenfaktor || ~ **entry** [Sw] / Längenangabe || ~ **error** [Sw] / Längenfehler || ~ **error flag** [Sw] / Längenfehleranzeige || ~ **field** [Dp] / Längenfeld || ~ **function** [PL/1] / (eingebaute) Längen-Funktion || ~ **modifier** [Sw] / Längenschlüssel, Längenfaktor || ~ **of key field** [RPG] / Schlüssellänge || ~ **of record address field** [RPG] / Adreßlänge (einer Satzadreßdatei) || ~ **specification** [Sw] / Längenangabe

lens *n* [HSP, Rep] / Objektiv || ~ **aberration** [Sc] / Linsenfehler || ~ **aperture** [Sc] / Objektivapertur || ~ **assembly** [HSP] / Objektivbaugruppe || ~ **resolution** [Sc] / Objektivauflösung

less or equal [Sw] / kleiner gleich (KLG) (DIN 19239E, Jan. 1979) || ~ **than** [Sw] / kleiner als (DIN 66009, Sept. 1977) || ~ **than or equal to** [Sw] / kleiner gleich (KLG) (DIN 19239E, Jan. 1979) || ~ **than symbol** [PL/1] / Kleinerzeichen

let-in area [DpC] / Auftragsstauraum (DIN 66200E T1, März 1974) || ~ **entry** [DpC] / Auftragsstauelement (DIN 66200E T1, März 1974)

let-out area [DpC] / Ausgabestauraum (DIN 66200E T1, März 1974) || ~ **entry** [DpC] / Ausgabestauelement (DIN 66200E T1, März 1974)

letter *n* [Cobol, Algol, PL/1, Fortran] / Buchstabe || ~ **code** [IDS] / Buchstabencode || ~ **combination** [Sw] / Buchstabenkombination || ~ **feed** [TES, TP, CTW, Off] / Wagenvorschub

letters case [TP] / Buchstabenfeld, Buchstabenlage

letters-figures recognizer [ES] / Bu-Zi-Auswerteschaltung || ~ **shift memory** [TP] / Buchstaben-Ziffern-Speicher

letter shift [TP] / Buchstabenwechsel, Buchstabenumschaltung

letter-shift signal [TP] / Buchstabenwechselzeichen

letterspace *v* [Typ] / spationieren

letterspacing instruction [Typ, Sw] / Spationierbefehl

letters shift [TP] / Buchstabenwechsel, Buchstabenumschaltung

letter string [Algol] / Buchstabenfolge

level *n* [Dp, Tr, Meas] / Ebene || [Cobol, PL/1] / Stufe || ~ (e.g., five-level code) [TP] / Spur, Kanal || ~ (s. channel) || ~ (s. track) || ~ **code** [RPG] / Gruppenstufenbezugszahl || ~ **conversion** [PCC] / Pegelumsetzung || ~ **indicator** [Cobol] / Stufenbezeichnung || ~ **monitoring** [Tr] / Pegelüberwachung || ~ **number** [Cobol] / Stufennummer || ~ **of cybernetics** [Cy] / kybernetische Instanz || ~ **pattern generator** / Pegelraster (Pegelbildgerät) || ~ **sense** [PCC] / Spannungsabfrage || ~ **sensor** [HSP] / Füllstandsfühler, Füllhöhenfühler (Tonervorrat) || ~ **structure** [Cobol] / Stufenaufbau || ~ **zero indicator (L0)** [RPG] / Bezugszahl „Gruppenstufe null"

lexeme *n* [Term] / Lexem

lexical *adj* [Term] / lexikalisch

lexicographer *n* [Term] / Lexikograf

lexicographical processing routine of the system [ASw, MAT] / lexikografische Verarbeitungsroutine des Systems

LH (s. Load halfword)

LHE (s. left-hand end)

librarian *n* [Sw] / Bibliotheksverwaltungsprogramm, Bibliotheksführungsprogramm || ~ **program** [Sw] / Bibliotheksverwaltungsprogramm, Bibliotheksführungsprogramm

library *n* [Cobol] / Bibliothek || ~ **area** [Sw] / Bibliotheksbereich || ~ **directory** [Sw] / Inhaltsverzeichnis einer Bibliothek ||

~ **disk** [Sw] / Bibliotheksplatte || ~ **element** [Sw] / Bibliothekselement || ~ **element group** [Sw] / Bibliothekselementgruppe || ~ **format** [Sw] / Bibliotheksformat || ~ **identification** [Sw] / Bibliothekskennzeichen || ~ **identifier** [Sw] / Bibliothekskennzeichen || ~ **maintenance** [OS] / Bibliotheksverwaltung || ~ **maintenance program** [Sw] / Bibliotheksverwaltungsprogramm, Bibliotheksführungsprogramm || ~ **maintenance routine** [OS] / Wartungsprogramm der Programmbibliothek || ~ **name** [Cobol] / Bibliotheksname || ~ **overflow** [Sw] / Bibliotheksüberlauf || ~ **program** [Sw] / Bibliotheksprogramm || ~ **section** [Sw] / Bibliotheksabschnitt || ~ **selection program** [OS] / Selektionsprogramm || ~ **service routine** [ES] / Bibliotheksausgabe || ~ **subroutine** [OS] / Bibliotheksunterprogramm || ~ **tape** [Sw] / Bibliotheksband || ~ **track** [MD] / Hinweisspur || ~ **update** [Sw] / Ändern der Bibliotheken || ~ **update routine** [ES] / Bibliotheksänderungsprogramm || ~ **updating** [OS] / Bibliotheksverwaltung

life *n* [Hw] / Lebensdauer, Standzeit (Nutzzeit) || ~ **expectancy** [Sc] / voraussichtliche Lebensdauer || ~ **test** [Sc] / Lebensdauerprüfung

LIFO (Last-In/First-Out) [Mp] / Speicherprinzip, bei dem die zuletzt gespeicherten Daten wieder zuerst ausgegeben werden (Entnahmeprinzip beim Stapelspeicher)

ligature *n* [Typ] / Ligatur

light barrier testing device [OCR] / Lichtschrankenprüfgerät || ~ **beam** [Dp] / Lichtstrahl || ~ **channel** [TP] / Lichtschacht || ~ **dot** [HSP] / Lichtpunkt

lighted display [Hw] / Leuchtanzeige || ~ **panel** [Hw] / Leuchttablo || ~ **pushbutton** [Hw] / Leuchttaste

light-emitting diode (LED) [Co, Sc] / Leuchtdiode

lightface *n* (i.e., a typeface having comparatively light thin lines) [Typ, OCR] / Dünndruck

lighting conditions [DpC] / Beleuchtungsverhältnisse || ~ **plan** [Hw] / Beleuchtungsplan

lightning protection [Hw] / Blitzschutzsicherung || ~ **surge** [DS] / Blitzüberspannung

light pen [VDT, GrDp] / Lichtstift, Lichtgriffel

light-sensitive *adj* [Sc] / lichtempfindlich

light source [Hw] / Lichtquelle || ~ **source distance** [Sc] / Lichtquellenabstand || ~ **stability** [OCR] / Lichtbeständigkeit || ~ **threshold** [OCR] / Lichtschwelle || ~ **transmittance** [TP] / Transmissionsmeterwert

like attribute [PL/1] / Gleichartigattribut

limit comparator [PCC] / Grenzwertvergleicher

limited integrator [ADp] / Integrierer mit Begrenzung

limiter *n* [ADp] / Begrenzer, Grenzwertstufe

limit error [M, Sw] / Bereichsüberschreitung

limiting overload characteristic [Sc] / Grenzstromkennlinie || ~ **value** [Th, Sc] / Grenzwert || ~ **voltage** [Sc] / Grenzspannung

limit range of operation [HSP] / Grenzbetriebsbereich || ~ **switch** [HSP] / Endschalter || ~ **testing** [Hw, QC] / Toleranzprüfung || ~ **value** [Th, Sc] / Grenzwert || ~ **value monitor** [PCC] / Grenzwertkontrolleinrichtung || ~ **value of distortion** [Tr] / Grenzverzerrung

line *n* [Tr, TrL] / Leitung || [HSP] / Strich || [Cobol, Algol, PL/1, Fortran] / Zeile || ~ **adapter** [Tr] / Leitungsanpassungsteil (LAT) || ~ **adapter frame** [Tr] / Leitungsanschlußeinsatz || ~ **adapter module** [ES] / Sende-Empfangsumsetzer || ~ **adapter set** [ES] / Sende-Empfangsumsetzer || ~ **address** [ES] / Leitungsadresse || ~ **addressing** [Sw] / Zeilenadressierung || ~ **address of the offering port** [ES] / Leitungsadresse des Zubringers (LAZ), Zubringerleitungsadresse || ~ **adjustment** [HSP] / Zeilenverschiebung || ~ **alignment error** [TP] / Zeilenstandsfehler || ~ **amplifier** [Tr] / Leitungsverstärker

linear *adj* (programming, distortion, etc.) / linear || ~ **circuit network** [Cir] / lineare Schaltung || ~ **diode** [Sc] / lineare Diode || ~ **element** [ADp] / lineares Glied || ~ **interpolation** [Th] / lineare Interpolation, Linearinterpolation || ~ **measuring** [NC] / lineare Messung, direkte Messung || ~ **optimization** [Th, Sw] / lineare Programmierung, lineare Optimierung, lineare Planungsrechnung || ~ **path system** [NC] / Streckensteuerung || ~ **programming**

[Th, Sw] / lineare Programmierung, lineare Optimierung, lineare Planungsrechnung || ~ **sequence of instructions** [Sw] / lineare Befehlsfolge || ~ **transducer** [PCC] / linearer Wandler || ~ **transistor** [Sc] / eindimensionaler Transistor, linearer Transistor || ~ **unit** [Cir] / lineare Einheit

line-at-a-time printer [HSP] / Paralleldrucker, Zeilendrucker || ~ **printing** [HSP] / Zeilendruck

line balancing [RDp, Tr] / Leitungsabgleich || ~ **balancing network** [RDp, Th, Tr] / Leitungsnachbildung || ~ **broadcasting** [Tr] / Drahtfunk || ~ **buffer** [CU, Tr] / Leitungspuffer || ~ **buffer attachment** [Tr] / Leitungspufferanschluß || ~ **buffer controller** [Tr] / Leitungspuffersteuerung || ~ **capacitance** [Sc] / Leitungskapazität (elektrische Größe) || ~ **capacity** [RDp] / Leitungskapazität (Belastbarkeit) || ~ **cell** [ES] / Leitungszelle || ~ **change** [Typ] / Zeilenwechsel || ~ **circuit** [Tr] / Anschlußschaltung, Leitungsanschlußschaltung || ~ **circuit facilities** [Tr] / Leitungseinrichtungen || ~ **code** [Tr] / Leitungscode || ~ **communication** [Tr] / drahtgebundene Übertragung || ~ **concentrator** [ES] / Leitungskonzentrator, Leitungsknoten || ~ **condition** [ES] / Leitungszustand || ~ **continuity checking pulse** [ES] / Leitungskontrollimpuls || ~ **continuity supervisory resistor** [TrL] / Drahtbruchkontrollwiderstand || ~ **count** [OCR] / Zeilenstandanzeige

line-counter *n* [Cobol] / Zeilenzähler

line counter specifications [RPG] / Druckzeilenbestimmungen || ~ **current** [Th, Tr] / Leitungsstrom || ~ **data channel** [RDp] / Ferndatenkanal || ~ **description** [Tr] / Leitungsbeschreibung || ~ **description generator** [Tr] / Leitungsbeschreibungsgenerator || ~ **drawing** [Rep] / Strichzeichnung || ~ **drawing method** [Tr] / Griffelmethode || ~ **driver** [ES] / Kabeltreiber || ~ **element** [HSP] / Strichelement, Linienelement (Formatzeichen) || ~ **enable** [ES] / Leitungsfreigabe || ~ **equalization** [Tr] / Leitungsentzerrung || ~ **error** [Tr] / Leitungsfehler || ~ **fault** [Tr] / Leitungsstörung || ~ **feed** [HSP] / Zeilenvorschub || ~ **feed character** [HSP, TP] / Zeilenvorschubzeichen || ~ **feed code** [HSP] / Zeilenvorschubcode || ~ **feed control** [TP] / Zeilensteuerung || ~ **feed mechanism** [Hw, TP] / Zeilengetriebe || ~ **feed motor** [TP] / Zeilenvorschubmotor || ~ **frequency** [Sc] / Linienfrequenz || ~ **generation** [HSP] / Zeilenerzeugung || ~ **group** [ES] / Leitungsbündel, Bündel || ~ **group waiting list** [ES] / Bündelwarteliste || ~ **height** [HSP] / Zeilenhöhe || ~ **holding time** [Tr] / Verbindungsdauer, Leitungsbelegungszeit || ~ **hunting method** [ES] / Leitungssuchverfahren, Suchverfahren für Leitungsbelegung || ~ **integral** [Th] / Linienintegral || ~ **interface characteristics** [ES] / Leitungsschnittstellenmerkmale || ~ **interface multiplier** [Tr] / Leitungsvervielfacher || ~ **interfacing assembly** [TP] / Baugruppe der Anschlußtechnik || ~ **interfacing system** [ES] / Anschlußsystem || ~ **interruption** [Tr] / Leitungsunterbrechung, Verbindungsunterbrechung || ~ **justification** [Typ] / Zeilenausschluß || ~ **leader** [TES] / Zeilenvorspann || ~ **length** (i.e., the measure to which a block of text is to be comprised) [HSP, Typ] / Zeilenbreite, Zeilenlänge || ~ **level** [Tr] / Leitungsstufe || ~ **loss** [Tr] / Leitungsdämpfung || ~ **maintaining resistor** [TrL] / Drahtbruchschutzwiderstand || ~ **matching transformer** [Tr] / Leitungsanpassungsübertrager || ~ **monitoring relay** [Tr] / Leitungsüberwachungsrelais || ~ **multiplexer** [Tr] / Leitungsmultiplexer || ~ **multiplexer controller** [RDp] / Leitungsmultiplexsteuerung

lineno builtin function [PL/1] / (eingebaute) Zeilennummer-Funktion || ~ **function** [PL/1] / (eingebaute) Zeilennummer-Funktion

line noise [Tr, TrL] / Leitungsgeräusch || ~ **note** [ES] / Leitungsnotiz || ~ **note cell** [ES] / Leitungsnotizzelle || ~ **notepad counter** (s. line scratchpad counter) || ~ **notepad cycle** (s. line scratchpad cycle) || ~ **notepad entry** (s. line scratchpad entry) || ~ **notepad overflow** (s. line scratchpad overflow) || ~ **number** [Tr] / Leitungsnummer || ~ **number** [HSP] / Zeilennummer || ~ **number clause** [Cobol] / Zeilennummerklausel || ~ **number halt**

[ES] / Leitungsnummernhalt || ~ **of print** [HSP] / Schriftzeile || ~ **of programs** [Sw] / aufeinander abgestimmte Programme
line-oriented routine [ES] / leitungsorientiertes Programm || ~ **subroutine** [ES] / leitungsorientiertes Teilprogramm
line padding resistor [TrL] / Ergänzungswiderstand || ~ **parameter** [RDp, Tr] / Leitungsparameter || ~ **position** [HSP] / Zeilenposition || ~ **printer** [HSP] / Paralleldrucker, Zeilendrucker || ~ **printer controller** [HSP] / Zeichendruckersteuerung || ~ **printer mark sheet** [OCR] / Zeilendruckermarkierungsbeleg || ~ **printing** [HSP] / Zeilendruck || ~ **printout** [PE] / Zeilenausdruck || ~ **procedure** [RDp] / Übertragungsprozedur, Leitungsprozedur || ~ **program** [OS, Tr] / Leitungsprogramm
line-proportionate section [Tr] / leitungsproportionaler Teil
line register [RDp] / Ferndatenregister || ~ **register** [HSP] / Zeilenregister || ~ **saturation rate** [ES] / Ausnutzungsgrad einer Leitung, Leitungsausnutzungsgrad || ~ **scan** [ES] / Leitungsabfrage || ~ **scanning** [ES] / Leitungsabfrage || ~ **scratchpad counter** [ES] / Leitungsnotizblockzähler || ~ **scratchpad cycle** [ES] / Leitungsnotizblockzyklus || ~ **scratchpad entry** [ES] / Leitungsnotiz || ~ **scratchpad overflow** [ES] / Leitungsnotizblocküberlauf || ~ **screen** [HSP] / Linienraster || ~ **section** [TrL] / Leitungsabschnitt, Leitungszug || ~ **segment** [HSP] / Strich || ~ **seizure** [ES] / Leitungsbelegung || ~ **selection** [ES] / Leitungsauswahl || ~ **selection sampling circuit** [ES] / Leitungsauswahl-Abtastschaltung || ~ **selection switch** [ES] / Leitungswahlschalter || ~ **separation** [HSP] / Zeilentrennung, vertikaler Druckzonenabstand || ~ **shift** [HSP] / Zeilenverschiebung
line-side loop [RDp, Tr] / leitungsseitige Schleife
line single note [ES] / Leitungseinzelnotiz
linesize option [PL/1] / Zeilenlängenangabe
line skew [HSP, Typ] / Zeilenschräglauf || ~ **skip** [HSP] / Zeilensprung || ~ **skipping** [Cobol] / Zeilenvorschub || ~ **spacing** [VDT, HSP, Typ] / Zeilenabstand (DIN 66233E, Apr. 1977) || ~ **spacing** [Calc] / Grundzeilenabstand (einfacher Abstand zwischen zwei aufeinander folgenden Schriftlinien) (DIN 9757E, Okt. 1977) || ~ **spacing** [Cobol] / Zeilentransport || ~ **spacing** (s. vertical line spacing)
line-specific section [Tr] / leitungsproportionaler Teil
line speed [Tr] / Leitungsgeschwindigkeit
lines per minute (lpm) [HSP] / Zeilen/min
line status signal [ES] / Leitungszustandsmeldung || ~ **status table** [Tr] / Leitungstabelle, Leitungszustandstabelle || ~ **structure** [Sc] / Linienstruktur || ~ **structure of grating** [NC] / Maßstabteilung || ~ **supervision** / Leitungsüberwachung || ~ **supervisory pulse** [ES] / Leitungskontrollimpuls || ~ **supervisory table** [ES] / Leitungssteuertabelle || ~ **switch** [ES] / Leitungsschalter || ~ **switching** [ES] / Durchschalte-Vermittlungstechnik, Durchschaltetechnik (Vermittlungstechnik, bei der die Endstellen über Vermittlungen ohne Zwischenschaltung von Nachrichtenspeichern miteinander verbunden sind) || ~ **switching center** [ES] / Durchschaltevermittlung (Amt) || ~ **switching network** [TP] / Durchschaltenetz || ~ **table** [ES] / leitungsorientierte Tabelle || ~ **termination** [ES, Tr] / Leitungsanschluß (allgemein) || ~ **termination cabinet** [Hw, ES] / Teilnehmerschrank || ~ **termination capacity** [ES] / Leitungsanschlußkapazität || ~ **termination circuit** [Tr] / Anschlußschaltung, Leitungsanschlußschaltung || ~ **termination unit** [ES] / Leitungsanschlußeinheit (LE) || ~ **terminator circuit** [ES] / Teilnehmereinrichtungs-Schaltung (TES) || ~ **terminator group** [ES] / Leitungsanschlußgruppe || ~ **terminator number** [ES] / Leitungsanschlußnummer || ~ **test** [Tr] / Leitungsprüfung || ~ **test code** [Tr] / Leitungsprüftext || ~ **test program** [ES] / Leitungsprüfprogramm || ~ **thickness** [HSP, Typ, GrDp, OCR] / Strichbreite, Strichstärke, Linienstärke
line-to-neutral voltage [Th] /

Strangspannung
line up (repeater section, etc.) *v* [ES] / abgleichen
lineup plug [Hw] / Aufreihstecker || **~ plugin terminal** [Hw] / Steckreihenklemme || **~ terminal** [Hw] / Aufreihklemme
line usage [HSP] / Zeilenauslastung || **~ utilization** [ES] / Leitungsausnutzung || **~ utilization rate** [ES] / Ausnutzungsgrad einer Leitung, Leitungsausnutzungsgrad || **~ voltage** [Hw] / Netzspannung || **~ voltage fluctuation** [Hw, DpC] / Netzspannungsschwankung || **~ width** [Sc] / Streifenbreite (einer Struktur) || **~ width** [HSP, Typ, GrDp, OCR] / Strichbreite, Strichstärke, Linienstärke || **~ working** [TP] / Leitungsbetrieb
linguistics *n* [Term] / Linguistik
link *v* [Sw] / binden (übersetzte, aber noch nicht ablauffähige Programme in einem Binderlauf zu einem Lademodul verknüpfen) || [Sw] / verknüpfen || *n* [RDp, Tr] / Bindeglied || [NC] / Zwischenglied || [ES] / Zwischenweg (Koppler), Zwischenleitung || **to ~ to a phase** [Sw] / zu einer Phase binden || **~ address** [Sw] / Verknüpfungsadresse, Kettungsadresse, Folgeadresse
linkage *n* [Sw] / Programmverknüpfung, Programmverbindung || **~ address** [Sw] / Verknüpfungsadresse, Kettungsadresse, Folgeadresse || **~ convention** [Dp] / Anschlußvereinbarung || **~ conventions** [Sw] / Richtlinien der Programmverknüpfung || **~ editor (LNKEDT)** [OS] / Binder, Modulbinder || **~ editor control card** [Sw, OS] / Bindersteuerkarte || **~ editor listing** [Sw] / Binderprotokoll || **~ editor map** [Sw] / Binderprotokoll || **~ editor parameter card** [Sw, OS] / Bindersteuerkarte || **~ editor run** [OS] / Bindelauf, Binderlauf || **~ run** [OS] / Bindelauf, Binderlauf || **~ symbol** [Sw] / Programmverbindungssymbol
linked file [Sw] / Streckendatei || **~ file system** [Dp] / Dateienverbundsystem (Verknüpfung mehrerer Dateien, von denen jede für sich zu unterschiedlichen Zwecken benutzt werden kann, bei der jedoch von einer Datei direkt oder indirekt über eine andere Datei des Verbundsystems der Zugriff zu den übrigen Dateien des Verbundsystems möglich ist)
link-edit *v* [Sw] / binden (übersetzte, aber noch nicht ablauffähige Programme in einem Binderlauf zu einem Lademodul verknüpfen)
linked numbering scheme [ES] / verdeckte Numerierung, verdeckte Kennziffernverteilung || **~ program run** [ES] / Verbundlauf (Programme) || **~ subroutine** [Sw] / geschlossenes Unterprogramm, verbundenes Unterprogramm, abgeschlossenes Unterprogramm
link encryption [Cryp] / Online-Verschlüsselung (für Richtverbindung) || **~ field** [Sw] / Kettungsfeld || **~ finding** [ES] / Wegesuche (Koppler)
linking loader [Mp] / Bindelader (Ladeprogramm zum Zusammenfügen mehrerer unabhängig voneinander erstellter Programmteile zu einem Gesamtprogramm) || **~ sequence** [Sw] / Anschlußbefehlsfolge, Befehlsfolge für Programmverbindung
link library [Dp] / Hauptbibliothek || **~ name** [Sw] / Kettungsname || **~ pack area** [Dp] / Systembereich für residente Lademoduln || **~ record** [Tr] / Streckensatz || **~ sequence number** [Tr] / Anschlußleitungslaufnummer || **~ switching network** [ES] / Übertragungskoppelnetzwerk
lint *n* [PC] / Kartenstaub || [HSP, OCR] / Fussel, Papierfussel
Linvill models [Sc] / Linvill-Ersatzschaltungen
liquid-crystal display (LCD) [Sc] / Flüssigkristallanzeige
Lissajous pattern [Th, Meas] / Lissajous-Figur
list *v* [HSP] / auflisten, anlisten, listen || *n* [Algol, Fortran] / Liste || **~** (s. chained list) || **~ address** [ES] / Sammeladresse || **~ base address** [ES] / Listengrundadresse || **~ cycle** [PC] / Listgang || **~ directed** [PL/1] / listengesteuert || **~ entry** [PC] / Posteneintrag, Listeneintrag || **~ field entry** [ES] / Listenfeldeintrag || **~ file** [Mp] / Listendatei || **~ format** [Mp] / Listenformat || **~ generator** (s. report program generator) || **~ indicator** [ES] / Listenanzeige
listing *n* [HSP] / Auflisten, Listenschreibung || [Sw] / Protokoll
list message [ES] / Sammelanschriftnachricht || **~ of exceptions** [Sw] / Ausnahmeliste || **~ of materials** [Dist] / Sammelkarte || **~ of products** [Dist] / Übersichtsblatt ||

~ **position** [ES] / Listenplatz || ~ **printing** [HSP] / Auflisten, Listenschreibung || ~ **procedure** [Algol] / Listenprozedur || ~ **processing** [Dp] / Listenverarbeitung || ~ **speed** [PC] / Einzelganggeschwindigkeit

literal *n* [Cobol, PL/1] / Literal || ~ **pool** [Sw] / Literalbereich

liveware *n* (as opposed to hardware and/or software) [DpC] / EDV-Personal (z.B. Operator, Programmierer, Systemanalytiker usw.)

LJE (s. local job entry)

LM (s. Load multiple)

LNDR (s. Load negative, long)

LNER (s. Load negative, short)

LNKEDT (s. linkage editor)

LNR (s. Load negative)

load *v* [Sw] / laden || *n* [Hw] / Anschlußleistung || [Sc] / Belastung || [PCC] / Bereitstellung || [Hw] / Netzverbraucher, Verbraucher || ≗, **long (LD)** [OS, Lisp] / Laden lang (LD)

Load, short (LE) [OS, Lisp] / Laden kurz (LE)

load, to ~ a program [Sw] / ein Programm einlesen

loadable *adj* [Sw] / ladefähig, ablauffähig, ablaufbereit || ~ **phase** [Sw] / ablauffähige Phase || ~ **program** [Sw] / ladefähiges Programm, ablauffähiges Programm, ablaufbereites Programm || ~ **tape builder** [Sw] / Programmbanderzeuger

load address [Sw] / Ladeadresse || ≗ **address (LA)** [OS, Lisp] / Laden Adresse (LA) || ≗ **and test (LTR)** [OS, Lisp] / Laden und Testen (LTR) || ≗ **and test, long (LTDR)** [OS, Lisp] / Laden und Testen lang (LTDR) || ≗ **and test, short (LTER)** [OS, Lisp] / Laden und Testen kurz (LTER) || ~ **area address** [PCC] / Bereitstellungsadresse || ≗ **bit field (LBF)** [OS, Instruction] / Laden Bitfeld (LBF) || ~ **break switch** [ES] / Lasttrenner, Lasttrennbrücke || ~ **call** [CTW] / Ladeaufruf || ~ **capacitance** [Co, Sc] / Lastkapazität, Belastungskapazität || ~ **card** [Sw] / Ladekarte

load-carrying ability [Dp] / Belastbarkeit

Load complement (LCR) [OS, Lisp] / Laden Komplement (LCR) || ≗ **complement, long (LCDR)** [OS, Lisp] / Laden Komplement lang (LCDR) || ≗ **complement, short (LCER)** [OS, Lisp] / Laden Komplement kurz (LCER) || ~ **current** [Co, Sc] / Laststrom || ~ **data** [HSP] / Ladedaten || ~ **descriptor** [Sw] / Segmentkopf || ~ **descriptor block** [Sw] / Segmentkopf || ~ **distribution** [ES] / Lastverteilung, Belastungsteilung

loaded *adj* [TrL] / pupinisiert (Kabel) || ~ **cable** [TrL] / Pupinkabel

loader *n* [OS] / Lader, Programmlader, Ladeprogramm || ~ **program** (s. loader)

load field [Sw] / Bereitstellungsteil || ≗ **halfword (LH)** [OS, Lisp] / Laden Halbwort (LH)

loading *n* [Sw] / Laden || ~ **error** [ADp] / Lastfehler, Belastungsfehler || ~ **process** [Sw] / Ladevorgang || ~ **routine** (s. loader) || ~ **time** [Sc] / Belastungsdauer

load instruction [Sw] / Ladebefehl, Ladeanweisung || ~ **key** [Hw, CTW] / LADEN-Taste (Bedienungstisch) || ~ **library** [OS] / Lademodulbibliothek || ~ **library table** [Sw] / Programmbibliothekstabelle || ~ **mode** [Sw] / Lademodus || ~ **module** [Sw] / Lademodul || ~ **module** [TP] / Lastteilbaugruppe || ≗ **multiple (LM)** [OS, Lisp] / Laden mehrfach (LM) || ~ **name** [Sw] / Phasenname, Segmentname || ≗ **negative (LNR)** [OS, Lisp] / Laden negativ (LNR) || ≗ **negative, long (LNDR)** [OS, Lisp] / Laden negativ lang (LNDR) || ≗ **negative, short (LNER)** [OS, Lisp] / Laden negativ kurz (LNER) || ~ **operand** [Sw] / Ladeparameter || ~ **parameter** [Sw] / Ladeparameter || ~ **point** [Sw] / Ladeadresse || ~ **point gap** [MT] / Anfangszwischenraum (DIN 66010, Apr. 1973) || ≗ **positive (LPR)** [OS, Lisp] / Laden positiv (LPR) || ≗ **positive, long (LPDR)** [OS, Lisp] / Laden positiv lang (LPDR) || ≗ **positive, short (LPER)** [OS, Lisp] / Laden positiv kurz (LPER) || ~ **program** (s. loader) || ~ **resistance** [Sc] / Belastungswiderstand || ≗ **rounded extended to long (LRDR)** [OS, Instruction] / Laden gerundet erweitert zu lang (LRDR) || ≗ **rounded to short (LRER)** [OS, Instruction] / Laden gerundet lang zu kurz (LRER) || ≗ **scratch pad** [OS, Lisp] / Laden Zwischenspeicher || ≗ **segment table address and length (LSAL)** [OS, Instruction] / Laden Segmenttafeladresse und -länge (LSAL) || ~ **sharing** [ES] / Lastverteilung, Belastungsteilung || ~ **simulation** [RDp, Tr] / Buchungssimulation || ≗ **status of program (LSP)** [OS, Instruction] / Laden Programmzustand (LSP) || ~ **switch** [Hw] / Ladeschalter || ~ **time** [Dp] / Ladezeit, Vorbereitungszeit || ~ **typein** [CTW] /

Ladeaufruf || ≗ **word (LW)** [OS, Lisp] / Laden Wort (LW)
LOC (s. location number)
local *adj* [Hw] / unabhängig (z.B. Taste) || [Algol] / lokal || ~ ... [ES] / Orts-..., Nah-... || ~ **actuator control unit** [PCC] / Stellelement für rechnernahen Einsatz || ~ **area** [RDp, ES, Tr] / Ortsbereich || ~ **batch processing** [Sw] / Ortsstapelverarbeitung || ~ **battery** [ES] / Ortsbatterie || ~ **button** [TP] / Lokaltaste || ~ **call** [ES] / Ortsverbindung || ~ **call fee** [ES] / Ortsgebühr
local-call switching circuit [ES] / Internverbindungsschaltung
local circuit supervision [RDp, Tr] / Ortskreisüberwachung || ~ **clock** [ES] / Systemtakt || ~ **copy** (s. local record) || ~ **exchange** [ES] / Ortsvermittlung (Amt) || ~ **fee zone** [ES] / Nahbereichzone || ~ **input** [IO] / Naheingabe || ~ **input line** [ES] / Kanaleingangsleitung (zum bzw. vom Teilnehmer)
localize *v* / lokalisieren
local job entry (LJE) [DpC] / Auftragsnaheingabe, Jobnaheingabe || ~ **job variable** [Sw] / lokale Auftragsvariable || ~ **keyboard operation** [TP] / lokaler Tastaturbetrieb || ~ **line** (as opposed to in-plant line) [Tr] / Ortsleitung
local-mode *adj* [OCR] / geräteintern
local mode [OS] / unabhängiger Betrieb, Lokalbetrieb || ~ **or own type** [Algol] / vom Typ lokal oder eigen || ~ **output line** [ES] / Kanalausgangsleitung (zur bzw. von der Kanalschaltung) || ~ **parameter** [M, Sw] / lokaler Parameter || ~ **power supply** [DpC] / Eigenspeisung || ~ **range** [RDp, ES, Tr] / Ortsbereich || ~ **rate** [ES] / Ortsgebühr || ~ **record** [TP] / Mitlesekopie, Mitlesetext, Mitlesedruck || ~ **record connection** [TP, ES] / Mitleseschaltung, uberwachungsschaltung || ~ **record facility** [TP] / Mitleseeinrichtung || ~ **record mode** [ES] / Mitlesebetrieb || ~ **record working** [ES] / Mitlesebetrieb
local/remote switch [PE] / Betriebsartenschalter (unabhängiger/abhängiger Betrieb)
local source recording [Dp] / Datenerfassung am Entstehungsort || ~ **spoolout system (LSPOOL)** [OS] / SPOOL-Ausgabe-System für direkte Datenübertragung || ~ **subscriber** [ES] / Ortsteilnehmer || ~ **switching center** [ES] / Ortsvermittlung (Amt) || ~ **symbol** [M, Sw] / lokaler Parameter || ~ **time clock** [ES] / Ortszeituhr || ~ **time error register** [ES] / Ortszeitfehlerregister || ~ **trunk** [ES] / Ortsverbindungsleitung || ~ **working with forced termination** [ES] / Lokalbetrieb mit zwangsweiser Abschaltung || ~ **working without forced termination** [ES] / Lokalbetrieb ohne zwangsweise Abschaltung || ~ **zone** [ES] / Ortszone
locate *v* / lokalisieren || ~ **statement** [PL/1] / Einrichtungsanweisung
locating pin [HSP] / Einlegestift (Klebeeinrichtung)
location counter [Sw, ES] / Adreßpegel (bei Assemblierung) || ~ **counter reference** [Sw, ES] / Adreßpegelstandsangabe (bei Assemblierung) || ~ **number (LOC)** [OS] / Platznummer || ~ **parameter** [Sw] / Positionsparameter (für Modifikationstext) || ~ **peg** [Mp] / Führungsstift (bei Einschub)
locator *n* [PL/1] / Lokalisierer
lock *v* [PE] / einrasten || **to ~ a file** [Sw] / eine Datei sperren
locking clip [Hw] / Verschlußklemme || ~ **device** [Fl] / Sperre || ~ **mechanism** [Hw] / Verriegelung (mechanisch)
lock option [Cobol] / Sperrangabe || ~ **out** [Dp, CP] / sperren
lockout *n* [Dp, CP] / Sperre || ~ **action** [ES] / Sperrung || ~ **alarm indication** [ES] / Sperralarmanzeige, Sperranzeige || ~ **alarm indicator** [ES] / Sperralarmanzeiger, Sperranzeiger || ~ **circuit** [Hw] / Lock-out-Schaltung, Sperrschaltung || ~ **control** [ES] / Sperrsteuerung || ~ **feature** [Dp, CP] / Sperreinrichtung || ~ **state** (of line) [ES] / Sperrung (einer Leitung) || ~ **switch** [Dp] / Sperrschalter
lock relay [NC] / Sperrklinkenrelais || ~ **switch** [Th, Meas] / Schloß-Schaltelement
locus *n* [Th] / Ortskurve
log *v* [Sw, ES] / protokollieren || *n* [Sw] / Protokoll || **to ~ data** [Dp] / Daten protokollieren
logarithm *n* [Th] / Logarithmus
logarithmation section [Sc] / Logarithmierteil (Leiterplatte)
logarithmic *adj* [Th] / logarithmisch
log builtin function [PL/1] / (eingebaute) Logarithmus-Funktion
log10 builtin function [PL/1] / (eingebaute) Zehner-Logarithmus-

Funktion
log2 builtin function [PL/1] / (eingebaute) Zweier-Logarithmus-Funktion
log function [PL/1] / (eingebaute) Logarithmus-Funktion
log10 function [PL/1] / (eingebaute) Zehner-Logarithmus-Funktion
log2 function [PL/1] / (eingebaute) Zweier-Logarithmus-Funktion
logger *n* (i.e., a device that records events over a period of time) [IO] / Registriereinrichtung, Registriergerät
logging *n* [Sw, ES] / Protokollierung || ~ **cycle** [ES] / Protokollzyklus || ~ **cycle cell** [ES] / Protokollzykluszelle || ~ **device** [IO] / Ausgabegerät für die Protokollierung || ~ **mode** [ES] / Protokollmodus || ~ **typewriter** [ES] / Protokollblattschreiber
logic *n* [Th] / Logik || [Hw, Cir] / Logikteil || [Mp, Th, Sc] / Logik (Kurzbezeichnung für „logische", d.h., digitale Schaltung) || **combinational ~ system** [Cir] / Schaltnetz (aus Schaltelementen bestehende Schaltung, in der die Ausgangssignale nur von den momentanen Eingangssignalen abhängen; cf. „Schaltwerk") (DIN 44300, März 1972) || **high noise immunity ~ (HNIL)** [Cir] / störbeeinflussungssichere Logik || **sequential ~ system** [Cir] / Schaltwerk (Schaltung, die Verzögerungsglieder enthält und in der infolgedessen die Ausgangssignale von den momentanen und den früheren Eingangssignalen abhängen; cf. „Schaltnetz") (DIN 44300, März 1972) || ~ **addition** [Cir, SA] / logische Addition || ~ **address** [Sw] / logische Adresse
logical *adj* [Fortran] / boolesch || ~ **address** [Sw] / logische Adresse || ~ **AND circuit** [Cir] / UND-Glied (DIN 44300, März 1972), UND-Schaltung, UND-Gatter || ~ **assignment statement** [Fortran] / boolesche Zuweisungsanweisung || ~ **beginning** [Cobol] / logischer (Datei)anfang || ~ **comparison** [Th, Cir] / logischer Vergleich, Identitätsvergleich || ~ **connective** [Cobol] / boolescher Operator || ~ **connective** (s. Boolean connective) || ~ **connector** [Cobol] / boolescher Operator || ~ **connector** (s. Boolean connective) || ~ **decision** [Th, Cir] / logische Entscheidung || ~ **design** [Th, Cir] / logische Konzeption, logische Struktur, funktioneller Entwurf || ~ **device** [Mp] / logisches Gerät || ~ **diagram** [Th, Cir] / logisches Diagramm, Funktionsplan, Logikschaltbild, Funktionsschaltbild || ~ **element** [Fortran] / boolescher Elementarausdruck || ~ **element** (s. logic element) || ~ **expression** [Fortran] / boolescher Ausdruck || ~ **factor** [Fortran] / boolescher Faktor || ~ **file** [Sw] / logische Datei || ~ **flowchart** [Th, Sw] / logisches Flußdiagramm
logic algebra [SA] / Schaltalgebra, Schaltungsalgebra, Algebra der Schaltnetzwerke
logical IF statement [Fortran] / boolesche Wennanweisung || ~ **instruction** [Sw] / logischer Befehl, logische Instruktion, boolescher Befehl, Logikbefehl || ~ **leading end** [PE, Sw] / Leseanfang || ~ **level** [OS] / logische Stufe, logische Verarbeitungsstufe, logische Ebene || ~ **multiplication** [SA] / logische Multiplikation, boolesche Multiplikation, nichtadditive Multiplikation || ~ **operation** [Th, SA] / logische Verknüpfung, logische Operation, funktionelle Operation || ~ **operator** [Algol] / boolescher Operator || ~ **operator** [Fortran] / boolescher Operator || ~ **operator** [Cobol] / boolescher Operator || ~ **OR circuit** (s. OR circuit) || ~ **primary** [Fortran] / boolescher Primärausdruck || ~ **product** (s. AND operation) || ~ **record** [Cobol] / logischer Satz || ~ **record** [DOK, Dp] / Datensatz (Zusammenfassung mehrerer Dateneinheiten mit einem gemeinsamen Wert der konstituierenden Variablen zu einer Einheit) || ~ **record length** [Th] / Satzlänge || ~ **sequence** [OS] / logische Ordnung || ~ **shift** [Th] / Ringschieben, Ringschiften, logisches Verschieben || ~ **sum** (s. inclusive-OR operation) || ~ **symbol** [SA] / logisches Symbol, Schaltsymbol im Blockschaltbild, boolesches Symbol, funktionelles Symbol || ~ **term** [SA] / logischer Term || ~ **term** [Fortran] / boolescher Term || ~ **test** [Th, NC] / logische Prüfung || ~ **unit** [Cir] / Digitalbaustein, Logikbaustein || ~ **unit number** [Algol] / symbolische Gerätenummer || ~ **value** [Algol] / boolescher Wert, Wahrheitswert || ~ **value** [Cobol] / boolescher Wert || ~ **variable** [Cir] / Logikvariable, Schaltvariable (DIN 44300, März 1972)
logic analyzer [Mp, Sc] / Logikanalysator (Testgerät zum Feststellen und

Anzeigen von logischen Zuständen in komplexen Digitalschaltungen) || ~ **card** [IC] / Flachbaugruppe (mit Hilfe einer gedruckten Schaltung auf einer Isolierplatte zusammengefaßte integrierte Schaltkreise), Kartenmodul, Schaltkartenmodul, Schaltkarte || ~ **card tester** [IC] / Prüfgerät für Flachbaugruppen || ~ **chart** [Th, Sw] / logisches Flußdiagramm || ~ **circuitry** [Cir] / logischer Schaltungsaufbau || ~ **comparison** [Th, Cir] / logischer Vergleich, Identitätsvergleich || ~ **component** (s. logic element) || ~ **decision** [Th, Cir] / logische Entscheidung || ~ **design** [Th, Cir] / logische Konzeption, logische Struktur, funktioneller Entwurf || ~ **device assignment** [Sw] / logische Gerätezuordnung || ~ **diagram** [Th, Cir] / logisches Diagramm, Funktionsplan, Logikschaltbild, Funktionsschaltbild || ~ **element** [Cir] / Schaltglied, Gatter (DIN 44300, März 1972), logisches Schaltelement, logisches Element, Schaltelement (elektrotechnische Realisierung einer booleschen Verknüpfung) || ~ **file** [Sw] / logische Datei || ~ **file control processor** [OS] / logische Stufe des EAS || ~ **flag byte** [Sw] / logisches Markierungsbyte || ~ **flowchart** [Th, Sw] / logisches Flußdiagramm || ~ **function** [Cir] / Schaltfunktion (DIN 44300, März 1972) || ~ **grid** [Mp] / Logikraster || ~ **ground** [ES] / Logikerde || ~ **instruction** [Sw] / logischer Befehl, logische Instruktion, boolescher Befehl, Logikbefehl || ~ **level** [OS] / logische Stufe, logische Verarbeitungsstufe, logische Ebene || ~ **level FCP** [OS] / logische Stufe des EAS || ~ **module** (logical IOCS routine providing an interface between a processing program and physical IOCS) [OS] / logisches Modul, Verknüpfungsbaustein || ~ **multiplication** [SA] / logische Multiplikation, boolesche Multiplikation, nichtadditive Multiplikation || ~ **NOR gate** [Cir] / logisches NOR-Gatter || ~ **operation** [Th, SA] / logische Verknüpfung, logische Operation, funktionelle Operation || ~ **organization** [Th] / logische Organisation || ~ **pattern** [Sc] / Logikaufbau, logischer Aufbau || ~ **probe** [Serv] / Prüfspitze || ~ **proposition** [Cir] / logische Aussage

logics *n* [Th] / Logik

logic shift [Th] / Ringschieben, Ringschiften, logisches Verschieben || ~ **symbol** [SA] / logisches Symbol, Schaltsymbol im Blockschaltbild, boolesches Symbol, funktionelles Symbol || ~ **test** [Th, NC] / logische Prüfung || ~ **unit** [Cir] / Digitalbaustein, Logikbaustein || ~ **value of occupancy** [Cy] / logischer Stellenwert || ~ **variable** [Cir] / Logikvariable, Schaltvariable (DIN 44300, März 1972) || ~ **zero** [Sc] / logische Null || ~ **zero button generator** [ES] / Nulltaster

log mode [ES] / Protokollmodus || ~ **off** (in order to end a terminal session) *v* [VS, RDp] / abmelden

logoff *n* [VS, RDp] / Logoff, Abmeldung || ~ **request** [VS, RDp] / Abmeldeanforderung, Abmeldungsanforderung

logo field [Hw] / Systembezeichnungsschild

log on (in order to begin a terminal session) *v* [VS, RDp] / anmelden

logon *n* [VS, RDp] / Logon, Anmeldung || ~ **message** [VS, RDp] / Anmeldenachricht || ~ **mode** [VS, RDp] / Anmeldemodus || ~ **request** [VS, RDp] / Aufforderung (zum Aufbau einer logischen Verbindung) || ~ **request** [VS, RDp] / Anmeldeanforderung, Anmeldungsanforderung

logotype *n* [Dist] / Firmenzeichen

logout area [OS] / Diagnosebereich, Fehlermeldebereich || ~ **mode** [OS] / Fehlermeldemodus

log tape [Sw] / Aufzeichnungsband, Protokollband, Sicherstellungsband || ~ **task** [Dp] / Systemprotokollaufgabe

long-distance data transmission [Tr] / Datenfernübertragung || ~ **trunk digital data communications facilities** [ES] / Datenfernübertragungs-Einrichtungen || ~ **zone** [RDp] / Weitzone

longitudinal cutting [HSP] / Längstrennung || ~ **parity** [DS, Tr] / Blockparität, Längsparität || ~ **parity check** (s. longitudinal redundancy check) || ~ **perforation** [HSP] / Längsperforation || ~ **redundancy check (LRC)** [DS, Tr] / Blockprüfung (DIN 44302, Apr. 1979), Longitudinalprüfung || ~ **redundancy check character** [DS, Tr] / Blockprüfzeichen (DIN 44302, Apr. 1979), Blocksicherungszeichen, Blockparitätszeichen || ~ **strength** [PT] /

Ausdehnungsfestigkeit, Zugfestigkeit
long-life tape [PT] / Dauerlochstreifen (DIN 66218, Jan. 1976)
long-nose pliers [Serv] / Schnabelzange
long-precision floating-point constant [Sw] / Gleitpunktkonstante mit erweiterter Mantissenlänge
long-range communications equipment [RDp] / Weitverkehrseinrichtung || ~ **communications system** [RDp] / Weitverkehrssystem || ~ **communications technology** [RDp] / Weitverkehrstechnik || ~ **trunk group** [RDp] / Weitverkehrsbündel
long-term filing [ES] / Langzeitarchivierung || ~ **storage of messages** [RDp, Tr] / Langzeitspeicherung von Nachrichten
long-time drift [Sc] / Langzeitdrift || ~ **element** [Th, Meas] / Langzeitstufe || ~ **program** [ES] / Langzeitprogramm || ~ **prompter** [ES] / Langzeitwecker, Langwecker || ~ **prompter list** [ES] / Langweckerliste || ~ **prompter management routine** [ES] / Langweckerverwaltung || ~ **prompter program** [ES] / Langweckerprogramm
lookahead *n* [OCR] / Vorgriff (in den Lesebereich) || ~ **field** [OCR] / Vorgriffsfeld
lookup table [Dp] / Nachschlagetabelle, Verweistabelle
loop *n* [Sw, Sc] / Schleife (DIN 44300, März 1972) || ~ **cable** [TrL] / Ringkabel || ~ **checking** [DS, Tr] / Fehlerkontrolle mit Rückwärtsübertragung || ~ **coding** [Sw] / zyklische Programmierung (im Gegensatz zu „gestreckte Programmierung")
loop-gate transmitter [PT] / Lochstreifensender mit Kulissenführung
loop padding rheostat [Co] / Leitungsergänzungswiderstand || ~ **resistance** [ES] / Schleifenwiderstand || ~ **stop** [Sw] / Programmstopp durch Dauerschleife
loss factor [ES] / Verlustfaktor || ~ **of accuracy** [Th, Sw, NC] / Genauigkeitsverlust
loss-of-sync detection time [ES] / Synchronisierungsausfall-Erkennungszeit
loss principle [ES] / Verlustprinzip || ~ **probability** [ES] / Verlustwahrscheinlichkeit || ~ **system** [ES] / Verlustsystem
lost call [ES] / Verlustbelegung || ~ **call probability** [ES] / Verlustwahrscheinlichkeit || ~ **call rate** [ES] / Verkehrsverlust || ~ **significance** [Th, Sw, NC] / Genauigkeitsverlust || ~ **traffic** [ES] / Verlustverkehr
lot size [Dist, Sc] / Losgröße, Seriengröße
low access storage [M] / Speicher mit geringer Zugriffszeit || ~ **address** (s. starting address) || ~ **builtin function** [PL/1] / (eingebaute) Niedrigstwert-Funktion || ~ **compare** [RPG] / Prüfen auf „kleiner" (1<2)
low-contrast *adj* [OCR] / kontrastarm
low dummy descriptor block [Sw] / Anfangsleerblock || ~ **end of main memory** [M, Sw] / unterer Bereich des Arbeitsspeichers
lower bound [Algol, PL/1] / untere Grenze || ~ **brushes** [PC] / untere Bürsten || ~ **card lever** [PC] / unterer Kartenhebel || ~ **case** [TP] / unteres Alphabet || ~ **case character** [HSP, Typ, TP] / Kleinbuchstabe || ~ **case letter** [HSP, Typ, TP] / Kleinbuchstabe || ~ **case printing** [HSP] / Drucken mit Kleinbuchstaben || ~ **curtate** [PC] / untere Lochungszone, untere Zone || ~ **cutoff point** [Tr] / Bandanfang
lowering lever [HSP] / Absenkhebel
lower limit [PCC] / unterer Grenzwert || ~ **memory locations** [Mp] / erste Speicherstellen
lowest common denominator [Th] / kleinster gemeinsamer Nenner
lowest-order bit [Th] / niedrigstwertiges Bit, wertniedrigstes Bit || ~ **digit** [Th] / niedrigstwertige Stelle, niedrigstwertige Ziffer
low function [PL/1] / (eingebaute) Niedrigstwert-Funktion
low-grade cryptographic system [Cryp] / Schlüsselsystem geringer Festigkeit
low-inductance *adj* [TP] / induktionsarm
low level [Sw] / niedrige Stufe
low-level amplifier [PCC] / Kleinsignalverstärker || ~ **language** [PL] / maschinennahe Programmiersprache, maschinenorientierte Programmiersprache (DIN 44300, März 1972) || ~ **signaling** [TP] / Niederpegelsignalisierung || ~ **subscriber line circuit** [ES] / Niederpegelkanalschaltung || ~ **system** [ES] / Niederpegeltechnik
low-noise *adj* [ES] / störungsarm (elektrisch)
low-order *adj* [Sw] / niederwertig || ~ **bit**

[Th] / niederwertiges Bit || ~ **bit position** [Th] / niedrigste Bitstelle || ~ **digit** [Th] / niederwertiges Bit || ~ **memory locations** [Mp] / unterer Adressenbereich || ~ **position** [Th] / Einerstelle
low-paper condition [HSP] / Papiervorratsende || ~ **warning** [TP] / Papiervorarlarm
lowpass filter [Tr] / Tiefpaß (DIN 40100 T17, Aug. 1978)
low-power signal diode [Sc] / Signaldiode kleiner Leistung || ~ **switching transistor** [Sc] / Kleinleistungs-Schalttransistor
low range [Cir] / unterer Wertebereich (einer binären elektrischen Größe), L-Bereich
low-shrinkage *adj* / schwindungsarm
low speed line [Tr] / Fernmeldeleitung für langsame Datenübertragung
low-tape warning [TP] / Bandendevorwarnung
low-value *n* [Cobol] / Niedrigstwert
low-voltage supply [DpC] / Niederspannungsversorgung
lozenge *n* [IO, Th] / Rhombuszeichen, Raute
LPDR (s. Load positive, long)
LPER (s. Load positive, short)
lpm (s. lines per minute)
LPR (s. Load positive)
LP tape [HSP] / Laserdrucker-Magnetband, LD-Band
LR (s. last record indicator)
L-range (s. low range)
LRC (s. longitudinal redundancy check) || ≗ **character** [DS, Tr] / Blockprüfzeichen (DIN 44302, Apr. 1979), Blocksicherungszeichen, Blockparitätszeichen || ≗ **check** (s. longitudinal redundancy check)
LRDR (s. Load rounded extended to long)
LRER (s. Load rounded to short)
LSAL (s. Load segment table address and length)
LSB (s. least significal bit)
LSI (s. large-scale integration) || ≗ **chip** [Mp] / LSI-Baustein || ≗ **circuit** (s. large-scale integrated circuit) || ≗ **memory** [Mp] / LSI-Speicherbauelement || ≗ **module** [Mp, IC] / Großintegrationsbaustein || ≗ **semiconductor circuit** [IC] / hochintegrierter Halbleiterschaltkreis || ≗ **technology** (large-scale integration technology) [IC] / LSI-Technologie
LSP (s. Load status of program)
LSPOOL (s. local spoolout system)
LTDR (s. Load and test, long)
LTER (s. Load and test, short)
LTR (s. Load and test)
lubricant *n* [Serv] / Spickmittel
lubrication point [Serv] / Schmierstelle
lubricator *n* [Fl] / Öler
Lukasiewicz notation [Th] / polnische Schreibweise, Präfixschreibweise, klammerfreie Schreibweise
luminescence diode [Sc] / Lumineszenzdiode
luminous efficacy [Typ, Rep] / Lichtausbeute || ~ **mimic diagram** [Cir] / Leuchtschaltbild || ~ **spot** [VDT] / Leuchtfleck
lumped circuit technique [Sc] / Schaltung mit konzentrierten Elementen
LW (s. Load word)

M

machine accounting [Th, Off] / Maschinenbuchhaltung || ~ **address** [Sw] / Maschinenadresse (DIN 44300, März 1972) || ~ **address** (s. absolute address)
machine-aided programming [Sw] / automatische Codierung, automatische Programmierung, maschinenunterstützte Programmierung || ~ **translation (MAT)** [MAT] / maschinenunterstützte Übersetzung (Verfahren, Datenverarbeitungsanlagen bei der Humanübersetzung einzusetzen)
machine check interrupt [Dp, OS] / Programmunterbrechung wegen eines Maschinenfehlers || ~ **code** (s. machine language) || ~ **cycle** [CP, NC] / Maschinenzyklus, Maschinengang || ~ **cycle** [Mp] / Operationszyklus || ~ **cycle encoding** [Mp] / Operationszykluscodierung
machine-dependent *adj* [Dp] / maschinenabhängig
machine downtime [Dp] / Maschinenstillstandzeit || ~ **element** [NC] / Maschinenelement || ~ **error** [Hw] / Maschinenfehler, Hardwarefehler, technischer Fehler || ~ **error list** [Sw] / Maschinenfehlerstatistik || ~ **error stop**

mode [OS] / Maschinenfehlerstoppmodus || ~ **failure** [Hw] / Maschinenausfall || ~ **fault** [Hw] / Maschinenstörung, Hardware-Störung, Ausfall
machine-finished paper [HSP] / maschinenglattes Papier
machine function [Calc] / Maschinenfunktion (DIN 9757E, Okt. 1977)
machine-independent *adj* [Dp] / maschinenunabhängig
machine instruction [Sw] / Maschinenbefehl, Befehl in Maschinensprache, Maschineninstruktion || ~ **instruction code** [Sw] / Maschinenbefehlscode || ~ **language** [Th] / Maschinensprache (DIN 44300, März 1972) || ~ **language code** (s. computer instruction code) || ~ **language coding** [NC] / Umschlüsselung in Maschinensprache
machine-level programming [Sw] / direkte Programmierung
machine load [Dp] / Maschinenbelastung || ~ **loading schedule** [Dp] / Auslastungsplan für einen Rechner || ~ **malfunction** [Hw] / Maschinenfehler, Hardwarefehler, technischer Fehler || ~ **operation** [Dp] / Maschinenoperation, Rechneroperation, Rechenoperation
machine-oriented *adj* [Hw, Sw] / rechnertechnisch, maschinenorientiert || ~ **language (MOL)** [PL] / maschinennahe Programmiersprache, maschinenorientierte Programmiersprache (DIN 44300, März 1972) || ~ **programming system** [PL] / maschinenorientiertes Programmierverfahren
machine password [Sw] / Rechnerkennwort || ~ **program** [Sw] / Maschinenprogramm (DIN 44300, März 1972)
machine-readable *adj* [Dp] / maschinell lesbar, maschinenlesbar || ~ **document** [IO] / maschinell lesbarer Beleg, maschinenlesbarer Beleg || ~ **form** [Sw] / maschinenlesbare Form || ~ **medium** [Dp] / maschinenlesbarer Datenträger
machine reading [HSP] / maschinelles Schriftlesen
machine-recognizable *adj* [Dp] / maschinell lesbar, maschinenlesbar
machine ringing [ES, QC] / Weiterruf || ~ **room** (of a computer center) [DpC] / Maschinenraum (eines Rechenzentrums), DVA-Raum || ~ **run** [Hw, Dp] / Maschinenlauf, Maschinendurchlauf || ~ **script** [DT, PE, Sw] / maschinenlesbare Datendarstellung || ~ **setup time** [Dp] / Rüstzeit || ~ **specifications** [NC] / Maschinendaten
machine-spoilt work time [Dp] / maschinenbedingte Ausfallzeit
machine test code [ES] / Maschinenprüftext || ~ **time** [Dp] / Maschinenzeit, Rechnerzeit, Rechenzeit || ~ **tolerance** [Hw] / Maschinentoleranz || ~ **tool** [NC] / Werkzeugmaschine || ~ **tool design** [NC] / Werkzeugmaschinenkonstruktion || ~ **tool engineering** [NC] / Werkzeugmaschinenwesen || ~ **tool technology** [NC] / Technologie der Werkzeugmaschinen || ~ **translation (MT)** [MAT] / maschinelle Übersetzung (MÜ) (automatische Übersetzung natürlichsprachlicher Texte) || ~ **unit** [ADp] / Maschineneinheit || ~ **utilization** [NC] / Maschinenauslastung || ~ **word** [Sw, NC] / Maschinenwort (DIN 44300, März 1972) || ~ **word length** [Mp, Sw] / Wortlänge
machining procedure [NC] / Fertigungsablauf
macro *n* [Sw] / Makroaufruf, Makro || ~ **assembler** [Mp] / Makro-Assembler || ~ **call** [Sw] / Makroaufruf, Makro || ~ **call card** [Sw] / Makroaufrufkarte || ~ **card** [Sw] / Makrokarte || ~ **code** [Sw] / Makrocode || ~ **definition** [Sw] / Makroerklärung, Makrodefinition || ≗ **definition exit (MEXIT)** [OS, Instruction] / Verarbeiten Makrodefinition Ende (MEXIT) || ~ **definition header** [Sw] / Makroanfangsanweisung || ~ **definition trailer** [Sw] / Makroendanweisung || ~ **dictionary block** [Sw] / Makroverzeichnisblock || ~ **directory** [Sw] / Makroverzeichnis || ~ **expansion** [Sw] / Makroumwandlung || ~ **field** [Sw] / Makrofeld || ~ **generating program** [Sw] / Makroumwandler, Makrogenerierer || ~ **generation** [Sw] / Makroumwandlung || ~ **generator** [Sw] / Makroumwandler, Makrogenerierer || ~ **header statement** [Sw] / Makroanfangsanweisung || ~ **identifier** [OS] / Makrokennzeichnung || ~ **instruction** [MCS] / Makrobefehl, Makroinstruktion || ~ **language** [Sw] / Makrosprache || ~ **library** [Sw] / Makrobibliothek || ~ **maintenance program** [Sw] / Makroführungsprogramm || ~ **name**

[Sw] / Makroname || ~ **operand** [Sw] / Makrooperand || ~ **operand table** [Sw] / Makrooperandentabelle || ~ **phase** [Sw] / Makrophase || ~ **processor** [OS] / Makroübersetzer
macroprogramming *n* [Sw] / Makroprogrammierung
macro prototype statement [Sw] / Makroprototypanweisung || ~ **section** [Sw] / Makroteil || ~ **statement** [Sw] / Makroanweisung || ~ **trailer statement** [Sw] / Makroendanweisung
madistor *n* [Sc] / Madistor, Magnetdiode
MADT (s. micro-alloy diffused transistor)
magazine (s. card hopper) || ~ **call** [MC] / Magazinanruf || ~ **definition** [MC] / Magazindefinition || ~ **number** [MC] / Magazinnummer || ~ **status analysis** [MC] / Magazinzustandsanalyse || ~ **usage analysis** [MC] / Magazinzustandsanalyse
magnet assembly [Co] / Magnetblock
magnetic bias [Th] / Vormagnetisierung || ~ **bias field** [PE, Sc] / Vormagnetisierungsfeld || ~ **brush motor** [HSP] / Magnetbürstenmotor || ~ **bubble** [M, Sc] / magnetische Blase || ~ **bubble memory** [M] / Blasenspeicher, Magnetblasenspeicher || ~ **card** [MC] / Magnetkarte (DIN 31631 E T2, März 1979) || ~ **card file** [MC] / Magnetkartenspeicherdatei || ~ **card magazine** [MC] / Magnetkartenspeichermagazin, Magnetkartenmagazin || ~ **card number** [MC] / Magnetkartennummer || ~ **card storage** [MC] / Magnetkartenspeicher || ~ **cell** (i.e., a storage cell in which the two possible values of one binary digit are represented by different magnetic flux patterns) [M] / magnetisches Speicherelement, magnetische Speicherzelle || ~ **character printer** [MICR] / Magnetschriftdrucker || ~ **character reader** [MICR] / Magnetschriftleser || ~ **core** [M] / Ferritkern, Magnetkern || ~ **core memory** [M] / Kernspeicher (KSP), Magnetkernspeicher || ~ **delay line** [Cir] / magnetische Verzögerungsleitung || ~ **destination storage** [Hw] / magnetisches Kopierwerk || ~ **disk** [MD] / Magnetplatte (DIN 31631 E T2, März 1979) || ~ **disk** [TES] / Magnetscheibe || ~ **disk cartridge** [MD] / Plattenkassette, Magnetplattenkassette || ~ **disk sorting** [Dp] / Magnetplattensortieren || ~ **disk storage** [MD] / Plattenspeicher (DIN 66001, Sept. 1977), Magnetplattenspeicher || ~ **disk storage unit** [MD] / Magnetplattengerät || ~ **drum** [MDr] / Magnettrommel || ~ **drum storage** [MCS, MDr] / Magnettrommelspeicher, Trommelspeicher (DIN 66001, Sept. 1977) || ~ **field** [Th] / Magnetfeld || ~ **film memory** [M, Sc] / Dünnschichtspeicher, Dünnfilmspeicher, Magnetfilmspeicher || ~ **flux density** [Sc] / magnetische Flußdichte || ~ **head** [PE] / Magnetkopf (DIN 66214, Juli 1977) || ~ **head mount** [Hw, PE] / Magnetkopfaufnahmeeinrichtung || ~ **head plate** [MT] / Magnetkopfgrundplatte || ~ **induction** [Sc] / magnetische Induktion || ~ **ink** [MICR] / magnetisierbare Tinte || ~ **ink character** [MICR] / Magnetschriftzeichen || ~ **ink character reader** [MICR] / Magnetschriftleser || ~ **ink character recognition (MICR)** / Magnetschrift-Zeichenerkennung, magnetische Zeichenerkennung (DIN 66226E, Aug. 1977) || ~ **ink document** [MICR] / Magnetschriftbeleg || ~ **ink document reader** [MICR] / Magnetschrift-Belegleser || ~ **ink document sorter-reader** [MICR] / Magnetschrift-Belegsortierer || ~ **ink font** [MICR] / Magnetschrift || ~ **ink reader-sorter** [MICR] / Sortierleser, Magnetschriftsortierer || ~ **ink scanner** [MICR] / Magnetschriftleser || ~ **layer storage** [PE] / Magnetschichtspeicher (Magnetspeicher, der zur Speicherung von Daten die magnetischen Eigenschaften einer Magnetschicht benutzt) || ~ **ledger-card computer** [Hw] / Magnetkontenautomat || ~ **reading** [MT, MD, MC, MDr, MICR] / magnetische Abtastung, magnetisches Abtasten || ~ **reading head** [PE] / Magnetlesekopf || ~ **recording** [PE] / magnetische Aufzeichnung || ~ **sensitivity** [Sc] / magnetische Empfindlichkeit || ~ **spot** [MT, MD, MC, MDr] / Magnetfleck || ~ **state** [M] / Magnetisierungszustand || ~ **storage** [M] / Magnetspeicher (Speicher, der zur Speicherung von Daten die magnetischen Eigenschaften des Speichermediums benutzt), magnetischer Speicher (im Gegensatz zu „Mikroformspeicher", „Lochstreifenspeicher" bzw.

„Kartenspeicher") || ~ **stripe** [PE] / Magnetstreifen (magnetisierbarer Streifen)
magnetic-stripe account card computer [Hw] / Magnetkontenautomat
magnetic-striped ledger unit [Hw] / Magnetkonteneinheit
magnetic-stripe ledger unit [Hw] / Magnetkonteneinheit || ~ **storage** [PE] / Magnetstreifenspeicher (auf Trägermaterial aufbringbarer magnetisierbarer Streifen)
magnetic tape [MT] / Magnetband || ~ **tape block** [MT] / Bandblock (auf Magnetband gespeicherter Block, d.h., eine zusammenhängende Folge von Bandsprossen) (DIN 66010, Apr. 1973) || ~ **tape check** [MT] / Magnetbandprüfung
magnetic-tape-controlled tape punching [PT] / magnetbandgesteuertes Streifenlochen
magnetic tape data transfer [Tr] / Magnetbandtransfer || ~ **tape deck** (s. magnetic tape device) || ~ **tape device** [MT] / Magnetbandgerät (MG) (DIN 66010, Feb. 1965), Bandgerät || ~ **tape drive** [MT] / Magnetbandlaufwerk (DIN 66010, Feb. 1966), Bandlaufwerk, Laufwerk (Teil eines Magnetbandgerätes, der zum Bewegen und Führen des Magnetbandes dient) || ~ **tape electronics** [TP] / Magnetbandelektronik
magnetic-tape-fed card punching [PC] / magnetbandgesteuertes Stanzen von Lochkarten
magnetic tape file [Sw] / Magnetbanddatei, Banddatei || ~ **tape handler** [OS] / Ein-Ausgabeprogramm für Magnetband, Magnetband-Ein-Ausgabeprogramm || ~ **tape handler** [MT] / Magnetbandgerät (Laufwerk) || ~ **tape input** [MT] / Bandeingabe, Magnetbandeingabe || ~ **tape librarian** [DpC] / Magnetbandarchivar, Bandarchivar || ~ **tape library** [DpC] / Magnetbandbibliothek, Magnetbandarchiv, Bandbibliothek, Bandarchiv || ~ **tape library card** [DpC] / Magnetbandarchivkarte, Bandarchivkarte || ~ **tape output** [Sw] / Magnetbandausgabe, Bandausgabe || ~ **tape read control** [KtT] / Magnetbandlesesteuerung || ~ **tape reader** [MT] / Magnetbandleser, Magnetbandlesegerät || ~ **tape record control** [KtT] / Magnetbandschreibsteuerung || ~ **tape sorting** [Dp] / Magnetbandsortieren, Bandsortierverfahren || ~ **tape storage** [MT] / Magnetbandspeicher, Bandspeicher || ~ **tape subsystem** [MT] / Magnetbandsubsystem
magnetic-tape-to-printer converter [HSP, MT] / Magnetband-Drucker-Umsetzer
magnetic-tape-to-punched-card converter [Hw] / Magnetband-Lochkarten-Umsetzer
magnetic tape transmission terminal [RDp] / Magnetbandeinheit für Datenfernverarbeitung || ~ **tape unit** [MT] / Magnetbandeinheit || ~ **track** [PE] / Magnetspur
magnetization, reversal of ~ [M] / Magnetisierungswechsel
magnetized ink [MICR] / magnetisierbare Tinte || ~ **ink character** [MICR] / Magnetschriftzeichen
magnet ledger card feeder [MC] / Magnetkonten-Zuführgerät
magnetomotive force sensitivity [Sc] / Durchflutungsempfindlichkeit (eines Hallmultiplikators)
magneto-optical digital memory [M] / magneto-optischer Digitalspeicher
magnetoresistive element [Sc] / Feldplatte
magneto-resistor *n* [Sc] / Feldplatte
magnetostrictive delay line [Th] / magnetostriktive Verzögerungsstrecke || ~ **delay-line storage** [RDp] / magnetostriktiver Speicher
magnitude of error [Th, Meas, AC, DpC] / Fehlergröße || ~ **of the mantissa** [Th] / ziffernmäßiger Wert der Mantisse
magslip (s. synchro)
main application / Hauptanwendung || ~ **circuit breaker** [Hw] / Hauptschutzschalter || ~ **connection** [Sc] / Hauptanschluß, Hauptstromanschluß || ~ **console** [Hw] / zentraler Bedienungsplatz, Hauptbedienungsplatz || ~ **control unit** [CU] / Hauptleitwerk, zentrales Leitwerk (bei Mehrrechnerbetrieb) || ~ **distribution frame** [Serv, TrL] / Anschlußverteiler, Hauptverteiler || ~ **frame** (originally implied the main framework of a central processing unit on which the arithmetic unit and associated logic circuits were mounted, now used loosely to refer to the central unit itself) (s. central unit) || ~ **fuse** [Hw] / Hauptsicherung || ~ **memory** (i.e., the

immediate access storage) [M, PCC] / Arbeitsspeicher (ASP), Zentralspeicher (DIN 44300, März 1972) || ~ **memory** (term used if distinction between internal memory and backing memory units, as in disk file memory systems, is required) [M] / Speicher (d.h., interner Speicher eines Systems, zu dem die Programmsteuerung unmittelbaren Zugriff hat), Internspeicher, interner Speicher, innerer Speicher || ~ **memory address** [M] / Arbeitsspeicheradresse || ~ **memory allocation** [M] / Hauptspeicherzuordnung || ~ **memory area** [M] / Arbeitsspeicherbereich, Speicherbereich, Speicherfeld || ~ **memory block** [M] / Arbeitsspeicherblock, Speicherblock || ~ **memory buffering** [M, Sw] / Arbeitsspeicherpufferung || ~ **memory capacity** [M] / Arbeitsspeicherkapazität, Speicherkapazität (Arbeitsspeicher) || ~ **memory cycle** [M, Sw] / Arbeitsspeicherzyklus || ~ **memory extension** [MCS, CP] / Arbeitsspeichererweiterung || ~ **memory interface** [M] / Arbeitsspeicherschnittstelle, ASP-Schnittstelle || ~ **memory layout** [M] / Hauptspeicherbelegung || ~ **memory location** [M] / Speicherplatz, Arbeitsspeicherplatz || ~ **memory management** [Dp] / Hauptspeicherverwaltung || ~ **memory position** [M] / Arbeitsspeicherstelle || ~ **memory protection** [M] / Hauptspeicherschreibsperre, Speicherschutz || ~ **memory requirements** [Sw] / Speicherbedarf, Speicherplatzbedarf

main-memory-resident *adj* [M] / hauptspeicherresident, arbeitsspeicherresident, speicherresident

main memory size [M] / Arbeitsspeichergröße || ~ **memory space** [M] / Arbeitsspeicherplatz (= verfügbare Arbeitsspeicherkapazität) || ~ **memory supervision** [Dp] / Hauptspeicherüberwachung || ~ **memory system** [Dp] / Hauptspeichersystem

mainpath, device ~ routine [OS] / Gerätehauptprogramm

main program [Fortran] / Hauptprogramm

mains cable [Hw, TrL] / Netzkabel || ~ **cable connection** [Hw] / Netzkabelanschluß || ~ **connection** [Hw] / Netzanschluß || ~ **failure** [Hw, DpC] / Netzausfall, Stromausfall, Stromunterbrechung || ~ **frequency** [ES] / Netzfrequenz || ~ **plug** [Hw] / Netzstecker || ~ **power line** [Hw] / Netzleitung, Starkstromleitung || ~ **socket** [Hw] / Netzdose

main storage dump (s. memory dump) || ~ **storage printout** (s. memory print)

maintain *v* [Sw] / verwalten

maintainability *n* (i.e., the ease and effectiveness with which a system can be kept in good operating condition) [Serv] / Wartungsfreundlichkeit

maintenance *n* [Dp] / Wartung (Gesamtheit der Maßnahmen zur Erhaltung der Betriebsbereitschaft bzw. der Instandsetzung nach Störungen von Datenverarbeitungssystemen einschließlich der zugehörigen Software) || **common ~ program** [Serv] / zentrales Wartungsprogramm || **corrective ~** (i.e., work required to correct a machine fault) [Hw, DpC] / fehlerbehebende Wartung, Instandsetzungswartung, Instandsetzung || **deferred ~** (i.e., maintenance which is designed to correct an existing fault, which does not necessarily prevent continued operation of the system) [Hw, DpC] / Nachrüstungswartung, verzögerte Wartung || **emergency ~** [Hw, DpC] / Sofortwartung, Eilwartung (bei Störungen) || **fire-brigade ~** (i.e., a type of corrective maintenance completed on a nonscheduled basis) [Hw, DpC] / Sofortwartung, Eilwartung (bei Störungen) || **hardware ~** [Hw, DpC] / Hardware-Wartung (Wartung der Anlage bzw. einzelner Geräte) || **off-line ~** [Hw, DpC] / Offline-Wartung (Wartung, bei der die Anlage bzw. das Gerät abgeschaltet oder aus dem produktiven Betrieb genommen werden muß) || **on-line ~** (i.e., maintenance allowing continued operation of the system) [Hw, DpC] / Online-Wartung (Wartung ohne Betriebsunterbrechung) || **preventive ~ (PM)** (i.e., maintenance carried out with the intention of preventing the occurrence of faults) [Hw, DpC] / vorbeugende Wartung, Überwachung und Instandhaltung || **program ~** (i.e., work required to make programs more efficient and otherwise amend them in accordance with changing circumstances affecting the user) [Sw] / Programmwartung, Wartung von Programmen || **regular** ~ (as opposed to emergency maintenance) [Hw, DpC] / regelmäßige Wartung || **remedial** ~ (i.e., maintenance undertaken by the contractor following equipment failure and therefore performed on an unscheduled basis) [Hw, DpC] / Bedarfswartung || **remote support** ~ [RDp, Serv] / fernunterstützte Wartung || **routine** ~ (i.e., maintenance work carried out according to a schedule, not necessarily at regular intervals, to prevent equipment failure) [Hw, DpC] / laufende Wartung || **scheduled** ~ (i.e., maintenance carried out in accordance with an established plan) [Hw, DpC] / planmäßige Wartung, geplante Wartung || **software** ~ (i.e., work required to keep programs up to date) [Sw] / Software-Wartung || **supplementary** ~ (i.e., maintenance work which is not routine maintenance or corrective maintenance, usually undertaken to improve reliability of the equipment by minor modifications) [Hw, DpC] / Änderungswartung || **unscheduled** ~ [Hw, DpC] / außerplanmäßige Wartung || **yearly** ~ [Serv] / jährliche Wartung || ~ **aid program** [Sw, Serv] / Wartungshilfsprogramm || ~ **aids** [Serv] / Wartungshilfsmittel || ~ **area** [Serv] / Wartungsfläche || ~ **center** [Serv] / Wartungsstützpunkt || ~ **contract** [Dist, Serv] / Wartungsvertrag, Abonnementvertrag, Abo-Vertrag || ~ **control panel** [Hw, CP] / Wartungsfeld || ~ **documentation** [Serv] / Wartungsunterlagen || ~ **engineer** [Serv] / Wartungsingenieur || ~ **interval** [Serv] / Wartungsabstand || ~ **macro** [OS] / Generierungsmakro || ~ **man** [Serv] / Wartungstechniker, Wartungsfachmann || ~ **manual** [Serv] / Wartungshandbuch, Wartungsanleitung || ~ **mode** [HSP] / Wartungszustand || ~ **of text data address table** [Sw] / Adreßbuchverwaltung für Textdaten || ~ **personnel** [Serv] / Wartungspersonal || ~ **planning** [Serv] / Wartungsplanung || ~ **pocket manual** [Serv] / Wartungstaschenbuch || ~ **position** [Serv] / Wartungsstellung (Schalter) || ~ **processor** [OS] / Wartungsprozessor || ~ **program** [OS, Serv] / Wartungsprogramm || ~ **requirements** [Serv] / Wartungsaufwand || ~ **schedule** [Serv] / Wartungsplan, Wartungsschema || ~ **service** [Serv] / Wartungsdienst || ~ **staff** [Serv] / Wartungspersonal || ~ **standby time** [Serv] / Wartungsbereitschaftszeit || ~ **system** [Serv] / Wartungssystem || ~ **time** [Serv] / Wartungszeit || ~ **tool kit** [Serv] / Wartungswerkzeug, Werkzeug für die Wartung || ~ **typewriter** [ES] / Wartungsblattschreiber || ~ **work** [Serv] / Wartungsarbeiten

main terminal [Sc] / Hauptanschluß, Hauptstromanschluß

major control [PC] / Übergruppenkontrolle || ~ **control break** [PC] / Übergruppenwechsel, Übergruppentrennung || ~ **control change** [PC] / Übergruppenwechsel, Übergruppentrennung || ~ **control field** [PC] / Hauptkontrollfeld, Übergruppenkontrollfeld || ~ **cycle** [Th, M, ES] / Hauptzyklus || ~ **defect** [Sc] / Hauptfehler

majority carrier [Sc] / Majoritätsladungsträger, Majoritätsträger (in einer Halbleiterzone) (DIN 41852, Aug. 1978) || ~ **element** [Cir] / Mehrheitsglied, Majoritätsglied

majority-voting logic circuit [Cir] / Mehrheitsentscheidungslogik

major key (as opposed to minor key) [RPG] / höchste Gruppenstufe || ~ **task** [PL/1] / Hauptprozeß

make-break current [RDp, Tr] / Einfachstrom

make time [Co] / Schließzeit (Kontakt)

makeup *n* [Typ] / Umbruch, Seitenumbruch

malfunction *n* [Hw] / Störung, Funktionsstörung || ~ **indicator** [Hw] / Störungsanzeiger || ~ **routine** [Sw] / Diagnoseprogramm (speziell für Hardware-Fehler), Hardware-Fehlersuchprogramm

manage *v* [Sw] / verwalten

management information system (MIS) [IDS] / Management-Informationssystem (MIS) || ~ **science** / Betriebswissenschaft

mandatory *adj* [Sw] / obligatorisch || ~ **entry** [Sw] / Pflichteintrag || ~ **instruction** [Sw] / Muß-Anweisung

man-hour *n* [Dp] / Arbeitsstunde
manipulated variable [PCC] / Stellgröße
man-machine communication [Sw] / Mensch-Maschine-Verkehr || ~ **dialog** [Th] / Mensch-Maschine-Dialog
manned operation [Dp, ES] / bedienter Betrieb
mantissa *n* (i.e., the fractional part of a logarithm; cf. "characteristic") [Th] / Mantisse (eines Logarithmus) || **magnitude of the** ~ [Th] / ziffernmäßiger Wert der Mantisse
manual *adj* / manuell || ~ **console diagnostics** [Hw, Sw] / manuelle Fehlersuche vom Bedienungstisch || ~ **control** [Fl] / Muskelkraftbetätigung || ~ **control** [PCC] / Handsteuerung || ~ **cycle** [NC] / handbedienter Zyklus || ~ **data input** [Calc, IO] / manuelle Dateneingabe (DIN 9757E, Okt. 1977), Handdateneingabe || ~ **entry unit** [IO] / Handeingabeeinheit, Gerät für manuelle Eingabe || ~ **exchange** [Tr] / Handvermittlung
manual-feed knob [PT] / Drehknopf für manuellen Vorschub
manual input unit [IO] / Handeingabeeinheit, Gerät für manuelle Eingabe || ~ **interrupt** [Sw, ES] / externe Unterbrechung, externe Unterbrechungsanforderung
manually switched [Tr] / handvermittelt
manual mode [ES] / manueller Arbeitsmodus || ~ **operation** [Dp] / manueller Betrieb, manuelle Bedienung || ~ **operator control** [DpC] / Bedienung (durch den Operator) || ~ **override** [NC] / Handübersteuerung, Handeingriff || ~ **override key** [Hw, CTW] / Löschtaste || ~ **perforator** [PC] / Handlocher, Tastaturlocher, manueller Locher || ~ **program** [NC] / handgesteuertes Programm || ~ **request** [Dp] / manuelle Anforderung (durch den Operator) || ~ **reset** [Hw] / Handrücksteller || ~ **resetting (RSM)** [OS] / manuelles Rücksetzen || ~ **restart procedure** [Dp] / manuelle Restartprozedur || ~ **selection** [ES] / manuelle Wahl || ~ **switchboard** [Tr] / Handvermittlungsschrank || ~ **switching position (MSP)** [ES] / Vermittlungsplatz || ~ **switching position program** [ES] / Vermittlungsplatzprogramm || ~ **switching system** [Tr] / Handvermittlungssystem || ~ **tape relay** (s. torn-tape relay) || ~ **tape winder** [PT] / Handwickler || ~ **telegraphy** [TP] / manuelle Telegrafie || ~ **teleprinter exchange** [ES] / Fernschreibhandvermittlung || ~ **transmission** [TP] / Handsenden
manufacturer *n* [Hw] / Herstellfirma
manufacturing documentation [Dist] / Fertigungsunterlagen || ~ **requirements** [NC] / Fabrikationsanforderungen
manuscript *n* [Typ, TES] / Manuskript || ~ (s. program manuscript)
map *n* [OCR] / Karte || [Dp] / Routinenverzeichnis
mapped memory [M] / Bildspeicher
mapping *n* [Th] / Bild, Abbildung
margin *n* [TP, Tr] / Spielraum || [HSP] / Papierrand || [Cobol, Algol] / Rand || ~ **adjustment** [TP] / Schreibrandsetzer
marginal check (MC) [Hw, PCC, Sw] / Grenzwertprüfung, Marginal-check, Randwertprüfung
marginal-check module [Hw, PCC, Sw] / Grenzwertprüfeinrichtung, Marginal-check-Prüfeinrichtung
marginal condition [Hw] / Grenzbedingung, Randbedingung || ~ **distortion value** [ES] / Verzerrungsgrenzwert
marginally-punched stationery [TP] / randgelochtes Papier
marginal perforation [PC, HSP] / Randlochung, Randperforation || ~ **punching** [PC, HSP] / Randlochung, Randperforation || ~ **test** [Hw, PCC, Sw] / Grenzwertprüfung, Marginal-check, Randwertprüfung
margin-notched card [Off] / Kerblochkarte (Nadellochkarte, in der die suchfähigen Merkmalsangaben durch Öffnung der Löcher mittels eines Kerbgerätes dargestellt sind)
margin-perforated fanfold paper [TES, TP] / Faltpapier mit Führungslochrand
margin perforation [PC, HSP] / Randlochung, Randperforation
margin-punched card (s. edge-punched card)
margin release [TP] / Randauslöser, Randlöser, Schreibrandauslöser || ~ **stop** [IO] / Randsteller || ~ **strip** [HSP] / Seitenstreifen || ~ **strip perforation** [HSP] / Seitenstreifenperforation
mark *v* [Sw] / kennzeichnen, markieren || *n* [TP] / Stromschritt (Einfachstrom) || [TP] / Trennschritt (Doppelstrom) || ~ (i.e., an impression made manually by pencil or stamp in predetermined positions on certain documents, such as mark sense cards, mark scanning sheets, etc.) [Dp] /

Strichmarkierung, Markierung, Zeichen, Strich || ~ **column** [OCR] / Markierungsspalte || ~ **column pitch** [OCR] / Markierungsspaltenabstand || ~ **detection** [Dp] / Markierungsabfühlung, Zeichenabfühlung (allgemein) || ~ **detection device** [IO] / Markierungsleser (Dateneingabegerät zum maschinellen Lesen von Markierungsbelegen oder Strichkarten), Strichmarkierungsleser

marked page (s. mark sheet) || ~ **page reader** (s. mark sheet reader)

mark entry [OCR] / Markierungseintrag

marker *n* [ES] / Einsteller || ~ **bit** [Sw] / Kennbit, Kennzeichenbit, Markierungsbit || ~ **strip** [HSP] / Markierungsstreifen (Filz)

mark field [IO, OCR] / Strichmarkierungsfeld || ~ **inclination** [IO, OCR] / Strichneigung

marking and spacing intervals [TP] / Impuls- und Pausendauer || ~ **block** [HSP] / Markierungsblock (Band) || ~ **code** [ES] / Markiercodezeichen || ~ **current** [ES] / Trennstrom || ~ **element** (s. stop-polarity element) || ~ **error rate** [OCR] / Markierungsfehlerrate || ~ **label** [Hw] / Beschriftungsschild || ~ **number** [HSP] / Markierungsnummer (Band) || ~ **pulse** (s. stop-polarity element) || ~ **record** [HSP] / Markierungssatz (Band) || ~ **sequence** [ES] / Einstellablauf (Koppler) || ~ **signal** [TP] / Stromschritt (Einfachstrom) || ~ **signal** [TP] / Trennschritt (Doppelstrom) || ~ **tolerance** [OCR] / Markiertoleranz

mark input system [OCR] / Markierungseingabesystem || ~ **length** [OCR] / Strichlänge

Markov chain [Cy] / Markowsche Kette || ≗ **source** [Th, Cy] / Markowsche Quelle

mark page [IO] / Markierungsbeleg (mit Strichmarkierungen versehener Beleg, z.B. TÜV-Prüfbogen) || ~ **page design** [IO] / Belegentwurf (Markierungsleser) || ~ **page reader** [OCR] / Markierungsbelegleser, Markierungsleser für Belege (ML) (separates Gerät zum maschinellen Lesen von Markierungsbelegen) || ~ **position** [OCR] / Markierungsstelle, Markierungsposition || ~ **position sort feature** [OCR] / Lagesortiereinrichtung || ~ **reader** [IO] / Markierungsleser (Dateneingabegerät zum maschinellen Lesen von Markierungsbelegen oder Strichkarten), Strichmarkierungsleser || ~ **read feature** [IO] / Markierungsleseeinrichtung || ~ **read field** [OCR] / Markierungslesefeld || ~ **reading** [OCR] / Markierungslesen, Markierungsabtasten || ~ **reading device** [IO] / Markierungsleser (Dateneingabegerät zum maschinellen Lesen von Markierungsbelegen oder Strichkarten), Strichmarkierungsleser || ~ **reading rate** [OCR] / Markierungslesegeschwindigkeit || ~ **reading station** [IO] / Markierungslesestation || ~ **recognition** [OCR] / Erkennung von Markierungen, Markierungserkennung || ~ **scanning** [OCR] / Markierungslesen, Markierungsabtasten || ~ **scanning device** [IO] / optischer Markierungsleser, Markierungsleser (optische Abtastung) || ~ **scanning document** [OCR] / Markierungsbeleg (optische Abtastung)

mark-sense *v* [Dp] / durch Zeichenabfühlung lesen

mark sense card (carrying marks made with some conductive material to be sensed electrically) [IO, PC] / Zeichenlochkarte, Markierungslochkarte, Strichlochkarte, Strichkarte (Lochkarte mit besonderen, zum Anbringen von Strichmarkierungen geeigneten Feldern) || ~ **sense feature** [IO] / Markierungslesezusatz (zum Abtasten von Zeichenlochkarten an Lochkartenlesern) || ~ **sense field** [OCR] / Markierungslesefeld || ~ **sense punching** [IO, PC] / Zeichenlochung (Übertragen der eingestrichenen Markierungen in Lochungen) || ~ **sensing** [OCR] / Markierungslesen, Markierungsabtasten || ~ **sensing** (i.e., for marks made with an electrographic pencil containing conductive ink) [OCR] / Zeichenabfühlung || ~ **sensing device** [Dp] / Markierungsleser (elektrische Abtastung) || ~ **sensing reproducer** [IO] / Zeichenlocher (speziell für das Abtasten und Lochen von Strichkarten eingerichteter Lochkartendoppler), Lochkartendoppler mit Zeichenlochung, Kartendoppler mit Zeichenlochung || ~ **sheet** [IO] / Markierungsbeleg (mit Strichmarkierungen versehener Beleg, z.B. TÜV-Prüfbogen) || ~ **sheet reader (MSR)** [OCR] / Markierungsbelegleser,

Markierungsleser für Belege (ML) (separates Gerät zum maschinellen Lesen von Markierungsbelegen) || ~ **sheet reader paper** [OCR] / Markierungsleserpapier, ML-Papier
mark-space multiplier unit [ADp] / Modulationsmultiplizierer
mark thickness [IO, OCR] / Strichstärke (einer Strichmarkierung)
mask *v* [Sc] / maskieren, abdecken || *n* [Sw] / Maske || [Mp] / Metallisierungsmaske || **gap between ~ and wafer** [Sc] / Spalt zwischen Maske und Halbleiterscheibe || ~ **alignment** [Mp, IC] / Maskenjustierung, Maskenausrichtung || ~ **bit** [Sw] / Maskenbit
masking *n* [Mp, Sc] / Maskierung (DIN 41852, Aug. 1978)
mask instruction [Sw] / Ausblendbefehl || ~ **out** *v* [TES] / ausblenden
mask-programmable ROM [Mp] / Masken-ROM
mask-programmed *adj* [Mp] / maskenprogrammiert || ~ **ROM** [Mp] / Masken-ROM
mask programming [Mp] / Maskenprogrammierung || ~ **register** [CP, ES] / Maskenregister || ~ **size** [Sc] / Maskengröße
mass memory (s. mass storage) || ~ **storage** [PE] / Großspeicher (GSP) || ~ **storage** [Cobol] / Massenspeicher || ~ **storage magazine** [PE] / Großspeichermagazin || ~ **storage unit magazine** [PE] / Großspeichermagazin
MASTAP (s. master system tape)
master artwork [IC] / Originalvorlage (für die fotografische Verkleinerung von Schaltungen) || ~ **card** [PrC, PC] / Bestandskarte, Hauptkarte || ~ **card gangpunching** [PC] / Stanzen mit durchsetzten Hauptkarten || ~ **card insertion device** [PC] / Einrichtung zur Hauptkarteneinführung in die Lochstation || ~ **clock** [ES] / zentraler Netztakt, Haupttakt || ~ **clock** (s. master clock signal generator) || ~ **clock signal generator** [ES] / Haupttaktgeber || ~ **code number** [ES] / Stammnummer || ~ **computer** [Dp] / Leitrechner || ~ **data set** [Dp] / Stammdatei || ~ **data sheet** [Dist] / Hauptprogrammierblatt || ~ **data sheet** [IDS] / Leitblatt || ~ **deck** [PCC] / Masterstapel || ~ **document** (s. source document) || ~ **file** [Dp] / Stammdatei, Bestandsdatei, Hauptdatei || ~ **file block** [Sw] / Block im Hauptsatzbereich || ~ **fuse** [Hw] / Hauptsicherung || ~ **fuse alarm** [DpC] / Hauptsicherungsalarm || ~ **index** [OS] / Hauptindex || ~ **network node** [ES] / Master-Netzknoten || ~ **power supply** [Hw] / führende Stromversorgung || ~ **record** [Sw] / Hauptsatz, Stammeintrag || ~ **scheduler** [OS] / Master-Scheduler || ~ **station** [ES] / Voramt || ~ **switch** [Hw] / Hauptschalter || ~ **system tape (MASTAP)** [Sw] / Systemstammband || ~ **tape** [MT] / Normband, Stammband, Bestandsband, Hauptband || ~ **terminal** [Tr] / Leitstelle || ~ **track index** [PE, Sw] / Hauptspurindex
MAT (s. machine-aided translation)
match *v* [PL/1] / übereinstimmen || ~ (s. equivalence operation)
matching *n* [PCC] / Anpassung || ~ **cards** [PC] / paarige Karten || ~ **circuit** [Hw] / Anpassungsschaltung || ~ **error** [NC] / Ausgleichfehler || ~ **field** [RPG] / Paarigkeitsfeld || ~ **module** [Hw] / Anpassungsgruppe || ~ **panel** [TP] / Anpassungsschiene || ~ **primary cards** [PC] / paarige Erstkarten || ~ **record code** [RPG] / Paarigkeitsbezugszahl || ~ **record field** [RPG] / Paarigkeitsfeld || ~ **record indicator** [RPG] / Paarigkeitsbezugszahl || ~ **transformer** [TP] / Anpassungstransformator || ~ **unit** [TP] / Anpassungseinheit (APE)
match-merge *n* [PC] / Mischen mit Aussteuern
material implication (s. conditional implication operation)
mathematical analysis of language [MAT] / mathematische Sprachanalyse || ~ **check** [Dp, Sw] / arithmetische Prüfung, Rechenprüfung || ~ **linguistics** [Term, MAT] / mathematische Linguistik || ~ **logic** [Th] / mathematische Logik, symbolische Logik, formale Logik || ~ **model** [Th] / mathematisches Modell || ~ **process model** [PCC, Sw] / mathematisches Prozeßmodell (DIN 66201E T1, Apr. 1979) || ~ **programming** [Th, Sw] / mathematische Programmierung || ~ **term** [Th] / mathematischer Ausdruck || ~ **treatise** [Th] / mathematische Abhandlung
matrix *n* [Sw] / Bereichsmatrix || [HSP, Th, M] / Matrix || ~ **address** [HSP] / Matrixadresse || ~ **algebra** [Th] / Matrixalgebra || ~ **area** [Sw] / Matrixbereich || ~ **calculus** [Th] / Matrizenrechnung || ~ **core memory** [M] / Matrixkernspeicher || ~ **dot** [HSP] / Bildpunkt || ~ **expansion feature** [OCR] / Matrixerweiterung || ~ **image** [HSP] /

Rasterbild || ~ **impact printer** [HSP, DT] / mechanischer Matrixdrucker, mechanischer Mosaikdrucker, mechanischer Rasterdrucker || ~ **memory (MXM)** [HSP] / Matrixspeicher, Zeichenspeicher, Bildspeicher || ~ **memory address** [HSP] / Bildspeicheradresse || ~ **memory expansion feature** [HSP] / Zeichenspeicherzusatz, Zeichenspeichererweiterung, Zeichenvorratsspeicher-Erweiterung, Zusatzzeichenspeicher || ~ **memory output** [HSP] / Bildspeicherausgang || ~ **module** [ES] / Kopplerbaugruppe || ~ **module** [Sc] / Matrixbaugruppe || ~ **notation** [Th] / Matrizendarstellung, Matrizenschreibweise || ~ **path** [ES] / Koppelweg || ~ **printer** [HSP, DT] / Matrixdrucker, Mosaikdrucker, Rasterdrucker, Mosaikrasterdrucker || ~ **representation** [HSP] / Matrixdarstellung || ~ **size specification** [Sw] / Matrixangabe || ~ **storage** [M] / Matrixspeicher (DIN 66001, Sept. 1977), Koordinatenspeicher || ~ **switching relay** [ES] / Koppelrelais || ~ **switch path** [ES] / Koppelfeldweg || ~ **wire** [ES] / Koppelader

matter of public record [Priv, IDS] / allgemein zugängliche Information

mattress wiring [Serv] / Mattenverdrahtung

max builtin function [PL/1] / (eingebaute) Maximum-Funktion || ~ **function** [PL/1] / (eingebaute) Maximum-Funktion

maximum amplitude [RDp] / Maximalwert der Amplitude || ~ **configuration** [Hw] / Vollausbau, Maximalausbau || ~ **continuous current** [Sc] / Grenzgleichstrom || ~ **current characteristic** [Sc] / Grenzstromkennlinie || ~ **d.c. current** [Sc] / Grenzgleichstrom || ~ **effect** [Cy] / Maximumeffekt || ~ **frequency** [Sc] / maximale Frequenz, Schwingfrequenz || ~ **frequency of oscillation** [Sc] / maximale Schwingfrequenz, höchste Schwingfrequenz || ~ **gate nontrigger current** [Sc] / unterer Zündstrom || ~ **gate nontrigger voltage** [Sc] / untere Zündspannung || ~ **length** [PL/1] / Maximallänge || ~ **overload characteristic** [Sc] / Überstrom-Grenzkennlinie || ~ **reverse voltage** [Sc] / maximale Sperrspannung || ~ **r.m.s. forward current** [Sc] / Grenzeffektivstrom || ~ **total value** (of current) [Sc] / Größtwert des Gesamtstroms

MC (s. marginal check)

MCA (s. multiprocessor communications adapter)

MCP (s. multichannel communication program)

MCS (s. multichannel communications system)

MD (s. Multiply long)

MDS (s. microcomputer development system) || ≗ **text editor** [MCS] / Text-Editor (Hilfsprogramm bei Mikrocomputer-Entwicklungssystemen)

ME (s. Multiply short to long)

mean access time [PE, MD] / mittlere Zugriffszeit || ~ **conditional information content** [Th, Cy] / mittlerer bedingter Informationsgehalt (DIN 44301, Feb. 1977), bedingte Entropie (DIN 44301, Feb. 1977) || ~ **delay** [ES] / mittlere Wartedauer || ~ **entropy per character** [Th, Cy] / mittlerer Informationsbelag (einer Nachrichtenquelle) (DIN 44301, Feb. 1977) || ~ **forward current** [Sc] / Mittelwert des Durchlaßstroms || ~ **free path** [Sc] / mittlere freie Weglänge || ~ **Hall plate temperature** [Sc] / mittlere Temperatur des Hallplättchens || ~ **holding time** [ES] / mittlere Belegungsdauer, mittlere Belegungszeit || ~ **information content** [Th, Cy] / mittlerer Informationsgehalt (DIN 44301, Feb. 1977), Entropie (DIN 44301, Feb. 1977) || ~ **information content per character** [Th, Cy] / mittlerer Informationsbelag (einer Nachrichtenquelle) (DIN 44301, Feb. 1977)

meaning *n* [Cy] / Nachrichteninhalt, semantischer Gehalt (eines Zeichens, einer Nachricht usw.) || **conceptual** ~ [Term] / Begriffsinhalt (DIN 2330, März 1979), Intension (DIN 2330, März 1979)

mean life [Sc] / mittlere Lebensdauer || ~ **on-state current** [Sc] / mittlerer Durchlaßstrom || ~ **power** [Sc] / mittlere Leistung || ~ **repair time** (i.e., in a given time period, the ratio of time spent in corrective maintenance of a unit to the number of unit failures) [Hw, Serv] / mittlere Reparaturzeit || ~ **reverse voltage** [Sc] / Mittelwert der Sperrspannung

mean-square deviation (s. standard

deviation)
mean temperature coefficient of output voltage [Sc] / mittlerer Temperaturkoeffizient der Ausgangsspannung || ~ **time between failures (MTBF)** [Hw, QC] / mittlerer Ausfallabstand, mittlere störungsfreie Zeit || ~ **time to repair (MTTR)** [Hw, Serv] / mittlere Reparaturzeit || ~ **transinformation content** [PE, Th] / mittlerer Transinformationsgehalt (DIN 44301, Feb. 1977) || ~ **transinformation content per character** [PE, Th] / mittlerer Transinformationsbelag (einer Nachrichtenverbindung) (DIN 44301, Feb. 1977) || ~ **value** [Th] / Mittelwert
measure, basic ~ [Typ] / Grund-Satzbreite (eines Textes) || **full** ~ [Typ] / Zeilensollmaß, (vorgegebene) Satzbreite || **to justify a text stream until the type fills the** ~ [Typ] / einen Text auf die gewünschte Zeilenbreite ausschließen
measured data acquisition [PCC] / Meßwerterfassung || ~ **value** [Dp] / Meßwert || ~ **variables** [PCC] / Meßergebnis || ~ **variables amplifier** [PCC] / Meßwertverstärker || ~ **variables transmitter** [PCC] / Meßwertgeber
measure instruction [Sw] / Satzbreitenbefehl
measurement check [PCC] / Meßwertprüfung || ~ **indicator** [Meas, Co] / Meßwertanzeiger (DIN 40100 T7, Aug. 1978) || ~ **logger** [PCC, Meas] / Meßschreiber, Meßwerterfassungsgerät || ~ **plan** [ES] / Pegelplan || ~ **setup** [Cir] / Meßanordnung
measuring circuit [NC] / Meßkreis || ~ **error** [PCC, Meas] / Fehlmessung, Meßwertfehler || ~ **instrument** [Fl] / Meßgerät || ~ **point** [PCC, Meas] / Meßpunkt, Meßstelle || ~ **point scanner** [PCC] / Meßstellenwähler || ~ **point selector** [PCC] / Meßstellenwähler || ~ **range** [Meas] / Meßbereich (Leiterplatte) || ~ **relay** [NC] / Meßrelais
mechanical counter [Hw] / mechanisches Zählwerk || ~ **design** [Hw] / konstruktive Ausführung || ~ **didactics** [CAI, Cy] / mechanische Didaktik || ~ **fault** [Hw] / mechanischer Fehler || ~ **life** [NC] / mechanische Lebensdauer || ~ **memory** [CAI, Cy] / mechanische Speicherung || ~ **precision engineering** / Feinmechanik || ~ **punch** [PC] / Handlocher, Tastaturlocher, manueller Locher || ~ **sensing** [PT, PC] / mechanische Abtastung, mechanisches Abtasten, mechanische Abfühlung, mechanisches Abfühlen || ~ **verifier** [PC] / mechanischer Handlochprüfer
mechanization *n* / Mechanisierung
medical data [Priv, IDS] / Gesundheitsdaten
medium *n* [Dp] / Datenträger (DIN 44300, März 1972) || ~ **access storage** [M] / Speicher mit mittlerer Zugriffszeit || ~ **point voltage** (magnetic diodes) [Sc] / Mittelpunktspannung
medium-scale integration (MSI) [Sc] / Kleinbereich-Integration
medium-speed concentrator [ES] / Konzentrator mittelschnell (KMS)
meet operation (s. AND operation)
meltback *n* [Sc] / Rückschmelzen || ~ **diffused transistor** [Sc] / Rückschmelz-Diffusionstransistor || ~ **technique** [Sc] / Meltback-Verfahren, Nachschmelzverfahren, Rückschmelzverfahren || ~ **transistor** [Sc] / Meltback-Transistor, Schmelzperlen-Transistor
melting point [Sc] / Schmelzpunkt
melt-quench transistor [Sc] / Rückschmelz-Abschreck-Transistor (Transistor mit durch Zurückschmelzen und Abschrecken gewonnenen Übergangszonen)
member *n* [PL/1] / Strukturglied || ~ **of a file** [Sw] / Glied einer Datei
memory *n* [Cy] / Gedächtnis || [Cobol] / (Intern)speicher || ~ (as opposed to backing storage media such as magnetic tape, magnetic disk or magnetic drum storage; often also called "storage") [M] / Speicher (d.h., interner Speicher eines Systems, zu dem die Programmsteuerung unmittelbaren Zugriff hat), Internspeicher, interner Speicher, innerer Speicher || ~ (cf. storage) || **main** ~ (i.e., the immediate access storage) [M, PCC] / Arbeitsspeicher (ASP), Zentralspeicher (DIN 44300, März 1972) || ~ **access** [M] / Speicherzugriff || ~ **access request** [M] / Anforderung auf Arbeitsspeicherzugriff || ~ **address** [Mp, Sw] / Speicheradresse || ~ **address enable** [ES] / Speicheradressenfreigabe || ~ **address listing** [Sw] / Adreßliste || ~ **address ORing** [ES] / Speicherwortadreßmischung, Speicheradreßmischung || ~ **address**

register [CU] / Speicheradreßregister || ~ **allocation** [M] / Speicherverteilung, Speicherplatzzuteilung, Speicherzuordnung, Speicherplatzzuweisung || ~ **and sequence request control** [ES] / Speicher- und Anforderungssteuerung (SAS) || ~ **area** [M] / Arbeitsspeicherbereich, Speicherbereich, Speicherfeld || ~ **array tester** [Cir] / Speicherfeldprüfgerät || ~ **assignment** (s. memory allocation) || ~ **bank** [ES] / Speicherbank (SB) || ~ **bank address** [ES] / Speicherbankadresse (SBAD) || ~ **bank address register** [ES] / Speicherbankadreßregister (SBADR) || ~ **bank bit counter** [ES] / Speicherbankschrittzähler (SBSZ) || ~ **bank cycle address** [ES] / Speicherbankzyklusadresse (SBZAD) || ~ **bank error register** [ES] / Speicherbankfehlerregister (SBFER) || ~ **bank error stop** [ES] / Speicherbankfehlerhalt || ~ **bank junction** [ES] / Speicherbankknoten || ~ **bank occupancy** [ES] / Speicherbankbelegung || ~ **bank output sequence** [ES] / Speicherbankausgabefolge (SBAF) || ~ **bank standard interface trunk code** [ES] / Speicherbank-Normanschlußkennung (SBNK) || ~ **bank testing status bit** [ES] / Speicherbankprüfzustandsbit || ~ **block** [M] / Arbeitsspeicherblock, Speicherblock || ~ **buffering** [M, Sw] / Arbeitsspeicherpufferung || ~ **buffer register** [CP] / Speicherpufferregister || ~ **capacity** [M] / Arbeitsspeicherkapazität, Speicherkapazität (Arbeitsspeicher) || ~ **capacity requirements** (s. main memory requirements) || ~ **card** [Mp, Co] / Speicherkarte || ~ **change-over routine** [ES] / Speicherumschalteroutine || ~ **code** [Sw] / mnemotechnischer Befehlscode, mnemonischer Code || ~ **contents** [Sw] / Speicherinhalt || ~ **control** [CP] / Speichersteuerung || ~ **cycle** [Mp] / Operationszyklus || ~ **cycle** (i.e., the complete sequence of operations required to insert or extract a unit of data from memory) [M] / Speicherzyklus || ~ **cycle acknowledgment** [ES] / Speicherzyklusquittung || ~ **cycle acknowledgment signal** [ES] / Speicherzyklusquittung || ~ **cycle request register** [ES] / Speicherzyklus-Anforderungsregister (SZAR) || ~ **cycle time** [M] / Zykluszeit des Arbeitsspeichers, Speicherzykluszeit || ~ **data enable** [ES] / Speicherdatenfreigabe || ~ **deallocation** [Sw] / Speicherplatzfreigabe || ~ **display** [Mp] / Speicherausgabe || ~ **dump** [M, Sw] / Speicherabzug (Abzug aus dem Arbeitsspeicher), Arbeitsspeicherabzug || ~ **dump and print** [Sw] / Zweiphasenspeicherauszug || ~ **dump number** [Sw] / Speicherauszugnummer || ~ **dump routine** [Sw] / Speicherauszugroutine || ~ **element** [Dp] / Speicherbaustein || ~ **expansion** [ES] / Speichererweiterung || ~ **extension feature** [M] / Arbeitsspeichererweiterung (Hardware), Erweiterungsspeicher || ~ **input buffer** [M] / Eingabepuffer im Arbeitsspeicher || ~ **input indicator** [ES] / Speichereingabemeldung (SEM) || ~ **input notice** [ES] / Speichereingabemeldung (SEM) || ~ **input-output control** [ES] / Speicher-Ein-Ausgabesteuerung (SEAS) || ~ **interface** [M] / Arbeitsspeicherschnittstelle, ASP-Schnittstelle || ~ **load indicator** [Sw] / Speicherplatzangabe || ~ **location** [M] / Speicherplatz, Arbeitsspeicherplatz || ~ **modification** [Mp] / Speicheränderung || ~ **occupancy table** [Sw] / Speicherbelegungstabelle, Speicherbelegungsliste, Speicherfreiliste || ~ **occupancy table maintenance** [ES] / Speicherbuchhaltung || ~ **of a channel** [Th, Cy] / Gedächtnis eines Kanals || ~ **operation** [M, ES] / Speicheroperation || ~ **operation code** [ES] / Speicheroperationscode (SOPC) || ~ **operation code register** [ES] / Speicheroperationscoderegister || ~ **operation control** [CP] / Speicheroperationssteuerung (SOPS) || ~ **operation mode** [ES] / Speicheroperationsmodus (SOPM) || ~ **output notice** [ES] / Speicherausgabemeldung (SAM) || ~ **output request** [ES] / Speicherausgabeanforderung (SAF) || ~ **output request logic** [ES] / Speicherausgabe-Anforderungslogik (SAL) || ~ **output request register** [ES] / Speicherausgabe-

Anforderungsregister (SAFR) || ~ **parity error** [DS, OS] / Parityfehler im Speicher || ~ **pointer** [MCS, CU] / Basisregister || ~ **print** (i.e., the output of memory locations to a printer) [M] / Speicherausdruck, Arbeitsspeicherausdruck || ~ **printout** (s. memory print) || ~ **print program** [Sw] / Speicherabzugprogramm, Speicherausdruckprogramm || ~ **protect deactivation priority** [ES] / Speicherschutz-Ungültigkeitspriorität || ~ **protect deactivation register** [ES] / Speicherschutz-Ungültigkeitsregister || ~ **protect error** [M] / Speicherschutzfehler || ~ **protect extension feature** [M] / Speicherschutzerweiterung || ~ **protect feature** [M] / Bereichsschutz, Speicherschreibsperre, Speicherbereichsschutz || ~ **protect feature** [M] / Speicherschutzeinrichtung || ~ **protection** [DS, M] / Speicherschutz || ~ **protection control** [ES] / Speicherbereichsschutz-Steuerung || ~ **protection logic** [M] / Speicherbereichsschutzlogik || ~ **protect key** [M, Sw] / Bereichsschutzschlüssel, Speicherschutzschlüssel, Speicherschlüssel || ~ **protect logic** [M] / Speicherbereichsschutzlogik || ~ **protect switch** [M] / Bereichsschutzschalter || ~ **protect violation** [M, ES] / Bereichsüberschreitung im Arbeitsspeicher, Speicherbereichsschutzfehler, Speicherschutzfehler || ~ **protect violation bit** [ES] / Speicherbereichsschutz-Fehlerbit (SBS-Bit), Speicherschutzfehlerbit (SSF) || ~ **region** [ES] / Speicherbezirk || ~ **region address** [ES] / Bezirksadresse || ~ **region address register** [ES] / Bezirksadreßregister || ~ **region branch** [ES] / Bezirkssprung || ~ **region change** [ES] / Bezirkswechsel || ~ **region command** [ES] / Speicherbezirkbefehl || ~ **region indication** [ES] / Bezirksangabe || ~ **register (MR)** [CU] / Speicherregister || ~ **relay** [Co] / Speicherrelais || ~ **requirements (MR)** [Sw] / Speicherbedarf, Speicherplatzbedarf

memory-resident *adj* [M] / hauptspeicherresident, arbeitsspeicherresident, speicherresident

memory selection [ES] / Speicherauswahl || ~ **selection command** [ES] / Speicherauswahlbefehl || ~ **selection register** [ES] / Speicherauswahlregister (SAR) || ~ **size** [M] / Arbeitsspeichergröße || ~ **size** [Cobol] / (Intern)speichergröße || ~ **space requirements** (s. main memory requirements) || ~ **special priority condition** [ES] / Speichersonderprioritäts-Zustand (SSPZ) || ~ **special priority selection logic** [ES] / Speichersonderprioritäts-Auswahllogik || ~ **special priority selector** [ES] / Speichersonderprioritäts-Auswahl || ~ **stack** [M] / Matrixblock || ~ **standard interface** [ES] / Speichernormschnittstelle || ~ **structure** [ES] / Speichereinteilung || ~ **table** [ES] / Speicherliste || ~ **technology** [M] / Speichertechnik (bes. Arbeitsspeicher usw.) || ~ **test control** [ES] / Speicherteststeuerung (STS) || ~ **test routine** [ES] / Speicherprüfroutine (SPR), Speichertestprogramm || ~ **unit** [M] / Speichereinheit (Speicher, der als Arbeitsspeicher zur ZE gehört) || ~ **wiring matrix** [M] / Arbeitsspeicher-Verdrahtungsfeld || ~ **with/without parity control** [ES] / Speicher mit/ohne Paritätssicherung || ~ **word** [M] / Speicherwort || ~ **word address** [ES] / Speicherwortadresse (SWAD) || ~ **word address line** [ES] / Speicherwortadreßleitung || ~ **word address register** [ES] / Speicherwortadressenregister || ~ **word input** [ES] / Speicherworteingabe (SWE) || ~ **word ORing** [ES] / Speicherwortmischung || ~ **word output** [ES] / Speicherwortausgabe (SWA)

mercury memory [M] / Quecksilberspeicher || ~ **storage** [M] / Quecksilberspeicher

merge *v* (i.e., to create a single ordered file from two or more ordered sets of records, where the original sets must first be arranged in the same sequence by sorting) [Dp, OS] / mischen (DIN 66001, Sept. 1977), mergen || *n* [PC, Dp, Sw] / Mischen, Merge || ~ **generator** [Sw] / Mischprogrammgenerator || ~ **run** [Dp, Sw] / Mischdurchlauf || ~ **sorting** [Dp, OS] / Mischsortieren, Sortieren und Mischen

merging *n* [PC, Dp, Sw] / Mischen, Merge ||

~ **of data** [Sw] / Mischen von Daten
mesa technique [Sc] / Mesatechnik (DIN 41852, Aug. 1978) || ~ **transistor** [Tr, Sc] / Mesatransistor
meshed network [RDp] / vermaschtes Netz
message *n* [Dp] / Nachricht (DIN 44300, März 1972) || [RDp] / Telegramm (abgeschlossene verarbeitbare Datenmenge) || ~ **blocking** [ES] / Nachrichtenrückstand durch verzögerte Weitergabe || ~ **block length** [ES] / Nachrichtenblocklänge || ~ **byte** [RDp, Tr] / Nachrichtenbyte || ~ **call-in operation** [ES] / Anrufbetrieb || ~ **destination** [Tr] / Bestimmungsort (Nachricht) || ~ **dissemination** [RDp, TP] / Nachrichtenverteilung || ~ **distribution** [RDp, TP] / Nachrichtenverteilung || ~ **diversion** [ES] / Umleiten von Nachrichten, Umsteuerung von Nachrichten || ~ **duration** [ES] / Nachrichtendauer || ~ **exchange** [RDp, Tr] / Nachrichtenaustausch || ~ **feedback** [DS, Tr] / Fehlerkontrolle mit Rückwärtsübertragung || ~ **flow** [RDp, Tr] / Nachrichtenfluß || ~ **format** [ES] / Nachrichtenformat || ~ **formatting** [ES] / Nachrichtenformatierung || ~ **group** [Sw] / Meldungsgruppe || ~ **handler module** [ES] / Nachrichtenbehandlungsbaustein || ~ **handling** [ES] / Nachrichtenbehandlung || ~ **header** [Tr] / Nachrichtenvorsatz, Nachrichtenkopf || ~ **heading** (s. message header) || ~ **identifier** [Sw] / Nachrichtenkennung || ~ **information** [Tr] / Nachrichteninhalt (Nutzsignal) || ~ **interval** [TP] / Nachrichtenzwischenraum, Nachrichtenlücke || ~ **label check** [MD] / Kennsatzprüfung || ~ **length** (i.e., the number of bits or characters per message) [RDp, Tr] / Umfang der Meldung (Nachrichtenlänge) || ~ **log** [RDp, Tr] / Nachrichtenprotokoll || ~ **organization symbol** [RDp, Tr] / Nachrichtenstruktursymbol || ~ **pair** [ES] / Sprechadern || ~ **priority** [RDp, Tr] / Nachrichtenpriorität || ~ **processing** [RDp, Tr] / Nachrichtenverarbeitung || ~ **recipient** [RDp, Tr] / Nachrichtenempfänger || ~ **segment** [Sw] / Teilnachricht || ~ **sink** [Th, Cy] / Nachrichtensenke (DIN 44301, Feb. 1977) || ~ **source** [Th, Cy] / Nachrichtenquelle (DIN 44301, Feb. 1977) || ~ **space** [Cy] / Nachrichtenraum, Nachrichtenmenge || ~ **subgroup** [Sw] / Meldungsuntergruppe || ~ **switching** [ES] / Speichervermittlung (Vorgang) || ~ **switching center** [ES] / Speichervermittlung (Amt), Speichervermittlungsstelle, Nachrichten-Speichervermittlungsstelle || ~ **switching network** [RDp, Tr] / Speichervermittlungsnetz || ~ **switching system** [ES] / Speichervermittlungssystem, Nachrichtenvermittlungssystem || ~ **system** [Th, Cy] / Nachrichtensystem (DIN 44301, Feb. 1977) || ~ **throughput** [RDp, Tr] / Nachrichtendurchsatz || ~ **traffic** [ES] / Nachrichtenverkehr || ~ **transfer time** (i.e., waiting time plus actual transmission time) [RDp] / Übermittlungszeit || ~ **transmission** [Tr] / Textübermittlung, Nachrichtenübertragung || ~ **transmitting circuit** [ES] / Nachrichtensendestromkreis
message-waiting indicator [Tr] / Nachrichtenwartezeitanzeiger
messmotor *n* [PCC] / Meßmotor
meta language [Sw, MAT] / Metasprache
metal-bonded pc board [Sc] / geklebte Schaltungsplatte
metal-enclosed dry-reed relay [Co] / Stahlkoppler, Stahlrelais
metal gate [Sc, Co] / Metallgatter || ~ **inlay** [HSP] / Metalleinschluß (im Papier) || ~ **interface transistor** [Sc] / Metall-Zwischenschichttransistor, MI-Transistor || ~ **layer** [Sc] / Metallbelag (Kondensator)
metallic bond [Sc] / metallische Bindung || ~ **crystal** [Sc] / Metallkristall || ~ **film resistor** [Co] / Metallschichtwiderstand || ~ **rectifier** [Sc] / Trockengleichrichter, Kontaktgleichrichter
metallization fault [Sc] / Metallisierungsfehler || ~ **layer** [Sc] / Metallisierungsschicht
metal-nitride-oxide semiconductor (MNOS) [Sc, Co] / Metall-Nitrid-Oxid-Halbleiter
metal-nitride semiconductor field-effect transistor (MNS FET) [Sc] / MNS-Transistor (MNS-FET)
metal-on-glass pattern [Sc] / Metall-auf-Glas-Struktur || ~ **photomask** [Sc] / Metall-auf-Glas-Fotomaske
metal-oxide semiconductor (MOS) [Sc] / Metalloxid-Halbleiter (MOS) || ~ **semiconductor field-effect**

transistor (MOS FET) [Sc] / Metalloxid-Feldeffekttransistor (MOS-FET) || ~ **varistor (MOV)** [Co, Sc] / Metalloxid-Varistor
metal rectifier [Sc] / Trockengleichrichter, Kontaktgleichrichter
metal-sheathed wire [Hw] / Rohrdraht
metal spraying [Sc] / Aufspritzen
metal-to-semiconductor contact [Sc] / Metall-Halbleiter-Kontakt
meta-stable output configuration [Cir] / metastabile Ausgangskonfiguration (bei einer Folgeschaltung)
meta statement [Sw] / Metaanweisung
metered variable transmitter [RDp, Tr] / Meßwertgeber
metering point [RDp, Tr] / Meßpunkt, Meßstelle || ~ **pulse** [ES] / Zählimpuls || ~ **pulse generator** [ES] / Zähltaktgeber, Impulstaktgeber || ~ **pulse selector** [ES] / Zählimpulsgeber (ZIG) || ~ **pump** [HSP] / Dosierpumpe
meter pulse [ES] / Zählimpuls || ~ **pulse transmission** [ES] / Zählimpulsübermittlung || ~ **signal** [ES] / Zählzeichen
metric calibration [Meas] / metrische Kalibrierung
MEXIT (s. Macro definition exit)
MH (s. Multiply halfword)
MHD (s. moving head disk)
MICR (s. magnetic ink character recognition)
micro*n* [MCS] / Mikrocomputer (MIC)
micro-alloy diffused-base transistor [Sc] / diffusionslegierter Transistor || ~ **diffused transistor (MADT)** [Sc] / Mikro-Alloy-Diffusions-Transistor || ~ **diffusion technique transistor** [Sc] / MADT-Transistor (Mikro-Alloy-Diffusions-Transistor) || ~ **transistor** [Sc] / Mikro-Alloy-Transistor
micro-assembly*n* [Sc] / Mikrobaustein, Mikrobaueinheit
microcard*n* [PC] / Mikrofilmkarte
microcircuit*n* [Sc, Co] / Mikroschaltung, Mikrominiatur-Baugruppe
micro code [Sw] / Mikrocode, Mikrobefehlscode
microcolumn*n* [HSP] / Mikrospalte || ~ **clock** [HSP] / Mikrospaltentakt || ~ **register** [HSP] / Mikrospaltenregister || ~ **shift** [HSP] / Spaltenfeinverschiebung
microcomputer*n* [MCS] / Mikrocomputer (MIC) || **monoboard** ~ [MCS] / Einkartenrechner, Einplatinen-Rechner || ~ **backplane** [Hw, MCS] / Mikrocomputer-Rückwandplatine || ~ **development system (MDS)** [Mp] / Mikrocomputer-Entwicklungssystem (MES) || ~ **editor** [MCS] / Editor (Hilfsprogram zur Änderung, Korrektur und Ausgabe von Anwenderprogrammen) || ~ **kit** [Mp] / Mikrocomputersatz
microcomputer-language compiler [Mp] / Mikrocomputersprachen-Compiler
microcomputer program [Mp] / Mikrocomputerprogramm || ~ **training center** [Mp] / Mikrocomputerschule
microcontact*n* [Sc] / Kleinkontakt
microcontrol*n* [Dp] / Kleinstgerätesteuerung
micro-editor*n* [Rep] / Mikrofilmschneidetisch
microelectronic element [Co] / mikroelektronischer Baustein
microelectronics*n* [Dp] / Mikroelektronik, Mikrominiaturelektronik
microfiche*n* [COM, Rep] / Mikrofiche (Mikroform in Form einer Planfilmkarte, auf der streifen- oder kolonnenförmig Folgen von Mikrobildern aufgetragen sind) (DIN 31631E T2, März 1979) || ~ **storage** [DOK Rep] / Mikrofichespeicher (Speicher, der zur Speicherung von Daten Mikrofiches benutzt)
microfilm*n* [COM, Rep] / Mikrofilm (Speichermedium in Form eines zusammenhängenden Rollfilms, der eine Folge von Mikrobildern enthält) || ~ (unexposed) [DOK, COM, Typ, Rep] / Dokumentenfilm (DIN 19060E) || ~ (exposed) [DOK, COM, Typ, Rep] / Mikrofilm (DIN 19060E) || **to ~ on COM equipment** [COM] / COM-verfilmen || ~ **camera** [Rep] / Mikrofilmkamera || ~ **department** [DOK] / Mikrofilmstelle || ~ **developer** [Rep] / Mikrofilmentwickler || ~ **equipment** [Rep] / Mikrofilmgeräte
microfilming*n* [Rep] / Mikroverfilmung
microfilm printer [Rep] / Rückvergrößerungsgerät || ~ **processing** [Rep] / Mikrofilmverarbeitung || ~ **processor** [Rep] / Mikrofilmentwicklungsautomat || ~ **reader** [Rep] / Mikrofilmlesegerät || ~ **storage** [DOK, Rep] / Mikrofilmspeicher (Speicher, der zur Speicherung von Daten Mikrofilmrollen benutzt) || ~ **testing device** [Rep] / Mikrofilmprüfgerät

micro flowchart [Sw] / Befehlsdiagramm
microform *n* [DOK, Rep] / Mikroform (Speichermedium, auf dem Daten in Form von Mikrobildern gespeichert sind) || ~ **data base** [Rep] / Mikroform-Datenbasis || ~ **storage** [DOK, Rep] / Mikroformspeicher (Speicher, der zur Speicherung von Daten Mikroformen benutzt)
micro-image *n* [COM, Rep] / Mikrobild (optische Verkleinerung von Originalen, die mit dem menschlichen Auge nur durch Vergrößerungsgeräte gelesen werden kann)
microinstruction *n* [Mp] / Mikrobefehl || ~ **retry** [OS] / Wiederholung von Mikroprogrammschritten
microline *n* [HSP] / Mikrozeile
micromini (s. microcomputer)
micro-miniaturization *n* [Sc] / Mikrominiaturisierung
micromodule *n* [Cir] / Mikromodul, Kleinstbaugruppe
micromotion study [Cy] / Griff- und Bewegungsstudium
micron pattern [Sc] / Mikronstruktur
micro-operation *n* [ES] / Mikrooperation
micropattern *n* [Sc] / Mikrostruktur
microprocessor *n* [Mp] / Mikroprozessor (MIP) || **8-bit parallel** ~ [Mp] / 8-Bit-paralleler Mikroprozessor (Prozessor eines Mikrocomputers, dessen Register und Busse 8 Informationsbits speichern und parallel übertragen können) || **single-chip** ~ (complete microprocessor fabricated on a single LSI chip) [Mp] / 1-Chip-Mikroprozessor
microprocessor-controlled *adj* (plotter, etc.) [Mp] / mikroprozessorgesteuert
microprocessor unit (MPU) [Mp] / Mikroprozessor (MIP)
microprogram *n* [Dp, Sw] / Mikroprogramm || ~ **execution** [Mp] / Mikroprogrammablauf
microprogrammability *n* [Mp] / Mikroprogrammierbarkeit
microprogrammed processor [Dp] / mikroprogrammierter Prozessor
microprogramming *n* [Sw] / Mikroprogrammierung
microprogram ROM [Mp] / Mikroprogramm-ROM
microscope objective [Sc] / Mikroskopobjektiv
microstrip *n* [IC] / Mikrostreifen
microstructure *n* [Co] / Mikrostruktur
microswitch *n* [Hw] / Mikroschalter
microsynchronism, to operate in ~ [ES] / mikrosynchron arbeiten
microsynchronization *n* [ES] / Mikrosynchronisation
microtelegram *n* [ES] / Mikrotelegramm || ~ **bit** [ES] / Telegrammbit || ~ **termination** [ES] / Mikrotelegrammanschluß
microwave oscillator [Sc] / Mikrowellenresonator || ~ **radio hop** [Tr] / Richtfunkteilstrecke, Mikrowellenteilstrecke || ~ **transistor** [Sc] / Mikrowellentransistor
microword read-only memory [M] / Mikrowort-Festwertspeicher
mid-band telegraph transmission [ES] / Mittentelegrafie
middle space (i.e., a space of 1/4 em-quad) [Typ] / Viertelgeviert
middleware *n* [Dp] / Middleware (Hardware- bzw. Software-Hilfsmittel, die es erlauben, ein Programm auf einem nicht kompatiblen Anlagenmodell ablaufen zu lassen, z.B. Emulator, Konvertierungsprogramm usw.)
mid-frequency *n* [RDp, Tr] / Mittenfrequenz
midi computer [MCS] / Midi-Computer, Midirechner, Kompaktrechner
migrate *v* [Sc] / wandern (Elektron)
milled screw [Hw] / Kordelschraube
mill-finished paper [HSP] / maschinenglattes Papier
min builtin function [PL/1] / (eingebaute) Minimum-Funktion || ~ **function** [PL/1] / (eingebaute) Minimum-Funktion
mini *n* [MCS] / Minicomputer, Minirechner
miniature brazing [Sc] / Mikroschweißung || ~ **core** [M] / Miniaturkern || ~ **tape core** [MT] / Zwergbandkern
miniaturisation *n* [NC] / Miniaturisierung
miniaturized circuit [NC] / Miniaturschaltung
mini-cassette *n* [TES] / Minicassette (für Diktataufnahmeautomat usw.)
minicomputer *n* [MCS] / Minicomputer, Minirechner
minicontrol *n* [AC] / Kleingerätesteuerung
minimization *n* [SA] / Minimierung (Prüfung eines digitalen Systems auf minimale Zahl von Grundschaltungen) || ~ **program** [SA] / Minimierungsprogramm
minimum-access coding [Dp] /

zeitoptimales Programmieren || ~ **program** (s. optimally coded program) || ~ **programming** [Sw] / Bestzeitprogrammierung, Bestzeitcodierung, optimale Programmierung

minimum configuration [Hw] / Mindestausstattung, Minimalausrüstung, Minimalkonfiguration || ~ **distance code** [Th] / Code mit Mindest-Hammingabstand, Code mit Minimalabstand || ~ **gate trigger current** [Sc] / oberer Zündstrom, Mindeststeuerstrom || ~ **gate trigger voltage** [Sc] / Mindeststeuerspannung, obere Zündspannung || ~ **operating pressure** [Fl] / Mindestbetriebsdruck || ~ **pitch** [OCR] / Mindestabstand (zw. Markierungsspalten) || ~ **pressure** [Fl] / Mindestdruck || ~ **pressure range** [Fl] / Minderdruckbereich || ~ **protect time** [Sw] / Mindestschutzzeit || ~ **switching pressure** [Fl] / Mindestschaltdruck || ~ **system configuration** [Hw] / Anlagen-Mindestausstattung || ~ **voltage cutout** [ES] / Spannungsminimalautomat

minor control [PC] / Untergruppenkontrolle || ~ **control break** [PC] / Untergruppenwechsel, Untergruppentrennung || ~ **control change** [PC] / Untergruppenwechsel, Untergruppentrennung || ~ **control field** [PC] / Untergruppenkontrollfeld, niedrigster Ordnungsbegriff || ~ **defect** [Sc] / Nebenfehler

minority carrier [Sc] / Minoritätsladungsträger, Minoritätsträger (in einer Halbleiterzone) (DIN 41852, Aug. 1978)

minor key [RPG] / niedrigste Gruppenstufe || ~ **level** [RPG] / niedrigste Gruppenstufe || ~ **sort key** [Sw] / Nebensortierbegriff

minuend *n* [Th] / Minuend

minus *adv* (-) [Fortran] / minus || ~ **sign** [Th] / Minuszeichen || ~ **zoning** [Sw] / Minuszonung

minutes *pl* [Sw] / Protokoll (Sitzungsprotokoll)

mirror *n* [HSP] / Spiegel || ~ **clock** [HSP] / Spiegeltakt || ~ **drive** [HSP] / Spiegelantrieb || ~ **face** [HSP] / Spiegelfläche || ~ **image reproducibility** [NC] / Programmspiegelung

MIS (s. management information system)

miscellaneous symbols [Fl] / verschiedene Zeichen

misfeed *n* [OCR] / Fehler beim Belegabzug || [PC] / Zuführungsfehler, fehlerhafte Zuführung, Transportfehler

misinterpretation *n* [ES] / Falschauswertung (Signale, Befehle)

mispunched card [PC] / fehlerhafte Karte

mispunching *n* [PC] / Falschlochung, falsche Lochung

missing entry [Sw] / fehlende Angabe || ~ **page interruption** [VS] / Seitenwechselanforderung

mistracking *n* [TP] / Gleichlauffehler

mixed base [Th] / gemischte Basis

mixed-base notation [Th] / Gemischtbasis-Schreibweise, Gemischtbasis-Darstellung, Radixschreibweise mit gemischter Basis

mixed code [ES] / Mischcode || ~ **conductivity** [Sc] / gemischte Leitfähigkeit || ~ **crystal** [Sc] / Mischkristall || ~ **network** [ES] / Verbundnetz || ~ **notation** [DOK] / gemischte Notation (Notation, in der Buchstaben und Ziffern zugelassen sind) || ~ **number** [Th] / gemischte Zahl || ~ **radix** [Th] / gemischte Basis

mixed-radix notation [Th] / Gemischtbasis-Schreibweise, Gemischtbasis-Darstellung, Radixschreibweise mit gemischter Basis

mixed semiconductor [Sc] / gemischter Halbleiter

mixer shaft [HSP] / Mischwalze || ~ **shaft position** [HSP] / Mischwalzenstellung

M module [HSP] / Modifikationsmodul, M-Modul

mnemonic *adj* [Sw] / mnemotechnisch || ~ **code** [Sw] / mnemotechnischer Befehlscode, mnemonischer Code || ~ **device name** [Sw] / mnemotechnischer Gerätename, Gerätekurzbezeichnung || ~ **machine instruction** [ES] / Maschinenbefehl in Assemblersprache

mnemonic-name *n* [Cobol] / Merkname

mnemonic notation [DOK] / mnemotechnische Notation (Notation, die zur besseren Merkbarkeit mnemotechnische Elemente verwendet) || ~ **operation code** [Sw] / mnemotechnischer Operationscode

mnemonics *n* [Th] / Mnemotechnik

mnemonic separator [Sw] /

mnemotechnisches Trennwort || ~ **symbol** [Sw] / mnemonisches Symbol
MNOS (s. metal-nitride-oxide semiconductor) || ≗ **technology** (metal-nitride-oxide semiconductor technology) [Mp] / MNOS-Technologie
MNS FET (s. metal-nitride semiconductor field-effect transistor)
mobile *adj* [Hw] / fahrbar || ~ **hole** [Sc] / Defektelektron
mod builtin function [PL/1] / (eingebaute) Modulo-Funktion
mode *n* [PL/1] / (Zahlen)modus || ~ **adapter** [Tr] / Anschalteeinheit || ~ **change** [ES] / Betriebsartenwechsel || ~ **identifier** [ES] / Moduskennzeichnung
model *n* [Hw] / Ausführung (Modell) || [Th, Cy] / Modell || ~ **network** [ADp] / Netzwerknachbildung, Netzmodell || ~ **number** [Hw] / Modellnummer || ~ **of learning** (s. learning theory) || ~ **statement** [Sw, ES] / Modellanweisung
modem *n* [MCS] / Übermittlungseinheit, Übermittlungselement || [Mp, Tr] / Modem (= MOdulator + DEModulator) (DIN 44302, Apr. 1979) || ~ **cabinet** [RDp] / Modemschrank
mode of application [Dp] / Einsatzart || ~ **of failure** [Co, Sc] / Erscheinungsform des Ausfalls || ~ **of operation** [OS, ES, NC] / Betriebsart, Maschinenbetriebsart
mode-of-operation plug [Hw] / Betriebsartenstecker
mode of signaling [ES] / Signalisierungsart || ~ **of transmission** [DT, Tr] / Übertragungsart
mod function [PL/1] / (eingebaute) Modulo-Funktion
modification *n* (of addresses, etc.) [Sw] / Modifikation || ~ **entry** [Sw] / Modifikationseintrag || ~ **field** [ES] / Modifikationsteil || ~ **file** (s. activity file) || ~ **log** [Dp] / Änderungsprotokoll || ~ **module** [Sw] / Änderungsmodul || ~ **module** [HSP] / Modifikationsmodul, M-Modul || ~ **package** [ES] / Änderungspaket || ~ **parameter** [Sw] / Änderungsparameter || ~ **program** [Sw] / Änderungsprogramm || ~ **record** [Sw] / Änderungssatz || ~ **run** [Sw] / Änderungslauf || ~ **service** [Dp, IDS] / Änderungsdienst, Fortschreibung || ~ **set** [Sw] / Modifikationssatz || ~ **statement** [Sw] / Modifikationsanweisung || ~ **tape** [MT, Dp] / Änderungsband || ~ **text** [HSP] / Modifikationstext
modifier *n* [ES] / Modifizierfaktor || ~ **bit** [ES] / Modifikationsbit || ~ **block** [Sw] / Modifikationsblock, Änderungsblock || ~ **card** (s. patch card) || ~ **register** [CP] / Indexregister (DIN 44300, März 1972), Bezugsregister || ~ **storage** [CP] / Indexspeicher
modular *adj* / modular, in Baukastenform || ~ **component** [Hw] / Steckbaustein || ~ **design** [Hw] / Modularbauweise, Bausteinbauweise || ~ **frame** [NC] / Steckrahmen
modularity *n* (i.e., a condition exhibited by a hardware or software system that permits the subsequent expansion of the system by the addition of standard modular units) [Hw, Sw] / Modularität, Bausteinsystem (Prinzip)
modular programming (i.e., a programming technique in which each program is divided at the planning stage into a number of logical parts or modules) [Sw] / modulares Programmieren || ~ **program package** [Sw] / Baustein-Programmpaket || ~ **system** [Hw, Sw] / Modularsystem, modulares System, Bausteinsystem
modulate *v* [Tr] / modulieren
modulation *n* [Tr] / Modulation || [TP] / Telegrafiermodulation || ~ **element** [TP] / Modulationselement || ~ **equipment** [RDp, Tr] / Modulationsgerät || ~ **index** [Tr] / Modulationsindex || ~ **keying** [TP] / Telegrafiermodulation || ~ **rate** [TP] / Telegrafiergeschwindigkeit || ~ **rate** (i.e., the reciprocal of the duration of the unit signal element, expressed in "baud"; cf. "data signaling rate") [Tr] / Schrittgeschwindigkeit (DIN 44302, Apr. 1979) || ~ **register** [HSP] / Modulationsregister || ~ **supervision slide-in chassis** [Co] / Modulationsüberwachungs-Einschub || ~ **transfer function** [OCR] / Modulationsverstärkung, Kontrastübertragungsfunktion
module *n* [Cobol] / Modul (pl. Moduln oder Module) || / Modul (Bestandteil eines modularen Hardware- oder Softwaresystems) || [Co] / Modul (vollständiges Schaltwerk bzw. gedruckte Schaltung auf keramischer Trägerplatte) || [Hw, Mp, Co] / Baustein (aus mehreren Bauelementen aufgebaute logische Verknüpfungs- und Speichereinheit, z.B. Flipflop; cf. „Bauelement" und „Baugruppe") || ~ (self-contained subset of a program) [Sw] / Programmodul,

Programmbaustein (DIN 44300, März 1972) || **program ~** [Sw] / Programmodul, Programmbaustein (DIN 44300, März 1972) || **~ card** [Sw] / Modulkarte || **~ card deck** [Sw] / Modulkartenstapel || **~ circuit** [Mp] / Bausteinschaltung || **~ control** [Sw] / Modulsteuerung || **~ control command** [HSP] / Befehl zur Modulsteuerung || **~ for parallel input of characters** [PCC] / Baustein für Zeichen-Paralleleingabe || **~ for parallel output of characters** [PCC] / Baustein für Zeichen-Parallelausgabe || **~ frame** [Hw, Sc] / Einschubrahmen || **~ library** [OS] / Modulbibliothek, Bibliothek für verschiebliche Programme, Bibliothek der übersetzten Programme, Bibliothek für Objektmoduln || **~ library update** [OS] / Ändern einer Modulbibliothek || **~ name** [Sw] / Modulname

modulo *n* [Th] / Modulo || **~ 2** [Th] / Basis 2, Modulo 2

modulo-n check [Th] / Modulo-N-Kontrolle, Modulo-N-Prüfung, Restprüfung || **~ count** [CU] / Modulo-N-Zählen || **~ counter** [M] / Modulo-N-Zähler (DIN 44300, März 1972)

modulus of decay [VDT, Sc] / Ausschwingmodul (Speicherröhre) || **~ of elasticity** [Sc, Th] / Elastizitätskonstante

MOL (s. machine-oriented language)

molecular crystal [Sc] / Molekularkristall || **~ electronics** [Co] / Molekularelektronik || **~ sieve** [Sw] / Molekularsieb

momentary action switch [Hw] / federnder Schalter || **~ contact operate channel** [PCC] / kurzzeitiger Kontaktgabekanal || **~ switch** [Hw] / federnder Schalter

momentum exchange [Co, Sc] / Kraftaustausch, Stoßkraftaustausch

monadic operation (i.e., a processing operation performed upon one operand) [Th] / monadische Operation, monadische Verknüpfung

monitor *v* [Dp] / überwachen || *n* [OS] / Monitor, Monitorprogramm, Überwachungsprogramm || **~ area** [OS] / Monitorbereich || **~ card** [OS] / Monitorsteuerkarte || **~ card deck** [OS] / Monitorkartenstapel || **~ control** [OS] / Monitorsteuerung || **~ control card** [OS] / Monitorsteuerkarte || **~ control card set** [Sw] / Monitorsteuerkartensatz || **~ control statement** [OS] / Monitorsteueranweisung

monitored control system [NC] / überwachtes Regelsystem

monitor file [OS] / Monitordatei || **~ information** [OS] / Monitorinformation

monitoring *n* [Th] / Überwachung || **~ channel** [ES] / Überwachungskanal (für Störungsrückmeldung) || **~ circuit** (s. local record connection) || **~ counter** [ES] / Überwachungszähler || **~ count register** [ES] / Überwachungszählregister (UZR) || **~ element** [NC] / Überwachungselement || **~ feedback** [NC] / stabilisierende Rückführung, Kontrollrückführung || **~ function** [ES] / Überwachungsfunktion || **~ loop** [ES] / Überwachungsschleife || **~ module** [Th] / Überwachungsbaugruppe || **~ period** [Sw, ES] / Überwachungszeit || **~ point** [PCC, Meas] / Meßpunkt, Meßstelle || **~ print** (s. local record) || **~ printer** [IO, TP] / Kontrollblattschreiber, Kontrollmaschine || **~ program** (s. monitor program) || **~ routine** [Sw] / Überwachungsroutine || **~ system** [Sw] / Überwachungssystem

monitor jack [Serv] / Prüfklinke || **~ jack panel** [Serv] / Prüfklinkenfeld || **~ job sequence** [OS] / Monitorablauffolge || **~ job stream** [OS] / Monitorablauffolge || **~ parameter card** [OS] / Monitorsteuerkarte || **~ phase** [OS] / Monitorphase || **~ program** [OS] / Monitor, Monitorprogramm, Überwachungsprogramm || **~ run** [OS] / Monitorlauf || **~ session** [OS] / Monitorlauf || **~ statement** [OS] / Monitoranweisung || **~ step** [OS] / Monitorschritt || **~ teleprinter** [TP] / Mitlesemaschine

monoboard microcomputer [MCS] / Einkartenrechner, Einplatinen-Rechner

monochromatic *adj* [Sc] / monochromatisch

monochromaticity *n* [HSP] / Monochromasie, Einfarbigkeit (einer Strahlung usw., z.B. des Lasers)

monocrystal *n* [Sc] / Einkristall, Monokristall

monocrystalline *adj* [Sc] / einkristallin, monokristallin

monolith *n* [Cir, Sc] / Festkörperschaltung, Festkörperschaltkreis, Monolith

monolithic integrated circuit [Sc] / monolithische integrierte Schaltung ||

~ **storage technique** [M] / Monolithspeichertechnik || ~ **systems technology** [Dp] / Halbleitertechnik
monophase *adj* [Sc, TrL] / einphasig
monostable circuit [Cir] / monostabiles Kippglied, monostabile Kippstufe, Monoflop || ~ **flip-flop** (s. one-shot multivibrator) || ~ **multivibrator** (s. one-shot multivibrator) || ~ **trigger circuit** (s. one-shot multivibrator)
Monte-Carlo method [Sw] / Monte-Carlo-Methode
monthly maintenance [Hw, DpC] / monatliche Wartung
morpheme *n* [Term] / Morphem (DIN 2330, März 1979)
morphogram *n* [Cy] / Morphogramm
morphogrammatic compound [Cy] / morphogrammatische Kette
morphological *adj* [MAT] / morphologisch
morphology *n* [MAT] / Morphologie
morse code [ES, TP] / Morsecode || ~ **dash** [TP] / Morsestrich || ~ **dot** [TP] / Morsepunkt || ~ **key** [TP] / Morsetaste || ~ **printer** [TP] / Morseübersetzer (zur Übersetzung von Morsezeichen in Typenschrift) || ~ **space** [TP] / Morsezwischenraum || ~ **telegraphy** [TP] / Morsetelegrafie
MOS (s. metal-oxide semiconductor)
mosaic printer (s. matrix printer) || ~ **telegraphy** [TP] / Mosaiksystem, schreibende Drucktelegrafie
MOS compatibility [Sc] / MOS-Kompatibilität || ≗ **component** [Sc] / MOS-Bauelement || ≗ **FET** (s. metal-oxide semiconductor field-effect transistor)
MOS FET technology [Dp] / MOS-FET-Technologie
MOS n-channel silicon gate technology [Mp] / n-Kanal-Silizium-Gate-MOS-Verfahren || ≗ **technology** [Sc] / MOS-Technologie || ≗ **transistor** [Sc] / MOS-Transistor
most significant bit (MSB) [Th] / höchstwertiges Bit, werthöchstes Bit, Bit mit dem höchsten Stellenwert || ~ **significant bit position** [Th] / höchste Bitstelle || ~ **significant character** [Th] / höchstwertiges Zeichen || ~ **significant digit** [Th] / höchstwertige Stelle, höchstwertige Ziffer
motherboard *n* [Hw] / Mehrlagen-Verdrahtungsplatte, mehrlagiges Verdrahtungsfeld
motivator *n* [PCC] / Mobilitätsmotor
motor capacitor [Th, Meas] / Motorkondensator || ~ **carbon brush holder** [TP] / Motorkohlenhalter
motor-driven duplicating punch [PC] / Motorwiederholungslocher || ~ **punch** (s. motor drive punch) || ~ **set point adjuster** [PCC] / motorischer Sollwertsteller || ~ **verifier** [PC] / Motorlochprüfer
motor drive pulse [TP] / Motoransteuerimpuls || ~ **drive punch** [PC] / Motorlocher, Motormagnetlocher || ~ **drive verifier** [PC] / Motorlochprüfer
motorized keyboard [TP] / motorbetätigtes Tastenwerk, Tastatur mit motorangetriebenen Wählschienen
motor-operated punch (s. motor drive punch)
motor punch (s. motor drive punch)
motorswitch *n* [ES] / Motorwähler
motor uniselector [ES] / Motordrehwähler
mount *v* (IC on substrate, etc.) [Sc] / auftragen, montieren || ~ (tape, disk, etc.) [Hw, Sw] / einhängen || ~ (tape, cartridge, etc.) [Sw] / einlegen || **to ~ a disk** [MD] / eine Platte einsetzen, eine Platte einhängen
mountable device [Dp] / Gerät mit austauschbarem Datenträger
mounting (s. tape former) || ~ **base temperature** [Sc] / Sockeltemperatur, Grundplattentemperatur || ~ **board** [TP] / Trägerplatte (Tastatur) || ~ **bracket** [Th] / Montagewinkel || ~ **compartment** [HSP] / Aufnahmefach || ~ **dimensions** [Hw] / Einbaumaß, Einbauabmessungen || ~ **frame** [Th] / Montagerahmen || ~ **location** [Co] / Einbauplatz || ~ **position** [Hw] / Einbauposition || ~ **position limit** [Hw] / Einbaubegrenzung || ~ **strip** [HSP] / Halteleiste, Befestigungsleiste (für Dia usw.)
M-out-of-N code [Th, Tr] / M-aus-N-Code
MOV (s. metal-oxide varistor)
move *v* [Sw] / bewegen
Move [OS, Lisp] / Übertragen || ≗ **characters (MVC)** [OS, Lisp] / Übertragen Zeichenfolge (MVC) || ≗ **immediate (MVI)** [OS, Lisp] / Übertragen Zeichen (MVI) || ≗ **long (MVCL)** [OS, Instruction] / Übertragen lang (MVCL)
movement *n* (of the printwheel) [TP] / Lauf (Typenscheibe), Typenscheibenlauf || ~ **reversal** [NC] /

Umkehr, Umsteuerung
move mode [OS] / Übertragungsmodus || ~ **numerics** [OS, Lisp] / Übertragen numerisch || ~ **remainder** [OS, Instruction] / Übertragen Rest || ~ **stack Address (MSAR)** [OS, Instruction] / Verschieben Datenkelleradresse (MSAR) || ~ **statement** [Cobol] / Übertragungsanweisung || ~ **with offset (MVO)** [OS, Lisp] / Übertragen mit Versetzen (MVO) || ~ **zone operation** [RPG] / Zonenübertragung || ~ **zones (MVZ)** [OS, Lisp] / Übertragen Zonen (MVZ)
moving arm disk [MT] / Wechselplattenspeicher || ~ **head disk (MHD)** [MT] / Wechselplattenspeicher
MP (s. Multiply decimal)
MPU (s. microprocessor unit)
MR (s. memory requirements) || ~ (s. memory register) || ~ **indicator** (s. matching record indicator)
MSAR (s. Move stack Address)
MSB (s. most significant bit)
MSI (s. medium-scale integration) || ~ **technology** (medium-scale integration technology) [IC] / MSI-Technologie
MSP (s. manual switching position)
MSR (s. mark sheet reader)
MT (s. machine translation)
MTBF (s. mean time between failures)
MTR module (magnetic core transistor-relay module) [Tr] / MTR-Baustein
MTTR (s. mean time to repair)
multiaddress*adj* [Sw] / Mehradreß-... || ~ **branching** [ES] / gefächerter Sprung || ~ **circuit** [ES] / Rundschreibkreis || ~ **connection** [RDp] / Rundschreibverbindung || ~ **distribution network** [RDp] / Rundschreibverteilernetz || ~ **facilities** [RDp] / Rundschreibeinrichtungen || ~ **identifier** [ES] / Kennung des Rundsendedienstes
multiaddressing*n* [Tr] / Mehrfachadressierung
multiaddress instruction [Mp] / Mehradreßbefehl || ~ **message** [RDp] / Rundschreibnachricht, Mehrfachadreßnachricht || ~ **message transmission** [RDp] / Rundschreibbetrieb || ~ **operation** [RDp] / Rundschreibbetrieb || ~ **service** [ES] / Rundsendedienst
multi-aperture core [Hw] / Mehrlochkern
multi-armature relay [Co] / Mehrankerrelais
multibyte instruction [Mp] / Mehrwortbefehl
multichannel*n* [ES] / Multiplex || ~ **carrier telephony band** [ES] / TF-Übertragungsband || ~ **communication program (MCP)** [OS] / Mehrkanal-Datenübertragungsprogramm || ~ **communications system (MCS)** [Tr] / Mehrkanal-Datenübertragungssystem, Mehrkanalsystem || ~ **modem** [RDp] / Mehrkanal-Modem (Modem, der Leitungsbündelung für Remote-Schaltungen, Netzwerksteuerungen usw. erlaubt) || ~ **switch** [PE] / Mehrkanalschalter || ~ **switch cabinet** [Hw] / Schrank für Mehrkanalschalter
multi-chip integrated circuit [Sc] / aus mehreren Plättchen bestehende integrierte Schaltung
multicircuit switch [ES] / Serienschalter
multicolored printing [HSP] / Mehrfarbendruck
multicomputer system [PCC] / hierarchisches Prozeßrechensystem (DIN 66201E T1, Apr. 1979)
multicontrol*n* [NC] / Vielfachkontrolle
multi-copy paper (s. multipart paper)
multicore cable [RDp, Tr] / vieladriges Kabel
multi-coupler*n* [Th, Meas] / Trennverstärker
multicycle card feeding [PC] / Mehrgangkartenzuführung, Kartenmehrfachdurchlauf || ~ **feeding** [PC] / Mehrgangkartenzuführung, Kartenmehrfachdurchlauf || ~ **sort** [Sw] / Sortieren in mehreren Zyklen
multi-device controller [Hw] / Mehrgerätesteuerung
multi-disk file [MD] / Mehrplattendatei
multi-drive disk storage [MD] / Großplattenspeicher (mehrere Laufwerke + Steuerung)
multidrop circuit [RDp] / Mehrpunktschaltung || ~ **line** [RDp] / Übertragungsleitung mit mehreren Stationen (Gruppenverbindung) || ~ **transmission** [Tr] / Übertragung zwischen mehreren Stationen
multi-emulator*n* [OS] / Multiemulator
multi-extent file [Dp] / Datei mit mehreren Bereichen
multi-file processing [Sw] / Mehrdateiverarbeitung || ~ **reel** [MT] / Mehrdateienband, Mehrdateienspule
multifont reader [OCR] / Multifontleser,

Mehrschriftenleser
multifunction card machine [PC] / Mehrfunktionskarteneinheit
multi-job operation [Dp] / Mehrfachbetrieb || ~ **scheduling** [OS] / Vielfach-Jobsteuerung
multilayer board (s. platter) || ~ **circuit board** [Hw] / Mehrlagen-Verdrahtungsplatte, mehrlagiges Verdrahtungsfeld || ~ **metallization** [Co, Sc] / Vielschichtmetallisierung || ~ **technique** [Co, Sc] / Mehrschichtverfahren
multilevel address [Sw] / indirekte Adresse || ~ **addressing** [Sw] / indirekte Adressierung || ~ **interrupt** (s. multilevel priority interrupt) || ~ **modulation** [Tr] / mehrstufige Modulation || ~ **modulation method** [Tr] / mehrstufiges Modulationsverfahren || ~ **priority interrupt** [Mp] / mehrstufige Programmunterbrechung, Mehrpegelunterbrechung || ~ **program interrupt** [Mp] / mehrstufige Programmunterbrechung, Mehrpegelunterbrechung
multilingual terminology data bank [MAT] / mehrsprachige Terminologiedatenbank
multi-memory system [ES] / Multispeichersystem || ~ **unit** [ES] / Multispeichereinheit
multimeter *n* [Meas] / Vielfachmeßinstrument, Multimeter
multimode operation [Dp] / Betrieb mit mehreren Betriebsarten
multipart form set [HSP, Off] / Durchschreibsatz, Schnelltrennsatz || ~ **paper** [HSP, TP] / mehrlagiges Papier
multi-party line [ES] / Mehrfachanschluß
multipath distortion [RDp] / Verzerrung durch Mehrwegübertragung || ~ **transmission** [RDp] / Mehrfachübertragung, Mehrwegübertragung
multi-phase *adj* / mehrphasig || ~ **current** [Serv] / Mehrphasenstrom
multiple *v* [ES, Tr] / vielfachschalten || *n* [ES, Tr] / Vielfach, Vielfachschaltung || [Sw] / Vielfache || ~ **access** [Dp] / Mehrfachzugriff
multiple-address *adj* [Sw] / Mehradreß-... || ~ **code** [Sw] / Mehradreßcode || ~ **computer** [Dp] / Mehradreßmaschine || ~ **instruction** [Mp] / Mehradreßbefehl || ~ **machine** [Dp] / Mehradreßmaschine || ~ **message** [RDp] / Rundschreibnachricht, Mehrfachadreßnachricht || ~ **message transmission** (s. multiaddress operation)
multiple answer [IDS] / Mehrfachantwort (bei Befragung einer Datenbank) || ~ **aperture core** [Hw] / Mehrlochkern || ~ **closure** [PL/1] / mehrfacher Abschluß || ~ **column control feature** [PC] / Mehrspaltensucher, Mehrspaltensucheinrichtung || ~ **column selector** [PC] / Mehrspaltensucher, Mehrspaltensucheinrichtung || ~ **computer system** [PCC] / Mehrfach-Prozeßrechensystem (DIN 66201 E T1, Apr. 1979) || ~ **computing system** [PCC] / Mehrfach-Prozeßrechensystem (DIN 66201 E T1, Apr. 1979) || ~ **decoder** [Hw] / Mehrfachdecodierer || ~ **fault** [Tr] / Mehrfachfehler
multiple-file option [Cobol] / Mehrdateiangabe
multiple image [Fax] / Geisterbild || ~ **input selection logic** [ES] / Mehrfacheingabeauswahllogik || ~ **jack** [Hw] / Vielfachklinke, Vielfachbuchse
multiple-length arithmetic [Th] / Rechnen mit mehrfacher Wortlänge || ~ **working** [Sw] / Arbeiten mit mehrfacher Wortlänge, Arbeiten mit mehrfacher Genauigkeit
multiple level interrupt (s. multilevel priority interrupt) || ~ **line card** [PC] / Mehrzeilenkarte || ~ **line format** [PC] / Mehrzeilenformat || ~ **line printing** [PC] / Mehrzeilenschreibung || ~ **line reading** [PC] / Mehrzeilenabfühlung || ~ **line read selection** [PC] / Mehrzeilenabfühlungssteuerung || ~ **messages** [Tr] / gekettete Nachrichten || ~ **number selection feature** [OCR] / Mehrfachzahlen-Auswahleinrichtung || ~ **overflow block** [Sw] / Mehrfachüberlaufblock || ~ **overflow record** [Sw] / Mehrfachüberlaufblock || ~ **plug connector** [Serv] / Mehrfachsteckanschluß || ~ **precision** [Sw, OS] / mehrfache Wortlänge (Genauigkeit)
multiple-precision working [Sw] / Arbeiten mit mehrfacher Wortlänge, Arbeiten mit mehrfacher Genauigkeit
multiple punching [PC] / Mehrfachlochung
multiple-reel option [Cobol] / Mehrbandangabe

multiple sampling [ES] / Mehrfachabtastung || ~ **set** [Sw] / Dateigruppe
multiple-spread card feature [PC] / Kartenspreizeinrichtung
multiple strip [ES] / Vielfachstreifen || ~ **tape lister** [PE] / Mehrfachbandschreiber || ~ **track operation** [MD] / Mehrspuroperation, Mehrfachspuroperation
multiple-unit option [Cobol] / Mehreinheitenangabe
multiple virtual machine support [VS] / Mehrsystembetrieb
multiplex *v* (i.e., to use a number of channels on a single circuit) [Tr] / mehrfach ausnutzen || *n* [ES] / Multiplex || ~ **channel** [Tr] / Multiplexkanal, Multiplexerkanal
multiplexed line [Tr] / Leitung in Multiplexschaltung
multiplexer *n* [Tr] / Multiplexer (MPX) (DIN 44300, März 1972) || ~ **channel** [Tr] / Multiplexkanal, Multiplexerkanal || ~ **channel extension** [CP] / Multiplexkanalerweiterung || ~ **subchannel** [Tr] / Multiplexunterkanal
multiplex highway [ES] / Multiplexschiene
multiplexing *n* [Tr] / Mehrfachbetrieb, Unterteilung eines Übertragungskanals in mehrere Kanäle || ~ **controller** [Th] / multiplexierende Steuerung || ~ **equipment** [Tr] / Multiplexeinrichtungen, Kanalbündelungseinrichtungen
multiplex line [Tr] / Multiplexleitung || ~ **operation** [Tr] / Multiplexbetrieb (DIN 44300, März 1972)
multiplexor (s. multiplexer)
multiplex printing telegraphy [TP] / Multiplexfernschreibverfahren || ~ **terminal** [ES] / Trägerendstelle || ~ **transmission** [Tr] / Multiplexübertragung
multiple X-Y recorder [GrDp] / Mehrfachkoordinatenschreiber
multiplicand *n* [Th] / Multiplikand || ~ **register** [ALU] / Multiplikand-Divisorregister
multiplication *n* [Th] / Multiplikation || ~ **circuit** [ALU] / Multiplikationsschaltung || ~ **time** [CP] / Multiplikationszeit
multiplier *n* [ALU] / Multiplikator, Multipliziereinrichtung || ~ **diode** [Sc] / Vervielfacher-Diode
multiplier/divisor size error [ALU] / Multiplikator-Divisor-Längenfehler
multiplier quotient register [ALU] / Multiplikator- und Quotientenregister || ~ **register** [ALU] / Multiplikatorregister || ~ **zero error** [ALU] / Nullpunktfehler eines Multiplizierers
multiply *n* [Th] / Multiplikation || ~ **builtin function** [PL/1] / (eingebaute) Multiplikations-Funktion || ≗ **decimal (MP)** [OS, Lisp] / Multiplizieren dezimal (MP) || ~ **function** [PL/1] / (eingebaute) Multiplikations-Funktion || ≗ **halfword (MH)** [OS, Lisp] / Multiplizieren Halbwort (MH)
multiplying operator [Algol] / Multiplikationsoperator || ~ **punch** [PC] / Multiplizierlocher
multiply instruction [Sw] / Multiplikationsbefehl || ≗ **long (MD)** [OS, Lisp] / Multiplizieren lang (MD) || ≗ **long to extended (MXD)** [OS, Instruction] / Multiplizieren lang zu erweitert (MXD)
multi-ply paper (s. multipart paper)
Multiply short to long (ME) [OS, Instruction] / Multiplizieren kurz zu lang (ME)
multi-ply sprocket-feed stationery [HSP, TP] / mehrlagiges Formularpapier
multiply statement [Cobol] / Multiplikationsanweisung || ~ **symbol** [PL/1] / Multiplikationszeichen || ≗ **word** [OS, Lisp] / Multiplizieren Wort
multipoint circuit (i.e., a communication system using a single channel or line to serve multiple terminals) [RDp] / Mehrpunktschaltung || ~ **connection** [Tr] / Mehrpunktverbindung (DIN 44302, Apr. 1979) || ~ **line** [RDp] / Übertragungsleitung mit mehreren Stationen (Gruppenverbindung) || ~ **transmission** [Tr] / Übertragung zwischen mehreren Stationen
multi-pole connector [Hw] / Mehrkontaktstecker
multiport register [Mp] / Mehrkanalregister
multi-position stop [NC] / Mehrfachanschlag, Revolveranschlag
multipotential comparison [ES] / Phasenvergleichsverfahren
multiprocessing *n* [Dp, RDp] / Mehrprozessorbetrieb, Rechnerverbundbetrieb || ~ **system** [MCS, Dp] / Mehrprozessorsystem (DIN 44300, März 1972), Mehrrechnersystem (DIN 44300, März 1972), Multiprocessing-System
multiprocessor *n* [MCS, Dp] /

Mehrprozessorsystem (DIN 44300, März 1972), Mehrrechnersystem (DIN 44300, März 1972), Multiprocessing-System || ~ **communications adapter (MCA)** [MCS] / Mehrprozessor-Datenübertragungszusatz || ~ **system** [MCS, Dp] / Mehrprozessorsystem (DIN 44300, März 1972), Mehrrechnersystem (DIN 44300, März 1972), Multiprocessing-System

multiprogramming *n* [Dp] / Mehrprogrammbetrieb (DIN 44300, März 1972), Multiprogrammverarbeitung

multipurpose computer / Mehrzweckrechner

multi-read feeding [PC] / Zuführung mit mehrfachem Lesen

multi-reading feature [PC] / Mehrfachleseeinrichtung

multi-reel *adj* [MT] / mehrspulig || ~ **file** [MT] / Mehrspulendatei || ~ **file** [Cobol] / Datei auf mehreren Bändern

multi-sequential system [Dp, CP] / Mehrsequenzrechner, Mehrsequenzsystem

multi-source entry point [Sw] / Mehrfachverwendung einer Einsprungstelle

multistable storage [M] / multistabiler Speicher

multi-stage connection via concentrators [RDp] / mehrstufige Verbindung über Konzentratoren

multisystem mode [Dp] / Multisystembetrieb

multitasking *n* [Dp] / Multitasking (gleichzeitiges Abarbeiten mehrerer Tasks in einer DVA)

multitask operation [Dp] / Multitasking (gleichzeitiges Abarbeiten mehrerer Tasks in einer DVA)

multiterm expression (consisting of several components all of which are words) [MAT] / zusammengesetzter Ausdruck

multi-unit file [Cobol] / Datei auf mehreren Einheiten

multi-user computer [Dp] / Gemeinschaftsrechner || ~ **operation** [Dp] / Multi-user-Betrieb (gleichzeitige Benutzung von Rechnerleistungen eines Systems durch mehrere Benutzer) || ~ **system** (esp. time-sharing system) [Dp] / Mehrbenutzersystem, Vielfachzugriffsystem, Gemeinschaftsrechnersystem

multi-valued logic [Cir] / mehrwertige Logik

multivibrator *n* [NC] / Multivibrator || **bistable** ~ [Cir] / bistabiler Multivibrator || **one-shot** ~ [Cir] / monostabiles Kippglied, monostabile Kippstufe, Monoflop

multivolume dataset [Dp] / Datei auf mehreren Datenträgern

multi-way plug [ES] / Vielfachstecker

multiwire *adj* (cable, etc.) [TrL] / mehradrig (DIN 57272E, Dez. 1977)

multiword instruction [Mp, MCS, Sw] / Mehrwortbefehl || ~ **term** [MAT] / Mehrwortbenennung, Mehrwortausdruck

mutilated *adj* (message, etc.) [ES] / verstümmelt, gestört (Sendetext usw.) || ~ **character** [Th, Tr] / verstümmeltes Zeichen

mutilation of signals [Tr] / Verstümmelung von Informationen, Informationsverstümmelung

mutual information [Th] / Transinformation, übertragene Information

MVC (s. Move characters)

MVCL (s. Move long)

MVI (s. Move immediate)

MVO (s. Move with offset)

MVZ (s. Move zones)

MXD (s. Multiply long to extended)

MXM (s. matrix memory)

N

n-address instruction [Sw] / n-Adreß-Befehl

NAK (s. negative acknowledgment)

name *n* [Fortran] / Name || [Cobol] / Name

named *adj* [PL/1] / benannt

name definition entry [Sw] / Namendefinitionseintrag || ~ **definition field** [Sw] / Namendefinitionsfeld || ~ **entry** [Sw] / Nameneintrag || ~ **field** [Sw] / Namenfeld

nameplate *n* [Hw] / Typenschild

NAND circuit [Cir] / NAND-Schaltung, NICHT-UND-Glied, NAND-Glied (DIN 44300, März 1972) || ≗ **element** [Cir] / NAND-Schaltung, NICHT-UND-Glied, NAND-Glied (DIN 44300, März 1972) || ≗ **operation** [SA] / NAND-Funktion, NAND-

Verknüpfung (DIN 44300, März 1972), NICHT-UND-Verknüpfung, Sheffer-Funktion (DIN 44300, März 1972)
nanosecond (ns) *n* / Nanosekunde (ns)
n-ary *adj* (digit, etc.) [Th] / n-stufig
National Data Center [Priv] / Bundesdatenbank (in den USA) || ~ **option** [ES] / nationales Sonderzeichen || ~ **symbol** [ES] / nationales Sonderzeichen || ~ **traffic** [ES] / Inlandsverkehr, Landesverkehr
natural function generator [ADp] / Geber für analytische Funktionen, Funktionsgeber für analytische Funktionen || ~ **language** [Sw, IDS] / natürliche Sprache (DIN 2330, März 1979)
natural-law function generator [ADp] / Geber für analytische Funktionen, Funktionsgeber für analytische Funktionen
natural logarithm [Th] / natürlicher Logarithmus || ~ **pack** [MD, Sw] / Plattenspeicher mit einheitsgerechten Adressen
navigation computer [Dp] / Navigationsrechengerät
NC (s. numeric control)
n-channel metal-oxide semiconductor (NMOS) [Sc, Co] / n-Kanal-Metalloxid-Halbleiter, n-Kanal-MOS
NC machining center [NC] / numerisch gesteuertes Bearbeitungszentrum
n-core-per-bit storage [M] / Speicher mit n Kernen pro Bit
NCP (s. noncarbon paper)
NCR paper (= no-carbon-required paper) (s. noncarbon paper)
near-end crosstalk attenuation [ES] / Nahnebensprechdämpfung
negate *v* [Th] / negieren
negation (s. NOT operation)
negative acknowledgment (NAK) [Tr] / negative Quittung, negative Rückmeldung, Schlechtquittung || ~ **booking operation** [RDp] / Rückbuchung || ~ **condition name** [PL/1] / verneinender Bedingungsname || ~ **entropy** [Th, Cy] / Negentropie, Unsicherheit || ~ **feedback** [Cy] / Gegenkopplung || ~ **off-state current** [Sc] / negativer Sperrstrom (bei Zweirichtungs-Thyristoren) || ~ **off-state voltage** [Sc] / negative Sperrspannung (bei Zweirichtungs-Thyristoren) || ~ **potential** [RDp, Tr] / Minuspotential || ~ **resistance region** [Sc] / Bereich des negativen Widerstandes || ~ **sign** [Th] / negatives Vorzeichen || ~ **test** [RPG] / Negation
negator (s. NOT element)
neighboring word [ES] / Nachbarwort
nest *v* (subroutine, etc.) (i.e., to embed a subroutine or block of data into a larger routine or block of data) [Mp] / verschachteln
nested *adj* [Cobol] / geschachtelt || [Mp] / verschachtelt
nesting *n* (of subroutines, etc.) [Mp] / Verschachtelung || **unlimited subroutine** ~ [Mp] / unbegrenzte Verschachtelungstiefe von Unterprogrammen || ~ **level** [Sw] / Verschachtelungsniveau, Schachtelungsniveau || ~ **loop** [Sw] / verschachtelte Schleife, geschachtelte Schleife || ~ **of interrupts** [Mp] / Verschachteln von Interrupts || ~ **storage** (s. pushdown storage) || ~ **subroutine** [Sw] / geschachteltes Unterprogramm
net balance counter [PC] / direkt saldierender Zähler || ~ **data throughput** (i.e., the useful number of bits transmitted per second) [MCS] / Nettodurchsatz || ~ **loss** [ES, Tr] / Restdämpfung || ~ **margin** [TP] / Spielraum eines Start-Stopp-Apparates bei Nennschrittgeschwindigkeit
network analog [ADp] / Netzwerknachbildung, Netzmodell || ~ **analyzer** [ADp] / Netzwerkanalysator, Netzanalysator, Rechner für Netzberechnungen || ~ **architecture** [RDp] / Netzwerkarchitektur || ~ **calculator** [ADp] / Netzwerkanalysator, Netzanalysator, Rechner für Netzberechnungen || ~ **class comparison** [ES] / Netzklassenvergleich || ~ **class identifier** [ES] / Netzklassenzeichen || ~ **clock** [ES] / Netztakteinheit (NTE)
network-clocked *adj* [ES] / netztaktgesteuert
network clock pulse [ES] / Netztakt (NT) || ~ **clock pulse generation** [ES] / Netztakterzeugung || ~ **code number** [ES] / Netzkennzahl || ~ **configuration** [Tr] / Netzkonfiguration || ~ **configuration signal distributor** [ES] / Netzkonfigurations-Meldungsverteiler || ~ **design** [Tr] / Netzgestaltung || ~ **diagnosis** [ES] / Netzdiagnose || ~ **extension** [ES] / Netzerweiterung || ~ **fault report** [ES] / Netzfehlermeldung

network-independent interface [ES] / netzunabhängige Schnittstelle
network junction [ES, Tr] / Netzknoten (Punkt) || ~ **layout plan** [ES] / Netzübersichtsplan || ~ **level** [ES] / Netzebene || ~ **management** [ES] / Netzführung || ~ **node** [ES, Tr] / Netzknoten (Punkt) || ~ **node clock** [ES] / Knotennetztakt || ~ **node clock supply** [RDp] / Taktversorgung der Netzknoten || ~ **node configuration** [RDp] / Knotenkonfiguration || ~ **node frame clock** [ES] / Rahmentakt des Netzknotens || ~ **node timing** [ES] / Knotennetztakt
network-oriented coordination program [ES] / netzorientiertes Koordinierungsprogramm || ~ **routine** [ES] / netzorientiertes Programm || ~ **subroutine** [ES] / netzorientiertes Teilprogramm
network plan [DpC] / Netzplan || ~ **plan for networks** [ES] / Netzplan für Leitungsnetze || ~ **planning** [DpC] / Netzplanung || ~ **planning technique** (e.g., PERT, CPM, MPM, etc.) [DpC] / Netzplantechnik (NPT)
network-related *adj* [ES] / netzbezogen
network structure [ES] / Netzstruktur || ~ **timing pulse** [ES] / Netztakt (NT) || ~ **traffic control** [ES] / Netzverkehrssteuerung || ~ **using the linked number scheme** [ES] / Netz mit verdeckter Numerierung || ~ **using the prefix numbering scheme** [ES] / Netz mit offener Numerierung
neuristor *n* [Cy] / Neuristor
neutral connection [ES] / Nullanschluß || ~ **current** [RDp, Tr] / Einfachstrom || ~ **current line** [RDp, Tr] / Einfachstromleitung || ~ **current signaling** [RDp, Tr] / Einfachstromtastung || ~ **current working** [TP, Tr] / Einfachstrombetrieb || ~ **edited code** [Sw] / Neutral-Aufbereitungs-Code (NAC), neutraler aufbereiteter Code
neutralizing capacitance [Sc] / Neutralisationskapazität || ~ **resistance** [Sc] / Neutralisationswiderstand
neutral lead [ES] / Nullanschluß || ~ **test reversal** [ES] / Einfachstromwechsel
new assignment [Sw] / Neuzuweisung, Neuzuordnung
new-call rate [ES] / dynamische Vermittlungsleistung, Rufleistung
new-line character (NL character) [HSP, TP] / Zeilenvorschubzeichen
new-start message [ES] / Neustartmeldung
next-group clause [Cobol] / Folgeleistenklausel
next-page clause [Cobol] / Folgeseitenklausel
next record field [Sw] / Folgesatzsuchfeld || ~ **sentence option** [Cobol] / Folge(-Programm)satz-Angabe
nighttime rate [ES] / Nachttarif
nil test [ES] / Nulltest || ~ **test error** [ES] / Nulltestfehler
nine-edge leading [PC] / Zuführung mit Unterkante vorn, 9-Kanten-Zuführung
nine's complement [Th] / Neunerkomplement
ninety-column card [PC] / neunzigspaltige Lochkarte || ~ **feature** [PC] / 90-Spalten-Zusatz
NL character (s. new-line character)
NMOS (s. n-channel metal-oxide semiconductor)
no-address instruction [Sw] / adressenloser Befehl, adressenfreier Befehl
no-break *adj* (transmission, etc.) [Tr] / unterbrechungsfrei || ~ (power supply, etc.) [Hw] / unterbrechungsfrei || ~ **power supply** [Hw] / unterbrechungsfreie Stromversorgung
no-current period [ES] / Pausenschritt
nodal equation [SA] / Knotenpunktgleichung || ~ **switching center** [ES] / Netzknoten (Amt), Knotenvermittlungsstelle
node *n* [RDp] / Knotenpunkt || ~ **clock** [ES] / Knotentakt || ~ **clock supply** [ES] / Knotentaktversorgung || ~ **timing** [ES] / Knotentakt
no-go flag [Sw] / Stoppanzeige
no-home record [Sw] / indirekter Satz, Überlaufsatz, Folgesatz || ~ **record mode** [TP] / Blindschreibbetrieb
noise *n* [DOK] / Ballast (Menge der bei einem Suchlauf anfallenden Fehlselektionen) || ~ (i.e., a random signal of known statistical properties of amplitude, distribution, and special density) [Tr, Sc] / Rauschen || ~ **absorber** [Hw] / Geräuschdämpfer || ~ **block** [MT, Tr] / Störblock || ~ **burst** [ES] / Bündelstörung || ~ **deadener** [Hw] / Geräuschdämpfer || ~ **factor** (i.e., of a transducer with two ports at a specified frequency and with a specified termination, the ratio of actual output noise to that which would remain if the transducer itself were rendered

noiseless) [Tr] / Rauschmaß, Rauschfaktor || ~ **factor** (i.e., the difference between the number of documents retrieved and the number of relevant documents retrieved, divided by the number of documents retrieved) [DOK] / Ballastquote (Zahl der nichtrelevanten nachgewiesenen Dokumentationseinheiten im Verhältnis zu allen nachgewiesenen Dokumentationseinheiten) || ~ **field** [TP] / Störfeld || ~ **field intensity** [TP] / Störfeldstärke || ~ **field strength** [TP] / Störfeldstärke

noisefree *adj* [ES] / störungsfrei (elektrisch)

noise generator (i.e., a special device designed to generate a random signal of known value, considered normalized if its first digit is not zero) [Tr] / Rauschgenerator || ~ **immunity** (of semiconductor, etc.) [Cir] / Störungsunempfindlichkeit, Rauschunempfindlichkeit || ~ **interference** [ES] / Impulsstörung || ~ **level** [DpC] / Geräuschpegel || ~ **level** (i.e., the value of noise integrated over a specified frequency range, with specified frequency weighting and integration time) [Tr] / Störpegel || ~ **level unit** [TP] / Geräuscheinheit || ~ **power** (i.e., the power dissipated by a noise source in its internal resistance and the resistance of its load) [Sc] / Rauschleistung || ~ **pulse** [Tr] / Störimpuls || ~ **pulse counter** [ES] / Störungszähler || ~ **pulse generator** [ES] / Störsender || ~ **spike** [MT] / Störimpuls || ~ **temperature** (i.e., at a port or pair of terminals at a specified frequency, the temperature of a passive system with an available noise power per unit bandwidth equal to that of the actual terminals) [Sc] / Rauschtemperatur (DIN 44475E, Apr. 1979)

noise-temperature ratio [Sc] / Rauschtemperaturverhältnis (DIN IEC 235 T1, Sept. 1978), Ausgangsrauschabstand

noise threshold [ES] / Rauschgrenze || ~ **voltage** [Tr, Sc] / Rauschspannung (DIN 44049 T1, Nov. 1977), Geräuschspannung || ~ **voltage filter** [TP] / Geräuschspannungsfilter (GF)

noisy blacks [TP] / verrauschtes Schwarz, Störpegel im Schwarz

no-load voltage [ES, Sc] / Leerlaufspannung

nomenclature field [Sw] / Benennungsfeld

nominal *adj* (voltage, value, etc.) / Nenn-... || ~ **black signal** [TP] / Normalschwarzsignal, Prüfsignal (schwarz) || ~ **capacity** [ES] / Sollkapazität || ~ **d.c. reverse voltage** [Sc] / Nenngleichsperrspannung (einer Gleichrichterplatte) || ~ **d.c. voltage** [Sc] / Nenngleichspannung || ~ **direct current** [Sc] / Nenngleichstrom || ~ **pulse length** [Tr] / Sollschrittlänge || ~ **reverse voltage** [Sc] / Nennsperrspannung (einer Gleichrichterplatte) || ~ **value** [HSP] / Nennwert || ~ **white signal** [TP] / Normalweißsignal, Prüfsignal (weiß)

nonacceptance signal [ES] / Abweissignal

nonaddressable memory [M] / nicht adressierbarer Arbeitsspeicherbereich, Schattenspeicher (Teil des Arbeitsspeichers, dessen Speicherplätze nicht vom Programm her aufgerufen werden können)

nonadvancing key [IO, PT, TP] / schreibende Taste ohne Vorschub

nonarithmetic shift (s. logical shift)

nonbillable *adj* [ES] / gebührenfrei

nonblocking *adj* [ES] / blockierungsfrei || ~ **switching matrix** [ES] / blockierungsfreies Koppelfeld

noncarbon paper (NCP) [HSP] / selbstdurchschreibendes Papier, Non-Karbon-Papier, Durchschreibpapier

noncentral clock monitoring [ES] / dezentrale Taktüberwachung || ~ **subunit** [ES] / dezentrale Untereinheit

nonchargeable *adj* [ES] / gebührenfrei || ~ **interval** [Tr] / Karenzzeit

nonclocked *adj* [ES] / nicht taktgesteuert || ~ **control** [PCC, AC] / asynchrone Steuerung (DIN 19237V, Feb. 1977)

noncompare bit [ES] / Vergleicherfehlerbit || ~ **response** [ES] / Vergleicherfehlerreaktion || ~ **signal** [ES] / Vergleicherfehlermeldung

non-component side (of pc board) [Co] / Verdrahtungsseite

noncomputational type [PL/1] / (vom Typ) nicht berechenbar

nonconjunction *n* [SA] / NAND-Funktion, NAND-Verknüpfung (DIN 44300, März 1972), NICHT-UND-Verknüpfung, Sheffer-Funktion (DIN 44300, März 1972)

noncontacting printing method (i.e., ink squirting, electrostatic deposition, thermal printing, etc.) [HSP] /

anschlagfreie Drucktechnik, kontaktloses Druckverfahren
noncontiguous *adj* [Sw] / nicht zusammenhängend || ~ **item** [Cobol] / strukturunabhängiges (Daten)feld || ~ **memory areas** [Sw] / nicht zusammenhängende Speicherbereiche
nonconversational mode [OS] / Nichtdialogbetrieb
nondata operation [Sw] / nicht datenbezogene Operation
nondedicated system [Dp] / Mehrfunktionssystem
non-delimiter *n* [PL/1] / Nicht-Begrenzer
nondescript error [ES] / unübersichtlicher Fehler
nondestructive *adj* [Sc] / zerstörungsfrei || ~ **addition** [ALU] / nichtzerstörende Addition, nichtlöschende Addition || ~ **cursor** [VDT] / nichtlöschendes Positionsanzeigesymbol || ~ **reading** [PE, M] / nichtlöschendes Lesen, nichtzerstörendes Lesen, zerstörungsfreies Lesen || ~ **readout** [PE, M] / nichtlöschendes Lesen, nichtzerstörendes Lesen, zerstörungsfreies Lesen || ~ **readout** [PE] / nicht löschbare Anzeige || ~ **readout device** [PE] / nicht löschbare Anzeige
nondialed call (e.g., by depressing a button on the terminal console) [RDp, Tr] / Ruf ohne Wahl
nondisjunction *n* [SA] / NOR-Funktion, NOR-Verknüpfung (DIN 44300, März 1972), Peirce-Funktion (DIN 44300, März 1972)
nondriven *adj* [HSP] / nicht angetrieben
nonduplicate *adj* / einfach vorhanden
non-equivalence operation (s. exclusive-OR operation)
nonerasable storage (i.e., a storage medium of which the contents cannot be erased during processing, e.g., paper tape, punched cards, photographic storage; cf. "nonvolatile storage") [M] / Dauerspeicher, energieunabhängiger Speicher, Strukturspeicher
nonerrored *adj* [Tr] / nicht gestört (Textblock)
nonescaping key [IO, PT, TP] / schreibende Taste ohne Vorschub
nonexecutable statement [Fortran] / nichtausführbare Anweisung
nonextractable card [MC] / nichtziehbare Magnetkarte
non-failsafe mode [ES] / nicht ausfallsichere Betriebsweise
nonfeed accent print [HSP, Sw] / Akzentabdruck ohne Vorschub
nonfeeding character [TP] / Zeichen ohne Vorschub
nonflickering *adj* [VDT] / flimmerfrei
nonfolded *adj* [HSP] / ungefaltet
nonfolding *adj* [HSP] / nicht gefaltet || ~ **perforation** [HSP] / nicht gefaltete Blattperforation
nonformat *n* [Algol] / Internformat
nonformatted input [Dp] / formatfreie Eingabe, nichtformatierte Eingabe
nonglare *adj* [Hw] / blendfrei || ~ **plastic** [Hw] / blendfreier Kunststoff
nonglaring *adj* [Hw] / blendfrei
nonimpact printer [HSP] / anschlagfreier Drucker (Drucker, bei dem die Druckbilder durch elektronische Techniken erzeugt werden), impulsfreier Drucker || ~ **printing** [HSP] / nichtmechanisches Druckverfahren || ~ **teleprinter** [MCS, TP] / nichtmechanischer Fernschreiber
non-indexed-sequential *adj* [Sw] / nicht indiziert-sequentiell
nonintelligent *adj* [Sw] / nicht programmierbar
noninteractive mode [OS] / Nichtdialogbetrieb
non-interpolation control system [NC] / nichtinterpolierende Steuerung
noninterruptible code [ES] / nicht unterbrechbarer Code
non-iterative group [PL/1] / einfacher Verbund
nonkeyed record [Sw] / Block ohne Schlüsselfeld
non-latching button [Hw] / Schwenktaste
nonlinear *adj* [Th] / nichtlinear || ~ **element** [Cir] / nichtlineares Glied
nonlinearity *n* [Th] / Nichtlinearität
nonlinear optimization [Th, Sw] / nichtlineare Programmierung, nichtlineare Optimierung || ~ **programming** [Th, Sw] / nichtlineare Programmierung, nichtlineare Optimierung
nonlist cycle [PC] / Sammelgang
nonloaded *adj* (cable, etc.) [TrL] / unbespult || ~ **cable** [TrL] / unpupinisiertes Kabel
non-local *adj* [Algol] / global
nonlocking *adj* [Hw] / unverriegelbar || ~ **toggle switch** [Hw] / Kipptaster
nonnumeric *adj* [Cobol] / nichtnumerisch || ~ **character** [Sw] / nichtnumerisches Zeichen || ~ **literal** [Cobol] / nichtnumerisches Literal

nonpageable *adj* [VS] / resident
nonparity memory [ES] / Speicher ohne Paritätssicherung
nonpermanent *adj* [Sw] / vorübergehend
nonpersonal data [Priv] / Sachdaten, Sachinformation, sachbezogenen Information
nonpolarized return-to-zero [PE] / nichtpolarisiertes RZ-Schreibverfahren, nichtpolarisiertes Schreibverfahren mit Rückkehr nach Null
nonprint function [TP, ES] / nichtdruckende Funktion
nonprinting area [HSP] / nicht bedruckbare Fläche, druckfreie Zone, druckfreier Bereich || ~ **character** [HSP, TP] / nicht abdruckbares Zeichen || ~ **key** [IO] / nichtschreibende Taste, Funktionstaste
nonprocessor grant (NPG) [MCS] / Direktanforderungsbetätigung || ~ **request (NPR)** [MCS] / Direktanforderung || ~ **request line** [MCS] / Direktforderungsleitung
nonprogrammable *adj* [Sw] / nicht programmierbar
nonreadable *adj* [Sw] / nicht lesbar
nonreciprocal *adj* [Th, Cir] / nichtreziprok
nonrecoverable error [Dp] / nicht behebbarer Fehler
nonrectifying contact [Sc] / sperrfreier Kontakt (DIN 41852, Aug. 1978), nicht gleichrichtender Kontakt
nonrecurring charge [ES] / einmalige Gebühr
nonreflective ink [OCR] / nichtreflektierende Farbe
nonrelocatable program [Sw] / unverschiebliches Programm
nonrepetitive forward current [Sc] / Durchlaßstoßstrom, Vorwärtsstoßstrom || ~ **reverse power** [Sc] / Stoßsperrverlust
nonresident *adj* [Sw] / nichtresident, nicht (ständig) im Arbeitsspeicher befindlich
nonresonant circuit [Th] / aperiodischer Stromkreis
non-return-to-reference recording [PE] / Schreibverfahren ohne Rückkehr zum Bezugspunkt, Aufzeichnung ohne Rückkehr zum Bezugszustand
non return to zero (NRZ) [PE] / Wechselschrift, NRZ-Schrift
non-return-to-zero change recording (NRZ/C) [PE] / NRZ/C-Schreibverfahren || ~ **mark recording (NRZ/M)** [PE] / NRZ/M-Schreibverfahren || ~ **recording (NRZ recording)** [PE] / NRZ-Schreibverfahren, Wechselschriftverfahren
nonsatisfied search command [PE] / unbefriedigter Suchbefehl
nonscheduled maintenance [Hw, DpC] / außerplanmäßige Wartung
nonselectable card [MC] / nichtziehbare Magnetkarte
nonsensitive information [Priv] / Sachdaten, Sachinformation, sachbezogenen Information
non-setup job [Dp] / Job ohne Wiederanlaufmöglichkeit
nonsmudge *adj* [Hw] / wischfest
nonstandard *adj* / nicht normgerecht, nicht normiert || [Cobol] / nicht standardisiert || ~ **label** [Sw] / Nichtstandardkennsatz, nicht normiertes Etikett, Nichtstandardetikett
nonsystematic code [Th, Tr] / nichtsystematischer Code
nontransient error [Sw] / permanenter Fehler, schwerwiegender Fehler || ~ **line error** [Tr] / permanenter Leitungsfehler
non-varying *adj* [PL/1] / von fester Länge
nonvolatile *adj* (memory, etc.) [Mp] / nichtflüchtig (d.h., die Information bleibt auch bei Ausfall der Spannungsversorgung erhalten) || ~ **storage** (i.e., a storage medium in which the contents are not mutilated when the power is switched off and are available when power is restored) [Mp] / nichtflüchtiger Speicher, leistungsloser Speicher, leistungsunabhängiger Speicher
non-zero result [Sw] / Ergebnis ungleich Null
no-operation *n* [Sw] / Nulloperation (NOP) (DIN 19239E, Jan. 1979) || ~ **instruction** (s. blank instruction)
NO-OP instruction (s. blank instruction)
no-pulse period [Tr] / Impulspause
NOR circuit [Cir] / NOR-Glied (DIN 44300, März 1972), NOR-Schaltung, WEDER-NOCH-Schaltung, NICHT-ODER-Glied || ≗ **element** [Cir] / NOR-Glied (DIN 44300, März 1972), NOR-Schaltung, WEDER-NOCH-Schaltung, NICHT-ODER-Glied
no rewind option [Cobol] / Ohne-Rückspulen-Angabe
NOR function (s. NOR operation) ||

≗ **gate** (s. NOR circuit)
normal *adj* / normal || ~ **card listing** [PC] / Einzelgang, Postenschreibung
normalization *n* [Term, Th, Sw] / Normalisierung
normalize *v* [Th] / normalisieren || ~ (s. scale)
normalized *adj* [Th, Sw] / normalisiert
normal mode noise voltage [PCC] / symmetrische Störspannung || ~ **mode noise voltage rejection** [PCC] / symmetrische Störspannungsdämpfung, symmetrische Störspannungsunterdrückung || ~ **operation** [DpC] / normale Bedienung || ~ **orthography** [Dp, MAT] / normale Rechtschreibung || ~ **position** [PE] / Grundstellung, Normalstellung || ~ **priority** [Sw] / normale Priorität || ~ **reading** [NC] / Normalablesung || ~ **sequence** [PL/1] / normale Fortsetzung || ~ **service** [Sw] / normaler Betrieb || ~ **stacker** [PC, OCR] / Normalablage, Normalfach, Normalablagefach || ~ **stage punching** [PC] / gerade Wechsellochung, Lochsystem, bei dem nur die geradzahligen Zeilen verwendet werden || ~ **termination** [Sw] / normale Beendigung || ~ **vertical stacking** [HSP] / Stapelablage
NOR operation [SA] / NOR-Funktion, NOR-Verknüpfung (DIN 44300, März 1972), Pcircc-Funktion (DIN 44300, März 1972)
NOT-AND element [Cir] / NAND-Schaltung, NICHT-UND-Glied, NAND-Glied (DIN 44300, März 1972) || ≗ **operation** (s. NAND operation)
notation *n* [Sw] / Schreibweise || [DOK] / Notation (ein nach den Regeln eines spezifischen Notationssystems gebildeter Ausdruck zur verkürzten Darstellung einer Klasse und/oder von Relationen zwischen Klassen) (DIN 2331V, Feb. 1976)
notational format [DOK] / Notationsformat (Konvention, die die Reihenfolge von Bestandteilen innerhalb von Notationen festlegt) || ~ **system** [DOK] / Notationssystem (Menge von Regeln zur verkürzten Darstellung der Klassen und Relationen zwischen den Klassen eines Klassifikationssystems) (DIN 2331V, Feb. 1976)
not-both operation (s. NAND operation)
NOT circuit [Cir] / NICHT-Glied (DIN 44300, März 1972), Negationsschaltung, NICHT-Schaltung || ≗ **condition** [Cobol] / Nicht-Bedingung
note bit [ES] / Merkbit
NOT element [Cir] / NICHT-Glied (DIN 44300, März 1972), Negationsschaltung, NICHT-Schaltung || ≗ **entry** [RPG] / Negation
notepad memory (s. scratchpad)
note sentence [Cobol] / Kommentar
NOT gate (s. NOT element)
notification of chargeable time [ES] / Zuschreiben der gebührenpflichtigen Verbindungsdauer
NOT-IF-THEN operation [SA] / Inhibition (DIN 44300, März 1972)
noting bit [ES] / Merkbit || ~ **register flip-flop** [Co] / Merkregisterkippstufe
NOT operation [SA] / boolesche Komplementierung, NICHT-Funktion, NICHT-Verknüpfung, Negation (DIN 44300, März 1972), Negationsverknüpfung || ≗ **symbol** [PL/1] / Negationszeichen
nought output [M, Cir] / Ausgangssignal, Lesespannung bei gespeicherter binärer Null || ~ **output signal** [M, Cir] / Ausgangssignal, Lesespannung bei gespeicherter binärer Null
noughts complement [Th] / Basiskomplement, B-Komplement
nought state [M] / Nullzustand, Nullage
NPG (s. nonprocessor grant)
n-plus-one address instruction [Sw] / (n + 1)-Adreßbefehl
npn power transistor [Sc] / npn-Leistungstransistor
npn-type transistor [Sc] / npn-Transistor
NPR (s. nonprocessor request) || ≗ **line** (DEC PDP-11) [MCS] / Direktforderungsleitung
NRZ (s. non return to zero)
NRZ/C (s. non-return-to-zero change recording)
NRZ/M (s. non-return-to-zero mark recording)
NRZ recording (s. non-return-to-zero recording)
ns (s. nanosecond)
NTC resistor [Co] / Heißleiter (Halbleiter mit negativem Temperaturbeiwert)
n-tuple-length register [CU] / Register n-facher Wortlänge
n-tuple register [CU] / Register n-facher Wortlänge
n-type *adj* (material, etc.) [Sc] / n-leitend || ~ **conduction** [Sc] / Elektronenleitung,

Überschußelektronenleitung, n-Leitung (DIN 41852, Aug. 1978) || ~ **impurity** [Sc] / n-Verunreinigung || ~ **semiconductor** [Sc] / Überschußleiter, n-Halbleiter
nuisance effect [Sc] / störende Wirkung
NUL (s. null character)
null ... [PL/1] / Leer-... || ~ **builtin function** [PL/1] / (eingebaute) Leerzeiger-Funktion || ~ **character (NUL)** [Dp] / Nullzeichen || ~ **detector** [Sc] / Null-Detektor || ~ **drift** [PCC] / Nullpunktabweichung, Nullpunktfehler, Nullpunktverschiebung || ~ **function** [PL/1] / (eingebaute) Leerzeiger-Funktion || ~ **parameter** [Sw] / fehlender Parameter || ~ **statement** [Sw] / Blindanweisung, Scheinanweisung
number *v* [Th] / numerieren || *n* [Algol, PL/1] / Zahl || ~ **attribute** [Sw] / Anzahlattribut || ~ **base** [Th] / Basis || ~ **detection device** [PC] / Nummernsucher, Nummernsucheinrichtung || ~ **detector** [PC] / Nummernsucher, Nummernsucheinrichtung || ~ **distributor** [ES] / Nummernverteiler || ~ **format** [Algol] / Zahlenformat
numbering area [ES] / Numerierungsbereich || ~ **plan** [ES] / Numerierungsplan
number notation [Th] / Zahlendarstellung, Schreibweise || ~ **of characters** [HSP] / Zeichenzahl || ~ **of digits** [PL/1] / Ziffernanzahl || ~ **of errors** [Sw] / Fehleranzahl || ~ **of extents** [RPG] / Anzahl der Überlaufspuren || ~ **of lines** [HSP] / Zeilenzahl || ~ **of the chaining field** [RPG] / Kettfeldkennung || ~ **of tracks for cylinder overflow** [RPG] / Anzahl der Überlaufspuren || ~ **plate** [Hw, ES] / Nummernscheibe || ~ **plate dialing** [ES] / Nummernschalterwahl, NS-Wahl, Wahl mit Nummernschalterimpuls || ~ **protection code** [RDp, Tr] / Ziffernsicherungscode || ~ **representation** [Th] / Zahlendarstellung, Schreibweise || ~ **ring** [Th] / Zahlenring (zur anschaulichen Darstellung der Komplementbildung von Festpunktzahlen im Dualsystem) || ~ **scale** [Th] / Zahlenstrahl (zur anschaulichen Darstellung der Komplementbildung von Festpunktzahlen im Dualsystem) || ~ **selection** [OCR] / Zahlenauswahl || ~ **system** [Th, NC] / Zahlensystem
numeral *n* [Th, HSP, Sw] / numerisches Zeichen
numerator *n* [Th] / Zähler (eines Bruches)
numeric *adj* [Cobol] / numerisch
numeric... [PL/1] / Zahlen-...
numerical *adj* [Th] / numerisch || ~ **analysis** [Th] / numerische Analyse, Ziffernwertung || ~ **code** (s. numeric code) || ~ **collator** [PC] / numerischer Kartenmischer || ~ **computer** [Dp] / numerischer Rechner || ~ **control** (s. numeric control) || ~ **control circuit** [NC] / numerischer Steuerungsschaltkreis || ~ **control range** [NC] / Steuerungsumfang || ~ **control system** [NC] / numerisches Steuerungssystem || ~ **data** [Sw] / numerische Daten || ~ **display** [Co] / numerische Leuchtanzeige || ~ **drawing** [NC] / numerische Zeichnung || ~ **element** [IDS] / numerischer Begriff
numerically coded instruction [Sw] / numerisch verschlüsselter Befehl || ~ **controlled inspection** [NC] / numerisch gesteuerte Prüfung
numerical measuring [NC] / numerisches Meßverfahren || ~ **punching** [PC] / Ziffernlochung || ~ **quantity** [Th] / numerische Größe || ~ **sorting** [Sw] / numerisches Sortieren || ~ **word** [Sw] / numerisches Wort
numeric character (i.e., in decimal notation one of the characters 0 to 9) [Th, HSP, Sw] / numerisches Zeichen || ~ **code** [Th] / numerischer Code, Zahlencode || ~ **coding** [Th] / numerische Codierung || ~ **control (NC)** / numerische Steuerung || ~ **data** [Sw] / numerische Daten || ~ **data code** [Th] / numerischer Code, Zahlencode || ~ **editing** [Sw] / numerische Aufbereitung || ~ **information** [NC] / numerische Information || ~ **key block** [Tr] / Zehnerblock || ~ **keyboard** [Calc] / numerische Tastatur (DIN 9757E, Okt. 1977) || ~ **keyboard** (e.g., MF key pad according to international standard CCITT Q23) [ES] / Zehnertastatur || ~ **key pad** [ES] / Zehnertastatur || ~ **literal** [Cobol] / numerisches Literal || ~ **mode** [ES] / Ziffernmodus || ~ **portion** [Sw] / Ziffernteil || ~ **punching** [PC] / numerische Lochung, Zahlenlochung || ~ **quantity** [Th] / numerische Größe || ~ **representation** [Th] / numerische Darstellung
numerics, handwritten ~ [OCR] / numerische Handschrift
numeric switch [NC] / numerischer

Schalter || ~ **test** [Cobol] / Prüfung auf numerisch || ~ **word** [Sw] / numerisches Wort

O

O and M (s. organization and methods)
object, at ~ time [Cobol] / während der Programmausführung || ~ **code** [Mp] / Maschinenprogrammcode || ~ **code file** [Mp] / Maschinensprachedatei || ~ **code output format** [Mp] / Ausgabeformat in Maschinensprache || ~ **computer** [Sw] / Programmablaufanlage, Programmablaufrechner || ~ **computer** [Cobol] / Programmausführungs(rechen)anlage || ~ **deck** [Sw] / Objektprogrammkartensatz || ~ **group** [ES] / Objektgruppe
objective function [Th] / Zielfunktion
object language [Sw] / Zielsprache (DIN 44300, März 1972) || ~ **language program** [Sw] / Objektprogramm, Sekundärprogramm, übersetztes Programm || ~ **library** [Sw] / Maschinenprogrammbibliothek, Objektbibliothek || ~ **listing** [Sw] / Protokoll des übersetzten Programms || ~ **machine** [Sw] / Programmablaufanlage, Programmablaufrechner || ~ **module** [Sw] / Objektmodul || ~ **module file (OMF)** [Sw] / Objektmoduldatei || ~ **module library** [Sw] / Objektmodulbibliothek || ~ **program** [Sw] / Objektprogramm, Sekundärprogramm, übersetztes Programm || ~ **program** [Cobol] / Zielprogramm || ~ **program deck** [Sw] / Objektprogrammkartensatz || ~ **program listing** [Sw] / Protokoll des übersetzten Programms || ~ **programming** [Sw, ES] / Maschinenprogrammierung
object-related documentation [Dist] / objektbezogene Unterlagen
object revision level [Dist] / Objektstand || ~ **revision level label** [Dist] / Objektschild || ~ **run** [Sw] / Ablauf des Maschinenprogramms, Objektlauf || ~ **scanning interval** [ES] / Abtastzeitabstand || ~ **time** [PL] / Ausführungszeit, Programmausführungszeit
oblique *v* (i.e., to slant characters by electronic means, as in CRT photocomposition, so that they continue to rest on the same base line but alter the vertical axis by 8 to 15%, to create a simulated italic type face) [Typ] / elektronisch schrägstellen, elektronisch verzerren || ~ **stroke** (s. solidus)
obliquing *n* [Typ] / elektronischer Schrägstellung (Schriftsatz)
obsolete information [Priv] / veraltete Information
obtuse angle [Th] / stumpfer Winkel
occupancy *n* [ES] / Belegung (von Leitungen usw.), Belegungszustand, mittlere Ausnutzung || ~ **state** [ES] / Belegung (von Leitungen usw.), Belegungszustand, mittlere Ausnutzung || ~ **table** [ES] / Belegungstabelle
occupation probability [Sc] / Besetzungswahrscheinlichkeit
occupy *v* [Sw] / belegen (Speicherplatz)
occur *v* [Sw] / (von Fehlern usw.) auftreten
occurence number [Cobol] / (Tabellen)elementnummer
occurs clause [Cobol] / Wiederholungsklausel
OCR (s. optical character recognition)
OCR-A font [OCR] / OCR-A-Schrift
OCR applications [OCR] / Schriftleseanwendungen
OCR-A standard [OCR] / OCR-A-Standard || ≗ **type assignment** [HSP] / OCR-A-Sonderbelegung
OCR-B-font [OCR] / OCR-B-Schrift
OCR carbon ribbon [OCR] / OCR-Karbon-Farbband || ≗ **font reader** [OCR] / OCR-Leser || ≗ **one-time ribbon** [OCR] / OCR-Einmal-Farbband || ≗ **paper stock** [OCR] / OCR-Papier || ≗ **signer** [OCR] / OCR-Faserschreiber || ≗ **silk ribbon** [OCR] / OCR-Seidenfarbband || ≗ **tape reader** [OCR] / OCR-Klarschriftstreifenleser
octal *adj* [Th] / oktal || ~ **digit** [Fortran] / Oktalziffer (DIN 44300, März 1972) || ~ **notation** [Th] / Oktalschreibweise || ~ **number** [Th] / Oktalzahl || ~ **number system** [Th] / Oktalsystem
octet *n* [Th] / Acht-Bit-Byte, 8-Bit-Byte, Byte (Gruppe bestehend aus 8 Datenbits)
odd *adj* [Th, Sw] / ungerade, ungeradzahlig

odd-even check [DS] / Paritätsprüfung (DIN 44302, Apr. 1979), Paritätskontrolle
odd number [Th] / ungerade Zahl || ~ **parity** [DS, Th] / ungerade Parität, Unpaarigkeit || ~ **parity check** [DS] / Prüfung auf ungerade Parität, ungeradzahlige Paritätskontrolle
OEM (s. original equipment manufacturer) || ≗ **agreement** [Dp] / OEM-Vertrag || ≗ **customer** [Dist] / OEM-Kunde (häufig im Gegensatz zu Endbenutzer) || ≗ **hardware** [Hw] / für den Weiterverkauf bestimmte Geräte
offering cell [ES] / Zubringerzelle || ~ **cell block** [ES] / Zubringerzellenblock || ~ **cell cycle** [ES] / Zubringerzellenzyklus || ~ **line** (s. offering trunk) || ~ **note** [ES] / Zubringernotiz || ~ **port** [ES] / Zubringer || ~ **port line address** [ES] / Leitungsadresse des Zubringers (LAZ), Zubringerleitungsadresse || ~ **subgroup** [ES] / Zubringerteilgruppe || ~ **trunk** [ES] / Zubringerleitung || ~ **trunk group** [ES] / Zubringerbündel
off-frequency *n* [TP] / Zwischenraumfrequenz
office computer [Dp] / Bürocomputer, Bürorechner || ~ **computers** (as opposed to general-purpose computers) [Dp] / mittlere Datentechnik (MDT)
off-line *adj* [PCC] / indirekt prozeßgekoppelt (DIN 66201 E T1, Apr. 1979), unabhängig || [Hw, Dp] / rechnerunabhängig, offline || ~ **button** [TP] / Lokaltaste || ~ **card punch** [PC] / Lochkartenlocher, Kartenlocher, Locher (mit handbedienter Tastatur) || ~ **cipher** [Cryp] / Offline-Verschlüsselung || ~ **diagnostic subroutine** [OS] / Offline-Diagnoseunterprogramm || ~ **hardware diagnostics** [Serv] / Offline-Hardware-Diagnoseeinrichtungen || ~ **laser printing system** [HSP] / Offline-Laserdrucksystem || ~ **maintenance** [Hw, DpC] / Offline-Wartung (Wartung, bei der die Anlage bzw. das Gerät abgeschaltet oder aus dem produktiven Betrieb genommen werden muß) || ~ **maintenance program** [Serv] / Offline-Wartungsprogramm || ~ **mode** [Dp] / indirekter Betrieb, rechnerunabhängiger Betrieb, Offline-Betrieb || ~ **monitor** [ES] / Offline-Monitor || ~ **operation** [Dp] / indirekter Betrieb, rechnerunabhängiger Betrieb, Offline-Betrieb || ~ **plotter** [GrDp] / Offline-Plotter || ~ **processing** [Dp] / Offline-Verarbeitung, Offline-Datenverarbeitung, rechnerunabhängige Verarbeitung, indirekte Verarbeitung || ~ **program** [ES] / offline ablaufendes Programm || ~ **sorting** (i.e., sorting by means of mechanical devices known as "sorters") [Dp] / externe Sortierung, äußere Sortierung || ~ **storage** [PE] / rechnerunabhängiger Speicher || ~ **teleprocessing** [RDp] / indirekte Datenfernverarbeitung
off-normal printout [PCC] / Störwertprotokoll
offset *n* [PL/1] / Relativzeiger || **angular ~ screwdriver** [Serv] / Winkelschraubenzieher || ~ **builtin function** [PL/1] / (eingebaute) Relativzeiger-Funktion || ~ **function** [PL/1] / (eingebaute) Relativzeiger-Funktion || ~ **gangpunching** [PC] / versetztes Stanzen || ~ **stacker** [PC] / versetzte Ablage || ~ **stacking** (of microfiches, etc.) [COM, Off] / schuppenförmiges Ablegen
off-state *n* [Sc] / Sperrzustand, sperrender Zustand || ~ **characteristic** [Sc] / Sperrkennlinie || ~ **forward current** (of single-directional thyristors) [Sc] / positiver Sperrstrom || ~ **forward voltage** (of single-directional thyristors) [Sc] / positive Sperrspannung || ~ **resistance** [Sc] / Sperrwiderstand
off status [Cobol] / ausgeschaltet
off-the-shelf *adj* [Dist] / serienmäßig gefertigt
off-time *n* [Sc] / Sperrzeit (Transistor)
OF indicator [RPG] / Bezugszahl „Formularende"
Ohm *n* (Ω) [Sc] / Ohm
ohmic contact [Sc] / ohmscher Kontakt (DIN 41852, Aug. 1978) || ~ **resistance** [Tr] / ohmscher Widerstandswert
oil level indicator [HSP] / Ölstandsanzeige || ~ **line** [HSP] / Ölschlauch, Ölleitung || ~ **pump motor** [HSP] / Ölpumpenmotor || ~ **return line** [HSP] / Ölrückleitung || ~ **sensor** [HSP] / Ölstandsanzeige || ~ **squirter** [Serv] / Spritzflasche
Olivetti code [DT, PT] / Olivetti-Code
OMF (s. object module file)
omitted entry [Sw] / fehlende Angabe
omnibus circuit [Sw] / Sammelschaltung
onchar builtin function [PL/1] / (eingebaute) Zeichenfehler-Funktion ||

~ **function** [PL/1] / (eingebaute) Zeichenfehler-Funktion || ~ **pseudo-variable** [PL/1] / Zeichenfehler-Pseudovariable
on clause [PL/1] / Vorsorgeklausel
oncode builtin function [PL/1] / (eingebaute) Fehlercode-Funktion || ~ **function** [PL/1] / (eingebaute) Fehlercode-Funktion
oncount builtin function [PL/1] / (eingebaute) Fehleranzahl-Funktion || ~ **function** [PL/1] / (eingebaute) Fehleranzahl-Funktion
one-address code [Sw] / Einadreßcode || ~ **instruction** [Sw] / Einadreßbefehl
one-ahead addressing [Sw] / implizite Adressierung, Fortschaltungsadressierung
one-cell buffer [ES] / Einzellenpuffer
one condition [M] / Einszustand, Einslage
one-digit adder [Cir, ALU] / Halbaddierer, Halbaddierglied || ~ **subtracter** [ALU] / Halbsubtrahierglied, Halbsubtrahierer
one-dimensional *adj* [Th] / eindimensional
one-level address [Sw] / direkte Adresse, Direktadresse || ~ **subroutine** [Sw] / einstufiges Unterprogramm, Unterprogramm mit einer Ebene
one-output signal [M, Cir] / Einssignal am Ausgang, Lesespannung bei gespeicherter binärer Eins, Ausgangssignal Eins || ~ **to partial-output ratio** [M] / Verhältnis der Ausgangssignale einer Eins und eines teilgelesenen Speicherelementes
one-part form paper [HSP, TP] / Einlagenpapier, einlagiges Papier
one-plus-one address instruction [Sw] / Eins-plus-Eins-Adreßbefehl, Zweiadreßbefehl
ones complement [Th] / Einerkomplement, Einserkomplement
one-shot job [Dp] / nur einmal ausgeführter Job || ~ **multivibrator** [Cir] / monostabiles Kippglied, monostabile Kippstufe, Monoflop || ~ **operation** [Dp] / Einzelschrittbetrieb, Schrittbetrieb
one-sided tape card [PT] / einseitige Lochstreifenkarte
one state [M] / Einszustand, Einslage
one-time ribbon [OCR] / Einwegfarbband
one-to-one correspondence [Th] / Eineindeutigkeit, Eins-zu-Eins-Zuordnung || ~ **translator** [OS] / Eins-zu-Eins-Übersetzer
one-to-partial-select ratio [M] / Verhältnis der Ausgangssignale einer Eins und eines teilgelesenen Speicherelementes
one-to-zero ratio [M] / Eins-zu-Null-Verhältnis
one-way communication [Tr] / einseitiger Informationsfluß, einseitige Datenübermittlung (DIN 44302, Apr. 1979) || ~ **connection** [RDp, Tr] / einseitig gerichtete Verbindung || ~ **mode** [RDp, Tr] / Einwegbetrieb (Simplex) || ~ **rectification** [Sc] / Einweggleichrichtung || ~ **rectifier** [Sc] / Einweggleichrichter || ~ **videotex system** [Vtex] / nicht dialogfähiges Bildschirmtextsystem (Bildschirmtextsystem, bei dem der Benutzer aus einer größeren Anzahl von angebotenen Informationen die für ihn relevanten Daten selbst am Bildschirm auswählen muß) || ~ **working** [Tr] / Betrieb in einer Richtung
one-word instruction [Mp, MCS] / Ein-Wort-Befehl
onfield builtin function [PL/1] / (eingebaute) Namensfehler-Funktion || ~ **function** [PL/1] / (eingebaute) Namensfehler-Funktion
onfile builtin function [PL/1] / (eingebaute) Dateifehler-Funktion || ~ **function** [PL/1] / (eingebaute) Dateifehler-Funktion
onkey builtin function [PL/1] / (eingebaute) Schlüsselfehler-Funktion || ~ **function** [PL/1] / (eingebaute) Schlüsselfehler-Funktion
on-line *adj* [PCC] / direkt prozeßgekoppelt (DIN 66201E T1, Apr. 1979), abhängig || [PE] / online, rechnerabhängig, angeschlossen || ~ **backup** [DS, IDS] / aktive Reserve, Online-Reserve || ~ **card punch** [PC] / Lochkartenstanzer, Kartenstanzer, automatischer Stanzer (im Gegensatz zum Handlocher) || ~ **catalog** [Sw] / Katalog der angeschlossenen Datenträger || ~ **cipher** [Cryp] / Online-Verschlüsselung || ~ **closed-loop** [PCC] / Closed-loop-Betrieb || ~ **data processing** [Dp] / Online-Verarbeitung, Online-Datenverarbeitung, rechnerabhängige Verarbeitung, direkte Verarbeitung || ~ **data reduction** [PCC, RDp] / Online-Datenreduktion || ~ **data stock updating** [ASw] / Online-Datenbestandsänderung || ~ **data**

transmission [Tr] / Datendirektübertragung || ~ **device** [Hw] / angeschlossenes Gerät || ~ **dialog** [RDp] / Online-Dialog || ~ **equipment** [Hw] / angeschlossene Geräte || ~ **maintenance** (i.e., maintenance allowing continued operation of the system) [Hw, DpC] / Online-Wartung (Wartung ohne Betriebsunterbrechung) || ~ **maintenance program** [ES] / Online-Wartungsprogramm || ~ **mode** [Dp] / direkter Betrieb, rechnerabhängiger Betrieb, Online-Betrieb || ~ **operation** [Dp] / direkter Betrieb, rechnerabhängiger Betrieb, Online-Betrieb || ~ **operation** [RDp] / Leitungsbetrieb || ~ **peripheral testing** [Dp] / Online-Geräteprüfungen || ~ **plotter** [GrDp] / Online-Plotter || ~ **processing** [Dp] / Online-Verarbeitung, Online-Datenverarbeitung, rechnerabhängige Verarbeitung, direkte Verarbeitung || ~ **remote batch processing** [RDp] / direkte Stapelfernverarbeitung || ~ **software** [ES] / Online-Software || ~ **sorting** (including magnetic tape sorting, magnetic disk sorting, and internal storage sorting) [Dp] / interne Sortierung (d.h., Sortieren in der Datenverarbeitungsanlage unter Zuhilfenahme von an die Anlage angeschlossenen äußeren Speichern oder Sortieren im Arbeitsspeicher der Datenverarbeitsanlage) || ~ **storage** [PE] / rechnerabhängiger Speicher || ~ **system** [Dp] / Online-System || ~ **teleprocessing** [RDp] / direkte Datenfernverarbeitung

on-off action [NC] / Zweipunktverhalten || ~ **controller** [PCC] / Zweipunktregler, Ein-Aus-Regler, Auf-Zu-Regler

on/off keying [ES] / Unterbrechungstastung

on site [ES] / am Ort der Anlage

on-site acceptance test [Hw, QC] / Abnahmeprüfung am Einsatzort

onsource builtin function [PL/1] / (eingebaute) Quellenfehler-Funktion || ~ **function** [PL/1] / (eingebaute) Quellenfehler-Funktion || ~ **pseudo-variable** [PL/1] / Quellenfehler-Pseudovariable

on state [Sc] / leitender Zustand

on-state characteristic [Sc] / Durchlaßkennlinie || ~ **current** [Sc] / Durchlaßstrom

on statement [PL/1] / Vorsorgeanweisung

on-state region [Sc] / Durchlaßbereich || ~ **voltage** [Sc] / Durchlaßspannung

on status [Cobol] / eingeschaltet || ~ **system statement** [PL/1] / System-Vorsorgeanweisung

on-the-fly printer [HSP] / Drucker mit fliegendem Abdruck || ~ **printing** [HSP] / fliegender Druck

on-the-fringe area (of a network) [ES] / Netzperipherie

on unit [PL/1] / Vorsorgeeinheit

onward routing of call [ES] / Weiterverbindungsmöglichkeit || ~ **routing responsibility** [ES] / Weiterleitungs-Verantwortlichkeit

opaque, to ~ a negative [Rep] / ein Negativ ausdecken

OP code [Sw] / Operationscode (DIN 44300, März 1972), Operationsschlüssel || ≗ **code field** [MCS, Sw] / Operationsteil

open *v* [PL/1] / eröffnen || *adj* [Sw] / offen || **to ~ a file** [Sw] / eine Datei eröffnen || ~ **circuit** (i.e., a circuit that does not provide a complete path for the flow of current) [Cir, Sc] / Leerlaufschaltung

open-circuit stable [Cir] / leerlaufstabil || ~ **working** [RDp, TP, Tr] / Arbeitsstrombetrieb

open-collector gate [Sc] / Open-collector-Gatter

open collector output [Mp] / Ausgang mit offenem Kollektor

open-ended *adj* (system, etc.) [Dp] / erweiterbar, offen, ausbaubar (= modular) || ~ **command** [Mp] / offener Befehl || ~ **system** [Dp] / offenes System (ausbaufähiges System)

opening pressure [Fl] / Öffnungsdruck

open junction [Sc] / unbelasteter Übergang

open-loop control [PCC, NC] / Steuerkette, einfach offene Steuerung, rückführungslose Verstärkung || ~ **system** [PCC] / offenes System, offen prozeßgekoppeltes System, prozeßgekoppelt-offenes System

open number [TP] / offene Nummer (Lochstreifenverfahren)

open-numbering code [ES] / offene Kennzahl

open routine [Sw] / Eröffnungsroutine, Open-Routine

open-shop testing [Dp] / Eigentest (Methode) || ~ **test run** [Dp] / Eigentest (einzelner Test) || ~ **test system** [Dp] / Eigentestbetrieb

open statement [Cobol, PL/1] /

(Datei)eröffnungsanweisung || ~ **string** [Algol] / offene Zeichenfolge || ~ **subroutine** [Sw] / offenes Unterprogramm || ~ **wire line** [TrL] / Freileitung

operability *n* [Hw] / Funktionsfähigkeit

operable *adj* [Hw, ES] / betriebsfähig, betriebsklar || **to make ~** [Hw] / (Gerät usw.) klarmachen || **to make the device ~** [Sw] / das Gerät klarmachen || ~ **program** [Sw] / ladefähiges Programm, ablauffähiges Programm, ablaufbereites Programm

operand *n* [Cobol] / Operand || ~ (of Boolean operation) [SA] / Zustandsvariable || ~ **address** [Sw] / Operandenadresse || ~ **entry** [Sw] / Operandeneintrag || ~ **field** [Sw] / Operandenfeld, Parameterfeld || ~ **part** [Sw, ES] / Operandenteil (DIN 44300, März 1972) || ~ **register** [Dp] / Operandenregister || ~ **section** [Sw, ES] / Operandenteil (DIN 44300, März 1972) || ~ **separator** [Sw] / Operandentrennungszeichen || ~ **sublist** [Sw] / unterteilter Operand

operate confirmation signal [ES] / Betriebsmeldesignal || ~ **mode** [Dp, ADp] / Betriebsart „Rechnen" || ~ **pilot lamp** [Hw] / Betriebskontrollampe

operating area [HSP] / Bedienungsfläche, Bedienfläche || ~ **company** (US) [Tr] / Fernmeldebetriebsgesellschaft, Betriebsgesellschaft (z.B. Bundespost) || ~ **computer** [PCC] / Betriebsführungsrechner (BFR) || ~ **condition** [Hw] / Betriebszustand || ~ **conditions** [DpC] / Betriebsbedingungen || ~ **controls** [HSP] / Bedienungseinrichtungen, Bedieneinrichtungen || ~ **current** [Hw] / Betriebsstrom || ~ **delay** [Dp] / Verlustzeit durch Fehlbedienung || ~ **device** [Hw] / Bedienungsgerät, Bediengerät || ~ **environment** [DpC] / Betriebsbedingungen || ~ **environment** [Mp] / Betriebskonfiguration || ~ **flexibility** [NC] / vielseitige Verwendungsmöglichkeit || ~ **floor** [DpC] / Betriebsraum, Bedienungsraum || ~ **guide** [DOK, DpC] / Bedienungsanleitung (Handbuch) || ~ **hours meter** [Hw] / Betriebsstundenzähler || ~ **instruction** [Hw, DpC] / Anweisung (in der gültigen Bedienungssprache abgefaßte Vorschrift zur Geräte- bzw. Systembedienung), Bedienungsanweisung || ~ **instructions** (s. operating manual) || ~ **language** (s. control language) || ~ **manual** [DOK] / Betriebsanleitung || ~ **method** [PCC] / Betriebsverfahren || ~ **mode** [OS, ES, NC] / Betriebsart, Maschinenbetriebsart || ~ **mode** [Sc] / Betriebsbereich (eines Transistors) || ~ **mode selection switch** [Hw, PE] / Betriebsartenschalter || ~ **noise level** [DpC] / Geräuschpegel || ~ **number** [CP] / Befehlsnummer || ~ **on a single-channel sequential basis** [RDp, Tr] / einkanal-sequentiell arbeitend || ~ **performance** [Dp] / Betriebsverhalten || ~ **point** [Th] / Arbeitspunkt (Kennlinie) || ~ **principle** [Hw] / Arbeitsprinzip || ~ **program** [Sw] / Betriebsprogramm || ~ **rate** [Sc, Co] / Betriebsgeschwindigkeit (eines Systems) || ~ **room** [DpC] / Betriebsraum, Bedienungsraum || ~ **speed** [Dp] / Arbeitsgeschwindigkeit, Betriebsgeschwindigkeit || ~ **state** [Hw] / Betriebszustand || ~ **state message** [Hw] / Betriebszustandsmeldung || ~ **state notice** [Hw] / Betriebszustandsmeldung || ~ **state signal** [Hw] / Betriebszustandsmeldung

operating-status register [ES] / Betriebsregister

operating system (OS) [Sw] / Betriebssystem (BS) (DIN 44300, März 1972) || ~ **system master tape** [OS] / Betriebssystemstammband || ~ **system residence** [OS] / Betriebssystemresidenz || ~ **system routine** [RDp, Sw, Tr] / Systemprogramm || ~ **system software** [MCS, OS] / Systemsoftware || ~ **system support** [OS] / Betriebssystemunterstützung || ~ **temperature** [Hw, DpC] / Betriebstemperatur || ~ **temperature range** [Hw] / Betriebstemperaturbereich || ~ **test** [Dp] / Betriebsprüfung, dynamische Prüfung || ~ **time** [Dp] / Operationszeit, Betriebszeit || ~ **travel** (s. key drop) || ~ **value** [Cir] / Ansprechwert || ~ **voltage** [Hw] / Betriebsspannung

operation *n* [NC] / Arbeitsgang || [Hw] / Bedienung || [Th] / Operation

operational *adj* [ES] / betriebsbereit || ~ **chart** [NC] / Schaubild für Funktionsablauf || ~ **cost** [DpC] / Betriebskosten || ~ **direction** [PCC] / Verstellrichtung || ~ **expression** [Dp] / Operatoren enthaltender Ausdruck || ~ **features** [DpC] / betriebliche Einrichtungen || ~ **method** [PCC] /

Betriebsverfahren || ~ **pack** [MD] / Systemplattenstapel || ~ **register** (s. operation register) || ~ **reliability** [NC] / Betriebszuverlässigkeit || ~ **sequence** [Dp] / Operationsfolge, Ablauffolge, Ablauf (Folge von Operationen) || ~ **sequence description** [Dp] / Ablaufbeschreibung || ~ **sign** [Cobol] / (Rechen)vorzeichen || ~ **status indicator** [Hw] / Betriebsanzeige || ~ **use** [Hw, Dp] / Betriebseinsatz

operation bit [ES] / Betriebsbit || ~ **code** [Sw] / Operationscode (DIN 44300, März 1972), Operationsschlüssel || ~ **code** [NC] / Betriebscode, Arbeitscode || ~ **code register** [ES] / Operationscodierregister || ~ **code trap** [Sw] / nicht decodierbarer Operationsteil || ~ **control** [CU] / Operationssteuerung || ~ **control computer** [PCC] / Betriebsführungsrechner (BFR) || ~ **cycle** [CU] / Arbeitszyklus || ~ **decoder** [CU] / Operationsumwandler

operation-dependent *adj* [NC] / arbeitsgangabhängig

operation entry [Sw] / Operationseintrag || ~ **field** [Sw] / Operationsfeld || ~ **inhibit signal** [ES] / Betriebssperrsignal || ~ **initiation routine** [ES] / Operationseinleitungsroutine || ~ **limiter** [ES] / Operationsabschlußsignal || ~ **logic** [ES] / Operationsverknüpfung || ~ **mode register** [ES] / Operationsmodusregister || ~ **number** [NC] / Operationszahl, Arbeitsgangnummer || ~ **part** [Sw] / Operationsteil (DIN 44300, März 1972), Befehlsteil || ~ **register** [CU, ES] / Operationsregister

operations analysis [Dp] / Unternehmensforschung, Operations Research

operation speed [Dp] / Arbeitsgeschwindigkeit, Betriebsgeschwindigkeit

operations research (OR) [Dp] / Unternehmensforschung, Operations Research || ~ **room** [DpC] / Betriebsraum, Bedienungsraum || ~ **scheduling** [WS] / Arbeitsvorbereitung || ~ **statistics** [DpC] / Betriebsstatistik || ~ **supervisor** (s. executive) || ~ **supervisor** (in computer room, etc.) [DpC] / Schichtleiter (in einem Rechenzentrum usw.)

operation time [Dp] / Operationszeit, Betriebszeit

operation-time counter [Hw] / Betriebszeitzähler

operation unit counter [TP] / Betriebseinheitenzähler

operative *adj* [Th] / funktionsfähig || ~ **delay** [Dp] / Verlustzeit durch Fehlbedienung

operativeness *n* [Hw] / Funktionsfähigkeit

operator *n* [DpC] / Bedienungsperson, Operateur, Operator (Anlagenbediener) || [Sw] / Operationszeichen, Operationssymbol || [Cobol, Algol, Fortran] / Operator || **device** ~ [DpC] / Geräte-Operator || ~ **action** [DpC] / Bedienungsmaßnahme, Maßnahme des Operateurs, Bedienungsvorgang || ~ **assistance position** [ES] / Bedienungsplatz (Amt)

operator-assisted call [ES] / platzvermittelte Verbindung

operator callin [ES] / Operatoraufruf || ~ **command** [Sw] / Operatorbefehl || ~ **console** [CTW] / Bedienungsplatz, Konsole, Bedienungskonsole || ~ **control** [DpC] / Bedienung (durch den Operator) || ~ **control area** [TP] / Bedienungszone, Bedienzone || ~ **control routine** [Sw] / Bedienungsprogramm || ~ **convenience** [DpC] / Bedienungskomfort || ~ **device** [Hw] / Bedienungsgerät, Bediengerät || ~ **error** [Dp] / Bedienungsfehler || ~ **fatigue** [DpC] / Ermüdungserscheinungen (des Bedienungspersonal usw.) am Arbeitsplatz || ~ **guidance** [TES] / Bedienerführung || ~ **input** [ES] / Bedienungseingabe, Bedieneingabe || ~ **input-output** [ES] / Bedienungs-Ein-Ausgabe || ~ **input-output program** [ES] / Bedienungs-Ein-Ausgabeprogramm (BEAP) || ~ **inquiry** [CTW] / Abfrage (durch den Operator usw.), Tastaturabfrage || ~ **intervention** [DpC, Dp] / manueller Eingriff, Eingriff von seiten des Operators || ~ **I/O program** [ES] / Bedienungs-Ein-Ausgabeprogramm (BEAP) || ~ **message** [Dp] / Operatormeldung, Operateurmeldung (Meldung an den Operateur) || ~ **output** [ES] / Bedienungsausgabe, Bedienausgabe || ~ **panel** [CTW] / Bedienungsfeld (der Konsole) || ~ **part** [Sw] / Operationsteil (DIN 44300, März 1972), Befehlsteil || ~ **prompting instructions** [TES] / Angaben zur Bedienerführung || ~ **request** (s. service request) || ~ **response** [Dp] / Antwort des Operators, Operatorantwort,

Bedienerantwort || ~ **response request** [DpC, Dp] / Sprechaufforderung an den Operator
operator's console [CTW] / Bedienungsplatz, Konsole, Bedienungskonsole || ~ **desk** [Hw] / Bedienungstisch, Bedientisch
operators' guide [DOK, DpC] / Bedienungsanleitung (Handbuch) || ~ **handbook** [DOK, DpC] / Bedienungshandbuch || ~ **manual** [DOK, DpC] / Bedienungshandbuch
operator's paper tape reader [PT] / Bedienungs-Lochstreifenleser || ~ **position** [DpC] / Arbeitsplatz des Operators
operator training [DpC] / Operator-Ausbildung || ~ **typein** [CTW] / Bedienungsblattschreiberaufruf, Blattschreiberaufruf, Aufruf über Blattschreiber || ~ **typeout** [CTW] / Bedienungsblattschreiber-Meldung, Blattschreibermeldung, Meldung über Blattschreiber
opposite direction [RDp, Tr] / Gegenstellung
optical character reader [OCR] / optischer Klarschriftleser || ~ **character reading** [OCR] / optisches Klarschriftlesen, Klarschriftlesen || ~ **character recognition (OCR)** / optische Zeichenerkennung (OCR) (DIN 66226E, Aug. 1977) || ~ **converter** [Th] / optischer Umsetzer || ~ **coupler** [Mp, Sc] / Optokoppler || ~ **data entry system** [MCS] / optisches Datenerfassungssystem
optical-display console plotter (s. visual graphic display)
optical document reader [OCR] / optischer Belegleser || ~ **document sorter** [OCR] / optischer Belegsortierer || ~ **film sensing device** [IO] / optische Filmleseeinheit || ~ **grating** [NC] / optischer Raster, optisches Gitter, fotoelektrisches Strichgitter || ~ **interference pattern** [M] / Interferenzmuster (bei Hologramm) || ~ **journal reader** [IO, PT] / Streifenleser (zum optischen Lesen fortlaufender Streifen, z.B. Additionsstreifen, im Gegensatz zu Einzelblattbeleglesern)
optically coupled amplifier [Co] / optisch gekoppelter Verstärker
optical mark reader [IO] / optischer Markierungsleser, Markierungsleser (optische Abtastung) || ~ **mark reading** [OCR] / optisches Markierungslesen || ~ **mark sensor** [HSP] / optischer Markierungsabtaster || ~ **mass memory** [PE] / optischer Großspeicher || ~ **measuring equipment** [NC] / optische Meßeinrichtung || ~ **memory** [M] / optischer Speicher || ~ **reader** [OCR] / optischer Leser || ~ **reader card punch** [PC, OCR] / Klarschriftkartenleser und -stanzer || ~ **reader-sorter** [OCR] / optischer Belegsortierer || ~ **scanning** [OCR] / optische Abtastung, optisches Abtasten, optische Abfühlung, optisches Abfühlen || ~ **signal** [RDp, Tr] / optisches Signal || ~ **system** [HSP] / Optik || ~ **telecommunications** [Tr] / optische Fernmeldetechnik || ~ **waveguide** [Dp] / Lichtwellenleiter
optics *pl* [HSP] / Optik || ~ **module** [HSP] / Optikbaugruppe
optimalizer *n* [Cy] / Optimalwertkreis
optimally coded program [Sw] / Bestzeitprogramm, Optimalprogramm, optimales Programm
optimal program [Sw] / Bestzeitprogramm, Optimalprogramm, optimales Programm
optimation *n* [NC] / Optimierung
optimization *n* [NC] / Optimierung
optimize *v* [DpC] / optimieren
optimized for touch [TES, TP] / anschlagfreundlich
optimum coding [Sw] / optimale Codierung, optimale Verschlüsselung || ~ **load resistance** (for linearity) [Sc] / optimaler Belastungswiderstand (eines Halleffekt-Bauelementes) || ~ **program** (s. optimally coded program) || ~ **programming** [Sw] / Bestzeitprogrammierung, Bestzeitcodierung, optimale Programmierung || ~ **throughput** [Dp] / optimaler Datendurchsatz
option *n* [Hw] / Zusatzeinrichtung || [Sw] / wahlfreie Angabe || [Cobol] / Angabe || [PL/1] / (Ergänzungs)angabe
optional *adj* [Sw] / wahlfrei, wahlweise || ~ **entry** [Sw] / wahlfreie Eintragung || ~ **facility** [Hw] / Zusatzeinrichtung || ~ **feature** [Hw] / Zusatzeinrichtung || ~ **file** [Cobol] / Wahldatei || ~ **instruction sequence** [Sw] / wählbare Befehlsfolge
optionally signed [Fortran] / mit oder ohne Vorzeichen
optional operand [Sw] / wahlweiser Parameter || ~ **parameter** [Sw] / wahlweiser Parameter || ~ **switching signal** [ES] / Bedarfsschaltkennzeichen || ~ **word** [Cobol] / Wahlwort

option byte [Tr] / Wahlbyte, Auswahlbyte || ~ **code** [Sw] / Funktionsnummer || ~ **number** [Sw] / Funktionsnummer
options *pl* [Sw] / Randbedingungen
option table [Dp] / Fehlerbehandlungstabelle
optoelectronic device [Sc] / optoelektronisches Bauelement || ~ **scanner** [MT] / optoelektronisches Abtastelement
optoelectronics microcircuit [Co] / optoelektronische Mikroschaltung
OR *v* [SA] / durch logisches ODER verbinden, ODERn || ≗ (s. operations research)
Oracle *n* (2-way videotex system developed in Britain) [Vtex] / „Oracle" (in Großbritannien entwickeltes dialogfähiges Bildschirmtextsystem)
OR circuit [Cir] / ODER-Schaltung, Inklusives-ODER-Schaltung
order *n* [PL] / Anweisung (allgemeine Bezeichnung für in beliebiger Sprache abgefaßte Arbeitsvorschrift, die im Gegensatz zum Befehl aus weiteren Anweisungen zusammengesetzt sein kann, jedoch im gegebenen Zusammenhang wie auch im Sinne der benutzten Sprache abgeschlossen ist) (DIN 44300, März 1972) || ~ (s. sequence) || ~ **code** (s. operation code)
ordering bias [Dp] / Ordnungsgütemaß
order processing [Dist, TES] / Auftragsabwicklung || ~ **structure** (s. instruction format)
ordinal number [Th] / Ordnungszahl
ordinate *n* [Th] / Ordinate, Y-Koordinate || ~ **axis** [Th] / Ordinatenachse, Y-Achse
OR element [Cir] / ODER-Schaltung, Inklusives-ODER-Schaltung
organic semiconductor [Sc] / organischer Halbleiter
organizational instruction [OS] / Organisationsbefehl, organisatorischer Befehl || ~ **structure** [DpC] / organisatorischer Aufbau, Funktionsübersicht (für EDV-Abteilung usw.)
organization and automation plan [ES] / Organisations- und Automatisierungsprozeßplan || ~ **and methods (O and M)** [Dp] / Organisationsmittel (d.h., Medien und Maßnahmen, die den Einsatz von Hard- und Software ermöglichen und somit das Zusammenspiel der vielen verschiedenen Bausteine optimieren)
organ-type key [TP] / Registertaste
OR gate (s. OR circuit)
orientation *n* [TP] / Orientierung || ~ **point** (on LP tape, for search and restart routines) [HSP] / Aufsetzpunkt (Laserdruckerband)
original artwork [IC] / Originalvorlage (für die fotografische Verkleinerung von Schaltungen) || ~ **control card** [Sw] / Originalsteuerkarte || ~ **device assignment** [Sw] / Standardgerätezuordnung || ~ **document** [IO, OCR] / Originalbeleg, Urbeleg, Ursprungsbeleg || ~ **equipment manufacturer (OEM)** [Dp] / Originalgerätehersteller, OEM-Hersteller (Hersteller von Geräten, die in andere Systeme eingebaut werden)
originality *n* [Th, Cy] / Originalität (informative Neuheit)
original page [HSP] / Originalseite || ~ **phase** [Sw] / Originalphase || ~ **position** [Dp] / Ausgangsstellung, Ruhestellung, Ausgangsposition || ~ **sheet** (s. source document) || ~ **signal** [ES] / Ursprungszeichen || ~ **text** [HSP] / Originaltext || ~ **track** [Sw] / Originalspur, Erstspur
originated traffic [ES] / Ursprungsverkehr
originating exchange [ES] / Ursprungsvermittlungsstelle || ~ **switching center** [ES] / Ursprungsvermittlungsstelle || ~ **traffic** [ES] / Ursprungsverkehr
originator *n* [DpC] / Bearbeiter (einer Unterlage) || ~ **indicator** [ES] / Absenderkennung
origin section (of message, etc.) [ES] / Absenderteil
ORing *n* [SA] / Mischen || ≗ **circuit** [Cir] / Mischschaltung
OR operation (s. inclusive-OR operation) || ≗ **operator** [SA] / ODER-Zeichen || ≗ **symbol** [PL/1] / Disjunktionssymbol, ODER-Symbol
orthography, normal ~ [Dp, MAT] / normale Rechtschreibung
OS (s. operating system)
oscillating circuit [Tr] / Schwingkreis, Schwingungskreis || ~ **motor** [Fl] / Schwenkmotor || ~ **sorting** [Dp, OS] / oszillierendes Sortieren
oscillator *n* [Sc, Tr] / Oszillator
outboard director [VS] / Außenanschlußsteuerwerk || ~ **error** [Dp] / Gerätefehler
outbound traffic [ES] / abgehender Verkehr

out-diffusion *n* [Sc] / Ausdiffundieren
outer macro call [Sw] / äußerer Makroaufruf || ~ **macro instruction** [Sw] / äußere Makroinstruktion
outgoing line [ES] / Sendeleitung || ~ **line signal** [TP] / abgehendes Signal || ~ **start-stop distortion** [ES] / Sendebezugsverzerrung || ~ **traffic** [ES] / abgehender Verkehr || ~ **trunk line** [ES] / gehende Fernleitung
outlet *n* [Hw] / Ausgang || ~ **air shutoff valve** [DpC] / Ausgangsabsperrventil (Abluft)
outline lettering [HSP] / lichte Schrift
out-of-area switching center [ES] / Vorfeldvermittlungsstelle
out-of-balance condition [Hw] / Unwucht
out-of-order condition [ES] / Gestörtzustand, Störzustand || ~ **state** [ES] / Gestörtzustand, Störzustand
out-of-service key [Hw] / Außerbetriebsetzungsschalter
out-plant system [RDp, Tr] / außerbetriebliches System
output *v* (data, information, etc.) [IO] / ausgeben (DIN 66200E T1, März 1974) || *n* [Cir] / Ausgang || [Algol, PL/1] / Ausgabe || ~ **acknowledgment** [ES] / Ausgabequittung (AQ), Ausgangsquittung || ~ **acknowledgment register** [ES] / Ausgabequittungsregister (AQR), Ausgangsquittungsregister || ~ **address register** [Sw] / Ausgabeadreßregister || ~ **admittance** [Sc] / Ausgangsadmittanz, Ausgangsscheinleitwert || ~ **area** [Sw] / Ausgabebereich || ~ **bin** [MC] / Auffangfach || ~ **block** [Sw] / Ausgabeblock || ~ **block count** [Sw] / Ausgabeblockzählung || ~ **block length** [Sw] / Ausgabeblocklänge || ~ **buffer** [CP] / Ausgabepufferspeicher, Ausgabepuffer || ~ **buffer storage** [CP] / Ausgabepufferspeicher, Ausgabepuffer || ~ **capacitance** [Sc] / Ausgangskapazität || ~ **capacity** [TP] / Ausgabeleistung || ~ **channel** [CP] / Ausgabekanal || ~ **channel** [Tr] / Ausgangskanal (DIN 66200E T1, März 1974) || ~ **characteristic** [Sc] / Ausgangskennlinie || ~ **circuit** [Cir] / Ausgangsschaltung || ~ **code** [Sw] / Ausgabecode || ~ **code converter** [OS] / Ausgabecodewandler || ~ **coder** [OS] / Ausgabecodierer || ~ **configuration** [Cir] / Ausgangskonfiguration (bei einer Digitalschaltung) || ~ **current** [Sc] / Ausgangsstrom || ~ **cutoff frequency** [Sc] / Ausgangsgrenzfrequenz || ~ **data** [Dp, PCC] / Ausgabedaten (DIN 66201E T1, Apr. 1979) || ~ **deck** [PC] / Ausgabekartensatz || ~ **decoding circuit** [OS] / Ausgabecodierschaltung || ~ **destination** [ES] / Ausgabeziel (AZI) || ~ **destination register** [ES] / Ausgabezielregister (AZR) || ~ **device** [IO] / Ausgabegerät (DIN 44300, März 1972) || ~ **disk** [MD] / Ausgabeplatte || ~ **distribution** [ES] / Ausgabeverteilung || ~ **element** [ES] / Ausgabeglied || ~ **enable logic** [ES] / Ausgabefreigabelogik || ~ **file** [Cobol] / Ausgabedatei || ~ **format** [Sw] / Ausgabeformat || ~ **format specification** [Sw] / Ausgabebeschreibung || ~ **function** [IO] / Ausgabefunktion || ~ **gate** [Mp] / Ausgabegatter || ~ **handling** [ES] / Ausgabebehandlung (einer Nachricht) || ~ **hub** [PC] / Sendebuchse || ~ **impedance** [Sc] / Ausgangsimpedanz || ~ **indicator** [ES] / Ausgabemeldung (Signal) || ~ **indicator** [RPG] / Ausgabebezugszahl || ~ **information** [DOK] / Ausgangsinformationen || ~ **instruction** [Sw] / Ausgabebefehl || ~ **label** [M] / Ausgabekennsatz || ~ **library** [Sw] / Ausgabebibliothek || ~ **line** [IO] / Ausgabeleitung || ~ **listing** [Sw] / Ausgabeprotokoll || ~ **loading capability** [Cir] / statische Ausgangsbelastbarkeit (einer Digitalschaltung mit bipolaren Transistoren) || ~ **lockout** [ES] / Ausgabeblockierung, Ausgabesperre || ~ **magazine** [PC] / Ausgabemagazin || ~ **matrix** [TP] / Ausgabematrix (AMX) || ~ **medium** [Cobol] / Ausgabedatenträger || ~ **mode** [Dp] / Ausgabemodus || ~ **module** [TP] / Ausgabebaugruppe (= Drucker, Locher) || ~ **multiplexer** [PCC] / Ausgabeverteiler (DIN 66201, Aug. 1971) || ~ **noise power** [Sc] / Ausgangsrauschleistung || ~ **noise ratio** [Sc] / Rauschtemperaturverhältnis (DIN IEC 235 T1, Sept. 1978), Ausgangsrauschabstand || ~ **notice** [ES] / Ausgabemeldung (Signal) || ~ **notification** [OS] / Ausgabemeldung || ~ **operation** [Sw] / Ausgabeoperation || ~ **option card** [Sw] / Ausgabesteuerkarte || ~ **parameter** [Sw] / Ausgabeparameter, Ausgangsparameter || ~ **pattern** [Cir] / Ausgangskonfiguration (bei einer

Digitalschaltung) || ~ **phase** [Sw] / Ausgabephase || ~ **port** [Mp] / Ausgabebaustein || ~ **power** [Sc] / Ausgangsleistung || ~ **procedure** [Algol] / Ausgabeprozedur || ~ **procedure** [Cobol] / Rückgabeprozedur || ~ **program** [Sw] / Ausgabeprogramm || ~ **punch** [PT, PC] / Ausgabelocher || ~ **quantity** [Th, Cy] / Ausgangsgröße || ~ **queue** [OS] / Ausgabewarteschlange || ~ **rate** [PCC] / Ausgabegeschwindigkeit (DIN 66201, Aug. 1971)

Output record [OS, Instruction] / Ausgeben Satz

output record [Sw] / Ausgabesatz || ~ **record length** [Sw] / Ausgabesatzlänge || ~ **reel** [MT] / Ausgabespule, Ausgabemagnetband || ~ **register** [Sw] / Ausgangsregister || ~ **register selector** [OS] / Ausgangsregistertrichter || ~ **request** [OS] / Ausgabeanforderung || ~ **resistance** [Sc] / Ausgangswiderstand || ~ **routine** [Sw] / Ausgabeprogramm || ~ **selection** [ES] / Ausgabeauswahl || ~ **selection control** [ES] / Ausgabeauswahlsteuerung || ~ **selection interval** [ES] / Ausgabeauswahlintervall || ~ **selection path parameter** [ES] / Ausgabeauswahlwegeparameter || ~ **selection register** [ES] / Ausgabeauswahlregister || ~ **signal** [CU, Tr] / Ausgangssignal || ~ **special priority** [ES] / Ausgangsspezialpriorität || ~ **special priority condition** [ES] / Ausgangs-Spezialprioritätszustand || ~ **spooling** [Sw] / Ausspulen || ~ **spooling file** [Sw] / Ausspuldatei || ~ **stacker** [PC] / Ablagefach (für Lochkarten), Kartenmagazin für verarbeitete Karten || ~ **station** [HSP] / Papierstapler, Stapler || ~ **storage** [RDp] / Ausgabespeicher, Ausgangsspeicher || ~ **stream device** [Mp] / Gerät für die Eingabe von Zeichenfolgen || ~ **switching logic** [ES] / Ausgabekopplung (AK) || ~ **switching register** [ES] / Ausgabekopplungsregister || ~ **table** (s. plotting board) || ~ **tape** [MT] / Ausgabespule, Ausgabemagnetband || ~ **tape unit** [MT] / Ausgabemagnetbandgerät || ~ **teleprinter** [TP] / Ausgabedrucker || ~ **terminal** [Sc] / Ausgangsanschluß, Ausgabeanschlußpunkt || ~ **time** [PCC] / Ausgabezeit (DIN 66201E T1, Apr. 1979) || ~ **time constant** [Sc] / Ausgangszeitkonstante || ~ **transfer rate** [PCC] / Ausgaberate (DIN 66201E T1, Apr. 1979) || ~ **typewriter** [IO] / Ausgabeschreibmaschine || ~ **unit** [IO] / Ausgabeeinheit (DIN 44300, März 1972) || ~ **variable** [PCC] / Zustandsgröße || ~ **voltage** [Tr, Sc] / Ausgangsspannung || ~ **voltage across load resistor** [Sc] / Ausgangsspannung am Belastungswiderstand || ~ **voltage monitor** [ES] / Spannungsüberwachung || ~ **volume** [IO] / Ausgabedatenträger (Magnetschichtträger) || ~ **winding** [M] / Lesewicklung || ~ **word register** [ES] / Ausgabewortregister (AWR) || ~ **work queue** [OS] / Ausgabewarteschlange || ~ **writer** (i.e., a service program which moves data from the output work queue to a particular output device) [OS] / Systemausgabeprogramm, Output writer

outsort *v* (card, etc. not read successfully) [PC] / aussteuern, zurückweisen, rückweisen

outsorting *n* (of card, etc. not read successfully) [PC] / Aussteuerung, Selektion

outstation *n* [RDp] / Außenstation

overall analysis [Th] / Gesamtanalyse || ~ **circuit diagram** [ES] / Übersichtsstromlauf || ~ **design** [Hw] / Gesamtaufbau || ~ **dimension** [TrL, Sc] / Außenmaß || ~ **directory** [Sw] / Gesamtinhaltsverzeichnis || ~ **functional diagram** [ES] / Übersichtsplan || ~ **layout plan** [ES] / Übersichtsplan || ~ **logic diagram** [ES] / Logikgesamtdarstellung || ~ **loss** (GB) (s. net loss) || ~ **noise figure** [Sc] / Gesamtrauschzahl, Rauschzahl (Leistungsverhältnis) || ~ **revision level** [Dist] / zusammengefaßter Gerätestand

over-center device [Fl] / Sprungwerk

over-current protection [ES] / Überstromsicherung

overdamping *n* [Th] / aperiodische Dämpfung

overdimensioning *n* [ES] / Überdimensionierung

overdriving *n* [Sc] / Übersteuerung || ~ **factor** [Sc] / Übersteuerungsfaktor

overflow *n* [Cobol, Algol] / Überlauf || ~ (of calculator's computing capacity) [Calc] / Kapazitätsüberschreitung (DIN 9757E, Okt. 1977) || ~ **area** [OS] / Überlaufbereich, Folgebereich || ~ **bit** [CU] / Überlaufbit || ~ **block** [Sw] /

Überlaufblock || ~ **capability** [CU] / Überlaufmöglichkeit || ~ **check indicator** [Calc] / Kapazitätsüberschreitungs-Anzeige (DIN 9757E, Okt. 1977) || ~ **condition** [PL/1] / (Gleitpunkt)überlauf-Bedingung || ~ **control** [Calc] / Kapazitätsüberwachung (DIN 9757E, Okt. 1977) || ~ **control indicator** [HSP] / Formularwechselanzeige || ~ **data** [Sw] / Überlaufdaten || ~ **digit** [Dp, Sw] / Überlaufziffer || ~ **extent** [OS] / Überlaufbereich, Folgebereich || ~ **footing report group** [Cobol] / Überlauffuß || ~ **heading report group** [Cobol] / Überlaufkopf || ~ **index** [Sw] / Überlaufmarke || ~ **indicator** [PCC, CU] / Überlaufanzeige, Überlaufindikator || ~ **indicator** [RPG] / Bezugszahl „Formularende" || ~ **load offered** [ES] / Überlaufangebot || ~ **position** [ALU] / Überlaufstelle, Überlaufplatz || ~ **record** [Sw] / indirekter Satz, Überlaufsatz, Folgesatz || ~ **register** [PCC, CU] / Überlaufregister || ~ **stacking** [PC] / Ablagefachwechsel || ~ **track** [OS] / Überlaufspur || ~ **traffic** [ES] / Überlaufverkehr

overhead *n* [Sw] / zusätzlicher Platzbedarf || ~ **bits** [Tr] / zusätzliche Informationsschritte || ~ **cable grid** [ES] / Flächenkabelrost, Flächenrost || ~ **operation** [Dp] / organisatorische Operation (Operation, die den Ablauf eines Programms erleichtert, ohne direkt beteiligt zu sein)

overheating *n* [Hw] / Überhitzung

overlap *v* [Sw] / überschneiden (sich) || *n* [Cobol] / Überlappung

overlapped processing [Dp] / überlappte Verarbeitung

overlapping *n* [Dp] / überlappende Verarbeitung || ~ **operation of keys** [TP] / überlappende Tastung

overlap splice [Rep] / überlappende Klebestelle

overlay *v* [Sw] / überlagern || [HSP] / einblenden || *n* [Sw] / Überlagerung || [HSP] / Einblendung || ~ (s. forms overlay) || **executive** ~ **phase** [OS] / Ablaufteilüberlagerungsphase

overlayable segment [Cobol] / überlagerbares Segment

overlay adjustment [HSP] / Diaverstellung || ~ **area** [Sw] / Überlagerungsbereich, Overlaybereich || ~ **contact stripe** [Sc] / Aufdampfkontaktstreifen || ~ **file** [Sw] / Überlagerungsdatei, Overlaydatei || ~ **master positive** [HSP] / Original-Mutterschablone || ~ **negative adjustment** [HSP] / Diaverstellung || ~ **phase** [Sw] / Überlagerungsphase || ~ **request** [Sw] / Segmentaufruf || ~ **routine** [Sw] / Überlagerungsroutine || ~ **segment** [Sw] / Überlappungssegment || ~ **structure** [Sw] / Überlagerungsstruktur || ~ **technique** [ES] / Überlagerungsverfahren, Overlay-Verfahren || ~ **tree** [Sw] / Überlagerungsbaum

overload *v* [Hw] / überlasten, überbelasten, überbeanspruchen || *n* [Hw] / Überlastung, Überbelastung, Überbeanspruchung || ~ **capability** [Sc] / Überstromverhalten || ~ **capacity** [AC, Fl] / Überlastbarkeit || ~ **characteristic** [Sc] / Überstromkennlinie || ~ **circuit breaker** [ES] / Überstromauslöser || ~ **current** [Sc] / Überstrom || ~ **factor** [Sc] / Überstromfaktor, Überlastfaktor (DIN IEC 50V T902, Sept. 1978)

overload-factor characteristic [Sc] / Überstromfaktor-Kennlinie, Überlastfaktor-Kennlinie

overload forward current [Sc] / Überstrom in Durchlaßrichtung, Überstrom in Vorwärtsrichtung || ~ **light** [NC] / Überlastlicht

overnight rate [ES] / Nachttarif

overprinted character [HSP] / Doppelzeichen

overprinting *n* [HSP] / Doppeldruckverfahren

overprint lock [TP] / Überschreibsperre

overpunch *n* [PT, PC] / Überlochung

overpunched character [PL/1] / Überlochzeichen

overpunching *n* [PT, PC] / Überlochen, Überstanzen

overrun *n* [Dp] / Datenverlust

overrunnable device [Dp] / Gerät mit möglichem Datenverlust

overspeed *n* [NC] / Übergeschwindigkeit || ~ **limiter** [NC] / Übergeschwindigkeitsbegrenzer

overstoring *n* [NC] / Überspeicherung

over-synchronisation *n* [Tr] / Übersynchronisation

overview *n* [Dist] / Überblick

overvoltage *n* [DpC] / Überspannung || ~ **arrester** (s. surge protector)

overwrite *v* [PE, M] / überschreiben

overwriting *n* [PE, M] / Überschreiben

own-code module [Sw] / Benutzerroutine (beim Sortieren)

owner identification [Sw] / Eigentümerkennzeichnung
oxide side [MT] / Schichtseite (DIN 66010, Apr. 1973)

P

PABX (s. private automatic branch exchange)
PACE (s. processing and control element)
pack *v* [M, Sw] / packen, verdichten || *n* [MD] / Stapel
Pack [OS, Lisp] / Packen
package *n* [Co] / Baueinheit || [Sw] / Paket (von Programmen usw.), Komplex (von Programmen usw.) || [Sc] / Gehäuse (für Chip usw.) || **ceramic ~** [Sc] / keramisches Gehäuse
packaged *adj* [Sc] / verschlossen || **~ machine** [PrC, Co] / betriebsbereite Maschine, in einer Einheit zusammengefaßte Maschine || **~ system** [Hw] / Baugruppensystem
packaging concept [ES, Sc] / Einbausystem || **~ system** [ES, Sc] / Einbausystem
packed *adj* [Sw] / gepackt || **~ data** [Sw] / gepackte Daten || **~ decimal** [Sw] / gepackte Dezimalzahl || **~ format** [Sw] / gepacktes Format
packet *n* [ES] / Datenpaket (DIN 44302, Apr. 1979), Paket || **~ format** [ES] / Paketformat || **~ switched service** [ES] / Paketvermittlung || **~ switching center** [ES] / Paketvermittlungsstelle || **~ switching exchange (PSE)** [ES] / Paketvermittlungsamt || **~ switching network** [ES] / Paketvermittlungsnetz || **~ switching procedure** [ES] / Paketvermittlungsprozedur || **~ switching system** [ES] / Paketvermittlungssystem || **~ switching technology** [ES] / Paketvermittlungstechnik || **~ terminal** [ES] / Paketendstelle
packet-terminal customer [ES] / Paketteilnehmer
pack-feed *v* (cards, etc.) [PC] / einlegen
packing density [PE] / Speicherdichte || **~ density** / Packungsdichte, Bauelementdichte || **~ density code** [MT] / Schriftkennung || **~ factor** [PE] / Verdichtungsfaktor
pack of cards [PC] / Lochkartenstapel, Kartenstapel || **~ serial number** [MD] / Archivnummer, Plattenstapelarchivnummer
pack/unpack facility [MT] / Datenkonzentrator, Zeichenkonzentrator
pad *v* [ES] / stopfen (Zeichen) || *n* [Tr] / Dämpfungsglied (nicht veränderlich) || **~ character** (i.e., blank or nonsignificant character) [Sw] / Auffüllzeichen
padding *n* [Cobol] / Auffüllen || ~ (s. filler)
paddlewheel *n* [HSP] / Zugrolle (Stapler) || **~ control pushbutton** [HSP] / Papierabzug-Drucktaste
page *v* [VS] / seitenwechseln, seitenweise umlagern || *n* [VS] / Seite, Rahmen, Kachel || [Cobol] / Seite || **active ~** [VS] / aktive Seite || **fixed ~** [VS] / speicherresidente Seite || **to fix a ~** [VS] / eine Seite fixieren, eine Seite resident machen
pageable *adj* [VS] / seitenwechselbar, auslagerbar, auslagerungsfähig
page-at-a-time printer (s. page printer)
page buffer (PB) [HSP, M] / Seitenspeicher, Seitentextspeicher || **~ buffer capacity** [HSP, M] / Seitenspeicherkapazität || **~ buffer expansion feature** [HSP, M] / Seitenspeicherzusatz, Seitenspeichererweiterung, Zusatzseitenspeicher || **~ chaining** [OS] / Seitenkettung || **~ chaining flag (PCF)** [OS] / Kennzeichen für Seitenketten || **~ copy teleprinter** [TP] / Blattfernschreiber, Blattschreiber
page-counter *n* [Cobol] / Seitenzähler
page counter [HSP] / Seitenzähler, Blattzähler
paged addressing [Mp] / Seitenadressierung
page depth [Typ] / Satzhöhe || **~ depth instruction** [Typ] / Satzhöhenbefehl || **~ document** [OCR] / Blattbeleg || **~ down** *v* [VDT] / rückwärts blättern (Text auf Bildschirm) || **~ fault** [VS] / Seitenwechselanforderung || **~ file** [Th] / Blattdatei
page-fixing *n* [VS] / Seitenfixieren, Residentmachen von Seiten
page footing report group [Cobol] / Seitenfuß || **~ format** [Algol] / Seitenformat || **~ frame** [VS] / Realseitenrahmen, realer Rahmen, Realrahmen || **~ heading** [Typ] / Rubrik ||

~ **heading** [Algol] / Seitenkopf || ~ **heading parameter** [PL] / Seitenüberschriftparameter, Überschriftparameter || ~ **heading report group** [Cobol] / Seitenkopf || ~ **in** *v* [VS] / seitenweise einlagern || ~ **layout** [HSP] / Seitenformat || ~ **limit** [Cobol] / Seitenbegrenzung

page-limit clause [Cobol] / Seitenbegrenzungsklausel

page makeup [Typ] / Umbruch, Seitenumbruch || ~ **migration** [VS] / Seitenwanderung || ~ **modification** [HSP] / Seitenmodifikation || ~ **monitoring copy** (s. local record)

pageno builtin function [PL/1] / (eingebaute) Seitennummer-Funktion || ~ **function** [PL/1] / (eingebaute) Seitennummer-Funktion || ~ **pseudo-variable** [PL/1] / Seitennummer-Pseudovariable

page number [HSP, Typ] / Kolumnenziffer, Seitenzahl, toter Kolumnentitel || ~ **number** [Cobol] / Seitennummer || ~ **numbering** [Sw] / Seitennumerierung || ~ **of print** [HSP] / Druckseite || ~ **option** [PL/1] / Seitenvorschubangabe || ~ **out** [VS] / seitenweise auslagern || ~ **overflow** [HSP] / Blattwechsel || ~ **overflow** [Cobol] / Seitenüberlauf || ~ **printer** [TP] / Blattfernschreiber, Blattschreiber || ~ **printer** (using xerographic or laser printing techniques, or the result of electron beam recording) [HSP] / Seitendrucker (Drucker, der im Gegensatz zu Zeilen- und Zeichendrucker eine ganze Seite „auf einmal" druckt) || ~ **printing** [TP, ES] / Blattdruck || ~ **reader** [OCR] / Seitenleser (DIN 66223 T4, Jan. 1978), Blattleser || ~ **replacement** [VS] / Seitenersetzung

pagesize option [PL/1] / Seitenlängenangabe

page slot [VS] / Externseitenrahmen || ~ **table (PT)** [OS] / Seitentafel || ~ **table (PGT)** [VS] / Seitentabelle (IBM) || ~ **table address (PTA)** [OS] / Seitentafeladresse || ~ **table base (PTB)** [OS] / Seitentafelbasis || ~ **table entry (PTE)** [OS] / Seitentafeleintrag || ~ **teleprinter** [TP] / Blattfernschreiber, Blattschreiber || ~ **translation exception** [VS] / Seitenwechselanforderung || ~ **turning** (i.e., the process by which the pages or full screens of data, displayed on a VDU, are successively replaced) [VDT, MAT] / Bildschirmblättern, Blättern || ~ **up** [VDT] / vorwärts blättern (Text auf Bildschirm)

paging *n* [VS] / Seitenwechsel, Seitenwechselverfahren || ~ (s. page turning) || **demand** ~ [VS] / Seitenabruf || ~ **area memory space** [VS, OS] / PAM-Seite || ~ **device** [VS] / Seitenwechselspeicher, Seitenspeicher || ~ **drum** [VS] / Seitenwechseltrommel || ~ **error** [VS] / Adreßumsetzungsfehler || ~ **queue error** [VS] / Seitenanforderungsfehler || ~ **rate** [VS] / Seitenwechselrate || ~ **supervisor** [VS] / Seitensupervisor

painted surface [Hw] / Lackoberfläche

pair generation [Sc] / Paarbildung (DIN 41852, Aug. 1978) || ~ **production** [Sc] / Paarbildung (DIN 41852, Aug. 1978) || ~ **transposition** (e.g., 23 into 32) [RDp] / Paarvertauschung

PAM (s. primary access method) || ~ **space** (i.e., the paging area memory utilized, 1 PAM = 2,048 bytes) [VS, OS] / PAM-Seite

panel control field [ES] / Steuerfeld || ~ **with swingout frame** [Hw] / Schiene mit Schwenkteil

paper, electrically conductive ~ [MCS] / leitfähiges Papier || **pressure-sensitive** ~ [HSP] / druckempfindliches Papier || ~ **advance** [HSP, TP] / Papiervorschub (DIN 32742E T4, Juni 1978) || ~ **advance mechanism** [TP] / Papiervorschubeinrichtung || ~ **bail** [IO, TP] / Papierhalter || ~ **brake** [HSP] / Papierbremse || ~ **brake switch** [HSP] / Papierbremsenschalter || ~ **chip** [HSP] / Papierschnitzel || ~ **chips** [HSP] / Schnittabfälle || ~ **cloud switch** [HSP] / Papierwolkenschalter || ~ **color** [HSP] / Papierfarbe || ~ **communication** [Fax] / Übertragung von Schriftstücken || ~ **deflecting frame** [TP] / Papierabgleitbügel || ~ **deflecting plate** [TP] / Papierableitblech || ~ **deflector** [HSP] / Papierleitblech || ~ **dimensions** [HSP] / Papierabmessungen || ~ **drive** [HSP] / Papiertransport || ~ **dust** [HSP] / Papierstaub || ~ **edge** [HSP] / Papieraußenkante, Papierkante || ~ **eject** (s. paper ejection) || ~ **ejection** (i.e., feeding blank pages) [HSP] / Papierausstoß, Papierauslauf || ~ **fault** [HSP] / Papierstörung || ~ **feed** [HSP, TP] / Papiervorschub (DIN 32742E T4, Juni 1978) || ~ **feed** [HSP] / Papiereinlauf || ~ **feed facility** [TP] / Einrichtung für den Papiervorschub || ~ **feed logic** [TP] /

Papiervorschublogik || ~ **feed performance** [HSP, OCR] / Papiervorschubleistung, Formularvorschubleistung || ~ **feed spacing** [TP] / Papiervorschubteilung || ~ **feed speed** [TP] / Papiervorschubgeschwindigkeit || ~ **feed time** [HSP] / Papiervorschubzeit || ~ **filter** [HSP] / Papierfilter || ~ **fragments** [HSP] / Papierflitter || ~ **guide** [IO, HSP] / Papierrandführung, Papierführung || ~ **guide** (s. sheet guide) || ~ **guide pan** [TP] / Papierwanne || ~ **handling action** [TP] / Papierbewegung || ~ **input** [HSP] / Papiereingabe || ~ **input station** [HSP] / Papiereingabestation || ~ **input tray** [HSP] / Papiereingabelade, Eingabelade || ~ **jam** [HSP, IDS] / Papiertransportfehler || ~ **jamming** (s. jamming) || ~ **layout sheet** [HSP] / Papierentwurfsblatt || ~ **loop** (used to control vertical formatting of printers, etc.) [HSP] / Lochband (z.B. Vorschublochband für Drucker usw.) || ~ **monitoring** [TP] / Papierüberwachung || ~ **motion** [HSP] / Papierlauf || ~ **output stack** [HSP] / Papierausgabestapel || ~ **path** [HSP] / Papierbahn || ~ **pressure rod** [TP] / Papierandruckbügel || ~ **quality** [HSP] / Papierqualität || ~ **release** [IO, TP] / Papierauslöser || ~ **return** [HSP] / Papierrücklauf || ~ **roll** [IO, TP] / Papierandruckrolle || ~ **roll is low** [TP] / Papiervorrat ist erschöpft || ~ **size** [HSP] / Papierformat || ~ **slew** (US) [HSP] / schneller Papiertransport, schneller Papiervorschub || ~ **specification** [HSP] / Papiervorschrift || ~ **speed** [HSP] / Papiergeschwindigkeit || ~ **splicing station** [HSP] / Papierklebeeinrichtung, Klebeeinrichtung, Klebestation || ~ **splicing station** [HSP] / Klebeeinrichtung, Klebestation || ~ **stack height** [HSP] / Papierstapelhöhe, Stapelhöhe || ~ **stock** (for use in highspeed printers) [HSP] / Schnelldruckerpapier || ~ **supply** [IO, HSP] / Papiervorrat || ~ **support plate** [HSP] / Papierauflage || ~ **tape** (s. punched tape) || ~ **tape code** [PT] / Lochstreifencode, Lochstreifenschlüssel || ~ **tape coil** [PT, TP] / Lochstreifenwickel, Streifenwickel, Bandwickel, Wickel || ~ **tape control** [PT] / Lochstreifensteuerung || ~ **tape controller** [PT] / Lochstreifensteuerung || ~ **tape device** [PT] / Lochstreifeneinheit, Lochstreifengerät || ~ **tape drive** [PT] / Laufwerk (bei Lochstreifenabtaster bzw. Lochstreifenlocher), Lochstreifen-Vorschubeinrichtung, Vorschubeinrichtung (bei Lochstreifengeräten) || ~ **tape equipment** [PT] / Lochstreifengeräte || ~ **tape file** [PT] / Lochstreifendatei || ~ **tape input** [PT] / Bandeingabe, Streifeneingabe || ~ **tape input** [PT] / Lochstreifeneingabe (LSE) || ~ **tape input controller** [PT] / Lochstreifeneingabesteuerung || ~ **tape I/O controller** [PT] / Lochstreifen-Ein-Ausgabesteuerung || ~ **tape loop** (s. printer carriage tape) || ~ **tape output** [PT] / Lochstreifenausgabe (LSA) || ~ **tape output controller** [PT] / Lochstreifenausgabesteuerung || ~ **tape processing** [PT] / Lochstreifenverarbeitung || ~ **tape punch (PTP)** [PT] / Lochstreifenlocher (tastaturgesteuert), Perforator || ~ **tape punch handler** [TP] / Ein-Ausgabeprogramm für Streifenlocher || ~ **tape reader (PTR)** [PT] / Lochstreifenleser, Streifenleser, Lochstreifenabtaster, Streifenabtaster || ~ **tape reader control** [PT] / Steuereinheit für Lochstreifeneingabe || ~ **tape reader-punch (PTRP)** [PT] / Lochstreifenlesestanzer || ~ **tape record** [PT] / Lochstreifensatz || ~ **tape reproducer** [PT] / Lochstreifendoppler, Streifendoppler || ~ **tape specification** [Dist, PT] / Lochstreifenspezifikation || ~ **tape splicer** [PT] / Lochstreifen-Klebegerät || ~ **tape storage** [ES] / Lochstreifenspeicherung

paper-tape-to-card converter [PT, PC] / Lochstreifen-Lochkarten-Umsetzer

paper-tape-to-magnetic-tape converter [PT, MT] / Lochstreifen-Magnetband-Umsetzer

paper tape unit [PT] / Lochstreifeneinheit, Lochstreifengerät || ~ **tension** [HSP] / Papierspannung || ~ **tension control** [HSP] / Schlaufenziehersteuerung || ~ **tensioner** [HSP] / Papierstraffer || ~ **throw** [HSP] / schneller Papiertransport, schneller Papiervorschub || ~ **throw character** [HSP, TP] / Vertikaltabulatorzeichen || ~ **tolerance** [HSP] / Papiertoleranz || ~ **tractor** [HSP] / Vorschubraupe, Transportraupe || ~ **tractor** [TES] / Formulartraktor || ~ **transport** [HSP] / Papiertransport || ~ **transportation**

[HSP] / Papierlauf || ~ **transport fault** [HSP] / Transportfehler || ~ **transport mechanism** [TP] / Papiertransporteinrichtung || ~ **transport supervision** [HSP] / Papierlaufkontrolle || ~ **transport system** (tractors) [HSP] / Papiertransporteinrichtung || ~ **type** [HSP] / Papiersorte, Papierart || ~ **web** [HSP] / Papierbahn || ~ **weight** [OCR] / Papiergewicht || ~ **width adjustment** [HSP] / Papierbreiteneinstellung || ~ **width pointer** [HSP] / Papierbreitenmarke || ~ **width switch** [HSP] / Papierbreitenschalter || ~ **width variation** [HSP] / Papierbreitenänderung

parabola*n* [Th] / Parabel

parabolic arc [Th] / Parabelbogen || ~ **interpolation** [NC] / Parabel-Interpolation (G06) (DIN 66025, Okt. 1973)

parachor*n* [VS] / Parachor (Performanzgrenzwert)

paragraph*n* [HSP, Typ, TES] / Absatz || [DOK, IDS] / Abschnitt (einer Druckschrift) || [Cobol] / Paragraph || ~ **counter** [Sw] / Absatzzähler || ~ **header** [Cobol] / Paragraphenüberschrift

paragraph-name*n* [Cobol] / Paragraphenname

parallel access (s. simultaneous access) || ~ **adder** [Cir, ALU] / Paralleladdierer, Paralleladdierwerk || ~ **by bit** [ES, Tr] / bitparallel || ~ **call record journaling** [ES] / parallele Rufdatenaufzeichnung || ~ **capacitance** [Th] / Parallelkapazität || ~ **character input module** [PCC] / Baustein für Zeichen-Paralleleingabe || ~ **character output module** [PCC] / Baustein für Zeichen-Parallelausgabe || ~ **computer** (s. simultaneous computer) || ~ **configuration** [ES] / Paralleldarstellung (Zeichen)

parallel-connected station [ES] / Parallelstation || ~ **system** [ES] / Parallelschaltanlage

parallel connection [Hw, Dp, NC] / Parallelschaltung || ~ **control** [ES] / Regelumsetzer (RU) || ~ **digital computer** [Dp] / Paralleldigitalrechner || ~ **display** / Parallelanzeige || ~ **entry** [Dp] / Paralleleingabe || ~ **equivalent fourpole network** [Cir] / Vierpol-Parallel-Ersatzschaltung || ~ **full adder** [Cir, ALU] / paralleler Volladdierer || ~ **half adder** [Cir, ALU] / paralleler Halbaddierer || ~ **half subtracter** [Cir, ALU] / paralleler Halbsubtrahierer || ~ **input** [Dp] / Paralleleingabe || ~ **input machine** [TP] / Paralleleingangsmaschine || ~ **interface trunk** [ES] / Parallelanschluß || ~ **memory** [M] / Parallelspeicher || ~ **modem** [RDp] / Parallelmodem || ~ **operation** [Dp] / Parallelbetrieb (DIN 44300, März 1972), Parallelarbeit

parallel-operation auxiliary parameter [ES] / Parallellaufhilfsparameter || ~ **bit** [ES] / Parallellaufbit || ~ **decoder** [ES] / Parallellaufauswerter

parallel operation recognition [ES] / Parallellaufauswahl || ~ **output** [Dp] / Parallelausgabe || ~ **output switching** [ES] / Parallelausgabekopplung (PARAK) || ~ **printer** [Off] / Paralleldruckwerk (DIN 9757E, Okt. 1977) || ~ **processing** [Dp] / Parallelverarbeitung || ~ **programming** [Sw] / Parallelprogrammierung || ~ **punch** [RDp, Tr] / Parallellocher || ~ **representation** [ES] / Paralleldarstellung (Zeichen) || ~ **resistance** [Th] / Parallelwiderstand (elektrische Größe) || ~ **resonant circuit** [ES] / Parallelschwingkreis || ~ **ringing** [ES] / Parallelruf || ~ **scanning** [NC] / Parallelabtastung || ~ **search memory** [PE, M] / Parallelabfragespeicher

parallel-serial conversion [Dp] / Parallel-Serien-Umsetzung || ~ **converter** [Dp] / Parallel-Serien-Umsetzer (PSU) (DIN 44300, März 1972) || ~ **transmission** [RDp] / Parallel-Serien-Übertragung

parallel-series computer [Dp] / Parallel-Serien-Digitalrechner, Serien-Parallel-Digitalrechner || ~ **conversion** [Dp] / Parallel-Serien-Umsetzung || ~ **converter** [Dp] / Parallel-Serien-Umsetzer (PSU) (DIN 44300, März 1972)

parallel storage [M] / Parallelspeicher || ~ **storage** [Sw] / parallele Speicherung, Parallelspeicherung || ~ **system** [Dp] / Parallelsystem || ~ **transductor** [NC] / Paralleltransduktor || ~ **transfer** [Tr] / Parallelübertragung || ~ **transmission** [Tr] / Parallelübertragung

parameter*n* [Algol] / Parameter || [PL/1] / (Formal)parameter || **higher-order** ~ [Sw] / übergeordneter Parameter || ~ **area** [Sw] / Parameterbereich || ~ **card** [PC, Sw] / Steuerkarte, Steuerlochkarte, Parametersteuerkarte || ~ **card deck** [Sw] / Steuerkartenstapel || ~ **card**

sequence [Sw] / Ausführungsabschnitt || ~ **card set** [Sw] / Steuerkartensatz || ~ **definition module** [ES] / Parameterdefinitionsmodul || ~ **delimiter** [Algol] / Parameterbegrenzer || ~ **descriptor** [PL/1] / Parameter-Beschreiber || ~ **error** [Sw] / Parameterfehler || ~ **input** [Sw] / Versorgung (eines Programms) || ~ **input device** [Sw] / Parametereingabegerät

parameterize *v* (job, etc.) [Dp, Sw] / parametrieren

parameter linkage [ES] / Parameterverknüpfungen || ~ **listing** [Sw] / Parameterprotokollierung || ~ **logging** [Sw] / Parameterprotokollierung || ~ **set** [Sw] / Parametergruppe || ~ **setting instruction** [Sw] / Parametersubstitutionsbefehl || ~ **word** [Sw] / Parameterwort

parametric programming [Sw] / parametrisches Programmieren

parasitic effects [M, Sc] / Streuwirkungen

parentheses-free notation (s. Polish notation)

parenthesis () [Algol] / runde Klammer

parenthesized expression [PL/1] / Klammerausdruck

parity *n* [DS, Th, Tr] / Parität, Parity || ~ **bit** [DS, Th, Tr] / Paritätsbit (DIN 44302, Apr. 1979), Paritybit || ~ **bit comparator** [ES] / Parityvergleicher || ~ **bit generation** [ES] / Parityerzeugung || ~ **bit generator** [ES] / Paritygenerator || ~ **check** [DS] / Paritätsprüfung (DIN 44302, Apr. 1979), Paritätskontrolle || ~ **checker** [ES] / Parityprüfer || ~ **check protection** [RDp, Tr] / Paritätssicherung || ~ **control** [DS] / Paritätsüberwachung || ~ **digit** [NC] / Paritätsziffer || ~ **element** [ES] / Paritätsschritt || ~ **error** [DS] / Paritätsfehler, Parityfehler || ~ **insert** [Sw] / Paritätseinsteuerung || ~ **light** [Hw] / Paritätsfehler-Signallampe || ~ **memory** [ES] / Speicher mit Paritätssicherung || ~ **test track** [PE] / Prüfspur

parser *n* [MAT] / Parser (Algorithmus zur automatischen Syntaxanalyse), Analysealgorithmus

parsing *n* [MAT] / Parsing (automatische Syntaxanalyse)

part geometry [NC] / Werkstückgeometrie

partial carry [ALU] / Teilübertrag || ~ **cleardown** [ES] / Teilauslösung || ~ **connection** [ES] / Teilverbindung || ~ **disturbed response signal** [M, Cir] / Ausgangssignal eines teilerregten, vorher gestörten Speicherelementes, gestörte partielle Lesespannung || ~ **disturbed response voltage** [M, Cir] / Ausgangssignal eines teilerregten, vorher gestörten Speicherelementes, gestörte partielle Lesespannung || ~ **disturbed-zero output signal** [M, Cir] / Ausgangssignal einer teilerregten, vorher gestörten Null || ~ **drive pulse** [M] / partieller Ansteuerungsimpuls, partieller Steuerimpuls, Teil-Treiberimpuls || ~ **flux reversal** [M] / partielle Ummagnetisierung

partially disturbed-one output signal [M] / Ausgangssignal einer teilerregten, vorher gestörten Eins

partially-equipped *adj* [Hw] / teilausgebaut

partially-filled *adj* [Hw] / teilausgebaut

partially occupied band [Sc] / teilweise besetztes Energieband || ~ **selected cell** [M] / teilausgewähltes Speicherelement

partial output signal [M] / partielle Lesespannung || ~ **program** [Sw] / Teilprogramm || ~ **read current** [M] / Teil-Lesestrom || ~ **read pulse** [M] / Teil-Leseimpuls || ~ **release of connection** [ES] / Teilauslösung || ~ **resonant circuit voltage** [Tr] / Schwingkreisteilspannung || ~ **storage** [ES] / Teilspeicherung || ~ **system simulator** [Mp] / Teilsystemsimulator || ~ **tone reversal** [TP] / teilweise Gradationsumkehrung || ~ **undisturbed-one output signal** [M, Cir] / Ausgangssignal einer teilerregten, vorher ungestörten Eins || ~ **undisturbed response signal** [M, Cir] / Ausgangssignal eines teilerregten, vorher ungestörten Speicherelementes || ~ **undisturbed response voltage** [M, Cir] / Ausgangssignal eines teilerregten, vorher ungestörten Speicherelementes || ~ **undisturbed-zero output signal** [M, Cir] / Ausgangssignal einer teilerregten, vorher ungestörten Null || ~ **vacuum** [Fl] / partielles Vakuum || ~ **write current** [M] / Teil-Schreibstrom || ~ **write pulse** [M] / Teil-Schreibimpuls

particular time slots [Sw] / bestimmte Zeitaugenblicke (im Programm)

partition *n* [OS] / Programmbereich || ~ (s. program segment)

partitioned dataset [Sw] / untergliederte Datei

partly-integrated data processing [Dp] /

teilintegrierte Datenverarbeitung
partner *n* [OS] / Station
part-of-speech label [MAT] / Wortartangabe
part program [Sw] / Teilprogramm
parts list [Serv] / Stückliste, Teileliste || ~ **programmer** [NC] / Teileprogrammierer, Teilprogrammierer
part-time leased circuit [TP] / zeitweise vermietete Leitung || ~ **private-wire circuit** [TP] / zeitweise vermietete Leitung
part web [HSP] / Teilbahn
partword *n* [PCC, Sw] / Teilwort || ~ **addressing** [RDp, Tr] / Teilwortadressierung || ~ **number** [PCC] / Teilwortnummer
partword-serial *adj* [Th] / teilwortweise
party (s. subscriber) || ~ **line** [Tr] / Gemeinschaftsleitung
pass *n* [PC] / Durchlauf, Kartendurchlauf, Arbeitsgang
passband attenuation [Tr] / Durchgangsdämpfung
passing-on *n* [Tr] / erneutes Senden, nochmaliges Übertragen
passive *n* [Co] / passives Bauelement || ~ **decoder** [Cir] / passiver Decodierer || ~ **device** [Co] / passives Bauelement || ~ **singing point** [Tr] / passiver Pfeifpunkt || ~ **station** [Tr] / Wartestation || ~ **transducer** [PCC] / passiver Wandler
pass on *v* [Sw] / weitermelden
password *n* (i.e., a group of characters which on input to a computer from a terminal give the user access to information and allow the user defined control over the information) [DS] / Kennwort (Datenschutzfunktion bei Datenbanken usw.) || ~ **protection** [DS] / Kennwort-Dateischutz
patch *v* (i.e., to correct or change the coding at a particular location by inserting transfer instructions at that location and by adding the new instructions and the replaced instructions elsewhere) [Sw] / ändern, korrigieren || *n* [Sw] / Direktkorrektur (Direkteingabe von Software-Änderungen) || [Sw] / Korrekturroutine || ~ **area** [OS] / Flickbereich || ~ **board** [Hw, NC] / Schaltbrett, Schaltplatte, Steckbrett
patch-board control [NC] / Schaltbrettsteuerung, Steckfeldsteuerung, Steckerfeldsteuerung
patch card (i.e., a card used to add instructions to a routine to correct a mistake or to change that routine) [PC, Sw] / Korrekturkarte, Änderungskarte, Patch-Karte || ~ **card deck** [PC, Sw] / Korrekturkartenstapel, Korrekturstapel
patchcord *n* [PC] / Steckschnur
patching field [Co] / Schaltleiste || ~ **jack** [ES] / Verbindungsklinke || ~ **jackfield** [Serv] / Rangierfeld (Klinken), Stöpselfeld || ~ **wire** [Serv] / Rangierdraht || ~ **wire terminal** [Serv] / Rangierpunkt
patch loader [OS] / Korrekturlader || ~ **panel** [PC] / Schalttafel, Schaltfeld, Stecktafel || ~ **point** [OS] / Korrekturpunkt
path *n* [NC] / Bahn || ~ **computer** [NC] / Bahnrechner || ~ **correction** [NC] / Bahnkorrektur || ~ **definition** [NC] / Bahnbeschreibung || ~ **feed rate** [NC] / Verfahrgeschwindigkeit || ~ **finding** [ES] / Wegesuche || ~ **finding marker** [ES] / Wegesuchzeichen || ~ **finding network** [ES] / Wegesuchnetz || ~ **length** [ES] / Weglänge || ~ **selection** [ES] / Wegeauswahl
patient monitor [IO] / Patienten-Überwachungsgerät (DIN 41050E, Apr. 1978)
pattern, automatic ~ recognition (incl. physical shapes or speech patterns) [OCR] / automatische Mustererkennung || **electronic ~ processor** [PCC] / elektronische Musterverarbeitungsanlage || ~ **detection** [OCR] / Flächenmustererkennung, Strukturerkennung || ~ **generation** [Sc] / Strukturenerzeugung || ~ **generator** [GrDp] / Zeichengenerator || ~ **of errors** [ES] / Fehlererscheinungsbild || ~ **of reflection** [Cy] / Reflexionsmuster || ~ **recognition** [OCR] / Flächenmustererkennung, Strukturerkennung
pattern-sensitive fault [Sw] / datenabhängiger Fehler, datenbedingter Fehler
pattern size [Sc] / Strukturgröße
pause exit [ES] / Pausenausgang || ~ **indication** [ES] / Pausenmeldung || ~ **signal** [ES] / Pausenzeichen || ~ **signal control** [ES] / Pausenzeichen-Steuerung || ~ **signal register** [ES] / Pausenzeichen-Register || ~ **statement** [Fortran] / Pauseanweisung || ~ **supervision** [ES] /

Pausenüberwachung
PB (s. page buffer)
PBX (s. private branch exchange) || **~ line group** [ES] / Sammelanschluß
PC (s. program counter)
pcb (s. printed circuit board)
pc board [Co] / Flachbaugruppe, gedruckte Schaltung, Schaltungsplatte || **~ board adapter** [Co] / Flachbaugruppen-Adapter, Prüfadapter (Schaltungsplatte) || **~ board calibration circuit** [Sc] / Eichschaltung (Leiterplatte) || **~ board components layout** [Sc] / Belegungsplan für Flachbaugruppe || **~ board print layout** [Sc] / Abbild der Druckvorlage || **~ board relay** [ES] / Kartenrelais || **~ board tester** [Sc] / Plattenprüfgerät || **~ board test program** [ES] / Flachbaugruppenprüfprogramm || **~ board with floating output** [Cir] / Schaltungsplatte mit potentialfreier Ausgangsschaltung
pcb test program [ES] / Flachbaugruppenprüfprogramm
pc card [Co] / gedruckte Schaltkarte || **~ card frame** [Hw, IC] / Baugruppenschiene
PCF (s. page chaining flag)
p-channel FET [Sc] / p-Kanal-Feldeffekttransistor, p-Kanal-FET || **~ field-effect transistor** [Sc] / p-Kanal-Feldeffekttransistor, p-Kanal-FET || **~ metal-oxide semiconductor (PMOS)** [Sc, Co] / p-Kanal-Metalloxid-Halbleiter, p-Kanal-MOS
PCI (s. program-controlled interrupt)
PCM (s. pulse code modulation) || **~** (s. punched card machine) || **~** (s. plug-compatible module) || **~ first level system** [ES] / PCM-Primärsystem
P-counter (s. instruction counter)
PCS (s. print contrast signal)
PDM pulses [PCC] / längenmodulierte Impulse
PE (s. phase encoding)
peak amplitude [RDp, Tr] / Scheitelwert der Amplitude, Spitzenamplitude || **~ base current** [Sc] / Basisspitzenstrom || **~ chopper** [Tr] / Begrenzerschaltung || **~ collector current** [Sc] / Spitzen-Kollektorstrom || **~ forward current** [Sc] / Durchlaßspitzenstrom, Spitzendurchlaßstrom || **~ load** [Dp, Sw] / Spitzenbelastung || **~ load period** [RDp, ES] / Stoßzeit, Stoßbetrieb || **~ point** [Sc] / Gipfelpunkt (einer Tunneldiodenkennlinie) || **~ point current** [Sc] / Gipfelstrom, Höckerstrom || **~ point voltage** [Sc] / Gipfelspannung, Höckerspannung || **~ power** [Sc] / Impulsverlustleistung || **~ repetitive on-state current** [Sc] / periodischer Spitzenstrom || **~ traffic period** [RDp, ES] / Stoßzeit, Stoßbetrieb || **~ value** [Sc] / Scheitelwert || **~ working off-state voltage** [Sc] / Scheitelsperrspannung (in Schaltrichtung) || **~ working reverse voltage** [Sc] / Scheitelsperrspannung, Scheitelwert der Spannung in Rückwärtsrichtung
pecker *n* [PT, TP] / Abfühlstift (z.B. beim Anbausender zum elektromechanischen Abtasten)
peek-a-boo (s. sight check)
Peirce function [SA] / NOR-Funktion, NOR-Verknüpfung (DIN 44300, März 1972), Peirce-Funktion (DIN 44300, März 1972)
pel (s. picture element)
Peltier's effect [Sc] / Peltier-Effekt
pencil mark [IO, OCR] / Bleistiftmarkierung (d.h., auf Markierungsbelegen bzw. Strichkarten mit einem Bleistift angebrachte Markierungen, in der Regel Striche, die entweder optisch oder elektrisch gelesen werden können)
pending *adj* [Sw] / offen || **termination interrupt ~** [OS] / Abschlußunterbrechung nicht abgefertigt || **~ interrupt** [OS] / anstehende Unterbrechung, schwebende Unterbrechung, wartende Unterbrechung
penetrate *v* [Sw] / eindringen
penetration *n* [OCR] / Anschlagstärke || **adjustable ~ control** (on printer, etc.) [HSP, TP] / verstellbare Anschlagstärke || **~ voltage** [Sc] / Durchreichspannung
pen plotter [GrDp] / Zeichenstift-Plotter
pentade *n* [Th] / Pentade
PEP technique [Sc] / Planar-Epitaxial-Technik, PEP-Technik
PER (s. program event recording)
percent key [Calc] / Prozenttaste (DIN 9757E, Okt. 1977) || **~ minus key** [Calc] / prozentuale Abschlagrechnung (Taste) (DIN 9757E, Okt. 1977) || **~ plus key** [Calc] / prozentuale Aufschlagrechnung (Taste) (DIN 9757E, Okt. 1977) || **~ sign** [Sw] / Prozentzeichen
perception *n* [Cy] / Wahrnehmung
perforate *v* (card, tape, etc.) [PT, PC] /

lochen, stanzen, ausstanzen
perforated *adj* [HSP] / längstrennbar (Klebeband) || ~ **guiding plate** [Hw] / Lochleiste || ~ **paper tape** (s. punched tape) || ~ **tape** (s. punched tape) || ~ **tape equipment** [PT] / Lochstreifengeräte || ~ **tape reader** (s. paper tape reader)
perforated-tape retransmitter [TP, ES] / Lochstreifenübertrager, Lochstreifensender mit Empfangslocher
perforating *n* (of card, tape, etc.) [PT, PC] / Lochen, Stanzen, Ausstanzen
perforation *n* [PT, PC] / Loch || ~ **line** [HSP] / Perforationslinie || ~ **rate** (s. card punching rate) || ~ **testing** [HSP] / Perforationsprüfung || ~ **type** [HSP] / Perforationsart, Perforationsfolge
perforator *n* [PT, PC] / Locher (Gerät), Stanzer || ~ (s. paper tape punch) || ~ **device** [TP] / Perforatorgerät || ~ **label** [Sw] / Perforatorkennung || ~ **label identifier** [Sw] / Kennzeichen für Perforatorkennung || ~ **manuscript** [TP] / Perforator-Manuskript || ~ **operator** [TP] / Perforatorbediener || ~ **typist** [TP] / Perforatorschreibkraft
perform *v* [PL/1] / durchführen
performance criterion [Dp] / Leistungskriterium || ~ **evaluation** [Hw] / Leistungsprüfung, Leistungsbewertung || ~ **factor** [Dp] / Leistungsfaktor || ~ **figures** [Dp] / Leistungsangaben || ~ **function** [Th] / Zielfunktion || ~ **monitoring** [ES] / Betriebsüberwachung || ~ **record** [Dp] / Arbeitsnachweis || ~ **specifications** / technische Daten
perform statement [Cobol] / Durchlaufanweisung
period *n* [Cobol, PL/1] / Punkt
periodic damping [Th] / periodische Dämpfung || ~ **maintenance tasks** [Hw, Serv] / periodische Wartungsarbeiten || ~ **pattern** [Sc] / periodische Struktur || ~ **variation** [NC] / periodische Schwankung
period length [Th] / Periodendauer (1/f) || ~ **of changeover** [ES] / Umstellungszeit
peripheral *n* [PE] / peripheres Gerät, Peripheriegerät, periphere Einheit (DIN 44300, März 1972) || ~ **adapter** [Mp] / Peripherieanschluß || ~ **control instruction** [Sw] / Ein-Ausgabebefehl || ~ **controller** [Sw] / periphere Steuerung || ~ **control unit** [IO] / Steuersystem für periphere Geräte, peripheres Leitwerk, peripheres Steuerwerk || ~ **control unit** (s. input-output controller) || ~ **conversion program** [Sw] / Umsetzprogramm (Programm zum Übertragen der Daten eines Datenträgers auf einen anderen Datenträger ohne wesentliche Verarbeitung der Daten) || ~ **core storage** [M] / peripherer Kernspeicher || ~ **device** [PE] / peripheres Gerät, Peripheriegerät, periphere Einheit (DIN 44300, März 1972) || ~ **device program** [ES] / Geräteprogramm || ~ **device timeout test** [ES] / Zeitablaufprüfung bei peripheren Geräten || ~ **fault** [Dp] / dezentraler Fehler || ~ **interface adapter (PIA)** [Mp] / peripherer Schnittstellenadapter || ~ **interface hardware** [Mp] / Peripherie-Schnittstellenschaltung || ~ **I/O control system** [OS] / Peripheriegeräte-Ein-Ausgabesystem || ~ **mounting panel** [Hw] / Einbaurahmen für periphere Geräte || ~ **plotter** [GrDp] / Plotter-Terminal || ~ **sections** (of a network) [Tr] / Ausläufernetz || ~ **simulator** [ES] / Peripheriesimulator || ~ **storage** [PE] / peripherer Speicher (DIN 44300, März 1972) || ~ **transfer** [IO, PE] / periphere Übertragung || ~ **unit** [PE] / peripheres Gerät, Peripheriegerät, periphere Einheit (DIN 44300, März 1972) || ~ **unit selection instruction** [PCC] / Elementauswahlbefehl || ~ **unit selection register** [PCC] / Elementauswahlregister || ~ **unit test instruction** [PCC, Sw] / Elementprüfbefehl
periphery simulator [ES] / Peripheriesimulator
permanent *adj* [HSP] / dokumentenecht (Laserdruck usw.) || ~ **dataset** [Sw] / permanente Datei || ~ **device error** [Sw] / permanenter Gerätefehler || ~ **fault** [Dp, AC] / bleibender Fehler, Dauerfehler || ~ **fault** [Hw] / permanente Störung, Dauerstörung || ~ **file** [Sw] / permanente Datei || ~ **format** [ES] / Festwertschema || ~ **job variable** [Sw] / globale Auftragsvariable || ~ **library** [Sw] / permanente Bibliothek || ~ **line error** [Tr] / permanenter Leitungsfehler
permanently connected transmission path [RDp] / festgeschalteter Übertragungsweg || ~ **switched telegraph line** [Tr] / festgeschaltete Telegrafieleitung
permanent magnet [HSP] / Permanentmagnet || ~ **read error** [Sw] /

permanenter Lesefehler || ~ **segment** [Cobol] / permanentes Segment || ~ **start polarity** [TP, Tr] / Dauerstartpolarität || ~ **stop polarity** [TP, Tr] / Dauerstoppolarität || ~ **storage** (s. nonvolatile storage)

permissible deviation [NC] / zulässige Abweichung || ~ **error** [Th, Meas, AC, NC, DpC] / zulässiger Fehler

permutation code switching system [ES] / Codewählsystem

persistence storage scope [Co] / Speicheroszillograf

persistent error [OS] / ständiger Fehler

personal data [Priv] / personenbezogene Daten, Personendaten, personenbezogene Informationen || ~ **identifier** [Priv] / persönliches Merkmal

personality card for ROM [Mp] / Beschreibungskarte für Festwertspeicher

PGT (s. page table)

phantom group [ES] / kunstschaltungsfähige Leitungsgruppe

phase *n* [Sw] / ladefähiger Programmteil, Programmphase, Phase (ablauffähiges Programm) || ~ **address** [Sw] / Phasenadresse || ~ **advance** [Sc, Th] / Phasenvorlauf || ~ **averaging** [ES] / Phasenmittlung

phase-black *n* [TP] / Phasenzeichen beginnend mit Schwarzwert

phase description block [Sw] / Phasenkennblock || ~ **diagram** [Sc] / Zustandsdiagramm || ~ **difference** [Sc, NC] / Phasendifferenz || ~ **encoding (PE)** [MT] / Richtungstaktschrift (DIN 66010, Apr. 1973), Richtungsschrift (DIN 66010, Apr. 1973), PE-Schrift || ~ **end address** [Sw] / Phasenendadresse || ~ **library** [Sw, ES] / Phasenbibliothek || ~ **load address** [Sw] / Phasenanfangsadresse || ~ **loader** [Sw] / Phasenlader

phase-locked control loop (PLCL) [AC, Co] / phasensynchronisierte Regelschleife, PLL-Schaltung

phase-modulated *adj* [Tr] / phasenmoduliert

phase modulation [Tr] / Phasenmodulation || ~ **modulation recording** [PE] / Phasenmodulationsaufzeichnung

phase-sensitive *adj* [Cir] / phasenempfindlich

phase shift [Tr] / Phasenänderung, Phasenhub, Phasensprung || ~ **sorting** [Dp, OS] / Polyphasensortieren || ~ **start address** [Sw] / Phasenanfangsadresse || ~ **test block** [Sw] / Phasentestblock

phase-to-neutral voltage [Hw] / Sternspannung

phase-white *n* [TP] / Phasenzeichen beginnend mit Weißwert

phasing signal [TP] / Phasenzeichen || ~ **time** [Tr] / Einphaszeit

phenolic wafer [Hw] / Hartpapierträger

phoneme *n* [Term, VC] / Phonem

phonic motor [TP] / Tonfrequenzmotor

phonogram service [TP] / telefonischer Telegrammdurchsagedienst

photistor (s. photoelectric transistor)

photo-avalanche diode [Sc] / Fotolawinendiode

photocell *n* [Co] / lichtelektrische Zelle, Fotoelement (DIN 5032 T1, Juli 1978), Fotozelle (DIN 5032 T1, Juli 1978) || ~ **amplifier** [TP] / Fotostromverstärker

photocomp machine (s. photocomposition equipment)

photocomposer unit [COM, Typ] / Aufzeichnungseinheit (einer Lichtsetzanlage)

photocomposition *n* [COM, Typ] / Lichtsatz || ~ **editing** [Typ] / Arbeitsvorbereitung (für den Lichtsatz usw.) || ~ **editor** (person) [Typ] / Arbeitsvorbereiter (für den Lichtsatz usw.) || ~ **equipment** [COM, Typ] / Lichtsatzgerät, Lichtsetzanlage || ~ **machine** (s. photocomposition equipment) || ~ **output** [COM, Typ] / Lichtsatzausgabe || ~ **program** [Typ, Sw] / Lichtsatzprogramm

photoconduction *n* [Sc] / Fotoleitung (DIN 41852, Aug. 1978)

photoconductive cell [Co] / fotokonduktive Zelle, lichtleitende Zelle, Fotoleitungszelle, Fotowiderstand || ~ **coating** [HSP] / Fotoleiterschicht

photoconductivity *n* [Sc] / Fotoleitfähigkeit

photoconductor drum [HSP] / Schreibtrommel, Fotoleitertrommel || ~ **layer** [HSP] / Fotoleiterschicht

photodiode *n* [Sc] / Fotodiode

photo-dropout blue [HSP] / Fotoblau

photoelectric *adj* [Sc] / fotoelektrisch || ~ **area** [Sc] / lichtempfindliche Fläche || ~ **cell** [Co] / lichtelektrische Zelle, Fotoelement (DIN 5032 T1, Juli 1978), Fotozelle (DIN 5032 T1, Juli 1978) || ~ **current** [Co, Sc] / lichtelektrischer Strom, Fotostrom (DIN 32752E T1, Nov. 1978) || ~ **effect** [Th] / Fotoeffekt

(DIN 41852, Aug. 1978), fotoelektrischer Effekt (DIN 41852, Aug. 1978), lichtelektrischer Effekt (DIN 41852, Aug. 1978) || ~ **line tracer** [NC] / Nachlaufgerät || ~ **photometer** [Meas, Sc] / elektrisches Fotometer || ~ **reader** [PT, PC] / optischer Abtaster, Fotoabfühler || ~ **reading** [PT, PC] / fotoelektrische Abtastung, fotoelektrisches Abtasten, fotoelektrische Abfühlung, fotoelektrisches Abfühlen || ~ **scanner** [TP] / fotoelektrischer Abtaster || ~ **scanning** [TP] / fotoelektrische Abtastung || ~ **sensing** [PT, PC] / fotoelektrische Abtastung, fotoelektrisches Abtasten, fotoelektrische Abfühlung, fotoelektrisches Abfühlen || ~ **sensitivity** [Sc] / Lichtempfindlichkeit || ~ **switch** [TP] / Abtaster (Typenscheibe) || ~ **transistor** [Sc] / Fototransistor, Photoistor || ~ **voltage** [Sc] / Fotospannung

photoelectromotive force [Sc] / fotoelektromotorische Kraft

photographic emulsion [Sc] / fotografische Emulsion || ~ **negative** [Rep] / Filmnegativ || ~ **storage** [M] / fotografischer Speicher, Filmspeicher

photomasking process [Sc] / Verfahren, bei dem die aufbereitete Fläche mit einer fotografischen Maske abgedeckt wird

photon *n* [Sc] / Photon

photo-optical memory [M] / fotografischer Speicher, Filmspeicher

photoreceiver *n* [Co] / Lichtempfänger

photo repeater with mechanical guidance [Sc] / Photorepeater mit mechanischer Führung

photoresist *n* [Co, Sc] / Fotoabdeckung, lichtelektrisches Widerstandsmaterial

photoresistance *n* [Sc] / Fotowiderstand

photoresist layer [Sc] / Fotolackschicht || ~ **processing technique** [Sc] / fotoempfindliche Verarbeitungstechnik

photo-sensing mark [OCR] / optisch lesbare Markierung, Fotofühlmarke

photosensitive *adj* [Sc] / lichtempfindlich || ~ **cell** [Sc] / fotoelektronisches Bauelement || ~ **resist** [Sc] / fotoempfindlicher Lack

photosensitivity *n* [Sc] / Fotoempfindlichkeit

photosensor assembly [HSP] / Lichtschranke

photosetting equipment [Typ] / Fotosetzanlage

phototelegram *n* [TP] / Bildtelegramm

phototelegraphy *n* [TP] / Bildtelegrafie, Telebildübertragung (für Fotos)

phototransistor (s. photoelectric transistor)

phototransmitter *n* [HSP] / Lichtsender

phototypesetting *n* [Typ] / Fotosatz || ~ **equipment** [Typ] / Fotosetzanlage

photovoltage *n* [Sc] / Fotospannung

photovoltaic cell [Sc] / Sperrschichtfotozelle || ~ **effect** [Sc] / Sperrschichtfotoeffekt (DIN 41852, Aug. 1978)

phrase *n* [Cobol] / Zusatz

phrase-structure grammar (PSG) [Term] / Phrasenstrukturgrammatik (Sammelbezeichnung für vortransformationelle Grammatiktypen)

physical *adj* [Sw] / physikalisch || ~ **address** [Sw] / physikalische Adresse || ~ **device** [OS] / reales Gerät, reelles Gerät, physikalisches Gerät || ~ **device list** [OS] / physikalische Geräteliste || ~ **dimensions** [Hw] / Abmessungen || ~ **file control processor** [OS] / physikalische Stufe des EAS || ~ **level** / physikalische Stufe || ~ **level FCP** [OS] / physikalische Stufe des EAS || ~ **message transfer** [RDp] / physikalischer Datentransfer || ~ **process model** [PCC] / gegenständliches Prozeßmodell (DIN 66201E T1, Apr. 1979) || ~ **record** [Sw] / Block, Datenblock || ~ **record** [Cobol] / physischer Satz || ~ **structure** [Cobol] / physischer Aufbau || ~ **system time** [Dp] / Systemzeit || ~ **unit number** [Algol] / absolute Gerätenummer

PI (s. programmed instruction)

PIA (s. peripheral interface adapter)

piano-type key [TP] / Registertaste

pic exponent [PL/1] / Maskenexponent

pi character (i.e., a nonstandard character not generally contained in a font of type but necessary for setting of a particular job) [Typ] / Sonderzeichen, Schriftsonderzeichen

picker *n* [OCR] / Abzugsvorrichtung || ~ **knife** [OCR] / Abzugsmesser

pickup circuit [ES] / Abrufschaltung

pic mantissa [PL/1] / Maskenmantisse

pictograph *n* [HSP] / Piktogramm

pictorial element [HSP] / Bildelement || ~ **representation** [HSP] / Bilddarstellung, bildliche Darstellung ||

~ **reproduction** [HSP] / Bildwiedergabe
picture*n* [Sw] / Formatbeschreibung, Formatbild || [Cobol, PL/1] / Maske || ~ **black** (i.e., the signal level corresponding to the darkest part of the material to be transmitted) [Fax] / Bildschwarz || ~ **character** [Cobol] / Maskenzeichen || ~ **clause** [Cobol] / Maskenklausel
pictured*adj* [PL/1] / bildlich dargestellt || ~ **character** [PL/1] / bildlich dargestellte Zeichenfolge || ~ **numeric** [PL/1] / bildlich dargestellte Zahl
picture element (pel) [OCR, Fax] / Bildelement || ~ **line** [COM, Typ] / Bildlinie || ~ **quality** [HSP] / Bildqualität || ~ **scalefactor** [PL/1] / Maskenskalierfaktor || ~ **string** [Cobol] / Maskenzeichenkette || ~ **tone** [Fax] / Bildträgerfrequenz || ~ **transmission** [Fax] / Bildfernübertragung || ~ **tube** [Th, Tr, Meas] / Bildröhre || ~ **white** (i.e., the picture level corresponding to the lightest part of the material to be transmitted) [Fax] / Bildweiß
PICU (s. priority interrupt control unit)
piece process [PCC] / Stückgutprozeß, Stückprozeß
piecewise-linear function generator [Cir, CP] / Streckenzug-Funktionsgeber
piezoelectric crystal [Sc] / Schwingquarz
PIFR (s. program interrupt flag register)
pillar*n* [Sc] / Kontakthöcker
pilot code [Sw] / Vorcode || ~ **lamp** [Hw, ES] / Kontrollampe || ~ **lamp socket** [Hw] / Signallampenfassung || ~ **selector** [PC] / Leitselektor || ~ **signal** [ES] / Schlüsselzeichen || ~ **wire** [Sc] / Steuerleitung
pin*n* [Mp, Sc] / Anschlußstift, Stift, Anschluß (eines logischen Bausteins) || ~ **assignment** [Hw] / Steckerbelegung || ~ **assignment** (s. pin connection) || ~ **assignment list** [Mp] / Belegungsliste (Gehäuseanschlüsse) || ~ **assignment scheme** [Mp] / Anschlußbelegungsplan, Kontaktbelegungsplan
pinchoff voltage [Sc] / Abschnürspannung (Verarmungs-FET, MOS-Transistor)
pin-compatible *adj* (module, etc.) [Hw, Mp] / pinkompatibel
pin configuration (of microprocessor, etc.) [Mp] / Anschlußbelegung (der Gehäuseanschlüsse) || ~ **connection** [Mp] / Anschlußbelegung (der Gehäuseanschlüsse) || ~ **feed** (of printer paper) [HSP, TP] / Stachelradvorschub, Stachelwalzenvorschub, Stiftwalzenvorschub || ~ **feed** (s. sprocket feed)
pinfeed drum [HSP, TP] / Stachelwalze, Stiftwalze || ~ **platen** [HSP, TP] / Stachelwalze, Stiftwalze || ~ **platen device** [PE, PT, TP, Off] / Stachelwalzenführung, Stachelradführung || ~ **tractor** [HSP] / Stiftraupe || ~ **tractor belt** [HSP] / Stiftraupenkette
pin name [Mp] / Anschlußbezeichnung || ~ **number** [Co, Sc] / Stiftnummer || ~ **roller** [TP] / Andruckrolle (Schreibwalze)
pipeline processor [MCS] / Vektorprozessor
pitch (s. sprocket hole pitch)
pivoting range [TP] / Schwenkbereich
pivot-mounted*adj* [Hw] / gelenkig befestigt
pivot stud [Hw] / Lagerzapfen
pixel (s. picture element)
PL/1 [PL] / PL/1
PLA (s. programmable logic array)
place*n* [Sw] / Stelle (im Befehlswort) || ~ **value** [Th] / Stellenwert
plain-copy correction [TP] / Klarschriftkorrektur || ~ **log** [TP] / Klarschriftprotokoll
plain text [Cryp, TP] / Klartext || ~ **writing** [Dp] / Klarschrift (Druckschrift oder Handschrift im Gegensatz zu Lochschrift)
planar epitaxial technique [Sc] / Planar-Epitaxial-Technik, PEP-Technik || ~ **transistor** [Sc] / Planartransistor
plane*n* [Th] / Feld (einer Matrix)
planetary camera [Rep] / Schrittkamera, Mikrofilmschrittkamera
planning and design aid [R&D] / Hilfsmittel für die Projektierung
plant*n* [Hw, RDp] / Betriebsanlagen, Werk || ~ **data** [PCC] / Anlagedaten (DIN 66201 E T1, Apr. 1979)
plasma display [VDT] / Plasmabildschirm
plastic daisy printwheel [TP] / Typenscheibe
plastic-encapsulated unit [Sc] / kunststoffgekapselte Einheit
plastic-insulated conductor wire [TrL] / Kunststoffaderleitung
plastic-sheathed wire [TrL] / Kunststoffmantelleitung
plastic support [MT] / Kunststoffträger || ~ **tape** (used to control automatic typewriters, etc.) [TES] / Lochband (z.B.

zur Steuerung von automatischen Schreibmaschinen, Schreibautomaten usw.)
plastic-tubed wire [TrL] / Kunststoffschlauchleitung
plate *n* (US) / Anode
plated-through *adj* [Hw, Sc] / durchkontaktiert, durchplattiert || ~ **hole** [Hw] / durchkontaktiertes Loch
plated-wire memory [M] / Magnetdrahtspeicher, Drahtspeicher (DSP)
platen *n* [IO, PT, TP, Off] / Schreibwalze (DIN 9757E, Okt. 1977) || ~ **control** [IO, PT, TP, Off] / Schreibwalzensteuerung || ~ **detent** [IO, TP, Off] / Zeilenraste || ~ **feed magnet** [Th, TP, Off] / Zeilentransportmagnet || ~ **guide plate** [PE, PT, TP, Off] / Schreibwalzenführungsplatte || ~ **guide shaft** [TES, TP, Off] / Walzenführungswelle || ~ **heating** [HSP] / Sattelheizung || ~ **knob** [TES, TP, Off] / Walzendrehknopf || ~ **latch** [TES, Off] / Walzenverriegelung || ~ **moving magnet** [TP] / Schreibwalzenschwenkmagnet || ~ **positioning control** [TES, TP, Off] / Walzenverstellknopf || ~ **release knob** [TES, Off] / Walzenstechknopf || ~ **variable knob** [TES, Off] / Walzenstechknopf
plate temperature [Sc] / Plattentemperatur
platform *n* [HSP] / Hebebühne (Tonerabscheider)
plating pivoting magnet [TP] / Schreibwalzenschwenkmagnet
platter *n* [Hw] / Mehrlagen-Verdrahtungsplatte, mehrlagiges Verdrahtungsfeld
plausibility check [RDp, Tr] / Plausibilitätskontrolle
playback head (s. read head) || ~ **voltage** (s. reading voltage)
PLCL (s. phase-locked control loop)
PL/1 compiler [OS] / PL/1-Übersetzer
PL/M (Programming Language for Microcomputers) [MCS] / PL/M (höhere Programmiersprache für Mikrocomputer, basierend auf PL/1)
plot *v* [GrDp] / grafisch darstellen
plotter *n* [GrDp] / Digitalplotter, Kurvenschreiber (DIN 44300, März 1972), Plotter
plotting, point ~ [GrDp] / punktförmiges Zeichnen || ~ **board** [GrDp] / Zeichentisch (flacharbeitendes Zeichengerät) || ~ **speed** [GrDp] / Zeichengeschwindigkeit (in mm/s, cm/s oder m/s), Laufleistung || ~ **system** [GrDp] / Plottersystem, Zeichensystem || ~ **table** [GrDp] / Zeichentisch (flacharbeitendes Zeichengerät) || ~ **time** [GrDp] / Zeichenzeit
PLT (s. program library tape)
plugboard *n* [Hw, NC] / Schaltbrett, Schaltplatte, Steckbrett || ~ **control** [NC] / Schaltbrettsteuerung, Steckfeldsteuerung, Steckerfeldsteuerung
plug-compatible *adj* (module, etc.) [Hw, Cir] / steckerkompatibel || ~ **module (PCM)** [Hw, Cir] / steckerkompatibler Baustein
plug connection [Hw, Serv] / Steckerverbindung, Steckverbindung || ~ **connector** [Hw] / Handstecker || ~ **connector** [Hw, Serv] / Steckerleiste, Anschlußleiste (für Kabel usw.) || ~ **connector panel** [Hw] / Steckerfeld || ~ **connector strip** [Hw, Serv] / Steckerleiste, Anschlußleiste (für Kabel usw.)
pluggable *adj* [Hw, Serv] / steckbar || ~ **unit** [Hw] / Modul-Steckbaugruppe, Steckbaugruppe, Steckeinheit, Einsteckeinheit, steckbarer Einschub
plugging chart (i.e., a printed chart representing the sockets on a plugboard) [Hw, NC] / Schaltdiagramm
plugin *n* [Serv, Co] / Einsteckelement, Einsteckteil || ~ **arrangement** [Sc] / Steckbauweise || ~ **cable connector** [Hw, Serv] / Kabelstecker || ~ **card** [Co] / Steckkarte, steckbare Schaltungskarte || ~ **circuit board** [Co] / steckbare Flachbaugruppe || ~ **circuit card** [Co] / Steckkarte, steckbare Schaltungskarte || ~ **condition indicator circuit board** [Hw] / Steckprüfplatte || ~ **design** [Sc] / Steckbauweise || ~ **location** [Co] / Einbauplatz || ~ **location plan** [Hw, Serv] / Belegungsplan (Baugruppen in Gestell, Schrank) || ~ **location plan** [Hw] / Bestückungsplan (Schrank, Gestell) || ~ **module** [Hw] / Modul-Steckbaugruppe, Steckbaugruppe, Steckeinheit, Einsteckeinheit, steckbarer Einschub || ~ **pc board** [Co] / steckbare Flachbaugruppe || ~ **pc module** [Co] / steckbare Plattenbaugruppe || ~ **position** [Co] / Einbauplatz || ~ **programmer** [Sw] / Steckerprogrammierer || ~ **unit** [Hw] / Modul-Steckbaugruppe, Steckbaugruppe, Steckeinheit, Einsteckeinheit, steckbarer Einschub

plug strip [Hw, Serv] / Steckerleiste, Anschlußleiste (für Kabel usw.)
plunger-type armature magnet [TP] / Tauchankermagnet
plus *adv* (+) [Fortran] / plus
plus-and-minus programming [NC] / Plus-und-Minus-Programmierung
plus hub [PC] / Additionskontrollbuchse || ~ **sign** [Th] / Pluszeichen
PM (s. preventive maintenance)
PMOS (s. p-channel metal-oxide semiconductor)
PMPE (s. punch memory parity error)
pneumatic sensing [PT] / pneumatische Abtastung, pneumatisches Abtasten, pneumatische Abfühlung, pneumatisches Abfühlen
p-n junction [Co, Sc] / pn-Übergang (DIN 41852, Aug. 1978) || ~ **junction crystal** [Sc] / pn-Schichtkristall || ~ **junction diode** [Sc] / Flächengleichrichter
pnpn switching device [Sc] / Vierschicht-Diode, Vierschichtzelle
pnpn-type transistor [Sc] / pnpn-Transistor
pocket (s. sorter pocket) || **p- or n-type ~s** [Sc, Co] / positiv oder negativ dotierte Vertiefungen || ~ **calculator** [Calc] / Taschenrechner (DIN 9757E, Okt. 1977) || ~ **deflector spring** [PC] / Kartenabstreiffeder
pocketing *n* [NC] / Aussparen durch Einzelbefehl
pocket stop contact [PC] / Fachstoppkontakt
point *n* [Cobol] / Dezimalpunkt || ~ **alignment** [OS] / Dezimalpunktstellung || ~ **contact** [Sc] / Spitzenkontakt, Punktkontakt
point-contact diode [Sc] / Spitzendiode || ~ **rectifier** [Sc] / Punktgleichrichter, Spitzengleichrichter || ~ **transistor** [Sc] / Spitzentransistor
pointer *n* [Sw] / Hinweisadresse, Hinweismarke || [PL/1] / Zeiger || [VDT] / Schreibmarke || ~ **builtin function** [PL/1] / (eingebaute) Zeiger-Funktion || ~ **function** [PL/1] / (eingebaute) Zeiger-Funktion || ~ **set option** [PL/1] / Zeigersetzangabe
point of acquisition [RDp, Tr] / Erfassungsort || ~ **of division** [Typ] / Trennstelle || ~ **of intersection** [GrDp, ES, NC] / Koinzidenzpunkt, Schnittpunkt || ~ **of origin** (i.e., the point where the data originates) [RDp, Tr] / Entstehungsort || ~ **of origination** [RDp, Tr] / Entstehungsort
point-of-sale system (POS system) [MCS] / Kassenterminalsystem || ~ **terminal (POS terminal)** [MCS] / Verkaufs- und Kassenterminal, Kassenterminal, POS-Terminal
point plotting [GrDp] / punktförmiges Zeichnen || ~ **position** [Sw] / Kommastellung || ~ **shifting** [Sw] / Kommaverschiebung
point-to-point circuit [ES] / Punkt-zu-Punkt-Verbindung (DIN 44302, Apr. 1979), Punktverbindung, Standverbindung || ~ **circuit for a single-stage concentrator network between regional office and head office** [RDp, Tr] / Standleitung für ein einstufiges Konzentratornetz zwischen Zweigstelle und Verwaltung || ~ **connection** [ES] / Punkt-zu-Punkt-Verbindung (DIN 44302, Apr. 1979), Punktverbindung, Standverbindung || ~ **line** (s. dedicated line) || ~ **telegraph circuit** [RDp] / Telegrafiestandleitung || ~ **telephone circuit** [Tr] / festgeschaltete Fernsprechleitung || ~ **traffic** [Tr] / Standleitungsverkehr, Punkt-zu-Punkt-Verkehr || ~ **transmission** [Tr] / Standleitungsübertragung
point value of indent [Typ] / Einzugswert in Punkt
polar circuit [Tr] / Doppelstromleitung || ~ **coordinates** [Th] / Polarkoordinaten || ~ **current** [Tr] / Doppelstrom || ~ **current line** [Tr] / Doppelstromleitung || ~ **current signaling** [Tr] / Doppelstromtastung || ~ **current working** [Tr] / Doppelstrombetrieb
polarity *n* [Th] / Polarität || ~ **bit** [ES] / Polaritätsbit || ~ **retention flip-flop** [ES] / Nachführkippstufe || ~ **reversal** [RDp, Tr] / Polaritätswechsel || ~ **reversal termination** [ES] / Polaritätswechselanschluß || ~ **storage** [M, ES] / Polaritätsspeicher
polarized return-to-zero recording [PE] / Aufzeichnung mit Rückkehr nach Null (polarisiert), polarisiertes Schreibverfahren
polar signaling [Tr] / Doppelstromtastung || ~ **telegraph signal source** / Doppelstrom-Fernschreib-Stromversorgung
pole plate [Hw] / Polplatte || ~ **shoe** [Hw] / Polschuh
polishing cloth [Serv] / Polierleinen
Polish notation [Th] / polnische

Schreibweise, Präfixschreibweise, klammerfreie Schreibweise
poll *v* (terminals, etc.) [RDp] / zyklisch abfragen, zyklisch abrufen, (Endgeräte usw.) abrufen
polled circuit operation [ES] / Leitungsabrufbetrieb
polling *n* [Tr] / Sendeaufruf (DIN 44302, Apr. 1979), Sendeabruf, Sendeaufforderung || [RDp] / zyklisches Abfragen (von Eingabestationen usw.), Polling || **~ character** [RDp] / Sendeabrufzeichen || **~ list** [RDp] / Aufrufliste || **~ mode** [RDp, Tr] / Abrufbetrieb (DIN 44300, März 1972) || **~ phase** [Tr] / Aufforderungsphase (Sendeaufforderung)
polling/selecting mode [Tr] / Anrufbetrieb (DIN 44302, Apr. 1979)
polling signal [RDp] / Datenabrufsignal
pollution layer [Sc] / Fremdschicht
polyester film [HSP] / Polyesterfilm || **~ master film** [HSP] / Original-Mutterschablone
polygon mirror [HSP] / Polygonspiegel
polymorphic system [Th] / polymorphes System
polyphase *adj* / mehrphasig || **~ current** [Serv] / Mehrphasenstrom || **~ sorting** [Dp, OS] / Polyphasensortieren
polysem *n* [Term] / Polysem (DIN 2336E, Mai 1977)
polysemy *n* [Term] / Polysemie (gleiche Aussprache und gleiche Schreibung bei bedeutungsgeschichtlicher Divergenz eines etymologisch einzigen Wortes; cf. „Homonymie") (DIN 2330, März 1979)
polystyrene foam [Hw] / Polystyrol-Schaumstoff
polyvalence *n* [Th, Cy] / Mehrwertigkeit
polyvalent number [Th] / vieldeutige Zahl
pool *n* [IDS] / Pool || [OS] / Pool (Speicherbereich) || **~ area** [Sw] / Poolbereich || **~ capacity utilized** [ES] / Poolbelegung || **~ cell chain** [ES] / Poolzellenkette
pooled termination [ES] / konzentrierte Anschlußschaltung
pooling *n* [Mp] / Pooling || **~ station** [RDp, Tr] / Sammelstation
pool management [Dp] / Poolverwaltung || **~ overflow** [ES] / Poolüberlauf || **~ start address** [ES] / Poolanfangsadresse || **~ structure** [Dp] / Poolorganisation
pop *v* [Mp] / Informationen aus dem Stapelspeicher entnehmen || **to ~ the contents of a register from the stack** [Mp] / den Inhalt eines Registers aus dem Stapelspeicher herausholen
portability *n* [Sw] / Portabilität (Übertragbarkeit eines Programms von einer Umgebung in eine andere), Programmportabilität
portable data base system [Dp] / portables Datenbanksystem (für unterschiedliche Rechnersysteme, z.B. für Minicomputer und Prozeßrechner) || **~ measuring set** [Serv] / Meßkoffer || **~ service case** [Serv] / Kundendienstkoffer || **~ software** [Sw] / übertragbare Software (relativ systemunabhängige Software, die einen raschen Übergang von einem Rechnersystem auf ein anderes ermöglicht)
POS (s. primary operating system)
position *v* [PE] / positionieren || *n* [PL/1] / Seite || **to ~ a volume** [Sw] / einen Datenträger positionieren
positional key [ES] / Positionsschlüssel || **~ macro** [Sw] / Stellungsmakro || **~ macro call** [Sw] / Stellungsmakroaufruf || **~ macro definition** [Sw] / Stellungsmakrodefinition || **~ notation** [Th] / Stellenschreibweise (DIN 44300, März 1972), Stellendarstellung || **~ representation** [Th] / Stellenschreibweise (DIN 44300, März 1972), Stellendarstellung
position check hole [TP] / Formularkontaktloch
positioning a file [PL/1] / Positionieren einer Datei (auf einen Satz) || **~ error** [PE] / Positionierungsfehler || **~ function** [PE] / Positioniervorgang || **~ gate** [TP] / Positioniergatter || **~ mechanism** [TP] / Zustellmechanik (Magnetband) || **~ reliability** [HSP] / Positioniersicherheit || **~ routine** [Sw] / Positionierroutine || **~ time** [MD] / Positionierzeit
position measurement [NC] / Positioniermessung || **~ pulse** [CP] / Stellenimpuls, Zyklusimpuls || **~ selector switch** [NC] / Positionswahlschalter || **~ storage** [M] / Lagespeicher, Positionsspeicher
positive acknowledgment (ACK) [Tr] / positive Quittung, positive Rückmeldung, Gutquittung, Gutmeldung || **~ condition name** [PL/1] / bejahender Bedingungsname || **~ feedback** [Cy] / Mitkopplung
positive-going pulse [TP] / positiver

Taktwechsel, positive Taktflanke
positive integer [Th] / positive ganze Zahl || ~ **off-state current** (of bidirectional thyristors) [Sc] / positiver Sperrstrom || ~ **off-state voltage** (of bidirectional thyristors) [Sc] / positive Sperrspannung || ~ **overlay master** [HSP] / Positiv-Original || ~ **saturation bend** (of a hysteresis loop) [Sc] / positiver Sättigungsknick || ~ **saturation region** [Sc] / positives Sättigungsgebiet || ~ **sign** [Th] / positives Vorzeichen
possible data [Th] / eventuelle Daten
POS system (s. point-of-sale system)
postal administration [Org] / Postverwaltung
post-alloy-diffused transistor [Sc] / PAD-Transistor
post-alloy-diffusion technique [Sc] / Post-alloy-Diffusionstechnik
postamble *n* [MT, MD] / Postambel (DIN 66010, Apr. 1973)
post-assembly listing [OS] / Auflistung nach der Umwandlung
postediting *n* [MAT] / redaktionelle Nachbearbeitung
POS terminal (s. point-of-sale terminal)
posting card [PC] / Buchungskarte
post injection voltage [Sc] / Injektionsfolgespannung, Post-injektion-Spannung
postmortem dump [Sw] / Speicherauszug nach Ablauf des Programmlaufs || ~ **memory print** [Sw] / Speicherauszug nach Ablauf des Programmlaufs || ~ **program** [Sw] / Post-mortem-Programm, Post-mortem-Fehlersuchprogramm
post-print forms handling [HSP] / Papiernachbearbeitung, Papierweiterverarbeitung
postprocessor *n* [Sw] / Postprozessor (Programm)
postpunch read [PT, PC] / Kontrollesen || ~ **read feature** [PT, PC] / Kontrollesestation || ~ **read station** [PT, PC] / Kontrollesestation
post routine [OS] / Melderoutine
Post status (PS) [OS, Lisp] / Übernehmen Gerätebyte
post-write disturb pulse [PE] / Schreibnachimpuls
pot-core coil [Hw, TP] / Schalenkernspule
potential *n* [Sc, Th] / Spannungswert, Potential || **at zero** ~ [Sc, Th] / potentialfrei, erdfrei || ~ **barrier** [Sc, Th] / Potentialschwelle || ~ **distribution** [Sc, Th] / Potentialverteilung || ~ **drop** [Th] / Potentialabfall, Spannungsabfall || ~ **equalization line** [TrL] / Potentialausgleichsleitung || ~ **hill** (s. potential barrier) || ~ **profile** [Sc] / Spannungsprofil || ~ **well** [Sc] / Potentialtopf
potentiometer *n* [ES, AC] / Potentiometer || ~ **loading error** [ADp] / Potentiometerlastfehler || ~ **multiplier** [ADp] / Servomultiplizierer
potter's wheel integrator [ADp] / Radintegrator
power *n* [Sc] / Leistung || [Th] / Potenz (einer Zahl) || ~ **bandwidth** [Sc] / Leistungsbandbreite || ~ **cable** [Hw, TrL] / Netzkabel || ~ **cable connection** [Hw] / Netzkabelanschluß || ~ **circuit breaker** [HSP] / Netzsicherung || ~ **connection** [Sc] / Stromanschluß || ~ **consumption** (expressed in kWh) [Hw] / Stromverbrauch, Leistungsverbrauch || ~ **control assembly** [Hw] / Stromverteilerbaugruppe || ~ **device** [Hw] / Starkstromgerät || ~ **dissipation curve** [Sc] / Leistungshyperbel || ~ **dissipation density** [Sc] / Verlustleistungsdichte || ~ **distributing panel** [Hw] / Verteilertafel (Stromversorgung) || ~ **distribution** [Hw] / Netzverteilung || ~ **distribution feature for dual systems** [Hw] / Netzverteilung für Doppelanlagen || ~ **distribution rack** [Hw] / Stromversorgungsgestell || ~ **distributor** [Hw] / Netzverteiler, Stromverteiler || ~ **distributor attachment** [Hw] / Netzverteilerzusatz || ~ **distributor rack** [Hw] / Netzverteilerschrank || ~ **down** *v* [Hw] / ausschalten
power-down cycle [DpC] / Abschaltvorgang (Strom)
power drain [Sc] / Leistungsabgabe, Leistungsabfluß || ~ **draw** (expressed in kVA) [Hw] / Leistungsaufnahme (Bereitschaft, Betrieb)
powered forms stacker [HSP] / automatischer Papierstapler, Papierzieh- und Ablagevorrichtung
power electronics / Leistungselektronik || ~ **factor** [Dp] / Leistungsfaktor || ~ **fail safe** [Hw, MCS] / Netzausfallschutz || ~ **failure** [Hw, DpC] / Netzausfall, Stromausfall, Stromunterbrechung || ~ **failure interrupt** [Dp] / Unterbrechung wegen Netzausfall || ~ **failure protection** [Hw, MCS] / Netzausfallschutz || ~ **indicator** [Hw] /

Leistungsmesser || ~ **line** [Hw] / Netzleitung, Starkstromleitung || ~ **line balancing network** [ES] / Netznachbildung || ~ **line interference suppression** [DpC, RDp] / Netzentstörung || ~ **loss** [Th] / Spannungsverlust || ~ **mode** [Th] / Potenzschreibweise || ~ **monitor circuit** [Hw] / Netzspannungsüberwachung (Schaltung) || ~ **of two** [Th] / Zweierpotenz

power-on time [HSP, TP] / Betriebszeit || ~ **time meter** [HSP, TP] / Betriebsstundenzähler

power operator [PL/1] / Exponentiationsoperator || ~ **pack** [Hw] / Netzanschlußgerät, Netzgerät, Netzteil || ~ **pack rectifier** [Hw] / Netzteil-Gleichrichter || ~ **pilot light** [Hw] / Leistungskontrollampe || ~ **plug** [Hw] / Netzstecker || ~ **rating** [Hw] / Anschlußwerte || ~ **rating** [Co] / Schaltleistung (Relais) || ~ **requirements** [Hw] / Leistungsbedarf || ~ **socket** [Hw] / Netzdose || ~ **spindle** [Hw] / Antriebsspindel (am Schneidetisch usw.) || ~ **supply** [Hw] / Stromversorgung

power-supply circuit breaker [HSP] / Stromversorgungsschalter

power supply frame [Hw] / Stromversorgungseinsatz, Stromversorgungsrahmen || ~ **supply panel** [Hw, DpC] / Spannungsversorgungsschiene || ~ **supply signal coder** [ES] / Stromversorgungssignalcodierer || ~ **supply unit** [Hw] / Netzanschlußgerät, Netzgerät, Netzteil || ~ **supply unit** [Hw] / Stromversorgungsgerät (SVG), Stromversorgungseinheit, Anschlußgerät || ~ **switch** [Hw] / Netzschalter || ~ **transformer** [Hw, NC] / Netztransformator, Netztrafo || ~ **transistor** [Sc] / Leistungstransistor || ~ **up** [Hw] / einschalten || ~ **value** [Th] / Stromwert

P pulse [CP] / Stellenimpuls, Zyklusimpuls

preallocate *v* [Dp] / vorbelegen (Speicherplatz)

preamble *n* [MT, MD, Tr] / Präambel (DIN 66010, Apr. 1973)

preamplifier *n* [PCC, Co] / Vorverstärker

precedence *n* [Tr] / Priorität (Zuordnung der zeitlichen Rangfolge) || **right-of-way** ~ [Tr] / höchste Priorität || ~ **control** [DT, Tr] / Vorrangsteuerung, Prioritätssteuerung (Vorgang) || ~ **prosign** [ES] / Dringlichkeitskennzeichen, Vorrangkennung || ~ **rating** [Tr] / Dringlichkeitsstufe, Prioritätsstufe || ~ **signal** [ES] / Dringlichkeitskennzeichen, Vorrangkennung

precision *n* [PL/1] / Genauigkeit || ~ (i.e., degree of discrimination with which a quantity is stated; cf. "accuracy") [Th] / Präzision, Genauigkeit (in bezug auf das Unterscheidungsvermögen einer Größe) || **single** ~ [Th, ALU] / einfache Genauigkeit || ~ **builtin function** [PL/1] / (eingebaute) Genauigkeits-Funktion || ~ **camera** [COM, HSP, Typ] / Präzisionskamera || ~ **current** [Hw] / schwankungsfreier Strom || ~ **engineering** / Feinwerktechnik || ~ **function** [PL/1] / (eingebaute) Genauigkeits-Funktion || ~ **voltage reference** [PCC] / Präzisions-Bezugsspannungsquelle

pre-concentration *n* [ES] / Vorkonzentration

pre-decode *v* [PCC] / vordecodieren

predefined dialog [HSP] / Dialogvorgabe || ~ **dialog module** [HSP] / Dialogvorgabemodul, DV-Modul || ~ **phrase** [IDS] / vordefinierter Ausdruck || ~ **specification** [OS] / Standardtypvereinbarung

predetermined value [Sw] / vorausbestimmter Wert

predicate expression [PL/1] / Voraussetzung

predistort *v* [ES] / vorverzerren

pre-editing *n* [MAT] / redaktionelle Vorbearbeitung

prefix *v* [Sw] / voranstellen || *n* [PL/1] / Vorspann || ~ **address** [ES] / Vorsatzadresse (VA) || ~ **code** [Th] / Vorsatzcode, Präfix || ~ **letter** [TP] / Vorbuchstabe || ~ **name** [ES] / Vorsatzname (Phase) || ~ **notation** (s. Polish notation) || ~ **number** [ES] / Vorwahlkennziffer || ~ **numbering scheme** [ES] / offene Kennziffernverteilung, offene Numerierung || ~ **operator** [PL/1] / Vorzeichen(operator)

preformat *v* [Sw] / vorformatieren

preformatted message [ES] / vorformatierte Nachricht

preformatting *n* [Sw, ES] / Vorformatieren

preheating element [HSP] / Vorheizstab || ~ **time** [VDT] / Anheizzeit

preheat platen [HSP] / Vorheizsattel ||

~ **platen cover** [HSP] / Wärmesattelabdeckung || ~ **rod** [HSP] / Vorheizstab
preimpregnated *adj* [HSP] / vorgetränkt
preliminary program [Sw] / vorläufiges Programm
preloading of registers [OS] / Anfangsladen von Registern
premark *n* [OCR] / vorgedruckte Markierung
premature connection cleardown [ES] / vorzeitige Verbindungsauslösung || ~ **connection release** [ES] / vorzeitige Verbindungsauslösung || ~ **disconnect** (s. premature connection cleardown)
pre-ORing circuitry [SA] / Vormischung
preparatory program [Sw] / vorbereitendes Programm, Vorlaufprogramm || ~ **signal** [ES] / Vorbereitungszeichen
preprinted form (s. form) || ~ **mark** [OCR] / vorgedruckte Markierung
preprocessing computer [MCS] / Vorverarbeitungsrechner || ~ **system** [Dp] / Vorverarbeitungssystem
prepunch *v* (paper tape, etc.) [TP] / vorbereiten
prepunched card [PC] / vorgelochte Karte || ~ **tape** [PT] / vorgelochter Streifen
pre-read disturb pulse [PE] / Lesevorimpuls || ~ **head** [PE] / Doppellesekopf
preselection *n* [Sw] / Vorauswahl || ~ **control** [PCC] / Vorwahlsteuerung
pre-sensing *n* [PE, NC] / Vorabfühlung
present *v* (signal, information, etc.) [ES] / anbieten
presequenced *adj* [Sw] / vorsortiert
preset *v* [NC] / voreinstellen || ~ **counter** [Hw, NC] / voreinstellbarer Zähler, Vorwahlzähler || ~ **operand** [OS] / Standardparameter || ~ **option** [Sw] / voreingestellte Version (Wahlbyte) || ~ **option** (s. standard operand) || ~ **parameter** [Sw] / Vorwegparameter, vorgegebener Parameter
presetting *n* [NC] / Voreinstellung
preset tool [NC] / voreinstellbares Werkzeug || ~ **value** [NC] / vorgegebener Wert, Sollwert || ~ **value** [Sw] / Standardwert
presort *v* [Sw] / vorsortieren, grobsortieren
press *v* [Hw] / drücken (Taste)
press-on magnet [Hw] / Andruckmagnet
pressure-bonded encapsulation [Sc] / Druckkontaktierung
pressure drop [Hw] / Druckabfall || ~ **roll** [IO, TP] / Papierandruckrolle || ~ **roller** [HSP] / Andruckwalze, Gegenwalze
pressure-sensitive paper [HSP] / druckempfindliches Papier
pressure solenoid [Hw] / Andruckmagnet
Prestel *n* (2-way videotex system developed in Britain) [Vtex] / „Prestel" (in Großbritannien entwickeltes dialogfähiges Bildschirmtextsystem)
prestressed glass seal [Sc] / Druckglasverschmelzung
presumptive address [Sw] / unmodifizierte Adresse || ~ **instruction** [Sw] / unmodifizierter Befehl
preventive maintenance (PM) (i.e., maintenance carried out with the intention of preventing the occurrence of faults) [Hw, DpC] / vorbeugende Wartung, Überwachung und Instandhaltung
prewired *adj* (module, etc.) [Co] / vorverdrahtet || ~ **character** [Sc] / festverdrahtetes Zeichen
PRF (s. pulse repetition frequency)
primary *n* [Algol] / Primärausdruck || [Fortran] / (arithmetischer) Primärausdruck || ~ **access method (PAM)** [Sw] / Primärzugriffsmethode || ~ **allocation** [Sw] / Primärzuweisung || ~ **band** [MC] / Erstdatenstreifen || ~ **brush** [PC] / Erstkartenbürste || ~ **chain identifier** [Sw] / Kettenoberbegriff || ~ **change** [PC] / Erstkartenwechsel || ~ **channel** [Tr] / Erstkanal, Hauptkanal || ~ **control program** [OS] / Steuerprogramm für eine Aufgabe || ~ **cycle** [Th, M, ES] / Hauptzyklus || ~ **cylinder** [MD] / Erstdatenzylinder || ~ **data area** [Sw] / Erstdatenbereich || ~ **data block** [Sw] / Erstdatenblock || ~ **data extent** [Sw] / Erstdatenbereich || ~ **data record** [Sw] / Erstdatensatz || ~ **data set** [Sw] / Primäreingabe || ~ **entry point** [PL/1] / Haupteingang || ~ **fault** [ES] / Primärfehler || ~ **feed** [PC] / Erstkartenmagazin, Erstkartenbahn || ~ **file** [RPG] / Primärdatei || ~ **interrogation** [ES] / primärseitige Abfrage || ~ **operating system (POS)** [OS] / Grundbetriebssystem (GBS) || ~ **phase** (s. root phase) || ~ **pressure** [Fl] / Primärdruck || ~ **read** [PC] / Erstkartenbürste || ~ **route** [ES] / Kurzweg (Netz), Direktweg, normaler Weg || ~ **selector** [PC] / Erstkartenauswähler || ~ **sequence** [PC] /

Erstkartenfolge || ~ **status** [CP] / Primärzustand (Prioritätszustand, in dem z.B. Systemprogramme ablauffähig sind; cf. „Sekundärzustand") || ~ **status byte (PSB)** [Sw] / primäres Zustandsbyte || ~ **storage** [M] / Hauptspeicher (DIN 44300, März 1972), Primärspeicher || ~ **supervisor** [OS] / primärer Supervisor || ~ **system** [Dp] / Hauptanlage || ~ **task** [OS] / Primärprozeß, Primärtask, Hauptprozeß || ~ **track** [Sw] / Originalspur, Erstspur || ~ **track index** [Sw] / Erstdatenspurindex || ~ **trunk group** [ES] / Direktbündel

prime area [OS] / Hauptbereich || ~ **data area** (as opposed to cylinder overflow area) [MD, RPG] / Hauptbereich || ~ **number** [Th] / Primzahl || ~ **record** [OS] / Hauptbereichssatz || ~ **route** [ES] / Kurzweg (Netz), Direktweg, normaler Weg || ~ **track** [Sw] / Originalspur, Erstspur

priming signal [ES] / Zeitsignal des Vorbereitungsmäanders, Vorbereitungssignal

primitive expression [PL] / einfacher Ausdruck || ~ **expression** [PL/1] / Primitiv-Ausdruck

principal characteristic [Sc] / Hauptkennlinie || ~ **current** [Sc] / Hauptstrom || ~ **voltage** [Sc] / Hauptspannung (Spannung zwischen den Hauptanschlüssen)

print *v* [HSP, Sw] / drucken || ~ *n* (of character, etc.) [HSP] / Abdruck (eines Zeichens usw.) || **constant and uniform ~ quality** [Typ] / gleichbleibend gute Schriftwiedergabe || **to run a ~ sample** [HSP] / einen Probedruck fahren

printable character [IO, HSP, TP] / abdruckbares Zeichen, druckbares Zeichen, Druckzeichen

print appearance [HSP, TP] / Druckbild || ~ **area** [HSP] / Druckzone || ~ **area boundary** [HSP] / Druckfeldbegrenzung

printball, spherical ~ [IO] / Kugelkopf

print bar [HSP] / Typenstab, Typenstange, Druckstange || ~ **buffer** [HSP] / Druckpuffer || ~ **cell** [HSP] / Druckzelle, Zelle || ~ **cell size** [HSP] / Druckzellengröße || ~ **chain** [HSP] / Druckerkette, Druckkette, Typenkette || ~ **character** (s. printable character) || ~ **character code** [HSP] / Druckzeichencode || ~ **character field** [HSP] / Druckzeichenfeld || ~ **character size** [HSP] / Druckzeichengröße || ~ **color** [OCR] / Druckfarbe || ~ **column** [HSP, TP] / Druckspalte || ~ **column adjustment facility** [HSP] / Druckspalten-Einstellmöglichkeit || ~ **column arrangement** [HSP] / Druckspaltenzuordnung || ~ **column shift** [HSP] / Druckspaltenverschiebung || ~ **column spacing** [HSP] / Druckspaltenteilung, Druckspaltenabstand, Zeichen(mitten)abstand || ~ **command** [HSP] / Druckbefehl || ~ **contrast** [HSP] / Druckkontrast, Druckeinfärbung || ~ **contrast adjustment** [HSP] / Schwärzungseinstellung || ~ **contrast ratio** [OCR] / Kontrastverhältnis || ~ **contrast signal (PCS)** [HSP, OCR] / Druckkontrastsignal, Kontrastsignal || ~ **contrast value** [HSP] / Druckkontrastzahl || ~ **control** [HSP] / Drucksteuerung || ~ **control character** [HSP] / Drucksteuerzeichen || ~ **control unit** [HSP] / Steuereinheit für den Drucker, Druckersteuereinheit, Druckersteuerung (Gerät) || ~ **cycle** [TP] / Druckzyklus (Positionierung der Typenscheibe und Abdruck beim elektronischen Fernschreiber) || ~ **data** [HSP] / Druckdaten, Druckinformationen || ~ **density** [HSP, TP] / Schreibdichte (in Zeichen/Zoll), Zeichendichte || ~ **density** [TES] / Schreibschritteilung (10 bzw. 12 Zeichen/Zoll) || ~ **drum** [HSP] / Drucktrommel, Typenwalze, Typentrommel

printed circuit [Co] / gedruckter Schaltkreis || ~ **circuit board (pcb)** [Co] / Flachbaugruppe, gedruckte Schaltung, Schaltungsplatte || ~ **circuit card** [Co] / gedruckte Schaltkarte || ~ **circuit motherboard** [Sc] / Platine || ~ **conductor diagram** [Cir] / Abbild der Leiterbahnen || ~ **monitor copy** [Priv] / Kontrolldruck || ~ **output** [IO] / Druckerausgabe, Druckausgabe || ~ **page copy** [TP, ES] / Blattkopie || ~ **wiring** [Co] / gedruckter Schaltkreis || ~ **wiring board** [Co] / Flachbaugruppe, gedruckte Schaltung, Schaltungsplatte || ~ **wiring card** [Co] / gedruckte Schaltkarte

print element [TP] / Druckwerk, Druckorgan || ~ **element control** [TP] / Druckwerkssteuerung

printer *n* [HSP] / Drucker (Schnelldrucker) || ~ (of text system) [TES] / Schreibwerk || **bar ~** (using several side-by-side type bars which are first aligned to print one line of characters simultaneously) [Hist, HSP] / Typenstangendrucker, Typenstabdrucker, Stabdrucker || **barrel** ~ [HSP] / Typenwalzendrucker, Trommeldrucker || **character-at-a-time** ~ [HSP] / Zeichendrucker, Buchstabendrucker || **daisywheel** ~ [HSP, TP] / Typenscheibendrucker (Seriendrucker, bei dem sich die Typen an speichenähnlichen flexiblen Enden einer Kunststoffscheibe befinden) || **dot-matrix** ~ [HSP, DT] / Matrixdrucker, Mosaikdrucker, Rasterdrucker, Mosaikrasterdrucker || **dot-matrix wire** ~ [HSP] / Matrix-Nadeldrucker || **drum** ~ [HSP] / Typenwalzendrucker, Trommeldrucker || **electromechanical** ~ [HSP] / elektromechanischer Drucker || **electrophotographic** ~ [HSP] / elektrofotografischer Drucker (z.B. Laserdrucker) || **electrostatic** ~ [HSP] / elektronischer Drucker || **impact** ~ [HSP] / mechanischer Drucker, Anschlagsdrucker, Impact-Drucker || **journal** ~ [HSP] / Journaldrucker || **keyboard** ~ [DT, HSP] / Datenschreiber mit Eingabetastatur, Datendrucker mit Eingabetastatur, Terminaldrucker (Hardcopy-Einheit mit Tastatur) || **laser** ~ [HSP] / Laserdrucker (LD) (elektrofotografischer Drucker) || **line** ~ [HSP] / Paralleldrucker, Zeilendrucker || **magnetic character** ~ [MICR] / Magnetschriftdrucker || **matrix** ~ [HSP, DT] / Matrixdrucker, Mosaikdrucker, Rasterdrucker, Mosaikrasterdrucker || **nonimpact** ~ [HSP] / anschlagfreier Drucker (Drucker, bei dem die Druckbilder durch elektronische Techniken erzeugt werden), impulsfreier Drucker || **page** ~ (using xerographic or laser printing techniques, or the result of electron beam recording) [HSP] / Seitendrucker (Drucker, der im Gegensatz zu Zeilen- und Zeichendrucker eine ganze Seite „auf einmal" druckt) || **single-sheet feed** ~ [HSP] / Drucker mit Einzelformularzuführung || **stick** ~ [Hist, HSP] / (veralteter) Zeichendrucker, der mittels eines Typenstabs arbeitet || **thermal** ~ [HSP] / Thermodrucker, Thermaldrucker || **train** ~ [HSP] / Gliederdrucker (Kettendrucker, bei dem jedes Kettenglied mehrere Drucktypen trägt) || **type-wheel** ~ [Hist, HSP] / Typenraddrucker (Paralleldrucker, bei dem sich die Typen am äußeren Umfang eines oder mehrerer Typenräder befinden) || **wheel** ~ [Hist, HSP] / Typenraddrucker (Paralleldrucker, bei dem sich die Typen am äußeren Umfang eines oder mehrerer Typenräder befinden) || **xerographic** ~ [HSP] / xerografischer Drucker || ~ **buffer** [TP] / Druckerspeicher || ~ **cabinet** [HSP] / Druckerschrank || ~ **carriage** [TP] / Druckerwagen || ~ **carriage control** [HSP] / Vorschubsteuerung, Papiervorschubsteuerung || ~ **carriage drive** [TP] / Druckerwagenantrieb || ~ **carriage tape** [HSP] / Lochband, Lochbandschleife || ~ **character** [IO, HSP, TP] / abdruckbares Zeichen, druckbares Zeichen, Druckzeichen || ~ **chassis** [TP] / Druckergestell || ~ **command** [HSP] / Druckerbefehl || ~ **control** [HSP, TP] / Druckersteuerung (Vorgang) || ~ **control** (s. printer control unit) || ~ **control command** [HSP] / Druckersteuerbefehl || ~ **control unit** [HSP] / Steuereinheit für den Drucker, Druckersteuereinheit, Druckersteuerung (Gerät) || ~ **electronics** [HSP, TP] / Druckerelektronik || ~ **file** [Sw] / Druckerdatei || ~ **form** [HSP] / Druckerformular, Druckformular || ~ **format control tape** [HSP] / Druckerstreifen, Formatlochband || ~ **frame** [Hw, TP] / Druckerbock || ~ **function** [HSP] / Druckerfunktion || ~ **graphic** (s. printable character) || ~ **keyboard** [IO] / Abfrageeinheit || ~ **layout** [HSP, Sw] / Listenbild || ~ **listing** [Sw] / Schnelldruckerprotokoll || ~ **module** [HSP] / Druckerbaustein || ~ **output** [IO] / Druckerausgabe, Druckausgabe || ~ **overflow** [HSP] / Blattwechsel || ~ **overrun** [HSP] / Drucküberlauf || ~ **parameter** [HSP] / Druckerparameter || ~ **program** [Sw] / Druckprogramm || ~ **record storage** [HSP] / Druckersatzspeicher || ~ **register** [HSP] / Druckerregister || ~ **register command** [HSP] / Druckerregisterbefehl

print error [HSP] / Druckfehler

printer scanner [TP] / Druckerabtastung || ~ **skipping** [HSP] / automatischer Blattwechsel

printer's manuscript (vocabulary, etc., manuscript serving as a working copy for the compositor) [Term, Typ, MAT] /

Druckmanuskript (DIN 2333V, Sept. 1974)
printer spacing chart [HSP, RPG] / Listenbildformular, Druckvorlage || ~ **tape** [HSP] / Druckband (Typenträger eines Banddruckers), Typenband || ~ **terminal** [DT] / Schreibstation || ~ **terminal** (usually using a dot-matrix printing head) [RDp] / Terminaldrucker, Drucker-Terminal
print exclusion area [HSP] / nicht bedruckbare Fläche, druckfreie Zone, druckfreier Bereich || ~ **exclusion margin** [HSP] / druckfreier Rand || ~ **field matrix** [HSP] / Druckfeldmatrix, Zellenmatrix || ~ **field resolution** [HSP] / Druckfeldauflösung || ~ **file** [HSP] / Druckdatei || ~ **force** [HSP, TP] / Anschlagstärke, Andruckstärke || ~ **format** [HSP, TP] / Druckbild (Satzspiegel), Druckformat || ~ **group** [Cobol] / Druckleiste || ~ **hammer** [HSP, TP] / Typenhammer, Druckhammer, Schreibhammer || ~ **head** [TP] / Druckkopf || ~ **information** [HSP] / Druckdaten, Druckinformationen
printing *n* [IO] / Druckerausgabe, Druckausgabe || [HSP] / Druckvorgang || **to permit dual-web** ~ [HSP] / für zweibahnigen Druck ausgelegt sein || ~ **area** [HSP] / Druckzone || ~ **card proof punch** [PC] / Saldierschreiblocher || ~ **card punch** [PC] / druckender Locher, Schreiblocher, Lochkartenbeschrifter || ~ **color** [OCR] / Druckfarbe || ~ **condition** [TP] / Schreibzustand, Schreibbetrieb || ~ **control** [HSP] / Drucksteuerung || ~ **cycle** [HSP] / Druckgang, Druckzyklus || ~ **element** [TP] / Druckwerk, Druckorgan || ~ **facility** [HSP] / Druckeinrichtung || ~ **format** [HSP, TP] / Druckbild (Satzspiegel), Druckformat || ~ **ink** [HSP] / Druckfarbe (Flüssigkeit) || ~ **key** [IO, PT, TP] / schreibende Taste || ~ **keyboard perforator** [PT] / mitschreibender Handlocher, Handlocher mit Kontrolldruck || ~ **level** [HSP, RDp, Tr] / Druckebene || ~ **mechanism** [HSP, TP] / Druckwerk, Schreibwerk || ~ **method** [HSP, Typ, TP] / Druckverfahren, Druckprinzip || ~ **performance** [HSP] / Druckleistung || ~ **point** [TP] / Abdruckstelle || ~ **position** [HSP, TP] / Schreibstelle, Druckstelle, Abdruckstelle || ~ **process** [HSP] / Druckvorgang || ~ **program** [Sw] / Druckprogramm || ~ **punch** [PC] / druckender Locher, Schreiblocher, Lochkartenbeschrifter || ~ **rate** (of printer, etc.) [HSP] / Druckgeschwindigkeit (Zeilen/min), Schreibleistung || ~ **reperforator** [IO, TES, TP] / druckender Empfangslocher, mitschreibender Empfangslocher, klarschreibender Perforator || ~ **speed** [TP] / Schreibgeschwindigkeit, Abdruckgeschwindigkeit || ~ **station** [HSP, TP] / Druckwerk, Schreibwerk || ~ **station** [RDp] / Auslistestation || ~ **summary punch** [PC] / Schreibsummenlocher || ~ **system** [HSP] / Drucksystem || ~ **telegraphy** [TP] / Typendruck-Telegrafie, Telegrafie mittels druckender Geräte || ~ **type** [Typ] / Drucktype || ~ **unit** [HSP, TP] / Druckeinheit, Druckaggregat
print inhibition [TP] / Schreibsperre || ~ **intensity** [HSP, TP] / Anschlagstärke, Andruckstärke || ~ **line** [HSP] / Druckzeile || ~ **line adjustment facility** [HSP] / Druckzeileneinstellmöglichkeit || ~ **line height** [HSP] / Druckzeilenhöhe || ~ **line length** [HSP] / Druckzeilenlänge, Schreibzeilenlänge || ~ **matrix** [HSP] / Druckmatrix || ~ **member** [HSP, TP] / Typenträger, Druckglied || ~ **method** [HSP, Typ, TP] / Druckverfahren, Druckprinzip || ~ **misalignment** [OCR] / Markiertoleranz || ~ **monitoring** [HSP] / Druckkontrolle || ~ **out** *v* [HSP] / ausdrucken
printout *n* [DT, TP] / Ausdruck (Hardcopy), gedrucktes Protokoll, Blattschreiberausdruck || [IO] / Druckerausgabe, Druckausgabe || ~ **clarity** [HSP, Typ, TP] / Druckqualität || ~ **format** [HSP, TP] / Druckbild (Satzspiegel), Druckformat
print page [HSP] / Druckseite || ~ **position** [HSP, TP] / Schreibstelle, Druckstelle, Abdruckstelle || ~ **position indicator** [HSP] / Druckstellenanzeiger || ~ **position lighting** [TP] / Beleuchtung der Schreibstelle || ~ **program** [Sw] / Druckprogramm || ~ **punching** [PT] / Schreiblochen, schreibwerkgesteuertes Lochen || ~ **quality** [HSP, Typ, TP] / Druckqualität || ~ **quality specifications** [Typ, OCR] / Druckqualitätsspezifikationen || ~ **rate** [HSP] / Druckgeschwindigkeit (Zeilen/min), Schreibleistung || ~ **roll** [HSP] / Druckrolle || ~ **selection common exit** [PC] / Schreibsteuerungsausgang || ~ **selection entry hub** [PC] /

Schreibsteuerungs-Eingangsbuchse || ~ **shaft** [HSP] / Druckwalzenwelle || ~ **span** [HSP] / Druckbreite || ~ **speed** [TP] / Schreibgeschwindigkeit, Abdruckgeschwindigkeit || ~ **storage** [HSP] / Druckspeicher || ~ **suppress** [HSP] / Schreibunterdrückung, Druckunterbindung || ~ **suppression** [HSP] / Schreibunterdrückung, Druckunterbindung || ~ **symbol** [HSP] / Drucksymbol (DIN 9757E, Okt. 1977) || ~ **text** [HSP] / Drucktext || ~ **throughput** [HSP] / Druckleistung || ~ **train** [HSP] / Druckglieder (zusammenhängend) || ~ **unit** [HSP, TP] / Druckeinheit, Druckaggregat || ~ **visibility position** [TP] / Sichtbarkeitsstellung

printwheel *n* [HSP] / Schreibrad, Typenrad, Druckrad || ~ **movement control** [TP] / Laufsteuerung || ~ **rotation** [TP] / Lauf (Typenscheibe), Typenscheibenlauf

print width [HSP] / Schreibbreite

priority *n* [CP] / Priorität (feste Zuordnung in der Hardware-Struktur einer ZE) || [Sw] / Wertigkeit (beim Sortieren) || [Cobol] / Priorität || ~ (s. program priority) || ~ **acceptance** [ES] / Prioritätsübernahme || ~ **acceptance register** [ES] / Prioritätsübernahmeregister || ~ **alarm detector** [ES] / Dringendauswerter || ~ **call** [ES] / Vorrangverbindung || ~ **change** [OS] / Prioritätswechsel, Prioritätenwechsel || ~ **comparator** [Mp] / Prioritätsvergleicher || ~ **connection** [ES] / Vorrangverbindung || ~ **control** [DT, Tr] / Vorrangsteuerung, Prioritätssteuerung (Vorgang) || ~ **controller** [CP] / Vorrangsteuerung (Teil des Steuerwerks) || ~ **encoder** [Mp] / Prioritätscodierer, Prioritätencodierer || ~ **error** [PCC] / Prioritätsfehler || ~ **exchange** [ES] / Prioritätstausch, Prioritätenaustausch, Prioritätsaustausch || ~ **exchange register** [ES] / Prioritätstauschregister (PTR), Prioritätsaustauschregister || ~ **group** [Sw] / Prioritätsgruppe || ~ **indicator** [Tr] / Prioritätsanzeiger, Vorranganzeiger || ~ **input register** [ES] / Prioritätseingangsregister (PER) || ~ **interrupt** [OS] / Unterbrechung durch höhere Priorität || ~ **interrupt control unit (PICU)** [Mp] / Prioritäts-Steuereinheit für Unterbrechungen (PSU) (zur Vereinfachung von unterbrechungsgesteuerten Mikrocomputersystemen) || ~ **job scheduling** [Sw] / Vorrang-Jobbearbeitung || ~ **level** [CP] / Prioritätsebene || ~ **level** (used to allot priorities between programs sharing the computer in priority processing) [Dp] / Befehlszähler (d.h., einer der verschiedenen Prozeßbereiche oder „Partitions", in die ein DV-System mit batch-orientiertem Betriebssystem beim Multiprogramming aufgeteilt werden kann), Partition || ~ **list** [RDp, Tr] / Prioritätsreihe || ~ **logic** [OS] / Prioritätslogik || ~ **message** [Tr] / Meldung in Priorität, dringende Nachricht || ~ **number** [Cobol] / Prioritätsnummer || ~ **output notice** [ES] / Prioritätsausgabemeldung (PAM) || ~ **output notice register** [ES] / Prioritätsausgabemeldungs-Register (PAMR) || ~ **processing** [Sw, NC] / Vorrangverarbeitung, Prioritätsverarbeitung, Verarbeitung nach Prioritäten || ~ **routine** [Dp] / Prioritätsprogramm, Vorrangprogramm || ~ **scheduler** [OS] / Prioritätsjobdisponent || ~ **scheduling** [Sw, NC] / Vorrangverarbeitung, Prioritätsverarbeitung, Verarbeitung nach Prioritäten || ~ **scheme** [Sw] / Rangschema || ~ **select decoder** [ES] / Prioritätsbewerter || ~ **selection circuit** [ES] / Prioritätsauswahlschaltung || ~ **sequence** [Sw] / Prioritätsreihenfolge || ~ **status** [Tr] / Bevorrechtigung, Prioritätsstatus || ~ **status** [CP] / Prioritätszustand (Unterteilung einer Prioritätsebene) || ~ **status register** [Tr] / Prioritätsstatusregister (PSR) || ~ **structure** [CP] / Prioritätsstruktur (Hardware-Struktur der ZE) || ~ **transfer** [ES] / Prioritätsübernahme

privacy *n* [Priv] / Datenschutz (Schutz vor unberechtigter Benutzung von Datenbeständen, z.B. durch Kennwörter, Berechtigungsschlüssel usw.) || ~ **code** [Cryp] / Verschleierungscode || ~ **transformation** [DS, Priv, Cryp, IDS] / kryptografische Datenverschlüsselung

private automatic branch exchange (PABX) [ES] / Wählnebenstellenanlage || ~ **branch exchange (PBX)** [ES] / Nebenstellenanlage, Nebenstellenzentrale || ~ **circuit** (within a company's premises) [RDp] / betriebsinterner Verbindungsweg || ~ **file** [Sw] / private Datei, Privatdatei ||

~ **library** [OS] / Privatbibliothek || ~ **line** [Tr] / Privatleitung || ~ **network** [RDp] / betriebsinternes Netz, Privatnetz || ~ **telegraph network** [Tr] / privates Fernschreibnetz, Privat-Fernschreibnetz || ~ **telephone network** [Tr] / privates Fernsprechnetz, Privat-Fernsprechnetz || ~ **volume** [Sw] / privater Datenträger

privileged instruction [Sw] / privilegierter Befehl, privilegierte Instruktion || ~ **mode** [OS] / privilegierter Modus || ~ **operation** [OS] / privilegierte Operation

probabilistic approach [Cy] / Wahrscheinlichkeitsverfahren

probability *n* [Th] / Wahrscheinlichkeit, Wahrscheinlichkeitsmaß || ~ **curve** [Th] / Wahrscheinlichkeitskurve || ~ **density** [Th] / Wahrscheinlichkeitsdichte || ~ **distribution** [Th] / Wahrscheinlichkeitsverteilung || ~ **factor** [Th] / Wahrscheinlichkeit, Wahrscheinlichkeitsmaß || ~ **learning** [CAI, Cy] / Wahrscheinlichkeitslernen, informationelle Akkommodation || ~ **of delay** [ES] / Wartewahrscheinlichkeit || ~ **of failure** [DpC] / Ausfallwahrscheinlichkeit || ~ **theory** [Th] / Wahrscheinlichkeitstheorie

problem board (s. plugboard) || ~ **definition** [Sw] / Problemdarstellung (logisches Ablaufdiagramm) || ~ **description** [Dp] / Problembeschreibung || ~ **division** [PCC] / Problemteil

problem-oriented *adj* (language, etc.) [Sw] / problemorientiert (DIN 44300, März 1972), aufgabenorientiert, problemnah || ~ **language** [PL] / problemorientierte Programmiersprache (DIN 44300, März 1972), problemnahe Programmiersprache, problemorientierte Sprache

problem program [Sw] / Problemprogramm || ~ **time** [Dp, ADp] / Problemzeit

procedural language [PL] / verfahrensorientierte Programmiersprache || ~ **phase** [Tr] / Prozedurphase

procedure *n* [Sw] / Ablauf || [Cobol, Algol, PL/1, Fortran] / Prozedur || ~ **body** [Algol, PL/1] / Prozedurrumpf || ~ **declaration** [Algol] / Prozedurvereinbarung || ~ **division** [Cobol] / Prozedurteil || ~ **execution** [PL] / Prozedurablauf || ~ **file** [PL] / Prozedurdatei || ~ **function reference** [PL/1] / Aufruf einer Funktionsprozedur || ~ **heading** [Algol] / Prozedurkopf || ~ **identifier** [Algol] / Prozedurname

procedure-name *n* [Cobol] / Prozedurname

procedure name [Fortran] / Prozedurname

procedure-oriented language [PL] / verfahrensorientierte Programmiersprache

procedure phase [Tr] / Prozedurphase || ~ **statement** [Algol, PL/1] / Prozeduranweisung || ~ **subprogram** [Fortran] / Prozedurunterprogramm || ~ **type** [RDp, Tr] / Prozedurtyp

proceed-to-select condition [ES] / Wählbereitschaft || ~ **signal** [ES] / Amtszeichen, Wahlabrufzeichen, Wahlaufforderungszeichen (WAZ)

process *v* (job, etc.) [Dp] / verarbeiten, bearbeiten || *n* [PCC, OS] / Prozeß (DIN 66201E T1, Apr. 1979) || **to ~ an instruction** [Sw] / einen Befehl abarbeiten || ~ **alert signal** [PCC] / Prozeßmeldesignal || ~ **automation** [Dp, PCC] / Prozeßautomation, Prozeßautomatisierung || ~ **camera** [Rep] / Reprokamera || ~ **chart** [Sw] / Ablaufdiagramm (Oberbegriff zu Datenflußplan, Programmablaufplan und Befehlsdiagramm) || ~ **check** [Co] / Verarbeitungskontrolle || ~ **communication system** [PCC] / Prozeßdaten-Übertragungssystem || ~ **computer** [PCC, Sw] / Prozeßrechner || ~ **computer peripherals** [PCC] / Prozeßperipherie (DIN 66201E T1, Apr. 1979) || ~ **computer system** [PCC] / Prozeßrechensystem (DIN 66201E T1, Apr. 1979) || ~ **computing system** [PCC] / Prozeßrechensystem (DIN 66201E T1, Apr. 1979) || ~ **control** [PCC] / Prozeßführung (DIN 66201E T1, Apr. 1979), Prozeßleitung (DIN 66201E T1, Apr. 1979) || ~ **control computer** [PCC, Sw] / Prozeßrechner

process-controlled tape punching [PT, PCC] / prozeßgesteuertes Lochstreifenlochen

process control system [PCC] / Prozeßsteuersystem, Prozeßdaten-Verarbeitungssystem, Prozeßleitsystem || ~ **data** [PCC] / Prozeßdaten (DIN 66201E T1, Apr. 1979) || ~ **data source** [PCC] / Prozeßdatenquelle || ~ **engineering** [PCC] / Verfahrenstechnik || ~ **film** [Rep] /

Dokumentenfilm || ~ **identification** [PCC] / Prozeßerkennung || ~ **information** [NC] / technologische Bearbeitungswerte, technologische Angaben

processing *n* (of job, etc.) [Dp] / Verarbeitung, Bearbeitung || ~ **and control element (PACE)** (Rtm.) [Mp] / Verarbeitungs- und Steuerelement || ~ **block** [Dp, Sw] / Verarbeitungsblock || ~ **function** [RDp] / verarbeitungsorientierte Aufgabe, Verarbeitungsfunktion || ~ **mode** [Cobol] / Verarbeitungsart || ~ **overlap** [Sw] / Verarbeitungsüberlappung, Programmüberlappung || ~ **program** [Sw, NC] / Verarbeitungsprogramm, Verarbeitungsroutine || ~ **register** [ES] / Prozeßregister || ~ **request** [RDp, Tr] / Bearbeitungsanforderung || ~ **sequence** [Dp] / Verarbeitungsfolge || ~ **speed** [Dp] / Verarbeitungsgeschwindigkeit, Arbeitsgeschwindigkeit || ~ **state** [Sw] / Verarbeitungszustand || ~ **step** [Dp] / Arbeitsgang, Verarbeitungsgang || ~ **subsystem** (as used in distributed data processing) [Dp] / Verarbeitungs-Subsystem || ~ **time** [Cobol] / Verarbeitungszeit || ~ **unit** [ES] / Verarbeitungseinheit (VE)

process interface system [PCC] / Prozeßperipherie (DIN 66201 E T1, Apr. 1979) || ~ **interfacing** [PCC] / Prozeßkopplung (DIN 66201 E T1, Apr. 1979) || ~ **interrupt** [PCC] / Programmunterbrechung || ~ **I/O unit** [PCC] / Prozeßeinheit (PE) || ~ **model** [Sw, Cy] / Prozeßmodell (DIN 66201 E T1, Apr. 1979) || ~ **monitoring** [PCC] / Prozeßüberwachung || ~ **optimization** [PCC] / Prozeßoptimierung

processor *n* [PL/1] / Prozessor (der PL/1-Maschine) || ~ (s. translating program) || ~ **control statements** [Sw] / Steueranweisungen für den Übersetzer || ~ **state** [CP] / Funktionszustand der Zentraleinheit || ~ **state key** [CP] / Zustandstaste || ~ **state register** [CU] / Funktionszustandsregister || ~ **status word** [ES] / Prozessor-Statuswort || ~ **time** [CU] / Zentraleinheitszeit || ~ **trap** [Dp] / Maschinenfehler der Zentraleinheit, interner Maschinenfehler || ~ **utility register** [Sw] / Hilfsregister

process signal [PCC] / Prozeßsignal || ~ **signal I/O device** [PCC] / Prozeßsignalformer (PSF), Signalformer || ~ **signal I/O device controller** [PCC] / Prozeßsignalformersteuerung || ~ **signal I/O unit** [PCC] / Prozeßelement || ~ **specification** [Dist] / Verfahrensspezifikation || ~ **study** [PCC] / Prozeßstudie || ~ **variable** [PCC] / Prozeßgröße

prod builtin function [PL/1] / (eingebaute) Produktfunktion || ~ **function** [PL/1] / (eingebaute) Produktfunktion

product design / Produktentwicklung || ~ **family** [Dist] / Erzeugnisfamilie || ~ **group manager** [Dist] / Fabrikategruppenleiter || ~ **identification** [Dist] / Erzeugnis-Kennzeichnung

production control [PCC, NC] / Fertigungssteuerung, Produktionssteuerung || ~ **data** [PCC] / Betriebsdaten (Daten zur Darstellung produktionsbezogener Größen) (DIN 66201 E T1, Apr. 1979) || ~ **data acquisition** [PCC] / Betriebsdatenerfassung (BDE) (Anwendung eines Prozeßrechensystems zur Erfassung und Vorverarbeitung von produktionsbezogenen Daten) (DIN 66201 E T1, Apr. 1979) || ~ **engineering** [NC] / Produktionstechnik || ~ **management** [PCC] / Betriebsführung (DIN 66201 E T1, Apr. 1979) || ~ **master** [Sc] / Druckoriginal

productive run [Dp] / Produktivlauf (eines Programms)

product line (of company) [Dist] / Produktangebot || ~ **list** [Dist] / Produktliste || ~ **list of material** [Dist] / Produktsammelkarte

product-oriented *adj* [Dist] / erzeugnisgebunden

product planner [R&D] / Fabrikateplaner || ~ **requirement specifications** [R&D] / Pflichtenheft || ~ **revision level** [Hw] / Erzeugnisstand || ~ **variant** [Dist] / Produktvariante

program *v* [Sw] / programmieren || *n* [Algol, PL/1] / Programm || ~ (s. routine) || **line of ~s** [Sw] / aufeinander abgestimmte Programme || ~ **activation** [Dp] / Programmanstoß || ~ **address counter** (s. instruction register) || ~ **alert** [OS, ES] / Weckaufruf || ~ **alteration** [Sw] / Programmänderung || ~ **alternation** [PCC, Sw] / Programmwechsel || ~ **area** [Sw, ES] / Programmbereich || ~ **bank** [Sw] /

Programmbank || ~ **body** [Fortran] / Programmrumpf || ~ **branch** [Sw] / Programmsprung, Programmzweig || ~ **buffer** [Sw] / Programmpuffer || ~ **bus** [Sw] / Programmschiene || ~ **card** [PC, Sw] / Programmkarte, Programmlochkarte || ~ **card deck** [Sw] / Programmkartenstapel, Programmstapel || ~ **catalog** [DpC] / Programmkatalog || ~ **chaining** [Sw] / Programmkettung || ~ **change** [PCC, Sw] / Programmwechsel || ~ **change** (s. program alteration) || ~ **channel** [PCC] / Programmkanal || ~ **checkout** [Mp] / Programmtesten || ~ **class** [DpC, Sw] / Programmklasse || ~ **compatibility** [OS] / Programmkompatibilität || ~ **continuation address** [Sw] / Programmfortsetzungsadresse || ~ **control** [OS] / Programmsteuerung, Steuerung des Programmablaufs || ~ **control card** [Sw] / Programmsteuerkarte || ~ **control instruction** [PL] / Assemblersteuerbefehl

program-controlled *adj* [Sw] / programmgesteuert || ~ **card stacker** [PC] / gesteuerte Ablage || ~ **computer** [Dp] / programmgesteuerte Rechenanlage, programmgesteuerter Rechner || ~ **hyphenation** [Typ] / programmgesteuerte Silbentrennung || ~ **interrupt (PCI)** [Sw] / programmbedingte Unterbrechung || ~ **interrupt request** [Sw] / programmgesteuerte Anforderung (PA)

program controller [CP] / Programmsteuerung (Teil der ZE) || ~ **control loop** [OS] / Programmsteuerungsschleife || ~ **control test routine** [ES] / Programmsteuerungsprüfroutine || ~ **control unit** [CP] / Programmsteuerung (Teil der ZE) || ~ **conversion** [Sw] / Programmumwandlung || ~ **count** [Sw] / Befehlszählerstand, Befehlszählerinhalt || ~ **counter (PC)** [CU] / Befehlszähler (in einem Leitwerk ein Speicherelement, aus dem die Adresse des nächsten auszuführenden Befehls gewonnen wird) (DIN 44300, März 1972) || ~ **counter contents** [Sw] / Befehlszählerstand, Befehlszählerinhalt || ~ **cycle** [Sw, NC] / Programmgang, Programmzyklus || ~ **debugging** [Sw] / Programmfehlerbeseitigung

program-dependent *adj* [Sw] / programmspezifisch, programmabhängig

program description [Sw] / Programmbeschreibung || ~ **descriptor** [Sw] / Programmkopf || ~ **descriptor block** [Sw] / Programmanfangskennblock, Programmkopfblock || ~ **development software** [MCS] / Programmentwicklungssoftware || ~ **development time** [Sw] / Programmprüfzeit, Ausprüfzeit, Austestzeit || ~ **directory** [Sw] / Programmverzeichnis || ~ **disk** [TES] / Programmscheibe || ~ **distribution system** [ES] / Programmverteilungssystem || ~ **documentation** [Sw] / Programmdokumentation (DIN 66230E, Jan. 1979) || ~ **drum** [PC] / Programmtrommel || ~ **dump** [Sw] / Programmabzug || ~ **element** [Sw] / Programmelement || ~ **end** [ES] / Programmende || ~ **error** [Sw] / Programmfehler || ~ **error ID** [Sw] / Fehlerbezeichnung || ~ **error recovery** [Sw] / Programmfehlerbehandlung || ~ **event recording (PER)** [VS] / Programmereignisregistrierung || ~ **execution** [OS] / Programmausführung || ~ **execution data cycle** [Sw] / Programmablaufdatenzyklus || ~ **execution time** [PL] / Ausführungszeit, Programmausführungszeit || ~ **execution with monitor** [Sw] / Ablauf des Programms mit Monitor || ~ **execution without monitor** [Sw] / Ablauf des Programms ohne Monitor || ~ **exit** [Sw] / Ausgang (letzter Befehl eines Programms), Anschlußstelle (programmtechnisch) || ~ **fetch** [Sw] / Programmabruf || ~ **file** (s. program tape) || ~ **flag** [OCR] / Programmanzeige || ~ **flowchart** [Sw] / Programmablaufplan (DIN 44300, März 1972) || ~ **format** [Sw] / Programmform || ~ **generating run** [Sw] / Programmgenerierungslauf, Generierungslauf || ~ **generation** [Sw] / Programmgenerierung || ~ **generator** [Sw, ES] / Programmgenerator || ~ **header block** [Sw] / Programmanfangskennblock, Programmkopfblock || ~ **identification** [Sw] / Programmidentifikation, Programmkennzeichnung ||

~ **identification** [Cobol] / Programmbezeichnung || ~ **identifier** [OS] / Programmkennzeichnung || ~ **identifier code** [Sw] / Befehlszählernummer || ~ **instruction** [Sw] / Programmbefehl, Programminstruktion || ~ **interface** [Sw] / Programmanschluß, Programmschnittstelle || ~ **interrupt** [MCS, Dp] / Programmunterbrechung (momentan in Arbeit befindliches Programm wird unterbrochen und eine Interrupt-Service-Routine bearbeitet; danach wird das unterbrochene Programm weiterverarbeitet) || ~ **interrupt control** [PCC] / Steuerung der Programmunterbrechung || ~ **interrupt flag register (PIFR)** [OS] / Programmunterbrechungsregister || ~ **interrupt system** [Sw] / Programmunterbrechungssystem || ~ **language** [PL] / Programmiersprache (DIN 44300, März 1972), Programmsprache || ~ **level** [Sw] / Programmebene, Programmstufe || ~ **library** [Sw] / Programmbibliothek || ~ **library tape (PLT)** (i.e., a program library maintained on magnetic or, sometimes, paper tape) [Sw] / Programmbibliotheksband || ~ **library updating** [OS] / Bibliotheksverwaltung || ~ **linkage** [Sw] / Programmverknüpfung || ~ **linking** [Sw] / Programmverknüpfung || ~ **linking code** [Sw] / Programmverknüpfungsanweisung || ~ **list** [Sw] / Programmanuskript || ~ **listing** [OS, ES] / Programmprotokoll || ~ **loader** [OS] / Lader, Programmlader, Ladeprogramm || ~ **loading** [Mp] / Programmladen || ~ **load library** [ASw] / Anwenderprogrammbibliothek, Benutzerprogrammbibliothek || ~ **load library tape** [ASw] / Anwenderprogrammband, Benutzerprogrammband || ~ **load tape** (s. program tape) || ~ **lock** [RDp] / Programmschloß || ~ **loop** [Sw] / Programmschleife

programmability *n* [Sw] / Programmierbarkeit

programmable *adj* [Sw] / programmierbar || ~ **calculator** [Calc] / programmierbarer Rechner || ~ **clock** [MCS] / programmgesteuerter Zeittaktgeber || ~ **communication controller** [ES] / programmierbare Datenübertragungssteuerung || ~ **electronic calculator** [Calc] / programmierbare elektronische Rechenmaschine (DIN 9757E, Okt. 1977) || ~ **logic array (PLA)** [Mp] / programmierbare logische Anordnung, programmierbares logisches Feld || ~ **plug** [Mp] / Programmierstecker || ~ **read-only memory (PROM)** [Mp] / programmierbarer Festspeicher (PROM), programmierbares ROM || ~ **ROM** [Mp] / programmierbarer Festspeicher (PROM), programmierbares ROM || ~ **sequential switching circuit** [TP] / programmierbares Schaltwerk (PSW) (im Steuerteil) || ~ **switch (PS)** [Mp] / programmgesteuerter Busschalter || ~ **switch handler** [Mp] / Ein-Ausgabeprogramm für programmgesteuerten Busschalter || ~ **unijunction transistor** [Sc] / programmierbarer Unijunction-Transistor

program maintenance (i.e., work required to make programs more efficient and otherwise amend them in accordance with changing circumstances affecting the user) [Sw] / Programmwartung, Wartung von Programmen || ~ **management** [Sw] / Programmverwaltung || ~ **manuscript** [Sw] / Programmanuskript || ~ **mask** [Sw] / Programmaske

programme (s. program)

programmed diagnostic function [Mp] / einprogrammierte Diagnosefunktion || ~ **form** [HSP] / programmiertes Formular || ~ **instruction (PI)** [CAI] / programmierte Unterweisung (PU), programmierte Instruktion, programmierter Unterricht || ~ **learning** [CAI] / programmiertes Lernen || ~ **marginal check** [PCC] / programmierte Grenzwertprüfung, programmierte Toleranzprüfung || ~ **message field** [Sw] / Feld für vorprogrammierte Texte || ~ **sequence request** [Dp] / programmierte Ablaufanforderung || ~ **stop** [Sw] / Programmstopp, programmierter Stopp

program memory (usually ROM) [Mp] / Programmspeicher

programmer *n* [Sw] / Programmierer || ~ **named condition** [PL/1] / Programmierer-Bedingung

programmer-prepared label [Sw, ES] / Benutzeretikett

programmers' manual [Sw] / Programmierhandbuch
programming *n* [Sw] / Programmierung || ~ **aid** [Sw] / Programmierungshilfe || ~ **capacity** [Dp] / Programmierkapazität || ~ **convenience** [Sw] / Programmierkomfort || ~ **costs** [Dp] / Programmierungskosten, Programmierkosten || ~ **device** [Mp] / Programmiergerät (zur Programmierung von PROMs usw.) || ~ **effort** [Sw] / Programmieraufwand || ~ **error** [Sw] / Programmierfehler || ~ **instruction** [Sw] / Programmieranweisung || ~ **language** [PL] / Programmiersprache (DIN 44300, März 1972), Programmsprache || ~ **method** [Sw] / Programmiermethode || ~ **module** [Sw] / Programmodul, Programmbaustein (DIN 44300, März 1972) || ~ **sheet** (s. coding sheet) || ~ **support** [Sw] / Programmierunterstützung || ~ **system** [Sw] / Programmiersystem (DIN 44300, März 1972) || ~ **system component** [RDp, Sw, Tr] / Systemprogramm || ~ **technique** [Sw] / Programmiertechnik || ~ **time** [Sw] / Programmierzeit
program mode [Sw] / Programmodus || ~ **modification** [Sw] / Programmänderung || ~ **module** [Sw] / Programmodul, Programmbaustein (DIN 44300, März 1972)
program-name *n* [Cobol] / Programmname
program name [Sw] / Programmname (DIN 44300, März 1972)
program-oriented routine [OS] / programmorientierte Routine
program overlay [Sw] / Programmsegment || ~ **overlay segment** [Sw] / Programmsegment || ~ **package** [ASw] / Programmpaket, Programmkomplex || ~ **parameter** [Sw] / Programmparameter || ~ **parameter card** [Sw] / Programmsteuerkarte || ~ **part** [Fortran] / Programmteil || ~ **patching plug** [PC] / Hilfsstecktafel || ~ **planning** [Sw] / Programmplanung || ~ **plug** [PC, Sw, NC] / Programmstecker || ~ **preparation** [Sw] / Programmaufstellung, Programmerstellung || ~ **priority** [OS] / Programmpriorität (beim Laden bzw. durch ORG-Aufruf festgelegte Priorität eines Programms für die Bearbeitung in der ZE), Software-Priorität || ~ **products** [DpC] / Programme (= Betriebs- und Anwendersysteme eines Herstellers) || ~ **queue** [OS] / Programmwarteschlange || ~ **reactivation** [OS] / Programmwiederaufnahme || ~ **record** [OS, ES] / Programmprotokoll || ~ **region address** [ES] / Programmbezirksadresse || ~ **region register** [ES] / Programmbezirksregister || ~ **register** [PCC] / Programmregister || ~ **register** (s. instruction register) || ~ **relocation** [Sw] / Programmverschiebung, Programmumadressierung, versetzte Programmausführung || ~ **relocation byte** [Sw] / Programmverschiebungsbyte || ~ **request** [ES] / Programmanforderung || ~ **request bit** [ES] / Programmanforderungsbit || ~ **request buffer** [ES] / Programmanforderungspuffer || ~ **request register** [ES] / Programmanforderungsregister, Ablaufanforderungsregister || ~ **request system** [ES] / Programmanforderungssystem || ~ **residence** [Sw] / Programmresidenz || ~ **residence time** [Sw] / Programmverweilzeit || ~ **restart** [Mp, Sw] / Wiederanlauf, Restart || ~ **resumption** [OS] / Programmwiederaufnahme || ~ **retry** [Sw] / Programmwiederholung || ~ **routine** [Sw] / Programmroutine || ~ **run** [Sw] / Programmablauf (DIN 44300, März 1972), Programmlauf, Ablauf (eines Programms), Programmdurchlauf || ~ **runtime** [PL] / Ausführungszeit, Programmausführungszeit || ~ **runtime counter** [CP] / Programmlaufzeitzähler || ~ **section** [Sw] / Programmabschnitt || ~ **section library** [Sw] / Bibliothek der Programmabschnitte || ~ **section library maintenance** [Sw] / Ändern eines Programmabschnittsbandes || ~ **section library updating** [Sw] / Ändern eines Programmabschnittsbandes || ~ **segment** [VS, Sw] / Segment, Programmsegment || ~ **segmenting** [Sw] / Programmunterteilung, Segmentierung || ~ **selection** [Calc] / Programmwahl (DIN 9757E, Okt. 1977) || ~ **selection key** [Calc] / Programmwahltaste (DIN 9757E, Okt. 1977) || ~ **selector** [Hw] / Programmwähler

program-sensible switch [Sw] / programmgesteuerter Schalter
program-sensitive error [Dp] / programmabhängiger Fehler, programmbedingter Fehler || ~ **fault** [Dp] / programmabhängiger Fehler, programmbedingter Fehler || ~ **malfunction** [Dp] / programmabhängiger Fehler, programmbedingter Fehler
program sequence [Sw, NC] / Programmfolge || ~ **setup** [Sw] / Programmaufbau, Programmstruktur || ~ **sheet** (s. coding sheet) || ~ **slot identifier** [Sw] / Befehlszählernummer || ~ **slot number** [Sw] / Befehlszählernummer || ~ **specification** [Sw] / Pflichtenheft (in bezug auf ein Programmiervorhaben) || ~ **start** [Sw] / Programmanfang (Start) || ~ **start address** [Sw] / Programmanfangsadresse || ~ **state** [CP, Sw] / Funktionszustand (eines Programms usw.) || ~ **statement** [Sw, ES] / Programmanweisung || ~ **status** [Sw] / Programmzustand, Programmstatus || ~ **status word** [Sw] / Programmstatuswort || ~ **step** [Sw] / Programmschritt || ~ **storage** [PE, M] / Programmspeicher || ~ **structure** [Sw] / Programmaufbau, Programmstruktur || ~ **switch** [Sw] / Programmweiche, Programmschalter, variabler Konnektor || ~ **system** [Sw] / Programmsystem || ~ **table** [Sw] / Programmtabelle || ~ **tape** (i.e., a magnetic or paper tape on which one or more programs, usually in object program format, are stored) [PT, MT, Sw] / Programmband, Programmdatei || ~ **termination** [Sw] / Programmbeendigung || ~ **test** [Sw] / Programmprüfung, Programmtest || ~ **test bit** [Sw] / Programmtestbit || ~ **test routine** [Sw] / Testprogramm (für Software) || ~ **time register** [CU] / Programmzeitregister || ~ **timing supervisor** [OS] / Programmablaufüberwachung || ~ **translation** [Sw, ES] / Programmübersetzung || ~ **unit** [Fortran] / Programmeinheit || ~ **version** [Sw] / Programmausgabe (Version), Programmfassung, Programmversion || ~ **waiting sequence** [OS] / Programmwarteschlange
progressive control switching system (s. step-by-step switching system) || ~ **error** [Sw, NC] / kontinuierlicher Fehler || ~ **totals** [PC] / Staffelsummen
progress report [R&D] / Fertigungsbericht
project control plan [DpC] / Netzplan für Arbeitsabläufe
projected peak point [Sc] / projizierter Gipfelpunkt, projizierter Höckerpunkt
projection photlithography [Sc] / Projektions-Fotolithografie || ~ **slit** [HSP] / Projektionsschlitz || ~ **tolerance** [HSP] / Projektionstoleranz
project management service [R&D] / Projektdienst
projector lamp [Rep] / Projektorlampe
prolate cycloid [Th] / verlängerte Zykloide
PROM (s. programmable read-only memory)
promotable *adj* [PL/1] / überführbar
PROM programmer [Mp] / Festspeicherprogrammierer (Gerät), Festwertspeicherprogrammierer, PROM-Programmiergerät || ≗ **programming** [Mp] / Festwertspeicherprogrammierung, Festspeicherprogrammierung
prompt *v* [OS, ES] / wecken || *n* [Mp] / Anforderungszeichen, Aufforderungszeichen || [TES] / Führungstext, Bedienerführung || ~ **character** [Mp] / Anforderungszeichen, Aufforderungszeichen
prompter *n* [OS, ES] / Wecker || ~ **cell** [OS, ES] / Weckerzelle || ~ **list** [OS, ES] / Weckerliste || ~ **management routine** [OS, ES] / Weckerverwaltung || ~ **period** [OS, ES] / Weckertakt || ~ **program** [OS, ES] / Weckerprogramm || ~ **timing** [OS, ES] / Weckertakt
prompting cell [OS, ES] / Weckerzelle || ~ **exit** [OS, ES] / Weckausgang || ~ **indicator** [VS, RDp] / Anforderungsanzeiger, Veranlassungsanzeiger || ~ **instruction** [OS, ES] / Weckbefehl || ~ **note** [OS, ES] / Wecknotiz || ~ **software** [OS, ES] / Weckeinrichtung
prompt instant [OS, ES] / Weckzeitpunkt || ~ **time** [OS, ES] / Weckzeitpunkt
proof copy (i.e., trial print or typeout used for proofreading and corrections) [TES] / Andruck || ~ **total** [DS] / Kontrollsumme
propagated error [Th] / mitlaufender Fehler
propagation delay [Sc] /

Ausbreitungsverzögerung, Verteilungsverzögerung
proper string [Algol] / eigentliche Zeichenfolge
property sort [Sw] / Selektion nach Eigenschaften
proportional band [PCC] / Proportionalbereich || ~ **character spacing** [TES] / Proportionalschrift
propositional function [SA] / logische Funktion, Aussagenfunktion
protect *v* [Sw] / sichern || **to ~ a file** [Sw] / eine Datei sichern
protected data field [Sw] / geschütztes Datenfeld || ~ **field** [Sw] / geschütztes Datenfeld || ~ **location** [M] / geschützter Speicherplatz, geschützte Speicherzelle || ~ **memory area** [M] / geschützter Speicherbereich (DIN 44300, März 1972) || ~ **synchronous mode** [RDp, Tr] / gesicherter Synchronbetrieb
protection against errors [DS] / Fehlersicherung || ~ **by cyclic code** [DS] / Sicherung durch zyklischen Code || ~ **method** [Sw, Tr] / Sicherungsverfahren
protective circuit [Sc] / Schutzbeschaltung || ~ **cover** [Hw] / Abdeckhaube (Staubschutz) || ~ **cover** [HSP] / Schutzabdeckung || ~ **earth** (GB) (s. protective ground) || ~ **film** [Sc] / Schutzschicht || ~ **gas** [Sc] / Schutzgas || ~ **gloves** [HSP] / Schutzhandschuhe || ~ **ground** [Hw] / Schutzerde || ~ **ground lead** (s. grounding wire) || ~ **ground terminal** [Hw] / Schutzleiteranschluß || ~ **ground wire** [Hw] / Schutzleitung, Schutzleiter || ~ **layer** [Sc] / Schutzschicht || ~ **motor switch** [Hw] / Motorschutzschalter || ~ **plate** [Hw] / Abdeckplatte, Schutzplatte || ~ **resistor** [Sc] / Schutzwiderstand || ~ **shell** (half-shell) [HSP] / Schutzschale (Trommel) || ~ **wire grid** [Hw] / Schutzgitter
protector *n* [TP] / Störschutzteil (Steuerteil)
protect switch [Hw, MT] / Schreibringschalter
protocol *n* (set of conventions between communicating processes on the format and content of messages to be exchanged) [Tr] / Protokoll
prototype statement [Sw] / Musteranweisung (Makro)
provisional address [Sw] / provisorische Adresse
PRR (s. pulse repitition rate)
PS (s. Post status) || ≗ (s. programmable switch)
PSB (s. primary status byte)
PSE (s. packet switching exchange)
pseudo *adj* [Sw] / Pseudo-... || ~ **address** [Sw] / Pseudoadresse
pseudocode *n* [Cy] / Pseudocode
pseudodecimal digit [Th] / Pseudodezimale (DIN 44300, März 1972)
pseudo instruction [Mp] / Pseudobefehl || ~ **job** [Sw] / Pseudojob || ~ **label** [Sw] / Pseudokennung
pseudomacro *n* [Sw] / Pseudomakroinstruktion
pseudo-random *adj* [Th] / pseudozufällig || ~ **number sequence** [Th] / Pseudozufallsfolge || ~ **sequence** [Th] / Pseudozufallsfolge
pseudo-stable output configuration [Cir] / pseudostabile Ausgangskonfiguration (bei einer Folgeschaltung)
pseudo statement [Sw] / Pseudoanweisung
pseudo-ternary transmission method [Tr] / pseudo-ternäres Übertragungsverfahren
pseudo through-connection [ES] / Pseudodurchschaltung
pseudo-variable *n* [PL/1] / Pseudovariable || ~ **reference** [PL/1] / Pseudovariablen-Bezugnahme
PSG (s. phrase-structure grammar)
P1 state [Sw] / Verarbeitungszustand
PT (s. page table)
PTA (s. page table address)
PTB (s. page table base)
PTC resistor [Co] / Kaltleiter (Halbleiter mit positivem Temperaturbeiwert)
PTE (s. page table entry)
PTP (s. paper tape punch)
PTR (s. paper tape reader)
PTRP (s. paper tape reader-punch)
PTS condition (s. proceed-to-select condition) || ≗ **signal** (s. proceed-to-select signal)
p-type *adj* [Sc] / p-dotiert || ~ **conduction** [Sc] / Defektleitung, Löcherleitung (DIN 41852, Aug. 1978), p-Leitung (DIN 41852, Aug. 1978) || ~ **doping** [Sc] / p-Dotierung || ~ **impurity** [Sc] / p-Verunreinigung || ~ **semiconductor** [Sc] / Mangelhalbleiter, Defekthalbleiter, p-Halbleiter (DIN 41852, Aug. 1978)
publication language [Algol] / Veröffentlichungssprache
public data network [Tr] / öffentliches Datennetz || ~ **leased-circuit data**

network [Tr] / öffentliches Direktrufnetz || ~ **record information** [Priv, IDS] / allgemein zugängliche Information || ~ **switched network** [ES] / öffentliches Vermittlungsnetz, öffentliches Wählnetz || ~ **telegraph office** [TP] / Telegrafenstelle || ~ **telephone network** [Tr] / öffentliches Fernsprechnetz || ~ **volume** [Sw] / gemeinschaftlicher Datenträger

pulling apparatus [Sc] / Ziehvorrichtung || ~ **rate** [Sc] / Ziehgeschwindigkeit

pullout mechanism [OCR] / Ausfahreinrichtung (für Ablagefächer)

pulse *n* [Th] / Impuls, Puls (DIN 40146 T3, Okt. 1978) || ~ **amplitude** [Tr] / Impulsamplitude || ~ **average time** [Sc] / mittlere Impulsdauer || ~ **code** [Tr] / Impulscode || ~ **code modulation (PCM)** [RDp] / Puls-Code-Modulation (PCM) (DIN 66224, Okt. 1978)

pulsed current generator [Sc] / Impulsstromquelle

pulse decay time [Sc, Co] / Abfallzeit eines Impulses, Impulsabfallzeit

pulsed limiting breakdown voltage [Sc] / Grenzdurchbruchspannung bei Impulsbetrieb

pulse droop [Th, Cir] / Dachschräge || ~ **duration** (s. signal element length) || ~ **duration** (pc board) [Sc] / Dachzeit || ~ **duty factor** (i.e., the ratio of the average pulse duration to the average pulse spacing) [Hw] / Nutzungsfaktor, Tastverhältnis (DIN IEC 235 T1, Sept. 1978) || ~ **fall time** [Sc, Co] / Abfallzeit eines Impulses, Impulsabfallzeit || ~ **frame storage** [ES] / Rahmenspeicher || ~ **function** [Th, Cy] / Dirac-Stoß, Stoßfunktion, Diracsche Deltafunktion || ~ **gate** [Sc] / Impulstor || ~ **group** [Tr] / Impulsfolge, Impulsreihe, Impulsserie || ~ **height** [Tr] / Impulshöhe || ~ **height analyzer** [Th, Meas] / Diskriminator || ~ **interval** [Tr] / Impulsperiodendauer || ~ **leading edge** [Tr] / Vorderflanke (Impuls) || ~ **length** (s. signal element length) || ~ **message** [Tr] / Impulstelegramm

pulse/no-pulse ratio [Tr] / Puls-Pausen-Verhältnis

pulse operation [Th] / Impulsbetrieb || ~ **packing** [PE] / dichte Impulsaufzeichnung || ~ **quality** [Tr] / Impulsgüte || ~ **ratio** [Tr] / Impulsverhältnis, Schrittverhältnis || ~ **regenerating circuit** [Tr] / Impulsregenerationsschaltung || ~ **regeneration** [Tr] / Impulsregenerierung || ~ **repeater** [Sc] / Impulsübertrager || ~ **repetition frequency (PRF)** [Tr] / Pulsfolgefrequenz, Pulsfrequenz (DIN IEC 235 T1, Sept. 1978) || ~ **repitition rate (PRR)** [Tr] / Pulsfolge pro Zeiteinheit || ~ **rise time** [Sc, Co] / Anstiegszeit eines Impulses, Impulsanstiegszeit || ~ **shape** [Tr] / Impulsform || ~ **shaper** [Tr] / Impulsformer || ~ **shaping circuit** [Tr] / Impulsformer || ~ **shaping former** [Tr] / Impulsformer || ~ **signal** [Tr] / Impulskennzeichen || ~ **spacing** [Tr] / Impulsabstand || ~ **storage time** [Sc] / Speicherzeit (bei einem Schalttransistor) || ~ **tilt** [Th, Cir] / Dachschräge || ~ **time** [Sc] / Impulszeit || ~ **time meter** [ES] / Impulszeitmesser || ~ **time recorder** [ES] / Impulsschreiber || ~ **timing diagram** [Cir] / Impulsdiagramm || ~ **trailing edge** [Tr] / Hinterflanke (Impuls) || ~ **train** [Tr] / Impulsfolge, Impulsreihe, Impulsserie || ~ **transformer** [Sc] / Impulsübertrager || ~ **transmitter** [NC] / Pulsgeber || ~ **width (PW)** [Tr] / Schrittlänge, Schrittdauer

pulse-width recording (CNRZ) [PE] / Wechseltaktschrift (DIN 66010, Apr. 1973), Wechseltaktschreibverfahren ohne Rückkehr nach Null, Impulsbreitenschrift

punch *v* (card, tape, etc.) [PT, PC] / lochen, stanzen, ausstanzen || *n* [PT, PC] / Locher (Gerät), Stanzer || **automatic feed ~** [PC] / Lochkartenstanzer, Kartenstanzer, automatischer Stanzer (im Gegensatz zum Handlocher) || **keyboard ~** [PC] / Lochkartenlocher, Kartenlocher, Locher (mit handbedienter Tastatur) || **to ~ code holes in** (tape, etc.) [TP] / lochen || ~ **area** [PC] / Lochbereich || ~ **assembly** [TP] / Locherbaugruppe || ~ **brush** [PC] / Stanzbürste || ~ **card** [PC] / Lochkarte (LK) (DIN 66001, Sept. 1977) || ~ **check** [PC] / Stanzkontrolle || ~ **clutch** [PC] / Locherkupplung, Stanzerkupplung || ~ **code** [Dp] / Lochschrift (im Gegensatz zur Druckschrift oder Handschrift) || ~ **column skip** [PC] / Springeinrichtung || ~ **column skip control** [PC] / Steuerung für die Springeinrichtung || ~ **combination** [PT, PC] / Lochkombination || ~ **control** [TP] / Lochersteuerung || ~ **die** [PC] / Lochmatrize, Stanzmatrize,

Schnittplatte || ~ **drive** [PC] / Lochstempelantrieb

punched card [PC] / Lochkarte (LK) (DIN 66001, Sept. 1977) || ~ **card control** [PC] / Lochkartensteuerung || ~ **card equipment** [PC] / Lochkartengeräte || ~ **card format** [Sw] / Kartenformat, Lochkartenformat || ~ **card interpreter** [PC] / Druckzusatz beim Schreiblocher || ~ **card machine (PCM)** [IO, PC] / Lochkartenmaschine (Oberbegriff für Geräte der Lochkartentechnik und EDV, wie über Tastatur bediente Kartenlocher, Lochkartenstanzer, Lochkartendoppler, Lochkartenmischer, Sortiermaschinen, Tabelliermaschinen, Rechenstanzer und Lochkartenleser) || ~ **card programming** [PC, Sw] / Lochkartenprogrammierung || ~ **card tabulator** [Hw, Hist, Off] / Tabelliermaschine || ~ **card verifier** [PC] / Kartenprüfer, Lochkartenprüfer, Kartenprüfgerät || ~ **correction tape** [PT] / Korrekturlochstreifen || ~ **paper tape** [PT] / Lochstreifen (LS) (DIN 66001, Sept. 1977) || ~ **tape** [PT] / Lochstreifen (LS) (DIN 66001, Sept. 1977) || ~ **tape code** [PT] / Lochstreifencode, Lochstreifenschlüssel || ~ **tape message** [ES] / Lochstreifennachricht || ~ **tape programming** [PT, Sw] / Lochstreifenprogrammierung || ~ **tape reader** [PT] / Lochstreifenleser, Streifenleser, Lochstreifenabtaster, Streifenabtaster

punched-tape-to-magnetic-tape conversion [PT, MT] / lochstreifengesteuertes Magnetbandbeschriften

punched tape typewriter [IO] / Lochbandschreibmaschine

punch electronics [TP] / Locherelektronik || ~ **error** [PT, PC] / Stanzfehler, Lochfehler, Ablochfehler

punch-feed read [PC] / Stanzen in die gleiche Karte || ~ **read control** [PC] / Steuerung für Stanzen in die gleiche Karte

punching *n* [PT, PC] / Lochung (Stanzung) || [PT, PC] / Lochen, Stanzen, Ausstanzen || ~ **error** [PT, PC] / Stanzfehler, Lochfehler, Ablochfehler || ~ **magnet** [PC] / Stanzmagnet || ~ **point** [TP] / Stanzstelle || ~ **program** [Sw] / Lochprogramm || ~ **rate** [PC] / Stanzgeschwindigkeit || ~ **station** (i.e., position within a card punch at which a punched card is punched) [PC] / Lochstation, Stanzstation || ~ **track** [PC] / Stanzbahn

punch knife [PC] / Stanzmesser || ~ **mechanism** [PT, PC, TP] / Lochermechanik, Stanze || ~ **memory parity error (PMPE)** [Sw] / Stanzspeicherparityfehler, Paritätsfehler im Pufferspeicher (Stanzer) || ~ **mode** [Sw] / Stanzbetrieb || ~ **module** [TP] / Locherbaustein || ~ **operator** [PT, PC] / Locherin (Person), Datentypistin || ~ **output** [PT, PC] / Stanzerausgabe, Stanzausgabe || ~ **pin** [TP] / Stanznadel, Stanzstempel || ~ **rate** (s. card punching rate)

punch-read error [PC] / Lese-Stanzfehler

punch selector [PC] / Kartenselektor || ~ **switch** [PT] / Locherschalter, Locherumschalteinheit || ~ **tape** (s. punched tape) || ~ **unit** [PT, PC, TP] / Stanzeinheit || ~ **verifying** [PT, PC] / Lochprüfung

punctuation *v* (e.g., by triple spacing, comma indicator, etc.) [Calc] / Triadenmarkierung (Hervorheben von Dreiergruppen in vielstelligen Zahlen durch Lücken oder Markierungen bei der Datenausgabe) (DIN 9757E, Okt. 1977) || ~ **character** [Cobol] / Satzzeichen || ~ **error** [Sw] / Interpunktionsfehler || ~ **mark** [Sw] / Satzzeichen

pure associative memory [M] / Katalogspeicher || ~ **binary code** [Th] / reiner Dualcode, reiner Binärcode || ~ **binary notation** [Th] / reine Binärdarstellung || ~ **notation** [DOK] / reine Notation (Notation, in der nur Buchstaben oder nur Ziffern zugelassen sind)

purge area [M] / Löschbereich || ~ **date** [MT, MD, MC, MDr] / Freigabedatum, Löschdatum, Verfalldatum

push *v* [Mp] / Informationen in den Stapelspeicher einspeichern || **to ~ the contents of a register into the stack** [Mp] / den Inhalt eines Registers in den Stapelspeicher eingeben

pushbutton *n* [Hw] / Drucktaste, Druckknopf || ~ **control** [Hw] / Drucktastensteuerung || ~ **switch** [Hw] / Drucktastenschalter || ~ **switching** (i.e., tape relay center with pushbutton control) [TP, ES] / halbautomatische Lochstreifenvermittlung || ~ **telephone**

[ES] / Tastenwahlfernsprecher, Tastwahltelefon
pushdown, hard ~ stack [MCS] / Hardware-Stack || ~ **automaton** [Term, Th] / Kellerautomat || ~ **dialing** [ES] / Wählen (mit Tastatur) || ~ **list** [Dp] / Aufzeichnung nach dem Kellerungsprinzip || ~ **storage** [Mp] / Stapelspeicher, Kellerspeicher (DIN 44300, März 1972)
pushin *adj* (plastic peg, etc.) [Hw, Serv] / steckbar
pushout-base technique [Sc] / POB-Technik
push rod [HSP] / Schubstange (Reinigungsschieber)
put file [PL/1] / Ablegedatei || ~ **statement** [PL/1] / Ablegeanweisung || ~ **string** [PL/1] / Ablege(zeichen)folge
PW (s. pulse width)
pw board [Co] / Flachbaugruppe, gedruckte Schaltung, Schaltungsplatte || ~ **card** [Co] / gedruckte Schaltkarte
pyroelectricity *n* [Sc] / Pyroelektrizität

Q

Q-card processing [RPG] / Ausgabesteuerung
Q-register *n* [M, CP, ALU] / Quotientenregister
QTA transmitter [ES] / Kurztextgeber
quad *n* [IC] / Vierschaltungseinheit
quadratic programming [Sw] / Programmierung mit quadratischen Funktionen
quadruple-length register [ALU] / Register vierfacher Wortlänge
quadruple register [ALU] / Register vierfacher Wortlänge
quad transistor [Co] / Vierfachtransistor
qualification *n* [Cobol] / Kennzeichnung
qualified name [Sw] / qualifizierter Name, klassifizierter Name
qualifier *n* [Sw] / Qualifikationsbegriff || [Cobol] / Kennzeichner || [PL/1] / Kennzeichnung
qualifying connective [Cobol] / Kennzeichnerbindewort
quality check [Hw] / Gütebewertung || ~ **control** [QC] / Qualitätskontrolle
quantitative linguistics [Term] / quantitative Linguistik (Lehre der sprachlichen Wahrscheinlichkeitsstruktur), Sprachstatistik
quantity *n* [Algol] / Größe || ~ **factor** [Dp] / Mengenfaktor || ~ **production** [PrC] / Serienfertigung || ~ **unit** [Dp] / Mengeneinheit
quantization *n* [Th] / Quantelung, Quantisierung
quantize *v* [Th] / quantisieren
quantizer *n* [Th, NC] / Größenwandler
quantum *n* [Cy] / Quant
quarter-hour block [ES] / Viertelstundenblock || ~ **pointer** [ES] / Viertelstundenzeiger || ~ **routine** [ES] / Viertelstundenroutine
quarterly maintenance [Serv] / vierteljährliche Wartung
quarter-squares multiplier [ADp] / Parabelmultiplizierer
quartic equation [Th] / biquadratische Gleichung, Gleichung vierten Grades
quasi *adj* [Sw] / Leer-..., Blind-..., Schein-... || ~ **assembler language** [PL] / Quasi-Assemblersprache || ~ **assembly language** [PL] / Quasi-Assemblersprache || ~ **complementary network** [Sc] / quasikomplementäre Schaltung || ~ **instruction** [Mp] / Pseudobefehl || ~ **on-line** [Hw] / quasirechnerabhängig
quaternary frequency modulation [Tr] / quaternäre Frequenzmodulation
query *v* (system, etc.) [DT, IO] / abfragen || *n* [DT, IO] / Abfrage (Einzelanfrage an ein System) || [IDS] / Rechercheauftrag || ~ **language** [IDS] / Anfragensprache
query/reply ... [RDp] / Frage-Antwort-... || ~ **system** [RDp, Tr] / Frage-Antwort-System
query station [DT] / Abfrageplatz, Abfragestation
question length [OCR] / Stellenauswahl
queue *n* [CP, OS] / Warteschlange
queued access method [Sw] / erweiterte Zugriffsmethode
queue entries-added list [ES] / Warteschlangen-Eingangsliste || ~ **interface** [RDp, Tr] / Warteschlangenschnittstelle || ~ **length indicator** [ES] / Warteschlangenlängeanzeige || ~ **management** [Sw] / Warteschlangenverwaltung || ~ **management for data blocks** [ES] / Warteschlangenorganisation für Datenblöcke || ~ **organization** [OS, ES] / Warteschlangenorganisation

queuing*n* [OS] / Bilden einer Warteschlange || ~ **circuit** [ES] / Warteschaltung || ~ **code** [ES] / Wartetext || ~ **condition** [ES] / Wartestellung || ~ **field** [ES] / Wartebereich, Wartefeld || ~ **list** [CP, OS] / Warteliste || ~ **operation** [ES] / Warteverkehr || ~ **principle** [ES] / Wartezeitprinzip || ~ **probability** [ES] / Wartewahrscheinlichkeit
quibinary code [Th] / Quibinärcode
quick-access storage (s. highspeed memory)
quick-line service (s. hot-line service)
quiescent current [Co, Sc] / Ruhestrom || ~ **current supervision** [ES] / Ruhestromüberwachung || ~ **point** [Sc] / Ruhepunkt (statischer Betriebszustand) || ~ **state** [Sc] / Ruhezustand (statischer Betriebszustand)
quiescent-state bit [ES] / Ruhezustandsbit
quietized*adj* [Hw] / schalldämmend || ~ **cabinet** [Hw] / schalldämmender Schrank
quiet mode [OS] / Ruhemodus
quota-based allocation of traffic [ES] / Quotieren (Verkehr) || ~ **distribution of traffic** [ES] / Quotieren (Verkehr)
quota method [ES] / Leitungssuchverfahren nach prozentualer Verkehrsaufteilung (Quotenverfahren)
quotation mark [Cobol] / Anführungszeichen
quote*n* [Cobol] / Anführungszeichen
quotient*n* [Th] / Quotient || ~ **register** [M, CP, ALU] / Quotientenregister

R

RA (s. random access)
RAC (s. random-access controller)
rack*n* [Hw] / Gestell, Gestellrahmen || ~ **bracing** [Hw] / Gestellversteifung || ~ **cable rung** [Hw] / Gestellkabelsprosse || ~ **crossbar** [Hw] / Gestellstrebe || ~ **footing** [Hw] / Gestellfuß || ~ **for serial number comparator** [Hw] / Laufnummernvergleichergestell || ~ **frame multiple** [Hw] / Gestellrahmenvielfach || ~ **fuse** [Hw] / Gestellsicherung || ~ **ground** [Hw] / Gestellerde || ~ **height** [Hw] / Gestellhöhe || ~ **illumination** [Hw] / Gestellbeleuchtung || ~ **layout plan** [Hw, Serv] / Belegungsplan (Baugruppen in Gestell, Schrank) || ~ **line-up spacing** [Hw] / Gestellreihenabstand || ~ **mounting width** [Hw] / Gestellbaubreite || ~ **printer** (s. bar printer) || ~ **row** [Hw] / Gestellreihe || ~ **space assignment** [Hw] / Gestellbelegung || ~ **space assignment plan** [Hw] / Gestellbelegungsplan || ~ **structure** [Hw] / Gestellaufbau || ~ **support** [Hw] / Gestellstütze || ~ **terminal block** [Hw] / Gestellverteiler
RADAR (s. Random-access dump and reload)
radial transfer [Dp] / radialer Transfer
radiant intensity [OCR] / Strahlungsintensität, Strahlungsstärke
radiation-emitting*adj* [ES] / strahlungsemittierend
radiation-generating device [Sc] / Strahlung erzeugendes Bauelement
radiation power [Sc] / Strahlungsleitung
radiation-sensitive device [Sc] / strahlungsempfindliches Bauelement
radical sign [Th] / Wurzelzeichen
radio data transmission [Tr] / Datenfunk || ~ **frequency (RF)** [Th, Tr] / Hochfrequenz || ~ **frequency impedance** [Sc] / Hochfrequenzimpedanz || ~ **interference** [RDp, ES] / Funkstörung || ~ **interference level** [ES] / Funkstörgrad || ~ **interference suppression** [Tr] / Funkentstörung || ~ **link** [Tr] / Richtfunkstrecke || ~ **noise voltage** [ES] / Funkstörspannung || ~ **relay station** [Tr] / Richtfunkstation || ~ **suppression** [Tr] / Funkentstörung
radio-telegraph circuit [ES] / Funkfernschreibleitung
radio teleprinter circuit [ES] / Funkfernschreibleitung
radio-teletype (RATT)*adj* [TP, Tr] / Funkfernschreib...
radio teletypewriter circuit [ES] / Funkfernschreibleitung
radix*n* [Th] / Basis || ~ **complement** [Th] / Basiskomplement, B-Komplement || ~ **factor** [PL/1] / (Zahlendarstellungs)basis
radix-minus-one complement [Th] / B-minus-1-Komplement
radix notation [Th] / Radixschreibweise (DIN 44300, März 1972), Positionsdarstellung,

Stellenwertschreibung || ~ **of the number representation** [Th] / Basis der Zahlendarstellung (DIN 44300, März 1972) || ~ **point** [Th] / Radixpunkt (DIN 44300, März 1972) || ~ **representation** [Th] / Radixschreibweise (DIN 44300, März 1972), Positionsdarstellung, Stellenwertschreibung

RADUP (s. Random-access duplicate)

RA extent [Sw] / Großspeicherbereich || ≗ **file** [Sw] / Direktzugriffsdatei, Großspeicherdatei

RAINDX (s. Random-access index edit)

RAINIT (s. Random-access initializer)

raise *v* [PL/1] / eintreten lassen || **to ~ the type line** [Typ] / die Schriftgrundlinie hochsetzen

raised floor [DpC] / Montageboden (im Maschinenraum eines Rechenzentrums), doppelter Boden, Doppelboden || ~ **floor** [DpC] / Kriechboden (doppelter Boden im Maschinenraum eines Rechenzentrums zum Verlegen von Kabeln usw., unter dem man sich bei der Montage bewegen kann)

RALLOC (s. Random-access allocation)

RALTAS (s. Random-access alternate track assignment)

RALU (s. register arithmetic logic unit)

RAM (s. random-access memory) || ≗ **bus interface** [Mp] / RAM-Schnittstelle

ramp voltage [Th] / Sägezahnspannung

random *adj* [Th] / stochastisch, zufällig || ~ **access** [Cobol] / wahlfreier Zugriff || ~ **access (RA)** [PE, M] / Direktzugriff, direkter Zugriff

random-access addressing [Sw] / Adressierung für direkten Zugriff || ≗ **allocation (RALLOC)** [OS, Command] / Zuweisen von Großspeichern (RALLOC) || ≗ **alternate track assignment (RALTAS)** [OS, Command] / Einführen von Ersatzspuren (RALTAS) || ~ **area** [Sw] / Großspeicherbereich || ~ **controller (RAC)** [PE] / Großspeichersteuerung (GSPST) || ~ **controller and disk storage maintenance program** [OS] / Wartungsprogramm für Großspeichersteuerung und Plattenspeicher || ~ **conventions** [PE] / Systemkonventionen für Großspeicher || ~ **device** [Dp] / Direktzugriffsgerät || ≗ **dump and reload (RADAR)** [OS, Command] / Sichern und Wiederherstellen von Großspeicherinhalten (RADAR) || ≗ **duplicate (RADUP)** [OS, Command] / Plattenduplizieren (RADUP) || ≗ **edit (REDIT)** [OS, Command] / Großspeicherauszug (REDIT) || ~ **error recovery** [OS] / Fehlerbehandlung bei Großspeichern || ~ **extent** [Sw] / Großspeicherbereich || ~ **file** [Sw] / Direktzugriffsdatei, Großspeicherdatei || ≗ **index edit (RAINDX)** [OS, Command] / Drucken des Großspeicheretikettbereichs (RAINDX) || ≗ **initializer (RAINIT)** [OS, Command] / Vorbereiten eines Großspeichers (RAINIT) || ~ **label** [ES] / Großspeicheretikett || ~ **memory (RAM)** [Mp] / Speicher mit wahlfreiem Zugriff, Direktzugriffsspeicher, Speicher mit direktem Zugriff, Speicher mit beliebigem Zugriff || ~ **memory bus interface** [Mp] / RAM-Schnittstelle || ~ **method** [PE, M] / Direktzugriffsmethode, Direktzugriffsverfahren || ~ **processing** [Sw] / Behandlung einer Großspeicherdatei || ~ **programming** [Sw] / Random-access-Programmierung || ~ **ROM** [Mp] / ROM (Read Only Memory) (frei adressierbarer Festspeicher, dessen Information dem Baustein vom Hersteller eingegeben wird) || ~ **storage (RAS)** [Mp] / Speicher mit wahlfreiem Zugriff, Direktzugriffsspeicher, Speicher mit direktem Zugriff, Speicher mit beliebigem Zugriff

Random access to card and/or printer (RAPR) [OS, Command] / Großspeicher auf Karte/Drucker (RAPR) || ≗ **access to random access (RARA)** [OS, Command] / Großspeicher auf Großspeicher (RARA) || ≗ **access to tape (RATP)** [OS, Command] / Großspeicher auf Band (RATP)

random-access volume [PE] / Großspeicherdatenträger, Direktzugriffsdatenträger

random addressing [Sw] / Adressierung für direkten Zugriff || ~ **data** [Sw] / Zufallsdaten || ~ **error** [Th, Tr] / statistischer Fehler, Zufallsfehler || ~ **handling** [ES] / zufallsmäßige Abfertigung

randomize *v* [Th] / umrechnen auf Zufallszeichen

random list entry [Sw] / Zufallslisteneintrag || ~ **number** [Th] / Zufallsnummer, Zufallszahl || ~ **number generator** [Dp, Sw] / Zufallsgenerator,

Zufallszahlengenerator || ~ **organization** [Sw] / gestreute Speicherung || ~ **processing** [Dp] / frei wählbare Verarbeitung, wahlfreie Verarbeitung || ~ **sampling** [QC] / Stichprobenverfahren || ~ **value** [Th] / Zufallswert || ~ **variable** [Th] / Zufallsvariable, Zufallsgröße, stochastische Variable

range of a do statement [Fortran] / Schleifenbereich || ~ **of balanced error** [DS, Th, Tr] / symmetrischer Fehlerbereich || ~ **of error** [Th] / Fehlerbereich || ~ **of temperature** [DpC] / Temperaturbereich || ~ **of tolerances** [NC] / Toleranzbereich, Toleranzfeld || ~ **of values** [Cobol] / Wertebereich || ~ **specification** [PL/1] / Spezifikation des Bezeichnerbereichs

rank *n* [Dp] / Datenebene || [ES] / Rang

rapid access loop [MD, MDr] / Schnellzugriffsspur || ~ **storage** (s. highspeed memory)

RAPR (s. Random access to card and/or printer)

RARA (s. Random access to random access)

RAS (s. random-access storage)

raster element [COM, Typ] / Rasterelement (bei digitaler Speicherung von Schriftzeichen)

rate action [PCC] / Differentialverhalten

rated *adj* (speed, pressure, etc.) / Nenn-... || ~ **current** [Hw] / Nennstrom || ~ **duty** [Hw] / Nennbetriebsart || ~ **input voltage** [Serv] / Nenneingangsspannung || ~ **range of operations** [HSP] / optimaler Betriebsbereich || ~ **service time** [Hw] / Nennbetriebsdauer

rate growth [Sc] / Stufenziehen

rate-growth process [Sc] / Stufenziehverfahren

rate meter [ES] / Tarifgerät || ~ **of activity** [Sw, IDS] / Bewegungshäufigkeit || ~ **of flow** [Dp] / Durchflußleistung (Jobzahl pro Zeiteinheit) || ~ **of voltage fall** [Sc, Co] / Spannungsabfallgeschwindigkeit

rating *n* [Hw] / Nennbetrieb

ratio *n* [Th, Sc] / Verhältnis, Verhältniszahl || ~ **control** [PCC] / Verhältnisregelung, Verhältnissteuerung || ~ **controller** [NC] / Verhältnisregler

rational number [Th] / rationale Zahl

RATP (s. Random access to tape)

RATT (s. radio-teletype)

raw data (i.e., data which has neither been subject to data reduction nor processed) [Dp] / Ursprungsdaten (unverarbeitete Daten), Originaldaten

RB (s. return to bias) || ≗ **recording** [PE] / Schreibverfahren mit Rückkehr zur Grundmagnetisierung

RC (s. record code)

RDC (s. remote data concentrator)

RDM (s. read memory hexadecimal)

react *v* [Hw] / (von Gerät usw.) ansprechen

reactivate *v* [Sw] / regenerieren

read *v* [IO, Sw] / einlesen, eingeben || [PE, OCR] / lesen, abfühlen

readable *adj* [Hw] / ablesbar || [Dp] / lesbar

read access [OS] / Lesezugriff || ~ **access to data** [OS] / Lesezugriff zu Daten || ~ **address** [Sw] / Leseadresse

read-after-write check [MT] / Kontrollesen || ~ **error** [Sw] / Kontrollesefehler || ~ **head assembly** [KtT] / Kontrollesekopf || ~ **verify** [MT] / Kontrollesen

read amplifier [TP] / Leseverstärker (Magnetband)

readaround number [M] / Ablesezahl

Read auxiliary [OS, Instruction] / Lesen simultan || ≗ **backward** [OS, Lisp] / Lesen rückwärts || ~ **buffer** [CP] / Eingabepuffer, Eingabepufferspeicher, Lesepufferspeicher || ~ **button** [TP] / Lesetaste (Magnetband) || ~ **call** [Sw] / Leseaufruf || ~ **capability** [OCR] / Lesemöglichkeit || ~ **check** [MT] / Kontrollesen || ~ **command** [PE, Sw, OCR] / Lesebefehl || ~ **counter** [Hw] / Ablesezähler || ~ **current** [M] / Lesestrom || ~ **cycle** [M, ES] / Lesezyklus || ~ **cycle time** [M, Co] / Ablesezykluszeit, Ablesezeit, Lesezykluszeit || ≗ **direct** [OS, Lisp] / Lesen direkt

reader *n* [IO] / Lesegerät, Leser

reader-interpreter *n* [OS] / Systemeingabeprogramm

reader-printer *n* [COM] / Lese- und Rückvergrößerungsgerät

read error [PCC, Sw] / Lesefehler || ~ **error** [PT, PC] / Abtastfehler, Abfühlfehler

reader sorter [Dp] / Sortierleser || ~ **start character sequence** [TP] / Leserstartsequenz

read field [OCR] / Lesefeld || ≗ **file catalog (RFC)** [OS, Instruction] / Lesen Dateikatalog (RFC) || ≗ **forward** [OS, Lisp] / Lesen vorwärts || ~ **half cycle** [ES] / Lesehalbzyklus || ~ **head** [IO] / Lesekopf (DIN 66010, Apr. 1973) || ~ **in** *v* [IO, Sw] / einlesen, eingeben

reading *n* [NC] / Maßablesung || ~ **brush** [PT, PC] / Abfühlbürste, Abtastbürste, Kontaktbürste, Abfühlstifte || ~ **device**

[IO] / Lesegerät, Leser || ~ **error** [PT, PC] / Abtastfehler, Abfühlfehler || ~ **error** (s. read parity error) || ~ **head** [IO] / Lesekopf (DIN 66010, Apr. 1973) || ~ **lamp** [TP] / Leselampe || ~ **mechanism** [PT, PC] / Abfühleinrichtung (elektrisch oder magnetisch) || ~ **package** [OCR] / Lesepaket || ~ **point** [TP] / Lesestelle (Leser) || ~ **pulse** [M] / Abfrageimpuls, Leseimpuls || ~ **rate** [IO, OCR] / Lesegeschwindigkeit, Leseleistung || ~ **reliability** [OCR] / Lesesicherheit || ~ **station** [PT, PC] / Lesestation (bei welcher die Abtastung mit Hilfe von Kontaktbürsten oder fotoelektrisch erfolgt) || ~ **station** [PT, PC] / Abfühlstation || ~ **voltage** [M] / Lesespannung

readin program [IO, Sw] / Eingabeprogramm, Leseprogramm, Einleseprogramm || ~ **routine** [Sw] / Einleseroutine, Eingaberoutine || ~ **status** [Sw] / Eingabezustand

read instruction [PE, Sw, OCR] / Lesebefehl || ~ **lockout** [MT, CP] / Lesesperre || ~ **mark** [ES] / Lesemarke || ~ **memory hexadecimal (RDM)** [OS] / sedezimales Lesen auf dem Arbeitsspeicher || ~ **mode** [Sw] / Leserichtung || ~ **mode** [Mp] / Betriebsart „Lesen"

read-mostly memory (s. erasable PROM)

read off (signal, etc.) *v* [ES] / abtasten (= abfragen, ablesen)

read-only control memory [M] / Mikroprogrammspeicher || ~ **instruction** [Sw] / Festspeicherinstruktion || ~ **memory (ROM)** [Mp] / Festspeicher (DIN 44300, März 1972), Festwertspeicher, Nur-Lese-Speicher, Totspeicher || ~ **memory bus interface** [Mp] / ROM-Schnittstelle || ~ **RAM** [Mp] / ROM (Read Only Memory) (frei adressierbarer Festspeicher, dessen Information dem Baustein vom Hersteller eingegeben wird)

read operation [IO] / Leseoperation, Lesevorgang || ~ **out** (data from internal memory to external storage) [IO, M] / auslesen, ausgeben (von einem inneren auf einen äußeren Speicher)

readout *n* (of information, images, etc.) [Dp, M] / Auslesen (im Gegensatz zum „Einschreiben") || ~ **circuit** [M] / Abfragekreis || ~ **control** [PE, Dp] / Auslesekontrolle || ~ **control circuit** [ES] / Abrufschaltung

read output signal [M] / Lesesignal || ~ **parity error** [PCC, Sw] / Lesefehler || ~ **parity error** [PT, PC] / Abtastfehler, Abfühlfehler || ~ **position** [Hw] / Ablesestellung || ~ **pulse** [M] / Abfrageimpuls, Leseimpuls

read-punch mode [PC] / Lese-Stanzbetrieb

read rate (i.e., the number of units of data capable of being read in a given unit of time) [IO, OCR] / Lesegeschwindigkeit, Leseleistung || ~ **statement** [Cobol, PL/1, Fortran] / Leseanweisung || ~ **staticizing time** [M] / Lesesignalauswertezeit || ~ **winding** [M] / Leseleitung, Lesewicklung

read-write amplifier [PE, M] / Lese-Schreibverstärker || ~ **circuit** [PE, M] / Lese-Schreibschaltung || ~ **electronics** [PCC] / Schreib-Lese-Elektronik || ~ **head** [MT] / Lese-Schreibkopf, Schreib-Lesekopf || ~ **logic** [TP] / Schreib-Lese-Logik || ~ **memory** (esp. read-write RAM) [Mp] / Schreib-Lese-Speicher || ~ **speed** [MCS, MT] / Lese-Schreibgeschwindigkeit

ready *v* [Hw] / (Gerät usw.) klarmachen || *adj* [ES] / betriebsklar || **to ~ a volume** [Sw] / einen Datenträger bereitstellen || ~ **control** [TP] / Bereitsteuerung || ~ **criterion** [ES] / Bereitschaftskriterium || ~ **for press** [WS] / druckfertig || ~ **for printing** [HSP] / druckbereit || ~ **light** [Hw] / Bereit-Anzeigelampe || ~ **status** [TP, ES] / Betriebsbereitschaft

ready-to-operate *adj* [ES] / betriebsbereit

ready-to-print lamp [TP] / Schreibbereit-Lampe

ready-to-receive state [RDp, Tr] / Empfangsbereitschaft

ready-to-transmit state [RDp, Tr] / Sendebereitschaft

real *adj* [Algol, PL/1] / reell || [Fortran] / reell (einfach genau) || ~ **address** (contrasted with "virtual address") [VS] / reale Adresse, wirkliche Adresse, echte Adresse || ~ **builtin function** [PL/1] / (eingebaute) Realteil-Funktion || ~ **constant** [Sw] / reelle Konstante || ~ **device** [OS] / reales Gerät, reelles Gerät, physikalisches Gerät || ~ **function** [PL/1] / (eingebaute) Realteil-Funktion

reallocate *v* [Sw] / neu zuweisen, neu zuordnen

reallocation *n* [Sw] / Neuzuweisung, Neuzuordnung

real memory [VS] / Realspeicher, reeller Speicher || ~ **memory management** [VS] / Realspeicherverwaltung || ~ **memory operating system (RMOS)** [OS] / Betriebssystem für reelle Speicher (BSR), Betriebssystem für reelle Adressierung || ~ **mode** [Sw] / reeller Modus || ~ **number** [Th] / reelle Zahl || ~ **page number** (PPAG) [VS] / reale Seitennummer || ~ **pseudo-variable** [PL/1] / Realteil-Pseudovariable || ~ **storage** [VS] / Realspeicher, reeller Speicher

real-time *adj* [Dp] / Echtzeit-..., Realzeit-...

real time [Dp] / Echtzeit, Istzeit

real-time behavior [RDp] / Echtzeitverhalten, Realzeitverhalten || ~ **clock** [PCC] / Absolutzeitgeber || ~ **clock (RTC)** [Mp, MCS, M] / Realzeituhr, Echtzeituhr || ~ **computer** [OS] / Realzeit-Computer || ~ **control** [CU] / Echtzeitsteuerung, Realzeitsteuerung || ~ **control program** (e.g., ASMUS) [OS] / Steuerprogramm für Realzeitsysteme || ~ **data system** [Th] / Realzeit-Datensystem || ~ **input** [Dp] / Realzeiteingabe, Echtzeiteingabe || ~ **interactive graphic device** [GrDp] / Echtzeit-Grafikdialoggerät || ~ **operation** [Dp] / Echtzeitbetrieb, Realzeitbetrieb (DIN 44300, März 1972), schritthaltender Ablauf || ~ **output** [Dp] / Realzeitausgabe, Echtzeitausgabe || ~ **processing** [Dp, Sw] / Realzeitverarbeitung, Echtzeitverarbeitung, schritthaltende Datenverarbeitung, Sofortverarbeitung || ~ **remote data processing** [RDp] / Echtzeitdatenfernverarbeitung, Realzeitdatenfernverarbeitung || ~ **simulation** [Sw] / Echtzeitsimulation, Echtzeitsimulierung, Realzeitsimulation || ~ **system** [RDp] / Realzeitsystem, Echtzeitsystem, Sofortverarbeitungssystem || ~ **use** [Dp] / gleichzeitiger Betrieb, Echtzeitbetrieb || ~ **working** [Dp] / Echtzeitbetrieb, Realzeitbetrieb (DIN 44300, März 1972), schritthaltender Ablauf || ~ **working counter (RWC)** [ES] / Realzeitzähler

rearrange *v* [Sw] / reorganisieren, umgestalten

reasonableness check [Sw] / Plausibilitätskontrolle, Plausibilitätsprüfung

reassign *v* [Sw] / neu zuweisen, neu zuordnen

reassignment *n* [Sw] / Neuzuweisung, Neuzuordnung

reblock *v* [Sw] / neu blocken, umblocken

reblocking *n* [Sw] / Neublocken, Umblocken

recall, to ~ data [Dp, Sw] / Daten abrufen || ~ **ratio** (ratio of the number of pertinent documents retrieved by a single query to the total number of pertinent documents in the total collection) [DOK] / Trefferquote (Zahl der nachgewiesenen relevanten Dokumentationseinheiten im Verhältnis zu den insgesamt im System vorhandenen relevanten Dokumentationseinheiten)

receive amplifier [Tr] / Empfangsverstärker || ~ **board** [Tr] / Empfangsflachbaugruppe || ~ **buffer** [ES] / Empfangspuffer || ~ **buffer register** [ES] / Empfangspufferregister || ~ **circuit** [TP] / Empfangsschaltung (ES) || ~ **circuit panel** [ES] / Empfangsschiene

received-bit timing [ES] / Empfangsbittakt

received-byte timing [ES] / Empfangsbytetakt

received data [Tr] / Empfangsdaten (ED) || ~ **data note** [ES] / Empfangsdatenmeldung || ~ **data select circuit** [ES] / Empfangsdatenauswahl

receive direction [ES] / Empfangsrichtung

receive-direction prompt entry [ES] / Empfangsweckeintrag || ~ **prompter** [ES] / Empfangswecker

receive filter [Tr] / Empfangsfilter || ~ **frequency** [Tr] / Empfangsfrequenz || ~ **information line** [TrL] / Empfangsinformationleitung || ~ **line** [Tr] / Empfängerleitung || ~ **macro** [ES] / Empfangsmakro || ~ **margin** (45%) [TP] / Empfangsspielraum || ~ **mode** [Tr] / Empfangsbetrieb (Richtungsbetrieb, bei dem an der Schnittstelle Daten nur von der DÜE der DEE zugeführt werden) (DIN 44302, Apr. 1979)

receive-only CRT display [VDT] / Empfangs-Datensichtgerät || ~ **teleprinter** [TP] / Fernschreibempfänger, Empfangsmaschine || ~ **unit** [Hw, TP] / Nurempfänger

receive path [TrL] / Empfangsleitung || ~ **pause** [ES] / Empfangspause || ~ **pause indication** [ES] / Empfangspausenmeldung || ~ **pause**

supervision [ES] / Empfangspausenüberwachung || **~ program** [ES] / Empfangsprogramm || **~ progress indicator** [ES] / Empfangszeiger

receiver *n* [PC, HSP] / Ablagefach (für Lochkarten, Druckerpapier usw.) || **~ assembly** [Tr] / Empfängerbaugruppe || **~ clock** [ES] / Empfangstakt || **~ electronics** [TP] / Empfängerelektronik || **~ module** [Tr] / Empfängerbaustein

receive route number [ES] / Empfangsrichtungsnummer || **~ routine** [ES] / Empfangsroutine

receiver response time [RDp] / Ansprechzeit eines Empfänger

receiver-side matching transformer [RDp] / empfangsseitiger Anpassungsübertrager

receiver signal element timing [RDp] / Empfangsschrittakt || **~ type compressed-air systems** [Fl] / Speicherdruckanlagen

receive sequence [ES] / Empfangsablauf || **~ side** [RDp, Tr] / Empfangsseite || **~ signaling path** [TrL] / Empfangsanschlußleitung || **~ subroutine** [ES] / Empfangsunterprogramm || **~ terminal** [RDp, GrDp] / Empfangsendgerät, Empfangsterminal, Empfangsstation || **~ wire** [ES] / Empfangsader

receiving bin [MC] / Auffangfach || **~ center** [TP] / Empfangstelegrafenstelle || **~ machine cabinet** [Hw, ES] / Empfangsmaschinenschrank || **~ magazine** [PC] / Kartenablagefach || **~ office** [TP] / Empfangstelegrafenstelle || **~ perforator** [DT, TP] / Empfangslocher || **~ station** [Tr] / Empfangsstelle, Empfangsstation (DIN 44302, Apr. 1979)f. || **~ subscriber** [ES] / Empfangsteilnehmer || **~ terminal** [RDp, GrDp] / Empfangsendgerät, Empfangsterminal, Empfangsstation

receptacle socket [Hw] / Steckdose (im Gerät)

reception confirmation [ES] / Empfangsbestätigung || **~ confirmation signal** [ES] / Empfangsbestätigung

receptor language [MAT] / Empfängersprache (von Nida geprägte Bezeichnung für Zielsprache beim Übersetzungsvorgang)

recessed grip [Hw] / Griffmulde

recessing box [Hw] / Einlaßdose

recherche *n* [DOK] / Recherche (Methode, aus verschiedenen Datenbeständen diejenigen Dateneinheiten herauszusuchen, die mit einem gesuchten Sachverhalt und/ oder gesuchten Eigenschaften übereinstimmen)

reciprocal action [Cy] / Wechselwirkung, wechselseitige Handlung

recirculating loop [MDr] / Registerspur || **~ track** [MDr] / Registerspur

recognition *n* [Sw, OCR] / Erkennung, Identifizierung || ~ (of code, etc.) [Dp] / Auswertung || **~ circuitry** [Cir, OCR] / Erkennungselektronik, Erkennungslogik || **~ logic** [Cir, OCR] / Erkennungselektronik, Erkennungslogik || **~ of end-of-transmission sequence** [ES] / Schlußzeichenbewertung || **~ storage** [ES] / Erkennungsspeicher

recognize *v* [Sw] / erkennen || ~ (code, etc.) [Dp] / interpretieren

recombination *n* [Sc] / Rekombination (DIN 41852, Aug. 1978) || **~ center** [Sc] / Rekombinationszentrum || **~ rate** [Sc] / Rekombinationskoeffizient || **~ velocity** [Sc] / Rekombinationsgeschwindigkeit

recommendation *f* / Normempfehlung

recomplementing *n* [CP] / Rekomplementierung

reconfigurable *adj* [Dp] / rekonfigurierbar

reconfiguration *n* [Dp] / Rekonfiguration || **~ message distributing routine** [ES] / Konfigurations-Meldungsverteiler || **~ routine** [OS] / Anlagen-Restart, anlagentechnischer Restart

reconfigure *v* [Dp] / rekonfigurieren

reconnect *v* [Tr] / umklemmen, umkoppeln

reconstruct *v* [MCS, Sw] / rekonstruieren || [Sw] / zurückladen

reconstruction *n* [Dp, Sw] / Rekonstruktion

record *v* [Dp] / aufzeichnen, registrieren || *n* [Algol] / Datensatz || [Cobol, PL/1] / (Daten)satz || ~ (logical record) [Th, Sw] / Satz (Zusammenfassung digitaler Daten, die als sachliche Einheit behandelt werden) (DIN 66239E, Mai 1979)

recordable surface [PE, MD] / Aufzeichnungsoberfläche, beschreibbare Oberfläche, Speicherseite

record address [Sw] / Satzadresse ||

~ **address file** [Sw] / Satzadressendatei || ~ **address type** [RPG] / Adressierungsart || ~ **amplifier** [TP] / Aufzeichnungsverstärker || ~ **area** [Cobol] / (Daten)satzbereich || ~ **block** [Sw] / Satzblock || ~ **blocking** [Sw] / Blocken von Sätzen || ~ **button** [TP] / Schreibtaste (Magnetband) || ~ **by record** [Sw] / satzweise || ~ **chaining command** [Sw] / Satzkettungsbefehl || ~ **code (RC)** [HSP] / Satzcode || ~ **communication** [RDp, Tr] / schriftlicher Nachrichtenaustausch || ~ **contains clause** [Cobol] / (Daten)satzlängenklausel || ~ **count** [Sw] / Satzzählung || ~ **counter** [Sw] / Satzzähler || ~ **description** [Cobol] / (Daten)satzbeschreibung || ~ **description entry** [Cobol] / (Daten)satzerklärung || ~ **enable plug** [KtT] / Schreibstecker || ~ **format** [Sw] / Satzformat (DIN 66029, Mai 1979) || ~ **group** [Sw] / Satzgruppe || ~ **head** [PE] / Schreibkopf (DIN 66214, Juli 1977) || ~ **header** [Sw] / Satzkopf || ~ **ID** (s. record identification) || ~ **identification** [RPG] / Satzbeschreibung, Satzbestimmung || ~ **identification code** [Sw] / Satzkennzeichen || ~ **identification codes** [RPG] / Kennzeichen der Eingabedaten || ~ **identification portion** [RPG] / Satzbeschreibung, Satzbestimmung || ~ **identification test** [RPG] / Kennzeichenprüfung für Eingabedaten || ~ **identifier** [IDS] / Satzkennung, Satzidentifikation || ~ **identifying indicator** [RPG] / Satzbezugszahl

recording *n* [Dp] / Aufzeichnung, Registrierung || ~ **accuracy** [PE] / Aufzeichnungsgenauigkeit || ~ **beam** [COM, Typ] / Schreibstrahl || ~ **density** (e.g., on magnetic tape, measured in bits per inch) [PE] / Schreibdichte (DIN ISO 5652E, Jan. 1978), Aufzeichnungsdichte || ~ **error** [PE] / Aufzeichnungsfehler, Schreibfehler || ~ **format** [PE] / Aufzeichnungsformat || ~ **head** [PE] / Schreibkopf (DIN 66214, Juli 1977) || ~ **medium** [Dp] / Speichermedium || ~ **medium** [PE] / Datenaufzeichnungsmedium, Aufzeichnungsmedium || ~ **mode** [PE, MT] / Aufzeichnungsverfahren, Aufzeichnungsmethode, Schreibverfahren (DIN 66010, Apr. 1973) || ~ **surface** [PE, MD] / Aufzeichnungsoberfläche, beschreibbare Oberfläche, Speicherseite || ~ **track** [PE] / Aufzeichnungsspur

record layout [Sw] / Satzstruktur, Satzaufbau || ~ **length** [Th] / Satzlänge || ~ **length field** [Sw] / Satzlängenfeld || ~ **mark** [Sw] / Satzmarke || ~ **marker** [Sw] / Satzmarke || ~ **name** [Cobol] / (Daten)satzname || ~ **number** [Sw] / Satznummer || ~ **office** [IDS] / Registratur || ~ **overflow** [MD, Sw] / Satzüberlauf || ~ **overflow feature** [PE, MD, OS] / Spurwechseleinrichtung || ~ **parameter** [Sw] / Satzparameter || ~ **protect feature** [Sw] / Satzschutzfunktion || ~ **protect function** [Sw] / Satzschutzfunktion || ~ **retrieval and update** [OS] / Satzverarbeitung mit Fortschreiben || ~ **segment** [Sw] / Satzsegment (DIN 66239E, Mai 1979) || ~ **separator (RS)** [Sw] / Untergruppentrenner || ~ **sequence** (of chaining file, etc.) [RPG] / Satzfolge || ~ **sequence error** [Sw] / Satzfolgefehler || ~ **sequence number** [IDS] / Satzfolgenummer

record-serial *adj* [Sw] / satzweise

record set [Sw] / Satzgruppe || ~ **size** [Th] / Satzlänge || ~ **skipping** [OS] / Übergehen von Sätzen || ~ **spanning** [Sw] / Satzsegmentierung || ~ **start** [Sw] / Satzanfang || ~ **storage area** [OS] / Satzspeicherbereich (beim Sortieren) || ~ **storage mark** [Sw] / Satzspeichermarke || ~ **structure** [Sw] / Satzstruktur, Satzaufbau || ~ **type** [Sw] / Satzart

recover *v* [Sw] / regenerieren || **to ~ an error** [Sw] / einen Fehler behandeln, einen Fehler beheben

recovered charge [Sc] / Sperrverzugsladung, Sperrverzögerungsladung

recovery *n* [HSP] / Rückgewinnung (z.B. Toner) || ~ **effect** [Sc] / Sperrträgheit || ~ **management** [OS] / Fehlerverwaltung || ~ **procedure** [RDp, Tr] / Rückstellprozedur || ~ **time** [Sc] / Erholungszeit, Erholzeit, Wiederbereitschaftszeit || ~ **time** [PCC] / Regeldauer

recrystallization *n* [Sc] / Rekristallisation

rectangular Cartesian coordinates [Th] / rechtwinklige kartesische Koordinaten || ~ **coordinates** [Th] / rechtwinklige Koordinaten || ~ **hysteresis loop** [M] / rechteckige Hystereseschleife || ~ **integration** [Th] /

Rechteckintegration
rectangular-motion switch [ES] / Hebdrehwähler
rectangular pulse [ES] / Rechteckimpuls (DIN 40146 T3, Okt. 1978)
rectification efficiency [Sc] / Richtwirkungsgrad, Richtverhältnis
rectified current [Sc] / Richtstrom || ~ **diode current** [Sc] / Diodenrichtstrom
rectifier *n* [Sc] / Gleichrichter || ~ **assembly** [Sc] / Gleichrichtersatz || ~ **cell** [Sc] / Gleichrichterzelle || ~ **diode** [Sc] / Gleichrichterdiode || ~ **element** [Sc] / Richtleiter || ~ **plate** [Sc] / Gleichrichterplatte || ~ **stack** [Sc] / Gleichrichtersäule || ~ **stack arm** [Sc] / Zweig eines Gleichrichtersatzes || ~ **transformer** [Co] / Stromrichtertransformator || ~ **wafer** [Sc] / Gleichrichtertablette
rectifying contact [Sc] / gleichrichtender Kontakt || ~ **washer** [Sc] / Gleichrichterscheibe
recurrence *n* (of error, etc.) [Dp] / erneutes Auftreten || ~ **formula** [Th] / Rekursionsformel
recursion *n* [Th] / Rekursion
recursive *adj* [PL/1] / rekursiv || ~ **procedure** [Algol] / rekursive Prozedur || ~ **process** [Th] / rekursiver Prozeß
recycling device [Th] / Regenerationseinrichtung
redefines clause [Cobol] / Redefinierungsklausel
REDIT (s. Random-access edit)
red-tape instruction (s. housekeeping instruction) || ~ **operation** [Dp] / organisatorische Operation (Operation, die den Ablauf eines Programms erleichtert, ohne direkt beteiligt zu sein)
reduction *n* [Rep] / Verkleinerungsfaktor || ~ **in contrast** [HSP, OCR] / Kontrastminderung, Schwärzungsabfall
redundancy *n* [Th, Tr] / Redundanz (DIN 44301, Feb. 1977) || ~ **at the supersign level** [Cy] / Superzeichenredundanz || ~ **by modular working** [Dp] / Modularitätsredundanz, Redundanz durch Modularität || ~ **by parallel working** [Th] / Parallelarbeitsredundanz, Redundanz durch Parallelarbeit || ~ **by steps** [Th, Cy] / Stufenredundanz || ~ **check** [DS, Th, Tr] / Redundanzprüfung, Redundanzkontrolle || ~ **check character** [Sw] / Redundanzprüfzeichen
redundant *adj* [Th] / redundant || ~ **character** [DS, Th, Tr] / redundantes Zeichen, selbstprüfendes Zeichen || ~ **check** [DS, Th, Tr] / Redundanzprüfung, Redundanzkontrolle || ~ **code** [DS, Th, Tr] / Sicherheitscode, redundanter Code || ~ **information** [Th] / redundante Information || ~ **number** [Th] / abundante Zahl
reel *n* [Cobol] / Band || ~ (i.e., a flanged spool for holding a magnetic tape) [MT] / Magnetbandspule, Bandspule, Spule (Wickelkörper mit seitlichen Begrenzungsflächen) (DIN 66010, Apr. 1973) || ~ **holddown** [MT] / Bandtellerbefestigung || ~ **motor** [TP] / Wickelmotor (Magnetband) || ~ **number** [MT] / Spulennummer || ~ **sequence number** [MT] / Spulennummer || ~ **serial number** [MT] / Bandarchivnummer || ~ **storage bin** [MT] / Spulenablage || ~ **swapping** [MT] / Spulenwechsel
reel-to-reel tape station [MT] / Magnetbandgerät mit zwei Rollen
re-enter *v* (program run, etc.) (following an error or machine malfunction) [Dp] / (Programmablauf, Monitor usw.) aufsetzen
reenterable *adj* [Sw] / ablaufinvariant, simultan von mehreren Programmen aufrufbar (bei Multiprogrammverarbeitung und Teilnehmerrechensystem) || ~ **program** [Sw] / ablaufinvariantes Programm
reentrant *adj* (program, etc.) [Sw] / ablaufinvariant, simultan von mehreren Programmen aufrufbar (bei Multiprogrammverarbeitung und Teilnehmerrechensystem) || ~ **control** [Sw] / Reentrant-Steuerung || ~ **program** [Sw] / ablaufinvariantes Programm
reentry point [Sw] / Rücksprungstelle
reference *n* [PL/1, Fortran] / Bezugnahme || ~ **address** [Sw] / Bezugsadresse, Solladresse || ~ **bit** [VS] / Referenzbit || ~ **edge** [HSP] / Ausgangskante (Formular) || ~ **edge** [PT] / Bezugskante (DIN 66218, Jan. 1976) || ~ **edge** [MT] / Bezugskante (DIN 66010, Apr. 1973) || ~ **format** [Cobol] / Programmbildformat || ~ **frequency** [Sc, Tr] / Bezugsfrequenz || ~ **ground** [Hw] / Bezugserde || ~ **junction temperature** [PCC] / Vergleichsstellentemperatur || ~ **language** [Algol] / Bezugssprache || ~ **line** [HSP] / Ausgangslinie || ~ **manual** [DpC] / Handbuch, Benutzer-Manual,

Beschreibung (Druckschrift) || ~ **mark** [Sw] / Bezugsmarke || ~ **number** [IDS] / Bezugsnummer || ~ **point** [Sw] / Vergleichspunkt, Bezugspunkt || ~ **potential** [Cir] / Bezugspotential || ~ **quantity** [Th] / Bezugsgröße, Leitgröße || ~ **range** [Th] / Bezugsbereich || ~ **retrieval** [DOK] / Nachweisretrieval (Form des Retrievals, bei der durch den Suchvorgang Dokumentbeschreibungen selektiert werden), Referenzretrieval || ~ **supply** [Cir] / Bezugsspannungsquelle || ~ **tape** [MT, NC] / Bezugsband (Magnetband mit bekannten Eigenschaften, zum Vergleich verschiedener Bänder bzw. zum Einstellen von Bandgeräten verwendet) (DIN 66010, Apr. 1973) || ~ **tape cassette** [MT, QC] / Bezugskassette (Kassette mit einem in bestimmten Eigenschaften festgelegten Magnetband zum Vergleich verschiedener Kassetten bzw. zum Einstellen von Kassettengeräten) (DIN 66211 T2, Mai 1976) || ~ **temperature** [Sc] / Bezugstemperatur || ~ **value** [Sw] / Vergleichswert, Bezugswert || ~ **voltage** [PCC] / Bezugsspannung

refer option [PL/1] / Bezugsangabe

refill *v* [OCR] / nachfüllen

reflectance *n* [OCR] / Reflexionsgrad (DIN 66233E, Apr. 1977) || **absolute** ~ [OCR] / absolute Remission || **background** ~ [OCR] / Umgebungsremission (Remissionsgrad in unmittelbarer Nähe eines Zeichens), Reflexionsvermögen (des Papiers usw.) || ~ **coefficient** [OCR] / Reflexionsgrad (DIN 66233E, Apr. 1977)

reflected binary [DS, Th, Tr] / reflektiert binär || ~ **binary code** [Th] / reflektierter Binärcode, zyklisch vertauschter binärer Code, reflektierte binäre Verschlüsselung || ~ **code** (s. reflected binary code)

reflective ink [OCR] / reflektierende Tinte || ~ **spot** [MT] / Reflektormarke (DIN 66011 Bl.3, Apr. 1974), reflektierende Bandmarke, Bandreflektormarke

reformat *v* [Sw] / umformatieren

refractory metal-oxide semiconductor (RMOS) [Sc] / Hochschmelz-Metalloxid-Halbleiter || ~ **period** [Cy] / Refraktärzeit

refresh *v* (dynamic RAM, etc.) [Mp, M] / auffrischen (d.h., den Ladungsverlust der internen Kapazitäten bei RAMs usw. ausgleichen, da deren Leckströme nicht unendlich klein sind) || ~ **amplifier** [PE] / Wiederholverstärker || ~ **buffer** (of CRT, etc.) [MCS, VDT] / Bildwiederholpuffer, Wiederholpuffer

refreshing *n* (of dynamic memory, etc.) [Mp, M] / Auffrischen (zyklischer Adressiervorgang bei dynamischen Halbleiterspeichern zum Ausgleich von Ladungsverlusten durch Leckströme)

refresh memory [MCS, VDT] / Bildwiederholspeicher, Wiederholspeicher || ~ **rate** [VDT] / Bildwechselfrequenz || ~ **storage** [MCS, VDT] / Bildwiederholspeicher, Wiederholspeicher

regenerate *v* [Sw] / regenerieren || ~ (file, etc.) [Sw] / neu erstellen

regeneration *n* [Cy] / Mitkopplung || [M] / Informationsregeneration, Rückspeicherung, Rückschreibung der Information || ~ **cycle** [M] / Regenerationszyklus || ~ **lamp** [HSP] / Regenerationslampe || ~ **period** [M, Co] / Regenerationsintervall

regenerative repeater [TP] / Fernschreibentzerrer, Entzerrer || ~ **storage** [M] / regenerativer Speicher, Regenerationsspeicher || ~ **telegraph repeater** [TP] / Fernschreibentzerrer, Entzerrer || ~ **track** [MDr] / Regenerationsspur || ~ **transmission principle** [Tr] / regenerierendes Übertragungsprinzip

region *n* [Sw] / Region, Bereich

regional communications satellite system [Tr] / regionales Nachrichtensatellitensystem || ~ **office** [RDp] / Zweigstelle || ~ **office with concentrator** [RDp] / Zweigstelle mit Konzentrator

register *n* [Th, Sw] / Register || **to keep a ~ of automated data files** [Priv, IDS] / ein Register der automatisc[illegible] betriebenen Dateien führen || ~ **addressing** [Sw] / Registeradressierung || ~ **arithmetic logic unit (RALU)** [Mp] / RALU || ~ **capacity** [CU] / Registerlänge || ~ **code signal** [ES] / Registerkennung || ~ **contents** [CU, Sw] / Registerinhalt, Registerstand || ~ **field** [ES] / Registerfeld || ~ **housekeeping** [ES] / Registerhaushalt || ~ **identifier** [Mp] / Registerkennung || ~ **instruction** [Mp] / Registerbefehl || ~ **length** [CU] / Registerlänge || ~ **logic** [Mp] / Registerlogik || ~ **map** [Mp] /

Registermatrix || ~ **name** [Mp] / Registerbezeichnung || ~ **number** [Sw] / Registernummer || ~ **number register** [ES] / Registernummerregister || ≗ **of Data Banks** (in the U.K.) [Priv] / Datenbank-Register (in Großbritannien) || ~ **operand** [OS] / Registeroperand || ~ **pair** [Mp, ES] / Registerpaar || ~ **pair addressing** (i.e., the instruction specifies the register pair containing the memory address) [Mp] / indirekte Registeradressierung || ~ **plan** [ES] / Registerplan || ~ **release** [ES] / Registerfreigabe || ~ **select** [Mp] / Registerauswahl || ~ **specification error** [Sw] / falsche Registerkennzeichnung || ~ **type** [HSP] / Registertyp

register-type switching system [ES] / Registersystem, Registriersystem

registration hole [COM, Typ, IDS, Rep] / Paßloch, Paßlochung (auf Formulardia) || ~ **hole punch** [COM, Typ, IDS, Rep] / Paßlochstanzer (für Formulardia) || ~ **line** [COM, Typ, IDS, Rep] / Paßlinie (auf Formulardia) || ~ **mark** [HSP] / Justagemarke || ~ **mark centerline** [HSP] / Markierungsmittellinie (Formulardia)

regular maintenance (as opposed to emergency maintenance) [Hw, DpC] / regelmäßige Wartung || ~ **routing** [ES] / Regelverkehr

regulating variable (s. actuating variable)

regulator *n* [AC, Cy] / Regler

reinitialize *v* [Sw] / neu einleiten, neu einrichten, neu vorbereiten

reinitiate *v* [Sw] / neu einleiten, neu einrichten, neu vorbereiten

reject *v* [PC] / aussteuern, zurückweisen, rückweisen || **to route to the ~ stacker** [PC] / in das zweite Ablagefach aussteuern || ~ **character** [Sw] / Rückweisungszeichen

rejection *n* [HSP] / Rückweisung

reject pocket [PC] / Restfach, Fehlerfach, Rückweisungsfach || ~ **stacker** [PC, OCR] / Aussteuerungsfach, Rückweisungsfach, Fehlerfach, Aussteuerfach

relation *n* [Algol] / Vergleich

relational expression [Fortran] / Vergleichsausdruck || ~ **operator** [Sw] / Vergleichssymbol, Vergleichszeichen || ~ **operator** [Algol, Fortran] / Vergleichsoperator

relation condition [Cobol] / Vergleichsbedingung || ~ **operator** [Cobol] / Vergleichsoperator

relative *adj* [Sw] / relativ || ~ **address** [Sw] / relative Adresse || ~ **addressing** [Sw] / relative Adressierung || ~ **coding** [Sw] / relative Codierung || ~ **error** [Th] / relativer Fehler || ~ **humidity** [DpC] / relative Luftfeuchtigkeit, relative Feuchtigkeit || ~ **information** [Sw] / relative Angaben || ~ **programming** [Sw] / Programmieren mit relativen Adressen, relatives Programmieren || ~ **redundancy** [Th] / relative Redundanz (DIN 44301, Feb. 1977) || ~ **time clock** [Dp] / Relativzeitgeber || ~ **track addressing** [Sw] / relative Spuradressierung

relativization *n* [Sw] / Relativierung

relay *v* [Sw] / weitermelden || *n* [Co] / Relais (DIN 40100 T7, Aug. 1978) || ~ **calculator** [Hist] / Relaisrechenmaschine, Relaisrechner || ~ **circuit** [Tr] / Relaisschaltung || ~ **list** [Serv] / Relaisübersicht || ~ **matrix** [Tr] / Relaiskoppelfeld || ~ **module** [TP] / Relaisteil || ~ **operate time** [ES] / Relaisarbeitszeit || ~ **socket** [Hw] / Relaisfassung || ~ **storage** [Hist, M] / Relaisspeicher || ~ **trip transients** [ES] / Relaisabschaltspannungen

release *v* [RDp, Tr] / auslösen (Verbindung) || ~ (data block, prompter, etc.) [Tr] / freigeben || ~ (device, clutch, etc.) [Hw] / freigeben || ~ (pulse, etc.) [Hw] / auslösen || *n* [ES] / Auslösung (Verbindung) || [PL] / Freigabe || **to ~ a connection** [ES] / eine Verbindung auflösen || **to ~ for printout** [TES] / zum Druck freigeben || ~ **circuit** [ES] / Freigabeschaltung || ≗ **control unit** [OS, Instruction] / Steuerwerk freigeben || ~ **guard period** [ES] / Auslöseschutzzeit || ~ **guard signal** [ES] / Auslösequittungszeichen || ~ **key** [Hw, RDp] / Auslösetaste || ~ **notice** [DOK, DpC] / Freigabemitteilung || ~ **signal** [ES] / Freigabesignal || ~ **statement** [Cobol] / Übergabeanweisung

reliability *n* (i.e., the performance of a particular machine measured against some predetermined standard for operating without failure) [Hw, QC] / Zuverlässigkeit, Betriebssicherheit || **hardware ~** [Hw, QC] / Hardware-Zuverlässigkeit || **system ~** [Dp] / Systemzuverlässigkeit, Zuverlässigkeit des Systems

reliable *adj* [Hw, QC] / zuverlässig, betriebssicher

reliable-operation threshold [ES] / Unbedenklichkeitsgrenze

relief computer [Dp] / Vorrechner (Entlastungsrechner)
reload *v* [OCR] / nachfüllen || ~ (routine, etc.) [Sw] / nachladen, neu laden || ~ (register, etc.) [Dp] / umladen
reloadable control memory [Mp] / ladbarer Mikroprogrammspeicher
reload function [Sw] / Zurückladefunktion || ~ **phase** [Sw] / Nachladephase
relocatability *n* [Sw] / Relativierbarkeit, Verschieblichkeit, Verschiebbarkeit
relocatable *adj* [Sw] / relativierbar, verschiebbar || ~ **address** [Sw] / versetzbare Adresse, umstellbare Adresse || ~ **expression** [PL] / relativer Ausdruck, verschieblicher Ausdruck || ~ **format** [Sw] / verschiebliches Format || ~ **library** (s. module library) || ~ **loader** [Sw] / Relativlader, Ladeprogramm für verschiebliche Programme || ~ **module library** [OS] / Modulbibliothek, Bibliothek für verschiebliche Programme, Bibliothek der übersetzten Programme, Bibliothek für Objektmoduln || ~ **program** [Sw] / relativierbares Programm, Relativprogramm, verschiebliches Programm, verschiebbares Programm || ~ **program loader** [Sw] / Relativlader, Ladeprogramm für verschiebliche Programme || ~ **subroutine** [Sw] / verschiebliches Unterprogramm || ~ **symbol** [Sw] / relative symbolische Adresse, verschiebliches Symbol || ~ **term** [Sw] / relativer Elementarausdruck || ~ **value** [Sw] / relativer Wert
relocate *v* (program, etc.) [Sw] / neu adressieren, verlagern || ~ (routine, etc.) [Sw] / absetzen || **to ~ a literal pool** [Sw] / einen Literalbereich absetzen
relocated merge [Sw] / Mischen und Umladen
relocating loader [Sw] / verschiebliches Ladeprogramm
relocation *n* [Sw] / Verschiebung, Stellenwertverschiebung || ~ **address** [Sw] / Verschiebungsadresse, Verschiebeadresse || ~ **dictionary (RLD)** [Sw] / Relativierungstabelle || ~ **dictionary card** [Sw] / Relativierungskarte, RLD-Karte || ~ **factor** [Sw] / Verschiebungswert, Verschiebedifferenz
remagnify *v* [Sc] / rückvergrößern
remainder *n* [Cobol] / (Divisions)rest || ~ **field** [Sw] / Restfeld (beim Sortieren)
remaining character count [Sw] / Blocklängenrest
remedial maintenance (i.e., maintenance undertaken by the contractor following equipment failure and therefore performed on an unscheduled basis) [Hw, DpC] / Bedarfswartung || ~ **measure** / Abhilfemaßnahme
reminder signal [ES] / Erinnerungssignal
remittance *n* [Sc] / Remittanz
remote *adj* [PCC, RDp] / rechnerfern || ~ **...** [Th] / Fern-... || ~ **access** [RDp] / Fernzugriff || ~ **accounting** [RDp, Tr] / Fernbuchung || ~ **alarm circuit** [Hw] / Fernalarmleitung || ~ **batch computing** [RDp] / Stapelfernverarbeitung || ~ **batch processing** [RDp] / Stapelfernverarbeitung || ~ **batch system** [Dp] / Fernstapelsystem || ~ **communication controller** [ES] / programmierter Netzknoten || ~ **computing** [Tr] / Datenfernverarbeitung (DIN 44302, Apr. 1979), Fernverarbeitung
remote-control device [OCR] / Fernbediengerät || ~ **system** [RDp, Tr, AC] / Fernwirksystem
remote copier [Fax] / Fernkopierer, Telekopierer || ~ **data concentrator (RDC)** [ES] / Ferndatenkonzentrator || ~ **data input** [RDp] / Datenferneingabe || ~ **data output** [RDp] / Datenfernausgabe || ~ **data processing** [Tr] / Datenfernverarbeitung (DIN 44302, Apr. 1979), Fernverarbeitung || ~ **data transmission** [Tr] / Datenfernübertragung || ~ **data transmission system** [RDp] / Datenfernübertragungssystem
remoted equipment [Hw, MCS] / abgesetzte Peripherie
remote diagnostics [ES] / Ferndiagnose || ~ **dialog processing** [RDp] / Dialogfernverarbeitung || ~ **entry** [RDp] / Ferneingabe || ~ **equipment** [Hw, MCS] / abgesetzte Peripherie || ~ **format** [PL/1] / Verweisformat || ~ **indication** [RDp] / Fernanzeige || ~ **input** [RDp] / Ferneingabe || ~ **input terminal** [IO, RDp] / Ferneingabestation || ~ **inquiry** [RDp] / Fernanfrage || ~ **inquiry system** [RDp] / Auskunftssystem (für Bestellwesen, Börse, Polizei usw.) || ~ **job entry (RJE)** [Dp] / Auftragsferneingabe, Jobferneingabe || ~ **line concentrator** [ES] / Sternschalter (vereinigt mehrere Teilnehmerleitungen zu einer

gemeinsamen Leitung) || ~ **maintenance** [Serv] / Fernwartung || ~ **mode** [RDp] / abhängiger Betrieb || ~ **multiplexer** [Tr] / Geschwindigkeitsumsetzer || ~ **spoolout system (RSPOOL)** [RDp, OS] / SPOOL-Ausgabesystem für Datenfernübertragung || ~ **station** [RDp] / Gegenstelle || ~ **station** [DT] / entferntes Endgerät, abgesetztes Endgerät, entfernt aufgestellte Datenstation || ~ **support maintenance** [RDp, Serv] / fernunterstützte Wartung || ~ **terminal** [RDp] / Gegenstelle || ~ **terminal** [DT] / entferntes Endgerät, abgesetztes Endgerät, entfernt aufgestellte Datenstation || ~ **testing** [Dp] / Ferntest (Methode) || ~ **typesetting** [Typ, TES, RDp] / Fernsatz

remount *v* (magnetic tape, etc.) [Sw] / wiedereinhängen

removable *adj* (part, component, etc.) [Hw] / ausbaubar (= herausnehmbar)

remove *v* [Hw] / ausbauen

removed *adj* [PCC, RDp] / rechnerfern

rename *v* [Sw] / umbenennen

renames clause [Cobol] / Neubenennungsklausel

rental *n* [ES] / Mietgebühr (Telex) || ~ **business** [Dist] / Vermietungsgeschäft

rentals *pl* [Dist] / Vermietungsgeschäft

renumber *v* [Sw] / neu numerieren

renumbering *n* [Sw] / Neunumerierung

reopen *v* [Sw] / neu eröffnen

reordering *n* [PL/1] / Umordnung

reorganize *v* [Sw] / reorganisieren, umgestalten

repair delay time [Serv] / Reparaturverzögerungszeit || ~ **time** [Hw, DpC] / Instandsetzungszeit

REP card (s. patch card)

repeat *v* [Sw] / wiederholen

repeatability *n* [NC] / Repetierbarkeit

repeat accuracy [NC] / Repetiergenauigkeit, Wiederholgenauigkeit || ~ **count** [Fortran] / Wiederholzahl

repeated inquiry [RDp] / wiederholte Aufforderung, mehrfache Aufforderung, Mehrfachaufforderung

repeater station [RDp] / Verstärkeramt

repeat key [TP] / Dauerauslösetaste, Dauertaste, Dauerfunktionstaste || ~ **option** [PL/1] / Wiederholangabe || ~ **specification** [Fortran] / Wiederholangabe || ~ **time counter** [ES] / Wiederholzeitzähler

reperforating attachment [TP, DT] / Anbaulocher

reperforator *n* [TP, DT] / Lochstreifenempfänger, Empfangslocher || [PT] / Lochstreifendoppler, Streifendoppler || ~ **attachment** [TP, DT] / Anbaulocher || ~ **disconnect magnet** [TP] / Locherabschaltmagnet || ~ **switching** [ES] / Lochstreifen-Speichervermittlung

reperforator/transmitter (RT) [TP, ES] / Lochstreifenübertrager, Lochstreifensender mit Empfangslocher

repertory code [ES] / Kurzrufnummer, Kurzwahlzeichen

repetition *n* [Sw] / Wiederholung || ~ **counter** [Hw, Sw] / Wiederholungszähler || ~ **factor** [PL/1] / Wiederholfaktor || ~ **instruction** [Sw] / Wiederholungsbefehl, Wiederholbefehl || ~ **rate** [Tr] / Folgefrequenz, Wiederholungsfrequenz, Wiederholfolge || ~ **request** [Tr] / Rückfrage

repetitive *adj* [Th] / iterativ || [Sc] / periodisch (regelmäßig wiederkehrend) || ~ **addressing** [Sw] / Wiederholungsadressierung || ~ **error** [Dp, Sw] / Wiederholungsfehler, wiederholt auftretender Fehler

repetitiveness *n* [NC] / Wiederholhäufigkeit

repetitive operation [Dp] / repetierende Operation, repetierendes Rechnen || ~ **printing** [PC] / Folgekartenbeschriftung || ~ **reading** [Sw] / wiederholtes Lesen

replace card (s. patch card)

replacement character [Cobol] / Ersetzungszeichen || ~ **pc board** [Serv, Co] / Ersatzflachbaugruppe

replacement/selection method [Sw] / Replacement-Selection-Verfahren || ~ **technique** [Sw] / Replacement-Selection-Verfahren

replacing option [Cobol] / Ersetzungsangabe

replicated string constant [PL/1] / Folgenkonstante mit Wiederholung

replicator *n* [Algol] / Wiederholangabe

report *n* [Cobol] / Liste || ~ **clause** [Cobol] / Listennamenklausel || ~ **footing report group** [Cobol] / Listenfuß || ~ **format** [Cobol] / Listenformat || ~ **generator** [IDS] / Reportgenerator (z.B. zum Durcharbeiten eines DB-Bestandes, um Sätze zu finden, die mehreren Kriterien genügen) || ~ **generator** (s.

report program generator) || ~ **group** [Cobol] / Leiste || ~ **group description entry** [Cobol] / Leistenerklärung || ~ **group elementary item** [Cobol] / Listenelement || ~ **group group item** [Cobol] / Listengruppe || ~ **group type** [Cobol] / Leistentyp || ~ **heading report group** [Cobol] / Listenkopf || ~ **list** [Cobol] / Listendatei
report-name *n* [Cobol] / Listenname || ~ **description entry** [Cobol] / Listennamenerklärung
report overflow [Sw] / Listenüberlauf || ~ **program** [Sw] / Listenprogramm, Programm für Listenaufgaben || ~ **program generator (RPG)** [OS] / Listenprogrammgenerator (LPG) || ~ **program generator language** [PL] / Listenprogrammgeneratorsprache || ~ **program generator run** [OS] / Listenprogrammgeneratorlauf, Übersetzungslauf (LPG) || ~ **section** [Cobol] / Kapitel Listen || ~ **writer** [IDS] / Reportgenerator (z.B. zum Durcharbeiten eines DB-Bestandes, um Sätze zu finden, die mehreren Kriterien genügen) || ~ **writer** [Cobol] / Listprogramm
repositioning routine [HSP] / Repositionierroutine
representation *n* [Sw] / Darstellung || ~ **of analog quantity** [PCC] / Analogwertdarstellung
representative calculating operation [Dp] / charakteristische Rechenoperation || ~ **calculating time** [Dp] / charakteristische Rechenzeit, repräsentative Rechenzeit
reprint *v* [Dp] / neu drucken
reproduce *v* (tape, etc.) [TP] / vervielfältigen
reproducer (s. automatic reproducing punch)
reproducibility *n* [NC] / Reproduzierbarkeit
reproducing punch [PC] / Doppler, Kartendoppler, Lochkartendoppler
reproduction ratio [Fax] / Wiedergabemaßstab
reprogram *v* [Sw] / umprogrammieren
reprogrammable ROM (RPROM) [Mp] / wiederprogrammierbares PROM
reprogramming *n* [MCS, Sw] / Umprogrammierung
REPROM (REprogrammable PROM) [Mp] / wiederprogrammierbares PROM
repunch *v* [PC] / nachstanzen
request *n* [OS] / Anforderung || **to ~ a reading package** [OCR] / ein Lesepaket bestellen || ~ **block** [OS] / Anforderungsblock || ~ **button** [PCC] / Anruftaste || ~ **chain** [ES] / Anforderungskette || ~ **code register** [M, ES] / Anforderungskennungsregister || ~ **handling** [Sw] / Anforderungsbearbeitung || ~ **job** [OS] / Laufanforderung (an das Organisationsprogramm) || ~ **latch** [Mp] / Anforderungs-Signalspeicher || ~ **level** [Mp] / Anforderungsebene || ~ **mode register** [M, ES] / Anforderungsmodusregister || ~ **present signal** [ES] / Anforderungsmeldesignal || ~ **repeat system** [DS, Tr] / Fehlererkennungssystem mit Wiederholung || ~ **reset signal** [ES] / Anforderungsrücksetzsignal || ~ **select circuit** [ES] / Anforderungsauswahl || ~ **select logic** [ES] / Anforderungsauswahl || ~ **servicing** [Sw] / Anforderungsbearbeitung || ~ **signal** [CTW] / Abfragesignal || ~ **signaling element** [ES] / Anforderungsmeldeglied
required COBOL [PL] / Grund-COBOL || ~ **memory capacity** (s. main memory requirements)
rereading *n* [PT, PC] / Abfühlwiederholung || **to verify by ~** [PC] / durch Doppellochkontrolle prüfen
reringing signal [ES] / Nachrufzeichen
reroute *v* (traffic, calls, etc.) [Tr] / umsteuern
rerouting facilities [ES] / Umsteuereinrichtung || ~ **of messages** [ES] / Umleiten von Nachrichten, Umsteuerung von Nachrichten || ~ **traffic** [RDp, Tr] / Umwegverkehr
rerun *v* [Dp] / wiederholen || *n* [Dp] / Wiederholungslauf, Wiederholung || ~ **clause** [Cobol] / Aufsetzpunktklausel || ~ **point** [Cobol] / Aufsetzpunkt || ~ **routine** [Sw] / Wiederholungsprogramm, Wiederholprogramm
rescue point (GB) (s. restart point)
research subject [Priv] / Versuchsperson
reservation terminal [Dp, RDp, Tr] / Buchungsplatz, Buchungsstation
reserve *v* (device, etc.) [OS] / belegen, reservieren || **to ~ a device** [OS] / ein Gerät belegen
reserved *adj* [OS] / belegt (Gerät) || ~ **identifier** [Algol] / reservierter Name || ~ **word** [Cobol] / reserviertes Wort
reset *v* [Hw, M] / in Grundstellung bringen,

auf Anfangswert zurückstellen, rücksetzen, nullstellen, zurücksetzen || ~ (magnetic core, etc.) [Sc, Th] / ummagnetisieren, rückmagnetisieren || **to ~ a register** [Sw] / ein Register zurücksetzen || **to ~ the digital display** [Hw] / Ziffernanzeige auf Null stellen || **~ clause** [Cobol] / Rücksetzklausel || **~ condition** [Hw] / Nullstellungszustand || **~ input** [OS] / Rückstelleingang || **~ mode** [Dp, ADp] / Betriebsart „Rücksetzen", Betriebsart „Pause" || **~ pulse** [Hw] / Rücksetzimpuls || **~ switch** [Mp] / Rücksetzschalter

resetting *n* (of magnetic core, etc.) [Sc, Th] / Ummagnetisierung, Rückmagnetisierung

reside *v* [Sw] / stehen (= gespeichert sein)

residence time [RDp] / Verweilzeit (von Daten im Speicher)

resident *adj* [Sw] / resident || ~ (as opposed to "loadable") [Mp] / speicherresident || ~ (as opposed to "cross") [Mp] / systemkompatibel, systemeigen

residual charge [HSP] / Restladung || **~ distortion** [Tr] / Restverzerrung || **~ error** [Th] / verbleibender Fehler, Restfehler || **~ error rate** [Tr] / Restfehlerhäufigkeit, Restfehlerquote || **~ sideband transmission** [Tr] / Restseitenband-Übertragung || **~ toner** [HSP] / Resttoner || **~ voltage** [Sc] / Restspannung (DIN 41854, Apr. 1979)

residue *n* [HSP] / Rückstände (Toner) || **~ check** [Th] / Modulo-N-Kontrolle, Modulo-N-Prüfung, Restprüfung || **~ phenomenon** [Cy] / Residue-Phänomen

resist *n* [Co, Sc] / Abdeckung (Abdeckmittel)

resistance *n* [Th] / Widerstand (Eigenschaft) || **~ heater** [Sc] / Widerstandsheizung (Dünnfilm) || **~ thermometer** [PCC] / Widerstandsthermometer || **~ to abrasion** [PT, PC] / Abriebfestigkeit || **~ to creasing** [PT, PC] / Knitterfestigkeit || **~ to perforation** [PT, PC] / Durchstoßfestigkeit || **~ to tearing** [PT, PC] / Reißfestigkeit || **~ transmitter** [PCC] / Widerstandsfernsender

resist-coated *adj* (wafer, etc.) [Sc] / fotolackbeschichtet

resistive, to become highly ~ [Tr] / hochohmig werden || **~ line width** [Co, Sc] / Widerstandsbahnbreite || **~ load** [Th] / ohmsche Belastung, Widerstandsbelastung

resistivity *n* [Th, Sc] / spezifischer Widerstand

resistor *n* [Co] / Widerstand (Bauelement) || **~ meander stripe** [Sc] / mäanderförmiger Widerstandsstreifen

resoldering fuse [Hw] / Rücklötsicherung

resolution *n* [GrDp, OCR] / Auflösung, Auflösungsvermögen (allgemein) || **~ cell** [OCR] / Auflösungsraumelement || **~ error** [ADp] / Auflösungsfehler || **~ time** (of digital circuit, etc.) [Cir] / Auflösungszeit

resolve *v* (individual character, etc.) [OCR] / auflösen

resolver *n* [Th] / Gleichungslöser || [ADp] / Koordinatenwandler, Funktionsgeber, Resolver

resolving potentiometer [ADp] / Sinus/Cosinus-Potentiometer || **~ power** [OCR] / Auflösungsvermögen (d.h., die Fähigkeit eines Systems oder Materials, dicht beieinanderliegende Konturen scharf wiederzugeben; Maßeinheit: Rasterlinien pro Millimeter)

resonant circuit [Tr] / Schwingkreis, Schwingungskreis || **~ circuit voltage** [Tr] / Schwingkreisspannung

resource allocation [Dp, OS] / Betriebsmittelzuweisung || **~ management** [Dp, OS] / Betriebsmittelversorgung, Betriebsmittelverwaltung || **~ requirements** [Sw] / Betriebsmittelbedarf

resources *pl* [Dp] / Betriebsmittel (DIN 66200E T1, März 1974)

resource scheduling [Dp, OS] / Betriebsmittelplanung

respond *v* [Hw] / (von Gerät usw.) ansprechen || [Dp] / antworten

response *n* [Dp] / Antwort || **~ duration** [DT, M, Tr] / Ansprechdauer || **~ entry** [Dp] / Antworteintrag || **~ message** [Dp] / Antwortmeldung || **~ position** [OCR] / Markierungsstelle, Markierungsposition || **~ rate** [NC] / Ansprechgeschwindigkeit || **~ time** [PCC] / Stellzeit, Anlaufzeit || **~ time** (i.e., the time between the transmit key being depressed by the terminal operator and the last character of the response being displayed on the screen or printed on the hard copy unit) [RDp] / Antwortzeit, Beantwortungszeit (DIN 44300, März 1972) || **~ value** [Cir] / Ansprechwert

responsibility counter [OS] / Verwendungszähler

responsiveness *n* [NC] / Ansprechempfindlichkeit
restart *v* [Dp, Sw] / wiederanlaufen lassen || ~ (job, etc.) (following an error or machine malfunction) [Dp] / (Programmablauf, Monitor usw.) aufsetzen || *n* [Mp, Sw] / Wiederanlauf, Restart || ~ **capability** [Sw] / Wiederanlauffähigkeit || ~ **criterion** [Sw] / Wiederanlaufkennzeichen || ~ **facility** [Sw] / Wiederanlaufeinrichtung || ~ **master program** [ES] / Restart-Rahmenprogramm || ~ **module** [Hw] / Wiederstartbaugruppe || ~ **parameter** [Sw] / Wiederanlaufparameter || ~ **point** [Sw] / Wiederanlaufpunkt, Wiederaufnahmepunkt, Stützpunkt, Restartpunkt || ~ **priority** [ES] / Restartpriorität || ~ **procedure** [OS] / Restart-Ablauf, Bedienung bei Wiederanlauf, Wiederanlaufverfahren || ~ **program** [Sw, ES] / Wiederanlaufprogramm, Restart-Programm
restart-proof *adj* [ES] / restartsicher
restart-protected *adj* [ES] / restartsicher
restart request [ES] / Restart-Anforderung || ~ **routine** [Sw, ES] / Restart-Routine, Wiederanlaufroutine
resting state [TP] / Ruhestellung
restitution *n* [TP] / Wiedergabe, Wiedergabevorgang || ~ **delay** [TP] / Wiedergabeverzögerung || ~ **element** [TP] / Modulationselement
restorable change [QC] / rückführbare Änderung
re-store *v* [Sw] / umspeichern
re-storing *n* [Sw] / Umspeichern
restoring division [Th] / Division mit Bildung eines positiven Restes
re-storing routine [Sw, ES] / Umspeicherprogramm
result *n* [PL/1] / Ergebnis || ~ **data** [Sw] / Ergebnisdaten
resulting indicator [RPG] / Ergebnisbezugszahl, Ergebnisanzeiger
results sign (RS) [Sw] / Ergebnisvorzeichen
resume loading [OS] / Dateinachtrag
retain *v* [Sw] / beibehalten
retaining clamp [Hw] / Haltebügel || ~ **clip** [Hw] / Haltebügel || ~ **grille** [Hw] / Haltegitter || ~ **plug** [HSP] / Aufnahmezapfen (Schlauch) || ~ **ring** [Hw] / Sicherungsring || ~ **spring** [Hw] / Haltefeder
retention period [MT] / Sperrfrist
retest *n* [ES] / Sperrzeichenprozedur
retransfer *v* [Sw] / zurückkopieren
retransmission *n* [Tr] / erneutes Senden, nochmaliges Übertragen || **automatic** ~ [Tr] / automatisches Weitertelegrafieren (mit Zwischenspeicherung), automatische Weitersendung
retransmit *v* [Sw] / weitermelden
retrieval *n* [IDS] / Wiedergewinnung, Wiederauffinden || [DOK] / Retrieval (Methode, in einem bestimmten Datenbestand Suchvorgänge durchzuführen) || ~ **address** [IDS] / Wiedergewinnungsadresse || ~ **capability** (of system, etc.) [MAT, IDS] / Abfragemöglichkeit || ~ **query** [DOK] / verschlüsselte Suchfrage (in die Sprache des Dokumentationssystems übersetzte Suchfrage) || ~ **strategy** [IDS] / Suchstrategie (Analyse und Festlegung des Ablaufs von Suchvorgängen für gleichartige Suchfragen in einem bestimmten Retrievalsystem) || ~ **system** [DOK] / Retrievalsystem (Grundlagen, Verfahren und Einrichtungen, die das Retrieval ermöglichen)
retrieve *v* [IDS] / wiedergewinnen, wiederauffinden
retrofitting at plant only [Hw] / nur im Werk nachrüstbar
retry *v* [Sw] / wiederholen || *n* [Sw] / Wiederholung
return *v* [Sw] / zurückspringen || *n* [Sw] / Rücksprung (Unterprogramm) || **to** ~ **control to ...** [Sw] / die Steuerung zurückgeben an ... || ~ **address** [Sw, ES] / Rückkehradresse, Rücksprungadresse || ~ **buffer** [ES] / Rücksprungpuffer || ~ **circuit** [TrL] / Rückleitung || ~ **clause** [PL] / Rückgabeeintragung || ~ **code** [Sw] / Rückkehrcode || ~ **control transfer** [Sw] / Rückkehr zum Hauptprogramm || ~ **instruction** [PL] / Rückkehrbefehl || ~ **message** [TP] / Zuteilungstelegramm || ~ **of control** [OS] / Steuerungsrückgabe || ~ **pulse** [ES] / Rückimpuls
returns descriptor [PL/1] / Ergebnis-Beschreiber
return statement [Fortran] / Rücksprunganweisung || ~ **statement** [Cobol] / Rückgabeanweisung || ~ **statement** [PL/1] / Rückkehranweisung || ~ **to bias (RB)** [PE] / Rückkehr zur Grundmagnetisierung
return-to-bias recording [PE] / Schreibverfahren mit Rückkehr zur Grundmagnetisierung
return-to-reference recording [PE] /

Schreibverfahren mit Rückkehr zum Bezugspunkt, Aufzeichnung mit Rückkehr zum Bezugszustand
return to zero (RZ) [PE] / Rückkehr nach Null, Return-to-zero (RZ)
return-to-zero recording [MT, Sw] / RZ-Schreibweise, RZ-Verfahren, Rückkehr-nach-Null-Verfahren
return without impact [TP] / stoßfreier Rücklauf
reusable *adj* (program, etc.) [Sw] / mehrfach aufrufbar (bei Multiprogrammverarbeitung)
reversal of magnetization [M] / Magnetisierungswechsel
reversals *pl* [TP] / Wechselzeichen
reversal tripping fuse [Hw] / Umkehrauslöser
reverse *n* [OCR] / Belegrückseite || *adv* [MT, Sw] / rückwärts || ~ **bias** [Sc] / Gegenmagnetisierung || ~ **biased** [Sc] / in Sperrichtung betrieben || ~ **blocking current** [Sc] / Sperrstrom in Rückwärtsrichtung (bei einem rückwärts sperrenden Thyristor) || ~ **blocking thyristor** [Sc] / rückwärts sperrender Thyristor || ~ **builtin function** [PL/1] / (eingebaute) Folgenumkehr-Funktion || ~ **characteristic** [Sc] / Sperrkennlinie || ~ **conducting thyristor** [Sc] / rückwärts leitender Thyristor || ~ **current** [Sc] / Rückwärtsstrom, Rückstrom, negativer Sperrstrom
reversed *adj* [Cobol] / rückwärts
reverse direction (of pn junction, tunnel diode, etc.) [Sc] / Rückwärtsrichtung (DIN 41852, Aug. 1978)
reversed matrix [ES] / Matrix mit Umkehrgruppierung
reversed-out printing (e.g., white on black) [HSP] / Negativschrift
reversed switching matrix [ES] / umgeklappte Matrixanordnung
reverse function [PL/1] / (eingebaute) Folgenumkehr-Funktion || ~ **gate voltage** [Sc] / Rückwärtssteuerspannung || ~ **junction current** [Co, Sc] / Sperrstrom am Übergang, Strom in Sperrichtung am Übergang || ~ **power loss** [Sc] / Sperrverlust, Sperrverlustleistung || ~ **processing** [MT, Sw] / Rückwärtslesen || ~ **reading** [MT, Sw] / Rückwärtslesen || ~ **recovery current** [Sc] / Sperrverzögerungsstrom || ~ **recovery time** [Sc] / Rückerholzeit, Rückwärtserholungszeit, Sperrverzögerungszeit || ~ **video** [VDT] / invertierte Darstellung (Zeichen auf Bildschirm) || ~ **voltage** [Sc] / Rückwärtsspannung, negative Sperrspannung || ~ **voltage blocking capability** [Co, Sc] / Gegenspannungs-Sperrvermögen || ~ **voltage-current characteristic** [Sc] / Rückwärtskennlinie || ~ **voltage transfer ratio** [Sc] / Spannungsrückwirkung
reversible *adj* [Th] / umkehrbar, reversibel || ~ **change** [QC] / umkehrbare Änderung || ~ **counter** [Hw] / Zweirichtungszähler (DIN 44300, März 1972), umkehrbarer Zähler || ~ **magnetic process** [M] / reversibler magnetischer Vorgang
reversing rectifier [Sc] / Umkehrstromrichter
revertive control signal [TP] / Rücksignal || ~ **pulse** [ES] / Rückimpuls
revert statement [PL/1] / Rücknahmeanweisung
revision column [ES] / Zustandsspalte || ~ **file** (s. activity file) || ~ **level** [Dist] / Geräteausgabestand, Gerätestand || ~ **module** [Sw] / Änderungsmodul || ~ **program** [Sw] / Änderungsprogramm || ~ **record** [Sw] / Änderungssatz || ~ **run** [Sw] / Änderungslauf || ~ **service** [Dp, IDS] / Änderungsdienst, Fortschreibung || ~ **tape** [MT, Dp] / Änderungsband
revolver track [MDr] / Regenerationsspur
rewind *v* [MT, Sw] / rückspulen, zurückspulen, rücksetzen || **to ~ and unload** [Sw] / zum Entladen rückspulen, zum Entladen zurückspulen || **to ~ a tape** [Sw] / ein Band zurückspulen || ~ **button** [KtT] / Rücklauftaste || ~ **instruction** [Sw] / Rückspulbefehl, Rückspulinstruktion || ~ **motor** [PT] / Wickelmotor || ~ **speed** [MT] / Rückspulgeschwindigkeit || ~ **spool** [MT] / Rücklaufspule || ~ **statement** [Fortran] / Rückspulanweisung || ~ **time** [MT] / Rückspulzeit || ~ **to BT marker** [MT, Sw] / Rückspulen zur Anfangsmarke
rewrite *v* (program, etc.) [Sw] / neu schreiben || ~ **statement** [PL/1] / Rückschreibanweisung
RF (s. radio frequency)
RFC (s. Read file catalog)
RF noise voltage [ES] / Funkstörspannung
RF-radiation-proof *adj* [Tr] / HF-dicht
RF shielding [MT] / HF-Abschirmung ||

≗ **suppression** [Tr] / Funkentstörung || ≗ **suppressor** [Tr] / Funkentstörgerät || ≗ **suppressor case** [TP] / Entstörkasten

rheostat *n* [Co] / regelbarer Widerstand

ribbon *n* [Calc, TP] / Farbband || **fabric ~ cartridge** [TES] / Gewebefarbbandkassette || **~ advance facility** [TP] / Einrichtung für den Farbbandantrieb || **~ cable** [Hw] / Bandkabel || **~ cable** [TrL] / Stegleitung || **~ control** [TP] / Farbbandsteuerung || **~ drive cable** [TP] / Farbbandantriebsseil || **~ feed** [HSP, TP] / Farbbandtransport || **~ feed changeover mechanism** [Calc, TP] / Farbbandumschaltung || **~ feeding feature** [HSP] / Farbtuchantrieb || **~ guide roll** [TP] / Farbbandführungsrolle || **~ lifter** [TP] / Farbbandgabel || **~ lift linkage** [TP] / Hebegetriebe (für Farbbandhalterung) || **~ replacement** [HSP, TP] / Farbbandwechsel || **~ reversal contact** [TP] / Umschaltekontakt (Farbband) || **~ reverse** [HSP, TP] / Farbbandumkehrung || **~ reverse lever** [HSP, TP] / Farbband-Umschalthebel

ribbon-reversing arm [HSP, TP] / Farbband-Umschalthebel || **~ mechanism** [Calc, TP] / Farbbandumschaltung

ribbon shift [TP] / Farbbandumschaltung (schwarz-rot usw.) || **~ shift black** [TP] / Schwarzschreibung || **~ shift red** [TP] / Rotschreibung || **~ spool** [TP] / Farbbandspule

right accumulator [ALU] / rechter Akkumulator

right-hand end address [Sw, ES] / Endadresse || **~ end of extent** [Sw] / Bereichsende

right justified [Fortran] / rechtsbündig

right-justify *v* [HSP, Typ] / rechtsbündig machen (d.h., für den Druck aufbereiten bzw. setzen)

rightmost address [Sw, ES] / Endadresse || **~ position** [Th] / niedrigstwertige Stelle, niedrigstwertige Ziffer

right-of-access code [ES] / Berechtigungszeichen, Berechtigungsschlüssel

right-of-way precedence [Tr] / höchste Priorität

right parenthesis) [PL/1, Fortran] / (runde) Klammer zu || **~ to erasure** [Priv] / Löschungsanspruch

right-wrong-omits counter [OCR] / RWO-Zähler

rigid terminal [Sc] / starrer Anschluß (eines Thyristors usw.)

rim gear [HSP] / Zahnkranz (Formulartrommel)

ringback connection [ES] / Rückrufverbindung

ring counter [Hw, PCC, ES] / Ringzähler

ringing *n* [ES] / Rufen || **~ key** [ES] / Rufschalter || **~ signal** [ES] / Rufsignal || **~ state** [ES] / Rufzustand

ring mechanism [PE] / Speicherschutzring || **~ number for read access (RNR)** [OS] / Ringnummer für Lesezugriffe || **~ number for write access (RNW)** [OS] / Ringnummer für Schreibzugriffe || **~ state indicator (RSI)** [OS] / Ringzustandsanzeige || **~ trip** [ES] / Rufabschaltung

ripple content [Tr] / Oberwellengehalt, Welligkeit || **~ factor** [Tr] / Welligkeitsfaktor

ripple-through carry [ALU] / Schnellübertrag

ripple voltage [Meas, Sc] / Brummspannung

rise time [Sc] / Anstiegszeit

rise-time coefficient [Th] / Anstiegszeitkoeffizient || **~ factor** [Th] / Anstiegszeitkoeffizient

RJE (s. remote job entry)

RLD (s. relocation dictionary) || ≗ **card** [Sw] / Relativierungskarte, RLD-Karte

RMOS (s. real memory operating system) || ≗ (s. refractory metal-oxide semiconductor)

r.m.s. total value (of current) [Sc] / Effektivwert des Gesamtstroms || **~ value** [Th, PCC] / Effektivwert || **~ varying component** (of current) [Sc] / Effektivwert des Wechselstroms || **~ voltage across diode** [Sc] / Effektivspannung an der Diode

RNR (s. ring number for read access)

RNW (s. ring number for write access)

rocker switch [Hw] / Wippenschalter

rod memory [M] / Stäbchenspeicher

role indicator [IDS] / Funktionsindikator, Aspektcode

roll *n* (of paper tape) [PT] / Lochstreifenrolle (auf einen Kern aufgespulter Lochstreifen), Rolle (DIN 66016, Juni 1966)

rollaway door [Hw] / Verschwindtür

rollback attempt [Sw] / Wiederholungsversuch || **~ counter** [Hw, Sw] / Wiederholungszähler || **~ routine** [Sw] / Wiederholungsprogramm, Wiederholprogramm

roller heating [HSP] / Rollenheizung
roll-feed facility [HSP] / Rollenablaufvorrichtung
roll in (i.e., to bring parts of a process successively into main memory) *v* [OS] / einspeichern || ~ **mounting** [HSP] / Rollenaufnahme || ~ **of fleece** [HSP] / Vliesrolle, Vlieshülse || ~ **of tape** [PT, TP] / Lochstreifenwickel, Streifenwickel, Bandwickel, Wickel || ~ **out** (i.e., to remove a process from main memory) [OS] / ausspeichern
rollout *adj* [Hw] / herausziehbar
ROM (s. read-only memory) || **electrically alterable** ≗ **(EAROM)** [Mp] / löschbares PROM (EPROM), elektrisch änderbarer Festwertspeicher || **programmable** ≗ [Mp] / programmierbarer Festspeicher (PROM), programmierbares ROM || ≗ **bus interface** [Mp] / ROM-Schnittstelle || ≗ **test** [Mp] / ROM-Test
room noise [DpC] / Raumgeräusch, (mittlerer) Schallpegel (im DVA-Raum usw.)
root load [Th] / Wurzelsegment, Grundsegment
root-mean-square value [Th, PCC] / Effektivwert
root phase [Sw] / Grundphase, Hauptphase || ~ **segment** [Th] / Wurzelsegment, Grundsegment
rotary *n* [ES] / zyklisches Leitungssuchverfahren (Rotary-Verfahren) || ~ **hunting method** [ES] / zyklisches Leitungssuchverfahren (Rotary-Verfahren) || ~ **knob** [Hw] / Drehknopf || ~ **resolver** (s. synchro) || ~ **searching** [ES] / zyklisches Suchverfahren (Sammelanschluß)
rotational delay [MD] / Drehwartezeit || ~ **speed** [MD, MDr] / Umdrehungsgeschwindigkeit
rotation time [NC] / Umlaufzeit
RO terminal (i.e., receive-only teleprinter, etc.) [MCS] / Nur-Empfangsendgerät
round *v* [Th] / runden (allgemein) || ~ **builtin function** [PL/1] / (eingebaute) Rundungs-Funktion || ~ **down** (digits, etc.) [Calc] / abstreichen (Vorgang, bei dem eine bestimmte Anzahl von Stellen einer Zahl, beginnend mit der niedrigsten Stelle, wegfällt) (DIN 9757E, Okt. 1977)
round-down key [Calc] / Abstreichtaste (DIN 9757E, Okt. 1977)
rounded option [Cobol] / Rundungsangabe
round function [PL/1] / (eingebaute) Rundungs-Funktion
rounding circuit [ALU] / Rundungskette || ~ **error** [Th] / Abrundungsfehler, Rundungsfehler || ~ **off** [RPG] / Aufrunden
round off (digit, etc.) *v* [Calc] / kaufmännisch runden (maschinell runden, wobei der letzten verbleibenden Dezimalstelle eine 1 zugezählt wird, wenn die werthöchste abgestrichene Stelle einen Wert gleich oder größer 5 hat) (DIN 9757E, Okt. 1977)
roundoff error [Th] / Abrundungsfehler, Rundungsfehler || ~ **key** [Calc] / Rundungstaste (DIN 9757E, Okt. 1977)
round up (digit, etc.) *v* [Calc] / absolut aufrunden (maschinell runden, wobei der letzten verbleibenden Dezimalstelle eine 1 zugezählt wird, wenn die werthöchste abgestrichene Stelle einen Wert größer Null hat) (DIN 9757E, Okt. 1977)
roundup key [Calc] / Aufrundungstaste (DIN 9757E, Okt. 1977)
route *n* [RDp] / Leitweg (DIN 44302, Apr. 1979) || **to** ~ **to the reject stacker** [PC] / in das zweite Ablagefach aussteuern || ~ **congestion** [ES] / Gassenbesetztzustand, Überlastung || ~ **destination** [ES] / Richtung || ~ **discriminating digit** [ES] / Richtungsausscheidungsziffer || ~ **diversion** [ES] / Umlenkung || ~ **interpreter** [ES] / Wählzeichenbewerter, Umwerter || ~ **memory** [ES] / Richtungsspeicher || ~ **reversal** [ES] / Richtungsumkehr || ~ **selection** [RDp] / Leitweglenkung || ~ **selection entry** [ES] / Richtungswahleinstieg || ~ **selection generator** [ES] / Richtungswahlgenerator || ~ **selection list** [ES] / Richtungswahlliste || ~ **selection program** [ES] / Richtungswahlprogramm || ~ **selection stage** [ES] / Richtungswahlstufe || ~ **selection tree** [ES] / Richtungswahlbaum || ~ **signal** [ES] / Richtungszeichen
routine *n* [Sw] / Routine || *adj* / routinemäßig || ~ **counter** [ES] / Routinezähler || ~ **hardware check** [Serv] / Routinehardwareprüfung || ~ **initialization** [ES] / Routineeinleitung || ~ **maintenance** (i.e., maintenance

work carried out according to a schedule, not necessarily at regular intervals, to prevent equipment failure) [Hw, DpC] / laufende Wartung
routine-name *n* [Cobol] / Routinename
routiner *n* [ES, QC] / Prüfautomat
routine request [Dp] / Ablaufanforderung || ~ **test error** [Serv] / Routinetestfehler || ~ **testing** [Serv] / Routineprüfung || ~ **test operation** [Serv] / Routinetestbetrieb || ~ **test program** [Serv] / Routineprüfprogramm || ~ **test run** [Serv] / Routinetestablauf, Routinetestdurchlauf || ~ **test run counter** [Serv] / Routinedurchlaufzähler || ~ **test status** [Serv] / Routinezustand
routing *n* [RDp] / Leitweg (DIN 44302, Apr. 1979) || ~ **center** [RDp] / Leitvermittlungsstelle, Leitwegsteuerstelle || ~ **character** [RDp] / Leitvermerk, Leitwegvermerk || ~ **criterion** [ES] / Richtungskriterium || ~ **device** [ES] / Umsteuerzusatz || ~ **directive** [ES] / Leitbefehl || ~ **indicator** [RDp] / Leitvermerk, Leitwegvermerk || ~ **information** [ES] / Leitinformation, Leitweginformation || ~ **line segregation** [ES] / Adressenaufteilung || ~ **list** [ES] / Leitwegverzeichnis || ~ **method** [ES] / Wegesuchverfahren || ~ **of cables** [TrL] / Kabelführung || ~ **plan for d.c. leads** [Serv] / Führung der Gleichstromleitungen || ~ **plan for signal cables** [Serv] / Führung der Signalkabel || ~ **prefix character** [RDp] / Leitvermerkankündigungszeichen || ~ **procedure** [ES] / Leitwegprozedur || ~ **table** [ES] / Leitwegtabelle || ~ **tree** [ES] / Richtungswahlbaum
routining *n* [ES, QC] / Prüfdienst || ~ **scope** [ES, QC] / Prüfbereich
row *n* [PC] / Kartenzeile, Lochkartenzeile || [MT] / Sprosse || [PT] / Sprosse, Lochreihe (quer zur Streifenrichtung) || ~ (of cabinets, etc.) [Hw] / Reihe
row-binary card [PC] / Binärlochkarte || ~ **punching** [PC] / Binärstanzen || ~ **representation** [PC] / Zeilenbinärkartendarstellung, Zeilendualkartendarstellung
row-major order [OS] / zeilenweise Ordnung
row pitch [PT, MT] / Sprossenteilung
RPG (s. report program generator) || ≗ **coding form** [RPG] / RPG-Bestimmungsblatt, RPG-Formblatt || ≗ **control card** [Sw] / LPG-Vorlaufkarte || ≗ **cycle** [RPG] / RPG-Verarbeitungszyklus, RPG-Zyklus || ≗ **language** [PL] / Listenprogrammgeneratorsprache || ≗ **run** [OS] / Listenprogrammgeneratorlauf, Übersetzungslauf (LPG) || ≗ **specification sheet** [RPG] / RPG-Bestimmungsblatt, RPG-Formblatt
RPROM (s. reprogrammable ROM)
RS (s. record separator) || ≗ (s. results sign)
RS flip-flop [Cir] / RS-Kippstufe, Flipflop mit RS-Tastung
RSI (s. ring state indicator)
RSM (s. manual resetting)
RSPOOL (s. remote spoolout system)
RST flip-flop [Cir] / Zähl-Flipflop
RT (s. reperforator/transmitter)
RTC (s. real-time clock)
rubber-bonded metal [Hw] / Schwingmetall
rub-out character [PT, PC, TP] / Löschzeichen
rule for computing a numerical value [Algol] / Rechenvorschrift || ~ **of precedence** [Algol] / Rangfolge || ~ **of signs** [Th] / Vorzeichenregel
rule-of-thumb *n* / Faustregel
rule width [Typ] / Linienstärke
run *v* [Dp] / (von Programm usw.) ablaufen || [Dp] / (Programm usw.) fahren || *n* [Dp, Sw] / Lauf, Durchlauf || **to ~ a print sample** [HSP] / einen Probedruck fahren
RUN and HALT indicator [Mp] / Betriebs- und Haltanzeige
run chart [DpC] / Bedieneranweisung, Jobablaufanweisung (für den Operator usw.), Ablaufanweisung (bei Closed-shop-Aufträgen usw.) || ~ **diagram** (indicating files and data to be input and output and the various peripheral units required for a run or series of runs) [DpC] / Bedieneranweisung, Jobablaufanweisung (für den Operator usw.), Ablaufanweisung (bei Closed-shop-Aufträgen usw.)
run-in *n* (e.g., to fuser station) [HSP] / Papiereinlauf
running head [Typ] / lebender Kolumnentitel
running-in period [Hw, Co, Sc] / Einlaufzeit
running modification [Sw] / Jeweilsänderung || ~ **module** [OS] / Verarbeitungsmodul || ~ **of cables** [TrL] / Kabelführung || ~ **program** [Sw] /

Betriebsprogramm || ~ **state** [Dp] / Laufstatus || ~ **time** [Dp, Sw] / Laufzeit
running-time meter [Hw] / Betriebszeitzähler
runout *n* [Hw] / Ablauf (bei einen Zählwerk usw.) || ~ **cycle** [PC] / Kartenauslauf || ~ **key** [TP] / Dauerauslösetaste, Dauertaste, Dauerfunktionstaste
run time [Dp, Sw] / Laufzeit
runtime parameter [Dp, Sw] / Ablaufparameter || ~ **system** [Sw] / Laufzeitsystem || ~ **system** [PCC] / Ablaufsystem
runup *n* (all procedures required to attain initial operating state) [ES] / Hochlauf
RWC (s. real-time working counter)
RWO counter (s. right-wrong-omits counter)
RZ (s. return to zero)

S

S (s. Subtract word)
SA (s. string analysis)
safe floor load [DpC, Serv] / Bodentragfähigkeit, Tragfähigkeit der Bodenfläche
safeguard *v* (intermediate result, etc.) [Sw] / sichern
safeguarding program [Sw] / Sicherungsprogramm || ~ **software** [OS] / Sicherungssoftware || ~ **system** [ES] / Sicherungssystem (zur Sicherung der Verfügbarkeit)
safe operating area (SOA) [Sc] / zulässiger Arbeitsbereich
safety instructions [HSP] / Sicherheitsvorschriften || ~ **lever** [HSP] / Sicherungshebel (Umdruckstation) || ~ **thermal switch** [Hw] / Wärmeschutzschalter
sales department manufacturing order [Dist] / Vertriebsauftrag || ~ **department stock order** [Dist] / Vertriebsabruf || ~ **unit** [Dist] / Verkaufseinheit
SAM (s. sequential access method)
same area clause [Cobol] / Gleicher-(Speicher)bereich-Klausel || ~ **record area clause** [Cobol] / Gleicher-(Daten)satzbereich-Klausel
sample *v* (input voltage, command function, etc.) [Cir, CP] / abfragen || ~ (signal, pulse, etc.) [PCC] / abtasten (= Zustand von physikalischen Zuständen, Bedingungen, Prozessen usw. abfragen) || *n* [QC] / Stichprobe || ~ **and hold** [PCC] / Abtastkreis und Haltekreis
sampled-data control [PCC, AC, Cy] / Abtastregelung, Schrittregelung, Impulsregelung
sample-hold amplifier [PCC] / Halteverstärker
sample program [Sw] / Programmbeispiel || ~ **pulse** [M, ES] / Abtastimpuls, Sample-Impuls
sampler *n* [PCC] / Abtaster (Funktionseinheit für zeitlich gerasterte Abfrage eines Eingangssignals) (DIN 66201, Aug. 1971)
sample size [QC] / Stichprobenumfang || ~ **space** [Cy] / Nachrichtenraum, Nachrichtenmenge
sampling controller [PCC] / Abtaster (Funktionseinheit für zeitlich gerasterte Abfrage eines Eingangssignals) (DIN 66201, Aug. 1971) || ~ **frequency** [PCC] / Abtastfrequenz (DIN 66201, Aug. 1971), Punktfrequenz || ~ **interval** [PCC] / Abtastintervall || ~ **plan** [QC] / Stichprobenplan || ~ **system** [PCC] / Abtastsystem || ~ **test** [QC] / Stichprobenprüfung (DIN 57565 T2, Sept. 1978) || ~ **test result** [QC] / Stichprobenergebnis || ~ **theorem** [Th] / Abtasttheorem || ~ **time** [Th] / Abtastzeitpunkt || ~ **time-slot pattern** [ES] / Abtastzeitraster
sans-serif type [Typ] / serifenlose Schrift
SAR (s. stack address register)
satellite communications [Tr] / Satelliten-Nachrichtenübertragung || ~ **computer** [MCS, Dp] / Satellitenrechner, Vorrechner || ~ **exchange** [ES] / Satellitenamt || ~ **processor** [MCS, Dp] / Satellitenrechner, Vorrechner
saturated recovery time [Sc] / gesättigte Erholungszeit
saturating integrator [ADp] / inkrementaler Integrierer, Servointegrierer, Entscheidungsintegrator
saturation branch [ES] / Sättigungsast || ~ **current** [Sc] / Sättigungsstrom || ~ **limit** [Sw] / Sättigungsgrenze || ~ **resistance** [Sc] / Restwiderstand (DIN 41854, Apr. 1979),

Sättigungswiderstand (DIN 41854, Apr. 1979) || ~ **storage time** [Sc] / Sättigungsspeicherzeit || ~ **time constant** [Sc] / Sättigungszeitkonstante || ~ **voltage** [Sc] / Sättigungsspannung (DIN 41854, Apr. 1979)
save area [Sw] / Verbindungsbereich, Sicherstellungsbereich, Zwischenspeicherbereich
saving *n* [Sw] / Sicherstellung
saw-tooth keyboard [TP] / handbetätigtes Tastenwerk, Tastatur mit Sägezahnwählscheiben
S.B. fuse (s. slow-blowing fuse)
SBT (s. surface barrier transistor)
scalar *n* [Th] / skalare Größe || *adj* [PL/1] / Skalar || ~ **expression** [Th] / skalarer Ausdruck || ~ **quantity** [Th] / skalare Größe
scale *v* [COM, Th] / normieren, skalieren || *n* [PL/1] / Skalierung || [OS] / Kommaart
scaled paper [GrDp] / Registrierpapier, Papier mit Maßeinteilung
scale factor [Th] / Normierungsfaktor, Normalisierungsfaktor || ~ **factor** [PL/1, Fortran] / Skalierfaktor || ~ **factor designator** [Fortran] / Skalierfaktorangabe || ~ **line** [Hw] / Skala || ~ **modifier** [Assembler] / Präzisionsfaktor
scale-of-two binary notation [Th] / Binärsystem, Dualsystem, Zweiersystem || ~ **circuit** [Cir] / Zweier-Zählteiler || ~ **range** [Th] / binärer Zahlenbereich
scale pointer [HSP] / Skalenzeiger || ~ **range** [PCC, NC] / Skalenbereich, Skalenmeßbereich || ~ **span** [PCC, NC] / Skalenbereich, Skalenmeßbereich || ~ **type** [PL/1] / Skaliertyp
scaling *n* (i.e., the process of altering a set of quantities by a fixed quantity so as to bring the values within limits capable of being handled by the equipment or programs being used) [Th] / Normierung, Skalierung || ~ **attribute** [Sw] / Präzisionsattribut || ~ **couple** [Cir] / Zweier-Zählteiler || ~ **factor** [Th] / Normierungsfaktor, Normalisierungsfaktor || ~ **position** [Cobol] / Skalenstelle
scan *v* (data, input command, etc.) [Cir, CP] / abfragen || ~ (circuit, line, etc.) [PCC] / abtasten (= Zustand von physikalischen Zuständen, Bedingungen, Prozessen usw. abfragen) || ~ (pattern, image, etc.) [OCR] / abtasten (Raster, Zeilen usw.) || **to ~ a file** [Sw] / eine Datei durchsuchen || ~ **band** [OCR] / Zeichenabtastfeld, Zeichenlesefeld || ~ **command** [OCR, TP, NC] / Abtastbefehl || ~ **cycle** [ES] / Abtastzyklus || ~ **cycle channel** [ES] / Abtastzykluskanal || ~ **line** [OCR] / Abtastzeile || ~ **matrix** [OCR] / Abtastmatrix
scannable field [OCR] / Abtastfeld
scanner *n* [OCR, ES] / Abtaster || ~ **amplifier** [TP] / Fotoverstärker || ~ **beam** [OCR] / Abtaststrahl || ~ **circuit** [OCR] / Abtastschaltung || ~ **disk** [OCR] / Abtastscheibe
scanning *n* [PCC, CP] / Abfrage (programmgesteuerte Feststellung, ob auf einem Platz im Arbeitsspeicher eine bestimmte Information vorhanden ist) || ~ **device** [OCR, TP, NC] / Abtasteinrichtung, Abtastvorrichtung || ~ **disk** [OCR] / Abtastscheibe || ~ **element** [TP] / Abtastelement (Leser) || ~ **element for timing the disk scanning** [TP] / Abtastelement für die Taktabtastung || ~ **field** [TP] / Bildfläche || ~ **line** [Fax] / Bildzeile || ~ **method** [OCR] / Abtastverfahren || ~ **operation** [OS] / Durchmusterung || ~ **pitch** [Fax] / Vorschub || ~ **speed** [Rep] / Betrachtungsgeschwindigkeit (Schneidetisch) || ~ **time** [Th] / Abtastzeitpunkt || ~ **unit** [OCR, NC] / Abtasteinheit
scan period [M, Co] / Regenerationsintervall || ~ **position** [PCC] / Abrufposition || ~ **pulse** [TP] / Abfragetakt (Tastatur) || ~ **result** [TP] / Abtastwert
scattered loading [Sw] / gestreutes Laden || ~ **reading** [Sw] / gestreutes Lesen
scattering limit [Sc] / Streugrenze
scatter loading [Sw] / gestreutes Laden || ~ **reading** [Sw] / gestreutes Lesen
scheduled *adj* / planmäßig || ~ **maintenance** (i.e., maintenance carried out in accordance with an established plan) [Hw, DpC] / planmäßige Wartung, geplante Wartung || ~ **output** [VS, RDp] / bereitgestellte Ausgabe
scheduler *n* [OS] / Scheduler (Steuerprogramm) || ~ **program** [OS] / Scheduler (Steuerprogramm) || ~ **task** [Dp] / Organisationsaufgabe
scheduling department [WS] / Dispositionsabteilung
schematic circuit diagram [Dist] / Prinzipschaltbild, Schaltbild, Schaltschema, Schaltskizze || ~ **representation** [Sw] / vereinfachte

Darstellung
Schottky, bipolar ≗ logic [Sc] / bipolare Schottky-Technologie || **≗ barrier diode clamped transistor** [Mp] / bipolarer Transistor in Verbindung mit Schottky-Dioden || **≗ effect** [Co] / Schottky-Effekt
scientific applications [Dp] / technisch-wissenschaftliche Anwendungen || **~ computer** [Dp] / Rechner für technisch-wissenschaftliche Aufgaben || **~ electronic calculator** [Calc] / elektronische Rechenmaschine für technisch-wissenschaftliche Anwendungen (DIN 9757E, Okt. 1977)
SC memory [Mp] / Halbleiterspeicher
scope *n* [DOK] / Geltungsbereich || [Algol, PL/1] / Gültigkeitsbereich || **~ of application** [Dp] / Anwendungsbereich
scored card [PC] / Abrißkarte, Kurzlochkarte, Abrißlochkarte, perforierte Karte || **~ card feature** [PC] / Abrißkartenzusatz
score storage [OCR] / Auswertspeicher
scoring logic [OCR] / Auswertelogik
SCR (s. silicon-controlled rectifier)
scramble *v* [Cryp] / verwürfeln
scrambled speech [Cryp] / verwürfelte Sprache, invertierte Sprache
scrambler *n* [Cryp] / Verwürfler || **~ circuit** [Cryp] / Verwürfler
scrambling *n* [Cryp] / Verwürflung || [DS, Priv, Cryp, IDS] / kryptografische Datenverschlüsselung
scratch disk [MD] / Schmierplatte || **~ file** [Sw] / ungeschützte Datei
scratchpad *n* [M] / Notizblock || [M] / Notizblockspeicher (besonders schneller zusätzlicher Kern- oder Halbleiterspeicher einer DVA, der speziell zur Aufnahme von Registerinhalten dient und damit die Zugriffszeiten verkürzt) || **~ cell** [M] / Schmierzelle || **~ control register (SPCRS)** [CU] / Zwischenspeichersteuerregister || **~ entry** [M] / Notiz (im Zwischenspeicher) || **~ memory** [M] / Notizblockspeicher (besonders schneller zusätzlicher Kern- oder Halbleiterspeicher einer DVA, der speziell zur Aufnahme von Registerinhalten dient und damit die Zugriffszeiten verkürzt) || **~ register** [Mp] / Zwischenregister
scratch tape [MT] / Arbeitsband || **~ volume** [OS] / Arbeitsdatenträger
screen *v* [HSP] / aufrastern (Flächenelement) || ~ (data, etc.) [IDS] / vorselektieren || *n* [VDT] / Bildschirm, Schirm || **~ diagonal** [VDT] / Bildschirmdiagonale
screened area [HSP] / Rasterfläche (Dia)
screening *n* [HSP] / Rasterung || **adhesive rule tape for ~** [HSP] / Rasterhaftlinienfilm || **~ mode** [Sw] / Rastermodus, Aufrasterungsmodus || **~ of solid areas** [HSP] / Aufrasterung von Flächenelementen
screen pattern [VDT] / Schirmraster || **~ searching** [DOK] / Grobrecherche (Methode, aus Datenbeständen die Dateneinheiten zu ermitteln, die mit einer Suchfrage grob übereinstimmen)
screw conveyer [Hw] / Förderspirale || **~ terminal** [Sc] / Schraubanschluß
scroll (s. helix) || **to ~ upward or downward** [ES] / den Bildschirminhalt verschieben || **~ down** *v* [VDT] / zurückrollen (Text auf Bildschirm) || **~ of the screen** [Dp] / Löschen der jeweils obersten Zeile des Bildschirminhaltes || **~ up** [VDT] / vorrollen (Text auf Bildschirm)
SD (s. Subtract normalized long)
SDB (s. standard device byte)
SDV (s. Start device)
SE (s. Subtract normalized short)
seaborne computer [MCS, Dp, AC] / Bordcomputer (in einem Seefahrzeug)
sealing rim [HSP] / Dichtrand (Tonerabscheider)
search *v* [Dp] / durchsuchen, absuchen || *n* [IDS] / Suchvorgang (Überprüfung von Dateneinheiten eines Datenbestandes auf Übereinstimmung mit einem gesuchten Sachverhalt und/oder gesuchten Eigenschaften) || **~ argument** [Sw] / Suchargument, Suchkriterium || **~ card** [Sw] / Suchkarte || **~ control word** [Sw] / Suchsteuerwort || **~ cycle** [Dp] / Suchzyklus, Suchschleife
searching *n* [DOK] / Feinrecherche (Methode, einen bei einer Grobrecherche selektierten Datenbestand in einem weiteren Suchlauf auf genaue Übereinstimmung mit der Fragestellung zu überprüfen) || **screen ~** [DOK] / Grobrecherche (Methode, aus Datenbeständen die Dateneinheiten zu ermitteln, die mit einer Suchfrage grob übereinstimmen)
search instruction [Sw] / Suchbefehl || **~ key** [Dp] / Suchschlüssel || **~ mask** [TES] / Suchmaske || **~ method** [IDS] / Suchverfahren (aus der Suchstrategie

abgeleiteter Ablauf eines Suchvorgangs für bestimmte Suchfragen) || ~ **operation** [Sw] / Suchoperation || ~ **process** [IDS] / Suchvorgang (Überprüfung von Dateneinheiten eines Datenbestandes auf Übereinstimmung mit einem gesuchten Sachverhalt und/oder gesuchten Eigenschaften) || ~ **query** [IDS] / Suchfrage (Fragestellung, die ein Anwender eines Retrievalsystem zugrundelegt) || ~ **routine** [HSP] / Suchroutine || ~ **run** [IDS] / Suchlauf (Vergleich einer verschlüsselten Suchfrage mit den Dateneinheiten eines Datenbestandes) || ~ **statement** [Cobol] / (Durch)suchanweisung || ~ **strategy** [IDS] / Suchstrategie (Analyse und Festlegung des Ablaufs von Suchvorgängen für gleichartige Suchfragen in einem bestimmten Retrievalsystem) || ~ **time** [DOK] / Suchzeit (Zeit, die zur Durchführung eines Suchlaufs benötigt wird) || ~ **time** (i.e., the average time required to identify an item of data satisfying a specified condition; cf. "access time") [M] / Zugriffszeit (allgemein) || ~ **with homing** [ES] / Suchverfahren mit Nullstellung (Sammelanschluß) || ~ **word** [MAT, IDS] / Suchbegriff (eines Index usw.)

seat reservation (e.g., airline seat reservation) [RDp] / Platzreservierung

secondary *n* [PC] / Zweitkarte || ~ **allocation** [Sw] / Sekundärzuweisung || ~ **card** [PC] / Zweitkarte || ~ **chain identifier** [Sw] / Kettenunterbegriff || ~ **channel** (s. co-channel) || ~ **cycle** [ES] / Nebenzyklus || ~ **cycle buffer** [ES] / Nebenzykluspuffer || ~ **cycle counter** [ES] / Nebenzykluszähler || ~ **entry point** [PL/1] / Zusatzeingang || ~ **feed** [PC] / Zweitkartenzuführung, Zweitkartenmagazin || ~ **file** [Sw] / Sekundärdatei || ~ **fuse alarm** [ES] / Einzelsicherungsalarm || ~ **indicator** [OS] / Fehleranzeige (Bit 2^2 im Standardgerätebyte) || ~ **program** [Sw] / Nebenprogramm || ~ **read** [PC] / Zweitkartenbürsten, zweite Bürsten || ~ **sequence** [PC] / Zweitkartenfolge || ~ **station** [RDp] / Unterstation, Trabantenstation (DIN 44302, Apr. 1979) || ~ **status** [CP] / Sekundärzustand (Prioritätszustand, in dem z.B. Anwenderprogramme ablauffähig sind; cf. „Primärzustand") || ~ **storage** [M] / Sekundärspeicher, Zweitspeicher, Fremdspeicher || ~ **storage** [OS] / Externspeicher || ~ **storage** (s. backing storage) || ~ **task** [OS] / Sekundärtask

second breakdown [Sc] / zweiter Durchbruch (DIN 41852, Aug. 1978)

second-generation computer [Dp] / Rechner der zweiten Generation

second level address [Sw] / indirekte Adresse

second-order subroutine [Sw] / Unterprogramm zweiter Stufe

second reading [PC] / Zweitkartenbürsten, zweite Bürsten

second-remove subroutine [Sw] / Unterprogramm zweiter Stufe

second-source *adj* [Mp, Sc] / von Zweitlieferanten hergestellt

second source [Mp, Sc] / Zweitlieferant (Hersteller, der ein pinkompatibles Bauelement aus unabhängiger Fertigung liefert)

second-sourced *adj* (components, products, etc.) [Mp, Sc] / von Zweitlieferanten hergestellt

section *n* [Cobol] / Kapitel || ~ (s. program segment) || ~ **bar** [Hw] / Profilschiene || ~ **header** [Cobol] / Kapitelüberschrift

section-name *n* [Cobol] / Kapitelname

section name [Sw] / Abschnittsname

sector *n* (subdivision of a disk track) [MD, Sw] / Plattensektor, Sektor || **separately addressable ~s** [PCC] / getrennt adressierbare Sektoren || ~ **address** [PCC, Sw] / Sektoradresse || ~ **addressing range** [Sw] / Sektoradressenbereich || ~ **area** [PC] / Normallochzone, Ziffernlochzone || ~ **count** [Sw] / Sektorzählung, Sektoranzahl || ~ **count overlay** [Sw] / Sektoranzahl-Überlagerung

secure *v* (volume, disk, etc.) [Tr] / sichern, schützen || ~ **computing** [Priv] / sichere Datenverarbeitung

security field [Sw] / Sicherungsfeld (des Spulenetiketts) || ~ **function** [Sw] / Sicherungsfunktion || ~ **object** [Priv] / Objekt der Datensicherheit || ~ **system** [Sw] / Sicherheitssystem

sedecimal (s. hexadecimal)

seed *n* [Sc] / Kristallkeim || ~ **chuck** [Sc] / Impfkristallhalter || ~ **crystal** [Sc] / Impfkristall || ~ **holder** [Sc] / Impfkristallhalter

seek (s. search) || ~ **cycle** (s. search cycle) || ~ **statement** [Cobol] / (Auf)suchanweisung || ~ **time** [MT] / Positionierungszeit, Positionierzeit

see-through vision panel [Hw] / Sichtfeld, Sichtfenster
segment *v* (program, etc.) [Sw] / segmentieren || *n* [VS, Sw] / Segment, Programmsegment || [Sw] / Halbwort || [Cobol] / Segment
segmental paging [VS] / blockweiser Seitenwechsel
segmentation *n* [Cobol] / Segmentierung || ~ **philosophy** [Sw] / Segmentphilosophie
segment control [Sw] / Segmentsteuerung
segment-limit clause [Cobol] / Segmentabgrenzungsklausel
segment mark [Sw] / Segmentmarke || ~ **number** [VS] / Segmentnummer || ~ **statement** [Sw] / Satzanweisung || ~ **table (ST)** [OS] / Segmenttafel || ~ **table** (SGT) [VS] / Segmenttabelle (IBM) || ~ **table address (STA)** [OS] / Segmenttafeladresse || ~ **table address register (STAR)** [OS] / Segmenttafeladreßregister || ~ **table address register error** [OS] / Segmenttafeladressenfehler || ~ **table base (STB)** [OS] / Segmenttafelbasis || ~ **table entry (STE)** [OS] / Segmenttafeleintrag || ~ **table length register (STLR)** [OS] / Segmenttafellängenregister
segregation coefficient [Sc] / Abscheidungskoeffizient, Segregationskoeffizient
seize *v* [ES] / belegen (Teilnehmerleitung usw.)
seized *adj* [ES] / (von Leitung, Teilnehmer, usw.) belegt
seizing signal [Tr] / Belegungszeichen
seizure *n* [ES] / Belegung (Vorgang)
select *v* [ES] / wählen (mit Tastatur) || ~ (subroutine, etc.) [Sw] / ansteuern, auswählen
selectable *adj* [Sw] / ansteuerbar, wählbar || ~ (document field, etc.) [OCR] / einstellbar || **freely** ~ [Sw] / frei wählbar
select clause [Cobol] / Dateiauswahl-Klausel
selected cell [M] / ausgewähltes Speicherelement || ~ **field** [Sw] / Auswahlfeld
select field [Sw] / Auswahlfeld || ~ **field register** [Sw] / Auswahlfeldregister
selecting circuit [PC] / Aussteuerungsschaltung
select instruction [PC, Sw] / Aussteuerungsbefehl
selection *n* [Tr] / Zeichenauswahl, Auswahl || [ES] / Wählen (mit Tastatur) || **automatic** ~ [ES] / automatische Wahl || **end of** ~ [ES] / Wahlende || ~ **character storage** (s. selection signal storage) || ~ **check** [Sw] / Ansteuerungskontrolle, Ansteuerungsprüfung || ~ **circuit** [PC] / Aussteuerungsschaltung || ~ **code** [ES] / Wahlcode || ~ **code acceptance** [ES] / Wahlaufnahme || ~ **code acceptance program** [ES] / Wahlaufnahmeprogramm || ~ **code analysis** [ES] / Wahlbewertung || ~ **code analyzer** [ES] / Wahlbewerter, Wahlauswerter || ~ **code interpretation** [ES] / Wahlbewertung || ~ **code interpreter** [ES] / Wahlbewerter, Wahlauswerter || ~ **code interpreting program** [ES] / Wahlbewertungsprogramm || ~ **code presented** [ES] / Wahlcode abfragebereit || ~ **code table** [ES] / Wählzeichentabelle, Wählzifferntabelle || ~ **connection phase** [Tr] / Wählverbindungsphase || ~ **criterion** [Sw] / Auswahlkriterium || ~ **criterion** [TES] / Selektionsbegriff || ~ **digit** [ES] / Wählziffer || ~ **digit analysis** [ES] / Wählziffernbewertung || ~ **digit sequence** [Sw] / Wählziffernfolge || ~ **feature** [ES] / Wählzusatz || ~ **field** [Sw] / Auswahlfeld || ~ **file** [TES] / Selektionsdatei || ~ **flip-flop** [ES] / Auswahlkippstufe (AK) || ~ **information** [ES] / Wahlinformation || ~ **information transmission** [ES] / Wahlinformationsgabe, Wahlsendung || ~ **instruction** [Sw] / Wahlbefehl || ~ **line** [M] / Ansteuerungsleitung, Ansteuerleitung || ~ **logic** [ES] / Auswahllogik (AWL), Auswahlverknüpfung || ~ **logic indicator** [ES] / Auswahllogikanzeige || ~ **matrix** [ES] / Selektionsmatrix || ~ **mode** [RDp, Tr] / Anforderungsbetrieb (DIN 44300, März 1972) || ~ **number** [Sw] / Wählnummer || ~ **number end signal** [ES] / Wählnummer-Endezeichen || ~ **phase** [Tr] / Aufforderungsphase (Empfangsaufforderung) || ~ **prefix signal** [ES] / Wahleinleitungszeichen (Gebührenzuschreiben) || ~ **procedure** [ES] / Wählverfahren || ~ **pulse converter** [ES] / Wählzeichenumsetzer || ~ **ratio** [M, NC] / Ansteuerungsverhältnis || ~ **register** [ES] / Auswahlregister || ~ **requirement** [Sw] / Selektionsbedingung || ~ **signal** [ES] / Wählzeichen || ~ **signal buffer** [ES] / Wählzeichenpuffer || ~ **signaling** [ES] /

Wählzeichenübertragung || ~ **signal processing** [ES] / Wählzeichenverarbeitung || ~ **signal storage** [ES] / Wählzeichenspeicher || ~ **signal translator** [ES] / Wählzeichenumwerter || ~ **signal tree** [ES] / Wählzeichenbaum || ~ **sorting** [Sw] / Auswahlsortieren || ~ **stage** [ES] / Wahlstufe || ~ **stage table** [ES] / Wahlstufenliste || ~ **state** [ES] / Wahlzustand

selective call [ES] / selektiver Anruf || ~ **core dump** [M] / Kernspeicherauszug || ~ **core memory dump** [M] / Kernspeicherauszug || ~ **digit emitter** [PC] / Ziffernimpulsgeber, Impulsgeber, Impulseinsteuerung || ~ **dump** [M, Sw] / Speicherauszug, Auszug (eines vorher bestimmten Bereiches aus dem Arbeitsspeicher) || ~ **line printing** [HSP] / automatische Zeilenwahl || ~ **listing** [PC] / wahlweise Einzelpostenschreibung

selectively thickened [HSP] / stellenweise verstärkt (Papier)

selective main storage dump [M, Sw] / Speicherauszug, Auszug (eines vorher bestimmten Bereiches aus dem Arbeitsspeicher) || ~ **memory dump** [M, Sw] / Speicherauszug, Auszug (eines vorher bestimmten Bereiches aus dem Arbeitsspeicher) || ~ **reader** [PT] / Selektierleser || ~ **reading** [PT] / Selektierlesen || ~ **storage dump** [PE, Sw] / Speicherauszug, Auszug (eines vorher bestimmten Bereiches aus einem peripheren Speicher) || ~ **tape listing feature** [PT] / Papierbandbeschrifter || ~ **trace** [Sw] / Programm zur Untersuchung bestimmter Befehle, Traceprogramm

selectivity *n* [Tr] / Trennschärfe

select line [M] / Ansteuerungsleitung, Ansteuerleitung

selector *n* [Tr] / Wähler || [PC] / Selektor || ~ **card** [PC] / Selektorenkarte || ~ **channel** [CP] / Selektorkanal || ~ **channel extension feature** [CP] / Selektorkanalausbau, Selektorkanalerweiterung || ~ **channel trunk** [CP] / Selektorkanalanschluß || ~ **mechanism** [PC] / Auswahleinheit (Kartenmischer) || ~ **pen** [RDp, GrDp] / Auswahlstift || ~ **setting signal** [ES] / Wählereinstellzeichen || ~ **station** [PC] / Fachauswahlstation || ~ **subchannel** [CP] / Selektorunterkanal || ~ **switch** [Tr] / Wähler

Select peripheral unit [PCC, OS, Instruction] / Element auswählen || ~ **read station** [OCR] / Auswahllesestation || ~ **read status** [OCR] / Auswahllesemodus || ~ **stacker** [PC] / gesteuerte Ablage || ~ **state** [Sw] / Auswahlzustand || ~ **tape** [PT] / selektiver Synchronstreifen, Auszugstreifen

selenium cell [Sc] / Selenzelle, Selenfotoelement || ~ **rectifier** [Sc] / Selengleichrichter

self-adapting computer [Dp] / selbstanpassender Rechner, Selbstanpaßrechner || ~ **program** [Dp] / selbstanpassendes Programm, Selbstanpaßprogramm

self-adhesive label [Hw] / selbstklebendes Schild

self-checking *adj* [DS, Th, Tr, NC] / selbstprüfend || ~ **code** [Th, Tr] / Fehlererkennungscode (DIN 44300, März 1972), Fehlerprüfcode, selbstprüfender Code, fehlererkennender Code || ~ **number** [DS] / selbstprüfende Zahl || ~ **number feature** [NC] / selbstprüfende Nummernanzeige || ~ **routine** [NC] / selbsttätige Prüfroutine

self-clocked reading [PE] / Lesen mit Gewinnung des Taktes aus der Information

self-contained unit [Hw] / unabhängiges Aggregat

self-correcting code [Th, Tr] / Fehlerkorrekturcode (DIN 44300, März 1972), selbstkorrigierender Code, korrigierbarer Code, fehlerkorrigierender Code

self-defining term [Assembler] / Direktwert, selbstdefinierender Wert || ~ **value** [Assembler] / Direktwert, selbstdefinierender Wert

self-diagnosis *n* [Sw] / Eigendiagnose

self-diffusion *n* [Sc] / Selbstdiffusion

self-explanatory *adj* [Sw] / selbstdokumentierend

self field [Sc] / Eigenfeld

self-holding circuit [Tr] / Selbsthaltestromkreis

self-isolation scheme [Sc] / Selbstabtrennungsverfahren, Selbstisolationsverfahren

self-learning computer (computer capable of modifying programs according to its own memory or experience, e.g., a chess-playing computer) / selbstlernender Rechner, selbstlernender Computer

self-loading *adj* [Sw] / selbstladend ||

~ **memory print (SLMP)** [Sw, OS] / selbstladender Speicherauszug || ~ **program** [Sw] / selbstladendes Programm || ~ **random-access edit (SLRE)** [OS] / selbstladender Großspeicherauszug || ~ **tape edit (SLTE)** [OS] / selbstladender Bandauszug

self-organization *n* [Cy] / Selbstorganisation

self-organizing computer [Dp] / selbstorganisierender Rechner, Selbstorganisierrechner || ~ **program** [Dp] / selbstorganisierendes Programm, Selbstorganisierprogramm

self-resetting *n* [OS] / automatische Rückstellung || ~ **loop** [Sw] / selbstrücksetzende Schleife

self-scanning *adj* [Co] / selbstabtastend

self-triggering program [Sw] / selbststartendes Programm

selsyn (s. synchro)

semantical information [MAT, Th, Cy] / semantische Information, semantischer Informationsbelag || ~ **information content** [MAT, Th, Cy] / semantische Information, semantischer Informationsbelag

semantic analysis [Term, MAT] / semantische Analyse || ~ **differential** [Cy] / Polaritätsprofil, Profilmethode, semantisches Differential || ~ **information content** [MAT, Th, Cy] / semantische Information, semantischer Informationsbelag

semantics *n* [Term] / Semantik (Wissenschaft von der Bedeutung der Wörter, Satzteile oder Sätze)

semaphor-variable [PCC] / Semaphor-Variable

semi-automatic message switching center [ES] / halbautomatische Speichervermittlung || ~ **reperforator switching** [TP, ES] / halbautomatische Lochstreifenvermittlung || ~ **switching center** [ES] / halbautomatische Speichervermittlung || ~ **switching system** [ES] / halbautomatisches Vermittlungssystem

semicolon *n* (;) [Cobol, Algol, PL/1] / Semikolon

semi-common *adj* (modules, etc.) [Sc] / gruppenzentral

semiconductor *n* [Sc] / Halbleiter || ~ **circuit** [Dp] / Halbleiterschaltung || ~ **device** [Sc] / Halbleiterbauelement, Halbleiterelement || ~ **diode** [Sc] / Halbleiterdiode || ~ **junction** [Sc] / Halbleiterübergang || ~ **laser** [Sc] / Halbleiterlaser || ~ **layer** (or coating) [HSP] / Halbleiterschicht || ~ **main memory** [M] / Halbleiterarbeitsspeicher || ~ **memory** [Mp] / Halbleiterspeicher || ~ **memory module** [M] / Halbleiterspeichermodul || ~ **physics** [Th] / Halbleiterphysik || ~ **read-only memory** [M] / Halbleiterfestwertspeicher || ~ **rectifier** (s. metal rectifier) || ~ **rectifier diode** [Sc] / Halbleitergleichrichterdiode, Einkristallgleichrichterzelle || ~ **rectifier stack** [Sc] / Halbleitergleichrichtersäule || ~ **region** [Sc] / Halbleiterzone || ~ **switch** [Sc] / Halbleiterschalter || ~ **technology** [R&D] / Halbleitertechnologie || ~ **wafer** [Sc] / Halbleiterplättchen, Halbleiterscheibe || ~ **zone** [Sc] / Halbleiterzone

semidynamic data field [ES] / semidynamisches Datenfeld

semiotics *n* [MAT, Cy] / Semiotik

semipermanent storage [M] / Semipermanentspeicher

semiprocessed unit [Sc] / Halbfabrikat

send amplifier [Tr] / Sendeverstärker || ~ **board** [Co] / Sendeflachbaugruppe || ~ **buffer** [ES] / Sendepuffer || ~ **buffer register** [ES] / Sendepufferregister || ~ **circuit** [TP] / Sendeschaltung (SS) || ~ **code table** [ES] / Sendecodetabelle || ~ **control** [TP] / Sendesteuerung || ~ **direction** [ES, Tr] / Senderichtung || ~ **direction prompter** [ES, Tr] / Sendewecker || ~ **distortion** (s. transmitter distortion) || ~ **distributor** [ES] / Sendeverteiler || ~ **filter** [Tr] / Sendefilter || ~ **information line** [TrL] / Sendedatenleitung

sending party [ES] / Sendeteilnehmer || ~ **pause** [ES, Tr] / Sendepause || ~ **sequence** [Tr] / Sendeablauf || ~ **subscriber** [ES] / Sendeteilnehmer || ~ **terminal** [RDp, Tr] / Sendeterminal

send instruction [ES] / Sendedatenbefehl || ~ **line** [Tr] / Sendeleitung || ~ **mode** [Tr] / Sendebetrieb (DIN 44302, Apr. 1979), Sendezustand, Sendemodus || ~ **path** [ES, Tr] / Senderichtung || ~ **pause** [ES, Tr] / Sendepause || ~ **program** [Sw, Tr] / Sendeprogramm || ~ **progress indicator** [ES] / Sendezeiger

send-receive switch [TP] / Sende-Empfangsschalter

send routine [Sw, Tr] / Senderoutine || ~ **shift register** [ES] / Sendeschieberegister

send-side matching transformer [RDp] / sendeseitiger Anpassungsübertrager
send signaling path [TP] / Sendeanschlußleitung || ~ **terminal** [RDp, Tr] / Sendeterminal || ~ **unit** [ES] / Sendeeinheit || ~ **wire** [TrL] / Sendeader
sense address [OS] / Adresse der Abfühlinformation || ~ **byte** [OS] / Fehlerbyte, Prüfbyte, Abfühlbyte || ~ **command** [OS] / Abfragebefehl || ~ **condition** [Sw] / Prüfbedingung || ~ **signal** [M] / Lesesignal || ~ **winding** [Tr] / Abfragewicklung || ~ **winding** [M] / Leseleitung, Lesewicklung || ~ **wire** (s. sense winding)
sensing brush [PT, PC] / Abfühlbürste, Abtastbürste, Kontaktbürste, Abfühlstifte || ~ **finger** [PT, PC] / Abfühlstift (Einzelteil einer Kontaktbürste) || ~ **head** [PT, PC] / Abtastkopf || ~ **lever** [TP] / Fühlhebel (Papierüberwachung) || ~ **mechanism** [PT, PC] / Abfühleinrichtung (elektrisch oder magnetisch) || ~ **pin** [PT, PC] / Abfühlstift (Einzelteil einer Kontaktbürste) || ~ **station** [PT, PC] / Lesestation (bei welcher die Abtastung mit Hilfe von Kontaktbürsten oder fotoelektrisch erfolgt) || ~ **station** [PT, PC] / Abfühlstation || ~ **unit** [HSP] / Abtasteinheit
sensistor *n* [Sc] / Sensistor (Heißleiter)
sensitive information [Priv] / sensitive Daten
sensitivity *n* [Dp, PCC] / Empfindlichkeit || ~ **to temperature** [Dp] / Temperaturempfindlichkeit
sensor *n* [PCC] / Meßfühler, Meßwertgeber || ~ **block** [HSP] / Abtastblock
sentence *n* [Cobol, PL/1] / (Programm)satz
sentinel *n* [Sw] / Merkmal, Hinweissymbol, Markierung || ~ **flag** [Sw] / Merkmal, Hinweissymbol, Markierung
sent tape bin [Hw, TP] / Einschub für ausgesendete Lochstreifen, Streifenbehälter
separate master card decks [Th] / getrennte Matrizensätze || ~ **network** [RDp] / Einzelnetz || ~ **routine** [Sw] / Einzelprogramm
separating filter [ES] / Trennungsweiche, Weiche
separation bit [TP] / Separationsbit (Magnetband) || ~ **signal** [ES] / Trennungszeichen
separator *n* [OCR] / Abzugsvorrichtung || [Cobol, Algol] / Trennsymbol
separator-sheet feeder [HSP] / Blattanleger
separator station [OCR] / Trennstation || ~ **throat** [OCR] / Trennstationsschleuse
sequence *v* [Th] / sequentiell ordnen, in eine logische Reihenfolge bringen || *n* [Cobol] / Folge || ~ **access** [M] / Zugriff in der Reihenfolge der Speicherung || ~ **block address** [PE, OS] / Folgeblockadresse || ~ **check** [PC, Dp, Sw] / Folgekontrolle, Folgeprüfung || ~ **check** [OS] / Sortierfolgeprüfung || ~ **checking program** [Sw] / Folgeprüfprogramm || ~ **checking routine** [Sw] / Folgeprüfprogramm || ~ **code register** [Dp] / Ablaufcoderegister || ~ **control** [PC, Dp, Sw] / Folgekontrolle, Folgeprüfung
sequence-controlled *adj* [Sw] / programmgesteuert
sequence control marker [ES] / Einsteller (Ablaufsteuerung) || ~ **control register** [M] / Adressenfolgeregister, Adreßfolgeregister, Programmschrittzähler || ~ **control register** (s. instruction counter) || ~ **coordination** [OS] / Ablaufkoordinierung || ~ **counter** [OS] / Ablaufzähler
sequenced *adj* [Sw] / geordnet
sequence error [Sw] / Folgefehler || ~ **field** [Sw] / Nummernfeld (Karte) || ~ **forwarding register** [OS] / Ablaufverteilregister || ~ **link field** [Sw] / Folgeadreßfeld || ~ **monitor** [Sw] / Folgeüberwachung || ~ **monitor test** [Sw] / Folgeüberwachungstest || ~ **number** [Sw] / laufende Nummer || ~ **number** [Cobol] / Folgenummer || ~ **number comparator** [ES] / Laufnummernvergleicher || ~ **number display** [NC, PrC] / Satzanzeige, Satznummernanzeige || ~ **numbering device** [TP, ES] / Laufnummerngeber || ~ **of functions** [Sw] / Funktionsablauf || ~ **of instructions** [Sw] / Befehlsfolge || ~ **of layers** [Sc] / Zonenfolge || ~ **of operations** [Dp] / Operationsfolge, Ablauffolge, Ablauf (Folge von Operationen) || ~ **of regions** [Sc] / Zonenfolge || ~ **priority** [OS] / Ablaufpriorität
sequencer (s. sorter)
sequence register (s. instruction counter) || ~ **request** [Dp] / Ablaufanforderung || ~ **request auxiliary register** [Dp] /

Ablaufanforderungs-Hilfsregister || ~ **request bit** [Dp] / Ablaufanforderungsbit || ~ **request code** [Dp] / Ablaufanforderungscode || ~ **request code register** [Dp] / Ablaufanforderungscoderegister || ~ **request control** [Dp] / Ablaufanforderungssteuerung || ~ **request register** [Dp] / Ablaufanforderungsregister || ~ **request selection** [Dp] / Ablaufanforderungsauswahl || ~ **request word output** [Dp] / Ablaufanforderungswortausgabe || ~ **selection** [Dp] / Ablaufauswahl || ~ **specification form** [RPG] / Sortierfolgebeschreibung || ~ **symbol** [Sw, ES] / Folgesymbol || ~ **unit** [PC] / Folgekontrolleinheit

sequential *adj* [Dp] / sequentiell, logisch fortlaufend || ~ **access** [Cobol] / sequentieller Zugriff || ~ **access method (SAM)** [Sw] / sequentielle Zugriffsmethode || ~ **access storage** [M] / Speicher mit sequentiellem Zugriff, Sequenzspeicher, sequentieller Speicher || ~ **addressing** [M] / sequentielle Adressierung, Adressierung mit Hilfe von Folgeadressen, Adressierung mit Hilfe von Verweisadressen || ~ **circuit** [Cir, ES] / Folgeschaltung || ~ **circuit** (s. sequential logic system) || ~ **coding** [Th] / Reihenverfahren || ~ **computer** (computer in which events occur in time sequence, with little or no simultaneity or overlap of events) [Dp] / Sequentiellrechner, sequentieller Rechner, sequentieller Computer || ~ **control** [OS] / Folgesteuerung, sequentielle Steuerung, Folgeprüfung || ~ **cycling** [ES] / Zyklusfolgebetrieb || ~ **input** [NC] / Eingabe fortlaufender Werte || ~ **job scheduling** [Sw] / sequentielle Bearbeitung, sequentielle Jobbearbeitung || ~ **logic** [Cir] / sequentielle Logik || ~ **logic system** [Cir] / Schaltwerk (Schaltung, die Verzögerungsglieder enthält und in der infolgedessen die Ausgangssignale von den momentanen und den früheren Eingangssignalen abhängen; cf. „Schaltnetz")(DIN 44300, März 1972)

sequentially constructed [Sw] / seriell aufgebaut, seriell organisiert || ~ **organized** [Sw] / seriell aufgebaut, seriell organisiert

sequential operation (performance of large scale operations one after the other in time) [Dp] / sequentielle Arbeitsweise (bei einer Vielzahl von Operationen) || ~ **operator** [Algol] / Folgeoperator || ~ **organization** [M] / starr fortlaufende Speicherorganisation, serielle Organisation || ~ **organization** [Dp] / sequentieller Struktur, logisch fortlaufender Aufbau || ~ **processing** [Dp, RDp] / sequentielle Verarbeitung, logisch fortlaufende Verarbeitung || ~ **relay** [Co] / Folgerelais || ~ **scheduling** [Sw] / Folgeverarbeitung, Massenverarbeitung

serial *adj* [Dp] / starr fortlaufend, seriell || [Th] / seriell, aufeinanderfolgend (zeitlich) || ~ **access** [Dp] / serieller Zugriff, sequentieller Zugriff || ~ **adder** [Cir, ALU] / Serienaddierwerk, Serienaddierer || ~ **by bit** [Tr] / bitseriell, schrittseriell || ~ **by character** [RDp, ES, Tr] / zeichenseriell || ~ **computer** [Dp] / serieller Rechner (Computer, in dem die einzelnen Bits einer Dateneinheit der Reihenfolge nach rechnerintern transportiert werden) || ~ **configuration** [ES] / Seriendarstellung (Zeichen) || ~ **count** [Sw] / fortlaufende Zählung || ~ **digital computer** [Dp] / Seriendigitalrechner || ~ **file organization** [Sw] / serielle Dateiorganisation || ~ **full subtracter** [ALU] / serielles Subtrahierwerk, serieller Vollsubtrahierer || ~ **half subtracter** [ALU] / serieller Halbsubtrahierer || ~ **interface** [TP, ES] / Serienschnittstelle

serialize *v* [Tr] / in bitserielle Form bringen

serial line interface [Tr] / Schnittstelle für bitserielle Datenübertragung

serially reusable (program, etc.) [Sw] / seriell wiederverwendbar, nacheinander bei mehreren Operationen aufrufbar (bei Multiprogrammverarbeitung)

serial number [Th] / Seriennummer || ~ **number comparator** [ES] / Laufnummernvergleicher || ~ **number indicator (SNI)** [TP, ES] / Laufnummernanzeiger || ~ **numbering** [Sw] / fortlaufende Numerierung || ~ **number printing** [PC] / Seriennummerndruck || ~ **number storage** [ES] / Laufnummernspeicher || ~ **number transmitter** [TP, ES] / Laufnummerngeber || ~ **operation** (as opposed to "parallel operation") [Dp, Tr] /

serieller Betrieb (DIN 44300, März 1972), Serienbetrieb, Folgebetrieb, folgegebundener Ablauf || ~ **operation** (performance of small scale operations in time) [Dp] / sequentielle Arbeitsweise (bei einer kleinen Anzahl von Operationen)
serial-parallel computer [Dp] / Serien-Parallelrechner || ~ **converter** [Dp, Tr] / Serien-Parallel-Umsetzer (DIN 44300, März 1972) || ~ **machine** [Dp] / Serien-Parallelmaschine
serial printer [HSP] / Seriendrucker, Serialdrucker, Serialdruckwerk (DIN 9784, Okt. 1977), schneller Zeichendrucker || ~ **processing** [Dp, RDp] / serielle Verarbeitung, starr fortlaufende Verarbeitung || ~ **programming** [Sw, NC] / Serienprogrammierung || ~ **reading** [NC] / Serienabtastung || ~ **recording** [PE] / Serienaufzeichnung || ~ **representation** [ES] / Seriendarstellung (Zeichen) || ~ **scanning** [NC] / Serienabtastung || ~ **storage** [M] / Serienspeicher
serial-to-parallel conversion [Th, Tr] / Serien-Parallel-Umsetzung
serial transfer [CP, Tr] / serieller Datentransfer, Serientransfer || ~ **transmission** [ES, Tr] / Serienübertragung, serielle Übertragung
series code [FS] / Seriencode
series-connected system [ES] / Reihenanlage
series connection [TrL] / Reihenschaltung, Hintereinanderschaltung, Hauptschlußschaltung || ~ **connective** [Cobol] / Serienbindesymbol || ~ **equivalent fourpole network** [Cir] / Vierpol-Reihen-Ersatzschaltung || ~ **modem** [RDp, Tr] / Serienmodem
series-parallel circuit [Hw] / Serien-Parallelschaltung || ~ **conversion** [Th, Tr] / Serien-Parallel-Umsetzung || ~ **operation** [Th, Tr] / Serien-Parallelbetrieb || ~ **system** [Th, Tr] / Serien-Parallelsystem
series production [PrC] / Serienfertigung || ~ **resonance** [Cir] / Reihenresonanz
series-resonant circuit [Cir] / Reihenschwingkreis
series-shunt arrangement [ES] / Serien-Parallelanordnung
service *v* [Sw] / verwalten || ~ (interrupt, routine, etc.) [Dp] / abarbeiten
serviceability *n* [Hw] / Nutzbarkeit || ~ (i.e., the reliability of equipment based on criteria such as serviceability ratio, utilization ratio, operating ratio, etc.) [Hw, QC] / Hardware-Zuverlässigkeit || **system** ~ (i.e., the reliability of a system based on some objective criterion) [Dp] / Systemzuverlässigkeit, Zuverlässigkeit des Systems || ~ **ratio** [Hw] / Nutzbarkeitsgrad
serviceable *adj* [Hw, ES] / betriebsfähig, betriebsklar || ~ **time** [Dp] / verfügbare Betriebszeit
service area [ES] / Bedienungsbereich || ~ **call** [CTW] / Bedienungsaufruf, Bedienaufruf || ~ **capacitance** [Sc] / Betriebskapazität || ~ **channel** [Tr] / Dienstkanal || ~ **channel module** [Tr] / Dienstkanalbaugruppe || ~ **code** [ES] / Codetext || ~ **code signal** [ES] / Dienstsignal || ~ **computer** [Dp] / Bedienungsrechner || ~ **computing center** [Dp] / Dienstleistungsrechenzentrum || ~ **connection program** [ES] / Stichverbindungsprogramm || ~ **disk** [ES] / Dienstplatte || ~ **door** [HSP] / Bedientür || ~ **interruption** [RDp] / Betriebsunterbrechung || ~ **life** [Hw] / Betriebsdauer (Lebensdauer), Nutzungsdauer, Nutzdauer
serviceman *n* [Serv] / Service-Techniker
service message [DpC] / Bedienungsmeldung || ~ **message** [Tr] / Dienstnachricht || ~ **number** [ES] / Dienstnummer || ~ **order table** [RDp] / Aufruftabelle || ~ **program** [Sw] / Dienstprogramm (weitgehend allgemein verwendbares Programm innerhalb eines Betriebssystems, welches das Arbeiten mit den an die Datenverarbeitungsanlage angeschlossenen äußeren Speichern, Eingabegeräten und Ausgabegeräten unterstützt) || ~ **request** [CTW] / Bedienungsaufruf, Bedienaufruf || ~ **request check** [ES] / Anforderungsprüfung || ~ **request flip-flop** [Mp] / Bedienungsanforderungs-Flipflop (zur Erzeugung und Steuerung von Unterbrechungen) || ~ **signal** [ES] / Dienstsignal || ~ **technician** [Serv] / Service-Techniker || ~ **traffic** [ES] / Dienstverkehr || ~ **user** [ES] / Dienstteilnehmer
servicing concept [Serv] / Service-Konzeption
serving line [ES] / Abnehmerleitung, Partnerleitung || ~ **port** [ES] /

Abnehmerleitung, Partnerleitung || ~ **port address** [ES] / Abnehmeradresse || ~ **trunk group** [ES] / Abnehmerbündel

servo *n* [AC] / Servomechanismus, Folgesteuerungsmechanismus

servo-integrator *n* [ADp] / inkrementaler Integrierer, Servointegrierer, Entscheidungsintegrator

servomechanism *n* [AC] / Servomechanismus, Folgesteuerungsmechanismus

servomotor *n* [PCC] / Servomotor, Folgesteuerungsmotor

servomultiplier *n* [ADp] / Servomultiplizierer

servoresolver *n* [ADp] / Servo-Koordinatenwandler

servosystem *n* [PCC] / Servosystem, Folgesteuerungssystem

session *n* [OS] / Sitzung

set *v* [Hw] / einstellen || *n* [Typ] / Set || **to ~ the tab stops** [TP] / den Tabulator setzen

Set a bit "off" (BITOF) [Instruction, RPG] / Löschen Bit || ≗ **a bit "on" (BITON)** [Instruction, RPG] / Setzen Bit || ≗ **arithmetic** [Instruction] / Setzen arithmetisch

set associative mapping [Th, Sw] / teilassoziative Abbildung

Set binary [Instruction] / Setzen binär || ≗ **character** [Instruction] / Setzen Zeichen || ≗ **indicator off (SETOF)** [Instruction, RPG] / Löschen Bezugszahl (SETOF) || ≗ **ISIM** (= inhibit simultaneity) [OS, Instruction] / Setzen ISIM || ≗ **location counter** [OS, Instruction] / Setzen Adreßpegel

SETOF (s. Set indicator off)

set of conditions [Dp] / Bedingungsmuster || ~ **of programs** [Sw] / aufeinander abgestimmte Programme || ~ **point** [AC] / Sollwert || ~ **point adjuster** [PCC] / Sollwertsteller || ~ **point station** [PCC] / Sollwertsteller

Set program mask (SPM) [OS, Lisp] / Setzen Programmaske

set pulse [M] / Setzimpuls

set-reset flip-flop [Cir] / RS-Kippstufe, Flipflop mit RS-Tastung

set security [Dp] / Dateischutz über Kennwort || ~ **solid** [Typ] / ohne Zwischenraum gesetzt || ~ **statement** [Cobol] / Setzanweisung || ~ **status** [M] / Setzzustand

Set storage key (SSK) [OS, Lisp] / Setzen Speicherschlüssel || ≗ **switch** [Instruction] / Setzen Schalter

set symbol [Sw] / Setsymbol || ~ **theory** [Th] / Mengenlehre

setting accuracy [PCC, Tr] / Einstellgenauigkeit || ~ **threshold** [M] / Setzschwelle || ~ **time** [M] / Setzzeit

setting-up diagram [Serv] / Justageskizze || ~ **time** (s. machine setup time)

settle *v* [TP] / (von Typenscheibe usw.) sich beruhigen

settling *n* [TP] / Beruhigen (der Typenscheibe) || ~ **delay** [TP] / Beruhigen (der Typenscheibe)

set up (connection, call, etc.) *v* [ES] / aufbauen

setup *n* [Dp] / Rechnerschaltung (vorwiegend bei Analogrechnern) || ~ **diagram** [Serv] / Justageskizze || ~ **diagram** [Dp] / Rechnerschaltplan, Rechenschaltplan || ~ **time** [Dp] / Rüstzeit

seven-level code [Th] / Siebener-Code, 7er Code

seven-track recording [MCS, MT] / Sieben-Spur-Aufzeichnung, 7-Spur-Aufzeichnung

severity *n* [Sw] / Schwierigkeitsgrad (Fehler) || ~ **code** [OS] / Fehlerwichtung

sexadecimal (s. hexadecimal)

sextet *n* [Th] / Sechs-Bit-Byte, 6-Bit-Byte

SF module [HSP] / Substitutionsfeldmodul, SF-Modul

SGS (s. status group select)

Sh (s. shannon)

SH (s. Subtract halfword)

shaded area [HSP] / schraffierter Bereich, Schattenfläche || ~ **memory** [M] / nicht adressierbarer Arbeitsspeicherbereich, Schattenspeicher (Teil des Arbeitsspeichers, dessen Speicherplätze nicht vom Programm her aufgerufen werden können)

shading *n* [HSP] / Schraffur

shadow *n* [Mp] / Schattenspeicher (programmierbarer Urladefestspeicher)

shannon (Sh) *n* [Th] / Shannon (Sh), Bit (bit) (Einheit für die Anzahl der Binärentscheidungen)

sharability *n* [Sw] / Mehrbenutzbarkeit

sharable *adj* [Sw] / mitbenutzbar

shareability *n* [Sw] / Mehrbenutzbarkeit

shareable *adj* [Sw] / mitbenutzbar || ~ **application** [OS] / mehrfach benutzbare Kommunikationsanwendung

shared *adj* [Sw] / gemeinsam genutzt, mehrfach ausgenutzt || ~ **dataset** [Sw] / gemeinsam genutzte Datei, gemeinsam benutzte Datei, gemeinschaftliche Datei || ~ **device** [Sw] / gemeinsam

genutztes Gerät || ~ **facilities** [Sw] / gemeinsam benutzte Systemeinrichtungen || ~ **file** [Sw] / gemeinsam genutzte Datei, gemeinsam benutzte Datei, gemeinschaftliche Datei || ~ **line** (s. party line)
shared-line equipment [Tr] / Gemeinschaftseinrichtung
shared memory [PE, M] / gemeinsam genutzter Speicher || ~ **service line** [Tr] / Gemeinschaftsleitung || ~ **track** [OS] / geteilte Spur
sheath continuity [Hw] / Mantelkontinuität
sheathing, to remove the ~ from [Cir] / (Kabel usw.) abmanteln
sheath leak [Hw] / Mantelundichtigkeit
sheet counter [OCR] / Belegzähler || ~ **counter** [HSP] / Seitenzähler, Blattzähler || ~ **depth** [OCR] / Beleghöhe || ~ **dimension** [HSP] / Blattabmessung || ~ **fold** [OCR] / Belegknick || ~ **fold perforation** [HSP] / Seitenperforation, Blattfalzperforation || ~ **guide** [HSP] / Umlenkeinrichtung || ~ **label** [IO] / Blattkennung || ~ **length** [OCR] / Beleglänge || ~ **length** [HSP] / Blatthöhe || ~ **length adjustment** [HSP] / Blatthöheneinstellung || ~ **length pointer** [HSP] / Blatthöhenmarke || ~ **perforation** [HSP] / Blattperforation || ~ **picking** [OCR] / Abzug (Markierungsleser) || ~ **resistance** [Sc, Co] / Flächenwiderstand || ~ **resistivity** [Sc] / spezifischer Schichtwiderstand (Dickfilm) || ~ **size** [OCR] / Belegformat, Beleggröße || ~ **size** [HSP] / Blattgröße || ~ **width** [OCR] / Belegbreite || ~ **width** [HSP] / Blattbreite
Sheffer stroke (s. NAND operation)
Sheffer-stroke function (s. NAND operation)
shell flange [HSP] / Schalenrand (Trommel)
shielded cable [TrL] / geschirmtes Kabel
shield ground [ES] / Schirmerde
shift *v* [ALU] / shiften, verschieben, stellenversetzen || *n* [Sw] / Verschiebung, Stellenwertverschiebung || [ALU] / Shiftung, Verschieben, Stellenversetzen || ~ (s. case shift) || **access to third** ~ [TP] / Umschalten auf 3. Druckebene || ≗ **and test for most significant one** [OS, Instruction] / Verschieben und Suchen erste Eins || ~ **clock timing control** [ES] / Schiebetaktsteuerung || ~ **code** [ES] / Umschaltecode, Umschaltesignal || ~ **counter** [ES] / Schrittzähler (Register)
shift-in character (SI) [TP, Th] / Rückschaltungszeichen
shift indexing [ES] / Schrägindizierung
shifting instruction [Sw, ES] / Verschiebebefehl, Schiebebefehl
shift instruction [Sw, ES] / Verschiebebefehl, Schiebebefehl || ~ **key** [TP, RDp, Tr] / Umschalttaste || ≗ **left arithmetic (VAL)** [OS, Instruction] / Verschieben arithmetisch links (VAL) || ≗ **left double (SLDA)** [OS, Instruction] / Verschieben links doppelt (SLDA) || ≗ **left double logical (SLDL)** [OS, Lisp] / Verschieben links doppelt logisch || ≗ **left/right double (VDL/VDR)** [OS, Instruction] / Verschieben links/rechts doppelt (VDL/VDR) || ≗ **left/right logical (VAL/VAR)** [OS, Instruction] / Verschieben logisch links/rechts (VAL/VAR) || ≗ **left single (SLA)** [OS, Lisp] / Verschieben links || ≗ **left single logical (SLL)** [OS, Lisp] / Verschieben links logisch (SLL)
shift-lock keyboard [TP] / Tastenwerk mit Tastenfeldsperre, Tastatur mit Buchstaben-Ziffernsperre
shift mechanism [DT] / Umschaltmechanismus || ~ **number** [PCC] / Verschiebezahl
shiftout character (SO) [TP, Dp] / Umschaltungszeichen
shift register (of alphanumeric display, ect.) [Mp, VDT] / Schieberegister || ~ **register clock pulse** [ALU] / Schieberegistertakt || ~ **register timing** [ALU] / Schieberegistertakt || ≗ **right arithmetic (VAR)** [OS, Instruction] / Verschieben arithmetisch rechts (VAR) || ≗ **right double (SRDA)** [OS, Lisp] / Verschieben rechts doppelt (SRDA) || ≗ **right double logical (SRDL)** [OS, Lisp] / Verschieben rechts doppelt logisch (SRDL) || ≗ **right single (SRA)** [OS, Lisp] / Verschieben rechts (SRA) || ≗ **right single logical (SRL)** [OS, Lisp] / Verschieben rechts logisch (SRL) || ~ **signal** [ES] / Umschaltecode, Umschaltesignal || ~ **unit** [ALU] / Verschiebeeinrichtung, Stellenversetzungseinheit
shipment lot [Dist] / Lieferlos
shock frequency [HSP] / Stoßfolge
Shockley diode [Sc] / Shockley-Diode (Vierschicht-Diode)
shock sequence [HSP] / Stoßfolge
shopwired *adj* [Cir] / werkstattverdrahtet
short *n* [Serv] / Kurzschluß || ~ **block** [Sw] /

verkürzter Block || ~ **card pack feed** [PC] / Kurzkartenzuführung
short-circuit*n* [Serv] / Kurzschluß || ~ **condition** [Sc] / Kurzschlußbedingung || ~ **keying** [Tr] / Kurzschlußtastung || ~ **protection** [Hw] / Kurzschlußsicherung || ~ **stable** [Hw] / kurzschlußstabil
short-circuit-to-frame test [QC] / Körperschlußprüfung
shorted, to become ~ [Sc] / durchlegieren (Thyristor)
short-haul traffic [ES] / Nahverkehr
shorting link [ES] / Kurzschließer
short instruction [Sw] / kurzer Befehl || ~ **path** [ES] / Kurzweg (Koppler)
short-path connection [ES] / Kurzweg (Koppler)
short-precision floating-point constant [Sw] / Gleitpunktkonstante mit kurzer Mantissenlänge
short-term filing [ES] / Kurzzeitarchivierung || ~ **memory** [Cy] / Kurzzeitgedächtnis, Fluoreszenzgedächtnis, phosphoreszierendes Gedächtnis
short-time storage [ES] / Kurzzeitspeicher, Kurzspeicher
short word computer [Dp] / Kurzwortmaschine
should-be data [Dp] / Solldaten || ~ **information register** [ES] / Sollinformationsregister || ~ **value** [Dp] / Sollwert
shrink fit [Hw, Serv] / Schrumpfsitz || ~ **sleeve** [Hw, Fl] / Schrumpfschlauch
shunt-connected rectifier [Co] / Parallelgleichrichter
shunt fault tester [Serv] / Nebenschlußprüfeinrichtung || ~ **resistor** [Co] / Parallelwiderstand
shutdown program [Sw] / Abschaltprogramm
shuttle valve [Fl] / Wechselventil
SI (s. shift-in character)
side cover [Hw] / Seitenabdeckung || ~ **door** [HSP] / Seitentür || ~ **effect** [Algol] / Nebenwirkung || ~ **frame** [HSP] / Seitenrahmen (Schrank) || ~ **margin** [HSP] / Druckzeilenbegrenzung || ~ **panel** [HSP] / Seitenwange (Schrank)
sidepath, device ~ routine [OS] / Gerätenebenprogramm
side program [Sw] / Nebenprogramm
sidetone suppression [ES] / Rückhördämpfung
side-to-side crosstalk [Tr] / Nebensprechen, Übersprechen
sidewall isolation [Sc] / isolierende Randzone
sideways feed [PC] / Zuführung in Querrichtung, Seitenzuführung
sight check (i.e., a method of checking for presence or absence of punched holes in identical locations on cards by placing one card on top of another and looking through the pattern of holes) [PC] / Sichtprüfung (bei Lochkarten) || ~ **glass** [Hw] / Schauglas
sigma accumulate capability [Calc] / Resultataddition (selbsttätig saldierende Speicherung der einzelnen angegebenen Resultate einer Serie von Rechnungen) (DIN 9757E, Okt. 1977)
sign*n* [Algol] / Vorzeichen || ~ (i.e., an alphanumeric character, regardless of its size or graphic characteristics; cf. "graphic") [Dp, OCR] / Zeichen
signal*n* [Dp, Th] / Signal (DIN 44300, März 1972), Zeichenträger || ~ **amplitude** [Sc] / Signalamplitude || ~ **combination** [Th, NC] / Zeichenkombination || ~ **conditioning** [PCC] / Signalformung
signal-conditioning unit [GrDp, Meas] / signalformendes Gerät
signal contactor [Hw] / Signalkontaktgeber || ~ **control relay** [NC] / Signalsteuerrelais || ~ **conversion** [Tr] / Signalumsetzung || ~ **converter** [Tr] / Signalumsetzer (DIN 44302, Apr. 1979) || ~ **designation** [ES] / Signalbezeichnung || ~ **distance** [DS, Tr] / Hammingdistanz, Hammingabstand (DIN 44300, März 1972) || ~ **distorter** [Tr] / Signalverzerrer, Meßverzerrer || ~ **distortion** [Tr] / Signalverzerrung, Meßverzerrung || ~ **distribution** [ES] / Signalverteilung || ~ **edge handling** [ES] / Flankenbehandlung || ~ **edge handling bit** [ES] / Flankenbehandlungsbit || ~ **edge marker bit** [ES] / Flankenkennbit || ~ **edge reception** [ES] / Flankenempfang || ~ **edge transmission** [ES] / Flankensendung || ~ **element** [Tr] / Zeichenschritt, Schritt (DIN 44302, Apr. 1979), Schrittelement || ~ **element duration** (s. signal element length) || ~ **element length** [Tr] / Schrittlänge, Schrittdauer || ~ **element timing** [Tr] / Schrittakt (DIN 44302, Apr. 1979) || ~ **equalizing** [ES] / Zeichenentzerrung || ~ **evaluation** [ES] / Zeichenauswertung || ~ **excitation** [ES] / Signalerregung || ~ **formation** [VS] / Signalbildung || ~ **frequency** [ES] / Signalfrequenz || ~ **generator** [Tr] / Signalgenerator,

Signalgeber, Wechselsender || ~ **generator voltage** [Tr] / Signalgenerator-Effektivspannung || ~ **ground** [ES] / Signalerde
signaling *n* [ES] / Signalisierung || **mode of ~** [ES] / Signalisierungsart || ~ **channel** [ES] / Signalisierungskanal || ~ **character** [ES] / Signalisierungszeichen || ~ **circuit** [ES] / Schreibkreis || ~ **condition** [ES] / Signalisierungszustand || ~ **conventions** [ES] / Signalisierungsvereinbarungen || ~ **conversion equipment** [ES] / Signalisierungs-Zeichenumsetzung || ~ **criteria** [Tr] / Signalkriterien, Signalisierungskriterien || ~ **element** [ES] / Signalisierungselement || ~ **envelope** [ES] / Signalisierungsenvelope || ~ **line** [ES] / Signalleitung, Signalisierungsleitung || ~ **panel** [ES] / Signalschiene || ~ **pattern** [ES] / Raster (Signal) || ~ **phase** [ES] / Signalisierungsphase || ~ **scheme** [ES] / Signalschema || ~ **set** [ES] / Wahlsatz || ~ **storage** [PCC] / Meldespeicher || ~ **system** [ES] / Signalisierungsverfahren || ~ **table** [ES] / Signalisierungstabelle || ~ **timing chart** [ES] / Signalkriterienplan || ~ **unit** [TP] / Fernschalteinheit (FSE), Fernschaltgerät || ~ **wire** [ES] / Schreibader
signal input device [PCC] / Signaleingabe (SIEG) || ~ **interrogator** [ES] / Signalabfrageeinrichtung (SAE) || ~ **interval** [TP] / Länge des Einheitsschrittes || ~ **level** [Tr] / Signalpegel || ~ **level check** [Tr] / Signalpegelprüfung || ~ **level conversion** [ES] / Signalpegelumsetzung || ~ **line** [ES] / Signalleitung, Signalisierungsleitung
signal/noise ratio (s. signal-to-noise ratio)
signal normalization [Tr] / Signaltransformation || ~ **output device** [PCC] / Signalausgabe (SIAG) || ~ **output voltage** [RDp, Tr] / Signalausgangsspannung || ~ **parameter** [Cir] / Signalparameter (DIN 44300, März 1972) || ~ **path** [ES] / Signalweg || ~ **position** [ES] / Zeichenlage || ~ **pulse** [MCS, Dp, Tr] / Schrittpuls (DIN 44302, Apr. 1979), Takt || ~ **recording telegraphy** [TP] / Schreibtelegrafie, Recordertelegrafie || ~ **regeneration** [Tr] / Signalentzerrung, Entzerrung von Signalen || ~ **release circuit** [ES] / Freigabeschaltung || ~ **scanner** [ES] / Signalabfrage || ~ **selector** [NC] / Signalwähler || ~ **sequence** [RDp, Tr] / Signalfolge || ~ **sequence recognizer** [Tr] / Signalfolgeerkennung
signal-shaping network [TP] / Entzerrungsschaltung
signal standardization [Tr] / Signaltransformation || ~ **statement** [PL/1] / Unterbrecheranweisung || ~ **suppression** [ES] / Zeichenunterdrückung
signal-to-intermodulation ratio [Sc] / Intermodulationsabstand
signal-to-noise characteristic [Tr] / Störspannungsverhalten || ~ **ratio (S/N)** [Tr] / Störabstand, Geräuschabstand (A, CH)
signal transformation [Tr] / Signaltransformation || ~ **transition** [ES] / Schrittumschlag || ~ **unit** [TP] / Fernschalteinheit (FSE), Fernschaltgerät || ~ **wiring list** [ES] / Signalverbindungsliste || ~ **wraparound** [ES] / Signalumkehr, Informationsumkehr || ~ **wraparound information** [ES] / Umkehrinformation
sign bit [Mp, Th, OS] / Vorzeichenbit, Vorzeichenstelle || ~ **builtin function** [PL/1] / (eingebaute) Signum-Funktion || ~ **changer** [ADp] / Vorzeichenumkehrer || ~ **check indicator** [ALU] / Vorzeichenprüfanzeiger || ~ **condition** [Cobol] / Vorzeichenbedingung || ~ **control** [ALU] / Vorzeichensteuerung || ~ **control flip-flop** [ALU] / Vorzeichen-Flipflop || ~ **digit** [NC] / Vorzeichenziffer
signed *adj* [Sw] / vorzeichenbehaftet || [Fortran] / mit Vorzeichen || ~ **binary instruction** [Th, Sw] / Festpunktbefehl für vorzeichenbehaftete Dualzahlen || ~ **exponent** [Sw] / Exponent mit Vorzeichen || ~ **field** [Sw] / Speicherfeld mit Vorzeichen || ~ **integer** [PL/1] / ganze Zahl mit Vorzeichen || ~ **mantissa** [Th] / Mantisse mit Vorzeichen
sign function [PL/1] / (eingebaute) Signum-Funktion
significance *n* (of bit position) [Sw] / Stellenwert, Wertigkeit || ~ **error** [Sw] / Signifikanzfehler, Mantisse gleich Null
significance-start character [Sw] / Startzeichen für Nullschreibung
significant conditions of a modulation [TP] / Kennzustände || ~ **digit** [Th, Sw] / bedeutsame Ziffer, signifikante Ziffer, Wertziffer (gültige Ziffer mit Ausnahme einer führenden Null) || ~ **digit** [Cobol] / wesentliche Ziffer || ~ **digit arithmetic** [Th] / Arithmetik mit

bedeutsamen Ziffern || ~ **figure** [Algol] / wesentliche Ziffer || ~ **instants** (of a modulation or restitution) [TP] / Schritteinsätze, kennzeichnende Zeitpunkte || ~ **interval** [TP] / Schrittlänge, kennzeichnendes Intervall
signification mask [Sw] / Gleitpunktgültigkeit (Programmaske)
sign indication [PC] / Vorzeichenkennzeichnung, Vorzeichenlochung || ~ **location** [Th, Sw] / Vorzeichenstelle || ~ **off** *v* [VS, RDp] / abmelden || ~ **on** [VS, RDp] / anmelden
sign-on message (monitor) [Mp] / Bereitschaftsmeldung (Monitor)
sign part [Algol] / Vorzeichenteil || ~ **position** [Th, Sw] / Vorzeichenstelle || ~ **processing** [Sw] / Vorzeichenbehandlung || ~ **register** [ALU] / Vorzeichenregister || ~ **reverser** [ADp] / Vorzeichenumkehrer || ~ **suppression** [Algol] / Vorzeichenunterdrückung
silicon chip [Co, Sc] / Siliziumplättchen, Silizium-Chip
silicon-controlled rectifier (SCR) [Sc] / gesteuerter Siliziumgleichrichter, Vierschicht-Schaltdiode
silicon gate technique [Cir, Co, Sc] / Siliziumgattertechnik || ~ **gel bag** [Dist] / Kieselgelbeutel || ~ **integrated circuit** [Co] / integrierter Siliziumschaltkreis
silicon-nitride layer [Sc] / Silizium-Nitridschicht
silicon oil [HSP] / Silikonöl
silicon-on-sapphire technology (SOS technology) [Sc, Co] / Silizium-Saphir-Technik
silicon planar transistor [Sc] / Silizium-Planartransistor || ~ **rectifier** [Co] / Siliziumgleichrichter || ~ **slice** [Co, Sc] / Siliziumscheibe || ~ **wafer** [Co, Sc] / Siliziumscheibe
silistor *n* [Sc] / Silistor (Kaltleiter auf Siliziumbasis)
silk-screen printing [Co, Sc] / Siebdruck (DIN 40804, Aug. 1977)
simple *adj* [Algol, PL/1] / einfach || ~ **absolute expression** [PL] / einfacher absoluter Ausdruck || ~ **arithmetic expression** [Algol, Fortran] / einfacher arithmetischer Ausdruck || ~ **Boolean** [Algol] / einfacher boolescher Ausdruck || ~ **designational expression** [Algol] / einfacher Zielausdruck || ~ **expression** [PL] / einfacher Ausdruck || ~ **fraction** [Th] / gewöhnlicher Bruch || ~ **list** [Fortran] / einfache (Ein-Ausgabe-)Liste || ~ **name** [Sw] / einfacher Name || ~ **network** [Dp] / einfaches Netz || ~ **ratio channel** [Tr] / Zeitvielfachkanal mit Periodenverteilung nach einfachen Teilverhältnissen || ~ **variable** [Algol] / einfache Variable
simplex channel [Tr] / Simplexkanal || ~ **circuit** [Tr] / Simplexverbindung
simplexed circuit [Tr] / Simplexverbindung
simplex method [Tr] / Simplexmethode || ~ **mode** [ES] / Wechselschreibverfahren, Simplexverfahren || ~ **operation** [ES] / Wechselschreibbetrieb, Simplexbetrieb (DIN IEC 489E T1, Apr. 1979)
simplex-phantom circuit [Tr] / Kunstschaltung
simplex system [ES] / Einfachsystem || ~ **transmission** [ES, Tr] / Simplexübertragung || ~ **working** [ES] / Wechselschreibbetrieb, Simplexbetrieb (DIN IEC 489E T1, Apr. 1979)
simulate *v* [Dp] / simulieren
simulated data tape [Sw] / Band mit simulierten Daten || ~ **request** [ES] / künstliche Anforderung (KA) || ~ **request test control** [ES] / künstliche Anforderungsteststeuerung (KATS)
simulation *n* [Dp] / Simulation || ~ **log** [ES] / Simulationsprotokoll || ~ **of strategic games** [Cy] / Simulation strategischer Spiele || ~ **program** [Mp, Dp] / Simulierer (Programm, mit dessen Hilfe man auf einer DVA die in der Maschinensprache einer anderen DVA vorliegenden Programme ablaufen lassen kann) (DIN 44300, März 1972) || ~ **run** [Dp] / Simulationslauf
simulator *n* (i.e., a system, either hardware or software, designed to perform the simulation of some real process) [Mp, Dp] / Simulator (DIN 44300, März 1972) || ~ **program** [Mp, Dp] / Simulierer (Programm, mit dessen Hilfe man auf einer DVA die in der Maschinensprache einer anderen DVA vorliegenden Programme ablaufen lassen kann) (DIN 44300, März 1972)
simultaneity *n* [OS] / Simultaneität || ~ **key interlock** [TP] / Gleichzeitigkeitssperre || ~ **switch** [Hw] / Simultanschalter
simultaneous *adj* [Dp, NC] / simultan, konkurrierend || ~ **access** (i.e., placing data into storage, or retrieving data from storage, by means of parallel transfer of all elements of the unit of data) [PE] / Parallelzugriff,

Simultanzugriff || ~ **computer** (i.e., a computer which contains a unit giving it simultaneity of operation) [Dp] / Simultanrechenanlage, Simultanrechner || ~ **control** [NC] / Simultansteuerung || ~ **linear equations** [Th] / simultane lineare Gleichungen || ~ **mode** [Dp] / Simultanbetrieb || ~ **operation** [Dp] / Simultanarbeit, Simultanverarbeitung || ~ **program** [RDp, Tr] / Simultanprogramm || ~ **transmission** [Tr] / Simultanübertragung, simultane Übertragung, gleichzeitige Übertragung || ~ **working** [Dp] / Simultanbetrieb

sine/cosine potentiometer [ADp] / Sinus/Cosinus-Potentiometer

single-address code [Sw] / Einadreßcode || ~ **computer** [Dp] / Einadreßrechner, Einadreßcomputer || ~ **instruction** [Sw] / Einadreßbefehl || ~ **instruction format** [Sw] / Einadreßbefehlsstruktur || ~ **message** [ES] / Einfachadreßnachricht || ~ **point** [ES] / Einfachergebnispunkt || ~ **system** [Th] / Einadressensystem

single-board computer (s. monoboard microcomputer) || ~ **locking** [Hw] / Einzelverriegelung (Flachbaugruppe) || ~ **microcomputer** [MCS] / Einkartenrechner, Einplatinen-Rechner || ~ **replacement method** [Sc] / Einzelaustauschmethode (Flachbaugruppe)

single booking terminal [RDp] / Einzelbuchungsstation || ~ **buffering** [Sw] / einfache Pufferung || ~ **call record journaling** [ES] / Einzelrufdatenaufzeichnung, Einzelaufzeichnung || ~ **card check** [PC] / Einzelkartenprüfung || ~ **card checking** [PC] / Einzelkartenprüfung || ~ **card control** [PC] / Einzelkartenprüfung || ~ **card group** [PC] / Einzelkartengruppe || ~ **card total elimination** [PC] / Summenganunterbindung bei Einzelkartengruppen

single-carriage printer [HSP] / einbahniger Drucker

single channel [Tr] / Einfachkanal

single-channel communication controller [Tr] / Einkanal-Datenübertragungssteuerung || ~ **controller** [Tr] / Einkanalsteuerung || ~ **data transmission** [Tr] / Einkanal-Datenübertragung || ~ **magnetic tape unit** [MT] / Einkanal-Magnetbandelement || ~ **mode** [CP] / Einkanalbetrieb || ~ **system** [CP] / Einkanalsystem || ~ **tape controller** [MT] / Einkanalmagnetbandsteuerung

single character call forward mode [ES] / Einzelabrufbetrieb || ~ **character readout mode** [TP] / Einzelabrufbetrieb (Leser)

single-chip computer [MCS] / Ein-Chip-Computer || ~ **microprocessor** (complete microprocessor fabricated on a single LSI chip) [Mp] / 1-Chip-Mikroprozessor

single clock pulse [ES] / Einzeltakt || ~ **clock pulse control** [ES] / Einzeltaktsteuerung

single-column code [PC] / Einspaltencode || ~ **duodecimal coding** [PC] / duodezimaler Einspaltencode, Sterling-Lochung || ~ **month listing and summary punching** [PC] / Einspaltenmonatsschreibung und Summenlochung || ~ **pence coding** [PC] / duodezimaler Einspaltencode, Sterling-Lochung

single crystal [Sc] / Einkristall, Monokristall || ~ **current** [RDp, Tr] / Einfachstrom

single-current mode [TP, Tr] / Einfachstrombetrieb || ~ **signal** [ES] / Einfachstromzeichen || ~ **signaling** [RDp, Tr] / Einfachstromtastung || ~ **working** [TP, Tr] / Einfachstrombetrieb

single cycle mode [ES] / Einzelzyklusbetrieb || ~ **cycle non-process** [PC] / Einzelgang ohne Verarbeitung || ~ **cycle process** [PC] / Einzelgang mit Verarbeitung || ~ **density** [MT] / einfache Schreibdichte

single-device controller [Dp] / Einzelgerätesteuerung

single document [OCR] / Einzelbeleg

single-edged tape card [PT] / einseitige Lochstreifenkarte

single-edge guiding [MT] / einseitige Bandführung

single error [Th, Tr] / einfacher Fehler || ~ **feed** [PC] / Vereinzelung

single-font reader [OCR] / Einschriftleser

single-frequency signaling [Tr] / Einfrequenztonwahl

single hole punching [PC] / Einzellochung || ~ **instruction** [Sw] / Einzelbefehl

single-instruction stop [ES] / Einzelbefehlsstopp

single item ejection [PC] / Einzelpostenvorschub || ~ **item**

punching [PC] / Einzelkartenlochung || ~ **job scheduling** [OS] / Einfachjobsteuerung
single-length stop pulse [RDp, Tr] / einfacher Sperrschritt
single-level indexing [IDS] / Einfachindizierung
single line [ES] / Einzelanschluß
single-line feed [HSP] / einzeiliger Zeilenvorschub
single line notepad entry [ES] / Leitungseinzelnotiz
single-line printing [HSP] / einzeiliges Drucken, Drucken in jede Zeile || ~ **reading** [OCR] / einzeiliges Lesen || ~ **scratchpad entry** [RDp, Tr] / leitungsseitige Schleife
single mantissa [Th] / einfache Stellenzahl
single-memory unit [M] / Monospeichereinheit
single/multiple number selection feature [OCR] / Einfach/Mehrfach-Zahlenauswahl
single-number selection feature [OCR] / Einfach-Zahlenauswahleinrichtung || ~ **subscriber** [ES] / Normalteilnehmer || ~ **subscriber line** [ES] / Einzelanschlußleitung
single-phase *adj* [Sc, TrL] / einphasig || ~ **current** [Th] / Ein-Phasen-Strom
single-ply paper [HSP, TP] / Einlagenpapier, einlagiges Papier || ~ **paper roll** [TP] / einbahnige Papierrolle || ~ **sprocket feed stationery** [HSP, TP] / einlagiges Formularpapier
single precision [Th, ALU] / einfache Genauigkeit
single-precision floating-point constant [Sw] / Gleitpunktkonstante einfacher Genauigkeit
single printing element (s. spherical printball)
single-pulse generator [ES] / Einzelimpulsgeber
single-purpose computer [Dp] / Einzweckrechner, Spezialrechner
single quotation mark [PL/1] / Apostroph || ~ **receive state** [ES] / Einzelempfangszustand
single-row rack [Hw] / einzeiliger Rahmen
single sampling plan [Sc] / Einfachstichprobenplan
single-sheet feeding [HSP] / Einzelbelegzuführung, Einzelblattzuführung, Einzelformularzuführung || ~ **feed printer** [HSP] / Drucker mit Einzelformularzuführung
single-shot multivibrator (s. one-shot multivibrator)
single sideband system [Tr] / Einseitenbandsystem
single-simulator operation [ES] / Einzelsimulatorbetrieb
single-space printing [HSP] / einzeiliges Drucken, Drucken in jede Zeile
single-stage connection via concentrators [RDp] / einstufige Verbindung über Konzentratoren || ~ **modulation** [Tr] / einstufige Modulation || ~ **trunking array** [ES] / einstufige Gruppierung
single statement [PL/1] / Einzelanweisung
single-step operation [Dp] / Einzelschrittbetrieb, Schrittbetrieb
single system [Th] / Einzelanlage || ~ **task environment** [OS] / Einaufgabebetrieb || ~ **tasking** [Sw] / Einzelverarbeitung || ~ **τ button** [TP] / Einzel-τ-Taste || ~ **τ clock mode** [TP] / Einzel-τ-Betrieb || ~ **τ control logic** [ES] / Einzelauswahllogik || ~ **test program** [ES] / Einzelprüfprogramm || ~ **timing pulse** [ES] / Einzeltakt
single-track magnetic head [PE] / einspuriger Magnetkopf
single τ release [ES] / Einzelauswahl || ~ **τ release control** [ES] / Einzel-τ-Auswahlsteuerung || ~ **τ release mode** [ES] / Einzelauswahlmodus || ~ **τ test** [ES] / Einzelauswahlprüfung
single-volume file [MT] / Einzelspulendatei
single-word term [Term] / Einwortbenennung
sinusoidal voltage [Sc] / Sinusspannung
siphon recorder [TP] / Heberschreiber
site *n* [Hw, Serv] / Aufstellungsort || ~ **adapter** [Sw] / Anlagen-Adapterprogramm || ~ **configuration** [Hw] / Anlagenkonfiguration, Systemkonfiguration
site-dependent *adj* [Hw] / anlagenabhängig
site log [DpC] / Logbuch (der Anlage) || ~ **management documentation** [Dist, DpC] / Betriebsunterlagen (Protokolle, Logbuch usw.)
site-oriented *adj* [Hw] / anlagenbezogen || ~ **installation document** [Dist] / anlagengebundene Aufbauunterlage
site parameter [Hw] / Anlagenparameter,

Systemparameter || ~ **program** [OS] / Anlagenprogramm || ~ **program component** [OS] / Anlagenprogrammteil || ~ **software package** [OS] / Anlagensoftwarepaket
size condition [PL/1] / (Ziffern)stellenüberschreitungs-Bedingung || ~ **error option** [Cobol] / Überlaufangabe
skew *n* [MT] / Bitversatz (tatsächlicher bzw. scheinbarer örtlicher Abstand zweier Spurelemente einer Bandsprosse) (DIN 66010, Apr. 1973)
skilled personnel [DpC] / Fachpersonal
skin *v* (insulation, etc.) [Serv] / (Leitung usw.) abisolieren
skinning tool [Serv] / Abisolierwerkzeug
skip *v* [Sw] / überlesen, übergehen || *n* [Algol] / Übergehen || **to ~ a data record** [Sw] / einen Datensatz überlesen || **to ~ an address** [RDp] / eine Adresse bei Polling stillegen || ~ **after** [OS] / Papiervorschub nach dem Druck || ~ **before** [OS] / Papiervorschub vor dem Druck || ~ **flag** [OS] / Kennzeichen „Überspringen von Daten" || ~ **format** [PL/1] / Zeilenvorschubformat || ~ **instruction** [Sw, NC] / Überspringbefehl, Übersprungbefehl, NOP-Befehl, Nulloperationsbefehl || ~ **magnet** [PC] / Springmagnet || ~ **option** [PL/1] / Zeilenvorschubangabe
skirting board (protection against impact or scrapes) [Hw] / Sockelleiste (Schrank)
SL (s. Subtract logical)
SLA (s. Shift left single)
slackness loop [Hw] / Bewegungsschleife (Kabel)
slanted mark [OCR] / Schrägstrichmarkierung, schräge Markierung
slanted-mark reading station [OCR] / Markierungslesestation für schräge Markierungen
slash *n* (/) [PL/1, Fortran] / Schrägstrich
slave clock [RDp] / lokaler Taktgeber || ~ **monitor** / Parallelanzeige || ~ **network node** [ES] / Slave-Netzknoten || ~ **power supply** [Hw] / geführte Stromversorgung
SLDA (s. Shift left double)
SLDL (s. Shift left double logical)
sleeve bearing [Hw] / Radialgleitlager
slice *n* [Mp] / Slice, Slice-Baustein || **bit ~** [Mp] / Scheibe (Prozessorelement für 2 oder 4 Bits, das mit anderen zum Aufbau eines Mikroprozessors beliebiger Wortlänge zusammengeschaltet werden kann)
slice-processing facility [Cir] / Chip-Verarbeitungsanlage
slide-in module [Hw] / Einschub
slide-out *adj* [Hw] / herausziehbar
slider mechanism [HSP] / Verteilerschieber (Tonervorrat) || ~ **rod** [HSP] / Führungsstab (Reinigungsschieber)
sliding hood [HSP] / Schubhaube || ~ **pointer** [Hw] / Gleitzeiger
slitting *n* [HSP] / Längstrennung
SLL (s. Shift left single logical)
SLMP (s. self-loading memory print)
slope of a curve [Th, GrDp] / Steigung einer Kurve
sloping arrow [Fl] / schräger Pfeil
slot *n* [VS] / Externseitenrahmen || [Sw] / freier Platz (in einer Warteschlange)
slotted card [Off] / Schlitzlochkarte (Nadellochkarte, in der die suchfähigen Merkmalsangaben durch Ausstanzen der Stege zwischen den vorgelochten Stellen zu Schlitzen dargestellt sind)
slow-access storage [M] / Speicher mit langer Zugriffszeit, langsamer Speicher
slow-acting fuse (s. slow-blowing fuse)
slow-blowing fuse (S.B. fuse) [Hw] / träge Sicherung
slow storage [M] / Speicher mit langer Zugriffszeit, langsamer Speicher
slow-time scale [Dp, ADp] / Zeitdehnung
SLRE (s. self-loading random-access edit)
SLT (s. solid-logic technology)
SLTE (s. self-loading tape edit)
slug *n* [TES, IO, TP, CTW] / Type || [HSP] / Typenstein
small business computer [MCS] / Basis-Datensystem || ~ **computer** [MCS] / Midi-Computer, Midirechner, Kompaktrechner || ~ **computer** (esp. small business computer) [Mid] / Basis-Datensystem, Basissystem || ~ **items kit** [Hw] / Beipack || ~ **military computer** [Hw] / militärischer Kleinrechner || ~ **peripheral unit (SPU)** [DT] / kleine periphere Einheit
small-scale integration (SSI) [Sc] / Kleinintegration
small-signal capacitance [Sc] / differentielle Kapazität, Kleinsignalkapazität || ~ **parameter** [Sc] / Kleinsignalparameter || ~ **resistance** [Sc] / Kleinsignalwiderstand || ~ **transistor** [Sc] / Vorstufen-Transistor
small-sized computer [MCS] / Midi-

Computer, Midirechner, Kompaktrechner
smart terminal [DT] / intelligentes Terminal, programmierbare Datenstation, intelligente Datenstation, frei programmierbares Endgerät
smoothing circuit [Cir] / Abflachschaltung
smudged *adj* [OCR] / verschmiert (Zeichen)
smudgeproof *adj* [Hw] / wischfest
S/N (s. signal-to-noise ratio)
snapback effect [Sc] / Hysterese-Effekt, Rückschnappeffekt
snapoff diode [Sc] / Abreißdiode, Speicher-Schaltdiode
snapshot, core memory ~ [Sw] / Kernspeicherprotokoll, Kernspeicherteilauszug, Speicherprotokoll ‖ **~ dump** [Sw] / dynamischer Speicherauszug, Momentaufnahme ‖ **~ program** [Sw] / selektives Protokollprogramm ‖ **~ trace program** [Sw] / selektives Protokollprogramm
SNI (s. serial number indicator)
snow *n* [VDT, M] / Grieß, Hintergrundrauschen
SO (s. shiftout character)
SOA (s. safe operating area)
SOB (s. start of block)
socket option [Mp] / Steckstellenauswahl
soft copy (i.e., volatile representation of information, such as CRT display) [IO] / Sichtgerät (zur Eingabekontrolle usw.) ‖ **~ error** [MT] / Fehler durch Fremdkörpereinwirkung usw., der gewöhnlich durch erneutes Lesen des Bandes behoben werden kann ‖ **~ limited integrator** [ADp] / Integrierer mit weicher Begrenzung ‖ **~ limiter** [ADp] / weicher Begrenzer ‖ **~ machine check** [Hw, OS] / weicher Maschinenfehler ‖ **~ stop** [Hw, OS] / weicher Stopp
software *n* [Dp] / Software, immaterielle Ware, Programmausrüstung, Programmausstattung ‖ **~ breakdown** [OS] / Ausfall ‖ **~ clock table** [ES] / Zeittakttabelle
software-compatible *adj* [Mp] / software-kompatibel
software component [Sw] / Softwarebaustein, Softwarekomponente
software-controlled *adj* (register, etc.) [Mp] / software-gesteuert
software driver [MCS] / Software-Treiber ‖ **~ error** [Dp] / Softwarefehler ‖ **~ failure** [OS] / Ausfall ‖ **~ interface** [Sw] / Programmanschluß, Programmschnittstelle ‖ **~ interlinking** [Sw] / Softwareverkopplung ‖ **~ interlock** [Sw] / Softwaresperre ‖ **~ lease costs** [Dist, MCS] / Software-Mietkosten ‖ **~ maintenance** (i.e., work required to keep programs up to date) [Sw] / Software-Wartung ‖ **~ modification** (s. program alteration) ‖ **~ modularity** [Sw] / Software-Modularität ‖ **~ option** [Sw] / Softwarezusatz ‖ **~ package** [Sw] / Software-Paket ‖ **~ port** [Sw] / Softwareanschluß ‖ **~ program counter** [CP] / programmierter Befehlszähler ‖ **~ programming effort** [Sw] / Softwareprogrammieraufwand ‖ **~ redundancy** [Sw] / Software-Redundanz ‖ **~ support** [OS] / Programmausstattung
SOH character (s. start-of-heading character)
solar battery [Hw, Co] / Sonnenbatterie ‖ **~ cell** [Co] / Sonnenzelle
solderability *n* [Serv] / Lötbarkeit
soldered connection [Serv] / Lötstelle ‖ **~ joint** [Serv] / Lötverbindung
soldering iron [Serv] / Lötkolben (Spitze) ‖ **~ lug** [Serv] / Lötfahne, Lötöse ‖ **~ lug strip** [Serv] / Lötösenstreifen, Lötösenleiste ‖ **~ tag** [Serv] / Lötfahne, Lötöse ‖ **~ tag distributor** [PCC] / Lötverteiler ‖ **~ tag strip** [Serv] / Lötösenstreifen, Lötösenleiste ‖ **~ temperature** [Serv] / Löttemperatur ‖ **~ time** [Serv] / Lötdauer
solderless multiple [ES] / lötstellenfreies Vielfach
solder pin [Serv] / Lötstift ‖ **~ side** [Co] / Lötseite (DIN40804, Aug. 1977), Schwallseite ‖ **~ strap** [Serv] / Lötbrücke
solder-strappable *adj* [Sc] / durch Löten umschaltbar
solder terminal block [Serv] / Lötbrückenverteiler, Lötösenverteiler
solenoid-activated *adj* [Hw] / solenoidbetätigt
solenoid-operated *adj* [Hw] / solenoidbetätigt ‖ **~ switch** [Hw] / Magnetschalter
solenoid valve [Hw] / Magnetventil
solicit operation [VS, RDp] / Abrufoperation ‖ **~ request** [VS, RDp] / Abrufanforderung
solid area [COM, HSP] / Flächenelement (Formulardia) ‖ **~ curve** [Sc] /

ausgezogene Kurve
solidification *n* [Sc] / Erstarrung
solidifying interface [Sc] / Erstarrungsfläche
solid-logic technology (SLT) [Cir, Sc] / Festkörperschaltkreistechnik
solid solution [Sc, Th] / feste Lösung
solid-state *adj* [Sc, Cir] / Festkörper-... || ~ **circuit** [Cir, Sc] / Festkörperschaltung, Festkörperschaltkreis, Monolith || ~ **component** [Co, Sc] / Festkörperbauelement || ~ **computer memory** [MCS] / Festkörperspeicher || ~ **device** [Sc] / Festkörperbauteil || ~ **diffusion** [Sc, PrC] / chemische Diffusion im festen Zustand || ~ **diode** [Sc] / Festkörperdiode || ~ **element** [Sc] / Festkörperelement || ~ **logic circuit** [Cir] / volltransistorisierte Logikschaltung || ~ **make-break relay** [ES] / elektronischer Schaltsignalübertrager (ESS) || ~ **matrix** [ES] / Festkörperkoppler || ~ **memory** [MCS] / Festkörperspeicher || ~ **module** [Sc] / Festkörperbaustein || ~ **multiplexer** [Tr] / Halbleitermultiplexer || ~ **physics** [Sc] / Festkörperphysik || ~ **polar relay** [ES] / elektronischer Telegrafiesignalübertrager || ~ **relay** [Co] / elektronisches Relais
solidus *n* [Sw] / Schrägstrich (/) (DIN 66009, Sept. 1977)
solution *n* [Sc] / Lösung
solvent *n* [Sc] / Lösungsmittel
SOM (s. start of message) || ≗ **character** [Tr] / Beginnzeichen
some builtin function [PL/1] / (eingebaute) logische Summen-Funktion || ~ **function** [PL/1] / (eingebaute) logische Summen-Funktion
sonic delay line [Cir] / akustische Verzögerungsstrecke, akustische Verzögerungsleitung
sort *v* [Dp] / sortieren (DIN 66001, Sept. 1977) || *n* [Cobol] / Sortierung || ~ **blocking factor** [Sw] / Sortierblockfaktor || ~ **compare test** [PC] / Fachauswahlprüfung || ~ **criterion** [Sw] / Sortierbegriff, Sortierschlüssel, Sortierargument, Sortierkriterium, Sortiermerkmal
sorted *adj* [Sw] / geordnet
sorter *n* [PC] / Sortiermaschine, Sortierer, Sortiergerät || ~ **pocket** [PC] / Sortierfach, Sortierablagefach
sorter-reader, magnetic ink document ~ [MICR] / Magnetschrift-Belegsortierer
sort facility [OCR] / Sortiereinrichtung || ~ **field** [Sw] / Sortierfeld || ~ **file** [Cobol] / Sortierdatei || ~ **file description entry** [Cobol] / Sortierdateierklärung || ~ **function** [Sw] / Sortierfunktion
sorting *n* [Sw] / Sortierung || **cascade** ~ [Dp, OS] / Kaskadensortieren || **classical** ~ [Dp, OS] / Mischsortieren, Sortieren und Mischen || **merge** ~ [Dp, OS] / Mischsortieren, Sortieren und Mischen || **polyphase** ~ [Dp, OS] / Polyphasensortieren || ~ **capability** [Sw] / Sortiermöglichkeit || ~ **machine** [PC] / Sortiermaschine, Sortierer, Sortiergerät || ~ **method** [Sw] / Sortierart, Sortierverfahren || ~ **needle** [PC] / Sortiernadel || ~ **operation** [Sw] / Sortiervorgang || ~ **procedure** [Sw] / Sortiervorgang || ~ **program** [Sw] / Sortierprogramm || ~ **sequence** [Sw] / Sortierreihenfolge || ~ **speed** [Sw] / Sortiergeschwindigkeit
sort key [Sw] / Sortierbegriff, Sortierschlüssel, Sortierargument, Sortierkriterium, Sortiermerkmal
sort-merge generator [OS] / Sortier-Mischprogrammgenerator || ~ **program** [Sw, OS] / Sortier-Mischprogramm
sort option [Sw] / Sortiermöglichkeit || ~ **phase** [Sw] / Sortierphase || ~ **program** [Sw] / Sortierprogramm || ~ **rod** [PC] / Sortiernadel || ~ **run** [Sw] / Sortierdurchlauf, Sortierlauf || ~ **sequence check** [OS] / Sortierfolgeprüfung || ~ **statement** [Cobol] / Sortieranweisung
SOS technology (s. silicon-on-sapphire technology)
sound-absorbent lining [Hw, DpC] / Schallschluckauskleidung
sound-absorbing lining [Hw, DpC] / Schallschluckauskleidung
sounder *n* [TP] / Klopfer
source address [Mp] / Ursprungsadresse || ~ **card** [Sw] / Ursprungskarte, Primärprogrammkarte || ~ **clause** [Cobol] / Herkunftsklausel || ~ **coding** [PL] / Quellcode || ~ **computer** [PL] / Übersetzungsrechner, Übersetzungsanlage || ~ **computer** [Cobol] / Kompilierungs-(Rechen)anlage || ~ **data** (i.e., data created by the individual, organization, or machine generating or originating the data) [Sw] / Erstdaten, Ursprungsdaten (Daten, die auf einem Originalbeleg enthalten sind) || ~ **deck** [PL] / Ursprungskartensatz, Primärprogrammstapel,

Primärprogrammkartenstapel, Quellprogrammkartensatz || ~ **document** [IO, OCR] / Originalbeleg, Urbeleg, Ursprungsbeleg

source-drain spacing [Sc] / Abstand zwischen Quelle und Senke

source field [Sw] / Ursprungsfeld || ~ **identifier** [ES] / Absenderkennung || ~ **image** [PL] / Kartenabbild in Primärsprache || ~ **input** [PL] / Primärprogrammeingabe || ~ **language** [Sw] / Quellsprache (DIN 44300, März 1972), Ursprungssprache, Primärsprache, Originalsprache, Quellensprache || ~ **language** [MAT] / Ausgangssprache (= Sprache, aus der übersetzt wird) || ~ **language instruction** [PL] / Anweisung (bei problemorientierten Programmiersprachen eine Arbeitsvorschrift, die in der Regel aus einer Folge von Befehlen oder Vereinbarungen besteht) || ~ **language library tape** [PL] / Primärprogrammbibliotheksband || ~ **language statement** [PL] / Anweisung in Primärsprache, Primäranweisung || ~ **library** [PL] / Primärprogrammbibliothek, Primärbibliothek || ~ **library tape** [PL] / Primärprogrammbibliotheksband || ~ **listing** [PL] / Primärprogrammprotokoll || ~ **machine** [PL] / Übersetzungsrechner, Übersetzungsanlage || ~ **module** [OS] / Quellmodul, Quellenmodul || ~ **of clocking** [Mp, CP] / Taktquelle || ~ **output** [PL] / Primärprogrammausgabe || ~ **program** [Sw] / Quellprogramm (DIN 44300, März 1972), Ursprungsprogramm, Originalprogramm, Primärprogramm, Quellenprogramm || ~ **program** [Cobol] / Quellprogramm || ~ **program card** [Sw] / Ursprungskarte, Primärprogrammkarte || ~ **program card deck** [PL] / Ursprungskartensatz, Primärprogrammstapel, Primärprogrammkartenstapel, Quellprogrammkartensatz || ~ **program form** [PL, ES] / Primärprogrammformular || ~ **program library** [PL] / Primärprogrammbibliothek, Primärbibliothek || ~ **program listing** [PL] / Primärprogrammprotokoll || ~ **program name** [PL] / Primärprogrammname || ~ **program statement** [PL] / Anweisung in Primärsprache, Primäranweisung || ~ **program tape** [PL] / Primärprogrammband || ~ **sheet** (s. source document) || ~ **statement** [PL] / Anweisung in Primärsprache, Primäranweisung || ~ **statement library** [OS] / Quelltextbibliothek || ~ **tape** [PL] / Primärprogrammband

sourcing, alternate ~ (of each other's products) / wechselseitiges Auftreten als Zweitlieferanten

SP (s. Subtract decimal)

space *n* [Cobol] / Leerzeichen || [Algol] / Leerzeichen || [OCR] / Zwischenraum (DIN 66009, Sept. 1977), Zwischenraumzeichen (ZWR) || **to ~ out a line** [Typ] / eine Zeile ausschließen || ~ **after** [OS] / Zeilenvorschub nach dem Druck || ~ **assignment** [Hw] / Belegung (von Gestell usw.) || ~ **assignment plan** [DpC] / Aufstellungsplan

spaceband *n* [Typ] / Keil

space bar [TES, IO, TP] / Zwischenraumtaste, Leertaste || ~ **before** [OS] / Zeilenvorschub vor dem Druck || ~ **between words** [Sw] / Wortzwischenraum, Worttrenner || ~ **character** [OCR] / Zwischenraum (DIN 66009, Sept. 1977), Zwischenraumzeichen (ZWR) || ~ **charge** [Sc] / Raumladung || ~ **charge layer** [Sc] / Raumladungsschicht

space-charge-limited *adj* [Sc] / raumladungsbegrenzt

space charge region [Sc] / Raumladungsgebiet

space-division circuit switching [ES] / Raummultiplexdurchschaltung, räumliche Durchschaltung (Netze) || ~ **multiplex** [ES] / Raummultiplex, Raumvielfach || ~ **multiplex connection** [ES] / Raumvielfachverbindung || ~ **multiplex controller** [ES] / Raummultiplexsteuerung || ~ **multiplex method** [ES] / Raummultiplexverfahren || ~ **multiplex mode** [ES] / Raummultiplexbetriebsweise || ~ **multiplex network** [ES] / Raummultiplexnetzwerk || ~ **multiplex operation** [ES] / Raummultiplexbetrieb || ~ **multiplex switching network** [ES] / Raummultiplexkoppelfeld || ~ **multiplex system** [ES] / Raumvielfachsystem || ~ **multiplex working** [ES] / Raummultiplexbetrieb

space format [PL/1] / Leerzeichenformat

|| ~ **lattice** [Sc] / Raumgitter || ~ **pulse** [Tr] / Leerschritt
space-saving text storage [IDS] / platzsparende Textspeicherung
space suppression [HSP] / Zeilentransportunterdrückung || ~ **switching** [ES] / Raummultiplexdurchschaltung, räumliche Durchschaltung (Netze)
spacing bit [PCC] / Abstandsbit || ~ **chart** [Sw] / Formularentwurfsblatt || ~ **element** [Tr] / startpolarer Schritt || ~ **parameter** [Sw] / Zeilenvorschubparameter || ~ **pulse** [Tr] / Startpolaritätsimpuls
spanned record [OS] / segmentierter Satz (Satz einer Datei, in der jeder Satz auf mehrere, unmittelbar aufeinanderfolgende Blöcke aufgeteilt sein kann) (DIN 66239E, Mai 1979)
spare channel [Tr] / Reservekanal || ~ **cylinder** [MD] / Ersatzzylinder, Reservezylinder || ~ **disk drive** [MD] / Reservelaufwerk || ~ **drive** [MD] / Reservelaufwerk || ~ **part** [Hw] / Ersatzteil || ~ **parts list** [Dist] / Ersatzteilliste || ~ **parts recommendation** [Dist] / Ersatzteilempfehlung || ~ **parts service** [Dist] / Ersatzteildienst || ~ **pc board** [Serv, Co] / Ersatzflachbaugruppe
SPCRS (s. scratchpad control register)
spec. (s. specification)
special character [Cobol, PL/1, Fortran] / Sonderzeichen || ~ **character** (i.e., a character in a character set which is neither a letter nor a numeral, e.g. &, /, ", etc.) [PC, HSP, TP] / Sonderzeichen || ~ **character combination** [HSP, OCR] / Sonderzeichenkombination || ~ **character sequence** [ES] / Sonderzeichenfolge || ~ **character sequence decoder** [ES] / Sonderzeichenauswertung || ~ **character sequence detection** [ES] / Sonderzeichenfolgeerkennung || ~ **construction** [Hw] / Sonderbauart, Spezialkonstruktion || ~ **data network** [RDp] / Datensondernetz || ~ **exit** [Sw] / Sonderausgang (Programm) || ~ **font** [TES] / Sonderschrift || ~ **function** [OS] / Spezialfunktion, Sonderfunktion
special-function memory [M] / Variantenspeicher || ~ **module** [TP] / Variantenbaugruppe (VA)
special guideline [Hw] / Einzelrichtlinie || ~ **instruction** [Sw] / Sonderbefehl
specialist engineer / Fachingenieur
specialized automatic data processing [Dp] / spezialisierte Datenverarbeitung || ~ **data processing** [Dp] / spezialisierte Datenverarbeitung
special letter [Typ, Sw] / Sonderbuchstabe || ~ **message** [Sw] / Sondermeldung || ~ **model** [Hw] / Sonderausführung
special-names *pl* [Cobol] / Sondernamen
special network [Tr] / Sondernetz || ~ **note** [ES] / Sondernotiz || ~ **notice** [Sw] / Sondermeldung || ~ **paper** [HSP] / Spezialpapier || ~ **priority** [Dp] / Sonderpriorität (SP)
special-priority error [ES] / Sonderprioritätsfehler || ~ **logic** [ES] / Sonderprioritätslogik (SPL) || ~ **register** [ES] / Sonderprioritätsregister (SPR)
special-purpose computer [Dp] / Spezialrechner, Spezialcomputer
special register [Cobol] / Sonderregister || ~ **report** [Sw] / Sondermeldung || ~ **type assignment** [HSP] / Sonderbelegung
specific *adj* [Sw] / spezifisch || ~ **address** [Sw] / absolute Adresse, Maschinenadresse, echte Adresse, tatsächliche Adresse, wirkliche Adresse || ~ **addressing** [Sw] / absolute Adressierung
specification *n* [R&D] / Lastenheft || [Algol, PL/1] / Spezifikation || ~ **(spec.)** [Serv] / Bauvorschrift (Bv.) || ~ **card** [Sw] / Bestimmungskarte || ~ **for highspeed printer paper** [Dp] / Spezifikation für Schnelldruckerpapier || ~ **part** [Algol] / Spezifikationsteil
specifications *pl* / technische Daten
specification sheet [Dist] / Datenblatt, Datenbogen || ~ **statement** [Fortran] / Spezifikationsanweisung || ~ **subprogram** [Fortran] / Spezifikationsunterprogramm
specificator *n* [Algol] / Spezifikator
specific code [Sw, VC] / Maschinencode, Rechnercode || ~ **coding** [Sw] / Grundkodierung, echte Codierung || ~ **coding** (s. absolute programming) || ~ **cryptosystem** [Cryp] / spezifisches Schlüsselsystem || ~ **key** [Cryp] / spezifischer Schlüssel || ~ **sensitivity** [Sc] / spezifische Empfindlichkeit
specifier *n* [Algol] / Spezifizierer || [PL/1] / Spezifikationselement
specify *v* [RPG] / angeben
specimen forms overlay [HSP] / Formulardiamuster, Muster-Formulardia
spec sheet [Dist] / Datenblatt, Datenbogen
spectral bandwidth [Sc] / spektrale

Halbwertsbreite || ~ **emission** [Sc] / spektrale Emission
spectral-response characteristic [Co, Sc] / spektrale Verteilungscharakteristik
spectral selectivity (of a photoelectric device) [Meas] / spektrale Empfindlichkeit
speech inverter [Cryp] / Sprachinverter
speech-plus-duplex telegraphy (i.e., with the voice-band being removed between 1,500 and 1,900 cycles by suitable filters) [ES] / Einlagerungstelegrafie (ET)
speech recognition [VC] / Spracherkennung || ~ **scrambler** [Cryp] / Sprachverwürfler || ~ **synthesis** [VC] / Sprachsynthese
speed buffer [ES] / Synchronzuordner || ~ **conversion** [VC] / Geschwindigkeitsumsetzung || ~ **converter** [VC] / Geschwindigkeitswandler || ~ **sprocket** [PT] / Transportrad || ~ **transformation** [VC] / Geschwindigkeitsumsetzung
speed-transparent *adj* [ES] / geschwindigkeitstransparent
spelling, to check on the ~ [WS] / auf Schreibfehler prüfen
spherical printball [IO] / Kugelkopf || ~ **print element** (s. spherical printball) || ~ **resolver** [ADp] / sphärischer Koordinatenwandler, Kugelkoordinatenwandler
spike *n* [Tr] / Überschwingspitze
spillover position [ALU] / Überlaufstelle, Überlaufplatz
splash guard [Hw] / Spritzblech
splashwater-proof *adj* / spritzwasserdicht
splatter *n* [OCR] / Farbspritzer (außerhalb eines Zeichens)
splice *n* [PT, HSP, MT] / Klebestelle || **to ~ two tapes** [MT] / zwei Bandrollen (durch Kleben) miteinander verbinden
splicer *n* [Rep] / Filmklebepresse || [HSP] / Papierklebeeinrichtung, Klebeeinrichtung, Klebestation || **paper tape** ~ [PT] / Lochstreifen-Klebegerät
splicing *n* [Rep] / Schnittbearbeitung (von Mikrofilmen) || ~ **station** [HSP] / Klebeeinrichtung, Klebestation || ~ **tape** [PT, HSP, MT] / Klebeband
split *n* [TP] / Zeichenunterbrechung, falscher Zwischenraum || ~ **call** [TP] / Splitaufruf || ~ **callin** [TP] / Splitaufruf || ~ **chaining field** [RPG] / aufgeteiltes Kettfeld || ~ **cylinder** [OS] / geteilter Zylinder || ~ **mode** [ES] / Splitten, Splitbetrieb
split-mode working [ES] / Splitten, Splitbetrieb
split off *v* [Dp] / abtrennen (z.B. Systemeinheiten von Online-System)
splitoff system part (i.e. part that is split off from the system) [ES] / Teilsystem
splitting *n* [HSP] / Halbierung (der 1/6-Zoll-Zeile) || ~ **of clock supply** [ES] / taktmäßiges Splitten || ~ **strip** [Hw] / Trennstreifen, Schaltstreifen || ~ **time** (GB) [ES, Tr] / Sperrverzögerung (eines Zeichenempfängers)
SPM (s. Set program mask)
SP module [Sw] / Standardprozedurmodul, SP-Modul
sponge cloth [HSP] / Schaumstofftuch
spool *v* [VS, OS] / spulen || ~ *n* (i.e., the flanged mounting for a roll of paper tape) [PT] / Lochstreifenspule, Spule (Wickelkörper mit seitlichen Begrenzungsflächen) || ~ (i.e., a flanged reel for holding a magnetic tape) [MT] / Bandspule (DIN 66010, Feb. 1965), Magnetbandspule (Wickelkörper mit seitlichen Begrenzungsflächen) || **to ~ a file** [Sw] / eine Datei einspulen || **to ~ out a file** [Sw] / eine Datei ausspulen || **to ~ out a routine** [Sw] / ein Programm ausspulen || ~ **carrier** [TP] / Farbbandträger
spooler *n* [PT] / Lochstreifenwickeleinrichtung, Wickeleinrichtung
SPOOL file [Sw] / SPOOL-Datei
spoolin *n* [Sw] / Einspulen
spooling *n* [OS] / Spulbetrieb, SPOOL-Betrieb || ~ **file** [Sw] / Ausspuldatei || ~ **task** [Sw] / Spulprozeß, SPOOL-Prozeß
spoolin status [Sw] / Eingabezustand
spool out *v* [Sw] / ausspulen
spoolout system [Sw] / Ausspulsystem, SPOOL-Ausgabesystem
sporadic fault [Dp] / sporadischer Fehler
spot *n* [PE] / Spurelement
spot-carbon paper [HSP] / Kohlepapier mit Aussparungen (zur Verhinderung unerwünschter Durchschrift an bestimmten Stellen)
spot punch [PT, PC] / Lochzange
spreading resistance [Sc] / Ausbreitungswiderstand
spring belt pulley [Hw, TP] / Pesenrad || ~ **clip** [Hw] / Andruckleiste, Federleiste
spring-clip edge strip [HSP] / Federleiste (Formulardia)
spring washer [Hw] / Federscheibe

sprocketed film [COM] / perforierter Film
sprocket feed [RDp, Tr] / Stachelbandführung
sprocket-feed fanfold stationery [TES, TP] / Faltpapier mit Führungslochrand || ~ **form printing device** [TP] / Formularschreibeinrichtung || ~ **printed stationery** [HSP, TP] / Formularpapier
sprocket hole [PT] / Führungsloch, Transportloch, Taktloch (DIN 66016, Juni 1966), Vorschubloch (DIN 66016, Juni 1966) || ~ **hole** [HSP] / Führungsloch (bei Endlosvordrucken) || ~ **hole pitch** [PT] / Transportspurteilung || ~ **holes** [PT] / Führungslochung, Vorschublochung, Transportlochung, Taktspur (regelmäßige Lochung, die dem gleichmäßigen Weitertransport beim Lochstreifen während des Lochens oder Abtastens dient) || ~ **holes** (punched in the margins of continuous stationery) [HSP] / Führungslochung (beidseitig am Rand von Endlosvordrucken angebrachte Lochung zur Zwangsführung des Papiers im Druckaggregat) || ~ **wheel** [PT] / Kettenrad, Taktzahnrad, Vorschubrad (Locher)
sprung outer bearing [HSP] / gefedertes Gegenlager (Vliesstation)
SPU (s. small peripheral unit)
spur line [TrL] / Stichleitung
sputter *v* (layer, etc.) [Sc] / aufstäuben
sqrt builtin function [PL/1] / (eingebaute) Quadratwurzel-Funktion || ~ **function** [PL/1] / (eingebaute) Quadratwurzel-Funktion
squareness ratio [M] / Rechteckigkeitsverhältnis
square root [Th] / Quadratwurzel
square-wave signal [Tr] / Rechteckzeichen || ~ **signal generator** [Th] / Rechteckgenerator
SRA (s. Shift right single)
SRDA (s. Shift right double)
SRDL (s. Shift right double logical)
SRL (s. Shift right single logical)
SSI (s. small-scale integration)
SSK (s. Set storage key)
SSP (s. system status panel)
ST (s. segment table) || ≗ (s. supervisor's teleprinter)
STA (s. segment table address)
stability *n* [Cy] / Stabilität, Haltbarkeit
stabilization *n* [Rep] / Stabilisierung || ~ **paper** (used in CRT photocomposition, etc.) [Typ] / Stabilisationspapier
stabilized feedback [Cy] / Gegenkopplung
stable-base *adj* [COM, Rep] / (von Filmmaterial usw.) paßfähig
stable output configuration [Cir] / stabile Ausgangskonfiguration (bei einer Folgeschaltung)
stack *n* [ES] / Stack (Pufferbereich für DMA-Transfers) || [MCS] / Keller || [Mp] / Stapelspeicher (vom Programmierer definierter Speicherbereich außerhalb des Steuerwerks, der mit Spezialbefehlen anzusprechen ist) || **hardware** ~ [MCS] / Hardware-Stack || **to** ~ **programs** [Sw] / Programme blocken || ~ **address register (SAR)** [OS] / Kelleradreßregister || ~ **edge** [HSP] / Stapelkante
stacked job processing [Sw] / sequentielle Bearbeitung, sequentielle Jobbearbeitung
stacker *n* [PC, HSP] / Ablagefach (für Lochkarten, Druckerpapier usw.) || [HSP] / Papierstapler, Stapler || **to route to the reject** ~ [PC] / in das zweite Ablagefach aussteuern || ~ **autofeed** [PC] / automatische Kartenauslösung || ~ **bin** [PC] / Ablagefach (für Lochkarten), Kartenmagazin für verarbeitete Karten || ~ **chute** [PC] / Kartenablagefach || ~ **control** [PC] / Ablagesteuerung || ~ **full** [OCR] / Ablage voll (Anzeige am Gerät) || ~ **platform** [HSP] / Papierablagefach, Ausgabetisch || ~ **platform lowering** [HSP] / Tischabsenkung
stack error [OS] / Kellerfehler
stacker select command [Sw] / Ablagebefehl || ~ **selection** [PC] / Ablagesteuerung || ~ **transport** [PC] / Fachstrecke || ~ **transport buffer** [PC] / Fachstreckenpuffer
stack formation [HSP] / Papierstapelaufbau, Stapelaufbau || ~ **header** [OS] / Kelleretikett || ~ **height** [HSP] / Papierstapelhöhe, Stapelhöhe
stacking fault [Sc] / Schichtungsfehler
stack instruction [OS] / Kellerbefehl || ~ **lean** [HSP] / Stapelneigung || ~ **limit register** [ES] / Stackgrenzregister || ~ **link error** [OS] / Kettungsfehler || ~ **of documents** [OCR] / Stapel (Belege), Belegstapel || ~ **pointer** (special accessible register specifying which addresses the stack operations will operate) [Mp] / Stapelzeiger (enthält die Adresse der nächsten verfügbaren

Stapelstelle im Speicher) || ~ **shape** [HSP] / Stapelform || ~ **uniformity** [HSP] / Stapelgleichförmigkeit
staff information system [IDS] / Personal-Informationssystem
stage *v* (i.e., to move data from a data cartridge to a staging device) [VS] / einspeichern
stamp *n* [IO] / Stempel (manuelles Gerät zum Anbringen von Strichmarkierungen in Markierungsbelegen) || ~ **feature** [IO] / Stempeleinrichtung || ~ **recognition feature** [IO] / Stempelerkennungseinrichtung
standalone *adj* [OS] / betriebssystemunabhängig || ~ (device, etc.) [Dp] / selbständig, allein operierend || ~ **computer system** [Mp] / unabhängiges Rechnersystem
standard *n* / Norm (im Sinne des Normungswesens) || *adj* / normal || / normgerecht || / normiert, Standard... || ~ **character** [HSP] / Standardzeichen || ~ **character set** [HSP] / Standardzeichensatz || ~ **configuration** [Hw] / Standardausrüstung || ~ **data format** [Cobol] / Standarddatenformat || ~ **design** [Dist, Hw] / Normalausführung, Standardausführung || ~ **deviation** [Th] / Standardabweichung || ~ **device assignment** [Sw] / Standardgerätezuordnung || ~ **device byte (SDB)** [OS] / Gerätebyte (GB), Standardgerätebyte, Gerätezustandsbyte || ~ **display device** [Cobol] / Standardausgabegerät || ~ **entry** (s. standard operand) || ~ **EOF label** [OS] / Standarddateiendeetikett || ~ **error information** [OS] / Standardfehlerinformation || ~ **error procedure** [OS] / Standardfehlerprozedur || ~ **error procedure option** [Cobol] / Standardfehlerprozedur-Angabe || ~ **execute card** [Sw] / normale Sofortbefehlskarte || ~ **fault recovery routine** [OS] / Standardfehlerbehandlung || ~ **file header label** [OS] / Standarddateianfangsetikett || ~ **file label** [OS] / Standarddateietikett || ~ **file trailer label** [OS] / Standarddateiendeetikett || ~ **font character** [Typ] / Standardschriftzeichen || ~ **format** [Algol] / Standardformat || ~ **function** [Algol] / Standardfunktion || ~ **header label** [OS] / Standardanfangsetikett || ~ **header line** [Sw] / Standardüberschriftszeile || ~ **illuminant** [Sc] / Normlicht || ~ **indicator** [RPG] / allgemeine Bezugszahl || ~ **instruction** [Sw, ES] / Standardbefehl || ~ **interface** [Sw] / Standardanschluß, Standardinterface, Standardnahtstelle, Standardschnittstelle || ~ **interface cable** [Tr] / Normschnittkabel || ~ **interface control** [Tr] / Normanschlußsteuerung || ~ **interface lockout** [Tr] / Normanschlußsperre || ~ **interface number** [Tr] / Normanschlußnummer || ~ **interface register** [Tr] / Normanschlußregister (NAR) || ~ **interface switch** [Tr] / Standardanschlußschalter, Schalter für Standardanschlüsse || ~ **I/O interface** [OS] / Standard-Ein-Ausgabeschnittstelle
standardization *n* / Normung
standardize *v* [Th] / normalisieren
standardized *adj* / normiert, Standard... || ~ **mode** [Tr] / normierter Modus, Standardmodus || ~ **parts** [Hw] / normalisierte Bestandteile || ~ **text** [Sw] / normierter Text
standardizing chain [Sw] / Normierungskette
standard label [OS] / Standardetikett, Standardkennsatz, normiertes Etikett || ~ **label statement** [Cobol] / Standardkennsatz-Anweisung || ~ **language** [Term] / Gemeinsprache (im Gegensatz zur Fachsprache bzw. zum Dialekt) || ~ **light** [Sc] / Normlicht || ~ **load library** [Sw] / Standard-Ladeprogrammbibliothek || ~ **mode** [Tr] / normierter Modus, Standardmodus || ~ **mode transmission** [PCC] / codegebundene Textübertragung || ~ **module** [Mp, Co] / Standardbaustein || ~ **noise figure** [Sc] / Standard-Rauschzahl, Standard-Rauschfaktor || ~ **number of ...** [Sw] / festgelegte Zahl von ... || ~ **operand** [OS] / Standardparameter || ~ **operating environment** [DpC] / Normklima || ~ **prefix** [Sw] / Standardadressenvorsatz || ~ **procedure module** [Sw] / Standardprozedurmodul, SP-Modul || ~ **program** [Sw] / Standardprogramm || ~ **random-access volume label** [OS] / Standardgroßspeicheretikett || ~ **register** [CU] / Standardregister || ~ **run** [Dp] / normaler Lauf

standard-sized pc board [Co] / Einfachflachbaugruppe
standard subroutine [Sw] / Standardunterprogramm || ~ **symbol** (for a logical circuit) [SA] / Symbol eines Schaltglieds, Schaltgliedsymbol || ~ **table** [OS] / Standardtabelle || ~ **tape** [MT, NC] / Bezugsband (Magnetband mit bekannten Eigenschaften, zum Vergleich verschiedener Bänder bzw. zum Einstellen von Bandgeräten verwendet) (DIN 66010, Apr. 1973) || ~ **tape label** [OS] / normiertes Bandetikett || ~ **text** [Sw] / normierter Text || ~ **trailer label** [OS] / Standardendeetikett || ~ **type assignment** [HSP] / Standardbelegung || ~ **value** [Sw] / Standardwert || ~ **vocabulary** [PL] / Standardvokabular || ~ **volume label** [OS] / Standarddatenträgeretikett
standby *adj* [Hw] / Reserve... || [Hw, Dp] / in Bereitschaft || ~ **assembly** [ES, QC] / Reserveaggregat || ~ **channel** [ES] / Ersatzkanal || ~ **computer** [Dp] / Reserverechner, Reserverechenanlage || ~ **computer** [PCC] / Bereitschaftsrechner (im Gegensatz zum Arbeitsrechner) || ~ **condition** [Hw] / Wartezustand || ~ **converter** / Netzersatzumformer || ~ **emergency converter** (d.c.-a.c.) / Netzersatzumformer || ~ **mode** [Dp] / Reservebetrieb || ~ **power dissipation** [Co] / Ruhezustandsverlustleistung || ~ **power supply system** [Hw] / Netzersatzanlage || ~ **restart** [TP] / Standby-Restart || ~ **status notice** [ES] / Ersatzmeldung || ~ **system** [Hw] / Bereitschaftssystem, Sicherungssystem, Reservesystem || ~ **system updating** [ES] / Standby-Rechnerkoordinierung, interne Koordinierung der Rechnerfunktion || ~ **unit** [Hw] / Ersatzgerät, Bereitschaftseinheit || ~ **updating routine** [Sw] / Rechnerkoordinierungsroutine
standing note [ES] / Dauernotiz
standing-on-nines carry [ALU] / Neunersprung
standing wave ratio [Hw] / Stehwellenverhältnis
STAR (s. segment table address register)
star communication system [RDp] / Sternnetz || ~ **connection** [Hw] / Sternschaltung || ~ **network** [RDp] / Sternnetz || ~ **program** [Sw] / frei entwickeltes, handgeschriebenes Programm, das keine Fehler mehr enthält und im ersten Durchlauf korrekt arbeitet)
star-shaped data network [RDp] / sternförmiges Datennetz
start *n* [Sw] / Beginn, Start, Anfang || ~ **address** [Sw] / Anfangsadresse, Startadresse || ~ **address register** [CU] / Startadreßregister (STR) || ~ **and stop pulse** [RDp] / Start- und Stoppschritt || ~ **bit** [Tr] / Startbit (DIN 44302, Apr. 1979), Einschaltbit || ~ **call** [PCC] / Startaufruf || ~ **cycle location** [ES] / Startzykluszelle
Start device (SDV) [OS, Lisp] / Starten Gerät (SDV)
start edge [ES] / Startflanke || ~ **element** [Tr] / Anlaufschritt, Startschritt || ~ **element monitor** [OS, TP] / Anlaufschrittüberwachung || ~ **element monitor inhibition** [OS, TP] / Anlaufschritt-Überwachungssperre
starter operating system [OS] / Startersystem
starting address [Sw] / Anfangsadresse, Startadresse || ~ **character** [Sw] / Anfangszeichen || ~ **position** [Dp] / Ausgangsstellung, Ruhestellung, Ausgangsposition
start interval (s. start element) || ~ **location** [Sw] / Einschaltpunkt || ~ **of block (SOB)** [Sw] / Blockanfang, Blockbeginn
start-of-heading character (SOH character) [Tr] / Kopfanfangszeichen
start-of-line microswitch [TP] / Zeilenanfanggeber || ~ **position** [TP] / Zeilenanfangsstellung
start of message (SOM) [Tr] / Nachrichtenbeginn
start-of-message character [Tr] / Beginnzeichen || ~ **signal** [Tr] / Nachrichtenbeginnkriterium, Meldungsbeginnzeichen, Nachrichtenanfangszeichen
start-of-selection signal [ES] / Wähleinleitungszeichen
start of text (STX) [Tr] / Textanfang
start-of-text character (STX character) [RDp] / Textanfangszeichen, Textbeginnzeichen, Anfangszeichen (STX-Zeichen)
start organization [ES] / Startorganisation || ~ **point of the beam** [COM, Typ] / Startpunkt des Schreibstrahls (einer Kathodenstrahlröhre) || ~ **polarity** [Tr] / Anlaufschrittpolarität, Startpolarität

start-polarity element [Tr] / startpolarer Schritt || ~ **pulse** [Tr] / Startpolaritätsimpuls
start pulse (s. start element) || ~ **record** [Sw] / Anfangssatz || ~ **routine** [OS] / Startroutine, Einschaltroutine || ~ **signal** (s. start element) || ~ **spacing** [Tr] / Anlaufschrittpolarität, Startpolarität
start-stop apparatus [TP] / Start-Stopp-Apparat || ~ **distortion indicator** [Tr] / Bezugsverzerrungsmelder || ~ **distortion meter** [Tr] / Bezugsverzerrungsmesser || ~ **monitor** [Tr] / Bezugsverzerrungsmelder || ~ **operation** [TP] / Start-Stopp-Betrieb || ~ **system** [TP] / Start-Stopp-Verfahren, Start-Stopp-System || ~ **telegraph regenerator** [TP] / Fernschreibentzerrer, Entzerrer || ~ **terminal** [ES] / Start-Stopp-Endstelle || ~ **transmission** [Tr] / Start-Stopp-Übertragung (DIN 44302, Apr. 1979) || ~ **working** [TP] / Start-Stopp-Betrieb
start time [MT] / Startzeit (DIN 66010, Apr. 1973), Anlaufzeit, Beschleunigungszeit
startup*n* [OS] / Start, Startprozedur || ~ **condition** [OS] / Anlaufbedingung || ~ **element** [OS] / Startprogrammelement || ~ **phase** [OS] / Anlaufphase || ~ **procedure** [Mp] / Inbetriebnahme || ~ **routine** (s. start routine)
star wheel [TP] / Schaltstern
state*n* [Mp] / Operationsschritt (kleinste Einheit eines Ablaufs der Arbeitszyklen eines Mikroprozessors, d.h., das Zeitintervall zwischen zwei aufeinanderfolgenden, in positiver Richtung verlaufenden Übergängen des Taktimpulses) || [PL/1] / Zustand || ~ **density** [Sc] / Zustandsdichte || ~ **diagram** [ES] / Zustandsdiagramm || ~ **key** (s. status key)
statement*n* [PL] / Anweisung (bei problemorientierten Programmiersprachen eine Arbeitsvorschrift, die in der Regel aus einer Folge von Befehlen oder Vereinbarungen besteht) || [Algol, PL/1, Fortran] / Anweisung || ~ **bracket** [Algol] / Anweisungsklammer || ~ **function** [Fortran] / Formelfunktion || ~ **label** [Fortran] / Anweisungsmarke || ~ **name** [PL/1] / Anweisungsname || ~ **number** [APL] / Anweisungsname || ~ **register** [CP] / Anweisungsregister
statements field [Sw] / Anweisungsfeld
state of the art [R&D] / Stand der Technik
state-of-the-art report [R&D] / Literaturbericht (DIN 1426, Nov. 1973)
static alarm signal input device [PCC] / statische Alarmeingabe || ~ **behavior** [NC] / statisches Verhalten || ~ **check** [Dp, Sw, ADp] / statische Prüfung, Zustandsprüfung || ~ **digital input device** [PCC] / statische Digitaleingabe || ~ **energy sensitivity** (of a photoelectric device) [Co, Sc] / statische Empfindlichkeit || ~ **error** [Dp, ADp] / statischer Fehler || ~ **input voltage** [Sc] / statische Eingangsspannung
staticizer*n* [Dp, Tr] / Serien-Parallel-Umsetzer (DIN 44300, März 1972)
staticizing*n* [CU] / Befehlsübernahme || ~ **breakpoint** [Sw] / Adressenstopp nach dem Bereitstellen || ~ **memory address stop** [Sw] / Adressenstopp nach dem Bereitstellen || ~ **phase** [OS] / Bereitstellungsphase (für Befehle) || ~ **register** [CU] / Befehls- und Adressenregister
static logic system [Sc, Co] / statisches Logiksystem || ~ **luminous sensitivity** (of a photoelectric device) [Co, Sc] / statische Lichtempfindlichkeit || ~ **magnetic cell** (s. magnetic cell) || ~ **memory** [MCS] / statischer Speicher || ~ **optical memory** [M] / nichtmechanischer optischer Speicher || ~ **program** [Sw] / statisches Programm || ~ **RAM** [Mp] / statisches RAM || ~ **relocation** [VS] / statische Adreßverschiebung || ~ **sensing** [PC] / Abfühlung bei ruhender Karte || ~ **sensitivity** [Co, Sc] / statische Empfindlichkeit || ~ **skew** [MT] / statischer Schräglauf, statischer Bitversatz || ~ **storage** [PL/1] / statischer Speicher(typ) || ~ **subroutine** [Sw] / statisches Unterprogramm || ~ **test** [Dp, Sw, ADp] / statische Prüfung, Zustandsprüfung || ~ **value** [Sc] / statischer Wert
station address [RDp] / Stationsadresse
stationary channel [Th, Cy] / stationärer Kanal || ~ **source** [Th, Cy] / stationäre Quelle || ~ **stochastic process** [Cy] / stationärer stochastischer Prozeß
station code [ES] / Meldetext || ~ **code generator** [ES] / Meldetextgeber (MTG) || ~ **cycle polling feature** [RDp] / Stationsabruf
stationery, fanfold ~ [TP] / Zickzackpapier
station identification [Tr] / Kennung

(Datenstation), Stationskennung || ~ **identification code** [TP] / Namengeberzeichen (= Antwort auf den Namengebertext „Wer da?") || ~ **identification request** [Tr] / Kennungsabfrage, Namengeberanforderung, Kennungsgeberanforderung || ~ **identification table** [Tr] / Identifikationstabelle (für Stationen) || ~ **selection** [RDp, Tr] / Stationsauswahl

statistics program [Sw] / Statistikprogramm

statistor*n* [Sc] / Statistor

status*n* [Cobol] / Zustand || ~ **bit** [Mp, Th] / Zustandsbit, Statusbit || ~ **block** [ES] / Meldungsblock, Zustandsblock || ~ **byte** [Sw] / Zustandsbyte || ~ **character** [ES] / Zustandszeichen || ~ **data** [Sw] / Zustandsdaten || ~ **field** [ES] / Zustandsfeld || ~ **group select (SGS)** [Mp] / Auswahl der Zustandsgruppe || ~ **identifier** [Sw] / Statuskennzeichen || ~ **indicator** [HSP] / Zustandsanzeige || ~ **information** [Mp, Dp] / Zustandsanzeige, Zustandsinformation || ~ **information symbol** [Mp] / Zustandssymbol || ~ **inquiry** [Tr] / Zustandsabfrage || ~ **inquiry signal** [ES] / Zustandsabfragesignal || ~ **interrogation** [Tr] / Zustandsabfrage || ~ **key** [CP] / Zustandstaste || ~ **lamp** [Hw, Tr] / Zustandsanzeigelampe || ~ **locking register** [ES] / Fixierregister || ~ **message** [ES] / Meldung, Zustandsmeldung || ~ **modifier bit** [Sw] / Statusveränderungsbit || ~ **register** [CP] / Statusregister (STR), Zustandsregister || ~ **request** [ES] / Statusabfrage || ~ **signal** [ES] / Meldung, Zustandsmeldung || ~ **snapping** [Sw] / Zustandsermittlung || ~ **table** [ES] / Zustandstabelle || ~ **word** [Mp] / Zustandswort, Statuswort

staydown key [VDT, TP] / arretierbare Taste

STB (s. segment table base)

STC (s. Store character)

STD (s. Store long) || ≗ (s. subscriber trunk dialing)

STE (s. segment table entry) || ≗ (s. Store short)

steady start polarity [TP, Tr] / Dauerstartpolarität

steady-state process model [Sw] / quasistationäres Prozeßmodell, stationäres Prozeßmodell || ~ **process optimization** [Sw] / Stationärprozeßoptimierung, Prozeßoptimierung des Beharrungszustandes

steady stop polarity [TP, Tr] / Dauerstoppolarität

steep-sloped*adj* [ES] / steil (Signal)

step*n* [DpC] / Auftragsschritt, Jobbetriebsanweisungsschritt, Jobschritt, Monitorschritt

step-by-step connection setup [ES] / schritthaltender Verbindungsaufbau || ~ **operation** [Dp] / Einzelschrittbetrieb, Schrittbetrieb || ~ **selection method** [ES] / Direktwahlprinzip || ~ **switching system** [ES] / Direktwahlsystem, schritthaltendes Vermittlungssystem

step counter [CP] / Schrittzähler

stepped addressing [Sw] / implizite Adressierung, Fortschaltungsadressierung

stepper motor [Hw, TP] / Schrittmotor

stepping motor [Hw, TP] / Schrittmotor || ~ **motor drive** [TP] / Schrittmotorantrieb || ~ **motor pulse** [TP] / Schrittmotorimpuls

step-recovery diode [Sc] / Abreißdiode, Speicher-Schaltdiode

step response [AC, Cy] / Sprungantwort

STH (s. Store halfword)

stick printer [Hist, HSP] / (veralteter) Zeichendrucker, der mittels eines Typenstabs arbeitet

still frame communication [Fax] / Festbildkommunikation

STLR (s. segment table length register)

STM (s. Store multiple)

stochastic*adj* [Th] / stochastisch, zufällig || ~ **variable** [Th] / Zufallsvariable, Zufallsgröße, stochastische Variable

stop bit [Tr] / Stoppbit (DIN 44302, Apr. 1979)

stop-bit check [ES] / Stoppschrittprüfung

stop button [PE] / Stopptaste || ~ **code** [PT] / Stoppcode, Haltecode || ~ **condition** [Sw] / Haltbedingung || ~ **distance** [MT] / Stoppweg || ~ **edge** [Tr] / Stoppflanke

stop-element check [ES] / Stoppschrittprüfung || ~ **error** [Tr] / Stoppschrittfehler || ~ **monitoring** [Tr] / Stoppschrittüberwachung

stop instruction (s. checkpoint instruction) || ~ **location** [Hw] / Ausschaltpunkt || ~ **pin** [HSP] / Anschlagstift || ~ **plate** [HSP] / Anschlagblech, Schwenksperre (Tonerabscheider) || ~ **point of the beam** [COM, Typ] / Endlage des Schreibstrahls (einer

Kathodenstrahlröhre)
stop-polarity decoder [ES] / Stoppolaritätsbewertung (STOPBW) || ~ **element** [ES] / stoppolarer Schritt, Stoppolaritätsimpuls || ~ **pulse** [ES] / stoppolarer Schritt, Stoppolaritätsimpuls
stop position [HSP] / Endlage || ~ **roller** [HSP] / Rastrolle (Filzstation) || ~ **signal** (in a start-stop system) [TP] / Sperrschritt, Stoppschritt, Stoppolarität || ~ **statement** [Cobol, PL/1, Fortran] / Stoppanweisung || ~ **time** [MT] / Stoppzeit (DIN 66010, Apr. 1973) || ~ **transition** [Tr] / Stoppflanke
storage *n* [Cobol, PL/1] / Speicher || ~ (as opposed to "main memory", q.v.) [PE] / Speicher (d.h., äußerer Speicher, der nicht unmittelbar zur Zentraleinheit eines Systems gehört, dieser jedoch angeschlossen werden kann), äußerer Speicher, externer Speicher, Externspeicher || ~ (cf. "memory") || ~ (= main memory) (s. memory) || ~ **address** [Mp, Sw] / Speicheradresse || ~ **allocation** [M] / Speicherverteilung, Speicherplatzzuteilung, Speicherzuordnung, Speicherplatzzuweisung || ~ **area** [M] / Stammbereich (im Gegensatz zu „Arbeitsbereich") || ~ **area associated with the buffer** [RDp, Tr] / pufferproportionaler Speicherbereich || ~ **assignment counter** [M] / Speicherzuordnungszähler || ~ **block** (s. main memory block) || ~ **capacity** [PE] / Speicherkapazität (peripherer Speicher) || ~ **cell** [M] / Speicherelement (in einem gegebenen Zusammenhang nicht weiter zerlegbarer Teil eines Speichers) (DIN 44300, März 1972), Speicherelement, Speicherzelle || ~ **class** [PL/1] / Speicherklasse || ~ **control statement** [PL/1] / Speichersteuerungsanweisung || ~ **core** [M] / Speicherkern, Kern (Magnetkern) || ~ **cost** / Speicherkosten, Speicherungskosten || ~ **density** [PE] / Speicherdichte || ~ **device** [Dp] / Speichergerät (funktionelle Einheit als Teil einer Datenverarbeitungsanlage, mit der Daten auf ein zugehöriges Speichermedium geschrieben, von diesem gelesen und/oder auf diesem gelöscht werden können) || ~ **drum** [MDr] / Speichertrommel || ~ **dump** [PE, Sw] / Speicherabzug (Abzug aus einem peripheren Speicher), Abzug (aus einem peripheren Speicher) || ~ **efficiency** [M, Sw] / Speicherausnutzung || ~ **element** [Cir] / speicherndes Schaltglied, Speicherglied (DIN 44300, März 1972), speicherndes binäres Elementarglied (z.B. Flipflop) || ~ **flip-flop** [Co] / Merkkippstufe || ~ **hierarchy** [M] / Speicherhierarchie || ~ **image dump** [OS] / Speicherausdruck bei Systemfehlern || ~ **key** [Sw] / Speicherschlüssel || ~ **keyboard** [TP] / Tastenwerk mit Speicherung, Tastatur mit Zwischenspeicher || ~ **load counter** [ES] / Speicherfüllungszähler || ~ **location** [M] / Speicherzeit (bei einem wortorganisierten Speicher eine Gruppe von Speicherelementen, die ein Maschinenwort aufnimmt) (DIN 44300, März 1972) || ~ **management** [OS] / Speicherplatzverwaltung, Speichervermittlung || ~ **map** [OS] / Speicherplatz-Verteilungsübersicht, Speicherplan || ~ **mark** [PE, M] / Speichermarke || ~ **matrix** [M] / Speichermatrix || ~ **medium** [Dp] / Speichermedium || ~ **medium** [Cobol] / Datenträger || ~ **module** [M] / Speichermodul, Speicherbaustein || ~ **operation** [M, ES] / Speicheroperation || ~ **period** [Sw] / Speicherungszeitraum || ~ **plate** [Hw, M] / Speicherplatte || ~ **position** [M] / Speicherstelle (Teil eines Speichers zur Aufnahme eines Zeichens) (DIN 44300, März 1972) || ~ **protection** [DS, M] / Speicherschutz || ~ **protection key** [M, Sw] / Bereichsschutzschlüssel, Speicherschutzschlüssel, Speicherschlüssel || ~ **providing random access to files and programs** [RDp] / Speicher mit wahlfreiem Zugriff für Dateien und Programme || ~ **register** [CU] / Speicherregister || ~ **requirements** [RDp] / Speicheraufwand || ~ **space** [Dp] / Speicherplatz (= Speicherkapazität) || ~ **stack** [M] / Matrixblock || ~ **technology** [M] / Speichertechnik (dynamische und statische Speicher) || ~ **tube** [M, Co] / Speicherröhre, Sichtspeicherröhre || ~ **type** [PL/1] / Speichertyp || ~ **unit** [PE] / Speichereinheit (Speicher, der als äußerer Speicher an die DVA angeschlossen werden kann) || ~ **utilization** [M, Sw] / Speicherausnutzung || ~ **zone** [M] /

Speicherzone
store (GB) (s. storage or memory)
store-and-foreward service [ES] / Speicherdienst
store-and-forward node [ES] / Speichervermittlungsknoten || ~ **principle** [ES] / Teilstreckenverfahren, Staffettenwahlprinzip || ~ **switching** [ES] / Speichervermittlung (Vorgang) || ~ **switching center** [ES] / Speichervermittlung (Amt), Speichervermittlungsstelle, Nachrichten-Speichervermittlungsstelle || ~ **switching network** [RDp, Tr] / Speichervermittlungsnetz || ~ **switching system** [ES] / Speichervermittlungssystem, Nachrichtenvermittlungssystem
Store character (STC) [OS, Lisp] / Speichern Zeichen (STC)
stored *adj* [PE] / gespeichert
stored-program *adj* (control, etc.) [Sw] / speicherprogrammiert
stored program [Sw] / gespeichertes Programm
stored-program computer [Dp, Sw] / speicherprogrammierter Rechner || ~ **control** [RDp] / speicherprogrammierte Steuerung || ~ **digital computer** [Dp] / Digitalrechner mit gespeichertem Programm
Store halfword (STH) [OS, Lisp] / Speichern Halbwort (STH) || ≗ **long (STD)** [OS, Lisp] / Speichern lang (STD) || ≗ **multiple (STM)** [OS, Lisp] / Speichern mehrfach (STM) || ≗ **scratch pad** [OS, Lisp] / Speichern aus Zwischenspeicher || ≗ **short (STE)** [OS, Lisp] / Speichern kurz (STE) || ≗ **word (STW)** [OS, Lisp] / Speichern Wort (STW)
storing *n* [Dp] / Speichern || ~ **routine** [Sw] / Abspeicherroutine
straight gangpunching [PC] / direktes Stanzen || ~ **knurl** [Hw] / Rändel || ~ **line** [Th, GrDp] / Gerade
straight-line coding [Sw] / gestreckte Programmierung (im Gegensatz zu „zyklische Programmierung"), lineare Codierung || ~ **control** [NC] / Streckensteuerung || ~ **interpolation** [Th] / lineare Interpolation, Linearinterpolation
strain relief clamp [Hw] / Zugentlastungsschelle
strain-relieving solder tag [Sc] / keramischer Lötstützpunkt
stranded copper wire [TrL] / Kupferseil || ~ **wire** [TrL] / Litze
strap *v* [Serv] / rangieren || *n* [Serv] / Drahtbrücke, Brücke (Draht) || ~ **connection** [Serv] / Rangierung
strappable *adj* [Serv] / rangierbar (mit Drahtbrücken)
strapping arrangement [Serv] / Verteilerrangierung || ~ **block** [Hw] / Brückenverteiler || ~ **board** (s. jumper module) || ~ **comb** [Serv] / Brückenkamm || ~ **connector** [Hw] / Rangierleiste || ~ **plate** [Serv] / Umschalteplatte || ~ **plug** [Hw] / Brückenstecker || ~ **terminal block** [Hw] / Brückenverteiler
strap-selectable *adj* [Hw] / wählbar mit Brücke
strap wiring [Serv] / Brückenverdrahtung
stream *n* [PL/1] / (Daten)strom
stress mark [Typ] / Tonzeichen (Akzent über oder unter einem Buchstaben zur Kennzeichnung der betonten Silbe) || ~ **resisting clamp** [Hw] / Zugentlastungsschelle
string *n* [Sw] / Sequenz (geordnete zusammenhängende Folge von Sätzen oder Zeichen) || [Cobol, Algol] / Zeichenfolge || [PL/1] / (Zeichen)folge || ~ **analysis (SA)** [Term, MAT] / Kettenanalyse (von Z.S. Harris entwickelte Form der Analyse von Sätzen) || ~ **builtin function** [PL/1] / (eingebaute) (Zeichen)folgen-Funktion || ~ **format** [Algol] / Zeichenreihenformat || ~ **function** [PL/1] / (cingebaute) (Zeichen)folgen-Funktion || ~ **fuse** [Hw] / Strangsicherung || ~ **or picture symbol** [PL/1] / Folgen-oder-Masken-Symbol || ~ **overlay defined** [PL/1] / (zeichen)folgenüberlagernd || ~ **pseudo-variable** [PL/1] / (Zeichen)folgen- || ~ **quotes** (") [Algol] / Zeichenfolge-Klammern
stringrange condition [PL/1] / Teilfolgen-Bedingung
string search [TES] / Suche nach einer Text- bzw. Zeichenfolge
stringsize condition [PL/1] / (Folgen)längen-Bedingung
string type [PL/1] / Typ der (Zeichen)folge
strip *v* (insulation, etc.) [Serv] / (Leitung usw.) abisolieren
stripe *n* [Sc] / Streifen, Band
strip line [TrL] / Streifenleiter
stripped merge [OS] / Mischen ohne Folgeadreßfeld
strip reader [IO, PT] / Streifenleser (zum optischen Lesen fortlaufender Streifen,

z.B. Additionsstreifen, im Gegensatz zu Einzelblattbeleglesern)
strobe pulse [M, ES] / Abtastimpuls, Sample-Impuls || ~ **signal** [ES] / Freigabesignal (taktmäßig), Übernahmesignal
stroke*n* [TES, TP] / Tastenhub || [OCR] / Strich || ~ (s. key drop) || ~ **centerline** [OCR] / vertikale Zeichenachse || ~ **edge** [OCR] / Strichkante || ~ **width** [Typ] / Strichstärke (eines Schriftzeichens)
structure*n* [PL/1] / Struktur || ~ **data description** [PL/1] / Beschreibung strukturierter Daten
structured programming [Sw] / strukturierte Programmierung
strut*n* [Hw] / Holm
stub card [PC] / Abrißkarte, Kurzlochkarte, Abrißlochkarte, perforierte Karte
studded edge strip [HSP] / Knopfleiste (Formulardia)
stud temperature [Sc] / Gehäusetemperatur
stuff *v* [ES] / stopfen (Zeichen)
STW (s. Store word)
STX (s. start of text) || ≗ **character** (s. start-of-text character)
stylus printer [HSP] / Nadeldrucker, Drahtdrucker
SU (s. Subtract unnormalized short)
SUB (s. substitute character)
subarea*n* [Sw] / Teilbereich
subaudio frequency [Th] / Frequenz unterhalb des Hörbereichs || ~ **telegraphy** [TP] / Unterlagerungstelegrafie
subcarrier frequency modulation [TP] / Zwischenträger-Frequenzmodulation
subcatalog*n* [Sw] / Teilkatalog
subcell*n* [M] / Unterzelle
subchannel*n* [CP, IO] / Unterkanal || ~ **register** [CU, ES] / Unterkanalregister
subcoding (e.g., by suffixes) [Sc] / zusätzliche Kennzeichnung (von Bauelementen)
subconsole*n* [CTW] / Nebenbedienungsplatz
subfield*n* [Sw] / Unterfeld, Teilfeld
subframe clock pulse [ES] / Unterrahmentakt || ~ **timing** (s. subframe clock pulse)
subheading*n* [HSP] / Zwischenüberschrift
subjob*n* [Sw] / Unterauftrag
subline *n* (= 6 microlines) [HSP] / Subzeile (= 6 Mikrozeilen) || ~ **method** [HSP] / Subzeilenverfahren
sublist of materials [Dist] / Untersammelkarte
submacro*n* [Sw] / Untermakro
submatrix*n* [Th] / Submatrix
submicron pattern [Sc] / Submikronstruktur || ~ **range** [Sc] / Submikronbereich
submodular structure [Sc] / submodulare Struktur
subordinate program [Sw] / Nebenprogramm || ~ **unit** [Dp] / untergeordnete Einheit
subprogram*n* [Fortran] / Unterprogramm || ~ **statement** [Fortran] / Unterprogrammanweisung
subrack*n* [Hw, PCC] / Baugruppenträger
subroutine*n* [Fortran] / Subroutine || ~ **call** [Sw] / Unterprogrammaufruf || ~ **call address** [ES] / Unterprogrammaufrufadresse || ~ **entry** [ES] / Unterprogrammeinsprung || ~ **library** [Sw] / Unterprogrammbibliothek || ~ **management** [Mp] / Unterprogrammverwaltung || ~ **nesting** [Mp] / Unterprogrammverschachtelung || ~ **nesting with return to exit point** [RDp, Tr] / Unterprogrammverschachtelung mit Rücksprungnotierung || ~ **procedure** [Sw] / Unterprogrammprozedur || ~ **procedure** [Fortran] / Subroutinenprozedur || ~ **reference** [PL/1] / Unterprogrammaufruf || ~ **statement** [Fortran] / Subroutinenanweisung || ~ **subprogram** [Fortran] / Subroutinenunterprogramm
subscriber*n* [ES] / Teilnehmer || **called ~** [ES, Tr] / gerufener Teilnehmer || **dialplate ~** [ES] / Teilnehmer mit Nummernschalterwahl || **highspeed ~** [ES] / Teilnehmer mit hoher Geschwindigkeit || **keyboard ~** [ES] / Teilnehmer mit Tastaturwahl
subscriber-busy condition [ES] / Teilnehmerbesetztzustand
subscriber classification [ES] / Klassifizierung der Teilnehmer, Teilnehmerklassifizierung || ~ **connection program** [ES] / Verbindungsprogramm
subscriber-dialed traffic [ES] / Teilnehmerwählverkehr
subscriber dialing [ES] / Teilnehmerwahl || ~ **directory number** [ES] / Teilnehmernummer || ~ **exchange** [ES] / Teilnehmeramt || ~ **group** [ES] / Teilnehmergruppe || ~ **identification**

[ES] / Teilnehmeridentifizierung || ~ **line** [ES] / Teilnehmerleitung (Teil einer Teilnehmerschleife), Teilnehmer-Anschlußleitung || ~ **line circuit** [Tr] / Teilnehmeranschlußschaltung, Kanalschaltung || ~ **line termination cabinet** [Hw, ES] / Teilnehmerschrank || ~ **lockout** [ES] / Teilnehmersperre || ~ **loop** [ES] / Teilnehmerschleife
subscriber-originated traffic [ES] / Teilnehmerursprungsverkehr
subscriber service routine [ES] / Teilnehmerdienstroutine || ~ **signaling** [ES] / Teilnehmersignalisierung
subscriber's number [ES] / Teilnehmernummer || ~ **station** [ES] / Teilnehmerstation
subscriber station [ES] / Fernschreibteilnehmerstelle, Fernschreibstelle, Fernschreibstation || ~ **station** (s. subscriber's station) || ~ **telex directory** [TP] / Teilnehmerverzeichnis (Telex) || ~ **terminal** (s. subscriber's station) || ~ **terminal exchange** [ES] / Teilnehmervermittlungsstelle || ~ **termination** [ES] / Teilnehmeranschluß || ~ **termination port** [ES] / Teilnehmeranschluß || ~ **termination set** [ES] / Teilnehmerschaltung (Konzentrator) || ~ **trunk dialing (STD)** [ES] / Selbstwähldienst
subscript *v* [Th] / indizieren || *n* [Sc] / Index (zur Bezeichnung von Bauelementen) || [Algol, PL/1] / Index || [Fortran] / Indexliste || [Cobol] / (Normal)index || ~ **bound** [Algol] / Indexgrenze || ~ **bracket** [ ] [Algol] / Indexklammer
subscripted *adj* [Th] / indiziert || ~ **name** [Sw] / indizierter Name || ~ **value** [Sw] / indizierter Wert || ~ **variable** [Algol] / indizierte Variable
subscript expression [Algol, Fortran] / Indexausdruck
subscripting *n* [Cobol] / (Normal)indizierung
subscript list [Algol] / Indexliste || ~ **range condition** [PL/1] / Indexgrenzen-Bedingung || ~ **value** [Fortran] / Indexlistenwert
subset *n* [Th] / Teilmenge, Untermenge || ~ **module** [OS] / untergeordnetes Modul
subsriber exchange [ES] / Teilnehmervermittlungsstelle
substitute character (SUB) [Tr] / Substitution (substituiertes Zeichen) || ~ **mode** [OS] / Substitutionsmodus
substitution *n* [Sw] / Substitution, Austausch
substitutional lattice site [Sc] / Austauschgitterstelle
substitution bit [PCC] / Substitutionsstelle || ~ **control statement module** [HSP] / Substitutionssteueranweisungsmodul || ~ **field** [HSP] / Substitutionsfeld || ~ **field module** [HSP] / Substitutionsfeldmodul, SF-Modul || ~ **list** [ES] / Substitutionsliste || ~ **list address** [ES] / Substitutionslistenadresse
substrate *n* [Sc] / Substrat, Trägermaterial, Trägerschicht || ~ **area** [Sc] / Substratfläche || ~ **current** [Sc] / Substratstrom (eines Isolierschicht-Feldeffekttransistors)
substr builtin function [PL/1] / (eingebaute) (Zeichen)teilfolgen-Funktion || ~ **function** [PL/1] / (eingebaute) (Zeichen)teilfolgen-Funktion
substring *n* [Sw] / Teilkette || ~ **notation** [Sw] / Teilausdruck (Makrosprache)
substr pseudo-variable [PL/1] / (Zeichen)teilfolgen-Pseudovariable
subsystem *n* [Dp] / Subsystem (funktionelle Einheit bestehend aus mehreren Bauelementen, Bausteinen bzw. Baugruppen)
subtask *n* [OS] / sekundärer Task, Nebenprozeß
subtasking *n* [OS] / Unteraufgabenbildung
subtotal *n* [PC] / Zwischensumme
Subtract binary [OS, Lisp] / Subtrahieren binär
subtract builtin function [PL/1] / (eingebaute) Subtraktions-Funktion
Subtract decimal (SP) [OS, Lisp] / Subtrahieren dezimal (SP)
subtracter *n* [ALU] / Subtrahierglied, Vollsubtrahierglied, Subtrahierwerk
subtract function [PL/1] / (eingebaute) Subtraktions-Funktion
Subtract halfword (SH) [OS, Lisp] / Subtrahieren Halbwort (SH)
subtraction *n* [Th] / Subtraktion
Subtract logical (SL) [OS, Lisp] / Subtrahieren ohne Vorzeichen (SL) || ≗ **normalized** (floating point) [Lisp] / Gleitpunktsubtraktion normalisiert (GSN) || ≗ **normalized long (SD)** [OS, Lisp] / Subtrahieren normalisiert lang (SD) || ≗ **normalized short (SE)** [OS, Lisp] / Subtrahieren normalisiert kurz (SE)
subtract statement [Cobol] /

Subtraktionsanweisung
Subtract unnormalized long (SW) [OS, Lisp] / Subtrahieren nicht normalisiert lang (SW) || **≗ unnormalized short (SU)** [OS, Lisp] / Subtrahieren nicht normalisiert kurz (SU) || **≗ word (S)** [OS, Lisp] / Subtrahieren Wort (S)
subtrahend *n* [Th] / Subtrahend
successive *adj* [Th] / aufeinanderfolgend (logisch) || **~ card checking** [PC] / Prüfung auf Fehlerwiederholung || **~ card feed** [PC] / stetige Kartenzuführung, fortlaufende Kartenzuführung || **~ cycles** [PC] / aufeinanderfolgende Gänge || **~ feed** [PC] / stetige Kartenzuführung, fortlaufende Kartenzuführung
successor *n* [Algol] / Nachfolger || **~ chain** [Sw] / Kette von Nachfolgeprogrammen || **~ cycle** [Sw] / Folgezyklus || **~ program** [Sw, ES] / Folgeprogramm || **~ program chaining** [Sw] / Verknüpfung von Nachfolgeprogrammen || **~ program initiation** [Sw] / Folgeprogrammeinleitung || **~ signal** [ES] / Folgesignal
suction system [PC] / Ansaugsystem
sudden failure [Hw, DpC] / Sprungausfall (Bauteil)
suffix dialing [ES] / Nachwahl
sum builtin function [PL/1] / (eingebaute) Summen-Funktion || **~ check** [PC, Sw] / Summenprobe, Prüfung durch Summierung, Summenkontrolle || **~ check card** [PT, DS] / Abstimmkarte || **~ clause** [Cobol] / Summenklausel || **~ function** [PL/1] / (eingebaute) Summen-Funktion
summary *n* [Dist] / Überblick || [DOK] / Zusammenfassung (Inhaltsangabe eines Dokuments durch Darstellung der wesentlichen Gedankengänge und Schlußfolgerungen, die unabhängig vom Dokument nicht voll verständlich sein muß) || **~ card** (i.e., a punched card containing totals and descriptive data resulting from an associated group of detail cards) [PC] / Summenkarte || **~ punch** (i.e., a card punch, directly under control of a tabulator, used for punching summary cards from data processed by the tabulator) [PC] / Summenlocher, Summenstanzer || **~ punching** (i.e., punching summary information from a report prepared by a tabulator or other machine onto punched cards, which then can be processed at a later time) [PC] / Summenlochen, Summenstanzen || **~ technical description** [Dist] / kurze technische Beschreibung
summation *n* [Cy] / Summation || **~ check** [PC, Sw] / Summenprobe, Prüfung durch Summierung, Summenkontrolle || **~ check card** [PT, DS] / Abstimmkarte || **~ sign** [PC, Off] / Summenzeichen
summer (s. analog adder)
summing integrator [ADp] / summierender Integrator, summierender Integrierverstärker
sum up *v* [Th] / aufsummieren
superaudio frequency (i.e., frequency above approx. 20,000 cycles) [Th, Tr] / Ultraschallfrequenz || **~ telegraphy** [TP] / Überlagerungstelegrafie
supergroup *n* [Tr] / Übergruppe, Sekundärgruppe
supergroup-band channel (i.e., very fast channel operating at transmission rates of up to 230,000 bps) [Tr] / Übergruppenkanal, Sekundärgruppenkanal
superimpose *v* [HSP] / einblenden
superimposition *n* [HSP] / Einblendung
superlarge computer [Dp] / Größtrechner, Größtcomputer
superset module [OS] / übergeordnetes Modul
supersign *n* [Cy] / Superzeichen
supervise *v* [Dp] / überwachen
supervising equipment [Hw] / Überwachungseinrichtung
supervision *n* [Th] / Überwachung || **~ time** [Sw, ES] / Überwachungszeit
supervisor (s. executive) || **~ buffer** [Th] / Überwachungspuffer || **~ call (SVC)** [OS] / Aufruf an das Organisationsprogramm, Organisationsprogrammaufruf || **~ call interrupt** [OS] / Unterbrechung durch Aufruf des Organisationsprogramms || **~ communication region** [OS] / Mitteilungsbereich des Ablaufteils, Mitteilungsfeld || **~ routine** [Sw] / Überwachungsroutine
supervisor's console [ES] / Überwachungsplatz, Kontrollplatz (KPL) || **~ desk** [ES] / Überwachungstisch || **~ position** [ES] / Überwachungsplatz || **~ teleprinter (ST)** [ES] / vermittlungstechnischer Bedienungsblattschreiber, Betriebsblattschreiber, Überwachungsblattschreiber
supervisory channel [ES] / Überwachungskanal (für

Störungsrückmeldung) || ~ **command** [ES] / vermittlungstechnischer Befehl || ~ **device** [Hw] / Überwachungseinrichtung || ~ **lamp** [Hw] / Überwachungslampe || ~ **panel** [VC] / Kontrollfeld (KF) || ~ **position** [ES] / Überwachungsplatz || ~ **routine** [OS] / Ablaufteil (Teil des Organisationsprogramms), Leitprogramm, Superprogramm || ~ **signal** [ES] / Überwachungszeichen, Überwachungssignal || ~ **signaling information** [ES] / Signalisierinformation

supplementary address memory [ES] / Zusatzwählzeichenspeicher || ~ **equipment** [Hw] / Ergänzungseinrichtung || ~ **maintenance** (i.e., maintenance work which is not routine maintenance or corrective maintenance, usually undertaken to improve reliability of the equipment by minor modifications) [Hw, DpC] / Änderungswartung || ~ **module** [Hw] / Ergänzungsbaustein || ~ **storage** [M] / Zusatzspeicher

supply current [Sc] / Versorgungsstrom || ~ **frequency** [ES] / Netzfrequenz || ~ **reel** [PT] / Vorratsspule, Abspulrolle || ~ **roll** [HSP] / Vorratsrolle

supply-roll spool [HSP] / Abwickelwelle (Filz, Vlies)

supply service [ES] / Zubringerdienst || ~ **spool** [HSP] / Abwickelwelle (Filz, Vlies) || ~ **voltage** / Anschlußspannung || ~ **voltage** [Hw] / Netzspannung

support*n* [Hw] / Konsole (zur Auflagerung von Konstruktionen usw.) || ~ **application** [Mp] / Umfeldaufgabe

suppress *v* (punching codes, etc.) [Dp] / unterdrücken

suppression*n* [Cobol] / Unterdrückung

Suppress length indicator [OS, Instruction] / Unterdrücken Anzeige falsche Länge

surface barrier [Sc] / Oberflächensperrschicht || ~ **barrier transistor (SBT)** [Sc] / Oberflächensperrschicht-Transistor || ~ **conduction** [Sc] / Oberflächenleitung

surface-contact rectifier [Sc] / Flächengleichrichter

surface deposit [Sc] / Fremdschicht || ~ **etching** [Sc] / Oberflächenätzung || ~ **ground** [Serv] / Flächenerde || ~ **layer** [Sc] / Oberflächenschicht || ~ **passivation** [Sc] / Oberflächenstabilisierung || ~ **quality** [HSP] / Oberflächenbeschaffenheit (Papier) || ~ **state** [Sc] / Oberflächenzustand || ~ **temperature** [Sc] / Oberflächentemperatur || ~ **tension** [Sc] / Oberflächenspannung || ~ **treatment** [Sc] / Oberflächenbehandlung

surge arrester [Hw] / Überspannungsableiter || ~ **current** [Sc] / Stoßstrom || ~ **forward current** [Sc] / Durchlaßstoßstrom, Vorwärtsstoßstrom || ~ **protector** [Hw] / Überspannungsableiter || ~ **reverse power** [Sc] / Stoßsperrverlust || ~ **voltage** [Sc] / Stoßspannung

surprisal value [Cy] / Überraschungswert

surrogate name [APL] / Aliasname

survey*n* [Dist] / Überblick

suspect *adj* (unit, etc.) [Serv] / fehlerverdächtig

suspected-error *adj* (unit, etc.) [Serv] / fehlerverdächtig

suspended program [PCC] / angehaltenes Programm

suspend state (s. waiting state)

sustained fault [Dp, AC] / bleibender Fehler, Dauerfehler

SVC (s. supervisor call) || ≗ **address table (SVCT)** [Sw] / SVC-Tabelle

SVCT (s. SVC address table)

SW (s. Subtract unnormalized long)

swap, disk ~ copy area [PCC] / Abbildwartebereich || **disk ~ work area** [PCC] / Arbeitswartebereich || **forced reel ~** [Sw] / vorverlegter Spulenwechsel, vorzeitiger Spulenwechsel

swapping*n* [VS, OS] / abwechselndes Ein- und Auslagern || ~ **area** [VS, OS] / Auslagerungsbereich, Wartebereich

swap time [VS] / Datentransferzeit

sweep frequency [Sc] / Kippfrequenz || ~ **generator** [Meas, Sc] / Kippgenerator

switch*n* [Hw] / Schalter (zur Bedienung) || [Sw] / Schalter (bei logischen Verknüpfungen) || [Algol] / Verteiler || **to set a ~** [Sw] / einen Schalter setzen

switchboard position [Tr] / Handvermittlungsplatz

switch controller [Hw] / Schaltersteuerung (Gerät), Schaltsteuerung || ~ **declaration** [Algol] / Verteilervereinbarung || ~ **designator** [Algol] / Verteilerbezeichner

switched, worldwide ~ data network [ES] / Weltdatenwählnetz || ~ **connection** [Tr] / Wählverbindung || ~ **data communications facilities** [ES] / Datenvermittlungseinrichtungen || ~ **data network** [ES] / Datenwählnetz ||

~ **data traffic** [ES] / Datenwählverkehr || ~ **line** [ES] / Wählleitung (DIN 44302, Apr. 1979) || ~ **network** [RDp, ES, Tr] / Wählnetz || ~ **service** [ES] / Wählvermittlungsdienst || ~ **system** [ES] / Wählsystem

switch function [Cir] / Schaltfunktion (DIN 44300, März 1972) || ~ **identifier** [Algol] / Verteilername

switching *n* [ES] / Vermittlungstechnik || **automatic ~ system** [ES] / Teilnehmer-Wählsystem || ~ **algebra** [SA] / Schaltalgebra, Schaltungsalgebra, Algebra der Schaltnetzwerke || ~ **center** [ES] / Vermittlungsamt || ~ **channel group** [ES] / Durchschaltekanalgruppe (DK) || ~ **channel group for bit groups** [ES] / Durchschaltekanalgruppe für Bitgruppen (DKB) || ~ **circuit** [Tr] / Umschaltnetzwerk || ~ **computer** [RDp] / Vermittlungsrechner || ~ **decade** [ES] / Wähldekade || ~ **diode** [ES, Tr, Sc] / Schaltdiode || ~ **equipment** [ES] / Vermittlungseinrichtungen || ~ **function** [Cir] / Schaltfunktion (DIN 44300, März 1972) || ~ **hysteresis** [TP] / Schalthysterese (Leser) || ~ **information** [ES] / Leitinformation, Leitweginformation || ~ **logic** (s. logic algebra) || ~ **matrix** [ES] / Koppelmatrix, Koppeleinheit, Koppelvielfach (KV) || ~ **matrix array** [ES] / Koppelnetzwerk, Wegenetzwerk || ~ **matrix network** [ES] / Koppelanordnung (KAN), Koppelfeld || ~ **matrix row** [ES] / Koppelvielfachreihe || ~ **matrix stage** [ES] / Koppelstufe (KS) || ~ **network** [ES] / Vermittlungsnetz || ~ **network** [Cir] / Schaltnetzwerk (miteinander verknüpfte Schaltnetze und Schaltwerke) || ~ **network control program** [OS, ES] / Koppelfeldsteuerung || ~ **network marking time** [ES] / Koppelfeldeinstellzeit || ~ **node** [ES] / Vermittlungsknoten

switching-oriented console typewriter [CTW] / vermittlungstechnischer Blattschreiber || ~ **macro language** [ES] / vermittlungstechnische Makrosprache || ~ **operation** [ES] / vermittlungstechnischer Ablauf, vermittlungstechnische Funktion || ~ **operator control** [ES] / vermittlungstechnische Bedienung || ~ **operator control program** [ES] / Bedienungsprogramm || ~ **periphery** [PE] / vermittlungstechnische Peripherie || ~ **program** [ES] / vermittlungstechnisches Programm || ~ **programming language** [ES] / vermittlungstechnisch orientierte Programmiersprache || ~ **restart** [ES] / vermittlungstechnischer Restart

switching path [ES] / Koppelweg || ~ **power** [Co] / Schaltleistung (Relais) || ~ **procedure** [ES] / Vermittlungsprozedur || ~ **processor** [RDp] / Vermittlungsprozessor || ~ **program** [ES] / Vermittlungsprogramm || ~ **relay** [ES] / Koppelrelais || ~ **routine** [ES] / Vermittlungsroutine || ~ **row** [ES] / Koppelreihe (KR) || ~ **section** [ES] / Koppelabschnitt || ~ **sequence controller** [ES] / Durchschalteablaufsteuerung (DAS) || ~ **service** [ES] / Vermittlungsbetrieb || ~ **speed** [Mp, Co] / Schaltgeschwindigkeit || ~ **stage** [ES] / Koppelstufe (KS) || ~ **station** [RDp] / Vermittlungsstation || ~ **storage** [ES] / Vermittlungsspeicher || ~ **strip** [HSP] / Schaltstreifen (Filz) || ~ **technology** / Vermittlungstechnik || ~ **time** [Sc] / Schaltzeit (eines Transistors) || ~ **transistor** [Sc] / Schalttransistor || ~ **unit** [ES] / Koppelgruppe (KG) || ~ **unit array** [ES] / Übertragungsebene (Konzentrator) || ~ **variable** (s. logic variable)

switch list [Algol] / Verteilerliste || ~ **module** [TP] / Schalterbaugruppe (SB) || ~ **on** *v* [Hw] / einschalten

switchover cabinet for dual systems [DS] / Umschaltschrank für Doppelanlagen

switch panel assembly [ES] / Bedienungsfeldeinheit || ~ **position** [Hw] / Schalterstellung || ~ **settings** (UPSI) [Sw] / Belegung des Schalterfeldes

switch-status condition [Cobol] / Schalterzustandbedingung

switch unit [Hw] / Schaltergruppe

swiveling motor [HSP] / Schwenkmotor

swivel motor [HSP] / Anschwenkmotor

symbol *n* [Th, Dp] / Symbol (DIN 44300, März 1972) || ~ (s. special character)

symbolic address [Sw] / symbolische Adresse, Distanzadresse || ~ **addressing** [Sw] / symbolische Adressierung, symbolische Codierung || ~ **address table** [OS] / Adreßbuch (Tabelle, in der symbolische Adressen mit den zugehörigen echten Adressen aufgeführt sind) || ~ **code** [Sw] / symbolischer Code || ~ **coding** [Sw] /

symbolische Adressierung, symbolische Codierung || ~ **deck** [PC] / symbolisch codierter Lochkartensatz || ~ **device addressing** [Sw] / symbolische Geräteadressierung || ~ **device list** [OS] / symbolische Geräteliste || ~ **device name** [Sw] / symbolischer Gerätename, symbolischer Name || ~ **instruction** [PL] / symbolische Instruktion, Übersetzerhilfsanweisung, symbolische Anweisung || ~ **language** [Sw, NC] / symbolische Programmiersprache, symbolische Sprache, Symbolsprache || ~ **location** [M] / symbolisch adressierter Arbeitsspeicherplatz || ~ **logic** [Th] / mathematische Logik, symbolische Logik, formale Logik || ~ **name** [Fortran] / Name || ~ **number** [Sw] / symbolische Zahl || ~ **operation** [Sw] / symbolische Operation || ~ **parameter** [Sw] / symbolischer Parameter || ~ **printing** [Sw] / Symbolschreibung || ~ **program** [Sw] / symbolisches Programm, adressenfreies Programm || ~ **programming** [Sw] / symbolisches Programmieren, symbolische Programmierung || ~ **programming language** [Sw, NC] / symbolische Programmiersprache, symbolische Sprache, Symbolsprache || ~ **programming system** [Sw] / symbolisches Programmiersystem, Symbolprogrammsystem || ~ **region** [ES] / symbolischer Bezirk

symbol table (i.e., a table of labels and their corresponding numeric values) [Sw] / Zuordnungstabelle (bei Programmübersetzung), Symboltabelle

symmetrical cyclically magnetized condition [M] / symmetrisch-zyklisch magnetisierter Zustand || ~ **junction** [Sc] / symmetrischer pn-Übergang || ~ **switching** [NC] / Spiegelbildschaltung

symmetric difference (s. exclusive-OR operation)

SYN (s. synchronous idle character)

sync check word [OCR] / Gleichlaufprüfungskontrollwort

synchro *n* [NC] / Drehmelder, Drehfeldgeber || [ADp] / Koordinatenwandler, Funktionsgeber, Resolver

synchro-generator *n* [NC] / Drehmelder, Drehfeldgeber

synchromesh *adj* [NC] / synchronisiert

synchromotor *n* [NC] / Drehmelder-Empfänger

synchronism *n* [TP] / Gleichlauf || ~ **check** [TP] / Gleichlaufprüfung

synchronization *n* [Tr] / Synchronisierung, Synchronisation || ~ **check word** [OCR] / Gleichlaufprüfungskontrollwort || ~ **signal** [ES] / Synchronisiermeldung || ~ **time** (60-80 ms) [ES] / Einphaszeit

synchronize *v* [ES, Tr] / tasten (bei Clamp-Schaltung)

synchronized clause [Cobol] / Ausrichtungsklausel

synchronizer *n* [TP] / Synchronisiereinrichtung (Geräteelektronik) || ~ **printer storage** [HSP] / Druckpuffer

synchronizing *n* [Fax] / Synchronisieren, Synchronisierung || ~ **byte** [ES] / Synchronisierbyte || ~ **interface** [ES] / Synchronisierschnittstelle || ~ **signal** [Tr] / Synchronisiersignal, Synchronisationszeichen || ~ **unit** [RDp, Tr] / Synchronisiereinrichtung || ~ **wire** [Tr] / Synchronisierader || ~ **word** [ES] / Synchronisierwort

synchronous *adj* [Th] / synchron || ~ **buffer** [Tr] / Synchronpuffer || ~ **character** [Tr] / Synchronzeichen || ~ **check** [TP] / Gleichlaufprüfung || ~ **check word** [OCR] / Gleichlaufprüfungskontrollwort || ~ **clock pulse** [Dp] / Synchrontakt || ~ **clock pulse feature** [Th] / Synchrontaktzusatz || ~ **clock pulse generator** [Tr] / Synchrontaktgeber || ~ **computer** (i.e., a computer in which the timing of all operations is controlled by equally spaced signals from a clock) [Dp] / Synchronrechner || ~ **correction** [TP] / Gleichlaufkorrektur || ~ **data network** [ES] / Synchrondatennetz || ~ **dataset** [ES] / Synchronmodem || ~ **dataset buffer** [IO, Tr] / Telefoniepuffer || ~ **data terminal equipment** [RDp] / Synchron-Datenendeinrichtung || ~ **feature** [Th] / Synchronzusatz || ~ **idle character (SYN)** [Tr] / SYN-Zeichen, Synchronisierzeichen || ~ **interrupt** [Sw] / synchrone Programmunterbrechung || ~ **line adapter** [ES] / synchrone Leitungsanpassung || ~ **margin** [TP] / Synchronspielraum eines Start-Stopp-Apparates || ~ **mode** [TP] / Synchronverfahren || ~ **motor** [HSP] / Synchronmotor || ~ **operating mode** [RDp, Tr] / Gleichlaufverfahren (z.B. bei einigen Modems) || ~ **operation** [Dp] / Synchronbetrieb, synchrones Arbeiten

|| ~ **punching** [PT] / synchrone Lochstreifengewinnung, Synchronlochen, synchrones Lochen || ~ **request** [VS, RDp] / synchrone Anforderung || ~ **transmission** [Tr] / synchrone Übertragung (DIN 44302, Apr. 1979), Synchronübertragung || ~ **working** [Dp] / Synchronbetrieb, synchrones Arbeiten

synchro-receiver *n* [NC] / Drehmelder-Empfänger

synchro-transmitter *n* [NC] / Synchro-Geber

sync mark [HSP] / Synchronisierungsmarke || ~ **signal** [Tr] / Synchronisiersignal, Synchronisationszeichen

synistor *n* [Sc] / Synistor

synonym *n* [MAT] / Synonym (DIN 2333V, Sept. 1974)

syntactic *adj* [PL, MAT] / syntaktisch

syntactical error [Sw] / syntaktischer Fehler, Syntaxfehler, Syntaxverstoß

syntactic analysis [Term, MAT] / syntaktische Analyse

syntax *n* [Term, PL] / Syntax || ~ **check** [PL, NC] / Syntaxprüfung || ~ **checking** [PL] / Überprüfen auf syntaktische Richtigkeit || ~ **error** [Sw] / syntaktischer Fehler, Syntaxfehler, Syntaxverstoß

synthesized voice [VC] / synthetische Sprache, synthetische Stimme

synthetic address [Sw] / errechnete Adresse, synthetische Adresse, generierte Adresse || ~ **fleece** [HSP] / Kunststoffvlies || ~ **run** [ES] / synthetischer Lauf

SYSGEN (s. system generator)

system *n* [Hw] / Anlage || / System (strukturiertes Gebilde, das Eingangsinformationen aufnimmt und darauf bestimmte Reaktionen zeigt) || ~ **access** [ES, QC] / Systemanschaltung || ~ **action** [OS] / Systemmaßnahme || ~ **administrator** [Sw] / Systemverwalter || ~ **affiliation** [ES] / Systemzugehörigkeit || ~ **analysis** [DpC] / Systemanalyse || ~ **architecture** (i.e., the design of a computer and the way in which hardware and software interact) [Dp] / Systemarchitektur

systematic error [Th] / systematischer Fehler, systemabhängiger Fehler || ~ **failure** [QC] / systematischer Ausfall || ~ **microprogrammed diagnostics** [Dp] / mikroprogrammierte Diagnosehilfen

system availability [Dp] / Verfügbarkeit des Systems || ~ **breakdown** [ES] / Systemausfall, Systemzusammenbruch || ~ **call** [Sw] / Systemaufruf || ~ **check** (i.e., a check on the overall performance of a system, usually not made by builtin computer check circuits) [Hw, Sw] / Systemprüfung, Systemtest || ~ **checkout routine** [Sw] / Systemprüfprogramm || ~ **classification** [RDp, Tr] / Systemklassifizierung || ~ **clock** [ES] / Systemtakt || ~ **clock period** [ES] / Systemtaktintervall || ~ **clock pulse** [ES] / Systemtakt || ~ **command repertoire** [ES] / Systembedienungsbefehle || ~ **command repertoire routine** [ES] / Systembedienungsprogramm || ~ **communication** [Sw] / Systemansprache || ~ **comparison** [Hw, OS] / Anlagenvergleich || ~ **configuration** [Hw] / Anlagenkonfiguration, Systemkonfiguration || ~ **console typeout** [ES] / Systemmeldung (Blattschreiber) || ~ **constant** [Sw] / Systemkonstante || ~ **control** [Sw] / Systemsteuerung || ~ **control card** [Sw] / Systemsteuerkarte || ~ **control command** [OS] / Systemsteuerungsbefehl || ~ **control data** [OS] / Systemsteuerdaten || ~ **control language** (s. control language) || ~ **conventions** [Th, Sw] / Systemkonventionen || ~ **data** [Th] / Systemdaten || ~ **data safeguarding routine** [ES] / Systemdatensicherungsroutine || ~ **deadlock** [Sw] / Systemblockade, Systemverklemmung || ~ **debugging aid routine** [Sw] / Systemprüfprogramm || ~ **delay** [ES] / Systemverzögerung

system-dependent *adj* [Hw, Sw] / anlagenspezifisch, systemabhängig

system description [OS] / Systembeschreibung || ~ **design** [ES] / Systemaufbau || ~ **design** / Systementwicklung || ~ **designer** / Systemplaner, Systementwickler || ~ **disk** [OS] / Systemplatte || ~ **disk generator** [OS] / Systemplattengenerator || ~ **engineering** [R&D] / Systems-Engineering (Projektplanung anhand eines Phasenplans, bei der eine Phase nur nach einer vorhergehenden Entscheidung gestartet werden darf) || ~ **equipment layout plan** [Hw] / Anlagenbelegungsplan || ~ **equipment list** [Hw] / Anlagenübersicht || ~ **error**

[Hw, OS] / Systemfehler, Anlagenfehler || ~ **error recovery** [OS] / Fehlerbehandlung, Fehlerbeseitigung || ~ **executive library** [OS] / Organisationsprogramm-Bibliothek || ~ **expansion** [Mp] / Systemerweiterung || ~ **failure** [ES] / Systemausfall, Systemzusammenbruch || ~ **family** [Dp] / Systemfamilie || ~ **fault** [Hw, OS] / Systemfehler, Anlagenfehler || ~ **file** [Sw] / Systemdatei || ~ **generation** [OS] / Systemgenerierung || ~ **generation program** [OS] / Aufbauprogramm || ~ **generator (SYSGEN)** [OS] / Systemgenerator || ~ **hardware** [Dp] / technische Struktur || ~ **initialization** [OS, ES] / Systemeinleitung || ~ **initiation** [OS, ES] / Systemeinleitung || ~ **input file** [Sw] / Systemeingabedatei || ~ **input stream** [Sw] / Systemeingabefluß || ~ **input unit** [IO] / Systemeingabeeinheit || ~ **integration** / Anpassung (an die kundenspezifische Situation) || ~ **interface** [Hw] / Anlagenschnittstelle || ~ **layout** [ES] / Systemaufbau || ~ **library** [Sw, ES] / Systembibliothek, Systemprogrammbibliothek || ~ **loading** [Sw] / Laden des Systems || ~ **load library** [Sw, ES] / Systembibliothek, Systemprogrammbibliothek || ~ **load library tape** [Sw] / Systemprogrammband || ~ **log** [OS] / Systemnachweis || ~ **macro** [Sw] / Systemmakro || ~ **macro instruction** [Sw] / System-Makroinstruktion || ~ **maintenance** [MCS] / Systemwartung || ~ **management** [Th] / Systemverwaltung || ~ **modifications** [ES] / Systemänderung || ~ **monitor** [MCS, OS] / Systemsoftware || ~ **monitoring** [ES] / Systemüberwachung || ~ **notice** [Tr] / Systemmeldung || ~ **number** [Hw] / Anlagennummer || ~ **of concepts** [Term] / Begriffssystem (Beziehungen der Begriffe untereinander und deren gegenseitige Abgrenzung) (DIN 2332, Feb. 1979) || ~ **organization** [Th] / Systemplan

system-oriented *adj* [ES] / systemtechnisch || ~ **interfacing program** [ES] / systemtechnisches Anschlußprogramm

system output [Sw] / Systemausgabe || ~ **output file** [Sw] / Systemausgabedatei || ~ **output unit** [IO] / Systemausgabeeinheit || ~ **output writer** [OS] / Systemausgabeprogramm, Output writer || ~ **overlay** [Sw] / Überlagerungsphase des Systems || ~ **pack** [Sw] / Systemstapel || ~ **paging error** [VS] / Adreßumsetzungsfehler des Systems || ~ **parameter** [Hw] / Anlagenparameter, Systemparameter || ~ **peripherals** [Hw] / Systemperipherie || ~ **program** [RDp, Sw, Tr] / Systemprogramm || ~ **program area** [OS] / Systemprogrammbereich || ~ **program module** [Sw] / Systemprogrammbaustein || ~ **recovery** [ES] / Systemzustandabspeicherung || ~ **reliability** [Dp] / Systemzuverlässigkeit, Zuverlässigkeit des Systems || ~ **reset** [OS] / Rücksetzen des Systems || ~ **residence** [OS] / Systemresidenz || ~ **residence disk** [OS] / Systemplatte

system-resident *adj* [Sw] / systemresident

system resolution [Sc] / Systemauflösung || ~ **routine** [RDp, Sw, Tr] / Systemprogramm || ~ **run** [Sw] / Systemlauf

systems analysis [DpC] / Systemanalyse || ~ **analyst** [DpC] / Systemanalytiker || ~ **catalog** [Sw] / Systemkatalog || ~ **design** / Systementwicklung || ~ **designer** / Systemplaner, Systementwickler || ~ **engineer** [DpC] / Systemanalytiker || ~ **engineering** [R&D] / Systems-Engineering (Projektplanung anhand eines Phasenplans, bei der eine Phase nur nach einer vorhergehenden Entscheidung gestartet werden darf)

system serviceability (i.e., the reliability of a system based on some objective criterion) [Dp] / Systemzuverlässigkeit, Zuverlässigkeit des Systems || ~ **service routine** [Sw] / Systemverwaltungsprogramm, Hilfsprogramm || ~ **software change notice** [ES] / Systemberatertelegramm || ~ **software failure** [OS] / Ausfall

systems program [RDp, Sw, Tr] / Systemprogramm

system standard interface [ES] / Systemnormschnittstelle || ~ **standard interface trunk** [ES] / Systemnormanschluß (SN) || ~ **standards** [Th, Sw] / Systemkonventionen || ~ **start routine** [OS] / Startroutine, Einschaltroutine || ~ **startup** [Dp] / Einschalten der Anlage || ~ **state** [Sw] / Systemzustand || ~ **status** [Sw] / Systemzustand || ~ **status control** [ES] / Systemzustandssteuerung || ~ **status dump** [Sw] /

Systemzustandsbild || ~ **status information** [OS] / Bibliotheksübersicht || ~ **status panel (SSP)** [ES] / Systemzustandsanzeigefeld || ~ **status panel handler** [ES] / Ein-Ausgabeprogramm für Systemzustandsanzeigefeld || ~ **status panel program** [ES] / Systemzustandsanzeigeprogramm || ~ **structure** [ES] / Systemaufbau || ~ **subunit** [ES] / Systemuntereinheit || ~ **supervisor** [ES] / Überwachungsbeamte || ~ **tape** [OS] / Systemband || ~ **tape builder** [OS] / Systembanderzeuger || ~ **tape generator** [OS] / Systembanderzeuger || ~ **tape supervisor** [OS] / Systembandablaufteil || ~ **tape update** [OS] / Systembandänderung || ~ **theory** [Th, Cy] / Systemtheorie || ~ **time** [Dp] / Systemzeit || ~ **time block** [ES] / Systemzeitblock || ~ **time register** [ES] / Systemzeitregister || ~ **timing** [ES] / Systemtakt || ~ **transient** (IBM) [OS] / abrufbare Subroutine || ~ **unit** [Dp] / Systemeinheit || ~ **upgrade** [Mp] / Systemausbau || ~ **variable symbol** [Sw] / flexibles Systemsymbol, Systemparameter

T

tab *v* [PC] / im Sammelgang drucken, tabellieren || *n* [Hw, TP] / Nase

tab... [PL/1] / Tabulator...

TABC (s. tab character)

tab character (TABC) [TES] / Tabulatorzeichen, Horizontaltabulatorzeichen || ~ **erasing** [VDT] / Tabulatorlöschen

table *n* [Sw] / Tabelle || ~ **argument** [Sw] / Tabellenargument

table-driven *adj* [Sw] / tabellengesteuert

table element [Cobol] / Tabellenelement || ~ **generator** [ES] / Tabellengenerator || ~ **handling** [Cobol] / Tabellenbearbeitung || ~ **identifier** [Sw] / Tabellenkennzeichen || ~ **lookup (TLU)** [Sw] / Tabellenlesen, Tabellensuchen || ~ **lookup instruction** [Sw] / Tabellensuchbefehl || ~ **of addresses** [OS] / Adreßbuch (Tabelle, in der symbolische Adressen mit den zugehörigen echten Adressen aufgeführt sind) || ~ **of cable lengths** [ES] / Zuschneideliste

table-of-contents block [Sw] / Inhaltsverzeichnisblock

table update command [Sw] / Tabellenänderungsbefehl, Tabellenaktualisierungsbefehl

tab memory [TES] / Tabulatorspeicher || ~ **position** [TES] / Tabulatorstelle

TAB sequential programming method [NC] / TAB-Programmiermethode

tab setting [VDT] / Tabulatorsetzen || ~ **speed** [PC, Off] / Sammelganggeschwindigkeit

tabular *adj* [Dp] / tabellarisch || ~ **printout** [ES] / Tabellenausdruck

tabulate *v* [PC] / im Sammelgang drucken, tabellieren

tabulated message [TP, Tr] / Fernschreiben in Tabellenform

tabulating equipment [PC] / Maschinen der konventionellen Lochkartentechnik || ~ **machine** [Hw, Hist, Off] / Tabelliermaschine

tabulation *n* [Sw] / Aufstellung (Liste) || ~ **facility** [TES, TP] / Tabelliereinrichtung

tabulator *n* [TES, TP] / Tabelliereinrichtung || ~ (s. punched card tabulator) || ~ **character** [TES] / Tabulatorzeichen, Horizontaltabulatorzeichen || ~ **position** [TES] / Tabulatorstelle

tag *n* [M, Sw] / Identifizierungskennzeichen || ~ **along sort** (IBM) [OS] / Sortierung mit Feldausgabe || ~ **block** [Serv] / Lötleiste || ~ **block for circuit components** [Sc] / Lötplatte für einzelne Bauelemente || ~ **block for circuit elements** [Sc] / Lötplatte für Bauelemente || ~ **block for potted modules** [Sc] / Lötplatte für Blöcke || ~ **memory** [Sw] / Etikettenspeicher || ~ **reader for remote batch processing** [RDp] / Kleinlochstreifen-Kartenstapelleser || ~ **sort** [Sw] / Adreßlisten-Sortieren, Sortieren mit Adreßausgabe

tail end (of tape) [PT] / Ende

tailing *n* [TP] / Nachziehen

takeoff reel [PT] / Vorratsspule, Abspulrolle || ~ **speed** [PT, MT] / Abwickelgeschwindigkeit

takeup bearing [HSP] / Aufwickellager || ~ **reel** [PT, MT] / Aufwickelrolle, Aufwickelspule, aufnehmende Bandspule, Aufnahmespule

takeup-roll spool [HSP] / Aufwickelwelle

(Filz, Vlies)
takeup speed [PT, MT] / Aufwickelgeschwindigkeit || ~ **spindle** [PT, MT] / Aufnehmerspindel || ~ **spool** [HSP] / Aufwickelhülse, Aufwickelwelle (Fixierstation)
talk-back loudspeaker [Hw, Co] / Mikrofonlautsprecher (DIN 41050, Apr. 1978)
tally *n* [Cobol] / Zähler
tallying option [Cobol] / Zählangabe
tandem exchange [ES] / Zwischenamt, Transitvermittlung (Amt) || ~ **operation** (i.e., operation in which the data proceeds from a central processor into another processor, e.g., in a master-slave arrangement) [RDp] / Tandembetrieb || ~ **storage** [ES] / Tandemspeicher || ~ **switching** [ES] / Durchgangsvermittlung (Vorgang) || ~ **switching center** [ES] / Durchgangsamt, Durchgangsvermittlung (Amt) || ~ **transistor** (i.e., two transistors in one package and internally connected together) [Sc] / Tandemtransistor
tangential signal sensitivity [Sc] / Grenzempfindlichkeit, Tangiersignalempfindlichkeit
tape *v* (data, etc.) [MT] / auf Band ausgeben || ~ (data, etc.) [MT] / auf Band sicherstellen, auf Band ausgeben || *n* [PT, MT] / Band || **advance feed** ~ [PT] / Lochstreifen mit vorgezogenen Transportlochungen || **automatic ~ punch** [PT] / Lochstreifenlocher (Datenausgabegerät, das die Impulse für die zu lochenden Daten aus einer Datenverarbeitungsanlage empfängt) || **center feed** ~ [PT] / Lochstreifen mit zentrierten Transportlochungen || **chadded paper** ~ [TP] / durchgelochter Lochstreifen, durchgelochter Streifen || **chadless paper** ~ [PT, TP] / Schuppenlochstreifen, angelochter Lochstreifen, angelochter Streifen, geprägter Lochstreifen || **eight-track punched** ~ [PT] / Acht-Spur-Lochstreifen, Acht-Kanal-Lochstreifen || **five-track punched** ~ [PT] / Fünfkanal-Lochstreifen, Fünfspur-Lochstreifen || **punched** ~ [PT] / Lochstreifen (LS) (DIN 66001, Sept. 1977) || ~ **accumulation** [TP] / Rückstau || ~ **backspacing button** [TP] / Streifenrücksetztaste || ~ **back-ups** [TP] / Rückstau || ~ **block** [MT] / Bandblock (auf Magnetband gespeicherter Block, d.h., eine zusammenhängende Folge von Bandsprossen) (DIN 66010, Apr. 1973) || ~ **bootstrap routine** (bootstrap routine present in the first block of a program) [Sw] / Bandstartroutine, Magnetband-Startroutine || ~ **card** [PE] / Lochstreifenkarte (LSK) (DIN 31631E T2, März 1979) || ~ **card reader** [PC] / Lochstreifenkartenleser || ~ **case** [PT] / Lochstreifenmappe || ~ **cassette** [MCS, MT] / Magnetbandkassette || ~ **catch bin** [PT] / Auffangkorb || ~ **channel** [PT] / Papierbahn (Leser) || ~ **cleaner** [Hw, MT] / Bandreiniger (Gerät)
tape-controlled *adj* [PT, MT] / bandgesteuert, streifengesteuert || ~ **calculating** [PT, PCC] / lochstreifengesteuertes Rechnen || ~ **card punch** [PT, PC, NC] / streifengesteuerter Kartenlocher || ~ **card punching** [PT, PC] / lochstreifengesteuertes Kartenlochen || ~ **carriage** [HSP, TP] / bandgesteuerter Vorschub, lochbandgesteuerte Vorschubeinrichtung, Lochbandvorschub || ~ **composition** [PT, Typ] / lochstreifengesteuertes Setzen, lochstreifengesteuerter Satz || ~ **computation** [PT, PCC] / lochstreifengesteuertes Rechnen
tape control unit [MT] / Magnetbandsteuereinheit, Bandsteuereinheit || ~ **copy** [MT] / Bandduplikat || ~ **core** (i.e., magnetic core made from a coil of ferromagnetic tape) [M] / Bandkern, Schnittbandkern, Ringbandkern || ~ **creep** [MT] / Bandschlupf, Magnetbandschlupf || ~ **deck** [MT] / Magnetbandgerät (MG) (DIN 66010, Feb. 1965), Bandgerät || ~ **density** [MT] / Bandaufzeichnungsdichte || ~ **device** (s. magnetic tape device)
tape-disk operating system (TDOS) [Sw] / Band-Platte-Betriebssystem (BPBS)
tape drive (s. paper tape drive) || ~ **drive** (s. magnetic tape drive) || ~ **duplicate** [MT] / Bandduplikat || ~ **duplication** [PT] / Lochstreifendopplung || ~ **edit** [Sw] / Bandabzug, Magnetbandabzug || ~ **editing** [Sw] / Bandaufbereitung || ~ **edit option** [Sw] / Bandauszugsfunktion || ~ **edit routine** [OS] / Banddruckroutine || ~ **error** (i.e., read or write error) [MT] / Bandfehler, Magnetbandfehler || ~ **exit point** [TP] / Lochstreifenausgang || ~ **feed** [PT] /

Laufwerk (bei Lochstreifenabtaster bzw. Lochstreifenlocher), Lochstreifen-Vorschubeinrichtung, Vorschubeinrichtung (bei Lochstreifengeräten) || ~ **feed button** [TP] / Vorschubtaste || ~ **feed hole** [PT] / Lochstreifenführungsloch || ~ **feed mechanism** [TP] / Vorschubeinrichtung (Locher) || ~ **feed unit** [TP] / Vorschubeinheit (Locher) || ~ **file** [Sw] / Magnetbanddatei, Banddatei || ~ **file maintenance** [Sw] / Verwalten einer Banddatei || ~ **format** [PT] / Streifenformat || ~ **format** [MT] / Bandformat || ~ **former** [PT] / Lochstreifenkern, Spulenkern, Streifenkern, Rollenkern (Wickelkörper ohne seitliche Begrenzungsflächen) (DIN 66016, Juni 1966)

tape-from-tape converter [Dp] / Band-Band-Umsetzer

tape gate*n* [TP] / Lochstreifenklappe, Klappe (Locher), Stanzerklappe || ~ **gate switch** [TP] / Locherklappenschalter || ~ **guide** [PT] / Lochstreifenführung, Streifenführungskanal || ~ **header label** [MT] / Bandanfangs-Etikett, Bandvorsatz, Header-Etikett || ~ **input** [PT] / Bandeingabe, Streifeneingabe || ~ **input** [MT] / Bandeingabe, Magnetbandeingabe || ~ **label** [MT, Sw] / Magnetbandetikett, Bandetikett || ~ **label** (s. tape volume label) || ~ **label parameter** [Sw] / Etikettanweisung für Magnetband || ~ **leader** [MT] / Bandführungsstück, Vorspannband || ~ **leader feed** [TP] / Einlegevorschub || ~ **length** [MT] / Bandlänge (DIN 66011, Dez. 1977)

tapeless numerical control [NC] / lochstreifenlose numerische Steuerung

tape librarian [DpC] / Magnetbandarchivar, Bandarchivar || ~ **library** [DOK] / Bibliothek auf Band || ~ **library** [DpC] / Magnetbandbibliothek, Magnetbandarchiv, Bandbibliothek, Bandarchiv || ~ **library card** [DpC] / Magnetbandarchivkarte, Bandarchivkarte || ~ **loading routine** [OS] / Bandlader, Bandkorrektur || ~ **loop** [MT] / Ausgleichsschleife, Magnetbandschleife || ~ **magazine** [ES] / Speicherkassette || ~ **mark (TM)** [MT] / Abschnittsmarke (AM), Bandabschnittsmarke, Bandmarke || ~ **mark area** [MT] / Abschnittsmarkenbereich || ~ **mark counter** [MT] / Abschnittsmarkenzähler || ~ **mark label** [MT] / Abschnittsetikett (zur Kennzeichnung von Abschnittsmarken) || ~ **mark recognition** [Sw] / Bandmarkenerkennung || ~ **mounting** (s. tape former) || ~ **movement** [MT] / Bandtransport, Magnetbandtransport, Bandbewegung, Bandvorschub, Magnetbandvorschub || ~ **movement** [PT] / Lochstreifenvorschub, Lochstreifenbewegung || ~ **number** (esp. tape serial number) [MT] / Bandnummer, Magnetbandnummer

tape-operated*adj* [PT, MT] / bandgesteuert, streifengesteuert || ~ **printer** [HSP] / bandgesteuerter Drucker

tape operating system (TOS) [OS] / Band-Betriebssystem (BBS) || ~ **option** [Sw] / Bandversion (eines Programms)

tape-oriented*adj* [Sw] / bandorientiert

tape-out*n* [TP] / Lochstreifenende || ~ **detector** [TP] / Papierendeauswertung

tape output [Sw] / Magnetbandausgabe, Bandausgabe

tape-out sensing contact [TP] / Lochstreifenendekontakt

tape packing density [MT] / Banddichte (= Schreibdichte) || ~ **perforator** (s. paper tape punch) || ~ **pocket** [PT] / Lochstreifentasche || ~ **position** [MT] / Bandposition || ~ **positioning** [MT] / Bandpositionierung || ~ **preparation** [PT] / Lochstreifenerstellung || ~ **print** [PT] / Lochstreifenbeschriften || ~ **printer** [TP] / Streifenschreiber || ~ **processing** [MT] / Mehrspulenverarbeitung || ~ **punch** [PT] / Lochstreifenlocher (tastaturgesteuert), Perforator || ~ **punch attachment** [TP, DT] / Anbaulocher || ~ **punch disconnect magnet** [TP] / Locherabschaltmagnet || ~ **punching rate** [PT] / Lochgeschwindigkeit || ~ **reader** (s. paper tape reader) || ~ **reader attachment** [TP, DT] / Anbausender || ~ **read error** [MT] / Bandlesefehler, Magnetbandlesefehler || ~ **reading head** [TP] / Lesekopf (Lochstreifenleser) || ~ **record** [MT, Sw] / Bandsatz || ~ **recording density** [MT] / Banddichte (= Schreibdichte) || ~ **reel** [MT] / Bandspule (DIN 66010, Feb. 1965), Magnetbandspule (Wickelkörper mit seitlichen Begrenzungsflächen) || ~ **reeling device** [PT] /

Streifenaufwickelvorrichtung || ~ **reel low warning** [TP] / Bandendevorwarnung || ~ **relay** (i.e., a method used for relaying messages between the transmitting and receiving stations, using perforated tape as the intermediate storage) [ES] / Teilstreckensystem || ~ **release key** [TP] / Freigabetaste || ~ **reproducer** [PT] / Lochstreifendoppler, Streifendoppler || ~ **retainer lid** [TP] / Lochstreifenklappe, Klappe (Locher), Stanzerklappe || ~ **rewind** [RPG] / Rückspulmodus || ~ **rewind speed** [MT] / Rückspulgeschwindigkeit || ~ **serial number** [MT] / Archivnummer, Magnetbandarchivnummer || ~ **skew** [MT] / Schräglauf (des Bandes) || ~ **sort** [Sw] / Magnetband-Sortierprogramm || ~ **sort program** [Sw] / Magnetband-Sortierprogramm || ~ **speed** [MT] / Bandgeschwindigkeit (DIN 66010, Apr. 1973) || ~ **start** [MT] / Bandanlauf || ~ **station** [MT] / Magnetbandeinheit || ~ **storage** [MT] / Bandspeicher || ~ **supply** [PT] / Lochstreifenvorrat || ~ **supply loop** [PT] / Lochstreifenvorratsschlaufe || ~ **swap** [MT] / Bandwechsel, Magnetbandwechsel || ~ **tension** [PT] / Bandspannung, Streifenspannung, Lochstreifenspannung || ~ **tension arm** [PT] / Lochstreifenspanner, Spannungsbegrenzungshebel || ~ **test** [MT, QC] / Magnetbandprüfung (physikalisch) || ~ **thickness** [MT] / Banddicke (DIN 66011, Dez. 1977) || ~ **thickness** [PT] / Lochstreifendicke, Streifendicke (DIN 66016, Juni 1966) || ~ **threading** [MT] / Bandeinfädeln || ~ **threading path** [MT] / Bandführung

tape-to-card conversion [PT, PC] / lochstreifengesteuertes Kartenlochen || ~ **converter** [PT, PC] / Lochstreifen-in-Lochkarte-Umsetzer, Band-Karte-Umsetzer || ~ **printing punch** [PT, PC] / streifengesteuerter Schreiblocher || ~ **punch** [PT, PC, NC] / streifengesteuerter Kartenlocher || ~ **punching** [PT] / streifengesteuerte Kartenlochung, Band-auf-Karten-Übertragung

tape-to-punched-tape converter [PT, MT] / Band-Lochstreifen-Umsetzer, Band-Band-Umsetzer

tape-to-tape converter [Dp] / Band-Band-Umsetzer

tape track [MT] / Bandspur, Magnetbandspur || ~ **trailer label** (s. end-of-tape label) || ~ **transmitter** [PT] / Lochstreifensender || ~ **transmitter attachment** [TP, DT] / Anbausender || ~ **transport** (s. paper tape drive) || ~ **transport** (s. magnetic tape drive) || ~ **trolley** [DpC, MT] / Transportwagen (für Magnetbänder) || ~ **typewriter** [IO, PT] / Lochstreifenschreibmaschine || ~ **unit** [MT] / Magnetbandeinheit

tape-unreeling device [PT] / Streifenabwickelvorrichtung

tape unwinder [PT] / Abwickelvorrichtung, Abwickeleinrichtung || ~ **unwinder magazine** [PT] / Lochstreifen-Abwickelkassette

tape-unwinding device [PT] / Streifenabwickelvorrichtung

tape verifier [PT] / Lochstreifenprüfer || ~ **version** [Sw] / Bandversion (eines Programms) || ~ **volume** [MT] / Band || ~ **volume label** [MT, Sw] / Spulenetikett || ~ **volume label number** [MT, Sw] / Spulenetikettnummer || ~ **wear** [MT] / Bandabrieb, Magnetbandabrieb || ~ **width** [MT] / Bandbreite (DIN 66011, Dez. 1977) || ~ **width** [PT] / Lochstreifenbreite, Streifenbreite (DIN 66016, Juni 1966) || ~ **winder** [PT] / Aufwickelvorrichtung

tape-wound core [M] / Bandkern, Schnittbandkern, Ringbandkern

tapped-potentiometer function generator [ADp] / Abgriffunktionsgeber, Funktionsgeber mit angezapftem Potentiometer

target *n* [PL/1] / Ziel || ~ **device** [Sw] / Zielgerät || ~ **device group** [Sw] / Zielgerätegruppe || ~ **discrimination** [OCR] / Zielauflösung || ~ **information** [IDS] / Zielinformation || ~ **language** [MAT] / Zielsprache (= Sprache, in die übersetzt wird) || ~ **position** [NC] / Zielposition || ~ **program** (s. object program) || ~ **reference** [PL/1] / (Zuweisungs)zielbezugnahme) || ~ **tracking** [PCC] / Objektverfolgung

tariff changeover time switch [ES] / Tarifuhr || ~ **stage** [ES] / Tarifstufe || ~ **zoner** [ES] / Tarifgerät

task *n* [Sw, OS] / Aufgabe, Task || [PCC] / Rechenprozeß || ~ **control block (TCB)** [OS] / Tasksteuerblock, Prozeßsteuerblock || ~ **description** [ES] / Aufgabenbeschreibung || ~ **dispatcher** [OS] / Ablaufsteuerungsroutine, Task-Zuteiler || ~ **list** [OS] / Prozeßliste || ~ **list entry** [OS] / Prozeßlisteneintrag ||

~ **management** [OS] / Prozeßverwaltung, Aufgabenverwaltung, Task-Management
task-oriented instruction [Sw] / aufgabenorientierter Befehl
task scheduler [OS] / Prozeßprioritätssteuerung || ~ **scheduling** [Th, Sw] / Aufgabenplanung || ~ **scheduling algorithm** [Th, Sw] / Algorithmus zur Aufgabenplanung || ~ **selection mechanism** [OS] / Aufgabenauswahleinrichtung || ~ **sequence number (TSN)** [OS] / Prozeßfolgenummer, Prozeßnummer || ~ **sharing** [Dp] / Aufgabenteilung || ~ **supervision** [OS] / Aufgabenüberwachung || ~ **switch** [OS] / Prozeßschalter
taut tape contact [TP] / Lochstreifenspannkontakt || ~ **tape switch** [TP] / Lochstreifenspannschalter, Streifenspannschalter, Spannschalter
TCB (s. task control block)
TDM (s. time-division multiplex) || ≗ **channel** [ES] / Zeitmultiplexkanal || ≗ **switching array** [ES] / Zeitmultiplexkoppelfeld
TDOS (s. tape-disk operating system)
TDV (s. Test device)
teaching aid [CAI] / Lehrhilfe || ~ **machine** [CAI] / Lehrmaschine, maschinelle Lehrhilfe, Unterrichtsmaschine || ~ **system** [CAI] / Lehrsystem
TEAM program system [ASw, MAT] / Programmsystem TEAM (Terminologie-Datenbanksystem)
tearoff edge [PC] / Abrißkante (Kurzlochkarte) || ~ **position** [PC] / Abrißposition (Kurzlochkarte)
technical assistant (in electrical engineering) [Dp] / Elektroassistent || ~ **development** [NC] / technische Entwicklung || ~ **documentation** [Dist] / technische Unterlagen || ~ **evolution** [R&D] / technische Weiterentwicklung || ~ **facilities** [Dp] / technische Einrichtungen || ~ **information exchange** [R&D] / technischer Informationsaustausch || ~ **language** [Term] / Fachsprache (im Gegensatz zur Gemeinsprache) || ~ **manual** [Dist] / Gerätebeschreibung || ~ **process** [PCC] / technischer Prozeß (DIN 66201 E T1, Apr. 1979) || ~ **publications section** [DpC] / Druckschriftenabteilung || ~ **publications store** [DpC] / Druckschriftenlager || ~ **support** [Dist, DpC] / Betreuung (von Geräten, Anlagen usw.) || ~ **term** (single-word or multiword) [Term] / Fachbenennung, Fachwort || ~ **terminology** [Term] / Fachsprache || ~ **writer** [DOK] / technischer Autor
technological data [NC] / technologische Bearbeitungswerte, technologische Angaben || ~ **values** [NC] / technologische Werte
technology *n* / Technologie
tecnetron *n* [Sc] / Tecnetron
teflon *n* [Hw] / Teflonmaterial
teflon-coated *adj* [Hw] / teflonbeschichtet
teflon roller [HSP] / Teflonwalze (Fixierstation)
tele... [Th] / Fern-...
telecommunication *n* [Tr] / Fernmeldewesen || ~ **engineering** [Tr] / Fernmeldetechnik
telecopier facsimile receiver [Fax] / Fernkopier-Empfangsgerät
telegram *n* [TP] / Telegramm || ~ **input program** [ES] / Telegrammeingabe
telegraph alphabet [TP] / Telegrafenalphabet || ~ **arrival curve** [TP] / Telegrafie-Empfangsfunktion || ~ **buffer** [TP] / Telegrafiepuffer || ~ **center** [TP] / Telegrafenstelle (mit besonderen Aufgaben) || ~ **channel** [TP] / Fernschreibkanal, Telegrafiekanal || ~ **circuit** [TP] / Telegrafieverbindung (A, D), Telegrafiestromkreis (CH) || ~ **code** [TP] / Fernschreibcode, Telegrafencode || ~ **connection** [TP] / Telegrafenverbindung || ~ **distortion** [TP] / Zeichenverzerrung || ~ **exchange** [ES] / Fernschreibvermittlung (Amt) || ~ **instrument room** [TP] / Telegrafenbetriebssaal || ~ **leased circuit** [ES] / Fernschreibstandverbindung || ~ **line** [TP] / Fernschreibleitung, Telegrafieleitung || ~ **line adapter set** [Tr] / Telegrafieanschlußsatz || ~ **message** [TP] / Fernschreiben || ~ **network** [TP] / Fernschreibnetz, Telegrafennetz || ~ **noise** [TP] / Telegrafiegeräusch, Telegrafiergeräusch || ~ **office** [TP] / Endtelegrafenstelle (am Fernschreibnetz angeschlossene Fernschreibstelle) || ~ **principle** [Tr] / Telegrafieprinzip || ~ **regenerative repeater** [TP] / entzerrende Telegrafen-Übertragungseinrichtung,

entzerrender Telegrafenwiederholer || ~ **relation** [TP] / Telegrafenverkehrsbeziehung || ~ **relay** [TP] / Telegrafenrelais || ~ **repeater** [TP] / Telegrafen-Übertragungseinrichtung, Telegrafenwiederholer || ~ **service** [RDp] / Telegrafendienst || ~ **signal** [TP] / Telegrafiezeichen || ~ **signal element** [TP] / Telegrafieschritt || ~ **signal elements** (in alphabetic system) [TP] / Telegrafie-Zeichenschritte || ~ **signaling circuit** [ES, TrL] / Fernschreibleitung, Telegrafieleitung || ~ **signal sequence** [Sw] / T-Zeichenfolge || ~ **switchboard** [TP] / Telegrafen-Vermittlungsschrank, Fernschreib-Vermittlungsschrank || ~ **switching** [ES] / Fernschreibvermittlung (Vorgang) || ~ **terminal repeater** [TP] / Umsetzerschaltung (Fernschreiber) || ~ **test generator** [TP] / Wechselsender (Telegrafie) || ~ **transmission** [Tr] / Fernschreibübertragung (Übertragung nach dem Telegrafieprinzip, d.h., in Form einzelner Stromimpulse, derzeit gewöhnlich mit Schrittgeschwindigkeiten von 50, 75, 100 oder 200 Baud, bei Fernschreibstandleitungen bis 4800 Baud) || ~ **transmitter** [TP] / Telegrafiesender, Telegrafensender || ~ **unit** [Tr] / Fernschreibelement || ~ **word** [TP] / Fernschreibwort

telegraphy *n* [TP] / Telegrafie, Fernschreibtechnik

telemetry channel [PCC] / Fernmeßkanal || ~ **input** [PCC] / Fernmeßeingang || ~ **register** [PCC] / Fernmeßregister

telephone buffer [Tr] / Telefoniepuffer || ~ **channel** [Tr] / Fernsprechkanal, Telefonkanal || ~ **circuit** [Tr] / Fernsprechleitung, Telefonleitung || ~ **network** [Tr] / Fernsprechnetz || ~ **user** (s. subscriber)

telephony *n* [Tr] / Telefonie

teleprint *v* [TP] / fernschreiben

teleprinted communication [TP] / Fernschreiben (Vorgang)

teleprinter *n* [TP] / Fernschreiber (Fs), Fernschreibmaschine || ~ **communication** [TP] / Fernschreiben (Vorgang) || ~ **control box** [ES] / Beikasten für Fernschreiber || ~ **copy** [TP, ES] / Blattkopie || ~ **equipment** [TP] / Fernschreibgeräte || ~ **keyboard selection** [TP] / Tastaturwahl (in der Telegrafie) || ~ **message** [TP] / Fernschreiben || ~ **network** [TP] / Fernschreibnetz, Telegrafennetz

teleprinter-on-multiplex (TOM) *adj* [TP, Tr] / Multiplexfernschreib...

teleprinter-on-radio (TOR) *adj* [TP, Tr] / Funkfernschreib...

teleprinter operator [TP] / Fernschreiberbedienungsperson || ~ **point-to-point circuit** [ES] / Fernschreibstandverbindung || ~ **station** [ES] / Fernschreibteilnehmerstelle, Fernschreibstelle, Fernschreibstation || ~ **terminal** [ES] / Fernschreibteilnehmerstelle, Fernschreibstelle, Fernschreibstation || ~ **test code** [ES] / Maschinenprüftext

teleprocessing *n* (originally IBM Rtm.) [Tr] / Datenfernverarbeitung (DIN 44302, Apr. 1979), Fernverarbeitung || ~ **equipment** [RDp] / Datenfernverarbeitungseinrichtung || ~ **monitor** [RDp, IDS] / Datenfernverarbeitungs-Monitor, TP-Monitor (Monitor zur Verwaltung und dynamischen Zuteilung der Betriebsmittel, um den Anforderungen von Online-Systemen unter batch-orientierten Betriebssystemen im sog. Teilhaberbetrieb zu genügen) || ~ **monitor system** [Dp] / Fernverarbeitungs-Kontrollsystem

telescope cylinder [Fl] / Teleskopzylinder || ~ **rail** [Th, Meas] / Teleskopschiene

teletex *n* (CCITT Rec.) [Fax] / Bürofernschreiben (über das öffentliche Fernschreib- bzw. Fernsprechnetz abgewickelte Dienste zur Übertragung von Text- bzw. Bildinformationen, wobei eine Papierkopie entsteht)

teletext *n* (generic term for both videodata and teletext services) [Vtex] / Teletextsystem (nicht einheitlich verwendeter Oberbegriff für Bildschirmtextsysteme und Bürofernschreiben) || ~ **services** (US) (videotex services using the vertical blanking interval of a TV broadcast signal to carry digitally encoded data to subscribers) [Vtex] / Bildschirmtextdienste, bei denen man sich der „Austastlücken" des Fernsehsignals zur Übermittlung der Daten bedient

teletype *v* [TP] / fernschreiben || ~ (s. teleprinter) || ~ **code** [TP] /

Fernschreibcode, Telegrafencode || ~ **network** [Tr] / Fernschreibnetz
teletyper (s. teleprinter)
teletypesetting *n* [Typ, TES, RDp] / Fernsatz
teletypewriter *n* [TP] / Fernschreiber (Fs), Fernschreibmaschine || ~ **circuit** [ES, TrL] / Fernschreibleitung, Telegrafieleitung || ~ **equipment** [TP] / Fernschreibgeräte || ~ **operator** [TP] / Fernschreiberbedienungsperson
telewriter *n* [TP] / Handschriftübertragungsgerät
telex, worldwide ~ network [TP] / Welttelexnetz || ~ **center** [TP] / Fernschreibbetriebsstelle || ~ **circuit** (s. telex communication circuit) || ~ **communication circuit** [ES] / Fernschreibleitung (Telex) || ~ **directory** [TP] / Teilnehmerverzeichnis (Telex) || ~ **exchange** [ES] / Fernschreibvermittlung (Amt) || ~ **network** [TP] / Telexnetz, öffentliches Fernschreibnetz || ~ **rate structure** [ES] / Telex-Tarifgestaltung || ~ **service** [TP] / Telexdienst || ~ **signaling unit** [TP] / Telexfernschaltgerät || ~ **station** (s. telex subscriber) || ~ **subscriber** [ES] / Telexteilnehmer || ~ **terminal** [ES] / Telexteilnehmer || ~ **terminal repeater** [TP] / Telexteilnehmer-Anschaltgerät (TAG)
teller counter terminal [RDp] / Schalterterminal, Schalterstation (z.B. in Banken)
temperature *n* [PCC, Sc] / Temperatur || ~ **coefficient of output voltage** [Sc] / Temperaturkoeffizient der Ausgangsspannung || ~ **control** [HSP] / Temperaturregelung || ~ **controller** [Fl] / Temperaturbegrenzer || ~ **dependence** [ES] / Temperaturabhängigkeit || ~ **drift** [Sc] / Temperaturdrift || ~ **fluctuation** [HSP] / Temperaturschwankung
temperature-limited *adj* (diode, etc.) [Co, Sc] / temperaturbegrenzt
temperature of the heat carrier [Sc] / Temperatur des Wärmeträgers || ~ **range** [DpC] / Temperaturbereich
temperature-sensitive *adj* [Sc] / temperaturabhängig
temperature sensitivity [Dp] / Temperaturempfindlichkeit || ~ **stabilization** [Sc] / Temperaturstabilisierung || ~ **variation** [HSP] / Temperaturschwankung
temporal inhibition [Cy] / zeitliche Hemmung
temporary *adj* [Sw] / vorübergehend || ~ **dataset** [Sw] / temporäre Datei (DIN 66230E, Jan. 1979) || ~ **failure frequency** [QC] / temporäre Ausfallhäufigkeit || ~ **file** [Sw] / temporäre Datei (DIN 66230E, Jan. 1979) || ~ **job variable** [Sw] / lokale Auftragsvariable || ~ **library** [Sw] / temporäre Bibliothek || ~ **line error** [Tr] / vorübergehender Leitungsfehler || ~ **register** [Mp] / Zwischenregister (ZWR) || ~ **storage** [M] / Zwischenspeicher, schneller Hilfsspeicher || ~ **storage** [Sw] / Zwischenspeicherung
ten 10 [Algol] / Basiszehn
ten's complement [Th] / Zehnerkomplement
tens request [ES] / Zehneranforderung
term *n* [Term] / Benennung (DIN 2330, März 1979) || [Sw] / Elementarausdruck || [Sc] / Term (DIN 41852, Aug. 1978) || [Algol] / Term || [Fortran] / (arithmetischer) Term
terminal *n* [Hw] / Klemme, Steckerkontakt || [Serv] / Lötpunkt || [IO] / Datenendgerät, Terminal, Datenendplatz, Datenendstelle || ~ (on flowchart, etc.) [Sw] / Grenzstelle || **smart** ~ [DT] / intelligentes Terminal, programmierbare Datenstation, intelligente Datenstation, frei programmierbares Endgerät || ~ **addressing** [Tr] / Stationsadressierung || ~ **address selector** [PCC] / Anschlußadressenwähler || ~ **allocation** [Hw] / Belegung (von Klemmen) || ~ **allocation scheme** [ES] / Verteilerbelegungsplan || ~ **assignment plan** [Hw] / Belegungsplan (Klemmen) || ~ **block** [Hw] / Belegung (von Klemmen) || ~ **block** [ES] / Verteiler (Löt-, Tannenbaum), Klemmenleiste || ~ **block frame** [Hw] / Verteiler (als Rahmen im Gestell) || ~ **block pin** [Hw] / Anschlußklemmenpunkt, Anschlußpunkt || ~ **board** [Hw] / Anschlußplatte || ~ **box** [Hw] / Anschlußkasten || ~ **connecting point** [Hw] / Anschlußklemmenpunkt, Anschlußpunkt || ~ **device control** [RDp, Tr] / Platzsteuerung || ~ **disconnect strip** [ES] / Trennverteilerstreifen || ~ **dump** [Dp, OS] / abschließender Speicherauszug || ~ **equipment selection** [RDp, Tr] / Endgeräteauswahl || ~ **exchange** [ES] / Endamt, Endvermittlungsstelle || ~ **exchange** (s. subscriber terminal exchange) || ~ **feature** [RDp] /

Anschlußzusatz || ~ **identification code** [DT] / Anschlußkennung
terminal-initiated logon [VS, RDp] / Anmeldung durch die Datenstation (Anforderung)
terminal parameter [Fortran] / Endparameter (einer Schleife) || ~ **pin** [Mp, Sc] / Anschlußstift, Stift, Anschluß (eines logischen Bausteins) || ~ **resistor** [ES] / Endwiderstand || ~ **statement** [Fortran] / letzte Anweisung (in einer Schleife) || ~ **station** [RDp] / Datenstation (DST) (DIN 44302, Apr. 1979) || ~ **station** [RDp] / Gegenstelle || ~ **strip** [ES] / Verteiler (Löt-, Tannenbaum), Klemmenleiste || ~ **subexchange** [ES] / Endteilamt || ~ **system** [IO] / Terminalsystem || ~ **unit** [IO] / Datenendgerät, Terminal, Datenendplatz, Datenendstelle
terminate *v* [Dp] / (Programmlauf usw.) abschließen, beenden || [PL/1] / beenden || **to ~ abnormally** [Dp] / (von laufendem Programm) (wegen Programmfehler oder Fehler in der Datenverarbeitungsanlage) abbrechen, aussteigen || ~ **flag** [Sw] / Beendigungskennzeichen || ~ **statement** [Cobol] / Listenabschlußanweisung
terminating center (s. destination switching center) || ~ **set** [RDp, Tr] / Anschlußsatz || ~ **set marker** [RDp, Tr] / Anschlußsatzeinsteller || ~ **traffic** [ES] / ankommender Verkehr
termination *n* [Sw] / Beendigung || ~ **circuit** [Tr] / Anschlußschaltung, Leitungsanschlußschaltung || ~ **cycle** [Dp, Sw] / Abschlußzyklus || ~ **error** [OS] / Abbruchfehler || ~ **interrupt** [Dp, Sw] / Abschlußunterbrechung, Endeunterbrechung || ~ **interrupt pending** [OS] / Abschlußunterbrechung nicht abgefertigt || ~ **number** [TP] / Anschlußnummer, Systemanschlußnummer || ~ **phase** [Sw] / Beendigungsphase || ~ **procedure** [Sw] / Abschlußprozedur || ~ **request** [Dp] / Abschlußanforderung || ~ **routine** [Sw] / Enderoutine || ~ **segment** [Sw] / Abschlußteil
terminator *n* (i.e., a specific job scheduling program which, after completion of a job, performs regular housekeeping tasks) [OS] / Terminator, Nachbereiter || ~ **board** [ES] / Systemanschlußbaugruppe || ~ **cabinet interface** [ES] / Leitungsanschlußschrank-Schnittstelle || ~ **circuit** [ES] / Leitungsabschlußschaltung || ~ **group (TG)** [ES] / Leitungsgruppe || ~ **group controller (TGC)** [ES] / Leitungsgruppensteuerung || ~ **group controller interface** [ES] / Leitungsgruppensteuerungs-Schnittstelle || ~ **group frame** [ES] / Leitungsgruppenrahmen
terminological data [Term] / Terminologiedaten || ~ **editing** (of data, etc.) [WS, MAT] / terminologische Aufbereitung, Terminologieaufbereitung (DIN 2339E, Feb. 1978)
terminologist *n* [MAT] / Terminologe
terminology *n* [MAT] / Terminologie || ~ **data bank** [MAT] / Terminologiedatenbank || ~ **data base** [MAT] / Terminologie-Datenbasis || ≗ **Office of the Translation Division of the Commission of the European Communities** (in Brussels) [MAT] / Terminologiebüro der Kommission der EG
ternary *adj* [Th] / ternär || ~ **code** [Th, Tr] / Ternärcode || ~ **frequency modulation** [Tr] / ternäre Frequenzmodulation || ~ **incremental representation** [Th] / ternäre inkrementale Darstellung || ~ **notation** [Th] / ternäre Darstellung, ternäre Schreibweise
test *v* (outlet, for busy, etc.) [ES] / aufprüfen || *n* [Th, Sw] / Test || [PL/1] / Prüfung || **to ~ for faults** [DpC, AC] / auf Fehler prüfen || ~ **access point** [Hw, ES] / Prüfpunkt, Testpunkt || ~ **address** [ES] / Testadresse || ~ **aids package** [Dp, Sw] / umfassende Prüfhilfseinrichtung || ~ **and indicator panels** [ES] / Test- und Anzeigefelder || ≗ **and set (TS)** [OS, Instruction] / Testen und Setzen (TS) || ≗ **and set real (TSR)** [OS, Instruction] / Testen und Setzen real (TSR) || ~ **area** [ES, Tr] / Testbereich
TESTB (s. Test bit)
Test bit (TESTB) [Instruction, RPG] / Abfragen Bit (TESTB) || ~ **board** [ES] / Testbaugruppe (TBG) || ~ **card** [PC] / Prüfkarte || ~ **channel** [ES] / Prüfkanal || ~ **circuit** [Serv] / Prüfschaltung || ~ **code** [TP, QC] / Prüftext (Fernschreiber) || ~ **code storage** [ES] / Testspeicher || ~ **conductor** [ES] / Prüfader || ~ **connection** [ES] / Prüfverbindung || ~ **console** [Serv] / Prüfschrank || ~ **console message** [ES] / Testmeldung || ~ **console typeout** [ES] / Testmeldung ||

~ **control** [ES] / Prüfsteuerung || ~ **current source** [Serv] / Prüfstromquelle || ~ **cycle comparison** [ES] / Durchlaufvergleich || ~ **cycle counter** [ES] / Durchlaufzähler || ~ **cycle package** [ES] / Zykluspaket || ~ **data** [Sw] / Testdaten || ~ **data block** [Sw] / Testdatenblock || ~ **data file** [Sw] / Testdatendatei || ~ **data generator** [Sw] / Testdatengenerator || ~ **deck** [PC] / Prüfkartensatz || ~ **department** [QC] / Prüffeld || ~ **desk** [Serv] / Prüftisch || ≗ **device (TDV)** [OS, Lisp] / Prüfen Gerät (TDV) || ~ **document** [OCR] / Prüfbeleg || ~ **end control** [ES] / Testendesteuerung (TES)

tester *n* [Hw] / Prüfgerät

test facility [RDp, Tr] / Prüfeinrichtung || ~ **field** [HSP] / Testfeld (Tonermarke) || ~ **hole** [PC] / Prüflochung

testing *n* [Sw] / Testen, Prüfen || ~ **aids** [Serv] / Prüfmittel || ~ **equipment** [Hw] / Prüfgerät || ~ **facility** [Hw] / Prüfeinrichtung || ~ **purpose** [Serv] / Prüfzweck || ~ **state** [ES] / Prüfzustand

test inhibit acknowledgment [ES] / Testsperrquittung (TSPQ) || ~ **inhibit amplifier** [ES] / Testsperrverstärker || ~ **inhibit confirmation signal** [ES] / Testsperrquittung (TSPQ) || ~ **inhibit error** [ES] / Testsperrfehler || ~ **inhibit signal** [ES] / Testsperre (TSP), Testsperrsignal || ~ **inhibit signal compare error** [ES] / Testsperrvergleichsfehler || ~ **inhibit signal comparison** [ES] / Testsperrvergleich || ~ **instruction** [Sw, ES] / Prüfbefehl || ~ **jack** [Serv] / Prüfklinke || ~ **job** [ES] / Prüfauftrag || ~ **line group** [ES] / Prüfbündel || ~ **log** [ES] / Prüfprotokoll, Testprotokoll || ~ **log cell** [ES] / Testprotokollzelle || ~ **marking signal** [ES] / Testmarkierungssignal || ~ **material** [Sw] / Testmaterial || ~ **means program** [ES] / Prüfmittelprogramm || ~ **message** [Tr] / Prüfnachricht || ~ **microprogram** [Dp] / Prüfmikroprogramm || ~ **mode** [Dp] / Testbetrieb, Testmodus, Testzustand || ~ **module** [ES] / Testbaugruppe (TBG) || ~ **multiple** [ES] / Prüfvielfach || ~ **operation** [ES] / Testoperation || ~ **page** [HSP] / Prüfseite || ~ **panel** [ES] / Testfeld (TF) || ~ **panel control** [ES] / Testfeldsteuerung || ~ **paper tape** [Serv] / Prüflochstreifen || ~ **parameter** [Sw] / Testanweisung || ~ **pattern** [ES] / Testmuster, Prüfmuster || ~ **pattern** [Sc] / Teststruktur || ~ **pattern program** [ES] / Prüfmusterprogramm || ≗ **peripheral unit** [PCC, OS, Instruction] / Element prüfen || ~ **plug** [Th, Meas] / Prüfstecker || ~ **plugin position** [ES] / Prüfeinbauplatz || ~ **point** [Hw, ES] / Prüfpunkt, Testpunkt || ~ **position** [Serv, R&D] / Meßplatz || ~ **preparation control sequence** [ES] / Testvorbereitungssteuerung || ~ **print** [HSP] / Probedruck || ~ **print function** [HSP] / Prüfdruckfunktion || ~ **printing** [HSP] / Prüfdruck || ~ **printout** [ES] / Testmeldung || ~ **print state** [HSP] / Prüfdruckzustand || ~ **procedure** [ES] / Prüfvorgang || ~ **prod** [Serv] / Prüfstift || ~ **program** [Sw] / Prüfprogramm, Testprogramm, Prüfroutine || ~ **register contents** [ES] / Testregisterinhalt || ~ **relay** [Co] / Prüfrelais || ~ **report** [ES] / Prüfprotokoll, Testprotokoll || ~ **request** [ES] / Prüfauftrag || ~ **request branch control** [ES] / Testanforderungs-Abzweigsteuerung (TANAS) || ~ **request signal** [ES] / Testanforderung || ~ **reversal** [ES] / Prüfwechsel || ~ **room** [Serv] / Prüfraum || ~ **routine** [ES] / Testroutine || ~ **run** [Dp] / Probelauf, Probedurchlauf, Testlauf, Testdurchlauf || ~ **run counter** [ES] / Testdurchlaufzähler || ~ **run register** [ES] / Durchlaufregister || ~ **sheet** [OCR] / Prüfbeleg || ~ **signal** [RDp, Tr] / Prüfsignal || ~ **signal generator** [Th] / Testwertgeber || ~ **specification** [ES] / Prüfvorschrift || ~ **start cell** [ES] / Teststartzelle || ~ **start control** [ES] / Teststartsteuerung (TSS) || ~ **state** [ES] / Prüfzustand

test-state bit [ES] / Prüfzustandsbit (P-bit) || ~ **confirmation signal** [ES] / Prüfzustandsmeldung || ~ **decoder** [ES] / Prüfzustandsauswertung

test statement [Sw] / Testanweisung

test-state simulation [ES] / Prüfzustandssimulation || ~ **simulation register** [ES] / Prüfzustands-Simulationsregister

test step [ES] / Prüfposition || ~ **terminal** [Serv] / Prüfanschluß || ~ **terminal block** [ES] / Prüfleiste || ~ **termination** [Serv] / Prüfanschluß || ~ **terminator (TT)** [ES] / Prüfleitungsanschluß || ≗ **under mask (TM)** [OS, Lisp] / Testen mit Maske (TM) || ~ **voltage** [Sc] / Prüfspannung || ~ **volume** [OS] / Testdatenträger

TESTZ (s. Test zone)

Test zone (TESTZ) [Instruction, RPG] / Abfragen Zonenteil (TESTZ)

tetrode transistor [Sc] / Transistortetrode
text*n* [ES, Tr] / Textblock || ~ **area** [Sw] / Textbereich || ~ **block** [ES, Tr] / Textblock || ~ **buffer** [TES] / Textpuffer || ~ **card** [Sw] / Textkarte, Maschinenprogrammkarte || ~ **character** [Sw, OCR, Tr] / Textzeichen || ~ **communication** [ES] / Textverkehr || ~ **condition** [Sw] / Textzustand || ~ **data** [Sw] / Textdaten || ~ **data block** [Sw] / Textdatenblock || ~ **density** [HSP] / Textdichte || ~ **editing** [Typ, TES] / Textbearbeitung
text-editing system [TES] / Textaufbereitungssystem
text editor [MCS] / Text-Editor (Hilfsprogramm bei Mikrocomputer-Entwicklungssystemen) || ~ **entry program** [TES] / Erfassungsprogramm || ~ **field** [HSP] / Textfeld || ~ **file** [TES] / Textdatei || ~ **handling and processing system** [TES] / Textautomatensystem || ~ **header** [Sw] / Textkopf || ~ **identifier** [Sw] / Textkennungszeichen || ~ **information** [Sw] / Textinformation || ~ **label** [Sw] / Textkennung || ~ **label identifier** [Sw] / Kennzeichen für Textkennung || ~ **manual** [TES] / Texthandbuch || ~ **matter** [Sw] / Textdaten || ~ **mode** / Textmodus || ~ **modification** [HSP] / Textmodifikation || ~ **output** [Typ] / Satzausgabe || ~ **output device** [Typ] / Textausgabegerät || ~ **output on film or paper** [Typ] / Textausgabe auf Film oder Papier || ~ **pointer** [PL/1] / (Programm)textverweis || ~ **processing** [TES] / Textverarbeitung (unter Einsatz eines Textverarbeitungssystems) || ~ **processing system***(hardware)* [TES] / Textverarbeitungsanlage || ~ **processing system** [TES] / Textverarbeitungssystem || ~ **production** [TP, ES] / Texterstellung
text-related technical glossary [MAT] / textbezogene Fachwörterliste (Liste von Fachwörtern mit ihren zielsprachigen Äquivalenten, die sich ausschließlich auf einen zu übersetzenden Text beziehen, gewöhnlich nach der Reihenfolge ihres Auftretens im Originaltext sortiert)
text retrieval [DOK] / Textretrieval (Methode, eine Suchfrage mit dem gespeicherten Text eines Dokuments bzw. einer Dokumentationseinheit zu vergleichen und bei Übereinstimmung zu selektieren) || ~ **segment** [TES] / Textbaustein || ~ **sending terminal** [Tr] / Textsendestation || ~ **string** [TES] / Textfolge || ~ **string** (to be searched for in a text) [TES] / Suchwort (Zeichenfolge, nach der in einem Text gesucht wird)
text-synchronous technical glossary [MAT] / textsynchrone Fachwörterliste
text terminator [TES] / Textendezeichen || ~ **transfer** [RDp, Tr] / Textübermittlung, Textübertragung || ~ **transfer phase** [RDp, Tr] / Textübermittlungsphase, Textphase || ~ **transmission** [RDp, Tr] / Textübermittlung, Textübertragung || ~ **transmitting terminal** [Tr] / Textsendestation
textual information [Sw] / Textinformation || ~ **linguistics** [Term, MAT] / Textlinguistik, Textologie
text unit [Sw] / Texteinheit
TFT (s. thin-film transistor)
TG (s. terminator group)
TGC (s. terminator group controller)
then unit [PL/1] / Dann-Einheit
theorem*n* [Th] / Lehrsatz || ~ **of McMillan** [Th, Cy] / McMillanscher Satz, Äquipartitionseigenschaft, asymptotische Gleichverteilung
theorem-proving program [Sw] / Beweisprogramm
theoretical margin [TP, Tr] / theoretischer Spielraum
theory of communication [Th] / Informationstheorie, Kommunikationstheorie || ~ **of learning** [Cy] / Lerntheorie
thermal*adj* [Sc] / thermisch || ~ **battery** (i.e., a voltage source consisting of a number of bimetal junctions connected so as to produce a voltage when heat is applied) [Hw] / Thermobatterie || ~ **conductivity** [Sc] / thermische Leitfähigkeit || ~ **converter** [PCC, Meas] / Thermoumformer || ~ **derating factor** [Sc] / thermischer Reduzierkoeffizient (für die Verlustleistung) || ~ **diffusion** [Co, Sc] / Thermodiffusion || ~ **equilibrium** [Sc] / thermisches Gleichgewicht || ~ **equilibrium state** [Sc] / thermischer Gleichgewichtszustand || ~ **expansion** [Sc] / thermische Ausdehnung || ~ **fusing** [HSP] / thermische Fixierung, Thermofixierung, Heißfixierung || ~ **impedance under pulse conditions** [Sc] / Pulswärmewiderstand || ~ **instability** [Sc] / thermische Instabilität || ~ **leakage coefficient** [Sc] / Ableitungskoeffizient (Heißleiter) ||

~ **leakage constant** [Sc] / Ableitungskonstante (Heißleiter) || ~ **overload** [Hw] / thermische Überlastung || ~ **printer** [HSP] / Thermodrucker, Thermaldrucker || ~ **rating** [Sc] / thermische Belastbarkeit || ~ **resistance** [Sc] / Wärmewiderstand, thermischer Widerstand || ~ **resistance case to ambient** [Sc] / äußerer Wärmewiderstand (Kühlkörperwärmewiderstand, gekapseltes Bauelement) || ~ **resistance junction to case** [Sc] / innerer Wärmewiderstand || ~ **stability** [Sc] / thermische Stabilität || ~ **stress** [Hw] / thermische Beanspruchung, Temperaturbeanspruchung

thermionic diode [Sc] / heiße Diode || ~ **emission** [Co, Sc] / Glühemission

thermobattery (s. thermal battery)

thermocompression-bonded *adj* [Sc] / durch Wärmedruckverfahren kontaktiert (Dünnfilm)

thermocompression bonding [Sc] / Thermokompression, Wärmedruckverfahren

thermocouple *n* [Sc, PCC, Meas, AC] / Thermoelement || ~ **temperature transmitter** [PCC] / Thermotransmitter

thermoelectric power [Sc] / Thermospannung, Thermokraft

thermoelectromotive force [Sc] / thermoelektromotorische Kraft, Thermo-EMK

thermoplastic particle [HSP] / thermoplastisches Partikel

thermoswitch *n* [HSP] / Thermoschalter

thesaurus *n* [IDS] / Thesaurus (DIN 1463, März 1976)

thick-film integrated circuit [Sc] / integrierte Dickfilmschaltung || ~ **technology** [Sc] / Dickfilm-Technologie

thin film [Sc] / Dünnschicht, Dünnfilm

thin-film conductor [Sc] / Dünnschichtleiter, Dünnfilmleiter || ~ **incandescent display** [Co] / Dünnschicht-Glühanzeige, Dünnfilm-Glühlichtanzeige || ~ **integrated circuit** [Sc] / integrierte Dünnschichtschaltung || ~ **laser switch** [Co] / Dünnschicht-Laserschalter, Dünnfilm-Laserschalter || ~ **memory** [M, Sc] / Dünnschichtspeicher, Dünnfilmspeicher, Magnetfilmspeicher || ~ **sputtering system** [Sc] / Dünnschicht-Zerstäubungseinrichtung, Dünnfilm-Zerstäubungseinrichtung || ~ **technology** [Sc] / Dünnfilm-Technologie, Dünnschicht-Technologie || ~ **transistor (TFT)** [Sc] / Dünnfilm-Transistor, Dünnschicht-Transistor, Dünnschicht-Triode

thin printing paper [Typ] / Dünndruckpapier

third-generation computer [Dp] / Rechner der dritten Generation || ~ **computer family** [Sw] / Rechnerfamilie der dritten Generation

third shift [TP] / dritte Umschaltung (Fs-Maschine)

thread *v* [HSP] / einfädeln

three-address code [Sw] / Dreiadreßcode || ~ **instruction** [Sw] / Dreiadreßbefehl || ~ **machine** [Dp] / Dreiadreßmaschine || ~ **system** [Th] / Dreiadreßsystem

three-computer system [PCC] / Dreirechnersystem

three-condition cable code [TP] / trivalenter Kabelcode || ~ **telegraph code** [TP] / trivalenter Telegrafencode

three-input adder (s. digital adder) || ~ **subtracter** (s. subtracter)

three-level subroutine [Sw] / dreistufiges Unterprogramm

three-phase *adj* [NC] / dreiphasig || ~ **current** [NC] / Dreiphasenstrom

three-plus-one address instruction [Sw] / Vieradreßbefehl, Drei-plus-Eins-Adreßbefehl

three-shift facility [TP] / dritte Umschaltung (Fs-Maschine)

three-state output buffer [MCS] / Puffer mit drei Ausgangszuständen (Ausgabepuffer, der drei Zustände annehmen kann)

threshold *n* [Cy] / Schwelle || ~ **element** [Cir] / Schwellenglied, Schwellenwertschaltelement, Schwellenwertglied || ~ **value** [PCC] / Schwellenwert, Schwellwert || ~ **voltage** [Sc] / Schwellenspannung, Schleusenspannung || ~ **wavelength** [Sc] / Grenzwellenlänge

through-connect bit [ES] / Durchschaltebit || ~ **command** [ES] / Durchschaltebefehl

through-connecting console [ES] / Verbindungsplatz

through-connection module [RDp, Tr] / Verbindungsdurchschalter || ~ **of information** [ES] / Informationsdurchschaltung

through-connect network [TP] /

Durchschaltenetz
through-joint *n* [Hw] / Verbindungsklemme
throughput *n* [Dp] / Durchsatz (mittlere Anzahl von Operationen, die ein Computer pro Zeiteinheit leistet) || [Tr] / Durchsatz (maximal mögliche Transfergeschwindigkeit von Daten in den bzw. aus dem Arbeitsspeicher, ausgedrückt in Zeichen/s), Datenrate || ~ **time** [Dp] / Durchlaufzeit
throwaway transistor [Sc] / auswechselbarer Transistor
throwover option [Cir] / Umschaltemöglichkeit
thumbwheel group [Th, Meas] / Zahlenstellergruppe || ~ **group for time presetting** [Th, Meas] / Zeitvorwahlschalter
thump *n* [TP] / Telegrafiegeräusch, Telegrafiergeräusch
thyratron *n* [ES] / Thyratron || ~ **drive** [NC] / Thyratronsteuerung || ~ **transistor** [Sc] / Thyratrontransistor
thyristor *n* (i.e., a transistor having a thyratron-like characteristic) [Co] / Thyristor
thyristor-controlled circuit [Sc] / Thyristorsteuerung
thyristor plant [Sc] / Thyristoranlage || ~ **set** [Sc] / Thyristorsatz || ~ **temperature** [Sc] / Temperatur im Thyristor
TIC (s. transfer in channel)
ticker (US) (s. teleprinter)
tie *n* [HSP] / Steg (Perforation)
tie/cut ratio [HSP] / Steg-Schlitzverhältnis (Perforation)
tie-in system [ES] / Anschlußsystem
tie length [HSP] / Steglänge (Perforation) || ~ **line** (GB) (s. tie trunk)
tier *n* [Hw] / Etage (Schaltschrank) || [PC] / Lochspaltenreihe
tie trunk [Tr] / Querverbindung (bei Verbindung von Nebenstellenanlagen)
tilde *n* [Term, IO] / Tilde (DIN 66009, Sept. 1977)
time *v* (period, etc.) [ES] / zeitlich festlegen || ~ **account data** [Sw] / Zeitabrechnungsdaten || ~ **allowance** [ES] / Pufferzeit
time-and-date generation [OS, ES] / Zeit-Datum-Generierung
time base [ES] / Zeitbasis
time-base generator [ES] / Taktgeber
time behavior [Sw] / Zeitverhalten || ~ **builtin function** [PL/1] / (eingebaute) Tageszeit-Funktion || ~ **call storage location** [ES] / Weckerzelle || ~ **constant** [Th, Meas] / Zeitkonstante (Leiterplatte)
time-consuming routine work / zeitaufwendige Routinearbeiten
time control [OS] / Zeitüberwachung || ~ **counter** [ES] / Zeitzähler || ~ **criteria** [OCR] / Zeitkriterien
time-critical *adj* [ES] / zeitkritisch
time cycle [Dp] / Zeitzyklus
time-date generator program [ES] / Zeit-Datum-Geberprogramm || ~ **generator with job list** [ES] / Zeit-Datum-Geber mit Auftragsliste (ZEDAGEB)
time delay relay [NC] / Verzögerungsrelais
time-dependent *adj* [Tr] / zeitabhängig || ~ **workload** [Dp] / zeitabhängige Auslastung
time displacement [Th] / zeitliche Verschiebung
time-division mode [ES] / Zeitmultiplexbetriebsweise || ~ **multiplex (TDM)** [ES, Tr] / Zeitmultiplex || ~ **multiplex channel** [ES] / Zeitmultiplexkanal || ~ **multiplex connection** [ES] / Zeitmultiplexverbindung, Zeitvielfachverbindung || ~ **multiplex frame** [ES] / Zeitmultiplexrahmen || ~ **multiplexing** [ES] / Zeitmultiplexbetrieb || ~ **multiplexing equipment** [ES] / Zeitmultiplexgeräte || ~ **multiplex method** [ES] / Zeitmultiplexverfahren || ~ **multiplex network** [ES] / Zeitmultiplex-Durchschaltenetz || ~ **multiplex operation** [ES] / Zeitmultiplexbetrieb || ~ **multiplex switching array** [ES] / Zeitmultiplexkoppelfeld || ~ **multiplex system** [ES] / Zeitmultiplexsystem, Zeitvielfachsystem || ~ **multiplex system for speech transmission** (PCM) [ES] / Zeitmultiplexsystem für Sprachübermittlung || ~ **multiplex terminal** [ES] / Zeitmultiplexanschluß || ~ **multiplier unit** [ADp] / Modulationsmultiplizierer || ~ **switching** [ES] / Zeitmultiplexdurchschaltung || ~ **switching technique** [ES] / Zeitmultiplex-Durchschalteverfahren || ~ **telex exchange** [ES] / Zeitmultiplex-Telexvermittlung
time entry [ES] / Zeiteintragung, Uhrzeiteintragung || ~ **factor** [ES] / Zeitanteil
time-fill signal [Tr] / Leerzeichen

time frequency (s. clock frequency) || **~ function** [PL/1] / (eingebaute) Tageszeit-Funktion || **~ identifier release** [ES] / Zeitkennzeichenfreigabe || **~ indentifier enable signal** [ES] / Uhrenkennzeichenfreigabe || **~ input enable signal** [ES] / Uhrzeiteingabefreigabe || **~ interval** [Sc] / Zeitintervall, Zeitabstand
time-interval-averaging circuit [Cir] / Schaltung zur Zeitintervallmittelung
time lag [Th] / zeitliche Verzögerung
time-limited evaluation [DpC, Dp] / zeitlich begrenzte Auswertung
time-limit switch [Hw] / Zeitschalter
time module [Th] / Baustein mit Zeitverhalten
time-of-day clock [CP] / Uhrzeitgeber
timeout *n* [ES] / Zeitabschaltung, Zeitsperre || **~ facility** [Mp, Tr] / Zeitüberwacher || **~ feature** [Mp, Tr] / Zeitüberwacher
time output inhibition [ES] / Zeitausgabesperre
timeout routine [ES] / Zeitüberwachungsroutine || **~ test** [ES] / Zeitablaufprüfung
time path [ES] / Zeitstrecke
time-pulse distributor [Th] / Zeitimpulsverteiler || **~ generator** (s. clock)
timer *n* [Mp, CP] / Zeitgeber (DIN 44300, März 1972), Zeittaktsteuerung || **~ allocation** [Tr] / Taktzuordnung || **~ clock generator** [ES] / Uhrentaktgenerator (UEAS)
time register [CU] / Zeitgeberregister || **~ relay** [NC] / Zeitrelais || **~ requirements** [RDp] / Zeitbedarf
timer increment rate [ES] / Uhrentakt (UEAS) || **~ interrupt** [OS] / Zeitgeberunterbrechung || **~ register** [CU] / Zeitgeberregister || **~ start** [ES] / Uhrenstart (UEAS) || **~ stop** [ES] / Uhrenstopp (UEAS)
time saving [Sw] / Zeitgewinn || **~ scale** [Th] / Zeitmaßstab, Zeitskala
time-schedule document [ES] / zeitbestimmende Unterlage
time selection [ES] / Zeitbemessung
time-shared processing [OS] / zeitlich verzahnte Verarbeitung
time-sharing environment [Dp] / Teilnehmerbetrieb, Zeitscheibenbetrieb, Time-sharing-Betrieb || **~ operating system (TSOS)** [OS] / Teilnehmerbetriebssystem (TBS) || **~ option (TSO)** [VS] / Zeitscheibenverfahren || **~ system** [OS] / Teilnehmerrechensystem (DIN 44300, März 1972), Teilnehmersystem
time slice [OS] / Zeitscheibe
time-slicing environment [Dp] / Teilnehmerbetrieb, Zeitscheibenbetrieb, Time-sharing-Betrieb
time slot [Meas, DpC] / Zeitspanne || **~ slot** [ES] / Zeitkanal
time-slot assignment [ES] / zeitliche Zuordnung (DE-Datenkanäle) || **~ interchange** [ES] / Zeitlagenwechsel || **~ interval** [VS] / Arbeitsintervall || **~ pattern** [ES] / Zeitraster || **~ switch** [RDp, Tr] / Zeitblende
times option [Cobol] / Wiederholangabe
time study [NC] / Zeitstudie || **~ supervision** [OS] / Zeitüberwachung
time-switch *n* [Hw] / Zeitschalter || [NC] / Zählerschaltuhr
time tariff [ES] / Zeittarif || **~ zone meter** [ES] / Zeitzonenzähler
timing *n* [Sw] / Zeitablauf || [RDp, Tr] / Zeitmessung || [Mp] / zeitliche Steuerung (eines Mikroprozessors usw.) || **~ chart** [PC] / Impulsübersicht || **~ circuit** [ES] / Zeitkreis, Zeitgeberschaltung || **~ diagram** [Cir] / Impulsdiagramm || **~ disk** [TP] / Taktscheibe (Magnetband) || **~ elements** [ES, QC] / Zeitglieder || **~ error** [ES] / Rasterfehler, Rasterverzerrung || **~ interval** [ES] / Zähleinheit (Wecker) || **~ line** [ES] / Taktleitung || **~ mark** [HSP, OCR, NC] / Taktmarke, Zeitmarke, Steuermarke || **~ mark field** [OCR] / Taktmarkenzone || **~ mark pitch** [OCR] / Abstand der Taktmarken || **~ mark sensing cell** [OCR] / Steuermarkenfotozelle || **~ pattern** [ES] / Taktraster || **~ period** (s. clock pulse period) || **~ pulse** (s. clock pulse) || **~ pulse edge** [Tr] / Taktflanke || **~ pulse failure** [Tr] / Taktstörung || **~ pulse generator** (s. clock) || **~ pulse input device** [PCC] / Zeitimpulseingabe || **~ pulse rate** (s. clock pulse rate) || **~ pulse storage** [PCC] / Zeitspeicher || **~ pulse train** [ES] / Zeitsignalmäander, Mäanderfolge || **~ relationship** [ES] / Taktbeziehung || **~ signal error** [CP] / Zeitgeberfehler || **~ signal generator** [Mp, CP] / Zeitgeber (DIN 44300, März 1972), Zeittaktsteuerung
title field [TP] / Schriftfeld || **~ field entry** [TP] / Schriftfeldeintrag || **~ format** [Algol] / Textformat || **~ option** [PL/1] / externe

(Datei)namenangabe || ~ **retrieval** [DOK] / Titelretrieval (Methode, eine Suchfrage mit dem Titel von Dokumenten zu vergleichen und bei Übereinstimmung die zugehörige Dokumentationseinheit als Treffereinheit zu selektieren)
T²L (transistor-transistor logic) [Mp, IC] / Transistor-Transistor-Logik (TTL)
TLAB (s. translation look-aside buffer)
TLU (s. table lookup)
TM (s. tape mark) || ≗ (s. Test under mask)
TOD clock [CP] / Uhrzeitgeber
toggle switch [Hw] / Kippschalter
tolerance*n* [Sw] / Toleranzzahl || ~ **buildup** [NC] / Summen-Toleranzfehler || ~ **scheme** [ES] / Toleranzschema || ~ **variation** [NC] / Toleranzschwankung
TOM (s. teleprinter-on-multiplex)
tone generator [ES] / Tongenerator
toner*n* [HSP] / Toner || ~ **bath** [HSP] / Tonerbad || ~ **bottle** [HSP] / Tonerflasche || ~ **catchbox** [HSP] / Tonersammelbehälter || ~ **circulation** [HSP] / Tonerkreislauf || ~ **collection container** [HSP] / Tonersammelbehälter || ~ **collection unit** [HSP] / Tonerabscheider || ~ **color** [HSP] / Druckfarbe (Toner) || ~ **concentration** [HSP] / Tonerkonzentration || ~ **consumption** [HSP] / Tonerverbrauch || ~ **delivery tube** [HSP] / Tonerrohr || ~ **density** [HSP] / Druckintensität || ~ **dust alarm** [HSP] / Tonerstaubmeldung || ~ **dust alarm sensor** [HSP] / Tonerstaubmelder || ~ **feed** [HSP] / Tonerzufuhr, Tonerzuführung || ~ **feedback** [HSP] / Tonerrückführung, Tonerrückgewinnung || ~ **layer** [HSP] / Tonerschicht || ~ **mark** [HSP] / Tonermarke || ~ **mark sensor** [HSP] / Tonermarkenabtaster || ~ **particle** [HSP] / Tonerteilchen, Farbpartikel, Farbstoffteilchen || ~ **powder** [HSP] / Tonerpulver, Farbpulver || ~ **return** [HSP] / Tonerrückführung, Tonerrückgewinnung || ~ **station** [HSP] / Tonerstation || ~ **supply** [HSP] / Tonerzufuhr, Tonerzuführung || ~ **supply bin** [HSP] / Tonervorratsbehälter, Vorratsbehälter (Toner) || ~ **supply level** [HSP] / Füllstand (Tonervorrat) || ~ **transfer** [HSP] / Tonerübertragung
to option [PL/1] / Endwertangabe
toothed belt [TP] / Zahnriemen || ~ **belt drive** [TP] / Zahnflachriemengetriebe
top-of-form feed operation [TP] / Formularanfangsvorschub || ~ **loading** [TP] / Einlauf in die Formularanfangsstellung
top priority [Sw] / höchste Priorität || ~ **view** [R&D] / Draufsicht, Ansicht von oben
TOR (s. teleprinter-on-radio)
torn-tape relay (i.e., a procedure where operators tear off incoming printed and punched paper tape and transfer it manually to the proper outgoing circuit) [ES] / manuelles Teilstreckensystem || ~ **relay center** [ES] / Lochstreifenvermittlung mit geschnittenen Streifen (Amt) || ~ **switching center** [ES] / Speichervermittlung mit geschnittenen Lochstreifen
toroidal core [M] / Ringkern
torque amplifier [MT, ADp] / Drehmomentverstärker || ~ **limiter** [NC] / Drehmomentbegrenzer
torsion pulse [RDp, Tr] / Torsionsimpuls
TOS (s. tape operating system)
total bit stream [Tr] / Gesamtbitfluß || ~ **clock cycle** [M, CU] / volle Laufzeit || ~ **defect** [Sc] / kritischer Fehler, Totalfehler || ~ **failure** [DpC] / Totalausfall || ~ **line** [PC] / Summenzeile, Gruppenzeile || ~ **power dissipation** [Sc] / Gesamtverlustleistung || ~ **power loss** [Sc] / Gesamtverlustleistung || ~ **printing** [PC] / Summenschreibung, Summendruck || ~ **run counter** [ES] / Gesamtdurchlaufzähler || ~ **thermal resistance** [Sc] / Gesamtwärmewiderstand || ~ **time** [RPG] / Gruppenverarbeitung || ~ **transfer** (i.e., a method for accumulating minor, intermediate, and major control totals when preparing printed results on a punch card tabulator) [PC] / Summenübertragung
touch-tone telephone [IO, ES] / Tastenfernsprecher (für Tonwahl)
touch typist [TES] / Zehnfinger-Maschinenschreibkraft
TPE (s. transmission parity error)
TP monitor [RDp, IDS] / Datenfernverarbeitungs-Monitor, TP-Monitor (Monitor zur Verwaltung und dynamischen Zuteilung der Betriebsmittel, um den Anforderungen von Online-Systemen unter batch-orientierten Betriebssystemen im sog.

Teilhaberbetrieb zu genügen)
TR (s. Translate)
trace *v* [Sw] / verfolgen || *n* [OS] / Ablaufverfolgung || **to ~ down a fault** [Serv] / einen Fehler eingrenzen || **~ mode** [OS] / Verfolgungsmodus || **~ program** [Sw] / Protokollprogramm, Programm zur schrittweisen Protokollierung der Ausführung eines Programms
tracer *n* [OS] / Ablaufüberwacher, Überwacher, Ablaufverfolger || **~ control** [NC] / Tastensteuerung || **~ listing** [OS] / Ablaufprotokoll (Protokoll bei Programmtests, das der Überwacher liefert), Überwachungsprotokoll
trace routine [Sw] / Protokollprogramm, Programm zur schrittweisen Protokollierung der Ausführung eines Programms || **~ statement** [Sw] / Testüberwachungsanweisung
Trace virtual address (TVA) [OS, Instruction] / Laden Umsetzungstafeleintrag (TVA)
tracing *n* [Sw] / automatisches Protokollieren (beim Testen), Protokollieren (beim Testen) || [NC] / Pausen || **~ program** [OS] / Ablaufüberwacher, Überwacher, Ablaufverfolger || **~ routine** [Sw] / Protokollprogramm, Programm zur schrittweisen Protokollierung der Ausführung eines Programms || **~ routine** (s. tracer)
track *n* [PE] / Spur (bei Magnetschichtspeichern der von einem Polschuh des Magnetkopfes überstrichene Bereich der Schicht) (DIN 66010, Apr. 1973) || **~ address** [Sw] / Spuradresse, Hausadresse || **~ arrangement** [PE] / Spuranordnung || **~ capacity** [PE] / Spurkapazität || **~ check** [PE] / Spurzustandskontrolle || **~ description record** [Sw] / Spurbeschreibungssatz, Spurkennblock || **~ descriptor record** [Sw] / Spurbeschreibungssatz, Spurkennblock || **~ element** [PE] / Spurelement || **~ end** [PE] / Spurende || **~ flaw** [MD] / Aufzeichnungsfehler (Spur) || **~ flaw checking** [MD] / Prüfen aller Spuren auf Aufzeichnungsfehler || **~ format** [PE, Sw] / Spureinteilung || **~ format write instruction** [Sw] / Spureinteilungsbefehl
tracking error [TP] / Gleichlauffehler
track initialization [OS] / Spureröffnung || **~ length** [PE] / Spurlänge || **~ load mark** [PE] / Spuranfangsmarke || **~ number** [PE, OS] / Spurnummer || **~ overflow** [OS] / Spurüberlauf || **~ overflow feature** [PE, MD, OS] / Spurwechseleinrichtung || **~ overflow record** [Sw] / Spurwechselsatz || **~ overrun** [OS] / Spurüberschreitung || **~ pitch** [MT] / Spurteilung (DIN 66010, Apr. 1973), Spurabstand || **~ selection** [OS] / Spurauswahl || **~ selector** [PE] / Spurauswahleinrichtung || **~ select switch** [MDr] / Spurwählschalter || **~ width** [MT] / Spurbreite (DIN 66010, Apr. 1973)
tractor (s. pinfeed tractor) || ~ (s. paper tractor) || **~ belt** [HSP] / Stiftraupenkette || **~ cover** [Hw, HSP] / Raupendeckel || **~ feed paper drive** [TP] / Rampenvorschub || **~ margin** [HSP] / Führungslochrand, Vorschublochrand
traffic analysis [ES] / Verkehrsmessung, Verkehrsauswertung || **~ capability** [ES] / Verkehrsleistung || **~ command** [ES] / Verkehrsbefehl || **~ component** [ES] / Verkehrsanteil || **~ control** [ES] / Verkehrssteuerung || **~ control computer** [PCC] / Verkehrsrechner, Verkehrscomputer || **~ count** [ES] / Verkehrszählung || **~ density** [ES] / Verkehrsdichte || **~ destination** [ES] / Verkehrsziel || **~ discrimination digit** [ES] / Verkehrsausscheidungs-Kennziffer || **~ distribution** [ES] / Verkehrsverteilung || **~ growth** [ES] / Verkehrszunahme || **~ handling** [RDp] / Verkehrsabwicklung || **~ handling capability** [ES] / Verkehrsleistung || **~ handling capacity** [ES] / Leistung (z.B. eines Bündels) || **~ intensity** [Tr] / Verkehrswert || **~ intensity unit** [Tr] / Verkehrswerteinheit || **~ load** [Tr] / Verkehrsanfall || **~ load carried** [ES] / Verkehrsbelastung || **~ loading** [ES] / Verkehrsbelastung || **~ measurement** [ES] / Verkehrsmessung, Verkehrsauswertung || **~ meter** [ES] / Verkehrswertmesser, Verkehrsmeßgerät || **~ occupancy** [ES] / Verkehrsbelegung || **~ pattern** [ES] / Verkehrsverlauf, Verkehrsbeziehungen || **~ peak** [ES] / Verkehrsspitze || **~ recorder** [ES] / Verkehrsschreiber, Verkehrsmeßeinrichtung || **~ relations** [ES] / Verkehrsbeziehung || **~ route** [ES] / Verkehrsrichtung || **~ simulation procedure** [ES] / Verkehrssimulation || **~ simulator** [ES] / Verkehrssimulator || **~ summary** [ES] / Verkehrsübersicht || **~ theory** [ES] / Verkehrstheorie ||

~ variance method [ES] / Streuwertverfahren || **~ volume** [ES] / Verkehrsaufkommen, Verkehrsmenge
trailer *n* [MT] / Nachspann (DIN 66223 T3, Jan. 1978), Bandende || **~ address** [NC] / Beisatzadresse || **~ card** [PC, Sw] / Folgekarte, Fortsetzungskarte || **~ document** [OCR] / Nachläufer
trailer-file block [NC] / Beisatzblockbereich (Platte)
trailer label [PE, Sw] / Dateiendetikett, Trailer-Etikett, Nachsatz, Dateinachsatz || **~ record** [Sw] / Nachsatz || **~ statement** [ES] / Endanweisung
trailing, card ~ edge [PC] / Kartenhinterkante, Hinterkante, hintere Kante || **~ edge** [Tr] / Rückflanke || **~ end** [PT] / Streifenende || **~ end** (i.e., logical end of the tape) [MT] / Bandende || **~ space** [HSP, Typ] / abschließendes Zwischenraumzeichen
train cartridge [HSP] / Typenkassette || **~ performance calculator** [PCC] / Zugfahrtrechner || **~ printer** [HSP] / Gliederdrucker (Kettendrucker, bei dem jedes Kettenglied mehrere Drucktypen trägt)
transaction data [Sw] / Bewegungsdaten || **~ file** [Dp] / Änderungsdatei, Fortschreibungsdatei, Bewegungsdatei || **~ number** [Th] / Vorgangsnummer || **~ processing monitor** [RDp, IDS] / TP-Monitor (Monitor zur Verwaltung und dynamischen Zuteilung der Betriebsmittel, um den Anforderungen von Online-Systemen unter batch-orientierten Betriebssystemen im sog. Teilhaberbetrieb zu genügen) || **~ record** [Sw] / Änderungssatz || **~ tape** [MT, Dp] / Änderungsband
transcoder (s. code converter)
transcribe *v* (i.e., to copy from one medium to another, e.g., from punched cards to paper tape, or from paper tape to magnetic tape; cf. "copy") [Dp] / umsetzen, umschreiben || **to read data from OCR sheets and ~ it to magnetic tape** [Dp] / Daten von OCR-Belegen auf Magnetband übernehmen
transcriber *n* (i.e., a device used to transfer information from one medium to another, e.g., from paper tape to punched cards) [Dp] / Umschreiber
transcription *n* [Term, MAT] / Transkription (nicht zeichengetreue Umsetzung einer Schrift in eine andere) (DIN 1460, Okt. 1962) || **~ of data** [RDp, Tr] / Umschichten der Daten
transducer *n* [PCC, NC] / Meßwandler, Wandler, Umwandler
transfer *n* [CP, Tr] / Datentransfer, Transfer, Datenübertragung (zwischen Zentraleinheit und Peripherie) || ~ (s. copy) || **data ~ rate** (i.e., the rate at which data actually arrives after transmission, expressed in terms of bits, characters, or blocks per second, minute, or hour) [Tr] / Transfergeschwindigkeit (DIN 44302, Apr. 1979), effektive Übertragungsgeschwindigkeit || **to ~ control to ...** [Sw] / auf ... springen || **to ~ control to ...** [Sw] / die Steuerung übergeben an ... || **~ address** [Sw] / Sprungadresse, Verzweigungsadresse || **~ admittance** [Sc] / Übertragungsscheinleitwert || **~ card** [Sw] / Startkarte (Lochkarte, die dem Übersetzungsprogramm den Beginn des symbolischen Programms mitteilt) || **~ characteristic** (of a digital circuit) [Cir] / Übertragungscharakteristik, Übertragungskennlinie || **~ check** [Sw] / Übertragungskontrolle || **~ clock pulse** [ES] / Übernahmetakt || **~ code** [ES] / Übergabezeichen || **~ corotron** [HSP] / Umdruckcorotron || **~ facility** [ES] / Umschaltestelle || **~ field** [ES] / Übergabefeld || **~ function** [PCC] / Übertragungsfunktion || **~ function** [Algol] / Umwandlungsfunktion || **~ in channel (TIC)** [Sw, ES] / Kanalsprung
transfer-in-channel command [ES] / Kanalsprungbefehl
transfer instruction [ES] / Transferbefehl, Übertragungsbefehl || **~ instruction** (s. branch instruction) || **~ of control** [CU] / Programmsprung, Ablaufsprung || **~ operation** [Dp, Sw] / Übertragungsoperation, Sprungoperation || **~ print entry** [PC] / gesteuerte Schreibstellen || **~ rate** [Tr] / Transfergeschwindigkeit (zwischen Zentraleinheit und Peripherie) || **~ register** [ES] / Übernahmeregister || **~ signal evaluation** [ES] / Umlegezeichenauswertung || **~ station** [HSP] / Umdruckstation || **~ symbol** [ES] / Übernahmesymbol || **~ timing pulse** [ES] / Übernahmetakt || **≗ to accumulator and delete** [PCC, Instruction] / Transfer Ein und Lösche (TEL) || **≗ to accumulator Positive/Negative** [PCC, Instruction] / Transfer Ein Plus/Minus (TEP/TEM) || **~ tree** [ES] / Tannenbaumverzweigung

(Schaltung) || ~ **unit** [NC] / Übertragungselement

transfluxor *n* [M] / Transfluxor

transformation *n* [Th] / Umspannung

transformational grammar [Term] / Transformationsgrammatik, generative Grammatik

transformation of coordinates [NC] / Koordinatentransformation

transformer *n* [Co] / Transformator, Umformer

transforming *n* [ES] / Umformen

transhybrid loss [Tr] / Querdämpfung

transient *n* [RDp, Tr] / Einschwingvorgang || *adj* [Sc] / transient || [Sw] / vorübergehend || ~ **condition** [NC] / Übergangszustand, nichtstationärer Zustand, Einschwingzustand, freier Vorgang

transient-decay current (of a photoelectric device) [Co, Sc] / Nachwirkungsstrom

transient error [RDp, Sw, Tr] / vorübergehender Fehler || ~ **fault** [Th, Meas, AC, DpC] / selbstlöschender Fehler || ~ **line error** [Tr] / vorübergehender Leitungsfehler || ~ **peak forward current** [Sc] / Stromstoß in Durchlaßrichtung || ~ **power** [Sc] / Einschaltleistung || ~ **response** [PCC, AC] / Übergangsfunktion || ~ **response error** [Tr] / Einschwingfehler || ~ **thermal impedance** [Sc] / Impulswärmewiderstand, thermische Übergangsimpedanz

transinformation *n* [Th] / Transinformation, übertragene Information || ~ **content** [PE, Th] / Transinformationsgehalt (DIN 44301, Feb. 1977)

transistor *n* [PCC, ES, Tr, Sc] / Transistor || ~ **chip** [Co, Sc] / Transistor-Chip, Transistor-Plättchen || ~ **circuit** [Sc] / Transistorschaltung || ~ **circuit board** [Sc] / transistorenbestückte Platte || ~ **circuit card** [Sc] / transistorenbestückte Karte || ~ **cutoff region** [Sc] / Sperrbereich des Transistors || ~ **equivalent circuit** [Sc] / Transistor-Ersatzschaltung (DIN 41854, Apr. 1979)

transistorized *adj* [NC] / transistorisiert || ~ **circuit** [Co] / transistorenbestückter Schaltkreis, Schaltkreis in Halbleiterbauweise || ~ **control** [NC] / transistorisierte Steuerung || ~ **counter** [NC] / Transistorzählwerk

transistor lead [Sc] / Transistorzuleitung || ~ **noise** [Sc] / Transistorrauschen || ~ **pattern** [Sc] / Transistorstruktur || ~ **relay** [NC, Sc] / Transistorrelais || ~ **saturation region** [Sc] / Sättigungsbereich (Transistor) || ~ **switching device** [Sc] / Transistorschaltgerät || ~ **time constant** [Sc] / Transistorzeitkonstante || ~ **time lag relay** [NC] / Transistorzeitrelais

transistor-transistor logic (TTL) [Mp, Cir, IC] / Transistor-Transistor-Logik (TTL), TT-Logik || ~ **logic element** [Cir] / TTL-Verknüpfungsglied

transit call [ES] / Transitverbindung, Durchgangsverbindung || ~ **country** [TP] / Durchgangsland || ~ **exchange** [ES] / Zwischenamt, Transitvermittlung (Amt)

transition *n* [Sw] / Übergang || ~ **condition** [ES] / Übergangsbedingung || ~ **frequency** [Sc] / Transitfrequenz (DIN 41854, Apr. 1979) || ~ **region** (i.e., the region between two homogeneous semiconductor regions where the impurity concentration changes) [Sc] / Zonenübergang || ~ **time** [Sc] / Übergangszeit

transit storage [ES] / Durchlaufspeicher || ~ **switching** [ES] / Durchgangsvermittlung (Vorgang) || ~ **switching center** [ES] / Durchgangsamt, Durchgangsvermittlung (Amt) || ~ **telegram** [TP] / Durchgangstelegramm || ~ **time** [ES] / Durchgangszeit, Laufzeit || ~ **traffic** [ES] / Durchgangsverkehr

transjunction *n* [Cy] / Transjunktion

translate *v* [Sw] / übersetzen

Translate (TR) [OS, Lisp] / Umsetzen Code (TR) || ≗ **and test (TRT)** [OS, Lisp] / Umsetzen und Testen (TRT) || ~ **builtin function** [PL/1] / (eingebaute) (Zeichen)umsetz-Funktion

translated output [Sw] / übersetzte Ausgabeinformation

translate function [PL/1] / (eingebaute) (Zeichen)umsetz-Funktion || ~ **mode** (T-bit) [OS] / Umsetzungsmodus

translating program (i.e., a program which converts statements written in one programming language to the format of another programming language, e.g., from a source language to machine code) [OS] / Übersetzer (DIN 44300, März 1972), Übersetzerprogramm, Übersetzungsprogramm

translation *n* [Sw, MAT] / Übersetzung, Übersetzen || **machine-aided ~ (MAT)** [MAT] / maschinenunterstützte Übersetzung (Verfahren, Datenverarbeitungsanlagen bei der Humanübersetzung einzusetzen) || **~ look-aside buffer (TLAB)** [VS] / Adreßumsetzungsspeicher, Adressenumsetzungsspeicher, Adreßumsetzspeicher, assoziativer Umsetzungsspeicher || **~ process** [Sw] / Übersetzungsvorgang || **~ table** [OS] / Umsetzungstafel, Übersetzungstabelle
translator (s. translating program) || **~ listing** [Sw] / Übersetzungsprotokoll || **~ run** [Sw] / Übersetzungslauf
translatory movement [NC] / translatorische Bewegung
transliterate *v* [Sw] / transliterieren
transliteration *n* [Term, MAT] / Transliteration (zeichengetreue Umsetzung einer Schrift in eine andere) (DIN 1460, Okt. 1962)
transmission *n* [Tr] / Übermittlung || [PL/1] / Übertragung || **~ announcement** [RDp, Tr] / Sendeankündigungskennung || **~ band** [Tr] / Übertragungsband || **~ break** [ES, Tr] / Sendepause || **~ busbar** [ES] / Sendesammelschiene || **~ code** [Tr] / Übertragungscode || **~ confirmation** [ES] / Sendebestätigung || **~ confirmation signal** [ES] / Sendebestätigung || **~ control character** [Tr] / Datenübertragungssteuerzeichen, Übertragungssteuerzeichen || **~ delay** [ES] / Übertragungsverzug || **~ direction** [Tr] / Übertragungsrichtung || **~ equipment** [RDp, Tr] / Übertragungsgerät || **~ error** / Übertragungsfehler || **~ factor** [OCR] / Transmissionsgrad, Durchlaßgrad || **~ identification** [ES] / Sendungskennung || **~ level** [Tr] / Übertragungspegel || **~ line** [TrL] / Datenübertragungsleitung, Übertragungsleitung (DIN 44302, Apr. 1979) || **~ line procedure** [RDp] / Übertragungsprozedur, Leitungsprozedur || **~ link** [Tr] / Übertragungsweg || **~ link** [Tr] / Nachrichtenverbindung || **~ medium** [Tr] / Übertragungsmedium || **~ method** [ES, Tr] / Übertragungsverfahren || **~ network** [Tr] / Übertragungsnetz || **~ of a telegram** [TP] / Übermittlung eines Telegramms || **~ of test characters** [Tr] / Meßzeichensendung || **~ over long distances** [RDp, Tr] / lange Übertragungsstrecken || **~ parity error (TPE)** [Sw] / Übertragungsparityfehler || **~ path** [Tr] / Übertragungsweg || **~ performance rating** [ES, Tr] / Übertragungsgütewert, Übertragungsgüteziffer || **~ quality** [ES] / Übertragungsgüte || **~ reliability** [TP, ES, Tr] / Übertragungssicherheit || **~ request** [Sw] / Sprechaufforderung || **~ route** [Tr] / Übertragungsrichtung || **~ speed** (measured e.g. in characters per second, bits per second, etc.) [Tr] / Übertragungsgeschwindigkeit (allgemein), Datenübertragungs-Geschwindigkeit || **~ speed feature** [Hw] / Übertragungsgeschwindigkeits-Zusatz || **~ station** [RDp, Tr] / Übertragungsstelle || **~ system** [Tr] / Übertragungssystem || **~ system interface** [ES] / Übertragungsschnittstelle || **~ time** [Tr] / Übertragungszeit || **~ timing** [ES] / Übertragungstakt || **~ unit** [ES] / Übertragungseinheit
transmit *v* [Tr] / senden, übertragen, übermitteln || **~ bit timing** [ES] / Sendebittakt || **~ distortion** [ES] / Sendeverzerrung || **~ distortion tester** [ES] / Verzerrungsmelder || **~ mode** [Tr] / Sendebetrieb (DIN 44302, Apr. 1979), Sendezustand, Sendemodus
transmittal data [RDp] / Sendedaten || **~ mode** [Tr] / Sendebetrieb (DIN 44302, Apr. 1979), Sendezustand, Sendemodus || **~ plan** [RDp, Tr] / Sendeplan || **~ record** [RDp] / Übertragungssatz
transmittance *n* [OCR] / Transmissionsgrad, Durchlaßgrad || [Tr] / Transmittanz || **~ coefficient** [OCR] / Transmissionsgrad, Durchlaßgrad
transmitted byte timing [ES] / Sendebytetakt || **~ data** [ES] / Sendedaten
transmitted-data line [ES] / Sendedatenleitung
transmitted information [Th] / Transinformation, übertragene Information
transmitter *n* [TP] / Sender || **telegraph ~** [TP] / Telegrafiesender, Telegrafensender || **~ bit timing** [ES] / Sendeschrittakt, Sendetakt (ST) || **~ distortion** [ES] / Sendeverzerrung || **~ module** [RDp, Tr] / Senderbaugruppe
transmitter-receiver pair [Tr] / Sende-Empfangseinrichtung
transmitting terminal [RDp, Tr] / Sendeterminal

transparency *n* [ES] / Bitfolgetransparenz, Bitfolgeunabhängigkeit || **full ~** (i.e., a data communication mode which enables the equipment to send and receive bit patterns of any form, without restrictions on code and speed, up to the rated maximum) [RDp, Tr] / Volltransparenz

transparent (to speed, code, signaling, etc.) [ES] / transparent || **~ leader** [KtT] / transparenter Vorspann || **~ mode** [Tr] / transparenter Modus || **~ plastic front cover** [TP] / transparente Frontabdeckung (über Tastatur usw.) || **~ system** [ES] / transparentes System || **~ tape pocket** [PT] / Klarsichttasche (für Lochstreifen) || **~ text** [Sw] / transparenter Text || **~ to speed** [ES] / geschwindigkeitstransparent

transport control system [Sw] / Transportsteuersystem || **~ delay unit** [Cir, CP] / Laufzeitglied, Totzeitglied || **~ fault** [HSP] / Transportfehler || **~ latch** [TP] / Transportsicherung || **~ locking catch** [MT] / Verriegelungsklinke für den Bandtransport || **~ route** [ES] / Transportroute || **~ safety catch** [TP] / Transportsicherung

transposition *n* (of characters) [OCR] / Substitution || **~ error** [Th, Tr] / Austauschfehler

transput process (GB) (s. radial transfer)

transverse motion [NC] / Querbewegung || **~ perforation** [HSP] / Querperforation

trap *n* [Sc] / Elektronenhaftstelle, Fangstelle, Haftstelle || [Sw] / nichtprogrammierter Sprung || [Sc] / Trap (DIN 41852, Aug. 1978), Zeithaftstelle (DIN 41852, Aug. 1978)

trapezoidal integration [Th] / Trapez-Integration

trap handler [OS, ES] / Bearbeitungsprogramm für Maschinenfehler der Zentraleinheit

trapping center [Sc] / Trapzentrum

travel *n* [NC] / Lauf (Bewegung)

traversing rate [NC] / Verfahrgeschwindigkeit

tree listing [ES] / Verbindungsbaum

trend-setting *adj* [Hw] / zukunftsweisend

trial-and-error method [Th] / empirisches Ermittlungsverfahren

trial run [Dp] / Probelauf, Probedurchlauf, Testlauf, Testdurchlauf

tributary station [RDp] / Unterstation, Trabantenstation (DIN 44302, Apr. 1979)

trigger *v* (program, etc.) [Sw] / auslösen, anstoßen, starten, einleiten || ~ (action, etc.) [Hw] / auslösen || *n* [Hw] / Auslöser || [Cir] / Trigger || **~ circuit** [Cir] / Kippglied, Kippschaltung, Kippstufe || **~ element** [Cir] / Kippglied, Kippschaltung, Kippstufe || **~ illumination** [Sc] / Zündbeleuchtungsstärke

triggering value [Cir] / Ansprechwert

trigger pair [Cir] / Trigger-Flipflop, bistabile Kippstufe || **~ pulse** [Dp] / Auslöseimpuls || **~ switch** [Hw] / Auslöseschalter

trigistor *n* [Sc] / Trigistor

trigonometric function [Th] / Winkelfunktion

trimmed width [HSP] / beschnittene Breite

trimming *n* [HSP] / Abschneiden der Führungslöcher || **~ capacitor** [Tr] / Abgleichkondensator, Trimmer, Trimmerkondensator

trinistor *n* [Sc] / Trinistor

triode *n* [ES] / Triode || **~ thyristor** [Sc] / Thyristortriode

trip *v* [NC] / auslösen, ausrücken, ausklinken, schalten || **to ~ the answerback unit** [ES] / den Namengeber auslösen || **~ delay** [TP] / Auslösevorgang

triple-device control [ES] / Dreiersteuerung

triple-length register [CU] / Register dreifacher Wortlänge

triple line spacing [HSP] / Drucken in jede 3. Zeile

triple-phase *adj* [NC] / dreiphasig

triple precision [Sw] / dreifache Stellenzahl, dreifache Wortlänge || **~ register** [CU] / Register dreifacher Wortlänge

trisistor *n* [Sc] / Trisistor

tristate gate [Mp] / Tri-State-Gatter || **~ output buffer** [MCS] / Puffer mit drei Ausgangszuständen (Ausgabepuffer, der drei Zustände annehmen kann)

tropicalize, fully ~d (version, etc.) [Hw] / tropentauglich

trouble *n* [Hw] / Störung, Funktionsstörung || **~ alert report** [ES] / Störungsmeldung

trouble-hunting *n* [Dp] / Fehlerortung, Fehlersuche

trouble indicator (s. fault indicator) || **~ indicator panel** [Dp] / Störungsanzeigetablo || **~ isolation chart** [Serv] / Fehlersuchdiagramm ||

~ **record** [ES] / Störungsmeldung || ~ **report** [ES] / Störungsmeldung
troubleshooting*n* [Dp] / Fehlerortung, Fehlersuche || ~ **chart** [Serv] / Fehlersuchliste || ~ **table** [Serv] / Fehlersuchtabelle
trouble signal (s. fault signal)
TRT (s. Translate and test)
true*adj* [PL/1] / wahr || ~ **add** [ALU] / echte Addition || ~ **complement** [Th] / Basiskomplement, B-Komplement
truncate*v* [Algol] / abschneiden || ~ (digits, etc.) [Calc] / abstreichen (Vorgang, bei dem eine bestimmte Anzahl von Stellen einer Zahl, beginnend mit der niedrigsten Stelle, wegfällt) (DIN 9757E, Okt. 1977) || ~ (program execution, etc.) (i.e., to terminate a computational process in accordance with some rule) [Dp] / (Programmlauf usw.) beenden
truncation*n* [Cobol] / Abschneiden || ~ **error** [Th] / Abbrechfehler, Approximationsfehler, Iterationsfehler
trunc builtin function [PL/1] / (eingebaute) Abschneid-Funktion || ~ **function** [PL/1] / (eingebaute) Abschneid-Funktion
trunk*n* [ES] / Anschlußstelle (am Rechner) || ~ **area** [RDp] / Weitverkehrsbereich || ~ **checking pulse** [ES] / Leitungskontrollimpuls || ~ **circuit** [RDp, Tr] / Verbindungsleitung (zwischen Vermittlungsstellen), Bündelleitung || ~ **group** [ES] / Leitungsbündel, Bündel || ~ **group description** [ES] / Bündelbeschreibung || ~ **group event counter** [ES] / Bündelereigniszähler || ~ **group extension table** [ES] / Bündelerweiterungstabelle || ~ **group list** [ES] / Bündelliste || ~ **group mode** [ES] / Bündelbetriebsart
trunk-group-oriented*adj* [ES] / bündelorientiert
trunk group overflow [ES] / Bündelüberlauf || ~ **group overspill** [ES] / Bündelüberlauf || ~ **group selection** [ES] / Bündelauswahl || ~ **group size** [ES] / Bündelstärke, Bündelgröße || ~ **group splitting** [ES] / Bündelspaltung, Bündeltrennung || ~ **group status interrogation** [ES] / Bündelzustandsabfrage || ~ **group table** [ES] / Bündeltabelle
trunking*n* [ES] / Gruppierung || ~ **array** [ES] / Gruppierungsanordnung || ~ **unit** [ES] / Gruppierungseinheit (GRE)
trunk line [RDp, Tr] / Verbindungsleitung (zwischen Vermittlungsstellen), Bündelleitung || ~ **repeater** [ES] / Übertragung (Schaltung) || ~ **scheme** [ES] / Gruppierungsschema || ~ **termination** [ES, Tr] / Leitungsanschluß (allgemein)
truth table (showing each variable and the logical relationship between them) [SA] / Wahrheitswertetafel, Wahrheitstabelle, boolesche Verknüpfungstafel || ~ **value** [SA] / Wahrheitswert || ~ **value** (of logical statement, etc.) [SA] / Zustandswert
TS (s. Test and set)
TSN (s. task sequence number)
TSO (s. time-sharing option)
TSOS (s. time-sharing operating system)
TSR (s. Test and set real)
TT (s. test terminator)
TTL (s. transistor-transistor logic)
TTL-compatible (output signal, etc.) [Mp] / TTL-kompatibel
TTL element [Cir] / TTL-Verknüpfungsglied
TTS code (TTS = teletypesetting) [Th] / TTS-Code || ≗ **lead-casting machine** / TTS-Bleisatzmaschine, TTS-Setzmaschine || ≗ **lead-typesetting machine** / TTS-Bleisatzmaschine, TTS-Setzmaschine
TTY line [ES, TrL] / Fernschreibleitung, Telegrafieleitung
tub file [IDS] / Ziehkartei
tunnel diode [Sc] / Tunneldiode || ~ **effect** [Sc] / Tunneleffekt (DIN 41852, Aug. 1978)
Turing machine [Th] / Turingmaschine
turnaround document [OCR] / Kreisverkehrbeleg || ~ **time** [OS] / Durchlaufzeit
turnkey *adj* (i.e., installed under the supplier's full responsibility to the point of readiness for operation) [Dist] / schlüsselfertig || ~ **system** [Dist] / schlüsselfertiges System
turnoff loss [Sc] / Ausschaltverlustleistung, Ausschaltverlust || ~ **thyristor** [Sc] / Abschaltthyristor || ~ **time** [Sc] / Ausschaltzeit
turn on*v* [Hw] / einschalten
turn-on loss [Sc] / Einschaltverlust || ~ **process** [Sc] / Einschaltvorgang || ~ **time** [Sc] / Einschaltzeit (Transistor) || ~ **voltage** (of MOS transistor, etc.) [Sc, Co] / Einschaltspannung

turnover voltage [Sc] / Umkehrspannung
turret tag [Serv] / Lötstützpunkt
TVA (s. Trace virtual address)
twelve punch [PC] / Y-Lochung (12er-Lochung), Zwölferlochung, Lochung in der 12. Zeile einer Lochkarte
twin board [Co] / Doppelflachbaugruppe (2 hintereinander oder 2 übereinander) || ~ **check** [PC] / Doppelprüfung, Zwillingsprüfung || ~ **contact** [NC] / Zwillingskontakt || ~ **diode** (s. duplex diode) || ~ **diskette drive** [MD] / Disketten-Doppellaufwerk || ~ **floppy disk drive** [MD] / Disketten-Doppellaufwerk
twinning *n* [Sc] / Zwillingsbildung
twin-spindle arrangement [NC] / Zweispindelanordnung
twin system [Hw] / Doppelanlage, Doppelsystem
twisted pair [TrL] / verdrilltes Leitungspaar
twisting *n* [Hw] / Verwindung (eines Gestells)
twistor *n* (i.e., an experimental memory device based on the Wiedemann effect) [M] / Twistor
two-address *adj* [Sw] / Zweiadreß-... || ~ **code** *n* [Sw] / Zweiadreßcode || ~ **instruction** [Sw] / Eins-plus-Eins-Adreßbefehl, Zweiadreßbefehl || ~ **machine** [Dp] / Zweiadreßmaschine
two-byte feature [RDp, Tr] / 2-Byte-Zusatz, Zwei-Byte-Zusatz
two-cell buffer [ES] / Zweizellenpuffer
two-color option (s. two-color printing facility) || ~ **printing facility** [TES, TP] / Zweifarbeneinrichtung || ~ **ribbon feature** [TES, TP] / Zweifarbeneinrichtung
two-condition cable code [TP] / bivalenter Kabelcode || ~ **telegraph code** [TP] / bivalenter Telegrafencode
two-core-per-bit storage [M] / Speicher mit zwei Kernen pro Bit
two-digit group [Th] / Bigramm
two-dimensional array [PL] / zweidimensionales Datenfeld
two-frequency recording mode [PE] / Wechseltaktschrift (DIN 66010, Apr. 1973), Wechseltaktschreibverfahren ohne Rückkehr nach Null, Impulsbreitenschrift
two-input adder [Cir, ALU] / Halbaddierer, Halbaddierglied || ~ **subtracter** [ALU] / Halbsubtrahierglied, Halbsubtrahierer
two-layer device [Sc] / Zwischenschichtelement
two-level subroutine [Sw] / zweistufiges Unterprogramm
two-motion switch [ES] / Hebdrehwähler
two-out-of-five code [DS, Th, Tr] / Zwei-aus-fünf-Code
two-part form [HSP] / zweilagiges Papier || ~ **form paper** [HSP] / zweilagiges Papier
two-party line [ES, QC] / Zweieranschluß
two-party-line repeater [ES] / Zweieranschlußübertragung
two-pass merge [Sw] / Mischen in zwei Durchläufen
two-path operation [HSP] / Zwei-Bahn-Betrieb
two-port characteristic [Cir] / Vierpolkenngröße || ~ **network** [Cir] / Vierpol
two-position action [NC] / Zweipunktregelung
two's complement [Th, OS] / Zweierkomplement, binäres Komplement
two-sided tape card [PT] / zweiseitige Lochstreifenkarte
two-stage storage system [M] / zweistufiges Speichersystem
two-state device [Hw] / Binärspeicherelement
two-step control [NC] / Zweipunktverhalten || ~ **relay** [Co] / Stufenrelais, Zweistufenrelais
two-terminal network [Cir] / Zweipol
two-valued logic [Cir] / zweiwertige Logik || ~ **variable** [Cir] / binäre Schaltvariable, binäre Variable
two-way alternate communication [Tr] / wechselseitige Datenübermittlung (DIN 44302, Apr. 1979), wechselseitiger Informationsfluß || ~ **connection** [Sc] / Brückenschaltung || ~ **contact** [NC] / Umschaltkontakt || ~ **line** [Tr] / doppeltgerichtete Leitung || ~ **mode** [RDp, Tr] / Zweiwegbetrieb (Vollduplex) || ~ **simplex system** [ES] / Zweiweg-Richtungsschreibverfahren || ~ **videotex system** [Vtex] / dialogfähiges Bildschirmtextsystem (Bildschirmtextsystem, bei dem die Informationen gezielt vom Benutzer aus der Datenbank abgerufen werden können)
two-wire circuit [Tr] / Zweidrahtverbindung || ~ **duplex operation** [RDp, Tr] / Zweidraht-Duplexbetrieb || ~ **full-duplex mode**

[RDp, Tr] / Zweidraht-Duplexbetrieb || ~ **full-duplex working** [RDp, Tr] / Zweidraht-Duplexbetrieb || ~ **line** [TrL] / Zweidrahtleitung || ~ **point-to-point connection** [RDp, Tr] / Zweidraht-Standverbindung || ~ **point-to-point private circuit** [RDp, Tr] / Zweidraht-Standverbindung

TXT area [Sw] / Textbereich

type *n* [Typ] / Drucktype || [Algol, PL/1] / Typ || **cold** ~ [Typ] / Kaltsatz (z.B. Lichtsatz) || ~ **alignment** [TP] / Schriftstandeinstellung || ~ **alignment error** [TP] / Schriftstandfehler || ~ **assignment** [DT] / Typenbelegung || ~ **association** [Fortran] / Typzuordnung || ~ **attribute** [Sw] / Typenattribut (Makrosprache)

typebar *n* [HSP] / Typenstab, Typenstange, Druckstange || [TP] / Typenhebel || ~ **basket** [TP] / Typenhebelkorb

type basket carriage [TP] / Typenhebelkorb || ~ **carrier** [HSP, TP] / Typenträger, Druckglied || ~ **chain** [HSP] / Druckerkette, Druckkette, Typenkette || ~ **clause** [Cobol] / Leistentypklausel || ~ **comb** [HSP] / Typenkamm || ~ **declaration** [Algol] / Typvereinbarung || ~ **drum** [HSP] / Drucktrommel, Typenwalze, Typentrommel || ~ **face** [DT, Typ] / Schriftbild || ~ **font** [HSP, Typ, OCR, TP] / Schriftart (DIN 9757E, Okt. 1977), Schrift || ~ **identifier** [Typ] / Schriftkennzeichen || ~ **in** *v* [CTW] / eintasten, über Blattschreiber eingeben

typein *n* [CTW] / Bedienungsblattschreiberaufruf, Blattschreiberaufruf, Aufruf über Blattschreiber

type label [Hw] / Typenschild || ~ **line** (s. base line) || ~ **list** [Algol] / Typenliste || ~ **obliquing** [Typ] / elektronischer Schrägstellung (Schriftsatz) || ~ **of buffering** [Sw] / Pufferungsart || ~ **of duty** / Grundform der Betriebsart || ~ **of format** [Sw] / Formatart || ~ **out** *v* [Sw] / über Blattschreiber melden

typeout *n* [CTW] / Bedienungsblattschreiber-Meldung, Blattschreibermeldung, Meldung über Blattschreiber

type pallet [IO] / Typenkopf

typesetting, fully automatic ~ [Typ] / vollautomatischer Satz || ~ **instruction** [Sw] / satztechnischer Befehl, typografischer Befehl, Satzbefehl || ~ **instruction summary** [Typ, Sw] / Satzbefehlübersicht || ~ **instruction word** [Typ, ASw] / satztechnisches Befehlswort || ~ **machine** [Typ, IDS] / Setzmaschine

type size [VDT, HSP, Typ] / Schriftgrad, Schriftgröße (DIN 66233E, Apr. 1977) || ~ **size in points** [Typ] / Schriftgröße in Punkten || ~ **size instruction** [Sw] / Schriftgrößenbefehl || ~ **slug** [HSP] / Typenstein || ~ **soldering feature** [Hw, TP] / Typenlötvorrichtung || ~ **statement** [Fortran] / Typanweisung || ~ **style** [Typ] / Schriftart || ~ **wheel** [HSP] / Schreibrad, Typenrad, Druckrad

type-wheel printer [Hist, HSP] / Typenraddrucker (Paralleldrucker, bei dem sich die Typen am äußeren Umfang eines oder mehrerer Typenräder befinden) || ~ **printing position** [TES, HSP, TP] / Typenradschreibstelle

typewriter *n* [IO] / Schreibmaschine || ~ **card punch** [PC] / Schreibmaschine mit Kartenlocher || ~ **I/O format** [ES] / Blattschreiber-Ein-Ausgabeformat || ~ **keyboard** [MCS] / Schreibmaschinentastatur || ~ **listing** [CTW] / Blattschreiberprotokoll || ~ **tape punch** [PT] / Schreibmaschine mit Streifenlocher

typing force [DT, TP] / Anschlagstärke || ~ **reperforator** [IO, TES, TP] / druckender Empfangslocher, mitschreibender Empfangslocher, klarschreibender Perforator || ~ **width** [TP] / Schreibbreite

typographic instruction [Sw] / satztechnischer Befehl, typografischer Befehl, Satzbefehl || ~ **instruction language** [Typ, Sw] / typografische Befehlssprache || ~ **layout** [Typ] / typografische Gestaltung

U

UCW (s. unit control word)

UDC (s. Universal Decimal Classification)

UHL (s. user header label)

UJT (s. unijunction transistor)

u.l.a. (s. uncommitted logic array)

ultralarge computer [Dp] / Größtrechner, Größtcomputer

ultrasonic delay-line storage [M] / Ultraschall-Laufzeitspeicher
ultrasonics *n* / Ultraschalltechnik
umlaut *n* (cf. "diaeresis") [Term, IO] / Umlaut (diakritisches Zeichen) || ~ **vowel** [Term, IO] / Umlautbuchstabe
unabbreviated call number [ES] / Langrufnummer
unaligned *adj* [PL/1] / nichtausgerichtet
unary operator [Cobol] / unärer Operator
unassigned device [Dp] / freies Gerät || ~ **extent** [MD, MDr] / freier Speicherbereich || ~ **track** [MD] / freie Spur
unattended *adj* [Th] / unbedient, bedienungsfrei || ~ **mode** [RDp] / unbedienter Betrieb, bedienungsfreier Betrieb || ~ **time** [ES] / Ruhezeit
unbalance *n* (of operating voltage, etc.) [Tr] / Unsymmetrie, Symmetrieabweichung
unbalanced *adj* [ES, TrL] / unsymmetrisch || ~ **error** [Th, Tr] / unsymmetrischer Fehler, asymmetrischer Fehler
unblanked beam [OCR] / sichtbarer Strahl || ~ **vector** [OCR] / sichtbarer Vektor
unblanking *n* [COM, Typ] / Helltastung
unblock *v* [Sw] / entblocken || ~ (line, etc.) [ES] / freigeben
unblocked *adj* [Sw] / ungeblockt
unblocking *n* [ES] / Entsperren (einer Leitung)
unbroken-sequence statement [ES] / Momentanweisung
unbuffered *adj* (character printer, etc.) [MCS] / ungepuffert
unbundling *n* [Dist] / Entbündelung (Aufschlüsselung aller Einzelpreise für ein DV-System von seiten des Anbieters, d.h., der Hardware-, Software-, Beratungs- und Wartungsleistungen, damit einerseits der Kunde nur bezahlt, was er bekommt, und andererseits diese Leistungen nach Aufwand berechnet werden können), Unbundling
uncoded input [RDp, Tr] / uncodierte Eingabe
UNCOL [PL] / UNCOL (allgemein verbindliche maschinenabhängige Sprache)
uncommitted logic array (u.l.a.) [Sc] / freie logische Anordnung, nicht gebundene logische Anordnung
unconditional *adj* [Algol, PL/1] / unbedingt || ~ **address equality interrupt request** [PCC] / unbedingte Anforderung durch Gleichheit der Adressen || ~ **branch instruction** [Sw] / unbedingter Sprungbefehl || ~ **control transfer instruction** (s. unconditional branch instruction) || ~ **go to statement** [Fortran] / unbedingte Sprunganweisung || ~ **jump** [Sw] / unbedingter Sprung || ~ **jump instruction** [Sw] / unbedingter Sprungbefehl || ~ **program interrupt** [Sw] / unbedingte Programmunterbrechung || ~ **program interrupt request** [Sw] / unbedingte Anforderung an die Programmsteuerung || ~ **pushbutton interrupt request** [Sw] / unbedingte Anforderung durch Taste || ~ **statement** [Algol] / unbedingte Anweisung || ~ **transfer instruction** (s. unconditional branch instruction)
undefined *adj* [PL/1] / unbestimmt || ~ **error** [ES] / unübersichtlicher Fehler
undefined-length record [Sw] / Satz undefinierter Länge
undefined symbol [Sw] / undefiniertes Merkmal
underdamping *n* [Th] / periodische Dämpfung
underflow *n* [ALU] / Bereichsunterschreitung, Unterlauf || ~ **capability** [Calc] / resultatabhängige Kommaverschiebung (DIN 9757E, Okt. 1977) || ~ **condition** [PL/1] / (Gleitpunkt)unterschreitungs-Bedingung
underlap *n* [Fax] / Zwischenraum zwischen den Linien
undermining *n* [Sc] / Unterätzung
underpunch *n* [PC] / Unterlochung
underscore character [DT, HSP] / Unterstreichungszeichen
undershoot *n* [M] / Unterschwingen auf der Rückflanke
undetected error [Tr] / Restfehlerhäufigkeit, Restfehlerquote
undisturbed one [M] / Lesespannung der ungestörten Eins
undisturbed-one output signal [M, Cir] / Ausgangssignal einer ungestörten Eins, Spitzenspannung einer ungestörten Eins
undisturbed response signal [M, Cir] / ungestörte volle Lesespannung, volle Lesespannung, Ausgangssignal eines ungestörten Speicherelementes || ~ **response voltage** [M, Cir] / ungestörte volle Lesespannung, volle Lesespannung, Ausgangssignal eines ungestörten Speicherelementes ||

~ **voltage one** [M, Cir] / Ausgangssignal einer ungestörten Eins, Spitzenspannung einer ungestörten Eins || ~ **voltage zero** [M, Cir] / Spitzenspannung einer ungestörten Null, Ausgangssignal einer ungestörten Null || ~ **zero** [M] / Lesespannung der ungestörten Null
undisturbed-zero output signal [M, Cir] / Spitzenspannung einer ungestörten Null, Ausgangssignal einer ungestörten Null
undulator *n* [TP] / Undulator
unequal cards [PC] / ungleiche Karten, unpaarige Karten
unexpected error [Sw] / unerwarteter Fehler || ~ **halt** [Sw] / nichtprogrammierter Stopp in einer Schleife
unformatted read statement [Fortran] / formatfreie Leseanweisung || ~ **record** [Fortran] / formatfreier Datensatz || ~ **write statement** [Fortran] / formatfreie Schreibanweisung
unidimensional transistor [Sc] / eindimensionaler Transistor, linearer Transistor
unidirectional positioning [NC] / Spielausgleich, Positionierung aus einer Richtung || ~ **rectifier** [Sc] / Einfachstromrichter || ~ **working** [Tr] / Betrieb in einer Richtung
uniform convergence [Th] / gleichmäßige Konvergenz
unijunction transistor (UJT) [Sc] / Unijunction-Transistor (UJT)
unilateral tape card [PT] / einseitige Lochstreifenkarte
uninterrupted duty [Dp] / Dauerbetrieb (mit veränderlicher Belastung)
uninterruptible *adj* [Hw] / unterbrechungsfrei || ~ **wait state** [OS] / nicht unterbrechbarer Wartezustand
unipolar logic signal [ES] / Einfachstrom-Logiksignal || ~ **semiconductor device** [Sc] / unipolares Halbleiterbauelement || ~ **transistor** [Sc] / Unipolartransistor
uniquely defined [Th] / eindeutig definiert
unique name [PL/1] / eindeutiger Name
unit *n* [Hw] / Gerät, Aggregat || [Cobol, PL/1] / Einheit || ~ **check** [Sw] / Einheitenprüfung || ~ **control word (UCW)** [Sw] / Einheitenschlüssel
unit-distance code [Th] / Code mit Hammingabstand Eins, einschrittiger Code
United States of America Standards Institute (USASI) [Org] / „United States of America Standards Institute" (US-amerikanisches Institut für Normung, Vorläufer der „American Standards Association")
unit exception [OS] / Ausnahmebedingung || ~ **interval** [TP] / Länge des Einheitsschrittes || ~ **interval** (s. signal element)
unitized *adj* / modular, in Baukastenform
unit length element [ES] / einfache Schrittdauer || ~ **length stop element** [RDp, Tr] / einfacher Sperrschritt || ~ **length stop pulse** [RDp, Tr] / einfacher Sperrschritt || ~ **pulse** [Cy] / Deltafunktion || ~ **ratio test reversals** [ES] / Wechsel 1:1 || ~ **record** [PC] / Lochkarte (= 1 Satz)
unit-record card feature [PC] / Einrichtung zum Belegspreizen || ~ **devices** [PC] / mit einheitlichem Satzformat arbeitende Geräte (meist gleichbedeutend mit „Lochkartengeräte" verwendet) || ~ **machine** [IO, PC] / Lochkartenmaschine (Oberbegriff für Geräte der Lochkartentechnik und EDV, wie über Tastatur bediente Kartenlocher, Lochkartenstanzer, Lochkartendoppler, Lochkartenmischer, Sortiermaschinen, Tabelliermaschinen, Rechenstanzer und Lochkartenleser)
unit separator character [Sw] / Teilgruppentrennzeichen
units finder circuit [ES] / Einer-Suchschaltung
unit signal element [Tr] / Zeichenschritt, Schritt (DIN 44302, Apr. 1979), Schrittelement
units position [Th] / Einerstelle || ~ **request** [ES] / Eineranforderung || ~ **selection signal** [ES] / Einerauswahl
unit string [Dp] / Folge der Länge Eins || ~ **under test (UUT)** [Dp] / Prüfling (DIN 57877E T3, Apr. 1978)
unitunnel diode [Sc] / Unitunneldiode
universal control electronics [PCC] / Universalsteuerung || ~ **data processing system** [Dp] / universelle Datenverarbeitungsanlage || ≗ **Decimal Classification (UDC)** [IDS] / universelle Dezimalklassifikation (UDK) || ~ **diode** [Sc] / Universaldiode || ~ **pc board** [Co] / Universal-Leiterplatte || ~ **safe area** [OS] / Konstantenkeller || ~ **synchronous/asynchronous receiver/transmitter**

(USART) [Mp, Tr] / USART (Ein-Ausgabe-Baustein oder Gerät zur seriellen Datenübertragung) || ~ **Turing machine** [Th] / universelle Turingmaschine
unjustified matter [Typ] / Flattersatz
unlabeled *adj* [Sw] / ohne Etikett || [Algol] / nicht markiert || ~ **basic statement** [Algol] / nicht markierte Grundanweisung || ~ **block** [Algol] / nicht markierter Block || ~ **compound** [Algol] / nicht markierte zusammengesetzte Anweisung || ~ **file** [Sw] / Datei ohne Kennsätze, Datei ohne Etiketten
unlimited subroutine nesting [Mp] / unbegrenzte Verschachtelungstiefe von Unterprogrammen
unload *v* [MT] / entladen || **to rewind and ~** [Sw] / zum Entladen rückspulen, zum Entladen zurückspulen
unloaded dataset [OS] / Dateikopie
unlock key [TP] / Entsperrtaste
unmanned *adj* [Th] / unbedient, bedienungsfrei || ~ **operation** [RDp] / unbedienter Betrieb, bedienungsfreier Betrieb
unmark *v* [MT] / eine Markierung löschen
unmatched *adj* [Sw] / unpaarig || ~ **records** [Sw] / unpaarige Sätze
unmodified instruction (s. presumptive instruction)
unnormalized *adj* [Th, Sw] / nicht normalisiert
unnumbered *adj* [Sw] / unnumeriert
unpack *v* [Sw] / entpacken || **to ~ data** [Sw] / Daten entpacken
unpacked *adj* [Sw] / entpackt || ~ **format** [Sw] / ungepackte Form, ungepacktes Format
unperforated *adj* [HSP] / unperforiert
unprotected data field [VDT, Sw] / ungeschütztes Datenfeld || ~ **field** [VDT, Sw] / ungeschütztes Datenfeld
unreadable *adj* [Sw] / nicht lesbar
unrecoverable *adj* [Sw] / schwerwiegend || ~ **device error** [Sw] / permanenter Gerätefehler || ~ **error** [Sw] / permanenter Fehler, schwerwiegender Fehler || ~ **read parity error** [Sw] / permanenter Lesefehler
unreserved device [Dp] / freies Gerät
unrestricted data [Priv, IDS] / freie Daten
unsatisfied reference address [Sw] / unbefriedigte Bezugsadresse
unscheduled maintenance [Hw, DpC] / außerplanmäßige Wartung
unshift-on-space *n* [TP] / automatische Buchstabenumschaltung bei Empfang des Zwischenraumzeichens
unsigned *adj* [Th, Sw] / vorzeichenlos || ~ **binary instruction** [Th, Sw] / Festpunktbefehl für vorzeichenlose Dualzahlen || ~ **integer** [Algol] / vorzeichenlose ganze Zahl || ~ **integer format** [Algol] / Format für natürliche Zahlen || ~ **number** [Algol] / vorzeichenlose Zahl
unsolder *v* [Serv] / ablöten
unsoldering pin [Hw] / Auslötstift || ~ **tip** [Hw] / Auslötspitze
unsolicited computer output without priority [Tr] / bedingt freilaufende Ausgabe || ~ **computer output with priority** [Tr] / unbedingt freilaufende Ausgabe || ~ **console typeout** [Tr] / freilaufende Meldung || ~ **console typewriter message** [Tr] / freilaufende Meldung || ~ **message** [Tr] / freilaufende Nachricht || ~ **output** [Tr] / freilaufende Ausgabe
unsorted *adj* [Sw] / unsortiert, ungeordnet
unspanned record [Sw] / nichtsegmentierter Satz (Satz einer Datei, in der jeder Satz in dem Block enden muß, in dem er beginnt) (DIN 66239E, Mai 1979)
unspec builtin function [PL/1] / (eingebaute) Interndarstellungs-Funktion || ~ **function** [PL/1] / (eingebaute) Interndarstellungs-Funktion || ~ **pseudo-variable** [PL/1] / Interndarstellungs-Pseudovariable
unsprocketed film [COM] / nicht perforierter Film
unsubscripted reference [PL/1] / nichtindizierte Bezugnahme
unsuccessful call [ES] / erfolgloser Anruf
until option [Cobol] / Beendigungsangabe
untuned *adj* [Th] / aperiodisch, frequenzunabhängig, eigenschwingungsfrei
unused time [Dp] / Ruhezeit || ~ **track** [MD] / freie Spur
unweighted noise [Tr] / unbewertetes Rauschen
unwind *v* [Sw] / gestreckt programmieren, strecken || **to ~ a tape** [MT] / ein Band vorspulen, ein Band vorsetzen || **to ~ one block** [Sw] / um einen Block vorsetzen || **to ~ one tape mark** [MT] / um eine Abschnittsmarke vorsetzen, um einen Abschnitt vorsetzen
unwinder *n* [PT] / Abwickelvorrichtung, Abwickeleinrichtung

unwinding*n* [TP] / Rücklauf (Magnetband) || ~ **from the center** [PT] / Abwicklung vom Kern || ~ **from the periphery** [PT] / Abwicklung von der Peripherie || ~ **plate** [PT] / Abwickelteller
unwired pin [Hw] / Taststift
up*adj* [M] / hoch (in Bezug auf den binären Zustand)
U parameter [Sw] / U-Anweisung
up by option [Cobol] / Vermehrt-um-Angabe
update *v* [Cobol] / fortschreiben || ~ (file, etc.) [Sw, IDS] / aktualisieren, fortschreiben, auf den neuesten Stand bringen || ~ **analysis program** [OS] / Aktualisierungsprogramm || ~ **card** (s. change card) || ~ **file** (s. activity file) || ~ **program** [Sw] / Änderungsprogramm
updating *n* (of file, etc.) [Sw, IDS] / Aktualisieren, Fortschreiben || ~ **program** [Sw] / Aktualisierungsprogramm || ~ **run** [Sw] / Änderungslauf || ~ **service** [Dp, IDS] / Änderungsdienst, Fortschreibung || ~ **service** [Dist, DpC] / Betreuung (von Richtlinien) || ~ **tape** [MT, Dp] / Änderungsband
upgradability*n* [Mp] / Ausbaufähigkeit (eines Systems)
upper bound [Algol, PL/1] / obere Grenze || ~ **brushes** [PC] / obere Bürsten || ~ **case character** [HSP, Typ, OCR] / Großbuchstabe || ~ **case letter** [HSP, Typ, OCR] / Großbuchstabe || ~ **case lock** [DT] / Feststeller für Großbuchstaben || ~ **case printing** [HSP] / Drucken mit Großbuchstaben || ~ **curtate** [PC] / obere Zone, obere Lochungszone || ~ **cutoff point** [Tr] / Bandende || ~ **limit** [PCC] / oberer Grenzwert
upper/lower case printer [HSP] / Schnelldrucker mit großem Zeichenvorrat, Schnelldrucker mit Groß- und Kleinschreibung, Bibliotheksschnelldrucker
upper memory locations [Mp] / letzte Speicherstellen
upstroke*n* [TP] / Hub (Farbband)
uptime*n* [Dp] / verfügbare Betriebszeit
upward compatibility [MCS, Dp] / Aufwärtskompatibilität
usable flux shift [Tr] / ausnutzbarer Flußhub || ~ **line length** [HSP] / nutzbare Zeilenlänge || ~ **print area** (vertical) [HSP] / ausnutzbare Druckhöhe
usage clause [Cobol] / Verwendungsklausel || ~ **factor** [ES] / Auslastungsgrad (Verkehrswert einer Leitung)
USART (s. universal synchronous/asynchronous receiver/transmitter)
USASCII (s. U.S.A. Standard Code for Information Interchange)
USASI (s. United States of America Standards Institute)
U.S.A. Standard Code for Information Interchange (USASCII) [DT] / USASCII Standardcode
use *v* [Sw] / belegen (Speicherplatz) || ~ **declarative** [Cobol] / Benutzervereinbarung
useful information [RDp, Tr] / Nutzinformation || ~ **life** [Hw] / Lebensdauer, Standzeit (Nutzzeit) || ~ **signal** [Tr] / Nutzsignal
use procedure [Cobol] / Benutzerprozedur
user*n* [Dp] / Anwender, Benutzer (DIN 66200E T1, März 1974) || ~ **access control** [Priv, IDS] / Zugriffskontrolle || ~ **addressing error** [Sw] / Benutzeradressierungsfehler || ~ **call** [Sw] / Anwenderaufruf || ~ **class of service** [ES] / Teilnehmerklasse, Teilnehmerbetriebsklasse, Benutzerklasse || ~ **code** [Sw] / Benutzercode || ~ **considerations** [Dp] / Benutzerhinweise, Hinweise für den Benutzer || ~ **console typeout** [IO] / Anwendermeldung || ~ **control card** [Sw] / Benutzersteuerkarte || ~ **control statements** [Sw] / Steuerinformation für Programme || ~ **credential file** [Sw] / Berechtigungskatalog || ~ **data** [Th] / Benutzerdaten
user-defined*adj* [Sw] / vom Benutzer wählbar || ~ **word** [Cobol] / Programmiererwort
user-dependent*adj* [RDp, Tr] / benutzerabhängig
user documentation [DOK, Dist] / Benutzerdokumentation || ~ **environment** [Mp] / Anwenderkonfiguration, Anwender-Betriebskonfiguration || ~ **existence error** [OS] / ungültige virtuelle Adresse || ~ **field** [Sw] / Benutzerfeld || ~ **file** [Sw] / Benutzerdatei || ~ **flag byte** [Sw] / Kennzeichenbyte des Benutzers, Benutzeranzeigebyte || ~ **header label (UHL)** [Sw] / Benutzeranfangsetikett || ~ **header label parameter card** [Sw] / Benutzeranfangsetikett-Steuerkarte || ~ **header line** [Sw] / Benutzerüberschriftszeile || ~ **ID** [Sw] /

Benutzeridentifikation, Benutzerkennung, Benutzerkennzeichen (DIN 66200E T1, März 1974) || ~ **identification** [Sw] / Benutzeridentifikation, Benutzerkennung, Benutzerkennzeichen (DIN 66200E T1, März 1974) || ~ **inquiry** [DOK] / Benutzeranfrage (Frage, die ein Informationssuchender an eine Informations- und Dokumentationseinrichtung stellt) || ~ **instruction** [Sw] / Benutzerbefehl || ~ **label** [Sw, ES] / Benutzeretikett || ~ **label** [Cobol] / Benutzerkennsatz || ~ **label handling** [Sw] / Benutzeretikettbehandlung || ~ **label parameter** [Sw] / Benutzeretikettanweisung || ~ **label track** [Sw] / Benutzeretikettspur || ~ **level** [Sw] / Anwenderebene || ~ **library** [ASw] / Benutzerbibliothek || ~ **mark byte** [Sw] / Benutzermarkierungsbyte || ~ **message** [Sw] / Benutzermeldung (Meldung an Benutzer) || ~ **name** [Sw] / Benutzername || ~ **operating environment** [Mp] / Anwenderkonfiguration, Anwender-Betriebskonfiguration

user-oriented restart [ASw] / anwendertechnischer Restart

user-originated command [Mp] / Anwenderbefehl

user overlay [Sw] / Anwenderüberlagerung

user-own *adj* [Dp] / benutzereigen || ~ **coding** [Sw] / Benutzerroutine (beim Sortieren)

user program (as opposed to manufacturer supplied program) [ASw] / Anwenderprogramm (d.h., vom Anwender geschrieben) || ~ **program library** [ASw] / Anwenderprogrammbibliothek, Benutzerprogrammbibliothek || ~ **program name** [Sw] / Benutzerprogrammname || ~ **program supervisor** [Sw] / Benutzerprogramm-Ablaufteil || ~ **query** [DOK] / Benutzeranfrage (Frage, die ein Informationssuchender an eine Informations- und Dokumentationseinrichtung stellt) || ~ **software** [ASw] / Anwendersoftware (vom Anwender geschriebene, aufgabenspezifische Programme)

user-specific *adj* [Sw] / vom Benutzer wählbar

user specifications [Dp] / Angaben des Benutzers, Benutzerangaben, Benutzervorschriften

user-specific program [ASw] / kundenspezifisches Anwenderprogramm

user storage area [Sw] / Benutzerprogramm-Speicherbereich

user-supplied information [Dp] / Angaben des Benutzers, Benutzerangaben, Benutzervorschriften

user terminal [IO, Tr] / Benutzerstation (DIN 44300, März 1972) || ~ **trailer label (UTL)** [Sw] / Benutzerendeetikett || ~ **trailer label parameter card** [Sw] / Benutzerendeetikett-Steuerkarte || ~ **trial model** [Dist] / Funktionsmuster

user-written program [ASw] / Anwenderprogramm (d.h., vom Anwender geschrieben)

use statement [Cobol] / Benutzeranweisung

utilities *pl* [OS] / Dienstprogramme

utility function [Mp] / Dienstprogrammfunktion || ~ **modifier parameter** [Sw] / U-Anweisung || ~ **modifier statement** [Sw] / U-Anweisung || ~ **operation** [Sw] / Hilfsoperation || ~ **patch card** [Sw] / Dienstprogramm-Änderungskarte || ~ **program** [Sw] / Dienstprogramm (weitgehend allgemein verwendbares Programm innerhalb eines Betriebssystems, welches das Arbeiten mit den an die Datenverarbeitungsanlage angeschlossenen äußeren Speichern, Eingabegeräten und Ausgabegeräten unterstützt) || ~ **register** [CU] / Hilfsregister || ~ **system** [Sw] / Gesamtheit der Dienstprogramme

utilization ratio [Dp] / Nutzungsgrad

utilized capacity address register [ES] / Grenzadreßregister || ~ **capacity register** [ES] / Ausbaugrenzregister

UTL (s. user trailer label)

UUT (s. unit under test)

V

vacancy *n* [Sc] / Fehlstelle, Gitterlücke (DIN 41852, Aug. 1978)

vacuum blower [HSP] / Unterdruckgebläse || ~ **cleaner connection** [HSP] / Staubsaugeranschluß || ~ **cleaner filter** [HSP] / Staubsaugerfilter || ~ **cleaner hose** [HSP] / Staubsaugerschlauch || ~ **cleaner housing** [HSP] / Staubsaugergehäuse || ~ **container** (in toner collection system) [HSP] / Aufnahmebehälter, Unterdruckbehälter (Toner) || ~ **pump** [Fl] / Vakuumpumpe
vacuum-tight *adj* [Co] / vakuumdicht
VAL (s. Shift left arithmetic)
valence band [Sc] / Valenzband (DIN 41852, Aug. 1978) || ~ **crystal** [Sc] / Valenzkristall || ~ **electron** [Sc] / Valenzelektron (DIN 41852, Aug. 1978)
valid *adj* (character, etc.) [Dp] / zulässig, gültig || ~ **builtin function** [PL/1] / (eingebaute) Gültigkeits-Funktion || ~ **digit** [Sw] / gültige Ziffer || ~ **function** [PL/1] / (eingebaute) Gültigkeits-Funktion
validity check [Cobol] / Gültigkeitsprüfung || ~ **error** [Sw] / Gültigkeitsfehler || ~ **matrix** [ES] / Gültigkeitsmatrix
valley point (on a tunnel diode characteristic) [Sc] / Talpunkt || ~ **point current** [Sc] / Talstrom || ~ **point voltage** [Sc] / Talspannung
value *n* [Algol, PL/1] / Wert || ~ **assignment** [Algol] / Wertzuweisung || ~ **attribute** [Assembler] / Wertattribut || ~ **clause** [Cobol] / Wertklausel
value-of clause [Cobol] / Kennsatzwertklausel
value part [Algol] / Wertliste
VAL/VAR (s. Shift left/right logical)
valve without fixed position [Fl] / Ventil ohne festgelegte Schaltstellung
Van-de-Graaf generator [Sc] / Van-de-Graaf-Generator
vapor deposition process [Sc] / Aufdampfvorgang || ~ **diffusion** [Sc] / Eindiffusion aus der gasförmigen Phase || ~ **epitaxy fabrication technique** [Sc] / Verdampfungsepitaxie-Fabrikationsverfahren
VAR (s. Shift right arithmetic)
varactor *n* (i.e., a semiconductor device characterized by a variation of capacitance with voltage) [Sc] / Varactor, Kapazitätsdiode, Kapazitätsvariationsdiode
variable *n* [Algol, PL/1, Fortran] / Variable || ~ **16-bit timer** [Th] / variabler 16-Bit-Zeitgeber || ~ **block format** [Sw] / variables Blockformat || ~ **block length** [RDp] / variable Blocklänge || ~ **connector** [Sw] / Programmweiche, Programmschalter, variabler Konnektor || ~ **cycle operation** [Dp] / Arbeitsweise mit variablem Takt, Asynchronbetrieb || ~ **field** [Sw] / variables Feld || ~ **film resistor** [Sc] / Schichtdrehwiderstand (DIN 41450, Feb. 1977) || ~ **format** [Sw] / variables Format || ~ **frequency generator** [Sc] / Frequenzgenerator mit variabler Frequenz
variable-function generator [ADp] / Geber für variable Funktionen, variabler Funktionsgeber
variable-gain circuit [Tr] / einstellbarer Verstärker
variable identifier [Algol] / Variablenname || ~ **length blocks** [NC] / Sätze mit veränderlicher Länge || ~ **length card feed** [PC] / variable Kartenzuführung
variable-length card feed device [PC] / Einrichtung für Kurzkartenverarbeitung || ~ **computer** [Dp] / Rechner mit variabler Wortlänge || ~ **field** [Sw] / variables Feld || ~ **instruction** [Mp] / Mehrbytebefehl (aus mehreren Worten bestehender Befehl) || ~ **mantissa** [Th, Sw] / Mantisse variabler Länge || ~ **operand** [Sw] / Operand variabler Länge || ~ **overflow** [PC] / variable Zeilenbegrenzung || ~ **record** [Sw] / Satz variabler Länge (DIN 66239E, Mai 1979) || ~ **records, blocked** [Sw] / Sätze variabler Länge, geblockt || ~ **records, unblocked** [Sw] / Sätze variabler Länge, ungeblockt
variable numbering [ES] / variable Numerierung
variable-point representation [Th] / halblogarithmische Schreibweise
variable queue list [PCC] / variable Warteschlange || ~ **record length** [Sw] / variable Satzlänge || ~ **resistor** [Co] / Regelwiderstand
variable-speed gear (s. integrating gear)
variable-time scale [Cir] / variabler Zeitmaßstab
variable word length [Sw] / variable Wortlänge || ~ **word-length computer** [Dp] / Rechner mit variabler Wortlänge
variance *n* [Th] / Standardabweichung || ~ **coefficient** [Tr] / Streuwert
variants catalog [ES] / Variantenkatalog

varioplex system (i.e., a method used in TDM, which enables the multiplexed channels to be distributed among users according to the number of users) [Tr] / Varioplex-System
varying *adj* [PL/1] / von veränderbarer Länge || ~ **component** (of a mathematical expression) [Sc] / Wechselwert || ~ **option** [Cobol] / Veränderungsangabe || ~ **value** [Sc] / Wechselwert
VC (s. virtual circuit)
VDC card [OS] / VDC-Karte (Großspeicher)
VDL/VDR (s. Shift left/right double)
VDT (s. visual display terminal)
VDU (s. visual display unit) || ≗ **terminal** [VDT] / Bildschirmterminal, Kathodenstrahlsichtgerät
vector *n* [Th] / Vektor || [ES] / Einsprungadresse || **absolute** ~ [COM, GrDp] / absoluter Vektor || ~ **addition** [Th] / Vektoraddition, geometrische Addition || ~ **address** [ES] / Einsprungadresse || ~ **analysis** [Th] / Vektoranalyse || ~ **diagram** [Th, GrDp] / Vektordiagramm
vectored *adj* (interrupt structure, etc.) [Mp] / zeigergesteuert
vector generator [GrDp] / Vektorgenerator (zur Vereinfachung der Dateneingabe bei grafischen Ausgabegeräten) || ~ **generator system** (as opposed to "incremental plotter") [GrDp] / Vektorgenerator-Plotter || ~ **information** [Mp] / Zeigerinformation (einer PSU usw.) || ~ **interrupt** [Mp] / Vektorunterbrechung, gerichtete Unterbrechung || ~ **mode display** (Rtm.) [GrDp] / grafisches Ausgabegerät mit Vektorgenerator || ~ **processor** [MCS] / Vektorprozessor || ~ **sum** [Th] / Vektorsumme, geometrische Summe
velocity of domain drift [Sc] / Driftgeschwindigkeit
Venn diagram (i.e., a diagram in which sets are represented by closed regions; named after John Venn) [Th] / Venn-Diagramm
ventilation grille [Hw] / Entlüftungsgitter || ~ **unit** [MT] / Luftkasten
verge-perforated card (s. edge-punched card)
verification channel [Tr] / Quittungskanal
verifier *n* [PT, PC] / Prüflocher, Lochprüfer || ~ **operator** [DpC] / Prüflocher-Bedienperson
verify builtin function [PL/1] / (eingebaute) Prüf-Funktion || ~ **circuit** [Serv] / Prüfschaltung || ~ **command** [Sw] / Schreibprüfungsbefehl || ~ **function** [PL/1] / (eingebaute) Prüf-Funktion
verifying unit [PT, PC] / Prüflocher, Lochprüfer
vernier adjustment [Hw, HSP] / Feinjustierung || ~ **adjustment range** [HSP] / Feinregelbereich
version *n* [Hw] / Ausführung (Modell) || [Sw] / Programmausgabe (Version), Programmfassung, Programmversion || [HSP] / Variante || ~ **number** [Sw] / Versionsnummer (DIN 66029, Mai 1979)
vertical control [Algol] / Vertikalsteuerung || ~ **feed** [PC] / stehende Zuführung, vertikale Zuführung || ~ **format** [HSP] / Seitenformat || ~ **format buffer (VFB)** [HSP] / Vorschubinformationsspeicher, Zeilenspeicher, Formatspeicher || ~ **format unit** [HSP] / Lochstreifenabtaster || ~ **line spacing** [HSP] / Zeilendichte || ~ **mark reading station** [OCR] / Markierungslesestation für senkrechte Markierungen || ~ **parity** [Tr] / Zeichenparität, Querparität || ~ **parity check** (s. vertical redundancy check) || ~ **parity error** [Tr] / Zeichenparitätsfehler, Querparitätsfehler || ~ **parity generation** [DS] / Zeichenparitätserzeugung, Querparitätserzeugung || ~ **parity protection** [Tr] / Zeichenparitätssicherung, Querparitätssicherung || ~ **perforation** [HSP] / Längsperforation || ~ **redundancy check (VRC)** [DS, Tr] / Querparitätsprüfung, Querprüfung (DIN 66010, Apr. 1973) || ~ **spacing** [Fortran] / Zeilenvorschub || ~ **stacking** [HSP] / Stapelablage || ~ **tabulation character (VT character)** [TP, Dp] / Vertikaltabulator
VF (s. voice frequency)
VFB (s. vertical format buffer)
VF band [Tr] / NF-Band || ≗ **cable** [TrL] / NF-Kabel || ≗ **communication** [ES] / Niederfrequenzübertragung || ≗ **digit signal** [ES] / tonfrequentes Ziffernsignal || ≗ **ringing** [Tr] / Tonruf || ≗ **signal** [Tr] / Tonfrequenzsignal || ≗ **signal voltage** [ES] / Tonfrequenzspannung
VFT (s. voice-frequency telegraphy) || ≗ **cabinet** [RDp, Tr] / WT-Gestell ||

≗ channel [RDp, Tr] / WT-Kanal
VF telegraph transmission system [RDp, Tr] / Wechselstromtelegrafiesystem
VFT transmission circuit [RDp, Tr] / WT-Übertragung ‖ **≗ transmitter** [RDp, Tr] / WT-Sender
viability *n* [Dp] / Funktionstüchtigkeit
vibrating reed design [Hw] / Zungenvibrationsbauart ‖ ~ **relay** [TP, Co] / Vibrationsrelais, Telegrafenrelais mit Zusatzwechselerregung
vibration-free *adj* [Hw] / vibrationsfrei
vibration-isolated *adj* [Hw] / schwingungsfrei gelagert
vibration strength [Sc] / Rüttelfestigkeit, Schüttelfestigkeit
vibrator *n* [HSP] / Schläger (Stapler)
video (s. video terminal) ‖ **automatic ~ noise limiting** [Tr] / automatische Video-Rauschbegrenzung ‖ ~ **computer** [Dp] / Bildschirmcomputer ‖ ~ **data** [Typ, Rep] / Videodaten
videodata services (US) (wire transmission videotex services using telephone lines or TV cables to carry data to subscribers) [Vtex] / Bildschirmtextdienste, bei denen man sich physikalischer Leitungen zur Übermittlung der Daten bedient
video display unit with a limited character set (upper case letters only) [VDT] / Terminal mit einfachem Zeichenvorrat ‖ ~ **display unit with upper and lower case letters and diacritics** [VDT] / Terminal mit großem Zeichenvorrat ‖ ~ **impedance** [Sc] / Videoimpedanz ‖ ~ **long-play disk (VLP disk)** [M] / VLP-Bildplatte (optischer Speicher, der sich zum Lesen der eingeprägten Information eines Lasers bedient), Video-Langspielplatte (VLP)
videoscan document reader [OCR] / optischer Belegleser ‖ ~ **document sorter** [OCR] / optischer Belegsortierer ‖ ~ **read feature** [OCR] / optische Zusatzleseeinrichtung
video signal [Tr] / Bildsignal ‖ ~ **station** [VDT, Dp] / Bildschirmarbeitsplatz ‖ ~ **terminal** [VDT] / Bildschirmgerät, Bildsichtgerät, Datensichtgerät
videotex system (CCITT Rec.) [Vtex] / Bildschirmtextsystem (allgemeine Bezeichnung für ein System, das es erlaubt, Bild- und Textinformationen aus einer Datenbank abzurufen und auf einem Bildschirm darzustellen; umfaßt somit Systeme, die sich der „Austastlücken" des Fernsehsignals oder physikalischer Leitungen bedienen)
vidicon *n* [OCR] / Vidikon
Viewdata *n* (2-way videotex system, now called "Prestel") [Vtex] / „Prestel" (in Großbritannien entwickeltes dialogfähiges Bildschirmtextsystem)
V.24 interface (interface conditions specified in CCITT Recommendation V.24, which are likely to be involved in any configuration of data terminal equipment and modems) [RDp] / V-24-Schnittstelle, Schnittstelle V.24
violation of privacy [Priv] / Beeinträchtigung der Privatsphäre ‖ ~ **of segmentation philosophy** [Sw] / Bruch der Segmentphilosophie
virgin magnetic tape (i.e., a tape on which no data is recorded and which normally requires initializing) [MT] / neues Magnetband, fabrikneues Magnetband ‖ ~ **medium** [PE] / unvorbereiteter Datenträger ‖ ~ **paper** [PE] / unvorbereitetes Papier
virgule (s. solidus)
virtual *adj* [VS] / virtuell ‖ ~ **address** [VS] / virtuelle Adresse ‖ ~ **addressing** [VS, Sw] / virtuelle Adressierung ‖ ~ **addressing area** [VS] / virtueller Adreßraum ‖ ~ **address space** [VS] / virtueller Adreßraum ‖ ~ **circuit (VC)** [RDp, ES] / virtuelle Verbindung (Paketvermittlungsverbindung gemäß CCITT-Empfehlung X.25, d.h., zwischen zwei Teilnehmern besteht während der gesamten Dauer des „Gesprächs" zwar eine logische Verbindung, aber keine Leitungsdurchschaltung wie bei einem Leitungsvermittlungsnetz) ‖ ~ **device** [VS] / virtuelles Gerät ‖ ~ **machine** [VS] / virtuelle Maschine ‖ ~ **memory (VM)** [VS, OS] / virtueller Speicher
virtual-memory operating system (VMOS) [VS] / Betriebssystem für virtuelle Speicher (BSV), Betriebssystem für virtuelle Adressierung ‖ ~ **techniques** [M, VS] / virtuelle Speichertechnik
virtual/real address translation memory [VS] / Zuordnungsspeicher zur Umsetzung
virtual receiving-line number [ES] / virtuelle Empfangsleitungsnummer ‖ ~ **storage (VS)** [VS, OS] / virtueller Speicher
visibility position [TP] /

Sichtbarkeitsstellung
visible file [IDS] / Sichtkartei || ~ **signal** [RDp, Tr] / optisches Signal
visual display [Hw] / optische Anzeige, Sichtanzeige || ~ **display** [Calc] / Sichtkontrolle (visuelle Kontrolle eingegebener oder ausgegebener Daten und der Einstellung von Bedienteilen sowie des Zustandes von Einrichtungen) (DIN 9757E, Okt. 1977) || ~ **display device** [Hw] / optische Anzeigeeinheit || ~ **display terminal (VDT)** [VDT] / Bildschirmterminal, Kathodenstrahlsichtgerät || ~ **display unit** (s. visual display device) || ~ **display unit (VDU)** [VDT] / Bildschirmgerät, Bildsichtgerät, Datensichtgerät || ~ **file** [IDS] / Sichtkartei || ~ **graphic display** [GrDp] / grafisches Terminal, Grafikterminal || ~ **indicator** [Hw] / optische Anzeige, Sichtanzeige || ~ **indicator panel** [Hw] / Lichtzeicheneinrichtung || ~ **inspection** [Hw] / Sichtprüfung || ~ **readout** [Hw] / optische Anzeige || ~ **signal** [RDp, Tr] / optisches Signal || ~ **storage** (including photographic storage, video storage media, etc.) [DOK] / Bildspeicher (Speichermedium, auf dem bildhafte Darstellungen grafisch, fotografisch oder magnetisch aufgezeichnet sind)
VLP disk (s. video long-play disk) || ≗ **record player** [M] / VLP-Bildplattenspieler
VLSI technology (VLSI = very large scale integration) [IC] / VLSI-Technologie
VM (s. virtual memory)
VMOS (s. virtual-memory operating system)
vocabulary *n* [Sw, MAT] / Vokabular
vocoder *n* [VC] / Vocoder || ~ **synthesizer** [VC] / Vocoder-Synthesator
voice channel converter [Tr] / Kanalumsetzer für Sprachübertragung || ~ **communication** [Tr] / Sprachübertragung, Sprechbetrieb || ~ **communication capability** [Tr] / Sprechmöglichkeit || ~ **coordination traffic** [ES] / Verständigungsverkehr || ~ **frequency (VF)** [Tr] / Tonfrequenz (Frequenz im Hörbereich), Niederfrequenz (NF)
voice-frequency band [Tr] / NF-Band || ~ **output** [Tr] / Sprachfrequenzausgabe || ~ **signal** [Tr] / Tonfrequenzsignal || ~ **telegraphy (VFT)** [Tr] / Wechselstromtelegrafie (WT)
voice-grade channel [Tr] / Fernsprechkanal, Telefonkanal
voice output [VC] / Sprachausgabe || ~ **output buffer** [VC] / Sprachausgabepuffer || ~ **output buffer frame** [VC] / Sprachausgabepufferrahmen || ~ **output unit** [VC] / Sprachausgabeeinheit || ~ **response** [VC] / Sprachausgabe || ~ **response unit** (s. voice output unit)
void *n* [HSP, OCR] / Leerstelle, Fehlstelle, farbfreie Stelle (innerhalb eines Zeichens)
VOL (s. volume label)
volatile *adj* (storage, etc.) [Mp, M] / flüchtig (Eigenschaft eines Speicherinhalts, bei Ausfall der Versorgungsspannung verlorenzugehen) || ~ **storage** [PE, M] / flüchtiger Speicher, nicht permanenter Speicher, leistungsabhängiger Speicher, energieabhängiger Speicher
VOL card [OS] / VOL-Karte
VOLCAT (s. volume catalog)
voltage *n* (symbol: V) [Sc, Th] / Spannung (Symbol: U), Stromspannung || ~ **adapter switch** [Hw] / Spannungswähler || ~ **amplification ratio** [Sc] / Spannungsverstärkungsfaktor || ~ **amplifier** [Hw] / Spannungsverstärker || ~ **arrester** [Hw] / Spannungsableiter || ~ **arrow** [Sc] / Spannungszählpfeil || ~ **change** [Hw] / Spannungsänderung
voltage-current characteristic [Sc] / Spannungs-Strom-Kennlinie
voltage-dependent *adj* [ES] / spannungsabhängig
voltage direction [Sc] / Spannungszählrichtung, Zählrichtung von Spannungen || ~ **divider** [ES] / Spannungsteiler || ~ **doubler circuit** [Hw] / Spannungsverdoppler || ~ **drop** [Th] / Potentialabfall, Spannungsabfall || ~ **equivalent of thermal energy** [Sc] / Temperaturspannung || ~ **fault notice** [Hw] / Spannungsfehlermeldung || ~ **fluctuations** [ES] / Spannungsschwankungen || ~ **metering jack** [Serv] / Spannungsmeßbuchse || ~ **monitor** [Hw] / Spannungswächter || ~ **monitoring relay** [Co] / Spannungsüberwachungsrelais || ~ **rating** [Sc] / Spannungswert || ~ **reference** [PCC] / Bezugsspannung || ~ **reference diode** [Sc] / Spannungsreferenzdiode,

Spannungsbezugsdiode || ~ **regulator** [Hw] / Spannungskonstanthalter, Spannungsregler || ~ **regulator diode** [Sc] / Spannungsstabilisatordiode || ~ **selector** [Hw] / Spannungswähler
voltage-sensitive indicator [ES] / spannungsempfindliche Indikationsstelle
voltage source [Sc] / Spannungsquelle || ~ **source driving** [Sc] / Spannungssteuerung || ~ **stabilizer** [Hw] / Spannungskonstanthalter, Spannungsregler || ~ **standing-wave ratio (V.S.W.R.)** [Sc] / Schwellenverhältnis || ~ **surge** [Sc] / Spannungsstoß
voltage-temperature coefficient [Sc] / Spannungs-Temperaturkoeffizient
voltage test point [Serv] / Meßspannungspunkt || ~ **test register** [Serv, ES] / Spannungstestregister (STR)
voltage-to-frequency converter [PCC] / Spannungs-Frequenz-Umformer
voltage variation [Hw] / Spannungsänderung
voltmeter *n* [Sc] / Spannungsmesser
volume *n* [PE] / Magnetschichtdatenträger || ~ **catalog (VOLCAT)** [Sw] / Datenträgerkatalog || ~ **description card** [OS] / VDC-Karte (Großspeicher) || ~ **displacement card** [Sw] / Verschiebekarte || ~ **identification** [Sw] / Datenträgerbezeichnung || ~ **label (VOL)** [Sw] / Datenträgeretikett, Datenträgerkennsatz || ~ **list** [Sw] / Datenträgerliste || ~ **owner identification** [Sw] / Datenträger-Eigentümeridentifikation || ~ **security** [DS] / Datenträgerschutz || ~ **sequence number** [Sw] / Datenträgerfolgenummer, Datenträgernummer || ~ **serial number (VSN)** [DpC] / Datenträgerarchivnummer || ~ **swapping** [MT] / Spulenwechsel || ~ **switch** [OS] / Datenträgerwechsel || ~ **table** [Sw] / Datenträgerliste || ~ **table of contents (VTOC)** [Sw] / Datenträger-Inhaltsverzeichnis, Großspeicheretikettbereich || ~ **type** [Sw] / Datenträgertyp
voucher *n* [Dist, RDp] / Beleg || ~ **chute** [RDp, Tr] / Belegschacht || ~ **copy** [Typ] / Belegexemplar
VRC (s. vertical redundancy check)
VS (s. virtual storage)
VSN (s. volume serial number)
V.S.W.R. (s. voltage standing-wave ratio)
VT character (s. vertical tabulation character)
VTOC (s. volume table of contents) || ≗ **area** [Sw] / VTOC-Bereich (VTOC = volume table of contents) || ≗ **extent** [Sw] / VTOC-Bereich (VTOC = volume table of contents)

W

W (s. watt)
wafer, gap between mask and ~ [Sc] / Spalt zwischen Maske und Halbleiterscheibe
wagon data storage unit [PCC] / Wagendatenspeicher (Eisenbahn-Rangiertechnik)
wait call [PCC] / Warteaufruf || ~ **control** [Mp] / Wartesteuerung || ~ **cycle** [Sw] / Wartezyklus || ~ **indicator** [Sw] / Wartebit
waiting call [ES] / wartende Belegung || ~ **list** [CP, OS] / Warteliste || ~ **queue** [CP, OS] / Warteschlange || ~ **queue element** [ES] / Warteschlangenelement || ~ **queue field** [ES] / Wartebereich, Wartefeld || ~ **queue maintenance** [Sw] / Warteschlangenverwaltung || ~ **state** (i.e., the condition of a CPU when all operations are suspended) [M] / Wartestatus, Wartezustand || ~ **time** [PE, RDp, ES, Tr, NC] / Wartezeit || ~ **time distribution** [ES] / Wartezeitverteilung
wait loop [OS] / Warteschleife || ~ **state** (s. waiting state)
wall outlet [Hw] / Wandsteckdose
warm restart [Dp, OS] / Wiederanlauf eines Programms, bei dem man nach Anlagenausfall nicht bis zum letzten Fixpunkt zurückgehen muß || ~ **start** [Sw] / Warmstart
warning bell [Hw] / Alarmklingel || ~ **flag** [ES] / Warnmarke || ~ **lamp** [HSP] / Warnlampe || ~ **mark** [ES] / Warnmarke
waste instruction (s. blank instruction)
watt (W) *n* [Sc] / Watt (W)
wavelength *n* [Th] / Wellenlänge
waystation *n* [TP] / Staffelstation || ~ **operation** [TP, Tr] / Staffelbetrieb
wearproof *adj* (markings, etc.) [Hw] / abgriffest
web (s. paper web) || ~ **width** [HSP] /

Papierbahnbreite
weight *n* [Sw] / Wertigkeit (beim Sortieren)
weighted *adj* [Th] / gewichtet || ~ **code** [DS, Th] / gewichteter Code, systematischer Code
welded-contact rectifier [Sc] / Sperrschichtgleichrichter mit Dauerkontakt
welded joint [Hw] / Schweißstelle
well *n* [Sc] / Senke
Wheatstone automatic system [TP] / Morse-Schnelltelegraf || ≗ **automatic telegraphy** [TP] / Morse-Schnelltelegrafie
wheel and disk integrator [ADp] / Scheibenintegrierer || ~ **printer** [Hist, HSP] / Typenraddrucker (Paralleldrucker, bei dem sich die Typen am äußeren Umfang eines oder mehrerer Typenräder befinden)
when option [Cobol] / Sobaldangabe
while option [PL/1] / Solange-Angabe
"who are you?" [TP] / „Wer da"-Zeichen
"who-are-you" key [TP, DT] / Abfragetaste
wideband channel [Tr] / Breitbandkanal || ~ **data transmission** [Tr] / Breitbanddatenübertragung || ~ **line** [Tr] / Breitbandleitung || ~ **transmission path** [Tr] / Breitbandübertragungsweg
wide punched tape [PT] / Breit-Lochstreifen, Breitband
width *n* [Typ] / Schriftdickte, Dickte || ~ **file** [Typ] / Dicktendatei || ~ **maintenance** [Typ] / Dicktenblockverwaltung || ~ **of access** [Sw] / Zugriffsbreite || ~ **table** [Typ] / Dicktentabelle || ~ **value** [Typ] / Dicktenwert
Williams tube storage [M] / Williams-Röhrenspeicher, Williams-Speicherröhre
wind button [KtT] / Vorlauftaste
winder *n* [PT] / Aufwickelvorrichtung || ~ **feature** [PT] / Aufwickelzusatz
winding *n* [M] / Wicklung || ~ **circuit** [ES] / Wicklungsschaltung || ~ **direction** [Hw, TP] / Wickelrichtung || ~ **spindle** [Hw, Rep] / Umrollspindel (am Schneidetisch usw.)
window plotting [GrDp] / Ausschnitt-Plotten
wind up *v* [PT, MT] / aufwickeln
wiper *n* [HSP] / Reinigungsschieber, Abstreifer (Umdruckcorotron) || ~ **switch** [HSP] / Schieberschalter
wire *v* [Hw] / verdrahten || *n* [Hw] / Draht (nicht isolierter Leiter) || ~ **bond** [Co, Sc] / Drahtverbindung || ~ **communication** [Tr] / drahtgebundene Übertragung
wire-crimp connection [Serv] / Quetschanschluß
wired core memory [M] / Magnetkernfädelspeicher
wire dispenser [Hw, Serv] / Abrollgerät (für Drähte, Leitungen usw.)
wired logic [Mp, IC] / verdrahtete Logik || ~ **program** [Cir, Sw] / festverdrahtetes Programm, verdrahtetes Programm
wired-program computer / Rechner mit festverdrahtetem Programm
wired-program-controlled *adj* [Sw] / hardware-programmiert
wire list [Serv] / Drahtliste || ~ **matrix printer** [HSP] / Nadeldrucker, Drahtdrucker || ~ **matrix printing mechanism** [HSP, DT] / Nadeldruckwerk
wire-OR *v* (signals, etc.) [Mp] / durch ODER-Funktion vergattern
wire pair [Tr] / Leiterpaar || ~ **printer** [HSP] / Nadeldrucker, Drahtdrucker || ~ **running list** [Serv] / Drahtlegeliste, Legeliste, Leitungsführungsliste || ~ **strap** [Serv] / Drahtbrücke, Brücke (Draht) || ~ **strap field** [Serv] / Drahtbrückenfeld || ~ **stripper** [Serv] / Abisolierzange
wirewound variable resistor [Co] / Drahtdrehwiderstand
wirewrap connection [Co] / Drahtwickelverbindung, Wickelverbindung, Wire-wrap-Verbindung, Wrap-Verdrahtung || ~ **method** [Serv, Co] / Drahtwickeltechnik, Wire-wrap-Technik
wiring *n* [Hw] / Verdrahtung || ~ **backplane** [Sc] / Rückwandverdrahtungsplatte || ~ **control paper tape** [Hw] / Verdrahtungslochstreifen || ~ **diagram** [Serv] / Montageschaltbild, Montagestromlaufplan, Stromlaufplan || ~ **error** [Cir] / Verdrahtungsfehler || ~ **matrix** [M] / Verdrahtungsfeld || ~ **pin list** [Mp, Sc] / Stiftliste || ~ **plan** [Mp, Sc] / Beschaltungsplan || ~ **scheme** [Mp, Sc] / Beschaltungsplan || ~ **side** [Co] / Lötseite (DIN40804, Aug. 1977), Schwallseite || ~ **statistics** [Mp, Sc] / Verdrahtungsstatistik || ~ **tool** [Serv] / Verdrahtungswerkzeug || ~ **unit** [Serv] / Verdrahtungseinheit
word *n* [PL/1] / Wort || ~ **address** [Th] / Wortadresse

word-aligned *adj* [Sw] / auf Wortgrenze ausgerichtet
word alignment [Sw] / Wortausrichtung || ~ **bit** [ES] / Wortbit || ~ **boundary** [Sw] / Wortgrenze || ~ **constant** [Sw] / Wortkonstante, Festwortkonstante || ~ **count** [Sw] / Wortzählung || ~ **delimiter** [Algol] / Wortsymbol || ~ **input decoder** [ES] / Worteingabebewerter || ~ **input register** [ES] / Worteingaberegister || ~ **length** [Mp, Sw] / Wortlänge || ~ **line** [ES] / Wortleitung || ~ **line test** [ES] / Wortleitungstest || ~ **mark** [CP, Sw] / Wortmarke || ~ **marker** [CP, Sw] / Wortmarke || ~ **multiplexing** (= catchup operation) [ES] / Wortmultiplexbetrieb || ~ **number** [Sw] / Wortnummer
word-organized *adj* [PCC] / wortweise parallelarbeitend, wortorganisiert || ~ **storage** [M] / Speicher mit Wortstruktur, wortorganisierter Speicher (DIN 44300, März 1972)
word-oriented *adj* [Sw] / wortorientiert || ~ **computer** [Hw] / Wortmaschine || ~ **displacement** [ES] / wortweise Distanz || ~ **execution of a command** [OS] / wortbezogene Ausführung eines Befehls
word output buffer control [ES] / Wortausgabepuffersteuerung (WAPS) || ~ **output register** [ES] / Wortausgaberegister (WAR) || ~ **period** [Dp] / Wortzeit, Worttaktzeit || ~ **plane** [M] / Wortebene || ~ **processing** (i.e., the use of automated typewriters or similar devices for initial input, for subsequent revision, and for final output; "word processing," as opposed to "text processing," would usually occur in an office rather than in an editorial environment) [TES] / Textverarbeitung (mit Hilfe von Schreibautomaten usw.) || ~ **processing system** [TES] / Textautomatensystem || ~ **section** [ES] / Wortteil
word-select register [CU] / Wortauswahlregister
word separator character [Sw] / Wortbegrenzungszeichen, Worttrennzeichen || ~ **size** [Mp, Sw] / Wortlänge
words per minute [TP] / Worte pro Minute
word structure [Sw] / Wortstruktur
word-structured storage [M] / Speicher mit Wortstruktur, wortorganisierter Speicher (DIN 44300, März 1972)
word time [Dp] / Wortzeit, Worttaktzeit
work area [M] / Arbeitsbereich || ~ **assembler** [WS] / Arbeitsvorbereiter || ~ **assembly** [WS] / Arbeitsvorbereitung || ~ **cylinder** [MD, Sw] / Arbeitszylinder || ~ **disk** [MD] / Arbeitsplatte || ~ **file** [OS] / Arbeitsdatei (DIN 66200E T1, März 1974), Arbeitsbereich auf externen Speichern
working computer [PCC] / Arbeitsrechner (im Gegensatz zum Bereitschaftsrechner) || ~ **drawing** [R&D] / Konstruktionszeichnung || ~ **file** [TES] / Tagesdatendatei || ~ **frequency** [Sc] / Betriebsfrequenz || ~ **manuscript** (vocabulary, etc., draft manuscript usually drawn up in one language) [Term, MAT] / Redaktionsmanuskript (DIN 2333V, Sept. 1974) || ~ **peak reverse voltage** [Sc] / Scheitelsperrarbeitsspannung || ~ **point** [Sc] / Arbeitszustand (dynamischer Betriebszustand) || ~ **register** [Mp] / Register für allgemeine Anwendungen || ~ **set** [VS] / Arbeitsteil (für das Seitenwechseln erforderlicher Programmteil im Realspeicher)
working/standby changeover facilities [ES] / Betriebs-/Ersatzschalteeinrichtungen || ~ **comparator** [ES] / Betriebs-/Ersatzvergleicher || ~ **comparison** [ES] / Betriebs-/Ersatzvergleich || ~ **control** [ES] / Betriebs-/Ersatzsteuerung || ~ **control register** [ES] / Betriebs-/Ersatz-Steuerregister (BESR) || ~ **error register** [ES] / Betriebs-/Ersatzfehlerregister || ~ **flip-flop** [ES] / Betriebs-/Ersatzkippstufe (BEK) || ~ **inhibit signal** [ES] / Betriebs-/Ersatzsperrsignal || ~ **locking register** [ES] / Betriebs-/Ersatzfixierregister (BEFR) || ~ **register** [ES] / Betriebs-/Ersatzkippstufenregister || ~ **return signal** [ES] / Betriebs-/Ersatzrückmeldung || ~ **signaling register** [ES] / Betriebs-/Ersatzmelderegister
working-storage section [Cobol] / Kapitel Arbeitsspeicher
work load planning [Dp] / Kapazitätsplanung || ~ **scheduling** [WS] / Arbeitsvorbereitung || ~ **sequence** [DpC, Dp] / Arbeitsfolge || ~ **tape** [MT] / Arbeitsband (beim Magnetbandsortieren) || ~ **track** [MD, Sw] / Arbeitsspur

worldwide switched data network [ES] / Weltdatenwählnetz || ~ **telex network** [TP] / Welttelexnetz
worst-case pattern [QC] / kritisches Muster (KM), Datenmuster für den ungünstigsten Betriebsfall
wrap allowance [Serv, Sc] / Wickelzuschlag
wraparound *n* [OS] / zyklische Adreßfolge || ~ **polling list** [RDp] / sich zyklisch wiederholende Aufrufliste
wrapped joint [M] / Wickelverbindung
wrap pin [Serv, Sc] / Wrapstift
wreck *n* [PC] / Lochkartenstau, Kartenstau, Kartenanstoß
write *v* [Dp] / schreiben || **to ~ into main memory** [Sw] / in den Arbeitsspeicher schreiben || **to ~ to disk** [Sw] / auf Platte schreiben || **to ~ to tape** [Sw] / auf Band schreiben || ~ **access** [PE] / Schreibzugriff || ~ **address** [M, Sw] / Schreibadresse || ~ **control byte** [Sw] / Steuerbyte || ~ **control data** [ES] / Schreibsteuerungsdaten || ~ **current** [M] / Schreibstrom || ~ **cycle** [M, ES] / Schreibzyklus || ~ **cycle time** [M] / Schreibzykluszeit || ≗ **direct** [OS, Lisp] / Schreiben direkt
write-disturbed voltage zero [M] / Spitzenspannung einer schreibgestörten Null
write enable ring [MT] / Schreibring (d.h., Magnetband läßt sich nicht beschreiben, wenn der Ring entfernt ist) || ~ **error** [PE] / Aufzeichnungsfehler, Schreibfehler || ~ **half cycle** [M] / Schreibhalbzyklus || ~ **head** [PE] / Schreibkopf (DIN 66214, Juli 1977)
write-in *n* (of information, images, etc.) [Dp, M] / Einschreiben (im Gegensatz zum „Auslesen")
write inhibit ring [MT] / Schreibring (d.h., Magnetband läßt sich beschreiben, wenn der Ring entfernt ist) || ~ **instruction** [Sw] / Schreibbefehl || ~ **lamp** [TP] / Schreiblampe || ~ **lockout** (i.e., a lockout preventing all programs from writing to any particular position of a storage, but allowing unimpeded reading of that part of storage by all concurrent programs) [OS] / Schreibsperre || ~ **mode** [Mp] / Betriebsart „Schreiben" || ~ **operation** [Sw] / Schreiboperation || ~ **permit ring** [MT] / Schreibring (d.h., Magnetband läßt sich nicht beschreiben, wenn der Ring entfernt ist) || ~ **position** [TES] / Schreibposition || ~ **protection** [MT, MD] / Schreibsperre || ~ **pulse** [PE, M] / Schreibimpuls
write-read control [TP] / Schreib-Lesesteuerung
write statement [Cobol, PL/1, Fortran] / Schreibanweisung || ~ **winding** [M] / Schreibwicklung
writing bar [TP] / Schreiblineal, Schreibschneide || ~ **head** [PE] / Schreibkopf (DIN 66214, Juli 1977) || ~ **pulse** [PE, M] / Schreibimpuls
writing-reading speed [MCS, MT] / Lese-Schreibgeschwindigkeit
writing speed [VDT, Fax] / Schreibgeschwindigkeit
written communication [ES] / Textverkehr || ~ **record communication** [ES] / Textverkehr
wrong-length record [Sw] / Satz falscher Länge

X

X-axis *n* [Th] / Abszissenachse, X-Achse
X-control brush [PC] / X-Steuerbürste
X-coordinate *n* [Th] / Abszisse, X-Koordinate
xerographic printer [HSP] / xerografischer Drucker
xeronic printer [HSP] / xerografischer Drucker
X pickup [PC] / Selektorerregung, X-Erregung
XPT (s. external page table)
X punch [PC] / X-Lochung (11er-Lochung), Elferlochung
X skip [PC] / X-Sprung
X-Y plotter (s. graphic plotter) || ≗ **recorder** [GrDp] / Koordinatenschreiber

Y

Y-axis *n* [Th] / Ordinatenachse, Y-Achse
Y-coordinate *n* [Th] / Ordinate, Y-Koordinate
yearly maintenance [Serv] / jährliche Wartung

Y-edge leading [PC] / Zuführung mit Oberkante vorn, Y-Kanten-Zuführung
Young's modulus [Sc, Th] / Elastizitätskonstante
Y punch [PC] / Y-Lochung (12er-Lochung), Zwölferlochung, Lochung in der 12. Zeile einer Lochkarte

Z

Z-ADD (s. Zero and add)
ZAP (s. Zero and add)
Z-axis modulation [OCR] / Helligkeitsmodulation
Zener breakdown [Sc] / Zener-Durchbruch (DIN 41852, Aug. 1978), Zener-Durchschlag || ≗ **current** [Sc] / Zener-Strom || ≗ **diode** [Sc] / Zener-Diode || ≗ **effect** [Sc] / Zener-Effekt || ≗ **knee** [Sc] / Zener-Knick || ≗ **knee voltage** [Sc] / Zener-Kniespannung || ≗ **noise** [Sc] / Zener-Rauschen || ≗ **resistance** [Sc] / Zener-Widerstand || ≗ **slope** [Sc] / Zener-Knick || ≗ **voltage** [Sc] / Zener-Spannung (DIN 41852, Aug. 1978)
zero *n* [Cobol] / Null
zero-access storage [Th, M] / zugriffszeitfreie Speicherung || ~ **storage** (s. highspeed memory)
zero-address instruction [Sw] / adressenloser Befehl, adressenfreier Befehl || ~ **instruction format** [Sw] / adressenloses Befehlsformat, adressenlose Befehlsstruktur, adreßloses Befehlsformat
Zero and add (ZAP) [OS, Lisp] / Löschen und Addieren || ≗ **and add (Z-ADD)** [Instruction, RPG] / Löschen und Addieren (Z-ADD) || ≗ **and subtract (Z-SUB)** [Instruction, RPG] / Löschen und Subtrahtieren (Z-SUB) || ~ **bit** [Mp] / Nullbit || ~ **capacitance** [Sc] / Nullkapazität || ~ **check** [OCR] / Nullenprüfung || ~ **condition** [M] / Nullzustand, Nullage || ~ **criterion** [M] / Nullkriterium
zerodivide *n* [PL/1] / Division durch Null
zero error [ALU] / Nullbezugszeitfehler, Nullpunktfehler
zero-field resistive residual voltage [Sc] / Widerstandsrestspannung || ~ **thermal residual voltage** [Sc] / thermische Restspannung (eines Halleffekt-Bauelementes)
zerofill *v* [Sw] / mit Nullen auffüllen
zeroize *v* [Sw] / mit Nullen auffüllen
zero-level address [Sw] / unmittelbare Adresse || ~ **address** [VS] / virtuelle Adresse || ~ **addressing** [Sw] / unmittelbare Adressierung
zero-loss circuit [Tr] / verlustlose Leitung
zero offset [NC] / Referenzpunktverschiebung, Bezugspunktverschiebung, Nullverschiebung || ~ **output** [M, Cir] / Ausgangssignal, Lesespannung bei gespeicherter binärer Null || ~ **output signal** [M, Cir] / Ausgangssignal, Lesespannung bei gespeicherter binärer Null
zero-point method [Sw] / Nullpunktmethode
zero position [NC] / Nullstellung || ~ **position scanner** [TP] / Nullstellungsabtaster || ~ **result** [Sw] / Ergebnis mit dem Wert Null || ~ **shift** [NC] / Referenzpunktverschiebung, Bezugspunktverschiebung, Nullverschiebung || ~ **state** [M] / Nullzustand, Nullage || ~ **suppression** [Cobol, Algol, PL/1] / Nullenunterdrückung || ~ **voltage firing** [Co, Sc] / Zünden bei Nulldurchgang der Spannung || ~ **voltage switching** [Sc] / Nullspannungsschaltung
zone *n* [Sw] / Codezone, Zone || ~ **bit** [Sw] / Zonenbit || ~ **cleaning method** [Sc] / Zonenreinigungsverfahren || ~ **code number** [ES] / Zonenkennzahl
zoned *adj* [Sw] / entpackt || ~ **decimal data** [OS] / ungepackte Dezimalzahlen || ~ **format** [Sw] / ungepackte Form, ungepacktes Format
zone leveling [Sc] / Zonennivellierung, Zonenhomogenisierung || ~ **melting** [Sc] / Zonenschmelzen || ~ **melting technique** [Sc] / Zonenschmelzverfahren || ~ **portion** [PC] / Zonenteil || ~ **punching** [PC, TP] / Zonenlochung || ~ **purification** [Sc] / Zonenreinigung
zoner *n* [ES] / Verzoner
zone refining [Sc] / Zonenreinigung || ~ **refining method** [Sc] / Zonenreinigungsverfahren || ~ **signal** [ES] / Zonenzeichen
zoning *n* [ES] / Verzonung || ~ **generator** [ES] / Verzonungsgenerator || ~ **receive direction number** [ES] / Verzonungs-

Empfangsrichtungsnummer || ~ **tree** [ES] / Verzonungsbaum

Z-SUB (s. Zero and subtract)

Adreßliste *f* [Sw] / memory address listing || ² **der Ein-Ausgabewarteschlange** [OS] / input-output queue address list, I/O queue address list
Adreßlisten-Sortieren *n* [Sw] / tag sort
adreßloses Befehlsformat [Sw] / addressless instruction format, zero-address instruction format
Adreß·marke *f* [PE, ES] / address marker || ²**modifikation** *f* [Sw] / address modification || ²**modifizierung** *f* [Sw] / address modification
Adreßpegel *m* [PCC, Sw] / address level || ² (bei Assemblierung) [Sw, ES] / location counter || ²**anweisung** *f* [PCC] / address level directive || ²**standsangabe** *f* (bei Assemblierung) [Sw, ES] / location counter reference
Adreßprüfung *f* [Sw] / address checking
Adreßraum *m* [VS] / address space || **virtueller** ² [VS] / virtual address space, virtual addressing area
Adreß·rechnung *f* [Sw] / address computation, address arithmetic, address calculation || ²**rechnungsbefehl** *m* [Sw] / address computation instruction, address compilation instruction
Adreßregister *n* [CU] / address register || **A-**² *n* [CU] / A-address register || **B-**² *n* [CU] / B-address register
Adreß-Schlüssel *m* [Cobol] / actual key || ²**register** *n* [PL] / address key register
Adreßselektion, einleitende ² [Dp] / initial selection
Adreß·spur *f* [MDr] / address track || ²**substitution** *f* [Sw, ES] / address substitution || ²**tabelle** *f* [OS] / symbolic address table, address table, table of addresses || ²**teil** *m* (DIN 44300, März 1972) [Sw] / address part, address section, address portion, address frame || ²**umrechnung** (s. Adressenumwandlung) || ²**umsetzspeicher** *m* [VS] / translation look-aside buffer (TLAB)
Adreßumsetzung (s. Adressenumwandlung) || **dynamische** ² **(DAU)** [Th, VS] / dynamic address translation (DAT), dynamic address conversion || **externe** ² [Sw] / external conversion routine
Adreßumsetzungseinrichtung, dynamische ² [VS] / dynamic address translation feature, DAT feature
Adreßumsetzungsfehler *m* [VS] / paging error || ² **des Systems** [VS] / system paging error
Adreß·umsetzungsspeicher *m* [VS] / translation look-aside buffer (TLAB) || ²**umwandlung** (s. Adressenumwandlung) || ²**vergleich** *m* [Sw] / data address match check || ²**verkettung** *f* [Sw] / address chaining
Adreßverschiebung, dynamische ² [Th, VS] / dynamic relocation, dynamic memory relocation || **statische** ² [VS] / static relocation
Adreßverzeichnis *n* [OS] / symbolic address table, address table, table of addresses || ² **der ausgelagerten Rufblöcke** [ES] / buffered call clock availability map
Adreß·wert *m* [PL] / address value || ²**wort** *n* [CP] / channel address word (CAW) || ²**zeichen** *n* [Tr] / address character || ²**zuordnung** *f* [Sw] / address assignment || ²**zuweisung** *f* [Sw] / address assignment
A/D-Schalter *m* [Cir] / analog-digital switch, A-D switch
AD·-Technik *f* [Sc] / alloy diffusion technique || ²**-Transistor** *m* [Sc] / alloy diffused-base transistor
ADU (s. Analog-Digital-Umsetzer)
A/D·-Umsetzer *m* [PCC] / analog-to-digital converter (ADC), analog-digital converter, A-D converter || ²**-Umsetzung** *f* [PCC] / analog-to-digital conversion, analog-digital conversion, A-D conversion
ADV (s. automatische Datenverarbeitung)
ADVS (s. automatisches Datenverarbeitungssystem)
A/D-Wandler *m* [PCC] / analog-to-digital converter (ADC), analog-digital converter, A-D converter
Aggregat *n* [Hw] / unit || **unabhängiges** ² [Hw] / self-contained unit
Aiken·-Code *m* [Th, Tr] / Aiken code || ²**-Korrektur A2** [Cir] / correcting module for 2-4-2-1 BCD code A2
AK (s. Ausgabekopplung) || ² (s. Auswahlkippstufe)
Akkommodation, informationelle ² [CAI, Cy] / probability learning
Akkumulator *m* (DIN 44300, März 1972) [ALU] / accumulator (AC), accumulator register || ² **mit doppelter Stellenzahl** [ALU] / double-length accumulator || **8-Bit-**² *m* [Mp, ALU] / 8-bit accumulator || **linker** ² [ALU] / left accumulator || **rechter** ² [ALU] / right accumulator || **Stellenverschiebung im**

interval || ²**register** *n* [ES] / output selection register || ²**steuerung** *f* [ES] / output selection control || ²**wegeparameter** *m* [ES] / output selection path parameter
Ausgabe·baugruppe *f* (= Drucker, Locher) [TP] / output module || ²**baustein** *m* [Mp] / output port || ²**befehl** *m* [Sw] / output instruction || ²**behandlung** *f* (einer Nachricht) [ES] / output handling
Ausgabebereich *m* [Sw] / output area || **letzte Stelle im** ² [RPG] / end position in output record
Ausgabe·beschreibung *f* [Sw] / output format specification || ²**bezugszahl** *f* [RPG] / output indicator || ²**bibliothek** *f* [Sw] / output library
Ausgabeblock *m* [Sw] / output block
Ausgabeblockierung *f* [ES] / output lockout
Ausgabeblock·länge *f* [Sw] / output block length || ²**zählung** *f* [Sw] / output block count
Ausgabecode *m* [Sw] / output code || ²**wandler** *m* [OS] / output code converter
Ausgabe·codierer *m* [OS] / output coder || ²**codierschaltung** *f* [OS] / output decoding circuit || ²**datei** *f* [Cobol] / output file || ²**daten** *plt* (DIN 66201E T1, Apr. 1979) [Dp, PCC] / output data
Ausgabedatenträger *m* [Cobol] / output medium || ² (Magnetschichtträger) [IO] / output volume
Ausgabe·drucker *m* [TP] / output teleprinter || ²**einheit** *f* (DIN 44300, März 1972) [IO] / output unit || ²**format** *n* [Sw] / output format || ²**freigabelogik** *f* [ES] / output enable logic || ²**funktion** *f* [IO] / output function || ²**gatter** *n* [Mp] / output gate
Ausgabegerät *n* (DIN 44300, März 1972) [IO] / output device, output element, output unit || ² **für die Protokollierung** [IO] / logging device || **grafisches** ² (Ausgabegerät für DV-Arbeitsergebnisse in grafischer Form als Sichtgerät oder als Zeichengerät) [GrDp] / graphic display terminal, graphic terminal || **grafisches** ² **mit Vektorgenerator** [GrDp] / vector mode display (Rtm.)
Ausgabe·geschwindigkeit *f* (DIN 66201, Aug. 1971) [PCC] / output rate || ²**glied** *n* [ES] / output element || **übersetzte** ²**information** [Sw] / translated output || ²**kanal** *m* [CP] / output channel || ²**kartensatz** *m* [PC] / output deck || ²**kennsatz** *m* [M] / output label || ²**koppler** *m* [ES] / output switching (matrix) network || ²**kopplung (AK)** *f* [ES] / output switching logic || ²**kopplungsregister** *n* [ES] / output switching register || ²**leistung** *f* [TP] / output capacity || ²**leitung** *f* [IO] / output line || ²**locher** *m* [PT, PC] / output punch || ²**magazin** *n* [PC] / output magazine
Ausgabemagnetband *n* [MT] / output tape, output reel || ²**gerät** *n* [MT] / output tape unit
Ausgabematrix (AMX) *f* [TP] / output matrix
Ausgabemeldung *f* [OS] / output notification || ² (Signal) [ES] / output indicator, output notice
Ausgabe·modus *m* [Dp] / output mode || ²**operation** *f* [Sw] / output operation
Ausgabeparameter *m* [PL] / edit parameter || [Sw] / output parameter
Ausgabe·phase *f* [Sw] / output phase || ²**platte** *f* [MD] / output disk || ²**programm** *n* [Sw] / output program, output routine || ²**protokoll** *n* [Sw] / output listing || ²**prozedur** *f* [Algol] / output procedure
Ausgabepuffer *m* [CP] / output buffer storage, output buffer || ²**speicher** *m* [CP] / output buffer storage, output buffer
Ausgabe·quittung (AQ) *f* [ES] / output acknowledgment || ²**quittungsregister (AQR)** *n* [ES] / output acknowledgment register || ²**rate** *f* (DIN 66201E T1, Apr. 1979) [PCC] / output transfer rate
Ausgabesatz *m* [Sw] / output record || ²**länge** *f* [Sw] / output record length
Ausgabe·schablone *f* [Sw] / edit mask || ²**schreibmaschine** *f* [IO] / output typewriter || ²**speicher** *m* [RDp] / output storage || ²**sperre** *f* (Magnetband) [TP] / output lockout || ²**spule** *f* [MT] / output tape, output reel
Ausgabestau·element *n* (DIN 66200E T1, März 1974) [DpC] / let-out entry || ²**raum** *m* (DIN 66200E T1, März 1974) [DpC] / let-out area
Ausgabe·steuerkarte *f* [Sw] / output option card || ²**steuerung** *f* [RPG] / exception processing, Q-card processing || ²**tisch** *m* [HSP] / stacker platform || ²**verteiler** *m* (DIN 66201, Aug. 1971) [PCC] / output multiplexer || ²**verteilung** *f* [ES] / output distribution
Ausgabewarteschlange *f* [OS] / output queue, output work queue, output

binärer ² [Cir, ALU] / binary half adder || paralleler ² [Cir, ALU] / parallel half adder
Halbaddierglied *n* [Cir, ALU] / half-adder, one-digit adder, two-input adder
halbautomatisch·e Lochstreifenvermittlung [TP, ES] / semi-automatic reperforator switching, pushbutton switching (i.e., tape relay center with pushbutton control) || **~e Speichervermittlung** [ES] / semi-automatic switching center, semi-automatic message switching center || **~es Vermittlungssystem** [ES] / semi-automatic switching system
Halbbyte *n* [Sw] / half-byte || **²-Code** *m* [Tr] / half-byte code
halbduplex *adj* [Tr] / half-duplex || *n* [Tr] / half duplex (HDX) || **²betrieb** *m* [Tr] / alternate communication, half-duplex operation || **²kanal** *m* [Tr] / half-duplex channel || **²übertragung** *f* [TP, Tr] / half-duplex transmission, HDX transmission || **²verbindung** *f* [Tr] / half-duplex circuit
Halb·fabrikat *n* [Sc] / semiprocessed unit || **²geviert** *n* [Typ] / en-quad (i.e. a space of 1/2 em-quad)
halbieren *v* [Cryp] / bisect || **² kurz (HER)** [OS, Lisp] / Halve short (HER) || **² lang (HDR)** [OS, Lisp] / Halve long (HDR)
Halbierung *f* (der 1/6-Zoll-Zeile) [HSP] / splitting
Halbierungssuchverfahren *n* [Th] / binary search
Halbimpuls *m* [M] / half-pulse
Halbleiter *m* [Sc] / semiconductor || **² mit Verunreinigungsniveaus** [Sc] / impurity semiconductor || **gemischter ²** [Sc] / mixed semiconductor || **kompensierter ²** [Sc] / compensated semiconductor || **n-²** *m* [Sc] / n-type semiconductor || **p-²** *m* (DIN 41852, Aug. 1978) [Sc] / p-type semiconductor || **²arbeitsspeicher** *m* [M] / semiconductor main memory
Halbleiterbauelement *n* [Sc] / semiconductor device || **unipolares ²** [Sc] / unipolar semiconductor device
Halbleiter·diode *f* [Sc] / semiconductor diode || **²element** *n* [Sc] / semiconductor device || **²festwertspeicher** *m* [M] / semiconductor read-only memory || **²gleichrichterdiode** *f* [Sc] / semiconductor rectifier diode || **²gleichrichtersäule** *f* [Sc] / semiconductor rectifier stack || **Ziehen von ²kristallen** [Sc] / crystal pulling, crystal growing || **²laser** *m* [Sc] / semiconductor laser || **²multiplexer** *m* [Tr] / solid-state multiplexer || **²physik** *f* [Th] / semiconductor physics || **²plättchen** *n* [Sc] / semiconductor wafer || **²schalter** *m* [Sc] / semiconductor switch || **hochintegrierter ²schaltkreis** [IC] / LSI semiconductor circuit || **²schaltung** *f* [Dp] / semiconductor circuit || **integrierte ²schaltung** [IC] / integrated semiconductor circuit || **²scheibe** *f* [Sc] / semiconductor wafer || **²schicht** *f* [HSP] / semiconductor layer (or coating)
Halbleiterspeicher *m* [Mp] / semiconductor memory, SC memory || **²modul** *n* [M] / semiconductor memory module
Halbleiter·technologie *f* [R&D] / semiconductor technology || **²übergang** *m* [Sc] / semiconductor junction || **²zone** *f* [Sc] / semiconductor region, semiconductor zone
halblogarithmische Schreibweise [Th] / variable-point representation
Halb·schrank *m* [Hw] / rack || **²schritt** *m* [PC] / half cycle || **²seite** *f* [VS] / half-page
Halbsubtrahierer *m* [ALU] / half subtracter, one-digit subtracter, two-input subtracter || **paralleler ²** [Cir, ALU] / parallel half subtracter || **serieller ²** [ALU] / serial half subtracter
Halbsubtrahierglied *n* [ALU] / half subtracter, one-digit subtracter, two-input subtracter
Halbton *m* [Fax] / halftone || **²bereich** *m* [HSP] / halftone area
Halbwertsbreite, spektrale ² [Sc] / spectral bandwidth
Halbwort *n* [Sw] / segment, halfword || **²grenze** *f* [Sw] / halfword boundary
Halbwortkonstante *f* [Sw] / halfword constant || **positive ²** [Sw] / halfword positive constant
Halb·zeile *f* [HSP] / half-line || **²zollschritt** *m* [HSP] / half-inch step || **²zyklus** *m* [PC] / half cycle
Hall·anschluß *m* (eines Hallgenerators) [Sc] / Hall terminal || **²beweglichkeit** *f* [Sc] / Hall mobility
Halleffekt *m* [Sc] / Hall effect || **²-Bauelement** *n* [Sc] / Hall-effect device
Hall·generator *m* [Sc] / Hall generator, Hall probe || **²gerät** *n* [Sc] / Hall device || **²koeffizient** *m* [Sc] / Hall coefficient || **²konstante** *f* [Sc] / Hall constant || **²modulator** *m* [Sc] / Hall modulator || **²multiplikator** *m* [Sc] / Hall multiplier || **²plättchen** *n* [Sc] / Hall plate || **²sonde** *f* [Sc] / Hall probe || **²spannung** *f* (Hall-

|| ²**anordnung** *f* [Th] / information format || ²**ästhetik** *f* [Cy] / informational esthetics || ²**ausgabe (INFA)** *f* [Dp] / information output

Informationsausgaberegister (INFAR) *n* [Dp] / information output register || ²**taktsperre (INFARS)** *f* [Dp] / information output register clock inhibition || ²**vergleicher (INFARVGL)** *m* [Dp] / information output register comparator

Informationsausgabesignal *n* [ES] / information output signal

Informationsaustausch *m* [RDp, Tr] / information exchange || **technischer** ² [R&D] / technical information exchange

Informations·bank *f* [IDS] / data bank || **semantischer** ²**belag** [MAT, Th, Cy] / semantical information, semantic information content, semantical information content, amount of semantic information || **mittlerer** ²**belag** (einer Nachrichtenquelle) (DIN 44301, Feb. 1977) [Th, Cy] / mean information content per character, average information content per character, mean entropy per character || ²**bereich** *m* [Sw] / descriptive region || ²**bit** *n* [Th, Tr] / data bit, information bit || ²**darstellung** *f* [Th] / data representation || ²**didaktik** *f* [CAI, Cy] / informational didactics || ²**draht** *m* [M] / digit wire || ²**durchschaltung** *f* [ES] / through-connection of information

Informationseingabe (INFE) *f* [Dp] / information input || ²**kopplung** *f* [ES] / information input switching network || ²**register (INFER)** *n* [Dp] / information input register || ²**registervergleicher (INFERVGL)** *m* [Dp] / information input register comparator || ²**signal** *n* [ES] / information input signal

Informationseinheit *f* [Th] / information unit

Informationsfluß *m* [Th] / information flow || ² **pro Zeiteinheit** [Th] / information flow rate || **einseitiger** ² [Tr] / one-way communication || **mittlerer** ² (einer Nachrichtenquelle) (DIN 44301, Feb. 1977) [Th, Cy] / average information rate per time || **wechselseitiger** ² [Tr] / two-way alternate communication, either-way communication || ²**analyse** *f* [IDS] / information flow analysis

Informationsgehalt *m* (DIN 44301, Feb. 1977) [Th, Cy] / information content || **bedingter** ² (DIN 44301, Feb. 1977) [Th, Cy] / conditional information content || **mittlerer** ² (DIN 44301, Feb. 1977) [Th, Cy] / mean information content, average information content, entropy || **mittlerer bedingter** ² (DIN 44301, Feb. 1977) [Th, Cy] / mean conditional information content, average conditional information content, conditional entropy || **semantischer** ² (s. semantische Information)

Informations·ingenieur *m* [DOK, IDS] / information officer (i.e., person responsible for the collection, searching for and dissemination of specialized information) || ²**kreis** *m* [NC] / information circuit || **feste** ²**länge** [Sw] / fixed information length || ²**leitung** *f* [ES] / information wire || ²**loch** *n* (DIN 66218, Jan. 1976) [PT] / code hole || ²**lochung** *f* (im Gegensatz zur Führungslochung) [PT] / codes holes || ²**medium** *n* [PE, Dp] / information medium || **europäisches** ²**netz** [RDp, IDS] / European information network || ²**pool** *m* [Th, IDS] / information pool || ²**psychologie** *f* [Cy] / information psychology || ²**regeneration** *f* [M] / regeneration

Informationsschritt *m* [Tr] / information element, code pulse, code element, intelligence-bearing element || **zusätzliche** ²**e** [Tr] / overhead bits

Informations·signal *n* [Tr, NC] / information signal || **erweiterungsfähiger** ²**speicher** [Th, M, Dp] / expandable memory

Informationsspur *f* [MT] / information track || ² (DIN 66218, Jan. 1976) [PT] / code hole track, code track, data track

Informations·stelle *f* (Informations- und Dokumentationseinrichtung, die auf Anfrage oder kontinuierlich Daten an bestimmte Benutzer weiterleitet, die Daten aber überwiegend nicht selbst aufbereitet hat) [DOK] / information agency || **zentrale** ²**stelle** [DOK] / information center || ²**streifen** *m* [PT] / data tape

Informationssystem *n* [IDS] / information system || **Management-**² **(MIS)** *n* [IDS] / management information system (MIS) || **Personal-**² *n* [IDS] / staff information system || **rechnergestütztes** ² [IDS] / computerized information system

Informations·technik *f* [IDS] / information technology || ²**theorie** *f* [Th] / information theory, theory of communication || ²**träger** *m* [PE] /

conversion time
onvex *adj* [OCR] / convex
onzentrations·niveau *n* [Sc] / concentration level || **²profil** *n* [Sc] / concentration profile
onzentrator *m* [ES] / concentrator || **² mittelschnell (KMS)** [ES] / medium-speed concentrator || **²liste** *f* [ES] / concentrator table || **²netz** *n* [RDp, ES] / concentrator network
onzentratorteilnehmer *m* [ES] / concentrator subscriber || **²liste** *f* [ES] / concentrator subscriber table
onzentrator·verbindung *f* [Tr] / concentrator circuit || **²verbindungsleitung (KVL)** *f* [ES] / concentrator trunk (line)
onzentriert·e Anschlußschaltung [ES] / pooled termination || **Schaltung mit ~en Elementen** [Sc] / lumped circuit technique
Konzepthalter *m* [Hw, TP] / copy holder
Konzeption *f* [Th] / concept || **logische ²** [Th, Cir] / logic design, logical design
Koordinate *f* [Th] / coordinate || **kartesische ²n** [Th] / Cartesian coordinates || **krummlinige ²n** [GrDp] / curvilinear coordinates
Koordinaten·feld *n* [GrDp, Tr] / coordinate field || **²netz** *n* [HSP, GrDp, OCR] / grid || **²papier** *n* [IO, GrDp] / coordinate paper || **²schreiber** *m* [GrDp] / X-Y recorder || **²speicher** *m* [M] / matrix storage, coordinate storage || **²system** *n* [Th] / coordinate system || **²transformation** *f* [NC] / transformation of coordinates
Koordinatenwandler *m* [ADp] / resolver, synchro || **Servo-²** *m* [ADp] / servo-resolver || **sphärischer ²** [ADp] / ball resolver, spherical resolver
Koordinatenwert *m* [Th] / coordinate values
Koordinator *m* [CP] / coordinator
Koordinieren Prozessor (COOP) [OS] / Coordinate CPU (COOP)
Koordinierung *f* [Sw] / coordination
Koordinierungs·abläufe *m pl* [PCC] / control operations || **²kanal** *m* [Sw] / coordination channel || **²meldung** *f* [RDp, Tr] / coordination message || **²meldungsbyte** *n* [Sw] / coordination reporting byte
Koordinierungsprogramm *n* [ES] / coordinating program || **netzorientiertes ²** [ES] / network-oriented coordination program
Koordinierungsteil (Ein-Ausgabe) (s. Kanalscheduler)
Kopf *m* [PC, Tr] / heading || **²abstand** *m* [MDr] / head-to-drum separation || **²adresse** *f* [PE, Sw] / head address || **internationales ²amt** [ES] / gateway center, international gateway exchange || **²anfangszeichen** *n* [Tr] / start-of-heading character (SOH character)
Kopfauswahl·diode *f* [PCC] / head selection diode || **²schalter** *m* [PCC] / head selection switch
Kopf·bank *f* [PCC] / head bank || **²bewertung** *f* [Tr] / header analysis program || **²bit** *n* [Tr] / header bit || **²byte** *n* [Tr] / head address byte || **²empfang** *m* [Tr] / header reception, reception of the header || **²empfindlichkeit** *f* [OCR] / head sensitivity || **²etikett** *n* [PT, MT] / header, header label || **²gruppe** *f* [PCC] / head group || **²karte** *f* [PC] / heading card, head card || **Servoinformationen zur ²positionierung** [MD] / disk seek information || **²text** *m* (eines Formulars) [HSP, Off] / title || **²träger** *m* [PE] / head positioner, head positioning comb, head carrier
kopfüber kontaktiertes Bauelement (Dickfilm) [Co, Sc] / face-bonded device, flip chip
Kopfzeile *f* [RPG] / header line, heading line, H line
Kopie *f* [Th] / copy
Kopien·druck *m* [HSP] / copy printing || **²drucker** *m* (Hardcopy-Einheit, mit der in Verbindung mit einem Bildsichtgerät der Inhalt eines Bildschirms ausgedruckt werden kann) [DT] / hard copy terminal || **²nummer** *f* [HSP] / copy number || **²zahl** *f* [HSP] / number of copies
Kopier·angabe *f* [PL/1] / copy option || **²anweisung** *f* [Cobol] / copy statement
kopieren *v* [Dp] / copy (i.e., to reproduce data from one storage device to another, or another part of the same storage, without altering the orignal data; cf. "transcribe")
Kopier·lauf *m* [Sw] / copy run, duplicating run || **²schicht** *f* (bei Durchschreibpapier) [HSP] / action coating || **²vorgang** *m* [Sw] / copy run, duplicating run || **magnetisches ²werk** [Hw] / magnetic destination storage
Koppel·abschnitt *m* [ES] / switching section || **²ader** *f* [ES] / matrix wire || **²anordnung (KAN)** *f* [ES] / switching matrix network || **²einheit** *f* [ES] / switching matrix
Koppelfeld *n* [ES] / switching matrix

m [Hw] / lamp extractor
Landes·kennzahl *f* [TP, ES] / country code || **²verkehr** *m* [ES] / national traffic, domestic traffic
Länge des Einheitsschrittes [TP] / unit interval, signal interval || **explizite ²** [Sw] / explicit length || **Satz falscher ²** [Sw] / wrong-length record || **Satz fester ²** (DIN 66239E, Mai 1979) [Sw] / fixed-length record || **Satz undefinierter ²** [Sw] / undefined-length record || **von fester ²** [PL/1] / non-varying || **Wort fester ²** [Sw] / fixed-length word || **Zahl doppelter ²** [Th, Sw] / double-length number, double-precision number
Längenangabe *f* [Sw] / length entry, length specification || **falsche ²** (Block falscher Länge) [Sw] / incorrect length
Längen·attribut *n* [Sw] / length attribute || **²-Bedingung** *f* [PL/1] / stringsize condition || **²faktor** *m* [Sw] / length modifier, length code
Längenfehler *m* [Sw] / length error || **²anzeige** *f* [Sw] / length error flag
Längen·feld *n* [Dp] / length field || **²formatierung** *f* (Datenformat, in dem neben der kategorialen Formatierung auch die Länge der einzelnen Datenelemente festgelegt wird) [DOK, Dp, Sw] / fixed length data format || **²-Funktion** *f* [PL/1] / length (builtin) function || **²merkmal** *n* [Sw] / length attribute
längenmodulierte Impulse [PCC] / PDM pulses
Längen·schiene *f* (für Kabelsprossen) [TrL] / guidance bar (for cable rungs) || **²schlüssel** *m* [Sw] / length modifier, length code
Langrufnummer *f* [ES] / unabbreviated call number
langsam·er Speicher [M] / slow-access storage, slow storage || **~e störsichere Logik (LSL)** (Rtm.) [Mp] / (approx. =) high-level logic (HLL)
Längsparität *f* [DS, Tr] / longitudinal parity, horizontal parity
Längsparitäts·kontrolle (s. Blockprüfung) || **²prüfung** (s. Blockprüfung)
Längsparity·kontrolle (s. Blockprüfung) || **²prüfung** (s. Blockprüfung)
Längsperforation *f* [HSP] / vertical perforation, longitudinal perforation
Langspielplatte, Video-² (VLP) *f* [M] / video long-play disk (VLP disk)
Längs·prüfzeichen *n* [DS, Tr] / horizontal parity bit || **²schneiden** *n* [HSP] / (center) slitting || **²summenkontrolle** (s. Blockprüfung)
längstrennbar *adj* (Klebeband) [HSP] / perforated
Längstrennung *f* [HSP] / slitting, longitudinal cutting
Langwecker *m* [ES] / long-time prompter || **²liste** *f* [ES] / long-time prompter list || **²programm** *n* [ES] / long-time prompter program || **²verwaltung** *f* [ES] / long-time prompter management routine
Langzeit·archivierung *f* [ES] / long-term filing || **²drift** *f* [Sc] / long-time drift || **²geber** *m* [Sw] / gross timer || **²programm** *n* [ES] / long-time program || **²speicherung von Nachrichten** [RDp, Tr] / long-term storage of messages || **²stufe** *f* [Th, Meas] / long-time element || **²wecker** *m* [ES] / long-time prompter
LAP (s. Laden Akkumulator mit Adresse Plus)
Laser-Bildschreibgerät *n* [GrDp] / graphic laser terminal || **²-COM-Recorder** *m* (COM-Gerät zur Aufzeichnung von Informationen mittels Laserstrahl auf metallbeschichtetem Film) [COM] / laser COM recorder, laser computer-output-microfilm recorder || **²-Datenspeicher** *m* [M] / laser storage
Laserdruck *m* [HSP] / laser printing
Laserdrucker (LD) (elektrofotografischer Drucker) *m* [HSP] / laser printer || **²lineal** *n* [HSP] / laser printer gage || **²-Magnetband** *n* [HSP] / laser printer magnetic tape, LP tape
Laserdruck·funktion *f* [HSP] / laser print function || **²raster** *n* (Gitter) [HSP] / laser print raster
Laserdrucksystem *n* [HSP] / laser printing system || **Offline-²** *n* [HSP] / off-line laser printing system
Laserlicht *n* [HSP] / laser light || **²punkt** *m* [HSP] / laser light dot
Laser·optik *f* [HSP] / laser optics || **²platte** *f* (Diodenlaser-Festspeicher mit direktem Zugriff in Form einer Doppelscheibe mit sehr hoher Speicherdichte) [M] / laser storage disk || **²schalter** *m* [HSP] / laser switch || **²schutzbrille** *f* [HSP] / laser-protection glasses || **²sicherheit** *f* [HSP] / laser safety || **²spiegel** *m* [HSP] / laser mirror || **²strahl** *m* [HSP] / laser beam || **²strahlung** *f* [HSP] / laser radiation || **²strahl-Zeichengenerator** *m* [HSP] / laser-beam character generator ||

M

Mäander, zentraler ² (400 µs) [ES] / 400 µs timing signal || ²**folge** *f* [ES] / timing pulse train || ~**förmiger Widerstandsstreifen** [Sc] / resistor meander stripe

Madistor *m* [Sc] / madistor

MADT-Transistor (Mikro-Alloy-Diffusions-Transistor) [Sc] / micro-alloy diffusion technique transistor

Magazin·anruf *m* [MC] / magazine call || ²**definition** *f* [MC] / magazine definition || ²**kartenhebel** *m* [PC] / hopper card lever || ²**kontakt** *m* [PC] / hopper contact || ²**nummer** *f* [MC] / magazine number || ²**stopp** *m* [PC] / hopper stop || ²**zustandsanalyse** *f* [MC] / magazine status analysis, magazine usage analysis

Magnetband *n* [MT] / magnetic tape || **freies** ² [MT] / free magnetic tape (i.e., a tape which may be overwritten) || **neues** ² [MT] / virgin magnetic tape (i.e., a tape on which no data is recorded and which normally requires initializing) || ²**abrieb** *m* [MT] / tape wear || ²**abzug** *m* [Sw] / tape edit || ²**anfang** *m* [MT] / (physical) beginning of a tape || ²**archiv** *n* [DpC] / magnetic tape library, tape library || ²**archivar** *m* [DpC] / magnetic tape librarian, tape librarian || ²**archivkarte** *f* [DpC] / magnetic tape library card, tape library card || ²**archivnummer** *f* [MT] / tape serial number || ²**ausgabe** *f* [Sw] / magnetic tape output, tape output || ²-**Austauschformat für terminologische/lexikografische Daten (MATER)** (DIN 2341E, Mai 1977) [Term, MT, MAT] / format for terminological/lexicographical data interchange on magnetic tape (MATER) || ²**auszug** *m* [Sw] / (selective) tape dump, (selective) tape edit || **lochstreifengesteuertes** ²**beschriften** [PT, MT] / punched-tape-to-magnetic-tape conversion || ²-**Beschriftungsgerät** *n* [DpC, MT] / key-to-tape unit || ²**bibliothek** *f* [DpC] / magnetic tape library, tape library || ²**block** *m* [HSP] / magnetic tape block, tape block || ²**datei** *f* [Sw] / magnetic tape file, tape file

Magnetband-Drucker-Umsetzer *m* [HSP, MT] / magnetic-tape-to-printer converter

Magnetbandeingabe *f* [MT] / magnetic tape input, tape input

Magnetbandeinheit *f* [MT] / magnetic tape unit, tape unit, tape station || ² **für Datenfernverarbeitung** [RDp] / magnetic tape transmission terminal

Magnetband·elektronik *f* [TP] / magnetic tape electronics || ²**element** *n* [MT] / magnetic tape unit || ²-**Erfassungsgerät** *n* [DpC, MT] / key-to-tape unit || ²**etikett** *n* [MT, Sw] / tape label

Magnetbandfehler *m* [MT] / tape error (i.e., read or write error) || [Hw, MT] / (physical) tape fault (e.g., a creased tape, a fault in manufacture, etc.)

Magnetbandgerät (MG) (DIN 66010, Feb. 1965) *n* [MT] / magnetic tape device, tape deck || ² (Laufwerk) [MT] / magnetic tape handler || ² **mit zwei Rollen** [MT] / reel-to-reel tape station || **7-Spur-**² *n* [MT] / 7-track magnetic tape device

magnetbandgesteuert·es Stanzen von Lochkarten [PC] / magnetic-tape-fed card punching || ~**es Streifenlochen** [PT] / magnetic-tape-controlled tape punching

Magnetband·kassette *f* [MCS, MT] / tape cassette || ²**kennsatz** (s. Magnetbandetikett) || ²**laufwerk** *n* (DIN 66010, Feb. 1966) [MT] / magnetic tape drive || ²**lesefehler** *m* [MT] / tape read error || ²**lesegerät** *n* [MT] / magnetic tape reader || ²**leser** *m* [MT] / magnetic tape reader || ²**lesesteuerung** *f* [KtT] / magnetic tape read control

Magnetband-Lochkarten-Umsetzer *m* [Hw] / magnetic-tape-to-punched-card converter

Magnetbandnummer *f* [MT] / tape number (esp. tape serial number)

Magnetbandprüfung *f* [MT] / magnetic tape check || ² (physikalisch) [MT, QC] / tape test

Magnetband·rolle *f* (DIN 66029, Mai 1979) [MT] / reel, tape reel (i.e., a magnetic tape and the spool upon which it is mounted) || ²**schleife** *f* [IO] / tape loop || ²**schlupf** *m* [MT] / tape creep || ²**schreibsteuerung** *f* [KtT] / magnetic tape record control || ²**sicherung** *f* [MT, DS] / file protection || ²**sortieren** *n* [Dp] / magnetic tape sorting || ²-**Sortierprogramm** *n* [Sw] / tape sort program, tape sort || ²**speicher** *m* [MT] / magnetic tape storage || ²**sprosse** *f* [MT] / frame || ²**spule** *f* [MT] / reel (i.e., a flanged spool for holding a magnetic tape) || ²**spur** *f* [MT] / tape track || ²-

disk operating system (DOS)
Platte-Ein-Ausgabeprogramm *n* [OS] / disk handler
Platten·adresse *f* [MD, Sw] / disk address || **²adreßwort** *n* [MD, Sw] / disk control field (DCF) || **²arbeitsbereich** *m* [Sw] / disk work area || **²arbeitsdatei** *f* [Sw] / disk work file || **steckbare ²baugruppe** [Co] / plugin pc module
Plattendatei *f* [MD, Sw, ES] / disk file || **²entwurfsblatt** *n* [Sw] / disk file layout chart
Platten·drehzahl *f* [MD] / disk speed || **²duplizieren (RADUP)** *n* [OS, Aufruf] / Random-access duplicate (RADUP)
Plattenfehler *m* [MD, Sw] / disk error || **²liste** *f* [ES] / disk error table
platten·gepufferte Nachricht [OS] / disk-buffered message || **²kante** *f* [MD] / disk edge || **²kapazität** *f* [MCS] / disk capacity || **²kassette** *f* [MD] / cartridge disk, magnetic disk cartridge, disk cartridge || **²kassettenlaufwerk** *n* [MD] / disk cartridge drive || **²laufwerk** *n* (DIN ISO 5653E, Okt. 1978) [MCS, MD] / disk drive || **²oberfläche** *f* [MD] / disk surface || **²organisation** *f* [Sw] / disk file organization || **²organisationsprogramm** *f* [Sw] / disk file organization routine || **²protokoll** *n* [MD, Sw] / disk trace
Plattenprüf·gerät *n* [Sc] / pc board tester || **²programm** *n* [MD, DS] / disk check program
Platten·pufferung *f* [OS] / disk buffering || **²satzübersichtsblatt** *n* [Sw] / disk layout form || **²schlüssel** *m* [MD, Sw] / disk address || **²schutzzeit** *f* [Sw] / disk protect time || **²sektor** *m* [MD, Sw] / sector (subdivision of a disk track)
Plattenspeicher *m* (DIN 66001, Sept. 1977) [MD] / disk storage, magnetic disk storage || **² mit einheitsgerechten Adressen** [MD, Sw] / natural pack || **200-Megabyte-²** *m* [Dp] / 200 megabyte disk storage || **Wartungsprogramm für Großspeichersteuerung und ²** [OS] / random-access controller and disk storage maintenance program || **²abzug** *m* [Sw] / disk dump || **²anschluß** *m* [MD] / disk I/O attachment || **²arbeitsbereich** *m* [Sw] / disk work area || **²bereich** *m* [Sw] / disc extent, disk area || **²datei** *f* [Sw] / disk storage file || **²einheit** *f* [MD] / disk unit, disk storage unit || **²etikett** *n* [Sw] / disk label || **²indexdatei** *f* [Sw] / disk index file || **²organisation** *f* [Sw] / disk file organization || **²raum** *m* [DpC] / disk storage room || **~resident** *adj* [Dp] / disk-resident || **²sortierprogramm** *n* [Sw] / disk sort program || **²steuereinheit** *f* [MD] / disk control unit || **²steuerung** *f* [MCS, MD] / disk controller
Plattenspur *f* [MD] / disk track
Plattenstapel *m* (DIN ISO 5653E, Okt. 1978) [MCS, MD] / disk pack || **²archivnummer** *f* [MD] / pack serial number
Platten·temperatur *f* [Sc] / plate temperature || **²umdrehungszahl** *f* [MD] / disk speed || **²vorbereitungsprogramm** *n* [OS] / disk initializer
Plattenzugriffs·arm *m* [MD] / disk access arm || **²mechanismus** *m* [MD] / disk access mechanism
Platz, freier ² (in einer Warteschlange) [Sw] / slot
Platzbedarf (Speicher) (s. Speicherbedarf) || **zusätzlicher ²** [Sw] / overhead
Platz·nummer *f* [OS] / location number (LOC) || **²reservierung** *f* [RDp] / seat reservation (e.g., airline seat reservation) || **²reservierungssystem** *n* (für Verkehrsmittel usw.) [RDp] / (airline, etc.) reservation system || **~sparende Textspeicherung** [IDS] / space-saving text storage || **²steuerung** *f* [RDp, Tr] / terminal device control || **~vermittelte Verbindung** [ES] / operator-assisted call
Plausibilitätskontrolle *f* [RDp, Tr] / plausibility check
p-Leitung *f* (DIN 41852, Aug. 1978) [Sc] / hole conduction, p-type conduction
PLL-Schaltung *f* [AC, Co] / phase-locked control loop (PLCL)
PL/M (höhere Programmiersprache für Mikrocomputer, basierend auf PL/1) [MCS] / PL/M (Programming Language for Microcomputers)
Plotten, Ausschnitt-² *n* [GrDp] / window plotting
Plotter *m* [GrDp] / graphic plotter, data plotter, plotter || **COM-²** *m* (elektronisches Zeichengerät, bei dem die grafische Darstellung von einer Kathodenstrahlröhre auf Mikrofilm projiziert wird) [COM, GrDp] / COM plotter || **elektromechanischer ²** (mit Zeichenstift arbeitender Plotter) [GrDp] / electromechanical plotter || **elektrostatischer ²** [GrDp] / electrostatic plotter || **Farb-²** *m*

parts || ²kamera *f* [COM, HSP, Typ] / precision camera
Preis/Leistungsverhältnis, wettbewerbsfähiges ² [Dist] / competitive price/performance ratio
Preller *m* [Tr] / bouncing pulse, bounce pulse
Prellprüfung *f* [Hw, R&D] / bounce test
Preßsitz *m* [Hw] / force fit
primäre Datenerfassung [OCR] / source data acquisition || **~er Supervisor** [OS] / primary supervisor || **~es Zustandsbyte** [Sw] / primary status byte (PSB) || **²anweisung** *f* [PL] / source language statement, source statement, source program statement
Primärausdruck *m* [Algol] / primary || [Fortran] / primary
Primärbibliothek *f* [PL] / source library, source program library || **²datei** *f* [RPG] / primary file || **²druck** *m* [Fl] / primary pressure, inlet pressure || **²eingabe** *f* [Sw] / primary data set || **²fehler** *m* [ES] / primary fault
Primärprogramm *n* [Sw] / source program || **²ausgabe** *f* [PL] / source output || **²band** *n* [PL] / source tape, source program tape || **²bibliothek** *f* [PL] / source library, source program library || **²bibliotheksband** *n* [PL] / source library tape, source language library tape || **²eingabe** *f* [PL] / source input || **²formular** *n* [PL, ES] / source program form || **²karte** *f* [Sw] / source card, source program card || **²kartenstapel** *m* [PL] / source deck, source program card deck || **²name** *m* [PL] / source program name || **²protokoll** *n* [PL] / source listing, source program listing || **²stapel** *m* [PL] / source deck, source program card deck
Primärprozeß *m* [Sw] / primary task || **~seitige Abfrage** [ES] / primary interrogation || **²speicher** *m* [M] / primary storage
Primärsprache *f* [Sw] / source language || **Anweisung in** ² [PL] / source language statement, source statement, source program statement || **Kartenabbild in** ² [PL] / source image
Primärtask *f* [OS] / primary task || **²zugriffsmethode** *f* [Sw] / primary access method (PAM) || **²zustand** *m* (Prioritätszustand, in dem z.B. Systemprogramme ablauffähig sind; cf. „Sekundärzustand") [CP] / primary status || **²zuweisung** *f* [Sw] / primary allocation
Primitiv-Ausdruck *m* [PL/1] / primitive expression
Primzahl *f* [Th] / prime number
Printplatte (gedruckte Schaltung) (s. Flachbaugruppe)
Prinzipschaltbild *n* [Dist] / schematic circuit diagram, circuit schematic
Priorität *f* [Cobol] / priority || ² (feste Zuordnung in der Hardware-Struktur einer ZE) [CP] / priority || ² (Zuordnung der zeitlichen Rangfolge) [Tr] / precedence, priority (and precedence) || ² (s. Programmpriorität) || ² **zurücknehmen** [Dp] / to cancel priority || **absteigende** ² [RDp, Tr] / descending order of priority || **höchste** ² [Tr] / right-of-way precedence || **höchste** ² [Sw] / top priority || **normale** ² [Sw] / normal priority || **Unterbrechung durch höhere** ² [OS] / priority interrupt || **Verarbeitung nach ²en** [Sw, NC] / priority processing, priority scheduling
Prioritätenaustausch *m* [ES] / priority exchange || **²codierer** *m* [Mp] / priority encoder || **²wechsel** *m* [ES] / priority change
Prioritätsanzeiger *m* [Tr] / priority indicator
Prioritätsausgabemeldung (PAM) *f* [ES] / priority output notice || **²meldungsregister (PAMR)** *n* [ES] / priority output notice register
Prioritätsaustausch *m* [ES] / priority exchange || **²register** *m* [ES] / priority exchange register
Prioritätsauswahlschaltung *f* [ES] / priority selection circuit || **²bewerter** *m* [ES] / priority select decoder || **²codierer** *m* [Mp] / priority encoder || **²ebene** *f* [CP] / priority level || **²eingangsregister (PER)** *n* [ES] / priority input register || **²fehler** *m* [PCC] / priority error || **²gruppe** *f* [Sw] / priority group || **²jobdisponent** *m* [OS] / priority scheduler || **²logik** *f* [OS] / priority logic || **²nummer** *f* [Cobol] / priority number
Prioritätsprogramm *n* [Sw] / foreground program || [Dp] / priority routine
Prioritätsreihe *f* [RDp, Tr] / priority list || **²reihenfolge** *f* [Sw] / priority sequence
Prioritätsstatus *m* [Tr] / priority status || **²register (PSR)** *n* [ES] / priority status register
Prioritäts-Steuereinheit für Unterbrechungen (PSU) (zur Vereinfachung von unterbrechungsgesteuerten Mikrocomputersystemen) [Mp] / priority interrupt control unit (PICU)

control || ²liste *f* [OS] / task list || ²listeneintrag *m* [OS] / task list entry || ²meldesignal *n* [PCC] / process alert signal || ²meßtechnik *m* [PCC] / process instrumentation

Prozeßmodell *n* (DIN 66201E T1, Apr. 1979) [Sw, Cy] / process model || **adaptives** ² (DIN 66201, Aug. 1971) [PCC] / adaptive process model || **analytisches** ² (DIN 66201, Aug. 1971) [PCC] / analytical process model || **dynamisches** ² [PCC] / dynamic process model || **empirisches** ² [PCC] / empirical process model || **gegenständliches** ² (DIN 66201E T1, Apr. 1979) [PCC] / physical process model || **mathematisches** ² (DIN 66201E T1, Apr. 1979) [PCC, Sw] / mathematical process model || **quasistationäres** ² [Sw] / steady-state process model || **stationäres** ² [Sw] / steady-state process model

Prozeßnummer *f* [OS] / task sequence number (TSN)

Prozeßoptimierung *f* [PCC] / process optimization || ² **des Beharrungszustandes** [Sw] / steady-state process optimization || **dynamische** ² [PCC] / dynamic process optimization || **geregelte** ² [PCC] / feedback process optimization || **gesteuerte** ² [PCC] / feed-forward process optimization

Prozessor *m* (Rechen- und Steuerwerk umfassende Funktionseinheit) (DIN 44300, März 1972) [CP] / processor || ² (der PL/1-Maschine) [PL/1] / processor || **mikroprogrammierter** ² [Dp] / microprogrammed processor || ²-**Statuswort** *n* [ES] / processor status word

Prozeß·peripherie *f* (DIN 66201E T1, Apr. 1979) [PCC] / process computer peripherals, process interface system || ²**prioritätssteuerung** *f* [OS] / task scheduler

Prozeßrechensystem *n* (DIN 66201E T1, Apr. 1979) [PCC] / process computing system, process computer system || **hierarchisches** ² (DIN 66201E T1, Apr. 1979) [PCC] / multicomputer system || **Mehrfach-**² *n* (DIN 66201E T1, Apr. 1979) [PCC] / multiple computing system, multiple computer system

Prozeßrechner *m* [PCC, Sw] / process control computer, process computer || **dezentraler** ² [PCC] / decentralized process computer || **digitaler** ² [PCC] / digital process computer

Prozeß·register *n* [ES] / processing register || ²**schalter** *m* [OS] / task switch || ²**signal** *n* [PCC] / process signal

Prozeßsignalformer (PSF) *m* [PCC] / process signal I/O device || ²**steuerung** *f* [PCC] / process signal I/O device controller

Prozeßsteuer·block *m* [OS] / task control block (TCB) || ²**system** *n* [PCC] / process control system

Prozeß·studie *f* [PCC] / process study || ²**überwachung** *f* [PCC] / process monitoring || ²**verwaltung** *f* [OS] / task management

Prüf·adapter *m* (Schaltungsplatte) [Co] / adapter for printed circuit boards, pc board adapter || ²**ader** *f* [ES] / test conductor || ²**anschluß** *m* [Serv] / test termination, test terminal || ²**anweisung** *f* [Cobol] / examine statement || ²**anzeigeeinrichtung** *f* [Hw] / check indicator || ²**anzeiger** *m* [Hw] / check indicator || ²**aufgabe** *f* [Hw, Sw] / check problem || ²**auftrag** *m* [ES] / test job, test request || ²**automat** *m* [ES, QC] / routiner || ²**bedingung** *f* [Sw] / sense condition || ²**befehl** *m* [Sw, ES] / test instruction || ²**beleg** *m* [OCR] / test document, test sheet || ²**bereich** *m* [ES, QC] / routining scope

Prüfbit *n* [DS] / check bit || ²**fehler** *m* [Dp] / bus-out check || ²**kontrolle** *f* [OS] / parity check

Prüfbündel *n* [ES] / test line group

Prüfbyte *n* [OS] / sense byte || [DS] / check byte || **zyklisches** ² [DS] / cyclic check byte (CCB)

Prüfdienst *m* [ES, QC] / routining

Prüfdruck *m* [HSP] / test printing || ²**funktion** *f* [HSP] / test print function || **im** ²**verfahren** [HSP] / in test print mode || ²**zustand** *m* [HSP] / test print state

Prüfeinbauplatz *m* [ES] / test plugin position

Prüfeinrichtung *f* [RDp, Tr] / test facility, testing facility || **automatische** ² [Hw] / automatic test equipment

Prüfempfänger, zentraler ² [ES] / central test receiver

prüfen, auf Fehler ~ [DpC, AC] / to test for faults || **auf Schreibfehler** ~ [WS] / to check on the spelling || *n* [ES] / testing || ² **aller Spuren auf Aufzeichnungsfehler** [MD] / track flaw checking, checking for track flaws || ² **auf „gleich"** (1 = 2) [RPG] / equal compare || ² **auf „größer"** (1>2) [RPG] /

²kennzeichnung *f* [OS] / key identification || **²länge** *f* [RPG] / length of key field || **²maschine** *f* [Cryp] / cipher machine
schlüsseln *v* [Cryp] / cipher, encrypt, encipher
Schlüssel·netz *n* [Cryp] / cryptonet (i.e., a crypto-communication network) || **²schalter** *m* (DIN 41050E, Apr. 1978) [Hw] / keyswitch, keylock switch || **²sicherheit** *f* [Cryp] / cryptosecurity
Schlüsselsystem *n* [Cryp] / cryptosystem, cryptographic system || **² geringer Festigkeit** [Cryp] / low-grade cryptographic system || **² hoher Festigkeit** [Cryp] / high-grade cryptographic system || **allgemeines ²** [Cryp] / general cryptosystem || **spezifisches ²** [Cryp] / specific cryptosystem
Schlüsseltechnologie *f* (Technologie, deren Produkte technologische Schrittmacher für die Industrie sind) [Dp] / key technology
Schlüsseltext *m* [Tr] / code text || [Cryp] / cryptotext || **²abschnitt** [Cryp] / cryptopart
Schlüsselwort *n* [IDS] / keyword (i.e., the significant word in a phrase, e.g., the significant word in a title which describes a document) || [Cobol] / keyword || [PL/1] / keyword || **²** (s. Kennwort)
Schlüsselwortmakro *m* [Sw] / keyword macro || **²definition** *f* [Sw] / keyword macro definition || **²instruktion** *f* [Sw] / keyword macro instruction
Schlüssel·zeichen *n* [ES] / pilot signal || **²zentrale** *f* (militärisch) [Cryp] / cryptocenter
Schluß·etikett *n* [Sw] / trailer label || **²kreuz** *n* [ES] / end-of-selection " + ", combination 26 (plus sign)
Schlüßler *m* [Cryp] / cryptographer
Schluß·signal *n* [ES] / clearing signal, disconnect signal || **²taste** *f* [TP, ES] / clearing button, disconnect button
Schlußzeichen *n* [TP] / back-to-normal signal, clearing signal || **²** (DIN 66203, Dez. 1975) [Sw] / final character || **²auswerter** *m* [ES] / end-of-message signal interpreter || **²bestätigung** *f* [ES] / clear confirmation signal || **²bewertung** *f* [ES] / recognition of end-of-transmission sequence
Schmaltastatur, vierreihige ² [TP] / condensed 4-row keyboard, condensed 4-row layout
Schmelzperlen-Transistor *m* [Sc] / meltback transistor
Schmelzpunkt *m* [Sc] / melting point
Schmier·platte *f* [MD] / scratch disk || **²stelle** *f* [Serv] / lubrication point || **²zelle** *f* [M] / scratchpad cell
Schnabelzange *f* [Serv] / long-nose pliers
Schneidautomat *m* [HSP] / automatic trimmer
Schneide·befehl *m* [Typ] / cut instruction || **²tisch** (s. Mikrofilmschneidetisch)
schnell·er Anschluß [Tr] / highspeed trunk || **~ ansprechendes Relais** [Co] / highspeed relay || **~er Hilfsspeicher** [M] / temporary storage || **~es Laden von Segmenten** [Sw] / rapid loading of segments (overlays) || **~er Sprung** [HSP] / highspeed skip || **~er Zeichendrucker** [HSP] / serial printer || **~er Zugriff** [PE, M, Sw] / immediate access, fast access || **²division** *f* [ALU] / highspeed division
Schnelldrucker (SD) *m* [HSP] / highspeed printer (HSP) || **² mit Groß- und Kleinschreibung** [HSP] / upper/lower case printer || **² mit großem Zeichenvorrat** [HSP] / upper/lower case printer || **²papier** *n* [HSP] / paper stock (for use in highspeed printers) || **²protokoll** *n* [Sw] / printer listing || **²steuerung** *f* [HSP] / highspeed printer control || **²steuerung** [HSP] / line printer controller
schnelleintasten *v* [TP] / (of typist) to do bursts of rapid keying
Schnellkanal *m* [PCC, Tr] / highspeed channel || **²nahtstelle** *f* [PCC] / highspeed channel interface
Schnell·leser *m* [PT, PC] / highspeed reader || **²locher** *m* [PC] / highspeed punch || **²multiplikation** *f* [ALU] / highspeed multiplication || **²programmierung** *f* [NC] / optimum programming || **²recheneinheit** *f* [CP] / highspeed processor || **²relais** *n* [Co] / highspeed relay || **²rücklauf** *m* [MT] / highspeed rewind || **²schreibtastatur** *f* [RDp, Tr] / highspeed keyboard || **²sicht-Lochstreifenkarte** *f* [PT] / horizontal visible filing tape card
Schnellspeicher *m* (allgemein) [M] / highspeed memory (HSM), immediate-access storage || **²** (s. Notizblockspeicher) || **²adressierungstest** [Sw] / HSM addressing test || **²block** *m* [M] / highspeed memory block || **²störungstest** *m* [M] / HSM noise test
Schnell·stanzen *n* [PC] / gangpunching ||

²stanzer *m* [PC, NC] / gang punch, automatic gang punch || ²stoppbremse *f* [Hw] / instant-acting brake || ²telegrafie *f* [TP] / highspeed telegraph transmission || ²übertrag *m* [ALU] / highspeed carry, standing-on-nines carry, ripple-through carry || ²vorschub *m* [HSP] / fast feed, highspeed paper feed

Schnellzugriffs·speicher (s. Schnellspeicher) || **²spur** *f* [MD, MDr] / rapid access loop

Schnipselkasten *m* [PT, PC] / chadbox, chad collector

Schnitt·abfälle *m pl* [HSP] / paper chips || **²bandkern** *m* [M] / tape-wound core, tape core (i.e., magnetic core made from a coil of ferromagnetic tape) || **²bearbeitung** *f* (von Mikrofilmen) [Rep] / splicing || **²diagramm** *n* [Th] / cutaway diagram || **²kante** *f* (Papier) [HSP] / leading edge || **²platte** *f* [PC] / punch die || **²punkt** *m* [GrDp, ES, NC] / point of intersection

Schnittstelle *f* (DIN 44302, Apr. 1979) [Th, ES] / interface || **² für bitserielle Datenübertragung** [Tr] / serial line interface || **² V.24** [RDp] / V.24 interface (interface conditions specified in CCITT Recommendation V.24, which are likely to be involved in any configuration of data terminal equipment and modems) || **elektrische ²** [Dp] / electrical interface || **netzunabhängige ²** [ES] / network-independent interface || **RAM-²** *f* [Mp] / random-access memory bus interface, RAM bus interface || **ROM-²** *f* [Mp] / read-only memory bus interface, ROM bus interface || **V-24-²** *f* [RDp] / V.24 interface (interface conditions specified in CCITT Recommendation V.24, which are likely to be involved in any configuration of data terminal equipment and modems)

Schnittstellen·ablaufplan *m* [ES] / interface signaling plan || **peripherer ²adapter** [Mp] / peripheral interface adapter (PIA) || **²anpassung** *f* [TP] / interface adapter, adapter circuit || **²anpassungsbaugruppe** *f* [TP] / interface adapter module || **²baustein** *m* [MCS] / interface module, interface card || **²bedingungen** *plt* [Sw, Tr] / interface specifications, interface requirements || **²einheit** *f* [ES] / interface unit || **²fehler (SF)** *m* [ES] / interface error || **²kabel** *n* [Tr, TrL] / interface cable, interface trunk || **²leitung** *f* (DIN 44302, Apr. 1979) [Tr] / interface circuit, interchange circuit || **²modul** *n* [Mp] / interface module || **²norm** *f* [ES] / interface standard || **²plan** *m* [RDp] / interface plan || **²register** *n* [ES] / interface register || **Peripherie-²schaltung** *f* [Mp] / peripheral interface hardware || **²steuerung** *f* [Tr] / interface control || **²umsetzer** *m* [Tr] / interface converter || **²vergleicher** *m* [Tr] / interface comparator || **²vervielfacher** *m* [Tr] / interface expander, interface multiplier

Schnitzelkasten *m* [PT, PC] / chadbox, chad collector

Schottky-Diode, bipolarer Transistor in Verbindung mit ²n [Mp] / Schottky barrier diode clamped transistor

Schottky-Effekt *m* [Co] / Schottky effect

Schottky-Technologie, bipolare ² [Sc] / bipolar Schottky logic

schraffierter Bereich [HSP] / shaded area

Schraffur *f* [HSP] / hatching, shading

schräg·e Markierung [OCR] / slanted mark || **~er Pfeil** [Fl] / sloping arrow || **²ansicht** *f* [GrDp] / diagonal view || **²indizierung** *f* [ES] / shift indexing

Schräglauf *m* (des Bandes) [MT] / tape skew || **dynamischer ²** [MT] / dynamic skew || **statischer ²** [MT] / static skew

schrägstellen, eine Schrift ~ [Typ] / to make a typeface slant to the right, to set a typeface in italics || **elektronisch ~** [Typ] / oblique (i.e., to slant characters by electronic means, as in CRT photocomposition, so that they continue to rest on the same base line but alter the vertical axis by 8 to 15%, to create a simulated italic type face)

Schrägstellung *f* (Schriftzeichen) [IO, OCR] / character skew || **elektronischer ²** (Schriftsatz) [Typ] / obliquing, type obliquing

Schrägstrich *m* [Fortran] / slash (/) || [PL/1] / slash || **²** (/) (DIN 66009, Sept. 1977) [Sw] / solidus || **²markierung** *f* [OCR] / slanted mark

Schrank *m* [Hw] / cabinet, rack || **² für Datenträger** [DpC] / data media storing cabinet || **² für Mehrkanalschalter** [Hw] / multichannel switch cabinet || **freistehender ²** [Hw] / freestanding cabinet || **schalldämmender ²** [Hw] / quietized cabinet || **²abdeckung** *f* [Hw] / cover panel || **²belegung** *f* [Hw, Serv] / cabinet space assignment || **²belegungsplan** *m* [Hw, Serv] / cabinet

special exit || ²**bauart** *f* [Hw] / special construction || ²**befehl** *m* [Sw] / special instruction

Sonderbelegung *f* [HSP] / special type assignment || **OCR-A-**² *f* [HSP] / OCR-A type assignment

Sonder·breite *f* [HSP] / customized (form) width || ²**buchstabe** *m* [Typ, Sw] / special letter || ²**funktion** *f* [OS] / special function || ²**funktionstaste** *f* [ES] / functional signal key || ²**meldung** *f* [Sw] / special message, special notice, special report || ²**namen** *m pl* [Cobol] / special-names || ²**netz** *n* [Tr] / special network, private-line network || ²**notiz** *f* [ES] / special note || ²**priorität (SP)** *f* [Dp] / special priority

Sonderprioritäts·fehler *m* [ES] / special-priority error || ²**logik (SPL)** *f* [ES] / special-priority logic || ²**register (SPR)** *n* [ES] / special-priority register

Sonder·register *n* [Cobol] / special register || ²**schrift** *f* [TES] / special font

Sonderzeichen *n* [Typ] / pi character (i.e., a nonstandard character not generally contained in a font of type but necessary for setting of a particular job) || [PC, HSP, TP] / special character (i.e., a character in a character set which is neither a letter nor a numeral, e.g. &, /, ", etc.) || [Fortran] / special character || [Cobol] / special character || [PL/1] / special character || **nationales** ² [ES] / national symbol, national option || ²**auswertung** *f* [ES] / special character sequence decoder || ²**folge** *f* [ES] / special character sequence || ²**folgeerkennung** *f* [ES] / special character sequence detection || ²**kombination** *f* [HSP, OCR] / special character combination

Sonnen·batterie *f* [Hw, Co] / solar battery || ²**zelle** *f* [Co] / solar cell

sonst *adv* [Cobol] / else

Sonst-Einheit *f* [PL/1] / else unit

sonstige Nutzzeit [Dp] / incidentals time

Sonst-Teil *m* [PL/1] / else part

SOPC (s. Speicheroperationscode)

SOPM (s. Speicheroperationsmodus)

SOPS (s. Speicheroperationssteuerung)

Sortier·ablagefach *n* [PC] / sorter pocket, drop pocket || ²**anweisung** *f* [Cobol] / sort statement || ²**argument** *n* [Sw] / sort criterion, sort key || ²**art** *f* [Sw] / sorting method, type of sorting

Sortierbegriff *m* [Sw] / sort criterion, sort key || **absteigender** ² (Sortierschlüssel) [Cobol] / descending key || **aufsteigender** ² (Sortierschlüssel) [Cobol] / ascending key

Sortier·bereich *m* [OS] / record storage area || ²**blockfaktor** *m* [Sw] / sort blocking factor

Sortierdatei *f* [Cobol] / sort file || ²**erklärung** *f* [Cobol] / sort file description entry

Sortier·durchlauf *m* [Sw] / sort run || ²**einrichtung** *f* [OCR] / sort facility

sortieren *v* (DIN 66001, Sept. 1977) [Dp] / sort || ² **im Arbeitsspeicher** [Dp] / internal storage sorting || ² **in mehreren Zyklen** [Sw] / multicycle sort || ² **mit Adreßausgabe** [Sw] / tag sort || ² **und Mischen** [Sw] / merge sorting || **Adreßlisten-**² *n* [Sw] / tag sort || **blockweises** ² [OS] / block sort || **numerisches** ² [Sw] / numerical sorting || **oszillierendes** ² [Dp, OS] / oscillating sorting

Sortierer *m* [PC] / sorter, sorting machine, card sorter

Sortierfach *n* [PC] / sorter pocket, drop pocket

Sortierfeld *n* [Sw] / sort field || ² **für Kartenfolge** [Sw] / intrarecord sequence field || ² **für Satzfolge** [Sw] / interrecord sequence field

Sortierfolge *f* [Cobol] / collating sequence || **aufsteigende** ² [Cobol] / ascending sequence || **wechselnde** ² [Dp] / alternative collating sequence

Sortierfolgen-Funktion *f* [PL/1] / collate (builtin) function

Sortier·folgeprüfung *f* [OS] / sort sequence check, sequence check || ²**funktion** *f* [Sw] / sort function || ²**gerä**[t] *n* [PC] / sorter, sorting machine, card sorter || ²**geschwindigkeit** *f* [Sw] / sorting speed || ²**kammer** *f* [PC] / connection box || ²**kriterium** *n* [Sw] / sort criterion, sort key || ²**lauf** *m* [Sw] / sort run

Sortierleser *m* [Dp] / reader sorter || [MICR] / magnetic ink reader-sorter

Sortiermaschine *f* [PC] / sorter, sorting machine, card sorter || ² **mit Fachzählung** [PC] / card-counting sorter, counting sorter

Sortier·merkmal *n* [Sw] / sort criterion, sort key || ²**-Mischprogramm** *n* [Sw, OS] / sort-merge program || ²**-Mischprogrammgenerator** *m* [OS] / sort/merge generator || ²**möglichkeit** [Sw] / sorting capability, sort option || ²**nadel** *f* [PC] / sorting needle, sort rod || ²**phase** *f* [Sw] / sort phase

Sortierprogramm *n* [Sw] / sorting program, sort program || **Magnetban**[d-]

connector || ²programmierer *m* [R&D] / plugin programmer || ²verbindung *f* [Hw, Serv] / plug connection
Steck·feldsteuerung *f* [NC] / plugboard control, patch-board control || **²karte** *f* [Co] / plugin card, plugin circuit card || **²leiste** *f* [Mp] / cable connector || **²plan** (s. Schaltdiagramm) || **²prüfplatte** *f* [Hw] / plugin condition indicator circuit board || **²rahmen** *m* [NC] / modular frame || **²reihenklemme** *f* [Hw] / lineup plugin terminal || **²schaltbrett** *n* [Hw] / jack panel, jack field || **²schnur** *f* [PC] / patchcord || **²stellenauswahl** *f* [Mp] / socket option || **²tafel** *f* [PC] / control panel, patch panel
Steckverbindung *f* [Hw, Serv] / plug connection || **koaxiale ²** [TrL] / coaxial connector
Steckvorrichtung, elektrische ² [Hw, Cir] / electrical connector
Steg *m* [Co] / land || **²** (Perforation) [HSP] / tie || **²länge** *f* (Perforation) [HSP] / tie length || **²leitung** *f* [TrL] / ribbon cable
Steg-Schlitzverhältnis *n* (Perforation) [HSP] / tie/cut ratio
stehen *v* [Serv] / (of dp system, etc.) to be inoperable || ~ (= gespeichert sein) [Sw] / reside
stehende Zuführung [PC] / vertical feed
Stehwellenverhältnis *n* [Hw] / standing wave ratio
steigende Ordnung [Sw] / ascending order, ascending sequence
Steigerungstyp *m* [Sc] / enhancement type
Steigung einer Kurve [Th, GrDp] / slope of a curve
steil *adj* (Impuls) [Th, Tr] / fast-rise || ~ (Signal) [ES] / steep-sloped
Stellantrieb *m* [PCC] / actuator || **hydraulischer ²** [PCC] / hydraulic actuator
Stellbereich *m* (Bereich, innerhalb dessen die Stellgröße einstellbar ist) [PCC] / total range of manipulated variable
Stelle *f* (im Befehlswort) [Sw] / column, place || **²** (einer Zahl) [Th] / digit position || **² der Lochkarte** (= Lochkartenspalte) [PC] / code position || **höherwertige ²** [Th] / high-order position || **niedrigstwertige ²** [Th] / least significant digit, rightmost position || **speichernde ²** [Priv, IDS] / storage unit || **übermittelnde ²** [Priv] / transmitting office
Stellelement für rechnernahen Einsatz [PCC] / local actuator control unit
Stellen·auswahl *f* [OCR] / question length || **²darstellung** *f* [Th] / positional notation, positional representation || **~gerechte Ausrichtung** [Sw] / after-point alignment || **²impuls** *m* [CP] / commutator pulse, P pulse, position pulse, digit pulse || **²maschine** *f* [Dp] / character-oriented computer, character-oriented machine
Stellenschreib·impuls *m* [M] / enable pulse || **²weise** *f* (DIN 44300, März 1972) [Th] / positional notation, positional representation
Stellen·sperrimpuls *m* [M] / inhibit pulse || **²taktzeit** *f* [CU] / digit period, digit time || **²überschreitungs-Bedingung** *f* [PL/1] / size condition
Stellenverschiebung *f* [CP, Sw] / arithmetic shift || **² im Akkumulator** [ALU] / accumulator shift || **² nach links** [Sw] / left shift
stellenversetzen *v* [ALU] / shift || *n* [ALU] / shift
Stellen·versetzung *f* [PC] / column shifting || **²versetzungseinheit** *f* [ALU] / shift unit
stellenweise verstärkt (Papier) [HSP] / selectively thickened
Stellenwert *m* [Th] / place value || [Sw] / significance (of bit position) || **binärer ²** [Th] / binary weight || **logischer ²** [Cy] / logic value of occupancy || **²ebene** *f* [M] / digit plane (i.e., the plane in a multidimensional magnetic core array containing elements for a particular digit position) || **²schreibung** *f* [Th] / radix notation, radix representation, base notation || **binäre ²tabelle** [Th] / binary weight table
Stellenwertverschiebung *f* [CP, Sw] / arithmetic shift || **zyklische ²** [Th] / cyclic shift, cycle shift
Stellenzahl *f* (bei Gleitpunktdarstellung) [Sw] / mantissa || **Akkumulator mit doppelter ²** [ALU] / double-length accumulator || **einfache ²** [Th] / single mantissa || **Multiplikation mit beliebiger ²** [Th] / arbitrary-precision multiplication || **Rechnen mit doppelter ²** [Th] / double-length arithmetic, double-precision arithmetic
Stellenzeit *f* [CU] / digit period, digit time
Stellglied *n* [PCC, AC] / final control element
Stellgröße *f* [AC] / actuating variable (of automatic control system) || [NC] / correcting value, correcting variable ||

m [Hw] / transmission speed feature
Übertragungsgüte *f* [ES] / transmission quality || **²wert** *m* [ES, Tr] / transmission performance rating || **²ziffer** *f* [ES, Tr] / transmission performance rating
Übertragungs·instruktion *f* [NC] / transfer instruction || **²kanal** *m* (DIN 44302, Apr. 1979) [Tr] / communication channel, communications channel || **²kennlinie** *f* (einer Digitalschaltung) [Cir] / transfer characteristic (of a digital circuit) || **²kontrolle** *f* [Sw] / transfer check || **²koppelnetzwerk** *n* [ES] / link switching network || **Leitungs- und ~kosten** [Tr] / line and transmission costs
Übertragungsleitung *f* (DIN 44302, Apr. 1979) [TrL] / transmission line || **² für hohe Geschwindigkeiten** [RDp, Tr] / highspeed transmission line || **² mit mehreren Stationen** [RDp, Tr] / multidrop circuit || **künstliche ~** [TrL] / artificial transmission line
Übertragungs·leitzeichen (s. Datenübertragungssteuerzeichen) || **²medium** *n* [Tr] / transmission medium, communication medium
Übertragungsmodus *m* [OS] / move mode || **Steuerung des ~** [Tr] / communication mode control
Übertragungsnetz *n* [Tr] / transmission network || **analoges ~** [Tr] / analog transmission network
Übertragungs·operation *f* [Dp, Sw] / transfer operation || **²paritыfehler** *m* [Sw] / transmission parity error (TPE) || **²pause** *f* [ES] / communication pause || **²pegel** *m* [Tr] / transmission level || **regenerierendes ~prinzip** [Tr] / regenerative transmission principle || **²prozedur** *f* [RDp] / line procedure, transmission line procedure || **²prüfung** *f* [DS] / copy check || **²rate** *f* [CP] / data transfer rate || **²register** *n* [ALU] / carry register || **²richtung** *f* [Tr] / transmission direction, direction of transmission, transmission route || **²satz** *m* [RDp] / transmittal record || **²scheinleitwert** *m* [Sc] / transfer admittance || **²schnittstelle** *f* [ES] / transmission system interface || **²sicherheit** *f* [TP, ES, Tr] / transmission reliability || **²stelle** *f* [RDp, Tr] / transmission station
Übertragungssteuerzeichen *n* [Tr] / transmission control character || **²folge** *f* (DIN 44302, Apr. 1979) [Tr] / supervisory sequence
Übertragungsstrecke *f* [RDp, Tr] / data circuit, transmission circuit
Übertragungssystem *n* [Tr] / transmission system || **Prozeßdaten-~** *n* [PCC] / process communication system
Übertragungs·takt *m* [ES] / transmission timing || **²technik** *f* [Tr] / communication engineering
Übertragungsverfahren *n* [ES, Tr] / communication method, transmission method || **pseudo-ternäres ~** [Tr] / pseudo-ternary transmission method
Übertragungsverzug *m* [ES] / transmission delay
Übertragungsweg *m* [Tr] / communication link, communication path, transmission link, transmission path || **festgeschalteter ~** [RDp] / permanently connected transmission path || **gemeinsamer ~** [Tr] / common transmission path
Übertragungs·zeichenfolge *f* (DIN 44302, Apr. 1979) [Tr] / information message || **²zeit** *f* [Tr] / transmission time
überwachen *v* [Dp] / monitor, supervise || [Dp] / to maintain a continuous check on || **zentrales ~ des Taktes** [ES] / centralized clock monitoring
Überwacher *m* [OS] / tracer, tracing program || **²** (Programm zur Prüfung neu eingelesener Programme) [PCC, Sw] / checking program
überwachtes Regelsystem [NC] / monitored control system
Überwachung *f* [Th] / supervision, monitoring || **² und Instandhaltung** [Hw, DpC] / preventive maintenance (PM) (i.e., maintenance carried out with the intention of preventing the occurrence of faults)
Überwachungs·anzeige *f* [Hw, NC] / check indicator || **²baugruppe** *f* [Th] / monitoring module || **²beamte** *m* [ES] / system supervisor || **²blattschreiber** *m* [ES] / supervisor's teleprinter || **²einrichtung** *f* [Hw] / supervisory device, supervising equipment || **²element** *n* [NC] / monitoring element || **²folge** *f* [Tr] / control character sequence, character parity check || **²funktion** *f* [ES] / monitoring function || **²kanal** *m* (für Störungsrückmeldung) [ES] / monitoring channel, supervisory channel || **²lampe** *f* [Hw] / supervisory lamp || **²platz** *m* [ES] / supervisor's console
Überwachungsprogramm *n* [OS] / monitor program, monitor || **²** (s. Ablaufüberwacher) || **allgemeines ~**

processing) || **fotoempfindliche ²technik** [Sc] / photoresist processing technique || **²überlappung** *f* [Sw] / processing overlap || **²zeit** *f* [Cobol] / processing time || **²zustand** *m* [Sw] / processing state, P1 state

Verarmungs·betrieb *m* [Sc] / depletion mode operation || **²-IG-FET** *m* [Sc] / depletion type field-effect transistor || **²-Isolierschicht-Feldeffekttransistor** *m* [Sc] / depletion type field-effect transistor || **²randschicht** *f* [Sc] / depletion layer, depletion region || **²typ** *m* (Transistor) [Sc] / depletion type

verbessern *v* (= berichtigen) [Dp, Sw] / correct

Verbesserung *f* (= Berichtigung) [Dp, Sw] / correction

Verbesserungsverfahren *n* [PL] / corrective procedure

verbiegen *v* [Hw] / bend

verbinden *v* [Dp] / connect, link || **durch logisches ODER ~** [SA] / OR || **durch logisches UND ~** [SA] / AND, AND together

Verbindung *f* [ES, Fl] / connection || **²** (Formatzeichen) [HSP] / junction || **²** (s. Programmverbindung) || **Aufbauzeit einer ²** [ES] / connection setup time || **direkt durchgeschaltete ²** [ES] / direct station-to-station connection || **eine ² auflösen** [ES] / to clear a connection, to release a connection || **nicht zugelassene ²** [ES] / inadmissible call || **platzvermittelte ²** [ES] / operator-assisted call || **virtuelle ²** (Paketvermittlungsverbindung gemäß CCITT-Empfehlung X.25, d.h., zwischen zwei Teilnehmern besteht während der gesamten Dauer des „Gesprächs" zwar eine logische Verbindung, aber keine Leitungsdurchschaltung wie bei einem Leitungsvermittlungsnetz) [RDp, ES] / virtual circuit (VC)

Verbindungsabbau *m* [Tr] / connection cleardown, connection release || **²prozedur** *f* [Tr] / connection cleardown procedure, connection release procedure, call cleardown procedure

Verbindungs·anforderung *f* [ES] / call request || **²archiv** *n* [ES] / calls file

Verbindungsaufbau *m* [Tr] / connection setup, connection buildup || **schritthaltender ²** [ES] / step-by-step connection setup || **²prozedur** *f* [ES] / connection setup procedure || **²steuerung** *f* [ES] / connection setup control || **²zeit** *f* [ES] / connection setup time

Verbindungsauslösung *f* [Tr] / connection cleardown, connection release || **vorzeitige ²** [ES] / premature connection cleardown, premature connection release

Verbindungs·baum *m* [ES] / tree listing || **²bereich** *m* [Sw] / save area

Verbindungsdaten *plt* [ES] / call data || **²aufzeichnung** (s. Rufdatenaufzeichnung)

Verbindungs·dauer *f* [Tr] / duration of a call, call time, line holding time || **²durchschalter** *m* [RDp, Tr] / through-connection module || **²endezeichenfolge** *f* [ES] / disconnect character sequence || **²häufigkeit** *f* [ES] / calling rate || **²kabel** *n* [Hw] / connecting cable, interconnecting cable || **²kippstufenregister** *n* [ES] / connection register || **²klemme** *f* [Hw] / connecting clamp, through-joint || **²klinke** *f* [ES] / patching jack || **²leiter** *m* (Schaltdraht) [Co] / jumper

Verbindungsleitung *f* (zwischen Wahlstufen) [ES] / trunk || **²** (zwischen Vermittlungsstellen) [RDp, Tr] / trunk line, trunk circuit || **festgeschaltete ²** [Tr] / permanently connected line

Verbindungs·logik *f* [ES] / interconnecting logic || **²platz** *m* [ES] / through-connecting console || **²programm** *n* [ES] / subscriber connection program || **²prüfliste** *f* [ES] / connection check list || **²satz** *m* [ES] / connector set

Verbindungsspeicher *m* [ES] / connection memory || **²adresse** *f* [ES] / connection memory address || **²wort** *n* [ES] / connection memory word

Verbindungs·stecker *m* [Hw] / connector, connecting plug || **²steuerfeld** *n* [ES] / connection control group || **²steuerung** *f* [ES] / connection control || **²stück** *n* [Hw, Serv] / connecting piece || **²test** *m* [ES] / connection test || **²überwachung** *f* [Sw, ES] / connection monitor || **²überwachungsbit** *n* [ES] / connection monitoring bit || **²unterbrechung** *f* [Tr] / line interruption || **²verarbeitungsregister** *n* [ES] / call processing register || **²verfolgung** *f* [ES, QC] / call tracing || **²versuch** *m* [ES] / attempted call, call attempt

Verbindungsweg *m* [Tr] / connecting path, connecting circuit ||

